德国民法典

台湾大学法律学院 ｜ 编译
台大法学基金会

BÜRGERLICHES
GESETZBUCH

台湾大学法律学研究所
外国法编译委员会

1965年5月初版

编译委员

梅仲协　蔡章麟　洪逊欣
刘甲一　戴炎辉　韩忠谟

编　辑

柯芳枝　杨崇森

助理编辑

陈富美　廖义男

2016年修订第二版

台湾大学法律学院
台大法学基金会
德国民法编译委员会（按姓氏笔划排列）

陈自强　谢铭洋　詹森林　蔡明诚　戴东雄

推荐序一

德国民法之中文翻译，在1965年5月，由台湾大学法律学院研究所编译出版，是法律界的大事。当时^{岳生}有幸在研究法学之初，得以亲见法学前辈翻译工作之用心付出。在往德国留学前，经韩忠谟老师叮嘱研习德国民法。嗣因研究重心倾向于公法，返国后，深感有辜负韩老师之教诲及期望，一直耿耿于怀。事隔五十余年，乐见年轻法学同仁不辞辛劳，完成德国民法翻译之修订版，并由台湾大学法律学院及台大法学基金会合作发行，委由元照出版公司出版，或许可以一偿向来想协助推展德国民法研究之夙愿。

台大基金会成立至今，经林敏生、蔡宏图及陈传岳等董事长及历任董事支持与资助法学研究及教育工作推展，不遗余力，已见成效。本翻译之修订计划，自陈前董事长传岳律师任内开始规划及进行翻译事务，在^{岳生}担任董事长期间，一本基金会设立之初衷，延续诸位董事长、董事及同仁之理念及志业，于德国民法翻译修订之完成出版之际，受邀写序，深感荣幸！

台湾地区以外的法律之翻译，对于比较法的研习，是件重要的事。早在一百多年前（1907年），"司法院"前院长王宠惠博士赴德国柏林参加比较法学会时，深被1900年1月1日施行的《德国民法典》所吸引，发觉当时该法已出版四本法文、一本西班牙文、一本意大利文及两本日文之译本，却尚未有英译本问世，因此引起其注意与兴趣，自动自发着手进行英译的工作。1907年8月1日，其在柏林夏洛特堡（Charlottenburg, Berlin）写序，并于伦敦出版（London: Stevens and Sons, Ltd.），是当代第一本德国民法的英译本，受到高度评价，并成为英美人士研究德国民法的重要参考文献。法学前辈对于德国民法的重视及研究精神，值得吾人之景仰及学习。

在比较法研究，欧陆法系之民法，在拿破仑民法典之后，首推《德国民法典》最具代表性，包括台湾地区在内的东亚民法，不论在法律用语及基本原理原则，受德国民法影响者甚多，惟因德语学习不易，且如何精准掌握德文法律用语更属不易，极为感佩法学前辈^{岳生}在五十多年前信息较为封闭的年代，翻译德国民法，并成为中译本之中，被认为较为精准的代表性之译本。五十多年后，法学同仁完成本次翻译修订，在法学前辈已奠定的优异基础上，延续翻译之增订工作，诚属值得道贺及肯定的大事！

要完成德国民法之翻译，其需投入人力及时间相当多，在此非常感谢不辞辛劳之翻译同仁及出钱出力的系友。特别是感谢"司法院"前大法官并为副院长谢在全与诸位热心系友默默付出，捐赠本次修订之翻译经费，使本翻译修订工作得以顺利进行。

有关参与翻译工作之同仁，亦是本次修订之重要推手，如无他（她）们的参与翻译，本书将无法出版。相关热心人士的大名，在本计划修订总主持人蔡明诚教授之序言业已指明，对其贡献，恕我不以一一列名，但借此同表最高的敬意与谢意！同时，亦应感谢元照出版公司愿意协助发行本书，并不惜成本，以最好的出版品质发行本书，对其支持法学出版之精神，特表崇敬之意！

最后，期待台湾地区以及台湾地区以外关心德国民法之诸位先进能继续支持后续翻译修订计划，借以提升比较民法之研究水平！由于社会变迁迅速，德国民法修订频繁，期望法学同仁能继续支持未来新的修订工作，让德国法学研究得以持续发扬光大，以提升比较法学研究水平及增进法治的发展。

台大法学基金会董事长

翁岳生 谨识

2016年8月1日

推荐序二

德国法制对于台湾地区民法的发展极具特殊的影响力。于清朝末年及由孙中山先生所创建的中华民国推动的法制改革运动上，除酌法国民法典的体系之外，德国法制也是另一个重要的根基。自20世纪以降，越来越多的台湾地区法律学者前往德国接受法学教育或从事法律专业进修。这当中也有许多人会接受1925年所创立的德国学术交流总署（DAAD）的奖学金资助。尤其在第二次世界大战之后，在德国各大学中就读的台湾新生代科学家人数更为增加。其中更有许多学人在取得德国大学所授予的博士学位后，返回台湾贡献所学。

此后，当地的法学界也就一直对德国各方面的发展保持着高度的关心。尤其是台湾大学法律学系，早在20世纪60年代就开始进行一项非常重要的翻译计划。其目标是将德国民法（BGB）的五编内容翻译成精确的法学专业中文。而该翻译非凡的成就也受到中文法学界长期以来的肯定。特别是在此译本的基础上，当地的法学家及法学后进得以在过去数十年间，对德国民法进行深入的探讨。

惟自20世纪60年代以后，因为德国社会生活形态的改变，使得德国民法也必须大幅度并持续因应此情事而改变。因此对当年所翻译的德国民法，再次翻译修正之需求，显得刻不容缓。出身台湾大学而在德国取得法学博士学位的教授，几乎占了该校法律学院教授人数的1/3。其中多位是民法学者，决定共同承担这个任务。其中几位教授，亦曾获得德国学术交流总署的奖学金资助。

他们在短短的两年期间内，完成了这部修正后的新版德国民法翻译本的工作。这部作品见证了台湾地区和德国民法学界之间长期及丰硕的合作成果。这部翻译本也可视为德国与东亚地区在法学领域成功进行学术交流的记录。德国学术交流总署亦在此扮演了重要的推手。

我们可以期待继续坚持且深化的如此发展。在此，也要特别感谢戴东雄教授。这部新版德国民法特别彰显出他对促进台湾地区与德国双方法学专业合作长年不懈的付出。

希望这些民法学者间的对话，能在今后持续推动台湾地区与德国双方之间的和睦及福祉的维持。

德国学术交流总署副主席
Max G. Huber

DAAD Deutscher Akademischer Austausch Dienst German Academic Exchange Service

Grußwort VP Prof. Huber für
Neuübersetzung des BGB ins Chinesische
Hrsg. Von Prof. Dr. Tong-schung Tai

Zum Geleit

Die Entwicklung des Zivilrechtes in China stand unter besonderer Beeinflussung des deutschen Rechts. Es war neben den Systematiken des französischen Code Civil eine der wesentlichen Grundlagen der chinesischen Rechtsreform nach dem Ende des Kaiserreiches der Qing und der Gründung der Republik China durch Sun Yat-sen. Seit Beginn des 20. Jahrhundert begaben sich daher zunehmend chinesische Forscher und Forscherinnen nach Deutschland, um ihr juristisches Fachwissen zu vertiefen oder sich in Deutschland juristisch ausbilden zu lassen. Viele von diesen waren Stipendiaten und Stipendiatinnen des DAAD, der 1925 gegründet worden war. Besonders nach dem 2. Weltkrieg nahm die Zahl der an deutschen Hochschulen ausgebildeten chinesischen Nachwuchswissenschaftler und –wissenschaftlerinnen zu. Viele von ihnen kehrten nach der Promotion an einer deutschen Universität nach Taiwan zurück.

Dort hat die Rechtswissenschaft seither mit wachsendem Interesse die Entwicklungen in Deutschland verfolgt. Insbesondere die juristische Fakultät der National Taiwan University begann bereits in den 1960er Jahren mit einem außerordentlich wichtigen Übersetzungsprojekt. Das Ziel, die 5 Bände des BGB in die aktuelle chinesische Fachsprache zu übersetzen, wurde mit großem Erfolg und nachhaltiger Anerkennung durch die chinesische Fachwissenschaft erreicht. Nicht zuletzt auf der Basis dieser grundlegenden Übersetzung konnten

Rechtswissenschaftler und –wissenschaftlerinnen sowie der akademische Nachwuchs sich in den vergangenen Jahrzehnten mit dem deutschen Zivilrecht intensiv befassen.

Seit den 1960er Jahren jedoch erforderten die rasanten Veränderungen des gesellschaftlichen Alltags auch fortlaufende und inzwischen sehr umfängliche Anpassungen und Änderungen des Zivilrechts in Deutschland. Entsprechend wurde auch eine Überarbeitung der damaligen Übersetzung des deutschen BGB zunehmend notwendig. Viele der in Deutschland promovierten Zivilrechtler der National Taiwan University – fast ein Drittel der gesamten Professorenschaft der juristischen Fakultät – fanden sich zu dieser großen Aufgabe zusammen. Viele von ihnen waren Stipendiaten und Stipendiatinnen des DAAD.

Im Laufe von nur 2 Jahren konnte eine aktualisierte und verbesserte Übersetzung des BGB vorgelegt werden. Sie bezeugt die langjährige und fruchtbare Zusammenarbeit zwischen der Zivilrechtswissenschaft in Deutschland und auf Taiwan. Zugleich ist sie ein beredtes Dokument für den erfolgreichen akademischen Austausch mit Ostasien auf dem Gebiet der Rechtswissenschaft, zu dem der Deutsche Akademische Austauschdienst erheblich beitragen konnte.

Wir hoffen, dass diese Entwicklung sich weiter verfestigt und vertieft. Ein besonderer Dank gilt an dieser Stelle Herrn Prof. Dr. Tong-schung Tai, dessen langjähriges unermüdliches Engagement um die bilaterale fachliche Zusammenarbeit auch die nun vorliegende Neubearbeitung der chinesischen Übersetzung des BGB markant bezeugt.

Möge der Dialog der Zivilrechtler in Gegenwart und Zukunft zum Erhalt des Friedens und des Wohlstandes hüben wie drüben beitragen.

Max G. Huber
Vize-Präsident des Deutschen Akademischen Austauschdienstes

第二版序

德国现行施行民法（Bürgerliches Gesetzbuch or BGB, Civil Code of Germany），源自1881年开始编撰，于1896年公布，1900年1月1日生效，历经德意志帝国时期、魏玛共和时期、纳粹极权统治、两德分裂与统一，施行至今。其参酌罗马传统法及《法国民法典》之经验，但采取五编制，将民事法律关系之主体（自然人及法人）、法律行为及时效等规定于独立成编之总则编，债之关系列于物权编之前，因而为民法典之形式及内容自创一格，成为欧陆法系民法典代表立法体例。其立法体例，亦影响日本、泰国、韩国、希腊及台湾地区等民法典之制定。

《德国民法典》翻译中文版本，坊间已有不少版本。台湾大学法律学研究所翻译《德国民法典》，于1965年5月印行之版本，以当时物资不丰、资讯不甚流通之年代，能有如此具有代表且权威之德国民法中译本，诚属于台湾地区民法学之经典参考著作，亦为翻译台湾地区以外法规树立典范。

从1965年迄今，社会变迁迅速，德国因应社会需要，民法条文修正，为数甚巨，诸如20世纪60年代与20世纪70年代一连串之亲属法修正、定型化契约条款之引进、1992年成年人监护之删除、2002年之债法现代化以及2004年促进同居伴侣权益之改革等，近来又受欧盟指令影响，债编通则、各则变动频繁，更动之条文以数百计，不得不需要重新修订前述德国民法翻译。惟本书之修订工作，比想象中还难，除仰赖经费支应外，需要甚多人力之投入，从事重新比较新旧翻译、翻译新条文及编修条文之对照等工作。因此，在此全新修订版本发行前，应对于参与本书之原先法学前辈，致上最崇高之敬意！我们重新修订本书，是为其能重新应市，期待法学前辈之翻译德国民法传世之本意及精神，得以延续，影响后世。

对于"司法院"谢在全前副院长、林政宪律师、元富证券股份有限公司（王培秩前董事长与林东和副总经理等）、郑洋一律师、李圣隆律师等法学先进之捐款，是本书修订之重要推手，特别是法律学系系友"司法院"谢在全前副院长不断关心及勉励，使本书得以顺利完成，特此致谢，以示不忘。

本书之出版，除台大法律学院同仁协助外，对于台大法学基金会"司法院"前院长翁岳生董事长及前董事长陈传岳律师在本书修订出版过程中全力支持及持续不断勉励，使本书得以顺利出版，谨致谢忱！

最后，对于参与本书修订工作之翻译同仁，本校前法学院院长戴东雄大法官重新修订德国民法之简介，总则编主持人为谢铭洋教授及协助同仁王怡苹副教授，债编通论主持人为陈自强教授及协助同仁林易典教授，债编各论主持人为詹森林教授及协助同仁唐采苹、颜佑纮、赵书郁、李佳芳、林宗颖，物权编主持人兼本计划总主持人为蔡明诚教授，亲属编及继承主持人为戴东雄大法官及协助同仁为戴瑀如副教授、刘家豪。总校对团队为朱子元、胡叔伶、简婕、张豫芊、顾荃、王晨桓，与协助对照表及索引编辑同仁曾子晴、赵伟智、吴翰升、王天怡、谢达文，对本书修订工作之完成贡献卓著，使本书原先翻译德国民法之本意及精神得延续之功臣，略叙数语，以励来兹。

本书中文简体版在编辑过程中，得到了清华大学法学院王洪亮教授、王萍博士以及郑灿同学的大力支持，也一并以示感谢！

蔡明诚
谨识

例　言

一、本书译述德国现行民法典（至2016年5月24日），条文排列格式采德中对照，内容共分为序言、目录、缩写说明、各编翻译、条文对照表、专有词汇索引表，俾读者得于德文、中文间，相互参照。

二、除《德国民法典》全部条文，尚包含《德国地上权条例》（至2013年10月1日）。

三、编排体例，由大至小，分别为编（Buch）、章（Abschnitt）、节（Titel）、款（Unterititel）、目（Kapitel）及次目（Unterkapitel）。个别条文之编辑上，由大至小为条（Paragraf，德文以"§"代表）、款（Absatz，德文以"(1)"代表，中文以"Ⅰ"代表）、项（Nummer，中文以"1."代表）。本翻译另就各条、款、项中各段（Satz）标记号码"1""2"等，均上标于各段之首。

四、本书注释以"a""b""c"……等表明其次序，置于翻译条文之下。注释中引用参考德国法律条文时，如仅标明"第某某条"，则系指《德国民法典》而言。至德国民法以外之法律；德国民事诉讼法，以简称《民事诉讼法》代之；德国民法施行法，以《民法施行法》代之。引用台湾地区"民法"条文，则简称"台民"。

五、本书所译德国民法条文，以至2016年5月24日有效为限，其已删除或废止者，仅标明条号或项号。

六、本书注释引用德文文献时，采用德国法学期刊Neue Juristische Wochenschrift引注格式（2011年11月1日版）；引用中文文献时，采用《台大法学论丛》引注格式（2012年9月版）。

七、本书翻译《德国民法典》条文，力求不失原文意趣，并尽量使译文适合台湾地区法律用语，故直译与意译皆酌量采用。

目 录

编译委员会

推荐序一 / 翁岳生

推荐序二（含原文） / Max G. Huber

第二版序 / 蔡明诚

例 言

德国民法总简介 / 戴东雄（修订）

第一编　总则编

简　介 3
第一章　人 5
　第一节　自然人、消费者、企业经营者（§§1—20）................. 6
　第二节　法　人（§§21—89）.. 12

第二章　物及动物（§§90—103）.. 62
第三章　法律行为.. 79
　　第一节　行为能力（§§104—115）... 84
　　第二节　意思表示（§§116—144）... 94
　　第三节　契　约（§§145—157）... 127
　　第四节　条件及期限（§§158—163）..................................... 138
　　第五节　代理及代理权（§§164—181）.................................. 143
　　第六节　允许及承认（§§182—185）..................................... 158
第四章　期间及期日（§§186—193）.. 163
第五章　消灭时效... 168
　　第一节　消灭时效之标的及期间（§§194—202）..................... 169
　　第二节　时效消灭之不完成、期满之不完成及重新开始（§§203—213）.... 179
　　第三节　消灭时效之法律效果（§§214—225）......................... 190
第六章　物行使权利、自卫行为、自助行为（§§226—231）............ 195
第七章　提供担保（§§232—240）... 201

《德国民法典》与《中华人民共和国民法典》条文对照表（总则编）............ 208
《德国民法典》与台湾地区"民法"条文对照表（总则编）..................... 212

第二编　债之关系法

简　介... 219
第一章　债之关系之内容... 228
　　第一节　给付义务（§§241—292）... 228
　　第二节　债权人迟延（§§293—304）..................................... 259
第二章　因定型化契约而生之法律行为之债（§§305—310）............ 263

目录

第三章　约定债之关系.. 282
 第一节　成立、内容及终了（§§311—319）........................... 282
 第二节　双务契约（§§320—327）.. 308
 第三节　向第三人为给付之承诺（§§328—335）................... 314
 第四节　定金、违约罚（§§336—345）................................... 317
 第五节　解除；消费者契约之撤回权及退还权（§§346—361）........ 321

第四章　债之关系消灭.. 345
 第一节　清　偿（§§362—371）... 345
 第二节　提　存（§§372—386）... 349
 第三节　抵　销（§§387—396）... 355
 第四节　免　除（§397）... 359

第五章　债权之让与（§§398—413）.. 360

第六章　债务承担（§§414—419）.. 368

第七章　多数债务人及债权人（§§420—432）............................ 371

《德国民法典》与《中华人民共和国民法典》条文对照表（债编通论）............ 376
《德国民法典》与台湾地区"民法"条文对照表（债编通论）.................. 380

第八章　各种之债.. 387
 第一节　买卖、互易（§§433—480）....................................... 387
 第二节　分时居住权契约（§§481—487）............................... 413
 第三节　金钱借贷契约；企业经营者与消费者间之融资
    　协助与分期供给契约（§§488—515）............................. 420
 第四节　赠　与（§§516—534）... 461
 第五节　使用租赁契约，收益租赁契约（§§535—597）....... 469
 第六节　使用借贷（§§598—606）... 567
 第七节　物之消费借贷契约（§§607—610）........................... 570

第八节 雇佣及类似契约（§§611—630之8） 572

第九节 承揽及类似契约（§§631—651之13） 594

第十节 居间契约（§§652—656） 623

第十一节 悬赏广告（§§657—661之1） 629

第十二节 委任、事务处理契约及支付服务（§§662—676之3） 632

第十三节 无因管理（§§677—687） 669

第十四节 寄　托（§§688—700） 673

第十五节 物之携入旅店主人处所（§§701—704） 677

第十六节 合　伙（§§705—740） 681

第十七节 共同关系（§§741—758） 697

第十八节 终身定期金（§§759—761） 703

第十九节 不完全之债务（§§762—764） 705

第二十节 保　证（§§765—778） 706

第二十一节 和　解（§779） 713

第二十二节 债务约束、债务承认（§§780—782） 713

第二十三节 指示证券（§§783—792） 715

第二十四节 无记名证券（§§793—808） 719

第二十五节 物之提示（§§809—811） 726

第二十六节 不当得利（§§812—822） 727

第二十七节 侵权行为（§§823—853） 732

《德国民法典》与《中华人民共和国民法典》条文对照表（债编各论）............. 747

《德国民法典》与台湾地区"民法"条文对照表（债编各论）................... 755

第三编　物权编

简　介.. 767

目 录

第一章　占　有（§§854—872） 769
第二章　土地物权通则（§§873—902） 778
第三章　所有权 795
　　第一节　所有权之内容（§§903—924） 795
　　第二节　土地所有权之取得与丧失（§§925—928） 806
　　第三节　动产所有权之取得及丧失（§§929—984） 810
　　第四节　所有权请求权（§§985—1007） 838
　　第五节　共　有（§§1008—1011） 851
第四章　地上权 a（删除）（§§1012—1017） 853
第四章　役　权 854
　　第一节　地役权（§§1018—1029） 854
　　第二节　用益权（§§1030—1089） 860
　　第三节　限制人役权（§§1090—1093） 890
第五章　先买权（§§1094—1104） 894
第六章　物上负担（§§1105—1112） 900
第七章　抵押权、土地债务、定期土地债务 904
　　第一节　抵押权（§§1113—1190） 904
　　第二节　土地债务、定期土地债务（§§1191—1203） 948
第八章　动产质权与权利质权 955
　　第一节　动产质权（§§1204—1272） 955
　　第二节　权利质权（§§1273—1296） 982

地上权法（§§1—39） 995

《德国民法典》与《中华人民共和国民法典》条文对照表（物权编） 1019
《德国民法典》与台湾地区"民法"条文对照表（物权编） 1025

第四编　亲属编

简　介 1033
第一章　民法之婚姻 1044
　　第一节　婚　约（§§1297—1302）........................... 1044
　　第二节　结　婚（§§1303—1312）........................... 1046
　　第三节　婚姻之废止（§§1313—1318）..................... 1052
　　第四节　死亡宣告后之再婚（§§1319—1352）............ 1059
　　第五节　结婚之普通效力（§§1353—1362）............... 1060
　　第六节　夫妻财产制（§§1363—1563）..................... 1070
　　第七节　离　婚（§§1564—1587）........................... 1149
　　第八节　宗教之义务（§1588）................................ 1171
第二章　亲　属 1172
　　第一节　通　则（§§1589—1590）........................... 1172
　　第二节　血统起源（§§1591—1600之5）................... 1173
　　第三节　扶养义务（§§1601—1615之15）.................. 1185
　　第四节　父母与子女间之一般法律关系（§§1616—1625）.... 1200
　　第五节　亲　权（§§1626—1711）............................ 1207
　　第六节　辅　佐（§§1712—1740）............................ 1246
　　第七节　收　养（§§1741—1772）............................ 1249
第三章　监护、法定辅助与襄佐 1274
　　第一节　监　护（§§1773—1895）............................ 1274
　　第二节　法律上之辅助（§§1896—1908之10）............ 1329
　　第三节　襄　佐（§§1909—1921）............................ 1352

《德国民法典》与《中华人民共和国民法典》条文对照表（亲属编）............... 1359
《德国民法典》与台湾地区"民法"条文对照表（亲属编）................. 1367

第五编　继承编

简　介 1377
第一章　继承之顺序（§§1922—1941）... 1393
第二章　继承人之法律地位 1403
　第一节　继承之承认及拒绝，遗产法院之救济（§§1942—1966）............. 1403
　第二节　继承人对遗产债务之责任（§§1967—2017）............................. 1414
　第三节　遗产请求权（§§2018—2031）... 1440
　第四节　多数继承人（§§2032—2063）... 1447
第三章　遗　嘱 1466
　第一节　通　则（§§2064—2086）... 1466
　第二节　继承人之指定（§§2087—2099）.. 1477
　第三节　后位继承人之指定（§§2100—2146）....................................... 1483
　第四节　遗　赠（§§2147—2191）... 1507
　第五节　负　担（§§2192—2196）... 1531
　第六节　遗嘱执行人（§§2197—2228）.. 1534
　第七节　遗嘱之订定及废止（§§2229—2264）...................................... 1548
　第八节　共同遗嘱（§§2265—2273）... 1559
第四章　继承契约（§§2274—2302）.. 1564
第五章　特留份（§§2303—2338之1）... 1579
第六章　继承权之丧失（§§2339—2345）.. 1601
第七章　继承之抛弃（§§2346—2352）.. 1605
第八章　继承证书（§§2353—2370）.. 1609
第九章　遗产买卖（§§2371—2385）.. 1614

《德国民法典》与《中华人民共和国民法典》条文对照表（继承编）................ 1622

《德国民法典》与台湾地区"民法"条文对照表（继承编）................................ 1629

缩写说明 1637

专有词汇索引表 1641

德国民法总简介

戴东雄　修订

一、日耳曼民族与日耳曼法的特色

(一) 日耳曼部族的形成

日耳曼民族之名,取自于罗马人之命名Germanen,在语言学上,其属于欧洲共同始祖Indo-Arier之一支,经数千年分化而形成。其始祖居住于斯堪地纳维亚半岛(Skandinavier)的南端,而过鱼牧生活。至铜器时代,日耳曼人开始分裂为两支。其一支仍盘距于北欧半岛之原地未动,而被称为北日耳曼人。另一支于公元前2世纪向中欧、南欧移动,而分裂为东日耳曼人与西日耳曼人。他们的分界大体以Oder河与Neisse河为主。河之东岸居住东日耳曼人,河之西岸为西日耳曼人栖身之地。移居于中欧与南欧之东、西日耳曼民族,在政治上并无统一,也没有共同适用之法律,但他们有语言、宗教、文化及人种等共通之处,而总称为日耳曼民族。

公元前1世纪,当罗马国家的国势达到最高峰时,与逐渐南下的日耳曼民族开始接触,两民族系以莱茵河(Rein)与多瑙河(Donau)为界线。其后日耳曼民族的势力渐强,屡次越界罗马国家之防线,而使罗马人民饱受生命、财产安全上之威胁。不久东方的匈奴遭受中国东汉兵马的追逐后,朝向东欧、中欧日耳曼民族盘距的地区逃窜。日耳曼民族受匈奴迁移的压力,东日耳曼民族在黑海北岸停留短暂的时间后,于公元343年起,发生日耳曼民族之大举南下,此即所称之"蛮族大迁移"。此一迁移,迫使日耳曼民族从小部落(Cvitias)合并成大部族(Stamm),而与罗马国家发生正面冲突,开启两民族间长期武力对抗与文化交流的局面。公元4世纪末年,两民族维持了一段不短的和平时期。此期间两民族彼此来往频繁,加以文物制度相互交流,使日耳曼民族初次深深体会到罗马文明的精湛。其后日耳曼民族势力继续增强,其军队以蚕食鲸吞的方法,侵入西罗马国家之领土,纷纷建立部族国家。至5世纪初期,所有西罗马国家的省份,实际上相继陷入日耳曼各部族国家的手中。东日耳曼部族国家有Vandalen、Est-Goten、West-Goten、Burgund 等。西日耳曼部族国家有Langobarden、Alemannen、Bayern、Sachsen、Thueringen、Franken等。这些部族国家有其自己的部族法(Stammrecht)，各部族法的内容，固多相似，但亦有相异之处。在公元5世纪至9世纪之间，其互异之点，益见显著，因而形成了各种不同的所谓民族法(Volksrecht)，即如lex Salica、lex Alamannorum、lex Thueringorum、lex Saxonium等。

(二) 法兰克(Franken)帝国的建立

在西罗马国家领土内建立部族国家之东、西日耳曼民族中，最值得重视的，要推Franken王国。Franken(法兰克)部族为西日耳曼人，于公元3世纪中叶，已居住于莱茵河下游。公元350年组成"莱茵河法兰克部族王国"，并建都于科隆城(Köln)。约5世纪初，法兰克王国势力渐强，至国王Chlodowech(公元481年—511年)即位后，正式建立法兰克大帝国于Tournai城。因国王英明，并领导有方，且改信仰基督教，受到法国地区居住人民的欢迎。其后法兰克王国的国力大增，其他日耳曼部族国家，如Westgoten、Aemannen、Tueringen、Burgund等，均一一被其所征服。法兰克王国传位至Karl Martell皇帝(公元714年—740年)时，Pippin以宫相(Hausmeier)地位，支配帝国之实权后，废除Merowinger王朝，自己僭位称帝，而创立了历史有名的Karolinger王朝。公元751年Pippin僭位时，因获得当时教皇的支持，而得以称帝，Pippin为答谢教会的支持，宣布全国境内之人民，无论日耳曼民族或异教民族，均应皈依基督教，而奠立中世纪发展成教会国家的基础。Pippin之子Karl(查理)大帝继承皇位(公元768年—814年)后，于公元774年攻打Langobarden部族王国成功后，继而征服Sachsen部族王国，最后出兵击败Bayern部族王国。至此日耳曼民族在法兰克帝国的领导下，归于统一。Karl大帝的大一统帝国，维持至公元843年的Verdun和约。依该和约，法兰克帝国分裂为三：其一，Ludwig der Deutsche国王保有东部帝国领土；其二，Karl der Kahle国王得到帝国西部领土；其三，Lothar国王统治帝国中部及保有皇帝名位。法兰克帝国传至Karl三世之手时，又复归统一，但仅维持短暂而已。Karl三世于公元887年为东法兰克王国所取代时，帝国又告分裂。此时五国分疆而治：即东法兰克王国、西法兰克王国、上Burgund 国、下Burgund王国及意大利中部王国。东、西法兰克王国为后世德国与法国的雏形。因此自公元887年，Arnulf von Kärnten 被拥立为德意志国王后，法兰克帝国正式瓦解，而德意志王国，从而兴起。

总之，在法兰克帝国之统治之下，日耳曼民族、罗马文化及基督教信仰结合成一体，而奠定日后欧洲文明，尤其成为德国法律发展的基础，其对德国民法的日后编纂，有重大的影响。

(三) 日耳曼固有法之特色

日耳曼部族在东法兰克地区，于公元887年建立德意志王国后，基于民族的共同性，逐渐表现日耳曼部族特有的法意识(Rechtsbewusstsein)和法律生活(Rechtsleben)。日耳曼人非单一部族，但因该多数部族在血统、语言、宗教、文化以及生活习惯有密切关系，因而其各部族的法规范也表现若干共同的特性。日耳曼人以农立国。农村社会以家族(Familie)、氏族(Sippe)或部族(Stamm)为中心的共同生活体。家族、氏族或部族的结合，受天然地域及自然血统的限制，形成生活上之单一体，共同生产，共同消费，十足表现自给自足的经济生活。在此单一体的生活型态中，日耳曼法的规范表现不成文的习惯法、团体的义务法及公法与私法不区分的特色。

1. 就不成文的习惯法来说，日耳曼人最古老的法规范称为"民族法"(Volksrecht)，此规范系因袭传统的日常生活习惯，日积月累形成。从而日耳曼法非立法者权威的制定法(Gesetzesrecht)，而是自律的社会秩序。其不仅存在于各个人民的良知，同时也是全民的确信。此渊源于代代相传的伦常习俗，德国历史法学派创始人Savigny别称此为民族精神(Volksgeist)。法律对日耳曼人来说，因缺少文字记载，而利用口头传授于后世。为便于记忆，以押韵或特殊成语来呈现。例如Bürgen soll man würgen(保证人令人摆布)。依日耳曼古法，保证人非单纯的补充主债务之债务人，而是与主债务人并列，而各自对债权人负完全责任，保证人并无先诉抗辩权。因此债权人不须先向主债务人请求，而得向保证人请求清偿。此表示保证人随时应受债权人请求清偿之义务。又如Was die Fackel zehrt, ist Fahrnis(凡能为火炬所燃烧者，为动产)。依日耳曼古法，动产的概念是不妨害该物的经济价值而能移动的物体。因此固定在地面上的建筑物，应列入不动产的概念，但木造房屋能为火炬所燃烧，故不列入不动产，而属于动产。

2. 就团体的义务法来说，日耳曼法不是建立于个人主义之权利上，而是建立于团体主义之义务上。从而各个人非权利主体的人格者，为自己的利益而存在；却是为团体秩序的一分子，甚至为神灵所创设和平秩序而生存。诚如萨克森法典(Sachsen Spiegel)前言所说："神灵无所不是。"因此神灵所创设的和平秩序，人民有绝对服从的义务。日耳曼人民生活的价值在求全体的自由与和平，尤其忠于团体的荣誉高于其他一切。单一的个人无法独立存在，他必须依附于家族、氏族或部族团体而生存，尤其受各种军事同盟团体的保护而生活。例如氏族的一员受他人或他氏族无理的侵害财产、身体或生命时，该侵害不仅为个人的损失，更重要的是对于氏族团体名誉的污辱。因此同氏族的成员均有复仇的义务(Fehde)，而不能袖手旁观。同时加害人也非孤立的个人，而尚有其氏族团体做后盾，且有声援的义务。于是所谓"复仇"成为两氏族或两部族的武力冲突，十足表见团体性的义务法。

3. 就日耳曼法不分公法与私法来说，最初的日耳曼法系私法与公法合而为一的规范，即不论规律相邻间之个人关系，或国王与人民间的信托关系，均不加以区别，而采同一方法的规律。日耳曼法从私法来说，可谓私法公法化。其私法的内容，不得任意约定财产或身份关系，尤其土地所有权或继承财产均以社会团体之精神为出发点而加以规范。从而个人无高度人格权，而受团体义务的拘束。从公法的角度而言，日耳曼法亦可说是公法私法化。从而不仅普通的财产权，而且负有社会团体性质的公法权利，均可成为世袭的目标(patrimoniales Recht)，即如政治统治权、诉讼裁判权或官职等，被视为私法上的财产权，而得为继承、让与或质押的标的。

总之，自德意志王国建立后，该国所适用的私法，大体多有赖于由生活经验所形成的习惯法，而旧时的民族法(Volksrecht)逐渐衰退。至11世纪以来，民族法为日耳曼人所遗忘，而部族法反而日渐兴盛，其适用范围也常有所变动。受统治领土之因素，从部族法逐渐形成地域性的法律，而地域法因封建领域的大小，又区分为不同的地方法。除地方法之外，尚有因封土、宅第、徭役的身份上的法规。凡隶属于封土、宅第或徭役之人，固不能自外于地方法的规范，但是种种有关特殊身份的法规，也不能不遵守。又生活于城市的人，其生活习性不同于农村。此基于自由经济，以货币交易为主，并适用城市法等，而使德国法的适用错综复杂，又不统一。此特性与当时的罗马法相比，甚觉落后，而种下继受罗马法的远因。

(四) 中世纪日耳曼法典的编纂

德意志王国至13世纪时，有所谓"法典编纂运动"。此编纂非政府的立法，而是私人的著述，大体都是当时地方法、封土法、城市法等归纳比较，以示其共通性。当时有萨克森的陪审官Eike von Repkow，在公元1220年至1235年之间，著述一部萨克森法典(Sachsenspiegel)，此为中世纪德国最有名的部族法典。作者在该法典前言指出："这些法律不是由我想出来的，而是由别人所带来的，也就是我们的祖先所传下来的。我仅将其加以保存，以便其不会消失或被误解。"他编纂这部法典没有借助于任何前代的法典。他完全凭自公元1209年至1233年在其担任陪审官期间之实务经验，将该部族留传下来的习惯法加以收集整理。他期望日耳曼的萨克森民族也拥有自己的一部权威，正如罗马人的罗马法大全，所以他以拉丁文撰写，期望一般民众都能了解。这部法典乃纯粹日耳曼部族法典，但仍援用了罗马法少数个别法条。例如该法典Landrecht第二章第六十三节第1条规定："妇女不得诉讼。"此规定源于Calefurnia判例而成立。而该判例系出自于罗马法大全的学说汇纂(digesta)。

惟少许的罗马法条文,改变不了德国固有法的特色,由此可知,日耳曼部族法在当时社会采纳罗马法,已成为可能的事实。

萨克森法典的内容分为两大部分,第一部分为地方性的法律规范(Landrecht);第二部分为封土法(Lehnrecht)。前者又分三编,第一编有71章,第二编有72章,第三编有91章。后者没有分编,而有80章。在这部法典中,可见到德国中世纪的法律秩序,其中有民事法、刑法、程序法以及国家法等。这部法典成为14世纪德国北部主要的补充法源。

继萨克森法典而起的,在南德有所谓Spiegel deutscher Leute者,以阐述一般德意志法为其中心课题,稿经数易,于公元1275年始告完成,其称之为地方法与封土法(Landrechts-und Lehnrechtsbuch),亦称为帝国法典(Kaiserrecht)。因其包含南德地区Schwaben一带独特的习惯法甚多,故又称为Schwaben Spiegel。这部法典的价值远逊于萨克森法典,但在德国南部各地区,却盛行一时。

二、罗马民族与罗马法大全的编纂

(一)罗马民族的特性

在文化发达的各民族之间,其文物制度的相互影响,乃是常见的事实。法律文化的完成,亦绝非一民族独自所能竟其功。外国的法律思想,对于内国的法律,往往有很深的影响,而且文化越高者,其影响力亦必越大。罗马法之影响于德国法,使其惹起了重大的变化,摹拟仿效,推陈出新,终至德国全盘继受罗马法,而行于全国,这是世人所共见的史迹,值得回忆。

德国固有法为不成文的习惯法,其所谓的法律,充其量仅为团体生活的经验,其内容又极简陋,加上其固有法的适用分歧而不统一,可说缺失甚多。以身份法来说,有贵族法、市民法、农民法、封土法、家丁法等。以地域法来说,有帝国法、地方法、城市法,加上教会法院适用寺院法与世俗的法院平行管辖,尤其适用固有法审理的法院程序,以口头方法审理,当事人的权益,不容易受到保障。有鉴于此,当时的德国社会,为地域、身份或阶级上的种种不同,于是人囿于法,法随地异,不足以因应日趋繁荣的商业交易及个人自由时代之潮流。从而一种合乎理性的法律,实为当时德国社会各阶层迫切需求,但当时的德国固有法体系,不足以担当此大任,而不得不求之于国外。

罗马法为罗马民族适用之法律。罗马民族是古代亚利安民族(Aryan)的支属。最初罗马人与日耳曼人相同,是以农立国的民族。但自建立罗马城于公元前753年后,农村生活一变为都市生活。为能适应城市生活的需要,罗马人的法律规范从原有的习惯法改变为成文的制定法,称为城市法(Stadtrecht)。就城市人民的性格来说,其富于思考,又工于心计。就生活方式来说,城市生活合于逻辑,而井然有秩序。就人民的思想来说,城市人民沉稳冷静,而不易为情感所左右。罗马人民在Romulus国王至Caesar皇帝的卓越领导下,尽量发挥罗马民族的特性:男性的高度智慧、对宗教的冷淡、对传统的热爱、对公众事物处理的天才,以及善用外交手腕处理国际事务等。基于此民族的性格,产生积极而富有理性的罗马法。于是罗马法显示以男性为中心的法律概念,尤其建立罗马城后,确立了家父长权主义(Patriarchalismus)的法律思想。罗马国家的组织系直接以家为基本单位,同时以个人的权利为基础。反之,日耳曼民族的国家组织乃以氏族(Sippe)为最基本单位,同时以团体的义务为出发点,二者有很大的差异。罗马人对氏族、部族的力量及生活习俗不甚重视,而对国家的服从甚于祀祖祭神。基于此民族的特性,方能使罗马法易于发展成为具有普遍效力的理性法(ratio scripta)。依理性法思想领导人Cicero的见解,人类最理想的生活,是依从自然法则,其最高之品德是明达、正义、慷慨及谦让。所以勿害他人、诚实处世、待人如己的原则,成为罗马人流行的格言。他们所谓正义的基础是自然的理性,其用之于法律,便是理性法。

(二)罗马法大全的编纂

罗马私法((jus privatum)的体系,起源于公元前753年,即罗马城的建立开始至公元6世纪东罗马优斯蒂尼皇帝(Justinian)编纂罗马法大全(Corpus juris civilis)及其后期所公布的新敕令(Novelle)为止,共长达1300年。在此漫长的法律发展过程中,罗马私法无论在形式上或内容上均有所改变,尤其罗马法的体系与形式的发展,时时需要配合罗马国家的政策与社会的需要。

罗马法最早的成文法为公元前451年至450年所公布的十二铜表法。此铜表法共分十二部分,包括保护权利的诉讼法,身份法上的家长权、继承权、监护权,物权法上的所有权、占有权及相邻关系等,但也有私益犯罪的处罚规定,如侵权行为、侮辱、窃盗、贵族与平民的通奸等。罗马法的编纂,历代皇帝均积极以赴,但其中最重要的,当推在优斯蒂尼皇帝时期编纂所完成的罗马法大全(Corpus juris civilis)。该法典是由法学家Tribonianus负责主编,其可称为历代法典编纂的集大成。

罗马法大全共分为四部分:(1)法学提要(Institutiones)。法学提要又称法学通论(Elementa),是由法学家Theophilus、Dorotheus负责编纂。其体裁适合于教科书的形式,其内容乃收集法学家Gaius、Ulpian及其他古典法学家之作品为基础,而于公元553年编纂完成,并与学说汇纂(Digesta)同时公布。(2)敕谕集成(Codex)。敕谕集成是由法学家Tribonianus与Theophilus负责主编。其内容系以历代罗马皇帝所颁布的敕谕，分门别类加以收集，以供日后有相同事由发生时的适用。(3) 学说汇纂(Digesta；Pandectae)。罗马法大全以学说汇纂最受重视，其乃由法学家Theophilus与Cartinus等于公元533年负责编纂完成。其内容是收集当代罗马法学家的主要论著上的学说。尤其成一家之言的法学家，诸如Papinianus、Paulus、Ulpianus等作品。(4) 新敕谕(Novelle)。此新敕谕乃优斯蒂尼皇帝于迁都巴尔干半岛的君士坦丁堡后所继续收集的敕谕，而于公元535年始公布。此内容除公法之外，尚有亲属法与继承法等。因东罗马的官方语言为希腊文，故其以希腊文公布，但重要部分以双语为之，即拉丁文与希腊文。此部分因语言之关系未能为后世的注释法学家与疏证法学家所完全批注，故流传于后世较少。

总之，罗马法所呈现之特色为成文法、个人的权利法及公法与私法区分的法，而与日耳曼法的特色，有相当大的差异。

三、德意志帝王的罗马城加冕与帝国永续的理论

在文艺复兴时期，对于古典文化的爱好，已成风气，而接受罗马法，较诸任何其他法律容易。此理念除日耳曼固有法的简陋与纷歧外，尚来自于帝国永续的理论。自公元5世纪以来，建国于罗马国家领域内之日耳曼部族国家，莫不力求其政权与罗马帝国发生政治上的连带关系，使其政权之取得有合法性的依据。例如两位日耳曼的部族国王，在罗马城发生加冕之事件。其一，公元800年的Franken帝国的Karl大帝；其二，公元962年的国王Otto一世(公元936年—973年)。由于他们深信在罗马城加冕为德国皇帝时，当然取得统治北意大利之权力。有此加冕后，中世纪的法律与德意志国家，无论教皇的敕谕或注释法学派的理论都承认："凡是在罗马加冕为德国皇帝的国王，将是罗马皇帝的后裔。"自Franken王国的统治者，在罗马城加冕而承袭罗马皇帝，所谓帝国永续的理论，乃取得一新的根据，尤其德国创立神圣罗马帝国时期，罗马皇帝的尊号与德国君主的名号合而为一。德国君王即为罗马皇帝，于是帝国永续的理论基础，更为巩固。

公元12世纪德国君主Friedrich一世(Barbarrossa；红胡子皇帝)与13世纪Barbarros皇帝之孙Friedrich三世，与罗马教宗在争权时，每每引用罗马法中有关绝对君权的理论为根据，以期证明教宗的教令无效。公元1158年Friedrich一世将罗马法视为帝王的宪章(Constitutio de regalibus)，并邀请注释法学派(Glossatoren)的法官，协助其改革行政事务与诉讼裁判。他又于公元1165年公然宣示自己是步前代诸罗马皇帝，尤其优斯蒂尼皇帝之后尘，秉理国政。其后在罗马法大全中，插入不少神圣罗马帝国之法律，而直认罗马法为帝国法(Kaiserrecht)，而不视为外国法。

自Heinrich二世至Karl四世的德国帝王利用罗马城加冕之便，从意大利的Bologna大学聘请杰出的罗马法专家，在其政府机构担任法律顾问或在法院从事裁判实务。德国皇朝与中世纪意大利法学关系，以Staufer皇朝最为密切。此结合关系绝非偶然，实有其必然的理由。一方面，注释(Glossatoren)与疏证法学派(Kommentatoren)从罗马法大全中，向德国君王提出德国帝国是绝对权力的化身，其有创造法律与解释法律的权力，而意大利的法学家希冀藉此国家理论，在德国君王的保护下，继续发展罗马法，使其能成为欧洲共同适用的法律。他方面，德国君王与其政治家，亦欲藉罗马法的国家理论，为其大一统的绝对国家政权，取得合法的根据，同时在个别政策上，帝国法的罗马法化，可以对抗教宗势力的再扩张，亦能阻止封建领主对中央政府的离心力。例如学说汇纂说："帝王是世界唯一的主人，祗受上帝启灵而统治人民。"又如敕谕集成说："皇帝为规律人类生存，有权力制定法律与解释法律，他以一国之尊，不必服从法律，但仍以遵守法律为荣。"

这种帝国永续理论，可说是德国继受罗马法的前奏(die Vorstufe der Rezeption)，却非罗马法继受的本身，真正的继受系指罗马法于15世纪至16世纪间，实际支配德国法院的审判而言。而中世纪意大利的罗马法专家与德国皇朝，因各自立场的需要，结合一起而相互为用，彼此影响。此二者的结合促成日后德国全盘继受罗马法的重要关键之一。

四、中世纪意大利法学派与德国学生在国外接受法律教育

(一) 注释法学派与疏证法学派

在中世纪的意大利，优斯蒂尼皇帝的罗马法大全之适用，虽从未间断，却颇见退缩。因为德国皇帝的坚持帝国永续理论，而在其帝国适用的法律中，插入少许的罗马法大全的内容，使一般民众大抵只知法学提要(Institutionen)、敕谕集成(Codex)及学说汇纂(Digesta；Pandectae)中之少许概略而已。至11世纪中叶，在意大利发生所谓法学的文艺复兴。相传当时意大利的Amalfi地方，发现6世纪罗马法大全的遗稿，经送到Pisa城后，大大引起当时学者的重视。Bologna城离Pisa城不远，其又为当时意大利北部政治、经济及文化的重镇。该城在公元11世纪间，已成为发展各学科的教育中心，而由世俗的教师传授修辞学、理则学、算术、几何学、天文学等。该学校在诸多学科中，以训练有关公文及法律文书的写作技巧最有心得。此部分正是日后发展为意大利法学研究的中心。

至12世纪中叶，Bologna城已发展成为独立的法科大学，尤其一代法学大师Irnerius在该学校执教，使该大学以罗马法大全的遗稿为研究法学的对象，同时以罗

马法及寺院法为课堂讲授的内容。由于在Irnerius领导的法科大学，诸教师研究得体，教学得法，使该大学逐渐成为欧陆法学研究最重要的城市。其全盛时期，有来自欧洲各国的学生约有一万余人，名声远播，而奠定成立"注释法学派"(Glossatoren)的基础。

所谓注释法学派，又称为Bologna法学派，其系指于12世纪初期，由法学家Irnerius在Bologna大学开创的法学派而言。该学派在Irnerius的领导下，以经院哲学(Scholastik)的方法论，从事罗马法大全的注释工作。古典的罗马法大全，一则时代的隔阂已有五百余年，二则罗马法大全系庞杂而无体系，且相互矛盾地方，又处处可见的法典，其与中国有体系而条次排列的唐律有所不同。故此现象不仅不合于时代的需求，而且对当时学法的人有莫测高深之感。Irnerius的注释工作正为解决此困境，同时建立研究法学的正当方法与有效的途径，其功至伟。无怪时人尊称他为"法学之光"(lucerna juris)。此注释工作，后继有人，一直至13世纪中叶，由法学家Accursius(公元1182年—1260年)完成该学派的集大成，即他撰著有名的"罗马法典研究讲义"。此不朽之名著被奉为"标准注释"(glossa ordinaria)，此所以当时法谚说："法院不必斟酌标准注释不承认的原则。"

注释法学派注释罗马法大全的工作，不因法学家Accursius的集大成而终止。其后又有所谓疏证法学派(Kommentatoren)继续罗马法大全的批注工作。此法学派的兴起在公元13世纪中叶至16世纪初期，紧接注释法学派之后，故别称为后期注释法学派(Post-glossatoren)。此学派的专长在于以注释法学派所注释的罗马法内容，从事鉴定各种实际于社会发生的法律问题或法院实务上裁判工作，故时人称其为法学鉴定家(Konsiliatoren)。此法学派的代表人物，当推Baldus与Bartolus。

注释法学派基于帝王排他性的立法权理论，提出单一帝国(unum imperium)，单一法律(unum jus)的原则，至少在形式上不愿承认都市条例的效力。反之，疏证法学派正视当时政治社会的实际环境，不排斥实际存在的都市条例的拘束力，因而设法寻出罗马法与都市条例相互关系，即法律分为特别法与普通法，而特别法与普通法均能适用或二者发生抵触时，应采用特别法优先适用的原则。

总之，Bologna的注释法学派，除新敕谕(Novellen)之外的整部罗马法大全，以当时社会环境的需要，予以诠释，并广为宣扬。但新敕谕不在注释的范围的理由，乃因罗马帝国已东迁至君斯坦丁堡，且优斯蒂尼皇帝的新敕谕系以希腊文颁布，注释法学派的法学家大多无力批注。也影响疏证法学派无法充分利用"新敕谕"，从事法院实务的鉴定工作。但无论如何，此两学派对法学研究与法学发展，启开一条坦途，而奠定日后德国继受罗马法的基础及影响欧洲大陆近代法典编纂的运动。

(二) 德国学生在国外受法律教育

德国继受罗马法乃由法学专家(Juristen)独挑大梁。而此法学家在德国社会扮演相当重要的角色，应归功于国外与国内大学法科教育的培养。自公元12世纪意大利Bologna大学创设注释法学派，而成为欧洲第一所法学研究中心后，立刻引起欧洲其他城市的共鸣。不仅意大利其他各城市，如雨后春笋相继成立法科大学，而且也影响意大利境外的法国、西班牙等国也成立法科大学或法律研究中心，使欧洲研究法学风气盛极一时。但当时德国法学教育比起其他欧洲国家甚为落后，但德国人求知欲望从不服输，他们早就重视欧洲国家研究法学的风气，尤其Bologna注释法学派对法学研究的成就。其次，罗马法的国家理论符合德国王朝中央集权的国家政策，因此政府统治者鼓励人民前往国外，尤其意大利学习罗马法。有鉴于此，德国负笈国外攻读法律的青年学子，尤其有贵族身份的僧侣阶层，更是络绎不绝于途，蔚成风气。此辈人士成为日后德国继受罗马法的先驱。

他们学成归国后，始有能力在德国境内建立起法科大学或法律研究中心，并自己培养法律专才。例如中世纪德国帝国最早建立的大学是公元1348年的Prag大学(现今捷克境内)。其次是1365年的维也纳大学(现今奥地利境内)。至于现今德国境内所建立的第一所大学是1386年的海德堡大学，时间已是14世纪末年。此期间与欧洲其他国家的法学教育比较，显然落后甚多。例如意大利注释法学家Vacarius在英国牛津大学讲授罗马法的时间是公元1139年。尽管罗马法的教育，德国落后当时欧洲其他国家甚多，但德国在国外受罗马法教育的专家，加上自己大学培养的后辈们的努力，而奠立日后继受罗马法良好的基础。

德国在意大利攻读法律的人数较其他国家的留学生为多，且以Bologna、Siena、Padua等大学就读较多，也有到法国巴黎及其南部的城市就读。意大利大学的国外留学生，系按其隶属，分编成班，其中有所谓条顿(nation teutonica)者，乃德国学子。他们在意大利学习到注释法学派与疏证法学派对注释与实务鉴定罗马法的心得：罗马法为世界性的法律，而不应仅仅局限于意大利一地，且此一世界性的罗马法，如不与其他地区的特殊性的法律发生相抵触，应当适用于整个西方世界。注释法学派之所以坚持此一见解，乃具有两种理由：其一，罗马帝国迄未沉沦，罗马法当然应继续有其效力；其二，罗马法具有内在的永恒价值，适于交易上的需要，而维持正义与公平的原则，尚且文义精晰，并然有其条理，简直就是成文的理性法(ratio scripta)。此信念深深打动在意大利留学的德国法律人才，而成为日后德国继受罗马法的原动力。

五、德国法院诉讼审理的改革与帝国法院的适用罗马法

(一) 德国法院书面审理的改革与审级制度的建立

德国在国外学成归国与国内自行培养的法律专家(Jurist)，在公元15世纪至16世纪间，人数已相当众多，在德国社会自然汇流成一强大职业上的团体，而逐渐受到政府统治阶层的器重，同时也受到社会一般民众的敬仰。早在13世纪中叶已有国外学成的法律专家在德国政府机构担任行政工作，但世俗的普通法院仍为未受法律教育的贵族陪审员所把持，法律专家甚少进入法院审判。于13世纪末叶法律专家已取得德国各统治阶层的信任，而出任国家重要职务。此关键在于当时德国政治环境所使然。当时德国中央政府乃由封建领主国家与自治城市共同构成帝国的组织形态。帝国政府的政权颇为不稳，其组织又甚脆弱。帝国的法律地位乃基于各封建领土的法令、协议或条约的规定所产生的，从而帝国内部的每一政治争端，几乎能演变成法律争议。此时各阶层的政治统治者，必须借重罗马法绝对主权的理论，主张于自己有利的见解，尤其对教宗权势的威胁，罗马法国家绝对至上的理论，正是合于世俗国家用之以对抗的依据。至公元14世纪、15世纪间，法律专家在德国皇帝、封建领主或市政委员的眼光看来，几等于骑士(Ritter)地位，而被列为贵族之一，尤其在Friedrich三世与Karl皇帝时代为然。

公元14世纪前，罗马法专家已在政府机构取得重要职位，甚至有少数人也有机会进入法院担任审判工作，因为此工作多数为不谙法律的贵族阶层以陪审员身份所担任。这些法律专家对日耳曼传统的法院审判实务，以口头审理的程序，早就不满，尤其对人民权利的保障更是不利。因此法律专家运用司法行政之权限，改革诉讼程序与制度。他们首先以书面审理取代言词审理，尤其诉之声明、法律事实之提出以及所引据的法条均依书状为之，法院的辩论方法及判决的作成更是如此。由于审判程序的变革，一方面，迫使无法律知识的诉讼当事人，无法自写诉状，而非求助于法律专家，并提供法律见解、代写诉状或出庭代为辩论不可，使原已受社会尊重的法律专家，其地位更上一层楼；他方面，原在法院担任陪审员的贵族，因未受法律专业训练，面对有条有理的书面诉状，甚感心有余而力不足，无法主持辩论程序与下达判决内容。于是有的贵族陪审员私下求助于法律专家，有的更是知难而退，干脆辞职不干。有鉴于此种司法的变革，法律专家始有机会逐渐取代贵族的陪审员，而进入法院担任审判工作。

在德国境内，除世俗的法院外，尚有因教宗的管辖领域，而设有教会法院。在公元13世纪前，教会法院的审判权仍掌握于主教(Bischof)之手。当时教会法院之审

判援用传统制度，严格区分法官(Richter)与裁判官(Urteilsfinder)。法院判决由特别选任的陪审员以裁判官的身份或由教廷会议(Synode)行使。迨进入13世纪后，注释法学派与疏证法学派以罗马法理论，影响在罗马城的教宗法院的审判实务后，德国境内的教会法院也先于世俗的法院发生审判改革。其改革主要内容有二，其一，教会法院改采以罗马法为基础的寺院法为主体的诉讼程序，即改采书面审理，且必须调查证据与审理的正当性。其二，改进法院的组织法，使教会的审判实务从教会的行政权独立出来，也就是司法裁判的独立性。教会法院虽在审判上以寺院法为主，但因寺院法与罗马法有密切关系，尤其神职的法律专家，莫不精通罗马法，故罗马法得以补充法的性质，在教会法院仍有适用之余地。

所谓寺院法乃中世纪教会各机构所制定法律的总称。其中寺院法大全(Corpus juris canonici)在当时教皇的权势下，适用一切有关法律事件。寺院法的内容除宗教上的法规外，尚包括民刑诉讼，而其中民事部分，更有整套特殊的规定。但寺院法不是自行独立形成的，在很多场合，都是依罗马法为基础，而就个别法律关系，予以不同的衡量，而加以变更。换言之，寺院法与罗马法的关系，可说是前者为特别法，而罗马法为普通法，故寺院法有优先适用的效力，但其无规定时，始适用罗马法为补充法。

寺院法大全共编纂四集，第一集为Decretum Gratiani，第二集为Dekretal GregorsⅨ，第三集系教皇Liber sextusvon BonifazⅧ的补遗六卷，第四集乃教皇Clementinen的决议汇要。神父Gratiani曾在Bologna专攻寺院法，其于公元1139年至1142年间，就寺院法之法源，亦即教宗会议的决议及教皇敕令，作有系统的研究，择其要略，编撰成书，作为解决信徒讼争之准据。教皇GregorsⅨ的敕令汇编，共分五编，编之下又分章，于1234年发表，而被认为具有法律的效力。BonifazⅧ的补遗六卷乃GregorsⅨ敕令汇编的续集。至于Clementinen的决议汇要乃教皇ClementinenⅤ将公元1311年Vienne宗教会议的决议案，附以一些敕令所编纂而成的。德国所继受的寺院法，以上面四种为限，但公元1545年至1563年宗教会议的决议案，对于德国婚姻法的立法，具有深刻的影响。

德国真正继受罗马法系指德国各级法院适用罗马法的实务继受(praktische Rezeption)而言，别称继受的整体(Die Rezeption erfolgte Komplex)。此实务继受罗马法的关键，在于德国皇帝创设了帝国最高法院(Reichkammergericht)，从事审判程序与法院组织上的革新。于公元1415年创立的王室法院(koenigliches Kammergericht)在德国Maximilian皇帝在位时期，即1495年改革成为帝国最高法院，期能统一全国法律。改革后的帝国最高法院以成文的罗马法为一般补充的法源，故罗马法专家进入审判工作，不再受很大的阻力。帝国最高法院创立时，进一步制定帝国最高法院组织法(Reichskammergerichtsordnung)，正式由罗马法专家担任审判实务，并建立审级机能，使帝国最高法院成为全国最高审级法院。依据帝国最高法院组织法第一条规定："帝国最高法院的院长(Kammerrichter)，须具有贵族身份，而裁判官(Urteil)共设十六席，其中半数须为获有法学博士的学位，其他半数须至少有骑士地位的贵族始可。"该组织法于公元1521年修改一次，其规定贵族身份的裁判官如不是受大学法律教育，则至少对法院的判例有所研究，而依此能下判决。由此可知，帝国最高法院适用的法源以罗马法为最重要。

除帝国最高法院之外，在德国境内尚有封建领主的宫庭法院(Hofgericht)与封建领主或自治城市的低级法院(Niedergericht; Untergericht)。自15世纪末期至16世纪初期，封建领主已认识司法实务为国家重要的职务，故他们莫不创设宫庭法院，以管辖领域内的诉讼事件。宫庭法院最初也是由不识法律的贵族担任陪审员的裁判工作，其适用的法律仍为固有的日耳曼法。但自帝国最高法院创立，而其以多数罗马法为专家为裁判官，同时以罗马法为主要适用的法源后，封建领主的宫庭法院，如不改弦更张，而聘用适用罗马法的法律专家时，当事人不服宫庭法院的判决，而上诉到帝国最高法院时，势必被废弃原判决，而苦尝败诉的后果。此不但对当事人不利，而且也对封建领主的威望有所损失。有鉴于此，宫庭法院也不得不聘请罗马法的专家担任审判工作，期与帝国最高法院的步调一致，以罗马法为法院审判的主要法源。至于封建领主或自治城市的低级法院，在10世纪末期至16世纪初期，法院的陪审法官几乎是不谙法律的贵族担任，且一本以所谓民族的法意识(Rechtsbewusstsein des Volks)为裁判的依据。但自帝国最高法院创立后，其法院的审判工作，一如宫庭法院当时所遭遇的命运同，为使其审判不受败诉的判决，自取其辱，也跟帝国最高法院的步伐，不得不聘请有法律修养的罗马法专家担任审判官。

在德国境内，除前述世俗的法院体系外，尚有独立于德国皇帝管辖的教会法院。此教会法院在司法行政上受罗马教宗的管辖，其所适用的法源系以寺院法为主，但罗马法亦有补充法的性质，因为寺院法的内容不如罗马法普遍，且寺院法系以罗马法为基础。德国境内的教会法院因受意大利教宗法院改革的影响，早于世俗的法院改成书状审理，且有正确的调查证据，合理的审判程序。其判决的结果往往能达到保护权利人的权益，故其较世俗的法院受德国民众的欢迎。此法院的法官自以熟习寺院法及罗马法为主，且其继受罗马法的步骤不亚于帝国最高法院的表现。

(二) 帝国法院适用罗马法的原则

帝国最高法院的改革，除法院的组织法以外，影响德国全盘继受罗马法的，尚有法院的裁判实际适用罗马法的原则。公元1495年创立的帝国最高法院的组织法中规定："法院的裁判必须依据帝国法或罗马法。"又于公元1521年在同法的新修正法上，重申帝国普通法(罗马法)的一般补充效力。但在帝国最高法院组织法中尚规定限制条款(savatorische Klausel)："凡是合理的日耳曼法，一经证明其拘束力，则其效力优先于罗马法。"可见凡德国习惯法适用之地区，罗马法应被排除适用；只有习惯法没有规定或无从证明其其拘力时，始能引用罗马法。此即所谓城市法优先于地方法(Stadtrecht bricht Landrecht)，而地方法优先于帝国法(Landrecht bricht Reichrecht)的原则。依此帝国最高法院适用罗马法仅为补充性的原则，有拘束性的日耳曼法有优先适用的效力，似使德国全盘继受罗马法未竟全功，但事实上不是如此。其主要原因在于罗马法专家于审判上适用法律时的态度，其裁判时遵循以下原则：其一，在法院如当事人引用日耳曼习惯法时，采用"提出来的方法"，必须由引用的诉讼当事人举证该习惯法有确实的拘束力，始能为法院裁判官采用为裁判的依据。其二，适用帝国普通法(罗马法)时，采用"法院已知的法律"(jrra novit curia)，即诉讼当事人引用罗马法时，不必提出其法律的拘束力之证明，即能为裁判官作为裁判的依据。其三，诉讼当事人即使提出固有习惯法有拘束力的证明，只因其与理性的罗马法(ratio scripta)相抵触之故，当被裁判官认为不良的习惯法(Böse Gewohnheit)，而不承认其拘束力。其四，法院对城市法(Statuten)采取严格的解释态度，以便缩小该法的适用范围。总之，帝国最高法院裁判官适用罗马法的原则，有如此的心态，其他下级法院裁判的原则，莫不以此为马首是瞻。其结果，德国自帝国最高法院至地方或城市的低级法院都以罗马法为优势的法源，而完成德国整体的继受罗马法。

六、现代法院实用(usus modernus)运动与改革法的法典编纂

(一) 现代法院实用运动

自15世纪以来，罗马法专家进入各级法院担任裁判工作后，罗马法在法院实务上大大发生影响力。其结果，德国法律秩序似乎是罗马法的天下。但另一方面，占绝大多数的平民，尤其生活保守的农民对于外来的罗马法尚觉陌生，甚至有敌视之心，因为对于其既得利益有侵害之虞；同时人民要对簿公堂时，必须延聘律师出庭，而付出昂贵的诉讼费用，始能有胜诉的希望。此现象无异造成"富者胜诉，贫者败诉"的恶果，社会贫富的对立与相互仇视益形尖锐。

自进入16世纪初期，由于罗马法造成德国社会不良的后果，尤其配合德国各地方之改革法，有法学家如Ulrich Zasius对于罗马法的绝对权威性起了怀疑。依其见解，罗马法只对德国社会实际有益或与德国风俗习惯一致者，始有学习与研究的价值。他一提出罗马法的理论时，常从比较法的立场，阐明罗马法与固有习惯法的异同与优劣。他对德国固有习惯法特有的制度，例如地主与佃农的隶属关系（Hörigkeit）、土地负担（Reallasten）、继承契约（Erbvertrag）、失踪、悬赏广告、利他契约等，均能借重罗马法的概念与理论，深入分析，而提出独到的心得。迨至公元16世纪末期，法学的研究方法，开始有显著的转变。法学家重视国内法律的发展与国家社会实际的需要。在法学研究上，兴起整理德国法制史体系的风气。在政府立法上，力求法条内容应符合德国社会的实际需要。在法实务上，从法院的判例，获得德国法律生活的经验。此现象显然与公元15世纪与16世纪初期唯外来罗马法是问的态度，迥然不同。

此种发展有助于培养德国固有习惯法的信心与独立的发展，因而于公元17世纪在德国产生所谓"现代法院实用"（usus modernus）的运动。此运动的本质乃不承认全部罗马法大全为帝国所公布而有效的法律，也不认为中世纪意大利注释法学派与疏证法学派所注释或鉴定的全部罗马法，在德国社会有当然的拘束力；却是主张只有在德国法院实际适用的罗马法，尤其如何被适用的范围内，始发生其拘束力。因此该运动为同时代之人别称为"罗马法现代法院实用"（mores hodiernae；heutiger Gerichtsgebrauch），或又称为"罗马法合时代的实用"（zeitgemässe Praxis）。

现代法院实用运动的灵魂人物为Hermann Conring（公元1610年—1681年）。他于公元1643年撰写"日耳曼法的起源"名著，其著作共分三十四章之多，其中心思想在于他对日耳曼固有法独到的新理论，用以强调日耳曼法制史研究的重要性与德国固有法独立发展的可能性，并建立德国新的法律体系。

现代法院实用运动的贡献，在17世纪、18世纪，除前述法学家的论著外，最高法院的判例亦有援用，且有时又为一、二特别法所吸收。民间的法律行为及法律生活上的表现，亦处处证明有此习惯法的存在，而德国社会的舆论及交易上的需要，更竭力支持此运动。

（二）改革法运动的法典编纂

德意志帝国非中央集权之大一统的国家，故中央立法权，颇为微弱，而各邦的立法却非常活跃。不过私法方面，则各邦甚少贡献，即在中央，亦属寥寥。仅于公元1512年公证条例中，有若干关于遗嘱方式的规定；1529年帝国议会有关于子侄对于伯叔及姑母的继承权的决议案；及1530年、1548年、1575年帝国警察条例有关于监护的修正。

在对抗拿破仑的解放战争(Befreiungskrieg)结束后，由德国各邦所组成的德意志联盟(公元1815年—1866年)，缺乏直接统治全国的中央政权，所以中央的立法，亦不能拘束全国人民。德意志联盟是一邦联的组织(Staatenbund)，而不是联邦(Bundesstaat)的国家。但是联盟议会可以决议法案，而法律案一经公布以后，则各邦应受其拘束。人民对邦法(Landesgesetz)，亦即所谓地方法的施行，应该有服从的义务。联盟议会曾于公元1848年制定德国统一票据条例及1861年的德国统一商法。

德国因继受罗马法，惹起了外国法与本国法的错综复杂，而残存的特别法，又复纷歧紊乱，法律生活至感不安。帝国的立法既如此消沉，于是特别法便纷至沓来。这种特别法都优先于罗马法而有其适用。尤其关于亲属法及继承法两种法规都是极具德国固有的色彩，大概皆依据继受以前，德国城市法及地方法所已规定者，而予以吸收。兹将德国城市法及地方法，概略述于如下。

16世纪及17世纪的城市法(Stadtrecht)与16世纪至18世纪的地方法(Landrecht)，其内容至为周详。大抵都是依据下级法院的判例及人民生活的实际需要而制定的。在城市法最值得注意者，即所谓"城市法改革运动"(Reformationen der Stadtrechte)。这一运动承认罗马法在私法领域中，应有补充的效力。此运动将罗马法与德国固有法，互相融和与连系，形成现代成文法典的先驱。

公元1479年纽伦堡(Nuernberg)的改革法运动最具代表性。此改革法将德国固有法与继受后的罗马法两相结合，乃由此而开其端。纽伦堡改革法共分三十五节，每节有若干条文。前十一节以罗马法与寺院法的诉讼程序为主，但亦有少许的实体法。自第十二节至第二十一节为继承法与亲属法。第二十二节至第三十四节规定各种契约类型、担保权、损害赔偿、农民法、占有诉讼、本权诉讼等。第三十五节为详尽的建筑法。

改革法的民事部分采纳不少罗马法的个别条文，但就整体的法典看来，仍不失为固有法的特色。例如夫妻财产制的规定，全部为日耳曼民族的习惯法。此改革法于公元1564年改正一次，使法典更有体系化。纽伦堡的历次改革法成为日后德国各城市与封建领主各邦法典编纂的蓝本，同时在立法史上开创了新的一页，其贡献至伟。

继之而起者，有公元1578年及1611年的法兰克福(Frankfurt)的改革法。法兰克福的法典包括民刑法及诉讼法，奠定了德国固有法与罗马法相互混和的立法基础。公元1502年有佛来堡市(Freiburg)改革法，此法典系由法学家Uleich Zasius编纂完成的，其内容包括Freiburg市法院的判例、自治法规、习惯法及法院实际所适用的罗马法。该城市法共分五章，第一章规定诉讼程序，第二章为债法及各契约类型与担保权，第三章乃身份法为主，包括人格法、婚姻法及继承法，第四章系警察法及建筑法，第五章为刑法。

在地方法方面，大抵皆致力于习惯法体系的建立，而予以成文法的制定。但亦有依罗马法而确立其法律关系者。就中重要者，如公元1616年的巴伐利亚地方法(das bayerische Landrecht)。巴伐利亚的封建领主于公元15世纪中叶与16世纪初期，鉴于社会的急速发展的需要，一连串制定了单行邦法，其中以刑法及警察法为主。至公元1491年，其又制定一次邦单行法，将原规定不合时宜的规定加以删除。又于1518年在Koellner法学家的领导下重新编纂了邦改革法。此改革法共分三部分，即民法、犯罪行为及诉讼程序，此改革法典于1616年又大幅度修正一次。

其他如公元1620年普鲁士公国地方法(das Landrecht des Herzogtums Preussen von 1620)，1610年的布尔登堡邦(Wuerttenberg)改革法等。

七、18世纪各国民法典的编纂

在18世纪的德意志帝国，自从斐特烈大帝就位以后，便已分崩离析，裂土封疆，邦自为政。因各邦独立的结果，于是邦的立法权，日益扩大，认为仅就各种不同的特别法，加以调和折衷，成为普通法，尚嫌不足，应该本其绝对独立的主体，就罗马法与固有法及普通法与特别法，混和柔合，汰其异而取其同，制定邦的统一法典，以普行于全境，有其必要。自18世纪以降，在大邦，纷纷遵循自然法的理念，致力于法律的成文化，也就是说，编制统一的法典，以排除各种法源不同的特殊法律。这种努力，实由普鲁士邦开其端。

公元1746年斐特烈大帝曾命首相柯克赛杰(von Cocceji)起草一部所谓"基于纯理性而能施行于全邦的法典"。可是此尝试，因为柯氏的草案，不能充分表现自然法与罗马法的基本概念，而告失败。1780年又命首相查尔茂(von Carmer)，把各省的特别法，编成省法典，而另以罗马法大全及本国的立法为基础，草拟一部对于省法有补充作用的法典，以排除一切陈旧而与自然法相矛盾的各种法规。Von Carmer虽自任起草委员会的主席，而实际的计划及工作，则均由斯凡莱(Karl Gottleib Svarez)担任。委员会除参考罗马法以外，德国法中，如萨克森法典(Sachsenspiegel)及Magdeburger与Luebisches Recht法典，曾予以重视。这部草案共分六编，于公元1784年至1788年相继发表，嗣经修正一次，于1791年以《普鲁士邦普通法》(Allgemeines Gesetzbuch für die preussischen Staaten)之名称公布之。旋复再度加以修正，而于1794年定名为《普鲁士邦普通地方法》(Allgemeines Landrecht für die preussischen Staaten)，重行公布，而于1794年6月1日施行。为了法律的转变，不致于过于急促，而使人民易于接受起见，该法典的第二编首三章关于婚姻、亲属及继承的规定，暂缓施行。因为这些规定，与罗马法及萨克森法颇有出入，未便遽而实施。嗣以民意渐加赞许，法院裁判又复予以支持，于是推迟未久，便即施行。

这部法典共分二编，第一编计有23章，第二编共分20章，都一万七千余条，私法与公法皆包括在内。自然人及其身份、亲属关系、教会与国家的关系，均有所规定。唯认为债之关系及遗产继承乃所有权取得原因，则与现代民法大异其趣。这部法典颇注重审判实务及社会实际生活，更重视公平原则。凡曾经法院援用过的罗马法及固有法，概予以明白规定。条文词句，通俗易晓，使人读之，不复知其含有外国法的成分。现行德国民法中，凡有关德意志法规定，大抵均取材于普鲁士普通地方法。

奥地利政府曾于公元1766年提出一部内容相当充实的统一民法草案于枢密院(Staatrat)，嗣因各方面的批评与指摘，致未获通过。旋复重行起草，几经商讨，多次修正，乃于1816年6月1日公布，定名为《奥地利君主国普通法法典》(Allgemeines Gesetzbuch für die gesamten Erblander der oesterreichschen Monarchie)，而于1812年1月1日施行。这部法典计分三编，共1502条，包括一切有关私法的规定，而废止私人生活上的阶级特权。条文简洁易晓，虽略带德意志法的色彩，要以罗马法为其重要基础，而受自然法及康德哲学的影响，至为深刻。该法典起草人为Franz Aloys v. Zeiller。其为维也纳大学教授，力主自然法学。

法国大革命之后，曾一度努力于私法之法典化，但于公元1793年所提出之民法法典草案，却未为国民会议(NationalKovent)所接受。迨至拿破仑执政，于1800年重行提出，且迅速予以完成。其定名为《法兰西民法法典》(Code civil des Francais)，于1804年3月20日公布施行。该法典于1807年又改称为《拿破仑法典》(Code Napoléon)。法国民法计分三编，共2281条。其把南方各省奉行的所谓罗马成文法(droit écrit)，及北部与中部法国所施行的日耳曼习惯法(droit coutumier)，互相调和，以制定法典。就当时的情形言，法国民法所具有的日耳曼法的因素，较其他国家的法典，略见丰裕。法国法学硕儒Pothier (卒于1772年)的著述，对于拿破仑法典影响至巨。法国民法辞句典雅，明白易晓，树立平等原则，废除封建特权，使这一法典在法国以外的其他国家，亦莫不加以赞许。德国公元1900年以前，其莱茵河左岸的各地域，如Birkenfeld、Rheinhessen、Elass-Lothringen、Pfalz等，都废止原有的普通法与特别法，而实施拿破仑法典。巴特邦(Boden)自1808年奉行拿破仑法典以后，便将该法典译成德文官本，附加补编，遂成巴特邦地方法。自从该地方法施行之后，原有的普通法与特别法，予以废止。

德国萨克森邦就其公元1851年及1852年所草拟之民法草案,加以缜密的修正后,定名为《萨克森王国民法法典》(Bügerliches Gesetzbuch für das Königreich Sachsen),于1862年公布,而于1865年3月1日施行。这部民法是根据普通法法理及萨克森法律而制定的,共2620条。原有的普通法与特别法,亦因该法典之施行而废止。

八、公元1900年德国民法典的编纂的前夕

自从北德联盟奠定之后,南方各邦相约与北德联盟共建德意志帝国,由邦联而转为联邦(Bundesstaat)国家,德国统一大业,于焉告成。中央政府的立法权,亦因而及于整个国家。惟依照公元1867年北德联盟的宪章及1871年帝国宪法,中央立法权有关于私法方面者,仅以债法、商法及票据法为限。1873年修改了帝国宪法第4条第13款后,联邦政府始得就整个民事法规享有其立法权,因而数百年来"地方法优越于帝国法"的习惯,予以废止,并树立了"帝国法优先于地方法"(Reichsrecht bricht Landesrecht)的大原则。

在公元1900年1月1日以前,德国全境关于民事法规约分四大法区,各适用其不同的民法法典。第一为普鲁士地方法,第二乃法国民法,第三系萨克森民法,第四是普通法。

如上所言,德国在13世纪所谓"法典编纂"的时期者,私家学人曾努力于法律统一的运动。罗马法的继受,颇有助于这一运动,获得了一部的满足,但是后来因为特别法之纷纷诞生,使外国法与内国人民的生活,渐相和谐,反而使法律统一的曙光,趋于暗淡。德国法律史学家Conring教授及法哲学家Leibniz虽曾一再强调法律统一的重要,而当时之人均等闲视之。城市法与地方法之相继编成为法典,更使法律的统一运动,陷于双重的危机,而全国人民的法律生活,日趋于分崩离析。幸赖法学界的努力及德国各大学的呼吁,卒使法律统一的思想得以实现,这确是德国法律史上一大盛事。Heidelberg大学法学教授Thibaut在公元1814年竭力主张德国应有一部统一的法典,以加强法律的建立,而与分裂的政治局面相抗衡。说言卓识,备受赞许。可是历史法学派创始人Savigny却持异议。Savigny在其名著《法律之时代使命》(Vom Beruf unserer Zeit für Gesetzgebung und Rechtswissenschaft)一书中,对于Thibaut的见解,痛加批驳。Savigny固不否认统一法典对于国家统一有其重要的意义,但他认为法律之法典化的时机,尚未成熟。概举三事,以实其说:第一,普鲁士与奥地利,雅不欲舍弃其现行法典,以曲从统一的法律,则法典统一的大业,未能达成,而德意志的法学,却先趋于分裂。第二,法律的参考书籍,尚感缺乏与平

凡，要制定一部完善的法典，颇非易事。第三，法律术语不敷应用，编订法典自属困难。平情言之，Savigny所举的理由，殊觉牵强，不足以折服当时之人心。况且历史法学派所标榜的习惯法之必须特别重视，在Savigny自己的著述中，亦见其消沉，而对于成文法之得以自由发展，不能不予以正当的评价。

法典编纂的努力终于获得胜利。德意志国民会议(die deutsche Nationalversammlung)曾于公元1894年的《宪法》第64条明定联邦应制定民法法典。唯当时无暇及此，事遂搁置。旋因国民会议又重提此事，帝国政府乃决心就法律统一的伟大任务予以实现。其认为统一的民族应有一部统一的法律。法律犹如语言，在民族的联系上，甚且较语言更为重要，这在私法方面，尤其明显。举凡亲属关系、财富交易，非有统一的民法，最易惹起紊乱与纷争。

当时德国人民深受法律分歧的痛苦。国境之内因地区的不同，有适用普通法者，有适用普鲁士法者，亦有依据法国民法(即巴特法)及萨克森法，而为生活的准绳者，甚至有些地区，除普通法与普鲁士法以外，还加上数以百计的特别法规，错综复杂，莫知所从。一部内容丰富，斟酌妥善，而适合民族的统一法典，实属迫切需要，而刻不容缓者。即就法学方面言，亦应该有其统一的基础，盖当时德国学者，注重普通法的研究，探求其渊源，而为历史的及定义的诠释，对于法律之应如何适应现实的生活，则甚少注意。直至第一次民法草案公布后，这种治学的态度始有转变。

九、德国民法典的编纂

在长期号召统一民法典之需求下，却直至公元1871年政治统一后，方获得实现。首先在公元1873年，于国会议员Lasker与Miquel的努力下，于帝国宪法中增加一规定，使帝国有权限制定统一的民法典。之后，公元1874年由德国上议院（Bundesrat）设置德国民法法典筹划委员会，先确立该民法法典设计的方针，以制定在德国全境可施行之民法法典。为求此一目的之达成，对于现行的各种法律，务须寻求其相互差异之处，而设法予以折衷调和，更参以现代的法学原理，而拟订一部适应实际生活的完善法典。

公元1874年至1887年，由德国上议院所组成之第一次民法起草委员会负责民法法典编纂之工作。该委员会由11位不同城邦出身之法学家所组成，包括两位教授与九位从事实务工作的法官与行政官员，并由高等商事法院院长Pape担任主席。首先将民法分为五编，分别指定委员会成员负责起草，包括总则编（由Gebhard担任，于1881年草竣）、债编（由V. Kübel担任）、物权编（由Johow担任，于1880年草竣）、亲属编（由Planck担任，于1880年草竣）、继承编（由V. Schmitt担任，于1878年草竣）。其中债编起草人V. Kübel久病逝世，使其工作无法完成，而暂行搁置。唯该已完成之四编草案，经委员会审查的结果，认为缺点甚多，而于公元1881年10月间，重行作一般性的检讨，并加以整理。各编草案及委员会的决议，概不公开，既不与经济界人士有所接触，又不咨询法学家们的意见，闭门造车，独行其是。

公元1887年德国民法第一次草案起草的工作结束。该草案连同理由书①五卷，于1888年1月31日公布。公布之后，引起全国上下密切注意。该草案于德国法学界中的回响多为正面性的，肯定委员会成员的努力，将现存之法律与教科书中之意见汇整而审慎起草。然而该草案也引起诸多批评，包括条文内容过于抽象、文字复杂难懂，直接引用罗马法而令人无法理解等理由。其中对该草案反对最力的有两位学者，一是维也纳的社会学家Menger，在其所著《民法与无产阶级》（Das bürgerliche Recht und die besitzlosen Volksklassen，1890出版）一书中，严厉指责该草案为中上市民阶级之法学家所为，仅反映其利益与价值观，不但以一般人民不熟悉的语言为之，更忽视一般大众，特别是无产阶级之权益。另一学者Otto von Gierkes，也持相同看法，在1888/89年所出版之《民法草案与德国法》（Der Entwurf eines bürgerlichen Gesetzbuchs und das deutsche Recht）一书中，认为该草案过于遵循罗马法，而轻忽德国私法的重要性。总计关于该草案所提供之意见，不下六百余件，一般舆论显示该草案过于理想，未顾及时代的需求，不适合实际生活，宜重行起草，而以经济上及社会上的需要，为其立法基础。

公元1890年，德国上议院再组成第二次民法起草委员会，任命常任委员10人，非常任委员12人，由司法大臣任主席，而以Küntzel担任副手，于1891年至1895年间，针对第一次起草之民法加以修正。此次的委员中，除了有知名的法学专家，如Gottlieb Planck担任总召集人，亦加入许多非法律人，包括各种职业团体之代表，以广纳不同之意见。该委员会对于针对第一次草案许多富有价值之批评数据，十分重视，并与帝国司法部共同合作，致力研究法律应如何与实际生活相结合，尤其对于经济上之弱者，更应加以必要之保护。此外，也针对法条用语为明显之改善，力求简洁清晰，而极力避免准用的条文，但同时又保留第一次草案中已制定之价值以及原则。第二次起草之民法草案乃于公元1895年提出于德国上议院。由Planck任总报告，Gebhard, V. Jacubezky, Küntzel, V. Mandry, 及Rüger分任各编报告。之后于公元1896年，于德国上议院经过讨论，针对社团法、劳务契约与婚姻法作若干修正，即

---

① 该理由书直至今日，仍然为法院实务于解释法律时所引用。

送往帝国议会审议。帝国议会指定21人，组成审查委员会，计开会53次，稍加修改后，提付帝国议会大会表决，而以222票对48票（反对者多为社会民主党）通过，其中有18票弃权。德国上议院即于1896年7月14日作成法律案。同年8月18日由德皇威廉二世签署批准，并于8月24日公布。

德国民法典于公元1900年1月1日开始生效。该法典共分为总则、债、物权、亲属、继承五编，计2385条。原草案尚有第六编外国法之适用，共30条，上议院以之归并施行法中，即所谓国际私法。每编复分为章，章又分节，各章节的标题，构成法典的一部分，解释时应予以注意。节之下，有时又分为款，款有时更细分为若干目。德国民法的施行法，凡218条，分为四章。第一章为通则，亦即国际私法（第7条至第31条）。第二章规定民法与帝国法律之关系，第三章规定民法与各邦法律（亦即地方法）之关系。第四章则是关于过渡时期的规定。

于德国民法典通过之际，同时也订立许多相关之附属法规，比如土地登记法，用以补充德国民法典关于土地登记之规定。

德国民法法典，在起草当时，已经对于其他国家的民事立法，有着很深的影响。例如日本民法典，已与德国民法典甚相接近。台湾地区现行"民法"及1925年的泰国民法，均系采取德国的成规。1907年的瑞士民法典，虽有其独特的法律思想，但大体上亦仿效奥地利及德意志的立法例。此外如巴西、希腊及匈牙利诸国的民法，在体系及若干制度上，亦与德国民法，极相类似。

德国民法典，包含着很多抽象的一般规范，喜用专有名词，条文的含义，富有弹性。利用解释的途径，与寻求法意的方法，使一般生活关系，皆能获得合理的解决。这部法典，表现着私人经济上的法律运作方式。这种私经济秩序，乃建立于个人私有财产权及自由权之上，此表现在契约自由原则（第311条）、所有权自由原则（第903条）及遗嘱自由原则（第1937条）。但所谓自由并非漫无限制，宜在宪法上、道义上，以及社会义务上，定有界限，而此一界限，在社会的福利上，必须加以严密的设计。德国民法典，继受罗马法上之优良传统，于第157条与242条，明白揭示诚信原则，及交易习惯的遵守，而以一般抽象性条款，作成富有弹性的规定，藉以顾全个别的需要，调和利害的冲突，填补挂漏的缺陷，而树立正义公平的楷模。尤有甚者，德国基本法所传递的价值观，亦可透过此抽象性之条款，落实于民法中，此又称为宪法之第三人效应。

此外，德国民法典，道德的气氛非常浓厚。违反善良风俗的行为一概予以禁止（第138条、第817条、及第826条）。权利不得滥用（第242条、及第826条）。奸诡狡猾，应为法律所不许（第226条）。为了保护交易的安全，德国民法，就许多重要的情事，显示着权利外表的信任（das Vertrauen auf den Schein des Rechts）。同法第829条、第932条以下，及第2366条，皆其显著之例。

至于德国民法典对于婚姻与家庭，则仍以父权作为中心思想，承认夫对于共同婚姻生活所产生之事项拥有决定权。此外夫对于所生之共同子女亦有主导权。相对的，当时之德国民法典对于非婚生子女与其生母之法律上保障，明显不足。

德国民法典展现两种重要之立法技术，一为以总则方式，将可适用于各编之原理原则，集结一起，如此可避免重复以及让法典体系化，因此民法典总则编之规定可适用于其他各编；债总之规定，则适用于各种契约类型。另一避免重复之方式，则是采用法条之准用，包括法律要件之准用与法律效果之准用。惟此二种立法技术同时亦有缺点，即针对同一个法律事实，必须在不同章节处寻求适用法条，无法让人一目了然。

十、德国民法典的修正

德国民法典，自施行之后，至今已逾一百年，随着政治社会之变迁，也有修正与补充之必要，以下分阶段说明之：

（一）帝国时期

在德国民法典施行之后，不论司法实务或法学界皆尝试实践新法，而有愈来愈多的判决具体落实新法之内容。惟在法条文字之外，也让司法判例成为法源之一，法典所形成的法律漏洞，成为法官造法的契机。例如在给付障碍中延展出积极侵害契约之概念。于侵权行为中，帝国法院也发展出由第1004条之构成要件延伸出对于有受权利侵害之威胁时，可向法院提出暂时性的请求防止侵害之诉讼。

此外，在第一次大战之前，帝国议会针对德国民法典通过许多补充之规定，其中大多为独立的单行法。例如1908年之社团法（Vereinsgesetz）的颁布，而将《德国民法典》第72条予以改定。又如《德国民法典》第833条关于动物占有人的赔偿责任，因增加第二项之规定，而得以减轻。

在第一次世界大战时，由于战时经济状况之需求，国家对所有权与契约自由原则加以干涉，强制缔约成为当时国家控制经济生活之重要手段。

（二）魏玛共和时期

由于战后所引发之经济与社会危机，使得魏玛共和时期政府，针对租赁、劳工以及土地所有权之相关法律，采取立法之干预，使私法的关系，深受公权力之干涉。包括1922年的《房屋租赁条例》（Reichsmietengesetz）及1923年之《房屋缺乏救济条例》（Wohnungsmangelgesetz），并且为了保护承租人的利益，对于出租人一方的终止租赁契约关系，予以严格的限制，而于1923年制定《承租人保护法》（Mieterschutzgesetz）。关于物权者，有1919年的《地上权条例》（Verordnung über das Erbbaurecht），《德国民法典》第1012条至1017条，因该条例之施行而废止。关于亲属者，有1922年之《少年福利法》（Reichsjugendwohlfahrtsgesetz）及1922年的《儿童宗教教育法》（Gesetz über die religiöse Kindererziehung），其内容颇为周详。

（三）纳粹统治时期

自希特勒执政之后，又称纳粹统治时期，其所领导的国家社会党，深受其特殊之中心思想——德意志民族团结与血统净化主义——之影响，而将法律作了大幅度的修正。德国民法本以所有人民之自由与平等为出发，此因违背纳粹政党之核心理念，本欲以制定"人民法典"取代德国民法典，但却因第二次世界大战的爆发，而未能完成。然而，于此段期间中，不论法学理论或司法实务于适用德国民法时，皆被要求以新的中心思想来解释法律，特别是透过一般抽象性条款，如善良风俗、诚实信用原则与重大理由等，实践纳粹精神，而强调民族团结之义务，并歧视其他种族。此外，也透过立法的干预，制定种种单行法规，以取代原来民法之规定。

以亲属继承编为例，首先于公元1938年制定了婚姻法（Ehegesetz），而废止民法典第1303条至第1352条之规定。该法于战后，因占领德国之战胜国政府之批准，仍然有效，且一直到公元1998年，才将婚姻法废除，回归民法典亲属编。其次为遗嘱法之制定（Testamentsgesetz），民法典第2064条、2229条至第2264条，因该法之施行而废止。遗嘱法与婚姻法相同，并未因纳粹政府之瓦解而影响其效力，仅在战胜占领国政府之命令下，废止《遗嘱法》第48条第2项之规定。一直到公元1953年，德国才将该遗嘱法废止，再度回归民法典继承编。

至于在财产法的部分，则大致上未有变动，国家仅透过对产品制造与物资分配之程序法，而对私法自治加以限制。

（四）战胜国占领时期与东德时期

在第二次世界大战之后，德国战败，由美英法俄四国分四区占领德国，并颁布战胜国法律（Kontrollratsgesetz），将纳粹时期专为实践其血统净化主义而制定之法律加以废止，再度恢复法律之前人人平等。惟俄国所占领的东德部分（德意志民主共和国，简称DDR），却因其政治思想与价值观，与美英法所占领之西德区（德意志联邦共和国，简称BRD）截然不同，而使两地在法律的发展上也分道扬镳。由于德国民法与东德共产主义之价值观不合，因此于东德即废止德国民法之适用。于亲属法的领域，则于公元1966年制定亲属法单行法规取代之；劳工法的领域，也以劳工法之单行法规为之；之后再于1976年制定民法，该法充分彰显社会主义思想，1982

年制定契约法，也以计划性经济为其主导方针。公元1990年两德统一后，结束东德时期，西德所适用之法律，包括德国民法典，也再度适用于东德地区。

（五）德国基本法之影响与20世纪之重大变革

在这百年来，德国民法深受两大因素所影响，一为德国基本法制定，其价值理念亦落实于德国民法，二为科技之进步带来经济生活之演进，再加上社会结构之改变，使人民之价值观也随之变动。当民法之规定对于所欲解决之问题，愈来愈无法达成其所预期之正义时，法官与立法者也必须寻求新的答案。

于公元1945年所制定之德国基本法，对于德国民法之继续发展扮演了重要的角色。首先，德国基本法认定德国民法所保障之契约自由、所有权自由与遗嘱自由原则，具有宪法之位阶。在此同时也强调司法关系之社会义务，而得对所有权与契约自由原则作一定的限制。至于德国民法中与基本法价值不合之规定，特别于婚姻与亲属法的领域，则更是引发一连串对于德国民法之重大改革。兹简要说明如下：

首先，为实践基本法第三条所要求之平等原则，透过公元1957年男女平等法之制定，而修正夫妻财产制之相关规定，盖以往以共同财产制为法定财产制，而使夫对于妻之财产有管理权限，实有违基本法所保障之男女平等，因此改以净益财产制作为法定财产制，不但夫不再有单独管理妻财产之权利，也让配偶间处于经济弱势之一方于婚姻关系解消后，得向他方请求婚姻关系存续中所生财产之一半。

其次，为落实《基本法》第6条第5项，非婚生子女应与婚生子女在法律上享有同等待遇，而先于公元1976年，制定《非婚生子女法》，之后于公元1998年亲子法改革中，将非婚生子女相较于婚生子女于法律上不平等之规定完全删除，之后德国民法中将不再有非婚生子女之文字以及概念存在。此外，于公元1974年与1975年间，也将民法上成年之年龄由21岁降至18岁，增加其自主性。

在强调子女利益的保障下，亦于公元1979年，将"父母亲权之概念"由原本之父母权力改为父母保护教养之权利，另外于父母子女之法律关系中，也以保障子女权利为名，加强公权力机构介入之可能性。并在公元1998年之亲子法改革中，确立以父母共同行使亲权为原则，此包含未结婚之父母，以及于离婚后分居之父母，使得子女仍能在父母之共同保护教养下成长。

在教会对于离婚之保守观念渐渐由自由主义之思维取代后，并因社会生活方式的转变，离婚率逐年增长，导致离婚法有修正之必要。于公元1976年第一次婚姻法改革中，为减轻离婚的困难度，而以破绽主义取代有责主义，并由法院以分居长短或其他情事来判断婚姻是否有破绽，以缩短离婚的程序。

公元2001年所通过之同性伴侣法，亦为去除不平等待遇的表征，虽未承认同性恋者可以结婚，但透过同性伴侣法创设其享有与婚姻相似之共同生活的权利，以及加强对其法律上之保障。

除此之外，亲属法上重大的修正还包括创设离婚后之年金请求权，使从事家务之配偶，不因没有出外工作而丧失对于年老时之退休金保障。又废除成年监护制度，改以成年辅助法取代之，以保护因身心有障碍之成年人的权益。另外配合婚姻中夫妻之分工型态之转变，以及婚姻形式之多元化，而于公元2008年就扶养之相关规定，以符合社会现况为适切之变动。

在德国民法其他领域的变动中，比较重要的有公元1951年之《公寓大厦所有权法》（Wohnungseigentumsgesetz），该法增加可就公寓大厦取得所有权之权利人范围。另外，于公元2001年也修改租赁之相关规定，特别加强对租约终止之保护措施，以保障处于经济弱势之承租人权益。

而在保护经济上弱者之相关规定还有债法上之增修，包括公元1976年所制定之《定型化条款法》（Gesetz zur Regelung des Rechts der Allgemeinen Geschäftsbedingungen），对于事先拟定之契约条文，就其内容违反公平正义之处，仍可视之无效；公元1986年所通过之访问《交易撤销法》（Haustürwiderrufsgesetz），保护消费者对于过于急促的推销方式，得予事后拒绝之。又公元1990年通过《商品制造人责任法》（Produkthaftungsgesetz），让买受人得于一定之要件下，得向商品制造人直接请求债法上之权利。

然而债法上之重要改革，莫过于公元2001年之全面修正，其内容包括给付障碍之相关规定，将契约关系中无法给付之多种成因，如给付不能与不完全给付之概念，以统一之违反给付义务加以取代，并将学说中之积极侵害债权概念成文化。另外并将物与权利之瑕疵，在买卖法中，延长其请求之时效至两年。并在债法改革中，将商品制造人责任法与消费者保护法，统合于民法债编中。最后，将实务上所发展之一般法律原则成文化，其中包括缔约上过失以及契约对第三人之效应，等等。

此外，为使民法更能实践基本法之价值，而采取与宪法一致之解释方式，其成果在于将不确定之法律概念具体化，以及规范一般抽象条款之运用。因此德国宪法法院在侵权法上，将权利保护的客体扩及至一般人格权，使基本法所要求对于人性尊严之保障，得以落实。

（六）德国民法与欧洲法的统合

因欧洲各国在政治以及经济生活上的逐步统一，德国民法未来势必要与欧洲各国的私法秩序进行整合。现阶段仍因各国不同的法规范、立法技术与歧异之民情风俗，而无法直接迈向统一的欧洲民法典。惟目前可透过对于部分法规的整合，而慢慢渐进达到该统合之目标，即以欧盟所通过之指令（Richtlinien）影响内国法规之制定。在德国民法中，即有许多规定因欧盟之指令而订定，比如关于契约与损害赔偿法当中，对于改善消费者权益之若干规定。此外给付迟延（《德国民法典》第286条以下）、访问交易（《德国民法典》第312条）、买卖契约之物之瑕疵担保（《德国民法典》第434条以下）、旅游契约（《德国民法典》第651条a至m）亦然。在亲属与继承法中，也作同样的努力，如会面交往权之相关规定，即受欧洲人权法院之判决影响，而有重大之修正。未来势必将会有更多民法相关法律，以此方式朝向欧洲统合的目标迈进，在经济生活全球化的趋势之下，此一发展深值得我们加以重视以及注意。

总则编

编译者 / 蔡章麟

修订者 / 谢铭洋

1 Allgemeiner Teil
第一编　总则编

简　介

一、在罗马法，私法不外民法（市民法）。然中世纪以后，因海运及商业之发展，海事法、商事法逐渐发达，构成与私法（即民法）不同之指导原理，即所谓商法（Handelsrecht, commercial law）是也。嗣后，商法与民法分离，独自发达，遂成特别法。自第一次世界大战以后，自由主义经济呈现破绽，遂产生以各种统制为内容之经济法（Wirtschaftsrecht）。经济法与商法同，具有特殊之指导原理，遂占特别私法之地位。因此民法变为一般私法。德国民法系自罗马法以来，经2000多年之研钻而后成者，其理论构成颇为精致，可谓19世纪德国民法学（概念法学——Begriffsjurisprudenz）之总决算。德国民法采取人格绝对主义而构成之。以个人为有理性之人（homosapiens）。其理论系分析的、原子论的（analistisch u. atomistisch）且系合算主义的抽象论，将法律关系认为是个人对个人之对立关系，故必然为权利本位之关系。

二、德国民法系以意思自治、私有财产制度、过失主义、自己责任之原则为支柱，而建立于个人主义及自由主义之民法，关于此点，与为19世纪民法典之模范拿破仑民法典同。然较拿破仑民法典尊重交易之安全，重视诚实信用原则，用意于法之社会化（Sozialisierung）等。第19世纪民法典贡献于近世资本主义经济之发达诚为不鲜。但此项民法只注视个人在法律上之平等而已，至于其经济上及其他方面之平等则并不顾及。遂致名实不相符合，引起种种之弊害。此系自第19世纪末叶以来自由主义逐渐废除，而团体主义、社会主义抬头之故也。瑞士民法及瑞士债务法为20世纪民法典之模范。其特色有可得而言者：① 由意思趋于信赖；② 由内心向于外形；③ 由主观趋于客观；④ 由表意人本位趋于对方或第三人本位；⑤ 由权利行使不行使之自由，趋于权力滥用之禁止；及 ⑥ 由个人本位趋于社会本位或团体本位。故德国民法可谓第19世纪型之民法与第20世纪型之民法之桥梁。①

三、德国民法总则（以下简称总则）系债编、物权编、亲属编、继承编②之共通规定。然总则原则上不仅适用于民法其他各编，对商法（HGB）、行政法（Verwaltungsrecht）等除该法律另有规定外，亦有其适用。

四、总则规定原则上无具体之内容（konkreter Inhalt），待民法各编有关规定为之补充，其内容始具体化（总则之抽象性）。此外又述及法律基本概念（Rechtsgrundbegriffe），以免各编重述。此种编法，一方面使法律研究家把握法律规定，另一方面使无法律知识之国民容易了解。

五、总则分为七章，即第一章人（Personen）（第1条至第89条）、第二章物（Sachen）（第90条至第103条）、第三章法律行为（Rechtsgeschäfte）（第104条至第185条）、第四章期间（Fristen）及期日（Termine）（第186条至第193条）、第五章请求权时效（Verjährung）（第194条至第225条）、第六章权利之行使（Ausübung der Rechte）、自卫（Selbstverteidigung）、自助（Selbsthilfe）（第226条至第231条），及第七章担保之提供（Sicherheitsleistung）（第232条至第240条）。

---

① 参见蔡章麟（1961），《债编各论、债权契约与诚实信用原则》，载《法学丛刊》，21期，第10—15页。
② 战前有些学者主张债编、物权编系财产法（Vermögensrecht），亲属编、继承编系属身份法（Standsrecht）。总则系财产法之总则，对身份法不得适用（现行亲属编、继承编亦有例外规定）。故须另定身份法之总则。以民法再见（Abschied von BGB!）之口号而主张分开（例如Schlegelberger于1937年2月25日在Heidelberg大学之演讲）。

Abschnitt 1　Personen

第一章　人

一、德国民法及以后之法律将人分为自然人（natürliche Personen）及法人（juristische Personen），而且以自然人具有一般的权利能力（allgemeine Rechtsfähigkeit）为前提，如在外国法不承认此原则（例如奴隶）者，该外国法不得适用（《民法施行法》第6条）。法人是否有权利能力之议论，因民法等以明文肯定其人格（Persönlichkeit），故实际上并无争论之必要。人系有权利能力之人，称为人格者（persona, Person）。有人格者即系权利主体（Rechtssubjekt）。德国民法将意思主体（Willenssubjekt）认为有人格。此思想不外基于罗马法之理论，且以康德（Immanuel Kant）哲学为背景而生者也。至法人之人格，以法人意思为中心展开所谓法人学说，固不得谓无理由。

按权利能力自当包括义务能力（Pflichtsfähigkeit）。故瑞士民法规定："有权利能力、义务能力（Fähigkeit, Rechte und Pflichten zu haben）"之人为人格者（瑞民第11条第2款）。盖属至当。罗马法、教会法亦同（Koeniger, Katholisches Kirchenrecht, 1926, S. 92; Vgl. Can. 87 Codex Iuris Canonici [CIC]）。

二、一般的权利能力之概念，相当于诉讼法上之当事人能力（Parteifähigkeit）。申言之，当事人能力之概念，滥觞于民法之权利能力（Rechtsfähigkeit），可谓传来的概念（ein abgeleiteter Begriff）。在《德国民事诉讼法》第50条第2款，因实际上之需要，容许无权利能力之社团（nichtrechtsfähiger Verein）有消极的当事人能力（passive Parteifähigkeit），得为被告，所谓形式的当事人能力（formelle Parteifähigkeit）是也。①

三、第一章规定自然人、消费者、企业经营者（第1条至第20条）及法人之发生（Entstehung）、活动（Betätigung）及终了（Beendigung）（第21条至第89条）。自然人之权利以第四编亲属法之规定补充之。关于法人，总则规定：① 有权利能力之社团（但仅规定经登记之社团——die eingetragenen Vereine）（第21条至第79条）；② 财团（die Stiftungen）（第80条至第88条）及公法上之法人（die juristischen Personen des öffentlichen Rechts）（第89条）。

---

① 参见蔡章麟（1954），《民事诉讼法（上）》，2版，第67页以下及其所引用之参考书。

Titel 1
Natürliche Personen, Verbraucher, Unternehmer
第一节 自然人、消费者、企业经营者

一、自然人系人（Mensch）。自然人均有权利能力（Rechtsfähigkeit），固为权利主体（Rechtssubjekt），即法律上之人（Person）。德国民法不承认奴隶（Sklaverei）之概念。依外国法为奴隶之人，在德国法有权利能力，业如上述。权利能力之概念与行动能力（Handlungsfähigkeit）之概念有别，所谓行动能力者，系指"依行动发生法律上效力（Rechtswirkung）之能力"而言，故行动能力须以相当程度之理性的意思（ein gewisses Maß vernünftigen Willens）为前提。无意思能力之人（der Willensunfähige）自无行动能力。行动能力可分为行为能力（Geschäftsfähigkeit）及责任（Verantwortlichkeit），关于此点，容后再述（参照第三章法律行为）。

二、人格权（das Persönlichkeitsrecht）在德国民法，并无确定规定（keine abschliessende Regelung）。生命（Leben）、身体（Körper）、健康（Gesundheit）及自由（Freiheit）依第823条第1款受保护。对姓名权（Namensrecht）第12条亦有保护规定。关于名誉（Ehre）之保护，民法欠缺明白的规定。其故意之侵害，自当适用第823条第2款（参见《刑法》第185条以下）。对信用侵害（Kreditverletzung），第824条有保护之规定。综上观之，德国民法虽无人格权之统一的、一般的保护规定，罗马法亦同[①]，然不得谓为无明文规定而排除之（参见《基本法》第1条、第2条）。[②]

§1 Beginn der Rechtsfähigkeit

Die Rechtsfähigkeit des Menschen beginnt mit der Vollendung der Geburt.

第一条 [权利能力之始期][a][b]
人之权利能力[c]，始于出生之完成[d][e]。

a 参考条文：第21条以下、第42条以下、第73条，《基本法》第3条，"台民"第6条。
b 本条系从罗马法[③]及德国普通法（gemeines Recht）之原则订之。

[①] Matthiass, Lehrbuch des Bürgerlichen Rechtes, 7. Aufl. (1914), S. 560 6u.
[②] 关于人格权，详细参见蔡章麟（1965），《人格权、著作权、出版权》，载《法令月刊》，16卷12期，第6页。
[③] Sohm, Institutionen des Römischen Rechts, 1911, S. 191 f.

c 凡自然人出生，当然享有私法上之权利能力。不因阶级、籍贯、宗教、年龄、性别等而有所区分（德基本法第3条），权利能力不得任意抛弃之。

d 1. 权利能力始于出生之完成，所称出生之完成（Vollendung der Geburt），指胎儿（Embryo, nasciturus, Leibesfrucht）自母体完全露出（vollständiger Austritt）而言（完全露出说），不以脐带（Nabelschnur）切断为始期（Mot 1. 28）（RGSt 33, 435）。小儿出生完成时，应系有生命，然毋庸有相当之生存能力（Lebensfähigkeit），此点与德国普通法不同。（Mot 1. 28）。

2. 权利能力终于死亡，德国民法不承认所谓市民的死亡（der bürgerliche Tod），例如进入修道院（Kloster）是。罗马法上之"人格大减"（Capitis deminutiomaxima）即日耳曼法上之和平剥夺（Friedlosigkeit）等制度亦已不存在。

e 胎儿依本条规定无权利能力，依《民事诉讼法》第50条规定亦无当事人能力。然有例外规定，例如《民法典》第844条第2款，对胎儿给予限制的权利能力，第1923条第2款规定胎儿关于继承视为既已出生，第1912条亦规定为胎儿得设襄佐人（Pfleger）。其他参见第1716条、第1963条、第2141条。上面例外规定系从德国普通法之原则（infans conceptus pro nato habetur de commadis ejus agitur——胎儿关于其利益视为既已出生）而来（参见"台民"第7条）。

§2　Eintritt der Volljährigkeit

Die Volljährigkeit tritt mit der Vollendung des 18. Lebensjahres ein.

第二条　[成年][a]

满十八岁[bc]为成年[def]。

a 参考条文：第104条以下、第187条，"台民"第12条。

b 在1974年12月31日之前，系以满21岁为成年。

c 在过去东德（DDR）依1950年5月17日之法律（GBL. S. 473），满18岁为成年。

d 成年开始有行为能力（Geschäftsfähigkeit）（第104条以下），成年自诞生日之零时起算（第187条第2款第2段）。

e 其他私法上重大之年龄阶级（Altersstufen），尤其：1. 满7岁——限制行为能力之发生（第106条以下），对侵权行为发生限制的责任能力（第828条）；2. 满16岁——婚姻成年（Ehemündigkeit）（第1303条第2款至第4款）、遗嘱行为能力（第2229条第1款）；3. 满18岁——原则上对侵权行为发生无限制责任能力（第828条）。以上均系仿效罗马法及德国普通法而定。

f 在罗马法，无论男女，以满25岁为成年。在教会法以满21岁为成年。[①]

§3 bis §6 (weggefallen)

第三条至第六条 [删除]

§7 Wohnsitz; Begründung und Aufhebung

(1) Wer sich an einem Ort ständig niederlässt, begründet an diesem Ort seinen Wohnsitz.
(2) Der Wohnsitz kann gleichzeitig an mehreren Orten bestehen.
(3) Der Wohnsitz wird aufgehoben, wenn die Niederlassung mit dem Willen aufgehoben wird, sie aufzugeben.

第七条 [住所；设定及废止][a]
Ⅰ 久住于一定之地域者，即为设定其住所[b]于该地。
Ⅱ 住所得设于数地域。
Ⅲ 以废止之意思废止其居住者，即为废止其住所。

a 参考条文：第24条、第80条、第132条第2款、第269条以下、第773条第1款第2项、第1558条、第1954条第3款，"台民"第20条。
b 住所为自然人共同生活之空间的中心点[räumlicher Mittelpunkt des gesamten Lebens——(RG 67, 193)]。自然人之住所为任意住所（domicilium voluntarium, gewillkürter Wohnsitz），其设定应有久住之事实（corpus）及设定住所之意思（animus）；其废止亦应有抛弃之事实及废止住所之意思（第7条第1款、第3款）。住所与现在地或所在地（Aufenthalt, Aufenthaltsort）不同。后者系指事实上之居住地（Ort der tatsächlichen Anwesenheit），例如学生之寄寓地（Studienort）。关于法人之所在地（Sitz），参见第24条。法定住所（Gesetzlicher Wohnsitz），系指其住所依法律定之，包括军人（第9条）、未成年子女（第11条、例外之情形为第8条第2款规定之已婚或曾结婚者）。

---

① *Koeniger*, Katholisches Kirchenrecht, 1926, S. 93.

§8 Wohnsitz nicht voll Geschäftsfähiger

(1) Wer geschäftsunfähig oder in der Geschäftsfähigkeit beschränkt ist, kann ohne den Willen seines gesetzlichen Vertreters einen Wohnsitz weder begründen noch aufheben.

(2) Ein Minderjähriger, der verheiratet ist oder war, kann selbständig einen Wohnsitz begründen und aufheben.

第八条 [无完全行为能力人之住所]

Ⅰ 无行为能力人或限制行为能力人,非依法定代理人之意思,不得设定或废止其住所[b]。

Ⅱ 已婚或曾结婚之未成年人得独立设定或废止住所。

a 参考条文:第104条、第106条。
b 住所之设定及废止并非法律行为,仅准法律行为而已(geschäftsähnliche Handlung)。然法律为保护无行为能力人(第104条)、限制行为能力人(第106条)计,明定应经法定代理人之同意,始得为之。

§9 Wohnsitz eines Soldaten

(1) Ein Soldat hat seinen Wohnsitz am Standort. Als Wohnsitz eines Soldaten, der im Inland keinen Standort hat, gilt der letzte inländische Standort.

(2) Diese Vorschriften finden keine Anwendung auf Soldaten, die nur auf Grund der Wehrpflicht Wehrdienst leisten oder die nicht selbständig einen Wohnsitz begründen können.

第九条 [军人之住所]

Ⅰ [1]军人以其驻地为其住所。[2]军人驻地不在国内者,以其在国内最后之驻地为其住所[a]。

Ⅱ 前款规定,于仅为履行兵役义务而服役,或不能独立设定住所之军人,不适用之。

a 称法定住所者,谓不问军人之意思如何,依法律直接规定之住所而言。

§10 (weggefallen)

第十条 [删除]

§11 Wohnsitz des Kindes

Ein minderjähriges Kind teilt den Wohnsitz der Eltern; es teilt nicht den Wohnsitz eines Elternteils, dem das Recht fehlt, für die Person des Kindes zu sorgen. Steht keinem Elternteil das Recht zu, für die Person des Kindes zu sorgen, so teilt das Kind den Wohnsitz desjenigen, dem dieses Recht zusteht. Das Kind behält den Wohnsitz, bis es ihn rechtsgültig aufhebt.

第十一条 [子女之住所][a]

[1]未成年子女，以其父母之住所为住所；未成年子女不以无监护权之父母一方之住所为住所[b]。[2]父母对子女无监护权者，未成年子女以监护人之住所为住所。[3]子女于有效废止住所前，保有其住所[c]。

a 参考条文：第7条，"台民"第1060条。
b 婚生子女，以其父母之住所为其住所（共同亲权论）。于子女出生时，如父母未结婚，于其有共同监护之表示或嗣后结婚时，由父母共同监护外，由母监护之（第1626条之1），此时即以母之住所为住所。
c 子女在未成年前，未经法定代理人之同意，不得有效废止其住所。

§12 Namensrecht

Wird das Recht zum Gebrauch eines Namens dem Berechtigten von einem anderen bestritten oder wird das Interesse des Berechtigten dadurch verletzt, dass ein anderer unbefugt den gleichen Namen gebraucht, so kann der Berechtigte von dem anderen Beseitigung der Beeinträchtigung verlangen. Sind weitere Beeinträchtigungen zu besorgen, so kann er auf Unterlassung klagen.

第十二条 [姓名权][a]

[1]姓名权人[b]，于其使用姓名之权利，遭受他人之争执，或因他人之无权使用同一姓名，致其利益受损时，得请求他人除去其侵害。[2]侵害有继

续之虞者，得提起不作为之诉。

a 参考条文：第823条第1款、第1616条，"台民"第19条。
b 1. 一般人格权（allgemeime Persönlichkeitsrechte）在德国民法并无明文的规定。
2. 本条对自然人、法人均有其适用（RGZ 74, 114），对无权利能力社团（der nichtrechtsfähige Verein）(Warn 27, 9)、政党（BGH 79, 269 f.）、公司（BGH 14, 159）、有名称之营业标识（例如餐厅之名称，BGH NJW 1970, 1365）、公司名称之缩写（BGH 15, 109 f.）、外国人（RG 117, 218），甚至于域名（domain name, NJW 2002, 2031）亦同。
3. 本条之立法原意在保护既得之民法上姓名（der bürgerliche Name），自与姓名权之发生（Entstehung）或终了（Beendigung）无关。艺术家、作者之艺名、笔名（Pseudonym）亦依本条受保护（BGH 155, 277）。
4. 姓名最少由姓（Familienname）及名（Vorname）构成之。"姓"表示特定家属之人，"名"系区别同姓之人。
5. 姓名权不得为让与之对象（RG 87, 149）。
6. 子女称其父母之姓（第1616条）。
7. 姓名权属第823条第1款所定之"其他权利"（ein sonstiges Recht）。故以故意或过失侵害他人之姓名权者，自应负损害赔偿责任。

§13 Verbraucher

Verbraucher ist jede natürliche Person, die ein Rechtsgeschäft zu einem Zwecke abschließt, der weder ihrer gewerblichen noch ihrer selbständigen beruflichen Tätigkeit zugerechnet werden kann.

第十三条　[消费者]

称消费者者[a]，谓所有非为营业或独立执行业务活动之目的而订立法律行为之自然人[b]。

a 此一定义原则上适用于所有民事法及民事程序法（BGH 162, 256）。
b 消费者仅以自然人为限，法人不属之。法律行为之目的，应在私人领域或非独立之职业活动。例如，执业律师购买法袍，并不属于此所称之消费者。至于行为人内心之意思如何，并不重要。倘若兼具私人领域与营业或执行业务之双重目的，而为法律行为，亦无受保护之必要，其并不属于此所称消费者（EuGH NJW 2005, 654 f.）。

§14 Unternehmer

(1) Unternehmer ist eine natürliche oder juristische Person oder eine rechtsfähige Personengesellschaft, die bei Abschluss eines Rechtsgeschäfts in Ausübung ihrer gewerblichen oder selbständigen beruflichen Tätigkeit handelt.

(2) Eine rechtsfähige Personengesellschaft ist eine Personenge-sellschaft, die mit der Fähigkeit ausgestattet ist, Rechte zu erwerben und Verbindlichkeiten einzugehen.

第十四条　[企业经营者]

Ⅰ 称企业经营者[ab]，谓自然人、法人或具有权利能力之人合团体，其订立之法律行为系与营业或独立之执行业务活动有关者。

Ⅱ 称具有权利能力之人合团体者，谓有能力取得权利并承担义务之人合团体。

a 该定义原则上适用于所有民事法（除第631条以下）及商事法。

b 称企业经营者，不以商人为限，自由业之律师、医生，及经营业务之手工业者、农人，均属之。[①]

§15 bis §20 (weggefallen)

第十五条至第二十条　[删除]

Titel 2　Juristische Personen
第二节　法　人

一、法人系由法律赋与人格之组织体（团体），法律上与自然人同，为权利能力之主体。法人制度为法律技术之一。此制度之所贡献于社会者甚大，然滥用此制度时，其弊害亦复不少（例如漏税、逃避责任等）。法人之人格与其组织成员之人格无关。两者个别独立，此点与日耳曼法之合作社（Genossenschaft）[②]不

---

① Jauernig, BGB, 15. Aufl. (2014), §14 Rdnr. 2.

② Genossenschaft（合作社）系古代德国之团体组织（ein urdeutsche Gemeinschaftsform）。最初之合作团体为血族团体（Geschlechtsgenossenschaft, Sippe）。申请之，合作团体为利害关系共通之人的结合。此项结合以具有同一思想，同一感情，同一意欲为其特色。近世之合作制度

同。因德国民法之法人制度系属罗马法之传统故也。罗马法之法人制度（社团及财团）系以团体之社会的机能为重点而人为的加以构成者。反之，日耳曼法之合作团体（例如庄，家族团体）则系自然发生者。

二、权利能力并非法人成立之前提，而是结果，使团体之经营者得以享有权利并负担义务。从而前述第14条第2款所规定之"有权利能力之人合团体"，其权利能力并不意味着该组织具有法律上之独立性，而完全排除其成员之责任。[①]

三、德国之法人表解如下：

四、法人之成立方式，属于法律政策面之问题。法人之成立，有三种方式：
(1) 许可制（Konzessionssystem）：应经由国家之许可，始得成立。
(2) 准则制（System der Normativbestimmungen）：符合法律之最低要求、提出申请并经审查通过，即得成立。
(3) 自由设立制（System der freien Körperschaftsbildung）：符合一定之规定，不须经过审查，即得成立。

（Genossenschaftswesen）系对抗资本主义而生者，自1830年至1840年流行于西欧诸国。所谓合作精神（Genossenschaftsgedanke）风靡德国，系众人所知（Brockhaus）。大吉尔克（Ottovon Gierke）以国家（Staat），团体（Koerperschaft），为继续的目的，依章程所结合之单一体之多数人），合作团体，机构（Anstalt）称为团体人（Verbandsperson）。
此概念在通常共同诉讼（gewohnheitliche Genossenschaft）未必妥当，然在必要共同诉讼（notwendige Streitgenossenschaft）其意义则甚大。

① Jauernig, BGB, 15. Aufl. (2014), Vor §21 Rdnr. 1.

五、法人之权利能力并不受限于章程之目的，章程只是法律规范之对象。
六、无法人资格之团体，例如：
　　(1) 无权利能力之社团（nichtsrechtsfähige Vereine）（第54条）。
　　(2) 合伙（Gesellschaft）（第705条至第740条）。
　　(3) 无限公司（offene Gesellschaft, OHG）——商法（HGB）第105条至第158条。
　　(4) 两合公司（Kommanditgesellschaft, KG）——商法（HGB）第161条至第177条。
　　(5) 隐名合伙（stille Gesellschaft）——商法（HGB）第230条至第237条。

Untertitel 1　Vereine
第一款　社　团

一、关于社团（Verein）之概念，民法并无明文之规定。然在民法意义上之社团，可谓为相当期间内存续而具有团体组织及团体名称（Gesamtnamen）之"人的结合"（Personenvereingung），其人格与其社员之变更无关，其事务则由社员管理之（同样的判例——RG 76, 28），故与合伙（Gesellschaft）不同。社团之财产并非社员全体之财产，亦非社员全体之公同共有，此点又与合伙之财产及无权利能力社团之财产不同。

二、德国法之社团法理，系基于罗马法之universitas personarum（国家、地方团体、若干之民间团体等）概念而来，故带有罗马法的个人主义之色彩。"Verein"一语，至19世纪方见于德国文献，在德国普通法之文献中别无此语。德国民法之社团（Verein）与合伙（Gesellschaft）之区别，系仿效universitas personarum与societas之区别（Staudingers Kommentar, Vorbemerkungen zum Verein）。

三、社团为团体制度之基本形式，然现代国家无绝对之结社自由（volle Vereinsfreiheit），关于此点，参见前《魏玛宪法》第124条，《基本法》第9条。

四、民法上所称之社团，包括有权利能力之社团（第21条至第53条），及无权利能力社团（第54条）。有权利能力之社团，包括本国社团及外国社团（第23条）。本国社团包括经济性社团（wirtschaftlicher Verein）与非经济性社团（nicht wirtschaftlicher Verein, Idealverein）。无权利能力社团，亦得为经济性或非经济性之社团。

Kapitel 1 Allgemeine Vorschriften
第一目 通 则

§21 Nicht wirtschaftlicher Verein

Ein Verein, dessen Zweck nicht auf einen wirtschaftlichen Geschäftsbetrieb gerichtet ist, erlangt Rechtsfähigkeit durch Eintragung in das Vereinsregister des zuständigen Amtsgerichts.

第二十一条 [非经济性之社团][ab]
非以经济上之营业为目的之社团，经登记[cd]于管辖之简易法院之社团登记簿，取得其权利能力。

a 参考条文：第55条至第79条。
b 本条社团之主要目的，系非经济性的，亦即并非于市场上从事有计划、具有供给性之有偿活动（BVerwG NJW 1998, 1166），至于社员是否享有经济上利益、社团之附随目的是否有经济性，在所不问（KGJ. 36A 146; LG, Kassel ZBIFG 1, 858）。非经济之社团，例如：Max-Planck-Gesellschaft。
c 登记之要件——参见第56条至第60条。登记之内容及公告——参见第64条至第66条。
d 本条仅适用于内国社团。尤其以健康、社交、学问、艺术、宗教、教育等为目的之社团，属于所谓非经济的社团（公益社团）。其权利能力依登记而取得。此即所称准则制（System der Normativ- bestimmungen）。经登记之社团称为 eingetragener Verein（e. V.）（登记社团）（第65条），非经济社团于登记前，为无权利能力社团。

§22 Wirtschaftlicher Verein

Ein Verein, dessen Zweck auf einen wirtschaftlichen Geschäftsbetrieb gerichtet ist, erlangt in Ermangelung besonderer bundesgesetzlicher Vorschriften Rechtsfähigkeit durch staatliche Verleihung. Die Verleihung steht dem Land zu, in dessen Gebiet der Verein seinen Sitz hat.

第二十二条 [经济性之社团][a]
[1]以经济上之营业为目的之社团，除联邦法律[b]有特别规定外[c]，其权利

能力因邦^{d}之授与而取得^e。^{2}授与权属于社团所在地之邦。

a 参考条文：《基本法》第9条。
b 旧版条文原文中有*reichs*gesetzlich一字部分用斜体表示，Das Reich系Das Deutsche Reich之简称，德国人将自己之国家称为Das Reich，盖德国人希望自己之国家能与神圣罗马帝国（Heiliges Römisches Reich）相同，为强大富裕之国家，有时特称之为德国国民之神圣罗马帝国（Heiliges Roemisches Reich deutscher Nation）。Das Erste Reich系指由Friedrich der Große所建立之德国，Das Zweite Reich系指由Willhelm der Erste所建立之德国，Das Dritte Reich系指由Adolf Hitler所建立之德国而言。前二者为帝国，后者则非帝国。reichs系zum Deutschen Reich gehörig（德国所属之）之意，Reichsgesetz系Reich所公布之法律。此项法律至现在仍然有效（全部或一部）者亦不少。德国现在已为联邦共和国（Bundesrepublik），故改为联邦法律（Bundesgesetz）。
c 经济的社团之权利能力，以由商法、股份法、特别法、各邦法赋予为原则，例如股份有限公司、股份两合公司、有限（责任）公司等。依本条赋予权利能力者较少。
d Staatlich系指各邦（Land, Einzelstaat）而言。
e 本条采许可制（Konzessionssystem）。然依商法之规定，商事公司之设立，采准则制（System der Normativbestimmungen），另有自由设立设立制（System der freien Körperschaftsbildung），例如无权利能力社团，社团之设立受许可制妨害之实例颇为稀少（Enneccerus）。

§23 (weggefallen)

第二十三条 [删除]

§24 Sitz

Als Sitz eines Vereins gilt, wenn nicht ein anderes bestimmt ist, der Ort, an welchem die Verwaltung geführt wird.

第二十四条 [所在地]^a

社团，除另有规定外，以其业务管理地为其所在地^{bcd}。

a 参考条文：《民事诉讼法》第17条，"台民"第29条。

b 社团之所在地，得依章程制定之（RG JW. 18, 305）。章程无规定时，适用本条。故本条系补充之规定。
c 社团之审判籍，以社团之所在地为准（《民事诉讼法》第17条）。
d 社团所在地之效力，除性质与法人不兼容（例如失踪、归化）者外，与自然人住所之效力同。

§25 Verfassung

Die Verfassung eines rechtsfähigen Vereins wird, soweit sie nicht auf den nachfolgenden Vorschriften beruht, durch die Vereinssatzung bestimmt.

第二十五条　[组织][a]

有权利能力社团之组织，除依下列规定外，以社团章程定之[b]。

a 参考条文："台民"第49条。
b 依邦之赋予取得权利能力之社团，其组织适用邦法（Landrecht）(《民法施行法》第82条)，不依邦之赋予取得权利能力之社团（第21条之非经济的社团），其组织适用民法，然章程得特定其组织。

§26 Vorstand und Vertretung

(1) Der Verein muss einen Vorstand haben. Der Vorstand vertritt den Verein gerichtlich und außergerichtlich; er hat die Stellung eines gesetzlichen Vertreters. Der Umfang der Vertretungsmacht kann durch die Satzung mit Wirkung gegen Dritte beschränkt werden.

(2) Besteht der Vorstand aus mehreren Personen, so wird der Verein durch die Mehrheit der Vorstandsmitglieder vertreten. Ist eine Willenserklärung gegenüber einem Verein abzugeben, so genügt die Abgabe gegenüber einem Mitglied des Vorstands.

第二十六条　[董事会及代表][a]

Ⅰ ¹社团应设董事会[b]。²董事会在诉讼上及诉讼外代表社团，并有法定代表人之地位[c]。³其代表权之范围，得依章程加以限制[de]而有对抗第三人之效力。

Ⅱ ¹董事会由数人组成者，社团由多数之董事代表之。²向社团为意思表示者，向董事会中董事之一人为之，即为已足。

a 参考条文：第27条、第164条至第181条、第64条，"台民"第27条。
b 董事会为必要的社团机关（notwendiges Vereinsorgan）及其执行机关，依现行之通说，对外代表社团，对内执行社团事务（第27条第3款），董事会与社团之关系为一元的（monistisch）（所谓Organtheorie机关说），非二元的（dualistisch）（Vertrerthrorie），故与代理不同。董事会不必由社员构成之。
c 就董事会，民法予以法定代理人之地位，故第164条至第181条，自有其适用。董事会之对外代理权，得以章程限制之，然社员总会之决议，不得用为限制方法。又此限制得有效对抗第三人。在非经济的社团，应将其限制登记于社团登记簿（第64条）。
d 董事有多数人时，主动代表（Aktivvertretung）除章程另有规定外，以多数决为之，被动代表（Passivvertretung）则单独代表即可，后者为强制规定（第28条第2款、第40条）。
e 董事会业务执行权之限制，章程虽无规定，如社员总会之决议不违背法律或章程者，有内部拘束效力。①

§27 Bestellung und Geschäftsführung des Vorstands

(1) Die Bestellung des Vorstands erfolgt durch Beschluss der Mitg-liederversammlung.
(2) Die Bestellung ist jederzeit widerruflich, unbeschadet des Anspruchs auf die vertragsmäßige Vergütung. Die Widerruflichkeit kann durch die Satzung auf den Fall beschränkt werden, dass ein wichtiger Grund für den Widerruf vorliegt; ein solcher Grund ist insbesondere grobe Pflichtverletzung oder Unfähigkeit zur ordnungsmäßigen Geschäftsführung.
(3) Die Mitglieder des Vorstands sind unentgeltlich tätig. Auf die Geschäftsführung des Vorstands finden die für den Auftrag geltenden Vorschriften der §§664 bis 670 entsprechende Anwendung.

第二十七条 [董事会之选任及业务执行][a]
Ⅰ 董事会依社员总会之决议选任[b]之。
Ⅱ [1]选任得随时撤回，该契约上之报酬请求权不受影响。[2]撤回，以有重大事由[c]者为限，得依章程限制之；即如重大之义务违反，或无通常之

---
① *Staudinger/Weick*, BGB, 2005, §26 Rdnr. 11.

业务执行能力，均为重大事由。
Ⅲ ¹董事会为无给职ᵈ。²董事会之执行业务ᵉ，准用第六百六十四条至第六百七十条关于委任之规定。

a 参考条文：第40条、第86条。
b 董事会之选任，依社员总会之决议为之，然章程得另定其他方法（第40条）。
c 所谓重大事由（wichtiger Grund），系由诚实信用（Treu und Glauben）原则所导出。①
d 本段于2015年1月1日生效，参照Art. 6, Art. 12, Abs. 4 Gesetz zur Stärkung des Ehrenamtes。
e 业务之执行，系依委任之规定，然章程得另定之（第40条）。

§28 Beschlussfassung des Vorstands

Bei einem Vorstand, der aus mehreren Personen besteht, erfolgt die Beschlussfassung nach den für die Beschlüsse der Mitglieder des Vereins geltenden Vorschriften der §§32 und 34.

第二十八条　[董事会之决议]ᵃ

董事会ᵇ由数人组成时，其决议依第三十二条及第三十四条关于社员决议之规定为之。

a 参考条文：第32条、第34条、第40条、第64条、第86条。
b 董事会开会时，应表明召集之目的。其决议以出席董事之多数为之（第28条、第32条）。董事对于涉及本人与社团间之法律行为，或涉及本人与社团间之诉讼之决议无投票权（第28条、第34条）。但章程得加以另定（第40条），在非经济社团，该章程应经登记（第64条）。

§29 Notbestellung durch Amtsgericht

Soweit die erforderlichen Mitglieder des Vorstands fehlen, sind sie in dringenden Fällen für die Zeit bis zur Behebung des Mangels auf Antrag eines Beteiligten von dem Amtsgericht zu bestellen, das für den Bezirk, in dem der Verein seinen Sitz hat, das

---

① 参见蔡章麟（1950），《论诚实信用原则——私法上诚实信用原则及其运用》。

Vereinsregister führt.

第二十九条 [简易法院之紧急选任][a][b]

董事会所必要之董事人数不足时，在缺额未补足前，遇有急迫情形[c]，社团所在地办理社团登记之简易法院，得因利害关系人之申请[d]选任之。

a 参考条文：第86条。
b 本条原则上适用于私法领域之所有法人（BGH 18, 337），除法律另有规定外（例如AktG 85）。无权利能力之社团亦有适用（LG Berlin NJW 1970, 1047），无限公司、两合公司则无适用。①
c 须有急迫情形（Dringlichkeit），如对社团提起诉讼而依《民事诉讼法》第57条得达其目的者，不得谓有急迫情形。
d 须经利害关系人之申请，社团之债权人亦属利害关系人。然破产法院非利害关系人（Bay ObLGZ 1950/51, 340）。

§30 Besondere Vertreter

Durch die Satzung kann bestimmt werden, dass neben dem Vorstand für gewisse Geschäfte besondere Vertreter zu bestellen sind. Die Vertretungsmacht eines solchen Vertreters erstreckt sich im Zweifel auf alle Rechtsgeschäfte, die der ihm zugewiesene Geschäftskreis gewöhnlich mit sich bringt.

第三十条 [特别代表人][a]

[1]社团章程得规定除董事会外，为执行特定业务，另选任特别代表人[b]。[2]特别代表人之代表权，有疑义时[c]，及于所指定业务范围内通常发生之一切法律行为。

a 参考条文：第67条、第86条。
b 特别代表人与董事会同，为社团机构，惟其权限有限制而已，是以社团必须为特别代表人之行为，依第31条规定负责。分公司之主任或经理，得为本条所谓之特别代表人（RGZ. 91, 1; BGH NJW 77 2260）。在登记社团（e. V.）时，特别代表人毋庸登记（参见第67条）。

---

① *Palandt/Ellenberger*, BGB, 69. Aufl. (2010), §29 Rdnr. 1.

c 所谓"有疑义时（im Zweifel）"通常系表示解释规定（Auslegungsvorschrift, Auslegungsregel）。即在当事人之意思不明时，适用该规定。倘依各般之情形，得推测当事人之不同意的意思者，自不适用之。①在本条，特别代表人主张其权限不及于指定业务范围内之一切法律行为者，应负举证责任。

§31 Haftung des Vereins für Organe

Der Verein ist für den Schaden verantwortlich, den der Vorstand, ein Mitglied des Vorstands oder ein anderer verfassungsmäßig berufener Vertreter durch eine in Ausführung der ihm zustehenden Verrichtungen begangene, zum Schadensersatz verpflichtende Handlung einem Dritten zufügt.

第三十一条　[社团为其机关负责][abcd]

董事会、董事或其他依章程选任之代表人[e]，因执行业务[f]所为应负损害赔偿义务之行为，加损害于第三人者，社团[g]负其责任。

a 参考条文：第40条、第86条、第89条，"台民"第28条。
b 本条系依普通法上之学说、判例而设之规定，自与罗马法上见解不同。
c 本条并非独立之损害赔偿请求权，仍然应该以代表人有负损害赔偿责任之行为为前提。
d 本条为强制规定，章程不得排除本条之适用（参见第40条）。
e 以法人机关身份执行业务之人，并不属于履行辅助人（第278条、第831条）。适用本条时，第278条与第831条自无适用之余地。
f 社团法人之机关（董事会、董事、特别代表人），因执行业务（in Ausführung der ihm zuständigen Verrichtungen），对第三人所加之损害，视为社团本身之加害，社团应负其责任。加害人亦应负责（RG JW. 24, 1155）。然机关执行业务时（bei Gelegenheit der Verrichtung），对第三人所加之损害（例如诈欺、窃盗），法人不负其责任。
g 本条对于各种社团有其适用。对财团与公法上之法人亦准用之（第86条、第89条）。无限公司虽欠缺法人资格，亦得类推适用（RG 76, 48）。无权利能力之社团，亦有适用。②

---

① Enneccerus, Allgemeiner Teil des Bürgerlichen Rechts, 1926, §45.
② *Jauernig*, BGB, 15. Aufl. (2014), §31 Rdnr. 2.

§31a Haftung von Organmitgliedern und besonderen Vertretern

(1) Sind Organmitglieder oder besondere Vertreter unentgeltlich tätig oder erhalten sie für ihre Tätigkeit eine Vergütung, die 720 Euro jährlich nicht übersteigt, haften sie dem Verein für einen bei der Wahrnehmung ihrer Pflichten verursachten Schaden nur bei Vorliegen von Vorsatz oder grober Fahrlässigkeit. Satz 1 gilt auch für die Haftung gegenüber den Mitgliedern des Vereins. Ist streitig, ob ein Organmitglied oder ein besonderer Vertreter einen Schaden vorsätzlich oder grob fahrlässig verursacht hat, trägt der Verein oder das Vereinsmitglied die Beweislast.

(2) Sind Organmitglieder oder besondere Vertreter nach Absatz 1 Satz 1 einem anderen zum Ersatz eines Schadens verpflichtet, den sie bei der Wahrnehmung ihrer Pflichten verursacht haben, so können sie von dem Verein die Befreiung von der Verbindlichkeit verlangen. Satz 1 gilt nicht, wenn der Schaden vorsätzlich oder grob fahrlässig verursacht wurde.

第三十一条之一 [机关成员与特别代表人责任][ab]

Ⅰ 机关成员或特别代表人系无偿或一年所得报酬未逾七百二十欧元者，因执行其业务而生损害，仅就故意或重大过失对社团负责。第一段于社团对社员之责任，亦适用之。就机关成员或特别代表人是否因故意或重大过失而生损害有争执者，社团或社团成员应负举证责任。

Ⅱ 机关成员或特别代表人因执行其义务[c]，依第一款第一段对第三人负有损害赔偿责任者，得请求社团免除其义务。第一段于因故意或重大过失而生损害时，不适用之。

a 此为2013年通过的《巩固名誉职法》所修正之规定（Gesetz zur Stärkung des Ehrenamtes vom 21. März 2013）(BGBl. I, S. 556)。

b 依第40条第1款第1段规定，本条除第1款第2段关于社员责任之规定，得由章程另为规定外，不得以章程排除适用之。

c 因执行其义务（bei Wahrnehmung ihrer Pflichten）之概念，与第31条规定之执行业务（in Ausübung der ihm zustehenden Verrichtungen）相当。①

---

① *Palandt/Ellenberger*, BGB, 69. Aufl. (2010), §31a Rdnr. 3.

§31b Haftung von Vereinsmitgliedern

(1) Sind Vereinsmitglieder unentgeltlich für den Verein tätig oder erhalten sie für ihre Tätigkeit eine Vergütung, die 720 Euro jährlich nicht übersteigt, haften sie dem Verein für einen Schaden, den sie bei der Wahrnehmung der ihnen übertragenen satzungsgemäßen Vereinsaufgaben verursachen, nur bei Vorliegen von Vorsatz oder grober Fahrlässigkeit. §31a Absatz 1 Satz 3 ist entsprechend anzuwenden.

(2) Sind Vereinsmitglieder nach Absatz 1 Satz 1 einem anderen zum Ersatz eines Schadens verpflichtet, den sie bei der Wahrnehmung der ihnen übertragenen satzungsgemäßen Vereinsaufgaben verursacht haben, so können sie von dem Verein die Befreiung von der Verbindlichkeit verlangen. Satz 1 gilt nicht, wenn die Vereinsmitglieder den Schaden vorsätzlich oder grob fahrlässig verursacht haben.

第三十一条之二 [社员责任][a]

Ⅰ 社员系无偿或一年所得报酬未逾七百二十欧元者，因执行所承受之章程上社团任务而生损害时，仅于故意或重大过失，对社团负责。第三十一条之一第一款第三段规定，亦适用之。

Ⅱ 社员因执行所承受之章程上社团任务而生损害时，依第一款第一段规定，对第三人负损害赔偿责任者，得请求社团免除该义务。第一段于因社员故意或重大过失而生损害者，不适用之。

a 此为2013年通过的《巩固名誉职法》所新增之规定（Gesetz zur Stärkung des Ehrenamtes vom 21. März 2013）（BGBl. I, S. 556）。

§32 Mitgliederversammlung; Beschlussfassung

(1) Die Angelegenheiten des Vereins werden, soweit sie nicht von dem Vorstand oder einem anderen Vereinsorgan zu besorgen sind, durch Beschlussfassung in einer Versammlung der Mitglieder geordnet. Zur Gültigkeit des Beschlusses ist erforderlich, dass der Gegenstand bei der Berufung bezeichnet wird. Bei der Beschlussfassung entscheidet die Mehrheit der abgegebenen Stimmen.

(2) Auch ohne Versammlung der Mitglieder ist ein Beschluss gültig, wenn alle Mitglieder ihre Zustimmung zu dem Beschluss schriftlich erklären.

第三十二条　[社员总会；决议]^{ab}
Ⅰ ^{1}社团之事务，董事会或其他社团机关无权处理者，依社员总会^{c}之决议^{d}定之。^{2}决议应表明召集之目的，始生效力。^{3}决议以出席社员之多数决行之。
Ⅱ 全体社员对决议以书面表示其同意者，纵未召集社员总会，其决议亦生效力。

a 参考条文：第58条。
b 本条为任意规定（参见第40条），但无论如何，社员总会为必要之社团机关。社员总会由董事会召集为原则。
c 社员总会系社团之最高机关，且为其他机关之监督机关。董事会或其他社团机关不得处理之社团事务，依社员总会之决议处理之（第1款前段）。
d 社员总会之决议为多方之法律行为（mehrseitiges Rechtsgeschäft），而非契约。社员总会之召集程序有瑕疵、违反章程所订之程序（BGH NJW 74, 185）、决议违反强制禁止之规定（第134条）、违背善良风俗（第138条），其决议均属无效（BGH 59, 372）。在登记社团，社员总会召集之要件，召集之方式及决议录之作为章程必要之记载事项（第58条第4款）。

§33　Satzungsänderung

(1) Zu einem Beschluss, der eine Änderung der Satzung enthält, ist eine Mehrheit von drei Vierteln der abgegebenen Stimmen erforderlich. Zur Änderung des Zweckes des Vereins ist die Zustimmung aller Mitglieder erforderlich; die Zustimmung der nicht erschienenen Mitglieder muss schriftlich erfolgen.

(2) Beruht die Rechtsfähigkeit des Vereins auf Verleihung, so ist zu jeder Änderung der Satzung die Genehmigung der zuständigen Behörde erforderlich.

第三十三条　[章程之变更]^a
Ⅰ ^{1}变更章程之决议^b，应以出席社员四分之三多数决行之。^{2}社团目的之变更，应得全体社员之同意；未出席社员之同意，应以书面为之。
Ⅱ 因受托公权力机关之授予而取得权利能力之社团^c，其章程之变更，应经主管机关之许可。

a 参考条文：第40条、第22条、第71条、第77条。
b 章程变更之决议，应以出席社员四分之三之多数决行之。但章程另有规定者，不在此限（第40条）。社团目的之变更，应得全体社员之同意，但章程得另定之（第40条）。章程之变更，在登记社团，应由董事会申请登记（第71条），并参见第77条。

c 因授予而取得权利能力之社团，系指第22条所定之经济的社团。

§34　Ausschluss vom Stimmrecht

Ein Mitglied ist nicht stimmberechtigt, wenn die Beschlussfassung die Vornahme eines Rechtsgeschäfts mit ihm oder die Einleitung oder Erledigung eines Rechtsstreits zwischen ihm und dem Verein betrifft.

第三十四条　[表决权之排除][a]

社员对于涉及其本身与社团间之法律行为，或涉及其本身与社团间之诉讼开始或终结之决议，无表决权[b]。

a 本条为强行规定，惟并不禁止其出席。
b 排除社员表决权之情形，限于本条所规定之场合，在其他之利益竞合（Interessenkollision），社员具有表决权，例如参加董事会之选举（非本条所谓法律行为）。①

§35　Sonderrechte

Sonderrechte eines Mitglieds können nicht ohne dessen Zustimmung durch Beschluss der Mitgliederversammlung beeinträchtigt werden.

第三十五条　[社员之特别权][a]

社员之特别权[b]，非经其同意，不得依社员总会之决议侵害之。

a 本条系强行规定。
b 基于社员之地位所发生之权利（社员权——Mitgliedschaftsrechte），得分为两种。一为一般的社员权（allgemeine Mitgliedsrechte），一为特别权（Sonderrechte）。所谓特别权者，系指对某社员承认之权利；该社员对其他社员得优先行使且不可剥夺之权利（RG HRR 1932, 1287）。例如继续得为董事之权利，选任或解任董事会之权利，社团解散时之财产优先分配请求权等。为债权人之社员之地位，

---

① *Staudinger/Günter*, BGB, 2005, §34 Rdnr. 14.

非此所谓特别权。[1]

§36 Berufung der Mitgliederversammlung

Die Mitgliederversammlung ist in den durch die Satzung bestimmten Fällen sowie dann zu berufen, wenn das Interesse des Vereins es erfordert.

第三十六条 [社员总会之召集][a]

社员总会应依章程所定之事由，及为社团利益之必要[b]时，召集[c]之。

a 参考条文：第37条，"台民"第51条。
b 是否"为社团利益之必要"之认定权属于召集机关。
c 社员总会之召集系强制性的，总会由董事会召集之。

§37 Berufung auf Verlangen einer Minderheit

(1) Die Mitgliederversammlung ist zu berufen, wenn der durch die Satzung bestimmte Teil oder in Ermangelung einer Bestimmung der zehnte Teil der Mitglieder die Berufung schriftlich unter Angabe des Zweckes und der Gründe verlangt.

(2) Wird dem Verlangen nicht entsprochen, so kann das Amtsgericht die Mitglieder, die das Verlangen gestellt haben, zur Berufung der Versammlung ermächtigen; es kann Anordnungen über die Führung des Vorsitzes in der Versammlung treffen. Zuständig ist das Amtsgericht, das für den Bezirk, in dem der Verein seinen Sitz hat, das Vereinsregister führt. Auf die Ermächtigung muss bei der Berufung der Versammlung Bezug genommen werden.

第三十七条 [因少数社员请求而为召集][a]

Ⅰ 社员总会，应依章程所定社员人数之请求召集之[b]，或于未规定人数时，经社员总数之十分之一以书面述明目的及理由请求召集之[c]。

Ⅱ [1]经请求而不召集者，简易法院得授权该为请求之社员召集总会[d]，并得指定总会之主席。[2]社团所在地办理社团登记之简易法院有管辖权。[3]召集总会时，应声明有该项之授权。

---

[1] Jauernig, BGB, 16. Aufl. (2015), §35 Rdnr. 1.

a 参考条文：第36条，"台民"第51条。
b 本条规定少数人之总会召集请求权（Anspruch der Minderheit）。
c 本条系强行规定，本条对代表人总会（Vertreterversammlung）（社员总会之代替机关）亦有其适用（RH. JW. 30, 1224）。
d 第2款规定强制召集，关于其程序，参见《家事及非讼事件法》第160条以下。

§38　Mitgliedschaft

Die Mitgliedschaft ist nicht übertragbar und nicht vererblich. Die Ausübung der Mitgliedschaftsrechte kann nicht einem anderen überlassen werden.

第三十八条　[社员资格]^{ab}

社员资格^{c}不得让与及继承。社员权之行使，不得委由他人为之^d。

a 参考条文：第39条、第40条。
b 本条为任意规定，章程得另为制定。
c 社员之资格，原则上于参加社团之设立（所谓设立——契约Gründungsvertrag）或入社时发生。社团章程得对于入社之资格或条件加以限制。社员之资格于退社时（第39条）、让与时、社员死亡时或具备章程所规定之其他理由（例如丧失入社之资格）时，归于消灭。社员之资格，系属人格权（RG 100, 2）。社员权，得分为自益权（selbstnütziges Recht）及共益权（gemeinnütziges Recht）。
d 社员之资格，不得让与及继承，亦不得委任他人行使之，故社员之资格为一种专属权（höchst persönlich），不得为扣押之对象，但章程得另定之（第40条）。然社员之财产上请求权如已届清偿期时，自得为让与或扣押之对象，又社员权之行使，得由法定代理人为之。

§39　Austritt aus dem Verein

(1) Die Mitglieder sind zum Austritt aus dem Verein berechtigt.
(2) Durch die Satzung kann bestimmt werden, dass der Austritt nur am Schluss eines Geschäftsjahrs oder erst nach dem Ablauf einer Kündigungsfrist zulässig ist; die Kündigungsfrist kann höchstens zwei Jahre betragen.

第三十九条　[社员之退社]^a

I　社员有退社^{bc}之权。
II　章程得制定，于事务年度终了，或经过预告期间后，始得退社；预告期间不得超过两年。

a 参考条文："台民"第54条。
b 退社系单方且须受领（即有相对人）之意思表示（einseitige, empfangsbedüerftige Willenserklärung）。此意思表示原则应向董事会为之（第28条第2款），依其到达发生效力（第130条）。如社员欲以退社规避社团处罚，社团亦不得限制之（RG 143, 3）。章程得规定退社团之书面方式，此时适用第127条。
c 社员之开除（Ausschließung）章程有规定者，依其规定，章程如无规定者，于有重大理由——例如重大义务之违反时，依社团之决议得予以开除，得不为预告（BGH NJW 1990, 40, 42; 第314条）。关于开除，如发生纠纷者，除章程规定委付仲裁法院（Schiedsgericht）外，尚得请求法院救济。排除救济之章程应属无效（BGH NJW 1995, 583, 587）。然法院于何种程度始得审查开除问题，学界、实务界意见纷歧。德国最高法院（Reichsgericht）及联邦最高法院（Bundesgerichtshof）历来采取下述见解："国家裁判权仅监督开除之程序是否合法（例如是否征求意见，关于征求意见所定之期间是否合于章程），除该章程规定违反善良风俗或明显违法外，无开除事由之实质审查权"（RG JW. 28, 2208; BGH NJW 97, 3368）。

§40 Nachgiebige Vorschriften

Die Vorschriften des §26 Absatz 2 Satz 1, des §27 Absatz 1 und 3, der §§28, 31a Abs. 1 Satz 2 sowie der §§32, 33 und 38 finden insoweit keine Anwendung als die Satzung ein anderes bestimmt. Von §34 kann auch für die Beschlussfassung des Vorstands durch die Satzung nicht abgewichen werden.

第四十条 [任意规定]

[1]第二十六条第二款第一段、第二十七条第一款与第三款、第二十八条、第三十一条之一第一款第二段、第三十二条、第三十三条及第三十八条规定，章程另有制定者，不适用之。[2]董事会依章程作成之决议，亦不得违反第三十四条规定。

§41 Auflösung des Vereins

Der Verein kann durch Beschluss der Mitgliederversammlung aufgelöst werden. Zu dem Beschluss ist eine Mehrheit von drei Vierteln der abgegebenen Stimmen erforderlich, wenn nicht die Satzung ein anderes bestimmt.

第四十一条　[社团之解散][a]

^{1}社团得依社员总会之决议[b]解散[cd]之。^{2}除章程另有制定外，解散应以出席社员四分之三之多数票行之。

a 参考条文：第74条第1款，"台民"第57条。
b 社团之权利能力，于社团消灭时终了，社团消灭之原因如下：
 1. 解散决议（Selbstauflösungsbeschluss）——本条之解散决议，除章程另有制定外，应有出席之社员四分之三多数为之。
 2. 章程订有存续期间者，其期间之终了（第74条第2款）。
 3. 社员全体死亡或退社致无社员者。依现行通说，社员仅剩一人时，社团仍然存续。
 4. 依国家行为（Staatsakt）命令解除时。
c 社员之解散请求权，除经社员全体之同意外，不得剥夺之。
d 社团之解散应登记于社团登记簿（第74条第1款）。

§42　Insolvenz

(1) Der Verein wird durch die Eröffnung des Insolvenzverfahrens und mit Rechtskraft des Beschlusses, durch den die Eröffnung des Insolvenzverfahrens mangels Masse abgewiesen worden ist, aufgelöst. Wird das Verfahren auf Antrag des Schuldners eingestellt oder nach der Bestätigung eines Insolvenzplans, der den Fortbestand des Vereins vorsieht, aufgehoben, so kann die Mitgliederversammlung die Fortsetzung des Vereins beschließen. Durch die Satzung kann bestimmt werden, dass der Verein im Falle der Eröffnung des Insolvenzverfahrens als nicht rechtsfähiger Verein fortbesteht; auch in diesem Falle kann unter den Voraussetzungen des Satzes 2 die Fortsetzung als rechtsfähiger Verein beschlossen werden.

(2) Der Vorstand hat im Falle der Zahlungsunfähigkeit oder der Überschuldung die Eröffnung des Insolvenzverfahrens zu beantragen. Wird die Stellung des Antrags verzögert, so sind die Vorstandsmitglieder, denen ein Verschulden zur Last fällt, den Gläubigern für den daraus entstehenden Schaden verantwortlich; sie haften als Gesamtschuldner.

第四十二条　[破产][a]

Ⅰ ^{1}社团，因破产程序开始[b]，或因欠缺破产财产而驳回开始破产程序之决议确定，而解散。²破产程序因债务人之申请而停止，或因社团存续之破产计划确认而撤销，社员总会得决议社团是否存续。³章程得规定，于社团开始进行破产程序时，以无权利能力社团继续存在；在此情形，亦得于符合第二段规定，经社员总会决议，以权利能力社团继续存在。

II ¹社团无清偿能力或债务超过[c]时，董事会应申请宣告破产[d]。²申请迟延时，有故意或过失之董事，对债权人因此所生之损害，应负责任；其责任与连带债务人同。

a 参考条文：第75条、第53条、第86条、第89条。
b 破产程序进行中，破产管理人行使社团之权利。破产开始之裁定，如受撤销者，社团恢复其权利能力。
c 债务超过时，董事会（在清算时由清算人——第53条）应申请破产程序或诉讼上和解程序之开始。申请迟延时，有过咎（Verschulden）（广义之过咎即故意过失）之董事，不仅对债务超过发生时之债权人负责，对嗣后之权利人亦应负责（BGHZ 29, 100; 126, 181）。
d 登记社团之破产开始，应依职权登记之（第75条）。

§43 Entziehung der Rechtsfähigkeit

Einem Verein, dessen Rechtsfähigkeit auf Verleihung beruht, kann die Rechtsfähigkeit entzogen werden, wenn er einen anderen als den in der Satzung bestimmten Zweck verfolgt.

第四十三条　[权利能力之剥夺][a]

因受托公权力机关之授予而取得权利能力之社团，从事章程所定以外之目的者，得剥夺其权利能力。

a 参考条文："台民"第56条、第64条。

§44 Zuständigkeit und Verfahren

Die Zuständigkeit und das Verfahren für die Entziehung der Rechtsfähigkeit nach §43 bestimmen sich nach dem Recht des Landes, in dem der Verein seinen Sitz hat.

第四十四条 [管辖及程序]^a

依第四十三条规定剥夺权利能力者,其管辖及程序,依社团所在地邦法规定。

a 参考条文:第43条、第45条,《基本法》第129条。

Anfall des Vereinsvermögens

(1) Mit der Auflösung des Vereins oder der Entziehung der Rechtsfähigkeit fällt das Vermögen an die in der Satzung bestimmten Personen.

(2) Durch die Satzung kann vorgeschrieben werden, dass die Anfallberechtigten durch Beschluss der Mitgliederversammlung oder eines anderen Vereinsorgans bestimmt werden. Ist der Zweck des Vereins nicht auf einen wirtschaftlichen Geschäftsbetrieb gerichtet, so kann die Mitgliederversammlung auch ohne eine solche Vorschrift das Vermögen einer öffentlichen Stiftung oder Anstalt zuweisen.

(3) Fehlt es an einer Bestimmung der Anfallberechtigten, so fällt das Vermögen, wenn der Verein nach der Satzung ausschließlich den Interessen seiner Mitglieder diente, an die zur Zeit der Auflösung oder der Entziehung der Rechtsfähigkeit vorhandenen Mitglieder zu gleichen Teilen, anderenfalls an den Fiskus des Landes, in dessen Gebiet der Verein seinen Sitz hatte.

第四十五条 [社团财产之归属]^{ab}

Ⅰ 经解散或剥夺权利能力之社团,其财产归属于章程所指定之人。

Ⅱ ¹章程得制定^c,应受财产归属之权利人,依社员总会或其他社团机关之决议定之。²非以经济上之营业为目的之社团^d,无此项制定时,社员总会亦得将财产赠与公立财团或机构^e。

Ⅲ 未指定财产归属权利人者^f,其财产除社团之章程系专为社员之利益,归由解散或撤销权利能力时之会员均分外,归属于社团所在所属之邦库。

a 参考条文:第44条、第43条、第21条,《民法施行法》第85条,"台民"第44条。

b 归属系指归属权利人,对为清算之目的尚存之法人,于清偿债务后,请求移转剩余财产之债权请求权而言(KG OLGZ 1968,200)。社团财产在社团解散时,或社团权利能力被剥夺时,归属于章程所指定之人(第45条第1款),其为自然人或法人,在所不问。

c 章程得间接制定：归属权利人，依社员总会或其他社团机关之决议定之。
d 在非经济社团（第21条），如无此制定时，其社员总会亦得将财产赠与公立财团或机构（第45条第2款）。
e 所谓营造物（Anstalt）一语，系指为权利义务主体之团体，而该团体是否为社团或财团有疑义时所使用之名称，除民法外，在公法上亦常见。此概念本滥觞于中世纪教会法时代，沿用迄今（Karl Friedrichs, in: Fritz Stier-Somlo Handwörterbuch der Rechtswissenschaft B. I, S. 219）。
f 如归属权利人未指定或制定时，在单纯之自益社团（reiner selbstnützige Verein），应平均归属于社员（第45条第3款）。其他情形，则归属于社团住所所在地之邦库。如邦法另有规定者，依其邦法《民法施行法》第85条。

§46　Anfall an den Fiskus

Fällt das Vereinsvermögen an den Fiskus, so finden die Vorschriften über eine dem Fiskus als gesetzlichem Erben anfallende Erbschaft entsprechende Anwendung. Der Fiskus hat das Vermögen tunlichst in einer den Zwecken des Vereins entsprechenden Weise zu verwenden.

第四十六条　[财产归属于公库之情形][a]

¹社团财产应归属于公库者[b]，准用以公库为法定继承人时，关于遗产归属之规定。²对于此项财产，公库应尽其可能以合于法人目的之方法使用之[c]。

a 参考条文：第88条、第1966条。
b 社团财产归属于公库或依《民法施行法》第85条所定之团体时，公库或前开团体为概括继承人（Gesamtnachfolger）（第1966条）。在所继承之财产范围内，应清偿社团债务。
c 公库或前开团体应尽可能以合于法人目的之方法使用社团财产。然如有违背，亦不发生任何请求权（但有反对说）。[①]

§47　Liquidation

Fällt das Vereinsvermögen nicht an den Fiskus, so muss eine Liquidation stattfinden,

---

① *Palandt/Ellenberger*, BGB, 69. Aufl. (2010), §46 Rdnr. 1.

sofern nicht über das Vermögen des Vereins das Insolvenzverfahren eröffnet ist.

第四十七条　[清算][abc]

社团财产不归属于公库者，如未对财产进行破产程序，应行清算。[d]

a 参考条文：第42条、第46条、第49条第2款、第48条、第88条。
b 清算为保护债权人及归属权利人之目的而设。
c Liquidation系指法定清算而言，自与Auseinandersetzung（法定清算及任意清算）不同。Auseinandersetzung系上位概念（Oberbegriff）。在股份法，法定清算称为Abwicklung，法定清算人称为Abwickler。[①]除第42条及第46条之情形外，应举行清算。章程不得预先另为制定。在清算目的之必要范围内，社团（所谓清算社团Liquidationsverein）视为存续（第49条第2款），故有权利能力。
d 诉讼程序不因清算而中断。

§48　Liquidatoren

(1) Die Liquidation erfolgt durch den Vorstand. Zu Liquidatoren können auch andere Personen bestellt werden; für die Bestellung sind die für die Bestellung des Vorstands geltenden Vorschriften maßgebend.

(2) Die Liquidatoren haben die rechtliche Stellung des Vorstands, soweit sich nicht aus dem Zwecke der Liquidation ein anderes ergibt.

(3) Sind mehrere Liquidatoren vorhanden, so sind sie nur gemeinschaftlich zur Vertretung befugt und können Beschlüsse nur einstimmig fassen, sofern nicht ein anderes bestimmt ist.

第四十八条　[清算人][a]

Ⅰ [1]清算由董事会为之[b]。[2]清算人亦得选任他人充之；其选任依关于董事会选任之规定。
Ⅱ 清算人具有董事会之法律上地位，但以未发生有其他不合于清算目的之情事为限。[c]
Ⅲ 清算人有数人时，除另有规定外，仅应共同代表行使职权，并仅得为一致之决议。

[①] 蔡章麟（1955），《介述若干德国法律成语（二）》，载《法令月刊》，6卷2期，第12—22页。

a 参考条文：第47条、第27条、第29条、第49条至第53条、第76条、第88条，"台民"第37条、第38条。
b 清算由董事会为之（法定清算人），亦得选任他人为清算人（选任清算人）。清算人之选任，依董事会选任之规定（第27条）。至其紧急选任，参见第29条。选任清算人虽由选任而生，然其职务系法定的。故亦属所称之清算人（Liquidator）。
c 清算人之职务，参见第49条至第52条。清算人之损害赔偿义务，参见第53条。清算人之登记，参见第76条。

§49 Aufgaben der Liquidatoren

(1) Die Liquidatoren haben die laufenden Geschäfte zu beendigen, die Forderungen einzuziehen, das übrige Vermögen in Geld umzusetzen, die Gläubiger zu befriedigen und den Überschuss den Anfallberechtigten auszuantworten. Zur Beendigung schwebender Geschäfte können die Liquidatoren auch neue Geschäfte eingehen. Die Einziehung der Forderungen sowie die Umsetzung des übrigen Vermögens in Geld darf unterbleiben, soweit diese Maßregeln nicht zur Befriedigung der Gläubiger oder zur Verteilung des Überschusses unter die Anfallberechtigten erforderlich sind.

(2) Der Verein gilt bis zur Beendigung der Liquidation als fortbestehend, soweit der Zweck der Liquidation es erfordert.

第四十九条　[清算人之职务][a]

Ⅰ [1]清算人应了结现务，收取债权，变换剩余财产为金钱，清偿债务，及移交剩余财产于应得者。[2]清算人为了结未完成之事务，得为新行为。[3]收取债权及变换剩余财产为金钱，如非为清偿债务或分配剩余财产于应得者有必要时，不得为之。

Ⅱ 社团在清偿未终结前[b]，于清算目的之必要范围内，视为存续。[c]

a 参考条文：第48条、第88条，"台民"第40条。
b 社团在清算未终结前，于清算目的之必要范围内，视为存续。清算机关如超过此范围为行为时，第三人应尽注意之审查（sorgfältige Prüfung）后，始得主张之（RG 146, 378）。原进行之诉讼不因之停止，惟解散前社团积极之诉讼行为（Aktivprozess），于清算无意义者，不得为之（RG JW. 36, 2651）。
c 归属权利人待清算终了后，始得对社团请求社团财产之交付。此项请求权系为属人之请求权（persönlicher Anspruch）（债权之请求权）（KG OLGZ 1968, 200）。

§50 Bekanntmachung des Vereins in Liquidation

(1) Die Auflösung des Vereins oder die Entziehung der Rechtsfähigkeit ist durch die Liquidatoren öffentlich bekannt zu machen. In der Bekanntmachung sind die Gläubiger zur Anmeldung ihrer Ansprüche aufzufordern. Die Bekanntmachung erfolgt durch das in der Satzung für Veröffentlichungen bestimmte Blatt. Die Bekanntmachung gilt mit dem Ablauf des zweiten Tages nach der Einrückung oder der ersten Einrückung als bewirkt.

(2) Bekannte Gläubiger sind durch besondere Mitteilung zur Anmeldung aufzufordern.

第五十条 [社团清算之公告]^{ab}

Ⅰ ¹社团之解散或权利能力之剥夺，应由清算人公告之。公告中应催告债权人申报债权。²公告应以章程所定之刊物刊登之。³公告于刊登或第一次刊登满两日后生效。

Ⅱ 对于已知之债权人应分别通知^c，催告其申报。

a 参考条文：第53条、第88条。
b 本条系强行规定，如清算人不为公告者，依第53条规定，应负损害赔偿责任。
c 归属权利人属本条所定之债权人。①

§50a Bekanntmachungsblatt

Hat ein Verein in der Satzung kein Blatt für Bekanntmachungen bestimmt oder hat das bestimmte Bekanntmachungsblatt sein Erscheinen eingestellt, sind Bekanntmachungen des Vereins in dem Blatt zu veröffentlichen, welches für Bekanntmachungen des Amtsgerichts bestimmt ist, in dessen Bezirk der Verein seinen Sitz hat.

第五十条之一 [公告之刊物]^a

社团于章程中未指定公告之刊物或指定公告之刊物停刊者，公告应刊登于社团所在地简易法院指定之刊物。

a 参考条文：第50条。

---

① *Arnold*, in: MünchKomm-BGB, 7. Aufl. (2015), §50 Rdnr. 5.

§51 Sperrjahr

Das Vermögen darf den Anfallberechtigten nicht vor dem Ablauf eines Jahres nach der Bekanntmachung der Auflösung des Vereins oder der Entziehung der Rechtsfähigkeit ausgeantwortet werden.

第五十一条 [禁止移交之时期][a]

社团财产，非于解散或剥夺权利之公告登载满一年后，不得移交于应得者。[b]

a 参考条文：第53条、第812条、第288条。
b 如公告后未满一年，清算人无法律上之原因，将财产移转债权人者，社团得依第812条不当得利之规定，请求返还。清算人有时依第53条规定应负损害赔偿责任。

§52 Sicherung für Gläubiger

(1) Meldet sich ein bekannter Gläubiger nicht, so ist der geschuldete Betrag, wenn die Berechtigung zur Hinterlegung vorhanden ist, für den Gläubiger zu hinterlegen.
(2) Ist die Berichtigung einer Verbindlichkeit zur Zeit nicht ausführbar oder ist eine Verbindlichkeit streitig, so darf das Vermögen den Anfallberechtigten nur ausgeantwortet werden, wenn dem Gläubiger Sicherheit geleistet ist.

第五十二条 [为债权人提供担保][a]

Ⅰ 已知之债权人未为申报者，如得为提存时[b]，应为债权人提存其债权额。
Ⅱ 债务之清偿不能及时履行，或债务有争执时，非为债权人提供担保[c]，不得移交财产于应得者。

a 参考条文：第372条以下、第378条以下、第232条以下、第88条、第53条。
b 提存之理由及形式，参见第372条以下，提存之效力，参见第378条以下。
c 提供担保，参见第232条以下。

§53 Schadensersatzpflicht der Liquidatoren

Liquidatoren, welche die ihnen nach dem §42 Abs. 2 und den §§50, 51 und 52 obliegenden Verpflichtungen verletzen oder vor der Befriedigung der Gläubiger Vermögen den Anfallberechtigten ausantworten, sind, wenn ihnen ein Verschulden zur Last fällt, den Gläubigern für den daraus entstehenden Schaden verantwortlich; sie haften als Gesamtschuldner.

第五十三条 [清算人之损害赔偿义务]^a

清算人因故意或过失，违反第四十二条第二款及第五十条、第五十一条及第五十二条规定之义务，或于清偿债务前，移交财产于应得者时，对债权人因此所生之损害，应负赔偿责任；其责任与连带债务人同。^b

a 参考条文：第42条第2款、第50条至第52条、第88条。
b 有关条文业经说明，请参见前述。

§54　Nicht rechtsfähige Vereine

Auf Vereine, die nicht rechtsfähig sind, finden die Vorschriften über die Gesellschaft Anwendung. Aus einem Rechtsgeschäft, das im Namen eines solchen Vereins einem Dritten gegenüber vorgenommen wird, haftet der Handelnde persönlich; handeln mehrere, so haften sie als Gesamtschuldner.

第五十四条 [无权利能力社团]^a

¹无权利能力社团^b，适用关于合伙之规定。²以该社团之名义对于第三人所为之法律行为，由行为人个人负责，行为人为数人时，负连带债务人之责任。

a 参考条文：第705条以下、第730条、第710条、第717条、第719条、第12条。
b 1. 无权利能力社团，系指与社员之变更（Mitgliederwechsel）无关系而存续之团体（Körperschaft）而言。例如未授与权利能力之经济社团（第22条）、未经申请登记之非经济团体（第21条）等，在此点与合伙不同。旧有通说认为，权利义务之主体为社员全体（Hadding ZGR 2006, 137, 144），惟联邦最高法院于2001年肯认未经登记之社团具有权利能力（BGHZ 146, 341 = NJW 2001, 1056），新通说改认本条之无权利能力社团亦具有一定程度之权利能力。①

---

① *Arnold*, in: MünchKomm-BGB, 7. Aufl. (2015), §54 Rdnr. 18.

2. 无权利能力社团有被动之当事人能力（passive Parteifähigkeit）(《民事诉讼法》第50条第2款），然无积极之当事人能力（aktive）(此点与社团不同）。申言之，得为被告，不得为原告。然而就未登记之非经济无权利能力社团（Idealverein）而言，由于实际上被当成有权利能力，是以在诉讼上，系适用《民事诉讼法》第50条第1款而非第2款[Jauernig, BGB, 15. Aufl. (2014), §54 Rdnr. 15]。对无权利能力社团之财产，得以对社团所为之判决执行之(《民事诉讼法》第735条），此点与合伙不同。对无权利能力社团之财产，得进行破产程序（Konkursfähigkeit）。此点与合伙不同。
3. 无权利能力社团无票据能力（keine Wechselfähigkeit）(RG 112, 124），此点与社团不同。惟于联邦最高法院肯认民法上合伙（Gesellschaft bürgerlichen Rechts）具支票能力（Scheckfähigkeit）后，无权利能力社团应同一解释。①
4. 解散后不发生清算（Liqudation），仅将社团财产分配于社员（第730条），此点与社团不同。然章程得特定与第730条以下之规定不同之清算程序。德国普通法上将无权利能力社团与合伙予以区别。然现行法对无权利能力之社团，适用合伙之规定。故无权利能力社团之董事会与合伙之事务执行人同（第710条）。无权利能力社团财产为全体社员之共同共有（第717条至第719条）。
5. 权利能力社团，得在土地簿册登记。②
6. 合伙规定为任意规定，故无权利能力社团之章程得另制定之。例如章程得制定与社团同样之内部组织（innere Organisation）。
7. 各社员无第723条之终止权（RG 78, 136），此点与合伙不同。
8. 无权利能力社团有自己之名称，故依第12条规定受保护（BGH 120, 106）。姓名权之受保护，业如上述，参见第12条之注。
9. 无权利能力之外国社团，参见第23条之注。
10. 英美法之"无法人人格之社团"（unincorporated association）在实体法及诉讼法上，类似于德国民法之无权利能力社团。

Kapitel 2　Eingetragene Vereine
第二目　社团登记

非经济社团（第21条），其权利能力因登记而取得。第55条至第79条系为非经济社团而设。社团名称，住所之登记，参见第64条。董事及清算人，参见第64条、第67

---

① *Arnold*, in: MünchKomm-BGB, 7. Aufl. (2015), §54 Rdnr. 7.
② *Jauernig*, BGB, 15. Aufl. (2014), §54 Rdnr. 14.

条、第76条。代理权之限制,参见第64条、第70条、第76条第1款第2段。章程之变更,参见第71条。解散,权利能力之剥夺及破产,参见第74条、第75条、第78条。

§55 Zuständigkeit für die Registereintragung

Die Eintragung eines Vereins der in §21 bezeichneten Art in das Vereinsregister hat bei dem Amtsgericht zu geschehen, in dessen Bezirk der Verein seinen Sitz hat.

第五十五条 [登记之主管机关]ᵃ
第二十一条所称社团之登记,应于社团所在地简易法院之社团登记簿为之。ᵇᶜ

a 参考条文:第21条、第24条、第57条,《家事及非讼事件法》第2条第3款,"台民"第30条。
b 社团住所,参见第24条、第57条。
c 由无管辖权之简易法院所为之登记仍系有效(《家事及非讼事件法》第2条第3款)。

§55a Elektronisches Vereinsregister

(1) Die Landesregierungen können durch Rechtsverordnung bestimmen, dass und in welchem Umfang das Vereinsregister in maschineller Form als automatisierte Datei geführt wird. Hierbei muss gewährleistet sein, dass
1. die Grundsätze einer ordnungsgemäßen Datenverarbeitung eingehalten, insbesondere Vorkehrungen gegen einen Datenverlust getroffen sowie die erforderlichen Kopien der Datenbestände mindestens tagesaktuell gehalten und die originären Datenbestände sowie deren Kopien sicher aufbewahrt werden,
2. die vorzunehmenden Eintragungen alsbald in einen Datenspeicher aufgenommen und auf Dauer inhaltlich unverändert in lesbarer Form wiedergegeben werden können,
3. die nach der Anlage zu §126 Abs. 1 Satz 2 Nr. 3 der Grundbuchordnung gebotenen Maßnahmen getroffen werden.
Die Landesregierungen können durch Rechtsverordnung die Ermächtigung nach Satz 1 auf die Landesjustizverwaltungen übertragen.
(2) Das maschinell geführte Vereinsregister tritt für eine Seite des Registers an die Stelle des bisherigen Registers, sobald die Eintragungen dieser Seite in den für die Vereinsregistereintragungen bestimmten Datenspeicher aufgenommen und als

Vereinsregister freigegeben worden sind. Die entsprechenden Seiten des bisherigen Vereinsregisters sind mit einem Schließungsvermerk zu versehen.

(3) Eine Eintragung wird wirksam, sobald sie in den für die Registereintragungen bestimmten Datenspeicher aufgenommen ist und auf Dauer inhaltlich unverändert in lesbarer Form wiedergegeben werden kann. Durch eine Bestätigungsanzeige oder in anderer geeigneter Weise ist zu überprüfen, ob diese Voraussetzungen eingetreten sind. Jede Eintragung soll den Tag angeben, an dem sie wirksam geworden ist.

第五十五条之一 [电子社团登记簿][a][b]

Ⅰ [1]邦政府得以法规命令规定，以机器之形式，将社团登记簿作为自动化档案处理，及其处理之范围。[2]于此情形，应确保：
1. 遵守符合程序之资料处理原则，特别是采取预防资料流失之措施、维持资料存档之必要备份并每日更新，与保管原始资料存档及其备份。
2. 所为之登记立即存放入资料储存设备，且永久得以可读取之格式就原内容再为呈现。
3. 采取土地登记规则第一百二十六条第一款第二段第三项附录规定之措施。

[3]邦政府得以法规命令将第一款之授权移转于邦司法行政单位。

Ⅱ [1]以机器处理之社团登记簿，就登记簿之某页，如其将该页之登记存入于为社团登记簿之登记而指定之资料储存设备，并作为社团登记簿公开者，取代原来该页之登记簿。[2]原来登记簿相应之页，应加记注销。

Ⅲ [1]登记经储存于为登记簿之登记而指定之资料储存设备，且永久得以可读取之格式就原内容再为呈现，始生效力。[2]是否具备该要件，应以证明之通知或其他适当之方式审查之。[3]所有之登记，均应载明生效日期。

a 本条于1993年为简化并加速登记程序而新增，并于2009年9月24日再次修正。
b 关于社团登记之管辖、设置与执行，另见社团登记规则。

§56 Mindestmitgliederzahl des Vereins

Die Eintragung soll nur erfolgen, wenn die Zahl der Mitglieder mindestens sieben beträgt.

第一章 人 §§56,57

第五十六条 [社员之最少人数]^a

登记至少应有社员七人始得为之^b。

a 参考条文：第60条、第73条。
b 社员未满七人之社团申请登记时，简易法院应附理由驳回之（第60条）。然法院为登记时，其登记有效〔Sollvorschrift，即秩序规定（Ordnungsvorschrift）——拘束该机关而已〕。①

§57 Mindesterfordernisse an die Vereinssatzung

(1) Die Satzung muss den Zweck, den Namen und den Sitz des Vereins enthalten und ergeben, dass der Verein eingetragen werden soll.

(2) Der Name soll sich von den Namen der an demselben Orte oder in derselben Gemeinde bestehenden eingetragenen Vereine deutlich unterscheiden.

第五十七条 [社团章程之必要记载事项]^a

Ⅰ 章程^b应记载社团之目的^c、名称^d及所在地^e，并应表明社团之应经登记。
Ⅱ 名称应与同一地域或同一自治团体内现有登记社团之名称，有明显之区别^f。

a 参考条文：第59条第2款、第60条、第21条至第24条、第12条，"台民"第47条。
b 章程应提出登记于法院（第59条第2款），且应作成书面。欠缺第1款之要件时，不许登记（第60条）。倘法院为登记时，其登记为无效（Mussvorschrift），此点与前条不同。
c "目的"参见第21条、第22条、第23条。
d "名称"参见第12条，社团不得有数个名称（RG 85, 399）。
e "所在地"参见第24条。
f 与现有社团之名称类似之名称，不许登记（第60条）。倘若登记者，其登记有效（Sollvorschrift），然得发生登记人员之责任。

---

① 参见 *Palandt*, BGB, 24. Aufl. (1965), §57. 2.

§58 Sollinhalt der Vereinssatzung

Die Satzung soll Bestimmungen enthalten:
1. über den Eintritt und Austritt der Mitglieder,
2. darüber, ob und welche Beiträge von den Mitgliedern zu leisten sind,
3. über die Bildung des Vorstands,
4. über die Voraussetzungen, unter denen die Mitgliederversammlung zu berufen ist, über die Form der Berufung und über die Beurkundung der Beschlüsse.

第五十八条 [社团章程应有之内容][ab]

章程应记载下列事项：
1. 社员之入社及退社。
2. 社员出资[c]之有无及种类。
3. 董事会之组织。
4. 社员总会召集之要件、召集之方式及决议录之作成。

a 参考条文：第60条，"台民"第47条。
b 欠缺本条所定记载事项之登记，虽应驳回（第60条），如未经驳回者，其登记有效（Sollvorschrift）。
c "出资"——如欠出资之记载者，除自社团之目的，得认为有出资义务外，社员不负出资义务。

§59 Anmeldung zur Eintragung

(1) Der Vorstand hat den Verein zur Eintragung anzumelden.
(2) Der Anmeldung sind Abschriften der Satzung und der Urkunden über die Bestellung des Vorstands beizufügen.
(3) Die Satzung soll von mindestens sieben Mitgliedern unterzeichnet sein und die Angabe des Tages der Errichtung enthalten.

第五十九条 [申请登记][a]

Ⅰ 董事会应申请[b]社团之登记。
Ⅱ 申请应附具章程缮本及董事会选任记录之证明文件。
Ⅲ 章程至少应有社员七人之签名，并记载章程制定之日期。[c]

第一章 人 §§59—64

  a 参考条文：第77条、第129条、第60条、第68条。
  b 申请之格式：第77条、第129条。申请是否合法，依《家事及非讼事件法》第26条调查之（职权调查主义——Untersuchungsgrundsatz）。
  c 违背第2款、第3款所为之登记有效。

§60 Zurückweisung der Anmeldung

Die Anmeldung ist, wenn den Erfordernissen der §§56 bis 59 nicht genügt ist, von dem Amtsgericht unter Angabe der Gründe zurückzuweisen.

第六十条 [申请之驳回][ab]

申请不具备第五十六条至第五十九条之要件者，简易法院应附理由驳回之。

  a 参考条文：第71条。
  b 除本款规定外，如有其他违背者（第134条、第138条），其行为因违反法律规定而无效，故应予以驳回（RG JW. 20, 961）。

§61 bis §63 (weggefallen)

第六十一条至第六十三条 [删除]

§64 Inhalt der Vereinsregistereintragung

Bei der Eintragung sind der Name und der Sitz des Vereins, der Tag der Errichtung der Satzung, die Mitglieder des Vorstands und ihre Vertretungsmacht anzugeben.

第六十四条 [社团登记之内容][ab]

登记应载明社团之名称、所在地、章程订立之日期、董事会之董事及其代表权。[cd]

  a 参考条文：第67条、第71条、第74条至第76条。
  b 社团之权利能力，因登记同时发生。
  c 登记事项，除本条外，尚有第67条、第71条、第74条至第76条。法定记载事项以外，准许记载其他事项与否，学说存在分歧。

d 如名称及住所有记载者，登记发生效力，本条系秩序规定（Ordnungsvorschrift）（通说）。①

§65 Namenszusatz

Mit der Eintragung erhält der Name des Vereins den Zusatz "eingetragener Verein".

第六十五条 [名称之标示][a]

社团经登记后，其名称应标示"已登记之社团"字样。

a 参考条文：第66条。

§66 Bekanntmachung der Eintragung und Aufbewahrung von Dokumenten

(1) Das Amtsgericht hat die Eintragung des Vereins in das Vereinsregister durch Veröffentlichung in dem von der Landesjustizverwaltung bestimmten elektronischen Informations- und Kommunikationssystem bekannt zu machen.

(2) Die mit der Anmeldung eingereichten Dokumente werden vom Amtsgericht aufbewahrt.

第六十六条 [公告][a]

Ⅰ 简易法院应就于社团登记簿内所为之社团登记，以公布于邦司法行政部所指定之电子信息及传播系统之方式公告[b]之。[c]

Ⅱ 简易法院应保存登记时所提出之文件。

a 参考条文：第71条，《家事及非讼事件法》第383条第1款。

b 公告系法院之义务。如不为公告者，有时依第839条负损害赔偿责任。然登记之效力，不受影响。

c 对登记申请人应告知（bekanntmachen）登记。然申请人得抛弃告知（《家事及非讼事件法》第383条第1款）。

---

① *Arnold*, in: MünchKomm-BGB, 7. Aufl. (2015), §64 Rdnr. 1.

§67 Änderung des Vorstands

(1) Jede Änderung des Vorstands ist von dem Vorstand zur Eintragung anzumelden. Der Anmeldung ist eine Abschrift der Urkunde über die Änderung beizufügen.
(2) Die Eintragung gerichtlich bestellter Vorstandsmitglieder erfolgt von Amts wegen.

第六十七条 [董事会之变更][a]

Ⅰ [1]任何关于董事会之变更，应由董事会申请登记[b]。[2]申请应附具变更证明文件之缮本。
Ⅱ 董事由法院选任者，其登记，应依职权为之。

a 参考条文：第78条、第59条第1款、第77条、第68条。
b 董事会（Vorstand）变更等之申请，系董事会各董事之个人义务（persönliche Pflicht）。如不遵守者，依第78条得处罚款。至申请程序，参见第59条第1款；形式，参见第77条；登记之效力，参见第68条。

§68 Vertrauensschutz durch Vereinsregister

Wird zwischen den bisherigen Mitgliedern des Vorstands und einem Dritten ein Rechtsgeschäft vorgenommen, so kann die Änderung des Vorstands dem Dritten nur entgegengesetzt werden, wenn sie zur Zeit der Vornahme des Rechtsgeschäfts im Vereinsregister eingetragen oder dem Dritten bekannt ist. Ist die Änderung eingetragen, so braucht der Dritte sie nicht gegen sich gelten zu lassen, wenn er sie nicht kennt, seine Unkenntnis auch nicht auf Fahrlässigkeit beruht.

第六十八条 [社团登记之信赖保护][a]

[1]前任董事与第三人为法律行为者，以董事会之变更于行为时已登记于社团登记簿[bc]，或为第三人所已知者为限，得以之对抗第三人。[2]变更登记为第三人所不知，而其不知非由于过失所致者，仍不得对抗第三人。

a 参考条文：第59条、第70条、第71条。
b 任何人有权阅览社团登记。故除提出不知之反证外，受知悉之推定。
c 社团登记与土地簿册之登记不同，无积极之公信力（ein echter öffentliche Glaube），仅有消极之公示力（negative Publizität）。

§69 Nachweis des Vereinsvorstands

Der Nachweis, dass der Vorstand aus den im Register eingetragenen Personen besteht, wird Behörden gegenüber durch ein Zeugnis des Amtsgerichts über die Eintragung geführt.

第六十九条 [社团董事会登记之证明]

董事会对政府机关证明其系由登记簿上所登记之人员组成者，应以简易法院之证明书为之。

§70 Vertrauensschutz bei Eintragungen zur Vertretungsmacht

Die Vorschriften des §68 gelten auch für Bestimmungen, die den Umfang der Vertretungsmacht des Vorstands beschränken oder die Vertretungsmacht des Vorstands abweichend von der Vorschrift des §26 Absatz 2 Satz 1 regeln.

第七十条 [代表权登记之信赖保护][ab]

第六十八条规定，对于制定董事会代表权范围之限制，或董事会之代表权不同于第二十六条第二款第一段规定时，亦适用之。

a 参考条文：第65条，"台民"第27条第3款。
b 本条系规定董事会代表权范围之限制等之消极公示力（negative Publizität）。

§71 Änderungen der Satzung

(1) Änderungen der Satzung bedürfen zu ihrer Wirksamkeit der Eintragung in das Vereinsregister. Die Änderung ist von dem Vorstand zur Eintragung anzumelden. Der Anmeldung sind eine Abschrift des die Änderung enthaltenden Beschlusses und der Wortlaut der Satzung beizufügen. In dem Wortlaut der Satzung müssen die geänderten Bestimmungen mit dem Beschluss über die Satzungsänderung, die unveränderten Bestimmungen mit dem zuletzt eingereichten vollständigen Wortlaut der Satzung und, wenn die Satzung geändert worden ist, ohne dass ein vollständiger Wortlaut der Satzung eingereicht wurde, auch mit den zuvor eingetragenen Änderungen übereinstimmen.

第一章　人　　　　　　　　　　　　　　　　　　　　　§§71—73

(2) Die Vorschriften der §§60, 64 und des §66 Abs. 2 finden entsprechende Anwendung.

第七十一条　[章程之变更]
Ⅰ ¹章程之变更，因登记于社团登记簿而生效力。²章程之变更，应由董事会申请登记。³该申请应附具记载变更决议之缮本，及章程之条文。⁴于章程条文中，变更之规定应与变更章程之决议相符，未变更之规定应与最后提交之章程全文相符。上次章程变更而未提交章程全文者，亦应与先前业已登记之变更相符。
Ⅱ 第六十条、第六十四条及第六十六条第二款规定，于前款情形准用之。

§72　Bescheinigung der Mitgliederzahl

Der Vorstand hat dem Amtsgericht auf dessen Verlangen jederzeit eine schriftliche Bescheinigung über die Zahl der Vereinsmitglieder einzureichen.

第七十二条　[社员人数证明书]ᵃ
　　董事会应依简易法院之请求，随时提出社员人数之书面证明。ᵇ

a 参考条文：第78条。
b 董事不遵守本条规定者，得处罚款（第78条）。

§73　Unterschreiten der Mindestmitgliederzahl

Sinkt die Zahl der Vereinsmitglieder unter drei herab, so hat das Amtsgericht auf Antrag des Vorstands und, wenn der Antrag nicht binnen drei Monaten gestellt wird, von Amts wegen nach Anhörung des Vorstands dem Verein die Rechtsfähigkeit zu entziehen.

第七十三条　[社员人数之最低限度]ᵃ
　　社员人数减至不满三人时ᵇ，简易法院应依董事会之申请，如董事会不于三个月内为申请者，应依职权，于听取董事会意见后，剥夺社团之权利能力ᶜ。

a 参考条文：第56条。

b 社团设立最少须有社员七人（第56条），然为剥夺社团权利能力之最少数，须社员人数减至三人以下（第73条第1款）。剥夺以裁定为之（第73条第1款）。如无剥夺，虽社员减至一人，社团仍存在。

c 以职权剥夺社团之权利能力时，法院应为职权登记。然因第43条之原因，剥夺社团权利能力者，其登记依主管机关之通知为之。

§74 Auflösung

(1) Die Auflösung des Vereins sowie die Entziehung der Rechtsfähigkeit ist in das Vereinsregister einzutragen.

(2) Wird der Verein durch Beschluss der Mitgliederversammlung oder durch den Ablauf der für die Dauer des Vereins bestimmten Zeit aufgelöst, so hat der Vorstand die Auflösung zur Eintragung anzumelden. Der Anmeldung ist im ersteren Falle eine Abschrift des Auflösungsbeschlusses beizufügen.

(3)(weggefallen)

第七十四条 [解散]ª

Ⅰ 社团之解散及权利能力之剥夺ᵇ，应登记于社团登记簿。

Ⅱ ¹社团因社员总会之决议，或因社团所定存续期间之届满而解散者，董事会应申请为解散之登记。²依第一种情形为申请时，应附具解散决议之缮本。

Ⅲ [删除]

a 参考条文：第78条、第75条。

b 破产之开始，应依职权登记之（第75条）。然嗣后权利能力丧失（第42条）毋庸登记（本条第1款第2段）。

§75 intragungen bei Insolvenz

(1) Die Eröffnung des Insolvenzverfahrens und der Beschluss, durch den die Eröffnung des Insolvenzverfahrens mangels Masse rechtskräftig abgewiesen worden ist, sowie die Auflösung des Vereins nach §42 Absatz 2 Satz 1 sind von Amts wegen einzutragen. Von Amts wegen sind auch einzutragen

1. die Aufhebung des Eröffnungsbeschlusses,

2. die Bestellung eines vorläufigen Insolvenzverwalters, wenn zusätzlich dem

第一章 人　　　　　　　　　　　　　　　　　　　　　　　　　　§§75,76

Schuldner ein allgemeines Verfügungsverbot auferlegt oder angeordnet wird, dass Verfügungen des Schuldners nur mit Zustimmung des vorläufigen Insolvenzverwalters wirksam sind, und die Aufhebung einer derartigen Sicherungsmaßnahme,
3. die Anordnung der Eigenverwaltung durch den Schuldner und deren Aufhebung sowie die Anordnung der Zustimmungsbedürftigkeit bestimmter Rechtsgeschäfte des Schuldners,
4. die Einstellung und die Aufhebung des Verfahrens und
5. die Überwachung der Erfüllung eines Insolvenzplans und die Aufhebung der Überwachung.

(2) Wird der Verein durch Beschluss der Mitgliederversammlung nach §42 Absatz 1 Satz 2 fortgesetzt, so hat der Vorstand die Fortsetzung zur Eintragung anzumelden. Der Anmeldung ist eine Abschrift des Beschlusses beizufügen.

第七十五条　[破产程序之登记][a]

I [1]破产程序之开始与因欠缺破产财产而确定驳回开始之破产程序，及依第四十二条第二款第一段规定解散社团，应依职权登记之。[2]有下列情形之一者，亦应依职权为登记：
1. 撤销开始之决议。
2. 如对债务人附加一般性之处分禁止，或命债务人应经暂时破产管理人之同意，始得为有效之处分时，选任暂时破产管理人，及撤销该防范措施。
3. 命由债务人自行管理与其撤销，及命债务人就特定法律行为应经同意，始得为之。
4. 程序之停止及撤销。
5. 执行破产计划之监督及撤销监督。

II [1]社团经由社员总会之决议，依第四十二条第一款第二段规定继续存在者，董事会应就继续存在申请登记。[2]申请时，应附具决议之誊本。

a 解散之登记，原则上由董事会之申请或主管机关之通知为之（第74条第2款、第3款），破产之开始，应依职权为登记（第75条）。

§76 Eintragungen bei Liquidation

(1) Bei der Liquidation des Vereins sind die Liquidatoren und ihre Vertretungsmacht

in das Vereinsregister einzutragen. Das Gleiche gilt für die Beendigung des Vereins nach der Liquidation.

(2) Die Anmeldung der Liquidatoren hat durch den Vorstand zu erfolgen. Bei der Anmeldung ist der Umfang der Vertretungsmacht der Liquidatoren anzugeben. Änderungen der Liquidatoren oder ihrer Vertretungsmacht sowie die Beendigung des Vereins sind von den Liquidatoren anzumelden. Der Anmeldung der durch Beschluss der Mitgliederversammlung bestellten Liquidatoren ist eine Abschrift des Bestellungsbeschlusses, der Anmeldung der Vertretungsmacht, die abweichend von §48 Absatz 3 bestimmt wurde, ist eine Abschrift der diese Bestimmung enthaltenden Urkunde beizufügen.

(3) Die Eintragung gerichtlich bestellter Liquidatoren geschieht von Amts wegen.

第七十六条　[清算登记][a]

Ⅰ [1]社团清算时，应将清算人及其代表权限登记于社团登记簿。[2]社团于清算后终结者，亦同。

Ⅱ [1]清算人之申请，应由董事会为之。[2]申请时，应载明清算人之代表权限。[3]清算人或其代表权限之变更，及社团之终结，均应由清算人申请之。[4]清算人依社员总会之决议选任者，申请时，应附具选任决议之缮本，代表权限之规定与第四十八条第三款规定不同者，申请时，应附具包含有该规定文件之缮本。

Ⅲ 由法院选任之清算人，应依职权登记之。

a 参考条文：第48条第3款、第68条至第70条、第78条。

§77　nmeldepflichtige und Form der Anmeldungen

Die Anmeldungen zum Vereinsregister sind von Mitgliedern des Vorstands sowie von den Liquidatoren, die insoweit zur Vertretung des Vereins berechtigt sind, mittels öffentlich beglaubigter Erklärung abzugeben. Die Erklärung kann in Urschrift oder in öffentlich beglaubigter Abschrift beim Gericht eingereicht werden.

第七十七条　[申请义务人及申请之方式][a]

[1]申请登记于社团登记簿，应由有代表社团权限之董事会董事及清算人，以经公证之表示为之。[2]该表示应向法院提出正本或经公证之缮本。

a 参考条文：第129条。

§78　Festsetzung von Zwangsgeld

(1) Das Amtsgericht kann die Mitglieder des Vorstands zur Befolgung der Vorschriften des §67 Abs. 1, des §71 Abs. 1, des §72, des §74 Abs. 2, des §75 Absatz 2 und des §76 durch Festsetzung von Zwangsgeld anhalten.

(2) In gleicher Weise können die Liquidatoren zur Befolgung der Vorschriften des §76 angehalten werden.

第七十八条　[处以怠金]^a

Ⅰ 为使董事遵守第六十七条第一款、第七十一条第一款、第七十二条、第七十四条第二款、第七十五条第二款及第七十六条规定者，简易法院得处以怠金。

Ⅱ 为使清算人遵守第七十六条规定者，亦同。

a 参考条文："台民"第43条。

§79　Einsicht in das Vereinsregister

(1) Die Einsicht des Vereinsregisters sowie der von dem Verein bei dem Amtsgericht eingereichten Dokumente ist jedem gestattet. Von den Eintragungen kann eine Abschrift verlangt werden; die Abschrift ist auf Verlangen zu beglaubigen. Wird das Vereinsregister maschinell geführt, tritt an die Stelle der Abschrift ein Ausdruck, an die der beglaubigten Abschrift ein amtlicher Ausdruck.

(2) Die Einrichtung eines automatisierten Verfahrens, das die Übermittlung von Daten aus maschinell geführten Vereinsregistern durch Abruf ermöglicht, ist zulässig, wenn sichergestellt ist, dass

1. der Abruf von Daten die zulässige Einsicht nach Absatz 1 nicht überschreitet und

2. die Zulässigkeit der Abrufe auf der Grundlage einer Protokollierung kontrolliert werden kann.

Die Länder können für das Verfahren ein länderübergreifendes elektronisches Informations- und Kommunikationssystem bestimmen.

(3) Der Nutzer ist darauf hinzuweisen, dass er die übermittelten Daten nur zu Informationszwecken verwenden darf. Die zuständige Stelle hat (z. B. durch Stichproben) zu prüfen, ob sich Anhaltspunkte dafür ergeben, dass die nach Satz 1

zulässige Einsicht überschritten oder übermittelte Daten missbraucht werden.
(4) Die zuständige Stelle kann einen Nutzer, der die Funktionsfähigkeit der Abrufeinrichtung gefährdet, die nach Absatz 3 Satz 1 zulässige Einsicht überschreitet oder übermittelte Daten missbraucht, von der Teilnahme am automatisierten Abrufverfahren ausschließen; dasselbe gilt bei drohender Überschreitung oder drohendem Missbrauch.
(5) Zuständige Stelle ist die Landesjustizverwaltung. Örtlich zuständig ist die Landesjustizverwaltung, in deren Zuständigkeitsbereich das betreffende Amtsgericht liegt. Die Zuständigkeit kann durch Rechtsverordnung der Landesregierung abweichend geregelt werden. Sie kann diese Ermächtigung durch Rechtsverordnung auf die Landesjustizverwaltung übertragen. Die Länder können auch die Übertragung der Zuständigkeit auf die zuständige Stelle eines anderen Landes vereinbaren.

第七十九条　[社团登记簿之阅览][a]

Ⅰ [1]社团登记簿及由社团提出于简易法院之文件,任何人均得阅览之。[2]对于登记事项,得申请给与缮本[b];缮本,得请求认证之。[3]由机器执行之社团登记簿,得以复印本替代缮本,得以官方之复印本取代认证之缮本。

Ⅱ 由机器执行之社团登记簿得以取得并传输资料之自动化程序,其阅览以可确保下列情形者为限:
1. 资料之取得,未超越第一款规定所许可之阅览范围,且
2. 许可取得资料,应有可控制之记录为基础。
就该程序,各邦得指定跨邦之电子信息及传播系统。

Ⅲ [1]应告知用户,其所传输之资料仅供信息之目的使用。[2]主管机关应检查(例如经抽查),是否有违反第一段规定或滥用传输数据之情事。

Ⅳ 主管机关得将危害读取设备功能、逾越第三款第一段规定所许可之阅览目的或滥用传输资料之用户,排除其使用自动化取得程序。有逾越阅览目的之虞或滥用之虞者,亦同。

Ⅴ [1]主管机关为邦司法行政部。[2]地方主管机关为该简易法院所在之邦司法行政部。[3]邦政府得就管辖权,以法规命令另为不同之规定。[4]邦政府得将该权限,以法规命令移转于邦司法行政部。[5]各邦亦得协议,将管辖权移转于其他邦之主管机关。

a 参考条文:《家事及非讼事件法》第13条。
b 利害关系人得请求缮本(《家事及非讼事件法》第13条)。

Untertitel 2　Stiftungen
第二款　财　团

一、第80条至第88条规定，仅适用于私法上之权利能力财团，不得适用于公法上财团。所谓财团系指为实现一定目的之有人格之组织（Organismus）并非人之结合（Personenvereinigung）而言。其存在目的，在于实现捐助人之意思，而利用捐出之财产。故以捐助人之意思为存在之规范（Daseinsnorm）。财团之变更，原则上系非自由，此点与得自由处分其目的之团体（Körperschaft）不同。财团之概念，系由教会法所发展者[敬虔财团——"fromme Stiftung"（pia fundatio）]。①初期罗马法对财团不赋予人格，嗣后优帝对慈善团体（piae causae）以捐助人指定董事为要件而承认其人格。古代财团如普鲁士之家属财团（Familienstiftung），颇为有名。巴比伦法亦将财团分为公财团与私财团。财团之设立，应有捐助行为及应经许可。财团无社员，故无社员总会。除此点以外，关于社团之规定，原则上均准用之。

二、财团成立要件——第80条、第81条、第83条。

三、财产之归属——第82条、第84条。

四、组织变更及消灭——第85条、第88条。

在英国无财团法人之制度，以公益信托（charitable trust）或单独法人（corporation sole）代之。

§80　Entstehung einer rechtsfähigen Stiftung

(1) Zur Entstehung einer rechtsfähigen Stiftung sind das Stiftungsgeschäft und die Anerkennung durch die zuständige Behörde des Landes erforderlich, in dem die Stiftung ihren Sitz haben soll.

(2) Die Stiftung ist als rechtsfähig anzuerkennen, wenn das Stiftungsgeschäft den Anforderungen des §81 Abs. 1 genügt, die dauernde und nachhaltige Erfüllung des Stiftungszwecks gesichert erscheint und der Stiftungszweck das Gemeinwohl nicht gefährdet. Bei einer Stiftung, die für eine bestimmte Zeit errichtet und deren Vermögen für die Zweckverfolgung verbraucht werden soll (Verbrauchsstiftung), erscheint die dauernde Erfüllung des Stiftungszwecks gesichert, wenn die Stiftung für einen im Stiftungsgeschäft festgelegten Zeitraum bestehen soll, der mindestens zehn Jahre umfasst.

---

① *Koeniger*, Katholisches Kirchenrecht, 1926, S. 282; *Staudingers*, BGB.

(3) Vorschriften der Landesgesetze über kirchliche Stiftungen bleiben unberührt. Das gilt entsprechend für Stiftungen, die nach den Landesgesetzen kirchlichen Stiftungen gleichgestellt sind.

第八十条　[权利能力财团之成立][a]

Ⅰ 财团权利能力之成立[b]，除具备捐助行为外，应经财团所在地之邦主管机关之许可[c]。

Ⅱ [1]财团，其捐助行为符合第八十一条第一款规定之要求、确实可持续履行捐助之目的，且捐助目的未违反公共利益者，有权利能力。[2]设立于特定期间，且其财产系为达成目的而消费之财团（消费财团），如该财团依捐助行为所定之存续时间在十年以上者，具有确实可持续履行捐助目的[d]。

Ⅲ [1]邦法律关于教会财团之规定者，不适用本条规定。[2]依邦法律而与教会财团具有相同地位者，准用之。

a 参考条文：《基本法》第129条，"台民"第59条。
b 财团之成立，应有捐助行为及经邦之许可。捐助行为（Stiftungsgeschäft）分生前捐助行为及依死因处分而为之捐助行为。关于生前之捐助行为，参见第81条；依死因处分而为之捐助行为，参见第83条。
捐助行为，系指以成立财团为目的，所为之捐助毋庸经相对人受领之单独意思表示（nicht empfangsbedürftige einseitige Willenserklärung）。该意思表示至少须包含：1. 财团目的；2. 关于董事会选任之规定；3. 捐出一定数额财产之意旨。
c 具备第80条第2款规定之财团成立要件者，捐助人对于主管机关有请求许可之法律上请求权。
d 本项后段为2013年3月21日之《巩固名誉职法》[①]所修正，3月29日生效。(BGBl. I, S. 556)本条修正前，德国通说认为，为目的之达成且于一定期间存续之财团，比如为修复特定古迹所成立者，虽不具永久之持续性，仍应符合第80条第2款"确实可持续履行"之要件。本次修正将该通说见解明文化。

§81　Stiftungsgeschäft

(1) Das Stiftungsgeschäft unter Lebenden bedarf der schriftlichen Form. Es muss die

---

① Gesetz zur Stärkung des Ehrenamtes vom 21. März 2013.

verbindliche Erklärung des Stifters enthalten, ein Vermögen zur Erfüllung eines von ihm vorgegebenen Zweckes zu widmen, das auch zum Verbrauch bestimmt werden kann. Durch das Stiftungsgeschäft muss die Stiftung eine Satzung erhalten mit Regelungen über
1. den Namen der Stiftung,
2. den Sitz der Stiftung,
3. den Zweck der Stiftung,
4. das Vermögen der Stiftung,
5. die Bildung des Vorstands der Stiftung.
Genügt das Stiftungsgeschäft den Erfordernissen des Satzes 3 nicht und ist der Stifter verstorben, findet §83 Satz 2 bis 4 entsprechende Anwendung.
(2) Bis zur Anerkennung der Stiftung als rechtsfähig ist der Stifter zum Widerruf des Stiftungsgeschäfts berechtigt. Ist die Anerkennung bei der zuständigen Behörde beantragt, so kann der Widerruf nur dieser gegenüber erklärt werden. Der Erbe des Stifters ist zum Widerruf nicht berechtigt, wenn der Stifter den Antrag bei der zuständigen Behörde gestellt oder im Falle der notariellen Beurkundung des Stiftungsgeschäfts den Notar bei oder nach der Beurkundung mit der Antragstellung betraut hat.

第八十一条 [捐助行为][a]

I [1]生前之捐助行为应以书面为之[b]。[2]该书面中，捐助人应表明受履行其所称之目的而捐助财产之拘束，该财产亦得作为消费用途[c]。[3]捐助行为应于财团章程中规定：
1. 财团之名称。
2. 财团之所在地。
3. 财团之目的。
4. 财团之财产。
5. 财团董事会之组织。
捐助行为不符合第三段规定，而捐助人已经死亡者，准用第八十三条第二段至第四段规定。

II [1]捐助人在财团未经许可为有权利能力前，得撤回其捐助行为[d]。[2]已向主管机关[e]申请许可者，其撤回之表示，仅得向该主管机关为之。[3]捐助人已向主管机关提出申请，或其捐助行为系由公证人作成公证书，而于作成时或作成后委托公证人代为提出者，捐助人之继承人不得撤回之。

a 参考条文：第126条。

b 规定生前捐助行为之形式，参见第126条。
c 配合第80条第2款后段进行修正。
d 规定生前捐助行为之撤回。许可前且申请书未到主管机关前，始得撤回之。撤回不拘方式。
e 此所称"主管机关"，指依邦法规定，有权许可之机关。

§82 Übertragungspflicht des Stifters

Wird die Stiftung als rechtsfähig anerkannt, so ist der Stifter verpflichtet, das in dem Stiftungsgeschäft zugesicherte Vermögen auf die Stiftung zu übertragen. Rechte, zu deren Übertragung der Abtretungsvertrag genügt, gehen mit der Anerkennung auf die Stiftung über, sofern nicht aus dem Stiftungsgeschäft sich ein anderer Wille des Stifters ergibt.

第八十二条 [捐助人之移转义务][a]

[1]财团经许可者[b]，捐助人就其捐助行为所允诺之财产，负有移转于财团之义务。[2]权利之移转[c]，仅须以让与契约为之者，该权利，因许可而移转于财团。但在捐助行为，捐助人另有意思者，不在此限[d]。

a 参考条文：第870条、第931条、第519条至第524条。
b 财团经许可成立为人格者，财团对捐助人有财产移转请求权（债权的请求权），并非当然取得财产所有权。
c 权利之移转，有仅须以让与契约为之者，例如债权是——参见第398条至第400条、第870条、第931条、第1153条、第1274条。
d 捐助行为虽非赠与（Schenkung），然得类推适用关于赠与之规定（第519条至第524条）（但有反对说）。①

§83 Stiftung von Todes wegen

Besteht das Stiftungsgeschäft in einer Verfügung von Todes wegen, so hat das Nachlassgericht dies der zuständigen Behörde zur Anerkennung mitzuteilen, sofern sie nicht von dem Erben oder dem Testamentsvollstrecker beantragt wird. Genügt das Stiftungsgeschäft nicht den Erfordernissen des §81 Abs. 1 Satz 3, wird der Stiftung durch die zuständige Behörde vor der Anerkennung eine Satzung gegeben oder eine

---

① *Weitermeyer*, in: MünchKomm-BGB, 7. Aufl. (2015), §82 Rdnr. 3.

unvollständige Satzung ergänzt; dabei soll der Wille des Stifters berücksichtigt werden. Als Sitz der Stiftung gilt, wenn nicht ein anderes bestimmt ist, der Ort, an welchem die Verwaltung geführt wird. Im Zweifel gilt der letzte Wohnsitz des Stifters im Inland als Sitz.

第八十三条 [死因处分之捐助][a]

¹以死因处分[b]而为捐助行为[c]者，继承人或遗嘱执行人，不为许可之申请时，遗产法院应向主管机关申请之。²捐助行为不符合第八十一条第一款第三段规定者，主管机关于许可前，应指定财团之章程或补充章程之不足，但应斟酌捐助人之意思。³财团之所在地，于未特别制定者，应以行政管理之地，视为其所在地。⁴有疑义时，以捐助人在国内之最后住所地，视为其所在地。

a 参考条文：第2231条、第2274条。
b 死因处分系指遗嘱（Testament）及继承契约（Erbvertrag）（第2231条、第2274条）而言。
c 在德国普通法，依死因处分，得设立财团与否，或对未存在之财团，得指定为继承人与否，学说存在分歧。故民法以明文解决之。继承人不论先位继承，后位继承人，补助继承人（Vor-, Nach- und Ersatzerben）均可。

§84 Anerkennung nach Tod des Stifters

Wird die Stiftung erst nach dem Tode des Stifters als rechtsfähig anerkannt, so gilt sie für die Zuwendungen des Stifters als schon vor dessen Tod entstanden.

第八十四条 [捐助人死后之许可][a]

财团在捐助人死亡后始经许可为有权利能力者，关于捐助人之给与，视为财团在其生前即已成立。

a 本条对捐助人死亡前未经许可之生前财团（Stiftung unter Lebenden）亦适用之。

§85 Stiftungsverfassung

Die Verfassung einer Stiftung wird, soweit sie nicht auf Bundes- oder Landesgesetz beruht, durch das Stiftungsgeschäft bestimmt.

第八十五条 [财团之组织]ª

财团之组织ᵇ，以捐助行为定之。但国家或邦之法律另有规定者，不在此限。ᶜ

a 对财团之组织，特别关于目的、住所、机关、管理、受益权人之权利（Recht der Genussberechtigten）、消灭等事项，第一适用国家之强行法（例如本法第86条），第二适用邦之强行法，第三适用捐助行为与国家及邦之任意法规。
b 不但记载章程之文书，捐助行为之全部内容（gesamter Inhalt des Stiftungsgeschäfts）亦属财团之组织规范（RG 158, 188）。
c 受益权人对于财团是否有给付请求权，系组织之解释问题，如受益权人经明定时，法律上有给付请求权人自得以诉请求之（RG 121, 168）。

§86 Anwendung des Vereinsrechts

Die Vorschriften der §§26 und 27 Absatz 3 und der §§28 bis 31a und 42 finden auf Stiftungen entsprechende Anwendung, die Vorschriften des §26 Absatz 2 Satz 1, des §27 Absatz 3 und des §28 jedoch nur insoweit, als sich nicht aus der Verfassung, insbesondere daraus, dass die Verwaltung der Stiftung von einer öffentlichen Behörde geführt wird, ein anderes ergibt. Die Vorschriften des §26 Absatz 2 Satz 2 und des §29 finden auf Stiftungen, deren Verwaltung von einer öffentlichen Behörde geführt wird, keine Anwendung.

第八十六条 [社团法之适用]ª

¹第二十六条、第二十七条第三款、第二十八条至第三十一条之一及第四十二条规定，于财团准用之。但第二十六条第二款第一段、第二十七条第三款及第二十八条规定，除依其章程，特别是在财团业务由公立机关管理时ᵇ，另有规定者外，准用之。²第二十六条第二款第二段及第二十九条规定，于由公立机关管理业务之财团，不适用之。

a 本条为强制规定。
b 财团业务由机关管理时，适用关于公法规定。机关得派官员管理之。

§87 Zweckänderung; Aufhebung

(1) Ist die Erfüllung des Stiftungszwecks unmöglich geworden oder gefährdet sie das

Gemeinwohl, so kann die zuständige Behörde der Stiftung eine andere Zweckbestimmung geben oder sie aufheben.

(2) Bei der Umwandlung des Zweckes soll der Wille des Stifters berücksichtigt werden, insbesondere soll dafür gesorgt werden, dass die Erträge des Stiftungsvermögens dem Personenkreis, dem sie zustatten kommen sollten, im Sinne des Stifters erhalten bleiben. Die Behörde kann die Verfassung der Stiftung ändern, soweit die Umwandlung des Zweckes es erfordert.

(3) Vor der Umwandlung des Zweckes und der Änderung der Verfassung soll der Vorstand der Stiftung gehört werden.

第八十七条 [目的变更；废止][a]

Ⅰ 财团目的不能达到，或危及公共利益者，主管机关得另行指定其目的或废止[b]之。

Ⅱ [1]目的之变更[c]，应斟酌捐助人之意思，应特别考虑财团财产之收益应保留给捐助人所订应享受该收益之人。[2]机关仅得于变更目的之必要范围内，变更财团之组织。

Ⅲ 在变更目的及组织前，应听取董事会之意见。

a 参考条文：第87条，"台民"第62条、第63条、第65条。

b 财团依所定期限之届满、捐助行为之解除条件之成就、许可之撤回、邦法之废止（第85条及RG 121, 166）、主管机关之废止（第87条）及破产之开始（第86条、第42条）而消灭。然财产之丧失不得为消灭之原因，依此情形，得成为废止事由（第87条）。

c 所谓"变更"系指财团目的之变更（Änderung des Stiftungszweckes）而言。如捐助行为有明示或默示之意思者自得变更之。邦法监督机关（第87条）亦得变更目的。其他监督机关如认变更符合捐助人之意思时，得听取董事会之意见，予以变更。[①]

§88 Vermögensanfall

Mit dem Erlöschen der Stiftung fällt das Vermögen an die in der Verfassung bestimmten Personen. Fehlt es an einer Bestimmung der Anfallberechtigten, so fällt das

---

[①] Oertmann, Allgemeiner Teil des Bürgerlichen Rechts, 3. Aufl. (1927), §87 A4; *Staudinger/Rainer/ Peter*, BGB, 2011, §87 Rdnr. 12.

Vermögen an den Fiskus des Landes, in dem die Stiftung ihren Sitz hatte, oder an einen anderen nach dem Recht dieses Landes bestimmten Anfallberechtigten. Die Vorschriften der §§46 bis 53 finden entsprechende Anwendung.

第八十八条　[财产之归属][a]

[1]财团消灭时[b]，其财产归属[c]于组织指定之人。[2]无指定之人者，财产归属于财团所在地之邦国库，或该邦法指定之财产归属权人[d]。[3]第四十六条至第五十三条规定，准用之。

a 参考条文：第45条、第84条，"台民"第44条。
b 本条适用于财团消灭之各项情形。关于财团消灭之情形，参见第87条之注b。
c 归属，参见第45条。
d 捐助行为如未定归属权利人者，从邦之国库，或邦法指定之财产归属权人。大多数邦法以国库为归属权利人。

Untertitel 3
Juristische Personen des öffentlichen Rechts
第三款　公法上之法人

所谓公法上之法人（juristische Personen des öffentlichen Rechtes）者，系指依法律或行政行为所设立之法人而言。尤其，地域团体（Gebietsköperschaften）（例如国家、邦、自治团体等），联邦银行（Bundesbank）等。

§89　Haftung für Organe; Insolvenz

(1) Die Vorschrift des §31 findet auf den Fiskus sowie auf die Körperschaften, Stiftungen und Anstalten des öffentlichen Rechts entsprechende Anwendung.

(2) Das Gleiche gilt, soweit bei Körperschaften, Stiftungen und Anstalten des öffentlichen Rechts das Insolvenzverfahren zulässig ist, von der Vorschrift des §42 Abs. 2.

第八十九条　[机关之责任；破产][a]

Ⅰ 第三十一条规定，于公库、公法上之团体、财团及营造物[b]，准用之[cd]。
Ⅱ 公法上之团体、财团及营造物，经宣告破产[e]者，第四十二条第二款规定，准用之。[f]

a 参考条文:第31条、第42条第2款、第839条。
b 营造物(Anstalt)——该名词于团体是否为社团或财团有疑义时,使用之[①],尚参见第45条注e。
c 公法上之法人对于其机关,因执行其私法领域业务而发生损害赔偿责任之行为与私法上之法人同,负其责任(第31条)。倘若执行公法上之职务而造成损害者,无本规定之适用,而应依基本法第34条及民法第839条规定,负其责任。
d 为加害人之机关,依第839条规定,负其责任。
e 公法上法人发生债务超过时,其机关应申请破产程序或和解程序之开始。申请迟延时,有过失之机关,应负损害赔偿责任(第42条)。
f 第2款规定,不适用于国库,因联邦及邦并无破产之能力(insolvenzunfähig)。

[①] *Karl Friedrichs*, in: Handwörterbuch der Rechtswissenschaft B. I, 1926, S. 218.

Abschnitt 2　Sachen und Tiere

第二章　物及动物

一、权利有主体与客体（Objekt, Gegenstand）两种概念。《德国民法典》在第二章仅规定权利客体（Rechtsgegenstände, Rechtsobjekte）中之物（Sachen）。依民法用语观之，物系权利客体之一种（Unterart）。申言之，权利客体系"物"之上位概念（Oberbegriff）。

物本有交易能力，但经法律或政府机关禁止让与者，不在此限（第134条至第136条）。至私法上之处分禁止，对物之交易能力并无影响（参照第137条）。

二、物之种类

（一）动产（bewegliche Sache, Mobilien）与不动产（unbewegliche Sache, Immobilien）：不动产，指土地（Grundstücke）而言。地上权（Erbbaurecht）虽属权利，但在法律上受"土地"之待遇。邦法上之土地用益权（Erbpachtrecht）、矿业权（Bergwerkseigentum）、矿物采掘权（Mineralabbaurechte）亦同（《民法施行法》第63条、第67条、第68条）。房屋非独立之不动产（此点与台湾地区、日本法制不同），在法律上仅为土地之重要成分（wesentlicher Bestandteil）（第94条）。动产，指不动产及不动产成分以外一切之物而言（RG 158, 368）。不动产之非重要成分是否为动产，学说存在分歧。船舶亦属动产（RG 80, 132）。

（二）代替物（vertretbare Sache）与不代替物（unvertretbare Sache）：代替物之概念，规定于第91条。即如交易上通常以数量、度量、重量决定之动产。申言之，一般交易之通念上有注意物之个性者，谓之不代替物，不注意物之个性，可任以同种、同等、同量之物相替代者，谓之代替物（详细参照第91条）。

（三）消费物（verbrauchbare Sache）与非消费物（unverbrauchbare Sache）：依物之效用所为之区别。依其用法，一旦使用后，不得在使用于同一目的之物，谓之消费物。得反复使用之物，谓之非消费物。金钱使用之际，其物质虽未消费，但就使用人而言，仅得使用一回，如一经使用，其权利主体即行变更，与消费无异，故视为消费物。

（四）可分物（teilbare Sache）与不可分之物（unteilbare Sache）：交易上物之性质及价值不因分割而变更者，谓之可分物，反之则为不可分之物（参照第752条）。关于部分给付（teilbare Leistung），参照第470条、第427条。

（五）单一物（einfache Sache）、合成物（zusammengesetzte Sache）与集合物（聚合物）（Sachgesamtheiten, Sachinbegriff）：单一物系指有自然不可分之单

一性之物而言。例如：一头牛、一张纸。合成物者，系指由数个物结合而成一物，其构成部分未失去其个性而言。例如汽车、房屋、钟表。集合物为物（单一物或合成物）之集合，各物未失去其个性及经济上价值，而在经济上合成为一体者。有事实上集合物（universitas faci）及法律上集合物（universitas juris）之别。前者系依当事人之意思集合，交易上赋予统一名称（im Verkehr mit einheitlichen Namen）之物，例如在库商品（Warenlager），畜群（Herde）等是[《奥地利民法》ABGB 第302条]。后者系物与权利之集合而法律上赋予一定名称者，例如概括财产（Inbegriff von Gegenständen）（第260条）。对集合物，民法上物之规定，原则上不得适用。集合物，除特别法另有规定者外，不得为物之目标。矿业抵押权，工厂财团上之抵押权，系依特别法，就集合物所承认者。

三、财产、企业、金钱、有价证券

（一）财产（Vermögen）

1. 财产系人之财货之总体（Gesamtakt）而得以金钱评价者（参照第311条、第419条）。故动产、不动产、无体财产权或产业所有权（immaterielle Rechtsgüter, industrielles Eigentum）均包括在内。在罗马法，物限于有体物，"无体物"之概念尚属阙如。故财产之概念无由发生。反之，在日耳曼法有此概念。财产系权利义务之总和。事实上德国民法之财产概念原则上系指"积极财产"（Aktiva）而不包括消极财产（Passiva），即纯财产（Nettovermögen）（例如第1360条）而言。然有时不只积极财产，消极财产亦包括在内（例如第2128条之Vermögenslage）。财产不得为所有权之客体。

   财产有时为特别财产（Sondervermögen）而由法律予以规定。例如合伙财产（Gesellschaftsvermögen）（参照第718条以下）、子女财产（Kindersvermögen）（第1638条以下，第1649条以下）等。①

2. 行政财产（Verwaltungsvermögen）及财政财产（Finanzvermögen）：供国家、自治团体或相似团体使用之财产（例如，政府机关之建筑物及其设备），称为行政财产，其交易能力受限制，故不得为强制执行之目标（RG 72, 352）。除前述者外，亦受私法一般规则之支配。供团体之财政财产[矿山（Bauwerk），国有地（Domanen）]原则上有交易能力。然关于强制执行，得特别规定排除或限制之（参照《德国自治团体法》第116条等）。②

（二）企业（Unternehmung, Unternehmen）

1. 企业非物，亦非统一之财货（einheitliches Vermögensgut），系财货之一

---

① Fritzsche, BeckOK BGB, 37. Aufl. (2015), §90 Rdnr. 22.
② Palandt, BGB, 24. Aufl. (1965), §90d.

种综合。故对企业不得成立物权。企业如属商法者，得为让与之对象而具有人格之表彰（商号）。移转企业时，原则上一切债权、人格权、债务亦随之移转。民法从物之概念得类推适用于企业。企业非特别财产，故对企业不得开始破产。①

2. 企业系权利之客体（Rechtsobjekt），非权利之主体（Rechtssubjekt）。企业为权利之全体（Rechtsgesamtheit）。②

3. 企业原系经济上概念，在法律上未得相当地位。企业为物、权利、事实关系（例如顾客、良好之评价等）之总体。企业家以之为单一体，而为让与或借贷。然在法律上企业之让与应采取个别之变动方式，即应经不动产交付（Auflassung von Grundstücken）、动产交付（Übergabe）、债权让与（Abtretung von Forderung）等之方式。法律并无承认其总括之移转。德国各级法院之见解亦复如此。德国最高法院对产业上企业承认相当保护，创设"对已设立及实施企业经营的权利"（Das Recht am eingerichtenen und ausgebüten Gewerbbetrieb）[RGZ 54, 24; BGHZ 138, 311 (314 f.)]。1909年法国法律承认"企业之抵押"亦系周知之事实。

4. 企业有主观之意义及客观之意义。前者系指以增加财产为目的之同种经济行为之反复而言。后者系指为达成上述目的，企业者所有之一切人及物之要素，与有形及无形之要素，即为单一体之权利总体而言。因企业之发展，客观意义之企业渐渐获得独立地位，与其所持人分离。自国家、社会、劳动政策立场观之，法制应保护"企业自体（Unternehmen an sich）"。企业自体之概念系由拉特瑙（Rethenau）在第一次世界大战后，就股份有限公司企业所提倡者。此概念由许多学者所继受，以之为企业之指导精神。然德国法之现况尚未达此境地。

（三）金钱（Geld）

1. 所谓金钱系指国家所承认之一般交换手段（allgemeineTauschmittel），其价格由国家所定者而言。德国最高法院谓："金钱系法律上及经济上具有一般之交换手段作用之支付工具（Zahlungsmittel），其有法律上强制力与否在所不问"（1902年11月24日最高法院判例）。学者谓具有强制流通力之金钱，称为狭义上之金钱，无强制流通力之金钱（私银行发行之银行券、外国纸币、外国银行券等），称为广义之金钱（Enneccerus同说）。前者系本位货币（Währungsgeld），后者系交易金钱（Verkehrsgeld），民法所谓金钱，系包括前两种。③

---

① *Kohler,* Lehrbuch des Bürgerlichen Rechts B. I, 1906, S. 478 f.
② *Fritzsche,* BeckOK BGB, 37. Aufl. (2015), §90 Rdnr. 23.
③ *Stresemann,* in: MünchKomm-BGB, 7. Aufl. (2015), §90 Rdnr. 21.

2. 德国于1876年1月1日采用金本位制度（Goldwährung），以10马克金货币（Krone）为计量之标准（"Mark gleich Mark"）。然第一次世界大战及革命之结果，发生货币贬值（Geldentwertung）[①]、通货膨胀（Inflation），货币制度遂至崩溃。嗣后依1924年8月30日之货币法（Münzgesetz）回复金本位制，以德国马克（Reichsmark）为计算单位。第二次世界大战后，德国改为Deutschmark，一马克为美钞一元（Dollar）之1/2。
3. 2002年1月1日，新欧元纸币及欧元硬币启用，欧元正式取代马克成为德国之法定货币。欧元系由1992年为建立欧洲经济货币同盟（EMU）而在马斯垂克制定之《欧洲联盟条约》所确定者。
4. 在民法上所称之金钱：

    (1) 为代替物（第91条）。

    (2) 为消费物（第92条）。

    (3) 为担保提供之工具（第232条以下）。

    (4) 为债务之对象（第244条）。

（四）有价证券（Wertpapier）

有价证券之术语，沿用未久。1854年《奥地利争讼事件以外之程序法》（Österreichische Verfahren ausser Streitsachen）第99条，1861年《德国普通商法》（Das allgemeine deutsche HGB）第271条始有此名称。在日本，明治23年（1890年）之旧商法第4条亦用此语，嗣后立法频繁，使用之机会与日俱增。然各国民法除《瑞士债务法》第955条外，无法定之定义，而学者所主张之意义及其范围亦不一致。在德国《民法典》《商法》《民事诉讼法》《破产法》等使用此概念之情形亦复不少。通说间认为有价证券系指表彰私法上财产权之证券，而其权利之移转、行使，以证券之占有移转为必要者而言。有价证券所表彰之权利，有时为债权[例如银行券

[①] Geldentwertung或Entwertung系指第一次世界大战时，发生之纸币马克（Papiermark）之暴落而言。有时称为Markentwertung或Entwertung der Deutschen Mark。德国最高法院常用"Verfall der Deutschen Währung"（德国货币之低落）之语。世人将此纸币马克之票面额（Nennbetrag）之低落时期称为Entwertungszeit或Inflationszeit（货币膨胀时代）。政府当局为解决此危机，最初以外国货币计量纸币，例如一金马克（Goldmark）等于一兆纸币马克。学术上将此办法称为"换价"（Umwertung）。然纸币低落至为剧烈，德国政府于1923年11月设定Rentenmark即四兆二千亿纸币马克等于一元美钞。1942年2月14日发布"第三租税紧急命令（Dritte Steuernotverordnung）"（第1条至第15条关于增额评价Aufwertung），1925年7月16日发布有名之《增额评价法》（Aufwertungsgesetz），该法律系为保护因纸币暴落，债权人所受之损害，依第242条规定之诚实信用原则，将现实之债权额适合于订立契约当时之价额而增额评定者，参见蔡章麟（1951），《经济状况变动与情势变更之原则》，《人文科学丛论》，1辑；蔡章麟（1951），《私法上诚实信用原则及其运用》，载《台大社会科学论丛》，2辑，第239—268页；蔡章麟（1950），《论诚实信用原则》，载《台大社会科学论丛》，1辑，第41—70页。

(Banknote)、票据(Wechsel und Scheck)],有时为质权[例如抵押权证券(Hypothekenbrief)、土地债务证券(Grundschuldbrief)],有时为社员权(Mitgliedschaftsrecht)[例如股票(Aktien)]。有价证券之移转依物权法之原则处理之。①

§90 Begriff der Sache

Sachen im Sinne des Gesetzes sind nur körperliche Gegenstände.

第九十条 [物之概念][a]

本法称物[b]者,仅谓有体目标物[cde]。

a 参考条文:第93条、第99条、第243条、第103条、第100条、第91条、第97条、第119条第2款、第953条。
b 权利客体(权利标的)有二:一为有体之标的物,一为无体之标的物(unköperliche Gegenstände)。"有体"者,得为固体、液体、气体。有体之标的物,民法称为物。物系占有空间之人类以外之外界之一部,以充实吾人生活需要而得支配之独立体(Einzelsachen)。故有生命之人的身体、太阳、月亮、空气、海洋不属物。尸体(Leiche)是否为物,学说分歧。按尸体系人格残余(Rest der Persönlichkeit)毋待赘言。惟死者生前处分其身体之一部分,则属有效,此对于器官移植有其意义。身体之一部,由身体分离者不失为物(第953条)。
c 无体之标的物并非物。例如权利、权利之总体(Rechtsgesamtheiten;遗产)。
d 聚合物(Sachinbegriffe, Sachgesamtheit)。例如全店之商品、藏书。聚合物虽然可以为债权行为之客体,例如租赁、买卖,惟物权法上则必须以个别之物为客体,聚合物不得为物权之标的。但特别法令有规定者,不在此限。
e 物之实际意义:
 1. 在物权法上——得为占有、所有权、其他物权之客体。
 2. 在债法上——以物为前提之规定,例如买卖之物上担保责任、租赁、使用借贷、寄托等。
 3. 总则——关于物之性质之错误(第119条第2款)。

---

① *Jakobi*, Die Wertpapier im bürgerlichen Recht, 1917; *Schwerin*, Recht der Papiere, 1924; *Wiekels*, Recht der Wertpapiere, 1956.

§90a Tiere

Tiere sind keine Sachen. Sie werden durch besondere Gesetze geschützt. Auf sie sind die für Sachen geltenden Vorschriften entsprechend anzuwenden, soweit nicht etwas anderes bestimmt ist.

第九十条之一 [动物][ab]

[1]动物非属物。[2]其应以特别法保护之。[3]特别法未特别规定者，准用对于物之规定。

a 此为1990年修法所新增。修法之前，民法上物之概念原本系包括有生命之物及无生命之物。
b 参考条文：第903条，《动物保护法》第17条。

§91 Vertretbare Sachen

Vertretbare Sachen im Sinne des Gesetzes sind bewegliche Sachen, die im Verkehr nach Zahl, Maß oder Gewicht bestimmt zu werden pflegen.

第九十一条 [代替物][a]

本法称代替物[bc]者，谓交易上通常以数量、度量、重量决定之动产。[de]

a 参考条文：第607条、第700条、第783条、第706条第2款、《商法》第363条。
b 代替物之概念，依一般交易惯行，客观决定之。
c 例如米谷、酒类、油类、金钱、有价证券是。不动产及其非重要成分（unwesentliche Bestandteile）不属代替物（RG 158, 368）。
d 代替物之概念与"种类物"（Gattungssache）不同。后者依种类及当事人之意思而定（参照第243条、第279条）。然"种类物"通常有代替性。
e 代替物概念之重要性：
 1. 若干债务关系。
 2. 消费借贷（第607条）。
 3. 不真正寄托（unechte Verwahrung）（第700条）。
 4. 指示（Anweisung）之标的（第783条）。

§92 Verbrauchbare Sachen

(1) Verbrauchbare Sachen im Sinne des Gesetzes sind bewegliche Sachen, deren bestimmungsmäßiger Gebrauch in dem Verbrauch oder in der Veräußerung besteht.

(2) Als verbrauchbar gelten auch bewegliche Sachen, die zu einem Warenlager oder zu einem sonstigen Sachinbegriff gehören, dessen bestimmungsmäßiger Gebrauch in der Veräußerung der einzelnen Sachen besteht.

第九十二条 [消费物][a]

Ⅰ 本法称消费物[b]者，谓以消费[c]或让与为其基本用途之动产。

Ⅱ 动产堆藏于仓库或组成其他集合物，而以个别物之让与为其基本用途者，亦视为消费物。[d]

a 参考条文：第706条、第1067条、第1377条、第1075条、第1084条、第1086条、第1653条、第1392条、第1411条、第1540条、第1659条、第2116条、第2325条。

b 消费物与非消费物之区别，依一般交易惯行而定之。例如金钱（Geld）、银行券（Banknote）、期满之利息证券（fällige Zinsscheine）。

c 消费物之实际意义在消费性（Verbrauchbarkeit）。尤其，在使用权（Nutzungsrecthe），颇属重大。即使用权人毋庸将原物返还，以相当于原物之价格返还为已足（第1067条、第1377条）。是以让与消费物之使用权，其实即为让与消费之权利。其他参照第1067条、第1075条、第1084条、第1377条、第1653条、第1086条、第1392条、第1411条、第1540条、第1659条、第2116条、第2325条。

d 《德国普通法》无本条第2款之规定。聚合物、集合物依权利者之意思而定。例如家畜商之在库畜类。

§93 Wesentliche Bestandteile einer Sache

Bestandteile einer Sache, die voneinander nicht getrennt werden können, ohne dass der eine oder der andere zerstört oder in seinem Wesen verändert wird (wesentliche Bestandteile), können nicht Gegenstand besonderer Rechte sein.

第九十三条 [物之重要成分]^a

非毁损物之一部或变更其本质，不能分离者，为物之成分（重要成分^{bc}）；物之成分不得为个别权利之标的^{de}。^f

a 参考条文：第94条、第95条，1951年3月15日之《住房所有权法》（Wohnungseigentumsgesetz），"台民"第66条。
b 重要成分：民法将成分（Bestandteile）分为重要成分及非重要成分。然关于成分，自体并无定义。紧密固着固然会被认为是成分（RG 158, 369 ff.——墙板）；判断是否属于成分，应依交易通念而为决定，是以纵使其结合容易拆解，亦有可能被认为是成分（BGH 18, 229——汽车之引擎）。
c 民法设定重要成分概念之目的，在使权利关系趋于明确，即维持物之经济价格，例如玻璃杯之各部分为玻璃杯之重要成分。
d 第95条限缩成分之概念，是以在适用上，应先依第95条，然而再适用第93条、第94条。
e 重要成分不得为特别权利（例如物权）之标的。
f 非重要成分（unwesentlicher Bestandteil），不属"重要成分"之成分，谓之"非重要成分"。例如戒指与钻石，镜框与镜。"非重要成分"依本条之反面解释，得为特别权利之标的。然当事人之意思不明确时，两者归于同一法律命运（das rechtliche Schicksal）（RG 69, 120）。

§94 Wesentliche Bestandteile eines Grundstücks oder Gebäudes

(1) Zu den wesentlichen Bestandteilen eines Grundstücks gehören die mit dem Grund und Boden fest verbundenen Sachen, insbesondere Gebäude, sowie die Erzeugnisse des Grundstücks, solange sie mit dem Boden zusammenhängen. Samen wird mit dem Aussäen, eine Pflanze wird mit dem Einpflanzen wesentlicher Bestandteil des Grundstücks.

(2) Zu den wesentlichen Bestandteilen eines Gebäudes gehören die zur Herstellung des Gebäudes eingefügten Sachen.

第九十四条 [土地或建筑物之重要成分]^a

I ¹土地之定着^b物，特别是建筑物^c及土地之出产物，尚未分离者，属于土地之重要成分^d。²种子于播种时，植物^e于栽植时，为土地之重要成分。
II 为建造建筑物而附加之物^f，为建筑物之重要成分。^g

a 参考条文：第95条、第96条、第99条至第103条、第890条。
b 是否构成"定着"（feste Verbindung），属事实问题。如果分离需费过巨，或会导致严重受损，通常即构成定着（NJW 82, 654）。
c 建筑物不得独立为所有权之客体。建筑物因系不动产之成分，故土地所有权之让与及于建筑物（aedificatum solo, solo ceditco. Litt, 4a）。对土地抵押权及其他物权亦及于建筑物。在中世纪德国法，森林、房屋、牧场原则上受独立之待遇[①]，然现行德国民法，采罗马法上"地上物属于土地——superficies solo cedit"之原则。
d 重要成分，须具备第93条之要件。然1. 土地之定着物，尤其建筑物；2. 与土地结合之不动产之出产物；3. 种子与植物（以上第1款），及为完成建筑物而附加之物（第2款），虽欠缺第93条之要件，亦为"重要成分"。
e 植物不要有根。
f "为完成建筑物而附加之物"：
附加（Einfügen）——例如建筑物之门、窗等建筑材料（Werkstoffe），为建筑物之"重要成分"。
1. 是否"为建造"（zur Herstellung dient），应依建筑物之目的及性质定之，如果缺少该附加之物，依交易通念，该建筑物尚未属完成，或者是该附加之物与建筑物具有整体性（BGH NJW 1979, 712; 1984, 2277, 2278），均属之。至于建造之时间点，是新建或是嗣后改建，均可（BGH 53, 326）。
2. 建筑物（Gebäude）系指房屋、桥梁、城墙（Mauer）及其他工作物（Bauwerk）而言。
g 本条第2款，得类推适用已登记之船舶及飞机（BGH 26, 227 ff.）。

§95 Nur vorübergehender Zweck

(1) Zu den Bestandteilen eines Grundstücks gehören solche Sachen nicht, die nur zu einem vorübergehenden Zweck mit dem Grund und Boden verbunden sind. Das Gleiche gilt von einem Gebäude oder anderen Werk, das in Ausübung eines Rechts an einem fremden Grundstück von dem Berechtigten mit dem Grundstück verbunden worden ist.

(2) Sachen, die nur zu einem vorübergehenden Zweck in ein Gebäude eingefügt sind, gehören nicht zu den Bestandteilen des Gebäudes.

[①] *Hübner*, Grundzüge des deutschen Privatrechts, 1930, S. 463-464.

第二章 物及动物 §§95—97

第九十五条 [仅为临时之目的]^{ab}

Ⅰ ^{1}仅为一时之目^{c}的而附着于土地之物,非土地之成分。^{2}权利人^{d}因行使在他人土地上之权利,而附着于土地之建筑物或其他工作物,亦同。

Ⅱ 仅为一时之目的而附加于建筑物之物,非建筑物之成分。

a 参考条文:第929条以下。
b 本条规定限制第93条成分之概念。即仅为一时之目的而附着于土地之物(例如修缮建筑物之楼梯),非土地之成分,其仅属于一种"表面上之成分"(Scheinbestandteil)。权利人因行使对他人不动产之权利,而附着于不动产之建筑物(例如用益权人之厩舍)及其他之物(例如地役权人所设之自来水、桥),非不动产之成分(第95条第1款)。仅为一时之目的而附加于建筑物之物(例如广告牌),亦非建筑物之成分(第95条第2款)。故此项"物"系独立物(selbständige Sachen),依关于动产之原则而处理之(第929条以下)。
c 是否为一时之目的(vorübergehender Zweck),举证责任在援用之人(RG 158, 375)。所谓一时,系指于附着或附加之时,预见未来其将分离。通常由承租人所为之附加,得推定具有一时性。
d 第1款第2段所称权利人,指物权人而言。

§96 Rechte als Bestandteile eines Grundstücks

Rechte, die mit dem Eigentum an einem Grundstück verbunden sind, gelten als Bestandteile des Grundstücks.

第九十六条 [权利视为土地之重要成分]^a

与土地所有权结合之权利^b,视为土地之成分^c。

a 参考条文:第1018条、第1094条第2款。
b "与土地所有权结合之权利",例如地役权(Grunddienstbarkeiten)(第1018条第2款)、物之先买权(dingliches Vorkaufsrecht)。
c 该权利视为土地之重要成分,与土地同其命运(第96条)(RG 93, 73)。土地所负之抵押权之效力及于该权利。

§97 Zubehör

(1) Zubehör sind bewegliche Sachen, die, ohne Bestandteile der Hauptsache zu sein,

dem wirtschaftlichen Zwecke der Hauptsache zu dienen bestimmt sind und zu ihr in einem dieser Bestimmung entsprechenden räumlichen Verhältnis stehen. Eine Sache ist nicht Zubehör, wenn sie im Verkehr nicht als Zubehör angesehen wird.

(2) Die vorübergehende Benutzung einer Sache für den wirtschaftlichen Zweck einer anderen begründet nicht die Zubehöreigenschaft. Die vorübergehende Trennung eines Zubehörstücks von der Hauptsache hebt die Zubehöreigenschaft nicht auf.

第九十七条　[从物][abc]

Ⅰ [1]非主物之成分，常助其经济上效用，且为达成此一目的而与主物[d]发生相当空间关系之动产[ef]，为从物。[2]交易上不认为从物者[g]，非从物。

Ⅱ [1]为达成他物经济上之目的而暂时使用[h]之物，不生从属关系。[2]与主物暂时分离之从物[i]，不失其从属关系。[jk]

a 参考条文：第926条、第98条、第1120条、第1135条、第2164条、第1031条、第1062条、第1096条，《商法》第478条，《民事诉讼法》第865条第2款，"台民"第68条。

b 德国民法以前之从物概念并不统一。现行民法所用之从物概念有德国法上之渊源，且依《土地法》(Grundstücksrecht) 规定而来。该概念之创设，在统一构成经济之总合物 (wirtschaftliche zusammengehörige Sache) 之法律命运。

c 是否为从物应客观决定之。然当事人在少数情形下，得以意思左右之。

d 从物概念以主物 (Hauptsache) 概念为前提。从物系独立之动产 (selbständige bewegliche Sachen)，然法律上经济上从属于主物。自与第470条、第651条第2款、第947条第2款所定之附属物件 (Nebensachen) 不同。第98条为营业、农业经济扩大从物概念。《奥地利民法典》(ABGB) (第294条以下) "Zugehör" 系包括德国民法之"成分"及"从物"，然其作用与德国民法同。

e 从物须为独立之动产，故不动产及其成分不得为从物。权利亦同。一物不得为数主物之从物。

f 从物须有助于主物且具相当之空间关系，例如建筑物得为主物，建筑材料系其从物。大风琴系教会之从物（RG JW. 10, 466）。工厂内之预备材料 (Materialreserve) 系工厂之从物（RG 66, 356）。邻地上补助建筑物（除此建筑物为邻地之成分外），系从物。

g 虽然具备c、d、e、f要件，如交易惯行不认为从物者，失其从物关系（第97条第1款第2段），例如租房内之火炉（Öfen in Miethäusern）。

h 暂时使用（vorübergehende Benutzung）不生从物性。

i 与主物暂时分离之从物（例如修缮，将从物暂时搬至修理工厂），不失从物关系。

j 关于从物之规定，参照《商法》第478条。

k 从物之法律上地位：
在法律上从物系独立物，故与主物得有不同之命运，然通常从物附随主物之法律命运（accessorius sequitur suum principale）。主物之让与及负担，如有疑义时（im Zweifel），及于从物（及受从物之推定）。有关从物之规定如下：
1. 所有权取得（第926条）。
2. 对抵押权之责任（第1120条、第1135条）。
3. 遗赠物之从物（第2164条）。
4. 从物上之用益权（第1031条、第1062条）。
5. 从物上之先买权（第1096条）。

§98 Gewerbliches und landwirtschaftliches Inventar

Dem wirtschaftlichen Zwecke der Hauptsache sind zu dienen bestimmt:
(1) bei einem Gebäude, das für einen gewerblichen Betrieb dauernd eingerichtet ist, insbesondere bei einer Mühle, einer Schmiede, einem Brauhaus, einer Fabrik, die zu dem Betrieb bestimmten Maschinen und sonstigen Gerätschaften.
(2) bei einem Landgut das zum Wirtschaftsbetrieb bestimmte Gerät und Vieh, die landwirtschaftlichen Erzeugnisse, soweit sie zur Fortführung der Wirtschaft bis zu der Zeit erforderlich sind, zu welcher gleiche oder ähnliche Erzeugnisse voraussichtlich gewonnen werden, sowie der vorhandene, auf dem Gut gewonnene Dünger.

第九十八条 [营业上及农业经济上之附属物][ab]
下列之物，常助主物[c]之经济上效用：
Ⅰ 在供营业上之经营而永久建造之建筑物，特别是磨房、冶炼厂、酿造所、工场与营业上所用之机器及其他器具。
Ⅱ 在农地，农业上所用之工具及家畜，为继续从事农业而于预期得以收获同类或类似之出产物者前之农业上之出产物，及现有储存于农地之肥料。

a 参考条文：第97条。
b 本条列举之从物，学术上称为附属物（Inventar）。附属物认为可达主物之经济的目的。故就第97条之其他要件（非成分，空间关系，无相反之经济惯行），予以审查而为已足（RG 69, 152）。本条系扩大从物概念。为出卖所指定之肥料，虽非第97条之从物，然系本条之从物。

c 本条之主物系营业建筑物（Betriebsgebäude）及农地（Landgut）。

§99 Früchte

(1) Früchte einer Sache sind die Erzeugnisse der Sache und die sonstige Ausbeute, welche aus der Sache ihrer Bestimmung gemäß gewonnen wird.

(2) Früchte eines Rechts sind die Erträge, welche das Recht seiner Bestimmung gemäß gewährt, insbesondere bei einem Recht auf Gewinnung von Bodenbestandteilen die gewonnenen Bestandteile.

(3) Früchte sind auch die Erträge, welche eine Sache oder ein Recht vermöge eines Rechtsverhältnisses gewährt.

第九十九条 [孳息][ab]

Ⅰ 称物之孳息[c]者，谓物之出产物及依物之用法所得之其他收获物。

Ⅱ 称权利之孳息[d]者，谓依权利之用法所得之收益，特别系依土地成分之收取权所收取之成分。

Ⅲ 依物或权利之法律关系所得之收益，亦为孳息。[ef]

a 参考条文：第581条以下、第1031条以下、第953条以下、第1039条、第256条、第292条、第987条以下、第2020条、第2133条、第2184条、第2379条、第743条、第923条、第1120条、第911条、第101条、第2038条，"台民"第69条。

b 民法之孳息概念较德国普通法为大，承认权利孳息。又天然孳息概念过广，依个别规定（Einzelbestimmungen）予以限制，故实际上与普通法无重大差异。

c 孳息有二：一为物之孳息（Sachfrüchte），二为权利孳息（Rechtsfrüchte）。物之孳息，有物之天然孳息（natürliche Früchte）及物之法定孳息（rechtliche Früchte）之别。

  1. 物之天然孳息系物之有机出产物（die organische Erzeugnisse），无须依物之用法所得着（例如鸡卵、牛毛、土地之树木）及依物之用法所得之无机收获物。

  2. 物之法定孳息，系依物之法律关系所得之收益（例如针车之租赁）（第99条第3款）。

d 权利之孳息，亦得分为权利之天然孳息及权利之法定孳息。

  1. 权利之天然孳息，系依权利之用法所得之利益（例如依土地用益权耕作土地而得之马铃薯）（第99条第2款）。

  2. 权利之法定孳息，系依权利之法律关系所得之收益（基于土地用益权将土地租与他人所得之租金）(第99条第3款)。
   e 孳息概念之重要性：
     1. 收益租赁（Pacht）——第581条以下。
     2. 用益权（Niessbrauch）——第1031条以下。
     3. 物之出产物之所有权取得（Eigentumserwerb an Erzeugnissen einer Sache）——第953条以下、第1039条。
     4. 费用偿还——第256条。
     5. 债务人之返还——第292条。
     6. 占有人之返还——第987条以下。
     7. 继承财产占有人之返还——第2020条。
     8. 先位继承人之权利——第2133条。
     9. 遗赠物之孳息——第2184条。
     10. 遗产债务之利息——第2379条。
     11. 共同标的物之孳息（Früchte eines gemeinschaftlichen Gegenstandes）——第743条。
     12. 疆界树之孳息（Früchte von Grenzbäumen）——第923条。
     13. 孳息对抵押权之责任（Haftung der Früchte für die Hypotheken）——第1120条。
     14. 果实自落之孳息（Überfall）——第911条。
     15. 多数权利人间之分配（Verteilung unter mehrere Berechtigte）——第101条、第2038条。
   f 奥地利民法不使用德文Früchte（孳息）之用语，以"Zuwachs"代之（《奥地利民法》第404条以下）。

§100　Nutzungen

Nutzungen sind die Früchte einer Sache oder eines Rechts sowie die Vorteile, welche der Gebrauch der Sache oder des Rechts gewährt.

第一百条　[收益][a]
  称收益[b]者，谓物或权利之孳息，及因物或权利之使用[c]所生之利益。[d]

a 参考条文：第99条、第292条、第302条、第347条、第379条、第818条、第820条、第987条、第993条、第2020条、第2023条、第2184条、第2379条、第2380条、第745条、第446条、第448条。
b 收益概念在民法多被使用。此概念包括孳息（第99条）及使用利益

（Gebrauchsvorteil）。故此概念系孳息之上位概念而与负担（Lasten）一语相对。
c "权利之使用"（Gebrauch eines Rechtes），例如，股东之投票权系股权之收益。
d 收益之重要性：
1. 赔偿及返还——第292条、第302条、第347条、第379条、第818条、第820条、第987条、第993条、第2020条、第2023条、第2184条、第2379条、第2380条。
2. 质权之收益——第1213条、第1214条。
3. 合伙收益分配——第745条。
4. 在买卖收益之移转——第446条、第448条。

§101 Verteilung der Früchte

Ist jemand berechtigt, die Früchte einer Sache oder eines Rechts bis zu einer bestimmten Zeit oder von einer bestimmten Zeit an zu beziehen, so gebühren ihm, sofern nicht ein anderes bestimmt ist:

1. die in §99 Abs. 1 bezeichneten Erzeugnisse und Bestandteile, auch wenn er sie als Früchte eines Rechts zu beziehen hat, insoweit, als sie während der Dauer der Berechtigung von der Sache getrennt werden,

2. andere Früchte insoweit, als sie während der Dauer der Berechtigung fällig werden; bestehen jedoch die Früchte in der Vergütung für die Überlassung des Gebrauchs oder des Fruchtgenusses, in Zinsen, Gewinnanteilen oder anderen regelmäßig wiederkehrenden Erträgen, so gebührt dem Berechtigten ein der Dauer seiner Berechtigung entsprechender Teil.

第一百零一条　[孳息之分配][abcd]

就物或权利之孳息，由一定时期起或一定时期止，有收取之权利者，除另有制定外，依下列规定取得之：

1. 第九十九条第一款规定之出产物及成分，仅在权利存续期间内，与原物分离后，始得认为系权利之孳息而收取之。
2. 其他孳息，仅在权利存续期间届满时，始得收取之；但孳息为让与使用或收益之对价、利息、红利或其他定期收入[c]者，权利人得按其权利存续期间之相当部分而收取之。

a 参考条文：第102条、第103条、第993条第2款、第987条以下、第1038条以下、第2133条，"台民"第70条。
b 本条明定除法律另有规定外（例如第987条以下、第1038条、第2133条）或法律行为（例如遗嘱）另有制定外，予以适用，故系任意规定。
c 本条原则上采罗马主义（分离主义），然在第2项后文采日耳曼主义。本条规定多数孳息收取权人（例如让与人与受让人、出租人与承租人、前继承人与后继承人等）之债法上之关系。
d 本条第1项、第2项前段采分离主义（Trennungsprinzip）。定存续期间内相当部分有收取权（pro rata temporis）。古代德国主义（Wer säet, der mähet）——生产主义（Produktionsprinzip）已为现时所不采。
e "定期收入"（wiederkehrende Erträge）——特别是使用租金、收益租金（Miet-und Pachtzins）。但红利（Gewinnanteil）不属之（RG 88, 46）。

§102　Ersatz der Gewinnungskosten

Wer zur Herausgabe von Früchten verpflichtet ist, kann Ersatz der auf die Gewinnung der Früchte verwendeten Kosten insoweit verlangen, als sie einer ordnungsmäßigen Wirtschaft entsprechen und den Wert der Früchte nicht übersteigen.

第一百零二条　[收取之费用][abc]
负返还孳息之义务者，以合于通常经营之方法为收取孳息所支出之费用，于不超过孳息价额之限度内，得请求补偿之[de]。

a 参考条文：第101条、第292条第2款、第347条、第987条以下、第2020条、第2023条第2款、第2184条、第592条、第998条、第1055条第2款、第1421条、第2130条。
b 孳息收取权人对孳息所发生之费用应负担之，此为公平要求。例如送达费用（Kosten der Bestellung）、收获费用（Kosten der Aberntung）、采掘费用（Kosten des bergwerklichen Abbaus）（RG JW. 38, 3042）。然维持孳息之费用不包括在内。
c 本条系任意规定，得以法律行为另为制定。
d 返还孳息义务人，对孳息收取权人有收取费用补偿请求权。如未受补偿者，有孳息之留置权（Rückbehaltungsrecht——第273条下）。
e 本条之特别规定——第592条、第998条、第1055条第2款、第1421条、第2130条。

§103　Verteilung der Lasten

Wer verpflichtet ist, die Lasten einer Sache oder eines Rechts bis zu einer bestimmten Zeit oder von einer bestimmten Zeit an zu tragen, hat, sofern nicht ein anderes bestimmt ist, die regelmäßig wiederkehrenden Lasten nach dem Verhältnis der Dauer seiner

Verpflichtung, andere Lasten insoweit zu tragen, als sie während der Dauer seiner Verpflichtung zu entrichten sind.

第一百零三条 [负担之分配]^{ab}

就物或权利之负担^c，由一定时期起，或至一定之时期止，负有义务者，除另有制定^d外，在继续而定期之负担^e，按其义务存续期间之比例，在其他负担^f，依其义务存续期间，负其义务。

a 参考条文：第995条、第2126条、第2185条、第2379条。
b 本条规定义务人间对于物或权利之负担。
c 所课负担系指所有人或权利人之债法上义务而言，非指先买权、用益权、地役权之物上负担（RG 66, 318）。
d "另有制定"——本条与第101条同，系任意规定，如法律（例如第995条、第2126条、第2185条、第2379条）另有规定或法律行为另有约定者，即不适用本条。
e "定期负担"——例如抵押权利息（Hypothekenzinsen），地价税、公法上之保险费。
f "其他负担"——例如道路沿线居民之负担（Straßenanlie-gerbeiträge）、学校负担（Schullast）。

Abschnitt 3 Rechtsgeschäfte

第三章 法律行为

一、权利之发生、变更及消灭之原因,称为法律原因(法律要件Tatbestand, juristischer Tatbestand, Tatbestandsmerkmal)。在人类社会生活关系之各阶段,往往发生各种法律关系(Rechtsverhältnis)。法律关系乃由法律所规定,时时发生变动,其变动之原因谓之法律要件(法律要件之概念本滥觞于德国刑法,然嗣后应用于民法[①])。其变动之效果谓之法律效果(Rechtserfolg)。申言之,"如有一定法律要件,则生一定法律效果"。如斯之构想,不外将自然科学之法则"如有一定原因,则生一定效果"应用于法规范之理论构造而已。现代私法学即成立于上述理论构造之上。构成法律要件之各个社会生活事实,称为法律事实(juristischer Tatbestand)。法律要件通常系由数个法律事实之结合而组成之(例如要约与承诺之一致而成立契约)。然由一个法律事实构成之情形亦复有之,例如捐助行为(Stiftungsgeschäft)、遗嘱等。法律事实应受法律上之价值判断。

二、法律事实之种类,大别如下:

分为人之行为、外界之事实及其他,兹说明如下:

(一)人之行为(Handlung, Rechtshandlung)

基于人之意思之动作而受法律上价值判断者,谓之行为。行为有积极之行为(作为)及消极之行为(不作为,例如默示)。作为(Tun)及不作为(Unterlassen)称为容态(Verhalten)。[②]人之行为,分为适法行为与不法行为。

1. 适法行为(rechtsmäßige Rechtshandlung)

适法行为分为:意思表示、准法律行为(法律的行为)、事实行为、人之精神容态。

(1)意思表示(Willenserklärung)

意思表示者,表意人欲望发生法律上效果之意的表示(Willensäußerung)也。

现行法承认私法自治(Privatautonomie)。故法律对于合法之意思表示赋予表意人所欲望之一定私法上效果。此项意的表示,学者称为法律行为之行为(rechtsgeschäftliche Handlung),民法称为意思表示。意思

---

① Berling, Die Lehre von Verbrechen, 1906, S. 110-112; Enneccerus-nipperdey, Allgemeiner Teil des Bürgerlichen Rechts, 1959, S. 427.

② Hellwig, Prozesshandlung und Rechesgeschäft, 1910, S. 1

表示为总则规定之核心。
(2) 准法律行为（Geschäftsähnliche Handlung）
以发生事实上效果为目的之意的表示。不论行为人实际上企图发生如何效果，其效果由法律所规定（ex lege），非出于意思（nicht ex volunte）。在理论上与意思表示不同，然实际上与意思表示受同一之待遇。申言之，关于法律行为之规定，得予以类推适用。准法律行为分为意思通知及观念通知：

(a) 意思通知（Willensmitteilung, Willensäußerung, geschäftsähnlichs Willensäußerung）
此概念之范围相当复杂。[①]例如第108条第2款之催告，第250条之受领拒绝之通知是。

(b) 观念通知（Vorstellungsmitteilung）
例如第171条之通知，第409条、第478条之通知。
再须注意者，在德国流行之学说承认准法律行为之概念，然否认此概念之学者亦复不少。再须注意者，德国不赞同以感情之表示，为准法律行为之第三种。[②]

(3) 事实行为（Realakt, Tathandlung）
系指发生事实上效果之行为而法律赋予一定效果。事实行为与行为人之意思无关，故有关法律行为之规定，原则上不得适用。例如无因管理、附合（Verbindung）、混合（Vermischung und Vermengung[③]）、加工（Verarbeitung）（第946条以下）、物之出产物或其他构成部分之取得（第954条）、遗失物之拾得、埋藏物之发现（Schatzfund）（第965条以下）。德国将准法律行为及事实行为总称为狭义之法律上行为（Rechtshandlung in engerem Sinne）。

(4) 人之精神容态（menschliches Verhalten）
系指不表现于外界之人之精神容态而发生一定法律上效果。例如知（恶意——Kennen）与不知（善意——Unkennen）。

2. 不法行为（rechtswidrige Rechtshandlung）
系指违反法律而由法律上予以一定效果之行为。例如侵权行为、债务不履行。

[①] *Enneccerus-Nipperdey*, Allgemeiner Teil des Bürgerlichen Rechts, 15. Aufl. (1959), §137 IV 2. A. α.
[②] 详见参见*Enneccerus-Nipperdey*, Allgemeiner Teil des Bürgerlichen Rechts, 15. Aufl. (1959), §137 IV 2. β. 注23。
[③] 台湾地区"民法"第813条所定之混合，等同于《德国民法典》第948条第1款所定之Vermischung及Vermengung。前者系指液体之混合（例如酒类之混合），后者系指固体（feste Körper）之混合（例如金钱、谷物之混合）而言。上述说明为德国之通说（*Plank*, Kommentar, B. IV zu §948 I）。

（二）外界之事实（Ereignisse）

人之行为以外之外界事实，法律对之赋予一定效果者亦有之。例如人之死亡（继承开始）、时间之经过（时效之完成）、物之消灭（所有权消灭）。

（三）其　他

1. 机关之行为——例如章程变更之许可（第33条第2款）。
2. 公法上之行为——例如起诉等有中断时效之效力（第209条）。

三、法律行为（Rechtsgeschäft）

（一）法律行为系基于人类之意思作用，因而发生法律效果之行为。法律行为以意思表示为不可或缺之内容。法律在一定范围内，对法律行为赋予相应于意思表示之私法上效果。故法律行为为法律要件。现代法律制度及理论以法律行为为社会生活之基本形式。故法律行为系权利变动之最重要法律要件。法律行为为民法总则之主要部分。然德国民法总则对法律行为之概念，并未明示其定义[①②]，又未规定其种类，一切均委诸学说。"法律行为论"不仅对于私法、特别私法有其适用，对公法（例如诉讼行为、行政行为、非讼行为），除与其本质不相容者外亦有其适用。

在罗马actio法制，实体法与诉讼法未分离。故诉讼行为与私法行为合一，无独立之存在。然在近代，诉讼法与实体法分离，成为独立科学，故诉讼行为（Prozesshandlung）与实体法上法律行为（Rechtsgeschäft）随之亦分离，在诉讼法上另定之。至公法上诉权学说（publizistische Klagenrechtstheorie）时代，诉讼行为自私法行为分离而另构成独立之理论（详细见后文）。[③]

在行政法学，行政行为论（die Lehre von Verwaltungsakt），占重要之地位。19世纪之个人主义法律学于行政行为发现其核心（Kernstück）。盖行政行为（Rechtsgeschäft der Verwaltung, Verwaltungsakt）系规律国家与个人之关系，即行政之干涉与个人自由活动之限界之故。

在公法上，行政机关之法律行为包括行政处分（Verwaltungsakt）及行政契约。行政处分，系实现国家意思（Staatswillen）及国家目的

[①] 法律行为之概念，由胡果（Hugo）导入于法律学以来，约一百七十余年。在德国普遍法上，关于其界限，论争颇烈（Alfred Manigk, in: Fritz Stier-Somlo Handwörterbuch）。
[②] 德国民法第一草案第126页谓法律行为系以发生法律效果为目的之私意思表示（eine Privatwillenserklärung），因表意人所欲，而由法律给与者，然此定义将法律行为与意思表示同视，其误谬自明（Staudingers, Kommentar, Einleitung zum Rechtsgeschäft II, 4）。
[③] 蔡章麟（1953），《民事诉讼法上诚实信用原则》，载《台大社会科学论丛》，4辑，第135页以下；关于诉讼行为，参见蔡章麟（1958），《民事诉讼法》（上），2版，第83页以下，关于公法上诉权学说，参见第104页以下。

（Staatszweck）之手段。行政处分为国家行为（Staatsakt）之一，然非一切国家行为均为行政处分，如法院之判决即非行政处分。关于行政处分之定义，学说分歧，暂采上述定义[1]关于行政处分之研究要求一般准则。行政处分除该行政法规另有规定外，一般准则不外民法总则。申言之，民法有关法律行为，意思表示之原则，对行政处分直接或间接得以类推适用。然行政处分系规制国家与其所支配之个人间之关系，自与以私人与私人间之关系为对象之民法上法律行为有所不同，遂发生"民法上之规定对公法上之关系不得予以适用"之原则。然民法总则之规定非常周到且极抽象，除该行政法规另有规定外，得适用民法总则之例外的场合，亦数见不鲜。兹述民法总则之适用范围如下：

1. 行政法规直接指定民法规定之适用者。此时民法为公法之成分，自当有其适用。例如德国公课法（RAbgO第102条），1883年7月30日之《普鲁士邦行政法》（Preusslandes VerwG）第52条、第61条等。
2. 在许多场合，民法一般原则得予以适用，例如第157条、第116条、第121条、第130条、第133条、第134条、第138条第1款、第139条、第152条第1款、第226条等。
3. 公法欠缺规定，其欠缺依民法得予以补充而对公法之性质并无抵触者，例如：
   (1) 有关期日，期间计算之民法规定（第186条至第193条）。
   (2) 从物（Zubehör）（第97条），遗赠（Vermächtnis）（第1939条）之概念。
   (3) 《民法典》第7条住所之概念。
   (4) 民法之所有权概念。
4. 国库行政（fiskalische Verwaltung），系专依民法之规定。
5. 《民法典》第140条之基本精神亦得类推适用于行政法（RG HRR 31, 858）。[2]（按此所谓行政行为系指台湾地区现行"行政程序法"所称之行政处分）。总而言之，基于当事人之意思发生公法上效果之行为，称为公法上之法律行为。该法律行为不外应用私法上法律行为之概念。德国法律将意思表示与法律行为用为同义者亦复有之，法律行为由一个意思表示（例如捐助行为、遗嘱）或数个意思表示（例如契约）构成之。有时除意思表示外，需要事实行为之结合（例如要物契约）。

   法律行为以行为能力（Geschäftsfähigkeit）及意思表示（Willenserklärung）为其构成要素。故民法总则于第三章第一节规定行为能力，于第二节规定

---

[1] Hans Peters, Lehrbuch der Verwaltung, 1949, S. 151 ff.
[2] 关于法律行为与行政处分之关系，详细参见蔡章麟（1964），《德国民法总则法律行为规定概观兼论行政行为之关系》，载《马寿华先生七秩大庆祝贺论文集》，第112—134页。

意思表示。

（二）民法以个人意思之法律行为为权利变动之主要原因。然因近代企业之勃兴，集团交易逐渐支配吾人之生活关系。集团交易必然随伴着契约之定型化。该法律行为与民法之法律行为有异，故不得以"行来之法律行为论"律之。晚近学者有鉴于此，创设种种理论，以资解释，例如合同行为、大量行为、协议行为、附合契约等。

1. 合同行为（Gesamtakt）

以同一目的、同一意义之意思表示之符合所成立之法律行为谓之合同行为。例如社团法人之设立行为。从前对该法律行为，以单独行为或契约予以说明。然合同行为非契约。契约系对立之当事人间之法律关系，在合同行为无对立关系，只系两人以上之意思表示具有同一目的、同一意义。契约受个人法理之支配，而合同行为则适用社团法理。又合同行为非共同之单独行为，盖同一目的、同一意义之数个意思表示应符合，始得成立合同行为，而共同之单独行为欠缺符合之要素故也。合同行为固近于契约，然与契约有上述之差异，自不得以契约律之。此说为困济[①]之一大贡献[②]，然其具体的理论，学者尚不一其说。

2. 大量行为（Massengeschäft）

火车、汽车、戏团等之卖票系以大众为对象之大量交易。以个别交易为对象之民法法律行为规定，理论上有时不得适用之。例如行为能力之规定不得适用。因大量行为不注意顾客之个性故也。[③]

3. 协议行为

例如劳动契约（Arbeitsnormenvertrag）或团体协约（collective agreement, kollektiv Arbeitsvertrag），赁率契约（Tarifvertrag）[④]是。此项契约是雇用人与受雇人或雇用人团体与受雇人团体间所制定之契约，预先规定将来

---

① *Kunze*, Der Gesamtakt, ein neuer Rechtsbegriff, 1892.
② *Ennecerus*, Lehrbuch Allgemeiner Teil, 1929, S. 359 f.
③ *Haupt*, Faktische Vertragsverhältnisse, 1941; *Larenz*, Schuldrecht I, 3. Aufl. (1958), *Enneccerus-Nipperdey*, Allgemeiner Teil, 1960, S. 1013 f.
④ 赁率契约（Tarifvevtrag, kollektiv Arbeitsvertrag）为Massenvertrag（集团契约，大量契约）之一。关于集团契约之说明，学说不一。关于保险契约（Versicherungsvertrag），交互计算契约（Kontokorrentvertrag）、运送契约（Frachtvertrag）等亦属集团契约之一。其共通之特色在各契约均有其一定之型式（"Das Formular beherrscht das Feld"）及带有强制性（Zwangscharakter）。集团（Masse）之研究始于近代，心理学、经济学、法律（刑法、商法、民法、行政法）等各部门从事其研究以后，发生Massenvertrag之概念。Massenvertrag一言系由Juris von Gierke（小吉尔克）所创造者。氏谓在此项契约不探求个人意思（Einzelwille）而要探求集团意思（Massenwille）（参照*Hedemann*, Einführung in die Rechtswissenschaft, S. 95 ff.; *Oser*, Kommentar zum Schweizerischen Zivilgesetzbuch, Bd. 1. AE N 65, 118, 132-134）。

制定雇佣契约之内容（报酬及其他劳动条件）者。劳动者与企业者在法律上虽有平等地位，然事实上有经济力量之差异。故以团体的力量先定协议，而使将来所订雇佣契约有所准据。

4. 参照1949年4月9日赁率契约法（Tarifvertragsgesetz v. 9. 4. 1949）及1953年4月23日团体协约法（Gesetz über Erstreckung des Tarifvertragsgesetz）、附合契约（Contrat d'adhésion）。

运送电气、瓦斯、自来水之供给，保险，劳动者之雇佣等，当事人之一方为大企业者时，契约内容趋于定型化，对方只有缔结与否之自由。故国家对此项契约不得不加干预以监督。即所谓附合契约（附从契约）概念是也。此项契约概念系由法国查丽由（Soleilles）[1]所提倡者。其后学者对之颇多议论，然其说明亦至不一。在德国以"缔结契约之强制（Kontrahierungszwang）之概念"予以说明。[2]

关于法律行为之参考书：

Manigk, Anwendungsgebiet der Vorschriften für die Rechtsgeschäft, 1901, Manigk, Willenserklärung u. Willensgeschäft, ein System der juristischen Handlung, 1907, S. 634 f.; Manigk, Irrtum und Auslegung, 1918.

（三）法律行为之内容不明了或不完全者，往往有之。在此场合，应依解释补充之（法律行为之解释，参照后述意思表示之解释）。所确定之法律行为内容违背强行规定或善良风俗时，该法律行为无效（第125条、第134条、第138条）。

四、第三章法律行为（第104条至第185条）分为六节。第一节行为能力（Geschäftsfähigkeit）（第104条至115条）；第二节意思表示（Willenserklärung）（第116条至第144条）；第三节契约（Vertrag）（第145条至第157条）；第四节条件及期限（Bedingung u. Zeitbestimmung）（第158条至第163条）；第五节代理及任意代理权（Vertretung u. Vollmacht）（第164条至第181条）；第六节允许及承认（Einwilligung u. Genehmigung）（第182条至第185条）。

Titel 1　Geschäftsfähigkeit
第一节　行为能力

一、行为能力（Geschäftsfähigkeit）概念上系行动能力（Handlungsfähigkeit）之演绎。行动能力指"得为法律上有意义之行动之能力"而言。关于上位概念之行动能力，民法并无规定。行动能力除行为能力外，包括侵权行为之责任及义务

---

[1] *Soleilles*, De la déclaration de volonté, 1901
[2] *Nipperdey*, Kontrahierungszwang, 1920

（尤其债务）（参照第827条、第828条、第276条第1款第3段）。
二、行为能力者，法律上有效为法律行为之能力也。申言之，因其行为而取得权利，负担义务之能力也。民法以一般人皆有完全行为能力为前提，仅就无行为能力（第104条）及限制行为能力（第106条）规定之。无行为能力人之意思表示无效（第105条），限制行为能力人之意思表示在法定范围内方得有效。行为能力之欠缺及限制，对权利能力无影响。无行为能力人、限制行为能力人之权利、利益，原则上由法定代理人（gesetzlicher Vertreter）保护之。未成年人通常由父或母（第1629条），有时由监护人（第1793条、第1800条）或襄佐人（Pfleger）（第1909条）担任保护。此项代理以财产上之行为为限，如身份上之行为，无行为能力人、限制行为能力人亦得有效为之。
三、行为能力与处分能力（Verfügungsfähigkeit）不同。破产人虽有行为能力，然对自己之财产无处分能力（《破产法》第6条）。但实际限制行为能力与欠缺处分能力有许多之类似点。故德国法律对此两者，予以同类之规定，例如第108条、第109条、第111条、第177条、第178条、第180条之关系。
四、行为能力之规定系属强行规定，无行为能力人或限制行为能力人之对方，虽系善意亦不受保护。而所谓"善意不包括欠缺行为能力"（Der gute Glaube an die Geschäftsfähigkeit des Geschäftsgegeners wird vom Gesetz nicht geschützt）（RG 120, 174）。关于此点，为保护交易之安全，有种种提案，然均忽视无行为能力人、限制行为能力人及其家属之保护，故不无斟酌之余地。
五、行为能力之概念准用于准法律行为。然对事实行为（Tathandlung）不得适用。先占（Aneignung），所有权抛弃（Eigentumsaufgabe）是否需法律行为上之意思，学说纷纷，以采积极说为妥。
六、关于行为能力之规定，除特别法另有规定外，适用于全部私法领域。在公法上亦得准用或类推适用。
行为能力等于诉讼能力（Prozessfähigkeit）。民法上有行为能力人在诉讼法上有诉讼能力（《民事诉讼法》第52条）。关于非讼能力（等于诉讼能力），非讼事件法并无规定，故有主类推适用诉讼能力之规定者，有主依民法行为能力之规定者。例如廉德即主前说者也。①
七、行为能力规定之时的效力，参照《民法施行法》第200条、第215条。行为能力规定之地的效力，参照《民法施行法》第7条。
八、奥地利民法关于行为能力之规定，类似于德国民法之规定。台湾地区"民法"亦同。

---

① *Lent*, Grundriss (1992), S. 34-41

§104 Geschäftsunfähigkeit

Geschäftsunfähig ist:
1. wer nicht das siebente Lebensjahr vollendet hat,
2. wer sich in einem die freie Willensbestimmung ausschließenden Zustand krankhafter Störung der Geistestätigkeit befindet, sofern nicht der Zustand seiner Natur nach ein vorübergehender ist.

第一百零四条 [无行为能力]abc
下列之人，无行为能力de：
1. 未满七岁者。
2. 因精神活动之病理上障碍，致陷于丧失自由决定意思之状态者。但该状态，按其性质系暂时者，不在此限。

a 参考条文：第105条、第131条、第8条、第682条、第1780条、第2201条、《民事诉讼法》第645条以下，"台民"第13条第1款、第15条。
b 所谓行为能力（Geschäftsfähigkeit），系指依法律行为发生法律效果之能力而言。一般人皆有行为能力。故民法未为积极规定，仅以消极方式规定无行为能力人而已。申言之，民法原则上以人系有行为能力人，其例外无行为能力者，应就此事实负举证责任。
c 本条以下之规定，不单对法律行为有其适用，对准法律行为（geschäftsähnliche Handlung）亦类推适用。
d 无行为能力人之意思表示无效（第105条）。对无行为能力人之意思表示，于达到其法定代理人以前，不生效力（第131条）。无行为能力人非经法定代理人之同意，不得设定或废止住所（第8条）。
e 无行为能力人，不得结婚（第1304条）。

§105 Nichtigkeit der Willenserklärung

(1) Die Willenserklärung eines Geschäftsunfähigen ist nichtig.
(2) Nichtig ist auch eine Willenserklärung, die im Zustand der Bewusstlosigkeit oder vorübergehender Störung der Geistestätigkeit abgegeben wird.

第一百零五条 [意思表示之无效][a]

I 无行为能力人之意思表示无效[bc]。

II 意思表示系在无意识[d]，或在精神活动之暂时障碍[e]中所为者，亦属无效。

a 参考条文：第104条、第131条，"台民"第75条。
b 第1款对无行为能力人之意思表示及准法律行为有其适用。无行为能力人之意思表示无效。所谓nichtig（无效）与unwirksam（效力不发生）不同，前者系行为不成立而无效，不许追认，后者系行为成立而无效，如承认（Genehmigung）者，变为有效。[①]
c 单纯获得利益之意思表示亦属无效，故无行为能力人所为之赠与之允受（Schenkungsannahme）亦系无效。对无行为能力人之意思表示，于达到其法定代理人以前，不生效力（第131条）。受无行为能力人授权之人，无效。亦不适用第177条无权代理人（Vertreter ohne Vertretun-gsmacht）规定（RG 69, 265）。
d "无意识"——例如酗酒（bei hochgradiger Trunksucht）。
e "精神活动之暂时障碍"需要排除自由意思决定（freie Willensbestimmung ausschließen）（RG 105, 272），例如酒醉、高热等。至继续之障碍系完全无行为能力，自属于第104条第2款。"无意识"或"暂时精神障碍"之举证责任，属于主张这些事实之人。

§105a Geschäfte des täglichen Lebens

Tätigt ein volljähriger Geschäftsunfähiger ein Geschäft des täglichen Lebens, das mit geringwertigen Mitteln bewirkt werden kann, so gilt der von ihm geschlossene Vertrag in Ansehung von Leistung und, soweit vereinbart, Gegenleistung als wirksam, sobald Leistung und Gegenleistung bewirkt sind. Satz 1 gilt nicht bei einer erheblichen Gefahr für die Person oder das Vermögen des Geschäftsunfähigen.

第一百零五条之一 [日常行为]

已成年无行为能力人为以极少财产可达成之日常生活行为者，其所制定契约中之给付，以及约定之对待给付为有效，即给付与对待给付为有效。第一段于对该无行为能力人有人身或财产上重大危险者，不适用之。

[①] *Enneccerus*, Allgemeiner Teil des Bürgerlichen Rechts, 1926, §136C.

§106 Beschränkte Geschäftsfähigkeit Minderjähriger

Ein Minderjähriger, der das siebente Lebensjahr vollendet hat, ist nach Maßgabe der §§107 bis 113 in der Geschäftsfähigkeit beschränkt.

第一百零六条 [限制行为能力]^a

满七岁之未成年人^b，依第一百零七条至第一百一十三条规定^c，有限制行为能力^{de}。

a 参考条文：第8条、第131条第2款、第165条、第179条第3款、第1781条、第1516条、第1751条、第2229条、第2296条、第2347条、第2351条，"台民"第13条第2款。
b 未成年人不得为监护人（第1781条）。
c 有关规定——对限制行为能力人所为之意思表示，于达到其法定代理人以前不生效力（第131条第2款）。代理人所为或所受意思表示之效力，不因代理人之为限制者而受影响（第165条），代理人之行为能力受有限制者，代理人不负其责（第179条第3款）。
d 未成年人无诉讼能力（《民事诉讼法》第52条），但第112条、第113条之情形，不在此限。
e 满七岁之未成年人，原则上不得结婚。但如果一方已满十六岁，而另一方已经成年，经向家事法院申请同意后，不在此限（《民法典》第1303条）。

§107 Einwilligung des gesetzlichen Vertreters

Der Minderjährige bedarf zu einer Willenserklärung, durch die er nicht lediglich einen rechtlichen Vorteil erlangt, der Einwilligung seines gesetzlichen Vertreters.

第一百零七条 [法定代理人之允许]^a

未成年人为意思表示，除纯获法律上之利益^b外，应得法定代理人之允许^c。^d

a 参考条文：第111条、第108条、第183条、第184条、第1746条、第2206条、第1427条、第2120条、第1423条、第267条、第185条，"台民"第77条。
b "纯获法律上之利益"例如赠与之允受（RG 148, 324），先占（Aneignung）。获得利益同时负担法律上之义务者，并非"纯获法律上之利益"，例如第666

条至第668条之委任，给付之受领（因给付请求权消灭），负有负担之赠与之受领（BGH 15, 171）。
1. 医疗之开刀是否要经同意，学说纷歧。德国最高法院判例采肯定说（RG 68, 533）。
2. 要约之受领毋庸法定代理人之同意。然承诺须法定代理人之同意。
c 允许（Einwilligung）系事前同意（vorherige Zustimmung）。第108条所谓承认（Genehmigung）系事后同意（nachträgliche Zustimmung）（参照第183条、第184条）。
d 本条立法原意在保护未成年人。

§108 Vertragsschluss ohne Einwilligung

(1) Schließt der Minderjährige einen Vertrag ohne die erforderliche Einwilligung des gesetzlichen Vertreters, so hängt die Wirksamkeit des Vertrags von der Genehmigung des Vertreters ab.

(2) Fordert der andere Teil den Vertreter zur Erklärung über die Genehmigung auf, so kann die Erklärung nur ihm gegenüber erfolgen; eine vor der Aufforderung dem Minderjährigen gegenüber erklärte Genehmigung oder Verweigerung der Genehmigung wird unwirksam. Die Genehmigung kann nur bis zum Ablauf von zwei Wochen nach dem Empfang der Aufforderung erklärt werden; wird sie nicht erklärt, so gilt sie als verweigert.

(3) Ist der Minderjährige unbeschränkt geschäftsfähig geworden, so tritt seine Genehmigung an die Stelle der Genehmigung des Vertreters.

第一百零八条 [未经允许而制定之契约][a]

Ⅰ 未成年人未得法定代理人必要之允许[b]，所制定之契约，其效力[c]系于法定代理人之承认[d]。

Ⅱ [1]相对人催告代理人为承认之表示者[e]，其表示仅得向相对人为之；催告前向未成年人所为之承认或承认之拒绝，不生效力。[2]承认应于收受催告后两星期内表示之；如不表示，视为拒绝[f]。[g]

Ⅲ 未成年人有完全行为能力者，得以其承认，代替代理人之承认。

a 参考条文：第106条、第182条第2款、第184条，"台民"第79条至第81条。
b 允许与承认之关系，参照前条说明。
c 未成年人未经法定代理人之允许所制定之契约，其效力未定（schwebend）。应经法定代理人承认，始生效力。

d 所谓承认（Genehmigung）者，系法定代理人对相对人所为之一方意思表示。承认无须依一定方式（第182条第2款），溯及于为法律行为时发生效力（第184条）。
e 契约相对人（Vertragsgegner）得催告（Aufforderung）法定代理人是否承认未成年人所为之契约。催告系排除效力未定之状态（Schwebezustand）。其性质属要受领之通知（empfangsbedürftige Mitteilung）（即有相对人之意思通知）。其效果基于法律而生，非行为人自身所希望者。故催告非法律行为或意思表示，学术上准法律行为（geschäftsähnliche Handlung），业如上述。催告权系形成权。催告之方法以口头或当面均可。
f 承认之拒绝（Verweigerung）不得撤回（RG JW. 06, 9）。
g 关于未成年人未经法定代理人之允许所为之合同行为之效力，民法并无规定，自以类推适用本条规定为宜。

§109 Widerrufsrecht des anderen Teils

(1) Bis zur Genehmigung des Vertrags ist der andere Teil zum Widerruf berechtigt. Der Widerruf kann auch dem Minderjährigen gegenüber erklärt werden.

(2) Hat der andere Teil die Minderjährigkeit gekannt, so kann er nur widerrufen, wenn der Minderjährige der Wahrheit zuwider die Einwilligung des Vertreters behauptet hat; er kann auch in diesem Falle nicht widerrufen, wenn ihm das Fehlen der Einwilligung bei dem Abschluss des Vertrags bekannt war.

第一百零九条　[相对人之撤回权][ab]

Ⅰ ¹契约未经承认前，相对人得撤回之。²撤回亦得向未成年人为之[c]。

Ⅱ 相对人明知其为未成年者，除未成年人违反真实，主张已得法定代理人之允许外，不得撤回[d]；相对人于制定契约时，明知其未经允许者，亦同。[e]

a 参考条文：第106条、第131条第2款、第178条，"台民"第82条、第83条。
b 本条为保护未成年之相对人而设。
c "撤回"（Widerruf）得向未成年人为之，对未成年人所为之撤回，于到达其法定代理人以前，不生效力（第131条第2款）。撤回系除去法律行为之效力未定状态（撤回之效果）。撤回权（Widerrufsrecht）系对于尚未发生确定效力之行为，使其确定失效之形成权。
d 相对人明知其为未成年人者，或明知其欠缺允许者，无撤回权。但相对人虽明知其为未成年人，虽未成年人违反真实，主张已得法定代理人之允许者，不在此限。不知其为未成年人，且不知系出于过失者，犹不得谓为"明知"。

e 关于举证责任:
1. 撤回及适当时期之撤回之举证责任——由否认契约有效之人负责。
2. 明知未成年人或明知欠缺允许——由对方负责之。
3. 允许之主张——自主张撤回权之人负责之。

§110 Bewirken der Leistung mit eigenen Mitteln

Ein von dem Minderjährigen ohne Zustimmung des gesetzlichen Vertreters geschlossener Vertrag gilt als von Anfang an wirksam, wenn der Minderjährige die vertragsmäßige Leistung mit Mitteln bewirkt, die ihm zu diesem Zweck oder zu freier Verfügung von dem Vertreter oder mit dessen Zustimmung von einem Dritten überlassen worden sind.

第一百一十条 [得自由处分之财产]^{ab}

未成年人未得法定代理人之同意而制定之契约,其契约之给付,系以代理人或代理人同意之第三人为该契约之目的或为自由处分而交付之财产为之者^c,视为自始有效^d。

a 参考条文:第106条至第108条、第362条、第364条、第378条、第389条,"台民"第84条。
b 本条系第107条、第108条之例外,在未成年人处分其零用钱,乃其适用之着例。
c 财产之委付(Überlasssung der Mittel)得以默示(stillschweigend)为之。
d 未成年人未经法定代理人之同意所制定之契约,不生效力。然未成年人以本条所定之财产为契约上之给付,视为自始有效。"给付"(Bewirken der Leistung)系指履行(Erfüllung)(第362条)或"与履行同视"之行为而言,所谓"与履行同视"之行为,例如代物清偿(Annahme an Erfüllungs statt)、提存(Hinterlegung)、抵销(Aufrechnung)(第364条、第378条、第389条)。

§111 Einseitige Rechtsgeschäfte

Ein einseitiges Rechtsgeschäft, das der Minderjährige ohne die erforderliche Einwilligung des gesetzlichen Vertreters vornimmt, ist unwirksam. Nimmt der Minderjährige mit dieser Einwilligung ein solches Rechtsgeschäft einem anderen gegenüber vor, so ist das Rechtsgeschäft unwirksam, wenn der Minderjährige die Einwilligung nicht in schriftlicher Form vorlegt und der andere das Rechtsgeschäft aus diesem Grunde unverzüglich zurückweist. Die Zurückweisung ist ausgeschlossen, wenn der Vertreter den anderen von der Einwilligung in Kenntnis gesetzt hatte.

第一百一十一条 [未成年人之单独行为][a]

^{1}未成年人未得法定代理人必要之允许所为之单独行为，不生效力[b]。^{2}未成年人经法定代理人之允许，对他人为单独行为，而未以书面提出其允许者，如该他人以此为理由，立即[c]拒绝该法律行为者，其法律行为不生效力。^{3}但法定代理人告知他人允许者，不得拒绝[d]之。[e]

a 参考条文：第107条、第106条，"台民"第78条。
b 单独行为本来系对相对人不利之法律行为。故未成年人未得法定代理人之允许所为之单独行为（例如终止）系无效，虽事后承认亦不得治愈，盖承认效力不确定之单独行为，对相对人亦可能过苛。
c 关于"即时"（unverzüglich）一语之意义，参照后引第121条之注。
d "拒绝"（Zurückweisung），系单方受领之意思表示（einseitige empfangsbedürftige WE.）。
e 举证责任：
　1. 允许——由主张行为有效之人负责之。
　2. 拒绝及其时期——由相对人负责之。
　3. 书面提出——由主张行为有效之人负责之。

§112 Selbständiger Betrieb eines Erwerbsgeschäfts

(1) Ermächtigt der gesetzliche Vertreter mit Genehmigung des Familiengerichts den Minderjährigen zum selbständigen Betrieb eines Erwerbsgeschäfts, so ist der Minderjährige für solche Rechtsgeschäfte unbeschränkt geschäftsfähig, welche der Geschäftsbetrieb mit sich bringt. Ausgenommen sind Rechtsgeschäfte, zu denen der Vertreter der Genehmigung des Familiengerichts bedarf.

(2) Die Ermächtigung kann von dem Vertreter nur mit Genehmigung des Familiengerichts zurückgenommen werden.

第一百一十二条 [营业行为之独立经营][ab]

Ⅰ ^{1}法定代理人经家事法院之许可，授权[cd]未成年人独立经营业务者，对于与营业有关之法律行为[e]，未成年人有完全行为能力。^{2}但代理人应得监护法院许可之法律行为者，不在此限。

Ⅱ 代理人撤回其授权，应经监护法院之同意。

a 本条与第113条同，均扩大未成年人之行为能力。在此两条规定之情形，未成年人有完全行为能力及诉讼能力（《民事诉讼法》第52条）。
b 参考条文：第106条、第113条、第1821条、第1822条、第1643条，《民事诉讼法》第52条，"台民"第85条。
c "授权"（Ermächtigung）无须形式，在本条法定代理人之授权，系应得监护法院认许之法律行为（例如处分土地、处分土地上之权利等——第1821条、第1822条、第1643条）。未成年人除受成年宣告外，无完全行为能力，应经法定代理人之授权。
d 授权之范围，依本条规定，法律已加明定，故授权之限制对第三人无效。此点与第113条不同。
e 法律行为是否"与营业有关"应依交易概念决之。

§113 Dienst- oder Arbeitsverhältnis

(1) Ermächtigt der gesetzliche Vertreter den Minderjährigen, in Dienst oder in Arbeit zu treten, so ist der Minderjährige für solche Rechtsgeschäfte unbeschränkt geschäftsfähig, welche die Eingehung oder Aufhebung eines Dienst- oder Arbeitsverhältnisses der gestatteten Art oder die Erfüllung der sich aus einem solchen Verhältnis ergebenden Verpflichtungen betreffen. Ausgenommen sind Verträge, zu denen der Vertreter der Genehmigung des Familiengerichts bedarf.
(2) Die Ermächtigung kann von dem Vertreter zurückgenommen oder eingeschränkt werden.
(3) Ist der gesetzliche Vertreter ein Vormund, so kann die Ermächtigung, wenn sie von ihm verweigert wird, auf Antrag des Minderjährigen durch das Familiengericht ersetzt werden. Das Familiengericht hat die Ermächtigung zu ersetzen, wenn sie im Interesse des Mündels liegt.
(4) Die für einen einzelnen Fall erteilte Ermächtigung gilt im Zweifel als allgemeine Ermächtigung zur Eingehung von Verhältnissen derselben Art.

第一百一十三条 [雇佣或劳动关系][ab]
Ⅰ 法定代理人授权[c]未成年人从事雇佣或劳动[d]者，就其所许可之雇佣或劳动种类范围以内，关于雇佣或劳动关系之制定或废止之法律行为，或基于该关系，而生之义务履行，未成年人有完全行为能力。但代理人应得家事法院许可之契约者，不在此限。
Ⅱ 前项之授权，法定代理人得撤回或限制之。

Ⅲ ¹法定代理人为监护人者，如拒绝其授权时，未成年人得申请家事法院代为之。
²为受监护人之利益，家事法院应代为授权ᵉ。
Ⅳ 就个别情形而为之授权，有疑义时，视为就同类法律关系之制定，有一般授权之效力。

a 在本条情形，未成年人完全有行为能力及诉讼能力（《民事诉讼法》第52条）。
b 参考条文：第106条、第112条，《民事诉讼法》第52条。
c 授权得撤回或限制之。
d "雇佣或劳动关系"不单限于民法债编雇佣契约，即承揽契约亦可，例如演员（Schauspieler）。
e 法定代理人为监护人者，监护法院得代为授权（此点与第112条不同）。

§114 und §115 (weggefallen)
第一百一十四条、第一百一十五条 [删除]

Titel 2　Willenserklärung
第二节　意思表示

一、意思表示（Willenserklärung）系法律行为之必要元素。意思表示系由效果意思（Erfolgswille）、表示意思（Erklärungswille）及表示行为（Erklärungshandlung）所构成。
　（一）效果意思：即个人企图发生一定效果之意思，学者有时称为效力意思（Wirkungswille）或行为意思（Geschäftswille）。
　（二）表示意思：即表达效果意思之意思。
　（三）表示行为：即表达该意见之有价值之行为。原则上无须任何方式（例如第125条以下）。
　　此项想法系基于文图（Wundt）之构成的心理学（Konstruktive Psychologie）而来。效果意思分为内心上效果意思与表示效果意思。两者不一致时，以何为标准，关于此点有三说：
　（一）意思主义（Willenstheorie）
　　以内心效果意思为准，故意思想表示欠缺内心上效果意思即为无效。萨维尼（Savigny），文德赛（Windscheid）等主此说。此说为德国普通法时代支配之见解而普行于19世纪。颇适合个人主义之法律思想,但妨害交易之安全。

(二)表示主义(Erklärungstheorie)

以外面上效果意思为准,即不拘内心上效果意思如何,以表示决定其效果意思。此主义与大丈夫无二言(Ein Mann, ein Wort!)之德谚一致。罗拓靡(Lotmar)、段蚃[①]等主此说。其优点在于能保护交易之安全,然有轻视表意人之利益之嫌。

(三)折衷主义(Vermittlungstheorie)

表意人及交易之安全均须保护。然有时以意思主义为原则,而以表示主义为例外;有时以表示主义为原则,以意思主义为例外,龙哈德(Leonhard)、邓伯(Dernburg)、雷圭伯[②]等采此说。现代多数说及各国立法例从之。德国民法[③]、日本民法从前者,瑞士民法从后者。意思主义、表示主义之纷争为私法理论自个人主义移于团体主义过程中主要的表现。现代学说、立法例均趋于前者之方向。故在学说上不提表示意思,至身份行为,性质上以意思主义为原则,固毋庸赘言。

意思表示之理论亦应用于行政行为。即行政处分(Verwaltungsakt)由三个要素构成之:1. 行为意思(Geschäftswille);2. 此意思之表示(die Erklärung dieses Willens, also die Willenserklärung);及3. 高权的性格(hoheitlicher Charakter)。在行政行为论与私法同。亦有意思主义与表示主义对立。在民法为保护交易之安全,重视表示主义,然在公法,以意思主义为主。[④]

二、意思表示有明示与默示之别。默示之意思表示(stillschweigende Willienserklärung)亦为意思表示,与明示之意思表示(ausdrückliche Willenserklärung)性质并无不同。[⑤]在德国民法无"沉默视为同意(Schweigen gilt als Zustimmung)"之一般原则。默示之意思表示有如何之意义,与一般意思表

---

① *Danz*, Die Auslegung der Rechtsgeschäfte, 3. Aufl. (1911), S. 6 ff.
② *Regelsberger*, Pandekten, 7. Aufl. (1902), S. 228 ff.
③ 德国民法究系采意思主义或折衷主义,学说不一,其详参照Staudingers Kommentar, Einleitung zur Willenserklärung IV。
④ *Hans Peters*, Lehrbuch der Verwaltung, 1949, S. 158 3a.
⑤ *Staudinger*, Vorb. V. §116 a, 3; *Palandt*, BGB, 24. Aufl. (1965), §116 Einleitung.

示同属解释问题（第133条）。《奥地利民法典》第863条云，法律如要求通知（Mitteilung）时，以明示为限。
三、意思或表示有瑕疵时，即1. 意思与表示不一致时（心中保留——第116条，虚伪表示——第117条，错误——第119条）；2. 意思与表示虽一致，其意思决定由诈欺或胁迫（第123条）受不当影响时，意思表示得为撤销之对象。
四、举证责任
（一）意思表示有效之事实（例如意思、表示、必要之方式及意思表示到达等，在契约意思之一致）应由主张意思表示有效之人举证。
（二）妨碍权利发生之事实（rechtshindernde Tatsache）（例如错误、诈欺、胁迫、撤销事由及撤销之表示）由否认效力之人举证。

§116 Geheimer Vorbehalt

Eine Willenserklärung ist nicht deshalb nichtig, weil sich der Erklärende insgeheim vorbehält, das Erklärte nicht zu wollen. Die Erklärung ist nichtig, wenn sie einem anderen gegenüber abzugeben ist und dieser den Vorbehalt kennt.

第一百一十六条 [心中保留][a]

[1]表意人无欲为其意思表示所拘束之意，而为意思表示者，其意思表示不因之无效[b]。[2]向相对人意思表示，而相对人明知其心中保留者，其意思表示无效[c]。

a 参考条文：第118条、第2078条、"台民"第86条。
b 本条第一段之立法理由，在保护交易之安全，与德国普通法同。不单对须受领之意思表示，对不须受领之意思表示亦有其适用。在恶意之戏谑表示（der "böse" Scherz）亦适用之。非真意之意思表示，如预见其真意之欠缺不致被误解而为之者（善意之戏谑——"guter" Scherz），其意思表示无效（第118条）。本条在公法上亦得适用之（RG 147, 10）。
c 本条第二段原则上用于须受领之意思表示，然对悬赏广告（Auslobung）亦有其适用（通说）。

§117 Scheingeschäft

(1) Wird eine Willenserklärung, die einem anderen gegenüber abzugeben ist, mit dessen Einverständnis nur zum Schein abgegeben, so ist sie nichtig.
(2) Wird durch ein Scheingeschäft ein anderes Rechtsgeschäft verdeckt, so finden die

für das verdeckte Rechtsgeschäft geltenden Vorschriften Anwendung.

第一百一十七条 [虚伪表示][ab]
Ⅰ 表意人与相对人通谋而为虚伪之意思表示者,其意思表示无效[c]。
Ⅱ 虚伪行为隐藏其法律行为者,适用关于该隐藏法律行为之规定[d]。

a 参考条文:第518条,"台民"第87条。
b 本条对严格之单独意思表示(streng einseitige WE)不适用之。对认领(Vaterschaftsanerkennung)亦不适用之(RG 135, 221)。
c 信托行为(fiduziarisches Geschäft, Treuhänderisches Geschäft, fiducia, trust)系有效,自与虚伪表示不同。
d "隐藏法律行为"(das verdeckte Rechtsgeschäft, das dissimulierte Geschäft)系虚伪表示隐藏他项法律行为而言。例如以买卖名义作成书面,其实为赠与。在此情形,如具备第518条所定者,赠与系有效。如欠缺赠与之形式者,赠与无效。但业已履行者,不在此限(第518条第2款)。

§118 Mangel der Ernstlichkeit

Eine nicht ernstlich gemeinte Willenserklärung, die in der Erwartung abgegeben wird, der Mangel der Ernstlichkeit werde nicht verkannt werden, ist nichtig.

第一百一十八条 [非诚意之表示][a]
非诚意之意思表示[b],如预期其诚意之欠缺,不致为人所误解者,其意思表示无效[c]。

a 参考条文:第116条、第122条,"台民"第86条但书。
b "非诚意表示":例如善意之戏谑表示(参照第116条说明),大言壮语(Prahlerei)之约束是。
c 非诚意之意思表示,无效。故对方有时受损害,在这些情形,对方得请求"信赖利益"(Vertrauensinteresse)。但其赔偿额不得超过履行利益(Erfüllensinteresse)(第122条)。

§119 Anfechtbarkeit wegen Irrtums

(1) Wer bei der Abgabe einer Willenserklärung über deren Inhalt im Irrtum war oder eine Erklärung dieses Inhalts überhaupt nicht abgeben wollte, kann die Erklärung

anfechten, wenn anzunehmen ist, dass er sie bei Kenntnis der Sachlage und bei verständiger Würdigung des Falles nicht abgegeben haben würde.

(2) Als Irrtum über den Inhalt der Erklärung gilt auch der Irrtum über solche Eigenschaften der Person oder der Sache, die im Verkehr als wesentlich angesehen werden.

第一百一十九条　[因错误而撤销][ab]

Ⅰ 意思表示之内容有错误[c]，或不欲为该内容之表示[d]，如表意人知其情形，且依合理之判断，即可认为其不欲为该表示者，得撤销之[ef]。[g]

Ⅱ 关于人或物之性质[hi]，交易上认为重要者[j]，其错误视为意思表示内容之错误[k]。[lmno]

a 参考条文：第121条、第122条、第318条、第686条、第231条、第779条、第537条至第539条、第459条以下、第1949条、第2078条、第2080条、第133条、第157条，《民事诉讼法》第290条，"台民"第88条。

b 第119条至第122条规定意思与表示不一致之情形。上述条文亦适用于默示意思表示（RG 134, 197）。

c "内容之错误"（Irrtum über Erklärungsinhalt）——即意思与表示虽一致，然表示内容有错误，例如法律上之错误（误信租赁为借贷）、当事人同一性之错误、目标物同一性之错误、标的物价格及数量之错误是。是否有错误系解释问题（第133条、第157条）。

d 表示行为之错误（Irrtum in der Erklärungshandlung）——即表意人之表示与欲表示者不符，例如误写（verschreibt），误说（verspricht）是。

e 违背诚实信用之撤销，在所不许（RG 102, 89）。

f 在民事诉讼，自白者证明其所为之自由不合于真实，并出于错误时，得撤销之（《民事诉讼法》第290条）。

g 举证责任：

　1. 主张撤销之人应就撤销之一切要件负举证责任。

　2. 据此举证，法官推断，是否有错误及错误与表示是否有因果关系。

h "关于人之性质"：例如姓名、年龄、职业、国籍、信仰、专长、信用、支付能力等。

i "关于物之性质"：例如材料、大小、生产地、法令之禁止、限制等。

j "交易上重要"：重要（wesentlich）系erheblich之意。

k 动机之错误（Irrtum im Beweggrund, Motivirrtum），非本条之错误，故原则上不得撤销之（RG 102, 88）。但是动机之错误，如为相对人所明知，致表意人加强其错误之程度者，有时得以构成诈欺行为（第123条）。

l 买卖标的物之瑕疵担保责任之规定（第459条以下），系本条之特别规定（RG 138, 356）。但有反对说。
m 关于租赁物瑕疵之规定（第537条至第539条），不排除本条之适用（RG 157, 174）。
n 错误之发生是否基于不可归责于表意人之事由，在所不问（RG 88, 441）。
o 第2款系内容错误之一种。本来该错误理论上属于前述动机之错误，然经济上与当事人同一性之错误、标的物同一性之错误有同一意义。故法律上将该错误视为内容之错误。

§120 Anfechtbarkeit wegen falscher Übermittlung

Eine Willenserklärung, welche durch die zur Übermittlung verwendete Person oder Einrichtung unrichtig übermittelt worden ist, kann unter der gleichen Voraussetzung angefochten werden wie nach §119 eine irrtümlich abgegebene Willenserklärung.

第一百二十条 [因传达不实之撤销][a]
意思表示，因传达之人或机构，为不实之传达时[bc]，于具备第一百一十九条关于因错误而为意思表示所定相同要件者，得撤销之[d]。

a 参考条文：第119条、第122条，"台民"第89条。
b "不实传达"系由传达之人（如使者）或机关（如邮局等）而生。意定代理人所为之意思表示非本来意思之传达，系自己意思之发表（第164条），其意思欠缺应就代理人决之（第166条）。在传达之错误，应就表意人决之。意定代理人亦得为本人之使者。
c 传达机关故意不将所交来之意思加以传达者，系无传达（keine Übermittlung）并非不实传达（通说）。电话不发生传达问题。不实传达与否，应依一般概念决之。
d 不实传达得依第119条规定，以同一要件撤销之（第120条）。

§121 Anfechtungsfrist

(1) Die Anfechtung muss in den Fällen der §§119, 120 ohne schuldhaftes Zögern (unverzüglich) erfolgen, nachdem der Anfechtungsberechtigte von dem Anfechtungsgrund Kenntnis erlangt hat. Die einem Abwesenden gegenüber erfolgte Anfechtung gilt als rechtzeitig erfolgt, wenn die Anfechtungserklärung unverzüglich abgesendet worden ist.

(2) Die Anfechtung ist ausgeschlossen, wenn seit der Abgabe der Willenserklärung

zehn Jahre verstrichen sind.

第一百二十一条　[撤销期间]

Ⅰ ^{1}依第一百一十九条及第一百二十条规定为撤销^{a}时，撤销权人应于知悉撤销原因后，于不可归责之迟延（实时）情事下^{b}为之。^{2}向非对话者为撤销时，撤销之表示尽速发出者，视为即时。

Ⅱ 自意思表示后经过十年^c，不得撤销^d。

a 撤销应对相对人为之。纵令相对人明知有错误，亦须对之为撤销之意思表示。撤销权人表示时，纵未使用"撤销"等字，如得认为表意人有意使其意思表示归于无效者，即属之。

b 撤销权人应于知其撤销原因后，实时为之，亦即无可归责之迟延情事下为撤销。所谓"即时"（unverzüglich）或"不负迟延责任"，系指无可归责之迟延而言，而与立即（sofort）不同，原因在于表意人（意思错误之人）应有相当考虑期间（RG 124, 118）。

c 第2款为2001年债编更新修正所增订，使撤销权人不知悉之情形下，撤销权亦因10年经过而消灭。

d 举证责任：撤销权人知悉得撤销之事由，及法定期间届满，应由相对人负举证责任（BGH WM 83, 826; BAG NJW 80, 1302）。知悉后不可归责之迟延情事下，为撤销行为时，应由撤销权人负举证责任（Mü NJW-RR 88, 497）。

§122　Schadensersatzpflicht des Anfechtenden

(1) Ist eine Willenserklärung nach §118 nichtig oder auf Grund der §§119, 120 angefochten, so hat der Erklärende, wenn die Erklärung einem anderen gegenüber abzugeben war, diesem, andernfalls jedem Dritten den Schaden zu ersetzen, den der andere oder der Dritte dadurch erleidet, dass er auf die Gültigkeit der Erklärung vertraut, jedoch nicht über den Betrag des Interesses hinaus, welches der andere oder der Dritte an der Gültigkeit der Erklärung hat.

(2) Die Schadensersatzpflicht tritt nicht ein, wenn der Beschädigte den Grund der Nichtigkeit oder der Anfechtbarkeit kannte oder infolge von Fahrlässigkeit nicht kannte (kennen musste).

第一百二十二条　[撤销权人之损害赔偿义务]^{ab}

Ⅰ 意思表示依第一百一十八条规定为无效，或基于第一百一十九条及第一百二十条之原因已撤销者，如表示应向相对人为之时，表意人应对该相对人负损害赔偿责任,于其他情形者,对任何第三人[c]负赔偿责任,以填补因信其表示为有效所受之损害。但以不超过相对人或第三人因意思表示有效时所得利之数额为限[d]。

Ⅱ 被害人明知或因过失而不知(应知)无效或可得撤销之原因者,表意人不负损害赔偿责任[ef]。

a 参考条文:第249条、第254条、第812条以下、"台民"第91条。
b 本条之目的,在于信赖利益之保护,即保护相对人不因相信意思表示为有效而受损害,因此,表意人依第118条为无效之意思表示,或依第120条撤销其意思表示时,相对人若信其意思表示有效而受损害,表意人应负赔偿责任。至于表意人是否有故意过失,在所不问。
c 由表意人之意思表示而可取得权利者,始有损害赔偿请求权。因此,于须相对人之意思表示时,请求权人为该相对人,于其他之意思表示时,请求权人为有利害关系之第三人。如相对人或第三人知无效或得撤销之原因,或因过失而不知(可得而知)者,则无损害赔偿请求(第122条第2款)(RG 81, 397);引起无效或得撤销(例如诈欺)之人,亦无赔偿请求权。而相对人或第三人如有过失,应适用第254条[过失抵销(共同过咎)]规定(RG 116, 19)。
d 损害赔偿之范围,限于信赖损害(Vertrauensschaden),即相信意思表示为有效所受之损害,又称为消极利益(negatives Interesse),例如因信赖契约成立而支出之费用,或抛弃订立其他契约之机会(BGH NJW 84, 1950)。但信赖利益不得超过履行利益(Erfüllungsinteresse)(RG 170, 284),所谓履行利益,指意思表示有效时,相对人或第三人可得之利益。无效之行为如经履行,得依第812条以下不当得利之规定,请求返还。
e 第2款之规定,系因相对人已无信赖保护之必要,故免除表意人之赔偿责任。免除之情事有二:
  1. 明知。
  2. 可得而知(应知):指因过失而不知者。
f 举证责任:依本条请求损害赔偿者,对第118条之无效或第119条之撤销事由、原告适格、意思表示与损害具有因果关系及损害金额,应由请求权人负举证责任。而本条第2款之情事,及损害赔偿额已逾越履行利益,应由撤销权人负举证责任。

§123 Anfechtbarkeit wegen Täuschung oder Drohung

(1) Wer zur Abgabe einer Willenserklärung durch arglistige Täuschung oder widerrechtlich durch Drohung bestimmt worden ist, kann die Erklärung anfechten.

(2) Hat ein Dritter die Täuschung verübt, so ist eine Erklärung, die einem anderen gegenüber abzugeben war, nur dann anfechtbar, wenn dieser die Täuschung kannte oder kennen musste. Soweit ein anderer als derjenige, welchem gegenüber die Erklärung abzugeben war, aus der Erklärung unmittelbar ein Recht erworben hat, ist die Erklärung ihm gegenüber anfechtbar, wenn er die Täuschung kannte oder kennen musste.

第一百二十三条　[因诈欺或胁迫而可得撤销][abc]

Ⅰ 因受恶意诈欺[d]或不法胁迫[e]而为意思表示者，得撤销其意思表示[fg]。

Ⅱ [1]向相对人所为之意思表示，系因第三人之诈欺而为者，以相对人明知其诈欺或应知者为限，得撤销其意思表示。[2]相对人以外之人，因意思表示直接取得权利者，如其明知或应知诈欺情事时，表意人得对之撤销其意思表示。

a 参考条文：第119条、第138条、第142条以下、第318条、第437条以下、第812条以下、第823条第2款、《破产法》第196条、《刑法》第240条、第263条，"台民"第92条。

b 本条之目的，在于保护表意人关于意思表示之决定自由（Entschließungsfreiheit）（BGH 51, 141, 147），盖唯有免于诈欺或胁迫所形成之意思，其意思表示始展现其确实之自主性。故本条适用于所有意思表示，即有相对人或无相对人之意思表示、明示或默示之意思表示，但不包含事实行为，如撤回毁损名誉之声明（BGH NJW 52, 417）。

c 本条与其他规定之关系：

1. 与第138条之关系：因诈欺或胁迫使人所为之意思表示，得依本条规定撤销之，故原则上不适用第138条，除非尚有其他非影响意思形成之情事，违反公序良俗，始得适用第138条（BGH 60, 104; NJW 95, 1428; 95, 3315; 02, 2774）。

2. 与瑕疵担保（第437条以下）之关系：本条之撤销权与瑕疵担保之请求权得并存（BGH NJW 58, 177）。

3. 与错误（第119条）之关系：二者各依其要件判断是否成立，至于诈欺之撤销是否包括错误之撤销，则为解释之问题（BGH 34, 39; 78, 221; NJW 79, 161）。

4. 与不当得利（第812条以下）之关系：如因诈欺或胁迫为意思表示，且已经给付者，撤销后即生不当得利请求权。

5. 与侵权行为之关系：诈欺或胁迫之行为亦常成立侵权行为（第823条第2款连

结《刑法》第263条、第240条、第826条）。
d 诈欺得以作为及不作为之方式达成，作为之方式系指捏造事实或更改真实，使他人陷于错误而为意思表示之行为。不作为之方式则为隐藏事实，然以存在告知义务为前提（BGH LM Nr. 52），告知义务之成立依据，为诚信原则（第242条），即依诚信原则及一般社会通念，相对人得期待正确之陈述（BGH NJW 89, 763; NJW-RR 91, 439）。至于本条之成立，无须诈欺人有获利之意图（Bereicherungsabsicht），亦无须被诈欺人有财产损失（BGH LM Nr. 10）。且行为人须有故意，即知悉其陈述为不实或可能为不实（BGH NJW 01, 2326），即以未必故意（Eventualvorsatz, dolus eventualis, 亦称Eventualdolus或bedingter Vorsatz）为已足（RG 134, 53）。
e 胁迫乃故意预告危害之不法行为（BGH 2, 287, 295; NJW 88, 2599），致表现人陷于强制状态（Zwangslage）。危害之种类在所不问，即任何不利益皆属之。胁迫须为不法，主要可分为三类：
1. 手段不法：如以违反刑法或公序良俗之行为威胁表意人。
2. 目的不法：胁迫所欲达到之目的为不法。
3. 手段与目的之关联不法：如以告发犯罪为手段，威胁加害人之近亲，促使其恢复加害人造成之损害（Karlsr VersR 92, 703）。
f 诈欺或胁迫与意思表示须有因果关系：表意人因诈欺而为意思表示时，即使表意人亦有过失，仍不妨碍撤销权之发生（BGH 33, 302, 310; NJW 89, 287; 97, 141）。但于制定损害赔偿额时，对表意人之过失则应予以斟酌（第254条）。
g 举证责任：本条之要件，均应由撤销权人负举证责任（BGH NJW 57, 988）。

§124 Anfechtungsfrist

(1) Die Anfechtung einer nach §123 anfechtbaren Willenserklärung kann nur binnen Jahresfrist erfolgen.

(2) Die Frist beginnt im Falle der arglistigen Täuschung mit dem Zeitpunkt, in welchem der Anfechtungsberechtigte die Täuschung entdeckt, im Falle der Drohung mit dem Zeitpunkt, in welchem die Zwangslage aufhört. Auf den Lauf der Frist finden die für die Verjährung geltenden Vorschriften der §§206, 210 und 211 entsprechende Anwendung.

(3) Die Anfechtung ist ausgeschlossen, wenn seit der Abgabe der Willenserklärung zehn Jahre verstrichen sind.

第一百二十四条 [撤销期间]ᵃ

Ⅰ 依第一百二十三条得撤销之意思表示,仅得于一年内撤销之ᵇᶜᵈ。

Ⅱ ¹前款期间,于诈欺之情形,自撤销权人发现诈欺时起,于胁迫之情形,自胁迫状态终止时起,开始进行。²期间之进行,准用第二百零六条、第二百一十条及第二百一十一条关于消灭时效之规定。

Ⅲ 自意思表示后经过十年者,不得撤销。

a 参考条文:第142条、第143条、第186条以下、第823条、第826条,"台民"第93条。

b 本条期间系除斥期间,而非消灭时效,故本条第2款规定准用部分消灭时效之规定。第1款所定期间经过后,撤销权虽不得行使,然不妨碍损害赔偿请求权(第823条、第826条)之行使。除斥期间是否届满,法院应依职权审定。

c 期间之计算,参照第186条以下之规定。

d 举证责任:丧失撤销权之所有要件,均由撤销权人之相对人负担举证责任(Nürnbg VersR 01, 1368, 1369),因此,亦包含撤销权人何时知悉诈欺之事由(BGH NJW 92, 2346, 2347 f.)。

§125　Nichtigkeit wegen Formmangels

Ein Rechtsgeschäft, welches der durch Gesetz vorgeschriebenen Form ermangelt, ist nichtig. Der Mangel der durch Rechtsgeschäft bestimmten Form hat im Zweifel gleichfalls Nichtigkeit zur Folge.

第一百二十五条 [因欠缺方式而无效]ᵃᵇ

¹欠缺法定方式之法律行为,无效ᶜᵈ。²欠缺法律行为所指定之方式者,于有疑义时,亦为无效ᵉᶠ。

a 第125条至第129条总说明:

现行民法关于法律行为之形式,以方式自由(Formfreiheit)为原则,仅于少数情形加以限制,其系基于不同理由:

1. 警告作用:防止表意人未经考虑、轻率而为法律行为,如保证(第766条)、赠与承诺(Schenkungsversprechen,第518条)等。

2. 阐明与证据保全作用:又可分成三项说明:

    (1)身份表示功能:借由亲自签名使他人得以知悉文件作成之人。

    (2)真实功能:借由签名与文件内容之关联使他人知悉,该文件内容系由签名人所为。
   (3) 验证功能：意思表示之相对人借由该文书，得以确认由谁作成该文件内容及其真实性。
3. 咨询作用：采公证方式时，尚具有另一项功能，即确保表意人经专家说明及建议。①

本法将法律行为之方式，区分为下列几类：
1. 书面方式（Schriftform）：规定于第126条，得以电子方式（elektronische Form，第126条之1）取代。
2. 文字方式（Textform）：规定于第126条之2。
3. 公证书（notarielle Beurkundung）：规定于第128条，部分尚要求双方当事人应同时到场，如夫妻财产制契约（第1408条）。
4. 认证（öffentliche Beglaubigung）：规定于第129条。此外，尚有其他个别方式之规定，如不动产让与合意（第925条）、自书遗嘱（第2231条）、结婚（第1310条）。

当事人亦得约定法律行为之方式，至于约定方式之内容及范围，由解释当事人之约定而决定之（第133条、第157条）。

b 参考条文：第126条、第128条、第129条、第133条、第139条、第167条第2款、第518条第2款、第766条、第925条、第1410条、第1750条、第2276条，"台民"第73条、第166条、第982条、第1189条至第1197条。

c 欠缺法定方式之法律行为，原则上无效，但已执行之合伙契约及劳务契约欠缺法定方式时，仅向将来发生无效之法律效力（BGH 8, 157, 165; BAG NJW 58, 397）。欠缺法定方式之法律行为，于法律有明文规定时，得补正（Heilung），如第311条之2第1款第2段、第494条第2款、第518条第2款、第766条、第2301条等。补正之效果及于整体契约内容（BGH NJW 74, 136; 78, 1577）。

d 法定方式之规定及于整体契约，除法律另有规定外，该规定亦及于其他从属约定（Nebenabreden）（BGH DNotZ 66, 737; 71, 37; BAG DB 82, 322），仅将从属约定成为契约内容之一部分。纵使从属约定欠缺法定方式，当事人仍欲缔结主契约时，类推适用第139条，认定该从属约定为不要式（BGH NJW 81, 222）。

e 欠缺约定方式之法律行为，其效力未必无效，而应取决当事人之意思，特别是当事人约定要式之目的，如仅在于阐明内容或保全证据时，欠缺约定方式之法律行为仍应有效成立，但当事人得请求事后补正约定方式。此外，当事人既得合意采特定方式，亦得随时合意排除该特定方式（BGH 66, 378, 380），且排除之约定无须依一定方式为之。

---

① *Heinrichs*, in: Palandt, BGB, 24. Aufl. (1965), §125 Rdnr. 2-2b.

f 故意妨害他方完成特定方式，以便其后得主张因欠缺方式使法律行为无效者，法院依诚信原则（第242条），认定该法律行为有效成立（RG 96, 315; BGH NJW 69, 1167）。

§126 Schriftform

(1) Ist durch Gesetz schriftliche Form vorgeschrieben, so muss die Urkunde von dem Aussteller eigenhändig durch Namensunterschrift oder mittels notariell beglaubigten Handzeichens unterzeichnet werden.

(2) Bei einem Vertrag muss die Unterzeichnung der Parteien auf derselben Urkunde erfolgen. Werden über den Vertrag mehrere gleichlautende Urkunden aufgenommen, so genügt es, wenn jede Partei die für die andere Partei bestimmte Urkunde unterzeichnet.

(3) Die schriftliche Form kann durch die elektronische Form ersetzt werden, wenn sich nicht aus dem Gesetz ein anderes ergibt.

(4) Die schriftliche Form wird durch die notarielle Beurkundung ersetzt.

第一百二十六条　[书面方式][a]

Ⅰ 法律定有书面方式者，其文件[b]应由制作人亲自签名[cd]，或经由公证之画押签署[e]。

Ⅱ [1]契约应由当事人于同一文件上签名。[2]契约作成一式数份之文件时，各当事人于为他方作成之文件签名，即为已足。

Ⅲ 除法律另有规定外，书面方式得以电子方式代替。

Ⅳ 书面方式得以公证文书代替。

a 参考条文：第127条至第129条、第793条、第2247条，《民法施行法》第141条，《民事诉讼法》（ZPO）第416条，《非讼事件法》第167条、第183条以下、第191条，《公证人法》（BNotO）第20条第1款、第32条，"台民"第3条。

b 文件仅应以书面为之，无论其系由当事人或第三人书写，或以打字机、计算机作成等，皆属之。

c 为达书面要求之目的，签名应于文件内容结束处（BGH 113, 48），且应当事人亲自为之，始足当之。至于签署之文字，应足以表明文书制作人即可，因此，仅签姓（BGH NJW 03, 1120），或商人签商号（HGB第17条），皆属本条之签名。于签署笔名、艺名等时，如能确知其签署人而无疑义，亦属本条之签名（BGH NJW 96, 997）。机械签名，除第793条之无记名证券外，不属于本条之签名。

d 于空白文件上签名（Blankounterschrift）亦可（BGH 22, 128）。但若要式规定

之目的在于保障文件作成者，则授权填写空白文件，尚应以书面为之，例如保证（BGH 132, 119; NJW 97, 1779）、消费者消费借贷契约（BGH 132, 119, 126）。空白文件，由被授权人填写完成时，始生效力（BGH 22, 128, 132）。

e 签名以画押（Handzeichen）代之者，应经公证（《公证法》第39条以下），经公证后之画押即生效力，纵使画押人有读写能力亦同。

§126a Elektronische Form

(1) Soll die gesetzlich vorgeschriebene schriftliche Form durch die elektronische Form ersetzt werden, so muss der Aussteller der Erklärung dieser seinen Namen hinzufügen und das elektronische Dokument mit einer qualifizierten elektronischen Signatur nach dem Signaturgesetz versehen.

(2) Bei einem Vertrag müssen die Parteien jeweils ein gleichlautendes Dokument in der in Absatz 1 bezeichneten Weise elektronisch signieren.

第一百二十六条之一 [电子方式][a]

I 应以电子方式代替法定方式时，表示之制作人应于电子文件上加上其姓名及依签章法之合格电子签章[b]。

II 契约应由当事人于相同之各文件上，以第一款所定方式为电子签章。

a 本条系于2001年增订，目的在于使私法中关于方式之规定能配合新式交易形态，而本规定内容则源于欧盟二项准则（或译指令）：一为1999年12月13日电子签章准则（Richtlinie des Europäischen Parlaments und Rates vom 13. 12. 1999 über gemeinschaftliche Rahmenbedingungen für elektronische Signaturen, Signatur-RL[①]）；二为2008年6月8日电子交易准则（Richtlinie des Europäischen Parlaments und des Rates vom 8. 6. 2000 über bestimmte Aspekte der Dienste der Informationsgesellschaft, insbesondere des elektronischen Geschäftsverkehrs, im Binnenmarkt, Richtlinie über den elektronischen Geschäftsverkehr[②]）。书面方式得以电子方式代之（第126条第3款），目的在于使交易活动得大量利用现代信息及通讯科技，以节省时间及费用。

[①] Directives 99/93, of the European Parliament and of the Council on a Community framework for electronic signatures, 1999 O. J. (L 13) 12.

[②] Directive 00/31 of the European Parliament and of the Council of 8 June 2000 on certain legal aspects of information society services, in particular electronic commerce, in the Internal Market ("Directive on electronic commerce"), 2000 O. J. (L 178) 1.

b 电子方式之成立要件，主要有四项：
1. 应得对方同意：以电子方式代替书面方式，应经对方同意，始生效力。该同意无须以特定方式为之。
2. 电子文件：电子方式以存在电子文件为前提。所称电子文件，指电子资料存在于文字载具（Schriftträger）上，非利用科技产品协助，即无法阅读者。因此，判断依据在于，资料解码后是否为可阅读之文字符号，及该载具是否足以长期保存该资料，否则，若无法长期再现电子文件所载之表示，将无法达到电子文件之主要功能——证据作用。
3. 加上制作人姓名：为电子文件之内容负责者，为该文件之制作人，应于电子文件上表示其姓名。
4. 合格电子签章：指依签章法作成之电子签章。

§126b Textform

Ist durch Gesetz Textform vorgeschrieben, so muss die Erklärung in einer Urkunde oder auf andere zur dauerhaften Wiedergabe in Schriftzeichen geeignete Weise abgegeben, die Person des Erklärenden genannt und der Abschluss der Erklärung durch Nachbildung der Namensunterschrift oder anders erkennbar gemacht werden.

第一百二十六条之二　[文字方式][a]
依法应以文字方式表示者，其表示应以文件或其他得长期保存再现之文字符号呈现，表明表意人，并于表示内容结束处复制其签名或附加其他可辨识之方式[b]。

a 本条增订于2001年（参见第126条之1注1），以增加可阅读但无须签名之新方式。其适用范围包含民法及其他私法关于方式之规定，民法中主要有第312条之3第2款、第355条第1款第2段及第2款第1段、第356条第1款第2段第3款、第357条第3款第1段、第477条第2款、第493条第1款第5段、第502条第2款、第505条第2款、第556条之1第2款第1段、第556条之2第2款、第557条之2第3款第1段、第558条之1第1款、第559条之2第1款第1段、第560条第1款第1段及第4款、以及第655条之2第1款第3段。其他法规则如《股份法》第109条第3款、《有限责任公司法》第48条第2款、《商事法》第410条第1款、第438第4款第1段、第455条第1款第2段，以及第468条第1款第1段等。
b 成立要件主要有三项：
1. 应为可长期保存再现之文字符号（参见第126条之1注2）。
2. 应表明表意人。

3. 明显可知表示内容结束之处：于表示内容结束处复制其签名或附加其他可辨识之方式，目的即在于表明该表示内容已结束，并使其与无法律效力之草稿等相区别。至于其他可辨识之方式，如用本人签名复制之图章、扫描之签名、附加"本文件无须签名"等字段、加注日期或祝贺语等，皆属之。

§127 Vereinbarte Form

(1) Die Vorschriften des §126, des §126a oder des §126b gelten im Zweifel auch für die durch Rechtsgeschäft bestimmte Form.

(2) Zur Wahrung der durch Rechtsgeschäft bestimmten schriftlichen Form genügt, soweit nicht ein anderer Wille anzunehmen ist, die telekommunikative Übermittlung und bei einem Vertrag der Briefwechsel. Wird eine solche Form gewählt, so kann nachträglich eine dem §126 entsprechende Beurkundung verlangt werden.

(3) Zur Wahrung der durch Rechtsgeschäft bestimmten elektronischen Form genügt, soweit nicht ein anderer Wille anzunehmen ist, auch eine andere als die in §126a bestimmte elektronische Signatur und bei einem Vertrag der Austausch von Angebots- und Annahmeerklärung, die jeweils mit einer elektronischen Signatur versehen sind. Wird eine solche Form gewählt, so kann nachträglich eine dem §126a entsprechende elektronische Signierung oder, wenn diese einer der Parteien nicht möglich ist, eine dem §126 entsprechende Beurkundung verlangt werden.

第一百二十七条 [意定之书面方式][a]

I 第一百二十六条、第一百二十六条之一及第一百二十六条之二规定，于有疑义时，就因法律行为所制定之书面方式，亦适用之[b]。

II [1]除认为另有其他意思外，以电报传达，或以书信往来订立契约者，应认为遵守法律行为所制定之书面方式。[2]选择该方式时，得事后请求作成相当于第一百二十六条之公证书。

III [1]除认为另有其他意思外，以不同于第一百二十六条之一电子签章之方式，或以电子签章方式作成之要约及承诺，应认为遵守法律行为所制定之电子方式。[2]选择该方式时，得事后请求作成相当于第一百二十六条之一之电子签章，或于一方当事人无法依此作成时，作成相当于第一百二十六条之一之公证书[c]。

a 参考条文：第125条、第126条、第126条之1、第126条之2。

b 若无法律特别规定意思表示之方式时，当事人即可自由约定其方式，故本条仅为解释规定，于当事人对作成方式，无其他明示或默示之意思表示时，始得予以适用。

c 依第2款规定作成之简易书面方式，任何一方当事人皆得要求作成相当于第126条之公证书。依第3款规定作成之简易电子方式，任何一方当事人皆得请求作成相当于第126条之1之方式。表意人无合格之电子签章时，亦得作成第126条之公证书。此规定为请求权基础，即作成公证书请求权（Beurkundungsanspruch），使当事人得依此提起诉讼，请求作成较具证据力之书面方式或电子方式（第126条、第126条之1），但法律行为于作成简易方式（第127条第2款第1段及第3款第1段）时，即已发生效力。

§127a Gerichtlicher Vergleich

Die notarielle Beurkundung wird bei einem gerichtlichen Vergleich durch die Aufnahme der Erklärungen in ein nach den Vorschriften der Zivilprozessordnung errichtetes Protokoll ersetzt.

第一百二十七条之一 [法庭和解]^a

于法庭和解时，得以依民事诉讼法规定所作成记录中之表示，代替公证书。

a 依《公证法》第1条、第56条，仅公证人得制作公证书，但依习惯法得以合法制作之诉讼和解书代替公证书，因此，亦得代替认证（第129条第2款）、书面方式、电子方式（第126条第4款）及文字方式（第126条之2），故增订本条承认诉讼和解书与公证书有同等效力。

§128 Notarielle Beurkundung

Ist durch Gesetz notarielle Beurkundung eines Vertrags vorgeschrieben, so genügt es, wenn zunächst der Antrag und sodann die Annahme des Antrags von einem Notar beurkundet wird.

第一百二十八条 [公证书]^a

依法律规定，契约应作成公证书者^b，得由公证人就先前要约及事后之承诺，分别作成公证书^{cd}。

a 参考条文：第152条、第311条之2第1款、第3款、第5款第2段、第873条第2款、

第877条、第1491第2款、第1501第2款、第2033条、第2348条、第2351条、第2371条,《民事诉讼法》第415条。
b 公证书之制作,规定于公证法。
c 契约依规定应制成公证书者,如第311条之2第1款、第3款、第5款第2段、第873条第2款、第877条、第1491条第2款、第1501条第2款、第2033条、第2348条、第2351条、第2371条。至于意思表示仅单方须作成文书者,如第518条、第1516条第2款、第1597第1款、第1626条等,或依法双方应同时在场,始得作成文书,如第925条、第1410条、第2276条、第2290条第4款等,均不适用本条规定。
d 若非双方同时在场之情形,除另有规定外,依本条所定之承诺证书作成时,契约成立(第152条)。

§129 Öffentliche Beglaubigung

(1) Ist durch Gesetz für eine Erklärung öffentliche Beglaubigung vorgeschrieben, so muss die Erklärung schriftlich abgefasst und die Unterschrift des Erklärenden von einem Notar beglaubigt werden. Wird die Erklärung von dem Aussteller mittels Handzeichens unterzeichnet, so ist die im §126 Abs. 1 vorgeschriebene Beglaubigung des Handzeichens erforderlich und genügend.

(2) Die öffentliche Beglaubigung wird durch die notarielle Beurkundung der Erklärung ersetzt.

第一百二十九条 [认证][a]

Ⅰ [1]依法律规定,意思表示应经认证者[bc],其表示应作成书面,由公证人认证表意人之签名[d]。[2]意思表示由作成人以画押签署时,应依第一百二十六条第一款规定,认证其画押,并以此为足。

Ⅱ 意思表示之认证,得以公证书代替。

a 参考条文:第77条、第371条、第403条、第411条、第1035条、第1154条第1款、第1355条、第1491条第1款、第1492条第1款、第1560条、第1617条第1款、第1617条之1第2款、第1617条之2第2款、第1617条之3第1款、第1618条、第1757条第3款、第1945条、第1955条、第2120条、第2121条、第2198条、第2215条第2款,《商法》第12条,《民事诉讼法》第726条、第727条、第750条、第751条、第756条、第757条,《公证法》第39条、第40条。
b 认证之目的,在于提供确认文件制作人之签名或符号为真之证据,即确认表意人为签署文件之人,而不在于确认文件内容之清楚正确(BGH 37, 86)。
c 文件应经认证之规定,如第77条、第371条、第403条、第411条、第1035条、

第1154条、第1355条、第1491条第1款、第1492条第1款、第1560条、第1617条第1款、第1617条之1第2款、第1617条之2第2款、第1617条之3第1款、第1618条、第1757条第3款、第1945条、第1955条、第2120条、第2121条、第2198条、第2215条第2款、《商法》第12条、《民事诉讼法》第726条、第727条、第750条、第751条、第756条、第757条等。

d 认证程序规定于《公证法》第39条、第40条，原则上仅公证人有权认证，然邦法如规定其他机关亦有权认证者，从其规定，且认证之效力及于该邦以外之地区。

§130　Wirksamwerden der Willenserklärung gegenüber Abwesenden

(1) Eine Willenserklärung, die einem anderen gegenüber abzugeben ist, wird, wenn sie in dessen Abwesenheit abgegeben wird, in dem Zeitpunkt wirksam, in welchem sie ihm zugeht. Sie wird nicht wirksam, wenn dem anderen vorher oder gleichzeitig ein Widerruf zugeht.

(2) Auf die Wirksamkeit der Willenserklärung ist es ohne Einfluss, wenn der Erklärende nach der Abgabe stirbt oder geschäftsunfähig wird.

(3) Diese Vorschriften finden auch dann Anwendung, wenn die Willenserklärung einer Behörde gegenüber abzugeben ist.

第一百三十条　[非对话意思表示之生效][a]

Ⅰ ¹向非对话人为意思表示，其意思表示以到达相对人时，发生效力[bc]。²但撤回之通知先时或同时到达者，不在此限。

Ⅱ 表意人于发出通知后死亡或丧失行为能力者，对于意思表示之效力，不生影响[d]。

Ⅲ 本条规定，于向机关为意思表示者，亦适用之[e]。

a 参考条文：第478条第1款、第376条第2款、第928条、第976条、第875条、第876条、第880条第2款、第1168条、第1180条、第1183条、《商法》第377条第6款。

b 1. 对于无须受领之意思表示，即无相对人之意思表示，民法中并未规定，但依其性质可推知，应于意思表示完成时发生效力。

　2. 至于须受领之意思表示，即有相对人之意思表示，其生效时间则有四种理论：

　　(1) 表示主义：意思表现完成时生效。

　　(2) 发信主义：发信时，意思表示生效。

　　(3) 到达主义：意思表示到达相对人时生效。

(4)了解主义：相对人了解意思表示时生效。民法制定时，依从多数见解，采到达主义。所称到达，指意思表示进入相对人之支配范围，使相对人可得了解其内容之状态（BGH 67, 271; NJW 80, 990; 83, 929; BAG NJW 84, 1651; 93, 1093），其支配范围亦包含为接收意思表示所作之安排，如信箱、电子信箱、录音机等。至于是否已达可了解之状态，应依一般习惯之情形判断之。若源于意思表示相对人之事由，致其无法了解意思表示之内容时，意思表示相对人不得据此主张意思表示未到达。法律另有规定不采到达主义者，如第407条，则不适用本条规定。

c 本条适用于所有须受领之意思表示，包括以机关为受领相对人之意思表示及准法律行为，如瑕疵通知（BGH 101, 49）、催告（KG WRP 82, 467, 468）等。

d 本项规定之目的在于保护意思表示之相对人，盖其多未能或未于适当时间得知表意人死亡或丧失行为能力一事，而信任该意思表示仍继续有效，因此，若使意思表示之效力因表意人之事由无效时，极易使相对人陷于不利之状态。故表意人于发出通知后，纵有死亡或丧失行为能力之情事，亦不影响其意思表示之效力。所称发出，指作成意思表示后，将意思表示送出，依据一般习惯情形，意思表示可能到达相对人之状态而言。例如将信交付邮局，或交付使者。

e 应向机关之意思表示，与向非对话人之意思表示，法律上受同等待遇。以机关为意思表示相对人之规定，如第376条第2款第1项及第2款、第928条第1款、第1945条第1款、第2081条第1款及第3款。本项规定，亦适用于由表意人选择向机关或私人为其意思表示之情形，如第875条第1款第2段、第876条第3段、第880条第2款第3段、第1168条第2款、第1180条第2款第1段、第1183条第2段。

§131 Wirksamwerden gegenüber nicht voll Geschäftsfähigen

(1) Wird die Willenserklärung einem Geschäftsunfähigen gegenüber abgegeben, so wird sie nicht wirksam, bevor sie dem gesetzlichen Vertreter zugeht.

(2) Das Gleiche gilt, wenn die Willenserklärung einer in der Geschäftsfähigkeit beschränkten Person gegenüber abgegeben wird. Bringt die Erklärung jedoch der in der Geschäftsfähigkeit beschränkten Person lediglich einen rechtlichen Vorteil oder hat der gesetzliche Vertreter seine Einwilligung erteilt, so wird die Erklärung in dem Zeitpunkt wirksam, in welchem sie ihr zugeht.

第一百三十一条 [对无完全行为能力人为意思表示之效力][ab]

Ⅰ 对无行为能力人为意思表示，于到达其法定代理人前，不生效力。

Ⅱ [1]对限制行为能力人所为之意思表示，亦同。[2]但其意思表示，使限制行为能力人纯获法律上之利益^c，或经其法定代理人之允许^{d}者，自意思表示到达限制行为能力人时，发生效力。

a 参考条文：第104条至第113条、第183条，"台民"第75条至第85条。
b 本条之目的，在于保护无法为有效意思表示之人，因此，意思表示之到达，应配合有效意思表示之规定。详言之，无行为能力人所为之意思表示无效（第105条），故到达无行为能力人之意思表示，亦不生效力；而对应于第106条以下关于限制行为能力人之规定，到达限制行为能力人之意思表示，应符合本条第2款之要件，始生效力。
c 关于纯获法律上之利益，参照第107条之说明。
d 关于允许，参照第183条之说明。

§132 Ersatz des Zugehens durch Zustellung

(1) Eine Willenserklärung gilt auch dann als zugegangen, wenn sie durch Vermittlung eines Gerichtsvollziehers zugestellt worden ist. Die Zustellung erfolgt nach den Vorschriften der Zivilprozeßordnung.

(2) Befindet sich der Erklärende über die Person desjenigen, welchem gegenüber die Erklärung abzugeben ist, in einer nicht auf Fahrlässigkeit beruhenden Unkenntnis oder ist der Aufenthalt dieser Person unbekannt, so kann die Zustellung nach den für die öffentliche Zustellung geltenden Vorschriften der Zivilprozeßordnung erfolgen. Zuständig für die Bewilligung ist im ersteren Fall das Amtsgericht, in dessen Bezirk der Erklärende seinen Wohnsitz oder in Ermangelung eines inländischen Wohnsitzes seinen Aufenthalt hat, im letzteren Fall das Amtsgericht, in dessen Bezirk die Person, welcher zuzustellen ist, den letzten Wohnsitz oder in Ermangelung eines inländischen Wohnsitzes den letzten Aufenthalt hatte.

第一百三十二条 [以送达代替到达]^a

Ⅰ ^{1}意思表示经执达员送达者，视为到达^b。^{2}送达依民事诉讼法规定为之^c。
Ⅱ ^{1}表意人非因自己之过失不知意思表示之相对人，或不知其所在地者，得依民事诉讼法关于公示送达之规定送达^d。^{2}该送达之许可于前一情形，由表意人住所地之简易法院管辖，国内无住所者，由其所在地之简易法院管辖；于后一情形，由应受送达人最后住所地之简易法院管辖，国内无住所者，由其最后所在地之简易法院管辖。

a 参考条文：第131条，《民事诉讼法》第178条以下、第185条以下，"台民"第

97条。
b 本条之送达,系为到达之代替方法,意思表示实际上并未到达相对人,故以"视为"定之。
c 关于送达,主要规定于《民事诉讼法》第178条以下、第192条以下。
d 公示送达规定于《民事诉讼法》第185条以下。

§133 Auslegung einer Willenserklärung

Bei der Auslegung einer Willenserklärung ist der wirkliche Wille zu erforschen und nicht an dem buchstäblichen Sinne des Ausdrucks zu haften.

第一百三十三条 [意思表示之解释]^{ab}

意思表示之解释,应探求其真意,不得拘泥于辞句字面之文义^{cdef}。

a 参考条文:第157条、第311条之3、第328条第2款、第324条第2款、"台民"第98条。
b 解释意思表示之目的,在于探求法律上具有重要性之意思,《民法典》第133条、第157条为其规范基础。第133条依其字面解释,适用于解释个别意思表示,亦适用于解释契约,但第157条依其字面解释,则仅适用于解释契约内容。而二者主要区别在于,第133条之解释,应着重于表意人之真实意思(自然解释,natürliche Auslegung),第157条之解释,则着重于意思表示之客观意义(规范解释,normative Auslegung)。
c 解释之对象为各种意思表示,如票据上之表示(BGH 21, 161)、无记名证券(BGH 28, 263)、物权行为及不动产所有权让与合意(RG 152, 192)、诉讼和解(BAG NJW 73, 918)、要式行为、明示或默示之意思表示等,均适用之,又准法律行为(BGH 47, 357; NJW 95, 45),如催告、通知等,及手术之同意声明(BGH NJW 80, 1903),亦为解释之标的。诉讼程序上之意思表示,亦属本条与第157条之适用范围(BGH 22, 269; BayOLG NJW-RR 96, 651)。至于公法上之关系,则应类推适用本条及第157条(BGH 86, 104, 110; NJW 98, 2138, 2140)。
d 解释意思表示之前提,须先确定解释之目标,即探求对解释有重要性之事实,并区分为解释标的与解释方式两部分,前者系指意思表示本身,后者则为意思表示以外之相关情事,有助于说明意思表示之真义及法律内容。至于解释意思表示之要件有两项:
  1. 有解释需要:若意思表示依其使用文段与目的而断,内容明确一致,即无解释之必要(BGH 25, 319; 80, 246, 250)。
  2. 具有解释力:原则上,相互矛盾或文段表面矛盾之意思表示,仍具有解释力

（BGH 20, 110），然若尽所有解释之可能，仍无法获得单一无矛盾之意义时，该意思表示即不具有解释力（RG JW. 16, 405）。解释所依据之时间点，应为表意时或意思表示到达相对人时，事后之意思变更或情事变更应不予考虑（BGH NJW 88, 2878; 98, 3268）。

e 于诉讼程序上，意思表示之解释系属法律评价，因此，法官应依职权为之（RG 131, 350），而不须受当事人主张所束缚（RG LZ 31, 513），当事人亦无须为此负举证责任（BGH 20, 111）。法官所为之解释得为上诉对象（RG 95, 125），但因最高法院之审理不涉及事实认定，故仅得审查下级法院是否正确适用第133条、第157条，即一般解释原则、经验法则、程序规定等是否均无违反（BGH NJW 95, 46; 99, 3704; 00, 2509; 03, 819），及下级法院是否衡量所有相关之重要情事（BGH NJW 00, 2508）。

f 解释之程序，可分为五阶段：

1. 字面段意思：虽然本文明定，意思表示不应拘泥于字面文义，但意思表示之解释，仍应自其使用之辞句出发（BGH 121, 13, 16; NJW 94, 189; 95, 1212; 01, 144），于有疑义时，应考虑所有辞句之使用方式。
2. 相关情事：考虑所有意思表示以外之相关情事，特别是交易活动之进行过程、缔约前之商谈（BGH NJW 81, 2295）等，及双方当事人对该法律行为所为之其他表示（BGH NJW 88, 2879）。即使是要式行为，如物权行为或遗嘱等，亦应考虑文件记载以外之相关情势，以合理解释当事人之意思表示（RG 154, 44; BGH 63, 362; 86, 46）。
3. 当事人之利益状态：尚应考虑当事人之所有利益状态，与从事该意思表示之目的（BGH 2, 385; 20, 110; 21, 328; 109, 22），以作出合于双方当事人利益之解释。
4. 诚信原则：契约之解释，尚应注意第157条规定，考虑交易习惯，依诚实信用原则解释。
5. 解释规定：成文法中亦包含不少解释规定，如第311条之3、第328条第2款、第324条第2款等，于有疑义时，得依各该规定获得解释结果。

§134 Gesetzliches Verbot

Ein Rechtsgeschäft, das gegen ein gesetzliches Verbot verstößt, ist nichtig, wenn sich nicht aus dem Gesetz ein anderes ergibt.

第一百三十四条 [法律禁止规定]^a

违反法律禁止^b规定之法律行为，除法律另有规定外^{cdef}，无效。

a 参考条文：第306条之1、第475条第1款、第487条、第506条、第651条之13、第655条之5第1款、"台民"第71条。

b 本条之法律，包含形式上之法律、行政命令及习惯法；亦包含联邦法律及各邦法律而言（BGH 47, 30; NJW 86, 2361）。

c 除其他法律另有规定外，违反法律禁止规定之法律行为，原则上无效。因此，除部分规定明定其法律效力，如无效、不生效力或得撤销外，其他则须解释法规，以定其法律效果。

1. 使用"不可"（kann nicht）、"不许可"（ist unzulässig）、"不可让与"（ist nicht übertragbar）之形式时，原则上并非禁止规定，而是关于法律行为作成之限制，该限制将导致该法律行为当然无效或效力未定（BAG DB 99, 1660, 1662）。
2. "不允许"（darf nicht）则为较不明确之用语，有指涉无效之法律效力，亦有指涉非无效之法律效力，如《有限公司法》第30条，《股份法》第57条、第59条，《民法典》第51条、第627条第2款。
3. "不应"（soll nicht）于民法中，则仅为秩序规定，不影响法律行为之效力，如第58条、第568条第2款（BayOLG NJW 81, 2197）。

d 若无法依其字面意思推知法律效果，则应依该规定之立法意旨及目的（Sinn und Zweck）决定之（BGH 71, 361; 85, 43; 88, 242; NJW 92, 2558）。

e 违反法律规定之法律行为无效，原则上，无效之法律效力及于整体法律行为，然若依禁止规定之立法意旨及目的可推知，仅违反之部分无效者，则其他部分仍为有效。

f 规避禁止规定（Umgehungsgeschäfte）之行为，亦多以法律明文禁止，如第306条之1、第475条第1款、第487条、第506条、第651条之13、第655条之5第1款等。

§135 Gesetzliches Veräußerungsverbot

(1) Verstößt die Verfügung über einen Gegenstand gegen ein gesetzliches Veräußerungsverbot, das nur den Schutz bestimmter Personen bezweckt, so ist sie nur diesen Personen gegenüber unwirksam. Der rechtsgeschäftlichen Verfügung steht eine Verfügung gleich, die im Wege der Zwangsvollstreckung oder der Arrestvollziehung erfolgt.

(2) Die Vorschriften zugunsten derjenigen, welche Rechte von einem Nichtberechtigten herleiten, finden entsprechende Anwendung.

第一百三十五条 [法定之让与禁止]^ab

Ⅰ ¹法律关于禁止让与之规定^c，仅以保护特定人为目的者^d，违反该规定之处分，仅对该特定人不生效力。²因强制执行或假扣押所为之处分，与法律行为之处分有同一效力^e。

Ⅱ 有利于由无权利人取得权利者之规定，准用本条规定^f。

a 参考条文：第134条、第717条、第719条、第185条、第932条以下、第1032条、第1207条以下、第1244条、第892条以下、第1138条、第1155条、《商法》第366条，《破产法》第6条、第7条、第13条，《德强制拍卖及德强制管理法》第23条，《刑事诉讼法》第283条，《民事诉讼法》第772条。

b 本条目的在于保护第三人，不因他人处分行为而受有不利益，故赋予该第三人干预之可能性。

c 让与禁止之规定有两项：
  1. 第134条：违反禁止规定之处分，除法律另有规定外，法律效力为无效，故属绝对无效。
  2. 第135条：让与禁止之意旨，系仅为保护特定人而设，故违反该规定之处分，仅对该特定人不生效力，属于相对无效。

d 民法中仅以保护特定人为目的之让与禁止规定，仅第473条，至于民法以外则非常少见（BGH 13, 184）。

e 强制执行或假扣押处分，与法律行为之处分有同一效力，故对受保护之特定人不生效力（参照《民事诉讼法》第772条）。

f 关于由无权利人取得权利之规定，有第185条，此外，关于动产所有权取得，有第932条以下、第1032条、第1207条以下、第1244条及《商事法》第366条。关于不动产所有权取得，有第892条以下、第1138条、第1155条，均得准用之。此所称准用，指当事人相信不存在让与禁止之规定（RG 90, 338）。

§136 Behördliches Veräußerungsverbot

Ein Veräußerungsverbot, das von einem Gericht oder von einer anderen Behörde innerhalb ihrer Zuständigkeit erlassen wird, steht einem gesetzlichen Veräußerungsverbot der in §135 bezeichneten Art gleich.

第一百三十六条 [机关之让与禁止]^a

法院或其他机关关于权限内所为之让与禁止^b，与第一百三十五条所定之法定让与禁止,有同一效力。

a 参考条文:《民事诉讼法》第829条、第857条、第935条以下、第938条第2款、第1019条,《拍卖法》第20条、第23条、第146条,《刑事诉讼法》第111条之3第5款。
b 本条于实务上具有实质意义,主要适用范围有假处分(《民事诉讼法》第935条以下、第938条第2款)、扣押债权或其他权利(《民事诉讼法》第829条、第857条,BGH 58, 26; 100, 45; NJW 98, 746)、禁止支付(《民事诉讼法》第1019条)、查封土地(《拍卖法》第20条、第23条、第146条,RG 90, 340; BGH NJW 97, 1582)、扣押(《刑事诉讼法》第111条之3第5款)等。至于何者为此所欲保护之对象,依该禁止所依据之法律决定之。

§137   Rechtsgeschäftliches Verfügungsverbot

Die Befugnis zur Verfügung über ein veräußerliches Recht kann nicht durch Rechtsgeschäft ausgeschlossen oder beschränkt werden. Die Wirksamkeit einer Verpflichtung, über ein solches Recht nicht zu verfügen, wird durch diese Vorschrift nicht berührt.

第一百三十七条 [法律行为之让与禁止][a]

[1]处分可让与权利之权限,不得以法律行为排除或限制之[b]。[2]就该权利,负有不为处分之义务者,对其权利所为之负担行为,其效力不受本条规定影响[c]。

a 参考条文:第1136条、第2302条。
b 本条第1段之目的,在于保护权利人之处分自由(Verfügungsfreiheit, BayOLG NJW 78, 701),此系源于一项基本原则——任何人不得借由法律行为抛弃其法律之行为自由。因此,其规定适用于所有可让与之权利,反之,不可让与之权利,如社团会员资格(第38条)、用益权(第1059条)等,即无本条第1段之适用。至于法律效力方面,违反第1段规定之约定无效,故违反限制或排除处分权限之约定所为之处分行为,仍为有效。
c 相对于第1段,第2段系针对单纯以发生债法上效力之负担行为,而非处分行为(rein schuldrechtlich wirkende Verpflichtungen, nicht zu verfügen)之让与禁止情形,且承认其有效性,例外情形仅第1136条及第2302条,明文规定当事人之约定无效。当事人违反禁止权利让与之约定时,相对人得依第280条主张损害赔偿请求权(BGH 31, 13),且若该权利受让人于受让人亦承受该禁止权利让与约定时，损害赔偿请求权亦得向权利受让人主张（Köln, NJW-RR 96, 327）。

§138 Sittenwidriges Rechtsgeschäft; Wucher

(1) Ein Rechtsgeschäft, das gegen die guten Sitten verstößt, ist nichtig.
(2) Nichtig ist insbesondere ein Rechtsgeschäft, durch das jemand unter Ausbeutung der Zwangslage, der Unerfahrenheit, des Mangels an Urteilsvermögen oder der erheblichen Willensschwäche eines anderen sich oder einem Dritten für eine Leistung Vermögensvorteile versprechen oder gewähren lässt, die in einem auffälligen Missverhältnis zu der Leistung stehen.

第一百三十八条　[违反善良风俗之法律行为；暴利行为][a]

I 违反善良风俗之法律行为，无效[bcde]。

II 法律行为系利用他人急迫情形、无经验、欠缺判断能力，或明显意志薄弱，使其对自己或第三人为财产利益给付之承诺或其给付显失公平者，该法律行为无效[fgh]。

a 参考条文：第139条、第812条、第817条、第826条、第985条，"台民"第72条、第74条。

b 基于私法自治原则，当事人得以法律行为引起特定之法律效力，但法律行为不得违反第134条之禁止规定，亦不得逾越本条第1款所谓善意风俗之界限。二者对于建立法治社会具有相当之重要性，盖与法律不相容之法律行为，皆应使其不生效力，即具有消除目的（Eliminationszweck），而本条第1款之主要目的，即在于使与法治社会之道德基础不相容之法律行为不生效力。其次，本条第1款具有吓阻目的（Abschreckungszweck），使所有违反善良风俗之法律行为受到严重谴责与不平等对待。上述两款作用系针对个别法律活动参与者而言。另外就整体法律秩序观之，则可区分为三项功能：继受功能（Rezeptionsfunktion）、转换功能（Transformations-funktion）、合法功能（Legitimationsfunktion）。所称继受功能，指本条第1款使不具法规色彩之规范具有法律效力。转换功能则指本条第1款可使法律秩序随社会价值观之变迁而有所调整。然于诸多案例中，尚未能自社会价值观确认何谓善良风俗，而须透过法官之法律续造（richterliche Rechtsfortbildung）显现出所谓之善良风俗，因此，本条第1款具有使法官之法律续造具有合法之作用，即所谓合法功能。

c 所称善良风俗，指所有公平及正当之思考者之礼仪感受（Anstandsgefühl aller billig und gerecht Denkenden, RG 80, 221; BGH 10, 232; 69, 297; BAG NJW 76, 1958）。惟此项定义仍未臻明确，因此于各案判断上，应考虑下列情事：

1. 因善良风俗所生之行为要求。
2. 法律规范内在之法律伦理价值及原则。
3. 宪法体现之价值体系对于私法之影响。
4. 如有法律外之道德观与法律体现之价值观相冲突时，仅须后者符合宪法精神，即优先于法律外之道德观。

d 本条第1款适用于所有法律行为，包含遗嘱、物权行为及单独行为，例如终止契约、解除契约等。本条亦适用于准法律行为，如催告、制定期限等。

e 本条第1款之法律效力为无效，其效力及于整体法律行为（BGH NJW 89, 26），仅于例外情形，若法律行为除去违反善良风俗之部分，仍符合当事人之意愿时，始得使无效之法律效力限于违反善良风俗之部分（BGH 52, 24; NJW 72, 1459; 01, 815）。因违反善良风俗致法律行为无效时，他方当事人得依第826条及缔约过失（culpa in contrahendo）请求损害赔偿（BGH 99, 106; NJW 01, 1127, 1129），但以消极利益为限，不及于履行利益（BGH NJW 96, 1024），然若双方皆违反善良风俗，则无损害赔偿请求权。此外，若当事人已给付者，依不当得利之规定返还受领物，惟应注意第817条第2段之限制。

f 本条第2款规定为暴利行为，系违反善良风俗之特别规定。

g 暴利行为之成立要件有四：

1. 适用之法律关系须属交换关系（Austauschgeschäft）：双方当事人之法律行为须涉及给付与对待给付，以获取财产上之利益。依此，无偿行为、保证及亲属法之契约，均不属之。
2. 显失公平（auffälliges Missverhältnis）：双方之给付义务应呈现明显不公平之关系。
3. 一方当事人之弱势状况：所谓之弱势状况系指强迫情形、无经验、欠缺判断能力或明显意志力薄弱等情形。
4. 他方当事人须利用此一状况：所谓利用，系指有意识之利用，但无须达意图之程度，仅须行为人知悉此一状况，并利用之，即为已足（BGH NJW-RR 1990, 1199; NJW 1994, 1275）。符合上述四项要件时，无须再有其他情事，行为人即已违反善良风俗。

h 暴利行为中受利用之当事人，得依第985条、第812条请求返还受领物，亦得依第826条缔约过失请求损害赔偿。

§139 Teilnichtigkeit

Ist ein Teil eines Rechtsgeschäfts nichtig, so ist das ganze Rechtsgeschäft nichtig, wenn nicht anzunehmen ist, dass es auch ohne den nichtigen Teil vorgenommen sein würde.

第一百三十九条 [法律行为部分无效][ab]

¹法律行为一部无效,全部皆为无效[cd]。²但除去无效之部分,法律行为仍可成立者,不在此限[e]。

a 参考条文:第140条,"台民"第111条。
b 本条规定使法律行为中部分无效之效力及于整体,其系源于私法自治之精神,目的在于避免部分无效导致有效成立之法律行为之内容,与当事人所期待之内容有所不同。
c 本条前段之成立要件有二项:
  1. 存在部分无效之法律行为:原则上,本条适用于所有法律行为,且仅须该法律行为部分无效,而不问其无效之原因,因此,无效亦得因当事人事后撤销其意思表示。至于解除契约、终止契约等准法律行为及民事诉讼上之行为,应类推适用本条规定。如仅系公法行为者,因《行政程序法》第44条第4款、第59条第3款明文规定,而不得类推适用本条规定。
  2. 该法律行为应整体观之:是否应整体观之,依多数说,应依当事人之意愿判断,即当事人是否有将其视为整体之意愿,其理由在于当事人本可约定,将数行为合并为一,反之亦然。但少数说,则认为应依客观意义解释当事人间之约定,虽然当事人之意愿亦为重要之论断依据。常见之情形,如不动产买卖契约与建筑工程监督契约(BGH NJW 76, 1931)、啤酒运送契约与消费借贷契约(BGH NJW 91, 917; 97, 935)、数人共同保证(Ffm NJW-RR 88, 496)等。
d 本条非属强制规定,故其法律效力得由当事人约定排除,且如有特别规定时,应优先适用特别规定,如第276条第3款、第475条、第547条第2款、第551条第4款、第553条第3款、第555条、第556条之1第3款、第557条第4款、第557条之1第4款、第557条之2第4款、第558条第6款。
e 若可认为部分无效之法律效力不及于法律行为整体,则仅该部分无效,其余部分仍为有效,然剩余有效部分须能独立存在。

§140 Umdeutung

Entspricht ein nichtiges Rechtsgeschäft den Erfordernissen eines anderen Rechtsgeschäfts, so gilt das letztere, wenn anzunehmen ist, dass dessen Geltung bei Kenntnis der Nichtigkeit gewollt sein würde.

第三章 法律行为

第一百四十条 [无效法律行为之转换]^{ab}

无效之法律行为如具备他法律行为之要件，并可认为当事人如知其无效，即欲为他法律行为者，其他法律行为，仍为有效^{cd}。

a 参考条文：第139条，"台民"第112条。
b 本条之立法目的与第139条相同，皆为保护当事人经推测之意愿。于诉讼程序中，法院应依职权审断是否适用本条。此外，诉讼行为亦应适用本条规定，而公法契约依《行政程序法》第62条第2段准用本条规定，公法上之单方意思表示亦同；反之，行政行为须依《行政程序法》第47条处理。
c 常见之情形，如让与不成立之物上返还请求权，得转换为让与不当得利返还请求权（第816条）(Hamm MDR 62, 985, 986)，让与抵押权转换为让与土地债务（第1191条）(RG LZ 31, 839)，继承契约转换为遗嘱（BayOLG NJW-RR 96, 8）。
d 本条与第117条无关。

§141 Bestätigung des nichtigen Rechtsgeschäfts

(1) Wird ein nichtiges Rechtsgeschäft von demjenigen, welcher es vorgenommen hat, bestätigt, so ist die Bestätigung als erneute Vornahme zu beurteilen.

(2) Wird ein nichtiger Vertrag von den Parteien bestätigt, so sind diese im Zweifel verpflichtet, einander zu gewähren, was sie haben würden, wenn der Vertrag von Anfang an gültig gewesen wäre.

第一百四十一条 [无效法律行为之认许]^a

Ⅰ 无效之法律行为，经行为人认许者^b，其认许视为作成新法律行为^c。
Ⅱ 无效之契约，经当事人认许者，有疑义时，应认为当事人互负有契约义务，如同契约自始有效时所负之义务^d。

a 无效之法律行为，纵使无效理由事后消灭，亦不受影响，因此，须由当事人认许，始得让无效之法律行为变成有效。民法中有两种认许：
  1. 对无效行为之认许：本条。
  2. 对得撤销之法律行为之认许：第144条。故所谓认许，系指追认以前有瑕疵之法律行为，使其有效之意思表示。
b 本条认许之成立要件：
  1. 法律行为须为无效：本条不问法律行为基于何项理由无效，因撤销或拒绝承认致法律行为无效者，亦适用本条规定（BGH NJW 71, 1795; 99, 3704）。

2. 认许视为新行为之作成：因此，认许应符合所有之法律要件与形式要求，且不得违反善良风俗。
3. 当事人须有认许之意思：当事人应知悉该法律行为无效，或至少对于法律行为之有效性存疑（BGH 11, 60; 129, 377），且明确表现使该法律行为有效之意愿（OLG NJW-RR 04, 492）。

c 由于认许之意思表示为新行为之作成，故无溯及效力，该法律行为自认许时起，始发生效力（RG 75, 115）。

d 第2款为解释规定，即认许本无溯及效力，然无效之契约经当事人认许后，推定当事人间发生之债权具有溯及效力，使当事人互负契约自始有效时所应负之义务。惟该溯及既往，仅具债权之效力，第三人之权利不因此而受影响（RG HRR 26, Nr. 790）。

§142 Wirkung der Anfechtung

(1) Wird ein anfechtbares Rechtsgeschäft angefochten, so ist es als von Anfang an nichtig anzusehen.

(2) Wer die Anfechtbarkeit kannte oder kennen musste, wird, wenn die Anfechtung erfolgt, so behandelt, wie wenn er die Nichtigkeit des Rechtsgeschäfts gekannt hätte oder hätte kennen müssen.

第一百四十二条 [撤销之效力][a]

Ⅰ 得撤销之法律行为经撤销者[bc]，视为自始无效[de]。

Ⅱ 法律行为经撤销时，当事人知悉或应知悉其可得撤销者，视为明知或应知法律行为为无效。

a 参考条文：第119条、第120条、第122条、第123条、第812条、第826条、第1954条、第1956条、第2078条、第2079条、第2281条以下、第2308条，"台民"第114条。

b 所称撤销，指对于有瑕疵之法律行为，撤销权人得以意思表示使其法律行为溯及失去效力，故得撤销之法律行为于未撤销前，仍完全有效。至于撤销制度与无效制度之差异，则涉及立法者之价值判断，盖前者之法律行为之命运，仍掌握于撤销权人，为私法自治之明确表现。撤销权人未为撤销之表示前，该法律行为仍然有效，撤销权人亦不得因此拒绝给付，仅连带负责之第三人，如保证人等，得于撤销期限拥有拒绝给付权，以等待该法律行为是否被撤销（第770条第1款、第1137条、第1211条，《商法》第129条第2款、第130条第1款、第161条第2款、第176条）。撤销权之性质属形成权，如得撤销之法律行为仅关于财产权,则得成为让与及继承之标的。
c 本条主要适用之情形,例如错误(第119条、第120条)、诈欺或胁迫(第123条)等。其他情形尚有关于继承之规定,如第1954条、第1956条、第2078条、第2079条、第2281条以下及第2308条。反之,撤销生父关系(第1599条以下)及主张丧失继承权而撤销其继承(第2340条以下),则不适用本条之撤销要件。
d 原因行为经撤销,其效力不影响履行行为之有效性,除非原因行为与履行行为同时遭撤销,此时因两项法律行为均失效力,对于已为之给付,撤销权人得主张物上返还请求权。若仅得撤销原因行为时,撤销权人则须依不当得利,请求返还受领物(第812条),并得依第122条缔约过失或第826条请求损害赔偿。至于附随于被撤销之法律行为之从属权,例如质权、抵押权、保证、违约金等,亦溯及失去效力。
e 撤销之相对人若于撤销前将物让与他人,自撤销权人行使其撤销权后,该法律行为自始无效,将导致第三人系由无权利人取得该物之情形,故有必要保护善意受让人,此即第2款之立法目的。据此,依第三人是否知悉或应知悉该法律行为得撤销,区分为善意与恶意,后者与第932条以下之恶意受让人同,不适用善意受让之保护规定。

§143 Anfechtungserklärung

(1) Die Anfechtung erfolgt durch Erklärung gegenüber dem Anfechtungsgegner.
(2) Anfechtungsgegner ist bei einem Vertrag der andere Teil, im Falle des §123 Abs. 2 Satz 2 derjenige, welcher aus dem Vertrag unmittelbar ein Recht erworben hat.
(3) Bei einem einseitigen Rechtsgeschäft, das einem anderen gegenüber vorzunehmen war, ist der andere der Anfechtungsgegner. Das Gleiche gilt bei einem Rechtsgeschäft, das einem anderen oder einer Behörde gegenüber vorzunehmen war, auch dann, wenn das Rechtsgeschäft der Behörde gegenüber vorgenommen worden ist.
(4) Bei einem einseitigen Rechtsgeschäft anderer Art ist Anfechtungsgegner jeder, der auf Grund des Rechtsgeschäfts unmittelbar einen rechtlichen Vorteil erlangt hat. Die Anfechtung kann jedoch, wenn die Willenserklärung einer Behörde gegenüber abzugeben war, durch Erklärung gegenüber der Behörde erfolgen; die Behörde soll die Anfechtung demjenigen mitteilen, welcher durch das Rechtsgeschäft unmittelbar betroffen worden ist.

第一百四十三条 [撤销之意思表示][a]
Ⅰ 撤销[bc]应向相对人[d]以意思表示为之。

Ⅱ 撤销之相对人，于契约时，为他方当事人，于第一百二十三条第二款第二段之情形时，为因契约直接取得权利之人。

Ⅲ ¹单独行为应向他人为之者，以该他人为撤销之相对人。²法律行为应向他人或机关为之者，虽已向机关为此项行为，仍应以该他人为撤销之相对人。

Ⅳ ¹撤销其他单独行为时，撤销之相对人，为因该法律行为直接取得法律上利益者。²但意思表示应向机关为之者，其撤销得向机关为之；机关应就该撤销，通知与该法律行为有直接利害关系之人。

a 参考条文：第142条、第144条，"台民"第116条。
b 撤销之意思表示无方式上之要求，但须相对人受领，即撤销之意思表示应向相对人为之。再者，撤销之意思表示不得附条件，亦不得撤回。撤销之意思表示应使相对人知悉，撤销权人因意思表示有瑕疵，而不欲该法律行为发生效力（BGH 88, 245; 91, 331; NJW-RR 88, 566; 95, 859）。至于得撤销之事由，无须于撤销之表示中再为说明（RG 65, 88），仅须使相对人知悉，系基于何项事实而为撤销。
c 撤销权人系指为得撤销之意思表示者，或由代理人为其为得撤销之意思表示者。若撤销权人有数人时，原则上，得各自为撤销之表示（RG 65, 405）。但共同继承因第2038条、第2040条规定，而属例外情形。
d 撤销之相对人，因法律行为之类型而有不同：
  1. 契约：他方当事人或其继承人，然于第三人为诈欺时，相对人则为因此直接获得利益之人（本条第2款）。
  2. 须受领之单独行为：意思表示之受领人，然若撤销权人得选择向机关或他人为意思表示时，撤销之表示仍应向该他人为之，而非机关（本条第3款）。
  3. 不须受领之单独行为：因该法律行为直接取得法律上利益之人（本条第4款第1段）。但向机关为意思表示者，其撤销得向机关为之（本条第4款第2段）。至于第4款第2段后半段，机关应通知与该法律行为有直接利害关系之人，仅为训示规定（Ordnungsvorschrift），故机关纵未为该通知，撤销之表示亦生效力。
  4. 不知撤销之相对人时，得依公示送达规定而为送达（第132条）。

§144 Bestätigung des anfechtbaren Rechtsgeschäfts

(1) Die Anfechtung ist ausgeschlossen, wenn das anfechtbare Rechtsgeschäft von dem Anfechtungsberechtigten bestätigt wird.

(2) Die Bestätigung bedarf nicht der für das Rechtsgeschäft bestimmten Form.

第一百四十四条　[得撤销之法律行为之认许][a]

Ⅰ 得撤销之法律行为，经撤销权人认许者[bc]，不得撤销[d]。
Ⅱ 前款认许，无须具有该法律行为所定之方式。

a 参考条文：第141条、第142条。
b 认许之意义，参照第141条之说明。
c 本条认许是针对有效之法律行为，因此并非如第141条为新行为之作用，而系撤销权之抛弃。认许无方式上之要求（本条第2款），亦无须受领之相对人（RG 68, 399）。由于认许无方式之要求，因此，亦得以默示之意思表示为之（BGH NJW 58, 177）。较为重要者，认许人之行为足以表现其意愿，即虽然该法律行为得撤销，但仍欲维持其有效性。
d 经认许后，撤销权之消灭，该法律行为即确定完全有效。若同时存在数项撤销事由，认许得仅就其中之事由为之（RG JW. 38, 2202）。认许后，其他权利，如因诈欺所生之损害赔偿请求权（第826条），仍继续存在（RG JW. 11, 399）。

Titel 3　Vertrag
第三节　契　约

一、契约系以发生法律效力为目的之合意，合意须有二人以上所为之意思表示，且意思表示彼此相互对立而合致。故订立契约须有两方之意思表示（第145条以下），一方为要约，另一方则为承诺。契约存在于所有法律领域，于私法上，按其义务关系得分为单务契约与双务契约；按其成立原因又得分为债权契约、物权契约、亲属法上之契约与继承法上之契约。此外，公法上亦得成立契约，惟此应区分其性质，按其不同性质分别讨论之。国家或公共团体为履行公共任务所缔结之私法契约，如县市将其公园之一部分贷与私人经营茶店等，此等契约一方面应受公法原则拘束（BGH 91, 96; 93, 381; NJW 92, 173），如平等原则（BGH 29, 76; 36, 91; 65, 287）、禁止逾越限度（Übermaßverbot; BGH 93, 381）等；另一方面应注意私法之规范。

二、契约自由，契约之订立、变更、废止等，皆由当事人自由决定，为私法自治之重要表现形式，亦为宪法所保护之法律秩序与人格发展（《基本法》第2条第1款）（BVerfG 8, 328; BVerwG 1, 323）。然随着时代变迁，契约自由原则出现多处令人不尽满意之现象，更何况现代产业社会中，越来越多定型化契约之大量制定，使契约自由原则受到相当挑战。此一现象导致契约自由原则之讨论区分为二个层面：① 法律层面：传统契约自由原则所强调之部分，私法之当事人依法享有缔约自由之保障。② 实际层面：契约自由原则是否能落实于现实生活中，即当事人是否实际上保有契约自由。两方面之落差，最为人熟知之例子即定型化契约：

消费者虽得自行决定缔约与否，但对于契约内容，却仅能接受企业方所提供之定型化条款，而几无商谈空间，又有称其为"接受或拒绝契约"（sog. "take it or leave it-contracts"）。因此，平衡社会与经济力量不对等之情形，强调契约正义之保障，即维护个人之自主性，避免强加非自主性约定，成为现代私法制度之重要责任，此亦宪法之基本精神，即自由之保障亦应受宪法秩序之限制。然宪法规定并非直接限制契约自由（所谓直接效力），而系通过私法之基本原则，例如第138条、第242条、第826条等规定，间接影响私法秩序（所谓间接效力）。

三、契约自由之内容，主要得分为下列五项：

1. 缔约自由：即自由决定是否缔结契约。
2. 相对人自由：即自由决定与何者为相对人缔结契约。
3. 内容自由：契约当事人自由决定其约定之条款。
4. 变更或废弃契约之自由：当事人于缔约后，仍得合意变更契约内容，甚或废弃该契约。
5. 方式自由：当事人得自由决定，契约之缔结是否须践行特定方式。

四、至于限制契约自由之方式，则按情形而有多种不同，其主要有下列两种：

（一）强制缔约：强制缔约系限制缔约自由之方式，当事人如无重要理由不得拒绝他人缔约之要求。按其立法方式，又得分为两类：

1. 直接强制缔约：涉及生存所需之部分，例如水、电、天然气、具独占地位之邮政、公共运输等，均以法规明定，供应方负有缔约之义务。
2. 间接强制缔约：未以法规明定强制缔约，但拒绝缔约将违反其缔约义务，而构成第826条之侵权责任（RG 115, 258; 133, 391; 148, 334）。

（二）契约内容自由之限制：亲属法与继承法之契约，仅于法律许可范围内有效，物权契约仅得于法律容许范围内成立物权关系，因此，仅债权契约属于契约自由之适用范围。而契约自由之范围，首先由第134条、第138条及其他强制规定划定界限，后为平衡当事人间经济与智力等不对等，进而有其他特别规定产生，以维护契约正义，其中最主要的表现于保护消费者，限制方法大致可分为四类：

1. 强制规定：透过各项强制规定，以维护当事人间之利益平衡，例如《民法典》第475条、第651条之1以下、第655条之5、《租赁法及劳动法》等规定。
2. 内容管控：定型化契约、消费者契约、劳动契约等依第307条、第310条第3款及第4款第2段，均应由法官管控其约定内容，以避免不利于一方当事人之条款。
3. 信息提供义务：保障消费者之方式，尚有使企业方负担信息提供义务，使消费者能以较完整之信息为其决定基础。
4. 撤回权：对于自主决定有受侵害之虞者，多使居弱势地位之相对人得撤回该契约，例如第312条、第312条之4、第355条、第485条、第495条等。

§145 Bindung an den Antrag

Wer einem anderen die Schließung eines Vertrags anträgt, ist an den Antrag gebunden, es sei denn, dass er die Gebundenheit ausgeschlossen hat.

第一百四十五条　[要约之拘束]^a

向他人为缔结契约之要约者，因要约^{bcd}而受拘束^e。但要约人排除受拘束者，不在此限^f。

a 参考条文：第133条、第146条、第157条、第315条以下，"台民"第154条。
b 要约系单方须有相对人受领之意思表示，依第130条规定，于其到达时发生效力。要约非单独之法律行为，而为契约成立所需之一方意思表示（OLG Hamm NJW 82, 2076），因此，要约之目标与内容确定或得以确定（参照第133条、第157条、第315条以下），使承诺之一方仅须同意，契约即可成立（RG HRR 30, 91）。
c 要约之一方须有受其要约拘束之意思，而此即要约与要约之引诱不同之处。所称要约引诱，指引诱他人向其为要约，故要约之引诱本身不生拘束当事人之效力。至于当事人之表示是否有受拘束之意思，则为解释之问题，解释上具有重要性的是对于其表示行为之客观评价，而非表示者之内在意愿。
d 若无特别要式之规定，要约不须具备特定方式，因此，默示之意思表示亦得为要约。
e 要约之拘束力：要约自其到达相对人时发生效力，至其消灭时失去效力（第146条），原则上不得撤回。基于要约之拘束力，双方当事人间具有信赖关系，而互负保护对方之义务，如有违反时，成立缔约过失责任。
f 表意人声明不受其拘束时，该表示于法律上非属要求，而系要约之引诱（BGH NJW 58, 1628; 96, 920），然此种情形下，相对人若为缔约之意思表示（即要约），表意人则负有意思表示之义务，详言之，如不欲契约成立，应积极向相对人为拒绝之表示，单纯之沉默即得视为承诺，而成立契约（RG JW. 26, 2674）。另外，表意人不为拘束之声明，尚得视为保留撤回权，例如贩卖机票时附加"不受拘束，将视可支配之情形而定"等字（BGH NJW 84, 1885）。

§146 Erlöschen des Antrags

Der Antrag erlischt, wenn er dem Antragenden gegenüber abgelehnt oder wenn er nicht diesem gegenüber nach den §§147 bis 149 rechtzeitig angenommen wird.

第一百四十六条　[要约之消灭][a]

对要约人拒绝其要约，或不依第一百四十七条至第一百四十九条规定，对要约人为及时承诺[b]，要约即归消灭[c]。

a 参考条文：第145条但书、第147条、第148条，"台民"第155条至第158条。
b 承诺为单方、须相对人受领之意思表示，其与要约合致而成立契约。承诺无须以特定方式为之，即使其欲成立之契约有要式规定亦然。
c 要约失去效力之情形有三种：
  1. 要约之相对人拒绝。
  2. 超过得为承诺之期间：如要约之一方定有期间时，应于该期间内为承诺（第148条）。要约之一方如未定有期间时，依第147条决定之，即对话为要约者，不即时为承诺，要约失其效力；非对话为要约者，通常承诺期间之经过，要约失其效力。
  3. 表意人排除受拘束之情形（第145条但书），撤回其要约。

§147　Annahmefrist

(1) Der einem Anwesenden gemachte Antrag kann nur sofort angenommen werden. Dies gilt auch von einem mittels Fernsprechers oder einer sonstigen technischen Einrichtung von Person zu Person gemachten Antrag.

(2) Der einem Abwesenden gemachte Antrag kann nur bis zu dem Zeitpunkt angenommen werden, in welchem der Antragende den Eingang der Antwort unter regelmäßigen Umständen erwarten darf.

第一百四十七条　[承诺期间][a]

I [1]向对话之人所为之要约，应实时承诺。[2]以电话或其他可对话之设备为要约者，亦同[b]。

II 向非对话之人所为之要约，应按通常情形，于要约人可期待答复到达之期间内，得为承诺[c]。

a 参考条文：第146条、第151条，"台民"第156条、第157条。
b 第1款系针对对话要约之规定，而所谓对话，除过去承认之电话外，并新增订"其他可对话之设备"，以包含视频会议或所谓在线聊天室（Chat）等情形。对话之要约应即时承诺，否则要约失其效力。所谓即时系指客观上所能达到之立刻，与"即时"（unverzüglich之要约应即时）（第121条），即无可归责之迟延，有所不同。

c 第2款系针对非对话之要约，本期间之认定应考虑要约送至相对人所需时间、考虑期及承诺送达要约人所需之时间（BGH NJW 96, 921）。惟本项不适用于第151条意思实现之情形。

§148　Bestimmung einer Annahmefrist

Hat der Antragende für die Annahme des Antrags eine Frist bestimmt, so kann die Annahme nur innerhalb der Frist erfolgen.

第一百四十八条　[承诺期间之制定][a]

要约人定有要约之承诺期间者，承诺仅得于期间内为之[b]。

a 参考条文：第146条、第186条以下，"台民"第158条。
b 若要约之一方对于承诺定有期间者，相对人仅得于该期间内承诺。期间之制定，为准法律行为。至于期间之计算，应依第186条以下规定处理。

§149　Verspätet zugegangene Annahmeerklärung

Ist eine dem Antragenden verspätet zugegangene Annahmeerklärung dergestalt abgesendet worden, dass sie bei regelmäßiger Beförderung ihm rechtzeitig zugegangen sein würde, und musste der Antragende dies erkennen, so hat er die Verspätung dem Annehmenden unverzüglich nach dem Empfang der Erklärung anzuzeigen, sofern es nicht schon vorher geschehen ist. Verzögert er die Absendung der Anzeige, so gilt die Annahme als nicht verspätet.

第一百四十九条　[迟到之承诺表示][a]

[1]承诺之表示，按其通常传达之方法，应及时到达要约人，且要约人亦知悉该情事者，承诺之表示迟到[b]时，要约人于受领后，应即时向承诺人发出迟到通知。但该通知已先发出者，不在此限。[2]怠于为前段通知者，其承诺视为未迟到[c]。

a 参考条文：第146条、第150条第1款，"台民"第159条。
b 迟到之承诺表示，原则上无法使契约成立，而将承诺视为新要约（第150条第1款）。本条规定为其例外规定，系源于信赖保护原则，目的在于保障承诺之一方，故迟到之承诺表示，按通常之传达可及时到达要约人，且要约人可得而知此一情事时，应即时向承诺之一方为通知,否则,承诺视为未迟到,契约即成立。
c 将承诺视为未迟到之要件有两项:
1. 准时寄出:本条系针对通常传达未迟到之情形,故承诺之一方须准时寄出其承诺。
2. 迟到之通知:此为事实通知之准法律行为,而非意思表示。要约之一方应即时而为迟到之通知。所称即时,指不负迟延责任之情事,参照第121条说明。

§150　Verspätete und abändernde Annahme

(1) Die verspätete Annahme eines Antrags gilt als neuer Antrag.
(2) Eine Annahme unter Erweiterungen, Einschränkungen oder sonstigen Änderungen gilt als Ablehnung verbunden mit einem neuen Antrag.

第一百五十条　[迟到与变更之承诺][a]
Ⅰ 迟到之承诺[b],视为新要约。
Ⅱ 将要约扩张、限制或为其他变更[c]者,视为拒绝原要约,而为新要约。

a 参考条文:第133条、第149条、第151条、第157条,"台民"第160条。
b 迟到之承诺,视为新要约,原要约之一方得以第151条意思实现之方式,使契约成立。
c 变更要约内容所为之承诺,视为新要约,不问变更之范围大小、重要与否(BGH NJW 01, 222)。至于是否为"变更",则系解释之问题(第133条、第157条)。

§151　Annahme ohne Erklärung gegenüber dem Antragenden

Der Vertrag kommt durch die Annahme des Antrags zustande, ohne dass die Annahme dem Antragenden gegenüber erklärt zu werden braucht, wenn eine solche Erklärung nach der Verkehrssitte nicht zu erwarten ist oder der Antragende auf sie verzichtet hat. Der Zeitpunkt, in welchem der Antrag erlischt, bestimmt sich nach dem aus dem Antrag oder den Umständen zu entnehmenden Willen des Antragenden.

第一百五十一条　[无须向要约人表示之承诺][ab]
[1]依交易习惯,无法期待承诺之表示,或要约人抛弃为该承诺表示者,契约即因承诺而成立,毋庸向要约人为承诺之表示[c]。[2]要约消灭之时点,应依要约或依其他情形所得推定要约人之意思决定[d]。

a 参考条文：第147条第2款、第148条、第214条之1、第516条第2款、"台民"第161条。
b 原则上，承诺为须要相对人之意思表示，以到达相对人为生效之时点（第148条），本条则为其例外规定，承诺之一方无须向相对人为意思表示。
c 本条之成立要件有二项：
　　1.实现其承诺之意愿：重要的是承诺之一方对外有明确之实现行为，以表现其承诺之意愿（BGH 74, 352, 356; 111, 97, 101; NJW 99, 2179），因此，通常系以具有决定性之行为视为承诺之表示，特别是履行行为、占为己有之行为、使用行为等。常见之案例，例如向要约人给付买卖价金（RG 129, 113）；旅客订房后，为其保留房间（Düss MDR 93, 26）；寄送订购货品（LG Gießen NJW-RR 03, 1206）等。
　　2.不以意思表示到达相对人为契约成立之必要条件：主要有两类情形：
　　　　(1)抛弃：要约之一方抛弃以相对人承诺到达为契约成立要件，于要式契约亦得抛弃（BGH NJW-RR 86, 1301），且抛弃亦得以默示表示之。例如要求相对人立刻寄送货品（RG 102, 372）、寄送未订购之物品（第241条之1）等。
　　　　(2)交易习惯：承诺无须到达相对人，亦得基于交易习惯。例如邮购买卖、无偿给与（第516条第2款）、债务承认（BGH ZIP 00, 972）、保证（BGH NJW 97, 2233; 00, 1363）等。
d 本条第2段为关于承诺期间之规定，要约人得制定期间，否则即依第147条第2款决定。

§152 Annahme bei notarieller Beurkundung

Wird ein Vertrag notariell beurkundet, ohne dass beide Teile gleichzeitig anwesend sind, so kommt der Vertrag mit der nach §128 erfolgten Beurkundung der Annahme zustande, wenn nicht ein anderes bestimmt ist. Die Vorschrift des §151 Satz 2 findet Anwendung.

第一百五十二条　[作成公证书之承诺]^a

¹契约应公证者，双方当事人非同时在场时，除另有制定外，于承诺依第一百二十八条作成公证书时，其契约成立^b。²第一百五十一条第二段规定，于本条适用之。

a 参考条文：第128条、第151条第2款。

b 本条承诺之表示亦无须受领，与前条相同。故于承诺书作成时，契约即已成立，无须到达要约人。惟当事人得合意排除本条之适用。

§153 Tod oder Geschäftsunfähigkeit des Antragenden

Das Zustandekommen des Vertrags wird nicht dadurch gehindert, dass der Antragende vor der Annahme stirbt oder geschäftsunfähig wird, es sei denn, dass ein anderer Wille des Antragenden anzunehmen ist.

第一百五十三条 [要约人死亡或无行为能力][a]

要约人于承诺前死亡或丧失行为能力，不妨碍契约成立[b]。但可认为要约人有其他意思者，不在此限[c]。

a 参考条文：第130条第2款。
b 表意人于意思表示之后死亡或丧失行为能力，依第130条第2款规定，其意思表示于到达相对人时，仍发生效力。若该意思表示为要约时，依本条规定，仍得由相对人对之为承诺，且不论死亡或丧失行为能力，系发生于要约到达相对人之前后（Hamm NJW-RR 87, 342）。
c 本条系为任意规定，故要约人如有其他意思者，本条不适用之（本条但书）。至于要约人是否有其他意思，为解释之问题。有争议者，要约之相对人是否须知悉要约人有其他意思存在。

§154 Offener Einigungsmangel; fehlende Beurkundung

(1) Solange nicht die Parteien sich über alle Punkte eines Vertrags geeinigt haben, über die nach der Erklärung auch nur einer Partei eine Vereinbarung getroffen werden soll, ist im Zweifel der Vertrag nicht geschlossen. Die Verständigung über einzelne Punkte ist auch dann nicht bindend, wenn eine Aufzeichnung stattgefunden hat.

(2) Ist eine Beurkundung des beabsichtigten Vertrags verabredet worden, so ist im Zweifel der Vertrag nicht geschlossen, bis die Beurkundung erfolgt ist.

第一百五十四条 [公开之意思表示不合致；欠缺公证书][a]

I [1]当事人未就契约之各点达成合意，即使仅一方当事人表示就该点应达成协议，有疑义时，应认为契约未成立[b]。[2]对于各点所作之说明，纵经记载，当事人仍不受其拘束[c]。

Ⅱ 当事人约定，契约应作成公证书者，有疑义时，于公证书未作成前，其契约不成立[d]。

a 参考条文：第125条第2款、第126条、第127条、第155条、"台民"第153条第2款。

b 契约之成立，须当事人就契约内容达成合意，如当事人知悉尚有部分内容未达成合意时，无论该点是否重要（BGH LM Nr. 2），推定契约未成立。例如当事人表示，应就定金达成合意（BGH NJW 98, 3196）。

c 第1款规定系属解释规定（BGH NJW 51, 397），因此，若当事人虽有部分内容尚未达成合意，却仍欲受其拘束，并填补契约漏洞，即不适用第1款规定（BGH 41, 275; NJW 90, 1234; 97, 2671）。例如当事人于契约尚未完全达成合意，但双方皆欲开始履行契约，即应认为不适用第1款规定，而使双方均受契约拘束（BGH NJW 83, 1777）。

d 当事人如约定契约应作成公证书时，推定其为缔约要件之约定，因此，当事人仅意思表示一致，尚不足以使契约成立，当事人须完成公证书，契约始成立。故本条为第125条第2段之对应规定。再者，当事人若仅约定应作成特定方式（第126条、第127条），仍应适用本款规定。然若当事人约定作成公证书系为保存证据，则不适用本款规定（BGH NJW 64, 1269）。

§155 Versteckter Einigungsmangel

Haben sich die Parteien bei einem Vertrag, den sie als geschlossen ansehen, über einen Punkt, über den eine Vereinbarung getroffen werden sollte, in Wirklichkeit nicht geeinigt, so gilt das Vereinbarte, sofern anzunehmen ist, dass der Vertrag auch ohne eine Bestimmung über diesen Punkt geschlossen sein würde.

第一百五十五条　[隐藏之意思表示不合致][a]

当事人就其认为已缔结之契约，关于其中须意思表示一致之点，而事实上并未达成一致时[b]，若可推论纵无关于该点之约定，契约亦得成立者，其经合意之部分为有效[cde]。

a 参考条文：第119条、第133条、第157条、第254条、"台民"第153条第2款。
b 本条适用之情形为，当事人相信契约之各点已达成合意，但事实上并不一致。若仅一方当事人误认契约因合意而成立，他方当事人仍确知尚未达成合意，亦有本条之适用。所称意思表示不合致，指当事人之意思表示，经解释（第133条、第157条）后，其客观之意义未达成一致（BGH NJW 61, 1668; 93, 1798; 03,

743），而非完全取决于当事人之主观意思。然若当事人之意思表示与其表示之客观意义不同时，则属第119条之问题（BGH NJW 61, 1668）。反之，若当事人之内在意愿已达成合意，即使其表示在外之客观意义不一致，亦不影响其契约之成立。

c 隐藏之意思表示不一致，其契约原则上不成立，然若除去不一致之部分，当事人仍希望契约成立时，契约例外成立。此所称当事人意愿，指假设推知之当事人意愿。

d 本条常见之案例有三类：
1. 当事人忘记或忽略应约定之点，即所谓隐藏之不完整（sog. verdeckte Unvollständigkeit）。
2. 表示不一致：当事人表示在外之意思不一致，其内在意愿亦未达成合意。例如要约人表示Sony原厂音响，相对人表示Sony音响。
3. 使用多义之名称：当事人表示在外之意思因此一致，但解释当事人之意思时，却发现某一名称包含多种意义，甚至双方当事人因此而有不同之理解，即所谓表面一致（sog. Scheinkonsens）。例如牙齿治疗过程之自付额部分（AG Köln NJW 80, 2756）或使用"股份"一词（Köln WM 70, 892）。

e 契约因隐藏之意思不一致而不成立时，如系导因于一方当事人，其应依缔约过失负损害赔偿责任（RG 104, 268; 143, 221）。如双方当事人均有过失时，应适用第254条过失相抵之规定，而非第122条第2款规定。

§156 Vertragsschluss bei Versteigerung

Bei einer Versteigerung kommt der Vertrag erst durch den Zuschlag zustande. Ein Gebot erlischt, wenn ein Übergebot abgegeben oder die Versteigerung ohne Erteilung des Zuschlags geschlossen wird.

第一百五十六条 [拍卖之契约成立][a]

[1]于拍卖时，契约因拍定而成立[b]。[2]拍卖之出价，因有较高价格提出，或未经拍定而终结拍卖时，即归消灭[cd]。

a 参考条文：第307条以下、第383条、第753条、第966条、第979条、第1219条、第1235条、《商法》第373条、第376条，"台民"第391条、第393条至第395条。

b 拍卖时，应买人之表示为要约，拍卖人之拍定为承诺（BGH 138, 339, 342），因此，于本条适用范围内，应买人无权要求拍卖人为拍定之表示。拍定系属无须相对人之意思表示，故应买人于拍定时离开拍卖场所，亦不影响拍定之效力。

惟本条非属强制规定（BGH 138, 339, 343），当事人得另行约定，而不适用本条规定，但不得逾越第307条以下之范围。
c 本条适用于自愿性拍卖及私法上所定之拍卖，例如第383条、第753条、第966条、第979条、第1219条、第1235条、《商法》第373条、第376条等。但不适用于依《强制拍卖法》第71条以下之强制拍卖。
d 网络拍卖时，卖方于网络上放置之文字，视为要约或提前表示之承诺，应买方提出最高价格时契约成立（BGH NJW 02, 363; Hamm NJW 01, 1142）。

§157 Auslegung von Verträgen

Verträge sind so auszulegen, wie Treu und Glauben mit Rücksicht auf die Verkehrssitte es erfordern.

第一百五十七条 [契约之解释]ᵃ

契约之解释ᵇᶜ，应斟酌交易习惯ᵈ，依诚实信用ᵉ原则为之。

a 参考条文：第133条、第242条，《商法》第346条，"台民"第98条。
b 本条适用于所有契约（RG 169, 125），且不同于其字面意义，本条亦适用于单独行为及个别意思表示（BGH 47, 75, 78）。而第133条不仅适用于意思表示，亦适用于契约及法律行为。故二者之适用范围重叠且难以区分，应并存适用之（BGH 105, 24, 27）。
c 时至今日，本条之功能除在于解释契约内容（一般性解释契约），尚有补充解释契约约定之功能（补充性解释契约），前者在于透过解释探求当事人达成合意之契约内容，后者则在于透过解释，补充契约中漏未约定之部分。依本条规定，二者皆应以交易习惯及诚信原则，为其解释之客观标准。
d 所称交易习惯，指交易中多数人实际实行之方式（RG 55, 377; 49, 162）。交易习惯仅为契约解释之补充，故当事人自得为与此不同之表示。订立契约后发生之交易习惯，适用本条时，亦不得加以斟酌。
e 诚信原则为第242条对于契约内容制定之标准，通过第133条、第157条规定，成为法官解释契约之准则。所谓诚实，系针对契约相关当事人间之互动关系而言；而信用则指契约当事人间之信任关系。因此，于解释契约时，应着重于排除互相矛盾之内容，并平衡双方之利益关系。

Titel 4
Bedingung und Zeitbestimmung
第四节　条件及期限

一、条件、期限及负担，称为法律行为之附款。此三者得为法律行为、意思表示之构成部分，然非法律行为、意思表示之必要构成部分（即偶素）。关于条件及期限，总则编第158条以下有一般性规定，负担则分别规定于债编、亲属编与继承编，例如第525条、第1940条、第2192条。所谓条件，指法律行为效力之发生或消灭，取决于未来客观上不确定发生与否之事件；期限，指法律行为效力之发生或消灭，取决于未来确定发生之事实；负担则在于使相对人受赠与之同时，负有特定之义务，而该法律行为于完成时发生完全效力。

二、条件之分类

德国民法依惯例及实务，仅明定停止条件与解除条件两类（第158条）。惟尚有下列几种类型应注意：

（一）法定条件：以法律对法律行为效力之发生、变更、消灭所为规定为条件。此非本节意义之条件，故不适用本节规定。

（二）随意条件：依当事人之意思决定成就与否之条件。若随意条件为停止条件者，应为无效，若为解除条件者，则为有效。

（三）偶成条件：条件之成否，系于当事人意思以外之事物，例如天灾、政经事件等，本节规定应得适用。

（四）混合条件：条件之成否，系于当事人之意思及外界偶然之事实，本节规定亦得适用。

（五）假装条件：虽具有条件之外观，但未具有条件之实质。德国民法对此并无规定。其类型主要有下列：

　1.法定条件：如（一）所述。

　2.必成条件：以必发生或必不发生之事实为条件。以必成条件为停止条件时，其法律行为为无条件，以此为解除条件时，其法律行为为无效。

　3.不能条件：以客观不能成就之事实为内容之条件。以不能条件为停止条件者，其法律行为为无效，以此为解除条件者，其法律行为为无条件。

　4.既成条件：于法律行为成立时，其条件成就与否已经确定。条件若已成就者，以既成条件为停止条件，其法律行为为无条件，以其为解除条件，其法律行为为无效；反之，条件若已确定不成就者，以既成条件为停止条件，其法律行为为无效，以其为解除条件者，其法律行为为无条件。

　5.不法条件：以不法或违背良俗为内容之条件。附此条件之法律行为无效（第134条、第138条第1款）。

所附条件，究系属于何种性质，为意思解释之问题（第133条）。

§158 Aufschiebende und auflösende Bedingung

(1) Wird ein Rechtsgeschäft unter einer aufschiebenden Bedingung vorgenommen, so tritt die von der Bedingung abhängig gemachte Wirkung mit dem Eintritt der Bedingung ein.

(2) Wird ein Rechtsgeschäft unter einer auflösenden Bedingung vorgenommen, so endigt mit dem Eintritt der Bedingung die Wirkung des Rechtsgeschäfts; mit diesem Zeitpunkt tritt der frühere Rechtszustand wieder ein.

第一百五十八条　[停止条件与解除条件][abc]

Ⅰ 法律行为附停止条件者，其系于条件之效力，因条件成就而发生。

Ⅱ 法律行为附解除条件者，其效力于条件成就时归于消灭；于该时点，恢复原有之法律状态[d]。

a 参考条文：第159条至第162条、第449条、第454条、第1947条、第2075条，"台民"第99条第3款。

b 依本条规定，条件分为停止条件及解除条件。法律行为原则上得附条件，所谓条件，指当事人以未来不确定发生与否之事实，决定法律行为效力之发生或消灭，前者为停止条件，后者为解除条件。条件与期限皆为法律行为之附款，构成意思表示之一部分。然例外情形，不得附条件：

　　1. 依法律行为之性质不得附条件者：例如婚姻、收养行为、离婚、继承之承认及抛弃（第1947条）等。如违反时，其法律行为为无效。

　　2. 有害相对人之法律上利益者：例如单独行为。但如相对人同意，或相对人并无任何不利益时，则得附条件。

c 停止条件与解除条件虽分别规定于第1款及第2款，然实际上往往难以区分，从而设有特别解释规定，例如第449条、第454条、第2075条等。

d 条件确定成就与否结束附条件之法律行为之不确定性，惟其效力原则上仅自条件成就时发生或消灭，不具有溯及既往之效力（BGH 10, 72），但应注意第159条之特别规定。

§159 Rückbeziehung

Sollen nach dem Inhalt des Rechtsgeschäfts die an den Eintritt der Bedingung geknüpften Folgen auf einen früheren Zeitpunkt zurückbezogen werden, so sind im Falle des Eintritts der Bedingung die Beteiligten verpflichtet, einander zu gewähren, was sie haben würden, wenn die Folgen in dem früheren Zeitpunkt eingetreten wären.

第一百五十九条　[条件成就之溯及效力]ᵃ

依法律行为之内容，条件成就之效力应溯及既往者，于条件成就时，视其成就于先前之时点，当事人因此所取得之利益，互负给付之义务ᵇ。

a 参考条文：第158条，"台民"第99条第3款。
b 附条件之法律行为，于条件成就时，其效力向将来发生或消灭。依本条规定，当事人亦得依合意，使条件成就之效力溯及于既往，但此溯及效力仅具债权之效力，因此，相对人仅得依停止条件或不当得利（BGH LM Nr. 1）主张返还请求权。

§160　Haftung während der Schwebezeit

(1) Wer unter einer aufschiebenden Bedingung berechtigt ist, kann im Falle des Eintritts der Bedingung Schadensersatz von dem anderen Teil verlangen, wenn dieser während der Schwebezeit das von der Bedingung abhängige Recht durch sein Verschulden vereitelt oder beeinträchtigt.

(2) Den gleichen Anspruch hat unter denselben Voraussetzungen bei einem unter einer auflösenden Bedingung vorgenommenen Rechtsgeschäft derjenige, zu dessen Gunsten der frühere Rechtszustand wieder eintritt.

第一百六十条　[条件成否未定前之责任]ᵃ

Ⅰ 附停止条件之权利人，于条件成否未定前，因相对人之故意或过失，致其附条件之权利受阻碍或损害者，于条件成就时，得向相对人请求损害赔偿ᵇ。

Ⅱ 解除条件之法律行为，因恢复成就前法律状态而受益者，于符合前款要件时，亦有相同之请求权。

a 参考条文：第278条、第280条以下，"台民"第100条。
b 本条系为保护附条件之法律行为之权利人，而赋予损害赔偿请求权，主要对于处分行为具有重要功能。至于损害赔偿请求权，始于条件成就时，赔偿范围系指积极利益，第278条及第280条以下规定适用之。

§161　Unwirksamkeit von Verfügungen während der Schwebezeit

(1) Hat jemand unter einer aufschiebenden Bedingung über einen Gegenstand verfügt, so ist jede weitere Verfügung, die er während der Schwebezeit über den Gegenstand trifft, im Falle des Eintritts der Bedingung insoweit unwirksam, als sie die von der Bedingung abhängige Wirkung vereiteln oder beeinträchtigen würde. Einer solchen Verfügung steht eine Verfügung gleich, die während der Schwebezeit im Wege der Zwangsvollstreckung oder der Arrestvollziehung oder durch den Insolvenzverwalter erfolgt.

(2) Dasselbe gilt bei einer auflösenden Bedingung von den Verfügungen desjenigen, dessen Recht mit dem Eintritt der Bedingung endigt.

(3) Die Vorschriften zugunsten derjenigen, welche Rechte von einem Nichtberechtigten herleiten, finden entsprechende Anwendung.

第一百六十一条　[条件成否未定前之处分不生效力][a]

Ⅰ　[1]对标的物为附停止条件之处分，于条件成否未定前，对于该标的物再为处分者，于条件成就时，该再处分因条件成就而受妨碍或损害之范围，不生效力[b]。[2]于条件成否未定前，依强制执行、假扣押或破产管理人所为之处分，其效力亦同。

Ⅱ　权利人所为附解除条件之处分，其权利因条件成就而消灭者，前款规定亦适用之。

Ⅲ　自无权利人取得权利之规定，本条准用之[c]。

a　参考条文：第892条、第983条、第932条、第936条、第1032条、第1207条、《商法》第366条。

b　本条制定之目的，在于保护附条件之法律行为中有期待权之人，即于条件成就时将受有利益之人。盖于附条件之法律行为中，权利人（于停止条件为让与人，于解除条件为权利取得人）在条件成否未定前，仍得为处分行为，但不得妨碍期待权人之权利。故于条件成否未定前，权利人所为之处分行为，于条件成就时，就侵害之范围内，不生效力。然本条仅适用于条件成否未定前之处分行为，而不包含以此为标的之负担行为（BGH DB 62, 331），且若期待权人同意该处分行为，本条亦不适用（RG 76, 91; BGH 92, 288）。

c　为保障处分行为之相对人，特制定第3款，准用善意受让之规定，例如第892条、第983条、第932条、第936条、第1032条、第1207条及《商法》第366条等。

Verhinderung oder Herbeiführung des Bedingungseintritts

(1) Wird der Eintritt der Bedingung von der Partei, zu deren Nachteil er gereichen würde, wider Treu und Glauben verhindert, so gilt die Bedingung als eingetreten.
(2) Wird der Eintritt der Bedingung von der Partei, zu deren Vorteil er gereicht, wider Treu und Glauben herbeigeführt, so gilt der Eintritt als nicht erfolgt.

第一百六十二条 [条件成就之阻止或促成]^{abc}

I 因条件成就而受不利益之当事人，如违反诚信原则阻止条件成就，视为条件已成就。
II 因条件成就而受利益之当事人，如违反诚信原则促使条件成就，视为条件不成就^d。

a 参考条文：第158条、第242条，"台民"第101条。
b 本条系一般法律基本精神之明文表现，即任何人皆不得自其违反诚信原则之行为中获得利益。然本条仅适用第158条之条件，而不适用于法定条件（BGH NJW 96, 3340），特别不适用于机关之许可（RG 129, 367; Ffm DNotZ 72, 180）。
c 本条适用之要件有两项：
　1. 对于条件成就与否产生影响：当事人之行为须确实对条件成就与否产生影响，即第1款之阻止或第2款之促使条件成就，否则，仅尝试产生影响，未造成损害。至于不作为，亦得产生本条之影响，但须当事人依第242条负有作为之义务（Düss DB 87, 41; LG Gießen NJW-RR 97, 1081）。当事人之行为对条件成就与否发生间接影响，亦足当之（BGH BB 65, 1052），然若仅增加条件成就之困难度，则不适用本条。
　2. 违反诚信原则之行为：当事人产生影响之行为尚须违反诚信原则。且本条不以意图违反诚信原则之行为为必要（BGH NJW-RR 89, 802; BVerwG NVwZ 91, 75），至于须为有过失之行为，则有争论。
d 符合第1款之法律效力，将之视为条件已成就；第2款则为视为条件不成就。该法律效力发生之时点，于第1款为通常情形下条件成就时，于第2款为不当行为促使条件成就时。

§163 Zeitbestimmung

Ist für die Wirkung eines Rechtsgeschäfts bei dessen Vornahme ein Anfangs- oder ein Endtermin bestimmt worden, so finden im ersteren Falle die für die aufschiebende, im letzteren Falle die für die auflösende Bedingung geltenden Vorschriften der §§158, 160, 161 entsprechende Anwendung.

第一百六十三条 [期限][a]

于作成法律行为时,就其效力附以始期或终期者,于前一情形,准用第一百五十八条、第一百六十条及第一百六十一条关于停止条件之规定,于后一情形,准用前开法条关于解除条件之规定[bc]。

a 参考条文:第158条、第160条、第161条、第1947条、第925条第2款、《婚姻法》第13条,《地上权条例》第11条,《住屋所有权法》第4条第2款,"台民"第102条。
b 所谓期限,指法律行为效力之发生或消灭,系于将来确定发生之事实。期限又可分为始期与终期,始期指法律行为效力发生之时点;终期则指法律行为效力消灭之时点。由于始期之效力相当于停止条件,终期之效力相当于解除条件,故本条规定准用第158条,并规定准用第160条、第161条,以保护相关当事人。
c 依当事人特约,使期限到来之效力溯及既往,法律虽无规定,但得准用第159条,惟实际上少有此例。

Titel 5 Vertretung und Vollmacht
第五节 代理及代理权

一、本节(第164条以下)为关于代理之规定,代理乃民事法规之重要制度,于意定代理有扩张当事人能力之功能,于法定代理则有补充非完全行为能力人能力之功能。惟德国民法所规范之代理仅限于直接代理,即代理人本人名义为法律行为,而不及于间接代理;商事法中始对于特殊之间接代理关系,即行纪及运送,制定规范(《商法》第383条以下、第453条以下)。

二、代理之规定适用于法律行为。对于准法律行为,例如催告、通知等,则得类推适用代理之规定。至于身份行为,因其具高度人身专属性,而不许代理,特别是结婚(第1311条)、收养(第1750条第3款)、婚生之否认(第1600条)、订立遗嘱(第2064条)、订立继承契约(第2274条)等。再者,民法之代理仅限于法律行为之代理,不包括事实行为之代理,因此,物之先占、遗失物拾得、埋藏物之发现等,均无代理规定之适用。侵权行为亦不适用代理之规定。

三、代理权系基于法律规定者，例如父母对未成年子女之代理人、监护人为受监护人之代理人、夫妻日常家务之代理权等，为法定代理，其权限应依法律认定；代理依当事人之授权行为者，为意定代理，其权限依当事人之授予范围决定。意定代理常依委任契约而成立，然委任与代理不得视为同一，代理权之授予系为单独行为，赋予代理人一定资格，代理人对于本人不负任何义务，委任契约则以处理他人事务为目的之契约，因此，受任人负有为委任人处理事务之义务。除委任契约外，其他如雇佣契约、承揽契约等，亦须有授予代理权之可能。

四、民事诉讼之代理与实体法上之代理近似，亦须以本人之名义为之，且代理人须有代理权。至于不相同之特殊处，则于民事诉讼法中另有规定。授予诉讼代理权之行为，通说认其属于诉讼行为，为须相对人之单独行为（《民法典》第167条），得向代理人、诉讼相对人或法院为之，无特定方式之要求（《民事诉讼法》第89条第2款），故亦得以默示之意思表示授予诉讼代理权。然仅书面授权始具有证据力（《民事诉讼法》第80条第1款），其他使授权易于发生效力之规定，例如传真、影印等，皆不适用于处理证据力之问题，而应适用《民事诉讼法》第89条。至于行政诉讼程序，类推适用《民事诉讼法》第78条及第79条规定（《行政诉讼法》第67条、第173条）。

§164 Wirkung der Erklärung des Vertreters

(1) Eine Willenserklärung, die jemand innerhalb der ihm zustehenden Vertretungsmacht im Namen des Vertretenen abgibt, wirkt unmittelbar für und gegen den Vertretenen. Es macht keinen Unterschied, ob die Erklärung ausdrücklich im Namen des Vertretenen erfolgt oder ob die Umstände ergeben, dass sie in dessen Namen erfolgen soll.

(2) Tritt der Wille, in fremdem Namen zu handeln, nicht erkennbar hervor, so kommt der Mangel des Willens, im eigenen Namen zu handeln, nicht in Betracht.

(3) Die Vorschriften des Absatzes 1 finden entsprechende Anwendung, wenn eine gegenüber einem anderen abzugebende Willenserklärung dessen Vertreter gegenüber erfolgt.

第一百六十四条 [代理人意思表示之效力][a]

Ⅰ ¹代理人于代理权限内[b]，以本人名义[c]所为之意思表示，直接对本人发生效力[d]。²于意思表示中明示本人之名义，或依情形可知其以本人名义为之，二者效力无不同。

Ⅱ 以他人名义为法律行为之意思不明确时，无须考虑表意人欠缺以自己名义为法律行为之意思[e]。

Ⅲ 应向他人为意思表示，而向其代理人为之者，第一款规定准用之[f]。

a 参考条文：第119条、第133条、第157条、第177条以下、第242条，"台民"第103条。
b 代理须于代理权之范围内，始得发生效力。欠缺代理权或逾越代理权之行为，依第177条以下规定处理之，故代理人滥用其代理权之风险，原则上由本人承担，但下列两项例外情形，本人免负责任：
　1. 与本人之利益相抵触：代理人与相对人明知而共同导致本人之不利益，对此本人无须负责（BGH NJW 89, 26）。
　2. 明显之代理权滥用：代理人之行为明显滥用其代理权，致相对人有理由怀疑代理人之行为违反其义务时，仍要求本人负担风险，有违诚信原则（第242条），然相对人并无查证之义务（BGH NJW 94, 2082），而须有客观显著之情形，足以表征代理人之滥权行为（BGH 113, 315, 320; NJW 90, 384; 95, 250; BAG NJW 97, 1940）。
c 民法之代理系采显名主义，即代理人须以本人之名义为意思表示，单纯未表示之内在意思，不发生任何效力，因此，表意人若以他人名义为意思表示，但于实际上系为自己为意思表示，该意思表示之效力仍仅及于本人，亦仅本人受其拘束（BGH 36, 33; NJW 66, 1916）。至于表意人究系为本人或自己为该意思表示，则属解释之问题（第133条、第157条），重要的是相对人对于表意人之行为产生之认知，故应考虑一切情事，特别是当事人之行为、意思表示之时间与场所、当事人之职位等（BGH NJW 80, 2192）。
d 有效代理所为之意思表示，其效力直接及于本人，亦仅及于本人。而代理人与相对人间不会因此成立法律关系，除非代理人与相对人约定，代理人与本人负同一责任（BGH 104, 100; WM 97, 1431）。
e 本条第2款系为交易安全而设，即代理人以他人名义为意思表示之意思不明确时，应视为代理人为自己所为之意思表示，代理人不得谓已无此意思，而主张第119条以撤销其意思表示（BGH NJW-RR 92, 1011）。反之，表意人欲为自己为意思表示，却以他人名义为之，则类推适用本款规定，亦不得主张撤销其意思表示（BGH 36, 30, 34；但有不同意见）。
f 本条第1款为积极代理，第3款则为消极代理。

§165　Beschränkt geschäftsfähiger Vertreter

Die Wirksamkeit einer von oder gegenüber einem Vertreter abgegebenen Willenserklärung wird nicht dadurch beeinträchtigt, dass der Vertreter in der Geschäftsfähigkeit beschränkt ist.

第一百六十五条　[限制行为能力人为代理人]ᵃ

代理人所为或所受之意思表示，其效力不因代理人为限制行为能力人而受影响ᵇ。

a 参考条文：第106条至第108条、第114条、第131条第2款，"台民"第104条。
b 限制行为能力人（第106条）得为代理人，盖代理之法律效力，系及于本人而非代理人，因此，对于限制行为能力人之保护规定，例如第106条、第114条、第107条、第108条、第131条第2款等，仅适用于限制行为能力人为自己所为之行为，而不及于其为他人所为之行为。但无行为能力人（第104条）仍不得为代理人。

§166　Willensmängel; Wissenszurechnung

(1) Soweit die rechtlichen Folgen einer Willenserklärung durch Willensmängel oder durch die Kenntnis oder das Kennenmüssen gewisser Umstände beeinflusst werden, kommt nicht die Person des Vertretenen, sondern die des Vertreters in Betracht.

(2) Hat im Falle einer durch Rechtsgeschäft erteilten Vertretungsmacht (Vollmacht) der Vertreter nach bestimmten Weisungen des Vollmachtgebers gehandelt, so kann sich dieser in Ansehung solcher Umstände, die er selbst kannte, nicht auf die Unkenntnis des Vertreters berufen. Dasselbe gilt von Umständen, die der Vollmachtgeber kennen musste, sofern das Kennenmüssen der Kenntnis gleichsteht.

第一百六十六条　[意思欠缺，认知之判断]ᵃ

Ⅰ 意思表示之法律效力，因意思欠缺，或因明知或可得而知之情事，而受影响者，该事实之有无不就本人加以审酌，而应就代理人决定ᵇᶜ。

Ⅱ ¹以法律行为授予代理权者（意定代理权），代理人依授权人之指示而为法律行为时，授权人就自己所明知之事情，不得主张代理人不知，而影响其效力。²授权人应知之情事，视为明知者，亦同ᵈ。

a 参考条文：第116条至第123条、第138条、第142条第2款、第173条，"台民"第105条。
b 代理行为之效力及于本人，但真正从事该法律行为者为代理人，因此，该法律行为之内容与有效性应取决于代理人，即代理行为之意思表示是否有瑕疵（第116条至第123条），及是否具备知悉或应知悉而不知悉之要件（定义：第122条第2款;例如第138条、第142条第2款、第173条等),均应依代理人之情形决定。
c 第1款规定适用于所有代理行为,包含法定代理、意定代理(BGH 38, 66)及法人机关(BGH 41, 287),亦适用于经承认之无权代理(BGH NJW 92, 899; 00, 2272),但不适用于使者(Hoffmann JR 69, 373)。
d 第2款规定仅适用意定代理,而不适用于法定代理。经承认之无权代理得准用之,即将本人之同意视为指示(RG 161, 162; BGH DB 65, 435)。所谓指示无须针对特定法律行为,仅须本人促使代理人缔结一项法律关系,即有本款之适用,但本人须有意识地支配或影响代理人之决定。

§167 Erteilung der Vollmacht

(1) Die Erteilung der Vollmacht erfolgt durch Erklärung gegenüber dem zu Bevollmächtigenden oder dem Dritten, dem gegenüber die Vertretung stattfinden soll.

(2) Die Erklärung bedarf nicht der Form, welche für das Rechtsgeschäft bestimmt ist, auf das sich die Vollmacht bezieht.

第一百六十七条 [代理权之授与][a]

I 代理权之授予,应向代理人或向对之为代理行为之第三人,以意思表示为之。[bcd]

II 前款之意思表示,无须依代理权所涉之法律行为应具备之方式为之。

a 参考条文:第133条、第157条、第709条以下、第1484条第2款、第1629条以下、第1945条第3款,《有限公司法》第2条第2款、《股份法》第35条第2款、第78条、第134条第3款、第135条,《民事诉讼法》第80条、第84条,《商法》第12条、第48条第2款、第125条第2款、第150条,《非讼事件法》第13条,《土地登记法》第29条。

b 代理权之授予为有相对人之单独行为,得向代理人(内部授权)或相对人(外部授权)为之,亦得以公告为之。原则上,代理权之授予无特定之方式(第2款),因此,亦得以默示之意思表示为之。例外规定则有第1484条第2款、第1945条第3款,《有限公司法》第2条第2款、《股份法》第78条、第134条第3款、第135条等。此外,尚有部分之授权行为虽无须践行一定方式,但须具备一定方式,始得成为法院之证据,例如《民事诉讼法》第80条、《商法》第12条、《非讼事件法》第13条、《土地登记法》第29条等。

c 代理权之范围,依本人之授权内容而定,如有疑义时,应通过解释之方式认定(第133条、第157条),主要判断标准为,意思表示之相对人对本人行为之理解。代理权依其范围得分为下列三种:

1. 特别代理：代理权之授予系为处理特定法律关系。
2. 种类代理（Art- oder Gattungsvollmacht）：代理权授予之目的在于处理特定类型之法律关系，其得为同类重复出现之法律关系（如银行事务等），亦得为与特定功能相关之法律关系（如建筑事务、房屋管理等）。
3. 一般代理：原则上，代理人得处理所有法律关系。

d 代理之种类主要得分为：
1. 内部授权与外部授权：见注释b。
2. 主代理与复代理：代理权系由本人授予者，为主代理，由代理人授予代理权者，为复代理。代理人是否有复授予代理权之权限，则属解释之问题。
3. 单独代理与共同代理：有数代理人时，各代理人得单独行使其代理权者，为单独代理，数代理人须共同行使其代理权，则为共同代理。至于代理权之行使，究系单独代理或共同代理，亦属解释之问题。然法律另有特别规定，例如《民法典》第709条以下、第1629条以下，《商法》第48条第2款、第125条第2款、第150条，《股份法》第78条，《有限公司法》第35条第2款，《民事诉讼法》第84条等，则从其规定。

§168　Erlöschen der Vollmacht

Das Erlöschen der Vollmacht bestimmt sich nach dem ihrer Erteilung zugrunde liegenden Rechtsverhältnis. Die Vollmacht ist auch bei dem Fortbestehen des Rechtsverhältnisses widerruflich, sofern sich nicht aus diesem ein anderes ergibt. Auf die Erklärung des Widerrufs findet die Vorschrift des §167 Abs. 1 entsprechende Anwendung.

第一百六十八条　[代理权之消灭][a]

[1]代理权之消灭，依所由授予法律关系定之。[2]代理权亦得于法律关系存续中，撤回之。但依该法律关系发生其他效果者，不在此限。[3]撤回之表示，准用第一百六十七条第一款规定。

a 参考条文：第167条、第171条第2款、第673条，"台民"第108条。

§169 Vollmacht des Beauftragten und des geschäftsführenden Gesellschafters

Soweit nach den §§674, 729 die erloschene Vollmacht eines Beauftragten oder eines geschäftsführenden Gesellschafters als fortbestehend gilt, wirkt sie nicht zugunsten eines Dritten, der bei der Vornahme eines Rechtsgeschäfts das Erlöschen kennt oder kennen muss.

第一百六十九条　[受任人及执行业务之合伙人之代理权]^a
受任人或执行业务之合伙人之代理权虽已消灭，依第六百七十四条及第七百二十九条规定，仍视为有效存续者，对于为法律行为时明知或应知其已消灭之第三人，不生效力^b。

a　参考条文：第674条、第675条、第729条。
b　本条规定系配合第674条、第675条及第729条规定，以平衡本人与代理人之利益关系。第674条、第675条及第729条规定系为保护代理人而设，避免代理人不知其代理权已随同基础法律关系消灭，而仍行使其代理权，本条则为保护本人之利益，限制上述各条之保护效力。

§170 Wirkungsdauer der Vollmacht

Wird die Vollmacht durch Erklärung gegenüber einem Dritten erteilt, so bleibt sie diesem gegenüber in Kraft, bis ihm das Erlöschen von dem Vollmachtgeber angezeigt wird.

第一百七十条　[代理权之存续]^{ab}
向第三人表示代理权之授予者，于授权人就其消灭通知第三人前，其代理权对第三人仍有效力^c。

a　参考条文：第173条。
b　第170条至第173条系为保护交易安全而设，使善意第三人得因信赖代理权仍继续存在而受保护。
c　本条系针对外部授权之情形，即本人向第三人表示授予代理权，于本人（授权人）通知第三人代理权消灭时止，对该第三人不生代理权消灭之效力。然如第三人为法律行为时，明知或可得而知其代理权消灭者，即丧失本条保护善意第三人信赖利益之目的，而不适用之（第173条）。

§171 Wirkungsdauer bei Kundgebung

(1) Hat jemand durch besondere Mitteilung an einen Dritten oder durch öffentliche Bekanntmachung kundgegeben, dass er einen anderen bevollmächtigt habe, so ist dieser auf Grund der Kundgebung im ersteren Falle dem Dritten gegenüber, im letzteren Falle jedem Dritten gegenüber zur Vertretung befugt.

(2) Die Vertretungsmacht bleibt bestehen, bis die Kundgebung in derselben Weise, wie sie erfolgt ist, widerrufen wird.

第一百七十一条 [通知之效力]^a

Ⅰ 以特别方法通知第三人或以公告方法^b，表示授予代理权于他人者，于前一情形，对于特定之第三人，于后一情形，对于任何第三人，应负授权人责任^c。

Ⅱ 未以同一表示方式撤回其代理权前，代理权仍有效存续^d。

a 参考条文：第173条。
b 通知或告示于性质上属观念通知，故为准法律行为。
c 本款与前条同为保护交易安全之规定，以保护善意第三人，详言之，通知或公告内部授权与外部授权所涉及之利益关系相同，即第三人信赖公告授予代理权之正确性，应受到保护。是以，若通知或公告有效存在之内部授权，代理人即因内部授权而有代理权（第167条第1款），而非因本款之方式取得代理权，且本款规定不具有独立之意义；然若通知或公告不存在或无效之内部授权，善意第三人即得依本款规定，于通知或公告之范围内，主张有代理权之授予。
d 第2款规定包含两方面：
1. 表见授权之情形应如何排除。
2. 内部授权之代理权消灭，于未以通知或公告撤回前，不得对抗善意第三人。惟应注意第173条之限制。

§172 Vollmachtsurkunde

(1) Der besonderen Mitteilung einer Bevollmächtigung durch den Vollmachtgeber steht es gleich, wenn dieser dem Vertreter eine Vollmachtsurkunde ausgehändigt hat und der Vertreter sie dem Dritten vorlegt.

(2) Die Vertretungsmacht bleibt bestehen, bis die Vollmachtsurkunde dem Vollmachtgeber zurückgegeben oder für kraftlos erklärt wird.

第一百七十二条　[代理权之授权书]^a
Ⅰ 授权人交付授权书^{b}于代理人，且代理人向第三人提示该授权书者^c，与以特别方法通知其授权者有同一效力。
Ⅱ 于授权书返还授权人或经宣告无效前，代理权仍有效存续^d。

a 参考条文：第173条。
b 授权书系指经签名或未公证之画押之文书，其中记载授权人与代理权人之姓名（RG 124, 386）。且该文书须证实为真，即作成者与签名者为同一人（BSozG NVwZ 83, 768）。
c 所谓提示，指使法律关系相对人得直接了解文书内容而言，但无须相对人确实已审阅该文书（BGH 76, 78; NJW 88, 698）。且须提示原本，仅提示公证之节本或复印件，尚不足以适用本条规定（BGH 102, 63; NJW 02, 2325; 03, 2088）。
d 将授权书返还授权人，或宣告该授权书无效，始得排除表见代理之情形。惟须注意第173条之限制。

§173　Wirkungsdauer bei Kenntnis und fahrlässiger Unkenntnis

Die Vorschriften des §170, des §171 Abs. 2 und des §172 Abs. 2 finden keine Anwendung, wenn der Dritte das Erlöschen der Vertretungsmacht bei der Vornahme des Rechtsgeschäfts kennt oder kennen muss.

第一百七十三条　[明知或过失不知之效力]^a
于第三人为法律行为时，明知或应知其代理权消灭者，第一百七十条、第一百七十一条第二款及一百七十二条第二款不适用之^b。

a 参考条文：第170条至第172条，"台民"第107条。
b 第170条至第173条之目的，在于保护善意第三人，因此，第三人如明知或可得而知无代理权之情形，即无再受保护之必要。所谓明知或可得而知，指第三人于缔结契约关系时，明知或可得而知欠缺代理权之情事，若仅授予代理权之基础法律关系不成立，原则上尚不符合本条要件，除非第三人明知或可得而知，该基础法律关系不成立，且代理权之授予亦随之无效或不成立。再者，本条将"可得而知"与"明知"并列，故"可得而知"应依第122条第2款、第276条解释，然此不意谓第三人有调查确认之义务，而系指授权书本身具有明显瑕疵或整体情形足以令人有怀疑时，第三人得否仍相信存在有效之代理权，故有所谓显见理论（Evidenztheorie），即理性之人于该第三人之处境时，是否能明确知悉代理权不存在或至少有问题。

§174 Einseitiges Rechtsgeschäft eines Bevollmächtigten

Ein einseitiges Rechtsgeschäft, das ein Bevollmächtigter einem anderen gegenüber vornimmt, ist unwirksam, wenn der Bevollmächtigte eine Vollmachtsurkunde nicht vorlegt und der andere das Rechtsgeschäft aus diesem Grund unverzüglich zurückweist. Die Zurückweisung ist ausgeschlossen, wenn der Vollmachtgeber den anderen von der Bevollmächtigung in Kenntnis gesetzt hatte.

第一百七十四条　[代理人之单独行为][ab]
[1]代理人对他人为单独行为[c]，而未提示授权书，该他人以此为理由，即时而为拒绝者，单独行为不生效力。[2]授权人已将代理权之授予通知他人者，该他人不得为拒绝。

a 参考条文：第180条。
b 本条系针对须相对人之单独行为，盖无代理权人所为之单独行为无效（第180条第1段），但第三人未质疑其无代理权，则准用关于契约之规定（第180条第2段），因此，第三人有权利尽早知悉该单独行为是否有效，而本条之目的即在使其法律关系明确。
c 本条适用于所有须相对人之单独行为，同时也包含契约中承诺之意思表示。

§175 Rückgabe der Vollmachtsurkunde

Nach dem Erlöschen der Vollmacht hat der Bevollmächtigte die Vollmachtsurkunde dem Vollmachtgeber zurückzugeben; ein Zurückbehaltungsrecht steht ihm nicht zu.

第一百七十五条　[授权书之交还][a]
代理权消灭后，代理人应将授权书交还授权人；对授权书不得行使留置权[b]。

a 参考条文：第985条，"台民"第109条。
b 本条立法意旨系为防止代理权之滥用（KG NJW 57, 755），因此，授予代理权为无效时，亦得请求返还授权书。然若授予数代理权，且仅撤回其中一项时，不得请求返还授权书，而应要求于授权书中加上限制说明。随着代理权消灭，代理人无权再占有该授权书（LG Düss NJW-RR 03, 1330），亦不得行使留置权（Köln MDR 93, 512）。

§176 Kraftloserklärung der Vollmachtsurkunde

(1) Der Vollmachtgeber kann die Vollmachtsurkunde durch eine öffentliche Bekanntmachung für kraftlos erklären; die Kraftloserklärung muss nach den für die öffentliche Zustellung einer Ladung geltenden Vorschriften der Zivilprozessordnung veröffentlicht werden. Mit dem Ablauf eines Monats nach der letzten Einrückung in die öffentlichen Blätter wird die Kraftloserklärung wirksam.

(2) Zuständig für die Bewilligung der Veröffentlichung ist sowohl das Amtsgericht, in dessen Bezirk der Vollmachtgeber seinen allgemeinen Gerichtsstand hat, als das Amtsgericht, welches für die Klage auf Rückgabe der Urkunde, abgesehen von dem Wert des Streitgegenstands, zuständig sein würde.

(3) Die Kraftloserklärung ist unwirksam, wenn der Vollmachtgeber die Vollmacht nicht widerrufen kann.

第一百七十六条　[授权书之无效宣示][a]

Ⅰ [1]授权人得依公告方法，宣示授权书为无效[b]；无效之宣示，适用民事诉讼法关于传唤之公示送达规定。[2]刊登于公报后，经过一个月，无效之宣示发生效力。

Ⅱ 对授权人有普通审判籍之简易法院，及对证书交还之诉，无论其诉讼标的价额之多寡，均有管辖权之简易法院，就公告之许可有管辖权。

Ⅲ 授权人不得撤回代理权者，其无效宣示不生效力。

a 参考条文：第172条第2款。
b 宣示授权书无效之法律效力，与返还授权书相同（第172条第2款）。无效宣示之法律效力系因授权人之表示而生，至于法院之协力仅在于同意公告，换言之，法院于非讼事件过程中决定，但对于无效宣示之内容，无实质审查权（KG JW. 33, 2153）。

§177 Vertragsschluss durch Vertreter ohne Vertretungsmacht

(1) Schließt jemand ohne Vertretungsmacht im Namen eines anderen einen Vertrag, so hängt die Wirksamkeit des Vertrags für und gegen den Vertretenen von dessen Genehmigung ab.

(2) Fordert der andere Teil den Vertretenen zur Erklärung über die Genehmigung auf, so kann die Erklärung nur ihm gegenüber erfolgen; eine vor der Aufforderung dem Vertreter gegenüber erklärte Genehmigung oder Verweigerung der Genehmigung wird unwirksam. Die Genehmigung kann nur bis zum Ablauf von zwei Wochen nach dem Empfang der Aufforderung erklärt werden; wird sie nicht erklärt, so gilt sie als verweigert.

第一百七十七条 [无代理权人制定契约]^{ab}

Ⅰ 无代理权人以他人之名义制定契约，经本人承认，契约始对本人发生效力^{cde}。

Ⅱ ¹相对人催告本人为承认之表示时，其表示仅得向相对人为之；催告前向代理人所为承认或拒绝之表示，不生效力。²承认应于收受催告后两星期内表示；不为表示者，视为拒绝承认^f。

a 参考条文：第178条、第179条、第182条、第677条以下，"台民"第170条。

b 第177条至第180条系规范无代理权人所为法律行为之效力，因此，举凡以他人名义所为之行为，如欠缺必要之代理权时，均有适用，而不论其系未授予代理权、代理权之授予行为无效、撤销代理权或撤回代理权，亦不问代理人系有意识或无意识之逾越代理权。

c 本条系针对无代理权人所为之契约，该契约不生效力，但并非不可补救之无效，而得事后经本人承认，故契约于制定时属效力未定，经本人同意后，始发生完全效力，于本人拒绝后，则确定无效。再者，承认为单方之表示，借此使契约之效力及于本人，承认亦得由法定代理人或意定代理人为之。且承认无须以特定方式为之（第182条第2款），纵其制定之契约为要式契约，对其之承认亦无须以相同方式为之。承认亦得以默示之意思表示为之，然默示之承认，须以本人认识其行为将被视为承认为前提（BGH 109, 171, 177; NJW 02, 2325）。然无代理权人所为之契约，得基于法律规定，例如第170条至第173条，或法律续造所形成之保护交易安全原则而发生效力。

d 无代理权之代理行为常伴随无因管理（第677条以下），前者为外部关系，后者则为内部关系，惟并非必然之现象。于适法之无因管理时，管理人得向本人请求偿还费用（第683条、第670条），但不得请求本人承认其制定之契约（BGH LM §177 Nr. 1）。

e 承认有溯及效力（第184条第2款），因此，于本人承认后，该契约视为自始由有代理权之人所制定，契约仅由本人负担之。至于意思表示是否有瑕疵等问题，依第166条第1款处理，然应注意同条第2款规定，依本人之认知决定。

f 相对人有催告权，即要求本人确答是否承认该契约。惟经相对人催告后，本人仅得向相对人为承认之表示，故于催告前本人向代理人所为之承认，将因此而无效，并自催告时起两星期内向相对人为之。

§178 Widerrufsrecht des anderen Teils

Bis zur Genehmigung des Vertrags ist der andere Teil zum Widerruf berechtigt, es sei denn, dass er den Mangel der Vertretungsmacht bei dem Abschluss des Vertrags gekannt hat. Der Widerruf kann auch dem Vertreter gegenüber erklärt werden.

第一百七十八条　[相对人之撤回权]^a

¹契约未经承认前，相对人得撤回之。但契约制定时，明知其欠缺代理权者，不在此限。²撤回亦得向代理人表示^b。

a 参考条文：第177条，"台民"第171条。
b 契约相对人有撤回权，但以其善意为前提。如契约已经本人承认，相对人即丧失其撤回权。撤回无须以特定方式为之，但须使人了解，其因代理权有问题而不欲契约发生效力（BGH NJW 65, 1714; BAG NJW 96, 2595）。

§179 Haftung des Vertreters ohne Vertretungsmacht

(1) Wer als Vertreter einen Vertrag geschlossen hat, ist, sofern er nicht seine Vertretungsmacht nachweist, dem anderen Teil nach dessen Wahl zur Erfüllung oder zum Schadensersatz verpflichtet, wenn der Vertretene die Genehmigung des Vertrags verweigert.

(2) Hat der Vertreter den Mangel der Vertretungsmacht nicht gekannt, so ist er nur zum Ersatz desjenigen Schadens verpflichtet, welchen der andere Teil dadurch erleidet, dass er auf die Vertretungsmacht vertraut, jedoch nicht über den Betrag des Interesses hinaus, welches der andere Teil an der Wirksamkeit des Vertrags hat.

(3) Der Vertreter haftet nicht, wenn der andere Teil den Mangel der Vertretungsmacht

kannte oder kennen musste. Der Vertreter haftet auch dann nicht, wenn er in der Geschäftsfähigkeit beschränkt war, es sei denn, dass er mit Zustimmung seines gesetzlichen Vertreters gehandelt hat.

第一百七十九条　[无代理权人之责任][ab]

Ⅰ 以代理人之名义制定契约者，于本人拒绝承认时，代理人如不能证明其代理权，应依相对人之选择，对其负履行契约或损害赔偿之责任[c]。

Ⅱ 代理人不知其欠缺代理权时，仅就相对人因信其有代理权所受之损害，负赔偿义务。但以不超过契约有效时相对人所得利益之数额为限[d]。

Ⅲ [1]相对人明知或应知其欠缺代理权者，代理人不负责任。[2]代理人之行为能力受限制者，亦不负责任。但经其法定代理人之同意而为者，不在此限。

a 参考条文：第134条、第320条、第323条以下，"台民"第110条。

b 本条规定无代理权人之法定担保义务，以保护相对人对其代理权之信赖（BGH 39, 51; 73, 269），因此仅限于本人不承认该无权代理或依第177条第2款视为拒绝承认时，始有本条之适用。其他如本人迟延承认所造成之损害，或契约因欠缺要式行为、行为能力或违反强制规定（第134条）等，不适用本条规定。至于使者传递他人或不存在之人之意思表示，类推适用本条规定。

c 依第1款规定，相对人有选择权。若相对人选择履行契约之责，代理人并不因此成为契约当事人，而仅具有当事人之事实地位（BGH NJW 70, 240），故不得请求相对人履行其义务（有争议），但得依第320条主张同时履行抗辩及第323条以下之债务不履行。相对人亦得选择损害赔偿，此项损害赔偿系指金钱赔偿，而非恢复原状，其范围包含履行利益，并及于对本人进行程序之花费（Düss NJW 92, 1176）。

d 第2款系针对代理人不知其欠缺代理权之规定，依此，代理人仅就信赖利益负赔偿责任。至于代理人是否应知悉其无代理权，不影响本款适用。

§180 Einseitiges Rechtsgeschäft

Bei einem einseitigen Rechtsgeschäft ist Vertretung ohne Vertretungsmacht unzulässig. Hat jedoch derjenige, welchem gegenüber ein solches Rechtsgeschäft vorzunehmen war, die von dem Vertreter behauptete Vertretungsmacht bei der Vornahme des Rechtsgeschäfts nicht beanstandet oder ist er damit einverstanden gewesen, dass der Vertreter ohne Vertretungsmacht handele, so finden die Vorschriften über Verträge entsprechende Anwendung. Das Gleiche gilt, wenn ein einseitiges Rechtsgeschäft gegenüber einem Vertreter ohne Vertretungsmacht mit dessen Einverständnis vorgenommen wird.

第一百八十条 [单独行为]^a

¹无代理权人不得为单独行为^b。²于法律行为作成时，单独行为之相对人对代理权人所主张之代理权不为异议，或允许其为无权代理者，准用关于契约之规定。³向无代理权人为单独行为，且经其允许者，亦同^c。

a 参考条文：第177条至第179条、第823条第3款。
b 本条系指无代理权人所为及所受领之单独行为，依此，单独行为无效，且不因本人承认而有不同。本条适用于无相对人之单独行为，例如悬赏广告，及有相对人之单独行为（BPatG NJW 64, 616）。至于准法律行为则类推适用第177条至第179条规定（LG Lpzg NJW-RR 99, 1183）。
c 本条之异议与第174条之拒绝相同（Kblz NJW-RR 92, 1093），而允许亦得以默示之意思表示为之。

§181 Insichgeschäft

Ein Vertreter kann, soweit nicht ein anderes ihm gestattet ist, im Namen des Vertretenen mit sich im eigenen Namen oder als Vertreter eines Dritten ein Rechtsgeschäft nicht vornehmen, es sei denn, dass das Rechtsgeschäft ausschließlich in der Erfüllung einer Verbindlichkeit besteht.

第一百八十一条 [双方代理]^a

非经允许，代理人不得以本人名义与自己为法律行为，亦不得为第三人之代理人，而与本人为法律行为^{bcde}。但其法律行为专为履行义务者，不在此限。

a 参考条文：第177条，"台民"第106条。
b 本条之立法目的，在于避免一人代表双方制定法律关系，而有利益冲突之情形，甚至侵害一方当事人之利益（BGH 51, 210; 56, 101）。然自其条文内容观之，明确以"以本人之名义与自己为法律行为"或"为第三人之代理人，而与本人为法律行为"为适用要件，故仅须存在两项要件之一不论是否确有利益冲突，均适用本条（BGH 21, 231; 91, 337; NJW 91, 983）。
c 本条适用范围区分为人与事二部分：
　　1. 人：包含意定代理人、法定代理人（BGH 50, 10）、无权代理人（BayObLG

Rpfleger 88, 61; Düss MittBayNot 99, 470）、私法上法人机关（BGH 33, 190; 56, 101）及公法上法人机关（LG Arnsberg Rpfleger 83, 63）。

2. 事：适用于私法领域，亦包含公司法，惟特别法另有规定时，应从其规定。本条不适用于诉讼程序（BGH 41, 107），其主要理由，在于诉讼程序中未有代理双方之情形（BGH NJW 96, 658），但适用于非讼事件（BayObLG NJW 62, 964）。

d 本条适用于法律行为，包含所有契约，即债权契约、物权契约（RG 89, 371）、亲属法之契约（RG 79, 283）与继承法之契约（BGH 50, 10）；亦包含单独行为，例如终止契约、解除契约、授予代理权等；还包含准法律行为，例如催告、制定期限（BGH 47, 357）。

e 违反本条规定，该法律行为并非当然无效，而应类推适用第177条规定，即效力未定（BGH 65, 125; NJW-RR 94, 291）。

Titel 6　Einwilligung und Genehmigung
第六节　允许及承认

一、同意（Zustimmung）规定于第182条以下，系指对他人所为之法律行为表示赞同，且依表示之时间，又可区分为允许（Einwilligung）及承认（Genehmigung）：于法律行为从事前所为之同意，称为允许（第183条）；于法律行为制定后所为之同意，称为承认（第184条）。然法条用语常未能如此严格区别，而皆使用承认一词，例如第1643条以下、第1819条以下应与此之同意相区别者，有下列三项：

（一）认许：例如第141条、第144条，系对于自己先前所为之有瑕疵之法律行为，同意认其有效。

（二）其他意义之同意：例如第32条第2款、第709条第1款、第744条等，系指共同参与一项法律行为（决议）。

（三）对非法律行为之同意：特别是对于医疗行为之同意。

二、同意（允许及承认）属于须相对人受领之单方行为，为主要法律行为之生效要件，故自其功能观之，为补充之法律行为，与代理权之授予同为无因行为。关于法律行为之规定，例如意思表示瑕疵（第116条以下）、到达（第130条以下）、意思表示之解释（第133条、第157条）等，同意亦适用之。

三、同意无须履行特定之方式，故默示之同意亦可。

四、许多法律行为以机关之同意为其生效要件，然其性质上属于行政行为，而非私法上之行为，故其要件与效果应适用公法相关规定，而不适用第182条以下规定（BverwG 11, 198）。

五、民法上须要同意之情形有下列情形：

（一）未成年人及限制行为能力人之法律行为，须经法定代理人之同意（第106条至第114条）。
（二）无代理权之代理人之法律行为，须经本人之同意（第177条）。
（三）无权利人之处分，须经权利人之同意（第185条）。

§182 Zustimmung

(1) Hängt die Wirksamkeit eines Vertrags oder eines einseitigen Rechtsgeschäfts, das einem anderen gegenüber vorzunehmen ist, von der Zustimmung eines Dritten ab, so kann die Erteilung sowie die Verweigerung der Zustimmung sowohl dem einen als dem anderen Teil gegenüber erklärt werden.

(2) Die Zustimmung bedarf nicht der für das Rechtsgeschäft bestimmten Form.

(3) Wird ein einseitiges Rechtsgeschäft, dessen Wirksamkeit von der Zustimmung eines Dritten abhängt, mit Einwilligung des Dritten vorgenommen, so finden die Vorschriften des §111 Satz 2, 3 entsprechende Anwendung.

第一百八十二条　[同意][a]

Ⅰ 契约或向相对人所为之单独行为，应经第三人同意[b]，始生效力者，其同意或拒绝[c]，得向当事人之一方表示之[d]。

Ⅱ 同意无须依该法律行为所应具之方式为之。

Ⅲ 应经第三人同意始生效力之单独行为，系经该第三人之允许而为之者，准用第一百一十一条第二段及第三段规定。

a 参考条文：第183条，"台民"第117条。

b 同意无须履行特定之方式，即使应经同意之主要法律行为有要式规定，对其同意仍无须履行特定方式（第2款），例如对于保证契约之同意（RG JW. 27, 1363）、对不动产让与合意为同意（BGH NJW 98, 1482）等。再者，默示之意思表示亦得成立同意，但须同意权人知悉该法律行为有同意之必要，且预期发生同意之效果。

c 拒绝与同意并列于第1款条文，亦属法律行为（BGH NJW 82, 1099）。拒绝允许，应类推适用第183条，而得撤回之，但拒绝承认，则不得类推适用第183条撤回之，而系使效力未定之法律行为确定无效（BGH 13, 187; NJW 89, 1673; 94, 1786; 99, 3704）。

d 同意或拒绝之表示，得以意思表示向应经同意之一方或相对人为之，然有例外规定，例如第108条第2款、第177条第2款、第876条、第1071条、第1178条、第1245条、第1255条、第1276条等。

§183　Widerruflichkeit der Einwilligung

Die vorherige Zustimmung (Einwilligung) ist bis zur Vornahme des Rechtsgeschäfts widerruflich, soweit nicht aus dem ihrer Erteilung zugrunde liegenden Rechtsverhältnis sich ein anderes ergibt. Der Widerruf kann sowohl dem einen als dem anderen Teil gegenüber erklärt werden.

第一百八十三条　[允许之撤回][a]

¹事前之同意（允许），于未为法律行为前，得撤回之[b]。但基于允许所生之法律关系发生其他效力者，不在此限。²撤回得向当事人之一方表示。

a 参考条文：第182条、第876条、第1071条、第1178条、第1245条、第1255条、第1276条、第1516条、第1517条、第1750条。
b 允许如代理权之授予，于从事法律行为前，得随时撤回。但法律明文禁止者，例如第876条、第1071条、第1178条、第1245条、第1255条、第1276条、第1516条、第1517条、第1750条等，或以法律行为限制时，不得撤回允许。

§184　Rückwirkung der Genehmigung

(1) Die nachträgliche Zustimmung (Genehmigung) wirkt auf den Zeitpunkt der Vornahme des Rechtsgeschäfts zurück, soweit nicht ein anderes bestimmt ist.
(2) Durch die Rückwirkung werden Verfügungen nicht unwirksam, die vor der Genehmigung über den Gegenstand des Rechtsgeschäfts von dem Genehmigenden getroffen worden oder im Wege der Zwangsvollstreckung oder der Arrestvollziehung oder durch den Insolvenzverwalter erfolgt sind.

第一百八十四条　[承认之溯及效力][a]

Ⅰ　事后之同意（承认），除另有规定外，溯及于作成法律行为时发生效力[b]。
Ⅱ　于承认前，承认之人就法律行为标的物所为之处分、强制执行、假扣押或破产管理人之行为，不因承认之溯及既往而失其效力[c]。

a 参考条文：第108条第2款、第177条第2款、第182条、第1366条第3款、"台民"第115条。
b 承认前法律行为之效力未定。原则上，对效力未定之法律行为为承认并无期限，因此，经过数年仍得为之（Stgt NJW 54, 36），除非有失权之情事。此外，另有特别规定,例如第108条第2款、第177条第2款、第1366条第3款等,相对人得催告权利人承认该法律行为,若权利人不于两星期内承认,即视为拒绝。承认之效力,系使法律行为发生完全效力,且溯及于法律行为发生时,无论其为债权行为或物权行为。但另有约定者,不在此限。承认系为终结不确定之法律状态,属于形成权,故不得撤回(BGH 40, 164),拒绝亦同。

c 第2款系以保护第三人之权利为目的,适用于承认人于承认前所为之处分,或对承认人所为之强制处分。本项不以第三人之善意为成立要件。此外,土地登记簿登记事项与事实不符之情形,因非处分行为,而不适用本条规定(RG 134, 288)。

§185 Verfügung eines Nichtberechtigten

(1) Eine Verfügung, die ein Nichtberechtigter über einen Gegenstand trifft, ist wirksam, wenn sie mit Einwilligung des Berechtigten erfolgt.

(2) Die Verfügung wird wirksam, wenn der Berechtigte sie genehmigt oder wenn der Verfügende den Gegenstand erwirbt oder wenn er von dem Berechtigten beerbt wird und dieser für die Nachlassverbindlichkeiten unbeschränkt haftet. In den beiden letzteren Fällen wird, wenn über den Gegenstand mehrere miteinander nicht in Einklang stehende Verfügungen getroffen worden sind, nur die frühere Verfügung wirksam.

第一百八十五条 [无权利人之处分][a]

Ⅰ 无权利人就标的物所为之处分[bc],如经权利人之允许而为者,应为有效。

Ⅱ [1]无权利人所为之处分,经权利人承认、为处分之人事后取得该标的物,或权利人继承无权处分之人,且就其遗产负无限责任者,该处分亦生效力[d]。[2]于后二者之情形,若就标的物曾为数处分而互相抵触时,仅最早之处分为有效[e]。

a 参考条文:第184条,"台民"第118条。

b 所谓处分,指对权利发生直接影响之法律行为,以变更、移转或排除存在之权利(BGH 1, 304; 75, 226)。

c 本条系针对处分行为,故债权行为不适用之。所谓无权处分,指以自己的名义处分其无处分权之权利,例如让与他人之所有权等。另如各共同所有人对共同共有物所为之处分,即为无权处分(RG 152, 382)。但如处分自己之期待权则非谓无权处分,故不适用本条之规定(BGH 20, 94)。至于强制执行之处分,本条(特别是第2款第2种类型)应类推适用(BGH 56, 351),但有反对见解。

无权处分后，相对人若依善意取得之规定取得权利，则不适用本条规定。
d 权利人之承认使无权处分发生效力（第2款第1种类型），且有溯及效力（第184条）。无权处分人嗣后取得处分之标的物（第2款第2种类型），或权利人继承无权处分之人，且就其遗产债务负无限责任者（第2款第3种类型），其处分亦生效力，但不具有溯及效力（RG 135, 383; BGH WM 67, 1272）。
e 就第2种类型及第3种类型，如有数无权处分行为存在时，适用优先原则（Prioritätprinzip）。

Abschnitt 4　Fristen, Termine

第四章　期间及期日

一、期间及期日为重要之法律事实，盖法律效果之发生或消灭，与期间及期日有重大关系。例如于一定时间内应为之法律行为，逾越该时间，权利即归于消灭，或如事实状态经过一定时间后，无权利人因此取得权利等。

二、第187条至第193条规定之目的，在于确保用语一致，以避免多义之约定造成双方当事人误解。性质上其为解释规定及补充规定，因此，如有其他特别规定，或当事人已明确约定时，即无须适用本章规定。原则上，本章规定适用于所有民事法律关系，包括商事法及诉讼法等，亦得类推适用于公法关系中。

§186　Geltungsbereich

Für die in Gesetzen, gerichtlichen Verfügungen und Rechtsgeschäften enthaltenen Frist- und Terminsbestimmungen gelten die Auslegungsvorschriften der §§187 bis 193.

第一百八十六条　[适用范围][a]

依法律、审判及法律行为所定之期间及期日，适用第一百八十七条至第一百九十三条之解释规定[bcd]。

a 参考条文：第281条、第323条、第937条、"台民"第119条。
b 第186条至第193条乃期间、期日之解释规定，除另有约定外，均得适用之。
c 期间系指确定或可得确定一段时期（RG 120, 362），依第191条规定，期间无须连续计算。至于期间之目的则有多种不同，例如发生权利（第937条之时效取得）、使权利消灭（除斥期间）、抗辩权之产生（消灭时效）、限定给付之时期（第281条、第323条）。期日则为事实发生或产生法律效果之特定时点（VGH Mü NJW 91, 1250）。
d 时间计算之基础，依Gregor历法，即教皇Gregor十三世于1582年制定之历法。至于德国之法定时间则为中欧时间。

§187　Fristbeginn

(1) Ist für den Anfang einer Frist ein Ereignis oder ein in den Lauf eines Tages fallender Zeitpunkt maßgebend, so wird bei der Berechnung der Frist der Tag nicht

mitgerechnet, in welchen das Ereignis oder der Zeitpunkt fällt.
(2) Ist der Beginn eines Tages der für den Anfang einer Frist maßgebende Zeitpunkt, so wird dieser Tag bei der Berechnung der Frist mitgerechnet. Das Gleiche gilt von dem Tag der Geburt bei der Berechnung des Lebensalters.

第一百八十七条 [期间之开始]^a

Ⅰ 以事件或以一日之时点定期间之开始者，其事件发生之日或其始日不算入^b。

Ⅱ ¹期间自上午零时起算者，其始日仍算入。²年龄之计算，其出生之日，亦同^c。

a 参考条文：第186条，"台民"第120条。
b 第1款系采历法计算法，即以历法之全日计算。对于期间进行具有重要性之事件发生之次日，开始期间之计算，不问其为假日或工作日。至于自然计算法，系依时间之自然进行计算之，关于时、分等短期间，始采此种计算方式。
c 第2款规定包含两项例外规定：
1. 以一日之开始为期间之起算点，此日亦计算在内（第1段）。
2. 年龄之计算：于计算年龄时，出生之日应纳入计算（第2段）。

§188 Fristende

(1) Eine nach Tagen bestimmte Frist endigt mit dem Ablauf des letzten Tages der Frist.
(2) Eine Frist, die nach Wochen, nach Monaten oder nach einem mehrere Monate umfassenden Zeitraum - Jahr, halbes Jahr, Vierteljahr - bestimmt ist, endigt im Falle des §187 Abs. 1 mit dem Ablauf desjenigen Tages der letzten Woche oder des letzten Monats, welcher durch seine Benennung oder seine Zahl dem Tag entspricht, in den das Ereignis oder der Zeitpunkt fällt, im Falle des §187 Abs. 2 mit dem Ablauf desjenigen Tages der letzten Woche oder des letzten Monats, welcher dem Tage vorhergeht, der durch seine Benennung oder seine Zahl dem Anfangstag der Frist entspricht.
(3) Fehlt bei einer nach Monaten bestimmten Frist in dem letzten Monat der für ihren Ablauf maßgebende Tag, so endigt die Frist mit dem Ablauf des letzten Tages dieses Monats.

第一百八十八条 [期间之终点]^a

Ⅰ 以日定期间者，以期间末日之终止为期间之终止^b。

Ⅱ 以星期、月或数个月，即如年、半年、季，定期间者，于第一百八十七条第一款之情形，以最末周或月之相当日为期间之终止，该相当日依指定或依事件发生之日或其始日计算之，于第一百八十七条第二款之情形，以最末周或月之相当日之前一日为期间之终止，该相当日依指定或依始日计算之[c]。

Ⅲ 以月定期间，且于最末月无相当日者，以该月之最末日为期间之终止。

a 参考条文：第186条、第187条、第193条，"台民"第121条。
b 以日定期间者，依第1款规定，除第193条之情形外，皆以最后一日结束时，为期间之终止。
c 第2款为关于长期间之终止，依其情形区分为两类：
　　1. 于第187条第1款之情形，以最末周或月之相当日为期间之终止；于月无相当日者，以该月末日之经过为期间之终止（第3款）。
　　2. 于第187条第2款之情形，期间以相当于起算日之前一日为期间之终止。

§189 Berechnung einzelner Fristen

(1) Unter einem halben Jahr wird eine Frist von sechs Monaten, unter einem Vierteljahr eine Frist von drei Monaten, unter einem halben Monat eine Frist von 15 Tagen verstanden.

(2) Ist eine Frist auf einen oder mehrere ganze Monate und einen halben Monat gestellt, so sind die 15 Tage zuletzt zu zählen.

第一百八十九条　[期间之计算][a]

Ⅰ 称半年者，为六个月之期间；称季者，为三个月之期间；称半个月者，为十五日之期间[b]。

Ⅱ 称一个半月或数个半月之期间者，于计算全月后加十五日[c]。

a 参考条文：第186条、第187条。
b 第1款为关于不足一年或一个月之解释规定，因此，四星期不是永远等于一个月，除非当事人有约定。
c 第2款之必要性在于各个月之长短不一，因此，一个半月之期间，并依第187条第2款规定，以1月18日为始日者，其终期为3月4日，而非3月1日。

§190 Fristverlängerung

Im Falle der Verlängerung einer Frist wird die neue Frist von dem Ablauf der vorigen Frist an berechnet.

第一百九十条　[期间之延长][a]

期间之延长，系自旧期间之终止时起算新期间[b]。

a 参考条文：第186条至第188条。
b 实体法之期间于届满后仍得延长（BGH 21, 46）。而本条适用于期间已届满及尚未届满之情形，但延长期间之起算并非同意之时，而是旧期间终了时（Karlsr DB 71, 1410）。且由于新旧期间合并计算，故旧期间终了不因其为例假日，而受有影响。

§191 Berechnung von Zeiträumen

Ist ein Zeitraum nach Monaten oder nach Jahren in dem Sinne bestimmt, dass er nicht zusammenhängend zu verlaufen braucht, so wird der Monat zu 30, das Jahr zu 365 Tagen gerechnet.

第一百九十一条　[非连续期间之计算][a]

以月或年定期间，而非须连续计算者，每月以三十日，每年以三百六十五日计算[b]。

a 参考条文：第186条、第205条，"台民"第123条。
b 适用本条之情形为期间无须连续计算者，例如三个月之假期，系指九十日之假期，或一年中负有九个月商务旅行之义务，系指共二百七十日之商务旅行等。但于消灭时效之不完成（第205条），不适用之。

§192 Anfang, Mitte, Ende des Monats

Unter Anfang des Monats wird der erste, unter Mitte des Monats der 15., unter Ende des Monats der letzte Tag des Monats verstanden.

第一百九十二条 [月初、月中、月底]^a

称月初者，为该月一日；称月中者，为该月十五日；称月底者，为该月最末日^b。

a 参考条文：第186条。
b 关于星期之开始及终了，民法并无解释规定。如有疑义时，以星期一为星期之开始，以星期六为星期之终了。

§193 Sonn- und Feiertag; Sonnabend

Ist an einem bestimmten Tag oder innerhalb einer Frist eine Willenserklärung abzugeben oder eine Leistung zu bewirken und fällt der bestimmte Tag oder der letzte Tag der Frist auf einen Sonntag, einen am Erklärungs- oder Leistungsorte staatlich anerkannten allgemeinen Feiertag oder einen Sonnabend, so tritt an die Stelle eines solchen Tages der nächste Werktag.

第一百九十三条 [星期日及纪念日；星期六]^{ab}

于特定期日或期间内，应为意思表示或给付者，且该期日或期间之末日为星期日，或于表示地或给付地为国定假日或星期六，以其次之工作日代之^c。

a 参考条文：第157条、第186条、第242条，"台民"第122条。
b 本条适用于期间及期日、意思表示或给付等情形。至于准法律行为，例如《商法》第377条之通知，及发生实体法效力之诉讼程序，例如因起诉而发生时效不完成之效力，类推适用本条规定。但终止契约之期间及集会之通知期间，为保护被终止之一方与被通知之一方之权益，皆不适用本条规定。
c 本条之法律效力为延长期间或延迟期日，但未使于次日所为之行为发生溯及效力（Ffm NJW 75, 1971），例如清偿期之届满不受影响，因此，债务人固得依本条规定，于星期一始清偿债务，但清偿效力不溯及既往，债务人仍须给付星期六、日之利息（BGH NJW 01, 2324）。本条亦不禁止于星期六、日为意思表示或为给付，相对人除依诚实信用原则或交易习惯（第157条、第242条）外，不得拒绝于星期六、日受领。

Abschnitt 5　Verjährung

第五章　消灭时效

一、时效（Verjährung）之使用非常广泛，包括各式因时间经过所产生之法律效力，主要可分为两大类：
  (1) 取得时效（Erwerbende Verjährung, praescriptio acquisitiva）：主要有动产因时效取得（第937条至第945条）、动产用益物权之时效取得（第1033条），至于不动产与登记船舶之所有权，虽未于法条明文指出，但一般均承认登记时效取得（第900条，《船舶登记法》第5条）。现行民法将此部分规定于物权编。
  (2) 消灭时效（Auslöschende Verjährung, praescriptio extinctiva）：又分为权利消灭与抗辩权两类，前者目前仅存在于公法中，例如税捐法，权利于时效完成后归于消灭。后者则为现行民法所采用，规定于总则编，权利不因时效完成而消灭，仅义务人取得拒绝履行之抗辩权。
二、消灭时效制度首要在于避免不存在、不为人知或预期外之权利追诉，以保护债务人与涉及之非债务人。盖宣称或事实存在之请求权，成立时间越久远，其债权人越可能已相信，该请求权不存在或已不得请求履行，也因此越难采取合法措施确认该请求权。但债权人尚能实时主张权利或确保证据，以避免将来证据不足之问题，而债务人或其他相关之非债务人通常需等待权利人采取行动，方得确认请求权成立与否，因此，时间经过所造成证明认定之困难，其危险主要由债务人或涉及之债务人承担，故设有消灭时效制度，以保护债务人及其他相关之非债务人。其次，则为尊重既有之事实秩序，并确保法律安定及和平。盖与正当权利不符之事实关系，已经过一定长久之期间，且为社会所信赖，如恢复原状，一方面有害于共同生活之和平秩序，另一面，权利人于一定期间继续不行使其权利，成为"让权利睡着之人"，殊无予以保护之必要。
三、消灭时效抗辩之援用，如违背诚实信用（第242条），则不允许。例如为避免未来一连串诉讼，当事人约定提起单一典范诉讼（Musterprozess），以处理所有争议问题，嗣后，该典范诉讼却因未预见之困难，而无法完成，且造成权利人于时效完成后，始得再提起诉讼，义务人如于新诉讼程序中，主张消灭时效，即违反诚信原则（BAG DB 1975, 1420）。
四、应与消灭时效加以区别者有二：
  （一）除斥期间
    1. 除斥期间与消灭时效之不同，主要在于二者之法律效力：除斥期间届满，权利即告结束（RG 128, 47）；而消灭时效完成，义务人仅取得拒绝履行之抗辩权（第214条）。因此，除斥期间是否届满，无待当事人主张，法院应依职权审查；时效完成之法律效力，则须当事人主张。

2. 消灭时效制度仅适用于请求权（第194条），而除斥期间最主要适用于形成权，例如第121条、第124条、第148条、第532条、第1944条、第1949条等。例外情形，亦适用于请求权，例如第562条第2款、第651条之7第1款、第801条第1款第1段、第864条、第1835条第1款第3段、《产品责任法》第12条、第13条等。

（二）失权（Verwirkung）

1. 所谓失权，指权利人长期不行使权利，致义务人因此相信，权利人未来亦不会主张其权利（BGH 43, 292; 84, 281; 105, 298; NJW 82, 1999），如权利人复行使其权利，将因其反复矛盾之行为，而构成权利滥用，违反诚信原则（第242条），故权利人不得再主张其权利。
2. 失权之成立要件有二：
   (1) 权利人得行使权利，却长时间不主张。
   (2) 义务人因权利人之行为，客观判断足以相信，权利人未来不会再行使其权利。因此，失权之要件同时包含时间要件与客观事要件，不若消灭时效仅以时间为要件。
3. 失权适用于所有权利，例如请求权、形成权（BGH ZIP 02, 400）、契约终止权、契约解除权、撤回权、抗辩权（BGH NJW 01, 1649; NJW-RR 01, 805）等。
4. 失权不仅适用于私法上权利，在公法上之权利（RG 158, 238; 158, 109; BVerwG 6, 205; 44, 339; BGH 35, 199）、社会法上之权利（BSG NJW 58, 1607; 69, 767）、诉讼法上之权利（BGH 20, 206; 97, 220; BAG NJW 83, 1444）亦有其适用。
5. 若涉及更高之公共利益时，不适用失权（BGH 5, 196; 16, 93），例如对滥用红十字会名称标章者之不作为请求权（BGH 126, 287）。

Titel 1
Gegenstand und Dauer der Verjährung
第一节　消灭时效之标的及期间

§194　Gegenstand der Verjährung

(1) Das Recht, von einem anderen ein Tun oder Unterlassen zu verlangen (Anspruch), unterliegt der Verjährung.

(2) Ansprüche aus einem familienrechtlichen Verhältnis unterliegen der Verjährung nicht, soweit sie auf die Herstellung des dem Verhältnis entsprechenden Zustandes für die Zukunft oder auf die Einwilligung in eine genetische Untersuchung zur

Klärung der leiblichen Abstammung gerichtet sind.

第一百九十四条　[消灭时效之标的][a]

Ⅰ 请求他人[b]作为[c]或不作为[d]之权利（请求权）[e]，适用消灭时效之规定[f]。

Ⅱ 基于亲属法关系之请求权，以完成将来相当关系之状态为目的，或为确定血缘关系，以允许基因鉴定为目的者，不适用消灭时效[g]。

a 参考条文：第758条、第898条、第902条、第924条、第1138条、第1353条、第1632条、第2042条第2款、"台民"第125条。

b 所谓他人，即特定人或特定第三人，其范围得及于债法、物权法、亲属法等。

  1. 源自债之关系之请求权，债务人即为请求权人，请求权（Anspruch）与债权（Forderung）同义。

  2. 许多债法上之请求权（例如物之提示请求权，第809条），与物有一定关系之所有第三人为请求权人。

  3. 至于绝对权，例如物权、人格权、著作权等，权利人得对所有人主张，然权利本身并非请求权，故无消灭时效规定之适用。若绝对权受侵害时，始发生请求权，例如损害赔偿请求权（第823条）；所有物返还请求权（第985条）；或不作为请求权（第1004条、第12条）；请求权之相对人为加害人。此项请求权系取决于绝对权之存在，由绝对权所衍生之相对权。故如所有物返还请求权等相对权虽罹于时效，所有权之绝对权却继续存在，不受影响（RG 138, 296）；当该物所有权移转于他人时，受让人因不受原请求权之消灭时效拘束，而得本于其所有权对加害人有所请求。

  4. 于继续性债之关系中，仅个别产生之请求权适用消灭时效之规定；然终身定期金之关系，普遍认为个别定期给付请求权得罹于时效，其基本权利（即终身定期金之整体请求权）亦得为消灭时效之标的（RG 136, 432）。

c 所谓作为，指一切行为，例如支付、表意、交付物、完成工作物等。

d 所谓不作为，指一切不行为，例如不建筑房屋、不为演出等，尤其指包括容忍特定事物而言。

e 有别于请求权者，为形成权，例如解除契约、终止契约、撤销等，系指基于权利之人单方行为，而发生法律效果。消灭时效与除斥期间之区别，参照第五章前言四之㈠说明。

f 请求权原则上均得罹于消灭时效，例外情形，除本条第2款所称亲属法上请求权外，尚有第758条、第898条、第902条、第924条、第1138条、第2042条第2款等。

g 亲属法关系所生之请求权，如为成立相关之亲属关系者，不适用消灭时效之规定，例如第1353条、第1356条、第1360条、第1361条、第1619条、第1632条等。

反之，对过去之扶养请求权，明定于第197条第1款第2项及第2款，仍得罹于消灭时效。

§195 Regelmäßige Verjährungsfrist

Die regelmäßige Verjährungsfrist beträgt drei Jahre.

第一百九十五条　[一般时效期间]^a

一般时效期间为三年^{bcde}。

a 参考条文：第187条以下、第198条至第201条，"台民"第125条。
b 2001年债编更新修正，消灭时效规定有重大之改变：请求权之时效进行以知悉为要件时，时效期间改为三年，且自知悉时（重大过失而不知）起算（第199条第1款）；不以知悉为要件时，消灭时效自行为时起十年或三十年，其请求权时效消灭（第199条第2款、第3款、第4款）。
c 一般时效规定适用所有私法上请求权，除法律另有规定或当事人另有约定外（禁止约定之规定：第202条），因此，无论是原给付义务请求权（Primärleistungsanspruch），例如标的物给付请求权、报酬给付请求权、损害赔偿请求权，或次给付义务（Sekundärleistungsanspruch），例如恢复原状请求权等，均同等适用。
d 缩短一般时效期间，使主要请求权之时效与替代请求权、附随请求权或辅助请求权之时效均适用，亦大致解决过去不一致之问题。至于少部分不适用一般时效规定之请求权，则仍应依主要请求权规定之目的决定，是否使其效力及于替代请求权、附随请求权或辅助请求权。
e 请求权竞合之情形，如违反契约，而成立契约关系之请求权与侵权行为之请求权时，原则上，各请求权依个别规定决定，互不影响（RGZ 168, 301; BGHZ 24, 191 f.; 100, 201 = NJW 1987, 2008; BGHZ 116, 300 = NJW 1992, 1679）。然短期消灭时效之规定，如不类推适用而缩短其他时效，将导致原短期时效规定之目的落空时，则该短期消灭时效之规定应具有优先性，而得类推适用，以缩短其他较长之时效（BGHZ 66, 317）。例如出租人因标的受损害，而得依契约法及侵权行为法请求损害赔偿，第548条之短期时效规定，类推适用于侵权行为之损害赔偿请求权。

§196 Verjährungsfrist bei Rechten an einem Grundstück

Ansprüche auf Übertragung des Eigentums an einem Grundstück sowie auf

Begründung, Übertragung oder Aufhebung eines Rechts an einem Grundstück oder auf Änderung des Inhalts eines solchen Rechts sowie die Ansprüche auf die Gegenleistung verjähren in zehn Jahren.

第一百九十六条 [土地权利之时效期间]^{ab}

请求移转土地所有权，成立、让与、终止或变更土地上之权利，及该对待给付之请求权者，其时效期间为十年^c。

a 参考法条：第200条、第873条、第925条、第1018条、第1094条、第1113条。
b 以土地或土地上权利为标的之契约，常因必要修缮、重大天灾等原因，致履约时间迟延，因此，2001年债编更新修正，将土地上之请求权时效定为十年，且依第200条规定，自请求权成立时起算时效。
c 适用本条之请求权可分为三大类：
   1. 土地所有权移转请求权：范围包含第873条、第925条之所有权移转，及共有部分之权利、房屋所有权之移转请求权等。
   2. 成立、让与、终止或变更土地上权利之请求权：包含所有限制性物权，例如地役权（第1018条）、优先承买权（第1094条）、抵押权（第1113条）等。
   3. 对待给付请求权：系指土地或土地上权利变更之对待给付请求权，最常见的是价金请求权，但如当事人约定，以一土地交换一辆名牌汽车，则移转汽车所有权为此之对待给付请求权，亦适用本条规定。

§197 Dreißigjährige Verjährungsfrist

(1) In 30 Jahren verjähren, soweit nicht ein anderes bestimmt ist,
   1. Schadensersatzansprüche, die auf der vorsätzlichen Verletzung des Lebens, des Körpers, der Gesundheit, der Freiheit oder der sexuellen Selbstbestimmung beruhen,
   2. Herausgabeansprüche aus Eigentum, anderen dinglichen Rechten, den §§2018, 2130 und 2362 sowie die Ansprüche, die der Geltendmachung der Herausgabeansprüche dienen,
   3. rechtskräftig festgestellte Ansprüche,
   4. Ansprüche aus vollstreckbaren Vergleichen oder vollstreckbaren Urkunden,
   5. Ansprüche, die durch die im Insolvenzverfahren erfolgte Feststellung vollstreckbar geworden sind, und
   6. Ansprüche auf Erstattung der Kosten der Zwangsvollstreckung.

(2) Soweit Ansprüche nach Absatz 1 Nr. 3 bis 5 künftig fällig werdende regelmäßig

第五章 消灭时效 §197

wiederkehrende Leistungen zum Inhalt haben, tritt an die Stelle der Verjährungsfrist von 30 Jahren die regelmäßige Verjährungsfrist.

第一百九十七条 [三十年之时效期间][a]

Ⅰ 除有其他规定外，下列请求权时效期间为三十年[b]：
1. 因生命、身体、健康、自由或性自主之故意侵害而生之损害赔偿请求权。
2. 所有物返还请求权、其他物上返还请求权[c]，基于第二千零一十八条、第二千一百三十条与第二千三百六十二条之返还请求权及得据以主张返还请求权之请求权。
3. 具法律效力确定之请求权[d]。
4. 请求权系基于可执行之和解或可执行之文书[e]。
5. 于破产程序中确定可执行之请求权[f]。
6. 偿还强制执行费用之请求权。

Ⅱ 第一款第三项至第五项于将来到期之规律重复再现请求权，以普通时效期间替代三十年时效期间[g]。

a 参考法条：第497条第3款、第1036条第1款、第1227条、第1231条、第1251条、第1359条、第1664条、第2018条、第2029条、第2174条、第2027条、第2028条，《民事诉讼法》第788条、第794条第1项及第5项，《破产法》第178条第3款。

b 第1款第3项至第5项为旧法第218条之规定，第1项至第2项于旧法时直接适用第195条之原则性规定，但2001年债编更新修正，故有必要于此明确规定。至于第6项，则于2004年增订，然债法更新修正前，各方实已达成共识，强制执行费用之偿还请求权（《民事诉讼法》第788条）应适用三十年之消灭时效，有争议处仅其法律依据，究系直接适用或类推适用旧法第218条，亦或旧法第195条之原则性案例。2001年债编更新修正后，本应可直接适用本条第1款第3项，但为杜绝如过去之争议，遂增订第6项。

c 第2项包含第985条之所有物返还请求权，以及其他物上交付、返还请求权，如第1036条第1款、第1227条、第1231条、第1251条等。惟基于债之关系，如租赁契约（第546条）、不当得利（第812条），所产生之物之返还请求权，不适用本款规定。

d 具法律效力之确定可基于判决、法院发出之执行名义，或费用确定裁定（《民事诉讼法》第104条）、仲裁判断书（《民事诉讼法》第1051条以下）等。消极确认之诉，因理由不足判决驳回者，系争请求权即为认定成立（BGH NJW 1972, 1043; 1975, 1320）。一部分确定者，仅就其确定额发生效力（RG 66, 271）。法院依据《民事诉讼法》第304条，就理由部分所为之中间判决（Zwischenurteil），因欠缺法律效力，不适用本款（BGH NJW 1985, 792）；但若仲裁法院仅须就原因为判断时，其对于原因所为之判断，仍有本款适用（RG 100, 122）。
e 可执行之和解，系指依《民事诉讼法》第794条第1项所为者；可执行之文书，则系指依《民事诉讼法》第794条第5项所为者。
f 依照破产法第178条第3款，登记于破产债权表之债权，对于所有债权人，具有与确定判决同一之效力。
g 对于规律之重复再现请求权，其消灭时效缩短为三年，但第497条第3款为其例外规定。

§198 Verjährung bei Rechtsnachfolge

Gelangt eine Sache, hinsichtlich derer ein dinglicher Anspruch besteht, durch Rechtsnachfolge in den Besitz eines Dritten, so kommt die während des Besitzes des Rechtsvorgängers verstrichene Verjährungszeit dem Rechtsnachfolger zugute.

第一百九十八条　[权利继受时之消灭时效][a]

存在物上请求权之物，因权利继受[b]而由第三人占有者，由前任权利人占有所经过之时效期间，以利于权利继受人方式计算。

a 对人请求权之时效进行，原则上不受权利继受之影响，无论系权利人或义务人发生变更。反之，因占有物而享有之物上请求权，例如物之返还请求权（第985条），因其为对世请求权，且与物之紧密关系，故随着占有事实结束，原请求权之时效进行亦告终了，新占有人拥有新的物上请求权，其时效自占有改变后开始计算。然若物之占有人改变，却未改变当事人之法律关系者，为免有争议，而制定本条规定，依此，前权利人占有时所经过之时效期间，为权利继受人之利益，而纳入计算。本条主要适用案例，例如附抵押权之债务，其已到期而仍未清偿之利息债务。
b 所谓权利继受兼指概括继受或特定继受而言，后者，须新占有人与旧占有人间有意思之合致，否则，不适用本条。

§199 Beginn der regelmäßigen Verjährungsfrist und Verjährungshöchstfristen

(1) Die regelmäßige Verjährungsfrist beginnt, soweit nicht ein anderer Verjährungsbeginn bestimmt ist, mit dem Schluss des Jahres, in dem

1. der Anspruch entstanden ist und
2. der Gläubiger von den den Anspruch begründenden Umständen und der Person des Schuldners Kenntnis erlangt oder ohne grobe Fahrlässigkeit erlangen müsste.

(2) Schadensersatzansprüche, die auf der Verletzung des Lebens, des Körpers, der Gesundheit oder der Freiheit beruhen, verjähren ohne Rücksicht auf ihre Entstehung und die Kenntnis oder grob fahrlässige Unkenntnis in 30 Jahren von der Begehung der Handlung, der Pflichtverletzung oder dem sonstigen, den Schaden auslösenden Ereignis an.

(3) Sonstige Schadensersatzansprüche verjähren
1. ohne Rücksicht auf die Kenntnis oder grob fahrlässige Unkenntnis in zehn Jahren von ihrer Entstehung an und
2. ohne Rücksicht auf ihre Entstehung und die Kenntnis oder grob fahrlässige Unkenntnis in 30 Jahren von der Begehung der Handlung, der Pflichtverletzung oder dem sonstigen, den Schaden auslösenden Ereignis an.

Maßgeblich ist die früher endende Frist.

3a Ansprüche, die auf einem Erbfall beruhen oder deren Geltendmachung die Kenntnis einer Verfügung von Todes wegen voraussetzt, verjähren ohne Rücksicht auf die Kenntnis oder grob fahrlässige Unkenntnis in 30 Jahren von der Entstehung des Anspruchs an.

(4) Andere Ansprüche als die nach den Absätzen 2 bis 3a verjähren ohne Rücksicht auf die Kenntnis oder grob fahrlässige Unkenntnis in zehn Jahren von ihrer Entstehung an.

(5) Geht der Anspruch auf ein Unterlassen, so tritt an die Stelle der Entstehung die Zuwiderhandlung.

第一百九十九条 [普通时效期间之开始及最长时效][ab]

Ⅰ 除有其他规定外，普通时效期间自下述年度结束时起算[c]：
1. 请求权成立[d]，且
2. 债权人知悉或若无重大过失即应知悉，请求权成立之情事及债务人[ef]。

Ⅱ 因侵害生命、身体、健康或自由所产生之请求权，不考虑成立之情事与知悉或重大过失之不知悉，自违反义务或其他引起损害之行为时起，经过三十年消灭时效。

Ⅲ 其他损害赔偿请求权之消灭时效：
1. 不考虑知悉或重大过失而不知，自请求权成立时起，经过十年，且
2. 不考虑成立之情事与知悉或重大过失而不知，自违反义务或其他引起损害之行为时起，经过三十年时效消灭。

以先完成之期间为准。

Ⅲ-1 以继承为基础之请求权或请求权之行使以知悉死因处分为前提,其时效,不考虑知悉或重大过失而不知,自请求权成立时起,经过三十年消灭。

Ⅳ 第二款至第三款之一以外之请求权,不考虑知悉或重大过失而不知,自请求权成立时起,经过十年时效消灭[g]。

Ⅴ 不作为之请求权,其时效起算,以违背行为时替代请求权成立时[h]。

a 参考条文:第195条、第187条、第188条。
b 本条与第195条同为消灭时效之核心规定:第195条规定普通消灭时效之期间,而普通消灭时效之开始进行则规定于第199条第1款与第5款,结合客观要件——请求权成立,及主观要件——知悉或若无重大过失即应知悉。另一方面,为避免因欠缺主观要件(第199条第1款第2项),致使消灭时效无限延长,第199条第2款至第4款,制定消灭时效之最长期间,即自行为时起十年或三十年。
c 自年度结束时起算时效,原规定于旧法第201条,2001年债编更新修正,除将其更动至第199条第1款外,更使其适用于所有普通消灭时效之请求权。其目的在于使所有请求权之时效皆有一致之起算点,以方便计算,例如于2004年4月1日成立买卖价金请求权,其时效开始于2004年12月31日24时,结束于2007年12月31日24时。
d 请求权成立系指,权利人首次得主张该请求权之时点,以及必要时得以诉讼手段贯彻之。一般而言,请求权成立于该权利届至清偿期,惟因种类而有差异:
  1. 附停止条件之债权,为其条件成就之时。
  2. 附始期之债权,为其始期届至之时。
  3. 定期给付请求权,自各期给付之履行期届至时。
e 请求权人无须知悉所有细节,但对于该请求权成立之重要情事,以及其为请求权人,应有所认识,且于无须耗费庞大成本之可期待范围内,尚应知悉请求权之相对人之姓名与联络地址(BGH NJW 1998, 988; 2001, 1721; 2003, 288)。若同时数人为请求权之相对人时,依请求权人知悉个别相对人之时间,分别开始其进行时效(BGH VersR 1963, 285)。
f 重大过失而不知悉系指,请求权人以不寻常之重大方式(in ungewöhnlich großem Maße)违反社会活动所应具备之注意义务,且一般人只要稍加思考或注意即可得知,而请求权人却仍不知悉(BGHZ 10, 16 = NJW 1953, 1139; BGHZ 89, 161 = NJW 1984, 789; BGH NJW-RR 1994, 1471; NJW 1992, 3236)。
g 第2款至第4款为最长时效之规定,其起算点与第1款不同,不以年度结束为时效之开始,而系于行为或请求权成立之日起算,且依第187条、第188条计算之。其分类方式,原则上依照第4款,所有请求权之最长时效为十年,然因侵害生命、身体、健康或自由所产生之法定或契约上损害赔偿请求权,依照第2款规定,最长时效为三十年,至于其他不适用第2款之损害赔偿请求权,则依第3款规定订之。
h 本款之时效仅得自违背行为时起算,盖如无违背行为之存在,请求权人根本无从以任何人为相对人,并要求其停止该项行为。再者,随着每一项违背行为之发生,即开始起算新的消灭时效。

§200 Beginn anderer Verjährungsfristen

Die Verjährungsfrist von Ansprüchen, die nicht der regelmäßigen Verjährungsfrist unterliegen, beginnt mit der Entstehung des Anspruchs, soweit nicht ein anderer Verjährungsbeginn bestimmt ist. §199 Abs. 5 findet entsprechende Anwendung.

第二百条 [其他时效期间之开始][a]
^{1}不适用一般时效之请求权,如无其他关于时效期间开始之规定,其时效自请求权成立时起算。^{2}第一百九十九条第五款准用之[b]。

a 参考条文:第195条、第199条,"台民"第128条。
b 本条文系沿用旧法第198条,但于2001年债编更新修正后,仅具补充效力。

§201 Beginn der Verjährungsfrist von festgestellten Ansprüchen

Die Verjährung von Ansprüchen der in §197 Abs. 1 Nr. 3 bis 6 bezeichneten Art beginnt mit der Rechtskraft der Entscheidung, der Errichtung des vollstreckbaren Titels oder der Feststellung im Insolvenzverfahren, nicht jedoch vor der Entstehung des Anspruchs. §199 Abs. 5 findet entsprechende Anwendung.

第二百零一条 [经确认之请求权之时效起算][a]
^{1}第一百九十七条第一款第三项至第六项所定之请求权,其时效自判决确定时、取得执行名义时或于破产程序中确定时起算,但不得于请求权成立前[b]。^{2}第一百九十九条第五款准用之。

a 参考条文:第197条。
b 本条系针对第197条第1款第3项至第6项已经确定之请求权,使其不适用第199条规定,而就其客观情事,自其个别请求权确定之时起算时效。

Unzulässigkeit von Vereinbarungen über die Verjährung

(1) Die Verjährung kann bei Haftung wegen Vorsatzes nicht im Voraus durch Rechtsgeschäft erleichtert werden.

(2) Die Verjährung kann durch Rechtsgeschäft nicht über eine Verjährungsfrist von 30 Jahren ab dem gesetzlichen Verjährungsbeginn hinaus erschwert werden.

第二百零二条　[消灭时效约定之禁止][ab]

Ⅰ 因故意所负责任，其时效不得预先以法律行为[cd]减轻之[e]。

Ⅱ 消灭时效以法律行为加重者，依法定时效起算，不得超过三十年[f]。

a 参考条文："台民"第147条。

b 旧法第225条规定，仅得约定使时效易于完成，而不得约定排除或使时效难以完成。其主要在于时效完成不仅为保护义务人，同时也涉及公共利益，例如法律安定性、法律和平状态等。惟2001年债编更新修正，一改过去规范精神，而肯认契约自由原则上亦包含约定变更法定消灭时效，故当事人得约定减轻或加重时效之完成，但本条第2款则设有三十年之最长期间限制，当事人之约定不得超过该限制。另一方面，借由第1款规定，禁止事前约定使时效易于完成。本条系属134条之禁止规定，因此，违反本条之禁止规定，致约定无效时，仍适用法定消灭时效规定。

c 法条文字虽使用"法律行为"，但原则上法定消灭时效期间仅得以当事人约定变更，此亦与本条标题及修法过程所使用之文字一致，盖唯有债权人与债务人达成协议时，最能同时符合双方利益（参照第311条第1款）。例外情形有债务人放弃抗辩，及基于单独法律行为之请求权。

d 当事人约定无须具备特定之形式，即使系争请求权之契约为要式契约，亦同。

e 使时效易于完成之方式，有如缩短期间、提前时效之开始、限制时效不完成或时效中断之事由、制定排除期间，但约定仅得针对适用消灭时效之请求权，对于不罹于时效之请求权，不得约定使其消灭时效。

f 使时效完成之加重约定，有如延长消灭时效期间、延后时效之起算，增订时效不完成或时效中断之事由、限期抛弃时效等。

Titel 2
Hemmung, Ablaufhemmung und Neubeginn der Verjährung
第二节 时效消灭之不完成、期满之不完成及重新开始

时效不完成，指时效因特定事由之发生而停止计算，于该事由不存在时，时效继续进行，因此，该事由存在期间，不纳入时效期间计算之（第209条）。应与时效不完成加以区别者，是时效期满之不完成，后者系指于特定事由结束后，经过与时效无关之一定期间，时效始完成（第210条、第211条）。至于时效重新开始，即过去所称之时效中断（第212条）。时效不完成与时效重新开始有重叠之可能，通常情形下，新时效将开始于时效不完成之事由结束时。

§203 Hemmung der Verjährung bei Verhandlungen

Schweben zwischen dem Schuldner und dem Gläubiger Verhandlungen über den Anspruch oder die den Anspruch begründenden Umstände, so ist die Verjährung gehemmt, bis der eine oder der andere Teil die Fortsetzung der Verhandlungen verweigert. Die Verjährung tritt frühestens drei Monate nach dem Ende der Hemmung ein.

第二百零三条　[因协商而时效不完成][ab]
[1]债务人与债权人关于请求权或请求权成立之情事[c]之协商[d]进行中，时效停止进行，至一方当事人拒绝继续协商[e]。[2]消灭时效最早完成于停止事由结束后三个月[f]。

a 参考条文：第209条。
b 本条系延续旧法第852条第2款适用于侵权行为之规定，并使其扩张适用于所有请求权，其理由在于，就有争执或疑问之请求权进行协商，符合立法政策所希冀之目标，即解决法律争讼。故本条规定除欲使双方进行协商时，免于时效进行之压力，并顾及平衡双方当事人之利益，详言之，一方面促使被请求人愿意进行协商，以避免请求权人提起诉讼，另一方面，须确保协商所需时间，不会反使被请求人将来主张时效完成，而拒绝履行其义务。
c 协商涉及之请求权为何，须解释协商内容决定之，因此，本条所指涉者，较非实体法意义之请求权基础，而是协商中提及之生活事实（Lebenssachverhalt）所涉及之请求权。
d 所有当事人间或与其代理人间，关于请求权或请求权成立情事之意见交换，仅一方之主张尚未确定遭对方拒绝前，皆属本条之协商范围（BGHZ 93, 66 f. = NJW 1985, 799; NJW 1990, 247; NJW 2001, 886; 2001, 1723; NJW-RR 2001,

1169; NJW 2004, 1654)。

e 进行中之协商，溯及至请求权人主张其权利之时，时效停止进行（BGH VersR 1962, 616）。时效不完成结束于当事人拒绝继续协商，该拒绝须由当事人明确表示，或自其行为明确显示（BGH NJW 1992, 688）。

f 本段规定系于2001年债编更新修正所增订，其目的在于避免请求权人遭遇时效不完成之匆促结束，以保护其考虑期间，故时效于协商后三个月始得完成，请求权人得于该期间内以提起诉讼之方式，重新开始时效不完成之事由（第204条）。

§204 Hemmung der Verjährung durch Rechtsverfolgung

(1) Die Verjährung wird gehemmt durch
1. die Erhebung der Klage auf Leistung oder auf Feststellung des Anspruchs, auf Erteilung der Vollstreckungsklausel oder auf Erlass des Vollstreckungsurteils,
2. die Zustellung des Antrags im vereinfachten Verfahren über den Unterhalt Minderjähriger,
3. die Zustellung des Mahnbescheids im Mahnverfahren oder des Europäischen Zahlungsbefehls im Europäischen Mahnverfahren nach der Verordnung (EG) Nr. 1896/2006 des Europäischen Parlaments und des Rates vom 12. Dezember 2006 zur Einführung eines Europäischen Mahnverfahrens (ABl. EU Nr. L 399 S. 1),
4. die Veranlassung der Bekanntgabe des Güteantrags, der bei einer durch die Landesjustizverwaltung eingerichteten oder anerkannten Gütestelle oder, wenn die Parteien den Einigungsversuch einvernehmlich unternehmen, bei einer sonstigen Gütestelle, die Streitbeilegungen betreibt, eingereicht ist; wird die Bekanntgabe demnächst nach der Einreichung des Antrags veranlasst, so tritt die Hemmung der Verjährung bereits mit der Einreichung ein,
5. die Geltendmachung der Aufrechnung des Anspruchs im Prozess,
6. die Zustellung der Streitverkündung,
6a die Zustellung der Anmeldung zu einem Musterverfahren für darin bezeichnete Ansprüche, soweit diesen der gleiche Lebenssachverhalt zugrunde liegt wie den Feststellungszielen des Musterverfahrens und wenn innerhalb von drei Monaten nach dem rechtskräftigen Ende des Musterverfahrens die Klage auf Leistung oder Feststellung der in der Anmeldung bezeichneten Ansprüche erhoben wird,
7. die Zustellung des Antrags auf Durchführung eines selbständigen Beweisverfahrens,
8. den Beginn eines vereinbarten Begutachtungsverfahrens,
9. die Zustellung des Antrags auf Erlass eines Arrests, einer einstweiligen Verfügung oder einer einstweiligen Anordnung, oder, wenn der Antrag nicht

第五章 消灭时效 §204

zugestellt wird, dessen Einreichung, wenn der Arrestbefehl, die einstweilige Verfügung oder die einstweilige Anordnung innerhalb eines Monats seit Verkündung oder Zustellung an den Gläubiger dem Schuldner zugestellt wird,

10. die Anmeldung des Anspruchs im Insolvenzverfahren oder im Schifffahrtsrechtlichen Verteilungsverfahren,
11. den Beginn des schiedsrichterlichen Verfahrens,
12. die Einreichung des Antrags bei einer Behörde, wenn die Zulässigkeit der Klage von der Vorentscheidung dieser Behörde abhängt und innerhalb von drei Monaten nach Erledigung des Gesuchs die Klage erhoben wird; dies gilt entsprechend für bei einem Gericht oder bei einer in Nummer 4 bezeichneten Gütestelle zu stellende Anträge, deren Zulässigkeit von der Vorentscheidung einer Behörde abhängt,
13. die Einreichung des Antrags bei dem höheren Gericht, wenn dieses das zuständige Gericht zu bestimmen hat und innerhalb von drei Monaten nach Erledigung des Gesuchs die Klage erhoben oder der Antrag, für den die Gerichtsstandsbestimmung zu erfolgen hat, gestellt wird, und
14. die Veranlassung der Bekanntgabe des erstmaligen Antrags auf Gewährung von Prozesskostenhilfe oder Verfahrenskostenhilfe; wird die Bekanntgabe demnächst nach der Einreichung des Antrags veranlasst, so tritt die Hemmung der Verjährung bereits mit der Einreichung ein.

(2) Die Hemmung nach Absatz 1 endet sechs Monate nach der rechtskräftigen Entscheidung oder anderweitigen Beendigung des eingeleiteten Verfahrens. Gerät das Verfahren dadurch in Stillstand, dass die Parteien es nicht betreiben, so tritt an die Stelle der Beendigung des Verfahrens die letzte Verfahrenshandlung der Parteien, des Gerichts oder der sonst mit dem Verfahren befassten Stelle. Die Hemmung beginnt erneut, wenn eine der Parteien das Verfahren weiter betreibt.

(3) Auf die Frist nach Absatz 1 Nr. 6a, 9, 12 und 13 finden die §§206, 210 und 211 entsprechende Anwendung.

第二百零四条 [因法律追诉而时效不完成][ab]

I 时效停止进行于
　1. 提起给付之诉或确认请求权之诉，或授予执行条款之诉，或作成执行判决之诉[cde]。
　2. 依简易程序，送达关于抚养未成年人之申请[f]。
　3. 依催告程序送达催告通知，或依欧洲议会与理事会于2006年12月12日发布之1896/2006号规则导入之欧洲催告程序送达之欧洲支付命令。[g]

4. 公告调解申请,该调解系向邦司法行政单位设立或承办之调解处提出,或当事人合意向其他处理争端之调解处提出;若调解申请提出后即公告者,自提出时起时效停止进行。
5. 诉讼程序中主张请求权之抵销。
6. 送达诉讼告知[h]。
6-1 声明范例程序之送达,该声明中请求权与范例程序之确定目的以相同生活事实为基础,且于范例程序受确定判决后三个月内,提起所声明请求之给付或确定诉讼者[i]。
7. 送达执行独立证据程序之申请[j]。
8. 开始约定之鉴定程序。
9. 送达假扣押、假处分或暂时命令之申请时,或申请未送达者,自递交假扣押、假处分或暂时命令时,若假扣押、假处分或暂时命令于一个月内公告或送达债务人。
10. 于破产程序或船舶法之分配程序中,登记其请求权[k]。
11. 开始仲裁程序。
12. 向主管机关递交申请时,若以主管机关之决定为起诉要件,且于完成申请之三个月内提起诉讼者;向法院或第四项之调解处提出申请,其以主管机关之决定为申请要件者,亦同。
13. 向上级法院递交申请,以决定管辖法院,且于完成申请之三个月内,提起诉讼或向管辖法院送达申请[l]。
14. 公告诉讼费用协助或程序费用协助之首次申请;若申请提出后即公告者,自提出时起时效停止进行[m]。

Ⅱ 第一款之时效停止进行结束于判决确定或其他程序结束后六个月。因当事人不进行致程序停滞时,以当事人、法院或其他程序进行处之最后程序行为替代程序结束[n]。

Ⅲ 第一款第六项之一、第九项、第十二项及第十三项之时效,准用第二百零六条、第二百一十条及第二百一十一条规定。

a 参考条文:《民事诉讼法》第253条、第254条、第256条。
b 于2001年债编更新修正中,本条重新修定:将旧法第209条至第215条及第220条移至本条,使法律追溯部分有统一规定,并修正其条文内容,特别是法律效果。
c 提起诉讼系指诉状送达(《民事诉讼法》第253条),以此使时效停止进行之正当性在于,请求权人表现出以诉讼实现其请求权之意愿,故有效之起诉或反诉均属之,反之,无效之提起诉讼则不得停止时效进行。于外国法院提起诉讼,能否适用德国法之时效不完成规定,并非取决于判决能否依《民事诉讼法》第

328条被承认，而是须要符合两项要求：1. 存在与时效不完成相同功能之行为；2. 存在法律听审制度。该诉讼行为即具有时效不完成之效力。

d 对被请求人为防御所提起之消极确认之诉，因与请求权人提起诉讼之意义不同，不生时效不完成之效力（RGZ 75, 305; 153, 383; BGHZ 72, 25 ff. = NJW 1978, 1975; BGHZ 122, 293 = NJW 1993, 1847）。

e 提起给付之诉，即生时效不完成之效力（《民事诉讼法》第166条、第167条）；若请求权人主张报告请求权，为其阶段诉讼（《民事诉讼法》第254条）之第一部分，亦生同等效力。反之，请求权人仅提起诉讼，要求对方报告或提供账目，尚不足以发生时效不完成之效力。积极确认之诉（《民事诉讼法》第256条），亦生时效不完成之效力。

f 本项系指《民事诉讼法》第645条以下，关于未成年人抚养之简易程序。

g 催告程序规范于《民事诉讼法》第688条以下。得发生时效不完成之催告，以其将请求权充分个别化（individualisiert）为要件，盖催告通知为将来执行通知之基础，且被请求权人应得据此判断，是否针对该主张提出抗辩。

h 本项系针对诉讼告知（《民事诉讼法》第72条至第74条）之情形，至于一般诉讼，于诉讼书状送达时，即生时效不完成之效力（《民事诉讼法》第166条、第167条）。

i 本项为2012年10月19日之投资人范例程序及其他规定改革法（Gesetz zur Reform des Kapitalanleger- Musterverf ahrensgesetz und zur Änderung an derer Vorschriften）所新增，其效力持续至2020年11月1日（参照《投资人范例程序及其他规定改革法》第28条）。数诉讼程序以相同事实为基础并具有共同争点，当事人之一造申请法院先就一诉讼程序进行裁判，以作为其他相类程序之范例者，称为范例程序，参照《资本市场诉讼范例程序法》（Gesetz über Musterverfahren in kapitalmarktrechtlichen Streitigkeiten）第2条。已提出声明参照范例程序之请求权，为等待范例程序终结，其时效不进行。

j 本项系延续旧法第477条第2款与第639条第1款之精神，并使其成为一般性规定。于旧法中，为确保买卖契约与承揽契约之瑕疵担保责任，证据保存常具有特殊地位，从而使该项规定具有正当性，而2001年债编更新修正，则使其适用于所有请求权，以填补过去之不足。本项之独立证据程序系指《民事诉讼法》第485条以下规定。

k 时效不完成之效力，仅限于登记之债权额度（RG 170, 278）。

l 本项系指《民事诉讼法》第36条之情形，其管辖法院须先由上级法院定之者。

m 本项系基于基本法第3条第1款、第20条社会国原则之理由，于请求权人无法自力支付诉讼费用，而需申请诉讼费用协助时，仍应确保其实践请求权之机会与他人无异。

n 本项规定系整合旧法第211条、第212条及第215条至第217条，使其有统一规定，惟调整其法律效果，使时效停止进行结束于判决确定或其他程序结束后六个月。

§205 Hemmung der Verjährung bei Leistungsverweigerungsrecht

Die Verjährung ist gehemmt, solange der Schuldner auf Grund einer Vereinbarung mit dem Gläubiger vorübergehend zur Verweigerung der Leistung berechtigt ist.

第二百零五条 [拒绝给付权之时效不完成][a]
债务人因与债权人之约定，而得暂时拒绝给付之期间，时效不完成[b]。

a 参考条文：第199条第1款、第4款，第200条，第203条。
b 本条继受旧法第202条规定，但在要件上大幅限缩时效不完成之可能性，故依现行条文规定，仅适用于事后约定之拒绝给付权（nachträglich vereinbartes Leistungsverwei-gerungsrecht），始构成时效不完成。再者，于法条适用上，本条可能与第199条第1款、第4款及第200条并用，亦可能与第203条并存。

§206 Hemmung der Verjährung bei höherer Gewalt

Die Verjährung ist gehemmt, solange der Gläubiger innerhalb der letzten sechs Monate der Verjährungsfrist durch höhere Gewalt an der Rechtsverfolgung gehindert ist.

第二百零六条 [因不可抗力之消灭时效不完成][a]
债权人于时效期满前六个月，因不可抗力致无法进行法律追诉之期间，时效不完成[b]。

a 参考条文："台民"第139条。
b 本条系针对不可抗力之情形，且无论不可抗力之事件发生于何时，自时效满前六个月，始构成时效不完成。至于何谓不可抗力，应指依合理可期待之注意义务，仍无法预见且避免之事件，因此，请求权人若有些微过失，即非不可抗力之事件（BGH 81, 355; NJW 1997, 3164）。

§207 Hemmung der Verjährung aus familiären und ähnlichen Gründen

(1) Die Verjährung von Ansprüchen zwischen Ehegatten ist gehemmt, solange die Ehe besteht. Das Gleiche gilt für Ansprüche zwischen
1. Lebenspartnern, solange die Lebenspartnerschaft besteht,
2. dem Kind und
   a) seinen Eltern oder
   b) dem Ehegatten oder Lebenspartner eines Elternteils bis zur Vollendung des 21. Lebensjahres des Kindes,
3. dem Vormund und dem Mündel während der Dauer des Vormundschaftsverhältnisses,
4. dem Betreuten und dem Betreuer während der Dauer des Betreuungsverhältnisses und
5. dem Pflegling und dem Pfleger während der Dauer der Pflegschaft.

Die Verjährung von Ansprüchen des Kindes gegen den Beistand ist während der Dauer der Beistandschaft gehemmt.

(2) §208 bleibt unberührt.

第二百零七条 [基于家庭或类似因素之时效不完成][abc]
Ⅰ ¹于婚姻关系存续中，夫妻间之请求权时效不完成[d]。²下列当事人间之请求权，亦同：
1. 同居人，于同居关系存续间。
2. 子女与
   (1) 其父母间，或
   (2) 父母一方之配偶或同居人，于子女年满二十一岁之前[e]。
3. 监护人与被监护人间，于监护关系存续期间。
4. 被辅佐人与辅佐人间，于辅佐关系存续期间[f]
5. 被襄佐人与襄佐人间，于襄佐关系存续期间[g]，子女对辅佐人之请求权，于辅佐关系存续期间[h]，时效不完成。

Ⅱ 第二百零八条规定不受影响。

a 参考条文：第1712条、第1754条、第1896条、第1909条，"台民"第142条、第143条。
b 本条系延续旧法第204条规定，并使其扩大适用于继父母子女关系。其立法精神在于，夫妻、父母子女、监护人与受监护人间之争讼，为维护家庭和平，应予避免，否则势将破坏相互间之信赖（BGH 76, 295）。
c 本条系由法院依职权适用（RG JW. 08, 192），且适用范围包含法定请求权与因法律行为所生之请求权。
d 夫妻间之请求权若成立于结婚前，只须于婚姻关系中该请求权尚未罹于时效，其时效即可停止进行（Nürnberg MDR 80, 668）。
e 本款适用于父母对子女之请求权，以及子女对父母之请求权，且不论父母是否具有婚姻关系或是否为享有监护权之一方。此外，尚包括养父母子女间（第1754条）及继父母子女间之请求权。
f 辅佐关系系指第1896条以下，对于罹患生理或心理疾病，致无法处理自己事务之人，所设立之制度。
g 照顾关系系指第1909条以下，对于父母或监护人不能为其处理事务之人，所设立之补充制度。
h 辅佐关系系指第1712条以下，父母之一方得就下列二项事宜，以书面向少年局提出辅佐申请：1. 确认生父关系；2. 主张扶养请求权。

§208 Hemmung der Verjährung bei Ansprüchen wegen Verletzung der sexuellen Selbstbestimmung

Die Verjährung von Ansprüchen wegen Verletzung der sexuellen Selbstbestimmung ist bis zur Vollendung des 21. Lebensjahrs des Gläubigers gehemmt. Lebt der Gläubiger von Ansprüchen wegen Verletzung der sexuellen Selbstbestimmung bei Beginn der Verjährung mit dem Schuldner in häuslicher Gemeinschaft, so ist die Verjährung auch bis zur Beendigung der häuslichen Gemeinschaft gehemmt.

第二百零八条 [因侵害性自主权之时效不完成][a]

[1]因侵害性自主权所生之请求权，于请求权人年满二十一岁前，时效不完成。[2]请求权人于时效开始时，与被请求人共同生活者，至共同生活结束前，时效不完成。

a 本条为2001年债编更新修正所增订之条文，其理由在于，旧法无特别规定，因此，如无第204条之适用时，只须被害人之父母一方知悉该事件，旧法第852条之三年时效即开始进行，却常因顾虑加害人或基于恐惧，而未敢为被害人主张该请求权，致请求权多罹于时效。有鉴于此，增订本条规定，自被害人得自主决定之时起，始开始时效之进行。

§209 Wirkung der Hemmung

Der Zeitraum, während dessen die Verjährung gehemmt ist, wird in die Verjährungsfrist nicht eingerechnet.

第二百零九条 [时效不完成之效力]^a
时效不完成之期间，不算入时效期间之内^{bc}。

a 参考条文：第195条至第197条、第425条第2款、第429条第2款、第768条第1款第1段。
b 时效不完成之期间，不算入时效期间，故不完成事由发生以前已经过之期间，仍不失其效力，待不完成事由终止，时效再进行时，可与其后之期间合并计算。
c 时效不完成之效力系对人效力，对其他共同债权人不生效力（第425条第2款、第429条第2款），但时效不完成之效力，对保证人亦生效力（第768条第1款第1段）。

§210 Ablaufhemmung bei nicht voll Geschäftsfähigen

(1) Ist eine geschäftsunfähige oder in der Geschäftsfähigkeit beschränkte Person ohne gesetzlichen Vertreter, so tritt eine für oder gegen sie laufende Verjährung nicht vor dem Ablauf von sechs Monaten nach dem Zeitpunkt ein, in dem die Person unbeschränkt geschäftsfähig oder der Mangel der Vertretung behoben wird. Ist die Verjährungsfrist kürzer als sechs Monate, so tritt der für die Verjährung bestimmte Zeitraum an die Stelle der sechs Monate.

(2) Absatz 1 findet keine Anwendung, soweit eine in der Geschäftsfähigkeit beschränkte Person prozessfähig ist.

第二百一十条 [非完全行为能力人之时效期满之不完成]^{abc}
Ⅰ ¹无行为能力人或限制行为能力人若无法定代理人者，自其成为完全行为能力人，或其代理人就职时起，六个月内时效不完成。²时效期间短于六个月者，以其时效期间替代六个月之期间^d。
Ⅱ 前款规定，于限制行为能力人有诉讼能力时，不适用之^e。

a 参考条文："台民"第141条。
b 本条规定为时效期满之不完成，即时效延长六个月。
c 本条延续旧法第206条规定，但扩大其适用范围。详言之，旧法系针对请求权人为无行为能力人或限制行为能力人，且无法定代理人之情形，惟本条除适用于此种情形外，尚包含被请求人为无行为能力人或限制行为能力人，且无法定代理人之情形。主张第210条时，请求权人可能因事后无法证明被请求人无行为能力，而需承担时效完成之风险，故应依《民事诉讼法》第57条，以确保其权利。

d 于无行为能力人或限制行为能力人无法定代理人时，方适用本条，如法定代理人因事实障碍，而无法处理其代理事务，则不适用之（BGH NJW 1975, 260）；然若法定代理人系因法律障碍，如丧失行为能力、利益冲突（第181条、第1629条、第1795条）等，则仍适用本条（RG 143, 350; BGH 55, 271）。

e 限制行为能力人依第112条、第113条与《民事诉讼法》第52条规定，其行为能力与诉讼能力不受限制时，第1款规定不适用之。

§211 Ablaufhemmung in Nachlassfällen

Die Verjährung eines Anspruchs, der zu einem Nachlass gehört oder sich gegen einen Nachlass richtet, tritt nicht vor dem Ablauf von sechs Monaten nach dem Zeitpunkt ein, in dem die Erbschaft von dem Erben angenommen oder das Insolvenzverfahren über den Nachlass eröffnet wird oder von dem an der Anspruch von einem oder gegen einen Vertreter geltend gemacht werden kann. Ist die Verjährungsfrist kürzer als sechs Monate, so tritt der für die Verjährung bestimmte Zeitraum an die Stelle der sechs Monate.

第二百一十一条 [遗产之时效期满之不完成][ab]

[1]属于遗产之请求权及对遗产之请求权，于继承人承认继承时，或遗产之破产程序开始时，或由代理人[c]行使请求权时起，六个月时效不完成。[2]时效期间短于六个月者，以其期间代六个月之期间[d]。

a 参考条文：第1911条、第1943条、第1975条、第1960条、第2197条以下、第212条、第215条，《破产法》第214条以下，"台民"第140条。

b 本条为保护继承人及遗产债权人（第2031条）而设。

c 所谓遗产代理人系遗产管理人（第1975条）、遗产保佐人（第1960条）、所在不明者财产之襄佐人（第1911条）或遗嘱执行人（第2197条以下）而言。须注意者，遗产管理人系以清偿遗产债权人为目的，由遗产法院所选任者；反之，遗产保佐人系以保全遗产为目的，由遗产法院选任，二项制度之目的不同。又遗产管理人系依继承人或遗产债权人之申请，由遗产法院所选任；反之，遗产保佐人由遗产法院选任，视同将来之继承人之法定代理人。

d 六个月或较短之时效期间，自下列事由发生时，开始进行时效：1.承认继承（第1943条），若数人同为继承人，须全体继承人承认；2.遗产破产程序开始（《破产法》第315条以下）；3.指定遗产代理人，如遗产管理人、遗产保佐人、遗嘱执行人等。

§212 Neubeginn der Verjährung

(1) Die Verjährung beginnt erneut, wenn
  1. der Schuldner dem Gläubiger gegenüber den Anspruch durch Abschlagszahlung, Zinszahlung, Sicherheitsleistung oder in anderer Weise anerkennt oder
  2. eine gerichtliche oder behördliche Vollstreckungshandlung vorgenommen oder beantragt wird.
(2) Der erneute Beginn der Verjährung infolge einer Vollstreckungshandlung gilt als nicht eingetreten, wenn die Vollstreckungshandlung auf Antrag des Gläubigers oder wegen Mangels der gesetzlichen Voraussetzungen aufgehoben wird.
(3) Der erneute Beginn der Verjährung durch den Antrag auf Vornahme einer Vollstreckungshandlung gilt als nicht eingetreten, wenn dem Antrag nicht stattgegeben oder der Antrag vor der Vollstreckungshandlung zurückgenommen oder die erwirkte Vollstreckungshandlung nach Absatz 2 aufgehoben wird.

第二百一十二条 [时效重新开始][ab]

Ⅰ 时效重新开始，当
  1. 债务人对权利人之请求权，为部分清偿、支付利息、提供担保，或以其他方法承认请求权[cde]。
  2. 采取或申请法院或机关之执行行为。
Ⅱ 因债权人之申请，或因欠缺法定要件，而终止执行行为者，因执行行为而重新开始之时效，视为未发生。
Ⅲ 申请未获许可，或申请于执行行为开始前撤回，或已开始之执行行为依照第二款规定终止时，因申请执行行为而重新开始之时效，视为未发生[f]。

a 参考条文："台民"第129条第1款。
b 为避免字义解释错误，2001年债编更新修正，将时效中断改为时效重新开始，其效力则仍维持不变，即因法定事由之发生，其时效进行归于无效，法定事由结束后，时效重新开始计算。
c 所谓承认系指，因时效而受利益之人承认请求权人权利存在之表示。承认系指义务人对权利人之事实举止（tatsächliches Verhalten），且该事实举止足以明确表示，权利人之请求权确实存在，即为已足，从而发生时效重新开始之法律效果，无须义务人再为意思表示（RG 113, 238），故性质上属于准法律行为。承认既属准法律行为,因此,得类推适用第119条以下关于不健全意思表示之规定,亦得类推适用代理之规定,但不包括其中关于代理行为瑕疵之判断规定(RG HRR 30, 96)。
d 本款列举之承认有四类:部分清偿、支付利息、提供担保,或以其他方法承认,例如延缓之恳请。债务一部分之承认,仅就该部分发生时效重新开始之效力。
e 通说认为,自承认表示时,发生时效重新开始之效力(BGH WM 1975, 559),但少数认为自承认到达相对人时,始生效力(KG NJW—RR 1990, 1402)。时效完成后之承认,不排除业已发生消灭时效之法律效力(RG 78, 130)。
f 第2款及第3款之情形发生时,时效重新开始之法律效果溯及既往地失去效力。

§213 Hemmung, Ablaufhemmung und erneuter Beginn der Verjährung bei anderen Ansprüchen

Die Hemmung, die Ablaufhemmung und der erneute Beginn der Verjährung gelten auch für Ansprüche, die aus demselben Grunde wahlweise neben dem Anspruch oder an seiner Stelle gegeben sind.

第二百一十三条 [其他请求权之时效不完成,时效期满之不完成及时效重新开始]a

基于相同理由所生,且可选择之请求权,或得替代之请求权,于时效不完成、时效期满之不完成及时效重新开始时亦适用之。

a 本条之精神系源于旧法第477条第3款及第639条第1款,即针对买卖契约与承揽契约之瑕疵担保责任,债权人有选择权之情形,2001年债编更新修正,将此规定变更为一般性原则,适用于所有其他类似情形之请求权。

Titel 3 Rechtsfolgen der Verjährung
第三节 消灭时效之法律效果

§214 Wirkung der Verjährung

(1) Nach Eintritt der Verjährung ist der Schuldner berechtigt, die Leistung zu verweigern.
(2) Das zur Befriedigung eines verjährten Anspruchs Geleistete kann nicht zurückge-

fordert werden, auch wenn in Unkenntnis der Verjährung geleistet worden ist. Das Gleiche gilt von einem vertragsmäßigen Anerkenntnis sowie einer Sicherheitsleistung des Schuldners.

第二百一十四条　[消灭时效之效力][a]

Ⅰ 时效完成后，债务人得拒绝给付[bcde]。

Ⅱ ¹请求权已罹于时效，义务人仍为履行之给付者，即使不知消灭时效而给付，亦不得请求返还[f]。²债务人以契约承认或提供担保者，亦同[g]。

a 参考条文：第425条、第429条、第781条、第782条、第901条、第1028条，《商法》第350条，《税捐法》第228条以下、第232条，"台民"第144条。

b 消灭时效完成之效力，不在于使请求权消灭，而是使义务人得拒绝给付，即永久之抗辩权，由义务人决定是否行使此抗辩权。故当事人对消灭时效成立与否有争议时，并非提起确认之诉，以确认请求权不存在，而是确认义务人有抗辩权（BGH NJW 83, 392）。再者，时效完成后，权利人固不得违反义务人之意愿，强制实现其请求权；于诉讼程序中，法院亦不得依职权决定时效是否完成，而须待义务人主张，法院方可审酌之。惟公法上之请求权，如有特别规定者，如《税捐法》第228条以下、第232条，于时效完成后，该权利则归于消灭。

c 权利人或义务人有数人时，时效完成与否，均分别依权利人或义务人判断之，且仅个别符合之义务人，得主张时效完成之抗辩权（第425条、第429条）。

d 由于权利不因时效完成而消灭，故该权利仍有抵销之可能（第215条）。例外情形有第901条、第1028条，各该权利因时效完成而消灭。

e 时效完成之抗辩权，义务人得于时效完成前或完成后抛弃。

f 时效完成后之权利，仍得请求履行，故第2款规定，对已罹于时效之请求权为给付，不得再依不当得利请求返还，无论给付时是否知悉时效已完成。

g 所谓契约承认，应指第781条规定的债之承认，应以书面为之，除法律另有免除规定外，如第782条、《商事法》第350条。

§215 Aufrechnung und Zurückbehaltungsrecht nach Eintritt der Verjährung

Die Verjährung schließt die Aufrechnung und die Geltendmachung eines Zurückbehaltungsrechts nicht aus, wenn der Anspruch in dem Zeitpunkt noch nicht verjährt war, in dem erstmals aufgerechnet oder die Leistung verweigert werden konnte.

第二百一十五条 [消灭时效完成后之抵销及留置权]ᵃ

请求权于首次得抵销或拒绝给付时,尚未消灭时效者,其时效完成,不影响抵销及留置权之主张ᵇᶜ。

a 参考条文:第273条。
b 关于抵销之主张,旧法规定于第390条,2001年债编更新修正,将之移至第215条,依此,如抵销之要件于债权时效未完成前即已满足,则债权人于时效完成后,仍得就该债权主张抵销。
c 关于留置权(第273条)之主张,过去法虽无明文规定,但判决将其与抵销同等对待(BGH 48, 116),2001年债编更新修正,将其增订于第215条。

§216 Wirkung der Verjährung bei gesicherten Ansprüchen

(1) Die Verjährung eines Anspruchs, für den eine Hypothek, eine Schiffshypothek oder ein Pfandrecht besteht, hindert den Gläubiger nicht, seine Befriedigung aus dem belasteten Gegenstand zu suchen.

(2) Ist zur Sicherung eines Anspruchs ein Recht verschafft worden, so kann die Rückübertragung nicht auf Grund der Verjährung des Anspruchs gefordert werden. Ist das Eigentum vorbehalten, so kann der Rücktritt vom Vertrag auch erfolgen, wenn der gesicherte Anspruch verjährt ist.

(3) Die Absätze 1 und 2 finden keine Anwendung auf die Verjährung von Ansprüchen auf Zinsen und andere wiederkehrende Leistungen.

第二百一十六条 [消灭时效于担保债权之效力]ᵃ

Ⅰ 以抵押权、船舶抵押权,或质权ᵇ担保之请求权,虽罹于时效,权利人仍得就担保之标的物受清偿ᶜ。

Ⅱ ¹为担保请求权而让与权利者,不得以请求权已罹于时效为由,请求恢复未让与前之权利状态。²附所有权保留之请求权罹于时效,得解除该契约ᵈᵉ。

Ⅲ 前两款规定,于利息及其他定期给付之请求权,已罹于时效者,不适用之ᶠ。

a 参考条文:第273条、第1113条、第1204条、第1273条,"台民"第145条。
b 质权除指第1204条、第1273条所规定者外,尚包括法定质权(Schlesw SchlHA 58, 82),即不论质权之形成原因(Entstehungsgrund)。
c 由于时效完成不会致生债权消灭之法律效果,因此,债权人之担保物权,如抵押权、质权等仍继续存在（担保物权之从属性），且担保物权系属物之责任，故债权人仍得就担保物权之标的取偿。

d 本款规定之目的在于，使抽象担保物权（abstrakte Sicherungsrechte）与第1款之从属担保物权（akzessorischen Sicherungsrechten），受到同等对待。此之抽象担保物权系指（所有权）担保移转（债权）担保让与、担保土地债务。2001年债编更新修正，更延续法院判决精神（BGH 34, 195; 70, 98; NJW 79, 2195），于本款第2段加入所有权保留（第449条）之情形。

e 本条第1款、第2款规定，不适用于预告登记（第883条、第886条）以及保证（第768条）（BGH NJW 89, 221）。

f 第3款之目的在于，禁止权利人就利息及其他定期给付，主张前两款之权利，盖利息及其他定期给付之请求权，其金额经过时间累积易达巨额，若得主张前两款之权利，则不免有害其他债权人之权益。

§217 Verjährung von Nebenleistungen

Mit dem Hauptanspruch verjährt der Anspruch auf die von ihm abhängenden Nebenleistungen, auch wenn die für diesen Anspruch geltende besondere Verjährung noch nicht eingetreten ist.

第二百一十七条 [从给付之效力][a]

从属于主请求权之从给付请求权[b]，虽其应适用之特别时效尚未完成，仍随主请求权而同罹于时效[c]。

a 参考条文："台民"第146条。
b 所谓从给付，系指法律上或契约上利息、孳息、收益、佣金、费用（RG 61, 392）等。此款从给付请求权系以主请求权存在为前提，原则上与主请求权同一命运，故主请求权之移转或消灭，其效力及于从给付请求权，即从给付请求权具有从属性，从属于主请求权。因此，主请求权罹于时效时，其效力及于从给付请求权。其他如修补费用偿还请求权（Anspruch auf Erstattung von Nachbesserungsau-fwendungen，第439条第2款）、代偿请求权（第285条）、违约金请求权等则非本条之从给付请求权。
c 独立之定期给付请求权，如扶养请求权、终身定期金请求权等，不适用本条规定。

§218 Unwirksamkeit des Rücktritts

(1) Der Rücktritt wegen nicht oder nicht vertragsgemäß erbrachter Leistung ist

unwirksam, wenn der Anspruch auf die Leistung oder der Nacherfüllungsanspruch verjährt ist und der Schuldner sich hierauf beruft. Dies gilt auch, wenn der Schuldner nach §275 Abs. 1 bis 3, 439 Abs. 3 oder §635 Abs. 3 nicht zu leisten braucht und der Anspruch auf die Leistung oder der Nacherfüllungsanspruch verjährt wäre. §216 Abs. 2 Satz 2 bleibt unberührt.

(2) §214 Abs. 2 findet entsprechende Anwendung.

第二百一十八条 [解除契约之无效][a]

Ⅰ ¹因债务不履行或未依契约约定履行而得解除契约者，其请求履行或再为给付请求权罹于时效，且债务人主张消灭时效时，解除契约不生效力。²债务人依第二百七十五条第一款至第三款、第四百三十九条第三款或第六百三十五条第三款无须给付，且其请求履行或再为给付之请求权罹于时效，亦同。³第二百一十六条第二款第二段规定不受影响。

Ⅱ 第二百一十四条第二款准用之。

a 本条系配合买卖契约与承揽契约之瑕疵担保责任之修正而来。旧法之瑕疵担保责任规定，债权人得请求解除契约或减少价金，二者均须得债务人之同意。2001年债编更新修正后，解除契约与减少价金则具有形成权之性质（第437条第2款、第634条第3款），从而不适用消灭时效之规定。然瑕疵担保责任之其他请求权，如再为给付请求权、损害赔偿请求权、费用偿还请求权等，应适用消灭时效之规定，因此，请求权罹于时效后，若仍得主张解除契约或减少价金，则无异借此贯彻已罹于时效之请求权，故有本条之制定，使消灭时效之法律效果得及于解除契约与减少价金。

§219 bis §225 (weggefallen)

第二百一十九条至第二百二十五条 [删除]

Abschnitt 6　Ausübung der Rechte, Selbstverteidigung, Selbsthilfe

第六章　行使权利、自卫行为、自助行为

一、第226条以下至第231条系规定权利之行使及维护。原则上，权利之保护及执行，于涉及强制方式时，应属国家责任与职权，此主要表现于诉讼法之诉讼程序与强制执行程序，而不允许个人以私力维护其权利，否则，不仅国家公权力之职权受到挑战，且与法治国之基本精神不相容。然另一方面，于国家公权力所不及处，若仍禁止个人自行维护其权利，亦将陷其于不利益之状态，因此，于法条中例外明定自力救济之要件，仅于要件具备时，个人方得自行为之，以维护其权利。

二、第226条为权利行使之核心条款，但因第242条与第826条之规定，而较少实质意义。反之，第227条以下为自力救济之规定，具有相当重要性，其可分为二大类：1.为自卫行为，即正当防卫（第227条）及紧急避难（第228条）；2.为自助行为（第229条以下）。本章规定并不完整，因此，尚须其他规定补充，如第904条、第859条、第562条之2、第862条、第910条、第926条，《刑法》第34条、第35条等。

§226　Schikaneverbot

Die Ausübung eines Rechts ist unzulässig, wenn sie nur den Zweck haben kann, einem anderen Schaden zuzufügen.

第二百二十六条　[禁止权利滥用][a]

权利之行使[b]，不得专以损害他人为目的[cde]。

a 参考条文：第242条，"台民"第148条。
b 所谓权利系指受法律保护，得享有特定利益之法律力量。权利之行使，系指权利人本于权利，为享有其利益，所为之实现权利内容之行为，且多依权利之性质不同，而异其内容。
c 法院判决自第242条发展出一项基本原则，即违反诚信原则之行使权利，为法律所不允许。本条为类似之规定，但其要件更为严格，而系不得专以损害他人为目的，故于实务上之意义不大。至于适用范围则与第242条相同，均适用于所有法律领域，亦包含诉讼法领域。

d 本条之权利滥用系以"专以损害他人为目的"为要件，详言之，依个案之所有情事客观判断，权利人之目的仅为致生损害于他人，始为本条所禁止（RG 68, 425; Ffm NJW 79, 1613）；若仅基于可非难之主观意图而行使其权利，仍非本条所禁止。换言之，权利之行使必须未能带给权利人任何客观之利益，仅具有损害他人之作用（Ffm NJW 79, 1613; LG Gießen NJW-RR 00, 1225），始为本条所禁止，因此，如有并存之客观利益，即无本条适用（RG 72, 254）。

e 具体案例：父亲禁止子女踏入母亲埋葬之土地（RG 72, 251）；土地所有权人同意提供其土地之部分为公共通路，但无任何合理之理由禁止特定人使用（Düss NJW-RR 01, 162）。

§227 Notwehr

(1) Eine durch Notwehr gebotene Handlung ist nicht widerrechtlich.

(2) Notwehr ist diejenige Verteidigung, welche erforderlich ist, um einen gegenwärtigen rechtswidrigen Angriff von sich oder einem anderen abzuwenden.

第二百二十七条 [正当防卫]^a

Ⅰ 因正当防卫所为之行为，非属违法^b。

Ⅱ 称正当防卫者，谓为避免自己或他人现时之不法侵害，所为之必要防卫^{cd}。

a 参考条文：第823条，《刑法》第32条、第33条，"台民"第149条。

b 依照第1款规定，正当防卫之行为不具有违法性，故不生民事赔偿责任。

c 正当防卫之内容与《刑法》第32条相同，其要件有两项：

  1. 存在不法之侵害：所谓侵害系指对他人法益有加害之虞之人为行动，无须行为人有故意或过失，故行为人亦得为儿童、精神病人等（BayObLG NJW 91, 2031），但动物之攻击不适用本条规定。应受保护之对象为所有法益，如身体、生命、健康、所有权、占有、自由等，亦包括人格权与肖像权（Hbg NJW 72, 1290）。再者，侵害须为不法与仍在继续中。详言之，所有对于法益之侵害均为不法，但如有阻却违法事由，则不具有违法性。且侵害须已经开始进行而尚未结束，否则，对于已终了之侵害，自无正当防卫之必要。

  2. 必要之防卫：首先，防卫者须有防卫之意思，而非基于其他意图，始足当之。其次，依据客观情事判断，所采取之防卫措施须具有必要性，而非取决于防卫者之主观认知（BGHSt NJW 74, 154）。如存在数防卫方式时，应选择损害较少或较不危险者（BGH VersR 67, 478; BGHSt NJW 72, 1822）。

d 若逾超必要之防卫程度，即所谓防卫过剩（Notwehrexzess），虽依《刑法》第33条不罚，但仍具有违法性（有争论），至于是否应负损害赔偿责任，端视防卫者过失之有无（BGH NJW 76, 42）。若误信存在不法之侵害，而采取防卫行为者，称为误想防卫（Putativnotwehr），不适用本条规定，故防卫行为具违法性，然若防卫者对此无过失时，不负损害赔偿责任（BGH NJW 76, 42; 87, 2509; Düss VersR 99, 1227）。

§228 Notstand

Wer eine fremde Sache beschädigt oder zerstört, um eine durch sie drohende Gefahr von sich oder einem anderen abzuwenden, handelt nicht widerrechtlich, wenn die Beschädigung oder die Zerstörung zur Abwendung der Gefahr erforderlich ist und der Schaden nicht außer Verhältnis zu der Gefahr steht. Hat der Handelnde die Gefahr verschuldet, so ist er zum Schadensersatz verpflichtet.

第二百二十八条　[紧急避难][a]

^{1}为避免自己或他人之急迫危险，而破坏或毁损他人之物者，若破坏或毁损系为防止危险所必要，且其造成之损害相对于危险，非为不当，其行为非属违法[bcde]。^{2}行为人对于危险之发生有过失时，须负损害赔偿责任。

a 参考条文：第227条、第823条、第904条，"台民"第150条。
b 本条规定为紧急避难，并通过第904条规定补充之，前者之避难行为系针对产生危险之物，后者则允许行为人对于他人之物采取行为，虽然该物并未产生危险。
c 紧急避难之成立要件有三项：
  1. 存在急迫之危险：危险须由物所产生，亦包含动物（Hamm NJW-RR 97, 467）。且该危险须具急迫性，但无须如上条规定为已经发生且仍继续中之危险。至于所欲避免之危险，不以自己之危险为限，即使是他人之危险，亦得适用本条。
  2. 行为人须有紧急避难之意愿（BGH 92, 359）。
  3. 避难行为须为必要且符合比例原则：所谓必要性之判断，与第227条相同。至于比例原则（Verhältnismäßigkeit）系指，避难行为所造成之损害与欲避免之危险，未有比例失当之情形。其判断标准为社会之主要价值观，因此，一般而言，生命与健康法益高于物之法益（Hamm NJW-RR 01, 237），然为维护价值高昂之物品，而造成稍许之身体侵害，仍应认为符合比例原则。至于同为物之法益时，主要依其价格判断之，但部分案件中尚应考虑其精神价值。

d 紧急避难行为不具违法性，故不负第823条以下之侵权责任，他人亦不得对紧急避难行为人为正当防卫。
e 紧急避难过剩（Notstandexzess）与误想紧急避难（Putativnotstand）均属违法，参见前注d说明。

§229 Selbsthilfe

Wer zum Zwecke der Selbsthilfe eine Sache wegnimmt, zerstört oder beschädigt oder wer zum Zwecke der Selbsthilfe einen Verpflichteten, welcher der Flucht verdächtig ist, festnimmt oder den Widerstand des Verpflichteten gegen eine Handlung, die dieser zu dulden verpflichtet ist, beseitigt, handelt nicht widerrechtlich, wenn obrigkeitliche Hilfe nicht rechtzeitig zu erlangen ist und ohne sofortiges Eingreifen die Gefahr besteht, dass die Verwirklichung des Anspruchs vereitelt oder wesentlich erschwert werde.

第二百二十九条　[自助行为][ab]

为自助之目的，取走、毁损或破坏他人之物，或为自助之目的，拘束有逃亡之虞之义务人，或就义务人对其应容忍之行为予以抵抗，而以行为除去其抵抗者，若因不能及时请求官署援助，且非即时为之，则请求权将不得实行或其实行显有困难者，其行为非属违法[cdef]。

a 参考条文：第194条、第230条、第562条之2、第859条、第860条、第910条、第962条，《民事诉讼法》第918条，"台民"第151条。
b 第229条至第231条为自助行为之规定，自助行为系指借由私力实现或保全请求权。于法治国家中，自助行为原则上是不被允许，权利人应依程序法规定寻求法院等公权力之救济，仅于例外情形符合本条之严格要件时，始得采取自助行为。本条为自助行为之原则性规定，此外尚有其他补充规定：第562条之2（出租人）、第859条、第860条（占有人、占有辅助人）、第910条（用益物权）及第962条（蜂群）。再者，第229条为强制规定，故当事人不得合意扩大其适用范围（RG 131, 222; 146, 186）。
c 本条成立要件有五项：
　1. 须有请求权：依据第194条以下规定，请求权尚得实现，因此，不得起诉、罹于时效或判决确定驳回请求者，均非本条适用范围，若仅行为人想象有请求权之存在，亦不适用本条规定。
　2. 为行为人自己之请求权（通说）。
　3. 未能及时获得官署援助：所谓官署援助，主要有假扣押、假处分，亦包括警察所采取保护私权之措施。行为人仅得于官署援助未能及时之情形，始采取自助行为，若有官署援助之可能，行为人却未利用时，则不许自助行为。
4. 请求权有未能实现之危险：即若非即时为自助行为，则请求权之实现有不能或显有困难之虞者，即为已足，无须有不可恢复之损害之虞。因此，债务人避走国外或将大部分资产移至国外，即可适用本条规定。然有举证困难之虞（BGHSt 17, 328），或有丧失给付能力之虞，均无本条之适用。
5. 行为人须有自助之意愿。

d 自助行为之手段：
1. 物之押收（第230条第2款、第4款）及毁损、破坏：通说认为该物应属于债务人，且得为强制执行与假扣押之标的。
2. 拘留义务人：以义务人有逃亡之虞为前提，并须符合《民事诉讼法》第918条关于人之保全假扣押规定（第230条第3款）。

e 具备上述要件之自助行为不具有违法性，故不负民事赔偿责任，相对人亦不得对行为人为正当防卫。

f 自助行为过剩（Selbsthilfeexzess）与误想自助行为（Putativselbsthilfe）均属违法，参见第227条注d说明。

§230　Grenzen der Selbsthilfe

(1) Die Selbsthilfe darf nicht weiter gehen, als zur Abwendung der Gefahr erforderlich ist.
(2) Im Falle der Wegnahme von Sachen ist, sofern nicht Zwangsvollstreckung erwirkt wird, der dingliche Arrest zu beantragen.
(3) Im Falle der Festnahme des Verpflichteten ist, sofern er nicht wieder in Freiheit gesetzt wird, der persönliche Sicherheitsarrest bei dem Amtsgericht zu beantragen, in dessen Bezirk die Festnahme erfolgt ist; der Verpflichtete ist unverzüglich dem Gericht vorzuführen.
(4) Wird der Arrestantrag verzögert oder abgelehnt, so hat die Rückgabe der weggenommenen Sachen und die Freilassung des Festgenommenen unverzüglich zu erfolgen.

第二百三十条　[自助行为之限制][a]

Ⅰ 自助行为不得逾越避免危险之必要程度[b]。
Ⅱ 于取走物之情形，除已为强制执行者，应申请为物之假扣押。
Ⅲ 于拘束义务人之情形，除已恢复其人身自由者，应向实施拘束地之简易法院，申请为人身保全之假扣押；并应尽速将义务人移送法院[c]。

Ⅳ 假扣押之申请迟延或被驳回者，应尽速返还取走之物，及释放被拘束之人[d]。

a 参考条文：第823条、《民事诉讼法》第917条、第918条、第920条、"台民"第152条。
b 自助行为亦须具备必要性，关于必要与否之判断参见第227条注c之说明。自助行为不以比例原则为要件，即无须衡量自助行为造成之不利益与欲防止之危害是否符合比例原则，但仍不得有权利滥用之情形。
c 自助行为之目的在于暂时确保请求权得以获得实现，然最终决定仍在于法院，因此，第2款、第3款规定，行为人应即向法院申请物之假扣押（《民事诉讼法》第917条、第920条）或人身保全之假扣押（第918条、第920条）。
d 依第4款规定，自助行为人应尽速返还物或释放义务人。本款规定为第823条第2款保护他人之法律，故如故意过失造成他人之损害时，应负赔偿责任。

§231 Irrtümliche Selbsthilfe

Wer eine der im §229 bezeichneten Handlungen in der irrigen Annahme vornimmt, dass die für den Ausschluss der Widerrechtlichkeit erforderlichen Voraussetzungen vorhanden seien, ist dem anderen Teil zum Schadensersatz verpflichtet, auch wenn der Irrtum nicht auf Fahrlässigkeit beruht.

第二百三十一条　[错误之自助行为][a]

误认具备阻却违法性之要件，而为第二百二十九条之自助行为者，纵其错误非因过失所致，对于相对人仍负损害赔偿责任[b]。

a 参考条文：第195条、第199条。
b 本条规定系针对违法之自助行为，包含自助行为过剩及错误自助行为。由于不论对此是否有故意过失，皆须负赔偿责任，故为无过失责任。本条请求权之消灭时效，依第195条、第199条，而非依第852条之侵权行为规定。

Abschnitt 7　Sicherheitsleistung

第七章　提供担保

一、提供担保，系为预防被担保人将来不会遭受法律上之不利益。一般而言，又可分为两类：
（一）实体法之担保：即第232条至第240条规定。
（二）诉讼法之担保：特别是《民事诉讼法》第108条以下规定。
二、第232条至第240条在于规范担保之种类与方式，而非请求提供担保之法律依据。至于请求提供担保之依据有三类：
（一）法律行为（BGH NJW 86, 1038）。
（二）法院之处分，如第1382条第3款、第4款，第2331条之1第2款。
（三）法律规定：如第843条、第1039条、第1051条、第1067条等。
三、第232条至第240条系建立于一项基本想法，即担保之提供需足以确保，权利不因义务人无支付能力或其他事实困难而无法实现。因此，除另有规定外，本章规定适用于所有实体法之提供担保。至于担保数额，如无其他特别规定时，应依欲保全之权利之价值判断。
四、本章实际功能不大，因为当事人多半约定其他之担保方式，如银行担保、以账户中存款提供担保等。

§232　Arten

(1) Wer Sicherheit zu leisten hat, kann dies bewirken
 1. durch Hinterlegung von Geld oder Wertpapieren,
 2. durch Verpfändung von Forderungen, die in das Bundesschuldbuch oder in das Landesschuldbuch eines Landes eingetragen sind,
 3. durch Verpfändung beweglicher Sachen,
 4. durch Bestellung von Schiffshypotheken an Schiffen oder Schiffsbauwerken, die in einem deutschen Schiffsregister oder Schiffsbauregister eingetragen sind,
 5. durch Bestellung von Hypotheken an inländischen Grundstücken,
 6. durch Verpfändung von Forderungen, für die eine Hypothek an einem inländischen Grundstück besteht, oder durch Verpfändung von Grundschulden oder Rentenschulden an inländischen Grundstücken.

(2) Kann die Sicherheit nicht in dieser Weise geleistet werden, so ist die Stellung eines tauglichen Bürgen zulässig.

第二百三十二条　[种类][a]

Ⅰ 提供担保种类，得依下列方法为之[b]：
  1. 提存金钱或有价证券。
  2. 就登记于国家债务簿或邦债务簿之债权，设定质权。
  3. 设定动产质权。
  4. 就登记于德国船舶登记簿或船舶建造登记簿之船舶或建造中之船舶，设定船舶抵押权。
  5. 于国内土地上设定抵押权。
  6. 就国内土地设定抵押权之债权，设定质权，或就国内土地设定之土地债务或定期土地债务，设定质权。

Ⅱ 不能以上列方式提供担保者，得提出适当之保证人[c]。

a 参考条文：第273条第3款、第1218条第1款。
b 提供担保之种类有七类：即第1款列举之六种皆为物之担保，且依第2款规定，以人之担保为补充担保，即不得提供物之担保者，方得提出。第1款所列之六种物之担保，提供担保之一方得自由选择。提存金钱或有价证券，应依提存规定办理（第233条、第234条）；对登记于债务簿之债权设定质权，参见第236条规定与说明；其余则为动产质权或抵押权，应依其相关规定处理（第235条至第238条）。
c 保证人为补充担保，举证责任由债务人负担。然部分规定排除提供保证人，如第273条第3款、第1218条第1款等，即不得为之。

§233 Wirkung der Hinterlegung

Mit der Hinterlegung erwirbt der Berechtigte ein Pfandrecht an dem hinterlegten Geld oder an den hinterlegten Wertpapieren und, wenn das Geld oder die Wertpapiere in das Eigentum des Fiskus oder der als Hinterlegungsstelle bestimmten Anstalt übergehen, ein Pfandrecht an der Forderung auf Rückerstattung.

第二百三十三条　[提存之效力][a]

权利人就提存之金钱或有价证券取得质权，若金钱或有价证券之所有权移转于公库或于指定为提存所之机构者，就其返还请求权，取得质权[b]。

a 参考条文：第932条、第934条、第935条、第1257条。
b 因提存而使权利人对提存之金钱或有价证券取得动产质权，依第1257条规定，准用关于法律行为设定质权之规定，依此，提存之金钱由邦取得所有权，即使提存人非所有权人者，亦同。反之，所提存为外币或有价证券时，其原来之所有权关系不受影响，权利人仅得依善意取得之规定受保护（第932条至第935条）。

§234 Geeignete Wertpapiere

(1) Wertpapiere sind zur Sicherheitsleistung nur geeignet, wenn sie auf den Inhaber lauten, einennt Kurswert haben und einer Gattung angehören, in der Mündelgeld angelegt werden darf. Den Inhaberpapieren stehen Orderpapiere gleich, die mit Blankoindossame versehen sind.

(2) Mit den Wertpapieren sind die Zins-, Renten-, Gewinnanteil- und Erneuerungsscheine zu hinterlegen.

(3) Mit Wertpapieren kann Sicherheit nur in Höhe von drei Vierteln des Kurswerts geleistet werden.

第二百三十四条 [适合之有价证券]

Ⅰ [1]可供担保之有价证券，应为具有市场价格之无记名证券，且依其种类属于得以受监护人金钱投资者。[2]以空白背书为转让之指示式证券，与无记名证券有同一之效力。

Ⅱ 利息证券、定期金证券、红利证券，及更新证券，应随同有价值证券一并提存。

Ⅲ 有价证券仅得以市场价格四分之三之限度，提供担保。

§235 Umtauschrecht

Wer durch Hinterlegung von Geld oder von Wertpapieren Sicherheit geleistet hat, ist berechtigt, das hinterlegte Geld gegen geeignete Wertpapiere, die hinterlegten Wertpapiere gegen andere geeignete Wertpapiere oder gegen Geld umzutauschen.

第二百三十五条 [交换权][a]

以提存金钱或有价证券提供担保者，就其提存之金钱，得以适当之有价证券替换之，就其所提存之有价证券，亦得以适当之有价证券或金钱替换之。[b]

a 参考条文：第232条。

b 担保提供义务人就第232条第1款所定之担保方式虽有选择权，嗣后变更其担保方式，惟原则上应得权利人之同意，仅对金钱及有价证券变更者，本条例外允许无须得权利人之同意。

§236 Buchforderungen

Mit einer Schuldbuchforderung gegen den Bund oder ein Land kann Sicherheit nur in Höhe von drei Vierteln des Kurswerts der Wertpapiere geleistet werden, deren Aushändigung der Gläubiger gegen Löschung seiner Forderung verlangen kann.

第二百三十六条　[债务簿上债权][a]

对于国家或邦之债权，经登载于债务簿[b]者，得以之提供担保，其可供担保之数额为有价证券市场价格四分之三，债权人得要求以交付有价证券使债权消灭。

a 参考条文：第232条。
b 与第234条第3款关于有价证券之规定相同，皆以其市价四分之三提供担保。

§237 Bewegliche Sachen

Mit einer beweglichen Sache kann Sicherheit nur in Höhe von zwei Dritteln des Schätzungswerts geleistet werden. Sachen, deren Verderb zu besorgen oder deren Aufbewahrung mit besonderen Schwierigkeiten verbunden ist, können zurückgewiesen werden.

第二百三十七条　[动产][a]

[1]以动产提供担保，仅得以其估计价额三分之二制定[b]。[2]有腐败之虞或其保管有特殊困难之物，得拒绝作为担保。

a 参考条文：第232条、第1205条。
b 动产设定质权，为提供担保之一种方法（第232条）。依本条规定，动产仅得以其估计价额三分之二提供担保。且对于估计价额，担保提供人负举证责任。无估计价额而仅有情感价额（Liebhaberwert）之动产，不适于作为担保。以动产提供担保者，须依第1205条设定质权。

§238 Hypotheken, Grund- und Rentenschulden

(1) Eine Hypothekenforderung, eine Grundschuld oder eine Rentenschuld ist zur Sicherheitsleistung nur geeignet, wenn sie den Voraussetzungen entspricht, unter denen am Ort der Sicherheitsleistung Mündelgeld in Hypothekenforderungen, Grundschulden oder Rentenschulden angelegt werden darf.

(2) Eine Forderung, für die eine Sicherungshypothek besteht, ist zur Sicherheitsleistung nicht geeignet.

第二百三十八条　[抵押权、土地债务，或定期土地债务][abc]

I 附抵押权之债权、土地债务[d]，或定期土地债务[e]，如于担保提供地，得以受监护人之金钱投资者，得以附抵押权之债权、土地债务，或定期土地债务，提供担保。

II 附保全抵押权之债权，不适于提供担保。

a 参考条文：第232条、第1807条、第1184条、第1191条至第1203条。
b 本条系有抵押权之债权、土地债务或定期土地债务设定质权而做担保提供（第232条）。有抵押权之债权、土地债务或定期土地债务，以具备于担保提供地、受监护人之金钱得投资者为限，始得为担保提供之方法。依第1807条第1款第1项，投资于国内土地上有确实之抵押权之债权、国内土地上之土地债务或定期土地债务者，适合上述界限。抵押权、土地债务或定期土地债务是否确实，其认定权委诸各邦立法（第1807条第2款）。
c 保全抵押权，参照第1184条以下。附保全抵押权之债权不适于提供担保。盖保全抵押之债权无公信力及推定力，债权之成立，债权人不得援用登记簿之登记（第1184条）故也。保全抵押不适于流通，专资债权之担保，故不许发行抵押权证券（第1185条第1款）。保全抵押权虽供债权之担保，其担保作用通常无土地担保权之效果（grundpfandrechtlichen Konsequenz）。①
d 土地债务系指就土地设定负担，使因该负担而受利益之人，得对于土地，受一定金额之支付而言（第1191条第1款）。其成立毋庸以债务之存在为前提（即无从属性），此点与抵押权不同。有时虽担保债务（例如Sicherungsgrundschuld），然土地债务与债权成立毫无关系。土地债务系土地上一种负担，在此点，与抵押权不同。故民法规定土地债务不违背其本质之范围内，准用关于抵押权之规定（第1192条）。抵押权中其从属性最强者为保全抵押权，在流通抵押权，为

---

① *Baur*, Sachenrecht, 1963, S. 367.

交易之便利，其从属性被缓和。在短期及中期信用，利用土地债务，在长期信用利用流通抵押权（Verkehrshypothek）。①详细参照物权法。

e 定期土地债务系土地债务之分派，即自土地以给付定期金为目的之土地债务（第1199条第1款）。其设定应定其数额而且在土地簿册上登记之。关于支付金额准用土地债务之规定，关于各期之定期给付，准用抵押权之规定（第1199条以下）。详细参照物权法。定期土地债务极类似于物上负担，然两者有所不同，前者系类似于抵押权之担保权之一种，反之，后者系土地上之物权，滥觞于中世纪法（在罗马法无此制度）。②

§239 Bürge

(1) Ein Bürge ist tauglich, wenn er ein der Höhe der zu leistenden Sicherheit angemessenes Vermögen besitzt und seinen allgemeinen Gerichtsstand im Inland hat.

(2) Die Bürgschaftserklärung muss den Verzicht auf die Einrede der Vorausklage enthalten.

第二百三十九条 [保证人][a]

Ⅰ 有相当于提供担保价额之财产，且于国内有普通审判籍之人，适为保证人[b]。

Ⅱ 保证之表示，应声明抛弃先诉抗辩权[c]。

a 参考条文：第232条、第771条、《民事诉讼法》第13条以下。

b 由保证人提供担保，应先符合第232条第2款之规定。此担保提供由保证契约为之（第765条以下）。所谓相当财产系指，保证人所拥有可供扣押之财产应明显大于担保之债权（BayObLG DB 88, 1846）；如保证人有定期收入者，亦视为有相当财产。至于普通审判籍，应依《民事诉讼法》第13条以下规定判断之，只须其审判籍于欧盟领域内，即为已足（Kblz RIW 95, 775; Düss ZIP 95, 1667）。

c 所谓先诉抗辩权规定于第771条。

§240 Ergänzungspflicht

Wird die geleistete Sicherheit ohne Verschulden des Berechtigten unzureichend, so ist sie zu ergänzen oder anderweitige Sicherheit zu leisten.

---

① *Baur*, Sachenrecht, 1963, S. 368.

② *Mathias*, Lehrbuch, 1914, S. 513; *Engelmann*, Das Bügerliche Recht, 1913, S. 590 f.

第二百四十条 [补充义务][a]

非因权利人之过失,致提供之担保不足,应补充其担保,或以其他方法提供担保[b]。

a 参考条文:第232条、第235条。
b 须补足担保之情形,可能因担保物之灭失、状况恶化、市场价格减少、保证人之财产减少等,或因担保之债权金额提高所致,因此,担保提供人有义务补足其担保,然究采补足或以其他方法提供担保,担保提供人则有选择权。对金钱或有价证券之提供担保,担保提供人有交换权(第235条)。若担保提供人所提供之担保为法所不许,权利人得径依第232条请求义务人另提担保,而无须适用本条规定。

《德国民法典》与《中华人民共和国民法典》条文对照表（总则编）

德国民法典	中华人民共和国民法典	德国民法典	中华人民共和国民法典	德国民法典	中华人民共和国民法典
1	13	29	—	49	—
2	17	30	—	50	—
3—6 [删除]		31	62	50-1	—
7	25	31-1	—	51	—
8	—	31-2	—	52	—
9	—	32	—	53	70
10 [删除]		33	—	54	102
11	—	34	—	55	—
12	995	35	—	55-1	—
13	—	36	—	56	—
14	—	37	—	57	—
15—20 [删除]		38	—	58	—
21	87	39	—	59	—
22	76	40	—	60	—
23 [删除]		41	69	61—63 [删除]	
24	63	42	68、73	64	—
25	—	43	—	65	—
26 I	61	44	—	66	66
26 II	—	45	72 II	67	—
27	—	46	—	68	—
28	—	47	70	69	—
		48	70		

德国民法典	中华人民共和国民法典	德国民法典	中华人民共和国民法典	德国民法典	中华人民共和国民法典
70	—	93	—	118	143
71	—	94	—	119	147
72	—	95	—	120	147、157
73	—	96	—	121	152
74 Ⅰ	—	97	—	122	157
74 Ⅱ	—	98	—	123	148、149、150
75	—	99	—	124	152
76	—	100	—	125	135
77	—	101	—	126	135
78	—	102	—	126-1	—
79	—	103	—	126-2	—
80	92	104	20、21	127	—
81	—	105	144	127-1	—
82	—	105-1	—	128	—
83	—	106	19、22	129	—
84	—	107	19、22	130	137 Ⅱ
85	—	108	19、22、145	131	—
86	—	109	145	132	139
87	—	110	145	133	142
88	95	111	—	134	153 Ⅰ
89	73	112	18	135	—
90	—	113	18	136	—
90-1	—	114—115 [删除]		137	—
91	—	116	143	138 Ⅰ	153 Ⅱ
92	—	117	146	138 Ⅱ	151

德国民法典	中华人民共和国民法典	德国民法典	中华人民共和国民法典	德国民法典	中华人民共和国民法典
139	156	162	159	185	—
140	—	163	160	186	204
141	—	164 I	162	187	201
142 I	155	164 II	—	188	202
142 II	—	164 III	—	189	—
143	—	165	—	190	—
144	152 I	166	—	191	—
145	472	167	165	192	—
146	478	168	173	193	203
147	481	169	—	194	196 I : 3
148	481	170	—	195	188 I
149	487	171	—	196	—
150 I	486	172	—	197	196 I : 2
150 II	488	173	—	198	—
151	480、484 II	174	—	199 I	—
152	—	175	—	199 II	188 II
153	—	176	—	199 III	188 II
154	—	177	171 I 、II	199 III-1	188 II
155	—	178	171 II	199 IV	188 II
156	—	179	171 III 、IV	199 V	—
157	510	180	—	200	188 II
158	158	181	168	201	—
159	—	182	—	202	197
160	—	183	—	203	195 I : 1
161	—	184	—	204	195 I : 3

德国民法典	中华人民共和国民法典	德国民法典	中华人民共和国民法典
205	—	235	—
206	194 I : 1	236	—
207	—	237	—
208	191	238	—
209	—	239	—
210	194 I : 2	240	—
211	194 I : 3		
212	195 I : 2		
213	—		
214 I	192 I		
214 II	192 II		
215	—		
216	—		
217	—		
218	—		
219—225 [删除]			
226	132		
227	181		
228	182		
229	—		
230	—		
231	—		
232	—		
233	—		
234	—		

《德国民法典》与台湾地区"民法"条文对照表(总则编)

德国民法典	台湾地区"民法"	德国民法典	台湾地区"民法"	德国民法典	台湾地区"民法"
1	6	27	50Ⅱ:2	41	57
2	12	28	—	42Ⅰ	—
3—6 [删除]		29	—	42Ⅱ	35
7Ⅰ	20Ⅰ	30	—	43	—
7Ⅱ	20Ⅱ	31	28	44	
7Ⅲ	24	31-1	—	45Ⅰ	44Ⅰ
8	21	31-2	—	45Ⅱ	44Ⅰ
9	—	32Ⅰ	51Ⅳ、52Ⅰ	45Ⅲ	44Ⅱ
10 [删除]		32Ⅱ	—	46	—
11	1060	33Ⅰ	53Ⅰ	47	—
12	19	33Ⅱ	53Ⅱ	48Ⅰ	37、38
13	—	34	52Ⅳ	48Ⅱ	41 准用公司324
14	—	35	—	48Ⅲ	
15—20 [删除]		36	51	49	40
21	46	37Ⅰ	51Ⅱ	50	41 准用公司327
22	45	37Ⅱ	51Ⅲ	50-1	—
23 [删除]		38	—	51	
24	29	39Ⅰ	54Ⅰ前	52	
25	49	39Ⅱ	54Ⅰ后,Ⅱ	53	
26	27	40	56Ⅱ	54	—

德国民法典	台湾地区"民法"	德国民法典	台湾地区"民法"	德国民法典	台湾地区"民法"
55	30	78	43	98	—
55-1	—	79	—	99	69
56	—	80 I	59	100	—
57 I	47	80 II	—	101	70
57 II	—	80 III	—	102	—
58	47	81 I	60 I、II	103	—
59 I	48 II	81 II	—	104	13 I、15
59 II	48 II	82	—	105	75
59 III	—	83	60 I但, II	105-1	—
60	—	84	—	106	13 II
61—63 [删除]		85	62前	107	77
64	48 I	86	—	108 I	79
65	—	87	63、65	108 II	80
66	—	88	44	108 III	81
67	—	89	—	109 I	82
68	31	90	—	109 II	83
69	—	90-1	—	110	84
70	27 III	91	—	111	78
71	—	92	—	112	85 I
72	—	93	—	113	85 I
73	—	94	66 II	114—115 [删除]	
74	—	95	—	116	86
75	—	96	—	117	87
76	—	97 I	68	118	86但
77	—	97 II	—	119	88

德国民法典	台湾地区"民法"	德国民法典	台湾地区"民法"	德国民法典	台湾地区"民法"
120	89	141	—	165	104
121	90	142	114	166	105
122	91	143	116	167 I	167 I
123	92	144	—	167 II	531
124	93	145	154 I	168	108
125	73	146	155—158	169	—
126	3	147	156、157	170	—
126-1	—	148	158	171 I	169
126-2	—	149	159	171 II	—
127	—	150	160	172	—
127-1	—	151	161 I	173	107
128	—	152	—	174	—
129	—	153	—	175	109
130	95	154 I	153 II	176	—
131	96	154 II	—	177	170
132	97	155	153 II	178	171
133	98	156	391、395	179	110
134	71	157	98	180	—
135	—	158	99 I, II	181	106
136	—	159	99 III	182	117
137	—	160	100	183	—
138 I	72	161	—	184	115
138 II	74 I	162	101	185	118
139	111	163	102	186	119
140	112	164	103	187	120

德国民法典	台湾地区"民法"	德国民法典	台湾地区"民法"
188	121	212 II	136 I
189	—	212 III	136 II
190	—	213	—
191	123 II	214	144
192	—	215	337
193	122	216	145
194	125	217	146
195	125	218	—
196	—	219—225 [删除]	
197		226	148 I
198	—	227	149
199	—	228	150
200	128	229	151
201	—	230	152
202	147	231	—
203	—	232	—
204	129	233	—
205	—	234	—
206	139	235	—
207	142、143	236	—
208	—	237	—
209	—	238	—
210	141	239	—
211	140	240	—
212 I	129 I		

债之关系法

债编通论

编译者 / 蔡章麟

修订者 / 陈自强

2 Recht der Schuldverhältnissse
第二编 债之关系法

简 介

《德国民法典》第二编债之关系法（第241条到第853条），相当于台湾地区"民法"之债编。称债之关系法者，乃着眼于债之内容，与台湾地区"民法"称债编者，初无二致，与《日本民法典》之债权编及瑞士债务法，乃从债之主体观察"债"，虽略有所不同，但仅为观点之差异也。

债之关系法主要规范目的为交易目的之实现、法益之保护及不当财产变动之恢复。当事人交易之目的若在移转物之所有权，或将所有权权能中之用益权能或价值权能一时的让他人支配，基于物权行为独立性原则，物权之移转与定限物权之设定，均规定于第三编之物权法，债之关系法仅规定债之关系之发生原因、内容及其变动。德国民法相当于台湾地区"民法"债之通则（Allgemeines Schuldrecht）之部分，规定于债之关系编第一章到第七章，乃以发生债权债务之法律关系，即债之关系之发生、内容、变更、消灭等为其规范内容。除第二章"因定型化契约而生之法律行为之债"（Gestaltung rechtsgeschäftlicher Schuldverhältnisse durch Allgemeine Geschäftsbedingungen）及第三章"约定债之关系"（Schuldverhältnisse aus Verträge）约70个条文，专以契约为适用对象外，其余规定虽理论上乃得适用于所有债之关系之共通规定，但实际上仍以适用于契约之情形为多。各种典型之交易类型，规定于债之关系法第八章各种之债（Einzelne Schuldverhältnisse）中（第433条至第853条）。法益之静态保护，主要由第二十七节之侵权行为（Unerlaubte Handlung）司其职；不当财产变动之恢复，则由第二十六节之不当得利（Ungerechtfertigte Bereichung）总其成。

从民法典之外观而言，台湾地区"民法"与德国民法最为接近，均采五编之构造，债编介乎总则编与物权编之间，后殿以亲属编与继承编，编排顺序相同，与《日本民法典》物权编先于债权编有所不同。但若仔细与台湾地区"民法"债编相对比，具体而微之差异，即映入眼帘。德国民法向来被认为为台湾地区"民法"主要之继受对象，此种说法，至少就债编而论，并不精确。事实上，台湾地区债编继受德国债编与瑞士债务法之程度，应不分轩轾。台湾地区债编许多规定非参考瑞士债务法无法明其底蕴。首先，台湾地区债编仅有通则与各种之债两章，与德国民法即有不同，此应为继受瑞士债务法之结果。其次，相当于台湾地区"民法"契约之成立与代理权之授予之规定（台湾地区"民法"第153条到第171条），《德国民法典》均规定于民总（第145条至第157条；第164条至第181条）；相当于台湾地区"民法"无因管理、不当得利及侵权行为（法定债之关系）之规定（台湾地区"民法"第172条至第198条），《德国民法典》则置于第八章各种之债之尾，与台湾地区"民法"立法例迥然有别。台湾地区"民法"于债编通则第一节规定债之发生，显然系继受自瑞士债务法（《瑞士债务法》第一章第一节即为债之发生；Die Entstehung der Obligationen）。此外，台湾地区债编通则有债之效力一节，亦受到《瑞士债务法》之影响（第一章第二节规定债之效力；Die Wirkung der Obligationen）。

然而，此等差异乃法典编排顺序之不同，内容上未必即大相径庭。另外一个法律体系安排不同而生的结构性差异，却牵动实质内容者，乃中华民国在20世纪30年代私法体系法典化之过程，采纳瑞士之民商合一，而非德国、法国与日本等国之民商分立。因台湾地区无独立之商法典，自然不可能有独立成编之商事主体与商事行为之规定，商业登记法及公司法固然有关于商事主体之特别规定，然因无商法，故无商人乃至于商事辅助人之一般性规定，实务上极其重要之经理人及代办商唯有置诸民法债各（台湾地区"民法"第553条以下）。商事行为一般规定亦付之阙如，唯有适用民法总则法律行为之一般规定，对德国民法所无之商事契约类型，如行纪、运送、承揽运送等，台湾地区立法者仿照瑞士之前例置于民法债编各种之债节中，与一般民事契约合为规定。此外，若干本质上属于商事行为之特殊规定，因无商法典故，不得不规定于债编，"民法"第207条第2款复利禁止之例外规定，及第305条、第306条关于营业合并之规定，乃其例证也。

除上述因素外，台湾地区与德国债编之间隙，更因德国2002年债法现代化法（Schuldrechtsmodernisierung）（Gesetz zur Modernisierung des Schuldrechts, vom 29. 11. 2001, BGBl. I 3138）之施行，益形扩大。台湾地区债编虽于1998年有大幅度之修正，但主要仍为德国、日本学说判例之继受，及"最高法院"实务见解之明文化，且其所继受之德国学说，乃德国债法现代化法施行前即已存在者，而所继受之日本学说，更多为日本20世纪70年代以前继受并内化德国学说判例之部分。台湾地区债编修正固然亦有回应本土法律问题解决重要实务见解之明文化，但整体而言，并不足以撼动债编之体系架构或使债编之价值判断产生重大改变,并未摆脱民法制定以来传统学说之框架。①反之,德国债编修正虽非属洗心革面、颠覆传统之修正,但修正幅度深度广度均不小,益发使台湾地区债编之发展与德国渐行渐远,望尘莫及。

德国债编修正虽然可以远溯1978年联邦司法部部长Vogel在联邦众议院及第52届法学家年会抛出债编修正之议题,但使修正议题浮上台面,使立法者不得不正视者,系来自于欧盟公布之一系列与债法有关之指令〔或译为准则(Richtlinie、Directive)〕。1994年以前欧盟之指令,如1985年7月25日《产品责任指令》②、同年12月20日发布之《营业范围外制定契约之消费者保护指令》③、1986年《消费者信用指令》④、1993年《消费者契约中滥用条款指令》⑤、1994年《不动产之分时分享权取得契约于特定范围内取得人之保护指令》⑥等,德国均以制定特别法之方式回应。1994年以后,转化指令之方式却有转折:如1994年为整合1990年6月13日《旅游指令》⑦,即直接在《德国民法典》债编第八章第九节第2款增订关于旅游契约之规定(第651条之1以下)、为转化1997年《跨国汇款指令》⑧,于德国民法债之关系法第八章第十二节《委任及其他类似契约》增订第2款《汇款契约》(Überweisungsvertrag)。然而,1997年《远距交易契约制定之消费者保护指令》⑨之

---

① 关于台湾地区民法债编修正,参见陈自强(1999),《法律行为、法律性质与民法债编修正(上)》,《台湾本土法学杂志》第5期,第1—18页;陈自强(2000),《法律行为、法律性质与民法债编修正(下)》,《台湾本土法学杂志》,6期,第1—18页;陈自强(2010年7月9日),《从台湾债编修正看日本债权法改正》,明治大学大学院法学研究科特别讲义报告。

② Council Directive 85/374, on the approximation of the laws, regulations and administrative provisions of the Member States concerning liability for defective products, 1985 O. J. (L. 210) 29.

③ Council Directive 85/557, to protect the consumer in respect of contracts negotiated away from business premises, 1985 O. J. (L. 372) 31.

④ Council Directive 87/102, for the approximation of the laws, regulations and administrative provisions of the Member States concerning consumer credit, 1987 O. J. (L. 042) 48; 修正版:Directive 2008/48/EC of the European Parliament and of the Council of 23 April 2008 on credit agreements for consumers and repealing Council Directive 87/102/EEC, 2008 O. J. (L. 113) 66.

⑤ Council Directive 93/13, on unfair terms in consumer contracts, 1993 O. J. (L. 095) 29.

⑥ Directive 94/47, of the European Parliament and of the Council of 26 October 1994 on the protection of purchasers in respect of contracts relating to the purchase of the right to use immovable properties on a timeshare basis, 1994 O. J. (L. 280) 83.

⑦ Directive 90/314, on package travel and holiday tours, 1990 O. J. (L. 158) 59.

⑧ Directive 97/5 of the European Parliament and of the Council of 27 January 1997 on cross-border credit transfers, 1997 O. J. (L. 043) 25.

⑨ Directive 97/7, of the European Parliament and of the Council of 20 May 1997 on the protection of consumers in respect of distance contracts - Statement by the Council and the Parliament re Article 6 (1) - Statement by the Commission re Article 3 (1), first indent, 1997. O. J. (L. 144) 19.

转化，又回到1994年以前的老路，于2000年制定《远距交易法》(Fernabsatzgesetz)，另一方面，以该指令之转化为契机，于民法增订第13条及第14条关于消费者及企业经营者之定义。

由此可知，德国在债编修正前转化欧盟指令之方式迭有变更，举棋不定。然直接促成德国立法者向债法现代化目标加速前进者，为1999年《消费商品买卖及消费者保障指令》[①]、2000年《电子商务交易指令》[②]、2000年《营业交易中防止支付迟延指令》[③]三个指令。在转化时限之压力下，德国面临以下抉择：一如往昔，特别为履行转化义务针对各该指令制定特别法（此即所谓die kleine Lösung；小改革），或将各该指令整合于民法典，并趁此机会翻修债编（即所谓die große Lösung；大改革）。此二改革方向之天人交战，最主要关键在《消费商品买卖及消费者保障指令》之转化。盖若指令之内容与债编规定无直接关系，或尚不至于对债编内容带来剧烈之变动，则以制定特别法方式处理，立法困难度较低，亦不至于造成法律适用之困扰。然因消费物买卖指令涉及买卖瑕疵担保及与给付障碍一般规定之适用关系，而买卖瑕疵担保，乃债法之核心问题，其转化极可能牵一发而动全身，动摇债编体系核心架构，小改革将使瑕疵与债务不履行问题之处理，有截然不同的两套体系。再者，如前所述，1994年以前关于消费者保护指令之转化，多以制定特别法之方式为之，但于民法之外，又有适用于消费关系之特别法，造成法律适用之割裂，危害法律之安定性，莫此为甚。从而，上述与债法有关的三个欧盟指令之转化，直接转化于民法，自为当时立法大势所趋。从而，立法者毅然决然大刀阔斧进行债法大改革，并趁机将以前散见各地之债法特别法整合于民法典中。

在此背景下，德国债编修正有两大区块，第一个部分系与债法有关之欧盟指令之转化及整合。其中，又可分为将为转化欧盟指令所制定之特别法整编到民法典中，及新的指令转化两个部分。债编修正被整合于德国债编之特别法为：

1. AGB-Gesetz《定型化契约条款规制法》（1976年制定，现整合于第305条以下）。

2. Gesetz über den Widerruf von Haustürgeschäften und ähnlichen Geschäften《访问及类似交易撤回法》（1986年制定，现整合于第312条以下）。

---

① Directive 1999/44, of the European Parliament and of the Council of 25 May 1999 on certain aspects of the sale of consumer goods and associated guarantees, 1999 O. J. (L. 171) 12.

② Directive 2000/31, on certain legal aspects of information society services, in particular electronic commerce, in the Internal Market (Directive on electronic commerce), 2000 O. J. (L. 178) 1.

③ Directive 2000/35, of the European Parliament and of the Council of 29 June 2000 on combating late payment in commercial transactions, 2000 O. J. (L. 200) 35.

3. Teilzeit-Wohnrechtegesetz《分时居住权法》(台湾地区学说亦有称为分时分享契约法或度假村契约法，1996年制定，现整合于第481条以下）。

4. Verbraucherkreditgesetz《消费者信用法》(1990年制定，现整合于债之关系编第八章第三节中）。

5. Fernabsatzgesetz《远距交易法》(2000年制定，现整合于第312条之2以下）。

其中AGB-Gesetz之制定早于欧盟指令，2000年为转化欧盟1993年《消费者契约中滥用条款指令》，对该法加以修正，其余诸法均纯粹为欧盟指令之转化。以上债编修正，牵涉之条文数目固然不在少数，但除上述三个尚待整合之指令之转化外，基本上仍属条文之移置，可谓新瓶装旧酒。

德国2002年债编修正的第二个区块，方属于具有德国色彩之修正，受世界民法学界瞩目。在此修正区块，立法者在其立法理由中，不仅详述其学说判例之发展现状，更提及诸如联合国商品买卖公约（CISG）、欧洲契约法原则（PECL）、联合国国际商事契约通则（PICC）等国际统一法律文件之具体内容，可见债编修正受国际契约法发展之影响甚大。Teichmann教授于2003年访台期间关于德国债法现代化之演讲即不断强调国际间契约法之影响，为德国债法现代化法之重要缘由。[①]事实上，德国债法现代化法有两大议题：（1）欧盟指令之转化及其与民法典之整合；（2）给付障碍（Leistungsstörung）法之现代化，前者乃实现欧盟单一市场内人员、货物及服务自由流通基本要求，后者除解决本土问题外，更企图在不失自主性之前提下，与国际契约法律发展之大势所趋相衔接。此两个修法契机均非单纯本国法学说判例固步自封式之本土化，固不待言。立法者企图透过债编修正树立债法修正之新典范，企图至少在欧盟契约法乃至于欧洲民法典统一之讨论过程，能有更大之发言权并发挥更大之影响力，不让欧洲契约法原则专美于前。

关于第二部分之修正，又可分为三个部分：（1）民法总则消灭时效之修正；（2）给付障碍一般规定之修正；（3）买卖之修正。给付障碍之修正，无疑地为讨论之焦点。给付障碍虽为德国法学界惯用语，但非法律用语，一般认为包括给付不能、给付迟延、积极侵害债权、法律行为基础之丧失及瑕疵等问题，与台湾地区法律人所常用之"债务不履行"概念，并不完全相同。从台湾地区"民法"债编之观点，德国债编修正可分为三大类：

---

① Teichmann（著），林易典（译）(2004)，《德国民法债编修正之重点》，载《政大法学评论》，79期，第115—169页。

1. 乃修正后之法律状态，德国与台湾地区"民法"债编大同小异者。

2. 乃分道扬镳之修正，除再度修正台湾地区债编之规定，否则，台湾地区与德国债编形成无法跨越之鸿沟者。

3. 乃其修正固然导入崭新法律原则，但台湾地区债编之规定仍留有解释与发展之空间，并未完全阻绝台湾地区"民法"继续朝德国债编修正之方向之发展者。

第一类之修正，应以明文化积极侵害债权、缔约上过失（第311条第2款、第3款）及法律行为基础丧失及变更（第313条）等制度在实定法之地位最为重要。德国债编修正前，关于给付障碍，仅有债编通则所规定之给付不能、迟延及规定于各种之债之瑕疵。德国民法甫施行，Staub氏即发现德国民法债务不履行体系有漏洞存在，为填补此漏洞而发展之积极侵害契约（positive Vertragsverletzung）（或称积极侵害债权；positive Forderungsverletzung）理论，经学说判例发展而成为具有习惯法效力之制度，德国债编修正前债务不履行遂由给付不能、给付迟延及积极侵害债权三个独立态样所构成。德国债编修正虽是认该理论，但并未将之列为独立之债务不履行态样，而立明文承认积极侵害债权理论最核心的要件：义务违反，并以此为债务不履行最重要的概念之一，并将该制度吸收在许多个别条文中（第280条至第282条、第323条、第324条）。[①]台湾地区债务不履行之态样，除法律明文规定之给付不能及给付迟延外，尚有不完全给付，早成为台湾通说[②]，仅法条是否明文规定有所争执。[③]从学说上使用接近日本"不完全履行"之"不完全给付"，而非德文翻译之用语。盖修正前通说将不完全给付分为瑕疵给付及加害给付两种，前者，依补正是否可能，类推适用给付迟延或给付不能之规定，至少瑕疵给付及加害给付之用语，甚少出现于日本学说；德国积极侵害契约（债权）要件中最关键之"义务违反"（Pflichtverletzung），至少在台湾地区实务中，并未强调其重要性。1999年债编修正乃将以上经若干本土化之制度形诸文字，立法明文确认不完全给付在债务不履行之地位，但也因轮廓不明，在与侵权行为、物之瑕疵担保及债务不履行一般规定等制度之竞合关系上，残留许多尚待厘清之问题。德国债编修正前，台湾地区与德

---

① Canaris, Schuldrechtsmodernisierung 2002, München, 2002, XVI.
② 参见孙森焱（2000），《民法债编总论（下）》，第567页，台北：自刊；此外，是否尚应承认给付拒绝作为债务不履行之态样，有争执，肯定说，郑玉波（1978），《民法债编总论》（7版），第265页，台北：三民。
③ 修正前旧第227条："债务人不为给付或不为完全之给付者，债权人得申请法院强制执行，并得请求损害赔偿。"所谓之"不为完全之给付"是否即为不完全给付，学说有争论，文献参照王泽鉴（1981），《不完全给付之基本理论》，载《民法学说与判例研究（三）》，第65页以下，台北：自刊。

国法律状态类似，此等问题之解决，或许本可继受被继受国（德国）民法学说判例发展之经验，却因台湾地区原地踏步，而德国债编积极调整其债务不履行架构，使德国民法学说从堪为学说继受之对象，降为单纯比较法参考之对象，台湾地区若不愿亦步亦趋，则唯有自求多福。

其次，关于缔约上过失，德国债编修正前虽已有若干具体规定：错误撤销之损害赔偿（第122条第2款）、自始客观给付不能之损害赔偿（旧德国民法第307条）、无权代理人之损害赔偿（第179条），但并无一般原则之规定，经学说判例之努力，缔约上过失亦被发展为具有习惯法效力之制度，债编修正于《德国民法典》第311条第2款第3款确认先契约义务之存在，终使缔约上过失有成文法依据。台湾地区"民法"之土壤，更容易使来自德国之缔约上过失种子开花结果，盖台湾地区侵权行为法构造相当接近德国，德国民法以Jhering理论为基础所设之规定：错误撤销之损害赔偿（第122条第2款）、自始客观给付不能之损害赔偿（旧德国民法第307条）、无权代理人之损害赔偿（民法第179条），台湾地区"民法"均予以继受（台湾地区"民法"第91条、第110条、第247条）。债编修正立法者若延续德国法之发展，承认从谈判缔约磋商开始，双方即互负保护义务（先契约义务），当事人之一方违反该义务并可归责，致他方受损害时，负损害赔偿义务，当然比较忠于原著。然修正台湾地区"民法"之第245条之1虽勉为其难接受德国缔约上过失理论之精神，但一方面在该条第1款第1项、第2项添加德国缔约上过失责任（参照第311条第1款、第2款、第3款）所无之要件，似乎对德国的特效药认为其必有副作用，特严加限制其服用时机；另一方面，又于该条第3项增加概括条款，广开缔约上过失责任成立之大门，留给学说判例发展之极大空间，无怪乎王泽鉴教授认该规定为"具有台湾特色的缔约上过失制度"。①

台湾地区债编修正于不完全给付之后所增列之情事变更原则规定（台湾地区"民法"第227条之2），法理上与功能上与德国债编修正明文承认之法律行为基础丧失与变更之规定（第313条）类似，但台湾地区上开规定乃为矫正因政治经济大环境之剧烈变动造成的给付与对待给付不公平之结果②，且在处理法律行为成立后之情事变更，与德国法律行为基础丧失与变更理论并不完全相同。依德国法之发

---

① 王泽鉴（1999），《债法原理（一）：基本理论、债之发生》，第267页，台北：自刊。
② 情事变更原则，先于1941年"非常时期民事诉讼补充条例"及1945年"复员后办理民事诉讼补充条例"即有明文规定，1968年该规定纳入"民事诉讼法"（旧第397条），债编修正以该原则并非诉讼法律原则，而属于实体法律规定，将此体系上错置之规定回归"民法"。

展,该理论不仅对契约成立后事实之发展与当事人之预期有出入之情况有因应之道,对契约成立之际成为缔约基础之重要事实有误认之情形,在一定要件下亦有救济之途①,德国债编修正将此发展明文化,并未改变修正前之法律状态。

此外,亦有属于德国债法重大之修正,但其结果反而更接近台湾地区现行法者。如德国债编修正前关于契约解除及损害赔偿请求之关系,原本采取选择主义(旧德国民法第325条),修正后改采两立主义,台湾地区"民法"自始即仿《日本民法典》第545条第3款之立法例采两立主义(台湾地区"民法"第260条),证明台湾地区立法者一开始即作出明智之抉择。

反之,德国债编亦有与台湾地区现行规定分道扬镳之修正,关于契约解除之债务人可归责要件之修正,应为最明显之例证。修正前,德国民法第325条第1款第2段、第326条第1款第1段,规定给付不能及给付迟延,契约之解除以债务人可归责为要件,修正后,改采联合国商事契约通则及欧洲契约法原则相同之立法例,不再以可归责于债务人为要件(第323条第1款、第326条第5款),相形之下,台湾地区"民法"原地踏步,仍坚守可归责之要件(参照台湾地区"民法"第230条、第254条至第256条等规定)。其次,自始客观给付不能,德国旧法第306条规定契约无效,第307条更因契约无效而受损害之当事人仅得请求信赖利益之损害赔偿,此立法例为台湾地区"民法"第246条及第247条所继受,台湾地区学说甚有认为自始不能,无论为客观或主观不能,契约均为无效。②德国债编修正后,契约纵以不能之给付为标的,仍为有效(第311条之1第1款),其损害赔偿自然不以信赖利益为限。再者,给付不能须为不可归责于债务人,债务人方免给付义务(台湾地区"民法"第225条第1款),若可归责于债务人,给付义务变形为损害赔偿义务(台湾地区"民法"第226条),此点,与德国修正前之债法理论相同,即损害赔偿请求权乃原定给付义务之延长或变形。德国债编修正后,给付不能无论是否可归责于债务人,债务人均免给付义务(第275条),但损害赔偿义务仍以可归责于债务人为要件(第280条第1款第2段参照)。此类与台湾地区债编条文有别之修正,若锱铢必较,应是不胜枚举,在此无法一一胪列,但《德国民法典》第284条之修正有说明之必要,盖无益费用之偿还,在债编修正前,是否得为契约责任赔偿之范围,不无疑问,债编修正后,使债权人得不请求替代给付之损害赔偿,而请求有益费用之偿还,乃创新之举。

---

① 关于德国法上法律行为基础理论之说明,参见陈自强(1995),《论计算错误》,载《政大法学评论》第53期,第196—201页。
② 参见孙森焱(2000),《民法债编总论(下)》,第508页,台北:自刊。

简 介

德国债编第三类之修正,是否将导致台湾地区债编与德国债法永无复合之日,取决于台湾地区债法学说判例之发展者。首先,乃给付不能是否应如《德国民法典》第275条第2款及第3款承认事实上不能及专属一身给付之因债务人个人事由之不能,并是否赋予与德国债法相同之法律效果,尚在未定之天。其次,在继续性债之关系中,当事人之一方得基于重大事由终止契约,乃德国学说判例重要之发展,债编修正将此发展之结晶成文化于《德国民法典》第314条,台湾地区法院是否将继踵效尤,尚待观察。

Abschnitt 1　Inhalt der Schuldverhältnisse
第一章　债之关系之内容

Titel 1　Verpflichtung zur Leistung
第一节　给付义务

§241　Pflichten aus dem Schuldverhältnis

(1) Kraft des Schuldverhältnisses ist der Gläubiger berechtigt, von dem Schuldner eine Leistung zu fordern. Die Leistung kann auch in einem Unterlassen bestehen.

(2) Das Schuldverhältnis kann nach seinem Inhalt jeden Teil zur Rücksicht auf die Rechte, Rechtsgüter und Interessen des anderen Teils verpflichten.

第二百四十一条　[债之关系所生之义务]

Ⅰ ^{1}债权人基于债之关系，得向债务人请求给付。^{2}不作为亦得为给付。

Ⅱ 债之关系按其内容，得使一方当事人对他方负有考虑他方之权利、法益及利益之义务^a。

a 德国债法理论将债之关系所生之义务区别为给付义务及保护义务（Schutzpflicht）（或称其他行为义务；weitere Verhaltenspflicht），本款即为2002年债法现代化法对后者明文化之一般规定。

§241a　Unbestellte Leistungen

*)

(1) Durch die Lieferung beweglicher Sachen, die nicht auf Grund von Zwangsvollstreckungsmaßnahmen oder anderen gerichtlichen Maßnahmen verkauft werden (Waren), oder durch die Erbringung sonstiger Leistungen durch einen Unternehmer an den Verbraucher wird ein Anspruch gegen den Verbraucher nicht begründet, wenn der Verbraucher die Waren oder sonstigen Leistungen nicht bestellt hat.

(2) Gesetzliche Ansprüche sind nicht ausgeschlossen, wenn die Leistung nicht für den Empfänger bestimmt war oder in der irrigen Vorstellung einer Bestellung erfolgte und der Empfänger dies erkannt hat oder bei Anwendung der im Verkehr

erforderlichen Sorgfalt hätte erkennen können.

(3) Von den Regelungen dieser Vorschrift darf nicht zum Nachteil des Verbrauchers abgewichen werden. Die Regelungen finden auch Anwendung, wenn sie durch anderweitige Gestaltungen umgangen werden.

*) Amtlicher Hinweis:
Diese Vorschrift dient der Umsetzung von Artikel 9 der Richtlinie 97/7/EG des Europäischen Parlaments und des Rates vom 20. Mai 1997 über den Verbraucherschutz bei Vertragsabschlüssen im Fernabsatz (ABl. EG Nr. L 144 S. 19).

第二百四十一条之一 [未订购之给付]

I 企业经营者提供消费者非因强制执行或其他诉讼上措施而出卖之动产，及其他服务时，消费者未订购该商品或其他服务者，对消费者无请求权。

II 给付非因给付受领人所为，或因误以为有订购而为，且给付受领人对该情明知或尽交易上必要之注意即可得而知者，法定请求权不予排除。

III [1]不得使消费者受有不利益而违反本条规定。[2]以其他形态规避本条规定者，亦适用本条规定。

德国官方注释：
本条乃欧洲议会与欧洲共同体理事会1997年5月20日97/7/EG《远距交易契约制定之消费者保护指令》第九条之内国法转化[a]。[①]

a 97/7/EG指令第9条之规定，于2005年5月11日再经欧洲议会与欧洲共同体理事会之不正交易行为2005/29/EG指令（Richtlinie über unlautere Geschäftspraktiken）第15条修正（ABl. EU Nr. L 149 S. 22）。

§242 Leistung nach Treu und Glauben

Der Schuldner ist verpflichtet, die Leistung so zu bewirken, wie Treu und Glauben mit Rücksicht auf die Verkehrssitte es erfordern.

[①] 参见欧共体《官方公报》L卷第144期，第19页。

第二百四十二条 [依诚实及信用为给付]ᵃ

债务人负有依诚实及信用并考虑交易习惯为给付之义务。

a 第一版译者注释（第306页）："本条与第157条之规定，共同构成债法之最高强行法则。第157条与本条之不同点，仅在于前者系规定给付之内容，后者系规定给付之方法。就本条言之，诚信原则有如次重要意义：

1. 禁止债权之滥用；在此范围内，较诸一般的恶意抗辩（exeptio doli generalis），效力为强。
2. 加重法定或约定之给付义务。例如负交付动物之义务者，义务人在交付前应将其饲养并不应使其过劳；对邻居与以债务的通行权者，应开放自己土地上之门；债务人应向债权人通知重要事实或维持债权人之法益，若违反此种义务，则除负赔偿责任外，有时亦失其法益（RG 95, 317）；就契约而言，各当事人于处理契约关系时，应顾虑自己所知之相对人之利益（RG 101, 49）且不为不利于相对人之行动（如债权让与人于让与完了后，应负不为妨害受让人收取债权之义务—RG 111, 303），若因过失而侵害此种义务者，应负赔偿义务（RG 129, 376）。
3. 减轻给付义务，有时亦对于债务人与以免责请求权或契约关系变更请求权。尤其继续的债务关系，系以互相信赖为其前提，或发生专属的给付义务者，得基于重大事由而终止关系（第626条及第723条等）。
4. 在货币贬值时，许为债权之增额评价（Aufwertung）。
5. 令请求权因长时间不行使而失效（Verwirkung）。如增额评价请求权之行使迟延时，不得再行请求（RG 118, 375; 131, 225）；一般消灭时效制度亦为其适例。"

§243 Gattungsschuld

(1) Wer eine nur der Gattung nach bestimmte Sache schuldet, hat eine Sache von mittlerer Art und Güte zuleisten.

(2) Hat der Schuldner das zur Leistung einer solchen Sache seinerseits Erforderliche getan, so beschränkt sich das Schuldverhältnis auf diese Sache.

第二百四十三条 [种类之债]

Ⅰ 给付仅依种类指示者，应给付中等品质之物。

Ⅱ 债务人已为给付其物之必要行为者，债之关系限定于该物。

§244 Fremdwährungsschuld

(1) Ist eine in einer anderen Währung als Euro ausgedrückte Geldschuld im Inland zu zahlen, so kann die Zahlung in Euro erfolgen, es sei denn, dass Zahlung in der anderen Währung ausdrücklich vereinbart ist.

(2) Die Umrechnung erfolgt nach dem Kurswert, der zur Zeit der Zahlung für den Zahlungsort maßgebend ist.

第二百四十四条　[外国货币之债]

Ⅰ 应于本国支付之金钱之债，系以欧元以外之货币指示者，得以欧元支付之。但明示约定应以该他种货币支付者，不在此限。

Ⅱ 换算依支付时支付地之汇率为标准。

§245 Geldsortenschuld

Ist eine Geldschuld in einer bestimmten Münzsorte zu zahlen, die sich zur Zeit der Zahlung nicht mehr im Umlauf befindet, so ist die Zahlung so zu leisten, wie wenn die Münzsorte nicht bestimmt wäre.

第二百四十五条　[特种货币之债]

应以特定种类之货币支付之金钱之债，支付时失其流通效力者，其支付应与未指定该特定种类货币之情形相同。

§246 Gesetzlicher Zinssatz

Ist eine Schuld nach Gesetz oder Rechtsgeschäft zu verzinsen, so sind vier vom Hundert für das Jahr zu entrichten, sofern nicht ein anderes bestimmt ist.

第二百四十六条　[法定利率]

依法或依法律行为债务应支付利息者，无其他规定时，周年利率为百分之四。

§247 Basiszinssatz

*)

(1) Der Basiszinssatz beträgt 3,62 Prozent. Er verändert sich zum 1. Januar und 1. Juli eines jeden Jahres um die Prozentpunkte, um welche die Bezugsgröße seit der letzten Veränderung des Basiszinssatzes gestiegen oder gefallen ist. Bezugsgröße ist der Zinssatz für die jüngste Hauptrefinanzierungsoperation der Europäischen Zentralbank vor dem ersten Kalendertag des betreffenden Halbjahrs.

(2) Die Deutsche Bundesbank gibt den geltenden Basiszinssatz unverzüglich nach den in Absatz 1 Satz 2 genannten Zeitpunkten im Bundesanzeiger bekannt.

*) **Amtlicher Hinweis:**
Diese Vorschrift dient der Umsetzung von Artikel 3 der Richtlinie 2000/35/EG des Europäischen Parlaments und des Rates vom 29. Juni 2000 zur Bekämpfung von Zahlungsverzug im Geschäftsverkehr (ABl. EG Nr. L 200 S. 35).

第二百四十七条 [基本利率]

Ⅰ ^{1}基本利率为百分之三点六二。^{2}基本利率之百分比，随每年一月一日及七月一日自基本利率前一次变动后联系值（Bezugsgröße）之升降而变动。^{3}联系值系每半年第一个日历天，欧洲中央银行在此之前最近一次之主要再融资（Hauptrefinanzierungsoperation）之利率。

Ⅱ 德国联邦银行于第一款第二段所称时点之后，立即于联邦公报公告适用之基本利率。

德国官方注释：
本条系欧洲议会与欧洲共同体理事会2000年6月29日《2000/35/EG营业交易中防止支付迟延指令》第三条之转化。①

§248 Zinseszinsen

(1) Eine im Voraus getroffene Vereinbarung, dass fällige Zinsen wieder Zinsen tragen sollen, ist nichtig.

(2) Sparkassen, Kreditanstalten und Inhaber von Bankgeschäften können im Voraus vereinbaren, dass nicht erhobene Zinsen von Einlagen als neue verzinsliche

---

① 参见欧共体《官方公报》L卷第200期，第35页。

Einlagen gelten sollen. Kreditanstalten, die berechtigt sind, für den Betrag der von ihnen gewährten Darlehen verzinsliche Schuldverschreibungen auf den Inhaber auszugeben, können sich bei solchen Darlehen die Verzinsung rückständiger Zinsen im Voraus versprechen lassen.

第二百四十八条 [复利]

Ⅰ 预先约定届清偿期之利息再生利息者，其约定无效。

Ⅱ [1]储蓄银行（Sparkassen）、信用机构（Kreditanstalten）及银行业者（Inhalber von Bankgeschäften）得预先约定，未领取之存款利息，视为新存款。[2]金融机构得就其贷与之金额发行附利息之无记名证券者，于该金钱借贷，得预先允诺对积欠之利息支付利息。

§249 Art und Umfang des Schadensersatzes

(1) Wer zum Schadensersatz verpflichtet ist, hat den Zustand herzustellen, der bestehen würde, wenn der zum Ersatz verpflichtende Umstand nicht eingetreten wäre.

(2) Ist wegen Verletzung einer Person oder wegen Beschädigung einer Sache Schadensersatz zu leisten, so kann der Gläubiger statt der Herstellung den dazu erforderlichen Geldbetrag verlangen. Bei der Beschädigung einer Sache schließt der nach Satz 1 erforderliche Geldbetrag die Umsatzsteuer nur mit ein, wenn und soweit sie tatsächlich angefallen ist.

第二百四十九条 [损害赔偿之种类及范围][a]

Ⅰ 负损害赔偿义务者，应恢复至如同使赔偿义务发生之情事未发生时之状态。

Ⅱ [1]因对人侵害或对物毁损，而应赔偿损害者，债权人得不请求恢复原状，而请求恢复原状所必要之金额。[2]于物之毁损，营业税仅以实际发生者为限，包括依第一段规定必要金额之范围内。

a 本条至第253条为关于损害赔偿之债之一般规定，德国在2002年8月1日就损害赔偿有若干重大之修正，在损害赔偿一般规定方面，确立慰抚金请求权不以侵权责任为限，纵在契约责任亦得请求慰抚金。台湾地区"民法"1999年债编修正第227条之1准用第194条、第195条早已承认不完全给付亦得主张慰抚金。

§250 Schadensersatz in Geld nach Fristsetzung

Der Gläubiger kann dem Ersatzpflichtigen zur Herstellung eine angemessene Frist mit der Erklärung bestimmen, dass er die Herstellung nach dem Ablauf der Frist ablehne. Nach dem Ablauf der Frist kann der Gläubiger den Ersatz in Geld verlangen, wenn nicht die Herstellung rechtzeitig erfolgt; der Anspruch auf die Herstellung ist ausgeschlossen.

第二百五十条 [期限过后之金钱赔偿]
¹债权人得对赔偿义务人定恢复原状之相当期限,并表示于该期限经过后,债权人拒绝恢复原状。²于该期限内,未恢复原状者,债权人得请求金钱赔偿;该恢复原状请求权予以排除。

§251 Schadensersatz in Geld ohne Fristsetzung

(1) Soweit die Herstellung nicht möglich oder zur Entschädigung des Gläubigers nicht genügend ist, hat der Ersatzpflichtige den Gläubiger in Geld zu entschädigen.

(2) Der Ersatzpflichtige kann den Gläubiger in Geld entschädigen, wenn die Herstellung nur mit unverhältnismäßigen Aufwendungen möglich ist. Die aus der Heilbehandlung eines verletzten Tieres entstandenen Aufwendungen sind nicht bereits dann unverhältnismäßig, wenn sie dessen Wert erheblich übersteigen.

第二百五十一条 [毋庸定期之金钱赔偿]
Ⅰ 恢复原状不能或不足以填补债权人损害者,赔偿义务人应以金钱赔偿债权人。
Ⅱ ¹恢复原状需费过巨者,赔偿义务人得以金钱赔偿债权人。²因治愈受伤之动物所需之费用虽显超过动物价值者,不当然为需费过巨。

§252 Entgangener Gewinn

Der zu ersetzende Schaden umfasst auch den entgangenen Gewinn. Als entgangen gilt der Gewinn, welcher nach dem gewöhnlichen Lauf der Dinge oder nach den besonderen Umständen, insbesondere nach den getroffenen Anstalten und Vorkehrungen, mit Wahrscheinlichkeit erwartet werden konnte.

第二百五十二条 [所失利益]

¹应赔偿之损害,包括所失利益。²按事物之通常发展或特殊情事,即如按已订之措施或设备可得期待之利益,视为所失利益。

§253　Immaterieller Schaden

(1) Wegen eines Schadens, der nicht Vermögensschaden ist, kann Entschädigung in Geld nur in den durch das Gesetz bestimmten Fällen gefordert werden.

(2) Ist wegen einer Verletzung des Körpers, der Gesundheit, der Freiheit oder der sexuellen Selbstbestimmung Schadensersatz zu leisten, kann auch wegen des Schadens, der nicht Vermögensschaden ist, eine billige Entschädigung in Geld gefordert werden.

第二百五十三条 [非财产上之损害]

Ⅰ 非财产上损害(immaterieller Schaden)之金钱赔偿,仅以法律所定之情形为限。

Ⅱ 因侵害身体、健康、自由或性自主而应赔偿损害者,亦得就非财产上之损害请求公平之金钱补偿。

§254　Mitverschulden

(1) Hat bei der Entstehung des Schadens ein Verschulden des Beschädigten mitgewirkt, so hängt die Verpflichtung zum Ersatz sowie der Umfang des zu leistenden Ersatzes von den Umständen, insbesondere davonab, inwieweit der Schaden vorwiegend von dem einen oder dem anderen Teil verursacht worden ist.

(2) Dies gilt auch dann, wenn sich das Verschulden des Beschädigten darauf beschränkt, dass er unterlassen hat, den Schuldner auf die Gefahr eines ungewöhnlich hohen Schadens aufmerksam zu machen, die der Schuldner weder kannte noch kennen musste, oder dass er unterlassen hat, den Schaden abzuwenden oder zu mindern. Die Vorschrift des §278 findet entsprechende Anwendung.

第二百五十四条 [与有过失]

Ⅰ 损害之发生被害人与有过失者,赔偿义务及赔偿之范围,应按具体情事而定,即如斟酌损害在何种程度系主要由一方或他方所引起者。

Ⅱ ¹被害人之过失纵仅为怠于预促债务人注意其所不知或不可得而知之

非通常高度损害之危险，或怠于避免或减轻损害者，亦同。²第二百七十八条规定，准用之。

§255 Abtretung der Ersatzansprüche

Wer für den Verlust einer Sache oder eines Rechts Schadensersatz zu leisten hat, ist zum Ersatz nur gegen Abtretung der Ansprüche verpflichtet, die dem Ersatzberechtigten auf Grund des Eigentums an der Sache oder auf Grund des Rechts gegen Dritte zustehen.

第二百五十五条　[赔偿请求权之让与]
就物或权利之丧失应赔偿损害者，仅于赔偿请求权人让与基于物之所有权或基于权利对第三人之请求权时，始负给付之义务。

§256 Verzinsung von Aufwendungen

Wer zum Ersatz von Aufwendungen verpflichtet ist, hat den aufgewendeten Betrag oder, wenn andere Gegenstände als Geld aufgewendet worden sind, den als Ersatz ihres Wertes zu zahlenden Betrag von der Zeit der Aufwendung an zu verzinsen. Sind Aufwendungen auf einen Gegenstand gemacht worden, der dem Ersatzpflichtigen herauszugeben ist, so sind Zinsen für die Zeit, für welche dem Ersatzberechtigten die Nutzungen oder die Früchte des Gegenstands ohne Vergütung verbleiben, nicht zu entrichten.

第二百五十六条　[费用之计息][a][b]
¹负费用（Aufwendungen）偿还义务之人，就支出之金额，如支出者为金钱以外之标的，就偿还其价额应支出之金额，应自支出时起，支付利息。²该费用系支出于应返还于偿还义务人之标的物上者，于偿还义务人无偿保有标的物使用或收益之期间，无须支付利息。

a 本条与次条均为有关费用偿还请求权之规定，费用偿还请求权得依契约或法律规定而生，后者，如无因管理管理人之费用偿还请求权（第683条、台湾地区"民法"第176条）。

b 第一版译者注释（第310页）："受任人对委任人，受寄人对寄托人，无因管理人对本人，占有人对所有人，及其他特定人依法律规定对第三人有费用偿还请求权者,实属不少,原则上应适用此规定。费用偿还请求权人行使权利时,得主张留置权(第273条第2款)。但注意第257条之规定。"

§257 Befreiungsanspruch

Wer berechtigt ist, Ersatz für Aufwendungen zu verlangen, die er für einen bestimmten Zweck macht, kann, wenn er für diesen Zweck eine Verbindlichkeit eingeht, Befreiung von der Verbindlichkeit verlangen. Ist die Verbindlichkeit noch nicht fällig, so kann ihm der Ersatzpflichtige, statt ihn zu befreien, Sicherheit leisten.

第二百五十七条 [债务免除请求权][a]

[1] 为特定目的支出费用,而得请求偿还该费用之人,为该目的而负担债务者,得请求免除债务。[2] 债务之清偿期未届至者,偿还义务人得提供担保,以代债务之免除。

a 第一版译者注释(第311页):"中华人民共和国民法未设一般规定,而仅设有第176条第1款、第546条第2款等个别规定而已。"

§258 Wegnahmerecht

Wer berechtigt ist, von einer Sache, die er einem anderen herauszugeben hat, eine Einrichtung wegzunehmen, hat im Falle der Wegnahme die Sache auf seine Kosten in den vorigen Stand zu setzen. Erlangt der andere den Besitz der Sache, so ist er verpflichtet, die Wegnahme der Einrichtung zu gestatten; er kann die Gestattung verweigern, bis ihm für den mit der Wegnahme verbundenen Schaden Sicherheit geleistet wird.

第二百五十八条 [取回权][a]

[1] 对他人负有物之返还义务之人,得自该物取回工作物者,于取回时,应以自己之费用恢复该物之原状。[2] 该他人占有其物者,应允许工作物之取回;对取回所生之损害提供担保前,得拒绝其取回。

a 取回权(Wegnahmerecht)亦得基于契约或法律而生,后者,如承租人之取回权(第539条第2款、台湾地区"民法"第431条第2款)。

§259 Umfang der Rechenschaftspflicht

(1) Wer verpflichtet ist, über eine mit Einnahmen oder Ausgaben verbundene Verwaltung Rechenschaft abzulegen, hat dem Berechtigten eine die geordnete Zusammenstellung der Einnahmen oder der Ausgaben enthaltende Rechnung mitzuteilen und, soweit Belege erteilt zu werden pflegen, Belege vorzulegen.

(2) Besteht Grund zu der Annahme, dass die in der Rechnung enthaltenen Angaben über die Einnahmen nicht mit der erforderlichen Sorgfalt gemacht worden sind, so hat der Verpflichtete auf Verlangen zu Protokoll an Eides statt zu versichern, dass er nach bestem Wissen die Einnahmen so vollständig angegeben habe, als er dazu imstande sei.

(3) In Angelegenheiten von geringer Bedeutung besteht eine Verpflichtung zur Abgabe der eidesstattlichen Versicherung nicht.

第二百五十九条 [报告义务之范围]

Ⅰ 就收入或支出之管理负有报告义务之人，应含有收入或支出汇整之计算通知权利人。通常附有单据者，应出示单据。

Ⅱ 有事实足认为计算中关于收入之说明并未尽必要之注意者，义务人应依请求记明笔录替代宣誓，担保其已竭尽所知，如其所能，将收入状况完整陈述。

Ⅲ 于不具重要性之情事时，无替代宣誓之担保义务。

§260 Pflichten bei Herausgabe oder Auskunft über Inbegriff von Gegenständen

(1) Wer verpflichtet ist, einen Inbegriff von Gegenständen herauszugeben oder über den Bestand eines solchen Inbegriffs Auskunft zu erteilen, hat dem Berechtigten ein Verzeichnis des Bestands vorzulegen.

(2) Besteht Grund zu der Annahme, dass das Verzeichnis nicht mit der erforderlichen Sorgfalt aufgestellt worden ist, so hat der Verpflichtete auf Verlangen zu Protokoll an Eides statt zu versichern, dass er nach bestem Wissen den Bestand so vollständig angegeben habe, als er dazu imstande sei.

(3) Die Vorschrift des §259 Abs. 3 findet Anwendung.

第二百六十条　[多数标的物之返还或说明义务]
Ⅰ　就多数标的物负有返还义务，或告知其现况义务之人，应就该现况目录提交权利人。
Ⅱ　有事实足认为目录并未尽必要注意而制作者，义务人应依请求记明笔录替代宣誓，担保其已竭尽所知，如其所能，将收入状况完整陈述。
Ⅲ　第二百五十九条第三款规定，准用之。

§261　Änderung der eidesstattlichen Versicherung; Kosten

(1) Das Gericht kann eine den Umständen entsprechende Änderung der eidesstattlichen Versicherung beschließen.
(2) Die Kosten der Abnahme der eidesstattlichen Versicherung hat derjenige zu tragen, welcher die Abgabe der Versicherung verlangt.

第二百六十一条　[替代宣誓之变更；费用]
Ⅰ　法院得裁定令替代宣誓之担保为合乎事实状况之变更。
Ⅱ　受领宣誓替代担保之费用，由请求提供担保之人负担。

§262　Wahlschuld; Wahlrecht

Werden mehrere Leistungen in der Weise geschuldet, dass nur die eine oder die andere zu bewirken ist, so steht das Wahlrecht im Zweifel dem Schuldner zu.

第二百六十二条　[选择之债；选择权]
就数宗给付仅应须提出其一宗或他宗给付者，有疑义时，选择权属于债务人。

§263　Ausübung des Wahlrechts; Wirkung

(1) Die Wahl erfolgt durch Erklärung gegenüber dem anderen Teil.
(2) Die gewählte Leistung gilt als die von Anfang an allein geschuldete.

第二百六十三条　[选择权之行使；效力]
Ⅰ　选择，对他方当事人以意思表示为之。

Ⅱ 给付经选择者，视为自始负担之给付。

§264 Verzug des Wahlberechtigten

(1) Nimmt der wahlberechtigte Schuldner die Wahl nicht vor dem Beginn der Zwangsvollstreckung vor, so kann der Gläubiger die Zwangsvollstreckung nach seiner Wahl auf die eine oder auf die andere Leistung richten; der Schuldner kann sich jedoch, solange nicht der Gläubiger die gewählte Leistung ganz oder zum Teil empfangen at, durch eine der übrigen Leistungen von seiner Verbindlichkeit befreien.

(2) Ist der wahlberechtigte Gläubiger im Verzug, so kann der Schuldner ihn unter Bestimmung einer angemessenen Frist zur Vornahme der Wahl auffordern. Mit dem Ablauf der Frist geht das Wahlrecht auf den Schuldner über, wenn nicht der Gläubiger rechtzeitig die Wahl vornimmt.

第二百六十四条 [选择权人之迟延]

Ⅰ 有选择权之债务人未于强制执行开始前为选择者，债权人得依其选择，就其一宗或他宗给付为强制执行；然于债权人尚未受领所选择之给付之全部或一部分前，债务人得给付其余存给付中之一宗，免除其债务。

Ⅱ ¹有选择权之债权人迟延者，债务人得定相当期限，催告其为选择。²期限届满后，债权人仍未选择者，选择权移属于债务人。

§265 Unmöglichkeit bei Wahlschuld

Ist eine der Leistungen von Anfang an unmöglich oder wird sie später unmöglich, so beschränkt sich das Schuldverhältnis auf die übrigen Leistungen. Die Beschränkung tritt nicht ein, wenn die Leistung infolge eines Umstands unmöglich wird, den der nicht wahlberechtigte Teil zu vertreten hat.

第二百六十五条 [选择之债之不能]

¹数宗给付中，有自始不能或嗣后不能者，债之关系仅限于余存之给付。²如其不能之事由系可归责于无选择权之当事人者，债之关系不限于余存之给付。

§266 Teilleistungen Der Schuldner ist zu Teilleistungen nicht berechtigt.

第二百六十六条 [一部分给付]
债务人无为一部会给付之权利。

§267 Leistung durch Dritte

(1) Hat der Schuldner nicht in Person zu leisten, so kann auch ein Dritter die Leistung bewirken. Die Einwilligung des Schuldners ist nicht erforderlich.
(2) Der Gläubiger kann die Leistung ablehnen, wenn der Schuldner widerspricht.

第二百六十七条 [第三人之给付]
Ⅰ ¹给付无须由债务人亲为者，亦得由第三人为之。²债务人之同意并无其必要。
Ⅱ 债务人有异议时，债权人得拒绝其给付。

§268 Ablösungsrecht des Dritten

(1) Betreibt der Gläubiger die Zwangsvollstreckung in einen dem Schuldner gehörenden Gegenstand, so ist jeder, der Gefahr läuft, durch die Zwangsvollstreckung ein Recht an dem Gegenstand zu verlieren, berechtigt, den Gläubiger zu befriedigen. Das gleiche Recht steht dem Besitzer einer Sache zu, wenn er Gefahr läuft, durch die Zwangsvollstreckung den Besitz zu verlieren.
(2) Die Befriedigung kann auch durch Hinterlegung oder durch Aufrechnung erfolgen.
(3) Soweit der Dritte den Gläubiger befriedigt, geht die Forderung auf ihn über. Der Übergang kann nicht zum Nachteil des Gläubigers geltend gemacht werden.

第二百六十八条 [第三人之清偿权]
Ⅰ ¹债权人对属于债务人之标的物为强制执行者，任何有因强制执行而丧失对该标的物权利之虞之人，得对债权人清偿。²物之占有人，其因强制执行而有丧失占有之虞者，有同一之权利。
Ⅱ 前款清偿亦得以提存或抵销为之。

Ⅲ [1]于第三人对于债权人清偿之限度内，债权移转于第三人。[2]该债权移转，不得有害于债权人之利益。

§269 Leistungsort

(1) Ist ein Ort für die Leistung weder bestimmt noch aus den Umständen, insbesondere aus der Natur des Schuldverhältnisses, zu entnehmen, so hat die Leistung an dem Ort zu erfolgen, an welchem der Schuldner zur Zeit der Entstehung des Schuldverhältnisses seinen Wohnsitz hatte.
(2) Ist die Verbindlichkeit im Gewerbebetrieb des Schuldners entstanden, so tritt, wenn der Schuldner seine gewerbliche Niederlassung an einem anderen Ort hatte, der Ort der Niederlassung an die Stelle des Wohnsitzes.
(3) Aus dem Umstand allein, dass der Schuldner die Kosten der Versendung übernommen hat, ist nicht zu entnehmen, dass der Ort, nach welchem die Versendung zu erfolgen hat, der Leistungsort sein soll.

第二百六十九条 [给付地]

Ⅰ 给付地未制定，亦不能由特别是债之关系之性质等情形决定者，该给付应于债务人债之关系发生时之住所地为之。
Ⅱ 债务于债务人之营业活动而生，而债务人之营业处所与住所地不同者，以营业处所所在地取代住所。
Ⅲ 不得仅因债务人承担送交费用，径认定送交地为给付地。

§270 Zahlungsort

(1) Geld hat der Schuldner im Zweifel auf seine Gefahr und seine Kosten dem Gläubiger an dessen Wohnsitz zu übermitteln.
(2) Ist die Forderung im Gewerbebetrieb des Gläubigers entstanden, so tritt, wenn der Gläubiger seine gewerbliche Niederlassung an einem anderen Ort hat, der Ort der Niederlassung an die Stelle des Wohnsitzes.
(3) Erhöhen sich infolge einer nach der Entstehung des Schuldverhältnisses eintretenden Änderung des Wohnsitzes oder der gewerblichen Niederlassung des Gläubigers die Kosten oder die Gefahr der Übermittelung, so hat der Gläubiger im ersteren Falle die Mehrkosten, im letzteren Falle die Gefahr zu tragen.
(4) Die Vorschriften über den Leistungsort bleiben unberührt.

第二百七十条　[支付地]

Ⅰ 债务人就其危险及费用，有疑义时，向债权人于其住所地，以金钱支付之。

Ⅱ 债权于债权人之营业活动而生，而债权人之营业处所与住所地不同者，以营业处所所在地取代住所地。

Ⅲ 债之关系发生后，债权人住所或营业处所有所变更，致支付之费用或危险增加者，债权人就费用之增加，应负担增加之费用，就危险之增加，应负担其危险。

Ⅳ 关于给付地之规定，不受影响。

§271　Leistungszeit

(1) Ist eine Zeit für die Leistung weder bestimmt noch aus den Umständen zu entnehmen, so kann der Gläubiger die Leistung sofort verlangen, der Schuldner sie sofort bewirken.

(2) Ist eine Zeit bestimmt, so ist im Zweifel anzunehmen, dass der Gläubiger die Leistung nicht vor dieser Zeit verlangen, der Schuldner aber sie vorher bewirken kann.

第二百七十一条　[给付期]

Ⅰ 给付期未制定，亦不能按其情形决定者，债权人得立即请求给付，债务人亦得立即清偿。

Ⅱ 定有给付期者，有疑义时，应认为债权人不得期前请求给付，但债务人得期前清偿。

§271a　Vereinbarungen über Zahlungs-, Überprüfungs- oder Abnahmefristen

(1) Eine Vereinbarung, nach der der Gläubiger die Erfüllung einer Entgeltforderung erst nach mehr als 60 Tagen nach Empfang der Gegenleistung verlangen kann, ist nur wirksam, wenn sie ausdrücklich getroffen und im Hinblick auf die Belange des Gläubigers nicht grob unbillig ist. Geht dem Schuldner nach Empfang der Gegenleistung eine Rechnung oder gleichwertige Zahlungsaufstellung zu, tritt der Zeitpunkt des Zugangs dieser Rechnung oder Zahlungsaufstellung an die Stelle des

in Satz 1 genannten Zeitpunkts des Empfangs der Gegenleistung. Es wird bis zum Beweis eines anderen Zeitpunkts vermutet, dass der Zeitpunkt des Zugangs der Rechnung oder Zahlungsaufstellung auf den Zeitpunkt des Empfangs der Gegenleistung fällt; hat der Gläubiger einen späteren Zeitpunkt benannt, so tritt dieser an die Stelle des Zeitpunkts des Empfangs der Gegenleistung.

(2) Ist der Schuldner ein öffentlicher Auftraggeber im Sinne von §98 Nummer 1 bis 3 des Gesetzes gegen Wettbewerbsbeschränkungen, so ist abweichend von Absatz 1

1. eine Vereinbarung, nach der der Gläubiger die Erfüllung einer Entgeltforderung erst nach mehr als 30 Tagen nach Empfang der Gegenleistung verlangen kann, nur wirksam, wenn die Vereinbarung ausdrücklich getroffen und aufgrund der besonderen Natur oder der Merkmale des Schuldverhältnisses sachlich gerechtfertigt ist;

2. eine Vereinbarung, nach der der Gläubiger die Erfüllung einer Entgeltforderung erst nach mehr als 60 Tagen nach Empfang der Gegenleistung verlangen kann, unwirksam.

Absatz 1 Satz 2 und 3 ist entsprechend anzuwenden.

(3) Ist eine Entgeltforderung erst nach Überprüfung oder Abnahme der Gegenleistung zu erfüllen, so ist eine Vereinbarung, nach der die Zeit für die Überprüfung oder Abnahme der Gegenleistung mehr als 30 Tage nach Empfang der Gegenleistung beträgt, nur wirksam, wenn sie ausdrücklich getroffen und im Hinblick auf die Belange des Gläubigers nicht grob unbillig ist.

(4) Ist eine Vereinbarung nach den Absätzen 1 bis 3 unwirksam, bleibt der Vertrag im Übrigen wirksam.

(5) Die Absätze 1 bis 3 sind nicht anzuwenden auf

1. die Vereinbarung von Abschlagszahlungen und sonstigen Ratenzahlungen sowie

2. ein Schuldverhältnis, aus dem ein Verbraucher die Erfüllung der Entgeltforderung schuldet.

(6) Die Absätze 1 bis 3 lassen sonstige Vorschriften, aus denen sich Beschränkungen für Vereinbarungen über Zahlungs-, Überprüfungs- oder Abnahmefristen ergeben, unberührt.

第二百七十一条之一 [支付、检查或受领期限之约定]

Ⅰ [1]债权人于受领对待给付后逾六十日始得请求对价债权之约定，于其经明示作成，且就债权人之利益未显失公平者，始生效力。[2]债务人于受领对待给付后受有账单或类此之付款明细，以账单或付款明细到达之时点作为第一段所定之受领对待给付时点。[3]除证明其他时点，账单或付款明细到达之时点推定发生于受领对待给付时；债权人另定较迟时点者，以该时点作为受领对待给付之时点。

Ⅱ ¹债务人为限制竞争防止法第九十八条第一项至第三项所称之公务委任人而有下列情事者，不适用第一款规定：
1. 债权人于受领对待给付后逾三十日始得请求对价债权之约定，于其经明示作成，且按其债之关系之性质及特征可认实质正当者，始生效力。
2. 债权人于受领对待给付后逾六十日始得请求对价债权之约定，不生效力。

²第一款第二段及第三段规定，准用之。

Ⅲ 检查或受领对待给付后始应履行对价债权时，约定受领对待给付后检查或受领对待给付之时间得逾三十日者，该约定经明示作成，且就债权人之利益未显失公平者，始生效力。

Ⅳ 检查或受领对待给付后始应履行对价债权时，约定受领对待给付后检查或受领对待给付之时间得逾三十日者，该约定经明示作成，且就债权人之利益未显失公平者，始生效力。

Ⅴ 下列情形不适用第一款至第三款规定：
1. 部分支付及其他分期支付之约定者。
2. 消费者因债之关系负有履行该对价债权之义务者。

Ⅵ 其他规定就支付、检查或受领所为之限制，不因第一款至第三款规定而受影响。

§272 Zwischenzinsen

Bezahlt der Schuldner eine unverzinsliche Schuld vor der Fälligkeit, so ist er zu einem Abzug wegen der Zwischenzinsen nicht berechtigt.

第二百七十二条　[中间利息]

利息之债务，债务人于清偿期届至前付款者，债务人不得扣除中间利息。

§273 Zurückbehaltungsrecht

(1) Hat der Schuldner aus demselben rechtlichen Verhältnis, auf dem seine Verpflichtung beruht, einen fälligen Anspruch gegen den Gläubiger, so kann er, sofern nicht aus dem Schuldverhältnis sich ein anderes ergibt, die geschuldete

Leistung verweigern, bis die ihm gebührende Leistung bewirkt wird (Zurückbehaltungsrecht).

(2) Wer zur Herausgabe eines Gegenstands verpflichtet ist, hat das gleiche Recht, wenn ihm ein fälliger Anspruch wegen Verwendungen auf den Gegenstand oder wegen eines ihm durch diesen verursachten Schadens zusteht, es sei denn, dass er den Gegenstand durch eine vorsätzlich begangene unerlaubte Handlung erlangt hat.

(3) Der Gläubiger kann die Ausübung des Zurückbehaltungsrechts durch Sicherheitsleistung abwenden. Die Sicherheitsleistung durch Bürgen ist ausgeschlossen.

第二百七十三条 [留置权利]

Ⅰ 债务人基于债务所由生之同一法律关系对债务人有届清偿期之请求权者，除债之关系另有规定外，得于自己享有之给付受偿前，拒绝自己之给付（留置权利）[ab]。

Ⅱ 负标的物返还义务之人，因对该标的物有所支出或因该标的物发生损害，致取得届清偿期之请求权者，亦同。但因故意侵权行为而取得标的物者，不在此限。

Ⅲ [1]债权人得提供担保，对抗留置权利之行使。[2]由保证人提供担保者，排除之。

a 本条之权利，并非担保物权，而仅为拒绝给付权利，性质上为一时抗辩权，1965年翻译之版本称为留置权，容易引其误解，是译为留置权利。

b 第一版译者注释（第315页）："对禁止扣押之债权，以及禁止抵销之债权得否主张留置权？关于此点，现代判例及学说均认为：留置权与抵销权两者之作用及要件均不相同，故留置权之主张，除其行使可发生与抵销同一效果者外，不受无抵销权之影响（RG 85, 108 ff.; 123, 6）。即在例外情形，于禁止扣押及抵销之债权（如工资债权），若许债务人（如雇用人），就基于同一法律关系对债权人（如工人）所享有之已届清偿期之反对债权（如因工人违反契约而生之损害赔偿请求权），行使留置权者，则与容许其以自己债权与不得之抵销之相对人之债权行使抵消权相同。故此时留置权应归消灭。反之，反对债权不属于同种类，或援用第394条之规定显然违背诚实信用原则者，则得行使留置权。如雇用人虽对受雇人负支付工资义务，但仍得就其对受雇人之工具返还请求权及因受雇人故意侵权行为所生损害赔偿请求权行使留置权，或以此项损害赔偿请求权与受雇人之工资请求权为抵销（RG 85, 116; 123, 8）。"

§274 Wirkungen des Zurückbehaltungsrechts

(1) Gegenüber der Klage des Gläubigers hat die Geltendmachung des Zurückbehaltungsrechts nur die Wirkung, dass der Schuldner zur Leistung gegen Empfang der ihm gebührenden Leistung (Erfüllung Zug um Zug) zu verurteilen ist.

(2) Auf Grund einer solchen Verurteilung kann der Gläubiger seinen Anspruch ohne Bewirkung der ihm obliegenden Leistung im Wege der Zwangsvollstreckung verfolgen, wenn der Schuldner im Verzug der Annahme ist.

第二百七十四条 [留置权利之效力]

Ⅰ 于债权人提起之诉讼，债务人留置权利之主张，仅发生于债务人受领其自己之给付时，应为给付（同时履行抗辩之给付）判决之效力。

Ⅱ 债务人受领迟延者，债权人基于前款判决纵未提出自己之给付，亦得以强制执行实现其权利。

§275 Ausschluss der Leistungspflicht

*)

(1) Der Anspruch auf Leistung ist ausgeschlossen, soweit diese für den Schuldner oder für jedermann unmöglich ist.

(2) Der Schuldner kann die Leistung verweigern, soweit diese einen Aufwand erfordert, der unter Beachtung des Inhalts des Schuldverhältnisses und der Gebote von Treu und Glauben in einem groben Missverhältnis zu dem Leistungsinteresse des Gläubigers steht. Bei der Bestimmung der dem Schuldner zuzumutenden Anstrengungen ist auch zu berücksichtigen, ob der Schuldner das Leistungshindernis zu vertreten hat.

(3) Der Schuldner kann die Leistung ferner verweigern, wenn er die Leistung persönlich zu erbringen hat und sie ihm unter Abwägung des seiner Leistung entgegenstehenden Hindernisses mit dem Leistungsinteresse des Gläubigers nicht zugemutet werden kann.

(4) Die Rechte des Gläubigers bestimmen sich nach den §§280, 283 bis 285, 311a und 326.

*) Amtlicher Hinweis:
Diese Vorschrift dient zum Teil auch der Umsetzung der Richtlinie 1999/44/EG des Europäischen Parlaments und des Rates vom 25. Mai 1999 zu bestimmten Aspekten des

Verbrauchsgüterkaufs und der Garantie für Verbrauchsgüter (ABl. EG Nr. L 171 S. 12).

第二百七十五条　[给付义务之排除]^a

Ⅰ 给付对债务人或任何人均为不能者，给付请求权排除之。

Ⅱ ¹给付所需之费用，依债之关系之内容及诚实信用之要求，与债权人之给付利益间显失均衡者，债务人得拒绝给付。²可期待于债务人努力之判断，并应斟酌给付之阻碍是否可归责于债务人。

Ⅲ 债务人应自为给付，且于阻碍其给付之事由与债权人之给付利益互为衡量后，无法期待债务人为给付者，债务人亦得拒绝给付。

Ⅳ 债权人之权利，依第二百八十条、第二百八十三条至第二百八十五条，第三百一十一条之一及第三百二十六条定之。

德国官方注释：

本条部分亦为欧洲议会与欧洲共同体理事会1999年5月25日1999/44/EG《消费商品买卖及消费者保障指令》，其特定领域规定之转化。^①

a 本条至迄第292条之规定为，一般称为给付障碍（Leistungsstörung）法，为德国债编修正中最核心且备受瞩目及最具争议之部分。

§276　Verantwortlichkeit des Schuldners

(1) Der Schuldner hat Vorsatz und Fahrlässigkeit zu vertreten, wenn eine strengere oder mildere Haftung weder bestimmt noch aus dem sonstigen Inhalt des Schuldverhältnisses, insbesondere aus der Übernahme einer Garantie oder eines Beschaffungsrisikos zu entnehmen ist. Die Vorschriften der §§827 und 828 finden entsprechende Anwendung.

(2) Fahrlässig handelt, wer die im Verkehr erforderliche Sorgfalt außer Acht lässt.

(3) Die Haftung wegen Vorsatzes kann dem Schuldner nicht im Voraus erlassen werden.

第二百七十六条　[债务人之责任 ^a]

Ⅰ ¹较故意或过失更重或更轻之责任既未制定，亦不能自债之关系其他内容，特别自担保之承担或获取风险之承担等情事导出者，债务人就故意或过失之行为为可归责。²第八百二十七条及第八百二十八条规定，

---

① 参见欧共体《官方公报》L卷第171期，第12页。

准用之。
Ⅱ 未尽交易上之必要注意者，为有过失。
Ⅲ 债务人故意之责任，不得预先免除。

a 该条并非单纯债务人故意或过失责任之规定，而为规范债务人何时应负债务不履行责任，故其标题所谓（Verantwortlichkeit des Schulders），不宜翻译为债务人之注意义务，翻译为有责性，则易与侵权行为之有责性混淆，是翻译为债务人责任。与该条相当之台湾地区"民法"第220条，一般亦多冠以"债务人责任"之标题。

§277 Sorgfalt in eigenen Angelegenheiten

Wer nur für diejenige Sorgfalt einzustehen hat, welche er in eigenen Angelegenheiten anzuwenden pflegt, ist von der Haftung wegen grober Fahrlässigkeit nicht befreit.

第二百七十七条 [处理自己事务之注意]
仅负与处理自己事务相同之注意之责任者，不免除重大过失责任。

§278 Verantwortlichkeit des Schuldners für Dritte

Der Schuldner hat ein Verschulden seines gesetzlichen Vertreters und der Personen, deren er sich zur Erfüllung seiner Verbindlichkeit bedient, in gleichem Umfang zu vertreten wie eigenes Verschulden. Die Vorschrift des §276 Abs. 3 findet keine Anwendung.

第二百七十八条 [债务人为第三人负责]
[1]债务人对其法定代理人及为自己债务履行之人之故意或过失[a]，如同自己之故意或过失负同一范围之责任。[2]第二百七十六条第三款规定，不适用之。

a 德文中的Verschulden与债务人可归责（zu vertreten）不同，包括故意及过失两责任形态，与fahrlässig单纯指欠缺注意，亦有差异，旧版翻译为过咎，固然为正确之翻译，但"故意过失"为台湾地区"民法"立法者之翻译（参照第224条），用语亦较不陌生，可谓为惯用语也。

§279 (weggefallen)

第二百七十九条 [删除]

§280 Schadensersatz wegen Pflichtverletzung

(1) Verletzt der Schuldner eine Pflicht aus dem Schuldverhältnis, so kann der Gläubiger Ersatz des hierdurch entstehenden Schadens verlangen. Dies gilt nicht, wenn der Schuldner die Pflichtverletzung nicht zu vertreten hat.

(2) Schadensersatz wegen Verzögerung der Leistung kann der Gläubiger nur unter der zusätzlichen Voraussetzung des §286 verlangen.

(3) Schadensersatz statt der Leistung kann der Gläubiger nur unter den zusätzlichen Voraussetzungen des §281, des §282 oder des §283 verlangen.

第二百八十条 [义务违反之损害赔偿]

Ⅰ [1]债务人违反债之关系所生之义务者，债权人得请求损害赔偿。[2]债务人就义务违反不可归责者，不适用之。

Ⅱ 债权人请求给付迟延之损害赔偿者，应另符合第二百八十六条之要件。

Ⅲ 债权人请求替代给付之损害赔偿者，应另符合第二百八十一条、第二百八十二条或第二百八十三条之要件。

§281 Schadensersatz statt der Leistung wegen nicht oder nicht wie geschuldet erbrachter Leistung

(1) Soweit der Schuldner die fällige Leistung nicht oder nicht wie geschuldet erbringt, kann der Gläubiger unter den Voraussetzungen des §280 Abs. 1 Schadensersatz statt der Leistung verlangen, wenn er dem Schuldner erfolglos eine angemessene Frist zur Leistung oder Nacherfüllung bestimmt hat. Hat der Schuldner eine Teilleistung bewirkt, so kann der Gläubiger Schadensersatz statt der ganzen Leistung nur verlangen, wenner an der Teilleistung kein Interesse hat. Hat der Schuldner die Leistung nicht wie geschuldet bewirkt, so kann der Gläubiger Schadensersatz statt der ganzen Leistung nicht verlangen, wenn die Pflichtverletzung unerheblich ist.

(2) Die Fristsetzung ist entbehrlich, wenn der Schuldner die Leistung ernsthaft und endgültig verweigert oder wenn besondere Umstände vorliegen, die unter Abwägung der beiderseitigen Interessen die sofortige Geltendmachung des Schadensersatzanspruchs rechtfertigen.

(3) Kommt nach der Art der Pflichtverletzung eine Fristsetzung nicht in Betracht, so tritt an deren Stelle eine bmahnung.

(4) Der Anspruch auf die Leistung ist ausgeschlossen, sobald der Gläubiger statt der Leistung Schadensersatz verlangt hat.

(5) Verlangt der Gläubiger Schadensersatz statt der ganzen Leistung, so ist der Schuldner zur Rückforderung des Geleisteten nach den §§346 bis 348 berechtigt.

第二百八十一条 [未为给付或给付未依债务本旨之替代给付之损害赔偿]

Ⅰ ¹对已届清偿期之给付，债务人未提出或未依债务本旨提出，债权人亦已对债务人定相当期限请求给付或请求补正ª，而仍无效果者，债权人于符合第二百八十条第一款要件时，得请求替代给付之损害赔偿。²债务人提出一部分给付者，债权人仅于该部分之给付于己无利益时，始得请求替代全部给付之损害赔偿。³债务人未依债务本旨提出给付者，该义务违反不重要时，债权人不得请求替代全部给付之损害赔偿。

Ⅱ 债务人坚定而明确拒绝给付，或衡量双方之利益后，有可认为立即行使损害赔偿具正当性之特殊情事存在者，无须定期限。

Ⅲ 依义务违反之种类不考虑定期限者，得以催告代之。

Ⅳ 债权人请求替代给付之损害赔偿者，给付请求权排除之。

Ⅴ 债权人请求替代全部给付之损害赔偿者，债务人得依第三百四十六条至第三百四十八条请求返还已为之给付。

a Nacherfüllung，本意为"再为履行"。学者间亦有译为"补为给付"者。[①]本译文译为"补正"，以与条文中并置之债务人根本未给付时，债权人请求给付之情形相区别。

[①] 参见黄立（2005），《德国新民法债务不履行规定的分析》，载《政大法学评论》，83期，第1、18页。

§282 Schadensersatz statt der Leistung wegen Verletzung einer Pflicht nach §241 Abs. 2

Verletzt der Schuldner eine Pflicht nach §241 Abs. 2, kann der Gläubiger unter den Voraussetzungen des §280 Abs. 1 Schadensersatz statt der Leistung verlangen, wenn ihm die Leistung durch den Schuldner nicht mehr zuzumuten ist.

第二百八十二条 [因违反第二百四十一条第二款之义务请求替代给付之损害赔偿]
债务人违反第二百四十一条第二款之义务，且债务人之给付于债权人不再有期待可能性者，债权人于符合第二百八十条第一款规定之要件时，得请求替代给付之损害赔偿。

§283 Schadensersatz statt der Leistung bei Ausschluss der Leistungspflicht

Braucht der Schuldner nach §275 Abs. 1 bis 3 nicht zu leisten, kann der Gläubiger unter den Voraussetzungen des §280 Abs. 1 Schadensersatz statt der Leistung verlangen. §281 Abs. 1 Satz 2 und 3 und Abs. 5 findet entsprechende Anwendung.

第二百八十三条 [给付义务排除时替代给付之损害赔偿]
[1]债务人依第二百七十五条第一款至第三款规定，无须给付者，债权人得依第二百八十条第一款请求替代给付之损害赔偿。[2]第二百八十一条第一款第二段、第三段及第五款规定，准用之。

§284 Ersatz vergeblicher Aufwendungen

Anstelle des Schadensersatzes statt der Leistung kann der Gläubiger Ersatz der Aufwendungen verlangen, die er im Vertrauen auf den Erhalt der Leistung gemacht hat und billigerweise machen durfte, es sei denn, deren Zweck wäre auch ohne die Pflichtverletzung des Schuldners nicht erreicht worden.

第二百八十四条 [无益费用之偿还]
债权人得不请求替代给付之损害赔偿，就因信赖给付之取得而支出之费用，且其支出可认属公平合理者，请求偿还。但债务人纵未违反义务，该费用之支出亦无法达到目的者，不在此限。

§285 Herausgabe des Ersatzes

(1) Erlangt der Schuldner infolge des Umstands, auf Grund dessen er die Leistung nach §275 Abs. 1 bis 3 nicht zu erbringen braucht, für den geschuldeten Gegenstand einen Ersatz oder einen Ersatzanspruch, so kann der Gläubiger Herausgabe des als Ersatz Empfangenen oder Abtretung des Ersatzanspruchs verlangen.

(2) Kann der Gläubiger statt der Leistung Schadensersatz verlangen, so mindert sich dieser, wenn er von dem in Absatz 1 bestimmten Recht Gebrauch macht, um den Wert des erlangten Ersatzes oder Ersatzanspruchs.

第二百八十五条 [赔偿之交付]
I 债务人因依第二百七十五条第一款至第三款规定无须提出给付之事由，就给付之标的取得赔偿或赔偿请求权者，债权人得请求交付其所受领之赔偿物，或请求让与其赔偿请求权。
II 债权人得请求替代给付之损害赔偿者，于债权人行使第一款所定之权利时，该损害赔偿应按所得之赔偿或损害赔偿请求权之价值扣减。

§286 Verzug des Schuldners

*)

(1) Leistet der Schuldner auf eine Mahnung des Gläubigers nicht, die nach dem Eintritt der Fälligkeit erfolgt, so kommt er durch die Mahnung in Verzug. Der Mahnung stehen die Erhebung der Klage auf die Leistung sowie die Zustellung eines Mahnbescheids im Mahnverfahren gleich.

(2) Der Mahnung bedarf es nicht, wenn
1. für die Leistung eine Zeit nach dem Kalender bestimmt ist,
2. der Leistung ein Ereignis vorauszugehen hat und eine angemessene Zeit für die Leistung in der Weise bestimmt ist, dass sie sich von dem Ereignis an nach dem Kalender berechnen lässt,
3. der Schuldner die Leistung ernsthaft und endgültig verweigert,

§286

4. aus besonderen Gründen unter Abwägung der beiderseitigen Interessen der sofortige Eintritt des Verzugs gerechtfertigt ist.

(3) Der Schuldner einer Entgeltforderung kommt spätestens in Verzug, wenn er nicht innerhalb von 30 Tagen nach Fälligkeit und Zugang einer Rechnung oder gleichwertigen Zahlungsaufstellung leistet; dies gilt gegenüber einem Schuldner, der Verbraucher ist, nur, wenn auf diese Folgen in der Rechnung oder Zahlungsaufstellung besonders hingewiesen worden ist. Wenn der Zeitpunkt des Zugangs der Rechnung oder Zahlungsaufstellung unsicher ist, kommt der Schuldner, der nicht Verbraucher ist, spätestens 30 Tage nach Fälligkeit und Empfang der Gegenleistung in Verzug.

(4) Der Schuldner kommt nicht in Verzug, solange die Leistung infolge eines Umstands unterbleibt, den er nicht zu vertreten hat.

(5) Für eine von den Absätzen 1 bis 3 abweichende Vereinbarung über den Eintritt des Verzugs gilt §271a Absatz 1 bis 5 entsprechend.

*) **Amtlicher Hinweis:**
Diese Vorschrift dient zum Teil auch der Umsetzung der Richtlinie 2000/35/EG des Europäischen Parlaments und des Rates vom 29. Juni 2000 zur Bekämpfung von Zahlungsverzug im Geschäftsverkehr (ABl. EG Nr. L 200 S. 35).

第二百八十六条 [债务人迟延]

Ⅰ ^{1}债权人于清偿期届至后为催告,而债务人仍未给付者,债务人因催告而迟延。^{2}提起给付之诉,及依督促程序送达督促命令者,与催告有同一之效力。

Ⅱ 有下列情形之一者,无须催告:
1. 以历定给付期者。
2. 给付系以特定事件之发生为前提,且自该事件发生起以日计算给付之相当期限者。
3. 债务人坚定而明确拒绝给付者。
4. 经衡量双方之利益,有特别理由可认为立即发生迟延责任系正当者。

Ⅲ ^{1}对价债权之债务人迟延,至迟于清偿期届至,且账单或类此之付款明细到达后之三十日内未付款时发生;债务人为消费者时,仅于账单或付款明细对该效果特别有叙明者,始得适用。^{2}账单或付款明细到达之时点不确定,而债务人非消费者时,其迟延最迟于清偿期届至且受领对待给付后三十日起发生。

Ⅳ 因不可归责于债务人之事由,未为给付者,不发生债务人迟延。

V 不同于第一款至第三款发生迟延之约定者,准用第二百七十一条之一第一款至第五款规定。

德国官方注释:

本条部分亦为欧洲议会与欧洲共同体理事会2000年6月29日《营业交易中防止支付迟延指令》之转化。[1]

§287 Verantwortlichkeit während des Verzugs

Der Schuldner hat während des Verzugs jede Fahrlässigkeit zu vertreten. Er haftet wegen der Leistung auch für Zufall, es sei denn, dass der Schaden auch bei rechtzeitiger Leistung eingetreten sein würde.

第二百八十七条 [迟延时债务人责任]

¹迟延时,债务人对一切之过失均应负责。²债务人就给付,于事变时,亦应负责。但纵按时提出给付,仍不免发生损害者,不在此限。

§288 Verzugszinsen

*)

(1) Eine Geldschuld ist während des Verzugs zu verzinsen. Der Verzugszinssatz beträgt für das Jahr fünf Prozentpunkte über dem Basiszinssatz.

(2) Bei Rechtsgeschäften, an denen ein Verbraucher nicht beteiligt ist, beträgt der Zinssatz für Entgeltforderungen acht Prozentpunkte über dem Basiszinssatz.

(3) Der Gläubiger kann aus einem anderen Rechtsgrund höhere Zinsen verlangen.

(4) Die Geltendmachung eines weiteren Schadens ist nicht ausgeschlossen.

(5) Der Gläubiger einer Entgeltforderung hat bei Verzug des Schuldners, wenn dieser kein Verbraucher ist, außerdem einen Anspruch auf Zahlung einer Pauschale in Höhe von 40 Euro. Dies gilt auch, wenn es sich bei der Entgeltforderung um eine Abschlagszahlung oder sonstige Ratenzahlung handelt. Die Pauschale nach Satz 1 ist auf einen geschuldeten Schadensersatz anzurechnen, soweit der Schaden in Kosten der Rechtsverfolgung begründet ist.

(6) Eine im Voraus getroffene Vereinbarung, die den Anspruch des Gläubigers einer

---

[1] 参见欧共体《官方公报》L卷第200期,第35页。

Entgeltforderung auf Verzugszinsen ausschließt, ist unwirksam. Gleiches gilt für eine Vereinbarung, die diesen Anspruch beschränkt oder den Anspruch des Gläubigers einer Entgeltforderung auf die Pauschale nach Absatz 5 oder auf Ersatz des Schadens, der in Kosten der Rechtsverfolgung begründet ist, ausschließt oder beschränkt, wenn sie im Hinblick auf die Belange des Gläubigers grob unbillig ist. Eine Vereinbarung über den Ausschluss der Pauschale nach Absatz 5 oder des Ersatzes des Schadens, der in Kosten der Rechtsverfolgung begründet ist, ist im Zweifel als grob unbillig anzusehen. Die Sätze 1 bis 3 sind nicht anzuwenden, wenn sich der Anspruch gegen einen Verbraucher richtet.

*)Amtlicher Hinweis:
Diese Vorschrift dient zum Teil auch der Umsetzung der Richtlinie 2000/35/EG des Europäischen Parlaments und des Rates vom 29. Juni 2000 zur Bekämpfung von Zahlungsverzug im Geschäftsverkehr (ABl. EG Nr. L 200 S. 35).

第二百八十八条 [迟延利息]

Ⅰ ^{1}金钱债务于迟延时应支付利息。^{2}迟延利息之年利率为基本利率加百分之五。

Ⅱ 未有消费者参与之法律行为,对价债权之利息为基本利率加百分之八。

Ⅲ 债权人得基于其他法律原因,请求较高之利息。

Ⅳ 其他损害之主张,不予排除。

Ⅴ ^{1}对价债权之债权人,于非消费者之债务人迟延时,得请求额外四十欧元之全额支付。^{2}对价债权以部分支付或其他分期支付为之者,准用之。^{3}依第一段规定之数额,如损害发生于权利行使中者,应计入所负损害赔偿中。

Ⅵ ^{1}就迟延利息对价债权之债权人之请求权,为事先排除之约定者,不生效力。^{2}限制该请求权或排除或限制对价债权人依第五款之全额支付请求权或发生于权利行使中之损害赔偿请求权时,对债权人利益显失公平者,亦同。^{3}排除第五款所定之全额支付或发生于权利行使中之损害赔偿之约定,有疑义时,视为显失公平。对消费者之请求权,第一段至第三段规定,不适用之。

德国官方注释:
本条部分亦为欧洲议会与欧洲共同体理事会2000年6月29日《营业交易

中防止支付迟延指令》之转化。[1]

§289 Zinseszinsverbot

Von Zinsen sind Verzugszinsen nicht zu entrichten. Das Recht des Gläubigers auf Ersatz des durch den Verzug entstehenden Schadens bleibt unberührt.

第二百八十九条 [复利之禁止]
[1]对于利息，无须支付迟延利息。[2]债权人请求赔偿因迟延所生损害之权利，不受影响。

§290 Verzinsung des Wertersatzes

Ist der Schuldner zum Ersatz des Wertes eines Gegenstands verpflichtet, der während des Verzugs untergegangen ist oder aus einem während des Verzugs eingetretenen Grund nicht herausgegeben werden kann, so kann der Gläubiger Zinsen des zu ersetzenden Betrags von dem Zeitpunkt an verlangen, welcher der Bestimmung des Wertes zugrunde gelegt wird. Das Gleiche gilt, wenn der Schuldner zum Ersatz der Minderung des Wertes eines während des Verzugs verschlechterten Gegenstands verpflichtet ist.

第二百九十条 [价额偿还之计息]
[1]标的物因于迟延时灭失，或因迟延时所生之事由无法交付，债务人负有偿还该标的物价额之义务者，债权人得请求自价额确定时起，对应偿还之价额附加利息。[2]迟延时标的物毁损，债务人就价值之减少负有赔偿义务者，亦同。

§291 Prozesszinsen

Eine Geldschuld hat der Schuldner von dem Eintritt der Rechtshängigkeit an zu verzinsen, auch wenn er nicht im Verzug ist; wird die Schuld erst später fällig, so ist sie von der Fälligkeit an zu verzinsen. Die Vorschriften des §288 Abs. 1 Satz 2, Abs. 2,

---

① 参见欧共体《官方公报》L卷第200期，第35页。

Abs. 3 und des §289 Satz 1 finden entsprechende Anwendung.

第二百九十一条 [诉讼利息]

¹金钱债务之债务人纵未迟延ª，自诉讼系属时起仍应支付利息；债务之清偿期诉讼系属后始届至者，自清偿期届至时起，就该债务应支付利息。²第二百八十八条第一款第二段、第二款、第三款及第二百八十九条第一段规定，准用之。

a 第一版译者注释（第320页）："如债务人因不可归责自己之事由致误信其不负债务者，虽非迟延（参照第285条），但诉讼一经系属，债务人即处于类似迟延之状态，故有本条与第292条之规定。"

§292 Haftung bei Herausgabepflicht

(1) Hat der Schuldner einen bestimmten Gegenstand herauszugeben, so bestimmt sich von dem Eintritt der Rechtshängigkeit an der Anspruch des Gläubigers auf Schadensersatz wegen Verschlechterung, Untergangs oder einer aus einem anderen Grunde eintretenden Unmöglichkeit der Herausgabe nach den Vorschriften, welche für das Verhältnis zwischen dem Eigentümer und dem Besitzer von dem Eintritt der Rechtshängigkeit des Eigentumsanspruchs an gelten, soweit nicht aus dem Schuldverhältnis oder dem Verzug des Schuldners sich zugunsten des Gläubigers ein anderes ergibt.

(2) Das Gleiche gilt von dem Anspruch des Gläubigers auf Herausgabe oder Vergütung von Nutzungen und von dem Anspruch des Schuldners auf Ersatz von Verwendungen.

第二百九十二条 [返还义务之责任]

Ⅰ 债务人负特定标的物之返还义务者，自诉讼系属时起，债权人因毁损、灭失或因其他事由而返还不能之损害赔偿请求权，依所有人与占有人所有物返还请求权诉讼系属开始后之关系之规定ª。但依债之关系或债务人迟延有更有利于债权人之规定者，不在此限。

Ⅱ 债权人之用益ᵇ之返还或报酬之偿还请求权及债务人之费用偿还请求权者，亦同。

a 依第989条规定，债务人对所有之故意或过失均应负责。
b 用益（Nutzungen）于第100条明文规定为物或权利之孳息及使用之利益。

Titel 2 Verzug des Gläubigers
第二节 债权人迟延

§293 Annahmeverzug

Der Gläubiger kommt in Verzug, wenn er die ihm angebotene Leistung nicht annimmt.

第二百九十三条 [受领迟延]
债权人不受领对其所为之给付者，债权人迟延。

§294 Tatsächliches Angebot

Die Leistung muss dem Gläubiger so, wie sie zu bewirken ist, tatsächlich angeboten werden.

第二百九十四条 [现实提出]
给付应向债权人依债之本旨实行提出。

§295 Wörtliches Angebot

Ein wörtliches Angebot des Schuldners genügt, wenn der Gläubiger ihm erklärt hat, dass er die Leistung nicht annehmen werde, oder wenn zur Bewirkung der Leistung eine Handlung des Gläubigers erforderlich ist, insbesondere wenn der Gläubiger die geschuldete Sache abzuholen hat. Dem Angebot der Leistung steht die Aufforderung an den Gläubiger gleich, die erforderliche Handlung vorzunehmen.

第二百九十五条 [言词提出]
[1]债权人对债务人表示将不受领给付，或给付之提出兼需债权人之行为，即如债权人应往取给付之标的物者，债务人言词提出即可。[2]请求债权人为必要之行为者，与给付之提出有相同之效力。

§296 Entbehrlichkeit des Angebots

Ist für die von dem Gläubiger vorzunehmende Handlung eine Zeit nach dem Kalender bestimmt, so bedarf es des Angebots nur, wenn der Gläubiger die Handlung rechtzeitig vornimmt. Das Gleiche gilt, wenn der Handlung ein Ereignis vorauszugehen hat und eine angemessene Zeit für die Handlung in der Weise bestimmt ist, dass sie sich von dem Ereignis an nach dem Kalender berechnen lässt.

第二百九十六条 [毋庸提出]
¹债权人应为之行为以历定其时期者，给付仅于债权人在该期限内为其行为时，始须提出。²如该行为以事件之发生为前提，且该行为之相当期限，系自该事件发生时起依历计算者，亦同。

§297 Unvermögen des Schuldners

Der Gläubiger kommt nicht in Verzug, wenn der Schuldner zur Zeit des Angebots oder im Falle des §296 zu der für die Handlung des Gläubigers bestimmten Zeit außerstande ist, die Leistung zu bewirken.

第二百九十七条 [债务人之不能]
给付提出时，或于第二百九十六条之情形，于所定债权人应为行为之时，债务人不能提出给付者，债权人不生迟延。

§298 Zug-um-Zug-Leistungen

Ist der Schuldner nur gegen eine Leistung des Gläubigers zu leisten verpflichtet, so kommt der Gläubiger in Verzug, wenn er zwar die angebotene Leistung anzunehmen bereit ist, die verlangte Gegenleistung aber nicht anbietet.

第二百九十八条 [同时履行]
债务人仅于债权人提出对待给付时，始负有给付义务者，债权人纵准备受领提出之给付，但未提出应为之对待给付者，债权人发生迟延。

§299 Vorübergehende Annahmeverhinderung

Ist die Leistungszeit nicht bestimmt oder ist der Schuldner berechtigt, vor der bestimmten Zeit zu leisten, so kommt der Gläubiger nicht dadurch in Verzug, dass er vorübergehend an der Annahme der angebotenen Leistung verhindert ist, es sei denn, dass der Schuldner ihm die Leistung eine angemessene Zeit vorher angekündigt hat.

第二百九十九条　[一时受领障碍]
给付期未确定，或债务人得期前清偿者，债权人不因一时不能受领所提出之给付，而发生迟延。但债务人已于相当期间前预示债权人给付之提出者，不在此限。

§300　Wirkungen des Gläubigerverzugs

(1) Der Schuldner hat während des Verzugs des Gläubigers nur Vorsatz und grobe Fahrlässigkeit zu vertreten.
(2) Wird eine nur der Gattung nach bestimmte Sache geschuldet, so geht die Gefahr mit dem Zeitpunkt auf den Gläubiger über, in welchem er dadurch in Verzug kommt, dass er die angebotene Sache nicht annimmt.

第三百条　[债权人迟延之效力]
Ⅰ 债权人迟延时，债务人仅就故意及重大过失负其责任。
Ⅱ 给付之标的物仅以种类指示者，于债权人未受领所提出之给付而发生迟延时，危险移转于债权人[a]。

a 第一版译者注释（第322页）："本条表明债务人之给付义务存续于所提出之标的物之上。"

§301　Wegfall der Verzinsung

Von einer verzinslichen Geldschuld hat der Schuldner während des Verzugs des Gläubigers Zinsen nicht zu entrichten.

第三百零一条　[利息之丧失]
于应支付利息之金钱之债，于债权人迟延时，债务人无须支付利息。

§302　Nutzungen

Hat der Schuldner die Nutzungen eines Gegenstands herauszugeben oder zu ersetzen, so beschränkt sich seine Verpflichtung während des Verzugs des Gläubigers auf die

Nutzungen, welche er zieht.

第三百零二条 [用益]
债务人应返还标的物之用益或偿还其价额者，于债权人迟延时，债务人以该收取之用益为限，负其义务。

§303 Recht zur Besitzaufgabe

Ist der Schuldner zur Herausgabe eines Grundstücks oder eines eingetragenen Schiffs oder Schiffsbauwerks verpflichtet, so kann er nach dem Eintritt des Verzugs des Gläubigers den Besitz aufgeben. Das Aufgeben muss dem Gläubiger vorher angedroht werden, es sei denn, dass die Androhung untunlich ist.

第三百零三条 [抛弃占有之权]
[1]债务人负有返还土地，或经登记之船舶或建造中船舶之义务者，于债权人迟延中，债务人得抛弃占有。[2]该抛弃应预先通知债权人。但不能通知者，不在此限。

§304 Ersatz von Mehraufwendungen

Der Schuldner kann im Falle des Verzugs des Gläubigers Ersatz der Mehraufwendungen verlangen, die er für das erfolglose Angebot sowie für die Aufbewahrung und Erhaltung des geschuldeten Gegenstands machen musste.

第三百零四条 [额外费用之偿还]
债权人迟延时，债务人就提出无效果之给付及保管与维护债务标的物不得不额外支出之费用者，得请求偿还。

Abschnitt 2　Gestaltung rechtsgeschäftlicher Schuldverhältnisse durch Allgemeine Geschäftsbedingungen

第二章　因定型化契约而生之法律行为之债

*) Amtlicher Hinweis:
Dieser Abschnitt dient auch der Umsetzung der Richtlinie 93/13/EWG des Rates vom 5. April 1993 über missbräuchliche Klauseln in Verbraucherverträgen (ABl. EG Nr. L 95 S. 29).

德国官方注释：
本章亦为欧洲经济共同体理事会1993年4月5日《消费者契约中滥用条款指令》之转化。①

§305　Einbeziehung Allgemeiner Geschäftsbedingungen in den Vertrag

(1) Allgemeine Geschäftsbedingungen sind alle für eine Vielzahl von Verträgen vorformulierten Vertragsbedingungen, die eine Vertragspartei (Verwender) der anderen Vertragspartei bei Abschluss eines Vertrags stellt. Gleichgültig ist, ob die Bestimmungen einen äußerlich gesonderten Bestandteil des Vertrags bilden oder in die Vertragsurkunde selbst aufgenommen werden, welchen Umfang sie haben, in welcher Schriftart sie verfasst sind und welche Form der Vertrag hat. Allgemeine Geschäftsbedingungen liegen nicht vor, soweit die Vertragsbedingungen zwischen den Vertragsparteien im Einzelnen ausgehandelt sind.

(2) Allgemeine Geschäftsbedingungen werden nur dann Bestandteil eines Vertrags, wenn der Verwender bei Vertragsschluss
1. die andere Vertragspartei ausdrücklich oder, wenn ein ausdrücklicher Hinweis wegen der Art des Vertragsschlusses nur unter unverhältnismäßigen Schwierigkeiten möglich ist, durch deutlich sichtbaren Aushang am Ort des Vertragsschlusses auf sie

---

① 参见欧共体《官方公报》L卷第95期，第29页。

hinweist und

2. der anderen Vertragspartei die Möglichkeit verschafft, in zumutbarer Weise, die auch eine für den Verwender erkennbare körperliche Behinderung der anderen Vertragspartei angemessen berücksichtigt, von ihrem Inhalt Kenntnis zu nehmen, und wenn die andere Vertragspartei mit ihrer Geltung einverstanden ist.

(3) Die Vertragsparteien können für eine bestimmte Art von Rechtsgeschäften die Geltung bestimmter Allgemeiner Geschäftsbedingungen unter Beachtung der in Absatz 2 bezeichneten Erfordernisse im Voraus vereinbaren.

第三百零五条 [定型化条款订入契约]

Ⅰ ^{1}为多数契约预先制定之契约条款，其由契约当事人一方（定型化契约提出者）于契约成立时，提出于他方当事人者，均为定型化契约^a。^{2}不论其条款是否属于契约外观上可分之一部，或是否记载于契约书中，亦不论条款之范围如何、以何种书写方式，及契约之方式如何。^{3}契约条款系由契约当事人个别商议者，非定型化契约。

Ⅱ 定型化契约仅于提出者于契约成立时，有下列情形，且他方当事人同意其发生效力者，始构成契约之一部分：

1. 对他方当事人明示定型化契约，因契约成立之型态其明示有显不相当之困难时，或在契约成立之处所，以显著方式公告其内容者；及

2. 以可期待之方式，予他方当事人知悉定型化契约内容之可能性，而该方式亦得适当考虑于定型化契约提出者可得而知之他方当事人身体之障碍者。

Ⅲ 契约当事人得预先约定就特定之法律行为，于第二款所规定之要件时，特定之定型化契约有其效力。

a Allgemeine Geschäftsbedingungen一般被译为一般交易条款，本章系将原1976年12月9日公布之《一般交易条款规制法》（Gesetz zur Regelung des Rechts der Allgemeine Geschäftsbedingungen; AGB-Gesetz）整合入民法中。[①]台湾地区"消费者保护法"第11条以下关于定型化契约之规定，深受德国前开法律之影响，但立法者并未使用"一般交易条款"之用语。

[①] 其中文翻译，并请参见：刘宗荣（译）（1993），《1976年德国一般交易条款规制法》，载《定型化契约论文专辑》，再版，第165页以下，台北：三民；刘春堂（译）（1995），《德国一般交易条款规制法》，《"行政院"消费者保护委员会，外国消费者保护法（三）》，第12页以下，台北："行政院"消费者保护委员会。

§305a Einbeziehung in besonderen Fällen

Auch ohne Einhaltung der in §305 Abs. 2 Nr. 1 und 2 bezeichneten Erfordernisse werden einbezogen, wenn die andere Vertragspartei mit ihrer Geltung einverstanden ist,
(1) die mit Genehmigung der zuständigen Verkehrsbehörde oder auf Grund von internationalen Übereinkommen erlassenen Tarife und Ausführungsbestimmungen der Eisenbahnen und die nach Maßgabe des Personenbeförderungsgesetzes genehmigten Beförderungsbedingungen der Straßenbahnen, Obusse und Kraftfahrzeuge im Linienverkehr in den Beförderungsvertrag,
(2) die im Amtsblatt der Bundesnetzagentur für Elektrizität, Gas, Telekommunikation, Post und Eisenbahnen veröffentlichen und in den Geschäftsstellen des Verwenders bereitgehaltenen Allgemeinen Geschäftsbedingungen
1. in Beförderungsverträge, die außerhalb von Geschäftsräumen durch den Einwurf von Postsendungen in Briefkästen abgeschlossen werden,
2. in Verträge über Telekommunikations-, Informations- und andere Dienstleistungen, die unmittelbar durch Einsatz von Fernkommunikationsmitteln und während der Erbringung einer Telekommunikationsdienstleistung in einem Mal erbracht werden, wenn die Allgemeinen Geschäftsbedingungen der anderen Vertragspartei nur unter unverhältnismäßigen Schwierigkeiten vor dem Vertragsschluss zugänglich gemacht werden können.

第三百零五条之一 [特别情形之订入契约]

纵未符合第三百零五条第二款第一项及第二项所定之要件，亦得于下列情形，经他方当事人之同意，发生效力：
I 经交通主管机关核准或依国际条约所发布之铁路费率及施行规定，及依旅客运送法所核准之具固定交通路线之路面电车、无轨电车及动力交通工具之运送条款，订入运送契约中。
II 将于联邦电力、瓦斯、电信、邮政暨铁路网络局之公报中所公布，且于提出者营业地点可取得之定型化契约：
  1. 订入运送契约中，而该契约系于营业场所外，将邮件投入信箱中所制定者。
  2. 订入电子通讯服务契约、信息服务契约及其他服务契约中，而该服务系直接通过使用远距通讯工具及于提供电子通讯服务之期间，一次性之提供，且仅能于不符合比例之困难下，始得使他方契约当事人于制定契约前，得知该定型化契约者。

§305b Vorrang der Individualabrede

Individuelle Vertragsabreden haben Vorrang vor Allgemeinen Geschäftsbedingungen.

第三百零五条之二 [个别商议之优先性]

个别契约商议优先于定型化契约。

§305c Überraschende und mehrdeutige Klauseln

(1) Bestimmungen in Allgemeinen Geschäftsbedingungen, die nach den Umständen, insbesondere nach dem äußeren Erscheinungsbild des Vertrags, so ungewöhnlich sind, dass der Vertragspartner des Verwenders mit ihnen nicht zu rechnen braucht, werden nicht Vertragsbestandteil.

(2) Zweifel bei der Auslegung Allgemeiner Geschäftsbedingungen gehen zu Lasten des Verwenders.

第三百零五条之三 [不寻常条款及多义条款]

Ⅰ 定型化契约按其情事，即如依契约外在之表现形态不寻常，提出者之相对人无须有所预期者，不构成契约之内容。

Ⅱ 定型化契约之解释，有疑义时，提出者负担其不利益[a]。

a 亦有将此译为"应由使用人负担疑义之不利益""应为不利于使用者之解释"或"不利益应归于使用人负担"。①

§306 Rechtsfolgen bei Nichteinbeziehung und Unwirksamkeit

(1) Sind Allgemeine Geschäftsbedingungen ganz oder teilweise nicht Vertragsbestandteil geworden oder unwirksam, so bleibt der Vertrag im Übrigen wirksam.

---

① 参见：刘宗荣（译）（1993），《1976年德国一般交易条款规制法》，载《定型化契约论文专辑》，再版，第165、168页，台北：三民；刘春堂（译）（1995），《德国一般交易条款规制法》，载《"行政院"消费者保护委员会，外国消费者保护法㈢》，第12、16页，台北："行政院"消费者保护委员会。

(2) Soweit die Bestimmungen nicht Vertragsbestandteil geworden oder unwirksam sind, richtet sich der Inhalt des Vertrags nach den gesetzlichen Vorschriften.

(3) Der Vertrag ist unwirksam, wenn das Festhalten an ihm auch unter Berücksichtigung der nach Absatz 2 vorgesehenen Änderung eine unzumutbare Härte für eine Vertragspartei darstellen würde.

第三百零六条　[不订入契约及不生效力时之法律效力]

Ⅰ 定型化契约中之条款[a]全部或一部分不构成契约之内容或不生效力者，契约之其他部分仍为有效。

Ⅱ 条款不构成契约之一部或不生效力者，就该部分，契约之内容依法律规定。

Ⅲ 依前款规定变更契约而维持契约，对契约当事人亦将造成不能承受之困难者，契约不生效力。

a Bestimmungen in Allgemeinen Geschäftsbedingungen翻译为"定型化契约中之条款"为台湾地区"消费者保护法"立法者之翻译，关此，参照台湾地区"消费者保护法"第12条。

§306a　Umgehungsverbot

Die Vorschriften dieses Abschnitts finden auch Anwendung, wenn sie durch anderweitige Gestaltungen umgangen werden.

第三百零六条之一　[规避行为之禁止]

以其他形态规避本章之规定者，仍有本章规定之适用。

§307　Inhaltskontrolle

(1) Bestimmungen in Allgemeinen Geschäftsbedingungen sind unwirksam, wenn sie den Vertragspartner des Verwenders entgegen den Geboten von Treu und Glauben unangemessen benachteiligen. Eine unangemessene Benachteiligung kann sich auch daraus ergeben, dass die Bestimmung nicht klar und verständlich ist.

(2) Eine unangemessene Benachteiligung ist im Zweifel anzunehmen, wenn eine Bestimmung

1. mit wesentlichen Grundgedanken der gesetzlichen Regelung, von der abgewichen wird, nicht zu vereinbaren ist oder

2. wesentliche Rechte oder Pflichten, die sich aus der Natur des Vertrags ergeben, so einschränkt, dass die Erreichung des Vertragszwecks gefährdet ist.

(3) Die Absätze 1 und 2 sowie die §§308 und 309 gelten nur für Bestimmungen in Allgemeinen Geschäftsbedingungen, durch die von Rechtsvorschriften abweichende oder diese ergänzende Regelungen vereinbart werden. Andere Bestimmungen können nach Absatz 1 Satz 2 in Verbindung mit Absatz 1 Satz 1unwirksam sein.

第三百零七条 [内容控制]

I [1]定型化契约中之条款，违反诚实及信用之要求，而显然不利于提出者之他方当事人者，不生效力。[2]条款不清楚及无法理解时，亦可能发生显然不利益之情事[a]。

II 条款有下列情形之一者，有疑义时，应认为显然不利于相对人：
  1. 与其排除不予适用之法律规定之主要基本观念有所抵触者，或
  2. 基于契约本质所生之主要权利或义务，因受条款之限制，致危及契约目的之达成者。

III [1]第一款及第二款及第三百零八条、第三百零九条规定，仅适用于定型化契约中之条款，其为排除或补充法律规定而约定者[b]。[2]其他条款仍得依第一款第二段与第一款第一段规定而不生效力。

a 本条规定为台湾地区"消费者保护法"第12条所继受，有关德文"unangemesse Benachteiligung"，台湾地区立法者将之译为"显失公平"。

b 如仅系重复法律规定之宣示条款，其无自己之规范内容时，将无内容控制之适用。①

§308 Klauselverbote mit Wertungsmöglichkeit

In Allgemeinen Geschäftsbedingungen ist insbesondere unwirksam

1. (Annahme- und Leistungsfrist)
   eine Bestimmung, durch die sich der Verwender unangemessen lange oder nicht hinreichend bestimmte Fristen für die Annahme oder Ablehnung eines Angebots oder die Erbringung einer Leistung vorbehält; ausgenommen hiervon ist der Vorbehalt, erst nach Ablauf der Widerrufsfrist nach §355 Absatz 1 und 2 zu leisten;

---

① 参见*Jauernig*, BGB, 16. Aufl. (2015), §307 Rdnr. 14.

1a (Zahlungsfrist)

eine Bestimmung, durch die sich der Verwender eine unangemessen lange Zeit für die Erfüllung einer Entgeltforderung des Vertragspartners vorbehält; ist der Verwender kein Verbraucher, ist im Zweifel anzunehmen, dass eine Zeit von mehr als 30 Tagen nach Empfang der Gegenleistung oder, wenn dem Schuldner nach Empfang der Gegenleistung eine Rechnung oder gleichwertige Zahlungsaufstellung zugeht, von mehr als 30 Tagen nach Zugang dieser Rechnung oder Zahlungsaufstellung unangemessen lang ist;

1b (Überprüfungs- und Abnahmefrist)

eine Bestimmung, durch die sich der Verwender vorbehält, eine Entgeltforderung des Vertragspartners erst nach unangemessen langer Zeit für die Überprüfung oder Abnahme der Gegenleistung zu erfüllen; ist der Verwender kein Verbraucher, ist im Zweifel anzunehmen, dass eine Zeit von mehr als 15 Tagen nach Empfang der Gegenleistung unangemessen lang ist;

2. (Nachfrist)

eine Bestimmung, durch die sich der Verwender für die von ihm zu bewirkende Leistung abweichend von Rechtsvorschriften eine unangemessen lange oder nicht hinreichend bestimmte Nachfrist vorbehält;

3. (Rücktrittsvorbehalt)

die Vereinbarung eines Rechts des Verwenders, sich ohne sachlich gerechtfertigten und im Vertrag angegebenen Grund von seiner Leistungspflicht zu lösen; dies gilt nicht für Dauerschuldverhältnisse;

4. (Änderungsvorbehalt)

die Vereinbarung eines Rechts des Verwenders, die versprochene Leistung zu ändern oder von ihr abzuweichen, wenn nicht die Vereinbarung der Änderung oder Abweichung unter Berücksichtigung der Interessen des Verwenders für den anderen Vertragsteil zumutbar ist;

5. (Fingierte Erklärungen)

eine Bestimmung, wonach eine Erklärung des Vertragspartners des Verwenders bei Vornahme oder Unterlassung einer bestimmten Handlung als von ihm abgegeben oder nicht abgegeben gilt, es sei denn, dass

a) dem Vertragspartner eine angemessene Frist zur Abgabe einer ausdrücklichen Erklärung eingeräumt ist und

b) der Verwender sich verpflichtet, den Vertragspartner bei Beginn der Frist auf die vorgesehene Bedeutung seines Verhaltens besonders hinzuweisen;

6. (Fiktion des Zugangs)

eine Bestimmung, die vorsieht, dass eine Erklärung des Verwenders von

besonderer Bedeutung dem anderen Vertragsteil als zugegangen gilt;
7. (Abwicklung von Verträgen)
eine Bestimmung, nach der der Verwender für den Fall, dass eine Vertragspartei vom Vertrag zurücktritt oder en Vertrag kündigt,
 a) eine unangemessen hohe Vergütung für die Nutzung oder den Gebrauch einer Sache oder eines Rechts oder für erbrachte Leistungen oder
 b) einen unangemessen hohen Ersatz von Aufwendungen verlangen kann;
8. (Nichtverfügbarkeit der Leistung)
die nach Nummer 3 zulässige Vereinbarung eines Vorbehalts des Verwenders, sich von der Verpflichtung zur Erfüllung des Vertrags bei Nichtverfügbarkeit der Leistung zu lösen, wenn sich der Verwender nicht verpflichtet,
 a) den Vertragspartner unverzüglich über die Nichtverfügbarkeit zu informieren und
 b) Gegenleistungen des Vertragspartners unverzüglich zu erstatten.

第三百零八条　[有评价可能之被禁止条款]

定型化契约中之条款，特别在下列各项之情形，不生效力：
1. （承诺期限及给付期限）
提出者就要约之承诺、要约之拒绝或给付之提出，为自己所保留之期限，显然过长或不明确者。但保留内容为于第三百五十五条第一款至第三款规定所订撤回期限经过后始应给付者，不在此限。
1-1（支付期限）
提出者就自己对价债权之履行，保留显然过长时间之约款；该提出者非消费者，有疑义时，推定受领对待给付后逾三十日或债务人于受领账单或类此之付款明细后，自该账单或付款明细到达起逾三十日者，为显然过长时间。
1-2（检查及受领期限）
提出者就契约他人之对待债权，于保留显然过长检查及受领对待给付之时间后，始应履行之约款；该提出者非消费者，有疑义时，推定受领对待给付后逾十五日，为显然过长时间。
2. （补正期限）[a]
提出者就应提出之给付，排除法律规定，为自己所保留之补正期限，显然过长或不明确者。
3. （解除之保留）
约定提出者得基于无实质正当且未载明于契约之理由，免除自己之给付义务者。但于继续性债之关系，不适用之。

4. （变更之保留）

   约定提出者得变更或排除已承诺之给付，且其变更或排除对他方当事人不具期待可能性者。

5. （经拟制之表示）

   提出者之契约当事人于特定行为之作为或不作为所为之表示，视为由其所为或视为非由其所为者。但有下列情形，不在此限：
   a) 已赋予契约当事人为明确表示之相当期限，且
   b) 提出者负有义务，于期限开始时，对契约当事人特别指出其行为所被赋予之意义。

6. （到达之拟制）

   规定定型化契约提出者有特别重要性之表示，视为已到达契约相对人者。

7. （契约之结算）

   规定契约当事人解除契约或终止契约时，定型化契约提出者：
   a) 就物或权利之利用或使用或就已提供之服务，得请求之对价不相当，或
   b) 得请求偿还之费用不相当者。

8. （给付无取得可能）

   约定于给付无取得可能时，定型化契约之提出者保留免除契约履行之义务，该约定依第三项规定为适法[b]，但定型化契约之提出者却不负有下列义务者：
   a) 实时告知契约相对人给付无取得可能，及
   b) 实时偿还契约相对人之对待给付。

a Nachfrist译为"补正期限"。如民法第281条、第323条规定，对于已届清偿期而得请求之给付，如债务人未提出或未依债之本旨提出时，应经债权人定适当期限，要求债务人提出给付或补正后，而仍无结果者，债权人始得依民法第281条请求替补赔偿，或依323条解除契约。1980年之《维也纳联合国国际商品买卖契约公约》第47条第1款德文版所使用之Nachfrist用语，在英文版中相对应之用语为additional period of time，而得译为"附加期间"。学者刘宗荣译为"履行延展期间"。①

b 此款主要针对企业经营者之给付义务以自己能确保货源

---

① 刘宗荣（译）(1993)，《1976年德国一般交易条款规制法》，载《定型化契约论文专辑》，再版，第165、169页，台北：三民。

(Selbstbelieferungsvorbehaltsklausel)或存货足以交付(Vorratsklausel)为前提之条款,此条款亦有本条第3项之适用,但纵然依第3项为适法,仍须通过第8项之内容控制。①

§309 Klauselverbote ohne Wertungsmöglichkeit

Auch soweit eine Abweichung von den gesetzlichen Vorschriften zulässig ist, ist in Allgemeinen Geschäftsbedingungen unwirksam

1. (Kurzfristige Preiserhöhungen)

    eine Bestimmung, welche die Erhöhung des Entgelts für Waren oder Leistungen vorsieht, die innerhalb von vier Monaten nach Vertragsschluss geliefert oder erbracht werden sollen; dies gilt nicht bei Waren oder Leistungen, die im Rahmen von Dauerschuldverhältnissen geliefert oder erbracht werden;

2. (Leistungsverweigerungsrechte)

    eine Bestimmung, durch die

    a) das Leistungsverweigerungsrecht, das dem Vertragspartner des Verwenders nach §320 zusteht, ausgeschlossen oder eingeschränkt wird oder

    b) ein dem Vertragspartner des Verwenders zustehendes Zurückbehaltungsrecht, soweit es auf demselben Vertragsverhältnis beruht, ausgeschlossen oder eingeschränkt, insbesondere von der Anerkennung von Mängeln durch den Verwender abhängig gemacht wird;

3. (Aufrechnungsverbot)

    eine Bestimmung, durch die dem Vertragspartner des Verwenders die Befugnis genommen wird, mit einer unbestrittenen oder rechtskräftig festgestellten Forderung aufzurechnen;

4. (Mahnung, Fristsetzung)

    eine Bestimmung, durch die der Verwender von der gesetzlichen Obliegenheit freigestellt wird, den anderen Vertragsteil zu mahnen oder ihm eine Frist für die Leistung oder Nacherfüllung zu setzen;

5. (Pauschalierung von Schadensersatzansprüchen)

    die Vereinbarung eines pauschalierten Anspruchs des Verwenders auf Schadensersatz oder Ersatz einer Wertminderung, wenn

    a) die Pauschale den in den geregelten Fällen nach dem gewöhnlichen Lauf der

---

① Münchener Kommentar zum BGB, (Kieniger), 5. Aufl. (2007), §308, Rdnr. 3.

Dinge zu erwartenden Schaden oder die gewöhnlich eintretende Wertminderung übersteigt oder

b) dem anderen Vertragsteil nicht ausdrücklich der Nachweis gestattet wird, ein Schaden oder eine Wertminderung sei überhaupt nicht entstanden oder wesentlich niedriger als die Pauschale;

6. (Vertragsstrafe)

eine Bestimmung, durch die dem Verwender für den Fall der Nichtabnahme oder verspäteten Abnahme der Leistung, des Zahlungsverzugs oder für den Fall, dass der andere Vertragsteil sich vom Vertrag löst, Zahlung einer Vertragsstrafe versprochen wird;

7. (Haftungsausschluss bei Verletzung von Leben, Körper, Gesundheit und bei grobem Verschulden)

a) (Verletzung von Leben, Körper, Gesundheit)

ein Ausschluss oder eine Begrenzung der Haftung für Schäden aus der Verletzung des Lebens, des Körpers oder der Gesundheit, die auf einer fahrlässigen Pflichtverletzung des Verwenders oder einer vorsätzlichen oder fahrlässigen Pflichtverletzung eines gesetzlichen Vertreters oder Erfüllungsgehilfen des Verwenders beruhen;

b) (Grobes Verschulden)

ein Ausschluss oder eine Begrenzung der Haftung für sonstige Schäden, die auf einer grob fahrlässigen Pflichtverletzung des Verwenders oder auf einer vorsätzlichen oder grob fahrlässigen Pflichtverletzung eines gesetzlichen Vertreters oder Erfüllungsgehilfen des Verwenders beruhen;

die Buchstaben a und b gelten nicht für Haftungsbeschränkungen in den nach Maßgabe des Personenbeförderungsgesetzes genehmigten Beförderungsbedingungen und Tarifvorschriften der Straßenbahnen, Obusse und Kraftfahrzeuge im Linienverkehr, soweit sie nicht zum Nachteil des Fahrgastes von der Verordnung über die Allgemeinen Beförderungsbedingungen für den Straßenbahn- und Obusverkehr sowie den Linienverkehr mit Kraftfahrzeugen vom 27. Februar 1970 abweichen; Buchstabe bgilt nicht für Haftungsbeschränkungen für staatlich genehmigte Lotterie- oder Ausspielverträge;

8. (Sonstige Haftungsausschlüsse bei Pflichtverletzung)

a) (Ausschluss des Rechts, sich vom Vertrag zu lösen)

eine Bestimmung, die bei einer vom Verwender zu vertretenden, nicht in einem Mangel der Kaufsache oder des Werkes bestehenden Pflichtverletzung das Recht des anderen Vertragsteils, sich vom Vertrag zu lösen, ausschließt oder einschränkt; dies gilt nicht für die in der Nummer 7 bezeichneten Beförderungs-

bedingungen und Tarifvorschriften unter den dort genannten Voraussetzungen;
b) (Mängel)
eine Bestimmung, durch die bei Verträgen über Lieferungen neu hergestellter Sachen und über Werkleistungen

aa) (Ausschluss und Verweisung auf Dritte)
die Ansprüche gegen den Verwender wegen eines Mangels insgesamt oder bezüglich einzelner Teile ausgeschlossen, auf die Einräumung von Ansprüchen gegen Dritte beschränkt oder von der vorherigen gerichtlichen Inanspruchnahme Dritter abhängig gemacht werden;

bb) (Beschränkung auf Nacherfüllung)
die Ansprüche gegen den Verwender insgesamt oder bezüglich einzelner Teile auf ein Recht auf Nacherfüllung beschränkt werden, sofern dem anderen Vertragsteil nicht ausdrücklich das Recht vorbehalten wird, bei Fehlschlagen der Nacherfüllung zu mindern oder, wenn nicht eine Bauleistung Gegenstand der Mängelhaftung ist, nach seiner Wahl vom Vertrag zurückzutreten;

cc) (Aufwendungen bei Nacherfüllung)
die Verpflichtung des Verwenders ausgeschlossen oder beschränkt wird, die zum Zwecke der Nacherfüllung erforderlichen Aufwendungen, insbesondere Transport-, Wege-, Arbeits- und Materialkosten, zu tragen;

dd) (Vorenthalten der Nacherfüllung)
der Verwender die Nacherfüllung von der vorherigen Zahlung des vollständigen Entgelts oder eines unter Berücksichtigung des Mangels unverhältnismäßig hohen Teils des Entgelts abhängig macht;

ee) (Ausschlussfrist für Mängelanzeige)
der Verwender dem anderen Vertragsteil für die Anzeige nicht offensichtlicher Mängel eine Ausschlussfrist setzt, die kürzer ist als die nach dem Doppelbuchstaben ff zulässige Frist;

ff) (Erleichterung der Verjährung)
die Verjährung von Ansprüchen gegen den Verwender wegen eines Mangels in den Fällen des §438 Abs. 1 Nr. 2 und des §634a Abs. 1 Nr. 2 erleichtert oder in den sonstigen Fällen eine wenigerals ein Jahr betragende Verjährungsfrist ab dem gesetzlichen Verjährungsbeginn erreicht wird;

9. (Laufzeit bei Dauerschuldverhältnissen)
bei einem Vertragsverhältnis, das die regelmäßige Lieferung von Waren oder die regelmäßige Erbringung von Dienst- oder Werkleistungen durch den Verwender zum Gegenstand hat,

a) eine den anderen Vertragsteil länger als zwei Jahre bindende Laufzeit des Vertrags,

b) eine den anderen Vertragsteil bindende stillschweigende Verlängerung des Vertragsverhältnisses um jeweils mehr als ein Jahr oder

c) zu Lasten des anderen Vertragsteils eine längere Kündigungsfrist als drei Monate vor Ablauf der zunächst vorgesehenen oder stillschweigend verlängerten Vertragsdauer;

dies gilt nicht für Verträge über die Lieferung als zusammengehörig verkaufter Sachen sowie für Versicherungsverträge;

10.(Wechsel des Vertragspartners)

eine Bestimmung, wonach bei Kauf-, Darlehens-, Dienst- oder Werkverträgen ein Dritter anstelle des Verwenders in die sich aus dem Vertrag ergebenden Rechte und Pflichten eintritt oder eintreten kann, es sei denn, in der Bestimmung wird

a) der Dritte namentlich bezeichnet oder

b) dem anderen Vertragsteil das Recht eingeräumt, sich vom Vertrag zu lösen;

11.(Haftung des Abschlussvertreters)

eine Bestimmung, durch die der Verwender einem Vertreter, der den Vertrag für den anderen Vertragsteil abschließt,

a) ohne hierauf gerichtete ausdrückliche und gesonderte Erklärung eine eigene Haftung oder Einstandspflicht oder

b) im Falle vollmachtsloser Vertretung eine über §179 hinausgehende Haftung auferlegt;

12.(Beweislast)

eine Bestimmung, durch die der Verwender die Beweislast zum Nachteil des anderen Vertragsteils ändert, insbesondere indem er

a) diesem die Beweislast für Umstände auferlegt, die im Verantwortungsbereich des Verwenders liegen, oder

b) den anderen Vertragsteil bestimmte Tatsachen bestätigen lässt;

c) Buchstabe b gilt nicht für Empfangsbekenntnisse, die gesondert unterschrieben oder mit einer gesonderten qualifizierten elektronischen Signatur versehen sind;

13.(Form von Anzeigen und Erklärungen)

eine Bestimmung, durch die Anzeigen oder Erklärungen, die dem Verwender oder einem Dritten gegenüber abzugeben sind, an eine strengere Form als die Schriftform oder an besondere Zugangserfordernisse gebunden werden.

第三百零九条　[无评价可能之被禁止条款]

法律规定纵得予以排除，但定型化契约中之条款，有下列各款情形之一者，仍不生效力：

1. （短期之价格提高）

   就应于契约成立后四个月内交付之商品或给付，规定提高商品或给付之对价者。但于继续性债之关系范围内应交付之商品或给付之服务者，不适用之。

2. （给付拒绝权）

   规定

   a) 排除或限制定型化契约提出者之契约相对人依第三百二十条规定之给付拒绝权者，或

   b) 排除或限制定型化契约提出者之契约相对人基于同一契约关系所生之留置之权利者，即如该权利系于提出者承认瑕疵时。

3. （抵销之禁止）

   规定定型化契约提出者之契约相对人不得以无争议或经终局判决确定之债权为抵销者。

4. （催告、定期限）

   规定提出者免于对契约相对人催告或对给付或补正定期限之法律要求者。

5. （损害赔偿请求总额之预定）

   条款预定定型化契约提出者损害赔偿或价值减损赔偿请求之总额，而有下列情形之一者：

   a) 其预定之总额，在规定之情形，超过依事物通常之发展可预期之损害，或超过通常之价值减损。

   b) 未明白允许契约他方当事人证明损害或价值减损根本未发生，或远低于预定之总额。

6. （违约罚）

   规定于不受领或受领迟延、支付迟延或于他方当事人解消契约时，应支付违约罚于定型化契约提出者。

7. （于生命、身体、健康受侵害及于故意重大过失责任之排除）

   a) （生命、身体、健康之侵害）

   排除或限制因定型化契约提出者之过失违反义务或因定型化契约提出者之法定代理人或定型化契约提出者之故意或过失违反义务，侵

害生命、身体、健康之损害责任者。
b)（故意、重大过失）
排除或限制因定型化契约提出者重大过失违反义务，或因定型化契约提出者之法定代理人或定型化契约提出者故意或过失违反义务，对其他损害之责任者。
对于路面电车、无轨电车及具交通路线之动力交通工具，其依旅客运输法核准之运输条款及费率规定中，所为之责任限制，如其并不抵触一九七〇年二月二十七日关于路面电车、无轨电车及具固定交通路线之动力交通工具之一般运送条件规则，而造成旅客不利益者，不适用第一目与第二目规定；第二目不适用于政府核准之彩券或抽奖契约。

8. （义务违反时其他责任之排除）
a)（契约解消权利之排除）
于可归责于定型化契约提出者，但非买卖或承揽标的瑕疵之义务违反，规定排除或限制契约相对人契约解消之权利者；但其并不适用于第七项规定要件所定之运送条款及费率规定。
b)（瑕疵）
于交付新制造之物之契约及承揽契约：
aa)（排除及牵扯第三人）
全部或就个别之部分排除对定型化契约提出者因瑕疵所生之请求权，或将该权利限定于取得对第三人之请求权，或以先向第三人为诉讼上之请求为前提者。
bb)（限于补正）
对定型化契约提出者之请求权，全部或就个别之部分限定于补正请求权，而未明示使他方当事人保有于未补正时减价之权利，或于瑕疵责任之标的并非工程给付时，使他方保有依其选择解除契约之权利者。
cc)（补正之费用）
排除或限制定型化契约提出者为补正支出必要费用，即如运送、通行、工资及原料成本等之义务者。
dd)（补正之保留）
使定型化契约提出者之补正，系于全部对价之先行支付，或先行支付与瑕疵之程度不成比例之高数额者。
ee)（瑕疵通知之除斥期间）

定型化契约提出者就非显然瑕疵之通知，对他方当事人所定之除斥期间，短于依"己"规定之期间者。

ff)（使消灭时效易于成立）

于第四百三十八条第一款第二项及第六百三十四条之一第一款第二项之情形，使对定型化契约提出者因瑕疵所生之请求权更易于罹于时效而消灭者，或于其他情形，消灭时效期间自法定消灭时效起算时起少于一年者。

9.（继续性债之关系之存续期间）

于以定型化契约提出者经常性提供商品或经常性提出劳务给付或承揽给付为标的之契约关系：

a) 其契约存续期间，拘束契约他方当事人超过两年者。

b) 契约关系之默示更新，拘束契约他方当事人超过一年者；或

c) 规定契约他方当事人之终止期限为原订或经默示更新之契约存续期间届满前三个月以上者；于供给视为一体之物之契约ª及保险契约，不适用之。

10.（契约当事人之更换）

于买卖、金钱借贷、雇佣或承揽契约，规定第三人取代或得取代定型化契约提出者承担契约所生之权利与义务者。但有下列情形者，不在此限：

a) 指明第三人之姓名者，或

b) 契约他方当事人有契约解消权者。

11.（缔约代理人之责任）

规定定型化契约提出者使为契约他方当事人制定契约之代理人

a) 自己负责或负担保责任者，而对此并未有明示或特别之意思表示时，或

b) 于无权代理之情形，超过第一百七十九条规定之责任者。

12.（举证责任）

定型化契约提出者通过条款为不利于契约他方当事人之举证责任之变更，即如：

a) 定型化契约提出者将定型化契约提出者应负责任范围内之情事，举证责任归由契约他方当事人负担，或

b) 使契约他方当事人确认一定之事实者。

c) 第二目规定不适用于分开签名之受领证书，或附有分开且适格之电子签章者。

13.（通知及表示之方式）
规定对定型化契约提出者或第三人所为之通知及表示，应依较书面方式更严格之方式，或依特别之到达方式者。

a 例如百科全书24册之买卖。[①]

§310 Anwendungsbereich

(1) §305 Absatz 2 und 3, §308 Nummer 1, 2 bis 8 und §309 finden keine Anwendung auf Allgemeine Geschäftsbedingungen, die gegenüber einem Unternehmer, einer juristischen Person des öffentlichen Rechts oder einem öffentlich-rechtlichen Sondervermögen verwendet werden. §307 Abs. 1 und 2 findet in den Fällen des Satzes 1 auch insoweit Anwendung, als dies zur Unwirksamkeit von in §308 Nummer 1, 2 bis 8 und §309 genannten Vertragsbestimmungen führt; auf die im Handelsverkehr geltenden Gewohnheiten und Gebräuche ist angemessen Rücksicht zu nehmen. In den Fällen des Satzes 1 finden §307 Absatz 1 und 2 sowie §308 Nummer 1a und 1b auf Verträge, in die die Vergabe- und Vertragsordnung für Bauleistungen Teil B (VOB/B) in der jeweils zum Zeitpunkt des Vertragsschlusses geltenden Fassung ohne inhaltliche Abweichungen insgesamt einbezogen ist, in Bezug auf eine Inhaltskontrolle einzelner Bestimmungen keine Anwendung.

(2) Die §§308 und 309 finden keine Anwendung auf Verträge der Elektrizitäts-, Gas-, Fernwärme- und Wasserversorgungsunternehmen über die Versorgung von Sonderabnehmern mit elektrischer Energie, Gas, Fernwärme und Wasser aus dem Versorgungsnetz, soweit die Versorgungsbedingungen nicht zum Nachteil der Abnehmer von Verordnungen über Allgemeine Bedingungen für die Versorgung von Tarifkunden mit elektrischer Energie, Gas, Fernwärme und Wasser abweichen. Satz 1 gilt entsprechend für Verträge über die Entsorgung von Abwasser.

(3) Bei Verträgen zwischen einem Unternehmer und einem Verbraucher (Verbraucherverträge) finden die Vorschriften dieses Abschnitts mit folgenden Maßgaben Anwendung:
1. Allgemeine Geschäftsbedingungen gelten als vom Unternehmer gestellt, es sei denn, dass sie durch den Verbraucher in den Vertrag eingeführt wurden;
2. §305c Abs. 2 und die §§306 und 307 bis 309 dieses Gesetzes sowie

---

[①] Münchener Kommentar zum BGB, (Kieniger), 5. Aufl. (2007), §309, Rdnr. 10.

§310

Artikel 46b des Einführungsgesetzes zum Bürgerlichen Gesetzbuche finden auf vorformulierte Vertragsbedingungen auch dann Anwendung, wenn diese nur zur einmaligen Verwendung bestimmt sind und soweit der Verbraucher auf Grund der Vorformulierung auf ihren Inhalt keinen Einfluss nehmen konnte;
3. bei der Beurteilung der unangemessenen Benachteiligung nach §307 Abs. 1 und 2 sind auch die den Vertragsschluss begleitenden Umstände zu berücksichtigen.
(4) Dieser Abschnitt findet keine Anwendung bei Verträgen auf dem Gebiet des Erb-, Familien- und Gesellschaftsrechts sowie auf Tarifverträge, Betriebs- und Dienstvereinbarungen. Bei der Anwendung auf Arbeitsverträge sind die im Arbeitsrecht geltenden Besonderheiten angemessen zu berücksichtigen; §305 Abs. 2 und 3 ist nicht anzuwenden. Tarifverträge, Betriebs- und Dienstvereinbarungen stehen Rechtsvorschriften im Sinne von §307 Abs. 3 gleich.

第三百一十条　[适用范围]

Ⅰ [1]第三百零五条第二款及第三款，及第三百零八条第一项、第二项至第八项及第三百零九条规定，不适用于对企业经营者、公法法人或公法上特别财团[a]所使用之定型化契约。[2]于第一段规定之情形，致生第三百零八条第一项、第二项至第八项及第三百零九条所称之契约条款不生效力者，第三百零七条第一款、第二款规定仍有其适用；商业交易之习惯及惯例，应适度考虑。[3]于第一段规定之情形，于契约成立时有效之工程采购及契约规则B部分之版本全部引用，而未变更其内容之契约，第三百零七条第一款及第二款及第三百零八条第一项之一、第一项之二关于个别条款内容控制之规定者，不适用之。

Ⅱ [1]于电力能源、瓦斯、远距离暖气、自来水企业经营者与特殊买受人[b]，就自供给网络供给之电力能源、瓦斯、远距离暖气、自来水，所订立之契约，如供应条件并不抵触对费率计价之顾客供给电力、瓦斯、暖气、自来水之一般条款规则[c]，且非不利于利用人者，第三百零八条及第三百零九条规定者，不适用之。[2]第一段规定，亦准用于废水处理契约。

Ⅲ 于企业经营者与消费者间之契约（消费者契约，本章之规定，依下列之规定适用之：
1. 定型化契约视为由企业经营者所提出者。但定型化契约系由消费者导入契约者，不在此限。
2. 对事先拟定之契约条款，纵仅为一次订约之用，且消费者因其预先拟定对其内容不能影响者，其仍有第三百零五条之三第二款、第三百零六条、第三百零七条至第三百零九条，及《民法施行法》第四十六条之二之适用。
3. 于依第三百零七条第一款、第二款规定显然不利之判断时，亦应斟酌契约成立时相关之情事。

Ⅳ ¹本章之规定，于继承法、亲属法与公司法领域之契约，及团体协约、经营^d及职务协议^e，不适用之。²于劳动契约时，应适当斟酌适用劳动法之特殊性；第三百零五条第二款及第三款规定，不适用之。³团体协约、经营及职务协议，视同第三百零七条第三款所称之法律规定。

a 公法上特别财团（öffentlich-rechtliches Sondervermögen），如民营化前之德国联邦铁路（die Deutsche Bundesbahn）及联邦邮政（die Bundespost）。然此等公法上团体往往非定型化契约下之顾客，而系其使用者。①
b Sonderabnehmer，即因购买数量庞大或特殊之采购关系，不依费率之规定，而另外处理其供给条件者。②
c Verordnungen über Allgemeine Bedingungen für die Versorgung von Tarifkunden mit elektrischer Energie, Gas, Fernwärme und Wasser。参见《民法施行法》第243条，联邦经济暨科技部得于联邦司法部同意之情形下，经联邦参议院之批准，制定供给自来水、暖气、废水排放处理之法规命令（Rechtsverordnung），且涵盖其价金之框架规则（Rahmenregelung）。
d 雇主与经营协议会（Betriebsrat）间之私法上之协议。
e 公务机关与公职人员人事代表间之公法上之协议。

---

① *Brandner*, in: Ulmer/Brandner/Hensen, AGB-Gesetz, 6. Aufl., Köln: (1990), §24 Rdnr. 16.
② *Ulmer*, in: Ulmer/Brandner/Hensen, AGB-Gesetz, 6. Aufl. (1990), §23 Rdnr. 37.

Abschnitt 3　Schuldverhältnisse aus Verträgen

第三章　约定债之关系

Titel 1
Begründung, Inhalt und Beendigung
第一节　成立、内容及终了

Untertitel 1　Begründung
第一款　成　立

§311　Rechtsgeschäftliche und rechtsgeschäftsähnliche Schuldverhältnisse

(1) Zur Begründung eines Schuldverhältnisses durch Rechtsgeschäft sowie zur Änderung des Inhalts eines Schuldverhältnisses ist ein Vertrag zwischen den Beteiligten erforderlich, soweit nicht das Gesetz ein anderes vorschreibt.

(2) Ein Schuldverhältnis mit Pflichten nach §241 Abs. 2 entsteht auch durch
1. die Aufnahme von Vertragsverhandlungen,
2. die Anbahnung eines Vertrags, bei welcher der eine Teil im Hinblick auf eine etwaige rechtsgeschäftliche Beziehung dem anderen Teil die Möglichkeit zur Einwirkung auf seine Rechte, Rechtsgüter und Interessen gewährt oder ihm diese anvertraut, oder
3. ähnliche geschäftliche Kontakte.

(3) Ein Schuldverhältnis mit Pflichten nach §241 Abs. 2 kann auch zu Personen entstehen, die nicht selbst Vertragspartei werden sollen. Ein solches Schuldverhältnis entsteht insbesondere, wenn der Dritte in besonderem Maße Vertrauen für sich in Anspruch nimmt und dadurch die Vertragsverhandlungen oder den Vertragsschluss erheblich beeinflusst.

第三百一十一条　[法律行为之债之关系，及类似法律行为之债之关系]

Ⅰ　以法律行为成立债之关系，及变更债之关系内容者，除法律另有规定外，应以当事人间之契约为之[a]。

Ⅱ 含有第二百四十一条第二款所定之义务之债之关系,亦发生于下列情形[b]:
1. 契约磋商之开始。
2. 契约之准备,而当事人之一方有鉴于将发生之交易关系使他方得有影响其权利、法益或利益之机会,或将该权益托付于他方者,或
3. 类似之交易接触。

Ⅲ [1]含有第二百四十一条第二款所定之义务之债之关系,亦得对非成为契约当事人之人发生效力。[2]该债之关系,特别发生于第三人享有特别之信赖,且其因而重大影响契约磋商或契约制定者。

a 此规定即为学说所谓之"契约原则"(Vertragsprinzip),台湾地区"民法"并无明文规定。[①]
b 本条第2款、第3款乃向来具有习惯法效力不成文之缔约上过失(culpa in contrahendo)制度之明文化。[②]

§311a Leistungshindernis bei Vertragsschluss

(1) Der Wirksamkeit eines Vertrags steht es nicht entgegen, dass der Schuldner nach §275 Abs. 1 bis 3 nicht zu leisten braucht und das Leistungshindernis schon bei Vertragsschluss vorliegt.

(2) Der Gläubiger kann nach seiner Wahl Schadensersatz statt der Leistung oder Ersatz seiner Aufwendungen in dem in §284 bestimmten Umfang verlangen. Dies gilt nicht, wenn der Schuldner das Leistungshindernis bei Vertragsschluss nicht kannte und seine Unkenntnis auch nicht zu vertreten hat. §281 Abs. 1 Satz 2 und 3 und Abs. 5 findet entsprechende Anwendung.

第三百一十一条之一 [契约制定时之给付阻碍]

Ⅰ 债务人依第二百七十五条第一款至第三款无须为给付,且给付之阻碍于契约制定时即已存在者,不妨碍契约之生效。

Ⅱ [1]债权人得依其选择,请求替代给付之损害赔偿,或于第二百八十四条所定之范围内请求费用之偿还。[2]债务人于契约制定时不知有给付阻

---

① 参见陈自强(1999),《法律行为、法律性质与民法债编修正(上)》,载《台湾本土法学杂志》,5期,第14页。
② 参见林美惠(2002),《缔约上过失及其诸类型之探讨——附论"民法"增订第二四五条之一》,载《月旦法学杂志》,87期,第151—152页。

碍，且其不知亦不可归责者，不适用之。³第二百八十一条第一款第二段、第三段及第五款规定，准用之。

§311b Verträge über Grundstücke, das Vermögen und den Nachlass

(1) Ein Vertrag, durch den sich der eine Teil verpflichtet, das Eigentum an einem Grundstück zu übertragen oder zu erwerben, bedarf der notariellen Beurkundung. Ein ohne Beachtung dieser Form geschlossener Vertrag wird seinem ganzen Inhalt nach gültig, wenn die Auflassung und die Eintragung in das Grundbuch erfolgen.

(2) Ein Vertrag, durch den sich der eine Teil verpflichtet, sein künftiges Vermögen oder einen Bruchteil seines künftigen Vermögens zu übertragen oder mit einem Nießbrauch zu belasten, ist nichtig.

(3) Ein Vertrag, durch den sich der eine Teil verpflichtet, sein gegenwärtiges Vermögen oder einen Bruchteil seines gegenwärtigen Vermögens zu übertragen oder mit einem Nießbrauch zu belasten, bedarf der notariellen Beurkundung.

(4) Ein Vertrag über den Nachlass eines noch lebenden Dritten ist nichtig. Das Gleiche gilt von einem Vertrag über den Pflichtteil oder ein Vermächtnis aus dem Nachlass eines noch lebenden Dritten.

(5) Absatz 4 gilt nicht für einen Vertrag, der unter künftigen gesetzlichen Erben über den gesetzlichen Erbteil oder den Pflichtteil eines von ihnen geschlossen wird. Ein solcher Vertrag bedarf der notariellen Beurkundung.

第三百一十一条之二 [土地、财产及遗产之契约]

Ⅰ ¹使当事人一方负有移转或取得土地所有权之义务之契约，应公证。²契约纵未依该方式制定，但已为让与合意及登记于土地登记簿者，依其全部内容为有效。

Ⅱ 使当事人一方负有将来财产或将来财产之一部移转，或设定用益权之义务之契约，无效。

Ⅲ 使当事人一方负有财产或财产之一部移转，或设定用益权之义务之契约，应公证。

Ⅳ ¹关于生存之第三人之遗产之契约，无效。²关于生存之第三人之遗产之特留份或遗赠之契约者，亦同。

Ⅴ ¹第四款规定，于未来之法定继承人间关于其中一人之法定应继份或特留份之契约，不适用之。²该契约应公证。

§311c Erstreckung auf Zubehör

Verpflichtet sich jemand zur Veräußerung oder Belastung einer Sache, so erstreckt sich diese Verpflichtung im Zweifel auch auf das Zubehör der Sache.

第三百一十一条之三 [从物之延伸]

负有物之移转或设定负担义务者,有疑义时,该义务亦及于从物。

Untertitel 2
Grundsätze bei Verbraucherverträgen und besondere Vertriebsformen
第二款 消费者契约及特别营销形态之原则

Kapitel 1
Anwendungsbereich und Grundsätze bei Verbraucherverträgen
第一目 消费者契约之适用范围及原则

*) Amtlicher Hinweis:

Dieser Untertitel dient der Umsetzung

1. der Richtlinie 85/577 EWG des Rates vom 20. Dezember 1985 betreffend den Verbraucherschutz im Falle von außerhalb von Geschäftsräumen geschlossenen Verträgen (ABl. EG Nr. L 372 S. 31),
2. der Richtlinie 97/7/EG des Europäischen Parlaments und des Rates vom 20. Mai 1997 über den Verbraucherschutz bei Vertragsabschlüssen im Fernabsatz (ABl. EG Nr. L 144 S. 19) und
3. der Artikel 10, 11 und 18 der Richtlinie 2000/31 des Europäischen Parlaments und des Rates vom 8. Juni 2000 über bestimmte rechtliche Aspekte der Dienste der Informationsgesellschaft, insbesondere des elektronischen Geschäftsverkehrs, im Binnenmarkt ("Richtlinie über den elektronischen Geschäftsverkehr", ABl. EG Nr. L 178 S. 1).

*)德国官方注释:

本款乃下列指令之转换:

1. 欧洲经济共同体理事会1985年12月20日《营业场所外订立契约之消

费者保护指令》①；
2. 欧洲议会与欧洲共同体理事会1997年5月20日《远距交易契约订立之消费者保护指令》②，及
3. 欧洲议会与欧洲共同体理事会2000年6月8日《电子商务交易指令》第十条、第十一条及第十八条。③

§312 Anwendungsbereich

(1) Die Vorschriften der Kapitel 1 und 2 dieses Untertitels sind nur auf Verbraucherverträge im Sinne des §310 Absatz 3 anzuwenden, die eine entgeltliche Leistung des Unternehmers zum Gegenstand haben.

(2) Von den Vorschriften der Kapitel 1 und 2 dieses Untertitels ist nur §312a Absatz 1, 3, 4 und 6 auf folgende Verträge anzuwenden:

1. notariell beurkundete Verträge

    a) über Finanzdienstleistungen, die außerhalb von Geschäftsräumen geschlossen werden,

    b) die keine Verträge über Finanzdienstleistungen sind; für Verträge, für die das Gesetz die notarielle Beurkundung des Vertrags oder einer Vertragserklärung nicht vorschreibt, gilt dies nur, wenn der Notar darüber belehrt, dass die Informationspflichten nach §312d Absatz 1 und das Widerrufsrecht nach §312g Absatz 1 entfallen,

2. Verträge über die Begründung, den Erwerb oder die Übertragung von Eigentum oder anderen Rechten an Grundstücken,

3. Verträge über den Bau von neuen Gebäuden oder erhebliche Umbaumaßnahmen an bestehenden Gebäuden,

4. Verträge über Reiseleistungen nach §651a, wenn diese

    a) im Fernabsatz geschlossen werden oder

    b) außerhalb von Geschäftsräumen geschlossen werden, wenn die mündlichen Verhandlungen, auf denen der Vertragsschluss beruht, auf vorhergehende Bestellung des Verbrauchers geführt worden sind,

5. Verträge über die Beförderung von Personen,

---

① 参见欧共体《官方公报》L卷第372期，第31页。
② 参见欧共体《官方公报》L卷第144期，第19页。
③ 参见欧共体《官方公报》L卷第178期，第1页。

6. Verträge über Teilzeit-Wohnrechte, langfristige Urlaubsprodukte, Vermittlungen und Tauschsysteme nach den §§481 bis 481b,
7. Behandlungsverträge nach §630a,
8. Verträge über die Lieferung von Lebensmitteln, Getränken oder sonstigen Haushaltsgegenständen des täglichen Bedarfs, die am Wohnsitz, am Aufenthaltsort oder am Arbeitsplatz eines Verbrauchers von einem Unternehmer im Rahmen häufiger und regelmäßiger Fahrten geliefert werden,
9. Verträge, die unter Verwendung von Warenautomaten und automatisierten Geschäftsräumen geschlossen werden,
10. Verträge, die mit Betreibern von Telekommunikationsmitteln mit Hilfe öffentlicher Münz- und Kartentelefone zu deren Nutzung geschlossen werden,
11. Verträge zur Nutzung einer einzelnen von einem Verbraucher hergestellten Telefon-, Internet- oder Telefaxverbindung,
12. außerhalb von Geschäftsräumen geschlossene Verträge, bei denen die Leistung bei Abschluss der Verhandlungen sofort erbracht und bezahlt wird und das vom Verbraucher zu zahlende Entgelt 40 Euro nicht überschreitet, und
13. Verträge über den Verkauf beweglicher Sachen auf Grund von Zwangsvollstreckungsmaßnahmen oder anderen gerichtlichen Maßnahmen.

(3) Auf Verträge über soziale Dienstleistungen, wie Kinderbetreuung oder Unterstützung von dauerhaft oder vorübergehend hilfsbedürftigen Familien oder Personen, einschließlich Langzeitpflege, sind von den Vorschriften der Kapitel 1 und 2 dieses Untertitels nur folgende anzuwenden:
1. die Definitionen der außerhalb von Geschäftsräumen geschlossenen Verträge und der Fernabsatzverträge nach den §§312b und 312c,
2. §312a Absatz 1 über die Pflicht zur Offenlegung bei Telefonanrufen,
3. §312a Absatz 3 über die Wirksamkeit der Vereinbarung, die auf eine über das vereinbarte Entgelt für die Hauptleistung hinausgehende Zahlung gerichtet ist,
4. §312a Absatz 4 über die Wirksamkeit der Vereinbarung eines Entgelts für die Nutzung von Zahlungsmitteln,
5. §312a Absatz 6,
6. §312d Absatz 1 in Verbindung mit Artikel 246a §1 Absatz 2 und 3 des Einführungsgesetzes zum Bürgerlichen Gesetzbuche über die Pflicht zur Information über das Widerrufsrecht und
7. §312g über das Widerrufsrecht.

(4) Auf Verträge über die Vermietung von Wohnraum sind von den Vorschriften der Kapitel 1 und 2 dieses Untertitels nur die in Absatz 3 Nummer 1 bis 7 genannten Bestimmungen anzuwenden. Die in Absatz 3 Nummer 1, 6 und 7 genannten

Bestimmungen sind jedoch nicht auf die Begründung eines Mietverhältnisses über Wohnraum anzuwenden, wenn der Mieter die Wohnung zuvor besichtigt hat.

(5) Bei Vertragsverhältnissen über Bankdienstleistungen sowie Dienstleistungen im Zusammenhang mit einer Kreditgewährung, Versicherung, Altersversorgung von Einzelpersonen, Geldanlage oder Zahlung (Finanzdienstleistungen), die eine erstmalige Vereinbarung mit daran anschließenden aufeinanderfolgenden Vorgängen oder eine daran anschließende Reihe getrennter, in einem zeitlichen Zusammenhang stehender Vorgänge gleicher Art umfassen, sind die Vorschriften der Kapitel 1 und 2 dieses Untertitels nur auf die erste Vereinbarung anzuwenden. §312a Absatz 1, 3, 4 und 6 ist daneben auf jeden Vorgang anzuwenden. Wenn die in Satz 1 genannten Vorgänge ohne eine solche Vereinbarung aufeinanderfolgen, gelten die Vorschriften über Informationspflichten des Unternehmers nur für den ersten Vorgang. Findet jedoch länger als ein Jahr kein Vorgang der gleichen Art mehr statt, so gilt der nächste Vorgang als der erste Vorgang einer neuen Reihe im Sinne von Satz 3.

(6) Von den Vorschriften der Kapitel 1 und 2 dieses Untertitels ist auf Verträge über Versicherungen sowie auf Verträge über deren Vermittlung nur §312a Absatz 3, 4 und 6 anzuwenden.

第三百一十二条 [适用范围]

Ⅰ 本款第一目及第二目规定仅适用于第三百一十条第三款所定以企业经营者有偿给付为标的之消费者契约。

Ⅱ 下列契约适用本款第一目与第二目之第三百一十二条之一第一款、第三款、第四款及第六款：

1. 经公证之契约，且
   a) 关于金融服务，并于营业场所以外所订立者。
   b) 与金融服务无关；依法无须公证之契约及契约表示，仅于公证人就依第三百一十二条之四第一款所定之信息提供义务及依第三百一十二条之七第一款所定之撤回权之不发生为教示者，始适用之。
2. 关于成立、取得或移转土地所有权或其他权利之契约。
3. 关于新建筑物起造及现有建筑物重大改建之契约。
4. 依第六百五十一条之一规定旅游服务契约，且
   a) 以远距方式所订立者。
   b) 于营业场所外所订立，契约成立基础之言词磋商系因消费者先前之订购而开始者。

第三章 约定债之关系 §312

5. 关于人员之运送契约。
6. 依第四百八十一条至四百八十一条之二规定分时居住权、长期度假商品、中介契约及互易系统之契约。
7. 依第六百三十条之一规定之医疗契约。
8. 关于企业经营者在通常而规律之路程中,于消费者之住所、居所或工作场所,供给食物、饮料及其他日常生活必需品。
9. 使用商品自动贩卖机或自动式之营业场所而订立者。
10. 与电信业者因投币式或插卡式公共电话之使用而订立者。
11. 因消费者使用电话、网络或传真之线路而订立者。
12. 于营业场所外订立,磋商结束后银货即两讫,且对价不超过四十欧元者,及
13. 因强制执行或其他诉讼上措施而出卖动产之契约。

Ⅲ 关于社会服务契约,即如照护孩童、长期或短暂协助有需求之家庭或个人,及长期看护,仅适用下列本款第一目及第二目规定:
  1. 依第三百一十二条之二、第三百一十二条之三规定就营业场所外订立契约及远距销售契约所为之定义。
  2. 依第三百一十二条之一第一款所定于电话推销时表明之义务。
  3. 依第三百一十二条之一第三款所定关于主给付对价外支付约定之有效性。
  4. 依第三百一十二条之一第四款所定关于使用支付工具之对价所为约定之有效性。
  5. 第三百一十二条之一第六款规定。
  6. 依第三百一十二条之四第一款及与《民法施行法》第二百四十六条所定之第一条第二款及第三款就撤回权所定之信息提供义务。
  7. 第三百一十二条之七关于撤回权规定。

Ⅳ [1]关于住屋之使用出租契约,仅适用本款第一目及第二目中第三款所定第一款至第七款规定。[2]使用承租人已检查住宅者,第三款所定第一项、第六项及第七项规定不适用于使用租赁关系之成立。

Ⅴ [1]银行服务及关于授信、保险、个人老年照顾金、存款及支付(金融服务)有关之服务,其涵盖第一次约定及随后发生之交易,或涵盖随后个别发生,但处于时间关联之一系列同种交易者,关于本款第一目及第二目规定,仅适用于第一次约定。[2]关于第三百一十二条之一第一款、第三款、第四款及第六款规定,适用于每一程序。[3]第一项所定之程序未经约定而随后发生者,信息提供义务规定适用于第一次程序。同种程

序已逾一年未开始，下一程序视为第三段所定新程序中之第一次程序。
Ⅵ 关于保险及其中介契约，仅适用本款第一目及第二目中第三百一十二条之一第三款、第四款及第六款规定。

§312a Allgemeine Pflichten und Grundsätze bei Verbraucherverträgen; Grenzen der Vereinbarung von Entgelten

(1) Ruft der Unternehmer oder eine Person, die in seinem Namen oder Auftrag handelt, den Verbraucher an, um mit diesem einen Vertrag zu schließen, hat der Anrufer zu Beginn des Gesprächs seine Identität und gegebenenfalls die Identität der Person, für die er anruft, sowie den geschäftlichen Zweck des Anrufs offenzulegen.

(2) Der Unternehmer ist verpflichtet, den Verbraucher nach Maßgabe des Artikels 246 des Einführungsgesetzes zum Bürgerlichen Gesetzbuche zu informieren. Der Unternehmer kann von dem Verbraucher Fracht-, Liefer- oder Versandkosten und sonstige Kosten nur verlangen, soweit er den Verbraucher über diese Kosten entsprechend den Anforderungen aus Artikel 246 Absatz 1 Nummer 3 des Einführungsgesetzes zum Bürgerlichen Gesetzbuche informiert hat. Die Sätze 1 und 2 sind weder auf außerhalb von Geschäftsräumen geschlossene Verträge noch auf Fernabsatzverträge noch auf Verträge über Finanzdienstleistungen anzuwenden.

(3) Eine Vereinbarung, die auf eine über das vereinbarte Entgelt für die Hauptleistung hinausgehende Zahlung des Verbrauchers gerichtet ist, kann ein Unternehmer mit einem Verbraucher nur ausdrücklich treffen. Schließen der Unternehmer und der Verbraucher einen Vertrag im elektronischen Geschäftsverkehr, wird eine solche Vereinbarung nur Vertragsbestandteil, wenn der Unternehmer die Vereinbarung nicht durch eine Voreinstellung herbeiführt.

(4) Eine Vereinbarung, durch die ein Verbraucher verpflichtet wird, ein Entgelt dafür zu zahlen, dass er für die Erfüllung seiner vertraglichen Pflichten ein bestimmtes Zahlungsmittel nutzt, ist unwirksam, wenn

1. für den Verbraucher keine gängige und zumutbare unentgeltliche Zahlungsmöglichkeit besteht oder

2. das vereinbarte Entgelt über die Kosten hinausgeht, die dem Unternehmer durch die Nutzung des Zahlungsmittels entstehen.

(5) Eine Vereinbarung, durch die ein Verbraucher verpflichtet wird, ein Entgelt dafür zu zahlen, dass der Verbraucher den Unternehmer wegen Fragen oder Erklärungen

zu einem zwischen ihnen geschlossenen Vertrag über eine Rufnummer anruft, die der Unternehmer für solche Zwecke bereithält, ist unwirksam, wenn das vereinbarte Entgelt das Entgelt für die bloße Nutzung des Telekommunikationsdienstes übersteigt. Ist eine Vereinbarung nach Satz 1 unwirksam, ist der Verbraucher auch gegenüber dem Anbieter des Telekommunikationsdienstes nicht verpflichtet, ein Entgelt für den Anruf zu zahlen. Der Anbieter des Telekommunikationsdienstes ist berechtigt, das Entgelt für die bloße Nutzung des Telekommunikationsdienstes von dem Unternehmer zu verlangen, der die unwirksame Vereinbarung mit dem Verbraucher geschlossen hat.

(6) Ist eine Vereinbarung nach den Absätzen 3 bis 5 nicht Vertragsbestandteil geworden oder ist sie unwirksam, bleibt der Vertrag im Übrigen wirksam.

第三百一十二条之一 [消费者契约之一般义务及原则；对价约定之界限]

Ⅰ 企业经营者或以其名义或受其委任之人致电消费者，与其订立契约时，发话人应于开始谈话时表明其身份。必要时，亦应表明委任人之身份及致电之交易上目的。

Ⅱ ¹企业经营者负有依《民法施行法》第二百四十六条所定标准提供信息之义务。²企业经营者已依《民法施行法》第二百四十六条第一款第三项规定提供信息者，始得请求运送、供给或寄送及其他费用。³于营业场所外订立之契约、远距销售契约及金融服务契约，不适用第一段及第二段规定。

Ⅲ ¹企业经营者及消费者仅得以明示方式，约定消费者为主给付对价外之支付。²企业经营者及消费者以电子方式订立契约时，以企业经营者未以预先设定方式促成者，始构成契约之内容。

Ⅳ 约定消费者因以特定支付工具履行契约上义务，而负有支付对价义务时，于下列情形之一者，不生效力：
1. 消费者无通常可期待之无偿支付可能性，或
2. 所约定之对价逾企业经营者使用该支付工具之费用。

Ⅴ ¹约定消费者就与企业经营者订立之契约，因询问或请求说明而致电企业经营者为该目的特设之电话号码负有支付对价之义务时，于约定之对价逾使用该电子通讯服务之对价者，不生效力。²该约定依第一段不生效力者，消费者对电子通讯服务之提供者，亦无支付对价之义务。³企业经营者与消费者订立不生效力之契约者，电子通讯服务之提供者得向其请求使用电子通讯服务之对价。

Ⅵ 依第三款至第五款规定，不构成契约内容之约定者，不影响契约其他部

Kapitel 2
Außerhalb von Geschäftsräumen geschlossene Verträge und Fernabsatzverträge
第二目 营业场所外订立之契约及远距销售契约

§312b Außerhalb von Geschäftsräumen geschlossene Verträge

(1) Außerhalb von Geschäftsräumen geschlossene Verträge sind Verträge,
1. die bei gleichzeitiger körperlicher Anwesenheit des Verbrauchers und des Unternehmers an einem Ort geschlossen werden, der kein Geschäftsraum des Unternehmers ist,
2. für die der Verbraucher unter den in Nummer 1 genannten Umständen ein Angebot abgegeben hat,
3. die in den Geschäftsräumen des Unternehmers oder durch Fernkommunikationsmittel geschlossen werden, bei denen der Verbraucher jedoch unmittelbar zuvor außerhalb der Geschäftsräume des Unternehmers bei gleichzeitiger körperlicher Anwesenheit des Verbrauchers und des Unternehmers persönlich und individuell angesprochen wurde, oder
4. die auf einem Ausflug geschlossen werden, der von dem Unternehmer oder mit seiner Hilfe organisiert wurde, um beim Verbraucher für den Verkauf von Waren oder die Erbringung von Dienstleistungen zu werben und mit ihm entsprechende Verträge abzuschließen.

Dem Unternehmer stehen Personen gleich, die in seinem Namen oder Auftrag handeln.

(2) Geschäftsräume im Sinne des Absatzes 1 sind unbewegliche Gewerberäume, in denen der Unternehmer seine Tätigkeit dauerhaft ausübt, und bewegliche Gewerberäume, in denen der Unternehmer seine Tätigkeit für gewöhnlich ausübt. Gewerberäume, in denen die Person, die im Namen oder Auftrag des Unternehmers handelt, ihre Tätigkeit dauerhaft oder für gewöhnlich ausübt, stehen Räumen des Unternehmers gleich.

第三百一十二条之二 [营业场所外订立之契约]

Ⅰ ¹称营业场所外订立之契约,谓下列契约:
1. 消费者及企业经营者同时亲自在场,且非于企业经营者营业场所内订立者。
2. 基于消费者于第一项之情形所提出之要约者。
3. 于营业场所外,消费者与企业经营者同时亲自在场,经个人之个别访谈后,直接于企业经营者之营业场所内订立或以远距通讯工具订立者。
4. 因参与企业经营者为向消费者促销商品或服务并使其订约,所组织或由其所协办之短期出游而订立之契约。

²他人以企业经营者之名义或受其委任者,与企业经营者相同。

Ⅱ ¹第一款所称营业场所,指企业经营者长期在内执业之不动产营业空间及通常在内执业之动产营业空间。²他人以企业经营者之名义或受其委任,而长期或通常执业于营业空间,与企业经营者之场所相同。

§312c Fernabsatzverträge

(1) Fernabsatzverträge sind Verträge, bei denen der Unternehmer oder eine in seinem Namen oder Auftrag handelnde Person und der Verbraucher für die Vertragsverhandlungen und den Vertragsschluss ausschließlich Fernkommunikationsmittel verwenden, es sei denn, dass der Vertragsschluss nicht im Rahmen eines für den Fernabsatz organisierten Vertriebs- oder Dienstleistungssystems erfolgt.

(2) Fernkommunikationsmittel im Sinne dieses Gesetzes sind alle Kommunikationsmittel, die zur Anbahnung oder zum Abschluss eines Vertrags eingesetzt werden können, ohne dass die Vertragsparteien gleichzeitig körperlich anwesend sind, wie Briefe, Kataloge, Telefonanrufe, Telekopien, E-Mails, über den Mobilfunkdienst versendete Nachrichten (SMS) sowie Rundfunk und Telemedien.

第三百一十二条之三 [远距销售契约]

Ⅰ 称远距销售契约者,谓企业经营者或以其名义或受其委任之人与消费者,完全借由远距通讯工具进行契约磋商及订立之契约。但契约之订立,非于为远距销售所组成之营销或服务体系之范围内者,不在此限。

Ⅱ 本法所称远距通讯工具,指为契约之准备或订立,于契约当事人未同时亲自在场时所运用之通讯工具,即如信件、型录、电话、传真、电子邮件、经由行动服务所寄送之讯息(简讯)、广播及电信服务。

§312d Informationspflichten

(1) Bei außerhalb von Geschäftsräumen geschlossenen Verträgen und bei Fernabsatzverträgen ist der Unternehmer verpflichtet, den Verbraucher nach Maßgabe des Artikels 246a des Einführungsgesetzes zum Bürgerlichen Gesetzbuche zu informieren. Die in Erfüllung dieser Pflicht gemachten Angaben des Unternehmers werden Inhalt des Vertrags, es sei denn, die Vertragsparteien haben ausdrücklich etwas anderes vereinbart.

(2) Bei außerhalb von Geschäftsräumen geschlossenen Verträgen und bei Fernabsatzverträgen über Finanzdienstleistungen ist der Unternehmer abweichend von Absatz 1 verpflichtet, den Verbraucher nach Maßgabe des Artikels 246b des Einführungsgesetzes zum Bürgerlichen Gesetzbuche zu informieren.

第三百一十二条之四 [信息提供义务]

Ⅰ [1]于营业场所外订立之契约及远距销售契约，企业经营者负有依《民法施行法》第二百四十六条之一所定标准提供消费者信息之义务。[2]履行该义务而所做之说明，构成契约内容。但契约当事人另有明示约定者，不在此限。

Ⅱ 于营业场所外订立之契约及之远距销售契约，其有关金融服务者，企业经营者负有依《民法施行法》第二百四十六条之二所定标准提供消费者信息之义务。第一款规定，不适用之。

§312e Verletzung von Informationspflichten über Kosten

Der Unternehmer kann von dem Verbraucher Fracht-, Liefer- oder Versandkosten und sonstige Kosten nur verlangen, soweit er den Verbraucher über diese Kosten entsprechend den Anforderungen aus §312d Absatz 1 in Verbindung mit Artikel 246a §1 Absatz 1 Satz 1 Nummer 4 des Einführungsgesetzes zum Bürgerlichen Gesetzbuche informiert hat.

第三百一十二条之五 [提供相关费用信息义务之侵害]

企业经营者已依第三百一十二条之四第一款及《民法施行法》第二百四十六条之一所定之第一条第一款第一段第四项规定提供信息予消费者，始得请求运送、供给或寄送等其他费用。

§312f Abschriften und Bestätigungen

(1) Bei außerhalb von Geschäftsräumen geschlossenen Verträgen ist der Unternehmer verpflichtet, dem Verbraucher alsbald auf Papier zur Verfügung zu stellen
1. eine Abschrift eines Vertragsdokuments, das von den Vertragsschließenden so unterzeichnet wurde, dass ihre Identität erkennbar ist, oder
2. eine Bestätigung des Vertrags, in der der Vertragsinhalt wiedergegeben ist.

Wenn der Verbraucher zustimmt, kann für die Abschrift oder die Bestätigung des Vertrags auch ein anderer dauerhafter Datenträger verwendet werden. Die Bestätigung nach Satz 1 muss die in Artikel 246a des Einführungsgesetzes zum Bürgerlichen Gesetzbuche genannten Angaben nur enthalten, wenn der Unternehmer dem Verbraucher diese Informationen nicht bereits vor Vertragsschluss in Erfüllung seiner Informationspflichten nach §312d Absatz 1 auf einem dauerhaften Datenträger zur Verfügung gestellt hat.

(2) Bei Fernabsatzverträgen ist der Unternehmer verpflichtet, dem Verbraucher eine Bestätigung des Vertrags, in der der Vertragsinhalt wiedergegeben ist, innerhalb einer angemessenen Frist nach Vertragsschluss, spätestens jedoch bei der Lieferung der Ware oder bevor mit der Ausführung der Dienstleistung begonnen wird, auf einem dauerhaften Datenträger zur Verfügung zu stellen. Die Bestätigung nach Satz 1 muss die in Artikel 246a des Einführungsgesetzes zum Bürgerlichen Gesetzbuche genannten Angaben enthalten, es sei denn, der Unternehmer hat dem Verbraucher diese Informationen bereits vor Vertragsschluss in Erfüllung seiner Informationspflichten nach §312d Absatz 1 auf einem dauerhaften Datenträger zur Verfügung gestellt.

(3) Bei Verträgen über die Lieferung von nicht auf einem körperlichen Datenträger befindlichen Daten, die in digitaler Form hergestellt und bereitgestellt werden (digitale Inhalte), ist auf der Abschrift oder in der Bestätigung des Vertrags nach den Absätzen 1 und 2 gegebenenfalls auch festzuhalten, dass der Verbraucher vor Ausführung des Vertrags
1. ausdrücklich zugestimmt hat, dass der Unternehmer mit der Ausführung des Vertrags vor Ablauf der Widerrufsfrist beginnt, und
2. seine Kenntnis davon bestätigt hat, dass er durch seine Zustimmung mit Beginn der Ausführung des Vertrags sein Widerrufsrecht verliert.

(4) Diese Vorschrift ist nicht anwendbar auf Verträge über Finanzdienstleistungen.

第三百一十二条之六 [副本及确认书]

Ⅰ ¹于营业场所外订立之契约，企业经营者负立即提供消费者下列纸本之义务。
1. 经订约当事人签名且得知悉其身份之契约文件副本，或
2. 载有契约内容之契约确认书。

²副本及确认书亦得经消费者同意而以其他长期储存之资料载体为之。³企业经营者于契约订立前，于履行《民法典》三百一十二条之四第一款规定之信息提供义务时，未以长期储存之数据载体提供消费者该信息者，确认书始应载有《民法施行法》第二百四十六条之一所定之说明。

Ⅱ ¹于远距销售契约，企业经营者负将载有契约内容之确认书于相当时期内，亦即于契约订立后，最迟于商品供给及服务实行前以长期储存之资料载体提供消费者之义务。²第一段规定之确认书应载有《民法施行法》第二百四十六条之一所定之说明。但企业经营者已于契约订立前，于履行其依《民法典》三百一十二条之四第一款之信息提供义务时，以长期储存之资料载体提供消费者该信息者，不在此限。

Ⅲ 以数字形式产生及提供（数字内容）非载于有形载体之资料，就其供给契约，于必要时，于第一款及第二款规定之副本或确认书应载明消费者于契约实行前：
1. 明示同意，企业经营者于撤回期间届满前开始实行契约，及
2. 确认其知悉撤回权因其同意契约之开始实行而丧失。

Ⅳ 本条不适用于金融服务契约。

§312g Widerrufsrecht

(1) Dem Verbraucher steht bei außerhalb von Geschäftsräumen geschlossenen Verträgen und bei Fernabsatzverträgen ein Widerrufsrecht gemäß §355 zu.

(2) Das Widerrufsrecht besteht, soweit die Parteien nichts anderes vereinbart haben, nicht bei folgenden Verträgen:

1. Verträge zur Lieferung von Waren, die nicht vorgefertigt sind und für deren Herstellung eine individuelle Auswahl oder Bestimmung durch den Verbraucher maßgeblich ist oder die eindeutig auf die persönlichen Bedürfnisse des Verbrauchers zugeschnitten sind,

2. Verträge zur Lieferung von Waren, die schnell verderben können oder deren

Verfallsdatum schnell überschritten würde,

3. Verträge zur Lieferung versiegelter Waren, die aus Gründen des Gesundheitsschutzes oder der Hygiene nicht zur Rückgabe geeignet sind, wenn ihre Versiegelung nach der Lieferung entfernt wurde,

4. Verträge zur Lieferung von Waren, wenn diese nach der Lieferung auf Grund ihrer Beschaffenheit untrennbar mit anderen Gütern vermischt wurden,

5. Verträge zur Lieferung alkoholischer Getränke, deren Preis bei Vertragsschluss vereinbart wurde, die aber frühestens 30 Tage nach Vertragsschluss geliefert werden können und deren aktueller Wert von Schwankungen auf dem Markt abhängt, auf die der Unternehmer keinen Einfluss hat,

6. Verträge zur Lieferung von Ton- oder Videoaufnahmen oder Computersoftware in einer versiegelten Packung, wenn die Versiegelung nach der Lieferung entfernt wurde,

7. Verträge zur Lieferung von Zeitungen, Zeitschriften oder Illustrierten mit Ausnahme von AbonnementVerträgen,

8. Verträge zur Lieferung von Waren oder zur Erbringung von Dienstleistungen, einschließlich Finanzdienstleistungen, deren Preis von Schwankungen auf dem Finanzmarkt abhängt, auf die der Unternehmer keinen Einfluss hat und die innerhalb der Widerrufsfrist auftreten können, insbesondere Dienstleistungen im Zusammenhang mit Aktien, mit Anteilen an offenen Investmentvermögen im Sinne von §1 Absatz 4 des Kapitalanlagegesetzbuchs und mit anderen handelbaren Wertpapieren, Devisen, Derivaten oder Geldmarktinstrumenten,

9. vorbehaltlich des Satzes 2 Verträge zur Erbringung von Dienstleistungen in den Bereichen Beherbergung zu anderen Zwecken als zu Wohnzwecken, Beförderung von Waren, Kraftfahrzeugvermietung, Lieferung von Speisen und Getränken sowie zur Erbringung weiterer Dienstleistungen im Zusammenhang mit Freizeitbetätigungen, wenn der Vertrag für die Erbringung einen spezifischen Termin oder Zeitraum vorsieht,

10. Verträge, die im Rahmen einer Vermarktungsform geschlossen werden, bei der der Unternehmer Verbrauchern, die persönlich anwesend sind oder denen diese Möglichkeit gewährt wird, Waren oder Dienstleistungen anbietet, und zwar in einem vom Versteigerer durchgeführten, auf konkurrierenden Geboten basierenden transparenten Verfahren, bei dem der Bieter, der den Zuschlag erhalten hat, zum Erwerb der Waren oder Dienstleistungen verpflichtet ist (öffentlich zugängliche Versteigerung),

11. Verträge, bei denen der Verbraucher den Unternehmer ausdrücklich aufgefordert hat, ihn aufzusuchen, um dringende Reparatur- oder Instandhaltungsarbeiten

vorzunehmen; dies gilt nicht hinsichtlich weiterer bei dem Besuch erbrachter Dienstleistungen, die der Verbraucher nicht ausdrücklich verlangt hat, oder hinsichtlich solcher bei dem Besuch gelieferter Waren, die bei der Instandhaltung oder Reparatur nicht unbedingt als Ersatzteile benötigt werden,

12.Verträge zur Erbringung von Wett- und Lotteriedienstleistungen, es sei denn, dass der Verbraucher eine Vertragserklärung telefonisch abgegeben hat oder der Vertrag außerhalb von Geschäftsräumen geschlossen wurde, und

13.notariell beurkundete Verträge; dies gilt für Fernabsatzverträge über Finanzdienstleistungen nur, wenn der Notar bestätigt, dass die Rechte des Verbrauchers aus §312d Absatz 2 gewahrt sind.

Die Ausnahme nach Satz 1 Nummer 9 gilt nicht für Verträge über Reiseleistungen nach §651a, wenn diese außerhalb von Geschäftsräumen geschlossen worden sind, es sei denn, die mündlichen Verhandlungen, auf denen der Vertragsschluss beruht, sind auf vorhergehende Bestellung des Verbrauchers geführt worden.

(3) Das Widerrufsrecht besteht ferner nicht bei Verträgen, bei denen dem Verbraucher bereits auf Grund der §§495, 506 bis 512 ein Widerrufsrecht nach §355 zusteht, und nicht bei außerhalb von Geschäftsräumen geschlossenen Verträgen, bei denen dem Verbraucher bereits nach §305 Absatz 1 bis 6 des Kapitalanlagegesetzbuchs ein Widerrufsrecht zusteht.

第三百一十二条之七 [撤回权]

Ⅰ 于营业场所外订立之契约及远距销售契约，消费者有依三百五十五条之撤回权。

Ⅱ ¹当事人未另有约定者，于下列契约，无撤回权。

1. 于供给非预制商品之契约，该商品之生产系依消费者标准予以选定或特定，且显然为其个人需求定作者。
2. 于供给商品之契约，该商品易于腐坏或易超过保存期限者。
3. 供给已密封商品之契约，该商品基于保护健康或卫生之事由，不适于退还，且已于供给后拆封者。
4. 供给商品之契约，该商品按其性质于供给后与其他货品混合且不可分者。
5. 供给酒类之契约，该酒类价格已于契约订立时所约定，但最早仅得于契约订立后三十日供给，且时价取决于企业经营者无影响力之市场上波动。

6. 供给以封装录音录像或计算机软件之契约，其于供给后拆封者。
7. 订阅契约以外，供给报纸、杂志或画报之契约。
8. 供给商品或提供金融服务之契约，即如与股份、资本投资法第一条第四款所定开放式投资基金之应有部分及其他可交易之有价证券、外汇、衍生性金融商品或金钱市场票券相关之服务，其时价取决于企业经营者无影响力之金融市场上波动，且该波动可能出现在撤回期间者。
9. 第二段规定以外，提供非以家居为目的之住宿服务、运送商品服务、车辆出租服务、餐点与饮料供给服务及其他与休闲活动相关服务之契约，且该契约就服务之提供设有特定日期及期限者。
10. 消费者实际在场或有在场之可能，且企业经营者以拍卖形式提供其商品或服务而订立之契约，其应经拍卖者所执行之竞价、透明程序且出价人因拍定而负有取得该商品或服务之义务（公众可参与之拍卖）。
11. 于消费者明示要求企业经营者前往其处所，以进行紧急之维修或保存之契约。但到访时，消费者未明示请求之服务或相关商品，其非属保存或维修所必需之替换物者，不在此限。
12. 于供给赌博服务或乐透服务之情形。但消费者系以电话为契约表示者，不在此限。
13. 经公证之契约。于金融服务远距销售契约时，仅公证人确认消费者依三百一十二条之四第二款所生权利已受保护者，始适用之。

[2]第一段第九项所定之例外，于第六百五十一条之一规定之旅游契约，如其于营业场所外所订立者，不适用之。但契约所据以订立之言词磋商，系本于消费者先前之订购者，不在此限。

Ⅲ 于消费者因第四百九十五条、第五百零六条至第五百一十二条之事由而依三百五十五条享有撤回权之契约，及非于营业场所外订立之契约且消费者已依《资本投资法》第三百零五条第一款至第六款享有撤回权者，不另生撤回权。

§312h Kündigung und Vollmacht zur Kündigung

Wird zwischen einem Unternehmer und einem Verbraucher nach diesem Untertitel ein Dauerschuldverhältnis begründet, das ein zwischen dem Verbraucher und einem anderen Unternehmer bestehendes Dauerschuldverhältnis ersetzen soll, und wird anlässlich der Begründung des Dauerschuldverhältnisses von dem Verbraucher

1. die Kündigung des bestehenden Dauerschuldverhältnisses erklärt und der Unternehmer oder ein von ihm beauftragter Dritter zur Übermittlung der Kündigung an den bisherigen Vertragspartner des Verbrauchers beauftragt oder
2. der Unternehmer oder ein von ihm beauftragter Dritter zur Erklärung der Kündigung gegenüber dem bisherigen Vertragspartner des Verbrauchers bevollmächtigt, bedarf die Kündigung des Verbrauchers oder die Vollmacht zur Kündigung der Textform.

第三百一十二条之八 [终止及终止之授权]
企业经营者与消费者依本款规定成立继续性债之关系，取代该消费者与另一企业经营者间现存之继续性债之关系时，因该继续性债之关系之成立，由消费者为下列各款规定之情事者，该消费者所为之终止及终止之授权，应以文字方式为之：
1. 表示终止现存继续性债之关系，且委任企业经营者或由其委任之第三人向消费者先前之契约相对人为终止之送交，或
2. 授权企业经营者或由其委任之第三人向消费者先前之契约相对人为终止之表示。

Kapitel 3
Verträge im elektronischen Geschäftsverkehr
第三目 电子商务交易契约

§312i Allgemeine Pflichten im elektronischen Geschäftsverkehr

(1) Bedient sich ein Unternehmer zum Zwecke des Abschlusses eines Vertrags über die Lieferung von Waren oder über die Erbringung von Dienstleistungen der Telemedien (Vertrag im elektronischen Geschäftsverkehr), hat er dem Kunden
1. angemessene, wirksame und zugängliche technische Mittel zur Verfügung zu stellen, mit deren Hilfe der Kunde Eingabefehler vor Abgabe seiner Bestellung erkennen und berichtigen kann,
2. die in Artikel 246c des Einführungsgesetzes zum Bürgerlichen Gesetzbuche bestimmten Informationen rechtzeitig vor Abgabe von dessen Bestellung klar und verständlich mitzuteilen,
3. den Zugang von dessen Bestellung unverzüglich auf elektronischem Wege zu

bestätigen und

4. die Möglichkeit zu verschaffen, die Vertragsbestimmungen einschließlich der Allgemeinen Geschäftsbedingungen bei Vertragsschluss abzurufen und in wiedergabefähiger Form zu speichern.

Bestellung und Empfangsbestätigung im Sinne von Satz 1 Nummer 3 gelten als zugegangen, wenn die Parteien, für die sie bestimmt sind, sie unter gewöhnlichen Umständen abrufen können.

(2) Absatz 1 Satz 1 Nummer 1 bis 3 ist nicht anzuwenden, wenn der Vertrag ausschließlich durch individuelle Kommunikation geschlossen wird. Absatz 1 Satz 1 Nummer 1 bis 3 und Satz 2 ist nicht anzuwenden, wenn zwischen Vertragsparteien, die nicht Verbraucher sind, etwas anderes vereinbart wird.

(3) Weitergehende Informationspflichten auf Grund anderer Vorschriften bleiben unberührt.

第三百一十二条之九 [电子商务交易之一般义务]

Ⅰ ¹以订立给付商品或提供服务之远距媒介服务契约（电子商务交易中之契约）为目的而提供服务之企业经营者，对顾客负有下列义务：

1. 提供适当、有效且易于使用之技术方法，使顾客得于送出订购前知悉输入之错误及更正。
2. 于顾客送出其订购前，按时以清楚及易于理解方式，通知顾客有关《民法施行法》第二百四十六条之三规定之信息。
3. 即时以电子方式确认顾客订购之到达。
4. 使顾客于制定契约时，领取包括定型化条款在内之契约约定且以得再读取之方式储存之。

²受表示之双方于通常情事得领取该表示者，第一段第三项规定之订购及受领之确认视为已到达。

Ⅱ ¹第一款第一段第一项至第三项规定，于专由个人通讯所制定之契约者，不适用之。²第一款第一段第一项至第三项规定，于非属消费者之契约双方当事人另有约定者，不适用之。

Ⅲ 其他法律规定之信息提供义务，不受影响。

§312j Besondere Pflichten im elektronischen Geschäftsverkehr gegenüber Verbrauchern

(1) Auf Webseiten für den elektronischen Geschäftsverkehr mit Verbrauchern hat der

Unternehmer zusätzlich zu den Angaben nach §312i Absatz 1 spätestens bei Beginn des Bestellvorgangs klar und deutlich anzugeben, ob Lieferbeschränkungen bestehen und welche Zahlungsmittel akzeptiert werden.

(2) Bei einem Verbrauchervertrag im elektronischen Geschäftsverkehr, der eine entgeltliche Leistung des Unternehmers zum Gegenstand hat, muss der Unternehmer dem Verbraucher die Informationen gemäß Artikel 246a §1 Absatz 1 Satz 1 Nummer 1, 4, 5, 11 und 12 des Einführungsgesetzes zum Bürgerlichen Gesetzbuche, unmittelbar bevor der Verbraucher seine Bestellung abgibt, klar und verständlich in hervorgehobener Weise zur Verfügung stellen.

(3) Der Unternehmer hat die Bestellsituation bei einem Vertrag nach Absatz 2 so zu gestalten, dass der Verbraucher mit seiner Bestellung ausdrücklich bestätigt, dass er sich zu einer Zahlung verpflichtet. Erfolgt die Bestellung über eine Schaltfläche, ist die Pflicht des Unternehmers aus Satz 1 nur erfüllt, wenn diese Schaltfläche gut lesbar mit nichts anderem als den Wörtern „zahlungspflichtig bestellen" oder mit einer entsprechenden eindeutigen Formulierung beschriftet ist.

(4) Ein Vertrag nach Absatz 2 kommt nur zustande, wenn der Unternehmer seine Pflicht aus Absatz 3 erfüllt.

(5) Die Absätze 2 bis 4 sind nicht anzuwenden, wenn der Vertrag ausschließlich durch individuelle Kommunikation geschlossen wird. Die Pflichten aus den Absätzen 1 und 2 gelten weder für Webseiten, die Finanzdienstleistungen betreffen, noch für Verträge über Finanzdienstleistungen.

第三百一十二条之十 [就消费者之电子商务交易特别义务]

Ⅰ 企业经营者最迟应于订购程序开始时，于电子商务交易网站，就三百一十二条之九第一款规定应说明事项外，另以清楚且明确方式说明，有无供给之限制及接受何种支付方法。

Ⅱ 于以电子商务交易订立之消费者契约，该契约以企业经营者之有偿给付为标的者，企业经营者应于消费者送出订购前，直接以清楚、易于理解及显著之方式，提供依《民法施行法》第二百四十六条之一所定第一条第一款第一段第一项、第四项、第五项、第十一项及第十二项规定之信息。

Ⅲ [1]于第二款规定之契约，企业经营者所安排之订购流程，应使消费者明示确认其有义务为支付。[2]订购经由视窗上按钮作成时，该视窗上按钮易于阅读且专载有"有支付义务之订购"或相符之明显词句者，企业经营者因第一段规定所生之义务，始为履行。

Ⅳ 第二款规定之契约，仅于企业经营者履行第三款规定所生之义务者，始为成立。

V ¹第二款至第四款规定，于专由个人通讯所制定之契约者，不适用之。²第一款及第二款规定之义务，于关于金融服务网站及金融服务契约，不适用之。

Kapitel 4
Abweichende Vereinbarungen und Beweislast
第四目 违反规定之约定及举证责任

§312k Abweichende Vereinbarungen und Beweislast

(1) Von den Vorschriften dieses Untertitels darf, soweit nichts anderes bestimmt ist, nicht zum Nachteil des Verbrauchers oder Kunden abgewichen werden. Die Vorschriften dieses Untertitels finden, soweit nichts anderes bestimmt ist, auch Anwendung, wenn sie durch anderweitige Gestaltungen umgangen werden.

(2) Der Unternehmer trägt gegenüber dem Verbraucher die Beweislast für die Erfüllung der in diesem Untertitel geregelten Informationspflichten.

第三百一十二条之十一 [违反规定之约定及举证责任]

I ¹除另有规定外，不得违反本款规定而使消费者或顾客受有不利益。²除另有规定外，本款规定亦适用于以其他约定形式规避本款规定者。

II 企业经营者对消费者，就本款规定信息提供义务之履行，负举证责任。

Untertitel 3
Anpassung und Beendigung von Verträgen
第三款 契约之调整及终了

§313 Störung der Geschäftsgrundlage

(1) Haben sich Umstände, die zur Grundlage des Vertrags geworden sind, nach Vertragsschluss schwerwiegend verändert und hätten die Parteien den Vertrag nicht oder mit anderem Inhalt geschlossen, wenn sie diese Veränderung vorausgesehen hätten, so kann Anpassung des Vertrags verlangt werden, soweit einem Teil unter Berücksichtigung aller Umstände des Einzelfalls, insbesondere der vertraglichen

oder gesetzlichen Risikoverteilung, das Festhalten am unveränderten Vertrag nicht zugetmutet werden kann.

(2) Einer Veränderung der Umstände steht es gleich, wenn wesentliche Vorstellungen, die zur Grundlage des Vertrags geworden sind, sich als falsch herausstellen.

(3) Ist eine Anpassung des Vertrags nicht möglich oder einem Teil nicht zumutbar, so kann der benachteiligte Teil vom Vertrag zurücktreten. An die Stelle des Rücktrittsrechts tritt für Dauerschuldverhältnisse das Recht zur Kündigung.

第三百一十三条 [行为基础之障碍][a]

Ⅰ 成为行为基础之情事，于契约制定后发生重大变更，且双方当事人预见该变更，将不至于制定该契约或该内容之契约，如斟酌个案所有情事，特别是契约或法律之风险分配，不能期待一方当事人严守原订契约者，得请求调整契约。

Ⅱ 成为契约基础之重要认识有误者，与情事之变更相同[b]。

Ⅲ [1]契约调整之不能，或于当事人之一方无期待可能性者，受不利之当事人得解除契约。[2]于继续性债之关系以终止权取代解除权。

a 此规定台湾地区学说一般认为系属于情事变更原则之规定，但若仔细观察德国学说判例之发展，德国民法之行为基础变更及丧失理论，与台湾地区"民法"第227条之2规定之情事变更原则仍有具体而微之差异。

b 行为之基础并非在契约制定后有所变更，而系当事人所认识之重要行为基础事实在契约制定时，即与事实不符，是否亦属于有待行为基础理论处理者，债编修正前，不无疑义，政府草案理由认为第2款情形即系关于主观行为基础自始欠缺之规定。[①]主观与客观法律行为基础之区别，主要系Larenz所主张，其认为主观行为基础理论属于法律行为论中错误论之部分，客观法律行为基础理论则属于给付障碍之范畴。[②]

§314 Kündigung von Dauerschuldverhältnissen aus wichtigem Grund

(1) Dauerschuldverhältnisse kann jeder Vertragsteil aus wichtigem Grund ohne Einhaltung einer Kündigungsfrist kündigen. Ein wichtiger Grund liegt vor, wenn

---

① Canaris, Schuldrechtsmodernisierung 2002, München (2002), S. 746.
② 参见陈自强（1995），《论计算错误》，载《政大法学评论》，53期，第200页。

dem kündigenden Teil unter Berücksichtigung aller Umstände des Einzelfalls und unter Abwägung der beiderseitigen Interessen die Fortsetzung des Vertragsverhältnisses bis zur vereinbarten Beendigung oder bis zum Ablauf einer Kündigungsfrist nicht zugemutet werden kann.

(2) Besteht der wichtige Grund in der Verletzung einer Pflicht aus dem Vertrag, ist die Kündigung erst nach erfolglosem Ablauf einer zur Abhilfe bestimmten Frist oder nach erfolgloser Abmahnung zulässig. §323 Abs. 2 findet entsprechende Anwendung. Für die Entbehrlichkeit der Bestimmung einer Frist zur Abhilfe und für die Entbehrlichkeit einer Abmahnung findet §323 Absatz 2 Nummer 1 und 2 entsprechende Anwendung. Die Bestimmung einer Frist zur Abhilfe und eine Abmahnung sind auch entbehrlich, wenn besondere Umstände vorliegen, die unter Abwägung der beiderseitigen Interessen die sofortige Kündigung rechtfertigen.

(3) Der Berechtigte kann nur innerhalb einer angemessenen Frist kündigen, nachdem er vom Kündigungsgrund Kenntnis erlangt hat.

(4) Die Berechtigung, Schadensersatz zu verlangen, wird durch die Kündigung nicht ausgeschlossen.

第三百一十四条 [因重大事由而为继续性债之关系终止 [a]]

Ⅰ ^{1}继续性债之关系之任何一方当事人，无待终止期限之遵守，得基于重大事由终止之。^{2}在斟酌个案所有具体情事，且衡量双方之利益后，维持该契约关系到约定之消灭期限或终止期限届满，对终止之一方无期待可能性者，有重大事由之存在。

Ⅱ ^{1}重大事由为违反契约义务者，仅于补正期限经过而无效果，或催告而无效果时，始得为终止之。^{2}第三百二十三条第二款规定，准用之。^{3}就毋庸定补正期限及无须催告，第三百二十三条第二款第一项及第二项规定准用之。^{4}补正期限及催告期限，于发生特殊情事经衡量双方利益后，得认立即终止为正当者，毋庸定之。

Ⅲ 终止权人仅得于知悉终止事由相当时期内终止。

Ⅳ 终止不排除请求损害赔偿之权利。

a 于继续性债之关系，当事人得基于重大事由终止契约（Kündigung von Dauerschuldverhältnissen aus wichtigem Grund），系德国学说判例漫长法律发展之结果，德国帝国法院RGZ 78, 389即采此见解，债编修正前已为通说。①

---

① 文献参见Larenz, SAT, 14. Aufl. (1987), §2, S. 3。

Untertitel 4
Einseitige Leistungsbestimmungsrechte
第四款 一方之确定给付之权利

§315 Bestimmung der Leistung durch eine Partei

(1) Soll die Leistung durch einen der Vertragschließenden bestimmt werden, so ist im Zweifel anzunehmen, dass die Bestimmung nach billigem Ermessen zu treffen ist.
(2) Die Bestimmung erfolgt durch Erklärung gegenüber dem anderen Teil.
(3) Soll die Bestimmung nach billigem Ermessen erfolgen, so ist die getroffene Bestimmung für den anderen Teil nur verbindlich, wenn sie der Billigkeit entspricht. Entspricht sie nicht der Billigkeit, so wird die Bestimmung durch Urteil getroffen; das Gleiche gilt, wenn die Bestimmung verzögert wird.

第三百一十五条 [当事人一方确定给付][a]
Ⅰ 给付应由契约当事人之一方确定者，有疑义时，应认为其确定应以公平衡量为之。
Ⅱ 前款确定，应向他方以意思表示为之。
Ⅲ [1]应以公平衡量为确定者，仅于其给付确定符合公平时，始拘束他方。[2]给付确定不符合公平者，以判决确定之；给付确定迟延者，亦同。

a 第一版译者注释（第329页）："给付为债之标的，非经确定，不发生债之关系。本条至第319条皆在规定其确定方法。即如当事人订约时有未指定之给付，自须加以指定。"

§316 Bestimmung der Gegenleistung

Ist der Umfang der für eine Leistung versprochenen Gegenleistung nicht bestimmt, so steht die Bestimmung im Zweifel demjenigen Teil zu, welcher die Gegenleistung zu fordern hat.

第三百一十六条 [对待给付之确定]
针对给付而承诺之对待给付，其范围未确定者，有疑义时，请求对待给付之一方有确定之权。

§317 Bestimmung der Leistung durch einen Dritten

(1) Ist die Bestimmung der Leistung einem Dritten überlassen, so ist im Zweifel anzunehmen, dass sie nach billigem Ermessen zu treffen ist.
(2) Soll die Bestimmung durch mehrere Dritte erfolgen, so ist im Zweifel Übereinstimmung aller erforderlich; soll eine Summe bestimmt werden, so ist, wenn verschiedene Summen bestimmt werden, im Zweifel die Durchschnittssumme maßgebend.

第三百一十七条 [第三人为给付确定]
Ⅰ 给付由第三人确定者，有疑义时，应认为其确定应以公平衡量为之。
Ⅱ 前款之确定，第三人为多数者，有疑义时，应经全体之同意；应确定数额，而数额不一致者，有疑义时，取其平均数额。

§318 Anfechtung der Bestimmung

(1) Die einem Dritten überlassene Bestimmung der Leistung erfolgt durch Erklärung gegenüber einem der Vertragschließenden.
(2) Die Anfechtung der getroffenen Bestimmung wegen Irrtums, Drohung oder arglistiger Täuschung steht nur den Vertragschließenden zu; Anfechtungsgegner ist der andere Teil. Die Anfechtung muss unverzüglich erfolgen, nachdem der Anfechtungsberechtigte von dem Anfechtungsgrund Kenntnis erlangt hat. Sie ist ausgeschlossen, wenn 30 Jahre verstrichen sind, nachdem die Bestimmung getroffen worden ist.

第三百一十八条 [确定之撤销]
Ⅰ 给付由第三人确定者，其确定向契约当事人以意思表示为之。
Ⅱ [1]因错误、胁迫或诈欺之撤销，仅契约当事人有权为之；撤销之相对人为他方。[2]撤销权人应于知悉撤销事由后，立即撤销。[3]给付确定后经过三十年，不得撤销。

§319 Unwirksamkeit der Bestimmung; Ersetzung

(1) Soll der Dritte die Leistung nach billigem Ermessen bestimmen, so ist die getroffene Bestimmung für die Vertragschließenden nicht verbindlich, wenn sie

offenbar unbillig ist. Die Bestimmung erfolgt in diesem Falle durch Urteil; das Gleiche gilt, wenn der Dritte die Bestimmung nicht treffen kann oder will oder wenn er sie verzögert.

(2) Soll der Dritte die Bestimmung nach freiem Belieben treffen, so ist der Vertrag unwirksam, wenn der Dritte die Bestimmung nicht treffen kann oder will oder wenn er sie verzögert.

第三百一十九条　[给付确定之不生效力；替代]

Ⅰ [1]第三人应以公平衡量而确定给付，其确定显然不公平者，其确定不拘束契约当事人。[2]于此情形，以判决确定给付；第三人不能或不为确定，或给付确定之迟延者，亦同。

Ⅱ 第三人得任意确定给付者，第三人不能或不为确定，或给付确定之迟延时，契约不生效力。

Titel 2　Gegenseitiger Vertrag
第二节　双务契约

§320　Einrede des nicht erfüllten Vertrags

(1) Wer aus einem gegenseitigen Vertrag verpflichtet ist, kann die ihm obliegende Leistung bis zur Bewirkung der Gegenleistung verweigern, es sei denn, dass er vorzuleisten verpflichtet ist. Hat die Leistung an mehrere zu erfolgen, so kann dem einzelnen der ihm gebührende Teil bis zur Bewirkung der ganzen Gegenleistung verweigert werden. Die Vorschrift des §273 Abs. 3 findet keine Anwendung.

(2) Ist von der einen Seite teilweise geleistet worden, so kann die Gegenleistung insoweit nicht verweigert werden, als die Verweigerung nach den Umständen, insbesondere wegen verhältnismäßiger Geringfügigkeit des rückständigen Teiles, gegen Treu und Glauben verstoßen würde.

第三百二十条　[契约不履行之抗辩]

Ⅰ [1]基于双务契约互负义务者，于对待给付提出前，得拒绝自己之给付。但负有先为给付之义务者，不在此限。[2]给付应向数人为之者，于对待给付全部提出前，对各人应得之部分，得拒绝给付。[3]第二百七十三条第三款规定，不适用之。

Ⅱ 已为一部分给付者，拒绝对待给付按其情形违反诚实及信用，即如不为给付之比例不高时,仍不得拒绝。

§321 Unsicherheitseinrede

(1) Wer aus einem gegenseitigen Vertrag vorzuleisten verpflichtet ist, kann die ihm obliegende Leistung verweigern, wenn nach Abschluss des Vertrags erkennbar wird, dass sein Anspruch auf die Gegenleistung durch mangelnde Leistungsfähigkeit des anderen Teils gefährdet wird. Das Leistungsverweigerungsrecht entfällt, wenn die Gegenleistung bewirkt oder Sicherheit für sie geleistet wird.

(2) Der Vorleistungspflichtige kann eine angemessene Frist bestimmen, in welcher der andere Teil Zug um Zug gegen die Leistung nach seiner Wahl die Gegenleistung zu bewirken oder Sicherheit zu leisten hat. Nach erfolglosem Ablauf der Frist kann der Vorleistungspflichtige vom Vertrag zurücktreten. §323 findet entsprechende Anwendung.

第三百二十一条 [不安抗辩]

Ⅰ [1]基于双务契约负有先为给付之义务者,如订约后因他方给付能力显形欠缺,自己之对待给付请求权难于现实时,得拒绝自己之给付。[2]对待给付提出或已提供担保者,给付拒绝权丧失。

Ⅱ [1]负有先为给付义务之人,得定相当期限依他方之选择,在提出对待给付或提供担保时,同时提出自己之给付。[2]期限经过而无效果者,负有先为给付义务之人得解除契约。[3]第三百二十三条规定,准用之。

§322 Verurteilung zur Leistung Zug-um-Zug

(1) Erhebt aus einem gegenseitigen Vertrag der eine Teil Klage auf die ihm geschuldete Leistung, so hat die Geltendmachung des dem anderen Teil zustehenden Rechts, die Leistung bis zur Bewirkung der Gegenleistung zu verweigern, nur die Wirkung, dass der andere Teil zur Erfüllung Zug um Zug zu verurteilen ist.

(2) Hat der klagende Teil vorzuleisten, so kann er, wenn der andere Teil im Verzug der Annahme ist, auf Leistung nach Empfang der Gegenleistung klagen.

(3) Auf die Zwangsvollstreckung findet die Vorschrift des §274 Abs. 2 Anwendung.

第三百二十二条 [同时履行判决]

I 双务契约之一方起诉请求自己之给付者,他方主张于对待给付提出前,得拒绝自己给付之权利时,仅生他方应受同时履行之判决之效力。

II 起诉之一方应先为给付者,他方受领迟延时,得诉请于对待给付受领后为给付。

III 第二百七十四条第二款规定,于强制执行适用之。

§323 Rücktritt wegen nicht oder nicht vertragsgemäß erbrachter Leistung

*)

(1) Erbringt bei einem gegenseitigen Vertrag der Schuldner eine fällige Leistung nicht oder nicht vertragsgemäß, so kann der Gläubiger, wenn er dem Schuldner erfolglos eine angemessene Frist zur Leistung oder Nacherfüllung bestimmt hat, vom Vertrag zurücktreten.

(2) Die Fristsetzung ist entbehrlich, wenn

1. der Schuldner die Leistung ernsthaft und endgültig verweigert,
2. der Schuldner die Leistung bis zu einem im Vertrag bestimmten Termin oder innerhalb einer im Vertrag bestimmten Frist nicht bewirkt, obwohl die termin- oder fristgerechte Leistung nach einer Mitteilung des Gläubigers an den Schuldner vor Vertragsschluss oder auf Grund anderer den Vertragsabschluss begleitenden Umstände für den Gläubiger wesentlich ist, oder
3. im Falle einer nicht vertragsgemäß erbrachten Leistung besondere Umstände vorliegen, die unter Abwägung der beiderseitigen Interessen den sofortigen Rücktritt rechtfertigen.

(3) Kommt nach der Art der Pflichtverletzung eine Fristsetzung nicht in Betracht, so tritt an deren Stelle eine Abmahnung.

(4) Der Gläubiger kann bereits vor dem Eintritt der Fälligkeit der Leistung zurücktreten, wenn offensichtlich ist, dass die Voraussetzungen des Rücktritts eintreten werden.

(5) Hat der Schuldner eine Teilleistung bewirkt, so kann der Gläubiger vom ganzen Vertrag nur zurücktreten, wenn er an der Teilleistung kein Interesse hat. Hat der Schuldner die Leistung nicht vertragsgemäß bewirkt, so kann der Gläubiger vom Vertrag nicht zurücktreten, wenn die Pflichtverletzung unerheblich ist.

(6) Der Rücktritt ist ausgeschlossen, wenn der Gläubiger für den Umstand, der ihn

zum Rücktritt berechtigen würde, allein oder weit überwiegend verantwortlich ist oder wenn der vom Schuldner nicht zu vertretende Umstand zu einer Zeit eintritt, zu welcher der Gläubiger im Verzug der Annahme ist.

*) **Amtlicher Hinweis:**
Diese Vorschrift dient auch der Umsetzung der Richtlinie 1999/44/EG des Europäischen Parlaments und des Rates vom 25. Mai 1999 zu bestimmten Aspekten des Verbrauchsgüterkaufs und der Garantien für Verbrauchsgüter (ABI. EG Nr. L 171 S. 12).

第三百二十三条　[不为给付或未依契约本旨提出给付之解除]
Ⅰ 双务契约之债务人对清偿期届至之给付，未提出或给付未依契约本旨者，债权人对债务人已定相当期限请求给付或补正而无效果时，债权人得解除契约。
Ⅱ 下列情形之一，毋庸定期限：
1. 债务人认真而明确拒绝给付者。
2. 债务人未于契约所定确定期日或于一定期限内提出给付，虽债权人于契约订立前已通知债务人或按其他伴随契约订立之情事，可认合于期日或期限之给付，对债权人属重要者，或
3. 于未依契约本旨提出给付之情形，如具特别情事，于衡量双方之利益后，立即解除契约正当者。
Ⅲ 依义务违反之种类，无法定期限者，催告取代定期限。
Ⅳ 解除之要件显然将发生者，债权人得于给付清偿期届至前解除契约。
Ⅴ ^{1}债务人已提出部分之给付者，债权人仅于该部分之给付无利益时，始得解除全部之契约。^{2}债务人未依契约本旨提出给付者，其违反义务并非重大时，债权人仍不得解除契约。
Ⅵ 债权人对使其得解除契约之情事，完全或大部分可归责者，或不可归责于债务人之情事，发生于债权人受领迟延者，不得解除契约。
*)德国官方注释：
本条亦系为转换欧洲议会与欧洲共同体理事会1999年5月25日《消费商品买卖及消费者保障指令》。①

---

① 参见欧共体《官方公报》L卷第171期，第12页。

§324 Rücktritt wegen Verletzung einer Pflicht nach §241 Abs. 2

Verletzt der Schuldner bei einem gegenseitigen Vertrag eine Pflicht nach §241 Abs. 2, so kann der Gläubiger zurücktreten, wenn ihm ein Festhalten am Vertrag nicht mehr zuzumuten ist.

第三百二十四条 [因违反第二百四十一条第二款义务所为之解除]
双务契约之债务人，违反第二百四十一条第二款之义务者，遵守契约于债权人无期待可能性时，债权人得解除契约。

§325 Schadensersatz und Rücktritt

Das Recht, bei einem gegenseitigen Vertrag Schadensersatz zu verlangen, wird durch den Rücktritt nicht ausgeschlossen.

第三百二十五条 [损害赔偿与解除]
双务契约之损害赔偿请求权，不因契约解除而排除。

§326 Befreiung von der Gegenleistung und Rücktritt beim Ausschluss der Leistungspflicht

*)

(1) Braucht der Schuldner nach §275 Abs. 1 bis 3 nicht zu leisten, entfällt der Anspruch auf die Gegenleistung; bei einer Teilleistung findet §441 Abs. 3 entsprechende Anwendung. Satz 1 gilt nicht, wenn der Schuldner im Falle der nicht vertragsgemäßen Leistung die Nacherfüllung nach §275 Abs. 1 bis 3 nicht zu erbringen braucht.

(2) Ist der Gläubiger für den Umstand, auf Grund dessen der Schuldner nach §275 Abs. 1 bis 3 nicht zu leisten braucht, allein oder weit überwiegend verantwortlich oder tritt dieser vom Schuldner nicht zu vertretende Umstand zu einer Zeit ein, zu welcher der Gläubiger im Verzug der Annahme ist, so behält der Schuldner den Anspruch auf die Gegenleistung. Er muss sich jedoch dasjenige anrechnen lassen, was er infolge der Befreiung von der Leistung erspart oder durch anderweitige Verwendung seiner Arbeitskraft erwirbt oder zu erwerben böswillig unterlässt.

(3) Verlangt der Gläubiger nach §285 Herausgabe des für den geschuldeten Gegenstand erlangten Ersatzes oder Abtretung des Ersatzanspruchs, so bleibt er zur Gegenleistung verpflichtet. Diese mindert sich jedoch nach Maßgabe des §441 Abs. 3 insoweit, als der Wert des Ersatzes oder des Ersatzanspruchs hinter dem Wert der geschuldeten Leistung zurückbleibt.

(4) Soweit die nach dieser Vorschrift nicht geschuldete Gegenleistung bewirkt ist, kann das Geleistete nach den §§346 bis 348 zurückgefordert werden.

(5) Braucht der Schuldner nach §275 Abs. 1 bis 3 nicht zu leisten, kann der Gläubiger zurücktreten; auf den Rücktritt findet §323 mit der Maßgabe entsprechende Anwendung, dass die Fristsetzung entbehrlich ist.

第三百二十六条 [给付义务排除时对待给付之免除及解除]

Ⅰ ^{1}债务人依第二百七十五条第一款至第三款规定无须给付者,对待给付请求权消灭;于一部分给付,准用第四百四十一条第三款规定。^{2}于给付未依契约本旨之情形,债务人依第二百七十五条第一款至第三款规定,无须补正者,不适用第一段规定。

Ⅱ ^{1}债务人依第二百七十五条第一款至第三款无须给付之事实,全部或大部分可归责于债权人者,或不可归责于债务人之情事,发生于债权人受领迟延者,债务人仍得请求对待给付。^{2}但因免给付而减省之费用,或因使用其劳力于他处而有所取得,或恶意怠于取得者,应扣除之。

Ⅲ ^{1}债权人依第二百八十五条规定,请求交付因给付目标所取得之赔偿物,或请求让与损害赔偿请求权者,仍应为对待给付。^{2}但赔偿物或损害赔偿请求权之价值,低于给付之价值者,对待给付依第四百四十一条第三款所定之标准,比例减少之。

Ⅳ 依本条规定无须负担对待给付而已为者,得依第三百四十六条至第三百四十八条规定,请求返还已为之对待给付。

Ⅴ 债务人依第二百七十五条第一款至第三款规定无须为给付者,债权人得解除契约;契约之解除,毋庸定期限,其余准用第三百二十三条规定。

*)德国官方注释:
本条亦系为转换欧洲议会与欧洲共同体理事会1999年5月25日《消费商品买卖及消费者保障指令》。①

---

① 参见欧共体《官方公报》L卷第171期,第12页。

§327 (weggefallen)

第三百二十七条 [删除]

Titel 3
Versprechen der Leistung an einen Dritten
第三节 向第三人为给付之承诺

§328 Vertrag zugunsten Dritter

(1) Durch Vertrag kann eine Leistung an einen Dritten mit der Wirkung bedungen werden, dass der Dritte unmittelbar das Recht erwirbt, die Leistung zu fordern.

(2) In Ermangelung einer besonderen Bestimmung ist aus den Umständen, insbesondere aus dem Zweck des Vertrags, zu entnehmen, ob der Dritte das Recht erwerben, ob das Recht des Dritten sofort oder nur unter gewissen Voraussetzungen entstehen und ob den Vertragschließenden die Befugnis vorbehalten sein soll, das Recht des Dritten ohne dessen Zustimmung aufzuheben oder zu ändern.

第三百二十八条 [利益第三人契约]

Ⅰ 契约得约定对第三人为给付，而发生使第三人取得直接请求给付权之效力。

Ⅱ 第三人是否取得权利，第三人之权利是否立即或仅在一定要件下发生，或契约当事人是否保留无须第三人同意撤销或变更第三人权利之权利，无特别规定时，应按具体情事，即如从契约目的认定之。

§329 Auslegungsregel bei Erfüllungsübernahme

Verpflichtet sich in einem Vertrag der eine Teil zur Befriedigung eines Gläubigers des anderen Teils, ohne die Schuld zu übernehmen, so ist im Zweifel nicht anzunehmen, dass der Gläubiger unmittelbar das Recht erwerben soll, die Befriedigung von ihm zu fordern.

第三百二十九条 [履行承担时之解释规则]ᵃ

一方于契约负有对他方之债权人为清偿之义务，而不承担债务者ᵇ，有疑义时，不应认定债权人对一方取得直接请求清偿之权利。

a 第一版译者注释（第334页）："本条规定应与债务承担（第414条至第419条）严加区别。在债务承担，承担人成为债务人以代未承担前债务人之地位。"
b 于非债务承担时，仅为履行承担（Erfüllungsübernahme）。①

§330 Auslegungsregel bei Leibrentenvertrag

Wird in einem Leibrentenvertrag die Zahlung der der Leibrente an einen Dritten vereinbart, ist im Zweifel anzunehmen, dass der Dritte unmittelbar das Recht erwerben soll, die Leistung zu fordern. Das Gleiche gilt, wenn bei einer unentgeltlichen Zuwendung dem Bedachten eine Leistung an einen Dritten auferlegt oder bei einer Vermögens- oder Gutsübernahme von dem Übernehmer eine Leistung an einen Dritten zum Zwecke der Abfindung versprochen wird.

第三百三十条 [终身定期金契约之解释规则]

¹终身定期金契约中约定，对第三人支付终身定期金者，有疑义时，应认为第三人取得直接请求给付之权利。²于无偿给与，受遗赠人负担向第三人给付之义务ᵃ，或于财产或地产之承受，承受人出于补偿之目的，承诺对第三人为给付者，亦同。

a 第一版译者注释（第334页）："限于向第三人之无偿给付，始得适用本段之规定。如受赠人所应对之为给付之第三人系赠与人之债权人者，其人依第329条之规定，无直接请求权。"

§331 Leistung nach Todesfall

(1) Soll die Leistung an den Dritten nach dem Tod desjenigen erfolgen, welchem sie versprochen wird, so erwirbt der Dritte das Recht auf die Leistung im Zweifel mit dem Tod des Versprechensempfängers.

---

① 参见詹森林（1999），《债务承担契约之撤销》，载《月旦法学杂志》，46卷，第9页。

(2) Stirbt der Versprechensempfänger vor der Geburt des Dritten, so kann das Versprechen, an den Dritten zu leisten, nur dann noch aufgehoben oder geändert werden, wenn die Befugnis dazu vorbehalten worden ist.

第三百三十一条 [死亡后之给付]
Ⅰ 于承诺之相对人死亡后应向第三人为给付者，有疑义时，第三人于承诺之相对人死亡同时，取得请求给付之权利。
Ⅱ 承诺之相对人在第三人出生前死亡者，仅于保留撤销或变更之权利时，始得撤销或变更向第三人为给付之承诺。

§332 Änderung durch Verfügung von Todes wegen bei Vorbehalt

Hat sich der Versprechensempfänger die Befugnis vorbehalten, ohne Zustimmung des Versprechenden an die Stelle des in dem Vertrag bezeichneten Dritten einen anderen zu setzen, so kann dies im Zweifel auch in einer Verfügung von Todes wegen geschehen.

第三百三十二条 [以死因处分保留变更]
承诺之相对人保留无须承诺人同意，径以他人取代契约所订之第三人者，有疑义时，亦得以死因处分为之。

§333 Zurückweisung des Rechts durch den Dritten

Weist der Dritte das aus dem Vertrag erworbene Recht dem Versprechenden gegenüber zurück, so gilt das Recht als nicht erworben.

第三百三十三条 [第三人为权利之拒绝]
第三人向承诺人拒绝自契约所取得之权利者，视为未取得该权利。

§334 Einwendungen des Schuldners gegenüber dem Dritten

Einwendungen aus dem Vertrag stehen dem Versprechenden auch gegenüber dem Dritten zu.

第三百三十四条 [债务人向第三人抗辩]
自契约所生之抗辩，承诺人亦得向第三人主张之。

§335 Forderungsrecht des Versprechensempfängers

Der Versprechensempfänger kann, sofern nicht ein anderer Wille der Vertragschließenden anzunehmen ist, die Leistung an den Dritten auch dann fordern, wenn diesem das Recht auf die Leistung zusteht.

第三百三十五条 [承诺受领人之请求权]
除契约当事人另有其他意思外，纵第三人有请求给付之权，承诺之受领人亦得向第三人请求给付。

Titel 4 Draufgabe, Vertragsstrafe
第四节 定金、违约罚

§336 Auslegung der Draufgabe

(1) Wird bei der Eingehung eines Vertrags etwas als Draufgabe gegeben, so gilt dies als Zeichen des Abschlusses des Vertrags.
(2) Die Draufgabe gilt im Zweifel nicht als Reugeld.

第三百三十六条 [定金之解释]
Ⅰ 因订约交付某物作为定金者，视为契约制定之表征。
Ⅱ 有疑义时，定金不视为解约金。

§337 Anrechnung oder Rückgabe der Draufgabe

(1) Die Draufgabe ist im Zweifel auf die von dem Geber geschuldete Leistung anzurechnen oder, wenn dies nicht geschehen kann, bei der Erfüllung des Vertrags zurückzugeben.
(2) Wird der Vertrag wieder aufgehoben, so ist die Draufgabe zurückzugeben.

第三百三十七条　[定金之扣除或返还]
Ⅰ 有疑义时，定金应自交付者所应为之给付扣除，如不能扣除时，应于契约履行时返还之。
Ⅱ 契约经解消者，定金应返还之。

§338　Draufgabe bei zu vertretender Unmöglichkeit der Leistung

Wird die von dem Geber geschuldete Leistung infolge eines Umstands, den er zu vertreten hat, unmöglich oder verschuldet der Geber die Wiederaufhebung des Vertrags, so ist der Empfänger berechtigt, die Draufgabe zu behalten. Verlangt der Empfänger Schadensersatz wegen Nichterfüllung, so ist die Draufgabe im Zweifel anzurechnen oder, wenn dies nicht geschehen kann, bei der Leistung des Schadensersatzes zurückzugeben.

第三百三十八条　[给付不能可归责时之定金]
¹因可归责于定金交付者之事由致给付不能，或定金交付者于契约解消有故意或过失者，定金收受者得保有定金。²定金受领人请求不履行之损害赔偿者，有疑义时，应扣除定金，如不能扣除时，定金应于赔偿损害时返还之。

§339　Verwirkung der Vertragsstrafe

Verspricht der Schuldner dem Gläubiger für den Fall, dass er seine Verbindlichkeit nicht oder nicht in gehöriger Weise erfüllt, die Zahlung einer Geldsumme als Strafe, so ist die Strafe verwirkt, wenn er in Verzug kommt. Besteht die geschuldete Leistung in einem Unterlassen, so tritt die Verwirkung mit der Zuwiderhandlung ein.

第三百三十九条　[违约罚 ª 之发生]
¹债务人对债权人承诺于债务不履行或不依适当方法履行时，支付一定金额作为惩罚者，债务人迟延时，应支付之。²给付为不作为者，应于作为时支付之。

a 德文Vertragsstrafe，第一版第335页，译为"违约金"。Vertragsstrafe仅出现于第339条之标题，其后均以Strafe称之。违约罚之约定为对债务不履行之民事处罚，与损害赔偿总额之预定,功能不同,德国民法仅规定前者,日本民法仅规定后者,台湾地区学说判例将此二者糅合为一,而认为违约金有两个种类,一为损害赔偿总额预定之违约金,二为惩罚性违约金。

§340 Strafversprechen für Nichterfüllung

(1) Hat der Schuldner die Strafe für den Fall versprochen, dass er seine Verbindlichkeit nicht erfüllt, so kann der Gläubiger die verwirkte Strafe statt der Erfüllung verlangen. Erklärt der Gläubiger dem Schuldner, dass er die Strafe verlange, so ist der Anspruch auf Erfüllung ausgeschlossen.

(2) Steht dem Gläubiger ein Anspruch auf Schadensersatz wegen Nichterfüllung zu, so kann er die verwirkte Strafe als Mindestbetrag des Schadens verlangen. Die Geltendmachung eines weiteren Schadens ist nicht ausgeschlossen.

第三百四十条 [不履行之违约罚]

Ⅰ [1]债务人承诺于债务不履行时支付违约罚者,债权人得不请求履行而请求支付违约罚。[2]债权人对债务人请求支付违约罚者,排除履行请求权。

Ⅱ [1]债权人享有债务不履行之损害赔偿请求权者,债权人得请求支付违约罚作为损害之最低数额。[2]其他损害之主张,不予排除。

§341 Strafversprechen für nicht gehörige Erfüllung

(1) Hat der Schuldner die Strafe für den Fall versprochen, dass er seine Verbindlichkeit nicht in gehöriger Weise, insbesondere nicht zu der bestimmten Zeit, erfüllt, so kann der Gläubiger die verwirkte Strafe neben der Erfüllung verlangen.

(2) Steht dem Gläubiger ein Anspruch auf Schadensersatz wegen der nicht gehörigen Erfüllung zu, so finden die Vorschriften des §340 Abs. 2 Anwendung.

(3) Nimmt der Gläubiger die Erfüllung an, so kann er die Strafe nur verlangen, wenn er sich das Recht dazu bei der Annahme vorbehält.

第三百四十一条 [未以适当方法履行时违约罚之承诺]

Ⅰ 债务人承诺于债务未依适当方法,即如未于所定时期履行时支付违约罚者,债权人除得请求履行外,并得请求支付违约罚。

Ⅱ 债权人享有债务未依适当方法之损害赔偿请求权者,适用第三百四十条第二款规定。

Ⅲ 债权人受领清偿者，仅于债权人受领时保留请求支付违约罚之权利，始得请求之。

§342 Andere als Geldstrafe

Wird als Strafe eine andere Leistung als die Zahlung einer Geldsumme versprochen, so finden die Vorschriften der §§339 bis 341 Anwendung; der Anspruch auf Schadensersatz ist ausgeschlossen, wenn der Gläubiger die Strafe verlangt.

第三百四十二条 [金钱以外之惩罚]
承诺以金钱以外之其他给付，作为惩罚者，适用第三百三十九条至第三百四十一条规定；债权人请求给付者，不得请求损害赔偿。

§343 Herabsetzung der Strafe

(1) Ist eine verwirkte Strafe unverhältnismäßig hoch, so kann sie auf Antrag des Schuldners durch Urteil auf den angemessenen Betrag herabgesetzt werden. Bei der Beurteilung der Angemessenheit ist jedes berechtigte Interesse des Gläubigers, nicht bloß das Vermögensinteresse, in Betracht zu ziehen. Nach der Entrichtung der Strafe ist die Herabsetzung ausgeschlossen.

(2) Das Gleiche gilt auch außer in den Fällen der §§339, 342, wenn jemand eine Strafe für den Fall verspricht, dass er eine Handlung vornimmt oder unterlässt.

第三百四十三条 [违约罚之酌减]
Ⅰ [1]应支付之违约罚过高者，得基于债务人之申请，以判决酌减至适当之数额。[2]于相当性之判断时，应斟酌债权人一切正当之利益，不限于债权人财产上之利益。[3]违约罚已支付者，不得酌减。
Ⅱ 除第三百三十九条、第三百四十二条情形外，承诺于一定作为或不作为时支付违约罚者[a]，前款规定亦适用之。

a 本款系针对单独之违约罚约款（das selbstständige Strafversprechen），违约罚并非担保债务履行，而系约定于一定作为或不作为时支付。

§344 Unwirksames Strafversprechen

Erklärt das Gesetz das Versprechen einer Leistung für unwirksam, so ist auch die für den Fall der Nichterfüllung des Versprechens getroffene Vereinbarung einer Strafe unwirksam, selbst wenn die Parteien die Unwirksamkeit des Versprechens gekannt haben.

第三百四十四条 [不生效力之违约罚承诺]
法律规定给付承诺不生效力者，于不履行承诺时之违约罚约定，纵当事人明知承诺无效，亦不生效力。

§345 Beweislast

Bestreitet der Schuldner die Verwirkung der Strafe, weil er seine Verbindlichkeit erfüllt habe, so hat er die rfüllung zu beweisen, sofern nicht die geschuldete Leistung in einem Unterlassen besteht.

第三百四十五条 [举证责任]
债务人主张债务履行而争执违约罚之发生者，给付如非为不作为时，债务人对债务之履行负举证责任。

Titel 5
Rücktritt; Widerrufs- und
Rückgaberecht bei Verbraucherverträgen
第五节 解除；消费者契约之撤回权及退还权

Untertitel 1 Rücktritt
第一款 解 除

*) Amtlicher Hinweis:
Diese Vorschrift dient auch der Umsetzung der Richtlinie 1999/44/EG des Europäischen Parlaments und des Rates vom 25. Mai 1999 zu bestimmten Aspekten des Verbrauchsgüterkaufs und der Garantien für Verbrauchsgüter (ABI. EG Nr. L 171 S. 12).

德国官方注释：
本规定亦系为转换欧洲议会与欧洲共同体理事会1999年5月25日《消费商品买卖及消费者保障指令》。①

§346 Wirkungen des Rücktritts

(1) Hat sich eine Vertragspartei vertraglich den Rücktritt vorbehalten oder steht ihr ein gesetzliches Rücktrittsrecht zu, so sind im Falle des Rücktritts die empfangenen Leistungen zurückzugewähren und die gezogenen Nutzungen herauszugeben.

(2) Statt der Rückgewähr oder Heraugabe hat der Schuldner Wertersatz zu leisten, soweit

1. die Rückgewähr oder die Herausgabe nach der Natur des Erlangten ausgeschlossen ist,
2. er den empfangenen Gegenstand verbraucht, veräußert, belastet, verarbeitet oder umgestaltet hat,
3. der empfangene Gegenstand sich verschlechtert hat oder untergegangen ist; jedoch bleibt die durch die bestimmungsgemäße Ingebrauchnahme entstandene Verschlechterung außer Betracht.

Ist im Vertrag eine Gegenleistung bestimmt, ist sie bei der Berechnung des Wertersatzes zugrunde zu legen; ist Wertersatz für den Gebrauchsvorteil eines Darlehens zu leisten, kann nachgewiesen werden, dass der Wert des Gebrauchsvorteils niedriger war.

(3) Die Pflicht zum Wertersatz entfällt,

1. wenn sich der zum Rücktritt berechtigende Mangel erst während der Verarbeitung oder Umgestaltung des Gegenstandes gezeigt hat,
2. soweit der Gläubiger die Verschlechterung oder den Untergang zu vertreten hat oder der Schaden bei ihm gleichfalls eingetreten wäre,
3. wenn im Falle eines gesetzlichen Rücktrittsrechts die Verschlechterung oder der Untergang beim Berechtigten eingetreten ist, obwohl dieser diejenige Sorgfalt beobachtet hat, die er in eigenen Angelegenheiten anzuwenden pflegt.

Eine verbleibende Bereicherung ist herauszugeben.

(4) Der Gläubiger kann wegen Verletzung einer Pflicht aus Absatz 1 nach Maßgabe der §§280 bis 283 Schadensersatz verlangen.

---

① 参见欧共体《官方公报》L卷第171期，第12页。

第三章 约定债之关系 §§346,347

第三百四十六条 [解除之效力]

Ⅰ 契约当事人之一方以契约保留契约解除权,或享有法定解除权者,契约解除时应返还其所受领之给付及收益。

Ⅱ ¹于下列各项情形之一,债务人应偿还价额以代恢复原状或返还给付或收益:

1. 性质上免除恢复或返还给付或收益者。
2. 债务人消费、让与、设定负担、加工及改造其所受领之标的物者,
3. 所受领之标的物毁损或灭失者。但因物之用法使用标的物而生之毁损者,不在此限。

²契约中对待给付已确定者,应以对待给付作为计算价额之基础;就消费借贷之使用利益偿还价额者,得证明使用利益之价值较低。

Ⅲ ¹于下列各项情形之一,价额偿还义务消灭:

1. 标的加工或改造时,始发现得解除契约之瑕疵者。
2. 标的物之毁损或灭失可归责于债权人,或损害仍将发生于债权人者ᵃ。

于法定解除权,解除权人纵尽与处理自己事务相同之注意,仍不免于权利人发生毁损或灭失者。

²现存之利益应返还之。

Ⅳ 违反第一款规定所生之义务者,债权人得依第二百八十条至第二百八十三条规定,请求损害赔偿。

a 此情形指标的物纵未移转于债务人,债权人仍将受有损害,如交付于债务人之标的物为房屋,因第三人之过失致生房屋毁损,但纵未移转于债务人,损害仍将发生,债权人不能因解除契约使自己处于较标的物未移转更有利之地位。①

§347 Nutzungen und Verwendungen nach Rücktritt

(1) Zieht der Schuldner Nutzungen entgegen den Regeln einer ordnungsmäßigen Wirtschaft nicht, obwohl ihm das möglich gewesen wäre, so ist er dem Gläubiger zum Wertersatz verpflichtet. Im Falle eines gesetzlichen Rücktrittsrechts hat der Berechtigte hinsichtlich der Nutzungen nur für diejenige Sorgfalt einzustehen, die er in eigenen Angelegenheiten anzuwenden pflegt.

(2) Gibt der Schuldner den Gegenstand zurück, leistet er Wertersatz oder ist seine

---

① 参见 *Jauernig/Stadler*, 12. Aufl. (2007), § 346 BGB, Anm 8。

Wertersatzpflicht gemäß §346 Abs. 3 Nr. 1 oder 2 ausgeschlossen, so sind ihm notwendige Verwendungen zu ersetzen. Andere Aufwendungen sind zu ersetzen, soweit der Gläubiger durch diese bereichert wird.

第三百四十七条　[解除后之收益及费用]
Ⅰ　¹债务人纵有收益之可能，却未依通常经济法则收取者，债务人仍对债权人负偿还价额之义务。²于法定解除权，解除权人就收益仅须以处理自己事务同一注意负其责任。
Ⅱ　¹债务人返还标的物、偿还价额或依第三百四十六条第三款第一项或第二项免负价额偿还义务者，必要费用仍应返还于债务人。²其他费用，债权人仅于所受利益之范围内负返还责任。

§348　Erfüllung Zug-um-Zug

Die sich aus dem Rücktritt ergebenden Verpflichtungen der Parteien sind Zug um Zug zu erfüllen. Die Vorschriften der §§320, 322 finden entsprechende Anwendung.

第三百四十八条　[同时履行]
¹当事人因契约解除所生之相互义务，应同时履行。²第三百二十条、第三百二十二条规定，准用之。

§349　Erklärung des Rücktritts

Der Rücktritt erfolgt durch Erklärung gegenüber dem anderen Teil.

第三百四十九条　[解除之表示]
契约之解除，应向他方以意思表示为之。

§350　Erlöschen des Rücktrittsrechts nach Fristsetzung

Ist für die Ausübung des vertraglichen Rücktrittsrechts eine Frist nicht vereinbart, so kann dem Berechtigten von dem anderen Teil für die Ausübung eine angemessene Frist bestimmt werden. Das Rücktrittsrecht erlischt, wenn nicht der Rücktritt vor dem Ablauf der Frist erklärt wird.

第三百五十条 [逾期未行使之解除权消灭]
¹约定解除权之行使，未约定期限者，他方得向解除权人定行使之相当期限。²期限届满前仍未为解除之表示者，解除权消灭。

§351 Unteilbarkeit des Rücktrittsrechts

Sind bei einem Vertrag auf der einen oder der anderen Seite mehrere beteiligt, so kann das Rücktrittsrecht nur von allen und gegen alle ausgeübt werden. Erlischt das Rücktrittsrecht für einen der Berechtigten, so erlischt es auch für die übrigen.

第三百五十一条 [解除权之不可分性]
¹契约之一方或他方有数人者，解除权之行使，应由其全体或向其全体为之。²解除权人中之一人解除权消灭者，其他人之解除权亦归消灭。

§352 Aufrechnung nach Nichterfüllung

Der Rücktritt wegen Nichterfüllung einer Verbindlichkeit wird unwirksam, wenn der Schuldner sich von der Verbindlichkeit durch Aufrechnung befreien konnte und unverzüglich nach dem Rücktritt die Aufrechnung erklärt.

第三百五十二条 [不履行后之抵销]
因债务不履行之解除，如债务人本得以抵销解免其债务，且于解除后立即为抵销之表示者，其解除仍不生效力[a]。

a 抵销适状发生后，纵债务人未立即为抵销，但其得为抵销之权利并不因其后债权人解除契约而受影响，故如于解约后立即为抵销者，债务即因抵销而消灭。

§353 Rücktritt gegen Reugeld

Ist der Rücktritt gegen Zahlung eines Reugeldes vorbehalten, so ist der Rücktritt unwirksam, wenn das Reugeld nicht vor oder bei der Erklärung entrichtet wird und der andere Teil aus diesem Grund die Erklärung unverzüglich zurückweist. Die Erklärung ist jedoch wirksam, wenn das Reugeld unverzüglich nach der Zurückweisung entrichtet wird.

第三百五十三条 [以悔约金解除契约]ᵃ

¹以悔约金之支付保留解除之机会者，如未于解除表示之前或同时交付悔约金，且他方立即以此为由拒绝解约时，其解除仍不生效力。²但于拒绝解约后立即交付悔约金者，解除之表示仍发生效力。

a 第一版译者注释（第340页）："约定解约金而保留解除权之人，仍得行使基于债务人应负责之给付不能或迟延给付而生之解除权，于此情形自不须支付所约定之解约金。"

§354 Verwirkungsklausel

Ist ein Vertrag mit dem Vorbehalt geschlossen, dass der Schuldner seiner Rechte aus dem Vertrag verlustig sein soll, wenn er seine Verbindlichkeit nicht erfüllt, so ist der Gläubiger bei dem Eintritt dieses Falles zum Rücktritt von dem Vertrag berechtigt.

第三百五十四条 [失权条款]

契约制定时保留债务人不履行债务ᵃ即丧失其契约之权利者，债权人于该事由发生时，得解除契约。

a 第一版译者注释（第341页）："债务人之不履行债务，是否须为债务人之迟延或出于可归责于债务人之事由，乃契约之解释问题。但当事人意思不明时，应采取肯定说，尤其在保险契约之失权条款为然（RG 95, 203; 62, 191; 69, 176; 70, 44）。至债权人就债务不履行与有过失者，则不得解除契约（第242条）。"

Untertitel 2
Widerrufs- und Rückgaberecht bei Verbraucherverträgen
第二款 消费者契约之撤回权及退还权

*) Amtlicher Hinweis:
Dieser Untertitel dient der Umsetzung
1. der Richtlinie 85/577 EWG des Rates vom 20. Dezember 1985 betreffend den Verbraucherschutz im Falle von außerhalb von Geschäftsräumen geschlossenen Verträgen (ABl. EG Nr. L 372 S. 31),
2. der Richtlinie 94/47/EG des Europäischen Parlaments und des Rates vom 26. Oktober 1994 zum Schutz der Erwerber im Hinblick auf bestimmte Aspekte von Verträgen über den Erwerb von Teilzeitnutzungsrechten an Immobilien (ABl. EG Nr. L 280 S. 82) und

3. Richtlinie 97/7/EG des Europäischen Parlaments und des Rates vom 20. Mai 1997 über den Verbraucherschutz bei Vertragsabschlüssen im Fernabsatz (ABl. EG Nr. L 144 S. 19).

德国官方注释：
本款系为下列规定之转换：
1. 欧洲经济共同体理事会1985年12月20日《营业范围外制定契约之消费者保护指令》①；
2. 欧洲议会与欧洲共同体理事会1994年10月26日《不动产之分时分享权取得契约于特定范围内取得人之保护指令》②；及
3. 欧洲议会与欧洲共同体理事会1997年5月20日《远距交易契约制定之消费者保护指令》。③

§355 Widerrufsrecht bei Verbraucherverträgen

(1) Wird einem Verbraucher durch Gesetz ein Widerrufsrecht nach dieser Vorschrift eingeräumt, so sind der Verbraucher und der Unternehmer an ihre auf den Abschluss des Vertrags gerichteten Willenserklärungen nicht mehr gebunden, wenn der Verbraucher seine Willenserklärung fristgerect widerrufen hat. Der Widerruf erfolgt durch Erklärung gegenüber dem Unternehmer. Aus der Erklärung muss der Entschluss des Verbrauchers zum Widerruf des Vertrags eindeutig hervorgehen. Der Widerruf muss keine Begründung enthalten. Zur Fristwahrung genügt die rechtzeitige Absendung des Widerrufs.

(2) Die Widerrufsfrist beträgt 14 Tage. Sie beginnt mit Vertragsschluss, soweit nichts anderes bestimmt ist.

(3) Im Falle des Widerrufs sind die empfangenen Leistungen unverzüglich zurückzugewähren. Bestimmt das Gesetz eine Höchstfrist für die Rückgewähr, so beginnt diese für den Unternehmer mit dem Zugang und für den Verbraucher mit der Abgabe der Widerrufserklärung. Ein Verbraucher wahrt diese Frist durch die rechtzeitige Absendung der Waren. Der Unternehmer trägt bei Widerruf die Gefahr der Rücksendung der Waren.

---

① 参见欧共体《官方公报》L卷第372期，第31页。
② 参见欧共体《官方公报》L卷第280期，第82页。
③ 参见欧共体《官方公报》L卷第144期，第19页。

第三百五十五条 [消费者契约之撤回权]

Ⅰ [1]消费者依法取得本条之撤回权者,如消费者于期间内撤回,消费者及企业经营者即不再受其于契约制定时所为意思表示之拘束。[2]撤回,须以表示向企业经营者为之。[3]消费者撤回契约之表示,应明确。[4]撤回无须附记理由。撤回期间之遵守,以撤回之按时送出为准。

Ⅱ [1]撤回期间为十四日。[2]除另有规定外,自契约订立时开始起算。

Ⅲ [1]撤回时,应即时返还所受领之给付。[2]法律定有最长返还期限者,该期限自撤回意思到达企业经营者及由消费者所发出开始起算。[3]期间之遵守,以消费者应按时送出商品为准。[4]撤回时,企业经营者承担送回时之商品危险责任。

§356 Widerrufsrecht bei außerhalb von Geschäftsräumen geschlossenen Verträgen und Fernabsatzverträgen

(1) Der Unternehmer kann dem Verbraucher die Möglichkeit einräumen, das Muster-Widerrufsformular nach Anlage 2 zu Artikel 246a §1 Absatz 2 Satz 1 Nummer 1 des Einführungsgesetzes zum Bürgerlichen Gesetzbuche oder eine andere eindeutige Widerrufserklärung auf der Webseite des Unternehmers auszufüllen und zu übermitteln. Macht der Verbraucher von dieser Möglichkeit Gebrauch, muss der Unternehmer dem Verbraucher den Zugang des Widerrufs unverzüglich auf einem dauerhaften Datenträger bestätigen.

(2) Die Widerrufsfrist beginnt

1. bei einem Verbrauchsgüterkauf,

    a) der nicht unter die Buchstaben b bis d fällt, sobald der Verbraucher oder ein von ihm benannter Dritter, der nicht Frachtführer ist, die Waren erhalten hat,

    b) bei dem der Verbraucher mehrere Waren im Rahmen einer einheitlichen Bestellung bestellt hat und die Waren getrennt geliefert werden, sobald der Verbraucher oder ein von ihm benannter Dritter, der nicht Frachtführer ist, die letzte Ware erhalten hat,

    c) bei dem die Ware in mehreren Teilsendungen oder Stücken geliefert wird, sobald der Verbraucher oder ein vom Verbraucher benannter Dritter, der nicht Frachtführer ist, die letzte Teilsendung oder das letzte Stück erhalten hat,

    d) der auf die regelmäßige Lieferung von Waren über einen festgelegten Zeitraum gerichtet ist, sobald der Verbraucher oder ein von ihm benannter Dritter, der nicht Frachtführer ist, die erste Ware erhalten hat,

2. bei einem Vertrag, der die nicht in einem begrenzten Volumen oder in einer bestimmten Menge angebotene Lieferung von Wasser, Gas oder Strom, die Lieferung von Fernwärme oder die Lieferung von nicht auf einem körperlichen Datenträger befindlichen digitalen Inhalten zum Gegenstand hat, mit Vertragsschluss.

(3) Die Widerrufsfrist beginnt nicht, bevor der Unternehmer den Verbraucher entsprechend den Anforderungen des Artikels 246a §1 Absatz 2 Satz 1 Nummer 1 oder des Artikels 246b §2 Absatz 1 des Einführungsgesetzes zum Bürgerlichen Gesetzbuche unterrichtet hat. Das Widerrufsrecht erlischt spätestens zwölf Monate und 14 Tage nach dem in Absatz 2 oder §355 Absatz 2 Satz 2 genannten Zeitpunkt. Satz 2 ist auf Verträge über Finanzdienstleistungen nicht anwendbar.

(4) Das Widerrufsrecht erlischt bei einem Vertrag zur Erbringung von Dienstleistungen auch dann, wenn der Unternehmer die Dienstleistung vollständig erbracht hat und mit der Ausführung der Dienstleistung erst begonnen hat, nachdem der Verbraucher dazu seine ausdrückliche Zustimmung gegeben hat und gleichzeitig seine Kenntnis davon bestätigt hat, dass er sein Widerrufsrecht bei vollständiger Vertragserfüllung durch den Unternehmer verliert. Bei einem außerhalb von Geschäftsräumen geschlossenen Vertrag muss die Zustimmung des Verbrauchers auf einem dauerhaften Datenträger übermittelt werden. Bei einem Vertrag über die Erbringung von Finanzdienstleistungen erlischt das Widerrufsrecht abweichend von Satz 1, wenn der Vertrag von beiden Seiten auf ausdrücklichen Wunsch des Verbrauchers vollständig erfüllt ist, bevor der Verbraucher sein Widerrufsrecht ausübt.

(5) Das Widerrufsrecht erlischt bei einem Vertrag über die Lieferung von nicht auf einem körperlichen Datenträger befindlichen digitalen Inhalten auch dann, wenn der Unternehmer mit der Ausführung des Vertrags begonnen hat, nachdem der Verbraucher

1. ausdrücklich zugestimmt hat, dass der Unternehmer mit der Ausführung des Vertrags vor Ablauf der Widerrufsfrist beginnt, und
2. seine Kenntnis davon bestätigt hat, dass er durch seine Zustimmung mit Beginn der Ausführung des Vertrags sein Widerrufsrecht verliert.

第三百五十六条 [营业场所外订立契约及远距销售契约之撤回权]

Ⅰ ¹企业经营者得于其网站设置民法施行法第二百四十六条之一所定第一条第二款第一段第一项附件之撤回单范本或其他明确之撤回表示，以供消费者填写及送交。²消费者使用此可能性者，企业经营者应即时以长期储存资料载体向消费者确认撤回之送达。

Ⅱ 撤回期间,自下列时点开始起算:
1. 于消费商品买卖
   a) 于非属第一目至第四目之情形,于消费者或由其指定非运送人之第三人收取商品时。
   b) 消费者一次订购多数商品且商品分次供给者,于消费者或其指定非运送人之第三人收受最后商品时。
   c) 商品以多次分期寄送或分别供给商品之一部分者,于消费者或其指定非运送人之第三人收受最后一期或最后一部分商品时。
   d) 定期供给商品者,于消费者或其指定非运送人之第三人收受最初商品时,
2. 以供给非定量之用水、瓦斯或电流,远距暖气或非载于有体资料载体之数字内容为标的之契约,自契约订立时。

Ⅲ ¹企业经营者为合于《民法施行法》第二百四十六条之一所定第一条第二款第一段第一款或同法第二百四十六条之二所定第二条第一款标准之告知前,撤回期间不开始起算。²撤回权最迟于第二款或第三百五十五条第二款第二段所定时点后十二个月又十四日消灭。³第二段规定,于金融服务契约,不适用之。

Ⅳ ¹于提供服务之契约,消费者已明示同意且同时确认其知悉因契约之完全履行而丧失撤回权时,企业经营者已完全提供服务及开始实行服务者,撤回权亦消灭。²于营业场所外订立之契约,消费者之同意应以长久保存之媒介传输。³于提供金融服务之契约,双方因消费者明示要求而于消费者行使撤回权前完全履行时,不适用第一段规定,撤回权消灭。

Ⅴ 于供给非载于有形资料载体之数字内容之契约,企业经营者开始实行契约者,于消费者为下列行为后,撤回权亦消灭:
1. 明示同意,企业经营者于撤回期间届满前开始实行契约,及
2. 确认其知悉撤回权因其同意契约实行之开始而丧失。

§356a Widerrufsrecht bei Teilzeit-Wohnrechteverträgen, Verträgen über ein langfristiges Urlaubsprodukt, bei Vermittlungsverträgen und Tauschsystemverträgen

(1) Der Widerruf ist in Textform zu erklären.

(2) Die Widerrufsfrist beginnt mit dem Zeitpunkt des Vertragsschlusses oder des Abschlusses eines Vorvertrags. Erhält der Verbraucher die Vertragsurkunde oder die Abschrift des Vertrags erst nach Vertragsschluss, beginnt die Widerrufsfrist mit dem Zeitpunkt des Erhalts.

(3) Sind dem Verbraucher die in §482 Absatz 1 bezeichneten vorvertraglichen Informationen oder das in Artikel 242 §1 Absatz 2 des Einführungsgesetzes zum Bürgerlichen Gesetzbuche bezeichnete Formblatt vor Vertragsschluss nicht, nicht vollständig oder nicht in der in §483 Absatz 1 vorgeschriebenen Sprache überlassen worden, so beginnt die Widerrufsfrist abweichend von Absatz 2 erst mit dem vollständigen Erhalt der vorvertraglichen Informationen und des Formblatts in der vorgeschriebenen Sprache. Das Widerrufsrecht erlischt spätestens drei Monate und 14 Tage nach dem in Absatz 2 genannten Zeitpunkt.

(4) Ist dem Verbraucher die in §482a bezeichnete Widerrufsbelehrung vor Vertragsschluss nicht, nicht vollständig oder nicht in der in §483 Absatz 1 vorgeschriebenen Sprache überlassen worden, so beginnt die Widerrufsfrist abweichend von Absatz 2 erst mit dem vollständigen Erhalt der Widerrufsbelehrung in der vorgeschriebenen Sprache. Das Widerrufsrecht erlischt gegebenenfalls abweichend von Absatz 3 Satz 2 spätestens zwölf Monate und 14 Tage nach dem in Absatz 2 genannten Zeitpunkt.

(5) Hat der Verbraucher einen Teilzeit-Wohnrechtevertrag und einen Tauschsystemvertrag abgeschlossen und sind ihm diese Verträge zum gleichen Zeitpunkt angeboten worden, so beginnt die Widerrufsfrist für beide Verträge mit dem nach Absatz 2 für den Teilzeit-Wohnrechtevertrag geltenden Zeitpunkt. Die Absätze 3 und 4 gelten entsprechend.

第三百五十六条之一 [分时居住权契约、长期度假商品契约、中介契约及互易系统契约之撤回权]

I 撤回应以文字方式为之。

II [1]撤回权期限，自契约或预约订立起，开始起算。[2]消费者于契约订立后始取得契约文件或契约副本者，撤回权期限，自该取得时起算。

III [1]第四百八十二条第一款所定之订约前信息或《民法施行法》第二百四十二条所定之第一条第二款所定之订约前书面文件不存在、不完整，或未以第四百八十三条第一款规定之语言传达者，撤回期间之起算始于取得以规定语言呈现之完整订约前信息及书面文件时，第二款规定，不适用之。[2]撤回权最迟于第二款所定之时点后三个月又十四日消灭。

IV [1]第四百八十二条之一所定之订约前撤回权教示不存在、不完整，或未以第四百八十三条第一款规定之语言传达者，撤回期间之起算始于取得以规定语言呈现之完整撤回权教示时，第二款规定，不适用之。
²必要时，撤回权最迟于第二款所定之时点后十二个月又十四日消灭，第三款第二段规定，不适用之。

V ¹消费者制定分时居住契约及互易系统契约，且两者同时向其提出者，两契约之撤回期间起算于依第二款所定分时居住契约之时点。²第三款及第四款规定，准用之。

§356b　Widerrufsrecht bei Verbraucherdarlehensverträgen

(1) Die Widerrufsfrist beginnt auch nicht, bevor der Darlehensgeber dem Darlehensnehmer eine für diesen bestimmte Vertragsurkunde, den schriftlichen Antrag des Darlehensnehmers oder eine Abschrift der Vertragsurkunde oder seines Antrags zur Verfügung gestellt hat.

(2) Enthält bei einem Allgemein-Verbraucherdarlehensvertrag die dem Darlehensnehmer nach Absatz 1 zur Verfügung gestellte Urkunde die Pflichtangaben nach §492 Absatz 2 nicht, beginnt die Frist erst mit Nachholung dieser Angaben gemäß §492 Absatz 6. Enthält bei einem Immobiliar-Verbraucherdarlehensvertrag die dem Darlehensnehmer nach Absatz 1 zur Verfügung gestellte Urkunde die Pflichtangaben zum Widerrufsrecht nach §492 Absatz 2 in Verbindung mit Artikel 247 §6 Absatz 2 des Einführungsgesetzes zum Bürgerlichen Gesetzbuche nicht, beginnt die Frist erst mit Nachholung dieser Angaben gemäß §492 Absatz 6. In den Fällen der Sätze 1 und 2 beträgt die Widerrufsfrist einen Monat. Das Widerrufsrecht bei einem Immobiliar-Verbraucherdarlehensvertrag erlischt spätestens zwölf Monate und 14 Tage nach dem Vertragsschluss oder nach dem in Absatz 1 genannten Zeitpunkt, wenn dieser nach dem Vertragsschluss liegt.

(3) Die Widerrufsfrist beginnt im Falle des §494 Absatz 7 bei einem Allgemein-Verbraucherdarlehensvertrag erst, wenn der Darlehensnehmer die dort bezeichnete Abschrift des Vertrags erhalten hat.

第三百五十六条之二　[消费者金钱借贷契约之撤回权]

Ⅰ 撤回权期限，于贷与人提供借用人因此所订立之契约文件书、借用人之书面要邀约或契约书或其要约之副本前，不开始起算。

Ⅱ ¹借用人于一般消费者金钱借贷契约取得依第一款规定所提供之文件时，未同时取得第四百九十二条第二款规定之应记载事项者，仅于该事项依第四百九十二条第六款补正后，其期限始开始起算。²借用人于不动产消费者借贷契约取得依第一款规定所提供之文件，未同时取得第四百九十二条第二款及《民法施行法》第二百四十七条所定之第六条第二款规定撤回权之应记载事项者，仅于该事项依第四百九十二条第六款补正后，其期限始开始起算。³于第一段及第二段规定之情形，撤回权期限为一个月。⁴不动产消费者借贷契约之撤回权最迟于订约后，十二个月又十四天消灭；第一款所定之时点较订约为后者，自该时点起算。

Ⅲ 约于第四百九十四条第七款规定一般消费者金钱借贷契约之情形，撤回权始于借用人取得该条所称之契约副本时。

§356c Widerrufsrecht bei Ratenlieferungsverträgen

(1) Bei einem Ratenlieferungsvertrag, der weder im Fernabsatz noch außerhalb von Geschäftsräumen geschlossen wird, beginnt die Widerrufsfrist nicht, bevor der Unternehmer den Verbraucher gemäß Artikel 246 Absatz 3 des Einführungsgesetzes zum Bürgerlichen Gesetzbuche über sein Widerrufsrecht unterrichtet hat.

(2) §356 Absatz 1 gilt entsprechend. Das Widerrufsrecht erlischt spätestens zwölf Monate und 14 Tage nach dem in §355 Absatz 2 Satz 2 genannten Zeitpunkt.

第三百五十六条之三 [分期供给契约之撤回权]

Ⅰ 分期供给契约，其非以远距销售亦非于营业场所外所订立时者，于企业经营者依民法施行法第二百四十六条第三款规定告知消费者其撤回权者，撤回权期限开始起算。

Ⅱ ¹第三百五十六条第一款规定，准用之。²撤回权最迟于第三百五十五条第二款所定时点后十二个月又十四日消灭。

§356d Widerrufsrecht des Verbrauchers bei unentgeltlichen Darlehensverträgen und unentgeltlichen Finanzierungshilfen

Bei einem Vertrag, durch den ein Unternehmer einem Verbraucher ein unentgeltliches Darlehen oder eine unentgeltliche Finanzierungshilfe gewährt, beginnt die Widerrufsfrist abweichend von §355 Absatz 2 Satz 2 nicht, bevor der Unternehmer den Verbraucher entsprechend den Anforderungen des §514 Absatz 2 Satz 3 über dessen Widerrufsrecht unterrichtet hat. Das Widerrufsrecht erlischt spätestens zwölf Monate und 14 Tage nach dem Vertragsschluss oder nach dem in Satz 1 genannten Zeitpunkt, wenn dieser nach dem Vertragsschluss liegt.

第三百五十六条之四 [无偿金钱借贷契约及无偿融资协助契约中消费者之撤回权]

企业经营者通过契约提供消费者无偿借贷或无偿融资协助者，于企业经营者为合于第五百一十四条第二款第三段要求向消费者告知其撤回权前，撤回期间不开始起算。第三百五十五条第二款第二段规定，不适用之。撤回权最迟于订约后，十二个月又十四天消灭；第一段所定之时点较订约为后者，自该时点起算。

§357 Rechtsfolgen des Widerrufs von außerhalb von Geschäftsräumen geschlossenen Verträgen und Fernabsatzverträgen mit Ausnahme von Verträgen über Finanzdienstleistungen

(1) Die empfangenen Leistungen sind spätestens nach 14 Tagen zurückzugewähren.

(2) Der Unternehmer muss auch etwaige Zahlungen des Verbrauchers für die Lieferung zurückgewähren. Dies gilt nicht, soweit dem Verbraucher zusätzliche Kosten entstanden sind, weil er sich für eine andere Art der Lieferung als die vom Unternehmer angebotene günstigste Standardlieferung entschieden hat.

(3) Für die Rückzahlung muss der Unternehmer dasselbe Zahlungsmittel verwenden, das der Verbraucher bei der Zahlung verwendet hat. Satz 1 gilt nicht, wenn ausdrücklich etwas anderes vereinbart worden ist und dem Verbraucher dadurch keine Kosten entstehen.

(4) Bei einem Verbrauchsgüterkauf kann der Unternehmer die Rückzahlung verweigern, bis er die Waren zurückerhalten hat oder der Verbraucher den Nachweis erbracht hat, dass er die Waren abgesandt hat. Dies gilt nicht, wenn der Unternehmer angeboten hat, die Waren abzuholen.

(5) Der Verbraucher ist nicht verpflichtet, die empfangenen Waren zurückzusenden, wenn der Unternehmer angeboten hat, die Waren abzuholen.

(6) Der Verbraucher trägt die unmittelbaren Kosten der Rücksendung der Waren, wenn der Unternehmer den Verbraucher nach Artikel 246a §1 Absatz 2 Satz 1 Nummer 2 des Einführungsgesetzes zum Bürgerlichen Gesetzbuche von dieser Pflicht

unterrichtet hat. Satz 1 gilt nicht, wenn der Unternehmer sich bereit erklärt hat, diese Kosten zu tragen. Bei außerhalb von Geschäftsräumen geschlossenen Verträgen, bei denen die Waren zum Zeitpunkt des Vertragsschlusses zur Wohnung des Verbrauchers geliefert worden sind, ist der Unternehmer verpflichtet, die Waren auf eigene Kosten abzuholen, wenn die Waren so beschaffen sind, dass sie nicht per Post zurückgesandt werden können.

(7) Der Verbraucher hat Wertersatz für einen Wertverlust der Ware zu leisten, wenn

1. der Wertverlust auf einen Umgang mit den Waren zurückzuführen ist, der zur Prüfung der Beschaffenheit, der Eigenschaften und der Funktionsweise der Waren nicht notwendig war, und

2. der Unternehmer den Verbraucher nach Artikel 246a §1 Absatz 2 Satz 1 Nummer 1 des Einführungsgesetzes zum Bürgerlichen Gesetzbuche über sein Widerrufsrecht unterrichtet hat.

(8) Widerruft der Verbraucher einen Vertrag über die Erbringung von Dienstleistungen oder über die Lieferung von Wasser, Gas oder Strom in nicht bestimmten Mengen oder nicht begrenztem Volumen oder über die Lieferung von Fernwärme, so schuldet der Verbraucher dem Unternehmer Wertersatz für die bis zum Widerruf erbrachte Leistung, wenn der Verbraucher von dem Unternehmer ausdrücklich verlangt hat, dass dieser mit der Leistung vor Ablauf der Widerrufsfrist beginnt. Der Anspruch aus Satz 1 besteht nur, wenn der Unternehmer den Verbraucher nach Artikel 246a §1 Absatz 2 Satz 1 Nummer 1 und 3 des Einführungsgesetzes zum Bürgerlichen Gesetzbuche ordnungsgemäß informiert hat. Bei außerhalb von Geschäftsräumen geschlossenen Verträgen besteht der Anspruch nach Satz 1 nur dann, wenn der Verbraucher sein Verlangen nach Satz 1 auf einem dauerhaften Datenträger übermittelt hat. Bei der Berechnung des Wertersatzes ist der vereinbarte Gesamtpreis zu Grunde zu legen. Ist der vereinbarte Gesamtpreis unverhältnismäßig hoch, ist der Wertersatz auf der Grundlage des Marktwerts der erbrachten Leistung zu berechnen.

(9) Widerruft der Verbraucher einen Vertrag über die Lieferung von nicht auf einem körperlichen Datenträger befindlichen digitalen Inhalten, so hat er keinen Wertersatz zu leisten.

第三百五十七条 [撤回营业场所外所订立契约及非属远距服务契约之远距销售契约之法律效果]

Ⅰ 所收受之给付最迟应于十四日后返还。

Ⅱ [1]企业经营者亦应返还消费者为商品运送而所为之支付。[2]但因消费者另定不同于企业经营者最优惠之标准运送程序，致对其生额外之费用者，不在此限。

Ⅲ [1]企业经营者所使用之支付工具，应与消费者为支付时所使用者相同。[2]如另有明示约定且不对消费者另生费用者，不适用第一段规定。

Ⅳ [1]于消费商品买卖，于企业经营者收回商品或消费者证明该商品已寄出前，企业经营者得拒绝返还支付。[2]但企业经营者提供取回商品之服务者，不在此限。

Ⅴ 企业经营者提供取回商品之服务者，消费者不负寄回所收受商品之责。

Ⅵ [1]企业经营者依《民法施行法》第二百四十六条之一所定之第一条第二款第一段第二项规定已告知费用负担义务者，消费者应负担因寄回所生之直接费用。[2]企业经营者表示愿意负担该费用者，第一段规定不适用之。[3]于营业场所外订立之契约，双方于订约时，约定商品应运送与消费者之住处者，如依该物性质不适于以邮递方式寄回，企业经营者应负担取回该商品之费用。

Ⅶ 于下列情形，消费者应给付商品价值损失之价额：
1. 价值之损失，源于非因质量、特性及功能检验所必要之用户。
2. 企业经营者依《民法施行法》第二百四十六条之一所定之第一条第二款第一段第一项规定已告知者。

Ⅷ [1]消费者撤回提供劳务或提供非定量、用水、瓦斯、电流或提供远距暖气之契约，如消费者明示请求其于撤回期间前开始，消费者应对企业经营者负担至契约撤回前价值损失之价额。[2]企业经营者依《民法施行法》第二百四十六条之一所定之第一条第二款第一段第一项及第三项已以合于规定之方式提供信息者，始生第一段规定之请求权。[3]于营业场所外所订立之契约，仅于消费者之请求以长期储存载体送交者，始生第一段规定之请求权。[4]计算损失之价额时，以约定之总价为准。[5]约定总价为不成比例之高价者，以所提供服务之市场价额为计算基准。

Ⅸ 消费者撤回提供非载于实体资料载体数字内容之契约者，其不给付价额。

§357a Rechtsfolgen des Widerrufs von Verträgen über Finanzdienstleistungen

(1) Die empfangenen Leistungen sind spätestens nach 30 Tagen zurückzugewähren.

(2) Im Falle des Widerrufs von außerhalb von Geschäftsräumen geschlossenen

Verträgen oder Fernabsatzverträgen über Finanzdienstleistungen ist der Verbraucher zur Zahlung von Wertersatz für die vom Unternehmer bis zum Widerruf erbrachte Dienstleistung verpflichtet, wenn er
1. vor Abgabe seiner Vertragserklärung auf diese Rechtsfolge hingewiesen worden ist und
2. ausdrücklich zugestimmt hat, dass der Unternehmer vor Ende der Widerrufsfrist mit der Ausführung der Dienstleistung beginnt.

Im Falle des Widerrufs von Verträgen über eine entgeltliche Finanzierungshilfe, die von der Ausnahme des §506 Absatz 4 erfasst sind, gilt auch §357 Absatz 5 bis 8 entsprechend. Ist Gegenstand des Vertrags über die entgeltliche Finanzierungshilfe die Lieferung von nicht auf einem körperlichen Datenträger befindlichen digitalen Inhalten, hat der Verbraucher Wertersatz für die bis zum Widerruf gelieferten digitalen Inhalte zu leisten, wenn er
1. vor Abgabe seiner Vertragserklärung auf diese Rechtsfolge hingewiesen worden ist und
2. ausdrücklich zugestimmt hat, dass der Unternehmer vor Ende der Widerrufsfrist mit der Lieferung der digitalen Inhalte beginnt.

Ist im Vertrag eine Gegenleistung bestimmt, ist sie bei der Berechnung des Wertersatzes zu Grunde zu legen. Ist der vereinbarte Gesamtpreis unverhältnismäßig hoch, ist der Wertersatz auf der Grundlage des Marktwerts der erbrachten Leistung zu berechnen.

(3) Im Falle des Widerrufs von Verbraucherdarlehensverträgen hat der Darlehensnehmer für den Zeitraum zwischen der Auszahlung und der Rückzahlung des Darlehens den vereinbarten Sollzins zu entrichten. Bei einem Immobiliar-Verbraucherdarlehen kann nachgewiesen werden, dass der Wert des Gebrauchsvorteils niedriger war als der vereinbarte Sollzins. In diesem Fall ist nur der niedrigere Betrag geschuldet. Im Falle des Widerrufs von Verträgen über eine entgeltliche Finanzierungshilfe, die nicht von der Ausnahme des §506 Absatz 4 erfasst sind, gilt auch Absatz 2 entsprechend mit der Maßgabe, dass an die Stelle der Unterrichtung über das Widerrufsrecht die Pflichtangaben nach Artikel 247 §12 Absatz 1 in Verbindung mit §6 Absatz 2 des Einführungsgesetzes zum Bürgerlichen Gesetzbuche, die das Widerrufsrecht betreffen, treten. Darüber hinaus hat der Darlehensnehmer dem Darlehensgeber nur die Aufwendungen zu ersetzen, die der Darlehensgeber gegenüber öffentlichen Stellen erbracht hat und nicht zurückverlangen kann.

第三百五十七条之一 [撤回远距服务契约之法律效果]

I 所收受之给付最迟应于三十日后返还。

Ⅱ ¹契约订立于营业场所外或为金融服务之远距销售契约时,有下列情形者,消费者负有支付企业经营者于撤回前所提供服务之义务:
1.消费者于为契约表示前,已受该法律效果之表明者。
2.消费者明示同意,企业经营者于撤回权期间终了前开始实施服务者。
²撤回有偿融资协助契约时,其合于第五百零六条第四款规定之例外情形者,亦准用第三百五十七条第五款至第八款规定。该有偿融资协助契约之标的为非载于实体载体数字资料之提供时,有下列情形者,消费者应给付撤回前所提供数字内容之价额:
1.消费者于为契约表示前,已受该法律效果之表明者。
2.明示同意,企业经营者于撤回期间终了前开始提供数字内容者。
³契约定有对待给付者,应于计算价额偿还时,作为基准。约定总价为不成比例之高价者,以所提供服务之市场价额为计算基准。

Ⅲ ¹于撤回消费者金钱借贷契约之情形,自提出该款项至返还该款项为止,借用人应支付约定之利息。²于不动产消费者金钱借贷契约,得举证证明,使用利益之价值较约定之利息低。³于该情形,仅应负担较低之数额。⁴撤回有偿融资协助契约时,其不合于第五百零六条第四款规定之例外情形者,以《民法施行法》第二百四十七条所定第十二条第一款及第六条第二款规定关于撤回权之应告知事项得代替撤回权之告知者为限,始准用第二款规定。⁵贷与人已缴交公立机关且不得请求返还之费用者,借用人始应另偿还其费用。

§357b Rechtsfolgen des Widerrufs von Teilzeit-Wohnrechteverträgen, Verträgen über ein langfristiges Urlaubsprodukt, Vermittlungsverträgen und Tauschsystemverträgen

(1) Der Verbraucher hat im Falle des Widerrufs keine Kosten zu tragen. Die Kosten des Vertrags, seiner Durchführung und seiner Rückabwicklung hat der Unternehmer dem Verbraucher zu erstatten. Eine Vergütung für geleistete Dienste sowie für die Überlassung von Wohngebäuden zur Nutzung ist ausgeschlossen.

(2) Der Verbraucher hat für einen Wertverlust der Unterkunft im Sinne des §481 nur Wertersatz zu leisten, soweit der Wertverlust auf einer nicht bestimmungsgemäßen Nutzung der Unterkunft beruht.

第三百五十七条之二 [撤回分时居住权、长期度假商品、中介契约及互易系统契约之法律效果]

Ⅰ ¹消费者于撤回时无须负担任何费用。²契约履行、恢复原状之费用应由企业经营者偿还消费者。³已给付之服务及交付住宅建筑用益之报酬者，不得请求之。

Ⅱ 因不合规定之用益，致依第四百八十一条所定之住宿价值损失者，消费者始应给付价值损失之价额。

§357c Rechtsfolgen des Widerrufs von weder im Fernabsatz noch außerhalb von Geschäftsräumen geschlossenen Ratenlieferungsverträgen

Für die Rückgewähr der empfangenen Leistungen gilt §357 Absatz 1 bis 5 entsprechend. Der Verbraucher trägt die unmittelbaren Kosten der Rücksendung der empfangenen Sachen, es sei denn, der Unternehmer hat sich bereit erklärt, diese Kosten zu tragen. §357 Absatz 7 ist mit der Maßgabe entsprechend anzuwenden, dass an die Stelle der Unterrichtung nach Artikel 246a §1 Absatz 2 Satz 1 Nummer 1 des Einführungsgesetzes zum Bürgerlichen Gesetzbuche die Unterrichtung nach Artikel 246 Absatz 3 des Einführungsgesetzes zum Bürgerlichen Gesetzbuche tritt.

第三百五十七条之三 [撤回非以远距销售亦非于营业场所外订立之分期给付契约之法律效果]

¹就收受给付之返还，准用第三百五十七条第一款至第五款规定。²消费者负担因寄回所受领物品所生之直接费用。但企业经营者已负担者，不在此限。³以民法施行法第二百四十六条第三款规定之告知代替民法施行法第二百四十六条之一所定之第一条第二款第一段第一项规定之告知者，第三百五十七条第七款规定，准用之。

§358 Mit dem widerrufenen Vertrag verbundener Vertrag

(1) Hat der Verbraucher seine auf den Abschluss eines Vertrags über die Lieferung einer Ware oder die Erbringung einer anderen Leistung durch einen Unternehmer gerichtete Willenserklärung wirksam widerrufen,so ist er auch an seine auf den Abschluss eines mit diesem Vertrag verbundenen Darlehensvertrags gerichtete

Willenserklärung nicht mehr gebunden.

(2) Hat der Verbraucher seine auf den Abschluss eines Darlehensvertrags gerichtete Willenserklärung auf Grund des §495 Absatz 1 oder des §514 Absatz 2 Satz 1 wirksam widerrufen, so ist er auch nicht mehr an diejenige Willenserklärung gebunden, die auf den Abschluss eines mit diesem Darlehensvertrag verbundenen Vertrags über die Lieferung einer Ware oder die Erbringung einer anderen Leistung gerichtete Willenserklärung nicht mehr gebunden.

(3) Ein Vertrag über die Lieferung einer Ware oder über die Erbringung einer anderen Leistung und ein Darlehensvertrag nach den Absätzen 1 oder 2 sind verbunden, wenn das Darlehen ganz oder teilweise der Finanzierung des anderen Vertrags dient und beide Verträge eine wirtschaftliche Einheit bilden. Eine wirtschaftliche Einheit ist insbesondere anzunehmen, wenn der Unternehmer selbst die Gegenleistung des Verbrauchers finanziert, oder im Falle der Finanzierung durch einen Dritten, wenn sich der Darlehensgeber beider Vorbereitung oder dem Abschluss des Darlehensvertrags der Mitwirkung des Unternehmers bedient. Bei einem finanzierten Erwerb eines Grundstücks oder eines grundstücksgleichen Rechts ist eine wirtschaftliche Einheit nur anzunehmen, wenn der Darlehensgeber selbst dem Verbraucher das Grundstück oder das grundstücksgleiche Recht verschafft oder wenn er über die Zurverfügungstellung von Darlehen hinaus den Erwerb des Grundstücks oder grundstücksgleichen Rechts durch Zusammenwirken mit dem Unternehmer fördert, indem er sich dessen Veräußerungsinteressen ganz oder teilweise zu Eigen macht, bei der Planung, Werbung oder Durchführung des Projekts Funktionen des Veräußerers übernimmt oder den Veräußerer einseitigbegünstigt.

(4) Auf die Rückabwicklung des verbundenen Vertrags sind unabhängig von der Vertriebsform §355 Absatz 3 und, je nach Art des verbundenen Vertrags, die §§357 bis 357b entsprechend anzuwenden. Ist der verbundene Vertrag ein Vertrag über die Lieferung von nicht auf einem körperlichen Datenträger befindlichen digitalen Inhalten und hat der Unternehmer dem Verbraucher eine Abschrift oder Bestätigung des Vertrags nach §312f zur Verfügung gestellt, hat der Verbraucher abweichend von §357 Absatz 9 unter den Voraussetzungen des §356 Absatz 5 zweiter und dritter Halbsatz Wertersatz für die bis zum Widerruf gelieferten digitalen Inhalte zu leisten.Ist der verbundene Vertrag ein im Fernabsatz oder außerhalb von Geschäftsräumen geschlossener Ratenlieferungsvertrag, ist neben §355 Absatz 3 auch §357 entsprechend anzuwenden; im Übrigen gelten für verbundene Ratenlieferungsverträge §355 Absatz 3 und §357c entsprechend. Im Falle des Absatzes 1 sind jedoch Ansprüche auf Zahlung von Zinsen und Kosten aus der Rückabwicklung des Darlehensvertrags gegen den Verbraucher ausgeschlo-

ssen.Der Darlehensgeber tritt im Verhältnis zum Verbraucher hinsichtlich der Rechtsfolgen des Widerrufs in die Rechte und Pflichten des Unternehmers aus dem verbundenen Vertrag ein, wenn das Darlehen dem Unternehmer bei Wirksamwerden des Widerrufs bereits zugeflossen ist.

(5) Die Absätze 2 und 4 sind nicht anzuwenden auf Darlehensverträge, die der Finanzierung des Erwerbs von Finanzinstrumenten dienen.

第三百五十八条 [与已撤回契约相互结合之契约]

Ⅰ 消费者有效撤回因订立由企业经营者提供商品或给付其他服务之契约而所为之意思表示者，其亦不受因订立与该契约相结合之金钱借贷契约而所为意思表示之拘束。

Ⅱ 消费者依第四百九十五条第一款或第五百一十四条第二款第一段规定有效撤回因订立金钱借贷契约而所为之意思表示者，其亦不受因订立与该金钱借贷契约相结合之提供商品或给付其他服务契约所为意思表示之拘束。

Ⅲ [1]依第一款及第二款规定之商品交付或其他服务给付之契约及金钱借贷契约，于该金钱借贷之全部或一部分供其他契约融资之用，且二者契约形成经济上一体者，为相互结合。[2]称经济上一体者，即如企业经营者自己对消费者之对待给付融资，或于第三人融资之情形，贷与人在准备订立或订立金钱借贷契约时，使用企业经营者之协助者。[3]因融资而取得土地或与土地相同之权利时，仅于贷与人自己向消费者为该土地或该与土地相同权利之媒介，或于提供金钱借贷外，将全部或一部分让与利益归于己有、承担规划、广告或计划执行之功能或单方有利于让与人，而共同与企业经营者促成土地之取得者，始认为经济上一体。

Ⅳ [1]关于相互结合契约之恢复原状，另于第三百五十五条第三款规定之营销形态外，按其种类，准用第三百五十七条至第三百五十七条之二规定。[2]相互结合契约之内容，为提供非载于实体资料载体之数字内容且企业经营者依第三百一十二条之六规定已提供消费者副本及契约之确认者，消费者于合于第三百五十六条第五款第二半段及第三半段规定之要件者，应给付撤回前已提供数字内容之价额。第三百五十七条第九款规定，不适用之。[3]相互结合之契约系以远距或于营业场所外订立之分期提供契约者，除第三百五十五条第三款规定外，亦准用第三百五十七条规定；其他情形，准用第三百五十五条第三款及第三百五十七条之三规定。⁴但于第一款规定之情形，对消费者无因金钱借贷契约恢复原状所生之利息及费用支付请求权。⁵撤回或退还生效时，借贷之金钱已归于企业经营者时，于贷与人与消费者之关系，就撤回或退还之法律效力，发生因结合契约所生之企业经营者之权利及义务。

V 金钱借贷契约用于融资金融工具之取得者，不适用第二款及第四款规定。

§359 Einwendungen bei verbundenen Verträgen

(1) Der Verbraucher kann die Rückzahlung des Darlehens verweigern, soweit Einwendungen aus dem verbundenen Vertrag ihn gegenüber dem Unternehmer, mit dem er den verbundenen Vertrag geschlossen hat, zur Verweigerung seiner Leistung berechtigen würden. Dies gilt nicht bei Einwendungen, die auf einer Vertragsänderung beruhen, welche zwischen diesem Unternehmer und dem Verbraucher nach Abschluss des Darlehensvertrags vereinbart wurde. Kann der Verbraucher Nacherfüllung verlangen, so kann er die Rückzahlung des Darlehens erst verweigern, wenn die Nacherfüllung fehlgeschlagen ist.

(2) Absatz 1 ist nicht anzuwenden auf Darlehensverträge, die der Finanzierung des Erwerbs von Finanzinstrumenten dienen, oder wenn das finanzierte Entgelt weniger als 200 Euro beträgt.

第三百五十九条 [相结合之契约所生之抗辩]

I ¹消费者得以相结合之契约所生之抗辩，就制定相结合契约之企业经营者拒绝给付者，消费者得拒绝返还借款ᵃ。²但其抗辩系基于企业经营者与消费者间者金钱借贷契约成立后之契约变更约定者，不在此限。³消费者得请求补正者，仅于补正请求无法实现时，始得拒绝返还借款。

II 金钱借贷契约用于融资金融工具之买受或所融资之金额小于二百欧元者，不适用第一款规定。

a 此即过去实务所发展出之"穿透抗辩"（Einwendungsdurchgriff）理论的法典化，亦有将此译为"抗辩之穿透"者。①

---

① 参见陈自强（2008），《德国消费借贷之修正与债法现代化》，载《台大法学论丛》，37卷1期，第280、329页。

§360　Zusammenhängende Verträge

(1) Hat der Verbraucher seine auf den Abschluss eines Vertrags gerichtete Willenserklärung wirksam widerrufen und liegen die Voraussetzungen für einen verbundenen Vertrag nicht vor, so ist er auch an seine auf den Abschluss eines damit zusammenhängenden Vertrags gerichtete Willenserklärung nicht mehr gebunden. Auf die Rückabwicklung des zusammenhängenden Vertrags ist §358 Absatz 4 Satz 1 bis 3 entsprechend anzuwenden. Widerruft der Verbraucher einen Teilzeit-Wohnrechtevertrag oder einen Vertrag über ein langfristiges Urlaubsprodukt, hat er auch für den zusammenhängenden Vertrag keine Kosten zu tragen; §357b Absatz 1 Satz 2 und 3 gilt entsprechend.

(2) Ein zusammenhängender Vertrag liegt vor, wenn er einen Bezug zu dem widerrufenen Vertrag aufweist und eine Leistung betrifft, die von dem Unternehmer des widerrufenen Vertrags oder einem Dritten auf der Grundlage einer Vereinbarung zwischen dem Dritten und dem Unternehmer des widerrufenen Vertrags erbracht wird. Ein Verbraucherdarlehensvertrag ist auch dann ein zusammenhängender Vertrag, wenn das Darlehen ausschließlich der Finanzierung des widerrufenen Vertrags dient und die Leistung des Unternehmers aus dem widerrufenen Vertrag in dem Verbraucherdarlehensvertrag genau angegeben ist.

第三百六十条　[相互关联之契约]

Ⅰ [1]消费者有效撤回因订立契约而所为之意思表示时，未具相互结合契约之要件者，其亦不受因订立与该契约相互关联之契约而所为意思表示之拘束。[2]相互关联契约之恢复原状，准用第三百五十八条第四款第一段至第三段规定。[3]消费者撤回分时居住权或长期度假商品契约者，不生因相互关联契约所负担之费用；第三百五十七条之二第一款第一段及第三段规定，准用之。

Ⅱ [1]称相关联之契约者，谓与已撤回契约具一定关系，且以一定给付为内容，其规定由已撤回契约中之企业经营者或第三人，以第三人及已撤回契约中之企业经营者之约定为基础，而提供给付者。[2]金钱借贷专用于已撤回契约之融资且企业经营者依已撤回契约所应为之给付亦清楚载明于消费者金钱借贷契约者，消费者金钱借贷契约亦为相关联契约。

Weitere Ansprüche, abweichende Vereinbarungen und Beweislast

(1) Über die Vorschriften dieses Untertitels hinaus bestehen keine weiteren Ansprüche gegen den Verbraucher infolge des Widerrufs.

(2) Von den Vorschriften dieses Untertitels darf, soweit nicht ein anderes bestimmt ist, nicht zum Nachteil des Verbrauchers abgewichen werden. Die Vorschriften dieses Untertitels finden, soweit nichts anderes bestimmt ist, auch Anwendung, wenn sie durch anderweitige Gestaltungen umgangen werden.

(3) Ist der Beginn der Widerrufsfrist streitig, so trifft die Beweislast den Unternehmer.

第三百六十一条 [其他请求权、除外约定及举证责任]

Ⅰ 除本款规定之请求权外，不生其他因撤回而对消费者所得主张之请求权。

Ⅱ ¹本款之各规定，除另有规定外，不得使消费者受有不利益而违反之。
²除另有规定外，以其他形态规避本款规定者，亦适用本条规定。

Ⅲ 撤回之时点有疑义时，由企业经营者负举证责任。

Abschnitt 4　Erlöschen der Schuldverhältnisse
第四章　债之关系消灭

Titel 1　Erfüllung
第一节　清　偿

§362　Erlöschen durch Leistung

(1) Das Schuldverhältnis erlischt, wenn die geschuldete Leistung an den Gläubiger bewirkt wird.
(2) Wird an einen Dritten zum Zwecke der Erfüllung geleistet, so finden die Vorschriften des §185 Anwendung.

第三百六十二条　[因给付而消灭]
Ⅰ 向债权人履行债务之给付者，债之关系消灭。
Ⅱ 以履行之目的，向第三人为清偿者，适用第一百八十五条规定。

§363　Beweislast bei Annahme als Erfüllung

Hat der Gläubiger eine ihm als Erfüllung angebotene Leistung als Erfüllung angenommen, so trifft ihn die Beweislast, wenn er die Leistung deshalb nicht als Erfüllung gelten lassen will, weil sie eine andere als die geschuldete Leistung oder weil sie unvollständig gewesen sei.

第三百六十三条　[受领清偿之举证责任]
为清偿而提出之给付，经债权人受领者，如债权人主张给付与应为之给付不同，或给付不完全，而反对给付发生清偿效力时，负举证责任。

§364　Annahme an Erfüllungs statt

(1) Das Schuldverhältnis erlischt, wenn der Gläubiger eine andere als die geschuldete Leistung an Erfüllungs statt annimmt.

(2) Übernimmt der Schuldner zum Zwecke der Befriedigung des Gläubigers diesem gegenüber eine neue Verbindlichkeit, so ist im Zweifel nicht anzunehmen, dass er die Verbindlichkeit an Erfüllungs statt übernimmt.

第三百六十四条 [代物清偿]

I 债权人受领原定给付以外之他种给付以代清偿者，债之关系消灭。

II 债务人为清偿债权人而对债务人负担新债务者，有疑义时，不得认为债务人负担债务为代物清偿。

§365 Gewährleistung bei Hingabe an Erfüllungs statt

Wird eine Sache, eine Forderung gegen einen Dritten oder ein anderes Recht an Erfüllungs statt gegeben, so hat der Schuldner wegen eines Mangels im Recht oder wegen eines Mangels der Sache in gleicher Weise wie ein Verkäufer Gewähr zu leisten.

第三百六十五条 [代物清偿之瑕疵担保]

替代清偿而为物之交付、让与对第三人之债权或其他权利者，债务人就权利或物之瑕疵，负与出卖人同一之担保责任。

§366 Anrechnung der Leistung auf mehrere Forderungen

(1) Ist der Schuldner dem Gläubiger aus mehreren Schuldverhältnissen zu gleichartigen Leistungen verpflichtet und reicht das von ihm Geleistete nicht zur Tilgung sämtlicher Schulden aus, so wird diejenige Schuld getilgt, welche er bei der Leistung bestimmt.

(2) Trifft der Schuldner keine Bestimmung, so wird zunächst die fällige Schuld, unter mehreren fälligen Schulden diejenige, welche dem Gläubiger geringere Sicherheit bietet, unter mehreren gleich sicheren die dem Schuldner lästigere, unter mehreren gleich lästigen die ältere Schuld und bei gleichem Alter jede Schuld verhältnismäßig getilgt.

第三百六十六条 [数宗债权给付之抵充]

I 债务人基于多数债之关系对同一债权人负数种类相同之给付义务，而债务人所提出之给付不足清偿全部债务者，由债务人于给付时指定应受清偿之债务。

Ⅱ 债务人未指定者,清偿顺序如下:届清偿期者;均届清偿期者,提供于债权人之担保较少者;担保相同时,债务人负担较重者;负担相同时,成立在先者ª;同时成立者,各债务依比例受清偿。

a 较旧系指发生较早,而非指清偿期之届至较早(BGH NJW 1991, S. 2629-2630; *Jauernig/Stürner*, BGB, 15. Aufl. (2014), § 366 Rdnr. 6)。

§367 Anrechnung auf Zinsen und Kosten

(1) Hat der Schuldner außer der Hauptleistung Zinsen und Kosten zu entrichten, so wird eine zur Tilgung der ganzen Schuld nicht ausreichende Leistung zunächst auf die Kosten, dann auf die Zinsen und zuletzt auf die Hauptleistung angerechnet.

(2) Bestimmt der Schuldner eine andere Anrechnung, so kann der Gläubiger die Annahme der Leistung ablehnen.

第三百六十七条　[利息及费用之抵充]

Ⅰ 除主给付外,债务人尚须支付利息及费用者,给付不足清偿全部债务时,应先抵充费用,其次抵充利息,最后抵充主给付。

Ⅱ 债务人有不同之抵充指定者,债权人得拒绝受领给付。

§368 Quittung

Der Gläubiger hat gegen Empfang der Leistung auf Verlangen ein schriftliches Empfangsbekenntnis (Quittung) zu erteilen. Hat der Schuldner ein rechtliches Interesse, dass die Quittung in anderer Form erteilt wird, so kann er die Erteilung in dieser Form verlangen.

第三百六十八条　[收据]

[1]债权人因请求,对给付之受领,应给与书面之受领证书(收据)。[2]债务人对给与其他方式之收据有法律上利益者,债务人得请求给与该方式之收据ª。

a 参照第1144条、第1167条、第1192条。

§369 Kosten der Quittung

(1) Die Kosten der Quittung hat der Schuldner zu tragen und vorzuschießen, sofern nicht aus dem zwischen ihm und dem Gläubiger bestehenden Rechtsverhältnis sich ein anderes ergibt.
(2) Treten infolge einer Übertragung der Forderung oder im Wege der Erbfolge an die Stelle des ursprünglichen Gläubigers mehrere Gläubiger, so fallen die Mehrkosten den Gläubigern zur Last.

第三百六十九条　[收据之费用]
Ⅰ 收据之费用，应由债务人负担之，除债权人与债务人间之法律关系另有规定外，并应预付之。
Ⅱ 因债权移转或继承，由多数债权人取代原债权人者，其所增加之费用，由债权人负担。

§370 Leistung an den Überbringer der Quittung

Der Überbringer einer Quittung gilt als ermächtigt, die Leistung zu empfangen, sofern nicht die dem Leistenden bekannten Umstände der Annahme einer solchen Ermächtigung entgegenstehen.

第三百七十条　[对收据持有人之给付]
持有收据者视为有受领给付之权限。但按给付人明知之情事，无可信其有受领权限者，不在此限。

§371 Rückgabe des Schuldscheins

Ist über die Forderung ein Schuldschein ausgestellt worden, so kann der Schuldner neben der Quittung Rückgabe des Schuldscheins verlangen. Behauptet der Gläubiger, zur Rückgabe außerstande zu sein, so kann der Schuldner das öffentlich beglaubigte Anerkenntnis verlangen, dass die Schuld erloschen sei.

第三百七十一条　[负债字据之返还]
[1]已出具债权之负债字据者，除收据外，债务人亦得请求返还负债字据。

² 债权人主张不能返还者，债务人得请求给与承认债务消灭之公证书。

Titel 2　Hinterlegung
第二节　提　存

§372　Voraussetzungen

Geld, Wertpapiere und sonstige Urkunden sowie Kostbarkeiten kann der Schuldner bei einer dazu bestimmten öffentlichen Stelle für den Gläubiger hinterlegen, wenn der Gläubiger im Verzug der Annahme ist. Das Gleiche gilt, wenn der Schuldner aus einem anderen in der Person des Gläubigers liegenden Grund oder infolge einer nicht auf Fahrlässigkeit beruhenden Ungewißheit über die Person des Gläubigers seine Verbindlichkeit nicht oder nicht mit Sicherheit erfüllen kann.

第三百七十二条　[要件]
¹ 对金钱、有价证券及其他文书与贵重物品之受领，债权人迟延者，得为债权人提存于公立之提存所。² 因其他存在于债权人之事由，或非基于过失而不能确知孰为债权人，致不能为清偿或不能确定债务是否已清偿者，亦同。

§373　Zug-um-Zug-Leistung

Ist der Schuldner nur gegen eine Leistung des Gläubigers zu leisten verpflichtet, so kann er das Recht des Gläubigers zum Empfang der hinterlegten Sache von der Bewirkung der Gegenleistung abhängig machen.

第三百七十三条　[同时给付]
债务人因债权人之给付对债权人负有义务者，得使债权人受领提存物之权利，系于对待给付之履行。

§374　Hinterlegungsort; Anzeigepflicht

（1）Die Hinterlegung hat bei der Hinterlegungsstelle des Leistungsorts zu erfolgen; hinterlegt der Schuldner bei einer anderen Stelle, so hat er dem Gläubiger den

daraus entstehenden Schaden zu ersetzen.
(2) Der Schuldner hat dem Gläubiger die Hinterlegung unverzüglich anzuzeigen; im Falle der Unterlassung ist er zum Schadensersatz verpflichtet. Die Anzeige darf unterbleiben, wenn sie untunlich ist.

第三百七十四条 [提存地；通知义务]
Ⅰ 提存应于给付地之提存所为之；提存于别处者，债务人应向债权人赔偿因此所生之损害。
Ⅱ [1]债务人应即向债权人为提存之通知；怠于通知者，负赔偿义务。[2]不能通知者，毋庸通知。

§375 Rückwirkung bei Postübersendung

Ist die hinterlegte Sache der Hinterlegungsstelle durch die Post übersendet worden, so wirkt die Hinterlegung auf die Zeit der Aufgabe der Sache zur Post zurück.

第三百七十五条 [邮寄溯及效力]
提存物经邮局寄送至提存所者，提存之效力溯及于其物交付于邮局之时。

§376 Rücknahmerecht

(1) Der Schuldner hat das Recht, die hinterlegte Sache zurückzunehmen.
(2) Die Rücknahme ist ausgeschlossen:
1. wenn der Schuldner der Hinterlegungsstelle erklärt, dass er auf das Recht zur Rücknahme verzichte,
2. wenn der Gläubiger der Hinterlegungsstelle die Annahme erklärt,
3. wenn der Hinterlegungsstelle ein zwischen dem Gläubiger und dem Schuldner ergangenes rechtskräftiges rteil vorgelegt wird, das die Hinterlegung für rechtmäßig erklärt.

第三百七十六条 [取回权]
Ⅰ 债务人有取回提存物之权利[a]。
Ⅱ 有下列各项情形之一者，不得取回：
1. 债务人向提存所表示抛弃其取回权者。
2. 债权人向提存所为受领之表示者。

3. 提示债权人与债务人间合法提存之确定判决于提存所者。

a 第一版译者注释（第345页）："债权人未为受取之表示，尤其在受领迟延中者，即不能不顾债务人之意思，而受取提存物。本款规定特斟酌债务人之利益，认其原则上得向提存所撤回其为债权人所制定之提存契约。提存契约一经撤回，纵令债务人未受提存物之返还，债权人亦不得为受取之表示。"

§377 Unpfändbarkeit des Rücknahmerechts

(1) Das Recht zur Rücknahme ist der Pfändung nicht unterworfen.

(2) Wird über das Vermögen des Schuldners das Insolvenzverfahren eröffnet, so kann während des Insolvenzverfahrens das Recht zur Rücknahme auch nicht von dem Schuldner ausgeübt werden.

第三百七十七条　[取回权禁止扣押]

Ⅰ 取回权不得扣押[a]。

Ⅱ 就债务人之财产已开始债务清理程序[b]者，在债务清理程序中，债务人亦不得行使取回权[c]。

a 第一版译者注释（第345页）："取回权属于债务人。性质上为权利变更权，亦为权利消灭权，本款规定系保护债务人之此项权利，俾其地位不致陷于不确定之状态。取回权既不得扣押，自亦不得让与（第400条及第413条）。"

b 德国债务清理程序规定于破产程序（Insolvenzordnung），1999年1月1日生效，取代西德各邦之破产规则及和解规则，取代东德各邦之共同执行程序（Gesamtvollstreckungsordnung），可分为一般债务清理程序及消费者债务清理程序（InsO §§304-314）。

c 该条之立法目的在确保债权人因提存所取得之权利，取回权义让与性，并不属于债务清理财团之财产。

§378 Wirkung der Hinterlegung bei ausgeschlossener Rücknahme

Ist die Rücknahme der hinterlegten Sache ausgeschlossen, so wird der Schuldner durch die Hinterlegung von seiner Verbindlichkeit in gleicher Weise befreit, wie wenn er zur Zeit der Hinterlegung an den Gläubiger geleistet hätte.

第三百七十八条 [无取回权提存之效力]

提存物之取回权经免除者，如同提存时已向债权人为给付，债务人因提存而免除其债务。

§379 Wirkung der Hinterlegung bei nicht ausgeschlossener Rücknahme

(1) Ist die Rücknahme der hinterlegten Sache nicht ausgeschlossen, so kann der Schuldner den Gläubiger auf die hinterlegte Sache verweisen.

(2) Solange die Sache hinterlegt ist, trägt der Gläubiger die Gefahr und ist der Schuldner nicht verpflichtet, Zinsen zu zahlen oder Ersatz für nicht gezogene Nutzungen zu leisten.

(3) Nimmt der Schuldner die hinterlegte Sache zurück, so gilt die Hinterlegung als nicht erfolgt.

第三百七十九条 [取回权未经免除时提存之效力]

Ⅰ 未免除提存物之取回权者，债务人得请求债权人就提存物取偿[a]。

Ⅱ 标的物提存中，债权人负担其危险[b]，债务人无支付利息或就未收取之收益赔偿之义务。

Ⅲ 债务人取回提存物者，视为未经提存[c]。

a 第一版译者注释（第346页）："就债务负担责任之保证人及物上保证人等，亦有此项权利（第786条、第1137条、第1211条）。"

b 第一版译者注释（第346页）："兹所谓危险，系指债权人所得受领对待给付之危险而言，即债务人所负担给付不能之危险，在特定之债，自始由债权人负担（第275条），在种类之债，则自提存时起由债权人负担（第243条第2款）。故债务人于提存标的物因事变致灭失时，亦得请求对待给付。"

c 第一版译者注释（第346页）："因此之故，提存之一切效果皆消灭（包含消灭时效之停止进行：第202条第1款），但债务人已向债权人为提存之通知者，时效中断之效果不消灭（第208条）。惟本条第1款及第2款仅于提存具备要件时，始得适用之（RG 59, 17; 66, 412）。"

§380 Nachweis der Empfangsberechtigung

Soweit nach den für die Hinterlegungsstelle geltenden Bestimmungen zum Nachweis der Empfangsberechtigung des Gläubigers eine diese Berechtigung anerkennende Erklärung des Schuldners erforderlich oder genügend ist, kann der Gläubiger von dem Schuldner die Abgabe der Erklärung unter denselben Voraussetzungen verlangen, unter denen er die Leistung zu fordern berechtigt sein würde, wenn die Hinterlegung nicht erfolgt wäre.

第三百八十条 [受领权限之证明]
依适用于提存所之规定，债权人受领权限之证明，以债务人承认其权限之表示为必要或充分者，债权人得在未提存时，于请求给付相同之要件，请求债务人为该表示。

§381 Kosten der Hinterlegung

Die Kosten der Hinterlegung fallen dem Gläubiger zur Last, sofern nicht der Schuldner die hinterlegte Sache zurücknimmt.

第三百八十一条 [提存费用]
债务人不取回提存物者，该提存费用由债权人负担。

§382 Erlöschen des Gläubigerrechts

Das Recht des Gläubigers auf den hinterlegten Betrag erlischt mit dem Ablauf von 30 Jahren nach dem Empfang der Anzeige von der Hinterlegung, wenn nicht der Gläubiger sich vorher bei der Hinterlegungsstelle meldet; der chuldner ist zur Rücknahme berechtigt, auch wenn er auf das Recht zur Rücknahme verzichtet hat.

第三百八十二条 [债权人权利之消灭]
债权人未事先向提存所申报者，其提存金额请求权自收到提存通知时起经过三十年而消灭；债务人纵抛弃其取回权者，仍有取回权。

§383 Versteigerung hinterlegungsunfähiger Sachen

(1) Ist die geschuldete bewegliche Sache zur Hinterlegung nicht geeignet, so kann der Schuldner sie im Falle des Verzugs des Gläubigers am Leistungsort versteigern lassen und den Erlös hinterlegen. Das Gleiche gilt in den Fällen des §372 Satz 2,

wenn der Verderb der Sache zu besorgen oder die Aufbewahrung mit unverhältnismäßigen Kosten verbunden ist.

(2) Ist von der Versteigerung m Leistungsort ein angemessener Erfolg nicht zu erwarten, so ist die Sache an einem geeigneten anderen Ort zu versteigern.

(3) Die Versteigerung hat durch einen für den Versteigerungsort bestellten Gerichtsvollzieher oder zu Versteigerungen befugten anderen Beamten oder öffentlich angestellten Versteigerer öffentlich zu erfolgen.(öffentliche Versteigerung). Zeit und Ort der Versteigerung sind unter allgemeiner Bezeichnung der Sache öffentlich bekannt zu machen.

(4) Die Vorschriften der Absätze 1 bis 3 gelten nicht für eingetragene Schiffe und Schiffsbauwerke.

第三百八十三条　[不能提存之物拍卖]

Ⅰ ^{1}给付标的为动产,不适于提存者,债权人迟延时,债务人得于给付地拍卖,并提存其价金。^{2}于第三百七十二条第二段规定之情形,物有腐败之虞,或其保存需费过巨者,亦同。

Ⅱ 给付地之拍卖不能期待有适当之结果者,应于其他合适之地点拍卖该物。

Ⅲ ^{1}拍卖应由拍卖地所任命之执达员,或其他有拍卖权限之公务员,或公设拍卖人,公开为之(öffentliche Versteigerung公开拍卖)。^{2}拍卖之期日及场所,应公告于物之一般名称下。

Ⅳ 第一款至第三款规定,不适用于已登记之船舶及建造中船舶。

§384　Androhung der Versteigerung

(1) Die Versteigerung ist erst zulässig, nachdem sie dem Gläubiger angedroht worden ist; die Androhung darf unterbleiben, wenn die Sache dem Verderb ausgesetzt und mit dem Aufschub der Versteigerung Gefahr verbunden ist.

(2) Der Schuldner hat den Gläubiger von der Versteigerung unverzüglich zu benachrichtigen; im Falle der Unterlassung ist er zum Schadensersatz verpflichtet.

(3) Die Androhung und die Benachrichtigung dürfen unterbleiben, wenn sie untunlich sind.

第三百八十四条　[拍卖之预先通知]

Ⅰ 拍卖应预先通知^{a}债权人,始得为之。但物已有腐败迹象,且拍卖之延缓将生危险者,无须先为通知。

Ⅱ 债务人应即向债权人为拍卖之告知;怠于告知者,债务人负损害赔偿责任。

Ⅲ 不能为预先通知及告知者，无须为之。

a 预先通知与第2款之告知不完全相同，前者须告知债权人债之关系变更之危险并使其有避免之机会。①

§385 Freihändiger Verkauf

Hat die Sache einen Börsen- oder Marktpreis, so kann der Schuldner den Verkauf aus freier Hand durch einen zu solchen Verkäufen öffentlich ermächtigten Handelsmäkler oder durch eine zur öffentlichen Versteigerung befugte Person zum laufenden Preis bewirken.

第三百八十五条 [自行出售]
物有交易所或市场价格者，债务人得委由经官方授权得自行出售之商事居间人，或其他有公开拍卖权限之人，以市价自行出售之。

§386 Kosten der Versteigerung

Die Kosten der Versteigerung oder des nach §385 erfolgten Verkaufs fallen dem Gläubiger zur Last, sofern nicht der Schuldner den hinterlegten Erlös zurücknimmt.

第三百八十六条 [拍卖费用]
拍卖或依第三百八十五条规定出售之费用，除债务人取回提存之价额外，由债权人负担之。

Titel 3　Aufrechnung
第三节　抵　销

§387 Voraussetzungen

Schulden zwei Personen einander Leistungen, die ihrem Gegenstand nach gleichartig

---

① *Erman*, BGB, 12. Aufl. (2008), §384, Rdnr. 1. (H. P. Westermann/P. Buck-Heeb).

sind, so kann jeder Teil seine Forderung gegen die Forderung des anderen Teils aufrechnen, sobald er die ihm gebührende Leistung fordern und die ihm obliegende Leistung bewirken kann.

第三百八十七条 [要件]
二人互负债务，而其给付标的物种类相同者，如一方得请求给付，且得履行其负担之给付时，得以其债权与他方之债权互为抵销。

§388　Erklärung der Aufrechnung

Die Aufrechnung erfolgt durch Erklärung gegenüber dem anderen Teil. Die Erklärung ist unwirksam, wenn sie unter einer Bedingung oder einer Zeitbestimmung abgegeben wird.

第三百八十八条 [抵销之表示]
¹抵销应向他方以意思表示为之。²该表示附有条件或期限者，不生效力。

§389　Wirkung der Aufrechnung

Die Aufrechnung bewirkt, dass die Forderungen, soweit sie sich decken, als in dem Zeitpunkt erloschen gelten, in welchem sie zur Aufrechnung geeignet einander gegenübergetreten sind.

第三百八十九条 [抵销之效力]
抵销有使双方债权溯及于适于互相抵销时，按抵销数额而生消灭之效力。

§390　Keine Aufrechnung mit einredebehafteter Forderung

Eine Forderung, der eine Einrede entgegensteht, kann nicht aufgerechnet werden.

第三百九十条 [附有抗辩之债权不得抵销]
就附有抗辩之债权，不得主张抵销ª。

a 原第二段关于消灭时效之规定，于2001年11月修正时，移列至第215条。

§391 Aufrechnung bei Verschiedenheit der Leistungsorte

(1) Die Aufrechnung wird nicht dadurch ausgeschlossen, dass für die Forderungen verschiedene Leistungsoder Ablieferungsorte bestehen. Der aufrechnende Teil hat jedoch den Schaden zu ersetzen, den der andere Teil dadurch erleidet, dass er infolge der Aufrechnung die Leistung nicht an dem bestimmten Orte erhält oder bewirken kann.

(2) Ist vereinbart, dass die Leistung zu einer bestimmten Zeit an einem bestimmten Ort erfolgen soll, so ist im Zweifel anzunehmen, dass die Aufrechnung einer Forderung, für die ein anderer Leistungsort besteht, ausgeschlossen sein soll.

第三百九十一条 [给付地不同之抵销]

Ⅰ ^{1}债权之给付地或交付地纵有不同，亦得为抵销。^{2}但抵销之一方，应赔偿他方因抵销而不能于原定处所受领给付或清偿所受之损害。

Ⅱ 约定应于一定时期一定处所为给付者，有疑义时，不得以给付地不同之债权主张抵销。

§392 Aufrechnung gegen beschlagnahmte Forderung

Durch die Beschlagnahme einer Forderung wird die Aufrechnung einer dem Schuldner gegen den Gläubiger zustehenden Forderung nur dann ausgeschlossen, wenn der Schuldner seine Forderung nach der Beschlagnahme erworben hat oder wenn seine Forderung erst nach der Beschlagnahme und später als die in Beschlag genommene Forderung fällig geworden ist.

第三百九十二条 [经扣押债权之抵销]

债权经扣押者，仅于债务人在扣押后始取得其债权，或其债权在扣押后始届清偿期且清偿期后于所扣押之债权之清偿期时，债务人始不得就债权人之债权，主张抵销。

§393 Keine Aufrechnung gegen Forderung aus unerlaubter Handlung

Gegen eine Forderung aus einer vorsätzlich begangenen unerlaubten Handlung ist die Aufrechnung nicht zulässig.

第三百九十三条　[侵权行为所生之债权不得抵销]
就故意侵权行为所生之债权，不得主张抵销。

§394　Keine Aufrechnung gegen unpfändbare Forderung

Soweit eine Forderung der Pfändung nicht unterworfen ist, findet die Aufrechnung gegen die Forderung nicht statt. Gegen die aus Kranken-, Hilfs- oder Sterbekassen, insbesondere aus Knappschaftskassen und Kassen der Knappschaftsvereine, zu beziehenden Hebungen können jedoch geschuldete Beiträge aufgerechnet werden.

第三百九十四条　[禁止扣押债权不得抵销]
^{1}禁止扣押债权，不得主张抵销。^{2}但对自疾病基金、救济基金或死亡基金，即如自矿工互助基金及矿工社团基金，得提取之金额，仍得以应缴纳之分担额为抵销。

§395　Aufrechnung gegen Forderungen öffentlich-rechtlicher Körperschaften

Gegen eine Forderung des Bundes oder eines Landes sowie gegen eine Forderung einer Gemeinde oder eines anderen Kommunalverbands ist die Aufrechnung nur zulässig, wenn die Leistung an dieselbe Kasse zu erfolgen hat, aus der die Forderung des Aufrechnenden zu berichtigen ist.

第三百九十五条　[就公法团体之债权为抵销]
就联邦、各邦及乡镇或其他地方团体债权之抵销，仅于给付之对象为与清偿抵销人之债权资金来源相同之同一公库者，始得为抵销。

§396　Mehrheit von Forderungen

(1) Hat der eine oder der andere Teil mehrere zur Aufrechnung geeignete Forderungen, so kann der aufrechnende Teil die Forderungen bestimmen, die gegeneinander aufgerechnet werden sollen. Wird die Aufrechnung ohne eine solche Bestimmung erklärt oder widerspricht der andere Teil unverzüglich, so findet die Vorschrift des §366 Abs. 2 entsprechende Anwendung.

(2) Schuldet der aufrechnende Teil dem anderen Teil außer der Hauptleistung Zinsen und Kosten, so findet die Vorschrift des §367 entsprechende Anwendung.

第三百九十六条　[多数之债权]

Ⅰ ¹当事人之一方或他方有多数债权适于抵销者，抵销之一方得指定相为抵销之债权。²抵销人未为表示，或他方立即提出异议者，准用第三百六十六条第二款规定。

Ⅱ 抵销之一方对他方除主给付外，尚负担利息及费用债务者，准用第三百六十七条规定。

Titel 4　Erlass
第四节　免　　除

§397　Erlassvertrag, negatives Schuldanerkenntnis

(1) Das Schuldverhältnis erlischt, wenn der Gläubiger dem Schuldner durch Vertrag die Schuld erlässt.

(2) Das Gleiche gilt, wenn der Gläubiger durch Vertrag mit dem Schuldner anerkennt, dass das Schuldverhältnis nicht bestehe.

第三百九十七条　[免除契约及消极债务承认]

Ⅰ 债权人以契约对债务人免除债务者，债之关系消灭。

Ⅱ 债权人与债务人以契约承认债务人之债之关系不存在者[a]，亦同。

a 此即消极债务承认（negatives Schuldanerkenntnis），与第781条规定之债务承认不同，后者为所谓积极债务承认（positive Schuldanerkenntnis），即承认一定债务之存在。

Abschnitt 5　Übertragung einer Forderung

第五章　债权之让与

§398　Abtretung

Eine Forderung kann von dem Gläubiger durch Vertrag mit einem anderen auf diesen übertragen werden (Abtretung). Mit dem Abschluss des Vertrags tritt der neue Gläubiger an die Stelle des bisherigen Gläubigers.

第三百九十八条　[让与]
¹债权得由债权人与第三人制定之契约，移转该第三人（让与）。²契约制定，新债权人即取代原债权人。

§399　Ausschluss der Abtretung bei Inhaltsänderung oder Vereinbarung

Eine Forderung kann nicht abgetreten werden, wenn die Leistung an einen anderen als den ursprünglichen Gläubiger nicht ohne Veränderung ihres Inhalts erfolgen kann oder wenn die Abtretung durch Vereinbarung mit dem Schuldner ausgeschlossen ist.

第三百九十九条　[于内容变更或约定时为让与之排除]
向原债权人以外之人为给付将变更债权之内容[a]，或与债务人约定不得移转者，债权不得让与。

  a 第一版译者注释（第352页）："注重当事人间特殊信任关系之债权大致不得让与。如终身定期金债权、约定上之扶养请求权、依预约之契约缔结请求权（尤其是信用供与请求权即金钱贷与请求权）、劳务给付请求权（第613条第2段）、基于委任之请求权（第664条第2款）等皆属之。但债权不因让与而变更内容者，得为让与。如为特定土地之便宜而存在之地役权设定请求权，得让与该地之受让人是。"

§400 Ausschluss bei unpfändbaren Forderungen

Eine Forderung kann nicht abgetreten werden, soweit sie der Pfändung nicht unterworfen ist.

第四百条 [禁止扣押债权时之排除]
债权禁止扣押者,不得让与。

§401 Übergang der Neben- und Vorzugsrechte

(1) Mit der abgetretenen Forderung gehen die Hypotheken, Schiffshypotheken oder Pfandrechte, die für sie bestehen, sowie die Rechte aus einer für sie bestellten Bürgschaft auf den neuen Gläubiger über.

(2) Ein mit der Forderung für den Fall der Zwangsvollstreckung oder des Insolvenzverfahrens verbundenes orzugsrecht kann auch der neue Gläubiger geltend machen.

第四百零一条 [从权利及优先权之移转]
Ⅰ 担保债权之抵押权、船舶抵押权或质权,及担保债权之保证所生之债权,随同让与之债权移转于新债权人。
Ⅱ 于强制执行程序或破产程序,与债权相结合之优先权,新债权人亦得主张之。

§402 Auskunftspflicht; Urkundenauslieferung

Der bisherige Gläubiger ist verpflichtet, dem neuen Gläubiger die zur Geltendmachung der Forderung nötige Auskunft zu erteilen und ihm die zum Beweis der Forderung dienenden Urkunden, soweit sie sich in seinem Besitz befinden, auszuliefern.

第四百零二条 [告知义务、文书之交付]
原债权人应告知新债权人关于主张该债权必要之信息,如原债权人占有债权之证明文件,并应交付新债权人。

§403 Pflicht zur Beurkundung

Der bisherige Gläubiger hat dem neuen Gläubiger auf Verlangen eine öffentlich beglaubigte Urkunde über die Abtretung auszustellen. Die Kosten hat der neue Gläubiger zu tragen und vorzuschießen.

第四百零三条 [公证义务]
[1]原债权人基于新债权人之请求，应出具债权让与之公证书。[2]其费用由新债权人负担并预付之。

§404 Einwendungen des Schuldners

Der Schuldner kann dem neuen Gläubiger die Einwendungen entgegensetzen, die zur Zeit der Abtretung der Forderung gegen den bisherigen Gläubiger begründet waren.

第四百零四条 [债务人之抗辩]
债务人于债权让与时所得对抗原债权人之抗辩，皆得以之对抗新债权人。

§405 Abtretung unter Urkundenvorlegung

Hat der Schuldner eine Urkunde über die Schuld ausgestellt, so kann er sich, wenn die Forderung unter Vorlegung der Urkunde abgetreten wird, dem neuen Gläubiger gegenüber nicht darauf berufen, dass die Eingehung oder Anerkennung des Schuldverhältnisses nur zum Schein erfolgt oder dass die Abtretung durch Vereinbarung mit dem ursprünglichen Gläubiger ausgeschlossen sei, es sei denn, dass der neue Gläubiger bei der Abtretung den Sachverhalt kannte oder kennen musste.

第四百零五条 [文书提示之让与]
债务人出具关于债务之文书者，如于文书提出时而为债权让与，债务人不得对新债权人主张债之关系之成立或承认系出于虚伪，或与原债权人曾有债权不得让与之约定。但新债权人于债权让与时明知或可得而知其情事者，不在此限。

§406　Aufrechnung gegenüber dem neuen Gläubiger

Der Schuldner kann eine ihm gegen den bisherigen Gläubiger zustehende Forderung auch dem neuen Gläubiger gegenüber aufrechnen, es sei denn, dass er bei dem Erwerb der Forderung von der Abtretung Kenntnis hatte oder dass die Forderung erst nach der Erlangung der Kenntnis und später als die abgetretene Forderung fällig geworden ist.

第四百零六条　[对新债权人为抵销]
债务人得以其对原债权人之债权，对新债权人主张抵销。但债务人于取得债权时已知悉债权让与，或其债权之清偿期在知悉让与之后且后于该让与之债权之清偿期者，不在此限。

§407　Rechtshandlungen gegenüber dem bisherigen Gläubiger

(1) Der neue Gläubiger muss eine Leistung, die der Schuldner nach der Abtretung an den bisherigen Gläubiger bewirkt, sowie jedes Rechtsgeschäft, das nach der Abtretung zwischen dem Schuldner und dem bisherigen Gläubiger in Ansehung der Forderung vorgenommen wird, gegen sich gelten lassen, es sei denn, dass der Schuldner die Abtretung bei der Leistung oder der Vornahme des Rechtsgeschäfts kennt.

(2) Ist in einem nach der Abtretung zwischen dem Schuldner und dem bisherigen Gläubiger anhängig gewordenen Rechtsstreit ein rechtskräftiges Urteil über die Forderung ergangen, so muss der neue Gläubiger das Urteil gegen sich gelten lassen, es sei denn, dass der Schuldner die Abtretung bei dem Eintritt der Rechtshängigkeit gekannt hat.

第四百零七条　[对原债权人之法律行为]
Ⅰ　债务人于让与后对原债权人所为之给付，及于让与后债务人与原债权人间有关该债权所为之所有法律行为，对新债权人发生效力[a]。但债务人于给付时或为法律行为时，知悉其让与[b]者，不在此限。
Ⅱ　债权让与后系属于债务人与原债权人间之诉讼，关于该债权已有确定判决者，该判决对新债权人亦生效力。但债务人于诉讼系属时，知悉该让与者，不在此限。

a "对新债权人发生效力"(gegen sich gelten lassen),第一版翻译为:"新债权人应承认其效力。"第一版译者注释(第354页):"新债权人之应承认债务人此等行为之效力(gegen sich gelten lassen),其意义系在承认:债权让与契约不须具备特别要件,即得生效,纵令对于债务人,其效力亦应相同,而仅不得对抗善意之债务人而已。本款规定固系保护善意债务人令其免受不利益者,但其意非在改善债务人原有之地位,故债务人于知债权让与前已在给付迟延者,新债权人得承继取得原债权人因此而生之各种权利(RG 98,88)。上述理论,于第2款之情形亦同,故如债务人在与原债权人(原告)之诉讼中始知债权已于诉讼前被让与时,不妨主张原债权人因该让与而失去其债权人之地位。"

b 第一版译者注释(第354—355页):"债务人知有债权让与之事实,须由新债权人证明之,且应视让与通知人之信用、债务人对让与通知有无回信及其通知后之态度等情事判断之(RG 74,119;88,6);但依本条规定,债务人之不知让与并不以无过失为必要,故仅就让与通知之到达债务人一点,尚难谓为已知让与之事实(RG 135,251)。惟债务人仅依其法律见解,不承认让与之为有效而向原债权人为给付者,仍不能免除其对新债权人之责任(RG 102,387)。"

§408 Mehrfache Abtretung

(1) Wird eine abgetretene Forderung von dem bisherigen Gläubiger nochmals an einen Dritten abgetreten, so finden, wenn der Schuldner an den Dritten leistet oder wenn zwischen dem Schuldner und dem Dritten ein Rechtsgeschäft vorgenommen oder ein Rechtsstreit anhängig wird, zugunsten des Schuldners die Vorschriften des §407 dem früheren Erwerber gegenüber entsprechende Anwendung.

(2) Das Gleiche gilt, wenn die bereits abgetretene Forderung durch gerichtlichen Beschluss einem Dritten überwiesen wird oder wenn der bisherige Gläubiger dem Dritten gegenüber anerkennt, dass die bereits abgetretene Forderung kraft Gesetzes auf den Dritten übergegangen sei.

第四百零八条 [债权之多重让与]

Ⅰ 原债权人将已让与之债权再让与于第三人者,如债务人对该第三人给付,或债务人与该第三人间已为法律行为或诉讼系属时,为债务人之利益,第四百零七条规定准用之[a]。

Ⅱ 已让与之债权因法院之裁定移转于第三人,或原债权人对第三人承认其已让与之债权依法移转于第三人者,亦同[b]。

a 第一版译者注释(第355页):"于此情形,惟前受让人为真正之新债权人,后受让人即非权利人。故准用第407条之规定时，后受让人即立于原债权人之地位。"

b 第一版译者注释（第355—356页）："有法院转付之裁定时，如债务人不知债权已被让与而对后受让人（受转付之第三人）为给付者，前受让人（真正之新债权人）应承认对自己发生效力。又已让与之债权，无从承认其'法定移转'（第412条），固不待言，但原债权人向第三人误为其承认者，则应适用第1款之规定。例如原债权人于让与债权后受领保证人之清偿，且对保证人确认其依第774条之规定以取得债权时，若债务人不知原债权人已让与其债权，而对保证人为给付时，债务人即得免责。"

§409 Abtretungsanzeige

(1) Zeigt der Gläubiger dem Schuldner an, dass er die Forderung abgetreten habe, so muss er dem Schuldner gegenüber die angezeigte Abtretung gegen sich gelten lassen, auch wenn sie nicht erfolgt oder nicht wirksam ist. Der Anzeige steht es gleich, wenn der Gläubiger eine Urkunde über die Abtretung dem in der Urkunde bezeichneten neuen Gläubiger ausgestellt hat und dieser sie dem Schuldner vorlegt.

(2) Die Anzeige kann nur mit Zustimmung desjenigen zurückgenommen werden, welcher als der neue Gläubiger bezeichnet worden ist.

第四百零九条 [让与之通知]

I [1]债权人将债权让与通知债务人者，纵未为让与或让与不生效力，债务人仍得以该通知之让与对抗债权人。[2]债权人出具让与证书于该证书上所记载之新债权人，且新债权人将其提示于债务人者，与通知有同一效力。

II 前款通知，非经其所记载之新债权人之同意，不得撤回。

§410 Aushändigung der Abtretungsurkunde

(1) Der Schuldner ist dem neuen Gläubiger gegenüber zur Leistung nur gegen Aushändigung einer von dem bisherigen Gläubiger über die Abtretung ausgestellten Urkunde verpflichtet. Eine Kündigung oder eine Mahnung des neuen Gläubigers ist unwirksam, wenn sie ohne Vorlegung einer solchen Urkunde erfolgt und der Schuldner sie aus diesem Grund unverzüglich zurückweist.

(2) Diese Vorschriften finden keine Anwendung, wenn der bisherige Gläubiger dem Schuldner die Abtretung schriftlich angezeigt hat.

第四百一十条　[让与文书之交付]

Ⅰ ¹债务人仅于原债权人所出具之让与证书缴交时，始对新债权人负有给付之义务ª。²新债权人未提示该证书而为终止或催告，且债务人以此为由即对终止或催告表示反对者，终止或催告不生效力。

Ⅱ 前款规定，于原债权人以书面向债务人为让与通知者，不适用之。

a 第一版译者注释（第356页）："于此情形，债务人虽有延期抗辩权，但无让与证书交出请求权（RG 46, 302 ff.），故除依公平原则及保护债务人之理由，尤其依恶意反对抗辩权（replicatio doli）之理论，应类推适用第273条第3款之规定外，不得适用该条之规定。新债权人对债务人主张抵销时，亦应类推适用本条规定（RG 70, 163 ff.）。"

§411　Gehaltsabtretung

Tritt eine Militärperson, ein Beamter, ein Geistlicher oder ein Lehrer an einer öffentlichen Unterrichtsanstalt den übertragbaren Teil des Diensteinkommens, des Wartegelds oder des Ruhegehalts ab, so ist die auszahlende Kasse durch Aushändigung einer von dem bisherigen Gläubiger ausgestellten, öffentlich oder amtlich beglaubigten Urkunde von der Abtretung zu benachrichtigen. Bis zur Benachrichtigung gilt die Abtretung als der Kasse nicht bekannt.

第四百一十一条　[薪资之让与]

¹军人、公务员、神职人员或公立学校之教师，就其薪俸、等待任用期间津贴或退休薪资中得移转之部分为让与者，对支付之单位应以交付由原债权人所出具之经公证或官方公证之文书之方式为让与之通知。²未为该通知前，视为支付单位不知让与之情事。

§412　Gesetzlicher Forderungsübergang

Auf die Übertragung einer Forderung kraft Gesetzes finden die Vorschriften der §§399 bis 404, 406 bis 410 entsprechende Anwendung.

第四百一十二条 [法定债权移转]

法定债权移转，准用第三百九十九条至第四百零四条、第四百零六条至第四百一十条规定。

§413 Übertragung anderer Rechte

Die Vorschriften über die Übertragung von Forderungen finden auf die Übertragung anderer Rechte entsprechende Anwendung, soweit nicht das Gesetz ein anderes vorschreibt.

第四百一十三条 [其他权利之让与]

其他权利之让与，除法律另有规定外，准用关于债权让与之规定。

Abschnitt 6 Schuldübernahme

第六章 债务承担

§414 Vertrag zwischen Gläubiger und Übernehmer

Eine Schuld kann von einem Dritten durch Vertrag mit dem Gläubiger in der Weise übernommen werden, dass der Dritte an die Stelle des bisherigen Schuldners tritt.

第四百一十四条 [债权人与承担人间之契约]
债务得因第三人与债权人制定由该第三人取代原债务人之契约而承担。

§415 Vertrag zwischen Schuldner und Übernehmer

(1) Wird die Schuldübernahme von dem Dritten mit dem Schuldner vereinbart, so hängt ihre Wirksamkeit von der Genehmigung des Gläubigers ab. Die Genehmigung kann erst erfolgen, wenn der Schuldner oder der Dritte dem Gläubiger die Schuldübernahme mitgeteilt hat. Bis zur Genehmigung können die Parteien den Vertrag ändern oder aufheben.

(2) Wird die Genehmigung verweigert, so gilt die Schuldübernahme als nicht erfolgt. Fordert der Schuldner oder der Dritte den Gläubiger unter Bestimmung einer Frist zur Erklärung über die Genehmigung auf, so kann die Genehmigung nur bis zum Ablauf der Frist erklärt werden; wird sie nicht erklärt, so gilt sie als verweigert.

(3) Solange nicht der Gläubiger die Genehmigung erteilt hat, ist im Zweifel der Übernehmer dem Schuldner gegenüber verpflichtet, den Gläubiger rechtzeitig zu befriedigen. Das Gleiche gilt, wenn der Gläubiger die Genehmigung verweigert.

第四百一十五条 [债务人与承担人间之契约]
Ⅰ ¹第三人与债务人为债务承担之约定者，应经债权人之承认，始生效力。²该承认仅于债务人或第三人为债务承担之通知后，始得为之。³承认前，当事人得变更或解消契约。
Ⅱ ¹拒绝承认者，视为未债务承担。²债务人或第三人定期限催告债权人承认者，承认仅得于期间届满前为之；逾期不为承认者，视为拒绝承认。
Ⅲ ¹债权人承认前，有疑义时，承担人对债务人负有遵期向债权人清偿之义务ª。²债权人拒绝承认时，亦同。

a 第一版译者注释（第358页）："此段系为解释债务承担与默示之履行承担（Erfüllungsübernahme）互相结合而设之规定。"

§416 Übernahme einer Hypothekenschuld

(1) Übernimmt der Erwerber eines Grundstücks durch Vertrag mit dem Veräußerer eine Schuld des Veräußerers, für die eine Hypothek an dem Grundstück besteht, so kann der Gläubiger die Schuldübernahme nur genehmigen, wenn der Veräußerer sie ihm mitteilt. Sind seit dem Empfang der Mitteilung sechs Monate verstrichen, so gilt die Genehmigung als erteilt, wenn nicht der Gläubiger sie dem Veräußerer gegenüber vorher verweigert hat; die Vorschrift des §415 Abs. 2 Satz 2 findet keine Anwendung.

(2) Die Mitteilung des Veräußerers kann erst erfolgen, wenn der Erwerber als Eigentümer im Grundbuch eingetragen ist. Sie muss schriftlich geschehen und den Hinweis enthalten, dass der Übernehmer an die Stelle des bisherigen Schuldners tritt, wenn nicht der Gläubiger die Verweigerung innerhalb der sechs Monate erklärt.

(3) Der Veräußerer hat auf Verlangen des Erwerbers dem Gläubiger die Schuldübernahme mitzuteilen. Sobald die Erteilung oder Verweigerung der Genehmigung feststeht, hat der Veräußerer den Erwerber zu benachrichtigen.

第四百一十六条 [抵押债务之承担]

Ⅰ ¹土地设有抵押权，土地之取得人与让与人以契约承担抵押权所担保之债务者，债权人仅得于让与人为债务承担之通知时承认之。²自受通知时起经过六个月，债权人未向让与人为承认之拒绝者，视为承认；第四百一十五条第二款第二段规定，不适用之。

Ⅱ ¹让与人之通知，应经取得人于土地登记簿登记为所有人后，始得为之。²通知应以书面为之，并应记载债权人不于六个月内为拒绝之表示时，承担人即替代原债务人。

Ⅲ ¹让与人因取得人之请求，应向债权人为债务承担之通知。²承认或承认之拒绝经确定者，让与人应即告知取得人。

§417 Einwendungen des Übernehmers

(1) Der Übernehmer kann dem Gläubiger die Einwendungen entgegensetzen, welche

sich aus dem Rechtsverhältnis zwischen dem Gläubiger und dem bisherigen Schuldner ergeben. Eine dem bisherigen Schuldner zustehende Forderung kann er nicht aufrechnen.

(2) Aus dem der Schuldübernahme zugrunde liegenden Rechtsverhältnis zwischen dem Übernehmer und dem bisherigen Schuldner kann der Übernehmer dem Gläubiger gegenüber Einwendungen nicht herleiten.

第四百一十七条 [承担人之抗辩]

I ^{1}承担人得以基于债权人与原债务人间法律关系所生之抗辩,对抗债权人。^{2}承担人不得以属于原债务人之债权为抵销。

II 承担人不得以其与原债务人间债务承担基础法律关系所生之抗辩对抗债权人。

§418 Erlöschen von Sicherungs- und Vorzugsrechten

(1) Infolge der Schuldübernahme erlöschen die für die Forderung bestellten Bürgschaften und Pfandrechte. Besteht für die Forderung eine Hypothek oder eine Schiffshypothek, so tritt das Gleiche ein, wie wenn der Gläubiger auf die Hypothek oder die Schiffshypothek verzichtet. Diese Vorschriften finden keine Anwendung, wenn der Bürge oder derjenige, welchem der verhaftete Gegenstand zur Zeit der Schuldübernahme gehört, in diese einwilligt.

(2) Ein mit der Forderung für den Fall des Insolvenzverfahrens verbundenes Vorzugsrecht kann nicht im Insolvenzverfahren über das Vermögen des Übernehmers geltend gemacht werden.

第四百一十八条 [担保权与优先权之消灭]

I ^{1}担保债权之保证及质权,因债务承担而消灭。^{2}债权有抵押权或船舶抵押权担保者,与债权人抛弃抵押权或船舶抵押同。^{3}保证人或债务承担时之物上保证人,同意债务承担者,不适用前二段规定。

II 破产程序中与债权结合之优先权,不得在承担人财产之破产程序中主张之。

§419 (weggefallen)

第四百一十九条 [删除]

Abschnitt 7　Mehrheit von Schuldnern und Gläubigern
第七章　多数债务人及债权人

§420　Teilbare Leistung

Schulden mehrere eine teilbare Leistung oder haben mehrere eine teilbare Leistung zu fordern, so ist im Zweifel jeder Schuldner nur zu einem gleichen Anteil verpflichtet, jeder Gläubiger nur zu einem gleichen Anteil berechtigt.

第四百二十条　[可分之给付]
数人负同一债务或同一债权，而其给付可分者，有疑义时，各债务人仅平均分担其义务，各债权人仅平均享有其权利。

§421　Gesamtschuldner

Schulden mehrere eine Leistung in der Weise, dass jeder die ganze Leistung zu bewirken verpflichtet, der Gläubiger aber die Leistung nur einmal zu fordern berechtigt ist (Gesamtschuldner), so kann der Gläubiger die Leistung nach seinem Belieben von jedem der Schuldner ganz oder zu einem Teil fordern. Bis zur Bewirkung der ganzen Leistung bleiben sämtliche Schuldner verpflichtet.

第四百二十一条　[连带债务人]
[1]数人负同一债务，且各负全部给付之义务，但债权人仅得请求一次之给付者（连带债务人），债权人得对债务人之任何一人，请求全部或部分之给付。[2]给付全部履行前，全体债务人仍负有义务。

§422　Wirkung der Erfüllung

(1) Die Erfüllung dudrch einen Gesamtschuldner wirkt auch für die Übrigen Schuldner. Das Gleiche gilt von der Leistung an Erfüllungs statt, der Hinterlegung und der Aufrechnung.

(2) Eine Forderung, die einem Gesamtschuldner zusteht, kann nicht von den übrigen Schuldnern aufgerechnet werden.

第四百二十二条　[清偿之效力]

Ⅰ ¹连带债务人中一人之清偿，对他债务人亦生效力。²其为代物清偿、提存及抵销者，亦同。

Ⅱ 就连带债务人中之一人之债权，他债务人不得主张抵销。

§423　Wirkung des Erlasses

Ein zwischen dem Gläubiger und einem Gesamtschuldner vereinbarter Erlass wirkt auch für die übrigen Schuldner, wenn die Vertragschließenden das ganze Schuldverhältnis aufheben wollten.

第四百二十三条　[免除之效力]

债权人与连带债务人中一人为免除之约定者，当事人间有废止全部之债之关系之意思时，对他债务人之利益亦生效力。

§424　Wirkung des Gläubigerverzugs

Der Verzug des Gläubigers gegenüber einem Gesamtschuldner wirkt auch für die übrigen Schuldner.

第四百二十四条　[债权人迟延之效力]

债权人对连带债务人中之一人迟延者，对他债务人之利益亦生效力。

§425　Wirkung anderer Tatsachen

(1) Andere als die in den §§422 bis 424 bezeichneten Tatsachen wirken, soweit sich nicht aus dem Schuldverhältnis ein anderes ergibt, nur für und gegen den Gesamtschuldner, in dessen Person sie eintreten.

(2) Dies gilt insbesondere von der Kündigung, dem Verzug, dem Verschulden, von der Unmöglichkeit der Leistung in der Person eines Gesamtschuldners, von der Verjährung, deren Neubeginn, Hemmung und Ablaufhemmung von der Vereinigung der Forderung mit der Schuld und von dem rechtskräftigen Urteil.

第四百二十五条　[其他事项之效力]

Ⅰ 第四百二十二条至第四百二十四条以外规定之其他事项，除债之关系另有规定外,其利益或不利益仅于发生该事由之连带债务人个人而生效力。

Ⅱ 前款规定,对于终止、迟延、故意过失、连带债务人中之一人所生之给付不能、消灭时效、时效之重新起算[a]、停止进行与不完成、债权与债务之混同及确定判决,特别适用之。

a Neubeginn,旧法第二百一十八条规定以下称为Unterbrechung(中断)。[①]

§426 Ausgleichungspflicht, Forderungsübergang

(1) Die Gesamtschuldner sind im Verhältnis zueinander zu gleichen Anteilen verpflichtet, soweit nicht ein anderes bestimmt ist. Kann von einem Gesamtschuldner der auf ihn entfallende Beitrag nicht erlangt werden, so ist der Ausfall von den übrigen zur Ausgleichung verpflichteten Schuldnern zu tragen.

(2) Soweit ein Gesamtschuldner den Gläubiger befriedigt und von den übrigen Schuldnern Ausgleichung verlangen kann, geht die Forderung des Gläubigers gegen die übrigen Schuldner auf ihn über. Der Übergang kann nicht zum Nachteil des Gläubigers geltend gemacht werden.

第四百二十六条 [偿还义务;债权移转]

Ⅰ [1]连带债务人相互间,除另有规定外,应平均负担义务。[2]不能自连带债务人中之一人取得其应分担额者,该不足额应由其他偿还义务债务人负担之。

Ⅱ [1]连带债务人中之一人对债权人为清偿,且得向他债务人请求偿还者,债权人对其他债务人之债权,移转于该连带债务人。[2]该移转之主张,不得有害于债权人之利益。

§427 Gemeinschaftliche vertragliche Verpflichtung

Verpflichten sich mehrere durch Vertrag gemeinschaftlich zu einer teilbaren Leistung, so haften sie im Zweifel als Gesamtschuldner.

[①] 此"重新起算"之中文翻译,参见黄立(2003),《德国民法消灭时效制度的改革》,载《政大法学评论》,76期,第1、34页。

第四百二十七条 [共同负担契约义务]

数人以契约共同负担可分之给付者,有疑义时,应负连带债务人之责任。

§428 Gesamtgläubiger

Sind mehrere eine Leistung in der Weise zu fordern berechtigt, dass jeder die ganze Leistung fordern kann, der Schuldner aber die Leistung nur einmal zu bewirken verpflichtet ist (Gesamtgläubiger), so kann der Schuldner nach seinem Belieben an jeden der Gläubiger leisten. Dies gilt auch dann, wenn einer der Gläubiger bereits Klage auf die Leistung erhoben hat.

第四百二十八条 [连带债权人]

[1]数人各有请求全部给付之权利,而债务人仅负担一次给付之义务者(连带债权人),债务人得任意向债权人中之一人为给付。[2]债权人中之一人已提起给付之诉时,亦同。

§429 Wirkung von Veränderungen

(1) Der Verzug eines Gesamtgläubigers wirkt auch gegen die übrigen Gläubiger.
(2) Vereinigen sich Forderung und Schuld in der Person eines Gesamtgläubigers, so erlöschen die Rechte der übrigen Gläubiger gegen den Schuldner.
(3) Im Übrigen finden die Vorschriften der §§422, 423, 425 entsprechende Anwendung. Insbesondere bleiben, wenn ein Gesamtgläubiger seine Forderung auf einen anderen überträgt, die Rechte der übrigen Gläubiger unberührt.

第四百二十九条 [变动之效力]

Ⅰ 连带债权人中之一人之迟延,其不利益对债权人亦生效力。

Ⅱ 连带债权人中一人之债权与债务混同者,其他债权人对于债务人之权利,亦归于消灭。

Ⅲ [1]其余事项,于第四百二十二条、第四百二十三条及第四百二十五条规定准用之。[2]即如连带债权人中之一人移转其债权于他人时,他债权人之权利仍不受影响。

§430 Ausgleichungspflicht der Gesamtgläubiger

Die Gesamtgläubiger sind im Verhältnis zueinander zu gleichen Anteilen berechtigt, soweit nicht ein anderes bestimmt ist.

第四百三十条 [连带债权人之偿还义务]
连带债权人相互间，除另有规定外，应平均分受其利益。

§431 Mehrere Schuldner einer unteilbaren Leistung

Schulden mehrere eine unteilbare Leistung, so haften sie als Gesamtschuldner.

第四百三十一条 [不可分给付之多数债务人]
数人负担不可分之给付者，应负连带债务人之责任。

§432 Mehrere Gläubiger einer unteilbaren Leistung

(1) Haben mehrere eine unteilbare Leistung zu fordern, so kann, sofern sie nicht Gesamtgläubiger sind, der Schuldner nur an alle gemeinschaftlich leisten und jeder Gläubiger nur die Leistung an alle fordern. Jeder Gläubiger kann verlangen, dass der Schuldner die geschuldete Sache für alle Gläubiger hinterlegt oder, wenn sie sich nicht zur Hinterlegung eignet, an einen gerichtlich zu bestellenden Verwahrer abliefert.

(2) Im Übrigen wirkt eine Tatsache, die nur in der Person eines der Gläubiger eintritt, nicht für und gegen die übrigen Gläubiger.

第四百三十二条 [不可分给付之多数债权人]
Ⅰ [1]数人得请求不可分之给付，而非连带债权人者，债务人仅得向债权人全体为给付，而各债权人亦仅得请求向债权人全体为给付。[2]各债权人得请求债务人为债权人全体之利益，提存给付之标的物，其物不适于提存时，将其交付于法院所选任之保管人。
Ⅱ 其余仅于债权人中一人所生之事项，其利益或不利益对他债权人均不生效力。

《德国民法典》与《中华人民共和国民法典》条文对照表（债编通论）

德国民法典	中华人民共和国民法典	德国民法典	中华人民共和国民法典	德国民法典	中华人民共和国民法典
241 I	118 II	261	—	280	577、583
242 II	509 II	262	515 I	281	583
241-1	—	263	516 I	282	583
242	7、509 II	264	515 II	283	—
243	—	265	516 II	284	—
244	514	266	531 I	285	—
245	—	267	—	286	—
246	—	268	524	287	—
247	—	269	511	288	—
248	—	270	511	289	—
249	584	271	511	290	—
250	—	271-1	—	291	—
251	—	272	—	292	—
252	584	273	—	293	—
253	—	274	—	294	—
254	592 II	275	580 I	295	—
255	—	276 I	—	296	—
256	—	276 II	—	297	—
257	—	276 III	506	298	—
258	—	277	—	299	—
259	—	278	523	300	—
260	—	279 [删除]		301	—

德国民法典	中华人民共和国民法典	德国民法典	中华人民共和国民法典	德国民法典	中华人民共和国民法典
302	—	312-7	—	333	522 II
303	—	312-8	—	334	522 II
304	—	312-9	—	335	—
305	496	312-10	—	336	—
305-1	—	312-11	—	337	587
305-2	498	313	533	338	587
305-3 I	—	314	563 II	339	585 I
305-3 II	498	315	—	340	—
306	—	316	—	341	585 III
306-1	—	317	—	342	—
307	497	318	—	343	585 II
308	—	319	—	344	—
309	—	320	525、526	345	—
310	—	321	527	346	566 I
311	500	322	—	347	—
311-1	—	323	563 I	348	—
311-2	—	324	563 I	349	565 I
311-3	320	325	566 II	350	564
312	—	326	580 II	351	—
312-1	—	327 [删除]		352	—
312-2	—	328	522 II	353	—
312-3	—	329	523	354	562 II
312-4	—	330	—	355	—
312-5	—	331	—	356	—
312-6	—	332	—	356-1	—

德国民法典	中华人民共和国民法典	德国民法典	中华人民共和国民法典	德国民法典	中华人民共和国民法典
356-2	—	375	—	398	545 I
356-3	—	376	574 II	399	545 I
356-4	—	377	—	400	545 I
357	—	378	557 I	401	547 I
357-1	—	379 I	—	402	—
357-2	—	379 II	573	403	—
357-3	—	379 III	—	404	548
358	—	380	—	405	—
359	—	381	573	406	549
360	—	382	574 II	407	546 I
361	—	383	570 II	408	—
362	557 I	384	—	409	546
363	—	385	570 II	410	—
364	—	386	—	411	—
365	—	387	568 I	412	—
366	560	388	568 II	413	—
367	561	389	557 I	414	—
368	—	390	—	415	551
369	—	391	—	416	—
370	—	392	—	417	553
371	—	393	—	418	391、697 I
372	570 I	394	—	419 [删除]	
373	—	395	—	420	177、517
374 I	—	396	—	421	178、518 I
374 II	572	397	575	422 I	520 I

德国民法典	中华人民共和国民法典
422 II	—
423	520 II
424	520 IV
425 I	
425 II	520 III
426	519
427	—
428	518 I
429	521 III
430	521 I
431	—
432	—

《德国民法典》与台湾地区"民法"条文对照表（债编通论）

德国民法典	台湾地区"民法"	德国民法典	台湾地区"民法"	德国民法典	台湾地区"民法"
241	199 Ⅰ，Ⅲ	260	540	276 Ⅰ	220
241-1	消保20 Ⅰ	261	—	276 Ⅱ	—
242	148 Ⅱ	262	208	276 Ⅲ	222
243	200	263	209、212	277	223
244	202	264 Ⅰ	—	278	224
245	201	264 Ⅱ	210	279 [删除]	
246	203	265	211	280 Ⅰ	—
247	—	266	318	280 Ⅱ	231 Ⅰ
248	207	267	311	280 Ⅲ	
249	213 Ⅰ、196	268	311 Ⅱ、312	281	232
250	214	269	314：1	282	—
251	215	270 Ⅰ	314：2	283	226
252	216	270 Ⅱ	314：2	284	—
253 Ⅰ	18 Ⅱ	270 Ⅲ	317	285	225 Ⅱ
253 Ⅱ	195 Ⅰ	270 Ⅳ	314：2	286	229、230
254	217	271	316	287	231 Ⅱ
255	218-1	271-1	—	288	233 Ⅰ、Ⅲ
256	176 Ⅰ	272	—	289	233 Ⅱ
257	176 Ⅰ	273	928、937	290	—
258	431 Ⅱ	274	—	291	—
259	540	275	225、226	292	—

德国民法典	台湾地区"民法"	德国民法典	台湾地区"民法"	德国民法典	台湾地区"民法"
293	234	310	—	313 I	227-2
294	235	311 I	—	313 II	—
295	235	311 II	245-1	313 III	—
296	—	311 III	—	314	—
297	—	311-1	—	315	—
298	—	311-2 I	166-1	316	—
299	236	311-2 II	—	317	—
300 I	237	311-2 III	—	318	—
300 II	—	311-2 IV	—	319	—
301	238	311-2 V	—	320	264
302	239	311-3	68 II	321 I	265
303	241	312	—	321 II	—
304	240	312-1	—	322	—
305	消保12	312-2	—	323 I	254、227 I
305-1	—	312-3	消保2: 10	323 II	—
305-2	消保15	312-4	消保18	323 III	—
305-3 I	消保14	312-5	—	323 IV	—
305-3 II	消保11 II	312-6	—	323 V	—
306	消保16	312-7 I	消保19	323 VI	—
306-1	—	312-7 II	—	324	—
307 I	247-1、消保12 I	312-7 III	—	325	260
307 II	消保12 II	312-8	—	326 I	266 I
307 III	—	312-9	—	326 II	267
308	—	312-10	—	326 III	—
309	—	312-11	—	326 IV	266 II

德国民法典	台湾地区"民法"	德国民法典	台湾地区"民法"	德国民法典	台湾地区"民法"
326 V	—	348	264	365	347
327 [删除]		349	258 I	366	321、322
328 I	269 I	350	257	367	323
328 II	—	351	258 II	368	324
329	—	352	—	369	—
330	—	353	—	370	309: 2
331	—	354	—	371	308、325 III
332	—	355	—	372	326
333	269 III	356	—	373	329后
334	270	356-1	—	374	327
335	269 I	356-2	—	375	—
336 I	248	356-3	—	376	329前
336 II	—	356-4	—	377	—
337 I	249: 1	357	—	378	—
337 II	249: 4	357-1	—	379 I	—
338	249: 2	357-2	—	379 II	328
339	250	357-3	—	379 III	—
340	—	358	—	380	—
341	250	359	—	381	333
342	253	360	—	382	330
343	252	361	—	383 I	331
344	—	362	309 I、310	383 II	—
345	—	363	—	383 III	—
346	259: 1, 3	364 I	319	383 IV	—
347	259: 5	364 II	320	383 V	—

德国民法典	台湾地区"民法"	德国民法典	台湾地区"民法"
384	—	409	298
385	332	410	297
386	333	411	—
387	334本	412	—
388	335	413	—
389	335 I	414	300
390	337	415	301
391	336	416	—
392	340	417	303
393	339	418	304
394	338	419 [删除]	
395	—	420	271
396	342	421	272 I、273
397	343	422	274、277
398	294 I 本	423	276
399	294 I : 2	424	278
400	294 I : 2, 3	425	274—276、279
401	295 I	426 I	280
402	296	426 II	281 II : 2
403	—	427	—
404	299 I	428	283、284
405	294 II	429	285—290
406	299 II	430	291
407	—	431	292
408	—	432	293

债之关系法

债编各论

编译者 / 洪逊欣

修订者 / 詹森林

Abschnitt 8　Einzelne Schuldverhältnisse

第八章　各种之债

Titel 1　Kauf, Tausch *)
第一节　买卖、互易

*)Amtlicher Hinweis:
Dieser Titel dient der Umsetzung der Richtlinie 1999/44/EG des Europäischen Parlaments und des Rates vom 25. Mai 1999 zu bestimmten Aspekten des Verbrauchsgüterkaufs und der Garantien für Verbrauchsgüter (ABl. EG Nr. L 171 S. 12).

德国官方注释：
　　本节为欧洲议会与欧洲共同理事会1999年5月25日1999/44/EG《消费商品买卖及消费物保障指令》，其特定领域规定之转化。[①]

Untertitel 1　Allgemeine Vorschriften
第一款　通　则

§433　Vertragstypische Pflichten beim Kaufvertrag

(1) Durch den Kaufvertrag wird der Verkäufer einer Sache verpflichtet, dem Käufer die Sache zu übergeben und das Eigentum an der Sache zu verschaffen. Der Verkäufer hat dem Käufer die Sache frei von Sach- und Rechtsmängeln zu verschaffen.

(2) Der Käufer ist verpflichtet, dem Verkäufer den vereinbarten Kaufpreis zu zahlen und die gekaufte Sache abzunehmen.

第四百三十三条　[买卖契约之契约典型义务]
　Ⅰ [1]依买卖契约，物之出卖人负交付其物于买受人，并使其取得该物所有

---

① 参见欧共体《官方公报》L卷第171期，第12页。

权之义务。²出卖人应使买受人取得无物之瑕疵及权利瑕疵之物。
II 买受人负支付约定价金与出卖人并受领标的物之义务。

§434 Sachmangel

(1) Die Sache ist frei von Sachmängeln, wenn sie bei Gefahrübergang die vereinbarte Beschaffenheit hat. Soweit die Beschaffenheit nicht vereinbart ist, ist die Sache frei von Sachmängeln,
 1. wenn sie sich für die nach dem Vertrag vorausgesetzte Verwendung eignet, sonst
 2. wenn sie sich für die gewöhnliche Verwendung eignet und eine Beschaffenheit aufweist, die bei Sachen der gleichen Art üblich ist und die der Käufer nach der Art der Sache erwarten kann.
(2) Zu der Beschaffenheit nach Satz 2 Nr. 2 gehören auch Eigenschaften, die der Käufer nach den öffentlichen Äußerungen des Verkäufers, des Herstellers (§4 Abs. 1 und 2 des Produkthaftungsgesetzes) oder seines Gehilfen insbesondere in der Werbung oder bei der Kennzeichnung über bestimmte Eigenschaften der Sache erwarten kann, es sei denn, dass der Verkäufer die Äußerung nicht kannte und auch nicht kennen musste, dass sie im Zeitpunkt des Vertragsschlusses in gleichwertiger Weise berichtigt war oder dass sie die Kaufentscheidung nicht beeinflussen konnte.
(3) Ein Sachmangel ist auch dann gegeben, wenn die vereinbarte Montage durch den Verkäufer oder dessen Erfüllungsgehilfen unsachgemäß durchgeführt worden ist. Ein Sachmangel liegt bei einer zur Montage bestimmten Sache ferner vor, wenn die Montageanleitung mangelhaft ist, es sei denn, die Sache ist fehlerfrei montiert worden.
(4) Einem Sachmangel steht es gleich, wenn der Verkäufer eine andere Sache oder eine zu geringe Menge liefert.

第四百三十四条　[物之瑕疵]

I ¹物于危险移转时具有约定之品质者，其物为无物之瑕疵。²品质未约定时，有下列情形之一者，其物为无物之瑕疵：
 1. 该物适于契约预定之使用人，或
 2. 该物适于通常之使用，并显示同种类之物通常具有之品质，且该品质为买受人依其物之种类所期待者。

II 第二段第二款所称之品质，亦包含依出卖人、制造人（产品责任法第四条第一款及第二款）或其辅助人特别于广告或该物特征说明中之公开表示，买受人可得期待之性质。但出卖人不知该表示，亦非可得而知该表示于契约成立时业以同等方式更正，或不影响购买之决定者，不在此限。

Ⅲ ^{1}约定之组装，经出卖人或其履行辅助人为不适当之实施者，亦属物之瑕疵。^{2}标的物应经组装时，组装说明书有瑕疵者，亦属物之瑕疵。但该物业经正确组装者，不在此限。

Ⅳ 出卖人交付他物，或交付数量短缺者，视同物之瑕疵。

§435 Rechtsmangel

Die Sache ist frei von Rechtsmängeln, wenn Dritte in Bezug auf die Sache keine oder nur die im Kaufvertrag übernommenen Rechte gegen den Käufer geltend machen können. Einem Rechtsmangel steht es gleich, wenn im Grundbuch ein Recht eingetragen ist, das nicht besteht.

第四百三十五条　[权利瑕疵]

^{1}第三人就买卖标的物，对于买受人不得主张任何权利，或仅得主张买卖契约中所承受之权利者，该物无权利瑕疵。^{2}不存在之权利经登记于土地登记簿者，视同权利瑕疵。

§436 Öffentliche Lasten von Grundstücken

(1) Soweit nicht anders vereinbart, ist der Verkäufer eines Grundstücks verpflichtet, Erschließungsbeiträge und sonstige Anliegerbeiträge für die Maßnahmen zu tragen, die bis zum Tage des Vertragsschlusses bautechnisch begonnen sind, unabhängig vom Zeitpunkt des Entstehens der Beitragsschuld.

(2) Der Verkäufer eines Grundstücks haftet nicht für die Freiheit des Grundstücks von anderen öffentlichen Abgaben und von anderen öffentlichen Lasten, die zur Eintragung in das Grundbuch nicht geeignet sind.

第四百三十六条　[土地之公共负担]

Ⅰ 除契约另有约定外，建筑技术上已开始之措施所生开发费用及其他地区居民费用，不论该费用债务产生时期为何，土地出卖人应负担至契约制定日止。

Ⅱ 就土地免于不适合登记于土地登记簿之其他公共税捐及其他公共负担，土地出卖人不负其责。

§437 Rechte des Käufers bei Mängeln

Ist die Sache mangelhaft, kann der Käufer, wenn die Voraussetzungen der folgenden Vorschriften vorliegen und soweit nicht ein anderes bestimmt ist,
1. nach §439 Nacherfüllung verlangen,
2. nach den §§440, 323 und 326 Abs. 5 von dem Vertrag zurücktreten oder nach §441 den Kaufpreis mindern und
3. nach den §§440, 280, 281, 283 und 311a Schadensersatz oder nach §284 Ersatz vergeblicher Aufwendungen verlangen.

第四百三十七条 [物之瑕疵时买受人之权利]

物有瑕疵时,如具备下列规定之要件,且无其他规定者,买受人得为下列权利之主张:
1. 依第四百三十九条请求嗣后履行。
2. 依第四百四十条、第三百二十三条及第三百二十六条第五款解除契约,或依第四百四十一条减少买卖价金。及
3. 依第四百四十条、第二百八十条、第二百八十一条、第二百八十三条及第三百一十一条之一请求损害赔偿,或依第二百八十四条请求偿还无益费用。

§438 Verjährung der Mängelansprüche

(1) Die in §437 Nr. 1 und 3 bezeichneten Ansprüche verjähren
1. in 30 Jahren, wenn der Mangel
   a) in einem dinglichen Recht eines Dritten, auf Grund dessen Herausgabe der Kaufsache verlangt werden kann, oder
   b) in einem sonstigen Recht, das im Grundbuch eingetragen ist, besteht,
2. in fünf Jahren
   a) bei einem Bauwerk und
   b) bei einer Sache, die entsprechend ihrer üblichen Verwendungsweise für ein Bauwerk verwendet worden ist und dessen Mangelhaftigkeit verursacht hat, und
3. im Übrigen in zwei Jahren.

(2) Die Verjährung beginnt bei Grundstücken mit der Übergabe, im Übrigen mit der Ablieferung der Sache.

(3) Abweichend von Absatz 1 Nr. 2 und 3 und Absatz 2 verjähren die Ansprüche in

der regelmäßigen Verjährungsfrist, wenn der Verkäufer den Mangel arglistig verschwiegen hat. Im Falle des Absatzes 1 Nr. 2 tritt die Verjährung jedoch nicht vor Ablauf der dort bestimmten Frist ein.

(4) Für das in §437 bezeichnete Rücktrittsrecht gilt §218. Der Käufer kann trotz einer Unwirksamkeit des Rücktritts nach §218 Abs. 1 die Zahlung des Kaufpreises insoweit verweigern, als er auf Grund des Rücktritts dazu berechtigt sein würde. Macht er von diesem Recht Gebrauch, kann der Verkäufer vom Vertrag zurücktreten.

(5) Auf das in §437 bezeichnete Minderungsrecht finden §218 und Absatz 4 Satz 2 entsprechende Anwendung.

第四百三十八条　[瑕疵请求权之消灭时效]

Ⅰ 第四百三十七条第一项及第三项所称之请求权，因下列情事罹于时效：
1. 因三十年间不行使而消灭：
   a) 瑕疵为第三人得依物权请求返还买卖标的物者。
   b) 瑕疵为已登记于土地登记簿上之其他权利者。
2. 因五年间不行使而消灭：
   a) 于建筑物者。
   b) 于依其通常使用方式在建筑物上使用，且造成建筑物瑕疵之物者。
3. 于其他之情事者，因二年间不行使而消灭。

Ⅱ 于土地，其时效自交付时起算；于其他之情事者，自标的物交付时起算。

Ⅲ [1]出卖人恶意不告知瑕疵者，请求权因一般时效期间经过而消灭，不适用第一款第二项、第三项及第二款规定。[2]但于第一款第二项之情形，消灭时效在该款所定之期间届满前，其时效不完成。

Ⅳ [1]第四百三十七条所称解除权，适用第二百一十八条规定。[2]解除虽依第二百一十八条第一款规定不生效力，买受人仍得依其如同基于契约解除所得享有权限之限度，拒绝支付买卖价金。[3]买受人行使该权利者，出卖人得解除契约。

Ⅴ 第二百一十八条及本条第四款第二段规定，准用于第四百三十七条所称减少价金之权利。

§439　Nacherfüllung

(1) Der Käufer kann als Nacherfüllung nach seiner Wahl die Beseitigung des Mangels oder die Lieferung einer mangelfreien Sache verlangen.

(2) Der Verkäufer hat die zum Zwecke der Nacherfüllung erforderlichen Aufwendungen, insbesondere Transport-, Wege-, Arbeits- und Materialkosten zu tragen.

(3) Der Verkäufer kann die vom Käufer gewählte Art der Nacherfüllung unbeschadet des §275 Abs. 2 und 3 verweigern, wenn sie nur mit unverhältnismäßigen Kosten möglich ist. Dabei sind insbesondere der Wert der Sache in mangelfreiem Zustand, die Bedeutung des Mangels und die Frage zu berücksichtigen, ob auf die andere Art der Nacherfüllung ohne erhebliche Nachteile für den Käufer zurückgegriffen werden könnte. Der Anspruch des Käufers beschränkt sich in diesem Fall auf die andere Art der Nacherfüllung; das Recht des Verkäufers, auch diese unter den Voraussetzungen des Satzes 1 zu verweigern, bleibt unberührt.

(4) Liefert der Verkäufer zum Zwecke der Nacherfüllung eine mangelfreie Sache, so kann er vom Käufer Rückgewähr der mangelhaften Sache nach Maßgabe der §§346 bis 348 verlangen.

第四百三十九条　[嗣后履行]

Ⅰ 买受人得依其选择而请求排除瑕疵或交付无瑕疵之物，作为嗣后履行。

Ⅱ 出卖人应负嗣后履行所必要之费用，即如运费、道路通行费、工资及材料费。

Ⅲ [1]买受人所选择之嗣后履行方式需费过巨者，出卖人得拒绝之，第二百七十五条第二款及第三款规定，不因此而受影响。[2]于此应特别斟酌物无瑕疵状态时之价值、瑕疵严重程度及得否采取对买受人无显著不利益之其他嗣后履行方式。[3]于此情形，买受人之请求权限于该其他嗣后履行方式时，出卖人亦于符合第一段规定之要件者，就该其他嗣后履行方式亦得予以拒绝之权利，不受影响。

Ⅳ 出卖人为嗣后履行目的而交付无瑕疵之物者，得依第三百四十六条至第三百四十八条规定，请求买受人返还瑕疵之物。

§440 Besondere Bestimmungen für Rücktritt und Schadensersatz

Außer in den Fällen des §281 Abs. 2 und des §323 Abs. 2 bedarf es der Fristsetzung auch dann nicht, wenn der Verkäufer beide Arten der Nacherfüllung gemäß §439 Abs. 3 verweigert oder wenn die dem Käufer zustehende Art der Nacherfüllung fehlgeschlagen oder ihm unzumutbar ist. Eine Nachbesserung gilt nach dem erfolglosen zweiten Versuch als fehlgeschlagen, wenn sich nicht insbesondere aus der Art der

Sache oder des Mangels oder den sonstigen Umständen etwas anderes ergibt.

第四百四十条　[解除契约及损害赔偿之特别规定]
¹在第二百八十一条第二款及第三百二十三条第二款规定之情形外，出卖人依第四百三十九条第三款规定拒绝两种嗣后履行之方式，或买受人得请求嗣后履行方式失败，或其对于买受人为不可期待者，亦毋庸定期限。²嗣后补正经二次尝试而无效果时，除特别依物或瑕疵之种类或其他情形，有不同之情事者外，视为失败。

§441　Minderung

(1) Statt zurückzutreten, kann der Käufer den Kaufpreis durch Erklärung gegenüber dem Verkäufer mindern. Der Ausschlussgrund des §323 Abs. 5 Satz 2 findet keine Anwendung.

(2) Sind auf der Seite des Käufers oder auf der Seite des Verkäufers mehrere beteiligt, so kann die Minderung nur von allen oder gegen alle erklärt werden.

(3) Bei der Minderung ist der Kaufpreis in dem Verhältnis herabzusetzen, in welchem zur Zeit des Vertragsschlusses der Wert der Sache in mangelfreiem Zustand zu dem wirklichen Wert gestanden haben würde. Die Minderung ist, soweit erforderlich, durch Schätzung zu ermitteln.

(4) Hat der Käufer mehr als den geminderten Kaufpreis gezahlt, so ist der Mehrbetrag vom Verkäufer zu erstatten. §346 Abs. 1 und §347 Abs. 1 finden entsprechende Anwendung.

第四百四十一条　[减少价金]

Ⅰ ¹买受人得向出卖人表示减少价金，以代解除契约。²第三百二十三条第五款第二段规定之排除事由，不适用之。

Ⅱ 买受人之一方或出卖人之一方有数人者，减少价金仅得由其全体或向其全体表示之。

Ⅲ ¹价金之减少，应就买卖价金依契约制定时，物无瑕疵状态之价值与其实际价值可能存在之比例，减少之。²必要时，应按估价定其减少之价金。

Ⅳ ¹买受人已支付超过减少后之价金者，其超过之数额应由出卖人返还之。²第三百四十六条第一款及第三百四十七条第一款规定，准用之。

§442 Kenntnis des Käufers

(1) Die Rechte des Käufers wegen eines Mangels sind ausgeschlossen, wenn er bei Vertragsschluss den Mangel kennt. Ist dem Käufer ein Mangel infolge grober Fahrlässigkeit unbekannt geblieben, kann der Käufer Rechte wegen dieses Mangels nur geltend machen, wenn der Verkäufer den Mangel arglistig verschwiegen oder eine Garantie für die Beschaffenheit der Sache übernommen hat.

(2) Ein im Grundbuch eingetragenes Recht hat der Verkäufer zu beseitigen, auch wenn es der Käufer kennt.

第四百四十二条　[买受人之知悉]

Ⅰ ¹买受人于契约制定时知有瑕疵者，无因瑕疵所生之权利。²买受人因重大过失而不知有瑕疵时，仅于出卖人恶意不告知瑕疵或承担物之品质之保证者，得主张因瑕疵所生之权利。

Ⅱ 土地登记簿上已登记之权利，纵为买受人所知悉，出卖人应除去之。

§443 Garantie

(1) Geht der Verkäufer, der Hersteller oder ein sonstiger Dritter in einer Erklärung oder einschlägigen Werbung, die vor oder bei Abschluss des Kaufvertrags verfügbar war, zusätzlich zu der gesetzlichen Mängelhaftung insbesondere die Verpflichtung ein, den Kaufpreis zu erstatten, die Sache auszutauschen, nachzubessern oder in ihrem Zusammenhang Dienstleistungen zu erbringen, falls die Sache nicht diejenige Beschaffenheit aufweist oder andere als die Mängelfreiheit betreffende Anforderungen nicht erfüllt, die in der Erklärung oder einschlägigen Werbung beschrieben sind (Garantie), stehen dem Käufer im Garantiefall unbeschadet der gesetzlichen Ansprüche die Rechte aus der Garantie gegenüber demjenigen zu, der die Garantie gegeben hat (Garantiegeber).

(2) Soweit der Garantiegeber eine Garantie dafür übernommen hat, dass die Sache für eine bestimmte Dauer eine bestimmte Beschaffenheit behält (Haltbarkeitsgarantie), wird vermutet, dass ein während ihrer Geltungsdauer auftretender Sachmangel die Rechte aus der Garantie begründet.

第四百四十三条　[保证]

Ⅰ 出卖人、制造人或其他第三人于表示或相关之广告中说明，于买受物不具该表示或相关广告中所描述之质量或不符其中所称之无瑕疵要求时，承担法定瑕疵责任外之价金偿还、换货或修补之义务（保证），且该表示及广告于订约前或订约后可供取得者，买受人对保证之人享有依保证所生之权利；其法定请求权，不受影响（保证人）。

II 保证之人就物于特定期间保持特定质量（保固保证），于其有效期间所生之物之瑕疵，推定因保证而生权利存在。

§444 Haftungsausschluss

Auf eine Vereinbarung, durch welche die Rechte des Käufers wegen eines Mangels ausgeschlossen oder beschränkt werden, kann sich der Verkäufer nicht berufen, soweit er den Mangel arglistig verschwiegen oder eine Garantie für die Beschaffenheit der Sache übernommen hat.

第四百四十四条 [责任之排除]
关于排除或限制买受人因瑕疵而生权利之约定，如出卖人恶意不告知瑕疵，或承担物之品质保证者，出卖人不得主张之。

§445 Haftungsbegrenzung bei öffentlichen Versteigerungen

Wird eine Sache auf Grund eines Pfandrechts in einer öffentlichen Versteigerung unter der Bezeichnung als Pfand verkauft, so stehen dem Käufer Rechte wegen eines Mangels nur zu, wenn der Verkäufer den Mangel arglistig verschwiegen oder eine Garantie für die Beschaffenheit der Sache übernommen hat.

第四百四十五条 [公开拍卖时之责任限制]
物因质权而公开拍卖，标明为质物而出卖时，仅于出卖人恶意不告知瑕疵或承担物之品质保证者，买受人始享有因瑕疵而生之权利。

§446 Gefahr- und Lastenübergang

Mit der Übergabe der verkauften Sache geht die Gefahr des zufälligen Untergangs und der zufälligen Verschlechterung auf den Käufer über. Von der Übergabe an gebühren dem Käufer die Nutzungen und trägt er die Lasten der Sache. Der Übergabe steht es gleich, wenn der Käufer im Verzug der Annahme ist.

第四百四十六条 [危险及负担之移转]
¹因事变而生灭失或毁损之危险，该危险因买卖标的物之交付而移转于买受人。²自交付时起，买受人取得标的物之用益，并承受其负担。³买受人受领迟延者，视同交付。

§447 Gefahrübergang beim Versendungskauf

(1) Versendet der Verkäufer auf Verlangen des Käufers die verkaufte Sache nach einem anderen Ort als dem Erfüllungsort, so geht die Gefahr auf den Käufer über, sobald der Verkäufer die Sache dem Spediteur, dem Frachtführer oder der sonst zur Ausführung der Versendung bestimmten Person oder Anstalt ausgeliefert hat.

(2) Hat der Käufer eine besondere Anweisung über die Art der Versendung erteilt und weicht der Verkäufer ohne dringenden Grund von der Anweisung ab, so ist der Verkäufer dem Käufer für den daraus entstehenden Schaden verantwortlich.

第四百四十七条 [送交买卖之危险移转]
Ⅰ 出卖人因买受人之请求，将买卖标的物送交于清偿地以外之处所者，自出卖人交付其物于承揽运送人、运送人或其他经指定为其运送之人或机构时起，其危险移转于买受人。
Ⅱ 买受人关于送交方法有特别指示，而出卖人无紧急之原因，违反其指示者，出卖人对于买受人因此所受之损害，应负责任。

§448 Kosten der Übergabe und vergleichbare Kosten

(1) Der Verkäufer trägt die Kosten der Übergabe der Sache, der Käufer die Kosten der Abnahme und der Versendung der Sache nach einem anderen Ort als dem Erfüllungsort.

(2) Der Käufer eines Grundstücks trägt die Kosten der Beurkundung des Kaufvertrags und der Auflassung, der Eintragung ins Grundbuch und der zu der Eintragung erforderlichen Erklärungen.

第四百四十八条 [交付之费用及类似费用]
Ⅰ 交付标的物之费用，由出卖人负担；受领及将标的物送交于清偿地以外之处所之费用，由买受人负担。
Ⅱ 土地出卖人应负担买卖契约之公证、让与所有权、于土地登记簿上为登记及为登记之请求时之必要费用。

§449 Eigentumsvorbehalt

(1) Hat sich der Verkäufer einer beweglichen Sache das Eigentum bis zur Zahlung des Kaufpreises vorbehalten, so ist im Zweifel anzunehmen, dass das Eigentum unter der aufschiebenden Bedingung vollständiger Zahlung des Kaufpreises übertragen wird (Eigentumsvorbehalt).
(2) Auf Grund des Eigentumsvorbehalts kann der Verkäufer die Sache nur herausverlangen, wenn er vom Vertrag zurückgetreten ist.
(3) Die Vereinbarung eines Eigentumsvorbehalts ist nichtig, soweit der Eigentumsübergang davon abhängig gemacht wird, dass der Käufer Forderungen eines Dritten, insbesondere eines mit dem Verkäufer verbundenen Unternehmens, erfüllt.

第四百四十九条 [所有权之保留]

Ⅰ 动产出卖人将其所有权保留至价金支付完毕者，有疑义时，应认为所有权之移转，系以价金之全部支付为停止条件（所有权之保留）。
Ⅱ 仅于出卖人解除契约者，始得依保留所有权请求返还标的物。
Ⅲ 所有权之移转系取决于买受人清偿第三人之债权，即如其与出卖人有关联企业之债权者，保留所有权之约定为无效。

§450 Ausgeschlossene Käufer bei bestimmten Verkäufen

(1) Bei einem Verkauf im Wege der Zwangsvollstreckung dürfen der mit der Vornahme oder Leitung des Verkaufs Beauftragte und die von ihm zugezogenen Gehilfen einschließlich des Protokollführers den zu verkaufenden Gegenstand weder für sich persönlich oder durch einen anderen noch als Vertreter eines anderen kaufen.
(2) Absatz 1 gilt auch bei einem Verkauf außerhalb der Zwangsvollstreckung, wenn der Auftrag zu dem Verkauf auf Grund einer gesetzlichen Vorschrift erteilt worden ist, die den Auftraggeber ermächtigt, den Gegenstand für Rechnung eines anderen verkaufen zu lassen, insbesondere in den Fällen des Pfandverkaufs und des in den §§383 und 385 zugelassenen Verkaufs, sowie bei einem Verkauf aus einer Insolvenzmasse.

第四百五十条 [特定出卖时经排除之买受人]

Ⅰ 因强制执行而为出卖时，实行或指挥买卖之受任人与其辅助人，及制作笔录之人，均不得为自己买入或使他人为其买入，亦不得代理他人而买入买卖标的物。

Ⅱ 强制执行以外之出卖，如其出卖之委任系基于法律规定，且该规定授权委任人使他人为第三人之利益出卖标的物，特别在质物之出卖及第三百八十三条与第三百八十五条所容许之出卖者，适用第一款规定。就破产财团之财产所为之出卖者，亦同。ᵃ

a 例如破产程序之破产人，依法律规定应由破产管理人就破产人之财产为出卖，且该法律授权管理人得为破产程序债权人之利益，而出卖破产人之财产。

§451　Kauf durch ausgeschlossenen Käufer

(1) Die Wirksamkeit eines dem §450 zuwider erfolgten Kaufs und der Übertragung des gekauften Gegenstandes hängt von der Zustimmung der bei dem Verkauf als Schuldner, Eigentümer oder Gläubiger Beteiligten ab. Fordert der Käufer einen Beteiligten zur Erklärung über die Genehmigung auf, so findet §177 Abs. 2 entsprechende Anwendung.

(2) Wird infolge der Verweigerung der Genehmigung ein neuer Verkauf vorgenommen, so hat der frühere Käufer für die Kosten des neuen Verkaufs sowie für einen Mindererlös aufzukommen.

第四百五十一条 [经排除之买受人而为之买卖]

Ⅰ ¹不依第四百五十条所为之买卖及买卖标的物之移转，应经参与买卖之债务人、所有人或债权人同意，始生效力。²买受人对参与人中之一人催告为承认之表示者，准用第一百七十七条第二款规定。

Ⅱ 因拒绝承认而再行出卖者，原买受人应补偿再行出卖之费用及价金之减少数额。

§452　Schiffskauf

Die Vorschriften dieses Untertitels über den Kauf von Grundstücken finden auf den Kauf von eingetragenen Schiffen und Schiffsbauwerken entsprechende Anwendung.

第四百五十二条 [船舶买卖]
已登记之船舶及建造中船舶之买卖,准用本款关于不动产买卖之规定。

§453 Rechtskauf

(1) Die Vorschriften über den Kauf von Sachen finden auf den Kauf von Rechten und sonstigen Gegenständen entsprechende Anwendung.
(2) Der Verkäufer trägt die Kosten der Begründung und Übertragung des Rechts.
(3) Ist ein Recht verkauft, das zum Besitz einer Sache berechtigt, so ist der Verkäufer verpflichtet, dem Käufer die Sache frei von Sach- und Rechtsmängeln zu übergeben.

第四百五十三条 [权利买卖]
Ⅰ 权利及其他标的之买卖,准用物之买卖规定。
Ⅱ 出卖人应负担权利之成立及移转之费用。
Ⅲ 权利之出卖人,如因该权利而得占有一定之物者,负将无物或权利瑕疵之物交付买受人之义务。

Untertitel 2
Besondere Arten des Kaufs
第二款 特种买卖

Kapitel 1 Kauf auf Probe
第一目 试验买卖

§454 Zustandekommen des Kaufvertrags

(1) Bei einem Kauf auf Probe oder auf Besichtigung steht die Billigung des gekauften Gegenstandes im Belieben des Käufers. Der Kauf ist im Zweifel unter der aufschiebenden Bedingung der Billigung geschlossen.
(2) Der Verkäufer ist verpflichtet, dem Käufer die Untersuchung des Gegenstandes zu gestatten.

第四百五十四条 [买卖契约之成立]

Ⅰ ¹在试验买卖或检查买卖,关于买卖标的物之承认,应听任买受人之自由。²买卖契约之制定,有疑义时,应以承认为其停止条件。

Ⅱ 出卖人应允许买受人检查其标的物。

§455 Billigungsfrist

Die Billigung eines auf Probe oder auf Besichtigung gekauften Gegenstandes kann nur innerhalb der vereinbarten Frist und in Ermangelung einer solchen nur bis zum Ablauf einer dem Käufer von dem Verkäufer bestimmten angemessenen Frist erklärt werden. War die Sache dem Käufer zum Zwecke der Probe oder der Besichtigung übergeben, so gilt sein Schweigen als Billigung.

第四百五十五条 [承认期间]

¹关于试验买卖或检查买卖,其标的物之承认,仅得于约定期间内表示之,其无约定期间者,仅得于出卖人对买受人所定之相当期间内为之。²因试验或检查,已将其物交付于买受人者,买受人之沉默视为承认。

Kapitel 2 Wiederkauf
第二目 买　回

§456 Zustandekommen des Wiederkaufs

(1) Hat sich der Verkäufer in dem Kaufvertrag das Recht des Wiederkaufs vorbehalten, so kommt der Wiederkauf mit der Erklärung des Verkäufers gegenüber dem Käufer, dass er das Wiederkaufsrecht ausübe, zustande. Die Erklärung bedarf nicht der für den Kaufvertrag bestimmten Form.

(2) Der Preis, zu welchem verkauft worden ist, gilt im Zweifel auch für den Wiederkauf.

第四百五十六条 [买回之成立]

Ⅰ ¹出卖人于买卖契约保留买回之权利者,在出卖人向买受人表示其行使买回权时,买回即为成立。²该表示无须具备该买卖契约所定之方式。

Ⅱ 该出卖之价金,有疑义时,亦视为买回之价金。

§457　Haftung des Wiederverkäufers

(1) Der Wiederverkäufer ist verpflichtet, dem Wiederkäufer den gekauften Gegenstand nebst Zubehör herauszugeben.
(2) Hat der Wiederverkäufer vor der Ausübung des Wiederkaufsrechts eine Verschlechterung, den Untergang oder eine aus einem anderen Grund eingetretene Unmöglichkeit der Herausgabe des gekauften Gegenstandes verschuldet oder den Gegenstand wesentlich verändert, so ist er für den daraus entstehenden Schaden verantwortlich. Ist der Gegenstand ohne Verschulden des Wiederverkäufers verschlechtert oder ist er nur unwesentlich verändert, so kann der Wiederkäufer Minderung des Kaufpreises nicht verlangen.

第四百五十七条　[买受人之责任]
Ⅰ 买受人对于买回人负交付买卖标的物及其从物之义务。
Ⅱ [1]买受人于买回权之行使前，因可归责于自己之事由致买卖标的物毁损、灭失，或基于其他原因而不能交付，或标的物显有变更者，对于因此所生之损害，应负责任。[2]标的物非因可归责于买受人之事由而毁损，或其变更无关重要者，买回人不得请求减少价金。

§458　Beseitigung von Rechten Dritter

Hat der Wiederverkäufer vor der Ausübung des Wiederkaufsrechts über den gekauften Gegenstand verfügt, so ist er verpflichtet, die dadurch begründeten Rechte Dritter zu beseitigen. Einer Verfügung des Wiederverkäufers steht eine Verfügung gleich, die im Wege der Zwangsvollstreckung oder der Arrestvollziehung oder durch den Insolvenzverwalter erfolgt.

第四百五十八条　[第三人权利之除去]
[1]买受人于买回权之行使前，已就买卖标的物为处分者，应除去第三人因此而取得之权利。[2]依强制执行、假扣押，或由破产管理人所为之处分者，视同买受人之处分。

§459 Ersatz von Verwendungen

Der Wiederverkäufer kann für Verwendungen, die er auf den gekauften Gegenstand vor dem Wiederkauf gemacht hat, insoweit Ersatz verlangen, als der Wert des Gegenstandes durch die Verwendungen erhöht ist. Eine Einrichtung, mit der er die herauszugebende Sache versehen hat, kann er wegnehmen.

第四百五十九条　[费用之偿还]
¹买受人于买回前为买卖标的物所支出之费用，在标的物因该费用而增加价值之限度内，得请求偿还之。²买受人就应交付之物所增添之装置，得取回之。

§460 Wiederkauf zum Schätzungswert

Ist als Wiederkaufpreis der Schätzungswert vereinbart, den der gekaufte Gegenstand zur Zeit des Wiederkaufs hat, so ist der Wiederverkäufer für eine Verschlechterung, den Untergang oder die aus einem anderen Grund eingetretene Unmöglichkeit der Herausgabe des Gegenstandes nicht verantwortlich, der Wiederkäufer zum Ersatz von Verwendungen nicht verpflichtet.

第四百六十条　[买回之估定价额]
约定以买卖标的物于买回时之估定价额为买回价金者，买受人就标的物之毁损、灭失，或基于其他原因而不能交付时，不负责任，买回人亦不负偿还费用之义务。

§461 Mehrere Wiederkaufsberechtigte

Steht das Wiederkaufsrecht mehreren gemeinschaftlich zu, so kann es nur im Ganzen ausgeübt werden. Ist es für einen der Berechtigten erloschen oder übt einer von ihnen sein Recht nicht aus, so sind die übrigen berechtigt, das Wiederkaufsrecht im Ganzen auszuüben.

第四百六十一条　[多数买回权人]
¹数人共同享有买回权者，仅得由全体权利人行使之。²买回权对权利人

中之一人已经消灭，或权利人中之一人不行使其权利者，其余权利人得就全体行使买回权。

§462 Ausschlussfrist

Das Wiederkaufsrecht kann bei Grundstücken nur bis zum Ablauf von 30, bei anderen Gegenständen nur bis zum Ablauf von drei Jahren nach der Vereinbarung des Vorbehalts ausgeübt werden. Ist für die Ausübung eine Frist bestimmt, so tritt diese an die Stelle der gesetzlichen Frist.

第四百六十二条　[除斥期间]
¹买回权，自为保留之约定后，就土地仅得于三十年间，就其他标的物仅得于三年间行使之。²定有行使之期限者，以其期限代法定期限。

Kapitel 3　　Vorkauf
第三目　优先承买

§463 Voraussetzungen der Ausübung

Wer in Ansehung eines Gegenstandes zum Vorkauf berechtigt ist, kann das Vorkaufsrecht ausüben, sobald der Verpflichtete mit einem Dritten einen Kaufvertrag über den Gegenstand geschlossen hat.

第四百六十三条　[行使之要件]
对标的物有优先承买权者，于义务人与第三人就该标的物制定买卖契约时，得行使其优先承买权。

§464 Ausübung des Vorkaufsrechts

(1) Die Ausübung des Vorkaufsrechts erfolgt durch Erklärung gegenüber dem Verpflichteten. Die Erklärung bedarf nicht der für den Kaufvertrag bestimmten Form.
(2) Mit der Ausübung des Vorkaufsrechts kommt der Kauf zwischen dem Berechtigten und dem Verpflichteten unter den Bestimmungen zustande, welche der Verpflichtete

mit dem Dritten vereinbart hat.

第四百六十四条 [优先承买权之行使]

Ⅰ ¹优先承买权之行使,应向义务人以意思表示为之。²该表示无须以买卖契约所定方式为之。

Ⅱ 因优先承买权之行使,权利人与义务人之买卖依义务人与第三人所约定之条件而成立。

§465 Unwirksame Vereinbarungen

Eine Vereinbarung des Verpflichteten mit dem Dritten, durch welche der Kauf von der Nichtausübung des Vorkaufsrechts abhängig gemacht oder dem Verpflichteten für den Fall der Ausübung des Vorkaufsrechts der Rücktritt vorbehalten wird, ist dem Vorkaufsberechtigten gegenüber unwirksam.

第四百六十五条 [不生效力之约定]

义务人与第三人约定,其买卖系于优先承买权之不行使,或就优先承买权之行使为义务人保留解除契约者,其约定对优先承买权人不生效力。

§466 Nebenleistungen

Hat sich der Dritte in dem Vertrag zu einer Nebenleistung verpflichtet, die der Vorkaufsberechtigte zu bewirken außerstande ist, so hat der Vorkaufsberechtigte statt der Nebenleistung ihren Wert zu entrichten. Lässt sich die Nebenleistung nicht in Geld schätzen, so ist die Ausübung des Vorkaufsrechts ausgeschlossen; die Vereinbarung der Nebenleistung kommt jedoch nicht in Betracht, wenn der Vertrag mit dem Dritten auch ohne sie geschlossen sein würde.

第四百六十六条 [从给付]

¹第三人于契约中负有从给付之义务,而该从给付为优先承买权人所不能为之者,优先承买权人应偿还该从给付之价额,以代其给付。²从给付不能以金钱估计其价值者,不得行使优先承买权;但义务人与第三人之契约,纵无从给付之约定,仍得成立者,毋庸斟酌该从给付之约定。

§467 Gesamtpreis

Hat der Dritte den Gegenstand, auf den sich das Vorkaufsrecht bezieht, mit anderen Gegenständen zu einem Gesamtpreis gekauft, so hat der Vorkaufsberechtigte einen verhältnismäßigen Teil des Gesamtpreises zu entrichten. Der Verpflichtete kann verlangen, dass der Vorkauf auf alle Sachen erstreckt wird, die nicht ohne Nachteil für ihn getrennt werden können.

第四百六十七条　[总价金]
[1]第三人将优先承买权所涉之标的物连同其他标的物，以总价金买受者，优先承买权人应支付按总价金之比例计算之价金。[2]标的物非使义务人受不利益不能分离者，义务人得请求优先承买所及于之所有标的物。

§468 Stundung des Kaufpreises

(1) Ist dem Dritten in dem Vertrag der Kaufpreis gestundet worden, so kann der Vorkaufsberechtigte die Stundung nur in Anspruch nehmen, wenn er für den gestundeten Betrag Sicherheit leistet.

(2) Ist ein Grundstück Gegenstand des Vorkaufs, so bedarf es der Sicherheitsleistung insoweit nicht, als für den gestundeten Kaufpreis die Bestellung einer Hypothek an dem Grundstück vereinbart oder in Anrechnung auf den Kaufpreis eine Schuld, für die eine Hypothek an dem Grundstück besteht, übernommen worden ist. Entsprechendes gilt, wenn ein eingetragenes Schiff oder Schiffsbauwerk Gegenstand des Vorkaufs ist.

第四百六十八条　[买卖价金之缓期清偿]
Ⅰ 于契约中，第三人得缓期清偿买卖价金者，优先承买权人于就所延期之金额提供担保时，始得请求缓期清偿。
Ⅱ [1]优先承买之标的物为土地时，如约定就缓期清偿之价金，在该土地设定抵押权，或就该价金，承担其曾以该土地供抵押所担保之债务者，无须提供担保。[2]优先承买之标的物为已登记船舶或建造中船舶者，准用之。

§469 Mitteilungspflicht, Ausübungsfrist

(1) Der Verpflichtete hat dem Vorkaufsberechtigten den Inhalt des mit dem Dritten geschlossenen Vertrags unverzüglich mitzuteilen. Die Mitteilung des Verpflichteten wird durch die Mitteilung des Dritten ersetzt.

(2) Das Vorkaufsrecht kann bei Grundstücken nur bis zum Ablauf von zwei Monaten, bei anderen Gegenständen nur bis zum Ablauf einer Woche nach dem Empfang der Mitteilung ausgeübt werden. Ist für die Ausübung eine Frist bestimmt, so tritt diese an die Stelle der gesetzlichen Frist.

第四百六十九条 [通知义务，行使期限]

Ⅰ ¹义务人应将与第三人缔结之契约内容立即通知优先承买人。²经第三人通知者，替代义务人之通知。

Ⅱ ¹优先承买权，自受通知后，就土地仅得于二个月间，就其他标的物仅得于一星期间行使之。²定有行使之期限者，以其期限替代法定期限。

§470 Verkauf an gesetzlichen Erben

Das Vorkaufsrecht erstreckt sich im Zweifel nicht auf einen Verkauf, der mit Rücksicht auf ein künftiges Erbrecht an einen gesetzlichen Erben erfolgt.

第四百七十条 [卖与法定继承人]

有疑义时，优先承买权不及于因斟酌将来之继承权，而对法定继承人所为之出卖。

§471 Verkauf bei Zwangsvollstreckung oder Insolvenz

Das Vorkaufsrecht ist ausgeschlossen, wenn der Verkauf im Wege der Zwangsvollstreckung oder aus einer Insolvenzmasse erfolgt.

第四百七十一条 [强制执行或破产时之出卖]

出卖系因强制执行或破产财团者，不得行使优先承买权。

§472 Mehrere Vorkaufsberechtigte

Steht das Vorkaufsrecht mehreren gemeinschaftlich zu, so kann es nur im Ganzen ausgeübt werden. Ist es für einen der Berechtigten erloschen oder übt einer von ihnen sein Recht nicht aus, so sind die übrigen berechtigt, das Vorkaufsrecht im Ganzen auszuüben.

第四百七十二条 [多数优先承买权人]
¹数人共同享有优先承买权者,仅得由全体权利人行使之。²优先承买权对权利人中之一人已经消灭,或权利人中之一人不行使其权利者,其余权利人得以全体行使优先承买权。

§473 Unübertragbarkeit

Das Vorkaufsrecht ist nicht übertragbar und geht nicht auf die Erben des Berechtigten über, sofern nicht ein anderes bestimmt ist. Ist das Recht auf eine bestimmte Zeit beschränkt, so ist es im Zweifel vererblich.

第四百七十三条 [无让与性]
¹除另有制定外,优先承买权不具让与性,且不让与权利人之继承人。²权利受有一定期间之限制者,有疑义时,得继承之。

Untertitel 3 Verbrauchsgüterkauf
第三款 消费物之买卖

§474 Begriff des Verbrauchsgüterkaufs; anwendbare Vorschriften

(1) Verbrauchsgüterkäufe sind Verträge, durch die ein Verbraucher von einem Unternehmer eine bewegliche Sache kauft. Um einen Verbrauchsgüterkauf handelt es sich auch bei einem Vertrag, der neben dem Verkauf einer beweglichen Sache die Erbringung einer Dienstleistung durch den Unternehmer zum Gegenstand hat.
(2) Für den Verbrauchsgüterkauf gelten ergänzend die folgenden Vorschriften dieses Untertitels. Dies gilt nicht für gebrauchte Sachen, die in einer öffentlich

zugänglichen Versteigerung verkauft werden, an der der Verbraucher persönlich teilnehmen kann.

(3) Ist eine Zeit für die nach §433 zu erbringenden Leistungen weder bestimmt noch aus den Umständen zu entnehmen, so kann der Gläubiger diese Leistungen abweichend von §271 Absatz 1 nur unverzüglich verlangen. Der Unternehmer muss die Sache in diesem Fall spätestens 30 Tage nach Vertragsschluss übergeben. Die Vertragsparteien können die Leistungen sofort bewirken.

(4) § 447 Absatz 1 gilt mit der Maßgabe, dass die Gefahr des zufälligen Untergangs und der zufälligen Verschlechterung nur dann auf den Käufer übergeht, wenn der Käufer den Spediteur, den Frachtführer oder die sonst zur Ausführung der Versendung bestimmte Person oder Anstalt mit der Ausführung beauftragt hat und der Unternehmer dem Käufer diese Person oder Anstalt nicht zuvor benannt hat.

(5) Auf die in diesem Untertitel geregelten Kaufverträge ist §439 Absatz 4 mit der Maßgabe anzuwenden, dass Nutzungen nicht herauszugeben oder durch ihren Wert zu ersetzen sind. Die §§445 und 447 Absatz 2 sind nicht anzuwenden.

第四百七十四条　[消费物买卖之概念；所应适用之条文]

Ⅰ [1]称消费物买卖契约者，谓消费者自企业经营者买受动产。[2]于动产之出卖外，以企业经营者给付劳务为标的者，亦为消费物买卖契约。

Ⅱ [1]消费者向企业经营者买受动产（消费物买卖）补充适用本款以下之规定。[2]但消费者得亲自参与已使用物之公开拍卖者，不在此限。

Ⅲ [1]未定第四百三十三条规定所提供之劳务时间，或不得由具体情形而得知者，债权人仅得即时请求该给付；第二百七十一条第一款规定，不适用之。[2]于此情形，企业经营者最迟应于契约订立后三十日内交付该物。[3]契约双方得立即为给付。

Ⅳ 就第四百四十七条第一款之适用，于买受人委任承揽运送人、运送人或其他经指定为其运送之人或机构时，企业经营者未曾向买受人指定该运送之人或机构者，因事变灭失或毁损之危险始移转于买受人。

Ⅴ [1]本款所定之买卖契约适用第四百三十九条第四款规定时，毋庸返还用益或按其价值偿还。[2]第四百四十五条及第四百四十七条第二款规定，不适用之。

§475 Abweichende Vereinbarungen

(1) Auf eine vor Mitteilung eines Mangels an den Unternehmer getroffene Vereinbarung, die zum Nachteil des Verbrauchers von den §§433 bis 435, 437, 439 bis 443 sowie von den Vorschriften dieses Untertitels abweicht, kann der Unternehmer sich nicht berufen. Die in Satz 1 bezeichneten Vorschriften finden auch Anwendung, wenn sie durch anderweitige Gestaltungen umgangen werden.

(2) Die Verjährung der in §437 bezeichneten Ansprüche kann vor Mitteilung eines Mangels an den Unternehmer nicht durch Rechtsgeschäft erleichtert werden, wenn die Vereinbarung zu einer Verjährungsfrist ab dem gesetzlichen Verjährungsbeginn von weniger als zwei Jahren, bei gebrauchten Sachen von weniger als einem Jahr führt.

(3) Die Absätze 1 und 2 gelten unbeschadet der §§307 bis 309 nicht für den Ausschluss oder die Beschränkung des Anspruchs auf Schadensersatz.

第四百七十五条 [不同之约定]

Ⅰ [1]企业经营者于消费者通知物有瑕疵前，与消费者之约定，如违反第四百三十三条至第四百三十五条、第四百三十七条、第四百三十九条至第四百四十三条及本款规定，且不利消费者时，企业经营者不得主张之。[2]以其他方式规避前段所称之规定者，该规定亦适用之。

Ⅱ 第四百三十七条所定请求权之消灭时效，于企业经营者受瑕疵通知前，不得以法律行为约定自法定时效开始时起短于两年之普通时效期间。已使用之物不得短于一年。

Ⅲ 损害赔偿请求权之排除或限制，不适用本条第一款及第二款规定。但第三百零七条至第三百零九条规定不因此而受影响。

§476 Beweislastumkehr

Zeigt sich innerhalb von sechs Monaten seit Gefahrübergang ein Sachmangel, so wird vermutet, dass die Sache bereits bei Gefahrübergang mangelhaft war, es sei denn, diese Vermutung ist mit der Art der Sache oder des Mangels unvereinbar.

第四百七十六条 [举证责任倒置]

自标的物危险移转时起六个月内所发现之物之瑕疵者，推定瑕疵于标的物危险移转时已存在。但该推定与物之品质或与瑕疵不一致者，不在此限。

§477 Sonderbestimmungen für Garantien

(1) Eine Garantieerklärung (§443) muss einfach und verständlich abgefasst sein. Sie muss enthalten

1. den Hinweis auf die gesetzlichen Rechte des Verbrauchers sowie darauf, dass sie durch die Garantie nicht eingeschränkt werden und
2. den Inhalt der Garantie und alle wesentlichen Angaben, die für die Geltendmachung der Garantie erforderlich sind, insbesondere die Dauer und den räumlichen Geltungsbereich des Garantieschutzes sowie Namen und Anschrift des Garantiegebers.

(2) Der Verbraucher kann verlangen, dass ihm die Garantieerklärung in Textform mitgeteilt wird.

(3) Die Wirksamkeit der Garantieverpflichtung wird nicht dadurch berührt, dass eine der vorstehenden Anforderungen nicht erfüllt wird.

第四百七十七条 [保证之特别规定]

Ⅰ ^{1}保证之意思表示，应清楚明确。^{2}其应包含：
1.消费者之法定权利及该权利不受保证限制。
2.保证内容及对该内容所必要之重要记载事项，即如保证之存续期间、保证之适用范围与保证人之姓名及住址。

Ⅱ 消费者得请求以书面通知方式，向其为保证之表示。

Ⅲ 保证义务之效力，不因其不具备前开规定要件，而受影响。

§478 Rückgriff des Unternehmers

(1) Wenn der Unternehmer die verkaufte neu hergestellte Sache als Folge ihrer Mangelhaftigkeit zurücknehmen musste oder der Verbraucher den Kaufpreis gemindert hat, bedarf es für die in §437 bezeichneten Rechte des Unternehmers gegen den Unternehmer, der ihm die Sache verkauft hatte (Lieferant), wegen des vom Verbraucher geltend gemachten Mangels einer sonst erforderlichen Fristsetzung nicht.

(2) Der Unternehmer kann beim Verkauf einer neu hergestellten Sache von seinem Lieferanten Ersatz der Aufwendungen verlangen, die der Unternehmer im Verhältnis zum Verbraucher nach §439 Abs. 2 zu tragen hatte, wenn der vom Verbraucher geltend gemachte Mangel bereits beim Übergang der Gefahr auf den Unternehmer vorhanden war.

(3) In den Fällen der Absätze 1 und 2 findet §476 mit der Maßgabe Anwendung, dass die Frist mit dem Übergang der Gefahr auf den Verbraucher beginnt.

(4) Auf eine vor Mitteilung eines Mangels an den Lieferanten getroffene Vereinbarung, die zum Nachteil des Unternehmers von den §§433 bis 435, 437, 439 bis 443 sowie von den Absätzen 1 bis 3 und von §479 abweicht, kann sich der Lieferant nicht berufen, wenn dem Rückgriffsgläubiger kein gleichwertiger Ausgleich eingeräumt wird. Satz 1 gilt unbeschadet des §307 nicht für den Ausschluss oder die Beschränkung des Anspruchs auf Schadensersatz. Die in Satz 1 bezeichneten Vorschriften finden auch Anwendung, wenn sie durch anderweitige Gestaltungen umgangen werden.

(5) Die Absätze 1 bis 4 finden auf die Ansprüche des Lieferanten und der übrigen Käufer in der Lieferkette gegen die jeweiligen Verkäufer entsprechende Anwendung, wenn die Schuldner Unternehmer sind.

(6) §377 des Handelsgesetzbuchs bleibt unberührt.

第四百七十八条　[企业经营者之求偿]

Ⅰ 企业经营者因消费者主张销售之新制造物有瑕疵而取回或减少价金，不须另行催告，即得对向自己出卖该物之出卖人（供货商），主张第四百三十七条规定之权利。

Ⅱ 企业经营者销售新制造物时，消费者所主张之瑕疵于危险移转给企业经营者时已存在者，企业经营者得向其供货商请求偿还其依第四百三十九条第二款对消费者所负担之费用。

Ⅲ 自危险移转于消费者时起，第四百七十六条于本条第一款及第二款亦有适用。

Ⅳ [1]供货商于企业经营者通知物有瑕疵前，与企业经营者之约定，如违反第四百三十三条至第四百三十五条、第四百三十七条、第四百三十九条至第四百四十三条、本条第一款至第三款及第四百七十九条规定，且不利企业经营者时，供货商不得主张之。[2]损害赔偿请求权之排除或限制不适用前开规定，但第三百零七条规定不因此而受影响。[3]以其他方式规避前段所称之规定者，该规定仍适用之。

Ⅴ 债务人为企业经营者时，供货商及供应链中其余买受人对各自出卖人的请求权，准用本条第一款至第四款之规定。

Ⅵ《商法》第三百七十七条，不在此限。

§479 Verjährung von Rückgriffsansprüchen

(1) Die in §478 Abs. 2 bestimmten Aufwendungsersatzansprüche verjähren in zwei Jahren ab Ablieferung der Sache.
(2) Die Verjährung der in den §§437 und 478 Abs. 2 bestimmten Ansprüche des Unternehmers gegen seinen Lieferanten wegen des Mangels einer an einen Verbraucher verkauften neu hergestellten Sache tritt frühestens zwei Monate nach dem Zeitpunkt ein, in dem der Unternehmer die Ansprüche des Verbrauchers erfüllt hat. Diese Ablaufhemmung endet spätestens fünf Jahre nach dem Zeitpunkt, in dem der Lieferant die Sache dem Unternehmer abgeliefert hat.
(3) Die vorstehenden Absätze finden auf die Ansprüche des Lieferanten und der übrigen Käufer in der Lieferkette gegen die jeweiligen Verkäufer entsprechende Anwendung, wenn die Schuldner Unternehmer sind.

第四百七十九条 [求偿请求权之消灭]

Ⅰ 第四百七十八条第二款之费用偿还请求权，自物交付时起两年内不行使而消灭。
Ⅱ [1]企业经营者依第四百三十七条及第四百七十八条第二款规定，对其供货商因出卖消费者之新制造物有瑕疵所生之请求权，其时效最早自企业经营者满足消费者之请求后两个月开始起算。[2]前段时效开始之妨碍，最迟因供货商将其物交付企业经营者五年后终了。
Ⅲ 债务人为企业经营者，供货商之请求权及供应链中其余买受人对各自出卖人之请求权，准用前开规定。

Untertitel 4 Tausch
第四款 互 易

§480 Tausch

Auf den Tausch finden die Vorschriften über den Kauf entsprechende Anwendung.

第四百八十条 [互易]

互易，准用关于买卖之规定。

Titel 2
Teilzeit-Wohnrechteverträge,
Verträge überlangfristige Urlaubsprodukte,
Vermittlungsverträgeund Tauschsystemverträge
第二节 分时居住权契约

*) Amtlicher Hinweis:
Dieser Titel dient der Umsetzung der Richtlinie 94/47/EG des Europäischen Parlaments und des Rates vom 26. Oktober 1994 zum Schutz der Erwerber im Hinblick auf bestimmte Aspekte von Verträgen über den Erwerb von Teilzeitnutzungsrechten an Immobilien (ABl. EG Nr. L 280 S. 82).

德国官方注释：
本节规定目的在于转化欧洲议会与欧洲共同理事会1994年10月26日94/47/EG"不动产之分时分享权取得契约于特定范围内取得人之保护指令"。①

§481 Teilzeit-Wohnrechtevertrags

(1) Ein Teilzeit-Wohnrechtevertrag ist ein Vertrag, durch den ein Unternehmer einem Verbraucher gegen Zahlung eines Gesamtpreises das Recht verschafft oder zu verschaffen verspricht, für die Dauer von mehr als einem Jahr ein Wohngebäude mehrfach für einen bestimmten oder zu bestimmenden Zeitraum zu Übernachtungszwecken zu nutzen. Bei der Berechnung der Vertragsdauer sind sämtliche im Vertrag vorgesehenen Verlängerungsmöglichkeiten zu berücksichtigen.

(2) Das Recht kann ein dingliches oder anderes Recht sein und insbesondere auch durch eine Mitgliedschaft in einem Verein oder einen Anteil an einer Gesellschaft eingeräumt werden. Das Recht kann auch darin bestehen, aus einem Bestand von Wohngebäuden ein Wohngebäude zur Nutzung zu wählen.

(3) Einem Wohngebäude steht ein Teil eines Wohngebäudes gleich, ebenso eine bewegliche, als Übernachtungsunterkunft gedachte Sache oder ein Teil derselben.

---

① 参见于欧共体《官方公报》L卷第280期，第82页。

第四百八十一条 [分时居住权契约]

Ⅰ ¹分时居住权契约，谓企业经营者因总价之支付，而使消费者取得或负有义务使其取得，在至少一年之期间，于特定一段或数段时期内，出于住宿之目的，有使用一住宅建筑物权利之契约。²契约期间之计算，应考虑所有可能延长契约之约定。

Ⅱ ¹该权利得为物权或其他权利，即如依社团之社员资格，或公司或合伙之股份而授与。²前款权利，亦得从数住宅建筑物中选择其一使用之。

Ⅲ 住宅建筑物之部分，视同为住宅建筑物；用于住宿之动产，亦同。

§481a Vertrag über ein langfristiges Urlaubsprodukt

Ein Vertrag über ein langfristiges Urlaubsprodukt ist ein Vertrag für die Dauer von mehr als einem Jahr, durchden ein Unternehmer einem Verbraucher gegen Zahlung eines Gesamtpreises das Recht verschafft oder zuverschaffen verspricht, Preisnachlässe oder sonstige Vergünstigungen in Bezug auf eine Unterkunft zu erwerben. §481 Absatz 1 Satz 2 gilt entsprechend.

第四百八十一条之一 [长期度假商品契约]

¹称长期度假商品契约者，谓契约期间为一年以上，该期间内企业经营者因总价之支付，而使消费者取得或负有义务使其取得住宿折扣或其他优惠之权利。²第四百八十一条第一款第二段规定，准用之。

§481b Vermittlungsvertrag, Tauschsystemvertrag

(1) Ein Vermittlungsvertrag ist ein Vertrag, durch den sich ein Unternehmer von einem Verbraucher ein Entgelt versprechen lässt für den Nachweis der Gelegenheit zum Abschluss eines Vertrags oder für die Vermittlung einesVertrags, durch den die Rechte des Verbrauchers aus einem Teilzeit-Wohnrechtevertrag oder einem Vertrag überein langfristiges Urlaubsprodukt erworben oder veräußert werden sollen.

(2) Ein Tauschsystemvertrag ist ein Vertrag, durch den sich ein Unternehmer von einem Verbraucher ein Entgeltversprechen lässt für den Nachweis der Gelegenheit zum Abschluss eines Vertrags oder für die Vermittlung einesVertrags, durch den einzelne Rechte des Verbrauchers aus einem Teilzeit-Wohnrechtevertrag oder einem Vertrag über ein langfristiges Urlaubsprodukt getauscht oder auf andere Weise erworben oder veräußert werden sollen.

第四百八十一条之二 [居间契约、互易系统契约]

Ⅰ 称居间契约者,谓企业经营者因该契约向消费者为报告订约机会或媒介订约之有偿承诺,该契约应使消费者取得或让与分时居住契约或长期度假商品契约权利。

Ⅱ 称互易系统契约者,谓企业经营者因该契约向消费者报告订约机会或媒介订约之有偿承诺,该契约应使消费者就分时居住契约或长期度假商品契约个别权利,为互易或以其他方式取得或让与之。

§482 Vorvertragliche Informationen, Werbung und Verbot des Verkaufs als Geldanlage

(1) Der Unternehmer hat dem Verbraucher rechtzeitig vor Abgabe von dessen Vertragserklärung zum Abschluss eines Teilzeit-Wohnrechtevertrags, eines Vertrags über ein langfristiges Urlaubsprodukt, eines Vermittlungsvertrags oder eines Tauschsystemvertrags vorvertragliche Informationen nach Artikel 242 §1 des Einführungsgesetzes zum Bürgerlichen Gesetzbuche in Textform zur Verfügung zu stellen. Diese müssen klar und verständlich sein.

(2) In jeder Werbung für solche Verträge ist anzugeben, dass vorvertragliche Informationen erhältlich sind und wo diese angefordert werden können. Der Unternehmer hat bei der Einladung zu Werbe- oder Verkaufsveranstaltungen deutlich auf den gewerblichen Charakter der Veranstaltung hinzuweisen. Dem Verbraucher sind auf solchen Veranstaltungen die vorvertraglichen Informationen jederzeit zugänglich zu machen.

(3) Ein Teilzeit-Wohnrecht oder ein Recht aus einem Vertrag über ein langfristiges Urlaubsprodukt darf nicht als Geldanlage beworben oder verkauft werden.

第四百八十二条 [订约前信息、广告及作为金钱投资之买卖禁止]

Ⅰ [1]企业经营者应于制定分时居住契约、长期度假商品契约、居间契约或互易系统契约之契约表示发出前,实时以文字方式依《民法施行法》第二百四十二条所定之第一条提供消费者订约前信息。[2]其应明确易懂。

Ⅱ [1]该契约之广告应予标明,订约前信息系可取得,及得于何处索取。[2]企业经营者于邀请宣传或销售活动时,应明确记载该活动之营业性质。[3]于该活动中,应使消费者得随时取得订约前信息。

Ⅲ 基于分时居住契约或长期度假商品契约之权利,不得作为金钱投资之宣传或销售。

§482a　Widerrufsbelehrung

Der Unternehmer muss den Verbraucher vor Vertragsschluss in Textform auf das Widerrufsrecht einschließlichder Widerrufsfrist sowie auf das Anzahlungsverbot nach §486 hinweisen. Der Erhalt der entsprechendenVertragsbestimmungen ist vom Verbraucher schriftlich zu bestätigen. Die Einzelheiten sind in Artikel 242 §2 desEinführungsgesetzes zum Bürgerlichen Gesetzbuche geregelt.

第四百八十二条之一　[撤回之教示]

^{1}企业经营者应向消费者以文字方式告知撤回期间内之撤回权，及依第四百八十六条有关价金预付禁止规定。^{2}相应契约条款之取得由消费者以书面确定。^{3}该个别情形，依《民法施行法》第二百四十二条所定之第二款规定。

§483　Sprache des Vertrags und der vorvertraglichen Informationen

(1) Der Teilzeit-Wohnrechtevertrag, der Vertrag über ein langfristiges Urlaubsprodukt, der Vermittlungsvertrag oder der Tauschsystemvertrag ist in der Amtssprache oder, wenn es dort mehrere Amtssprachen gibt, in der vom Verbraucher gewählten Amtssprache des Mitgliedstaats der Europäischen Union oder des Vertragsstaats des Abkommens über den Europäischen Wirtschaftsraum abzufassen, in dem der Verbraucher seinen Wohnsitz hat. Ist der Verbraucher Angehöriger eines anderen Mitgliedstaats, so kann er statt der Sprache seines Wohnsitzstaats auch die oder eine der Amtssprachen des Staats, dem er angehört, wählen. Die Sätze 1 und 2 gelten auch für die vorvertraglichen Informationen und für die Widerrufsbelehrung.

(2) Ist der Vertrag vor einem deutschen Notar zu beurkunden, so gelten die §§5 und 16 des Beurkundungsgesetzes mit der Maßgabe, dass dem Verbraucher eine beglaubigte Übersetzung des Vertrags in der von ihm nach Absatz 1 gewählten Sprache auszuhändigen ist.

(3) Verträge, die Absatz 1 Satz 1 und 2 oder Absatz 2 nicht entsprechen, sind nichtig.

第四百八十三条　[契约之语言及订约前信息]

Ⅰ　^{1}契约应以官方语言撰写，或有多数官方语言者，应以消费者所选择之消费者住所所在欧盟会员国或欧洲经济区条约缔约国之官方语言撰

第八章 各种之债 §§483,484

写。²消费者为其他会员国之国民时，亦得选择其所属国之官方语言或其官方语言之一，以代其住所国之语言。³第一段及第二段规定，亦适用于说明书。

Ⅱ 契约经德国公证人公证者，适用公证法第五条及第十六条规定，应将消费者依第一款规定选择之语言所作经认证之契约译本，交付消费者。

Ⅲ 分时居住权契约不符合第一款第一段及第二段或第二款之规定者，无效。

§484 Schriftform bei Teilzeit-Wohnrechteverträgen

(1) Der Teilzeit-Wohnrechtevertrag, der Vertrag über ein langfristiges Urlaubsprodukt, der Vermittlungsvertrag oder der Tauschsystemvertrag bedarf der schriftlichen Form, soweit nicht in anderen Vorschriften eine strengere Form vorgeschrieben ist.

(2) Die dem Verbraucher nach §482 Absatz 1 zur Verfügung gestellten vorvertraglichen Informationen werden Inhalt des Vertrags, soweit sie nicht einvernehmlich oder einseitig durch den Unternehmer geändert wurden. Der Unternehmer darf die vorvertraglichen Informationen nur einseitig ändern, um sie an Veränderungen anzupassen, die durch höhere Gewalt verursacht wurden. Die Änderungen nach Satz 1 müssen dem Verbraucher vor Abschluss des Vertrags in Textform mitgeteilt werden. Sie werden nur wirksam, wenn sie in die Vertragsdokumente mit dem Hinweis aufgenommen werden, dass sie von den nach §482 Absatz 1 zur Verfügung gestellten vorvertraglichen Informationen abweichen. In die Vertragsdokumente sind aufzunehmen:

1. die vorvertraglichen Informationen nach §482 Absatz 1 unbeschadet ihrer Geltung nach Satz 1,
2. die Namen und ladungsfähigen Anschriften beider Parteien sowie
3. Datum und Ort der Abgabe der darin enthaltenen Vertragserklärungen.

(3) Der Unternehmer hat dem Verbraucher die Vertragsurkunde oder eine Abschrift des Vertrags zu überlassen. Bei einem Teilzeit-Wohnrechtevertrag hat er, wenn die Vertragssprache und die Amtssprache des Mitgliedstaats der Europäischen Union oder des Vertragsstaats des Abkommens über den Europäischen Wirtschaftsraum, in dem sich das Wohngebäude befindet, verschieden sind, eine beglaubigte Übersetzung des Vertrags in einer Amtssprache des Staats beizufügen, in dem sich das Wohngebäude befindet. Die Pflicht zur Beifügung einer beglaubigten Übersetzung entfällt, wenn sich der Teilzeit-Wohnrechtevertrag auf einen Bestand von Wohngebäuden bezieht, die sich in verschiedenen Staaten befinden.

第四百八十四条　[分时居住权契约之书面方式]

Ⅰ 分时居住权契约、长期度假商品契约、居间契约或互易系统契约，如无其他更严格之规定者，应以书面为之。

Ⅱ ¹依四百八十二条第一款规定提供消费者之订约前信息，应作为契约之一部分。但经双方同意或经企业经营者单方更改者，不在此限。²企业经营者单方更改该订约前信息者，以为配合因不可抗力所致之变更为限。³企业经营者应以文字方式，于订约前通知消费者第一段规定之变更。⁴契约文件中提示，变更后内容与第四百八十二条第一款规定之订约前信息内容有异，该变更始为有效。⁵契约文件应记载下列事项：

1. 依四百八十二条第一款规定之订约前信息内容，不因第一段规定而受影响。
2. 双方当事人之姓名及有效住所及
3. 送出契约表示之日期与地点。

Ⅲ ¹企业经营者应给予消费者契约证明文件或契约之副本。²于分时居住契约，如契约所用语言不同于该住宅建筑物所位处之欧盟成员国或欧洲经济区之官方语言，企业经营者应另置经认证之契约翻译本，该翻译语言应以该住宅建筑物所位处国家官方语言为之。³分时居住契约涉及分处不同国家之数住宅建筑物者，无另置翻译本之义务。

§485　Widerrufsrecht

Dem Verbraucher steht bei einem Teilzeit-Wohnrechtevertrag, einem Vertrag über ein langfristiges Urlaubsprodukt, einem Vermittlungsvertrag oder einem Tauschsystemvertrag ein Widerrufsrecht nach §355 zu.

第四百八十五条　[撤回权]

消费者于分时居住权契约、长期度假商品契约、居间契约及互易系统契约中，享有第三百五十五条规定之撤回权。

§486　Anzahlungsverbot

(1) Der Unternehmer darf Zahlungen des Verbrauchers vor Ablauf der Widerrufsfrist nicht fordern oder annehmen. Für den Verbraucher günstigere Vorschriften bleiben unberührt.

(2) Es dürfen keine Zahlungen des Verbrauchers im Zusammenhang mit einem Vermitt-

lungsvertrag gefordert oder angenommen werden, bis der Unternehmer seine Pflichten aus dem Vermittlungsvertrag erfüllt hat oder diese Vertragsbeziehung beendet ist.

第四百八十六条 [价金预付禁止]

Ⅰ [1]企业经营者于撤回期限届满前，不得要求或接受消费者支付之对价。[2]更有利于消费者之规定，不受影响。

Ⅱ 企业经营者履行其居间契约之义务或契约关系终了前，不得基于居间契约请求或受领消费者支付对价。

§486a Besondere Vorschriften für Verträge über langfristige Urlaubsprodukte

(1) Bei einem Vertrag über ein langfristiges Urlaubsprodukt enthält das in Artikel 242 §1 Absatz 2 desEinführungsgesetzes zum Bürgerlichen Gesetzbuche bezeichnete Formblatt einen Ratenzahlungsplan. DerUnternehmer darf von den dort genannten Zahlungsmodalitäten nicht abweichen. Er darf den laut Formblatt fälligen jährlichen Teilbetrag vom Verbraucher nur fordern oder annehmen, wenn er den Verbraucher zuvor inTextform zur Zahlung dieses Teilbetrags aufgefordert hat. Die Zahlungsaufforderung muss dem Verbrauchermindestens zwei Wochen vor Fälligkeit des jährlichen Teilbetrags zugehen.

(2) Ab dem Zeitpunkt, der nach Absatz 1 für die Zahlung des zweiten Teilbetrags vorgesehen ist, kann derVerbraucher den Vertrag innerhalb von zwei Wochen ab Zugang der Zahlungsaufforderung zum Fälligkeitstermingemäß Absatz 1 kündigen.

第四百八十六条之一 [长期度假商品契约之特别规定]

Ⅰ [1]长期度假商品契约包含民法施行法第二百四十二条所定之第一条第二款所规定分期付款书面文件。[2]企业经营者不得违反该支付方式。[3]其仅于事先向消费者以文字方式请求支付部分价款者，始得请求或受领依该书面文件到期之年度部分价款。[4]该支付之请求，应至少于年度部分价款到期前两星期向消费者提出。

Ⅱ 依第一款规定，第二期部分价款之支付为可预期时起，消费者得于收到到期日支付请求两星期内解除契约。

§487 Abweichende Vereinbarungen

Von den Vorschriften dieses Titels darf nicht zum Nachteil des Verbrauchers abgewichen werden. Die Vorschriften dieses Titels finden, soweit nicht ein anderes bestimmt ist, auch Anwendung, wenn sie durch anderweitige Gestaltungen umgangen werden.

第四百八十七条 [违反之约定]
¹不得基于不利于消费者之目的，而违反本节之规定。²以其他形态规避本节之规定者，除另有规定外，仍适用本节之规定。

Titel 3
Darlehensvertrag; Finanzierungshilfen und Ratenlieferungsverträge zwischen einem Unternehmer und einem Verbraucher *)
第三节 金钱借贷契约；企业经营者与消费者间之融资协助与分期供给契约

*)Amtlicher Hinweis:
Dieser Titel dient der Umsetzung der Richtlinie 87/102/EWG des Rates zur Angleichung der Rechts- und Verwaltungsvorschriften der Mitgliedstaaten über den Verbraucherkredit (ABl. EG Nr. L 42 S. 48), zuletzt geändert durch die Richtlinie 98/7/EG des Europäischen Parlaments und des Rates vom 16. Februar 1998 zur Änderung der Richtlinie 87/102/EWG zur Angleichung der Rechts- und Verwaltungsvorschriften der Mitgliedstaaten über den Verbraucherkredit (ABl. EG Nr. L 101 S. 17).

德国官方注释：
本节规定目的在于转化欧洲会议与欧洲理事会《87/102/EWG会员国关于消费信用之法律规定及行政规则整合指令》①，该指令之最近一次修正为欧洲理事会及欧洲议会1998年2月16日98/7/EG《87/102/EWG会员国关于消费信用之法律规定及行政规则整合指令之修正指令》。②

---

① 参见欧共体公报L卷第42期，第48页。
② 参见欧共体公报L卷第101期，第17页。

Untertitel 1 Darlehensvertrag
第一款 金钱借贷契约

Kapitel 1 Allgemeine Vorschriften
第一目 通 则

§488 Vertragstypische Pflichten beim Darlehensvertrag

(1) Durch den Darlehensvertrag wird der Darlehensgeber verpflichtet, dem Darlehensnehmer einen Geldbetrag in der vereinbarten Höhe zur Verfügung zu stellen. Der Darlehensnehmer ist verpflichtet, einen geschuldeten Zins zu zahlen und bei Fälligkeit das zur Verfügung gestellte Darlehen zurückzuerstatten.

(2) Die vereinbarten Zinsen sind, soweit nicht ein anderes bestimmt ist, nach dem Ablauf je eines Jahres und, wenn das Darlehen vor dem Ablauf eines Jahres zurückzuerstatten ist, bei der Rückerstattung zu entrichten.

(3) Ist für die Rückerstattung des Darlehens eine Zeit nicht bestimmt, so hängt die Fälligkeit davon ab, dass der Darlehensgeber oder der Darlehensnehmer kündigt. Die Kündigungsfrist beträgt drei Monate. Sind Zinsen nicht geschuldet, so ist der Darlehensnehmer auch ohne Kündigung zur Rückerstattung berechtigt.

第四百八十八条 [金钱借贷契约之契约典型义务]

Ⅰ ¹依金钱借贷契约，贷与人负有提供约定数额之金钱予借用人使用之义务。²借用人负有支付已发生之利息（或译为"已成为债务之利息"），及于借贷期限届满时偿还供使用之借款之义务。

Ⅱ 除另有约定外，约定之利息，应于每年期满后清偿。借款应于一年内偿还者，应于偿还借款时清偿之。

Ⅲ ¹金钱借贷未定期限者，因贷与人或借用人终止而到期。²终止之期限为三个月。³无须支付利息者，借用人亦得不经终止，随时返还借贷之金钱。

§489 Ordentliches Kündigungsrecht des Darlehensnehmers

(1) Der Darlehensnehmer kann einen Darlehensvertrag mit gebundenem Sollzinssatz

ganz oder teilweise kündigen,
1. wenn die Sollzinsbindung vor der für die Rückzahlung bestimmten Zeit endet und keine neue Vereinbarung über den Sollzinssatz getroffen ist, unter Einhaltung einer Kündigungsfrist von einem Monat frühestens für den Ablauf des Tages, an dem die Sollzinsbindung endet; ist eine Anpassung des Sollzinssatzes in bestimmten Zeiträumen bis zu einem Jahr vereinbart, so kann der Darlehensnehmer jeweils nur für den Ablauf des Tages, an dem die Sollzinsbindung endet, kündigen;
2. in jedem Fall nach Ablauf von zehn Jahren nach dem vollständigen Empfang unter Einhaltung einer Kündigungsfrist von sechs Monaten; wird nach dem Empfang des Darlehens eine neue Vereinbarung über die Zeit der Rückzahlung oder den Sollzinssatz getroffen, so tritt der Zeitpunkt dieser Vereinbarung an die Stelle des Zeitpunkts des Empfangs.

(2) Der Darlehensnehmer kann einen Darlehensvertrag mit veränderlichem Zinssatz jederzeit unter Einhaltung einer Kündigungsfrist von drei Monaten kündigen.

(3) Eine Kündigung des Darlehensnehmers gilt als nicht erfolgt, wenn er den geschuldeten Betrag nicht binnen zwei Wochen nach Wirksamwerden der Kündigung zurückzahlt.

(4) Das Kündigungsrecht des Darlehensnehmers nach den Absätzen 1 und 2 kann nicht durch Vertrag ausgeschlossen oder erschwert werden. Dies gilt nicht bei Darlehen an den Bund, ein Sondervermögen des Bundes, ein Land, eine Gemeinde, einen Gemeindeverband, die Europäischen Gemeinschaften oder ausländische Gebietskörperschaften.

(5) Sollzinssatz ist der gebundene oder veränderliche periodische Prozentsatz, der pro Jahr auf das in Anspruch genommene Darlehen angewendet wird. Der Sollzinssatz ist gebunden, wenn für die gesamte Vertragslaufzeit ein Sollzinssatz oder mehrere Sollzinssätze vereinbart sind, die als feststehende Prozentzahl ausgedrückt werden. Ist für die gesamte Vertragslaufzeit keine Sollzinsbindung vereinbart, gilt der Sollzinssatz nur für diejenigen Zeiträume als gebunden, für die er durch eine feste Prozentzahl bestimmt ist.

第四百八十九条 [借用人之一般终止权]

Ⅰ 就一定期间约定固定利率之金钱借贷契约，有下列情形之一者，借用人得终止契约之全部或一部分：
1. 该固定利率于偿还期限前消灭，且就利率未重新约定者，若遵守一个月之预告期间，最早得以利率约定消灭之日为终止之时；若约定于一年内之一定期间得调整利率者，借用人仅得于每次利率约定消灭之日终止契约。
2. 于任何情形下，受领全部借款十年后，遵守六个月之预告期间者；若于受领借款后，另为借款期间或利率之约定者，以约定时点取代支付借款之时点。

Ⅱ 依机动利率计息之金钱借贷契约，借用人得随时于遵守三个月之预告期间后终止之。

Ⅲ 若借用人未于终止生效后两星期内返还借款者，则其依第一款或第二款规定之终止视为不生效力。

Ⅳ ¹第一款及第二款所规定之借用人终止权，不得以契约排除或限制之。²但联邦、联邦特有财产、邦、乡镇、乡镇团体、欧洲联盟、外国地方团体借贷，不在此限。

Ⅴ ¹利率，谓每年度适用于该金钱借贷请求之固定或机动周期百分比。²就契约之全部期间，约定以确定百分比表示之单一利率或多数利率者，为固定利率。³未就契约之全部期间约定利率者，仅于以一定百分比而制定之期间，该利率视为固定。

§490 Außerordentliches Kündigungsrecht

(1) Wenn in den Vermögensverhältnissen des Darlehensnehmers oder in der Werthaltigkeit einer für das Darlehen gestellten Sicherheit eine wesentliche Verschlechterung eintritt oder einzutreten droht, durch die die Rückerstattung des Darlehens, auch unter Verwertung der Sicherheit, gefährdet wird, kann der Darlehensgeber den Darlehensvertrag vor Auszahlung des Darlehens im Zweifel stets, nach Auszahlung nur in der Regel fristlos kündigen.

(2) Der Darlehensnehmer kann einen Darlehensvertrag, bei dem der Sollzinssatz gebunden und das Darlehen durch ein Grund- oder Schiffspfandrecht gesichert ist, unter Einhaltung der Fristen des §488 Abs. 3 Satz 2 vorzeitig kündigen, wenn seine berechtigten Interessen dies gebieten und seit dem vollständigen Empfang des Darlehens sechs Monate abgelaufen sind. Ein solches Interesse liegt insbesondere vor, wenn der Darlehensnehmer ein Bedürfnis nach einer anderweitigen Verwertung der zur Sicherung des Darlehens beliehenen Sache hat. Der Darlehensnehmer hat dem Darlehensgeber denjenigen Schaden zu ersetzen, der diesem aus der vorzeitigen Kündigung entsteht (Vorfälligkeitsentschädigung).

(3) Die Vorschriften der §§313 und 314 bleiben unberührt.

第四百九十条 [特别终止权]

Ⅰ 若借用人之财产关系,或为金钱借贷所提供之担保,其价值有重大恶化或有重大恶化之虞,致纵实行该担保,金钱借贷之返还亦有危险者,贷与人于借款交付前,有疑义时,于任何情形下均得终止契约。惟借款交付后,仅于一般情形下,得不定期限终止之。

Ⅱ ¹以土地或船舶质权之固定利率之金钱借贷契约,借用人有正当利益,且受领全部借款届满六个月时,得于遵守第四百八十八条第三款第二段之预告期间后期前终止契约。²即如当借用人就前述金钱借贷之担保标的物有其他使用之需要时,可认为有正当利益。³借用人应赔偿贷与人因该期前终止所生之损害(期前清偿之损害赔偿)。

Ⅲ 第三百一十三条及第三百一十四条规定不受影响。

Kapitel 2
Besondere Vorschriften für Verbraucherdarlehensverträge
第二目 消费者金钱借贷之特别规定

§491 Verbraucherdarlehensvertrag

(1) Die Vorschriften dieses Kapitels gelten für Verbraucherdarlehensverträge, soweit nichts anderes bestimmt ist. Verbraucherdarlehensverträge sind Allgemein-Verbraucherdarlehensverträge und Immobiliar- Verbraucherdarlehensverträge.

(2) Allgemein-Verbraucherdarlehensverträge sind entgeltliche Darlehensverträge zwischen einem Unternehmer als Darlehensgeber und einem Verbraucher als Darlehensnehmer. Keine Allgemein-Verbraucherdarlehensverträge sind Verträge,

1. bei denen der Nettodarlehensbetrag (Artikel 247 §3 Abs. 2 des Einführungsgesetzes zum Bürgerlichen Gesetzbuche) weniger als 200 Euro beträgt,
2. bei denen sich die Haftung des Darlehensnehmers auf eine dem Darlehensgeber zum Pfand übergebene Sache beschränkt,
3. bei denen der Darlehensnehmer das Darlehen binnen drei Monaten zurückzuzahlen hat und nur geringe Kosten vereinbart sind,
4. die von Arbeitgebern mit ihren Arbeitnehmern als Nebenleistung zum Arbeitsvertrag zu einem niedrigeren als dem marktüblichen effektiven Jahreszins (§6 der Preisangabenverordnung) abgeschlossen werden und anderen Personen nicht angeboten werden,
5. die nur mit einem begrenzten Personenkreis auf Grund von Rechtsvorschriften

in öffentlichem Interesse abgeschlossen werden, wenn im Vertrag für den Darlehensnehmer günstigere als marktübliche Bedingungen und höchstens der marktübliche Sollzinssatz vereinbart sind.

6. bei denen es sich um Immobiliar-Verbraucherdarlehensverträge gemäß Absatz 3 handelt.

(3) Immobiliar-Verbraucherdarlehensverträge sind entgeltliche Darlehensverträge zwischen einem Unternehmer als Darlehensgeber und einem Verbraucher als Darlehensnehmer, die

1. durch ein Grundpfandrecht oder eine Reallast besichert sind oder
2. für den Erwerb oder die Erhaltung des Eigentumsrechts an Grundstücken, an bestehenden oder zu errichtenden Gebäuden oder für den Erwerb oder die Erhaltung von grundstücksgleichen Rechten bestimmt sind.

Keine Immobiliar-Verbraucherdarlehensverträge sind Verträge gemäß Absatz 2 Satz 2 Nummer 4. Auf Immobiliar-Verbraucherdarlehensverträge gemäß Absatz 2 Satz 2 Nummer 5 ist nur §491a Absatz 4 anwendbar.

(4) §358 Abs. 2, und 4 sowie die §§491a bis 495 und 505a bis 505d sind nicht auf Darlehensverträge anzuwenden, die in ein nach den Vorschriften der Zivilprozessordnung errichtetes gerichtliches Protokoll aufgenommen oder durch einen gerichtlichen Beschluss über das Zustandekommen und den Inhalt eines zwischen den Parteien geschlossenen Vergleichs festgestellt sind, wenn in das Protokoll oder den Beschluss der Sollzinssatz, die bei Abschluss des Vertrags in Rechnung gestellten Kosten des Darlehens sowie die Voraussetzungen aufgenommen worden sind, unter denen der Sollzinssatz oder die Kosten angepasst werd en können.

第四百九十一条 [消费者金钱借贷契约]

Ⅰ 消费者金钱借贷契约，除另有规定之情形外，适用本目规定。消费者金钱借贷契约为一般消费者金钱借贷契约及不动产消费者金钱借贷契约。

Ⅱ 一般消费者金钱借贷契约为企业经营者为贷与人与消费者为借用人之有偿金钱契约。下列契约不属于一般消费者金钱借贷契约：

1. 应交付之净借贷金额（《民法施行法》第二百四十七条所定之第三条第二款）未超过二百欧元者。
2. 借用人之责任限于让与贷与人之担保品者。
3. 借用人应于三个月内返还，且仅约定微薄费用者。
4. 雇主与劳工以低于市场通常实际年利率（价格标示规则第六条）作

为劳务契约之从给付而制定，且未提供给其他人者。
5. 基于公共利益之法律规定，为借用人以低于市场条件及最高之市场通常利率与限定范围之人制定者。
6. 本条第三款规定之不动产消费者金钱借贷契约。

Ⅲ [1]称不动产消费者金钱借贷契约者，谓企业经营者作为贷与人而消费者作为借用人之有偿金钱借贷契约，且
1. 该契约以不动产担保物权或者物上负担担保，或
2. 该契约为确保土地所有权、现存或将建造之建筑物所有权，或土地相同权利之保存或取得。

[2]第二款第二段第四款之情形不属于不动产消费者金钱借贷契约。第二款第二段第五项之不动产消费者金钱借贷契约，仅得适用第四百九十一条之一第四款规定。

Ⅳ 消费者金钱借贷契约系经记载于依民事诉讼法规定所作成之法庭笔录，或就当事人间所为和解之发生及内容由法院裁定所确认，且该笔录或裁定包含年利率、订约时所纳入考虑之金钱借贷费用，及调整年利率或费用之要件者，第三百五十八条第二款、第四款及第四百九十一条之一至第四百九十五条规定及第五百零五条之一至第五百零五条之四规定，不适用之。

§491a Vorvertragliche Informationspflichten bei Verbraucherdarlehensverträgen

(1) Der Darlehensgeber ist verpflichtet, den Darlehensnehmer nach Maßgabe des Artikels 247 des Einführungsgesetzes zum Bürgerlichen Gesetzbuche zu informieren.

(2) Der Darlehensnehmer kann vom Darlehensgeber einen Entwurf des Verbraucherdarlehensvertrags verlangen. Dies gilt nicht, solange der Darlehensgeber zum Vertragsabschluss nicht bereit ist. Unterbreitet der Darlehensgeber bei einem Immobiliar-Verbraucherdarlehensvertrag dem Darlehensnehmer ein Angebot oder einen bindenden Vorschlag für bestimmte Vertragsbestimmungen, so muss er dem Darlehensnehmer anbieten, einen Vertragsentwurf auszuhändigen oder zu übermitteln; besteht kein Widerrufsrecht nach §495, ist der Darlehensgeber dazu verpflichtet, dem Darlehensnehmer einen Vertragsentwurf auszuhändigen oder zu übermitteln.

(3) Der Darlehensgeber ist verpflichtet, dem Darlehensnehmer vor Abschluss eines

Verbraucherdarlehensvertrags angemessene Erläuterungen zu geben, damit der Darlehensnehmer in die Lage versetzt wird, zu beurteilen, ob der Vertrag dem von ihm verfolgten Zweck und seinen Vermögensverhältnissen gerecht wird. Hierzu sind gegebenenfalls die vorvertraglichen Informationen gemäß Absatz 1, die Hauptmerkmale der vom Darlehensgeber angebotenen Verträge sowie ihre vertragstypischen Auswirkungen auf den Darlehensnehmer, einschließlich der Folgen bei Zahlungsverzug, zu erläutern. Werden mit einem Immobiliar-Verbraucherdarlehensvertrag Finanzprodukte oder -dienstleistungen im Paket angeboten, so muss dem Darlehensnehmer erläutert werden, ob sie gesondert gekündigt werden können und welche Folgen die Kündigung hat.

(4) Bei einem Immobiliar-Verbraucherdarlehensvertrag entsprechend §491 Absatz 2 Satz 2 Nummer 5 ist der Darlehensgeber verpflichtet, den Darlehensnehmer rechtzeitig vor Abgabe von dessen Vertragserklärung auf einem dauerhaften Datenträger über die Merkmale gemäß den Abschnitten 3, 4 und 13 des in Artikel 247 §1 Absatz 2 Satz 2 des Einführungsgesetzes zum Bürgerlichen Gesetzbuche genannten Musters zu informieren. Artikel 247 §1 Absatz 2 Satz 6 des Einführungsgesetzes zum Bürgerlichen Gesetzbuche findet Anwendung.

第四百九十一条之一 [消费者金钱借贷契约之订约前信息义务]

Ⅰ 贷与人有义务依民法施行法第二百四十七条规定之标准告知借用人。

Ⅱ [1]借用人得向贷与人请求金钱借贷契约之草稿。[2]贷与人尚未完成订约准备者，不适用之。[3]贷与人于不动产消费者金钱借贷契约对特定契约条款提出要约或有约束力之建议者，其应向借用人，交付或使其知悉契约草稿；无第四百九十五条规定之撤回权者，贷与人应交付或使借用人知悉契约草稿。

Ⅲ [1]贷与人有于消费者金钱借贷契约制定前提供借用人相当说明之义务，使借用人居于可判断该契约是否合乎目的及其财务状况。[2]依第一款规定之订约前信息，必要时，就贷与人提供之契约主要特征与对借用人契约类型之影响，及给付迟延之效果，应予说明。[3]金融商品或金融劳务给付与不动产消费者金钱借贷契约一同提供者，应告知借用人，其得否分开终止及终止后有何效果。

Ⅳ [1]不动产抵押之消费者借贷契约符合第四百九十一条第二款第二段第五项者，贷与人于借用人发出契约表示前，负有即时以长期储存载体，将《民法施行法》第二百四十七条所定之第一条第二款第二段中提及之第三章、第四章及第十三章之范例特征通知借用人。[2]第二百四十七条所定之第一条第二款第六段规定,亦适用之。

§492 Schriftform, Vertragsinhalt

(1) Verbraucherdarlehensverträge sind, soweit nicht eine strengere Form vorgeschrieben ist, schriftlich abzuschließen. Der Schriftform ist genügt, wenn Antrag und Annahme durch die Vertragsparteien jeweils getrennt schriftlich erklärt werden. Die Erklärung des Darlehensgebers bedarf keiner Unterzeichnung, wenn sie mit Hilfe einer automatischen Einrichtung erstellt wird.

(2) Der Vertrag muss die für den Verbraucherdarlehensvertrag vorgeschriebenen Angaben nach Artikel 247 §§6 bis 13 des Einführungsgesetzes zum Bürgerlichen Gesetzbuche enthalten.

(3) Nach Vertragsschluss stellt der Darlehensgeber dem Darlehensnehmer eine Abschrift des Vertrags zur Verfügung. Ist ein Zeitpunkt für die Rückzahlung des Darlehens bestimmt, kann der Darlehensnehmer vom Darlehensgeber jederzeit einen Tilgungsplan nach Artikel 247 §14 des Einführungsgesetzes zum Bürgerlichen Gesetzbuche verlangen.

(4) Die Absätze 1 und 2 gelten auch für die Vollmacht, die ein Darlehensnehmer zum Abschluss eines Verbraucherdarlehensvertrags erteilt. Satz 1 gilt nicht für die Prozessvollmacht und eine Vollmacht, die notariell beurkundet ist.

(5) Erklärungen des Darlehensgebers, die dem Darlehensnehmer gegenüber nach Vertragsabschluss abzugeben sind, müssen auf einem dauerhaften Datenträger erfolgen.

(6) Enthält der Vertrag die Angaben nach Absatz 2 nicht oder nicht vollständig, können sie nach wirksamem Vertragsschluss oder in den Fällen des §494 Absatz 2 Satz 1 nach Gültigwerden des Vertrags auf einem dauerhaften Datenträger nachgeholt werden. Hat das Fehlen von Angaben nach Absatz 2 zu Änderungen der Vertragsbedingungen gemäß §494 Absatz 2 Satz 2 bis Absatz 6 geführt, kann die Nachholung der Angaben nur dadurch erfolgen, dass der Darlehensnehmer die nach §494 Absatz 7 erforderliche Abschrift des Vertrags erhält. In den sonstigen Fällen muss der Darlehensnehmer spätestens im Zeitpunkt der Nachholung der Angaben eine der in §356b Absatz 1 genannten Unterlagen erhalten. Mit der Nachholung der Angaben nach Absatz 2 ist der Darlehensnehmer auf einem dauerhaften Datenträger darauf hinzuweisen, dass die Widerrufsfrist von einem Monat nach Erhalt der nachgeholten Angaben beginnt.

(7) Die Vereinbarung eines veränderlichen Sollzinssatzes, der sich nach einem Index oder Referenzzinssatz richtet, ist nur wirksam, wenn der Index oder

Referenzzinssatz objektiv, eindeutig bestimmt und für Darlehensgeber und Darlehensnehmer verfügbar und überprüfbar ist.

第四百九十二条 [书面；契约内容]

Ⅰ [1]消费者金钱借贷契约，无其他更严格之规定者，应书面为之。[2]契约当事人之要约及承诺分别以书面表示者，即符合书面之要求。[3]贷与人之意思表示以自动化设备为之者，其意思表示无须以签名为之。

Ⅱ 契约应载有《民法施行法》第二百四十七条所定第六条至第十三条规定之事项。

Ⅲ [1]契约订立后，贷与人应将契约表示之副本提供借用人。[2]偿还借款之时点已特定者，借用人得随时向贷与人请求《民法施行法》第二百四十七条所定第十四条规定之清偿计划。

Ⅳ [1]第一款及第二款规定，亦适用于借用人为订立消费者金钱借贷契约所为之代理权授予[2]诉讼上之代理权及经公证之代理权授予第一段规定不适用。

Ⅴ 贷与人向借用人所发出之表示，应以长期储存载体为之。

Ⅵ [1]契约未载明第二款规定之事项或记载不完全者，得于契约有效订立或于第四百九十四条第二款第一段规定之契约生效后，以长期储存载体予以补正。[2]因第二款记载之欠缺致第四百四十九条第二款第二段至第六款规定之契约条款变更时，仅于借用人取得第四百四十九条第七款规定所需之副本者，始得补正记载。[3]于其他情形，借用人最迟应于补正该记载时取得第三百五十六条之二第一款所定之文件之一。[4]补正第二款规定之记载者，应以长期储存之载体对借用人指明，撤回权于取得补正之记载后一个月开始起算。

Ⅶ 机动利率之约定，系以指数或参考利率为依据者，仅于该指数或参考利率客观、明确，且贷与人及借用人均得加以取得并证明者，始生效力。

§492a Kopplungsgeschäfte bei Immobiliar-Verbraucherdarlehensverträgen

(1) Der Darlehensgeber darf den Abschluss eines Immobiliar-Verbraucherdarlehenvertrags unbeschadet des §492b nicht davon abhängig machen, dass der Darlehensnehmer oder ein Dritter weitere Finanzprodukte oder -dienstleistungen erwirbt (Kopplungsgeschäft). Ist der Darlehensgeber zum Abschluss des Immobiliar-Verbraucherdarlehensvertrags

bereit, ohne dass der Verbraucher weitere Finanzprodukte oder -dienstleistungen erwirbt, liegt ein Kopplungsgeschäft auch dann nicht vor, wenn die Bedingungen für den Immobiliar-Verbraucherdarlehensvertrag von denen abweichen, zu denen er zusammen mit den weiteren Finanzprodukten oder -dienstleistungen angeboten wird.

(2) Soweit ein Kopplungsgeschäft unzulässig ist, sind die mit dem Immobiliar-Verauchcrdarlehensvertrag gekoppelten Geschäfte nichtig; die Wirksamkeit des Immobiliar-Verbraucherdarlehensvertrags bleibt davon unberührt.

第四百九十二条之一 [不动产消费者金钱借贷契约之附合行为]

I ^{1} 贷与人，于无第四百九十二条之二条规定之情形时，不得以借用人或第三人应买受金融商品或劳务（附和行为）作为订立不动产消费者金钱借贷契约之条件。^{2} 贷与人不以消费者应买受金融商品或劳务作为订立不动产消费者金钱借贷契约之条件，纵以其他非提供金融商品或劳务之事项作为契约条件者，亦不构成附合行为。

II 附合行为不合法者，仅与不动产消费者金钱借贷契约相附合之行为无效；不动产消费者金钱借贷契约之效力，不受影响。

§492b Zulässige Kopplungsgeschäfte

(1) Ein Kopplungsgeschäft ist zulässig, wenn der Darlehensgeber den Abschluss eines Immobiliar-Verbraucherdarlehensvertrags davon abhängig macht, dass der Darlehensnehmer, ein Familienangehöriger des Darlehensnehmers oder beide zusammen

1. ein Zahlungs- oder ein Sparkonto eröffnen, dessen einziger Zweck die Ansammlung von Kapital ist, um
    a) das Immobiliar-Verbraucherdarlehen zurückzuzahlen oder zu bedienen,
    b) die erforderlichen Mittel für die Gewährung des Darlehens bereitzustellen oder
    c) als zusätzliche Sicherheit für den Darlehensgeber für den Fall eines Zahlungsausfalls zu dienen;

2. ein Anlageprodukt oder ein privates Rentenprodukt erwerben oder behalten, das
    a) in erster Linie als Ruhestandseinkommen dient und
    b) bei Zahlungsausfall als zusätzliche Sicherheit für den Darlehensgeber dient oder das der Ansammlung von Kapital dient, um damit das Immobiliar-Verbraucherdarlehen zurückzuzahlen oder zu bedienen oder um damit die erforderlichen Mittel für die Gewährung des Darlehens bereitzustellen;

3. einen weiteren Darlehensvertrag abschließen, bei dem das zurückzuzahlende

Kapital auf einem vertraglich festgelegten Prozentsatz des Werts der Immobilie beruht, die diese zum Zeitpunkt der Rückzahlung oder Rückzahlungen des Kapitals (Darlehensvertrag mit Wertbeteiligung) hat.

(2) Ein Kopplungsgeschäft ist zulässig, wenn der Darlehensgeber den Abschluss eines Immobiliar-Verbraucherdarlehensvertrags davon abhängig macht, dass der Darlehensnehmer im Zusammenhang mit dem Immobiliar-Verbraucherdarlehensvertrag eine einschlägige Versicherung abschließt und dem Darlehensnehmer gestattet ist, diese Versicherung auch bei einem anderen als bei dem vom Darlehensgeber bevorzugten Anbieter abzuschließen.

(3) Ein Kopplungsgeschäft ist zulässig, wenn die für den Darlehensgeber zuständige Aufsichtsbehörde die weiteren Finanzprodukte oder -dienstleistungen sowie deren Kopplung mit dem Immobiliar-Verbraucherdarlehensvertrag genehmigt hat.

第四百九十二条之二 [合法之附合行为]

Ⅰ 以贷与人借用人及其家属之下列行为，作为订立不动产消费者金钱借贷契约之条件者，该附合行为合法：
1. 设立支付账户或储蓄账户存放资金，以
   a) 清偿或利用该不动产消费者金钱借贷契约。
   b) 提供确保借贷之必要方法，或
   c) 作为对贷与人于支付中断时之额外担保。
2. 买受或持有投资商品或私人年金商品，其
   a) 优先作为保障退休收入之用，且
   b) 作为对贷与人于支付中断时之额外担保，或存放资金，以清偿或利用该不动产消费者金钱借贷契约，或提供确保借贷之必要方法。
3. 订立另一借贷契约，该契约并约定，应清偿之资金，由清偿时或分期清偿时之不动产价额百分比为准（金钱借贷之价额参与率）。

Ⅱ 贷与人以借用人应随同不动产消费者金钱借贷契约订立相关保险契约，作为订立该不动产消费者金钱借贷契约之条件时，贷与人允许借用人就该保险契约另觅贷与人所指以外之保险人者，该附合行为即属合法。

Ⅲ 贷与人之主管监督机关，允许其他金融商品或劳务，且允许该与不动产消费者金钱借贷契约进行附合者，该附合行为即属合法。

§493 Informationen während des Vertragsverhältnisses

(1) Ist in einem Verbraucherdarlehensvertrag der Sollzinssatz gebunden und endet die Sollzinsbindung vor der für die Rückzahlung bestimmten Zeit, unterrichtet der Darlehensgeber den Darlehensnehmer spätestens drei Monate vor Ende der Sollzinsbindung darüber, ob er zu einer neuen Sollzinsbindungsabrede bereit ist. Erklärt sich der Darlehensgeber hierzu bereit, muss die Unterrichtung den zum Zeitpunkt der Unterrichtung vom Darlehensgeber angebotenen Sollzinssatz enthalten.

(2) Der Darlehensgeber unterrichtet den Darlehensnehmer spätestens drei Monate vor Beendigung eines Verbraucherdarlehensvertrags darüber, ob er zur Fortführung des Darlehensverhältnisses bereit ist. Erklärt sich der Darlehensgeber zur Fortführung bereit, muss die Unterrichtung die zum Zeitpunkt der Unterrichtung gültigen Pflichtangaben gemäß §491a Abs. 1 enthalten.

(3) Die Anpassung des Sollzinssatzes eines Verbraucherdarlehensvertrags mit veränderlichem Sollzinssatzwird erst wirksam, nachdem der Darlehensgeber den Darlehensnehmer über die Einzelheiten unterrichtet hat, die sich aus Artikel 247 §15 Absatz 2 und 3 des Einführungsgesetzes zum Bürgerlichen Gesetzbuche ergeben. Abweichende Vereinbarungen über die Wirksamkeit sind im Rahmen des Artikels 247 §15 Abs. 2 des Einführungsgesetzes zum Bürgerlichen Gesetzbuche zulässig.

(4) Bei einem Vertrag über ein Immobiliar-Verbraucherdarlehen in Fremdwährung gemäß §503 Absatz 1 Satz 1, auch in Verbindung mit Satz 3, hat der Darlehensgeber den Darlehensnehmer unverzüglich zu informieren, wenn der Wert des noch zu zahlenden Restbetrags oder der Wert der regelmäßigen Raten in der Landeswährung des Darlehensnehmers um mehr als 20 Prozent gegenüber dem Wert steigt, der bei Zugrundelegung des Wechselkurses bei Vertragsabschluss gegeben wäre. Die Information

1. ist auf einem dauerhaften Datenträger zu übermitteln,
2. hat die Angabe über die Veränderung des Restbetrags in der Landeswährung des Darlehensnehmers zu enthalten,
3. hat den Hinweis auf die Möglichkeit einer Währungsumstellung aufgrund des §503 und die hierfür geltenden Bedingungen und gegebenenfalls die Erläuterung weiterer Möglichkeiten zur Begrenzung des Wechselkursrisikos zu enthalten und
4. ist so lange in regelmäßigen Abständen zu erteilen, bis die Differenz von 20

Prozent wieder unterschritten wird.
Die Sätze 1 und 2 sind entsprechend anzuwenden, wenn ein Immobiliar-Verbraucherdarlehensvertrag in der Währung des Mitgliedstaats der Europäischen Union, in dem der Darlehensnehmer bei Vertragsschluss seinen Wohnsitz hat, geschlossen wurde und der Darlehensnehmer zum Zeitpunkt der maßgeblichen Kreditwürdigkeitsprüfung in einer anderen Währung überwiegend sein Einkommen bezieht oder Vermögenswerte hält, aus denen das Darlehen zurückgezahlt werden soll.

(5) Wenn der Darlehensnehmer eines Immobiliar-Verbraucherdarlehensvertrags dem Darlehensgeber mitteilt, dass er eine vorzeitige Rückzahlung des Darlehens beabsichtigt, ist der Darlehensgeber verpflichtet, ihm unverzüglich die für die Prüfung dieser erforderlichen Informationen auf einem dauerhaften Datenträger zu übermitteln. Diese Informationen müssen insbesondere folgende Angaben enthalten:
1. Auskunft über die Zulässigkeit der vorzeitigen Rückzahlung,
2. im Fall der Zulässigkeit die Höhe des zurückzuzahlenden Betrags und
3. gegebenenfalls die Höhe einer Vorfälligkeitsentschädigung.
Soweit sich die Informationen auf Annahmen stützen, müssen diese nachvollziehbar und sachlich gerechtfertigt sein und als solche dem Darlehensnehmer gegenüber offengelegt werden.

(6) Wurden Forderungen aus dem Darlehensvertrag abgetreten, treffen die Pflichten aus den Absätzen 1 bis 5 auch den neuen Gläubiger, wenn nicht der bisherige Darlehensgeber mit dem neuen Gläubiger vereinbart hat, dass im Verhältnis zum Darlehensnehmer weiterhin allein der bisherige Darlehensgeber auftritt.

第四百九十三条

Ⅰ [1]就一定期间约定固定利率之消费者金钱借贷契约，该固定利率于偿还期限前终了（enden）者，贷与人最迟应于固定利率终了前三个月，告知（unterrichten）借用人其是否愿意重新约定固定利率。[2]贷与人就此表示愿意者，该告知应包含告知时贷与人所要约之固定利率。

Ⅱ [1]贷与人迟须于消费者金钱借贷契约终了前三个月，告知借用人是否愿意继续金钱借贷关系。[2]贷与人就此表示愿意继续契约者，该告知应包含告知时依第四百九十一条之一规定之有效应载明事项。

Ⅲ [1]贷与人告知借用人依《民法施行法》第二百四十七条所定之第十五条规定之个别情形后，机动利率之消费者金钱借贷契约之利率变更，始生效力。[2]但有不同于《民法施行法》第二百四十七条所定之第十五条第二款、第三款之约定者，不在此限。

Ⅳ [1]于不动产抵押之消费者借贷契约系第五百零三条第一款第一段规定之外币，并与第三段相结合时，若所剩余尚未支付数额之价值或于借用人所属国家之货币分期付款价值，相较于订约时之汇率基础上升超过百分之二十时，贷与人应立即告知借用人。[2]贷与人所为之告知：
1. 应以长期储存载体为之。
2. 应含有关于剩余金额于借用人本国货币之变更。
3. 应含有基于第五百零三条规定之货币转换可能性、所应适用条件，及于必要时说明有无进一步限制汇率风险之可能。
4. 于差异再次小于百分之二十前，应以通常之间隔通知。

[3]于以欧盟会员国货币订立且借用人于欧盟会员国有住所之不动产消费者借贷契约，如借用人于信用审查时、其主要收入所使用或多数财产所计价，并用以返还借款之货币，为他种货币，准用第一段及第二段之规定。

Ⅴ [1]不动产抵押之消费者借贷契约之借用人，通知贷与人欲提前返还借款者，贷与人负有立即以长期储存载体提供借用人关于提前返还审查之必要信息。[2]该信息应包含之内容，即如：
1. 关于提前清偿许可之信息。
2. 在许可清偿之情形，清偿金额之额度。
3. 必要时提前清偿之赔偿金额。

[3]若信息系以假设之方式提供，则必须具备合理性及正当性，并且应如同提供与借用人般加以公开。

Ⅵ 基于金钱借贷契约所生之债权经让与者，除让与人与受让人约定，在与借用人之关系上继续由让与人负责者外，第一款至第五款之义务由受让人承担之。

§494 Rechtsfolgen von Formmängeln

(1) Der Verbraucherdarlehensvertrag und die auf Abschluss eines solchen Vertrags vom Verbraucher erteilte Vollmacht sind nichtig, wenn die Schriftform insgesamt nicht eingehalten ist oder wenn eine der in §Artikel 247 §§6 und 10 bis 13 des Einführungsgesetzes zum Bürgerlichen Gesetzbuche für den Verbraucherdarlehensvertragvorgeschriebenen Angaben fehlt.

(2) Ungeachtet eines Mangels nach Absatz 1 wird der Verbraucherdarlehensvertrag

gültig, soweit der Darlehensnehmer das Darlehen empfängt oder in Anspruch nimmt. Jedoch ermäßigt sich der dem Verbraucherdarlehensvertrag zugrunde gelegte Sollzinssatzauf den gesetzlichen Zinssatz, wenn die Angabe des Sollzinssatzes, des effektiven Jahreszinses oder des Gesamtbetrags fehlt.

(3) Ist der effektive Jahreszins zu niedrig angegeben, so vermindert sich der dem Verbraucherdarlehensvertrag zugrunde gelegte Sollzinssatz um den Prozentsatz, um den der effektive Jahreszins zu niedrig angegeben ist.

(4) Nicht angegebene Kosten werden vom Darlehensnehmer nicht geschuldet. Ist im Vertrag nicht angegeben, unter welchen Voraussetzungen Kosten oder Zinsen angepasst werden können, so entfällt die Möglichkeit, diese zum Nachteil des Darlehensnehmers anzupassen.

(5) Wurden Teilzahlungen vereinbart, ist deren Höhe vom Darlehensgeber unter Berücksichtigung der verminderten Zinsen oder Kosten neu zu berechnen.

(6) Fehlen im Vertrag Angaben zur Laufzeit oder zum Kündigungsrecht, ist der Darlehensnehmer jederzeit zur Kündigung berechtigt. Fehlen Angaben zu Sicherheiten, so können Sicherheiten nicht gefordert werden; dies gilt nicht bei Allgemein-Verbraucherdarlehensverträgen, wenn der Nettodarlehensbetrag 75 000 Euro übersteigt. Fehlen Angaben zum Umwandlungsrecht bei Immobiliar-Verbraucherdarlehen in Fremdwährung, so kann das Umwandlungsrecht jederzeit ausgeübt werden.

(7) Der Darlehensgeber stellt dem Darlehensnehmer eine Abschrift des Vertrags zur Verfügung, in der die Vertragsänderungen berücksichtigt sind, die sich aus den Absätzen 2 bis 6 ergeben.

第四百九十四条　[形式欠缺之法律效果]

Ⅰ 未完整具备书面形式，或未依《民法施行法》第二百四十七条所定之第六条及第十条至第十三条规定为告知者，消费者金钱借贷契约与为制定消费者金钱借贷契约所为之代理权授予，无效。

Ⅱ [1]纵有第一款所定之瑕疵，借用人受领或请求贷款者，消费者金钱借贷契约仍为有效。[2]未记载利率、实际年利率或总金额者，该消费者金钱借贷契约之利率降至法定利率。

Ⅲ 记载之实际年利率过低者，消费者金钱借贷契约之利率，应按与该过低记载之年利率相当之百分比，降低之。

Ⅳ [1]未记载之费用，借用人无须负担。[2]契约未记载于何种条件下得调整费用或利率者，不得对借用人作不利之调整。

Ⅴ 约定分期给付者，其额度以贷与人斟酌减价后之利率或费用重新计之。

Ⅵ ¹契约未记载期间或终止契约权者，借用人得随时终止契约。²未记载担保者，不得请求担保；一般消费者借贷契约净借贷金额逾七万五千欧元者，本规定不适用之。不动产消费者金钱借贷未记载转换成外币请求权者，外币转换请求权得随时行使。

Ⅶ 贷与人应提供借用人契约副本，其应包含因第二款至第六款所生之契约变更事由。

§495 Widerrufsrecht; Bedenkzeit

(1) Dem Darlehensnehmer steht bei einem Verbraucherdarlehensvertrag ein Widerrufsrecht nach §355 zu.

(2) Ein Widerrufsrecht besteht nicht bei Darlehensverträgen,

1. die einen Darlehensvertrag, zu dessen Kündigung der Darlehensgeber wegen Zahlungsverzugs des Darlehensnehmers berechtigt ist, durch Rückzahlungsvereinbarungen ergänzen oder ersetzen, wenn dadurch ein gerichtliches Verfahren vermieden wird und wenn der Gesamtbetrag (Artikel 247 §3 des Einführungsgesetzes zum Bürgerlichen Gesetzbuche) geringer ist als die Restschuld des ursprünglichen Vertrags,

2. die notariell zu beurkunden sind, wenn der Notar bestätigt, dass die Rechte des Darlehensnehmers aus den §§491a und 492 gewahrt sind, oder

3. die §504 Abs. 2 oder §505 entsprechen.

(3) Bei Immobiliar-Verbraucherdarlehensverträgen ist dem Darlehensnehmer in den Fällen des Absatzes 2 vor Vertragsschluss eine Bedenkzeit von zumindest sieben Tagen einzuräumen. Während des Laufs der Frist ist der Darlehensgeber an sein Angebot gebunden. Die Bedenkzeit beginnt mit der Aushändigung des Vertragsangebots an den Darlehensnehmer.

第四百九十五条　[撤回权]

Ⅰ 借用人依第三百五十五条规定，就消费者借贷契约，有撤回权。

Ⅱ 撤回权不存于下列金钱借贷契约：

1. 为避免法院程序及总额（《民法施行法》第二百四十七条所定之第三条）低于原契约债务额时，贷与人因借用人给付迟延而有权终止借贷契约，但以返还约定补充或代替之者。

2. 经公证者，公证人证明借用人基于第四百九十一条之一及第四百九十二条之权利规定已受保护，或

3. 符合第五百零四条第二款或第五百零五条规定者。

Ⅲ ¹于第二款之情形，如为不动产消费者金钱借贷契约者，应于订约前提供消费者最少七日之考虑期间。²于期间进行中，贷与人应受其要约之拘束。³自契约要约交付予借用人时，考虑期间开始起算。

§496　Einwendungsverzicht, Wechsel- und Scheckverbot

(1) Eine Vereinbarung, durch die der Darlehensnehmer auf das Recht verzichtet, Einwendungen, die ihm gegenüber dem Darlehensgeber zustehen, gemäß §404 einem Abtretungsgläubiger entgegenzusetzen oder eine ihm gegen den Darlehensgeber zustehende Forderung gemäß §406 auch dem Abtretungsgläubiger gegenüber aufzurechnen, ist unwirksam.

(2) Wird eine Forderung des Darlehensgebers aus einem Verbraucherdarlehensvertrag an einen Dritten abgetreten oder findet in der Person des Darlehensgebers ein Wechsel statt, ist der Darlehensnehmer unverzüglich darüber sowie über die Kontaktdaten des neuen Gläubigers nach Artikel 246b §1 Absatz 1 Nummer 1, 3 und 4 des Einführungsgesetzes zum Bürgerlichen Gesetzbuche zu unterrichten. Die Unterrichtung ist bei Abtretungen entbehrlich, wenn der bisherige Darlehensgeber mit dem neuen Gläubiger vereinbart hat, dass im Verhältnis zum Darlehensnehmer weiterhin allein der bisherige Darlehensgeber auftritt. Fallen die Voraussetzungen des Satzes 2 fort, ist die Unterrichtung unverzüglich nachzuholen.

(3) Der Darlehensnehmer darf nicht verpflichtet werden, für die Ansprüche des Darlehensgebers aus dem Verbraucherdarlehensvertrag eine Wechselverbindlichkeit einzugehen. Der Darlehensgeber darf vom Darlehensnehmer zur Sicherung seiner Ansprüche aus dem Verbraucherdarlehensvertrag einen Scheck nicht entgegennehmen. Der Darlehensnehmer kann vom Darlehensgeber jederzeit die Herausgabe eines Wechsels oder Schecks, der entgegen Satz 1 oder 2 begeben worden ist, verlangen. Der Darlehensgeber haftet für jeden Schaden, der dem Darlehensnehmer aus einer solchen Wechsel- oder Scheckbegebung entsteht.

第四百九十六条　[抗辩权之抛弃；汇票与支票之禁止]

Ⅰ 以约款使借用人抛弃其依第四百零四条规定得向债权受让人主张自己对于贷与人所生之抗辩权，或依第四百零六条得以自己与贷与人间之请求权而向债权受让人主张抵销者，该约款无效。

Ⅱ ¹贷与人基于消费者金钱借贷契约所生之债权转让与第三人，或贷与人发生变更者,借用人应立即被告知其情事,并依德国民法信息义务命令第一条第一款第一项至第三项之规定,被告知受让人之通讯方式。²让与人与受让人约定,在与借用人之关系上继续由让与人负责者,毋庸为该告知。³第二段规定之情事不存在者,应即补为告知。

Ⅲ ¹不得为消费者借贷契约所生之贷与人请求权,而课予借用人有承担汇票或支票债务之义务。²贷与人不得自借用人受领支票,作为消费者金钱借贷契约所生请求权之担保。³违反第一段或第二段规定所签发之汇票或支票,借用人得随时请求贷与人返还之。⁴贷与人应就借用人因签发汇票或支票所生之损害,负赔偿责任。

§497 Verzug des Darlehensnehmers

(1) Soweit der Darlehensnehmer mit Zahlungen, die er auf Grund des Verbraucherdarlehensvertrags schuldet, in Verzug kommt, hat er den geschuldeten Betrag nach §288 Abs. 1 zu verzinsen; dies gilt nicht für Immobiliardarlehensverträge. Bei diesen Verträgen beträgt der Verzugszinssatz für das Jahr zweieinhalb Prozentpunkte über dem Basiszinssatz. Im Einzelfall kann der Darlehensgeber einen höheren oder der Darlehensnehmer einen niedrigeren Schaden nachweisen.

(2) Die nach Eintritt des Verzugs anfallenden Zinsen sind auf einem gesonderten Konto zu verbuchen und dürfen nicht in ein Kontokorrent mit dem geschuldeten Betrag oder anderen Forderungen des Darlehensgebers eingestellt werden. Hinsichtlich dieser Zinsen gilt §289 Satz 2 mit der Maßgabe, dass der Darlehensgeber Schadensersatz nur bis zur Höhe des gesetzlichen Zinssatzes (§246) verlangen kann.

(3) Zahlungen des Darlehensnehmers, die zur Tilgung der gesamten fälligen Schuld nicht ausreichen, werden abweichend von §367 Abs. 1 zunächst auf die Kosten der Rechtsverfolgung, dann auf den übrigen geschuldeten Betrag (Absatz 1) und zuletzt auf die Zinsen (Absatz 2) angerechnet. Der Darlehensgeber darf Teilzahlungen nicht zurückweisen. Die Verjährung der Ansprüche auf Darlehensrückerstattung und Zinsen ist vom Eintritt des Verzugs nach Absatz 1 an bis zu ihrer Feststellung in einer in §197 Abs. 1 Nr. 3 bis 5 bezeichneten Art gehemmt, jedoch nicht länger als zehn Jahre von ihrer Entstehung an. Auf die Ansprüche auf Zinsen findet §197 Abs. 2 keine Anwendung. Die Sätze 1 bis 4 finden keine Anwendung, soweit Zahlungen auf Vollstreckungstitel geleistet werden, deren Hauptforderung auf Zinsen lautet.

第八章 各种之债 §§497,498

(4) Bei Immobiliar-Verbraucherdarlehensverträgen beträgt der Verzugszinssatz abweichend von Absatz 1 für das Jahr 2,5 Prozentpunkte über dem Basiszinssatz. Die Absätze 2 und 3 Satz 1, 2, 4 und 5 sind auf Immobiliar-Verbraucherdarlehensverträge nicht anzuwenden.

第四百九十七条　[借用人之迟延]

Ⅰ [1]借用人依消费者借贷契约所负之给付陷于迟延者，则依第二百八十八条第一款规定，就负债之数额支付迟延利息；但于不动产抵押之消费者借贷契约，不适用之。[2]此种消费者借贷契约每年迟延利息利率，为基础利率加上二点五个百分点。[3]个案中，由贷与人证明有较多之损害，或由借用人证明有较少之损害。

Ⅱ [1]迟延后所生之利息应记载于特别账户，且不得计入记载负债数额或贷与人其他请求之往来账簿中。[2]此一利息适用第二百八十九条第二段之规定，但贷与人至多仅得请求法定利率（第二百四十六条）额度之损害赔偿。

Ⅲ [1]债务人之给付不足以清偿全部到期之债务者，与第三百六十七条第一款规定不同，应先抵充权利行使之费用，次抵充所负债务之余额（第一款），最后抵充利息（第二款）。[2]借用人不得拒绝一部给付。[3]借款偿还请求权与利息请求权之消灭时效，自第一款迟延事由发生时起，至第一百九十七条第一款第三项至第五项规定之行为确定时止，时效不完成。但自时效起算时起超过十年者，不在此限。[4]第一百九十七条第二款之规定，不适用于利息请求权。[5]若利息系作为执行名义主债权之内容而为支付者，不适用第一句至第四句之规定。

Ⅳ [1]于不动产消费者金钱借贷契约，迟延利率以当年度基本利率加计百分之二点五计者；第一款规定不适用之。[2]第二款及第三款第一段、第二段、第四段、第五段规定于不动产消费者金钱借贷契约不适用之。

§498 Gesamtfälligstellung bei Teilzahlungsdarlehen

(1) Der Darlehensgeber kann den Verbraucherdarlehensvertrag bei einem Darlehen, das in Teilzahlungen zu tilgen ist, wegen Zahlungsverzugs des Darlehensnehmers nur dann kündigen, wenn
1. der Darlehensnehmer
   a) mit mindestens zwei aufeinander folgenden Teilzahlungen ganz oder teilweise in Verzug ist,

b) bei einer Vertragslaufzeit bis zu drei Jahren mit mindestens 10 Prozent oder bei einer Vertragslaufzeit von mehr als drei Jahren mit mindestens 5 Prozent des Nennbetrags des Darlehens in Verzug ist und

2. der Darlehensgeber dem Darlehensnehmer erfolglos eine zweiwöchige Frist zur Zahlung des rückständigen Betrags mit der Erklärung gesetzt hat, dass er bei Nichtzahlung innerhalb der Frist die gesamte Restschuld verlange.

Der Darlehensgeber soll dem Darlehensnehmer spätestens mit der Fristsetzung ein Gespräch über die Möglichkeiten einer einverständlichen Regelung anbieten.

(2) Bei Immobiliardarlehensverträgen gilt Absatz 1 mit der Maßgabe, dass der Darlehensnehmer mit mindestens zwei aufeinanderfolgenden Teilzahlungen ganz oder teilweise und mindestens 2,5 Prozent des Nennbetrags des Darlehens in Verzug sein muss.

第四百九十八条 [分期给付借贷中之全部到期条款]

Ⅰ [1]贷与人仅于符合下列要件时，得因借用人迟延付款，终止分期给付清偿之消费者金钱借贷契约：

1. 借用人

a) 最少连续两期迟付分期给付款之全部或一部分。

b) 借款期限达三年且迟付款项已达名目金额百分之十以上或借款期限超过三年且迟付款项已达名目金额百分之五以上者。

2. 贷与人指定两星期期间使借用人支付迟延金额，并表示若未于此段期间内给付，贷与人将请求全部余额，而仍无结果者。

[2]贷与人最迟应于指定期间内，向债务人提供同意处理可能性之协商。

Ⅱ 于不动产消费者金钱借贷契约发生第一款情形者，借用人最少应连续两期迟付分期给付款之全部或一部分，且迟付款项已达名目金额百分之二点五以上。

§499 Kündigungsrecht des Darlehensgebers;Leistungsverweigerung

(1) In einem Allgemein-Verbraucherdarlehensvertrag ist eine Vereinbarung über ein Kündigungsrecht des Darlehensgebers unwirksam, wenn eine bestimmte Vertragslaufzeit vereinbart wurde oder die Kündigungsfrist zwei Monate unterschreitet.

(2) Der Darlehensgeber ist bei entsprechender Vereinbarung berechtigt, die Auszahlung eines Allgemein-Verbraucherdarlehens bei dem eine Zeit für die Rückzahlung

nicht bestimmt ist, aus einem sachlichen Grund zu verweigern. Beabsichtigt der Darlehensgeber dieses Recht auszuüben, hat er dies dem Darlehensnehmer unverzüglich mitzuteilen und ihn über die Gründe möglichst vor, spätestens jedoch unverzüglich nach der Rechtsausübung zu unterrichten. Die Unterrichtung über die Gründe unterbleibt, soweit hierdurch die öffentliche Sicherheit oder Ordnung gefährdet würde.

(3) Der Darlehensgeber kann einen Verbraucherdarlehensvertrag nicht allein deshalb kündigen, auf andere Weise beenden oder seine Änderung verlangen, weil die vom Darlehensnehmer vor Vertragsschluss gemachten Angaben unvollständig waren oder weil die Kreditwürdigkeitsprüfung des Darlehensnehmers nicht ordnungsgemäß durchgeführt wurde. Satz 1 findet keine Anwendung, soweit der Mangel der Kreditwürdigkeitsprüfung darauf beruht, dass der Darlehensnehmer dem Darlehensgeber für die Kreditwürdigkeitsprüfung relevante Informationen wissentlich vorenthalten oder diese gefälscht hat.

第四百九十九条　[贷与人终止权；给付拒绝]
Ⅰ　一般消费者金钱借贷契约定有契约存续期间或终止期间未逾两个月者，其所约定之贷与人终止权，无效。
Ⅱ　^{1}有相当约定者，贷与人有权本于事实上原因，拒绝给付偿还期限未定之一般消费者借款。^{2}贷与人如欲行使该权利，应即时通知借用人，且尽可能于权利行使前，至迟于行使后即时告知借用人原因。^{3}但告知原因可能危及公共安全或秩序者，不适用之。
Ⅲ　^{1}贷与人不得仅因借用人于订约前所为之陈述不完全或因借用人之信用审查未依规定执行，即终止或以其他方式结束、变更消费者借贷契约。^{2}第一段规定，于信用审查之瑕疵系因贷与人故意保留或提供错误信息予借用人时，不适用之。

§500　Kündigungsrecht des Darlehensnehmers; vorzeitige Rückzahlung

(1) Der Darlehensnehmer kann einen Allgemein-Verbraucherdarlehensvertrag, bei dem eine Zeit für die Rückzahlung nicht bestimmt ist, ganz oder teilweise kündigen, ohne eine Frist einzuhalten. Eine Vereinbarung über eine Kündigungsfrist von mehr als einem Monat ist unwirksam.

(2) Der Darlehensnehmer kann seine Verbindlichkeiten aus einem Verbraucherdarl-

ehensvertrag jederzeit ganz oder teilweise vorzeitig erfüllen. Abweichend von Satz 1 kann der Darlehensnehmer eines Immobiliar-Verbraucherdarlehensvertrags, für den ein gebundener Sollzinssatz vereinbart wurde, seine Verbindlichkeiten im Zeitraum der Sollzinsbindung nur dann ganz oder teilweise vorzeitig erfüllen, wenn hierfür ein berechtigtes Interesse des Darlehensnehmers besteht.

第五百条 [借用人之终止权：提前偿还]

Ⅰ [1]一般消费者金钱借贷契约未定偿还期限者，借用人无须遵守一定期间，得全部或一部分终止之。[2]约定终止期间逾一个月者，无效。

Ⅱ [1]借用人得随时全部或一部分提前履行其基于消费者金钱借贷契约而生之义务。[2]不动产消费者金钱借贷契约有约定固定利率者，借用人于有正当利益时，得全部或一部分提前履行其固定利率期间之义务，不适用第一段规定。

§501 Kostenermäßigung

Soweit der Darlehensnehmer seine Verbindlichkeiten vorzeitig erfüllt oder die Restschuld vor der vereinbarten Zeit durch Kündigung fällig wird, vermindern sich die Gesamtkosten (§6 Abs. 3 der Preisangabenverordnung) um die Zinsen und sonstigen laufzeitabhängigen Kosten, die bei gestaffelter Berechnung auf die Zeit nach der Fälligkeit oder Erfüllung entfallen.

第五百零一条 [费用减少]

借用人提前履行其义务或剩余债务额因终止而于约定期限前到期者，总费用（《价格标示法》第六条第三款）应按到期或履行后期间分级计算摊还之利息及其他系于存续期间之费用，予以减少。

§502 Vorfälligkeitsentschädigung

(1) Der Darlehensgeber kann im Fall der vorzeitigen Rückzahlung eine angemessene Vorfälligkeitsentschädigung für den unmittelbar mit der vorzeitigen Rückzahlung zusammenhängenden Schaden verlangen, wenn der Darlehensnehmer zum Zeitpunkt der Rückzahlung Zinsen zu einem gebundenen Sollzinssatz schuldet. Bei Allgemein-Verbraucherdarlehensverträgen gilt Satz 1 nur, wenn der gebundene Sollzinssatz bei Vertragsabschluss vereinbart wurde.

(2) Der Anspruch auf Vorfälligkeitsentschädigung ist ausgeschlossen, wenn
1. die Rückzahlung aus den Mitteln einer Versicherung bewirkt wird, die auf Grund einer entsprechenden Verpflichtung im Darlehensvertrag abgeschlossen wurde, um die Rückzahlung zu sichern, oder
2. im Vertrag die Angaben über die Laufzeit des Vertrags, das Kündigungsrecht des Darlehensnehmers oder die Berechnung der Vorfälligkeitsentschädigung unzureichend sind.
(3) Bei Allgemein-Verbraucherdarlehensverträgen darf die Vorfälligkeitsentschädigung folgende Beträge jeweils nicht überschreiten:
1. 1 Prozent des vorzeitig zurückgezahlten Betrags oder, wenn der Zeitraum zwischen der vorzeitigen und der vereinbarten Rückzahlung ein Jahr nicht überschreitet, 0,5 Prozent des vorzeitig zurückgezahlten Betrags,
2. den Betrag der Sollzinsen, den der Darlehensnehmer in dem Zeitraum zwischen der vorzeitigen und der vereinbarten Rückzahlung entrichtet hätte.

第五百零二条 [提前到期补偿]

Ⅰ ^{1}借用人于返还时有给付固定利率义务者,贷与人于提前返还时,得就因直接提前返还所生之损害,请求适当之提前到期补偿。^{2}一般消费者金钱借贷契约,于订约时约定固定利率者,始适用第一段规定。

Ⅱ 下列情形,不得请求提前到期补偿:
1. 为担保返还,且基于相当于金钱借贷契约之义务而制定保险契约,已填补该返还者,或
2. 契约存续期间、借用人终止权或提前到期补偿之计算于契约中记载不充分者。

Ⅲ 于一般消费者金钱借贷契约,提前返还之补偿不得超过下列任一数额:
1. 提前返还数额之百分之一;提前返还与约定返还时间相距未逾一年者,不得超过提前返还数额之百分之零点五。
2. 借用人本应于提前返还及约定返还时点间应付之利息数额。

§503 Umwandlung bei Immobiliar-Verbraucherdarlehen in Fremdwährung

(1) Bei einem nicht auf die Währung des Mitgliedstaats der Europäischen Union, in dem der Darlehensnehmer bei Vertragsschluss seinen Wohnsitz hat (Landeswährung des Darlehensnehmers), geschlossenen Immobiliar-Verbraucherdarlehensvertrag

(Immobiliar-Verbraucherdarlehensvertrag in Fremdwährung) kann der Darlehensnehmer die Umwandlung des Darlehens in die Landeswährung des Darlehensnehmers verlangen. Das Recht auf Umwandlung besteht dann, wenn der Wert des ausstehenden Restbetrags oder der Wert der regelmäßigen Raten in der Landeswährung des Darlehensnehmers auf Grund der Änderung des Wechselkurses um mehr als 20 Prozent über dem Wert liegt, der bei Zugrundelegung des Wechselkurses bei Vertragsabschluss gegeben wäre. Im Darlehensvertrag kann abweichend von Satz 1 vereinbart werden, dass die Landeswährung des Darlehensnehmers ausschließlich oder ergänzend die Währung ist, in der er zum Zeitpunkt der maßgeblichen Kreditwürdigkeitsprüfung überwiegend sein Einkommen bezieht oder Vermögenswerte hält, aus denen das Darlehen zurückgezahlt werden soll.

(2) Die Umstellung des Darlehens hat zu dem Wechselkurs zu erfolgen, der dem am Tag des Antrags auf Umstellung geltenden Marktwechselkurs entspricht. Satz 1 gilt nur, wenn im Darlehensvertrag nicht etwas anderes vereinbart wurde.

第五百零三条 [不动产消费者金钱借贷契约于外国货币之转换]

Ⅰ ¹于非以欧盟会员国货币订立，而借用人于欧盟会员国有住所（借用人之本国货币）之不动产消费者借贷契约（外币不动产消费者金钱借贷契约），借用人得请求将借贷转换为借用人之本国货币。²所剩余尚未支付数额之价值或于借用人所属国家之货币分期付款价值，相较于订约时之汇率基础，因汇率变更上升超过百分之二十，具转换之权利。³于金钱借贷契约，得约定仅以或兼以借用人于信用审查时、其主要收入所使用或多数财产所计价、并用以返还借款之货币，作为其本国货币；第一段规定，不适用之。

Ⅱ ¹金钱借贷之转换应以转换申请日所适用之市场汇率为之。²金钱借贷契约无其他约定者，始适用第一段规定。

§504 Eingeräumte Überziehungsmöglichkeit

(1) Ist ein Verbraucherdarlehen in der Weise gewährt, dass der Darlehensgeber in einem Vertragsverhältnis über ein laufendes Konto dem Darlehensnehmer das Recht einräumt, sein Konto in bestimmter Höhe zu überziehen (Überziehungsmöglichkeit), hat der Darlehensgeber den Darlehensnehmer in regelmäßigen Zeitabständenüber die Angaben zu unterrichten, die sich aus Artikel 247 §16 des

Einführungsgesetzes zum Bürgerlichen Gesetzbuche ergeben. Ein Anspruch auf Vorfälligkeitsentschädigung aus §502 ist ausgeschlossen. §493 Abs. 3 ist nur bei einer Erhöhung des Sollzinssatzes anzuwenden und gilt entsprechend bei einer Erhöhung der vereinbarten sonstigen Kosten. §499 Abs. 1 ist nicht anzuwenden.

(2) Ist in einer Überziehungsmöglichkeit in Form des Allgemein-Verbraucherdarlehensvertrags vereinbart, dass nach der Auszahlung die Laufzeit höchstens drei Monate beträgt oder der Darlehensgeber kündigen kann, ohne eine Frist einzuhalten, sind §491a Abs. 3, die §§495, 499 Abs. 2 und §500 Abs. 1 Satz 2 nicht anzuwenden. §492 Abs. 1 ist nicht anzuwenden, wenn außer den Sollzinsen keine weiteren laufenden Kosten vereinbart sind, die Sollzinsen nicht in kürzeren Zeiträumen als drei Monaten fällig werden und der Darlehensgeber dem Darlehensnehmer den Vertragsinhalt spätestens unverzüglich nach Vertragsabschluss auf einem dauerhaften Datenträger mitteilt.

第五百零四条 [给予透支可能性]

Ⅰ ¹消费者贷款之贷与，如系贷款人于活期账户（laufendes Konto）之契约关系中赋予借用人透支其账户一定金额之权利者（透支可能性），贷款人应定期告知借用人《民法施行法》第二百四十七条所定第十六款规定之应记载事项。²依第五百零二条规定而生之提前给付补偿，不得请求。³第四百九十三条第三款规定仅于利率调升时，适用之，于约定其他费用调升时，准用之。⁴第四百九十九条第一款规定，不适用之。

Ⅱ ¹以一般消费者金钱借贷契约约定透支可能系支付后存续期间至多达三个月，或贷与人得不遵守期间终止者，第四百九十一条之一第三款、第四百九十五条、第四百九十九条第二款与第五百条第一款第二段规定，不适用之。²除利息外无约定其他经常性费用，利息非于短于三个月之期间内到期，且贷与人最迟于契约制定后，即时以长期储存载体通知借用人契约内容者，第四百九十二条第一款规定，不适用之。

§504a Beratungspflicht bei Inanspruchnahme der Überziehungsmöglichkeit

(1) Der Darlehensgeber hat dem Darlehensnehmer eine Beratung gemäß Absatz 2 anzubieten, wenn der Darlehensnehmer eine ihm eingeräumte Überziehungsmöglichkeit ununterbrochen über einen Zeitraum von sechs Monaten und durchschnittlich in Höhe eines Betrags in Anspruch genommen hat, der 75 Prozent des vereinbarten

Höchstbetrags übersteigt. Wenn der Rechnungsabschluss für das laufende Konto vierteljährlich erfolgt, ist der maßgebliche Zeitpunkt für das Vorliegen der Voraussetzungen nach Satz 1 der jeweilige Rechnungsabschluss. Das Beratungsangebot ist dem Darlehensnehmer in Textform auf dem Kommunikationsweg zu unterbreiten, der für den Kontakt mit dem Darlehensnehmer üblicherweise genutzt wird. Das Beratungsangebot ist zu dokumentieren.

(2) Nimmt der Darlehensnehmer das Angebot an, ist eine Beratung zu möglichen kostengünstigen Alternativen zur Inanspruchnahme der Überziehungsmöglichkeit und zu möglichen Konsequenzen einer weiteren Überziehung des laufenden Kontos durchzuführen sowie gegebenenfalls auf geeignete Beratungseinrichtungen hinzuweisen. Die Beratung hat in Form eines persönlichen Gesprächs zu erfolgen. Für dieses können auch Fernkommunikationsmittel genutzt werden. Der Ort und die Zeit des Beratungsgesprächs sind zu dokumentieren.

(3) Nimmt der Darlehensnehmer das Beratungsangebot nicht an oder wird ein Vertrag über ein geeignetes kostengünstigeres Finanzprodukt nicht geschlossen, hat der Darlehensgeber das Beratungsangebot bei erneutem Vorliegen der Voraussetzungen nach Absatz 1 zu wiederholen. Dies gilt nicht, wenn der Darlehensnehmer ausdrücklich erklärt, keine weiteren entsprechenden Beratungsangebote erhalten zu wollen.

第五百零四条之一 [透支可能性请求之咨询义务]

Ⅰ ¹借用人就其透支可能性,持续超过六星期并且平均请求逾约定最高金额之百分之七十五者,贷与人应依第二款规定提供咨询。²活期账户系每季结算者,以各该结算时点为第一段规定之时点。³咨询服务应以文字形式,以与借用人联系时通常使用之通讯方法提供。⁴咨询服务记录之。

Ⅱ ¹借用人接受服务者,该咨询应包含具有价格优惠之可能方案、持续透支对其活期存款之可能影响及于必要时应前往之咨询机构。²咨询应以个人谈话为之。³亦得利用远程通信媒介为之。⁴咨询谈话之时间及地点应记录之。

Ⅲ ¹借用人未接受咨询服务,或未订适且较优惠之金融商品契约,贷与人于第一款之要件再次成立时,应再次提供咨询。²贷与人明确表示不愿再接受相应之咨询服务时,不适用之。

§505 Geduldete Überziehung

(1) Vereinbart ein Unternehmer in einem Vertrag mit einem Verbraucher über ein

laufendes Konto ohne eingeräumte Überziehungsmöglichkeit ein Entgelt für den Fall, dass er eine Überziehung des Kontos duldet, müssen in diesem Vertrag die Angaben nach Artikel 247 §17 Abs. 1 des Einführungsgesetzes zum Bürgerlichen Gesetzbuche in Textform enthalten sein und dem Verbraucher in regelmäßigen Zeitabständen auf einem dauerhaften Datenträger mitgeteilt werden. Satz 1 gilt entsprechend, wenn ein Darlehensgeber mit einem Darlehensnehmer in einem Vertrag über ein laufendes Konto mit eingeräumter Überziehungsmöglichkeit ein Entgelt für den Fall vereinbart, dass er eine Überziehung des Kontos über die vertraglich bestimmte Höhe hinaus duldet.

(2) Kommt es im Fall des Absatzes 1 zu einer erheblichen Überziehung von mehr als einem Monat, unterrichtet der Darlehensgeber den Darlehensnehmer unverzüglich auf einem dauerhaften Datenträger über die sich aus Artikel 247 §17 Abs. 2 des Einführungsgesetzes zum Bürgerlichen Gesetzbuche ergebenden Einzelheiten. Wenn es im Fall des Absatzes 1 zu einer ununterbrochenen Überziehung von mehr als drei Monaten gekommen ist und der durchschnittliche Überziehungsbetrag die Hälfte des durchschnittlichen monatlichen Geldeingangs innerhalb der letzten drei Monate auf diesem Konto übersteigt, so gilt §504a entsprechend. Wenn der Rechnungsabschluss für das laufende Konto vierteljährlich erfolgt, ist der maßgebliche Zeitpunkt für das Vorliegen der Voraussetzungen nach Satz 1 der jeweilige Rechnungsabschluss.

(3) Verstößt der Unternehmer gegen Absatz 1 oder Absatz 2, kann der Darlehensgeber über die Rückzahlung des Darlehens hinaus Kosten und Zinsen nicht verlangen.

(4) Die §§491a bis 496 und 499 bis 502 sind auf Allgemein-Verbraucherdarlehensverträge, die unter den in Absatz 1 genannten Voraussetzungen zustande kommen, nicht anzuwenden.

第五百零五条 [容忍透支]

Ⅰ ¹企业经营者与消费者于未给予透支可能性之活期账户契约中约定，就其容忍账户透支支付对价，该契约应以文字方式包括依《民法施行法》第二百四十七条所定第十七条第一款规定之应记载事项，且应定期以长期储存载体告知消费者。²第一段规定于贷与人与借用人于给与透支可能性之活期账户契约中约定，就其依契约容忍账户透支一定额度支付对价者，准用之。

Ⅱ ¹第一款之情形于显著透支逾一个月者，贷与人应实时以长期储存载体告知借用人依《民法施行法》第二百四十七条所定第十七条第二款规定而生之个别情形。²第一款之情形于连续透支逾三个月且平均透支数额逾此账户近三个月连续月收到款项之一半者,第五百零四条之一规定准用之。³活期账户系每季结算者,以各该结算时点为第一段规定之时点。

Ⅲ 企业经营者违反第一款或第二款规定者,贷与人不得请求返还借款以外之费用及利息。

Ⅳ 一般消费者金钱借贷契约依第一款规定之要件而成立者,第四百九十一条之一至第四百九十六条与第四百九十九条至第五百零二条规定,不适用之。

§505a Pflicht zur Kreditwürdigkeitsprüfung bei Verbraucherdarlehensverträgen

(1) Der Darlehensgeber hat vor dem Abschluss eines Verbraucherdarlehensvertrags die Kreditwürdigkeit des Darlehensnehmers zu prüfen. Der Darlehensgeber darf den Verbraucherdarlehensvertrag nur abschließen, wenn aus der Kreditwürdigkeitsprüfung hervorgeht, dass bei einem Allgemein-Verbraucherdarlehensvertrag keine erheblichen Zweifel daran bestehen und dass es bei einem Immobiliar-Verbraucherdarlehensvertrag wahrscheinlich ist, dass der Darlehensnehmer seinen Verpflichtungen, die im Zusammenhang mit dem Darlehensvertrag stehen, vertragsgemäß nachkommen wird.

(2) Wird der Nettodarlehensbetrag nach Abschluss des Darlehensvertrags deutlich erhöht, so ist die Kreditwürdigkeit auf aktualisierter Grundlage neu zu prüfen, es sei denn, der Erhöhungsbetrag des Nettodarlehens wurde bereits in die ursprüngliche Kreditwürdigkeitsprüfung einbezogen.

第五百零五条之一 [消费者金钱借贷契约信用审查义务]

Ⅰ ¹贷与人于制定消费者金钱借贷契约前,应审查借用人之信用状况。²经信用审查认可,一般消费者金钱借贷并未有显著怀疑,且于不动产消费者金钱借贷有相当可能,借用人将依约履行其与契约相关之义务者,始得制定消费者金钱借贷契约。

Ⅱ 借贷契约之净额于制定金钱消费借贷契约后明确提高者,信用状况应以实际基础重新审查,但借贷契约净额之提高,已包含于最初信用审查者,不在此限。

§505b Grundlage der Kreditwürdigkeitsprüfung bei Verbraucherdarlehensverträgen

(1) Bei Allgemein-Verbraucherdarlehensverträgen können Grundlage für die Kreditwürdigkeitsprüfung Auskünfte des Darlehensnehmers und erforderlichenfalls Auskünfte von Stellen sein, die geschäftsmäßig personenbezogene Daten, die zur Bewertung der Kreditwürdigkeit von Verbrauchern genutzt werden dürfen, zum Zweck der Übermittlung erheben, speichern, verändern oder nutzen.

(2) Bei Immobiliar-Verbraucherdarlehensverträgen hat der Darlehensgeber die Kreditwürdigkeit des Darlehensnehmers auf der Grundlage notwendiger, ausreichender und angemessener Informationen zu Einkommen, Ausgaben sowie anderen finanziellen und wirtschaftlichen Umständen des Darlehensnehmers eingehend zu prüfen. Dabei hat der Darlehensgeber die Faktoren angemessen zu berücksichtigen, die für die Einschätzung relevant sind, ob der Darlehensnehmer seinen Verpflichtungen aus dem Darlehensvertrag voraussichtlich nachkommen kann. Die Kreditwürdigkeitsprüfung darf nicht hauptsächlich darauf gestützt werden, dass in den Fällen des §491 Absatz 3 Satz 1 Nummer 1 der Wert des Grundstücks oder in den Fällen des §491 Absatz 3 Satz 1 Nummer 2 der Wert des Grundstücks, Gebäudes oder grundstücksgleichen Rechts voraussichtlich zunimmt oder den Darlehensbetrag übersteigt.

(3) Der Darlehensgeber ermittelt die gemäß Absatz 2 erforderlichen Informationen aus einschlägigen internen oder externen Quellen, wozu auch Auskünfte des Darlehensnehmers gehören. Der Darlehensgeber berücksichtigt auch die Auskünfte, die einem Darlehensvermittler erteilt wurden. Der Darlehensgeber ist verpflichtet, die Informationen in angemessener Weise zu überprüfen, soweit erforderlich auch durch Einsichtnahme in unabhängig nachprüfbare Unterlagen.

(4) Bei Immobiliar- Verbraucherdarlehensverträgen ist der Darlehensgeber verpflichtet, die Verfahren und Angaben, auf die sich die Kreditwürdigkeitsprüfung stützt, festzulegen, zu dokumentieren und die Dokumentation aufzubewahren.

(5) Die Bestimmungen zum Schutz personenbezogener Daten bleiben unberührt.

第五百零五条之二 [消费者金钱借贷契约之信用审查基础]

Ⅰ 于一般消费者金钱借贷契约，得以借用人之信息及其他信息来源依其业务所搜集之、所得用于评估消费者信用，且以传输目的而提出、存取、变更或使用之个人信息为信用审查基础。

Ⅱ ¹于不动产消费借贷契约，贷与人应以必要、足够且适切之关于借用人收入、支出以及其他经济情况信息基础，深入审查借用人之信用情况。²贷与人应适当注意相关因素，以评估借用人是否可能履行就其金钱借贷契约之义务。³信用审查于第四百九十一条第三款第一段第一项规定之情形，不得以土地价值增加；或于第四百九十一条第三款第一段第二项规定之情形，不得以土地、建筑物或等同土地之权利价值增加，或超过借贷金额为主要依据。

Ⅲ ¹贷与人自包含借用人信息之内外来源调查第二款之必要信息。²贷与人亦应注意提供予贷款居间人之信息。³贷与人负有以适当方式审查信息之义务，必要时亦应参阅具独立性且得验证之文件资料。

Ⅳ 于不动产消费者金钱借贷契约之情形，贷与人负有制定信用审查所据以作成之程序及项目之义务，亦有记录，及保存该记录文件之义务。

Ⅴ 对于个人信息保护之规定，不受影响。

§505c Weitere Pflichten bei grundpfandrechtlich oder durch Reallast besicherten Immobiliar-Verbraucherdarlehensverträgen

Darlehensgeber, die grundpfandrechtlich oder durch Reallast besicherte Immobiliar-Verbraucherdarlehen vergeben, haben

1. bei der Bewertung von Wohnimmobilien zuverlässige Standards anzuwenden und
2. sicherzustellen, dass interne und externe Gutachter, die Immobilienbewertungen für sie vornehmen, fachlich kompetent und so unabhängig vom Darlehensvergabeprozess sind, dass sie eine objektive Bewertung vornehmen können, und
3. Bewertungen für Immobilien, die als Sicherheit für Immobiliar-Verbraucherdarlehen dienen, auf einem dauerhaften Datenträger zu dokumentieren und aufzubewahren.

第五百零五条之三 [以不动产担保物权或物上负担作为担保之不动产金钱借贷契约之其他义务]

不动产消费者金钱借贷以不动产或物上负担为担保者，提供借贷之贷与人应：

1. 于住宅不动产之鉴价，应适用可靠之标准，且
2. 确保实施不动产鉴价之内部及外部鉴定人，具有专业能力且独立于贷款发放程序，而得为客观之评价，且

3. 作为不动产金钱借贷契约担保不动产之鉴价，应以长期储存载体记录并加以保存。

Verstoß gegen die Pflicht zur Kreditwürdigkeitsprüfung

(1) Hat der Darlehensgeber gegen die Pflicht zur Kreditwürdigkeitsprüfung verstoßen, so ermäßigt sich
1. ein im Darlehensvertrag vereinbarter gebundener Sollzins auf den marktüblichen Zinssatz am Kapitalmarkt für Anlagen in Hypothekenpfandbriefe und öffentliche Pfandbriefe, deren Laufzeit derjenigen der Sollzinsbindung entspricht und
2. ein im Darlehensvertrag vereinbarter veränderlicher Sollzins auf den marktüblichen Zinssatz, zu dem europäische Banken einander Anleihen in Euro mit einer Laufzeit von drei Monaten gewähren. Maßgeblicher Zeitpunkt für die Bestimmung des marktüblichen Zinssatzes gemäß Satz 1 ist der Zeitpunkt des Vertragsschlusses sowie gegebenenfalls jeweils der Zeitpunkt vertraglich vereinbarter Zinsanpassungen. Der Darlehensnehmer kann den Darlehensvertrag jederzeit fristlos kündigen; ein Anspruch auf eine Vorfälligkeitsentschädigung besteht nicht. Der Darlehensgeber stellt dem Darlehensnehmer eine Abschrift des Vertrags zur Verfügung, in der die Vertragsänderungen berücksichtigt sind, die sich aus den Sätzen 1 bis 3 ergeben. Die Sätze 1 bis 4 finden keine Anwendung, wenn bei einer ordnungsgemäßen Kreditwürdigkeitsprüfung der Darlehensvertrag hätte geschlossen werden dürfen.
(2) Kann der Darlehensnehmer Pflichten, die im Zusammenhang mit dem Darlehensvertrag stehen, nicht vertragsgemäß erfüllen, so kann der Darlehensgeber keine Ansprüche wegen Pflichtverletzung geltend machen, wenn die Pflichtverletzung auf einem Umstand beruht, der bei ordnungsgemäßer Kreditwürdigkeitsprüfung dazu geführt hätte, dass der Darlehensvertrag nicht hätte geschlossen werden dürfen.
(3) Die Absätze 1 und 2 finden keine Anwendung, soweit der Mangel der Kreditwürdigkeitsprüfung darauf beruht, dass der Darlehensnehmer dem Darlehensgeber vorsätzlich oder grob fahrlässig Informationen im Sinne des §505b Absatz 1 bis 3 unrichtig erteilt oder vorenthalten hat.

第五百零五条之四 [信用审查义务之违反]

I 贷与人违反信用审查义务者：

1. 于金钱借贷契约所约定之固定利率，减少至资本市场中、与原固定利率抵具相同期间之押权证券及公共担保证券投资之市场通常利率。
2. [1]金钱借贷契约中约定之机动利率，减少至欧盟银行相互间、为期三个月欧元债券之市场通常利率。[2]第一段规定市场通常利率之时点，以订立契约时为准；必要时，以契约约定利率调整时为准。[3]借用人得随时不定期间终止金钱借贷契约，且无提前到期补偿请求权。[4]贷与人提供借用人契约之副本中，应考虑第一段至第三段规定之契约变更。[5]于经合于规定之信用审查后，仍将订立金钱借贷契约者，第一段至第四段规定不适用之。

II 借用人不能履行金钱借贷契约中约定之义务时，如该义务之违反系肇因于一定之情形，而于该情形，经合于规定之信用审查后不应订立该借贷契约者，贷与人不得因该义务违反，主张任何请求。

III 信用审查瑕疵系因借用人故意或重大过失隐瞒或错误提供第五百零五条之二第一款之第三款之信息所致者，第一款及第二款规定不适用之。

Untertitel 2
Finanzierungshilfen zwischen einem Unternehmer und einem Verbraucher
第二款 企业经营者与消费者间的融资协助

§506 Zahlungsaufschub, sonstige Finanzierungshilfe

(1) Die für Allgemein-Verbraucherdarlehensverträge geltenden Vorschriften der §§358 bis 360 und 491a bis 502 sowie 505a bis 505d sind mit Ausnahme des §492 Abs. 4 und vorbehaltlich der Absätze 3 und 4 auf Verträge entsprechend anzuwenden, durch die ein Unternehmer einem Verbraucher einen entgeltlichen Zahlungsaufschub oder eine sonstige entgeltliche Finanzierungshilfe gewährt. Bezieht sich der entgeltliche Zahlungsaufschub oder die sonstige entgeltliche Finanzierungshilfe auf den Erwerb oder die Erhaltung des Eigentumsrechts an Grundstücken, an bestehenden oder zu errichtenden Gebäuden oder auf den Erwerb oder die Erhaltung von grundstücksgleichen Rechten oder ist der Anspruch des Unternehmers durch ein Grundpfandrecht oder eine Reallast besichert, so sind die für Immobiliar-Verbraucherdarlehensverträge geltenden, in Satz 1 genannten Vorschriften sowie §503 entsprechend anwendbar. Ein unentgeltlicher Zahlungsaufschub gilt als entgeltlicher

Zahlungsaufschub gemäß Satz 2, wenn er davon abhängig gemacht wird, dass die Forderung durch ein Grundpfandrecht oder eine Reallast besichert wird.

(2) Verträge zwischen einem Unternehmer und einem Verbraucher über die entgeltliche Nutzung eines Gegenstandes gelten als entgeltliche Finanzierungshilfe, wenn vereinbart ist, dass

1. der Verbraucher zum Erwerb des Gegenstandes verpflichtet ist,
2. der Unternehmer vom Verbraucher den Erwerb des Gegenstandes verlangen kann oder
3. der Verbraucher bei Beendigung des Vertrags für einen bestimmten Wert des Gegenstandes einzustehen hat.

Auf Verträge gemäß Satz 1 Nr. 3 sind §500 Abs. 2 und §502 nicht anzuwenden.

(3) Für Verträge, die die Lieferung einer bestimmten Sache oder die Erbringung einer bestimmten anderen Leistung gegen Teilzahlungen zum Gegenstand haben (Teilzahlungsgeschäfte), gelten vorbehaltlich des Absatzes 4 zusätzlich die in den §§507 und 508 geregelten Besonderheiten.

(4) Die Vorschriften dieses Untertitels sind in dem in §491 Absatz 2 Satz 2 Nummer 1 bis 5, Absatz 3 Satz 2 und Absatz 4 bestimmten Umfang nicht anzuwenden. Soweit nach der Vertragsart ein Nettodarlehensbetrag (§491 Absatz 2 Satz 2 Nummer 1) nicht vorhanden ist, tritt an seine Stelle der Barzahlungspreis oder, wenn der Unternehmer den Gegenstand für den Verbraucher erworben hat, der Anschaffungspreis.

第五百零六条　[缓期清偿与其他融资协助]

Ⅰ ¹企业经营者有偿给予消费者缓期清偿或其他融资协助之契约时，第三百五十八条至第三百六十条、第四百九十一条之一至第五百零二条及第五百零五条之一至第五百零五条之四关于一般消费者金钱借贷契约之规定，除第四百九十二条第四款外，于符合本条第三款与第四款规定之要件者，准用之。²有偿缓期清偿或其他融资协助之契约与土地、已存在或建造中之建筑物所有权之取得或保管、土地相同权利之取得或保管有关者，或企业经营者之请求权以不动产或物上负担担保者，第一段所称规定及第五百零三条关于不动产消费者金钱借贷契约规定准用之。³无偿缓期清偿，以债权应经不动产或物上负担担保为条件者，视为第二段规定之有偿缓期清偿。

Ⅱ ¹有下列约定者，企业经营者与消费者间有偿使用标的物之契约，视为有偿融资协助：

1.消费者有义务取得该标的物。

2.企业经营者得请求消费者取得该标的物，或

3.消费者于契约终了时得以该标的物之一定价值为担保。

²依第一段第三项所定契约，第五百条第二款与第五百零二条规定，不适用之。

Ⅲ 契约系以特定物供给或其他特定给付提供为标的之部分支付者（分期付款行为），于本条第四款规定之要件，适用第五百零七条及第五百零八条之特别规定。

Ⅳ ¹本款规定于第四百九十一条第二款第二段第一项至第五项、第三款第二段及第四款之特定范围内，不适用之。²依契约类型无净借贷金额者（第四百九十一条第二款第二段第一项），以现金交易价格代之，或当企业经营者为消费者购买该标的物时，以购买价代之。

§507 Teilzahlungsgeschäfte

(1) §494 Abs. 1 bis 3 und 6 Satz 2 zweiter Halbsatz ist auf Teilzahlungsgeschäfte nicht anzuwenden. Gibt der Verbraucher sein Angebot zum Vertragsabschluss im Fernabsatz auf Grund eines Verkaufsprospekts oder eines vergleichbaren elektronischen Mediums ab, aus dem der Barzahlungspreis, der Sollzinssatz, der effektive Jahreszins, ein Tilgungsplan anhand beispielhafter Gesamtbeträge sowie die zu stellenden Sicherheiten und Versicherungen ersichtlich sind, ist auch §492 Abs. 1 nicht anzuwenden, wenn der Unternehmer dem Verbraucher den Vertragsinhalt spätestens unverzüglich nach Vertragsabschluss auf einem dauerhaften Datenträger mitteilt.

(2) Das Teilzahlungsgeschäft ist nichtig, wenn die vorgeschriebene Schriftform des §492 Abs. 1 nicht eingehalten ist oder im Vertrag eine der in Artikel 247 §§6, 12 und 13 des Einführungsgesetzes zum Bürgerlichen Gesetzbuche vorgeschriebenen Angaben fehlt. Ungeachtet eines Mangels nach Satz 1 wird das Teilzahlungsgeschäft gültig, wenn dem Verbraucher die Sache übergeben oder die Leistung erbracht wird. Jedoch ist der Barzahlungspreis höchstens mit dem gesetzlichen Zinssatz zu verzinsen, wenn die Angabe des Gesamtbetrags oder des effektiven Jahreszinses fehlt. Ist ein Barzahlungspreis nicht genannt, so gilt im Zweifel der Marktpreis als Barzahlungspreis. Ist der effektive Jahreszins zu niedrig angegeben, so vermindert sich der Gesamtbetrag um den Prozentsatz, um den der effektive Jahreszins zu niedrig angegeben ist.

(3) Abweichend von den §§491a und 492 Abs. 2 dieses Gesetzes und von Artikel 247 §§3,

6 und 12 des Einführungsgesetzes zum Bürgerlichen Gesetzbuche müssen in der vorvertraglichen Information und im Vertrag der Barzahlungspreis und der effektive Jahreszins nicht angegeben werden, wenn der Unternehmer nur gegen Teilzahlungen Sachen liefert oder Leistungen erbringt. Im Fall des §501 ist der Berechnung der Kostenermäßigung der gesetzliche Zinssatz (§246) zugrunde zu legen. Ein Anspruch auf Vorfälligkeitsentschädigung ist ausgeschlossen.

第五百零七条 [分期付款行为]

Ⅰ ¹第四百九十四条第一款至第三款及第六款第二段中段规定于分期付款行为，不适用之。²基于载有现金交易价格、利息、实际年利率、依范例总额而定之清偿计划及设定担保与保险之销售说明书或同等之电子媒介，消费者远距提出契约制定之要约，企业经营者最迟于契约制定后实时以长期储存之数据载体通知消费者契约内容者，第四百九十二条第一款规定，亦不适用之。

Ⅱ ¹未遵守第四百九十二条第一款或未记载《民法施行法》第二百四十七条所定第六条、第十二条及第十三条规定之应记载事项者，该分期付款行为无效。²纵有第一段之瑕疵，消费者已受领该物或受领给付者，分期付款行为有效。³未记载总额或实际年利率者，现金交易价格最多仅得依法定利率收取利息。⁴未载现金交易价格者，有疑义时，以市场价格为现金交易价格。⁵实际年利率记载过低者，总额应按与过低记载之实际年利率相当之百分比，降低之。

Ⅲ ¹企业经营者仅提供分期付款之物或给付者，无须于订约前信息或契约中记载现金交易价格或实际年利率，本法第四百九十一条之一、第四百九十二条第二款及《民法施行法》第二百四十七条所定第三条、第六条及第十二条规定，不适用之。²第五百零一条所定之情形，依法定利率（第二百四十六条）为费用减少之计算。³提前到期补偿，不得请求。

§508 Rückgaberecht, Rücktritt bei Teilzahlungsgeschäften

Der Unternehmer kann von einem Teilzahlungsgeschäft wegen Zahlungsverzugs des Verbrauchers nur unter den in §498 Absatz 1 Satz 1 bezeichneten Voraussetzungen zurücktreten. Dem Nennbetrag entspricht der Gesamtbetrag. Der Verbraucher hat dem Unternehmer auch die infolge des Vertrags gemachten Aufwendungen zu ersetzen. Bei der Bemessung der Vergütung von Nutzungen einer zurückzugewährenden Sache ist aufdie inzwischen eingetretene Wertminderung Rücksicht zu nehmen. Nimmt der Unternehmer die auf Grunddes Teilzahlungsgeschäfts gelieferte Sache wieder an sich, gilt dies als Ausübung des Rücktrittsrechts, es sei denn, der Unternehmer einigt sich mit dem Verbraucher, diesem den gewöhnlichen Verkaufswert der Sache im Zeitpunkt der Wegnahme zu vergüten. Satz 5 gilt entsprechend, wenn ein Vertrag über die Lieferung einer Sache mit einem Verbraucherdarlehensvertrag verbunden ist (§358 Absatz 3) und wenn der Darlehensgeber die Sache an sich nimmt; im Fall des Rücktritts bestimmt sich das Rechtsverhältnis zwischen dem Darlehensgeber und dem Verbraucher nach den Sätzen 3 und 4.

第五百零八条　[分期付款行为之退回权、解除权]
[1]企业经营者仅得于第四百九十八条第一款第一段所定之要件，因消费者迟延给付，而解除分期付款行为。[2]名目金额应同于总额。[3]消费者应赔偿企业经营者因契约所支出之费用。[4]计算应返还标的物用益之对价时，应斟酌该期间所生之价值减损。[5]企业经营者取回基于分期付款行为交付之物，视为解除权之行使。但企业经营者与消费者合意，依取回时物之通常售价予以补偿者，不在此限。[6]物之供给契约与消费者金钱借贷契约结合（第三百五十八条第三款），且贷与人取回物时，准用第五段规定；于解除契约之情形，贷与人与消费者之法律关系依第三段及第四段定之。

§509　(weggefallen)

第五百零九条　[删除]

Untertitel 3
Ratenlieferungsverträge zwischen einem Unternehmer und einem Verbraucher
第三款　企业经营者与消费者间之分期供给契约

§510　Ratenlieferungsverträge

(1) Der Vertrag zwischen einem Verbraucher und einem Unternehmer bedarf der

schriftlichen Form, wenn der Vertrag
1. die Lieferung mehrerer als zusammengehörend verkaufter Sachen in Teilleistungen zum Gegenstand hat und das Entgelt für die Gesamtheit der Sachen in Teilzahlungen zu entrichten ist oder
2. die regelmäßige Lieferung von Sachen gleicher Art zum Gegenstand hat oder
3. die Verpflichtung zum wiederkehrenden Erwerb oder Bezug von Sachen zum Gegenstand hat.

Dies gilt nicht, wenn dem Verbraucher die Möglichkeit verschafft wird, die Vertragsbestimmungen einschließlich der Allgemeinen Geschäftsbedingungen bei Vertragsschluss abzurufen und in wiedergabefähiger Form zu speichern. Der Unternehmer hadem Verbraucher den Vertragsinhalt in Textform mitzuteilen.

(2) Dem Verbraucher steht vorbehaltlich des Absatzes 3 bei Verträgen nach Absatz 1, die weder im Fernabsatz noch außerhalb von Geschäftsräumen geschlossen werden, ein Widerrufsrecht nach §355 zu.

(3) Das Widerrufsrecht nach Absatz 2 gilt nicht in dem in §491 Absatz 2 Satz 2 Nummer 1 bis 5, Absatz 3 Satz 2 und Absatz 4 bestimmten Umfang. Dem in §491 Absatz 2 Satz 2 Nummer 1 genannten Nettodarlehensbetrag entspricht die Summe aller vom Verbraucher bis zum frühestmöglichen Kündigungszeitpunkt zu entrichtenden Teilzahlungen.

第五百一十条　[分期供给契约]

Ⅰ [1]消费者与企业经营者缔结下列之契约者，应以书面为之：
1. 其契约系以分期付款方式将数物同时出卖，且以分期付款方式支付全部数物之价金者。
2. 其契约系定期交付同种类之物者。
3. 其契约义务为物之继续取得或采购者。

[2]消费者于契约订立时得检阅包含定型化契约条款在内之契约内容，且得以重制方式储存之者，不适用第一段之规定。[3]企业经营者应以文字方式将契约内容通知消费者。

Ⅱ 第一款所定之契约，消费者若有远距交易或非于营业场所订立之情形者，于第三款之条件下享有第三百五十五条所规定之撤回权。

Ⅲ [1]第二款之撤回权，于第四百九十一条第二款第二段第一项至第五项、第三款第二段及第四款所定之情形不适用之。[2]所有应由消费者自最早可能终止时点支付之分期付款总额，相当于第四百九十一条第二款第二段第一项之净借贷金额。

Untertitel 4
Beratungsleistungen bei Immobiliar-Verbraucherdarlehensverträgen
第四款 不动产抵押之消费者借贷契约之咨询提供

§511 Beratungsleistungen bei Immobiliar-Verbraucherdarlehensverträgen

(1) Bevor der Darlehensgeber dem Darlehensnehmer individuelle Empfehlungen zu einem oder mehreren Geschäften erteilt, die im Zusammenhang mit einem Immobiliar-Verbraucherdarlehensvertrag stehen (Beratungsleistungen), hat er den Darlehensnehmer über die sich aus Artikel 247 §18 des Einführungsgesetzes zum Bürgerlichen Gesetzbuche ergebenden Einzelheiten in der dort vorgesehenen Form zu informieren.

(2) Vor Erbringung der Beratungsleistung hat sich der Darlehensgeber über den Bedarf, die persönliche und finanzielle Situation sowie über die Präferenzen und Ziele des Darlehensnehmers zu informieren, soweit dies für eine passende Empfehlung eines Darlehensvertrags erforderlich ist. Auf Grundlage dieser aktuellen Informationen und unter Zugrundelegung realistischer Annahmen hinsichtlich der Risiken, die für den Darlehensnehmer während der Laufzeit des Darlehensvertrags zu erwarten sind, hat der Darlehensgeber eine ausreichende Zahl an Darlehensverträgen zumindest aus seiner Produktpalette auf ihre Geeignetheit zu prüfen.

(3) Der Darlehensgeber hat dem Darlehensnehmer auf Grund der Prüfung gemäß Absatz 2 ein geeignetes oder mehrere geeignete Produkte zu empfehlen oder ihn darauf hinzuweisen, dass er kein Produkt empfehlen kann. Die Empfehlung oder der Hinweis ist dem Darlehensnehmer auf einem dauerhaften Datenträger zur Verfügung zu stellen.

第五百一十一条 [不动产抵押之消费者金钱借贷契约之咨询提供]

Ⅰ 贷与人就借用人之个人状况,而推荐其一个或数个与不动产消费者金钱借贷契约相关之交易(咨询提供)者,应将《民法施行法》第二百四十七条所定之第十八条中之各种事项,以该条指定之方式告知。

Ⅱ [1]为推荐适当之金钱借贷契约所必要,贷与人于提供咨询前,应收集与借用人需求、个人及经济情形、偏好、目标相关之信息。[2]基于该即时信息,及就借用人于借贷契约存续期间所期待风险之实际推论,贷与人至少应审查其商品选项中数个方法用于该金钱借贷契约之适当性。
Ⅲ ¹贷与人应依据第二款之审查而推荐借用人一个或数个适合之商品，或者表示没有可推荐之商品。²该推荐或表示，应以长期储存载体提供予借用人。

Untertitel 5
Unabdingbarkeit, Anwendung auf Existenzgründer
第五款　不得违反性，对创业者之适用

§512　Abweichende Vereinbarungen

Von den Vorschriften der §§491 bis 511 darf, soweit nicht ein anderes bestimmt ist, nicht zum Nachteil des Verbrauchers abgewichen werden. Diese Vorschriften finden auch Anwendung, wenn sie durch anderweitige Gestaltungen umgangen werden.

第五百一十二条　[违反规定之约定]
¹不得基于不利于消费者之目的，而违反第四百九十一条至第五百一十一条规定。²以其他方式规避前述规定者，其规定仍适用之。

§513　Anwendung auf Existenzgründer

Die §§491 bis 512 gelten auch für natürliche Personen, die sich ein Darlehen, einen Zahlungsaufschub oder eine sonstige Finanzierungshilfe für die Aufnahme einer gewerblichen oder selbständigen beruflichen Tätigkeit gewähren lassen oder zu diesem Zweck einen Ratenlieferungsvertrag schließen, es sei denn, der Nettodarlehensbetrag oder Barzahlungspreis übersteigt 75 000 Euro.

第五百一十三条　[对创业者之适用]
自然人为从事营业或独立职业活动，而取得消费借贷、缓期清偿，或其他融资协助，或为此目的订立分期供给契约者，亦有第四百九十一条至第五百一十二条规定之适用。但净借贷金额或现金交易价格超过七万五千欧元者，不在此限。

Untertitel 6
Unentgeltliche Darlehensverträge und unentgeltliche Finanzierungshilfen zwischen einem Unternehmer und einem Verbraucher
第六款　无偿借贷契约以及企业经营者与消费者间之无偿融资协助

§514　Unentgeltliche Darlehensverträge

（1）§497 Absatz 1 und 3 sowie §498 und die §§505a bis 505c sowie 505d Absatz 2 bis 4 sind entsprechend auf Verträge anzuwenden, durch die ein Unternehmer einem Verbraucher ein unentgeltliches Darlehen gewährt. Dies gilt nicht in dem in §491 Absatz 2 Satz 2 Nummer 1 bestimmten Umfang.

（2）Bei unentgeltlichen Darlehensverträgen gemäß Absatz 1 steht dem Verbraucher ein Widerrufsrecht nach §355 zu. Dies gilt nicht, wenn bereits ein Widerrufsrecht nach §312g Absatz 1 besteht, und nicht bei Verträgen, die §495 Absatz 2 Nummer 1 entsprechen. Der Unternehmer hat den Verbraucher rechtzeitig vor der Abgabe von dessen Willenserklärung gemäß Artikel 246 Absatz 3 des Einführungsgesetzes zum Bürgerlichen Gesetzbuche über sein Widerrufsrecht zu unterrichten. Der Unternehmer kann diese Pflicht dadurch erfüllen, dass er dem Verbraucher das in der Anlage 9 zum Einführungsgesetz zum Bürgerlichen Gesetzbuche vorgesehene Muster für die Widerrufsbelehrung ordnungsgemäß ausgefüllt in Textform übermittelt.

第五百一十四条　[无偿金钱消费借贷契约]

Ⅰ [1]第四百九十七条第一款及第三款、第四百九十八条、第五百零五条之一至五百零五条之三及第五百零五条之四第二款至第四款，于企业经营者提供消费者无偿之借贷契约之情形准用之。[2]此于第四百九十一条第二款第二段第一项之特定范围不适用。

Ⅱ [1]第一款所规定之无偿金钱消费借贷情形，消费者有第三百五十五条规定之撤回权。[2]于第三百一十二条之七第一款之撤回权业已存在，及符合第四百九十五条第二款第一款规定之契约时，不适用之。[3]企业经营者于消费者为意思表示前，应依据民法施行法第二百四十六条第三款规定，告知消费者其撤回权。[4]企业经营者得借由民法施行法附件九对于撤回教示所规定之范例，依规定以文字形式填写并通知消费者，作为告知义务之履行。

§515 Unentgeltliche Finanzierungshilfen

§514 sowie die §§358 bis 360 gelten entsprechend, wenn ein Unternehmer einem Verbraucher einen unentgeltlichen Zahlungsaufschub oder eine sonstige unentgeltliche Finanzierungshilfe gewährt.

第五百一十五条 [无偿之融资协助契约]
企业经营者提供消费者无偿之缓期清偿或其他无偿之融资协助时，准用第五百一十四条及第三百五十八条至第三百六十条之规定。

Titel 4　Schenkung
第四节　赠　与

§516 Begriff der Schenkung

(1) Eine Zuwendung, durch die jemand aus seinem Vermögen einen anderen bereichert, ist Schenkung, wenn beide Teile darüber einig sind, dass die Zuwendung unentgeltlich erfolgt.

(2) Ist die Zuwendung ohne den Willen des anderen erfolgt, so kann ihn der Zuwendende unter Bestimmung einer angemessenen Frist zur Erklärung über die Annahme auffordern. Nach dem Ablauf der Frist gilt die Schenkung als angenommen, wenn nicht der andere sie vorher abgelehnt hat. Im Falle der Ablehnung kann die Herausgabe des Zugewendeten nach den Vorschriften über die Herausgabe einer ungerechtfertigten Bereicherung gefordert werden.

第五百一十六条 [赠与之概念]
Ⅰ 以自己之财产为给与，使他人得利，而双方具有一致之意思，认其为无偿者，该给与即属赠与。
Ⅱ [1]未经他方意思之参与而为赠与者，赠与人得定相当期间催告他方为允受之表示。[2]期间届满后，如他方未于期前拒绝其赠与者，视为允受赠与。[3]赠与经拒绝者，得依关于不当得利返还之规定，请求给与物之返还。

§517 Unterlassen eines Vermögenserwerbs

Eine Schenkung liegt nicht vor, wenn jemand zum Vorteil eines anderen einen Vermögenserwerb unterlässt oder auf ein angefallenes, noch nicht endgültig erworbenes Recht verzichtet oder eine Erbschaft oder ein Vermächtnis ausschlägt.

第五百一十七条　[不为财产之取得]

为他人之利益，而不为财产之取得，或抛弃将归属于己，但尚未确定取得之权利，或拒绝继承或遗赠者，赠与不成立。

§518 Form des Schenkungsversprechens

(1) Zur Gültigkeit eines Vertrags, durch den eine Leistung schenkweise versprochen wird, ist die notarielle Beurkundung des Versprechens erforderlich. Das Gleiche gilt, wenn ein Schuldversprechen oder ein Schuldanerkenntnis der in den §§780, 781 bezeichneten Art schenkweise erteilt wird, von dem Versprechen oder der Anerkennungserklärung.

(2) Der Mangel der Form wird durch die Bewirkung der versprochenen Leistung geheilt.

第五百一十八条　[赠与允诺之方式]

Ⅰ [1]以契约允为赠与方式之给付者，该允为给付之表示应由法院或公证人作成公证书，其契约始生效力。[2]依赠与方法而为第七百八十条及第七百八十一条所定种类之债务允诺或债务承认者，关于其允诺或承认之表示，亦同。

Ⅱ 前款方式之欠缺，因该允诺给付之提出而补正。

§519 Einrede des Notbedarfs

(1) Der Schenker ist berechtigt, die Erfüllung eines schenkweise erteilten Versprechens zu verweigern, soweit er bei Berücksichtigung seiner sonstigen Verpflichtungen außerstande ist, das Versprechen zu erfüllen, ohne dass sein angemessener Unterhalt oder die Erfüllung der ihm kraft Gesetzes obliegenden Unterhaltspflichten gefährdet wird.

(2) Treffen die Ansprüche mehrerer Beschenkten zusammen, so geht der früher entstandene Anspruch vor.

第五百一十九条 [生计困难之抗辩]

Ⅰ 赠与人为顾全其所负之他项义务,如履行其允诺,致危害其与身份相当之生计或依法应负担之扶养义务者,在此限度内,对于依赠与方法所为之允诺,得拒绝履行。

Ⅱ 多数受赠人之请求权相竞合者,其次序按请求权发生先后定之。

§520 Erlöschen eines Rentenversprechens

Verspricht der Schenker eine in wiederkehrenden Leistungen bestehende Unterstützung, so erlischt die Verbindlichkeit mit seinem Tode, sofern nicht aus dem Versprechen sich ein anderes ergibt.

第五百二十条 [定期金允诺之消灭]

赠与人允诺为定期给付之扶助者,如该允诺别无他项效果时,其义务因赠与人之死亡而消灭。

§521 Haftung des Schenkers

Der Schenker hat nur Vorsatz und grobe Fahrlässigkeit zu vertreten.

第五百二十一条 [赠与人之责任]

赠与人仅就故意及重大过失负责。

§522 Keine Verzugszinsen

Zur Entrichtung von Verzugszinsen ist der Schenker nicht verpflichtet.

第五百二十二条 [无迟延利息]

赠与人不负支付迟延利息之义务。

§523 Haftung für Rechtsmängel

(1) Verschweigt der Schenker arglistig einen Mangel im Recht, so ist er verpflichtet, dem Beschenkten den daraus entstehenden Schaden zu ersetzen.

(2) Hatte der Schenker die Leistung eines Gegenstandes versprochen, den er erst erwerben sollte, so kann der Beschenkte wegen eines Mangels im Recht Schadensersatz wegen Nichterfüllung verlangen, wenn der Mangel dem Schenker bei dem Erwerb der Sache bekannt gewesen oder infolge grober Fahrlässigkeit unbekannt geblieben ist. Die für die Haftung des Verkäufers für Rechtsmängel geltenden Vorschriften des §433 Abs. 1 und der §§435, 436, 444, 452, 453 finden entsprechende Anwendung.

第五百二十三条 [权利瑕疵责任]

Ⅰ 赠与人恶意不告知权利之瑕疵者，对受赠人因此所生之损害，负赔偿义务。

Ⅱ ¹赠与人允诺给付其应先取得之标的物，如于取得该物时，明知权利有瑕疵或因重大过失而不知该瑕疵者，受赠人得基于权利之瑕疵，请求不履行之损害赔偿。²第四百三十三条第一款、第四百三十五条、第四百三十六条、第四百四十四条、第四百五十二条、第四百五十三条关于出卖人权利瑕疵责任之规定，于前段情形准用之。

§524 Haftung für Sachmängel

(1) Verschweigt der Schenker arglistig einen Fehler der verschenkten Sache, so ist er verpflichtet, dem Beschenkten den daraus entstehenden Schaden zu ersetzen.

(2) Hatte der Schenker die Leistung einer nur der Gattung nach bestimmten Sache versprochen, die er erst erwerben sollte, so kann der Beschenkte, wenn die geleistete Sache fehlerhaft und der Mangel dem Schenker bei dem Erwerb der Sache bekannt gewesen oder infolge grober Fahrlässigkeit unbekannt geblieben ist, verlangen, dass ihm anstelle der fehlerhaften Sache eine fehlerfreie geliefert wird. Hat der Schenker den Fehler arglistig verschwiegen, so kann der Beschenkte statt der Lieferung einer fehlerfreien Sache Schadensersatz wegen Nichterfüllung verlangen. Auf diese Ansprüche finden die für die Gewährleistung wegen Fehler einer verkauften Sache geltenden Vorschriften entsprechende Anwendung.

第五百二十四条 [物之瑕疵责任]

Ⅰ 赠与人恶意不告知赠与物之瑕疵者，对受赠人因此所生之损害，负赔偿义务。

Ⅱ ¹赠与人允诺给付以种类指示之物，而其应先取得该物者，如给付物有瑕疵且其瑕疵为赠与人于取得该物时明知或因重大过失而不知者，受赠人得请求交付无瑕疵之物以代有瑕疵之物。²赠与人恶意不告知该瑕疵者，受赠人得不请求交付无瑕疵之物，而请求不履行之损害赔偿。³关于该请求权，准用有关买卖目标物有瑕疵时担保责任之规定。

§525 Schenkung unter Auflage

(1) Wer eine Schenkung unter einer Auflage macht, kann die Vollziehung der Auflage verlangen, wenn er seinerseits geleistet hat.

(2) Liegt die Vollziehung der Auflage im öffentlichen Interesse, so kann nach dem Tod des Schenkers auch die zuständige Behörde die Vollziehung verlangen.

第五百二十五条　[附负担之赠与]

Ⅰ 赠与附有负担者，赠与人如已为给付，得请求该负担之履行。

Ⅱ 负担之履行与公共利益有关者，于赠与人死后，主管机关亦得请求该负担之履行。

§526 Verweigerung der Vollziehung der Auflage

Soweit infolge eines Mangels im Recht oder eines Mangels der verschenkten Sache der Wert der Zuwendung die Höhe der zur Vollziehung der Auflage erforderlichen Aufwendungen nicht erreicht, ist der Beschenkte berechtigt, die Vollziehung der Auflage zu verweigern, bis der durch den Mangel entstandene Fehlbetrag ausgeglichen wird. Vollzieht der Beschenkte die Auflage ohne Kenntnis des Mangels, so kann er von dem Schenker Ersatz der durch die Vollziehung verursachten Aufwendungen insoweit verlangen, als sie infolge des Mangels den Wert der Zuwendung übersteigen.

第五百二十六条　[履行负担之拒绝]

¹因权利之瑕疵或赠与物之瑕疵，致赠与之价额不敷因履行负担所需之费用者，在此限度内，受赠人于因瑕疵所生之不足额未补足前，得拒绝履行负担。²受赠人不知有瑕疵而履行负担者，就其履行所支出之费用，于因瑕疵致超过赠与价额之范围内，得向赠与人请求损害赔偿。

§527　Nichtvollziehung der Auflage

(1) Unterbleibt die Vollziehung der Auflage, so kann der Schenker die Herausgabe des Geschenkes unter den für das Rücktrittsrecht bei gegenseitigen Verträgen bestimmten Voraussetzungen nach den Vorschriften über die Herausgabe einer ungerechtfertigten Bereicherung insoweit fordern, als das Geschenk zur Vollziehung der Auflage hätte verwendet werden müssen.

(2) Der Anspruch ist ausgeschlossen, wenn ein Dritter berechtigt ist, die Vollziehung der Auflage zu verlangen.

第五百二十七条　[负担之不履行]

Ⅰ 负担未履行者，赠与人符合就双务契约之解除权所定要件时，应以该赠与物用于履行负担者为限，始得依关于不当得利返还之规定，请求返还赠与物。

Ⅱ 第三人得请求履行负担者，赠与人不得行使前款请求权。

§528　Rückforderung wegen Verarmung des Schenkers

(1) Soweit der Schenker nach der Vollziehung der Schenkung außerstande ist, seinen angemessenen Unterhalt zu bestreiten und die ihm seinen Verwandten, seinem Ehegatten, seinem Lebenspartner oder seinem früheren Ehegatten oder Lebenspartner gegenüber gesetzlich obliegende Unterhaltspflicht zu erfüllen, kann er von dem Beschenkten die Herausgabe des Geschenkes nach den Vorschriften über die Herausgabe einer ungerechtfertigten Bereicherung fordern. Der Beschenkte kann die Herausgabe durch Zahlung des für den Unterhalt erforderlichen Betrags abwenden. Auf die Verpflichtung des Beschenkten findet die Vorschrift des §760 sowie die für die Unterhaltspflicht der Verwandten geltende Vorschrift des §1613 und im Falle des Todes des Schenkers auch die Vorschrift des §1615 entsprechende Anwendung.

(2) Unter mehreren Beschenkten haftet der früher Beschenkte nur insoweit, als der später Beschenkte nicht verpflichtet ist.

第五百二十八条　[赠与人因穷困而请求返还]

Ⅰ [1]赠与人于履行赠与后，如不能维持与其身份相当之生计，且不能履行其对血亲、配偶、同性伴侣或前配偶所负之法定扶养义务者，得于此限度内，依关于不当得利返还之规定，请求受赠人返还赠与物。²受赠人得支付维持生计之必需金额以避免返还。³关于受赠人之义务，准用第七百六十条及第一千六百一十三条有关血亲扶养义务之规定，如赠与人死亡者，并准用第一千六百一十五条规定。

Ⅱ 受赠人有数人时，先受赠与之受赠人仅于后受赠与之受赠人不负担义务者为限，始负其责任。

§529 Ausschluss des Rückforderungsanspruchs

(1) Der Anspruch auf Herausgabe des Geschenkes ist ausgeschlossen, wenn der Schenker seine Bedürftigkeit vorsätzlich oder durch grobe Fahrlässigkeit herbeigeführt hat oder wenn zur Zeit des Eintritts seiner Bedürftigkeit seit der Leistung des geschenkten Gegenstandes zehn Jahre verstrichen sind.

(2) Das Gleiche gilt, soweit der Beschenkte bei Berücksichtigung seiner sonstigen Verpflichtungen außerstande ist, das Geschenk herauszugeben, ohne dass sein standesmäßiger Unterhalt oder die Erfüllung der ihm kraft Gesetzes obliegenden Unterhaltspflichten gefährdet wird.

第五百二十九条 [返还请求权之排除]

Ⅰ 赠与人因故意或重大过失致生扶养需求，或其扶养需求目标的物给付后经过十年始发生者，不得请求赠与物之返还。

Ⅱ 于斟酌受赠人之其他义务时，如返还赠与物致危害受赠人与其身份相当之生计或法定扶养义务之履行者，亦同。

§530 Widerruf der Schenkung

(1) Eine Schenkung kann widerrufen werden, wenn sich der Beschenkte durch eine schwere Verfehlung gegen den Schenker oder einen nahen Angehörigen des Schenkers groben Undanks schuldig macht.

(2) Dem Erben des Schenkers steht das Recht des Widerrufs nur zu, wenn der Beschenkte vorsätzlich und widerrechtlich den Schenker getötet oder am Widerruf gehindert hat.

第五百三十条 [赠与之撤销]

Ⅰ 受赠人对赠与人或其最近亲属有严重不法而重大背弃恩义之行为者，

赠与人得撤销其赠与。
Ⅱ 赠与人之继承人，仅于受赠人故意不法致赠与人死亡或妨碍其为赠与之撤销者，始有撤销权。

§531 Widerrufserklärung

(1) Der Widerruf erfolgt durch Erklärung gegenüber dem Beschenkten.
(2) Ist die Schenkung widerrufen, so kann die Herausgabe des Geschenkes nach den Vorschriften über die Herausgabe einer ungerechtfertigten Bereicherung gefordert werden.

第五百三十一条　[撤销之表示]
Ⅰ 赠与之撤销，应向受赠人以意思表示为之。
Ⅱ 赠与经撤销者，赠与人得依关于不当得利之规定，请求返还赠与物。

§532 Ausschluss des Widerrufs

Der Widerruf ist ausgeschlossen, wenn der Schenker dem Beschenkten verziehen hat oder wenn seit dem Zeitpunkt, in welchem der Widerrufsberechtigte von dem Eintritt der Voraussetzungen seines Rechts Kenntnis erlangt hat, ein Jahr verstrichen ist. Nach dem Tode des Beschenkten ist der Widerruf nicht mehr zulässig.

第五百三十二条　[撤销之排除]
[1]赠与人对于受赠人已为宥恕，或自撤销权人知其权利要件发生时起经过一年者，不得撤销。[2]受赠人已死亡者，亦不得撤销。

§533 Verzicht auf Widerrufsrecht

Auf das Widerrufsrecht kann erst verzichtet werden, wenn der Undank dem Widerrufsberechtigten bekannt geworden ist.

第五百三十三条　[撤销权之抛弃]
撤销权之抛弃，非于撤销权人知有背弃恩义之情事者，不得为之。

§534 Pflicht- und Anstandsschenkungen

Schenkungen, durch die einer sittlichen Pflicht oder einer auf den Anstand zu nehmenden Rücksicht entsprochen wird, unterliegen nicht der Rückforderung und dem Widerruf.

第五百三十四条 [道德上及礼节上之赠与]
赠与系基于履行道德上义务或合于礼仪上所为之考虑者，不得请求返还或撤销。

Titel 5 Mietvertrag, Pachtvertrag
第五节 使用租赁契约，收益租赁契约

Untertitel 1
Allgemeine Vorschriften für Mietverhältnisse
第一款 使用租赁关系之通则

§535 Inhalt und Hauptpflichten des Mietvertrags

(1) Durch den Mietvertrag wird der Vermieter verpflichtet, dem Mieter den Gebrauch der Mietsache während der Mietzeit zu gewähren. Der Vermieter hat die Mietsache dem Mieter in einem zum vertragsgemäßen Gebrauch geeigneten Zustand zu überlassen und sie während der Mietzeit in diesem Zustand zu erhalten. Er hat die auf der Mietsache ruhenden Lasten zu tragen.

(2) Der Mieter ist verpflichtet, dem Vermieter die vereinbarte Miete zu entrichten.

第五百三十五条 [使用租赁契约之内容及主给付义务]
Ⅰ [1]因使用租赁契约，使用出租人于租赁期间，负有以租赁物提供使用承租人使用之义务。[2]使用出租人应以合于所约定使用状态之租赁物交付使用承租人，并应于租赁期间保持该状态。[3]基于租赁物而生之负担，应由使用出租人负责。
Ⅱ 使用承租人负将约定租金支付使用出租人之义务。

§536 Mietminderung bei Sach- und Rechtsmängeln

(1) Hat die Mietsache zur Zeit der Überlassung an den Mieter einen Mangel, der ihre Tauglichkeit zum vertragsgemäßen Gebrauch aufhebt, oder entsteht während der Mietzeit ein solcher Mangel, so ist der Mieter für die Zeit, in der die Tauglichkeit aufgehoben ist, von der Entrichtung der Miete befreit. Für die Zeit, während der die Tauglichkeit gemindert ist, hat er nur eine angemessen herabgesetzte Miete zu entrichten. Eine unerhebliche Minderung der Tauglichkeit bleibt außer Betracht.

1a Für die Dauer von drei Monaten bleibt eine Minderung der Tauglichkeit außer Betracht, soweit diese auf Grund einer Maßnahme eintritt, die einer energetischen Modernisierung nach §555b Nummer 1 dient.

(2) Absatz 1 Satz 1 und 2 gilt auch, wenn eine zugesicherte Eigenschaft fehlt oder später wegfällt.

(3) Wird dem Mieter der vertragsgemäße Gebrauch der Mietsache durch das Recht eines Dritten ganz oder zum Teil entzogen, so gelten die Absätze 1 und 2 entsprechend.

(4) Bei einem Mietverhältnis über Wohnraum ist eine zum Nachteil des Mieters abweichende Vereinbarung unwirksam.

第五百三十六条 [物或权利瑕疵时减少租金]

Ⅰ ^{1}租赁物交付于使用承租人时具有瑕疵，致契约约定使用之适合性灭失或减少，或于租赁关系存续中发生该瑕疵者，使用承租人于约定使用之适合性消失期间，免付租金。^{2}于约定使用之适合性减少期间，使用承租人仅需支付适当减少之租金。^{3}但该适合性减少程度无关重要者，不得视为瑕疵。

Ⅰ-1 因实施第五百五十五条之二第一项规定之能源现代化措施，致适合性减少，于三个月期间内，不视为瑕疵。

Ⅱ 所保证之品质有欠缺或嗣后丧失者，亦适用第一款第一段及第二段规定。

Ⅲ 使用承租人因第三人就租赁物主张权利，致不能为全部或一部分约定之使用者，准用第一款及第二款规定。

Ⅳ 于住屋租赁关系中，使用承租人受有不利益约定者，其约定无效。

§536a Schadens- und Aufwendungsersatzanspruch des Mieters wegen eines Mangels

(1) Ist ein Mangel im Sinne des §536 bei Vertragsschluss vorhanden oder entsteht ein solcher Mangel später wegen eines Umstands, den der Vermieter zu vertreten hat, oder kommt der Vermieter mit der Beseitigung eines Mangels in Verzug, so kann der Mieter unbeschadet der Rechte aus §536 Schadensersatz verlangen.

(2) Der Mieter kann den Mangel selbst beseitigen und Ersatz der erforderlichen Aufwendungen verlangen, wenn
1. der Vermieter mit der Beseitigung des Mangels in Verzug ist oder
2. die umgehende Beseitigung des Mangels zur Erhaltung oder Wiederherstellung des Bestands der Mietsache notwendig ist.

第五百三十六条之一 [因瑕疵而生之使用承租人损害赔偿及费用偿还请求权]

Ⅰ 第五百三十六条所称瑕疵，于订约时已存在，或嗣后因可归责使用出租人之事由致生该瑕疵，或使用出租人怠于除去瑕疵者，使用承租人得不主张第五百三十六条之权利，而请求损害赔偿。

Ⅱ 有下列情事之一者，使用承租人得自行除去瑕疵，并请求必要费用之偿还：
1.使用出租人怠于除去瑕疵，或
2.须立即除去瑕疵以保持或恢复租赁物之状态。

§536b Kenntnis des Mieters vom Mangel bei Vertragsschluss oder Annahme

Kennt der Mieter bei Vertragsschluss den Mangel der Mietsache, so stehen ihm die Rechte aus den §§536 und 536a nicht zu. Ist ihm der Mangel infolge grober Fahrlässigkeit unbekannt geblieben, so stehen ihm diese Rechte nur zu, wenn der Vermieter den Mangel arglistig verschwiegen hat. Nimmt der Mieter eine mangelhafte Sache an, obwohl er den Mangel kennt, so kann er die Rechte aus den §§536 und 536a nur geltend machen, wenn er sich seine Rechte bei der Annahme vorbehält.

第五百三十六条之二 [使用承租人于契约制定或受领时明知瑕疵]

¹使用承租人于契约制定时，明知租赁物有瑕疵者，不得享有第五百三十六条及第五百三十六条之一之权利。²其因重大过失而不知有瑕疵者，仅于使用出租人恶意不告知瑕疵时，始享有该权利。³使用承租人明知物有瑕疵而仍受领者，仅于受领时保留其权利，始得行使第五百三十六条及第五百三十六条之一之权利。

§536c Während der Mietzeit auftretende Mängel; Mängelanzeige durch den Mieter

(1) Zeigt sich im Laufe der Mietzeit ein Mangel der Mietsache oder wird eine Maßnahme zum Schutz der Mietsache gegen eine nicht vorhergesehene Gefahr erforderlich, so hat der Mieter dies dem Vermieter unverzüglich anzuzeigen. Das Gleiche gilt, wenn ein Dritter sich ein Recht an der Sache anmaßt.

(2) Unterlässt der Mieter die Anzeige, so ist er dem Vermieter zum Ersatz des daraus entstehenden Schadens verpflichtet. Soweit der Vermieter infolge der Unterlassung der Anzeige nicht Abhilfe schaffen konnte, ist der Mieter nicht berechtigt,

1. die in §536 bestimmten Rechte geltend zu machen,
2. nach §536a Abs. 1 Schadensersatz zu verlangen oder
3. ohne Bestimmung einer angemessenen Frist zur Abhilfe nach §543 Abs. 3 Satz 1 zu kündigen.

第五百三十六条之三 [租赁期间出现之瑕疵；由使用承租人告知瑕疵]

I ¹租赁关系存续中，租赁物出现瑕疵，或有必要采取防止未曾预见危险之措施者，使用承租人应即通知使用出租人。²第三人就租赁物行使权利者，亦同。

II ¹使用承租人怠于为前款通知，就因此所生之损害，负赔偿之义务。²使用出租人因未受通知致不能及时救济者，使用承租人无下列之权利：
1. 行使第五百三十六条所定之权利。
2. 请求第五百三十六条之一第一款之损害赔偿，或
3. 依第五百四十三条第三款第一段规定，不指定期间而终止契约。

§536d Vertraglicher Ausschluss von Rechten des Mieters wegen eines Mangels

Auf eine Vereinbarung, durch die die Rechte des Mieters wegen eines Mangels der Mietsache ausgeschlossen oder beschränkt werden, kann sich der Vermieter nicht berufen, wenn er den Mangel arglistig verschwiegen hat.

第五百三十六条之四 [排除使用承租人因瑕疵而生权利之约定]
以特约免除或限制使用承租人关于因租赁物瑕疵所生之权利者，如使用出租人故意不告知其瑕疵，其特约无效。

§537 Entrichtung der Miete bei persönlicher Verhinderung des Mieters

(1) Der Mieter wird von der Entrichtung der Miete nicht dadurch befreit, dass er durch einen in seiner Person liegenden Grund an der Ausübung seines Gebrauchsrechts gehindert wird. Der Vermieter muss sich jedoch den Wert der ersparten Aufwendungen sowie derjenigen Vorteile anrechnen lassen, die er aus einer anderweitigen Verwertung des Gebrauchs erlangt.

(2) Solange der Vermieter infolge der Überlassung des Gebrauchs an einen Dritten außerstande ist, dem Mieter den Gebrauch zu gewähren, ist der Mieter zur Entrichtung der Miete nicht verpflichtet.

第五百三十七条 [使用承租人本人障碍时租金之给付]
Ⅰ ¹使用承租人因自己之事由妨碍使用权之行使，不得免付租金。²但使用出租人因此所减省之费用及其依他种方式利用租赁物所得之利益，应由租金中扣除之。
Ⅱ 使用出租人将租赁物交付第三人使用，致承租人不能使用者，承租人不负支付租金之义务。

§538 Abnutzung der Mietsache durch vertragsgemäßen Gebrauch

Veränderungen oder Verschlechterungen der Mietsache, die durch den vertragsgemäßen Gebrauch herbeigeführt werden, hat der Mieter nicht zu vertreten.

第五百三十八条　[依约定方法使用租赁物之减损]
使用承租人就租赁物依约定方法使用而生之变更或毁损者，不负责任。

§539 Ersatz sonstiger Aufwendungen und Wegnahmerecht des Mieters

(1) Der Mieter kann vom Vermieter Aufwendungen auf die Mietsache, die der Vermieter ihm nicht nach §536a Abs. 2 zu ersetzen hat, nach den Vorschriften über die Geschäftsführung ohne Auftrag ersetzt verlangen.

(2) Der Mieter ist berechtigt, eine Einrichtung wegzunehmen, mit der er die Mietsache versehen hat.

第五百三十九条　[其他费用之偿还及使用承租人之取回权]
Ⅰ 使用承租人就使用出租人无须依第五百三十六条之一第二款对其偿还之费用，得依无因管理之规定，请求使用出租人偿还之。
Ⅱ 使用承租人得取回其置于租赁物之设备。

§540 Gebrauchsüberlassung an Dritte

(1) Der Mieter ist ohne die Erlaubnis des Vermieters nicht berechtigt, den Gebrauch der Mietsache einem Dritten zu überlassen, insbesondere sie weiter zu vermieten. Verweigert der Vermieter die Erlaubnis, so kann der Mieter das Mietverhältnis außerordentlich mit der gesetzlichen Frist kündigen, sofern nicht in der Person des Dritten ein wichtiger Grund vorliegt.

(2) Überlässt der Mieter den Gebrauch einem Dritten, so hat er ein dem Dritten bei dem Gebrauch zur Last fallendes Verschulden zu vertreten, auch wenn der Vermieter die Erlaubnis zur Überlassung erteilt hat.

第五百四十条 [交由第三人使用]

Ⅰ ¹使用承租人未经使用出租人之允许，不得将租赁物交由第三人使用，即如不得转租。²使用出租人拒绝允许者，使用承租人得遵照法定期间，特别终止使用租赁关系。但于该第三人本身存在其拒绝之重大事由者，不在此限。

Ⅱ 使用承租人将租赁物交由第三人使用时，纵使用出租人允许其使用，使用承租人就该第三人使用时之可归责事由者，亦应负其责任。

§541 Unterlassungsklage bei vertragswidrigem Gebrauch

Setzt der Mieter einen vertragswidrigen Gebrauch der Mietsache trotz einer Abmahnung des Vermieters fort, so kann dieser auf Unterlassung klagen.

第五百四十一条 [违反约定之使用时之不作为诉讼]

使用承租人不顾使用出租人之催告，继续以背于约定方法使用租赁物者，使用出租人得诉请其停止使用。

§542 Ende des Mietverhältnisses

(1) Ist die Mietzeit nicht bestimmt, so kann jede Vertragspartei das Mietverhältnis nach den gesetzlichen Vorschriften kündigen.

(2) Ein Mietverhältnis, das auf bestimmte Zeit eingegangen ist, endet mit dem Ablauf dieser Zeit, sofern es nicht

    1. in den gesetzlich zugelassenen Fällen außerordentlich gekündigt oder

    2. verlängert wird.

第五百四十二条 [使用租赁关系之终了]

Ⅰ 使用租赁未定期限者，各当事人得依法律规定，终止使用租赁关系。

Ⅱ 使用租赁关系定有期限者，于期限届满时终了。但有下列情形之一者，不在此限：

    1.于法律允许情形下，例外终止者；或

    1.经延长者。

§543 Außerordentliche fristlose Kündigung aus wichtigem Grund

(1) Jede Vertragspartei kann das Mietverhältnis aus wichtigem Grund außerordentlich fristlos kündigen. Ein wichtiger Grund liegt vor, wenn dem Kündigenden unter Berücksichtigung aller Umstände des Einzelfalls, insbesondere eines Verschuldens der Vertragsparteien, und unter Abwägung der beiderseitigen Interessen die Fortsetzung des Mietverhältnisses bis zum Ablauf der Kündigungsfrist oder bis zur sonstigen Beendigung des Mietverhältnisses nicht zugemutet werden kann.

(2) Ein wichtiger Grund liegt insbesondere vor, wenn

1. dem Mieter der vertragsgemäße Gebrauch der Mietsache ganz oder zum Teil nicht rechtzeitig gewährt oder wieder entzogen wird,
2. der Mieter die Rechte des Vermieters dadurch in erheblichem Maße verletzt, dass er die Mietsache durch Vernachlässigung der ihm obliegenden Sorgfalt erheblich gefährdet oder sie unbefugt einem Dritten überlässt oder
3. der Mieter

    a) für zwei aufeinander folgende Termine mit der Entrichtung der Miete oder eines nicht unerheblichen Teils der Miete in Verzug ist oder

    b) in einem Zeitraum, der sich über mehr als zwei Termine erstreckt, mit der Entrichtung der Miete in Höhe eines Betrages in Verzug ist, der die Miete für zwei Monate erreicht.

Im Falle des Satzes 1 Nr. 3 ist die Kündigung ausgeschlossen, wenn der Vermieter vorher befriedigt wird. Sie wird unwirksam, wenn sich der Mieter von seiner Schuld durch Aufrechnung befreien konnte und unverzüglich nach der Kündigung die Aufrechnung erklärt.

(3) Besteht der wichtige Grund in der Verletzung einer Pflicht aus dem Mietvertrag, so ist die Kündigung erst nach erfolglosem Ablauf einer zur Abhilfe bestimmten angemessenen Frist oder nach erfolgloser Abmahnung zulässig. Dies gilt nicht, wenn

1. eine Frist oder Abmahnung offensichtlich keinen Erfolg verspricht,
2. die sofortige Kündigung aus besonderen Gründen unter Abwägung der beiderseitigen Interessen gerechtfertigt ist oder
3. der Mieter mit der Entrichtung der Miete im Sinne des Absatzes 2 Nr. 3 in Verzug ist.

(4) Auf das dem Mieter nach Absatz 2 Nr. 1 zustehende Kündigungsrecht sind die §§536b und 536d entsprechend anzuwenden. Ist streitig, ob der Vermieter den Gebrauch der Mietsache rechtzeitig gewährt oder die Abhilfe vor Ablauf der hierzu bestimmten Frist bewirkt hat, so trifft ihn die Beweislast.

第五百四十三条　[因重大事由而特别不定期限之终止]

Ⅰ [1]各当事人得基于重大事由，特别不定期限终止使用租赁关系。[2]当衡量个别情形下之所有情事，即如契约当事人之可归责事由，及衡量双方之利益后，不能期待为终止之人继续使用租赁关系至使用租赁期限届满，或以其他方式致使用租赁关系消灭者，即为有重大事由。

Ⅱ [1]有下列情事之一者，重大事由即存在：
　　1. 未按时提供使用承租人就租赁物为全部或一部分之约定使用，或再度剥夺之者。
　　2. 使用承租人未尽其应尽之注意而显著危害租赁物，或未经授权将之交付与第三人，致显著损害使用出租人之权利者；或
　　3. 使用承租人：
　　　a) 连续两期迟延给付租金或租金非属不重要部分；或
　　　b) 在长于两期之期间内迟延给付租金，其迟付之租金数额达两个月之租额。
　　[2]第一段第三项之情形，使用出租人事先已获清偿者，不得终止。
　　[3]使用承租人得因抵销而免除其债务，且于终止后即时为抵销之表示者，终止无效。

Ⅲ [1]重大事由为违反因使用租赁契约而生之义务者，仅得于指定补正之相当期限届满而无效果后，或经催告而无效果后终止。[2]下列情事之一者，不适用前段规定：
　　1. 该期限或催告明显无法达成效果者。
　　2. 权衡双方之利益后，基于特别理由，立即终止系属正当者；或
　　3. 使用承租人迟延给付第二款第三项之租金者。

Ⅳ [1]使用承租人依第二款第一项规定取得终止权者，准用第五百三十六条之二及第五百三十六条之四规定。[2]使用出租人是否按时提供租赁物之使用或于补正期限届满前补正者，有争议时，使用出租人应负举证责任。

§544 Vertrag über mehr als 30 Jahre

Wird ein Mietvertrag für eine längere Zeit als 30 Jahre geschlossen, so kann jede Vertragspartei nach Ablauf von 30 Jahren nach Überlassung der Mietsache das Mietverhältnis außerordentlich mit der gesetzlichen Frist kündigen. Die Kündigung ist unzulässig, wenn der Vertrag für die Lebenszeit des Vermieters oder des Mieters geschlossen worden ist.

第五百四十四条 [逾三十年之契约]
¹使用租赁契约之期限逾三十年者，自租赁物交付使用后经过三十年，各当事人得遵照法定期限而特别终止租赁关系。²契约系就使用出租人或使用承租人之生存期间而制定者，不得终止之。

§545 Stillschweigende Verlängerung des Mietverhältnisses

Setzt der Mieter nach Ablauf der Mietzeit den Gebrauch der Mietsache fort, so verlängert sich das Mietverhältnis auf unbestimmte Zeit, sofern nicht eine Vertragspartei ihren entgegenstehenden Willen innerhalb von zwei Wochen dem anderen Teil erklärt. Die Frist beginnt
1. für den Mieter mit der Fortsetzung des Gebrauchs,
2. für den Vermieter mit dem Zeitpunkt, in dem er von der Fortsetzung Kenntnis erhält.

第五百四十五条 [使用租赁关系之默示延长]
¹使用承租人于使用租赁期限届满后继续为租赁物之使用时，除一方当事人于两星期内向他方为反对之表示者外，使用租赁关系延长为不定期限之使用租赁。²其期限开始于下列时点：
1. 在使用承租人，自继续使用时。
2. 在使用出租人，自知悉继续使用时。

§546 Rückgabepflicht des Mieters

(1) Der Mieter ist verpflichtet, die Mietsache nach Beendigung des Mietverhältnisses zurückzugeben.

(2) Hat der Mieter den Gebrauch der Mietsache einem Dritten überlassen, so kann der Vermieter die Sache nach Beendigung des Mietverhältnisses auch von dem Dritten zurückfordern.

第五百四十六条　[使用承租人之返还义务]

Ⅰ 使用承租人负有于使用租赁关系终了后返还租赁物之义务。

Ⅱ 使用承租人将租赁物交付第三人使用者，使用出租人亦得于使用租赁关系终了后向该第三人请求返还该物。

§546a Entschädigung des Vermieters bei verspäteter Rückgabe

(1) Gibt der Mieter die Mietsache nach Beendigung des Mietverhältnisses nicht zurück, so kann der Vermieter für die Dauer der Vorenthaltung als Entschädigung die vereinbarte Miete oder die Miete verlangen, die für vergleichbare Sachen ortsüblich ist.

(2) Die Geltendmachung eines weiteren Schadens ist nich ausgeschlossen.

第五百四十六条之一　[迟延返还时使用出租人之补偿]

Ⅰ 使用承租人于使用租赁关系终了后未返还租赁物者，使用出租人得就留置之期间，请求给付约定之租金，或依当地通常类似物之租金，以为补偿。

Ⅱ 有其他损害者，仍得主张之。

§547 Erstattung von im Voraus entrichteter Miete

(1) Ist die Miete für die Zeit nach Beendigung des Mietverhältnisses im Voraus entrichtet worden, so hat der Vermieter sie zurückzuerstatten und ab Empfang zu verzinsen. Hat der Vermieter die Beendigung des Mietverhältnisses nicht zu vertreten, so hat er das Erlangte nach den Vorschriften über die Herausgabe einer ungerechtfertigten Bereicherung zurückzuerstatten.

(2) Bei einem Mietverhältnis über Wohnraum ist eine zum Nachteil des Mieters abweichende Vereinbarung unwirksam.

第五百四十七条 [预付租金之偿还]

Ⅰ ¹就使用租赁关系终止后之期间，已预付租金者，使用出租人应返还之，并附加自受领时起之利息。²就租赁关系之终止于使用出租人不可归责者，应依关于不当得利之规定返还其所得利益。

Ⅱ 于住屋使用租赁关系之情形，使用承租人受有不利益约定者，其约定无效。

§548　Verjährung der Ersatzansprüche und des Wegnahmerechts

(1) Die Ersatzansprüche des Vermieters wegen Veränderungen oder Verschlechterungen der Mietsache verjähren in sechs Monaten. Die Verjährung beginnt mit dem Zeitpunkt, in dem er die Mietsache zurückerhält. Mit der Verjährung des Anspruchs des Vermieters auf Rückgabe der Mietsache verjähren auch seine Ersatzansprüche.

(2) Ansprüche des Mieters auf Ersatz von Aufwendungen oder auf Gestattung der Wegnahme einer Einrichtung verjähren in sechs Monaten nach der Beendigung des Mietverhältnisses.

(3) (aufgehoben)

第五百四十八条 [损害赔偿请求权及取回权之消灭时效]

Ⅰ ¹使用出租人因租赁标的物之变更或毁损所生之损害赔偿请求权，因六个月不行使而消灭。²消灭时效，自使用出租人取回租赁标的物时起算。³使用出租人租赁标的物之返还请求权消灭时效时，其损害赔偿请求权亦罹于时效。

Ⅱ 使用承租人之费用偿还请求权及对设备取回之允许请求权，于租赁关系终止后六个月罹于时效。

Ⅲ（删除）

Untertitel 2
Mietverhältnisse über Wohnraum
第二款 关于住屋之使用租赁关系

Kapitel 1 Allgemeine Vorschriften
第一目 通 则

§549 Auf Wohnraummietverhältnisse anwendbare Vorschriften

(1) Für Mietverhältnisse über Wohnraum gelten die §§535 bis 548, soweit sich nicht aus den §§549 bis 577a etwas anderes ergibt.

(2) Die Vorschriften über die Mieterhöhung (§§557 bis 561) und über den Mieterschutz bei Beendigung des Mietverhältnisses sowie bei der Begründung von Wohnungseigentum (§568 Abs. 2, §§573, 573a, 573d Abs. 1, §§574 bis 575, 575a Abs. 1 und §§577, 577a) gelten nicht für Mietverhältnisse über

1. Wohnraum, der nur zum vorübergehenden Gebrauch vermietet ist,
2. Wohnraum, der Teil der vom Vermieter selbst bewohnten Wohnung ist und den der Vermieter überwiegend mit Einrichtungsgegenständen auszustatten hat, sofern der Wohnraum dem Mieter nicht zum dauernden Gebrauch mit seiner Familie oder mit Personen überlassen ist, mit denen er einen auf Dauer angelegten gemeinsamen Haushalt führt,
3. Wohnraum, den eine juristische Person des öffentlichen Rechts oder ein anerkannter privater Träger der Wohlfahrtspflege angemietet hat, um ihn Personen mit dringendem Wohnungsbedarf zu überlassen, wenn sie den Mieter bei Vertragsschluss auf die Zweckbestimmung des Wohnraums und die Ausnahme von den genannten Vorschriften hingewiesen hat.

(3) Für Wohnraum in einem Studenten- oder Jugendwohnheim gelten die §§557 bis 561 sowie die §§573, 573a, 573d Abs. 1 und §§575, 575a Abs. 1, §§577, 577a nicht.

第五百四十九条 [适用于住屋使用租赁关系之规定]

Ⅰ 住屋使用租赁关系，如第五百四十九条至第五百七十七条之一无不同规定者，适用第五百三十五条至第五百四十八条规定。

Ⅱ 关于提高租金之规定（第五百五十七条至第五百六十一条）与对于使

用租赁关系终止及住宅所有权创设之保护承租人规定（第五百六十八条第二款、第五百七十三条、第五百七十三条之一、第五百七十三条之四第一款、第五百七十四条至第五百七十五条、第五百七十五条之一第一款及第五百七十七条、第五百七十七条之一）不适用于下列使用租赁关系：
1. 仅为短暂使用而出租之住屋。
2. 住屋为出租人自行居住之住宅部分，且主要由出租人装潢设施及物品者；但以其住屋非供承租人长期与其家庭或与其有持续共同家计关系之人使用者为限。
3. 公法法人或经承认为福利事业之私法组织，为交付与有迫切住宅需求者所出租之住屋，但以于缔约时已向承租人提示住屋之特殊使用目的及前开规定之例外情形为限。

III 第五百五十七条至第五百六十一条、第五百七十三条、第五百七十三条之一、第五百七十三条之四第一款、第五百七十五条、第五百七十五条之一第一款、第五百七十七条、第五百七十七条之一规定，于学生宿舍或青年旅馆之住屋不适用之。

§550 Form des Mietvertrags

Wird der Mietvertrag für längere Zeit als ein Jahr nicht in schriftlicher Form geschlossen, so gilt er für unbestimmte Zeit. Die Kündigung ist jedoch frühestens zum Ablauf eines Jahres nach Überlassung des Wohnraums zulässig.

第五百五十条 [使用租赁契约之方式]

¹使用租赁契约，期限逾一年而未以书面制定者，视为不定期使用租赁契约。²但该契约之终止，最早仅得于住屋交付一年届满后为之。

§551 Begrenzung und Anlage von Mietsicherheiten

(1) Hat der Mieter dem Vermieter für die Erfüllung seiner Pflichten Sicherheit zu leisten, so darf diese vorbehaltlich des Absatzes 3 Satz 4 höchstens das Dreifache der auf einen Monat entfallenden Miete ohne die als Pauschale oder als Vorauszahlung ausgewiesenen Betriebskosten betragen.

(2) Ist als Sicherheit eine Geldsumme bereitzustellen, so ist der Mieter zu drei gleichen

monatlichen Teilzahlungen berechtigt. Die erste Teilzahlung ist zu Beginn des Mietverhältnisses fällig. Die weiteren Teilzahlungen werden zusammen mit den unmittelbar folgenden Mietzahlungen fällig.

(3) Der Vermieter hat eine ihm als Sicherheit überlassene Geldsumme bei einem Kreditinstitut zu dem für Spareinlagen mit dreimonatiger Kündigungsfrist üblichen Zinssatz anzulegen. Die Vertragsparteien können eine andere Anlageform vereinbaren. In beiden Fällen muss die Anlage vom Vermögen des Vermieters getrennt erfolgen und stehen die Erträge dem Mieter zu. Sie erhöhen die Sicherheit. Bei Wohnraum in einem Studenten- oder Jugendwohnheim besteht für den Vermieter keine Pflicht, die Sicherheitsleistung zu verzinsen.

(4) Eine zum Nachteil des Mieters abweichende Vereinbarung ist unwirksam.

第五百五十一条 [使用租赁担保之限制及存放款]

Ⅰ 使用承租人为履行其义务，而应对使用出租人提供担保者，于不违反第三款第四段规定时，该担保最高得为扣除以总额或预付之经核实之作业费用后之每月租金之三倍。

Ⅱ [1]以支付金钱作为担保者，使用承租人得将之分为每月三等分而分期支付之。[2]第一期于使用租赁关系开始时到期。[3]其他期于其后各期支付租金时到期。

Ⅲ [1]使用出租人应将作为担保而交付与自己之金额，以三个月为终止期限之通常利率存于银行。[2]契约当事人得约定以其他方式存放之。[3]于该两种情形，使用出租人应将其财产与该存放款分离，且收益应归属于使用承租人。[4]其收益提高担保。[5]关于学生宿舍或青年旅馆之住屋，使用出租人无就担保支付利息之义务。

Ⅳ 使用承租人受有不利益约定者，其约定无效。

§552 Abwendung des Wegnahmerecht des Mieters

(1) Der Vermieter kann die Ausübung des Wegnahmerechts (§539 Abs. 2) durch Zahlung einer angemessenen Entschädigung abwenden, wenn nicht der Mieter ein berechtigtes Interesse an der Wegnahme hat.

(2) Eine Vereinbarung, durch die das Wegnahmerecht ausgeschlossen wird, ist nur wirksam, wenn ein angemessener Ausgleich vorgesehen ist.

第五百五十二条　[使用承租人取回权之避免]
Ⅰ 使用出租人得以支付相当补偿之方式而避免取回权（第五百三十九条第二款）之行使。但使用承租人有正当利益行使取回权者，不在此限。
Ⅱ 排除取回权之约定，仅于定有相当利益补偿时始生效力。

§553　Gestattung der Gebrauchsüberlassung an Dritte

(1) Entsteht für den Mieter nach Abschluss des Mietvertrags ein berechtigtes Interesse, einen Teil des Wohnraums einem Dritten zum Gebrauch zu überlassen, so kann er von dem Vermieter die Erlaubnis hierzu verlangen. Dies gilt nicht, wenn in der Person des Dritten ein wichtiger Grund vorliegt, der Wohnraum übermäßig belegt würde oder dem Vermieter die (2)Überlassung aus sonstigen Gründen nicht zugemutet werden kann.
(2) Ist dem Vermieter die Überlassung nur bei einer angemessenen Erhöhung der Miete zuzumuten, so kann er die Erlaubnis davon abhängig machen, dass der Mieter sich mit einer solchen Erhöhung einverstanden erklärt.
(3) Eine zum Nachteil des Mieters abweichende Vereinbarung ist unwirksam.

第五百五十三条　[交由第三人使用之允许]
Ⅰ ¹使用承租人于使用租赁契约制定后有将住屋之一部分交由第三人使用之正当利益者，得请求使用出租人允许之。²但于该第三人自己有重大事由、住屋受过度占用，或基于其他原因第三人使用住屋对使用出租人系不可期待者，不适用之。
Ⅱ 该交由第三人之使用，仅于适当提高租金对使用出租人始可期待者，使用出租人得以使用承租人同意提高租金为允许之条件。
Ⅲ 使用承租人受有不利益约定者，其约定无效。

§554　(weggefallen)

第五百五十四条　[删除]

§554a　Barrierefreiheit

(1) Der Mieter kann vom Vermieter die Zustimmung zu baulichen Veränderungen oder

sonstigen Einrichtungen verlangen, die für eine behindertengerechte Nutzung der Mietsache oder den Zugang zu ihr erforderlich sind, wenn er ein berechtigtes Interesse daran hat. Der Vermieter kann seine Zustimmung verweigern, wenn sein Interesse an der unveränderten Erhaltung der Mietsache oder des Gebäudes das Interesse des Mieters an einer behindertengerechten Nutzung der Mietsache überwiegt. Dabei sind auch die berechtigten Interessen anderer Mieter in dem Gebäude zu berücksichtigen.

(2) Der Vermieter kann seine Zustimmung von der Leistung einer angemessenen zusätzlichen Sicherheit für die Wiederherstellung des ursprünglichen Zustandes abhängig machen. §551 Abs. 3 und 4 gilt entsprechend.

(3) Eine zum Nachteil des Mieters von Absatz 1 abweichende Vereinbarung ist unwirksam.

第五百五十四条之一 [无障碍空间]

Ⅰ ¹使用承租人有正当利益者，得请求使用出租人同意为身障者得利用或接近使用租赁物所必要之建筑变更或其他设施。²使用出租人保持租赁物或建筑物不变之利益，大于使用承租人使租赁物为身障者利用之利益时，使用出租人得拒绝同意之。³于此情形，亦应斟酌同一建筑物中其他使用承租人之正当利益。

Ⅱ ¹使用出租人之同意，得以恢复原状所提供相当之附加担保为条件。²第五百五十一条第三款及第四款规定，准用之。

Ⅲ 使用承租人受有不同于第一款规定之不利益约定者，其约定无效。

§555 Unwirksamkeit einer Vertragsstrafe

Eine Vereinbarung, durch die sich der Vermieter eine Vertragsstrafe vom Mieter versprechen lässt, ist unwirksam.

第五百五十五条 [违约金之无效]

使用出租人使使用承租人承诺给付违约金之约定，无效。

§555a Erhaltungsmaßnahmen

(1) Der Mieter hat Maßnahmen zu dulden, die zur Instandhaltung oder Instandsetzung der Mietsache erforderlich sind (Erhaltungsmaßnahmen).

(2) Erhaltungsmaßnahmen sind dem Mieter rechtzeitig anzukündigen, es sei denn, sie sind nur mit einer unerheblichen Einwirkung auf die Mietsache verbunden oder ihre sofortige Durchführung ist zwingend erforderlich.

(3) Aufwendungen, die der Mieter infolge einer Erhaltungsmaßnahme machen muss, hat der Vermieter in angemessenem Umfang zu ersetzen. Auf Verlangen hat er Vorschuss zu leisten.

(4) Eine zum Nachteil des Mieters von Absatz 2 oder 3 abweichende Vereinbarung ist unwirksam.

第五百五十五条之一 [保存措施]

Ⅰ 使用承租人应容忍对租赁物之必要保养或修缮措施（保存措施）。

Ⅱ 保存措施应按时通知使用承租人。但对租赁物影响程度不重大，或有立即实施之必要者，不在此限。

Ⅲ ¹使用承租人因保存措施而应支出之费用，使用出租人应于适当范围内赔偿之。²其因请求时，应预先给付。

Ⅳ 有不同于第二款或第三款规定，而对使用承租人为不利之约定者，不生效力。

§555b Modernisierungsmaßnahmen

Modernisierungsmaßnahmen sind bauliche Veränderungen,
1. durch die in Bezug auf die Mietsache Endenergie nachhaltig eingespart wird (energetische Modernisierung),
2. durch die nicht erneuerbare Primärenergie nachhaltig eingespart oder das Klima nachhaltig geschützt wird, sofern nicht bereits eine energetische Modernisierung nach Nummer 1 vorliegt,
3. durch die der Wasserverbrauch nachhaltig reduziert wird,
4. durch die der Gebrauchswert der Mietsache nachhaltig erhöht wird,
5. durch die die allgemeinen Wohnverhältnisse auf Dauer verbessert werden,
6. die auf Grund von Umständen durchgeführt werden, die der Vermieter nicht zu vertreten hat, und die keine Erhaltungsmaßnahmen nach §555a sind, oder
7. durch die neuer Wohnraum geschaffen wird.

第五百五十五条之二 [现代化措施]

称现代化措施者，谓为下列情形之建筑上变更：

1. 可持续节约租赁物之末端能源（能源现代化）。
2. 不属第一项规定之能源现代化，但可持续节约非再生之初级能源或可持续为气候之保护者。
3. 可持续减少水之使用。
4. 可持续提高租赁物之使用价值。
5. 可长期改善通常居住状况。
6. 因不可归责于使用出租人之事由而实施，且不属于第五百五十五条之一规定之保存措施，或
7. 可增加新住屋。

§555c Ankündigung von Modernisierungsmaßnahmen

(1) Der Vermieter hat dem Mieter eine Modernisierungsmaßnahme spätestens drei Monate vor ihrem Beginn in Textform anzukündigen (Modernisierungsankündigung). Die Modernisierungsankündigung muss Angaben enthalten über:
1. die Art und den voraussichtlichen Umfang der Modernisierungsmaßnahme in wesentlichen Zügen,
2. den voraussichtlichen Beginn und die voraussichtliche Dauer der Modernisierungsmaßnahme,
3. den Betrag der zu erwartenden Mieterhöhung, sofern eine Erhöhung nach §559 verlangt werden soll, sowie die voraussichtlichen künftigen Betriebskosten.

(2) Der Vermieter soll den Mieter in der Modernisierungsankündigung auf die Form und die Frist des Härteeinwands nach §555d Absatz 3 Satz 1 hinweisen.

(3) In der Modernisierungsankündigung für eine Modernisierungsmaßnahme nach §555b Nummer 1 und 2 kann der Vermieter insbesondere hinsichtlich der energetischen Qualität von Bauteilen auf allgemein anerkannte Pauschalwerte Bezug nehmen.

(4) Die Absätze 1 bis 3 gelten nicht für Modernisierungsmaßnahmen, die nur mit einer unerheblichen Einwirkung auf die Mietsache verbunden sind und nur zu einer unerheblichen Mieterhöhung führen.

(5) Eine zum Nachteil des Mieters abweichende Vereinbarung ist unwirksam.

第五百五十五条之三 [现代化措施之通知]

I ^{1}使用出租人最迟应于现代化措施开始前三个月，以文字方式通知使用承租人（现代化通知）。^{2}现代化通知应记载下列事项：
1. 现代化措施重要特征之种类及预计范围。

2.现代化措施之预计始点及存续期间。
3.可期待提高之租金数额,如其系应依第五百五十九条规定请求提高者,另应记载预计之未来作业费用。
Ⅱ 使用出租人应于现代化通知中提示使用承租人依第五百五十五条之四第三款第一段规定之严苛异议方式及期间。
Ⅲ 使用出租人于依第五百五十五条之二第一项及第二项规定现代化措施之现代化通知,即如针对建材之能源品质参酌公认之总价值。
Ⅳ 第一款至第三款规定,仅于非属重大影响建物及租金提高之现代化措施,不适用之。
Ⅴ 使用承租人受有不利益之约定者,不生效力。

§555d Duldung von Modernisierungsmaßnahmen, Ausschlussfrist

(1) Der Mieter hat eine Modernisierungsmaßnahme zu dulden.

(2) Eine Duldungspflicht nach Absatz 1 besteht nicht, wenn die Modernisierungsmaßnahme für den Mieter, seine Familie oder einen Angehörigen seines Haushalts eine Härte bedeuten würde, die auch unter Würdigung der berechtigten Interessen sowohl des Vermieters als auch anderer Mieter in dem Gebäude sowie von Belangen der Energieeinsparung und des Klimaschutzes nicht zu rechtfertigen ist. Die zu erwartende Mieterhöhung sowie die voraussichtlichen künftigen Betriebskosten bleiben bei der Abwägung im Rahmen der Duldungspflicht außer Betracht; sie sind nur nach §559 Absatz 4 und 5 bei einer Mieterhöhung zu berücksichtigen.

(3) Der Mieter hat dem Vermieter Umstände, die eine Härte im Hinblick auf die Duldung oder die Mieterhöhung begründen, bis zum Ablauf des Monats, der auf den Zugang der Modernisierungsankündigung folgt, in Textform mitzuteilen. Der Lauf der Frist beginnt nur, wenn die Modernisierungsankündigung den Vorschriften des §555c entspricht.

(4) Nach Ablauf der Frist sind Umstände, die eine Härte im Hinblick auf die Duldung oder die Mieterhöhung begründen, noch zu berücksichtigen, wenn der Mieter ohne Verschulden an der Einhaltung der Frist gehindert war und er dem Vermieter die Umstände sowie die Gründe der Verzögerung unverzüglich in Textform mitteilt. Umstände, die eine Härte im Hinblick auf die Mieterhöhung begründen, sind nur zu berücksichtigen, wenn sie spätestens bis zum Beginn der Modernisierungsmaßnahme mitgeteilt werden.

(5) Hat der Vermieter in der Modernisierungsankündigung nicht auf die Form und die Frist des Härteeinwands hingewiesen (§555c Absatz 2), so bedarf die Mitteilung des Mieters nach Absatz 3 Satz 1 nicht der dort bestimmten Form und Frist. Absatz 4 Satz 2 gilt entsprechend.

(6) §555a Absatz 3 gilt entsprechend.

(7) Eine zum Nachteil des Mieters abweichende Vereinbarung ist unwirksam.

第五百五十五条之四 [现代化措施之容忍,除斥期间]

Ⅰ 使用承租人应容忍现代化措施。

Ⅱ ¹现代化措施对使用承租人、其亲属或家属系属严苛,且其严苛于衡量使用出租人与建筑物内其他使用承租人之正当利益,及节约能源与气候保护之利益后,仍不能认为正当者,第一款规定之容忍义务,不适用之。²期待之租金提高及预计之未来作业费用于容忍义务框架下,不予考虑;其仅于依第五百五十九条第四款及第五款租金提高时,斟酌之。

Ⅲ ¹使用承租人应于现代化通知到达后一个月之期间内,以文字方式通知使用出租人构成容忍或租金提高系属严苛之事由。²该期间仅于现代化通知合于第五百五十五条之三规定时起算。

Ⅳ ¹纵期间已过,使用承租人就未能遵守期间无故意过失,且即时以文字方式通知迟延原因者,构成容忍或租金提高系属严苛之事由仍应予以斟酌。²但仅最迟于现代化措施开始前通知者,构成容忍或租金提高系属严苛之事由,始予以斟酌。

Ⅴ ¹使用出租人于现代化通知中未告知严苛异议之方式及期间者(第五百五十五条之三第二款),使用承租人之通知无须遵守第三款第一段规定之方式及期间。²第四款第二段规定,准用之。

Ⅵ 第五百五十五条之一第三款规定,准用之。

Ⅶ 使用承租人受有不利益约定者,其约定无效。

§555e Sonderkündigungsrecht des Mieters bei Modernisierungsmaßnahmen

(1) Nach Zugang der Modernisierungsankündigung kann der Mieter das Mietverhältnis außerordentlich zum Ablauf des übernächsten Monats kündigen. Die Kündigung muss bis zum Ablauf des Monats erfolgen, der auf den Zugang der Modernisierungsankündigung folgt.

(2) §555c Absatz 4 gilt entsprechend.
(3) Eine zum Nachteil des Mieters abweichende Vereinbarung ist unwirksam.

第五百五十五条之五　[现代化措施之使用承租人特别终止权]
Ⅰ　¹现代化通知到达后，使用承租人得特别于下个月之次月前终止租赁关系。²终止应于现代化通知到达后之次月结束前为之。
Ⅱ　第五百五十五条之三第四款规定，准用之。
Ⅲ　使用承租人受有不利益之约定，不生效力。

§555f Vereinbarungen über Erhaltungs- oder Modernisierungsmaßnahmen

Die Vertragsparteien können nach Abschluss des Mietvertrags aus Anlass von Erhaltungs- oder Modernisierungsmaßnahmen Vereinbarungen treffen, insbesondere über die
1. zeitliche und technische Durchführung der Maßnahmen,
2. Gewährleistungsrechte und Aufwendungsersatzansprüche des Mieters,
3. künftige Höhe der Miete.

第五百五十五条之六　[保存或现代化措施之约定]
契约当事人于租赁契约订立后，就保存或现代化措施，即如就下列事项另为约定：
1. 措施之时间及技术上之实施。
2. 使用承租人之担保权及费用损害赔偿请求权。
3. 未来租金之数额。

Kapitel 2　Die Miete
第二目　租　金

Unterkapitel 1　Vereinbarungen über die Miete
第一次目　租金之约定

§556 Vereinbarungen über Betriebskosten

(1) Die Vertragsparteien können vereinbaren, dass der Mieter Betriebskosten trägt.

Betriebskosten sind die Kosten, die dem Eigentümer oder Erbbauberechtigten durch das Eigentum oder das Erbbaurecht am Grundstück oder durch den bestimmungsmäßigen Gebrauch des Gebäudes, der Nebengebäude, Anlagen, Einrichtungen und des Grundstücks laufend entstehen. Für die Aufstellung der Betriebskosten gilt die Betriebskostenverordnung vom 25. November 2003 (BGBl. I S. 2346, 2347) fort. Die Bundesregierung wird ermächtigt, durch Rechtsverordnung ohne Zustimmung des Bundesrates Vorschriften über die Aufstellung der Betriebskosten zu erlassen.

(2) Die Vertragsparteien können vorbehaltlich anderweitiger Vorschriften vereinbaren, dass Betriebskosten als Pauschale oder als Vorauszahlung ausgewiesen werden. Vorauszahlungen für Betriebskosten dürfen nur in angemessener Höhe vereinbart werden.

(3) Über die Vorauszahlungen für Betriebskosten ist jährlich abzurechnen; dabei ist der Grundsatz der Wirtschaftlichkeit zu beachten. Die Abrechnung ist dem Mieter spätestens bis zum Ablauf des zwölften Monats nach Ende des Abrechnungszeitraums mitzuteilen. Nach Ablauf dieser Frist ist die Geltendmachung einer Nachforderung durch den Vermieter ausgeschlossen, es sei denn, der Vermieter hat die verspätete Geltendmachung nicht zu vertreten. Der Vermieter ist zu Teilabrechnungen nicht verpflichtet. Einwendungen gegen die Abrechnung hat der Mieter dem Vermieter spätestens bis zum Ablauf des zwölften Monats nach Zugang der Abrechnung mitzuteilen. Nach Ablauf dieser Frist kann der Mieter Einwendungen nicht mehr geltend machen, es sei denn, der Mieter hat die verspätete Geltendmachung nicht zu vertreten.

(4) Eine zum Nachteil des Mieters von Absatz 1, Absatz 2 Satz 2 oder Absatz 3 abweichende Vereinbarung ist unwirksam.

第五百五十六条 [作业费用之约定]

Ⅰ ¹契约当事人得约定，由使用承租人负担作业费用。²作业费用，指所有人或地上权人因其所有权或不动产之地上权，或就建筑物、附属建筑物、设施、设备及土地为符合其特定性之使用，而持续发生之费用。³作业费用之编列，另适用2003年11月25日之《作业费用规则》(BGBl. I S. 2346, 2347)。⁴联邦政府得不经联邦参议院之同意，以法规命令发布关于作业费用编列之规定。

Ⅱ ¹除另有规定外，契约当事人得以约定，为一次给付或预付该经核实之作业费用。²作业费用之预付，仅约定合理之数额。

Ⅲ ¹作业费用之预付，应每年结算之；于此情形，应遵守经济性原则。²结算期间终了后，最迟应于十二个月期间届满前，对使用承租人为结算之通知。³于该期间届满后，使用出租人不得行使额外请求。但迟延之行使不可归责于使用出租人者，不在此限。⁴使用出租人无部分结算之义务。⁵使用承租人最迟应于结算到达后十二个月期间届满前，将该结算之抗辩告知使用出租人。⁶于该期间届满后，使用承租人不得再为抗辩。但迟延之抗辩不可归责于使用承租人者，不在此限。

Ⅳ 使用承租人受有不同于第一款、第二款第二段或第三款规定之不利益约定者，其约定无效。

§556a Abrechnungsmaßstab für Betriebskosten

(1) Haben die Vertragsparteien nichts anderes vereinbart, sind die Betriebskosten vorbehaltlich anderweitiger Vorschriften nach dem Anteil der Wohnfläche umzulegen. Betriebskosten, die von einem erfassten Verbrauch oder einer erfassten Verursachung durch die Mieter abhängen, sind nach einem Maßstab umzulegen, der dem unterschiedlichen Verbrauch oder der unterschiedlichen Verursachung Rechnung trägt.

(2) Haben die Vertragsparteien etwas anderes vereinbart, kann der Vermieter durch Erklärung in Textform bestimmen, dass die Betriebskosten zukünftig abweichend von der getroffenen Vereinbarung ganz oder teilweise nach einem Maßstab umgelegt werden dürfen, der dem erfassten unterschiedlichen Verbrauch oder der erfassten unterschiedlichen Verursachung Rechnung trägt. Die Erklärung ist nur vor Beginn eines Abrechnungszeitraums zulässig. Sind die Kosten bislang in der Miete enthalten, so ist diese entsprechend herabzusetzen.

(3) Eine zum Nachteil des Mieters von Absatz 2 abweichende Vereinbarung ist unwirksam.

第五百五十六条之一　[作业费用之结算准则]

Ⅰ ¹契约当事人未为约定者，除另有规定外，作业费用按居住面积之部分，而为分摊。²作业费用取决于已计入之使用承租人消费，或已计入之使用承租人原因者，应考虑不同消费或不同原因，而为分摊。

Ⅱ ¹契约当事人另有约定者，使用出租人得以文字方式表示该作业费用未来得不同于该约定，全部或一部分考虑已计入之不同消费或不同原因，而为分摊。²该意思表示，仅得于结算期间开始前为之。³费用迄今已包含于租金之内者，应适当调降其租金。

Ⅲ 使用承租人受有不同于第二款规定之不利益约定者，其约定无效。

§556b Fälligkeit der Miete, Aufrechnungs- und Zurückbehaltungsrecht

(1) Die Miete ist zu Beginn, spätestens bis zum dritten Werktag der einzelnen Zeitabschnitte zu entrichten, nach denen sie bemessen ist.

(2) Der Mieter kann entgegen einer vertraglichen Bestimmung gegen eine Mietforderung mit einer Forderung auf Grund der §§536a, 539 oder aus ungerechtfertigter Bereicherung wegen zu viel gezahlter Miete aufrechnen oder wegen einer solchen Forderung ein Zurückbehaltungsrecht ausüben, wenn er seine Absicht dem Vermieter mindestens einen Monat vor der Fälligkeit der Miete in Textform angezeigt hat. Eine zum Nachteil des Mieters abweichende Vereinbarung ist unwirksam.

第五百五十六条之二 [租金之到期、抵销权及留置权]

Ⅰ 租金按分期计算者，应于各期开始时，最迟于各期第三工作日，支付之。

Ⅱ ¹使用承租人得不同于契约之约定，就租金债权以基于第五百三十六条之一、第五百三十九条规定之债权，或以基于支付过多租金ª所生之不当得利债权，而为抵销，或本于该债权而行使留置权，但使用承租人应将其意思最迟于租金到期前一个月，以文字方式通知使用出租人。²使用承租人受有不利益之约定者，其约定无效。

a 不仅包括"溢付租金"之情形，亦包括支付"约定租金过高"之情形。

§556c Kosten der Wärmelieferung als Betriebskosten, Verordnungsermächtigung

(1) Hat der Mieter die Betriebskosten für Wärme oder Warmwasser zu tragen und stellt der Vermieter die Versorgung von der Eigenversorgung auf die eigenständig gewerbliche Lieferung durch einen Wärmelieferanten (Wärmelieferung) um, so hat der Mieter die Kosten der Wärmelieferung als Betriebskosten zu tragen, wenn
1. die Wärme mit verbesserter Effizienz entweder aus einer vom Wärmelieferanten errichteten neuen Anlage oder aus einem Wärmenetz geliefert wird und
2. die Kosten der Wärmelieferung die Betriebskosten für die bisherige Eigenversorgung mit Wärme oder Warmwasser nicht übersteigen.

Beträgt der Jahresnutzungsgrad der bestehenden Anlage vor der Umstellung mindestens 80 Prozent, kann sich der Wärmelieferant anstelle der Maßnahmen nach Nummer 1 auf die Verbesserung der Betriebsführung der Anlage beschränken.
(2) Der Vermieter hat die Umstellung spätestens drei Monate zuvor in Textform anzukündigen (Umstellungsankündigung).
(3) Die Bundesregierung wird ermächtigt, durch Rechtsverordnung ohne Zustimmung des Bundesrates Vorschriften für Wärmelieferverträge, die bei einer Umstellung nach Absatz 1 geschlossen werden, sowie für die Anforderungen nach den Absätzen 1 und 2 zu erlassen. Hierbei sind die Belange von Vermietern, Mietern und Wärmelieferanten angemessen zu berücksichtigen.
(4) Eine zum Nachteil des Mieters abweichende Vereinbarung ist unwirksam.

第五百五十六条之三 [热能供应费用视为作业费用，法规命令授权]
Ⅰ [1]使用承租人应负担暖气或热水之作业费用，而使用出租人将该供应由自给供应改装为热能供货商之独立营业供应（热能供应）者，于下列情形，使用承租人应视热能供应费用为作业费用负担之：
1. 效能改良之热能系由热能供货商新安装之设备或热能网供应。
2. 热能供应费用未逾原自给供应暖气或热水之作业费用。
[2]现有设备之年使用程度改装前达百分之八十者，热能供货商得不依第一项规定之措施，仅改良设备之经营管理。
Ⅱ 使用出租人应最迟于三个月前以文字方式通知改装（改装通知）。
Ⅲ [1]联邦政府有权不经联邦参议院同意，制定关于依第一款规定改装之热能供应契约与依第一款及第二款规定所要求之法规命令。[2]其应适当斟酌使用出租人、使用承租人及热能供货商之利益。
Ⅳ 使用承租人受有不利益之约定者，不生效力。

Unterkapitel 1a
Vereinbarungen über die Miethöhe bei Mietbeginn in Gebieten mit angespannten Wohnungsmärkten
第一次目之一
激烈竞争之居住市场区域内租赁关系开始时租金上限之约定

§556d Zulässige Miethöhe bei Mietbeginn; Verordnungsermächtigung

(1) Wird ein Mietvertrag über Wohnraum abgeschlossen, der in einem durch Rechtsverordnung nach Absatz 2 bestimmten Gebiet mit einem angespannten Wohnungsmarkt liegt, so darf die Miete zu Beginn des Mietverhältnisses die ortsübliche Vergleichsmiete (§558 Absatz 2) höchstens um 10 Prozent übersteigen.

(2) Die Landesregierungen werden ermächtigt, Gebiete mit angespannten Wohnungsmärkten durch Rechtsverordnung für die Dauer von höchstens fünf Jahren zu bestimmen. Gebiete mit angespannten Wohnungsmärkten liegen vor, wenn die ausreichende Versorgung der Bevölkerung mit Mietwohnungen in einer Gemeinde oder einem Teil der Gemeinde zu angemessenen Bedingungen besonders gefährdet ist. Dies kann insbesondere dann der Fall sein, wenn

1. die Mieten deutlich stärker steigen als im bundesweiten Durchschnitt,
2. die durchschnittliche Mietbelastung der Haushalte den bundesweiten Durchschnitt deutlich übersteigt,
3. die Wohnbevölkerung wächst, ohne dass durch Neubautätigkeit insoweit erforderlicher Wohnraum geschaffen wird, oder
4. geringer Leerstand bei großer Nachfrage besteht.

Eine Rechtsverordnung nach Satz 1 muss spätestens am 31. Dezember 2020 in Kraft treten. Sie muss begründet werden. Aus der Begründung muss sich ergeben, auf Grund welcher Tatsachen ein Gebiet mit einem angespannten Wohnungsmarkt im Einzelfall vorliegt. Ferner muss sich aus der Begründung ergeben, welche Maßnahmen die Landesregierung in dem nach Satz 1 durch die Rechtsverordnung jeweils bestimmten Gebiet und Zeitraum ergreifen wird, um Abhilfe zu schaffen.

第五百五十六条之四 [租赁开始时所容许之租金上限；法规命令之授权]

Ⅰ 住屋租赁契约经订立，且该住屋位于第二款法规命令所定激烈竞争之居住市场区域者，租赁关系开始时之租金，比照当地通常参考租金（第五百五十八条第二款），至多不得逾百分之十。

II ^{1}邦政府经授权，以法规命令制定为期五年激烈竞争之居住市场区域。^{2}乡镇市或部分乡镇市以相当条件租屋予民众之充分照顾而发生特别危险者，构成激烈竞争之居住市场区域。^{3}即如下列之情形：

1. 租金上升幅度，明显高于联邦平均值。
2. 家计生活费用之平均租金负担，明显高于联邦平均值。
3. 居住人口成长，但未因新建筑活动而建造必要住屋，或
4. 因较大需求而少有空屋之情况。

^{4}第一款之法规命令最迟应于二千零二十年十二月三十一日生效。^{5}该法规命令应附理由。^{6}该理由应记载基于何种事实，于个案情形，构成激烈竞争之居住市场区域。^{7}另应于该理由中记载，邦政府于第一段规定之法规命令制定各该区域及期限，提供何种救济措施。

§556e Berücksichtigung der Vormiete oder einer durchgeführten Modernisierung

(1) Ist die Miete, die der vorherige Mieter zuletzt schuldete (Vormiete), höher als die nach §556d Absatz 1 zulässige Miete, so darf eine Miete bis zur Höhe der Vormiete vereinbart werden. Bei der Ermittlung der Vormiete unberücksichtigt bleiben Mietminderungen sowie solche Mieterhöhungen, die mit dem vorherigen Mieter innerhalb des letzten Jahres vor Beendigung des Mietverhältnisses vereinbart worden sind.

(2) Hat der Vermieter in den letzten drei Jahren vor Beginn des Mietverhältnisses Modernisierungsmaßnahmen im Sinne des §555b durchgeführt, so darf die nach §556d Absatz 1 zulässige Miete um den Betrag überschritten werden, der sich bei einer Mieterhöhung nach §559 Absatz 1 bis 3 und §559a Absatz 1 bis 4 ergäbe. 2Bei der Berechnung nach Satz 1 ist von der ortsüblichen Vergleichsmiete (§558 Absatz 2) auszugehen, die bei Beginn des Mietverhältnisses ohne Berücksichtigung der Modernisierung anzusetzen wäre.

第五百五十六条之五 [先前租金及实施现代化之斟酌]

I ^{1}原承租人所负担之最后租金（先前租金），高于第五百五十六条之四第一款规定所容许之租金者，该租金得以约定升至先前租金之上限。^{2}租赁关系终了前一年，与原承租人所为减少或调高租金之约定，于调

查先前租金时，不予斟酌。

Ⅱ ¹使用出租人于租赁关系开始前三年实施第五百五十五条之一规定所称之现代化措施者，逾第五百五十六条之四规定所容许租金之数额，以依第五百五十九条第一款至第三款及第五百五十九条之一第一款至第四款规定者为限。²依第一段规定计算时，应不斟酌现代化之实施，而以租赁关系开始时之当地通常参考租金（第五百五十八条第二款）为准。

§556f Ausnahmen

§556d ist nicht anzuwenden auf eine Wohnung, die nach dem 1. Oktober 2014 erstmals genutzt und vermietet wird. Die §§556d und 556e sind nicht anzuwenden auf die erste Vermietung nach umfassender Modernisierung.

第五百五十六条之六　[例外规定]

¹住宅于二千零一十四年十月一日后首次使用及出租者，不适用第五百五十六条之四规定。²全面现代化后之首次出租，不适用第五百五十六条之四及五百五十六条之五规定。

§556g Rechtsfolgen; Auskunft über die Miete

(1) Eine zum Nachteil des Mieters von den Vorschriften dieses Unterkapitels abweichende Vereinbarung ist unwirksam. Für Vereinbarungen über die Miethöhe bei Mietbeginn gilt dies nur, soweit die zulässige Miete überschritten wird. Der Vermieter hat dem Mieter zu viel gezahlte Miete nach den Vorschriften über die Herausgabe einer ungerechtfertigten Bereicherung herauszugeben. Die §§814 und 817 Satz 2 sind nicht anzuwenden.

(2) Der Mieter kann von dem Vermieter eine nach den §§556d und 556e nicht geschuldete Miete nur zurückverlangen, wenn er einen Verstoß gegen die Vorschriften dieses Unterkapitels gerügt hat und die zurückverlangte Miete nach Zugang der Rüge fällig geworden ist. Die Rüge muss die Tatsachen enthalten, auf denen die Beanstandung der vereinbarten Miete beruht.

(3) Der Vermieter ist auf Verlangen des Mieters verpflichtet, Auskunft über diejenigen Tatsachen zu erteilen, die für die Zulässigkeit der vereinbarten Miete nach den Vorschriften dieses Unterkapitels maßgeblich sind, soweit diese Tatsachen nicht

allgemein zugänglich sind und der Vermieter hierüber unschwer Auskunft geben kann. Für die Auskunft über Modernisierungsmaßnahmen (§556e Absatz 2) gilt §559b Absatz 1 Satz 2 und 3 entsprechend.

(4) Sämtliche Erklärungen nach den Absätzen 2 und 3 bedürfen der Textform.

第五百五十六条之七 [法律效果；租金之告知]

Ⅰ [1]约定违反本次目规定，不利于使用承租人者，无效。[2]关于租赁开始时之租金上限，仅于租金超过该所容许之租金时，始适用前段规定。[3]使用出租人应依不当得利返还之规定，将该支付超过之租金返还予使用承租人。[4]第八百一十四条及第八百一十七条规定，不适用之。

Ⅱ [1]使用承租人已就违反本次目之情事提出异议，且请求返还之租金于异议到达后到期者，始得请求使用出租人返还依第五百五十六条之四及第五百五十六条之五规定不须支付之租金。[2]该异议应包含对约定租金不服所依据之事实。

Ⅲ [1]使用出租人因使用承租人之请求，应提供据以判断约定租金是否合于本次目规定之事实。但以该事实非得由公众接近使用且使用出租人无告知困难者为限。[2]就现代化措施（第五百五十六条之五第二款）之告知，准用第五百五十九条之二第一款第二段及第三段规定。

Ⅳ 所有表示，应以文字方式为之。

Unterkapitel 2　Regelungen über die Miethöhe
第二次目　租金额之规定

§557　Mieterhöhungen nach Vereinbarung oder Gesetz

(1) Während des Mietverhältnisses können die Parteien eine Erhöhung der Miete vereinbaren.

(2) Künftige Änderungen der Miethöhe können die Vertragsparteien als Staffelmiete nach §557a oder als Indexmiete nach §557b vereinbaren.

(3) Im Übrigen kann der Vermieter Mieterhöhungen nur nach Maßgabe der §§558 bis 560 verlangen, soweit nicht eine Erhöhung durch Vereinbarung ausgeschlossen ist oder sich der Ausschluss aus den Umständen ergibt.

(4) Eine zum Nachteil des Mieters abweichende Vereinbarung ist unwirksam.

第五百五十七条 [依约定或法律规定提高租金]

Ⅰ 于使用租赁关系之期间内,当事人得约定提高租金。
Ⅱ 对于租金数额之未来变更,契约当事人得依第五百五十七条之一规定,约定为分级租金,或依第五百五十七条之二规定,约定为指数租金。
Ⅲ 于其他情形,使用出租人仅得依第五百五十八条至第五百六十条规定之标准请求提高租金。但租金之提高,依当事人约定所排除,或因情事所生之排除者,不在此限。
Ⅳ 使用承租人受有不利益约定者,其约定无效。

§557a Staffelmiete

(1) Die Miete kann für bestimmte Zeiträume in unterschiedlicher Höhe schriftlich vereinbart werden; in der Vereinbarung ist die jeweilige Miete oder die jeweilige Erhöhung in einem Geldbetrag auszuweisen (Staffelmiete).
(2) Die Miete muss jeweils mindestens ein Jahr unverändert bleiben. Während der Laufzeit einer Staffelmiete ist eine Erhöhung nach den §§558 bis 559b ausgeschlossen.
(3) Das Kündigungsrecht des Mieters kann für höchstens vier Jahre seit Abschluss der Staffelmietvereinbarung ausgeschlossen werden. Die Kündigung ist frühestens zum Ablauf dieses Zeitraums zulässig.
(4) Eine zumachteil des Mieters abweichende Vereinbarung ist unwirksam.

第五百五十七条之一 [分级租金]

Ⅰ 租金得就特定期间,以书面为不同数额之约定;于其约定中,应就各该租金或各该租金之提高,以金额表示之(分级租金)。
Ⅱ ¹租金每次至少应维持一年不变。²于分级租金期间,不得依第五百五十八条至第五百五十九条之二规定提高租金。
Ⅲ ¹自分级租金约定制定时起,就使用承租人之终止权,最长得于四年期间内,排除之。²契约之终止,最先自该期间届满时起,始得为之。
Ⅳ 使用承租人受有不利益之约定者,其约定无效。

§557b Indexmiete

(1) Die Vertragsparteien können schriftlich vereinbaren, dass die Miete durch den vom Statistischen Bundesamt ermittelten Preisindex für die Lebenshaltung aller privaten

Haushalte in Deutschland bestimmt wird (Indexmiete).

(2) Während der Geltung einer Indexmiete muss die Miete, von Erhöhungen nach den §§559 bis 560 abgesehen, jeweils mindestens ein Jahr unverändert bleiben. Eine Erhöhung nach §559 kann nur verlangt werden, soweit der Vermieter bauliche Maßnahmen auf Grund von Umständen durchgeführt hat, die er nicht zu vertreten hat. Eine Erhöhung nach §558 ist ausgeschlossen.

(3) Eine Änderung der Miete nach Absatz 1 muss durch Erklärung in Textform geltend gemacht werden. Dabei sind die eingetretene Änderung des Preisindexes sowie die jeweilige Miete oder die Erhöhung in einem Geldbetrag anzugeben. Die geänderte Miete ist mit Beginn des übernächsten Monats nach dem Zugang der Erklärung zu entrichten.

(4) Eine zum Nachteil des Mieters abweichende Vereinbarung ist unwirksam.

第五百五十七条之二 [指数租金]

Ⅰ 契约当事人得以书面约定，依联邦统计局为计算所有德国私人家计生活支出所确认之物价指数，而定其租金（指数租金）。

Ⅱ ^{1}指数租金有效期间内，除第五百五十九条至第五百六十条所定之租金提高者外，租金每次至少应维持一年不变。^{2}第五百五十九条规定之提高租金，以出租人因不可归责于自己之事由，而实施建筑措施者为限。^{3}依第五百五十八条规定提高租金，排除之。

Ⅲ ^{1}依第一款规定为租金之变更，应以文字方式表示。^{2}于此情形，其已发生之物价指数变更，及各该租金或租金之提高，应载明金额。^{3}变更之租金，应自该表示到达后下个月之次月开始时，支付之。

Ⅳ 使用承租人受有不利益约定者，其约定无效。

§558 Mieterhöhung bis zur ortsüblichen Vergleichsmiete

(1) Der Vermieter kann die Zustimmung zu einer Erhöhung der Miete bis zur ortsüblichen Vergleichsmiete verlangen, wenn die Miete in dem Zeitpunkt, zu dem die Erhöhung eintreten soll, seit 15 Monaten unverändert ist. Das Mieterhöhungsverlangen kann frühestens ein Jahr nach der letzten Mieterhöhung geltend gemacht werden. Erhöhungen nach den §§559 bis 560 werden nicht berücksichtigt.

(2) Die ortsübliche Vergleichsmiete wird gebildet aus den üblichen Entgelten, die in der Gemeinde oder einer vergleichbaren Gemeinde für Wohnraum vergleichbarer Art, Größe, Ausstattung, Beschaffenheit und Lage in den letzten vier Jahren

vereinbart oder, von Erhöhungen nach §560 abgesehen, geändert worden sind. Ausgenommen ist Wohnraum, bei dem die Miethöhe durch Gesetz oder im Zusammenhang mit einer Förderzusage festgelegt worden ist.

(3) Bei Erhöhungen nach Absatz 1 darf sich die Miete innerhalb von drei Jahren, von Erhöhungen nach den §§559 bis 560 abgesehen, nicht um mehr als 20 vom Hundert erhöhen (Kappungsgrenze). Der Prozentsatz nach Satz 1 beträgt 15 vom Hundert, wenn die ausreichende Versorgung der Bevölkerung mit Mietwohnungen zu angemessenen Bedingungen in einer Gemeinde oder einem Teil einer Gemeinde besonders gefährdet ist und diese Gebiete nach Satz 3 bestimmt sind. Die Landesregierungen werden ermächtigt, diese Gebiete durch Rechtsverordnung für die Dauer von jeweils höchstens fünf Jahren zu bestimmen.

(4) Die Kappungsgrenze gilt nicht,
1. wenn eine Verpflichtung des Mieters zur Ausgleichszahlung nach den Vorschriften über den Abbau der Fehlsubventionierung im Wohnungswesen wegen des Wegfalls der öffentlichen Bindung erloschen ist und
2. soweit die Erhöhung den Betrag der zuletzt zu entrichtenden Ausgleichszahlung nicht übersteigt.

Der Vermieter kann vom Mieter frühestens vier Monate vor dem Wegfall der öffentlichen Bindung verlangen, ihm innerhalb eines Monats über die Verpflichtung zur Ausgleichszahlung und über deren Höhe Auskunft zu erteilen. Satz 1 gilt entsprechend, wenn die Verpflichtung des Mieters zur Leistung einer Ausgleichszahlung nach den §§34 bis 37 des Wohnraumförderungsgesetzes und den hierzu ergangenen landesrechtlichen Vorschriften wegen Wegfalls der Mietbindung erloschen ist.

(5) Von dem Jahresbetrag, der sich bei einer Erhöhung auf die ortsübliche Vergleichsmiete ergäbe, sind Drittmittel im Sinne des §559a abzuziehen, im Falle des §559a Abs. 1 mit 11 vom Hundert des Zuschusses.

(6) Eine zum Nachteil des Mieters abweichende Vereinbarung ist unwirksam.

第五百五十八条 [提高租金至当地通常之参考租金]

Ⅰ ¹租金于应提高之时,已维持十五个月不变者,使用出租人得请求将租金提高至当地通常之参考租金。²该提高租金之请求,最先得于前次租金提高一年后为之。³第五百五十九条至第五百六十条规定之提高租金,不予斟酌。

Ⅱ ¹称当地通常之参考租金,指于乡镇市或与乡镇市相当之地区,就种类、大小、设备、品质及地点相当之住屋,于过去四年间所约定或变更之通常报酬,但不含第五百六十条规定之提高租金。²租金额系以法律规定或与社会住屋补助同意有关而确定之住屋者,不在此限。

Ⅲ ¹依第一款规定为租金之提高,于三年内不得超过百分之二十(提高上限)。但依第五百五十九条至第五百六十条提高租金者,不在此限。²乡镇市或乡镇市之一部分以相当条件提供租屋予民众之充分照顾受特别之风险,且该地区系依第三段规定所确定者,依第一段规定之百分比为百分之十五。³授权各该邦政府依法规命令,最迟于五年期间内制定该地区。

Ⅳ ¹该提高上限于下列情事,不适用之:
 1. 使用承租人依住宅不适当补贴之裁减规定,所负之填补给付义务,因丧失公共拘束而消灭者,及
 2. 提高之租金不超过最后应支付之填补给付数额者。
²使用出租人最先得于公共拘束丧失前四个月,请求使用承租人于一个月内,将填补给付义务及其数额通知使用出租人。³使用承租人依住屋补助法第三十四条至第三十七条及依该规定发布之邦法规定,而负填补给付义务,因使用租赁效力之丧失而消灭者,准用第一段规定。

Ⅴ 租金提高至当地通常参考租金所可能发生之年度金额,应扣除第五百五十九条之一所称之第三人支付金额,于第五百五十九条之一第一款之情形,扣除该补助之百分之十一。

Ⅵ 使用承租人受有不利益之约定者,其约定无效。

§558a Form und Begründung der Mieterhöhung

(1) Das Mieterhöhungsverlangen nach §558 ist dem Mieter in Textform zu erklären und zu begründen.

(2) Zur Begründung kann insbesondere Bezug genommen werden auf
 1. einen Mietspiegel (§§558c, 558d),
 2. eine Auskunft aus einer Mietdatenbank (§558e),
 3. ein mit Gründen versehenes Gutachten eines öffentlich bestellten und vereidigten Sachverständigen,
 4. entsprechende Entgelte für einzelne vergleichbare Wohnungen; hierbeigenügt die Benennung von drei Wohnungen.

(3) Enthält ein qualifizierter Mietspiegel (§558d Abs. 1), bei dem die Vorschrift des §558d Abs. 2 eingehalten ist, Angaben für die Wohnung, so hat der Vermieter in

seinem Mieterhöhungsverlangen diese Angaben auch dann mitzuteilen, wenn er die Mieterhöhung auf ein anderes Begründungsmittel nach Absatz 2 stützt.

(4) Bei der Bezugnahme auf einen Mietspiegel, der Spannen enthält, reicht es aus, wenn die verlangte Miete innerhalb der Spanne liegt. Ist in dem Zeitpunkt, in dem der Vermieter seine Erklärung abgibt, kein Mietspiegel vorhanden, bei dem §558c Abs. 3 oder §558d Abs. 2 eingehalten ist, so kann auch ein anderer, insbesondere ein veralteter Mietspiegel oder ein Mietspiegel einer vergleichbaren Gemeinde verwendet werden.

(5) Eine zum Nachteil des Mieters abweichende Vereinbarung ist unwirksam.

第五百五十八条之一 [租金提高之方式及理由]

Ⅰ 依第五百五十八条规定请求提高租金，应以文字方式向使用承租人表示，并说明理由。

Ⅱ 该理由得特别以下列相关之情事说明：
1. 租金一览表（第五百五十八条之三、第五百五十八条之四）。
2. 租金资料库之信息（第五百五十八条之五）。
3. 官方选任并经宣誓之专家所提供附理由之专家意见。
4. 就个别类似住宅之相当对价；于此仅须举出三幢住宅。

Ⅲ 符合第五百五十八条之四第二款规定之经认可租金一览表（第五百五十八条之四第一款）包含住宅之事项说明者，纵使用出租人系以第二款之其他说明事由为提高租金之依据，亦应于提高租金之请求中告知该事项之说明。

Ⅳ ^{1}于含有差额之租金一览表时，经请求之租金包含于该差额内者，即为已足。^{2}使用出租人为表示时，与第五百五十八条之三第三款或第五百五十八条之四第二款规定不符之租金一览表者，亦得使用其他租金一览表，即如过期之租金一览表，或类似乡镇市之租金一览表。

Ⅴ 使用承租人受有不利益之约定者，其约定无效。

§558b Zustimmung zur Mieterhöhung

(1) Soweit der Mieter der Mieterhöhung zustimmt, schuldet er die erhöhte Miete mit Beginn des dritten Kalendermonats nach dem Zugang des Erhöhungsverlangens.

(2) Soweit der Mieter der Mieterhöhung nicht bis zum Ablauf des zweiten Kalendermonats nach dem Zugang des Verlangens zustimmt, kann der Vermieter auf Erteilung der Zustimmung klagen. Die Klage muss innerhalb von drei weiteren

§§558b,558c

Monaten erhoben werden.

(3) Ist der Klage ein Erhöhungsverlangen vorausgegangen, das den Anforderungen des §558a nicht entspricht, so kann es der Vermieter im Rechtsstreit nachholen oder die Mängel des Erhöhungsverlangens beheben. Dem Mieter steht auch in diesem Fall die Zustimmungsfrist nach Absatz 2 Satz 1 zu.

(4) Eine zum Nachteil des Mieters abweichende Vereinbarung ist unwirksam.

第五百五十八条之二 [提高租金之同意]

Ⅰ 使用承租人同意提高租金者，自提高租金之请求到达后第三之日历月开始时起，就提高之租金负其义务。

Ⅱ ¹使用承租人自请求到达后，未于第二之日历月届满前同意提高租金者，使用出租人得诉请同意。²该诉讼应于接续三个月内提起之。

Ⅲ ¹于诉讼前所为提高租金之请求，不符合第五百五十八条之一规定要件者，使用出租人得于诉讼中补正，或排除该提高租金请求之瑕疵。²于此情形，使用承租人亦享有第二款第一段规定之同意期间。

Ⅳ 使用承租人受有不利益之约定者，其约定无效。

§558c Mietspiegel

(1) Ein Mietspiegel ist eine Übersicht über die ortsübliche Vergleichsmiete, soweit die Übersicht von der Gemeinde oder von Interessenvertretern der Vermieter und der Mieter gemeinsam erstellt oder anerkannt worden ist.

(2) Mietspiegel können für das Gebiet einer Gemeinde oder mehrerer Gemeinden oder für Teile von Gemeinden erstellt werden.

(3) Mietspiegel sollen im Abstand von zwei Jahren der Marktentwicklung angepasst werden.

(4) Gemeinden sollen Mietspiegel erstellen, wenn hierfür ein Bedürfnis besteht und dies mit einem vertretbaren Aufwand möglich ist. Die Mietspiegel und ihre Änderungen sollen veröffentlicht werden.

(5) Die Bundesregierung wird ermächtigt, durch Rechtsverordnung mit Zustimmung des Bundesrates Vorschriften über den näheren Inhalt und das Verfahren zur Aufstellung und Anpassung von Mietspiegeln zu erlassen.

第五百五十八条之三 [租金一览表]

Ⅰ 租金一览表，指当地通常参考租金之一览表，但以该一览表由乡镇市或由使用出租人与使用承租人之利益代表人所共同制作或承认者为限。
Ⅱ 租金一览表，得就一个或数个乡镇市区域，或就数个乡镇市之部分而制作。
Ⅲ 租金一览表应以二年为间隔，因应市场之发展而调整。
Ⅳ [1]租金一览表有制作之必要，且其制作得以合理费用为之者，乡镇市应制作之。[2]该租金一览表及其变更，应公告之。
Ⅴ 联邦政府得经联邦参议院之同意，以法规命令发布关于租金一览表之详细内容与其制订及调整程序之规定。

§558d Qualifizierter Mietspiegel

(1) Ein qualifizierter Mietspiegel ist ein Mietspiegel, der nach anerkannten wissenschaftlichen Grundsätzen erstellt und von der Gemeinde oder von Interessenvertretern der Vermieter und der Mieter anerkannt worden ist.

(2) Der qualifizierte Mietspiegel ist im Abstand von zwei Jahren der Marktentwicklung anzupassen. Dabei kann eine Stichprobe oder die Entwicklung des vom Statistischen Bundesamt ermittelten Preisindexes für die Lebenshaltung aller privaten Haushalte in Deutschland zugrunde gelegt werden. Nach vier Jahren ist der qualifizierte Mietspiegel neu zu erstellen.

(3) Ist die Vorschrift des Absatzes 2 eingehalten, so wird vermutet, dass die im qualifizierten Mietspiegel bezeichneten Entgelte die ortsübliche Vergleichsmiete wiedergeben.

第五百五十八条之四 [经认可之租金一览表]

Ⅰ 经认可之租金一览表，指依公认科学原则制作，且经乡镇市或使用出租人与承租人之利益代表人确认之租金一览表。
Ⅱ [1]经认可之租金一览表应以两年为间隔，因应市场之发展而调整。于此情形，得以抽样调查或经联邦统计局就德国所有私人家计生活水平计算之物价指数发展为基础。[2]经认可之租金一览表应于四年后重新制作。
Ⅲ 合于第二款规定者，推定经认可之租金一览表中载明之对价反映当地通常之参考租金。

§558e Mietdatenbank

Eine Mietdatenbank ist eine zur Ermittlung der ortsüblichen Vergleichsmiete fortlaufend geführte Sammlung von Mieten, die von der Gemeinde oder von

Interessenvertretern der Vermieter und der Mieter gemeinsam geführt oder anerkannt wird und aus der Auskünfte gegeben werden, die für einzelne Wohnungen einen Schluss auf die ortsübliche Vergleichsmiete zulassen.

第五百五十八条之五 [租金数据库]

租金资料库，指为确定当地通常之参考租金，而持续管理之租金汇编；该汇编系经乡镇市或使用出租人与使用承租人之利益代表人共同管理或承认，且就个别住宅可得而知当地通常参考租金之信息。

§559 Mieterhöhung nach Modernisierungsmaßnahmen

(1) Hat der Vermieter Modernisierungsmaßnahmen im Sinne des §555b Nummer 1, 3, 4, 5 oder 6 durchgeführt, so kann er die jährliche Miete um 11 Prozent der für die Wohnung aufgewendeten Kosten erhöhen.

(2) Kosten, die für Erhaltungsmaßnahmen erforderlich gewesen wären, gehören nicht zu den aufgewendeten Kosten nach Absatz 1; sie sind, soweit erforderlich, durch Schätzung zu ermitteln.

(3) Werden Modernisierungsmaßnahmen für mehrere Wohnungen durchgeführt, so sind die Kosten angemessen auf die einzelnen Wohnungen aufzuteilen.

(4) Die Mieterhöhung ist ausgeschlossen, soweit sie auch unter Berücksichtigung der voraussichtlichen künftigen Betriebskosten für den Mieter eine Härte bedeuten würde, die auch unter Würdigung der berechtigten Interessen des Vermieters nicht zu rechtfertigen ist. Eine Abwägung nach Satz 1 findet nicht statt, wenn

1. die Mietsache lediglich in einen Zustand versetzt wurde, der allgemein üblich ist, oder

2. die Modernisierungsmaßnahme auf Grund von Umständen durchgeführt wurde, die der Vermieter nicht zu vertreten hatte.

(5) Umstände, die eine Härte nach Absatz 4 Satz 1 begründen, sind nur zu berücksichtigen, wenn sie nach §555d Absatz 3 bis 5 rechtzeitig mitgeteilt worden sind. Die Bestimmungen über die Ausschlussfrist nach Satz 1 sind nicht anzuwenden, wenn die tatsächliche Mieterhöhung die angekündigte um mehr als 10 Prozent übersteigt.

(6) Eine zum Nachteil des Mieters abweichende Vereinbarung ist unwirksam.

第五百五十九条 [于现代化时租金之提高]

Ⅰ 使用出租人依第五百五十五条之二第一项、第三项、第四项、第五项或第六项规定实施现代化措施者,该年租金得提高至住宅所支出费用之百分之十一。

Ⅱ 保存措施之必要费用,不属于第一款所定之用于住宅之费用;于必要时,其应以估价定之。

Ⅲ 现代化措施实施于多数住宅时,费用应合理分摊至个别住宅。

Ⅳ ¹非于斟酌该预计之未来作业费用可能对使用承租人系属严苛,且其严苛于衡量使用出租人正当利益后,仍不能认为正当者,租金不得提高。²依第一段规定所为之衡量,于下列情形排除之:
1. 租赁物仅改变为一般通常之情况,或
2. 现代化措施之实施,系因不可归责于使用出租人之事由者。

Ⅴ ¹第四款第一段规定之严苛事由,仅依第五百五十五条之四第三款至第五款按时通知者,应以斟酌。²事实上租金之提高较所为通知之数额超过百分之十者,第一段关于除斥期间之规定,不适用之。

Ⅵ 使用承租人受有不利益之约定者,不生效力。

§559a Anrechnung von Drittmitteln

(1) Kosten, die vom Mieter oder für diesen von einem Dritten übernommen oder die mit Zuschüssen aus öffentlichen Haushalten gedeckt werden, gehören nicht zu den aufgewendeten Kosten im Sinne des §559.

(2) Werden die Kosten für die Modernisierungsmaßnahmen ganz oder teilweise durch zinsverbilligte oder zinslose Darlehen aus öffentlichen Haushalten gedeckt, so verringert sich der Erhöhungsbetrag nach § 559 um den Jahresbetrag der Zinsermäßigung. Dieser wird errechnet aus dem Unterschied zwischen dem ermäßigten Zinssatz und dem marktüblichen Zinssatz für den Ursprungsbetrag des Darlehens. Maßgebend ist der marktübliche Zinssatz für erstrangige Hypotheken zum Zeitpunkt der Beendigung der Modernisierungsmaßnahmen. Werden Zuschüsse oder Darlehen zur Deckung von laufenden Aufwendungen gewährt, so verringert sich der Erhöhungsbetrag um den Jahresbetrag des Zuschusses oder Darlehens.

(3) Ein Mieterdarlehen, eine Mietvorauszahlung oder eine von einem Dritten für den Mieter erbrachte Leistung für die baulichen Modernisierungsmaßnahmen stehen einem Darlehen aus öffentlichen Haushalten gleich. Mittel der Finanzierungsinstitute des Bundes oder eines Landes gelten als Mittel aus öffentlichen Haushalten.

(4) Kann nicht festgestellt werden, in welcher Höhe Zuschüsse oder Darlehen für die einzelnen Wohnungen gewährt worden sind, so sind sie nach dem Verhältnis der

für die einzelnen Wohnungen aufgewendeten Kosten aufzuteilen.
(5) Eine zum Nachteil des Mieters abweichende Vereinbarung ist unwirksam.

第五百五十九条之一 [第三方资金之折价]
Ⅰ 费用由使用承租人承担，或由第三人为使用承租人承担，或以来自公共预算之补助而支付者，不属于第五百五十九条所称之支出费用。
Ⅱ [1]为现代化措施所支出之费用，全部或一部分系来自公共预算之降息或无息之金钱借贷支付者，其依第五百五十九条规定提高之租金额中，应扣除减免之周年利息。[2]该减免之周年利息，应就原金钱消费借贷金额之减免利率与市场通常利率之差额计算之。[3]该市场通常利率，系以现代化措施完成时之第一顺位抵押权之市场通常利率为准。[4]为支付持续支出之费用而给与补助或金钱借贷者，其提高之租金额中应扣除该补助或金钱借贷之年度金额。
Ⅲ [1]使用承租人之金钱借贷、预付之租金或由第三人为使用承租人就现代化措施提供之给付，视同来自公共预算之金钱借贷。[2]联邦或邦金融机构之资金，视为来自公共预算之资金。
Ⅳ 不能确定给与个别住宅之补助或金钱借贷之数额者，其补助或金钱借贷应按该个别住宅所支出费用之比例分配之。
Ⅴ 使用承租人受有不利益之约定者，其约定无效。

§559b Geltendmachung der Erhöhung, Wirkung der Erhöhungserklärung

(1) Die Mieterhöhung nach §559 ist dem Mieter in Textform zu erklären. Die Erklärung ist nur wirksam, wenn in ihr die Erhöhung auf Grund der entstandenen Kosten berechnet und entsprechend den Voraussetzungen der §§559 und 559a erläutert wird. §555c Absatz 3 gilt entsprechend.
(2) Der Mieter schuldet die erhöhte Miete mit Beginn des dritten Monats nach dem Zugang der Erklärung. Die Frist verlängert sich um sechs Monate, wenn
  1. der Vermieter dem Mieter die Modernisierungsmaßnahme nicht nach den Vorschriften des §555c Absatz 1 und 3 bis 5 angekündigt hat oder
  2. die tatsächliche Mieterhöhung die angekündigte um mehr als 10 prozent übersteigt.
(3) Eine zum Nachteil des Mieters abweichende Vereinbarung ist unwirksam.

第五百五十九条之二 [提高租金之主张、提高租金表示之效力]

Ⅰ ^{1}第五百五十九条规定之租金提高，应以文字方式向使用承租人表示。^{2}该表示仅以已发生之费用为基础而计算提高之租金，且符合第五百五十九条及第五百五十九条之一规定要件而说明者，始生效力。^{3}第五百五十五条之三第三款规定，准用之。

Ⅱ ^{1}使用承租人就提高之租金，自表示到达后第三个月开始时，负其责任。^{2}于下列情形，其期限延长六个月：
1. 使用出租人未依第五百五十五条之三第一款、第三款至第五款规定通知使用承租人现代化措施，或
2. 事实上提高之租金较其通知者超过百分之十时。

Ⅲ 使用承租人受有不利益之约定者，其约定无效。

§560 Veränderungen von Betriebskosten

(1) Bei einer Betriebskostenpauschale ist der Vermieter berechtigt, Erhöhungen der Betriebskosten durch Erklärung in Textform anteilig auf den Mieter umzulegen, soweit dies im Mietvertrag vereinbart ist. Die Erklärung ist nur wirksam, wenn in ihr der Grund für die Umlage bezeichnet und erläutert wird.

(2) Der Mieter schuldet den auf ihn entfallenden Teil der Umlage mit Beginn des auf die Erklärung folgenden übernächsten Monats. Soweit die Erklärung darauf beruht, dass sich die Betriebskosten rückwirkend erhöht haben, wirkt sie auf den Zeitpunkt der Erhöhung der Betriebskosten, höchstens jedoch auf den Beginn des der Erklärung vorausgehenden Kalenderjahres zurück, sofern der Vermieter die Erklärung innerhalb von drei Monaten nach Kenntnis von der Erhöhung abgibt.

(3) Ermäßigen sich die Betriebskosten, so ist eine Betriebskostenpauschale vom Zeitpunkt der Ermäßigung an entsprechend herabzusetzen. Die Ermäßigung ist dem Mieter unverzüglich mitzuteilen.

(4) Sind Betriebskostenvorauszahlungen vereinbart worden, so kann jede Vertragspartei nach einer Abrechnung durch Erklärung in Textform eine Anpassung auf eine angemessene Höhe vornehmen.

(5) Bei Veränderungen von Betriebskosten ist der Grundsatz der Wirtschaftlichkeit zu beachten.

(6) Eine zum Nachteil des Mieters abweichende Vereinbarung ist unwirksam.

第五百六十条 [作业费用之变更]

Ⅰ ¹于作业费用总额之情形，使用出租人得将提高之作业费用，以文字方式表示按比例分摊于使用承租人，但以租赁契约有约定者为限。²该表示仅以指明并解释分摊之原因者为限，始生效力。

Ⅱ ¹使用承租人就应由其分摊之部分，自前款表示下个月之次月开始日，负其责任。²该表示系依据已溯及提高作业费用者，该表示于作业费用提高时生效；至多溯及于该表示之前一年之始日，但以使用出租人自知该提高情事后三个月内为该表示者为限。

Ⅲ ¹作业费用减少者，作业费用总额应自减少时起，相对降低之。²作业费用之减少，应即时通知使用承租人。

Ⅳ 有预付作业费用之约定者，任一契约当事人得于结算后，以书面表示调整至适当数额。

Ⅴ 作业费用之变更，应注意经济性原则。

Ⅵ 使用承租人受有不利益之约定者，其约定无效。

Sonderkündigungsrecht des Mieters nach Mieterhöhung

(1) Macht der Vermieter eine Mieterhöhung nach §558 oder §559 geltend, so kann der Mieter bis zum Ablauf des zweiten Monats nach dem Zugang der Erklärung des Vermieters das Mietverhältnis außerordentlich zum Ablauf des übernächsten Monats kündigen. Kündigt der Mieter, so tritt die Mieterhöhung nicht ein.

(2) Eine zum Nachteil des Mieters abweichende Vereinbarung ist unwirksam.

第五百六十一条 [租金提高后，使用承租人之特别终止权]

Ⅰ ¹使用出租人依第五百五十八条或第五百五十九条规定主张提高租金者，使用承租人得使用出租人之表示到达后再两个月之末日届满前，以再两个月之末日为终止期间，特别终止租赁关系。²使用承租人终止契约者，不生租金提高之效力。

Ⅱ 使用承租人受有不利益之约定者，其约定无效。

Kapitel 3　Pfandrecht des Vermieters
第三目　使用出租人之质权

§562　Umfang des Vermieterpfandrechts

(1) Der Vermieter hat für seine Forderungen aus dem Mietverhältnis ein Pfandrecht an den eingebrachten Sachen des Mieters. Es erstreckt sich nicht auf die Sachen, die der Pfändung nicht unterliegen.

(2) Für künftige Entschädigungsforderungen und für die Miete für eine spätere Zeit als das laufende und das folgende Mietjahr kann das Pfandrecht nicht geltend gemacht werden.

第五百六十二条　[使用出租人之质权范围]

I ^{1}使用出租人就租赁关系所生之债权，对于使用承租人所携之物，有质权。^{2}其不及于禁止扣押之物。

II 就将来补偿之债权，与租赁年限中之本年及次年以后租金，不得行使质权。

§562a　Erlöschen des Vermieterpfandrechts

Das Pfandrecht des Vermieters erlischt mit der Entfernung der Sachen von dem Grundstück, außer wenn diese ohne Wissen oder unter Widerspruch des Vermieters erfolgt. Der Vermieter kann nicht widersprechen, wenn sie den gewöhnlichen Lebensverhältnissen entspricht oder wenn die zurückbleibenden Sachen zur Sicherung des Vermieters offenbar ausreichen.

第五百六十二条之一　[质权之消灭]

^{1}使用出租人之质权，于使用承租人自土地取去其物时而消灭。但其取去为使用出租人所不知，或使用出租人曾提出异议者，不在此限。^{2}使用承租人之取去适于通常之生活关系，或所留之物显足供使用出租人之担保者，使用出租人不得对其取去，提出异议。

§562b　Selbsthilferecht, Herausgabeanspruch

(1) Der Vermieter darf die Entfernung der Sachen, die seinem Pfandrecht

unterliegen, auch ohne Anrufen des Gerichts verhindern, soweit er berechtigt ist, der Entfernung zu widersprechen. Wenn der Mieter auszieht, darf der Vermieter diese Sachen in seinen Besitz nehmen.

(2) Sind die Sachen ohne Wissen oder unter Widerspruch des Vermieters entfernt worden, so kann er die Herausgabe zum Zwecke der Zurückschaffung auf das Grundstück und, wenn der Mieter ausgezogen ist, die Überlassung des Besitzes verlangen. Das Pfandrecht erlischt mit dem Ablauf eines Monats, nachdem der Vermieter von der Entfernung der Sachen Kenntnis erlangt hat, wenn er diesen Anspruch nicht vorher gerichtlich geltend gemacht hat.

第五百六十二条之二 [自助权，返还请求权]

Ⅰ ¹使用出租人对于应受其质权控制之物之取去，于得提出异议之限度内，得不申请法院，径行阻止其物之取去。²于使用承租人迁出时，得占有其物。

Ⅱ ¹使用出租人之不知，或不顾使用出租人之异议，而取去前款之物者，使用出租人为使其物仍归还于土地，得请求其返还，于使用承租人已迁出时，得请求其占有之移转。²使用出租人未预先于裁判上主张该请求权者，质权于使用出租人知悉其物之取去后，经一个月届满而消灭。

§562c Abwendung des Pfandrechts durch Sicherheitsleistung

Der Mieter kann die Geltendmachung des Pfandrechts des Vermieters durch Sicherheitsleistung abwenden. Er kann jede einzelne Sache dadurch von dem Pfandrecht befreien, dass er in Höhe ihres Wertes Sicherheit leistet.

第五百六十二条之三 [因提供担保而为质权之避免]

¹使用承租人得提出担保，以避免使用出租人行使质权。²使用承租人得提出与各物价额相当之担保，以免除对于各该物之质权。

§562d Pfändung durch Dritte

Wird eine Sache, die dem Pfandrecht des Vermieters unterliegt, für einen anderen Gläubiger gepfändet, so kann diesem gegenüber das Pfandrecht nicht wegen der Miete für eine frühere Zeit als das letzte Jahr vor der Pfändung geltend gemacht werden.

第五百六十二条之四 [第三人扣押]

受使用出租人质权控制之物，为他债权人之利益而为扣押时，不得就扣押前最后一年以前之期间之租金，对该债权人行使其质权。

Kapitel 4　Wechsel der Vertragsparteien
第四目　契约当事人之变更

§563　Eintrittsrecht bei Tod des Mieters

(1) Der Ehegatte oder Lebenspartner, der mit dem Mieter einen gemeinsamen Haushalt führt, tritt mit dem Tod des Mieters in das Mietverhältnis ein. Dasselbe gilt für den Lebenspartner.

(2) Leben in dem gemeinsamen Haushalt Kinder des Mieters, treten diese mit dem Tod des Mieters in das Mietverhältnis ein, wenn nicht der Ehegatte oder Lebenspartner eintritt. Der Eintritt des Lebenspartners bleibt vom Eintritt der Kinder des Mieters unberührt. Andere Familienangehörige, die mit dem Mieter einen gemeinsamen Haushalt führen, treten mit dem Tod des Mieters in das Mietverhältnis ein, wenn nicht der Ehegatte oder der Lebenspartner eintritt. Dasselbe gilt für Personen, die mit dem Mieter einen auf Dauer angelegten gemeinsamen Haushalt führen.

(3) Erklären eingetretene Personen im Sinne des Absatzes 1 oder 2 innerhalb eines Monats, nachdem sie vom Tod des Mieters Kenntnis erlangt haben, dem Vermieter, dass sie das Mietverhältnis nicht fortsetzen wollen, gilt der Eintritt als nicht erfolgt. Für geschäftsunfähige oder in der Geschäftsfähigkeit beschränkte Personen gilt §210 entsprechend. Sind mehrere Personen in das Mietverhältnis eingetreten, so kann jeder die Erklärung für sich abgeben.

(4) Der Vermieter kann das Mietverhältnis innerhalb eines Monats, nachdem er von dem endgültigen Eintritt in das Mietverhältnis Kenntnis erlangt hat, außerordentlich mit der gesetzlichen Frist kündigen, wenn in der Person des Eingetretenen ein wichtiger Grund vorliegt.

(5) Eine abweichende Vereinbarung zum Nachteil des Mieters oder solcher Personen, die nach Absatz 1 oder 2 eintrittsberechtigt sind, ist unwirksam.

第五百六十三条　[承租人死亡时之加入权]

I ¹与使用承租人有共同家计关系之配偶或同性伴侣，于使用承租人死亡后加入租赁关系。²对同性伴侣，适用之。

Ⅱ ¹使用承租人之子女以共同家计关系为目的而共同生活者，于使用承租人死亡而配偶或同性伴侣未加入时，加入租赁关系。²同性伴侣之加入，不受使用承租人子女加入之影响。³其他与使用承租人有共同家计关系之家属，于使用承租人死亡而配偶或同性伴侣未加入时，加入租赁关系。⁴对其他与使用承租人有持续共同家计关系之人，适用之。

Ⅲ ¹第一款及第二款所称之加入人，于知悉使用承租人死亡后一个月内，向使用出租人表示不继续使用租赁关系者，视为未加入。²对无行为能力或限制行为能力人，准用第二百一十条规定。³数人加入使用租赁关系者，任一人得为其本人表示。

Ⅳ 加入人有重大事由者，使用出租人得于知悉最后有效之使用租赁关系加入后一个月内，于法定期间内特别终止该使用租赁关系。

Ⅴ 使用承租人或该依第一款或第二款规定之人受有不利益之约定者，其约定无效。

§563a Fortsetzung mit überlebenden Mietern

(1) Sind mehrere Personen im Sinne des §563 gemeinsam Mieter, so wird das Mietverhältnis beim Tod eines Mieters mit den überlebenden Mietern fortgesetzt.

(2) Die überlebenden Mieter können das Mietverhältnis innerhalb eines Monats, nachdem sie vom Tod des Mieters Kenntnis erlangt haben, außerordentlich mit der gesetzlichen Frist kündigen.

(3) Eine abweichende Vereinbarung zum Nachteil der Mieter ist unwirksam.

第五百六十三条之一 [使用租赁关系继续存在于尚生存之使用承租人]

Ⅰ 数人为第五百六十三条所称之共同使用承租人者，其中一位使用承租人死亡时，其使用租赁关系继续存在尚生存之使用承租人。

Ⅱ 尚生存之使用承租人得于知悉使用承租人死亡后一个月内，于法定期间内特别终止该使用租赁关系。

Ⅲ 使用承租人受有不利益约定者，其约定无效。

§563b Haftung bei Eintritt oder Fortsetzung

(1) Die Personen, die nach §563 in das Mietverhältnis eingetreten sind oder mit denen es nach §563a fortgesetzt wird, haften neben dem Erben für die bis zum Tod des

Mieters entstandenen Verbindlichkeiten als Gesamtschuldner. Im Verhältnis zu diesen Personen haftet der Erbe allein, soweit nichts anderes bestimmt ist.

(2) Hat der Mieter die Miete für einen nach seinem Tod liegenden Zeitraum im Voraus entrichtet, sind die Personen, die nach §563 in das Mietverhältnis eingetreten sind oder mit denen es nach §563a fortgesetzt wird, verpflichtet, dem Erben dasjenige herauszugeben, was sie infolge der Vorausentrichtung der Miete ersparen oder erlangen.

(3) Der Vermieter kann, falls der verstorbene Mieter keine Sicherheit geleistet hat, von den Personen, die nach §563 in das Mietverhältnis eingetreten sind oder mit denen es nach §563a fortgesetzt wird, nach Maßgabe des §551 eine Sicherheitsleistung verlangen.

第五百六十三条之二 [加入或继续存在使用租赁关系时之责任]

Ⅰ ¹依第五百六十三条规定加入使用租赁关系之人,或依第五百六十三条之一规定继续存在使用租赁关系之人,就该至使用承租人死亡为止所生之债务,于继承人外,负连带债务人责任。²除另有规定外,就继承人与前段之人关系,由继承人单独负责。

Ⅱ 使用承租人就其死亡后之期间预付租金者,依第五百六十三条规定加入使用租赁关系之人,或依第五百六十三条之一规定继续存在使用租赁关系之人,就因租金之预付所节省或取得者,对继承人负返还之义务。

Ⅲ 已死亡之使用承租人未提供担保者,使用出租人得向依第五百六十三条规定加入使用租赁关系之人,或依第五百六十三条之一规定继续存在使用租赁关系之人,依第五百五十一条规定请求提供担保。

§564 Fortsetzung des Mietverhältnisses mit dem Erben, außerordentliche Kündigung

Treten beim Tod des Mieters keine Personen im Sinne des §563 in das Mietverhältnis ein oder wird es nicht mit ihnen nach §563a fortgesetzt, so wird es mit dem Erben fortgesetzt. In diesem Fall ist sowohl der Erbe als auch der Vermieter berechtigt, das Mietverhältnis innerhalb eines Monats außerordentlich mit der gesetzlichen Frist zu kündigen, nachdem sie vom Tod des Mieters und davon Kenntnis erlangt haben, dass ein Eintritt in das Mietverhältnis oder dessen Fortsetzung nicht erfolgt sind.

第五百六十四条　[使用租赁关系继续存在于继承人，特别终止]
¹使用承租人死亡，而无第五百六十三条所称加入使用租赁关系之人，或依第五百六十三条之一规定继续存在使用租赁关系之人者，其使用租赁关系继续存在于继承人。²于此情形，继承人与使用出租人均得于知悉使用承租人死亡及无人加入使用租赁关系或无人继续存在使用租赁关系时起一个月内，于法定期间内特别终止使用租赁关系。

§565　Gewerbliche Weitervermietung

(1) Soll der Mieter nach dem Mietvertrag den gemieteten Wohnraum gewerblich einem Dritten zu Wohnzwecken weitervermieten, so tritt der Vermieter bei der Beendigung des Mietverhältnisses in die Rechte und Pflichten aus dem Mietverhältnis zwischen dem Mieter und dem Dritten ein. Schließt der Vermieter erneut einen Mietvertrag zur gewerblichen Weitervermietung ab, so tritt der Mieter anstelle der bisherigen Vertragspartei in die Rechte und Pflichten aus dem Mietverhältnis mit dem Dritten ein.

(2) Die §§566a bis 566e gelten entsprechend.

(3) Eine zum Nachteil des Dritten abweichende Vereinbarung ist unwirksam.

第五百六十五条　[营利转租]
Ⅰ ¹如使用承租人依使用租赁契约，以供居住为目的，将承租之住屋营利转租第三人者，于使用租赁关系终了时，由使用出租人加入使用承租人与第三人之使用租赁关系所生之权利及义务。²使用出租人以营利转租为目的，重新缔结使用租赁契约者，由使用承租人取代原契约当事人，加入因与第三人之使用租赁关系所生之权利及义务。
Ⅱ 第五百六十六条之一至第五百六十六条之五规定，准用之。
Ⅲ 第三人受有不利益之约定者，其约定无效。

§566　Kauf bricht nicht Miete

(1) Wird der vermietete Wohnraum nach der Überlassung an den Mieter von dem Vermieter an einen Dritten veräußert, so tritt der Erwerber anstelle des Vermieters in die sich während der Dauer seines Eigentums aus dem Mietverhältnis ergebenden Rechte und Pflichten ein.

(2) Erfüllt der Erwerber die Pflichten nicht, so haftet der Vermieter für den von dem

Erwerber zu ersetzenden Schaden wie ein Bürge, der auf die Einrede der Vorausklage verzichtet hat. Erlangt der Mieter von dem Übergang des Eigentums durch Mitteilung des Vermieters Kenntnis, so wird der Vermieter von der Haftung befreit, wenn nicht der Mieter das Mietverhältnis zum ersten Termin kündigt, zu dem die Kündigung zulässig ist.

第五百六十六条　[买卖不破租赁]

Ⅰ 出租之住屋交付使用承租人后，由使用出租人让与第三人者，于其所有权存续中基于使用租赁关系所生之权利及义务，由受让人取代使用出租人而加入之。

Ⅱ ¹受让人不履行义务者，使用出租人就应由受让人赔偿之损害，负与抛弃先诉抗辩之保证人同一之责任。²使用承租人因使用出租人之通知，而知有所有权之移转时，如不以最初得终止使用租赁关系之期日而终止者，使用出租人免其责任。

§566a Mietsicherheit

Hat der Mieter des veräußerten Wohnraums dem Vermieter für die Erfüllung seiner Pflichten Sicherheit geleistet, so tritt der Erwerber in die dadurch begründeten Rechte und Pflichten ein. Kann bei Beendigung des Mietverhältnisses der Mieter die Sicherheit von dem Erwerber nicht erlangen, so ist der Vermieter weiterhin zur Rückgewähr verpflichtet.

第五百六十六条之一　[租金之担保]

¹已让与住屋之使用承租人就其义务之履行，为使用出租人提供担保时，受让人加入因此所生之权利及义务。²使用租赁关系终了时，使用承租人不能自受让人取得担保者，使用出租人仍继续负返还之义务。

§566b Vorausverfügung über die Miete

(1) Hat der Vermieter vor dem Übergang des Eigentums über die Miete verfügt, die auf die Zeit der Berechtigung des Erwerbers entfällt, so ist die Verfügung wirksam, soweit sie sich auf die Miete für den zur Zeit des Eigentumsübergangs laufenden Kalendermonat bezieht. Geht das Eigentum nach dem 15. Tag des Monats über, so ist die Verfügung auch wirksam, soweit sie sich auf die Miete für den folgenden

Kalendermonat bezieht.

(2) Eine Verfügung über die Miete für eine spätere Zeit muss der Erwerber gegen sich gelten lassen, wenn er sie zur Zeit des Übergangs des Eigentums kennt.

第五百六十六条之二 [租金之预先处分]

I ¹使用出租人移转所有权前已将依该时点应由受让人取得之租金为处分者,就该处分涉及所有权移转时经过日历月之租金,该处分为有效。²所有权于该月第十五日后移转者,其处分亦为有效,但以该处分与次日历月有关之租金者为限。

II 受让人于所有权移转时,知悉就较晚期间之租金所为之处分者,不得对抗之。

§566c Vereinbarung zwischen Mieter und Vermieter über die Miete

Ein Rechtsgeschäft, das zwischen dem Mieter und dem Vermieter über die Mietforderung vorgenommen wird, insbesondere die Entrichtung der Miete, ist dem Erwerber gegenüber wirksam, soweit es sich nicht auf die Miete für eine spätere Zeit als den Kalendermonat bezieht, in welchem der Mieter von dem Übergang des Eigentums Kenntnis erlangt. Erlangt der Mieter die Kenntnis nach dem 15. Tag des Monats, so ist das Rechtsgeschäft auch wirksam, soweit es sich auf die Miete für den folgenden Kalendermonat bezieht. Ein Rechtsgeschäft, das nach dem Übergang des Eigentums vorgenommen wird, ist jedoch unwirksam, wenn der Mieter bei der Vornahme des Rechtsgeschäfts von dem Übergang des Eigentums Kenntnis hat.

第五百六十六条之三 [使用承租人与使用出租人关于租金之约定]

¹使用承租人与使用出租人关于租金债权所为之法律行为,即如租金之支付,对受让人为有效,但以不涉及使用承租人知悉所有权移转时较晚于该日历月期间之租金者为限。²使用承租人于该月第十五日后知悉者,以次日历月之租金为限,该法律行为亦为有效。³但所有权移转后所为之法律行为,使用承租人于为该法律行为时知悉其所有权之移转者,无效。

§566d Aufrechnung durch den Mieter

Soweit die Entrichtung der Miete an den Vermieter nach §566c dem Erwerber gegenüber wirksam ist, kann der Mieter gegen die Mietforderung des Erwerbers eine ihm gegen den Vermieter zustehende Forderung aufrechnen. Die Aufrechnung ist ausgeschlossen, wenn der Mieter die Gegenforderung erworben hat, nachdem er von dem Übergang des Eigentums Kenntnis erlangt hat, oder wenn die Gegenforderung erst nach der Erlangung der Kenntnis und später als die Miete fällig geworden ist.

第五百六十六条之四 [使用承租人之抵销]

¹依第五百六十六条之三规定，向使用出租人所为之租金支付，对受让人为有效者，使用承租人得以其对使用出租人之债权与受让人之租金债权为抵销。²使用承租人于知悉所有权移转后取得对待债权，或对待债权于知悉后始届清偿期且其清偿期晚于租金之清偿期者，不得抵销。

§566e Mitteilung des Eigentumsübergangs durch den Vermieter

(1) Teilt der Vermieter dem Mieter mit, dass er das Eigentum an dem vermieteten Wohnraum auf einen Dritten übertragen hat, so muss er in Ansehung der Mietforderung dem Mieter gegenüber die mitgeteilte Übertragung gegen sich gelten lassen, auch wenn sie nicht erfolgt oder nicht wirksam ist.

(2) Die Mitteilung kann nur mit Zustimmung desjenigen zurückgenommen werden, der als der neue Eigentümer bezeichnet worden ist.

第五百六十六条之五 [由使用出租人为所有权移转之通知]

Ⅰ 使用出租人已将对第三人为出租住屋所有权之让与通知使用承租人者，纵未为让与或让与无效，使用出租人就租金债权应许使用承租人以让与之通知对抗其本人。

Ⅱ 仅于被称为新所有权人者同意时，该通知始得撤回。

§567 Belastung des Wohnraums durch den Vermieter

Wird der vermietete Wohnraum nach der Überlassung an den Mieter von dem Vermieter mit dem Recht eines Dritten belastet, so sind die §§566 bis 566e entsprechend anzuwenden, wenn durch die Ausübung des Rechts dem Mieter der vertragsgemäße Gebrauch entzogen wird. Wird der Mieter durch die Ausübung des Rechts in dem vertragsgemäßen Gebrauch beschränkt, so ist der Dritte dem Mieter gegenüber verpflichtet, die Ausübung zu unterlassen, soweit sie den vertragsgemäßen Gebrauch beeinträchtigen würde.

第五百六十七条　[使用出租人就住屋设定负担]
[1]出租之住屋交付于使用承租人后，由使用出租人设定以第三人权利为内容之负担者，因该权利之行使，使用承租人符合契约之使用经剥夺时，准用第五百六十六条至第五百六十六条之五规定。[2]使用承租人符合契约之使用，因该权利之行使而受限制者，第三人对使用承租人负有不行使其权利之义务，但以该权利之行使损害于符合契约之使用者为限。

§567a Veräußerung oder Belastung vor der Überlassung des Wohnraums

Hat vor der Überlassung des vermieteten Wohnraums an den Mieter der Vermieter den Wohnraum an einen Dritten veräußert oder mit einem Recht belastet, durch dessen Ausübung der vertragsgemäße Gebrauch dem Mieter entzogen oder beschränkt wird, so gilt das Gleiche wie in den Fällen des §566 Abs. 1 und des §567, wenn der Erwerber dem Vermieter gegenüber die Erfüllung der sich aus dem Mietverhältnis ergebenden Pflichten übernommen hat.

第五百六十七条之一　[住屋交付前之让与或设定负担]
出租之住屋交付于使用承租人前，使用出租人让与该住屋于第三人或设定以权利为内容之负担，而其权利之行使致使用承租人符合契约之使用受剥夺或限制，且受让人对使用出租人承受基于使用租赁关系所生义务之履行者，与第五百六十六条第一款及第五百六十七条规定之情形同其效力。

§567b Weiterveräußerung oder Belastung durch Erwerber

Wird der vermietete Wohnraum von dem Erwerber weiterveräußert oder belastet, so sind §566 Abs. 1 und die §§566a bis 567a entsprechend anzuwenden. Erfüllt der neue Erwerber die sich aus dem Mietverhältnis ergebenden Pflichten nicht, so haftet der Vermieter dem Mieter nach §566 Abs. 2.

第五百六十七条之二 [受让人再为让与或设定负担]

¹受让人就出租之住屋再为让与或设定负担者，准用第五百六十六条第一款及第五百六十六条之一至第五百六十七条之一规定。²新受让人不履行因使用租赁关系所生义务者，使出租人依第五百六十六条第二款规定对使用承租人负责。

Kapitel 5 Beendigung des Mietverhältnisses
第五目 使用租赁关系之终了

Unterkapitel 1 Allgemeine Vorschriften
第一次目 通　则

§568 Form und Inhalt der Kündigung

(1) Die Kündigung des Mietverhältnisses bedarf der schriftlichen Form.

(2) Der Vermieter soll den Mieter auf die Möglichkeit, die Form und die Frist des Widerspruchs nach den §§574 bis 574b rechtzeitig hinweisen.

第五百六十八条 [终止之方式及内容]

Ⅰ 使用租赁关系之终止，应以书面为之。

Ⅱ 使用出租人应就第五百七十四条至第五百七十四条之二规定异议之可能性、方式及期间，按时提示使用承租人。

§569 Außerordentliche fristlose Kündigung aus wichtigem Grund

(1) Ein wichtiger Grund im Sinne des §543 Abs. 1 liegt für den Mieter auch vor, wenn der gemietete Wohnraum so beschaffen ist, dass seine Benutzung mit einer erheblichen Gefährdung der Gesundheit verbunden ist. Dies gilt auch, wenn der Mieter die Gefahr bringende Beschaffenheit bei Vertragsschluss gekannt oder darauf verzichtet hat, die ihm wegen dieser Beschaffenheit zustehenden Rechte geltend zu machen.

(2) Ein wichtiger Grund im Sinne des §543 Abs. 1 liegt ferner vor, wenn eine Vertragspartei den Hausfrieden nachhaltig stört, so dass dem Kündigenden unter Berücksichtigung aller Umstände des Einzelfalls, insbesondere eines Verschuldens der Vertragsparteien, und unter Abwägung der beiderseitigen Interessen die Fortsetzung des Mietverhältnisses bis zum Ablauf der Kündigungsfrist oder bis zur sonstigen Beendigung des Mietverhältnisses nicht zugemutet werden kann.

2a Ein wichtiger Grund im Sinne des §543 Absatz 1 liegt ferner vor, wenn der Mieter mit einer Sicherheitsleistung nach §551 in Höhe eines Betrages im Verzug ist, der der zweifachen Monatsmiete entspricht. Die als Pauschale oder als Vorauszahlung ausgewiesenen Betriebskosten sind bei der Berechnung der Monatsmiete nach Satz 1 nicht zu berücksichtigen. Einer Abhilfefrist oder einer Abmahnung nach §543 Absatz 3 Satz 1 bedarf es nicht. Absatz 3 Nummer 2 Satz 1 sowie §543 Absatz 2 Satz 2 sind entsprechend anzuwenden.

(3) Ergänzend zu §543 Abs. 2 Satz 1 Nr. 3 gilt:
1. Im Falle des §543 Abs. 2 Satz 1 Nr. 3 Buchstabe a ist der rückständige Teil der Miete nur dann als nicht unerheblich anzusehen, wenn er die Miete für einen Monat übersteigt. Dies gilt nicht, wenn der Wohnraum nur zum vorübergehenden Gebrauch vermietet ist.
2. Die Kündigung wird auch dann unwirksam, wenn der Vermieter spätestens bis zum Ablauf von zwei Monaten nach Eintritt der Rechtshängigkeit des Räumungsanspruchs hinsichtlich der fälligen Miete und der fälligen Entschädigung nach §546a Abs. 1 befriedigt wird oder sich eine öffentliche Stelle zur Befriedigung verpflichtet. Dies gilt nicht, wenn der Kündigung vor nicht länger als zwei Jahren bereits eine nach Satz 1 unwirksam gewordene Kündigung vorausgegangen ist.
3. Ist der Mieter rechtskräftig zur Zahlung einer erhöhten Miete nach den §§558 bis 560 verurteilt worden, so kann der Vermieter das Mietverhältnis wegen

Zahlungsverzugs des Mieters nicht vor Ablauf von zwei Monaten nach rechtskräftiger Verurteilung kündigen, wenn nicht die Voraussetzungen der außerordentlichen fristlosen Kündigung schon wegen der bisher geschuldeten Miete erfüllt sind.

(4) Der zur Kündigung führende wichtige Grund ist in dem Kündigungsschreiben anzugeben.

(5) Eine Vereinbarung, die zum Nachteil des Mieters von den Absätzen 1 bis 3 dieser Vorschrift oder von §543 abweicht, ist unwirksam. Ferner ist eine Vereinbarung unwirksam, nach der der Vermieter berechtigt sein soll, aus anderen als den im Gesetz zugelassenen Gründen außerordentlich fristlos zu kündigen.

第五百六十九条 [因重大事由无期限之特别终止]

Ⅰ ^{1}承租住屋之使用将严重危害健康者，对使用承租人亦属有第五百四十三条第一款所称之重大事由。^{2}使用承租人虽于订约时已知具有危险之性质，或已抛弃因该性质而得行使之权利者，亦同。

Ⅱ 契约当事人之一方持续侵扰住宅安宁，致斟酌个案所有情事，即如契约当事人之过失，并衡量双方之利益，对终止之人不能期待租赁关系继续至终止期限届满，或继续至租赁关系之其他终了时，亦为具有第五百四十三条第一款所称之重大事由。

Ⅱ-1 ^{1}使用承租人依第五百五十一条规定提供担保之迟延，其数额达一个月之二倍租金者，亦属第五百四十三条第一款所定之重大事由。^{2}计算第一段之月租金时，就作为总额给付或作为预付所确认之作业费用，不予斟酌。^{3}第五百四十三条第三款第一段规定之补正期间或催告，不适用之。^{4}本条第三款第二项第一段及第五百四十三条第二项第二段规定，准用之。

Ⅲ 对第五百四十三条第二款第一段第三项，适用下列补充规定：

1. ^{1}于第五百四十三条第二款第一段第三项第一目之情形，其未支付之租金仅于超过一个月之租金时，始得视为非属不重要。^{2}但住屋仅就短暂之使用而出租者，不在此限。

2. ^{1}使用出租人于迁让请求权诉讼系属后，最迟于二个月届满前，就到期之租金及到期之第五百四十六条之一第一款所定补偿已受清偿，或公共机构就该清偿负担义务者，该终止亦无效。^{2}但于该终止前两年以内，已先有依第一段规定无效之终止者，不在此限。

3. 使用承租人经确定判决应依第五百五十八条至第五百六十条规定支付提高之租金者，使用出租人不得于判决确定后两个月未届满前，以使用承租人支付租金迟延为由而终止租赁关系，但已具备因原积欠租金而无期限之特别终止要件者，不在此限。
Ⅳ 该发生终止之重大事由，应载明于终止书。
Ⅴ ¹使用承租人受有不利益于本条第一款至第三款或第五百四十三条规定之约定者，其约定无效。²约定使用出租人得以法定以外之事由，得以无期限之特别终止者，其约定亦无效。

§570 Ausschluss des Zurückbehaltungsrechts

Dem Mieter steht kein Zurückbehaltungsrecht gegen den Rückgabeanspruch des Vermieters zu.

第五百七十条 [留置权之排除]
使用承租人不得行使该对抗使用出租人返还请求权之留置权[a]。

a 参阅第二百七十三条之留置权。

§571 Weiterer Schadensersatz bei verspäteter Rückgabe von Wohnraum

(1) Gibt der Mieter den gemieteten Wohnraum nach Beendigung des Mietverhältnisses nicht zurück, so kann der Vermieter einen weiteren Schaden im Sinne des §546a Abs. 2 nur geltend machen, wenn die Rückgabe infolge von Umständen unterblieben ist, die der Mieter zu vertreten hat. Der Schaden ist nur insoweit zu ersetzen, als die Billigkeit eine Schadloshaltung erfordert. Dies gilt nicht, wenn der Mieter gekündigt hat.

(2) Wird dem Mieter nach §721 oder §794a der Zivilprozessordnung eine Räumungsfrist gewährt, so ist er für die Zeit von der Beendigung des Mietverhältnisses bis zum Ablauf der Räumungsfrist zum Ersatz eines weiteren Schadens nicht verpflichtet.

(3) Eine zum Nachteil des Mieters abweichende Vereinbarung ist unwirksam.

第五百七十一条 [迟延返还住屋之其他损害赔偿]
Ⅰ ¹使用租赁关系终止后，使用承租人未返还承租之住屋时，仅于因可归责于使用承租人之事由而未返还者，使用出租人始得请求第五百四十六条之一第二款所称之其他损害赔偿。²损害之赔偿，仅于符合公平者为限，始得赔偿。³使用承租人已终止者，不适用之。
Ⅱ 依《民事诉讼法》第七百二十一条或第七百九十四条之一规定给予使用承租人迁让期限者，使用承租人就使用租赁关系消灭时起至该迁让期限届满时止之期间，不负赔偿其他损害之义务。
Ⅲ 使用承租人受有不利益之约定者，其约定无效。

§572 Vereinbartes Rücktrittsrecht; Mietverhältnis unter auflösender Bedingung

(1) Auf eine Vereinbarung, nach der der Vermieter berechtigt sein soll, nach Überlassung des Wohnraums an den Mieter vom Vertrag zurückzutreten, kann der Vermieter sich nicht berufen.

(2) Ferner kann der Vermieter sich nicht auf eine Vereinbarung berufen, nach der das Mietverhältnis zum Nachteil des Mieters auflösend bedingt ist.

第五百七十二条 [约定解除权；附解除条件之使用租赁关系]
Ⅰ 约定使用出租人于住屋交付使用承租人后得解除契约者，使用出租人不得主张该约定。
Ⅱ 约定使用租赁关系附不利使用承租人之解除条件者，使用出租人亦不得主张该约定。

Unterkapitel 2
Mietverhältnisse auf unbestimmte Zeit
第二次目　不定期使用租赁关系

§573 Ordentliche Kündigung des Vermieters

(1) Der Vermieter kann nur kündigen, wenn er ein berechtigtes Interesse an der Beendigung des Mietverhältnisses hat. Die Kündigung zum Zwecke der Mieterhöhung ist ausgeschlossen.

(2) Ein berechtigtes Interesse des Vermieters an der Beendigung des Mietverhältnisses liegt insbesondere vor, wenn
   1. der Mieter seine vertraglichen Pflichten schuldhaft nicht unerheblich verletzt hat,
   2. der Vermieter die Räume als Wohnung für sich, seine Familienangehörigen oder

Angehörige seines Haushalts benötigt oder

3. der Vermieter durch die Fortsetzung des Mietverhältnisses an einer angemessenen wirtschaftlichen Verwertung des Grundstücks gehindert und dadurch erhebliche Nachteile erleiden würde; die Möglichkeit, durch eine anderweitige Vermietung als Wohnraum eine höhere Miete zu erzielen, bleibt außer Betracht; der Vermieter kann sich auch nicht darauf berufen, dass er die Mieträume im Zusammenhang mit einer beabsichtigten oder nach Überlassung an den Mieter erfolgten Begründung von Wohnungseigentum veräußern will.

(3) Die Gründe für ein berechtigtes Interesse des Vermieters sind in dem Kündigungsschreiben anzugeben. Andere Gründe werden nur berücksichtigt, soweit sie nachträglich entstanden sind.

(4) Eine zum Nachteil des Mieters abweichende Vereinbarung ist unwirksam.

第五百七十三条 [使用出租人之一般终止]

Ⅰ ¹使用出租人仅于有终止使用租赁关系之正当利益者,始得终止之。²为提高租金之目的,不得终止。

Ⅱ 使用出租人终止使用租赁关系之正当利益者,即如下列情事:

1. 使用承租人因可归责之事由,非属不重要之违反其契约义务者。
2. 使用出租人需以其住屋作为其本身、其亲属或家属ª成员之住处者;或
3. 使用出租人因继续租赁关系,将妨害其就不动产为适当之经济利用,并因而可能遭受重大不利益;因另为住屋之出租以获取较高租金之机会,不予斟酌。使用出租人亦不得主张基于意图创设建物区分所有权,或基于交付使用承租人后发生之建物区分所有权,而欲让与租赁之住屋者。

Ⅲ ¹使用出租人有正当利益之事由,应载明于终止书。²其他事由,仅以嗣后发生者为限,始得斟酌。

Ⅳ 使用承租人受有不利益约定者,其约定无效。

a 配合第1619条,翻译为家属,第575条、第577条亦同。

§573a Erleichterte Kündigung des Vermieters

(1) Ein Mietverhältnis über eine Wohnung in einem vom Vermieter selbst bewohnten Gebäude mit nicht mehr als zwei Wohnungen kann der Vermieter auch kündigen, ohne dass es eines berechtigten Interesses im Sinne des §573 bedarf. Die

Kündigungsfrist verlängert sich in diesem Fall um drei Monate.
(2) Absatz 1 gilt entsprechend für Wohnraum innerhalb der vom Vermieter selbst bewohnten Wohnung, sofern der Wohnraum nicht nach §549 Abs. 2 Nr. 2 vom Mieterschutz ausgenommen ist.
(3) In dem Kündigungsschreiben ist anzugeben, dass die Kündigung auf die Voraussetzungen des Absatzes 1 oder 2 gestützt wird.
(4) Eine zum Nachteil des Mieters abweichende Vereinbarung ist unwirksam.

第五百七十三条之一 [使用出租人之简易终止]

Ⅰ ^{1}以使用出租人自住建筑物中之住宅为标的之租赁关系,而该建筑物内未逾二间住宅者,使用出租人纵无第五百七十三条之正当利益者,亦得终止之。^{2}于此情形,终止期限延长三个月。

Ⅱ 住屋系位于使用出租人自住之住宅时,以其住屋未依第五百四十九条第二款第二项规定排除使用承租人之保护者为限,准用第一款规定。

Ⅲ 终止书应载明终止系依据第一款或第二款规定之要件。

Ⅳ 使用承租人受有不利益约定者,其约定无效。

§573b Teilkündigung des Vermieters

(1) Der Vermieter kann nicht zum Wohnen bestimmte Nebenräume oder Teile eines Grundstücks ohne ein berechtigtes Interesse im Sinne des §573 kündigen, wenn er die Kündigung auf diese Räume oder Grundstücksteile beschränkt und sie dazu verwenden will,
1. Wohnraum zum Zwecke der Vermietung zu schaffen oder
2. den neu zu schaffenden und den vorhandenen Wohnraum mit Nebenräumen oder Grundstücksteilen auszustatten.
(2) Die Kündigung ist spätestens am dritten Werktag eines Kalendermonats zum Ablauf des übernächsten Monats zulässig.
(3) Verzögert sich der Beginn der Bauarbeiten, so kann der Mieter eine Verlängerung des Mietverhältnisses um einen entsprechenden Zeitraum verlangen.
(4) Der Mieter kann eine angemessene Senkung der Miete verlangen.
(5) Eine zum Nachteil des Mieters abweichende Vereinbarung ist unwirksam.

第五百七十三条之二 [使用出租人之部分终止]

Ⅰ 使用出租人就非供居住之附属建物或不动产之部分,如其将租赁之终

止限制于该附属建物或不动产之部分,且欲以之为下列使用者,得不具第五百七十三条所称之正当利益而终止之:
1. 为出租之目的而兴建住屋;或
2. 作为将兴建住屋或已存在住屋之附属建物或不动产之部分。

Ⅱ 前项终止最迟应于日历月之第三工作日至该日历月之下个月次月届满时止为之。

Ⅲ 施工之开始有延迟者,使用承租人得请求延长使用租赁关系至相应之期间。

Ⅳ 使用承租人得请求适当减少租金。

Ⅴ 使用承租人受有不利益约定者,其约定无效。

§573c Fristen der ordentlichen Kündigung

(1) Die Kündigung ist spätestens am dritten Werktag eines Kalendermonats zum Ablauf des übernächsten Monats zulässig. Die Kündigungsfrist für den Vermieter verlängert sich nach fünf und acht Jahren seit der Überlassung des Wohnraums um jeweils drei Monate.

(2) Bei Wohnraum, der nur zum vorübergehenden Gebrauch vermietet worden ist, kann eine kürzere Kündigungsfrist vereinbart werden.

(3) Bei Wohnraum nach §549 Abs. 2 Nr. 2 ist die Kündigung spätestens am 15. eines Monats zum Ablauf dieses Monats zulässig.

(4) Eine zum Nachteil des Mieters von Absatz 1 oder 3 abweichende Vereinbarung ist unwirksam.

第五百七十三条之三 [一般终止之期限]

Ⅰ ¹终止最迟应于日历月之第三工作日至该日历月之下个月次月届满时止为之。²住屋交付后经过五年及八年,使用出租人终止契约之期限,各延长三个月。

Ⅱ 就仅供短暂使用而出租之住屋,得约定较短之终止期限。

Ⅲ 就第五百四十九条第二款第二项所定之住屋,其终止最迟应于当月十五日至该月届满时止为之。

Ⅳ 使用承租人受有不利益于第一款或第三款规定之约定者,其约定无效。

§573d Außerordentliche Kündigung mit gesetzlicher Frist

(1) Kann ein Mietverhältnis außerordentlich mit der gesetzlichen Frist gekündigt werden, so gelten mit Ausnahme der Kündigung gegenüber Erben des Mieters nach §564 die §§573 und 573a entsprechend.
(2) Die Kündigung ist spätestens am dritten Werktag eines Kalendermonats zum Ablauf des übernächsten Monats zulässig, bei Wohnraum nach §549 Abs. 2 Nr. 2 spätestens am 15. eines Monats zum Ablauf dieses Monats (gesetzliche Frist). §573a Abs. 1 Satz 2 findet keine Anwendung.
(3) Eine zum Nachteil des Mieters abweichende Vereinbarung ist unwirksam.

第五百七十三条之四　[法定期限之特别终止]
Ⅰ 使用租赁关系得依法定期限而特别终止者，除依第五百六十四条对使用承租人之继承人所为之终止外，准用第五百七十三条及第五百七十三条之一规定。
Ⅱ [1]前项终止最迟应于日历月之第三工作日至该日历月之下个月次月届满时止为之；就第五百四十九条第二款第二项所定之住屋，其终止最迟应于当月十五日至该月届满时止（法定期限）为之。[2]第五百七十三条之一第一款第二段规定，不适用之。
Ⅲ 使用承租人受有不利益约定者，其约定无效。

§574 Widerspruch des Mieters gegen die Kündigung

(1) Der Mieter kann der Kündigung des Vermieters widersprechen und von ihm die Fortsetzung des Mietverhältnisses verlangen, wenn die Beendigung des Mietverhältnisses für den Mieter, seine Familie oder einen anderen Angehörigen seines Haushalts eine Härte bedeuten würde, die auch unter Würdigung der berechtigten Interessen des Vermieters nicht zu rechtfertigen ist. Dies gilt nicht, wenn ein Grund vorliegt, der den Vermieter zur außerordentlichen fristlosen Kündigung berechtigt.
(2) Eine Härte liegt auch vor, wenn angemessener Ersatzwohnraum zu zumutbaren Bedingungen nicht beschafft werden kann.
(3) Bei der Würdigung der berechtigten Interessen des Vermieters werden nur die in dem Kündigungsschreiben nach §573 Abs. 3 angegebenen Gründe berücksichtigt, außer wenn die Gründe nachträglich entstanden sind.
(4) Eine zum Nachteil des Mieters abweichende Vereinbarung ist unwirksam.

第五百七十四条　[使用承租人对终止契约之异议]

Ⅰ　¹使用租赁关系之终止对使用承租人、其亲属或其他家属成员系属严苛，且其严苛于衡量使用出租人之合法利益后，仍不能认为正当者，使用承租人得对使用出租人之终止表示异议，并请求使用出租人继续使用租赁关系。²但使用出租人无期限特别终止之事由存在者，不适用之。

Ⅱ　适当之替代住屋不能依合理条件取得者，亦属严苛。

Ⅲ　于斟酌使用出租人之正当利益时，仅斟酌依第五百七十三条第三款规定于终止书载明之事由。但其事由嗣后发生者，不在此限。

Ⅳ　使用承租人受有不利益约定者，其约定无效。

§574a Fortsetzung des Mietverhältnisses nach Widerspruch

(1) Im Falle des §574 kann der Mieter verlangen, dass das Mietverhältnis so lange fortgesetzt wird, wie dies unter Berücksichtigung aller Umstände angemessen ist. Ist dem Vermieter nicht zuzumuten, das Mietverhältnis zu den bisherigen Vertragsbedingungen fortzusetzen, so kann der Mieter nur verlangen, dass es unter einer angemessenen Änderung der Bedingungen fortgesetzt wird.

(2) Kommt keine Einigung zustande, so werden die Fortsetzung des Mietverhältnisses, deren Dauer sowie die Bedingungen, zu denen es fortgesetzt wird, durch Urteil bestimmt. Ist ungewiss, wann voraussichtlich die Umstände wegfallen, auf Grund deren die Beendigung des Mietverhältnisses eine Härte bedeutet, so kann bestimmt werden, dass das Mietverhältnis auf unbestimmte Zeit fortgesetzt wird.

(3) Eine zum Nachteil des Mieters abweichende Vereinbarung ist unwirksam.

第五百七十四条之一　[异议后使用租赁关系之继续]

Ⅰ　¹于第五百七十四条所定之情形，使用承租人得请求将使用租赁关系继续至斟酌所有情事后认为适当之期限。²不能期待使用出租人依现有之契约条件继续使用租赁关系者，使用承租人仅得于适当变更条件而请求继续。

Ⅱ　¹不能协议者，关于使用租赁关系之继续、其继续之期间及继续之条件，以判决定之。²该使用租赁关系终了系属严苛之情事何时除去不确定者，得将使用租赁关系定为不定期限而继续之。

Ⅲ 使用承租人受有不利益约定者，其约定无效。

§574b Form und Frist des Widerspruchs

(1) Der Widerspruch des Mieters gegen die Kündigung ist schriftlich zu erklären. Auf Verlangen des Vermieters soll der Mieter über die Gründe des Widerspruchs unverzüglich Auskunft erteilen.

(2) Der Vermieter kann die Fortsetzung des Mietverhältnisses ablehnen, wenn der Mieter ihm den Widerspruch nicht spätestens zwei Monate vor der Beendigung des Mietverhältnisses erklärt hat. Hat der Vermieter nicht rechtzeitig vor Ablauf der Widerspruchsfrist auf die Möglichkeit des Widerspruchs sowie auf dessen Form und Frist hingewiesen, so kann der Mieter den Widerspruch noch im ersten Termin des Räumungsrechtsstreits erklären.

(3) Eine zum Nachteil des Mieters abweichende Vereinbarung ist unwirksam.

第五百七十四条之二 [异议之方式及期间]

Ⅰ ^{1}使用承租人对终止之异议，应以书面表示之。^{2}因使用出租人之请求，使用承租人应实时告知异议之理由。

Ⅱ ^{1}使用承租人最迟未于使用租赁关系消灭前两个月对使用出租人表示异议者，使用出租人得拒绝继续使用租赁关系。^{2}使用出租人于异议期间届满前，未适时提示异议之可能性、其方式及期间者，使用承租人仍得于迁让诉讼之第一期日表示异议。

Ⅲ 使用承租人受有不利益约定者，其约定无效。

§574c Weitere Fortsetzung des Mietverhältnisses bei unvorhergesehenen Umständen

(1) Ist auf Grund der §§574 bis 574b durch Einigung oder Urteil bestimmt worden, dass das Mietverhältnis auf bestimmte Zeit fortgesetzt wird, so kann der Mieter dessen weitere Fortsetzung nur verlangen, wenn dies durch eine wesentliche Änderung der Umstände gerechtfertigt ist oder wenn Umstände nicht eingetreten sind, deren vorgesehener Eintritt für die Zeitdauer der Fortsetzung bestimmend gewesen war.

(2) Kündigt der Vermieter ein Mietverhältnis, dessen Fortsetzung auf unbestimmte Zeit durch Urteil bestimmt worden ist, so kann der Mieter der Kündigung

widersprechen und vom Vermieter verlangen, das Mietverhältnis auf unbestimmte Zeit fortzusetzen. Haben sich die Umstände verändert, die für die Fortsetzung bestimmend gewesen waren, so kann der Mieter eine Fortsetzung des Mietverhältnisses nur nach §574 verlangen; unerhebliche Veränderungen bleiben außer Betracht.

(3) Eine zum Nachteil des Mieters abweichende Vereinbarung ist unwirksam.

第五百七十四条之三 [不可预见情事时使用租赁关系之再继续]

Ⅰ 依第五百七十四条至第五百七十四条之二规定，使用租赁关系已因合意或判决，定为特定期间而继续者，使用承租人得请求使用租赁关系之继续，但以其继续延长得以情事之重大变更而属正当，或该情事可预见其发生，对继续之使用租赁关系之期间得以特定，且该情事未发生者为限。

Ⅱ ¹使用出租人终止因判决而以不定期限继续之使用租赁关系者，使用承租人得对该终止表示异议，并得向使用出租人请求以不定期限继续使用租赁关系。²对使用租赁关系之继续得以特定之情事已变更者，使用承租人仅得依第五百七十四条规定请求使用租赁关系之继续；非属重要之变更，不予斟酌。

Ⅲ 使用承租人受有不利益约定者，其约定无效。

Unterkapitel 3
Mietverhältnisse auf bestimmte Zeit
第三次目　特定期间之使用租赁关系

§575 Zeitmietvertrag

(1) Ein Mietverhältnis kann auf bestimmte Zeit eingegangen werden, wenn der Vermieter nach Ablauf der Mietzeit

1. die Räume als Wohnung für sich, seine Familienangehörigen oder Angehörige seines Haushalts nutzen will,

2. in zulässiger Weise die Räume beseitigen oder so wesentlich verändern oder instand setzen will, dass die Maßnahmen durch eine Fortsetzung des Mietverhältnisses erheblich erschwert würden, oder

3. die Räume an einen zur Dienstleistung Verpflichteten vermieten will und er dem Mieter den Grund der Befristung bei Vertragsschluss schriftlich mitteilt.

Anderenfalls gilt das Mietverhältnis als auf unbestimmte Zeit abgeschlossen.
(2) Der Mieter kann vom Vermieter frühestens vier Monate vor Ablauf der Befristung verlangen, dass dieser ihm binnen eines Monats mitteilt, ob der Befristungsgrund noch besteht. Erfolgt die Mitteilung später, so kann der Mieter eine Verlängerung des Mietverhältnisses um den Zeitraum der Verspätung verlangen.
(3) Tritt der Grund der Befristung erst später ein, so kann der Mieter eine Verlängerung des Mietverhältnisses um einen entsprechenden Zeitraum verlangen. Entfällt der Grund, so kann der Mieter eine Verlängerung auf unbestimmte Zeit verlangen. Die Beweislast für den Eintritt des Befristungsgrundes und die Dauer der Verzögerung trifft den Vermieter.
(4) Eine zum Nachteil des Mieters abweichende Vereinbarung ist unwirksam.

第五百七十五条 [定期使用租赁]

I ^{1}使用租赁期间届满后，使用出租人于下列情事，得于特定期间成立使用租赁关系：
1. 欲将房屋作为住宅而为本人、其亲属或其家属成员使用。
2. 欲以可容许之方式将房屋除去、重大变更或修缮，而该措施因租赁关系之继续而有显著困难者；或
3. 欲将房屋租与负有劳务义务之人，且使用出租人于契约成立时以书面将定期之原因通知使用承租人者。^{2}其他情事，视为不特定期间之租赁关系。

II ^{1}使用承租人最早得于所定期限届满前四个月向使用出租人为请求，于一个月内通知使用承租人定期之原因是否仍存在。^{2}迟延通知者，使用承租人得请求以迟延之期间延长使用租赁关系。

III ^{1}定期之原因嗣后始发生者，使用承租人得请求于相当期间延长使用租赁关系。^{2}该原因消灭者，使用承租人得请求以不特定期间延长之。定期原因之发生及迟延之期间之举证责任，由使用出租人负担。

IV 使用承租人受有不利益约定者，其约定无效。

§575a Außerordentliche Kündigung mit gesetzlicher Frist

(1) Kann ein Mietverhältnis, das auf bestimmte Zeit eingegangen ist, außerordentlich mit der gesetzlichen Frist gekündigt werden, so gelten mit Ausnahme der Kündigung gegenüber Erben des Mieters nach §564 die §§573 und 573a entsprechend.

(2) Die §§574 bis 574c gelten entsprechend mit der Maßgabe, dass die Fortsetzung des Mietverhältnisses höchstens bis zum vertraglich bestimmten Zeitpunkt der Beendigung verlangt werden kann.

(3) Die Kündigung ist spätestens am dritten Werktag eines Kalendermonats zum Ablauf des übernächsten Monats zulässig, bei Wohnraum nach §549 Abs. 2 Nr. 2 spätestens am 15. eines Monats zum Ablauf dieses Monats (gesetzliche Frist). §573a Abs. 1 Satz 2 findet keine Anwendung.

(4) Eine zum Nachteil des Mieters abweichende Vereinbarung ist unwirksam.

第五百七十五条之一 [法定期限之特别终止]

Ⅰ 就特定期间而制定之使用租赁关系，得依法定期间特别终止者，除依第五百六十四条规定对使用承租人之继承人所为之终止外，准用第五百七十三条及第五百七十三条之一规定。

Ⅱ 第五百七十四条至第五百七十四条之三规定准用之，但使用租赁关系之继续，最多得延长至契约所定终了时点届满为止。

Ⅲ ¹该终止最迟应于再下个月次月届满后之日历月之第三工作日前为之；于符合第五百四十九条第二款第二项规定之住房，最迟应于该月届满后，次月之十五日前为之（法定期限）。²第五百七十三条之一第一款第二段规定，不适用之。

Ⅳ 使用承租人受有不利益约定者，其约定无效。

Unterkapitel 4 Werkwohnungen
第四次目 员工住宅

§576 Fristen der ordentlichen Kündigung bei Werkmietwohnungen

(1) Ist Wohnraum mit Rücksicht auf das Bestehen eines Dienstverhältnisses vermietet, so kann der Vermieter nach Beendigung des Dienstverhältnisses abweichend von §573c Abs. 1 Satz 2 ist mit folgenden Fristen kündigen:

1. bei Wohnraum, der dem Mieter weniger als zehn Jahre überlassen war, spätestens am dritten Werktag eines Kalendermonats zum Ablauf des übernächsten Monats, wenn der Wohnraum für einen anderen zur Dienstleistung Verpflichteten benötigt wird;

2. spätestens am dritten Werktag eines Kalendermonats zum Ablauf dieses Monats, wenn das Dienstverhältnis seiner Art nach die Überlassung von Wohnraum erfordert hat, der in unmittelbarer Beziehung oder Nähe zur Arbeitsstätte steht, und der Wohnraum aus dem gleichen Grund für einen anderen zur Dienstleistung Verpflichteten benötigt wird.

(2) Eine zum Nachteil des Mieters abweichende Vereinbarung ist unwirksam.

第五百七十六条 [租用员工住宅之普通终止期间]

Ⅰ 住屋系因雇佣关系之存续而出租者，使用出租人于雇佣关系消灭后，得不依第五百七十三条之三第一款第二段规定，而依下列期间终止：

1. 住屋已交付使用承租人未达十年，而该住屋为另一劳务提供之义务人所需者，最迟于日历月之第三工作日终止，并以下个月次月届满后发生效力。
2. 雇佣关系按其性质以交付住屋为必要，而该住屋与工作场所有直接关系或相邻，且因相同理由而为另一劳务提供之义务人所需者，最迟于日历月之第三工作日且以该月届满后发生效力。

Ⅱ 使用承租人受有不利益约定者，其约定无效。

Besonderheiten des Widerspruchsrechts bei Werkmietwohnungen

(1) Bei der Anwendung der §§574 bis 574c auf Werkmietwohnungen sind auch die Belange des Dienstberechtigten zu berücksichtigen.

(2) Die §§574 bis 574c gelten nicht, wenn

1. der Vermieter nach §576 Abs. 1 Nr. 2 gekündigt hat;
2. der Mieter das Dienstverhältnis gelöst hat, ohne dass ihm von dem Dienstberechtigten gesetzlich begründeter Anlass dazu gegeben war, oder der Mieter durch sein Verhalten dem Dienstberechtigten gesetzlich begründeten Anlass zur Auflösung des Dienstverhältnisses gegeben hat.

(3) Eine zum Nachteil des Mieters abweichende Vereinbarung ist unwirksam.

第五百七十六条之一 [租用员工住宅之异议权之特性]

Ⅰ 适用第五百七十四条至第五百七十四条之三规定于员工租赁住宅时，亦应斟酌劳务权利人之利益。

Ⅱ 有下列情事之一者，不适用第五百七十四条至第五百七十四条之三规定：
1. 使用出租人已依第五百七十六条第一款第二项规定终止者。
2. 使用承租人已解消契约关系，但未具有该因劳务权利人事由所生之法律正当事由，或使用承租人以其行为给与劳务权利人解消雇佣关系之法律正当事由者。

Ⅲ 使用承租人受有不利益约定者，其约定无效。

§576b Entsprechende Geltung des Mietrechts bei Werkdienstwohnungen

(1) Ist Wohnraum im Rahmen eines Dienstverhältnisses überlassen, so gelten für die Beendigung des Rechtsverhältnisses hinsichtlich des Wohnraums die Vorschriften über Mietverhältnisse entsprechend, wenn der zur Dienstleistung Verpflichtete den Wohnraum überwiegend mit Einrichtungsgegenständen ausgestattet hat oder in dem Wohnraum mit seiner Familie oder Personen lebt, mit denen er einen auf Dauer angelegten gemeinsamen Haushalt führt.

(2) Eine zum Nachteil des Mieters abweichende Vereinbarung ist unwirksam.

第五百七十六条之二 [员工住宅时准用使用租赁法]

Ⅰ 住屋于雇佣关系范围内为交付者，如劳务提供之义务人就该住屋为主要装潢，或于该住屋与其亲属或与有持续共同生活之家属成员居住时，该住屋之法律关系之终止，准用使用租赁关系规定。

Ⅱ 使用承租人受有不利益约定者，其约定无效。

Kapitel 6
Besonderheiten bei der Bildung von
Wohnungseigentum an vermieteten Wohnungen
第六目 使用租赁之住宅成立住宅所有权特性

§577 Vorkaufsrecht des Mieters

(1) Werden vermietete Wohnräume, an denen nach der Überlassung an den Mieter Wohnungseigentum begründet worden ist oder begründet werden soll, an einen Dritten verkauft, so ist der Mieter zum Vorkauf berechtigt. Dies gilt nicht, wenn

der Vermieter die Wohnräume an einen Familienangehörigen oder an einen Angehörigen seines Haushalts verkauft. Soweit sich nicht aus den nachfolgenden Absätzen etwas anderes ergibt, finden auf das Vorkaufsrecht die Vorschriften über den Vorkauf Anwendung.

(2) Die Mitteilung des Verkäufers oder des Dritten über den Inhalt des Kaufvertrags ist mit einer Unterrichtung des Mieters über sein Vorkaufsrecht zu verbinden.

(3) Die Ausübung des Vorkaufsrechts erfolgt durch schriftliche Erklärung des Mieters gegenüber dem Verkäufer.

(4) Stirbt der Mieter, so geht das Vorkaufsrecht auf diejenigen über, die in das Mietverhältnis nach §563 Abs. 1 oder 2 eintreten.

(5) Eine zum Nachteil des Mieters abweichende Vereinbarung ist unwirksam.

第五百七十七条 [使用承租人之优先承买权]

Ⅰ ¹出租之住屋交付使用承租人后，于该住屋已成立或应成立住宅所有权者，如该住屋出卖于第三人时，使用承租人得优先承买。²使用出租人出卖住屋于其亲属或家属成员者，不适用之。³除下列各项另有规定者外，优先承买权适用买卖之优先承买规定。

Ⅱ 出卖人或第三人关于买卖契约内容之通知，应并对使用承租人告知其优先承买权。

Ⅲ 优先承买权之行使，因使用承租人对出卖人以书面表示而发生效力。

Ⅳ 使用承租人死亡者，优先承买权移转于依第五百六十三条第一款或第二款规定加入租赁关系之人。

Ⅴ 使用承租人受有不利益约定者，其约定无效。

§577a Kündigungsbeschränkung bei Wohnungsumwandlung

(1) Ist an vermieteten Wohnräumen nach der Überlassung an den Mieter Wohnungseigentum begründet und das Wohnungseigentum veräußert worden, so kann sich ein Erwerber auf berechtigte Interessen im Sinne des §573 Abs. 2 Nr. 2 oder 3 erst nach Ablauf von drei Jahren seit der Veräußerung berufen.

1a Die Kündigungsbeschränkung nach Absatz 1 gilt entsprechend, wenn vermieteter Wohnraum nach der Überlassung an den Mieter

1. an eine Personengesellschaft oder an mehrere Erwerber veräußert worden ist

oder

2. zu Gunsten einer Personengesellschaft oder mehrerer Erwerber mit einem Recht belastet worden ist, durch dessen Ausübung dem Mieter der vertragsgemäße Gebrauch entzogen wird.

Satz 1 ist nicht anzuwenden, wenn die Gesellschafter oder Erwerber derselben Familie oder demselben Haushalt angehören oder vor Überlassung des Wohnraums an den Mieter Wohnungseigentum begründet worden ist.

(2) Die Frist nach Absatz 1 beträgt bis zu zehn Jahre, wenn die ausreichende Versorgung der Bevölkerung mit Mietwohnungen zu angemessenen Bedingungen in einer Gemeinde oder einem Teil einer Gemeinde besonders gefährdet ist und diese Gebiete nach Satz 2 bestimmt sind. Die Landesregierungen werden ermächtigt, diese Gebiete und die Frist nach Satz 1 durch Rechtsverordnung für die Dauer von jeweils höchstens zehn Jahren zu bestimmen.

(3) Eine zum Nachteil des Mieters abweichende Vereinbarung ist unwirksam.

第五百七十七条之一 [住屋转变时终止之限制]

Ⅰ 出租之住屋交付使用承租人后，于该住屋成立住宅所有权，且该住宅所有权经让与者，受让人自让与后三年届满，始得主张第五百七十三条第二款第二项或第三项规定所称之正当利益。

Ⅰ-1 [1]出租人于交付住屋予承租人后，有下列情事之一者，准用第一款规定之终止限制：

1. 将住屋出卖予人合公司或出卖予多数取得人者，或
2. 为人合公司或多数取得人，就该住屋设定负担，而该负担之实行将剥夺承租人依约得对该住屋之使用者。

[2]人合公司之合伙人或取得人为同一家庭成员或同属一家计之亲属或该负担成立于出租人交付该住屋前者，不适用第一段规定。

Ⅱ [1]于乡镇市或乡镇市之一部，以合理之条件提供民众租屋有特别危险，且该地区依本项第二段规定者，依第一款规定之期间至十年为止。

[2]邦政府得以法规命令制定该区域及第一段规定之期间，该法规命令所定之期间每次最长为十年。

Ⅲ 使用承租人受有不利益约定者，其约定无效。

Untertitel 3
Mietverhältnisse über andere Sachen
第三款 其他物之使用租赁关系

§578 Mietverhältnisse über Grundstücke und Räume

(1) Auf Mietverhältnisse über Grundstücke sind die Vorschriften der §§550, 562 bis 562d, 566 bis 567b sowie 570 entsprechend anzuwenden.

(2) Auf Mietverhältnisse über Räume, die keine Wohnräume sind, sind die in Absatz 1 genannten Vorschriften sowie §552 Abs. 1, §554 Abs. 1 bis 4 und §569 Abs. 2 entsprechend anzuwenden. Sind die Räume zum Aufenthalt von Menschen bestimmt, so gilt außerdem §569 Abs. 1 entsprechend.

第五百七十八条 [土地及房屋之使用租赁关系]

Ⅰ 第五百五十条、第五百六十二条至第五百六十二条之四、第五百六十六条至第五百六十七条之二及第五百七十条规定，于土地之使用租赁关系，准用之。

Ⅱ ¹第一款所称之规定，及第五百五十二条第一款、第五百五十四条第一款至第四款及第五百六十九条第二款规定，于非住屋之房屋使用租赁关系，准用之。²该房屋系供人居住之用者，另准用第五百六十九条第一款规定。

§578a Mietverhältnisse über eingetragene Schiffe

(1) Die Vorschriften der §§566, 566a, 566e bis 567b gelten im Falle der Veräußerung oder Belastung eines im Schiffsregister eingetragenen Schiffs entsprechend.

(2) Eine Verfügung, die der Vermieter vor dem Übergang des Eigentums über die Miete getroffen hat, die auf die Zeit der Berechtigung des Erwerbers entfällt, ist dem Erwerber gegenüber wirksam. Das Gleiche gilt für ein Rechtsgeschäft, das zwischen dem Mieter und dem Vermieter über die Mietforderung vorgenommen wird, insbesondere die Entrichtung der Miete; ein Rechtsgeschäft, das nach dem Übergang des Eigentums vorgenommen wird, ist jedoch unwirksam, wenn der Mieter bei der Vornahme des Rechtsgeschäfts von dem Übergang des Eigentums Kenntnis hat. §566d gilt entsprechend.

第五百七十八条之一 [已登记船舶之使用租赁关系]

Ⅰ 第五百六十六条、第五百六十六条之一、第五百六十六条之五至第五百六十七条之二，在已登记于船舶登记簿之船舶为让与或设定负担者，准用之。

Ⅱ ¹使用出租人于所有权移转前，就归属取得人之于其权利存续期间中之租金所为之处分，对取得人发生其效力。²使用承租人与使用出租人间就租金债权所为之法律行为，即如租金之支付，亦同；但所有权移转后所为之法律行为，如使用承租人为该法律行为时知悉所有权之移转者，无效。³第五百六十六条之四规定，准用之。

§579 Fälligkeit der Miete

(1) Die Miete für ein Grundstück und für bewegliche Sachen ist am Ende der Mietzeit zu entrichten. Ist die Miete nach Zeitabschnitten bemessen, so ist sie nach Ablauf der einzelnen Zeitabschnitte zu entrichten. Die Miete für ein Grundstück ist, sofern sie nicht nach kürzeren Zeitabschnitten bemessen ist, jeweils nach Ablauf eines Kalendervierteljahrs am ersten Werktag des folgenden Monats zu entrichten.

(2) Für Mietverhältnisse über Räume gilt §556b Abs. 1 entsprechend.

第五百七十九条 [租金之到期]

Ⅰ ¹土地、动产之租金应于租期届满时支付之。²租金分期计算者，应于个别期间届满后支付之。³土地之租金非依较短期间计算者，应分别于每次日历季届满后，次月第一个工作日支付之。

Ⅱ 房屋之使用租赁关系，准用第五百五十六条之二第一款规定。

§580 Außerordentliche Kündigung bei Tod des Mieters

Stirbt der Mieter, so ist sowohl der Erbe als auch der Vermieter berechtigt, das Mietverhältnis innerhalb eines Monats, nachdem sie vom Tod des Mieters Kenntnis erlangt haben, außerordentlich mit der gesetzlichen Frist zu kündigen.

第五百八十条 [使用承租人死亡时之特别终止]

使用承租人死亡者，继承人及使用出租人均经得于知悉使用承租人死亡后一个月内，依法定期间而特别终止使用租赁关系。

§580a Kündigungsfristen

(1) Bei einem Mietverhältnis über Grundstücke, über Räume, die keine Geschäftsräume sind, oder über im Schiffsregister eingetragene Schiffe ist die ordentliche Kündigung zulässig,
   1. wenn die Miete nach Tagen bemessen ist, an jedem Tag zum Ablauf des folgenden Tages;
   2. wenn die Miete nach Wochen bemessen ist, spätestens am ersten Werktag einer Woche zum Ablauf des folgenden Sonnabends;
   3. wenn die Miete nach Monaten oder längeren Zeitabschnitten bemessen ist, spätestens am dritten Werktag eines Kalendermonats zum Ablauf des übernächsten Monats, bei einem Mietverhältnis über gewerblich genutzte unbebaute Grundstücke oder im Schiffsregister eingetragene Schiffe jedoch nur zum Ablauf eines Kalendervierteljahrs.
(2) Bei einem Mietverhältnis über Geschäftsräume ist die ordentliche Kündigung spätestens am dritten Werktag eines Kalendervierteljahres zum Ablauf des nächsten Kalendervierteljahrs zulässig.
(3) Bei einem Mietverhältnis über bewegliche Sachen ist die ordentliche Kündigung zulässig,
   1. wenn die Miete nach Tagen bemessen ist, an jedem Tag zum Ablauf des folgenden Tages;
   2. wenn die Miete nach längeren Zeitabschnitten bemessen ist, spätestens am dritten Tag vor dem Tag, mit dessen Ablauf das Mietverhältnis enden soll.
(4) Absatz 1 Nr. 3, Absatz 2 und 3 Nr. 2 sind auch anzuwenden, wenn ein Mietverhältnis außerordentlich mit der gesetzlichen Frist gekündigt werden kann.

第五百八十条之一 [终止期间]

Ⅰ 土地、非营业房屋或已登记于船舶登记簿之船舶之使用租赁关系，于下列情形得为普通终止：
  1. 租金按日计算者，于当日终止之次日届满。
  2. 租金按星期计算者，最迟于当周第一个工作日，至次周六届满。
  3. 租金按月或较长期间计算者，最迟于当日历月第三个工作日至下个月次月届满，但营业用之未建筑土地或已登记于船舶登记簿之船舶之使用租赁关系，仅得至日历季届满后时为之。

Ⅱ 营业用房屋之使用租赁关系，最迟于当日历季第三个工作日至次日历季届满时得为普通终止。
Ⅲ 动产之使用租赁关系，于下列情形得为普通终止：
1. 租金按日计算者，于当日终止之次日届满。
2. 租金按较长期间计算者，最迟于使用租赁关系届满日前之第三日。
Ⅳ 使用租赁关系依法定期间特别终止者，亦适用第一款第三项、第二款及第三款第二项规定。

Untertitel 4　Pachtvertrag
第四款　收益租赁契约

§581　Vertragstypische Pflichten beim Pachtvertrag

(1) Durch den Pachtvertrag wird der Verpächter verpflichtet, dem Pächter den Gebrauch des verpachteten Gegenstands und den Genuss der Früchte, soweit sie nach den Regeln einer ordnungsmäßigen Wirtschaft als Ertrag anzusehen sind, während der Pachtzeit zu gewähren.

(2) Der Pächter ist verpflichtet, dem Verpächter die vereinbarte Pacht zu entrichten.Auf den Pachtvertrag mit Ausnahme des Landpachtvertrags sind, soweit sich nicht aus den §§582 bis 584b etwas anderes ergibt, die Vorschriften über den Mietvertrag entsprechend anzuwenden.

第五百八十一条　[收益租赁契约之契约典型义务]
Ⅰ ¹因收益租赁契约，收益出租人于收益租赁期间中，负有以收益租赁物供与收益承租人使用，并使其在依通常经营之方法可认为收益之限度内享受孳息之义务。²收益承租人有支付所约定之收益租金之义务。
Ⅱ 关于农地收益租赁契约以外之收益租赁契约，除第五百八十二条至第五百八十四条之二另有规定者外，准用关于使用租赁契约之规定。

§582　Erhaltung des Inventars

(1) Wird ein Grundstück mit Inventar verpachtet, so obliegt dem Pächter die Erhaltung der einzelnen Inventarstücke.

(2) Der Verpächter ist verpflichtet, Inventarstücke zu ersetzen, die infolge eines vom Pächter nicht zu vertretenden Umstands in Abgang kommen. Der Pächter hat

jedoch den gewöhnlichen Abgang der zum Inventar gehörenden Tiere insoweit zu ersetzen, als dies einer ordnungsmäßigen Wirtschaft entspricht.

第五百八十二条 [附属物之保存]

Ⅰ 土地连同其附属物为收益出租者，各该附属物应由收益承租人保存之。

Ⅱ ¹附属物因不可归责于收益承租人之事由而灭失者，收益出租人负替补之义务。²但收益承租人就属于附属物之动物之通常灭失，应在适于通常经营之限度内替补之。

§582a Inventarübernahme zum Schätzwert

(1) Übernimmt der Pächter eines Grundstücks das Inventar zum Schätzwert mit der Verpflichtung, es bei Beendigung des Pachtverhältnisses zum Schätzwert zurückzugewähren, so trägt er die Gefahr des zufälligen Untergangs und der zufälligen Verschlechterung des Inventars. Innerhalb der Grenzen einer ordnungsmäßigen Wirtschaft kann er über die einzelnen Inventarstücke verfügen.

(2) Der Pächter hat das Inventar in dem Zustand zu erhalten und in dem Umfang laufend zu ersetzen, der den Regeln einer ordnungsmäßigen Wirtschaft entspricht. Die von ihm angeschafften Stücke werden mit der Einverleibung in das Inventar Eigentum des Verpächters.

(3) Bei Beendigung des Pachtverhältnisses hat der Pächter das vorhandene Inventar dem Verpächter zurückzugewähren. Der Verpächter kann die Übernahme derjenigen von dem Pächter angeschafften Inventarstücke ablehnen, welche nach den Regeln einer ordnungsmäßigen Wirtschaft für das Grundstück überflüssig oder zu wertvoll sind; mit der Ablehnung geht das Eigentum an den abgelehnten Stücken auf den Pächter über. Besteht zwischen dem Gesamtschätzwert des übernommenen und dem des zurückzugewährenden Inventars ein Unterschied, so ist dieser in Geld auszugleichen. Den Schätzwerten sind die Preise im Zeitpunkt der Beendigung des Pachtverhältnisses zugrunde zu legen.

第五百八十二条之一 [以估定价额承受附属物]

Ⅰ ¹土地之收益承租人以估定价额承受附属物，并有于收益租赁关系终止时按估定价额返还附属物之义务者，应承担附属物意外灭失与意外毁损之危险。²在适于通常经营之限度内，收益承租人得处分各该附属物。

Ⅱ ¹收益承租人应保存附属物之状态，并于符合通常经营方法之范围内持续替补之。²收益承租人所获得之物品附合于附属物者,其所有权属于收益出租人。

Ⅲ ¹收益租赁关系终止时,收益承租人应返还现存之附属物于收益出租人。²收益出租人得拒绝承受收益承租人所获得而依通常经营之方法对于土地为不必要或昂贵之附属物;随同其拒绝,被拒绝之物品之所有权移转于收益承租人。³承受附属物之估定总额与返还附属物之估定总额有差异者,应以金钱填补之。⁴该估定价额应以收益租赁关系终止时之价格为准。

§583 Pächterpfandrecht am Inventar

(1) Dem Pächter eines Grundstücks steht für die Forderungen gegen den Verpächter, die sich auf das mitgepachtete Inventar beziehen, ein Pfandrecht an den in seinen Besitz gelangten Inventarstücken zu.

(2) Der Verpächter kann die Geltendmachung des Pfandrechts des Pächters durch Sicherheitsleistung abwenden. Er kann jedes einzelne Inventarstück dadurch von dem Pfandrecht befreien, dass er in Höhe des Wertes Sicherheit leistet.

第五百八十三条 [附属物上收益承租人之质权]

Ⅰ 土地之收益承租人,就其对收益出租人关于一并承租之附属物之债权,对成为其占有之该附属物品享有质权。

Ⅱ ¹收益出租人得提供担保,以避免收益承租人行使质权。²收益出租人得提出与各该附属物品价值相当之担保,以免除对于该物品之质权负担。

§583a Verfügungsbeschränkungen bei Inventar

Vertragsbestimmungen, die den Pächter eines Betriebs verpflichten, nicht oder nicht ohne Einwilligung des Verpächters über Inventarstücke zu verfügen oder Inventar an den Verpächter zu veräußern, sind nur wirksam, wenn sich der Verpächter verpflichtet, das Inventar bei der Beendigung des Pachtverhältnisses zum Schätzwert zu erwerben.

第五百八十三条之一 [附属物之处分限制]

契约条款,使企业收益承租人负有义务,不得处分或非经收益出租人之同意不得处分附属物或让与附属物品与收益出租人者,以收益出租人于收益租赁关系终了时,有依估定价额承受附属物之义务者为限,始生效力。

§584 Kündigungsfrist

(1) Ist bei dem Pachtverhältnis über ein Grundstück oder ein Recht die Pachtzeit nicht bestimmt, so ist die Kündigung nur für den Schluss eines Pachtjahrs zulässig; sie hat spätestens am dritten Werktag des halben Jahres zu erfolgen, mit dessen Ablauf die Pacht enden soll.
(2) Dies gilt auch, wenn das Pachtverhältnis außerordentlich mit der gesetzlichen Frist gekündigt werden kann.

第五百八十四条 [终止期间]
Ⅰ 土地或权利之收益租赁关系未定收益租赁期间者，仅得以收益租赁年度之终了为终止期间，而终止之；收益租赁应于半年届满后终止者，其终止最迟应于该半年之第三个工作日为之。
Ⅱ 收益租赁关系得依法定期间特别终止者，亦适用之。

§584a Ausschluss bestimmter mietrechtlicher Kündigungsrechte

(1) Dem Pächter steht das in §540 Abs. 1 bestimmte Kündigungsrecht nicht zu.
(2) Der Verpächter ist nicht berechtigt, das Pachtverhältnis nach §580 zu kündigen.

第五百八十四条之一 [使用租赁法之特定终止权之排除]
Ⅰ 收益承租人无第五百四十条第一款规定之终止权。
Ⅱ 收益出租人不得依第五百八十条规定终止收益租赁关系。

§584b Verspätete Rückgabe

Gibt der Pächter den gepachteten Gegenstand nach der Beendigung des Pachtverhältnisses nicht zurück, so kann der Verpächter für die Dauer der Vorenthaltung als Entschädigung die vereinbarte Pacht nach dem Verhältnis verlangen, in dem die Nutzungen, die der Pächter während dieser Zeit gezogen hat oder hätte ziehen können, zu den Nutzungen des ganzen Pachtjahrs stehen. Die Geltendmachung eines weiteren Schadens ist nicht ausgeschlossen.

第五百八十四条之二 [迟延返还]
¹收益承租人于收益租赁关系终了后未返还收益租赁物者，收益出租人得就留置之期间，按收益承租人于该期间已收取或可得收取之用益，与租赁全年度用益之比例，请求给付约定之租金，以为补偿。²其他损害之主张，不予排除。

Untertitel 5　Landpachtvertrag
第五款　农地收益租赁契约

§585　Begriff des Landpachtvertrags

(1) Durch den Landpachtvertrag wird ein Grundstück mit den seiner Bewirtschaftung dienenden Wohn- oder Wirtschaftsgebäuden (Betrieb) oder ein Grundstück ohne solche Gebäude überwiegend zur Landwirtschaft verpachtet. Landwirtschaft sind die Bodenbewirtschaftung und die mit der Bodennutzung verbundene Tierhaltung, um pflanzliche oder tierische Erzeugnisse zu gewinnen, sowie die gartenbauliche Erzeugung.

(2) Für Landpachtverträge gelten §581 Abs. 1 und die §§582 bis 583a sowie die nachfolgenden besonderen Vorschriften.

(3) Die Vorschriften über Landpachtverträge gelten auch für Pachtverhältnisse über forstwirtschaftliche Grundstücke, wenn die Grundstücke zur Nutzung in einem überwiegend landwirtschaftlichen Betrieb verpachtet werden.

第五百八十五条 [农地收益租赁契约之概念]
Ⅰ ¹因农地收益租赁契约，供经营土地之用之居住或营业用建筑物（工作物）所附着之土地，或无该建筑物之土地，主要基于农业目的而为收益租赁。²农业指土地之经营，及与土地使用相关之牲畜饲养，以获取植物或动物之产物及园艺产物。
Ⅱ 农地收益租赁契约，适用第五百八十一条第一款与第五百八十二条至第五百八十三条之一规定，及本项以下特别规定。
Ⅲ 林业用地之收益租赁关系，其土地主要系供农用工作物之用而为收益租赁者，亦适用关于农地收益租赁契约之规定。

§585a Form des Landpachtvertrags

Wird der Landpachtvertrag für längere Zeit als zwei Jahre nicht in schriftlicher Form geschlossen, so gilt er für unbestimmte Zeit.

第五百八十五条之一 [农地收益租赁契约之方式]

农地收益租赁契约，其期限逾两年而未以书面制定者，视为不定期限。

§585b Beschreibung der Pachtsache

(1) Der Verpächter und der Pächter sollen bei Beginn des Pachtverhältnisses gemeinsam eine Beschreibung der Pachtsache anfertigen, in der ihr Umfang sowie der Zustand, in dem sie sich bei der Überlassung befindet, festgestellt werden. Dies gilt für die Beendigung des Pachtverhältnisses entsprechend. Die Beschreibung soll mit der Angabe des Tages der Anfertigung versehen werden und ist von beiden Teilen zu unterschreiben.

(2) Weigert sich ein Vertragsteil, bei der Anfertigung einer Beschreibung mitzuwirken, oder ergeben sich bei der Anfertigung Meinungsverschiedenheiten tatsächlicher Art, so kann jeder Vertragsteil verlangen, dass eine Beschreibung durch einen Sachverständigen angefertigt wird, es sei denn, dass seit der Überlassung der Pachtsache mehr als neun Monate oder seit der Beendigung des Pachtverhältnisses mehr als drei Monate verstrichen sind; der Sachverständige wird auf Antrag durch das Landwirtschaftsgericht ernannt. Die insoweit entstehenden Kosten trägt jeder Vertragsteil zur Hälfte.

(3) Ist eine Beschreibung der genannten Art angefertigt, so wird im Verhältnis der Vertragsteile zueinander vermutet, dass sie richtig ist.

第五百八十五条之二 [收益租赁物之说明]

Ⅰ [1]收益出租人与收益承租人应于收益租赁关系开始时，共同制作收益租赁物之说明，于说明中确定该物之范围，及其于交付时之状态。[2]收益租赁关系终止时，准用之。[3]该说明应记载制作日期，并应由双方当事人签名。

Ⅱ [1]契约之一方就该说明之制作拒绝共同参与，或制作时就事实发生不同意见者，契约之任一方得请求由专家制作该说明。但自收益租赁物交付时起已逾九个月，或自收益租赁关系终了时起已逾三个月者，不在此限；该专家由农业法院依申请选任之。²因此所生之费用，由契约之各方当事人分担。

Ⅲ 依前所称方式制作说明者，于契约双方当事人间，推定该说明为正确。

§586 Vertragstypische Pflichten beim Landpachtvertrag

(1) Der Verpächter hat die Pachtsache dem Pächter in einem zu der vertragsmäßigen Nutzung geeigneten Zustand zu überlassen und sie während der Pachtzeit in diesem Zustand zu erhalten. Der Pächter hat jedoch die gewöhnlichen Ausbesserungen der Pachtsache, insbesondere die der Wohn- und Wirtschaftsgebäude, der Wege, Gräben, Dränungen und Einfriedigungen, auf seine Kosten durchzuführen. Er ist zur ordnungsmäßigen Bewirtschaftung der Pachtsache verpflichtet.

(2) Für die Haftung des Verpächters für Sach- und Rechtsmängel der Pachtsache sowie für die Rechte und Pflichten des Pächters wegen solcher Mängel gelten die Vorschriften des §536 Abs. 1 bis 3 und der §§536a bis 536d entsprechend.

第五百八十六条 [农地收益租赁契约之契约典型义务]

Ⅰ ¹收益出租人应以合于所约定用益之收益租赁物，交付收益承租人，并应于收益租赁关系存续中，保持该状态。²但收益承租人应以本人之费用，就收益租赁物为通常之修缮，即如居住或营业用之建筑物、道路、沟渠、排水及围篱之修缮。³收益承租人负有依通常方法经营收益租赁物之义务。

Ⅱ 收益出租人就收益租赁物所生之物之瑕疵及权利瑕疵责任，并收益承租人因该瑕疵所生之权利义务，准用第五百三十六条第一款至第三款及第五百三十六条之一至第五百三十六条之四规定。

§586a Lasten der Pachtsache

Der Verpächter hat die auf der Pachtsache ruhenden Lasten zu tragen.

第五百八十六条之一 [收益租赁物之负担]

收益出租人应承受与收益租赁物有关之负担。

§587 Fälligkeit der Pacht; Entrichtung der Pacht bei persönlicher Verhinderung des Pächters

(1) Die Pacht ist am Ende der Pachtzeit zu entrichten. Ist die Pacht nach Zeitabschnitten bemessen, so ist sie am ersten Werktag nach dem Ablauf der einzelnen Zeitabschnitte zu entrichten.

(2) Der Pächter wird von der Entrichtung der Pacht nicht dadurch befreit, dass er durch einen in seiner Person liegenden Grund an der Ausübung des ihm zustehenden Nutzungsrechts verhindert ist. §537 Abs. 1 Satz 2 und Abs. 2 gilt entsprechend.

第五百八十七条 [收益租金之到期；受收益承租人个人障碍事由时收益租金之支付]
Ⅰ ^{1}收益租金，应于收益租赁期满时支付之。^{2}收益租金按期计算者，应于每期届满后之第一个工作日支付之。
Ⅱ ^{1}收益承租人因存在于其个人之事由而不能行使其所享有之用益权者，不得因此免除支付收益租金之义务。^{2}第五百三十七条第一款第二段及第二款规定，准用之。

§588 Maßnahmen zur Erhaltung oder Verbesserung

(1) Der Pächter hat Einwirkungen auf die Pachtsache zu dulden, die zu ihrer Erhaltung erforderlich sind.

(2) Maßnahmen zur Verbesserung der Pachtsache hat der Pächter zu dulden, es sei denn, dass die Maßnahme für ihn eine Härte bedeuten würde, die auch unter Würdigung der berechtigten Interessen des Verpächters nicht zu rechtfertigen ist. Der Verpächter hat die dem Pächter durch die Maßnahme entstandenen Aufwendungen und entgangenen Erträge in einem den Umständen nach angemessenen Umfang zu ersetzen. Auf Verlangen hat der Verpächter Vorschuss zu leisten.

(3) Soweit der Pächter infolge von Maßnahmen nach Absatz 2 Satz 1 höhere Erträge erzielt oder bei ordnungsmäßiger Bewirtschaftung erzielen könnte, kann der Verpächter verlangen, dass der Pächter in eine angemessene Erhöhung der Pacht einwilligt, es sei denn, dass dem Pächter eine Erhöhung der Pacht nach den Verhältnissen des Betriebs nicht zugemutet werden kann.

(4) Über Streitigkeiten nach den Absätzen 1 und 2 entscheidet auf Antrag das Landwirtschaftsgericht. Verweigert der Pächter in den Fällen des Absatzes 3 seine Einwilligung, so kann sie das Landwirtschaftsgericht auf Antrag des Verpächters ersetzen.

第五百八十八条 [保存或改良之措施]

Ⅰ 收益承租人应容忍为保存收益租赁物所必要之干涉。

Ⅱ ¹收益承租人应容忍为改良收益租赁物之措施。²但就该措施,斟酌收益出租人之正当利益后,亦不认为正当时,且对收益承租人仍属严苛者,不在此限。³收益出租人应按其情形于适当范围内,补偿收益承租人因该措施所生费用及所失收益。⁴收益出租人应依请求预先给付其费用。

Ⅲ 收益承租人因第二款第一段所定之措施而获取较高之收益,或依通常之经营可得获取者,收益出租人得请求收益承租人同意适当提高收益租金。但按工作物之状况,收益租金之提高对收益承租人为不可期待者,不在此限。

Ⅳ ¹就第一款及第二款规定之争议,由农业法院依申请以裁判定之。²于第三款之情形,收益承租人拒绝同意者,农业法院得依收益出租人之申请,取代该同意。

§589 Nutzungsüberlassung an Dritte

(1) Der Pächter ist ohne Erlaubnis des Verpächters nicht berechtigt,
  1. die Nutzung der Pachtsache einem Dritten zu überlassen, insbesondere die Sache weiter zu verpachten,
  2. die Pachtsache ganz oder teilweise einem landwirtschaftlichen Zusammenschluss zum Zwecke der gemeinsamen Nutzung zu überlassen.

(2) Überlässt der Pächter die Nutzung der Pachtsache einem Dritten, so hat er ein Verschulden, dass dem Dritten bei der Nutzung zur Last fällt, zu vertreten, auch wenn der Verpächter die Erlaubnis zur Überlassung erteilt hat.

第五百八十九条 [交付于第三人用益]

Ⅰ 非经收益出租人之允许,收益承租人不得为下列行为:
  1. 将收益租赁物交付于第三人用益,即如将租赁物转租。
  2. 为共同用益之目的,将全部或一部收益租赁物交付于农业联盟。

Ⅱ 收益承租人将收益租赁物交付于第三人用益者, 纵经收益出租人允许其交付, 收益承租人于第三人用益时就其可归责事由负其责任。

§590 Änderung der landwirtschaftlichen Bestimmung oder der bisherigen Nutzung

(1) Der Pächter darf die landwirtschaftliche Bestimmung der Pachtsache nur mit vorheriger Erlaubnis des Verpächters ändern.
(2) Zur Änderung der bisherigen Nutzung der Pachtsache ist die vorherige Erlaubnis des Verpächters nur dann erforderlich, wenn durch die Änderung die Art der Nutzung über die Pachtzeit hinaus beeinflusst wird. Der Pächter darf Gebäude nur mit vorheriger Erlaubnis des Verpächters errichten. Verweigert der Verpächter die Erlaubnis, so kann sie auf Antrag des Pächters durch das Landwirtschaftsgericht ersetzt werden, soweit die Änderung zur Erhaltung oder nachhaltigen Verbesserung der Rentabilität des Betriebs geeignet erscheint und dem Verpächter bei Berücksichtigung seiner berechtigten Interessen zugemutet werden kann. Dies gilt nicht, wenn der Pachtvertrag gekündigt ist oder das Pachtverhältnis in weniger als drei Jahren endet. Das Landwirtschaftsgericht kann die Erlaubnis unter Bedingungen und Auflagen ersetzen, insbesondere eine Sicherheitsleistung anordnen sowie Art und Umfang der Sicherheit bestimmen. Ist die Veranlassung für die Sicherheitsleistung weggefallen, so entscheidet auf Antrag das Landwirtschaftsgericht über die Rückgabe der Sicherheit; §109 der Zivilprozessordnung gilt entsprechend.
(3) Hat der Pächter das nach §582a zum Schätzwert übernommene Inventar im Zusammenhang mit einer Änderung der Nutzung der Pachtsache wesentlich vermindert, so kann der Verpächter schon während der Pachtzeit einen Geldausgleich in entsprechender Anwendung des §582a Abs. 3 verlangen, es sei denn, dass der Erlös der veräußerten Inventarstücke zu einer zur Höhe des Erlöses in angemessenem Verhältnis stehenden Verbesserung der Pachtsache nach §591 verwendet worden ist.

第五百九十条 [农业用途或原来用益之变更]
Ⅰ 收益承租人仅于收益出租人事前同意时, 始得变更收益租赁物之农业用途。
Ⅱ [1]变更收益租赁物之原来用益者, 仅于该变更将逾越收益租赁期间而影响用益方式时,始应经收益出租人之事前同意。²收益承租人仅于收益出租人事前同意时,始得兴建建筑物。³收益出租人拒绝同意者,其同意得依收益承租人之申请由农业法院取代该同意,但以其变更显示为适于保存或持续改善工作物之效益,且斟酌收益出租人之正当利益,对收益出租人系可期待者为限。⁴收益租赁契约经终止,或收益租赁关系于三年内终了者,不适用之。⁵农业法院得附条件或附负担而取代该同意,即如命供担保与确定担保之方式及范围。⁶供担保之原因消灭者,农业法院得因申请而裁判返还担保物;《民事诉讼法》第一百零九条规定,准用之。

Ⅲ 收益承租人因变更收益租赁物之用益,显然减少依第五百八十二条之一规定估定价额而承受之附属物者,收益出租人于收益租赁期间内即得准用第五百八十二条之一第三款规定,请求金钱补偿。但让与附属物品之收益已用于第五百九十一条所定收益租赁物之改善,而其改善与该收益之数额符合相当比例者,不在此限。

§590a Vertragswidriger Gebrauch

Macht der Pächter von der Pachtsache einen vertragswidrigen Gebrauch und setzt er den Gebrauch ungeachtet einer Abmahnung des Verpächters fort, so kann der Verpächter auf Unterlassung klagen.

第五百九十条之一 [违反契约之使用]

收益承租人就收益租赁物为违反契约之使用,且不顾收益出租人之催告而继续为其使用者,收益出租人得提起不作为之诉。

§590b Notwendige Verwendungen

Der Verpächter ist verpflichtet, dem Pächter die notwendigen Verwendungen auf die Pachtsache zu ersetzen.

第五百九十条之二 [必要费用]

收益出租人负偿还收益租赁物之必要费用于收益承租人之义务。

§591 Wertverbessernde Verwendungen

(1) Andere als notwendige Verwendungen, denen der Verpächter zugestimmt hat, hat er dem Pächter bei Beendigung des Pachtverhältnisses zu ersetzen, soweit die Verwendungen den Wert der Pachtsache über die Pachtzeit hinaus erhöhen (Mehrwert).

(2) Weigert sich der Verpächter, den Verwendungen zuzustimmen, so kann die Zustimmung auf Antrag des Pächters durch das Landwirtschaftsgericht ersetzt werden, soweit die Verwendungen zur Erhaltung oder nachhaltigen Verbesserung der Rentabilität des Betriebs geeignet sind und dem Verpächter bei Berücksichtigung seiner berechtigten Interessen zugemutet werden können. Dies gilt nicht, wenn der Pachtvertrag gekündigt ist oder das Pachtverhältnis in weniger als drei Jahren endet. Das Landwirtschaftsgericht kann die Zustimmung unter Bedingungen und Auflagen ersetzen.

(3) Das Landwirtschaftsgericht kann auf Antrag auch über den Mehrwert Bestimmungen treffen und ihn festsetzen. Es kann bestimmen, dass der Verpächter den Mehrwert nur in Teilbeträgen zu ersetzen hat, und kann Bedingungen für die Bewilligung solcher Teilzahlungen festsetzen. Ist dem Verpächter ein Ersatz des Mehrwerts bei Beendigung des Pachtverhältnisses auch in Teilbeträgen nicht zuzumuten, so kann der Pächter nur verlangen, dass das Pachtverhältnis zu den bisherigen Bedingungen so lange fortgesetzt wird, bis der Mehrwert der Pachtsache abgegolten ist. Kommt keine Einigung zustande, so entscheidet auf Antrag das Landwirtschaftsgericht über eine Fortsetzung des Pachtverhältnisses.

第五百九十一条 [价值改良之费用]

Ⅰ 必要费用以外之费用经收益出租人同意者，收益出租人应于收益租赁关系终了时，偿还于收益承租人，但以其费用增加收益租赁物逾越收益租赁期间之价值（增值）者为限[a]。

Ⅱ [1]收益出租人拒绝同意该费用者，得依收益承租人申请由农业法院取代该同意，但以其费用为适于保存或持续改善工作物之效益，且斟酌收益出租人之正当利益，对收益出租人系可期待者为限。[2]收益租赁契约经终止，或收益租赁关系将于三年内终了者，不适用之。[3]农业法院得附条件或附负担而取代该同意。

Ⅲ [1]农业法院依申请亦得制定增值之规定并评定其增值。[2]农业法院得规定，收益出租人仅应以分期付款偿还该增值，并得就其分期付款之同意设定条件。³收益租赁关系终止时，以分期付款偿还该增值对收益出租人仍属不可期待者，收益承租人仅得请求以原条件继续收益租赁关系，至用尽收益租赁物之增值止。⁴未能达成合意者，农业法院得因申请而裁判收益租赁关系之继续。

a 本项所规定应经出租人同意之费用，系指"必要费用以外之费用"，而非"必要费用"。①

§591a Wegnahme von Einrichtungen

Der Pächter ist berechtigt, eine Einrichtung, mit der er die Sache versehen hat, wegzunehmen. Der Verpächter kann die Ausübung des Wegnahmerechts durch Zahlung einer angemessenen Entschädigung abwenden, es sei denn, dass der Pächter ein berechtigtes Interesse an der Wegnahme hat. Eine Vereinbarung, durch die das Wegnahmerecht des Pächters ausgeschlossen wird, ist nur wirksam, wenn ein angemessener Ausgleich vorgesehen ist.

第五百九十一条之一 **[设备之取回]**
¹收益承租人得取回其于租赁物所增设之设备。²收益出租人得以支付相当补偿之方式以避免取回权之行使。但使用承租人有正当利益行使取回权者，不在此限。³排除取回权之约定，仅于定有相当之补偿时始生效力。

§591b Verjährung von Ersatzansprüchen

(1) Die Ersatzansprüche des Verpächters wegen Veränderung oder Verschlechterung der verpachteten Sache sowie die Ansprüche des Pächters auf Ersatz von Verwendungen oder auf Gestattung der Wegnahme einer Einrichtung verjähren in sechs Monaten.

(2) Die Verjährung der Ersatzansprüche des Verpächters beginnt mit dem Zeitpunkt, in welchem er die Sache zurückerhält. Die Verjährung der Ansprüche des Pächters beginnt mit der Beendigung des Pachtverhältnisses.

---

① 参见*Erman*, BGB, 12. Aufl. (2008), § 591 Rdnr. 1.

(3) Mit der Verjährung des Anspruchs des Verpächters auf Rückgabe der Sache verjähren auch die Ersatzansprüche des Verpächters.

第五百九十一条之二　[赔偿请求权之消灭时效]
Ⅰ 收益出租人因收益租赁物之变更或毁损所生之赔偿请求权，及收益承租人之费用偿还请求权或取回设备之同意请求权，因六个月间不行使者而消灭。
Ⅱ ¹收益出租人赔偿请求权之消灭时效，自取回收益租赁物时起算。²收益承租人请求权之消灭时效，自收益租赁关系终止时起算。
Ⅲ 收益出租人之收益租赁物返还请求权时效消灭时，收益出租人之损害赔偿请求权亦时效消灭。

§592　Verpächterpfandrecht

Der Verpächter hat für seine Forderungen aus dem Pachtverhältnis ein Pfandrecht an den eingebrachten Sachen des Pächters sowie an den Früchten der Pachtsache. Für künftige Entschädigungsforderungen kann das Pfandrecht nicht geltend gemacht werden. Mit Ausnahme der in §811 Abs. 1 Nr. 4 der Zivilprozessordnung genannten Sachen erstreckt sich das Pfandrecht nicht auf Sachen, die der Pfändung nicht unterworfen sind. Die Vorschriften der §§562a bis 562c gelten entsprechend.

第五百九十二条　[收益出租人之质权]
¹收益出租人就其于收益租赁关系中所生之债权，对收益承租人所携之物及收益租赁物之孳息，有质权。²就将来之补偿债权，不得主张质权。³除《民事诉讼法》第八百一十一条第一款第四项规定所称之物外，质权不及于禁止扣押之物。⁴第五百六十二条之一至第五百六十二条之三规定，准用之。

§593　Änderung von Landpachtverträgen

(1) Haben sich nach Abschluss des Pachtvertrags die Verhältnisse, die für die Festsetzung der Vertragsleistungen maßgebend waren, nachhaltig so geändert, dass die gegenseitigen Verpflichtungen in ein grobes Missverhältnis zueinander geraten sind, so kann jeder Vertragsteil eine Änderung des Vertrags mit Ausnahme der Pachtdauer verlangen. Verbessert oder verschlechtert sich infolge der Bewirtschaftung

der Pachtsache durch den Pächter deren (2)Ertrag, so kann, soweit nichts anderes vereinbart ist, eine Änderung der Pacht nicht verlangt werden.

(2) Eine Änderung kann frühestens zwei Jahre nach Beginn des Pachtverhältnisses oder nach dem Wirksamwerden der letzten Änderung der Vertragsleistungen verlangt werden. Dies gilt nicht, wenn verwüstende Naturereignisse, gegen die ein Versicherungsschutz nicht üblich ist, das Verhältnis der Vertragsleistungen grundlegend und nachhaltig verändert haben.

(3) Die Änderung kann nicht für eine frühere Zeit als für das Pachtjahr verlangt werden, in dem das Änderungsverlangen erklärt wird.

(4) Weigert sich ein Vertragsteil, in eine Änderung des Vertrags einzuwilligen, so kann der andere Teil die Entscheidung des Landwirtschaftsgerichts beantragen.

(5) Auf das Recht, eine Änderung des Vertrags nach den Absätzen 1 bis 4 zu verlangen, kann nicht verzichtet werden. Eine Vereinbarung, dass einem Vertragsteil besondere Nachteile oder Vorteile erwachsen sollen, wenn er die Rechte nach den Absätzen 1 bis 4 ausübt oder nicht ausübt, ist unwirksam.

第五百九十三条 [农地收益租赁契约之变更]

Ⅰ [1]收益租赁契约成立后，因作为确认契约给付标准之关系之持续变更，致双方之义务变为显不相当者，契约之任一方得请求除收益租赁期间以外之契约变更。[2]因收益承租人之经营收益租赁物，致该物之收益改善或毁损者，除另有约定外，不得请求收益租赁之变更。

Ⅱ [1]变更最早得于收益租赁关系开始或前一次契约给付之变更生效后，经过两年始得请求之。[2]毁灭性自然灾害彻底并持续变更契约给付关系，且其灾害非属通常保险范围者，不适用之。

Ⅲ 于收益租赁年度为请求变更之表示者，不得更早于该年度之期间请求变更。

Ⅳ 契约之一方拒绝同意契约之变更者，他方得申请农业法院以裁判定之。

Ⅴ [1]第一款至第四款所定请求变更契约之权利，不得抛弃。[2]约定契约之一方行使或不行使第一款至第四款所定之权利，将对其产生特别之不利益或利益者，其约定无效。

§593a Betriebsübergabe

Wird bei der Übergabe eines Betriebs im Wege der vorweggenommenen Erbfolge ein zugepachtetes Grundstück, das der Landwirtschaft dient, mit übergeben, so tritt der

Übernehmer anstelle des Pächters in den Pachtvertrag ein. Der Verpächter ist von der Betriebsübergabe jedoch unverzüglich zu benachrichtigen. Ist die ordnungsmäßige Bewirtschaftung der Pachtsache durch den Übernehmer nicht gewährleistet, so ist der Verpächter berechtigt, das Pachtverhältnis außerordentlich mit der gesetzlichen Frist zu kündigen.

第五百九十三条之一 [工作物之交付]

[1]交付工作物时，供农业用之收益租赁土地以提前发生继承之方式一并交付者，受让人代替收益承租人加入收益租赁关系。[2]但就该工作物之交付应即时告知收益出租人。[3]不能保证受让人依通常方法经营收益租赁物者，收益出租人得定法定期限而特别终止收益租赁关系。

§593b Veräußerung oder Belastung des verpachteten Grundstücks

Wird das verpachtete Grundstück veräußert oder mit dem Recht eines Dritten belastet, so gelten die §§566 bis 567b entsprechend.

第五百九十三条之二 [收益租赁土地之让与或设定负担]

已出租之收益租赁土地经让与或设定以第三人权利为内容之负担者，准用第五百六十六条至第五百六十七条之二规定。

§594 Ende und Verlängerung des Pachtverhältnisses

Das Pachtverhältnis endet mit dem Ablauf der Zeit, für die es eingegangen ist. Es verlängert sich bei Pachtverträgen, die auf mindestens drei Jahre geschlossen worden sind, auf unbestimmte Zeit, wenn auf die Anfrage eines Vertragsteils, ob der andere Teil zur Fortsetzung des Pachtverhältnisses bereit ist, dieser nicht binnen einer Frist von drei Monaten die Fortsetzung ablehnt. Die Anfrage und die Ablehnung bedürfen der schriftlichen Form. Die Anfrage ist ohne Wirkung, wenn in ihr nicht auf die Folge der Nichtbeachtung ausdrücklich hingewiesen wird und wenn sie nicht innerhalb des drittletzten Pachtjahrs gestellt wird.

第五百九十四条 [收益租赁关系之消灭及延长]

[1]收益租赁关系因约定期间届满而消灭。[2]收益租赁契约至少以三年为期

间而制定者,如他方当事人对契约一方关于是否愿意继续收益租赁关系之询问,未于三个月期间内拒绝继续时,其收益租赁契约以不定期限继续之。³其询问及拒绝应以书面为之。⁴未于询问中明确指示不遵守之效力,且未于倒数第三收益租赁年度内提出询问者,其询问不生效力。

§594a Kündigungsfristen

(1) Ist die Pachtzeit nicht bestimmt, so kann jeder Vertragsteil das Pachtverhältnis spätestens am dritten Werktag eines Pachtjahrs für den Schluss des nächsten Pachtjahrs kündigen. Im Zweifel gilt das Kalenderjahr als Pachtjahr. Die Vereinbarung einer kürzeren Frist bedarf der Schriftform.

(2) Für die Fälle, in denen das Pachtverhältnis außerordentlich mit der gesetzlichen Frist vorzeitig gekündigt werden kann, ist die Kündigung nur für den Schluss eines Pachtjahrs zulässig; sie hat spätestens am dritten Werktag des halben Jahres zu erfolgen, mit dessen Ablauf die Pacht enden soll.

第五百九十四条之一 [终止契约之期限]

Ⅰ ¹收益租赁契约期限不确定者,契约之任一方得最迟于收益租赁年度之第三工作日,以下一收益租赁年度之末日为终止期间而终止之。²有疑义时,日历年视为收益租赁年度。³有较短期限之约定者,应以书面为之。

Ⅱ 就收益租赁关系得定法定期间而特别提前终止之情形,仅得以收益租赁年度之末日为终止期间而终止之;收益租赁应于半年届满后终了者,其终止最迟应于该半年之第三个工作日为之。

§594b Vertrag über mehr als 30 Jahre

Wird ein Pachtvertrag für eine längere Zeit als 30 Jahre geschlossen, so kann nach 30 Jahren jeder Vertragsteil das Pachtverhältnis spätestens am dritten Werktag eines Pachtjahrs für den Schluss des nächsten Pachtjahrs kündigen. Die Kündigung ist nicht zulässig, wenn der Vertrag für die Lebenszeit des Verpächters oder des Pächters geschlossen ist.

第五百九十四条之二 [超过三十年之契约]

¹收益租赁契约以超过三十年之期间而制定者,契约之任一方于三十年后,得最迟于收益租赁年度之第三工作日,以下一收益租赁年之末日

为终止期间而终止之。²契约系就收益出租人或收益承租人之终身而制定者,不得终止之。

§594c　Kündigung bei Berufsunfähigkeit des Pächters

Ist der Pächter berufsunfähig im Sinne der Vorschriften der gesetzlichen Rentenversicherung geworden, so kann er das Pachtverhältnis außerordentlich mit der gesetzlichen Frist kündigen, wenn der Verpächter der Überlassung der Pachtsache zur Nutzung an einen Dritten, der eine ordnungsmäßige Bewirtschaftung gewährleistet, widerspricht. Eine abweichende Vereinbarung ist unwirksam.

第五百九十四条之三　[于收益承租人无就业能力时之终止]
¹收益承租人成为法定年金保险规定所称之无就业能力,且收益出租人反对将收益租赁物交付就通常经营为保证之第三人用益者,收益承租人得定法定期间特别终止收益租赁关系。²相反之约定者,无效。

§594d　Tod des Pächters

(1) Stirbt der Pächter, so sind sowohl seine Erben als auch der Verpächter innerhalb eines Monats, nachdem sie vom Tod des Pächters Kenntnis erlangt haben, berechtigt, das Pachtverhältnis mit einer Frist von sechs Monaten zum Ende eines Kalendervierteljahrs zu kündigen.

(2) Die Erben können der Kündigung des Verpächters widersprechen und die Fortsetzung des Pachtverhältnisses verlangen, wenn die ordnungsmäßige Bewirtschaftung der Pachtsache durch sie oder durch einen von ihnen beauftragten Miterben oder Dritten gewährleistet erscheint. Der Verpächter kann die Fortsetzung des Pachtverhältnisses ablehnen, wenn die Erben den Widerspruch nicht spätestens drei Monate vor Ablauf des Pachtverhältnisses erklärt und die Umstände mitgeteilt haben, nach denen die weitere ordnungsmäßige Bewirtschaftung der Pachtsache gewährleistet erscheint. Die Widerspruchserklärung und die Mitteilung bedürfen der schriftlichen Form. Kommt keine Einigung zustande, so entscheidet auf Antrag das Landwirtschaftsgericht.

(3) Gegenüber einer Kündigung des Verpächters nach Absatz 1 ist ein Fortsetzungsverlangen des Erben nach §595 ausgeschlossen.

第五百九十四条之四 [收益承租人死亡]

Ⅰ 收益承租人死亡者，其继承人及收益出租人于知悉收益承租人死亡后一个月内，得定六个月期间至日历季之末日终了为止，终止收益租赁关系。

Ⅱ ¹收益租赁物由继承人或经其委任之共同继承人中之一人或第三人足以证明通常经营者，继承人得对收益出租人之终止表示异议，并请求继续收益租赁关系。²继承人未于收益租赁关系期间届满前三个月表示异议，且未将收益租赁物之通常继续经营足以证明之情事一并通知者，收益出租人得拒绝收益租赁关系之继续。³该异议之表示及通知应以书面为之。⁴未能达成合意者，由农业法院依申请以裁判定之。

Ⅲ 对于收益出租人依第一款规定终止，继承人不得依第五百九十五条规定为收益租赁关系继续之请求。

§594e Außerordentliche fristlose Kündigung aus wichtigem Grund

(1) Die außerordentliche fristlose Kündigung des Pachtverhältnisses ist in entsprechender Anwendung der §§543, 569 Abs. 1 und 2 zulässig.

(2) Abweichend von §543 Abs. 2 Nr. 3 Buchstabe a und b liegt ein wichtiger Grund insbesondere vor, wenn der Pächter mit der Entrichtung der Pacht oder eines nicht unerheblichen Teils der Pacht länger als drei Monate in Verzug ist. Ist die Pacht nach Zeitabschnitten von weniger als einem Jahr bemessen, so ist die Kündigung erst zulässig,wenn der Pächter für zwei aufeinander folgende Termine mit der Entrichtung der Pacht oder eines nicht unerheblichen Teils der Pacht in Verzug ist.

第五百九十四条之五 [因重大事由而为特别不定期限之终止]

Ⅰ 收益租赁关系之特别不定期限之终止，得准用五百四十三条、第五百六十九条第一款及第二款规定。

Ⅱ ¹收益承租人就租金或租金非属不重要之部分，迟延支付超过三个月者，即如有重大事由，其不受第五百四十三条第二款第三项第一目及第二目规定之限制。²收益租金按少于一年期间而计算，且收益承租人就租金或租金非属不重要之部分，连续两期迟延支付者，始得终止收益租赁契约。

§594f Schriftform der Kündigung

Die Kündigung bedarf der schriftlichen Form.

第五百九十四条之六 [终止之书面]

契约之终止,应以书面为之。

§595 Fortsetzung des Pachtverhältnisses

(1) Der Pächter kann vom Verpächter die Fortsetzung des Pachtverhältnisses verlangen, wenn
1. bei einem Betriebspachtverhältnis der Betrieb seine wirtschaftliche Lebensgrundlage bildet,
2. bei dem Pachtverhältnis über ein Grundstück der Pächter auf dieses Grundstück zur Aufrechterhaltung seines Betriebs, der seine wirtschaftliche Lebensgrundlage bildet, angewiesen ist

und die vertragsmäßige Beendigung des Pachtverhältnisses für den Pächter oder seine Familie eine Härte bedeuten würde, die auch unter Würdigung der berechtigten Interessen des Verpächters nicht zu rechtfertigen ist. Die Fortsetzung kann unter diesen Voraussetzungen wiederholt verlangt werden.

(2) Im Falle des Absatzes 1 kann der Pächter verlangen, dass das Pachtverhältnis so lange fortgesetzt wird, wie dies unter Berücksichtigung aller Umstände angemessen ist. Ist dem Verpächter nicht zuzumuten, das Pachtverhältnis nach den bisher geltenden Vertragsbedingungen fortzusetzen, so kann der Pächter nur verlangen, dass es unter einer angemessenen Änderung der Bedingungen fortgesetzt wird.

(3) Der Pächter kann die Fortsetzung des Pachtverhältnisses nicht verlangen, wenn
1. er das Pachtverhältnis gekündigt hat,
2. der Verpächter zur außerordentlichen fristlosen Kündigung oder im Falle des §593a zur außerordentlichen Kündigung mit der gesetzlichen Frist berechtigt ist,
3. die Laufzeitdes Vertrags bei einem Pachtverhältnis über einen Betrieb, der Zupachtung von Grundstücken, durch die ein Betrieb entsteht, oder bei einem Pachtverhältnis über Moor- und Ödland, das vom Pächter kultiviert worden ist, auf mindestens 18 Jahre, bei der Pacht anderer Grundstücke auf mindestens zwölf Jahre vereinbart ist,

4. der Verpächter die nur vorübergehend verpachtete Sache in eigene Nutzung nehmen oder zur Erfüllung gesetzlicher oder sonstiger öffentlicher Aufgaben verwenden will.

(4) Die Erklärung des Pächters, mit der er die Fortsetzung des Pachtverhältnisses verlangt, bedarf der schriftlichen Form. Auf Verlangen des Verpächters soll der Pächter über die Gründe des Fortsetzungsverlangens unverzüglich Auskunft erteilen.

(5) Der Verpächter kann die Fortsetzung des Pachtverhältnisses ablehnen, wenn der Pächter die Fortsetzung nicht mindestens ein Jahr vor Beendigung des Pachtverhältnisses vom Verpächter verlangt oder auf eine Anfrage des Verpächters nach §594 die Fortsetzung abgelehnt hat. Ist eine zwölfmonatige oder kürzere Kündigungsfrist vereinbart, so genügt es, wenn das Verlangen innerhalb eines Monats nach Zugang der Kündigung erklärt wird.

(6) Kommt eine Einigung zustande, so entscheidet auf Antrag das Landwirtschaftsgericht über eine Fortsetzung und über die Dauer des Pachtverhältnisses sowie über die Bedingungen, zu denen es fortgesetzt wird. Das Gericht kann die Fortsetzung des Pachtverhältnisses jedoch nur bis zu einem Zeitpunkt anordnen, der die in Absatz 3 Nr. 3 genannten Fristen, ausgehend vom Beginn des laufenden Pachtverhältnisses, nicht übersteigt. Die Fortsetzung kann auch auf einen Teil der Pachtsache beschränkt werden.

(7) Der Pächter hat den Antrag auf gerichtliche Entscheidung spätestens neun Monate vor Beendigung des Pachtverhältnisses und im Falle einer zwölfmonatigen oder kürzeren Kündigungsfrist zwei Monate nach Zugang der Kündigung bei dem Landwirtschaftsgericht zu stellen. Das Gericht kann den Antrag nachträglich zulassen, wenn es zur Vermeidung einer unbilligen Härte geboten erscheint und der Pachtvertrag noch nicht abgelaufen ist.

(8) Auf das Recht, die Verlängerung eines Pachtverhältnisses nach den Absätzen 1 bis 7 zu verlangen, kann nur verzichtet werden, wenn der Verzicht zur Beilegung eines Pachtstreits vor Gericht oder vor einer berufsständischen Pachtschlichtungsstelle erklärt wird. Eine Vereinbarung, dass einem Vertragsteil besondere Nachteile oder besondere Vorteile erwachsen sollen, wenn er die Rechte nach den Absätzen 1 bis 7 ausübt oder nicht ausübt, ist unwirksam.

第五百九十五条 [收益租赁关系之继续]

I ¹有下列情事之一者,收益承租人得向收益出租人请求收益租赁关系之继续：

第八章 各种之债　　　　　　　　　　　　　　　　　　　　　　§595

  1. 于工作物之收益租赁关系，该工作物构成收益承租人之经济生活基础。
  2. 于土地之收益租赁关系，收益承租人依赖该土地以维持其工作物，而该工作物构成其经济生活基础。
  且收益租赁关系符合契约之终了，对收益承租人或其亲属系属严苛，而其严苛于斟酌收益出租人之正当利益后，仍不能认为正当。²于符合该要件时，得重复请求收益租赁关系之继续。
Ⅱ ¹于第一款之情形，如斟酌一切情事时认为适当者，收益承租人得请求收益租赁关系继续。²不能期待收益出租人依现有之契约条件继续收益租赁关系者，收益承租人仅得于符合适当变更条件时请求继续之。
Ⅲ 有下列情事之一者，收益承租人不得请求收益租赁关系之继续：
  1. 收益承租人已终止收益租赁关系者。
  2. 收益出租人得为特别不定期限之终止，或于第五百九十三条之一所定情事得定法定期间而特别终止者。
  3. 因工作物之收益租赁关系、因工作物所生之土地收益租赁，或收益承租人耕作之湿地及荒地收益租赁关系之契约期间，约定为至少十八年；其他土地收益租赁关系之契约期间，约定为至少十二年者。
  4. 收益出租人就仅暂时收益租赁之物欲自行用益，或欲使用于履行法定或其他公共负担。
Ⅳ ¹收益承租人请求继续收益租赁关系之表示，应以书面为之。²因收益出租人之请求，收益承租人应即时告知请求继续之理由。
Ⅴ ¹收益承租人最迟未于收益租赁关系终了一年前向收益出租人请求继续，或基于收益出租人依第五百九十四条规定之询问而拒绝继续者，收益出租人得拒绝收益租赁关系之继续。²约定之终止期间为十二个月或更短者，于终止之表示到达后一个月内请求为已足。
Ⅵ ¹未能达成合意者，农业法院依申请就收益租赁关系之继续、期间及继续收益租赁关系之条件，以裁判定之。²但法院就收益租赁关系之继续，仅得命自迄今之收益租赁关系开始时起，继续至不逾第三款第三项所定期限为止。³其继续亦得限于收益租赁物之一部分。
Ⅶ ¹收益承租人最迟应于收益租赁关系终了前九个月，及于终止期间为十二个月或更短之情形，在终止之表示到达后两个月，申请农业法院裁判之。²其情形足以证明可避免不适当之严苛，且收益租赁契约期限尚未届满者，法院得嗣后准许其申请。
Ⅷ ¹依第一款至第七款规定请求继续收益租赁关系之权利，得抛弃之，但以其抛弃系在法院或在租赁专门调解机构为解决租赁争议所为者为限。²约定契约之一方行使或不行使依第一款至第七款规定之权利，将对其产生特别之不利益或特别之利益者，该约定无效。

§595a Vorzeitige Kündigung von Landpachtverträgen

(1) Soweit die Vertragsteile zur außerordentliche Kündigung eines Landpachtverhältnisses mit der gesetzlichen Frist berechtigt sind, steht ihnen dieses Recht auch nach Verlängerung des Landpachtverhältnisses oder Änderung des Landpachtvertrags zu.

(2) Auf Antrag eines Vertragsteils kann das Landwirtschaftsgericht Anordnungen über die Abwicklung eines vorzeitig beendeten oder eines teilweise beendeten Landpachtvertrags treffen. Wird die Verlängerung eines Landpachtvertrags auf einen Teil der Pachtsache beschränkt, kann das Landwirtschaftsgericht die Pacht für diesen Teil festsetzen.

(3) Der Inhalt von Anordnungen des Landwirtschaftsgerichts gilt unter den Vertragsteilen als Vertragsinhalt. Über Streitigkeiten, die diesen Vertragsinhalt betreffen, entscheidet auf Antrag das Landwirtschaftsgericht.

第五百九十五条之一　[农地收益租赁契约之提前终止]

Ⅰ 契约之双方得依法定期限而特别终止农地收益租赁关系者，该权利于农地收益租赁关系延长或农地收益租赁契约变更后，仍归属其双方。

Ⅱ ¹农业法院得基于契约一方之申请，命为提前终止或一部终止农地收益租赁契约之清算。²农地收益租赁契约之延长限于收益租赁物之一部者，农业法院得就该部分确定其租金。

Ⅲ ¹农业法院命令之内容，于契约双方之间视为契约之内容。²就涉及该契约内容之争议，农业法院依申请裁判之。

§596 Rückgabe der Pachtsache

(1) Der Pächter ist verpflichtet, die Pachtsache nach Beendigung des Pachtverhältnisses in dem Zustand zurückzugeben, der einer bis zur Rückgabe fortgesetzten ordnungsmäßigen Bewirtschaftung entspricht.

(2) Dem Pächter steht wegen seiner Ansprüche gegen den Verpächter ein Zurückbehaltungsrecht am Grundstück nicht zu.

(3) Hat der Pächter die Nutzung der Pachtsache einem Dritten überlassen, so kann der Verpächter die Sache nach Beendigung des Pachtverhältnisses auch von dem Dritten zurückfordern.

第五百九十六条 [收益租赁物之返还]
Ⅰ 收益承租人负有于收益租赁关系消灭后，将收益租赁物以符合至返还时适于继续通常经营之状态返还之义务。
Ⅱ 收益承租人不因其对收益出租人之请求权，而就土地享有留置权。
Ⅲ 收益承租人使第三人使用收益租赁物者，收益出租人于收益租赁关系终了后，亦得向该第三人请求该收益租赁物返还。

§596a Ersatzpflicht bei vorzeitigem Pachtende

(1) Endet das Pachtverhältnis im Laufe eines Pachtjahrs, so hat der Verpächter dem Pächter den Wert der noch nicht getrennten, jedoch nach den Regeln einer ordnungsmäßigen Bewirtschaftung vor dem Ende des Pachtjahrs zu trennenden Früchte zu ersetzen. Dabei ist das Ernterisiko angemessen zu berücksichtigen.

(2) Lässt sich der in Absatz 1 bezeichnete Wert aus jahreszeitlich bedingten Gründen nicht feststellen, so hat der Verpächter dem Pächter die Aufwendungen auf diese Früchte insoweit zu ersetzen, als sie einer ordnungsmäßigen Bewirtschaftung entsprechen.

(3) Absatz 1 gilt auch für das zum Einschlag vorgesehene, aber noch nicht eingeschlagene Holz. Hat der Pächter mehr Holz eingeschlagen, als bei ordnungsmäßiger Nutzung zulässig war, so hat er dem Verpächter den Wert der die normale Nutzung übersteigenden Holzmenge zu ersetzen. Die Geltendmachung eines weiteren Schadens ist nicht ausgeschlossen.

第五百九十六条之一 [收益租赁提前终了时之赔偿义务]
Ⅰ [1]收益租赁关系于租赁年度期间内终了者，收益出租人应偿还收益承租人仍未分离，但依通常经营规则，将于该租赁年度终了前分离之孳息之价额。[2]于此情形，应适当斟酌收获风险。
Ⅱ 第一款所称之价值额因季节性原因而不能确定者，收益出租人应就合于通常经营范围内之孳息所支出之费用，偿还收益承租人。
Ⅲ [1]第一款规定亦适用于已计划砍伐但仍未砍伐之木材。[2]收益承租人已砍伐之木材超过通常用益所允许者，应偿还收益出租人超过通常用益之木材量之价额。³有其他损害者,仍得主张之。

§596b Rücklassungspflicht

(1) Der Pächter eines Betriebs hat von den bei Beendigung des Pachtverhältnisses vorhandenen landwirtschaftlichen Erzeugnissen so viel zurückzulassen, wie zur Fortführung der Wirtschaft bis zur nächsten Ernte nötig ist, auch wenn er bei Beginn des Pachtverhältnisses solche Erzeugnisse nicht übernommen hat.

(2) Soweit der Pächter nach Absatz 1 Erzeugnisse in größerer Menge oder besserer Beschaffenheit zurückzulassen verpflichtet ist, als er bei Beginn des Pachtverhältnisses übernommen hat, kann er vom Verpächter Ersatz des Wertes verlangen.

第五百九十六条之二 [留存义务]

Ⅰ 工作物之承租人应就收益租赁关系终了时现存之农业收获物,纵其于收益租赁关系开始时未受领该收获物者,亦应继续经营而留存至下次收获所必需之数量。

Ⅱ 收益承租人依第一款规定负留存收获物之义务,而该物较收益承租人于租赁关系开始时所受领时,其数量更多或品质更佳者,得请求收益出租人偿还其价额。

§597 Verspätete Rückgabe

Gibt der Pächter die Pachtsache nach Beendigung des Pachtverhältnisses nicht zurück, so kann der Verpächter für die Dauer der Vorenthaltung als Entschädigung die vereinbarte Pacht verlangen. Die Geltendmachung eines weiteren Schadens ist nicht ausgeschlossen.

第五百九十七条 [迟延返还]

¹收益承租人于收益租赁关系终了后未返还收益租赁物者,收益出租人得就留置之期间,请求给付约定之租金,作为赔偿。²有其他损害者,仍得主张之。

Titel 6 Leihe
第六节 使用借贷

§598 Vertragstypische Pflichten bei der Leihe

Durch den Leihvertrag wird der Verleiher einer Sache verpflichtet, dem Entleiher den Gebrauch der Sache unentgeltlich zu gestatten.

第五百九十八条 [使用借贷之契约典型义务]
因使用借贷契约，物之贷与人负无偿允许借用人使用其物之义务。

§599 Haftung des Verleihers

Der Verleiher hat nur Vorsatz und grobe Fahrlässigkeit zu vertreten.

第五百九十九条 [贷与人之责任]
贷与人仅就故意及重大过失负其责任。

§600 Mängelhaftung

Verschweigt der Verleiher arglistig einen Mangel im Recht oder einen Fehler der verliehenen Sache, so ist er verpflichtet, dem Entleiher den daraus entstehenden Schaden zu ersetzen.

第六百条 [瑕疵责任]
贷与人恶意不告知权利瑕疵或借用物之瑕疵者，负赔偿使用人因此所生损害之义务。

§601 Verwendungsersatz

(1) Der Entleiher hat die gewöhnlichen Kosten der Erhaltung der geliehenen Sache, bei der Leihe eines Tieres insbesondere die Fütterungskosten, zu tragen.

(2) Die Verpflichtung des Verleihers zum Ersatz anderer Verwendungen bestimmt sich nach den Vorschriften über die Geschäftsführung ohne Auftrag. Der Entleiher ist

berechtigt, eine Einrichtung, mit der er die Sache versehen hat, wegzunehmen.

第六百零一条　[费用偿还]

Ⅰ 借用人应负担借用物之通常保存费用,即如于动物之借用,应负担其饲养费。

Ⅱ ¹贷与人偿还其他费用之义务,依无因管理规定。²借用人得取回其就借用物所增设之设备。

§602　Abnutzung der Sache

Veränderungen oder Verschlechterungen der geliehenen Sache, die durch den vertragsmäßigen Gebrauch herbeigeführt werden, hat der Entleiher nicht zu vertreten.

第六百零二条　[物之耗损]

借用人就借用物因约定之使用而生之变更或毁损,不负其责任。

§603　Vertragsmäßiger Gebrauch

Der Entleiher darf von der geliehenen Sache keinen anderen als den vertragsmäßigen Gebrauch machen. Er ist ohne die Erlaubnis des Verleihers nicht berechtigt, den Gebrauch der Sache einem Dritten zu überlassen.

第六百零三条　[符合约定之使用]

¹借用人就借用物不得为约定以外之使用。²借用人非经贷与人允许,不得将借用物交予第三人使用。

§604　Rückgabepflicht

(1) Der Entleiher ist verpflichtet, die geliehene Sache nach dem Ablauf der für die Leihe bestimmten Zeit zurückzugeben.

(2) Ist eine Zeit nicht bestimmt, so ist die Sache zurückzugeben, nachdem der Entleiher den sich aus dem Zweck der Leihe ergebenden Gebrauch gemacht hat. Der Verleiher kann die Sache schon vorher zurückfordern, wenn so viel Zeit verstrichen ist, dass der Entleiher den Gebrauch hätte machen können.

(3) Ist die Dauer der Leihe weder bestimmt noch aus dem Zweck zu entnehmen, so

kann der Verleiher die Sache jederzeit zurückfordern.
(4) Überlässt der Entleiher den Gebrauch der Sache einem Dritten, so kann der Verleiher sie nach der Beendigung der Leihe auch von dem Dritten zurückfordern.
(5) Die Verjährung des Anspruchs auf Rückgabe der Sache beginnt mit der Beendigung der Leihe.

第六百零四条 [返还义务]

Ⅰ 借用人负于使用借贷所定期限届满后，返还借用物之义务。

Ⅱ ¹未定期限者，于借用人依使用借贷目的而使用完毕后，该借用物应予返还。²借用人可得使用之相当期间已经过者，贷与人得提前请求返还其物。

Ⅲ 使用借贷之存续期限既未确定，亦不能按其目的推知者，贷与人得随时请求返还借用物。

Ⅳ 借用人将借用物交付第三人使用者，贷与人于使用借贷终了后，亦得向该第三人请求返还该借用物。

Ⅴ 借用物返还请求权之时效，自使用借贷终了时起算。

§605 Kündigungsrecht

Der Verleiher kann die Leihe kündigen:
1. wenn er infolge eines nicht vorhergesehenen Umstandes der verliehenen Sache bedarf,
2. wenn der Entleiher einen vertragswidrigen Gebrauch von der Sache macht, insbesondere unbefugt den Gebrauch einem Dritten überlässt, oder die Sache durch Vernachlässigung der ihm obliegenden Sorgfalt erheblich gefährdet,
3. wenn der Entleiher stirbt.

第六百零五条 [终止权]

有下列情事之一者，贷与人得终止使用借贷：
1. 贷与人因不可预见之情事而需用借用物者。
2. 借用人就借用物为违反契约之使用，即如未经授权而交付第三人使用，或怠于其应为之注意致借用物遭受重大危险者。
3. 借用人死亡者。

§606 Kurze Verjährung

Die Ersatzansprüche des Verleihers wegen Veränderungen oder Verschlechterungen der verliehenen Sache sowie die Ansprüche des Entleihers auf Ersatz von Verwendungen oder auf Gestattung der Wegnahme einer Einrichtung verjähren in sechs Monaten. Die Vorschriften des §548 Abs. 1 Satz 2 und 3, Abs. 2 finden entsprechende Anwendung.

第六百零六条 [短期时效]
¹贷与人因借用物之变更或毁损所生之损害赔偿请求权，及借用人之费用偿还请求权，或取回设备之允许请求权，因六个月间不行使而消灭。
²第五百四十八条第一款第二段、第三段及第二款规定，准用之。

Titel 7 Sachdarlehensvertrag
第七节 物之消费借贷契约

§607 Vertragstypische Pflichten beim Sachdarlehensvertrag

(1) Durch den Sachdarlehensvertrag wird der Darlehensgeber verpflichtet, dem Darlehensnehmer eine vereinbarte vertretbare Sache zu überlassen. Der Darlehensnehmer ist zur Zahlung eines Darlehensentgelts und bei Fälligkeit zur Rückerstattung von Sachen gleicher Art, Güte und Menge verpflichtet.
(2) Die Vorschriften dieses Titels finden keine Anwendung auf die Überlassung von Geld.

第六百零七条 [物之消费借贷契约之契约典型义务]
Ⅰ ¹因物之消费借贷契约，贷与人负将约定之代替物交付借用人之义务。²借用人负支付消费借贷报酬，及于清偿期届满时，返还种类、品质、数量相同之物之义务。
Ⅱ 本节规定，不适用于金钱之交付使用。

§608 Kündigung

(1) Ist für die Rückerstattung der überlassenen Sache eine Zeit nicht bestimmt, hängt die Fälligkeit davon ab, dass der Darlehensgeber oder der Darlehensnehmer kündigt.

(2) Ein auf unbestimmte Zeit abgeschlossener Sachdarlehensvertrag kann, soweit nicht ein anderes vereinbart ist, jederzeit vom Darlehensgeber oder Darlehensnehmer ganz oder teilweise gekündigt werden.

第六百零八条 [终止]
Ⅰ 返还交付之物未定期限者,其清偿期之届满依贷与人或借用人之终止而定。
Ⅱ 以不定期限而制定之物之消费借贷契约时,无其他相反之约定者,得随时由贷与人或借用人为全部或一部分之终止。

§609 Entgelt

Ein Entgelt hat der Darlehensnehmer spätestens bei Rückerstattung der überlassenen Sache zu bezahlen.

第六百零九条 [报酬]
借用人最迟应于交付之物返还时,支付报酬。

§610 (weggefallen)

第六百一十条 [删除]

Titel 8
Dienstvertrag und ähnliche Verträge
第八节 雇佣及类似契约

Untertitel 1 Dienstvertrag
第一款 雇佣契约

*) Amtlicher Hinweis:
Dieser Titel dient der Umsetzung
1. der Richtlinie 76/207/EWG des Rates vom 9. Februar 1976 zur Verwirklichung des Grundsatzes der Gleichbehandlung von Männern und Frauen hinsichtlich des Zugangs zur Beschäftigung, zur Berufsbildung und zum beruflichen Aufstieg sowie in Bezug auf die Arbeitsbedingungen (ABl. EG Nr. L 39 S. 40) und
2. der Richtlinie 77/187/EWG des Rates vom 14. Februar 1977 zur Angleichung der Rechtsvorschriften der Mitgliedstaaten über die Wahrung von Ansprüchen der Arbeitnehmer beim Übergang von Unternehmen, Betrieben oder Betriebsteilen (ABl. EG Nr. L 61 S. 26).

德国官方注释：
本节规定之目的在于转化：
1.欧洲共同理事会1976年2月9日76/207/EWG《关于雇佣、职业教育及职业晋升及关于工作条件实现男女平等原则之指令》[1]及
2.欧洲共同理事会1977年2月14日77/187/EWG"会员国关于企业、企业之营业部门或营业部门之内部单位调动时保障劳工请求权法律规定之整合法令"。[2]

§611 Vertragstypische Pflichten beim Dienstvertrag

(1) Durch den Dienstvertrag wird derjenige, welcher Dienste zusagt, zur Leistung der versprochenen Dienste, der andere Teil zur Gewährung der vereinbarten Vergütung verpflichtet.

---

[1] 参见欧共体《官方公报》L卷第39期，第40页。
[2] 参见欧共体《官方公报》L卷第61期，第26页。

(2) Gegenstand des Dienstvertrags können Dienste jeder Art sein.

第六百一十一条 雇佣契约之契约典型义务

Ⅰ 因雇佣契约，允服劳务之一方负提供约定劳务之义务，他方负给付约定报酬之义务。

Ⅱ 雇佣契约之目标，得为各种类型之劳务。

§611a und §611b (weggefallen)

第六百一十一条之一至第六百一十一条之二 [删除]

§612 Vergütung

(1) Eine Vergütung gilt als stillschweigend vereinbart, wenn die Dienstleistung den Umständen nach nur gegen eine Vergütung zu erwarten ist.

(2) Ist die Höhe der Vergütung nicht bestimmt, so ist bei dem Bestehen einer Taxe die taxmäßige Vergütung, in Ermangelung einer Taxe die übliche Vergütung als vereinbart anzusehen.

(3) (weggefallen)

第六百一十二条 [报酬]

Ⅰ 按情形，仅支付报酬始得期待劳务之给付者，视为默示约定报酬。

Ⅱ 未定报酬额者，有工资表时，工资表所定之报酬，视为约定之报酬，无工资表时，习惯上之报酬，视为约定之报酬。

Ⅲ （删除）

§612a Maßregelungsverbot

Der Arbeitgeber darf einen Arbeitnehmer bei einer Vereinbarung oder einer Maßnahme nicht benachteiligen, weil der Arbeitnehmer in zulässiger Weise seine Rechte ausübt.

第六百一十二条之一 [处罚规定之禁止]

因受雇人以合法方式行使其权利，雇用人不得于约定或措施时使受雇人遭受不利益。

§613 Unübertragbarkeit

Der zur Dienstleistung Verpflichtete hat die Dienste im Zweifel in Person zu leisten. Der Anspruch auf die Dienste ist im Zweifel nicht übertragbar.

第六百一十三条 [不得让与性]

¹负劳务给付之义务人，有疑义时，应亲自服劳务。²劳务请求权，有疑义时，不得让与。

§613a Rechte und Pflichten bei Betriebsübergang

(1) Geht ein Betrieb oder Betriebsteil durch Rechtsgeschäft auf einen anderen Inhaber über, so tritt dieser in die Rechte und Pflichten aus den im Zeitpunkt des Übergangs bestehenden Arbeitsverhältnissen ein. Sind diese Rechte und Pflichten durch Rechtsnormen eines Tarifvertrags oder durch eine Betriebsvereinbarung geregelt, so werden sie Inhalt des Arbeitsverhältnisses zwischen dem neuen Inhaber und dem Arbeitnehmer und dürfen nicht vor Ablauf eines Jahres nach dem Zeitpunkt des Übergangs zum Nachteil des Arbeitnehmers geändert werden. Satz 2 gilt nicht, wenn die Rechte und Pflichten bei dem neuen Inhaber durch Rechtsnormen eines anderen Tarifvertrags oder durch eine andere Betriebsvereinbarung geregelt werden. Vor Ablauf der Frist nach Satz 2 können die Rechte und Pflichten geändert werden, wenn der Tarifvertrag oder die Betriebsvereinbarung nicht mehr gilt oder bei fehlender beiderseitiger Tarifgebundenheit im Geltungsbereich eines anderen Tarifvertrags dessen Anwendung zwischen dem neuen Inhaber und dem Arbeitnehmer vereinbart wird.

(2) Der bisherige Arbeitgeber haftet neben dem neuen Inhaber für Verpflichtungen nach Absatz 1, soweit sie vor dem Zeitpunkt des Übergangs entstanden sind und vor Ablauf von einem Jahr nach diesem Zeitpunkt fällig werden, als Gesamtschuldner. Werden solche Verpflichtungen nach dem Zeitpunkt des Übergangs fällig, so haftet der bisherige Arbeitgeber für sie jedoch nur in dem Umfang, der dem im Zeitpunkt des Übergangs abgelaufenen Teil ihres Bemessungszeitraums entspricht.

(3) Absatz 2 gilt nicht, wenn eine juristische Person oder eine Personenhandelsgesellschaft durch Umwandlung erlischt.

(4) Die Kündigung des Arbeitsverhältnisses eines Arbeitnehmers durch den bisherigen

Arbeitgeber oder durch den neuen Inhaber wegen des Übergangs eines Betriebs oder eines Betriebsteils ist unwirksam. Das Recht zur Kündigung des Arbeitsverhältnisses aus anderen Gründen bleibt unberührt.

(5) Der bisherige Arbeitgeber oder der neue Inhaber hat die von einem Übergang betroffenen Arbeitnehmer vor dem Übergang in Textform zu unterrichten über:
1. den Zeitpunkt oder den geplanten Zeitpunkt des Übergangs,
2. den Grund für den Übergang,
3. die rechtlichen, wirtschaftlichen und sozialen Folgen des Übergangs für die Arbeitnehmer und
4. die hinsichtlich der Arbeitnehmer in Aussicht genommenen Maßnahmen.

(6) Der Arbeitnehmer kann dem Übergang des Arbeitsverhältnisses innerhalb eines Monats nach Zugang der Unterrichtung nach Absatz 5 schriftlich widersprechen. Der Widerspruch kann gegenüber dem bisherigen Arbeitgeber oder dem neuen Inhaber erklärt werden.

Fußnote

§613a: Zur Anwendung im beigetretenen Gebiet vgl. BGBEG Art. 232 §5.

第六百一十三条之一　[营业移转时之权利及义务]

Ⅰ ¹企业之营业部门或营业部门之内部单位因法律行为而移转另一企业主者，对该企业主于移转时就已存在之劳动关系发生权利及义务。²其权利及义务以劳资协约之法律规定，或以企业与职工福利委员会之营业部门协议者，该权利及义务成为新企业主与受雇人间劳动关系之内容，且不得于移转后一年期间届满前为不利益受雇人之变更。³该权利及义务由新企业主以另一劳资协约之法律规定，或以另一营业部门协议规范者，不适用第二段规定。⁴劳资协约或营业部门协议不再适用，或劳资协约不具拘束双方之效力，而于另一劳资协约之适用范围内，其适用经新企业主与受雇人合意者，于第二段规定之期限届满前，得变更其权利及义务。

Ⅱ ¹第一款规定之义务于移转前已发生，并于移转后一年期间届满前，原雇用人与新企业主就该义务负连带债务人责任。²但该义务于移转后届期者，原雇用人就该义务仅就相当于移转时已届满之义务计算期间之部分，负其责任。

Ⅲ 法人或人合商业合伙因组织变更而消灭者，不适用第二款规定。

Ⅳ ¹因企业营业部门或营业部门之内部单位之移转，而原雇用人或新企业主终止受雇人劳动关系者，不生效力。²基于其他原因所生终止劳动关系之权利,不受影响。
Ⅴ 原雇用人或新企业主应于移让前,就下列事项以书面通知与移转相关之受雇人:
1. 移转之时点或预计时点。
2. 移转之事由。
3. 移转对于受雇人之法律、经济及社会效果,及
4. 斟酌受雇人而规划之措施。
Ⅵ [1]受雇人得于第五款规定之通知到达后一个月内,就劳动关系之转让以书面提出异议。[2]该异议得对原雇用人或新企业主表示之。

脚注
第六百一十三条之一:关于加入地区之适用问题,参阅《德国民法施行法》第二百三十二条所定之第五条规定。

§614 Fälligkeit der Vergütung

Die Vergütung ist nach der Leistung der Dienste zu entrichten. Ist die Vergütung nach Zeitabschnitten bemessen, so ist sie nach dem Ablauf der einzelnen Zeitabschnitte zu entrichten.

第六百一十四条 [报酬之到期]
[1]报酬应于劳务给付后支付之。[2]报酬分期计算者,应于每期届满后支付之。

§615 Vergütung bei Annahmeverzug und bei Betriebsrisiko

Kommt der Dienstberechtigte mit der Annahme der Dienste in Verzug, so kann der Verpflichtete für die infolge des Verzugs nicht geleisteten Dienste die vereinbarte Vergütung verlangen, ohne zur Nachleistung verpflichtet zu sein. Er muss sich jedoch den Wert desjenigen anrechnen lassen, was er infolge des Unterbleibens der Dienstleistung erspart oder durch anderweitige Verwendung seiner Dienste erwirbt oder zu erwerben böswillig unterlässt. Die Sätze 1 und 2 gelten entsprechend in den Fällen, in denen der Arbeitgeber das Risiko des Arbeitsausfalls trägt.

第六百一十五条 [受领迟延与营业风险时之报酬]
¹劳务权利人受领劳务迟延者,义务人得就因迟延致未给付之劳务,得请求约定之报酬,而无补服劳务之义务。²但义务人因不服劳务所减省费用,或转向他处服劳务所取得或恶意不为取得之价额,应扣除之。³于雇用人承担停工风险之情形,准用第一段及第二段规定。

§616 Vorübergehende Verhinderung

Der zur Dienstleistung Verpflichtete wird des Anspruchs auf die Vergütung nicht dadurch verlustig, dass er für eine verhältnismäßig nicht erhebliche Zeit durch einen in seiner Person liegenden Grund ohne sein Verschulden an der Dienstleistung verhindert wird. Er muss sich jedoch den Betrag anrechnen lassen, welcher ihm für die Zeit der Verhinderung aus einer auf Grund gesetzlicher Verpflichtung bestehenden Kranken- oder Unfallversicherung zukommt.

第六百一十六条 [暂时障碍]
¹劳务义务人因其不可归责之个人事由,而于符合比例且非关紧要期间内提供劳务受有障碍者,不因之丧失报酬请求权。²但劳务义务人于障碍期间,基于法定投保义务所生疾病保险或意外保险而取得之数额,应扣除之。

§617 Pflicht zur Krankenfürsorge

(1) Ist bei einem dauernden Dienstverhältnis, welches die Erwerbstätigkeit des Verpflichteten vollständig oder hauptsächlich in Anspruch nimmt, der Verpflichtete in die häusliche Gemeinschaft aufgenommen, so hat der Dienstberechtigte ihm im Falle der Erkrankung die erforderliche Verpflegung und ärztliche Behandlung bis zur Dauer von sechs Wochen, jedoch nicht über die Beendigung des Dienstverhältnisses hinaus, zu gewähren, sofern nicht die Erkrankung von dem Verpflichteten vorsätzlich oder durch grobe Fahrlässigkeit herbeigeführt worden ist. Die Verpflegung und ärztliche Behandlung kann durch Aufnahme des Verpflichteten in eine Krankenanstalt gewährt werden. Die Kosten können auf die für die Zeit der Erkrankung geschuldete Vergütung angerechnet werden. Wird das Dienstverhältnis wegen der Erkrankung von dem Dienstberechtigten nach §626 gekündigt, so bleibt die dadurch herbeigeführte

Beendigung des Dienstverhältnisses außer Betracht.
(2) Die Verpflichtung des Dienstberechtigten tritt nicht ein, wenn für die Verpflegung und ärztliche Behandlung durch eine Versicherung oder durch eine Einrichtung der öffentlichen Krankenpflege Vorsorge getroffen ist.

第六百一十七条 [疾病照护义务]

Ⅰ ¹于继续性之雇佣关系，劳务义务人所应提供者为其全部或主要之工作活动，且劳务义务人成为家庭共同生活体成员者，如其罹患疾病，劳务权利人于最多六星期但不逾雇佣关系结束之期间内，应给予必要之给养及医疗。但患病系因义务人之故意或重大过失所致者，不在此限。²给养及医疗得以将劳务义务人安置于医疗机构之方法为之。³该费用，得就患病时期所应支付之报酬中扣除之。⁴雇佣关系因疾病而经劳务权利人依第六百二十六条规定终止者，其因此所生雇佣关系之终了，不予斟酌。^a

Ⅱ 给养及医疗已由保险或公立医疗照护机构为之者，不生劳务权利人之义务。

a 本段规范意旨为：劳务权利人以劳务义务人患病为由，而依第626条规定终止雇佣关系者，因此而生雇佣关系之结束，非本条款第1段所称之雇佣关系结束。换言之，雇用人固得依第626条终止雇佣关系，但仍应于本条款第1段所定六星期内，对劳务义务人负给养及医疗义务。

§618 Pflicht zu Schutzmaßnahmen

(1) Der Dienstberechtigte hat Räume, Vorrichtungen oder Gerätschaften, die er zur Verrichtung der Dienste zu beschaffen hat, so einzurichten und zu unterhalten und Dienstleistungen, die unter seiner Anordnung oder seiner Leitung vorzunehmen sind, so zu regeln, dass der Verpflichtete gegen Gefahr für Leben und Gesundheit soweit geschützt ist, als die Natur der Dienstleistung es gestattet.

(2) Ist der Verpflichtete in die häusliche Gemeinschaft aufgenommen, so hat der Dienstberechtigte in Ansehung des Wohn- und Schlafraums, der Verpflegung sowie der Arbeits- und Erholungszeit diejenigen Einrichtungen und Anordnungen zu treffen, welche mit Rücksicht auf die Gesundheit, die Sittlichkeit und die Religion des Verpflichteten erforderlich sind.

(3) Erfüllt der Dienstberechtigte die ihm in Ansehung des Lebens und der Gesundheit

des Verpflichteten obliegenden Verpflichtungen nicht, so finden auf seine Verpflichtung zum Schadensersatz die für unerlaubte Handlungen geltenden Vorschriften der §§842 bis 846 entsprechende Anwendung.

第六百一十八条　[采取保护措施之义务]
Ⅰ 劳务权利人就为执行劳务而应由其提供之处所、设备或工具，应为设置及维持，并就依其命令或指挥而实施之劳务，应在劳务给付性质许可范围内为安排，使劳务义务人免于生命及健康危害。
Ⅱ 劳务义务人成为家庭共同生活体成员者，就其居住及睡眠之处所、给养与劳动及休息之时间，劳务权利人应斟酌劳务义务人之健康、习惯及宗教，而为必需之设施及安排。
Ⅲ 劳务权利人不履行其对于劳务义务人之生命及健康所应负担之义务者，其损害赔偿义务，准用第八百四十二条至第八百四十六条关于侵权行为之规定。

§619　Unabdingbarkeit der Fürsorgepflichten

Die dem Dienstberechtigten nach den §§617, 618 obliegenden Verpflichtungen können nicht im Voraus durch Vertrag aufgehoben oder beschränkt werden.

第六百一十九条　[照顾义务之强行性]
劳务权利人依第六百一十七条及第六百一十八条所负担之义务，不得以契约预先抛弃或限制之。

§619a　Beweislast bei Haftung des Arbeitnehmers

Abweichend von §280 Abs. 1 hat der Arbeitnehmer dem Arbeitgeber Ersatz für den aus der Verletzung einer Pflicht aus dem Arbeitsverhältnis entstehenden Schaden nur zu leisten, wenn er die Pflichtverletzung zu vertreten hat.

第六百一十九条之一　[受雇人责任之举证责任]
不同于第二百八十条第一款规定之情形，受雇人就因违反劳动关系之义务而生之损害，仅于其就义务违反有可归责之事由时，始应赔偿雇用人因此而生之损害。

§620 Beendigung des Dienstverhältnisses

(1) Das Dienstverhältnis endigt mit dem Ablauf der Zeit, für die es eingegangen ist.
(2) Ist die Dauer des Dienstverhältnisses weder bestimmt noch aus der Beschaffenheit oder dem Zwecke der Dienste zu entnehmen, so kann jeder Teil das Dienstverhältnis nach Maßgabe der §§621 bis 623 kündigen.
(3) Für Arbeitsverträge, die auf bestimmte Zeit abgeschlossen werden, gilt das Teilzeit- und Befristungsgesetz.

第六百二十条 [雇佣关系之终了]
I 雇佣关系，因约定期间之届满而终了。
II 雇佣关系之期间未经约定，亦不能依劳务之性质或目的而定者，任一当事人得依第六百二十一条至第六百二十三条规定终止雇佣关系。
III 劳动契约定有特定期间者，适用《部分工时及定期劳动契约法》。

§621 Kündigungsfristen bei Dienstverhältnissen

Bei einem Dienstverhältnis, das kein Arbeitsverhältnis im Sinne des §622 ist, ist die Kündigung zulässig,
1. wenn die Vergütung nach Tagen bemessen ist, an jedem Tag für den Ablauf des folgenden Tages;
2. wenn die Vergütung nach Wochen bemessen ist, spätestens am ersten Werktag einer Woche für den Ablauf des folgenden Sonnabends;
3. wenn die Vergütung nach Monaten bemessen ist, spätestens am fünfzehnten eines Monats für den Schluss des Kalendermonats;
4. wenn die Vergütung nach Vierteljahren oder längeren Zeitabschnitten bemessen ist, unter Einhaltung einer Kündigungsfrist von sechs Wochen für den Schluss eines Kalendervierteljahrs;
5. wenn die Vergütung nicht nach Zeitabschnitten bemessen ist, jederzeit; bei einem die Erwerbstätigkeit des Verpflichteten vollständig oder hauptsächlich in Anspruch nehmenden Dienstverhältnis ist jedoch eine Kündigungsfrist von zwei Wochen einzuhalten.

第八章 各种之债

第六百二十一条 [雇佣关系之终止期间]
雇佣关系非属第六百二十二条所称之劳动关系者, 得为下列之终止:
1. 按日计酬者, 得于任何一日通知, 而于次日届满终止雇佣关系。
2. 按星期计酬者, 至迟应于一星期之第一工作日通知, 而于下周六届满终止雇佣关系。
3. 按月计酬者, 最迟应于一个月之第十五日通知, 而于该日历月之末日届满终止雇佣关系。
4. 按季或较长期间计酬者, 以六星期为终止期间, 而于日历季之末日届满终止雇佣关系。
5. 报酬非按期间计算者, 随时终止之; 但在全部或主要以义务人之工作活动为请求之雇佣关系, 应以两星期为终止期间。

§622 Kündigungsfristen bei Arbeitsverhältnissen

(1) Das Arbeitsverhältnis eines Arbeiters oder eines Angestellten (Arbeitnehmers) kann mit einer Frist von vier Wochen zum Fünfzehnten oder zum Ende eines Kalendermonats gekündigt werden.

(2) Für eine Kündigung durch den Arbeitgeber beträgt die Kündigungsfrist, wenn das Arbeitsverhältnis in dem Betrieb oder Unternehmen
1. zwei Jahre bestanden hat, einen Monat zum Ende eines Kalendermonats,
2. fünf Jahre bestanden hat, zwei Monate zum Ende eines Kalendermonats,
3. acht Jahre bestanden hat, drei Monate zum Ende eines Kalendermonats,
4. zehn Jahre bestanden hat, vier Monate zum Ende eines Kalendermonats,
5. zwölf Jahre bestanden hat, fünf Monate zum Ende eines Kalendermonats,
6. 15 Jahre bestanden hat, sechs Monate zum Ende eines Kalendermonats,
7. 20 Jahre bestanden hat, sieben Monate zum Ende eines Kalendermonats.
   Bei der Berechnung der Beschäftigungsdauer werden Zeiten, die vor der Vollendung des 25. Lebensjahrs des Arbeitnehmers liegen, nicht berücksichtigt.

(3) Während einer vereinbarten Probezeit, längstens für die Dauer von sechs Monaten, kann das Arbeitsverhältnis mit einer Frist von zwei Wochen gekündigt werden.

(4) Von den Absätzen 1 bis 3 abweichende Regelungen können durch Tarifvertrag vereinbart werden. Im Geltungsbereich eines solchen Tarifvertrags gelten die abweichenden tarifvertraglichen Bestimmungen zwischen nicht tarifgebundenen Arbeitgebern und Arbeitnehmern, wenn ihre Anwendung zwischen ihnen vereinbart ist.

(5) Einzelvertraglich kann eine kürzere als die in Absatz 1 genannte Kündigungsfrist nur vereinbart werden,
  1. wenn ein Arbeitnehmer zur vorübergehenden Aushilfe eingestellt ist; dies gilt nicht, wenn das Arbeitsverhältnis über die Zeit von drei Monaten hinaus fortgesetzt wird;
  2. wenn der Arbeitgeber in der Regel nicht mehr als 20 Arbeitnehmer ausschließlich der zu ihrer Berufsbildung Beschäftigten beschäftigt und die Kündigungsfrist vier Wochen nicht unterschreitet.
Bei der Feststellung der Zahl der beschäftigten Arbeitnehmer sind teilzeitbeschäftigte Arbeitnehmer mit einer regelmäßigen wöchentlichen Arbeitszeit von nicht mehr als 20 Stunden mit 0,5 und nicht mehr als 30 Stunden mit 0,75 zu berücksichtigen. Die einzelvertragliche Vereinbarung längerer als der in den Absätzen 1 bis 3 genannten Kündigungsfristen bleibt hiervon unberührt.
(6) Für die Kündigung des Arbeitsverhältnisses durch den Arbeitnehmer darf keine längere Frist vereinbart werden als für die Kündigung durch den Arbeitgeber.

第六百二十二条 [劳动关系之终止期间]

Ⅰ 劳工或职员（受雇人）之劳动关系，得定四星期之期限，而以日历月之第十五日或末日终止之。
Ⅱ [1]下列情形之企业之营业部门或企业之劳动关系，由雇用人终止时：
  1. 存续期间二年者，定一个月之期间而以日历月之末日终止之。
  2. 存续期间五年者，定二个月之期间而以日历月之末日终止之。
  3. 存续期间八年者，定三个月之期间而以日历月之末日终止之。
  4. 存续期间十年者，定四个月之期间而以日历月之末日终止之。
  5. 存续期间十二年者，定五个月之期间而以日历月之末日终止之。
  6. 存续期间十五年者，定六个月之期间而以日历月之末日终止之。
  7. 存续期间二十年者，定七个月之期间而以日历月之末日终止之。
   [2]劳动期间之计算，受雇人满二十五岁前之期间不予斟酌。
Ⅲ 于约定之试用期间，其期间最长为六个月，劳动关系得定二星期之期间终止之。
Ⅳ [1]就第一款至第三款规定，得以劳资协议另为不同之约定。[2]于该劳资协议适用范围内，该不同之劳资协议约定，在不受劳资协议拘束之雇用人与受雇人间，以其适用经当事人合意者，适用之。
Ⅴ [1]仅于下列情形，得以个别契约约定短于第一款所定之终止期间：

1. 受雇人系为暂时帮助而受雇者；劳动关系继续三个月以上者，不适用之。
2. 雇用人通常雇用不超过二十位受雇人，但不含为该等受雇人之职业教育而雇用之人，且其终止期间未逾四星期者。
²在确认所雇用受雇人之人数时，部分工时之受雇人每星期固定工时不超过二十小时者，以零点五计算之；其不超过三十小时者，以零点七五计算之。³以个别契约约定长于第一款至第三款所定之终止期间者，不受影响。
Ⅵ 就受雇人所为劳动关系之终止，不得约定长于雇用人所为之终止期间。

§623　Schriftform der Kündigung

Die Beendigung von Arbeitsverhältnissen durch Kündigung oder Auflösungsvertrag bedürfen zu ihrer Wirksamkeit der Schriftform; die elektronische Form ist ausgeschlossen.

第六百二十三条　[终止之书面]
劳动关系因终止或合意解消契约而终了者，应以书面为之，始生效力；其不得以电子方式为之。

§624　Kündigungsfrist bei Verträgen über mehr als fünf Jahre

Ist das Dienstverhältnis für die Lebenszeit einer Person oder für längere Zeit als fünf Jahre eingegangen, so kann es von dem Verpflichteten nach dem Ablauf von fünf Jahren gekündigt werden. Die Kündigungsfrist beträgt sechs Monate.

第六百二十四条　[超过五年之契约终止期限]
¹雇佣关系以人之终身或长于五年之期间而制定者，得由义务人于五年届满后终止之。²其终止期间为六个月。

§625　Stillschweigende Verlängerung

Wird das Dienstverhältnis nach dem Ablauf der Dienstzeit von dem Verpflichteten mit

Wissen des anderen Teiles fortgesetzt, so gilt es als auf unbestimmte Zeit verlängert, sofern nicht der andere Teil unverzüglich widerspricht.

第六百二十五条 [默示延长]
雇佣期间届满后，于他方知悉时，义务人继续该雇佣关系者，除他方当事人即时异议者外，该雇佣关系视为以不定期延长之。

§626　Fristlose Kündigung aus wichtigem Grund

(1) Das Dienstverhältnis kann von jedem Vertragsteil aus wichtigem Grund ohne Einhaltung einer Kündigungsfrist gekündigt werden, wenn Tatsachen vorliegen, auf Grund derer dem Kündigenden unter Berücksichtigung aller Umstände des Einzelfalles und unter Abwägung der Interessen beider Vertragsteile die Fortsetzung des Dienstverhältnisses bis zum Ablauf der Kündigungsfrist oder bis zu der vereinbarten Beendigung des Dienstverhältnisses nicht zugemutet werden kann.

(2) Die Kündigung kann nur innerhalb von zwei Wochen erfolgen. Die Frist beginnt mit dem Zeitpunkt, in dem der Kündigungsberechtigte von den für die Kündigung maßgebenden Tatsachen Kenntnis erlangt. Der Kündigende muss dem anderen Teil auf Verlangen den Kündigungsgrund unverzüglich schriftlich mitteilen.

第六百二十六条 [因重大事由而为无终止期间之终止]

Ⅰ 有事实存在，而基于该事实斟酌个案所有情事，且衡量契约双方当事人之利益，雇佣关系继续至雇佣期间届满，或继续至雇佣关系合意终了时，对终止权人系不可期待者，其雇佣关系基于重大事由，得由契约之任一当事人为无终止期间之终止。

Ⅱ [1]终止仅得于两星期内为之。[2]其期间自终止权人知悉该得为终止之事即时起算。[3]为终止之人应依请求，将终止事由即时以书面通知他方当事人。

§627　Fristlose Kündigung bei Vertrauensstellung

(1) Bei einem Dienstverhältnis, das kein Arbeitsverhältnis im Sinne des §622 ist, ist die Kündigung auch ohne die in §626 bezeichnete Voraussetzung zulässig, wenn der zur Dienstleistung Verpflichtete, ohne in einem dauernden Dienstverhältnis mit festen Bezügen zu stehen, Dienste höherer Art zu leisten hat, die auf Grund

besonderen Vertrauens übertragen zu werden pflegen.

(2) Der Verpflichtete darf nur in der Art kündigen, dass sich der Dienstberechtigte die Dienste anderweit beschaffen kann, es sei denn, dass ein wichtiger Grund für die unzeitige Kündigung vorliegt. Kündigt er ohne solchen Grund zur Unzeit, so hat er dem Dienstberechtigten den daraus entstehenden Schaden zu ersetzen.

第六百二十七条　[于信赖职位时为无终止期间之终止]
Ⅰ 雇佣关系非属第六百二十二条所称之劳动关系者，纵不具备第六百二十六条所定之要件，但劳务提供义务人应履行基于特别信赖而委托之较高劳务，且非属固定薪资之继续性雇佣关系者，亦得终止之。
Ⅱ [1]义务人仅得于劳务权利人得以其他方式获得劳务时终止契约。但就未遵期终止具有重大事由者，不在此限。[2]劳务义务人未遵期终止契约而不具该事由者，应赔偿劳务权利人因此所生之损害。

§628 Teilvergütung und Schadensersatz bei fristloser Kündigung

(1) Wird nach dem Beginn der Dienstleistung das Dienstverhältnis auf Grund des §626 oder des §627 gekündigt, so kann der Verpflichtete einen seinen bisherigen Leistungen entsprechenden Teil der Vergütung verlangen. Kündigt er, ohne durch vertragswidriges Verhalten des anderen Teiles dazu veranlasst zu sein, oder veranlasst er durch sein vertragswidriges Verhalten die Kündigung des anderen Teiles, so steht ihm ein Anspruch auf die Vergütung insoweit nicht zu, als seine bisherigen Leistungen infolge der Kündigung für den anderen Teil kein Interesse haben. Ist die Vergütung für eine spätere Zeit im Voraus entrichtet, so hat der Verpflichtete sie nach Maßgabe des §346 oder, wenn die Kündigung wegen eines Umstands erfolgt, den er nicht zu vertreten hat, nach den Vorschriften über die Herausgabe einer ungerechtfertigten Bereicherung zurückzuerstatten.

(2) Wird die Kündigung durch vertragswidriges Verhalten des anderen Teiles veranlasst, so ist dieser zum Ersatz des durch die Aufhebung des Dienstverhältnisses entstehenden Schadens verpflichtet.

第六百二十八条　[无终止期间之终止时部分报酬及损害赔偿]
Ⅰ [1]劳务提供开始后，雇佣关系基于第六百二十六条或第六百二十七条规定而终止者，义务人得请求与其迄今所服劳务相当部分之报酬。[2]劳务义务人终止契约而非基于他方当事人违反契约之行为所致，或劳务义务人因其违反契约之行为导致他方当事人之终止契约者，于其迄今所服劳务因该终止而对他方当事人无利益之范围内，劳务义务人无报酬请求权。³对于以后期间之报酬已预付者，义务人应依第三百四十六条规定返还之，或终止非因可归责于义务人之事由所致者，依不当得利规定返还之。

II 因他方当事人违反契约之行为致终止契约者，该他方有赔偿因解消雇佣关系所生损害之义务。

§629 Freizeit zur Stellungssuche

Nach der Kündigung eines dauernden Dienstverhältnisses hat der Dienstberechtigte dem Verpflichteten auf Verlangen angemessene Zeit zum Aufsuchen eines anderen Dienstverhältnisses zu gewähren.

第六百二十九条 [另觅他职之自由期间]

继续性雇佣关系终止后，劳务权利人基于请求应给予义务人适当期间，另觅其他雇佣关系。

§630 Pflicht zur Zeugniserteilung

Bei der Beendigung eines dauernden Dienstverhältnisses kann der Verpflichtete von dem anderen Teil ein schriftliches Zeugnis über das Dienstverhältnis und dessen Dauer fordern. Das Zeugnis ist auf Verlangen auf die Leistungen und die Führung im Dienst zu erstrecken. Die Erteilung des Zeugnisses in elektronischer Form ist ausgeschlossen. Wenn der Verpflichtete ein Arbeitnehmer ist, findet §109 der Gewerbeordnung Anwendung.

第六百三十条 [服务证明书发给义务]

¹继续性雇佣关系终了时，义务人得向他方请求有关雇佣关系及其期间之书面证明书。²该证明书基于请求应包括劳务之成绩及表现。³该证明书之发给，不得以电子方式为之。义务人为受雇人者，适用《营业条例》第一百零九条规定。

Untertitel 2　Behandlungsvertrag
第二款　医疗契约

§630a　Vertragstypische Pflichten beim Behandlungsvertrag

(1) Durch den Behandlungsvertrag wird derjenige, welcher die medizinische Behandlung eines Patienten zusagt (Behandelnder), zur Leistung der versprochenen Behandlung, der andere Teil (Patient) zur Gewährung der vereinbarten Vergütung verpflichtet, soweit nicht ein Dritter zur Zahlung verpflichtet ist.

(2) Die Behandlung hat nach den zum Zeitpunkt der Behandlung bestehenden, allgemein anerkannten fachlichen Standards zu erfolgen, soweit nicht etwas anderes vereinbart ist.

第六百三十条之一　[医疗契约之典型义务]
Ⅰ 因医疗契约，允医疗病人之一方负提供约定医疗之义务（医疗者），他方（病人）负给付约定报酬之义务。但第三人有给付义务者，不在此限。
Ⅱ 医疗应达到医疗时既存之公认专业标准。但另有约定者，不在此限。

§630b　Anwendbare Vorschriften

Auf das Behandlungsverhältnis sind die Vorschriften über das Dienstverhältnis, das kein Arbeitsverhältnis im Sinne des §622 ist, anzuwenden, soweit nicht in diesem Untertitel etwas anderes bestimmt ist.

第六百三十条之二　[适用之条文]
医疗契约，本款未有其他规定者，适用关于非属第六百二十二条所定劳动关系之雇佣契约规定。

§630c　Mitwirkung der Vertragsparteien; Informationspflichten

(1) Behandelnder und Patient sollen zur Durchführung der Behandlung zusammenwirken.

(2) Der Behandelnde ist verpflichtet, dem Patienten in verständlicher Weise zu Beginn der Behandlung und, soweit erforderlich, in deren Verlauf sämtliche für die Behandlung wesentlichen Umstände zu erläutern, insbesondere die Diagnose, die voraussichtliche gesundheitliche Entwicklung, die Therapie und die zu und nach der Therapie zu ergreifenden Maßnahmen. Sind für den Behandelnden Umstände erkennbar, die die Annahme eines Behandlungsfehlers begründen, hat er den Patienten über diese auf Nachfrage oder zur Abwendung gesundheitlicher Gefahren zu informieren. Ist dem Behandelnden oder einem seiner in §52 Absatz 1 der Strafprozessordnung bezeichneten Angehörigen ein Behandlungsfehler unterlaufen, darf die Information nach Satz 2 zu Beweiszwecken in einem gegen den Behandelnden oder gegen seinen Angehörigen geführten Straf- oder Bußgeldverfahren nur mit Zustimmung des Behandelnden verwendet werden.

(3) Weiß der Behandelnde, dass eine vollständige Übernahme der Behandlungskosten durch einen Dritten nicht gesichert ist oder ergeben sich nach den Umständen hierfür hinreichende Anhaltspunkte, muss er den Patienten vor Beginn der Behandlung über die voraussichtlichen Kosten der Behandlung in Textform informieren. Weitergehende Formanforderungen aus anderen Vorschriften bleiben unberührt.

(4) Der Information des Patienten bedarf es nicht, soweit diese ausnahmsweise aufgrund besonderer Umstände entbehrlich ist, insbesondere wenn die Behandlung unaufschiebbar ist oder der Patient auf die Information ausdrücklich verzichtet hat.

第六百三十条之三　[契约双方之协力、告知义务]

Ⅰ 医疗者与病人应就医疗之实施共同协力。

Ⅱ [1]医疗者有义务于医疗开始时，且必要时于整体医疗过程中，向病人以可理解的方式说明医疗之重要情形，即如诊断、可预期之健康发展、疗法及治疗时或治疗后采取之措施。[2]医疗者发现显然构成医疗瑕疵之情形者，其应按需要或为避免健康危险告知病人。[3]医疗者或其依《刑事诉讼法》第五十二条第一款所定之亲属造成医疗瑕疵者，于医疗者或其亲属为被告之刑罚或行政罚程序，第二段所告知之内容仅得于医疗者同意时，得作为证据使用。

Ⅲ [1]医疗者知其全部医疗费用之承担无第三人担保，或依既有状况可推知者，其应于医疗开始前以文字方式通知病人可预期之医疗费用。[2]关于后续形式要求之其他规定，不受影响。

Ⅳ 例外因特别情形告知病人非属必要，即如医疗急迫或病人显然抛弃告知之权利者，无须告知。

§630d Einwilligung

(1) Vor Durchführung einer medizinischen Maßnahme, insbesondere eines Eingriffs in den Körper oder die Gesundheit, ist der Behandelnde verpflichtet, die Einwilligung des Patienten einzuholen. Ist der Patient einwilligungsunfähig, ist die Einwilligung eines hierzu Berechtigten einzuholen, soweit nicht eine Patientenverfügung nach §1901a Absatz 1 Satz 1 die Maßnahme gestattet oder untersagt. Weitergehende Anforderungen an die Einwilligung aus anderen Vorschriften bleiben unberührt. Kann eine Einwilligung für eine unaufschiebbare Maßnahme nicht rechtzeitig eingeholt werden, darf sie ohne Einwilligung durchgeführt werden, wenn sie dem mutmaßlichen Willen des Patienten entspricht.

(2) Die Wirksamkeit der Einwilligung setzt voraus, dass der Patient oder im Fall des Absatzes 1 Satz 2 der zur Einwilligung Berechtigte vor der Einwilligung nach Maßgabe von §630e Absatz 1 bis 4 aufgeklärt worden ist.

(3) Die Einwilligung kann jederzeit und ohne Angabe von Gründen formlos widerrufen werden.

第六百三十条之四 [同意]

I [1]医疗措施实施前，即如对身体或健康之侵入，医疗者有义务征询病人之同意。[2]病人无同意能力，且无依第一千九百零一条之一第一款第一段规定对该措施允许或禁止之病人同意书者，应得权利人同意。[3]因其他规定关于同意之要求，不受影响。[4]急迫措施之同意无法适时取得时，得依可得推知之病人意愿，于无同意情形实施。

II 病人或第一款第二段之同意权人于同意前，应向其依第六百三十条之五第一款至第四款所定之方式为解释，经同意时，始生效力。

III 该同意得不附理由且不按形式，随时撤回之。

§630e Aufklärungspflichten

(1) Der Behandelnde ist verpflichtet, den Patienten über sämtliche für die Einwilligung wesentlichen Umstände aufzuklären. Dazu gehören insbesondere Art, Umfang, Durchführung, zu erwartende Folgen und Risiken der Maßnahme sowie ihre Notwendigkeit, Dringlichkeit, Eignung und Erfolgsaussichten im Hinblick auf die Diagnose oder die Therapie. Bei der Aufklärung ist auch auf Alternativen zur Maßnahme hinzuweisen, wenn mehrere medizinisch gleichermaßen indizierte und

übliche Methoden zu wesentlich unterschiedlichen Belastungen, Risiken oder Heilungschancen führen können.

(2) Die Aufklärung muss
1. mündlich durch den Behandelnden oder durch eine Person erfolgen, die über die zur Durchführung der Maßnahme notwendige Ausbildung verfügt; ergänzend kann auch auf Unterlagen Bezug genommen werden, die der Patient in Textform erhält,
2. so rechtzeitig erfolgen, dass der Patient seine Entscheidung über die Einwilligung wohlüberlegt treffen kann,
3. für den Patienten verständlich sein.

Dem Patienten sind Abschriften von Unterlagen, die er im Zusammenhang mit der Aufklärung oder Einwilligung unterzeichnet hat, auszuhändigen.

(3) Der Aufklärung des Patienten bedarf es nicht, soweit diese ausnahmsweise aufgrund besonderer Umstände entbehrlich ist, insbesondere wenn die Maßnahme unaufschiebbar ist oder der Patient auf die Aufklärung ausdrücklich verzichtet hat.

(4) Ist nach §630d Absatz 1 Satz 2 die Einwilligung eines hierzu Berechtigten einzuholen, ist dieser nach Maßgabe der Absätze 1 bis 3 aufzuklären.

(5) Im Fall des §630d Absatz 1 Satz 2 sind die wesentlichen Umstände nach Absatz 1 auch dem Patienten entsprechend seinem Verständnis zu erläutern, soweit dieser aufgrund seines Entwicklungsstandes und seiner.

第六百三十条之五 [说明义务]

Ⅰ [1]医疗者有向病人就全部同意为重大情形之说明义务。[2]如措施之种类、范围、实施、可期待之后果及风险，与其诊断上或治疗上之必要性、急迫性、合适性及成功率。[3]多数医疗上同等及通常之方法导致重大之不同负担、风险及治愈机会者，于说明时，如有其他选择措施，亦应告知。

Ⅱ [1]该说明应为
1. 由医疗者或由曾受有执行该措施必要训练之人以口头为之；病人所取得以文字方式之文件时，亦得作为补充。
2. 适时为之，使病人得于充分思考后作成决定。
3. 得为病人所理解。

[2]经病人签名且有关说明与同意文件之副本应交付病人。

Ⅲ 该说明于例外特殊情形非属必要时，即如措施急迫或病人明示抛弃说明者，无须向病人说明。

Ⅳ 依第六百三十条之四第一款第二段规定应经权利人同意者,应向其依第一款至第三款规定说明之。

Ⅴ ¹于第六百三十条之四第一款第二段规定之情形,病人基于其成长状态及理解能力而得听取说明且未与其利益相反者,仍应视病人之理解,向其说明第一款规定之重大情形。²第三款规定,准用之。

§630f Dokumentation der Behandlung

(1) Der Behandelnde ist verpflichtet, zum Zweck der Dokumentation in unmittelbarem zeitlichen Zusammenhang mit der Behandlung eine Patientenakte in Papierform oder elektronisch zu führen. Berichtigungen und Änderungen von Eintragungen in der Patientenakte sind nur zulässig, wenn neben dem ursprünglichen Inhalt erkennbar bleibt, wann sie vorgenommen worden sind. Dies ist auch für elektronisch geführte Patientenakten sicherzustellen.

(2) Der Behandelnde ist verpflichtet, in der Patientenakte sämtliche aus fachlicher Sicht für die derzeitige und künftige Behandlung wesentlichen Maßnahmen und deren Ergebnisse aufzuzeichnen, insbesondere die Anamnese, Diagnosen, Untersuchungen, Untersuchungsergebnisse, Befunde, Therapien und ihre Wirkungen, Eingriffe und ihre Wirkungen, Einwilligungen und Aufklärungen. Arztbriefe sind in die Patientenakte aufzunehmen.

(3) Der Behandelnde hat die Patientenakte für die Dauer von zehn Jahren nach Abschluss der Behandlung aufzubewahren, soweit nicht nach anderen Vorschriften andere Aufbewahrungsfristen bestehen.

第六百三十条之六 [医疗之档案]

Ⅰ ¹医疗者在紧接于医疗后,有以纸本或电子方式制作病历建立档案之义务。²更正及修正,仅于先前档案内容附加以明显方式保存何时作成,始得为之。³以电子方式制作病历者,前段记录亦应确实保存。

Ⅱ ¹医疗者有记录所有依专业判断现在与未来之医疗重大措施及其结果之义务,即如病史、诊断、检查、检查结果、检验结果、治疗及其效果、干预手段及其效果、同意及说明。²诊断书应收于病历中。

Ⅲ 医疗者应于医疗结束后继续保存病历十年。但有其他保存期限规定者,不在此限。

§630g Einsichtnahme in die Patientenakte

(1) Dem Patienten ist auf Verlangen unverzüglich Einsicht in die vollständige, ihn betreffende Patientenakte zu gewähren, soweit der Einsichtnahme nicht erhebliche therapeutische Gründe oder sonstige erhebliche Rechte Dritter entgegenstehen. Die Ablehnung der Einsichtnahme ist zu begründen. §811 ist entsprechend anzuwenden.

(2) Der Patient kann auch elektronische Abschriften von der Patientenakte verlangen. Er hat dem Behandelnden die entstandenen Kosten zu erstatten.

(3) Im Fall des Todes des Patienten stehen die Rechte aus den Absätzen 1 und 2 zur Wahrnehmung der vermögensrechtlichen Interessen seinen Erben zu. Gleiches gilt für die nächsten Angehörigen des Patienten, soweit sie immaterielle Interessen geltend machen. Die Rechte sind ausgeschlossen, soweit der Einsichtnahme der ausdrückliche oder mutmaßliche Wille des Patienten entgegensteht.

第六百三十条之七 [病历之阅览]

Ⅰ ^{1}依病人之请求，应即时供其阅览完整之病历。但阅览与重大治疗事由或其他第三人重大权利相反者，不在此限。^{2}阅览之拒绝，应附理由。^{3}第八百一十一条规定，准用之。

Ⅱ ^{1}病人亦得请求病历之电子副本。^{2}由此而生之费用，应由病人负担。

Ⅲ ^{1}病人死亡时，依第一款及第二款所生之权利，在顾及继承人财产上利益之范围内，归属于继承人。^{2}最近亲属主张非财产上利益者，亦归属于该最近亲属。^{3}阅览违反病人明示或可得推知之意思者，不得行使该权利。

§630h Beweislast bei Haftung für Behandlungs- und Aufklärungsfehler

(1) Ein Fehler des Behandelnden wird vermutet, wenn sich ein allgemeines Behandlungsrisiko verwirklicht hat, das für den Behandelnden voll beherrschbar war und das zur Verletzung des Lebens, des Körpers oder der Gesundheit des Patienten geführt hat.

(2) Der Behandelnde hat zu beweisen, dass er eine Einwilligung gemäß §630d eingeholt und entsprechend den Anforderungen des §630e aufgeklärt hat. Genügt die Aufklärung nicht den Anforderungen des §630e, kann der Behandelnde sich darauf berufen, dass der Patient auch im Fall einer ordnungsgemäßen Aufklärung in die Maßnahme eingewilligt hätte.

(3) Hat der Behandelnde eine medizinisch gebotene wesentliche Maßnahme und ihr Ergebnis entgegen §630f Absatz 1 oder Absatz 2 nicht in der Patientenakte aufgezeichnet oder hat er die Patientenakte entgegen §630f Absatz 3 nicht aufbewahrt, wird vermutet, dass er diese Maßnahme nicht getroffen hat.

(4) War ein Behandelnder für die von ihm vorgenommene Behandlung nicht befähigt, wird vermutet, dass die mangelnde Befähigung für den Eintritt der Verletzung des Lebens, des Körpers oder der Gesundheit ursächlich war.

(5) Liegt ein grober Behandlungsfehler vor und ist dieser grundsätzlich geeignet, eine Verletzung des Lebens, des Körpers oder der Gesundheit der tatsächlich eingetretenen Art herbeizuführen, wird vermutet, dass der Behandlungsfehler für diese Verletzung ursächlich war. Dies gilt auch dann, wenn es der Behandelnde unterlassen hat, einen medizinisch gebotenen Befund rechtzeitig zu erheben oder zu sichern, soweit der Befund mit hinreichender Wahrscheinlichkeit ein Ergebnis erbracht hätte, das Anlass zu weiteren Maßnahmen gegeben hätte, und wenn das Unterlassen solcher Maßnahmen grob fehlerhaft gewesen wäre.

第六百三十条之八　[因医疗及说明瑕疵而生责任时之举证责任]

Ⅰ 医疗者得掌控之一般医疗风险实现，致侵害病人生命、身体及健康者，推定有医疗瑕疵。

Ⅱ [1]医疗者应证明其已依第六百三十条之四规定取得同意，且已依第六百三十条之五所定之要求说明之。[2]说明不符合第六百三十条之五所定之要求，医疗者得主张，如病人经合于规定之说明，亦将同意该措施。

Ⅲ 医疗者未依第六百三十条之六第一款或第二款规定记录医疗上所必须之重大措施于病历且未依第六百三十条之六第三款规定保存病历者，推定其未实施该措施。

Ⅳ 医疗者不具实施医疗之能力者，推定医疗能力之欠缺与生命、身体及健康之侵害间有因果关系。

Ⅴ [1]存有重大医疗错误且其通常导致如实际已发生生命、身体及健康之侵害者，推定该医疗错误及侵害间有因果关系。[2]医疗者未按时提供或确保医疗上必须之检验报告时，如该检验报告有充足可能促成其他措施且该未促成该措施有重大错误者，亦同。

Titel 9
Werkvertrag und ähnliche Verträge
第九节 承揽及类似契约

Untertitel 1　Werkvertrag
第一款　承揽契约

§631　Vertragstypische Pflichten beim Werkvertrag

(1) Durch den Werkvertrag wird der Unternehmer zur Herstellung des versprochenen Werkes, der Besteller zur Entrichtung der vereinbarten Vergütung verpflichtet.

(2) Gegenstand des Werkvertrags kann sowohl die Herstellung oder Veränderung einer Sache als auch ein anderer durch Arbeit oder Dienstleistung herbeizuführender Erfolg sein.

第六百三十一条　[承揽契约之契约典型义务]

Ⅰ 依承揽契约，承揽人负完成一定之工作，定作人负支付约定给付报酬之义务。

Ⅱ 承揽契约之目标，得为物之制造或变更，亦得为其他经由劳动或劳务提供所完成之成果。

§632　Vergütung

(1) Eine Vergütung gilt als stillschweigend vereinbart, wenn die Herstellung des Werkes den Umständen nach nur gegen eine Vergütung zu erwarten ist.

(2) Ist die Höhe der Vergütung nicht bestimmt, so ist bei dem Bestehen einer Taxe die taxmäßige Vergütung, in Ermangelung einer Taxe die übliche Vergütung als vereinbart anzusehen.

(3) Ein Kostenanschlag ist im Zweifel nicht zu vergüten.

第六百三十二条　[报酬]

Ⅰ 工作之完成，按其情形，仅给予报酬始得期待者，视为默示约定报酬。

Ⅱ 未定报酬额者，有价目表时，价目表所定之报酬，视为约定之报酬，无价目表时，习惯上之报酬，视为约定之报酬。

Ⅲ 有疑义时，不就费用估价支付报酬。

§632a Abschlagszahlungen

(1) Der Unternehmer kann von dem Besteller für eine vertragsgemäß erbrachte Leistung eine Abschlagszahlung in der Höhe verlangen, in der der Besteller durch die Leistung einen Wertzuwachs erlangt hat. Wegen unwesentlicher Mängel kann die Abschlagszahlung nicht verweigert werden. §641 Abs. 3 gilt entsprechend. Die Leistungen sind durch eine Aufstellung nachzuweisen, die eine rasche und sichere Beurteilung der Leistungen ermöglichen muss. Die Sätze 1 bis 4 gelten auch für erforderliche Stoffe oder Bauteile, die angeliefert oder eigens angefertigt und bereitgestellt sind, wenn dem Besteller nach seiner Wahl Eigentum an den Stoffen oder Bauteilen übertragen oder entsprechende Sicherheit hierfür geleistet wird.

(2) Wenn der Vertrag die Errichtung oder den Umbau eines Hauses oder eines vergleichbaren Bauwerks zum Gegenstand hat und zugleich die Verpflichtung des Unternehmers enthält, dem Besteller das Eigentum an dem Grundstück zu übertragen oder ein Erbbaurecht zu bestellen oder zu übertragen, können Abschlagszahlungen nur verlangt werden, soweit sie gemäß einer Verordnung auf Grund von Artikel 244 des Einführungsgesetzes zum Bürgerlichen Gesetzbuche vereinbart sind.

(3) Ist der Besteller ein Verbraucher und hat der Vertrag die Errichtung oder den Umbau eines Hauses oder eines vergleichbaren Bauwerks zum Gegenstand, ist dem Besteller bei der ersten Abschlagszahlung eine Sicherheit für die rechtzeitige Herstellung des Werkes ohne wesentliche Mängel in Höhe von 5 vom Hundert des Vergütungsanspruchs zu leisten. Erhöht sich der Vergütungsanspruch infolge von Änderungen oder Ergänzungen des Vertrages um mehr als 10 vom Hundert, ist dem Besteller bei der nächsten Abschlagszahlung eine weitere Sicherheit in Höhe von 5 vom Hundert des zusätzlichen Vergütungsanspruchs zu leisten. Auf Verlangen des Unternehmers ist die Sicherheitsleistung durch Einbehalt dergestalt zu erbringen, dass der Besteller die Abschlagszahlungen bis zu dem Gesamtbetrag der geschuldeten Sicherheit zurückhält.

(4) Sicherheiten nach dieser Vorschrift können auch durch eine Garantie oder ein sonstiges Zahlungsversprechen eines im Geltungsbereich dieses Gesetzes zum Geschäftsbetrieb befugten Kreditinstituts oder Kreditversicherers geleistet werden.

第六百三十二条之一 [部分支付]

Ⅰ [1]承揽人关于已依契约提出之给付,得就相当于定作人因该给付而取得之增值数额,请求定作人支付部分之报酬。[2]不得因非重大之瑕疵而拒绝支付部分报酬。[3]第六百四十一条第三款规定,准用之。[4]该给付应以列表证明之,其列表应以迅速且确实认定而给付。[5]第一段至第四段规定,就已交付或特别订制且已准备提出之必要材料或建材,如该材料或建材之所有权依定作人之选择而移转于定作人,或就此提供相当之担保,亦适用之。

Ⅱ 契约以房屋或类似建物之兴建或整修为内容,且同时含有承揽人应将该不动产之所有权让与定作人,或为定作人设定或让与地上权之义务者,该部分报酬系依基于《民法施行法》第二百四十四条所发布之法规命令而约定者,始得请求之。

Ⅲ [1]定作人为消费者且契约以房屋或类似建物之兴建或整修为内容者,于第一次支付部分报酬时,应就无明显瑕疵工作之按时完成,提供定作人该报酬金额百分之五之担保。[2]报酬请求权因契约之变更或补充而提高达百分之十者,于下次支付部分报酬时,应另提供定作人该增加之报酬百分之五之担保。[3]基于承揽人之请求,得以定作人扣留部分报酬至担保总额为止之方式,抵充担保之提供。

Ⅳ 本条所定之担保,亦得以于本法适用范围内有权营业之信用机构或信用保险人之保证或其他支付承诺,提供之。

§633 Sach- und Rechtsmangel

(1) Der Unternehmer hat dem Besteller das Werk frei von Sach- und Rechtsmängeln zu verschaffen.

(2) Das Werk ist frei von Sachmängeln, wenn es die vereinbarte Beschaffenheit hat. Soweit die Beschaffenheit nicht vereinbart ist, ist das Werk frei von Sachmängeln,
   1. wenn es sich für die nach dem Vertrag vorausgesetzte, sonst
   2. für die gewöhnliche Verwendung eignet und eine Beschaffenheit aufweist, die bei Werken der gleichen Art üblich ist und die der Besteller nach der Art des Werks erwarten kann.

   Einem Sachmangel steht es gleich, wenn der Unternehmer ein anderes als das bestellte Werk oder das Werk in zu geringer Menge herstellt.

(3) Das Werk ist frei von Rechtsmängeln, wenn Dritte in Bezug auf das Werk keine oder nur die im Vertrag übernommenen Rechte gegen den Besteller geltend

machen können.

第六百三十三条 [物及权利瑕疵]

Ⅰ 承揽人应使定作人取得无物之瑕疵及权利瑕疵之工作。

Ⅱ ¹工作具有约定之质量者，无物之瑕疵。²品质未经约定时，有下列情事之一者，该工作无物之瑕疵：

1. 工作适于契约预定之使用，或
2. 适于通常之使用，并显示同种类之工作通常具有之品质，且该品质为定作人按其工作之种类得以期待者。

³承揽人完成之工作非属约定之工作，或承揽人完成数量短缺之工作者，视同物之瑕疵。

Ⅲ 第三人就承揽之工作，对定作人不得主张任何权利，或仅得主张契约所取得之权利者，无权利瑕疵。

§634 Rechte des Bestellers bei Mängeln

Ist das Werk mangelhaft, kann der Besteller, wenn die Voraussetzungen der folgenden Vorschriften vorliegen und soweit nicht ein anderes bestimmt ist,

1. nach §635 Nacherfüllung verlangen,
2. nach § 637 den Mangel selbst beseitigen und Ersatz der erforderlichen Aufwendungen verlangen,
3. nach den §§636, 323 und 326 Abs. 5 von dem Vertrag zurücktreten oder nach §638 die Vergütung mindern und
4. nach den §§636, 280, 281, 283 und 311a Schadensersatz oder nach §284 Ersatz vergeblicher Aufwendungen verlangen.

第六百三十四条 [瑕疵时定作人之权利]

工作有瑕疵时，如具备下列规定之要件且无不同之约定者，定作人得：

1. 依第六百三十五条规定请求嗣后履行。
2. 依第六百三十七条规定自行排除瑕疵并请求必要费用之赔偿。
3. 依第六百三十六条、第三百二十三条及第三百二十六条第五款规定解除契约，或依第六百三十八条规定减少报酬。
4. 依第六百三十六条、第二百八十条、第二百八十一条、第二百八十三条及第三百一十一条之一规定请求损害赔偿，或依第二百八十四条规定请求无益费用之赔偿。

§634a Verjährung der Mängelansprüche

(1) Die in §634 Nr. 1, 2 und 4 bezeichneten Ansprüche verjähren
  1. vorbehaltlich der Nummer 2 in zwei Jahren bei einem Werk, dessen Erfolg in der Herstellung, Wartung oder Veränderung einer Sache oder in der Erbringung von Planungs- oder Überwachungsleistungen hierfür besteht,
  2. in fünf Jahren bei einem Bauwerk und einem Werk, dessen Erfolg in der Erbringung von Planungs- oder Überwachungsleistungen hierfür besteht, und
  3. im Übrigen in der regelmäßigen Verjährungsfrist.

(2) Die Verjährung beginnt in den Fällen des Absatzes 1 Nr. 1 und 2 mit der Abnahme.

(3) Abweichend von Absatz 1 Nr. 1 und 2 und Absatz 2 verjähren die Ansprüche in der regelmäßigen Verjährungsfrist, wenn der Unternehmer den Mangel arglistig verschwiegen hat. Im Fall des Absatzes 1 Nr. 2 tritt die Verjährung jedoch nicht vor Ablauf der dort bestimmten Frist ein.

(4) Für das in §634 bezeichnete Rücktrittsrecht gilt §218. Der Besteller kann trotz einer Unwirksamkeit des Rücktritts nach §218 Abs. 1 die Zahlung der Vergütung insoweit verweigern, als er auf Grund des Rücktritts dazu berechtigt sein würde. Macht er von diesem Recht Gebrauch, kann der Unternehmer vom Vertrag zurücktreten.

(5) Auf das in §634 bezeichnete Minderungsrecht finden §218 und Absatz 4 Satz 2 entsprechende Anwendung.

第六百三十四条之一 [瑕疵请求权之消灭时效]

Ⅰ 第六百三十四条第一项、第二项及第四项所称之请求权:
1.工作之成果为物之制造、维修或变更,或就该物之规划或监督之给付者,除第二项规定外,因两年间不行使而消灭。
2.就该工作之规划或监督之给付所生建筑物及工作成果者,因五年间不行使而消灭,及
3.于其他情形,因一般时效期间不行使而消灭。

Ⅱ 于第一款第一项及第二项规定之情形,其时效自受领时起算。

Ⅲ [1]承揽人恶意不告知瑕疵时,其请求权不适用第一款第一项、第二项及第二款规定者,因一般时效期限不行使而消灭。[2]但于第一款第二项规定之情形,消灭时效在该项所定之期限届满前,其时效不完成。

Ⅳ [1]第六百三十四条所称之解除权,适用第二百一十八条规定。[2]解除依第二百一十八条第一款规定不生效力者,定作人仍得如同契约解除时,

依其解除而拒绝支付报酬。³定作人行使该权利者,承揽人得解除契约。

V 第六百三十四条所称减少报酬之权利,准用第二百一十八条及本条第四款第二段规定。

§635 Nacherfüllung

(1) Verlangt der Besteller Nacherfüllung, so kann der Unternehmer nach seiner Wahl den Mangel beseitigen oder ein neues Werk herstellen.
(2) Der Unternehmer hat die zum Zwecke der Nacherfüllung erforderlichen Aufwendungen, insbesondere Transport-, Wege-, Arbeits- und Materialkosten zu tragen.
(3) Der Unternehmer kann die Nacherfüllung unbeschadet des §275 Abs. 2 und 3 verweigern, wenn sie nur mit unverhältnismäßigen Kosten möglich ist.
(4) Stellt der Unternehmer ein neues Werk her, so kann er vom Besteller Rückgewähr des mangelhaften Werks nach Maßgabe der §§346 bis 348 verlangen.

第六百三十五条 [嗣后履行]

I 定作人请求嗣后履行者,承揽人得按其选择而排除瑕疵,或完成新工作。
II 承揽人应负担为嗣后履行所必要之费用,即如运费、道路通行费、工资及材料费。
III 嗣后履行需费不符比例者,承揽人得拒绝之,第二百七十五条第二款及第三款规定,不因此而受影响。
IV 承揽人完成新工作者,得依第三百四十六条至第三百四十八条规定,请求定作人返还该有瑕疵之工作。

§636 Besondere Bestimmungen für Rücktritt und Schadensersatz

Außer in den Fällen des §281 Abs. 2 und des §323 Abs. 2 bedarf es der Fristsetzung auch dann nicht, wenn der Unternehmer die Nacherfüllung gemäß §635 Abs. 3 verweigert oder wenn die Nacherfüllung fehlgeschlagen oder dem Besteller unzumutbar ist.

第六百三十六条 [解除契约及损害赔偿之特别规定]

除第二百八十一条第二款及第三百二十三条第二款规定之情形外,承揽人依第六百三十五条第三款规定拒绝嗣后履行，或嗣后履行失败或对定作人为不可期待者，亦无须定其期限。

§637 Selbstvornahme

(1) Der Besteller kann wegen eines Mangels des Werkes nach erfolglosem Ablauf einer von ihm zur Nacherfüllung bestimmten angemessenen Frist den Mangel selbst beseitigen und Ersatz der erforderlichen Aufwendungen verlangen, wenn nicht der Unternehmer die Nacherfüllung zu Recht verweigert.

(2) §323 Abs. 2 findet entsprechende Anwendung. Der Bestimmung einer Frist bedarf es auch dann nicht, wenn die Nacherfüllung fehlgeschlagen oder dem Besteller unzumutbar ist.

(3) Der Besteller kann von dem Unternehmer für die zur Beseitigung des Mangels erforderlichen Aufwendungen Vorschuss verlangen.

第六百三十七条 [自行修补]

Ⅰ 定作人因工作之瑕疵，于其所定供嗣后履行之相当期限经过而无效果时，除承揽人依法拒绝履行者外，得自行排除瑕疵并请求必要费用之赔偿。

Ⅱ ¹第三百二十三条第二款规定，准用之。²嗣后履行失败，或对于定作人系属不可期待者，亦无须定其期限。

Ⅲ 定作人得请求承揽人预先支付排除瑕疵之必要费用。

§638 Minderung

(1) Statt zurückzutreten, kann der Besteller die Vergütung durch Erklärunggegenüber dem Unternehmer mindern. Der Ausschlussgrund des §323 Abs. 5 Satz 2 findet keine Anwendung.

(2) Sind auf der Seite des Bestellers oder auf der Seite des Unternehmers mehrere beteiligt, so kann die Minderung nur von allen oder gegen alle erklärt werden.

(3) Bei der Minderung ist die Vergütung in dem Verhältnis herabzusetzen, in welchem zur Zeit des Vertragsschlusses der Wert des Werkes in mangelfreiem Zustand zu dem wirklichen Wert gestanden haben würde. Die Minderung ist, soweit erforderlich, durch Schätzung zu ermitteln.

(4) Hat der Besteller mehr als die geminderte Vergütung gezahlt, so ist der Mehrbetrag

vom Unternehmer zu erstatten. §346 Abs. 1 und §347 Abs. 1 finden entsprechende Anwendung.

第六百三十八条　[减少报酬]

Ⅰ ¹定作人得向承揽人表示减少报酬，以代解除契约。²第三百二十三条第五款第二段规定之排除原因，不适用之。

Ⅱ 定作人之一方或承揽人之一方有数人者，减少报酬仅得由其全体或向其全体表示之。

Ⅲ ¹报酬之减少，应就报酬依契约制定时，工作无瑕疵状态之价值与其可能存在实际价值之比例，减少之。²必要时，应以估价定其减少之报酬。

Ⅳ ¹定作人已支付超过减少后之报酬者，其超过之数额应由承揽人返还之。²第三百四十六条第一款及第三百四十七条第一款规定，准用之。

§639　Haftungsausschluss

Auf eine Vereinbarung, durch welche die Rechte des Bestellers wegen eines Mangels ausgeschlossen oder beschränkt werden, kann sich der Unternehmer nicht berufen, soweit er den Mangel arglistig verschwiegen oder eine Garantie für die Beschaffenheit des Werkes übernommen hat.

第六百三十九条　[责任之排除]

关于排除或限制定作人因瑕疵所生权利之约定，如承揽人恶意不告知瑕疵，或承担工作品质之保证者，承揽人不得主张之。

§640　Abnahme

(1) Der Besteller ist verpflichtet, das vertragsmäßig hergestellte Werk abzunehmen, sofern nicht nach der Beschaffenheit des Werkes die Abnahme ausgeschlossen ist. Wegen unwesentlicher Mängel kann die Abnahme nicht verweigert werden. Der Abnahme steht es gleich, wenn der Besteller das Werk nicht innerhalb einer ihm vom Unternehmer bestimmten angemessenen Frist abnimmt, obwohl er dazu verpflichtet ist.

(2) Nimmt der Besteller ein mangelhaftes Werk gemäß Absatz 1 Satz 1 ab, obschon er den Mangel kennt, so stehen ihm die in §634 Nr. 1 bis 3 bezeichneten Rechte nur zu, wenn er sich seine Rechte wegen des Mangels bei der Abnahme vorbehält.

第六百四十条 [受领]

I ¹除按工作之性质无须受领者外,定作人有受领依契约所完成工作之义务。²不得因非重大之瑕疵,而拒绝受领。³定作人虽负有受领之义务,但未于承揽人对其所定之相当期限内受领工作者,视同受领。

II 定作人虽已知瑕疵,仍依第一款第一段规定受领有瑕疵之工作者,以其于受领时保留因该瑕疵所生之权利者为限,享有第六百三十四条第一项至第三项所定之权利。

§641 Fälligkeit der Vergütung

(1) Die Vergütung ist bei der Abnahme des Werkes zu entrichten. Ist das Werk in Teilen abzunehmen und die Vergütung für die einzelnen Teile bestimmt, so ist die Vergütung für jeden Teil bei dessen Abnahme zu entrichten.

(2) Die Vergütung des Unternehmers für ein Werk, dessen Herstellung der Besteller einem Dritten versprochen hat, wird spätestens fällig,

1. soweit der Besteller von dem Dritten für das versprochene Werk wegen dessen Herstellung seine Vergütung oder Teile davon erhalten hat,
2. soweit das Werk des Bestellers von dem Dritten abgenommen worden ist oder als abgenommen gilt oder
3. wenn der Unternehmer dem Besteller erfolglos eine angemessene Frist zur Auskunft über die in den Nummern 1 und 2 bezeichneten Umstände bestimmt hat.

Hat der Besteller dem Dritten wegen möglicher Mängel des Werks Sicherheit geleistet, gilt Satz 1 nur, wenn der Unternehmer dem Besteller entsprechende Sicherheit leistet.

(3) Kann der Besteller die Beseitigung eines Mangels verlangen, so kann er nach der Fälligkeit die Zahlung eines angemessenen Teils der Vergütung verweigern; angemessen ist in der Regel das Doppelte der für die Beseitigung des Mangels erforderlichen Kosten.

(4) Eine in Geld festgesetzte Vergütung hat der Besteller von der Abnahme des Werkes an zu verzinsen, sofern nicht die Vergütung gestundet ist.

第六百四十一条 [报酬之到期]

I 报酬应于受领工作时支付之。工作系分部分受领,而报酬系就各部分定之者,应于受领每部分时,支付该部分之报酬。

Ⅱ ¹定作人向第三人承诺工作之完成时,最迟于下列情事之一者,该承揽人之工作报酬到期:
1. 定作人就所承诺之工作,因其完成而自第三人获得报酬或该报酬之部分者。
2. 定作人之工作,被第三人受领或视为已受领者,或
3. 承揽人对定作人就第一项及第二项所定之情事,定相当期限请求告知而无效果者。
²定作人因工作可能之瑕疵而已向第三人提供担保者,以承揽人对定作人提供相当之担保者为限,适用第一段规定。
Ⅲ 定作人得请求排除瑕疵者,得于到期后,拒绝报酬相当部分之给付;所称相当,通常系指排除该瑕疵所需必要费用之两倍。
Ⅳ 就以金钱所定之报酬,除报酬之支付延期者外,定作人应自受领工作时起加付利息。

§641a (weggefallen)

第六百四十一条之一 [删除]

§642 Mitwirkung des Bestellers

(1) Ist bei der Herstellung des Werkes eine Handlung des Bestellers erforderlich, so kann der Unternehmer, wenn der Besteller durch das Unterlassen der Handlung in Verzug der Annahme kommt, eine angemessene Entschädigung verlangen.

(2) Die Höhe der Entschädigung bestimmt sich einerseits nach der Dauer des Verzugs und der Höhe der vereinbarten Vergütung, andererseits nach demjenigen, was der Unternehmer infolge des Verzugs an Aufwendungen erspart oder durch anderweitige Verwendung seiner Arbeitskraft erwerben kann.

第六百四十二条 [定作人之协力]
Ⅰ 工作之完成,兼须定作人行为者,如定作人怠于其行为,致受领有迟延时,承揽人得请求相当之补偿。
Ⅱ 该补偿之金额,按迟延时间之长短及约定报酬之额度,并按承揽人因迟延所减省之费用,或因转向他处服劳务所能取得之利益定之。

§643 Kündigung bei unterlassener Mitwirkung

Der Unternehmer ist im Falle des §642 berechtigt, dem Besteller zur Nachholung der Handlung eine angemessene Frist mit der Erklärung zu bestimmen, dass er den Vertrag kündige, wenn die Handlung nicht bis zum Ablauf der Frist vorgenommen werde. Der Vertrag gilt als aufgehoben, wenn nicht die Nachholung bis zum Ablauf der Frist erfolgt.

第六百四十三条 [不为协力时之终止]
¹承揽人有第六百四十二条规定之情形时，得对定作人指定相当期限，请其补行该行为，并声明不于期限届满前为该行为者，即终止契约。²不于期限届满前补行该行为者，契约视为已经解消。

§644 Gefahrtragung

(1) Der Unternehmer trägt die Gefahr bis zur Abnahme des Werkes. Kommt der Besteller in Verzug der Annahme, so geht die Gefahr auf ihn über. Für den zufälligen Untergang und eine zufällige Verschlechterung des von dem Besteller gelieferten Stoffes ist der Unternehmer nicht verantwortlich.

(2) Versendet der Unternehmer das Werk auf Verlangen des Bestellers nach einem anderen Ort als dem Erfüllungsort, so finden die für den Kauf geltenden Vorschriften des §447 entsprechende Anwendung.

第六百四十四条 [危险负担]
Ⅰ ¹工作受领前，由承揽人负担危险。定作人受领迟延者，其危险移转于定作人。²定作人所供给之材料，因事变而灭失及毁损者，承揽人不负责任。
Ⅱ 承揽人因定作人之请求，将工作送交履行地以外之处所者，准用第四百四十七条关于买卖之规定。

§645 Verantwortlichkeit des Bestellers

(1) Ist das Werk vor der Abnahme infolge eines Mangels des von dem Besteller gelieferten Stoffes oder infolge einer von dem Besteller für die Ausführung erteilten Anweisung untergegangen, verschlechtert oder unausführbar geworden,

ohne dass ein Umstand mitgewirkt hat, den der Unternehmer zu vertreten hat, so kann der Unternehmer einen der geleisteten Arbeit entsprechenden Teil der Vergütung und Ersatz der in der Vergütung nicht inbegriffenen Auslagen verlangen. Das Gleiche gilt, wenn der Vertrag in Gemäßheit des §643 aufgehoben wird.

(2) Eine weitergehende Haftung des Bestellers wegen Verschuldens bleibt unberührt.

第六百四十五条 [定作人之责任]

Ⅰ [1]因定作人所供给材料之瑕疵，或因定作人就工作实施所为之指示，致工作于受领前灭失、毁损，或不能完成，而无可归责承揽人事由之参与者，承揽人得请求相当于已给付劳务部分之报酬，及报酬所不包含费用之赔偿。[2]契约依第六百四十三条规定解消者，亦同。

Ⅱ 定作人因可归责事由所生之其他责任，不受影响。

§646 Vollendung statt Abnahme

Ist nach der Beschaffenheit des Werkes die Abnahme ausgeschlossen, so tritt in den Fällen des §634a Abs. 2 und der §§641, 644 und 645 an die Stelle der Abnahme die Vollendung des Werkes.

第六百四十六条 [以工作之完成代替受领]

按工作之性质，无须受领者，于第六百三十四条之一第二款及第六百四十一条、第六百四十四条及第六百四十五条规定之情形，以工作之完成，代替受领。

§647 Unternehmerpfandrecht

Der Unternehmer hat für seine Forderungen aus dem Vertrag ein Pfandrecht an den von ihm oder ausgebesserten beweglichen Sachen des Bestellers, wenn sie bei der Herstellung oder zum Zwecke der Ausbesserung in seinen Besitz gelangt sind.

第六百四十七条 [承揽人质权]

承揽人因契约所生之债权，就其所为制作或修缮之定作人之动产，如该动产于制作时或因修缮目的而归其占有者，享有质权。

§648 Sicherungshypothek des Bauunternehmers

(1) Der Unternehmer eines Bauwerks oder eines einzelnen Teiles eines Bauwerks kann für seine Forderungen aus dem Vertrag die Einräumung einer Sicherungshypothek an dem Baugrundstück des Bestellers verlangen. Ist das Werk noch nicht vollendet, so kann er die Einräumung der Sicherungshypothek für einen der geleisteten Arbeit entsprechenden Teil der Vergütung und für die in der Vergütung nicht inbegriffenen Auslagen verlangen.

(2) Der Inhaber einer Schiffswerft kann für seine Forderungen aus dem Bau oder der Ausbesserung eines Schiffes die Einräumung einer Schiffshypothek an dem Schiffsbauwerk oder dem Schiff des Bestellers verlangen; Absatz 1 Satz 2 gilt sinngemäß. §647 findet keine Anwendung.

第六百四十八条 [建筑承揽人之保全抵押权]

Ⅰ ^{1}建筑物或建筑物个别部分之承揽人，因契约所生之债权，得请求就定作人之建筑土地，设定保全抵押权。^{2}工作未完成者，承揽人得就相当于已给付劳务部分之报酬，及报酬所不包含之费用，得请求设定保全抵押权。

Ⅱ ^{1}造船厂之所有人，因船舶之建造或修缮所生之债权，得请求就定作人之建造中船舶或船舶，设定船舶抵押权；第一款第二段规定，准用之。^{2}第六百四十七条规定，不适用之。

§648a Bauhandwerkersicherung

(1) Der Unternehmer eines Bauwerks, einer Außenanlage oder eines Teils davon kann vom Besteller Sicherheit für die auch in Zusatzaufträgen vereinbarte und noch nicht gezahlte Vergütung einschließlich dazugehöriger Nebenforderungen, die mit 10 vom Hundert des zu sichernden Vergütungsanspruchs anzusetzen sind, verlangen. Satz 1 gilt in demselben Umfang auch für Ansprüche, die an die Stelle der Vergütung treten. Der Anspruch des Unternehmers auf Sicherheit wird nicht dadurch ausgeschlossen, dass der Besteller Erfüllung verlangen kann oder das Werk abgenommen hat. Ansprüche, mit denen der Besteller gegen den Anspruch des Unternehmers auf Vergütung aufrechnen kann, bleiben bei der Berechnung der Vergütung unberücksichtigt, es sei denn, sie sind unstreitig oder rechtskräftig festgestellt. Die Sicherheit ist auch dann als ausreichend anzusehen, wenn sich der

Sicherungsgeber das Recht vorbehält, sein Versprechen im Falle einer wesentlichen Verschlechterung der Vermögensverhältnisse des Bestellers mit Wirkung für Vergütungsansprüche aus Bauleistungen zu widerrufen, die der Unternehmer bei Zugang der Widerrufserklärung noch nicht erbracht hat.

(2) Die Sicherheit kann auch durch eine Garantie oder ein sonstiges Zahlungsversprechen eines im Geltungsbereich dieses Gesetzes zum Geschäftsbetrieb befugten Kreditinstituts oder Kreditversicherers geleistet werden. Das Kreditinstitut oder der Kreditversicherer darf Zahlungen an den Unternehmer nur leisten, soweit der Besteller den Vergütungsanspruch des Unternehmers anerkennt oder durch vorläufig vollstreckbares Urteil zur Zahlung der Vergütung verurteilt worden ist und die Voraussetzungen vorliegen, unter denen die Zwangsvollstreckung begonnen werden darf.

(3) Der Unternehmer hat dem Besteller die üblichen Kosten der Sicherheitsleistung bis zu einem Höchstsatz von 2 vom Hundert für das Jahr zu erstatten. Dies gilt nicht, soweit eine Sicherheit wegen Einwendungen des Bestellers gegen den Vergütungsanspruch des Unternehmers aufrechterhalten werden muss und die Einwendungen sich als unbegründet erweisen.

(4) Soweit der Unternehmer für seinen Vergütungsanspruch eine Sicherheit nach den Absätzen 1 oder 2 erlangt hat, ist der Anspruch auf Einräumung einer Sicherungshypothek nach §648 Abs. 1 ausgeschlossen.

(5) Hat der Unternehmer dem Besteller erfolglos eine angemessene Frist zur Leistung der Sicherheit nach Absatz 1 bestimmt, so kann der Unternehmer die Leistung verweigern oder den Vertrag kündigen. Kündigt er den Vertrag, ist der Unternehmer berechtigt, die vereinbarte Vergütung zu verlangen; er muss sich jedoch dasjenige anrechnen lassen, was er infolge der Aufhebung des Vertrages an Aufwendungen erspart oder durch anderweitige Verwendung seiner Arbeitskraft erwirbt oder böswillig zu erwerben unterlässt. Es wird vermutet, dass danach dem Unternehmer 5 vom Hundert der auf den noch nicht erbrachten Teil der Werkleistung entfallenden vereinbarten Vergütung zustehen.

(6) Die Vorschriften der Absätze 1 bis 5 finden keine Anwendung, wenn der Besteller
1. eine juristische Person des öffentlichen Rechts oder ein öffentlich-rechtliches Sondervermögen ist, über deren Vermögen ein Insolvenzverfahren unzulässig ist, oder
2. eine natürliche Person ist und die Bauarbeiten zur Herstellung oder Instandsetzung eines Einfamilienhauses mit oder ohne Einliegerwohnung ausführen lässt.
Satz 1 Nr. 2 gilt nicht bei Betreuung des Bauvorhabens durch einen zur Verfügung über die Finanzierungsmittel des Bestellers ermächtigten Baubetreuer.

(7) Eine von den Vorschriften der Absätze 1 bis 5 abweichende Vereinbarung ist unwirksam.

第六百四十八条之一 [建筑手工艺者之担保]

Ⅰ ¹建筑物、其外部设施或其一部分工作之承揽人，得就附加工作中所约定且尚未给付之报酬，包含其所属以所担保报酬请求权百分之十估算之附属债权，向定作人请求担保。²第一段规定于相同范围内，亦适用于替代报酬之请求权。³承揽人请求担保之权利不因定作人请求履行或受领工作而予以排除。⁴定作人得对承揽人之报酬请求权为抵销之请求权，于计算报酬时不予考虑。但该请求权ª无争议或经判决确定者，不在此限。⁵担保提供人就定作人之财产状况有重大恶化之情形，保留撤销其承诺之权利，且其所保留撤销权之效力及于撤销之表示到达时，承揽人基于尚未提出因建筑给付所生之报酬请求权者，亦视为其有充足之担保。

Ⅱ ¹于本法适用范围内有权营业之信用机构或信用保险人之担保或其他支付承诺者，亦得作为担保之提供。²定作人承认承揽人之报酬请求权，或经支付报酬之假执行判决且具备得以开始强制执行之要件者，信用机构或信用保险人始得向承揽人支付。

Ⅲ ¹承揽人应偿还定作人周年最高百分之二之担保提供之通常费用。²担保系因定作人对承揽人报酬请求权之抗辩而应予维持，且其抗辩经证明为无理由者，不适用之。

Ⅳ 承揽人就其报酬请求权已依第一款或第二款规定取得担保者，不得依第六百四十八条第一款规定请求设定保全抵押权。

Ⅴ ¹承揽人已依第一款规定对定作人定提供担保之相当期限而无效果者，承揽人得拒绝给付或终止契约。²承揽人终止契约者，得请求约定之报酬，但应扣除其因契约之解消所减省之费用，或转向他处提供劳力所取得或恶意不为取得之价额者。³就此情形，推定承揽人就该分摊于尚未提供之工作给付部分之约定报酬者，享有其中之百分之五。

Ⅵ ¹定作人有下列情事之一者，不适用第一款至第五款规定：
1. 为公法人或不得对其财产为破产程序之公法特别财产；或
2. 为自然人且交由他人兴建或修缮其含或不含套房之独栋房屋者。

²建筑计划由有权处分定作人财务之建筑监工者所监督者，不适用第一段第二款规定。

Ⅶ 违反第一款至第五款规定所为之约定，无效。

a 此处指定作人得为抵销之请求权。

§649 Kündigungsrecht des Bestellers

Der Besteller kann bis zur Vollendung des Werkes jederzeit den Vertrag kündigen. Kündigt der Besteller, so ist der Unternehmer berechtigt, die vereinbarte Vergütung zu verlangen; er muss sich jedoch dasjenige anrechnen lassen, was er infolge der Aufhebung des Vertrags an Aufwendungen erspart oder durch anderweitige Verwendung seiner Arbeitskraft erwirbt oder zu erwerben böswillig unterlässt. Es wird vermutet, dass danach dem Unternehmer 5 vom Hundert der auf den noch nicht erbrachten Teil der Werkleistung entfallenden vereinbarten Vergütung zustehen.

第六百四十九条 [定作人之终止权]

¹定作人至工作完成时止，得随时终止契约。²定作人终止契约者，承揽人得请求约定之报酬，但应扣除其因契约之解消所减省之费用，或转向他处提供劳力所取得或恶意不为取得之价额者。³就此情形，推定承揽人就该分摊于尚未提供之工作给付部分之约定报酬者，享有其中之百分之五。

§650 Kostenanschlag

(1) Ist dem Vertrag ein Kostenanschlag zugrunde gelegt worden, ohne dass der Unternehmer die Gewähr für die Richtigkeit des Anschlags übernommen hat, und ergibt sich, dass das Werk nicht ohne eine wesentliche Überschreitung des Anschlags ausführbar ist, so steht dem Unternehmer, wenn der Besteller den Vertrag aus diesem Grund kündigt, nur der im §645 Abs. 1 bestimmte Anspruch zu.

(2) Ist eine solche Überschreitung des Anschlags zu erwarten, so hat der Unternehmer dem Besteller unverzüglich Anzeige zu machen.

第六百五十条 费用之估价

Ⅰ 契约系以费用之估价为基础，且承揽人未担保估价之正确性，而结果为非明显超过估价而不能实施工作时，定作人以该事由终止契约者，承揽人仅得享有于第六百四十五条第一款规定之请求权。

Ⅱ 该估价之超过应可期待者，承揽人应实时通知定作人。

§651 Anwendung des Kaufrechts

Auf einen Vertrag, der die Lieferung herzustellender oder zu erzeugender beweglicher Sachen zum Gegenstand hat, finden die Vorschriften über den Kauf Anwendung. §442 Abs. 1 Satz 1 findet bei diesen Verträgen auch Anwendung, wenn der Mangel auf den vom Besteller gelieferten Stoff zurückzuführen ist. Soweit es sich bei den herzustellenden oder zu erzeugenden beweglichen Sachen um nicht vertretbare Sachen handelt, sind auch die §§642, 643, 645, 649 und 650 mit der Maßgabe anzuwenden, dass an die Stelle der Abnahme der nach den §§446 und 447 maßgebliche Zeitpunkt tritt.

第六百五十一条　[买卖法之适用]
　　[1]契约系以交付尚待制造或生产之动产为内容者，适用关于买卖之规定。[2]于该契约，虽其瑕疵系因定作人供给之材料所致者，仍适用第四百四十二条第一款第一段规定。[3]尚待制造或生产之动产为不代替物者，亦适用第六百四十二条、第六百四十三条、第六百四十五条、第六百四十九条及第六百五十条规定，但以依第四百四十六条及第四百四十七条规定之时点取代受领。

*) **Amtlicher Hinweis:**
Diese Vorschrift dient der Umsetzung der Richtlinie 1999/44/EG des Europäischen Parlaments und des Rates vom 25. Mai 1999 zu bestimmten Aspekten des Verbrauchsgüterkaufs und der Garantien für Verbrauchsgüter (ABl. EG Nr. L 171 S. 12).

德国官方注释：
　　本条部分为欧洲议会与欧洲共同理事会1999年5月25日1999/44/EG《消费商品买卖及消费物保障指令》，其特定领域规定之转化。[1]

---

[1] 参见欧共体《官方公报》L卷第171期，第12页。

Untertitel 2　Reisevertrag
第二款　旅游契约

*)

Amtlicher Hinweis:
Dieser Untertitel dient der Umsetzung der Richtlinie 90/314/EWG des Europäischen Parlaments und des Rates vom 13. Juni 1990 über Pauschalreisen (ABl. EG Nr. L 158 S. 59).

德国官方注释：
本款规定目的在于转化欧洲议会及欧洲共同理事会1990年6月13日90/314/EWG《套装旅游指令》。①

§651a　Vertragstypische Pflichten beim Reisevertrag

(1) Durch den Reisevertrag wird der Reiseveranstalter verpflichtet, dem Reisenden eine Gesamtheit von Reiseleistungen (Reise) zu erbringen. Der Reisende ist verpflichtet, dem Reiseveranstalter den vereinbarten Reisepreis zu zahlen.

(2) Die Erklärung, nur Verträge mit den Personen zu vermitteln, welche die einzelnen Reiseleistungen ausführen sollen (Leistungsträger), bleibt unberücksichtigt, wenn nach den sonstigen Umständen der Anschein begründet wird, dass der Erklärende vertraglich vorgesehene Reiseleistungen in eigener Verantwortung erbringt.

(3) Der Reiseveranstalter hat dem Reisenden bei oder unverzüglich nach Vertragsschluss eine Urkunde über den Reisevertrag (Reisebestätigung) zur Verfügung zu stellen. Die Reisebestätigung und ein Prospekt, den der Reiseveranstalter zur Verfügung stellt, müssen die in der Rechtsverordnung nach Artikel 238 des Einführungsgesetzes zum Bürgerlichen Gesetzbuche bestimmten Angaben enthalten.

(4) Der Reiseveranstalter kann den Reisepreis nur erhöhen, wenn dies mit genauen Angaben zur Berechnung des neuen Preises im Vertrag vorgesehen ist und damit einer Erhöhung der Beförderungskosten, der Abgaben für bestimmte Leistungen, die Hafen- oder Flughafengebühren, oder einer Änderung der für die betreffende Reise geltenden Wechselkurse Rechnung getragen wird. Eine Preiserhöhung, die

---

① 参见欧共体《官方公报》L卷第158期，第59页。

ab dem 20. Tage vor dem vereinbarten Abreisetermin verlangt wird, ist unwirksam. §309 Nr. 1 bleibt unberührt.

(5) Der Reiseveranstalter hat eine Änderung des Reisepreises nach Absatz 4, eine zulässige Änderung einer wesentlichen Reiseleistung oder eine zulässig Absage der Reise dem Reisenden unverzüglich nach Kenntnis von dem Änderungs- oder Absagegrund zu erklären. Im Falle einer Erhöhung des Reisepreises um mehr als fünf vom Hundert oder einer erheblichen Änderung einer wesentlichen Reiseleistung kann der Reisende vom Vertrag zurücktreten. Er kann stattdessen, ebenso wie bei einer Absage der Reise durch den Reiseveranstalter, die Teilnahme an einer mindestens gleichwertigen anderen Reise verlangen, wenn der Reiseveranstalter in der Lage ist, eine solche Reise ohne Mehrpreis für den Reisenden aus seinem Angebot anzubieten. Der Reisende hat diese Rechte unverzüglich nach der Erklärung durch den Reiseveranstalter diesem gegenüber geltend zu machen.

第六百五十一条之一 [旅游契约之契约典型义务]

Ⅰ [1]旅游营业人因旅游契约负有对旅客提供旅游给付之全部（旅游）之义务。[2]旅客负有对旅游营业人支付约定旅费之义务。

Ⅱ 表示仅媒介与应履行个别旅游给付之人（给付承担人）缔结契约者，如按其他情事，有该表意人以自己责任提供契约预定旅游给付之表象者，其表示不予考虑。

Ⅲ [1]旅游营业人应于旅游契约成立时或即时于旅游契约成立后，提供旅客关于旅游契约之文书（旅游证明书）。[2]旅游证明书及旅游营业人所交付之说明书，应包括依《民法施行法》第二百三十八条所定之法规命令规定之事项。

Ⅳ [1]旅游营业人得提高旅费，但以新旅费之计算经精确说明而于契约中加以预定，且因此而考虑提高运费或如港口费、机场费等特定给付之费用，或变动该旅游所适用之汇率者为限。[2]于约定之旅游启程日前二十日内所请求之旅费提高，无效。[3]第三百零九条第一项规定不受影响。

Ⅴ [1]旅游营业人就依第四款规定之旅费变动、重要旅游给付之容许变动，或旅游之容许取消，应于知悉变动或取消之原因后即时向旅客表示之。[2]于提高之旅费超过百分之五以上或重要旅游给付之显著变动之情形，旅客得解除契约。[3]旅客得不解除契约，如同该旅游经旅游营业人取消，以旅游营业人可能提供未增加旅费之该类旅游为限，得请求参加至少等值之另一旅游。[4]旅游营业人为表示后，旅客应即时向旅游营业人行使其权利。

§651b　Vertragsübertragung

(1) Bis zum Reisebeginn kann der Reisende verlangen, dass statt seiner ein Dritter in die Rechte und Pflichten aus dem Reisevertrag eintritt. Der Reiseveranstalter kann dem Eintritt des Dritten widersprechen, wenn dieser den besonderen Reiseerfordernissen nicht genügt oder seiner Teilnahme gesetzliche Vorschriften oder behördliche Anordnungen entgegenstehen.

(2) Tritt ein Dritter in den Vertrag ein, so haften er und der Reisende dem Reiseveranstalter als Gesamtschuldner für den Reisepreis und die durch den Eintritt des Dritten entstehenden Mehrkosten.

第六百五十一条之二　[契约让与]

Ⅰ ¹旅游开始前，旅客得请求由第三人取代其加入因旅游契约所生之权利及义务。²第三人不符合特别旅游要件，或其参加违反法律规定或行政规则者，旅游营业人得就第三人之加入为异议。

Ⅱ 第三人加入契约者，该第三人与旅客就旅费与因该第三人加入所生之额外费用，对旅游营业人负连带债务人责任。

§651c　Abhilfe

(1) Der Reiseveranstalter ist verpflichtet, die Reise so zu erbringen, dass sie die zugesicherten Eigenschaften hat und nicht mit Fehlern behaftet ist, die den Wert oder die Tauglichkeit zu dem gewöhnlichen oder nach dem Vertrag vorausgesetzten Nutzen aufheben oder mindern.

(2) Ist die Reise nicht von dieser Beschaffenheit, so kann der Reisende Abhilfe verlangen. Der Reiseveranstalter kann die Abhilfe verweigern, wenn sie einen unverhältnismäßigen Aufwand erfordert.

(3) Leistet der Reiseveranstalter nicht innerhalb einer vom Reisenden bestimmten angemessenen Frist Abhilfe, so kann der Reisende selbst Abhilfe schaffen und Ersatz der erforderlichen Aufwendungen verlangen. Der Bestimmung einer Frist bedarf es nicht, wenn die Abhilfe von dem Reiseveranstalter verweigert wird oder wenn die sofortige Abhilfe durch ein besonderes Interesse des Reisenden geboten wird.

第六百五十一条之三 [改善]

Ⅰ 旅游营业人负有义务，使其提供之旅游具有所保证之品质，及无灭失或减少依通常或契约预定使用之价值或适合性之瑕疵。

Ⅱ ¹旅游不具备前款性质者，旅客得请求改善之。²改善所需之费用不符合比例者，旅游营业人得拒绝之。

Ⅲ ¹旅游营业人未于旅客指定之相当期限内提供改善者，旅客得自为改善并请求偿还必要费用。²改善经旅游营业人拒绝，或基于旅客之特别利益而须立即改善者，无须指定期间。

§651d Minderung

(1) Ist die Reise im Sinne des §651c Abs. 1 mangelhaft, so mindert sich für die Dauer des Mangels der Reisepreis nach Maßgabe des §638 Abs. 3. §638 Abs. 4 findet entsprechende Anwendung.

(2) Die Minderung tritt nicht ein, soweit es der Reisende schuldhaft unterlässt, den Mangel anzuzeigen.

第六百五十一条之四 [减少旅费]

Ⅰ ¹旅游有第六百五十一条之三第一款规定所称之瑕疵者，就瑕疵之存续期间，旅费依第六百三十八条第三款规定减少之。²第六百三十八条第四款规定，准用之。

Ⅱ 旅客因可归责之事由而不为瑕疵之通知者，该费用不予减少。

§651e Kündigung wegen Mangels

(1) Wird die Reise infolge eines Mangels der in §651c bezeichneten Art erheblich beeinträchtigt, so k ann der Reisende den Vertrag kündigen. Dasselbe gilt, wenn ihm die Reise infolge eines solchen Mangels aus wichtigem, dem Reiseveranstalter erkennbaren Grund nicht zuzumuten ist.

(2) Die Kündigung ist erst zulässig, wenn der Reiseveranstalter eine ihm vom Reisenden bestimmte angemessene Frist hat verstreichen lassen, ohne Abhilfe zu leisten. Der Bestimmung einer Frist bedarf es nicht, wenn die Abhilfe unmöglich ist oder vom Reiseveranstalter verweigert wird oder wenn die sofortige Kündigung des Vertrags durch ein besonderes Interesse des Reisenden gerechtfertigt wird.

(3) Wird der Vertrag gekündigt, so verliert der Reiseveranstalter den Anspruch auf den

vereinbarten Reisepreis. Er kann jedoch für die bereits erbrachten oder zur Beendigung der Reise noch zu erbringenden Reiseleistungen eine nach §638 Abs. 3 zu bemessende Entschädigung verlangen. Dies gilt nicht, soweit diese Leistungen infolge der Aufhebung des Vertrags für den Reisenden kein Interesse haben.

(4) Der Reiseveranstalter ist verpflichtet, die infolge der Aufhebung des Vertrags notwendigen Maßnahmen zu treffen, insbesondere, falls der Vertrag die Rückbeförderung umfasste, den Reisenden zurückzubefördern. Die Mehrkosten fallen dem Reiseveranstalter zur Last.

第六百五十一条之五 [因瑕疵而终止]

Ⅰ [1]旅游因第六百五十一条之三所称种类之瑕疵而显受妨碍者，旅客得终止契约。[2]基于旅游营业人可辨识之重大事由，旅游因前段瑕疵对于旅客系不可期待者，亦同。

Ⅱ [1]于旅游营业人任由旅客指定之相当期限经过而不为改善者，始得终止契约。[2]改善为不能，或为旅游营业人所拒绝，或基于旅客之特别利益，契约之立即终止为正当者，无须指定期间。

Ⅲ [1]契约经终止者，旅游营业人丧失约定旅费之请求权。[2]但旅游营业人就已提供或为结束旅游而尚待提供之旅游给付，仍得请求依第六百三十八条第三款规定计算之补偿。[3]该旅游给付因契约解消对旅客无利益者，不适用前段规定。

Ⅳ [1]旅游营业人负有采取因契约解消而必要措施之义务，即如于契约包含回程运送之情形，将旅客送回。[2]该额外费用，由旅游营业人负担。

§651f Schadensersatz

(1) Der Reisende kann unbeschadet der Minderung oder der Kündigung Schadensersatz wegen Nichterfüllung verlangen, es sei denn, der Mangel der Reise beruht auf einem Umstand, den der Reiseveranstalter nicht zu vertreten hat.

(2) Wird die Reise vereitelt oder erheblich beeinträchtigt, so kann der Reisende auch wegen nutzlos aufgewendeter Urlaubszeit eine angemessene Entschädigung in Geld verlangen.

第六百五十一条之六 [损害赔偿]

Ⅰ 旅客除减少旅费或终止契约外，得请求因不履行而生之损害。但旅游之瑕疵系因不可归责于旅游营业人之事由而生者，不在此限。

Ⅱ 旅游受阻碍或显受妨害者，旅客亦得就无益耗费之休假时间，请求相当之金钱补偿。

§651g Ausschlussfrist, Verjährung

(1) Ansprüche nach den §§651c bis 651f hat der Reisende innerhalb eines Monats nach der vertraglich vorgesehenen Beendigung der Reise gegenüber dem Reiseveranstalter geltend zu machen. §174 ist nicht anzuwenden. Nach Ablauf der Frist kann der Reisende Ansprüche nur geltend machen, wenn er ohne Verschulden an der Einhaltung der Frist verhindert worden ist.

(2) Ansprüche des Reisenden nach den §§651c bis 651f verjähren in zwei Jahren. Die Verjährung beginnt mit dem Tage, an dem die Reise dem Vertrag nach enden sollte.

第六百五十一条之七 [除斥期间，消灭时效]

Ⅰ ¹旅客应于预先约定旅游契约结束后一个月内，向旅游营业人主张依第六百五十一条之三至第六百五十一条之六规定所生之请求权。²第一百七十四条规定，不适用之。³期间届满后，旅客就期间遵守之受阻碍仅于不可归责者，始得行使请求权。

Ⅱ ¹依第六百五十一条之三至第六百五十一条之六规定之旅客请求权，因两年间不行使而消灭。²时效自该旅游依契约应终止之日起算。

§651h Zulässige Haftungsbeschränkung

(1) Der Reiseveranstalter kann durch Vereinbarung mit dem Reisenden seine Haftung für Schäden, die nicht Körperschäden sind, auf den dreifachen Reisepreis beschränken,

　　1. soweit ein Schaden des Reisenden weder vorsätzlich noch grob fahrlässig herbeigeführt wird oder

　　2. soweit der Reiseveranstalter für einen dem Reisenden entstehenden Schaden allein wegen eines Verschuldens eines Leistungsträgers verantwortlich ist.

(2) Gelten für eine von einem Leistungsträger zu erbringende Reiseleistung internationale Übereinkommen oder auf solchen beruhende gesetzliche Vorschriften, nach denen ein Anspruch auf Schadensersatz nur unter bestimmten Voraussetzungen oder Beschränkungen entsteht oder geltend gemacht werden kann

oder unter bestimmten Voraussetzungen ausgeschlossen ist, so kann sich auch der Reiseveranstalter gegenüber dem Reisenden hierauf berufen.

第六百五十一条之八 [容许之责任限制]

Ⅰ 有下列情事之一者,旅游营业人得依与旅客间之约定,就其非人身损害之赔偿责任,限缩为旅费之三倍:
1.旅客之损害非因故意或重大过失而生者;或
2.旅游营业人就旅客已生之损害,仅因给付提供人之可归责事由而应负责者。

Ⅱ 给付提供人应提供之旅游给付适用国际协议或以该国际协议为依据之法律规定,而依该协议或规定,损害赔偿请求仅于特定要件或限制时,始发生或得主张,或于特定要件时,予以排除者,旅游营业人亦得就此向旅客主张之。

§651i Rücktritt vor Reisebeginn

(1) Vor Reisebeginn kann der Reisende jederzeit vom Vertrag zurücktreten.

(2) Tritt der Reisende vom Vertrag zurück, so verliert der Reiseveranstalter den Anspruch auf den vereinbarten Reisepreis. Er kann jedoch eine angemessene Entschädigung verlangen. Die Höhe der Entschädigung bestimmt sich nach dem Reisepreis unter Abzug des Wertes der vom Reiseveranstalter ersparten Aufwendungen sowie dessen, was er durch anderweitige Verwendung der Reiseleistungen erwerben kann.

(3) Im Vertrag kann für jede Reiseart unter Berücksichtigung der gewöhnlich ersparten Aufwendungen und des durch anderweitige Verwendung der Reiseleistungen gewöhnlich möglichen Erwerbs ein Vomhundertsatz des Reisepreises als Entschädigung festgesetzt werden.

第六百五十一条之九 [旅游开始前之解除契约]

Ⅰ 旅游开始前,旅客得随时解除契约。

Ⅱ [1]旅客解除契约者,旅游营业人丧失约定旅游费用之请求权。[2]但旅游营业人得请求相当之补偿。[3]补偿之数额,按旅游费用扣除旅游营业人所减省费用之价值,及其就转向他处提供旅游给付所能取得之价值定之。

Ⅲ 契约中得就任何形式之旅游,斟酌通常减省之费用及转向他处提供旅游给付所能取得之费用,而按旅游费用之百分比,确定其补偿额。

§651j Kündigung wegen höherer Gewalt

(1) Wird die Reise infolge bei Vertragsabschluss nicht voraussehbarer höherer Gewalt erheblich erschwert, gefährdet oder beeinträchtigt, so können sowohl der Reiseveranstalter als auch der Reisende den Vertrag allein nach Maßgabe dieser Vorschrift kündigen.

(2) Wird der Vertrag nach Absatz 1 gekündigt, so finden die Vorschriften des des §651e Abs. 3 Satz 1 und 2, Abs. 4 Satz 1 Anwendung. Die Mehrkosten für die Rückbeförderung sind von den Parteien je zur Hälfte zu tragen. Im Übrigen fallen die Mehrkosten dem Reisenden zur Last.

第六百五十一条之十 [因不可抗力终止]

Ⅰ 旅游因契约制定时不可预见之不可抗力而显有重大困难、危害或妨碍者,旅游营业人及旅客均得单独依本条规定终止契约。

Ⅱ [1]契约依第一款规定终止契约者,适用第六百五十一条之五第三款第一段及第二段、第四款第一段规定。[2]就旅客送回之额外费用,由当事人双方平均负担。[3]于其他情形,该额外费用由旅客负担。

§651k Sicherstellung, Zahlung

(1) Der Reiseveranstalter hat sicherzustellen, dass dem Reisenden erstattet werden

1. der gezahlte Reisepreis, soweit Reiseleistungen infolge Zahlungsunfähigkeit oder Eröffnung des Insolvenzverfahrens über das Vermögen des Reiseveranstalters ausfallen, und

2. notwendige Aufwendungen, die dem Reisenden infolge Zahlungsunfähigkeit oder Eröffnung des Insolvenzverfahrens über das Vermögen des Reiseveranstalters für die Rückreise entstehen.

Die Verpflichtungen nach Satz 1 kann der Reiseveranstalter nur erfüllen

1. durch eine Versicherung bei einem im Geltungsbereich dieses Gesetzes zum Geschäftsbetrieb befugten Versicherungsunternehmen oder

2. durch ein Zahlungsversprechen eines im Geltungsbereich dieses Gesetzes zum Geschäftsbetrieb befugten Kreditinstituts.

(2) Der Versicherer oder das Kreditinstitut (Kundengeldabsicherer) kann seine Haftung

für die von ihm in einem Jahr insgesamt nach diesem Gesetz zu erstattenden Beträge auf 110 Millionen Euro begrenzen. Übersteigen die in einem Jahr von einem Kundengeldabsicherer insgesamt nach diesem Gesetz zu erstattenden Beträge die in Satz 1 genannten Höchstbeträge, so verringern sich die einzelnen Erstattungsansprüche in dem Verhältnis, in dem ihr Gesamtbetrag zum Höchstbetrag steht.

(3) Zur Erfüllung seiner Verpflichtung nach Absatz 1 hat der Reiseveranstalter dem Reisenden einen unmittelbaren Anspruch gegen den Kundengeldabsicherer zu verschaffen und durch Übergabe einer von diesem oder auf dessen Veranlassung ausgestellten Bestätigung (Sicherungsschein) nachzuweisen. Der Kundengeldabsicherer kann sich gegenüber einem Reisenden, dem ein Sicherungsschein ausgehändigt worden ist, weder auf Einwendungen aus dem Kundengeldabsicherungsvertrag noch darauf berufen, dass der Sicherungsschein erst nach Beendigung des Kundengeldabsicherungsvertrags ausgestellt worden ist. In den Fällen des Satzes 2 geht der Anspruch des Reisenden gegen den Reiseveranstalter auf den Kundengeldabsicherer über, soweit dieser den Reisenden befriedigt. Ein Reisevermittler ist dem Reisenden gegenüber verpflichtet, den Sicherungsschein auf seine Gültigkeit hin zu überprüfen, wenn er ihn dem Reisenden aushändigt.

(4) Reiseveranstalter und Reisevermittler dürfen Zahlungen des Reisenden auf den Reisepreis vor Beendigung der Reise nur fordern oder annehmen, wenn dem Reisenden ein Sicherungsschein übergeben wurde. Ein Reisevermittler gilt als vom Reiseveranstalter zur Annahme von Zahlungen auf den Reisepreis ermächtigt, wenn er einen Sicherungsschein übergibt oder sonstige dem Reiseveranstalter zuzurechnende Umstände ergeben, dass er von diesem damit betraut ist, Reiseverträge für ihn zu vermitteln. Dies gilt nicht, wenn die Annahme von Zahlungen durch den Reisevermittler in hervorgehobener Form gegenüber dem Reisenden ausgeschlossen ist.

(5) Hat im Zeitpunkt des Vertragsschlusses der Reiseveranstalter seine Hauptniederlassung in einem anderen Mitgliedstaat der Europäischen Gemeinschaften oder in einem anderen Vertragsstaat des Abkommens über den Europäischen Wirtschaftsraum, so genügt der Reiseveranstalter seiner Verpflichtung nach Absatz 1 auch dann, wenn er dem Reisenden Sicherheit in Übereinstimmung mit den Vorschriften des anderen Staates leistet und diese den Anforderungen nach Absatz 1 Satz 1 entspricht. Absatz 4 gilt mit der Maßgabe, dass dem Reisenden die Sicherheitsleistung nachgewiesen werden muss.

(6) Die Absätze 1 bis 5 gelten nicht, wenn

1. der Reiseveranstalter nur gelegentlich und außerhalb seiner gewerblichen

Tätigkeit Reisen veranstaltet,
2. die Reise nicht länger als 24 Stunden dauert, keine Übernachtung einschließt und der Reisepreis 75 Euro nicht übersteigt,
3. der Reiseveranstalter eine juristische Person des öffentlichen Rechts ist, über deren Vermögen ein Insolvenzverfahren unzulässig ist.

第六百五十一条之十一 [担保，旅费之支付]

Ⅰ ^{1}旅游营业人应担保下列费用返还于旅客：
1. 已支付之旅游费用，但以旅游给付因旅游营业人无支付能力或对旅游营业人之财产开始破产程序而停止者为限。
2. 因旅游营业人无支付能力或对旅游营业人之财产开始破产程序，就旅游回程对旅客所生之必要费用。

^{2}第一段规定之义务，旅游营业人仅得依下列规定履行之：
1. 以本法适用范围内有权营业之保险商之保险，或
2. 以本法适用范围内有权营业之信用机构之支付承诺。

Ⅱ ^{1}保险人或信用机构（客户金钱担保人），得将其于一年内依本法所应返还总额之责任，限制为一亿一千万欧元。^{2}一年内应由客户金钱担保人依本法所定之返还总额，超过第一段所定之最高数额者，各该返还请求权按其总额与最高数额之比例减少之。

Ⅲ ^{1}旅游营业人为履行第一款规定之义务，应使旅客取得对客户金钱担保人之直接请求权，并以交付该客户金钱担保人或基于其安排而出具之确认书（担保书）证明。^{2}客户金钱担保人对已受担保书交付之旅客，不得主张基于客户金钱担保契约所生抗辩，亦不得以客户金钱担保契约终了后始出具担保书对抗旅客。^{3}于第二段规定情形，客户金钱担保人对旅客为清偿者，旅客对旅游营业人之请求权移转于该客户金钱担保人。^{4}旅游居间人将担保书交付旅客者，对旅客负审查该担保书有效性之义务。

Ⅳ ^{1}旅游营业人与旅游居间人仅于担保书交付旅客后，始得于旅游终了前，请求或受领旅客支付之旅费。^{2}旅游居间人交付担保书，或基于可归责旅游营业人所生之其他事由，足认旅游居间人经旅游营业人委托为其居间旅游契约者，旅游居间人视为经旅游营业人授权受领旅费之支付。^{3}由旅游居间人受领旅费之支付，系以明显之方式对旅客予以排除者，不适用之。

Ⅴ ^{1}旅游营业人于契约制定时在另一欧洲共同体会员国，或在另一欧洲经

济区协定契约国设有主营业所, 如旅游营业人依该另一国家之规定对旅客提供担保, 且该担保符合第一款第一段规定之要求者, 亦足认旅游营业人履行依第一款规定之义务。²就应向旅客证明为担保提供者, 第四款规定适用之。

Ⅵ 第一款至第五款规定, 有下列情事之一者, 不适用之:
1. 旅游营业人仅偶尔且于其营业活动范围外, 举办旅游者。
2. 旅游持续不长于二十四小时, 不包含过夜且旅游费用不超过七十五欧元者。
3. 旅游营业人系不准就其财产为破产程序之公法人者。

§651l Gastschulaufenthalte

(1) Für einen Reisevertrag, der einen mindestens drei Monate andauernden und mit dem geregelten Besuch einer Schule verbundenen Aufenthalt des Gastschülers bei einer Gastfamilie in einem anderen Staat (Aufnahmeland) zum Gegenstand hat, gelten die nachfolgenden Vorschriften. Für einen Reisevertrag, der einen kürzeren Gastschulaufenthalt (Satz 1) oder einen mit der geregelten Durchführung eines Praktikums verbundenen Aufenthalt bei einer Gastfamilie im Aufnahmeland zum Gegenstand hat, gelten sie nur, wenn dies vereinbart ist.

(2) Der Reiseveranstalter ist verpflichtet,
   1. für eine bei Mitwirkung des Gastschülers und nach den Verhältnissen des Aufnahmelands angemessene Unterbringung, Beaufsichtigung und Betreuung des Gastschülers in einer Gastfamilie zu sorgen und
   2. die Voraussetzungen für einen geregelten Schulbesuch des Gastschülers im Aufnahmeland zu schaffen.

(3) Tritt der Reisende vor Reisebeginn zurück, findet §651i Abs. 2 Satz 2 und 3 und Abs. 3 keine Anwendung, wenn der Reiseveranstalter ihn nicht spätestens zwei Wochen vor Antritt der Reise jedenfalls über
   1. Namen und Anschrift der für den Gastschüler nach Ankunft bestimmten Gastfamilie und
   2. Namen und Erreichbarkeit eines Ansprechpartners im Aufnahmeland, bei dem auch Abhilfe verlangt werden kann, informiert und auf den Aufenthalt angemessen vorbereitet hat.

(4) Der Reisende kann den Vertrag bis zur Beendigung der Reise jederzeit kündigen. Kündigt der Reisende, so ist der Reiseveranstalter berechtigt, den vereinbarten Reisepreis abzüglich der ersparten Aufwendungen zu verlangen. Er ist verpflichtet,

die infolge der Kündigung notwendigen Maßnahmen zu treffen, insbesondere, falls der Vertrag die Rückbeförderung umfasste, den Gastschüler zurückzubefördern. Die Mehrkosten fallen dem Reisenden zur Last. Die vorstehenden Sätze gelten nicht, wenn der Reisende nach §651e oder §651j kündigen kann.

第六百五十一条之十二 [游学寄宿]

Ⅰ ¹旅游契约系以持续至少三个月，且以访问学生在另一国家（寄宿国家）之寄宿家庭住宿并参加固定课程为目标者，适用本段以下规定。²旅游契约之目标为较短之游学寄宿（第一段），或为于寄宿国家中之寄宿家庭住宿并参加固定实习者，仅于有约定时，适用本段以下规定。

Ⅱ 旅游营业人，有下列之义务：
1. 在访问学生之协力下，并依寄宿国家之生活情况，确保访问学生于寄宿家庭有适当之安置、监督与照顾，及
2. 达成访问学生在寄宿国家符合固定课程要件。

Ⅲ 旅客于旅游开始前解除契约者，旅游营业人如最迟未于旅游开始前两星期告知旅客下列事项，并就住宿已为适当准备时，均不适用第六百五十一条之九第二款第二段、第三段及第三款规定：
1. 访问学生到达后指定寄宿家庭之姓名及地址。
2. 在寄宿国家亦得向其请求协助之联络人姓名及可能联络方式。

Ⅳ ¹旅游结束前，旅客得随时终止契约。²旅客终止契约者，旅游营业人得请求扣除减省费用后之约定旅游费用。³旅游营业人负有因契约终止而采取必要措施之义务，即如契约包含回程运送之情形，将访问学生送回。⁴其额外费用，由旅客负担。⁵旅客得依第六百五十一条之五或第六百五十一条之十规定终止契约者，不适用前述各段规定。

§651m Abweichende Vereinbarungen

Von den Vorschriften der §§651a bis 651l kann vorbehaltlich des Satzes 2 nicht zum Nachteil des Reisenden abgewichen werden. Die in §651g Abs. 2 bestimmte Verjährung kann erleichtert werden, vor Mitteilung eines Mangels an den Reiseveranstalter jedoch nicht, wenn die Vereinbarung zu einer Verjährungsfrist ab dem in §651g Abs. 2 Satz 2 bestimmten Verjährungsbeginn von weniger als einem Jahr führt.

第六百五十一条之十三 [违反规定之约定]

¹除第二段规定外，不得以不利于旅客之目的而违反第六百五十一条之

一至第六百五十一条之十二规定。²第六百五十一条之七第二款规定之消灭时效，得予缩短。但将瑕疵通知旅游营业人前，如其约定导致消灭时效期间自第六百五十一之七第二款第二段规定之消灭时效起算时，短于一年者，不在此限。

Titel 10　Mäklervertrag
第十节　居间契约

Untertitel 1　Allgemeine Vorschriften
第一款　通　则

§652　Entstehung des Lohnanspruchs

(1) Wer für den Nachweis der Gelegenheit zum Abschluss eines Vertrags oder für die Vermittlung eines Vertrags einen Mäklerlohn verspricht, ist zur Entrichtung des Lohnes nur verpflichtet, wenn der Vertrag infolge des Nachweises oder infolge der Vermittlung des Mäklers zustande kommt. Wird der Vertrag unter einer aufschiebenden Bedingung geschlossen, so kann der Mäklerlohn erst verlangt werden, wenn die Bedingung eintritt.

(2) Aufwendungen sind dem Mäkler nur zu ersetzen, wenn es vereinbart ist. Dies gilt auch dann, wenn ein Vertrag nicht zustande kommt.

第六百五十二条　[报酬请求权之发生]
Ⅰ ¹就报告订约之机会或就订约之媒介，约定支付居间报酬者，仅于契约因居间人之报告或媒介而成立时，始负支付报酬之义务。²契约附停止条件而制定者，条件成就时，始得请求居间报酬。
Ⅱ ¹费用应偿还于居间人，但以其经合意者为限。²契约虽不成立，亦适用之。

§653　Mäklerlohn

(1) Ein Mäklerlohn gilt als stillschweigend vereinbart, wenn die dem Mäkler übertragene Leistung den Umständen nach nur gegen eine Vergütung zu erwarten ist.

(2) Ist die Höhe der Vergütung nicht bestimmt, so ist bei dem Bestehen einer Taxe der taxmäßige Lohn, in Ermangelung einer Taxe der übliche Lohn als vereinbart anzusehen.

第六百五十三条 [居间报酬]
Ⅰ 托付于居间人之给付，按其情形，支付报酬始得期待者，视为默示约定报酬。
Ⅱ 未定报酬额者，有价目表时，价目表所定之报酬，视为约定之报酬，无价目表时，习惯上之报酬，视为约定之报酬。

§654 Verwirkung des Lohnanspruchs

Der Anspruch auf den Mäklerlohn und den Ersatz von Aufwendungen ist ausgeschlossen, wenn der Mäkler dem Inhalt des Vertrags zuwider auch für den anderen Teil tätig gewesen ist.

第六百五十四条 [报酬请求权之丧失]
居间人违反契约之内容，仍为相对人从事居间之行为者，不得请求居间报酬及费用之偿还。

§655 Herabsetzung des Mäklerlohns

Ist für den Nachweis der Gelegenheit zum Abschluss eines Dienstvertrags oder für die Vermittlung eines solchen Vertrags ein unverhältnismäßig hoher Mäklerlohn vereinbart worden, so kann er auf Antrag des Schuldners durch Urteil auf den angemessenen Betrag herabgesetzt werden. Nach der Entrichtung des Lohnes ist die Herabsetzung ausgeschlossen.

第六百五十五条 [居间报酬之减少]
[1]就报告雇佣契约订约之机会，或就该契约之媒介，约定不符比例之高额报酬，得依债务人之申请，以判决减至相当之数额。[2]报酬支付后，不得减少之。

Untertitel 2
Vermittlung von Verbraucherdarlehensverträgen und entgeltlichen Finanzierungshilfen
第二款 消费者金钱借贷契约及有偿融资协助之居间

§655a Darlehensvermittlungsvertrag

(1) Für einen Vertrag, nach dem es ein Unternehmer unternimmt, einem Verbraucher
1. gegen eine vom Verbraucher oder einem Dritten zu leistende Vergütung einen Verbraucherdarlehensvertrag oder eine entgeltliche Finanzierungshilfe zu vermitteln,
2. die Gelegenheit zum Abschluss eines Vertrags nach Nummer 1 nachzuweisen oder
3. auf andere Weise beim Abschluss eines Vertrags nach Nummer 1 behilflich zu sein,

gelten vorbehaltlich des Satzes 2 die folgenden Vorschriften dieses Untertitels. Bei entgeltlichen Finanzierungshilfen, die den Ausnahmen des §491 Absatz 2 Satz 2 Nummer 1 bis 5 und Absatz 3 Satz 2 entsprechen, gelten die Vorschriften dieses Untertitels nicht.

(2) Der Darlehensvermittler ist verpflichtet, den Verbraucher nach Maßgabe des Artikels 247 §13 Absatz 2 und §13b Absatz 1 des Einführungsgesetzes zum Bürgerlichen Gesetzbuche zu informieren. Der Darlehensvermittler ist gegenüber dem Verbraucher zusätzlich wie ein Darlehensgeber gemäß §491a verpflichtet. Satz 2 gilt nicht für Warenlieferanten oder Dienstleistungserbringer, die in lediglich untergeordneter Funktion als Darlehensvermittler von Allgemein-Verbraucherdarlehen oder von entsprechenden entgeltlichen Finanzierungshilfen tätig werden, etwa indem sie als Nebenleistung den Abschluss eines verbundenen Verbraucherdarlehensvertrags vermitteln.

(3) Bietet der Darlehensvermittler im Zusammenhang mit der Vermittlung eines Immobiliar-Verbraucherdarlehensvertrags oder entsprechender entgeltlicher Finanzierungshilfen Beratungsleistungen gemäß §511 Absatz 1 an, so gilt §511 entsprechend. §511 Absatz 2 Satz 2 gilt entsprechend mit der Maßgabe, dass der Darlehensvermittler eine ausreichende Zahl von am Markt verfügbaren Darlehensverträgen zu prüfen hat. Ist der Darlehensvermittler nur im Namen und unter der unbeschränkten und vorbehaltlosen Verantwortung nur eines Darlehensgebers oder einer begrenzten Zahl von Darlehensgebern tätig, die am Markt keine Mehrheit darstellt, so braucht der Darlehensvermittler abweichend von Satz 2 nur Darlehensverträge aus der Produktpalette dieser Darlehensgeber zu

berücksichtigen.

第六百五十五条之一 [金钱借贷居间契约]

Ⅰ ¹企业经营者依契约为消费者：
1. 以消费者及第三人所给付之报酬为对价，居间消费者金钱借贷契约或有偿融资协助。
2. 报告订立第一项契约之机会或，
3. 以其他方式于制定第一项规定之契约时提供协助者，该契约除第二段规定外，适用本项以下规定。

²于有偿融资协助，有第四百九十一条第二款第二段第一项至第五项及第三款第二段规定之例外情形者，不适用本项规定。

Ⅱ ¹金钱借贷居间人负有依《民法施行法》第二百四十七条所定之第十三条第二款及第十三条之二第一款规定标准告知消费者之义务。²金钱借贷居间人对消费者有如同贷与人依第四百九十一条之一所负之义务。³第二段对单纯作为从属于一般消费者借贷或相应之有偿融资协助者之货物供应者或劳务提供者，亦即其作为制定有关之消费者金钱借贷契约之从给付者，不适用之。

Ⅲ ¹金钱借贷居间人依第五百一十一条第一款规定提供关于不动产抵押之消费者金钱借贷契约或相应之有偿融资协助咨询者，准用第五百一十一条规定。²准用第五百一十一条第二款第二段规定者，指金钱借贷居间人应就市场中得取得、且足够数量之金钱借贷契约进行审查。³金钱借贷居间人以单一或一定数量之贷与人之名，且该贷与人负无限及无保留之责任又未占市场之多数者，不适用第二段规定，该金钱借贷居间人仅需注意该贷与人商品选项中之金钱借贷契约。

§655b Schriftform bei einem Vertrag mit einem Verbraucher

(1) Der Darlehensvermittlungsvertrag bedarf der schriftlichen Form. In dem Vertrag ist vorbehaltlich sonstiger Informationspflichten insbesondere die Vergütung des Darlehensvermittlers in einem Prozentsatz des Darlehens anzugeben; hat der Darlehensvermittler auch mit dem Unternehmer eine Vergütung vereinbart, so ist auch diese anzugeben. Der Vertrag darf nicht mit dem Antrag auf Hingabe des Darlehens verbunden werden. Der Darlehensvermittler hat dem Verbraucher den

Vertragsinhalt in Textform mitzuteilen.

(2) Ein Darlehensvermittlungsvertrag, der den Anforderungen des Absatzes 1 Satz 1 und 2 nicht genügt oder vor dessen Abschluss die Pflichten aus Artikel 247 §13 Abs. 2 sowie §13b Absatz 1 und 3 des Einführungsgesetzes zum Bürgerlichen Gesetzbuche nicht erfüllt worden sind, ist nichtig.

第六百五十五条之二 [书面]

Ⅰ ¹消费借贷居间契约以书面为必要。²在该契约中除其他信息义务外，应特别记载金钱消费借贷居间人之报酬，所占金钱消费借贷金额之百分比；如金钱消费借贷居间人与企业经营者亦定有报酬者，该报酬额亦应记载之。³本契约不得与金钱消费借贷与之申请相结合。⁴金钱消费借贷居间人应以文字形式将契约内容告知消费者。

Ⅱ 与消费者制定金钱借贷居间契约，不符合第一款第一段至第三段之要件，或于订约前未履行《民法施行法》第二百四十七条所定之第十三条第二款、第十三条之二第一款及第三款规定之义务者，无效。

§655c Vergütung

Der Verbraucher ist zur Zahlung der Vergütung für die Tätigkeiten nach §655a Absatz 1 nur verpflichtet, wenn infolge der Vermittlung, des Nachweises oder auf Grund der sonstigen Tätigkeit des Darlehensvermittlers das Darlehen an den Verbraucher geleistet wird und ein Widerruf des Verbrauchers nach §355 nicht mehr möglich ist. Soweit der Verbraucherdarlehensvertrag mit Wissen des Darlehensvermittlers der vorzeitigen Ablösung eines anderen Darlehens (Umschuldung) dient, entsteht ein Anspruch auf die Vergütung nur, wenn sich der effektive Jahreszins oder der anfängliche effektive Jahreszins nicht erhöht; bei der Berechnung des effektiven oder des anfänglichen effektiven Jahreszinses für das abzulösende Darlehen bleiben etwaige Vermittlungskosten außer Betracht.

第六百五十五条之三 [报酬]

¹因金钱消费借贷居间人之媒介、报告或其他工作，致金钱消费借贷交付于消费者，且消费者不得依第三百五十五条解除契约者，消费者始就第六百五十五条之一第一款规定之工作负给付报酬之义务。²消费者金钱借贷契约，用于提前偿还另一金钱消费借贷（转贷），而金钱消费借贷居间人知其情事者，仅于有效年利率或最初有效年利率未提高时，

始生报酬请求权；就应偿还之金钱消费借贷计算有效年利率或最初有效年利率时，不斟酌任何居间费用。

§655d Nebenentgelte

Der Darlehensvermittler darf für Leistungen, die mit der Vermittlung des Verbraucherdarlehensvertrags oder dem Nachweis der Gelegenheit zum Abschluss eines Verbraucherdarlehensvertrags zusammenhängen, außer der Vergütung nach §655c Satz 1 sowie eines gegebenenfalls vereinbarten Entgelts für Beratungsleistungen ein Entgelt nicht vereinbaren. Jedoch kann vereinbart werden, dass dem Darlehensvermittler entstandene, erforderliche Auslagen zu erstatten sind. Dieser Anspruch darf die Höhe oder die Höchstbeträge, die der Darlehensvermittler dem Verbraucher gemäß Artikel 247 §13 Absatz 2 Satz 1 Nummer 4 des Einführungsgesetzes zum Bürgerlichen Gesetzbuche mitgeteilt hat, nicht übersteigen.

第六百五十五条之四 [附随报酬]
[1]金钱借贷居间人，就与消费者金钱借贷契约之居间，或与报告制定消费者金钱借贷契约机会相关联之给付，除第六百五十五条之三第一段及必要时对于提供咨询所定酬金外，不得约定报酬。[2]但就消费者金钱借贷居间人因此所生之必要费用，得约定偿还之。[3]本请求权不得超过金钱借贷居间人依民法施行法第二百四十七条所定之第十三条第二款第一段第四项规定所通知之金额或最高金额。

§655e Abweichende Vereinbarungen, Anwendung auf Existenzgründer

(1) Von den Vorschriften dieses Untertitels darf nicht zum Nachteil des Verbrauchers abgewichen werden. Die Vorschriften dieses Untertitels finden auch Anwendung, wenn sie durch anderweitige Gestaltungen umgangen werden.
(2) Existenzgründer im Sinne des §513 stehen Verbrauchern in diesem Untertitel gleich.

第六百五十五条之五 [违反规定之约定，对创业者之适用]
Ⅰ [1]不得以不利于消费者之目的，而违反本款之规定。[2]以其他方法规避本款规定者，该规定仍适用之。

Ⅱ 第五百一十三条所称创业者于本项规定视为消费者。

Untertitel 3　Ehevermittlung
第三款　婚姻居间

§656　Heiratsvermittlung

(1) Durch das Versprechen eines Lohnes für den Nachweis der Gelegenheit zur Eingehung einer Ehe oder für die Vermittlung des Zustandekommens einer Ehe wird eine Verbindlichkeit nicht begründet. Das auf Grund des Versprechens Geleistete kann nicht deshalb zurückgefordert werden, weil eine Verbindlichkeit nicht bestanden hat.

(2) Diese Vorschriften gelten auch für eine Vereinbarung, durch die der andere Teil zum Zwecke der Erfüllung des Versprechens dem Mäkler gegenüber eine Verbindlichkeit eingeht, insbesondere für ein Schuldanerkenntnis.

第六百五十六条　[结婚居间]
Ⅰ [1]就报告结婚之机会或就结婚成立之媒介，承诺支付报酬者，不因此而生债务。[2]基于其承诺所为之给付，不得因债务未发生，而请求返还。
Ⅱ 约定他方当事人为履行其承诺，而对居间人承担债务者，即如债务承认，亦适用本条规定。

Titel 11　Auslobung
第十一节　悬赏广告

§657　Bindendes Versprechen

Wer durch öffentliche Bekanntmachung eine Belohnung für die Vornahme einer Handlung, insbesondere für die Herbeiführung eines Erfolges, aussetzt, ist verpflichtet, die Belohnung demjenigen zu entrichten, welcher die Handlung vorgenommen hat, auch wenn dieser nicht mit Rücksicht auf die Auslobung gehandelt hat.

第六百五十七条 [有拘束力之承诺]

以公开告知方式声明对于完成一定之行为，即如就因一定结果之完成而给予报酬者，负给与完成该行为人报酬之义务。该行为人不知有悬赏广告而完成行为者，亦同。

§658 Widerruf

(1) Die Auslobung kann bis zur Vornahme der Handlung widerrufen werden. Der Widerruf ist nur wirksam, wenn er in derselben Weise wie die Auslobung bekannt gemacht wird oder wenn er durch besondere Mitteilung erfolgt.

(2) Auf die Widerruflichkeit kann in der Auslobung verzichtet werden; ein Verzicht liegt im Zweifel in der Bestimmung einer Frist für die Vornahme der Handlung.

第六百五十八条 [撤回]

Ⅰ ¹悬赏广告，得于行为未完成前撤回之。²撤回以与悬赏广告相同之方式为公开告知或以特别通知为之者，始为有效。

Ⅱ 撤回，得于悬赏广告中抛弃之；就行为之完成指定期间者，有疑义时，以之为撤回之抛弃。

§659 Mehrfache Vornahme

(1) Ist die Handlung, für welche die Belohnung ausgesetzt ist, mehrmals vorgenommen worden, so gebührt die Belohnung demjenigen, welcher die Handlung zuerst vorgenommen hat.

(2) Ist die Handlung von mehreren gleichzeitig vorgenommen worden, so gebührt jedem ein gleicher Teil der Belohnung. Lässt sich die Belohnung wegen ihrer Beschaffenheit nicht teilen oder soll nach dem Inhalt der Auslobung nur einer die Belohnung erhalten, so entscheidet das Los.

第六百五十九条 [数人分别完成]

Ⅰ 数人分别完成悬赏所指定之行为者，报酬归属于最先完成该行为之人。

Ⅱ ¹数人分别同时完成该行为者，每人平均取得报酬。²报酬，按其性质不能分割，或依悬赏广告之内容，仅应归于一人取得者，以抽签定之。

§660　Mitwirkung mehrerer

(1) Haben mehrere zu dem Erfolg mitgewirkt, für den die Belohnung ausgesetzt ist, so hat der Auslobende die Belohnung unter Berücksichtigung des Anteils eines jeden an dem Erfolg nach billigem Ermessen unter sie zu verteilen. Die Verteilung ist nicht verbindlich, wenn sie offenbar unbillig ist; sie erfolgt in einem solchen Fall durch Urteil.

(2) Wird die Verteilung des Auslobenden von einem der Beteiligten nicht als verbindlich anerkannt, so ist der Auslobende berechtigt, die Erfüllung zu verweigern, bis die Beteiligten den Streit über ihre Berechtigung unter sich ausgetragen haben; jeder von ihnen kann verlangen, dass die Belohnung für alle hinterlegt wird.

(3) Die Vorschrift des §659 Abs. 2 Satz 2 findet Anwendung.

第六百六十条　[数人共同完成]

Ⅰ ^{1}数人共同完成悬赏所指定之结果者，悬赏广告人应斟酌各人对于结果之贡献，依公平衡量之方法，分配其报酬。^{2}分配显失公平者，无拘束力；于此情形，以判决定之。

Ⅱ 悬赏广告人之分配，经共同完成人中之一人，不承认其拘束力者，悬赏广告人得拒绝履行；任一完成人均得请求为其全体提存报酬。

Ⅲ 第六百五十九条第二款第二段规定，适用之。

§661　Preisausschreiben

(1) Eine Auslobung, die eine Preisbewerbung zum Gegenstand hat, ist nur gültig, wenn in der Bekanntmachung eine Frist für die Bewerbung bestimmt wird.

(2) Die Entscheidung darüber, ob eine innerhalb der Frist erfolgte Bewerbung der Auslobung entspricht oder welche von mehreren Bewerbungen den Vorzug verdient, ist durch die in der Auslobung bezeichnete Person, in Ermangelung einer solchen durch den Auslobenden zu treffen. Die Entscheidung ist für die Beteiligten verbindlich.

(3) Bei Bewerbungen von gleicher Würdigkeit finden auf die Zuerteilung des Preises die Vorschriften des §659 Abs. 2 Anwendung.

(4) Die Übertragung des Eigentums an dem Werk kann der Auslobende nur verlangen, wenn er in der Auslobung bestimmt hat, dass die Übertragung erfolgen soll.

第六百六十一条 [优等悬赏广告]

Ⅰ 以给奖征募为标的之悬赏广告，于广告中定有应征期限者，始为有效。

Ⅱ ¹在期限内所为之应征，是否合于悬赏广告，或多数应征中孰为优异，其评定应由广告指定之人为之，无指定之人者，应由悬赏广告人评定之。²评定对于当事人ª有拘束力。

Ⅲ 多数之应征评定为同等者，其奖赏之分配，适用第六百五十九条第二款规定。

Ⅳ 工作成果所有权之让与，仅于悬赏广告人在广告中制定应为让与者，悬赏广告人始得请求之。

a 1965年版本译为应征人。

§661a Gewinnzusagen

Ein Unternehmer, der Gewinnzusagen oder vergleichbare Mitteilung an Verbraucher sendet und durch die Gestaltung dieser Zusendungen den Eindruck erweckt, dass der Verbraucher einen Preis gewonnen hat, hat dem Verbraucher diesen Preis zu leisten.

第六百六十一条之一 [给奖承诺]

企业经营者对消费者寄送给奖承诺或类似之通知，且因其通知之形式使人认为消费者已赢得奖赏者，应给付该奖赏与消费者。

Titel 12
Auftrag, Geschäftsbesorgungsvertrag und Zahlungsdienste
第十二节　委任、事务处理契约及支付服务

Untertitel 1　Auftrag
第一款　委　任

§662 Vertragstypische Pflichten beim Auftrag

Durch die Annahme eines Auftrags verpflichtet sich der Beauftragte, ein ihm von dem Auftraggeber übertragenes Geschäft für diesen unentgeltlich zu besorgen.

第六百六十二条　[委任之契约典型义务]
因承受委任，受任人负有为委任人无偿处理其所委托事务之义务。

§663　Anzeigepflicht bei Ablehnung

Wer zur Besorgung gewisser Geschäfte öffentlich bestellt ist oder sich öffentlich erboten hat, ist, wenn er einen auf solche Geschäfte gerichteten Auftrag nicht annimmt, verpflichtet, die Ablehnung dem Auftraggeber unverzüglich anzuzeigen. Das Gleiche gilt, wenn sich jemand dem Auftraggeber gegenüber zur Besorgung gewisser Geschäfte erboten hat.

第六百六十三条　[拒绝时之通知义务]
[1]经公开选任，以处理一定事务，或公然表示承受一定事务处理之委托者，如不承受该事务之委托时，负即时向委任人为拒绝通知之义务。
[2]曾对委任人表示承受一定事务之处理者，亦同。

§664　Unübertragbarkeit; Haftung für Gehilfen

(1) Der Beauftragte darf im Zweifel die Ausführung des Auftrags nicht einem Dritten übertragen. Ist die Übertragung gestattet, so hat er nur ein ihm bei der Übertragung zur Last fallendes Verschulden zu vertreten. Für das Verschulden eines Gehilfen ist er nach §278 verantwortlich.

(2) Der Anspruch auf Ausführung des Auftrags ist im Zweifel nicht übertragbar.

第六百六十四条　[不可让与性；为履行辅助人负其责任]
Ⅰ [1]有疑义时，受任人不得将事务之处理让与第三人。[2]该让与经允许者，受任人仅就其于让与时可归责于自己之事由时，负其责任。[3]就履行辅助人之可归责事由，受任人依第二百七十八条规定，负其责任。
Ⅱ 委任事务处理之请求权，有疑义时，不得让与之。

§665　Abweichung von Weisungen

Der Beauftragte ist berechtigt, von den Weisungen des Auftraggebers abzuweichen, wenn er den Umständen nach annehmen darf, dass der Auftraggeber bei Kenntnis der Sachlage die Abweichung billigen würde. Der Beauftragte hat vor der Abweichung dem Auftraggeber Anzeige zu machen und dessen Entschließung abzuwarten, wenn nicht mit dem Aufschub Gefahr verbunden ist.

第六百六十五条 [不依指示]
^{1}受任人按其情形得认为若委任人知其情事，亦允许不依指示者，得不依委任人之指示。^{2}受任人应于不依指示前通知委任人，且不因迟延致生危险者，并应等待委任人之决定。

§666 Auskunfts- und Rechenschaftspflicht

Der Beauftragte ist verpflichtet, dem Auftraggeber die erforderlichen Nachrichten zu geben, auf Verlangen über den Stand des Geschäfts Auskunft zu erteilen und nach der Ausführung des Auftrags Rechenschaft abzulegen.

第六百六十六条 [答复及报告义务]
受任人负有向委任人为必要报告、依请求而答复事务之状况及于委任事务处理完毕后，报告其颠末之义务。

§667 Herausgabepflicht

Der Beauftragte ist verpflichtet, dem Auftraggeber alles, was er zur Ausführung des Auftrags erhält und was er aus der Geschäftsbesorgung erlangt, herauszugeben.

第六百六十七条 [返还义务]
受任人负有将其因执行委任事务所收取者，及因处理事务所取得者，悉数返还委任人之义务。

§668 Verzinsung des verwendeten Geldes

Verwendet der Beauftragte Geld für sich, das er dem Auftraggeber herauszugeben oder für ihn zu verwenden hat, so ist er verpflichtet, es von der Zeit der Verwendung an zu verzinsen.

第六百六十八条 [使用金钱应付利息]
受任人为自己之利益，使用应返还委任人之金钱，或使用应为委任人利益而使用之金钱者，应负自使用时起支付利息之义务。

§669 Vorschusspflicht

Für die zur Ausführung des Auftrags erforderlichen Aufwendungen hat der Auftraggeber dem Beauftragten auf Verlangen Vorschuss zu leisten.

第六百六十九条　[预付费用之义务]
就处理委任事务所需之必要费用，委任人应依受任人之请求预付之。

§670 Ersatz von Aufwendungen

Macht der Beauftragte zum Zwecke der Ausführung des Auftrags Aufwendungen, die er den Umständen nach für erforderlich halten darf, so ist der Auftraggeber zum Ersatz verpflichtet.

第六百七十条　[费用之偿还]
受任人支出按其情形得认系为达成处理委任事务目的所必要之费用者，委任人负偿还之义务。

§671 Widerruf; Kündigung

(1) Der Auftrag kann von dem Auftraggeber jederzeit widerrufen, von dem Beauftragten jederzeit gekündigt werden.

(2) Der Beauftragte darf nur in der Art kündigen, dass der Auftraggeber für die Besorgung des Geschäfts anderweit Fürsorge treffen kann, es sei denn, dass ein wichtiger Grund für die unzeitige Kündigung vorliegt. Kündigt er ohne solchen Grund zur Unzeit, so hat er dem Auftraggeber den daraus entstehenden Schaden zu ersetzen.

(3) Liegt ein wichtiger Grund vor, so ist der Beauftragte zur Kündigung auch dann berechtigt, wenn er auf das Kündigungsrecht verzichtet hat.

第六百七十一条　[撤回；终止]
Ⅰ 委任得由委任人随时撤回；由受任人随时终止。
Ⅱ [1]受任人仅于委任人就事务之处理，得另为处置时，始得终止。但就不于适当时期终止有重大事由者，不在此限。[2]受任人无该事由，而于不适当时期终止者，应对委任人赔偿因此所生之损害。

Ⅲ 有重大事由者，受任人纵已抛弃终止权，亦得终止。

§672 Tod oder Geschäftsunfähigkeit des Auftraggebers

Der Auftrag erlischt im Zweifel nicht durch den Tod oder den Eintritt der Geschäftsunfähigkeit des Auftraggebers. Erlischt der Auftrag, so hat der Beauftragte, wenn mit dem Aufschub Gefahr verbunden ist, die Besorgung des übertragenen Geschäfts fortzusetzen, bis der Erbe oder der gesetzliche Vertreter des Auftraggebers anderweit Fürsorge treffen kann; der Auftrag gilt insoweit als fortbestehend.

第六百七十二条 [委任人之死亡或丧失行为能力]
¹有疑义时，委任不因委任人之死亡或丧失行为能力而消灭。²委任消灭时，因迟延致生危险者，受任人于委任人之继承人或法定代理人能以其他方法为处置前，应继续委任事务之处理；于此限度内，委任视为存续。

§673 Tod des Beauftragten

Der Auftrag erlischt im Zweifel durch den Tod des Beauftragten. Erlischt der Auftrag, so hat der Erbe des Beauftragten den Tod dem Auftraggeber unverzüglich anzuzeigen und, wenn mit dem Aufschub Gefahr verbunden ist, die Besorgung des übertragenen Geschäfts fortzusetzen, bis der Auftraggeber anderweit Fürsorge treffen kann; der Auftrag gilt insoweit als fortbestehend.

第六百七十三条 [受任人之死亡]
有疑义时，委任因受任人死亡而消灭。委任消灭时，受任人之继承人应即时将受任人之死亡通知委任人，且因迟延致生危险者，应于委任人能以其他方法为处置前，继续处理委任事务；于此限度内，委任视为存续。

§674 Fiktion des Fortbestehens

Erlischt der Auftrag in anderer Weise als durch Widerruf, so gilt er zugunsten des Beauftragten gleichwohl als fortbestehend, bis der Beauftragte von dem Erlöschen Kenntnis erlangt oder das Erlöschen kennen muss.

第六百七十四条 [存续之拟制]
委任因撤回以外之方法而消灭者,于受任人知其消灭或应知其消灭前,为受任人之利益,视为委任关系仍为存续。

Untertitel 2
Geschäftsbesorgungsvertrag
第二款 事务处理契约

*)Amtlicher Hinweis:
Dieser Untertitel dient der Umsetzung
1. der Richtlinie 97/5/EG des Europäischen Parlaments und des Rates vom 27. Januar 1997 übergrenzüberschreitende Überweisungen (ABl. EG Nr. L 43 S. 25) und
2. Artikel 3 bis 5 der Richtlinie 98/26/EG des Europäischen Parlaments und des Rates über die Wirksamkeit von Abrechnungen in Zahlungs- und Wertpapierliefer- und -abrechnungssystemen vom 19. Mai 1998 (ABl. EG Nr. L 166 S. 45).

德国官方注释:
本条规定目的在于转化:
1. 欧洲议会及欧洲共同理事会1997年1月27日97/5EG《关于跨国汇款指令》①及
2. 欧洲议会及欧洲共同理事会1998年5月19日98/26/EG《关于有价证券之支付、交付及结算系统之结算有效性指令》第3条至第5条。②

§675 Entgeltliche Geschäftsbesorgung

(1) Auf einen Dienstvertrag oder einen Werkvertrag, der eine Geschäftsbesorgung zum Gegenstand hat, finden, soweit in diesem Untertitel nichts Abweichendes bestimmt wird, die Vorschriften der §§663, 665 bis 670, 672 bis 674 und, wenn dem Verpflichteten das Recht zusteht, ohne Einhaltung einer Kündigungsfrist zu kündigen, auch die Vorschriften des §671 Abs. 2 entsprechende Anwendung.
(2) Wer einem anderen einen Rat oder eine Empfehlung erteilt, ist, unbeschadet der sich

---
① 参见欧共体《官方公报》L卷第43期,第25页。
② 参见欧共体《官方公报》L卷第166期,第45页。

aus einem Vertragsverhältnis, einer unerlaubten Handlung oder einer sonstigen gesetzlichen Bestimmung ergebenden Verantwortlichkeit, zum Ersatz des aus der Befolgung des Rates oder der Empfehlung entstehenden Schadens nicht verpflichtet.

(3) Ein Vertrag, durch den sich der eine Teil verpflichtet, die Anmeldung oder Registrierung des anderen Teils zur Teilnahme an Gewinnspielen zu bewirken, die von einem Dritten durchgeführt werden, bedarf der Textform.

第六百七十五条 [有偿之事务处理]

Ⅰ 以处理事务为标的之雇佣契约或承揽契约，除本款另有规定者外，准用第六百六十三条、第六百六十五条至第六百七十条及第六百七十二条至第六百七十四条规定；义务人享有不遵守终止期间而为终止之权利者，亦准用第六百七十一条第二款规定。

Ⅱ 对于他人给予建议或推荐者，除基于契约关系、侵权行为或其他法律规定所生之责任外，就因遵守该建议或推荐所生之损害不负赔偿义务。

Ⅲ 契约之一方应协助他方报名或登记参与给奖活动时，如该给奖游戏由第三人所进行者，应以文字方式为之。

§675a Informationspflichten

Wer zur Besorgung von Geschäften öffentlich bestellt ist oder sich dazu öffentlich erboten hat, stellt für regelmäßig anfallende standardisierte Geschäftsvorgänge (Standardgeschäfte) unentgeltlich Informationen über Entgelte und Auslagen der Geschäftsbesorgung in Textform zur Verfügung, soweit nicht eine Preisfestsetzung nach §315 erfolgt oder die Entgelte und Auslagen gesetzlich verbindlich geregelt sind.

第六百七十五条之一 [信息提供义务]

经公开选任，以处理事务或公然表示承受事务处理者，就固定发生之标准化事务过程（标准事务），除依第三百一十五条规定决定价格，或报酬及费用系依具有拘束力之法律规定者外，得以文字方式提供。

§675b Aufträge zur Übertragung von Wertpapieren in Systemen

Der Teilnehmer an Wertpapierlieferungs- und Abrechnungssystemen kann einen

Auftrag, der die Übertragung von Wertpapieren oder Ansprüchen auf Herausgabe von Wertpapieren im Wege der Verbuchung oder auf sonstige Weise zum Gegenstand hat, von dem in den Regeln des Systems bestimmten Zeitpunkt an nicht mehr widerrufen.

第六百七十五条之二 [于有价证券系统为让与之委任]
有价证券交付及结算系统之参与人，其委任之内容系以登记或其他方式让与有价证券或有价证券返还请求权者，自该系统规则所定时点起，不得再撤回该委任。

Untertitel 3 Zahlungsdienste
第三款 支付服务

Kapitel 1 Allgemeine Vorschriften
第一目 通 则

§675c Zahlungsdienste und elektronisches Geld

(1) Auf einen Geschäftsbesorgungsvertrag, der die Erbringung von Zahlungsdiensten zum Gegenstand hat, sind die §§663, 665 bis 670 und 672 bis 674 entsprechend anzuwenden, soweit in diesem Untertitel nichts Abweichendes bestimmt ist.
(2) Die Vorschriften dieses Untertitels sind auch auf einen Vertrag über die Ausgabe und Nutzung von elektronischem Geld anzuwenden.
(3) Die Begriffsbestimmungen des Kreditwesengesetzes und des Zahlungsdiensteaufsichtsgesetzes sind anzuwenden.

第六百七十五条之三 [支付服务与电子货币]
Ⅰ 以履行支付服务为标的之事务处理契约，除本款另有规定者外，准用第六百六十三条、第六百六十五条至第六百七十条及第六百七十二条至第六百七十四条规定。
Ⅱ 关于电子货币之发行及使用契约，亦适用本款规定。
Ⅲ 银行法及支付服务监督法之定义规定，适用之。

§675d Unterrichtung bei Zahlungsdiensten

(1) Zahlungsdienstleister haben Zahlungsdienstnutzer bei der Erbringung von Zahlungsdiensten über die in Artikel 248 §§1 bis 16 des Einführungsgesetzes zum Bürgerlichen Gesetzbuche bestimmten Umstände in der dort vorgesehenen Form zu unterrichten. Dies gilt nicht für die Erbringung von Zahlungsdiensten in der Währung eines Staates außerhalb des Europäischen Wirtschaftsraums oder die Erbringung von Zahlungsdiensten, bei denen der Zahlungsdienstleister des Zahlers oder des Zahlungsempfängers außerhalb des Europäischen Wirtschaftsraums belegen ist.

(2) Ist die ordnungsgemäße Unterrichtung streitig, so trifft die Beweislast den Zahlungsdienstleister.

(3) Für die Unterrichtung darf der Zahlungsdienstleister mit dem Zahlungsdienstnutzer nur dann ein Entgelt vereinbaren, wenn die Information auf Verlangen des Zahlungsdienstnutzers erbracht wird und der Zahlungsdienstleister

1. diese Information häufiger erbringt, als in Artikel 248 §§1 bis 16 des Einführungsgesetzes zum Bürgerlichen Gesetzbuche vorgesehen,
2. eine Information erbringt, die über die in Artikel 248 §§1 bis 16 des Einführungsgesetzes zum Bürgerlichen Gesetzbuche vorgeschriebenen hinausgeht, oder
3. diese Information mithilfe anderer als der im Zahlungsdiensterahmenvertrag vereinbarten Kommunikationsmittel erbringt.

Das Entgelt muss angemessen und an den tatsächlichen Kosten des Zahlungsdienstleisters ausgerichtet sein.

(4) Zahlungsempfänger und Dritte unterrichten über die in Artikel 248 §§17 und 18 des Einführungsgesetzes zum Bürgerlichen Gesetzbuche bestimmten Umstände.

第六百七十五条之四 [支付服务时之通知]

Ⅰ ¹支付服务提供人于履行支付服务时,应依民法施行法第二百四十八条所定之第一条至第十六条规定之情形,以其规定之方式通知支付服务使用人。²支付服务之履行,系以非欧洲经济区国家之货币为之,或支付服务之履行,其付款人之支付服务提供人或受款之支付服务提供人位于欧洲经济区外者,不适用之。

Ⅱ 就适当之通知有争议时,由支付服务提供人负举证责任。

Ⅲ ¹信息系依支付服务使用人之请求而提供,且支付服务提供人有下列情事之一者,支付服务提供人始得就其通知与支付服务使用人约定报酬:
1. 比《民法施行法》第二百四十八条所定之第一条至第十六条规定更频繁提供信息。
2. 提供《民法施行法》第二百四十八条所定之第一条至第十六条规定以外之信息,或
3. 藉由支付服务框架契约所定通讯方式以外之方法提供信息。
²报酬应相当并按支付服务提供人之实际费用定之。

Ⅳ 收款人与第三人,依《民法施行法》第二百四十八条所定之第十七条及第十八条规定,通知其所定之情事。

§675e Abweichende Vereinbarungen

(1) Soweit nichts anderes bestimmt ist, darf von den Vorschriften dieses Untertitels nicht zum Nachteil des Zahlungsdienstnutzers abgewichen werden.

(2) Für Zahlungsdienste im Sinne des §675d Abs. 1 Satz 2 sind §675q Abs. 1 und 3, §675s Abs. 1, §675t Abs. 2, §675x Abs. 1 und §675y Abs. 1 und 2 sowie §675z Satz 3 nicht anzuwenden; soweit solche Zahlungsdienste in der Währung eines Staates außerhalb des Europäischen Wirtschaftsraums erbracht werden, ist auch §675t Abs. 1 nicht anzuwenden. Im Übrigen darf für Zahlungsdienste im Sinne des §675d Abs. 1 Satz 2 zum Nachteil des Zahlungsdienstnutzers von den Vorschriften dieses Untertitels abgewichen werden; soweit solche Zahlungsdienste jedoch in Euro oder in der Währung eines Mitgliedstaats der Europäischen Union oder eines anderen Vertragsstaats des Abkommens über den Europäischen Wirtschaftsraum erbracht werden, gilt dies nicht für §675t Abs. 1 Satz 1 und 2 sowie Abs. 3.

(3) Für Zahlungsvorgänge, die nicht in Euro erfolgen, können der Zahlungsdienstnutzer und sein Zahlungsdienstleister vereinbaren, dass §675t Abs. 1 Satz 3 und Abs. 2 ganz oder teilweise nicht anzuwenden ist.

(4) Handelt es sich bei dem Zahlungsdienstnutzer nicht um einen Verbraucher, so können die Parteien vereinbaren, dass §675d Abs. 1 Satz 1, Abs. 2 bis 4, §675f Abs. 4 Satz 2, die §§675g, 675h, 675j Abs. 2 und §675p sowie die §§675v bis 676 ganz oder teilweise nicht anzuwenden sind; sie können auch eine andere als die in §676b vorgesehene Frist vereinbaren.

第六百七十五条之五　[违反规定之约定]

Ⅰ 除另有规定外，不得以不利于支付服务使用人之目的，而违反本项规定。

Ⅱ [1]第六百七十五条之四第一款第二段规定所称之支付服务，不适用第六百七十五条之十七第一款及第三款、第六百七十五条之十九第一款、第六百七十五条之二十第二款、第六百七十五条之二十四第一款，及第六百七十五条之二十五第一款、第二款及第六百七十五条之二十六第三段规定；其支付服务系以非欧洲经济区国家之货币为之者，亦不适用第六百七十五条之二十第一款规定。[2]此外，第六百七十五条之四第一款第二段规定所称之支付服务，得以不利于支付服务使用人之目的，而为不同于本款规定之约定；但支付服务系以欧元、欧洲联盟会员国或其他欧洲经济区条约缔约国之货币为之时，前述情形不适用于第六百七十五条之二十第一款第一段、第二段及第三款规定。

Ⅲ 非以欧元支付程序，支付服务使用人及其支付服务提供人得约定全部或一部分不适用第六百七十五条之二十第一款第三段及第二款规定。

Ⅳ 支付服务使用人非消费者时，双方当事人得约定全部或一部分不适用第六百七十五条之四第一款第一段、第二款至第四款、第六百七十五条之六第四款第二段、第六百七十五条之七、第六百七十五条之八、第六百七十五条之十第二款及第六百七十五条之十六及第六百七十五条之二十二至第六百七十六条规定；当事人亦得约定不同于第六百七十六条之二所定之期间。

Kapitel 2　Zahlungsdienstevertrag
第二目　支付服务契约

§675f　Zahlungsdienstevertrag

(1) Durch einen Einzelzahlungsvertrag wird der Zahlungsdienstleister verpflichtet, für die Person, die einen Zahlungsdienst als Zahler, Zahlungsempfänger oder in beiden Eigenschaften in Anspruch nimmt (Zahlungsdienstnutzer), einen Zahlungsvorgang auszuführen.

(2) Durch einen Zahlungsdiensterahmenvertrag wird der Zahlungsdienstleister verpflichtet, für den Zahlungsdienstnutzer einzelne und aufeinander folgende Zahlungsvorgänge auszuführen sowie gegebenenfalls für den Zahlungsdienstnutzer

ein auf dessen Namen oder die Namen mehrerer Zahlungsdienstnutzer lautendes Zahlungskonto zu führen. Ein Zahlungsdiensterahmenvertrag kann auch Bestandteil eines sonstigen Vertrags sein oder mit einem anderen Vertrag zusammenhängen.

(3) Zahlungsvorgang ist jede Bereitstellung, Übermittlung oder Abhebung eines Geldbetrags, unabhängig von der zugrunde liegenden Rechtsbeziehung zwischen Zahler und Zahlungsempfänger. Zahlungsauftrag ist jeder Auftrag, den ein Zahler seinem Zahlungsdienstleister zur Ausführung eines Zahlungsvorgangs entweder unmittelbar oder mittelbar über den Zahlungsempfänger erteilt.

(4) Der Zahlungsdienstnutzer ist verpflichtet, dem Zahlungsdienstleister das für die Erbringung eines Zahlungsdienstes vereinbarte Entgelt zu entrichten. Für die Erfüllung von Nebenpflichten nach diesem Untertitel hat der Zahlungsdienstleister nur dann einen Anspruch auf ein Entgelt, sofern dies zugelassen und zwischen dem Zahlungsdienstnutzer und dem Zahlungsdienstleister vereinbart worden ist; dieses Entgelt muss angemessen und an den tatsächlichen Kosten des Zahlungsdienstleisters ausgerichtet sein.

(5) In einem Zahlungsdiensterahmenvertrag zwischen dem Zahlungsempfänger und seinem Zahlungsdienstleister darf das Recht des Zahlungsempfängers, dem Zahler für die Nutzung eines bestimmten Zahlungsauthentifizierungsinstruments eine Ermäßigung anzubieten, nicht ausgeschlossen werden.

第六百七十五条之六 [支付服务契约]

Ⅰ 依个别支付契约，支付服务提供人对以支付人、收款人或兼具双方身份而使用支付服务之人（支付服务使用人），负办理支付程序之义务。

Ⅱ [1]依支付服务框架契约，支付服务提供人负有为支付服务使用人办理个别及连续之支付程序，并在必要时按其情形，为支付服务使用人管理以其名义或以多数支付服务使用人名义所设之账户义务。[2]支付服务框架契约亦得为其他契约之构成部分，或与其他契约相结合。

Ⅲ [1]支付程序，指任何金额之提供、汇款或提款，而不论支付人与收款人间之基础法律关系为何。[2]支付委任，指支付人对其支付服务提供人，为实行支付程序而直接或间接透过收款人所为之任何委任。

Ⅳ [1]支付服务使用人对支付服务提供人负有给付就支付服务之履行而约定报酬之义务。[2]就本款所定附随义务之履行，仅以其系属合法且于支付服务使用人与支付服务提供人间有约定者，支付服务提供人始享有报酬请求权；该报酬应相当并按支付服务提供人之实际费用定之。

Ⅴ 收款人与其支付服务提供人间之支付服务框架契约，不得排除收款人就使用特定支付认证工具而对支付人所提供折扣之权利。

§675g Änderung des Zahlungsdiensterahmenvertrags

(1) Eine Änderung des Zahlungsdiensterahmenvertrags auf Veranlassung des Zahlungsdienstleisters setzt voraus, dass dieser die beabsichtigte Änderung spätestens zwei Monate vor dem vorgeschlagenen Zeitpunkt ihres Wirksamwerdens dem Zahlungsdienstnutzer in der in Artikel 248 §§2 und 3 des Einführungsgesetzes zum Bürgerlichen Gesetzbuche vorgesehenen Form anbietet.

(2) Der Zahlungsdienstleister und der Zahlungsdienstnutzer können vereinbaren, dass die Zustimmung des Zahlungsdienstnutzers zu einer Änderung nach Absatz 1 als erteilt gilt, wenn dieser dem Zahlungsdienstleister seine Ablehnung nicht vor dem vorgeschlagenen Zeitpunkt des Wirksamwerdens der Änderung angezeigt hat. Im Fall einer solchen Vereinbarung ist der Zahlungsdienstnutzer auch berechtigt, den Zahlungsdiensterahmenvertrag vor dem vorgeschlagenen Zeitpunkt des Wirksamwerdens der Änderung fristlos zu kündigen. Der Zahlungsdienstleister ist verpflichtet, den Zahlungsdienstnutzer mit dem Angebot zur Vertragsänderung auf die Folgen seines Schweigens sowie auf das Recht zur kostenfreien und fristlosen Kündigung hinzuweisen.

(3) Änderungen von Zinssätzen oder Wechselkursen werden unmittelbar und ohne vorherige Benachrichtigung wirksam, soweit dies im Zahlungsdiensterahmenvertrag vereinbart wurde und die Änderungen auf den dort vereinbarten Referenzzinssätzen oder Referenzwechselkursen beruhen. Referenzzinssatz ist der Zinssatz, der bei der Zinsberechnung zugrunde gelegt wird und aus einer öffentlich zugänglichen und für beide Parteien eines Zahlungsdienstevertrags überprüfbaren Quelle stammt. Referenzwechselkurs ist der Wechselkurs, der bei jedem Währungsumtausch zugrunde gelegt und vom Zahlungsdienstleister zugänglich gemacht wird oder aus einer öffentlich zugänglichen Quelle stammt.

(4) Der Zahlungsdienstnutzer darf durch Vereinbarungen zur Berechnung nach Absatz 3 nicht benachteiligt werden.

第六百七十五条之七　[支付服务框架契约之变更]

Ⅰ 因支付服务提供人之事由而生支付服务框架契约之变更，支付服务提供人应将该所欲之变更，最迟于该变更建议生效之时点两个月前，以《民法施行法》第二百四十八条所定第二条及第三条所定之方式，提供于支付服务使用人。

II [1]支付服务提供人与支付服务使用人得约定，支付服务使用人未于变更建议生效时点前向支付服务提供人表示拒绝者，视为支付服务使用人已为第一款所定变更之同意。[2]于该约定情形，支付服务使用人亦得于变更建议生效时点前，不定期限而终止支付服务框架契约。[3]支付服务提供人负有义务，于变更契约之要约时，向支付服务使用人告知其沉默后果，及得不负担费用且不定期限而终止契约之权利。

III [1]于支付服务框架契约中经约定，且其变更系基于在付款框架契约中所约定之参考利率或参考汇率者，利率或汇率之变更直接且不经事前告知而生效。[2]参考利率，指计算利息时之基础利率，且系出于公众可取得并对支付服务契约双方当事人均属可得查证之来源。[3]参考汇率，指在任何货币兑换之基础汇率，且经支付服务提供人提供，或出于公众可取得之来源。

IV 依约定而为第三款所定之计算时，不得不利于支付服务使用人。

§675h Ordentliche Kündigung eines Zahlungsdiensterahmenvertrags

(1) Der Zahlungsdienstnutzer kann den Zahlungsdiensterahmenvertrag, auch wenn dieser für einen bestimmten Zeitraum geschlossen ist, jederzeit ohne Einhaltung einer Kündigungsfrist kündigen, sofern nicht eine Kündigungsfrist vereinbart wurde. Die Vereinbarung einer Kündigungsfrist von mehr als einem Monat ist unwirksam.

(2) Der Zahlungsdienstleister kann den Zahlungsdiensterahmenvertrag nur kündigen, wenn der Vertrag auf unbestimmte Zeit geschlossen wurde und das Kündigungsrecht vereinbart wurde. Die Kündigungsfrist darf zwei Monate nicht unterschreiten. Die Kündigung ist in der in Artikel 248 §§2 und 3 des Einführungsgesetzes zum Bürgerlichen Gesetzbuche vorgesehenen Form zu erklären.

(3) Im Fall der Kündigung sind regelmäßig erhobene Entgelte nur anteilig bis zum Zeitpunkt der Beendigung des Vertrags zu entrichten. Im Voraus gezahlte Entgelte, die auf die Zeit nach Beendigung des Vertrags fallen, sind anteilig zu erstatten.

第六百七十五条之八 [支付服务框架契约之一般终止]

I [1]支付服务框架契约虽系就一定期限而制定者，除已定有终止期限外，支付服务使用人仍得无须遵守终止期限而随时终止之。[2]约定之终止期限逾一个月以上者，其约定无效。

Ⅱ ¹支付服务框架契约未定期限且经约定终止权者，支付服务提供人始得终止之。²终止期限，不得短于两个月。³该终止，应依《民法施行法》第二百四十八条所定之第二条及第三条所定方式表示之。

Ⅲ ¹于终止之情形，通常收取之报酬仅须支付至契约终止时点前之部分。²就契约终止后之期间所预付之报酬，应按比例返还之。

§675i Ausnahmen für Kleinbetragsinstrumente und elektronisches Geld

(1) Ein Zahlungsdienstevertrag kann die Überlassung eines Kleinbetragsinstruments an den Zahlungsdienstnutzer vorsehen. Ein Kleinbetragsinstrument ist ein Mittel,

1. mit dem nur einzelne Zahlungsvorgänge bis höchstens 30 Euro ausgelöst werden können,
2. das eine Ausgabenobergrenze von 150 Euro hat oder
3. das Geldbeträge speichert, die zu keiner Zeit 150 Euro übersteigen.

In den Fällen der Nummern 2 und 3 erhöht sich die Betragsgrenze auf 200 Euro, wenn das Kleinbetragsinstrument nur für inländische Zahlungsvorgänge genutzt werden kann.

(2) Im Fall des Absatzes 1 können die Parteien vereinbaren, dass

1. der Zahlungsdienstleister Änderungen der Vertragsbedingungen nicht in der in §675g Abs. 1 vorgesehenen Form anbieten muss,
2. §675l Satz 2, §675m Abs. 1 Satz 1 Nr. 3, 4, Satz 2 und §675v Abs. 3 nicht anzuwenden sind, wenn das Kleinbetragsinstrument nicht gesperrt oder eine weitere Nutzung nicht verhindert werden kann,
3. die §§675u, 675v Abs. 1 und 2, die §§675w und 676 nicht anzuwenden sind, wenn die Nutzung des Kleinbetragsinstruments keinem Zahlungsdienstnutzer zugeordnet werden kann oder der Zahlungsdienstleister aus anderen Gründen, die in dem Kleinbetragsinstrument selbst angelegt sind, nicht nachweisen kann, dass ein Zahlungsvorgang autorisiert war,
4. der Zahlungsdienstleister abweichend von §675o Abs. 1 nicht verpflichtet ist, den Zahlungsdienstnutzer von einer Ablehnung des Zahlungsauftrags zu unterrichten, wenn die Nichtausführung aus dem Zusammenhang hervorgeht,
5. der Zahler abweichend von § 675p den Zahlungsauftrag nach dessen Übermittlung oder nachdem er dem Zahlungsempfänger seine Zustimmung zum

Zahlungsauftrag erteilt hat, nicht widerrufen kann, oder

6. andere als die in §675s bestimmten Ausführungsfristen gelten.

(3) Die §§675u und 675v sind für elektronisches Geld nicht anzuwenden, wenn der Zahlungsdienstleister des Zahlers nicht die Möglichkeit hat, das Zahlungskonto oder das Kleinbetragsinstrument zu sperren. Satz 1 gilt nur für Zahlungskonten oder Kleinbetragsinstrumente mit einem Wert von höchstens 200 Euro.

第六百七十五条之九 [小额付款工具与电子货币之例外]

Ⅰ [1]支付服务契约得规定交付小额付款工具于支付服务使用人供其使用。
[2]小额付款工具系指：
1. 依该工具仅得开启每次最高额为三十欧元之付款程序。
2. 该工具有一百五十欧元之支出上限，或
3. 所存款项均不超过一百五十欧元。
[3]于第二项及第三项之情形，小额支付工具仅使用于内国支付程序者，数额上限提高至二百欧元。

Ⅱ 于第一款之情形，当事人得为下列事项之约定：
1. 支付服务提供人无须依第六百七十五条之七第一款所定之方式变更契约条件。
2. 小额支付工具不得受冻结或其他使用不得受妨碍者，不适用第六百七十五条之十二第二段、第六百七十五条之十三第一款第一段第三项、第四项第二段及第六百七十五条之二十二第三款规定。
3. 小额支付工具之使用归属于非支付服务使用人，或支付服务提供人基于小额支付工具自身之其他事由，不能证明支付程序业经授权者，不适用第六百七十五条之二十一、第六百七十五条之二十二第一款及第二款、第六百七十五条之二十三及第六百七十六条规定。
4. 因有关联性而未实施者，支付服务提供人不依第六百七十五条之十五第一款规定而有对支付服务使用人拒绝其支付委任之告知义务。
5. 支付人不适用第六百七十五条之十六规定，于向收款人送交或通知其已同意支付委任后，不得撤回支付委任，或
6. 于第六百七十五条之十九所定实行期间之外，适用其他情形者。

Ⅲ 支付人之支付服务提供人欠缺冻结支付账户或小额支付工具之可能性者，不适用第六百七十五条之二十一及第六百七十五条之二十二。第一段规定仅适用于价额最高为二百欧元之支付账户或小额支付工具。

Kapitel 3
Erbringung und Nutzung von Zahlungsdiensten
第三目　支付服务之提供及使用

Unterkapitel 1
Autorisierung von Zahlungsvorgängen;
Zahlungsauthentifizierungsinstrumente
第一次目　支付程序之授权；支付认证工具

§675j Zustimmung und Widerruf der Zustimmung

(1) Ein Zahlungsvorgang ist gegenüber dem Zahler nur wirksam, wenn er diesem zugestimmt hat (Autorisierung). Die Zustimmung kann entweder als Einwilligung oder, sofern zwischen dem Zahler und seinem Zahlungsdienstleister zuvor vereinbart, als Genehmigung erteilt werden. Art und Weise der Zustimmung sind zwischen dem Zahler und seinem Zahlungsdienstleister zu vereinbaren. Insbesondere kann vereinbart werden, dass die Zustimmung mittels eines bestimmten Zahlungsauthentifizierungsinstruments erteilt werden kann.

(2) Die Zustimmung kann vom Zahler durch Erklärung gegenüber dem Zahlungsdienstleister so lange widerrufen werden, wie der Zahlungsauftrag widerruflich ist (§675p). Auch die Zustimmung zur Ausführung mehrerer Zahlungsvorgänge kann mit der Folge widerrufen werden, dass jeder nachfolgende Zahlungsvorgang nicht mehr autorisiert ist.

第六百七十五条之十　[同意及同意之撤回]

Ⅰ [1]支付程序仅以支付人对之同意（授权）者，始对其生效。[2]该同意得以允许为之；如支付人与其支付服务提供人事先有约定者，视为已承认。同意之方法及方式，由付款人与支付服务提供人约定之。[3]即如得约定以特定之支付认证工具而为同意。

Ⅱ [1]于支付委任得撤回之期限内（第六百七十五条之十六），同意得由支付人向支付服务提供人为撤回之表示。[2]就多次支付程序所为之同意，得以后续之任一给付失去授权效力而撤回之。[a]

a 依本项第1段连结第675条之16第1款，支付人仅得于支付委任到达支付服务提供人前，撤回对支付程序的同意。本款第2段则为第1段的例外规定，亦即在支付人事先已同意多次支付程序的情形下（如自动扣款缴费），例外得于每一支付程序实施前撤回该同意，该撤回将使往后的所有支付程序丧失授权基础。①

§675k Nutzungsbegrenzung

(1) In Fällen, in denen die Zustimmung mittels eines Zahlungsauthentifizierungsinstruments erteilt wird, können der Zahler und der Zahlungsdienstleister Betragsobergrenzen für die Nutzung dieses Zahlungsauthentifizierungsinstruments vereinbaren.

(2) Zahler und Zahlungsdienstleister können vereinbaren, dass der Zahlungsdienstleister das Recht hat, ein Zahlungsauthentifizierungsinstrument zu sperren, wenn
1. sachliche Gründe im Zusammenhang mit der Sicherheit des Zahlungsauthentifizierungsinstruments dies rechtfertigen,
2. der Verdacht einer nicht autorisierten oder einer betrügerischen Verwendung des Zahlungsauthentifizierungsinstruments besteht oder
3. bei einem Zahlungsauthentifizierungsinstrument mit Kreditgewährung ein wesentlich erhöhtes Risiko besteht,dass der Zahler seiner Zahlungspflicht nicht nachkommen kann.

In diesem Fall ist der Zahlungsdienstleister verpflichtet, den Zahler über die Sperrung des Zahlungsauthentifizierungsinstruments möglichst vor, spätestens jedoch unverzüglich nach der Sperrung zu unterrichten. In der Unterrichtung sind die Gründe für die Sperrung anzugeben. Die Angabe von Gründen darf unterbleiben, soweit der Zahlungsdienstleister hierdurch gegen gesetzliche Verpflichtungen verstoßen würde. Der Zahlungsdienstleister ist verpflichtet, das Zahlungsauthentifizierungsinstrument zu entsperren oder dieses durch ein neues Zahlungsauthentifizierungsinstrument zu ersetzen, wenn die Gründe für die Sperrung nicht mehr gegeben sind. Der Zahlungsdienstnutzer ist über eine Entsperrung unverzüglich zu unterrichten.

第六百七十五条之十一 [使用之界限]
Ⅰ 以支付认证工具为同意之情形，支付人及支付服务提供人得就该支付认证工具之使用，约定其最高限额。
Ⅱ ¹有下列情事之一者，支付人及支付服务提供人得约定，支付服务提供

---

① *Münchner Kommentar*, BGB, 6. Aufl. (2012), § 675j, Rdnr. 35.

人得以冻结支付认证工具：
1. 因支付认证工具安全性相关之实质理由而有冻结之正当性者。
2. 有支付认证工具因未经授权或诈欺而使用之嫌疑者；或
3. 于授予信用之支付认证工具，有支付人不能履行其支付义务之显著增高风险者。
[2]于此情形，支付服务提供人负有将支付认证工具冻结之情事，尽可能于冻结前，但最迟于冻结后即时告知支付人之义务。[3]于该告知，应说明冻结之理由。[4]支付服务提供人如说明理由将违反法律上之义务者，得不为说明。[5]冻结之理由已不存在者，支付服务提供人负有解除支付认证工具之冻结，或以新支付认证工具取代之义务。[6]支付服务使用人应即时通知冻结之解除。

§675l Pflichten des Zahlers in Bezug auf Zahlungsauthentifizierungs- instrumente

Der Zahler ist verpflichtet, unmittelbar nach Erhalt eines Zahlungsauthentifizierungsinstruments alle zumutbaren Vorkehrungen zu treffen, um die personalisierten Sicherheitsmerkmale vor unbefugtem Zugriff zu schützen. Er hat dem Zahlungsdienstleister oder einer von diesem benannten Stelle den Verlust, den Diebstahl, die missbräuchliche Verwendung oder die sonstige nicht autorisierte Nutzung eines Zahlungsauthentifizierungsinstruments unverzüglich anzuzeigen, nachdem er hiervon Kenntnis erlangt hat.

第六百七十五条之十二 [支付人关于支付认证工具之义务]

[1]支付人负有于取得支付认证工具后，直接采取所有可期待之预防措施，以防止个人安全识别标识受无权干预之义务。[2]支付人于知悉支付认证工具之遗失、窃盗、滥用或其他之无权使用后，应即时告知支付服务提供人或其所指定之机构。

§675m Pflichten des Zahlungsdienstleisters in Bezug auf Zahlungsauthentifizierungsinstrumente; Risiko der Versendung

(1) Der Zahlungsdienstleister, der ein Zahlungsauthentifizierungsinstrument ausgibt, ist verpflichtet,
1. unbeschadet der Pflichten des Zahlungsdi enstnutzers gemäß §675l sicherzustellen, dass die personalisierten Sicherheitsmerkmale des Zahlungsauthentifizierungsinstruments nur der zur Nutzung berechtigten Person zugänglich sind,
2. die unaufgeforderte Zusendung von Zahlungsauthentifizierungsinstrumenten an den Zahlungsdienstnutzer zu unterlassen, es sei denn, ein bereits an den Zahlungsdienstnutzer ausgegebenes Zahlungsauthentifizierungsinstrument muss ersetzt werden,
3. sicherzustellen, dass der Zahlungsdienstnutzer durch geeignete Mittel jederzeit die Möglichkeit hat, eine Anzeige gemäß §675l Satz 2 vorzunehmen oder die Aufhebung der Sperrung gemäß §675k Abs. 2 Satz 5 zu verlangen, und
4. jede Nutzung des Zahlungsauthentifizierungsinstruments zu verhindern, sobald eine Anzeige gemäß §675l Satz 2 erfolgt ist.

Hat der Zahlungsdienstnutzer den Verlust, den Diebstahl, die missbräuchliche Verwendung oder die sonstige nicht autorisierte Nutzung eines Zahlungsauthentifizierungsinstruments angezeigt, stellt sein Zahlungsdienstleister ihm auf Anfrage bis mindestens 18 Monate nach dieser Anzeige die Mittel zur Verfügung, mit denen der Zahlungsdienstnutzer beweisen kann, dass eine Anzeige erfolgt ist.

(2) Die Gefahr der Versendung eines Zahlungsauthentifizierungsinstruments und der Versendung personalisierter Sicherheitsmerkmale des Zahlungsauthentifizierungsinstruments an den Zahler trägt der Zahlungsdienstleister.

第六百七十五条之十三 [支付服务提供人关于支付认证工具之义务；寄送之风险]

Ⅰ ^{1}发行支付认证工具之支付服务提供人负有下列义务：
1. 确保有权使用之人始得取得支付认证工具之个人安全识别标识；第六百七十五条之十二规定支付服务使用人之义务，不受影响。
2. 不对支付服务使用人为未经要求之支付认证工具之寄送。但已对支付服务使用人发行之支付认证工具应予更换者，不在此限。

3. 确保支付服务使用人随时得依适当方式作成第六百七十五条之十二第二段规定之通知，或请求第六百七十五条之十一第二款第五段规定之冻结之解除；且
4. 于第六百七十五条之十二第二段规定之通知作成后，立即防止支付认证工具之任何使用。

²支付服务使用人已告知支付认证工具之遗失、窃盗、滥用或其他之无权使用者，其支付服务提供人自通知时起十八个月内，因请求而应提供支付服务使用人得以证明其业经作成通知之方式。

II 对支付人所为支付认证工具及该支付认证工具个人安全识别标识之寄送，其危险由支付服务提供人负担。

Unterkapitel 2
Ausführung von Zahlungsvorgängen
第二次目 支付程序之实行

§675n Zugang von Zahlungsaufträgen

(1) Ein Zahlungsauftrag wird wirksam, wenn er dem Zahlungsdienstleister des Zahlers zugeht. Fällt der Zeitpunkt des Zugangs nicht auf einen Geschäftstag des Zahlungsdienstleisters des Zahlers, gilt der Zahlungsauftrag als am darauf folgenden Geschäftstag zugegangen. Der Zahlungsdienstleister kann festlegen, dass Zahlungsaufträge, die nach einem bestimmten Zeitpunkt nahe am Ende eines Geschäftstags zugehen, für die Zwecke des §675s Abs. 1 als am darauf folgenden Geschäftstag zugegangen gelten. Geschäftstag ist jeder Tag, an dem der an der Ausführung eines Zahlungsvorgangs beteiligte Zahlungsdienstleister den für die Ausführung von Zahlungsvorgängen erforderlichen Geschäftsbetrieb unterhält.

(2) Vereinbaren der Zahlungsdienstnutzer, der einen Zahlungsvorgang auslöst oder über den ein Zahlungsvorgang ausgelöst wird, und sein Zahlungsdienstleister, dass die Ausführung des Zahlungsauftrags an einem bestimmten Tag oder am Ende eines bestimmten Zeitraums oder an dem Tag, an dem der Zahler dem Zahlungsdienstleister den zur Ausführung erforderlichen Geldbetrag zur Verfügung gestellt hat, beginnen soll, so gilt der vereinbarte Termin für die Zwecke des §675s Abs. 1 als Zeitpunkt des Zugangs. Fällt der vereinbarte Termin nicht auf einen Geschäftstag des Zahlungsdienstleisters des Zahlers, so gilt für die Zwecke des §675s Abs. 1 der darauf folgende Geschäftstag als Zeitpunkt des Zugangs.

第六百七十五条之十四　[支付委任之到达]

Ⅰ　¹支付委任于到达支付人之支付服务提供人时，始生效力。²到达之时点，非属支付人之支付服务提供人之营业日者，支付委任视为于次一营业日到达。³支付服务提供人得制定，接近营业日终了之特定时点以后到达之支付委任，为第六百七十五条之十九第一款规定之目的，视为于该次一营业日到达。⁴参与实行支付程序之支付服务提供人，维持实行支付程序所必须营业之任何一日，均为营业日。

Ⅱ　¹开启支付程序或透过其而被开启之支付程序之支付服务使用人与其支付服务提供人约定，支付委任之处理应于特定日，或特定期间之末日，或支付人将执行所需金额提供于支付服务提供人之日开始者，该约定之日期为第六百七十五条之十九第一款规定之目的，视为到达之时点。²约定之日期，非属支付人之支付服务提供人之营业日者，为第六百七十五条之十九第一款规定之目的，以该次一营业日视为到达之时点。

§675o　Ablehnung von Zahlungsaufträgen

(1) Lehnt der Zahlungsdienstleister die Ausführung eines Zahlungsauftrags ab, ist er verpflichtet, denZahlungsdienstnutzer hierüber unverzüglich, auf jeden Fall aber innerhalb der Fristen gemäß §675s Abs. 1 zuunterrichten. In der Unterrichtung sind, soweit möglich, die Gründe für die Ablehnung sowie die Möglichkeitenanzugeben, wie Fehler, die zur Ablehnung geführt haben, berichtigt werden können. Die Angabe von Gründendarf unterbleiben, soweit sie gegen sonstige Rechtsvorschriften verstoßen würde. Der Zahlungsdienstleister darfmit dem Zahlungsdienstnutzer im Zahlungsdiensterahmenvertrag für die Unterrichtung über eine berechtigteAblehnung ein Entgelt vereinbaren.

(2) Der Zahlungsdienstleister des Zahlers ist nicht berechtigt, die Ausführung eines autorisierten Zahlungsauftrags abzulehnen, wenn die im Zahlungsdiensterahmenvertrag festgelegten Ausführungsbedingungen erfüllt sind und die Ausführung nicht gegen sonstige Rechtsvorschriften verstößt.

(3) Für die Zwecke der §§675s, 675y und 675z gilt ein Zahlungsauftrag, dessen Ausführung berechtigterweise abgelehnt wurde, als nicht zugegangen.

第六百七十五条之十五　[支付委任之拒绝]

Ⅰ　¹支付服务提供人拒绝处理支付委任者，负即时但无论如何于第六百七十五条之十九第一款所定期限内,将其情事通知支付服务使用人义务。
²于该通知,应尽可能说明拒绝之理由,及如何更正导致拒绝之瑕疵。
³前述拒绝理由之说明有违其他法律规定之虞者,得不为之。⁴支付服务提供人得与支付服务使用人于支付服务框架契约,就有权拒绝之通知,约定报酬之支付。
Ⅱ 支付服务框架契约所定处理支付委任之要件符合,且其委任之处理不违背其他法律规定者,支付人之支付服务提供人不得拒绝经授权支付委任之处理。
Ⅲ 为第六百七十五条之十九、第六百七十五条之二十五及第六百七十五条之二十六规定之目的,支付委任之处理经有权拒绝者,其支付委任视为未到达。

§675p　Unwiderruflichkeit eines Zahlungsauftrags

(1) Der Zahlungsdienstnutzer kann einen Zahlungsauftrag vorbehaltlich der Absätze 2 bis 4 nach dessen Zugang beim Zahlungsdienstleister des Zahlers nicht mehr widerrufen.

(2) Wurde der Zahlungsvorgang vom Zahlungsempfänger oder über diesen ausgelöst, so kann der Zahler den Zahlungsauftrag nicht mehr widerrufen, nachdem er den Zahlungsauftrag oder seine Zustimmung zur Ausführung des Zahlungsvorgangs an den Zahlungsempfänger übermittelt hat. Im Fall einer Lastschrift kann der Zahler den Zahlungsauftrag jedoch unbeschadet seiner Rechte gemäß §675x bis zum Ende des Geschäftstags vor dem vereinbarten Fälligkeitstag widerrufen.

(3) Ist zwischen dem Zahlungsdienstnutzer und seinem Zahlungsdienstleister ein bestimmter Termin für die Ausführung eines Zahlungsauftrags (§675n Abs. 2) vereinbart worden, kann der Zahlungsdienstnutzer den Zahlungsauftrag bis zum Ende des Geschäftstags vor dem vereinbarten Tag widerrufen.

(4) Nach den in den Absätzen 1 bis 3 genannten Zeitpunkten kann der Zahlungsauftrag nur widerrufen werden, wenn der Zahlungsdienstnutzer und sein Zahlungsdienstleister dies vereinbart haben. In den Fällen des Absatzes 2 ist zudem die Zustimmung des Zahlungsempfängers zum Widerruf erforderlich. Der Zahlungsdienstleister darf mit dem Zahlungsdienstnutzer im Zahlungsdienstera- hmenvertrag für die Bearbeitung eines solchen Widerrufs ein Entgelt vereinbaren.

(5) Der Teilnehmer an Zahlungsverkehrssystemen kann einen Auftrag zugunsten eines anderen Teilnehmers von dem in den Regeln des Systems bestimmten Zeitpunkt an

nicht mehr widerrufen.

第六百七十五条之十六 [支付委任之不可撤回性]

Ⅰ 支付服务使用人除第二款至第四款规定外，于其支付委任到达支付人之支付服务提供人后，不得再行撤回之。

Ⅱ [1]支付程序由收款人或通过收款人而开启者，支付人将支付委托或其对实行支付程序之同意通知收款人后，不得再行撤回支付委任。[2]但于授权扣款之情形，支付人得至约定清偿日前之营业日终了时止，撤回支付委任；其依第六百七十五条之二十四规定之权利，不受影响。

Ⅲ 支付服务使用人与其支付服务提供人间就支付委任处理（第六百七十五之十四第二款）约定特定期日者，支付服务使用人至约定日前之营业日终了时止，得撤回支付委任。

Ⅳ [1]于第一款至第三款规定时点之后，以支付服务使用人与其支付服务提供人有约定者为限，支付委任始得撤回。[2]于第二款之情事，并以收款人同意撤回为必要。[3]支付服务提供人得与支付服务使用人于支付服务框架契约中约定，就该撤回之处理支付报酬。

Ⅴ 支付交易系统之参与人为其他参与人之利益，自该系统规则所定时点起，不得再行撤回委任。

§675q Entgelte bei Zahlungsvorgängen

(1) Der Zahlungsdienstleister des Zahlers sowie beteiligte zwischengeschaltete Stellen sind verpflichtet, den Betrag, der Gegenstand des Zahlungsvorgangs ist (Zahlungsbetrag), ungekürzt an den Zahlungsdienstleister des Zahlungsempfängers zu übermitteln.

(2) Der Zahlungsdienstleister des Zahlungsempfängers darf ihm zustehende Entgelte vor Erteilung der Gutschrift nur dann von dem übermittelten Betrag abziehen, wenn dies mit dem Zahlungsempfänger vereinbart wurde. In diesem Fall sind der vollständige Betrag des Zahlungsvorgangs und die Entgelte in den Informationen gemäß Artikel 248 §§8 und 15 des Einführungsgesetzes zum Bürgerlichen Gesetzbuche für den Zahlungsempfänger getrennt auszuweisen.

(3) Bei einem Zahlungsvorgang, der mit keiner Währungsumrechnung verbunden ist, tragen Zahlungsempfänger und Zahler jeweils die von ihrem Zahlungsdienstleister erhobenen Entgelte.

第六百七十五条之十七 [支付程序之报酬]

Ⅰ 支付人之支付服务提供人及所有参与支付程序之中介处理人，负有将支付程序标的物金额（支付金额），完整送交收款人之支付服务提供人之义务。

Ⅱ ¹收款人之支付服务提供人于记入贷方前，以与收款人已有约定者，始得自送交金额中扣其应得之报酬。²于此情形，支付程序之完整金额及报酬，应于依《民法施行法》第二百四十八条所定之第八条及第十五条规定之数据中，为收款人而分别载明。

Ⅲ 支付程序与货币换算无关者，收款人及支付人各自分担其支付服务提供人所收取之报酬。

§675r Ausführung eines Zahlungsvorgangs anhand von Kundenkennungen

(1) Die beteiligten Zahlungsdienstleister sind berechtigt, einen Zahlungsvorgang ausschließlich anhand der von dem Zahlungsdienstnutzer angegebenen Kundenkennung auszuführen. Wird ein Zahlungsauftrag in Übereinstimmung mit dieser Kundenkennung ausgeführt, so gilt er im Hinblick auf den durch die Kundenkennung bezeichneten Zahlungsempfänger als ordnungsgemäß ausgeführt.

(2) Eine Kundenkennung ist eine Abfolge aus Buchstaben, Zahlen oder Symbolen, die dem Zahlungsdienstnutzer vom Zahlungsdienstleister mitgeteilt wird und die der Zahlungsdienstnutzer angeben muss, damit der andere am Zahlungsvorgang beteiligte Zahlungsdienstnutzer oder dessen Zahlungskonto zweifelsfrei ermittelt werden kann.

(3) Ist eine vom Zahler angegebene Kundenkennung für den Zahlungsdienstleister des Zahlers erkennbar keinem Zahlungsempfänger oder keinem Zahlungskonto zuzuordnen, ist dieser verpflichtet, den Zahler unverzüglich hierüber zu unterrichten und ihm gegebenenfalls den Zahlungsbetrag wieder herauszugeben.

第六百七十五条之十八 [借由顾客识别之支付程序实行]

Ⅰ ¹所有参与支付程序之支付服务提供人，得仅以支付服务使用人所给予之顾客识别，实行支付程序。²支付委任系按该顾客识别而为处理者，其委任对以该顾客识别所称之收款人，视为依规定处理。

Ⅱ 顾客识别，指由支付服务提供人告知支付服务使用人，且支付服务使用人应载明之字母、数字或符号之次序，以供明确得知其他参与支付程序之支付服务使用人或其支付账户。

Ⅲ 支付人所记载之顾客识别,对支付人之支付服务提供人显然不能归属为任何收款人或支付账户者,支付服务提供人负有即时将该情事告知支付人,必要时并将支付金额返还于支付人之义务。

§675s Ausführungsfrist für Zahlungsvorgänge

(1) Der Zahlungsdienstleister des Zahlers ist verpflichtet sicherzustellen, dass der Zahlungsbetrag spätestens am Ende des auf den Zugangszeitpunkt des Zahlungsauftrags folgenden Geschäftstags beim Zahlungsdienstleister des Zahlungsempfängers eingeht; bis zum 1. Januar 2012 können ein Zahler und sein Zahlungsdienstleister eine Frist von bis zu drei Geschäftstagen vereinbaren. Für Zahlungsvorgänge innerhalb des Europäischen Wirtschaftsraums, die nicht in Euro erfolgen, können ein Zahler und sein Zahlungsdienstleister eine Frist von maximal vier Geschäftstagen vereinbaren. Für in Papierform ausgelöste Zahlungsvorgänge können die Fristen nach Satz 1 um einen weiteren Geschäftstag verlängert werden.

(2) Bei einem vom oder über den Zahlungsempfänger ausgelösten Zahlungsvorgang ist der Zahlungsdienstleister des Zahlungsempfängers verpflichtet, den Zahlungsauftrag dem Zahlungsdienstleister des Zahlers innerhalb der zwischen dem Zahlungsempfänger und seinem Zahlungsdienstleister vereinbarten Fristen zu übermitteln. Im Fall einer Lastschrift ist der Zahlungsauftrag so rechtzeitig zu übermitteln, dass die Verrechnung an dem vom Zahlungsempfänger mitgeteilten Fälligkeitstag ermöglicht wird.

第六百七十五条之十九 [支付程序之实行期限]

Ⅰ [1]支付人之支付服务提供人,负有确保支付金额最迟于支付委任到达时点之次一营业日终了时,到达收款人之支付服务提供人之义务;至二零一二年一月一日止,支付人得与其支付服务提供人约定三个营业日以内之期限。[2]就欧洲经济区内非以欧元实行之支付程序,支付人得与其支付服务提供人约定最多四个营业日之期限。[3]就以书面形式开启之支付程序,第一段规定之期限得再延长一个营业日。

Ⅱ [1]由收款人或透过收款人开启之支付程序,收款人之支付服务提供人,负有将支付委任于收款人与其支付服务提供人约定之期限内,送交支付人之支付服务提供人之义务。[2]于授权扣款之情形,支付委任应按时通知,使结算得于收款人所通知之到期日为之。

§675t Wertstellungsdatum und Verfügbarkeit von Geldbeträgen

(1) Der Zahlungsdienstleister des Zahlungsempfängers ist verpflichtet, dem Zahlungsempfänger den Zahlungsbetrag unverzüglich verfügbar zu machen, nachdem er auf dem Konto des Zahlungsdienstleisters eingegangen ist. Sofern der Zahlungsbetrag auf einem Zahlungskonto des Zahlungsempfängers gutgeschrieben werden soll, ist die Gutschrift, auch wenn sie nachträglich erfolgt, so vorzunehmen, dass der Zeitpunkt, den der Zahlungsdienstleister für die Berechnung der Zinsen bei Gutschrift oder Belastung eines Betrags auf einem Zahlungskonto zugrunde legt (Wertstellungsdatum), spätestens der Geschäftstag ist, an dem der Zahlungsbetrag auf dem Konto des Zahlungsdienstleisters des Zahlungsempfängers eingegangen ist. Satz 1 gilt auch dann, wenn der Zahlungsempfänger kein Zahlungskonto unterhält.

(2) Zahlt ein Verbraucher Bargeld auf ein Zahlungskonto bei einem Zahlungsdienstleister in der Währung des betreffenden Zahlungskontos ein, so stellt dieser Zahlungsdienstleister sicher, dass der Betrag dem Zahlungsempfänger unverzüglich nach dem Zeitpunkt der Entgegennahme verfügbar gemacht und wertgestellt wird. Ist der Zahlungsdienstnutzer kein Verbraucher, so muss dem Zahlungsempfänger der Geldbetrag spätestens an dem auf die Entgegennahme folgenden Geschäftstag verfügbar gemacht und wertgestellt werden.

(3) Eine Belastung auf dem Zahlungskonto des Zahlers ist so vorzunehmen, dass das Wertstellungsdatum frühestens der Zeitpunkt ist, an dem dieses Zahlungskonto mit dem Zahlungsbetrag belastet wird.

第六百七十五条之二十 [记账日及金额之处分]

Ⅰ ¹收款人之支付服务提供人于支付金额到达该支付服务提供人之账户时，负有使收款人得即时使用该支付金额之义务。²支付金额应记入收款人之支付账户者，其记入账户方式为支付服务提供人于金额记入借方或贷方之支付账户时，作为计算利息基础之日期（记账日），最迟为支付金额到达收款人之服务提供人账户之营业日。记入账户系嗣后为之者，亦同。³收款人无账户者，第一段规定亦适用之。

Ⅱ ¹消费者以支付服务提供人账户之货币支付现金于该账户者，支付服务提供人担保该金额于经收受后，得即时提供收款人处分并记入账户。²支付服务使用人非消费者时，其金额最迟应于经收受后次一营业日得提供收款人处分并记入账户。

Ⅲ 记入支付人之借方账户者，其记账日最早为该账户经记载该金额负担之日。

Unterkapitel 3　Haftung
第三次目　责　任

§675u Haftung des Zahlungsdienstleisters für nichtautorisierte Zahlungsvorgänge

Im Fall eines nicht autorisierten Zahlungsvorgangs hat der Zahlungsdienstleister des Zahlers gegen diesen keinen Anspruch auf Erstattung seiner Aufwendungen. Er ist verpflichtet, dem Zahler den Zahlungsbetrag unverzüglich zu erstatten und, sofern der Betrag einem Zahlungskonto belastet worden ist, dieses Zahlungskonto wieder auf den Stand zu bringen, auf dem es sich ohne die Belastung durch den nicht autorisierten Zahlungsvorgang befunden hätte.

第六百七十五条之二十一　[支付服务提供人就未经授权支付程序之责任]
¹于未经授权支付程序之情形，支付人之支付服务提供人对支付人无费用返还请求权。²支付服务提供人负有将支付金额即时返还于支付人，且其金额已从支付账户扣款者，应将该账户恢复为如未经授权之支付程序而未为扣款状态之义务。

§675v Haftung des Zahlers bei missbräuchlicher Nutzung eines Zahlungsauthentifizierungsinstruments

(1) Beruhen nicht autorisierte Zahlungsvorgänge auf der Nutzung eines verlorengegangenen, gestohlenen oder sonst abhanden gekommenen Zahlungsauthentifizierungsinstruments, so kann der Zahlungsdienstleister des Zahlers von diesem den Ersatz des hierdurch entstandenen Schadens bis zu einem Betrag von 150 Euro verlangen. Dies gilt auch, wenn der Schaden infolge einer sonstigen missbräuchlichen Verwendung eines Zahlungsauthentifizierungsinstruments entstanden ist und der Zahler die personalisierten Sicherheitsmerkmale nicht sicher aufbewahrt hat.

(2) Der Zahler ist seinem Zahlungsdienstleister zum Ersatz des gesamten Schadens

verpflichtet, der infolge eines nicht autorisierten Zahlungsvorgangs entstanden ist, wenn er ihn in betrügerischer Absicht ermöglicht hat oder durch vorsätzliche oder grob fahrlässige Verletzung

1. einer oder mehrerer Pflichten gemäß §675l oder
2. einer oder mehrerer vereinbarter Bedingungen für die Ausgabe und Nutzung des Zahlungsauthentifizierungsinstruments herbeigeführt hat.

(3) Abweichend von den Absätzen 1 und 2 ist der Zahler nicht zum Ersatz von Schäden verpflichtet, die aus der Nutzung eines nach der Anzeige gemäß §675l Satz 2 verwendeten Zahlungsauthentifizierungsinstruments entstanden sind. Der Zahler ist auch nicht zum Ersatz von Schäden im Sinne des Absatzes 1 verpflichtet, wenn der Zahlungsdienstleister seiner Pflicht gemäß §675m Abs. 1 Nr. 3 nicht nachgekommen ist. Die Sätze 1 und 2 sind nicht anzuwenden, wenn der Zahler in betrügerischer Absicht gehandelt hat.

第六百七十五条之二十二 [支付认证工具经滥用时之支付人责任]

Ⅰ [1]未经授权之支付程序因与遗失、窃盗或其他原因丧失之支付认证工具之使用有关者，支付人之支付服务提供人得向支付人请求于一百五十欧元内因此所受之损害赔偿。[2]损害因支付认证工具之其他滥用而发生，且支付人未妥善保管个人安全识别标识者，亦适用之。

Ⅱ 支付人因意图诈欺造成损害，或因故意或重大过失而发生下列情事之一者，支付人对其支付服务提供人就因未经授权支付程序所生之全部损害，负赔偿义务：
1.违反第六百七十五条之十二规定一款或多款之义务者。
2.违背一款或多款支付认证工具之发行及使用所约定之条件者。

Ⅲ [1]依第六百七十五条之十二第二段规定告知后，因支付认证工具之使用所生之损害，支付人不负赔偿义务；第一款及第二款规定不适用之。[2]支付服务提供人未遵守其依第六百七十五条之十三第一款第三项规定之义务者，支付人就第一款所称之损害，亦不负赔偿义务。[3]支付人意图诈欺而交易者，不适用第一段及第二段规定。

§675w Nachweis der Authentifizierung

Ist die Autorisierung eines ausgeführten Zahlungsvorgangs streitig, hat der Zahlungsdienstleister nachzuweisen, dass eine Authentifizierung erfolgt ist und der Zahlungsvorgang ordnungsgemäß aufgezeichnet, verbucht sowie nicht durch eine

Störung beeinträchtigt wurde. Eine Authentifizierung ist erfolgt, wenn der Zahlungsdienstleister die Nutzung eines bestimmten Zahlungsauthentifizierungsinstruments, einschließlich seiner personalisierten Sicherheitsmerkmale, mit Hilfe eines Verfahrens überprüft hat. Wurde der Zahlungsvorgang mittels eines Zahlungsauthentifizierungsinstruments ausgelöst, reicht die Aufzeichnung der Nutzung des Zahlungsauthentifizierungsinstruments einschließlich der Authentifizierung durch den Zahlungsdienstleister allein nicht notwendigerweise aus, um nachzuweisen, dass der Zahler

1. den Zahlungsvorgang autorisiert,
2. in betrügerischer Absicht gehandelt,
3. eine oder mehrere Pflichten gemäß §675l verletzt oder
4. vorsätzlich oder grob fahrlässig gegen eine oder mehrere Bedingungen für die Ausgabe und Nutzung des Zahlungsauthentifizierungsinstruments verstoßen hat.

第六百七十五条之二十三 [认证之证明]

¹实行支付程序之授权有争议者，支付服务提供人应证明完成认证，且支付程序依规定记入、登账，并未因障碍而受干扰。²支付服务提供人借助程序而审查特定支付认证工具之使用，包含其个人安全识别标识者，即为作成认证。³支付程序系以支付认证工具开启者，包含支付服务提供人所为认证之支付认证工具使用之记录本身，不必然足以证明支付人有下列之情事：

1. 已授权支付程序。
2. 意图诈欺而交易。
3. 违反第六百七十五条之十二规定一款或多款之义务，或
4. 故意或重大过失违背一款或多款之支付认证工具发行与使用之条件。

§675x Erstattungsanspruch bei einem vom oder über den Zahlungsempfänger ausgelösten autorisierten Zahlungsvorgang

（1）Der Zahler hat gegen seinen Zahlungsdienstleister einen Anspruch auf Erstattung eines belasteten Zahlungsbetrags, der auf einem autorisierten, vom oder über den Zahlungsempfänger ausgelösten Zahlungsvorgang beruht, wenn

1. bei der Autorisierung der genaue Betrag nicht angegeben wurde und
2. der Zahlungsbetrag den Betrag übersteigt, den der Zahler entsprechend seinem

bisherigen Ausgabeverhalten, den Bedingungen des Zahlungsdiensterahmenvertrags und den jeweiligen Umständen des Einzelfalls hätte erwarten können; mit einem etwaigen Währungsumtausch zusammenhängende Gründe bleiben außer Betracht, wenn der zwischen den Parteien vereinbarte Referenzwechselkurs zugrunde gelegt wurde.

Der Zahler ist auf Verlangen seines Zahlungsdienstleisters verpflichtet, die Sachumstände darzulegen, aus denen er sein Erstattungsverlangen herleitet.

(2) Im Fall von Lastschriften können der Zahler und sein Zahlungsdienstleister vereinbaren, dass der Zahler auch dann einen Anspruch auf Erstattung gegen seinen Zahlungsdienstleister hat, wenn die Voraussetzungen für eine Erstattung nach Absatz 1 nicht erfüllt sind.

(3) Der Zahler kann mit seinem Zahlungsdienstleister vereinbaren, dass er keinen Anspruch auf Erstattung hat, wenn er seine Zustimmung zur Durchführung des Zahlungsvorgangs unmittelbar seinem Zahlungsdienstleister erteilt hat und er, sofern vereinbart, über den anstehenden Zahlungsvorgang mindestens vier Wochen vor dem Fälligkeitstermin vom Zahlungsdienstleister oder vom Zahlungsempfänger unterrichtet wurde.

(4) Ein Anspruch des Zahlers auf Erstattung ist ausgeschlossen, wenn er ihn nicht innerhalb von acht Wochen ab dem Zeitpunkt der Belastung des betreffenden Zahlungsbetrags gegenüber seinem Zahlungsdienstleister geltend macht.

(5) Der Zahlungsdienstleister ist verpflichtet, innerhalb von zehn Geschäftstagen nach Zugang eines Erstattungsverlangens entweder den vollständigen Betrag des Zahlungsvorgangs zu erstatten oder dem Zahler die Gründe für die Ablehnung der Erstattung mitzuteilen. Im Fall der Ablehnung hat der Zahlungsdienstleister auf die Beschwerdemöglichkeit gemäß §28 des Zahlungsdiensteaufsichtsgesetzes und auf die Möglichkeit, eine Schlichtungsstelle gemäß §14 des Unterlassungsklagengesetzes anzurufen, hinzuweisen. Das Recht des Zahlungsdienstleisters, eine innerhalb der Frist nach Absatz 4 geltend gemachte Erstattung abzulehnen, erstreckt sich nicht auf den Fall nach Absatz 2.

(6) Absatz 1 ist nicht anzuwenden auf Lastschriften, sobald diese durch eine Genehmigung des Zahlers unmittelbar gegenüber seinem Zahlungsdienstleister autorisiert worden sind.

第六百七十五条之二十四 [由收款人或透过收款人开启之经授权支付程序之返还请求权]

I [1]有下列情事之一者，支付人就基于授权且由收款人或透过收款人开启之支付程序，对其支付服务提供人有请求返还已扣款之支付金额之权利：
1. 授权时未载明其精确金额，且
2. 支付金额超过支付人按其迄今为止之开销状况、支付服务框架契约条款及个别情事当时状况所可期待之数额；如以当事人约定之参考汇率为基础者，其与可能之货币兑换相关之事由，不予斟酌。
²支付人基于其支付服务提供人之请求，负有叙明其据以主张费用返还之事实状况之义务。

Ⅱ 于授权扣款之情形，支付人得与其支付服务提供人约定，纵使不具备第一款规定之返还请求要件，支付人对其支付服务提供人仍有返还请求权。

Ⅲ 支付人得与其支付服务提供人约定，如其直接同意支付服务提供人执行支付程序，且如有约定，其就等待处理之支付程序，业经支付服务提供人或收款人至少于到期日前四星期通知者，支付人无返还请求权。

Ⅳ 支付人未于相关支付金额被扣款时起八星期内，对其支付服务提供人主张返还请求权者，其返还请求权不得行使。

Ⅴ ¹支付服务提供人负有于返还请求到达后十个营业日内，返还全数支付程序款项，或将拒绝返还之理由通知支付人之义务。²于拒绝之情形，支付服务提供人应告知得依《支付服务监督法》第二十八条规定提起申诉，及得依《不作为诉讼法》第十四条规定申请调解。³支付服务提供人就于第四款规定期限内得以主张之拒绝返还请求之权，不及于第二款规定之情形。

Ⅵ 授权扣款系以支付人之同意而直接对其支付服务提供人为授权者，不适用第一款规定。

§675y Haftung der Zahlungsdienstleister bei nicht erfolgter oder fehlerhafter Ausführung eines Zahlungsauftrags; Nachforschungspflicht

(1) Wird ein Zahlungsvorgang vom Zahler ausgelöst, kann dieser von seinem Zahlungsdienstleister im Fall einer nicht erfolgten oder fehlerhaften Ausführung des Zahlungsauftrags die unverzügliche und ungekürzte Erstattung des Zahlungsbetrags verlangen. Wurde der Betrag einem Zahlungskonto des Zahlers belastet, ist dieses Zahlungskonto wieder auf den Stand zu bringen, auf dem es sich ohne den fehlerhaft ausgeführten Zahlungsvorgang befunden hätte. Soweit vom

Zahlungsbetrag entgegen §675q Abs. 1 Entgelte abgezogen wurden, hat der Zahlungsdienstleister des Zahlers den abgezogenen Betrag dem Zahlungsempfänger unverzüglich zu übermitteln. Weist der Zahlungsdienstleister des Zahlers nach, dass der Zahlungsbetrag rechtzeitig und ungekürzt beim Zahlungsdienstleister des Zahlungsempfängers eingegangen ist, entfällt die Haftung nach diesem Absatz.

(2) Wird ein Zahlungsvorgang vom oder über den Zahlungsempfänger ausgelöst, kann dieser im Fall einer nicht erfolgten oder fehlerhaften Ausführung des Zahlungsauftrags verlangen, dass sein Zahlungsdienstleister diesen Zahlungsauftrag unverzüglich, gegebenenfalls erneut, an den Zahlungsdienstleister des Zahlers übermittelt. Weist der Zahlungsdienstleister des Zahlungsempfängers nach, dass er die ihm bei der Ausführung des Zahlungsvorgangs obliegenden Pflichten erfüllt hat, hat der Zahlungsdienstleister des Zahlers dem Zahler gegebenenfalls unverzüglich den ungekürzten Zahlungsbetrag entsprechend Absatz 1 Satz 1 und 2 zu erstatten. Soweit vom Zahlungsbetrag entgegen §675q Abs. 1 und 2 Entgelte abgezogen wurden, hat der Zahlungsdienstleister des Zahlungsempfängers den abgezogenen Betrag dem Zahlungsempfänger unverzüglich verfügbar zu machen.

(3) Ansprüche des Zahlungsdienstnutzers gegen seinen Zahlungsdienstleister nach Absatz 1 Satz 1 und 2 sowie Absatz 2 Satz 2 bestehen nicht, soweit der Zahlungsauftrag in Übereinstimmung mit der vom Zahlungsdienstnutzer angegebenen fehlerhaften Kundenkennung ausgeführt wurde. In diesem Fall kann der Zahler von seinem Zahlungsdienstleister jedoch verlangen, dass dieser sich im Rahmen seiner Möglichkeiten darum bemüht, den Zahlungsbetrag wiederzuerlangen. Der Zahlungsdienstleister darf mit dem Zahlungsdienstnutzer im Zahlungsdiensterahmenvertrag für diese Wiederbeschaffung ein Entgelt vereinbaren.

(4) Ein Zahlungsdienstnutzer kann von seinem Zahlungsdienstleister über die Ansprüche nach den Absätzen 1 und 2 hinaus die Erstattung der Entgelte und Zinsen verlangen, die der Zahlungsdienstleister ihm im Zusammenhang mit der nicht erfolgten oder fehlerhaften Ausführung des Zahlungsvorgangs in Rechnung gestellt oder mit denen er dessen Zahlungskonto belastet hat.

(5) Wurde ein Zahlungsauftrag nicht oder fehlerhaft ausgeführt, hat der Zahlungsdienstleister desjenigen Zahlungsdienstnutzers, der einen Zahlungsvorgang ausgelöst hat oder über den ein Zahlungsvorgang ausgelöst wurde, auf Verlangen seines Zahlungsdienstnutzers den Zahlungsvorgang nachzuvollziehen und seinen Zahlungsdienstnutzer über das Ergebnis zu unterrichten.

第六百七十五条之二十五　[未完成或有瑕疵处理支付委任时之支付服务提供人责任；查询义务]

Ⅰ ¹支付程序由支付人开启者，如其支付委任之执行未完成或有瑕疵时，支付人得向其支付服务提供人请求支付金额之实时且全额之偿还。²如其金额系由支付人之支付账户扣款者，该支付账户应恢复至如同无该瑕疵执行支付程序时之状态。³如从支付金额中违反第六百七十五条之十七第一款规定而扣除报酬者，支付人之支付服务提供人应即时将扣除之金额送交ᵃ收款人。⁴支付人之支付服务提供人证明，支付金额按时且全额到达收款人之支付服务提供人者，不发生本款规定之责任。

Ⅱ ¹支付程序由收款人或透过收款人开启者，如其支付委任之执行未完成或有瑕疵时，收款人得请求其支付服务提供人将该支付委任即时、必要时重复送交支付人之支付服务提供人。²收款人之支付服务提供人证明，其已完成履行支付程序所负之义务者，支付人之支付服务提供人应于必要时即时将全额之支付金额依第一款第一段及第二段规定返还支付人。³如从支付金额中违反第六百七十五条之十七第一款及第二款规定而扣除报酬者，收款人之支付服务提供人应使收款人得以即时处分被扣除款项。

Ⅲ ¹支付委任系依支付服务使用人所给与而顾客识别处理有瑕疵者，支付服务使用人依第一款第一段与第二段及第二款第二段规定对其支付服务提供人之请求权不发生。²于此情形，支付人仍得向其支付服务提供人请求，于其可能的范围内，尽力恢复取得支付金额。³支付服务提供人得于支付服务框架契约约定，与支付服务使用人就该恢复取得之报酬。

Ⅳ 支付服务提供人因未完成或有瑕疵实行支付程序而算入支付服务使用人账户内之报酬及利息，或以该报酬或利息从其账户内扣款者，支付服务使用人除第一款及第二款规定请求权外，并得向其支付服务提供人请求返还之。

Ⅴ 支付委任未经实行或实行有瑕疵者，开启支付程序或支付程序系透过其而开启之支付服务使用人，其支付服务提供人应依该支付服务使用人之请求，了解支付程序并将其结果报告支付服务使用人。

a 应对照第六百七十五条之十九第二款第一段。

§675z Sonstige Ansprüche bei nicht erfolgter oder fehlerhafter Ausführung eines Zahlungsauftrags oder bei einem nicht autorisierten Zahlungsvorgang

Die §§675u und 675y sind hinsichtlich der dort geregelten Ansprüche eines Zahlungsdienstnutzers abschließend. Die Haftung eines Zahlungsdienstleisters gegenüber seinem Zahlungsdienstnutzer für einen wegen nicht erfolgter oder fehlerhafter Ausführung eines Zahlungsauftrags entstandenen Schaden, der nicht bereits von §675y erfasst ist, kann auf 12 500 Euro begrenzt werden; dies gilt nicht für Vorsatz und grobe Fahrlässigkeit, den Zinsschaden und für Gefahren, die der Zahlungsdienstleister besonders übernommen hat. Zahlungsdienstleister haben hierbei ein Verschulden, das einer zwischengeschalteten Stelle zur Last fällt, wie eigenes Verschulden zu vertreten, es sei denn, dass die wesentliche Ursache bei einer zwischengeschalteten Stelle liegt, die der Zahlungsdienstnutzer vorgegeben hat. In den Fällen von Satz 3 zweiter Halbsatz haftet die von dem Zahlungsdienstnutzer vorgegebene zwischengeschaltete Stelle anstelle des Zahlungsdienstleisters des Zahlungsdienstnutzers. §675y Abs. 3 Satz 1 ist auf die Haftung eines Zahlungsdien- stleisters nach den Sätzen 2 bis 4 entsprechend anzuwenden.

第六百七十五条之二十六 [支付委任未完成；有瑕疵实行或支付程序未经授权时之其他请求权]

[1]第六百七十五条之二十一及第六百七十五条之二十五规定，专属适用于其所规定之支付服务使用人之请求权。[2]支付服务提供人对其支付服务使用人就因未完成或实行有瑕疵之支付委任所生损害，如其损害未为第六百七十五条之二十五规定所包含者，其责任得限缩于一万二千五百欧元；就故意或重大过失、利息损害及支付服务提供人所特别承担之危险，不适用之。[3]支付服务提供人于此就中介处理人应负担可归责事由，应与自己之可归责事由负同一责任。但重要原因存在于支付服务使用人预先指定之中介处理人者，不在此限。[4]于第三段但书之情形，支付服务使用人预先指定之中介处理人取代支付服务使用人之支付服务提供人，负其责任。[5]本条第二段至第四段规定之支付服务提供人之责任，准用第六百七十五条之二十五第三款第一段规定。

§676 Nachweis der Ausführung von Zahlungsvorgängen

Ist zwischen dem Zahlungsdienstnutzer und seinem Zahlungsdienstleister streitig, ob der Zahlungsvorgang ordnungsgemäß ausgeführt wurde, muss der Zahlungsdienstleister nachweisen, dass der Zahlungsvorgang ordnungsgemäß aufgezeichnet und verbucht sowie nicht durch eine Störung beeinträchtigt wurde.

第六百七十六条 [支付程序实行之证明]
支付服务使用人与其支付服务提供人间，就支付程序是否依规定实行有争议者，支付服务提供人应证明，支付程序已依规定记入并登账，及未因障碍而受影响。

§676a Ausgleichsanspruch

Liegt die Ursache für die Haftung eines Zahlungsdienstleisters gemäß den §§675y und 675z im Verantwortungsbereich eines anderen Zahlungsdienstleisters oder einer zwischengeschaltete Stelle, so kann er vom anderen Zahlungsdienstleister oder der zwischengeschalteten Stelle den Ersatz des Schadens verlangen, der ihm aus der Erfüllung der Ansprüche eines Zahlungsdienstnutzers gemäß den §§675y und 675z entsteht.

第六百七十六条之一 [补偿请求权]
支付服务提供人依第六百七十五条之二十五及第六百七十五条之二十六规定责任之原因，在于他支付服务提供人或中介处理人应负责之范围者，支付服务提供人得对该他支付服务提供人或中介处理人请求赔偿其因履行第六百七十五条之二十五及第六百七十五条之二十六规定支付服务使用人之请求权而生之损害。

§676b Anzeige nicht autorisierter oder fehlerhaft ausgeführter Zahlungsvorgänge

(1) Der Zahlungsdienstnutzer hat seinen Zahlungsdienstleister unverzüglich nach Feststellung eines nicht autorisierten oder fehlerhaft ausgeführten Zahlungsvorgangs zu unterrichten.

(2) Ansprüche und Einwendungen des Zahlungsdienstnutzers gegen den Zahlungsdienstleister nach diesem Unterkapitel sind ausgeschlossen, wenn dieser seinen

Zahlungsdienstleister nicht spätestens 13 Monate nach dem Tag der Belastung mit einem nicht autorisierten oder fehlerhaft ausgeführten Zahlungsvorgang hiervon unterrichtet hat. Der Lauf der Frist beginnt nur, wenn der Zahlungsdienstleister den Zahlungsdienstnutzer über die den Zahlungsvorgang betreffenden Angaben gemäß Artikel 248 §§7, 10 oder §14 des Einführungsgesetzes zum Bürgerlichen Gesetzbuche unterrichtet hat; anderenfalls ist für den Fristbeginn der Tag der Unterrichtung maßgeblich.

(3) Für andere als die in §675z Satz 1 genannten Ansprüche des Zahlungsdienstnutzers gegen seinen Zahlungsdienstleister wegen eines nicht autorisierten oder fehlerhaft ausgeführten Zahlungsvorgangs gilt Absatz 2 mit der Maßgabe, dass der Zahlungsdienstnutzer diese Ansprüche auch nach Ablauf der Frist geltend machen kann, wenn er ohne Verschulden an der Einhaltung der Frist verhindert war.

第六百七十六条之二 [未经授权或实行有瑕疵之支付程序之通知]

Ⅰ 支付服务使用人应于未经授权或实行有瑕疵之支付程序确定后，即时通知其支付服务提供人。

Ⅱ ¹支付服务使用人于未经授权或实行有瑕疵之支付程序记账日后，最迟十三个月未将该情事通知其支付服务提供人者，不得依本次目规定而对支付服务提供人为请求及抗辩。²支付服务提供人依《民法施行法》第二百四十八条所定第七条、第十条或第十四条规定，将支付程序相关事项通知支付服务使用人者，该前述期限开始起算；其他情形，以通知日定其期限之开始。

Ⅲ 非属第六百七十五条之二十六第一段规定所称支付服务使用人因未经授权或实行有瑕疵之支付程序而对其支付服务提供人之请求权，适用第二款规定，但支付服务使用人关于期限之遵守受妨碍而无可归责事由者，亦得于期限经过后主张该请求权。

§676c Haftungsausschluss

Ansprüche nach diesem Kapitel sind ausgeschlossen, wenn die einen Anspruch begründenden Umstände

1. auf einem ungewöhnlichen und unvorhersehbaren Ereignis beruhen, auf das diejenige Partei, die sich auf dieses Ereignis beruft, keinen Einfluss hat, und dessen Folgen trotz Anwendung der gebotenen Sorgfalt nicht hätten vermieden werden können, oder

2. vom Zahlungsdienstleister auf Grund einer gesetzlichen Verpflichtung herbeigeführt wurden.

第六百七十六条之三 [责任之排除]
本目规定之请求权，如该请求权具有下列情事之一者，不得行使之：
1.与不寻常且不可预见之事件相关，而主张该事件之当事人对该事件无影响力，且其事件之结果纵尽必要之注意仍无法避免者，或
2.由支付服务提供人基于法定义务所引起者。

Titel 13
Geschäftsführung ohne Auftrag
第十三节　无因管理

§677 Pflichten des Geschäftsführers

Wer ein Geschäft für einen anderen besorgt, ohne von ihm beauftragt oder ihm gegenüber sonst dazu berechtigt zu sein, hat das Geschäft so zu führen, wie das Interesse des Geschäftsherrn mit Rücksicht auf dessen wirklichen oder mutmaßlichen Willen es erfordert.

第六百七十七条 [管理人之义务]
管理他人之事务，而未受其委任，或对该管理并无他项权利者，应如同本人之利益并斟酌其真实或可得推知之意思所要求者，管理其事务。

§678 Geschäftsführung gegen den Willen des Geschäftsherrn

Steht die Übernahme der Geschäftsführung mit dem wirklichen oder dem mutmaßlichen Willen des Geschäftsherrn in Widerspruch und musste der Geschäftsführer dies erkennen, so ist er dem Geschäftsherrn zum Ersatz des aus der Geschäftsführung entstehenden Schadens auch dann verpflichtet, wenn ihm ein sonstiges Verschulden nicht zur Last fällt.

第六百七十八条 [违反本人意思之事务管理]
管理事务之承担违反本人真实或可得推知之意思，且其违反为管理人所应知者，纵管理人无可归责于自己之其他事由，仍应对本人赔偿因管理事务所生之损害。

§679 Unbeachtlichkeit des entgegenstehenden Willens desGeschäftsherrn

Ein der Geschäftsführung entgegenstehender Wille des Geschäftsherrn kommt nicht in Betracht, wenn ohne die Geschäftsführung eine Pflicht des Geschäftsherrn, deren Erfüllung im öffentlichen Interesse liegt, oder eine gesetzliche Unterhaltspflicht des Geschäftsherrn nicht rechtzeitig erfüllt werden würde.

第六百七十九条 [例外不斟酌本人反对之意思]
如不为事务之管理，本人公益上应履行之义务或本人之法定扶养义务，即无从按时履行者，毋庸斟酌本人对管理事务之反对意思。

§680 Geschäftsführung zur Gefahrenabwehr

Bezweckt die Geschäftsführung die Abwendung einer dem Geschäftsherrn drohenden dringenden Gefahr, so hat der Geschäftsführer nur Vorsatz und grobe Fahrlässigkeit zu vertreten.

第六百八十条 [为避免危险之事务管理]
管理事务以避免本人遭受急迫之危险为目的者，管理人仅就故意及重大过失，负其责任。

§681 Nebenpflichten des Geschäftsführers

Der Geschäftsführer hat die Übernahme der Geschäftsführung, sobald es tunlich ist, dem Geschäftsherrn anzuzeigen und, wenn nicht mit dem Aufschub Gefahr verbunden ist, dessen Entschließung abzuwarten. Im Übrigen finden auf die Verpflichtungen des Geschäftsführers die für einen Beauftragten geltenden Vorschriften der §§666 bis 668 entsprechende Anwendung.

第六百八十一条　[管理人之附随义务]

¹管理人应将管理事务之承担尽速通知本人,如迟延不生危险者,应等待本人之决定。²于其他之情事者,关于管理人之义务,准用第六百六十六条至第六百六十八条关于受任人之规定。

§682　Fehlende Geschäftsfähigkeit des Geschäftsführers

Ist der Geschäftsführer geschäftsunfähig oder in der Geschäftsfähigkeit beschränkt, so ist er nur nach den Vorschriften über den Schadensersatz wegen unerlaubter Handlungen und über die Herausgabe einer ungerechtfertigten Bereicherung verantwortlich.

第六百八十二条　[管理人欠缺行为能力]

管理人系无行为能力或限制行为能力者,仅依关于侵权行为损害赔偿及不当得利返还之规定,负其责任。

§683　Ersatz von Aufwendungen

Entspricht die Übernahme der Geschäftsführung dem Interesse und dem wirklichen oder dem mutmaßlichen Willen des Geschäftsherrn, so kann der Geschäftsführer wie ein Beauftragter Ersatz seiner Aufwendungen verlangen. In den Fällen des §679 steht dieser Anspruch dem Geschäftsführer zu, auch wenn die Übernahme der Geschäftsführung mit dem Willen des Geschäftsherrn in Widerspruch steht.

第六百八十三条　[费用之偿还]

¹管理事务之承担利于本人,并合于本人真实或可得推知之意思者,管理人得如同受任人请求费用之偿还。²第六百七十九条规定之情形,管理事务之承担纵违反本人之意思,管理人仍有该请求权。

§684　Herausgabe der Bereicherung

Liegen die Voraussetzungen des §683 nicht vor, so ist der Geschäftsherr verpflichtet, dem Geschäftsführer alles, was er durch die Geschäftsführung erlangt, nach den Vorschriften über die Herausgabe einer ungerechtfertigten Bereicherung herauszugeben. Genehmigt der Geschäftsherr die Geschäftsführung, so steht dem Geschäftsführer der im §683 bestimmte Anspruch zu.

第六百八十四条 [得利之返还]

¹第六百八十三条规定之要件不具备者,本人就其因管理事务所取得之全部利益,对管理人负依不当得利规定之返还义务。²本人承认事务管理者,管理人有第六百八十三条规定之请求权。

§685 Schenkungsabsicht

(1) Dem Geschäftsführer steht ein Anspruch nicht zu, wenn er nicht die Absicht hatte, von dem Geschäftsherrn Ersatz zu verlangen.

(2) Gewähren Eltern oder Voreltern ihren Abkömmlingen oder diese jenen Unterhalt, so ist im Zweifel anzunehmen, dass die Absicht fehlt, von dem Empfänger Ersatz zu verlangen.

第六百八十五条 [赠与之意愿]

Ⅰ 管理人无请求本人偿还之意愿者,不享有请求权。

Ⅱ 父母或祖父母扶养其卑亲属,或后者扶养前者时,如有疑义,应认为无向受领人请求偿还之意愿。

§686 Irrtum über Person des Geschäftsherrn

Ist der Geschäftsführer über die Person des Geschäftsherrn im Irrtum, so wird der wirkliche Geschäftsherr aus der Geschäftsführung berechtigt und verpflichtet.

第六百八十六条 [本人识别之错误]

管理人就本人之识别有错误者,真实之本人因事务管理而有权利并负义务。

§687 Unechte Geschäftsführung

(1) Die Vorschriften der §§677 bis 686 finden keine Anwendung, wenn jemand ein fremdes Geschäft in der Meinung besorgt, dass es sein eigenes sei.

(2) Behandelt jemand ein fremdes Geschäft als sein eigenes, obwohl er weiß, dass er nicht dazu berechtigt ist, so kann der Geschäftsherr die sich aus den §§677, 678, 681, 682 ergebenden Ansprüche geltend machen. Macht er sie geltend, so ist er dem Geschäftsführer nach §684 Satz 1 verpflichtet.

第八章　各种之债

第六百八十七条　[不真正之事务管理]

Ⅰ 误认他人之事务为自己之事务而管理者，不适用第六百七十七条至第六百八十六条规定。

Ⅱ ¹虽明知无权将他人事务当做自己事务而管理，但仍为之者，本人得行使第六百七十七条、第六百七十八条、第六百八十一条及第六百八十二条规定所生请求权。²本人行使其请求权者，对管理人负第六百八十四条第一段规定之义务。

Titel 14　Verwahrung
第十四节　寄　托

§688　Vertragstypische Pflichten bei der Verwahrung

Durch den Verwahrungsvertrag wird der Verwahrer verpflichtet, eine ihm von dem Hinterleger übergebene bewegliche Sache aufzubewahren.

第六百八十八条　[寄托之契约典型义务]

因寄托契约，受寄人负有保管由寄托人对其所交付动产之义务。

§689　Vergütung

Eine Vergütung für die Aufbewahrung gilt als stillschweigend vereinbart, wenn die Aufbewahrung den Umständen nach nur gegen eine Vergütung zu erwarten ist.

第六百八十九条　[报酬]

如按情形，仅支付报酬始得期待保管者，视为默示约定报酬。

§690　Haftung bei unentgeltlicher Verwahrung

Wird die Aufbewahrung unentgeltlich übernommen, so hat der Verwahrer nur für diejenige Sorgfalt einzustehen, welche er in eigenen Angelegenheiten anzuwenden pflegt.

第六百九十条　[无偿寄托之责任]

无偿承担保管者，受寄人仅就与处理自己事务同一注意之义务，负其责任。

§691 Hinterlegung bei Dritten

Der Verwahrer ist im Zweifel nicht berechtigt, die hinterlegte Sache bei einem Dritten zu hinterlegen. Ist die Hinterlegung bei einem Dritten gestattet, so hat der Verwahrer nur ein ihm bei dieser Hinterlegung zur Last fallendes Verschulden zu vertreten. Für das Verschulden eines Gehilfen ist er nach §278 verantwortlich.

第六百九十一条　[寄存于第三人处]
^{1}有疑义时，受寄人不得将寄托物寄存于第三人处。^{2}寄存于第三人处经允许者，受寄人仅就其于该寄存可归责之事由，负其责任。^{3}受寄人就履行辅助人之可归责之事由，应依第二百七十八条规定负责。

§692 Änderung der Aufbewahrung

Der Verwahrer ist berechtigt, die vereinbarte Art der Aufbewahrung zu ändern, wenn er den Umständen nach annehmen darf, dass der Hinterleger bei Kenntnis der Sachlage die Änderung billigen würde. Der Verwahrer hat vor der Änderung dem Hinterleger Anzeige zu machen und dessen Entschließung abzuwarten, wenn nicht mit dem Aufschub Gefahr verbunden ist.

第六百九十二条　[保管之变更]
^{1}受寄人按其情形得认为寄托人若知其情事，将允许变更约定之保管方式者，受寄人得变更之。^{2}受寄人应于变更前，通知寄托人，且如迟延不致生危险者，等待其决定。

§693 Ersatz von Aufwendungen

Macht der Verwahrer zum Zwecke der Aufbewahrung Aufwendungen, die er den Umständen nach für erforderlich halten darf, so ist der Hinterleger zum Ersatz verpflichtet.

第六百九十三条　[费用之偿还]
受寄人为保管之目的，其支出按情形可认为必要之费用者，寄托人负偿还之义务。

§694 Schadensersatzpflicht des Hinterlegers

Der Hinterleger hat den durch die Beschaffenheit der hinterlegten Sache dem Verwahrer entstehenden Schaden zu ersetzen, es sei denn, dass er die gefahrdrohende Beschaffenheit der Sache bei der Hinterlegung weder kennt noch kennen muss oder dass er sie dem Verwahrer angezeigt oder dieser sie ohne Anzeige gekannt hat.

第六百九十四条　[寄托人之损害赔偿义务]
寄托人应赔偿受寄人因寄托物之性质所受之损害。但寄托人于寄托时，不知寄托物有发生危险之性质，且非可得而知，或寄托人已将该性质告知受寄人，或虽未告知，而为受寄人所已知者，不在此限。

§695 Rückforderungsrecht des Hinterlegers

Der Hinterleger kann die hinterlegte Sache jederzeit zurückfordern, auch wenn für die Aufbewahrung eine Zeit bestimmt ist. Die Verjährung des Anspruchs auf Rückgabe der Sache beginnt mit der Rückforderung.

第六百九十五条　[寄托人之返还请求权]
[1]纵寄托定有期限，寄托人仍得随时请求返还寄托物。[2]寄托物返还请求权之时效，自请求返还时起算。

§696 Rücknahmeanspruch des Verwahrers

Der Verwahrer kann, wenn eine Zeit für die Aufbewahrung nicht bestimmt ist, jederzeit die Rücknahme der hinterlegten Sache verlangen. Ist eine Zeit bestimmt, so kann er die vorzeitige Rücknahme nur verlangen, wenn ein wichtiger Grund vorliegt. Die Verjährung des Anspruchs beginnt mit dem Verlangen auf Rücknahme.

第六百九十六条　[受寄人之取回请求权]
[1]未定寄托期限者，受寄人得随时请求取回寄托物。[2]定有期限者，仅于有重大事由时，受寄人始得请求期前取回。[3]请求权之时效，自请求取回时起算。

§697 Rückgabeort

Die Rückgabe der hinterlegten Sache hat an dem Ort zu erfolgen, an welchem die Sache aufzubewahren war; der Verwahrer ist nicht verpflichtet, die Sache dem Hinterleger zu bringen.

第六百九十七条　[返还地]

寄托物之返还，应于该物应为保管之地行之；受寄人不负将寄托物携至寄托人之义务。

§698 Verzinsung des verwendeten Geldes

Verwendet der Verwahrer hinterlegtes Geld für sich, so ist er verpflichtet, es von der Zeit der Verwendung an zu verzinsen.

第六百九十八条　[使用金钱之利息]

受寄人为自己之利益，使用寄托之金钱者，应自使用时起支付该金钱之利息。

§699 Fälligkeit der Vergütung

(1) Der Hinterleger hat die vereinbarte Vergütung bei der Beendigung der Aufbewahrung zu entrichten. Ist die Vergütung nach Zeitabschnitten bemessen, so ist sie nach dem Ablauf der einzelnen Zeitabschnitte zu entrichten.

(2) Endigt die Aufbewahrung vor dem Ablauf der für sie bestimmten Zeit, so kann der Verwahrer einen seinen bisherigen Leistungen entsprechenden Teil der Vergütung verlangen, sofern nicht aus der Vereinbarung über die Vergütung sich ein anderes ergibt.

第六百九十九条　[报酬之清偿期]

Ⅰ [1]寄托人应于保管终了时，支付约定之报酬。[2]报酬分期计算者，应于每期届满后支付之。

Ⅱ 约定之保管期限届满前，保管已终了时，除该报酬另有约定者外，受寄人得请求相当于其迄今所为给付部分之报酬。

§700 Unregelmäßiger Verwahrungsvertrag

(1) Werden vertretbare Sachen in der Art hinterlegt, dass das Eigentum auf den Verwahrer übergehen und dieser verpflichtet sein soll, Sachen von gleicher Art, Güte und Menge zurückzugewähren, so finden bei Geld die Vorschriften über den Darlehensvertrag, bei anderen Sachen die Vorschriften über den Sachdarlehensvertrag Anwendung. Gestattet der Hinterleger dem Verwahrer, hinterlegte vertretbare Sachen zu verbrauchen, so finden bei Geld die Vorschriften über den Darlehensvertrag, bei anderen Sachen die Vorschriften über den Sachdarlehensvertrag von dem Zeitpunkt an Anwendung, in welchem der Verwahrer sich die Sachen aneignet. In beiden Fällen bestimmen sich jedoch Zeit und Ort der Rückgabe im Zweifel nach den Vorschriften über den Verwahrungsvertrag.

(2) Bei der Hinterlegung von Wertpapieren ist eine Vereinbarung der im Absatz 1 bezeichneten Art nur gültig, wenn sie ausdrücklich getroffen wird.

第七百条 [特种寄托契约]

Ⅰ [1]以代替物为寄托，而移转所有权于受寄人，且受寄人负返还种类、品质、数量相同物之义务者，于金钱之情形，适用关于消费借贷之规定，于其他物之情形，适用关于物之消费借贷之规定。[2]寄托人允许受寄人消费所寄托之代替物者，自受寄人领有其物时起，于金钱之情形，适用关于消费借贷之规定，于其他物之情形，适用关于物之消费借贷之规定。于前两种情形，返还之时期及处所有疑义时，仍依关于寄托契约定定之。

Ⅱ 于有价证券之寄托，第一款所定之合意，仅于明示时，始为有效。

Titel 15
Einbringung von Sachen bei Gastwirten
第十五节 物之携入旅店主人处所

§701 Haftung des Gastwirts

(1) Ein Gastwirt, der gewerbsmäßig Fremde zur Beherbergung aufnimmt, hat den Schaden zu ersetzen, der durch den Verlust, die Zerstörung oder die Beschädigung von Sachen entsteht, die ein im Betrieb dieses Gewerbes aufgenommener Gast

eingebracht hat.
(2) Als eingebracht gelten
1. Sachen, welche in der Zeit, in der der Gast zur Beherbergung aufgenommen ist, in die Gastwirtschaft oder an einen von dem Gastwirt oder dessen Leuten angewiesenen oder von dem Gastwirt allgemein hierzu bestimmten Ort außerhalb der Gastwirtschaft gebracht oder sonst außerhalb der Gastwirtschaft von dem Gastwirt oder dessen Leuten in Obhut genommen sind,
2. Sachen, welche innerhalb einer angemessenen Frist vor oder nach der Zeit, in der der Gast zur Beherbergung aufgenommen war, von dem Gastwirt oder seinen Leuten in Obhut genommen sind.
Im Falle einer Anweisung oder einer Übernahme der Obhut durch Leute des Gastwirts gilt dies jedoch nur, wenn sie dazu bestellt oder nach den Umständen als dazu bestellt anzusehen waren.
(3) Die Ersatzpflicht tritt nicht ein, wenn der Verlust, die Zerstörung oder die Beschädigung von dem Gast, einem Begleiter des Gastes oder einer Person, die der Gast bei sich aufgenommen hat, oder durch die Beschaffenheit der Sachen oder durch höhere Gewalt verursacht wird.
(4) Die Ersatzpflicht erstreckt sich nicht auf Fahrzeuge, auf Sachen, die in einem Fahrzeug belassen worden sind, und auf lebende Tiere.

第七百零一条 [旅店主人责任]

Ⅰ 以供他人住宿为营业之旅店主人，于业务经营时所留宿客人携带之物品，应赔偿因该物品丧失、毁灭或损坏而生之损害。

Ⅱ [1]下列物品，视为所携带之物：
1. 于客人住宿期间，携至旅店之物、携至旅店主人或其使用人所指示之旅店外地点之物、携至旅店主人为该目的通常指定之旅店外地点之物或其他于旅店外由旅店主人或其使用人保管之物。
2. 于客人住宿期间之前或之后相当期间内，由旅店主人或其使用人保管之物。

[2]于旅店主人之使用人为指示或承担保管之情形，仅于使用人系为该选任或按其情形应认为该选任时，始适用前段规定。

Ⅲ 丧失、毁灭或损坏系因客人本人、其伴侣、随从或来宾，或因物之性质或不可抗力所致者，不发生赔偿义务。

Ⅳ 赔偿义务不及于汽车、置于汽车中之物及生存之动物。

§702 Beschränkung der Haftung; Wertsachen

(1) Der Gastwirt haftet auf Grund des §701 nur bis zu einem Betrag, der dem Hundertfachen des Beherbergungspreises für einen Tag entspricht, jedoch mindestens bis zu dem Betrag von 600 Euro und höchstens bis zu dem Betrag von 3500 Euro; für Geld, Wertpapiere und Kostbarkeiten tritt an die Stelle von 3500 Euro der Betrag von 800 Euro.

(2) Die Haftung des Gastwirts ist unbeschränkt,
1. wenn der Verlust, die Zerstörung oder die Beschädigung von ihm oder seinen Leuten verschuldet ist,
2. wenn es sich um eingebrachte Sachen handelt, die er zur Aufbewahrung übernommen oder deren Übernahme zur Aufbewahrung er entgegen der Vorschrift des Absatzes 3 abgelehnt hat.

(3) Der Gastwirt ist verpflichtet, Geld, Wertpapiere, Kostbarkeiten und andere Wertsachen zur Aufbewahrung zu übernehmen, es sei denn, dass sie im Hinblick auf die Größe oder den Rang der Gastwirtschaft von übermäßigem Wert oder Umfang oder dass sie gefährlich sind. Er kann verlangen, dass sie in einem verschlossenen oder versiegelten Behältnis übergeben werden.

第七百零二条 [责任限制；贵重物品]

Ⅰ 旅店主人依第七百零一条规定所负责任，以相当于一日住宿费一百倍之金额为限，但其最低额为六百欧元，且最高额为三千五百欧元；就金钱、有价证券及贵重物品，该三千五百欧元之金额，以八百欧元代之。

Ⅱ 下列情事，旅店主人负无限责任：
1.丧失、毁灭或损坏系因旅店主人或其使用人之可归责事由所致者。
2.关于旅店主人已承担保管之物，或旅店主人违反本条第三款规定拒绝承担保管之物。

Ⅲ ¹旅店主人负有承担保管金钱、有价证券及其他贵重物品之义务。但按其旅店之规模或等级，该物价值或范围过巨，或具危险性者，不在此限。²旅店主人得请求将其物置于上锁或密闭之容器中交付之。

§702a Erlass der Haftung

(1) Die Haftung des Gastwirts kann im Voraus nur erlassen werden, soweit sie den

nach §702 Abs. 1 maßgeblichen Höchstbetrag übersteigt. Auch insoweit kann sie nicht erlassen werden für den Fall, dass der Verlust, die Zerstörung oder die Beschädigung von dem Gastwirt oder von Leuten des Gastwirts vorsätzlich oder grob fahrlässig verursacht wird oder dass es sich um Sachen handelt, deren Übernahme zur Aufbewahrung der Gastwirt entgegen der Vorschrift des §702 Abs. 3 abgelehnt hat.

(2) Der Erlass ist nur wirksam, wenn die Erklärung des Gastes schriftlich erteilt ist und wenn sie keine anderen Bestimmungen enthält.

第七百零二条之一　[责任之免除]

Ⅰ ¹旅店主人之责任，逾第七百零二条第一款所定之最高额者，始得预先免除之。²纵有该情形，如丧失、毁灭或损坏系因旅店主人或其使用人之故意或重大过失所致，或系关于旅店主人违反第七百零二条第三款规定拒绝承担保管之物者，其责任仍不得免除。

Ⅱ 责任之免除，以客人之表示以书面为之，且其表示未有其他制定者，始生效力。

§703　Erlöschen des Schadensersatzanspruchs

Der dem Gast auf Grund der §§701, 702 zustehende Anspruch erlischt, wenn nicht der Gast unverzüglich, nachdem er von dem Verlust, der Zerstörung oder der Beschädigung Kenntnis erlangt hat, dem Gastwirt Anzeige macht. Dies gilt nicht, wenn die Sachen von dem Gastwirt zur Aufbewahrung übernommen waren oder wenn der Verlust, die Zerstörung oder die Beschädigung von ihm oder seinen Leuten verschuldet ist.

第七百零三条　[损害赔偿请求权之消灭]

¹客人未于知悉丧失、毁灭或损坏后，即时通知旅店主人者，其依第七百零一条及第七百零二条规定享有之请求权消灭。²物品经旅店主人承担保管，或丧失、毁灭或损坏系因旅店主人或其使用人之可归责事由所致者，不适用之。

§704　Pfandrecht des Gastwirts

Der Gastwirt hat für seine Forderungen für Wohnung und andere dem Gast zur Befriedigung seiner Bedürfnisse gewährte Leistungen, mit Einschluss der Auslagen, ein

Pfandrecht an den eingebrachten Sachen des Gastes. Die für das Pfandrecht des Vermieters geltenden Vorschriften des §562 Abs. 1 Satz 2 und der §§562a bis 562d finden entsprechende Anwendung.

第七百零四条　[旅店主人之质权]
[1]旅店主人就其提供住宿及其他为满足客人需求所提供之给付并其垫款之债权，对客人携带之物品，享有质权。[2]第五百六十二条第一款第二段，及第五百六十二条之一至第五百六十二条之四关于使用出租人质权之规定，准用之。

Titel 16 Gesellschaft
第十六节　合　伙

§705 Inhalt des Gesellschaftsvertrags

Durch den Gesellschaftsvertrag verpflichten sich die Gesellschafter gegenseitig, die Erreichung eines gemeinsamen Zweckes in der durch den Vertrag bestimmten Weise zu fördern, insbesondere die vereinbarten Beiträge zu leisten.

第七百零五条　[合伙契约之内容]
因合伙契约，合伙人为达成共同之目的，相互间负有依契约所定之方法，即如约定出资之义务。

§706 Beiträge der Gesellschafter

(1) Die Gesellschafter haben in Ermangelung einer anderen Vereinbarung gleiche Beiträge zu leisten.
(2) Sind vertretbare oder verbrauchbare Sachen beizutragen, so ist im Zweifel anzunehmen, dass sie gemeinschaftliches Eigentum der Gesellschafter werden sollen. Das Gleiche gilt von nicht vertretbaren und nicht verbrauchbaren Sachen, wenn sie nach einer Schätzung beizutragen sind, die nicht bloß für die Gewinnverteilung bestimmt ist.
(3) Der Beitrag eines Gesellschafters kann auch in der Leistung von Diensten bestehen.

第七百零六条 [合伙人之出资]

Ⅰ 各合伙人如无其他约定，应为相同之出资。

Ⅱ ¹以代替物或消费物为出资者，有疑义时，应认为其出资为合伙人共同共有。²不代替物或非消费物系按估价而为出资，且其估价非仅在决定利益之分配者，亦同。

Ⅲ 合伙人之出资，亦得为劳务之给付。

§707 Erhöhung des vereinbarten Beitrags

Zur Erhöhung des vereinbarten Beitrags oder zur Ergänzung der durch Verlust verminderten Einlage ist ein Gesellschafter nicht verpflichtet.

第七百零七条 [约定出资之提高]

合伙人无提高约定之出资或补充因亏损而减少之资金之义务。

§708 Haftung der Gesellschafter

Ein Gesellschafter hat bei der Erfüllung der ihm obliegenden Verpflichtungen nur für diejenige Sorgfalt einzustehen, welche er in eigenen Angelegenheiten anzuwenden pflegt.

第七百零八条 [合伙人之责任]

合伙人履行其所负担之义务时，仅就与处理自己事务为同一注意，负其责任。

§709 Gemeinschaftliche Geschäftsführung

(1) Die Führung der Geschäfte der Gesellschaft steht den Gesellschaftern gemeinschaftlich zu; für jedes Geschäft ist die Zustimmung aller Gesellschafter erforderlich.

(2) Hat nach dem Gesellschaftsvertrag die Mehrheit der Stimmen zu entscheiden, so ist die Mehrheit im Zweifel nach der Zahl der Gesellschafter zu berechnen.

第七百零九条 [共同执行事务]

Ⅰ 合伙事务之执行，由合伙人全体共同为之；就每一事务，应经合伙人全体之同意。

Ⅱ 依合伙契约，应按表决权之多数决定者，有疑义时，其多数之计算，按合伙人之人数定之。

§710 Übertragung der Geschäftsführung

Ist in dem Gesellschaftsvertrag die Führung der Geschäfte einem Gesellschafter oder mehreren Gesellschaftern übertragen, so sind die übrigen Gesellschafter von der Geschäftsführung ausgeschlossen. Ist die Geschäftsführung mehreren Gesellschaftern übertragen, so finden die Vorschriften des §709 entsprechende Anwendung.

第七百一十条　[执行事务之托付]
¹于合伙契约中，事务之执行托付于合伙人中之一人或数人者，其他合伙人不得参与事务之执行。²事务之执行交托于合伙人中之数人者，准用第七百零九条规定。

§711 Widerspruchsrecht

Steht nach dem Gesellschaftsvertrag die Führung der Geschäfte allen oder mehreren Gesellschaftern in der Art zu, dass jeder allein zu handeln berechtigt ist, so kann jeder der Vornahme eines Geschäfts durch den anderen widersprechen. Im Falle des Widerspruchs muss das Geschäft unterbleiben.

第七百一十一条　[异议权]
¹依合伙契约，事务之执行属于合伙人全体或其中数人，且各得单独为之者，任一合伙人对于他人之执行事务，得为异议。²于有异议之情事，应停止其事务。

§712 Entziehung und Kündigung der Geschäftsführung

(1) Die einem Gesellschafter durch den Gesellschaftsvertrag übertragene Befugnis zur Geschäftsführung kann ihm durch einstimmigen Beschluss oder, falls nach dem Gesellschaftsvertrag die Mehrheit der Stimmen entscheidet, durch Mehrheitsbeschluss der übrigen Gesellschafter entzogen werden, wenn ein wichtiger Grund vorliegt; ein solcher Grund ist insbesondere grobe Pflichtverletzung oder

Unfähigkeit zur ordnungsmäßigen Geschäftsführung.
(2) Der Gesellschafter kann auch seinerseits die Geschäftsführung kündigen, wenn ein wichtiger Grund vorliegt; die für den Auftrag geltende Vorschrift des §671 Abs. 2, 3 findet entsprechende Anwendung.

第七百一十二条 [执行事务之剥夺及终止]

I 依合伙契约交托于一合伙人之执行事务权限，遇有重大事由时，得依其他合伙人一致之决议剥夺之，其依合伙契约应按多数表决权决定者，依其他合伙人之多数决剥夺之；严重违反义务或缺乏通常执行事务之能力，即为重大事由。

II 遇有重大事由时，合伙人亦得自行终止执行事务；第六百七十一条第二款及第三款关于委任之规定，准用之。

§713 Rechte und Pflichten der geschäftsführenden Gesellschafter

Die Rechte und Verpflichtungen der geschäftsführenden Gesellschafter bestimmen sich nach den für den Auftrag geltenden Vorschriften der §§664 bis 670, soweit sich nicht aus dem Gesellschaftsverhältnis ein anderes ergibt.

第七百一十三条 [执行事务合伙人之权利及义务]

执行事务合伙人之权利及义务，除依合伙关系另有规定者外，依第六百六十四条至第六百七十条关于委任之规定。

§714 Vertretungsmacht

Soweit einem Gesellschafter nach dem Gesellschaftsvertrag die Befugnis zur Geschäftsführung zusteht, ist er im Zweifel auch ermächtigt, die anderen Gesellschafter Dritten gegenüber zu vertreten.

第七百一十四条 [代理权]

依合伙契约，合伙人中之一人享有执行事务权限者，有疑义时，对第三人亦有代理其他合伙人之权限。

§715 Entziehung der Vertretungsmacht

Ist im Gesellschaftsvertrag ein Gesellschafter ermächtigt, die anderen Gesellschafter Dritten gegenüber zu vertreten, so kann die Vertretungsmacht nur nach Maßgabe des §712 Abs. 1 und, wenn sie in Verbindung mit der Befugnis zur Geschäftsführung erteilt worden ist, nur mit dieser entzogen werden.

第七百一十五条 [代理权之剥夺]
于合伙契约，一合伙人经授权得对第三人代理其他合伙人者，其代理权仅得依第七百一十二条第一款规定剥夺之；代理权与执行事务权限结合而为授予者，仅得与执行事务权限一并剥夺之。

§716 Kontrollrecht der Gesellschafter

(1) Ein Gesellschafter kann, auch wenn er von der Geschäftsführung ausgeschlossen ist, sich von den Angelegenheiten der Gesellschaft persönlich unterrichten, die Geschäftsbücher und die Papiere der Gesellschaft einsehen und sich aus ihnen eine Übersicht über den Stand des Gesellschaftsvermögens anfertigen.

(2) Eine dieses Recht ausschließende oder beschränkende Vereinbarung steht der Geltendmachung des Rechtes nicht entgegen, wenn Grund zu der Annahme unredlicher Geschäftsführung besteht.

第七百一十六条 [合伙人之监督权]
Ⅰ 合伙人纵不得执行事务，仍得自行获悉合伙事务、查阅合伙账簿及合伙文书，并得依该文件制作合伙财产状况之一览表。
Ⅱ 排除或限制前项权利之约定，于有足认执行合伙事务不符诚信之事由时，不得对抗该权利之行使。

§717 Nichtübertragbarkeit der Gesellschafterrechte

Die Ansprüche, die den Gesellschaftern aus dem Gesellschaftsverhältnis gegeneinander zustehen, sind nicht übertragbar. Ausgenommen sind die einem Gesellschafter aus seiner Geschäftsführung zustehenden Ansprüche, soweit deren Befriedigung vor der Auseinandersetzung verlangt werden kann, sowie die Ansprüche auf einen Gewinnanteil oder auf dasjenige, was dem Gesellschafter bei der Auseinandersetzung zukommt.

第七百一十七条　[合伙权之不可让与性]
¹合伙人因合伙关系而相互享有之请求权，不得让与。²合伙人中之一人因执行事务而享有之请求权，如其清偿得于清算前请求者，排除适用前段规定；利益分配请求权或该合伙人于合伙清算时所取得之请求权，亦同。

§718　Gesellschaftsvermögen

(1) Die Beiträge der Gesellschafter und die durch die Geschäftsführung für die Gesellschaft erworbenen Gegenstände werden gemeinschaftliches Vermögen der Gesellschafter (Gesellschaftsvermögen).
(2) Zu dem Gesellschaftsvermögen gehört auch, was auf Grund eines zu dem Gesellschaftsvermögen gehörenden Rechts oder als Ersatz für die Zerstörung, Beschädigung oder Entziehung eines zu dem Gesellschaftsvermögen gehörenden Gegenstands erworben wird.

第七百一十八条　[合伙财产]
Ⅰ 合伙人之出资及因执行事务而为合伙所取得之标的，成为合伙人之共同财产（合伙财产）。
Ⅱ 基于合伙财产之权利而有所取得，或就合伙财产标的之灭失、毁损或剥夺而取得之赔偿，亦属于合伙财产。

§719　Gesamthänderische Bindung

(1) Ein Gesellschafter kann nicht über seinen Anteil an dem Gesellschaftsvermögen und an den einzelnen dazu gehörenden Gegenständen verfügen; er ist nicht berechtigt, Teilung zu verlangen.
(2) Gegen eine Forderung, die zum Gesellschaftsvermögen gehört, kann der Schuldner nicht eine ihm gegen einen einzelnen Gesellschafter zustehende Forderung aufrechnen.

第七百一十九条　[共同共有之拘束]
Ⅰ 合伙人就其对合伙财产之份额，及对属于合伙财产之个别标的之份额，不得处分之；合伙人不得请求分割。

Ⅱ 对属于合伙财产之债权，债务人不得以其对于任一合伙人之债权，主张抵销。

§720 Schutz des gutgläubigen Schuldners

Die Zugehörigkeit einer nach §718 Abs. 1 erworbenen Forderung zum Gesellschaftsvermögen hat der Schuldner erst dann gegen sich gelten zu lassen, wenn er von der Zugehörigkeit Kenntnis erlangt; die Vorschriften der §§406 bis 408 finden entsprechende Anwendung.

第七百二十条 [善意债务人之保护]
依第七百一十八条第一款规定所取得之债权，债务人仅于知悉其归属于合伙财产时，该归属始有对抗债务人之效力；第四百零六条至第四百零八条规定，准用之。

§721 Gewinn- und Verlustverteilung

(1) Ein Gesellschafter kann den Rechnungsabschluss und die Verteilung des Gewinns und Verlustes erst nach der Auflösung der Gesellschaft verlangen.

(2) Ist die Gesellschaft von längerer Dauer, so hat der Rechnungsabschluss und die Gewinnverteilung im Zweifel am Schluss jedes Geschäftsjahrs zu erfolgen.

第七百二十一条 [损益分配]
Ⅰ 合伙人仅于合伙解散后，始得请求决算及损益之分配。
Ⅱ 合伙有较长存续期间者，有疑义时，其决算及利益分配，应于每届事务年度终了为之。

§722 Anteile am Gewinn und Verlust

(1) Sind die Anteile der Gesellschafter am Gewinn und Verlust nicht bestimmt, so hat jeder Gesellschafter ohne Rücksicht auf die Art und die Größe seines Beitrags einen gleichen Anteil am Gewinn und Verlust.

(2) Ist nur der Anteil am Gewinn oder am Verlust bestimmt, so gilt die Bestimmung im Zweifel für Gewinn und Verlust.

第七百二十二条 [损益份额]

Ⅰ 合伙人分配损益之份额未经制定者，各合伙人不问其出资之种类及数额，就损益之分配，有均等之成数。

Ⅱ 仅就利益或损失制定份额者，有疑义时，该制定适用于利益及损失。

§723 Kündigung durch Gesellschafter

(1) Ist die Gesellschaft nicht für eine bestimmte Zeit eingegangen, so kann jeder Gesellschafter sie jederzeit kündigen. Ist eine Zeitdauer bestimmt, so ist die Kündigung vor dem Ablauf der Zeit zulässig, wenn ein wichtiger Grund vorliegt. Ein wichtiger Grund liegt insbesondere vor,

1. wenn ein anderer Gesellschafter eine ihm nach dem Gesellschaftsvertrag obliegende wesentliche Verpflichtung vorsätzlich oder aus grober Fahrlässigkeit verletzt hat oder wenn die Erfüllung einer solchen Verpflichtung unmöglich wird,

2. wenn der Gesellschafter das 18. Lebensjahr vollendet hat.

Der volljährig Gewordene kann die Kündigung nach Nummer 2 nur binnen drei Monaten von dem Zeitpunkt an erklären, in welchem er von seiner Gesellschafterstellung Kenntnis hatte oder haben musste. Das Kündigungsrecht besteht nicht, wenn der Gesellschafter bezüglich des Gegenstands der Gesellschaft zum selbständigen Betrieb eines Erwerbsgeschäfts gemäß §112 ermächtigt war oder der Zweck der Gesellschaft allein der Befriedigung seiner persönlichen Bedürfnisse diente. Unter den gleichen Voraussetzungen ist, wenn eine Kündigungsfrist bestimmt ist, die Kündigung ohne Einhaltung der Frist zulässig.

(2) Die Kündigung darf nicht zur Unzeit geschehen, es sei denn, dass ein wichtiger Grund für die unzeitige Kündigung vorliegt. Kündigt ein Gesellschafter ohne solchen Grund zur Unzeit, so hat er den übrigen Gesellschaftern den daraus entstehenden Schaden zu ersetzen.

(3) Eine Vereinbarung, durch welche das Kündigungsrecht ausgeschlossen oder diesen Vorschriften zuwider beschränkt wird, ist nichtig.

第七百二十三条 [合伙人之终止]

Ⅰ [1]合伙非为一定期间制定者，各合伙人得随时终止之。[2]订有存续期间者，有重大事由时，得于时期届满前终止之。[3]重大事由即如为下列情事：

1. 另一合伙人因故意或重大过失违反其依合伙契约所负之重要义务，或该义务不能履行者。

2. 合伙人满十八岁者。
⁴该成年人仅得自明知或可得而知其合伙人地位时起三个月内，依第二项规定终止之。⁵该合伙人就有关合伙之标的，依第一百一十二条规定授权独立营业，或合伙之目的专为满足其个人需要者，无终止权。⁶定有终止期限者，于相同要件时，终止得不按期限为之。
Ⅱ ¹终止不得于不适当之时期为之。但就于不适当时期终止有重大事由者，不在此限。²合伙人无该重大事由而于不适当时期终止者，应赔偿其他合伙人因此所生之损害。
Ⅲ 约定排除终止权或违反本条规定而限制之者，其约定无效。

§724 Kündigung bei Gesellschaft auf Lebenszeit oder fortgesetzter Gesellschaft

Ist eine Gesellschaft für die Lebenszeit eines Gesellschafters eingegangen, so kann sie in gleicher Weise gekündigt werden wie eine für unbestimmte Zeit eingegangene Gesellschaft. Dasselbe gilt, wenn eine Gesellschaft nach dem Ablauf der bestimmten Zeit stillschweigend fortgesetzt wird.

第七百二十四条　[终身合伙或继续合伙之终止]
¹合伙系就合伙人中一人之终身而制定者，得以与非为一定期间所制定合伙之相同方式，终止之。²合伙于所定时期届满后，默示继续之者，亦同。

§725 Kündigung durch Pfändungspfandgläubiger

(1) Hat ein Gläubiger eines Gesellschafters die Pfändung des Anteils des Gesellschafters an dem Gesellschaftsvermögen erwirkt, so kann er die Gesellschaft ohne Einhaltung einer Kündigungsfrist kündigen, sofern der Schuldtitel nicht bloß vorläufig vollstreckbar ist.
(2) Solange die Gesellschaft besteht, kann der Gläubiger die sich aus dem Gesellschaftsverhältnis ergebenden Rechte des Gesellschafters, mit Ausnahme des Anspruchs auf einen Gewinnanteil, nicht geltend machen.

第七百二十五条　[质权扣押之债权人之终止]
Ⅰ 合伙人中一人之债权人，对该合伙人就合伙财产之份额实施扣押时，以其债权凭证非仅得为假执行者为限,该债权人得不依终止期间而终止合伙。

Ⅱ 于合伙存续时期内,债权人不得主张合伙人基于合伙关系而生之权利,但利益分配请求权,不在此限。

§726 Auflösung wegen Erreichens oder Unmöglichwerdens des Zweckes

Die Gesellschaft endigt, wenn der vereinbarte Zweck erreicht oder dessen Erreichung unmöglich geworden ist.

第七百二十六条　[因目的达成或不能达成而解散]
约定之目的已达成或不能达成者,合伙即告终了。

§727 Auflösung durch Tod eines Gesellschafters

(1) Die Gesellschaft wird durch den Tod eines der Gesellschafter aufgelöst, sofern nicht aus dem Gesellschaftsvertrag sich ein anderes ergibt.
(2) Im Falle der Auflösung hat der Erbe des verstorbenen Gesellschafters den Übrigen Gesellschaftern den Tod unverzüglich anzuzeigen und, wenn mit dem Aufschub Gefahr verbunden ist, die seinem Erblasser durch den Gesellschaftsvertrag übertragenen Geschäfte fortzuführen, bis die übrigen Gesellschafter in Gemeinschaft mit ihm anderweit Fürsorge treffen können. Die übrigen Gesellschafter sind in gleicher Weise zur einstweiligen Fortführung der ihnen übertragenen Geschäfte verpflichtet. Die Gesellschaft gilt insoweit als fortbestehend.

第七百二十七条　[因合伙人中一人死亡而解散]
Ⅰ 合伙因合伙人中一人之死亡而解散。但合伙契约另有制定者,不在此限。
Ⅱ [1]于解散之情形,死亡合伙人之继承人应即时将死亡通知其他合伙人,且迟延将生危险者,于其他合伙人能与继承人共同另为处置前,该继承人应继续处理被继承人依合伙契约所受任之事务。[2]其他合伙人负以相同方式,暂时继续处理其所受任事务之义务。[3]于此限度内,合伙视为存续。

§728 Auflösung durch Insolvenz der Gesellschaft oder eines Gesellschafters

(1) Die Gesellschaft wird durch die Eröffnung des Insolvenzverfahrens über das Vermögen der Gesellschaft aufgelöst. Wird das Verfahren auf Antrag des Schuldners eingestellt oder nach der Bestätigung eines Insolvenzplans, der den Fortbestand der Gesellschaft vorsieht, aufgehoben, so können die Gesellschafter die Fortsetzung der Gesellschaft beschließen.

(2) Die Gesellschaft wird durch die Eröffnung des Insolvenzverfahrens über das Vermögen eines Gesellschafters aufgelöst. Die Vorschrift des §727 Abs. 2 Satz 2, 3 findet Anwendung.

第七百二十八条 [因合伙或合伙人中一人破产而解散]

Ⅰ ¹合伙，因合伙财产开始破产程序而解散。²破产程序因债务人申请而停止，或规定合伙继续存在之破产方案经认可而废止者，合伙人得决议继续合伙。

Ⅱ ¹合伙，因对合伙人中一人之财产开始破产程序而解散。²第七百二十七条第二款第二段及第三段规定，适用之。

§729 Fortdauer der Geschäftsführungsbefugnis

Wird die Gesellschaft aufgelöst, so gilt die Befugnis eines Gesellschafters zur Geschäftsführung zu seinen Gunsten gleichwohl als fortbestehend, bis er von der Auflösung Kenntnis erlangt oder die Auflösung kennen muss. Das Gleiche gilt bei Fortbestand der Gesellschaft für die Befugnis zur Geschäftsführung eines aus der Gesellschaft ausscheidenden Gesellschafters oder für ihren Verlust in sonstiger Weise.

第七百二十九条 [执行事务权限之存续]

¹合伙解散者，合伙人执行事务之权限，于其明知或可得而知解散前，为该合伙人之利益，仍视为存续。²合伙继续存在时，就退伙合伙人之执行事务权限，或以其他方式丧失执行事务权限者，亦同。

§730 Auseinandersetzung; Geschäftsführung

(1) Nach der Auflösung der Gesellschaft findet in Ansehung des Gesellschaftsvermögens die Auseinandersetzung unter den Gesellschaftern statt, sofern nicht über das Vermögen der Gesellschaft das Insolvenzverfahren eröffnet ist.

(2) Für die Beendigung der schwebenden Geschäfte, für die dazu erforderliche Eingehung neuer Geschäfte sowie für die Erhaltung und Verwaltung des Gesellschaftsvermögens gilt die Gesellschaft als fortbestehend, soweit der Zweck der Auseinandersetzung es erfordert. Die einem Gesellschafter nach dem Gesellschaftsvertrag zustehende Befugnis zur Geschäftsführung erlischt jedoch, wenn nicht aus dem Vertrag sich ein anderes ergibt, mit der Auflösung der Gesellschaft; die Geschäftsführung steht von der Auflösung an allen Gesellschaftern gemeinschaftlich zu.

第七百三十条　[清算；执行事务]

Ⅰ 合伙解散后，关于合伙财产，在合伙人间开始清算。但合伙财产已开始破产程序者，不在此限。

Ⅱ ¹为了结现务、为因此所须从事之新事务，与为保存及管理合伙财产，在清算目的所必要之范围内，合伙视为存续。²但依合伙契约归属于合伙人中一人之执行事务权限，除契约另有制定外，因合伙之解散而消灭；自解散时起，执行事务由合伙人全体共同为之。

§731 Verfahren bei Auseinandersetzung

Die Auseinandersetzung erfolgt in Ermangelung einer anderen Vereinbarung in Gemäßheit der §§732 bis 735. Im Übrigen gelten für die Teilung die Vorschriften über die Gemeinschaft.

第七百三十一条　[清算时之程序]

¹清算，无另有合意者，依第七百三十二条至第七百三十五条规定为之。²于其他情事，关于分割，适用共同关系之规定。

§732 Rückgabe von Gegenständen

Gegenstände, die ein Gesellschafter der Gesellschaft zur Benutzung überlassen hat, sind ihm zurückzugeben. Für einen durch Zufall in Abgang gekommenen oder verschlechterten Gegenstand kann er nicht Ersatz verlangen.

第七百三十二条　[标的物之返还]
¹合伙人中之一人交付供合伙使用之标的物，应返还于该合伙人。²该合伙人，就因事变而灭失或毁损之标的物，不得请求赔偿。

§733 Berichtigung der Gesellschaftsschulden; Erstattung der Einlagen

(1) Aus dem Gesellschaftsvermögen sind zunächst die gemeinschaftlichen Schulden mit Einschluss derjenigen zu berichtigen, welche den Gläubigern gegenüber unter den Gesellschaftern geteilt sind oder für welche einem Gesellschafter die übrigen Gesellschafter als Schuldner haften. Ist eine Schuld noch nicht fällig oder ist sie streitig, so ist das zur Berichtigung Erforderliche zurückzubehalten.

(2) Aus dem nach der Berichtigung der Schulden übrig bleibenden Gesellschaftsvermögen sind die Einlagen zurückzuerstatten. Für Einlagen, die nicht in Geld bestanden haben, ist der Wert zu ersetzen, den sie zur Zeit der Einbringung gehabt haben. Für Einlagen, die in der Leistung von Diensten oder in der Überlassung der Benutzung eines Gegenstands bestanden haben, kann nicht Ersatz verlangt werden.

(3) Zur Berichtigung der Schulden und zur Rückerstattung der Einlagen ist das Gesellschaftsvermögen, soweit erforderlich, in Geld umzusetzen.

第七百三十三条　[合伙债务之清偿；出资之返还]
Ⅰ ¹合伙财产应先清偿共同债务，及合伙人间对债权人分担之债务，或其他合伙人对合伙人中之一人以债务人负责之债务。²债务未届满清偿期，或债务在诉讼中者，有清偿必要时，应予保留。
Ⅱ ¹债务清偿后，该剩余之合伙财产应返还出资。²对非以金钱之出资，应返还其于出资时所存之价值。³对以提供劳务或以供给标的物之使用而为之出资，不得请求返还。

Ⅲ 为清偿债务及返还出资，有必要时，合伙财产应转换为金钱。

§734 Verteilung des Überschusses

Verbleibt nach der Berichtigung der gemeinschaftlichen Schulden und der Rückerstattung der Einlagen ein Überschuss, so gebührt er den Gesellschaftern nach dem Verhältnis ihrer Anteile am Gewinn.

第七百三十四条　[剩余财产之分配]
清偿共同债务及返还出资后，尚有剩余者，按合伙人应受分配利益之成数，分配于合伙人。

§735 Nachschusspflicht bei Verlust

Reicht das Gesellschaftsvermögen zur Berichtigung der gemeinschaftlichen Schulden und zur Rückerstattung der Einlagen nicht aus, so haben die Gesellschafter für den Fehlbetrag nach dem Verhältnis aufzukommen, nach welchem sie den Verlust zu tragen haben. Kann von einem Gesellschafter der auf ihn entfallende Beitrag nicht erlangt werden, so haben die übrigen Gesellschafter den Ausfall nach dem gleichen Verhältnis zu tragen.

第七百三十五条　[亏损时之填补义务]
^{1}合伙财产不足清偿共同债务及返还出资者，合伙人应按损失分担之比例，填补其不足额。^{2}不能从合伙人中之一人取得其所负担之数额者，其他合伙人应按相同比例，分担其不足部分。

§736 Ausscheiden eines Gesellschafters, Nachhaftung

(1) Ist im Gesellschaftsvertrag bestimmt, dass, wenn ein Gesellschafter kündigt oder stirbt oder wenn das Insolvenzverfahren über sein Vermögen eröffnet wird, die Gesellschaft unter den übrigen Gesellschaftern fortbestehen soll, so scheidet bei dem Eintritt eines solchen Ereignisses der Gesellschafter, in dessen Person es eintritt, aus der Gesellschaft aus.

(2) Die für Personenhandelsgesellschaften geltenden Regelungen über die Begrenzung der Nachhaftung gelten sinngemäß.

第七百三十六条 [合伙人中一人之退伙；后续责任]

Ⅰ 合伙契约制定，合伙人中之一人终止契约或死亡，或就其财产开始破产程序时，合伙仍应于其他合伙人间存续者，合伙人发生前述情事之一时，该合伙人退出合伙。

Ⅱ 人合商事合伙所适用后续责任限制之规定，准用之。

§737 Ausschluss eines Gesellschafters

Ist im Gesellschaftsvertrag bestimmt, dass, wenn ein Gesellschafter kündigt, die Gesellschaft unter den übrigen Gesellschaftern fortbestehen soll, so kann ein Gesellschafter, in dessen Person ein die übrigen Gesellschafter nach §723 Abs. 1 Satz 2 zur Kündigung berechtigender Umstand eintritt, aus der Gesellschaft ausgeschlossen werden. Das Ausschließungsrecht steht den übrigen Gesellschaftern gemeinschaftlich zu. Die Ausschließung erfolgt durch Erklärung gegenüber dem auszuschließenden Gesellschafter.

第七百三十七条 [合伙人中一人之开除]

[1]合伙契约制定，合伙人中之一人终止契约时，合伙仍应于其他合伙人间存续者，合伙人中之一人有发生使其他合伙人得依第七百二十三条第一款第二段规定终止之情事时，该合伙人得自合伙开除之。[2]开除权，属于其他合伙人全体。[3]开除，向被开除之合伙人以表示为之。

§738 Auseinandersetzung beim Ausscheiden

(1) Scheidet ein Gesellschafter aus der Gesellschaft aus, so wächst sein Anteil am Gesellschaftsvermögen den übrigen Gesellschaftern zu. Diese sind verpflichtet, dem Ausscheidenden die Gegenstände, die er der Gesellschaft zur Benutzung überlassen hat, nach Maßgabe des §732 zurückzugeben, ihn von den gemeinschaftlichen Schulden zu befreien und ihm dasjenige zu zahlen, was er bei der Auseinandersetzung erhalten würde, wenn die Gesellschaft zur Zeit seines Ausscheidens aufgelöst worden wäre. Sind gemeinschaftliche Schulden noch nicht fällig, so können die übrigen Gesellschafter dem Ausscheidenden, statt ihn zu befreien, Sicherheit leisten.

(2) Der Wert des Gesellschaftsvermögens ist, soweit erforderlich, im Wege der Schätzung zu ermitteln.

第七百三十八条 [退伙时之结算]

Ⅰ ¹合伙人中之一人退伙时，其对合伙财产之份额，归属于其他合伙人。²其他合伙人负有义务，将退伙人交付供合伙利用之标的物，依第七百三十二条规定返还该退伙人，并使其免除共同债务之负担，且该合伙如于其退伙时解散，应将该退伙人因结算所应取得者，支付于该退伙人。³共同债务未届清偿期者，其他合伙人得对退伙人提供担保，以代免除其所负担之债务。

Ⅱ 合伙财产之价值，有必要时，应按估价方法定之。

§739 Haftung für Fehlbetrag

Reicht der Wert des Gesellschaftsvermögens zur Deckung der gemeinschaftlichen Schulden und der Einlagen nicht aus, so hat der Ausscheidende den übrigen Gesellschaftern für den Fehlbetrag nach dem Verhältnis seines Anteils am Verlust aufzukommen.

第七百三十九条 [对不足额之责任]

合伙财产之价额不足抵偿共同债务及出资者，退伙人应按其损失分担之比例，就该不足额对其他合伙人负其责任。

§740 Beteiligung am Ergebnis schwebender Geschäfte

(1) Der Ausgeschiedene nimmt an dem Gewinn und dem Verlust teil, welcher sich aus den zur Zeit seines Ausscheidens schwebenden Geschäften ergibt. Die übrigen Gesellschafter sind berechtigt, diese Geschäfte so zu beendigen, wie es ihnen am vorteilhaftesten erscheint.

(2) Der Ausgeschiedene kann am Schluss jedes Geschäftsjahrs Rechenschaft über die inzwischen beendigten Geschäfte, Auszahlung des ihm gebührenden Betrags und Auskunft über den Stand der noch schwebenden Geschäfte verlangen.

第七百四十条 [参与未了结事务之结果]

Ⅰ ¹退伙人就其退伙时尚未了结事务所生之利益及损失，参与分配及分担。²其他合伙人得以该可认为最有利于己之方法，了结事务。

Ⅱ 退伙人得于每营业年度终了时，请求报告关于该年度内已了结事务之颠末、支付应归属于己之金额及关于尚未了结事务状况之信息。

Titel 17　Gemeinschaft
第十七节　共同关系

§741　Gemeinschaft nach Bruchteilen

Steht ein Recht mehreren gemeinschaftlich zu, so finden, sofern sich nicht aus dem Gesetz ein anderes ergibt, die Vorschriften der §§742 bis 758 Anwendung (Gemeinschaft nach Bruchteilen).

第七百四十一条　[按份共同关系]
数人共同享有一权利时，除法律另有规定外，适用第七百四十二条至第七百五十八条规定（按份共同关系）。

§742　Gleiche Anteile

Im Zweifel ist anzunehmen, dass den Teilhabern gleiche Anteile zustehen.

第七百四十二条　[应有部分之均等]
有疑义时，应认为共同关系人享有均等之应有部分。

§743　Früchteanteil; Gebrauchsbefugnis

(1) Jedem Teilhaber gebührt ein seinem Anteil entsprechender Bruchteil der Früchte.
(2) Jeder Teilhaber ist zum Gebrauch des gemeinschaftlichen Gegenstands insoweit befugt, als nicht der Mitgebrauch der übrigen Teilhaber beeinträchtigt wird.

第七百四十三条　[孳息分派；使用权限]
Ⅰ 各共同关系人享有与其应有部分相当之部分孳息。
Ⅱ 各共同关系人，于不妨害其他共同关系人共同使用之限度内，有权使用共同关系之标的。

§744 Gemeinschaftliche Verwaltung

(1) Die Verwaltung des gemeinschaftlichen Gegenstands steht den Teilhabern gemeinschaftlich zu.
(2) Jeder Teilhaber ist berechtigt, die zur Erhaltung des Gegenstands notwendigen Maßregeln ohne Zustimmung der anderen Teilhaber zu treffen; er kann verlangen, dass diese ihre Einwilligung zu einer solchen Maßregel im Voraus erteilen.

第七百四十四条　[共同管理]
Ⅰ 共同关系标的之管理，由共同关系人全体共同为之。
Ⅱ 各共同关系人有权不经其他共同关系人之同意，采取保存标的之必要措施；各共同关系人得请求其他共同关系人对该措施预先允许。

§745 Verwaltung und Benutzung durch Beschluss

(1) Durch Stimmenmehrheit kann eine der Beschaffenheit des gemeinschaftlichen Gegenstands entsprechende ordnungsmäßige Verwaltung und Benutzung beschlossen werden. Die Stimmenmehrheit ist nach der Größe der Anteile zu berechnen.
(2) Jeder Teilhaber kann, sofern nicht die Verwaltung und Benutzung durch Vereinbarung oder durch Mehrheitsbeschluss geregelt ist, eine dem Interesse aller Teilhaber nach billigem Ermessen entsprechende Verwaltung und Benutzung verlangen.
(3) Eine wesentliche Veränderung des Gegenstands kann nicht beschlossen oder verlangt werden. Das Recht des einzelnen Teilhabers auf einen seinem Anteil entsprechenden Bruchteil der Nutzungen kann nicht ohne seine Zustimmung beeinträchtigt werden.

第七百四十五条　[因决议而为管理及利用]
Ⅰ [1]与共同关系标的性质相当之通常管理及利用，得以多数之同意定之。[2]多数之同意，应按应有部分之数额计算之。
Ⅱ 该管理及利用，未经约定或多数决规定者，各共同关系人得请求依公平衡量而符合全体共同关系人利益之管理及利用。
Ⅲ [1]标的之重大变更，不得决议或请求之。[2]各共同关系人之相当于其应有部分之部分收益权利，非经该共同关系人之同意，不得侵害之。

§746 Wirkung gegen Sondernachfolger

Haben die Teilhaber die Verwaltung und Benutzung des gemeinschaftlichen Gegenstands geregelt, so wirkt die getroffene Bestimmung auch für und gegen die Sondernachfolger.

第七百四十六条 [对特定继受人之效力]
共同关系人间对于共同关系标的之管理及利用有所制定者，该规定对于特定继受人，为其利益及不利益，亦生效力。

§747 Verfügung über Anteil und gemeinschaftliche Gegenstände

Jeder Teilhaber kann über seinen Anteil verfügen. Über den gemeinschaftlichen Gegenstand im Ganzen können die Teilhaber nur gemeinschaftlich verfügen.

第七百四十七条 [对应有部分及共同关系标的之处分]
[1]各共同关系人得处分其应有部分。[2]对于共同关系标的之全部，仅得由共同关系人共同处分之。

§748 Lasten- und Kostentragung

Jeder Teilhaber ist den anderen Teilhabern gegenüber verpflichtet, die Lasten des gemeinschaftlichen Gegenstands sowie die Kosten der Erhaltung, der Verwaltung und einer gemeinschaftlichen Benutzung nach dem Verhältnis seines Anteils zu tragen.

第七百四十八条 [负担及费用之承担]
各共同关系人对其他共同关系人，负有按其应有部分之比例，承受共同关系标的之负担，与其保存、管理及共同利用费用义务。

§749 Aufhebungsanspruch

(1) Jeder Teilhaber kann jederzeit die Aufhebung der Gemeinschaft verlangen.
(2) Wird das Recht, die Aufhebung zu verlangen, durch Vereinbarung für immer oder

auf Zeit ausgeschlossen, so kann die Aufhebung gleichwohl verlangt werden, wenn ein wichtiger Grund vorliegt. Unter der gleichen Voraussetzung kann, wenn eine Kündigungsfrist bestimmt wird, die Aufhebung ohne Einhaltung der Frist verlangt werden.

(3) Eine Vereinbarung, durch welche das Recht, die Aufhebung zu verlangen, diesen Vorschriften zuwider ausgeschlossen oder beschränkt wird, ist nichtig.

第七百四十九条 [解消请求权]

Ⅰ 各共同关系人得随时请求解消共同关系。

Ⅱ ¹请求解消之权利,经合意而永久或于一定期间排除者,遇有重大事由时,仍得请求解消。²定有终止期间者,如符合同一要件,得不遵守该期间而请求解消。

Ⅲ 以合意排除或限制请求解消之权利,而违反前二项规定者,其合意无效。

§750 Ausschluss der Aufhebung im Todesfall

Haben die Teilhaber das Recht, die Aufhebung der Gemeinschaft zu verlangen, auf Zeit ausgeschlossen, so tritt die Vereinbarung im Zweifel mit dem Tod eines Teilhabers außer Kraft.

第七百五十条 [解消之排除于死亡时之效力]

共同关系人合意于一定期间排除请求解消共同关系之权利者,有疑义时,其合意因共同关系人中一人之死亡,而失其效力。

§751 Ausschluss der Aufhebung und Sondernachfolger

Haben die Teilhaber das Recht, die Aufhebung der Gemeinschaft zu verlangen, für immer oder auf Zeit ausgeschlossen oder eine Kündigungsfrist bestimmt, so wirkt die Vereinbarung auch für und gegen die Sondernachfolger. Hat ein Gläubiger die Pfändung des Anteils eines Teilhabers erwirkt, so kann er ohne Rücksicht auf die Vereinbarung die Aufhebung der Gemeinschaft verlangen, sofern der Schuldtitel nicht bloß vorläufig vollstreckbar ist.

第七百五十一条 [解消之排除与特定继受人]

¹共同关系人就请求解消共同关系之权利,永久或于一定期间予以排除,

或定有终止期间者，其合意对于特定继受人，为其利益及不利益，亦生效力。²债权人对于共同关系人中一人之应有部分实施扣押者，以其债权凭证非仅得为假执行时，债权人得不顾该合意而请求解消共同关系。

§752　Teilung in Natur

Die Aufhebung der Gemeinschaft erfolgt durch Teilung in Natur, wenn der gemeinschaftliche Gegenstand oder, falls mehrere Gegenstände gemeinschaftlich sind, diese sich ohne Verminderung des Wertes in gleichartige, den Anteilen der Teilhaber entsprechende Teile zerlegen lassen. Die Verteilung gleicher Teile unter die Teilhaber geschieht durch das Los.

第七百五十二条　[原物分割]
¹共同关系之标的或为数人所共有之数标的，分割为与共同关系人应有部分相当之同种部分时，如不因而减损其价额者，共同关系因原物分割而解消。²同等部分于共同关系人间之分配，以抽签定之。

§753　Teilung durch Verkauf

(1) Ist die Teilung in Natur ausgeschlossen, so erfolgt die Aufhebung der Gemeinschaft durch Verkauf des gemeinschaftlichen Gegenstands nach den Vorschriften über den Pfandverkauf, bei Grundstücken durch Zwangsversteigerung, und durch Teilung des Erlöses. Ist die Veräußerung an einen Dritten unstatthaft, so ist der Gegenstand unter den Teilhabern zu versteigern.

(2) Hat der Versuch, den Gegenstand zu verkaufen, keinen Erfolg, so kann jeder Teilhaber die Wiederholung verlangen; er hat jedoch die Kosten zu tragen, wenn der wiederholte Versuch misslingt.

第七百五十三条　[变卖分割]
Ⅰ ¹不能为原物分割者，共同关系因共同关系标的依变卖质物之规定经变卖而解消；于土地之情形，共同关系因该土地经强制拍卖且分配价金而解消。²标的不得让与第三人者，应在共同关系人间拍卖之。
Ⅱ 变卖标的之尝试无结果者，各共同关系人得请求再行变卖。但再行变卖之尝试仍无结果者，应由其负担费用。

§754 Verkauf gemeinschaftlicher Forderungen

Der Verkauf einer gemeinschaftlichen Forderung ist nur zulässig, wenn sie noch nicht eingezogen werden kann. Ist die Einziehung möglich, so kann jeder Teilhaber gemeinschaftliche Einziehung verlangen.

第七百五十四条 [共有债权之变卖]
¹共有债权之变卖，以尚未收取者为限，始得为之。²得为收取时，各共同关系人得请求共同收取。

§755 Berichtigung einer Gesamtschuld

(1) Haften die Teilhaber als Gesamtschuldner für eine Verbindlichkeit, die sie in Gemäßheit des §748 nach dem Verhältnis ihrer Anteile zu erfüllen haben oder die sie zum Zwecke der Erfüllung einer solchen Verbindlichkeit eingegangen sind, so kann jeder Teilhaber bei der Aufhebung der Gemeinschaft verlangen, dass die Schuld aus dem gemeinschaftlichen Gegenstand berichtigt wird.

(2) Der Anspruch kann auch gegen die Sondernachfolger geltend gemacht werden.

(3) Soweit zur Berichtigung der Schuld der Verkauf des gemeinschaftlichen Gegenstands erforderlich ist, hat der Verkauf nach §753 zu erfolgen.

第七百五十五条 [连带债务之清偿]
Ⅰ 共同关系人就债务应负连带清偿责任，而其债务应由共同关系人依第七百四十八条规定，按其应有部分履行，或系由共同关系人为履行该债务而负担者，各共同关系人于共同关系解消时，得请求就共同关系标的清偿债务。
Ⅱ 前项请求权，对于特定继受人，亦得主张之。
Ⅲ 为清偿债务而有变卖共同关系标的之必要时，其变卖应依第七百五十三条规定为之。

§756 Berichtigung einer Teilhaberschuld

Hat ein Teilhaber gegen einen anderen Teilhaber eine Forderung, die sich auf die Gemeinschaft gründet, so kann er bei der Aufhebung der Gemeinschaft die

Berichtigung seiner Forderung aus dem auf den Schuldner entfallenden Teil des gemeinschaftlichen Gegenstands verlangen. Die Vorschriften des §755 Abs. 2, 3 finden Anwendung.

第七百五十六条　[共同关系人中一人债务之清偿]
¹共同关系人中之一人对另一共同关系人享有基于共同关系而生之债权者，于共同关系解消时，得请求以共有标的中属于该债务人之部分，清偿其债权。²第七百五十五条第二款及第三款规定，适用之。

§757　Gewährleistung bei Zuteilung an einen Teilhaber

Wird bei der Aufhebung der Gemeinschaft ein gemeinschaftlicher Gegenstand einem der Teilhaber zugeteilt, so hat wegen eines Mangels im Recht oder wegen eines Mangels der Sache jeder der übrigen Teilhaber zu seinem Anteil in gleicher Weise wie ein Verkäufer Gewähr zu leisten.

第七百五十七条　[分配于共同关系中之一人时之担保责任]
共同关系解消时，以共同关系标的分配于共同关系中之一人者，各其他共同关系人就权利之瑕疵或物之瑕疵，应按其应有部分负与出卖人同一之担保责任。

§758　Unverjährbarkeit des Aufhebungsanspruchs

Der Anspruch auf Aufhebung der Gemeinschaft unterliegt nicht der Verjährung.

第七百五十八条　[解消请求权之无时效性]
解消共同关系之请求权，不罹于时效。

Titel 18　Leibrente
第十八节　终身定期金

§759　Dauer und Betrag der Rente

(1) Wer zur Gewährung einer Leibrente verpflichtet ist, hat die Rente im Zweifel für

die Lebensdauer des Gläubigers zu entrichten.
(2) Der für die Rente bestimmte Betrag ist im Zweifel der Jahresbetrag der Rente.

第七百五十九条 [定期金之期间及数额]
Ⅰ 负给付终身定期金之义务者，有疑义时，应于债权人生存期限内支付之。
Ⅱ 就定期金所定之数额，有疑义时，为定期金之年度额。

§760 Vorauszahlung

(1) Die Leibrente ist im Voraus zu entrichten.
(2) Eine Geldrente ist für drei Monate vorauszuzahlen; bei einer anderen Rente bestimmt sich der Zeitabschnitt, für den sie im Voraus zu entrichten ist, nach der Beschaffenheit und dem Zweck der Rente.
(3) Hat der Gläubiger den Beginn des Zeitabschnitts erlebt, für den die Rente im Voraus zu entrichten ist, so gebührt ihm der volle auf den Zeitabschnitt entfallende Betrag.

第七百六十条 [预先支付]
Ⅰ 终身定期金应预先支付之。
Ⅱ 金钱定期金，应预先支付三个月之金额；其他定期金，其应预先支付之期间，按定期金之性质及目的定之。
Ⅲ 于该应预先支付定期金之期间开始时，债权人尚生存者，取得其于该期间内应得之全部金额。

§761 Form des Leibrentenversprechens

Zur Gültigkeit eines Vertrags, durch den eine Leibrente versprochen wird, ist, soweit nicht eine andere Form vorgeschrieben ist, schriftliche Erteilung des Versprechens erforderlich. Die Erteilung des Leibrentenversprechens in elektronischer Form ist ausgeschlossen, soweit das Versprechen der Gewährung familienrechtlichen Unterhalts dient.

第七百六十一条 [终身定期金约定之方式]
[1]以契约允为终身定期金之给付者，除有其他方式之规定外，为其契约之效力，以有允为给付之书面表示为必要。[2]允为终身定期金给付之表

示，不得以电子方式为之。但其允为给付之表示，系为给付亲属法规定之扶养费者，不在此限。

Titel 19
Unvollkommene Verbindlichkeiten
第十九节　不完全之债务

§762　Spiel, Wette

(1) Durch Spiel oder durch Wette wird eine Verbindlichkeit nicht begründet. Das auf Grund des Spieles oder der Wette Geleistete kann nicht deshalb zurückgefordert werden, weil eine Verbindlichkeit nicht bestanden hat.

(2) Diese Vorschriften gelten auch für eine Vereinbarung, durch die der verlierende Teil zum Zwecke der Erfüllung einer Spiel- oder einer Wettschuld dem gewinnenden Teil gegenüber eine Verbindlichkeit eingeht, insbesondere für ein Schuldanerkenntnis.

第七百六十二条　[博弈、赌博]

Ⅰ 因博弈或赌博，不生债务。基于博弈或赌博所为之给付，不得因债务不存在而请求返还。

Ⅱ 输家以履行博弈或赌博之债务为目的，而对赢家以合意负担债务者，亦适用前项规定，即如债务之承认。

§763　Lotterie- und Ausspielvertrag

Ein Lotterievertrag oder ein Ausspielvertrag ist verbindlich, wenn die Lotterie oder die Ausspielung staatlich genehmigt ist. Anderenfalls finden die Vorschriften des §762 Anwendung.

第七百六十三条　[乐透及抽奖契约]

[1]乐透或抽奖经政府许可者，其乐透或抽奖契约，有拘束力。[2]于其他情形，适用第七百六十二条规定。

§764 (weggefallen)

第七百六十四条 [删除]

Titel 20 Bürgschaft
第二十节 保 证

§765 Vertragstypische Pflichten bei der Bürgschaft

(1) Durch den Bürgschaftsvertrag verpflichtet sich der Bürge gegenüber dem Gläubiger eines Dritten, für die Erfüllung der Verbindlichkeit des Dritten einzustehen.

(2) Die Bürgschaft kann auch für eine künftige oder eine bedingte Verbindlichkeit übernommen werden.

第七百六十五条 [保证之契约典型义务]

Ⅰ 依保证契约，保证人对于第三人之债权人，就该第三人履行债务，负其责任。

Ⅱ 就将来或附条件之债务，亦得承担保证。

§766 Schriftform der Bürgschaftserklärung

Zur Gültigkeit des Bürgschaftsvertrags ist schriftliche Erteilung der Bürgschaftserklärung erforderlich. Die Erteilung der Bürgschaftserklärung in elektronischer Form ist ausgeschlossen. Soweit der Bürge die Hauptverbindlichkeit erfüllt, wird der Mangel der Form geheilt.

第七百六十六条 [保证表示之书面]

[1]为使保证契约有效，保证表示应以书面为之。[2]保证之表示，不得以电子方式为之。[3]保证人履行主债务者，方式之瑕疵即经补正。

§767 Umfang der Bürgschaftsschuld

(1)Für die Verpflichtung des Bürgen ist der jeweilige Bestand der Hauptverbindlichkeit maßgebend. Dies gilt insbesondere auch, wenn die Hauptverbindlichkeit durch Verschulden oder Verzug des Hauptschuldners geändert wird. Durch ein Rechtsgeschäft, das der Hauptschuldner nach der Übernahme der Bürgschaft vornimmt, wird die Verpflichtung des Bürgen nicht erweitert.

(2) Der Bürge haftet für die dem Gläubiger von dem Hauptschuldner zu ersetzenden Kosten der Kündigung und der Rechtsverfolgung.

第七百六十七条 [保证债务之范围]

Ⅰ ¹保证人之债务，以主债务现时之状况为准。²即如主债务因主债务人之可归责事由或迟延而变更者。³保证人之债务，不因保证经承担后主债务人所为之法律行为而扩张。

Ⅱ 就主债务人应偿还债权人之终止契约费用及法律诉追费用，保证人应负其责任。

§768 Einreden des Bürgen

(1) Der Bürge kann die dem Hauptschuldner zustehenden Einreden geltend machen. Stirbt der Hauptschuldner, so kann sich der Bürge nicht darauf berufen, dass der Erbe für die Verbindlichkeit nur beschränkt haftet.

(2) Der Bürge verliert eine Einrede nicht dadurch, dass der Hauptschuldner auf sie verzichtet.

第七百六十八条 [保证人之抗辩]

Ⅰ ¹保证人得主张属于主债务人之抗辩。²主债务人死亡时，保证人不得主张继承人仅就其债务负有限责任，而为抗辩。

Ⅱ 保证人不因主债务人抛弃抗辩，而失其抗辩。

§769 Mitbürgschaft

Verbürgen sich mehrere für dieselbe Verbindlichkeit, so haften sie als Gesamtschuldner, auch wenn sie die Bürgschaft nicht gemeinschaftlich übernehmen.

第七百六十九条 [共同保证]

数人保证同一债务者，虽非共同承担保证，亦应负连带债务人责任。

§770 Einreden der Anfechtbarkeit und der Aufrechenbarkeit

(1) Der Bürge kann die Befriedigung des Gläubigers verweigern, solange dem Hauptschuldner das Recht zusteht, das seiner Verbindlichkeit zugrunde liegende Rechtsgeschäft anzufechten.
(2) Die gleiche Befugnis hat der Bürge, solange sich der Gläubiger durch Aufrechnung gegen eine fällige Forderung des Hauptschuldners befriedigen kann.

第七百七十条 [得撤销性与得抵销性之抗辩]
Ⅰ 主债务人就其债务发生原因之法律行为享有撤销权者，保证人得拒绝向债权人为清偿。
Ⅱ 债权人得以抵销主债务人已到期之债权而受清偿者，保证人亦有相同之权限。

§771 Einrede der Vorausklage

Der Bürge kann die Befriedigung des Gläubigers verweigern, solange nicht der Gläubiger eine Zwangsvollstreckung gegen den Hauptschuldner ohne Erfolg versucht hat (Einrede der Vorausklage). Erhebt der Bürge die Einrede der Vorausklage, ist die Verjährung des Anspruchs des Gläubigers gegen den Bürgen gehemmt, bis der Gläubiger eine Zwangsvollstreckung gegen den Hauptschuldner ohne Erfolg versucht hat.

第七百七十一条 [先诉抗辩]
[1]保证人于债权人未对主债务人为强制执行而无效果前，得拒绝向债权人为清偿（先诉抗辩）。[2]保证人提出先诉抗辩者，债权人对于保证人请求权之消灭时效不完成，至债权人对主债务人为强制执行而无效果为止。

§772 Vollstreckungs- und Verwertungspflicht des Gläubigers

(1) Besteht die Bürgschaft für eine Geldforderung, so muss die Zwangsvollstreckung in die beweglichen Sachen des Hauptschuldners an seinem Wohnsitz und, wenn der Hauptschuldner an einem anderen Ort eine gewerbliche Niederlassung hat,

第八章 各种之债

auch an diesem Ort, in Ermangelung eines Wohnsitzes und einer gewerblichen Niederlassung an seinem Aufenthaltsort versucht werden.
(2) Steht dem Gläubiger ein Pfandrecht oder ein Zurückbehaltungsrecht an einer beweglichen Sache des Hauptschuldners zu, so muss er auch aus dieser Sache Befriedigung suchen. Steht dem Gläubiger ein solches Recht an der Sache auch für eine andere Forderung zu, so gilt dies nur, wenn beide Forderungen durch den Wert der Sache gedeckt werden.

第七百七十二条 [债权人之执行及变价义务]

Ⅰ 对金钱债权为保证者,强制执行应就主债务人之动产,于其住所为之,主债务人于其他地域有营业所者,并应于该地域为之,无住所及营业所者,应于其居所为之。

Ⅱ ¹债权人就主债务人之动产有质权或留置权者,亦应就其物取偿。²债权人对该物之权利,并为他债权而存在者,仅于该二债权得以其物之价额受偿者,始适用之。

§773 Ausschluss der Einrede der Vorausklage

(1) Die Einrede der Vorausklage ist ausgeschlossen:
 1. wenn der Bürge auf die Einrede verzichtet, insbesondere wenn er sich als Selbstschuldner verbürgt hat,
 2. wenn die Rechtsverfolgung gegen den Hauptschuldner infolge einer nach der Übernahme der Bürgschaft eingetretenen Änderung des Wohnsitzes, der gewerblichen Niederlassung oder des Aufenthaltsorts des Hauptschuldners wesentlich erschwert ist,
 3. wenn über das Vermögen des Hauptschuldners das Insolvenzverfahren eröffnet ist,
 4. wenn anzunehmen ist, dass die Zwangsvollstreckung in das Vermögen des Hauptschuldners nicht zur Befriedigung des Gläubigers führen wird.
(2) In den Fällen der Nummern 3, 4 ist die Einrede insoweit zulässig, als sich der Gläubiger aus einer beweglichen Sache des Hauptschuldners befriedigen kann, an der er ein Pfandrecht oder ein Zurückbehaltungsrecht hat; die Vorschrift des § 772 Abs. 2 Satz 2 findet Anwendung.

第七百七十三条 [先诉抗辩之排除]

Ⅰ 有下列情形之一者,不得主张先诉抗辩:
 1. 保证人抛弃先诉抗辩,即如保证人以主债务人地位自居而保证者,

2. 因保证经承担后所生主债务人住所、营业所或居所之变更，致对主债务人之诉追有重大困难者。
3. 对主债务人之财产，开始破产程序者。
4. 足以认为对主债务人财产之强制执行，仍不足以清偿债权人者。

Ⅱ 第三项及第四项规定之情形，于债权人得就其有质权或留置权之主债务人之动产受清偿之限度内，得容许为抗辩；第七百七十二条第二款第二段规定适用之。

§774 Gesetzlicher Forderungsübergang

(1) Soweit der Bürge den Gläubiger befriedigt, geht die Forderung des Gläubigers gegen den Hauptschuldner auf ihn über. Der Übergang kann nicht zum Nachteil des Gläubigers geltend gemacht werden. Einwendungen des Hauptschuldners aus einem zwischen ihm und dem Bürgen bestehenden Rechtsverhältnis bleiben unberührt.

(2) Mitbürgen haften einander nur nach §426.

第七百七十四条 [法定债权移转]

Ⅰ ¹于保证人向债权人为清偿之限度内，债权人对主债务人之债权移转于保证人。²其移转不得不利于债权人而为主张。³主债务人基于其与保证人间所存在法律关系之抗辩，不受影响。

Ⅱ 共同保证人仅依第四百二十六条规定，互负责任。

§775 Anspruch des Bürgen auf Befreiung

(1) Hat sich der Bürge im Auftrag des Hauptschuldners verbürgt oder stehen ihm nach den Vorschriften über die Geschäftsführung ohne Auftrag wegen der Übernahme der Bürgschaft die Rechte eines Beauftragten gegen den Hauptschuldner zu, so kann er von diesem Befreiung von der Bürgschaft verlangen:

1. wenn sich die Vermögensverhältnisse des Hauptschuldners wesentlich verschlechtert haben,
2. wenn die Rechtsverfolgung gegen den Hauptschuldner infolge einer nach der Übernahme der Bürgschaft eingetretenen Änderung des Wohnsitzes, der gewerblichen Niederlassung oder des Aufenthaltsorts des Hauptschuldners wesentlich erschwert ist,
3. wenn der Hauptschuldner mit der Erfüllung seiner Verbindlichkeit im Verzug ist,

4. wenn der Gläubiger gegen den Bürgen ein vollstreckbares Urteil auf Erfüllung erwirkt hat.
(2) Ist die Hauptverbindlichkeit noch nicht fällig, so kann der Hauptschuldner dem Bürgen, statt ihn zu befreien, Sicherheit leisten.

第七百七十五条　[保证人之除去保证请求权]
Ⅰ 保证人因主债务人之委任而为保证，或依无因管理规定，因承担保证而对主债务人享有受任人之权利者，有下列情事之一，得向主债务人请求除去保证：
1. 主债务人之财产状况显著恶化者。
2. 因保证经承担后所生主债务人住所、营业所或居所之变更，致对主债务人之追诉有重大困难者。
3. 主债务人履行债务迟延者。
4. 债权人对保证人取得请求履行而具有执行力之判决者。
Ⅱ 主债务仍未届清偿期者，主债务人得提出担保于保证人，以代保证责任之除去。

§776　Aufgabe einer Sicherheit

Gibt der Gläubiger ein mit der Forderung verbundenes Vorzugsrecht, eine für sie bestehende Hypothek oder Schiffshypothek, ein für sie bestehendes Pfandrecht oder das Recht gegen einen Mitbürgen auf, so wird der Bürge insoweit frei, als er aus dem aufgegebenen Recht nach §774 hätte Ersatz erlangen können. Dies gilt auch dann, wenn das aufgegebene Recht erst nach der Übernahme der Bürgschaft entstanden ist.

第七百七十六条　[担保之抛弃]
[1]债权人抛弃与债权相结合之优先权、为该债权存在之抵押权或船舶抵押权、为该债权存在之质权或对共同保证人之权利者，于其依第七百七十四条规定原得因该抛弃之权利而取得赔偿之限度内，保证人免其责任。[2]抛弃之权利，于承担保证后始发生者，亦适用之。

§777　Bürgschaft auf Zeit

(1) Hat sich der Bürge für eine bestehende Verbindlichkeit auf bestimmte Zeit verbürgt, so wird er nach dem Ablauf der bestimmten Zeit frei, wenn nicht der

Gläubiger die Einziehung der Forderung unverzüglich nach Maßgabe des §772 betreibt, das Verfahren ohne wesentliche Verzögerung fortsetzt und unverzüglich nach der Beendigung des Verfahrens dem Bürgen anzeigt, dass er ihn in Anspruch nehme. Steht dem Bürgen die Einrede der Vorausklage nicht zu, so wird er nach dem Ablauf der bestimmten Zeit frei, wenn nicht der Gläubiger ihm unverzüglich diese Anzeige macht.

(2) Erfolgt die Anzeige rechtzeitig, so beschränkt sich die Haftung des Bürgen im Falle des Absatzes 1 Satz 1 auf den Umfang, den die Hauptverbindlichkeit zur Zeit der Beendigung des Verfahrens hat, im Falle des Absatzes 1 Satz 2 auf den Umfang, den die Hauptverbindlichkeit bei dem Ablauf der bestimmten Zeit hat.

第七百七十七条 [定期之保证]

Ⅰ ¹保证人对既存之债务，就特定期间为保证者，如债权人未即时依第七百七十二条规定收取债权，并未继续其程序而无重大迟延，且未于程序终了后即时通知保证人对其为请求者，保证人于该特定期间经过后，免其责任。²保证人不享有先诉抗辩者，如债权人不即时对其为该通知时，保证人于该特定期间经过后，免其责任。

Ⅱ 按时为通知者，保证人之责任，于第一款第一段规定之情形，限于主债务在程序终了时之范围；于第一款第二段规定情形，限于主债务在特定时期届满时之范围。

§778 Kreditauftrag

Wer einen anderen beauftragt, im eigenen Namen und auf eigene Rechnung einem Dritten ein Darlehen oder eine Finanzierungshilfe zu gewähren, haftet dem Beauftragten für die aus dem Darlehen oder der Finanzierungshilfe entstehende Verbindlichkeit des Dritten als Bürge.

第七百七十八条 [信用委任]

委任他人以该他人之名义及其计算，对第三人提供金钱借贷或融资援助者，就该因金钱借贷或融资援助所生之债务，对受任人负保证人责任。

Titel 21 Vergleich
第二十一节 和 解

§779 Begriff des Vergleichs, Irrtum über die Vergleichsgrundlage

(1) Ein Vertrag, durch den der Streit oder die Ungewißheit der Parteien über ein Rechtsverhältnis im Wege gegenseitigen Nachgebens beseitigt wird (Vergleich), ist unwirksam, wenn der nach dem Inhalt des Vertrags als feststehend zugrunde gelegte Sachverhalt der Wirklichkeit nicht entspricht und der Streit oder die Ungewißheit bei Kenntnis der Sachlage nicht entstanden sein würde.

(2) Der Ungewißheit über ein Rechtsverhältnis steht es gleich, wenn die Verwirklichung eines Anspruchs unsicher ist.

第七百七十九条 [和解之概念；关于和解基础之错误]

Ⅰ 当事人间关于法律关系之争执或不明确，因契约而以相互让步方式除去时（和解），如依契约内容所确定之基础事实不符真实，且其争执或不明确于知其情事即不发生者，其契约无效。

Ⅱ 请求权之实现不确定者，视同法律关系之不明确。

Titel 22
Schuldversprechen, Schuldanerkenntnis
第二十二节 债务约束、债务承认

§780 Schuldversprechen

Zur Gültigkeit eines Vertrags, durch den eine Leistung in der Weise versprochen wird, dass das Versprechen die Verpflichtung selbständig begründen soll (Schuldversprechen), ist, soweit nicht eine andere Form vorgeschrieben ist, schriftliche Erteilung des Versprechens erforderlich. Die Erteilung des Versprechens in elektronischer Form ist ausgeschlossen.

第七百八十条　[债务约束][a]

¹因契约以承诺即独立构成债务之方式而允为给付者（债务约束），除另有规定其他方式者外，应以承诺之书面表示为之，始生契约之效力。²该承诺之表示，不得以电子方式为之。

a 译为债务约束而不译为债务拘束，原因在于该债务约束之状态系基于双方约定而生。而债务拘束可能系单方自我拘束，不足以表示此处系本于双方约定所致。

§781　Schuldanerkenntnis

Zur Gültigkeit eines Vertrags, durch den das Bestehen eines Schuldverhältnisses anerkannt wird (Schuldanerkenntnis), ist schriftliche Erteilung der Anerkennungserklärung erforderlich. Die Erteilung der Anerkennungserklärung in elektronischer Form ist ausgeschlossen. Ist für die Begründung des Schuldverhältnisses, dessen Bestehen anerkannt wird, eine andere Form vorgeschrieben, so bedarf der Anerkennungsvertrag dieser Form.

第七百八十一条　[债务承认]

¹因契约而承认债务关系之存在者（债务承认），应以承认之书面表示为之，始生契约之效力。²该承认之表示，不得以电子方式为之。³债务关系之存在经承认，而就该债务关系之成立另定其他方式者，其承认契约须具有该方式。

§782　Formfreiheit bei Vergleich

Wird ein Schuldversprechen oder ein Schuldanerkenntnis auf Grund einer Abrechnung oder im Wege des Vergleichs erteilt, so ist die Beobachtung der in den §§780, 781 vorgeschriebenen schriftlichen Form nicht erforderlich.

第七百八十二条　[和解时方式之自由]

因结账或以和解之方式而为债务约束或债务承认者，无须遵守第七百八十条及第七百八十一条所定之书面方式。

Titel 23　Anweisung
第二十三节　指示证券

§783　Rechte aus der Anweisung

Händigt jemand eine Urkunde, in der er einen anderen anweist, Geld, Wertpapiere oder andere vertretbare Sachen an einen Dritten zu leisten, dem Dritten aus, so ist dieser ermächtigt, die Leistung bei dem Angewiesenen im eigenen Namen zu erheben; der Angewiesene ist ermächtigt, für Rechnung des Anweisenden an den Anweisungsempfänger zu leisten.

第七百八十三条　[因指示证券所生之权利]
以证券交付第三人，而于证券上指示他人就金钱、有价证券或其他代替物给付该第三人者，该第三人有权以自己之名义，向被指示人收取给付；被指示人有权为指示人之计算，向指示证券之领取人为给付。

§784　Annahme der Anweisung

(1) Nimmt der Angewiesene die Anweisung an, so ist er dem Anweisungsempfänger gegenüber zur Leistung verpflichtet; er kann ihm nur solche Einwendungen entgegensetzen, welche die Gültigkeit der Annahme betreffen oder sich aus dem Inhalt der Anweisung oder dem Inhalt der Annahme ergeben oder dem Angewiesenen unmittelbar gegen den Anweisungsempfänger zustehen.

(2) Die Annahme erfolgt durch einen schriftlichen Vermerk auf der Anweisung. Ist der Vermerk auf die Anweisung vor der Aushändigung an den Anweisungsempfänger gesetzt worden, so wird die Annahme diesem gegenüber erst mit der Aushändigung wirksam.

第七百八十四条　[指示证券之承担]
Ⅰ 被指示人承担证券之指示者，对指示证券之领取人负给付之义务；被指示人仅得以关于承担效力之抗辩、因指示证券内容或承担之内容而生之抗辩，或被指示人直接对于指示证券之领取人所得主张之抗辩，对抗领取人。
Ⅱ [1]该承担系以书面记载于指示证券上。[2]指示证券上之记载，系于交付证券与领取人之前为之者，于证券交付时，其承担对领取人始生效力。

§785 Aushändigung der Anweisung

Der Angewiesene ist nur gegen Aushändigung der Anweisung zur Leistung verpflichtet.

第七百八十五条 [指示证券之交付]
被指示人仅就指示证券之交付，始负给付之义务。

§786 (weggefallen)

第七百八十六条 [删除]

§787 Anweisung auf Schuld

(1) Im Falle einer Anweisung auf Schuld wird der Angewiesene durch die Leistung in deren Höhe von der Schuld befreit.
(2) Zur Annahme der Anweisung oder zur Leistung an den Anweisungsempfänger ist der Angewiesene dem Anweisenden gegenüber nicht schon deshalb verpflichtet, weil er Schuldner des Anweisenden ist.

第七百八十七条 [因债务所为之指示证券]
Ⅰ 于因债务所为之指示证券之情形，被指示人因给付而于给付数额之范围内，免其债务。
Ⅱ 被指示人不因其为指示人之债务人，对指示人负有义务，而就指示证券为承担或对指示证券领取人为给付。

§788 Valutaverhältnis

Erteilt der Anweisende die Anweisung zu dem Zwecke, um seinerseits eine Leistung an den Anweisungsempfänger zu bewirken, so wird die Leistung, auch wenn der Angewiesene die Anweisung annimmt, erst mit der Leistung des Angewiesenen an den Anweisungsempfänger bewirkt.

第七百八十八条 [对价关系]

指示人为完成其对指示证券领取人之给付而发行指示证券者,纵被指示人为指示证券之承担,其给付仍因被指示人向指示证券领取人为给付,始生效力。

§789 Anzeigepflicht des Anweisungsempfängers

Verweigert der Angewiesene vor dem Eintritt der Leistungszeit die Annahme der Anweisung oder verweigert er die Leistung, so hat der Anweisungsempfänger dem Anweisenden unverzüglich Anzeige zu machen. Das Gleiche gilt, wenn der Anweisungsempfänger die Anweisung nicht geltend machen kann oder will.

第七百八十九条 [指示证券领取人之通知义务]

^{1}被指示人于给付期届满前拒绝证券指示之承担,或拒绝给付者,指示证券领取人应即时通知指示人。^{2}指示证券领取人不能或不欲主张指示证券者,亦同。

§790 Widerruf der Anweisung

Der Anweisende kann die Anweisung dem Angewiesenen gegenüber widerrufen, solange nicht der Angewiesene sie dem Anweisungsempfänger gegenüber angenommen oder die Leistung bewirkt hat. Dies gilt auch dann, wenn der Anweisende durch den Widerruf einer ihm gegen den Anweisungsempfänger obliegenden Verpflichtung zuwiderhandelt.

第七百九十条 [指示证券之撤回]

^{1}被指示人未对指示证券领取人承担指示证券或为给付前,指示人得对被指示人撤回指示证券。^{2}指示人纵因撤回而违反其对指示证券领取人所负担之义务者,亦同。

§791 Tod oder Geschäftsunfähigkeit eines Beteiligten

Die Anweisung erlischt nicht durch den Tod oder den Eintritt der Geschäftsunfähigkeit eines der Beteiligten.

第七百九十一条 [当事人中一人之死亡或丧失行为能力]
指示证券不因当事人中一人之死亡或丧失行为能力而消灭。

§792 Übertragung der Anweisung

(1) Der Anweisungsempfänger kann die Anweisung durch Vertrag mit einem Dritten auf diesen übertragen, auch wenn sie noch nicht angenommen worden ist. Die Übertragungserklärung bedarf der schriftlichen Form. Zur Übertragung ist die Aushändigung der Anweisung an den Dritten erforderlich.
(2) Der Anweisende kann die Übertragung ausschließen. Die Ausschließung ist dem Angewiesenen gegenüber nur wirksam, wenn sie aus der Anweisung zu entnehmen ist oder wenn sie von dem Anweisenden dem Angewiesenen mitgeteilt wird, bevor dieser die Anweisung annimmt oder die Leistung bewirkt.
(3) Nimmt der Angewiesene die Anweisung dem Erwerber gegenüber an, so kann er aus einem zwischen ihm und dem Anweisungsempfänger bestehenden Rechtsverhältnis Einwendungen nicht herleiten. Im Übrigen finden auf die Übertragung der Anweisung die für die Abtretung einer Forderung geltenden Vorschriften entsprechende Anwendung.

第七百九十二条 [指示证券之让与]

Ⅰ ^{1}指示证券领取人，于指示证券未经承担前，得依与第三人之契约，将指示证券让与该第三人。^{2}让与之表示，应以书面为之。^{3}让与时，应交付指示证券于第三人。

Ⅱ ^{1}指示人得禁止让与。^{2}让与之禁止，得由指示证券得知，或于被指示人承担指示证券或为给付前，经指示人通知被指示人者，始对被指示人发生效力。

Ⅲ ^{1}被指示人对受让人承担指示证券者，不得基于自己与指示证券领取人间之法律关系，而为抗辩。^{2}于其他之情事，关于指示证券之让与，准用债权让与之规定。

Titel 24
Schuldverschreibung auf den Inhaber
第二十四节 无记名证券

§793 Rechte aus der Schuldverschreibung auf den Inhaber

(1) Hat jemand eine Urkunde ausgestellt, in der er dem Inhaber der Urkunde eine Leistung verspricht (Schuldverschreibung auf den Inhaber), so kann der Inhaber von ihm die Leistung nach Maßgabe des Versprechens verlangen, es sei denn, dass er zur Verfügung über die Urkunde nicht berechtigt ist. Der Aussteller wird jedoch auch durch die Leistung an einen nicht zur Verfügung berechtigten Inhaber befreit.

(2) Die Gültigkeit der Unterzeichnung kann durch eine in die Urkunde aufgenommene Bestimmung von der Beobachtung einer besonderen Form abhängig gemacht werden. Zur Unterzeichnung genügt eine im Wege der mechanischen Vervielfältigung hergestellte Namensunterschrift.

第七百九十三条 [因无记名证券所生之权利]

Ⅰ ^{1}发行证券，而于该证券上对证券持有人承诺给付者（无记名证券），持有人得对其请求承诺所定之给付。但其不得处分证券者，不在此限。^{2}但发行人亦因对不得处分之持有人给付而免责。

Ⅱ ^{1}签名之效力，得因订入证券中之规定，视有无特定方式之遵守而定。^{2}以机器重制方式所制作之签名，即属签名。

§794 Haftung des Ausstellers

(1) Der Aussteller wird aus einer Schuldverschreibung auf den Inhaber auch dann verpflichtet, wenn sie ihm gestohlen worden oder verloren gegangen oder wenn sie sonst ohne seinen Willen in den Verkehr gelangt ist.

(2) Auf die Wirksamkeit einer Schuldverschreibung auf den Inhaber ist es ohne Einfluss, wenn die Urkunde ausgegeben wird, nachdem der Aussteller gestorben oder geschäftsunfähig geworden ist.

第七百九十四条 [发行人之责任]

Ⅰ 无记名证券之发行人，其证券虽因被盗、遗失或其他非因其意思而流通者，仍就该证券负其义务。

Ⅱ 无记名证券于发行人之死亡或丧失行为能力后发行者，其效力不受影响。

§795 (weggefallen)

第七百九十五条 [删除]

§796 Einwendungen des Ausstellers

Der Aussteller kann dem Inhaber der Schuldverschreibung nur solche Einwendungen entgegensetzen, welche die Gültigkeit der Ausstellung betreffen oder sich aus der Urkunde ergeben oder dem Aussteller unmittelbar gegen den Inhaber zustehen.

第七百九十六条 [发行人之抗辩]

发行人对无记名证券持有人，仅得提出与发行效力有关之抗辩、基于证券所生之抗辩，或发行人直接对于持有人所得主张之抗辩。

§797 Leistungspflicht nur gegen Aushändigung

Der Aussteller ist nur gegen Aushändigung der Schuldverschreibung zur Leistung verpflichtet. Mit der Aushändigung erwirbt er das Eigentum an der Urkunde, auch wenn der Inhaber zur Verfügung über sie nicht berechtigt ist.

第七百九十七条 [仅对交付证券而负给付义务]

[1]发行人仅对无记名证券之交付，负给付义务。[2]随证券之交付，纵持有人不得处分证券，发行人仍取得证券所有权。

§798 Ersatzurkunde

Ist eine Schuldverschreibung auf den Inhaber infolge einer Beschädigung oder einer Verunstaltung zum Umlauf nicht mehr geeignet, so kann der Inhaber, sofern ihr wesentlicher Inhalt und ihre Unterscheidungsmerkmale noch mit Sicherheit erkennbar sind, von dem Aussteller die Erteilung einer neuen Schuldverschreibung auf den Inhaber gegen Aushändigung der beschädigten oder verunstalteten verlangen. Die Kosten hat er zu tragen und vorzuschießen.

第七百九十八条 [换发证券]

¹无记名证券因毁损或变形而不适于流通，如其重要内容及识别记号仍可确实辨认者，持有人得交付毁损或变形之证券，而请求发行人换给新无记名证券。²其费用应由持有人负担并预付之。

§799 Kraftloserklärung

(1) Eine abhanden gekommene oder vernichtete Schuldverschreibung auf den Inhaber kann, wenn nicht in der Urkunde das Gegenteil bestimmt ist, im Wege des Aufgebotsverfahrens für kraftlos erklärt werden. Ausgenommen sind Zins-, Renten- und Gewinnanteilscheine sowie die auf Sicht zahlbaren unverzinslichen Schuldverschreibungen.

(2) Der Aussteller ist verpflichtet, dem bisherigen Inhaber auf Verlangen die zur Erwirkung des Aufgebots oder der Zahlungssperre erforderliche Auskunft zu erteilen und die erforderlichen Zeugnisse auszustellen. Die Kosten der Zeugnisse hat der bisherige Inhaber zu tragen und vorzuschießen.

第七百九十九条 [无效宣告]

Ⅰ ¹遗失或灭失之无记名证券，如证券上无相反之记载者，得依公示催告程序，宣告无效。²但利息、年金、红利及无利息见票即付之证券者，不在此限。

Ⅱ ¹发行人负有义务，因请求对原持有人告知取得公示催告或停止支付之必要事项，并发给必要之证明文件。²证明文件之费用，应由原持有人负担并预付之。

§800 Wirkung der Kraftloserklärung

Ist eine Schuldverschreibung auf den Inhaber für kraftlos erklärt, so kann derjenige, welcher den Ausschließungsbeschluss erwirkt hat, von dem Aussteller, unbeschadet der Befugnis, den Anspruch aus der Urkunde geltend zu machen, die Erteilung einer neuen Schuldverschreibung auf den Inhaber anstelle der für kraftlos erklärten verlangen. Die

Kosten hat er zu tragen und vorzuschießen.

第八百条　[无效宣告之效力]

¹无记名证券经宣告无效者，取得除权裁定之人，除得行使基于证券之请求权外，并得请求发行人换给新无记名证券，以代经宣告无效之证券。²其费用应由该人负担并预付之。

§801 Erlöschen; Verjährung

(1) Der Anspruch aus einer Schuldverschreibung auf den Inhaber erlischt mit dem Ablauf von 30 Jahren nach dem Eintritt der für die Leistung bestimmten Zeit, wenn nicht die Urkunde vor dem Ablauf der 30 Jahre dem Aussteller zur Einlösung vorgelegt wird. Erfolgt die Vorlegung, so verjährt der Anspruch in zwei Jahren von dem Ende der Vorlegungsfrist an. Der Vorlegung steht die gerichtliche Geltendmachung des Anspruchs aus der Urkunde gleich.

(2) Bei Zins-, Renten- und Gewinnanteilscheinen beträgt die Vorlegungsfrist vier Jahre. Die Frist beginnt mit dem Schluss des Jahres, in welchem die für die Leistung bestimmte Zeit eintritt.

(3) Die Dauer und der Beginn der Vorlegungsfrist können von dem Aussteller in der Urkunde anders bestimmt werden.

第八百零一条　[请求权之消灭；时效]

Ⅰ ¹基于无记名证券之请求权，自所定给付期届满后经过三十年而消灭。但该证券于三十年届满前，已向发行人为支付之提示者，不在此限。²经提示者，请求权自提示期限终了时起，二年间不行使而消灭。³基于证券请求权之裁判上主张，视同提示。

Ⅱ ¹于利息、年金及红利证券，提示期限为四年。²其期限，因就给付所定期日届至之年度终了而起算。

Ⅲ 提示期间之存续及开始，得由发行人于证券中另行制定之。

§802 Zahlungssperre

Der Beginn und der Lauf der Vorlegungsfrist sowie der Verjährung werden durch die Zahlungssperre zugunsten des Antragstellers gehemmt. Die Hemmung beginnt mit der Stellung des Antrags auf Zahlungssperre; sie endigt mit der Erledigung des

Aufgebotsverfahrens und, falls die Zahlungssperre vor der Einleitung des Verfahrens verfügt worden ist, auch dann, wenn seit der Beseitigung des der Einleitung entgegenstehenden Hindernisses sechs Monate verstrichen sind und nicht vorher die Einleitung beantragt worden ist. Auf diese Frist finden die Vorschriften der §§206, 210, 211 entsprechende Anwendung.

第八百零二条　[止付]

[1]提示期限及时效之开始及进行，因停止支付而有利于发行人者，停止之。[2]该停止，因提出停止支付之申请而开始；该停止因公示催告程序终结而终了，且如程序开始前已以命令停止支付，如自妨碍程序开始之障碍除去后经过六个月，而在此之前未申请开始者，亦同。[3]关于其期限，准用第二百零六条、第二百一十条及第二百一十一条规定。

§803　Zinsscheine

(1) Werden für eine Schuldverschreibung auf den Inhaber Zinsscheine ausgegeben, so bleiben die Scheine, sofern sie nicht eine gegenteilige Bestimmung enthalten, in Kraft, auch wenn die Hauptforderung erlischt oder die Verpflichtung zur Verzinsung aufgehoben oder geändert wird.

(2) Werden solche Zinsscheine bei der Einlösung der Hauptschuldverschreibung nicht zurückgegeben, so ist der Aussteller berechtigt, den Betrag zurückzubehalten, den er nach Absatz 1 für die Scheine zu zahlen verpflichtet ist.

第八百零三条　[利息证券]

Ⅰ就无记名证券发行利息证券者，除该利息证券另有相反规定者外，纵主债权消灭或支付利息之义务经废弃或变更，其利息证券仍为有效。

Ⅱ于主无记名证券之支付时，该利息证券未经返还者，发行人得保留其依第一款规定就该证券负给付义务之数额。

§804　Verlust von Zins- oder ähnlichen Scheinen

(1) Ist ein Zins-, Renten- oder Gewinnanteilschein abhanden gekommen oder vernichtet und hat der bisherige Inhaber den Verlust dem Aussteller vor dem Ablauf der Vorlegungsfrist angezeigt, so kann der bisherige Inhaber nach dem Ablauf der Frist die Leistung von dem Aussteller verlangen. Der Anspruch ist

ausgeschlossen, wenn der abhanden gekommene Schein dem Aussteller zur Einlösung vorgelegt oder der Anspruch aus dem Schein gerichtlich geltend gemacht worden ist, es sei denn, dass die Vorlegung oder die gerichtliche Geltendmachung nach dem Ablauf der Frist erfolgt ist. Der Anspruch verjährt in vier Jahren.

(2) In dem Zins-, Renten- oder Gewinnanteilschein kann der im Absatz 1 bestimmte Anspruch ausgeschlossen werden.

第八百零四条 [利息或类似证券之丧失]

I [1]利息、年金或红利证券之遗失或灭失，而原持有人于提示期限届满前向发行人通知其丧失者，原持有人得于期限届满后，向发行人请求给付。[2]遗失之证券业经向发行人为支付之提示，或基于证券之请求权已为裁判上之主张者，不得为请求。但支付之提示或裁判上之主张系于期限届满后为之者，不在此限。[3]该请求权因四年间不行使而消灭。

II 第一款规定之请求权，得于利息、年金或红利证券上排除之。

§805 Neue Zins- und Rentenscheine

Neue Zins- oder Rentenscheine für eine Schuldverschreibung auf den Inhaber dürfen an den Inhaber der zum Empfang der Scheine ermächtigenden Urkunde (Erneuerungsschein) nicht ausgegeben werden, wenn der Inhaber der Schuldverschreibung der Ausgabe widersprochen hat. Die Scheine sind in diesem Fall dem Inhaber der Schuldverschreibung auszuhändigen, wenn er die Schuldverschreibung vorlegt.

第八百零五条 [新利息及年金证券]

[1]无记名证券之新利息或年金证券，如无记名证券持有人对该新利息或年金证券之发行为异议者，不得发行于有权受领该证券之证券（更新证券）之持有人。[2]于此情形，无记名证券持有人提示其证券者，该新利息或年金证券应返还于无记名证券持有人。

§806 Umschreibung auf den Namen

Die Umschreibung einer auf den Inhaber lautenden Schuldverschreibung auf den Namen eines bestimmten Berechtigten kann nur durch den Aussteller erfolgen. Der

Aussteller ist zur Umschreibung nicht verpflichtet.

第八百零六条 [转换为记名证券]
^{1}无记名证券仅得由发行人转换为特定权利人为名义之记名证券。^{2}发行人不负转换之义务。

§807 Inhaberkarten und -marken

Werden Karten, Marken oder ähnliche Urkunden, in denen ein Gläubiger nicht bezeichnet ist, von dem Aussteller unter Umständen ausgegeben, aus welchen sich ergibt, dass er dem Inhaber zu einer Leistung verpflichtet sein will, so finden die Vorschriften des §793 Abs. 1 und der §§794, 796, 797 entsprechende Anwendung.

第八百零七条 [无记名卡片及票证]
卡片、票证，或类似之证券，未于其上载明债权人，而由发行人在可认其欲对持有人负给付义务之情形所发行者，准用第七百九十三条第一款、第七百九十四条、第七百九十六条及第七百九十七条规定。

§808 Namenspapiere mit Inhaberklausel

(1) Wird eine Urkunde, in welcher der Gläubiger benannt ist, mit der Bestimmung ausgegeben, dass die in der Urkunde versprochene Leistung an jeden Inhaber bewirkt werden kann, so wird der Schuldner durch die Leistung an den Inhaber der Urkunde befreit. Der Inhaber ist nicht berechtigt, die Leistung zu verlangen.

(2) Der Schuldner ist nur gegen Aushändigung der Urkunde zur Leistung verpflichtet. Ist die Urkunde abhanden gekommen oder vernichtet, so kann sie, wenn nicht ein anderes bestimmt ist, im Wege des Aufgebotsverfahrens für kraftlos erklärt werden. Die in §802 für die Verjährung gegebenen Vorschriften finden Anwendung.

第八百零八条 [附持有人条款之记名证券]
Ⅰ ^{1}就记载债权人姓名之证券，定有得向任何持有人为证券上所承诺之给付而发行者，债务人因向证券持有人之给付而免责。^{2}持有人不得请求给付。

Ⅱ ^{1}债务人仅对证券之交付负给付义务。^{2}证券遗失或灭失者，除另有制定者外，得依公示催告程序宣告无效。^{3}第八百零二条就时效所设之规定,适用之。

Titel 25　Vorlegung von Sachen
第二十五节　物之提示

§809　Besichtigung einer Sache

Wer gegen den Besitzer einer Sache einen Anspruch in Ansehung der Sache hat oder sich Gewissheit verschaffen will, ob ihm ein solcher Anspruch zusteht, kann, wenn die Besichtigung der Sache aus diesem Grunde für ihn von Interesse ist, verlangen, dass der Besitzer ihm die Sache zur Besichtigung vorlegt oder die Besichtigung gestattet.

第八百零九条　[物之检查]
对物之占有人就该物有请求权,或欲确知自己就该物有无该请求权之人,如因该事由而具有检查该物之利益者,得请求占有人对其提示该物以供检查,或允许其检查。

§810　Einsicht in Urkunden

Wer ein rechtliches Interesse daran hat, eine in fremdem Besitz befindliche Urkunde einzusehen, kann von dem Besitzer die Gestattung der Einsicht verlangen, wenn die Urkunde in seinem Interesse errichtet oder in der Urkunde ein zwischen ihm und einem anderen bestehendes Rechtsverhältnis beurkundet ist oder wenn die Urkunde Verhandlungen über ein Rechtsgeschäft enthält, die zwischen ihm und einem anderen oder zwischen einem von beiden und einem gemeinschaftlichen Vermittler gepflogen worden sind.

第八百一十条　[证书之查阅]
就他人占有中之证书有查阅之法律上利益时,如该证书系为其利益而作成,或其与他人间之法律关系由该证书得以证明,或该证书载有其与他人间或其双方中之一人与共同媒介人间所为法律行为之商议者,得请求占有人允许其查阅。

§811 Vorlegungsort, Gefahr und Kosten

(1) Die Vorlegung hat in den Fällen der §§809, 810 an dem Orte zu erfolgen, an welchem sich die vorzulegende Sache befindet. Jeder Teil kann die Vorlegung an einem anderen Orte verlangen, wenn ein wichtiger Grund vorliegt.

(2) Die Gefahr und die Kosten hat derjenige zu tragen, welcher die Vorlegung verlangt. Der Besitzer kann die Vorlegung verweigern, bis ihm der andere Teil die Kosten vorschießt und wegen der Gefahr Sicherheit leistet.

第八百一十一条 [提示地、危险及费用]

Ⅰ ¹提示，于第八百零九条及第八百一十条规定之情形，应于应为提示物之所在地为之。²有重大事由时，当事人之任何一方得请求于他地提示之。

Ⅱ ¹危险及费用应由请求提示人负担之。²占有人于他方就其预付费用及因危险提供担保前，得拒绝提示。

Titel 26
Ungerechtfertigte Bereicherung
第二十六节 不当得利

§812 Herausgabeanspruch

(1) Wer durch die Leistung eines anderen oder in sonstiger Weise auf dessen Kosten etwas ohne rechtlichen Grund erlangt, ist ihm zur Herausgabe verpflichtet. Diese Verpflichtung besteht auch dann, wenn der rechtliche Grund später wegfällt oder der mit einer Leistung nach dem Inhalt des Rechtsgeschäfts bezweckte Erfolg nicht eintritt.

(2) Als Leistung gilt auch die durch Vertrag erfolgte Anerkennung des Bestehens oder des Nichtbestehens eines Schuldverhältnisses.

第八百一十二条 [返还请求权]

Ⅰ ¹无法律上原因，因他人之给付，或以其他方法，致他人受损害而取得利益者，对该他人负返还之义务。²法律上原因嗣后不存在，或按法律行为之内容，给付所欲达成之结果不发生者，仍有返还之义务。

Ⅱ 因契约就债务关系存在或不存在所为之承认，亦视为给付。

§813 Erfüllung trotz Einrede

(1) Das zum Zwecke der Erfüllung einer Verbindlichkeit Geleistete kann auch dann zurückgefordert werden, wenn dem Anspruch eine Einrede entgegenstand, durch welche die Geltendmachung des Anspruchs dauernd ausgeschlossen wurde. Die Vorschrift des §214 Abs. 2 bleibt unberührt.

(2) Wird eine betagte Verbindlichkeit vorzeitig erfüllt, so ist die Rückforderung ausgeschlossen; die Erstattung von Zwischenzinsen kann nicht verlangt werden.

第八百一十三条 [虽有抗辩权仍为履行]

Ⅰ ^{1}以履行债务为目的而为之给付，如对该请求权曾有永久排除其行使之抗辩权者，仍得请求返还。^{2}第二百一十四条第二款规定，不受影响。

Ⅱ 定期债务于期前清偿者，不得请求返还；中间利息之补偿，不得请求之。

§814 Kenntnis der Nichtschuld

Das zum Zwecke der Erfüllung einer Verbindlichkeit Geleistete kann nicht zurückgefordert werden, wenn der Leistende gewusst hat, dass er zur Leistung nicht verpflichtet war, oder wenn die Leistung einer sittlichen Pflicht oder einer auf den Anstand zu nehmenden Rücksicht entsprach.

第八百一十四条 [明知无债务]

以履行债务为目的而为之给付，如给付人明知其无给付之义务，或给付系基于履行道德上义务或合于礼仪上所为之考虑者，不得请求返还。

§815 Nichteintritt des Erfolgs

Die Rückforderung wegen Nichteintritts des mit einer Leistung bezweckten Erfolges ist ausgeschlossen, wenn der Eintritt des Erfolges von Anfang an unmöglich war und der Leistende dies gewusst hat oder wenn der Leistende den Eintritt des Erfolges wider Treu und Glauben verhindert hat.

第八章 各种之债

第八百一十五条 [结果之不发生]

因给付所欲达成之结果不发生而请求返还时，如该结果之发生自始不能且为给付人所明知，或给付人违反诚实信用原则而妨碍结果之发生者，不得请求返还。

§816 Verfügung eines Nichtberechtigten

(1) Trifft ein Nichtberechtigter über einen Gegenstand eine Verfügung, die dem Berechtigten gegenüber wirksam ist, so ist er dem Berechtigten zur Herausgabe des durch die Verfügung Erlangten verpflichtet. Erfolgt die Verfügung unentgeltlich, so trifft die gleiche Verpflichtung denjenigen, welcher auf Grund der Verfügung unmittelbar einen rechtlichen Vorteil erlangt.

(2) Wird an einen Nichtberechtigten eine Leistung bewirkt, die dem Berechtigten gegenüber wirksam ist, so ist der Nichtberechtigte dem Berechtigten zur Herausgabe des Geleisteten verpflichtet.

第八百一十六条 [无权利人之处分]

Ⅰ [1]无权利人就标的物为处分，而其处分对权利人有效者，对权利人负返还因处分取得利益之义务。[2]处分为无偿者，因该处分而直接取得法律上利益之人，负同一义务。

Ⅱ 向无权利人为给付，而该给付对权利人为有效者，无权利人对权利人负返还所受领给付之义务。

§817 Verstoß gegen Gesetz oder gute Sitten

War der Zweck einer Leistung in der Art bestimmt, dass der Empfänger durch die Annahme gegen ein gesetzliches Verbot oder gegen die guten Sitten verstoßen hat, so ist der Empfänger zur Herausgabe verpflichtet. Die Rückforderung ist ausgeschlossen, wenn dem Leistenden gleichfalls ein solcher Verstoß zur Last fällt, es sei denn, dass die Leistung in der Eingehung einer Verbindlichkeit bestand; das zur Erfüllung einer solchen Verbindlichkeit Geleistete kann nicht zurückgefordert werden.

第八百一十七条 [违反法律或善良风俗]

[1]给付目的之制定，如使受领人因其受领而违反法律禁止规定或善良风俗者，受领人负返还之义务。[2]该违反亦应由给付人负责者，不得请求

返还。但给付系以负担债务为内容者，不在此限；为履行该债务所为之给付，不得请求返还。

§818 Umfang des Bereicherungsanspruchs

(1) Die Verpflichtung zur Herausgabe erstreckt sich auf die gezogenen Nutzungen sowie auf dasjenige, was der Empfänger auf Grund eines erlangten Rechtes oder als Ersatz für die Zerstörung, Beschädigung oder Entziehung des erlangten Gegenstands erwirbt.

(2) Ist die Herausgabe wegen der Beschaffenheit des Erlangten nicht möglich oder ist der Empfänger aus einem anderen Grund zur Herausgabe außerstande, so hat er den Wert zu ersetzen.

(3) Die Verpflichtung zur Herausgabe oder zum Ersatz des Wertes ist ausgeschlossen, soweit der Empfänger nicht mehr bereichert ist.

(4) Von dem Eintritt der Rechtshängigkeit an haftet der Empfänger nach den allgemeinen Vorschriften.

第八百一十八条 [不当得利请求权范围]

Ⅰ 返还义务及于所收取之用益，及受领人基于所取得之权利，或就所取得标的物之灭失、毁损或侵夺所受赔偿而取得者。

Ⅱ 依所取得利益之性质不能返还，或受领人基于其他事由不能返还者，受领人应赔偿其价额。

Ⅲ 受领人已不再受有利益者，不负返还或赔偿价额之义务。

Ⅳ 受领人自诉讼系属发生时起，依一般规定[a]负责。

a 指第291条及第292条之规定。

§819 Verschärfte Haftung bei Kenntnis und bei Gesetzes- oder Sittenverstoß

(1) Kennt der Empfänger den Mangel des rechtlichen Grundes bei dem Empfang oder erfährt er ihn später, so ist er von dem Empfang oder der Erlangung der Kenntnis an zur Herausgabe verpflichtet, wie wenn der Anspruch auf Herausgabe zu dieser Zeit rechtshängig geworden wäre.

(2) Verstößt der Empfänger durch die Annahme der Leistung gegen ein gesetzliches

Verbot oder gegen die guten Sitten, so ist er von dem Empfang der Leistung an in der gleichen Weise verpflichtet.

第八百一十九条 [知悉及违反法律或善良风俗时之加重责任]
Ⅰ 受领人于受领时知无法律上之原因或其后知之者，自受领时或知无原因时起，负如同返还请求权于此时已发生诉讼系属之返还义务。
Ⅱ 受领人因受领给付而违反法律之禁止规定或善良风俗者，自受领给付时起，依同一方式负担义务。

§820 Verschärfte Haftung bei ungewissem Erfolgseintritt

(1) War mit der Leistung ein Erfolg bezweckt, dessen Eintritt nach dem Inhalt des Rechtsgeschäfts als ungewiss angesehen wurde, so ist der Empfänger, falls der Erfolg nicht eintritt, zur Herausgabe so verpflichtet, wie wenn der Anspruch auf Herausgabe zur Zeit des Empfangs rechtshängig geworden wäre. Das Gleiche gilt, wenn die Leistung aus einem Rechtsgrund, dessen Wegfall nach dem Inhalt des Rechtsgeschäfts als möglich angesehen wurde, erfolgt ist und der Rechtsgrund wegfällt.

(2) Zinsen hat der Empfänger erst von dem Zeitpunkt an zu entrichten, in welchem er erfährt, dass der Erfolg nicht eingetreten oder dass der Rechtsgrund weggefallen ist; zur Herausgabe von Nutzungen ist er insoweit nicht verpflichtet, als er zu dieser Zeit nicht mehr bereichert ist.

第八百二十条 [不确定结果之发生时之加重责任]
Ⅰ [1]给付以达成一定之结果为目的，而其结果之发生依法律行为之内容，视为不确定者，如该结果不发生，受领人负如同返还请求权于受领时已发生诉讼系属之返还义务。[2]给付系基于法律上之原因所为，而其原因之消灭依法律行为之内容视为可能，且该法律上之原因消灭者，亦同。
Ⅱ 受领人自知悉结果不发生或法律上原因消灭时起，始负支付利息之义务；受领人于此时已不再受有利益者，不负返还用益之义务。

§821 Einrede der Bereicherung

Wer ohne rechtlichen Grund eine Verbindlichkeit eingeht, kann die Erfüllung auch dann verweigern, wenn der Anspruch auf Befreiung von der Verbindlichkeit verjährt ist.

第八百二十一条 [得利之抗辩]
无法律上原因而负担债务者，免除债务之请求权虽已罹于时效，仍得拒绝履行。

§822 Herausgabepflicht Dritter

Wendet der Empfänger das Erlangte unentgeltlich einem Dritten zu, so ist, soweit infolgedessen die Verpflichtung des Empfängers zur Herausgabe der Bereicherung ausgeschlossen ist, der Dritte zur Herausgabe verpflichtet, wie wenn er die Zuwendung von dem Gläubiger ohne rechtlichen Grund erhalten hätte.

第八百二十二条 [第三人之返还义务]
受领人以其所得利益无偿给予第三人者，该第三人于受领人因此不负得利返还义务之限度内，负如同自己无法律上原因而由债权人获得该给与之返还义务。

Titel 27　Unerlaubte Handlungen
第二十七节　侵权行为

§823 Schadensersatzpflicht

(1) Wer vorsätzlich oder fahrlässig das Leben, den Körper, die Gesundheit, die Freiheit, das Eigentum oder ein sonstiges Recht eines anderen widerrechtlich verletzt, ist dem anderen zum Ersatz des daraus entstehenden Schadens verpflichtet.

(2) Die gleiche Verpflichtung trifft denjenigen, welcher gegen ein den Schutz eines anderen bezweckendes Gesetz verstößt. Ist nach dem Inhalt des Gesetzes ein Verstoß gegen dieses auch ohne Verschulden möglich, so tritt die Ersatzpflicht nur im Falle des Verschuldens ein.

第八百二十三条 [损害赔偿义务]
Ⅰ 因故意或过失，不法侵害他人之生命、身体、健康、自由、所有权或其他权利者，对于该他人，负赔偿因此所生损害之义务。
Ⅱ [1]违反以保护他人为目的之法律者，负同一之义务。[2]依法律之内容，无可归责事由亦可能违反该法律者,仅于有可归责事由之情形,始负赔偿义务。

§824 Kreditgefährdung

(1) Wer der Wahrheit zuwider eine Tatsache behauptet oder verbreitet, die geeignet ist, den Kredit eines anderen zu gefährden oder sonstige Nachteile für dessen Erwerb oder Fortkommen herbeizuführen, hat dem anderen den daraus entstehenden Schaden auch dann zu ersetzen, wenn er die Unwahrheit zwar nicht kennt, aber kennen muss.

(2) Durch eine Mitteilung, deren Unwahrheit dem Mitteilenden unbekannt ist, wird dieser nicht zum Schadensersatz verpflichtet, wenn er oder der Empfänger der Mitteilung an ihr ein berechtigtes Interesse hat.

第八百二十四条 [危害信用]

Ⅰ 违反真实,而主张或散布足以危害他人信用或对他人营业或生计足致其他不利之事实者,就其不真实,虽不知悉但应知之者,仍应赔偿该他人因此所生损害。

Ⅱ 通知之不真实为通知人所不知,如通知人或通知之受领人就通知有正当利益者,通知人不因该通知而负损害赔偿义务。

§825 Bestimmung zu sexuellen Handlungen

Wer einen anderen durch Hinterlist, Drohung oder Missbrauch eines Abhängigkeitsverhältnisses zur Vornahme oder Duldung sexueller Handlungen bestimmt, ist ihm zum Ersatz des daraus entstehenden Schadens verpflichtet.

第八百二十五条 [诱使性行为]

以诈术、胁迫或从属关系之滥用,使他人从事或容忍性行为者,对该他人负赔偿因此所生损害之义务。

§826 Sittenwidrige vorsätzliche Schädigung

Wer in einer gegen die guten Sitten verstoßenden Weise einem anderen vorsätzlich Schaden zufügt, ist dem anderen zum Ersatz des Schadens verpflichtet.

第八百二十六条 [故意违背善良风俗之损害]

故意以背于善良风俗之方法，加损害于他人者，对该他人负损害赔偿之义务。

§827 Ausschluss und Minderung der Verantwortlichkeit

Wer im Zustand der Bewusstlosigkeit oder in einem die freie Willensbestimmung ausschließenden Zustand krankhafter Störung der Geistestätigkeit einem anderen Schaden zufügt, ist für den Schaden nicht verantwortlich. Hat er sich durch geistige Getränke oder ähnliche Mittel in einen vorübergehenden Zustand dieser Art versetzt, so ist er für einen Schaden, den er in diesem Zustand widerrechtlich verursacht, in gleicher Weise verantwortlich, wie wenn ihm Fahrlässigkeit zur Last fiele; die Verantwortlichkeit tritt nicht ein, wenn er ohne Verschulden in den Zustand geraten ist.

第八百二十七条 [责任之免除及减轻]

[1]于无意识状态，或于因疾病之精神障碍而排除自由意思决定之状态，加损害于他人者，就其损害不负责任。[2]以醉酒或类似手段，自行陷于前述之暂时状态者，就其在此状态所不法造成之损害，负担如同因过失而应负之责任；非因过失而陷于该状态者，其责任不发生。

§828 Minderjährige

(1) Wer nicht das siebente Lebensjahr vollendet hat, ist für einen Schaden, den er einem anderen zufügt, nicht verantwortlich.

(2) Wer das siebente, aber nicht das zehnte Lebensjahr vollendet hat, ist für den Schaden, den er bei einem Unfall mit einem Kraftfahrzeug, einer Schienenbahn oder einer Schwebebahn einem anderen zufügt, nicht verantwortlich. Dies gilt nicht, wenn er die Verletzung vorsätzlich herbeigeführt hat.

(3) Wer das 18. Lebensjahr noch nicht vollendet hat, ist, sofern seine Verantwortlichkeit nicht nach Absatz 1 oder 2 ausgeschlossen ist, für den Schaden, den er einem anderen zufügt, nicht verantwortlich, wenn er bei der Begehung der schädigenden Handlung nicht die zur Erkenntnis der Verantwortlichkeit erforderliche Einsicht hat.

第八百二十八条 [未成年人]

Ⅰ 未满七岁之人,就其所加于他人之损害,不负责任。

Ⅱ ¹满七岁但未满十岁之人,就其于动力车辆、轨道电车或空中缆车之事故所加于他人之损害,不负责任。²但故意造成侵害者,不适用之。

Ⅲ 未满十八岁且其责任未经依第一款或第二款规定排除之人,在为加害行为时,未具识别其责任所必要之能力者,就其所加于他人之损害,不负责任。

§829 Ersatzpflicht aus Billigkeitsgründen

Wer in einem der in den §§823 bis 826 bezeichneten Fälle für einen von ihm verursachten Schaden auf Grund der §§827, 828 nicht verantwortlich ist, hat gleichwohl, sofern der Ersatz des Schadens nicht von einem aufsichtspflichtigen Dritten erlangt werden kann, den Schaden insoweit zu ersetzen, als die Billigkeit nach den Umständen, insbesondere nach den Verhältnissen der Beteiligten, eine Schadloshaltung erfordert und ihm nicht die Mittel entzogen werden, deren er zum angemessenen Unterhalt sowie zur Erfüllung seiner gesetzlichen Unterhaltspflichten bedarf.

第八百二十九条 [基于衡平事由之赔偿义务]

于第八百二十三条至第八百二十六条所定情形之一,依第八百二十七条及第八百二十八条规定,就其所致之损害不负赔偿责任之人,如损害之赔偿不能由负监督义务之第三人为之时,仍应赔偿该损害。但按其情形,即如依当事人之关系,损害之填补系衡平所要求,且不剥夺其为维持适当生计及履行法定扶养义务所需之资力者为限。

§830 Mittäter und Beteiligte

(1) Haben mehrere durch eine gemeinschaftlich begangene unerlaubte Handlung einen Schaden verursacht, so ist jeder für den Schaden verantwortlich. Das Gleiche gilt, wenn sich nicht ermitteln lässt, wer von mehreren Beteiligten den Schaden durch seine Handlung verursacht hat.

(2) Anstifter und Gehilfen stehen Mittätern gleich.

第八百三十条 [共同行为人与参与人]

Ⅰ ¹数人共同为侵权行为致生损害者,各应对该损害负责。²不能知数参与人中孰为以其行为致生损害者，亦同。
Ⅱ 造意人及帮助人，视同共同行为人。

§831 Haftung für den Verrichtungsgehilfen

(1) Wer einen anderen zu einer Verrichtung bestellt, ist zum Ersatz des Schadens verpflichtet, den der andere in Ausführung der Verrichtung einem Dritten widerrechtlich zufügt. Die Ersatzpflicht tritt nicht ein, wenn der Geschäftsherr bei der Auswahl der bestellten Person und, sofern er Vorrichtungen oder Gerätschaften zu beschaffen oder die Ausführung der Verrichtung zu leiten hat, bei der Beschaffung oder der Leitung die im Verkehr erforderliche Sorgfalt beobachtet oder wenn der Schaden auch bei Anwendung dieser Sorgfalt entstanden sein würde.

(2) Die gleiche Verantwortlichkeit trifft denjenigen, welcher für den Geschäftsherrn die Besorgung eines der im Absatz 1 Satz 2 bezeichneten Geschäfte durch Vertrag übernimmt.

第八百三十一条 [为事务辅助人负责]

Ⅰ [1]使用他人执行事务者，就该他人于执行事务所不法加于第三人之损害，负赔偿义务。[2]使用人于选任被使用之人时，及如使用人应装置设备或器具，或指挥事务之执行者，于为装置或指挥时，已尽交易上必要之注意，或纵加以注意仍将发生损害者，不生赔偿责任。

Ⅱ 依契约为使用人承担处理第一款第二段规定所定事务之人，负同一责任。

§832 Haftung des Aufsichtspflichtigen

(1) Wer kraft Gesetzes zur Führung der Aufsicht über eine Person verpflichtet ist, die wegen Minderjährigkeit oder wegen ihres geistigen oder körperlichen Zustands der Beaufsichtigung bedarf, ist zum Ersatz des Schadens verpflichtet, den diese Person einem Dritten widerrechtlich zufügt. Die Ersatzpflicht tritt nicht ein, wenn er seiner Aufsichtspflicht genügt oder wenn der Schaden auch bei gehöriger Aufsichtsführung entstanden sein würde.

(2) Die gleiche Verantwortlichkeit trifft denjenigen, welcher die Führung der Aufsicht durch Vertrag übernimmt.

第八百三十二条　[监督义务人之责任]

Ⅰ ¹对于因未成年，或因其精神上或身体上之状态，而须监督之人，依法负有监督义务者，就该人不法加于第三人之损害，负赔偿义务。²监督义务人已尽监督之能事，或纵加以相当之监督仍将发生损害者，不生赔偿义务。

Ⅱ 依契约承担监督执行之人，负同一责任。

§833　Haftung des Tierhalters

Wird durch ein Tier ein Mensch getötet oder der Körper oder die Gesundheit eines Menschen verletzt oder eine Sache beschädigt, so ist derjenige, welcher das Tier hält, verpflichtet, dem Verletzten den daraus entstehenden Schaden zu ersetzen. Die Ersatzpflicht tritt nicht ein, wenn der Schaden durch ein Haustier verursacht wird, das dem Beruf, der Erwerbstätigkeit oder dem Unterhalt des Tierhalters zu dienen bestimmt ist, und entweder der Tierhalter bei der Beaufsichtigung des Tieres die im Verkehr erforderliche Sorgfalt beobachtet oder der Schaden auch bei Anwendung dieser Sorgfalt entstanden sein würde.

第八百三十三条　[动物持有人之责任]

¹因动物致人于死，或人之身体或健康受侵害，或物受毁损者，动物持有人对被害人负赔偿因此所生损害之义务。²损害系由家畜所致，而该家畜系供其持有人职业上、营业活动或生计上之需要，且持有人于管束动物已尽交易上必要之注意，或纵加以其注意仍将发生损害者，不生赔偿义务。

§834　Haftung des Tieraufsehers

Wer für denjenigen, welcher ein Tier hält, die Führung der Aufsicht über das Tier durch Vertrag übernimmt, ist für den Schaden verantwortlich, den das Tier einem Dritten in der im §833 bezeichneten Weise zufügt. Die Verantwortlichkeit tritt nicht ein, wenn er bei der Führung der Aufsicht die im Verkehr erforderliche Sorgfalt beobachtet oder wenn der Schaden auch bei Anwendung dieser Sorgfalt entstanden sein würde.

第八百三十四条　[动物管束人之责任]

¹依契约为动物持有人承担动物管束之人，就该动物以第八百三十三条

所定情形对第三人所加之损害，负其责任。²管束人于管束时已尽交易上必要之注意，或纵加以其注意仍将发生损害者，不负责任。

§835 (weggefallen)

第八百三十五条 [删除]

§836 Haftung des Grundstücksbesitzers

(1) Wird durch den Einsturz eines Gebäudes oder eines anderen mit einem Grundstück verbundenen Werkes oder durch die Ablösung von Teilen des Gebäudes oder des Werkes ein Mensch getötet, der Körper oder die Gesundheit eines Menschen verletzt oder eine Sache beschädigt, so ist der Besitzer des Grundstücks, sofern der Einsturz oder die Ablösung die Folge fehlerhafter Errichtung oder mangelhafter Unterhaltung ist, verpflichtet, dem Verletzten den daraus entstehenden Schaden zu ersetzen. Die Ersatzpflicht tritt nicht ein, wenn der Besitzer zum Zwecke der Abwendung der Gefahr die im Verkehr erforderliche Sorgfalt beobachtet hat.

(2) Ein früherer Besitzer des Grundstücks ist für den Schaden verantwortlich, wenn der Einsturz oder die Ablösung innerhalb eines Jahres nach der Beendigung seines Besitzes eintritt, es sei denn, dass er während seines Besitzes die im Verkehr erforderliche Sorgfalt beobachtet hat oder ein späterer Besitzer durch Beobachtung dieser Sorgfalt die Gefahr hätte abwenden können.

(3) Besitzer im Sinne dieser Vorschriften ist der Eigenbesitzer.

第八百三十六条 [土地占有人之责任]

Ⅰ ¹因建筑物或其他与土地结合之工作物塌圮，或因建筑物或工作物之一部分剥落而致人于死，或人之身体或健康受侵害，或物受毁损者，如其塌圮或剥落，系因设置有欠缺或保管有缺陷所致，土地占有人对被害人因此所生之损害，负赔偿义务。²占有人以避免危险为目的，已尽交易上必要之注意者，不生赔偿义务。

Ⅱ 塌圮或剥落在土地之前占有人占有终了后一年内发生者，前占有人就该损害负其责任。但前占有人于其占有时已尽交易上必要之注意，或后占有人如为其注意即得避免危险者，不在此限。

Ⅲ 本条所称占有人，指自主占有人。

§837 Haftung des Gebäudebesitzers

Besitzt jemand auf einem fremden Grundstück in Ausübung eines Rechts ein Gebäude oder ein anderes Werk, so trifft ihn an Stelle des Besitzers des Grundstücks die im §836 bestimmte Verantwortlichkeit.

第八百三十七条 [建筑物占有人之责任]
在他人之土地上，因权利之行使而占有建筑物或其他工作物者，第八百三十六条规定之责任，由其取代土地占有人而负担之。

§838 Haftung des Gebäudeunterhaltungspflichtigen

Wer die Unterhaltung eines Gebäudes oder eines mit einem Grundstück verbundenen Werkes für den Besitzer übernimmt oder das Gebäude oder das Werk vermöge eines ihm zustehenden Nutzungsrechts zu unterhalten hat, ist für den durch den Einsturz oder die Ablösung von Teilen verursachten Schaden in gleicher Weise verantwortlich wie der Besitzer.

第八百三十八条 [建筑物维护义务人之责任]
为占有人承担建筑物或与土地结合工作物维护之人，或因其所有之用益权而应维护该建筑物或工作物之人，就因塌圮或一部分剥落所致之损害，与占有人负同一责任。

§839 Haftung bei Amtspflichtverletzung

(1) Verletzt ein Beamter vorsätzlich oder fahrlässig die ihm einem Dritten gegenüber obliegende Amtspflicht, so hat er dem Dritten den daraus entstehenden Schaden zu ersetzen. Fällt dem Beamten nur Fahrlässigkeit zur Last, so kann er nur dann in Anspruch genommen werden, wenn der Verletzte nicht auf andere Weise Ersatz zu erlangen vermag.

(2) Verletzt ein Beamter bei dem Urteil in einer Rechtssache seine Amtspflicht, so ist er für den daraus entstehenden Schaden nur dann verantwortlich, wenn die Pflichtverletzung in einer Straftat besteht. Auf eine pflichtwidrige Verweigerung oder Verzögerung der Ausübung des Amts findet diese Vorschrift keine Anwendung.

(3) Die Ersatzpflicht tritt nicht ein, wenn der Verletzte vorsätzlich oder fahrlässig unterlassen hat, den Schaden durch Gebrauch eines Rechtsmittels abzuwenden.

第八百三十九条 [违反公务上义务时之责任]

I ¹公务员故意或过失违背其对第三人所负之公务上义务者，应赔偿该第三人因此所生之损害。²公务员仅为过失者，仅于被害人不能依其他方法请求赔偿时，始应受赔偿之请求。

II ¹公务员于法律案件之裁判违背其公务上义务者，于其义务之违背构成刑事犯罪行为时，就因此所生之损害负其责任。²本项规定不适用于违反义务之拒绝或迟延执行公务。

III 被害人故意或过失不采取法律救济方法而除去损害者，不生赔偿义务。

§839a Haftung des gerichtlichen Sachverständigen

(1) Erstattet ein vom Gericht ernannter Sachverständiger vorsätzlich oder grob fahrlässig ein unrichtiges Gutachten, so ist er zum Ersatz des Schadens verpflichtet, der einem Verfahrensbeteiligten durch eine gerichtliche Entscheidung entsteht, die auf diesem Gutachten beruht.

(2) §839 Abs. 3 ist entsprechend anzuwenden.

第八百三十九条之一 [法院鉴定人之责任]

I 法院指定之鉴定人故意或重大过失作成不正确之鉴定者，就因以该鉴定为基础之法院裁判，对程序参与人所生之损害，负赔偿义务。

II 第八百三十九条第三款规定，准用之。

§840 Haftung mehrerer

(1) Sind für den aus einer unerlaubten Handlung entstehenden Schaden mehrere nebeneinander verantwortlich, so haften sie als Gesamtschuldner.

(2) Ist neben demjenigen, welcher nach den §§831, 832 zum Ersatz des von einem anderen verursachten Schadens verpflichtet ist, auch der andere für den Schaden verantwortlich, so ist in ihrem Verhältnis zueinander der andere allein, im Falle des §829 der Aufsichtspflichtige allein verpflichtet.

(3) Ist neben demjenigen, welcher nach den §§833 bis 838 zum Ersatz des Schadens verpflichtet ist, ein Dritter für den Schaden verantwortlich, so ist in ihrem

Verhältnis zueinander der Dritte allein verpflichtet.

第八百四十条　[多数人责任]

Ⅰ　数人就基于侵权行为所生之损害共同负责者，负连带债务人之责任。

Ⅱ　除于第八百三十一条及第八百三十二条规定，就他人所致损害负赔偿义务之人以外，如其他就损害亦应负责者，于其相互关系间，单独负其义务；于第八百二十九条规定之情形，监督义务人单独负其义务。

Ⅲ　于依第八百三十三条至第八百三十八条规定应负赔偿义务之人以外，第三人就该损害负其责任者，于其相互关系间，第三人单独负其义务。

§841　Ausgleichung bei Beamtenhaftung

Ist ein Beamter, der vermöge seiner Amtspflicht einen anderen zur Geschäftsführung für einen Dritten zu bestellen oder eine solche Geschäftsführung zu beaufsichtigen oder durch Genehmigung von Rechtsgeschäften bei ihr mitzuwirken hat, wegen Verletzung dieser Pflichten neben dem anderen für den von diesem verursachten Schaden verantwortlich, so ist in ihrem Verhältnis zueinander der andere allein verpflichtet.

第八百四十一条　[公务员责任之平衡]

公务员依其公务上义务，应为第三人选任他人执行事务，或应监督该事务之执行，或应因法律行为之许可而参与该事务之执行时，如因违反其义务，而就由该他人所致损害，于该他人之外负其责任者，于其相互关系间，单独负其义务。

§842　Umfang der Ersatzpflicht bei Verletzung einer Person

Die Verpflichtung zum Schadensersatz wegen einer gegen die Person gerichteten unerlaubten Handlung erstreckt sich auf die Nachteile, welche die Handlung für den Erwerb oder das Fortkommen des Verletzten herbeiführt.

第八百四十二条　[人身侵害时赔偿义务之范围]

因对人身所为侵权行为而生之损害赔偿义务，及于该行为对被害人之职业或生计所生之不利益。

§843 Geldrente oder Kapitalabfindung

(1) Wird infolge einer Verletzung des Körpers oder der Gesundheit die Erwerbsfähigkeit des Verletzten aufgehoben oder gemindert oder tritt eine Vermehrung seiner Bedürfnisse ein, so ist dem Verletzten durch Entrichtung einer Geldrente Schadensersatz zu leisten.
(2) Auf die Rente finden die Vorschriften des §760 Anwendung. Ob, in welcher Art und für welchen Betrag der Ersatzpflichtige Sicherheit zu leisten hat, bestimmt sich nach den Umständen.
(3) Statt der Rente kann der Verletzte eine Abfindung in Kapital verlangen, wenn ein wichtiger Grund vorliegt.
(4) Der Anspruch wird nicht dadurch ausgeschlossen, dass ein anderer dem Verletzten Unterhalt zu gewähren hat.

第八百四十三条 [金钱定期金或一次性赔偿]
Ⅰ 因身体或健康之侵害，被害人之职业能力丧失或减少，或发生其需要之增加者，应以支付金钱定期金，对被害人给付损害赔偿。
Ⅱ ¹第七百六十条规定适用于该定期金。²赔偿义务人应否提供担保、其担保之种类及数额，应按情形定之。
Ⅲ 遇有重要事由者，被害人得请求一次给付赔偿金额，以代定期金。
Ⅳ 该请求权，不因他人应对被害人为扶养而排除之。

§844 Ersatzansprüche Dritter bei Tötung

(1) Im Falle der Tötung hat der Ersatzpflichtige die Kosten der Beerdigung demjenigen zu ersetzen, welchem die Verpflichtung obliegt, diese Kosten zu tragen.
(2) Stand der Getötete zur Zeit der Verletzung zu einem Dritten in einem Verhältnis, vermöge dessen er diesem gegenüber kraft Gesetzes unterhaltspflichtig war oder unterhaltspflichtig werden konnte, und ist dem Dritten infolge der Tötung das Recht auf den Unterhalt entzogen, so hat der Ersatzpflichtige dem Dritten durch Entrichtung einer Geldrente insoweit Schadensersatz zu leisten, als der Getötete während der mutmaßlichen Dauer seines Lebens zur Gewährung des Unterhalts verpflichtet gewesen sein würde; die Vorschriften des §843 Abs. 2 bis 4 finden entsprechende Anwendung. Die Ersatzpflicht tritt auch dann ein, wenn der Dritte zur Zeit der Verletzung gezeugt, aber noch nicht geboren war.

第八百四十四条 [于死亡时第三人赔偿请求权]
Ⅰ 于死亡之情形，赔偿义务人对承担殡葬费用义务之人，应赔偿殡葬费用。
Ⅱ ¹死者于被害时，与第三人具有关系，而基于该关系，死者对第三人依法负扶养义务，或可能负扶养义务，且第三人因该死亡而丧失请求扶养之权利者，在死者于被推定生存时期所负扶养义务之限度内，赔偿义务人应以支付定期金，对第三人给付损害赔偿；第八百四十三条第二款至第四款规定，准用之。²该赔偿义务在第三人于侵害时已受胎但尚未出生者，仍为发生。

§845 Ersatzansprüche wegen entgangener Dienste

Im Falle der Tötung, der Verletzung des Körpers oder der Gesundheit sowie im Falle der Freiheitsentziehung hat der Ersatzpflichtige, wenn der Verletzte kraft Gesetzes einem Dritten zur Leistung von Diensten in dessen Hauswesen oder Gewerbe verpflichtet war, dem Dritten für die entgehenden Dienste durch Entrichtung einer Geldrente Ersatz zu leisten. Die Vorschrift des §843 Abs. 2 bis 4 findet entsprechende Anwendung.

第八百四十五条 [因劳务丧失而生之赔偿请求权]
¹于死亡、身体或健康被侵害及于自由被剥夺之情形，如被害人依法对第三人于其家务或营业，负提供劳务之义务者，赔偿义务人应对第三人就丧失之劳务，以支付定期金给付赔偿。²第八百四十三条第二款至第四款规定，准用之。

§846 Mitverschulden des Verletzten

Hat in den Fällen der §§844, 845 bei der Entstehung des Schadens, den der Dritte erleidet, ein Verschulden des Verletzten mitgewirkt, so finden auf den Anspruch des Dritten die Vorschriften des §254 Anwendung.

第八百四十六条 [被害人之与有过失]
第八百四十四条及第八百四十五条规定之情形，于第三人所受损害之发生时，被害人与有过失者，对第三人之请求权，适用第二百五十四条规定。

§847 (weggefallen)

第八百四十七条 [删除]

§848 Haftung für Zufall bei Entziehung einer Sache

Wer zur Rückgabe einer Sache verpflichtet ist, die er einem anderen durch eine unerlaubte Handlung entzogen hat, ist auch für den zufälligen Untergang, eine aus einem anderen Grund eintretende zufällige Unmöglichkeit der Herausgabe oder eine zufällige Verschlechterung der Sache verantwortlich, es sei denn, dass der Untergang, die anderweitige Unmöglichkeit der Herausgabe oder die Verschlechterung auch ohne die Entziehung eingetreten sein würde.

第八百四十八条 [物之侵夺时事变责任]

因侵权行为侵夺他人之物而负物之返还义务者，就该物因事变而灭失，基于其他事由而发生事变致不能返还，或因事变而毁损，亦应负其责任。但其灭失、不能返还或毁损，纵无侵夺仍不免发生者，不在此限。

§849 Verzinsung der Ersatzsumme

Ist wegen der Entziehung einer Sache der Wert oder wegen der Beschädigung einer Sache die Wertminderung zu ersetzen, so kann der Verletzte Zinsen des zu ersetzenden Betrags von dem Zeitpunkt an verlangen, welcher der Bestimmung des Wertes zugrunde gelegt wird.

第八百四十九条 [赔偿额之利息]

因物之侵夺而应赔偿其价额，或因物之毁损而应赔偿其价值之减损者，被害人得自确定价额时起，请求应赔偿金额之利息。

§850 Ersatz von Verwendungen

Macht der zur Herausgabe einer entzogenen Sache Verpflichtete Verwendungen auf die Sache, so stehen ihm dem Verletzten gegenüber die Rechte zu, die der Besitzer dem Eigentümer gegenüber wegen Verwendungen hat.

第八百五十条　[费用之偿还]
就物之侵夺负返还义务之人对该物支出费用者，对被害人享有占有人因支出费用而对所有人所得主张之权利。

§851　Ersatzleistung an Nichtberechtigten

Leistet der wegen der Entziehung oder Beschädigung einer beweglichen Sache zum Schadensersatz Verpflichtete den Ersatz an denjenigen, in dessen Besitz sich die Sache zur Zeit der Entziehung oder der Beschädigung befunden hat, so wird er durch die Leistung auch dann befreit, wenn ein Dritter Eigentümer der Sache war oder ein sonstiges Recht an der Sache hatte, es sei denn, dass ihm das Recht des Dritten bekannt oder infolge grober Fahrlässigkeit unbekannt ist.

第八百五十一条　[对无权利人给付赔偿]
因动产之侵夺或毁损而负损害赔偿义务之人，对侵夺或毁损时占有该物之人为赔偿之给付者，纵第三人为该物之所有人或就该物享有其他权利，仍因该给付而免除其责任。但第三人之权利为其所知悉，或因重大过失而不知者，不在此限。

§852　Herausgabeanspruch nach Eintritt der Verjährung

Hat der Ersatzpflichtige durch eine unerlaubte Handlung auf Kosten des Verletzten etwas erlangt, so ist er auch nach Eintritt der Verjährung des Anspruchs auf Ersatz des aus einer unerlaubten Handlung entstandenen Schadens zur Herausgabe nach den Vorschriften über die Herausgabe einer ungerechtfertigten Bereicherung verpflichtet. Dieser Anspruch verjährt in zehn Jahren von seiner Entstehung an, ohne Rücksicht auf die Entstehung in 30 Jahren von der Begehung der Verletzungshandlung oder dem sonstigen, den Schaden auslösenden Ereignis an.

第八百五十二条　[时效完成后之返还请求权]
[1]损害赔偿义务人因侵权行为使被害人受损害而有所取得者，于因侵权行为而生损害赔偿请求权之时效完成后，仍依关于不当得利返还规定，负返还之义务。[2]该请求权自发生时起，因十年间不行使而消灭；不斟酌其发生之情事者，自侵权行为之实行或其他发生损害之事件时起，因三十年间不行使而消灭。

§853 Arglisteinrede

Erlangt jemand durch eine von ihm begangene unerlaubte Handlung eine Forderung gegen den Verletzten, so kann der Verletzte die Erfüllung auch dann verweigern, wenn der Anspruch auf Aufhebung der Forderung verjährt ist.

第八百五十三条 [恶意抗辩]

任何人因其侵权行为而对被害人取得债权者,纵该债权之废止请求权已罹于时效,被害人仍得拒绝履行。

《德国民法典》与《中华人民共和国民法典》条文对照表（债编各论）

德国民法典	中华人民共和国民法典	德国民法典	中华人民共和国民法典	德国民法典	中华人民共和国民法典
433	595	455	637、638	477	—
434	615、616	456	—	478	—
435	612	457	—	479	—
436	—	458	—	480	647
437	610、617	459	—	481	
438	—	460	—	481-1	—
439	617	461	—	481-2	—
440	—	462	—	482	
441	582	463	—	482-1	—
442	613	464	—	483	
443	—	465	—	484	
444	618	466	—	485	
445	—	467	—	486	
446	604、608	468	—	486-1	
447	607	469	—	487	—
448	511	470	—	488	667
449	641、642	471	—	489	
450	—	472	—	490	—
451	—	473	—	491	
452	—	474	—	491-1	
453	—	475	—	492	668
454	638 I	476	—	492-1	—

747

德国民法典	中华人民共和国民法典	德国民法典	中华人民共和国民法典	德国民法典	中华人民共和国民法典
492-2	—	512	—	534	658 II
493	—	513	—	535 I	703、708
494	—	514	—	535 II	703
495	—	515	—	536	723
496	—	516	657	536-1 I	—
497	676	517	—	536-1 II	713 I
498	—	518	—	536-2	
499	—	519	666	536-3	723 II
500	—	520	—	536-4	—
501	—	521	660 II	537	
502	—	522	—	538	710
503	—	523	662	539	—
504	—	524	662	540	
504-1	—	525 I	661	541	—
505		525 II	—	542	730
505-1	—	526	662 I	543	711、716 II、722、724
505-2	—	527	663、665	544	705
505-3	—	528	—	545	734 I
505-4	—	529	—	546	733
506		530 I	663	546-1	—
507	—	530 II	664	547	—
508	—	531 I	—	548	
509 [删除]		531 II	665	549	
510	—	532	—	550	707
511	—	533	—	551	—

德国民法典	中华人民共和国民法典	德国民法典	中华人民共和国民法典	德国民法典	中华人民共和国民法典
552	—	558-2	—	567	405
553	—	558-3	—	567-1	—
554 [删除]		558-4	—	567-2	—
554-1	—	558-5	—	568	
555	—	559	—	569	731
555-1	—	559-1	—	570	—
555-2	—	559-2	—	571	—
555-3	—	560	—	572	—
555-4	—	561	—	573	730
555-5	—	562		573-1	—
555-6	—	562-1	—	573-2	—
556	—	562-2	—	573-3	—
556-1	—	562-3	—	573-4	—
556-2 Ⅰ	721	562-4	—	574	—
556-2 Ⅱ	—	563	732	574-1	—
556-3	—	563-1	—	574-2	—
556-4	—	563-2	—	574-3	—
556-5	—	564	—	575	—
556-6	—	565	—	575-1	—
556-7	—	566	725	576	—
557	—	566-1	—	576-1	—
557-1	—	566-2	—	576-2	—
557-2	—	566-3	—	577	726
558	—	566-4	—	577-1	—
558-1	—	566-5	—	578	

德国民法典	中华人民共和国民法典	德国民法典	中华人民共和国民法典	德国民法典	中华人民共和国民法典
578-1	—	591-1	—	604	
579	—	591-2	—	605	—
580	—	592	—	606	
580-1	—	593	—	607	
581	703、720	593-1	—	608	
582		593-2	—	609	
582-1	—	594	—	610 [删除]	
583	—	594-1	—	611	—
583-1	—	594-2	—	611-1、611-2 [删除]	
584		594-3	—		
584-1	—	594-4	—	612	—
584-2	—	594-5	—	612-1	
585	—	594-6	—	613	
585-1	—	595	—	613-1	—
585-2	—	595-1		614	
586 Ⅰ	—	596		615	
586 Ⅱ	—	596-1	—	616	—
586-1		596-2		617	
587	—	597	—	618	
588	—	598	—	619	—
589		599	—	619-1	
590	—	600	—	620	
590-1		601		621	
590-2		602	—	622	
591	—	603		623	—

条文对照表（债编各论）

德国民法典	中华人民共和国民法典	德国民法典	中华人民共和国民法典	德国民法典	中华人民共和国民法典
624	—	639	—	651-11	—
625	—	640	—	651-12	—
626	—	641	782	651-13	—
627	—	641-1 [删除]		652	963、964
628	—	642	778	653	963 I
629	—	643	778	654	—
630	—	644	—	655	—
630-1	—	645	803、804、805	655-1	—
630-2	—	646	—	655-2	—
630-3	—	647	783	655-3	—
630-4	—	648	807	655-4	—
630-5	—	648-1	—	655-5	—
630-6	—	649	787	656	—
630-7	—	650	—	657	499
630-8	—	651	—	658	—
631	770	651-1	—	659	—
632	—	651-2	—	660	—
632-1	782	651-3	—	661	—
633	—	651-4	—	661-1	—
634	781	651-5	—	662	919
634-1	—	651-6	—	663	—
635	781	651-7	—	664	923
636	—	651-8	—	665	922
637	—	651-9	—	666	924
638	781	651-10	—	667	927

德国民法典	中华人民共和国民法典	德国民法典	中华人民共和国民法典	德国民法典	中华人民共和国民法典
668	—	675-18	—	689	889
669	921	675-19	—	690	897
670	921	675-20	—	691	894
671	933	675-21	—	692	892 Ⅱ
672	934、935	675-22	—	693	—
673	934、936	675-23	—	694	893
674	—	675-24	—	695	899 Ⅰ
675	—	675-25	—	696	899 Ⅱ
675-1	—	675-26	—	697	—
675-2	—	676	—	698	—
675-3	—	676-1	—	699	902
675-4	—	676-2	—	700	901
675-5	—	676-3	—	701	—
675-6	—	677	981	702	—
675-7	—	678	979 Ⅱ	702-1	—
675-8	—	679	979 Ⅱ	703	—
675-9	—	680	—	704	—
675-10	—	681	982	705	967
675-11	—	682	—	706	968
675-12	—	683	979	707	—
675-13	—	684	980	708	—
675-14	—	685	—	709	970 Ⅰ
675-15	—	686	—	710	970 Ⅱ
675-16	—	687	—	711	970 Ⅲ
675-17	—	688	888 Ⅰ	712	—

德国民法典	中华人民共和国民法典	德国民法典	中华人民共和国民法典	德国民法典	中华人民共和国民法典
713	—	738	—	763	—
714	—	739	—	764 [删除]	
715	—	740	—	765	681
716	970 Ⅱ	741	—	766	685
717	—	742	—	767	691
718	969 Ⅰ	743	—	768	701
719	969 Ⅱ	744	—	769	699
720	—	745	—	770	702
721	972、978	746	—	771	687
722	972	747	—	772	—
723	976 Ⅲ	748	—	773	687 Ⅱ
724	—	749	—	774	700
725	—	750	—	775	—
726	—	751	—	776	—
727	977	752	—	777	693
728	977	753	—	778	—
729	—	754	—	779	—
730	—	755	—	780	—
731	—	756	—	781	—
732	—	757	—	782	—
733	—	758	—	783	—
734	978	759	—	784	—
735	973	760	—	785	—
736	—	761	—	786 [删除]	
737	—	762	—	787	—

德国民法典	中华人民共和国民法典	德国民法典	中华人民共和国民法典	德国民法典	中华人民共和国民法典
788	—	813 I	—	837	1252、1253
789	—	813 II	985	838	1252、1253
790	—	814	985	839	—
791	—	815	—	839-1	—
792	—	816	—	840	1168—1172
793	—	817	—	841	—
794	—	818	986	842	1179
795 [删除]		819	987	843	1179
796	—	820	—	844	1179、1181
797	—	821	—	845	1179
798	—	822	988	846	—
799	—	823	120、1165	847 [删除]	
800	—	824	1024	848	—
801	—	825	—	849	—
802	—	826	—	850	—
803	—	827	1190	851	—
804	—	828	1188	852	—
805	—	829	1186	853	—
806	—	830	1168、1169、1170		
807	—	831	1191、1192		
808	—	832	1188 I、1189		
809	—	833	1245—1249		
810	—	834	1245—1249		
811	—	835 [删除]			
812	122、985	836	1252、1253		

《德国民法典》与台湾地区"民法"条文对照表(债编各论)

德国民法典	台湾地区"民法"	德国民法典	台湾地区"民法"	德国民法典	台湾地区"民法"
433	348、367	448 Ⅱ	—	467	—
434 Ⅰ	354	449	—	468	—
434 Ⅱ	—	450	392	469	—
434 Ⅲ	—	451	—	470	—
434 Ⅳ	—	452	—	471	—
435	349	453 Ⅰ	—	472	—
436	—	453 Ⅱ	378:2	473	—
437:1	227、364	453 Ⅲ	348 Ⅱ	474	—
437:2	359	454 Ⅰ	384	475	—
437:3	360	454 Ⅱ	385	476	—
438	365	455	386、387	477	—
439	—	456	379 Ⅰ	478	—
440	—	457	383	479	—
441	359	458	—	480	398、399
442 Ⅰ	355	459	382	481	399
442 Ⅱ	—	460	—	481-1	—
443	—	461	—	481-2	—
444	366	462	380	482	—
445	—	463	—	482-1	—
446	373	464	—	483	—
447	374	465	—	484	—
448 Ⅰ	378	466	—	485	—

德国民法典	台湾地区"民法"	德国民法典	台湾地区"民法"	德国民法典	台湾地区"民法"
486	—	504-1	—	523 I	411
486-1	—	505	—	523 II	—
487	—	505-1	—	524 I	411
488 I	474	505-2	—	524 II	—
488 II	477前	505-3	—	525	412
488 III	477后	505-4	—	526	413
489	—	506	—	527	—
490	—	507	—	528 I	416 I
491	—	508	—	528 II	—
491-1	—	509 [删除]		529	—
492	—	510	—	530	416:1、417
492-1	—	511	—	531	419
492-2	—	512	—	532	416 II:2、420
493	—	513	—	533	—
494	—	514	—	534	408 II
495	—	515	—	535	421
496	—	516 I	406	536	347、349、359、360、430
497	—	516 II	—	536-1 I	—
498	—	517	—	536-1 II	430
499	—	518	—	536-2	347、355
500	—	519 I	418	536-3	437
501	—	519 II	—	536-4	347、366
502	—	520	415	537 I	441
503	—	521	410	537 II	—
504	—	522	409 II	538	432 II但

条文对照表（债编各论）

德国民法典	台湾地区"民法"	德国民法典	台湾地区"民法"	德国民法典	台湾地区"民法"
539	—	554-1	—	558-5	—
540 I	443	555	—	559	—
540 II	444	555-1	—	559-1	—
541	438 II	555-2	—	559-2	—
542	450 I、450 II	555-3	—	560	—
543 I	—	555-4	—	561	—
543 II：3	440 II	555-5	—	562	445 I
543 III	—	555-6	—	562-1	446
543 IV	—	556	—	562-2	447
544	449 I	556-1	—	562-3	448
545	451	556-2 I	439 中	562-4	—
546 I	455	556-2 II	—	563	—
546 II	—	556-3	—	563-1	—
546-1	—	556-4	—	563-2	—
547 I	454	556-5	—	564	—
547 II	—	556-6	—	565	—
548	456	556-7	—	566 I	425 I
549	—	557	—	566 II	—
550	422	557-1	—	566-1	—
551	—	557-2	—	566-2	—
552	—	558	—	566-3	—
553 I	443 I	558-1	—	566-4	—
553 II	—	558-2	—	566-5	—
553 III	—	558-3	—	567	426
554 [删除]		558-4	—	567-1	—

德国民法典	台湾地区"民法"	德国民法典	台湾地区"民法"	德国民法典	台湾地区"民法"
567-2	—	577	—	590	—
568	—	577-1	—	590-1	—
569 I	424	578	—	590-2	461
569 II	—	578-1	—	591	461-1
569 III:1	440 II	579	439	591-1	—
569 III:2,3	—	580	452	591-2	—
569 IV	—	580-1	450 II	592	—
569 V	—	581	—	593	—
570	—	582	462	593-1	—
571	—	582-1 I	—	593-2	—
572	—	582-1 II	—	594	—
573	—	582-1 III	463	594-1	460
573-1	—	583	—	594-2	—
573-2	—	583-1	—	594-3	458:2,3
573-3	—	584	459	594-4	458:1
573-4	—	584-1	458	594-5 I	—
574	—	584-2	—	594-5 II	458:4
574-1	—	585	—	594-6	—
574-2	—	585-1	—	595	—
574-3	—	585-2	—	595-1	—
575	—	586	—	596	—
575-1	—	586-1	—	596-1	—
576	—	587	—	596-2	—
576-1	—	588	—	597	—
576-2	—	589	—	598	464

德国民法典	台湾地区"民法"	德国民法典	台湾地区"民法"	德国民法典	台湾地区"民法"
599	—	616	—	631	490
600	466	617	—	632	491
601	469	618	483-1	632-1	—
602	468 Ⅱ	619	—	633 Ⅰ	492
603	467	619-1	—	633 Ⅱ	492
604 Ⅰ	470	620	488	633 Ⅲ	—
604 Ⅱ	470	621	—	634	493—495
604 Ⅲ	470	622	—	634-1	514、498
604 Ⅳ	—	623	—	635	493 Ⅲ
604 Ⅴ	—	624	—	636	497
605	472	625	—	637	493 Ⅱ
606	473	626	489 Ⅰ	638	494
607 Ⅰ	474 Ⅰ	627	—	639	501-1
607 Ⅱ	—	628 Ⅰ	—	640	—
608	—	628 Ⅱ	489 Ⅱ	641 Ⅰ	505
609	477	629	—	641 Ⅱ	—
610[删除]		630	—	641 Ⅲ	—
611	482	630-1	—	641 Ⅳ	—
611-1、611-2[删除]		630-2	—	641-1[删除]	
612	483	630-3	—	642	507
612-1	—	630-4	—	643	507
613	484 Ⅰ	630-5	—	644 Ⅰ	508 Ⅰ
613-1	—	630-6	—	644 Ⅱ	—
614	486	630-7	—	645	509
615	487	630-8	—	646	510

德国民法典	台湾地区"民法"	德国民法典	台湾地区"民法"	德国民法典	台湾地区"民法"
647	—	652 I	565	668	542
648 I	513	652 II	568、569	669	545
648 II	—	653	566	670	546 I
648-1	—	654	571	671	549
649	511	655	572	672	550
650	506	655-1	—	673	550
651	—	655-2	—	674	551
651-1 I	514-1	655-3	—	675 I	529
651-1 II	—	655-4	—	675 II	—
651-1 III	514-2	655-5	—	675 III	—
651-1 IV	—	656	573	675-1	—
651-1 V	—	657	164 I、164 IV	675-2	—
651-2	514-4	658 I	—	675-3	—
651-3	514-6	658 II	165 II	675-4	—
651-4 I	514-7 I	659	164 II	675-5	—
651-4 II	—	660	—	675-6	—
651-5	514-7 I	661	165-1、165-2、165-3	675-7	—
651-6	514-7 II	661-1	—	675-8	—
651-7	514-12	662	528	675-9	—
651-8	—	663	530	675-10	—
651-9	514-9	664 I	537、538 II	675-11	—
651-10	514-5	664 II	543	675-12	—
651-11	—	665	536	675-13	—
651-12	—	666	540	675-14	—
651-13	—	667	541	675-15	—

德国民法典	台湾地区"民法"	德国民法典	台湾地区"民法"	德国民法典	台湾地区"民法"
675-16	—	687	—	710	671
675-17	—	688	589 I	711	671 III
675-18	—	689	589 II	712	—
675-19	—	690	590	713	680
675-20	—	691	592	714	679
675-21	—	692	594	715	—
675-22	—	693	595	716	675
675-23	—	694	596	717	—
675-24	—	695	597	718	668
675-25	—	696	598	719	682
675-26	—	697	600	720	—
676	—	698	—	721	676
676-1	—	699	601	722	677
676-2	—	700 I	602、603	723	686
676-3	—	700 II	—	724	—
677	172	701	606	725	685
678	174 I	702	608	726	692
679	174 II	702-1	609	727	687:1
680	175	703	610	728 I	—
681	173	704	612	728 II	687:2
682	—	705	667 I	729	—
683	176	706	667 II, III	730	694
684	177	707	669	731	—
685	—	708	672	732	—
686	—	709	670、671 I	733	697

德国民法典	台湾地区"民法"	德国民法典	台湾地区"民法"	德国民法典	台湾地区"民法"
734	699	758	—	779 I	736
735	698、681	759	731	779 II	—
736	—	760	732	780	—
737	688	761	730	781	—
738	689	762	—	782	—
739	690	763	—	783	710
740 I	689 III	764 [删除]		784	711
740 II	—	765 I	739	785	—
741	—	765 II	—	786 [删除]	
742	817 II	766	—	787	713
743	818	767	—	788	712 I
744	820 I，V	768	742	789	714
745	820 I，II	769	748	790	715 I
746	826-1	770 I	744	791	—
747	819	770 II	742-1	792	716
748	822 I	771	745	793 I	719
749	823	772	—	793 II	—
750	—	773	746	794	721
751	826-1	774 I	749	795 [删除]	
752	824 II：1	774 II	—	796	722
753	824 II：2	775	750	797	720
754	—	776	751	798	724
755	—	777 I	752	799	725
756	—	777 II	755	800	—
757	825	778	756	801	—

条文对照表（债编各论）

德国民法典	台湾地区"民法"	德国民法典	台湾地区"民法"	德国民法典	台湾地区"民法"
802	726	825	—	842	193 I
803	—	826	184 I 后	843	193 II
804	727	827	—	844	192
805	—	828 I	187 I	845	—
806	—	828 II	—	846	—
807	—	828 III	187 I	847 [删除]	
808	—	829	187 III, IV	848	—
809	—	830	185	849	213 II
810	—	831	188 I	850	—
811	—	832 I	187 I, II	851	—
812 I	179	832 II	—	852	197
812 II	—	833	190	853	198
813	—	834	—		
814	180: 1、180: 3	835 [删除]			
815	—	836	191		
816	—	837	191		
817	180: 4	838	191		
818	181、182 I	839 I	186 I		
819	182 II	839 II	—		
820 I	—	839 III	186 II		
820 II	182 II	839-1	—		
821	—	840 I	185 I、187 I、188 I		
822	183	840 II	—		
823	184 I	840 III	190 II、119 II		
824	195	841	—		

物权编

编译者 / 刘甲一

修订者 / 蔡明诚

3 Sachenrecht
第三编 物权编

简 介

在德国物权法上，物权系对物或权利之支配权（Herrschaftsrechte）而具有绝对性质。另学理上，有就物权作为归属权（Zuordnungsrecht），或称物的财产归属权（Recht der Verömegenszuordnung von Sachen）的说法，并将之分为两种，归属权（物直接归属于权利人）与绝对的归属权（对抗任何人之效力）。在所谓物权原则，其有绝对性、公示性、特定性、可让与性及无因性等原则。德国民法，承认物权行为具有独立性及无因性原则，且物权采"种类强制与类型固定"（Typenzwang und Typenfixierung）原则，以法律有明文规定者，始属有效。当事人不能任意创设他种物权。本编所规定的物权包括：占有、所有权、地上权、役权（地役权、用益权、限制人役权）、先买权、物上负担、抵押权、土地债务、定期土地债务、质权（动产质权、权利质权）。其他法规亦有规定特别物权，如（1）住房所有权（住房所有权法）（Wohnungseigentumsgesetz）；（2）长期居住权（Dauerwohnrecht）（住房所有权法）；（3）买回权（Wiederkaufsrecht）等。德国学说上之分类，将之区分为所有权与限定物权（beschränkte dingliche Rechte），于限定物权之下，分为物上用益权（Dingliche Nutzungsrechte）、物上变价权（Dingliche Verwertungsrechte）与物上取得权（Dingliches Erwerbsrecht）。物上用益权，与用益物权概念相似，物上变价权，如同担保物权，至于物上取得权，系指权利人在一定要件下，得以取得所有权或其他物权之权利。例如先买权（Vorkaufsrechte）（参照第1094条至第1104条）、先占权（Aneignungsrechte）（参照第958条第2款）与预告登记（Vormerkung）（参照第883条以下）及法律未规定之期待（die im Gesetz nicht geregelten Anwartschaften）。

兹将此等物权列表以明其系统如下：

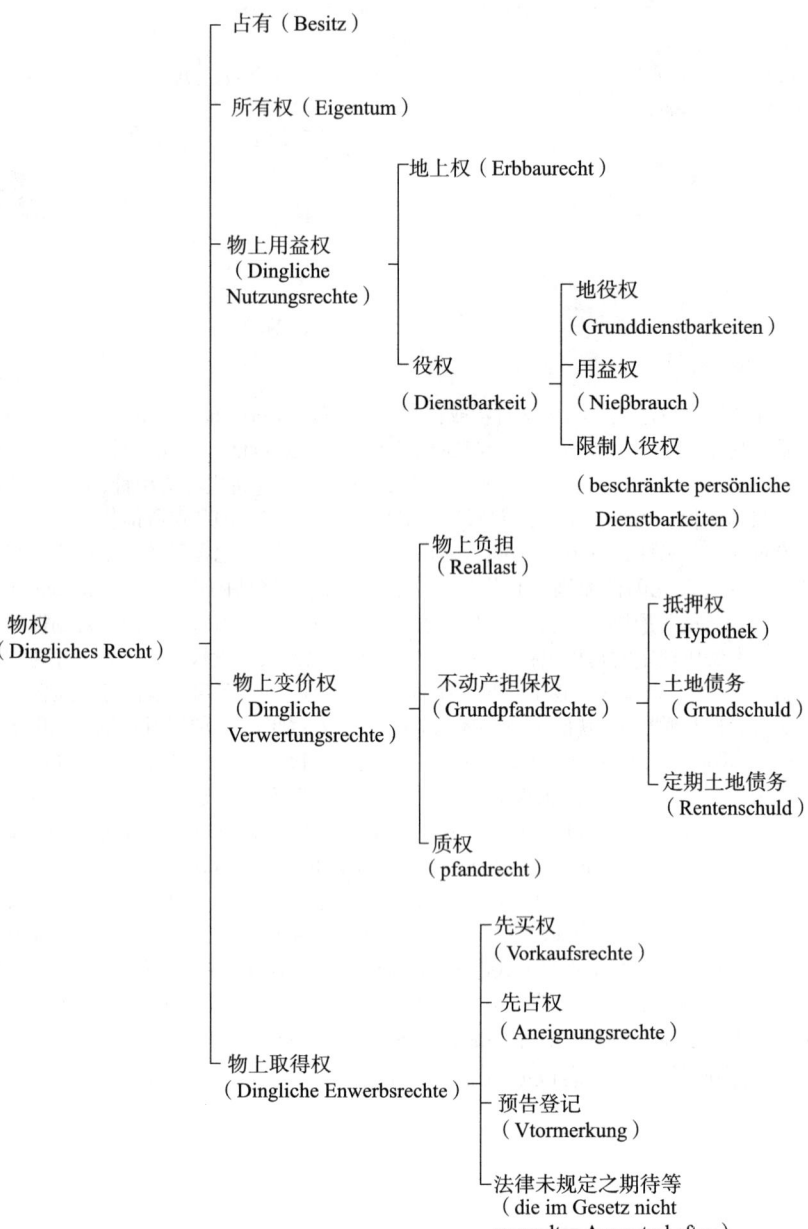

Abschnitt 1   Besitz

第一章 占 有

德国民法上"占有"主要系继承日耳曼法上"克维尔"（Gewerbe）传统。"占有"虽非属法律关系，应为"事实关系"，但由于法律对法律上之地位，故亦具备"权利意义"（Bedeutung des Rechts）。关于赋予占有以法律上地位之规定，包括"占有地位之保护"（Schutz des Besitzstandes）（第859条以下）、"前占有人对现有占有人之返还权"（第1007条）、"占有人对于所有人之拒绝返还权"（第985条、第986条）、"占有之可移转性"（第854条第2款、第870条）。关于"占有"为赠与之标的，第五编"继承"第三章另有规定（第2169条）。民法虽未就"物之保管"（Gewahrsam）另为规定，但见于民法外之其他规定，如《民事诉讼法》第808条第2款、第809条、第886条。

§854 Erwerb des Besitzes

(1) Der Besitz einer Sache wird durch die Erlangung der tatsächlichen Gewalt über die Sache erworben.

(2) Die Einigung des bisherigen Besitzers und des Erwerbers genügt zum Erwerb, wenn der Erwerber in der Lage ist, die Gewalt über die Sache auszuüben.

第八百五十四条   [直接占有之取得]ᵃ

Ⅰ 对于物有事实上管领之力者，取得该物之占有ᵇ。

Ⅱ 现已管领物者，即因与原占有人间之合意而取得其占有。

a 参考条文：第857条、第868条、第867条。
b 本条对于取得直接占有是否需要"占有意思"（Besitzwille）并未设明文规定。但"无意思之持有"（Unbewusste Innehabung），向来被认为不构成占有（参照第867条，RG JW. 25, 784; BGHZ 101, 186, 187）。因此，占有之成立，虽不需要意思表示，但至少须为"事实行为"所必须之意思存在。

§855 Besitzdiener

Übt jemand die tatsächliche Gewalt über eine Sache für einen anderen in dessen Haushalt oder Erwerbsgeschäft oder in einem ähnlichen Verhältnis aus, vermöge dessen er den sich auf die Sache beziehenden Weisungen des anderen Folge zu leisten hat, so ist nur der andere Besitzer.

第八百五十五条 　[占有辅助人]ª
因家务、营业或类似关系，依照他人有关其物之指示，而对于该物为事实上之管领者，仅该他人为占有人。

a 占有辅助人除本条所规定者外，尚有第868条所规定之直接占有人或所谓"占有媒介人"（Besitzmittler），惟依本条成立"占有辅助人"之间存有"社会的从属关系"（soziales Abhängigkeitsverhältnis）。但应注意，在某种情形下，虽有社会从属关系存在，仍例外地不构成"占有辅助人"，此例外情形，包括妻就家具之占有，由房屋所有人交付门锁于长期看管房屋者及具有广泛授权之财产管理人等类事例。

§856　Beendigung des Besitzes

(1) Der Besitz wird dadurch beendigt, dass der Besitzer die tatsächliche Gewalt über die Sache aufgibt oder in anderer Weise verliert.
(2) Durch eine ihrer Natur nach vorübergehende Verhinderung in der Ausübung der Gewalt wird der Besitz nicht beendigt.

第八百五十六条　[占有之消灭]ª
Ⅰ 占有因占有人抛弃或依其他情形丧失其对于物之事实上管领力而消灭。
Ⅱ 在性质上系因暂时之妨碍不能实施其管领力者，其占有不消灭。

a 关于间接占有之消灭，参照第868条。

§857　Vererblichkeit

Der Besitz geht auf den Erben über.

第八百五十七条　[可继承性]
占有得移转于继承人ª。

a 本条规定被继承人占有地位之移转，并非规定物之管领对被继承人之移转。此占有可继承性之原则，对于一切直接或间接占有均有适用。但在合伙，死亡之

第一章 占 有　　　　　　　　　　　　　　　§§857—859

合伙人对于合伙财产之占有不移转于继承人，只使其他合伙人之占有份额增加而已。关于本条所规定之占有之移转，不需取得人之行为能力，因此适用第1953条。其他关于继承开始与占有之移转关系，参照第1953条、第2078条。

§858 Verbotene Eigenmacht

(1) Wer dem Besitzer ohne dessen Willen den Besitz entzieht oder ihn im Besitz stört, handelt, sofern nicht das Gesetz die Entziehung oder die Störung gestattet, widerrechtlich (verbotene Eigenmacht).

(2) Der durch verbotene Eigenmacht erlangte Besitz ist fehlerhaft. Die Fehlerhaftigkeit muss der Nachfolger im Besitz gegen sich gelten lassen, wenn er Erbe des Besitzers ist oder die Fehlerhaftigkeit des Besitzes seines Vorgängers bei dem Erwerbkennt.

第八百五十八条　[暴力]^a

Ⅰ 未经占有人之同意而侵夺或妨害占有者，其行为应属不法（暴力）。但侵夺或妨害为法律所准许者，不在此限。

Ⅱ ¹占有以暴力取得者，具有瑕疵。²占有之继承人为占有人之继承人，继受占有，或在取得时明知其前占有人知占有有瑕疵者，不得就其瑕疵而为抗辩^b。

a 参考条文：第864条第2款、第869条、第904条。
b 占有之瑕疵与因不当得利而取得占有不同，只发生相对效力，不能对第三人主张之。

§859 Selbsthilfe des Besitzers

(1) Der Besitzer darf sich verbotener Eigenmacht mit Gewalt erwehren.

(2) Wird eine bewegliche Sache dem Besitzer mittels verbotener Eigenmacht weggenommen, so darf er sie dem auf frischer Tat betroffenen oder verfolgten Täter mit Gewalt wieder abnehmen.

(3) Wird dem Besitzer eines Grundstücks der Besitz durch verbotene Eigenmacht entzogen, so darf er sofort nach der Entziehung sich des Besitzes durch Entsetzung des Täters wieder bemächtigen.

(4) Die gleichen Rechte stehen dem Besitzer gegen denjenigen zu, welcher nach §858 Abs. 2 die Fehlerhaftigkeit des Besitzes gegen sich gelten lassen muss.

第八百五十九条　[占有人 a 之自助]
Ⅰ 占有人对于暴力得以己力防御之。
Ⅱ 占有物被侵夺者如系动产，占有人得就地或追踪向加害人取回之。
Ⅲ 土地之占有人，其占有因暴力而被侵夺者，得即时排除其侵害而恢复占有。
Ⅳ 占有人对于依第八百五十八条第二款规定就占有瑕疵应负责任之人，享有相同权利。

a 本条所谓"占有人"限于直接占有人。关于间接占有人，另依第229条关于"自助行为"之一般规定。

§860　Selbsthilfe des Besitzdieners

Zur Ausübung der dem Besitzer nach §859 zustehenden Rechte ist auch derjenige befugt, welcher die tatsächliche Gewalt nach §855 für den Besitzer ausübt.

第八百六十条　[占有辅助人之自力救济][a]
依第八百五十五条为占有人之利益而事实上管领物者，亦得行使依第八百五十九条所定属于占有人之权利。

a 参考条文：第227条、第229条、第858条。

§861　Anspruch wegen Besitzentziehung

(1) Wird der Besitz durch verbotene Eigenmacht dem Besitzer entzogen, so kann dieser die Wiedereinräumung des Besitzes von demjenigen verlangen, welcher ihm gegenüber fehlerhaft besitzt.

(2) Der Anspruch ist ausgeschlossen, wenn der entzogene Besitz dem gegenwärtigen Besitzer oder dessen Rechtsvorgänger gegenüber fehlerhaft war und in dem letzten Jahre vor der Entziehung erlangt worden ist.

第八百六十一条　[因占有侵夺而生之请求权]
Ⅰ 占有因暴力而被侵夺者，占有人得向有瑕疵之占有人请求恢复其占有物。
Ⅱ 被侵夺之占有，于现时占有人或其前占有人为有瑕疵，且于被侵夺前一年取得者，不得请求恢复其占有。

a 参考条文：第858条第1款、第2款、第862条,《民事诉讼法》第260条、第268条第3项。

§862 Anspruch wegen Besitzstörung

(1) Wird der Besitzer durch verbotene Eigenmacht im Besitz gestört, so kann er von dem Störer die Beseitigung der Störung verlangen. Sind weitere Störungen zu besorgen, so kann der Besitzer auf Unterlassung klagen.

(2) Der Anspruch ist ausgeschlossen, wenn der Besitzer dem Störer oder dessen Rechtsvorgänger gegenüber fehlerhaft besitzt und der Besitz in dem letzten Jahre vor der Störung erlangt worden ist.

第八百六十二条 [因占有妨害而生之请求权][a]

Ⅰ [1]占有因暴力而被妨害者，得对加害人请求除去其妨害。[2]占有有继续被妨害之虞者，得请求防止其妨害。

Ⅱ 占有人对于加害人或其前占有人为有瑕疵，且于被妨害前一年内取得者，不得请求除去或防止其妨害。

a 参考条文：第858条、第861条、第906条、第1004条。

§863 Einwendungen des Entziehers oder Störers

Gegenüber den in den §§861, 862 bestimmten Ansprüchen kann ein Recht zum Besitz oder zur Vornahme der störenden Handlung nur zur Begründung der Behauptung geltend gemacht werden, dass die Entziehung oder die Störung des Besitzes nicht verbotene Eigenmacht sei.

第八百六十三条 [侵夺人或妨害人之抗辩][a]

主张有权占有或有权为妨害占有之行为者，应证明占有之侵夺或妨害非由于暴力所致，始得对抗第八百六十一条及第八百六十二条所定之请求权。

a 参考条文：第858条、第861条、第1007条,《民事诉讼法》第33条。

§864 Erlöschen der Besitzansprüche

(1) Ein nach den §§861, 862 begründeter Anspruch erlischt mit dem Ablauf eines Jahres nach der Verübung der verbotenen Eigenmacht, wenn nicht vorher der Anspruch im Wege der Klage geltend gemacht wird.

(2) Das Erlöschen tritt auch dann ein, wenn nach der Verübung der verbotenen Eigenmacht durch rechtskräftiges Urteil festgestellt wird, dass dem Täter ein Recht an der Sache zusteht, vermöge dessen er die Herstellung eines seiner Handlungsweise entsprechenden Besitzstands verlangen kann.

第八百六十四条 [占有请求权][a]

Ⅰ 第八百六十一条及第八百六十二条所定之请求权，未以诉讼主张者，自受暴力侵害后经过一年而消灭。

Ⅱ 在行使暴力行为后，经确定判决确认行为人就占有物原系有权请求恢复至与其暴力行为相当之占有状态时，前项锁定请求权亦即因而消灭[b]。

a 依暴力侵害后，期间之经过不因请求权人之知或不知其情形而受影响。关于此向消灭时效期间之计算，适用第187条第1款及第188条第2款规定。

b 本款规定系依"诉讼消灭占有"（petitorium absorbet possessorium）之原则，表明"基于权利之诉讼"（Rechtsklage）所作成之确定判决，可确认"占有请求权"（Besitzanspruch）之消灭。经确认依暴力取得占有者，其占有请求权因而消灭。确认此占有地位之判决必须为具有确定力之确定判决，因此，附假执行宣告之判决（vorläufig vollstreckbares Urteil）及假处分之裁判，不发生此确认效力。关于期间之开始及其经过，应由被告负担举证责任，关于期间之继续，应由原告负担举证责任。

§865 Teilbesitz

Die Vorschriften der §§858 bis 864 gelten auch zugunsten desjenigen, welcher nur einen Teil einer Sache, insbesondere abgesonderte Wohnräume oder andere Räume, besitzt.

第八百六十五条 [部分占有][a]

占有物之一部分，即如占有居住之房间或其他之房间者，为其利益，亦得适用第八百五十八条至第八百六十四条规定。

a 参考条文：第550条、第866条、第906条。

§866 Mitbesitz

Besitzen mehrere eine Sache gemeinschaftlich, so findet in ihrem Verhältnis zueinander ein Besitzschutz insoweit nicht statt, als es sich um die Grenzen des den einzelnen zustehenden Gebrauchs handelt.

第八百六十六条 [共同占有][a]

数人共同占有一物者，各占有人在其相互间之关系，就占有物所得使用之范围，不得请求占有之保护[b]。

a 参考条文：第854条、第868条。
b 本条所规定之"共同占有"，不以共同目的之存在为必要。但须有所谓"占有同一阶次"（Gleichstuftigkeit des Besitzes）之关系。直接占有人与间接占有人相互间则不构成此关系。共同占有分为"重复共同占有"（vervielfältiger Besitz）及"统一共同占有"（einheitlicher Mitbesitz）。前者，只各共有人的自由使用占有物之关系，后者，只各占有人必须共同使用占有物之关系。

§867 Verfolgungsrecht des Besitzers

Ist eine Sache aus der Gewalt des Besitzers auf ein im Besitz eines anderen befindliches Grundstück gelangt, so hat ihm der Besitzer des Grundstücks die Aufsuchung und die Wegschaffung zu gestatten, sofern nicht die Sache inzwischen in Besitz genommen worden ist. Der Besitzer des Grundstücks kann Ersatz des durch die Aufsuchung und die Wegschaffung entstehenden Schadens verlangen. Er kann, wenn die Entstehung eines Schadens zu besorgen ist, die Gestattung verweigern, bis ihm Sicherheit geleistet wird; die Verweigerung ist unzulässig, wenn mit dem AufschubGefahr verbunden ist.

第八百六十七条 [占有人之追踪权][a]

[1]占有物脱离管领，偶至他人占有地内者，土地占有人应许可该物之占有人进入其地内，寻查取回。但其物已为人所占有者，不在此限。[2]土地占有人得请求赔偿因寻查取回而生之损害。[3]土地占有人有受损害之虞时，在未提供担保前，得拒绝许可；因延期足至危险者，不得拒绝。

a 参考条文：第229条、第276条、第833条以下、第836条至第838条、第911条、

第985条、第1065条、第1227条。

§868 Mittelbarer Besitz

Besitzt jemand eine Sache als Nießbraucher, Pfandgläubiger, Pächter, Mieter, Verwahrer oder in einem ähnlichen Verhältnis, vermöge dessen er einem anderen gegenüber auf Zeit zum Besitz berechtigt oder verpflichtet ist, so ist auch der andere Besitzer (mittelbarer Besitz).

第八百六十八条　[间接占有]
用益权人、质权人、收益承租人、使用承租人、受寄人，或基于类似之法律关系，在一定时期对于他人有为占有之权利或义务者，该他人亦为占有人（间接占有）。

§869 Ansprüche des mittelbaren Besitzers

Wird gegen den Besitzer verbotene Eigenmacht verübt, so stehen die in den §§861, 862 bestimmten Ansprüche auch dem mittelbaren Besitzer zu. Im Falle der Entziehung des Besitzes ist der mittelbare Besitzer berechtigt, die Wiedereinräumung des Besitzes an den bisherigen Besitzer zu verlangen; kann oder will dieser den Besitz nicht wieder übernehmen, so kann der mittelbare Besitzer verlangen, dass ihm selbst der Besitz eingeräumt wird. Unter der gleichen Voraussetzung kann er im Falle des §867 verlangen, dass ihm die Aufsuchung und Wegschaffung der Sache gestattet wird.

第八百六十九条　[间接占有人之请求][a]
¹对占有人实施暴力者，间接占有人亦有第八百六十一条及第八百六十二条规定之请求权。²占有被侵夺时，间接占有人得请求对原占有人恢复其占有；原占有人不能或不欲受领者，间接占有人得请求对自己恢复其占有。³具备上列之要件时，间接占有人在第八百六十七条规定之情形，亦得请求许可其寻查取回其物。

a　参考条文：第227条以下、第861条第2款、《民事诉讼法》第147条。

§870 Übertragung des mittelbaren Besitzes

Der mittelbare Besitz kann dadurch auf einen anderen übertragen werden, dass diesem der Anspruch auf Herausgabe der Sache abgetreten wird.

第八百七十条 [间接占有之移转][a]
间接占有得因占有物返还请求权之让与而移转[b]。

a 参考条文：第398条、第866条、第868条、第870条、第929条。
b 本条所规定间接占有之移转，系指依第868条规定之占有物返还请求权之让与而言。亦可谓之依法律行为之移转。依法律行为所发生法律关系上之其他请求权与间接占有不同，不得移转。其他发生间接占有之法律原因，尚有提单、仓单等"寄托证券"之移转，及继承，暨权利之其他概括继承。

§871 Mehrstufiger mittelbarer Besitz

Steht der mittelbare Besitzer zu einem Dritten in einem Verhältnis der in §868 bezeichneten Art, so ist auch der Dritte mittelbarer Besitzer.

第八百七十一条 [再间接占有][a]
间接占有人与第三人有第八百六十八条所定之关系者，该第三人亦为间接占有人。

a 参考条文：第861条、第868条、第930条、第1006条第2款。

§872 Eigenbesitz

Wer eine Sache als ihm gehörend besitzt, ist Eigenbesitzer.

第八百七十二条 [自主占有][a]
以所有之意思而占有其物者，为自主占有人。

a 参考条文：第854条、第900条、第927条、第937条以下、第958条、第987条以下、第1120条、第1127条。

Abschnitt 2　Allgemeine Vorschriften über Rechte an Grundstücken

第二章　土地物权通则

§873　Erwerb durch Einigung und Eintragung

（1）Zur Übertragung des Eigentums an einem Grundstück, zur Belastung eines Grundstücks mit einem Recht sowie zur Übertragung oder Belastung eines solchen Rechts ist die Einigung des Berechtigten und des anderen Teils über den Eintritt der Rechtsänderung und die Eintragung der Rechtsänderung in das Grundbuch erforderlich, soweit nicht das Gesetz ein anderes vorschreibt.

（2）Vor der Eintragung sind die Beteiligten an die Einigung nur gebunden, wenn die Erklärungen notariell beurkundet oder vor dem Grundbuchamt abgegeben oder bei diesem eingereicht sind oder wenn der Berechtigte dem anderen Teil eine den Vorschriften der Grundbuchordnung entsprechende Eintragungsbewilligung ausgehändigt hat.

第八百七十三条　[基于合意及登记之取得]

Ⅰ 土地所有权之移转或于土地上设定权利，及此等权利之移转或设定权利，应经权利人与相对人就发生权利变更之合意，并于土地登记簿[a]上为权利变更之登记。但法律另有规定者，不在此限[b]。

Ⅱ 成立合意之当事人，在登记前，仅以双方之表示，已由公证人作成证书，或其表示系在土地登记机关前为之，或曾向之申请登记，或权利人已将土地登记法规定之登记同意书交付他当事人者为限，始受合意之拘束。

a 在德国民法上，Grundbuch谓土地登记簿用纸（Blatt）而言（《土地登记法》第3条第1款第2段）。
b 参照第313条。

§874　Bezugnahme auf die Eintragungsbewilligung

Bei der Eintragung eines Rechts, mit dem ein Grundstück belastet wird, kann zur näheren Bezeichnung des Inhalts des Rechts auf die Eintragungsbewilligung Bezug genommen werden, soweit nicht das Gesetz ein anderes vorschreibt. Einer Bezugnahme auf die Eintragungsbewilligung steht die Bezugnahme auf die bisherige Eintragung nach §44 Absatz 3 Satz 2 der Grundbuchordnung gleich.

第八百七十四条 [登记同意书之引用]
¹于土地设定权利负担之登记，为详细表示该权利之内容，得引用登记同意书。但法律另有规定者，不在此限。²对原依《土地登记法》第四十四条第三款第二段规定所为登记之引用，与登记同意书之引用，有同一效力。

§875 Aufhebung eines Rechts

(1) Zur Aufhebung eines Rechts an einem Grundstück ist, soweit nicht das Gesetz ein anderes vorschreibt, die Erklärung des Berechtigten, dass er das Recht aufgebe, und die Löschung des Rechts im Grundbuch erforderlich. Die Erklärung ist dem Grundbuchamt oder demjenigen gegenüber abzugeben, zu dessen Gunsten sie erfolgt.

(2) Vor der Löschung ist der Berechtigte an seine Erklärung nur gebunden, wenn er sie dem Grundbuchamt gegenüber abgegeben oder demjenigen, zu dessen Gunsten sie erfolgt, eine den Vorschriften der Grundbuchordnung entsprechende Löschungsbewilligung ausgehändigt hat.

第八百七十五条 [权利之废止]
Ⅰ ¹土地上权利之废止，除法律另有规定外，应由权利人为废止权利之表示并于土地登记簿上为权利之涂销。²废止权利之表示应向土地登记机关或因废止而受利益之人为之。
Ⅱ 在涂销前，权利人仅以曾向土地登记机关为废止权利之表示，或已将土地登记法规定之涂销登记同意书交付予因废止而受利益之人之情形为限，始受其表示之拘束。

§876 Aufhebung eines belasteten Rechts

Ist ein Recht an einem Grundstück mit dem Recht eines Dritten belastet, so ist zur Aufhebung des belasteten Rechts die Zustimmung des Dritten erforderlich. Steht das aufzuhebende Recht dem jeweiligen Eigentümer eines anderen Grundstücks zu, so ist, wenn dieses Grundstück mit dem Recht eines Dritten belastet ist, die Zustimmung des Dritten erforderlich, es sei denn, dass dessen Recht durch die Aufhebung nicht berührt wird. Die Zustimmung ist dem Grundbuchamt oder demjenigen gegenüber zu erklären, zu dessen Gunsten sie erfolgt; sie ist unwiderruflich.

第八百七十六条 [设定负担权利之废止]
¹土地上权利为第三人之权利设定负担者，其设定负担权利之废止，应经该第三人之同意。²该项废止之权利属于其他土地之现在所有人所有，而其土地为第三人之权利设定负担者，应经该第三人之同意。但权利之废止不致影响该第三人之权利者，不在此限。³同意应向土地登记机关或因废止而受利益之人为之；同意不得撤回。

§877 Rechtsänderungen

Die Vorschriften der §§873, 874, 876 finden auch auf Änderungen des Inhalts eines Rechts an einem Grundstück Anwendung.

第八百七十七条 [权利变更]
第八百七十三条、第八百七十四条、第八百七十六条规定于土地物权内容之变更适用之[a]。

a 本条之规定仅适用于依法律行为之权利内容之变更。举凡土地权利人依其登记之权利所具有之权限之变更，均属所谓"物权内容之变更"，但其变更不得依权利上负担设定、权利之移转（第873条）、权利次序之变更（第880条）、权利之废止（第875条）等方法为之。

§878 Nachträgliche Verfügungsbeschränkungen

Eine von dem Berechtigten in Gemäßheit der §§873, 875, 877 abgegebene Erklärung wird nicht dadurch unwirksam, dass der Berechtigte in der Verfügung beschränkt wird, nachdem die Erklärung für ihn bindend geworden und der Antrag auf Eintragung bei dem Grundbuchamt gestellt worden ist.

第八百七十八条 [处分权之事后限制]
权利人依第八百七十三条、第八百七十五条、第八百七十七条规定所为之表示ᵃ，已发生拘束力并已向土地登记机关为登记之申请者，不因其处分权之受限制而无效ᵇ。

a 权利处分之表示，除依各该条为之者外，尚得依《民事诉讼法》第894条规定以判决代替之。权利处分之须经第三人之同意为之者，不适用本条之规定。
b 关于本条所规定处分之继续效力（Wirksambleiben），参照第873条、第875条、第878条。

§879 Rangverhältnis mehrerer Rechte

(1) Das Rangverhältnis unter mehreren Rechten, mit denen ein Grundstück belastet ist, bestimmt sich, wenn die Rechte in derselben Abteilung des Grundbuchs eingetragen sind, nach der Reihenfolge der Eintragungen. Sind die Rechte in verschiedenen Abteilungen eingetragen, so hat das unter Angabe eines früheren Tages eingetragene Recht den Vorrang; Rechte, die unter Angabe desselben Tages eingetragen sind, haben gleichen Rang.
(2) Die Eintragung ist für das Rangverhältnis auch dann maßgebend, wenn die nach §873 zum Erwerb des Rechts erforderliche Einigung erst nach der Eintragung zustande gekommen ist.
(3) Eine abweichende Bestimmung des Rangverhältnisses bedarf der Eintragung in das Grundbuch.

第八百七十九条 [数项权利之次序关系]
Ⅰ ¹同一土地上设有数项权利之负担而均登记于土地登记簿之同一项目者，其次序关系，依登记先后定之ᵃ。²其登记于不同项目者，依登记期日在先之权利优先；登记期日相同者，其次序相同。
Ⅱ 依第八百七十三条规定，取得权利所必要之合意，于登记后始完成者，其次序关系，亦依登记为准。
Ⅲ 不同于本条规定次序关系之约定，应登记于土地登记簿。

a 本条系依"任何人不得移转比所有之权利更多之权利于他人"之原则，规定先行设定之权利负担优先于后行之权利负担。兹所谓权利负担，当系指依规定必须经登记后始能发生效力，并且仅能依法律行为而变更者而言。

§880 Rangänderung

(1) Das Rangverhältnis kann nachträglich geändert werden.
(2) Zu der Rangänderung ist die Einigung des zurücktretenden und des vortretenden Berechtigten und die Eintragung der Änderung in das Grundbuch erforderlich; die Vorschriften des §873 Abs. 2 und des §878 finden Anwendung. Soll eine Hypothek, eine Grundschuld oder eine Rentenschuld zurücktreten, so ist außerdem die Zustimmung des Eigentümers erforderlich. Die Zustimmung ist dem Grundbuchamt oder einem der Beteiligten gegenüber zu erklären; sie ist unwiderruflich.
(3) Ist das zurücktretende Recht mit dem Recht eines Dritten belastet, so findet die Vorschrift des §876 entsprechende Anwendung.
(4) Der dem vortretenden Recht eingeräumte Rang geht nicht dadurch verloren, dass das zurücktretende Recht durch Rechtsgeschäft aufgehoben wird.
(5) Rechte, die den Rang zwischen dem zurücktretenden und dem vortretenden Recht haben, werden durch die Rangänderung nicht berührt.

第八百八十条 [权利次序之变更][a]

Ⅰ 次序关系得于事后变更之。

Ⅱ [1]次序之变更应经次序在先而拟退后之权利人及次序在后而拟提前之权利人以合意为之，并应于土地登记簿上为变更登记；第八百七十三条第二款及第八百七十八条规定于次序之变更适用之。[2]抵押权、土地债务或定期土地债务因次序变更而退后者，并应得所有人同意。[3]同意应向土地登记机关或当事人之一方表示；同意不得撤回。

Ⅲ 因变更次序而退后之权利，曾为第三人之权利设定负担者，准用第八百七十六条规定。

Ⅳ 次序在先之权利因让与其次序而退后，并使次序在后之权利为之提前者，此让与之次序，不因该退后之权利经依法律行为加以废止，而随同丧失。

Ⅴ 权利介于先后次序变更之权利之间者，不因该次序变更而受影响。

a 参考条文：第879条、第873条、第878条，《土地登记法》第90条以下。

§881 Rangvorbehalt

(1) Der Eigentümer kann sich bei der Belastung des Grundstücks mit einem Recht die Befugnis vorbehalten, ein anderes, dem Umfang nach bestimmtes Recht mit dem Rang vor jenem Recht eintragen zu lassen.

(2) Der Vorbehalt bedarf der Eintragung in das Grundbuch; die Eintragung muss bei dem Recht erfolgen, das zurücktreten soll.

(3) Wird das Grundstück veräußert, so geht die vorbehaltene Befugnis auf den Erwerber über.

(4) Ist das Grundstück vor der Eintragung des Rechts, dem der Vorrang beigelegt ist, mit einem Recht ohne einen entsprechenden Vorbehalt belastet worden, so hat der Vorrang insoweit keine Wirkung, als das mit dem Vorbehalt eingetragene Recht infolge der inzwischen eingetretenen Belastung eine über den Vorbehalt hinausgehende Beeinträchtigung erleiden würde.

第八百八十一条 [次序保留][a]

Ⅰ 土地所有人于就土地设定权利负担时，得预先保留使范围确定之他项权利登记为优先次序之权限[b]。

Ⅱ 前项保留应登记于土地登记簿，该项登记，应于登记应退后之权利时一并为之。

Ⅲ 经保留之权限随同土地之转让与而移转予受让人[c]。

Ⅳ 在保留有优先次序之权利为登记前，土地设定未附有类似保留权利者，如原先附有保留而登记之权利因有该中间介入之土地负担，至超越保留范围，而受不利益影响时，在此范围内，曾经保留之优先次序不生效力。

a 参考条文：第139条、第873条、第875条、第879条。

b 权利次序越高，对所有人限制越严。次序保留，在使所有人于就土地设定负担后，仍能免除次序之限制，而就土地利用信用。关于次序保留之性质如何，颇有争论，大致可分两面观察，就土地所有人而言，乃是保留所有权之一部分（ein Stück des vorbehaltenen Eigentums），就债权人而论，又具有对其权利加以限制之性质。经保留之权利次序不能让与，亦不能设质。

c 在此情形下，经保留使他项权利次序优先之权限，由土地所有权之受让人亦即现在所有人行使之。其行使须经先行次序权利人同意，并须经登记。

§882 Höchstbetrag des Wertersatzes

Wird ein Grundstück mit einem Recht belastet, für welches nach den für die Zwangsversteigerung geltenden Vorschriften dem Berechtigten im Falle des Erlöschens durch den Zuschlag der Wert aus dem Erlös zu ersetzen ist, so kann der Höchstbetrag des Ersatzes bestimmt werden. Die Bestimmung bedarf der Eintragung in das Grundbuch.

第八百八十二条 [价额赔偿之最高额][a]
¹土地上设定之权利负担,因拍卖而消灭时,依有关强制拍卖之规定,对此项权利应以拍卖价金赔偿其价额者,得制定其赔偿之最高额。²该制定应登记于土地登记簿。

a 参考条文:第873条、第877条、第882条、第1199条第2款。

§883 Voraussetzungen und Wirkung der Vormerkung

(1) Zur Sicherung des Anspruchs auf Einräumung oder Aufhebung eines Rechts an einem Grundstück oder an einem das Grundstück belastenden Recht oder auf Änderung des Inhalts oder des Ranges eines solchen Rechts kann eine Vormerkung in das Grundbuch eingetragen werden. Die Eintragung einer Vormerkung ist auch zur Sicherung eines künftigen oder eines bedingten Anspruchs zulässig.

(2) Eine Verfügung, die nach der Eintragung der Vormerkung über das Grundstück oder das Recht getroffen wird, ist insoweit unwirksam, als sie den Anspruch vereiteln oder beeinträchtigen würde. Dies gilt auch, wenn die Verfügung im Wege der Zwangsvollstreckung oder der Arrestvollziehung oder durch den Insolvenzverwalter erfolgt.

(3) Der Rang des Rechts, auf dessen Einräumung der Anspruch gerichtet ist, bestimmt sich nach der Eintragung der Vormerkung.

第八百八十三条 [预告登记之要件及效力][a]
Ⅰ ¹土地上设定之让与或废止,或就土地上所负担之权利之让与或废止,或就该权利之内容或次序之变更,保全其请求权者,得在土地登记簿上为预告登记。²为保全将来之请求权或附条件之请求权,亦得为预告登记。

Ⅱ ¹在预告登记后,就土地或权利所为之处分,致使请求权蒙受妨害或损害者,于该限度内,其处分不生效力。²依强制执行,或假扣押执行,或由破产管理人所为之处分,亦同。
Ⅲ 依请求权而主张让与之权利,其次序依预告登记之次序定之。

a 参考条文:第439条第2款第2段、第884条、第888条、第899条、第1971条、第1974条第4款、第2016条第2款。

§884 Wirkung gegenüber Erben

Soweit der Anspruch durch die Vormerkung gesichert ist, kann sich der Erbe des Verpflichteten nicht auf die Beschränkung seiner Haftung berufen.

第八百八十四条 [对继承人之效力]ᵃ
请求权经预告登记而受保全者,义务人之继承人不得主张其责任之限制。

a 参考条文:第768条第1款、第1137条第1款、第1211条第1款。

§885 Voraussetzung für die Eintragung der Vormerkung

(1) Die Eintragung einer Vormerkung erfolgt auf Grund einer einstweiligen Verfügung oder auf Grund der Bewilligung desjenigen, dessen Grundstück oder dessen Recht von der Vormerkung betroffen wird. Zur Erlassung der einstweiligen Verfügung ist nicht erforderlich, dass eine Gefährdung des zu sichernden Anspruchs glaubhaft gemacht wird.

(2) Bei der Eintragung kann zur näheren Bezeichnung des zu sichernden Anspruchs auf die einstweilige Verfügung oder die Eintragungsbewilligung Bezug genommen werden.

第八百八十五条 [预告登记之要件]ᵃ
Ⅰ ¹预告登记应基于假处分,或基于因预告登记而其土地或权利受影响之人之许诺ᵇ而为之。²命为假处分,无须先经释明所保全之请求权有陷于危险之虞。
Ⅱ 在登记时,为详细表示所保全之请求权,得引用假处分或登记许诺之文书。

a 预告登记并不具备对于土地之权利性质，因此不适用第873条。
b Bewilligung此即所于"须经对方之接受使成立之单独行为"（einseitige empfangsbedürftige Willenserklarung）。因其系单独行为，故不需以双方当事人之合意为其成立要件。

§886 Beseitigungsanspruch

Steht demjenigen, dessen Grundstück oder dessen Recht von der Vormerkung betroffen wird, eine Einrede zu, durch welche die Geltendmachung des durch die Vormerkung gesicherten Anspruchs dauernd ausgeschlossen wird, so kann er von dem Gläubiger die Beseitigung der Vormerkung verlangen.

第八百八十六条 [除去请求权][a]

因预告登记而其土地或权利受影响之人，取得抗辩权，足以永久排除因预告登记而受保全之请求权之行使者，得请求债权人除去其预告登记。

a 参考条文：第887条、第875条。

§887 Aufgebot des Vormerkungsgläubigers

Ist der Gläubiger, dessen Anspruch durch die Vormerkung gesichert ist, unbekannt, so kann er im Wege des Aufgebotsverfahrens mit seinem Recht ausgeschlossen werden, wenn die im §1170 für die Ausschließung eines Hypothekengläubigers bestimmten Voraussetzungen vorliegen. Mit der Rechtskraft des Ausschließungsbeschlusses erlischt die Wirkung der Vormerkung.

第八百八十七条 [预告登记债权人之公示催告][a]

[1]因预告登记而受保全之请求权，其债权人有不明者，若具备第一千一百七十条所定关于除斥抵押权人之要件时，得依公示催告程序将债权人及其权利一并除斥之。[2]预告登记之效力因除权判决之宣告而失其效力。

a 参考条文：第1170条。

§888 Anspruch des Vormerkungsberechtigten auf Zustimmung

(1) Soweit der Erwerb eines eingetragenen Rechts oder eines Rechts an einem solchen Recht gegenüber demjenigen, zu dessen Gunsten die Vormerkung besteht, unwirksam ist, kann dieser von dem Erwerber die Zustimmung zu der Eintragung oder der Löschung verlangen, die zur Verwirklichung des durch die Vormerkung gesicherten Anspruchs erforderlich ist.

(2) Das Gleiche gilt, wenn der Anspruch durch ein Veräußerungsverbot gesichert ist.

第八百八十八条　[预告登记权利人之同意请求权][a]
Ⅰ 取得已登记之权利或就该权利取得其所负担之权利者，在其对于因预告登记而受利益之人不能生效之范围内，受益人为实行其因预告登记而受保全之请求权之必要，得请求取得人为登记或为涂销之同意。
Ⅱ 请求权因禁止让与而受保全者，亦同。

a 参考条文：第883条、第894条。

§889 Ausschluss der Konsolidation bei dinglichen Rechten

Ein Recht an einem fremden Grundstück erlischt nicht dadurch, dass der Eigentümer des Grundstücks das Recht oder der Berechtigte das Eigentum an dem Grundstück erwirbt.

第八百八十九条　[不生物权之混同][a]
在他人土地上所设定之权利不因土地所有人取得该权利或权利人取得土地所有权而消灭[b]。

a 本条之规定明示德国法上"所有权内容可分性之原则"(Grundsatz der Teilbarkeit des Eigentums dem Inhalt nach)，并依此原则规定，所有人得对于自己所有物，自设限制物权。关于此限制物权之设定，参照第1009条、第1196条、第1199条。
b 所有人一身兼具此数种限制物权人之权限。但有第1063条及第1256条所规定之例外。不动产移转时，此等限制物权不因此而移转，换言之，其移转须为特定之移转。

§890 Vereinigung von Grundstücken; Zuschreibung

(1) Mehrere Grundstücke können dadurch zu einem Grundstück vereinigt werden, dass der Eigentümer sie als ein Grundstück in das Grundbuch eintragen lässt.

(2) Ein Grundstück kann dadurch zum Bestandteil eines anderen Grundstücks gemacht werden, dass der Eigentümer es diesem im Grundbuch zuschreiben lässt.

第八百九十条 [土地之合并；合并登记]

Ⅰ 数土地得因所有人视之为一土地，登记于土地登记簿，而合并为一土地。

Ⅱ 一土地得因所有人在土地登记簿上将其记入于他土地而成为他土地之成分。

§891 Gesetzliche Vermutung

(1) Ist im Grundbuch für jemand ein Recht eingetragen, so wird vermutet, dass ihm das Recht zustehe.

(2) Ist im Grundbuch ein eingetragenes Recht gelöscht, so wird vermutet, dass das Recht nicht bestehe.

第八百九十一条 [法律推定]

Ⅰ 权利为特定人之利益而登记于土地登记簿者，推定其权利属于该受益人[a]。

Ⅱ 登记于土地登记簿上之权利经涂销者，推定其权利不存在[b]。

a 第891条至第893条规定土地登记之公信原则（öffentliche Glauben）。土地登记，在当事人主张权利时，以登记状态为准，发生其权利推定力。

b 主张土地登记之不真实者，应负举证之责。关于此点，《民事诉讼法》第417条及第418条规定能否适用，颇有争论。参照第1006条及第1362条关于动产所有权推定之规定，及《登记船舶及船舶建造物权利法》（Gesetz über Rechte an eingetragenen Schiffen und Schiffsbauwerken）第15条有关船舶登记效力之规定。

§892 Öffentlicher Glaube des Grundbuchs

(1) Zugunsten desjenigen, welcher ein Recht an einem Grundstück oder ein Recht an einem solchen Recht durch Rechtsgeschäft erwirbt, gilt der Inhalt des Grundbuchs als richtig, es sei denn, dass ein Widerspruch gegen die Richtigkeit eingetragen oder die

Unrichtigkeit dem Erwerber bekannt ist. Ist der Berechtigte in der Verfügung über ein im Grundbuch eingetragenes Recht zugunsten einer bestimmten Person beschränkt, so ist die Beschränkung dem Erwerber gegenüber nur wirksam, wenn sie aus dem Grundbuch ersichtlich oder dem Erwerber bekannt ist.

(2) Ist zu dem Erwerb des Rechts die Eintragung erforderlich, so ist für die Kenntnis des Erwerbers die Zeit der Stellung des Antrags auf Eintragung oder, wenn die nach §873 erforderliche Einigung erst später zustande kommt, die Zeit der Einigung maßgebend.

第八百九十二条　[土地登记簿之公信力][a]

Ⅰ [1]因法律行为取得土地上之权利，或就该权利取得其所负担之权利者，土地登记簿之内容，为取得人之利益，视为正确。但对其正确性已为异议登记，或其不正确为取得人所明知者，不在此限。[2]权利人就土地登记簿上所登记之权利，为特定人之利益，受有处分上之限制时，该限制，仅于土地登记簿上已有明确之记载，或为取得人所明知者，对取得人始生效力。

Ⅱ 权利之取得以登记为必要者，取得人之是否知情，以提出登记申请时为准；依第八百七十三条规定，其所应具备之合意，于登记后始成立者，其是否知情以合意时为准。

a 参考条文：第816条、第826条、第932条、第1155条、第1159条第2款。

§893 Rechtsgeschäft mit dem Eingetragenen

Die Vorschrift des §892 findet entsprechende Anwendung, wenn an denjenigen, für welchen ein Recht im Grundbuch eingetragen ist, auf Grund dieses Rechts eine Leistung bewirkt oder wenn zwischen ihm und einem anderen in Ansehung dieses Rechts ein nicht unter die Vorschrift des §892 fallendes Rechtsgeschäft vorgenommen wird, das eine Verfügung über das Recht enthält.

第八百九十三条　[与登记人作成法律行为][a]

对土地登记簿上已为登记之权利人，依照其权利而为给付者，或该权利人与第三人间，就其权利，作成第八百九十二条所定以外之法律行为，而有关于权利之处分者，准用第八百九十二条规定[b]。

a 参考条文：第1140条、第1155条。
b 本条之规定，以土地登记之公信力原则扩张适用于对经登记之无权利人之给付，及其所为之第892条规定外之他种处分。又兹所为"处分"，以变更经登记物权之法律行为为限，债权行为应不包括在内。

§894　Berichtigung des Grundbuchs

Steht der Inhalt des Grundbuchs in Ansehung eines Rechts an dem Grundstück, eines Rechts an einem solchen Recht oder einer Verfügungsbeschränkung der in §892 Abs. 1 bezeichneten Art mit der wirklichen Rechtslage nicht im Einklang, so kann derjenige, dessen Recht nicht oder nicht richtig eingetragen oder durch die Eintragung einer nicht bestehenden Belastung oder Beschränkung beeinträchtigt ist, die Zustimmung zu der Berichtigung des Grundbuchs von demjenigen verlangen, dessen Recht durch die Berichtigung betroffen wird.

第八百九十四条　[土地登记簿之更正]

土地登记簿之内容，关于土地之权利，或关于该权利所负担之权利，或关于第八百九十二条第一款规定所列处分之限制，与实际上之权利状态不相符合者，利害关系人在其权利未经登记，或曾为不正确之登记，或因原不存在之负担或限制之登记而受损害者，得对于因更正而其权利受影响之人，请求其同意更正土地登记簿。

a 参考条文：第873条、第892条、第900条、第901条、第927条。

§895　Voreintragung des Verpflichteten

Kann die Berichtigung des Grundbuchs erst erfolgen, nachdem das Recht des nach §894 Verpflichteten eingetragen worden ist, so hat dieser auf Verlangen sein Recht eintragen zu lassen.

第八百九十五条　[义务人之先行登记]

土地登记簿之更正，须由第八百九十四条规定之义务人为权利之登记后，始得为之者，义务人应依请求，就其义务为登记。

§896 Vorlegung des Briefes

Ist zur Berichtigung des Grundbuchs die Vorlegung eines Hypotheken-, Grundschuld- oder Rentenschuldbriefs erforderlich, so kann derjenige, zu dessen Gunsten die Berichtigung erfolgen soll, von dem Besitzer des Briefes verlangen, dass der Brief dem Grundbuchamt vorgelegt wird.

第八百九十六条 [书状之提示][a]

因土地登记簿之更正，有提示抵押权、土地债务，或定期土地债务之书状之必要者，因更正而受利益之人得请求书状之占有人提示其书状于土地登记机关。

a 参考条文：第1144条、第1167条。

§897 Kosten der Berichtigung

Die Kosten der Berichtigung des Grundbuchs und der dazu erforderlichen Erklärungen hat derjenige zu tragen, welcher die Berichtigung verlangt, sofern nicht aus einem zwischen ihm und dem Verpflichteten bestehenden Rechtsverhältnis sich ein anderes ergibt.

第八百九十七条 [更正之费用]

土地登记簿之更正，及因更正所应为之表示，其费用由更正请求人负担之。但基于请求人与义务人之法律关系另生效果者，不在此限[a]。

a 本条系规定当事人互相间之费用负担义务。对于法院或公证人之费用义务，则属于公法上之费用义务（Sache des öffentlichen Rechts），另依收费法（Kostenordnung）之规定。此费用义务并须细究"物之更正请求权"（dinglicher Berichtigungsanspruch）而负担者（参照第894条）。就其债权的请求权（参照第894条）及诉讼费用之义务而负担者，不包括在内。

§898 Unverjährbarkeit der Berichtigungsansprüche

Die in den §§894 bis 896 bestimmten Ansprüche unterliegen nicht der Verjährung.

第八百九十八条 [更正请求权不受时效规制]ᵃ
第八百九十四条至第八百九十六条所定之请求权不受时效之规制。

a 参考条文：第900条第1款第1段、第901条、第902条第1款第2段、第1028条第1款第2段、第1090条第2款。

§899 Eintragung eines Widerspruchs

(1) In den Fällen des §894 kann ein Widerspruch gegen die Richtigkeit des Grundbuchs eingetragen werden.
(2) Die Eintragung erfolgt auf Grund einer einstweiligen Verfügung oder auf Grund einer Bewilligung desjenigen, dessen Recht durch die Berichtigung des Grundbuchs betroffen wird. Zur Erlassung der einstweiligen Verfügung ist nicht erforderlich, dass eine Gefährdung des Rechts des Widersprechenden glaubhaft gemacht wird.

第八百九十九条 [异议登记]
Ⅰ 在第八百九十四条所定之情形，得就土地登记簿之正确性为异议之登记ᵃ。
Ⅱ ¹前款登记，应基于假处分，或基于因土地登记簿更正而其权利受影响之人之许诺而为之。²命为假处分，无须先经释明异议人之权利有陷于危险之虞。

a 此异议权系一种特殊之权利保全方法，并非对于土地之权利；性质上可以移转，其移转必须与其所保全之权利一并为之。此异议权之主要效力为对于善意取得人之权利之妨碍作用（参照第892条第1款第1段、第893条）。此外，此权利与其所保全权利次序相同。

§899a Maßgaben für die Gesellschaft bürgerlichen Rechts

Ist eine Gesellschaft bürgerlichen Rechts im Grundbuch eingetragen, so wird in Ansehung des eingetragenen Rechts auch vermutet, dass diejenigen Personen Gesellschafter sind, die nach §47 Absatz 2 Satz 1 der Grundbuchordnung im Grundbuch eingetragen sind, und dass darüber hinaus keine weiteren Gesellschafter vorhanden sind. Die §§892 bis 899 gelten bezüglich der Eintragung der Gesellschafter entsprechend.

第八百九十九条之一　[民法上合伙之标准]
¹民法上之合伙登记于土地登记簿者，就该登记之权利，推定依土地登记法第四十七条第二款第一段规定所登记之人为合伙人，亦另无其他合伙人。²第八百九十二条至第八百九十九条规定，于合伙之登记，准用之。

§900　Buchersitzung

(1) Wer als Eigentümer eines Grundstücks im Grundbuch eingetragen ist, ohne dass er das Eigentum erlangt hat, erwirbt das Eigentum, wenn die Eintragung 30 Jahre bestanden und er während dieser Zeit das Grundstück im Eigenbesitz gehabt hat. Die dreißigjährige Frist wird in derselben Weise berechnet wie die Frist für die Ersitzung einer beweglichen Sache. Der Lauf der Frist ist gehemmt, solange ein Widerspruch gegen die Richtigkeit der Eintragung im Grundbuch eingetragen ist.

(2) Diese Vorschriften finden entsprechende Anwendung, wenn für jemand ein ihm nicht zustehendes anderes Recht im Grundbuch eingetragen ist, das zum Besitz des Grundstücks berechtigt oder dessen Ausübung nach den für den Besitz geltenden Vorschriften geschützt ist. Für den Rang des Rechts ist die Eintragung maßgebend.

第九百条　[土地登记簿上之取得时效][a]

Ⅰ ¹为取得土地所有权，而在土地登记簿上登记为所有人，若其登记持续至三十年，且于此期间内，就土地为自主占有者，取得其所有权。²三十年期间之计算，依有关动产取得时效期间计算之规定。³就登记之正确性，已于土地登记簿为异议登记者，其期间之进行，应即停止。

Ⅱ ¹非权利人，而以所有权以外之权利，登记于土地登记簿，依其权利，得占有土地，或其权利之行使，依照关于占有之规定受保护者，准用前项规定。²其权利之次序，依登记为准。

a　参考条文：第854条、第873条、第1029条。

§901　Erlöschen nicht eingetragener Rechte

Ist ein Recht an einem fremden Grundstück im Grundbuch mit Unrecht gelöscht, so erlischt es, wenn der Anspruch des Berechtigten gegen den Eigentümer verjährt ist. Das Gleiche gilt, wenn ein kraft Gesetzes entstandenes Recht an einem fremden Grundstück nicht in das Grundbuch eingetragen worden ist.

第九百零一条 [未登记权利之消灭][a]

¹在他人土地上所享有之权利，于土地登记簿上受不正当之涂销者，若权利人对于所有人所得行使之请求权已罹于时效，其权利即归消灭。²在他人土地上依法应成立之权利，未经登记于土地登记簿者，亦同。

a 参考条文：第914条、第917条第2款、第927条、第1028条、第1090条。

§902 Unverjährbarkeit eingetragener Rechte

(1) Die Ansprüche aus eingetragenen Rechten unterliegen nicht der Verjährung. Dies gilt nicht für Ansprüche, die auf Rückstände wiederkehrender Leistungen oder auf Schadensersatz gerichtet sind.

(2) Ein Recht, wegen dessen ein Widerspruch gegen die Richtigkeit des Grundbuchs eingetragen ist, steht einem eingetragenen Recht gleich.

第九百零二条 [已登记权利不受时效之规制][a]

Ⅰ 已经登记之权利之请求权，不受时效之规制。前段规定，不适用于对定期给付之迟延履行之请求权，或损害赔偿请求权。

Ⅱ 为保全权利，已就土地登记簿之正确性为异议登记者，其权利视为已经登记。

a 参考条文：第894条、第901条、第985条以下、第1018条、第1094条、第1105条、第1113条。

Abschnitt 3 Eigentum
第三章 所有权

Titel 1 Inhalt des Eigentums
第一节 所有权之内容

§903 Befugnisse des Eigentümers

Der Eigentümer einer Sache kann, soweit nicht das Gesetz oder Rechte Dritter entgegenstehen, mit der Sache nach Belieben verfahren und andere von jeder Einwirkung ausschließen. Der Eigentümer eines Tieres hat bei der Ausübung seiner Befugnisse die besonderen Vorschriften zum Schutz der Tiere zu beachten.

第九百零三条 [所有权之权限]
[1]物之所有人于不抵触法律，或第三人之权利之限度内，得自由处理其物，并排除他人一切之干涉。[2]动物之所有人在行使其权限时，应注意动物保护之特别规定。[a]

a 第90条之1规定，动物不是物，除法律另有规定外，动物准用有关物之规定。

§904 Notstand

Der Eigentümer einer Sache ist nicht berechtigt, die Einwirkung eines anderen auf die Sache zu verbieten, wenn die Einwirkung zur Abwendung einer gegenwärtigen Gefahr notwendig und der drohende Schaden gegenüber dem aus der Einwirkung dem Eigentümer entstehenden Schaden unverhältnismäßig groß ist. Der Eigentümer kann Ersatz des ihm entstehenden Schadens verlangen.

第九百零四条 [紧急避难]
[1]物之所有人，在他人干涉其物，系出于防止现在危险所必要，且危险所能致之损害，远甚于因干涉其物而加于所有人之损害者，不得禁止他人之干涉。[2]所有人得请求赔偿其所生之损害。

§905 Begrenzung des Eigentums

Das Recht des Eigentümers eines Grundstücks erstreckt sich auf den Raum über der Oberfläche und auf den Erdkörper unter der Oberfläche. Der Eigentümer kann jedoch Einwirkungen nicht verbieten, die in solcher Höhe oder Tiefe vorgenommen werden, dass er an der Ausschließung kein Interesse hat.

第九百零五条 [所有权之界限]
¹土地所有人之权利及于地表上之空间及地表下之地壳。²所有人对于排除而无利益之高处或深处之干涉，不得排除之。

§906 Zuführung unwägbarer Stoffe

(1) Der Eigentümer eines Grundstücks kann die Zuführung von Gasen, Dämpfen, Gerüchen, Rauch, Ruß, Wärme, Geräusch, Erschütterungen und ähnliche von einem anderen Grundstück ausgehende Einwirkungen insoweit nicht verbieten, als die Einwirkung die Benutzung seines Grundstücks nicht oder nur unwesentlich beeinträchtigt. Eine unwesentliche Beeinträchtigung liegt in der Regel vor, wenn die in Gesetzen oder Rechtsverordnungen festgelegten Grenz- oder Richtwerte von den nach diesen Vorschriften ermittelten und bewerteten Einwirkungen nicht überschritten werden. Gleiches gilt für Werte in allgemeinen Verwaltungsvorschriften, die nach §48 des Bundes-Immissionsschutzgesetzes erlassen worden sind und den Stand der Technik wiedergeben.

(2) Das Gleiche gilt insoweit, als eine wesentliche Beeinträchtigung durch eine ortsübliche Benutzung des anderen Grundstücks herbeigeführt wird und nicht durch Maßnahmen verhindert werden kann, die Benutzern dieser Art wirtschaftlich zumutbar sind. Hat der Eigentümer hiernach eine Einwirkung zu dulden, so kann er von dem Benutzer des anderen Grundstücks einen angemessenen Ausgleich in Geld verlangen, wenn die Einwirkung eine ortsübliche Benutzung seines Grundstücks oder dessen Ertrag über das zumutbare Maß hinaus beeinträchtigt.

(3) Die Zuführung durch eine besondere Leitung ist unzulässig.

第九百零六条 ª [不可衡量物质之入侵]
I ¹土地所有人对于瓦斯、蒸气、臭气、烟、煤、热、音响及振动之侵入，及其他来自邻地之类似干扰，并不妨害其对土地利用，或其妨害仅系不重大者，不得禁止之。²法律或法规命令所定之上限值或标准值，不为依该规定确定及评估之干扰所超过者，通常构成不重大之妨害。³依联邦公害防治法第四十八条规定公有且反映现有技术状态之一般行政规定之数值者，亦同。

Ⅱ ¹重大之干扰ᵇ系他土地上之地方惯行利用所引起，且非依经营上对其利用人可期待之措施所能加以防止者，亦同。²土地所有人因而应忍受干扰者，得请求他地制用人以金钱为相当之补偿，但以自己土地之地方惯行利用或其收益，因妨害而造成超过一般预期程度之干扰者为限。

Ⅲ 侵入不得依特殊导引设置为之。

a 第906条系依1959年12月22日之关于修改营业条例（Gewerbeordnung）及补充民法之法律所增订者。增订条文于1960年6月1日生效，最新修正为2015年4月15日。

b 对土地使用之干扰是否重大，系以客观标准决定。所谓客观标准系指超过"正常普通人可忍受之程度"（Erträglichkeit des normalen Durchschnittsmenschen）者而言，而与土地所有人个人之特殊情况无关。就一般观点而言，土地所有人未依地方习惯任意使用者，其干扰不具有重大性质。就特殊观点言：（1）邻地音响等所造成之干扰，对罹患神经衰弱之土地所有人不致构成重大干扰，但对精神病院所有地之同类干扰，即构成重大干扰；（2）如果邻地音响等致使土地上房屋无从出租者，亦构成重大干扰；（3）因邻地之烟、煤等所造成之干扰，致使土地上温泉旅馆不能将其出租于疗养旅客（Krugast）者，亦构成重大干扰。

§907 Gefahr drohende Anlagen

(1) Der Eigentümer eines Grundstücks kann verlangen, dass auf den Nachbargrundstücken nicht Anlagen hergestellt oder gehalten werden, von denen mit Sicherheit vorauszusehen ist, dass ihr Bestand oder ihre Benutzung eine unzulässige Einwirkung auf sein Grundstück zur Folge hat. Genügt eine Anlage den landesgesetzlichen Vorschriften, die einen bestimmten Abstand von der Grenze oder sonstige Schutzmaßregeln vorschreiben, so kann die Beseitigung der Anlage erst verlangt werden, wenn die unzulässige Einwirkung tatsächlich hervortritt.

(2) Bäume und Sträucher gehören nicht zu den Anlagen im Sinne dieser Vorschriften.

第九百零七条 [濒临危险之设施]

Ⅰ ¹土地所有人确实预见邻地工作物之存在或其利用,对于自己土地引起不许可之干扰者,得请求禁止其设置或存续。²设施之设置,适合邦法所设规定,与疆界线保持一定之距离或适合其所定他种预防措施者,仅在不许可之干扰实际发生时,始得请求除去之。

Ⅱ 树木及灌木不属于前款规定所称之设施。

§908 Drohender Gebäudeeinsturz

Droht einem Grundstück die Gefahr, dass es durch den Einsturz eines Gebäudes oder eines anderen Werkes, das mit einem Nachbargrundstück verbunden ist, oder durch die Ablösung von Teilen des Gebäudes oder des Werkes beschädigt wird, so kann der Eigentümer von demjenigen, welcher nach dem §836 Abs. 1 oder den §§837, 838 für den eintretenden Schaden verantwortlich sein würde, verlangen, dass er die zur Abwendung der Gefahr erforderliche Vorkehrung trifft.

第九百零八条 [有倾倒危险之建筑物][a]

土地因邻地建筑物或其他工作物发生倾倒,或一部分有脱落之危险[b],致有受损害之虞者,该土地所有人得向依第八百三十六条第一款规定或第八百三十七条及第八百三十八条规定对于损害之发生应负责任之人,请求为防止危险之必要预防措施[c]。

a 参考条文:第1004条。
b 依本条,所有人行使之权利,除本条所规定之损害赔偿请求权外,并包括濒临危险之建筑物或工作物除去权。
c 所有人所得行使之权利,除本条所规定之损害赔偿请求权外,并包括濒临危险之建筑物或工作物除去权。

§909 Vertiefung

Ein Grundstück darf nicht in der Weise vertieft werden, dass der Boden des Nachbargrundstücks die erforderliche Stütze verliert, es sei denn, dass für eine genügende anderweitige Befestigung gesorgt ist.

第九百零九条　[土地之开掘]^a

开掘土地时^b，不得因此使邻地之地基失却必要之支持。但已另为充分之巩固措施者，不在此限。

a 参考条文：第823条。
b 开掘土地系指有掘深意图之人为行动，其因风雨或其他自然现象所侵蚀者，应不属之。

§910　Überhang

(1) Der Eigentümer eines Grundstücks kann Wurzeln eines Baumes oder eines Strauches, die von einem Nachbargrundstück eingedrungen sind, abschneiden und behalten. Das Gleiche gilt von herüberragenden Zweigen, wenn der Eigentümer dem Besitzer des Nachbargrundstücks eine angemessene Frist zur Beseitigung bestimmt hat und die Beseitigung nicht innerhalb der Frist erfolgt.

(2) Dem Eigentümer steht dieses Recht nicht zu, wenn die Wurzeln oder die Zweige die Benutzung des Grundstücks nicht beeinträchtigen.

第九百一十条　[越界树木之根枝]^a

Ⅰ ¹邻地权木或灌木之根，逾越疆界者，土地所有人得刈取之。²邻地树木之枝逾越疆界者，土地所有人得定相当之期间，请求树木所有人刈除之；不于所定期间内为刈除者，亦同。

Ⅱ 越界权木之根枝，若于土地之利用并无妨害者，土地所有人无前项所定之权利。

a 参考条文：第867条、第923条、第1004条、第1017条。

§911　Überfall

Früchte, die von einem Baume oder einem Strauche auf ein Nachbargrundstück hinüberfallen, gelten als Früchte dieses Grundstücks. Diese Vorschrift findet keine Anwendung, wenn das Nachbargrundstück dem öffentlichen Gebrauch dient.

第九百一十一条　[果实之自落]

¹树木或权木上之果实自落于邻地者，视为邻地之果实。²邻地为公用地

者，不适用前段规定。

§912 Überbau; Duldungspflicht

(1) Hat der Eigentümer eines Grundstücks bei der Errichtung eines Gebäudes über die Grenze gebaut, ohne dass ihm Vorsatz oder grobe Fahrlässigkeit zur Last fällt, so hat der Nachbar den Überbau zu dulden, es sei denn, dass er vor oder sofort nach der Grenzüberschreitung Widerspruch erhoben hat.

(2) Der Nachbar ist durch eine Geldrente zu entschädigen. Für die Höhe der Rente ist die Zeit der Grenzüberschreitung maßgebend.

第九百一十二条 [越界建筑之容忍义务]^a

Ⅰ 土地所有人非因故意或重大过失，建筑物逾越疆界者，邻地所有人应容忍之。但邻地所有人于逾越疆界前，或逾越疆界后，即时提出异议者^b，不在此限。

Ⅱ ¹邻地所有人得受地租之支付，以补偿损害。²地租之数额，以逾越疆界时准。

a 参考条文：第183条至第185条、第823条、第1004条。
b 越界建筑分合法越界建筑及违法越界建筑两种。合法越界建筑，谓因轻过失为越界建筑，而邻地所有人未立即提出异议者。违法越界建筑，谓因故意或重大过失而邻地所有人立即提出异议者。第912条至第916条系规定合法越界建筑。

§913 Zahlung der Überbaurente

(1) Die Rente für den Überbau ist dem jeweiligen Eigentümer des Nachbargrundstücks von dem jeweiligen Eigentümer des anderen Grundstücks zu entrichten.

(2) Die Rente ist jährlich im Voraus zu entrichten.

第九百一十三条 [越界建筑地租之支付]

Ⅰ 越界建筑之地租，应由现时之土地所有人向邻地现时之所有人支付之。

Ⅱ 该地租，应按年预付之。

§914　Rang, Eintragung und Erlöschen der Rente

(1) Das Recht auf die Rente geht allen Rechten an dem belasteten Grundstück, auch den älteren, vor. Es erlischt mit der Beseitigung des Überbaus.
(2) Das Recht wird nicht in das Grundbuch eingetragen. Zum Verzicht auf das Recht sowie zur Feststellung der Höhe der Rente durch Vertrag ist die Eintragung erforderlich.
(3) Im Übrigen finden die Vorschriften Anwendung, die für eine zugunsten des jeweiligen Eigentümers eines Grundstücks bestehende Reallast gelten.

第九百一十四条　[地租之顺位、登记及消灭]
Ⅰ ^{1}地租之权利，优先于一切土地上所负担之权利，纵其先于地租而发生者，亦同。^{2}逾越疆界之建筑物除去后，地租之权利即归消灭。
Ⅱ ^{1}地租之权利无须登记于土地登记簿。^{2}抛弃该权利，或以契约制定地租金额者，应为登记。
Ⅲ 关于为现时土地所有人之利益而设定物上负担之规定，于本条适用之。

§915　Abkauf

(1) Der Rentenberechtigte kann jederzeit verlangen, dass der Rentenpflichtige ihm gegen Übertragung des Eigentums an dem überbauten Teil des Grundstücks den Wert ersetzt, den dieser Teil zur Zeit der Grenzüberschreitung gehabt hat. Macht er von dieser Befugnis Gebrauch, so bestimmen sich die Rechte und Verpflichtungen beider Teile nach den Vorschriften über den Kauf.
(2) Für die Zeit bis zur Übertragung des Eigentums ist die Rente fortzuentrichten.

第九百一十五条　[买受]
Ⅰ ^{1}地租收取权利人，得随时请求地租支付义务人受让其越界建筑土地之部分之所有权，而补偿其相当于越界时该部分土地价值之金额。^{2}地租收取权利人行使该权利时，双方之权利义务，依买卖规定。
Ⅱ 在所有权未移转前，地租仍应继续支付。

§916 Beeinträchtigung von Erbbaurecht oder Dienstbarkeit

Wird durch den Überbau ein Erbbaurecht oder eine Dienstbarkeit an dem Nachbargrundstück beeinträchtigt, so finden zugunsten des Berechtigten die Vorschriften der §§912 bis 914 entsprechende Anwendung.

第九百一十六条 [地上权或役权之妨害]
邻地之地上权或役权，因越界建筑而受妨害者，为权利人之利益，准用第九百一十二条至第九百一十四条规定[a]。

a 参考条文：第96条、第1017条、第1126条。

§917 Notweg

(1) Fehlt einem Grundstück die zur ordnungsmäßigen Benutzung notwendige Verbindung mit einem öffentlichen Wege, so kann der Eigentümer von den Nachbarn verlangen, dass sie bis zur Hebung des Mangels die Benutzung ihrer Grundstücke zur Herstellung der erforderlichen Verbindung dulden. Die Richtung des Notwegs und der Umfang des Benutzungsrechts werden erforderlichenfalls durch Urteil bestimmt.

(2) Die Nachbarn, über deren Grundstücke der Notweg führt, sind durch eine Geldrente zu entschädigen. Die Vorschriften des §912 Abs. 2 Satz 2 und der §§913, 914, 916 finden entsprechende Anwendung.

第九百一十七条 [必要通行][a]

Ⅰ [1]土地因与公路缺乏必要之联络，致不能为通常之使用者，土地所有人于该缺点未排除前，得请求邻地所有人容忍其利用土地，以建立必要之联络[b]。[2]必要通行之方向及通行使用者之范围，于必要时，得以判决定之。

Ⅱ [1]对于必要通行所经过之邻地之所有人，应以金钱地租补偿其损失。[2]于此情形，准用第九百一十二条第二款第二段、第九百一十三条、第九百一十四条及第九百一十六条规定[c]。

a 参考条文：第434条、第918条、第1004条、第1027条。

b 土地所有人容忍必要通行，系由于土地之法定限制。因此土地移转时，土地所有人不负担权利瑕疵担保之责任（第434条）。
c 此租金补偿请求权，于土地所有人应容忍通行之状态存在时，即行发生，不必待至通行道路之开设。至于补偿金额，则自通行容忍义务发生时起算。

§918 Ausschluss des Notwegrechts

(1) Die Verpflichtung zur Duldung des Notwegs tritt nicht ein, wenn die bisherige Verbindung des Grundstücks mit dem öffentlichen Wege durch eine willkürliche Handlung des Eigentümers aufgehoben wird.

(2) Wird infolge der Veräußerung eines Teils des Grundstücks der veräußerte oder der zurückbehaltene Teil von der Verbindung mit dem öffentlichen Wege abgeschnitten, so hat der Eigentümer desjenigen Teils, über welchen die Verbindung bisher stattgefunden hat, den Notweg zu dulden. Der Veräußerung eines Teils steht die Veräußerung eines von mehreren demselben Eigentümer gehörenden Grundstücken gleich.

第九百一十八条　[必要通行权之排除]

Ⅰ 土地与公路原有之联络，由于所有人之任意行为而切断者，邻地所有人不负容忍必要通行之义务。

Ⅱ ¹因土地一部分之让与，致让与之部分或保留之部分，不通公路者，与公路保持原有联络之部分土地之所有人，应容忍为必要之通行。²数土地同属于一人之所有，以其中一土地为让与时，视为土地一部分之让与。

§919 Grenzabmarkung

(1) Der Eigentümer eines Grundstücks kann von dem Eigentümer eines Nachbargrundstücks verlangen, dass dieser zur Errichtung fester Grenzzeichen und, wenn ein Grenzzeichen verrückt oder unkenntlich geworden ist, zur Wiederherstellung mitwirkt.

(2) Die Art der Abmarkung und das Verfahren bestimmen sich nach den Landesgesetzen; enthalten diese keine Vorschriften, so entscheidet die Ortsüblichkeit.

(3) Die Kosten der Abmarkung sind von den Beteiligten zu gleichen Teilen zu tragen, sofern nicht aus einem zwischen ihnen bestehenden Rechtsverhältnis sich ein anderes ergibt.

第九百一十九条 [界标之设置]

Ⅰ 土地所有人得请求邻地所有人协助设置固定界标，界标业已动摇或难于辨认者，得请求其协助恢复原状。

Ⅱ 设置界标之方式及程序，依邦法律定之；邦法律未规定者，依当地习惯定之。

Ⅲ 设置界标之费用，由当事人平均分担之。但依当事人间所成立之法律关系另生效果者，不在此限。

§920 Grenzverwirrung

(1) Lässt sich im Falle einer Grenzverwirrung die richtige Grenze nicht ermitteln, so ist für die Abgrenzung der Besitzstand maßgebend. Kann der Besitzstand nicht festgestellt werden, so ist jedem der Grundstücke ein gleich großes Stück der streitigen Fläche zuzuteilen.

(2) Soweit eine diesen Vorschriften entsprechende Bestimmung der Grenze zu einem Ergebnis führt, das mit den ermittelten Umständen, insbesondere mit der feststehenden Größe der Grundstücke, nicht übereinstimmt, ist die Grenze so zu ziehen, wie es unter Berücksichtigung dieser Umstände der Billigkeit entspricht.

第九百二十条 [疆界之混淆]

Ⅰ [1]疆界因混淆致不能审认者，以占有现状定其界限。[2]占有现状不能确认者，就系争面积为均等之划分，而以之归属于各土地。

Ⅱ 依前项规定所划定之疆界，与调查所得之情形，即如与土地原定之面积不相符合者，应斟酌该情形，以合于公平原则，划定其疆界。

§921 Gemeinschaftliche Benutzung von Grenzanlagen

Werden zwei Grundstücke durch einen Zwischenraum, Rain, Winkel, einen Graben, eine Mauer, Hecke, Planke oder eine andere Einrichtung, die zum Vorteil beider Grundstücke dient, voneinander geschieden, so wird vermutet, dass die Eigentümer der Grundstücke zur Benutzung der Einrichtung gemeinschaftlich berechtigt seien, sofern nicht äußere Merkmale darauf hinweisen, dass die Einrichtung einem der Nachbarn allein gehört.

第三章 所有权　　　　　　　　　　　　　　　　　　§§921—923

第九百二十一条 [疆界设置物之共同使用]
土地间之空隙地、田畔、角隅、沟渠、围墙、栅栏、篱巴或其他为两地之利益而设置之物，用以隔离两地者，推定各土地所有人对于该设置有共同使用之权利。但其设置显系属于一方所有人之所有者，不在此限。

§922　Art der Benutzung und Unterhaltung

Sind die Nachbarn zur Benutzung einer der in §921 bezeichneten Einrichtungen gemeinschaftlich berechtigt, so kann jeder sie zu dem Zwecke, der sich aus ihrer Beschaffenheit ergibt, insoweit benutzen, als nicht die Mitbenutzung des anderen beeinträchtigt wird. Die Unterhaltungskosten sind von den Nachbarn zu gleichen Teilen zu tragen. Solange einer der Nachbarn an dem Fortbestand der Einrichtung ein Interesse hat, darf sie nicht ohne seine Zustimmung beseitigt oder geändert werden. Im Übrigen bestimmt sich das Rechtsverhältnis zwischen den Nachbarn nach den Vorschriften über die Gemeinschaft.

第九百二十二条 [使用及保存之方式]
[1]相邻人对于第九百二十一条规定之设置物，有共同使用之权利者，得按其性质上所具之目的而使用之，但不得因此而妨害他方之共同使用。[2]保存之费用，由相邻人平均分担之。[3]相邻人之一方，对设置物之继续存在，具有利益者，非经其同意，不得将其除去或变更之。[4]相邻人间之其他法律关系，适用关于共有规定[a]。

a 参考条文：第741条至第785条。

§923　Grenzbaum

(1) Steht auf der Grenze ein Baum, so gebühren die Früchte und, wenn der Baum gefällt wird, auch der Baum den Nachbarn zu gleichen Teilen.

(2) Jeder der Nachbarn kann die Beseitigung des Baumes verlangen. Die Kosten der Beseitigung fallen den Nachbarn zu gleichen Teilen zur Last. Der Nachbar, der die Beseitigung verlangt, hat jedoch die Kosten allein zu tragen, wenn der andere auf sein Recht an dem Baume verzichtet; er erwirbt in diesem Falle mit der Trennung das Alleineigentum. Der Anspruch auf die Beseitigung ist ausgeschlossen, wenn

der Baum als Grenzzeichen dient und den Umständen nach nicht durch ein anderes zweckmäßiges Grenzzeichen ersetzt werden kann.

(3) Diese Vorschriften gelten auch für einen auf der Grenze stehenden Strauch.

第九百二十三条　[疆界之树木]^a

Ⅰ 疆界上植有树木者，其果实为相邻人平均所有，树木倾倒时，亦同。
Ⅱ ¹相邻人各得请求除去其树木。²除去树木之费用，由双方平均负担。³相邻人请求除去树木时，若他方抛弃其对于树木之权利者，应单独负担其费用，于该情形，因树木之与土地分离而取得单独所有权。⁴树木系充界标之用，按其情形，别无界标可资代用者，不得请求除去之。
Ⅲ 对于栽植于疆界之灌木，亦适用前款规定。

a 第919条至第923条表明直接相邻土地所有人间就第903条所定之自由处分，互受法定之限制。更进而规定邻接土地间之界限分明者，应如何设定标志（第919条），其界限有争执者，应如何加以解决（第920条），并规定分界设施之使用关系（第921条至第923条）。

§924　Unverjährbarkeit nachbarrechtlicher Ansprüche

Die Ansprüche, die sich aus den §§907 bis 909, 915, dem §917 Abs. 1, dem §918 Abs. 2, den §§919, 920 und dem §923 Abs. 2 ergeben, unterliegen nicht der Verjährung.

第九百二十四条　[相邻请求权之无时效性]

依第九百零七条至第九百零九条、第九百一十五条、第九百一十七条第一款、第九百一十八条第二款、第九百一十九条、第九百二十条及第九百二十三条第二款规定所生之请求权，不因时效而消灭。

Titel 2
Erwerb und Verlust des Eigentums an Grundstücken
第二节　土地所有权之取得与丧失

§925　Auflassung

(1) Die zur Übertragung des Eigentums an einem Grundstück nach §873 erforderliche

Einigung des Veräußerers und des Erwerbers (Auflassung) muss bei gleichzeitiger Anwesenheit beider Teile vor einer zuständigen Stelle erklärt werden. Zur Entgegennahme der Auflassung ist, unbeschadet der Zuständigkeit weiterer Stellen, jeder Notar zuständig. Eine Auflassung kann auch in einem gerichtlichen Vergleich oder in einem rechtskräftig bestätigten Insolvenzplan erklärt werden.

(2) Eine Auflassung, die unter einer Bedingung oder einer Zeitbestimmung erfolgt, ist unwirksam.

第九百二十五条 [土地所有权让与合意]

Ⅰ ¹关于土地所有权之让与，依第八百七十三条规定，让与人与受让人间所应具之合意（土地所有权让与合意），由双方当事人同时到场，向主管机关表示之。²在不影响其他机关之主管权限下，任何公证人得受理土地所有权让与合意ᵃ。³土地所有权让与合意，亦得以诉讼法上和解ᵇ或在有既判力所确认债务清偿方案ᶜ中表示之。

Ⅱ 土地所有权让与合意，附以条件或期限者，无效。

a 可依邦法律由其他机关受理此种契约，参照《民法施行法》第143条第1款、第109条。
b 第925条第1款系与第925条之1同依1953年3月5日之民法范围法律统一重建法（Gesetz zur Wiederherstellung der Gesetzeseinheit auf dem Gebiete des bürgerlichen Rechts）予以追加规定。
c 债务清偿方案（Insolvenzplan）之规定，系于1999年1月1日增订。

§925a Urkunde über Grundgeschäft

Die Erklärung einer Auflassung soll nur entgegengenommen werden, wenn die nach § 311b Abs. 1 Satz 1 erforderliche Urkunde über den Vertrag vorgelegt oder gleichzeitig errichtet wird.

第九百二十五条之一 ᵃ [原因行为之证书]

对于土地所有权让与合意之表示，仅于提示或当场作成第三百一十一条之二第一款第一段所定契约之必要证书时，始得受理ᵇ。

a 参照第925条之注b。
b 本条系落实第311条之2第1款第1段形式规定之遵守。该规定系单纯的程序规定，其不遵守规定时，不使土地所有权让与合意失其效力。

§926 Zubehör des Grundstücks

(1) Sind der Veräußerer und der Erwerber darüber einig, dass sich die Veräußerung auf das Zubehör des Grundstücks erstrecken soll, so erlangt der Erwerber mit dem Eigentum an dem Grundstück auch das Eigentum an den zur Zeit des Erwerbs vorhandenen Zubehörstücken, soweit sie dem Veräußerer gehören. Im Zweifel ist anzunehmen, dass sich die Veräußerung auf das Zubehör erstrecken soll.

(2) Erlangt der Erwerber auf Grund der Veräußerung den Besitz von Zubehörstücken, die dem Veräußerer nicht gehören oder mit Rechten Dritter belastet sind, so finden die Vorschriften der §§932 bis 936 Anwendung; für den guten Glauben des Erwerbers ist die Zeit der Erlangung des Besitzes maßgebend.

第九百二十六条 [土地之从物][a]

Ⅰ ¹让与人与受让人约定土地所有权之让与效力及于从物者，受让人取得土地所有权之同时，一并取得属于让与人现存之土地之从物所有权。² 有疑义时，推定土地所有权之让与效力及于从物。

Ⅱ 受让人依让与契约取得土地之从物之占有，而该从物不属于让与人所有，或对第三人之权利设有负担者，适用第九百三十二条至第九百三十六条规定，受让人之善意，以取得占有时为准。

a 参考条文：第93条、第97条、第98条、第932条以下、第1006条。

§927 Aufgebotsverfahren

(1) Der Eigentümer eines Grundstücks kann, wenn das Grundstück seit 30 Jahren im Eigenbesitz eines anderen ist, im Wege des Aufgebotsverfahrens mit seinem Recht ausgeschlossen werden. Die Besitzzeit wird in gleicher Weise berechnet wie die Frist für die Ersitzung einer beweglichen Sache. Ist der Eigentümer im Grundbuch eingetragen, so ist das Aufgebotsverfahren nur zulässig, wenn er gestorben oder verschollen ist und eine Eintragung in das Grundbuch, die der Zustimmung des Eigentümers bedurfte, seit 30 Jahren nicht erfolgt ist.

(2) Derjenige, welcher den Ausschließungsbeschluss erwirkt hat, erlangt das Eigentum dadurch, dass er sich als Eigentümer in das Grundbuch eintragen lässt.

(3) Ist vor dem Erlass des Ausschließungsbeschlusses ein Dritter als Eigentümer oder wegen des Eigentums eines Dritten ein Widerspruch gegen die Richtigkeit des

第三章 所有权 §§927,928

Grundbuchs eingetragen worden, so wirkt der Ausschließungsbeschluss nicht gegen den Dritten.

第九百二十七条 [公示催告程序]

Ⅰ ¹土地经他人自主占有达三十年者,得依公示催告程序排除土地所有人之权利。²占有期间之计算,与动产取得时效期间同。³土地所有已登记于土地登记簿者,仅在所有人死亡或失踪,而土地登记簿上需要所有人同意之登记,于三十年间未曾为之时,始得为公示催告。

Ⅱ 取得除权判决之人,得以自己为所有人登记为土地登记簿,因而取得其所有权。

Ⅲ 在除权判决未宣示前,第三人已登记为所有人,或就其所有权,对于土地登记簿之正确性已为异议登记者,除权判决不得对抗该第三人。

§928 Aufgabe des Eigentums, Aneignung des Fiskus

(1) Das Eigentum an einem Grundstück kann dadurch aufgegeben werden, dass der Eigentümer den Verzicht dem Grundbuchamt gegenüber erklärt und der Verzicht in das Grundbuch eingetragen wird.

(2) Das Recht zur Aneignung des aufgegebenen Grundstücks steht dem Fiskus des Landes zu, in dem das Grundstück liegt. Der Fiskus erwirbt das Eigentum dadurch, dass er sich als Eigentümer in das Grundbuch eintragen lässt.

第九百二十八条 [所有权之抛弃;公库之先占]

Ⅰ ᵃ土地所有权得因其所有人向土地登记机关表示其抛弃之意思,且将此项抛弃登记于土地登记簿而丧失。

Ⅱ ᵇ¹被抛弃之土地之先占权利,属于该土地所在之邦之公库所有ᶜ。²公库以所有人之名义登记于土地登记簿而取得其所有权ᵈ。

a 参考条文:第130条第1款、第3款、第875条第1款、第825条第2款。
b 参考条文:第925条、第927条。
c 被抛弃之土地,除依本条第2款由邦公库取得其所有权外,并得由邦法规所规定之人取得其所有权(参照《民法施行法》第129条、第190条)。该所有权之取得为原始取得并非继受取得,故不适用第892条关于依法律行为继受取得土地所有权之公信原则之规定。被抛弃土地之先占权(Aneignungsrecht)得依"让与"(Abtretung)移转之。依一般学说,此在实体法上系不要式行为,但在程序法上，应经公证（《土地登记法》第29条）。公证只为程序上之要件，其未经公证者，仍发生实体法上之效力。

d 土地登记机关应对先占权人通知土地之抛弃，参照《土地登记法》第55条第4款。

Titel 3
Erwerb und Verlust des Eigentums an beweglichen Sachen
第三节 动产所有权之取得及丧失

Untertitel 1 Übertragung
第一款 让与合意

§929 Einigung und Übergabe

Zur Übertragung des Eigentums an einer beweglichen Sache ist erforderlich, dass der Eigentümer die Sache dem Erwerber übergibt und beide darüber einig sind, dass das Eigentum übergehen soll. Ist der Erwerber im Besitz der Sache, so genügt die Einigung über den Übergang des Eigentums.

第九百二十九条 [合意与交付]^a

¹关于动产所有权之让与，应由所有人以物交付予受让人，并由双方就此为所有权移转之合意。²受让人已占有其物者于所有权之合意时，即生让与之效力。

a 参考条文：第104条至第185条、第873条第2款、第855条。

§929a Einigung bei nicht eingetragenem Seeschiff

(1) Zur Übertragung des Eigentums an einem Seeschiff, das nicht im Schiffsregister eingetragen ist, oder an einem Anteil an einem solchen Schiff ist die Übergabe nicht erforderlich, wenn der Eigentümer und der Erwerber darüber einig sind, dass das Eigentum sofort übergehen soll.

(2) Jeder Teil kann verlangen, dass ihm auf seine Kosten eine öffentlich beglaubigte Urkunde über die Veräußerung erteilt wird.

第三章　所有权

第九百二十九条之一 [a] [合意与交付]

Ⅰ [b] 未经登记于船舶登记簿之船舶，其所有权之全部或一部分让与，若所有人与受让人间就此有即时移转所有权之合意者，无须交付，即生让与之效力。

Ⅱ 当事人各得以自己之费用，请求发给关于让与之公证证书。

a 第929条之1及第932条之1系依1940年12月21日关于登记船舶及船舶建造物权利法施行条例（Die Verordnung zur Durchsetzung des Gesetzes über Rechte an eingetragenen Schiffen und Schiffbauwerken vom 21 Dezember 1940 (RGB. I 1609)）所增订。

b 参考条文：第1030条以下、第1204条以下、《商法》第503条、《民事诉讼法》第858条。

§930　Besitzkonstitut

Ist der Eigentümer im Besitz der Sache, so kann die Übergabe dadurch ersetzt werden, dass zwischen ihm und dem Erwerber ein Rechtsverhältnis vereinbart wird, vermöge dessen der Erwerber den mittelbaren Besitz erlangt.

第九百三十条　[占有之改定] [a]

动产由所有人占有者，得与受让人约定法律关系，使受让人因此取得间接占有，以代交付。

a 参考条文：第138条、第868条、第1205条、第1206条。

§931　Abtretung des Herausgabeanspruchs

Ist ein Dritter im Besitz der Sache, so kann die Übergabe dadurch ersetzt werden, dass der Eigentümer dem Erwerber den Anspruch auf Herausgabe der Sache abtritt.

第九百三十一条　[返还请求权之让与] [a]

动产由第三人占有者，所有人得以动产之返还请求权，让与受让人，以代交付。

a 参考条文：第398条、第413条、第934条、第936条、第986条、《民事诉讼法》

第886条。

§932 Gutgläubiger Erwerb vom Nichtberechtigten

(1) Durch eine nach §929 erfolgte Veräußerung wird der Erwerber auch dann Eigentümer, wenn die Sache nicht dem Veräußerer gehört, es sei denn, dass er zu der Zeit, zu der er nach diesen Vorschriften das Eigentum erwerben würde, nicht in gutem Glauben ist. In dem Falle des §929 Satz 2 gilt dies jedoch nur dann, wenn der Erwerber den Besitz von dem Veräußerer erlangt hatte.

(2) Der Erwerber ist nicht in gutem Glauben, wenn ihm bekannt oder infolge grober Fahrlässigkeit unbekannt ist, dass die Sache nicht dem Veräußerer gehört.

第九百三十二条 [无权利人之善意取得]

Ⅰ ¹依第九百二十九条所为之让与，纵其动产不属于让与人之所有，受让人仍取得其所有权。但受让人在依该条之规定将取得所有权时，非为善意者，不在此限。²在第九百二十九条第二段之情形，仅于受让人已自让与人取得占有者，始得适用本条之规定。

Ⅱ 受让人明知或因重大过失而不知动产不属于受让人之所有者，即为非善意。

§932a Gutgläubiger Erwerb nicht eingetragener Seeschiffe

Gehört ein nach §929a veräußertes Schiff nicht dem Veräußerer, so wird der Erwerber Eigentümer, wenn ihm das Schiff vom Veräußerer übergeben wird, es sei denn, dass er zu dieser Zeit nicht in gutem Glauben ist; ist ein Anteil an einem Schiff Gegenstand der Veräußerung, so tritt an die Stelle der Übergabe die Einräumung des Mitbesitzes an dem Schiff.

第九百三十二条之一 [a] [未登记船舶之善意取得]

依第九百二十九条之一之规定而让与之船舶，不属于让与人之所有者，受让人因让与人交付船舶而取得其所有权。但受让人于交付时，为非善意者，不在此限；以船舶之应有部分为让与标的物者，以船舶共同占有之让与，代替交付。

a 参照第929条之1附注a。

§933 Gutgläubiger Erwerb bei Besitzkonstitut

Gehört eine nach §930 veräußerte Sache nicht dem Veräußerer, so wird der Erwerber Eigentümer, wenn ihm die Sache von dem Veräußerer übergeben wird, es sei denn, dass er zu dieser Zeit nicht in gutem Glauben ist.

第九百三十三条 [占有改定之善意取得]
依第九百三十条规定而让与之动产，不属于让与人之所有者，若让与人已以其物交付于受让人，受让人即取得其所有权。但受让人于交付时，为非善意者，不在此限。

§934 Gutgläubiger Erwerb bei Abtretung des Herausgabeanspruchs

Gehört eine nach §931 veräußerte Sache nicht dem Veräußerer, so wird der Erwerber, wenn der Veräußerer mittelbarer Besitzer der Sache ist, mit der Abtretung des Anspruchs, anderenfalls dann Eigentümer, wenn er den Besitz der Sache von dem Dritten erlangt, es sei denn, dass er zur Zeit der Abtretung oder des Besitzerwerbs nicht in gutem Glauben ist.

第九百三十四条 [返还请求权让与之善意取得][a]
依第九百三十一条规定而让与之动产，不属于让与人所有者，在让与人为间接占有人时，受让人因请求权之让与，即取得其所有权，或在其他情形，受让人自第三人取得其占有者，即取得其所有权。但受让人于请求权让与时，或取得占有时，为非善意者，不在此限。

a 参考条文：第932条、第933条、第985条。

§935 Kein gutgläubiger Erwerb von abhanden gekommenen Sachen

(1) Der Erwerb des Eigentums auf Grund der §§932 bis 934 tritt nicht ein, wenn die Sache dem Eigentümer gestohlen worden, verloren gegangen oder sonst abhanden gekommen war. Das Gleiche gilt, falls der Eigentümer nur mittelbarer Besitzer

war, dann, wenn die Sache dem Besitzer abhanden gekommen war.
(2) Diese Vorschriften finden keine Anwendung auf Geld oder Inhaberpapiere sowie auf Sachen, die im Wege öffentlicher Versteigerung oder in einer Versteigerung nach §979 Absatz 1a veräußert werden.

第九百三十五条 [丧失之动产无善意取得]

Ⅰ [a]¹所有人因被盗、遗失或其他事由，而丧失其动产者，他人不能依第九百三十二条至第九百三十四条规定而取得其物之所有权。²所有人为间接所有人，而其动产由于占有人而丧失者，亦适用前段规定。

Ⅱ 前款规定，不适用于金钱、无记名证券及以公开拍卖之方法或依九百七十九条第一款之一规定拍卖而让与之动产。

a 参考条文：第184条、第185条、第937条、第946条、第955条。

§936 Erlöschen von Rechten Dritter

(1) Ist eine veräußerte Sache mit dem Recht eines Dritten belastet, so erlischt das Recht mit dem Erwerb des Eigentums. In dem Falle des §929 Satz 2 gilt dies jedoch nur dann, wenn der Erwerber den Besitz von dem Veräußerer erlangt hatte. Erfolgt die Veräußerung nach §929a oder §930 oder war die nach §931 veräußerte Sache nicht im mittelbaren Besitz des Veräußerers, so erlischt das Recht des Dritten erst dann, wenn der Erwerber auf Grund der Veräußerung den Besitz der Sache erlangt.
(2) Das Recht des Dritten erlischt nicht, wenn der Erwerber zu der nach Absatz 1 maßgebenden Zeit in Ansehung des Rechts nicht in gutem Glauben ist.
(3) Steht im Falle des §931 das Recht dem dritten Besitzer zu, so erlischt es auch dem gutgläubigen Erwerber gegenüber nicht.

第九百三十六条 [第三人权利之消灭]

Ⅰ ¹受让之动产，曾对于第三人权利负有负担者，该第三人权利因所有权之取得而消灭。²前段规定，在第九百二十九条第二段之情形，仅于受让人自让与人取得占有时，始适用之。³依第九百二十九条之一或第九百三十条之规定而为之让与，或依第九百三十一条规定所让与之物，非属于让与人之间接占有时，始归消灭。

Ⅱ 受让人在前项所定取得占有之时，对于第三人之权利非为善意者，该第三人之权利不因之而消灭。

Ⅲ 在第九百三十一条之情形，权利属于第三占有人者，受让人纵为善意，其权利亦不因而消灭。

Untertitel 2　Ersitzung
第二款　取得时效

§937　Voraussetzungen, Ausschluss bei Kenntnis

(1) Wer eine bewegliche Sache zehn Jahre im Eigenbesitz hat, erwirbt das Eigentum (Ersitzung).
(2) Die Ersitzung ist ausgeschlossen, wenn der Erwerber bei dem Erwerb des Eigenbesitzes nicht in gutem Glauben ist oder wenn er später erfährt, dass ihm das Eigentum nicht zusteht.

第九百三十七条　[要件；明知时之排除]
Ⅰ 十年间对于动产为自主占有[a]者，取得其所有权（取得时效）[b]。
Ⅱ 取得人在取得自主占有时非系善意，或于事后知其所有权不属于自己者，不得主张取得时效。

[a] 自主占有者，以自己所有之意思而为占有之谓（第872条）。其系直接占有或间接占有，在所不问。占有期间之计算，依第187条以下之规定。关于其与"继承占有人"（Erbschaftsbesitizer）之关系，参照第2026条。
[b] 此所有权之取得，为原始取得，所有人之权利归于消灭，并不得主张无因管理之利益返还请求权。

§938　Vermutung des Eigenbesitzes

Hat jemand eine Sache am Anfang und am Ende eines Zeitraums im Eigenbesitz gehabt, so wird vermutet, dass sein Eigenbesitz auch in der Zwischenzeit bestanden habe.

第九百三十八条　[自主占有之推定]
在一定期间之始末两时，于动产为自主占有者，推定其在全部期间内皆为自主占有[a]。

[a] 关于相反事实之证明，参照《民事诉讼法》第292条。

§939 Hemmung der Ersitzung

(1) Die Ersitzung ist gehemmt, wenn der Herausgabeanspruch gegen den Eigenbesitzer oder im Falle eines mittelbaren Eigenbesitzes gegen den Besitzer, der sein Recht zum Besitz von dem Eigenbesitzer ableitet, in einer nach den §§203 und 204 zur Hemmung der Verjährung geeigneten Weise geltend gemacht wird. Die Hemmung tritt jedoch nur zugunsten desjenigen ein, welcher sie herbeiführt.

(2) Die Ersitzung ist ferner gehemmt, solange die Verjährung des Herausgabeanspruchs nach den §§205 bis 207 oder ihr Ablauf nach den §§210 und 211 gehemmt ist.

第九百三十九条 [取得时效之不完成]

I ^{1}对自主占有人之返还请求权，或在间接自主占有人之情形，对由自主占有人而取得占有权利之占有人之返还请求权，经依第二百零三条及第二百零四条规定而以适合消灭时效不完成之方式主张者，取得时效不完成。^{2}但该不完成仅就对引起不完成之人之利益而发生。

II 依第二百零五条至第二百零七条规定返还请求权之消灭时效不完成或依第二百一十条及第二百一十一条规定暂不完成者，取得时效亦不完成。

§940 Unterbrechung durch Besitzverlust

(1) Die Ersitzung wird durch den Verlust des Eigenbesitzes unterbrochen.

(2) Die Unterbrechung gilt als nicht erfolgt, wenn der Eigenbesitzer den Eigenbesitz ohne seinen Willen verloren und ihn binnen Jahresfrist oder mittels einer innerhalb dieser Frist erhobenen Klage wiedererlangt hat.

第九百四十条 [因占有丧失而中断]

I ^{a}取得时效因自主占有之丧失而中断。

II ^{b}自主占有人非因自己之意思而丧失其自主占有者，且于一年内恢复其占有，或于其期间内，提起诉讼而恢复占有者，取得时效视为不中断。

a 参考条文：第942条。
b 参考条文：第900条第1款第2段、第927条第1款第2段、第955条第3款。

§941 Unterbrechung durch Vollstreckungshandlung

Die Ersitzung wird durch Vornahme oder Beantragung einer gerichtlichen oder behördlichen Vollstreckungshandlung unterbrochen. §212 Abs. 2 und 3 gilt entsprechend.

第九百四十一条 [因执行行为而中断]
¹取得时效因实行或申请法院或机关之执行行为而中断。²第二百一十二条第二款及第三款规定，准用之。

§942 Wirkung der Unterbrechung

Wird die Ersitzung unterbrochen, so kommt die bis zur Unterbrechung verstrichene Zeit nicht in Betracht; eine neue Ersitzung kann erst nach der Beendigung der Unterbrechung beginnen.

第九百四十二条 [中断之效力]
取得时效中断者，在中断前已经过之期间不予计算；新取得时效仅于中断终了后，开始进行。

§943 Ersitzung bei Rechtsnachfolge

Gelangt die Sache durch Rechtsnachfolge in den Eigenbesitz eines Dritten, so kommt die während des Besitzes des Rechtsvorgängers verstrichene Ersitzungszeit dem Dritten zugute.

第九百四十三条 [权利继受时之取得时效][a]
因权利之继受，而其物由第三人为自主占有者，在前权利人占有中所经过之取得时效期间，为第三人之利益，合并计算之。

a 参考条文：第221条、第857条、第939条以下、第994条。

§944 Erbschaftsbesitzer

Die Ersitzungszeit, die zugunsten eines Erbschaftsbesitzers verstrichen ist, kommt dem Erben zustatten.

第九百四十四条　[遗产占有人]

取得时效已经过之期间，有利于遗产占有人者，为继承人之利益，合并计算之。

§945 Erlöschen von Rechten Dritter

Mit dem Erwerb des Eigentums durch Ersitzung erlöschen die an der Sache vor dem Erwerb des Eigenbesitzes begründeten Rechte Dritter, es sei denn, dass der Eigenbesitzer bei dem Erwerb des Eigenbesitzes in Ansehung dieser Rechte nicht in gutem Glauben ist oder ihr Bestehen später erfährt. Die Ersitzungsfrist muss auch in Ansehung des Rechts des Dritten verstrichen sein; die Vorschriften der §§939 bis 944 finden entsprechende Anwendung.

第九百四十五条　[第三人权利之消灭][a]

¹因取得时效而取得所有权，在取得自主占有前，第三人于其物上所设定之权利，即归消灭。但自主占有人在取得自主占有时，对于第三人之权利，不具善意，或事后知其权利之存在者，不在此限。²关于第三人之权利，亦应完成取得时效之期间；于此情形，准用第九百三十九条至第九百四十四条规定。

a　参考条文：第936条、第949条、第950条第2款、第973条第1款第2段。

Untertitel 3
Verbindung, Vermischung, Verarbeitung
第三款　附合、混合、加工

§946 Verbindung mit einem Grundstück

Wird eine bewegliche Sache mit einem Grundstück dergestalt verbunden, dass sie wesentlicher Bestandteil des Grundstücks wird, so erstreckt sich das Eigentum an dem Grundstück auf diese Sache.

第九百四十六条 [与土地相附合][a]

动产与土地附合，而为土地之重要成分者，该土地所有权之效力，及于该动产。

a 参考条文: 第93条、第95条、第912条第1款、第951条第2款。

§947 Verbindung mit beweglichen Sachen

(1) Werden bewegliche Sachen miteinander dergestalt verbunden, dass sie wesentliche Bestandteile einer einheitlichen Sache werden, so werden die bisherigen Eigentümer Miteigentümer dieser Sache; die Anteile bestimmen sich nach dem Verhältnis des Wertes, den die Sachen zur Zeit der Verbindung haben.

(2) Ist eine der Sachen als die Hauptsache anzusehen, so erwirbt ihr Eigentümer das Alleineigentum.

第九百四十七条 [与动产相附合]

Ⅰ [a]动产相互附合而为合成物之重要成分者，其原所有人为合成物之共有人；其应有部分，按动产附合时之价值，比例定之。

Ⅱ 附合之动产，有可视为主物者，其所有人取得单独所有权。

a 参考条文: 第946条、第950条。

§948 Vermischung

(1) Werden bewegliche Sachen miteinander untrennbar vermischt oder vermengt, so finden die Vorschriften des §947 entsprechende Anwendung.

(2) Der Untrennbarkeit steht es gleich, wenn die Trennung der vermischten oder vermengten Sachen mit unverhältnismäßigen Kosten verbunden sein würde.

第九百四十八条 [混合]

Ⅰ 动产因相互混合或融合致不能分离者，准用第九百四十七条规定。

Ⅱ 混合或融合之动产，其分离需费过巨者，视为不能分离。

§949 Erlöschen von Rechten Dritter

Erlischt nach den §§946 bis 948 das Eigentum an einer Sache, so erlöschen auch die sonstigen an der Sache bestehenden Rechte. Erwirbt der Eigentümer der belasteten Sache Miteigentum, so bestehen die Rechte an dem Anteil fort, der an die Stelle der Sache tritt. Wird der Eigentümer der belasteten Sache Alleineigentümer, so erstrecken sich die Rechte auf die hinzutretende Sache.

第九百四十九条 [第三人权利之消灭][a]

¹依第九百四十六条至第九百四十八条规定，物之所有权消灭者，存于物上之他项权利，亦同归消灭。²设有负担之物之所有人取得共有权者，该他项权利仍存续于其代位原物之应有部分。³设有负担之物之所有人，成为单独所有人者，该他项权利及于合成物。

a 参考条文：第946条、第947条第2款、第948条、第1066条、第1258条。

§950 Verarbeitung

(1) Wer durch Verarbeitung oder Umbildung eines oder mehrerer Stoffe eine neue bewegliche Sache herstellt, erwirbt das Eigentum an der neuen Sache, sofern nicht der Wert der Verarbeitung oder der Umbildung erheblich geringer ist als der Wert des Stoffes. Als Verarbeitung gilt auch das Schreiben, Zeichnen, Malen, Drucken, Gravieren oder eine ähnliche Bearbeitung der Oberfläche.

(2) Mit dem Erwerb des Eigentums an der neuen Sache erlöschen die an dem Stoffe bestehenden Rechte.

第九百五十条 [加工]

Ⅰ [a1]加工或改造一种或数种材料而成为一新动产者，取得该新动产之所有权。但加工或改造之价值，显然不及材料之价值者，不在此限。
²书写、制图、绘画、印刷、雕刻或其他相似之表层施工，亦视为加工。
Ⅱ 材料上所存在之权利，因新动产所有权之取得而消灭。

a 参考条文：第630条、第647条、第946条、第947条。

§951 Entschädigung für Rechtsverlust

(1) Wer infolge der Vorschriften der §§946 bis 950 einen Rechtsverlust erleidet,kann von demjenigen, zu dessen Gunsten die Rechtsänderung eintritt, Vergütung in Geld nach den Vorschriften über die Herausgabe einer ungerechtfertigten Bereicherung fordern. Die Wiederherstellung des früheren Zustands kann nicht verlangt werden.

(2) Die Vorschriften über die Verpflichtung zum Schadensersatz wegen unerlaubter Handlungen sowie die Vorschriften über den Ersatz von Verwendungen und über das Recht zur Wegnahme einer Einrichtung bleiben unberührt. In den Fällen der §§946, 947 ist die Wegnahme nach den für das Wegnahmerecht des Besitzers gegenüber dem Eigentümer geltenden Vorschriften auch dann zulässig, wenn die Verbindung nicht von dem Besitzer der Hauptsache bewirkt worden ist.

第九百五十一条　[对丧失权利之赔偿]

Ⅰ [a1]因第九百四十六条至第九百五十条规定而丧失其权利者，得向因权利之变动而受益之人，依不当得利返还之规定，请求以金钱而为补偿。[2]不得请求恢复原状。

Ⅱ [b1]关于因侵权行为而应负担损害赔偿义务之规定，及关于费用偿还及设置物取回之权利之规定，不因前项规定而受影响。[2]附合非由于主物占有人所致者，在第九百四十六条及第九百四十七条之情形，得依关于占有人对所有人所得行使之取回权之规定，取回其物。

a 参考条文：第818条第2款、第3款、第4款、第819条、第947条第1款、第948条。
b 参考条文：第249条、第251条、第946条、第947条、第994条以下、第1049条第2款。

§952 Eigentum an Schuldurkunden

(1) Das Eigentum an dem über eine Forderung ausgestellten Schuldschein steht dem Gläubiger zu. Das Recht eines Dritten an der Forderung erstreckt sich auf den Schuldschein.

(2) Das Gleiche gilt für Urkunden über andere Rechte, kraft deren eine Leistung gefordert werden kann, insbesondere für Hypotheken-, Grundschuld- und Rentenschuldbriefe.

第九百五十二条 [负债证书之所有权]

Ⅰ [ab1]为记载债权而制作之负债字据，其所有权属于债权人。[2]第三人对债权所享有之权利，其效力及于负债字据。

Ⅱ [c]关于其他得据以请求给付之权利之证券，即如抵押权、土地债务及定期土地债务之书状，亦适用前项规定。

a 参考条文：第793条以下、第807条。
b 本条阐明债权字据证券所有权追随债权之原则。依此原则所取得之字据所有权，不因字据占有状态而受影响。该字据可为所有权其他物权之标的，但其权利不得违反债权之关系。再者，此字据并非债权之从物（Zubehör），因从物限于物与物之关系始成立（第97条）。
c 参考条文：第1117条、第1154条、第1165条、第1195条、第1199条。

Untertitel 4
Erwerb von Erzeugnissen und sonstigen Bestandteilen einer Sache
第四款 物之天然孳息及其他成分之取得

§953 Eigentum an getrennten Erzeugnissen und Bestandteilen

Erzeugnisse und sonstige Bestandteile einer Sache gehören auch nach der Trennung dem Eigentümer der Sache, soweit sich nicht aus den §§954 bis 957 ein anderes ergibt.

第九百五十三条 [分离之天然孳息及成分之所有权][a]

物之天然孳息及其他成分，于分离后，仍属于物之所有人。但基于第九百五十四条至第九百五十七条规定另生效果者，不在此限。

a 参考条文：第90条、第93条、第911条、《民事诉讼法》第810条、第824条。

§954 Erwerb durch dinglich Berechtigten

Wer vermöge eines Rechts an einer fremden Sache befugt ist, sich Erzeugnisse oder sonstige Bestandteile der Sache anzueignen, erwirbt das Eigentum an ihnen, unbeschadet der Vorschriften der §§955 bis 957, mit der Trennung.

第九百五十四条　[由物上权利人而取得]ᵃ
基于其权利,得就他人之物,收取天然孳息或其他成分者,于分离后,取得其所有权。但第九百五十五条至第九百五十七条规定,仍有其适用。

a 参考条文：第1013条、第1018条、第1030条、第1039条、第1090条、第1649条,《地上权法》第1条第2款。

§955 Erwerb durch gutgläubigen Eigenbesitzer

(1) Wer eine Sache im Eigenbesitz hat, erwirbt das Eigentum an den Erzeugnissen und sonstigen zu den Früchten der Sache gehörenden Bestandteilen, unbeschadet der Vorschriften der §§956, 957, mit der Trennung. Der Erwer bist ausgeschlossen, wenn der Eigenbesitzer nicht zum Eigenbesitz oder ein anderer vermöge eines Rechts an der Sache zum Fruchtbezug berechtigt ist und der Eigenbesitzer bei dem Erwerbdes Eigenbesitzes nicht in gutem Glauben ist oder vor der Trennung den Rechtsmangel erfährt.

(2) Dem Eigenbesitzer steht derjenige gleich, welcher die Sache zum Zwecke der Ausübung eines Nutzungsrechts an ihr besitzt.

(3) Auf den Eigenbesitz und den ihm gleichgestellten Besitz findet die Vorschrift des §940 Abs. 2 entsprechende Anwendung.

第九百五十五条　[由善意自主占有人而取得]ᵃ
Ⅰ ¹对于物为自主占有者,就其天然孳息及属于物之孳息之其他成分,于分离后,取得其所有权。但第九百五十六条及第九百五十七条规定,仍有其适用。²自主占有人无权为自主占有,或他人依其权利对于物有收取孳息之权,而自主占有人在取得自主占有时,不具善意,或在孳息分离前,知其权利之瑕疵者,不能取得其孳息及成分ᵇ。
Ⅱ ᶜ以行使用益权为目的而占有其物者,与自主占有人同。
Ⅲ 第九百四十条第二款规定,准用于自主占有及与自主占有相当之占有。

a 参考条文：第872条、第1107条、第1120条、第1192条第1款、第1199条第1款、第1212条。
b 本项适用于第99条所规定之孳息,但对于第935条所定被盗窃之物,只限于孳息在被盗时即系母物之成分而存在者,始适用之。

c 参考条文：第954条、第1120条。

§956　Erwerb durch persönlich Berechtigten

(1) Gestattet der Eigentümer einem anderen, sich Erzeugnisse oder sonstige Bestandteile der Sache anzueignen, so erwirbt dieser das Eigentum an ihnen, wenn der Besitz der Sache ihm überlassen ist, mit der Trennung, anderenfalls mit der Besitzergreifung. Ist der Eigentümer zu der Gestattung verpflichtet, so kann er sie nicht widerrufen, solange sich der andere in dem ihm überlassenen Besitz der Sache befindet.

(2) Das Gleiche gilt, wenn die Gestattung nicht von dem Eigentümer, sondern von einem anderen ausgeht, dem Erzeugnisse oder sonstige Bestandteile einer Sache nach der Trennung gehören.

第九百五十六条　[由自己享有权利之人而取得][a]

Ⅰ [b1]所有人允许他人收取物之天然孳息或其他成分者，若物之占有已移转于他人，在孳息或成分分离后，该他人即取得其所有权，于其他情形，在取得其占有时，即取得其所有权。[2]所有人负有允许之义务者，在他人有权占有其所受让之物之时期内，不得撤回其允许。

Ⅱ 物之天然孳息或其他成分在分离后应归属于他人时，前项允许，由于该他人之所为，而非由于所有人者，亦适用前款规定。

a 参考条文：第929条以下、第955条第3款、第957条。
b 参考条文：第954条、第955条以下、第957条。

§957　Gestattung durch den Nichtberechtigten

Die Vorschrift des §956 findet auch dann Anwendung, wenn derjenige, welcher die Aneignung einem anderen gestattet, hierzu nicht berechtigt ist, es sei denn, dass der andere, falls ihm der Besitz der Sache überlassen wird, bei der Überlassung, anderenfalls bei der Ergreifung des Besitzes der Erzeugnisse oder der sonstigen Bestandteile nicht in gutem Glauben ist oder vor der Trennung den Rechtsmangel erfährt.

第三章　所有权

第九百五十七条　[无权利人之允许][a]

无允许之权利而允许他人收取孳息或成分者，亦适用第九百五十六条规定。但该他人在受让物之占有情形，于受让时，在其他情形，于取得孳息或其他成分之占有时，不具善意，或于孳息或成分分离前，知其权利有瑕疵者，不在此限。

a　参考条文：第932条以下、第935条。

Untertitel 5　Aneignung
第五款　先　占

§958　Eigentumserwerb an beweglichen herrenlosen Sachen

(1) Wer eine herrenlose bewegliche Sache in Eigenbesitz nimmt, erwirbt das Eigentum an der Sache.

(2) Das Eigentum wird nicht erworben, wenn die Aneignung gesetzlich verboten ist oder wenn durch die Besitzergreifung das Aneignungsrecht eines anderen verletzt wird.

第九百五十八条　[无主动产之所有权取得]

Ⅰ　对无主之动产[a]为自主占有者，取得其所有权。

Ⅱ　先占为法律所禁止，或因占有之取得，致损害他人先占权者，不取得所有权。

a　无主之动产包括以下各种情形：(1) 动产所有权从未成立者（如野兽，参照第960条、海洋之产物等）；(2) 所有权一度存在而被抛弃（第959条），或因其他事由而消灭者（第960条第2款、第961条）。

§959　Aufgabe des Eigentums

Eine bewegliche Sache wird herrenlos, wenn der Eigentümer in der Absicht, auf das Eigentum zu verzichten, den Besitz der Sache aufgibt.

第九百五十九条 [所有权之抛弃]

所有人以抛弃所有权之意思[a]，而抛弃其动产之占有者，该动产即为无主物。

a 所有权之抛弃为法律行为，因此，必须由具备行为能力，且有抛弃权利者为之。抛弃之意思不须表示，但须能确认。至于为第三人利益而抛弃者，须以所谓"所有权移转"（Übereignung）之方法为之（RG 83, 229）。

§960 Wilde Tiere

(1) Wilde Tiere sind herrenlos, solange sie sich in der Freiheit befinden. Wilde Tiere in Tiergärten und Fische in Teichen oder anderen geschlossenen Privatgewässern sind nicht herrenlos.

(2) Erlangt ein gefangenes wildes Tier die Freiheit wieder, so wird es herrenlos, wenn nicht der Eigentümer das Tier unverzüglich verfolgt oder wenn er die Verfolgung aufgibt.

(3) Ein gezähmtes Tier wird herrenlos, wenn es die Gewohnheit ablegt, an den ihm bestimmten Ort zurückzukehren.

第九百六十条 [野兽]

Ⅰ [1]在野生状态中的野兽，为无主物。[2]在动物园中之野兽及在池沼或在其他私人设置的围障之水中之鱼类，均非无主物。

Ⅱ 被捕获之野兽恢复其自由时，所有人若不尽速追寻，或抛弃其追寻者，即为无主物。

Ⅲ 受驯养之动物，因迷失致不能返回原处者，即为无主物。

§961 Eigentumsverlust bei Bienenschwärmen

Zieht ein Bienenschwarm aus, so wird er herrenlos, wenn nicht der Eigentümer ihn unverzüglich verfolgt oder wenn der Eigentümer die Verfolgung aufgibt.

第九百六十一条 [蜂群所有权之丧失]

蜂群移栖时，所有人不尽速追寻或抛弃其追寻者，即为无主物。

§962 Verfolgungsrecht des Eigentümers

Der Eigentümer des Bienenschwarms darf bei der Verfolgung fremde Grundstücke betreten. Ist der Schwarm in eine fremde nicht besetzte Bienenwohnung eingezogen, so darf der Eigentümer des Schwarmes zum Zwecke des Einfangens die Wohnung öffnen und die Waben herausnehmen oder herausbrechen. Er hat den entstehenden Schaden zu ersetzen.

第九百六十二条　[所有人之追寻权][a]
　　[1]蜂群所有人，为追寻其蜂群，得进入他人之土地。[2]蜂群进入他人现未饲养之蜂房者，所有人为捉捕其蜂群，得开启其蜂房并得取出或拆除其蜂巢。[3]蜂群所有人，对于因此所生之损害，应负赔偿之责任。

a 本条系规定自力救济之特殊权利，其内容较之第229条、第867条及第1005条所规定者为宽。依此权利，为追寻之必要而进入他人土地，并非违法，但对其应负无过失损害赔偿责任。

§963 Vereinigung von Bienenschwärmen

Vereinigen sich ausgezogene Bienenschwärme mehrerer Eigentümer, so werden die Eigentümer, welche ihre Schwärme verfolgt haben, Miteigentümer des eingefangenen Gesamtschwarms; die Anteile bestimmen sich nach der Zahl der verfolgten Schwärme.

第九百六十三条　[数蜂群之结合]
　　分别为数人所有之数蜂群，因离巢飞行而结合者，追寻其蜂群之所有人，为该寻回全部蜂群之共有人；其应有部分，以所寻回蜂群之数额定之。

§964 Vermischung von Bienenschwärmen

Ist ein Bienenschwarm in eine fremde besetzte Bienenwohnung eingezogen, so erstrecken sich das Eigentum und die sonstigen Rechte an den Bienen, mit denen die Wohnung besetzt war, auf den eingezogenen Schwarm. Das Eigentum und die sonstigen Rechte an dem eingezogenen Schwarme erlöschen.

第九百六十四条 [数蜂群之混合]
¹蜂群进入他人已饲有蜂群之蜂房者，原栖于该蜂房之蜂群之所有权及他项权利，其效力及于该进入之蜂群。²该进入之蜂群之所有权及他项权利，即归消灭。

Untertitel 6　Fund
第六款　遗失物之拾得与埋藏物之发现

§965　Anzeigepflicht des Finders

(1) Wer eine verlorene Sache findet und an sich nimmt, hat dem Verlierer oder dem Eigentümer oder einem sonstigen Empfangsberechtigten unverzüglich Anzeige zu machen.

(2) Kennt der Finder die Empfangsberechtigten nicht oder ist ihm ihr Aufenthalt unbekannt, so hat er den Fund und die Umstände, welche für die Ermittelung der Empfangsberechtigten erheblich sein können, unverzüglich der zuständigen Behörde anzuzeigen. Ist die Sache nicht mehr als zehn Euro wert, so bedarf es der Anzeige nicht.

第九百六十五条 [拾得人之通知义务][a]
Ⅰ 发现并占有遗失之物者，应尽速通知其遗失人或所有人或其他有受领权之人。
Ⅱ ¹拾得人不知受领权人或其居所者，应尽速将拾得及与探知受领权人有重要关系之情形通知主管机关。²物之价值不逾十欧元者，无须通知。

a 参考条文：第121条第1款第2段、第971条第2款、第973条、第823条以下。

§966　Verwahrungspflicht

(1) Der Finder ist zur Verwahrung der Sache verpflichtet.

(2) Ist der Verderb der Sache zu besorgen oder ist die Aufbewahrung mit unverhältnismäßigen Kosten verbunden, so hat der Finder die Sache öffentlich versteigern zu lassen. Vor der Versteigerung ist der zuständigen Behörde Anzeige zu machen. Der Erlös tritt an die Stelle der Sache.

第九百六十六条 [保管义务]ᵃ

Ⅰ 拾得人有保管其物之义务。

Ⅱ ¹拾得物有腐坏之虞或其保管需费过巨者，拾得人得公开拍卖之。²拍卖前应通知主管机关。³原物以卖得价金代之。

a 参考条文：第156条、第383条第3款、第385条、第688条以下、第935条第2款、第967条、第969条、第1219条。

§967 Ablieferungspflicht

Der Finder ist berechtigt und auf Anordnung der zuständigen Behörde verpflichtet, die Sache oder den Versteigerungserlös an die zuständige Behörde abzuliefern.

第九百六十七条 [交存义务]

拾得人得将拾得之物或其拍卖所得之价金交存于主管机关，经主管机关之命令者，并有交存之义务。

§968 Umfang der Haftung

Der Finder hat nur Vorsatz und grobe Fahrlässigkeit zu vertreten.

第九百六十八条 [责任之范围]

拾得人仅对于故意或重大过失，负其责任。ᵃ

a 负故意或重大过失责任之类似规定，例如第521条、第300条第1款、第599条、第680条及本条规定。

§969 Herausgabe an den Verlierer

Der Finder wird durch die Herausgabe der Sache an den Verlierer auch den sonstigen Empfangsberechtigten gegenüber befreit.

第九百六十九条 [返还于遗失人]ᵃ

拾得人已将物返还于遗失人者，亦对其他有受领权之人因此而免责。

a 参考条文：第855条、第965条。

§970 Ersatz von Aufwendungen

Macht der Finder zum Zwecke der Verwahrung oder Erhaltung der Sache oder zum Zwecke der Ermittlung eines Empfangsberechtigten Aufwendungen, die er den Umständen nach für erforderlich halten darf, so kann er von dem Empfangsberechtigten Ersatz verlangen.

第九百七十条　[费用之偿还][a]
拾得人为保存或保管拾得物，或为探知受领权人而支出费用，依其情形认为必要者，得向受领权人请求偿还。

a 参考条文：第256条、第257条、第972条、第974条、第994条第1款第2段。

§971 Finderlohn

（1）Der Finder kann von dem Empfangsberechtigten einen Finderlohn verlangen. Der Finderlohn beträgt von dem Werte der Sache bis zu 500 Euro fünf vom Hundert, von dem Mehrwert drei vom Hundert, bei Tieren drei vom Hundert. Hat die Sache nur für den Empfangsberechtigten einen Wert, so ist der Finderlohn nach billigem Ermessen zu bestimmen.
（2）Der Anspruch ist ausgeschlossen, wenn der Finder die Anzeigepflicht verletzt oder den Fund auf Nachfrage verheimlicht.

第九百七十一条　[对拾得人之报酬][a]
Ⅰ [1]拾得人对于受领权人，得请求报酬。[2]报酬之计算比例，于五百欧元以下之物，为其价百分之五，超过五百欧元时，超过部分百分之三，于动物，为百分之三。[3]物仅对于受领权人有价值者，其报酬以公平衡量定之。
Ⅱ 拾得人违反通知义务，或在受查询时，隐匿其拾得者，丧失报酬请求权。

a 参考条文：第965条、第968条、第970条。

§972 Zurückbehaltungsrecht des Finders

Auf die in den §§970, 971 bestimmten Ansprüche finden die für die Ansprüche des Besitzers gegen den Eigentümer wegen Verwendungen geltenden Vorschriften der §§1000 bis 1002 entsprechende Anwendung.

第九百七十二条 [拾得人之留置权][a]
第一千条至一千零二条适用于占有人因支出费用，对所有人所得主张之请求权之规定，于第九百七十条及第九百七十一条规定之请求权，准用之。

a 参考条文：第279条第3款、第274条、第1000条至第1002条。

§973 Eigentumserwerb des Finders

(1) Mit dem Ablauf von sechs Monaten nach der Anzeige des Fundes bei der zuständigen Behörde erwirbt der Finder das Eigentum an der Sache, es sei denn, dass vorher ein Empfangsberechtigter dem Finder bekannt geworden ist oder sein Recht bei der zuständigen Behörde angemeldet hat. Mit dem Erwerb des Eigentums erlöschen die sonstigen Rechte an der Sache.

(2) Ist die Sache nicht mehr als zehn Euro wert, so beginnt die sechsmonatige Frist mit dem Fund. Der Finder erwirbt das Eigentum nicht, wenn er den Fund auf Nachfrage verheimlicht. Die Anmeldung eines Rechts bei der zuständigen Behörde steht dem Erwerb des Eigentums nicht entgegen.

第九百七十三条 [拾得人所有权之权利]
Ⅰ [1]拾得人对于主管机关为关于拾得之通知后，因六个月届满而取得物之所有权[a]。但受领权人于事前为拾得人所知悉或曾向主管机关申报其权利者，不在此限。[2]物上所设定之其他权利，因所有权之取得而消灭。
Ⅱ [1]物之价值不超过十欧元者，六个月期间从拾得时开始。[2]拾得人在受查询时隐匿其拾得者，不得取得所有权。[3]受领权人向主管机关申报其权利，无碍于所有权之取得。

a 拾得人因6个月期间经过而向将来（ex nunc）取得所有权（关于此点有争论）。在此6个月期间未经过前，拾得人对其拾得物有期待权（Anwartschaftsrecht）。

此期待权为物权,并可移转。①

§974 Eigentumserwerb nach Verschweigung

Sind vor dem Ablauf der sechsmonatigen Frist Empfangsberechtigte dem Finder bekannt geworden oder haben sie bei einer Sache, die mehr als zehn Euro wert ist, ihre Rechte bei der zuständigen Behörde rechtzeitig angemeldet, so kann der Finder die Empfangsberechtigten nach der Vorschrift des §1003 zur Erklärung über die ihm nach den §§970 bis 972 zustehenden Ansprüche auffordern. Mit dem Ablauf der für die Erklärung bestimmten Frist erwirbt der Finder das Eigentum und erlöschen die sonstigen Rechte an der Sache, wenn nicht die Empfangsberechtigten sich rechtzeitig zu der Befriedigung der Ansprüche bereit erklären.

第九百七十四条 [沉默后之所有权取得]
¹受领权人于六个月期间届满前为拾得人所知,或受领权人就价值超过十欧元之物,及时向主管机关申报其权利者,拾得人得请求受领权人依第一千零三条规定,对于受领权人依第九百七十至第九百七十二条规定所取得之请求权,有所表示。²受领权人如不及时表示自己准备清偿其所请求之给付者,拾得人于所定表示之期间届满后,即取得该物之所有权,且物上之其他权利,亦因此而消灭。

§975 Rechte des Finders nach Ablieferung

Durch die Ablieferung der Sache oder des Versteigerungserlöses an die zuständige Behörde werden die Rechte des Finders nicht berührt. Lässt die zuständige Behörde die Sache versteigern, so tritt der Erlös an die Stelle der Sache. Die zuständige Behörde darf die Sache oder den Erlös nur mit Zustimmung des Finders einem Empfangsberechtigten herausgeben.

第九百七十五条 [拾得人交存后之权利]ᵃ
¹拾得人之权利,不因物或其拍卖所得之价金交存于主管机关而受影响。²主管机关如将物拍卖,该物即以其价金代之。³主管机关仅于经拾

---

① Kindl, BeckOK BGB, 39. Aufl. (2016), § 973 Rdnr. 5

得人同意后，始得将物或其价金返还予受领权人。

a 参考条文：第972条，《民事诉讼法》第894条。

§976 Eigentumserwerb der Gemeinde

(1) Verzichtet der Finder der zuständigen Behörde gegenüber auf das Recht zum Erwerb des Eigentums an der Sache, so geht sein Recht auf die Gemeinde des Fundorts über.

(2) Hat der Finder nach der Ablieferung der Sache oder des Versteigerungserlöses an die zuständige Behörde auf Grund der Vorschriften der §§973, 974 das Eigentum erworben, so geht es auf die Gemeinde des Fundorts über, wenn nicht der Finder vor dem Ablauf einer ihm von der zuständigen Behörde bestimmten Frist die Herausgabe verlangt.

第九百七十六条　[地方自治团体所有权之取得][a]

Ⅰ 拾得人对于主管机关抛弃对其物之所有权之取得权者，其权利即属于拾得地之地方自治团体。

Ⅱ 拾得人将物或其拍卖所得之价金交存于主管机关，依第九百七十三条及第九百七十四条规定，取得其所有权者，如未于主管机关所限定之期间届满前，请求返还者，该所有权及属于拾得地之地方自治团体。

a 参考条文：第970条、第971条、第983条。

§977 Bereicherungsanspruch

Wer infolge der Vorschriften der §§973, 974, 976 einen Rechtsverlust erleidet, kann in den Fällen der §§973, 974 von dem Finder, in den Fällen des §976 von der Gemeinde des Fundorts die Herausgabe des durch die Rechtsänderung Erlangten nach den Vorschriften über die Herausgabe einer ungerechtfertigten Bereicherung fordern. Der Anspruch erlischt mit dem Ablauf von drei Jahren nach dem Übergang des Eigentums auf den Finder oder die Gemeinde, wenn nicht die gerichtliche Geltendmachung vorher erfolgt.

第九百七十七条　[不当得利返还请求权]

[1] 因第九百七十三条、第九百七十四条及第九百七十六条规定而丧失权

利者，得依不当得利返还之规定，于第九百七十三条及第九百七十四条规定之情形，向拾得人，于第九百七十六条规定情形，向地方自治团体，请求返还其因权利变更而获得之利益。²此项请求权，因所有权移转于拾得人或地方自治团体后三年间，未向法院提出主张而消灭。

§978 Fund in öffentlicher Behörde oder Verkehrsanstalt

(1) Wer eine Sache in den Geschäftsräumen oder den Beförderungsmitteln einer öffentlichen Behörde oder einer dem öffentlichen Verkehr dienenden Verkehrsanstalt findet und an sich nimmt, hat die Sache unverzüglich an die Behörde oder die Verkehrsanstalt oder an einen ihrer Angestellten abzuliefern. Die Vorschriften der §§965 bis 967 und 969 bis 977 finden keine Anwendung.

(2) Ist die Sache nicht weniger als 50 Euro wert, so kann der Finder von dem Empfangsberechtigten einen Finderlohn verlangen. Der Finderlohn besteht in der Hälfte des Betrags, der sich bei Anwendung des §971 Abs. 1 Satz 2, 3 ergeben würde. Der Anspruch ist ausgeschlossen, wenn der Finder Bediensteter der Behörde oder der Verkehrsanstalt ist oder der Finder die Ablieferungspflicht verletzt. Die für die Ansprüche des Besitzers gegen den Eigentümer wegen Verwendungen geltende Vorschrift des §1001 findet auf den Finderlohnanspruch entsprechende Anwendung. Besteht ein Anspruch auf Finderlohn, so hat die Behörde oder die Verkehrsanstalt dem Finder die Herausgabe der Sache an einen Empfangsberechtigten anzuzeigen.

(3) Fällt der Versteigerungserlös oder gefundenes Geld an den nach §981 Abs. 1 Berechtigten, so besteht ein Anspruch auf Finderlohn nach Absatz 2 Satz 1 bis 3 gegen diesen. Der Anspruch erlischt mit dem Ablauf von drei Jahren nach seiner Entstehung gegen den in Satz 1 bezeichneten Berechtigten.

第九百七十八条　[于公立机关或交通机构拾得遗失物]

Ⅰ ¹于公立机关或为公共交通服务之交通机构之营业场所或交通工具中发现并占有拾得物件者，应尽速交存予该机关或交通机构或其职员。²第九百六十五条至第九百六十七条及第九百六十九至第九百七十七条之规定，不适用之。

Ⅱ ¹拾得物之价值不少于五十欧元者，拾得人得向受领人请求拾得人之报酬。²拾得人之报酬，为适用第九百七十一条第一款第二段及第三段规定所得报酬金额之一半。³拾得人为该机关或交通机构之职员或拾得人违反交存义务者,丧失该请求权。[4]因支出费用而发生占有人对所有人之第一千零一条规定之请求权者,准用于拾得人报酬请求权。[5]有拾得人报酬请求权者,该机关或交通机构应向拾得人通知将拾得物返还受领权人。

Ⅲ [1]拍卖价金获拾得之金钱依第九百八十一条第一款规定之权利人者,该权利人有依第二款第一段至第三段规定拾得人报酬请求权。[2]该请求权自第一段所称之权利人发生后三年届满而消灭。

§979　Verwertung; Verordnungsermächtigung

(1) Die Behörde oder die Verkehrsanstalt kann die an sie abgelieferte Sache öffentlich versteigern lassen. Die öffentlichen Behörden und die Verkehrsanstalten des *Reichs*, der *Bundesstaaten* und der Gemeinden können die Versteigerung durch einen ihrer Beamten vornehmen lassen.

1a Die Versteigerung kann nach Maßgabe der nachfolgenden Vorschriften auch als allgemein zugängliche Versteigerung im Internet erfolgen.

1b Die Bundesregierung wird ermächtigt, durch Rechtsverordnung ohne Zustimmung des Bundesrates für ihren Bereich Versteigerungsplattformen zur Versteigerung von Fundsachen zu bestimmen; sie kann diese Ermächtigung durch Rechtsverordnung auf die fachlich zuständigen obersten Bundesbehörden übertragen. Die Landesregierungen werden ermächtigt, durch Rechtsverordnung für ihren Bereich entsprechende Regelungen zu treffen; sie können die Ermächtigung auf die fachlich zuständigen obersten Landesbehörden übertragen. Die Länder können Versteigerungsplattformen bestimmen, die sie länderübergreifend nutzen. Sie können eine Übertragung von Abwicklungsaufgaben auf die zuständige Stelle eines anderen Landes vereinbaren.

(2) Der Erlös tritt an die Stelle der Sache.

第九百七十九条　[变价;法规命令之授权]

Ⅰ [1]机关或交通机构得将所交存之物公开拍卖之。[2]拍卖,得由公立机关,或国家、邦及地方自治团体之交通机构使其所属公务员为之。

Ⅰ-1 拍卖,亦得依本项以下规定,以网络公开拍卖之。

Ⅰ-2 [1]联邦政府经授权,得就其管辖区内拾得物之拍卖平台,制定无须经联邦参议院同意之法规命令;其得以法规命令再授权专业之联邦最高管辖机关。[2]邦政府经授权,得就其管辖区制定相关规定;其得以法规命令再授权专业之邦最高管辖机关。³各邦得制定跨邦之拍卖平台。
⁴其得合意将清算事务移转于他邦之管辖单位。
Ⅱ 物得以拍卖之价金代之。

§980 Öffentliche Bekanntmachung des Fundes

(1) Die Versteigerung ist erst zulässig, nachdem die Empfangsberechtigten in einer öffentlichen Bekanntmachung des Fundes zur Anmeldung ihrer Rechte unter Bestimmung einer Frist aufgefordert worden sind und die Frist verstrichen ist; sie ist unzulässig, wenn eine Anmeldung rechtzeitig erfolgt ist.

(2) Die Bekanntmachung ist nicht erforderlich, wenn der Verderbder Sache zu besorgen oder die Aufbewahrung mit unverhältnismäßigen Kosten verbunden ist.

第九百八十条　[拾得遗失物之公告]

Ⅰ 拍卖唯于对受领权人为拾得之公告，命其于一定期间内申报权利，而其期间业已经过后，始得为之；如受领权人及时申报者，不得拍卖。
Ⅱ 物有腐坏之虞，或保管需费过巨者，无须公告。

§981 Empfang des Versteigerungserlöses

(1) Sind seit dem Ablauf der in der öffentlichen Bekanntmachung bestimmten Frist drei Jahre verstrichen, so fällt der Versteigerungserlös, wenn nicht ein Empfangsberechtigter sein Recht angemeldet hat, bei *Reichs*behörden und *Reichs*anstalten an den *Reichs*fiskus, bei Landesbehörden und Landesanstalten an den Fiskus des *Bundesstaats,* bei Gemeindebehörden und Gemeindeanstalten an die Gemeinde, bei Verkehrsanstalten, die von einer Privatperson betrieben werden, an diese.

(2) Ist die Versteigerung ohne die öffentliche Bekanntmachung erfolgt, so beginnt die dreijährige Frist erst, nachdem die Empfangsberechtigten in einer öffentlichen Bekanntmachung des Fundes zur Anmeldung ihrer Rechte aufgefordert worden sind. Das Gleiche gilt, wenn gefundenes Geld abgeliefert worden ist.

(3) Die Kosten werden von dem herauszugebenden Betrag abgezogen.

第九百八十一条　[拍卖价金之受领]

Ⅰ 自公告所限定之期间届满后三年间，如无受领权人申报其权利者，拍卖之价金，在国家机关或机构，属于国库；在邦之机关或机构，属于邦库；在地方自治团体之机关或机构，属于地方自治团体当局，在私人交通机构，属于该私人。

Ⅱ [1]未经公告而拍卖者，三年之期间，惟于对受领权人为拾得之公告，命其申报权利后始得起算。[2]前段之规定，于拾得之金钱业已交存之场合，适用之。

Ⅲ 费用得由返还之总额中扣除之。

§982 Ausführungsvorschriften

Die in den §§980, 981 vorgeschriebene Bekanntmachung erfolgt bei *Reichs*behörden und *Reichs*anstalten nach den von dem *Bundesrat,* in den übrigen Fälien nach den von der Zentralbehörde des *Bundesstaats* erlassenen Vorschriften.

第九百八十二条　【施行规定】

第九百八十条及第九百八十一条规定之公告，于国家之机关或机构之场合，依参议院所公布之规定为之；于其他情形，依各邦中央机关所发布之规定为之。

§983 Unanbringbare Sachen bei Behörden

Ist eine öffentliche Behörde im Besitz einer Sache, zu deren Herausgabe sie verpflichtet ist, ohne dass die Verpflichtung auf Vertrag beruht, so finden, wenn der Behörde der Empfangsberechtigte oder dessen Aufenthalt unbekannt ist, die Vorschriften der §§979 bis 982 entsprechende Anwendung.

第九百八十三条　【于公立机关不能返还之拾得物】

公立机关有返还其所占有动产之义务，而其返还义务并非基于契约，且受领权人或其居所为公立机关所不知者，准用第九百七十九条至第九百八十二条规定。

§984 Schatzfund

Wird eine Sache, die so lange verborgen gelegen hat, dass der Eigentümer nicht mehr zu ermitteln ist (Schatz), entdeckt und infolge der Entdeckung in Besitz genommen, so wird das Eigentum zur Hälfte von dem Entdecker, zur Hälfte von dem Eigentümer der Sache erworben, in welcher der Schatz verborgen war.

第九百八十四条　[埋藏物之发现]
埋藏日久致不能查知其所有人之物（埋藏物），经发现而加以占有者，其所有权一半由发现人取得，另一半由包藏其物之他物所有人取得。

Titel 4
Ansprüche aus dem Eigentum
第四节　所有权请求权

§985　Herausgabeanspruch

Der Eigentümer kann von dem Besitzer die Herausgabe der Sache verlangen.

第九百八十五条　[返还请求权][a]
所有人得请求占有人返还其所有物[b]。

a 参考条文：第931条、第937条、第986条、第989条、第990条。
b 本条所规定者乃所有物返还请求权。权利人为物之所有人，义务人为物之占有人。请求之标的为所有物之返还，并非所有物价值之补偿（Wertersatz）。因此不得请求占有人交付就占有物由第三人处所取得之补偿物或赔偿金额，参照第281条。

§986　Einwendungen des Besitzers

(1) Der Besitzer kann die Herausgabe der Sache verweigern, wenn er oder der mittelbare Besitzer, von dem er sein Recht zum Besitz ableitet, dem Eigentümer gegenüber zum Besitz berechtigt ist. Ist der mittelbare Besitzer dem Eigentümer gegenüber zur Überlassung des Besitzes an den Besitzer nicht befugt, so kann der Eigentümer von dem Besitzer die Herausgabe der Sache an den mittelbaren Besitzer oder, wenn dieser den Besitz nicht wieder übernehmen kann oder will, an sich selbst verlangen.

(2) Der Besitzer einer Sache, die nach §931 durch Abtretung des Anspruchs auf

Herausgabe veräußert worden ist, kann dem neuen Eigentümer die Einwendungen entgegensetzen, welche ihm gegen den abgetretenen Anspruch zustehen.

第九百八十六条　[占有人之抗辩权]^{ab}

Ⅰ ¹占有人对于所有人有其占有权利者^c，得拒绝返还其所有物，占有人之占有权利由间接占有人而取得者，该间接占有人对于所有人有其占有权利时，亦同。²间接占有人对于所有人无权将其占有移转于占有人者，所有人得向占有人请求将所有物返还于间接占有人；间接占有人不能或不愿取回者，并得请求返还于本人^d。

Ⅱ 动产依第九百三十一条规定，因返还请求权之让与以代物之交付者，其占有人得以其对于该让与之请求权所得主张之抗辩，对抗所有人^e。

a 参考条文：第936条、第986条、第994条至第1003条。
b 本条第1款规定占有人及"上层占有人"（Oberbesitzer）对于所有人得主张占有之权利，以拒绝所有人之所有物返还请求权。第2款规定动产占有人得以其对前所有人之所有物返还请求权所得主张之抗辩，对抗新所有人。
c 此占有不限于依对物权利而取得之占有（参照第1036条、第1093条、第1205条），包括承租人对租赁物，买受人对买卖标的物所取得之占有。
d 有关多次连续的有权源占有，其构成多层次之占有（mehrstufiger Besitz）关系，此构成所谓占有连锁（Besitzkette）或占有权连锁（Besitzrechtskette），而可能构成有权占有，此为本条所承认。惟德国学理上有将之称为"再转占有权"（ein weitergeleitetes Besitzrecht）或衍生占有权（abgeleitetes Besitzrecht），系参考本第1款第1段第二种选择情形之规定，本条第1款规定，占有人对于所有人有其占有权利（Recht zum Besitz）者，得拒绝返还其所有物，占有人之占有权利由间接占有而取得者，该间接占有人对于所有人有其占有权利时，亦同。其试图突破相对占有权源（die relative Besitzberechtigung）仅对债之关系之当事人发生效力之原则。本条第1款第1段第一种选择情形，系直接对所有人之占有权源（Besitzberechtigung），第二种选择情形，系对所有人之占有连锁。^①该段第二种选择情形之规定，依德国通说，如参与人非属于占有辅助关系，且出卖人之物，业已出卖及交付，但仍未让与合意前，再转卖他人者，得类推适用。
e 唯有动产占有人得主张此抗辩权，并只能对受让返还请求权者主张之，对第三人不得主张此权利。

---

① Vgl. J. von Staudingers, Kommentar zum Bürgerlichen Gesetzbuch mit Einführungsgesetz und Nebengesetzen, Buch 3, Sachenrecht, Berlin: Sellier-de Gruyter, 2006, § 986, Rndr. 36.

§987 Nutzungen nach Rechtshängigkeit

(1) Der Besitzer hat dem Eigentümer die Nutzungen herauszugeben, die er nach dem Eintritt der Rechtshängigkeit zieht.
(2) Zieht der Besitzer nach dem Eintritt der Rechtshängigkeit Nutzungen nicht, die er nach den Regeln einer ordnungsmäßigen Wirtschaft ziehen könnte, so ist er dem Eigentümer zum Ersatz verpflichtet, soweit ihm ein Verschulden zur Last fällt.

第九百八十七条 [诉讼系属后之收益]^a
Ⅰ 占有人于诉讼系属后所收取之利益，应返还于所有人。
Ⅱ 占有人于诉讼系属后，因可归责于自己之事由，就其依通常经营之方法，可得收取之利益，而未收取者，对于所有人，应负赔偿责任。

a 参考条文：第99条至第102条、第276条、第278条、第280条、第283条，《民事诉讼法》第265条第1款、第281条。

§988 Nutzungen des unentgeltlichen Besitzers

Hat ein Besitzer, der die Sache als ihm gehörig oder zum Zwecke der Ausübung eines ihm in Wirklichkeit nicht zustehenden Nutzungsrechts an der Sache besitzt, den Besitz unentgeltlich erlangt, so ist er dem Eigentümer gegenüber zur Herausgabe der Nutzungen, die er vor dem Eintritt der Rechtshängigkeit zieht, nach den Vorschriften über die Herausgabe einer ungerechtfertigten Bereicherung verpflichtet.

第九百八十八条 [无偿占有人之收益]^a
占有人以物为其自己之所有而无偿占有其物，或实际上并未取得物之用益权而为行使用益权而无偿占有其物者，其在诉讼系属前所收取之利益，应依关于不当得利返还之规定，对所有人负返还其收益之义务。

a 参考条文：第816条、第872条、第955条、第987条。

§989 Schadensersatz nach Rechtshängigkeit

Der Besitzer ist von dem Eintritt der Rechtshängigkeit an dem Eigentümer für den Schaden verantwortlich, der dadurch entsteht, dass infolge seines Verschuldens die

Sache verschlechtert wird, untergeht oder aus einem anderen Grunde von ihm nicht herausgegeben werden kann.

第九百八十九条　[诉讼系属后之损害赔偿][a]
占有人自诉讼系属之日起，因可归责于自己之事由，致物受毁损、灭失，或由于其他原因不能返还而生损害者，对所有人，应负责任。

a 参考条文：第894条、第985条，《民事诉讼法》第325条第1款。

§990　Haftung des Besitzers bei Kenntnis

(1) War der Besitzer bei dem Erwerb des Besitzes nicht in gutem Glauben, so haftet er dem Eigentümer von der Zeit des Erwerbs an nach den §§987, 989. Erfährt der Besitzer später, dass er zum Besitz nicht berechtigt ist, so haftet er in gleicher Weise von der Erlangung der Kenntnis an.

(2) Eine weitergehende Haftung des Besitzers wegen Verzugs bleibt unberührt.

第九百九十条　[知悉时占有人之责任][a]

Ⅰ [b]¹占有人之取得占有系非善意者，自其取得之时起，对于所有人，应负第九百八十七条及第九百八十九条规定责任。²占有人在事后知悉其无权占有者，自其知悉之时起，应负前段所定之责任。

Ⅱ [c]占有人有迟延时，仍应负因迟延而生之其他责任[d]。

a 本条有称之为"恶意占有人之责任"。此所称非善意，系指占有人知悉或因重大过失而不知其无权占有之情事。
b 参考条文：第953条、第955条第1款第2段、第987条。
c 参考条文：第284条以下、第1000条。
d 本款规定只适用于恶意占有人。因此，关于善意占有人，不发生因迟延所应负担之加重责任。

§991　Haftung des Besitzmittlers

(1) Leitet der Besitzer das Recht zum Besitz von einem mittelbaren Besitzer ab, so findet die Vorschrift des §990 in Ansehung der Nutzungen nur Anwendung, wenn die Voraussetzungen des §990 auch bei dem mittelbaren Besitzer vorliegen oder

diesem gegenüber die Rechtshängigkeit eingetreten ist.

(2) War der Besitzer bei dem Erwerbdes Besitzes in gutem Glauben, so hat er gleichwohl von dem Erwerban den im §989 bezeichneten Schaden dem Eigentümer gegenüber insoweit zu vertreten, als er dem mittelbaren Besitzer verantwortlich ist.

第九百九十一条 [占有媒介人之责任]

Ⅰ [a]占有人由于间接占有人而取得占有之权利者，第九百九十条关于收益之规定，在间接占有人亦具备第九百九十条之要件时或对于间接占有人已起诉时，始适用之。

Ⅱ [b]占有人取得占有系出于善意者，关于第九百八十九条所定之损害，自取得占有时起，在对间接占有人应负责任之限度内，对所有人负其责任。

a 参考条文：第581条第2款、第956条第2款、第987条、第990条。
b 参考条文：第690条、第851条。

§992 Haftung des deliktischen Besitzers

Hat sich der Besitzer durch verbotene Eigenmacht oder durch eine Straftat den Besitz verschafft, so haftet er dem Eigentümer nach den Vorschriften über den Schadensersatz wegen unerlaubter Handlungen.

第九百九十二条 [不法占有人之责任][a]

占有人以暴力或犯罪行为取得占有者，对于所有人，应依关于侵权行为损害赔偿之规定，负其责任。

a 参考条文：第667条、第681条、第687条第2款、第852条。

§993 Haftung des redlichen Besitzers

(1) Liegen die in den §§987 bis 992 bezeichneten Voraussetzungen nicht vor, so hat der Besitzer die gezogenen Früchte, soweit sie nach den Regeln einer ordnungsmäßigen Wirtschaft nicht als Ertrag der Sache anzusehen sind, nach den Vorschriften über die Herausgabe einer ungerechtfertigten Bereicherung herauszugeben; im Übrigen ist er weder zur Herausgabe von Nutzungen noch zum

Schadensersatz verpflichtet.
(2) Für die Zeit, für welche dem Besitzer die Nutzungen verbleiben, findet auf ihn die Vorschrift des §101 Anwendung.

第九百九十三条 [正当占有人义务]^a

I 不具备第九百八十七条至第九百九十二条规定之要件者,占有人应依关于不当得利返还之规定,返还已收取之孳息。但此项孳息依通常经营之方法,应认为物之收益者,不在此限;此外,占有人不负收益返还及损害赔偿义务。

II 关于占有人可得收取利益之期间,适用第一百零一条规定。

a 参考条文:第581条、第1039条、第2133条。

§994 Notwendige Verwendungen

(1) Der Besitzer kann für die auf die Sache gemachten notwendigen Verwendungen von dem Eigentümer Ersatz verlangen. Die gewöhnlichen Erhaltungskosten sind ihm jedoch für die Zeit, für welche ihm die Nutzungen verbleiben, nicht zu ersetzen.

(2) Macht der Besitzer nach dem Eintritt der Rechtshängigkeit oder nach dem Beginn der in §990 bestimmten Haftung notwendige Verwendungen, so bestimmt sich die Ersatzpflicht des Eigentümers nach den Vorschriften über die Geschäftsführung ohne Auftrag.

第九百九十四条 [必要费用]

I ^{1a}占有人就占有物所支出之必要费用,得向所有人请求偿还^b。²在收取利益之期间内所支出之通常保管费用,不得请求返还。

II ^c必要费用系由占有人于诉讼系属后或于第九百九十条规定之责任发生后所支出者,所有人之偿还义务依关于无因管理之规定。

a 参考条文:第987条、第988条、第1133条。
b 如对于完全破坏之房屋之扩建、改建,及新建所支出之费用(RG 117, 115)等,均属所谓"必要费用之支出"。
c 参考条文:第684条。

§995　Lasten

Zu den notwendigen Verwendungen im Sinne des §994 gehören auch die Aufwendungen, die der Besitzer zur Bestreitung von Lasten der Sache macht. Für die Zeit, für welche dem Besitzer die Nutzungen verbleiben, sind ihm nur die Aufwendungen für solche außerordentliche Lasten zu ersetzen, die als auf den Stammwert der Sache gelegt anzusehen sind.

第九百九十五条　[负担]^a

¹第九百九十四条所称之必要费用，包括占有人支付之物所负担费用。²占有人在可得收取利益之期间内，就所支出之费用，仅以与物之基本价值有关之特别负担为限，始得请求偿还。^b

a 参考条文：第103条、第683条、第684条、第1047条。
b 此所谓负担，包括通常负担（gewöhnliche Lasten），例如养狗及土地之税捐，抵押及土地债务之利息与特别负担（außerordentliche Lasten），例如抵押债务之偿还等一次性之给付（参照第1047条）。①

§996　Nützliche Verwendungen

Für andere als notwendige Verwendungen kann der Besitzer Ersatz nur insoweit verlangen, als sie vor dem Eintritt der Rechtshängigkeit und vor dem Beginn der in §990 bestimmten Haftung gemacht werden und der Wert der Sache durch sie noch zu der Zeit erhöht ist, zu welcher der Eigentümer die Sache wiedererlangt.

第九百九十六条　[有益费用]^a

必要费用以外之费用，如系于诉讼系属前即在第九百九十条规定责任发生前所支出者，且在所有人恢复物时，物之价值因而增加者，占有人惟于此限度内，得请求偿还。

a 参考条文：第997条、第1001条。

---

① *Jauernig*, BGB, 15. Aufl. (2014), § 995 Rdnr. 1.

§997 Wegnahmerecht

(1) Hat der Besitzer mit der Sache eine andere Sache als wesentlichen Bestandteil verbunden, so kann er sie abtrennen und sich aneignen. Die Vorschrift des §258 findet Anwendung.

(2) Das Recht zur Abtrennung ist ausgeschlossen, wenn der Besitzer nach §994 Abs. 1 Satz 2 für die Verwendung Ersatz nicht verlangen kann oder die Abtrennung für ihn keinen Nutzen hat oder ihm mindestens der Wert ersetzt wird, den der Bestandteil nach der Abtrennung für ihn haben würde.

第九百九十七条 [取回权]

I ^{a1}占有人以他物附合于占有物而为其主要成分者，得分离而取回之。^{2}第二百五十八条规定适用之。

II ^{b}占有人依第九百九十四条第一款第二段规定不得请求偿还其费用者，或其分离于占有人并无利益，或占有人因分离而可能取得之成分价值至少业已获得补偿者，不得行使分离之权利^c。

a 参考条文：第940条、第947条第2款、第994条、第999条第2款、第1002条。
b 参考条文：第500条、第547条第2款、第581条第2款、第601条第2款、第1049条第2款。
c 此取回权（Wegnahmerecht），除本款所规定三种情形外，于非破坏主物不得取回之情形，亦不得行使之（参照第258条）。

§998 Bestellungskosten bei landwirtschaftlichem Grundstück

Ist ein landwirtschaftliches Grundstück herauszugeben, so hat der Eigentümer die Kosten, die der Besitzer auf die noch nicht getrennten, jedoch nach den Regeln einer ordnungsmäßigen Wirtschaft vor dem Ende des Wirtschaftsjahrs zu trennenden Früchte verwendet hat, insoweit zu ersetzen, als sie einer ordnungsmäßigen Wirtschaft entsprechen und den Wert dieser Früchte nicht übersteigen.

第九百九十八条 [耕作地之耕作费用]^a

耕作地返还时，占有人依通常经营之方法，在收益季节终了前，曾就可得收获而尚未收获之孳息，支出费用者，所有人应偿还之，但以此项费用之支出合于通常经营之方法且未超过孳息之价额者为限。

a 参考条文:第582条、第592条、第1053条第2款、第1421条、第1663条第2款、第2130条第1款第2段。

§999 Ersatz von Verwendungen des Rechtsvorgängers

(1) Der Besitzer kann für die Verwendungen eines Vorbesitzers, dessen Rechtsnachfolger er geworden ist, in demselben Umfang Ersatz verlangen, in welchem ihn der Vorbesitzer fordern könnte, wenn er die Sache herauszugeben hätte.

(2) Die Verpflichtung des Eigentümers zum Ersatz von Verwendungen erstreckt sich auch auf die Verwendungen, die gemacht worden sind, bevor er das Eigentum erworben hat.

第九百九十九条 [前权利人费用之偿还]

Ⅰ [a]占有人系前占有人之权利继受人者,在前占有人为物之返还时,就其所支出之费用,可得请求偿还之范围内,占有人亦得就此项费用,请求偿还之。

Ⅱ [b]费用之支出,在所有人取得所有权之前者,所有人亦负有偿还之义务。

a 参考条文:第857条、第986条第1款、第994条至第998条。
b 参考条文:第434条、第445条、第1001条,《强制拍卖管理法》第33条。

§1000 Zurückbehaltungsrecht des Besitzers

Der Besitzer kann die Herausgabe der Sache verweigern, bis er wegen der ihm zu ersetzenden Verwendungen befriedigt wird. Das Zurückbehaltungsrecht steht ihm nicht zu, wenn er die Sache durch eine vorsätzlich begangene unerlaubte Handlung erlangt hat.

第一千条 [占有人之留置权][a]

[1]占有人在未受费用之偿还前,得拒绝物之返还。[2]占有人故意以侵权行为取得物之占有者,无留置权。

a 参考条文:第273条第2款、第3款,第274条,第1065条,第1227条;《破产法》第49条第1款第3款;《民事诉讼法》第732条。

§1001 Klage auf Verwendungsersatz

Der Besitzer kann den Anspruch auf den Ersatz der Verwendungen nur geltend machen, wenn der Eigentümer die Sache wiedererlangt oder die Verwendungen genehmigt. Bis zur Genehmigung der Verwendungen kann sich der Eigentümer von dem Anspruch dadurch befreien, dass er die wiedererlangte Sache zurückgibt. Die Genehmigung gilt als erteilt, wenn der Eigentümer die ihm von dem Besitzer unter Vorbehalt des Anspruchs angebotene Sache annimmt.

第一千零一条 [费用偿还之诉]
¹占有人仅于所有人取回其物或承认其费用，始得行使费用偿还请求权。²所有人在承认其费用前，得返还其取回之物而免受偿还之请求。³占有人提供其物予所有人，而保留其费用偿还请求权，经所有人受领者，视为已承认其费用。

§1002 Erlöschen des Verwendungsanspruchs

(1) Gibt der Besitzer die Sache dem Eigentümer heraus, so erlischt der Anspruch auf den Ersatz der Verwendungen mit dem Ablauf eines Monats, bei einem Grundstück mit dem Ablauf von sechs Monaten nach der Herausgabe, wenn nicht vorher die gerichtliche Geltendmachung erfolgt oder der Eigentümer die Verwendungen genehmigt.
(2) Auf diese Fristen finden die für die Verjährung geltenden Vorschriften der §§206, 210, 211 entsprechende Anwendung.

第一千零二条 [费用请求权之消灭]
Ⅰ 占有人已将占有物返还于所有人者，其费用偿还请求权，因未于返还后一个月内，如系土地，未于六个月内，向法院主张该请求权，或未经所有人承认其费用而消灭。
Ⅱ 前项期间，准用第二百零六条、第二百一十条及第二百一十一条规定之时效规定。

§1003　Befriedigungsrecht des Besitzers

(1) Der Besitzer kann den Eigentümer unter Angabe des als Ersatz verlangten Betrags auffordern, sich innerhalbeiner von ihm bestimmten angemessenen Frist darüber zu erklären, ober die Verwendungen genehmige. Nach dem Ablauf der Frist ist der Besitzer berechtigt, Befriedigung aus der Sache nach den Vorschriften über den Pfandverkauf, bei einem Grundstück nach den Vorschriften über die Zwangsvollstreckung in das unbewegliche Vermögen zu suchen, wenn nicht die Genehmigung rechtzeitig erfolgt.

(2) Bestreitet der Eigentümer den Anspruch vor dem Ablauf der Frist, so kann sich der Besitzer aus der Sache erst dann befriedigen, wenn er nach rechtskräftiger Feststellung des Betrags der Verwendungen den Eigentümer unter Bestimmung einer angemessenen Frist zur Erklärung aufgefordert hat und die Frist verstrichen ist; das Recht auf Befriedigung aus der Sache ist ausgeschlossen, wenn die Genehmigung rechtzeitig erfolgt.

第一千零三条　[占有人之受偿权]

Ⅰ [a]1占有人得以其所请求偿还之金额告知所有人，并定相当期间催告其确答是否承认其费用。2所有人未及时为承认者，占有人得于期间届满后，依关于质物拍卖之规定，如系土地，得依关于不动产执行之规定，就其物之卖得金额而受清偿。

Ⅱ [b]所有人在期间届满前，就其请求提出异议者，占有人在其费用金额经确定判决确认后，定有相当期间催告所有人为表示，而此期间业已经过，始得就占有物取偿；所有人已及时为承认者，占有人丧失其就占有物受清偿之权。

a 参考条文：第298条、第300条第1款、第302条、第304条。
b 参考条文：《民事诉讼法》第255条、第259条。

§1004　Beseitigungs- und Unterlassungsanspruch

(1) Wird das Eigentum in anderer Weise als durch Entziehung oder Vorenthaltung des Besitzes beeinträchtigt, so kann der Eigentümer von dem Störer die Beseitigung der Beeinträchtigung verlangen. Sind weitere Beeinträchtigungen zu besorgen, so kann der Eigentümer auf Unterlassung klagen.

(2) Der Anspruch ist ausgeschlossen, wenn der Eigentümer zur Duldung verpflichtet ist.

第一千零四条 [除去及不作为请求权]

Ⅰ ᵃ¹所有权非因侵夺占有或无权占有，而由于其他方法受有妨害者，所有人得请求加害人除去其妨害。²妨害有继续之虞者，所有人得提起不作为之诉。

Ⅱ ᵇ所有人有容忍之义务者，无前项之请求权。

a 参考条文：第903条以下、第906条、第985条。
b 参考条文：第904条、第986条、《民法施行法》第125条。

§1005 Verfolgungsrecht

Befindet sich eine Sache auf einem Grundstück, das ein anderer als der Eigentümer der Sache besitzt, so steht diesem gegen den Besitzer des Grundstücks der in §867 bestimmte Anspruch zu.

第一千零五条 [追寻权]ᵃ

物偶在其所有人以外之人所占有之地内者，物之所有人对于土地之占有人，有第八百六十七条规定之请求权。

a 参考条文：第867条、第985条。

§1006 Eigentumsvermutung für Besitzer

(1) Zugunsten des Besitzers einer beweglichen Sache wird vermutet, dass er Eigentümer der Sache sei. Dies gilt jedoch nicht einem früheren Besitzer gegenüber, dem die Sache gestohlen worden, verloren gegangen oder sonst abhanden gekommen ist, es sei denn, dass es sich um Geld oder Inhaberpapiere handelt.

(2) Zugunsten eines früheren Besitzers wird vermutet, dass er während der Dauer seines Besitzes Eigentümer der Sache gewesen sei.

(3) Im Falle eines mittelbaren Besitzes gilt die Vermutung für den mittelbaren Besitzer.

第一千零六条 [占有人之所有权推定]

Ⅰ ᵃ¹为动产占有人之利益，推定其为动产之所有人。²物因被盗、遗失或其他事由，而脱离占有者，对于原占有人，不适用前段规定。但占有物为金钱或无记名证券者，不在此限。

Ⅱ 为前占有人之利益，推定其在占有之期间内，为物之所有人。

Ⅲ ᵇ在间接占有之情形，对于间接占有人，亦适用此种之推定。

a 参考条文：第809条、第812条、第823条、第952条,《商法》第365条第1款、《股份法》第61条第2款,《汇票本票法》第16条,《支票法》第21条。

b 参考条文：第1065条、第1227条。

§1007 Ansprüche des früheren Besitzers, Ausschluss bei Kenntnis

(1) Wer eine bewegliche Sache im Besitz gehabt hat, kann von dem Besitzer die Herausgabe der Sache verlangen, wenn dieser bei dem Erwerb des Besitzes nicht in gutem Glauben war.

(2) Ist die Sache dem früheren Besitzer gestohlen worden, verloren gegangen oder sonst abhanden gekommen, so kann er die Herausgabe auch von einem gutgläubigen Besitzer verlangen, es sei denn, dass dieser Eigentümer der Sache ist oder die Sache ihm vor der Besitzzeit des früheren Besitzers abhanden gekommen war. Auf Geld und Inhaberpapiere findet diese Vorschrift keine Anwendung.

(3) Der Anspruch ist ausgeschlossen, wenn der frühere Besitzer bei dem Erwerb des Besitzes nicht in gutem Glauben war oder wenn er den Besitz aufgegeben hat. Im Übrigen finden die Vorschriften der §§986 bis 1003 entsprechende Anwendung.

第一千零七条 [前占有人之请求权]

Ⅰ 动产占有人取得占有非系善意者，前占有人得对之请求返还其物。

Ⅱ ¹前占有人之物系被盗或遗失或基于其他事由脱离占有者，对于善意之占有人亦得请求其返还。但占有人系物之所有人，或在前占有人占有期间前曾脱离其物之占有者，不在此限。²前段规定，对金钱及无记名证券，不适用之。

Ⅲ ¹前占有人取得占有非系善意，或已抛弃其占有者，无第一款之请求权。²于其他情形，准用第九百八十六条至第一千零三条规定。

Titel 5 Miteigentum
第五节 共　有

§1008 Miteigentum nach Bruchteilen

Steht das Eigentum an einer Sache mehreren nach Bruchteilen zu, so gelten die Vorschriften der §§1009 bis 1011.

第一千零八条 [分别共有][a]

数人按其应有部分，对于同一之物有所有权者，适用第一千零九条至第一千零一十一条规定。

a 参考条文：第741条以下、第1009条以下，《民法施行法》第131条、第173条。

§1009 Belastung zugunsten eines Miteigentümers

(1) Die gemeinschaftliche Sache kann auch zugunsten eines Miteigentümers belastet werden.

(2) Die Belastung eines gemeinschaftlichen Grundstücks zugunsten des jeweiligen Eigentümers eines anderen Grundstücks sowie die Belastung eines anderen Grundstücks zugunsten der jeweiligen Eigentümer des gemeinschaftlichen Grundstücks wird nicht dadurch ausgeschlossen, dass das andere Grundstück einem Miteigentümer des gemeinschaftlichen Grundstücks gehört.

第一千零九条 [为共有人中一人之利益所设定之负担]

Ⅰ [a]共有物得为共有人中一人之利益，而设定负担。

Ⅱ [b]共有土地为他一土地现时所有人之利益而设定之负担，及他一土地为共有土地现时诸所有人之利益，而设定之负担，均不因该他土地归属于共有人中一人所有而消灭。

a 参考条文：第747条、第873条第1款、第1032条、第1205条第1款。
b 参考条文：第1018条、第1094条第2款、第1105条第2款。

§1010　Sondernachfolger eines Miteigentümers

(1) Haben die Miteigentümer eines Grundstücks die Verwaltung und Benutzung geregelt oder das Recht, die Aufhebung der Gemeinschaft zu verlangen, für immer oder auf Zeit ausgeschlossen oder eine Kündigungsfrist bestimmt, so wirkt die getroffene Bestimmung gegen den Sondernachfolger eines Miteigentümers nur, wenn sie als Belastung des Anteils im Grundbuch eingetragen ist.

(2) Die in den §§755, 756 bestimmten Ansprüche können gegen den Sondernachfolger eines Miteigentümers nur geltend gemacht werden, wenn sie im Grundbuch eingetragen sind.

第一千零一十条　[共有人中一人之特定继受人]

Ⅰ [a]土地共有人对土地之管理及利用，曾有所协议，或对于请求废弃于共有关系之权利，曾制定永久或于一定时期予以排除，或定有预告终止期间者，此项协议或制定，非经视同应有部分之负担，而登记于土地登记簿者，不得对抗共有人之特定继受人。

Ⅱ [b]第七百五十五条及第七百五十六条规定之请求权，非经登记于土地登记簿，不得对抗共有人之特定继受人。

a 参考条文：第749条第2款、第3款、第750条，第751条；《破产法》第16条第2款第2段。

b 参考条文：第755条第2款、第756条。

§1011　Ansprüche aus dem Miteigentum

Jeder Miteigentümer kann die Ansprüche aus dem Eigentum Dritten gegenüber in Ansehung der ganzen Sache geltend machen, den Anspruch auf Herausgabe jedoch nur in Gemäßheit des §432.

第一千零一十一条　[基于共有而生之请求权][a]

各共有人均得以基于所有权而生之请求权，就共有物全部对抗第三人，但关于返还请求权，仅得依第四百三十二条规定行使之。

a 参考条文：第743条至第745条、第748条、第985条、第1006条。

第四章　地上权a（删除）

§1012 bis **§1017**　(weggefallen)

第一千零一十二条至第一千零一十七条　[删除]

Abschnitt 4 Dienstbarkeiten

第四章 役 权

本章所规定之役权,系继受罗马法上之役权(servitus)制度并参以德意志法上有关基于团体所有权概念而设定之"使用借贷权"(Leiherechte)等原则而制定。所谓役权者,系指就他人之物,为土地或人之利益设定用益权而言。本章所规定之役权分为三种,即地役权(第1018条)、限制人役权(第1090条)及用益权(Nießbrauch)(第1030条)。所谓地役权,系指专为土地所有人之利益而对他人之土地所设定之役权。所谓限制人役权,系指专为特定之自然人或法人之利益而就他人之土地所设定之役权。所谓用益权,系指为特定之人而就物、权利或财产之聚合物而设定之役权。关于役权,《德国民法典》除第916条就役权因越界建筑物而受损害设有共同之保护规定外,其他并未设共同规定。三者役权之共同特色,可谓系在其权利以对他人之物之用益为内容。再者,地役权与限制人役权均同为就他人之土地而设定之役权,惟地役权不须严定其用益之范围,但限制人役权则必须严格限定其用益之范围而不得设定全面性之用益。并且因地役权专为土地之利益而设定,限制人役权系为个别的人的利益而设定,两者用益之范围及性质有区别,因而可就同一土地并行设定地役权与限制人役权。

Titel 1 Grunddienstbarkeiten
第一节 地役权

§1018 Gesetzlicher Inhalt der Grunddienstbarkeit

Ein Grundstück kann zugunsten des jeweiligen Eigentümers eines anderen Grundstücks in der Weise belastet werden, dass dieser das Grundstück in einzelnen Beziehungen benutzen darf oder dass auf dem Grundstück gewisse Handlungen nicht vorgenommen werden dürfen oder dass die Ausübung eines Rechts ausgeschlossen ist, das sich aus dem Eigentum an dem belasteten Grundstück dem anderen Grundstück gegenüber ergibt (Grunddienstbarkeit).

第一千零一十八条 [地役权之法定内容][a]
土地得为他土地现时所有人之利益而设定负担,使他土地所有人得按个别之关系,利用土地,或得禁止在土地上有所作为,或就供役地基于所有权对以外土地所得享有之权利,排除其行使(地役权)。

a 参考条文:第873条、第1023条、第1026条、第1090条。

§1019 Vorteil des herrschenden Grundstücks

Eine Grunddienstbarkeit kann nur in einer Belastung bestehen, die für die Benutzung des Grundstücks des Berechtigten Vorteil bietet. Über das sich hieraus ergebende Maß hinaus kann der Inhalt der Dienstbarkeit nicht erstreckt werden.

第一千零一十九条 [需役地之利益]^a
¹地役权之成立负担,仅以有利于权利人之土地利用为限。²地役权之内容,不得逾越前段所规定之范围。

a 参考条文:第873条、第1091条。

§1020 Schonende Ausübung

Bei der Ausübung einer Grunddienstbarkeit hat der Berechtigte das Interesse des Eigentümers des belasteten Grundstücks tunlichst zu schonen. Hält er zur Ausübung der Dienstbarkeit auf dem belasteten Grundstück eine Anlage, so hat er sie in ordnungsmäßigem Zustand zu erhalten, soweit das Interesse des Eigentümers es erfordert.

第一千零二十条 [审慎之行使]^a
¹地役权人行使其权利时,应尽可能保护供役地所有人之利益。²权利人因行使地役权在供役地设置工作物者,在保全所有人利益之必要范围内,应维持该工作物之正常状态。

a 参考条文:第823条、第1004条、第1018条、第1021条至第1023条。

§1021 Vereinbarte Unterhaltungspflicht

(1) Gehört zur Ausübung einer Grunddienstbarkeit eine Anlage auf dem belasteten Grundstück, so kann bestimmt werden, dass der Eigentümer dieses Grundstücks die Anlage zu unterhalten hat, soweit das Interesse des Berechtigten es erfordert.

Steht dem Eigentümer das Recht zur Mitbenutzung der Anlage zu, so kann bestimmt werden, dass der Berechtigte die Anlage zu unterhalten hat, soweit es für das Benutzungsrecht des Eigentümers erforderlich ist.

(2) Auf eine solche Unterhaltungspflicht finden die Vorschriften über die Reallasten entsprechende Anwendung.

第一千零二十一条 [约定之维持义务][a]

I [1]地役权之行使及于供役地上之工作物者,在保全权利人利益之必要范围内,供役地所有人应维持此项工作物。[2]所有人对于工作物有共同使用之权利者,在所有人使用权所必要之范围内,权利人应维持此项工作物。

II 关于此项维持之义务,准用物上负担之规定。

a 参考条文:第873条、第877条、第1105条至第1108条。

§1022 Anlagen auf baulichen Anlagen

Besteht die Grunddienstbarkeit in dem Recht, auf einer baulichen Anlage des belasteten Grundstücks eine bauliche Anlage zu halten, so hat, wenn nicht ein anderes bestimmt ist, der Eigentümer des belasteten Grundstücks seine Anlage zu unterhalten, soweit das Interesse des Berechtigten es erfordert. Die Vorschrift des §1021 Abs. 2 gilt auch für diese Unterhaltungspflicht.

第一千零二十二条 [工作物上设置工作物]

[1]地役权人有就供役地之工作物上设置工作物之权利者,除另有约定外,供役地所有人在保全地役权人利益之必要范围内,应维持其工作物。[2]关于此项维持之义务,亦适用第一千零二十一条第二款规定。

§1023 Verlegung der Ausübung

(1) Beschränkt sich die jeweilige Ausübung einer Grunddienstbarkeit auf einen Teil des belasteten Grundstücks, so kann der Eigentümer die Verlegung der Ausübung auf eine andere, für den Berechtigten ebenso geeignete Stelle verlangen, wenn die Ausübung an der bisherigen Stelle für ihn besonders beschwerlich ist; die Kosten der Verlegung hat er zu tragen und vorzuschießen. Dies gilt auch dann, wenn der

Teil des Grundstücks, auf den sich die Ausübung beschränkt, durch Rechtsgeschäft bestimmt ist.

(2) Das Recht auf die Verlegung kann nicht durch Rechtsgeschäft ausgeschlossen oder beschränkt werden.

第一千零二十三条 [行使之移属]

Ⅰ ᵃ¹地役权之现时行使，限于供役地之一部分者。所有人认为该部分之使用，对其有特殊不便时，得请求将地役权之行使移属于其他适于地役权人利益之处所；移属之费用，应由所有人负担，并须预付。²地役权之行使，基于法律行为，限定于供役地之一部分者，亦适用前段规定。

Ⅱ ᵇ迁移之权利，不得以法律行为排除或限制之。

a 参考条文：第1004条第1款。
b 参考条文：第902条。

§1024 Zusammentreffen mehrerer Nutzungsrechte

Trifft eine Grunddienstbarkeit mit einer anderen Grunddienstbarkeit oder einem sonstigen Nutzungsrecht an dem Grundstück dergestalt zusammen, dass die Rechte nebeneinander nicht oder nicht vollständig ausgeübt werden können, und haben die Rechte gleichen Rang, so kann jeder Berechtigte eine den Interessen aller Berechtigten nach billigem Ermessen entsprechende Regelung der Ausübung verlangen.

第一千零二十四条 [数使用权之并合]ᵃ

地役权与他地役权或土地其他使用权同时并存，致相互间不能行使其权利，或不能为完全行使，而其权利之顺序又复相同者，各权利人得请求依公平衡量，为全体权利人利益，就权利之行使加以规律。

a 参考条文：第571条、第879条、第1060条、第1090条第2款。

§1025 Teilung des herrschenden Grundstücks

Wird das Grundstück des Berechtigten geteilt, so besteht die Grunddienstbarkeit für die einzelnen Teile fort; die Ausübung ist jedoch im Zweifel nur in der Weise zulässig, dass sie für den Eigentümer des belasteten Grundstücks nicht beschwerlicher wird.

Gereicht die Dienstbarkeit nur einem der Teile zum Vorteil, so erlischt sie für die übrigen Teile.

第一千零二十五条 [需役地之分割]ᵃ

¹权利人之土地经分割者,其地役权为各部分之利益而存续;但其行使,于有疑义时,仅应以对于供役地所有人无更为不便之方法为之。²地役权之利益仅及于一部分者,其余部分即归消灭。

a 参考条文:第890条、第894条、第1019条、《土地登记法》第22条。

§1026 Teilung des dienenden Grundstücks

Wird das belastete Grundstück geteilt, so werden, wenn die Ausübung der Grunddienstbarkeit auf einen bestimmten Teil des belasteten Grundstücks beschränkt ist, die Teile, welche außerhalb des Bereichs der Ausübung liegen, von der Dienstbarkeit frei.

第一千零二十六条 [供役地之分割]ᵃ

供役地经分割,而地役权之行使限于供役地特定之部分时,对于其行使范围以外之部分,免除其地役权之负担。

a 参考条文:第894条、《土地登记法》第22条、第46条第1款。

§1027 Beeinträchtigung der Grunddienstbarkeit

Wird eine Grunddienstbarkeit beeinträchtigt, so stehen dem Berechtigten die in §1004 bestimmten Rechte zu.

第一千二十七条 [地役权之妨害]ᵃ

地役权受妨害者,地役权人享有第一千零四条所定之权利。

a 参考条文:第823条第2款、第912条以下、第1029条、《民事诉讼法》第256条。

第四章 役 权

§1028 Verjährung

(1) Ist auf dem belasteten Grundstück eine Anlage, durch welche die Grunddienstbarkeit beeinträchtigt wird, errichtet worden, so unterliegt der Anspruch des Berechtigten auf Beseitigung der Beeinträchtigung der Verjährung, auch wenn die Dienstbarkeit im Grundbuch eingetragen ist. Mit der Verjährung des Anspruchs erlischt die Dienstbarkeit, soweit der Bestand der Anlage mit ihr in Widerspruch steht.

(2) Die Vorschrift des §892 findet keine Anwendung.

第一千零二十八条　[消灭时效][a]

Ⅰ [1]供役地上设置工作物，致地役权受其妨害者，纵地役权以登记于土地登记簿，权利人之妨害除去请求权亦应受消灭时效之规制。[2]工作物之存在与地役权相抵触时，请求权如罹于时效而消灭者，地役权随之归于消灭。

Ⅱ 第八百九十二条规定，于本条不适用之。

a 参考条文：第861条至第864条、第900条、第1090条第2款。

§1029 Besitzschutz des Rechtsbesitzers

Wird der Besitzer eines Grundstücks in der Ausübung einer für den Eigentümer im Grundbuch eingetragenen Grunddienstbarkeit gestört, so finden die für den Besitzschutz geltenden Vorschriften entsprechende Anwendung, soweit die Dienstbarkeit innerhalb eines Jahres vor der Störung, sei es auch nur einmal, ausgeübt worden ist.

第一千零二十九条　[权利占有人之占有保护][a]

土地占有人行使土地所有人登记于土地登记簿之地役权者，该地役权受妨害时，准用关于占有保护之规定，但以妨害发生前一年内曾为一次以上之行使者为限。

a 参考条文：第861条至第864条、第900条、第1090条第2款。

Titel 2 Nießbrauch
第二节 用益权

Untertitel 1 Nießbrauch an Sachen
第一款 地上用益权

§1030 Gesetzlicher Inhalt des Nießbrauchs an Sachen

(1) Eine Sache kann in der Weise belastet werden, dass derjenige, zu dessen Gunsten die Belastung erfolgt, berechtigt ist, die Nutzungen der Sache zu ziehen (Nießbrauch).

(2) Der Nießbrauch kann durch den Ausschluss einzelner Nutzungen beschränkt werden.

第一千零三十条 [物上用益权之法定内容][a]

I 物上得设定负担，使因此负担而受利益之人，有收取物之用益之权利（用益权）。

II 用益权得因排除个别之用益而受限制。

a 参考条文：第93条以下、第890条第1款、第1018条、第1090条第1款、第1124条。

§1031 Erstreckung auf Zubehör

Mit dem Nießbrauch an einem Grundstück erlangt der Nießbraucher den Nießbrauch an dem Zubehör nach den für den Erwerb des Eigentums geltenden Vorschriften des §926.

第一千零三十一条 [及于从物][a]

在土地上有用益权之人得随同其权利，依第九百二十六条关于取得所有权之规定，取得其从物之用益权。

a 参考条文：第843条、第874条、第1032条。Erstreckung auf Zubehör（及于从物），指用益权及于土地上之从物。

§1032 Bestellung an beweglichen Sachen

Zur Bestellung des Nießbrauchs an einer beweglichen Sache ist erforderlich, dass der Eigentümer die Sache dem Erwerber übergibt und beide darüber einig sind, dass diesem der Nießbrauch zustehen soll. Die Vorschriften des §929 Satz 2, der §§930 bis 932 und der §§933 bis 936 finden entsprechende Anwendung; in den Fällen des §936 tritt nur die Wirkung ein, dass der Nießbrauch dem Recht des Dritten vorgeht.

第一千零三十二条 [对动产之设定][a]

¹动产用益权之设定，应由所有人将物交付于用益权人，并经双方合意以用益权归属于取得人。²第九百二十九条第二段、第九百三十条至第九百三十二条及第九百三十三条至第九百三十六条规定准用之；在第九百三十六条之情形，其准用之效力，仅发生用益权优先于第三人之权利。

a 参考条文：第854条、第929条、第932条、第933条至第936条、第1030条。

§1033 Erwerb durch Ersitzung

Der Nießbrauch an einer beweglichen Sache kann durch Ersitzung erworben werden. Die für den Erwerb des Eigentums durch Ersitzung geltenden Vorschriften finden entsprechende Anwendung.

第一千零三十三条 [因取得时效而取得][a]

¹动产用益权得因取得时效而取得。²关于依取得时效而取得所有权之规定，于本条准用之。

a 参考条文：第900条第2款、第937条、第940条至第942条。

§1034 Feststellung des Zustands

Der Nießbraucher kann den Zustand der Sache auf seine Kosten durch Sachverständige feststellen lassen. Das gleiche Recht steht dem Eigentümer zu.

第一千零三十四条 [现状之确定][a]

¹用益权人得以自己之费用，由鉴定人确定其用益物之现状。²所有人享

有此项相同之权利。

a 参考条文：第891条第1款、第1006条、第1035条、第1058条。

§1035 Nießbrauch an Inbegriff von Sachen; Verzeichnis

Bei dem Nießbrauch an einem Inbegriff von Sachen sind der Nießbraucher und der Eigentümer einander verpflichtet, zur Aufnahme eines Verzeichnisses der Sachen mitzuwirken. Das Verzeichnis ist mit der Angabe des Tages der Aufnahme zu versehen und von beiden Teilen zu unterzeichnen; jeder Teil kann verlangen, dass die Unterzeichnung öffentlich beglaubigt wird. Jeder Teil kann auch verlangen, dass das Verzeichnis durch die zuständige Behörde oder durch einen zuständigen Beamten oder Notar aufgenommen wird. Die Kosten hat derjenige zu tragen und vorzuschießen, welcher die Aufnahme oder die Beglaubigung verlangt.

第一千零三十五条 [聚合物之用益权；目录]
[1]关于聚合物之用益权，用益权人与所有人互负共同编制用益物目录之义务。[2]此项目录应记载编制之日期，并由双方签名；双方各得请求就签名为公证。[3]双方亦得请求由主管机关、主管公务员或公证人编制目录。[4]费用应由请求编制或公证之一方负担并预付之。

§1036 Besitzrecht; Ausübung des Nießbrauchs

(1) Der Nießbraucher ist zum Besitz der Sache berechtigt.
(2) Er hat bei der Ausübung des Nutzungsrechts die bisherige wirtschaftliche Bestimmung der Sache aufrechtzuerhalten und nach den Regeln einer ordnungsmäßigen Wirtschaft zu verfahren.

第一千零三十六条 [占有权；用益权之行使][a]
Ⅰ 用益权人得占有用益物。
Ⅱ 用益权人行使用益权时，应保持用益物原有之经济效用，并依通常经营方法处理之。

a 参考条文：第1030条、第1037条、第1038条、第1041条。

§1037 Umgestaltung

(1) Der Nießbraucher ist nicht berechtigt, die Sache umzugestalten oder wesentlich zu verändern.

(2) Der Nießbraucher eines Grundstücks darf neue Anlagen zur Gewinnung von Steinen, Kies, Sand, Lehm, Ton, Mergel, Torf und sonstigen Bodenbestandteilen errichten, sofern nicht die wirtschaftliche Bestimmung des Grundstücks dadurch wesentlich verändert wird.

第一千零三十七条 [改造]
I 用益权人对于用益物，不得加以改造或为重大之变更。
II 土地用益权人为获得石块、砂砾、细砂、黏土、泥土、灰石、泥灰及其他土壤之成分，得建立新工作物，但不得因此使土地之经济效用发生重大变更。

§1038 Wirtschaftsplan für Wald und Bergwerk

(1) Ist ein Wald Gegenstand des Nießbrauchs, so kann sowohl der Eigentümer als der Nießbraucher verlangen, dass das Maß der Nutzung und die Art der wirtschaftlichen Behandlung durch einen Wirtschaftsplan festgestellt werden. Tritt eine erhebliche Änderung der Umstände ein, so kann jeder Teil eine entsprechende Änderung des Wirtschaftsplans verlangen. Die Kosten hat jeder Teil zur Hälfte zu tragen.

(2) Das Gleiche gilt, wenn ein Bergwerk oder eine andere auf Gewinnung von Bodenbestandteilen gerichtete Anlage Gegenstand des Nießbrauchs ist.

第一千零三十八条 [森林及矿山之经营][a]
I [1]用益权之目标物为森林者，所有人及用益权人均得请求以经营计划决定用益之范围及经营处理之方法。[2]如情事有重大之变更者，双方各得请求将经营计划加以适当之变更。[3]费用由双方平均负担之。
II 用益权之标的物为矿山，或为采获土地成分之其他工作物者，亦得适用前款规定。

a 参考条文：第2123条,《民法施行法》第67条、第68条。

§1039 Übermäßige Fruchtziehung

(1) Der Nießbraucher erwirbt das Eigentum auch an solchen Früchten, die er den Regeln einer ordnungsmäßigen Wirtschaft zuwider oder die er deshalb im Übermaß zieht, weil dies infolge eines besonderen Ereignisses notwendig geworden ist. Er ist jedoch, unbeschadet seiner Verantwortlichkeit für ein Verschulden, verpflichtet, den Wert der Früchte dem Eigentümer bei der Beendigung des Nießbrauchs zu ersetzen und für die Erfüllung dieser Verpflichtung Sicherheit zu leisten. Sowohl der Eigentümer als der Nießbraucher kann verlangen, dass der zu ersetzende Betrag zur Wiederherstellung der Sache insoweit verwendet wird, als es einer ordnungsmäßigen Wirtschaft entspricht.

(2) Wird die Verwendung zur Wiederherstellung der Sache nicht verlangt, so fällt die Ersatzpflicht weg, soweit durch den ordnungswidrigen oder den übermäßigen Fruchtbezug die dem Nießbraucher gebührenden Nutzungen beeinträchtigt werden.

第一千零三十九条 [孳息之过量收取][a]

I [1]用益权人以背于通常经营之方法收取过量之孳息，或因特殊事故不得不收取过量之孳息者，此项孳息之所有权，仍归属于用益权人。[2]但在用益权消灭时，用益权人对于所有人应补偿孳息之价额，并对于此项义务之履行，应提供担保，因过失致生损害者仍应负责。[3]所有人及用益权人得请求就原应作为补偿之金额，在适于通常经营之限度内，加以动用，以恢复物之原状。

II 未请求为前款金额之动用者，补偿义务，在用益权人应有之用益因不适当或过量收取孳息致蒙受损害之范围内，归于消灭。

a 参考条文：第99条、第955条至第957条、第1036条第2款、第1051条、第1054条。

§1040 Schatz

Das Recht des Nießbrauchers erstreckt sich nicht auf den Anteil des Eigentümers an einem Schatze, der in der Sache gefunden wird.

第一千零四十条 [埋藏物][a]

用益权人之权利，不及于用益物中所发现之埋藏物上所有人之应有部分。

a 参考条文: 第984条。

§1041 Erhaltung der Sache

Der Nießbraucher hat für die Erhaltung der Sache in ihrem wirtschaftlichen Bestand zu sorgen. Ausbesserungen und Erneuerungen liegen ihm nur insoweit ob, als sie zu der gewöhnlichen Unterhaltung der Sache gehören.

第一千零四十一条　[用益物之保管][a]
　　[1]用益权人应注意保持用益物经营上之现状。[2]用益权人在属于通常保管范围内，有修缮及更新用益物之义务。

a 参考条文: 第276条、第278条、第1039条、第1384条、第1654条。

§1042 Anzeigepflicht des Nießbrauchers

Wird die Sache zerstört oder beschädigt oder wird eine außergewöhnliche Ausbesserung oder Erneuerung der Sache oder eine Vorkehrung zum Schutze der Sache gegen eine nicht vorhergesehene Gefahr erforderlich, so hat der Nießbraucher dem Eigentümer unverzüglich Anzeige zu machen. Das Gleiche gilt, wenn sich ein Dritter ein Recht an der Sache anmaßt.

第一千零四十二条　[用益权人之通知义务][a]
　　[1]用益物灭失或毁损，或对不可预见之危险，就用益物有加以特殊修缮或更新或为预防保护之必要者，用益权人应尽速通知所有人。[2]前段规定，在第三人对用益物主张权利时，亦适用之。

a 参考条文: 第545条、第1041条、第1036条第1款、第1065条、《民法施行法》第52条、第53条、第109条。

§1043 Ausbesserung oder Erneuerung

Nimmt der Nießbraucher eines Grundstücks eine erforderlich gewordene außergewöhnliche Ausbesserung oder Erneuerung selbst vor, so darf er zu diesem Zwecke innerhalbder Grenzen einer ordnungsmäßigen Wirtschaft auch Bestandteile des Grundstücks verwenden, die nicht zu den ihm gebührenden Früchten gehören.

第一千零四十三条 [修缮或更新]ᵃ
土地用益权人自为必要之特殊修缮或更新者，在通常经营之范围内，为完成此项目的，亦得使用非属于其可得收取孳息之土地成分。

a 参考条文：第1041条、第1049条。

§1044 Duldung von Ausbesserungen

Nimmt der Nießbraucher eine erforderlich gewordene Ausbesserung oder Erneuerung der Sache nicht selbst vor, so hat er dem Eigentümer die Vornahme und, wenn ein Grundstück Gegenstand des Nießbrauchs ist, die Verwendung der in §1043 bezeichneten Bestandteile des Grundstücks zu gestatten.

第一千零四十四条 [修缮之容忍]ᵃ
用益权人不自为物之必要修缮或更新者，应容许所有人为此项措施；用益权之标的物为土地者，并应容许所有人利用第一千零四十三条所称之土地成分ᵇ。

a 参考条文：第1041条、第1044条、第858条。
b 本条规定用益权人为必要之修缮及更新之权利，对于土地所有人具备优先之地位。因此，土地所有人自为必要之修缮及更新时，须经用益权人同意。对于所有人之请求修缮及更新，用益权人固负有同意之义务，但所有人未预经用益权人同意而修缮及更新者，构成使用"暴力"（Eigenmacht）之不法占有。

§1045 Versicherungspflicht des Nießbrauchers

(1) Der Nießbraucher hat die Sache für die Dauer des Nießbrauchs gegen Brandschaden und sonstige Unfälle auf seine Kosten unter Versicherung zu bringen, wenn die Versicherung einer ordnungsmäßigen Wirtschaft entspricht. Die Versicherung ist so zu nehmen, dass die Forderung gegen den Versicherer dem Eigentümer zusteht.

(2) Ist die Sache bereits versichert, so fallen die für die Versicherung zu leistenden Zahlungen dem Nießbraucher für die Dauer des Nießbrauchs zur Last, soweit er

zur Versicherung verpflichtet sein würde.

第一千零四十五条　[用益权人之保险义务]ᵃ

Ⅰ ¹用益权人于用益期间内，应以自己之费用，为用益物之火灾损失及其他事变之保险，但以此项保险系合于通常之经营者为限。²在此项保险，其对于保险人所取得之债权，应属于所有人。

Ⅱ 用益物已保险者，如用益权人负有保险之义务时，应于用益权存续之期间内支付保险费用。

a 参考条文：第1041条、第1046条，《保险契约法》(Versicherungsvertragsgesetz) 第74条至第76条、第79条、第115条。

§1046　Nießbrauch an der Versicherungsforderung

(1) An der Forderung gegen den Versicherer steht dem Nießbraucher der Nießbrauch nach den Vorschriften zu, die für den Nießbrauch an einer auf Zinsen ausstehenden Forderung gelten.

(2) Tritt ein unter die Versicherung fallender Schaden ein, so kann sowohl der Eigentümer als der Nießbraucher verlangen, dass die Versicherungssumme zur Wiederherstellung der Sache oder zur Beschaffung eines Ersatzes insoweit verwendet wird, als es einer ordnungsmäßigen Wirtschaft entspricht. Der Eigentümer kann die Verwendung selbst besorgen oder dem Nießbraucher überlassen.

第一千零四十六条　[保险债权上用益权]ᵃ

Ⅰ 用益权人就对于保险人之债权，依附有延欠利息之债权上用益权之规定，享有用益权。

Ⅱ ¹因保险事故之发生而受损失时，所有人及用益权人，均得请求就保险金额，在合于通常经营之范围内，加以动用，借以恢复用益物之原状，或备置代替之物。²对于保险金额之此种动用，所有人得自己为之或交由用益权人为之。

a 参考条文：第1045条、第1070条至第1072条、第1076条至第1079条。

§1047　Lastentragung

Der Nießbraucher ist dem Eigentümer gegenüber verpflichtet, für die Dauer des Nießbrauchs die auf der Sache ruhenden öffentlichen Lasten mit Ausschluss der außerordentlichen Lasten, die als auf den Stammwert der Sache gelegt anzusehen sind, sowie diejenigen privatrechtlichen Lasten zu tragen, welche schon zur Zeit der Bestellung des Nießbrauchs auf der Sache ruhten, insbesondere die Zinsen der Hypothekenforderungen und Grundschulden sowie die auf Grund einer Rentenschuld zu entrichtenden Leistungen.

第一千零四十七条　[负担之承受][a]

在用益权存续之期间内，用益权人对于所有人就物之公法上负担[b]，除可认系依物之基本价值所课之特殊负担外，应负其义务；在用益权设定时，用益物所已存在之私法上负担，即如抵押债权及土地债务之利息，及基于定期土地债务而应为清偿之给付，亦同。

a 参考条文：第1088条、第1381条，1952年8月14日之有关《负担补偿法》（Lastenausgleichsgesetz）。
b 公法上负担系指就土地所得金额所课赋之地税之类而言。

§1048　Nießbrauch an Grundstück mit Inventar

(1) Ist ein Grundstück samt Inventar Gegenstand des Nießbrauchs, so kann der Nießbraucher über die einzelnen Stücke des Inventars innerhalb der Grenzen einer ordnungsmäßigen Wirtschaft verfügen. Er hat für den gewöhnlichen Abgang sowie für die nach den Regeln einer ordnungsmäßigen Wirtschaft ausscheidenden Stücke Ersatz zu beschaffen; die von ihm angeschafften Stücke werden mit der Einverleibung in das Inventar Eigentum desjenigen, welchem das Inventar gehört.

(2) Übernimmt der Nießbraucher das Inventar zum Schätzwert mit der Verpflichtung, es bei der Beendigung des Nießbrauchs zum Schätzwert zurückzugewähren, so finden die Vorschriften des §582a entsprechende Anwendung.

第一千零四十八条　[有附属物之土地用益权]

I [1]用益权之标的物为土地及其附属物者，用益权人在通常经营之范围内，得就附属物中各个之物为处分。[2]附属物因通常之损耗及依通常经营而脱落者，用益权人负有补充之义务ª，补充之物与附属物相结合后，其所有权归属于附属物之所有人。
Ⅱ 用益权人依评定价额，受领附属物，而于用益权消灭时，依评定价额负返还之义务者，准用第五百八十二条之一规定。

a 关于补充物提供义务，参照第1041条第1款。

§1049 Ersatz von Verwendungen

(1) Macht der Nießbraucher Verwendungen auf die Sache, zu denen er nicht verpflichtet ist, so bestimmt sich die Ersatzpflicht des Eigentümers nach den Vorschriften über die Geschäftsführung ohne Auftrag.

(2) Der Nießbraucher ist berechtigt, eine Einrichtung, mit der er die Sache versehen hat, wegzunehmen.

第一千零四十九条 [费用之偿还]ª
Ⅰ 用益权人为用益物支出费用，而此项费用非其所应负担者，所有人之偿还义务，依关于无因管理之规定。
Ⅱ 用益权人就用益物所增加之设置得取回之。

a 关于他种费用偿还义务，参照第677条至第679条、第683条。

§1050 Abnutzung

Veränderungen oder Verschlechterungen der Sache, welche durch die ordnungsmäßige Ausübung des Nießbrauchs herbeigeführt werden, hat der Nießbraucher nicht zu vertreten.

第一千零五十条 [损耗]ª
用益权人以通常之方法行使用益权，而致用益物之变更或毁损者，不负责任。

a 参考条文：第548条、第1041条。

§1051 Sicherheitsleistung

Wird durch das Verhalten des Nießbrauchers die Besorgnis einer erheblichen Verletzung der Rechte des Eigentümers begründet, so kann der Eigentümer Sicherheitsleistung verlangen.

第一千零五十一条 [提供担保]

用益权人之行为有使所有人之权利蒙受重大损害之虞者，所有人得请求提供担保[a]。

[a] 关于提供担保之方式，参照第232条。关于其请求权人，参照第1011条、第1391条、第2128条。

§1052 Gerichtliche Verwaltung mangels Sicherheitsleistung

(1) Ist der Nießbraucher zur Sicherheitsleistung rechtskräftig verurteilt, so kann der Eigentümer statt der Sicherheitsleistung verlangen, dass die Ausübung des Nießbrauchs für Rechnung des Nießbrauchers einem von dem Gericht zu bestellenden Verwalter übertragen wird. Die Anordnung der Verwaltung ist nur zulässig, wenn dem Nießbraucher auf Antrag des Eigentümers von dem Gericht eine Frist zur Sicherheitsleistung bestimmt worden und die Frist verstrichen ist; sie ist unzulässig, wenn die Sicherheit vor dem Ablauf der Frist geleistet wird.

(2) Der Verwalter steht unter der Aufsicht des Gerichts wie ein für die Zwangsverwaltung eines Grundstücks bestellter Verwalter. Verwalter kann auch der Eigentümer sein.

(3) Die Verwaltung ist aufzuheben, wenn die Sicherheit nachträglich geleistet wird.

第一千零五十二条 [因未提供负担而由法院管理][a]

Ⅰ [1]用益权人之提供担保，经判决确定者，所有人得请求法院指定管理人，为用益权人之计算，而行使其用益权，以代担保之提供。[2]此种管理命令，仅在法院依所有人之申请对用益权人指定提供担保之期间，而期间已经过时，始得为之；期间届满前已提供担保者，不得命令管理。

Ⅱ [1]管理人应受法院之监督，与为土地强制管理而指定之管理人同。[2]所有人亦得为管理人。

Ⅲ 事后提供担保者，管理应予取消。

a 参考条文：《民事诉讼法》第255条第2款、第764条，《强制执行法》第153条、第154条。

§1053 Unterlassungsklage bei unbefugtem Gebrauch

Macht der Nießbraucher einen Gebrauch von der Sache, zu dem er nicht befugt ist, und setzt er den Gebrauch ungeachtet einer Abmahnung des Eigentümers fort, so kann der Eigentümer auf Unterlassung klagen.

第一千零五十三条　[无权使用时不作为之诉][a]
用益权人就用益物为无权之使用，且不听所有人之劝阻而继续为之者，所有人得提起不作为之诉。

a 参考条文：第1004条、第1550条、第1059条第2段。

§1054 Gerichtliche Verwaltung wegen Pflichtverletzung

Verletzt der Nießbraucher die Rechte des Eigentümers in erheblichem Maße und setzt er das verletzende Verhalten ungeachtet einer Abmahnung des Eigentümers fort, so kann der Eigentümer die Anordnung einer Verwaltung nach §1052 verlangen.

第一千零五十四条　[因义务违反而由法院管理]
用益权人损害所有人之权利达于严重之程度，且不听所有人之劝阻而继续加以损害者，所有人得请求依第一千零五十二条规定为管理之命令。

§1055 Rückgabepflicht des Nießbrauchers

(1) Der Nießbraucher ist verpflichtet, die Sache nach der Beendigung des Nießbrauchs dem Eigentümer zurückzugeben.

(2) Bei dem Nießbrauch an einem landwirtschaftlichen Grundstück finden die Vorschriften des §596 Abs. 1 und des §596a, bei dem Nießbrauch an einem Landgut finden die Vorschriften des §596 Abs. 1 und der §§596a, 596b entsprechende Anwendung.

第一千零五十五条 [用益权人之返还义务][a]

Ⅰ 用益权消灭后,用益权人应将用益物返还于所有人[b]。

Ⅱ 关于农地之用益权,准用第五百九十六条第一款及第五百九十六条之一规定,关于农场之用益权,准用第五百九十六条第一款及第五百九十六条之一、第五百九十六条之二规定。

a 参考条文:第591条、第1030条、第1034条、第1036条第2款、第1050条。
b 用益权人对于用益物应保持其依通常注意所应保持之状态而返还之。关于此状态,所有人负有举证责任。

§1056 Miet- und Pachtverhältnisse bei Beendigung des Nießbrauchs

(1) Hat der Nießbraucher ein Grundstück über die Dauer des Nießbrauchs hinaus vermietet oder verpachtet, so finden nach der Beendigung des Nießbrauchs die für den Fall der Veräußerung von vermietetem Wohnraum geltenden Vorschriften der §§566, 566a, 566b Abs. 1 und der §§566c bis 566e, 567b entsprechende Anwendung.

(2) Der Eigentümer ist berechtigt, das Miet- oder Pachtverhältnis unter Einhaltung der gesetzlichen Kündigungsfrist zu kündigen. Verzichtet der Nießbraucher auf den Nießbrauch, so ist die Kündigung erst von der Zeit an zulässig, zu welcher der Nießbrauch ohne den Verzicht erlöschen würde.

(3) Der Mieter oder der Pächter ist berechtigt, den Eigentümer unter Bestimmung einer angemessenen Frist zur Erklärung darüber aufzufordern, ob er von dem Kündigungsrecht Gebrauch mache. Die Kündigung kann nur bis zum Ablauf der Frist erfolgen.

第一千零五十六条 [用益权终止时之使用租赁及收益租赁关系][a]

Ⅰ 用益权人以土地为使用出租,或收益出租,而租期逾用益权设定之存续时期者,在用益权消灭后,准用第五百六十六条、第五百六十六条之一、第五百六十六条之二第一款及第五百六十六条之三至第五百六十六条之五、第五百六十七条之二关于让与使用出租之房屋之规定。

Ⅱ ¹所有人得遵照法定预告终止期间,终止使用租赁或收益租赁。²用益权人抛弃其用益权者,所有人之终止契约,仅于用益权纵未经抛弃亦应消灭之时起始得为之。

Ⅲ ¹使用承租人或收益承租人得定相当之期间，催告所有人是否行使其终止权利。²终止仅得于期间届满前为之。

a 参考条文：第541条、第986条。

§1057 Verjährung der Ersatzansprüche

Die Ersatzansprüche des Eigentümers wegen Veränderungen oder Verschlechterungen der Sache sowie die Ansprüche des Nießbrauchers auf Ersatz von Verwendungen oder auf Gestattung der Wegnahme einer Einrichtung verjähren in sechs Monaten. Die Vorschrift des §548 Abs. 1 Satz 2 und 3, Abs. 2 findet entsprechende Anwendung.

第一千零五十七条 [赔偿请求权之消灭时效]ª
¹所有人就物之变更或毁损之赔偿请求权及用益权人之费用偿还请求权或容许其取回设置之请求权，其消灭时效期间均为六个月。²第五百四十八条第一款第二段及第三段、第二款规定准用之。

a 参考条文：第558条、第1049条。

§1058 Besteller als Eigentümer

Im Verhältnis zwischen dem Nießbraucher und dem Eigentümer gilt zugunsten des Nießbrauchers der Besteller als Eigentümer, es sei denn, dass der Nießbraucher weiß, dass der Besteller nicht Eigentümer ist.

第一千零五十八条 [设定人视为所有人]
在用益权人与所有人间之关系，为用益权人之利益，应将用益权设定人视为所有人。但用益权人明知设定人非系所有人者，不在此限ª。

a 用益权设定人非为所有人时，善意取得用益权者，得适用第892条、第893条及第1032条之保护规定。

§1059 Unübertragbarkeit; Überlassung der Ausübung

Der Nießbrauch ist nicht übertragbar. Die Ausübung des Nießbrauchs kann einem anderen überlassen werden.

第一千零五十九条 [不可让与性]
¹用益权不得让与。²用益权之行使得由他人为之。

§1059a Übertragbarkeit bei juristischer Person oder rechtsfähiger Personengesellschaft

(1) Steht ein Nießbrauch einer juristischen Person zu, so ist er nach Maßgabe der folgenden Vorschriften übertragbar:
1. Geht das Vermögen der juristischen Person auf dem Wege der Gesamtrechtsnachfolge auf einen anderen über, so geht auch der Nießbrauch auf den Rechtsnachfolger über, es sei denn, dass der Übergang ausdrücklich ausgeschlossen ist.
2. Wird sonst ein von einer juristischen Person betriebenes Unternehmen oder ein Teil eines solchen Unternehmens auf einen anderen übertragen, so kann auf den Erwerber auch ein Nießbrauch übertragen werden, sofern er den Zwecken des Unternehmens oder des Teils des Unternehmens zu dienen geeignet ist. Ob diese Voraussetzungen gegeben sind, wird durch eine Erklärung der zuständigen Landesbehörde festgestellt. Die Erklärung bindet die Gerichte und die Verwaltungsbehörden. Die Landesregierungen bestimmen durch Rechtsverordnung die zuständige Landesbehörde. Die Landesregierungen können die Ermächtigung durch Rechtsverordnung auf die Landesjustizverwaltungen übertragen.

(2) Einer juristischen Person steht eine rechtsfähige Personengesellschaft gleich.

第一千零五十九条之一 ª [法人或有权利能力之人合公司时之可让与性]ᵇ
Ⅰ 属于法人之用益权，得依下列规定而让与：
1. 法人之财产因概括之权利继受而移转于他人者，用益权亦移转于其权利继受人。但明示不得移转者，不在此限。
2. ¹法人之营业或其营业之一部分移转于他人者，为便于达成营业或营业之一部分之目的，用益权亦移转于其取得人。²此项要件是否具备，应由各邦主管机关以其宣示决定之。³此项宣示有拘束法院及行政机关之效力。⁴邦政府依法规命令指定该邦主管机关。⁵邦政府得依法规命令授权予邦司法机关管理。

第四章 役　权　　　　　　　　　　　　　　　　　　　§§1059a—1059c

Ⅱ 有权利能力之人合公司等同于法人。

a 第1059条之1至第1059条之5系依1953年3月5日之《民法范围法律统一重建法》（Gesetz zur Wiederherstellung der Gesetzeseinheit auf dem Gebiete des bürgerlichen Rechts）所追加者。
b 参考条文：第1092条第2款、第1098条第3款。

§1059b　Unpfändbarkeit

Ein Nießbrauch kann auf Grund der Vorschrift des §1059a weder gepfändet noch verpfändet noch mit einem Nießbrauch belastet werden.

第一千零五十九条之二 [a] [不可设质]
用益权不得基于第一千零五十九条之一规定而设定抵押、质权或用益权。

a 参照第1059条之1附注a。

§1059c　Übergang oder Übertragung des Nießbrauchs

(1) Im Falle des Übergangs oder der Übertragung des Nießbrauchs tritt der Erwerber anstelle des bisherigen Berechtigten in die mit dem Nießbrauch verbundenen Rechte und Verpflichtungen gegenüber dem Eigentümer ein. Sind in Ansehung dieser Rechte und Verpflichtungen Vereinbarungen zwischen dem Eigentümer und dem Berechtigten getroffen worden, so wirken sie auch für und gegen den Erwerber.
(2) Durch den Übergang oder die Übertragung des Nießbrauchs wird ein Anspruch auf Entschädigung weder für den Eigentümer noch für sonstige dinglich Berechtigte begründet.

第一千零五十九条之三 [a] [用益权之移转或让与]
Ⅰ [1]在用益权为移转或让与时，继受人就用益权所生之权利及义务，对于所有人，其地位与原用益权人同。[2]所有人与原用益权人另有关于此项权利义务之约定者，其利益或不利益，对于继受人，亦有效力。
Ⅱ 所有人或其他对物享有权利之人均不得因用益权之移转或让与，请求补偿。

a 参照第1059条之1附注a。

§1059d Miet- und Pachtverhältnisse bei Übertragung des Nießbrauchs

Hat der bisherige Berechtigte das mit dem Nießbrauch belastete Grundstück über die Dauer des Nießbrauchs hinaus vermietet oder verpachtet, so sind nach der Übertragung des Nießbrauchs die für den Fall der Veräußerung von vermietetem Wohnraum geltenden Vorschriften der §§566 bis 566e, 567a und 567b entsprechend anzuwenden.

第一千零五十九条之四 [a] [用益权让与时之使用租赁及收益租赁关系]
原权利人逾其用益权存续时期将用益土地为使用租赁或收益租赁者，在用益权让与后，准用第五百六十六条至第五百六十六条之五、第五百六十七条之一及第五百六十七条之二关于使用租赁之房屋让与之规定。

a 参照第1059条之1附注a。

§1059e Anspruch auf Einräumung des Nießbrauchs

Steht ein Anspruch auf Einräumung eines Nießbrauchs einer juristischen Person oder einer rechtsfähigen Personengesellschaft zu, so gelten die Vorschriften der §§1059a bis 1059d entsprechend.

第一千零五十九条之五 [a] [用益权之让与请求权]
法人或有权利能力之人合公司享有用益权之让与请求权者，准用第一千零五十九条之一至第一千零五十九条之四规定。[b]

a 参照第1059条之1附注a。
b 兹所谓法人之用益权，包括公法人、私法人及清算中法人之用益权。

§1060 Zusammentreffen mehrerer Nutzungsrechte

Trifft ein Nießbrauch mit einem anderen Nießbrauch oder mit einem sonstigen Nutzungsrecht an der Sache dergestalt zusammen, dass die Rechte nebeneinander nicht oder nicht vollständig ausgeübt werden können, und haben die Rechte gleichen Rang, so findet die Vorschrift des §1024 Anwendung.

第一千零六十条　[数用益权之同时并存]
用益权与其他用益权或与其他对物之使用权同时并存，致相互间不能行使其权利，或不能为完全之行使，而其权利之顺序又复相同者，适用第一千零二十四条规定。[a]

a 本条系就用益权与租赁权、质权等权利竞合之情形，规定其互相间之顺序。参照第577条、第1024条、第1208条、第1042条第2款第2段、第1245条第2款第2段、第1247条，例外之规定为第1059条之1以下。

§1061 Tod des Nießbrauchers

Der Nießbrauch erlischt mit dem Tode des Nießbrauchers. Steht der Nießbrauch einer juristischen Person oder einer rechtsfähigen Personengesellschaft zu, so erlischt er mit dieser.

第一千零六十一条　[用益权人之死亡]
[1]用益权因用益权人之死亡而消灭[a]。[2]用益权属于法人或有权利能力之人合公司者，因法人或有权利能力之人合公司消灭而消灭[b]。

a 本条之规定确认用益权为一身专属之权。继承人取得被继承人之用益权之约定，应属无效。但土地所有人得依约定，负担就同一用益标的为继承人新设用益权之义务。
b 法人解散，在清算程序未了结以前，其法人资格仍未消灭，因此，在清算期间中，仍保持其用益权（RG 159, 199）。

§1062 Erstreckung der Aufhebung auf das Zubehör

Wird der Nießbrauch an einem Grundstück durch Rechtsgeschäft aufgehoben, so erstreckt sich die Aufhebung im Zweifel auf den Nießbrauch an dem Zubehör.

第一千零六十二条　[废止效力及于从物][a]
土地之用益权因法律行为而废止者，有疑义时，其从物之用益权亦因之而废止[b]。

a 参考条文：第875条、第878条、第1059条、第1064条。
b 依国家行为废止时，参照《土地整理法》(FlurbreinG)第49条。

§1063 Zusammentreffen mit dem Eigentum

(1) Der Nießbrauch an einer beweglichen Sache erlischt, wenn er mit dem Eigentum in derselben Person zusammentrifft.
(2) Der Nießbrauch gilt als nicht erloschen, soweit der Eigentümer ein rechtliches Interesse an dem Fortbestehen des Nießbrauchs hat.

第一千零六十三条 [与所有权同时并存]
Ⅰ 动产用益权因其物之所有权归属于同一之人而消灭。
Ⅱ 所有人对于用益权之存续有法律上之利益者，用益权视为不消灭。

§1064 Aufhebung des Nießbrauchs an beweglichen Sachen

Zur Aufhebung des Nießbrauchs an einer beweglichen Sache durch Rechtsgeschäft genügt die Erklärung des Nießbrauchers gegenüber dem Eigentümer oder dem Besteller, dass er den Nießbrauch aufgebe.

第一千零六十四条 [动产用益权之废止][a]
以法律行为废止动产用益权者，用益权人仅须对所有人或设定人以废止用益权之表示为之。

a 参考条文：第1059条、第1062条、第1072条。

§1065 Beeinträchtigung des Nießbrauchsrechts

Wird das Recht des Nießbrauchers beeinträchtigt, so finden auf die Ansprüche des Nießbrauchers die für die Ansprüche aus dem Eigentum geltenden Vorschriften entsprechende Anwendung.

第一千零六十五条 [用益权之妨害]
用益权人之权利受妨害时，关于用益权人之请求权，准用基于所有权而生之请求权之规定[a]。

a 用益权人所得主张之请求权，有对于第三人之请求权及对于所有人之请求权之分。前者包括基于占有之请求权（第861条、第862条、第1007条），基于所有权之请求权（第985条以下、第1004条至第1006条），及基于侵权行为或不当得利之请求权（第823条以下、第812条以下）三种。至于后者，即对于所有人之请求权，则系基于人或法定债权关系之请求权。

§1066 Nießbrauch am Anteil eines Miteigentümers

(1) Besteht ein Nießbrauch an dem Anteil eines Miteigentümers, so übt der Nießbraucher die Rechte aus, die sich aus der Gemeinschaft der Miteigentümer in Ansehung der Verwaltung der Sache und der Art ihrer Benutzung ergeben.

(2) Die Aufhebung der Gemeinschaft kann nur von dem Miteigentümer und dem Nießbraucher gemeinschaftlich verlangt werden.

(3) Wird die Gemeinschaft aufgehoben, so gebührt dem Nießbraucher der Nießbrauch an den Gegenständen, welche an die Stelle des Anteils treten.

第一千零六十六条 [对共有人之应有部分之用益权]

Ⅰ 用益权存在于共有人之应有部分者，用益权人对物之管理及其使用方式，得行使基于共有人之共同关系而生之权利[a]。

Ⅱ 共同关系之废止，仅得由共有人及用益权人共同请求之[b]。

Ⅲ 共同关系废止时，用益权人之权利，存在于代替该应有部分之标的物。

a 用益权人代替共有人行使第743条至第746条所规定之权利，其所得行使之权利不得超过共有人所得行使者，因此，共有人依第746条所作之约定，对于用益权人发生拘束力。

b 参照第749条至第751条、第1010条、《民事诉讼法》第62条。

§1067 Nießbrauch an verbrauchbaren Sachen

(1) Sind verbrauchbare Sachen Gegenstand des Nießbrauchs, so wird der Nießbraucher Eigentümer der Sachen; nach der Beendigung des Nießbrauchs hat er dem Besteller den Wert zu ersetzen, den die Sachen zur Zeit der Bestellung hatten. Sowohl der Besteller als der Nießbraucher kann den Wert auf seine Kosten durch Sachverständige feststellen lassen.

(2) Der Besteller kann Sicherheitsleistung verlangen, wenn der Anspruch auf Ersatz des Wertes gefährdet ist.

第一千零六十七条 [消费物用益权]

Ⅰ ¹用益权之标的物为消费物者，用益权人即为其物之所有人；用益权终了后，用益权人应以其物于设定时之价值偿还于设定人。²设定人及用益权人皆得以自己之费用，使鉴定人决定该项价值。

Ⅱ 价值偿还请求权有难于补偿之虞时，设定人得请求提供担保ª。

a 用益权人负担客观之危险责任。因此，危险非由于用益权人之行为而发生者，亦构成用益权人之责任。关于提供担保，参照第232条。

Untertitel 2 Nießbrauch an Rechten
第二款 权利用益权

§1068 Gesetzlicher Inhalt des Nießbrauchs an Rechten

(1) Gegenstand des Nießbrauchs kann auch ein Recht sein.

(2) Auf den Nießbrauch an Rechten finden die Vorschriften über den Nießbrauch an Sachen entsprechende Anwendung, soweit sich nicht aus den §§1069 bis 1084 ein anderes ergibt.

第一千零六十八条 [权利用益权之法定内容]

Ⅰ 权利亦得为用益权之标的。

Ⅱ 关于权利用益权，除第一千零六十九条至第一千零八十四条另有规定外，准用物上用益权之规定。

§1069 Bestellung

(1) Die Bestellung des Nießbrauchs an einem Recht erfolgt nach den für die Übertragung des Rechts geltenden Vorschriften.

(2) An einem Recht, das nicht übertragbar ist, kann ein Nießbrauch nicht bestellt werden.

第四章 役 权

第一千零六十九条 [设定]
Ⅰ 权利用益权之设定，依权利让与之规定为之。
Ⅱ 对于不可让与之权利，不得设定用益权ᵃ。

a 对于用益权，不得再设定权利之用益权。关于不可让与之权利，参照第399条、第400条、第514条、第613条、第664条、第717条。

§1070 Nießbrauch an Recht auf Leistung

(1) Ist ein Recht, kraft dessen eine Leistung gefordert werden kann, Gegenstand des Nießbrauchs, so finden auf das Rechtsverhältnis zwischen dem Nießbraucher und dem Verpflichteten die Vorschriften entsprechende Anwendung, welche im Falle der Übertragung des Rechts für das Rechtsverhältnis zwischen dem Erwerber und dem Verpflichteten gelten.

(2) Wird die Ausübung des Nießbrauchs nach §1052 einem Verwalter übertragen, so ist die Übertragung dem Verpflichteten gegenüber erst wirksam, wenn er von der getroffenen Anordnung Kenntnis erlangt oder wenn ihm eine Mitteilung von der Anordnung zugestellt wird. Das Gleiche gilt von der Aufhebung der Verwaltung.

第一千零七十条 [给付请求权之用益权]
Ⅰ 以给付请求权为用益权之标的者，关于用益权人与义务人间之法律关系ᵃ，准用关于权利让与时，取得人与义务人间法律关系之规定。
Ⅱ ¹依第一千零五十二条规定，用益权之行使让与管理人者，以义务人知悉该项命令ᵇ，或已受该项命令之通知时，其让与对于义务人始为有效。²管理废止时，亦同。

a 义务人之利益，不因权利设定用益权而受影响。因此，设定用益权之权利为债权时，适用第404条至第411条关于债务人抗辩其他权利义务之规定。关于质权及土地债务，适用第1156条及第1192条关于利息及附随给付义务（Nebenleistung）之规定。
b 此命令为《民事诉讼法》上裁判之一种，对此裁判不得提起上诉。

§1071 Aufhebung oder Änderung des belasteten Rechts

(1) Ein dem Nießbrauch unterliegendes Recht kann durch Rechtsgeschäft nur mit

Zustimmung des Nießbrauchers aufgehoben werden. Die Zustimmung ist demjenigen gegenüber zu erklären, zu dessen Gunsten sie erfolgt; sie ist unwiderruflich. Die Vorschrift des §876 Satz 3 bleibt unberührt.

(2) Das Gleiche gilt im Falle einer Änderung des Rechts, sofern sie den Nießbrauch beeinträchtigt.

第一千零七十一条 [设定负担权利之废止或变更]^a

I ¹受用益权支配之权利，须经用益权人同意，始得以法律行为而废止之。²同意应向就同意有利益之人表示之；同意不得撤回。³第八百七十六条第三段规定，不受影响。

II 权利之变更足以损害用益权者，亦适用前款规定^b。

a 参考条文：第183条、第184条、第406条、第876条、第892条。
b 设定用益权之权利，于设定用益权后，仍可让与或设定负担，但该权利不得违反用益权人之意见而加以变更或废止。因此，权利变更须经用益权人之同意，未经其同意而为变更权利之法律行为者，该法律行为应属无效。

§1072 Beendigung des Nießbrauchs

Die Beendigung des Nießbrauchs tritt nach den Vorschriften der §§1063, 1064 auch dann ein, wenn das dem Nießbrauch unterliegende Recht nicht ein Recht an einer beweglichen Sache ist.

第一千零七十二条 [用益权之终了]^a

遇有第一千零六十三条及第一千零六十四条所定之情形时，受用益权支配之权利，纵非动产上之权利，其用益权亦即终了。

a 对于本条所规定用益权之终了，不适用第889条关于对他人土地之权利与土地所有权之混同之规定。

§1073 Nießbrauch an einer Leibrente

Dem Nießbraucher einer Leibrente, eines Auszugs oder eines ähnlichen Rechts gebühren die einzelnen Leistungen, die auf Grund des Rechts gefordert werden können.

第四章 役 权

第一千零七十三条 [终身定期金用益权]
终身定期金、附属权利[a]或类似权利[b]之用益权，对于基于各该权利所得请求之各期给付，皆得请求之。

a 所谓附属权利（Auszug），此系指物上负担（Reallasten）、定期土地债务（Rentenschulden）或其他类似权利，例如著作权、商标权、对人寿保险金额请求权而言。
b 参照《民法施行法》第96条。

§1074 Nießbrauch an einer Forderung; Kündigung und Einziehung

Der Nießbraucher einer Forderung ist zur Einziehung der Forderung und, wenn die Fälligkeit von einer Kündigung des Gläubigers abhängt, zur Kündigung berechtigt. Er hat für die ordnungsmäßige Einziehung zu sorgen. Zu anderen Verfügungen über die Forderung ist er nicht berechtigt.

第一千零七十四条 [债权用益权；预告终止及收取][a]
¹债权之用益权人，有收取债权之权利，且如债权依债权人之终止之预告而始到期者，并有预告之权利。²用益权人应为适当之收取。³用益权人对于债权，不得为其他之处分。

a 参考条文：第241条、第406条、第952条、第1070条、第1113条以下、第1204条以下，《民事诉讼法》第848条第2款。

§1075 Wirkung der Leistung

(1) Mit der Leistung des Schuldners an den Nießbraucher erwirbt der Gläubiger den geleisteten Gegenstand und der Nießbraucher den Nießbrauch an dem Gegenstand.
(2) Werden verbrauchbare Sachen geleistet, so erwirbt der Nießbraucher das Eigentum; die Vorschrift des §1067 findet entsprechende Anwendung.

第一千零七十五条 [给付之效力]
Ⅰ 债务人对用益权人为给付者，债权人取得所给付之标的物，而用益权人就此项标的物取得其用益权。

Ⅱ 给付为消费物者，用益权人取得其物之所有权；第一千零六十七条规定准用之。

§1076 Nießbrauch an verzinslicher Forderung

Ist eine auf Zinsen ausstehende Forderung Gegenstand des Nießbrauchs, so gelten die Vorschriften der §§1077 bis 1079.

第一千零七十六条 [孳生利息之债权用益权]

以附有延欠利息之债权为用益权之标的者，适用第一千零七十七条至第一千零七十九条规定。

§1077 Kündigung und Zahlung

(1) Der Schuldner kann das Kapital nur an den Nießbraucher und den Gläubiger gemeinschaftlich zahlen. Jeder von beiden kann verlangen, dass an sie gemeinschaftlich gezahlt wird; jeder kann statt der Zahlung die Hinterlegung für beide fordern.

(2) Der Nießbraucher und der Gläubiger können nur gemeinschaftlich kündigen. Die Kündigung des Schuldners ist nur wirksam, wenn sie dem Nießbraucher und dem Gläubiger erklärt wird.

第一千零七十七条 [预告终止及支付]

Ⅰ ¹债务人对于原本仅得向用益权人及债权人共同支付之。²用益权人或债权人各得请求受共同之支付；并得请求为双方之利益而提存，以代支付。

Ⅱ ¹用益权人及债权人仅得共同为终止之预告。²债务人为终止之预告，亦以对用益权人及债权人为表示，始生效力。

§1078 Mitwirkung zur Einziehung

Ist die Forderung fällig, so sind der Nießbraucher und der Gläubiger einander verpflichtet, zur Einziehung mitzuwirken. Hängt die Fälligkeit von einer Kündigung ab, so kann jeder Teil die Mitwirkung des anderen zur Kündigung verlangen, wenn die Einziehung der Forderung wegen Gefährdung ihrer Sicherheit nach den Regeln einer ordnungsmäßigen Vermögensverwaltung geboten ist.

第一千零七十八条 [协同收取]

¹债务已届清偿期者，用益权人及债权人互负协同收取之义务。²债权因终止之预告而始到期者，用益权人或债权人各得请求他方协同其为预告，但以基于通常管理财产之原则，可认债权之安全陷于危险而有收取之必要时为限。

§1079 Anlegung des Kapitals

Der Nießbraucher und der Gläubiger sind einander verpflichtet, dazu mitzuwirken, dass das eingezogene Kapital nach den für die Anlegung von Mündelgeld geltenden Vorschriften verzinslich angelegt und gleichzeitig dem Nießbraucher der Nießbrauch bestellt wird. Die Art der Anlegung bestimmt der Nießbraucher.

第一千零七十九条 [原本之投资]

¹用益权人及债权人应就其所收取之原本，依有关受监护人金钱投资之规定，互负协同投资生息之义务，并同时为用益权人设定用益权。²投资之方式，由用益权人决定之。

§1080 Nießbrauch an Grund- oder Rentenschuld

Die Vorschriften über den Nießbrauch an einer Forderung gelten auch für den Nießbrauch an einer Grundschuld und an einer Rentenschuld.

第一千零八十条 [土地债务、定期土地债务用益权]^a

关于债权用益权之规定，对于土地债务或定期土地债务之用益权，亦适用之。

a 参考条文：第1291条。

§1081 Nießbrauch an Inhaber- oder Orderpapieren

(1) Ist ein Inhaberpapier oder ein Orderpapier, das mit Blankoindossament versehen ist, Gegenstand des Nießbrauchs, so steht der Besitz des Papiers und des zu dem

Papier gehörenden Erneuerungsscheins dem Nießbraucher und dem Eigentümer gemeinschaftlich zu. Der Besitz der zu dem Papier gehörenden Zins-, Renten- oder Gewinnanteilscheine steht dem Nießbraucher zu.

(2) Zur Bestellung des Nießbrauchs genügt anstelle der Übergabe des Papiers die Einräumung des Mitbesitzes.

第一千零八十一条 [无记名证券或指示证券用益权]^a

Ⅰ ¹以无记名证券或附有空白背书之指示证券为用益权之标的者，该证券及附属于该证券之更新证券应由用益权人及所有人共同占有之。²附属于证券之利息证券、定期金证券或红利证券应由用益权人占有之。

Ⅱ 用益权之设定，得以共同占有之让与，代替证券之交付。

a 参考条文：第866条、第1084条、第1187条、《商法》第363条、第365条、《股份法》第10条第1款、第61条第2款、第219条第3款、《汇票本票法》第12条第3款、第13条第2款、第14条第2款、《支票法》第15条第4款、第16条第2款、第17条第2款。

§1082 Hinterlegung

Das Papier ist nebst dem Erneuerungsschein auf Verlangen des Nießbrauchers oder des Eigentümers bei einer Hinterlegungsstelle mit der Bestimmung zu hinterlegen, dass die Herausgabe nur von dem Nießbraucher und dem Eigentümer gemeinschaftlich verlangt werden kann.

第一千零八十二条 [提存]^a

证券及其更新证券，依用益权人或所有人之请求，应存置于提存所；并制定非经用益权人及所有人之共同请求，不得返还之。

a 参考条文：第1392条、第1814条、第2116条、《提存法》第1条。

§1083 Mitwirkung zur Einziehung

(1) Der Nießbraucher und der Eigentümer des Papiers sind einander verpflichtet, zur Einziehung des fälligen Kapitals, zur Beschaffung neuer Zins-, Renten- oder Gewinnanteilscheine sowie zu sonstigen Maßnahmen mitzuwirken, die zur

ordnungsmäßigen Vermögensverwaltung erforderlich sind.
(2) Im Falle der Einlösung des Papiers finden die Vorschriften des §1079 Anwendung. Eine bei der Einlösung gezahlte Prämie gilt als Teil des Kapitals.

第一千零八十三条 [协同收取]^a

I 证券之用益权人及其所有人，对于到期原本之收取，利息、定期金或红利新证券之置备及对于其他依通常财产管理所必须之处置，应互负协助之义务。

II ¹ 证券因付款而消除时，适用第一千零七十九条规定。²付款消除所得之款额，超过票面金额者，视为原本之一部分。

a 参考条文：第799条、第1078条。

§1084 Verbrauchbare Sachen

Gehört ein Inhaberpapier oder ein Orderpapier, das mit Blankoindossament versehen ist, nach §92 zu den verbrauchbaren Sachen, so bewendet es bei den Vorschriften des §1067.

第一千零八十四条 [消费物]

无记名证券或附有空白背书之指示证券属于第九十二条所定之消费物者，适用第一千零六十七条规定^a。

a 本条系规定关于纸币、其他无记名或指示证券应视其用益权人为所有人。当事人间相反之约定，应属无效。

Untertitel 3
Nießbrauch an einem Vermögen
第三款　财产之用益权

§1085 Bestellung des Nießbrauchs an einem Vermögen

Der Nießbrauch an dem Vermögen einer Person kann nur in der Weise bestellt werden, dass der Nießbraucher den Nießbrauch an den einzelnen zu dem Vermögen gehörenden Gegenständen erlangt. Soweit der Nießbrauch bestellt ist, gelten die Vorschriften der

§§1086 bis 1088.

第一千零八十五条　[财产之用益权之设定][a]

¹对于他人财产上之用益权,其设定仅得就属于该财产之个别标的物为之,而用益权人取得其物之用益。²依前段设定之用益权,适用第一千零八十六条至第一千零八十八条规定。

a 参考条文:第419条,《民事诉讼法》第737条、第738条、第794条、第866条以下,《强制拍卖法》第17条、第147条。

§1086　Rechte der Gläubiger des Bestellers

Die Gläubiger des Bestellers können, soweit ihre Forderungen vor der Bestellung entstanden sind, ohne Rücksicht auf den Nießbrauch Befriedigung aus den dem Nießbrauch unterliegenden Gegenständen verlangen. Hat der Nießbraucher das Eigentum an verbrauchbaren Sachen erlangt, so tritt an die Stelle der Sachen der Anspruch des Bestellers auf Ersatz des Wertes; der Nießbraucher ist den Gläubigern gegenüber zum sofortigen Ersatz verpflichtet.

第一千零八十六条　[设定人之债权人之权利][a]

¹设定人之债权人,其债权发生于用益物权设定之前者,仍得就属于该用益权之标的物,请求清偿而毋庸计及用益权之设定。²用益权人取得消费物之所有权者,设定人得请求价值之补偿,以代替物之返还;用益权人对于债权人,负有即时补偿之义务。

a 参考条文:第1067条、第1084条、第1411条、第1602条、第1708条。

§1087　Verhältnis zwischen Nießbraucher und Besteller

(1) Der Besteller kann, wenn eine vor der Bestellung entstandene Forderung fällig ist, von dem Nießbraucher Rückgabe der zur Befriedigung des Gläubigers erforderlichen Gegenstände verlangen. Die Auswahl steht ihm zu; er kann jedoch nur die vorzugsweise geeigneten Gegenstände auswählen. Soweit die zurückgegebenen Gegenstände ausreichen, ist der Besteller dem Nießbraucher gegenüber zur Befriedigung des Gläubigers verpflichtet.

(2) Der Nießbraucher kann die Verbindlichkeit durch Leistung des geschuldeten Gegenstands erfüllen. Gehört der geschuldete Gegenstand nicht zu dem Vermögen, das dem Nießbrauch unterliegt, so ist der Nießbraucher berechtigt, zum Zwecke der Befriedigung des Gläubigers einen zu dem Vermögen gehörenden Gegenstand zu veräußern, wenn die Befriedigung durch den Besteller nicht ohne Gefahr abgewartet werden kann. Er hat einen vorzugsweise geeigneten Gegenstand auszuwählen. Soweit er zum Ersatz des Wertes verbrauchbarer Sachen verpflichtet ist, darf er eine Veräußerung nicht vornehmen.

第一千零八十七条　[用益权人与设定人间之关系]^a

Ⅰ ¹设定前所发生之债权，其清偿期届至时，设定人得请求用益权人返还其为供清偿所必要之标的物。²设定人对于标的物有选择之权利；但应选择最适当之标的物。³返还之标的物足供清偿者，设定人对于用益权人，负有使债权人获得清偿之义务。

Ⅱ ¹用益权人得给付债务标的物而履行债务。²债务标的物不属于用益权所支配之财产者，用益权人为求债权之获得清偿，得让与属于其所得支配之财产之标的物，但以设定人有不能清偿其债务之虞者为限。³用益权人为让与时，应选择最适当之标的物。⁴用益权人有偿还消费物价值之义务者，不得为让与。

a 本条系规定用益权人与设定人之关系，应属任意规定。

§1088 Haftung des Nießbrauchers

(1) Die Gläubiger des Bestellers, deren Forderungen schon zur Zeit der Bestellung verzinslich waren, können die Zinsen für die Dauer des Nießbrauchs auch von dem Nießbraucher verlangen. Das Gleiche gilt von anderen wiederkehrenden Leistungen, die bei ordnungsmäßiger Verwaltung aus den Einkünften des Vermögens bestritten werden, wenn die Forderung vor der Bestellung des Nießbrauchs entstanden ist.

(2) Die Haftung des Nießbrauchers kann nicht durch Vereinbarung zwischen ihm und dem Besteller ausgeschlossen oder beschränkt werden.

(3) Der Nießbraucher ist dem Besteller gegenüber zur Befriedigung der Gläubiger wegen der im Absatz 1 bezeichneten Ansprüche verpflichtet. Die Rückgabe von Gegenständen zum Zwecke der Befriedigung kann der Besteller nur verlangen, wenn der Nießbraucher mit der Erfüllung dieser Verbindlichkeit in Verzug kommt.

第一千零八十八条 [用益权人之责任]ᵃ

Ⅰ ¹设定人之债权人，其债权于设定时已可生利息者，对于用益权人，在用益权存续时期中，亦得请求利息。²其他定期给付，依通常管理，应由财产之收入为支付，而其债权发生于用益权设定之前者，亦同。

Ⅱ 用益权人之责任，不得以其与设定人间之约定免除或限制之。

Ⅲ ¹关于第一款所定之请求权，用益权人对于设定人，负有使债权人获得清偿之义务。²设定人仅于用益权人履行其义务有迟延时，始得以清偿债务为目的而请求标的物之返还。

a 参考条文：第103条、第1086条。

§1089 Nießbrauch an einer Erbschaft

Die Vorschriften der §§1085 bis 1088 finden auf den Nießbrauch an einer Erbschaft entsprechende Anwendung.

第一千零八十九条 [遗产用益权]ᵃ

第一千零八十五条至第一千零八十八条规定，准用于遗产用益权。

a 参考条文：第1087条、第1088条、第2033条、第2147条。

Titel 3
Beschränkte persönliche Dienstbarkeiten
第三节 限制人役权

§1090 Gesetzlicher Inhalt der beschränkten persönlichen Dienstbarkeit

(1) Ein Grundstück kann in der Weise belastet werden, dass derjenige, zu dessen Gunsten die Belastung erfolgt, berechtigt ist, das Grundstück in einzelnen Beziehungen zu benutzen, oder dass ihm eine sonstige Befugnis zusteht, die den Inhalt einer Grunddienstbarkeit bilden kann (beschränkte persönliche Dienstbarkeit).

(2) Die Vorschriften der §§1020 bis 1024, 1026 bis 1029, 1061 finden entsprechende

Anwendung.

第一千零九十条 [限制人役权之法定内容]

I ^{a}称限制人役权者，谓就土地设定负担，使因该负担而受利益之人，得按个别关系，利用其土地，或享有得以构成地役权内容之其他权利（限制人役权）。

II 第一千零二十条至第一千零二十四条、第一千零二十六条至第一千零二十九条及第一千零六十一条规定，准用于限制人役权。

a 参考条文：第1018条、第1093条。

§1091 Umfang

Der Umfang einer beschränkten persönlichen Dienstbarkeit bestimmt sich im Zweifel nach dem persönlichen Bedürfnis des Berechtigten.

第一千零九十一条 [范围]

限制人役权之范围，有疑义时，按权利人之个人需要定之。^{a}

a 第1019条关于地役权之限制之规定，不适用于本条所规定之情形。

§1092 Unübertragbarkeit; Überlassung der Ausübung

(1) Eine beschränkte persönliche Dienstbarkeit ist nicht übertragbar. Die Ausübung der Dienstbarkeit kann einem anderen nur überlassen werden, wenn die Überlassung gestattet ist.

(2) Steht eine beschränkte persönliche Dienstbarkeit oder der Anspruch auf Einräumung einer beschränkten persönlichen Dienstbarkeit einer juristischen Person oder einer rechtsfähigen Personengesellschaft zu, so gelten die Vorschriften der §§1059a bis 1059d entsprechend.

(3) Steht einer juristischen Person oder einer rechtsfähigen Personengesellschaft eine beschränkte persönliche Dienstbarkeit zu, die dazu berechtigt, ein Grundstück für Anlagen zur Fortleitung von Elektrizität, Gas, Fernwärme, Wasser, Abwasser, Öl oder Rohstoffen einschließlich aller dazugehörigen Anlagen, die der Fortleitung unmittelbar dienen, für Telekommunikationsanlagen, für Anlagen zum Transport

von Produkten zwischen Betriebsstätten eines oder mehrerer privater oder öffentlicher Unternehmen oder für Straßenbahn- oder Eisenbahnanlagen zu benutzen, so ist die Dienstbarkeit übertragbar. Die Übertragbarkeit umfasst nicht das Recht, die Dienstbarkeit nach ihren Befugnissen zu teilen. Steht ein Anspruch auf Einräumung einer solchen beschränkten persönlichen Dienstbarkeit einer der in Satz 1 genannten Personen zu, so ist der Anspruch übertragbar. Die Vorschriften der §§1059b bis 1059d gelten entsprechend.

第一千零九十二条 [不可让与性；役权行使之让与]^a

Ⅰ ¹限制人役权不得让与。²役权之行使，仅经许可，始得让与他人。

Ⅱ 限制人役权或限制人役权之让与请求权，属于法人或有权利能力之人合公司者，准用第一千零五十九条之一至第一千零五十九条之四规定。

Ⅲ ¹法人或有权利能力之人合公司享有限制人役权，而使其有权将土地利用于电力、瓦斯、热力、水、废水、油或原料输送设备，包括所有相关之直接为输送服务之设备、通讯设备，一家或数家民营或公营事业之营运场所间之产品运送设备，或有轨电车或铁路设备，该役权得以让与。²可让与性不包括按其权限分割役权之权利。³第一段规定所称之人享有该限制人役权所授予之请求权者，该请求权得以让与。⁴第一千零五十九条之二至第一千零五十九条之四规定准用之。

a 参考条文：第1059条之1、第1061条、第1090条第2款。

§1093 Wohnungsrecht

(1) Als beschränkte persönliche Dienstbarkeit kann auch das Recht bestellt werden, ein Gebäude oder einen Teil eines Gebäudes unter Ausschluss des Eigentümers als Wohnung zu benutzen. Auf dieses Recht finden die für den Nießbrauch geltenden Vorschriften der §§1031, 1034, 1036, des §1037 Abs. 1 und der §§1041, 1042, 1044, 1049, 1050, 1057, 1062 entsprechende Anwendung.

(2) Der Berechtigte ist befugt, seine Familie sowie die zur standesmäßigen Bedienung und zur Pflege erforderlichen Personen in die Wohnung aufzunehmen.

(3) Ist das Recht auf einen Teil des Gebäudes beschränkt, so kann der Berechtigte die zum gemeinschaftlichen Gebrauch der Bewohner bestimmten Anlagen und Einrichtungen mitbenutzen.

第四章 役　权

第一千零九十三条　[居住权][a]

Ⅰ ¹限制人役权之设定，亦得以利用建筑物或建筑物之一部分，排除所有人之干涉，充作住处为其内容。²前段规定之权利，准用第一千零三十一条、第一千零三十四条、第一千零三十六条、第一千零三十七条第一款、第一千零四十一条、第一千零四十二条、第一千零四十四条、第一千零四十九条、第一千零五十条、第一千零五十七条及第一千零六十二条关于用役权之规定。

Ⅱ 权利人得携带家属及与其身份相当之服役与随从所必需之人员进入住处。

Ⅲ 居住权仅及于建筑物之一部者，权利人对于为居住人全体共同使用而设之工作物及装备，得为共同之利用。

a 参考条文：第535条、第536条、第569条、第1061条、第1090条第2款、第1092条第1款第2段、第1014条、第1018条、第1047条、第1031条、第242条、第1027条。

Abschnitt 5　Vorkaufsrecht

第五章　先买权

§1094　Gesetzlicher Inhalt des dinglichen Vorkaufsrechts

(1) Ein Grundstück kann in der Weise belastet werden, dass derjenige, zu dessen Gunsten die Belastung erfolgt, dem Eigentümer gegenüber zum Vorkauf berechtigt ist.

(2) Das Vorkaufsrecht kann auch zugunsten des jeweiligen Eigentümers eines anderen Grundstücks bestellt werden.

第一千零九十四条　[物上先买权之法定内容]

Ⅰ 称先买权者，谓就土地设定负担，使因该负担而受利益之人，得对所有人主张其先买之权利[a]。

Ⅱ 先买权亦得为他土地现时所有人之利益而设定之[b]。

a 本项规定先买权之法律意义。

b 本项规定先买权之权利人。此权利可分为"主观的人的先买权"（subjektiv-persönliches Vorkaufsrecht）及"主观的物的先买权"（subjektiv-dingliches Vorkaufsrecht）。就前者言，自然人及法人均得为权利人；就后者言，独立之土地之所有人为权利人，其部分所有人在其未分割独立以前，不得为权利人。

§1095　Belastung eines Bruchteils

Ein Bruchteil eines Grundstücks kann mit dem Vorkaufsrecht nur belastet werden, wenn er in dem Anteil eines Miteigentümers besteht.

第一千零九十五条　[一部分之设定负担]

土地之一部分，仅以其为共有人之应有部分为限，得就之为先买权之设定[a]。

a 本条就权利负担之标的，为第1094条之补充规定。本条不适用共同共有人部分（Auteil eines gesamthands-eigentümers）。

§1096　Erstreckung auf Zubehör

Das Vorkaufsrecht kann auf das Zubehör erstreckt werden, das mit dem Grundstück verkauft wird. Im Zweifel ist anzunehmen, dass sich das Vorkaufsrecht auf dieses Zubehör erstrecken soll.

第一千零九十六条　[效力及于从物]^a

¹先买权之效力得及于与土地共同出卖之从物。²有疑义时，应认先买权之效力及于从物。

a 参考条文：第97条、第98条、第311条之3、第926条。

§1097　Bestellung für einen oder mehrere Verkaufsfälle

Das Vorkaufsrecht beschränkt sich auf den Fall des Verkaufs durch den Eigentümer, welchem das Grundstück zur Zeit der Bestellung gehört, oder durch dessen Erben; es kann jedoch auch für mehrere oder für alle Verkaufsfälle bestellt werden.

第一千零九十七条　[一种或数种土地出卖情形之设定]

先买权限于设定时之土地所有人或其继承人出卖土地ᵃ时行使之；但亦得就数种或一切出卖之情形，设定先买权。

a 此当系以第504条所规定之"出卖"为通常情形，但破产管理人之"出卖"亦属之（第1098条第1款）。

§1098　Wirkung des Vorkaufsrechts

(1) Das Rechtsverhältnis zwischen dem Berechtigten und dem Verpflichteten bestimmt sich nach den Vorschriften der §§463 bis 473. Das Vorkaufsrecht kann auch dann ausgeübt werden, wenn das Grundstück von dem Insolvenzverwalter aus freier Hand verkauft wird.

(2) Dritten gegenüber hat das Vorkaufsrecht die Wirkung einer Vormerkung zur Sicherung des durch die Ausübung des Rechts entstehenden Anspruchs auf Übertragung des Eigentums.

(3) Steht ein nach §1094 Abs. 1 begründetes Vorkaufsrecht einer juristischen Person oder einer rechtsfähigen Personengesellschaft zu, so gelten, wenn seine Übertragbarkeit nicht vereinbart ist, für die Übertragung des Rechts die Vorschriften der §§1059a bis 1059d entsprechend.

第一千零九十八条　[先买权之效力]

Ⅰ ᵃ¹第四百六十三条至第四百七十三条规定于先买权权利人与义务人间之法律关系适用之ᵇ。²先买权于破产管理人不经拍卖程序而变卖土地时，亦得行使之。

Ⅱ ᶜ先买权对于第三人具有与保全因行使权利而生所有权移转请求权之预告登记相同之效力。

Ⅲ ᵈᵉ依第一千零九十四条第一款规定所设定之法人或有权利能力之人合团体先买权，能否让与未经约定时，关于其权利之让与，准用第一千零五十九条之一至第一千零五十九条之四规定。

a 参考条文：第140条、第325条、第504条以下、第1094条、第1101条。

b 本条所规定先买权之法律关系，包括权利人与义务人，权利人与买受人及其权利继承人，权利人与第三人，义务人与买受人等四种法律关系。权利人与义务人之法律关系，准用人的先买权之规定。权利人与买受人之法律关系，以权利人对买受人之土地返还请求权为内容。权利人对第三人之法律关系，准用预告登记对抗效力之规定。义务人与买受人间之契约关系，不因先买权之行使而解除；买受人未取得所有权者，适用第439条及第440条；其取得所有权而因先买权之行使而丧失者，并适用第1102条关于买卖价金给付之免责规定。

c 参考条文：第888条。

d 参考条文：第105条以下。

e 第1098条第3款系依1953年3月5日《民法范围法律统一重建法》(Gesetz zur Wiederherstellung der Gesetzeseinheit auf dem Gebiete des bürgerlichen Rechts)所追加者。

§1099 Mitteilungen

(1) Gelangt das Grundstück in das Eigentum eines Dritten, so kann dieser in gleicher Weise wie der Verpflichtete dem Berechtigten den Inhalt des Kaufvertrags mit der im §469 Abs. 2 bestimmten Wirkung mitteilen.

(2) Der Verpflichtete hat den neuen Eigentümer zu benachrichtigen, sobald die Ausübung des Vorkaufsrechts erfolgt oder ausgeschlossen ist.

第五章　先买权

第一千零九十九条　[通知]

Ⅰ 第三人取得土地所有权时，得将买卖契约内容及第四百六十九条第二款所定之效力，通知权利人[a]，其通知之方法，与义务人所为者同。

Ⅱ 先买权之行使或经除斥，义务人应即将其事由通知新所有人[b]。

[a] 本项系对第510条第2款之补充规定，以买卖契约之通知，使第510条第2款所规定之期间因而进行。

[b] 先买权依第505条第1款及第1098条第1款只能对义务人行使之。因此，义务人应有本项所规定之通知义务。其未通知者应负担损害赔偿责任。

§1100　Rechte des Käufers

Der neue Eigentümer kann, wenn er der Käufer oder ein Rechtsnachfolger des Käufers ist, die Zustimmung zur Eintragung des Berechtigten als Eigentümer und die Herausgabe des Grundstücks verweigern, bis ihm der zwischen dem Verpflichteten und dem Käufer vereinbarte Kaufpreis, soweit er berichtigt ist, erstattet wird. Erlangt der Berechtigte die Eintragung als Eigentümer, so kann der bisherige Eigentümer von ihm die Erstattung des berichtigten Kaufpreises gegen Herausgabe des Grundstücks fordern.

第一千一百条　[买受人之权利]

[1] 新所有人为买受人或其继受人者，就其与义务人所约定而已付之价金，未受补偿前，得拒绝同意权利人登记为所有人，及为土地之返还。[2] 权利人已登记为所有人者，原所有人对于权利人得请求就已付价金之补偿与土地之返还同时履行。

§1101　Befreiung des Berechtigten

Soweit der Berechtigte nach §1100 dem Käufer oder dessen Rechtsnachfolger den Kaufpreis zu erstatten hat, wird er von der Verpflichtung zur Zahlung des aus dem Vorkauf geschuldeten Kaufpreises frei.

第一千一百零一条　[权利人之免责]

权利人依第一千一百条规定，对买受人或其继受人负有补偿买卖价金之义务者，在应为补偿之范围内，免除其因先买而负担之价金支付义务。

§1102 Befreiung des Käufers

Verliert der Käufer oder sein Rechtsnachfolger infolge der Geltendmachung des Vorkaufsrechts das Eigentum, so wird der Käufer, soweit der von ihm geschuldete Kaufpreis noch nicht berichtigt ist, von seiner Verpflichtung frei; den berichtigten Kaufpreis kann er nicht zurückfordern.

第一千一百零二条 [买受人之免责]
买受人或其继受人因行使先买权而丧失其所有权者，其应负而未付之买卖价金，对于义务人免除其支付之义务；其已支付者，不得请求返还。

§1103 Subjektiv-dingliches und subjektiv-persönliches Vorkaufsrecht

(1) Ein zugunsten des jeweiligen Eigentümers eines Grundstücks bestehendes Vorkaufsrecht kann nicht von dem Eigentum an diesem Grundstück getrennt werden.

(2) Ein zugunsten einer bestimmten Person bestehendes Vorkaufsrecht kann nicht mit dem Eigentum an einem Grundstück verbunden werden.

第一千一百零三条 [主观的物上及主观的人的先买权]
Ⅰ [a]为土地现时所有人之利益而存在之先买权，不得与其土地所有权相分离。
Ⅱ [b]为特定人之利益而存在之先买权，不得与土地所有权相结合[c]。

a 参考条文：第96条、第513条、第1098条第1款、《民事诉讼法》第865条第1款、《强制拍卖管理法》第20条第2款、第90条第2款。
b 参考条文：第514条、第1098条第1款、《民事诉讼法》第851条、第857条。
c 关于本条所规定之两种先买权，民法规定两者不能互相变换，即只能废弃其一而新设其他（参照KG JW. 23, 760），其中主观的人的先买权可为转让。[1]

---

[1] *Westermann*, in: MünchKomm-BGB, 6. Aufl. (2013), § 1103 Rdnr. 2.

§1104 Ausschluss unbekannter Berechtigter

(1) Ist der Berechtigte unbekannt, so kann er im Wege des Aufgebotsverfahrens mit seinem Recht ausgeschlossen werden, wenn die in §1170 für die Ausschließung eines Hypothekengläubigers bestimmten Voraussetzungen vorliegen. Mit der Rechtskraft des Ausschließungsbeschlusses erlischt das Vorkaufsrecht.

(2) Auf ein Vorkaufsrecht, das zugunsten des jeweiligen Eigentümers eines Grundstücks besteht, finden diese Vorschriften keine Anwendung.

第一千一百零四条 [不明之权利人之除权]

Ⅰ ^{1}不能确知孰为权利人时，如具备第一千一百七十条所定关于除斥抵押权债权人之要件者，得依公示催告程序，将权利人连同其权利予以除斥。^{2}先买权因受除权判决而消灭。

Ⅱ 为土地现时所有人之利益而存在之先买权，不适用前项规定。

Abschnitt 6　Reallasten

第六章　物上负担

所谓物上负担,系指以就土地为定期给付为内容而设定之权利负担,渊源于德意志法上对地主之手工及纺工劳务、对于教会之地税及附地租收买(Rentenkauf)等制度。论其性质,可谓不动产物权之一。因其为物权,故与其所担保之请求权彼此分立,即使其所担保之请求权不成立,物上负担仍可存在。

§1105　Gesetzlicher Inhalt der Reallast

(1) Ein Grundstück kann in der Weise belastet werden, dass an denjenigen, zu dessen Gunsten die Belastung erfolgt, wiederkehrende Leistungen aus dem Grundstück zu entrichten sind (Reallast). Als Inhalt der Reallast kann auch vereinbart werden, dass die zu entrichtenden Leistungen sich ohne weiteres an veränderte Verhältnisse anpassen, wenn anhand der in der Vereinbarung festgelegten Voraussetzungen Art und Umfang der Belastung des Grundstücks bestimmt werden können.

(2) Die Reallast kann auch zugunsten des jeweiligen Eigentümers eines anderen Grundstücks bestellt werden.

第一千一百零五条　[物上负担之法定内容]

Ⅰ [a1]称土地负担者,谓就土地设定负担,使因该负担而受利益之人,得由土地受领定期之给付(物上负担)。[2]以应支付之给付随时适应变化之情况者,亦得约定作为物上负担之内容,但以得按该约定所定之要件确定土地设定负担之方式及范围为限。

Ⅱ [b]物上负担亦得为他土地现时所有人之利益而设定之。

a 参考条文:第873条、第1088条、第1090条。
b 参考条文:第1110条、第1111条第1款、第1103条。

§1106　Belastung eines Bruchteils

Ein Bruchteil eines Grundstücks kann mit einer Reallast nur belastet werden, wenn er in dem Anteil eines Miteigentümers besteht.

第一千一百零六条　[应有部分之设定负担][a]
土地之一部，以其为共有人之应有部分为限，得就之为物上负担之设定。

a 参考条文：第1095条、第1114条。

§1107 Einzelleistungen

Auf die einzelnen Leistungen finden die für die Zinsen einer Hypothekenforderung geltenden Vorschriften entsprechende Anwendung.

第一千一百零七条　[个别给付]
对于物上负担之个别给付，准用有关抵押债权之利息规定。

§1108 Persönliche Haftung des Eigentümers

(1) Der Eigentümer haftet für die während der Dauer seines Eigentums fällig werdenden Leistungen auch persönlich, soweit nicht ein anderes bestimmt ist.
(2) Wird das Grundstück geteilt, so haften die Eigentümer der einzelnen Teile als Gesamtschuldner.

第一千一百零八条　[所有人之人的责任]
Ⅰ [a]所有人就其所有权存续时期内已届清偿期之给付，仍须负人的责任。但法律另有规定者，不在此限。
Ⅱ [b]土地经分割者，各部分之所有人均应负连带债务人之责任。

a 参考条文：第1105条、第1107条、第1132条第1款、《民法施行法》第120条第2款、第121条。
b 参考条文：第421条以下、第875条、第874条、第877条、第1109条第1款第2段。

§1109 Teilung des herrschenden Grundstücks

(1) Wird das Grundstück des Berechtigten geteilt, so besteht die Reallast für die einzelnen Teile fort. Ist die Leistung teilbar, so bestimmen sich die Anteile der Eigentümer nach dem Verhältnis der Größe der Teile; ist sie nicht teilbar, so finden die Vorschriften des §432 Anwendung. Die Ausübung des Rechts ist im Zweifel

nur in der Weise zulässig, dass sie für den Eigentümer des belasteten Grundstücks nicht beschwerlicher wird.

(2) Der Berechtigte kann bestimmen, dass das Recht nur mit einem der Teile verbunden sein soll. Die Bestimmung hat dem Grundbuchamt gegenüber zu erfolgen und bedarf der Eintragung in das Grundbuch; die Vorschriften der §§876, 878 finden entsprechende Anwendung. Veräußert der Berechtigte einen Teil des Grundstücks, ohne eine solche Bestimmung zu treffen, so bleibt das Recht mit dem Teil verbunden, den er behält.

(3) Gereicht die Reallast nur einem der Teile zum Vorteil, so bleibt sie mit diesem Teil allein verbunden.

第一千一百零九条 [需役地之分割][a]

Ⅰ [1]权利人之土地经分割者，物上负担为各部分仍然存续。[2]给付可分者，各所有人之应有部分，依土地面积之大小定之，给付不可分者，适用第四百三十二条规定。[3]权利之行使，有疑义时，只应以不增加负担地所有人之困难方法为之。

Ⅱ [1]权利人得指定其权利，仅存在于土地之一部分。[2]此项指定应向土地登记官署为之，并应登记于土地登记簿，第八百七十六条及第八百七十八条规定准用之。[3]权利人未为此向指定而让与土地之一部分者，其权利仅存在于余存之部分土地。

Ⅲ 物上负担只就土地之一部分有其利益者，其负担仅与该部分相结合而存在。

a 参考条文：第890条、第1025条、第1110条、第741条以下，《民法施行法》第120条第2款、第121条、第189条。

§1110 Subjektiv-dingliche Reallast

Eine zugunsten des jeweiligen Eigentümers eines Grundstücks bestehende Reallast kann nicht von dem Eigentum an diesem Grundstück getrennt werden.

第一千一百一十条 [主观的、物的物上负担][a]

为土地现时所有人之利益而存在之物上负担，不得与该土地所有权相分离。

第六章 物上负担

a 参考条文：第877条、第1103条，《民法施行法》第184条。

§1111 Subjektiv-persönliche Reallast

(1) Eine zugunsten einer bestimmten Person bestehende Reallast kann nicht mit dem Eigentum an einem Grundstück verbunden werden.

(2) Ist der Anspruch auf die einzelne Leistung nicht übertragbar, so kann das Recht nicht veräußert oder belastet werden.

第一千一百一十一条 [主观的、人的物上负担]
Ⅰ ª 为特定人之利益而存在之物上负担，不得与土地所有权相结合。
Ⅱ ᵇ 各个给付请求权不得让与者，关于物上负担之权利，不得让与或设定负担。

a 参考条文：第1103条第2款、第873条,《民事诉讼法》第857第6款、第830条第1款。
b 参考条文：第399条、第400条、第413条,《民法施行法》第115条,《民事诉讼法》第851条。

§1112 Ausschluss unbekannter Berechtigter

Ist der Berechtigte unbekannt, so finden auf die Ausschließung seines Rechts die Vorschriften des §1104 entsprechende Anwendung.

第一千一百一十二条 [不明之权利人之除权]ª
不能确知孰为权利人时，其权利之除斥，准用第一千一百零四条规定。

a 参考条文：第1170条、第1104条。

Abschnitt 7　Hypothek, Grundschuld, Rentenschuld

第七章　抵押权、土地债务、定期土地债务

Titel 1　Hypothek
第一节　抵押权

§1113　Gesetzlicher Inhalt der Hypothek

(1) Ein Grundstück kann in der Weise belastet werden, dass an denjenigen, zu dessen Gunsten die Belastung erfolgt, eine bestimmte Geldsumme zur Befriedigung wegen einer ihm zustehenden Forderung aus dem Grundstück zu zahlen ist (Hypothek).

(2) Die Hypothek kann auch für eine künftige oder eine bedingte Forderung bestellt werden.

第一千一百一十三条　[抵押权之法定内容]

I 称抵押权者，谓就土地设定负担，使因该负担而受利益之人，为其债权之受清偿，得就土地取得一定之金额（抵押权）。^a

II 抵押权亦得就将来之债权或附条件之债权而设定之。

a 船舶抵押权：《登记船舶及船舶建造物权利法》（Gesetz über Rechte an eingetragenen Schiffen und Schiffsbauwerken）第24条至第81条之1。

§1114　Belastung eines Bruchteils

Ein Bruchteil eines Grundstücks kann außer in den in §3 Abs. 6 der Grundbuchordnung bezeichneten Fällen mit einer Hypothek nur belastet werden, wenn er in dem Anteil eines Miteigentümers besteht.

第一千一百一十四条　[就土地之一部分设定负担]

土地之一部分，除有土地登记法第三条第六款规定所称情形外，以其为共有人之应有部分为限，得为抵押权之设定。

§1115 Eintragung der Hypothek

(1) Bei der Eintragung der Hypothek müssen der Gläubiger, der Geldbetrag der Forderung und, wenn die Forderung verzinslich ist, der Zinssatz, wenn andere Nebenleistungen zu entrichten sind, ihr Geldbetrag im Grundbuch angegeben werden; im Übrigen kann zur Bezeichnung der Forderung auf die Eintragungsbewilligung Bezug genommen werden.

(2) Bei der Eintragung der Hypothek für ein Darlehen einer Kreditanstalt, deren Satzung von der zuständigen Behörde öffentlich bekannt gemacht worden ist, genügt zur Bezeichnung der außer den Zinsen satzungsgemäß zu entrichtenden Nebenleistungen die Bezugnahme auf die Satzung.

第一千一百一十五条 [抵押权之登记]

Ⅰ 抵押权之登记，应将债权人、债权金额、债权附有利息者其利率，应支付附随给付者金额等，记载于土地登记簿；关于其他事项，为表明债权，得引用登记同意证书。

Ⅱ 金融机构，就其所为金钱借贷之抵押权为登记者，如该机构之章程曾经主管机关公告者，关于利息以外依章程所应支付之附随给付，只引用章程以资表明，即为已足。

§1116 Brief- und Buchhypothek

(1) Über die Hypothek wird ein Hypothekenbrief erteilt.

(2) Die Erteilung des Briefes kann ausgeschlossen werden. Die Ausschließung kann auch nachträglich erfolgen. Zu der Ausschließung ist die Einigung des Gläubigers und des Eigentümers sowie die Eintragung in das Grundbuch erforderlich; die Vorschriften des §873 Abs. 2 und der §§876, 878 finden entsprechende Anwendung.

(3) Die Ausschließung der Erteilung des Briefes kann aufgehoben werden; die Aufhebung erfolgt in gleicher Weise wie die Ausschließung.

第一千一百一十六条 [证券抵押权及登记抵押权][a]

Ⅰ 关于抵押权，得交付抵押权证券[b]。

Ⅱ [1]证券之交付，得加以免除。[2]免除交付，在抵押权设定后，亦得为之。[3]免除交付应经债权人与所有人之合意，并须登记于土地登记簿；第八百七十三条第二款、第八百七十六条及第八百七十八条之规定于此情形准用之。

Ⅲ 证券交付之免除，加以废弃ᶜ；其废弃之方法与免除同。

a 参考条文：第833条、第1154条、第1162条、第1163条、第1274条，《民事诉讼法》第83条。

b 所谓证券抵押权，系为发挥抵押权投资机能，将抵押权加以证券化，使其依证券而辗转流通。德国法上抵押权依权利流通性而有分别，可分为两种：一为土地登记簿上抵押权，即债权人与所有人以契约免除交付抵押权证券，以及保全抵押权等情形；一为流通抵押权，即证券化之抵押权，本条所称抵押权证券乃其有关规定。

在证券抵押权，权利与证券合而为一，权利之变动必依证券为之，唯有证券之变动始能发生权利变动之效果。因土地登记簿上记载与证券上记载一致，故权利取得人不必审查土地登记簿，而债权人亦得依证券任意处分其权利，所有人对土地登记簿上登记之非权利人之处分，亦受保护，各方称便。证券抵押权只能由土地登记机关作成（《土地登记法》第56条），土地登记机关于抵押权登记后应即作成证券抵押权，交付所有人。土地登记簿上抵押权转换为证券抵押权时，土地登记机关应将证券直接交付债权人（《土地登记法》第60条）。证券抵押权之记载事项，除应依《土地登记法》第56条以下所规定应记载事项而为记载外，因证券之行使，必须提示证券（《土地登记法》第42条第1款第2段、第43条第1款、第62条、第63条、第65条），故证券之记载内容，应尽与土地登记簿记载内容相符合，若记载发生相异情形时，仍以土地登记簿上公信力为准（参照第1140条、第1155条）。

证券抵押权并非止于证据证券，并系一种物权的有价证券（第1117条第1款、第1144条、第1154条第1款后段、第1160条、第1819条），且法律不承认证券之公信力，故仍难谓为完全的有价证券，又证券抵押权不能依指示式或无记名式而发行（例外第1195条）。

c 证券交付之免除得于事后为之，而交付之免除亦得于事后废弃之。两者均须有合意，并经登记。登记后抵押变为证券抵押，应作成证券，并交付之（《土地登记法》第60条第1款），又因该项登记系属权利内容之变更登记，故若有第三权利人存在时，应得其同意（第877条）。

§1117 Erwerb der Briefhypothek

(1) Der Gläubiger erwirbt, sofern nicht die Erteilung des Hypothekenbriefs ausgeschlossen ist erst, wenn ihm der Brief von dem Eigentümer des Grundstücks übergeben wird. Auf

die Über Vorschriften des §929 Satz 2 und der §§930, 931 Anwendung.
(2) Die Übergabe des Briefes kann durch die Vereinbarung ersetzt werden, dass der Gläubige soll, sich den Brief von dem Grundbuchamt aushändigen zu lassen.
(3) Ist der Gläubiger im Besitz des Briefes, so wird vermutet, dass die Übergabe erfolgt sei.

第一千一百一十七条 [证券抵押权之取得][a]

Ⅰ [1]证券抵押权之交付未经免除者,债权人须经土地所有人交付其证券,始取得抵押权。[2]证券之交付,适用第九百二十九条第二段、第九百三十条及第九百三十一条规定。

Ⅱ 当事人得以合意,使债权人有权向土地登记机关受领证券,以代证券之交付。[b]

Ⅲ 债权人占有证券者,推定其已受交付[c]。

a 参考条文:第1113条、第1163条,《民事诉讼法》第830条第1款第1段、第837条。
b 交付之方式包括现实交付,依第929条所定之合意,移转间接占有或返还请求权(第931条)。
c 债权人间接或直接占有证券时,推定其现实占有。关于举证责任,参照第929条,《民事诉讼法》第292条。

§1118 Haftung für Nebenforderungen

Kraft der Hypothek haftet das Grundstück auch für die gesetzlichen Zinsen der Forderung sowie für die Kosten der Kündigung und der die Befriedigung aus dem Grundstück bezweckenden Rechtsverfolgung.

第一千一百一十八条 [从债权之责任]

因抵押权之设定,关于债权之法定利息、预告终止费用,及就土地为清偿而行使权利之费用,均由抵押土地担保之。

§1119 Erweiterung der Haftung für Zinsen

(1) Ist die Forderung unverzinslich oder ist der Zinssatz niedriger als fünf vom Hundert, so kann die Hypothek nhone Zustimmung der im Range gleich- oder nachstehenden Berechtigten dahin erweitert werden, dass das Grundstück für

Zinsen bis zu fünf vom Hundert haftet.

(2) Zu einer Änderung der Zahlungszeit und des Zahlungsorts ist die Zustimmung dieser Berechtigten gleichfalls nicht erforderlich.

第一千一百一十九条 [利息责任之扩张]^a

I 债权未定有利息或其利率低于百分之五者，得不经次序相同或次序居后之权利人同意，由抵押土地担保至百分之五利息。

II 清偿期及清偿地之变更，亦得不经前项权利人同意。

a 参考条文：第877条、第1113条、第1190条、第873条、第269条、第270条、《民法施行法》第167条。

§1120 Erstreckung auf Erzeugnisse, Bestandteile und Zubehör

Die Hypothek erstreckt sich auf die von dem Grundstück getrennten Erzeugnisse und sonstigen Bestandteile, soweit sie nicht mit der Trennung nach den §§954 bis 957 in das Eigentum eines anderen als des Eigentümers oder des Eigenbesitzers des Grundstücks gelangt sind, sowie auf das Zubehör des Grundstücks mit Ausnahme der Zubehörstücke, welche nicht in das Eigentum des Eigentümers des Grundstücks gelangt sind.

第一千一百二十条 [扩张及于出产物、成分及从物]^a

抵押权及于与土地分离后之出产物及其他成分^b。但依第九百五十四条至第九百五十七条规定，因分离而归属于土地所有人及自主占有人以外之人者，不在此限；土地之从物亦同。但从物不属于土地所有人所有者，不在此限。

a 参考条文：第93条至第95条、第1126条、《民事诉讼法》第766条第1款、第810条。

b 土地成分因分割而成为独立物，本条规定抵押权仍及于此独立物。

§1121 Enthaftung durch Veräußerung und Entfernung

(1) Erzeugnisse und sonstige Bestandteile des Grundstücks sowie Zubehörstücke

werden von der Haftung frei, wenn sie veräußert und von dem Grundstück entfernt werden, bevor sie zugunsten des Gläubigers in Beschlag genommen worden sind.

(2) Erfolgt die Veräußerung vor der Entfernung, so kann sich der Erwerber dem Gläubiger gegenüber nicht darauf berufen, dass er in Ansehung der Hypothek in gutem Glauben gewesen sei. Entfernt der Erwerber die Sache von dem Grundstück, so ist eine vor der Entfernung erfolgte Beschlagnahme ihm gegenüber nur wirksam, wenn er bei der Entfernung in Ansehung der Beschlagnahme nicht in gutem Glauben ist.

第一千一百二十一条 [因让与及取走而免责][a]

I 土地之出产物、其他成分及从物，在为债权人之利益而实施扣押前，业经让与且已由土地上取走者，免其责任。

II ¹让与在取走前为之者，取得人不得就抵押权关系，对债权人主张其为善意。²取得人取走其物者，在取走前所为之扣押，仅以取得人于取去时对于扣押不具善意为限，始得对之发生效力。

a 参考条文：第1120条、第1122条、第930条、第1121条、第1147条、第1134条、第1135条、第823条以下、第936条、第932条、《强制拍卖管理法》第20条、第148条、第21条、第146条、第23条、第90条、第55条、《民事诉讼法》第810条、第865条。

§1122 Enthaftung ohne Veräußerung

(1) Sind die Erzeugnisse oder Bestandteile innerhalb der Grenzen einer ordnungsmäßigen Wirtschaft von dem Grundstück getrennt worden, so erlischt ihre Haftung auch ohne Veräußerung, wenn sie vor der Beschlagnahme von dem Grundstück entfernt werden, es sei denn, dass die Entfernung zu einem vorübergehenden Zwecke erfolgt.

(2) Zubehörstücke werden ohne Veräußerung von der Haftung frei, wenn die Zubehöreigenschaft innerhalb der Grenzen einer ordnungsmäßigen Wirtschaft vor der Beschlagnahme aufgehoben wird.

第一千一百二十二条 [因未让与而免责][a]

I 出产物或成分在通常经营范围内，与土地分离，且其取走系在扣押之前者，纵未让与，其责任亦属消灭。但其取走系出于暂时之目的者，不在此限。

Ⅱ 从物于通常经营之范围内，在扣押前已废止其从属关系者，纵未让与，其责任亦属消灭。

a 参考条文：第97条、第98条、第1120条。

§1123 Erstreckung auf Miet- oder Pachtforderung

(1) Ist das Grundstück vermietet oder verpachtet, so erstreckt sich die Hypothek auf die Miet- oder Pachtforderung.

(2) Soweit die Forderung fällig ist, wird sie mit dem Ablauf eines Jahres nach dem Eintritt der Fälligkeit von der Haftung frei, wenn nicht vorher die Beschlagnahme zugunsten des Hypothekengläubigers erfolgt. Ist die Miete oder Pacht im Voraus zu entrichten, so erstreckt sich die Befreiung nicht auf die Miete oder Pacht für eine spätere Zeit als den zur Zeit der Beschlagnahme laufenden Kalendermonat; erfolgt die Beschlagnahme nach dem 15. Tage des Monats, so erstreckt sich die Befreiung auch auf den Miet- oder Pachtzins für den folgenden Kalendermonat.

第一千一百二十三条 [及于使用租赁或收益租赁租金债权]

Ⅰ 土地为使用租赁或收益租赁之标的物者，抵押权之效力及于其使用租金或收益租金债权[a]。

Ⅱ [1]租金债权已届清偿期，而未为抵押权人之利益预为扣押者，自届清偿期后经过一年而免除其责任。[2]使用租赁或收益租赁之租金应预先支付者，在为扣押之历月以后期间之租金，仍不能免责；扣押系在月之十五日以后者，其免责之范围并及于次一月之租金[b]。

a 对此，另有2001年6月19日修正之关于为土地公课上请求权而就使用租金及收益租金债权设质法（Gesetz über die Pfändung von Miet-und Pachtzinsforderungen wegen Ansprüche aus öffentlichen Grundstückslasten）[①]，作如下规定：
　1. 定期给付之土地上公课，依下列规定，其效力及于使用租金与收益租金债权。
　2. 为担保最后届清偿期之土地公课部分额，而就使用租金及收益租金债权设定质权时，其质权不因嗣后由抵押权人或土地债务债权人设定质权而受影响。定期给付按月额届清偿期时，此优先权效力及于末次以前一次之部分额。
　3. 在设质以前，使用租金或收益租金已收取或以其他方法处分时，其处分对于

---

① 参见《联邦法律公报》第1卷，第1149页。

第七章 抵押权、土地债务、定期土地债务 §§1123,1124

有本条第2款优先权之公课权人，仅于质权成立当时一个历月（依历计算之月）内者有其效力，若该质权于月之15日以后设定时，于其后1个月内者，亦仍有效力。

b 第1123条第2款第2段及第1124条第2款系以1953年3月5日之《民法范围法律统一重建法》（Gesetz zur Wiederherstellung der Gesetzeseinheit auf dem Gebiete des bürgerlichen Rechts）所定者为根据。

§1124 Vorausverfügung über Miete oder Pacht

(1) Wird die Miete oder Pacht eingezogen, bevor sie zugunsten des Hypothekengläubigers in Beschlag genommen worden ist, oder wird vor der Beschlagnahme in anderer Weise über sie verfügt, so ist die Verfügung dem Hypothekengläubiger gegenüber wirksam. Besteht die Verfügung in der Übertragung der Forderung auf einen Dritten, so erlischt die Haftung der Forderung; erlangt ein Dritter ein Recht an der Forderung, so geht es der Hypothek im Range vor.

(2) Die Verfügung ist dem Hypothekengläubiger gegenüber unwirksam, soweit sie sich auf die Miete oder Pacht für eine spätere Zeit als den zur Zeit der Beschlagnahme laufenden Kalendermonat bezieht; erfolgt die Beschlagnahme nach dem fünfzehnten Tage des Monats, so ist die Verfügung jedoch insoweit wirksam, als sie sich auf die Miete oder Pacht für den folgenden Kalendermonat bezieht.

(3) Der Übertragung der Forderung auf einen Dritten steht es gleich, wenn das Grundstück ohne die Forderung veräußert wird.

第一千一百二十四条 [就使用租金或收益租金所为之先行处分][a]

Ⅰ [1]在为抵押权人之利益而为扣押前，收取使用租赁或收益租赁之租金，或在扣押前以其他方法予以处分者，其处分对抵押权人发生效力。[2]处分系属让与租金债权于第三人者，该债权之责任即归消灭；第三人取得租金债权上之权利时，其权利之次序优先于抵押权。

Ⅱ 前项关于租金之处分，如系关于在为扣押之历月以后期间之租金者，对抵押权人不生效力。但扣押在月之十五日以后者，若其处分系关于次一月之租金时，就此项范围之内处分，仍有效力[b]。

Ⅲ 让与土地而不及于租金债权者，与让与租金债权于第三人之情形同。

a 参考条文：第1123条、第136条、第135条，《强制拍卖管理法》第23条。
b 参照第1123条之注b。

§1125 Aufrechnung gegen Miete oder Pacht

Soweit die Einziehung der Miete oder Pacht dem Hypothekengläubiger gegenüber unwirksam ist, kann der Mieter oder der Pächter nicht eine ihm gegen den Vermieter oder den Verpächter zustehende Forderung gegen den Hypothekengläubiger aufrechnen.

第一千一百二十五条 [使用租金或收益租金之抵销][a]

在使用租赁或收益租赁之租金之收取，对抵押权不生效力之范围内，使用租赁或收益租赁之承租人不得以其对使用租赁或收益租赁之出租人所有之债权，向抵押权人主张抵销。

a 参考条文：第392条、第1124条。

§1126 Erstreckung auf wiederkehrende Leistungen

Ist mit dem Eigentum an dem Grundstück ein Recht auf wiederkehrende Leistungen verbunden, so erstreckt sich die Hypothek auf die Ansprüche auf diese Leistungen. Die Vorschriften des §1123 Abs. 2 Satz 1, des §1124 Abs. 1, 3 und des §1125 find entsprechende Anwendung. Eine vor der Beschlagnahme erfolgte Verfügung über den Anspruch auf eine Leistung, die erst drei Monate nach der Beschlagnahme fällig wird, ist dem Hypothekengläubiger gegenüber unwirksam.

第一千一百二十六条 [及于定期给付之效力]

[1]定期给付之权利与土地所有权相结合者，抵押权之效力及于此项给付之请求权。[2]第一千一百二十三条第二款第一段、第一千一百二十四条第一款及第三款、第一千一百二十五条规定，于此情形准用之。[3]给付在扣押后三个月始届清偿期者，在扣押前就此项给付请求权所为之处分，对于抵押权人不生效力。

§1127 Erstreckung auf die Versicherungsforderung

(1) Sind Gegenstände, die der Hypothek unterliegen, für den Eigentümer oder den Eigenbesitzer des Grundstücks unter Versicherung gebracht, so erstreckt sich die Hypothek auf die Forderung gegen den Versicherer.

(2) Die Haftung der Forderung gegen den Versicherer erlischt, wenn der versicherte Gegenstand wiederhergestellt oder Ersatz für ihn beschafft ist.

第一千一百二十七条 [及于保险债权之效力]

Ⅰ 抵押权之标的物为土地所有人或自主占有人之利益已付保险者,抵押权之效力及于对保险人之债权。

Ⅱ 保险标的物已恢复原状或已为赔偿者,该项对保险人之债权所负担保责任归于消灭。

§1128 Gebäudeversicherung

(1) Ist ein Gebäude versichert, so kann der Versicherer die Versicherungssumme mit Wirkung gegen den Hypothekengläubiger an den Versicherten erst zahlen, wenn er oder der Versicherte den Eintritt des Schadens dem Hypothekengläubiger angezeigt hat und seit dem Empfang der Anzeige ein Monat verstrichen ist. Der Hypothekengläubiger kann bis zum Ablauf der Frist dem Versicherer gegenüber der Zahlung widersprechen. Die Anzeige darf unterbleiben, wenn sie untunlich ist; in diesem Falle wird der Monat von dem Zeitpunkt an berechnet, in welchem die Versicherungssumme fällig wird.

(2) Hat der Hypothekengläubiger seine Hypothek dem Versicherer angemeldet, so kann der Versicherer mit Wirkung gegen den Hypothekengläubiger an den Versicherten nur zahlen, wenn der Hypothekengläubiger der Zahlung schriftlich zugestimmt hat.

(3) Im Übrigen finden die für eine verpfändete Forderung geltenden Vorschriften Anwendung; der Versicherer kann sich jedoch nicht darauf berufen, dass er eine aus dem Grundbuch ersichtliche Hypothek nicht gekannt habe.

第一千一百二十八条 [建筑物之保险]

Ⅰ [1]建筑物已付保险者,保险人对被保险人之支付保险金额,须系于保险人或被保险人已将损害之发生通知抵押权人且于收到通知后已经过一个月后为之,对抵押权人始生效力。[2]抵押权人于此项期间内得就保险金额之支付,对保险人声明异议。[3]不能通知者,得毋庸为通知;于此情形,一个月之期间,自保险金额之清偿期届至时起算。

Ⅱ 抵押权人对保险人告知抵押权时,保险人对被保险人所为之支付,仅以抵押权人以书面同意支付者为限,得对抗抵押权人。

Ⅲ 其他情形，适用关于设质债权之规定；但保险人对于可就土地登记簿而获知之抵押权，不得主张为不知。

§1129 Sonstige Schadensversicherung

Ist ein anderer Gegenstand als ein Gebäude versichert, so bestimmt sich die Haftung der Forderung gegen den Versicherer nach den Vorschriften des §1123 Abs. 2 Satz 1 und des §1124 Abs. 1, 3.

第一千一百二十九条 [其他损害保险]

建筑物以外标的物已付保险者，对于保险人之债权，其责任依第一千一百二十三条第二款第一段及第一千一百二十四条第一款、第三款规定。

§1130 Wiederherstellungsklausel

Ist der Versicherer nach den Versicherungsbestimmungen nur verpflichtet, die Versicherungssumme zur Wiederherstellung des versicherten Gegenstands zu zahlen, so ist eine diesen Bestimmungen entsprechende Zahlung an den Versicherten dem Hypothekengläubiger gegenüber wirksam.

第一千一百三十条 [恢复原状条款][a]

依保险条款，保险人仅就保险标的物之恢复原状负给付保险金额之义务者，其向被保险人所为之相当于该条款之给付，对于抵押权人有其效力。

a 参考条文：第1128条第3款、第1281条、第1282条、第242条，《保险契约法》第97条、第192条、第193条、第99条、第100条、第198条，《强制拍卖管理法》第55条、第90条。

§1131 Zuschreibung eines Grundstücks

Wird ein Grundstück nach §890 Abs. 2 einem anderen Grundstück im Grundbuch zuges sich die an diesem Grundstück bestehenden Hypotheken auf das zugeschriebene Grund das zugeschriebene Grundstück belastet ist, gehen diesen Hypotheken im Range vor.

第一千一百三十一条 [土地之合并记载]^a

¹土地依第八百九十条第二款规定，在土地登记簿上，与其他土地合并记载者，该其他土地所存在之抵押权，其效力及于被合并记载之土地^b。²被合并记载之土地所已负担之权利，其次序优先于抵押权。

a 参考条文：第890条、第1107条、第1192条、第1199条。
b 数土地合并为一土地时，就其一部分所设定之负担，不扩及其效力于他部分。本条系规定效力扩张之例外情形。

§1132 Gesamthypothek

(1) Besteht für die Forderung eine Hypothek an mehreren Grundstücken (Gesamthypothek), so haftet jedes Grundstück für die ganze Forderung. Der Gläubiger kann die Befriedigung nach seinem Belieben aus jedem der Grundstücke ganz oder zu einem Teil suchen.

(2) Der Gläubiger ist berechtigt, den Betrag der Forderung auf die einzelnen Grundstücke in der Weise zu verteilen, dass jedes Grundstück nur für den zugeteilten Betrag haftet. Auf die Verteilung finden die Vorschriften der §§875, 876, 878 entsprechende Anwendung.

第一千一百三十二条 [总括抵押权]^a

Ⅰ ¹为同一债权之担保，于数土地上设定抵押权者（总括抵押权），各个土地就全部债权负其责任。²债权人得任意就各个土地，求其全部或一部分之清偿。

Ⅱ ¹债权人得就各个土地，分配其债权额，而限定每一土地，仅就其分配额负担责任。²第八百七十五条、第八百七十六条及第八百七十八条规定，于债权额之分配准用之。

a 参考条文：第1143条第2款、第1172条至第1176条、第1181条。

§1133 Gefährdung der Sicherheit der Hypothek

Ist infolge einer Verschlechterung des Grundstücks die Sicherheit der Hypothek gefährdet, so kann der Gläubiger dem Eigentümer eine angemessene Frist zur Beseitigung der Gefährdung bestimmen. Nach dem Ablauf der Frist ist der Gläubiger berechtigt, sofort Befriedigung aus dem Grundstück zu suchen, wenn nicht die Gefährdung durch Verbesserung des Grundstücks oder durch anderweitige Hypothekenbestellung beseitigt worden ist. Ist die Forderung unverzinslich und noch nicht fällig, so gebührt dem Gläubiger nur die Summe, welche mit Hinzurechnung der gesetzlichen Zinsen für die Zeit von der Zahlung bis zur Fälligkeit dem Betrag der Forderung gleichkommt.

第一千一百三十三条　[抵押权担保之危害][a]

¹因土地之毁损致危害抵押权之担保者，债权人得定相当期间请求所有人除去其危害。²期间届满后，抵押权人得径就土地求其清偿。但土地已经恢复，或设定他项抵押权以除去其危害者，不在此限。³债权未定有利息，且其清偿期尚未届至者，债权人所得支付之数额，应扣除自支付时起至清偿期止之法定利息。

a 第1133条至第1135条系规定抵押权发生至清偿期间，抵押标的物之土地及其从物被毁损时，对债权人之保护。第1133条系规定已发生毁损时，对债权人之保护。第1134条系规定有毁损之虞时对债权人之保护。第1135条系就从物之毁损，规定对债权人之保护。

§1134 Unterlassungsklage

(1) Wirkt der Eigentümer oder ein Dritter auf das Grundstück in solcher Weise ein, dass eine die Sicherheit der Hypothek gefährdende Verschlechterung des Grundstücks zu besorgen ist, so kann der Gläubiger auf Unterlassung klagen.

(2) Geht die Einwirkung von dem Eigentümer aus, so hat das Gericht auf Antrag des Gläubigers die zur Abwendung der Gefährdung erforderlichen Maßregeln anzuordnen. Das Gleiche gilt, wenn die Verschlechterung deshalb zu besorgen ist, weil der Eigentümer die erforderlichen Vorkehrungen gegen Einwirkungen Dritter oder gegen andere Beschädigungen unterlässt.

第一千一百三十四条　[不作为之诉][a]

Ⅰ 所有人或第三人干涉土地，致该土地有发生足以危及抵押权担保之毁损之虞时，债权人得提起不作为之诉。

Ⅱ ¹干涉系所有人所为者，法院得依债权人之请求，命为防止危害所必要之处分。²所有人对第三人之干涉或其他损害，不为必要之预防，致土地有受毁损之虞者，亦同。

a 参考条文：第1135条、第1133条、第823条第1款、第2款、第826条、第1134条、第1135条。

§1135 Verschlechterung des Zubehörs

Einer Verschlechterung des Grundstücks im Sinne der §§1133, 1134 steht es gleich, wenn Zubehörstücke, auf die sich die Hypothek erstreckt, verschlechtert oder den Regeln einer ordnungsmäßigen Wirtschaft zuwider von dem Grundstück entfernt werden.

第一千一百三十五条 [从物之毁损]
抵押权所及之从物受毁损，或违反通常经营之方法，离去土地者，与第一千一百三十三条及第一千一百三十四条所称之土地毁损同。

§1136 Rechtsgeschäftliche Verfügungsbeschränkung

Eine Vereinbarung, durch die sich der Eigentümer dem Gläubiger gegenüber verpflichtet, das Grundstück nicht zu veräußern oder nicht weiter zu belasten, ist nichtig.

第一千一百三十六条 [法律行为之处分限制]^a
所有人对债权人约定，负有不将土地让与，或设定其他负担之义务者，其约定无效。

a 参考条文：第1137条、第1149条、第1179条。

§1137 Einreden des Eigentümers

(1) Der Eigentümer kann gegen die Hypothek die dem persönlichen Schuldner gegen die Forderung sowie die nach §770 einem Bürgen zustehenden Einreden geltend machen. Stirbt der persönliche Schuldner, so kann sich der Eigentümer nicht darauf berufen, dass der Erbe für die Schuld nur beschränkt haftet.

(2) Ist der Eigentümer nicht der persönliche Schuldner, so verliert er eine Einrede nicht

dadurch, dass dieser auf sie verzichtet.

第一千一百三十七条　[所有人之抗辩权]ª

Ⅰ ¹债务人对债权所得主张之抗辩权，及保证人依第七百七十条规定所生之抗辩权，所有人对抵押权，均得行使之。²债务人死亡时，所有人不得主张继承人仅就其债务负有限责任。

Ⅱ 所有人非系债务人者，债务人虽抛弃其抗辩权，所有人并不因之而丧失该抗辩权。

a 参考条文：第892条、第894条、第1157条、第1169条、第1177条。

§1138　Öffentlicher Glaube des Grundbuchs

Die Vorschriften der §§891 bis 899 gelten für die Hypothek auch in Ansehung der Forderung und der dem Eigentümer nach §1137 zustehenden Einreden.

第一千一百三十八条　[土地登记簿公信力之扩张]ª

第八百九十一条至第八百九十九条规定，对于抵押权，纵系关于债权及依第一千一百三十七条规定所有人可得主张之抗辩权，亦适用之。

a 参考条文：第1156条、第1157条、第1113条、第891条、第892条、第1163条、第1177条、第1153条、第893条、第1137条、第1169条、第899条。

§1139　Widerspruch bei Darlehensbuchhypothek

Ist bei der Bestellung einer Hypothek für ein Darlehen die Erteilung des Hypothekenbriefs ausgeschlossen worden, so genügt zur Eintragung eines Widerspruchs, der sich darauf gründet, dass die Hingabe des Darlehens unterblieben sei, der von dem Eigentümer an das Grundbuchamt gerichtete Antrag, sofern er vor dem Ablauf eines Monats nach der Eintragung der Hypothek gestellt wird. Wird der Widerspruch innerhalb des Monats eingetragen, so hat die Eintragung die gleiche Wirkung, wie wenn der Widerspruch zugleich mit der Hypothek eingetragen worden wäre.

第一千一百三十九条　[消费借贷登记抵押权之异议]ª

¹因消费借贷，设定抵押权，而免除抵押权证券之交付者，如所有人因

借贷标的物之未经交付而求为异议之登记，只须于抵押权登记后一个月内，向土地登记官署提出申请，即为已足。²异议于一个月内登记者，其登记有与抵押权同时登记之同一效力。

a 参考条文：第1117条、第1138条、第899条、第1185条第2款、第892条。

§1140 Hypothekenbrief und Unrichtigkeit des Grundbuchs

Soweit die Unrichtigkeit des Grundbuchs aus dem Hypothekenbrief oder einem Vermerk auf dem Brief hervorgeht, ist die Berufung auf die Vorschriften der §§892, 893 ausgeschlossen. Ein Widerspruch gegen die Richtigkeit des Grundbuchs, der aus dem Briefe oder einem Vermerk auf dem Briefe hervorgeht, steht einem im Grundbuch eingetragenen Widerspruch gleich.

第一千一百四十条 [抵押权证书及土地登记簿之不正确]ᵃ
¹土地登记簿之记载不正确，就抵押权证券或证券上之附记，可得而知者，不得适用第八百九十二条及第八百九十三条规定。²就证券或证券上之附记可得而知之情形，对土地登记簿之正确性，提出异议者，其异议，与已登记之异议，具有同一之效力。

a 参考条文：第1140条、第1157条、第891条，《土地登记法》第41条、第42条、第62条、第70条。

§1141 Kündigung der Hypothek

(1) Hängt die Fälligkeit der Forderung von einer Kündigung ab, so ist die Kündigung für die Hypothek nur wirksam, wenn sie von dem Gläubiger dem Eigentümer oder von dem Eigentümer dem Gläubiger erklärt wird. Zugunsten des Gläubigers gilt derjenige, welcher im Grundbuch als Eigentümer eingetragen ist, als der Eigentümer.

(2) Hat der Eigentümer keinen Wohnsitz im Inland oder liegen die Voraussetzungen des §132 Abs. 2 vor, so hat auf Antrag des Gläubigers das Amtsgericht, in dessen Bezirk das Grundstück liegt, dem Eigentümer einen Vertreter zu bestellen, dem gegenüber die Kündigung des Gläubigers erfolgen kann.

第一千一百四十一条 [抵押权之终止]

Ⅰ ¹债权因终止之预告而届清偿期者,其预告由债权人对所有人,或由所有人对债权人为表示时,对于抵押权始生效力。²为债权人之利益,土地登记簿上所记载之所有人,视为所有人。

Ⅱ 所有人在国内无住所,或具备第一百三十二条第二款所定要件时,土地所在地之简易法院,依债权人之申请,应为所有人选任代理人,使债权人之预告得向代理人为之。

§1142 Befriedigungsrecht des Eigentümers

(1) Der Eigentümer ist berechtigt, den Gläubiger zu befriedigen, wenn die Forderung ihm gegenüber fällig geworden oder wenn der persönliche Schuldner zur Leistung berechtigt ist.

(2) Die Befriedigung kann auch durch Hinterlegung oder durch Aufrechnung erfolgen.

第一千一百四十二条 [所有人之清偿权]ª

Ⅰ 债权对所有人方面已届清偿期,或债务人得为给付时,所有人均得对债权人为清偿。

Ⅱ 清偿得以提存或抵销方法为之。

a 参考条文:第268条、第1147条、第267条第2款、第1143条第1款、第1153条第1款、第366条第2款、第812条以下、第1141条、第372条以下、第387条、第1137条、第770条、第1147条,《破产法》第53条、第55条。

§1143 Übergang der Forderung

(1) Ist der Eigentümer nicht der persönliche Schuldner, so geht, soweit er den Gläubiger befriedigt, die Forderung auf ihn über. Die für einen Bürgen geltenden Vorschriften des §774 Abs. 1 finden entsprechende Anwendung.

(2) Besteht für die Forderung eine Gesamthypothek, so gelten für diese die Vorschriften des §1173.

第一千一百四十三条 [债权之移转]ª

Ⅰ ¹所有人非系债务人,而对债权人为清偿者,于受清偿范围内,其债权移转于所有人。²第七百七十四条第一款关于保证人之规定,于此情形准用之。

Ⅱ 为担保债权，而设定总括抵押权者，适用第一千一百七十三条规定。

a 参考条文：第1150条、第1164条、第1173条第2款、第1174条、第1177条第2款、《保险契约法》第102条、第104条。

§1144　Aushändigung der Urkunden

Der Eigentümer kann gegen Befriedigung des Gläubigers die Aushändigung des Hypothekenbriefs und der sonstigen Urkunden verlangen, die zur Berichtigung des Grundbuchs oder zur Löschung der Hypothek erforderlich sind.

第一千一百四十四条　[证书之交出][a]

所有人对债权人为清偿者，为土地登记簿之制定或抵押权之涂销有必要时，得请求债权人交出抵押权证券及其他证书。

a 参考条文：第402条、第412条、第413条、第894条以下。

§1145　Teilweise Befriedigung

(1) Befriedigt der Eigentümer den Gläubiger nur teilweise, so kann er die Aushändigung des Hypothekenbriefs nicht verlangen. Der Gläubiger ist verpflichtet, die teilweise Befriedigung auf dem Briefe zu vermerken und den Brief zum Zwecke der Berichtigung des Grundbuchs oder der Löschung dem Grundbuchamt oder zum Zwecke der Herstellung eines Teilhypothekenbriefs für den Eigentümer der zuständigen Behörde oder einem zuständigen Notar vorzulegen.

(2) Die Vorschrift des Absatzes 1 Satz 2 gilt für Zinsen und andere Nebenleistungen nur, wenn sie später als in dem Kalendervierteljahr, in welchem der Gläubiger befriedigt wird, oder dem folgenden Vierteljahr fällig werden. Auf Kosten, für die das Grundstück nach §1118 haftet, findet die Vorschrift keine Anwendung.

第一千一百四十五条　[部分清偿][a]

Ⅰ ^{1}所有人对债权人为一部分清偿时，不得请求抵押权证券之交出。^{2}债权人应将一部分之清偿，记载于证券；为达订正土地登记簿或向土地登记机关涂销之目的，或使所有人便于作成一部分抵押权证券，并应将证券提示于主管机关，或有管辖权之公证人。

II ¹关于利息或其他附随给付，仅限于其清偿期在债权人受清偿之时季以后或其次一时季后，方告届至者，始适用第一款第二段规定。²依第一千一百一十八条规定，应由土地负担之费用，不适用此项规定。

a 参考条文：第368条、第1140条、第1144条、第1150条、第1167条、第1168条第3款、第1178条。

§1146 Verzugszinsen

Liegen dem Eigentümer gegenüber die Voraussetzungen vor, unter denen ein Schuldner in Verzug kommt, so gebühren dem Gläubiger Verzugszinsen aus dem Grundstück.

第一千一百四十六条 [迟延利息]ª

债务人迟延，而其事由足以对抗所有人者，债权人得就土地，请求迟延利息。

a 参考条文：第284条、第285条、第823条第1款、第1113条、第1118条。

§1147 Befriedigung durch Zwangsvollstreckung

Die Befriedigung des Gläubigers aus dem Grundstück und den Gegenständen, auf die sich die Hypothek erstreckt, erfolgt im Wege der Zwangsvollstreckung.

第一千一百四十七条 [因强制执行而清偿]ª

债权人就土地及其他抵押权所能及之标的物受清偿时，依强制执行之程序为之。

a 参考条文：第872条、第1113条、第1115条、第1157条、第1181条以下，《民事诉讼法》第91条、第93条，《强制拍卖管理法》第37条第4项。

§1148 Eigentumsfiktion

Bei der Verfolgung des Rechts aus der Hypothek gilt zugunsten des Gläubigers derjenige, welcher im Grundbuch als Eigentümer eingetragen ist, als der Eigentümer. Das Recht des nicht eingetragenen Eigentümers, die ihm gegen die Hypothek zustehenden Einwendungen geltend zu machen, bleibt unberührt.

第一千一百四十八条　[所有权之推定]^a
　　¹在土地登记簿上登记为所有人者，为债权人之利益，关于抵押权之实行，视为所有人。²未经登记之所有人，其足以对抗抵押权而主张抗辩之权利，并不因之而受影响。

　a　参考条文：第1137条、第1141条第1款、《强制拍卖管理法》第17条、第146条、《民事诉讼法》第325条第4款、第727条、第771条。

§1149　Unzulässige Befriedigungsabreden

Der Eigentümer kann, solange nicht die Forderung ihm gegenüber fällig geworden ist, dem Gläubiger nicht das Recht einräumen, zum Zwecke der Befriedigung die Übertragung des Eigentums an dem Grundstück zu verlangen oder die Veräußerung des Grundstücks auf andere Weise als im Wege der Zwangsvollstreckung zu bewirken.

第一千一百四十九条　[不合法之清偿约定]^a
　　债权尚未届清偿期者，所有人不得将请求移转土地所有权以供清偿之权利授权于债权人，亦不得依强制执行程序以外之方法，让与土地之权利于债权人。

　a　参考条文：第313条、第1229条、第1136条。

§1150　Ablösungsrecht Dritter

Verlangt der Gläubiger Befriedigung aus dem Grundstück, so finden die Vorschriften der §§268, 1144, 1145 entsprechende Anwendung.

第一千一百五十条　[第三人清偿权]^a
　　债权人就土地请求清偿时，准用第二百六十八条、第一千一百四十四条、第一千一百四十五条规定。

a 本条系规定第三人为维持其对土地或占有之权利具备清偿权。

§1151 Rangänderung bei Teilhypotheken

Wird die Forderung geteilt, so ist zur Änderung des Rangverhältnisses der Teilhypotheken untereinander die Zustimmung des Eigentümers nicht erforderlich.

第一千一百五十一条　[部分抵押权之次序变更][a]
债权经分割者，部分抵押权相互间之次序变更，无须经所有人同意。

a 参考条文：第877条、第880条第2款、第1143条第1款、第1163条第1款、第1177条、第1182条，《强制拍卖管理法》第12条。

§1152 Teilhypothekenbrief

Im Falle einer Teilung der Forderung kann, sofern nicht die Erteilung des Hypothekenbriefs ausgeschlossen ist, für jeden Teil ein Teilhypothekenbrief hergestellt werden; die Zustimmung des Eigentümers des Grundstücks ist nicht erforderlich. Der Teilhypothekenbrief tritt für den Teil, auf den er sich bezieht, an die Stelle des bisherigen Briefes.

第一千一百五十二条　[部分抵押权证券][a]
[1]未免除抵押权证券之交付者，在债权分割时，得为债权之各部分，作成部分抵押权证券，而无须土地所有人同意。[2]部分抵押[b]证券，就其有关之部分，代替原证券。

a 参考条文：第1145条、第1159条、第1167条、第1168条。
b 部分抵押权证券之交付须向土地登记官署依《土地登记法》第61条之规定申请之，但不须经当事人同意。申请交付部分抵押权证券时，必须呈验抵押权证券之原本（Stammbrief）。

§1153 Übertragung von Hypothek und Forderung

(1) Mit der Übertragung der Forderung geht die Hypothek auf den neuen Gläubiger über.

(2) Die Forderung kann nicht ohne die Hypothek, die Hypothek kann nicht ohne die Forderung übertragen werden.

第一千一百五十三条　[抵押权及债权让与][a]

Ⅰ 抵押权随同债权之让与，而移转于新债权人。

Ⅱ 债权不得与抵押权分离而为让与，抵押权亦不得与债权分离而为让与[b]。

a 参考条文：第1069条第1款、第1164条、第1168条、第1173条第2款、第1274条第1款。

b 本项关于抵押权与债权之不可分性之规定为强制规定。约定不让与抵押权而让与债权者无效。但有两种例外：1. 迟延之附随给付得不让与该附随给付之抵押权而让与（第1159条）；2. 设定最高限额抵押权之债权（Höchstbetragshypothek）之让与，得不让与抵押权而为之（第1190条第4款）。他方面，约定不让与债权而让与抵押权者，亦属无效。但有第1164条第1款第1款、第1173条第2款、第1174条第1款及第1182条1项规定之例外。

§1154　Abtretung der Forderung

(1) Zur Abtretung der Forderung ist Erteilung der Abtretungserklärung in schriftlicher Form und Übergabe des Hypothekenbriefs erforderlich; die Vorschrift des §1117 findet Anwendung. Der bisherige Gläubiger hat auf Verlangen des neuen Gläubigers die Abtretungserklärung auf seine Kosten öffentlich beglaubigen zu lassen.

(2) Die schriftliche Form der Abtretungserklärung kann dadurch ersetzt werden, dass die Abtretung in das Grundbuch eingetragen wird.

(3) Ist die Erteilung des Hypothekenbriefs ausgeschlossen, so finden auf die Abtretung der Forderung die Vorschriften der §§873, 878 entsprechende Anwendung.

第一千一百五十四条　[债权之让与]

Ⅰ [1]债权之让与应以书面为让与之表示，并将抵押权证券交付之，于此情形适用第一千一百一十七条规定。[2]旧债权人因新债权人之请求，应以自己之费用，将让与之表示提付公证。

Ⅱ 让与表示之书面，得以土地登记簿上之让与登记代之。

Ⅲ 免除交付抵押权证券者，债权之让与准用第八百七十三条、第八百七十八条规定。

§1155 Öffentlicher Glaube beglaubigter Abtretungserklärungen

Ergibt sich das Gläubigerrecht des Besitzers des Hypothekenbriefs aus einer zusammenhängenden, auf einen eingetragenen Gläubiger zurückführenden Reihe von öffentlich beglaubigten Abtretungserklärungen, so finden die Vorschriften der §§891 bis 899 in gleicher Weise Anwendung, wie wenn der Besitzer des Briefes als Gläubiger im Grundbuch eingetragen wäre. Einer öffentlich beglaubigten Abtretungserklärung steht gleich ein gerichtlicher Überweisungsbeschluss und das öffentlich beglaubigte Anerkenntnis einer kraft Gesetzes erfolgten Übertragung der Forderung.

第一千一百五十五条 [公证让与表示之公信力][a]

[1]抵押权证券占有人之债权性质权利，有曾经公证之让与表示可资依据，而就连续之多次让与表示考之，可溯及经登记之债权人者，该证券占有人视同土地登记簿上已为登记之债权人，适用第八百九十一条至第八百九十九条规定。[2]法院之债权移转命令，及经公证认定之法定债权让与，与公证之让与表示同。

a 参考条文：第891条至第899条、第1138条、第1140条，《土地登记法》第39条第2款。

§1156 Rechtsverhältnis zwischen Eigentümer und neuem Gläubiger

Die für die Übertragung der Forderung geltenden Vorschriften der §§406 bis 408 finden auf das Rechtsverhältn zwischen dem Eigentümer und dem neuen Gläubiger in Ansehung der Hypothek keine Anwendung. Der neue Gläubiger muss jedoch eine dem bisherigen Gläubiger gegenüber erfolgte Kündigung des Eigentümers gegen sich gelten lassen, es sei denn, dass die Übertragung zur Zeit der Kündigung dem Eigentümer bekannt oder im Grundbuch eingetragen ist.

第一千一百五十六条 [所有人与新债权人间之法律关系][a]

[1]第四百零六条至第四百零八条关于债权让与之规定，在抵押权，不适用于所有人与新债权人间之法律关系。[2]新债权人就所有人对旧债权人

所为之终止之预告，仍应受其拘束。但在预告时所有人明知债权之让与或土地登记簿上已为让与登记者，不在此限。

a 参考条文：第406条至第408条、第412条、第816条第1款第2段、第1070条、第1275条。

§1157 Fortbestehen der Einreden gegen die Hypothek

Eine Einrede, die dem Eigentümer auf Grund eines zwischen ihm und dem bisherigen Gläubiger bestehenden Rechtsverhältnisses gegen die Hypothek zusteht, kann auch dem neuen Gläubiger entgegengesetzt werden. Die Vorschriften der §§892, 894 bis 899, 1140 gelten auch für diese Einrede.

第一千一百五十七条 [对抵押权存续之抗辩权][a]

¹所有人基于其与旧债权人间就抵押权所成立之法律关系，而取得抗辩权者，此项抗辩权亦得对抗新债权人。²第八百九十二条、第八百九十四条至第八百九十九条及第一千一百四十条规定，于此项抗辩权适用之。

a 参考条文：第886条、第892条、第894条至第899条、第1070条。

§1158 Künftige Nebenleistungen

Soweit die Forderung auf Zinsen oder andere Nebenleistungen gerichtet ist, die nicht später als in dem Kalendervierteljahr, in welchem der Eigentümer von der Übertragung Kenntnis erlangt, oder dem folgenden Vierteljahr fällig werden, finden auf das Rechtsverhältnis zwischen dem Eigentümer und dem neuen Gläubige die Vorschriften der §§406 bis 408 Anwendung; der Gläubiger kann sich gegenüber den Einwendungen, welc dem Eigentümer nach den §§404, 406 bis 408, 1157 zustehen, nicht auf die Vorschriften des §892 berufen.

第一千一百五十八条 [将来之附随给付][a]

债权以利息或其他附随给付为标的，而其清偿期并不后于所有人知悉让与事实当时所在之时季，或并不后于其次一时季者，所有人与新债权人间之法律关系适用第四百零六条至第四百零八条规定；债权人对所有人依第四百零四条、第四百零六条至第四百零八条及第一千一百五十七条所得主张之抗辩,不得适用第八百九十二条规定。

a 参考条文:第404条以下、第1115条、第1138条、第1140条。

§1159 Rückständige Nebenleistungen

(1) Soweit die Forderung auf Rückstände von Zinsen oder anderen Nebenleistungen gerichtet ist, best die Übertragung sowie das Rechtsverhältnis zwischen dem Eigentümer und dem neuen Gläubiger nach die Übertragung von Forderungen geltenden allgemeinen Vorschriften. Das Gleiche gilt für den Anspru Erstattung von Kosten, für die das Grundstück nach §1118 haftet.

(2) Die Vorschrift des §892 findet auf die im Absatz 1 bezeichneten Ansprüche keine Anwendung.

第一千一百五十九条 [迟延附随给付]

I ¹债权以利息或其他附随给付之迟延额为标的者,其债权之让与及所有人与新债权人间之法律关系,依关于债权让与之普通规定定之。²土地依第一千一百一十八条规定所应负担之费用,关于其偿还请求权,亦适用前段规定。

II 第八百九十二条规定,不适用于前款请求权。

§1160 Geltendmachung der Briefhypothek

(1) Der Geltendmachung der Hypothek kann, sofern nicht die Erteilung des Hypothekenbriefs ausgeschlossen ist, widersprochen werden, wenn der Gläubiger nicht den Brief vorlegt; ist der Gläubiger nicht im Grundbuch eingetragen, so sind auch die im §1155 bezeichneten Urkunden vorzulegen.

(2) Eine dem Eigentümer gegenüber erfolgte Kündigung oder Mahnung ist unwirksam, wenn der Gläubiger die nach Absatz 1 erforderlichen Urkunden nicht vorlegt und der Eigentümer die Kündigung oder die Mahnung aus diesem Grunde unverzüglich zurückweist.

(3) Diese Vorschriften gelten nicht für die im §1159 bezeichneten Ansprüche.

第一千一百六十条 [证券抵押权之行使]

I 抵押权证券之交付,未经免除者,关于抵押权之实行,如债权人不为证券之提示，对其实行得加以异议；债权人未经登记于土地登记簿者，并应提示第一千一百五十五条所定之证书。

Ⅱ 债权人对所有人为终止预告或催告，而未提示第一款所定必要之证书，且所有人借此理由尽速予以拒绝者，其预告或催告不生效力。

Ⅲ 前两款规定，不适用于第一千一百五十九条所定之请求权。

§1161 Geltendmachung der Forderung

Ist der Eigentümer der persönliche Schuldner, so findet die Vorschrift des §1160 auch auf die Geltendmachung der Forderung Anwendung.

第一千一百六十一条　[债权之行使]

所有人即系债务人者，第一千一百六十条规定，于债权之行使亦适用之。

§1162 Aufgebot des Hypothekenbriefs

Ist der Hypothekenbrief abhanden gekommen oder vernichtet, so kann er im Wege des Aufgebotsverfahrens für kraftlos erklärt werden.

第一千一百六十二条　[抵押权证券之公告催告][a]

抵押权证券遗失或灭失时，得依公示催告程序，宣告其无效。

a 参考条文：第935条、第1117条第2款、第1170条第2款第2段、第1171条第2款第2段、第1195条，《民事诉讼法》第946条至第959条，《土地登记法》第67条、第68条。

§1163 Eigentümerhypothek

(1) Ist die Forderung, für welche die Hypothek bestellt ist, nicht zur Entstehung gelangt, so steht die Hypothek dem Eigentümer zu. Erlischt die Forderung, so erwirbt der Eigentümer die Hypothek.

(2) Eine Hypothek, für welche die Erteilung des Hypothekenbriefs nicht ausgeschlossen ist, steht bis zur Übergabe des Briefes an den Gläubiger dem Eigentümer zu.

第一千一百六十三条 [所有人之抵押权][a]

I [1]为债权人设定之抵押权，在债权不能成立时[b]，该抵押权属于所有人。[2]债权消灭时，所有人取得其抵押权[c]。

II [d]未免除交付抵押权证券者，在证券交付于债权人之前，该抵押权属于所有人。

a 参考条文：第812条、第1113条、第1168条第1款、第1170条第2款第2段。

b 例如因不符形式要件之法律行为（如赠与、土地契约等）（RG 88, 369）、履行行为（Verpflichtungsgeschäft）之无效或可撤销等情形，以致债权不成立，均属之。

c 本条系强制规定，当事人如为相反之约定者，该约定不发生物权效力，只发生债权效力（RG 104, 66; 142, 159）。

d 参考条文：第1177条第1款。

§1164 Übergang der Hypothek auf den Schuldner

(1) Befriedigt der persönliche Schuldner den Gläubiger, so geht die Hypothek insoweit auf ihn über, als er von dem Eigentümer oder einem Rechtsvorgänger des Eigentümers Ersatz verlangen kann. Ist dem Schuldner nur teilweise Ersatz zu leisten, so kann der Eigentümer die Hypothek, soweit sie auf ihn übergegangen ist, nicht zum Nachteil der Hypothek des Schuldners geltend machen.

(2) Der Befriedigung des Gläubigers steht es gleich, wenn sich Forderung und Schuld in einer Person vereinigen.

第一千一百六十四条 [抵押权移转债务人][a]

I [1]债务人对债权人为清偿者，在债务人对所有人或其前手得请求补偿之范围内，抵押权移转于债务人。[2]债务人仅得请求一部分之补偿者，在抵押权应移转于债务人之限度内，所有人就其抵押权之实行，不得害及债务人之抵押权。

II 债权债务归属于同一之人时，视同债权人已受清偿。

a 第1164条至第1167条系就负人的责任之债务人，规定其补偿请求权，于所有人对其负有向债权人为清偿之义务时，所受之保护。

§1165 Freiwerden des Schuldners

Verzichtet der Gläubiger auf die Hypothek oder hebt er sie nach §1183 auf oder räumt er einem anderen Recht den Vorrang ein, so wird der persönliche Schuldner insoweit frei, als er ohne diese Verfügung nach §1164 aus der Hypothek hätte Ersatz erlangen können.

第一千一百六十五条 [债务人之免责][a]

债权人抛弃抵押权或依第一千一百八十三条规定，废止抵押权，或让与优先次序于其他权利者，债务人在若无此项处分原可依第一千一百六十四条规定，就抵押权得求为补偿之范围内，免除其责任[b]。

a 参考条文：第1168条、第1175条第1款第2段、第1180条。
b 因在本条所规定之情形，只以负人的责任之债务人为利害关系人，故与本条规定相反之约定应属有效，但不得为登记。

§1166 Benachrichtigung des Schuldners

Ist der persönliche Schuldner berechtigt, von dem Eigentümer Ersatz zu verlangen, falls er den Gläubiger befriedigt, so kann er, wenn der Gläubiger die Zwangsversteigerung des Grundstücks betreibt, ohne ihn unverzüglich zu benachrichtigen, die Befriedigung des Gläubigers wegen eines Ausfalls bei der Zwangsversteigerung insoweit verweigern, als er infolge der Unterlassung der Benachrichtigung einen Schaden erleidet. Die Benachrichtigung darf unterbleiben, wenn sie untunlich ist.

第一千一百六十六条 [对债务人为通知][a]

¹债务人向债权人为给付而得请求所有人补偿者，若债权人强制拍卖土地而不尽速通知债务人时，债务人对经强制拍卖仍不敷清偿之金额，在其未受通知而损害之范围内，得拒绝清偿。²不能通知者，得毋庸为通知。

a 参考条文：第121条、第1149条、第1164条、第1165条。

§1167 Aushändigung der Berichtigungsurkunden

Erwirbt der persönliche Schuldner, falls er den Gläubiger befriedigt, die Hypothek oder hat er im Falle der Befriedigung ein sonstiges rechtliches Interesse an der Berichtigung des Grundbuchs, so stehen ihm die in den §§1144, 1145 bestimmten Rechte zu.

第一千一百六十七条 [更正证书之交付]^a

债务人向债权人为清偿，而取得抵押权，或因其清偿，就土地登记簿之更正，具有其他法律上之利益者，该债务人并有第一千一百四十四条、第一千一百四十五条所定之权利。

a 参考条文：第368条、第371条、第410条、第412条、第1144条、第1155条。

§1168 Verzicht auf die Hypothek

(1) Verzichtet der Gläubiger auf die Hypothek, so erwirbt sie der Eigentümer.
(2) Der Verzicht ist dem Grundbuchamt oder dem Eigentümer gegenüber zu erklären und bedarf der Eintragung in das Grundbuch. Die Vorschriften des §875 Abs. 2 und der §§876, 878 finden entsprechende Anwendung.
(3) Verzichtet der Gläubiger für einen Teil der Forderung auf die Hypothek, so stehen dem Eigentümer die im §1145 bestimmten Rechte zu.

第一千一百六十八条 [抵押权之抛弃]^a

Ⅰ 债权人抛弃抵押权者，所有人取得该抵押权。
Ⅱ ¹抛弃应向土地登记机关或所有人表示之，并应登记于土地登记簿。²第八百七十五条第二款及第八百七十六条、第八百七十八条规定，于此情形准用之。
Ⅲ 债权人就债权之一部分抛弃抵押权者，所有人取得第一千一百四十五条所定之权利。

a 抵押权之抛弃（Verzicht）应与抵押权之废止（Aufhebung）区别。前者系由债权人以意思表示为之，并须登记于土地登记簿，其意思表示及登记，发生抵押权移转于所有人之法律效果。后者发生抵押权消灭之法律效果（第815条、第1183条）。

§1169 Rechtszerstörende Einrede

Steht dem Eigentümer eine Einrede zu, durch welche die Geltendmachung der Hypothek dauernd ausgeschlossen wird, so kann er verlangen, dass der Gläubiger auf die Hypothek verzichtet.

第一千一百六十九条 [权利排除之抗辩权][a]
所有人取得抗辩权足以永久排除抵押权之行使者，得对债权人请求其抛弃抵押权。

a 参考条文：第886条、第1168条、第1177条、第1254条。

§1170 Ausschluss unbekannter Gläubiger

(1) Ist der Gläubiger unbekannt, so kann er im Wege des Aufgebotsverfahrens mit seinem Recht ausgeschlossen werden, wenn seit der letzten sich auf die Hypothek beziehenden Eintragung in das Grundbuch zehn Jahre verstrichen sind und das Recht des Gläubigers nicht innerhalb dieser Frist von dem Eigentümer in einer nach §212 Abs. 1 Nr. 1 zum Neubeginn der Verjährung geeigneten Weise anerkannt worden ist. Besteht für die Forderung eine nach dem Kalender bestimmte Zahlungszeit, so beginnt die Frist nicht vor dem Ablauf des Zahlungstags.

(2) Mit der Rechtskraft des Ausschließungsbeschlusses erwirbt der Eigentümer die Hypothek. Der dem Gläubiger erteilte Hypothekenbrief wird kraftlos.

第一千一百七十条 [不明债权人之排除]
Ⅰ [a1]不能确知孰为债权人时，若在土地登记簿上关于抵押权之最后登记已经过十年，而债权人之权利，于此期间内，并未依第二百一十二条第一款第一项规定关于时效中断之方法，经所有人予以承认者，该款债权得依公示催告程序，加以排除。[2]债权系依历定期清偿期者，前项期间于清偿期为届至前，不得开始起算。
Ⅱ [b1]所有人因除权判决之宣告，取得抵押权。[2]交付于债权人之抵押权证券，失其效力。

a 参考条文：第887条、第894条、第1104条、第1112条、第1162条，《民事诉讼法》第203条、第946条至第959条、第982条至第986条。
b 参考条文：第1175条第2款、第1177条第1款，《土地登记法》第41条第2款、第67条。

§1171 Ausschluss durch Hinterlegung

(1) Der unbekannte Gläubiger kann im Wege des Aufgebotsverfahrens mit seinem Recht auch dann ausgeschlossen werden, wenn der Eigentümer zur Befriedigung des Gläubigers oder zur Kündigung berechtigt ist und den Betrag der Forderung für den Gläubiger unter Verzicht auf das Recht zur Rücknahme hinterlegt. Die Hinterlegung von Zinsen ist nur erforderlich, wenn der Zinssatz im Grundbuch eingetragen ist; Zinsen für eine frühere Zeit als das vierte Kalenderjahr vor der Rechtskraft des Ausschließungsbeschlusses sind nicht zu hinterlegen.

(2) Mit der Rechtskraft des Ausschließungsbeschlusses gilt der Gläubiger als befriedigt, sofern nicht nach den Vorschriften über die Hinterlegung die Befriedigung schon vorher eingetreten ist. Der dem Gläubiger erteilte Hypothekenbrief wird kraftlos.

(3) Das Recht des Gläubigers auf den hinterlegten Betrag erlischt mit dem Ablauf von 30 Jahren nach der Rechtskraft des Ausschließungsbeschlusses, wenn nicht der Gläubiger sich vorher bei der Hinterlegungsstelle meldet; der Hinterleger ist zur Rücknahme berechtigt, auch wenn er auf das Recht zur Rücknahme verzichtet hat.

第一千一百七十一条 [因提存而排除][a]

Ⅰ [1]所有人对债权人有为清偿或为终止预告之权利，且将其债权金额为债权人而提存，并抛弃其取回权者，亦得对不能确知之债权人，依公示催告程序，将其权利予以排除。[2]利率已登记于土地登记簿者，始有提存利息之必要；较除权判决宣告时以前第四历年更早时期之利息，无须提存。

Ⅱ [1]债权人受除权判决之宣告者，视为已受清偿。但依关于提存规定，其清偿已先于宣告而为之者，不在此限。[2]交付予债权人之抵押权证券，失其效力。

Ⅲ 债权人对提存金额之权利，自除权判决宣告后经过三十年而消灭。但债权人预先向提存所申报其权利者，不在此限；提存人虽抛弃其取回权，仍得为取回。

第七章　抵押权、土地债务、定期土地债务　　　　　　　　　§§1171—1173

a 参考条文：第132条第2款、第197条、第198条、第376条第2款、第1141条。

§1172　Eigentümergesamthypothek

(1) Eine Gesamthypothek steht in den Fällen des §1163 den Eigentümern der belasteten Grundstücke gemeinschaftlich zu.

(2) Jeder Eigentümer kann, sofern nicht ein anderes vereinbart ist, verlangen, dass die Hypothek an seinem Grundstück auf den Teilbetrag, der dem Verhältnis des Wertes seines Grundstücks zu dem Werte der sämtlichen Grundstücke entspricht, nach §1132 Abs. 2 beschränkt und in dieser Beschränkung ihm zugeteilt wird. Der Wert wird unter Abzug der Belastungen berechnet, die der Gesamthypothek im Range vorgehen.

第一千一百七十二条　[所有人之总括抵押权]

Ⅰ 在第一千一百六十三条情形，总括抵押权^{a}由抵押地所有人共同取得。

Ⅱ ^{1}除另有约定外，各所有人得请求对其土地上所设定之抵押权，就相当于其土地价值与全部土地价值之比例部分金额，依第一千一百三十二条第二款规定，定其限度，而于此限度内，分割抵押权。^{2}计算土地价值时，应扣除次序优先于总括抵押权之负担。

a 总括抵押权（Gesamthypothek）系指因债权不成立，或请求权消灭，或债务经数所有人共同履行等，致特定抵押权之归于所有人分别共有者而言。各所有人均得自由处分其应有抵押权之部分，但其金额在未依第2款规定算定以前，不能确定而已（参照第747条）。此总括抵押权系属于分别共有，而非共同共有方式归属于所有人（BGH NJW-RR 86, 233; NJW 09, 848），适用第741条以下规定。

§1173　Befriedigung durch einen der Eigentümer

(1) Befriedigt der Eigentümer eines der mit einer Gesamthypothek belasteten Grundstücke den Gläubiger, so erwirbt er die Hypothek an seinem Grundstück; die Hypothek an den übrigen Grundstücken erlischt. Der Befriedigung des Gläubigers durch den Eigentümer steht es gleich, wenn das Gläubigerrecht auf den Eigentümer übertragen wird oder wenn sich Forderung und Schuld in der Person des Eigentümers vereinigen.

(2) Kann der Eigentümer, der den Gläubiger befriedigt, von dem Eigentümer eines der

anderen Grundstücke oder einem Rechtsvorgänger dieses Eigentümers Ersatz verlangen, so geht in Höhe des Ersatzanspruchs auch die Hypothek an dem Grundstück dieses Eigentümers auf ihn über; sie bleibt mit der Hypothek an seinem eigenen Grundstück Gesamthypothek.

第一千一百七十三条　[所有人中之一人为清偿]

Ⅰ [a]1就数宗土地设定总括抵押权，而土地所有人中之一人为清偿者，该土地所有人取得其土地上之抵押权；其他土地上之抵押权即归消灭。2债权人之权利让与于所有人，或债权债务同归于所有人一身者，等同所有人已向债权人为清偿。

Ⅱ [b]所有人向债权人为清偿，而得向其他土地中之一所有人或其前手请求补偿者，在其补偿请求权之范围内，该所有人土地上之抵押权，移转于为清偿之人，该抵押权与清偿人土地上所存在之抵押权，仍为总括抵押权。

a 参考条文：第1132条、第1143条第1款、第1163条第1款。
b 参考条文：第426条、第774条、第1153条、第1164条。

§1174 Befriedigung durch den persönlichen Schuldner

(1) Befriedigt der persönliche Schuldner den Gläubiger, dem eine Gesamthypothek zusteht, oder vereinigen sich bei einer Gesamthypothek Forderung und Schuld in einer Person, so geht, wenn der Schuldner nur von dem Eigentümer eines der Grundstücke oder von einem Rechtsvorgänger des Eigentümers Ersatz verlangen kann, die Hypothek an diesem Grundstück auf ihn über; die Hypothek an den übrigen Grundstücken erlischt.

(2) Ist dem Schuldner nur teilweise Ersatz zu leisten und geht deshalb die Hypothek nur zu einem Teilbetrag auf ihn über, so hat sich der Eigentümer diesen Betrag auf den ihm nach §1172 gebührenden Teil des übrig bleibenden Betrags der Gesamthypothek anrechnen zu lassen.

第一千一百七十四条　[债务人为清偿]

Ⅰ [a]债务人对总括抵押权所担保之债权人为清偿，或总括抵押权所担保之债权与债务归属于同一之人时，债务人如因此仅得对一土地所有人或其前手请求补偿者，该土地上之抵押权即移转予债务人，而其他土地上之抵押权归于消灭[b]。

Ⅱ [c]债务人仅得为一部之请求补偿,而抵押权亦仅就一部金额之范围内移转于债务人者,所有人应将该金额,抵充算入依第一千一百七十二条规定应属于自己之总括抵押权之剩余金额之内[d]。

a 参考条文:第1165条、第1167条。
b 本条规定系补充第1164条关于债务人为清偿时对其移转抵押权之规定。
c 参考条文:第1172条第2款。
d 本款系补充第1172条第2款关于抵押权金额分配之规定。

§1175 Verzicht auf die Gesamthypothek

(1) Verzichtet der Gläubiger auf die Gesamthypothek, so fällt sie den Eigentümern der belasteten Grundstücke gemeinschaftlich zu; die Vorschriften des §1172 Abs. 2 finden Anwendung. Verzichtet der Gläubiger auf die Hypothek an einem der Grundstücke, so erlischt die Hypothek an diesem.

(2) Das Gleiche gilt, wenn der Gläubiger nach §1170 mit seinem Recht ausgeschlossen wird.

第一千一百七十五条 [总括抵押权之抛弃]

Ⅰ [1]债权人抛弃总括抵押权者,抵押地所有人共同取得该抵押权,第一千一百七十二条第二款规定,于此情形适用之。[2]债权人抛弃依抵押地上之抵押权者,该土地上之抵押权消灭。

Ⅱ 债权人之权利,依第一千一百七十条规定,经排除者,亦同。

§1176 Eigentümerteilhypothek; Kollisionsklausel

Liegen die Voraussetzungen der §§1163, 1164, 1168, 1172 bis 1175 nur in Ansehung eines Teilbetrags der Hypothek vor, so kann die auf Grund dieser Vorschriften dem Eigentümer oder einem der Eigentümer oder dem persönlichen Schuldner zufallende Hypothek nicht zum Nachteil der dem Gläubiger verbleibenden Hypothek geltend gemacht werden.

第一千一百七十六条 [所有人之部分抵押权;抵触条款][a]

第一千一百六十三条、第一千一百六十四条、第一千一百六十八条、第一千一百七十二条至第一千一百七十五条所定之要件，仅关于抵押权部分金额有存在者，其基于该规定而归属于所有人、所有人中之一人，或债务人之抵押权，关于其行使，不得使债权人尚属保有之抵押权受不利益。

a 参考条文：第268条第3款第2段、第426条第2款第2段、第774条第1款第2段、第1143条第1款第2段、第1150条、第1182条第2段、第1225条第2段、第1249条第2段，《强制拍卖管理法》第128条第3款第2段。

§1177 Eigentümergrundschuld, Eigentümerhypothek

(1) Vereinigt sich die Hypothek mit dem Eigentum in einer Person, ohne dass dem Eigentümer auch die Forderung zusteht, so verwandelt sich die Hypothek in eine Grundschuld. In Ansehung der Verzinslichkeit, des Zinssatzes, der Zahlungszeit, der Kündigung und des Zahlungsorts bleiben die für die Forderung getroffenen Bestimmungen maßgebend.

(2) Steht dem Eigentümer auch die Forderung zu, so bestimmen sich seine Rechte aus der Hypothek, solange die Vereinigung besteht, nach den für eine Grundschuld des Eigentümers geltenden Vorschriften.

第一千一百七十七条 [所有人之土地债务；所有人之抵押权]

Ⅰ [a1]抵押权与所有权归属于一人，而债权不属于所有人者，抵押权变更为土地债务[b]。[2]关于利息、利率、清偿期、终止预告及清偿地等事项，依有关债权之规定。

Ⅱ [c]债权属于所有人者，在混同存续中，所有人就抵押权上之权利，依有关所有人土地债务之规定。

a 参考条文：第418条第1款、第1168条第1款、第1170条第2款第2段、第1171条第2款、第1173条第1款、《民事诉讼法》第868条、第932条。
b 抵押权与土地债务不同，系从属于债权。因此所有人仅取得物权而未取得债权时，抵押权变更为土地债务。
c 参考条文：第889条、第1143条第1款、第1173条。

§1178 Hypothek für Nebenleistungen und Kosten

(1) Die Hypothek für Rückstände von Zinsen und anderen Nebenleistungen sowie für Kosten, die dem Gläubiger zu erstatten sind, erlischt, wenn sie sich mit dem Eigentum in einer Person vereinigt. Das Erlöschen tritt nicht ein, solange einem Dritten ein Recht an dem Anspruch auf eine solche Leistung zusteht.

(2) Zum Verzicht auf die Hypothek für die im Absatz 1 bezeichneten Leistungen genügt die Erklärung des Gläubigers gegenüber dem Eigentümer. Solange einem Dritten ein Recht an dem Anspruch auf eine solche Leistung zusteht, ist die Zustimmung des Dritten erforderlich. Die Zustimmung ist demjenigen gegenüber zu erklären, zu dessen Gunsten sie erfolgt; sie ist unwiderruflich.

第一千一百七十八条 [对附随给付与费用之抵押权][a]

Ⅰ [1]关于利息及其他附随给付之迟延额，及应偿还于债权人之费用之抵押权，与所有权归属于一人者，其抵押权消灭。[2]但该给付之请求权为第三人权利之标的物者，不在此限。

Ⅱ [1]债权人抛弃关于第一款所定给付之抵押权者，其抛弃仅须向所有人以表示为之。[2]该给付请求权为第三人权利之标的物者，应得该第三人同意。[3]同意之表示，应向因其同意而受利益之人为之；该同意不得撤回。

a 参考条文：第889条、第1177条、第1168条第2款、第1143条、第876条第3段、第183条第1段。

§1179 Löschungsvormerkung

Verpflichtet sich der Eigentümer einem anderen gegenüber, die Hypothek löschen zu lassen, wenn sie sich mit dem Eigentum in einer Person vereinigt, so kann zur Sicherung des Anspruchs auf Löschung eine Vormerkung in das Grundbuch eingetragen werden, wenn demjenigen, zu dessen Gunsten die Eintragung vorgenommen werden soll,

1. ein anderes gleichrangiges oder nachrangiges Recht als eine Hypothek, Grundschuld oder Rentenschuld am Grundstück zusteht oder
2. ein Anspruch auf Einräumung eines solchen anderen Rechts oder auf Übertragung des Eigentums am Grundstück zusteht; der Anspruch kann auch ein künftiger oder bedingter sein.

第一千一百七十九条 [涂销之预告登记]ᵃ

抵押权与所有权归属于一人,而所有人对第三人负有涂销抵押权之义务时,为保全涂销请求权,且因登记而受利益之人有下列之情事之一者,得在土地登记簿上为预告登记:

1. 于土地上有其他同次序或后次序之抵押权、土地债务或定期土地债务者,或
2. 有登记该其他权利或移转土地所有权之请求权者;将来或附条件之请求权者,亦同。

a 参考条文:第802条、第883条第2款、第885条、第888条第1款、第1192条。

§1179a Löschungsanspruch bei fremden Rechten

(1) Der Gläubiger einer Hypothek kann von dem Eigentümer verlangen, dass dieser eine vorrangige oder gleichrangige Hypothek löschen lässt, wenn sie im Zeitpunkt der Eintragung der Hypothek des Gläubigers mit dem Eigentum in einer Person vereinigt ist oder eine solche Vereinigung später eintritt. Ist das Eigentum nach der Eintragung der nach Satz 1 begünstigten Hypothek durch Sondernachfolge auf einen anderen übergegangen, so ist jeder Eigentümer wegen der zur Zeit seines Eigentums bestehenden Vereinigungen zur Löschung verpflichtet. Der Löschungsanspruch ist in gleicher Weise gesichert, als wenn zu seiner Sicherung gleichzeitig mit der begünstigten Hypothek eine Vormerkung in das Grundbuch eingetragen worden wäre.

(2) Die Löschung einer Hypothek, die nach §1163 Abs. 1 Satz 1 mit dem Eigentum in einer Person vereinigt ist, kann nach Absatz 1 erst verlangt werden, wenn sich ergibt, dass die zu sichernde Forderung nicht mehr entstehen wird; der Löschungsanspruch besteht von diesem Zeitpunkt ab jedoch auch wegen der vorher bestehenden Vereinigungen. Durch die Vereinigung einer Hypothek mit dem Eigentum nach §1163 Abs. 2 wird ein Anspruch nach Absatz 1 nicht begründet.

(3) Liegen bei der begünstigten Hypothek die Voraussetzungen des §1163 vor, ohne dass das Recht für den Eigentümer oder seinen Rechtsnachfolger im Grundbuch eingetragen ist, so besteht der Löschungsanspruch für den eingetragenen Gläubiger oder seinen Rechtsnachfolger.

(4) Tritt eine Hypothek im Range zurück, so sind auf die Löschung der ihr infolge der Rangänderung vorgehenden oder gleichstehenden Hypothek die Absätze 1 bis 3 mit der Maßgabe entsprechend anzuwenden, dass an die Stelle des Zeitpunkts der

Eintragung des zurückgetretenen Rechts der Zeitpunkt der Eintragung der Rangänderung tritt.

(5) Als Inhalt einer Hypothek, deren Gläubiger nach den vorstehenden Vorschriften ein Anspruch auf Löschung zusteht, kann der Ausschluss dieses Anspruchs vereinbart werden; der Ausschluss kann auf einen bestimmten Fall der Vereinigung beschränkt werden. Der Ausschluss ist unter Bezeichnung der Hypotheken, die dem Löschungsanspruch ganz oder teilweise nicht unterliegen, im Grundbuch anzugeben; ist der Ausschluss nicht für alle Fälle der Vereinigung vereinbart, so kann zur näheren Bezeichnung der erfassten Fälle auf die Eintragungsbewilligung Bezug genommen werden. Wird der Ausschluss aufgehoben, so entstehen dadurch nicht Löschungsansprüche für Vereinigungen, die nur vor dieser Aufhebung bestanden haben.

第一千一百七十九条之一 [对他人权利之涂销请求权]

Ⅰ [1]债权人之抵押权登记时，前顺位或同顺位之抵押权与所有权混同于一人，或嗣后发生该混同者，抵押权人得请求所有人涂销该前顺位或同顺位之抵押权。[2]所有权于依第一段规定受利益之抵押权登记后，因特别继受而让与他人者，各所有权人因其所有权存续期间发生之混同，负涂销之义务。[3]如为保全涂销请求权，而与受利益之抵押权一并，以预告登记同时登记于土地登记簿相同之方式，保全涂销请求权。

Ⅱ [1]依第一千一百六十三条第一款第一段规定之抵押权与所有权混同于一人时，仅于该担保之债权不再发生者，使得依第一款规定请求涂销抵押权；但该涂销请求权自此时点起，亦因原先存在之混同而存在。[2]因第一千一百六十三条第二款规定之抵押权与所有权发生混同，第一款规定之请求权不成立。

Ⅲ 受利益之抵押权符合第一千一百六十三条规定之要件，而所有人或其权利继受人之权利未登记于土地登记簿者，已登记之债权人或其权利继受人有涂销请求权。

Ⅵ 抵押权之顺位后移者，因顺位变更而成为该抵押权之前顺位或同顺位之抵押权涂销，以顺位变更之登记时点取代顺位后移之权利之登记时点为准，准用第一款至第三款规定。

Ⅴ [1]抵押权人依前规定享有涂销请求权者，作为抵押权之内容，得约定排除该请求权；该排除得限制于混同之特定情事。[2]该排除应叙明于土地登记簿，并载明全部或一部分不受涂销请求权限制之抵押权；未就所有之混同情事约定排除者，为详细说明所登记之情事，得引用登记许可书。³该排除经废止者，不因此而发生仅于废止前存在之混同之涂销请求权。

§1179b　Löschungsanspruch bei eigenem Recht

(1) Wer als Gläubiger einer Hypothek im Grundbuch eingetragen oder nach Maßgabe des §1155 als Gläubiger ausgewiesen ist, kann von dem Eigentümer die Löschung dieser Hypothek verlangen, wenn sie im Zeitpunkt ihrer Eintragung mit dem Eigentum in einer Person vereinigt ist oder eine solche Vereinigung später eintritt.

(2) § 1179a Abs. 1 Satz 2, 3, Abs. 2, 5 ist entsprechend anzuwenden.

第一千一百七十九条之二　[对自己权利之涂销请求权]

Ⅰ 抵押权于其登记时与所有权混同于一人，或该混同嗣后发生者，于土地登记簿登记为抵押权之债权人，或依第一千一百五十五条规定证明为债权人时，得向所有权人请求涂销该抵押权。

Ⅱ 第一千一百七十九条之一第一款第二段、第三段及第二款、第五款规定准用之。

§1180　Auswechslung der Forderung

(1) An die Stelle der Forderung, für welche die Hypothek besteht, kann eine andere Forderung gesetzt werden. Zu der Änderung ist die Einigung des Gläubigers und des Eigentümers sowie die Eintragung in das Grundbuch erforderlich; die Vorschriften des §873 Abs. 2 und der §§876, 878 finden entsprechende Anwendung.

(2) Steht die Forderung, die an die Stelle der bisherigen Forderung treten soll, nicht dem bisherigen Hypothekengläubiger zu, so ist dessen Zustimmung erforderlich; die Zustimmung ist dem Grundbuchamt oder demjenigen gegenüber zu erklären, zu dessen Gunsten sie erfolgt. Die Vorschriften des §875 Abs. 2 und des §876 finden entsprechende Anwendung.

第一千一百八十条　[债权更替]

Ⅰ ª¹抵押权所担保之债权得以另一债权代之。²该变更，应经债权人与所有人之合意，并应登记于土地登记簿；第八百七十三条第二款、第八百七十六条及第八百七十八条规定准用之。

Ⅱ ᵇ¹代替旧债权之债权，不属于旧抵押债权人者，应得其同意，同意之表示，应向土地登记机关或向因同意而受利益之人为之。²第八百七十五条第二款及第八百七十六条之规定准用之。

a 参考条文：第873条、第876条、第878条、第1190条、第65条第2款。
b 参考条文：第875条、第876条、第1119条、第1165条、《土地登记法》第19条。

§1181　Erlöschen durch Befriedigung aus dem Grundstück

(1) Wird der Gläubiger aus dem Grundstück befriedigt, so erlischt die Hypothek.
(2) Erfolgt die Befriedigung des Gläubigers aus einem der mit einer Gesamthypothek belasteten Grundstücke, so werden auch die übrigen Grundstücke frei.
(3) Der Befriedigung aus dem Grundstück steht die Befriedigung aus den Gegenständen gleich, auf die sich die Hypothek erstreckt.

第一千一百八十一条　[因土地受偿而消灭]ᵃ
Ⅰ 债权人就土地获得清偿者，其抵押权消灭。
Ⅱ 债权人就负担总括抵押权之一土地获得清偿，其他土地亦因而免责。
Ⅲ 由抵押权所能及之标的物获得清偿者，与由土地获得清偿者同。

a 参考条文：第1113条第1款、第1182条、第1143条、第1128条、第1282条、第1147条、第1198条、《强制拍卖管理法》第117条、第157条、第158条、第91条、第118条、第114条、第52条、第91条。

§1182　Übergang bei Befriedigung aus der Gesamthypothek

Soweit im Falle einer Gesamthypothek der Eigentümer des Grundstücks, aus dem der Gläubiger befriedigt wird, von dem Eigentümer eines der anderen Grundstücke oder einem Rechtsvorgänger dieses Eigentümers Ersatz verlangen kann, geht die Hypothek an dem Grundstück dieses Eigentümers auf ihn über. Die Hypothek kann jedoch, wenn der Gläubiger nur teilweise befriedigt wird, nicht zum Nachteil der dem Gläubiger verbleibenden Hypothek und, wenn das Grundstück mit einem im Range gleich- oder nachstehenden Recht belastet ist, nicht zum Nachteil dieses Rechts geltend gemacht werden.

第一千一百八十二条 [因总括抵押权受偿时之移转]ᵃ

¹在总括抵押权,债权人已就土地获得清偿,而该土地所有人对于他一土地所有人或其前手,得请求补偿者,他一土地所有人土地上之抵押权,移转于该土地所有人。²债权人仅受一部分清偿者,抵押权之行使不得害及债权人尚属保有之抵押权,土地上尚负担与抵押权同次序或后次序之其他权力者,抵押权之行使,亦不得害及该权利。

a 参考条文:第1132条、第1173条第2款、第1181条第2款。

§1183 Aufhebung der Hypothek

Zur Aufhebung der Hypothek durch Rechtsgeschäft ist die Zustimmung des Eigentümers erforderlich. Die Zustimmung ist dem Grundbuchamt oder dem Gläubiger gegenüber zu erklären; sie ist unwiderruflich.

第一千一百八十三条 [抵押权之废止]

¹以法律行为废止抵押权者,应经所有人之同意ᵃ。²同意之表示,应向土地登记机关或债权人为之,该同意不得撤回。

a 本条系对于第875条及第876条之补充规定。

§1184 Sicherungshypothek

(1) Eine Hypothek kann in der Weise bestellt werden, dass das Recht des Gläubigers aus der Hypothek sich nur nach der Forderung bestimmt und der Gläubiger sich zum Beweis der Forderung nicht auf die Eintragung berufen kann (Sicherungshypothek).

(2) Die Hypothek muss im Grundbuch als Sicherungshypothek bezeichnet werden.

第一千一百八十四条 [保全抵押权]ᵃ

Ⅰ 抵押权之设定,得明定债权人基于抵押权所具之权利,仅得依其债权定之,且债权人不得援用登记,以证明其债权(保全抵押权)ᵇ。
Ⅱ 该抵押权,应在土地登记簿上标明为保全抵押权。

a 参考条文:第891条以下、第1138条、第1187条至第1190条,《民事诉讼法》第

868条。

b 保全抵押权，系须经登记但关于债权不具备公信力及推定力之抵押权。如登记债权人以外尚有真正债权人者，则以真正债权人为抵押权人。但关于抵押权之成立，登记则具有公信力。债权成立后，即使因土地所有人无行为能力，而致抵押权之设定无效，信赖登记之受让人仍取得该抵押权。保全抵押权不适于流通，专为担保债权，故不得交付抵押权证券（第1185条第1款）。

§1185　Buchhypothek; unanwendbare Vorschriften

(1) Bei der Sicherungshypothek ist die Erteilung des Hypothekenbriefs ausgeschlossen.
(2) Die Vorschriften der §§1138, 1139, 1141, 1156 finden keine Anwendung.

第一千一百八十五条　[登记抵押权；不适用之规定]

Ⅰ 关于保全抵押权，不得交付抵押权证券。
Ⅱ 第一千一百三十八条、第一千一百三十九条、第一千一百四十一条及第一千一百五十六条规定，于保全抵押权不适用之。

§1186　Zulässige Umwandlungen

Eine Sicherungshypothek kann in eine gewöhnliche Hypothek, eine gewöhnliche Hypothek kann in eine Sicherungshypothek umgewandelt werden. Die Zustimmung der im Range gleich- oder nachstehenden Berechtigten ist nicht erforderlich.

第一千一百八十六条　[准许之变更]

^{1}保全抵押权得改为普通抵押权，普通抵押权亦得改为保全抵押权。^{2}该变更无须经同次序相同或后次序之权利人之同意^a。

a 抵押权之变更为权利内容之变更，因此须经有关系权利人之同意并为登记（第877条）。但同次序或后次序之权利人未变更因此而受侵害，故本条规定不以其同意为必要。

§1187　Sicherungshypothek für Inhaber- und Orderpapiere

Für die Forderung aus einer Schuldverschreibung auf den Inhaber, aus einem Wechsel oder aus einem anderen Papier, das durch Indossament übertragen werden kann, kann nur eine Sicherungshypothek bestellt werden. Die Hypothek gilt als Sicherungshypothek, auch wenn sie im Grundbuch nicht als solche bezeichnet ist. Die Vorschrift des §1154 Abs. 3 findet keine Anwendung. Ein Anspruch auf Löschung der Hypothek nach den §§1179a, 1179b besteht nicht.

第一千一百八十七条 [为无记名证券及提示证券而设定保全抵押权]^a

¹为担保无记名证券、票据及其他得以背书为移转证券之债权,仅得设定保全抵押权。²于此情形,土地登记簿上纵未标明,其抵押权亦应认为保全抵押权。³第一千一百五十四条第三款规定,不适用之^b。⁴依第一千一百七十九条之一及第一千一百七十九条之二规定涂销抵押权请求权于此不发生。

a 参考条文:第1195条、第1199条、第793条以下、第1113条、第1154条第3款、第1184条、第1163条、第1177条、第800条、第1153条、第1105条、第1193条、第1069条、第1081条、第1025条、第1293条、第1292条,《民法施行法》第112条,《汇票本票法》第11条以下、第77条,《商法》第363条、第863条以下、第1189条,《民事诉讼法》第808条、第821条、第831条。

b 本条为防止所谓"物的请求权"(dingliche Ansprüche)与"人的请求权"(persönliche Ansprüche)之分开,规定基于抵押权所具有之债权人权利依所占有之有价证券之权利内容决定。所设定之保全抵押权经常从属于债权(第1184条),并得设定最高限额抵押权。

§1188 Sondervorschrift für Schuldverschreibungen auf den Inhaber

(1) Zur Bestellung einer Hypothek für die Forderung aus einer Schuldverschreibung auf den Inhaber genügt die Erklärung des Eigentümers gegenüber dem Grundbuchamt, dass er die Hypothek bestelle, und die Eintragung in das Grundbuch; die Vorschrift des §878 findet Anwendung.

(2) Die Ausschließung des Gläubigers mit seinem Recht nach §1170 ist nur zulässig, wenn die im §801 bezeichnete Vorlegungsfrist verstrichen ist. Ist innerhalb der Frist die Schuldverschreibung vorgelegt oder der Anspruch aus der Urkunde gerichtlich geltend gemacht worden, so kann die Ausschließung erst erfolgen, wenn die Verjährung eingetreten ist.

第七章　抵押权、土地债务、定期土地债务

第一千一百八十八条　[无记名债券之特别规定]^a

Ⅰ 无记名债券之债权而设定抵押权者，得仅由所有人向土地登记机关表示其设定之意思，且登记于土地登记簿，其抵押权即属设定，第八百七十八条规定于此情形适用之。

Ⅱ ¹第一千一百七十条所定之除斥债权人权利，仅于第八百零一条所定之提示期间届满后，始得为之。²在此期间内提示其无记名债券或就证券上之请求权提起诉讼者，仅得于时效完成后，始得排除之。

a 参考条文：第873条、第1187条、第801条、《民事诉讼法》第986条第2款。

§1189　Bestellung eines Grundbuchvertreters

(1) Bei einer Hypothek der im §1187 bezeichneten Art kann für den jeweiligen Gläubiger ein Vertreter mit der Befugnis bestellt werden, mit Wirkung für und gegen jeden späteren Gläubiger bestimmte Verfügungen über die Hypothek zu treffen und den Gläubiger bei der Geltendmachung der Hypothek zu vertreten. Zur Bestellung des Vertreters ist die Eintragung in das Grundbuch erforderlich.

(2) Ist der Eigentümer berechtigt, von dem Gläubiger eine Verfügung zu verlangen, zu welcher der Vertreter befugt ist, so kann er die Vornahme der Verfügung von dem Vertreter verlangen.

第一千一百八十九条　[土地登记代理人之选任]^a

Ⅰ ¹在依第一千一百八十七条规定而设定之抵押权，得为现有之债权人选任代理人，赋予权限，使得就抵押权为一定之有利或不利于嗣后之债权人之有效处分。²代理人之选任，应登记于土地登记簿。

Ⅱ 所有人得请求债权人为属于代理人权限之处分者，所有人即得请求代理人为之。

a 参考条文：《民事诉讼法》第662条、第675条、第873条、第1187条。

§1190　Höchstbetragshypothek

(1) Eine Hypothek kann in der Weise bestellt werden, dass nur der Höchstbetrag, bis zu dem das Grundstück haften soll, bestimmt, im Übrigen die Feststellung der Forderung vorbehalten wird. Der Höchstbetrag muss in das Grundbuch eingetragen

werden.
(2) Ist die Forderung verzinslich, so werden die Zinsen in den Höchstbetrag eingerechnet.
(3) Die Hypothek gilt als Sicherungshypothek, auch wenn sie im Grundbuch nicht als solche bezeichnet ist.
(4) Die Forderung kann nach den für die Übertragung von Forderungen geltenden allgemeinen Vorschriften übertragen werden. Wird sie nach diesen Vorschriften übertragen, so ist der Übergang der Hypothek ausgeschlossen.

第一千一百九十条　[最高限额抵押权]^a

Ⅰ ^{1}抵押权之设定，得定明就土地只决定其所负担之最高金额，此外关于债权额之确定，加以保留。^{2}最高金额应登记于土地登记簿。

Ⅱ 债权定有利息者，其利息算入最高金额以内。

Ⅲ 本条所定之抵押权，在土地登记簿上纵未有所标明，仍应认为保全抵押权。

Ⅵ ^{1}本条所定之债权，得依关于债权让与之普通规定而为让与。^{2}债权依普通规定而为让与者，抵押权并不随同移转。

a 参考条文：第398条以下、第781条、第782条、第1119条、第1180条、第1186条、第1198条，《货币换算法》第2条。

Titel 2　Grundschuld, Rentenschuld
第二节　土地债务、定期土地债务

Untertitel 1　Grundschuld
第一款　土地债务

土地债务与抵押权同有土地上之权利负担之性质，但土地债务不以债权之存在为前提，即得由债权独立而存在，因此得为赠与或代物清偿而设定。土地债务固亦得为担保债权而设定，但债权之消灭或不成立，对于所设定土地债务，不发生物权的影响。土地所有人至多得对于权利人基于不当得利请求返还土地负担而已。关于土地债务准用抵押权之规定（第1192条），应包括指示证券土地债务及登记土地债务。《德国民法典》并承认无记名土地债务（Inhabergrundschuld），准许就土地债务发行无记名土地债务证券（Grundschuldbrief auf den Inhaber）（第1195条第1款），惟实际上甚少应用而已。

§1191 Gesetzlicher Inhalt der Grundschuld

(1) Ein Grundstück kann in der Weise belastet werden, dass an denjenigen, zu dessen Gunsten die Belastung erfolgt, eine bestimmte Geldsumme aus dem Grundstück zu zahlen ist (Grundschuld).

(2) Die Belastung kann auch in der Weise erfolgen, dass Zinsen von der Geldsumme sowie andere Nebenleistungen aus dem Grundstück zu entrichten sind.

第一千一百九十一条 [土地债务之法定内容][a]

Ⅰ 称土地债务者,谓就土地设定负担,始因该负担而受利益之人,得对于土地受一定金额之支付(土地债务)。

Ⅱ 前项负担,亦得以从土地支付金额利息及其他附随给付为内容。

a 参考条文: 第1113条、第1157条、第1177条、第1196条、第1197条、第1157条。

§1192 Anwendbare Vorschriften

(1) Auf die Grundschuld finden die Vorschriften über die Hypothek entsprechende Anwendung, soweit sich nicht daraus ein anderes ergibt, dass die Grundschuld nicht eine Forderung voraussetzt.

1a Ist die Grundschuld zur Sicherung eines Anspruchs verschafft worden (Sicherungsgrundschuld), können Einreden, die dem Eigentümer auf Grund des Sicherungsvertrags mit dem bisherigen Gläubiger gegen die Grundschuld zustehen oder sich aus dem Sicherungsvertrag ergeben, auch jedem Erwerber der Grundschuld entgegengesetzt werden; §1157 Satz 2 findet insoweit keine Anwendung. Im Übrigen bleibt §1157 unberührt.

(2) Für Zinsen der Grundschuld gelten die Vorschriften über die Zinsen einer Hypothekenforderung.

第一千一百九十二条 [得适用之规定]

Ⅰ [a]关于抵押权之规定,准用于土地债务。但土地债务,不以债权之存在为前提,其因此而生相异之结果者,不在此限。

Ⅰ-1[1]土地债务为请求权之担保而创设(保全土地债务)者,基于与现债权人之担保契约归属所有人,对土地债务或由该担保契约所生亦得对土地债务之任何取得人所得为之抗辩;于此情形,第一千一百五十七条第二段规定不适用之。²其他情形，第一千一百五十七条不因此受影响。

II 关于土地债务之利息，适用关于附有抵押权之债权利息之规定。

§1193 Kündigung

(1) Das Kapital der Grundschuld wird erst nach vorgängiger Kündigung fällig. Die Kündigung steht sowohl dem Eigentümer als dem Gläubiger zu. Die Kündigungsfrist beträgt sechs Monate. Abweichende Bestimmungen sind zulässig. Dient die Grundschuld der

(2) Sicherung einer Geldforderung, so ist eine von Absatz 1 abweichende Bestimmung nicht zulässig.

第一千一百九十三条　[得适用之规定]ᵃ

I ¹土地债务之原本仅因终止之预告始届清偿期。²所有人及债权人均得为预告。³预告期间为六个月。

II 另有制定者，从其所定ᵇ。土地债务为金钱债权之担保，有与第一款不同制定者，不准许之。

a 参考条文：第608条、第1193条至第1194条。
b 此约定必须登记于土地登记簿始得对抗权利继承人。参照第873条、第874条、第1157条。

§1194 Zahlungsort

Die Zahlung des Kapitals sowie der Zinsen und anderen Nebenleistungen hat, soweit nicht ein anderes bestimmt ist, an dem Orte zu erfolgen, an dem das Grundbuchamt seinen Sitz hat.

第一千一百九十四条　[清偿地]

原本、利息及其他附随给付，除另有制定外，应在土地登记机关之所在地支付之。

§1195 Inhabergrundschuld

Eine Grundschuld kann in der Weise bestellt werden, dass der Grundschuldbrief auf den Inhaber ausgestellt wird. Auf einen solchen Brief finden die Vorschriften über Schuldverschreibungen auf den Inhaber entsprechende Anwendung.

第一千一百九十五条 [无记名土地债务]

¹土地债务之设定，得以发行无记名土地债务证券之方式为之。²关于该证券，准用关于无记名债券之规定。

§1196 Eigentümergrundschuld

(1) Eine Grundschuld kann auch für den Eigentümer bestellt werden.
(2) Zu der Bestellung ist die Erklärung des Eigentümers gegenüber dem Grundbuchamt, dass die Grundschuld für ihn in das Grundbuch eingetragen werden soll, und die Eintragung erforderlich; die Vorschrift des §878 findet Anwendung.
(3) Ein Anspruch auf Löschung der Grundschuld nach §1179a oder §1179b besteht nur wegen solcher Vereinigungen der Grundschuld mit dem Eigentum in einer Person, die eintreten, nachdem die Grundschuld einem anderen als dem Eigentümer zugestanden hat.

第一千一百九十六条 [所有人之土地债务]

Ⅰ 土地债务亦得为所有人而设定。
Ⅱ 前项土地债务之设定，应由所有人向土地登记机关表示将土地债务为自己而登记于土地登记簿之意思，并应该登记之；第八百七十八条规定，适用之。
Ⅲ 第一千一百七十九条之一或第一千一百七十九条之二规定之涂销土地债务请求权，仅发生于该土地债务对该作为所有人之他人成立后，土地债务及所有权混同于一人之情形。

§1197 Abweichungen von der Fremdgrundschuld

(1) Ist der Eigentümer der Gläubiger, so kann er nicht die Zwangsvollstreckung zum Zwecke seiner Befriedigung betreiben.

(2) Zinsen gebühren dem Eigentümer nur, wenn das Grundstück auf Antrag eines anderen zum Zwecke der Zwangsverwaltung in Beschlag genommen ist, und nur für die Dauer der Zwangsverwaltung.

第一千一百九十七条 [不同于他人之土地债务]
Ⅰ 所有人系债权人者，不得为受清偿而实施强制执行。
Ⅱ 土地因第三人之申请，为实施强制管理而被扣押，且在强制管理之期间内，所有人始得收取利息。

§1198 Zulässige Umwandlungen

Eine Hypothek kann in eine Grundschuld, eine Grundschuld kann in eine Hypothek umgewandelt werden. Die Zustimmung der im Range gleich- oder nachstehenden Berechtigten ist nicht erforderlich.

第一千一百九十八条 [准许之变更]
^{1}抵押权得改为土地债务，土地债务亦得改为抵押权。^{2}该变更无须经同次序或后次序之权利人之同意。

Untertitel 2　Rentenschuld
第二款　定期土地债务

定期土地债务系以给付定期金为目的之土地债务，其设定必须规定销除金额（Ablösungssumme）并经登记（第1199条第2款）。所谓销除金额相当于土地债务之原本，土地债务因所有人给付此金额，而归属于土地所有人（第1200条第2款）。因此，关于销除金额准用关于土地债务之原本之规定。关于每期定期金，准用抵押债权之利息之规定（第1200条）。

§1199 Gesetzlicher Inhalt der Rentenschuld

(1) Eine Grundschuld kann in der Weise bestellt werden, dass in regelmäßig wiederkehrenden Terminen eine bestimmte Geldsumme aus dem Grundstück zu zahlen ist (Rentenschuld).

(2) Bei der Bestellung der Rentenschuld muss der Betrag bestimmt werden, durch dessen Zahlung die Rentenschuld abgelöst werden kann. Die Ablösungssumme

muss im Grundbuch angegeben werden.

第一千一百九十九条 [定期土地债务之法定内容]

I 称定期土地者，谓以由土地定期支付一定金额为内容而设定之土地债务（定期土地债务）。

II ^{1}在设定定期土地债务时，应为一定金额之制定，因该金额之支付，定期土地债务即归解除。^{2}销除之金额应记载于土地登记簿。

§1200 Anwendbare Vorschriften

(1) Auf die einzelnen Leistungen finden die für Hypothekenzinsen, auf die Ablösungssumme finden die für ein Grundschuldkapital geltenden Vorschriften entsprechende Anwendung.

(2) Die Zahlung der Ablösungssumme an den Gläubiger hat die gleiche Wirkung wie die Zahlung des Kapitals einer Grundschuld.

第一千二百条 [得适用之规定]

I 关于各期给付，准用抵押权利息之规定，关于销除金额，准用土地债务原本之规定。

II 向债权人为销除金额之清偿者，与土地债务原本之支付，具有同一之效力。

§1201 Ablösungsrecht

(1) Das Recht zur Ablösung steht dem Eigentümer zu.

(2) Dem Gläubiger kann das Recht, die Ablösung zu verlangen, nicht eingeräumt werden. Im Falle des §1133 Satz 2 ist der Gläubiger berechtigt, die Zahlung der Ablösungssumme aus dem Grundstück zu verlangen.

第一千二百零一条 [销除权]

I 销除权属于所有人。

II ^{1}请求销除的权利，不得让与于债权人。^{2}在第一千一百三十三条第二段之情形，债权人得请求就土地支付其销除金额。

§1202 Kündigung

(1) Der Eigentümer kann das Ablösungsrecht erst nach vorgängiger Kündigung ausüben. Die Kündigungsfrist beträgt sechs Monate, wenn nicht ein anderes bestimmt ist.

(2) Eine Beschränkung des Kündigungsrechts ist nur soweit zulässig, dass der Eigentümer nach 30 Jahren unter Einhaltung der sechsmonatigen Frist kündigen kann.

(3) Hat der Eigentümer gekündigt, so kann der Gläubiger nach dem Ablauf der Kündigungsfrist die Zahlung der Ablösungssumme aus dem Grundstück verlangen.

第一千二百零二条 [终止预告][a]

Ⅰ ¹所有人应为终止之预告，始得行使其销除权。²除另有制定外，预告期间为六个月。

Ⅱ 预告权之限制，仅在所有人于三十年后，仍得遵照六个月之预告期间而为预告之情形，始得为之。

Ⅲ 所有人已为预告者，债权人得于预告期间届满后，请求就土地受销除金额之支付。

a 参考条文：第892条第1款，《民法施行法》第117条第2款。

§1203 Zulässige Umwandlungen

Eine Rentenschuld kann in eine gewöhnliche Grundschuld, eine gewöhnliche Grundschuld kann in eine Rentenschuld umgewandelt werden. Die Zustimmung der im Range gleich- oder nachstehenden Berechtigten ist nicht erforderlich.

第一千二百零三条 [准许之变更][a]

¹定期土地债务得改为普通土地债务，普通土地债务亦得改为定期土地债务。²该变更无须得同次序或后次序权利人之同意。

a 参考条文：第1186条、第1198条。

Abschnitt 8　Pfandrecht an beweglichen Sachen und an Rechten

第八章　动产质权与权利质权

本章所规定之质权，按其标的之不同，分为动产质权（第1204条至第1259条）及权利质权（第1273条至第1296条）。动产为共有物时，关于对其应有部分之质权人之权限及该质权对动产共有关系之废止限制等事项，第1258条设有规定。对于以质权为标的设定质权即设定所谓"星式质权"（Asterpfand），除第1250条第1款外，并准用第401条规定。关于船舶质权，适用《船舶权利法》，其第8条及第76条并规定对船舶及建造中之船舶之质权，并规定其须经船舶登记（Schiffsregister）。此外，《民事诉讼法》规定"扣押质权"即因扣押而成立之质权（《民事诉讼法》第804条），其性质除另有规定外，与一般质权相同。

Titel 1　Pfandrecht an beweglichen Sachen
第一节　动产质权

本节规定基于法律行为之质权之设定，质权之权利次序，因质权之设定而发生之债权关系，质权人之权利保护，质权之种类及质权之消灭等事项。关于设定质权，以物权合意（Einigung）及质物之交付为要件（第1205条），并规定代替交付而完成设定要件之方式（第1205条至第1206条）。关于质权之权利次序，以其设定时期之前后为准，即使系以将来债权或附条件债权为标的而设定者，亦然（第1209条）；关于此点，应注意为善意取得人之利益所设定之例外（第1208条），但《德国民法典》未承认所谓"优先质权"（privilegierte Pfandrechte）。关于质权人之权利保护，规定质权人得享有第859条以下所规定之占有人之权利保护，第227条以下所规定之自卫权及基于所有权之请求权（第985条、第1006条、第1007条、第1227条）。关于质权之种类，其所规定者，包括单纯质权（schlichtes Pfandrecht）（第1212条）、用益质权（Nutzungspfandrecht）（第1213条）、占有及不占有质权（Faustpfandrecht od. Besitzpfand und besitzloses Pfand）（第558条、第559条、第704条）、个别或总括质权（Einzel und Gesamtpfandrecht）（第1222条）。依第1256条，所有人质权，以其所担保之债权设有第三人权利负担者为限，始承认之。但所谓"证书质权"（Briefpfandrecht），德国民法典并未规定。关于所谓"船舶证书质权"（Bodmerei），德国商法设有特别规定（德国《商法》第363条、第682条）。

§1204 Gesetzlicher Inhalt des Pfandrechts an beweglichen Sachen

(1) Eine bewegliche Sache kann zur Sicherung einer Forderung in der Weise belastet werden, dass der Gläubiger berechtigt ist, Befriedigung aus der Sache zu suchen (Pfandrecht).

(2) Das Pfandrecht kann auch für eine künftige oder eine bedingte Forderung bestellt werden.

第一千二百零四条 [动产质权之法定内容]
Ⅰ 称质权者，谓以动产供债权之担保而设定负担，使债权人得就该动产而受清偿（质权）。
Ⅱ 质权亦得为将来之债权或附条件之债权而设定。

§1205 Bestellung

(1) Zur Bestellung des Pfandrechts ist erforderlich, dass der Eigentümer die Sache dem Gläubiger übergibt und beide darüber einig sind, dass dem Gläubiger das Pfandrecht zustehen soll. Ist der Gläubiger im Besitz der Sache, so genügt die Einigung über die Entstehung des Pfandrechts.

(2) Die Übergabe einer im mittelbaren Besitz des Eigentümers befindlichen Sache kann dadurch ersetzt werden, dass der Eigentümer den mittelbaren Besitz auf den Pfandgläubiger überträgt und die Verpfändung dem Besitzer anzeigt.

第一千二百零五条 [设定]
Ⅰ [1]质权之设定，应由所有人将动产交付于债权人，并经双方同意，以质权归属于债权人。[2]债权人已占有动产者，仅经双方之合意，质权即得成立。
Ⅱ 所有人间接占有动产者，得让与其间接占有于质权人，并将质权之设定通知占有人，以代交付。

§1206 Übergabeersatz durch Einräumung des Mitbesitzes

Anstelle der Übergabe der Sache genügt die Einräumung des Mitbesitzes, wenn sich die Sache unter dem Mitverschluss des Gläubigers befindet oder, falls sie im Besitz eines

Dritten ist, die Herausgabe nur an den Eigentümer und den Gläubiger gemeinschaftlich erfolgen kann.

第一千二百零六条　[因共同占有之让与以代交付][a]
　　动产在所有人与债权人共同保管之中，或由第三人占有，而其返还仅得向所有人及债权人共同为之者，得让与共同占有以代交付。

a 参考条文：第1205条、第866条、第1213条、第1231条。

§1207　Verpfändung durch Nichtberechtigten

Gehört die Sache nicht dem Verpfänder, so finden auf die Verpfändung die für den Erwerb des Eigentums geltenden Vorschriften der §§932, 934, 935 entsprechende Anwendung.

第一千二百零七条　[由无权利人设定质权]
　　动产不属于出质人之所有者，质权之设定，准用第九百三十二条、第九百三十四条及第九百三十五条关于所有权取得之规定。

§1208　Gutgläubiger Erwerb des Vorrangs

Ist die Sache mit dem Recht eines Dritten belastet, so geht das Pfandrecht dem Recht vor, es sei denn, dass der Pfandgläubiger zur Zeit des Erwerbs des Pfandrechts in Ansehung des Rechts nicht in gutem Glauben ist. Die Vorschriften des §932 Abs. 1 Satz 2, des §935 und des §936 Abs. 3 finden entsprechende Anwendung.

第一千二百零八条　[优先次序之善意取得]
　　^{1}动产为第三人之权利有所负担者，质权仍优先于该权利。但质权人在取得质权时，对该权利不具善意者，不在此限。^{2}第九百三十二条第一款第二段、第九百三十五条及第九百三十六条第三款规定，准用之。

§1209　Rang des Pfandrechts

Für den Rang des Pfandrechts ist die Zeit der Bestellung auch dann maßgebend, wenn es für eine künftige oder eine bedingte Forderung bestellt ist.

第一千二百零九条 [质权之次序]

质权之次序,以设定时为准,其为将来之债权或附条件之债权而设定者,亦同。

a 参考条文:第1259条,《民事诉讼法》第766条、第711条、第804条、第805条、第809条。

§1210 Umfang der Haftung des Pfandes

(1) Das Pfand haftet für die Forderung in deren jeweiligem Bestand, insbesondere auch für Zinsen und Vertragsstrafen. Ist der persönliche Schuldner nicht der Eigentümer des Pfandes, so wird durch ein Rechtsgeschäft, das der Schuldner nach der Verpfändung vornimmt, die Haftung nicht erweitert.

(2) Das Pfand haftet für die Ansprüche des Pfandgläubigers auf Ersatz von Verwendungen, für die dem Pfandgläubiger zu ersetzenden Kosten der Kündigung und der Rechtsverfolgung sowie für die Kosten des Pfandverkaufs.

第一千二百一十条 [质物之责任范围]

Ⅰ ^{1}质物就现存状态中之债权,连同利息及违约金,负其责任。^{2}债务人非即系质物所有人者,质物不因债务人于设定质权后所为之法律行为而扩张其责任。

Ⅱ 质物对于质权人之费用偿还请求权,应偿还于质权人之预告费用、权利实行之费用及质物变卖之费用,均负责任。

§1211 Einreden des Verpfänders

(1) Der Verpfänder kann dem Pfandgläubiger gegenüber die dem persönlichen Schuldner gegen die Forderung sowie die nach §770 einem Bürgen zustehenden Einreden geltend machen. Stirbt der persönliche Schuldner, so kann sich der Verpfänder nicht darauf berufen, dass der Erbe für die Schuld nur beschränkt haftet.

(2) Ist der Verpfänder nicht der persönliche Schuldner, so verliert er eine Einrede nicht dadurch, dass dieser auf sie verzichtet.

第一千二百一十一条 [出质人之抗辩][a]

Ⅰ ^{1}出质人得以对人之债务人[b]对于债权所得主张之抗辩权及第七百七十

条所定保证人之抗辩权，对抗质权人ᶜ。²债务人死亡时，出质人不得主张继承人对于债务仅负有限责任。

Ⅱ 出质人非系对人之债务人者，不因债务人之抛弃抗辩权而使其抗辩权罹于丧失。

a 参考条文：第223条、第1254条。
b 此所谓对人之债务人（der persönliche Schuldner），指债法上对特定人发生相对权效力之债务人。
c 出质人均得主张对于债权及质权之存在之抗辩及因其与质权人之法律关系所得主张之抗辩。

§1212 Erstreckung auf getrennte Erzeugnisse

Das Pfandrecht erstreckt sich auf die Erzeugnisse, die von dem Pfande getrennt werden.

第一千二百一十二条 [及于出产物]ᵃ

质权之效力，及于由质物分离之出产物。

a 参考条文：第93条、第936条、第945条、第954条以下、第1247条、《民法施行法》第52条。

§1213 Nutzungspfand

(1) Das Pfandrecht kann in der Weise bestellt werden, dass der Pfandgläubiger berechtigt ist, die Nutzungen des Pfandes zu ziehen.

(2) Ist eine von Natur Frucht tragende Sache dem Pfandgläubiger zum Alleinbesitz übergeben, so ist im Zweifel anzunehmen, dass der Pfandgläubiger zum Fruchtbezug berechtigt sein soll.

第一千二百一十三条 [用益质权]ᵃ

Ⅰ 质权之设定，得使质权人就质物有为使用收益之权利。

Ⅱ 以产生天然孳息之动产，交付质权人单独占有者，有疑义时，应认为质权人有收取孳息之权利。

a 参考条文：第99条第3款、第100条、第101条、第823条以下、第1032条第2款、

第1205条、第1206条、第1228条、第1231条。

§1214 Pflichten des nutzungsberechtigten Pfandgläubigers

(1) Steht dem Pfandgläubiger das Recht zu, die Nutzungen zu ziehen, so ist er verpflichtet, für die Gewinnung der Nutzungen zu sorgen und Rechenschaft abzulegen.
(2) Der Reinertrag der Nutzungen wird auf die geschuldete Leistung und, wenn Kosten und Zinsen zu entrichten sind, zunächst auf diese angerechnet.
(3) Abweichende Bestimmungen sind zulässig.

第一千二百一十四条 [有用益权之债权人义务][a]

Ⅰ 质权人有用益之权利者，应注意于用益之获取，并负责计算。
Ⅱ 用益之净得，应抵充债之给付，其应偿付费用及利息者，应尽先为抵充。
Ⅲ 另有制定者，从其所定。

a 参考条文：第259条、第261条、第267条第1款、第1210条。

§1215 Verwahrungspflicht

Der Pfandgläubiger ist zur Verwahrung des Pfandes verpflichtet.

第一千二百一十五条 [保管义务]

质权人负有保管义务[a]。

a 本条系规定质权人对于出质人关于质物所负担之债权的义务。因此，依本条规定对出质人所负担保管义务之内容，应依出质人与质权人间之合意定之，欠缺此项合意时，应准用《民法典》关于寄托契约之规定（第688条以下）。但关于质权或交易商习惯（RGZ 103，171）另有规定者，不在此限。一般言之，基于上述之保管义务，其内容略如：1.质权人非经出质人之同意，不得转质；2.质权人除有特别约定外，对质物不享有使用权等是。再者，本条所规定之保管义务，较之《民法典》第690条所规定之保管义务广泛，即就一切过失均须负担责任（参照第276条）。
本条所谓保管义务，并不限于确保放置质物之场所，宁谓对质物具有为监管（Obhut）义务，即质权人应依诚实信用原则，并斟酌交易习惯而负担保管义务。

§1216 Ersatz von Verwendungen

Macht der Pfandgläubiger Verwendungen auf das Pfand, so bestimmt sich die Ersatzpflicht des Verpfänders nach den Vorschriften über die Geschäftsführung ohne Auftrag. Der Pfandgläubiger ist berechtigt, eine Einrichtung, mit der er das Pfand versehen hat, wegzunehmen.

第一千二百一十六条 [费用之偿还]^a

¹质权人就质物支出费用时，出质人之偿还义务，依无因管理规定。²质权人对其设置于质物之设备，有取回之权利。

a 参考条文：第256条、第683条、第994条以下。

§1217 Rechtsverletzung durch den Pfandgläubiger

(1) Verletzt der Pfandgläubiger die Rechte des Verpfänders in erheblichem Maße und setzt er das verletzende Verhalten ungeachtet einer Abmahnung des Verpfänders fort, so kann der Verpfänder verlangen, dass das Pfand auf Kosten des Pfandgläubigers hinterlegt oder, wenn es sich nicht zur Hinterlegung eignet, an einen gerichtlich zu bestellenden Verwahrer abgeliefert wird.

(2) Statt der Hinterlegung oder der Ablieferung der Sache an einen Verwahrer kann der Verpfänder die Rückgabe des Pfandes gegen Befriedigung des Gläubigers verlangen. Ist die Forderung unverzinslich und noch nicht fällig, so gebührt dem Pfandgläubiger nur die Summe, welche mit Hinzurechnung der gesetzlichen Zinsen für die Zeit von der Zahlung bis zur Fälligkeit dem Betrag der Forderung gleichkommt.

第一千二百一十七条 [质权人对权利之侵害]^a

Ⅰ 质权人显然侵害出质人之权利，且不听出质人之劝阻，而继续其侵害行为者，出质人得请求以质权人之费用，提存其质物，质物不适于提存者，得请求交付予法院所选任之保管人。

Ⅱ ¹出质人得对债权人为清偿，而请求质物之返还，以代提存或交付保管人。²债权为无利息，且未届清偿期者，出质人得以债权金额，扣除自支付时起至清偿期止之法定利息，给付予债权人。

a 参考条文：第271条、第372条以下、第991条第2款、《民事诉讼法》第883条。

§1218 Rechte des Verpfänders bei drohendem Verderb

(1) Ist der Verderb des Pfandes oder eine wesentliche Minderung des Wertes zu besorgen, so kann der Verpfänder die Rückgabe des Pfandes gegen anderweitige Sicherheitsleistung verlangen; die Sicherheitsleistung durch Bürgen ist ausgeschlossen.
(2) Der Pfandgläubiger hat dem Verpfänder von dem drohenden Verderb unverzüglich Anzeige zu machen, sofern nicht die Anzeige untunlich ist.

第一千二百一十八条　[败坏之虞时出质人之权利][a]
Ⅰ 质物有败坏或其价值显有减少之虞者，出质人得提供其他担保而请求质物之返还；不得有保证人提供担保。
Ⅱ 质权人应将质物有败坏之虞之情形，尽速通知出质人。但不能通知者，不在此限。

a 参考条文：第233条至第238条、第240条、第242条、第1215条。

§1219 Rechte des Pfandgläubigers bei drohendem Verderb

(1) Wird durch den drohenden Verderb des Pfandes oder durch eine zu besorgende wesentliche Minderung des Wertes die Sicherheit des Pfandgläubigers gefährdet, so kann dieser das Pfand öffentlich versteigern lassen.
(2) Der Erlös tritt an die Stelle des Pfandes. Auf Verlangen des Verpfänders ist der Erlös zu hinterlegen.

第一千二百一十九条　[败坏之虞时质权人之权利][a]
Ⅰ 质物行将败坏或其价值有显然减少之虞，致危害质权人之担保者，质权人得将质物公开拍卖之。
Ⅱ ¹卖得之价金，代充质物。²经出质人之请求，卖得之价金应提存之。

a 参考条文：第237条、第383条第3款、第1227条、第1244条。

§1220　Androhung der Versteigerung

(1) Die Versteigerung des Pfandes ist erst zulässig, nachdem sie dem Verpfänder angedroht worden ist; die Androhung darf unterbleiben, wenn das Pfand dem Verderb ausgesetzt und mit dem Aufschub der Versteigerung Gefahr verbunden ist. Im Falle der Wertminderung ist außer der Androhung erforderlich, dass der Pfandgläubiger dem Verpfänder zur Leistung anderweitiger Sicherheit eine angemessene Frist bestimmt hat und diese verstrichen ist.

(2) Der Pfandgläubiger hat den Verpfänder von der Versteigerung unverzüglich zu benachrichtigen; im Falle der Unterlassung ist er zum Schadensersatz verpflichtet.

(3) Die Androhung, die Fristbestimmung und die Benachrichtigung dürfen unterbleiben, wenn sie untunlich sind.

第一千二百二十条　[拍卖之通知]

Ⅰ ^{1}质物之拍卖，应预先通知出质人，始得为之；但质物已形败坏，如拍卖迟延，即足生危害者，得毋庸通知。^{2}在价值有减少之虞之情形，质权人除应预为通知外，应定相当期间，请求出质人提供其他担保，且该期间届满后，始得为拍卖。

Ⅱ 质权人于拍卖后，应尽速通知出质人；怠于通知时，应负损害赔偿之义务。

Ⅲ 拍卖前之通知，期间之指定，及拍卖后之通知，若不能为之者，均不必为之。

§1221　Freihändiger Verkauf

Hat das Pfand einen Börsen- oder Marktpreis, so kann der Pfandgläubiger den Verkauf aus freier Hand durch einen zu solchen Verkäufen öffentlich ermächtigten Handelsmäkler oder durch eine zur öffentlichen Versteigerung befugte Person zum laufenden Preis bewirken.

第一千二百二十一条　[自由出卖][a]

质物有交易所市价或市场价格者，质权人得请求公设商事居间人或公设拍卖人以市价出卖其质物。

a 参考条文：第385条、第1220条、《商法》第93条。

§1222 Pfandrecht an mehreren Sachen

Besteht das Pfandrecht an mehreren Sachen, so haftet jede für die ganze Forderung.

第一千二百二十二条　[数物上之质权][a]

质权存在于数物之上者，每一物对全部债权，均应负责[b]。

a 参考条文：第1132条第2款、第1210条、第1230条。
b 本条所规定质权成立于数物，系指如下三种情形：1. 同一出质人起初即就数物设定质权者；2. 质权设定后，质物被分割归属数人所有者；3. 数出质人先后出质者。举凡此三种情形，就同一债权发生者，构成本条所规定之质权成立于数物情形。

§1223 Rückgabepflicht; Einlösungsrecht

(1) Der Pfandgläubiger ist verpflichtet, das Pfand nach dem Erlöschen des Pfandrechts dem Verpfänder zurückzugeben.
(2) Der Verpfänder kann die Rückgabe des Pfandes gegen Befriedigung des Pfandgläubigers verlangen, sobald der Schuldner zur Leistung berechtigt ist.

第一千二百二十三条　[返还义务；偿还权]

Ⅰ 质权人于质权消灭后，应将质物返还于出质人。
Ⅱ 出质人于债务人得为给付时，即得对质权人为清偿，而请求质物之返还。

§1224 Befriedigung durch Hinterlegung oder Aufrechnung

Die Befriedigung des Pfandgläubigers durch den Verpfänder kann auch durch Hinterlegung oder durch Aufrechnung erfolgen.

第一千二百二十四条　[以提存或抵销而为清偿][a]

出质人对质权人之清偿，亦得以提存或抵销之方法为之。

a 参考条文：第1142条第2款、第1211条。

§1225 Forderungsübergang auf den Verpfänder

Ist der Verpfänder nicht der persönliche Schuldner, so geht, soweit er den Pfandgläubiger befriedigt, die Forderung auf ihn über. Die für einen Bürgen geltenden Vorschrift des §774 findet entsprechende Anwendung.

第一千二百二十五条 [债权移转出质人]^a

¹出质人非系债务人^b者，在其对质权人为清偿之范围内，债权移转于出质人^c。²第七百七十四条关于保证人之规定，准用之^d。

a 参考条文：第401条第1款、第412条、第744条、第1250条。
b der persönliche Schuldner系指就质权负个人责任之对人债务人，此与所谓物上债务人（dinglicher Schuldner）相对语。
c 依本条之规定，移转债权者，必须出质人非系债务人为前提。因此，合伙人为合伙之债务设保者，不因其向债权人为清偿而得依本条受债权之移转，盖合伙人就质权所担保之债权，以债务人之地位负有清偿之责故也。
d 因准用第774条关于保证人之规定：1. 债权之移转，不得侵害质权人之利益，因此出质人为一部分清偿时，只取得与其清偿部分金额成比例之债权；2. 基于债权人与出质人间之法律关系之异议权不因而受影响；3. 出质人为第三人而与保证人并存时，保证人有优先清偿权，为清偿后，并取得债权及质权（第776条）。^①

§1226 Verjährung der Ersatzansprüche

Die Ersatzansprüche des Verpfänders wegen Veränderungen oder Verschlechterungen des Pfandes sowie die Ansprüche des Pfandgläubigers auf Ersatz von Verwendungen oder auf Gestattung der Wegnahme einer Einrichtung verjähren in sechs Monaten. Die Vorschrift des §548 Abs. 1 Satz 2 und 3, Abs. 2 findet entsprechende Anwendung.

第一千二百二十六条 [赔偿请求权之时效]^a

¹因质物变更或毁损而生之出质人之赔偿请求权，及质权人之费用偿还请求权，或准许取回设备之请求权，因六个月间不行使而消灭。²第五

---

① *Damrau*, in: MünchKomm-BGB, 6. Aufl. (2013), § 1225 Rdnr. 10.

百四十八条第一款第二段与第三段及第二款规定,准用之。

a 参考条文:第1204条、第1215条、第1216条。

§1227 Schutz des Pfandrechts

Wird das Recht des Pfandgläubigers beeinträchtigt, so finden auf die Ansprüche des Pfandgläubigers die für die Ansprüche aus dem Eigentum geltenden Vorschriften entsprechende Anwendung.

第一千二百二十七条 [质权之保护][a]
质权人之权利受侵害时,其请求权准用关于所有权之请求权之规定。

a 参考条文:第985条至第997条、第999条至第1003条、第1212条。

§1228 Befriedigung durch Pfandverkauf

(1) Die Befriedigung des Pfandgläubigers aus dem Pfande erfolgt durch Verkauf.
(2) Der Pfandgläubiger ist zum Verkauf berechtigt, sobald die Forderung ganz oder zum Teil fällig ist. Besteht der geschuldete Gegenstand nicht in Geld, so ist der Verkauf erst zulässig, wenn die Forderung in eine Geldforderung übergegangen ist.

第一千二百二十八条 [因出卖质物而清偿]
Ⅰ [a]质权人因出卖质物而受清偿。
Ⅱ [1]债权全部或一部分已届清偿期者,质权人得出卖质物[b]。[2]债之标的物非金钱者,于其债权变为金钱债权时,始得出卖质物。

a 参考条文:第1204条、第1210条、第1233条至第1240条。
b 本项规定"质权成熟"(Pfandreife)为出卖质物之要件。"质权成熟"仅因债权金额之一部分届清偿期即发生,甚至利息已届清偿期亦可发生。即使债之履行迟延,执行名义等事由不存在,亦属无妨。在本款所规定"质权成熟"尚未发生前,"流质条款"(Verfallklausel)无效(第1229条)。其发生后,即使系债权之一部分届清偿期,仍属有效。但其有违反公序良俗或暴利之情形者,不在此限。

§1229 Verbot der Verfallvereinbarung

Eine vor dem Eintritt der Verkaufsberechtigung getroffene Vereinbarung, nach welcher dem Pfandgläubiger, falls er nicht oder nicht rechtzeitig befriedigt wird, das Eigentum an der Sache zufallen oder übertragen werden soll, ist nichtig.

第一千二百二十九条 [流质约定之禁止][a]
在出卖权发生前约定质权人不能受清偿，或不能及时受清偿，质物之所有权及归属于质权人，或应让与予质权人者，其约定无效。

a 参考条文：第1228条第2款、第138条、第1245条第2款、第930条。

§1230 Auswahl unter mehreren Pfändern

Unter mehreren Pfändern kann der Pfandgläubiger, soweit nicht ein anderes bestimmt ist, diejenigen auswählen, welche verkauft werden sollen. Er kann nur so viele Pfänder zum Verkauf bringen, als zu seiner Befriedigung erforderlich sind.

第一千二百三十条 [数质物之选择][a]
[1]质物有数宗时，除另有约定外，质权人得选择而为出卖[b]。[2]质权人所得出卖质物之数量，仅以清偿之所必要者为限[c]。

a 参考条文：第1243条第1款、第1244条、《民事诉讼法》第803条。
b 质权人虽有自由选择出卖质物之权，但不得滥用其权利（第226条）。
c 超越清偿必要范围而出卖质物者，无效（RG 118, 252; 145, 212）。但有保护善意取得质物者之情形者，不在此限（第1244条）。

§1231 Herausgabe des Pfandes zum Verkauf

Ist der Pfandgläubiger nicht im Alleinbesitz des Pfandes, so kann er nach dem Eintritt der Verkaufsberechtigung die Herausgabe des Pfandes zum Zwecke des Verkaufs fordern. Auf Verlangen des Verpfänders hat anstelle der Herausgabe die Ablieferung an einen gemeinschaftlichen Verwahrer zu erfolgen; der Verwahrer hat sich bei der Ablieferung zu verpflichten, das Pfand zum Verkauf bereitzustellen.

第一千二百三十一条 [因出卖而为质物之返还][a]
¹质权人非质物之单独占有人者,在出卖权发生以后,质权人得请求质物之返还,以供出卖。²质物得因出质人之请求,交付共同保管人,以代返还;经交付后,保管人应就质物为出卖之准备。

a 参考条文:第866条、第870条、第1205条第2款、第1206条、第1217条。

§1232 Nachstehende Pfandgläubiger

Der Pfandgläubiger ist nicht verpflichtet, einem ihm im Range nachstehenden Pfandgläubiger das Pfand zum Zwecke des Verkaufs herauszugeben. Ist er nicht im Besitz des Pfandes, so kann er, sofern er nicht selbst den Verkauf betreibt, dem Verkauf durch einen nachstehenden Pfandgläubiger nicht widersprechen.

第一千二百三十二条 [后次序之质权人][a]
¹质权人对后次序之质权人,不负有返还质物以供其出卖之义务[b]。²质权人不占有质物者,若不自为质物之出卖,对于后次序之质权人之出卖质物,不得声明异议。

a 参考条文:第1247条、第1249条、第1273条、《民事诉讼法》第805条。
b 后次序之质权人仅得参与质物之出卖,但不得独自出卖质物。前次序之质权人未占有质物时,并得请求占有质物之后次序质权人返还质物。先次序质权人占有质物时,后次序质权人不得请求交付质物。如欲为出卖质物而须取得质物者,后次序之质权人应依第1249条清偿而受让前次序之质权,依此质权之次序,取得质物之占有。

§1233 Ausführung des Verkaufs

(1) Der Verkauf des Pfandes ist nach den Vorschriften der §§1234 bis 1240 zu bewirken.

(2) Hat der Pfandgläubiger für sein Recht zum Verkauf einen vollstreckbaren Titel gegen den Eigentümer erlangt, so kann er den Verkauf auch nach den für den Verkauf einer gepfändeten Sache geltenden Vorschriften bewirken lassen.

第一千二百三十三条　[出卖之实行]ᵃ

Ⅰ 质物之出卖，依第一千二百三十四条至第一千二百四十条规定ᵇ。

Ⅱ 质权人关于其出卖权，对所有人取得执行名义者，亦得依关于变卖扣押物之规定，实行出卖。

a 参考条文：第439条、第930条、第1242条第2款、第1244条、第1245条第2款、《民事诉讼法》第93条、第771条、第814条、第817条第1款至第3款、第820条至第823条。

b 第1234条至第1240条规定，为任意规定，当事人得为不同之约定。

§1234　Verkaufsandrohung; Wartefrist

(1) Der Pfandgläubiger hat dem Eigentümer den Verkauf vorher anzudrohen und dabei den Geldbetrag zu bezeichnen, wegen dessen der Verkauf stattfinden soll. Die Androhung kann erst nach dem Eintritt der Verkaufsberechtigung erfolgen; sie darf unterbleiben, wenn sie untunlich ist.

(2) Der Verkauf darf nicht vor dem Ablauf eines Monats nach der Androhung erfolgen. Ist die Androhung untunlich, so wird der Monat von dem Eintritt der Verkaufsberechtigung an berechnet.

第一千二百三十四条　[出卖通知；等待期间]

Ⅰ ᵃ¹关于质物之实行出卖，质权人应预先通知所有人，并应告以由出卖中所应得之金额。²通知仅于出卖权发生后，始得为之；不能为通知者，毋庸通知。

Ⅱ ¹出卖非于通知后经过一个月，不得为之。²不能为通知者，该一个月之期间，自出卖权发生时起算。

a 参考条文：第1237条、第1245条、第1248条、《商法》第368条、第440条、第623条。

§1235　Öffentliche Versteigerung

(1) Der Verkauf des Pfandes ist im Wege öffentlicher Versteigerung zu bewirken.

(2) Hat das Pfand einen Börsen- oder Marktpreis, so findet die Vorschrift des §1221 Anwendung.

第一千二百三十五条 [公开拍卖]

Ⅰ [a]质物之出卖，应以公开拍卖之方式为之。

Ⅱ 质物有交易所之市价或市场价格者，适用第一千二百二十一条规定。

a 参考条文：第383条、第930条、第966条、第1219条、第1221条、第1245条第2款。

§1236 Versteigerungsort

Die Versteigerung hat an dem Orte zu erfolgen, an dem das Pfand aufbewahrt wird. Ist von einer Versteigerung an dem Aufbewahrungsort ein angemessener Erfolg nicht zu erwarten, so ist das Pfand an einem geeigneten anderen Orte zu versteigern.

第一千二百三十六条 [拍卖场所][a]

[1]拍卖应于质物保管地为之。[2]在保管地拍卖不能预期获得适当之效果者，应于其他适宜之处所为之。

a 参考条文：第383条第2款、第1221条、第1243条、第1245条。

§1237 Öffentliche Bekanntmachung

Zeit und Ort der Versteigerung sind unter allgemeiner Bezeichnung des Pfandes öffentlich bekannt zu machen. Der Eigentümer und Dritte, denen Rechte an dem Pfande zustehen, sind besonders zu benachrichtigen; die Benachrichtigung darf unterbleiben, wenn sie untunlich ist.

第一千二百三十七条 [公告][a]

[1]拍卖之日时及场所，应连同质物之通常标示，一并公告之。[2]对于所有人及对于质物上享有权利之第三人，更应分别通知，不能通知者，得免通知。

a 参考条文：第1242条、第1943条第1款、第1245条第2款。

§1238 Verkaufsbedingungen

(1) Das Pfand darf nur mit der Bestimmung verkauft werden, dass der Käufer den

Kaufpreis sofort bar zu entrichten hat und seiner Rechte verlustig sein soll, wenn dies nicht geschieht.

(2) Erfolgt der Verkauf ohne diese Bestimmung, so ist der Kaufpreis als von dem Pfandgläubiger empfangen anzusehen; die Rechte des Pfandgläubigers gegen den Ersteher bleiben unberührt. Unterbleibt die sofortige Entrichtung des Kaufpreises, so gilt das Gleiche, wenn nicht vor dem Schluss des Versteigerungstermins von dem Vorbehalt der Rechtsverwirkung Gebrauch gemacht wird.

第一千二百三十八条 [出卖条件]^a

Ⅰ 质物之出卖，仅于订明买受人应即时支付现金不即时支付者丧失其权利之意旨者，始得为之。

Ⅱ ¹出卖时未为前项之制定者，视为质权人已受领价金。但质权人对买受人之权利，不因此而受影响。²价金未即时支付，而权利丧失之保留未于拍卖期日终了前为之者，亦同。

a 参考条文：第360条、第1245条第1款、第1247条，《民事诉讼法》第817条。

§1239 Mitbieten durch Gläubiger und Eigentümer

(1) Der Pfandgläubiger und der Eigentümer können bei der Versteigerung mitbieten. Erhält der Pfandgläubiger den Zuschlag, so ist der Kaufpreis als von ihm empfangen anzusehen.

(2) Das Gebot des Eigentümers darf zurückgewiesen werden, wenn nicht der Betrag bar erlegt wird. Das Gleiche gilt von dem Gebot des Schuldners, wenn das Pfand für eine fremde Schuld haftet.

第一千二百三十九条 [质权人及所有人之参加应买]^a

Ⅰ ¹质权人及所有人得参加应买^b。²质权人买得质物者，视为已受领价金。

Ⅱ ¹所有人不提出现金为即时支付者，其应买得加以拒绝。²质物为他人债务之担保者，该债务人之参加应买，亦同。

a 参考条文：第1219条、第1242条第1款、第1247条，《民事诉讼法》第816条第4款。

b 本款第1段系规定质权人与所有人共同参与应买权。所有人在自由出卖时，并得以买受人地位参与应买（第1235条第2款），而免受质物上负担之拘束即可谓其系"买受不附负担之物"（kauft die Lastenfreiheit）。质权人通常系以质物价金受领人地位共同参与应买，因而由其拍定时，无须给付价金即取得质物所有权。

§1240 Gold- und Silbersachen

(1) Gold- und Silbersachen dürfen nicht unter dem Gold- oder Silberwert zugeschlagen werden.

(2) Wird ein genügendes Gebot nicht abgegeben, so kann der Verkauf durch eine zur öffentlichen Versteigerung befugte Person aus freier Hand zu einem den Gold- oder Silberwert erreichenden Preis erfolgen.

第一千二百四十条　[金银物品][a]

Ⅰ 金银物品不得以低于金银之市价拍定之[b]。

Ⅱ 应买之出价不足者，得由具有公开拍卖权限之人，以达于金银价值之代价，自由出卖之。

a 参考条文：第1243条第1款、第1244条、《民事诉讼法》第814条。

b 本款规定仅以金银物品为限，始受适用。不扩张及于白金及其他贵金属；但只要为金银物品，均有其适用，不以纯质金银为限。又金银加工装饰品（Gold-oder Silberverziehung）不包括在适用范围以内。

§1241 Benachrichtigung des Eigentümers

Der Pfandgläubiger hat den Eigentümer von dem Verkauf des Pfandes und dem Ergebnis unverzüglich zu benachrichtigen, sofern nicht die Benachrichtigung untunlich ist.

第一千二百四十一条　[对所有人之通知][a]

质权人应将质物之出卖及其结果通知所有人。但不能为通知者，不在此限。

a 参考条文：第121条、第1219条至第1221条、第1233条、第1243条第2款、第1245条第2款，《商法》第440条第4款、第623条第4款。

§1242 Wirkungen der rechtmäßigen Veräußerung

(1) Durch die rechtmäßige Veräußerung des Pfandes erlangt der Erwerber die gleichen Rechte, wie wenn er die Sache von dem Eigentümer erworben hätte. Dies gilt auch dann, wenn dem Pfandgläubiger der Zuschlag erteilt wird.

(2) Pfandrechte an der Sache erlöschen, auch wenn sie dem Erwerber bekannt waren. Das Gleiche gilt von einem Nießbrauch, es sei denn, dass er allen Pfandrechten im Range vorgeht.

第一千二百四十二条 [合法让与之效力][a]

I ¹因质物之合法让与[b]，受让人即取得其权利，与从所有人处取得其物者同。²质权人因拍卖而取得质物者，亦同。

II ¹物上所设定之质权，纵为受让人所明知，仍因受让人之取得其物而消灭。²在有用益权时，亦同。但用益权之次序优先于质权者，不在此限。

a 参考条文：第929条以下、第1257条。
b 为质物之合法让与：1. 必须质权人为让与人并有让与之权利；2. 必须于当事人间订有买卖契约，或于拍卖时经已拍定，并有依第929条以下之规定，为让与之行为[①]，即具备物权的合意及为标的物之交付；3. 必须不违反第1243条第1款所列举之规定。

§1243 Rechtswidrige Veräußerung

(1) Die Veräußerung des Pfandes ist nicht rechtmäßig, wenn gegen die Vorschriften des §1228 Abs. 2, des §1230 Satz 2, des §1235, des §1237 Satz 1 oder des §1240 verstoßen wird.

(2) Verletzt der Pfandgläubiger eine andere für den Verkauf geltende Vorschrift, so ist er zum Schadensersatz verpflichtet, wenn ihm ein Verschulden zur Last fällt.

第一千二百四十三条 [不法之让与][a]

I 质物之让与，违反第一千二百二十八条第二款、第一千二百三十条第二段、第一千二百三十五条、第一千二百三十七条第一段或第一千二

---

① *Damrau*, in: MünchKomm-BGB, 6. Aufl. (2013), § 1242 Rdnr. 2.

百四十条规定者，其让与为不法。

Ⅱ 质权人违反其他关于出卖之规定，而有可归责者[b]，应负损害赔偿义务。

a 参考条文：第1242条、第1228条第2款、第1230条第2段、第1235条、第1237条第1段、第1240条、第1245条、第1252条、第1244条、第823条以下、第990条以下、第1234条、第1241条、第1246条、第1238条。

b Verschulden，原译为过咎，有译为过错，包括故意及过失，此译为"可归责"。

§1244 Gutgläubiger Erwerb

Wird eine Sache als Pfand veräußert, ohne dass dem Veräußerer ein Pfandrecht zusteht oder den Erfordernissen genügt wird, von denen die Rechtmäßigkeit der Veräußerung abhängt, so finden die Vorschriften der §§932 bis 934, 936 entsprechende Anwendung, wenn die Veräußerung nach §1233 Abs. 2 erfolgt ist oder die Vorschriften des §1235 oder des §1240 Abs. 2 beobachtet worden sind.

第一千二百四十四条 [善意取得][a]

以动产充作质物而为让与，而让与人并未取得质权，或不具备合法让与之要件时，若其让与系依第一千二百三十三条第二款、依第一千二百三十五条或第一千二百四十条第二款而为之者，准用第九百三十二条至第九百三十四条及第九百三十六条规定。

a 参考条文：第932条以下、第1242条、第1243条第1款、第1277条。

§1245 Abweichende Vereinbarungen

(1) Der Eigentümer und der Pfandgläubiger können eine von den Vorschriften der §§1234 bis 1240 abweichende Art des Pfandverkaufs vereinbaren. Steht einem Dritten an dem Pfande ein Recht zu, das durch die Veräußerung erlischt, so ist die Zustimmung des Dritten erforderlich. Die Zustimmung ist demjenigen gegenüber zu erklären, zu dessen Gunsten sie erfolgt; sie ist unwiderruflich.

(2) Auf die Beobachtung der Vorschriften des §1235, des §1237 Satz 1 und des §1240 kann nicht vor dem Eintritt der Verkaufsberechtigung verzichtet werden.

第一千二百四十五条 [不同约定]^a

Ⅰ ¹所有人与质权人得约定以异于第一千二百三十四条至第一千二百四十条所定之方法，为质物之出卖^b。²第三人在质物上享有权利，而该权利因质物之让与而消灭者，应经该第三人同意。³同意之表示，应向因其同意而受利益之人为之；同意不得撤回。

Ⅱ 关于第一千二百三十五条、第一千二百三十七条第一段及第一千二百四十条规定之遵守，不得在出卖权发生前抛弃。

a 参考条文：第1228条第2款、第1230条、第1248条。
b 本段仅规定得异于第1234条至第1240条所定之出卖方法。但出卖以外之买卖方法及禁止质物之出卖之约定者，不在此限。关于出卖质物之约定，依本条之规定为之者，有影响质权之效力，并具备物权效力。

§1246 Abweichung aus Billigkeitsgründen

(1) Entspricht eine von den Vorschriften der §§1235 bis 1240 abweichende Art des Pfandverkaufs nach billigem Ermessen den Interessen der Beteiligten, so kann jeder von ihnen verlangen, dass der Verkauf in dieser Art erfolgt.

(2) Kommt eine Einigung nicht zustande, so entscheidet das Gericht.

第一千二百四十六条 [因公平衡量事由而为不同规定]^a

Ⅰ 质物出卖方法异于第一千二百三十五条至第一千二百四十条规定，而依公平衡量，认为适合当事人之利益者，各当事人均得请求按其方法而为出卖。

Ⅱ 不能为合意时，由法院以裁判定之。

a 参考条文：第1234条、第1235条至第1240条、第1245条、第1244条，《非讼事件法》第166条。

§1247 Erlös aus dem Pfande

Soweit der Erlös aus dem Pfande dem Pfandgläubiger zu seiner Befriedigung gebührt, gilt die Forderung als von dem Eigentümer berichtigt. Im Übrigen tritt der Erlös an die Stelle des Pfandes.

第一千二百四十七条 [出卖质物之价金]

¹质权人因清偿而受取质物之出卖价金者,于其受取之范围内,视为债权已由所有人为清偿。²于其他情形,出卖价金视为质物之代位。

§1248 Eigentumsvermutung

Bei dem Verkauf des Pfandes gilt zugunsten des Pfandgläubigers der Verpfänder als der Eigentümer, es sei denn, dass der Pfandgläubiger weiß, dass der Verpfänder nicht der Eigentümer ist.

第一千二百四十八条 [所有权推定][a]

在出卖质物时,为质权人之利益,认出质人即系物之所有人[b]。但质权人明知出质人非系所有人者[c],不在此限。

a 参考条文:第1006条、第1058条、第1234条至第1239条、第1241条以下、第1257条。
b 此推定所有人之规定,系专为保护质权人之利益而设,并非为保护出质人之利益而设,因此,债权人不负确实认定质物所有权关系之义务,只要其系善意者,出质人即被视为所有人。此所有人之推定,只对于质物之出卖有其适用,质权之取得,则不在其列,而须依第1207条规定。
c 只有质权人明知出质人非所有人时,始不适用推定所有人之保护规定,其因重大过失不知其非所有人者,仍应适用此保护规定。质权人明知出质人非所有人之事实,应由其相对人负担举证责任。

§1249 Ablösungsrecht

Wer durch die Veräußerung des Pfandes ein Recht an dem Pfande verlieren würde, kann den Pfandgläubiger befriedigen, sobald der Schuldner zur Leistung berechtigt ist. Die Vorschrift des §268 Abs. 2, 3 findet entsprechende Anwendung.

第一千二百四十九条 [清偿权][a]

¹因质物之让与而行将丧失质物上之权利之人,在债务人得为给付之时,即得径向债权人为清偿。²于此情形,准用第二百六十八条第二款及第三款规定。

a 参考条文:第268条第2款、第1142条、第1223条第2款。

§1250 Übertragung der Forderung

(1) Mit der Übertragung der Forderung geht das Pfandrecht auf den neuen Gläubiger über. Das Pfandrecht kann nicht ohne die Forderung übertragen werden.
(2) Wird bei der Übertragung der Forderung der Übergang des Pfandrechts ausgeschlossen, so erlischt das Pfandrecht.

第一千二百五十条　[债权让与][a]

Ⅰ [1]质权随同债权之让与而移转于新债权人。[2]质权不得与债权分离而为让与[b]。
Ⅱ 债权让与时排除质权之移转者，质权即归消灭。

a 参考条文：第401条、第1153条第2款、第1204条、第1210条。
b 本款规定质权从属于债权而让与之性质。兹所谓债权之让与，包括因法律行为而让与（第398条以下），因法律规定而让与（第412条），因判决而让与（《民事诉讼法》第835条）等情形。质权不能独立让与（RG JW. 38, 44）。又本款规定与第401条关于债之让与之规定相重复，考其法意，不外在阐明其让与之物权效力而已。

§1251 Wirkung des Pfandrechtsübergangs

(1) Der neue Pfandgläubiger kann von dem bisherigen Pfandgläubiger die Herausgabe des Pfandes verlangen.
(2) Mit der Erlangung des Besitzes tritt der neue Pfandgläubiger anstelle des bisherigen Pfandgläubigers in die mit dem Pfandrecht verbundenen Verpflichtungen gegen den Verpfänder ein. Erfüllt er die Verpflichtungen nicht, so haftet für den von ihm zu ersetzenden Schaden der bisherige Pfandgläubiger wie ein Bürge, der auf die Einrede der Vorausklage verzichtet hat. Die Haftung des bisherigen Pfandgläubigers tritt nicht ein, wenn die Forderung kraft Gesetzes auf den neuen Pfandgläubiger übergeht oder ihm auf Grund einer gesetzlichen Verpflichtung abgetreten wird.

第一千二百五十一条　[质权移转之效力][a]

Ⅰ 新质权人得向旧质权人请求质物之返还。
Ⅱ [1]新质权人因取得质物之占有，即代位旧债权人，对出质人负担附随于质权之义务。²新质权人不履行义务时,旧质权人对其因此所应赔偿之损害,负与抛弃先诉抗辩权之保证人之同一责任。³债权依法移转于新质权人或基于法律上之义务,应让与于新质权人者,旧质权人不负该责任。

a 参考条文:第1227条、第1205条第2款、第1206条、第1217条、第1214条、第1215条、第1223条、第767条以下、第628条第3款、第774条、第1249条、第281条、第1251条第2款第3段、《民事诉讼法》第835条、第838条。

§1252 Erlöschen mit der Forderung

Das Pfandrecht erlischt mit der Forderung, für die es besteht.

第一千二百五十二条 [质权随同债权而消灭]ᵃ

质权随同其所担保之债权消灭。

a 参考条文:第945条、第949条、第950条、第973条、第1243条第1款、第1253条、第1255条、第1256条。

§1253 Erlöschen durch Rückgabe

(1) Das Pfandrecht erlischt, wenn der Pfandgläubiger das Pfand dem Verpfänder oder dem Eigentümer zurückgibt. Der Vorbehalt der Fortdauer des Pfandrechts ist unwirksam.

(2) Ist das Pfand im Besitz des Verpfänders oder des Eigentümers, so wird vermutet, dass das Pfand ihm von dem Pfandgläubiger zurückgegeben worden sei. Diese Vermutung gilt auch dann, wenn sich das Pfand im Besitz eines Dritten befindet, der den Besitz nach der Entstehung des Pfandrechts von dem Verpfänder oder dem Eigentümer erlangt hat.

第一千二百五十三条 [因质物返还而消灭]ᵃ

Ⅰ ¹质权人将质物返还于出质人或所有人者,其质权消灭。²质权存续之保留不生效力。

Ⅱ ¹质物由出质人或所有人占有者,推定质权人已返还其质物。²第三人占有质物,而其占有系在质权成立后从出质人或所有人处取得者,亦同。

a 参考条文：第1206条、第1205条以下、第1257条、第647条、第1253条,《民事诉讼法》第883条,《商法》第440条第3款、第755条。

§1254 Anspruch auf Rückgabe

Steht dem Pfandrecht eine Einrede entgegen, durch welche die Geltendmachung des Pfandrechts dauernd ausgeschlossen wird, so kann der Verpfänder die Rückgabe des Pfandes verlangen. Das gleiche Recht hat der Eigentümer.

第一千二百五十四条　[返还请求权][a]
¹对于质权有足以永久排除其行使之抗辩权者，出质人得请求质物返还。²所有人于此情形亦享有相同权利。

a 参考条文：第223条、第986条、第1169条、第1211条、第1223条。

§1255 Aufhebung des Pfandrechts

(1) Zur Aufhebung des Pfandrechts durch Rechtsgeschäft genügt die Erklärung des Pfandgläubigers gegenüber dem Verpfänder oder dem Eigentümer, dass er das Pfandrecht aufgebe.

(2) Ist das Pfandrecht mit dem Recht eines Dritten belastet, so ist die Zustimmung des Dritten erforderlich. Die Zustimmung ist demjenigen gegenüber zu erklären, zu dessen Gunsten sie erfolgt; sie ist unwiderruflich.

第一千二百五十五条　[质权废止][a]
Ⅰ 质权人对出质人或所有人表示抛弃质权之意思者，即足认为系以法律行为废止其质权[b]。
Ⅱ ¹质权曾为第三人之权利而设定负担者，应得第三人同意[c]。²同意之表示，应向因同意而受利益之人为之；该同意不得撤回。

a 参考条文：第182条第1款、第183条、第1245条、第1255条。
b 质权之抛弃，为单独行为，并非所谓抛弃契约（Verzichtvertrag），故不须对方同意。
c 同意系不要式之单独行为。

§1256 Zusammentreffen von Pfandrecht und Eigentum

(1) Das Pfandrecht erlischt, wenn es mit dem Eigentum in derselben Person zusammentrifft. Das Erlöschen tritt nicht ein, solange die Forderung, für welche das Pfandrecht besteht, mit dem Recht eines Dritten belastet ist.

(2) Das Pfandrecht gilt als nicht erloschen, soweit der Eigentümer ein rechtliches Interesse an dem Fortbestehen des Pfandrechts hat.

第一千二百五十六条 [质权与所有权之混同][a]

Ⅰ ¹质权与所有权归属于一人时，其质权消灭。²质权所担保之债权，曾为第三人之权利设定负担者，该质权不消灭。
Ⅱ 所有人对质权之存续有法律上之利益者，其质权视为未消灭。

a 参考条文：第1009条、第1063条、第1976条、第1991条、第2143条、第2175条。

§1257 Gesetzliches Pfandrecht

Die Vorschriften über das durch Rechtsgeschäft bestellte Pfandrecht finden auf ein kraft Gesetzes entstandenes Pfandrecht entsprechende Anwendung.

第一千二百五十七条 [法定质权]

关于依法律行为而设定质权之规定，准用于依法成立之质权[a]。

a 参照第233条、第559条、第585条、第590条、第647条、第704条，《商法》第397条、第410条、第421条、第440条、第623条、第674条、第725条、第731条、第751条、第755条，1895年7月15日《内河航行私法关系法》[①]第77条、第102条以下，1895年7月15日关于《河舟私法关系法》[②]第22条第2款、第28条，《破产法》第49条，《铁路运输关系国际协议》第25条。[③]

---

① 德国法报1898 868；1936 I 581；1939 I 209。
② 德国法报341。
③ 德国法报1935 II 524。

§1258 Pfandrecht am Anteil eines Miteigentümers

(1) Besteht ein Pfandrecht an dem Anteil eines Miteigentümers, so übt der Pfandgläubiger die Rechte aus, die sich aus der Gemeinschaft der Miteigentümer in Ansehung der Verwaltung der Sache und der Art ihrer Benutzung ergeben.

(2) Die Aufhebung der Gemeinschaft kann vor dem Eintritt der Verkaufsberechtigung des Pfandgläubigers nur von dem Miteigentümer und dem Pfandgläubiger gemeinschaftlich verlangt werden. Nach dem Eintritt der Verkaufsberechtigung kann der Pfandgläubiger die Aufhebung der Gemeinschaft verlangen, ohne dass es der Zustimmung des Miteigentümers bedarf; er ist nicht an eine Vereinbarung gebunden, durch welche die Miteigentümer das Recht, die Aufhebung der Gemeinschaft zu verlangen, für immer oder auf Zeit ausgeschlossen oder eine Kündigungsfrist bestimmt haben.

(3) Wird die Gemeinschaft aufgehoben, so gebührt dem Pfandgläubiger das Pfandrecht an den Gegenständen, welche an die Stelle des Anteils treten.

(4) Das Recht des Pfandgläubigers zum Verkauf des Anteils bleibt unberührt.

第一千二百五十八条　[共有人应有部分上之质权][a]

Ⅰ 质权设定于共有人应有部分之上者，关于物之管理及使用方法，由质权人行使基于共有人之共同关系而生之权利。

Ⅱ [1]在质权人之出卖权发生前，共同关系之废止，仅得由共有人与质权人共同请求之。[2]在出卖权发生后，质权人得请求共同关系之废止，而无须经共有人之同意；关于请求废止共同关系之权利，共有人间曾约定永久或在一定时期予以排除，或定有终止预告期间者，该约定，质权人不受其拘束。

Ⅲ 共同关系废止时，质权人在代替应有部分之标的物上保有其质权。

Ⅳ 质权人对于应有部分之出卖权，不因此而受影响。

a 参考条文：第774条至第776条、第749条以下、第1008条、第1114条、第1204条、第949条、第559条、第581条、第744条至第746条、第1205条第2款、第1206条、第743条、第1213条、第1214条、第1212条、第1273条第2款、第1274条、第1292条、第1293条，1957年4月16日之法律，《民事诉讼法》第804条第1款、第847条。

§1259　Verwertung des gewerblichen Pfandes

Sind Eigentümer und Pfandgläubiger Unternehmer, juristische Personen des öffentlichen Rechts oder öffentlich-rechtliche Sondervermögen, können sie für die Verwertung des Pfandes, das einen Börsen- oder Marktpreis hat, schon bei der Verpfändung vereinbaren, dass der Pfandgläubiger den Verkauf aus freier Hand zum laufenden Preis selbst oder durch Dritte vornehmen kann oder dem Pfandgläubiger das Eigentum an der Sache bei Fälligkeit der Forderung zufallen soll. In diesem Fall gilt die Forderung in Höhe des am Tag der Fälligkeit geltenden Börsen- oder Marktpreises als von dem Eigentümer berichtigt. Die §§1229 und 1233 bis 1239 finden keine Anwendung.

第一千二百五十九条　[产业质物之变卖]

[1]所有人及质权人为企业经营者、公法之法人或公法之特有财产者，于出质时，得就有交易所或市场之市价之质物之变卖，约定质权人得自己或经第三人按时价自由出卖，或物之所有权应在债权届满时归属于质权人。[2]于此情形，以届满日之现行交易所价格或市场价格计价之债权，视为所有人已清偿。[3]第一千二百二十九条及第一千二百三十三条至第一千二百三十九条规定，不适用之。

§1260 bis §1272　(weggefallen)

第一千二百六十条至第一千二百七十二条　[删除]

Titel 2　Pfandrecht an Rechten
第二节　权利质权

本节所规定之权利质权，系以可让与之权利为其标的物（第1274条），与权利用益权（Niessbrauch an Rechten）相同，具备物权效力（参照第1068条）。因此权利质权人不但取得债权的请求权并且得以其权利对抗任何人。权利质权依其成立原因，可分为依法律行为（rechtsgeschäftliches Pfandrecht）与法定质权（gesetzliches Pfandrecht）、扣押质权（pfändungspfandrecht）。其情形与动产质权相同，已如上述，兹不再赘。兹应特予一言者，契约权利质权之成立，固须依设质之物权契约并须依移转权利之方式为之（第1274条1款）。为权利之移转须为物之交付者（例如抵押证书、票据之权利移转必须交付证券），并应交付其物。得依单纯之合意而可转让之债权，其设质，必须由出质人通知债务人（第1280条）。

§1273 Gesetzlicher Inhalt des Pfandrechts an Rechten

(1) Gegenstand des Pfandrechts kann auch ein Recht sein.
(2) Auf das Pfandrecht an Rechten finden die Vorschriften über das Pfandrecht an beweglichen Sachen entsprechende Anwendung, soweit sich nicht aus den §§1274 bis 1296 ein anderes ergibt. Die Anwendung der Vorschriften des §1208 und des §1213 Abs. 2 ist ausgeschlossen.

第一千二百七十三条 [权利质权之法定内容][a]
Ⅰ 权利亦得为质权之标的物。
Ⅱ [1]权利质权，除基于第一千二百七十四条至第一千二百九十六条另生效果者外，准用关于动产质权之规定。[2]第一千二百零八条及第一千二百一十三条第二款规定，不适用之。

[a] 参考条文：第1247条、第1276条、第2317条、第1282条、第1204条、第1292条、第1163条、第1293条，《住房所有权法》第31条、第33条。

§1274 Bestellung

(1) Die Bestellung des Pfandrechts an einem Recht erfolgt nach den für die Übertragung des Rechts geltenden Vorschriften. Ist zur Übertragung des Rechts die Übergabe einer Sache erforderlich, so finden die Vorschriften der §§1205, 1206 Anwendung.
(2) Soweit ein Recht nicht übertragbar ist, kann ein Pfandrecht an dem Recht nicht bestellt werden.

第一千二百七十四条 [设定]
Ⅰ [1]权利质权之设定，依关于权利让与之规定。[2]因权利之让与，须为物之交付者，适用第一千二百零五条及第一千二百零六条规定。
Ⅱ 权利不得让与者，不得为权利质权之设定[a]。

[a] 不得让与之权利，不问其系因法律之规定或由于权利之内容，或因当事人之约

定而不能让与,一律不得设定质权。因法律之规定不得让与之权利,包括社团社员权(第38条),不得扣押之请求权(第400条,《民事诉讼法》第850条),依1950年12月20日扶养法之扶养权,战争损害补偿定期金请求权等。

§1275 Pfandrecht an Recht auf Leistung

Ist ein Recht, kraft dessen eine Leistung gefordert werden kann, Gegenstand des Pfandrechts, so finden auf das Rechtsverhältnis zwischen dem Pfandgläubiger und dem Verpflichteten die Vorschriften, welche im Falle der Übertragung des Rechts für das Rechtsverhältnis zwischen dem Erwerber und dem Verpflichteten gelten, und im Falle einer nach §1217 Abs. 1 getroffenen gerichtlichen Anordnung die Vorschrift des §1070 Abs. 2 entsprechende Anwendung.

第一千二百七十五条 [以给付请求权为标的之质权][a]

以请求给付之权利为质权之标的物者,质权人与义务人间之法律关系,适用关于权利让与时受让人与义务人间法律关系之规定,在依第一千二百一十七条第一款而发法院命令之情形,准用第一千零七十条第二款规定。

a 参考条文:第404条以下、第407条、第1070条、第1156条、第1159条、第1192条。

§1276 Aufhebung oder Änderung des verpfändeten Rechts

(1) Ein verpfändetes Recht kann durch Rechtsgeschäft nur mit Zustimmung des Pfandgläubigers aufgehoben werden. Die Zustimmung ist demjenigen gegenüber zu erklären, zu dessen Gunsten sie erfolgt; sie ist unwiderruflich. Die Vorschrift des §876 Satz 3 bleibt unberührt.

(2) Das Gleiche gilt im Falle einer Änderung des Rechts, sofern sie das Pfandrecht beeinträchtigt.

第一千二百七十六条 [出质权利之废止或变更][a]

Ⅰ [1]出质之权利,非经质权人之同意,不得以法律行为废止之。[2]同意之表示,应向因同意而受利益之人为之;该同意不得撤回。[3]第八百七十六条第三段规定,不因此而受影响。

II 因权利之变更，而侵害质权者，亦同。

a 参考条文：第1071条、第1274条。

§1277 Befriedigung durch Zwangsvollstreckung

Der Pfandgläubiger kann seine Befriedigung aus dem Recht nur auf Grund eines vollstreckbaren Titels nach den für die Zwangsvollstreckung geltenden Vorschriften suchen, sofern nicht ein anderes bestimmt ist. Die Vorschriften des §1229 und des §1245 Abs. 2 bleiben unberührt.

第一千二百七十七条　[因强制执行而清偿][a]
　　¹除另有制定外，质权人仅基于执行名义，依强制执行之规定，始得对出质之权利，求其清偿。²第一千二百二十九条及第一千二百四十五条第二款规定，不因此而受影响。

a 参考条文：第1197条、第1244条、第1245条、第1273条、《民事诉讼法》第844条。

§1278 Erlöschen durch Rückgabe

Ist ein Recht, zu dessen Verpfändung die Übergabe einer Sache erforderlich ist, Gegenstand des Pfandrechts, so findet auf das Erlöschen des Pfandrechts durch die Rückgabe der Sache die Vorschrift des §1253 entsprechende Anwendung.

第一千二百七十八条　[因返还而消灭][a]
　　质权之标的物为权利，而其出质以物之交付为必要者，其因物之返还致质权消灭之情形，准用第一千二百五十三条规定。

a 参考条文：第1274条、第1253条、第1273条。

§1279 Pfandrecht an einer Forderung

Für das Pfandrecht an einer Forderung gelten die besonderen Vorschriften der §§1280 bis 1290. Soweit eine Forderung einen Börsen- oder Marktpreis hat, findet §1259 entsprechende Anwendung.

第一千二百七十九条 [债权质权]
¹关于债权质权,依第一千二百八十条至第一千二百九十条之特别规定。
²于债权有交易所或市场市价之情形,准用第一千二百五十九条规定。

§1280　Anzeige an den Schuldner

Die Verpfändung einer Forderung, zu deren Übertragung der Abtretungsvertrag genügt, ist nur wirksam, wenn der Gläubiger sie dem Schuldner anzeigt.

第一千二百八十条 [对债务人之通知]ª
债权之让与,以让与契约为之即为已足者,其债权之出质,应经债权人将其出质通知债务人,始生效力ᵇ。

a 参考条文:第398条、第952条、第1274条第1款、第1275条。
b 本条规定普通债权,即得依单纯合意而让与之债权,其让与仅依第1274条第1款所规定之设质契约为之,尚属不足,犹须由债权人对债务人为通知始可。是项通知系有相对人之单独行为(ein einseitiges empfangsbedürftiges Rechtsgeschäft)①,只须该通知相当明确足使债务人明了债权人系主张设质即可,不须作成书面通知,并系不要式行为。

§1281　Leistung vor Fälligkeit

Der Schuldner kann nur an den Pfandgläubiger und den Gläubiger gemeinschaftlich leisten. Jeder von beiden kann verlangen, dass an sie gemeinschaftlich geleistet wird; jeder kann statt der Leistung verlangen, dass die geschuldete Sache für beide hinterlegt oder, wenn sie sich nicht zur Hinterlegung eignet, an einen gerichtlich zu bestellenden Verwahrer abgeliefert wird.

第一千二百八十一条 [清偿期届满前给付]ª
¹债务人仅得对质权人及债权人共同为给付。²双方各得请求债务人对其共同为给付,并各得请求为双方提存债之标的物,其不适于提存者,交付法院选认之保管人,以代给付ᵇ。

---

① *Palandt/Bassenge*, BGB, 69. Aufl. (2010), §1280 Rdnr. 2.

第八章　动产质权与权利质权　　　　　　　　　　　　　　§§1281—1283

a 参考条文：第372条以下、第1228条第2款、第1282条、第1284条、第1287条、第1288条。
b 必须于"质权成熟"之事实未发生以前，即债权之清偿期未届至前，债务人始得对质权人及债权人为共同给付。如债权非为金钱债权者，在其未变为金钱债权前，得对质权人及债权人共同给付（参照第1228条第2款、第1282条）。

§1282　Leistung nach Fälligkeit

(1) Sind die Voraussetzungen des §1228 Abs. 2 eingetreten, so ist der Pfandgläubiger zur Einziehung der Forderung berechtigt und kann der Schuldner nur an ihn leisten. Die Einziehung einer Geldforderung steht dem Pfandgläubiger nur insoweit zu, als sie zu seiner Befriedigung erforderlich ist. Soweit er zur Einziehung berechtigt ist, kann er auch verlangen, dass ihm die Geldforderung an Zahlungs statt abgetreten wird.

(2) Zu anderen Verfügungen über die Forderung ist der Pfandgläubiger nicht berechtigt; das Recht, die Befriedigung aus der Forderung nach §1277 zu suchen, bleibt unberührt.

第一千二百八十二条　[清偿期届满后给付][a]

Ⅰ [1]具备第一千二百二十八条第二款所定之要件者，质权人得收取债权，债务人亦仅得向质权人为给付[b]。[2]质权人对金钱债权之收取，仅在其应受清偿之必要范围内，始得为之。[3]在得为收取债权范围内，质权人亦得请求让与金钱债权以代给付。

Ⅱ 关于债权之其他处分，质权人不得为之；依第一千二百七十七条规定，就债权未受清偿之权利，不因此而受影响。

a 参考条文：第1235条、第1237条、第1240条、第1277条、第1294条。
b 依本项规定，质权人只有收取债权之权，债权并未当然移转于质权人，但质权人取得依《民事诉讼法》第727条之权利继承人之地位。

§1283　Kündigung

(1) Hängt die Fälligkeit der verpfändeten Forderung von einer Kündigung ab, so bedarf der Gläubiger zur Kündigung der Zustimmung des Pfandgläubigers nur, wenn dieser berechtigt ist, die Nutzungen zu ziehen.

(2) Die Kündigung des Schuldners ist nur wirksam, wenn sie dem Pfandgläubiger und dem Gläubiger erklärt wird.

(3) Sind die Voraussetzungen des §1228 Abs. 2 eingetreten, so ist auch der Pfandgläubiger zur Kündigung berechtigt; für die Kündigung des Schuldners genügt die Erklärung gegenüber dem Pfandgläubiger.

第一千二百八十三条 [终止预告][a]

Ⅰ 出质之债权因终止之预告始届清偿期者，债权人之预告，仅于质权人有收益之权利时，始应经质权人之同意。

Ⅱ 债务人之终止预告，应向质权人及债权人双方为表示，始生效力。

Ⅲ 具备第一千二百二十八条第二款所定之要件时，质权人亦得为终止预告；债务人之预告，仅应向质权人表示之。

a 参考条文：第1284条、第1294条、第1286条、第1213条、第182条至第184条、第1283条、第1204条。

§1284 Abweichende Vereinbarungen

Die Vorschriften der §§1281 bis 1283 finden keine Anwendung, soweit der Pfandgläubiger und der Gläubiger ein anderes vereinbaren.

第一千二百八十四条 [不同约定]

第一千二百八十一条至第一千二百八十三条规定，在质权人与债权人另有约定时，不适用之。

§1285 Mitwirkung zur Einziehung

(1) Hat die Leistung an den Pfandgläubiger und den Gläubiger gemeinschaftlich zu erfolgen, so sind beide einander verpflichtet, zur Einziehung mitzuwirken, wenn die Forderung fällig ist.

(2) Soweit der Pfandgläubiger berechtigt ist, die Forderung ohne Mitwirkung des Gläubigers einzuziehen, hat er für die ordnungsmäßige Einziehung zu sorgen. Von der Einziehung hat er den Gläubiger unverzüglich zu benachrichtigen, sofern nicht die Benachrichtigung untunlich ist.

第一千二百八十五条 [收取之协助]ᵃ

Ⅰ 给付应向质权人及债权人共同为之者,在债权已届清偿期时,双方就债权之收取,互负协助之义务。

Ⅱ ¹在质权人无须经债权人之协助即得收取债权者,质权人应注意为通常之收取。²质权人为收取时,应尽速通知债权人。但不能通知者,不在此限。

a 参考条文:第1074条、第1241条、第1281条、第1284条、第1294条。

§1286 Kündigungspflicht bei Gefährdung

Hängt die Fälligkeit der verpfändeten Forderung von einer Kündigung ab, so kann der Pfandgläubiger, sofern nicht das Kündigungsrecht ihm zusteht, von dem Gläubiger die Kündigung verlangen, wenn die Einziehung der Forderung wegen Gefährdung ihrer Sicherheit nach den Regeln einer ordnungsmäßigen Vermögensverwaltung geboten ist. Unter der gleichen Voraussetzung kann der Gläubiger von dem Pfandgläubiger die Zustimmung zur Kündigung verlangen, sofern die Zustimmung erforderlich ist.

第一千二百八十六条 [危险时之终止预告义务]ᵃ

¹出质之债权须经终止之预告始届清偿期者,若因债之安全限于危殆,依通常财产管理之原则,应为债权之收取时,无预告权之质权人得请求债权人为预告。²具备前段之要件时,债权人得请求质权人对其预告表示同意,但以其同意有必要者为限。

a 参考条文:第1078条、第1218条以下、第1283条第1款、第1284条、《民事诉讼法》第283条、第888条、第894条。

§1287 Wirkung der Leistung

Leistet der Schuldner in Gemäßheit der §§1281, 1282, so erwirbt mit der Leistung der Gläubiger den geleisteten Gegenstand und der Pfandgläubiger ein Pfandrecht an dem Gegenstand. Besteht die Leistung in der Übertragung des Eigentums an einem Grundstück, so erwirbt der Pfandgläubiger eine Sicherungshypothek; besteht sie in der Übertragung des Eigentums an einem eingetragenen Schiff oder Schiffsbauwerk, so erwirbt der Pfandgläubiger eine Schiffshypothek.

第一千二百八十七条 [给付之效力]

¹债务人依第一千二百八十一条及第一千二百八十二条规定为给付者，债权人因给付而取得给付标的物，质权人因之而就标的物上取得质权ᵃ。²给付系土地所有权之让与者，质权人取得保全抵押权；给付系已经登记之船舶或建造中之船舶者，质权人取得船舶抵押权ᵇ。

a 债务人依第1281条、第1282条所为之共同给付，发生债权消灭（第362条）及质权消灭之效力。质权人则就给付物取得"补偿质权"（Ersatzpfand）。

b 1940年12月21日《关于登记船舶及船舶建造物权利法施行条例》（Die Verordnung zur Durchsetzung des Gesetzes über Rechte an eingetragenen Schiffen und Schiffbauwerken vom 21 Dezember 1940 (RGB. I 1609)）增订第1287条第2段后半段。

§1288 Anlegung eingezogenen Geldes

(1) Wird eine Geldforderung in Gemäßheit des §1281 eingezogen, so sind der Pfandgläubiger und der Gläubiger einander verpflichtet, dazu mitzuwirken, dass der eingezogene Betrag, soweit es ohne Beeinträchtigung des Interesses des Pfandgläubigers tunlich ist, nach den für die Anlegung von Mündelgeld geltenden Vorschriften verzinslich angelegt und gleichzeitig dem Pfandgläubiger das Pfandrecht bestellt wird. Die Art der Anlegung bestimmt der Gläubiger.

(2) Erfolgt die Einziehung in Gemäßheit des §1282, so gilt die Forderung des Pfandgläubigers, soweit ihm der eingezogene Betrag zu seiner Befriedigung gebührt, als von dem Gläubiger berichtigt.

第一千二百八十八条 [所收取金钱之投资]ᵃ

Ⅰ ¹依第一千二百八十一条规定收取金钱债权者，质权人与债权人应互负义务并互为协助，就所收取之金额，在不害及质权利益之可能范围内，依关于受监护人金钱投资之规定，投资生息，并为质权人设定质权。²投资之方法，由债权人定之。

Ⅱ 依第一千二百八十二条规定而为收取者，质权人之债权在所收取之金额，归属质权人以供清偿之范围内，视为债权人已清偿。

a 参考条文：第1079条、第1225条、第1273条、第1282条第1款、第1807条以下。

§1289 Erstreckung auf die Zinsen

Das Pfandrecht an einer Forderung erstreckt sich auf die Zinsen der Forderung. Die Vorschriften des §1123 Abs. 2 und der §§1124, 1125 finden entsprechende Anwendung; an die Stelle der Beschlagnahme tritt die Anzeige des Pfandgläubigers an den Schuldner, dass er von dem Einziehungsrecht Gebrauch mache.

第一千二百八十九条 [效力及于利息][a]
^{1}债权质权之效力,即于债权之利息[b]。^{2}第一千一百二十三条第二款、第一千一百二十四条及第一千一百二十五条规定,准用之;质权人以行使收取权之事由通知债务人者,其通知即代替扣押。

a 参考条文:第1281条。
b 本条扩张质权效力之规定,系属任意规定,如另依约定限制其效力及于利息者,此约定发生物权之限制效力。

§1290 Einziehung bei mehrfacher Verpfändung

Bestehen mehrere Pfandrechte an einer Forderung, so ist zur Einziehung nur derjenige Pfandgläubiger berechtigt, dessen Pfandrecht den übrigen Pfandrechten vorgeht.

第一千二百九十条 [关于多数出质之收取][a]
就一债权而设定数质权者,质权人中仅其次序优先于其他质权之质权人,始得享有收取权。

a 参考条文:第1209条、第1213条第1款、第1273条、《民事诉讼法》第771条、第804条、第805条、第853条以下。

§1291 Pfandrecht an Grund- oder Rentenschuld

Die Vorschriften über das Pfandrecht an einer Forderung gelten auch für das Pfandrecht an einer Grundschuld und an einer Rentenschuld.

第一千二百九十一条 [土地或定期土地债务质权]ᵃ

土地债务质权及定期土地债务质权，适用关于债权质权之规定。

a 参考条文：第1154条、第1191条、第1192条、第1195条、第1199条、第1274条。

§1292 Verpfändung von Orderpapieren

Zur Verpfändung eines Wechsels oder eines anderen Papiers, das durch Indossament übertragen werden kann, genügt die Einigung des Gläubigers und des Pfandgläubigers und die Übergabe des indossierten Papiers.

第一千二百九十二条 [指示证券之出质]

以票据ᵃ或其他依背书转让之证券为出质者ᵇ，仅须债权人与质权人互相合意并交付所背书之证券，即得为之ᶜ。

a 本条所谓票据（Wechsel），严格言之，限于汇票及本票，而支票不包括在内。支票在本条之规定应属其他依背书而转让之证券。此种证券，除支票以外，尚有记名股票（《股份法》第61条第2款）、商人指示证券、债务证券（《商法》第363条第1款）、载货证券、仓单、船舶抵押证书、运送保险单等。
b 指示证券之质权亦得依第1274条规定，仅依物权的设质契约及不为背书之证券交付为之，但只能取得依第1273条之普通质权人之权利而已。因此，在法律保护方面，不能有依本条设定质权者所有之对抗债务人及其他利害关系人之异议。
c 就汇票及本票设定质权时，依《汇票本票法》第19条得依"正式设质背书"（offenes Indossament）为之。但支票及其他证券则须依"隐匿设质背书"（verdecktes Indossament），即须不明白记载设定质权之意旨，而以普通背书之方式为之。

§1293 Pfandrecht an Inhaberpapieren

Für das Pfandrecht an einem Inhaberpapier gelten die Vorschriften über das Pfandrecht an beweglichen Sachen.

第一千二百九十三条 [无记名证券质权]ᵃ

无记名证券质权，适用关于动产质权之规定。

a 参考条文：第793条、第1195条、第807条、第1205条、第1207条、第1231条、

第1294条、第1296条、第1227条、第1228条以下、第1277条。

§1294 Einziehung und Kündigung

Ist ein Wechsel, ein anderes Papier, das durch Indossament übertragen werden kann, oder ein Inhaberpapier Gegenstand des Pfandrechts, so ist, auch wenn die Voraussetzungen des §1228 Abs. 2 noch nicht eingetreten sind, der Pfandgläubiger zur Einziehung und, falls Kündigung erforderlich ist, zur Kündigung berechtigt und kann der Schuldner nur an ihn leisten.

第一千二百九十四条 [收取与终止预告]^a
票据、其他依背书转让之证券或无记名证券为质权之标的者，纵未具备第一千二百二十八条第二款规定之要件，质权人仍得为收取，有为终止之预告之必要时，得为预告，债务人仅得对质权人为给付。

a 参考条文：第1228条第2款、第1281条、第1283条第2款、第3款、第1274条、第1292条、第1285条第2款、第1231条、第1287条、第1294条。

§1295 Freihändiger Verkauf von Orderpapieren

Hat ein verpfändetes Papier, das durch Indossament übertragen werden kann, einen Börsen- oder Marktpreis, so ist der Gläubiger nach dem Eintritt der Voraussetzungen des §1228 Abs. 2 berechtigt, das Papier nach §1221 verkaufen zu lassen. §1259 findet entsprechende Anwendung.

第一千二百九十五条 [指示证券之自由出卖]^a
¹出质证券得以背书转让且有交易所或市场之市价者，于第一千二百二十八条第二款所定之要件发生后，债权人得依第一千二百二十一条规定，出卖其证券^b。²第一千二百五十九条规定，准用之。

a 参考条文：第1294条、第1281条以下、第1277条、第1293条、第1284条、第1234条以下、第1295条、第1229条、第1244条。
b 本条系放宽第1228条第2款规定，就汇票、本票及其他指示证券，规定质权人在未发生"质权成熟"之情形前，即可收取债权。

§1296 Erstreckung auf Zinsscheine

Das Pfandrecht an einem Wertpapier erstreckt sich auf die zu dem Papier gehörenden Zins-, Renten- oder Gewinnanteilscheine nur dann, wenn sie dem Pfandgläubiger übergeben sind. Der Verpfänder kann, sofern nicht ein anderes bestimmt ist, die Herausgabe der Scheine verlangen, soweit sie vor dem Eintritt der Voraussetzungen des §1228 Abs. 2 fällig werden.

第一千二百九十六条　[及于利息证券之效力][a]
¹有价证券质权，其效力及于附属于该证券之利息证券、定期金证券或红利证券，但以已交付于质权人者为限。²除另有制定外，该证券于第一千二百二十八条第二款所定之要件发生前届满者，出质人得请求证券之返还。

a 参考条文：第803条、第1254条、第1289条、第1294条，《民事诉讼法》第109条。

Gesetz über das Erbbaurecht
(Erbbaurechtsgesetz – ErbbauRG)
Vom 15. Januar 1919
地上权法
1919 年 1 月 15 日公布（RGBl. S. 72, ber. S. 122）①

I. Begriff und Inhalt des Erbbaurechts
第一款　地上权之意义及内容

1. Gesetzlicher Inhalt
第一目　法定之内容

§1 Gesetzlicher Inhalt des Erbbaurechts

(1) Ein Grundstück kann in der Weise belastet werden, daß demjenigen, zu dessen Gunsten die Belastung er das veräußerliche und vererbliche Recht zusteht, auf oder unter der Oberfläche des Grundstücks ein Bauwerhaben (Erbbaurecht).

(2) Das Erbbaurecht kann auf einen für das Bauwerk nicht erforderlichen Teil des Grundstücks erstreckt werden sofern das Bauwerk wirtschaftlich die Hauptsache bleibt.

(3) Die Beschränkung des Erbbaurechts auf einen Teil eines Gebäudes, insbesondere ein Stockwerk ist unzulässig.

(4) Das Erbbaurecht kann nicht durch auflösende Bedingungen beschränkt werden. Auf eine Vereinbarung, durch die sich der Erbbauberechtigte verpflichtet, beim Eintreten bestimmter Voraussetzungen das Erbbaure aufzugeben und seine Löschung im Grundbuch zu bewilligen, kann sich der Grundstückseigentümer nicht berufen.

第一条　[地上权之法定内容]
Ⅰ 土地得设定负担，而使因设定负担而受利益之人，就地面上下所有工作物具有一切可让与及可继承之权利（地上权）。
Ⅱ 以工作物于经济上为主物者为限，地上权得及于对该工作物非必要之

---

① 最新修正日：2013年10月1日（BGBl. I S. 3719）。

土地部分。
Ⅲ 地上权之范围不得限于建筑物之一部分，即如其一层。
Ⅵ ¹地上权不得以解除条件加以限制。²就特定要件成就时，地上权人负有抛弃地上权之义务，并就涂销土地登记簿中之地上权登记有合意者，土地所有人对此不得援用该合意。

2. Vertragsmäßiger Inhalt
第二目　约定之内容

§2　Vertragsmäßiger Inhalt des Erbbaurechts

Zum Inhalt des Erbbaurechts gehören auch Vereinbarungen des Grundstückseigentümers und des Erbbauberechtigten über:
1. die Errichtung, die Instandhaltung und die Verwendung des Bauwerks;
2. die Versicherung des Bauwerks und seinen Wiederaufbau im Falle der Zerstörung;
3. die Tragung der öffentlichen und privatrechtlichen Lasten und Abgaben;
4. eine Verpflichtung des Erbbauberechtigten, das Erbbaurecht beim Eintreten bestimmter Voraussetzungen auf den Grundstückseigentümer zu übertragen (Heimfall);
5. eine Verpflichtung des Erbbauberechtigten zur Zahlung von Vertragsstrafen;
6. die Einräumung eines Vorrechts für den Erbbauberechtigten auf Erneuerung des Erbbaurechts nach dessen Ablauf;
7. eine Verpflichtung des Grundstückseigentümers, das Grundstück an den jeweiligen Erbbauberechtigten zu verkaufen.

第二条　[地上权之约定内容]
下列各项情事，经土地所有人与地上权人合意，亦得作为地上权之内容：
1. 工作物之设置、保存及费用。
2. 工作物之保险及工作物于灭失时之重建。
3. 公法及私法上负担及税捐之承担。
4. 于特定要件发生时，地上权人移转地上权于土地所有人之义务（返还）。
5. 地上权人支付违约金之义务。
6. 于地上权期限届满后，赋予地上权人更新地上权之优先权。
7. 土地所有人出卖土地于现地上权人之义务。

§3　Heimfallanspruch

Der Heimfallanspruch des Grundstückseigentümers kann nicht von dem Eigentum an dem Grundstück getrennt werden; der Eigentümer kann verlangen, daß das Erbbaurecht einem von ihm zu bezeichnenden Dritten übertragen wird.

第三条　[返还请求权]

土地所有人之返还请求权，不得与土地所有权分离；土地所有人得请求地上权移转于其所指定之第三人。

§4　Verjährung

Der Heimfallanspruch sowie der Anspruch auf eine Vertragsstrafe (§2 Nr. 4 und 5) verjährt in sechs Monaten von dem Zeitpunkt an, in dem der Grundstückseigentümer von dem Vorhandensein der Voraussetzungen Kenntnis erlangt, ohne Rücksicht auf diese Kenntnis in zwei Jahren vom Eintreten der Voraussetzungen an.

第四条　[时效]

返还请求权及违约金请求权（第二条第四项、第五项），于土地所有人自知悉要件发生后，经六个月间不行使时效消灭；虽未知悉，于要件发生后，经过二年者，亦同。

§5　Zustimmung des Grundstückseigentümers

(1) Als Inhalt des Erbbaurechts kann auch vereinbart werden, daß der Erbbauberechtigte zur Veräußerung des Erbbaurechts der Zustimmung des Grundstückseigentümers bedarf.

(2) Als Inhalt des Erbbaurechts kann ferner vereinbart werden, daß der Erbbauberechtigte zur Belastung des Erbbaurechts mit einer Hypothek, Grund- oder Rentenschuld oder einer Reallast der Zustimmung des Grundstückseig- entümers bedarf. Ist eine solche Vereinbarung getroffen, so kann auch eine Änderung des Inhalts der Hypothek, Grund- oder Rentenschuld oder der Reallast, die eine weitere Belastung des Erbbaurechts enthält,　nicht ohne die Zustimmung des Grundstückseigentümers erfolgen.

第五条　[土地所有人之同意]

Ⅰ 关于地上权人让与地上权，应得土地所有人同意，亦得经合意作为地上权之内容。

Ⅱ ¹关于地上权人设定抵押权、土地债务、定期土地债务或物上负担于地上权之上，应得土地所有人同意，亦得经合意作为地上权之内容。²在有该合意情形，关于抵押权、土地债务、定期土地债务或物上负担，包括地上权其他负担在内，其内容之变更，非经土地所有人同意，一概不生效力。

§6　Rechtsfolgen des Fehlens der Zustimmung

(1) Ist eine Vereinbarung gemäß §5 getroffen, so ist eine Verfügung des Erbbauberechtigten über das Erbbaurecht und ein Vertrag, durch den er sich zu einer solchen Verfügung verpflichtet, unwirksam, solange nicht der Grundstückseigentümer die erforderliche Zustimmung erteilt hat.

(2) Auf eine Vereinbarung, daß ein Zuwiderhandeln des Erbbauberechtigten gegen eine nach §5 übernommene Beschränkung einen Heimfallanspruch begründen soll, kann sich der Grundstückseigentümer nicht berufen.

第六条　[同意欠缺之法律效力]

Ⅰ 依第五条规定成立合意者，地上权人对地上权之处分，及规定地上权人负有此处分义务之契约，除经土地所有人为必要之同意者外，无效。

Ⅱ 约定地上权人违反依第五条规定所加限制，即发生返还请求权者，土地所有人对该约定不得援用。

§7　Anspruch auf Erteilung der Zustimmung

(1) Ist anzunehmen, daß durch die Veräußerung (§5 Abs. 1) der mit der Bestellung des Erbbaurechts verfolgte Zweck nicht wesentlich beeinträchtigt oder gefährdet wird, und daß die Persönlichkeit des Erwerbers Gewähr für eine ordnungsmäßige Erfüllung der sich aus dem Erbbaurechtsinhalt ergebenden Verpflichtungen bietet, so kann der Erbbauberechtigte verlangen, daß der Grundstückseigentümer die Zustimmung zur Veräußerung erteilt. Dem Erbbauberechtigten kann auch für weitere Fälle ein Anspruch auf Erteilung der Zustimmung eingeräumt werden.

(2) Ist eine Belastung (§5 Abs. 2) mit den Regeln einer ordnungsmäßigen Wirtschaft

vereinbar, und wird der mit der Bestellung des Erbbaurechts verfolgte Zweck nicht wesentlich beeinträchtigt oder gefährdet, so kann der Erbbauberechtigte verlangen, daß der Grundstückseigentümer die Zustimmung zu der Belastung erteilt.

(3) Wird die Zustimmung des Grundstückseigentümers ohne ausreichenden Grund verweigert, so kann sie auf Antrag des Erbbauberechtigten durch das Amtsgericht ersetzt werden, in dessen Bezirk das Grundstück belegen ist. §40 Abs. 2 Satz 2 und Abs. 3 Satz 1, 3 und 4 und §63 Abs. 2 Nr. 2 des Gesetzes über das Verfahren in Familiensachen und in den Angelegenheiten der freiwilligen Gerichtsbarkeit gelten entsprechend.

第七条　[同意请求权]

Ⅰ ¹如让与（第五条第一款）对于地上权设定之目的，无本质上之侵害或妨害，且取得人之人格对于地上权内容所生之义务之正常履行，堪作保证者，地上权人得请求土地所有人对让与地上权授予同意。²于此情形，《家事及非讼事件程序法》第四十条第二款第二段、第三款第一段、第三款第一段、第三段、第四款及第六十三条第二款第二项规定准用之。

Ⅱ 如负担之设定（第五条第二款），适合于通常经营之法则，且对地上权设定之目的，无本质上之侵害或妨害时，地上权人得请求土地所有人对设定负担授予同意。

Ⅲ ¹如土地所有人无正当理由拒绝同意者，地上权人得向土地所在地之简易法院申请判决以代替该同意。²于此情形，《家事及非讼事件程序法》第四十条第二款第二段、第三款第一段、第三段及第四段及第六十三条第二款第二项规定，准用之。

§8 Zwangsvollstreckung in das Erbbaurecht

Verfügungen, die im Wege der Zwangsvollstreckung oder der Arrestvollziehung oder durch den Insolvenzverwalter erfolgen, sind insoweit unwirksam, als sie die Rechte des Grundstückseigentümers aus einer Vereinbarung gemäß §5 vereiteln oder beeinträchtigen würden.

第八条　[地上权之强制执行]

强制执行或假扣押执行或由破产管理人所为之处分，如破坏或影响土地所有人基于第五条规定之合意所具有之权利时，其处分不生效力。

3. Erbbauzins
第三目 地 租

§9 Bestellung und Inhalt des Erbbauzinses

(1) Wird für die Bestellung des Erbbaurechts ein Entgelt in wiederkehrenden Leistungen (Erbbauzins) ausbedungen, so finden die Vorschriften des Bürgerlichen Gesetzbuchs über die Reallasten entsprechende Anwendung. Die zugunsten der Landesgesetze bestehenden Vorbehalte über Reallasten finden keine Anwendung.

(2) Der Anspruch des Grundstückseigentümers auf Entrichtung des Erbbauzinses kann in Ansehung noch nicht fälliger Leistungen nicht von dem Eigentum an dem Grundstück getrennt werden.

(3) Als Inhalt des Erbbauzinses kann vereinbart werden, daß
1. die Reallast abweichend von §52 Abs. 1 des Gesetzes über die Zwangsversteigerung und die Zwangsverwaltung mit ihrem Hauptanspruch bestehen bleibt, wenn der Grundstückseigentümer aus der Reallast oder der Inhaber eines im Range vorgehenden oder gleichstehenden dinglichen Rechts oder der Inhaber der in §10 Abs. 1 Nr. 2 des Gesetzes über die Zwangsversteigerung und die Zwangsverwaltung genannten Ansprüche auf Zahlung der Beiträge zu den Lasten und Kosten des Wohnungserbbaurechts die Zwangsversteigerung des Erbbaurechts betreibt, und
2. der jeweilige Erbbauberechtigte dem jeweiligen Inhaber der Reallast gegenüber berechtigt ist, das Erbbaurecht in einem bestimmten Umfang mit einer der Reallast im Rang vorgehenden Grundschuld, Hypothek oder Rentenschuld im Erbbaugrundbuch zu belasten.

Ist das Erbbaurecht mit dinglichen Rechten belastet, ist für die Wirksamkeit der Vereinbarung die Zustimmung der Inhaber der der Erbbauzinsreallast im Rang vorgehenden oder gleichstehenden dinglichen Rechte erforderlich.

(4) Zahlungsverzug des Erbbauberechtigten kann den Heimfallanspruch nur dann begründen, wenn der Erbbauberechtigte mit dem Erbbauzins mindestens in Höhe zweier Jahresbeträge im Rückstand ist.

第九条 [地租之设定及内容]

Ⅰ [1]关于地上权之设定，约定以定期给付（地租）之支付为对价者，准用民法关于物上负担之规定。[2]关于物上负担，就各邦法律所为之保留规定，不适用之。

Ⅱ 土地所有人之地租支付请求权, 于支付期未届满前, 不得与土地所有权分离。

Ⅲ ¹地租, 得为下列之约定:
1. 物上负担之土地所有人、先顺位或同顺位之物权人或强制拍卖及强制管理法第十条第一款第二项规定之请求权人, 就住宅地上权负担或费用之支付强制拍卖地上权者, 物上负担仍与其主请求权并存。强制拍卖及强制管理法第五十二条第一款规定, 不适用之; 且
2. 地上权人得对抗物上负担权利人, 于其地上权设定一定范围, 优先于物上负担之土地债务、抵押权或定期土地负担, 并将其登记于地上权土地登记簿。

²于地上权设定物上权利者, 该约定应经先顺位之地租物上负担权利人或其与相之同顺位之权利人同意, 始生效力。

Ⅳ 地上权人支付迟延, 以积欠地租达两年之总额以上者为限, 得发生返还请求权。

§9a Anspruch auf Erhöhung des Erbbauzinses

(1) Dient das auf Grund eines Erbbaurechts errichtete Bauwerk Wohnzwecken, so begründet eine Vereinbarung, daß eine Änderung des Erbbauzinses verlangt werden kann, einen Anspruch auf Erhöhung des Erbbauzinses nur, soweit diese unter Berücksichtigung aller Umstände des Einzelfalles nicht unbillig ist. Ein Erhöhungsanspruch ist regelmäßig als unbillig anzusehen, wenn und soweit die nach der vereinbarten Bemessungsgrundlage zu errechnende Erhöhung über die seit Vertragsabschluß eingetretene Änderung der allgemeinen wirtschaftlichen Verhältnisse hinausgeht. Änderungen der Grundstückswertverhältnisse bleiben außer den in Satz 4 genannten Fällen außer Betracht. Im Einzelfall kann bei Berücksichtigung aller Umstände, insbesondere
1. einer Änderung des Grundstückswerts infolge eigener zulässigerweise bewirkter Aufwendungen des Grundstückseigentümers oder
2. der Vorteile, welche eine Änderung des Grundstückswerts oder die ihr zugrunde liegenden Umstände für den Erbbauberechtigten mit sich bringen, ein über diese Grenze hinausgehender Erhöhungsanspruch billig sein. Ein Anspruch auf Erhöhung des Erbbauzinses darf frühestens nach Ablauf von drei Jahren seit Vertragsabschluß und, wenn eine Erhöhung des Erbbauzinses bereits erfolgt ist, frühestens nach Ablauf von drei Jahren seit der jeweils letzten Erhöhung des

Erbbauzinses geltend gemacht werden.

(2) Dient ein Teil des auf Grund des Erbbaurechts errichteten Bauwerks Wohnzwecken, so gilt Absatz 1 nur für den Anspruch auf Änderung eines angemessenen Teilbetrags des Erbbauzinses.

第九条之一 [地租调高请求权]

I ^{1}基于地上权而建立具有居住目的之工作物,其请求变更地租或请求调高地租之约定,仅于斟酌具体案件中所有情形而认非不公平者,始得成立。^{2}依约定基础所计算之调高幅度,超过自订立契约起发生之一般经济状况变动幅度者,调高请求通常视为不公平。^{3}土地价值状况之变更,除第四段规定者外,不考虑之。^{4}于具体案件,经斟酌所有情形,得认逾该限度之调高请求为公平,即如:

1. 土地之价值,因土地所有人自行以容许方式所生之费用而变更者,或
2. 土地价值,因利益之产生而变更或创造变更之基础,且有利于地上权人者。^{5}自订立契约起经过三年或地租曾调高者,自最后调高起经过三年,始得主张地租调高请求权。

II 就因地上权而建立具有部分居住目的之工作物,第一款规定仅适用于变更适当部分地租之请求。

4. Rangstelle
第四目　顺　位

§10　Rangstelle

(1) Das Erbbaurecht kann nur zur ausschließlich ersten Rangstelle bestellt werden; der Rang kann nicht geändert werden. Rechte, die zur Erhaltung der Wirksamkeit gegenüber dem öffentlichen Glauben des Grundbuchs der Eintragung nicht bedürfen, bleiben außer Betracht.

(2) Die Landesregierungen werden ermächtigt, durch Rechtsverordnung zu bestimmen, dass bei der Bestellung des Erbbaurechts von dem Erfordernis der ersten Rangstelle abgewichen werden kann, wenn dies für die vorhergehenden Berechtigten und den Bestand des Erbbaurechts unschädlich ist.

第十条 [顺位]

I ^{1}地上权之设定只以设定于第一顺位为限;顺位不得变更。^{2}权力不须

以登记而维持其对土地登记簿公信之效力者，不在此限。
Ⅱ 各邦法律得规定地上权设定时不须遵守第一顺位之要件，但以其不遵守对先顺位权利人及地上权之存在无害者为限。

5. Anwendung des Grundstücksrechts
第五目　土地法之适用

§11　Anwendung anderer Vorschriften

(1) Auf das Erbbaurecht finden die sich auf Grundstücke beziehenden Vorschriften mit Ausnahme der §§925, 927, 928 des Bürgerlichen Gesetzbuchs sowie die Vorschriften über Ansprüche aus dem Eigentum entsprechende Anwendung, soweit sich nicht aus diesem Gesetz ein anderes ergibt. Eine Übertragung des Erbbaurechts, die unter einer Bedingung oder einer Zeitbestimmung erfolgt, ist unwirksam.

(2) Auf einen Vertrag, durch den sich der eine Teil verpflichtet, ein Erbbaurecht zu bestellen oder zu erwerben, findet der §311b Abs. 1 des Bürgerlichen Gesetzbuchs entsprechende Anwendung

第十一条　[其他规定之适用]

Ⅰ [1]关于地上权，除《民法典》第九百二十五条、第九百二十七条、第九百二十八条外，有关土地之规定，及基于所有权之请求权之有关规定，均得适用之，但以本法无其他规定者为限。[2]附条件或期限之地上权让与无效。

Ⅱ 契约制定土地所有人负担设定地上权之义务者，准用《民法典》第三百一十一条第一款规定。

6. Bauwerk. Bestandteile
第六目　工作物、成分

§12　Bauwerk als wesentlicher Bestandteil

(1) Das auf Grund des Erbbaurechts errichtete Bauwerk gilt als wesentlicher Bestandteil des Erbbaurechts. Das gleiche gilt für ein Bauwerk, das bei der

Bestellung des Erbbaurechts schon vorhanden ist. Die Haftung des Bauwerks für die Belastungen des Grundstücks erlischt mit der Eintragung des Erbbaurechts im Grundbuch.
(2) Die §§94 und 95 des Bürgerlichen Gesetzbuchs finden auf das Erbbaurecht entsprechende Anwendung; die Bestandteile des Erbbaurechts sind nicht zugleich Bestandteile des Grundstücks.
(3) Erlischt das Erbbaurecht, so werden die Bestandteile des Erbbaurechts Bestandteile des Grundstücks.

第十二条　[工作物作为重要成分]
Ⅰ ^{1}基于地上权所设置之工作物，视为地上权之重要成分。^{2}于地上权设定时已存在之工作物，亦同。^{3}关于工作物对土地上负担所负之责任，于地上权登记于土地登记簿时消灭。
Ⅱ《德国民法典》第九十四条、第九十五条准用于地上权；地上权之成分，非即为土地之成分。
Ⅲ 地上权消灭时，地上权之成分即成为土地之成分。

§13　Untergang des Bauwerkes

Das Erbbaurecht erlischt nicht dadurch, daß das Bauwerk untergeht.

第十三条　[工作物之灭失]
地上权不因工作物灭失而消灭。

II. Grundbuchvorschriften
第二款　土地登记簿规定

§14　Erbbaugrundbuch

(1) Für das Erbbaurecht wird bei der Eintragung in das Grundbuch von Amts wegen ein besonderes Grundbuchblatt (Erbbaugrundbuch) angelegt. Im Erbbaugrundbuch sind auch der Eigentümer und jeder spätere Erwerber des Grundstücks zu vermerken. Zur näheren Bezeichnung des Inhalts des Erbbaurechts kann auf die Eintragungsbewilligung Bezug genommen werden.

(2) Bei der Eintragung im Grundbuch des Grundstücks ist zur näheren Bezeichnung des Inhalts des Erbbaurechts auf das Erbbaugrundbuch Bezug zu nehmen.

(3) Das Erbbaugrundbuch ist für das Erbbaurecht das Grundbuch im Sinne des Bürgerlichen Gesetzbuchs. Die Eintragung eines neuen Erbbauberechtigten ist unverzüglich auf dem Blatt des Grundstücks zu vermerken. Bei Wohnungs- und Teilerbbauberechtigten wird der Vermerk durch Bezugnahme auf die Wohnungs- und Teilerbbaugrundbücher ersetzt.

(4) Die Landesregierungen werden ermächtigt, durch Rechtsverordnung zu bestimmen, dass die Vermerke nach Absatz 1 Satz 2 und Absatz 3 Satz 2 automatisiert angebracht werden, wenn das Grundbuch und das Erbbaugrundbuch als Datenbankgrundbuch geführt werden. Die Anordnung kann auf einzelne Grundbuchämter sowie auf einzelne Grundbuchblätter beschränkt werden. Die Landesregierungen können die Ermächtigung durch Rechtsverordnung auf die Landesjustizverwaltungen übertragen.

第十四条 [地上权登记簿]

Ⅰ ¹地上权登记于土地登记簿时，应依职权制作特别登记用纸（地上权登记簿）。²并应于地上权登记簿记入土地所有人及嗣后每一土地取得人。³为表明地上权之详细内容，得引用登记同意书。

Ⅱ 于土地登记簿为登记时，为表明地上权之详细内容，得引用地上权登记簿。

Ⅲ ¹地上权登记簿对地上权而言，即系民法意义上之土地登记簿。²新地上权人登记时，应即时附记于土地登记用纸。³居住或部分地上权人之登记，得以居住及部分地上权登记簿之引用代之。

Ⅳ ¹土地登记簿及地上权登记簿以土地登记资料库行之者，授权邦政府，得以法规命令制定自动为第一款第二段及第三款第二段规定之记载。²该记载之要求得限于各该土地登记机关及各该土地登记用纸。³邦政府得以法规命令将该授权移转于邦司法行政机关。

§15　Zustimmung des Grundstückseigentümers

In den Fällen des §5 darf der Rechtsübergang und die Belastung erst eingetragen werden, wenn dem Grundbuchamt die Zustimmung des Grundstückseigentümers nachgewiesen ist.

第十五条 [土地所有人之同意]

在第五条之情形，权利移转及负担，应俟土地所有人同意已向土地登记官署予以证实，使得登记。

§16 Löschung des Erbbaurechts

Bei der Löschung des Erbbaurechts wird das Erbbaugrundbuch von Amts wegen geschlossen.

第十六条 [地上权之消灭]

地上权消灭时，应依职权注销地上权登记簿。

§17 Bekanntmachungen

(1) Jede Eintragung in das Erbbaugrundbuch soll auch dem Grundstückseigentümer, die Eintragung von Verfügungsbeschränkungen des Erbbauberechtigten den im Erbbaugrundbuch eingetragenen dinglich Berechtigten bekanntgemacht werden. Im übrigen sind §44 Abs. 2, 3, §55 Abs. 1 bis 3, 5 bis 8, §§55a und 55b der Grundbuchordnung entsprechend anzuwenden.

(2) Dem Erbbauberechtigten soll die Eintragung eines Grundstückseigentümers, die Eintragung von Verfügungsbeschränkungen des Grundstückseigentümers sowie die Eintragung eines Widerspruchs gegen die Eintragung des Eigentümers in das Grundbuch des Grundstücks bekanntgemacht werden.

(3) Auf die Bekanntmachung kann verzichtet werden.

第十七条 [通知]

I ¹地上权于土地登记簿所为之各项登记者，应通知土地所有人；限制地上权人处分之登记者，应通知该登记于地上权登记簿之物上权利人。
²土地登记簿规则第四十四条第二款、第三款规定、第五十五条第一款至第三款规定及第五款至第八款规定、第五十五之一条及第五十五之二条规定，准用之，及对所有人登记之异议登记，对于已在地上权登记簿登记之物权人应通知之。

II 于土地登记簿内，土地所有人之登记、限制土地所有人处分之登记，及对所有人登记之异议登记，均应通知地上权人。

III 此项通知，得予舍弃。

III. Beleihung
第三款　借贷能力

1. Mündelhypothek
第一目　关于受监护人之金钱投资所为之抵押

§18 Mündelsicherheit

Eine Hypothek an einem Erbbaurecht auf einem inländischen Grundstück ist für die Anlegung von Mündelgeld als sicher anzusehen, wenn sie eine Tilgungshypothek ist und den Erfordernissen der §§19, 20 entspricht.

第十八条　[就受监护人之金钱投资之确实性]

以存在于国内土地上之地上权设定抵押者，如系清偿抵押权，且具备第十九条、第二十条之要件时，其抵押权，对于以被监护人之金钱所为之投资，应认为确实之担保。

§19 Höhe der Hypothek

(1) Die Hypothek darf die Hälfte des Wertes des Erbbaurechts nicht übersteigen. Dieser ist anzunehmen gleich der halben Summe des Bauwerts und des kapitalisierten, durch sorgfältige Ermittlung festgestellten jährlichen Mietreinertrags, den das Bauwerk nebst den Bestandteilen des Erbbaurechts unter Berücksichtigung seiner Beschaffenheit bei ordnungsmäßiger Wirtschaft jedem Besitzer nachhaltig gewähren kann. Der angenommene Wert darf jedoch den kapitalisierten Mietreinertrag nicht übersteigen.

(2) Ein der Hypothek im Range vorgehender Erbbauzins ist zu kapitalisieren und von ihr in Abzug zu bringen. Dies gilt nicht, wenn eine Vereinbarung nach §9 Abs. 3 Satz 1 getroffen worden ist.

第十九条　[抵押权之数额]

I [1]抵押权不得超过地上权价额之半数。[2]工作物价额之半数，及就工作物连同地上权成分之一年份租赁纯益加以估算所得金额之半数，二者相加，视同地上权价额；此项租赁纯益金额，应斟酌物在通常经营之下之性质，依其对于任一占有人所能长时继续产生者，经精密之调查而确定之。³前段确定之价额，不得超过经估算为金钱之租赁纯益额。

II ¹地租之顺位在抵押权之前者，应换算为金钱并由抵押权方面扣除之。²但依第九条第三款第一段规定成立约定者，不在此限。

§20 Tilgung der Hypothek

(1) Die planmäßige Tilgung der Hypothek muß
1. unter Zuwachs der ersparten Zinsen erfolgen,
2. spätestens mit dem Anfang des vierten auf die Gewährung des
3. Hypothekenkapitals folgenden Kalenderjahrs beginnen, spätestens zehn Jahre vor Ablauf des Erbbaurechts endigen und darf
4. nicht länger dauern, als zur buchmäßigen Abschreibung des Bauwerks nach wirtschaftlichen Grundsätzenerforderlich ist.

(2) Das Erbbaurecht muß mindestens noch so lange laufen, daß eine den Vorschriften des Absatzes 1 entsprechende Tilgung der Hypothek für jeden Erbbauberechtigten oder seine Rechtsnachfolger aus den Erträgen des Erbbaurechts möglich ist.

第二十条　[抵押权清偿]

I 抵押权之计划清偿，应于下述条件下行之：
1. 因利息节省之增多而清偿。
2. 至迟于支付抵押原本后之第四历年开始时而开始清偿。
3. 至迟于地上权期间届满前十年终了时清偿，并
4. 不得超过工作物依经济上之原则自登记簿涂销所必要之期间，而继续清偿。

II 地上权至少在各地上权人及其继受人可能以地上权之收益充作相当于前向所定条件之抵押权清偿之期间内，继续存在。

2. Landesrechtliche Vorschriften
第二目　关于其他借贷之担保范围

§21 (weggefallen)

第二十一条　[删除]

3. Landesrechtliche Vorschriften
第三目 邦法之规定

§22 Landesrechtliche Vorschriften

Die Landesgesetzgebung kann für die innerhalb ihres Geltungsbereichs belegenen Grundstücke
1. die Mündelsicherheit der Erbbaurechtshypotheken abweichend von den Vorschriften der §§18 bis 20 regeln,
2. bestimmen, in welcher Weise festzustellen ist, ob die Voraussetzungen für die Mündelsicherheit (§§19, 20) vorliegen.

第二十二条 [邦法之规定]
邦立法对于在其法律适用区域内之土地，得规定：
1. 地上权抵押得异于第十八条至第二十条之规定而为被监护人金钱投资之担保。
2. 关于被监护人金钱投资之担保，是否合于法定要件（第十九条、第二十条），应以如何之方法加以确定。

IV. Feuerversicherung. Zwangsversteigerung
第四款 火灾保险、强制拍卖

1. Feuerversicherung
第一目 火灾保险

§23 Feuerversicherung

Ist das Bauwerk gegen Feuer versichert, so hat der Versicherer den Grundstückseigentümer unverzüglich zu benachrichtigen, wenn ihm der Eintritt des Versicherungsfalls angezeigt wird.

第二十三条 [火灾保险]
工作物投保火灾保险者，保险人于得悉发生保险事故时，应即通知土地所有人。

2. Zwangsversteigerung
第二目 强制拍卖

a) des Erbbaurechts
甲 地上权之强制拍卖

§24 Zwangsversteigerung des Erbbaurechts

Bei einer Zwangsvollstreckung in das Erbbaurecht gilt auch der Grundstückseigentümer als Beteiligter im Sinne des §9 des Gesetzes über die Zwangsversteigerung und die Zwangsverwaltung.

第二十四条 [地上权之强制拍卖]

关于地上权之强制执行，土地所有人视同强制拍卖及强制管理法第九条规定所称之利害关系人。

b) des Grundstücks
乙 土地之强制拍卖

§25 Zwangsversteigerung des Grundstücks

Wird das Grundstück zwangsweise versteigert, so bleibt das Erbbaurecht auch dann bestehen, wenn es bei der Feststellung des geringsten Gebots nicht berücksichtigt ist.

第二十五条 [土地之强制拍卖]

强制拍卖土地时，纵使地上权于确定土地之最低拍卖价格时，未被考虑，地上权依然存在。

V. Beendigung, Erneuerung, Heimfall
第五款 消灭、更新、归属

1. Beendigung
第一目 消 灭

a) Aufhebung
甲 废 止

§26 Aufhebung

Das Erbbaurecht kann nur mit Zustimmung des Grundstückseigentümers aufgehoben werden. Die Zustimmung ist dem Grundbuchamt oder dem Erbbauberechtigten gegenüber zu erklären; sie ist unwiderruflich.

第二十六条 [废止]

¹地上权以获得土地所有人之同意为限，始得废止之。²前段同意，应向土地登记官署或地上权人表示之；但不得撤回。

b) Zeitablauf
乙 期 满

§27 Entschädigung für das Bauwerk

(1) Erlischt das Erbbaurecht durch Zeitablauf, so hat der Grundstückseigentümer dem Erbbauberechtigten eine Entschädigung für das Bauwerk zu leisten. Als Inhalt des Erbbaurechts können Vereinbarungen über die Höhe der Entschädigung und die Art ihrer Zahlung sowie über ihre Ausschließung getroffen werden.

(2) Ist das Erbbaurecht zur Befriedigung des Wohnbedürfnisses minderbemittelter Bevölkerungskreise bestellt, so muß die Entschädigung mindestens zwei Drittel des gemeinen Wertes betragen, den das Bauwerk bei Ablauf des Erbbaurechts hat. Auf eine abweichende Vereinbarung kann sich der Grundstückseigentümer nicht berufen.

(3) Der Grundstückseigentümer kann seine Verpflichtung zur Zahlung der

Entschädigung dadurch abwenden, daß er dem Erbbauberechtigten das Erbbaurecht vor dessen Ablauf für die voraussichtliche Standdauer des Bauwerks verlängert; lehnt der Erbbauberechtigte die Verlängerung ab, so erlischt der Anspruch auf Entschädigung. Das Erbbaurecht kann zur Abwendung der Entschädigungspflicht wiederholt verlängert werden.

(4) Vor Eintritt der Fälligkeit kann der Anspruch auf Entschädigung nicht abgetreten werden.

第二十七条 [工作物之补偿]

Ⅰ [1]地上权因存续期间届满而消灭时，土地所有人须向地上权人为工作物之补偿。[2]就补偿金额、其支付之方法，及补偿之免除所为之约定，得列为地上权之内容。

Ⅱ [1]地上权之设定，系为缓和无资产人居住地区之住宅缺乏者，其补偿金额不得低于工作物在地上权期满时通常价格之三分二。[2]如有相反之约定者，土地所有人不得援用之。

Ⅲ [1]土地所有人于地上权存续期间届满前，得请求地上权人于工作物预见可得使用之期限内，延长地上权之期间，以免除补偿之义务；如地上权人拒绝延长者，即不得请求补偿。[2]为免除补偿义务，不得让与补偿请求权。

Ⅳ 期间未届满前，不得让与补偿请求权。

§28 Haftung der Entschädigungsforderung

Die Entschädigungsforderung haftet auf dem Grundstück an Stelle des Erbbaurechts und mit dessen Rang.

第二十八条 [补偿请求权之责任]

补偿请求权替代地上权，并依其顺位，使土地负担责任。

§29 Hypotheken, Grund- und Rentenschulden, Reallasten

Ist das Erbbaurecht bei Ablauf der Zeit, für die es bestellt war, noch mit einer Hypothek oder Grundschuld oder mit Rückständen aus Rentenschulden oder Reallasten belastet, so hat der Gläubiger der Hypothek, Grund- oder Rentenschuld oder Reallast an dem Entschädigungsanspruch dieselben Rechte, die ihm im Falle des Erlöschens seines Rechts durch Zwangsversteigerung an dem Erlös zustehen.

第二十九条 [抵押权、土地债务、定期土地债务或物上负担]

地上权期间届满时，地上权尚负有抵押权、土地债务、定期土地债务或物上负担者，其抵押债权人、土地债务、定期土地债务或物上负担之债权人对于补偿请求权，享有权利，与债权人因拍卖而丧失权利时对拍卖价金所享有之权利相同。

§30 Miete, Pacht

(1) Erlischt das Erbbaurecht, so finden auf Miet- und Pachtverträge, die der Erbbauberechtigte abgeschlossen hat, die im Falle der Übertragung des Eigentums geltenden Vorschriften entsprechende Anwendung.

(2) Erlischt das Erbbaurecht durch Zeitablauf, so ist der Grundstückseigentümer berechtigt, das Miet- oder Pachtverhältnis unter Einhaltung der gesetzlichen Frist zu kündigen. Die Kündigung kann nur für einen der beiden ersten Termine erfolgen, für die sie zulässig ist. Erlischt das Erbbaurecht vorzeitig, so kann der Grundstückseigentümer das Kündigungsrecht erst ausüben, wenn das Erbbaurecht auch durch Zeitablauf erlöschen würde.

(3) Der Mieter oder Pächter kann den Grundstückseigentümer unter Bestimmung einer angemessenen Frist zur Erklärung darüber auffordern, ob er von dem Kündigungsrecht Gebrauch mache. Die Kündigung kann nur bis zum Ablauf der Frist erfolgen.

第三十条 [使用租赁、收益租赁]

Ⅰ 地上权消灭时，地上权人制定之使用租赁及收益租赁，准用所有权让与之规定。

Ⅱ ¹地上权因存续期间届满而消灭时，土地所有人得遵照法定期间终止使用租赁或收益租赁契约。²前段终止契约，仅得于被许期限之最初二期之一为之。³地上权如在期限前消灭者，土地所有人亦须至依期限亦应届满而消灭时，始得行使终止权。

Ⅲ ¹使用承租人或收益承租人得定相当期间，催告土地所有人，确答是否终止。²终止须在期间未届满前为之。

2. Erneuerung
第二目 更 新

§31 Erneuerun

(1) Ist dem Erbbauberechtigten ein Vorrecht auf Erneuerung des Erbbaurechts eingeräumt (§2 Nr. 6), so kann er das Vorrecht ausüben, sobald der Eigentümer mit einem Dritten einen Vertrag über Bestellung eines Erbbaurechts an dem Grundstück geschlossen hat. Die Ausübung des Vorrechts ist ausgeschlossen, wenn das für den Dritten zu bestellende Erbbaurecht einem anderen wirtschaftlichen Zweck zu dienen bestimmt ist.

(2) Das Vorrecht erlischt drei Jahre nach Ablauf der Zeit, für die das Erbbaurecht bestellt war.

(3) Die Vorschriften der §§464 bis 469, 472, 473 des Bürgerlichen Gesetzbuches finden entsprechende Anwendung.

(4) Dritten gegenüber hat das Vorrecht die Wirkung einer Vormerkung zur Sicherung eines Anspruchs auf Einräumung des Erbbaurechts. Die §§1099 bis 1102 des Bürgerlichen Gesetzbuchs gelten entsprechend. Wird das Erbbaurecht vor Ablauf der drei Jahre (Abs. 2) im Grundbuch gelöscht, so ist zur Erhaltung des Vorrechts eine Vormerkung mit dem bisherigen Rang des Erbbaurechts von Amts wegen einzutragen.

(5) Soweit im Falle des §29 die Tilgung noch nicht erfolgt ist, hat der Gläubiger bei der Erneuerung an dem Erbbaurecht dieselben Rechte, die er zur Zeit des Ablaufs hatte. Die Rechte an der Entschädigungsforderung.

第三十一条 [更新]

Ⅰ ¹地上权人有更新地上权之优先权者（第二条第六款），如所有人在土地上与第三人制定契约，设定地上权时，得立即行使其优先权。²为第三人所设定之地上权系为达不同经济目的而设者，不得行使优先权。

Ⅱ 优先权于设定地上权期间届满后三年始归消灭。

Ⅲ 前项情形，准用《德国民法典》第四百六十四条至第四百六十九条、第四百七十二条、第四百七十三条。

Ⅳ [1]优先权对于第三人具有保全关于让与地上权之请求权之假登记之效力。[2]并准用《德国民法典》第一千零九十九条至第一千一百零二条之规定。[3]地上权于未经过三年期限前（第二款），从土地登记簿上涂销时，为保全优先权，须按地上权原顺位，依职权办理假登记。

Ⅴ 在第二十九条情形，如未获补偿而地上权已更新，债权人对于地上权仍享有与期满时原享有者相同之权利；于此情形，对于补偿请求权上所存权利即告消灭。

3. Heimfall
第三目 返 还

§32 Vergütung für das Erbbaurecht

(1) Macht der Grundstückseigentümer von seinem Heimfallanspruch Gebrauch, so hat er dem Erbbauberechtigten eine angemessene Vergütung für das Erbbaurecht zu gewähren. Als Inhalt des Erbbaurechts können Vereinbarungen über die Höhe dieser Vergütung und die Art ihrer Zahlung sowie ihre Ausschließung getroffen werden.

(2) Ist das Erbbaurecht zur Befriedigung des Wohnbedürfnisses minderbemittelter Bevölkerungskreise bestellt, so darf die Zahlung einer angemessenen Vergütung für das Erbbaurecht nicht ausgeschlossen werden. Auf eine abweichende Vereinbarung kann sich der Grundstückseigentümer nicht berufen. Die Vergütung ist nicht angemessen, wenn sie nicht mindestens zwei Drittel des gemeinen Wertes des Erbbaurechts zur Zeit der Übertragung beträgt.

第三十二条 [对地上权之补偿]

Ⅰ [1]土地所有人行使返还请求权时，须向地上权人为相当补偿。[2]就补偿金额、补偿方法，及补偿之免除所为约定，得列为地上权之内容。

Ⅱ [1]地上权系为缓和无资产人居住地区之住宅缺乏者，不得免除补偿。[2]如有相反之约定者，土地所有人亦不得援用之。[3]补偿金额如低于地上权让与时通常价格三分之二者，其补偿即不相当。

§33 Belastungen

(1) Beim Heimfall des Erbbaurechts bleiben die Hypotheken, Grund- und Rentenschulden und Reallasten bestehen, soweit sie nicht dem Erbbauberechtigten selbst zustehen. Dasselbe gilt für die Vormerkung eines gesetzlichen Anspruchs auf Eintragung einer Sicherungshypothek. Andere auf dem Erbbaurecht lastende Rechte erlöschen.

(2) Haftet bei einer Hypothek, die bestehen bleibt, der Erbbauberechtigte zugleich persönlich, so übernimmt der Grundstückseigentümer die Schuld in Höhe der Hypothek. Die Vorschriften des §416 des Bürgerlichen Gesetzbuchs finden entsprechende Anwendung. Das gleiche gilt, wenn bei einer bestehenbleibenden Grundschuld oder bei Rückständen aus Rentenschulden oder Reallasten der Erbbauberechtigte zugleich persönlich haftet.

(3) Die Forderungen, die der Grundstückseigentümer nach Absatz 2 übernimmt, werden auf die Vergütung (§32) angerechnet.

第三十三条 [负担]

Ⅰ [1]于地上权返还时，抵押权、土地债务、定期土地债务期及物上负担，除属于地上权人自身者外，依然存在。[2]前段规定，对于保全抵押权登记之法定请求权之假登记，亦适用之。[3]地上权上所负担之其他权利归于消灭。

Ⅱ [1]抵押权存在而地上权人亦须负人的责任时，土地所有人在抵押权范围内承担其债务。[2]《民法典》第四百一十六条之规定准用之。[3]在土地债务依然存在，或定期土地债务或物上负担依然残存，而地上权人亦须负人的责任时，亦同。

Ⅲ 土地所有人根据第二款所接替处理之债权，应于补偿额（第三十二条）内扣算之。

4. Bauwerk
第四目 工作物

§34 Bauwerk

Der Erbbauberechtigte ist nicht berechtigt, beim Heimfall oder beim Erlöschen des Erbbaurechts das Bauwerk wegzunehmen oder sich Bestandteile des Bauwerks anzueignen.

第三十四条 [工作物]
地上权返还或消灭时，地上权人并无收回工作物或持有工作物成分之权利。

VI. Schlußbestimmungen
第六款　附　则

§35　Inkrafttreten

(1) Für nach dem Inkrafttreten des Gesetzes zur Änderung der Verordnung über das Erbbaurecht vom 8. Januar 1974 (BGBl. I S. 41) am 23. Januar 1974 fällig werdende Erbbauzinsen ist §9a auch bei Vereinbarungen des dort bezeichneten Inhalts anzuwenden, die vor dem 23. Januar 1974 geschlossen worden sind.

(2) Ist der Erbbauzins auf Grund einer Vereinbarung nach Absatz 1 vor dem 23. Januar 1974 erhöht worden, so behält es hierbei sein Bewenden. Der Erbbauberechtigte kann jedoch für die Zukunft eine bei entsprechender Anwendung der in Absatz 1 genannten Vorschrift gerechtfertigte Herabsetzung dann verlangen, wenn das Bestehenbleiben der Erhöhung für ihn angesichts der Umstände des Einzelfalles eine besondere Härte wäre.

第三十五条 [生效]

Ⅰ 于一九七四年一月八日[①]通过，自一九七四年一月二十三日生效之修正《地上权法》后到期之地租，其约定订立于一九七四年一月二十三日前，且具第九条之一规定之内容者，亦适用该条。

Ⅱ [1]地租因依第一款规定订立之约定而于一九七四年一月二十三日前调高者，得维持其状态。[2]但调高地租之存续，于斟酌具体案件中各种情形后，对地上权人特别严苛者，地上权人将来得请求准用第一款规定之合理调降。

---

① 《联邦法律公报》第1卷第41页。

§36 und §37 (weggefallen)

第三十六条至第三十七条 [删除]

§38 Früher begründete Erbbaurechte

Für ein Erbbaurecht, mit dem ein Grundstück am 21. Januar 1919 belastet war, bleiben die bis dahin geltenden Gesetze maßgebend.

第三十八条 [施行前所设定之地上权]

一九一九年一月二十一日所设定之地上权,仍适用当时之法律。

§39 Vorkaufsrecht oder Kaufberechtigung

Erwirbt ein Erbbauberechtigter auf Grund eines Vorkaufsrechts oder einer Kaufberechtigung im Sinne des §2 Nr. 7 das mit dem Erbbaurecht belastete Grundstück oder wird ein bestehendes Erbbaurecht erneuert, sind die Kosten und sonstigen Abgaben nicht noch einmal zu erheben, die schon bei Begründung des Erbbaurechts entrichtet worden sind.

第三十九条 [先买权或购买权]

如地上权人,依先买权,或第二条第七项所规定之购买权,取得负担地上权之土地,或更新已成立之地上权时,所有规费及其他税捐,在当地上权设定时所已支付之限度内,不列入计算项目中。

《德国民法典》与《中华人民共和国民法典》条文对照表（物权编）

德国民法典	中华人民共和国民法典	德国民法典	中华人民共和国民法典	德国民法典	中华人民共和国民法典
854	—	875	360、365	896	—
855	—	876	—	897	—
856	—	877	—	898	—
857	—	878	—	899	220
858	—	879	414	899-1	—
859	181	880	—	900	
860	—	881	—	901	—
861	462	882	—	902	
862	462	883	—	903	240
863	—	884	—	904	182
864	462	885	221	905	—
865	—	886		906	294
866	—	887	—	907	236
867	291	888		908	236
868	—	889		909	295
869	—	890	—	910	—
870		891		911	321
871	—	892	216	912	—
872	—	893		913	
873	209	894	220	914	
874	—	895		915	

德国民法典	中华人民共和国民法典	德国民法典	中华人民共和国民法典	德国民法典	中华人民共和国民法典
916	—	938	—	963	—
917	291	939	—	964	—
918	—	940	—	965	314
919	—	941	—	966	316
920	—	942	—	967	314
921	—	943	—	968	316
922	—	944	—	969	—
923	—	945	—	970	317
924	—	946	322	971	317
925	—	947	322	972	—
925-1	—	948	322	973	318
926	—	949	—	974	—
927	—	950	322	975	—
928	—	951	—	976	—
929	224	952	—	977	—
929-1	—	953	321	978	—
930	228	954	—	979	—
931	227	955	—	980	—
932	311	956	—	981	—
932-1	—	957	—	982	—
933	—	958	—	983	—
934	—	959	—	984	319
935	312	960	—	985	235
936	313	961	—	986	—
937	—	962	—	987	—

德国民法典	中华人民共和国民法典	德国民法典	中华人民共和国民法典	德国民法典	中华人民共和国民法典
988	—	1018	372	1043	—
989	—	1019	—	1044	—
990	461	1020	376	1045	—
991	—	1021	375	1046	—
992	—	1022	—	1047	—
993	460	1023	—	1048	—
994	460、461	1024	—	1049	—
995	—	1025	382	1050	—
996	—	1026	383	1051	—
997	—	1027	—	1052	—
998	—	1028	—	1053	—
999	—	1029	—	1054	—
1000	—	1030	323	1055	—
1001	—	1031	—	1056	—
1002	—	1032	—	1057	—
1003	—	1033	—	1058	—
1004	—	1034	—	1059	—
1005	—	1035	—	1059-1	—
1006	—	1036	—	1059-2	—
1007	462	1037	—	1059-3	—
1008	298	1038	324、329	1059-4	—
1009	—	1039	—	1059-5	—
1010	—	1040	—	1060	—
1011	307	1041	—	1061	—
1012—1017 [删除]		1042	—	1062	—

德国民法典	中华人民共和国民法典	德国民法典	中华人民共和国民法典	德国民法典	中华人民共和国民法典
1063	—	1088	—	1113	394
1064	—	1089	—	1114	—
1065	—	1090	—	1115	402
1066	310	1091	—	1116	—
1067	—	1092	—	1117	—
1068	—	1093	366	1118	—
1069	—	1094	—	1119	—
1070	—	1095	—	1120	—
1071	—	1096	—	1121	—
1072	—	1097	—	1122	—
1073	—	1098	—	1123	—
1074	—	1099	—	1124	—
1075	—	1100	—	1125	—
1076	—	1101	—	1126	—
1077	—	1102	—	1127	—
1078	—	1103	—	1128	—
1079	—	1104	—	1129	—
1080	—	1105	—	1130	—
1081	—	1106	—	1131	—
1082	—	1107	—	1132	—
1083	—	1108	—	1133	—
1084	—	1109	—	1134	—
1085	—	1110	—	1135	—
1086	—	1111	—	1136	—
1087	—	1112	—	1137	—

德国民法典	中华人民共和国民法典	德国民法典	中华人民共和国民法典	德国民法典	中华人民共和国民法典
1138	—	1163	—	1186	—
1139	—	1164	—	1187	—
1140	—	1165	409	1188	—
1141	—	1166	—	1189	—
1142	—	1167	—	1190	420
1143	—	1168	—	1191	—
1144	—	1169	—	1192	—
1145	—	1170	—	1193	—
1146	—	1171	—	1194	—
1147	—	1172	—	1195	—
1148	—	1173	—	1196	—
1149	401	1174	—	1197	—
1150	—	1175	—	1198	—
1151	—	1176	—	1199	—
1152	—	1177	—	1200	—
1153	407	1178	—	1201	—
1154	—	1179	—	1202	—
1155	—	1179-1	—	1203	—
1156	—	1179-2	—	1204	425
1157	—	1180	—	1205	429
1158	—	1181	—	1206	—
1159	—	1182	—	1207	—
1160	—	1183	—	1208	—
1161	—	1184	—	1209	—
1162	—	1185	—	1210	—

德国民法典	中华人民共和国民法典	德国民法典	中华人民共和国民法典	德国民法典	中华人民共和国民法典
1211	—	1236	—	1273	446
1212	—	1237	—	1274	440
1213	430	1238	—	1275	—
1214	—	1239	—	1276	—
1215	432	1240	—	1277	—
1216	—	1241	—	1278	—
1217	—	1242	—	1279	—
1218	432	1243	—	1280	445
1219	433	1244	—	1281	—
1220	—	1245	—	1282	—
1221	—	1246	—	1283	—
1222	—	1247	—	1284	—
1223	436	1248	—	1285	—
1224	—	1249	—	1286	—
1225	—	1250	—	1287	—
1226	—	1251	—	1288	—
1227	—	1252	393	1289	—
1228	—	1253	—	1290	—
1229	428	1254	—	1291	—
1230	—	1255	—	1292	441
1231	—	1256	—	1293	—
1232	—	1257	—	1294	—
1233	—	1258	—	1295	—
1234	—	1259	—	1296	—
1235	—	1260—1272 [删除]	—		

《德国民法典》与台湾地区"民法"条文对照表(物权编)

德国民法典	台湾地区"民法"	德国民法典	台湾地区"民法"	德国民法典	台湾地区"民法"
854	940、946Ⅱ	875	—	896	—
855	942	876	—	897	—
856	964	877	758Ⅰ	898	—
857	—	878	—	899	—
858	—	879	865、851-1、841-5	899-1	—
859	960	880	870-1	900	769、770、772
860	961	881	—	901	—
861	962前	882	—	902	—
862	962后	883	土地79-1	903	765
863	—	884	—	904	—
864	963	885	—	905	773
865	—	886	—	906	793
866	965	887	—	907	—
867	791	888	—	908	795
868	941	889	762	909	794
869	—	890	—	910	797
870	946Ⅱ	891	759-1Ⅰ	911	798
871	—	892	759-1Ⅱ	912	796Ⅰ
872	—	893	759-1Ⅱ	913	—
873	758	894	—	914	—
874	—	895	—	915	796Ⅱ

德国民法典	台湾地区"民法"	德国民法典	台湾地区"民法"	德国民法典	台湾地区"民法"
916	800-1	938	944 II	963	—
917	787	939	—	964	—
918	789	940	771	965	803
919	—	941	771 II	966	806
920	—	942	—	967	803 I、804
921	—	943	947 I	968	—
922	—	944	947 I	969	—
923	—	945	—	970	805 I
924	—	946	811	971	805 II
925	758 I	947	812	972	805 V
925-1	166-1	948	813	973	807 I
926	—	949	815	974	—
927	—	950	814	975	—
928	764	951	816	976	807 II
929	761 I	952	—	977	—
929-1	—	953	766	978	803但、805、805-1
930	761 II	954	—	979	
931	761 III	955	952	980	
932	801、948 I	956	—	981	
932-1	—	957	—	982	
933	948 II	958	802	983	
934	—	959	764	984	808
935	949、950、951	960	—	985	767 I 前
936	—	961		986	
937	768、768-1	962		987	

德国民法典	台湾地区"民法"	德国民法典	台湾地区"民法"	德国民法典	台湾地区"民法"
988	958	1012—1017 [删除]		1042	—
989	956	1018	851	1043	—
990	959	1019	—	1044	—
991	—	1020	854、855 I	1045	—
992	—	1021	855 II	1046	—
993	—	1022	—	1047	—
994	954、957	1023	855-1	1048	—
995	954	1024	—	1049	—
996	955	1025	856	1050	—
997	—	1026	857	1051	—
998	—	1027	767 II	1052	—
999	—	1028	—	1053	—
1000	—	1029	—	1054	—
1001	—	1030	—	1055	—
1002	—	1031	—	1056	—
1003	—	1032	—	1057	—
1004	767 I 后	1033	—	1058	—
1005	—	1034	—	1059	—
1006	943、944 I、949、950、951	1035	—	1059-1	—
1007	949、950、951、951-1、962	1036	—	1059-2	—
		1037	—	1059-3	—
1008	817	1038	—	1059-4	—
1009	—	1039	—	1059-5	—
1010	826-1 I	1040	—	1060	—
1011	821	1041	—	1061	—

德国民法典	台湾地区"民法"	德国民法典	台湾地区"民法"	德国民法典	台湾地区"民法"
1062	—	1087	—	1112	—
1063	—	1088	—	1113	860
1064	—	1089	—	1114	—
1065	—	1090	—	1115	—
1066	—	1091	—	1116	—
1067	—	1092	—	1117	—
1068	—	1093	—	1118	861
1069	—	1094	—	1119	—
1070	—	1095	—	1120	862、862-1、863
1071	—	1096	—	1121	862 Ⅱ
1072	—	1097	—	1122	—
1073	—	1098	—	1123	864
1074	—	1099	—	1124	—
1075	—	1100	—	1125	—
1076	—	1101	—	1126	—
1077	—	1102	—	1127	—
1078	—	1103	—	1128	—
1079	—	1104	—	1129	—
1080	—	1105	—	1130	—
1081	—	1106	—	1131	—
1082	—	1107	—	1132	875
1083	—	1108	—	1133	872
1084	—	1109	—	1134	871
1085	—	1110	—	1135	—
1086	—	1111		1136	—

德国民法典	台湾地区"民法"	德国民法典	台湾地区"民法"	德国民法典	台湾地区"民法"
1137	—	1162	—	1185	—
1138	—	1163	—	1186	—
1139	—	1164	—	1187	—
1140	—	1165	—	1188	—
1141	—	1166	—	1189	—
1142	—	1167	—	1190	881-1
1143	879	1168	—	1191	—
1144	—	1169	—	1192	—
1145	—	1170	—	1193	—
1146	—	1171	—	1194	—
1147	873	1172	—	1195	—
1148	—	1173	875-4	1196	—
1149	873-1	1174	875-1	1197	—
1150	—	1175	—	1198	—
1151	—	1176	—	1199	—
1152	—	1177	—	1200	—
1153	870	1178	—	1201	—
1154	—	1179	土地79-1	1202	—
1155	—	1179-1	762	1203	—
1156	—	1179-2	—	1204	884
1157	—	1180	—	1205	885
1158	—	1181	873-2	1206	—
1159	—	1182	875-4	1207	886
1160	—	1183	—	1208	—
1161	—	1184	—	1209	—

德国民法典	台湾地区"民法"	德国民法典	台湾地区"民法"	德国民法典	台湾地区"民法"
1210	887	1235	893 I	1260—1272 [删除]	
1211	—	1236	—	1273	900、901
1212	—	1237	—	1274	902
1213	889	1238	—	1275	—
1214	890	1239	—	1276	903
1215	888	1240	—	1277	—
1216	—	1241	894	1278	—
1217	—	1242	—	1279	—
1218	—	1243	—	1280	—
1219	892	1244	—	1281	—
1220	894	1245	895	1282	906
1221	—	1246	—	1283	—
1222	—	1247	—	1284	—
1223	896	1248	—	1285	—
1224	—	1249	—	1286	—
1225	—	1250	—	1287	906、906-1
1226	—	1251	—	1288	—
1227	—	1252	—	1289	—
1228	893 I	1253	897	1290	—
1229	893 II	1254	—	1291	—
1230	—	1255	—	1292	908 I 后
1231	—	1256	762	1293	908 I 前
1232	—	1257	—	1294	909
1233	—	1258	—	1295	—
1234	894	1259	899-2	1296	910

亲属编

编译者 / **戴炎辉**

修订者 / **戴东雄**

4 Familienrecht
第四编　亲属编

简　介

一、德国民法亲属编之特色

德国亲属法为民法典之第四编，即第一编为民法总则、第二编债编、第三编物权、第四编亲属及第五编继承，与台湾地区"民法"之编名并无不同。德国亲属编共分三章。第一章为婚姻、第二章亲属及第三章监护（自第1297条至第1921条），其与台湾地区"亲属法"分为七章，即第一章为通则、第二章婚姻、第三章父母子女、第四章监护、第五章扶养、第六章家及第七章亲属会议（自第967条至第1127条），二者有相当大之差别，尤其内容上有更大之不同。德国亲属法相较于台湾地区法之规定，显然条次较多，且较精致与细密。兹将德国亲属法之特色简要介绍如下：

（一）将《婚姻法》重行纳入民法的范畴

公元1900年制定之德国民法亲属编，至希特勒时代，本于民族主义的世界观，于1938年7月6日另单独制定《婚姻法》，而将民法第1303条至第1352条、第1564条至第1587条之规定废止不用。单独立法后之《婚姻法》，其特色乃禁止德国人与犹太人结婚，又禁止有遗传性疾病人之结婚。第二次世界大战后，《婚姻法》废止旧法中之民族主义政策之规定，继续适用。其后在1976年与1998年两次亲属法之修改中，先后将结婚与离婚之规定再度回归民法体系，并作相当幅度的修正，同时《婚姻法》全部不再适用。

（二）《男女平等法》对于德国亲属法的影响

因配合德国基本法之故，于公元1957年所订定之《男女平等法》，对亲属法也产生了一定的影响，首先将《婚姻法》当中以家庭主妇为模范所设计之规定加以排除。其次，针对婚姻的姓氏也不再有夫姓优先于妻姓的情形，而以中性的"家姓"取代之。最后男女平等原则也贯彻在亲子相关之法规范中，使父母对于亲子间之权利除了基于生理因素之不同而应作之区别以外，不应有因性别而来之差别待遇。

（三）《同性登记伴侣法》作为德国亲属法之特别法

德国于2001年2月16日公布《同性登记伴侣法》（Gesetz über die eigetragene

Lebensgemeinschaft），并于同年8月1日实施，其后自2002年至2014年进行多次修正。此法一经施行后，意谓德国在传统一男一女所结合之婚姻以外，另创设于主管机关登记之同性伴侣结合关系，而使得同性伴侣之共同生活，不再因为性别原因，被排除在法律保护之外。从此同性伴侣关系也成为德国亲属法内容之一环。《同性登记伴侣法》分为六节，第一节为同性登记伴侣关系之成立方式与要件，第二节为同性登记伴侣关系之效力，第三节为同性登记伴侣之分居，第四节为同性登记伴侣关系之废止，第五节为过渡条款，第六节为邦法开放条款授权规定，共23条。惟亲属编中之《婚姻法》与《同性登记伴侣法》之性质相近，因此《同性登记伴侣法》之内容多处移植有关民法上婚姻之规定，甚至明文规定准用之。惟关于同性伴侣相关法律并不仅以特别法的方式存在，更连带影响德国亲属法部分条文之更动，例如关于重婚之规定（第1306条、第1315条）、扶养请求权与扶养责任（第1586条、第1586条之1、第1608条）、子女从姓之规定（第1617条之3第2款、第3款、第1757条第1款、第1765条第1款、第3款）、成年收养之要件与效力（第1767条、第1770条）、监护人职责中代理权之排除规定（第1794条）、辅助人的选任（第1897条第5款）、同意权之保留的限制（第1903条第2款）等，皆将同性伴侣等同配偶看待，而明文规定于法条中。

（四）禁婚亲属之放宽与登记婚之配套措施

德国《婚姻法》上之禁婚亲属与台湾地区之规定比较，显然放宽不少，即仅限制直系亲属间与旁系血亲二亲等间，不得结婚。至于姻亲，不问直系或旁系，均不禁止结婚。

德国结婚之形式要件采用登记婚主义，即结婚之当事人须在户政人员面前为结婚之意思表示，经户政人员确认其结婚之意思后，始登记于结婚登记簿。如未为登记结婚时，原则上不成立夫妻关系，但有补救措施，避免成为事实上之夫妻。例如男女双方有结婚之意思，虽未为结婚之登记，但二人已共同生活满十年者，亦能创设夫妻之身份。此为台湾地区登记婚所欠缺之规定。

（五）夫妻婚后之婚姓

夫妻婚后之姓氏乃从男女平等原则出发，应由双方在户政事务所约定共同之婚姓（家姓）。如未约定者，夫妻各以其结婚时所使用之姓氏，于婚姻关系存续中继续使用。但夫妻得在户政事务所约定其中一方之本姓或于结婚时所声明之姓氏为其婚姓。又夫妻一方之姓非为婚姓者，得在户政事务所声明，将夫妻之婚姓置于其本姓或结婚时所声明之姓氏之前或其后。

（六）法定财产制净益财产之分配采双轨制

德国民法上之法定财产制采用净益共同财产制，但净益财产之分配，仅适用于夫妻之离婚及改用其他夫妻财产制，而消灭法定财产制时为限。至于夫妻一方先死亡而消灭法定财产制时，不问先死亡之一方实际有无净益，依继承法上之规定，生存之配偶与血亲继承人共同继承者，均能提高其法定应继份，而不适用亲属法上净益分配之规定。

德国亲属法上之约定财产制之种类,与台湾地区"亲属法"上之规定不同,其分为分别财产制、普通共同财产制及延续共同财产制(fortgesetzte Gütergemeinschaft),此延续共同财产制系夫妻以契约约定,在夫妻一方先死亡后,生存之他方与共同之直系血亲卑亲属继续适用共同财产制。

(七)离婚原因之破裂主义与离婚后之扶养

德国亲属法未有如台湾地区法之两愿离婚,而采裁判离婚,即夫妻之离婚,仅得由夫妻之一方或双方诉请法院裁判离婚。而离婚之原因采破裂主义,婚姻破裂者,得诉请裁判离婚。所称婚姻破裂系指夫妻共同生活已不存在,且无法期待破镜重圆。惟所谓无法期待破镜重圆,乃夫妻主观之意思,法院甚难判断,故以夫妻分居已达一年,或夫妻双方皆诉请离婚,或是一方诉请离婚,而他方允诺,以推定婚姻是否破裂。

夫妻离婚后,原则上不再互负扶养义务。仅于特定情况,方得向离婚后之配偶请求扶养。例如照顾共同所生之子女、因年龄或身心障碍而无谋生能力,或是离婚后未能从事适当之职业。所谓适当之职业乃指依该离婚配偶所受之教育程度、养成之专业能力与过去工作之经验,而符合其年龄与身体状况之工作。同时,该受扶养义务之一方配偶亦应具备不能维持生活之要件。

除了离婚后扶养之规定以外,德国法进而针对夫妻在婚姻关系存续中,因就业或工作所取得之未来养老年金或预期之收入,应如同法定财产制中之净益分配一般,于夫妻离婚后亦得加以分配,以保障婚姻存续中无就业之一方配偶之老年给养权益。然而由于德国养老年金种类繁多,故于《德国民法典》第1587条中明定,应适用特别法之规定,即《照护财产分配法》(Versorgungsausgleichsgesetz)加以处理。此一养老年金之分配,为台湾地区"民法"所未有。原则上,夫妻于离婚时,就养老年金之期待权取得较多之一方配偶为义务人,而他方为权利人,其得请求养老年金之期待权差额之半数。此年金之计算方法,以权利人在婚姻关系存续期间有保险之年资而对义务人全部保险年资所占之比例,定其所能请求之数额。

(八)去除婚生子女与非婚生子女之区别

在父母子女的篇章中,德国法很早就致力排除婚生子女与非婚生子女在法律上所受之不平等地位,自1970年在德国宪法法院的要求下,先通过了《非婚生子女法》,惟该内容过于急就章,而未能顾及非婚生子女之真正需求。其后于1998年的《亲子法》改革中,对于非婚生子女之相关条文作了结构性的更动,先去除婚生子女与非婚生子女在法律用语上之不同,换言之,法条不再有"非婚生子女(unehelich)"的字眼,从而仅就子女法律上之父亲为定义,包括子女出生时,与生母有婚姻关系者,或是已为任意认领之意思表示者,或是经由强制认领诉讼确认其为生父者。又德国法上之任意认领与台湾地区不同,非为生父之单独行为,而应得生母之同意。此外,认领攸关子女之身份,故应经公证始可。一旦建立法定亲子关系之后,该子女在法律上皆可享有同等的保障,此包括亲权的行使、子女之从姓等规定。

(九)将人工生殖法之重要内容纳入亲属法规范

在父母子女相关规范中，与台湾地区大不相同的是，德国将因人工生殖所出生子女之法律地位，不以特别法加以规范，反而规定于民法中。其中包括明文订立分娩者为母（第1591条），以排除代孕人工生殖施行之可能性。并正视以捐精方式所生子女之血缘必然与受术夫不同之情形，而于受术夫同意进行人工生殖之后，禁止其提起父子关系否认之诉（第1600条第5款）。

（十）监护制度划分为未成年人之监护与成年人之辅助

德国监护法近年来有相当大之改进，对未成年人称为监护，以受监护人最佳利益为指导原则，而对成年人之监护，则将原本之禁治产制度废除，改以成年辅助制度，依该成年人之心智状态，以设置辅助人的方式以及订定辅助事务之范围，来协助该成年人进行其人身财产之管理，并严守必要性原则。此与台湾地区二分法之监护宣告与辅助宣告，有所不同。德国法上之成年辅助宣告系以保护宪法上人权为出发点及尊重受辅助人之意思为基础。为此受辅助宣告之人原则上具有完全行为能力，但因其判断能力较常人薄弱，而以同意之保留规定，于特定事项，必须经由辅助人之同意方生效力，以保护其利益。至于监督机关，台湾地区法于昔日为亲属会议，今日则以法院取而代之。德国法则分未成年人之监护事务，由家事法院与监督监护人为监督机关，以及成年人之辅助事务，由辅助法院与监督辅助人为监督机关，使监督之效果较台湾地区之规定更佳。

二、德国民法亲属编之内容

（一）民事婚（Bürgerliche Ehe）

德国亲属法中的第一章乃规范婚姻，其中共分八节，分别为婚约、结婚、婚姻之废止、死亡宣告后之再婚、婚姻之普通效力、夫妻财产制、离婚、宗教之义务。其中由结婚至死亡宣告后之再婚及离婚的要件与法律效果等相关规定，曾在1938年因纳粹政权之特殊意识形态，而将之由民法抽离，单独立法。之后于1976年与1998年之亲属法改革中，先后将离婚与结婚之规定，再度纳回民法的体系内，并作了若干重要的修正。以下就本章之内容分别简要说明之：

1. 婚　约

与台湾地区法不同，针对婚约所作的规定不多，类似的规定包括有婚约解除或无故违反婚约之赔偿义务、赠与物之返还与请求权之短期时效，此外并明文规定婚约之无诉讼性，因不履行婚约而约定违约金时，其约定无效。

2. 结　婚

在结婚中又分为四款，包括结婚能力、结婚之禁止事由、结婚能力证明、结婚之形式要件。在结婚能力中，与台湾地区法不同，德国法规定未成年人与无行为能力人无结婚能力。惟一方已成年，而他方已满16岁者，例外可向家事法院申请结婚，不受该规定之限制。此外针对结婚之要件，对于未成年结婚者，增订以法院之同意取代其法定代理人无重大理由而反对结婚之情形（第1303条第3款），并就该欠缺法定代理人同意之婚姻，改为无法经由法定代理人而废止（第1303条第5款），以加强对结婚当事人的保护。至于结婚之禁止事由中，亦废除禁止姻亲结婚之规定及待婚期间禁婚之限制。最后在结婚之形式要件程序上，结婚之证人不再为必备要件，重要的是户政人员的参与，其甚至对所谓的"瑕疵婚"亦可拒绝主持结婚仪式，而使婚姻无效。

3. 婚姻之废止

1998年之新《婚姻法》不再区分无效婚与可废弃婚，而统一适用婚姻废止之程序。亦即依德国法之规定，除了未于户政机关登记之婚姻为无效之外，其余包括重婚及近亲结婚等皆为可废止之婚姻，其婚姻于申请权人向法院申请废止时，于裁判确定时婚姻解消。

4. 死亡宣告后之再婚

配偶一方被法院宣告死亡时，其生存配偶得再婚，因生存配偶之再婚，而使原婚姻关系自然解消。如受死亡宣告之配偶仍生存，为生存配偶所知悉时，可废弃后婚（以重婚为由）。如再婚之配偶知悉其受死亡宣告之配偶仍生存，且对于其再婚提出婚姻废弃时，再婚之一方配偶将来得与他人或与原配偶重新结婚。

5. 婚姻之普通效力

关于婚姻之普通效力包括夫妻间共同生活之义务、夫妻之称姓、家务的分担、日常家务代理权与夫妻间之扶养义务。夫妻之称姓在1993年有重大的修正，夫妻不再强制于婚后定共同之姓氏，而可自由选择，甚至维持婚前之姓氏。至于夫妻间共同生活之义务、家务之分担以及日常家务代理权皆于1976年《婚姻法》第一次修正时，作了若干的调整，将旧法中明确男主外、女主内之规定废除，夫妻双方皆有义务从事家务，亦有权利出外工作。此外日常家务代理权也由原先仅有妻，现扩展至夫，于日常家务之范围内，可代理他方为法律行为，彼此就所负债务，对外负连带清偿责任。针对家庭生活费用之分担，也明文规定可以家务作为分担之方式。

6. 夫妻财产制

本节中主要规定夫妻于婚后之财产关系，其中又分为三款，分别为法定财产制、约定财产制与夫妻财产制之登记簿。

（1）法定财产制

1958年受《男女平等法》通过之影响，法定财产制也以净益共同财产制作为夫妻彼此所适用之夫妻财产制，让夫妻间之财产关系亦能实践男女平等。法定财产制规定于第1363条至第1390条，其中包括夫妻对财产之使用、收益与处分之相关规定，及于婚姻终了后，可请求剩余财产之分配等规定。与台湾地区法相比，较为特殊的是关于夫妻于一方死亡时，他方可以直接增加法定应继份之四分之一，作为其剩余财产分配请求权落实之方式。

（2）约定财产制

德国法之约定财产制，与台湾地区法相同，夫妻可以契约约定分别财产制或共同财产制。因此本款又分为通则、分别财产制、共同财产制与选择净益共同财产制。

① 通 则

于通则中针对夫妻财产制契约订立之方式、订约能力、该契约对第三人之效力等为明文规定。

② 分别财产制

德国法中之分别财产制，使夫妻在财产关系上与婚前相同，各自对自己的财产有管理、使用、收益、处分的权限，此外亦无在婚姻结束后请求剩余财产分配的权利。德国法仅对分别财产制之适用时机以一条文规定之，于夫妻废止或排除法定财产制时，亦适用分别财产制（第1414条）。

③ 共同财产制

德国法对于共同财产制规定较为详尽，又分为通则、由夫或妻管理之共同财产、配偶共同管理共同财产、共同财产之清算及延续共同财产制。共同财产制是基于婚姻使夫妻结合为一体，因此于共同生活中所取得之财产，应由夫妻所共有。而该财产可由夫妻约定由一方管理或共同管理。此外在夫妻共同共有之财产外，尚有特有财产与保留财产之概念，而属于夫或妻单独所有。延续共同财产制是德国法上比较特殊的制度，夫妻可透过契约约定，于一方配偶死亡后，其共同财产制仍继续存在于生存配偶与其共同子女间，使婚姻存续中所产生之整体财产不因夫妻一方的死亡而减少，此规定于第1483条至第1518条。

（3）夫妻财产制之登记

为确保交易安全，德国法将夫妻财产制之登记单独于一款中规定，但其内容与台湾地区法相仿，夫妻财产制虽经夫妻双方以契约约定即生效力，但惟有经登记方有对抗第三人之效力。

7. 离 婚

本节中亦分为三款小节，为离婚之事由、离婚后之扶养与照护财产分配请求权年金请求权。现行法关于离婚之规定乃在第一次《婚姻法》修正时，由原本独立之特别法，再度纳入民法的体系中，并且由有责主义转为破绽主义。

（1）离婚之事由

德国法针对离婚之事由与台湾地区法不同，并不区分为两愿离婚与裁判离婚，更未将裁判离婚之事由以列举方式定之。德国法仅规定唯一的离婚事由，即婚姻出现破绽。一旦婚姻出现破绽，一方或双方配偶皆可向法院申请离婚，婚姻因判决之确定而解消。此外以夫妻分居之年限来判断婚姻是否出现破绽。惟为未成年子女之利益，若离婚将对之造成极大影响，即使婚姻已有破绽，法官仍可为不予离婚之决定。

（2）离婚后之扶养

随着离婚法的重大变革，连带影响离婚后所生之法律效果，包括离婚后之扶养，在1977年7月1日之前，本来仅有对离婚有责之一方配偶方负有离婚后之扶养义务，及对离婚无责之配偶方有扶养请求权,于《婚姻法》改革之后,扶养权利与义务不再以夫妻双方对于离婚之事由有责与否,而端视彼此间于离婚之后的扶养需求与扶养能力而定。2008年因应社会家庭结构的改变,包括婚姻中夫妻分工角色的多元化而修正《扶养法》之内容。本节在修正之后分为通则、请求扶养之权利、扶养能力与顺位、扶养请求权之发生与扶养请求权之消灭。与旧法不同的规定包括加强离婚后的自我照顾责任,法院可就离婚后之扶养义务予以一定期限,或可限制其金额,而敦促当事人及早自立自强。此外扶养金之数额原以婚姻时之生活水平为标准,在新法规定下,将视婚姻长短而定,及离婚后是否有工作等其他因素来决定扶养金额。

(3) 年金请求权

夫妻于婚姻关系中若仅有一方出外工作,另一方从事家务照顾子女,此时只有外出工作之配偶有退休金之保障,反观从事家务之一方,除了在配偶生前仍能向其请求扶养外,是无任何相等之保障,对之实为不公。是以德国法于《婚姻法》第一次修正时,即创设所谓的"年金请求权",而纳入民法亲属编中规定。配偶之一方,于婚姻关系存续中因工作所取得之年金或退休金,应与无法取得该年金或退休金之他方配偶共享。其后,因年金制度繁复,故将相关内容移至特别法中规定(Versorgungsausgleichsgesetz),于民法亲属编中仅以一条作为引介之条文(第1587条)。

8. 宗教之义务

本节仅有一条,为德国法所特有,基于因婚姻所生宗教上之义务,不受本章规定之影响。

(二) 亲 属

德国亲属法的第二章所规定的是有关亲属间的法律关系,最重要的即是父母子女之间的权利与义务,又称《亲子法》。本章又分七节,分别为通则、血统起源、扶养义务、父母与子女间之一般法律关系、亲权、辅佐与收养。此部分在过去的十年间,已经历数次的改革。首先是1969年的《非婚生子女法》,因应德国基本法第6条第5款的规定,不应歧视非婚生子女,就其权利义务应尽量使其等同于婚生子女。其次是1976年的收养法与1979年有关亲权之相关规定。最后则是1998年的《亲子法》改革,除了针对非婚生子女的地位为进一步的改善外,包括名称的去除、继承地位的提高、扶养权利之加强,此外于亲权与会面交往权、子女之从姓、收养之相关规定、亲子关系之确立以及相关的家事程序,皆作了全面之修正。此一波《亲子法》改革并于2004年再就未尽完善之处予以部分修正。

1. 通 则

德国法与台湾地区法相同,皆就亲属与姻亲两个概念予以定义,并说明其亲系与亲等之计算方式。与台湾地区法不同的是,德国法之姻亲关系不因婚姻解消而消灭,台湾地区仅有配偶死亡不消灭姻亲关系,但若因离婚而解消婚姻关系时,该姻亲关系消灭。

2. 血统起源

透过《亲子法》所修正关于血统起源之相关规定非常之多，主要在于此部分之规定原以区别婚生子女与非婚生子女之方式，来规定父子或母子关系。在德国法去除非婚生子女的字眼后，即必须将所有的条文予以重新规定，而以父子关系重新定义。此外原本未明文规定的母子关系，也因人工生殖之故，立法者有意避免代孕人工生殖，而确立分娩者为母。此外，在以任意认领建立父子关系时，也加强母亲的权利，母亲的同意为任意认领之要件，且与台湾地区不同，并不以血统真实主义为原则，换言之，即使父子间有真实血缘联系，但欠缺母亲的同意，仍无法建立法定之父子关系。反之，父子间未有真实血缘联系，但母亲已为同意时，仍可建立法定之父子关系。惟为确认父子间之真实血统，德国法上设有确认父子关系之诉讼，除了生母与非婚生子女得以提起以外，任意认领未得生母同意之生父亦可提起。至于反于真实血统之父子关系，如同台湾地区之婚生否认之诉，德国法亦设有父子关系否认之诉予以救济，然其诉权人却远比台湾地区法来得广，除了夫、妻、子女以外，还包括生父与国家，于符合特定条件下亦可提起。另外也顾及以捐精方式之人工生殖中，父子间必然无真实血统联系之事实，而禁止让夫妻于同意施行人工生殖后再提起否认之诉。

3. 扶养义务

1998年《亲子法》改革中，对于未成年子女，不再区分其为婚生子女或非婚生子女，而在扶养上享有同等的权利。本节又分为通则与子女与其未结婚父母之特别规定。

（1）通　则

通则中规定亲属间互负扶养义务，该扶养义务视扶养权利人之需求与扶养义务人之能力而定。2008年对《扶养法》之重大修正，乃以子女利益为重心，依旧法之规定，未成年子女之扶养义务乃与离婚之配偶与再婚之配偶同一顺位，新法则着眼于未成年子女无自我扶养之能力，故其扶养义务应优先于其他人，包括配偶，而居于第一位。此外，离婚后有继续负担照顾子女之配偶，或无婚姻关系，但彼此分手后承担照顾共同子女之一方，则位居第二位，或是长年之婚姻关系解消后，即使子女已成年，其离婚之配偶仍能以第二顺位享有扶养之权利。最后位居第三位方得受扶养者，包括结婚很短即离婚或是未负担照料子女之责任等。新法中并规定不论婚生子女亦或非婚生子女，于子女出生后三年，负担照顾责任之一方皆可向他方请求因照顾子女所生之扶养费，而无须出外工作，之后则视情况而定可否延长之。

（2）子女与其未结婚父母之特别规定

德国法特别针对未婚生子的情形，规定关于生母因生产分娩而无法工作时，其生父应提供扶养，此也包括生母因照顾教养子女而无法外出工作时，亦可向其请求扶养。

4. 父母与子女间之一般法律关系

本节最主要的规定是关于子女之从姓,此外尚有明文规定父母子女间互相扶持照顾之义务,以及子女有提供家事与营业劳动之义务。子女之从姓于《亲子法》改革中,同样去除婚生子女与非婚生子女之区别,只以子女之父母是否有约定共同之家姓,若有共同之家姓,则以之为子女之姓氏;若无共同之家姓,此包括父母未结婚,或虽结婚但未定共同之家姓两种情况,此时若父母双方共同行使亲权,可于户政机关声明子女应从父或母姓。惟仅有父或母一方行使亲权时,则子女之姓氏自动从该有亲权之一方父母之姓氏。

5. 亲 权

有关亲权的规定,亦在1997年《亲子法》改革中,有重大的变动。首先对于婚生子女与非婚生子女在亲权的行使上,所产生之差异将之排除。因此即使是未结婚之父母,对其子女亦能共同行使亲权。其次,即使夫妻离婚或伴侣分手,就其共同所生之子女,亦能共同行使亲权,然而由于子女仅与一方父母同住,因此德国法让负担照顾子女之一方父母,对于子女日常生活事项有单独决定权,仅有与子女有关之重大事项,方须询问他方父母。最后,加强会面交往权之义务性质。原本旧法仅针对离婚之父母一方,于未取得对子女行使保护教养权利时,可享有对该子女定期进行会面交往之权利,以维系彼此之感情;亦或生父在母亲反对下,须符合监护法院所定之特殊条件下,方享有会面交往权。新法则强调与子女之会面交往不仅仅是父母双方之权利,亦是义务,因此未与子女同住之一方父母,不论其是否有与他方父母结婚,都享有与其子女会面交往之权利。更有甚者,除了父母以外,对于子女成长重要之第三人,包括兄姊、祖父母等,亦为请求会面交往之权利人。

6. 辅 佐

本节之规定乃提供父或母在行使亲权时,无法亲力亲为,而须少年局之辅佐,此时可依申请为之,此包括确认生父之身份以及请求扶养等事项。

7. 收 养

收养乃透过法律行为,使原本无血缘联系之人建立法定之亲子关系。本节又分为未成年人之收养与成年人之收养,后者仅在特殊情形下,方予承认(第1767条)。与台湾地区法相同,收养之目的由原本使养父母取得后代,渐次转而对收养子女之照顾,因此在1976年与2001年对收养法之修正,正反映了此项转变。首先,养父母与养子女之间应有成立亲子关系之意愿,并且符合养子女之利益。其次,除了成年收养以外,德国法采取完全收养原则,养子女与养父母之其他亲属皆建立血亲关系。再者,与旧法相较,针对终止收养关系之事由,也相对予以限制。另外,于收养之要件中,加强公权力的介入,收养人应向家事法院为收养之申请。

(三) 监护、法律上之辅助与襄佐

德国亲属法第三章规范的是有关监护的相关规定,未成年人其父母不在或无法行使亲权时,为设置监护之前提要件。德国旧法对成年人亦有设置监护之必要,但自1991年起，针对有监护需求之成年人，改以新制成年辅助法，自此监护制度仅保留给未成年人。因此本章又分为三节，分别为监护、辅助与襄佐。

1. 监　护

监护为亲权之延长，乃代替父母对未成年子女施以保护教养之责。本节又分为监护之成立、监护之执行、家事法院之保护及监督、少年局之协力、经免除之监护义务与监护之终止。德国法对监护之规定，相较于台湾地区法来得繁复许多，说明如下：

（1）监护之成立：在监护之成立中，对于监护人选，先以父母所指定之监护人为第一优先，有不适任或无指定人选时，再由家事法院听取少年局之意见就适当人选选任之。除此之外，并对选任监护人课以就任义务，而有详细的就任程序。另外在2005年之修正中，也新增社团与少年局可担任监护人之规定。

（2）监护之进行：本款小节主要规定监护人的职责，包括对未成年子女人身与财产上之监护，并明文规定监护人不得代理之事项。此外，于财产管理上并设有许多限制，必须有家事法院或监督监护人之同意方得为之，以保护受监护人之利益。另外，2005年修法时，加入监护人报酬之相关规定，本为无偿之行为，但在监护人以职业方式进行时，可例外请求报酬。

（3）家事法院之保护及监督：家事法院对于监护人及监督监护人之一切行为，有监督之义务，并课以监护人对于其监护事务，负有报告之义务，并就财产管理提交计算书，让家事法院审核。

（4）少年局之协力：家事法院对于少年局就监护之命令，有通知之义务。

（5）经免除之监护义务：本款乃就父母所指定之监护人，父母可在某些事项上命令其免除家事法院之监督，包括监督监护人之选任，或于财产管理上须家事法院之许可等，惟若该命令有害及子女利益时，家事法院可使该命令失效。

（6）监护之终止：包括监护之要件消灭，如子女已成年，及监护人发生解任事由。此外亦明文规定监护终止时监护人应为之义务，包括返还财产、提出财产结算报告等。

2. 法律上之辅助

德国法本与台湾地区法相同，以禁治产宣告制度规范成年监护之问题，但为保障成年受监护者之人权，尊重其已拥有之能力，因此于1991年修正关于成年监护制度之条文，废除监护与残疾照护制度，而全面改以成年辅助制度，对于成年人确立其不再有监护之需求，而仅有辅助之必要，其后于1999年与2005年再针对该法窒碍难行的部分加以调整。

通过新修之成年辅助法，使得受辅助人得依其失能状态为个别处理，例如程度轻微者，仅在重大事项上，其所为之意思表示或法律行为方须辅助人之同意。意即通过辅助制度，受辅助人之行为能力受到尊重，原则上，其所为行为无须得到辅助人之同意，只有在必要时，方以辅助人之同意为生效要件。除此之外，新法亦加强对受辅助人意愿之保障，设有必要性原则与照护授权制度：辅助人之设置为补充之地位，于受辅助人已经由其他管道获得援助时，无须设置辅助人。又受辅助人若仍有能力为授权行为时，则应优先以其授权之人为其处理事务。至于辅助人之选任，德国法以辅助法院作为选任之机关，不仅自然人、社团及官署皆可为辅助人，甚至亦有职业辅助人，并得请求报酬。辅助人一旦就任之后，对于辅助法院所定辅助事项范围，得代理受辅助人为之，惟此处仍以尊重受辅助人之意愿为前提，应尽量与其商量。又为保护受辅助人，德国法也订有关于同意权保留之规定，即为避免受辅助人之人身或财产受到重大危害，辅助法院可命令就辅助之职务范围内，受辅助人所为之行为，应经辅助人之同意方生效力。最后，关于成年辅助法中，德国法相当重视人身管理，并加强辅助法院的监督责任，对于重大医疗行为、结扎手术、移送留置等，必须有法院之许可，受辅助人方得为之。足见德国法通过成年辅助制度，对于维护受辅助人之人权，实不遗余力。

3. 襄　佐

德国法上除了监护与辅助制度以外，另设有襄佐制度。襄佐制度类似监护制度，亦提供保护措施，但却不像监护制度般局限于与家庭有关之事务上。此外，亦不限缩于未成年子女或有心神丧失状况之成年人，而就所有有需求之人，皆可提供照护。例如已受亲权或监护之子女，就其父母或监护人无法处理之事务，得另行设置襄佐人处理之。再者，就所在不明之成年人，就其财产有保护之必要时，也可设置襄佐人。最后，对于未出生之胎儿，就其相关事务有保护之必要时，亦可设置襄佐人。

Abschnitt 1 Bürgerliche Ehe

第一章 民法之婚姻

Titel 1 Verlöbnis
第一节 婚 约

§1297 Kein Antrag auf Eingehung der Ehe, Nichtigkeit eines Strafversprechens

(1) Aus einem Verlöbnis kann kein Antrag auf Eingehung der Ehe gestellt werden.

(2) Das Versprechen einer Strafe für den Fall, dass die Eingehung der Ehe unterbleibt, ist nichtig.

第一千二百九十七条 [不得申请结婚与违约金之无效]

Ⅰ 婚约当事人不得以婚约申请结婚。

Ⅱ 当事人约定不履行婚约时，应支付违约金者，其约定无效。

§1298 Ersatzpflicht bei Rücktritt

(1) Tritt ein Verlobter von dem Verlöbnis zurück, so hat er dem anderen Verlobten und dessen Eltern sowie dritten Personen, welche anstelle der Eltern gehandelt haben, den Schaden zu ersetzen, der daraus entstanden ist, dass sie in Erwartung der Ehe Aufwendungen gemacht haben oder Verbindlichkeiten eingegangen sind. Demanderen Verlobten hat er auch den Schaden zu ersetzen, den dieser dadurch erleidet, dass er in Erwartung derEhe sonstige sein Vermögen oder seine Erwerbsstellung berührende Maßnahmen getroffen hat.

(2) Der Schaden ist nur insoweit zu ersetzen, als die Aufwendungen, die Eingehung der Verbindlichkeiten und diesonstigen Maßnahmen den Umständen nach angemessen waren.

(3) Die Ersatzpflicht tritt nicht ein, wenn ein wichtiger Grund für den Rücktritt vorliegt.

第一千二百九十八条 [婚约解除之赔偿义务]

Ⅰ 婚约当事人之一方解除婚约者,对于他方及其父母或居于父母地位之第三人,就其因预期结婚而开支或负债所受之损害,应予赔偿;对于他方就其因预期结婚,而采取有关财产或职业上其他处置所生之损害,亦应予赔偿。

Ⅱ 前款损害之赔偿,以费用之支出、债务之负担及其他处置,按其情形,属于适当者为限。

Ⅲ 有重大理由而解除婚约者,不负赔偿义务。

§1299 Rücktritt aus Verschulden des anderen Teils

Veranlasst ein Verlobter den Rücktritt des anderen durch ein Verschulden, das einen wichtigen Grund für den Rücktritt bildet, so ist er nach Maßgabe des §1298 Abs. 1, 2 zum Schadensersatz verpflichtet.

第一千二百九十九条 [因他方有可归责事由而解除婚约]

婚约当事人之一方,因有可归责事由致他方基于重大理由而解除婚约者,应依第一千二百九十八条第一款及第二款规定,负损害赔偿责任。

§1300 (weggefallen)

第一千三百条 [删除]^a

a 本条为1998年5月4日《结婚改革法》所废止。

§1301 Rückgabe der Geschenke

Unterbleibt die Eheschließung, so kann jeder Verlobte von dem anderen die Herausgabe desjenigen, was er ihm geschenkt oder zum Zeichen des Verlöbnisses gegeben hat, nach den Vorschriften über die Herausgabe einer ungerechtfertigten Bereicherung fordern. Im Zweifel ist anzunehmen, dass die Rückforderung ausgeschlossen sein soll, wenn das Verlöbnis durch den Tod eines der Verlobten aufgelöst wird.

第一千三百零一条 [赠与物之返还]

¹未能结婚者,婚约当事人之任何一方,得依关于不当得利规定,请求他方返还其因婚约所赠与之物。²婚约因当事人一方之死亡而解消者,有疑义时,推定无请求返还之权。

§1302 Verjährung

Die Verjährungsfrist der in den §§1298 bis 1301 bestimmten Ansprüche beginnt mit der Auflösung des Verlöbnisses.

第一千三百零二条 [消灭时效]

第一千二百九十八条至第一千三百零一条所定之请求权,其消灭时效自婚约解消后开始起算。

Titel 2 Eingehung der Ehe
第二节 结 婚①

Untertitel 1 Ehefähigkeit
第一款 结婚能力

§1303 Ehemündigkeit

(1) Eine Ehe soll nicht vor Eintritt der Volljährigkeit eingegangen werden.

(2) Das Familiengericht kann auf Antrag von dieser Vorschrift Befreiung erteilen, wenn der Antragsteller das 16. Lebensjahr vollendet hat und sein künftiger Ehegatte volljährig ist.

(3) Widerspricht der gesetzliche Vertreter des Antragstellers oder ein sonstiger Inhaber der Personensorge dem Antrag, so darf das Familiengericht die Befreiung nur

---

① 1938年7月6日之《婚姻法》所废止原民法典第1302条至第1352条规定(之后被1946年依《占领区法》第16条同意废止之婚姻法所取代),于1998年5月4日之《结婚改革法》中再度纳入民法典,并针对部分内容修正之。

erteilen, wenn der Widerspruch nicht auf triftigen Gründen beruht.

(4) Erteilt das Familiengericht die Befreiung nach Absatz 2, so bedarf der Antragsteller zur Eingehung der Ehe nicht mehr der Einwilligung des gesetzlichen Vertreters oder eines sonstigen Inhabers der Personensorge.

第一千三百零三条 [结婚能力]

Ⅰ 未成年人不得结婚。
Ⅱ 家事法院得依申请，于申请人为年满十六岁之未成年人，且将来之配偶已成年者，免除前款规定之适用。
Ⅲ 法定代理人或其他有监护权之人与该子女或被监护人意见相左，而拒绝向家事法院提出申请者，家事法院仅于其拒绝显无理由，始得同意之。
Ⅳ 家事法院依第二款规定接受申请时，未成年子女于结婚时，无须得法定代理人或其他监护权人之同意。

§1304 Geschäftsunfähigkeit

Wer geschäftsunfähig ist, kann eine Ehe nicht eingehen.

第一千三百零四条 [无行为能力]

无行为能力人，不得结婚。

§1305 (weggefallen)

第一千三百零五条 [删除]

Untertitel 2　Eheverbote
第二款　结婚之禁止

§1306 Bestehende Ehe oder Lebenspartnerschaft

Eine Ehe darf nicht geschlossen werden, wenn zwischen einer der Personen, die die Ehe miteinander eingehen wollen, und einer dritten Person eine Ehe oder eine Lebenspartnerschaft besteht.

第一千三百零六条　[已存在之婚姻或同性伴侣共同生活关系]ª

欲结婚双方中之一方与第三人存在婚姻或同性伴侣共同生活关系者，不得与他方结婚。

a 本条配合2004年12月15日《同性伴侣法》于2005年1月1日所修正。

§1307　Verwandtschaft

Eine Ehe darf nicht geschlossen werden zwischen Verwandten in gerader Linie sowie zwischen vollbürtigen und halbbürtigen Geschwistern. Dies gilt auch, wenn das Verwandtschaftsverhältnis durch Annahme als Kind erloschen ist.

第一千三百零七条　[亲属关系]

¹直系血亲之间或全血缘及半血缘之兄弟姊妹间，不得结婚。²前款亲属关系，因收养子女而消灭者，亦同。

§1308　Annahme als Kind

(1) Eine Ehe soll nicht geschlossen werden zwischen Personen, deren Verwandtschaft im Sinne des §1307 durch Annahme als Kind begründet worden ist. Dies gilt nicht, wenn das Annahmeverhältnis aufgelöst worden ist.

(2) Das Familiengericht kann auf Antrag von dieser Vorschrift Befreiung erteilen, wenn zwischen dem Antragsteller und seinem künftigen Ehegatten durch die Annahme als Kind eine Verwandtschaft in der Seitenlinie begründet worden ist. Die Befreiung soll versagt werden, wenn wichtige Gründe der Eingehung der Ehe entgegenstehen.

第一千三百零八条　[收养子女]

Ⅰ ¹因收养子女而成立第一千三百零七条所定之亲属关系之人间，不得结婚。²于收养关系终止后，亦同。

Ⅱ ¹家事法院得因申请，于申请人与其将来之配偶，因收养子女而成立旁系血亲者，免除前款规定之适用。²因有重大理由而不应使其结婚者，该免除规定不适用之。

Untertitel 3 Ehefähigkeitszeugnis
第三款 结婚能力之证明

§1309 Ehefähigkeitszeugnis für Ausländer

(1) Wer hinsichtlich der Voraussetzungen der Eheschließung vorbehaltlich des Artikels 13 Abs. 2 des Einführungsgesetzes zum Bürgerlichen Gesetzbuche ausländischem Recht unterliegt, soll eine Ehe nicht eingehen, bevor er ein Zeugnis der inneren Behörde seines Heimatstaats darüber beigebracht hat, dass der Eheschließung nach dem Recht dieses Staates kein Ehehindernis entgegensteht. Als Zeugnis der inneren Behörde gilt auch eine Bescheinigung, die von einer anderen Stelle nach Maßgabe eines mit dem Heimatstaat des Betroffenen geschlossenen Vertrags erteilt ist. Das Zeugnis verliert seine Kraft, wenn die Ehe nicht binnen sechs Monaten seit der Ausstellung geschlossen wird; ist in dem Zeugnis eine kürzere Geltungsdauer angegeben, ist diese maßgebend.

(2) Von dem Erfordernis nach Absatz 1 Satz 1 kann der Präsident des Oberlandesgerichts, in dessen Bezirk das Standesamt, bei dem die Eheschließung angemeldet worden ist, seinen Sitz hat, Befreiung erteilen. Die Befreiung soll nur Staatenlosen mit gewöhnlichem Aufenthalt im Ausland und Angehörigen solcher Staaten erteilt werden, deren Behörden keine Ehefähigkeitszeugnisse im Sinne des Absatzes 1 ausstellen. In besonderen Fällen darf sie auch Angehörigen anderer Staaten erteilt werden. Die Befreiung gilt nur für die Dauer von sechs Monaten.

第一千三百零九条 [外国人结婚能力之证明][a]

Ⅰ [1]符合涉外民法施行法第十三条第二款规定，而适用外国法结婚之当事人，于未提出该本国内政部证明，其未有禁止结婚之事由前，不得结婚。[2]该本国内政部之证明，得与该本国签订契约授权之单位所出具之证明替代之。[3]该证明于出具后六个月内，当事人未结婚者，失其效力。

Ⅱ [1]第一款第一段所定之要件，得由管辖受理结婚申报之户政事务所所在地之高等法院院长，免除该证明之提出。[2]免除规定仅适用于在外国长期居留之无国籍之人民，或其国内主管机关不能出具本条第一款所定结婚能力证明之国家之国民。[3]有特殊情况者，其他国家之国民亦得免除之。[4]免除规定之有效期间，仅为六个月。

a 本条配合2007年2月19日《户籍法》于2009年1月1日修正。

Untertitel 4 Eheschließung
第四款 婚姻之缔结

§1310 Zuständigkeit des Standesbeamten, Heilung fehlerhafter Ehen

(1) Die Ehe wird nur dadurch geschlossen, dass die Eheschließenden vor dem Standesbeamten erklären, die Ehe miteinander eingehen zu wollen. Der Standesbeamte darf seine Mitwirkung an der Eheschließung nicht verweigern, wenn die Voraussetzungen der Eheschließung vorliegen; er muss seine Mitwirkung verweigern, wenn offenkundig ist, dass die Ehe nach §1314 Abs. 2 aufhebbar wäre.

(2) Als Standesbeamter gilt auch, wer, ohne Standesbeamter zu sein, das Amt eines Standesbeamten öffentlich ausgeübt und die Ehe in das Eheregister eingetragen hat.

(3) Eine Ehe gilt auch dann als geschlossen, wenn die Ehegatten erklärt haben, die Ehe miteinander eingehen zu wollen, und

1. der Standesbeamte die Ehe in das Eheregister eingetragen hat,
2. der Standesbeamte im Zusammenhang mit der Beurkundung der Geburt eines gemeinsamen Kindes der Ehegatten einen Hinweis auf die Eheschließung in das Geburtenregister eingetragen hat oder
3. der Standesbeamte von den Ehegatten eine familienrechtliche Erklärung, die zu ihrer Wirksamkeit eine bestehende Ehe voraussetzt, entgegengenommen hat und den Ehegatten hierüber eine in Rechtsvorschriften vorgesehene Bescheinigung erteilt worden ist und die Ehegatten seitdem zehn Jahre oder bis zum Tode eines der Ehegatten, mindestens jedoch fünf Jahre, als Ehegatten miteinander gelebt haben.

第一千三百一十条 [户政人员之职权、婚姻瑕疵之补正][a]

Ⅰ [1]结婚应由双方当事人,于户政人员面前为结婚之意思表示,始能成立。[2]具备结婚之要件者,户政人员不得拒绝于婚姻时其应有之协力。[3]结婚显有第一千三百一十四条第二款之废止理由者,户政人员应拒绝为结婚之协力。

Ⅱ 前款户政人员包括公开实施户政事务,并将婚姻登记于结婚登记簿之非户政人员。

Ⅲ 双方当事人互为结婚之意思表示,并有下列各款情事之一,且双方当

事人以夫妻之名义,至少有十年共同生活之事实,或一方当事人死亡时,已有五年共同生活之事实者,婚姻亦视为成立:
1. 户政人员将该婚姻登记于结婚登记簿者。
2. 户政人员于登记配偶双方共同子女之出生证明时,一并登记其父母之婚姻者。
3. 户政人员已受理配偶有关亲属法之声明,而该声明以婚姻关系有效为前提,并对其授予法律所规定之证明文件者。

a 本条配合2007年2月19日《户籍法》于2009年1月1日所修正。

§1311　Persönliche Erklärung

Die Eheschließenden müssen die Erklärungen nach §1310 Abs. 1 persönlich und bei gleichzeitiger Anwesenheit abgeben. Die Erklärungen können nicht unter einer Bedingung oder Zeitbestimmung abgegeben werden.

第一千三百一十一条　[亲自表示]

¹结婚之表示,应由双方当事人依第一千三百一十条第一款规定,亲自并同时在场为之。²该结婚之表示,不得附条件或期限。

§1312　Trauung

Der Standesbeamte soll bei der Eheschließung die Eheschließenden einzeln befragen, ob sie die Ehe miteinander eingehen wollen, und, nachdem die Eheschließenden diese Frage bejaht haben, aussprechen, dass sie nunmehr kraft Gesetzes rechtmäßig verbundene Eheleute sind. Die Eheschließung kann in Gegenwart von einem oder zwei Zeugen erfolgen, sofern die Eheschließenden dies wünschen.

第一千三百一十二条　[结婚仪式]ᵃ

¹户政人员于当事人结婚时,应亲自询问双方是否与对方有结婚之意愿,并在确认其有意愿时,应宣告二人依法律规定,彼此成为依法互负权利义务之配偶。²当事人有意愿时,于结婚得有一位或二位证人在场。

a 本条配合2007年2月19日《户籍法》于2009年1月1日所修正。

Titel 3 Aufhebung der Ehe
第三节 婚姻之废止①

§1313 Aufhebung durch richterliche Entscheidung

Eine Ehe kann nur durch richterliche Entscheidung auf Antrag aufgehoben werden. Die Ehe ist mit der Rechtskraft der Entscheidung aufgelöst. Die Voraussetzungen, unter denen die Aufhebung begehrt werden kann, ergeben sich aus den folgenden Vorschriften.

第一千三百一十三条　[判决废止结婚]

¹婚姻仅经申请而以法院之裁判，始得废止之。²婚姻自判决确定时起解消。³婚姻废止之要件，于本条以下规定之。

§1314 Aufhebungsgründe

(1) Eine Ehe kann aufgehoben werden, wenn sie entgegen den Vorschriften der §§1303, 1304, 1306, 1307, 1311 geschlossen worden ist.

(2) Eine Ehe kann ferner aufgehoben werden, wenn

1. ein Ehegatte sich bei der Eheschließung im Zustand der Bewusstlosigkeit oder vorübergehender Störung der Geistestätigkeit befand;
2. ein Ehegatte bei der Eheschließung nicht gewusst hat, dass es sich um eine Eheschließung handelt;
3. ein Ehegatte zur Eingehung der Ehe durch arglistige Täuschung über solche Umstände bestimmt worden ist, die ihn bei Kenntnis der Sachlage und bei richtiger Würdigung des Wesens der Ehe von der Eingehung der Ehe abgehalten hätten; dies gilt nicht, wenn die Täuschung Vermögensverhältnisse betrifft oder von einem Dritten ohne Wissen des anderen Ehegatten verübt worden ist;

---

① 1938年7月6日之婚姻法所废止原民法第1302条至第1352条规定（之后被1946年依占领区法第16条同意废止之婚姻法所取代），于1998年5月4日之结婚改革法中再度纳入民法，并针对部分内容修正之。

4. ein Ehegatte zur Eingehung der Ehe widerrechtlich durch Drohung bestimmt worden ist;
5. beide Ehegatten sich bei der Eheschließung darüber einig waren, dass sie keine Verpflichtung gemäß §1353 Abs. 1 begründen wollen.

第一千三百一十四条　[结婚废止之事由]

I 结婚违反第一千三百零三条、第一千三百零四条、第一千三百零六条、第一千三百零七条及第一千三百一十一条规定者，得废止之。
II 婚姻有下列各款情形之一者，亦得废止之：
　1. 一方配偶于结婚时，处于无意识或暂时性之精神障碍者。
　2. 一方配偶于结婚时，不知其在结婚者。
　3. 一方配偶受恶意诈欺而同意结婚，且受诈欺之人，如知悉其实际情形及结婚本质之价值时，不同意结婚者。但诈欺涉及财产关系或由第三人所为，而他方配偶不知情者，不在此限。
　4. 一方配偶因胁迫而结婚者。
　5. 双方配偶于结婚时，协议互不履行第一千三百五十三条第一款之义务者。

§1315　Ausschluss der Aufhebung

(1)Eine Aufhebung der Ehe ist ausgeschlossen
1. bei Verstoß gegen §1303, wenn die Voraussetzungen des §1303 Abs. 2 bei der Eheschließung vorlagen und das Familiengericht, solange der Ehegatte nicht volljährig ist, die Eheschließung genehmigt oder wenn der Ehegatte, nachdem er volljährig geworden ist, zu erkennen gegeben hat, dass er die Ehe fortsetzen will (Bestätigung);
2. bei Verstoß gegen §1304, wenn der Ehegatte nach Wegfall der Geschäftsunfähigkeit zu erkennen gegeben hat, dass er die Ehe fortsetzen will (Bestätigung);
3. im Falle des §1314 Abs. 2 Nr. 1, wenn der Ehegatte nach Wegfall der Bewusstlosigkeit oder der Störung der Geistestätigkeit zu erkennen gegeben hat, dass er die Ehe fortsetzen will (Bestätigung);
4. in den Fällen des §1314 Abs. 2 Nr. 2 bis 4, wenn der Ehegatte nach Entdeckung des Irrtums oder der Täuschung oder nach Aufhören der Zwangslage zu erkennen gegeben hat, dass er die Ehe fortsetzen will (Bestätigung);

5. in den Fällen des §1314 Abs. 2 Nr. 5, wenn die Ehegatten nach der Eheschließung als Ehegatten miteinander gelebt haben.

Die Bestätigung eines Geschäftsunfähigen ist unwirksam. Die Bestätigung eines Minderjährigen bedarf bei Verstoß gegen §1304 und im Falle des §1314 Abs. 2 Nr. 1 der Zustimmung des gesetzlichen Vertreters; verweigert der gesetzliche Vertreter die Zustimmung ohne triftige Gründe, so kann das Familiengericht die Zustimmung auf Antrag des Minderjährigen ersetzen.

(2) Eine Aufhebung der Ehe ist ferner ausgeschlossen

1. bei Verstoß gegen §1306, wenn vor der Schließung der neuen Ehe die Scheidung oder Aufhebung der früheren Ehe oder die Aufhebung der Lebenspartnerschaft ausgesprochen ist und dieser Ausspruch nach der Schließung der neuen Ehe rechtskräftig wird;
2. bei Verstoß gegen §1311, wenn die Ehegatten nach der Eheschließung fünf Jahre oder, falls einer von ihnen vorher verstorben ist, bis zu dessen Tode, jedoch mindestens drei Jahre als Ehegatten miteinander gelebt haben, es sei denn, dass bei Ablauf der fünf Jahre oder zur Zeit des Todes die Aufhebung beantragt ist.

第一千三百一十五条　[婚姻废止之限制][a]

Ⅰ [1]结婚有下列各款情事之一者，不得废止：

1. 违反第一千三百零三条规定，并依该条第二款规定，配偶于结婚时未成年，而家事法院已同意该结婚之决定，或配偶成年后，明示继续维持其婚姻者（承认）。
2. 违反第一千三百零四条规定，而配偶于其无行为能力之原因排除后，明示继续维持其婚姻者（承认）。
3. 有第一千三百一十四条第二款第一项之情形，而配偶于恢复意识或排除精神障碍后，明示继续维持其婚姻者（承认）。
4. 有第一千三百一十四条第二款第二项至第四项之情形，而配偶于发现错误，或诈欺，或终止胁迫后，明示继续维持其婚姻者（承认）。
5. 有第一千三百一十四条第二款第五项情形，而双方配偶于结婚后，履行夫妻之共同生活者。

[2]无行为能力人所为之承认无效。[3]违反一千三百零四条与一千三百一十四条第二款第一项规定者，未成年人所为之承认，应经法定代理人之同意；法定代理人无充分理由拒绝同意者，未成年人得向家事法院申

请，而以其同意取代之。

II 结婚有下列各款情事之一者，亦不得废止：
1. 违反第一千三百零六条规定，而其再婚之前，前婚已诉请离婚或废止，并于再婚后判决确定者。
2. 违反第一千三百一十一条规定，而配偶于结婚后以夫妻名义有共同生活满五年，或于一方配偶死亡前，有共同生活满三年之事实者。但五年期间内或于配偶死亡前，有一方提出废止婚姻之申请者，不在此限。

a 本条配合2007年2月19日《户籍法》于2009年1月1日所修正。

§1316 Antragsberechtigung

(1) Antragsberechtigt
1. sind bei Verstoß gegen die §§1303, 1304, 1306, 1307, 1311 sowie in den Fällen des §1314 Abs. 2 Nr. 1 und 5 jeder Ehegatte, die zuständige Verwaltungsbehörde und in den Fällen des §1306 auch die dritte Person. Die zuständige Verwaltungsbehörde wird durch Rechtsverordnung der Landesregierungen bestimmt. Die Landesregierungen können die Ermächtigung nach Satz 2 durch Rechtsverordnung auf die zuständigen obersten Landesbehörden übertragen;
2. ist in den Fällen des §1314 Abs. 2 Nr. 2 bis 4 der dort genannte Ehegatte.

(2) Der Antrag kann für einen geschäftsunfähigen Ehegatten nur von seinem gesetzlichen Vertreter gestellt werden. In den übrigen Fällen kann ein minderjähriger Ehegatte den Antrag nur selbst stellen; er bedarf dazu nicht der Zustimmung seines gesetzlichen Vertreters.

(3) Bei Verstoß gegen die §§1304, 1306, 1307 sowie in den Fällen des §1314 Abs. 2 Nr. 1 und 5 soll die zuständige Verwaltungsbehörde den Antrag stellen, wenn nicht die Aufhebung der Ehe für einen Ehegatten oder für die aus der Ehe hervorgegangenen Kinder eine so schwere Härte darstellen würde, dass die Aufrechterhaltung der Ehe ausnahmsweise geboten erscheint.

第一千三百一十六条 [申请权人]

I 申请废止结婚之人，有下列各款情事之一者：
1. 违反第一千三百零三条、第一千三百零四条、第一千三百零六条、第一千三百零七条、第一千三百一十一条规定及有第一千三百一十四条第二款第一项与第五项情形者，任何一方之配偶、有管辖权之行政机关及在第一千三百零六条之情形，尚包括第三人在内。管辖行政机关得依地方政府之行政规章定之。地方政府得依第二段规定，以行政规章授权管辖地方政府最上级单位为之。

2. 有第一千三百一十四条第二款第二项至第四项情形者，得由该规定所称之配偶为之。

II ^{1}无行为能力之配偶，仅得由其法定代理人提出申请。^{2}其他情形，未成年人得自行提出申请，而无须得其法定代理人之同意。

III 违反第一千三百零四条、第一千三百零六条、第一千三百零七条规定及有第一千三百一十四条第二款第一项及第五项之情形者，且废止婚姻对一方之配偶，或对因该婚姻所出生之子女并无重大不利益致应使该婚姻例外地继续维持之情形，主管行政机关得提出婚姻废止之申请。

§1317 Antragsfrist

(1) Der Antrag kann in den Fällen des §1314 Absatz 2 Nummer 2 und 3 nur binnen eines Jahres, im Falle des §1314 Absatz 2 Nummer 4 nur binnen drei Jahren gestellt werden. Die Frist beginnt mit der Entdeckung des Irrtums oder der Täuschung oder mit dem Aufhören der Zwangslage; für den gesetzlichen Vertreter eines geschäftsunfähigen Ehegatten beginnt die Frist jedoch nicht vor dem Zeitpunkt, in welchem ihm die den Fristbeginn begründenden Umstände bekannt werden, für einen minderjährigen Ehegatten nicht vor dem Eintritt der Volljährigkeit. Auf den Lauf der Frist sind die §§206, 210 Abs. 1 Satz 1 entsprechend anzuwenden.

(2) Hat der gesetzliche Vertreter eines geschäftsunfähigen Ehegatten den Antrag nicht rechtzeitig gestellt, so kann der Ehegatte selbst innerhalb von sechs Monaten nach dem Wegfall der Geschäftsunfähigkeit den Antrag stellen.

(3) Ist die Ehe bereits aufgelöst, so kann der Antrag nicht mehr gestellt werden.

第一千三百一十七条 [提出申请之期间][a]

I ^{1}前条申请之提出，有第一千三百一十四条第二款第二项与第三项之情形者，仅以一年期间为限；有第一千三百一十四条第二款第四项之情形者，仅以三年期间为限。^{2}该期间于发现有错误、诈欺之情事或胁迫终止时,开始起算;无行为能力配偶一方之法定代理人,于其知悉期间起算之事由前,其期间不得开始;限制行为能力之配偶一方,于成年前亦不得开始起算。³有关期间规定,准用第二百零六条及第二百一十条第一款第一段规定。

II 无行为能力配偶一方之法定代理人,未于规定期间内提出申请者,该配偶在无行为能力之情形排除后六个月期间内,得自行提出申请。

III 结婚已解消者,不得再申请结婚之废止。

a 本条配合2001年11月26日新修债编于2002年1月1日所修正。

§1318 Folgen der Aufhebung

(1) Die Folgen der Aufhebung einer Ehe bestimmen sich nur in den nachfolgend genannten Fällen nach den Vorschriften über die Scheidung.

(2) Die §§1569 bis 1586b finden entsprechende Anwendung

1. zugunsten eines Ehegatten, der bei Verstoß gegen die §§1303, 1304, 1306, 1307 oder §1311 oder in den Fällen des §1314 Abs. 2 Nr. 1 oder 2 die Aufhebbarkeit der Ehe bei der Eheschließung nicht gekannt hat oder der in den Fällen des §1314 Abs. 2 Nr. 3 oder 4 von dem anderen Ehegatten oder mit dessen Wissen getäuscht oder bedroht worden ist;

2. zugunsten beider Ehegatten bei Verstoß gegen die §§1306, 1307 oder §1311, wenn beide Ehegatten die Aufhebbarkeit kannten; dies gilt nicht bei Verstoß gegen §1306, soweit der Anspruch eines Ehegatten auf Unterhalt einen entsprechenden Anspruch der dritten Person beeinträchtigen würde.

Die Vorschriften über den Unterhalt wegen der Pflege oder Erziehung eines gemeinschaftlichen Kindes finden auch insoweit entsprechende Anwendung, als eine Versagung des Unterhalts im Hinblick auf die Belange des Kindes grob unbillig wäre.

(3) Die §§1363 bis 1390 und 1587 finden entsprechende Anwendung, soweit dies nicht im Hinblick auf die Umstände bei der Eheschließung oder bei Verstoß gegen §1306 im Hinblick auf die Belange der dritten Person grob unbillig wäre.

(4) Die §§1568a und 1568b finden entsprechende Anwendung; dabei sind die Umstände bei der Eheschließung und bei Verstoß gegen §1306 die Belange der dritten Person besonders zu berücksichtigen.

(5) §1931 findet zugunsten eines Ehegatten, der bei Verstoß gegen die §§1304, 1306, 1307 oder §1311 oder im Falle des §1314 Abs. 2 Nr. 1 die Aufhebbarkeit der Ehe

bei der Eheschließung gekannt hat, keine Anwendung.

第一千三百一十八条　[婚姻废止之效力]

Ⅰ 结婚废止之效力，仅于本条以下所定之情形，适用离婚规定。

Ⅱ [1]有下列情事之一者，准用第一千五百六十九条至第一千五百八十六条之二规定：

1. 为有利于配偶一方，于违反第一千三百零三条、第一千三百零四条、第一千三百零六条、第一千三百零七条或第一千三百一十一条规定，或有第一千三百一十四条第二款第一项及第二项之情形，于结婚时不知有废止之理由者，或依第一千三百一十四条第二款第三项及第四项规定，其受他方配偶诈欺或胁迫，或在其知情时受诈欺或胁迫者。

2. [1]为有利于配偶双方，于违反第一千三百零六条、第一千三百零七条或第一千三百一十一条规定，而知悉废止之理由者。[2]但于违反第一千三百零六条之情形，配偶一方之扶养请求权，有侵害第三人相同之请求权者，不在此限。

   [2]不负担子女之扶养义务，将对子女之利益显有不公平者，有关共同子女保护教养规定，亦准用之。

Ⅲ 视结婚之状况或于违反第一千三百六十条时，对第三人之利益无重大不公平者为限，准用第一千三百六十三条至第一千三百九十条及第一千五百八十七条规定。

Ⅳ 于此情形，关于第一千五百六十八条之一及第一千五百六十八条之二规定准用之。但视结婚之状况或违反第一千三百零六条时，对第三人之利益，应予特别斟酌。

Ⅴ 配偶之一方违反第一千三百零四条、第一千三百零六条、第一千三百零七条及第一千三百一十一条，或有第一千三百一十四条第二款第一段之情形，而于结婚时知悉婚姻已废止者，不适用第一千九百三十一条规定。

Titel 4
Wiederverheiratung nach Todeserklärung
第四节 死亡宣告后之再婚①

§1319 Aufhebung der bisherigen Ehe

(1) Geht ein Ehegatte, nachdem der andere Ehegatte für tot erklärt worden ist, eine neue Ehe ein, so kann, wenn der für tot erklärte Ehegatte noch lebt, die neue Ehe nur dann wegen Verstoßes gegen §1306 aufgehoben werden, wenn beide Ehegatten bei der Eheschließung wussten, dass der für tot erklärte Ehegatte im Zeitpunkt der Todeserklärung noch lebte.

(2) Mit der Schließung der neuen Ehe wird die frühere Ehe aufgelöst, es sei denn, dass beide Ehegatten der neuen Ehe bei der Eheschließung wussten, dass der für tot erklärte Ehegatte im Zeitpunkt der Todeserklärung noch lebte. Sie bleibt auch dann aufgelöst, wenn die Todeserklärung aufgehoben wird.

第一千三百一十九条 [现存婚姻之废止]

Ⅰ 夫妻一方因他方受死亡宣告而再婚,且失踪配偶仍生存者,后婚双方当事人于结婚当时知悉失踪配偶仍生存时,后婚姻因违反民法第一千三百零六条重婚规定而废止。

Ⅱ ¹前婚因后婚之成立而消灭,但后婚双方当事人于后婚结婚时,均知悉受死亡宣告之配偶于受死亡宣告之际,仍生存者,不在此限。²即使该死亡宣告被废止者,前婚姻之废止亦仍维持之。

§1320 Aufhebung der neuen Ehe

(1) Lebt der für tot erklärte Ehegatte noch, so kann unbeschadet des §1319 sein früherer Ehegatte die Aufhebung der neuen Ehe begehren, es sei denn, dass er bei der Eheschließung wusste, dass der für tot erklärte Ehegatte zum Zeitpunkt der Todeserklärung noch gelebt hat. Die Aufhebung kann nur binnen eines Jahres

---

① 1938年7月6日之《婚姻法》所废止原民法典第1302条至第1352条规定(之后被1946年依《占领区法》第16条同意废止之婚姻法所取代),于1998年5月4日之《结婚改革法》中再度纳入民法典,并针对部分内容修正之。

begehrt werden. Die Frist beginnt mit dem Zeitpunkt, in dem der Ehegatte aus der früheren Ehe Kenntnis davon erlangt hat, dass der für tot erklärte Ehegatte noch lebt. §1317 Abs. 1 Satz 3, Abs. 2 gilt entsprechend.

(2) Für die Folgen der Aufhebung gilt §1318 entsprechend.

第一千三百二十条 [后婚姻之废止]

I [1]受死亡宣告之失踪配偶仍生存者，生存配偶得废止后婚姻，而不影响第一千三百一十九条所规定婚姻关系之存在。但生存配偶在后婚结婚时，已知失踪配偶于宣告死亡之际，仍生存者，不在此限。[2]后婚姻废止之期间，以一年为限。[3]该期间自生存配偶知悉受死亡宣告之配偶，仍生存之时起算。[4]于此情形，准用民法第一千三百一十七条第一款第三段及第二款规定。

II 后婚姻废止之效力，准用民法第一千三百一十八条规定。

§1321 bis §1352 (weggefallen)

第一千三百二十一条至第一千三百五十二条 [删除]

Titel 5
Wirkungen der Ehe im Allgemeinen
第五节 结婚之普通效力

§1353 Eheliche Lebensgemeinschaft

(1) Die Ehe wird auf Lebenszeit geschlossen. Die Ehegatten sind einander zur ehelichen Lebensgemeinschaft verpflichtet; sie tragen füreinander Verantwortung.

(2) Ein Ehegatte ist nicht verpflichtet, dem Verlangen des anderen Ehegatten nach Herstellung der Gemeinschaft Folge zu leisten, wenn sich das Verlangen als Missbrauch seines Rechts darstellt oder wenn die Ehe gescheitert ist.

第一千三百五十三条 [婚姻之共同生活]

I [1]结婚以终身生活为目的。[2]夫妻互负婚姻共同生活之义务，并相互负责。

II 配偶之一方请求履行共同生活之义务时，其有滥用权利之情事或婚姻已破裂者，他方得拒绝之。

§1354 (weggefallen)

第一千三百五十四条　[删除]ᵃ

a 本条因1957年6月18日《男女平等法》而删除。

§1355 Ehename

(1) Die Ehegatten sollen einen gemeinsamen Familiennamen (Ehenamen) bestimmen. Die Ehegatten führen den von ihnen bestimmten Ehenamen. Bestimmen die Ehegatten keinen Ehenamen, so führen sie ihren zur Zeit der Eheschließung geführten Namen auch nach der Eheschließung.

(2) Zum Ehenamen können die Ehegatten durch Erklärung gegenüber dem Standesamt den Geburtsnamen oder den zur Zeit der Erklärung über die Bestimmung des Ehenamens geführten Namen der Frau oder des Mannes bestimmen.

(3) Die Erklärung über die Bestimmung des Ehenamens soll bei der Eheschließung erfolgen. Wird die Erklärung später abgegeben, so muss sie öffentlich beglaubigt werden.

(4) Ein Ehegatte, dessen Name nicht Ehename wird, kann durch Erklärung gegenüber dem Standesamt dem Ehenamen seinen Geburtsnamen oder den zur Zeit der Erklärung über die Bestimmung des Ehenamens geführten Namen voranstellen oder anfügen. Dies gilt nicht, wenn der Ehename aus mehreren Namen besteht. Besteht der Name eines Ehegatten aus mehreren Namen, so kann nur einer dieser Namen hinzugefügt werden. Die Erklärung kann gegenüber dem Standesamt widerrufen werden; in diesem Falle ist eine erneute Erklärung nach Satz 1 nicht zulässig. Die Erklärung, wenn sie nicht bei der Eheschließung gegenüber einem deutschen Standesamt abgegeben wird, und der Widerruf müssen öffentlich beglaubigt werden.

(5) Der verwitwete oder geschiedene Ehegatte behält den Ehenamen. Er kann durch Erklärung gegenüber dem Standesamt seinen Geburtsnamen oder den Namen wieder annehmen, den er bis zur Bestimmung des Ehenamens geführt hat, oder dem Ehenamen seinen Geburtsnamen oder den zur Zeit der Bestimmung des Ehenamens geführten Namen voranstellen oder anfügen. Absatz 4 gilt entsprechend.

(6) Geburtsname ist der Name, der in die Geburtsurkunde eines Ehegatten zum Zeitpunkt der Erklärung gegenüber dem Standesamt einzutragen ist.

第一千三百五十五条　[夫妻之婚姓]^a

Ⅰ ¹夫妻应约定共同之家姓（婚姓）。²夫妻以其所约定之家姓为其婚姓。³未约定者，夫妻各以其结婚时所使用之姓氏，于婚姻关系存续中，得继续使用之。

Ⅱ 夫妻双方在户政机关面前，得约定其中一方之本姓或其结婚时已声明之姓氏为夫妻之婚姓。

Ⅲ ¹夫妻婚姓之约定，应于结婚时为之。²结婚后始为夫妻婚姓之约定者，应以公证为之。

Ⅳ ¹夫妻一方之姓氏，非为夫妻之婚姓者，得向户政机关声明，将夫妻之婚姓，置于其本姓或结婚时所声明之姓氏之前或其后。²但婚姓由多数之姓氏所合成者，不在此限。³夫妻一方之姓氏为数姓所合成者，仅得附加其中之一姓。⁴在户政人员面前所为之意思表示得撤回之；撤回之后，不得再依第一款规定，以意思表示重新约定。⁵未于结婚时向户政机关声明之约定及其撤回，应经公证。

Ⅴ ¹生存之配偶或离婚之配偶仍得保有约定之婚姓。²其在户政人员面前，得以意思表示恢复其本姓或结婚时所声明之姓氏；或将婚姓置于其本姓或结婚时所声明之姓氏之前或其后。³于此情形，前款规定准用之。

Ⅵ 本姓为夫妻之一方向户政人员声明之意思，并在出生登记簿上所记载之姓氏。

a 本条于1994年4月1日因《婚姓改革法》而大幅度修正，最新一次修正于2013年11月1日。

§1356 Haushaltsführung, Erwerbstätigkeit

(1) Die Ehegatten regeln die Haushaltsführung im gegenseitigen Einvernehmen. Ist die Haushaltsführung einem der Ehegatten überlassen, so leitet dieser den Haushalt in eigener Verantwortung.

(2) Beide Ehegatten sind berechtigt, erwerbstätig zu sein. Bei der Wahl und Ausübung einer Erwerbstätigkeit haben sie auf die Belange des anderen Ehegatten und der Familie die gebotene Rücksicht zu nehmen.

第一千三百五十六条 [家务管理与就业][a]

Ⅰ [1]夫妻应协议处理家务。[2]夫妻之一方将家务交由他方处理者,由他方单独负责家务。

Ⅱ [1]夫妻双方均有就业之权。[2]夫妻之一方选择就业时,应考虑他方配偶及家庭之利益。

[a] 本条因1957年6月18日《男女平等法》、1977年7月1日第一次《婚姻法》改革而修正。最新一次修法于2002年1月1日。

§1357 Geschäfte zur Deckung des Lebensbedarfs

(1) Jeder Ehegatte ist berechtigt, Geschäfte zur angemessenen Deckung des Lebensbedarfs der Familie mit Wirkung auch für den anderen Ehegatten zu besorgen. Durch solche Geschäfte werden beide Ehegatten berechtigt und verpflichtet, es sei denn, dass sich aus den Umständen etwas anderes ergibt.

(2) Ein Ehegatte kann die Berechtigung des anderen Ehegatten, Geschäfte mit Wirkung für ihn zu besorgen, beschränken oder ausschließen; besteht für die Beschränkung oder Ausschließung kein ausreichender Grund, so hat das Familiengericht sie auf Antrag aufzuheben. Dritten gegenüber wirkt die Beschränkung oder Ausschließung nur nach Maßgabe des §1412.

(3) Absatz 1 gilt nicht, wenn die Ehegatten getrennt leben.

第一千三百五十七条 [日常家务代理权]

Ⅰ [1]夫妻之一方为适当家务所需之法律行为者,其效力及于他方。[2]夫妻双方就适当家务所需法律行为均享有权利及负担义务。但按其情形,另有规定者,不在此限。

Ⅱ [1]夫妻之一方得授权他方处理其效力及于自己之事务或限制或排除他方之代理权;但其限制或排除显无理由者,得经当事人之申请而由家事法院废止其代理权之限制或排除。[2]代理权之限制或排除,合于第一千四百一十二条规定者,始得对抗第三人。

Ⅲ 夫妻分居者,不适用第一款规定。

§1358 (weggefallen)

第一千三百五十八条 [删除]^a

a 本条因1957年6月18日《男女平等法》而删除。

§1359 Umfang der Sorgfaltspflicht

Die Ehegatten haben bei der Erfüllung der sich aus dem ehelichen Verhältnis ergebenden Verpflichtungen einander nur für diejenige Sorgfalt einzustehen, welche sie in eigenen Angelegenheiten anzuwenden pflegen.

第一千三百五十九条 [注意义务之范围]

夫妻于履行婚姻共同生活之义务时,仅负与处理自己事务同一之注意。

§1360 Verpflichtung zum Familienunterhalt

Die Ehegatten sind einander verpflichtet, durch ihre Arbeit und mit ihrem Vermögen die Familie angemessen zu unterhalten. Ist einem Ehegatten die Haushaltsführung überlassen, so erfüllt er seine Verpflichtung, durch Arbeit zum Unterhalt der Familie beizutragen, in der Regel durch die Führung des Haushalts.

第一千三百六十条 [负担家庭生活费用之义务]^a

[1]夫妻应以其劳动与财产互负对家庭生活为适当之扶养义务。[2]家务由夫妻之一方承担者,其通常以操持家务,履行其应以劳动负担家庭生活之扶养义务。

a 第1360条至第1362条因1957年6月18日《男女平等法》与1977年7月1日第一次《婚姻法》改革而修正。

§1360a Umfang der Unterhaltspflicht

(1) Der angemessene Unterhalt der Familie umfasst alles, was nach den Verhältnissen

der Ehegatten erforderlich ist, um die Kosten des Haushalts zu bestreiten und die persönlichen Bedürfnisse der Ehegatten und den Lebensbedarf der gemeinsamen unterhaltsberechtigten Kinder zu befriedigen.

(2) Der Unterhalt ist in der Weise zu leisten, die durch die eheliche Lebensgemeinschaft geboten ist. Die Ehegatten sind einander verpflichtet, die zum gemeinsamen Unterhalt der Familie erforderlichen Mittel für einen angemessenen Zeitraum im Voraus zur Verfügung zu stellen.

(3) Die für die Unterhaltspflicht der Verwandten geltenden Vorschriften der §§1613 bis 1615 sind entsprechend anzuwenden.

(4) Ist ein Ehegatte nicht in der Lage, die Kosten eines Rechtsstreits zu tragen, der eine persönliche Angelegenheit betrifft, so ist der andere Ehegatte verpflichtet, ihm diese Kosten vorzuschießen, soweit dies der Billigkeit entspricht. Das Gleiche gilt für die Kosten der Verteidigung in einem Strafverfahren, das gegen einen Ehegatten gerichtet ist.

第一千三百六十条之一 [负担家庭生活费用义务之范围]

Ⅰ 负担适当之家庭生活费用，指依夫妻婚姻状况所必要之家务支出、夫妻双方个人需求及共同子女日常生活所必需之费用。

Ⅱ [1]家庭生活费用，应以夫妻共同婚姻生活所必要之方法提供之。[2]夫妻应互负义务，就家庭生活费用必要之支出，于适当时间内，为事先之准备。

Ⅲ 关于亲属间之扶养义务，准用第一千六百一十三条至第一千六百一十五条规定。

Ⅳ [1]夫妻之一方无法负担涉及个人事务之诉讼费用者，他方有提供之义务，但以符合公平原则为限。[2]夫妻一方为刑事诉讼之被告所需之辩护费用，亦同。

§1360b Zuvielleistung

Leistet ein Ehegatte zum Unterhalt der Familie einen höheren Beitrag als ihm obliegt, so ist im Zweifel anzunehmen, dass er nicht beabsichtigt, von dem anderen Ehegatten Ersatz zu verlangen.

第一千三百六十条之二 [超出扶养义务之给付]

夫妻之一方为扶养家庭所支出之费用，超过其应分担之金额者，有疑义时，应推定其无意向他方请求补偿。

§1361 Unterhalt bei Getrenntleben

(1) Leben die Ehegatten getrennt, so kann ein Ehegatte von dem anderen den nach den Lebensverhältnissen und den Erwerbs- und Vermögensverhältnissen der Ehegatten angemessenen Unterhalt verlangen; für Aufwendungen infolge eines Körper- oder Gesundheitsschadens gilt §1610a. Ist zwischen den getrennt lebenden Ehegatten ein Scheidungsverfahren rechtshängig, so gehören zum Unterhalt vom Eintritt der Rechtshängigkeit an auch die Kosten einer angemessenen Versicherung für den Fall des Alters sowie der verminderten Erwerbsfähigkeit.

(2) Der nicht erwerbstätige Ehegatte kann nur dann darauf verwiesen werden, seinen Unterhalt durch eine Erwerbstätigkeit selbst zu verdienen, wenn dies von ihm nach seinen persönlichen Verhältnissen, insbesondere wegen einer früheren Erwerbstätigkeit unter Berücksichtigung der Dauer der Ehe, und nach den wirtschaftlichen Verhältnissen beider Ehegatten erwartet werden kann.

(3) Die Vorschrift des §1579 Nr. 2 bis 8 über die Beschränkung oder Versagung des Unterhalts wegen grober Unbilligkeit ist entsprechend anzuwenden.

(4) Der laufende Unterhalt ist durch Zahlung einer Geldrente zu gewähren. Die Rente ist monatlich im Voraus zu zahlen. Der Verpflichtete schuldet den vollen Monatsbetrag auch dann, wenn der Berechtigte im Laufe des Monats stirbt. §1360a Abs. 3, 4 und die §§1360b, 1605 sind entsprechend anzuwenden.

第一千三百六十一条 [分居时之扶养][a]

I [1]夫妻分居者，其一方依共同生活之程度与职业及财产之状况，得向他方请求适当之扶养。[2]因身体或健康损害所生之费用，准用第一千六百一十条之一规定。[3]对已提起离婚诉讼之分居配偶，其扶养范围包括诉讼系属后，因年老及随年龄减损之工作能力所生适当生活保险之费用。

II 未就业之夫妻一方，依其个人之情况，尤在考虑婚姻关系存续期间，视其以前之就业状况及夫妻双方之经济情形，可预期其再就业而能自己扶养者为限，始不得向他方请求扶养。

III 限制或拒绝扶养显有不公平者，第一千五百七十九条第二项至第八项规定准用之。

IV [1]经常性之扶养，应以给付年金的方法支付之。[2]年金应按月预先支付。[3]权利人于月中死亡者，义务人仍应支付该月全额之费用。[4]第一千三百六十条之一第三款、第四款、第一千三百六十条之二及第一千六百零五条规定准用之。

a 本条因2007年12月21日《扶养法》改革而修正,自2008年1月1日生效。

§1361a Verteilung der Haushaltsgegenstände bei Getrenntleben

(1) Leben die Ehegatten getrennt, so kann jeder von ihnen die ihm gehörenden Haushaltsgegenstände von dem anderen Ehegatten herausverlangen. Er ist jedoch verpflichtet, sie dem anderen Ehegatten zum Gebrauch zu überlassen, soweit dieser sie zur Führung eines abgesonderten Haushalts benötigt und die Überlassung nach den Umständen des Falles der Billigkeit entspricht.
(2) Haushaltsgegenstände, die den Ehegatten gemeinsam gehören, werden zwischen ihnen nach den Grundsätzen der Billigkeit verteilt.
(3) Können sich die Ehegatten nicht einigen, so entscheidet das zuständige Gericht. Dieses kann eine angemessene Vergütung für die Benutzung der Haushaltsgegenstände festsetzen.
(4) Die Eigentumsverhältnisse bleiben unberührt, sofern die Ehegatten nichts anderes vereinbaren.

第一千三百六十一条之一 [分居时家庭用具之分配]

Ⅰ ¹夫妻分居者,其中一方得向他方请求返还其个人所有之家庭用具。²但该家庭用具为他方分居后家务所必需者,合于公平原则时,夫妻之一方有将该家庭用具交付他方使用之义务。
Ⅱ 夫妻共有之家庭用具,依公平原则分配之。
Ⅲ ¹夫妻于分配家庭用具时,意见不一致者,应由管辖法院决定之。²管辖法院得就家庭用具之使用,酌定相当之补偿。
Ⅳ 夫妻未有特别约定者,家庭用具所有权之关系,不受影响。

§1361b Ehewohnung bei Getrenntleben

(1) Leben die Ehegatten voneinander getrennt oder will einer von ihnen getrennt leben, so kann ein Ehegatte verlangen, dass ihm der andere die Ehewohnung oder einen

Teil zur alleinigen Benutzung überlässt, soweit dies auch unter Berücksichtigung der Belange des anderen Ehegatten notwendig ist, um eine unbillige Härte zu vermeiden. Eine unbillige Härte kann auch dann gegeben sein, wenn das Wohl von im Haushalt lebenden Kindern beeinträchtigt ist. Steht einem Ehegatten allein oder gemeinsam mit einem Dritten das Eigentum, das Erbbaurecht oder der Nießbrauch an dem Grundstück zu, auf dem sich die Ehewohnung befindet, so ist dies besonders zu berücksichtigen; Entsprechendes gilt für das Wohnungseigentum, das Dauerwohnrecht und das dingliche Wohnrecht.

(2) Hat der Ehegatte, gegen den sich der Antrag richtet, den anderen Ehegatten widerrechtlich und vorsätzlich am Körper, der Gesundheit oder der Freiheit verletzt oder mit einer solchen Verletzung oder der Verletzung des Lebens widerrechtlich gedroht, ist in der Regel die gesamte Wohnung zur alleinigen Benutzung zu überlassen. Der Anspruch auf Wohnungsüberlassung ist nur dann ausgeschlossen, wenn keine weiteren Verletzungen und widerrechtlichen Drohungen zu besorgen sind, es sei denn, dass dem verletzten Ehegatten das weitere Zusammenleben mit dem anderen wegen der Schwere der Tat nicht zuzumuten ist.

(3) Wurde einem Ehegatten die Ehewohnung ganz oder zum Teil überlassen, so hat der andere alles zu unterlassen, was geeignet ist, die Ausübung dieses Nutzungsrechts zu erschweren oder zu vereiteln. Er kann von dem nutzungsberechtigten Ehegatten eine Vergütung für die Nutzung verlangen, soweit dies der Billigkeit entspricht.

(4) Ist nach der Trennung der Ehegatten im Sinne des §1567 Abs. 1 ein Ehegatte aus der Ehewohnung ausgezogen und hat er binnen sechs Monaten nach seinem Auszug eine ernstliche Rückkehrabsicht dem anderen Ehegatten gegenüber nicht bekundet, so wird unwiderleglich vermutet, dass er dem in der Ehewohnung verbliebenen Ehegatten das alleinige Nutzungsrecht überlassen hat.

第一千三百六十一条之二 [分居时之婚姻住所]ᵃ

Ⅰ ¹夫妻相互分居或一方要求他方分居者,于考虑他方配偶所必需之情形及避免产生过度不公平时,夫妻之一方得请求他方将共同居住之住所,或住所之一部分,单独让其使用。²不公平之情事,包括对共同生活之子女有不利之情形。³该住所之所有权、地上权或土地用益权为夫妻一方单独所有或与第三人共有者,应予以特别考虑。⁴该规定于住宅所有权、永久居住权及物上居住权,亦准用之。

Ⅱ ¹夫妻之一方,故意不法对他方为身体、健康或自由之侵害或就其为不法之胁迫者,经他方之申请,应将该共同住宅交付他方单独使用为原则。²其侵害不再继续及不再受不法胁迫时，不得请求交付住宅。但因行为之严重性，无法期待受侵害之配偶继续与行为人共同生活者，不在此限。

Ⅲ ¹夫妻之一方将共同住宅全部或一部交付他方时，于认为适当者，不得有所更动，以避免他方使用权行使困难或受到阻碍。²合于公平情形者为限，其得向有使用权之一方请求相当之报酬。

Ⅳ 依第一千五百六十七条第一款规定分居之夫妻，其一方于离开原住宅六个月后，未向他方为恢复共同生活之意思表示者，推定将该住宅之使用权移转他方。

a 本条于2001年12月11日配合《家庭暴力防治法》及简化分居后住宅之移转规定而修正，自2002年1月1日施行。

§1362 Eigentumsvermutung

(1) Zugunsten der Gläubiger des Mannes und der Gläubiger der Frau wird vermutet, dass die im Besitz eines Ehegatten oder beider Ehegatten befindlichen beweglichen Sachen dem Schuldner gehören. Diese Vermutung gilt nicht, wenn die Ehegatten getrennt leben und sich die Sachen im Besitz des Ehegatten befinden, der nicht Schuldner ist. Inhaberpapiere und Orderpapiere, die mit Blankoindossament versehen sind, stehen den beweglichen Sachen gleich.

(2) Für die ausschließlich zum persönlichen Gebrauch eines Ehegatten bestimmten Sachen wird im Verhältnis der Ehegatten zueinander und zu den Gläubigern vermutet, dass sie dem Ehegatten gehören, für dessen Gebrauch sie bestimmt sind.

第一千三百六十二条 [所有权之推定]

Ⅰ ¹为夫之债权人或妻之债权人之利益，就夫妻一方或双方所占有之动产，应推定为债务人所有。²夫妻分居，且该物由非债务人之夫妻一方所占有者，该推定不成立。³无记名证券及载有空白背书之指示证券者，视为动产。

Ⅱ 夫妻一方个人专用之物，依夫妻相互间及其与债权人之关系，推定该物属于专用一方所有。

Titel 6　Eheliches Güterrecht
第六节　夫妻财产制[①]

　　夫妻财产制分为法定与约定两种。法定财产制复分为净益共同财产制（Zugewinngemeinschaft）与分别财产制（Gütertrennung）两种。其中，净益共同财产制系通常法定财产制。分别财产制乃净益共同财产制及共同财产制终了时之补充财产制（第1414条）；但亦为约定财产制之一种。约定财产制，民法所规定者，有分别财产制与共同财产制（Gütergemeinschaft）两种。惟净益共同财产制，亦得由夫妻财产制契约而发生，如废止分别财产制或共同财产制，而采用净益共同财产制之夫妻财产制契约亦有效。净益共同财产制及共同财产制，系1957年《男女平等法》修正时，最具有代表性之部分，于下文详述之。
一、净益共同财产制，本质上系分别财产制之一种。盖夫妻之财产及婚姻关系存续中所取得之财产，均不为夫妻之共同财产；但夫妻于婚姻关系存续中所取得之净益，于财产制终了时，应分配于其配偶（第1363条）。
二、夫妻各自管理自己之财产，即其处分原则上亦不受其配偶之限制（第1364条至第1369条）。
三、净益之平衡，分两种情形：
　　1. 配偶之一方死亡者：净益共同财产制终了，其平衡方法，不论实际有无净益，以生存配偶之法定应继份，增加遗产之四分之一（第1371条）。
　　2. 因其他事由（如夫妻财产制契约）而终了，或生存配偶非系继承人，又未受遗赠者：其平衡方法，配偶一方之净益超出他方之净益时，以其差额之一半为平衡债权（Ausgleichsforderung），归属于他方（第1378条第1款）。净益（Zugewinn），系配偶一方之终结财产（Endvermögen），超出开始财产（Anfangsvermögen）之数额（第1377条）。
四、净益之平衡，视情形得拒绝其给付（第1381条第1款），或缓期清偿（第1382条）或提前平衡之（第1385条、第1386条）。提前平衡净益之判决经确定者，应改用分别财产制（第1388条）。

[①] 本节因1957年6月18日《男女平等法》而修正。

Untertitel 1　Gesetzliches Güterrecht
第一款　法定财产制

§1363　Zugewinngemeinschaft

(1) Die Ehegatten leben im Güterstand der Zugewinngemeinschaft, wenn sie nicht durch Ehevertrag etwas anderes vereinbaren.

(2) Das Vermögen des Mannes und das Vermögen der Frau werden nicht gemeinschaftliches Vermögen der Ehegatten; dies gilt auch für Vermögen, das ein Ehegatte nach der Eheschließung erwirbt. Der Zugewinn, den die Ehegatten in der Ehe erzielen, wird jedoch ausgeglichen, wenn die Zugewinngemeinschaft endet.

第一千三百六十三条　[净益共同财产制]

Ⅰ 夫妻未以合意另订财产制契约者，以净益共同财产制为其夫妻财产制。

Ⅱ [1]夫之财产及妻之财产，均非夫妻之共同财产；夫妻于婚姻关系存续中所取得之财产，亦同。[2]夫妻于婚姻关系存续中所取得之净益，于净益共同财产制终了时，应分配之。

§1364　Vermögensverwaltung

Jeder Ehegatte verwaltet sein Vermögen selbständig; er ist jedoch in der Verwaltung seines Vermögens nach Maßgabe der folgenden Vorschriften beschränkt.

第一千三百六十四条　[财产之管理]

财产之管理，由夫妻各自为之；但夫妻之一方管理财产者，应受本条以下规定之限制。

§1365　Verfügung über Vermögen im Ganzen

(1) Ein Ehegatte kann sich nur mit Einwilligung des anderen Ehegatten verpflichten, über sein Vermögen im Ganzen zu verfügen. Hat er sich ohne Zustimmung des anderen Ehegatten verpflichtet, so kann er die Verpflichtung nur erfüllen, wenn der andere Ehegatte einwilligt.

(2) Entspricht das Rechtsgeschäft den Grundsätzen einer ordnungsmäßigen Verwaltung,

so kann das Familiengericht auf Antrag des Ehegatten die Zustimmung des anderen Ehegatten ersetzen, wenn dieser sie ohne ausreichenden Grund verweigert oder durch Krankheit oder Abwesenheit an der Abgabe einer Erklärung verhindert und mit dem Aufschub Gefahr verbunden ist.

第一千三百六十五条 [全部财产之处分]

I ^{1}夫妻之一方应经他方之允许，始得就其全部财产，负有处分之义务。^{2}夫妻之一方未经他方同意而负担该义务者，应经他方之允许，始得履行其义务。

II 法律行为不违反通常管理之原则者，家事法院因夫妻一方之申请，得代他方为同意之表示；但以他方配偶无正当理由而拒绝同意，或因疾病或不在而无法为表示，且如迟延即有危险之虞者为限。

§1366 Genehmigung von Verträgen

(1) Ein Vertrag, den ein Ehegatte ohne die erforderliche Einwilligung des anderen Ehegatten schließt, ist wirksam, wenn dieser ihn genehmigt.

(2) Bis zur Genehmigung kann der Dritte den Vertrag widerrufen. Hat er gewusst, dass der Mann oder die Frau verheiratet ist, so kann er nur widerrufen, wenn der Mann oder die Frau wahrheitswidrig behauptet hat, der andere Ehegatte habe eingewilligt; er kann auch in diesem Falle nicht widerrufen, wenn ihm beim Abschluss des Vertrags bekannt war, dass der andere Ehegatte nicht eingewilligt hatte.

(3) Fordert der Dritte den Ehegatten auf, die erforderliche Genehmigung des anderen Ehegatten zu beschaffen, so kann dieser sich nur dem Dritten gegenüber über die Genehmigung erklären; hat er sich bereits vor der Aufforderung seinem Ehegatten gegenüber erklärt, so wird die Erklärung unwirksam. Die Genehmigung kann nur innerhalb von zwei Wochen seit dem Empfang der Aufforderung erklärt werden; wird sie nicht erklärt, so gilt sie als verweigert. Ersetzt das Familiengericht die Genehmigung, so ist sein Beschluss nur wirksam, wenn der Ehegatte ihn dem Dritten innerhalb der zweiwöchigen Frist mitteilt; andernfalls gilt die Genehmigung als verweigert.

(4) Wird die Genehmigung verweigert, so ist der Vertrag unwirksam.

第一千三百六十六条 [对契约之承认]

I 夫妻之一方所订定之契约，未得他方所必要之同意者，应经其承认，始生效力。
Ⅱ ¹未承认前，第三人得撤回契约。²第三人明知契约当事人之男性或女性已结婚者，除该男性或女性违反事实而声明其已获他方配偶同意者外，不得撤回之。第三人于契约订定时，明知他方当事人未得其配偶之同意者，亦不得撤回之。
Ⅲ ¹第三人对夫妻之一方，催告其应取得他方所必要之承认者，其承认应由他方对第三人表示之；他方于催告前，即使已向其配偶为承认之表示时，该表示不生效力。²承认之表示，应于受催告之日起两星期内为之；于该期限内未表示承认者，视为拒绝承认。³家事法院代为承认者，在夫妻一方将法院之裁定，于两星期内通知第三人时，始生效力；于其他情形，视为拒绝承认。
Ⅳ 契约经拒绝承认者，不生效力。

§1367 Einseitige Rechtsgeschäfte

Ein einseitiges Rechtsgeschäft, das ohne die erforderliche Einwilligung vorgenommen wird, ist unwirksam.

第一千三百六十七条 [单独之法律行为]

单独行为未得所必要之允许者，不生效力。

§1368 Geltendmachung der Unwirksamkeit

Verfügt ein Ehegatte ohne die erforderliche Zustimmung des anderen Ehegatten über sein Vermögen, so ist auch der andere Ehegatte berechtigt, die sich aus der Unwirksamkeit der Verfügung ergebenden Rechte gegen den Dritten gerichtlich geltend zu machen.

第一千三百六十八条 [无效之主张]

夫妻之一方未得他方所必要之允许而处分其财产者，他方于诉讼上，得以该处分行为之不生效力，对第三人主张之。

§1369 Verfügungen über Haushaltsgegenstände

(1) Ein Ehegatte kann über ihm gehörende Gegenstände des ehelichen Haushalts nur verfügen und sich zu einer solchen Verfügung auch nur verpflichten, wenn der andere Ehegatte einwilligt.

(2) Das Familiengericht kann auf Antrag des Ehegatten die Zustimmung des anderen Ehegatten ersetzen, wenn dieser sie ohne ausreichenden Grund verweigert oder durch Krankheit oder Abwesenheit verhindert ist, eine Erklärung abzugeben.

(3) Die Vorschriften der §§1366 bis 1368 gelten entsprechend.

第一千三百六十九条 [家庭用具之处分]

Ⅰ 夫妻之一方应得他方之同意，始得处分其因婚姻所需之家庭用具；亦在他方同意时，始负有处分之义务。

Ⅱ 夫妻之一方无正当理由而拒绝同意，或因疾病、不在而无法表示同意者，家事法院因他方之申请，得代为同意之表示。

Ⅲ 于此情形，准用第一千三百六十六条至第一千三百六十八条规定。

§1370 (weggefallen)

第一千三百七十条 [删除]ª

a 本条因剩余财产分配请求权及监护法修正，而于2009年9月1日删除。

§1371 Zugewinnausgleich im Todesfall

(1) Wird der Güterstand durch den Tod eines Ehegatten beendet, so wird der Ausgleich des Zugewinns dadurch verwirklicht, dass sich der gesetzliche Erbteil des überlebenden Ehegatten um ein Viertel der Erbschaft erhöht; hierbei ist unerheblich, ob die Ehegatten im einzelnen Falle einen Zugewinn erzielt haben.

(2) Wird der überlebende Ehegatte nicht Erbe und steht ihm auch kein Vermächtnis zu, so kann er Ausgleich des Zugewinns nach den Vorschriften der §§1373 bis 1383, 1390 verlangen; der Pflichtteil des überlebenden Ehegatten oder eines anderen Pflichtteilsberechtigten bestimmt sich in diesem Falle nach dem nicht erhöhten gesetzlichen Erbteil des Ehegatten.

(3) Schlägt der überlebende Ehegatte die Erbschaft aus, so kann er neben dem Ausgleich des Zugewinns den Pflichtteil auch dann verlangen, wenn dieser ihm nach den erbrechtlichen Bestimmungen nicht zustünde; dies gilt nicht, wenn er durch Vertrag mit seinem Ehegatten auf sein gesetzliches Erbrecht oder sein Pflichtteilsrecht verzichtet hat.

(4) Sind erbberechtigte Abkömmlinge des verstorbenen Ehegatten, welche nicht aus der durch den Tod dieses Ehegatten aufgelösten Ehe stammen, vorhanden, so ist der überlebende Ehegatte verpflichtet, diesen Abkömmlingen, wenn und soweit sie dessen bedürfen, die Mittel zu einer angemessenen Ausbildung aus dem nach Absatz 1 zusätzlich gewährten Viertel zu gewähren.

第一千三百七十一条　[死亡时之净益分配]

Ⅰ 财产制关系，因夫妻一方之死亡而终了者，在分配净益时，不问夫妻在具体情形有无净益，生存配偶之应继份，除其法定应继份外，另增加遗产之四分之一。

Ⅱ 生存配偶非继承人，且未受遗赠者，得依第一千三百七十三条至第一千三百八十三条及第一千三百九十条规定，请求净益之分配；于此情形，生存配偶或其他特留份权利人之特留份，依配偶原来未提高之法定应继份决定之。

Ⅲ 生存配偶抛弃继承者，即使该配偶依继承法规定，不享有特留份时，除得请求分配净益之外，并得为特留份之请求；但生存配偶曾与他方以契约抛弃法定应继份或特留份者，不在此限。

Ⅳ 死亡配偶之一方，遗留有继承权之直系血亲卑亲属，且其非由该配偶死亡而解消婚姻所出生者，生存配偶对该直系血亲卑亲属，于需要之限度，且于必要时，负有依第一款所定提高四分之一数额内，给与相当教育费用之义务。

§1372　Zugewinnausgleich in anderen Fällen

Wird der Güterstand auf andere Weise als durch den Tod eines Ehegatten beendet, so wird der Zugewinn nach den Vorschriften der §§1373 bis 1390 ausgeglichen.

第一千三百七十二条　[其他情形之净益分配]

夫妻财产制因配偶死亡以外之其他原因终了者，其净益之分配，依第一千三百七十三条至第一千三百九十条规定为之。

§1373 Zugewinn

Zugewinn ist der Betrag, um den das Endvermögen eines Ehegatten das Anfangsvermögen übersteigt.

第一千三百七十三条　[净益之定义]

配偶一方之终结财产超过其开始财产者，其超过数额为净益。

§1374 Anfangsvermögen

(1) Anfangsvermögen ist das Vermögen, das einem Ehegatten nach Abzug der Verbindlichkeiten beim Eintritt des Güterstands gehört.

(2) Vermögen, das ein Ehegatte nach Eintritt des Güterstands von Todes wegen oder mit Rücksicht auf ein künftiges Erbrecht, durch Schenkung oder als Ausstattung erwirbt, wird nach Abzug der Verbindlichkeiten dem Anfangsvermögen hinzugerechnet, soweit es nicht den Umständen nach zu den Einkünften zu rechnen ist.

(3) Verbindlichkeiten sind über die Höhe des Vermögens hinaus abzuziehen.

第一千三百七十四条　[开始财产]

Ⅰ 开始财产系配偶于夫妻财产制关系开始时，扣除债务后所剩余之财产。
Ⅱ 夫妻财产制关系开始后，配偶因死因处分、就将来继承所付之赠与或婚嫁立业而取得之财产，于扣除债务后，应算入开始财产之内。但按其情形，应认为非其所得者，不在此限。
Ⅲ 债务应由剩余财产之总值扣除。

§1375 Endvermögen

(1) Endvermögen ist das Vermögen, das einem Ehegatten nach Abzug der Verbindlichkeiten bei der Beendigung des Güterstands gehört. Verbindlichkeiten sind über die Höhe des Vermögens hinaus abzuziehen.

(2) Dem Endvermögen eines Ehegatten wird der Betrag hinzugerechnet, um den dieses Vermögen dadurch vermindert ist, dass ein Ehegatte nach Eintritt des Güterstands

1. unentgeltliche Zuwendungen gemacht hat, durch die er nicht einer sittlichen Pflicht oder einer auf den Anstand zu nehmenden Rücksicht entsprochen hat,
2. Vermögen verschwendet hat oder
3. Handlungen in der Absicht vorgenommen hat, den anderen Ehegatten zu benachteiligen. Ist das Endvermögen eines Ehegatten geringer als das Vermögen, das er in der Auskunft zum Trennungszeitpunkt angegeben hat, so hat dieser Ehegatte darzulegen und zu beweisen, dass die Vermögensminderung nicht auf Handlungen im Sinne des Satzes 1 Nummer 1 bis 3 zurückzuführen ist.

(3) Der Betrag der Vermögensminderung wird dem Endvermögen nicht hinzugerechnet, wenn sie mindestens zehn Jahre vor Beendigung des Güterstands eingetreten ist oder wenn der andere Ehegatte mit der unentgeltlichen Zuwendung oder der Verschwendung einverstanden gewesen ist.

第一千三百七十五条 [终结财产]

Ⅰ ¹终结财产系配偶于夫妻财产制终了时，扣除债务后所剩余之财产。²债务应由剩余财产之总值扣除。

Ⅱ ¹夫妻之一方，于夫妻财产制关系开始后，有下列情形之一，致终结财产减少者，该数额仍应算入终结财产之内：
1. 非基于履行道德上之义务，或不合礼仪上所为之考虑，而为无偿给与者。
2. 有浪费财产之情事者。
3. 故意以损害他方为目的所为之行为者。²夫妻一方之终结财产，少于其于分居开始时所告知者，应对他方配偶举证，以说明其减少财产之原因，非出于前款第一项至第三项所定之行为。

Ⅲ 前款财产之减少，在夫妻财产制关系消灭前已逾十年，或他方配偶对于其无偿给与或浪费财产之情事，已予谅解者，其减少数额不算入终结财产之内。

§1376 Wertermittlung des Anfangs- und Endvermögens

(1) Der Berechnung des Anfangsvermögens wird der Wert zugrunde gelegt, den das beim Eintritt des Güterstands vorhandene Vermögen in diesem Zeitpunkt, das dem Anfangsvermögen hinzuzurechnende Vermögen im Zeitpunkt des Erwerbs hatte.

(2) Der Berechnung des Endvermögens wird der Wert zugrunde gelegt, den das bei

Beendigung des Güterstands vorhandene Vermögen in diesem Zeitpunkt, eine dem Endvermögen hinzuzurechnende Vermögensminderung in dem Zeitpunkt hatte, in dem sie eingetreten ist.

(3) Die vorstehenden Vorschriften gelten entsprechend für die Bewertung von Verbindlichkeiten.

(4) Ein land- oder forstwirtschaftlicher Betrieb, der bei der Berechnung des Anfangsvermögens und des Endvermögens zu berücksichtigen ist, ist mit dem Ertragswert anzusetzen, wenn der Eigentümer nach §1378 Abs. 1 in Anspruch genommen wird und eine Weiterführung oder Wiederaufnahme des Betriebs durch den Eigentümer oder einen Abkömmling erwartet werden kann; die Vorschrift des §2049 Abs. 2 ist anzuwenden.

第一千三百七十六条 [开始财产与终结财产之价值计算]

Ⅰ 开始财产价值之计算，依夫妻财产制关系开始时现存财产之价值；应算入开始财产之财产，按其取得时之价值定之。

Ⅱ 终结财产价值之计算，以夫妻财产制关系消灭时现存财产之价值，减少之财产应算入终结财产者，按减少事由发生时之价值定之。

Ⅲ 前两款规定，准用于债务之估价。

Ⅳ 计算开始及终结财产时，就农林产业部分，对其所有人依第一千三百七十八条第一款规定，请求净益分配，并能预期其农林产业由所有权人或其直系血亲卑亲属继续经营者，应以收益价值估算之；于此情形，适用第二千零四十九条第二款规定。

§1377 Verzeichnis des Anfangsvermögens

(1) Haben die Ehegatten den Bestand und den Wert des einem Ehegatten gehörenden Anfangsvermögens und der diesem Vermögen hinzuzurechnenden Gegenstände gemeinsam in einem Verzeichnis festgestellt, so wird im Verhältnis der Ehegatten zueinander vermutet, dass das Verzeichnis richtig ist.

(2) Jeder Ehegatte kann verlangen, dass der andere Ehegatte bei der Aufnahme des Verzeichnisses mitwirkt. Auf die Aufnahme des Verzeichnisses sind die für den Nießbrauch geltenden Vorschriften des §1035 anzuwenden. Jeder Ehegatte kann den Wert der Vermögensgegenstände und der Verbindlichkeiten auf seine Kosten durch Sachverständige feststellen lassen.

(3) Soweit kein Verzeichnis aufgenommen ist, wird vermutet, dass das Endvermögen

eines Ehegatten seinen Zugewinn darstellt.

第一千三百七十七条 [开始财产之目录]

Ⅰ 夫妻一方之开始财产，及应算入开始财产之财产，其数量及价值，经双方同意登载于财产目录者，于配偶内部关系，推定该目录为正确。

Ⅱ ¹夫妻之一方作成财产目录时，得请求他方协助。²于作成财产目录时，适用第一千零三十五条关于用益权规定。³夫妻之任何一方，得以自己之费用，聘请专家估算各个财产与债务之价值。

Ⅲ 未作成财产目录者，推定夫妻一方之终结财产，即为其净益。

§1378 Ausgleichsforderung

(1) Übersteigt der Zugewinn des einen Ehegatten den Zugewinn des anderen, so steht die Hälfte des Überschusses dem anderen Ehegatten als Ausgleichsforderung zu.

(2) Die Höhe der Ausgleichsforderung wird durch den Wert des Vermögens begrenzt, das nach Abzug der Verbindlichkeiten bei Beendigung des Güterstands vorhanden ist. Die sich nach Satz 1 ergebende Begrenzung der Ausgleichsforderung erhöht sich in den Fällen des §1375 Absatz 2 Satz 1 um den dem Endvermögen hinzuzurechnenden Betrag.

(3) Die Ausgleichsforderung entsteht mit der Beendigung des Güterstands und ist von diesem Zeitpunkt an vererblich und übertragbar. Eine Vereinbarung, die die Ehegatten während eines Verfahrens, das auf die Auflösung der Ehe gerichtet ist, für den Fall der Auflösung der Ehe über den Ausgleich des Zugewinns treffen, bedarf der notariellen Beurkundung; §127a findet auch auf eine Vereinbarung Anwendung, die in einem Verfahren in Ehesachen vor dem Prozessgericht protokolliert wird. Im Übrigen kann sich kein Ehegatte vor der Beendigung des Güterstands verpflichten, über die Ausgleichsforderung zu verfügen.

(4) (weggefallen)

第一千三百七十八条 [平衡债权]

Ⅰ 夫妻一方之净益超过他方之净益者，其超过部分之半数为平衡债权，应归属于他方。

Ⅱ ¹平衡债权之数额以夫妻财产制关系终了时，扣除债务财产价值为限。²依第一款所限制之平衡债权之数额，有第一千三百七十五条第二款第一段之情形者,应将该财产价额加入终结财产内,以提高平衡债权数额。

III ¹平衡债权仅能于夫妻财产制终了时,始能发生;并自此时起,始得让与或继承。²以离婚为目的之诉讼,夫妻于诉讼系属中协议有关剩余财产分配之事项者,应经公证;第一百二十七条之一规定,夫妻在婚姻事件诉讼系属中,于法院和解作成笔录时,亦适用之。³于通常情形,在夫妻财产制关系终了前,任何一方配偶不负担处分平衡债权之义务。

IV [删除]

§1379 Auskunftspflicht

(1) Ist der Güterstand beendet oder hat ein Ehegatte die Scheidung, die Aufhebung der Ehe, den vorzeitigen Ausgleich des Zugewinns bei vorzeitiger Aufhebung der Zugewinngemeinschaft oder die vorzeitige Aufhebung der Zugewinngemeinschaft beantragt, kann jeder Ehegatte von dem anderen Ehegatten

1. Auskunft über das Vermögen zum Zeitpunkt der Trennung verlangen;
2. Auskunft über das Vermögen verlangen, soweit es für die Berechnung des Anfangs- und Endvermögens maßgeblich ist. Auf Anforderung sind Belege vorzulegen. Jeder Ehegatte kann verlangen, dass er bei der Aufnahme des ihm nach §260 vorzulegenden Verzeichnisses zugezogen und dass der Wert der Vermögensgegenstände und der Verbindlichkeiten ermittelt wird. Er kann auch verlangen, dass das Verzeichnis auf seine Kosten durch die zuständige Behörde oder durch einen zuständigen Beamten oder Notar aufgenommen wird.

(2) Leben die Ehegatten getrennt, kann jeder Ehegatte von dem anderen Ehegatten Auskunft über das Vermögen zum Zeitpunkt der Trennung verlangen. Absatz 1 Satz 2 bis 4 gilt entsprechend.

第一千三百七十九条 [通知义务]

I ¹夫妻财产制终了,或夫妻之一方提出离婚、结婚之废止、于提前废止净益共同财产制而提早为净益财产分配之请求,或提前废止净益共同财产制者,夫妻任何一方对他方得请求:

1. 告知分居时之财产状况。
2. 告知为计算开始财产及终结财产所必要之财产状况。²被请求告知时,应提出证明资料。³夫妻之一方,依第二百六十条之规定,作成财产目录时,得请求他方之协助,并得请求他方告知财产及债务之价值。

⁴夫妻之一方亦得以自己之费用，请求行政主管机关或由主管公务员或公证人作成财产目录。

Ⅱ ¹夫妻分居者，任何一方对他方得请求告知于开始分居时之财产状况。
²第一款第二段至第四段之规定准用之。

§1380 Anrechnung von Vorausempfängen

(1) Auf die Ausgleichsforderung eines Ehegatten wird angerechnet, was ihm von dem anderen Ehegatten durch Rechtsgeschäft unter Lebenden mit der Bestimmung zugewendet ist, dass es auf die Ausgleichsforderung angerechnet werden soll. Im Zweifel ist anzunehmen, dass Zuwendungen angerechnet werden sollen, wenn ihr Wert den Wert von Gelegenheitsgeschenken übersteigt, die nach den Lebensverhältnissen der Ehegatten üblich sind.

(2) Der Wert der Zuwendung wird bei der Berechnung der Ausgleichsforderung dem Zugewinn des Ehegatten hinzugerechnet, der die Zuwendung gemacht hat. Der Wert bestimmt sich nach dem Zeitpunkt der Zuwendung.

第一千三百八十条 [净益分配之计算]

Ⅰ ¹计算配偶一方之平衡债权时，该配偶曾受他方配偶生前处分之赠与，并经指定其数额应算入净益内者，亦应算入。²配偶一方所为之赠与，其价值超出夫妻间通常赠与之价值者，有疑义时，亦算入其平衡债权内。

Ⅱ ¹赠与之价值，于计算平衡债权时，应算入赠与一方配偶之平衡债权内。²该款价值，按赠与时之价值计算。

§1381 Leistungsverweigerung wegen grober Unbilligkeit

(1) Der Schuldner kann die Erfüllung der Ausgleichsforderung verweigern, soweit der Ausgleich des Zugewinns nach den Umständen des Falles grob unbillig wäre.

(2) Grobe Unbilligkeit kann insbesondere dann vorliegen, wenn der Ehegatte, der den geringeren Zugewinn erzielt hat, längere Zeit hindurch die wirtschaftlichen Verpflichtungen, die sich aus dem ehelichen Verhältnis ergeben, schuldhaft nicht erfüllt hat.

第一千三百八十一条 [因显失公平而拒绝给付]

Ⅰ 净益之平衡,按其情形显失公平者,债务人对于平衡债权之请求,得拒绝给付。

Ⅱ 净益较少之配偶一方,就婚姻关系存续中所生经济上之义务,因可归责之事由致久未履行者,即属显失公平。

§1382 Stundung

(1) Das Familiengericht stundet auf Antrag eine Ausgleichsforderung, soweit sie vom Schuldner nicht bestritten wird, wenn die sofortige Zahlung auch unter Berücksichtigung der Interessen des Gläubigers zur Unzeit erfolgen würde. Die sofortige Zahlung würde auch dann zur Unzeit erfolgen, wenn sie die Wohnverhältnisse oder sonstigen Lebensverhältnisse gemeinschaftlicher Kinder nachhaltig verschlechtern würde.

(2) Eine gestundete Forderung hat der Schuldner zu verzinsen.

(3) Das Familiengericht kann auf Antrag anordnen, dass der Schuldner für eine gestundete Forderung Sicherheit zu leisten hat.

(4) Über Höhe und Fälligkeit der Zinsen und über Art und Umfang der Sicherheitsleistung entscheidet das Familiengericht nach billigem Ermessen.

(5) Soweit über die Ausgleichsforderung ein Rechtsstreit anhängig wird, kann der Schuldner einen Antrag auf Stundung nur in diesem Verfahren stellen.

(6) Das Familiengericht kann eine rechtskräftige Entscheidung auf Antrag aufheben oder ändern, wenn sich die Verhältnisse nach der Entscheidung wesentlich geändert haben.

第一千三百八十二条 [缓期清偿]

Ⅰ [1]债务人对于平衡债权并无异议,但使其即时给付,显有困难,而缓期清偿无甚害于债权人之利益者,家事法院得依其申请,许其缓期清偿。[2]即时给付将使债务人所居住之环境或其他共同子女之生活条件持续恶劣者,亦同。

Ⅱ 缓期清偿之债权,应支付利息。

Ⅲ 家事法院得依债权人之申请,就缓期清偿之债权,使债务人提供担保。

Ⅳ 利息之数额及期间与担保之种类及范围,由家事法院公平酌定之。

Ⅴ 平衡债权之请求权于诉讼系属中者,债务人仅能于诉讼进行中,申请缓期清偿。

Ⅵ 判决后情事显有变更者，家事法院得依申请，废止或变更已确定之裁判。

§1383 Übertragung von Vermögensgegenständen

(1) Das Familiengericht kann auf Antrag des Gläubigers anordnen, dass der Schuldner bestimmte Gegenstände seines Vermögens dem Gläubiger unter Anrechnung auf die Ausgleichsforderung zu übertragen hat, wenn dies erforderlich ist, um eine grobe Unbilligkeit für den Gläubiger zu vermeiden, und wenn dies dem Schuldner zugemutet werden kann; in der Entscheidung ist der Betrag festzusetzen, der auf die Ausgleichsforderung angerechnet wird.

(2) Der Gläubiger muss die Gegenstände, deren Übertragung er begehrt, in dem Antrag bezeichnen.

(3) §1382 Abs. 5 gilt entsprechend.

第一千三百八十三条 [财产标的物之让与]

Ⅰ 家事法院依债权人之申请，得命令债务人于计算平衡债权时，让与其财产内特定物给债权人，但以避免对债权人显失公平，而对债务人又属适当者为限；其应算入平衡债权之数额，应于裁判中确定之。

Ⅱ 债权人应于声明内，指明其所要求让与之物。

Ⅲ 于此情形，准用第一千三百八十二条第五款规定。

§1384 Berechnungszeitpunkt des Zugewinns und Höhe der Ausgleichsforderung bei Scheidung

Wird die Ehe geschieden, so tritt für die Berechnung des Zugewinns und für die Höhe der Ausgleichsforderung an die Stelle der Beendigung des Güterstandes der Zeitpunkt der Rechtshängigkeit des Scheidungsantrags.

第一千三百八十四条 [离婚时净益之计算及分配请求权之数额][a]

夫妻离婚者，在提起离婚之诉时，其财产制关系即告终了，关于净益之计算及分配请求权之数额，以提起离婚诉讼系属时为准。

a 本条经2009年7月6日剩余财产分配法与监护法（Gesez zur Änderung des zugewinnausgleichs und Vormundschaftsrechts）所修正，于2009年9月1日施行。

§1385 Vorzeitiger Zugewinnausgleich des ausgleichsberechtigten Ehegatten bei vorzeitiger Aufhebung der Zugewinngemeinschaft

Der ausgleichsberechtigte Ehegatte kann vorzeitigen Ausgleich des Zugewinns bei vorzeitiger Aufhebung der Zugewinngemeinschaft verlangen, wenn
1. die Ehegatten seit mindestens drei Jahren getrennt leben,
2. Handlungen der in §1365 oder §1375 Absatz 2 bezeichneten Art zu befürchten sind und dadurch eine erhebliche Gefährdung der Erfüllung der Ausgleichsforderung zu besorgen ist,
3. der andere Ehegatte längere Zeit hindurch die wirtschaftlichen Verpflichtungen, die sich aus dem ehelichen Verhältnis ergeben, schuldhaft nicht erfüllt hat und anzunehmen ist, dass er sie auch in Zukunft nicht erfüllen wird, oder
4. der andere Ehegatte sich ohne ausreichenden Grund beharrlich weigert oder sich ohne ausreichenden Grund bis zur Stellung des Antrags auf Auskunft beharrlich geweigert hat, ihn über den Bestand seines Vermögens zu unterrichten.

第一千三百八十五条 [分配权利人之配偶一方于事先终止法定财产制时之事先平衡净益][a]

有下列情事之一者，净益分配权利之夫妻一方，得事先终止净益共同财产制而早日为净益之分配：
1. 夫妻之间至少已分居满三年者。
2. 夫妻之一方有为民法第一千三百六十五条或第一千三百七十五条第二款所定行为之虞，致对于履行净益分配请求有重大危险者。
3. 夫妻之一方因婚姻共同生活所生之义务，因可归责于己之事由，致长期未能履行，且预期日后亦无实现之可能者。
4. 夫妻之一方无充分理由而执意拒绝报告其财产状况，或直至提起告知之申请前，无充分理由执意拒绝报告其财产状况者。

a 本条经2009年7月6日剩余财产分配法与监护法所修正，于2009年9月1日施行。

§1386 Vorzeitige Aufhebung der Zugewinngemeinschaft

Jeder Ehegatte kann unter entsprechender Anwendung des §1385 die vorzeitige

Aufhebung der Zugewinngemeinschaft verlangen.

第一千三百八十六条 [法定财产制之事先终止]^a

夫妻之一方得准用民法第一千三百八十五条规定，请求事先适用终止净益共同财产制。

a 本条经2009年7月6日剩余财产分配法与监护法所修正，于2009年9月1日施行。

§1387 Berechnungszeitpunkt des Zugewinns und Höhe der Ausgleichsforderung bei vorzeitigem Ausgleich oder vorzeitiger Aufhebung

In den Fällen der §§1385 und 1386 tritt für die Berechnung des Zugewinns und für die Höhe der Ausgleichsforderung an die Stelle der Beendigung des Güterstands der Zeitpunkt, in dem die entsprechenden Anträge gestellt sind.

第一千三百八十七条 [事先分配剩余财产之计算时点及其分配请求权之数额]^a

有民法第一千三百八十五条或第一千三百八十六条之情事者，其计算净益财产及平冲债权数额，得取代夫妻财产制之终了，而以事先提出平衡债权申请之时点为准。

a 本条经2009年7月6日剩余财产分配法与监护法所修正，于2009年9月1日施行。

§1388 Eintritt der Gütertrennung

Mit der Rechtskraft der Entscheidung, die die Zugewinngemeinschaft vorzeitig aufhebt, tritt Gütertrennung ein.

第一千三百八十八条 [分别财产制之改用]^a

法定财产制事先终止之裁定已确定者，夫妻间改采分别财产制。

a 本条经2009年7月6日剩余财产分配法与监护法所修正，于2009年9月1日施行。

§1389 (weggefallen)

第一千三百八十九条 [删除]ᵃ

a 本条因剩余财产分配法与监护法之修正，于2009年9月1日删除。

§1390 Ansprüche des Ausgleichsberechtigten gegen Dritte

(1) Der ausgleichsberechtigte Ehegatte kann von einem Dritten Ersatz des Wertes einer unentgeltlichen Zuwendung des ausgleichspflichtigen Ehegatten an den Dritten verlangen, wenn

1. der ausgleichspflichtige Ehegatte die unentgeltliche Zuwendung an den Dritten in der Absicht gemacht hat, den ausgleichsberechtigten Ehegatten zu benachteiligen und
2. die Höhe der Ausgleichsforderung den Wert des nach Abzug der Verbindlichkeiten bei Beendigung des Güterstands vorhandenen Vermögens des ausgleichspflichtigen Ehegatten übersteigt.

Der Ersatz des Wertes des Erlangten erfolgt nach den Vorschriften über die Herausgabe einer ungerechtfertigten Bereicherung. Der Dritte kann die Zahlung durch Herausgabe des Erlangten abwenden. Der ausgleichspflichtige Ehegatte und der Dritte haften als Gesamtschuldner.

(2) Das Gleiche gilt für andere Rechtshandlungen, wenn die Absicht, den Ehegatten zu benachteiligen, dem Dritten bekannt war.

(3) Die Verjährungsfrist des Anspruchs beginnt mit der Beendigung des Güterstands. Endet der Güterstand durch den Tod eines Ehegatten, so wird die Verjährung nicht dadurch gehemmt, dass der Anspruch erst geltend gemacht werden kann, wenn der Ehegatte die Erbschaft oder ein Vermächtnis ausgeschlagen hat.

(4) (weggefallen)

第一千三百九十条 [平衡债权之权利人对第三人之请求权] ᵃ

Ⅰ ¹有下列情事之一者，平衡债权权利人之夫妻一方，得就平衡债权义务人之他方对第三人所为之无偿处分财产，对第三人请求返还该财产之价额：

1. 平衡债权之义务人以意图损害平衡债权之权利人为目的，对第三人为无偿处分财产之行为。
2. 夫妻财产制终了时，平衡债权之数额，超出平衡债权义务人以其财产扣除其债务后所剩余之财产。
[2]有关请求权人就请求价值之补偿，依不当得利规定，请求返还之。
[3]第三人得以价金取代处分物之返还。[4]平衡债权义务人之夫妻他方与第三人共同负连带责任。

II 其他法律行为，于第三人明知夫妻之一方意图损害他方之情事者，亦适用之。

III [1]请求权之时效，自夫妻财产制终了时开始起算。[2]夫妻财产制因夫妻一方之死亡而终了者，生存之一方纵使抛弃继承或遗赠，始得请求平衡债权，其时效不因此不完成。

IV ［删除］

a 本条经2009年7月6日剩余财产分配法与监护法所修正，于2009年9月1日施行。本条第3款第1段配合2009年9月24日《继承与消灭时效法》之修正而变动，于2010年1月1日施行。

§1391 bis §1407 (weggefallen)
第一千三百九十一条至第一千四百零七条 ［删除］

Untertitel 2　Vertragliches Güterrecht
第二款　约定财产制

Kapitel 1　Allgemeine Vorschriften
第一目　通　则

§1408 Ehevertrag, Vertragsfreiheit

(1) Die Ehegatten können ihre güterrechtlichen Verhältnisse durch Vertrag (Ehevertrag) regeln, insbesondere auch nach der Eingehung der Ehe den Güterstand aufheben oder ändern.

(2) Schließen die Ehegatten in einem Ehevertrag Vereinbarungen über den

Versorgungsausgleich, so sind insoweit die §§6 und 8 des Versorgungsausgleichsgesetzes anzuwenden.

第一千四百零八条　[夫妻财产制契约、契约自由][a]

Ⅰ 夫妻得以契约（结婚契约）订定其财产关系；于结婚后，亦得废止或变更财产制。

Ⅱ 夫妻于财产制契约中，为有关照护财产分配之协议者，适用照护财产分配法第六条与第八条规定。

a 本条第2款为2009年4月3日《照护财产分配法》所修正，于2009年9月1日施行。

§1409　Beschränkung der Vertragsfreiheit

Der Güterstand kann nicht durch Verweisung auf nicht mehr geltendes oder ausländisches Recht bestimmt werden.

第一千四百零九条　[契约自由之限制]

夫妻财产制，不得以已失效之法律或外国法律为准据而订定之。

§1410　Form

Der Ehevertrag muss bei gleichzeitiger Anwesenheit beider Teile zur Niederschrift eines Notars geschlossen werden.

第一千四百一十条　[夫妻财产制之方式]

夫妻财产制契约，应由夫妻双方于公证人面前作成之。

§1411　Eheverträge beschränkt Geschäftsfähiger und Geschäftsunfähiger

(1) Wer in der Geschäftsfähigkeit beschränkt ist, kann einen Ehevertrag nur mit Zustimmung seines gesetzlichen Vertreters schließen. Dies gilt auch für einen Betreuten, soweit für diese Angelegenheit ein Einwilligungsvorbehalt angeordnet

ist. Ist der gesetzliche Vertreter ein Vormund, so ist außer der Zustimmung des gesetzlichen Vertreters die Genehmigung des Familiengerichts erforderlich, wenn der Ausgleich des Zugewinns ausgeschlossen oder eingeschränkt oder wenn Gütergemeinschaft vereinbart oder aufgehoben wird; ist der gesetzliche Vertreter ein Betreuer, ist die Genehmigung des Betreuungsgerichts erforderlich. Der gesetzliche Vertreter kann für einen in der Geschäftsfähigkeit beschränkten Ehegatten oder einen geschäftsfähigen Betreuten keinen Ehevertrag schließen.

(2) Für einen geschäftsunfähigen Ehegatten schließt der gesetzliche Vertreter den Vertrag; Gütergemeinschaft kann er nicht vereinbaren oder aufheben. Ist der gesetzliche Vertreter ein Vormund, so kann er den Vertrag nur mit Genehmigung des Familiengerichts schließen; ist der gesetzliche Vertreter ein Betreuer, ist die Genehmigung des Betreuungsgerichts erforderlich.

第一千四百一十一条 [限制行为人及无行为能力人之夫妻财产制契约][a]

I [1]限制行为能力人订定夫妻财产制契约者，应经法定代理人之允许。[2]受辅助人订立夫妻财产制契约属于应经辅助人同意之事项者，亦同。[3]法定代理人为监护人或辅助人者，关于净益平衡之抛弃或限制及共同财产制契约之订定或废止，除经法定代理人之允许外，并应得家事法院之许可。[4]法定代理人不得为限制行为能力之配偶或为受辅助人订定夫妻财产制契约。

II [1]无行为能力之配偶，其夫妻财产制契约由法定代理人订定之；但法定代理人不得订定或废止共同财产制。[2]法定代理人为监护人时，其契约之订定，应经家事法院之许可；法定代理人为辅助人时，其订定契约应有辅助法院之同意。

a 本条配合2008年12月17日家事事件法修法而变更，于2009年9月1日施行。

§1412 Wirkung gegenüber Dritten

(1) Haben die Ehegatten den gesetzlichen Güterstand ausgeschlossen oder geändert, so können sie hieraus einem Dritten gegenüber Einwendungen gegen ein Rechtsgeschäft, das zwischen einem von ihnen und dem Dritten vorgenommen worden ist, nur herleiten, wenn der Ehevertrag im Güterrechtsregister des zuständigen Amtsgerichts eingetragen oder dem Dritten bekannt war, als das Rechtsgeschäft vorgenommen wurde; Einwendungen gegen ein rechtskräftiges

Urteil, das zwischen einem der Ehegatten und dem Dritten ergangen ist, sind nur zulässig, wenn der Ehevertrag eingetragen oder dem Dritten bekannt war, als der Rechtsstreit anhängig wurde.

(2) Das Gleiche gilt, wenn die Ehegatten eine im Güterrechtsregister eingetragene Regelung der güterrechtlichen Verhältnisse durch Ehevertrag aufheben oder ändern.

第一千四百一十二条　[对第三人之效力]

Ⅰ 夫妻排除或变更法定财产制者，就配偶之一方与第三人所为之法律行为，以该财产制契约登记于管辖机关之登记簿，或于法律行为时已为第三人所知悉者为限，始得对抗第三人。就配偶之一方与第三人间诉讼之确定判决，以诉讼系属中，其财产制契约已经登记或为第三人所知悉者为限，始得对抗之。

Ⅱ 前款规定，夫妻就已登记之财产制关系之事项，以夫妻财产制契约予以废止或变更时，亦适用之。

§1413　Widerruf der Überlassung der Vermögensverwaltung

Überlässt ein Ehegatte sein Vermögen der Verwaltung des anderen Ehegatten, so kann das Recht, die Überlassung jederzeit zu widerrufen, nur durch Ehevertrag ausgeschlossen oder eingeschränkt werden; ein Widerruf aus wichtigem Grunde bleibt gleichwohl zulässig.

第一千四百一十三条　[财产管理委托之撤回权]

配偶之一方，将其财产管理委托他方配偶者，得随时撤回其委托。但得以夫妻财产制契约排除或限制之；遇有重大事由时，仍得撤回之。

Kapitel 2　Gütertrennung
第二目　分别财产制

§1414　Eintritt der Gütertrennung

Schließen die Ehegatten den gesetzlichen Güterstand aus oder heben sie ihn auf, so tritt

Gütertrennung ein, falls sich nicht aus dem Ehevertrag etwas anderes ergibt. Das Gleiche gilt, wenn der Ausgleich des Zugewinns ausgeschlossen oder die Gütergemeinschaft aufgehoben wird.

第一千四百一十四条 [分别财产制之适用]

[1]夫妻排除或废止法定财产制之适用者，应即适用分别财产制。但于夫妻财产制契约另有约定者，不在此限。[2]前段规定，于排除净益平衡或年金请求权或废止共同财产制时，亦适用之。

Kapitel 3　Gütergemeinschaft
第三目　共同财产制

Unterkapitel 1　Allgemeine Vorschriften
第一次目　通　则

§1415　Vereinbarung durch Ehevertrag

Vereinbaren die Ehegatten durch Ehevertrag Gütergemeinschaft, so gelten die nachstehenden Vorschriften.

第一千四百一十五条 [因结婚契约之合意]

配偶以结婚契约，订定采用共同财产制者，适用本条以下规定。

§1416　Gesamtgut

(1) Das Vermögen des Mannes und das Vermögen der Frau werden durch die Gütergemeinschaft gemeinschaftliches Vermögen beider Ehegatten (Gesamtgut). Zu dem Gesamtgut gehört auch das Vermögen, das der Mann oder die Frau während der Gütergemeinschaft erwirbt.

(2) Die einzelnen Gegenstände werden gemeinschaftlich; sie brauchen nicht durch Rechtsgeschäft übertragen zu werden.

(3) Wird ein Recht gemeinschaftlich, das im Grundbuch eingetragen ist oder in das Grundbuch eingetragen werden kann, so kann jeder Ehegatte von dem anderen verlangen, dass er zur Berichtigung des Grundbuchs mitwirke. Entsprechendes gilt,

wenn ein Recht gemeinschaftlich wird, das im Schiffsregister oder im Schiffsbauregister eingetragen ist.

第一千四百一十六条　[共同财产]

Ⅰ ^{1}夫之财产及妻之财产，因采用共同财产制而成为配偶双方共同之财产（共同财产）。^{2}夫及妻于共同财产制关系存续中所取得之财产，亦属于共同财产。

Ⅱ 每一财产均为夫妻所共有，无须以法律行为让与之。

Ⅲ ^{1}曾经于土地登记簿登记或得登记其上之权利，应为夫妻所共有者，配偶之一方得请求他方协助，而更正该土地登记簿之登记。^{2}前段规定，于船舶登记或船舶建造登记之权利，应为夫妻所共有者，准用之。

§1417 Sondergut

(1) Vom Gesamtgut ist das Sondergut ausgeschlossen.

(2) Sondergut sind die Gegenstände, die nicht durch Rechtsgeschäft übertragen werden können.

(3) Jeder Ehegatte verwaltet sein Sondergut selbständig. Er verwaltet es für Rechnung des Gesamtguts.

第一千四百一十七条　[特有财产]

Ⅰ 特有财产^{a}应由共同财产分离之。

Ⅱ 该不得以法律行为让与之标的物为特有财产。

Ⅲ ^{1}配偶各自管理其特有财产。^{2}该配偶应斟酌共同财产之利益，管理其特有财产。

a　Sondergut（特有财产）之定义，已如条文所言，例如用益权（Nießbrauch，第1059条）、限制之人役权（第1092条）、禁止扣押之债权（第400条）等。台湾地区"民法"第1030条之1所谓"特有财产"相当于德国民法之"保留财产"（Vorbehaltsgut）。名同而质异，不容混淆。

§1418 Vorbehaltsgut

(1) Vom Gesamtgut ist das Vorbehaltsgut ausgeschlossen.

(2) Vorbehaltsgut sind die Gegenstände,
   1. die durch Ehevertrag zum Vorbehaltsgut eines Ehegatten erklärt sind,
   2. die ein Ehegatte von Todes wegen erwirbt oder die ihm von einem Dritten unentgeltlich zugewendet werden, wenn der Erblasser durch letztwillige Verfügung, der Dritte bei der Zuwendung bestimmt hat, dass der Erwerb Vorbehaltsgut sein soll,
   3. die ein Ehegatte auf Grund eines zu seinem Vorbehaltsgut gehörenden Rechts oder als Ersatz für die Zerstörung, Beschädigung oder Entziehung eines zum Vorbehaltsgut gehörenden Gegenstands oder durch ein Rechtsgeschäft erwirbt, das sich auf das Vorbehaltsgut bezieht.
(3) Jeder Ehegatte verwaltet das Vorbehaltsgut selbständig. Er verwaltet es für eigene Rechnung.
(4) Gehören Vermögensgegenstände zum Vorbehaltsgut, so ist dies Dritten gegenüber nur nach Maßgabe des §1412 wirksam.

第一千四百一十八条　[保留财产]

Ⅰ 保留财产应由共同财产分离之。
Ⅱ 下列标的物为保留财产：
   1. 于夫妻财产制契约，声明其为配偶之保留财产者。
   2. 配偶之一方因死因处分所取得之财产，或由第三人无偿受领之财产，但以被继承人依遗嘱，或第三人于赠与时，指定其所得之财产应为保留财产者为限。
   3. 配偶之一方因属于保留财产之权利所取得之物，或因属于保留财产之物之毁损、公用征收而取得之补偿，或因保留财产有关之法律行为而取得之物。
Ⅲ ¹夫妻各自管理其保留财产。²夫妻为自己之利益，管理其保留财产。
Ⅳ 各种财产属于保留财产者，应依第一千四百一十二条规定，始对第三人发生效力。

§1419 Gesamthandsgemeinschaft

(1) Ein Ehegatte kann nicht über seinen Anteil am Gesamtgut und an den einzelnen Gegenständen verfügen, die zum Gesamtgut gehören; er ist nicht berechtigt, Teilung zu verlangen.

(2) Gegen eine Forderung, die zum Gesamtgut gehört, kann der Schuldner nur mit einer Forderung aufrechnen, deren Berichtigung er aus dem Gesamtgut verlangen kann.

第一千四百一十九条 [共同共有之财产关系]

Ⅰ 配偶之一方就共同财产及对所属各该标的物之应有部分，均不得处分之；配偶之一方亦不得对其请求分割。

Ⅱ 债务人对共同财产所负之债务，其仅以对共同财产中得请求清偿之债权为限，主张抵销之。

§1420 Verwendung zum Unterhalt

Die Einkünfte, die in das Gesamtgut fallen, sind vor den Einkünften, die in das Vorbehaltsgut fallen, der Stamm des Gesamtguts ist vor dem Stamm des Vorbehaltsguts oder des Sonderguts für den Unterhalt der Familie zu verwenden.

第一千四百二十条 [扶养费用之提供]

提供家庭扶养之费用，共同财产之收入应先于保留财产之收入；共同财产之资金应先于保留财产或特有财产之资金。

§1421 Verwaltung des Gesamtguts

Die Ehegatten sollen in dem Ehevertrag, durch den sie die Gütergemeinschaft vereinbaren, bestimmen, ob das Gesamtgut von dem Mann oder der Frau oder von ihnen gemeinschaftlich verwaltet wird. Enthält der Ehevertrag keine Bestimmung hierüber, so verwalten die Ehegatten das Gesamtgut gemeinschaftlich.

第一千四百二十一条 [共同财产之管理]

[1]夫妻应于其订定之共同财产制契约中，明定共同财产之管理，由夫、妻或共同为之。[2]夫妻财产制契约未约定者，由夫妻共同管理。

Unterkapitel 2
Verwaltung des Gesamtguts durch den Mann oder die Frau
第二次目　由夫或妻管理之共同财产

§1422　Inhalt des Verwaltungsrechts

Der Ehegatte, der das Gesamtgut verwaltet, ist insbesondere berechtigt, die zum Gesamtgut gehörenden Sachen in Besitz zu nehmen und über das Gesamtgut zu verfügen; er führt Rechtsstreitigkeiten, die sich auf das Gesamtgut beziehen, im eigenen Namen. Der andere Ehegatte wird durch die Verwaltungshandlungen nicht persönlich verpflichtet.

第一千四百二十二条　[管理共同财产之权利]

[1]管理共同财产之配偶，得占有属于共同财产之物，并得处分之；管理共同财产之配偶，得以自己之名义为有关共同财产之诉讼。[2]他方配偶不因该管理行为，负个人责任。

§1423　Verfügung über das Gesamtgut im Ganzen

Der Ehegatte, der das Gesamtgut verwaltet, kann sich nur mit Einwilligung des anderen Ehegatten verpflichten, über das Gesamtgut im Ganzen zu verfügen. Hat er sich ohne Zustimmung des anderen Ehegatten verpflichtet, so kann er die Verpflichtung nur erfüllen, wenn der andere Ehegatte einwilligt.

第一千四百二十三条　[共同财产全部之处分]

[1]管理共同财产之配偶，非经他方配偶之同意，不负担处分全部财产之义务。[2]管理共同财产之配偶，未得他方配偶之同意而负担此项处分之义务者，应经他方配偶之同意，始得履行其义务。

§1424　Verfügung über Grundstücke, Schiffe oder Schiffsbauwerke

Der Ehegatte, der das Gesamtgut verwaltet, kann nur mit Einwilligung des anderen

Ehegatten über ein zum Gesamtgut gehörendes Grundstück verfügen; er kann sich zu einer solchen Verfügung auch nur mit Einwilligung seines Ehegatten verpflichten. Dasselbe gilt, wenn ein eingetragenes Schiff oder Schiffsbauwerk zum Gesamtgut gehört.

第一千四百二十四条 [土地、船舶或建造中船舶之处分]

[1]管理共同财产之配偶，非经他方配偶之同意，不得处分属于共同财产之土地；管理共同财产之配偶，未经他方配偶之同意，不负担为该处分之义务。[2]前段规定，对属于共同财产已登记或建造中之船舶，亦适用之。

§1425 Schenkungen

(1) Der Ehegatte, der das Gesamtgut verwaltet, kann nur mit Einwilligung des anderen Ehegatten Gegenstände aus dem Gesamtgut verschenken; hat er ohne Zustimmung des anderen Ehegatten versprochen, Gegenstände aus dem Gesamtgut zu verschenken, so kann er dieses Versprechen nur erfüllen, wenn der andere Ehegatte einwilligt. Das Gleiche gilt von einem Schenkungsversprechen, das sich nicht auf das Gesamtgut bezieht.

(2) Ausgenommen sind Schenkungen, durch die einer sittlichen Pflicht oder einer auf den Anstand zu nehmenden Rücksicht entsprochen wird.

第一千四百二十五条 [由共同财产中之赠与]

Ⅰ [1]管理共同财产之配偶，非经他方配偶之同意，不得以共同财产为赠与；管理共同财产之配偶，未经他方配偶之同意而负担赠与共同财产之义务者，非经他方配偶之同意，不得履行其约定。[2]前段规定，于与共同财产无关之赠与约定，亦适用之。

Ⅱ 基于道德上之义务，或合于礼节上所为之赠与者，不在此限。

§1426 Ersetzung der Zustimmung des anderen Ehegatten

Ist ein Rechtsgeschäft, das nach den §§1423, 1424 nur mit Einwilligung des anderen Ehegatten vorgenommen werden kann, zur ordnungsmäßigen Verwaltung des Gesamtguts erforderlich, so kann das Familiengericht auf Antrag die Zustimmung des anderen Ehegatten ersetzen, wenn dieser sie ohne ausreichenden Grund verweigert oder durch Krankheit oder Abwesenheit an der Abgabe einer Erklärung verhindert und mit dem Aufschub Gefahr verbunden ist.

第一千四百二十六条 [他方配偶同意之代行]

因管理共同财产通常所必要之法律行为，依第一千四百二十三条及第一千四百二十四条规定，非经他方同意不得为之者，因他方配偶无充分理由拒绝同意，或因疾病、不在，不能为同意之表示，且其迟延足能致危害者，家事法院得依申请，代他方配偶为同意之表示。

§1427 Rechtsfolgen fehlender Einwilligung

(1) Nimmt der Ehegatte, der das Gesamtgut verwaltet, ein Rechtsgeschäft ohne die erforderliche Einwilligung des anderen Ehegatten vor, so gelten die Vorschriften des §1366 Abs. 1, 3, 4 und des §1367 entsprechend.

(2) Einen Vertrag kann der Dritte bis zur Genehmigung widerrufen. Hat er gewusst, dass der Ehegatte in Gütergemeinschaft lebt, so kann er nur widerrufen, wenn dieser wahrheitswidrig behauptet hat, der andere Ehegatte habe eingewilligt; er kann auch in diesem Falle nicht widerrufen, wenn ihm beim Abschluss des Vertrags bekannt war, dass der andere Ehegatte nicht eingewilligt hatte.

第一千四百二十七条 [欠缺同意之法律效力]

Ⅰ 管理共同财产之配偶，未得他方必要允许所为之法律行为，其效力准用第一千三百六十六条第一款、第三款、第四款及第一千三百六十七条规定。

Ⅱ [1]第三人于承认前，得将契约撤回之。[2]第三人明知该配偶系采取共同财产制者，仅于其诈称他方配偶已为允许时，始得撤回；前段情形，第三人于契约订定时，明知他方配偶未为允许者，不得撤回。

§1428 Verfügungen ohne Zustimmung

Verfügt der Ehegatte, der das Gesamtgut verwaltet, ohne die erforderliche Zustimmung des anderen Ehegatten über ein zum Gesamtgut gehörendes Recht, so kann dieser das Recht gegen Dritte gerichtlich geltend machen; der Ehegatte, der das Gesamtgut verwaltet, braucht hierzu nicht mitzuwirken.

第一千四百二十八条 [未经同意之处分行为]

管理共同财产之配偶，未经他方配偶必要同意而处分属于共同财产之权利者，他方配偶得于诉讼上行使该项权利，以之对抗第三人；管理共同财产之配偶，于此情形，无须共同为之。

§1429 Notverwaltungsrecht

Ist der Ehegatte, der das Gesamtgut verwaltet, durch Krankheit oder durch Abwesenheit verhindert, ein Rechtsgeschäft vorzunehmen, das sich auf das Gesamtgut bezieht, so kann der andere Ehegatte das Rechtsgeschäft vornehmen, wenn mit dem Aufschub Gefahr verbunden ist; er kann hierbei im eigenen Namen oder im Namen des verwaltenden Ehegatten handeln. Das Gleiche gilt für die Führung eines Rechtsstreits, der sich auf das Gesamtgut bezieht.

第一千四百二十九条 [紧急管理权]

[1]管理共同财产之配偶，因疾病或不在而阻碍其为共同财产之法律行为，并因其迟延足能致危害者，他方配偶得自为法律行为；于此情形，他方配偶得以自己之名义，或以有管理权配偶之名义为之。[2]关于共同财产为诉讼者，亦同。

§1430 Ersetzung der Zustimmung des Verwalters

Verweigert der Ehegatte, der das Gesamtgut verwaltet, ohne ausreichenden Grund die Zustimmung zu einem Rechtsgeschäft, das der andere Ehegatte zur ordnungsmäßigen Besorgung seiner persönlichen Angelegenheiten vornehmen muss, aber ohne diese Zustimmung nicht mit Wirkung für das Gesamtgut vornehmen kann, so kann das Familiengericht die Zustimmung auf Antrag ersetzen.

第一千四百三十条 [管理人同意之代行]

管理共同财产之配偶，对于他方配偶就通常处理其个人专属事件所应为之法律行为，无充分理由拒绝同意，而该法律行为非有此项同意，又不能对共同财产发生效力者，家事法院得依申请代为同意之表示。

§1431 Selbständiges Erwerbsgeschäft

(1) Hat der Ehegatte, der das Gesamtgut verwaltet, darin eingewilligt, dass der andere Ehegatte selbständig ein Erwerbsgeschäft betreibt, so ist seine Zustimmung zu solchen Rechtsgeschäften und Rechtsstreitigkeiten nicht erforderlich, die der Geschäftsbetrieb mit sich bringt. Einseitige Rechtsgeschäfte, die sich auf das Erwerbsgeschäft beziehen, sind dem Ehegatten gegenüber vorzunehmen, der das Erwerbsgeschäft betreibt.

(2) Weiß der Ehegatte, der das Gesamtgut verwaltet, dass der andere Ehegatte ein Erwerbsgeschäft betreibt, und hat er hiergegen keinen Einspruch eingelegt, so steht dies einer Einwilligung gleich.

(3) Dritten gegenüber ist ein Einspruch und der Widerruf der Einwilligung nur nach Maßgabe des §1412 wirksam.

第一千四百三十一条 [从事独立营业]

Ⅰ [1]管理共同财产之配偶，允许他方配偶独立营业者，对于业务之经营所发生之法律行为及诉讼行为，无须得其同意。[2]与营业有关之单独行为，应对从事营业之配偶为之。

Ⅱ 管理共同财产之配偶，明知他方从事营业而不提出异议者，视为允许。

Ⅲ 异议及允许之撤回，非依第一千四百一十二条规定，对第三人不生效力。

§1432 Annahme einer Erbschaft; Ablehnung von Vertragsantrag oder Schenkung

(1) Ist dem Ehegatten, der das Gesamtgut nicht verwaltet, eine Erbschaft oder ein Vermächtnis angefallen, so ist nur er berechtigt, die Erbschaft oder das Vermächtnis anzunehmen oder auszuschlagen; die Zustimmung des anderen Ehegatten ist nicht erforderlich. Das Gleiche gilt von dem Verzicht auf den Pflichtteil oder auf den Ausgleich eines Zugewinns sowie von der Ablehnung eines Vertragsantrags oder einer Schenkung.

(2) Der Ehegatte, der das Gesamtgut nicht verwaltet, kann ein Inventar über eine ihm angefallene Erbschaft ohne Zustimmung des anderen Ehegatten errichten.

第一千四百三十二条 [承认继承与要约或赠与之拒绝]

Ⅰ [1]未管理共同财产之配偶，有继承权或遗赠者，该配偶得自行决定关于继承之承认或拒绝，而无须得他方配偶之同意。[2]前段规定，于特留份或净益平衡之抛弃及要约或赠与之拒绝，亦准用之。

Ⅱ 不管理共同财产之配偶，编制自己之遗产清册，无须得他方配偶之同意。

§1433 Fortsetzung eines Rechtsstreits

Der Ehegatte, der das Gesamtgut nicht verwaltet, kann ohne Zustimmung des anderen Ehegatten einen Rechtsstreit fortsetzen, der beim Eintritt der Gütergemeinschaft anhängig war.

第一千四百三十三条 [诉讼之续行]

不管理共同财产之配偶，关于夫妻共同财产制开始时即已系属之诉讼，得不经他方配偶之同意而继续进行。

§1434 Ungerechtfertigte Bereicherung des Gesamtguts

Wird durch ein Rechtsgeschäft, das ein Ehegatte ohne die erforderliche Zustimmung des anderen Ehegatten vornimmt, das Gesamtgut bereichert, so ist die Bereicherung nach den Vorschriften über die ungerechtfertigte Bereicherung aus dem Gesamtgut herauszugeben.

第一千四百三十四条 [共同财产之不当得利]

配偶一方未得他方必要同意所为之法律行为，致共同财产受有利益者，得依不当得利规定，对共同财产请求利益之返还。

§1435 Pflichten des Verwalters

Der Ehegatte hat das Gesamtgut ordnungsmäßig zu verwalten. Er hat den anderen Ehegatten über die Verwaltung zu unterrichten und ihm auf Verlangen über den Stand der Verwaltung Auskunft zu erteilen. Mindert sich das Gesamtgut, so muss er zu dem Gesamtgut Ersatz leisten, wenn er den Verlust verschuldet oder durch ein

Rechtsgeschäft herbeigeführt hat, das er ohne die erforderliche Zustimmung des anderen Ehegatten vorgenommen hat.

第一千四百三十五条 [管理人之义务]

¹配偶应依通常之方法，为共同财产之管理。²管理共同财产之配偶，应将管理情形报告他方配偶；经他方配偶之请求，并应告知管理之详细状况。³共同财产如有减少，而其损失应由管理共同财产之配偶负责，或因未得他方配偶必要同意而为之法律行为所致者，管理共同财产之配偶，应对共同财产予以补偿。

§1436 Verwalter unter Vormundschaft oder Betreuung

Steht der Ehegatte, der das Gesamtgut verwaltet, unter Vormundschaft oder fällt die Verwaltung des Gesamtguts in den Aufgabenkreis seines Betreuers, so hat ihn der Vormund oder Betreuer in den Rechten und Pflichten zu vertreten, die sich aus der Verwaltung des Gesamtguts ergeben. Dies gilt auch dann, wenn der andere Ehegatte zum Vormund oder Betreuer bestellt ist.

第一千四百三十六条 [因监护或辅助之管理人]

¹管理共同财产之配偶受监护或受辅助，而管理共同财产为其辅助人之职权时，其就共同财产管理所生之权利及义务，应由其监护人或辅助人代理之。²他方配偶被选任为监护或辅助人者，亦适用之。

§1437 Gesamtgutsverbindlichkeiten; persönliche Haftung

(1) Aus dem Gesamtgut können die Gläubiger des Ehegatten, der das Gesamtgut verwaltet, und, soweit sich aus den §§1438 bis 1440 nichts anderes ergibt, auch die Gläubiger des anderen Ehegatten Befriedigung verlangen (Gesamtgutsverbindlichkeiten).

(2) Der Ehegatte, der das Gesamtgut verwaltet, haftet für die Verbindlichkeiten des anderen Ehegatten, die Gesamtgutsverbindlichkeiten sind, auch persönlich als Gesamtschuldner. Die Haftung erlischt mit der Beendigung der Gütergemeinschaft, wenn die Verbindlichkeiten im Verhältnis der Ehegatten zueinander dem anderen Ehegatten zur Last fallen.

第一千四百三十七条 [共同财产之债务；个人责任]

Ⅰ 管理共同财产之配偶一方之债权人，就其债权得请求由共同财产清偿之；于第一千四百三十八条至第一千四百四十条未有其他规定者，他方配偶之债权人亦得请求由共同财产为清偿（共同财产之债务）。

Ⅱ ¹管理共同财产之配偶，对于他方配偶所负属于共同财产之债务者，应负连带债务人之责任。²共同财产制废止时，配偶相互间将债务划归他方负担者，该连带债务因而消灭。

§1438 Haftung des Gesamtguts

(1) Das Gesamtgut haftet für eine Verbindlichkeit aus einem Rechtsgeschäft, das während der Gütergemeinschaft vorgenommen wird, nur dann, wenn der Ehegatte, der das Gesamtgut verwaltet, das Rechtsgeschäft vornimmt oder wenn er ihm zustimmt oder wenn das Rechtsgeschäft ohne seine Zustimmung für das Gesamtgut wirksam ist.

(2) Für die Kosten eines Rechtsstreits haftet das Gesamtgut auch dann, wenn das Urteil dem Gesamtgut gegenüber nicht wirksam ist.

第一千四百三十八条 [共同财产之责任]

Ⅰ 共同财产制关系存续中所为法律行为而生之债务，应由共同财产负担之，但以该法律行为系由管理共同财产之配偶所为或经其同意，或虽未经其同意而已对共同财产发生效力者为限。

Ⅱ 判决效力虽不及于共同财产，但诉讼费用仍应由共同财产负担。

§1439 Keine Haftung bei Erwerb einer Erbschaft

Das Gesamtgut haftet nicht für Verbindlichkeiten, die durch den Erwerb einer Erbschaft entstehen, wenn der Ehegatte, der Erbe ist, das Gesamtgut nicht verwaltet und die Erbschaft während der Gütergemeinschaft als Vorbehaltsgut oder als Sondergut erwirbt; das Gleiche gilt beim Erwerb eines Vermächtnisses.

第一千四百三十九条 [继承财产取得之免责]

¹配偶为继承人者，如该配偶不管理共同财产，且在共同财产制关系存

续中,以其所取得之遗产作为保留财产或特有财产时,其因该继承所生之债务,共同财产不负责任。[2]该规定于遗赠之取得,亦适用之。

§1440 Haftung für Vorbehalts-oder Sondergut

Das Gesamtgut haftet nicht für eine Verbindlichkeit, die während der Gütergemeinschaft infolge eines zum Vorbehaltsgut oder Sondergut gehörenden Rechts oder des Besitzes einer dazu gehörenden Sache in der Person des Ehegatten entsteht, der das Gesamtgut nicht verwaltet. Das Gesamtgut haftet jedoch, wenn das Recht oder die Sache zu einem Erwerbsgeschäft gehört, das der Ehegatte mit Einwilligung des anderen Ehegatten selbständig betreibt, oder wenn die Verbindlichkeit zu den Lasten des Sonderguts gehört, die aus den Einkünften beglichen zu werden pflegen.

第一千四百四十条 [保留财产或特有财产之责任]

[1]共同财产制关系存续中,不管理共同财产之配偶一方,因属于保留财产或特有财产之权利,或因其占有属于该财产之物所生之债务,共同财产不负责任。[2]但前段之权利或物,如属于营业之财产,而其营业因配偶一方经他方之允许而独立所为者,或前段债务,应由特有财产负担而通常由收入支付者,共同财产仍应负责。

§1441 Haftung im Innenverhältnis

Im Verhältnis der Ehegatten zueinander fallen folgende Gesamtgutsverbindlichkeiten dem Ehegatten zur Last, in dessen Person sie entstehen:
1. die Verbindlichkeiten aus einer unerlaubten Handlung, die er nach Eintritt der Gütergemeinschaft begeht, oder aus einem Strafverfahren, das wegen einer solchen Handlung gegen ihn gerichtet wird;
2. die Verbindlichkeiten aus einem sich auf sein Vorbehaltsgut oder sein Sondergut beziehenden Rechtsverhältnis, auch wenn sie vor Eintritt der Gütergemeinschaft oder vor der Zeit entstanden sind, zu der das Gut Vorbehaltsgut oder Sondergut geworden ist;
3. die Kosten eines Rechtsstreits über eine der in den Nummern 1 und 2 bezeichneten Verbindlichkeiten.

第一千四百四十一条 [于内部关系之责任]

于配偶内部关系，下列共同财产之债务，应由发生该债务之配偶负担：
1. 配偶一方于夫妻财产制开始后，因侵权行为所生之债务，或因对该侵权行为被追诉所生之刑事程序上之债务。
2. 基于保留财产或特有财产有关之法律关系所生之债务，纵其于共同财产制开始前发生，或于财产尚未成为保留财产或特有财产前发生者，亦同。
3. 与第一项及第二项所生债务有关之诉讼费用。

§1442 Verbindlichkeiten des Sonderguts und eines Erwerbsgeschäfts

Die Vorschrift des §1441 Nr. 2, 3 gilt nicht, wenn die Verbindlichkeiten zu den Lasten des Sonderguts gehören, die aus den Einkünften beglichen zu werden pflegen. Die Vorschrift gilt auch dann nicht, wenn die Verbindlichkeiten durch den Betrieb eines für Rechnung des Gesamtguts geführten Erwerbsgeschäfts oder infolge eines zu einem solchen Erwerbsgeschäft gehörenden Rechts oder des Besitzes einer dazu gehörenden Sache entstehen.

第一千四百四十二条 [特有财产与营业之债务]

[1]应归属于特有财产之债务，通常由收入中支付者，不适用第一千四百四十一条第二项、第三项规定。[2]为共同财产之计算而为之营业，其因营业而生之债务，或因属于营业之权利或因占有该营业所属之物而生之债务，亦不适用该两项规定。

§1443 Prozesskosten

(1) Im Verhältnis der Ehegatten zueinander fallen die Kosten eines Rechtsstreits, den die Ehegatten miteinander führen, dem Ehegatten zur Last, der sie nach allgemeinen Vorschriften zu tragen hat.
(2) Führt der Ehegatte, der das Gesamtgut nicht verwaltet, einen Rechtsstreit mit einem Dritten, so fallen die Kosten des Rechtsstreits im Verhältnis der Ehegatten zueinander diesem Ehegatten zur Last. Die Kosten fallen jedoch dem Gesamtgut

zur Last, wenn das Urteil dem Gesamtgut gegenüber wirksam ist oder wenn der Rechtsstreit eine persönliche Angelegenheit oder eine Gesamtgutsverbindlichkeit des Ehegatten betrifft und die Aufwendung der Kosten den Umständen nach geboten ist; §1441 Nr. 3 und §1442 bleiben unberührt.

第一千四百四十三条　[诉讼费用]

Ⅰ 配偶间互为诉讼者，其诉讼费用，于配偶之间，依一般规定，应负担诉讼费用之一方负担之。

Ⅱ ¹未管理共同财产之配偶，与第三人发生诉讼者，其诉讼费用，于配偶间，应由该配偶自行负担。²判决之效力及于共同财产，或其诉讼系关于配偶一方之个人事件或其共同财产之债务，而按情形应为费用之支付者，其费用仍由共同财产负担；第一千四百四十一条第三项及第一千四百四十二条规定，仍适用之。

§1444 Kosten der Ausstattung eines Kindes

(1) Verspricht oder gewährt der Ehegatte, der das Gesamtgut verwaltet, einem gemeinschaftlichen Kind aus dem Gesamtgut eine Ausstattung, so fällt ihm im Verhältnis der Ehegatten zueinander die Ausstattung zur Last, soweit sie das Maß übersteigt, das dem Gesamtgut entspricht.

(2) Verspricht oder gewährt der Ehegatte, der das Gesamtgut verwaltet, einem nicht gemeinschaftlichen Kind eine Ausstattung aus dem Gesamtgut, so fällt sie im Verhältnis der Ehegatten zueinander dem Vater oder der Mutter zur Last; für den Ehegatten, der das Gesamtgut nicht verwaltet, gilt dies jedoch nur insoweit, als er zustimmt oder die Ausstattung nicht das Maß übersteigt, das dem Gesamtgut entspricht.

第一千四百四十四条　[子女婚嫁、立业资金之费用]

Ⅰ 管理共同财产之配偶，对共同子女以共同财产约定或供给立业、婚嫁资金之费用，其数额超过共同财产所能负担之程度者，在配偶内部关系，该婚嫁、立业资金之费用，应由该配偶负担之。

Ⅱ 管理共同财产之配偶，对非共同之子女以共同财产约定或供给婚嫁、立业资金之费用者，于配偶内部关系，该资金之费用，应由子女之父或母负担之；对于未管理共同财产之配偶，以经其同意或此费用不超过共同财产所能负担之程度者为限,始能适用前段规定。

§1445 Ausgleichung zwischen Vorbehalts-, Sonder- und Gesamtgut

(1) Verwendet der Ehegatte, der das Gesamtgut verwaltet, Gesamtgut in sein Vorbehaltsgut oder in sein Sondergut, so hat er den Wert des Verwendeten zum Gesamtgut zu ersetzen.

(2) Verwendet er Vorbehaltsgut oder Sondergut in das Gesamtgut, so kann er Ersatz aus dem Gesamtgutverlangen.

第一千四百四十五条 [保留财产、特有财产与共同财产间之补偿]

Ⅰ 管理共同财产之配偶,以共同财产移用于保留财产或特有财产者,应将所移用财产之价值补偿于共同财产。

Ⅱ 管理共同财产之配偶,以保留财产或特有财产移用于共同财产者,应将所移用财产之价值得对共同财产请求补偿。

§1446 Fälligkeit des Ausgleichsanspruchs

(1) Was der Ehegatte, der das Gesamtgut verwaltet, zum Gesamtgut schuldet, braucht er erst nach der Beendigung der Gütergemeinschaft zu leisten; was er aus dem Gesamtgut zu fordern hat, kann er erst nach der Beendigung der Gütergemeinschaft fordern.

(2) Was der Ehegatte, der das Gesamtgut nicht verwaltet, zum Gesamtgut oder was er zum Vorbehaltsgut oder Sondergut des anderen Ehegatten schuldet, braucht er erst nach der Beendigung der Gütergemeinschaft zu leisten; er hat die Schuld jedoch schon vorher zu berichtigen, soweit sein Vorbehaltsgut und sein Sondergut hierzu ausreichen.

第一千四百四十六条 [补偿请求权行使之限制]

Ⅰ 管理共同财产之配偶,对于共同财产负有债务者,在共同财产制终了后,始应给付之;对于共同财产有请求权者,亦于共同财产制终了后,始得请求之。

Ⅱ 未管理共同财产之配偶,对于共同财产或他方配偶之保留财产或特有财产负有债务者,在共同财产制终了后,始应给付之;但其保留财产或特有财产足以清偿者,应于财产制终了前,清偿其债务。

§1447 Aufhebungsantrag des nicht verwaltenden Ehegatten

Der Ehegatte, der das Gesamtgut nicht verwaltet, kann dieAufhebung der Gütergemeinschaft beantragen,
1. wenn seine Rechte für die Zukunft dadurch erheblich gefährdet werden können, dass der andere Ehegatte zur Verwaltung des Gesamtguts unfähig ist oder sein Recht, das Gesamtgut zu verwalten, missbraucht,
2. wenn der andere Ehegatte seine Verpflichtung, zum Familienunterhalt beizutragen, verletzt hat und für die Zukunft eine erhebliche Gefährdung des Unterhalts zu besorgen ist,
3. wenn das Gesamtgut durch Verbindlichkeiten, die in der Person des anderen Ehegatten entstanden sind, in solchem Maße überschuldet ist, dass ein späterer Erwerb des Ehegatten, der das Gesamtgut nicht verwaltet, erheblich gefährdet wird,
4. wenn die Verwaltung des Gesamtguts in den Aufgabenkreis des Betreuers des anderen Ehegatten fällt.

第一千四百四十七条 [未管理共同财产之配偶废止共同财产制之申请]

未管理共同财产之配偶,有下列情事之一者,得申请废止共同财产制:
1. 管理共同财产之配偶,无管理共同财产之能力,或滥用其管理权,致他方将来之权利显有受危害之虞者。
2. 管理共同财产之配偶,怠于履行其扶养家庭之义务,且将来提供扶养显有受危害之虞者。
3. 因管理共同财产之配偶个人所生之债务,使共同财产负累过多,致未管理财产之配偶日后所得,显有受危害之虞者。
4. 管理共同财产为他方配偶之辅助人之职务事项者。

§1448 Aufhebungsantrag des Verwalters

Der Ehegatte, der das Gesamtgut verwaltet, kann dieAufhebung der Gütergemeinschaft beantragen, wenn das Gesamtgut infolge von Verbindlichkeiten des anderen Ehegatten, die diesem im Verhältnis der Ehegatten zueinander zur Last fallen, in solchem Maße überschuldet ist, dass ein späterer Erwerb erheblich gefährdet wird.

第一千四百四十八条　[管理人之废止申请]

未管理共同财产制之配偶之债务，虽于配偶内部关系应划归于该配偶负担，但仍使共同财产负累过多，致日后之所得显有受危害之虞者，管理共同财产之配偶，得提起配偶共同财产制废止之诉。

§1449 Wirkung der richterlichen Aufhebungsentscheidung

(1) Mit der Rechtskraft der richterlichen Entscheidung ist die Gütergemeinschaft aufgehoben; für die Zukunft gilt Gütertrennung.

(2) Dritten gegenüber ist die Aufhebung der Gütergemeinschaft nur nach Maßgabe des §1412 wirksam.

第一千四百四十九条　[法院就废止诉讼判决之效力]

Ⅰ 废止夫妻共同财产制之诉讼于法院裁定生效时起废止，嗣后适用分别财产制。

Ⅱ 夫妻共同财产制之废止，应履行第一千四百一十二条所定之程序，始对第三人发生效力。

Unterkapitel 3
Gemeinschaftliche Verwaltung
des Gesamtguts durch die Ehegatten
第三次目　配偶共同管理共同财产

§1450 Gemeinschaftliche Verwaltung durch die Ehegatten

(1) Wird das Gesamtgut von den Ehegatten gemeinschaftlich verwaltet, so sind die Ehegatten insbesondere nur gemeinschaftlich berechtigt, über das Gesamtgut zu verfügen und Rechtsstreitigkeiten zu führen, die sich auf das Gesamtgut beziehen. Der Besitz an den zum Gesamtgut gehörenden Sachen gebührt den Ehegatten gemeinschaftlich.

(2) Ist eine Willenserklärung den Ehegatten gegenüber abzugeben, so genügt die

Abgabe gegenüber einem Ehegatten.

第一千四百五十条 [配偶之共同管理]

Ⅰ ^{1}共同财产由配偶共同管理者，关于共同财产之处分及共同财产之诉讼，应由配偶共同为之。^{2}属于共同财产之物，由配偶双方共同占有。

Ⅱ 意思表示本应向配偶双方为之者，得仅向其中一方为之即足。

§1451　Mitwirkungspflicht beider Ehegatten

Jeder Ehegatte ist dem anderen gegenüber verpflichtet, zu Maßregeln mitzuwirken, die zur ordnungsmäßigen Verwaltung des Gesamtguts erforderlich sind.

第一千四百五十一条 [配偶双方互负协助之义务]

配偶之一方，对于他方就共同财产通常管理所必要之处置，负有协助之义务。

§1452　Ersetzung der Zustimmung

(1) Ist zur ordnungsmäßigen Verwaltung des Gesamtguts die Vornahme eines Rechtsgeschäfts oder die Führung eines Rechtsstreits erforderlich, so kann das Familiengericht auf Antrag eines Ehegatten die Zustimmung des anderen Ehegatten ersetzen, wenn dieser sie ohne ausreichenden Grund verweigert.

(2) Die Vorschrift des Absatzes 1 gilt auch, wenn zur ordnungsmäßigen Besorgung der persönlichen Angelegenheiten eines Ehegatten ein Rechtsgeschäft erforderlich ist, das der Ehegatte mit Wirkung für das Gesamtgut nicht ohne Zustimmung des anderen Ehegatten vornehmen kann.

第一千四百五十二条 [配偶一方同意之代行]

Ⅰ 关于共同财产通常之管理，有为法律行为或进行诉讼之必要者，如一方配偶无充分理由拒绝同意时，家事法院经他方配偶之申请，得代为同意。

Ⅱ 关于配偶个人事件之通常管理，有为法律行为之必要，而欲使该法律行为之效力及于共同财产时，非经他方同意不得为之者，亦适用第一款规定。

§1453 Verfügung ohne Einwilligung

(1) Verfügt ein Ehegatte ohne die erforderliche Einwilligung des anderen Ehegatten über das Gesamtgut, so gelten die Vorschriften des §1366 Abs. 1, 3, 4 und des §1367 entsprechend.

(2) Einen Vertrag kann der Dritte bis zur Genehmigung widerrufen. Hat er gewusst, dass der Ehegatte in Gütergemeinschaft lebt, so kann er nur widerrufen, wenn dieser wahrheitswidrig behauptet hat, der andere Ehegatte habe eingewilligt; er kann auch in diesem Falle nicht widerrufen, wenn ihm beim Abschluss des Vertrags bekannt war, dass der andere Ehegatte nicht eingewilligt hatte.

第一千四百五十三条 [未得他方配偶同意之处分]

Ⅰ 配偶之一方未得他方必要之同意，对于共同财产所为之处分，准用第一千三百六十六条第一款、第三款、第四款及第一千三百六十七条规定。

Ⅱ [1]未经承认前，第三人得撤回契约。[2]第三人明知该配偶系采共同财产制者，仅于其诈称他方配偶已为允许时，始得撤回之；契约订定时，明知他方配偶未为允许者，不得撤回。

§1454 Notverwaltungsrecht

Ist ein Ehegatte durch Krankheit oder Abwesenheit verhindert, bei einem Rechtsgeschäft mitzuwirken, das sich auf das Gesamtgut bezieht, so kann der andere Ehegatte das Rechtsgeschäft vornehmen, wenn mit dem Aufschub Gefahr verbunden ist; er kann hierbei im eigenen Namen oder im Namen beider Ehegatten handeln. Das Gleiche gilt für die Führung eines Rechtsstreits, der sich auf das Gesamtgut bezieht.

第一千四百五十四条 [紧急管理权]

[1]配偶之一方，因疾病或不在致不能共同为有关共同财产之法律行为，其迟延足致危害者，他方配偶得自行为法律行为；于此情形，该他方配偶得以自己之名义或配偶双方之名义为之。[2]前段规定，于共同财产有关之诉讼行为，亦适用之。

§1455 Verwaltungshandlungen ohne Mitwirkung des anderen Ehegatten

Jeder Ehegatte kann ohne Mitwirkung des anderen Ehegatten
1. eine ihm angefallene Erbschaft oder ein ihm angefallenes Vermächtnis annehmen oder ausschlagen,
2. auf seinen Pflichtteil oder auf den Ausgleich eines Zugewinns verzichten,
3. ein Inventar über eine ihm oder dem anderen Ehegatten angefallene Erbschaft errichten, es sei denn, dass die dem anderen Ehegatten angefallene Erbschaft zu dessen Vorbehaltsgut oder Sondergut gehört,
4. einen ihm gemachten Vertragsantrag oder eine ihm gemachte Schenkung ablehnen,
5. ein sich auf das Gesamtgut beziehendes Rechtsgeschäft gegenüber dem anderen Ehegatten vornehmen,
6. ein zum Gesamtgut gehörendes Recht gegen den anderen Ehegatten gerichtlich geltend machen,
7. einen Rechtsstreit fortsetzen, der beim Eintritt der Gütergemeinschaft anhängig war,
8. ein zum Gesamtgut gehörendes Recht gegen einen Dritten gerichtlich geltend machen, wenn der andere Ehegatte ohne die erforderliche Zustimmung über das Recht verfügt hat,
9. ein Widerspruchsrecht gegenüber einer Zwangsvollstreckung in das Gesamtgut gerichtlich geltend machen,
10. die zur Erhaltung des Gesamtguts notwendigen Maßnahmen treffen, wenn mit dem Aufschub Gefahr verbunden ist.

第一千四百五十五条 [无须他方配偶协助之管理行为]

配偶一方就下列行为之一，无须得他方配偶之协助：
1. 承认或抛弃属于自己之继承权或遗赠者。
2. 抛弃特留份或净益平衡者。
3. 编制属于自己或他方配偶之遗产清册，但他方配偶之遗产属于保留财产或特有财产者，不在此限。
4. 拒绝对于自己之要约或赠与者。
5. 与他方配偶订定有关共同财产之法律行为者。
6. 在诉讼上对他方配偶主张共同财产之权利者。

7. 共同财产制开始前已系属之诉讼为继续者。
8. 在诉讼上对第三人主张共同财产之权利者，但以他方配偶未得必要之允许，而已处分该权利者为限。
9. 就共同财产之强制执行，于诉讼上行使异议权者。
10. 为保存共同财产之必要措施者，但以非及时为之，足致危害者为限。

§1456 Selbständiges Erwerbsgeschäft

(1) Hat ein Ehegatte darin eingewilligt, dass der andere Ehegatte selbständig ein Erwerbsgeschäft betreibt, so ist seine Zustimmung zu solchen Rechtsgeschäften und Rechtsstreitigkeiten nicht erforderlich, die der Geschäftsbetrieb mit sich bringt. Einseitige Rechtsgeschäfte, die sich auf das Erwerbsgeschäft beziehen, sind dem Ehegatten gegenüber vorzunehmen, der das Erwerbsgeschäft betreibt.

(2) Weiß ein Ehegatte, dass der andere ein Erwerbsgeschäft betreibt, und hat er hiergegen keinen Einspruch eingelegt, so steht dies einer Einwilligung gleich.

(3) Dritten gegenüber ist ein Einspruch und der Widerruf der Einwilligung nur nach Maßgabe des §1412 wirksam.

第一千四百五十六条 [独立营业行为]

Ⅰ ¹配偶之一方允许他方独立营业者，就营业上所生之法律行为或诉讼行为，无须得其同意。²关于营业上之单独行为，对从事营业之配偶为之。

Ⅱ 配偶之一方知悉他方从事营业而不为异议者，视为允许。

Ⅲ 异议及允许之撤回，应履行第一千四百一十二条所定之程序，始对第三人发生效力。

§1457 Ungerechtfertigte Bereicherung des Gesamtguts

Wird durch ein Rechtsgeschäft, das ein Ehegatte ohne die erforderliche Zustimmung des anderen Ehegatten vornimmt, das Gesamtgut bereichert, so ist die Bereicherung nach den Vorschriften über die ungerechtfertigte Bereicherung aus dem Gesamtgut herauszugeben.

第一千四百五十七条 [共同财产之不当得利]

因配偶之一方未得他方必要之同意而所为之法律行为，致共同财产受有利益时，该利益应依不当得利规定，由共同财产返还之。

§1458 Vormundschaft über einen Ehegatten

Solange ein Ehegatte unter elterlicher Sorge oder unter Vormundschaft steht, verwaltet der andere Ehegatte das Gesamtgut allein; die Vorschriften der §§1422 bis 1449 sind anzuwenden.

第一千四百五十八条 [有关配偶之监护]

配偶一方服亲权或受监护者，共同财产之管理，由他方配偶单独为之，第一千四百二十二条至第一千四百四十九条规定，于本条适用之。

§1459 Gesamtgutsverbindlichkeiten; persönliche Haftung

(1) Die Gläubiger des Mannes und die Gläubiger der Frau können, soweit sich aus den §§1460 bis 1462 nichts anderes ergibt, aus dem Gesamtgut Befriedigung verlangen (Gesamtgutsverbindlichkeiten).

(2) Für die Gesamtgutsverbindlichkeiten haften die Ehegatten auch persönlich als Gesamtschuldner. Fallen die Verbindlichkeiten im Verhältnis der Ehegatten zueinander einem der Ehegatten zur Last, so erlischt die Verbindlichkeit des anderen Ehegatten mit der Beendigung der Gütergemeinschaft.

第一千四百五十九条 [共同财产之债务；个人责任]

Ⅰ 夫及妻之债权人，于第一千四百六十条至第一千四百六十二条未有其他规定者，得就共同财产请求清偿（共同财产之债务）。

Ⅱ [1]配偶双方就共同财产之债务，负连带债务人之责任。[2]在配偶内部关系，债务已由配偶之一方负担者，他方配偶之义务，于共同财产制终了时消灭。

§1460 Haftung des Gesamtguts

(1) Das Gesamtgut haftet für eine Verbindlichkeit aus einem Rechtsgeschäft, das ein Ehegatte während der Gütergemeinschaft vornimmt, nur dann, wenn der andere Ehegatte dem Rechtsgeschäft zustimmt oder wenn das Rechtsgeschäft ohne seine Zustimmung für das Gesamtgut wirksam ist.

1113

(2) Für die Kosten eines Rechtsstreits haftet das Gesamtgut auch dann, wenn das Urteil dem Gesamtgut gegenüber nicht wirksam ist.

第一千四百六十条　[共同财产之责任]

Ⅰ 配偶一方于共同财产制关系存续中，因法律行为所生之债务，由共同财产负担之，但以该法律行为经他方配偶之同意，或纵未得其同意，对共同财产亦生效力者为限。

Ⅱ 判决之效力虽不及于共同财产，但共同财产就诉讼费用，仍应负其责任。

§1461 Keine Haftung bei Erwerb einer Erbschaft

Das Gesamtgut haftet nicht für Verbindlichkeiten eines Ehegatten, die durch den Erwerb einer Erbschaft oder eines Vermächtnisses entstehen, wenn der Ehegatte die Erbschaft oder das Vermächtnis während der Gütergemeinschaft als Vorbehaltsgut oder als Sondergut erwirbt.

第一千四百六十一条　[继承取得财产之免责]

配偶之一方在共同财产制关系存续中，以遗产或遗赠为保留财产或特有财产者，其因取得遗产或遗赠所生之债务，共同财产不须负责任。

§1462 Haftung für Vorbehalts- oder Sondergut

Das Gesamtgut haftet nicht für eine Verbindlichkeit eines Ehegatten, die während der Gütergemeinschaft infolge eines zum Vorbehaltsgut oder zum Sondergut gehörenden Rechts oder des Besitzes einer dazu gehörenden Sache entsteht. Das Gesamtgut haftet jedoch, wenn das Recht oder die Sache zu einem Erwerbsgeschäft gehört, das ein Ehegatte mit Einwilligung des anderen Ehegatten selbständig betreibt, oder wenn die Verbindlichkeit zu den Lasten des Sonderguts gehört, die aus den Einkünften beglichen zu werden pflegen.

第一千四百六十二条　[保留财产或特有财产之责任]

[1]配偶之一方，在共同财产制关系存续中，因属于保留财产或特有财产之权利，或属于该财产之物所生之债务，共同财产不须负责任。[2]前段之权利或物，如属于营业之财产，而其营业因配偶一方经他方允许而独立为之，或前段之债务，应由特有财产负担而通常由收入支付者，

共同财产仍须负责任。

§1463 Haftung im Innenverhältnis

Im Verhältnis der Ehegatten zueinander fallen folgende Gesamtgutsverbindlichkeiten dem Ehegatten zur Last, in dessen Person sie entstehen:
1. die Verbindlichkeiten aus einer unerlaubten Handlung, die er nach Eintritt der Gütergemeinschaft begeht, oder aus einem Strafverfahren, das wegen einer solchen Handlung gegen ihn gerichtet wird,
2. die Verbindlichkeiten aus einem sich auf sein Vorbehaltsgut oder sein Sondergut beziehenden Rechtsverhältnis, auch wenn sie vor Eintritt der Gütergemeinschaft oder vor der Zeit entstanden sind, zu der das Gut Vorbehaltsgut oder Sondergut geworden ist,
3. die Kosten eines Rechtsstreits über eine der in den Nummern 1 und 2 bezeichneten Verbindlichkeiten.

第一千四百六十三条　[内部责任关系]

下列共同财产之债务，于配偶内部关系，应由发生该债务之配偶负担：
1. 共同财产制开始后，因侵权行为所生之债务，或因此侵权行为被追诉而生之刑事诉讼上之债务。
2. 因保留财产或特有财产有关之法律关系所生之债务，纵其于共同财产制开始前发生，或于财产尚未成为保留财产或特有财产之前发生者，亦同。
3. 与第一项及第二项规定之债务有关之诉讼费用。

§1464 Verbindlichkeiten des Sonderguts und eines Erwerbsgeschäfts

Die Vorschriften des §1463 Nr. 2, 3 gelten nicht, wenn die Verbindlichkeiten zu den Lasten des Sonderguts gehören, die aus den Einkünften beglichen zu werden pflegen. Die Vorschriften gelten auch dann nicht, wenn die Verbindlichkeiten durch den Betrieb eines für Rechnung des Gesamtguts geführten Erwerbsgeschäfts oder infolge eines zu einem solchen Erwerbsgeschäft gehörenden Rechts oder des Besitzes einer dazu gehörenden Sache entstehen.

第一千四百六十四条 [特有财产及营业行为之债务]

¹应归属于特有财产之债务，通常由收入中支付者，不适用第一千四百六十三条第二项及第三项规定。²为共同财产之利益而为之营业，其因营业而生之债务，或因属于营业之权利或因占有该营业所属之物而生之债务者，亦不适用该二项规定。

§1465 Prozesskosten

(1) Im Verhältnis der Ehegatten zueinander fallen die Kosten eines Rechtsstreits, den die Ehegatten miteinander führen, dem Ehegatten zur Last, der sie nach allgemeinen Vorschriften zu tragen hat.

(2) Führt ein Ehegatte einen Rechtsstreit mit einem Dritten, so fallen die Kosten des Rechtsstreits im Verhältnis der Ehegatten zueinander dem Ehegatten zur Last, der den Rechtsstreit führt. Die Kosten fallen jedoch dem Gesamtgut zur Last, wenn das Urteil dem Gesamtgut gegenüber wirksam ist oder wenn der Rechtsstreit eine persönliche Angelegenheit oder eine Gesamtgutsverbindlichkeit des Ehegatten betrifft und die Aufwendung der Kosten den Umständen nach geboten ist; §1463 Nr. 3 und §1464 bleiben unberührt.

第一千四百六十五条 [诉讼费用]

Ⅰ 配偶间互为诉讼者，其诉讼费用，于配偶之间，依一般规定，应负担诉讼费用之一方负担之。

Ⅱ ¹配偶之一方与第三人为诉讼者，其诉讼费用，于配偶间，应由该配偶自行负担。²判决之效力及于共同财产，或其诉讼系关于配偶一方之个人事件或其共同财产之债务，而按其情形，应支付费用者，其费用仍由共同财产负担；第一千四百六十三条第三项及第一千四百六十四条规定，仍适用之。

§1466 Kosten der Ausstattung eines nicht gemeinschaftlichen Kindes

Im Verhältnis der Ehegatten zueinander fallen die Kosten der Ausstattung eines nicht gemeinschaftlichen Kindes dem Vater oder der Mutter des Kindes zur Last.

第一千四百六十六条 [非共同子女婚嫁、立业资金之费用]

在配偶相互间,关于非共同子女婚嫁、立业资金之费用,应由各该子女之父或母负担之。

§1467 Ausgleichung zwischen Vorbehalts-, Sonder-und Gesamtgut

(1) Verwendet ein Ehegatte Gesamtgut in sein Vorbehaltsgut oder in sein Sondergut, so hat er den Wert des Verwendeten zum Gesamtgut zu ersetzen.

(2) Verwendet ein Ehegatte Vorbehaltsgut oder Sondergut in das Gesamtgut, so kann er Ersatz aus dem Gesamtgut verlangen.

第一千四百六十七条 [保留财产、特有财产与共同财产间之补偿]

Ⅰ 管理共同财产之配偶,以共同财产移用于保留财产或特有财产者,应将所移用财产之价值,补偿于共同财产。

Ⅱ 管理共同财产之配偶,以保留财产或特有财产移用于共同财产者,应将所移用财产之价值,得就共同财产请求补偿。

§1468 Fälligkeit des Ausgleichsanspruchs

Was ein Ehegatte zum Gesamtgut oder was er zum Vorbehaltsgut oder Sondergut des anderen Ehegatten schuldet, braucht er erst nach Beendigung der Gütergemeinschaft zu leisten; soweit jedoch das Vorbehaltsgut und das Sondergut des Schuldners ausreichen, hat er die Schuld schon vorher zu berichtigen.

第一千四百六十八条 [补偿请求权行使之时点]

配偶之一方对共同财产,或对他方配偶之保留财产或特有财产负有债务者,于共同财产制终了后,始应给付之;但债务人之保留财产或特有财产足资清偿者,应在财产制终了前,清偿其债务。

§1469 Aufhebungsantrag

Jeder Ehegatte kann dieAufhebung der Gütergemeinschaft beantragen,

1. wenn seine Rechte für die Zukunft dadurch erheblich gefährdet werden können, dass der andere Ehegatte ohne seine Mitwirkung Verwaltungshandlungen vornimmt, die nur gemeinschaftlich vorgenommen warden dürfen,
2. wenn der andere Ehegatte sich ohne ausreichenden Grund beharrlich weigert, zur ordnungsmäßigen Verwaltung des Gesamtguts mitzuwirken,
3. wenn der andere Ehegatte seine Verpflichtung, zum Familienunterhalt beizutragen, verletzt hat und für die Zukunft eine erhebliche Gefährdung des Unterhalts zu besorgen ist,
4. wenn das Gesamtgut durch Verbindlichkeiten, die in der Person des anderen Ehegatten entstanden sind und diesem im Verhältnis der Ehegatten zueinander zur Last fallen, in solchem Maße überschuldet ist, dass sein späterer Erwerb erheblich gefährdet wird,
5. wenn die Wahrnehmung eines Rechts des anderen Ehegatten, das sich aus der Gütergemeinschaft ergibt, vom Aufgabenkreis eines Betreuers erfasst wird.

第一千四百六十九条 [共同财产制废止之申请]

有下列情事之一者，配偶之一方得申请废止夫妻共同财产制：
1. 关于应由配偶共同行使之管理行为，他方配偶未经其协助而擅自行使，致其将来之权利显有危害之虞者。
2. 关于共同财产之通常管理行为，他方配偶无充分理由，坚持拒绝协助者。
3. 他方配偶怠于履行其扶养家庭之义务，且使将来扶养之提供显有受危害之虞者。
4. 他方配偶个人之债务，在配偶内部关系应由共同财产负担，而使其负担过多，致共同财产日后之所得，显有受危害之虞者。
5. 他方配偶基于共同财产所生之权利，为其辅助人之职务事项者。

§1470 Wirkung der richterlichen Aufhebungsentscheidung

(1) Mit der Rechtskraft der richterlichen Entscheidung ist die Gütergemeinschaft aufgehoben; für die Zukunft gilt Gütertrennung.
(2) Dritten gegenüber ist die Aufhebung der Gütergemeinschaft nur nach Maßgabe des §1412 wirksam.

第一千四百七十条 [共同财产制废止判决之效力]

Ⅰ 共同财产制因判决之确定而废止，嗣后适用分别财产制。
Ⅱ 共同财产制之废止，应依第一千四百一十二条规定之程序，始对第三人发生效力。

Unterkapitel 4
Auseinandersetzung des Gesamtguts
第四次目　共同财产之清算

§1471　Beginn der Auseinandersetzung

(1) Nach der Beendigung der Gütergemeinschaft setzen sich die Ehegatten über das Gesamtgut auseinander.
(2) Bis zur Auseinandersetzung gelten für das Gesamtgut die Vorschriften des §1419.

第一千四百七十一条 [清算之开始]

Ⅰ 共同财产制终了后，夫妻应清算其共同财产。
Ⅱ 清算结束前，关于共同财产适用第一千四百一十九条规定。

§1472　Gemeinschaftliche Verwaltung des Gesamtguts

(1) Bis zur Auseinandersetzung verwalten die Ehegatten das Gesamtgut gemeinschaftlich.
(2) Jeder Ehegatte darf das Gesamtgut in derselben Weise wie vor der Beendigung der Gütergemeinschaft verwalten, bis er von der Beendigung Kenntnis erlangt oder sie kennen muss. Ein Dritter kann sich hierauf nicht berufen, wenn er bei der Vornahme eines Rechtsgeschäfts weiß oder wissen muss, dass die Gütergemeinschaft beendet ist.
(3) Jeder Ehegatte ist dem anderen gegenüber verpflichtet, zu Maßregeln mitzuwirken, die zur ordnungsmäßigen Verwaltung des Gesamtguts erforderlich sind; die zur Erhaltung notwendigen Maßregeln kann jeder Ehegatte allein treffen.
(4) Endet die Gütergemeinschaft durch den Tod eines Ehegatten, so hat der überlebende Ehegatte die Geschäfte, die zur ordnungsmäßigen Verwaltung erforderlich sind und nicht ohne Gefahr aufgeschoben werden können, so lange zu führen, bis der Erbe anderweit Fürsorge treffen kann. Diese Verpflichtung besteht nicht, wenn der verstorbene Ehegatte das Gesamtgut allein verwaltet hat.

第一千四百七十二条　[清算结束前共同财产之管理]

Ⅰ 共同财产清算结束前，由夫妻共同管理之。

Ⅱ ¹配偶于已知或可得而知共同财产制终了之前，仍得以终了前同一之方法，管理其共同财产。²第三人于法律行为时，明知或可得而知共同财产制已终了者，不得适用前段规定。

Ⅲ 配偶之一方，对他方就共同财产通常管理所必要之处置，负有协助之义务；就保存共同财产之必要行为，各得单独为之。

Ⅳ ¹共同财产制因配偶之一方死亡而终了者，于继承人能采取他项处置前，生存配偶应为通常管理上所必要而迫切之行为。²死亡配偶原系单独管理共同财产者，生存配偶不负前段规定之义务。

§1473 Unmittelbare Ersetzung

(1) Was auf Grund eines zum Gesamtgut gehörenden Rechtes oder als Ersatz für die Zerstörung, Beschädigung oder Entziehung eines zum Gesamtgut gehörenden Gegenstands oder durch ein Rechtsgeschäft erworben wird, das sich auf das Gesamtgut bezieht, wird Gesamtgut.

(2) Gehört eine Forderung, die durch Rechtsgeschäft erworben ist, zum Gesamtgut, so braucht der Schuldner dies erst dann gegen sich gelten zu lassen, wenn er erfährt, dass die Forderung zum Gesamtgut gehört; die Vorschriften der §§406 bis 408 sind entsprechend anzuwenden.

第一千四百七十三条　[物上代位]

Ⅰ 基于共同财产所属之权利，或为共同财产所属物之灭失、毁损或侵夺而取得之补偿金，或因共同财产之法律行为有所取得者，均应列入共同财产。

Ⅱ 因法律行为所取得之债权，而属于共同财产者，于债务人知悉该债权属于共同财产时，始得以之对抗债务人；于此情形，准用第四百零六条至第四百零八条规定。

§1474 Durchführung der Auseinandersetzung

Die Ehegatten setzen sich, soweit sie nichts anderes vereinbaren, nach den §§1475 bis 1481 auseinander.

第一千四百七十四条 [清算之进行]

夫妻财产之清算，除另有约定者外，应依第一千四百七十五条至第一千四百八十一条规定。

§1475　Berichtigung der Gesamtgutsverbindlichkeiten

(1) Die Ehegatten haben zunächst die Gesamtgutsverbindlichkeiten zu berichtigen. Ist eine Verbindlichkeit noch nicht fällig oder ist sie streitig, so müssen die Ehegatten zurückbehalten, was zur Berichtigung dieser Verbindlichkeit erforderlich ist.

(2) Fällt eine Gesamtgutsverbindlichkeit im Verhältnis der Ehegatten zueinander einem der Ehegatten allein zur Last, so kann dieser nicht verlangen, dass die Verbindlichkeit aus dem Gesamtgut berichtigt wird.

(3) Das Gesamtgut ist in Geld umzusetzen, soweit dies erforderlich ist, um die Gesamtgutsverbindlichkeiten zu berichtigen.

第一千四百七十五条 [共同财产债务之清偿]

Ⅰ [1]夫妻应先清偿共同财产之债务。[2]债务未到期或有争执者，夫妻应保留清偿该债务所必要之费用。

Ⅱ 共同财产之债务，于配偶内部关系，归由其一方单独负担者，该配偶不得请求就共同财产清偿该债务。

Ⅲ 为清偿共同财产之债务者，于必要时，应将共同财产变卖为现金。

§1476　Teilung des Überschusses

(1) Der Überschuss, der nach der Berichtigung der Gesamtgutsverbindlichkeiten verbleibt, gebührt den Ehegatten zu gleichen Teilen.

(2) Was einer der Ehegatten zum Gesamtgut zu ersetzen hat, muss er sich auf seinen Teil anrechnen lassen. Soweit er den Ersatz nicht auf diese Weise leistet, bleibt er dem anderen Ehegatten verpflichtet.

第一千四百七十六条 [剩余财产之分配]

Ⅰ 清偿共同财产之债务后，有剩余之财产者，由配偶平均分配。

Ⅱ [1]配偶之一方应就共同财产为补偿者，应由其分配额中扣还之。[2]配偶未依前段规定给付者，对他方配偶仍就该债务负清偿之责。

§1477 Durchführung der Teilung

(1) Der Überschuss wird nach den Vorschriften über die Gemeinschaft geteilt.
(2) Jeder Ehegatte kann gegen Ersatz des Wertes die Sachen übernehmen, die ausschließlich zu seinem persönlichen Gebrauch bestimmt sind, insbesondere Kleider, Schmucksachen und Arbeitsgeräte. Das Gleiche gilt für die Gegenstände, die ein Ehegatte in die Gütergemeinschaft eingebracht oder während der Gütergemeinschaft durch Erbfolge, durch Vermächtnis oder mit Rücksicht auf ein künftiges Erbrecht, durch Schenkung oder als Ausstattung erworben hat.

第一千四百七十七条 [分配之执行]

Ⅰ 剩余财产，依共有关系规定，分割之。
Ⅱ ¹配偶得以补偿价额取得专属于个人使用之物，例如衣服、饰物及工作所需之器具。²配偶之一方原归入共同财产之物，或于共同财产制关系存续中，因继承或遗赠所取得之物，或为顾及将来继承之权利，因赠与或婚嫁、立业资金所取得之物者，亦同。

§1478 Auseinandersetzung nach Scheidung

(1) Ist die Ehe geschieden, bevor die Auseinandersetzung beendet ist, so ist auf Verlangen eines Ehegatten jedem von ihnen der Wert dessen zurückzuerstatten, was er in die Gütergemeinschaft eingebracht hat; reicht hierzu der Wert des Gesamtguts nicht aus, so ist der Fehlbetrag von den Ehegatten nach dem Verhältnis des Wertes des von ihnen Eingebrachten zu tragen.
(2) Als eingebracht sind anzusehen
  1. die Gegenstände, die einem Ehegatten beim Eintritt der Gütergemeinschaft gehört haben,
  2. die Gegenstände, die ein Ehegatte von Todes wegen oder mit Rücksicht auf ein künftiges Erbrecht, durch Schenkung oder als Ausstattung erworben hat, es sei denn, dass der Erwerb den Umständen nach zu den Einkünften zu rechnen war,
  3. die Rechte, die mit dem Tode eines Ehegatten erlöschen oder deren Erwerb durch den Tod eines Ehegatten bedingt ist.
(3) Der Wert des Eingebrachten bestimmt sich nach der Zeit der Einbringung.

第一千四百七十八条 [离婚后共同财产制之清算]

Ⅰ 夫妻于共同财产制关系清算完毕之前离婚者，得各就其原归入共同财产之物，请求偿还其价额；共同财产之价额不敷清偿者，其不足额应依该原归入共同财产之物之价值比例，由夫妻应平均负担其差额。

Ⅱ 下列各种之物，视为归入共同财产之内：
1. 共同财产制开始时，属于配偶一方所有之物者。
2. 配偶之一方因死因处分或为顾及将来之继承权利，因赠与或视为婚嫁、立业所取得之物者。但按其情形，其所取得之财产应作为通常收入者，不在此限。
3. 因配偶一方之死亡而消灭之权利，或其取得以配偶一方之死亡为条件者。

Ⅲ 原归入共同财产之物，其价额按归入时之价值计算。

§1479 Auseinandersetzung nach richterlicher Aufhebungsentscheidung

Wird die Gütergemeinschaft auf Grund der §§1447, 1448 oder des §1469 durch richterliche Entscheidung aufgehoben, so kann der Ehegatte, der die richterliche Entscheidung erwirkt hat, verlangen, dass die Auseinandersetzung so erfolgt, wie wenn der Anspruch auf Auseinandersetzung in dem Zeitpunkt rechtshängig geworden wäre, in dem der Antrag auf Aufhebung der Gütergemeinschaft gestellt ist.

第一千四百七十九条 [因法院判决废止之清算]

共同财产制依第一千四百四十七条、第一千四百四十八条或第一千四百六十九条规定，因法院判决废止者，提出申请之配偶得主张于提出共同财产制废止之申请时，其请求共同财产制之清算即已为系属。

§1480 Haftung nach der Teilung gegenüber Dritten

Wird das Gesamtgut geteilt, bevor eine Gesamtgutsverbindlichkeit berichtigt ist, so haftet dem Gläubiger auch der Ehegatte persönlich als Gesamtschuldner, für den zur Zeit der Teilung eine solche Haftung nicht besteht. Seine Haftung beschränkt sich auf die ihm zugeteilten Gegenstände; die für die Haftung des Erben geltenden Vorschriften der §§1990, 1991 sind entsprechend anzuwenden.

第一千四百八十条　[分割后对第三人之责任]

[1]共同财产之债务未清偿前，已分割共同财产者，于分割时不负连带责任之配偶，对债权人亦应负连带责任。[2]该责任以其所分得之物为限；于此情形，准用第一千九百九十条及第一千九百九十一条关于继承人责任规定。

§1481 Haftung der Ehegatten untereinander

(1) Wird das Gesamtgut geteilt, bevor eine Gesamtgutsverbindlichkeit berichtigt ist, die im Verhältnis der Ehegatten zueinander dem Gesamtgut zur Last fällt, so hat der Ehegatte, der das Gesamtgut während der Gütergemeinschaft allein verwaltet hat, dem anderen Ehegatten dafür einzustehen, dass dieser weder über die Hälfte der Verbindlichkeit noch über das aus dem Gesamtgut Erlangte hinaus in Anspruch genommen wird.

(2) Haben die Ehegatten das Gesamtgut während der Gütergemeinschaft gemeinschaftlich verwaltet, so hat jeder Ehegatte dem anderen dafür einzustehen, dass dieser von dem Gläubiger nicht über die Hälfte der Verbindlichkeit hinaus in Anspruch genommen wird.

(3) Fällt die Verbindlichkeit im Verhältnis der Ehegatten zueinander einem der Ehegatten zur Last, so hat dieser dem anderen dafür einzustehen, dass der andere Ehegatte von dem Gläubiger nicht in Anspruch genommen wird.

第一千四百八十一条　[配偶间之责任]

Ⅰ 共同财产之债务未清偿前，而分割共同财产者，该债务于配偶内部关系，应由共同财产负担时，于共同财产制关系存续中，单独管理共同财产之配偶，应担保他方配偶不致因债权人之请求，而负担超过该债务之半数及由共同财产所得之数额。

Ⅱ 配偶于共同财产制关系存续中，共同管理财产者，配偶之一方应担保他方不致因债权人之请求，而负担超过该债务之半数。

Ⅲ 该债务于配偶内部关系，应由一方负担者，该配偶应担保他方不致受债权人之请求。

§1482 Eheauflösung durch Tod

Wird die Ehe durch den Tod eines Ehegatten aufgelöst, so gehört der Anteil des verstorbenen Ehegatten am Gesamtgut zum Nachlass. Der verstorbene Ehegatte wird nach den allgemeinen Vorschriften beerbt.

第一千四百八十二条 [因死亡而婚姻解消]

^{1}婚姻因配偶一方之死亡而解消者，死亡配偶就共同财产之应有部分，应归属于遗产。^{2}关于死亡配偶之财产继承，依一般继承法规定。

Unterkapitel 5
Fortgesetzte Gütergemeinschaft
第五次目　延续共同财产制

一、延续共同财产制（Fortgesetzte Gütergemeinschaft），系特殊夫妻共同财产制，乃其延续至夫妻共同之直系血亲卑亲属与生存配偶之共同财产制。延续共同财产制，应以夫妻财产制契约有特别订定，始得成立（第1483条）。否则，夫妻共同财产制，因配偶一方之死亡而终了，死亡配偶之应有部分归属于遗产，依普通规定继承之（第1482条）。又生存配偶仍得拒绝共同财产制之延续（第1484条）。

二、属于延续共同财产制之财产，参照第1485条规定。生存配偶亦有其特有财产及保留财产（第1486条）。

三、对属于延续共同财产制之财产，生存配偶处于单独管理共同财产之配偶之地位，直系血亲卑亲属则处于配偶他方之地位（第1487条第1款）。共同财产就生存配偶之共同财产上之债务或死亡配偶之死亡前之共同财产上之债务，负其责任（第1488条）。

四、延续共同财产制，因生存配偶之再婚（第1493条），其死亡（第1494条），有参与权之直系血亲卑亲属全部之死亡（第1490条），生存配偶之废止表示（第1492条），有参与权之直系血亲卑亲属对生存配偶之共同财产制废止之诉（第1495条、第1496条）等原因而终了。

§1483 Eintritt der fortgesetzten Gütergemeinschaft

(1) Die Ehegatten können durch Ehevertrag vereinbaren, dass die Gütergemeinschaft nach dem Tod eines Ehegatten zwischen dem überlebenden Ehegatten und den gemeinschaftlichen Abkömmlingen fortgesetzt wird. Treffen die Ehegatten eine

solche Vereinbarung, so wird die Gütergemeinschaft mit den gemeinschaftlichen Abkömmlingen fortgesetzt, die bei gesetzlicher Erbfolge als Erben berufen sind. Der Anteil des verstorbenen Ehegatten am Gesamtgut gehört nicht zum Nachlass; im Übrigen wird der Ehegatte nach den allgemeinen Vorschriften beerbt.

(2) Sind neben den gemeinschaftlichen Abkömmlingen andere Abkömmlinge vorhanden, so bestimmen sich ihr Erbrecht und ihre Erbteile so, wie wenn fortgesetzte Gütergemeinschaft nicht eingetreten wäre.

第一千四百八十三条　[延续共同财产制之发生]

Ⅰ [1]配偶得以夫妻财产制契约订定，于配偶一方死亡后，共同财产制仍由生存配偶与共同之直系血亲卑亲属延续之。[2]配偶间有该约定者，于共同之直系血亲卑亲属为法定继承人者，应延续其共同财产制。[3]死亡配偶对共同财产之应有部分，不归属于遗产；死亡配偶之其他遗产，另依一般继承法规定。

Ⅱ 除共同之直系血亲卑亲属外，尚有其他直系血亲卑亲属者，关于其继承权及应继份之确定，视为延续共同财产制不存在。

§1484 Ablehnung der fortgesetzten Gütergemeinschaft

(1) Der überlebende Ehegatte kann die Fortsetzung der Gütergemeinschaft ablehnen.

(2) Auf die Ablehnung finden die für die Ausschlagung einer Erbschaft geltenden Vorschriften der §§1943 bis 1947, 1950, 1952, 1954 bis 1957, 1959 entsprechende Anwendung. Steht der überlebende Ehegatte unter elterlicher Sorge oder unter Vormundschaft, so ist zur Ablehnung die Genehmigung des Familiengerichts erforderlich. Bei einer Ablehnung durch den Betreuer des überlebenden Ehegatten ist die Genehmigung des Betreuungsgerichts erforderlich.

(3) Lehnt der Ehegatte die Fortsetzung der Gütergemeinschaft ab, so gilt das Gleiche wie im Falle des §1482.

第一千四百八十四条　[延续共同财产制之拒绝]

Ⅰ 生存配偶得拒绝共同财产制之延续。

Ⅱ [1]第一千九百四十三条至第一千九百四十七条、第一千九百五十条、一千九百五十二条、第一千九百五十四条至第一千九百五十七条及第一千九百五十九条，关于继承权抛弃规定，于拒绝延续共同财产制时准用之。²生存配偶服亲权或受监护者，其拒绝应得家事法院之许可。
³前段规定于生存配偶受辅助者，以辅助法院之许可为必要。
Ⅲ 生存配偶拒绝延续共同财产制者，与第一千四百八十二条所定之情形，适用同一规定。

§1485 Gesamtgut

(1) Das Gesamtgut der fortgesetzten Gütergemeinschaft besteht aus dem ehelichen Gesamtgut, soweit es nicht nach §1483 Abs. 2 einem nicht anteilsberechtigten Abkömmling zufällt, und aus dem Vermögen, das der überlebende Ehegatte aus dem Nachlass des verstorbenen Ehegatten oder nach dem Eintritt der fortgesetzten Gütergemeinschaft erwirbt.

(2) Das Vermögen, das ein gemeinschaftlicher Abkömmling zur Zeit des Eintritts der fortgesetzten Gütergemeinschaft hat oder später erwirbt, gehört nicht zu dem Gesamtgut.

(3) Auf das Gesamtgut finden die für die eheliche Gütergemeinschaft geltende Vorschrift des §1416 Abs. 2 und 3 entsprechende Anwendung.

第一千四百八十五条 [共同财产]

Ⅰ 夫妻之共同财产，除依第一千四百八十三条第二款规定，应归属于无共有权之直系血亲卑亲属之财产外，生存配偶因他方配偶死亡所取得之遗产，或于延续共同财产制开始后所取得之财产，均为延续共同财产制之共同财产。
Ⅱ 共同之直系血亲卑亲属，在延续共同财产制开始时既有或嗣后取得之财产，不属于共同财产。
Ⅲ 第一千四百一十六条第二款及第三款关于夫妻共同财产制规定，于本条之共同财产准用之。

§1486 Vorbehaltsgut; Sondergut

(1) Vorbehaltsgut des überlebenden Ehegatten ist, was er bisher als Vorbehaltsgut gehabt hat oder was er nach §1418 Abs. 2 Nr. 2, 3 als Vorbehaltsgut erwirbt.

(2) Sondergut des überlebenden Ehegatten ist, was er bisher als Sondergut gehabt hat oder was er als Sondergut erwirbt.

第一千四百八十六条 [保留财产；特有财产]^a

Ⅰ 生存配偶于延续共同财产制开始前，既有之保留财产或其依第一千四百一十八条第二款第二项及第三项规定，作为保留财产所取得者，均为其保留财产。

Ⅱ 生存配偶于延续共同财产制开始前，既有之特有财产或作为特有财产所取得者，均为其特有财产。

a 本条为1957年6月18日《男女平等法》所增订。

§1487 Rechtsstellung des Ehegatten und der Abkömmlinge

(1) Die Rechte und Verbindlichkeiten des überlebenden Ehegatten sowie der anteilsberechtigten Abkömmlinge in Ansehung des Gesamtguts der fortgesetzten Gütergemeinschaft bestimmen sich nach den für die eheliche Gütergemeinschaft geltenden Vorschriften der §§1419, 1422 bis 1428, 1434, des §1435 Satz 1, 3 und der §§1436, 1445; der überlebende Ehegatte hat die rechtliche Stellung des Ehegatten, der das Gesamtgut allein verwaltet, die anteilsberechtigten Abkömmlinge haben die rechtliche Stellung des anderen Ehegatten.

(2) Was der überlebende Ehegatte zu dem Gesamtgut schuldet oder aus dem Gesamtgut zu fordern hat, ist erst nach der Beendigung der fortgesetzten Gütergemeinschaft zu leisten.

第一千四百八十七条 [配偶及直系血亲卑亲属之法律地位]^a

Ⅰ 生存配偶及有共有权之直系血亲卑亲属，关于延续共同财产制之共同财产之权利义务，准用第一千四百一十九条、第一千四百二十二条至第一千四百二十八条、第一千四百三十四条，第一千四百三十五条第一款、第三款，第一千四百三十六条及第一千四百四十五条关于夫妻共同财产制规定；生存配偶之法律地位与单独管理共同财产之配偶同，有共有权之直系血亲卑亲属，处于他方配偶之法律地位。

Ⅱ 生存配偶对共同财产负有债务或享有债权者，均于延续共同财产制终了后给付之。

a 本条因1957年6月18日《男女平等法》所修正。

§1488　Gesamtgutsverbindlichkeiten

Gesamtgutsverbindlichkeiten der fortgesetzten Gütergemeinschaft sind die Verbindlichkeiten des überlebenden Ehegatten sowie solche Verbindlichkeiten des verstorbenen Ehegatten, die Gesamtgutsverbindlichkeiten der ehelichen Gütergemeinschaft waren.

第一千四百八十八条　[共同财产债务]

生存配偶之债务，及死亡配偶之债务而于夫妻共同财产制应归共同财产负担者，均为延续共同财产制之共同财产之债务。

§1489　Persönliche Haftung für die Gesamtgutsverbindlichkeiten

(1) Für die Gesamtgutsverbindlichkeiten der fortgesetzten Gütergemeinschaft haftet der überlebende Ehegatte persönlich.

(2) Soweit die persönliche Haftung den überlebenden Ehegatten nur infolge des Eintritts der fortgesetzten Gütergemeinschaft trifft, finden die für die Haftung des Erben für die Nachlassverbindlichkeiten geltenden Vorschriften entsprechende Anwendung; an die Stelle des Nachlasses tritt das Gesamtgut in dem Bestand, den es zur Zeit des Eintritts der fortgesetzten Gütergemeinschaft hat.

(3) Eine persönliche Haftung der anteilsberechtigten Abkömmlinge für die Verbindlichkeiten des verstorbenen oder des überlebenden Ehegatten wird durch die fortgesetzte Gütergemeinschaft nicht begründet.

第一千四百八十九条　[共同财产债务之个人责任]

Ⅰ 延续共同财产制共同财产之债务，由生存配偶负个人责任。

Ⅱ 因延续共同财产制之开始，始对生存配偶主张其应负个人责任者，准用关于继承人就遗产债务所负责任规定；于此情形，以延续共同财产制开始当时之共同财产，视为遗产。

Ⅲ 有共有权之直系血亲卑亲属，对死亡配偶或生存配偶之债务，不因共同财产之延续而负个人责任。

§1490 Tod eines Abkömmlings

Stirbt ein anteilsberechtigter Abkömmling, so gehört sein Anteil an dem Gesamtgut nicht zu seinem Nachlass. Hinterlässt er Abkömmlinge, die anteilsberechtigt sein würden, wenn er den verstorbenen Ehegatten nicht überlebt hätte, so treten die Abkömmlinge an seine Stelle. Hinterlässt er solche Abkömmlinge nicht, so wächst sein Anteil den übrigen anteilsberechtigten Abkömmlingen und, wenn solche nicht vorhanden sind, dem überlebenden Ehegatten an.

第一千四百九十条 [直系血亲卑亲属之死亡]

¹有共有权之直系血亲卑亲属死亡，其对于共有财产之应有部分，不列入其遗产之内。²死亡之直系血亲卑亲属，先于死亡配偶死亡，且遗有直系血亲卑亲属而享有共有权者，该直系血亲卑亲属得代位继承之。³无此直系血亲卑亲属者，死亡人之应有部分归属于其他有共有权之直系血亲卑亲属；无其他直系血亲卑亲属者，归属于生存配偶。

§1491 Verzicht eines Abkömmlings

(1) Ein anteilsberechtigter Abkömmling kann auf seinen Anteil an dem Gesamtgut verzichten. Der Verzicht erfolgt durch Erklärung gegenüber dem für den Nachlass des verstorbenen Ehegatten zuständigen Gericht; die Erklärung ist in öffentlich beglaubigter Form abzugeben. Das Nachlassgericht soll die Erklärung dem überlebenden Ehegatten und den übrigen anteilsberechtigten Abkömmlingen mitteilen.

(2) Der Verzicht kann auch durch Vertrag mit dem überlebenden Ehegatten und den Übrigen anteilsberechtigten Abkömmlingen erfolgen. Der Vertrag bedarf der notariellen Beurkundung.

(3) Steht der Abkömmling unter elterlicher Sorge oder unter Vormundschaft, so ist zu dem Verzicht die Genehmigung des Familiengerichts erforderlich. Bei einem Verzicht durch den Betreuer des Abkömmlings ist die Genehmigung des Betreuungsgerichts erforderlich.

(4) Der Verzicht hat die gleichen Wirkungen, wie wenn der Verzichtende zur Zeit des Verzichts ohne Hinterlassung von Abkömmlingen gestorben wäre.

第一千四百九十一条 [直系血亲卑亲属应有部分之抛弃]

Ⅰ ¹有共有权之直系血亲卑亲属,得抛弃其对共同财产之应有部分。²前段抛弃,应对死亡配偶之遗产有管辖权之法院,以意思表示为之;该表示并应经认证。³遗产法院应就该表示,通知生存配偶及其他有共有权之直系血亲卑亲属。

Ⅱ ¹抛弃,亦得与生存配偶及其他有共有权之直系血亲卑亲属,以契约为之。²该契约应由公证人作成公证书。

Ⅲ ¹直系血亲卑亲属服亲权或受监护者,其抛弃应经家事法院之许可。²直系血亲卑亲属受辅助者,由辅助人抛弃时,应经辅助法院之许可。

Ⅳ 抛弃之效力,视为抛弃之人于抛弃时未遗有直系血亲卑亲属而死亡。

§1492 Aufhebung durch den überlebenden Ehegatten

(1) Der überlebende Ehegatte kann die fortgesetzte Gütergemeinschaft jederzeit aufheben. Die Aufhebung erfolgt durch Erklärung gegenüber dem für den Nachlass des verstorbenen Ehegatten zuständigen Gericht; die Erklärung ist in öffentlich beglaubigter Form abzugeben. Das Nachlassgericht soll die Erklärung den anteilsberechtigten Abkömmlingen und, wenn der überlebende Ehegatte gesetzlicher Vertreter eines der Abkömmlinge ist, dem Familiengericht, wenn eine Betreuung besteht, dem Betreuungsgericht mitteilen.

(2) Die Aufhebung kann auch durch Vertrag zwischen dem überlebenden Ehegatten und den anteilsberechtigten Abkömmlingen erfolgen. Der Vertrag bedarf der notariellen Beurkundung.

(3) Steht der überlebende Ehegatte unter elterlicher Sorge oder unter Vormundschaft, so ist zu der Aufhebung die Genehmigung des Familiengerichts erforderlich. Bei einer Aufhebung durch den Betreuer des überlebenden Ehegatten ist die Genehmigung des Betreuungsgerichts erforderlich.

第一千四百九十二条 [延续共同财产制之废止]

Ⅰ ¹生存配偶得随时废止延续共同财产制。²前段废止,应对死亡配偶有管辖权之法院,以意思表示为之,该表示应经认证。³遗产法院应将此表示,通知有共有权之直系血亲卑亲属,生存配偶系直系血亲卑亲属之法定代理人者,并应通知家事法院,其为直系血亲卑亲属之辅助人者,应通知辅助法院。

Ⅱ ¹废止,亦得由生存配偶与有共有权之直系血亲卑亲属,以契约为之。²此契约,应由公证人作成公证书。

Ⅲ ¹生存配偶由父母代理或受监护者,其废止应经家事法院之许可。²于此情形,生存配偶受辅助者,由辅助人废止时,应经辅助法院之许可。

§1493 Wiederverheiratung oder Begründung einer Lebenspartnerschaft des überlebenden Ehegatten

(1) Die fortgesetzte Gütergemeinschaft endet, wenn der überlebende Ehegatte wieder heiratet oder eine Lebenspartnerschaft begründet.

(2) Der überlebende Ehegatte hat, wenn ein anteilsberechtigter Abkömmling minderjährig ist, die Absicht der Wiederverheiratung dem Familiengericht anzuzeigen, ein Verzeichnis des Gesamtguts einzureichen, die Gütergemeinschaft aufzuheben und die Auseinandersetzung herbeizuführen. Das Familiengericht kann gestatten, dass die Aufhebung der Gütergemeinschaft bis zur Eheschließung unterbleibt und dass die Auseinandersetzung erst später erfolgt. Die Sätze 1 und 2 gelten auch, wenn die Sorge für das Vermögen eines anteilsberechtigten Abkömmlings zum Aufgabenkreis eines Betreuers gehört; in diesem Fall tritt an die Stelle des Familiengerichts das Betreuungsgericht.

(3) Das Standesamt, bei dem die Eheschließung angemeldet worden ist, teilt dem Familiengericht die Anmeldung mit.

第一千四百九十三条 [生存配偶之再婚或组成同性伴侣]

Ⅰ 延续共同财产制,因生存配偶之再婚或组成同性伴侣而解消。

Ⅱ ¹有共有权之直系血亲卑亲属未成年者,生存配偶应就其再婚之意思陈报家事法院,且提出财产目录及废止共同财产,并办理分割事宜。²家事法院得允许再婚后,始为共同财产制之废弃,并于此时始为财产关系之清算。³有共有权之直系血亲卑亲属受辅助,而管理财产属于辅助职务者,以辅助法院取代家事法院,亦适用第一款及第二款规定。

Ⅲ 户政机关于接到再婚之申请者,应就该申请通知家事法院。

§1494 Tod des überlebenden Ehegatten

(1) Die fortgesetzte Gütergemeinschaft endet mit dem Tode des überlebenden

Ehegatten.

(2) Wird der überlebende Ehegatte für tot erklärt oder wird seine Todeszeit nach den Vorschriften des Verschollenheitsgesetzes festgestellt, so endet die fortgesetzte Gütergemeinschaft mit dem Zeitpunkt, der als Zeitpunkt des Todes gilt.

第一千四百九十四条 [生存配偶之死亡]^a

Ⅰ 延续共同财产制因配偶之死亡而终了。

Ⅱ 生存配偶受死亡之宣告，或其死亡之时期依失踪法相关规定而确定者，延续共同财产制于视为死亡之时起，即告终了。

a 本条因1957年6月18日《男女平等法》而修正。

§1495 Aufhebungsantrag eines Abkömmlings

Ein anteilsberechtigter Abkömmling kann gegen den überlebenden Ehegatten die Aufhebung der fortgesetzten Gütergemeinschaft beantragen,
1. wenn seine Rechte für die Zukunft dadurch erheblich gefährdet werden können, dass der überlebende Ehegatte zur Verwaltung des Gesamtguts unfähig ist oder sein Recht, das Gesamtgut zu verwalten, missbraucht,
2. wenn der überlebende Ehegatte seine Verpflichtung, dem Abkömmling Unterhalt zu gewähren, verletzt hat und für die Zukunft eine erhebliche Gefährdung des Unterhalts zu besorgen ist,
3. wenn die Verwaltung des Gesamtguts in den Aufgabenkreis des Betreuers des überlebenden Ehegatten fällt,
4. wenn der überlebende Ehegatte die elterliche Sorge für den Abkömmling verwirkt hat oder, falls sie ihm zugestanden hätte, verwirkt haben würde.

第一千四百九十五条 [直系血亲卑亲属之废止申请]^a

有共有权之直系血亲卑亲属，有下列情事之一者，得对生存配偶提起延续共同财产制废止之申请：
1. 生存配偶无管理共同财产之能力，或滥用其管理权，致其权利将来有受重大危害之虞者。
2. 生存配偶不尽其扶养直系血亲卑亲属之义务，且使将来扶养之提供有受重大危害之虞者。

3. 生存配偶受辅助，而管理共同财产为辅助之职务者。
4. 生存配偶对于直系血亲卑亲属之亲权已被剥夺，或即使有亲权，亦有被剥夺之虞者。

a 本条因1957年6月18日《男女平等法》而修正。

§1496 Wirkung der richterlichen Aufhebungsentscheidung

Die Aufhebung der fortgesetzten Gütergemeinschaft tritt in den Fällen des §1495 mit der Rechtskraft der richterlichen Entscheidung ein. Sie tritt für alle Abkömmlinge ein, auch wenn die richterliche Entscheidung auf den Antrag eines der Abkömmlinge ergangen ist.

第一千四百九十六条　[废止法院判决之效力]

¹延续共同财产制，依第一千四百九十五条规定废止者，于法院判决确定时，即生效力。²废止之申请，即使由直系血亲卑亲属中之一人提出者，其判决之效力及于全体直系血亲卑亲属。

§1497 Rechtsverhältnis bis zur Auseinandersetzung

(1) Nach der Beendigung der fortgesetzten Gütergemeinschaft setzen sich der überlebende Ehegatte und die Abkömmlinge über das Gesamtgut auseinander.
(2) Bis zur Auseinandersetzung bestimmt sich ihr Rechtsverhältnis am Gesamtgut nach den §§1419, 1472, 1473.

第一千四百九十七条　[至分割时之法律关系]ª

Ⅰ 延续共同财产制终了后，生存配偶与直系血亲卑亲属，应分割共同财产。
Ⅱ 关于共同财产之法律关系，在分割前，适用第一千四百一十九条、第一千四百七十二条及第一千四百七十三条规定。

a 本条因1957年6月18日《男女平等法》而修正。

§1498 Durchführung der Auseinandersetzung

Auf die Auseinandersetzung sind die Vorschriften der §§1475, 1476, des §1477 Abs. 1, der §§1479, 1480 und des §1481 Abs. 1, 3 anzuwenden; an die Stelle des Ehegatten, der das Gesamtgut allein verwaltet hat, tritt der überlebende Ehegatte, an die Stelle des anderen Ehegatten treten die anteilsberechtigten Abkömmlinge. Die in §1476 Abs. 2 Satz 2 bezeichnete Verpflichtung besteht nur für den überlebenden Ehegatten.

第一千四百九十八条 [分割之进行][a]

¹关于财产之分割，适用第一千四百七十五条、第一千四百七十六条、第一千四百七十七条第一款、第一千四百七十九条、第一千四百八十条、第一千四百八十一条第一款及第三款规定；生存配偶之法律地位，与单独管理共同财产之配偶同，有共有权之直系血亲卑亲属处于他方配偶之法律地位。²第一千四百七十六条第二款第二段所规定之义务，应由生存配偶负担之。

a 本条因1957年6月18日《男女平等法》而修正。

§1499 Verbindlichkeiten zu Lasten des überlebenden Ehegatten

Bei der Auseinandersetzung fallen dem überlebenden Ehegatten zur Last:
1. die ihm bei dem Eintritt der fortgesetzten Gütergemeinschaft obliegenden Gesamtgutsverbindlichkeiten, für die das eheliche Gesamtgut nicht haftete oder die im Verhältnis der Ehegatten zueinander ihm zur Last fielen;
2. die nach dem Eintritt der fortgesetzten Gütergemeinschaft entstandenen Gesamtgutsverbindlichkeiten, die, wenn sie während der ehelichen Gütergemeinschaft in seiner Person entstanden wären, im Verhältnis der Ehegatten zueinander ihm zur Last gefallen sein würden;
3. eine Ausstattung, die er einem anteilsberechtigten Abkömmling über das dem Gesamtgut entsprechende Maß hinaus oder die er einem nicht anteilsber- echtigten Abkömmling versprochen oder gewährt hat.

第一千四百九十九条 [生存配偶债务之负担]

下列各款债务,于分割时,由生存配偶负担之:
1. 在延续共同财产制关系开始时,生存配偶所负担之共同财产债务,而未曾以夫妻共同财产负担,或于夫妻内部关系,由生存配偶负担者。
2. 延续共同财产制关系开始后所生共同财产之债务,而该债务即使在夫妻共同财产制关系存续中,亦系因其自身而发生,并在配偶内部关系,应归其自行负责者。
3. 生存配偶约定或供给有共有权之直系血亲卑亲属以婚嫁、立业之资金,而超过共同财产所能负担之程度,或对于无共有权之直系血亲卑亲属约定或供给该资金者。

§1500 Verbindlichkeiten zu Lasten der Abkömmlinge

(1) Die anteilsberechtigten Abkömmlinge müssen sich Verbindlichkeiten des verstorbenen Ehegatten, die diesem im Verhältnis der Ehegatten zueinander zur Last fielen, bei der Auseinandersetzung auf ihren Anteil insoweit anrechnen lassen, als der überlebende Ehegatte nicht von dem Erben des verstorbenen Ehegatten Deckung hat erlangen können.

(2) In gleicher Weise haben sich die anteilsberechtigten Abkömmlinge anrechnen zu lassen, was der verstorbene Ehegatte zu dem Gesamtgut zu ersetzen hatte.

第一千五百条 [直系血亲卑亲属债务之负担]

Ⅰ 在配偶内部关系应归死亡配偶负担之债务,生存配偶不能由死亡配偶之继承人取得补偿者,于分割时,应由有共有权之直系血亲卑亲属之应有部分扣还之。

Ⅱ 死亡配偶对共同财产应行偿还之数额,依前款方法,由直系血亲卑亲属之应有部分扣还之。

§1501 Anrechnung von Abfindungen

(1) Ist einem anteilsberechtigten Abkömmling für den Verzicht auf seinen Anteil eine Abfindung aus dem Gesamtgut gewährt worden, so wird sie bei der Auseinandersetzung in das Gesamtgut eingerechnet und auf die den Abkömmlingen gebührende

Hälfte angerechnet.

(2) Der überlebende Ehegatte kann mit den übrigen anteilsberechtigten Abkömmlingen schon vor der Aufhebung der fortgesetzten Gütergemeinschaft eine abweichende Vereinbarung treffen. Die Vereinbarung bedarf der notariellen Beurkundung; sie ist auch denjenigen Abkömmlingen gegenüber wirksam, welche erst später in die fortgesetzte Gütergemeinschaft eintreten.

第一千五百零一条 [补偿之计算]

Ⅰ 有共有权之直系血亲卑亲属抛弃其应有部分,而由共同财产予以补偿者,于分割时,应将其补偿数额加入共同财产,就有应有部分之直系血亲卑亲属应得之半数内扣还之。

Ⅱ ¹在延续共同财产制关系废止前,生存配偶与其他有共有权之直系血亲卑亲属得为特别之约定。²该特约,应由公证人公证;该特约对于嗣后加入延续共同财产制之直系血亲卑亲属,亦生效力。

§1502 Übernahmerecht des überlebenden Ehegatten

(1) Der überlebende Ehegatte ist berechtigt, das Gesamtgut oder einzelne dazu gehörende Gegenstände gegen Ersatz des Wertes zu übernehmen. Das Recht geht nicht auf den Erben über.

(2) Wird die fortgesetzte Gütergemeinschaft auf Grund des §1495 durch Urteil aufgehoben, so steht dem überlebenden Ehegatten das im Absatz 1 bestimmte Recht nicht zu. Die anteilsberechtigten Abkömmlinge können in diesem Falle diejenigen Gegenstände gegen Ersatz des Wertes übernehmen, welche der verstorbene Ehegatte nach §1477 Abs. 2 zu übernehmen berechtigt sein würde. Das Recht kann von ihnen nur gemeinschaftlich ausgeübt werden.

第一千五百零二条 [生存配偶之承受权]

Ⅰ ¹生存配偶得偿付价额,而承受共同财产之全部或属于共同财产之物。²该权利不得移转于其继承人。

Ⅱ ¹延续共同财产制,依第一千四百九十五条规定,由判决废止者,生存配偶不得享有第一款所定之权利。²前段情形,有共有权之直系血亲卑亲属,得就死亡配偶依第一千四百七十七条第二款规定得以承受之物,偿付价额而承受之。³该权利应由有共有权之直系血亲卑属共同行使之。

§1503 Teilung unter den Abkömmlingen

(1) Mehrere anteilsberechtigte Abkömmlinge teilen die ihnen zufallende Hälfte des Gesamtguts nach dem Verhältnis der Anteile, zu denen sie im Falle der gesetzlichen Erbfolge als Erben des verstorbenen Ehegatten berufen sein würden, wenn dieser erst zur Zeit der Beendigung der fortgesetzten Gütergemeinschaft gestorben wäre.

(2) Das Vorempfangene kommt nach den für die Ausgleichung unter Abkömmlingen geltenden Vorschriften zur Ausgleichung, soweit nicht eine solche bereits bei der Teilung des Nachlasses des verstorbenen Ehegatten erfolgt ist.

(3) Ist einem Abkömmling, der auf seinen Anteil verzichtet hat, eine Abfindung aus dem Gesamtgut gewährt worden, so fällt sie den Abkömmlingen zur Last, denen der Verzicht zustatten kommt.

第一千五百零三条 [直系血亲卑亲属之分割]

Ⅰ 有共有权之直系血亲卑亲属有数人者，就应得之共有财产之半数，按其应有部分之比例，分割之；该应有部分，以死亡配偶于延续共同财产制终了时死亡，而直系血亲卑亲属在法定继承时得继承之应继份为准。

Ⅱ 直系血亲卑亲属中已有受取财产者，应依关于卑亲属相互间补偿规定，补偿之。但于死亡配偶遗产分割时已予补偿者，不在此限。

Ⅲ 直系血亲卑亲属因抛弃其应有部分，而由共同财产予以补偿者，其补偿额应由因其抛弃而受利益之直系血亲卑亲属负担之。

§1504 Haftungsausgleich unter Abkömmlingen

Soweit die anteilsberechtigten Abkömmlinge nach §1480 den Gesamtgutsgläubigern haften, sind sie im Verhältnis zueinander nach der Größe ihres Anteils an dem Gesamtgut verpflichtet. Die Verpflichtung beschränkt sich auf die ihnen zugeteilten Gegenstände; die für die Haftung des Erben geltenden Vorschriften der §§1990, 1991 finden entsprechende Anwendung.

第一千五百零四条 [直系血亲卑亲属之责任分担]

¹有共有权之直系血亲卑亲属，依第一千四百八十条规定，对共同财产之债权人应负责任者，其相互间，应依其就共同财产应有部分之比例，负担其义务。²该义务以其所分得之物为限，负其责任；于此情形，准用第一千九百九十条及第一千九百九十一条关于继承人责任规定。

§1505 Ergänzung des Anteils des Abkömmlings

Die Vorschriften über das Recht auf Ergänzung des Pflichtteils finden zugunsten eines anteilsberechtigten Abkömmlings entsprechende Anwendung; an die Stelle des Erbfalls tritt die Beendigung der fortgesetzten Gütergemeinschaft; als gesetzlicher Erbteil gilt der dem Abkömmling zur Zeit der Beendigung gebührende Anteil an dem Gesamtgut, als Pflichtteil gilt die Hälfte des Wertes dieses Anteils.

第一千五百零五条 [直系血亲卑亲属特留份之保全]

为保护有共有权之直系血亲卑亲属之利益，准用关于特留份保留规定；于此情形，延续共同财产制之终了，视为继承开始；在财产制终了时，直系血亲卑亲属对共同财产之应有部分，视为法定应继份，而以该应有部分价额之半数，视为特留份。

§1506 Anteilsunwürdigkeit

Ist ein gemeinschaftlicher Abkömmling erbunwürdig, so ist er auch des Anteils an dem Gesamtgut unwürdig. Die Vorschriften über die Erbunwürdigkeit finden entsprechende Anwendung.

第一千五百零六条 [应有部分之剥夺]

¹共同直系血亲卑亲属有丧失继承权者，其在共同财产之应有部分亦丧失。²在此情形，准用关于继承权丧失规定。

§1507 Zeugnis über Fortsetzung der Gütergemeinschaft

Das Nachlassgericht hat dem überlebenden Ehegatten auf Antrag ein Zeugnis über die

Fortsetzung der Gütergemeinschaft zu erteilen. Die Vorschriften über den Erbschein finden entsprechende Anwendung.

第一千五百零七条　[延续共同财产制之证明]

[1]遗产法院应依生存配偶之申请，发给其关于共同财产制延续之证明文件。[2]于此情形，准用关于继承权证书规定。

§1508 (weggefallen)

第一千五百零八条　[删除][a]

a 本条为1957年6月18日《男女平等法》所废止。

§1509 Ausschließung der fortgesetzten Gütergemeinschaft durch letztwillige Verfügung

Jeder Ehegatte kann für den Fall, dass die Ehe durch seinen Tod aufgelöst wird, die Fortsetzung der Gütergemeinschaft durch letztwillige Verfügung ausschließen, wenn er berechtigt ist, dem anderen Ehegatten den Pflichtteil zu entziehen oder die Aufhebung der Gütergemeinschaft zu beantragen. Das Gleiche gilt, wenn der Ehegatte berechtigt ist, die Aufhebung der Ehe zu beantragen, und den Antrag gestellt hat. Auf die Ausschließung finden die Vorschriften über die Entziehung des Pflichtteils entsprechende Anwendung.

第一千五百零九条　[死因处分排除延续共同财产制]

[1]配偶之一方有权剥夺他方配偶之特留份，或申请废止共同财产制者，因其死亡而解消婚姻时，得以遗嘱排除延续共同财产制之适用。[2]前段规定，于配偶有权诉请婚姻之废止，且已提出者，亦适用之。[3]该条之排除，准用关于剥夺特留份规定。

§1510 Wirkung der Ausschließung

Wird die Fortsetzung der Gütergemeinschaft ausgeschlossen, so gilt das Gleiche wie im

Falle des §1482.

第一千五百一十条 [排除之效力]

延续共同财产制经排除者,适用与第一千四百八十二条同一规定。

§1511 Ausschließung eines Abkömmlings

(1) Jeder Ehegatte kann für den Fall, dass die Ehe durch seinen Tod aufgelöst wird, einen gemeinschaftlichen Abkömmling von der fortgesetzten Gütergemeinschaft durch letztwillige Verfügung ausschließen.

(2) Der ausgeschlossene Abkömmling kann, unbeschadet seines Erbrechts, aus dem Gesamtgut der fortgesetzten Gütergemeinschaft die Zahlung des Betrags verlangen, der ihm von dem Gesamtgut der ehelichen Gütergemeinschaft als Pflichtteil gebühren würde, wenn die fortgesetzte Gütergemeinschaft nicht eingetreten wäre. Die für den Pflichtteilsanspruch geltenden Vorschriften finden entsprechende Anwendung.

(3) Der dem ausgeschlossenen Abkömmling gezahlte Betrag wird bei der Auseinandersetzung den anteilsberechtigten Abkömmlingen nach Maßgabe des §1501 angerechnet. Im Verhältnis der Abkömmlinge zueinander fällt er den Abkömmlingen zur Last, denen die Ausschließung zustatten kommt.

第一千五百一十一条 [直系血亲卑亲属之排除]

Ⅰ 配偶之一方,就其婚姻因其死亡而解消者,得以遗嘱排除共同直系血亲卑亲属加入延续共同财产制。

Ⅱ [1]经排除之直系血亲卑亲属,其继承权不受影响;并得对延续共同财产制之共同财产,请求给与一定金额;该金额应相当于如无延续共同财产制之开始时,对夫妻共同财产制之共同财产所应得之特留份。[2]于此情形,准用关于特留份请求权规定。

Ⅲ [1]对于被排除之直系血亲卑亲属所支付之金额,在清算时,应依第一千五百零一条规定,由有共有权之直系血亲卑亲属之应有部分扣还之。[2]在直系血亲卑亲属相互间,该金额应由经排除而受有利益之直系血亲卑亲属负担之。

§1512 Herabsetzung des Anteils

Jeder Ehegatte kann für den Fall, dass mit seinem Tode die fortgesetzte Gütergemeinschaft eintritt, den einem anteilsberechtigten Abkömmling nach der Beendigung der fortgesetzten Gütergemeinschaft gebührenden Anteil an dem Gesamtgut durch letztwillige Verfügung bis auf die Hälfte herabsetzen.

第一千五百一十二条 [应有部分之减少]

配偶之一方,因其死亡而开始延续共同财产制时,得以遗嘱将有共有权之直系血亲卑亲属于延续共同财产制终了后,对共同财产之应有部分,减少至二分之一。

§1513 Entziehung des Anteils

(1) Jeder Ehegatte kann für den Fall, dass mit seinem Tod die fortgesetzte Gütergemeinschaft eintritt, einem anteilsberechtigten Abkömmling den diesem nach der Beendigung der fortgesetzten Gütergemeinschaft gebührenden Anteil an dem Gesamtgut durch letztwillige Verfügung entziehen, wenn er berechtigt ist, dem Abkömmling den Pflichtteil zu entziehen. Die Vorschrift des §2336 Abs. 2 und 3 findet entsprechende Anwendung.

(2) Der Ehegatte kann, wenn er nach §2338 berechtigt ist, das Pflichtteilsrecht des Abkömmlings zu beschränken, den Anteil des Abkömmlings am Gesamtgut einer entsprechenden Beschränkung unterwerfen.

第一千五百一十三条 [应有部分之剥夺]

Ⅰ ¹配偶之一方,有权剥夺直系血亲卑亲属之特留份者,因其死亡而开始延续共同财产制时,得以遗嘱剥夺该直系血亲卑亲属于延续共同财产制终了后,对共同财产之应有部分。²于此情形,准用第二千三百三十六条第二款及第三款规定。

Ⅱ 配偶依第二千三百三十八条规定,有权限制直系血亲卑亲属之特留份权利者,该直系血亲卑亲属对共同财产之应有部分,亦得予以相同的限制。

§1514 Zuwendung des entzogenen Betrags

Jeder Ehegatte kann den Betrag, den er nach §1512 oder nach §1513 Abs. 1 einem Abkömmling entzieht, auch einem Dritten durch letztwillige Verfügung zuwenden.

第一千五百一十四条 [经剥夺金额之给与]

配偶之一方，依第一千五百一十二条或第一千五百一十三条第一款规定，剥夺直系血亲卑亲属之应有部分者，得以遗嘱将该数额让与第三人。

§1515 Übernahmerecht eines Abkömmlings und des Ehegatten

(1) Jeder Ehegatte kann für den Fall, dass mit seinem Tode die fortgesetzte Gütergemeinschaft eintritt, durch letztwillige Verfügung anordnen, dass ein anteilsberechtigter Abkömmling das Recht haben soll, bei der Teilung das Gesamtgut oder einzelne dazu gehörende Gegenstände gegen Ersatz des Wertes zu übernehmen.

(2) Gehört zu dem Gesamtgut ein Landgut, so kann angeordnet werden, dass das Landgut mit dem Ertragswert oder mit einem Preis, der den Ertragswert mindestens erreicht, angesetzt werden soll. Die für die Erbfolge geltende Vorschrift des §2049 findet Anwendung.

(3) Das Recht, das Landgut zu dem in Absatz 2 bezeichneten Werte oder Preis zu übernehmen, kann auch dem überlebenden Ehegatten eingeräumt werden.

第一千五百一十五条 [直系血亲卑亲属及配偶之承受权]

Ⅰ 配偶之一方，因其死亡而开始延续共同财产制者，得以遗嘱指示有共有权之直系血亲卑亲属，于分割时，得支付偿金而承受共同财产或属于共同财产之物之权利。

Ⅱ [1]共同财产中有农地者，并得指示以其收益价额或以不低于此价额之价金为估价之标准。[2]于此情形，适用第二千零四十九条关于继承规定。

Ⅲ 生存配偶亦得支付第二款所定之价额或价金，而承受农地之权利。

§1516 Zustimmung des anderen Ehegatten

(1) Zur Wirksamkeit der in den §§1511 bis 1515 bezeichneten Verfügungen eines Ehegatten ist die Zustimmung des anderen Ehegatten erforderlich.

(2) Die Zustimmung kann nicht durch einen Vertreter erteilt werden. Ist der Ehegatte in der Geschäftsfähigkeit beschränkt, so ist die Zustimmung seines gesetzlichen Vertreters nicht erforderlich. Die Zustimmungserklärung bedarf der notariellen Beurkundung. Die Zustimmung ist unwiderruflich.

(3) Die Ehegatten können die in den §§1511 bis 1515 bezeichneten Verfügungen auch in einem gemeinschaftlichen Testament treffen.

第一千五百一十六条 [他方配偶之同意]

Ⅰ 配偶之一方为第一千五百一十一条至第一千五百一十五条所定之处分时,应经他方配偶之同意,始生效力。

Ⅱ ¹该同意不得由代理人为之。²配偶之一方系限制行为能力者,亦无须得法定代理人之同意。³同意之表示,应由公证人公证。⁴该同意不得撤回。

Ⅲ 第一千五百一十一条至第一千五百一十五条所定之处分,夫妻得以共同遗嘱为之。

§1517 Verzicht eines Abkömmlings auf seinen Anteil

(1) Zur Wirksamkeit eines Vertrags, durch den ein gemeinschaftlicher Abkömmling einem der Ehegatten gegenüber für den Fall, dass die Ehe durch dessen Tod aufgelöst wird, auf seinen Anteil am Gesamtgut der fortgesetzten Gütergemeinschaft verzichtet oder durch den ein solcher Verzicht aufgehoben wird, ist die Zustimmung des anderen Ehegatten erforderlich. Für die Zustimmung gilt die Vorschrift des §1516 Abs. 2 Satz 3, 4.

(2) Die für den Erbverzicht geltenden Vorschriften finden entsprechende Anwendung.

第一千五百一十七条 [直系血亲卑亲属抛弃应有部分]

Ⅰ ¹配偶之一方与共同之直系血亲卑亲属订定契约,就该配偶之死亡而婚姻解消时,该直系血亲卑亲属抛弃其对延续共同财产制共同财产应有部分者,或废止该抛弃之契约者,应经他方配偶之同意,始生效力。

² 第一千五百一十六条第二款第三段及第四段规定，于该同意适用之。
Ⅱ 前款情形，准用关于继承抛弃规定。

§1518 Zwingendes Recht

Anordnungen, die mit den Vorschriften der §§1483 bis 1517 in Widerspruch stehen, können von den Ehegatten weder durch letztwillige Verfügung noch durch Vertrag getroffen werden. Das Recht der Ehegatten, den Vertrag, durch den sie die Fortsetzung der Gütergemeinschaft vereinbart haben, durch Ehevertrag aufzuheben, bleibt unberührt.

第一千五百一十八条 [强行法][a]

¹配偶不得以遗嘱或契约，与第一千四百八十三条至第一千五百一十七条规定，为相反之指示。²配偶所订定之延续共同财产制契约，仍得以夫妻财产制契约废止之。

a 本条为1957年6月18日《男女平等法》所增订。

Kapitel 4　Wahl-Zugewinngemeinschaft
第四目　选择净益共同财产制

§1519 Vereinbarung durch Ehevertrag

Vereinbaren die Ehegatten durch Ehevertrag den Güterstand der WahlZugewinngemeinschaft, so gelten die Vorschriften des Abkommens vom Februar 2010 zwischen der Bundesrepublik Deutschland und der Französischen Republik über den Güterstand der WahlZugewinngemeinschaft. §1368 gilt entsprechend. §1412 ist nicht anzuwenden.

第一千五百一十九条 [夫妻财产制契约之约定][a]

¹配偶以夫妻财产制契约约定选择净益共同财产制者，适用二零一零年二月德意志联邦共和国与法兰西共和国选择净益共同财产制公约之规定。²第一千三百六十八条规定，准用之。³第一千四百一十二条规定，不适用之。

a 本条为2012年3月15日配合德意志联邦共和国与法兰西共和国于2010年2月4日所签订之选择净益共同财产制公约而增订，于2013年5月1日施行。

§1520 bis §1557 (weggefallen)
第一千五百二十条至第一千五百五十七条　[删除]ᵃ

a 本条为1957年6月18日《男女平等法》所废止。

Untertitel 3　Güterrechtsregister
第三款　夫妻财产制之登记簿

§1558　Zuständiges Registergericht

(1) Die Eintragungen in das Güterrechtsregister sind bei jedem Amtsgericht zu bewirken, in dessen Bezirk auch nur einer der Ehegatten seinen gewöhnlichen Aufenthalt hat.

(2) Die Landesregierungen werden ermächtigt, durch Rechtsverordnung einem Amtsgericht für die Bezirke mehrerer Amtsgerichte die Zuständigkeit für die Führung des Registers zu übertragen. Die Landesregierungen können die Ermächtigung durch Rechtsverordnung auf die Landesjustizverwaltungen übertragen.

第一千五百五十八条　[注册管辖法院]ᵃ

Ⅰ 夫妻财产制登记簿之登记，应由夫妻任何一方住所地之简易法院为之。

Ⅱ ¹邦政府依法规命令，得将辖区数简易法院办理夫妻财产制之登记事项，指定其中一简易法院负责办理。²邦政府亦得依法规命令，授权邦司法行政机关办理该登记事项。

a 本条第2款配合2006年4月19日联邦司法部第一次整合德国法规管辖权范围法所变更。

§1559　Verlegung des gewöhnlichen Aufenthalts

Verlegt ein Ehegatte nach der Eintragung seinen gewöhnlichen Aufenthalt in einen anderen Bezirk, so muss die Eintragung im Register dieses Bezirks wiederholt werden. Die frühere Eintragung gilt als von neuem erfolgt, wenn ein Ehegatte den gewöhnlichen Aufenthalt in den früheren Bezirk zurückverlegt.

第一千五百五十九条 [住所之变更]

¹配偶于夫妻财产制登记后变更其住所者，应于该住所地为变更登记。
²配偶于变更新住所后，又迁回原住所者，原有之登记视为重新登记。

§1560 Antrag auf Eintragung

Eine Eintragung in das Register soll nur auf Antrag und nur insoweit erfolgen, als sie beantragt ist. Der Antrag ist in öffentlich beglaubigter Form zu stellen.

第一千五百六十条 [登记之申请]

¹登记应依申请为之，且以其申请登记之事项为限。²该申请应依公证方式为之。

§1561 Antragserfordernisse

(1) Zur Eintragung ist der Antrag beider Ehegatten erforderlich; jeder Ehegatte ist dem anderen gegenüber zur Mitwirkung verpflichtet.

(2) Der Antrag eines Ehegatten genügt

　1. zur Eintragung eines Ehevertrags oder einer auf gerichtlicher Entscheidung beruhenden Änderung der güterrechtlichen Verhältnisse der Ehegatten, wenn mit dem Antrag der Ehevertrag oder die mit dem Zeugnis der Rechtskraft versehene Entscheidung vorgelegt wird;

　2. zur Wiederholung einer Eintragung in das Register eines anderen Bezirks, wenn mit dem Antrag eine nach der Aufhebung des bisherigen Wohnsitzes erteilte, öffentlich beglaubigte Abschrift der früheren Eintragung vorgelegt wird;

　3. zur Eintragung des Einspruchs gegen den selbständigen Betrieb eines Erwerbsgeschäfts durch den anderen Ehegatten und zur Eintragung des Widerrufs der Einwilligung, wenn die Ehegatten in Gütergemeinschaft leben und der Ehegatte, der den Antrag stellt, das Gesamtgut allein oder mit dem anderen Ehegatten gemeinschaftlich verwaltet;

4. zur Eintragung der Beschränkung oder Ausschließung der Berechtigung des anderen Ehegatten, Geschäfte mit Wirkung für den Antragsteller zu besorgen (§1357 Abs. 2).

(3) (weggefallen)

第一千五百六十一条 [申请之要件]^a

Ⅰ 登记应由配偶双方依申请为之；配偶之一方对他方有协助之义务。

Ⅱ 有下列情形之一者，得由配偶之一方单独申请之：

1. 关于夫妻财产制契约之登记或基于法院裁判而为配偶夫妻财产制关系变更之登记者。但其申请应附具夫妻财产制契约或裁判确定之证明书。
2. 在其他管辖区域为重新登记者。但其申请应附具原住所废止后所发给之原登记公证书之誊本。
3. 对于他方配偶独立营业异议之登记或撤回同意之登记者；但以夫妻适用共同财产制，而申请登记之配偶系单独或与他方配偶共同管理财产者为限。
4. 就一方配偶之日常家务代理权及于他方申请人效力之限制或排除之登记者（第一千三百五十七条第二款）。

Ⅲ [删除]

a 本条因1957年6月18日《男女平等法》而修正。

§1562 Öffentliche Bekanntmachung

(1) Das Amtsgericht hat die Eintragung durch das für seine Bekanntmachungen bestimmte Blatt zu veröffentlichen.

(2) Wird eine Änderung des Güterstands eingetragen, so hat sich die Bekanntmachung auf die Bezeichnung des Güterstands und, wenn dieser abweichend von dem Gesetz geregelt ist, auf eine allgemeine Bezeichnung der Abweichung zu beschränken.

第一千五百六十二条 [公告]

Ⅰ 简易法院应将登记事项，于公报公告之。

Ⅱ 变更夫妻财产制之登记时，其公告事项应表明其财产制之种类，于财产制与法律规定有不同者，应表明该一般不同之处为限。

§1563 Registereinsicht

Die Einsicht des Registers ist jedem gestattet. Von den Eintragungen kann eine Abschrift gefordert werden; die Abschrift ist auf Verlangen zu beglaubigen.

第一千五百六十三条　[登记簿之阅览]

¹登记簿册应任人阅览。²登记簿册之誊本，应依申请发给之；该誊本，经其申请者，应做成认证书。

Titel 7　Scheidung der Ehe
第七节　离　婚①

Untertitel 1　Scheidungsgründe
第一款　离婚之事由

§1564 Scheidung durch richterliche Entscheidung

Eine Ehe kann nur durch richterliche Entscheidung auf Antrag eines oder beider Ehegatten geschieden werden. Die Ehe ist mit der Rechtskraft der Entscheidung aufgelöst. Die Voraussetzungen, unter denen die Scheidung begehrt werden kann, ergeben sich aus den folgenden Vorschriften.

第一千五百六十四条　[因法院判决而离婚]

¹离婚应由一方或双方配偶向法院申请，并以判决为之。²结婚因判决确定而解消。³关于请求离婚之要件，依本条以下规定为之。

---

① 本节规定，因1938年7月6日《婚姻法》而失效。经1946年2月20日《婚姻法》，以明文确认其废止。之后又于1976年6月14日第一次婚姻法改革中再度将之纳入民法，并放弃原本之有责主义而转为破绽主义，而有大幅度之修正。

§1565 Scheitern der Ehe

(1) Eine Ehe kann geschieden werden, wenn sie gescheitert ist. Die Ehe ist gescheitert, wenn die Lebensgemeinschaft der Ehegatten nicht mehr besteht und nicht erwartet werden kann, dass die Ehegatten sie wiederherstellen.

(2) Leben die Ehegatten noch nicht ein Jahr getrennt, so kann die Ehe nur geschieden werden, wenn die Fortsetzung der Ehe für den Antragsteller aus Gründen, die in der Person des anderen Ehegatten liegen, eine unzumutbare Härte darstellen würde.

第一千五百六十五条 [婚姻之破裂]

Ⅰ ^{1}婚姻已破裂者，得请求离婚。^{2}夫妻间之共同生活已废止，且无法期待恢复者，为婚姻之破裂。

Ⅱ 夫妻分居未满一年者，申请之一方配偶，因他方个人之事由，致继续维持婚姻，对其过于严苛时，始得请求离婚。

§1566 Vermutung für das Scheitern

(1) Es wird unwiderlegbar vermutet, dass die Ehe gescheitert ist, wenn die Ehegatten seit einem Jahr getrennt leben und beide Ehegatten die Scheidung beantragen oder der Antragsgegner der Scheidung zustimmt.

(2) Es wird unwiderlegbar vermutet, dass die Ehe gescheitert ist, wenn die Ehegatten seit drei Jahren getrennt leben.

第一千五百六十六条 [婚姻破裂之推定]

Ⅰ 夫妻分居已满一年，且双方均提出离婚之申请，或一方提出申请，而他方同意者，婚姻推定为破裂；该推定不得以反证推翻之。

Ⅱ 夫妻分居已满三年者，婚姻推定为破裂，该推定不得以反证推翻之。

§1567 Getrenntleben

(1) Die Ehegatten leben getrennt, wenn zwischen ihnen keine häusliche Gemeinschaft besteht und ein Ehegatte sie erkennbar nicht herstellen will, weil er die eheliche Lebensgemeinschaft ablehnt. Die häusliche Gemeinschaft besteht auch dann nicht mehr, wenn die Ehegatten innerhalb der ehelichen Wohnung getrennt leben.

(2) Ein Zusammenleben über kürzere Zeit, das der Versöhnung der Ehegatten dienen soll, unterbricht oder hemmt die in §1566 bestimmten Fristen nicht.

第一千五百六十七条　[分居]

Ⅰ [1]夫妻已无家庭共同生活，且夫妻之一方，以拒绝婚姻之共同生活，表明不愿继续维持夫妻关系者，此为夫妻之分居。[2]夫妻虽有共同之婚姻住所，但于其住所内分开生活者，亦为家庭共同生活废止。

Ⅱ 夫妻以复合为目的而短暂共同生活者，第一千五百六十六条所定之期间，不因之中断或停止。

§1568　Härteklausel

(1) Die Ehe soll nicht geschieden werden, obwohl sie gescheitert ist, wenn und solange die Aufrechterhaltung der Ehe im Interesse der aus der Ehe hervorgegangenen minderjährigen Kinder aus besonderen Gründen ausnahmsweise notwendig ist oder wenn und solange die Scheidung für den Antragsgegner, der sie ablehnt, auf Grund außergewöhnlicher Umstände eine so schwere Härte darstellen würde, dass die Aufrechterhaltung der Ehe auch unter Berücksichtigung der Belange des Antragstellers ausnahmsweise geboten erscheint.

(2) (weggefallen)

第一千五百六十八条　[苛刻条款]

Ⅰ 为婚姻所生之未成年子女之利益，因有极特殊原因，有必要继续维持婚姻者，或拒绝离婚之他方配偶，因有特殊情况，离婚将对其造成极端苛刻，且考虑申请离婚一方之利益，亦以继续维持婚姻为必要者，该婚姻即使已破裂，仍不得离婚。

Ⅱ [删除]

Untertitel 1a
Behandlung der Ehewohnung und der Haushaltsgegenstände anlässlich der Scheidung
第一款之一 离婚后共同住所及家庭用具之处置①

§1568a Ehewohnung

(1) Ein Ehegatte kann verlangen, dass ihm der andere Ehegatte anlässlich der Scheidung die Ehewohnung überlässt, wenn er auf deren Nutzung unter Berücksichtigung des Wohls der im Haushalt lebenden Kinder und der Lebensverhältnisse der Ehegatten in stärkerem Maße angewiesen ist als der andere Ehegatte oder die Überlassung aus anderen Gründen der Billigkeit entspricht.

(2) Ist einer der Ehegatten allein oder gemeinsam mit einem Dritten Eigentümer des Grundstücks, auf dem sich die Ehewohnung befindet, oder steht einem Ehegatten allein oder gemeinsam mit einem Dritten ein Nießbrauch, das Erbbaurecht oder ein dingliches Wohnrecht an dem Grundstück zu, so kann der andere Ehegatte die Überlassung nur verlangen, wenn dies notwendig ist, um eine unbillige Härte zu vermeiden. Entsprechendes gilt für das Wohnungseigentum und das Dauerwohnrecht.

(3) Der Ehegatte, dem die Wohnung überlassen wird, tritt
   1. zum Zeitpunkt des Zugangs der Mitteilung der Ehegatten über die Überlassung an den Vermieter oder
   2. mit Rechtskraft der Endentscheidung im Wohnungszuweisungsverfahrenan Stelle des zur Überlassung verpflichteten Ehegatten in ein von diesem eingegangenes Mietverhältnis ein oder setzt ein von beiden eingegangenes Mietverhältnis allein fort. §563 Absatz 4 gilt entsprechend.

(4) Ein Ehegatte kann die Begründung eines Mietverhältnisses über eine Wohnung, die die Ehegatten auf Grund eines Dienst- oder Arbeitsverhältnisses innehaben, das zwischen einem von ihnen und einem Dritten besteht, nur verlangen, wenn der Dritte einverstanden oder dies notwendig ist, um eine schwere Härte zu vermeiden.

(5) Besteht kein Mietverhältnis über die Ehewohnung, so kann sowohl der Ehegatte, der Anspruch auf deren Überlassung hat, als auch die zur Vermietung berechtigte Person die Begründung eines Mietverhältnisses zu ortsüblichen Bedingungen verlangen. Unter den Voraussetzungen des §575 Absatz 1 oder wenn die

---

① 第1款之1为2009年7月6日剩余财产分配法与监护法修正所新增，于2009年1月1日施行。

Begründung eines unbefristeten Mietverhältnisses unter Würdigung der berechtigten Interessen des Vermieters unbillig ist, kann der Vermieter eine angemessene Befristung des Mietverhältnisses verlangen. Kommt eine Einigung über die Höhe der Miete nicht zustande, kann der Vermieter eine angemessene Miete, im Zweifel die ortsübliche Vergleichsmiete, verlangen.

(6) In den Fällen der Absätze 3 und 5 erlischt der Anspruch auf Eintritt in ein Mietverhältnis oder auf seine Begründung ein Jahr nach Rechtskraft der Endentscheidung in der Scheidungssache, wenn er nicht vorher rechtshängig gemacht worden ist.

第一千五百六十八条之一 [婚姻之共同住所]

Ⅰ 夫妻离婚时,其一方能证明其所居住之婚姻住所,为考虑留在该住所子女之利益及配偶自己之生活状况,较他方有显著利用价值者,得请求他方让与该婚姻住所;或有其他重大理由,请求他方让与婚姻住所,合于公平原则者,亦同。

Ⅱ 夫妻之一方单独或与第三人共有一基地,而婚姻住所建于该基地上者;或夫妻一方单独或与第三人共有用益权、地上权、物上居住权于该基地上者,他方为避免显失公平之情事时,始得请求让与该婚姻住所或该所述之权利。于住宅所有权与继续性居住权之情形,亦准用之。

Ⅲ [1]受让婚姻住所之夫妻一方自,
1. 让与通知到达出租人或
2. 婚姻住所之诉讼程序胜诉判决确定之时起,不论该婚姻住所之租赁契约由出让之他方单独订定或由夫妻双方所订定,得取代他方单独继续承租该婚姻住所。[2]第五百六十三条第四款规定准用之。

Ⅳ 夫妻之一方就婚姻住所基于职务或工作关系而取得租赁关系者,因第三人之同意或避免重大困难时,始得提出理由,请求他方让与婚姻住所之承租权。

Ⅴ [1]婚姻住所无租赁关系存在者,有权居住婚姻住所之夫妻一方或有出租权利之第三人,得对他方依当地习惯之条件,请求租赁关系。[2]有《民法典》第五百七十五条第一款之情事,或于不定期租赁契约上,考虑出租人之正当权益,而有显失公平者,出租人得请求确定相当之租赁期间。[3]租金之约定未能同意者,出租人仍得请求相当之租金,如有争议,依当地一般租金行情定之。

Ⅵ 有第三款及第五款之情事者,其请求权因租赁关系之生效而消灭,或因离婚事件之离婚判决确定满一年后而消灭。

§1568b Haushaltsgegenstände

(1) Jeder Ehegatte kann verlangen, dass ihm der andere Ehegatte anlässlich der Scheidung die im gemeinsamen Eigentum stehenden Haushaltsgegenstände überlässt und übereignet, wenn er auf deren Nutzung unter Berücksichtigung des Wohls der im Haushalt lebenden Kinder und der Lebensverhältnisse der Ehegatten in stärkerem Maße angewiesen ist als der andere Ehegatte oder dies aus anderen Gründen der Billigkeit entspricht.

(2) Haushaltsgegenstände, die während der Ehe für den gemeinsamen Haushalt angeschafft wurden, gelten für die Verteilung als gemeinsames Eigentum der Ehegatten, es sei denn, das Alleineigentum eines Ehegatten steht fest.

(3) Der Ehegatte, der sein Eigentum nach Absatz 1 überträgt, kann eine angemessene Ausgleichszahlung verlangen.

第一千五百六十八条之二 [家庭用具]

Ⅰ 夫妻离婚后，其一方能证明双方共有之家庭用具，为考虑留在居所子女之利益及本身之生活状况，较他方显然需要使用者，得请求他方同意，而让与之；或配偶一方有其他重大理由，请求他方让与该共有之家庭用具，合于公平原则者，亦同。

Ⅱ 婚姻关系存续中所添置之家庭用具，于离婚后分配时，应归属于双方配偶共有。但能明确证明归属于其中一方者，不在此限。

Ⅲ 配偶之一方，依第一款规定，其所有权让与他方者，得对他方请求相当之补偿。

Untertitel 2　Unterhalt des geschiedenen Ehegatten
第二款　离婚后之扶养

Kapitel 1　Grundsatz
第一目　通　则

§1569 Grundsatz der Eigenverantwortung

Nach der Scheidung obliegt es jedem Ehegatten, selbst für seinen Unterhalt zu sorgen.

Ist er dazu außerstande, hat er gegen den anderen Ehegatten einen Anspruch auf Unterhalt nur nach den folgenden Vorschriften.

第一千五百六十九条 [自我扶养之原则][a]

¹夫妻离婚后，各自为其扶养负责。²夫妻之一方无法自行扶养者，仅依下列规定，请求他方配偶扶养。

a 本条为2007年12月21日《扶养法》修正时所增订。

Kapitel 2　Unterhaltsberechtigung
第二目　请求扶养之权利

§1570　Unterhalt wegen Betreuung eines Kindes

(1) Ein geschiedener Ehegatte kann von dem anderen wegen der Pflege oder Erziehung eines gemeinschaftlichen Kindes für mindestens drei Jahre nach der Geburt Unterhalt verlangen. Die Dauer des Unterhaltsanspruchs verlängert sich, solange und soweit dies er Billigkeit entspricht. Dabei sind die Belange des Kindes und die bestehenden Möglichkeiten der Kinderbetreuung zu berücksichtigen.

(2) Die Dauer des Unterhaltsanspruchs verlängert sich darüber hinaus, wenn dies unter Berücksichtigung der Gestaltung von Kinderbetreuung und Erwerbstätigkeit in der Ehe sowie der Dauer der Ehe der Billigkeit entspricht.

第一千五百七十条 [因照顾子女之扶养][a]

Ⅰ ¹离婚之配偶一方，因照顾或教养共同子女者，得向他方请求至少子女出生后三年之扶养。²扶养请求权之期间，合于公平原则者，得延长之。³前段规定，应考虑子女之利益与其照护之可能性。

Ⅱ 考虑婚姻存续期间，对子女照顾之表现与工作所得之成就及婚姻时间之长短，而合于公平原则者，得延长扶养请求权之期间。

a 本条为2007年12月21日《扶养法》修正时所增订。

§1571 Unterhalt wegen Alters

Ein geschiedener Ehegatte kann von dem anderen Unterhalt verlangen, soweit von ihm im Zeitpunkt
1. der Scheidung,
2. der Beendigung der Pflege oder Erziehung eines gemeinschaftlichen Kindes oder
3. des Wegfalls der Voraussetzungen für einen Unterhaltsanspruch nach den §§1572 und 1573 wegen seines Alters eine Erwerbstätigkeit nicht mehr erwartet werden kann.

第一千五百七十一条 [年老之扶养]

离婚之配偶一方在下列时点，因年龄关系无法期待再就业工作者，得向他方请求扶养：
1. 离婚之时。
2. 共同子女照顾教养之责任终了之时。
3. 依第一千五百七十二条及第一千五百七十三条规定，就扶养请求权之要件无法具备者。

§1572 Unterhalt wegen Krankheit oder Gebrechen

Ein geschiedener Ehegatte kann von dem anderen Unterhalt verlangen, solange und soweit von ihm vom Zeitpunkt
1. der Scheidung,
2. der Beendigung der Pflege oder Erziehung eines gemeinschaftlichen Kindes,
3. der Beendigung der Ausbildung, Fortbildung oder Umschulung oder
4. des Wegfalls der Voraussetzungen für einen Unterhaltsanspruch nach §1573 an wegen Krankheit oder anderer Gebrechen oder Schwäche seiner körperlichen oder geistigen Kräfte eine Erwerbstätigkeit nicht erwartet werden kann.

第一千五百七十二条 [疾病或残废之扶养]

离婚之一方配偶在下列时点，因疾病或其他残废，或身体上、精神上之衰弱无法期待再就业工作者，得向他方请求扶养：
1. 离婚之时。

2.共同子女照顾教养之责任终了之时。
3.职业训练、进修课程或转业培训结束之时。
4.依第一千五百七十三条规定,就扶养请求权之要件无法具备者。

§1573 Unterhalt wegen Erwerbslosigkeit und Aufstockungsunterhalt

(1) Soweit ein geschiedener Ehegatte keinen Unterhaltsanspruch nach den §§1570 bis 1572 hat, kann er gleichwohl Unterhalt verlangen, solange und soweit er nach der Scheidung keine angemessene Erwerbstätigkeit zu finden vermag.

(2) Reichen die Einkünfte aus einer angemessenen Erwerbstätigkeit zum vollen Unterhalt (§1578) nicht aus, kann er, soweit er nicht bereits einen Unterhaltsanspruch nach den §§1570 bis 1572 hat, den Unterschiedsbetrag zwischen den Einkünften und dem vollen Unterhalt verlangen.

(3) Absätze 1 und 2 gelten entsprechend, wenn Unterhalt nach den §§1570 bis 1572, 1575 zu gewähren war, die Voraussetzungen dieser Vorschriften aber entfallen sind.

(4) Der geschiedene Ehegatte kann auch dann Unterhalt verlangen, wenn die Einkünfte aus einer angemessenen Erwerbstätigkeit wegfallen, weil es ihm trotz seiner Bemühungen nicht gelungen war, den Unterhalt durch die Erwerbstätigkeit nach der Scheidung nachhaltig zu sichern. War es ihm gelungen, den Unterhalt teilweise nachhaltig zu sichern, so kann er den Unterschiedsbetrag zwischen dem nachhaltig gesicherten und dem vollen Unterhalt verlangen.

(5) (weggefallen)

第一千五百七十三条 [因失业之扶养及扶养金额之提高][a]

Ⅰ 离婚之配偶,依第一千五百七十条至第一千五百七十二条规定,无扶养请求权者,于离婚后无法从事适当职业时,亦得请求扶养。

Ⅱ 未依第一千五百七十条至第一千五百七十二条规定,取得扶养请求权之配偶一方,于其适当职业收入仍不足供给全部扶养者,就收入与全部扶养费用之差额,得向他方请求之。

Ⅲ 依第一千五百七十条至第一千五百七十二条及第一千五百七十五条规定所保护之扶养请求权,因其要件未能具备而无法请求者,本条第一款与第二款规定,亦适用之。

Ⅳ ¹离婚之一方配偶虽已尽力，仍无法以其就业工作持续保护其离婚后之生活扶养，而丧失适当就业收入者，得向他方请求扶养。²其就业之收入仅能保护一部分持续生活扶养者，得就其部分收入之扶养与扶养全额之差额，向他方配偶请求之。

Ⅴ ［删除］

a 本条为2007年12月21日《扶养法》修正时所修订。

§1574 Angemessene Erwerbstätigkeit

(1) Dem geschiedenen Ehegatten obliegt es, eine angemessene Erwerbstätigkeit auszuüben.

(2) Angemessen ist eine Erwerbstätigkeit, die der Ausbildung, den Fähigkeiten, einer früheren Erwerbstätigkeit, dem Lebensalter und dem Gesundheitszustand des geschiedenen Ehegatten entspricht, soweit eine solche Tätigkeit nicht nach den ehelichen Lebensverhältnissen unbillig wäre. Bei den ehelichen Lebensverhältnissen sind insbesondere die Dauer der Ehe sowie die Dauer der Pflege oder Erziehung eines gemeinschaftlichen Kindes zu berücksichtigen.

(3) Soweit es zur Aufnahme einer angemessenen Erwerbstätigkeit erforderlich ist, obliegt es dem geschiedenen Ehegatten, sich ausbilden, fortbilden oder umschulen zu lassen, wenn ein erfolgreicher Abschluss der Ausbildung zu erwarten ist.

第一千五百七十四条 ［适当之职业］ᵃ

Ⅰ 离婚之一方配偶，有从事其适当职业之义务。

Ⅱ ¹所称适当职业，指与离婚配偶之教育程度、能力、曾从事之工作、年龄及其健康状况适合之职业。但该工作按其婚姻生活之状态，对其并非不正当者为限。²就婚姻生活状态之考虑，包括婚姻存续之期间与共同子女之照顾及教养。

Ⅲ 为获得适当职业之必要，离婚之一方配偶，如能期待完成教育顺利就业者，其有义务接受再教育、在职进修或转业之培训。

a 本条为2007年12月21日《扶养法》修正时所增订。

§1575 Ausbildung, Fortbildung oder Umschulung

(1) Ein geschiedener Ehegatte, der in Erwartung der Ehe oder während der Ehe eine

Schul- oder Berufsausbildung nicht aufgenommen oder abgebrochen hat, kann von dem anderen Ehegatten Unterhalt verlangen, wenn er diese oder eine entsprechende Ausbildung sobald wie möglich aufnimmt, um eine angemessene Erwerbstätigkeit, die den Unterhalt nachhaltig sichert, zu erlangen und der erfolgreiche Abschluss der Ausbildung zu erwarten ist. Der Anspruch besteht längstens für die Zeit, in der eine solche Ausbildung im Allgemeinen abgeschlossen wird; dabei sind ehebedingte Verzögerungen der Ausbildung zu berücksichtigen.

(2) Entsprechendes gilt, wenn sich der geschiedene Ehegatte fortbilden oder umschulen lässt, um Nachteile auszugleichen, die durch die Ehe eingetreten sind.

(3) Verlangt der geschiedene Ehegatte nach Beendigung der Ausbildung, Fortbildung oder Umschulung Unterhalt nach §1573, so bleibt bei der Bestimmung der ihm angemessenen Erwerbstätigkeit (§1574 Abs. 2) der erreichte höhere Ausbildungsstand außer Betracht.

第一千五百七十五条 [接受教育、在职进修或转业之培训]

Ⅰ ^{1}离婚之一方配偶，因对婚姻之期待或履行婚姻生活，而未能接受或中断学校教育或职业训练，且如能尽速接受教育，可期待顺利完成其职业训练，以获得能持续保护其生活扶养之职业者，得向他方配偶请求扶养。^{2}前段请求权之期间，以该教育通常可完成之最长期间为限；但应考虑因婚姻生活所造成之迟延情形。

Ⅱ 前款规定，离婚之一方配偶为进修之训练或转业之培训，弥补婚姻生活所生之不利益者，亦得准用之。

Ⅲ 离婚之一方配偶于教育、进修或培训结束后，依第一千五百七十三条规定，请求扶养时，即使依适当职业规定（第一千五百七十四条第二款），应获得更高之教育程度者，此仍不在考虑之范围。

§1576 Unterhalt aus Billigkeitsgründen

Ein geschiedener Ehegatte kann von dem anderen Unterhalt verlangen, soweit und solange von ihm aus sonstigen schwerwiegenden Gründen eine Erwerbstätigkeit nicht erwartet werden kann und die Versagung von Unterhalt unter Berücksichtigung der Belange beider Ehegatten grob unbillig wäre. Schwerwiegende Gründe dürfen nicht allein deswegen berücksichtigt werden, weil sie zum Scheitern der Ehe geführt haben.

第一千五百七十六条 [因公平理由而发生之扶养]

¹离婚之一方配偶，因其他重大事由而不能期待其从事就业，且考虑双方配偶利益之情形，如他方拒绝扶养给付时，有显失公平者，得向他方请求扶养。²前段之重大事由，不包括仅因其造成婚姻破裂之事由。

§1577 Bedürftigkeit

(1) Der geschiedene Ehegatte kann den Unterhalt nach den §§1570 bis 1573, 1575 und 1576 nicht verlangen, solange und soweit er sich aus seinen Einkünften und seinem Vermögen selbst unterhalten kann.

(2) Einkünfte sind nicht anzurechnen, soweit der Verpflichtete nicht den vollen Unterhalt (§§1578 und 1578b) leistet. Einkünfte, die den vollen Unterhalt übersteigen, sind insoweit anzurechnen, als dies unter Berücksichtigung der beiderseitigen wirtschaftlichen Verhältnisse der Billigkeit entspricht.

(3) Den Stamm des Vermögens braucht der Berechtigte nicht zu verwerten, soweit die Verwertung unwirtschaftlich oder unter Berücksichtigung der beiderseitigen wirtschaftlichen Verhältnisse unbillig wäre.

(4) War zum Zeitpunkt der Ehescheidung zu erwarten, dass der Unterhalt des Berechtigten aus seinem Vermögen nachhaltig gesichert sein würde, fällt das Vermögen aber später weg, so besteht kein Anspruch auf Unterhalt. Dies gilt nicht, wenn im Zeitpunkt des Vermögenswegfalls von dem Ehegatten wegen der Pflege oder Erziehung eines gemeinschaftlichen Kindes eine Erwerbstätigkeit nicht erwartet werden kann.

第一千五百七十七条 [扶养之需求][a]

Ⅰ 离婚之一方配偶，如能以自己之收入与财产自行扶养者，不得依第一千五百七十条至第一千五百七十三条、第一千五百七十五条及第一千五百七十六条规定，请求他方扶养。

Ⅱ ¹扶养义务人不负担全部扶养时（第一千五百七十八条及第一千五百七十八条之二），其收入不列入扶养。²其收入超出全部扶养时，以考虑双方经济状况，而符合公平原则者为限，将其列入扶养。

Ⅲ 动用财产之资金不合经济效益或考虑双方经济情况，有显失公平者，扶养权利人无须动用该财产之资金。

Ⅳ ¹扶养权利人于离婚之际，可预期以其财产自行继续维持其生活扶养者，但日后该财产消失时，无扶养之请求权。²该财产消失时，一方配偶为照顾或教养共同子女，而不能期待其从事就业者，不在此限。

a 本条为2007年12月21日《扶养法》修正时所增订。

§1578 Maß des Unterhalts

(1) Das Maß des Unterhalts bestimmt sich nach den ehelichen Lebensverhältnissen. Der Unterhalt umfasst den gesamten Lebensbedarf.

(2) Zum Lebensbedarf gehören auch die Kosten einer angemessenen Versicherung für den Fall der Krankheit und der Pflegebedürftigkeit sowie die Kosten einer Schul- oder Berufsausbildung, einer Fortbildung oder einer Umschulung nach den §§1574, 1575.

(3) Hat der geschiedene Ehegatte einen Unterhaltsanspruch nach den §§1570 bis 1573 oder §1576, so gehören zum Lebensbedarf auch die Kosten einer angemessenen Versicherung für den Fall des Alters sowie der verminderten Erwerbsfähigkeit.

第一千五百七十八条 [扶养之标准]ª

Ⅰ ¹扶养之标准，按其婚姻生活状况而定。²扶养应包含全部生活之需要。

Ⅱ 生活之需要，亦包括因疾病或看护时所需之相当保险费用及依第一千五百七十四条及第一千五百七十五条所定教育、职业训练、在职进修或转业培训之费用。

Ⅲ 离婚配偶依第一千五百七十条至第一千五百七十三条或第一千五百七十六条规定，而有扶养请求权者，其生活需要亦包括因年龄或减少工作能力所产生之相当保险费用。

a 本条为2007年12月21日《扶养法》修正时所增订。

§1578a Deckungsvermutung bei schadensbedingten Mehraufwendungen

Für Aufwendungen infolge eines Körper- oder Gesundheitsschadens gilt §1610a.

第一千五百七十八条之一 [因损害所生各项费用之补偿推定]

因身体或健康损害所生之费用,适用第一千六百一十条之一规定。

§1578b Herabsetzung und zeitliche Begrenzung des Unterhalts wegen Unbilligkeit

(1) Der Unterhaltsanspruch des geschiedenen Ehegatten ist auf den angemessenen Lebensbedarf herabzusetzen, wenn eine an den ehelichen Lebensverhältnissen orientierte Bemessung des Unterhaltsanspruchs auch unter Wahrung der Belange eines dem Berechtigten zur Pflege oder Erziehung anvertrauten gemeinschaftlichen Kindes unbillig wäre. Dabei ist insbesondere zu berücksichtigen, inwieweit durch die Ehe Nachteile im Hinblick auf die Möglichkeit eingetreten sind, für den eigenen Unterhalt zu sorgen, oder eine Herabsetzung des Unterhaltsanspruchs unter Berücksichtigung der Dauer der Ehe unbillig wäre. Nachteile im Sinne des Satzes 2 können sich vor allem aus der Dauer der Pflege oder Erziehung eines gemeinschaftlichen Kindes sowie aus der Gestaltung von Haushaltsführung und Erwerbstätigkeit während der Ehe ergeben.

(2) Der Unterhaltsanspruch des geschiedenen Ehegatten ist zeitlich zu begrenzen, wenn ein zeitlich unbegrenzter Unterhaltsanspruch auch unter Wahrung der Belange eines dem Berechtigten zur Pflege oder Erziehung anvertrauten gemeinschaftlichen Kindes unbillig wäre. Absatz 1 Satz 2 und 3 gilt entsprechend.

(3) Herabsetzung und zeitliche Begrenzung des Unterhaltsanspruchs können miteinander verbunden werden.

第一千五百七十八条之二 [因不公平而减少扶养费及扶养之时间限制][a]

I [1]离婚配偶一方之扶养请求权,考虑其婚姻生活状况之扶养请求情形,并斟酌保护照顾或教养共同子女之权利人之利益,有不公平之情事者,按其适当之生活需求予以减少。[2]前段情形,应特别考虑其是否因婚姻造成之不利益,而使其不能以自己收入扶养之。[3]前段所称之不利益,包括长期照顾及教养共同子女、婚姻关系存续中从事家务或就业及婚姻存续期间之长短。

II [1]无期间限制之扶养请求权,对于保护照顾及教养共同子女权利人之利益,有不公平之情事者,该请求权期间应予限制。[2]前条第一款第二段及第三段规定准用之。

Ⅲ 扶养请求权之减少及其请求期间之限制,得同时并存。

a 本条为2007年12月21日《扶养法》修正时所增订。

Beschränkung oder Versagung des Unterhalts wegen grober Unbilligkeit

Ein Unterhaltsanspruch ist zu versagen, herabzusetzen oder zeitlich zu begrenzen, soweit die Inanspruchnahme des Verpflichteten auch unter Wahrung der Belange eines dem Berechtigten zur Pflege oder Erziehung anvertrauten gemeinschaftlichen Kindes grob unbillig wäre, weil
1. die Ehe von kurzer Dauer war; dabei ist die Zeit zu berücksichtigen, in welcher der Berechtigte wegen der Pflege oder Erziehung eines gemeinschaftlichen Kindes nach §1570 Unterhalt verlangen kann,
2. der Berechtigte in einer verfestigten Lebensgemeinschaft lebt,
3. der Berechtigte sich eines Verbrechens oder eines schweren vorsätzlichen Vergehens gegen den Verpflichteten oder einen nahen Angehörigen des Verpflichteten schuldig gemacht hat,
4. der Berechtigte seine Bedürftigkeit mutwillig herbeigeführt hat,
5. der Berechtigte sich über schwerwiegende Vermögensinteressen des Verpflichteten mutwillig hinweggesetzt hat,
6. der Berechtigte vor der Trennung längere Zeit hindurch seine Pflicht, zum Familienunterhalt beizutragen, gröblich verletzt hat,
7. dem Berechtigten ein offensichtlich schwerwiegendes, eindeutig bei ihm liegendes Fehlverhalten gegen den Verpflichteten zur Last fällt oder
8. ein anderer Grund vorliegt, der ebenso schwer wiegt wie die in den Nummern 1 bis 7 aufgeführten Gründe.

第一千五百七十九条 [因显失公平而限制扶养或拒绝扶养][a]

即使为保护照顾或教养共同子女一方权利人之利益,有下列事由之一致生显失公平之情事时,其向义务人请求扶养者,该扶养请求权得予以拒绝、减少或受期间之限制:
1. 婚姻关系存续期间过于短暂者;于此情形,权利人因照顾或教养共同子女之期间,仍应予以考虑,而得依第一千五百七十条规定,请求扶养。

2. 权利人已生活于极亲密之共同生活中。
3. 权利人对义务人或其亲属犯重罪行为或以重大故意犯轻罪[b]行为者。
4. 权利人故意造成其需要扶养之状态者。
5. 权利人故意忽视义务人财产上之重大利益者。
6. 权利人于分居前，长期严重违反其对家庭之扶养义务者。
7. 权利人有明显重大之过错行为，且因而造成义务人之负担者。
8. 有其他事由，其严重性与第一项至第七项所定之情事相当者。

a 本条为2007年12月21日《扶养法》修正时所增订。
b 《德国刑法典》第12条将刑法上之罪区分为重罪（Verbrechen）与轻罪（Vergehen）两概念。最轻本刑为一年以上有期徒刑者为重罪；最轻本刑较一年有期徒刑为轻或为科处罚金者为轻罪。

§1580 Auskunftspflicht

Die geschiedenen Ehegatten sind einander verpflichtet, auf Verlangen über ihre Einkünfte und ihr Vermögen Auskunft zu erteilen. §1605 ist entsprechend anzuwenden.

第一千五百八十条 [告知义务]

[1]离婚配偶相互间，因一方之请求，而对他方有告知其收入及财产状况之义务。[2]第一千六百零五条规定准用之。

Kapitel 3 Leistungsfähigkeit und Rangfolge
第三目 扶养能力与顺位

§1581 Leistungsfähigkeit

Ist der Verpflichtete nach seinen Erwerbs-und Vermögensverhältnissen unter Berücksichtigung seiner sonstigen Verpflichtungen außerstande, ohne Gefährdung des eigenen angemessenen Unterhalts dem Berechtigten Unterhalt zu gewähren, so braucht er nur insoweit Unterhalt zu leisten, als es mit Rücksicht auf die Bedürfnisse und die Erwerbs-und Vermögensverhältnisse der geschiedenen Ehegatten der Billigkeit entspricht. Den Stamm des Vermögens braucht er nicht zu verwerten, soweit die Verwertung unwirtschaftlich oder unter Berücksichtigung der beiderseitigen wirtschaftlichen Verhältnisse unbillig wäre.

第一千五百八十一条 [扶养能力]

¹扶养义务人按收入及财产状况，并考虑其他所负担之义务，在不得危害其自己适当之扶养程度，而对扶养权利人仍应提供扶养者，仅需考虑离婚配偶之需要、收入及财产状况，合于公平之限度内，始提供扶养。²扶养义务人动用其财产之资金提供扶养，反使其经济上遭受不利益，或考虑双方经济状况，有不公平情事者，不须动用其资金提供扶养。

§1582 Rang des geschiedenen Ehegatten bei mehreren Unterhaltsberechtigten

Sind mehrere Unterhaltsberechtigte vorhanden, richtet sich der Rang des geschiedenen Ehegatten nach §1609.

第一千五百八十二条 [于多数扶养权利人之离婚配偶顺位][a]

受扶养权利人有数人者，离婚配偶受扶养之顺位，依第一千六百零九条规定定之。

a 本条为2007年12月21日《扶养法》修正时所增订。

§1583 Einfluss des Güterstands

Lebt der Verpflichtete im Falle der Wiederheirat mit seinem neuen Ehegatten im Güterstand der Gütergemeinschaft, so ist §1604 entsprechend anzuwenden.

第一千五百八十三条 [夫妻财产制之影响]

扶养义务人再婚者，与其再婚配偶以共同财产制为其夫妻财产制时，准用第一千六百零四条之规定。

§1584 Rangverhältnisse mehrerer Unterhaltsverpflichteter

Der unterhaltspflichtige geschiedene Ehegatte haftet vor den Verwandten des Berechtigten. Soweit jedoch der Verpflichtete nicht leistungsfähig ist, haften die Verwandten vor dem geschiedenen Ehegatten. §1607 Abs. 2 und 4 gilt entsprechend.

第一千五百八十四条 [多数扶养义务人之扶养顺位]

[1]离婚配偶一方之扶养义务，先于扶养权利人之亲属；但扶养义务人无能力负担扶养义务者，由扶养权利人之亲属先于该离婚配偶而负担扶养义务。[2]于前段情形，第一千六百零七条第二款及第四款规定准用之。

Kapitel 4　Gestaltung des Unterhaltsanspruchs
第四目　扶养请求权之发生

§1585 Art der Unterhaltsgewährung

(1) Der laufende Unterhalt ist durch Zahlung einer Geldrente zu gewähren. Die Rente ist monatlich im Voraus zu entrichten. Der Verpflichtete schuldet den vollen Monatsbetrag auch dann, wenn der Unterhaltsanspruch im Laufe des Monats durch Wiederheirat oder Tod des Berechtigten erlischt.

(2) Statt der Rente kann der Berechtigte eine Abfindung in Kapital verlangen, wenn ein wichtiger Grund vorliegt und der Verpflichtete dadurch nicht unbillig belastet wird.

第一千五百八十五条 [给付扶养之方式]

Ⅰ [1]长期性之扶养，应以给付定期金之方式为之。[2]定期金应按月预先给付。[3]扶养请求权即使于月中因扶养权利人之再婚或死亡而消灭者，扶养义务人亦应给付全月之用。

Ⅱ 扶养权利人有重大事由，且不致因而使扶养义务人造成不公平之负担者，得向其请求一次性之给付，以代定期金。

§1585a Sicherheitsleistung

(1) Der Verpflichtete hat auf Verlangen Sicherheit zu leisten. Die Verpflichtung, Sicherheit zu leisten, entfällt, wenn kein Grund zu der Annahme besteht, dass die Unterhaltsleistung gefährdet ist oder wenn der Verpflichtete durch die Sicherheitsleistung unbillig belastet würde. Der Betrag, für den Sicherheit zu leisten ist, soll den einfachen Jahresbetrag der Unterhaltsrente nicht übersteigen, sofern nicht nach den besonderen Umständen des Falles eine höhere Sicherheitsleistung angemessen erscheint.

(2) Die Art der Sicherheitsleistung bestimmt sich nach den Umständen; die Beschränkung des §232 gilt nicht.

第一千五百八十五条之一 [担保给付]

Ⅰ [1]扶养义务人因权利人之请求，应提供担保。[2]因无任何理由显示扶养之给付有受危害之虞，或义务人因提供担保而造成其不公平之负担者，义务人免除担保之义务。[3]除发生特殊具体情事，而应提高较多之担保金外，担保金额通常不应超过扶养定期金年度之总额。

Ⅱ 提供担保之方式，按具体情事定之；于此情形，不适用第二百三十二条规定之限制。

§1585b Unterhalt für die Vergangenheit

(1) Wegen eines Sonderbedarfs (§1613 Abs. 2) kann der Berechtigte Unterhalt für die Vergangenheit verlangen.

(2) Im Übrigen kann der Berechtigte für die Vergangenheit Erfüllung oder Schadensersatz wegen Nichterfüllung nur entsprechend §1613 Abs. 1 fordern.

(3) Für eine mehr als ein Jahr vor der Rechtshängigkeit liegende Zeit kann Erfüllung oder Schadensersatz wegen Nichterfüllung nur verlangt werden, wenn anzunehmen ist, dass der Verpflichtete sich der Leistung absichtlich entzogen hat.

第一千五百八十五条之二 [以前积欠之扶养][a]

Ⅰ 扶养权利人有特殊需求者（第一千六百一十三条第二款），得请求以前积欠之扶养。

Ⅱ 其他情形，扶养权利人仅得依第一千六百一十三条第一款规定，向未履行扶养之义务人,请求以前积欠之扶养费或损害赔偿。
Ⅲ 因不履行扶养义务而以前积欠之扶养或损害赔偿请求权,于诉讼系属前已超过一年者,于义务人有故意逃避扶养之给付者为限,始得请求之。

a 本条为2007年12月21日《扶养法》修正时所增订。

§1585c Vereinbarungen über den Unterhalt

Die Ehegatten können über die Unterhaltspflicht für die Zeit nach der Scheidung Vereinbarungen treffen. Eine Vereinbarung, die vor der Rechtskraft der Scheidung getroffen wird, bedarf der notariellen Beurkundung. §127a findet auch auf eine Vereinbarung Anwendung, die in einem Verfahren in Ehesachen vor dem Prozessgericht protokolliert wird.

第一千五百八十五条之三 [扶养之协议]ᵃ

¹夫妻双方得就离婚后之扶养义务协议之。²于离婚诉讼确定判决前之协议,应经公证。³该协议于婚姻事件诉讼程序进行时,由法院作成记录者,亦适用第一百二十七条之一规定。

a 本条为2007年12月21日《扶养法》修正时所增订。

Kapitel 5
Ende des Unterhaltsanspruchs
第五目 扶养请求权之消灭

§1586 Wiederverheiratung, Begründung einer Lebenspartnerschaft oder Tod des Berechtigten

(1) Der Unterhaltsanspruch erlischt mit der Wiederheirat, der Begründung einer Lebenspartnerschaft oder dem Tode des Berechtigten.
(2) Ansprüche auf Erfüllung oder Schadensersatz wegen Nichterfüllung für die Vergangenheit bleiben bestehen. Das Gleiche gilt für den Anspruch auf den zur Zeit der Wiederheirat, der Begründung einer Lebenspartnerschaft oder des Todes

fälligen Monatsbetrag.

第一千五百八十六条 [权利人之再婚、组成同性伴侣共同生活关系或死亡]ª

Ⅰ 扶养请求权因权利人之再婚、组成同性伴侣共同生活关系或死亡而消灭。

Ⅱ ¹因不履行以前积欠之扶养义务而生之履行或损害赔偿请求权,不消灭。²前段规定,于因再婚、组成同性伴侣共同生活关系或死亡而到期之每月费用之请求权,亦适用之。

a 本条因配合2001年2月16日《同性伴侣法》而修正。

§1586a Wiederaufleben des Unterhaltsanspruchs

(1) Geht ein geschiedener Ehegatte eine neue Ehe oder Lebenspartnerschaft ein und wird die Ehe oder Lebenspartnerschaft wieder aufgelöst, so kann er von dem früheren Ehegatten Unterhalt nach §1570 verlangen, wenn er ein Kind aus der früheren Ehe oder Lebenspartnerschaft zu pflegen oder zu erziehen hat.

(2) Der Ehegatte der später aufgelösten Ehe haftet vor dem Ehegatten der früher aufgelösten Ehe. Satz 1 findet auf Lebenspartnerschaften entsprechende Anwendung.

第一千五百八十六条之一 [扶养请求权之恢复]ª

Ⅰ 离婚之配偶再婚或组成同性伴侣共同生活关系,而该再婚之婚姻或同性伴侣共同生活关系再解消时,于其照顾及教养前婚或同性伴侣之子女者,依第一千五百七十条规定,得向前婚之配偶请求扶养。

Ⅱ ¹后解消之配偶应先于先解消之配偶负担该扶养义务。²第一段规定于同性伴侣共同生活关系,亦准用之。

a 本条为2007年12月21日《扶养法》修正所新修订。

§1586b Kein Erlöschen bei Tod des Verpflichteten

(1) Mit dem Tode des Verpflichteten geht die Unterhaltspflicht auf den Erben als Nachlassverbindlichkeit über. Die Beschränkungen nach §1581 fallen weg. Der Erbe haftet jedoch nicht über einen Betrag hinaus, der dem Pflichtteil entspricht,

welcher dem Berechtigten zustände, wenn die Ehe nicht geschieden worden wäre.
(2) Für die Berechnung des Pflichtteils bleiben Besonderheiten auf Grund des Güterstands, in dem die geschiedenen Ehegatten gelebt haben, außer Betracht.

第一千五百八十六条之二　[扶养义务人之死亡]

I [1]扶养义务人死亡后，其扶养义务转为继承债务者，由继承人承担之。[2]依第一千五百八十一条所定之限制，不再适用之。[3]继承人承担之责任，不得超过权利人于未离婚时所能取得之特留份数额。

II 就离婚配偶所适用之夫妻财产制之特殊情事，于计算特留份时，不予考虑。

Untertitel 3　Versorgungsausgleich
第三款　照护财产分配请求权①

§1587　Verweis auf das Versorgungsausgleichsgesetz

Nach Maßgabe des Versorgungsausgleichsgesetzes findet zwischen den geschiedenen Ehegatten ein Ausgleich von im In-oder Ausland bestehenden Anrechten statt, insbesondere aus der gesetzlichen Rentenversicherung, aus anderen Regelsicherungssystemen wie der Beamtenversorgung oder der berufsständischen Versorgung, aus der betrieblichen Altersversorgung oder aus der privaten Alters- und Invaliditätsvorsorge.

第一千五百八十七条　[照护财产分配法之参照][a]

依照护财产分配法规定，离婚配偶间就取得国内或国外之年金权利，包括法定年金保险，或其他社会福利保险制度，例如公务员保险，或专门职业技术人员参加公会承办之老年失能年金保险，及企业年金保险，或因针对老年或失能之私人商业保险契约，均得请求分配之。

a 本条于2009年4月3日制定照护财产分配法时所修正，自2009年9月1日施行。

---

① 本款于1976年6月14日第一次婚姻法改革时所增订。

Titel 8
Kirchliche Verpflichtungen
第八节　宗教之义务

§1588 (keine Überschrift)

Die kirchlichen Verpflichtungen in Ansehung der Ehe werden durch die Vorschriften dieses Abschnitts nicht berührt.

第一千五百八十八条 [无标题]

关于婚姻上之宗教义务，不因本章规定而受影响。

Abschnitt 2 Verwandtschaft

第二章 亲 属

Titel 1 Allgemeine Vorschriften
第一节 通 则

§1589 Verwandtschaft

(1) Personen, deren eine von der anderen abstammt, sind in gerader Linie verwandt. Personen, die nicht in gerader Linie verwandt sind, aber von derselben dritten Person abstammen, sind in der Seitenlinie verwandt. Der Grad der Verwandtschaft bestimmt sich nach der Zahl der sie vermittelnden Geburten.

(2) (weggefallen)

第一千五百八十九条 [亲属之意义]

I ^{1}从己身所出与己身所从出者，互为直系血亲。^{2}非直系血亲，但出于同源者，为旁系血亲。^{3}亲等按联系亲属出生之世数定之。

II ［删除］^{a}

a 本款为1969年8月19日《非婚生子女法》所废除。

§1590 Schwägerschaft

(1) Die Verwandten eines Ehegatten sind mit dem anderen Ehegatten verschwägert. Die Linie und der Grad der Schwägerschaft bestimmen sich nach der Linie und dem Grade der sie vermittelnden Verwandtschaft.

(2) Die Schwägerschaft dauert fort, auch wenn die Ehe, durch die sie begründet wurde, aufgelöst ist.

第一千五百九十条 [姻亲]

I ^{1}一方配偶之血亲，为他方配偶之姻亲。^{2}姻亲之亲系及亲等，依姻亲关系所由而生之血亲亲系及亲等定之。

Ⅱ 姻亲关系不因婚姻解消而消灭。

Titel 2　Abstammung
第二节　血统起源①

§1591　Mutterschaft

Mutter eines Kindes ist die Frau, die es geboren hat.

第一千五百九十一条　[母子关系]

分娩者为该子女之母亲。

§1592　Vaterschaft

Vater eines Kindes ist der Mann,
1. der zum Zeitpunkt der Geburt mit der Mutter des Kindes verheiratet ist,
2. der die Vaterschaft anerkannt hat oder
3. dessen Vaterschaft nach §1600d oder §182 Abs. 1 des Gesetzes über das Verfahren in Familiensachen und in den Angelegenheiten der freiwilligen Gerichtsbarkeit gerichtlich festgestellt ist.

第一千五百九十二条　[父子关系][a]

下列各款之人为子女之父亲：
1.子女出生时，与生母有婚姻关系者。
2.因任意认领而生父子关系者。
3.依一千六百条之四规定，或家事与非讼事件过程法第一百八十二条第一款规定中由法院确认其具有父子关系者。

a 本条因2004年4月23日修正父子关系否认之诉与会面交往权而修正。

---

① 本章节所有条文因1997年12月16日《亲子改革法》（1998年7月1日施行）而大幅修正。

§1593 Vaterschaft bei Auflösung der Ehe durch Tod

§1592 Nr. 1 gilt entsprechend, wenn die Ehe durch Tod aufgelöst wurde und innerhalb von 300 Tagen nach der Auflösung ein Kind geboren wird. Steht fest, dass das Kind mehr als 300 Tage vor seiner Geburt empfangen wurde, so ist dieser Zeitraum maßgebend. Wird von einer Frau, die eine weitere Ehe geschlossen hat, ein Kind geboren, das sowohl nach den Sätzen 1 und 2 Kind des früheren Ehemanns als auch nach §1592 Nr. 1 Kind des neuen Ehemanns wäre, so ist es nur als Kind des neuen Ehemanns anzusehen. Wird die Vaterschaft angefochten und wird rechtskräftig festgestellt, dass der neue Ehemann nicht Vater des Kindes ist, so ist es Kind des früheren Ehemanns.

第一千五百九十三条 [婚姻因死亡而解消之父子关系]

[1]婚姻因一方之死亡而解消者，其子女于婚姻解消后三百日内出生者，适用第一千五百九十二条第一款规定。[2]经证明子女自出生回溯已逾三百日，始受胎者，亦同。[3]怀胎之生母再婚时，其子女出生后，依本条第一段及第二段与第一千五百九十二条第一款规定，前婚姻与后婚姻之配偶同时可能为子女之父者，仅后婚姻之配偶推定为子女之父。[4]后婚姻之配偶提起婚生否认之诉，而胜诉确定者，前婚姻之配偶推定为子女之父。

§1594 Anerkennung der Vaterschaft

(1) Die Rechtswirkungen der Anerkennung können, soweit sich nicht aus dem Gesetz anderes ergibt, erst von dem Zeitpunkt an geltend gemacht werden, zu dem die Anerkennung wirksam wird.
(2) Eine Anerkennung der Vaterschaft ist nicht wirksam, solange die Vaterschaft eines anderen Mannes besteht.
(3) Eine Anerkennung unter einer Bedingung oder Zeitbestimmung ist unwirksam.
(4) Die Anerkennung ist schon vor der Geburt des Kindes zulässig.

第一千五百九十四条 [父子关系之认领]

Ⅰ 除法律另有规定外，认领之法律效力，自认领时起，始发生认领效力。
Ⅱ 子女已有法律上之父者，其生父之认领，无效。

Ⅲ 认领附条件或期限者，无效。
Ⅳ 认领得于子女出生之前为之。

§1595 Zustimmungsbedürftigkeit der Anerkennung

(1) Die Anerkennung bedarf der Zustimmung der Mutter.
(2) Die Anerkennung bedarf auch der Zustimmung des Kindes, wenn der Mutter insoweit die elterliche Sorge nicht zusteht.
(3) Für die Zustimmung gilt §1594 Abs. 3 und 4 entsprechend.

第一千五百九十五条 [同意认领之必要性]

Ⅰ 认领应经生母之同意。
Ⅱ 生母不能行使亲权者，认领应经子女之同意。
Ⅲ 关于认领之同意，准用第一千五百九十四条第三款及第四款规定。

§1596 Anerkennung und Zustimmung bei fehlender oder beschränkter Geschäftsfähigkeit

(1) Wer in der Geschäftsfähigkeit beschränkt ist, kann nur selbst anerkennen. Die Zustimmung des gesetzlichen Vertreters ist erforderlich. Für einen Geschäftsunfähigen kann der gesetzliche Vertreter mit Genehmigung des Familiengerichts anerkennen; ist der gesetzliche Vertreter ein Betreuer, ist die Genehmigung des Betreuungsgerichts erforderlich. Für die Zustimmung der Mutter gelten die Sätze 1 bis 3 entsprechend.
(2) Für ein Kind, das geschäftsunfähig oder noch nicht 14 Jahre alt ist, kann nur der gesetzliche Vertreter der Anerkennung zustimmen. Im Übrigen kann ein Kind, das in der Geschäftsfähigkeit beschränkt ist, nur selbst zustimmen; es bedarf hierzu der Zustimmung des gesetzlichen Vertreters.
(3) Ein geschäftsfähiger Betreuter kann nur selbst anerkennen oder zustimmen; §1903 bleibt unberührt.
(4) Anerkennung und Zustimmung können nicht durch einen Bevollmächtigten erklärt werden.

第一千五百九十六条 [无行为能力或限制行为能力时之认领及同意][a]

Ⅰ [1]限制行为能力人之认领，应亲自为之，并应得法定代理人之允许。[2]无行为能力人之认领，由法定代理人代理之，并应得家事法院之同意；法定代理人为辅助人者，应得辅助法院之同意。[3]生母就认领之同意，亦适用本条第一段至第三段规定。

Ⅱ [1]无行为能力人或十四岁以下之子女就认领之同意，由其法定代理人为之。[2]限制行为能力之子女就认领之同意，应亲自为之，并应得法定代理人之允许。

Ⅲ 有行为能力之受辅助人，应自行为认领或为认领之同意；第一千九百零三条规定不因此而受影响。

Ⅳ 认领与认领之同意，不得以授权为之。

a 本条又为2002年4月9日改善子女权益法时而修正。

§1597 Formerfordernisse; Widerruf

(1) Anerkennung und Zustimmung müssen öffentlich beurkundet werden.

(2) Beglaubigte Abschriften der Anerkennung und aller Erklärungen, die für die Wirksamkeit der Anerkennung bedeutsam sind, sind dem Vater, der Mutter und dem Kind sowie dem Standesamt zu übersenden.

(3) Der Mann kann die Anerkennung widerrufen, wenn sie ein Jahr nach der Beurkundung noch nicht wirksam geworden ist. Für den Widerruf gelten die Absätze 1 und 2 sowie §1594 Abs. 3 und §1596 Abs. 1, 3 und 4 entsprechend.

第一千五百九十七条 [形式要件；撤回][a]

Ⅰ 认领及认领之同意，应以公证为之。

Ⅱ 已公证之认领及与认领生效有关之意思表示，应送达父、母、子女及户政机关。

Ⅲ [1]已公证而尚未生效之认领，认领人得于一年内撤回之。[2]撤回之意思表示，适用本条第一款、第二款、第一千五百九十四条第三款及第一千五百九十六条第一款、第三款、第四款规定。

a "户政机关"（Standesamt），原用"户政人员"（Standesbeamten），因2007年2月19日配合《户籍法》而修正，自2009年1月1日施行。

§1598 Unwirksamkeit von Anerkennung, Zustimmung und Widerruf

(1) Anerkennung, Zustimmung und Widerruf sind nur unwirksam, wenn sie den Erfordernissen der vorstehenden Vorschriften nicht genügen.

(2) Sind seit der Eintragung in ein deutsches Personenstandsregister fünf Jahre verstrichen, so ist die Anerkennung wirksam, auch wenn sie den Erfordernissen der vorstehenden Vorschriften nicht genügt.

第一千五百九十八条 [认领、同意及撤回之无效]^a

Ⅰ 认领、认领之同意及撤回，欠缺前条规定之要件者，无效。

Ⅱ 认领自登记于户籍登记簿之时起，已逾五年之期间者，即使欠缺前条规定之要件，其认领仍生效力。

a "户籍登记簿"（Personenstandsregister），原用"户口名册"（Personenstandsbuch），因2007年2月19日配合《户籍法》而修正，自2009年1月1日施行。

§1598a Anspruch auf Einwilligung in eine genetische Untersuchung zur Klärung der leiblichen Abstammung

(1) Zur Klärung der leiblichen Abstammung des Kindes können
 1. der Vater jeweils von Mutter und Kind,
 2. die Mutter jeweils von Vater und Kind und
 3. das Kind jeweils von beiden Elternteilen verlangen, dass diese in eine genetische Abstammungsuntersuchung einwilligen und die Entnahme einer für die Untersuchung geeigneten genetischen Probe dulden. Die Probe muss nach den anerkannten Grundsätzen der Wissenschaft entnommen werden.

(2) Auf Antrag eines Klärungsberechtigten hat das Familiengericht eine nicht erteilte Einwilligung zu ersetzen und die Duldung einer Probeentnahme anzuordnen.

(3) Das Gericht setzt das Verfahren aus, wenn und solange die Klärung der leiblichen Abstammung eine erhebliche Beeinträchtigung des Wohls des minderjährigen Kindes begründen würde, die auch unter Berücksichtigung der Belange des

Klärungsberechtigten für das Kind unzumutbar wäre.

(4) Wer in eine genetische Abstammungsuntersuchung eingewilligt und eine genetische Probe abgegeben hat, kann von dem Klärungsberechtigten, der eine Abstammungsuntersuchung hat durchführen lassen, Einsicht in das Abstammungsgutachten oder Aushändigung einer Abschrift verlangen. Über Streitigkeiten aus dem Anspruch nach Satz 1 entscheidet das Familiengericht.

第一千五百九十八条之一 [血统确认所需基因检查之同意请求权][a]

I ^{1}为确认子女之血统，下列之人得请求进行基因检测及容忍于检测过程时为适当采样之同意：

1. 其父各得向母、子女，
2. 其母各得向父、子女，及
3. 子女各得向父母。

^{2}采样应以通常实行之科学原则为之。

II 依权利人之申请，家事法院得取代当事人未给予之同意，并命令其容忍基因检测之采样。

III 确认未成年子女之血统对其利益有明显之危害，且斟酌权利人之利益，对未成年子女亦造成不当之要求者，法院得停止诉讼程序之进行。

IV ^{1}同意血统基因之检验及给予检体之采样者，得向血统基因检测之权利人，请求查阅检测报告或交付其复印件。^{2}依第一段规定之请求权，发生争议者，得由家事法院裁定之。

a 本条因2008年3月26日父子关系否认之诉外请求确认子女血统法而新增订。

§1599 Nichtbestehen der Vaterschaft

(1) §1592 Nr. 1 und 2 und §1593 gelten nicht, wenn auf Grund einer Anfechtung rechtskräftig festgestellt ist, dass der Mann nicht der Vater des Kindes ist.

(2) §1592 Nr. 1 und §1593 gelten auch nicht, wenn das Kind nach Anhängigkeit eines Scheidungsantrags geboren wird und ein Dritter spätestens bis zum Ablauf eines Jahres nach Rechtskraft des dem Scheidungsantrag stattgebenden Urteils die Vaterschaft anerkennt; §1594 Abs. 2 ist nicht anzuwenden. Neben den nach den §§1595 und 1596 notwendigen Erklärungen bedarf die Anerkennung der Zustimmung des Mannes, der im Zeitpunkt der Geburt mit der Mutter des Kindes verheiratet ist; für diese Zustimmung gelten §1594 Abs. 3 und 4, §1596 Abs. 1 Satz

1 bis 3, Abs. 3 und 4, §1597 Abs. 1 und 2 und §1598 Abs. 1 entsprechend. Die Anerkennung wird frühestens mit Rechtskraft des dem Scheidungsantrag stattgebenden Beschlusses wirksam.

第一千五百九十九条 [父子关系之不存在]

Ⅰ 提起父子关系否认之诉而获胜诉判决，以确定该男子非子女之父者，不适用第一千五百九十二条第一项、第二项及第一千五百九十三条规定。

Ⅱ ¹第三人于离婚诉讼判决确定后一年期间内，认领于诉讼系属中所生之子女者，不适用第一千五百九十二条第一项及第一千五百九十三条规定。第一千五百九十四条第二款规定，亦不适用之。²认领，除依第一千五百九十五条及第一千五百九十六条规定之意思表示外，仍应经子女出生时与生母结婚之夫之同意。同意之意思表示，准用第一千五百九十四条第三款、第四款，第一千五百九十六条第一款第一段至第三段、第三款及第四款，第一千五百九十七条第一款、第二款及第一千五百九十八条第一款规定。³认领最早自离婚申请裁定确定时起生效。

§1600 Anfechtungsberechtigte

(1) Berechtigt, die Vaterschaft anzufechten, sind:
  1. der Mann, dessen Vaterschaft nach §1592 Nr. 1 und 2, §1593 besteht,
  2. der Mann, der an Eides statt versichert, der Mutter des Kindes während der Empfängniszeit beigewohnt zu haben,
  3. die Mutter,
  4. das Kind und
  5. die zuständige Behörde (anfechtungsberechtigte Behörde) in den Fällen des §1592 Nr. 2.

(2) Die Anfechtung nach Absatz 1 Nr. 2 setzt voraus, dass zwischen dem Kind und seinem Vater im Sinne von Absatz 1 Nr. 1 keine sozial-familiäre Beziehung besteht oder im Zeitpunkt seines Todes bestanden hat und dass der Anfechtende leiblicher Vater des Kindes ist.

(3) Die Anfechtung nach Absatz 1 Nr. 5 setzt voraus, dass zwischen dem Kind und dem Anerkennenden keine sozial-familiäre Beziehung besteht oder im Zeitpunkt der Anerkennung oder seines Todes bestanden hat und durch die Anerkennung rechtliche Voraussetzungen für die erlaubte Einreise oder den erlaubten Aufenthalt

des Kindes oder eines Elternteiles geschaffen werden.

(4) Eine sozial-familiäre Beziehung nach den Absätzen 2 und 3 besteht, wenn der Vater im Sinne von Absatz 1 Nr. 1 zum maßgeblichen Zeitpunkt für das Kind tatsächliche Verantwortung trägt oder getragen hat. Eine Übernahme tatsächlicher Verantwortung liegt in der Regel vor, wenn der Vater im Sinne von Absatz 1 Nr. 1 mit der Mutter des Kindes verheiratet ist oder mit dem Kind längere Zeit in häuslicher Gemeinschaft zusammengelebt hat.

(5) Ist das Kind mit Einwilligung des Mannes und der Mutter durch künstliche Befruchtung mittels Samenspende eines Dritten gezeugt worden, so ist die Anfechtung der Vaterschaft durch den Mann oder die Mutter ausgeschlossen.

(6) Die Landesregierungen werden ermächtigt, die Behörden nach Absatz 1 Nr. 5 durch Rechtsverordnung zu bestimmen. Die Landesregierungen können diese Ermächtigung durch Rechtsverordnung auf die zuständigen obersten Landesbehörden übertragen. Ist eine örtliche Zuständigkeit der Behörde nach diesen Vorschriften nicht begründet, so wird die Zuständigkeit durch den Sitz des Gerichts bestimmt, das für die Klage zuständig ist.

第一千六百条　[否认之诉之权利人]^a

Ⅰ 有权提起亲子关系否认之诉之人如下：

1. 依第一千五百九十二条第一项、第二项及第一千五百九十三条规定，能成为子女之父者。
2. 第三人能证明于子女受胎期间，其与生母有同居事实者。
3. 生母。
4. 子女。
5. 第一千五百九十二条第二项规定事件之主管机关（有权提起否认之诉之机关）。

Ⅱ 子女与依本条第一款第一项规定成为该父者之间，并无社会之家庭关系（sozial-familiäre Beziehung），或于该父死亡前，从未有社会之家庭关系，且提起否认之诉之人为子女之生父者，始得依本条第一款第二项规定，提起否认之诉。

Ⅲ 子女与认领人无社会之家庭关系存在，或于其父死亡前，从未建立社会之家庭关系，且该认领之目的在使子女或其父母之一方，以取得移民或居留许可之法定要件者，始得依本条第一款第五项规定，提起否认之诉。

第二章 亲属 §§1600,1600a

Ⅳ ¹依本条第一款第一项所确定之父,于一定期间内,有承担子女保护教养责任之事实或曾经为之者,具备本条第二款及第三款规定之社会之家庭关系。²依本条第一款第一项规定所确定之父,与子女之母结婚或与该子女长期有共同家庭生活者,原则上具有前段所称承担子女保护教养之事实。

Ⅴ 受术夫妻同意以第三人捐精所生之子女者,该受术夫妻均不得提起父子关系否认之诉。

Ⅵ ¹邦政府应授权政府公务员,依本条第一款第五项规定,以法规命令定之。²邦政府得以法规命令授权邦政府最上级主管机关为之。³依其规定,无地方管辖机关者,由该所在地之法院决定诉讼系属地。

a 本条因2002年4月9日改善子女权益法(第5款)、2004年4月23日修正父子关系否认之诉与会面交往权(第2款、第4款)、2008年3月13日新增父子关系否认之诉(第3款、第6款)而修正。

§1600a Persönliche Anfechtung; Anfechtung bei fehlender oder beschränkter eschäftsfähigkeit

(1) Die Anfechtung kann nicht durch einen Bevollmächtigten erfolgen.
(2) Die Anfechtungsberechtigten im Sinne von §1600 Abs. 1 Nr. 1 bis 3 können die Vaterschaft nur selbst anfechten. Dies gilt auch, wenn sie in der Geschäftsfähigkeit beschränkt sind; sie bedürfen hierzu nicht der Zustimmung ihres gesetzlichen Vertreters. Sind sie geschäftsunfähig, so kann nur ihr gesetzlicher Vertreter anfechten.
(3) Für ein geschäftsunfähiges oder in der Geschäftsfähigkeit beschränktes Kind kann nur der gesetzliche Vertreter anfechten.
(4) Die Anfechtung durch den gesetzlichen Vertreter ist nur zulässig, wenn sie dem Wohl des Vertretenen dient.
(5) Ein geschäftsfähiger Betreuter kann die Vaterschaft nur selbst anfechten.

第一千六百条之一 [否认之诉之专属权;无行为能力人或限制行为能力人否认之诉]ª

Ⅰ 父子关系否认之诉,不得授权他人代为提起。
Ⅱ 依第一千六百条第一款第一项至第三项所定之权利人,以自行提起父子关系否认之诉为限。²前段规定，权利人为限制行为能力者，亦适用之；于此情形，无须得其法定代理人之同意。³权利人为无行为能力者，仅得由其法定代理人代为提起。

Ⅲ 无行为能力或限制行为能力之子女，仅得由其法定代理人代为提起父子关系否认之。

Ⅳ 以符合被代理人之利益为限，法定代理人始得代其提起父子关系否认之诉。

Ⅴ 有行为能力之受辅助人，仅得自行提起父子关系否认之诉。

a 本条因2004年4月23日修正父子关系否认之诉与会面交往权而修正。

§1600b Anfechtungsfristen

(1) Die Vaterschaft kann binnen zwei Jahren gerichtlich angefochten werden. Die Frist beginnt mit dem Zeitpunkt, in dem der Berechtigte von den Umständen erfährt, die gegen die Vaterschaft sprechen; das Vorliegen einer sozial-familiären Beziehung im Sinne des §1600 Abs. 2 erste Alternative hindert den Lauf der Frist nicht.

(1a) Im Fall des §1600 Abs. 1 Nr. 5 kann die Vaterschaft binnen eines Jahres gerichtlich angefochten werden. Die Frist beginnt, wenn die anfechtungsberechtigte Behörde von den Tatsachen Kenntnis erlangt, die die Annahme rechtfertigen, dass die Voraussetzungen für ihr Anfechtungsrecht vorliegen. Die Anfechtung ist spätestens nach Ablauf von fünf Jahren seit der Wirksamkeit der Anerkennung der Vaterschaft für ein im Bundesgebiet geborenes Kind ausgeschlossen; ansonsten spätestens fünf Jahre nach der Einreise des Kindes.

(2) Die Frist beginnt nicht vor der Geburt des Kindes und nicht, bevor die Anerkennung wirksam geworden ist. In den Fällen des §1593 Satz 4 beginnt die Frist nicht vor der Rechtskraft der Entscheidung, durch die festgestellt wird, dass der neue Ehemann der Mutter nicht der Vater des Kindes ist.

(3) Hat der gesetzliche Vertreter eines minderjährigen Kindes die Vaterschaft nicht rechtzeitig angefochten, so kann das Kind nach dem Eintritt der Volljährigkeit selbst anfechten. In diesem Falle beginnt die Frist nicht vor Eintritt der Volljährigkeit und nicht vor dem Zeitpunkt, in dem das Kind von den Umständen erfährt, die gegen die Vaterschaft sprechen.

(4) Hat der gesetzliche Vertreter eines Geschäftsunfähigen die Vaterschaft nicht rechtzeitig angefochten, so kann der Anfechtungsberechtigte nach dem Wegfall der Geschäftsunfähigkeit selbst anfechten. Absatz 3 Satz 2 gilt entsprechend.

(5) Die Frist wird durch die Einleitung eines Verfahrens nach §1598a Abs. 2 gehemmt; §204 Abs. 2 gilt entsprechend. Die Frist ist auch gehemmt, solange der Anfechtungsberechtigte widerrechtlich durch Drohung an der Anfechtung gehindert wird. Im Übrigen sind §204 Absatz 1 Nummer 4, 8, 13, 14 und Absatz 2 sowie die §§206 und 210 entsprechend anzuwenden.

(6) Erlangt das Kind Kenntnis von Umständen, auf Grund derer die Folgen der Vaterschaft für es unzumutbar werden, so beginnt für das Kind mit diesem Zeitpunkt die Frist des Absatzes 1 Satz 1 erneut.

第一千六百条之二 [否认诉讼之期间][a]

Ⅰ [1]父子关系得于二年期间内，向法院提起诉讼否认之诉。[2]其期间自权利人知悉依法推定之父不为子女之生父时起算；依第一千六百条第二款前半段规定社会之家庭关系者，并不影响该期间之进行。

Ⅰ-1 [1]有第一千六百条第一款第五项之情形者，父子关系得于一年内以诉讼否认之。[2]其期间自有权提起诉讼之机关知悉，并具备其得诉讼之合法要件时起算。[3]自认领德国境内出生之子女生效后逾五年者，不得再提起父子关系否认之诉。前段情形，于该子女入境德国逾五年者，亦同。

Ⅱ [1]子女尚未出生或认领未生效前，该期间不得开始起算。[2]有第一千五百九十三条第四款规定之情形者，其期间，不得于确认子女与后婚姻之夫无血统联系诉讼之判决未确定前，开始起算。

Ⅲ [1]未成年子女之法定代理人，未于法定期间内提起父子关系否认之诉者，该子女于成年后两年内，得自行提起之。[2]于此情形，其期间不得于子女尚未成年或子女尚未得知其与父无血统联系时开始起算。

Ⅳ [1]无行为能力人之法定代理人，未于法定期间内，提起父子关系否认之诉者，于权利人恢复行为能力时，得自行提起之。[2]前段情形，准用第三款第二段规定。

Ⅴ [1]该期间，因第一千五百九十八条之一第二款规定程序之进行而中断；于此情形，准用第二百零四条第二款规定。[2]权利人因不法之胁迫而提起否认之诉者，其期间亦中断之。[3]于其他情形，准用第二百零四条第一款第四项、第八项、第十三项、第十四项与第二款、第二百零六条至第二百一十条规定。

Ⅵ 子女自知悉与其父无血统联系，但其提起诉讼后将对之不利者，对子女就第一款第一项规定之期间，应重新开始起算。

a 本条因2004年4月23日修正父子关系否认之诉与会面交往权时、2008年3月13日新增父子关系否认之诉而修正。

§1600c Vaterschaftsvermutung im Anfechtungsverfahren

(1) In dem Verfahren auf Anfechtung der Vaterschaft wird vermutet, dass das Kind von dem Mann abstammt, dessen Vaterschaft nach §1592 Nr. 1 und 2, §1593 besteht.

(2) Die Vermutung nach Absatz 1 gilt nicht, wenn der Mann, der die Vaterschaft anerkannt hat, die Vaterschaft anficht und seine Anerkennung unter einem Willensmangel nach §119 Abs. 1, §123 leidet; in diesem Falle ist §1600d Abs. 2 und 3 entsprechend anzuwenden.

第一千六百条之三　[否认诉讼程序中对父子关系之推定]

Ⅰ 于父子关系否认诉讼进行时，推定依第一千五百九十二条第一项、第二项及第一千五百九十三条规定之父，与子女有血统之联系。

Ⅱ 已认领子女之人，于提起父子关系否认之诉时，其认领依第一百一十九条第一款及第一百二十三条规定有瑕疵者，不适用第一款之推定。于此情形，准用第一千六百条之四第一款及第二款规定。

§1600d Gerichtliche Feststellung der Vaterschaft

(1) Besteht keine Vaterschaft nach §1592 Nr. 1 und 2, §1593, so ist die Vaterschaft gerichtlich festzustellen.

(2) Im Verfahren auf gerichtliche Feststellung der Vaterschaft wird als Vater vermutet, wer der Mutter während der Empfängniszeit beigewohnt hat. Die Vermutung gilt nicht, wenn schwerwiegende Zweifel an der Vaterschaft bestehen.

(3) Als Empfängniszeit gilt die Zeit von dem 300. bis zu dem 181. Tage vor der Geburt des Kindes, mit Einschluss sowohl des 300. als auch des 181. Tages. Steht fest, dass das Kind außerhalb des Zeitraums des Satzes 1 empfangen worden ist, so gilt dieser abweichende Zeitraum als Empfängniszeit.

(4) Die Rechtswirkungen der Vaterschaft können, soweit sich nicht aus dem Gesetz anderes ergibt, erst vom Zeitpunkt ihrer Feststellung an geltend gemacht werden.

第一千六百条之四 [法院确认之父子关系]

Ⅰ 父子关系未依第一千五百九十二条第一项、第二项及第一千五百九十三条规定推定者,得由法院确认之。

Ⅱ ¹确认父子关系之诉讼中,推定与生母于受胎期间有同居事实之人为子女之父。²该推定有明显事实怀疑其不为父者,不适用之。

Ⅲ ¹自子女出生之日回溯第一百八十一日起至第三百日止,包括第一百八十一日与第三百日在内,为其受胎期间。²能证明子女于第一项规定日期之外受胎者,以该期间为受胎期间。

Ⅳ 除法律另有规定外,父子关系之法律效力,自其确认时开始。

§1600e (weggefallen)

第一千六百条之五 [删除]ᵃ

a 本条因2008年12月17日修正《家事及非讼事件程序法》而遭删除。

Titel 3 Unterhaltspflicht
第三节 扶养义务

Untertitel 1 Allgemeine Vorschriften
第一款 通 则

§1601 Unterhaltsverpflichtete

Verwandte in gerader Linie sind verpflichtet, einander Unterhalt zu gewähren.

第一千六百零一条 [扶养义务人]

直系血亲间互负扶养义务。

§1602 Bedürftigkeit

(1) Unterhaltsberechtigt ist nur, wer außerstande ist, sich selbst zu unterhalten.

(2) Ein minderjähriges unverheiratetes Kind kann von seinen Eltern, auch wenn es Vermögen hat, die Gewährung des Unterhalts insoweit verlangen, als die Einkünfte seines Vermögens und der Ertrag seiner Arbeit zum Unterhalt nicht ausreichen.

第一千六百零二条　[扶养之需求]

Ⅰ 无力自谋生活者，始享有扶养之权利。

Ⅱ 未成年且未结婚之子女，即使有财产，以其财产之收入及劳力所得，不足以维持生活者，于此限度内，得请求其父母扶养。

§1603 Leistungsfähigkeit

(1) Unterhaltspflichtig ist nicht, wer bei Berücksichtigung seiner sonstigen Verpflichtungen außerstande ist, ohne Gefährdung seines angemessenen Unterhalts den Unterhalt zu gewähren.

(2) Befinden sich Eltern in dieser Lage, so sind sie ihren minderjährigen unverheirateten Kindern gegenüber verpflichtet, alle verfügbaren Mittel zu ihrem und der Kinder Unterhalt gleichmäßig zu verwenden. Den minderjährigen unverheirateten Kindern stehen volljährige unverheiratete Kinder bis zur Vollendung des 21. Lebensjahres gleich, solange sie im Haushalt der Eltern oder eines Elternteils leben und sich in der allgemeinen Schulausbildung befinden. Diese Verpflichtung tritt nicht ein, wenn ein anderer unterhaltspflichtiger Verwandter vorhanden ist; sie tritt auch nicht ein gegenüber einem Kind, dessen Unterhalt aus dem Stamme seines Vermögens bestritten werden kann.

第一千六百零三条　[扶养义务人之给付能力]

Ⅰ 为顾虑其他义务之负担，如扶养他人，将危害自己相当[a]之生计者，不负扶养义务。

Ⅱ [1]父母遇有前款情形者，对于未成年且未结婚之子女，应使用其可能处分之所有财产，以平等扶养自己及子女。[2]未满二十一岁之未结婚成年子女，如仍与父母或一方父母共同生活及接受一般学校教育者，其应与未成年且未结婚之子女享有同等对待。[3]如另有应负扶养义务之血亲者，不负前段之义务；子女之财产、资金足以维持生活者，亦同。

a "相当"（angemessenen），原用standemässig，因1961年8月11日《亲属法修正条例》修正，自1962年1月1日起施行。

§1604 Einfluss des Güterstands

Lebt der Unterhaltspflichtige in Gütergemeinschaft, bestimmt sich seine Unterhaltspflicht Verwandten gegenüber so, als ob das Gesamtgut ihm gehörte. Haben beide in Gütergemeinschaft lebende Personen bedürftige Verwandte, ist der Unterhalt aus dem Gesamtgut so zu gewähren, als ob die Bedürftigen zu beiden Unterhaltspflichtigen in dem Verwandtschaftsverhältnis stünden, auf dem die Unterhaltspflicht des Verpflichteten beruht.

第一千六百零四条 [夫妻财产制之影响][a]

¹夫妻采用共同财产制者，关于夫或妻对其亲属之扶养义务，共同财产视为属于负扶养义务之配偶。²配偶双方均有需要扶养之亲属者，该需要扶养之权利人，视为对双方配偶均具有与应负扶养义务之配偶之同一亲属关系，而由共同财产予以扶养。

a 本条因1957年6月18日《男女平等法》而新增，及因2007年12月21日修正《扶养法》而修正。

§1605 Auskunftspflicht

(1) Verwandte in gerader Linie sind einander verpflichtet, auf Verlangen über ihre Einkünfte und ihr Vermögen Auskunft zu erteilen, soweit dies zur Feststellung eines Unterhaltsanspruchs oder einer Unterhaltsverpflichtung erforderlich ist. Über die Höhe der Einkünfte sind auf Verlangen Belege, insbesondere Bescheinigungen des Arbeitgebers, vorzulegen. Die §§260, 261 sind entsprechend anzuwenden.

(2) Vor Ablauf von zwei Jahren kann Auskunft erneut nur verlangt werden, wenn glaubhaft gemacht wird, dass der zur Auskunft Verpflichtete später wesentlich höhere Einkünfte oder weiteres Vermögen erworben hat.

第一千六百零五条 [告知义务]

I ¹为确定扶养权利或扶养义务之必要范围内，直系血亲彼此负有义务，于他方请求时，应告知其财产及收入之状况。²就收入之数额，于受请求时，应出具收据，特别是雇主所开立之证明文件。³于此情形，准用第二百六十条及第二百六十一条规定。

Ⅱ 确信负有告知义务之一方，于告知后显然有较高之收入或已取得其他财产者，于告知后两年期间未届满前为限，得请求重行告知。

§1606 Rangverhältnisse mehrerer Pflichtiger

(1) Die Abkömmlinge sind vor den Verwandten der aufsteigenden Linie unterhaltspflichtig.
(2) Unter den Abkömmlingen und unter den Verwandten der aufsteigenden Linie haften die näheren vor den entfernteren.
(3) Mehrere gleich nahe Verwandte haften anteilig nach ihren Erwerbs-und Vermögensverhältnissen. Der Elternteil, der ein minderjähriges unverheiratetes Kind betreut, erfüllt seine Verpflichtung, zum Unterhalt des Kindes beizutragen, in der Regel durch die Pflege und die Erziehung des Kindes.

第一千六百零六条 [多数扶养义务人之顺序关系]

Ⅰ 直系血亲卑亲属先于直系血亲尊亲属，负扶养义务。
Ⅱ 直系血亲卑亲属间与直系血亲尊亲属间，亲等近者先于亲等远者，负扶养义务。
Ⅲ ^{1}有多数亲等相同之直系血亲者，按其收入及财产状况分担扶养义务。^{2}照顾未成年且未结婚子女之一方父母，以一般保护教养子女之方法，负该子女之扶养义务。

§1607 Ersatzhaftung und gesetzlicher Forderungsübergang

(1) Soweit ein Verwandter auf Grund des §1603 nicht unterhaltspflichtig ist, hat der nach ihm haftende Verwandte den Unterhalt zu gewähren.
(2) Das Gleiche gilt, wenn die Rechtsverfolgung gegen einen Verwandten im Inland ausgeschlossen oder erheblich erschwert ist. Der Anspruch gegen einen solchen Verwandten geht, soweit ein anderer nach Absatz 1 verpflichteter Verwandter den Unterhalt gewährt, auf diesen über.
(3) Der Unterhaltsanspruch eines Kindes gegen einen Elternteil geht, soweit unter den Voraussetzungen des Absatzes 2 Satz 1 anstelle des Elternteils ein anderer, nicht unterhaltspflichtiger Verwandter oder der Ehegatte des anderen Elternteils

Unterhalt leistet, auf diesen über. Satz 1 gilt entsprechend, wenn dem Kind ein Dritter als Vater Unterhalt gewährt.

(4) Der Übergang des Unterhaltsanspruchs kann nicht zum Nachteil des Unterhaltsberechtigten geltend gemacht werden.

第一千六百零七条 [替代责任与法定债权移转]

Ⅰ 依第一千六百零三条规定，血亲中有不负扶养义务者，其负有义务之次顺序血亲，应负担扶养。

Ⅱ ¹对于应负扶养义务之血亲，在国内无法诉追，或其诉追显有困难者，亦同。²对于上述血亲之请求权，依第一款规定，有其他血亲能给与扶养之范围内，应移转对该血亲请求扶养。

Ⅲ ¹子女对一方父母请求扶养时，有第二款第一段规定之情事者，该请求权于其他无扶养义务之血亲或他方父母之配偶给与扶养之范围内，应移转之。²第三人以父之身份对该子女给与扶养者，准用第一段规定。

Ⅳ 行使扶养请求权之移转时，不得有害于扶养权利人之利益。

§1608 Haftung des Ehegatten oder Lebenspartners

(1) Der Ehegatte des Bedürftigen haftet vor dessen Verwandten. Soweit jedoch der Ehegatte bei Berücksichtigung seiner sonstigen Verpflichtungen außerstande ist, ohne Gefährdung seines angemessenen Unterhalts den Unterhalt zu gewähren, haften die Verwandten vor dem Ehegatten. §1607 Abs. 2 und 4 gilt entsprechend. Der Lebenspartner des Bedürftigen haftet in gleicher Weise wie ein Ehegatte.

(2) (weggefallen)

第一千六百零八条 [配偶或同性伴侣之责任][a]

Ⅰ ¹扶养需要人之配偶先于其亲属，负扶养义务。²配偶为顾虑所应负担之其他义务，非危害与自己相当之生计不能为扶养给付者，其亲属先于配偶，负扶养义务。³于此情形，准用第一千六百零七条第二款及第四款规定。⁴扶养需要人之同性伴侣负与配偶相同之责任。

Ⅱ ［删除][b]

a 本条因配合2001年2月16日《同性伴侣法》制定而修正。
b 本条第2款因1938年7月6日法律而删除。

§1609 Rangfolge mehrerer Unterhaltsberechtigter

Sind mehrere Unterhaltsberechtigte vorhanden und ist der Unterhaltspflichtige außerstande, allen Unterhalt zu gewähren, gilt folgende Rangfolge:
1. minderjährige unverheiratete Kinder und Kinder im Sinne des §1603 Abs. 2 Satz 2,
2. Elternteile, die wegen der Betreuung eines Kindes unterhaltsberechtigt sind oder im Fall einer Scheidung wären, sowie Ehegatten und geschiedene Ehegatten bei einer Ehe von langer Dauer; bei der Feststellung einer Ehe von langer Dauer sind auch Nachteile im Sinne des §1578b Abs. 1 Satz 2 und 3 zu berücksichtigen,
3. Ehegatten und geschiedene Ehegatten, die nicht unter Nummer 2 fallen,
4. Kinder, die nicht unter Nummer 1 fallen,
5. Enkelkinder und weitere Abkömmlinge,
6. Eltern,
7. weitere Verwandte der aufsteigenden Linie; unter ihnen gehen die Näheren den Entfernteren vor.

第一千六百零九条 [多数扶养权利人之顺序]^a

扶养权利人有数人，而扶养义务人不能为全部扶养时，依下列规定，决定其扶养之顺序：
1.未成年且未结婚之子女与依第一千六百零三条第二款第二段所定之子女。
2.因照顾子女而有扶养权利之一方配偶，或于离婚时，该配偶与其离婚配偶有长期之婚姻；于确定婚姻之长短时，应考虑依第一千五百七十八条之二第一款第二段及第三段规定所生之不利益。
3.配偶与未受第二项规定所包括之离婚配偶。
4.未受第一项规定包括之子女。
5.孙子女及其直系血亲卑亲属。
6.父母。
7.其他尊亲属；亲等近者先于亲等远者。

a 本条因2007年12月21日《扶养法》改革而修正。

§1610 Maß des Unterhalts

(1) Das Maß des zu gewährenden Unterhalts bestimmt sich nach der Lebensstellung des Bedürftigen (angemessener Unterhalt).

(2) Der Unterhalt umfasst den gesamten Lebensbedarf einschließlich der Kosten einer angemessenen Vorbildung zu einem Beruf, bei einer der Erziehung bedürftigen Person auch die Kosten der Erziehung.

第一千六百一十条 [扶养之程度]

Ⅰ 扶养之程度，应按扶养需要人之社会地位定之（相当之扶养）。

Ⅱ 扶养包括一切生活之需要及就业训练必需之适当费用；对于有教育之必要者，亦包括其教育之费用。

§1610a Deckungsvermutung bei schadensbedingten Mehraufwendungen

Werden für Aufwendungen infolge eines Körper-oder Gesundheitsschadens Sozialleistungen in Anspruch genommen, wird bei der Feststellung eines Unterhaltsanspruchs vermutet, dass die Kosten der Aufwendungen nicht geringer sind als die Höhe dieser Sozialleistungen.

第一千六百一十条之一 [损害所生多项费用之补偿推定]

因身体、健康之损害所支付之费用，而提出社会保险给付请求权者，于确定该扶养请求权时，应推定该费用不得少于社会保险所能给付之数额。

§1611 Beschränkung oder Wegfall der Verpflichtung

(1) Ist der Unterhaltsberechtigte durch sein sittliches Verschulden bedürftig geworden, hat er seine eigene Unterhaltspflicht gegenüber dem Unterhaltspflichtigen gröblich vernachlässigt oder sich vorsätzlich einer schweren Verfehlung gegen den Unterhaltspflichtigen oder einen nahen Angehörigen des Unterhaltspflichtigen schuldig gemacht, so braucht der Verpflichtete nur einen Beitrag zum Unterhalt in

der Höhe zu leisten, die der Billigkeit entspricht. Die Verpflichtung fällt ganz weg, wenn die Inanspruchnahme des Verpflichteten grob unbillig wäre.
(2) Die Vorschriften des Absatzes 1 sind auf die Unterhaltspflicht von Eltern gegenüber ihren minderjährigen unverheirateten Kindern nicht anzuwenden.
(3) Der Bedürftige kann wegen einer nach diesen Vorschriften eintretenden Beschränkung seines Anspruchs nicht andere Unterhaltspflichtige in Anspruch nehmen.

第一千六百一十一条 [扶养义务之限制或消灭]

Ⅰ ¹扶养权利人因道德上之可归责而有扶养需要者，或其严重忽视自己对扶养义务人所负之扶养义务，或故意对扶养义务人或其最近亲属为严重之不法行为而应负责者，扶养义务人仅需于合理范围内，支付扶养费用。²请求扶养对扶养义务人显然不公平者，其扶养义务完全消灭。
Ⅱ 未成年且未结婚之子女对其父母之扶养请求权，不适用第一款规定。
Ⅲ 扶养需要者，不得以其请求权受本条限制为理由，对其他扶养义务人请求扶养。

§1612 Art der Unterhaltsgewährung

(1) Der Unterhalt ist durch Entrichtung einer Geldrente zu gewähren. Der Verpflichtete kann verlangen, dass ihm die Gewährung des Unterhalts in anderer Art gestattet wird, wenn besondere Gründe es rechtfertigen.
(2) Haben Eltern einem unverheirateten Kind Unterhalt zu gewähren, können sie bestimmen, in welcher Art und für welche Zeit im Voraus der Unterhalt gewährt werden soll, sofern auf die Belange des Kindes die gebotene Rücksicht genommen wird. Ist das Kind minderjährig, kann ein Elternteil, dem die Sorge für die Person des Kindes nicht zusteht, eine Bestimmung nur für die Zeit treffen, in der das Kind in seinen Haushalt aufgenommen ist.
(3) Eine Geldrente ist monatlich im Voraus zu zahlen. Der Verpflichtete schuldet den vollen Monatsbetrag auch dann, wenn der Berechtigte im Laufe des Monats stirbt.

第一千六百一十二条 [扶养之方法][a]

Ⅰ ¹扶养应以给付定期金之方式为之。²扶养义务人有正当理由者，得请求以其他方式给付之。

第二章 亲属　　　　　　　　　　　　　　　　　§§1612,1612a

Ⅱ ¹父母应扶养其未婚子女者，于顾及子女利益之限度内，得指定以何种方式及在何期间预付扶养给付。²子女未成年者，未行使亲权之一方父母，其指定仅于该子女及其共同生活之期间者为限。

Ⅲ ¹定期金应按月预先支付。²扶养权利人于当月死亡者，扶养义务人亦应支付全月之数额。

a 本条因2007年12月21日《扶养法》改革而修正。

§1612a　Mindestunterhalt minderjähriger Kinder

(1) Ein minderjähriges Kind kann von einem Elternteil, mit dem es nicht in einem Haushalt lebt, den Unterhalt als Prozentsatz des jeweiligen Mindestunterhalts verlangen. Der Mindestunterhalt richtet sich nach dem steuerfrei zu stellenden sächlichen Existenzminimum des minderjährigen Kindes. Er beträgt monatlich entsprechend dem Alter des Kindes

1. für die Zeit bis zur Vollendung des sechsten Lebensjahrs (erste Altersstufe) 87 Prozent,
2. für die Zeit vom siebten bis zur Vollendung des zwölften Lebensjahrs (zweite Altersstufe) 100 Prozent und
3. für die Zeit vom 13. Lebensjahr an (dritte Altersstufe) 117 Prozent eines des steuerfrei zu stellenden sächlichen Existenzminimum des minderjährigen Kindes.

(2) Der Prozentsatz ist auf eine Dezimalstelle zu begrenzen; jede weitere sich ergebende Dezimalstelle wird nicht berücksichtigt. Der sich bei der Berechnung des Unterhalts ergebende Betrag ist auf volle Euro aufzurunden.

(3) Der Unterhalt einer höheren Altersstufe ist ab dem Beginn des Monats maßgebend, in dem das Kind das betreffende Lebensjahr vollendet.

(4) Das Bundesministerium der Justiz und für Verbraucherschutz hat den Mindestunterhalt erstmals zum 1. Januar 2016 und dann alle zwei Jahre durch Rechtsverordnung, die nicht der Zustimmung des Bundesrates bedarf, festzulegen.

第一千六百一十二条之一　[未成年子女之最低扶养额]ᵃ

Ⅰ ¹未成年子女得向未与其共同生活之父母一方，请求以当时之最低扶养额之一定百分比提供扶养。²最低扶养额系依未成年子女教养所需之最低免税金额定之。³该金额每月按子女之年龄，依未成年子女教养所需

之最低免税金额,依下列标准之一定百分比计算之:
1. 满六岁前(第一阶段)为百分之八十七。
2. 七岁至十二岁(第二阶段)为百分之百。
3. 十三岁以上(第三阶段)为百分之一百一十七。

Ⅱ [1]百分比应限定于小数点后一位;所得出之其他小数不予考虑。[2]扶养金额应以整数之欧元计算。

Ⅲ 子女年龄已届满者,进一阶段之扶养金额,应以该月之月初计算。

Ⅳ 德国联邦司法及消费者保护部门于二零一六年一月一日首度订立扶养最低额,并应于每两年经由法规命令再予订定,此一法规命令无须经联邦参议院之同意。

a 本条因2016年1月1日《扶养法》与《扶养程序法》之修正而更动。

§1612b Deckung des Barbedarfs durch Kindergeld

(1) Das auf das Kind entfallende Kindergeld ist zur Deckung seines Barbedarfs zu verwenden:
1. zur Hälfte, wenn ein Elternteil seine Unterhaltspflicht durch Betreuung des Kindes erfüllt (§1606 Abs. 3 Satz 2);
2. in allen anderen Fällen in voller Höhe. In diesem Umfang mindert es den Barbedarf des Kindes.

(2) Ist das Kindergeld wegen der Berücksichtigung eines nicht gemeinschaftlichen Kindes erhöht, ist es im Umfang der Erhöhung nicht bedarfsmindernd zu berücksichtigen.

第一千六百一十二条之二 [子女津贴折抵扶养费][a]

Ⅰ [1]子女所获得之津贴,应提供其日常使用之需要:
1. 父母之一方以照顾子女履行其扶养义务者(第一千六百零六条第三款第二段),其津贴之一半;
2. 其他之情形,应以全额为之。[2]于此范围内,调整减少子女之日常需求。

Ⅱ 子女之津贴,因考虑非共同子女而提高者,其提高之部分不必审酌需求之减少。

a 本条因2007年12月21日修正《扶养法》而新修正。

§1612c Anrechnung anderer kindbezogener Leistungen

§1612b gilt entsprechend für regelmäßig wiederkehrende kindbezogene Leistungen, soweit sie den Anspruch auf Kindergeld ausschließen.

第一千六百一十二条之三 [其他因子女所生给付之计算]

子女已定期获有给付者，因该请求权而使子女之津贴不能取得者为限，准用第一千六百一十二条之二规定。

§1613 Unterhalt für die Vergangenheit

(1) Für die Vergangenheit kann der Berechtigte Erfüllung oder Schadensersatz wegen Nichterfüllung nur von dem Zeitpunkt an fordern, zu welchem der Verpflichtete zum Zwecke der Geltendmachung des Unterhaltsanspruchs aufgefordert worden ist, über seine Einkünfte und sein Vermögen Auskunft zu erteilen, zu welchem der Verpflichtete in Verzug gekommen oder der Unterhaltsanspruch rechtshängig geworden ist. Der Unterhalt wird ab dem Ersten des Monats, in den die bezeichneten Ereignisse fallen, geschuldet, wenn der Unterhaltsanspruch dem Grunde nach zu diesem Zeitpunkt bestanden hat.

(2) Der Berechtigte kann für die Vergangenheit ohne die Einschränkung des Absatzes 1 Erfüllung verlangen

1. wegen eines unregelmäßigen außergewöhnlich hohen Bedarfs (Sonderbedarf); nach Ablauf eines Jahres seit seiner Entstehung kann dieser Anspruch nur geltend gemacht werden, wenn vorher der Verpflichtete in Verzug gekommen oder der Anspruch rechtshängig geworden ist;
2. für den Zeitraum, in dem er
   a) aus rechtlichen Gründen oder
   b) aus tatsächlichen Gründen, die in den Verantwortungsbereich des Unterhaltspflichtigen fallen, an der Geltendmachung des Unterhaltsanspruchs gehindert war.

(3) In den Fällen des Absatzes 2 Nr. 2 kann Erfüllung nicht, nur in Teilbeträgen oder erst zu einem späteren Zeitpunkt verlangt werden, soweit die volle oder die sofortige Erfüllung für den Verpflichteten eine unbillige Härte bedeuten würde.

Dies gilt auch, soweit ein Dritter vom Verpflichteten Ersatz verlangt, weil er anstelle des Verpflichteten Unterhalt gewährt hat.

第一千六百一十三条　[过去之扶养]

Ⅰ ¹以扶养权利人已向扶养义务人请求告知其收入及财产状况，期能履行其扶养义务者，或义务人已有迟延给付之情形或对其已提起扶养请求权之诉者为限，扶养权利人得向义务人请求过去未履行扶养义务所生之给付或损害赔偿。²扶养请求权因前段所称之情形而发生者，该扶养应于发生请求权当月之月初，即应负履行责任。

Ⅱ 权利人对于过去未履行之给付，有下列情事之一者，得不受第一款规定之限制而向义务人请求之：

1. 因非经常性而异常高额之需求（特殊需求）发生后一年，但以该义务人过去曾有迟延给付或扶养请求权已于诉讼系属中者为限；
2. 权利人于请求扶养期间，有下列情事之一，致其扶养请求权遭受阻碍，应由义务人负责：因法律上之理由或因事实上之理由。

Ⅲ ¹于第二款第二项之情形，权利人请求义务人全额或立即给付时，有失公平者，仅得请求部分或其后再行给付。²前段情形，于第三人代替义务人提供给付，而向义务人请求偿还者，亦适用之。

§1614　Verzicht auf den Unterhaltsanspruch; Vorausleistung

(1) Für die Zukunft kann auf den Unterhalt nicht verzichtet werden.

(2) Durch eine Vorausleistung wird der Verpflichtete bei erneuter Bedürftigkeit des Berechtigten nur für den im §760 Abs. 2 bestimmten Zeitabschnitt oder, wenn er selbst den Zeitabschnitt zu bestimmen hatte, für einen den Umständen nach angemessenen Zeitabschnitt befreit.

第一千六百一十四条　[扶养请求权之抛弃；预先给付]

Ⅰ 将来之扶养不得预先抛弃。

Ⅱ 扶养费用经预先给付者，如扶养权利人更有所需要时，扶养义务人仅就第七百六十条第二款所定之期间内，免除其义务；扶养义务人曾自行指定其期间者，仅于具体情形认为适当之期间内，免除其责任。

§1615 Erlöschen des Unterhaltsanspruchs

(1) Der Unterhaltsanspruch erlischt mit dem Tode des Berechtigten oder des Verpflichteten, soweit er nicht auf Erfüllung oder Schadensersatz wegen Nichterfüllung für die Vergangenheit oder auf solche im Voraus zu bewirkende Leistungen gerichtet ist, die zur Zeit des Todes des Berechtigten oder des Verpflichteten fällig sind.

(2) Im Falle des Todes des Berechtigten hat der Verpflichtete die Kosten der Beerdigung zu tragen, soweit ihre Bezahlung nicht von dem Erben zu erlangen ist.

第一千六百一十五条 [扶养请求权之消灭]

Ⅰ 扶养请求权，因扶养权利人或扶养义务人之死亡而消灭。但过去因未履行扶养义务之债务或损害赔偿之请求权，或应预先给付，于扶养权利人或义务人死亡时已到期者，不在此限。

Ⅱ 扶养权利人死亡时，其丧葬费用，应由扶养义务人负担。但死亡人之继承人已先为给付者，不在此限。

Untertitel 2
Besondere Vorschriften für das Kind
und seine nicht miteinander verheirateten Eltern
第二款 子女与其未结婚父母之特别规定

§1615a Anwendbare Vorschriften

Besteht für ein Kind keine Vaterschaft nach §1592 Nr. 1, §1593 und haben die Eltern das Kind auch nicht während ihrer Ehe gezeugt oder nach seiner Geburt die Ehe miteinander geschlossen, gelten die allgemeinen Vorschriften, soweit sich nichts anderes aus den folgenden Vorschriften ergibt.

第一千六百一十五条之一 [得适用之规定][a]

未依第一千五百九十二条第一款及第一千五百九十三条规定而成立父子关系之子女，且其未于父母婚姻关系存续中所受胎，或其父母于子女出生后始结婚者，以本条以下未另有规定者为限，适用一般性规定。

a 本条因1997年12月16日《亲子法》改革而修正。

§1615b bis §1615k (weggefallen)

第一千六百一十五条之二至第一千六百一十五条之十一　[删除]^a

a 本条因2007年12月21日修正《扶养法》而删除。

§1615l Unterhaltsanspruch von Mutter und Vater aus Anlass der Geburt

(1) Der Vater hat der Mutter für die Dauer von sechs Wochen vor und acht Wochen nach der Geburt des Kindes Unterhalt zu gewähren. Dies gilt auch hinsichtlich der Kosten, die infolge der Schwangerschaft oder der Entbindung außerhalb dieses Zeitraums entstehen.

(2) Soweit die Mutter einer Erwerbstätigkeit nicht nachgeht, weil sie infolge der Schwangerschaft oder einer durch die Schwangerschaft oder die Entbindung verursachten Krankheit dazu außerstande ist, ist der Vater verpflichtet, ihr über die in Absatz 1 Satz 1 bezeichnete Zeit hinaus Unterhalt zu gewähren. Das Gleiche gilt, soweit von der Mutter wegen der Pflege oder Erziehung des Kindes eine Erwerbstätigkeit nicht erwartet warden kann. Die Unterhaltspflicht beginnt frühestens vier Monate vor der Geburt und besteht für mindestens drei Jahre nach der Geburt. Sie verlängert sich, solange und soweit dies der Billigkeit entspricht. Dabei sind insbesondere die Belange des Kindes und die bestehenden Möglichkeiten der Kinderbetreuung zu berücksichtigen.

(3) Die Vorschriften über die Unterhaltspflicht zwischen Verwandten sind entsprechend anzuwenden. Die Verpflichtung des Vaters geht der Verpflichtung der Verwandten der Mutter vor. §1613 Abs. 2 gilt entsprechend. Der Anspruch erlischt nicht mit dem Tode des Vaters.

(4) Wenn der Vater das Kind betreut, steht ihm der Anspruch nach Absatz 2 Satz 2 gegen die Mutter zu. In diesem Falle gilt Absatz 3 entsprechend.

第一千六百一十五条之十二　[因生育所生母与父之扶养请求权]^a

Ⅰ ¹于子女出生前六周至出生后八周，父应向母提供扶养。²前段规定，

第二章 亲属　　　　　　　　　　　　　　§§1615l—1615n

于超出前述期间之怀孕或分娩之费用者，亦适用之。

Ⅱ [1]母因怀孕或经怀孕或分娩所致之疾病而不能继续从事就业者，父于第一款第一段所定之期间外，仍须提供扶养。[2]前段规定，于母因照顾及教养子女而不能期待工作者，亦适用之。[3]扶养义务之期间，最早始于出生前四个月，最迟至子女出生后三年终止；于符合公平正当者，该扶养期间得延长之。[4]于此情形，并应特别审酌子女之利益及现在照顾子女之可能性。

Ⅲ [1]于此情形，关于血亲间扶养义务规定准用之。[2]父先于母之其他血亲，负扶养义务。[3]于此情形，准用第一千六百一十三条第二款规定。[4]该请求权不因父之死亡而消灭。

Ⅳ [1]依第二款第二段规定之请求权，于父照顾子女时，得向母请求之。[2]于此情形，准用第三款规定。

a 本条因1997年12月16日《亲子法》改革而修正。

§1615m　Beerdigungskosten für die Mutter

Stirbt die Mutter infolge der Schwangerschaft oder der Entbindung, so hat der Vater die Kosten der Beerdigung zu tragen, soweit ihre Bezahlung nicht von dem Erben der Mutter zu erlangen ist.

第一千六百一十五条之十三　[母之丧葬费用]

母因怀孕或分娩而死亡者，其丧葬费用应由父负担。但母之继承人已先为支付者，不在此限。

§1615n　Kein Erlöschen bei Tod des Vaters oder Totgeburt

Die Ansprüche nach den §§1615l, 1615m bestehen auch dann, wenn der Vater vor der Geburt des Kindes gestorben oder wenn das Kind tot geboren ist. Bei einer Fehlgeburt gelten die Vorschriften der §§1615l, 1615m sinngemäß.

第一千六百一十五条之十四　[父之死亡或胎儿死产时请求权不消灭]

[1]父于子女出生前死亡或该子女死产者，第一千六百一十五条之十二及第一千六百一十五条之十三规定之请求权仍亦存在。[2]于流产时，准用

第一千六百一十五条之十二及第一千六百一十五条之十三规定。

§1615o [aufgehoben]

第一千六百一十五条之十五 [删除]^a

a 本条因2008年12月17日修正之《家事及非讼事件程序法》而删除。

Titel 4
Rechtsverhältnis zwischen den Eltern und dem Kind im Allgemeinen
第四节 父母与子女间之一般法律关系

§1616 Geburtsname bei Eltern mit Ehenamen

Das Kind erhält den Ehenamen seiner Eltern als Geburtsnamen.

第一千六百一十六条 [父母有婚姓时之子女从姓]^a

子女以其父母之婚姓为出生之姓氏。

a 第1616条至第1618条因1997年12月16日《亲子法》改革而修正。

§1617 Geburtsname bei Eltern ohne Ehenamen und gemeinsamer Sorge

(1) Führen die Eltern keinen Ehenamen und steht ihnen die Sorge gemeinsam zu, so bestimmen sie durch Erklärung gegenüber dem Standesamt den Namen, den der Vater oder die Mutter zur Zeit der Erklärung führt, zum Geburtsnamen des Kindes. Eine nach der Beurkundung der Geburt abgegebene Erklärung muss öffentlich beglaubigt werden. Die Bestimmung der Eltern gilt auch für ihre weiteren Kinder.

(2) Treffen die Eltern binnen eines Monats nach der Geburt des Kindes keine Bestimmung, überträgt das Familiengericht das Bestimmungsrecht einem Elternteil. Absatz 1 gilt entsprechend. Das Gericht kann dem Elternteil für die

Ausübung des Bestimmungsrechts eine Frist setzen. Ist nach Ablauf der Frist das Bestimmungsrecht nicht ausgeübt worden, so erhält das Kind den Namen des Elternteils, dem das Bestimmungsrecht übertragen ist.

(3) Ist ein Kind nicht im Inland geboren, so überträgt das Gericht einem Elternteil das Bestimmungsrecht nach Absatz 2 nur dann, wenn ein Elternteil oder das Kind dies beantragt oder die Eintragung des Namens des Kindes in ein deutsches Personenstandsregister oder in ein amtliches deutsches Identitätspapier erforderlich wird.

第一千六百一十七条　[父母无婚姓及共同行使亲权之子女从姓][a]

Ⅰ [1]父母无约定婚姓，而共同行使子女之亲权者，得在户政机关以声明表示子女出生之从姓为该声明时之父姓或母姓。[2]于出生证明出具后，始为声明表示者，应以公证为之。[3]父母指定子女之从姓，并及于嗣后所生之子女。

Ⅱ [1]父母于子女出生后一个月未为从姓之指定者，由家事法院决定由父或母之一方指定之。[2]于此情形，准用第一款规定。[3]法院并得对有指定权之父或母，限定指定之期间。[4]该期间一届满而仍未指定者，子女之姓氏，从有指定权一方之父姓或母姓。

Ⅲ 子女不在国内出生者，以一方父母或子女申请指定子女之姓氏或将子女之姓氏登记于德国之户籍登记簿，或于申请德国官方身份证件所必要者为限，家事法院始得依第二款规定，指定由父或母一方决定子女之姓氏。

a 第1617条至第1618条又因2007年2月19日《户籍法》改革而修正。原用"户口名册"（Personenstandsbuch）改为"户籍登记簿"（Personenstandsregister）。

§1617a Geburtsname bei Eltern ohne Ehenamen und Alleinsorge

(1) Führen die Eltern keinen Ehenamen und steht die elterliche Sorge nur einem Elternteil zu, so erhält das Kind den Namen, den dieser Elternteil im Zeitpunkt der Geburt des Kindes führt.

(2) Der Elternteil, dem die elterliche Sorge für ein unverheiratetes Kind allein zusteht, kann dem Kind durch Erklärung gegenüber dem Standesamt den Namen des anderen Elternteils erteilen. Die Erteilung des Namens bedarf der Einwilligung des

anderen Elternteils und, wenn das Kind das fünfte Lebensjahr vollendet hat, auch der Einwilligung des Kindes. Die Erklärungen müssen öffentlich beglaubigt werden. Für die Einwilligung des Kindes gilt §1617c Abs. 1 entsprechend.

第一千六百一十七条之一 [父母无婚姓及单独行使亲权之子女从姓]

Ⅰ 父母无婚姓，且仅一方父母单独行使亲权者，子女之姓氏，以出生时该单独行使亲权之一方父母之姓氏定之。

Ⅱ ¹单独行使未婚子女亲权之一方父母，得在户政机关以声明表示其子女取得他方父母之姓氏。²前段姓氏之取得，应经他方父母之同意，且子女已年满五岁者，亦须经其同意。³该声明应以公证为之。⁴关于子女之同意，准用第一千六百一十七条之三第一款规定。

§1617b Name bei nachträglicher gemeinsamer Sorge oder Scheinvaterschaft

(1) Wird eine gemeinsame Sorge der Eltern erst begründet, wenn das Kind bereits einen Namen führt, so kann der Name des Kindes binnen drei Monaten nach der Begründung der gemeinsamen Sorge neu bestimmt werden. Die Frist endet, wenn ein Elternteil bei Begründung der gemeinsamen Sorge seinen gewöhnlichen Aufenthalt nicht im Inland hat, nicht vor Ablauf eines Monats nach Rückkehr in das Inland. Hat das Kind das fünfte Lebensjahr vollendet, so ist die Bestimmung nur wirksam, wenn es sich der Bestimmung anschließt. §1617 Abs. 1 und §1617c Abs. 1 Satz 2 und 3 und Abs. 3 gelten entsprechend.

(2) Wird rechtskräftig festgestellt, dass ein Mann, dessen Familienname Geburtsname des Kindes geworden ist, nicht der Vater des Kindes ist, so erhält das Kind auf seinen Antrag oder, wenn das Kind das fünfte Lebensjahr noch nicht vollendet hat, auch auf Antrag des Mannes den Namen, den die Mutter im Zeitpunkt der Geburt des Kindes führt, als Geburtsnamen. Der Antrag erfolgt durch Erklärung gegenüber dem Standesamt, die öffentlich beglaubigt werden muss. Für den Antrag des Kindes gilt §1617c Abs. 1 Satz 2 und 3 entsprechend.

第一千六百一十七条之二 [嗣后共同行使亲权或父身份不实之子女从姓]

Ⅰ ¹子女已从姓后，父母始共同行使亲权者，得于三个月内，因共同行使亲权而重新改定子女之姓氏。²其改姓之期间于父母共同行使亲权时，其一方父或母在国内无经常之居所，且不能于回国一个月内设籍于国内者，终止之。³子女年满五岁者，其改姓之决定仅在子女之同意时，始生效力。⁴于此情形，准用第一千六百一十七条第一款与第一千六百一十七条之三第一款第二段、第三段及第三款规定。

Ⅱ ¹子女从父姓后，经法院确认其非父亲者，依子女之申请，或子女未年满五岁时，亦得由父之申请，得就子女之姓氏改从母之姓氏。²其申请应以意思表示向户政机关为之；该意思表示应经公证。³关于子女之申请，准用第一千六百一十七条之三第一款第二段及第三段规定。

§1617c Name bei Namensänderung der Eltern

(1) Bestimmen die Eltern einen Ehenamen oder Lebenspartnerschaftsnamen, nachdem das Kind das fünfteLebensjahr vollendet hat, so erstreckt sich der Ehename oder Lebenspartnerschaftsname auf den Geburtsnamen des Kindes nur dann, wenn es sich der Namensgebung anschließt. Ein in der Geschäftsfähigkeit beschränktes Kind, welches das 14. Lebensjahr vollendet hat, kann die Erklärung nur selbst abgeben; es bedarf hierzu der Zustimmung seines gesetzlichen Vertreters. Die Erklärung ist gegenüber dem Standesamt abzugeben; sie muss öffentlich beglaubigt werden.

(2) Absatz 1 gilt entsprechend,
  1. wenn sich der Ehename oder Lebenspartnerschaftsname, der Geburtsname eines Kindes geworden ist, ändert oder
  2. wenn sich in den Fällen der §§1617, 1617a und 1617b der Familienname eines Elternteils, der Geburtsname eines Kindes geworden ist, auf andere Weise als durch Eheschließung oder Begründung einer Lebenspartnerschaft ändert.

(3) Eine Änderung des Geburtsnamens erstreckt sich auf den Ehenamen oder den Lebenspartnerschaftsnamen des Kindes nur dann, wenn sich auch der Ehegatte oder der Lebenspartner der Namensänderung anschließt; Absatz 1 Satz 3 gilt entsprechend.

第一千六百一十七条之三　[父母变更婚姓时子女之从姓]ª

Ⅰ ¹父母于子女年满五岁时，始决定共同之婚姓或同性伴侣之姓氏者，以子女之同意为限，以该婚姓或同性伴侣之姓氏取代子女出生之姓氏。²限制行为能力之未成年子女年满十四岁者，仅得自为同意之意思表示；于此情形，应得法定代理人之同意。³其同意之意思表示应向户政机关为之；该意思表示应经公证。

Ⅱ 有下列情事之一者，准用第一款规定：

1. 婚姓或同性伴侣之姓氏为子女之姓氏时，其有变更之情事者。
2. 依第一千六百一十七条、第一千六百一十七条之一及第一千六百一十七条之二规定，子女之姓氏为一方父母之姓氏时，该父母因结婚或组成同性伴侣共同生活关系而以其他方式为姓氏之变更者。

Ⅲ 配偶或同性伴侣对于姓氏之变更为同意者，其出生姓氏之变更，扩及子女之婚姓或同性伴侣之姓氏。于此情形，准用第一款第三段规定。

a 本条配合2001年2月16日《同性登记伴侣法》而修正。

§1618 Einbenennung

Der Elternteil, dem die elterliche Sorge für ein unverheiratetes Kind allein oder gemeinsam mit dem anderen Elternteil zusteht, und sein Ehegatte, der nicht Elternteil des Kindes ist, können dem Kind, das sie in ihren gemeinsamen Haushalt aufgenommen haben, durch Erklärung gegenüber dem Standesamt ihren Ehenamen erteilen. Sie können diesen Namen auch dem von dem Kind zur Zeit der Erklärung geführten Namen voranstellen oder anfügen; ein bereits zuvor nach Halbsatz 1 vorangestellter oder angefügter Ehename entfällt. Die Erteilung, Voranstellung oder Anfügung des Namens bedarf der Einwilligung des anderen Elternteils, wenn ihm die elterliche Sorge gemeinsam mit dem den Namen erteilenden Elternteil zusteht oder das Kind seinen Namen führt, und, wenn das Kind das fünfte Lebensjahr vollendet hat, auch der Einwilligung des Kindes. Das Familiengericht kann die Einwilligung des anderen Elternteils ersetzen, wenn die Erteilung, Voranstellung oder Anfügung des Namens zum Wohl des Kindes erforderlich ist. Die Erklärungen müssen öffentlich beglaubigt werden. §1617c gilt entsprechend.

第一千六百一十八条 [姓氏之确定][a]

[1]对未成年子女单独或共同行使亲权之一方父母，其配偶不为子女之父或母，而与子女共同生活者，得在户政机关以声明表示该子女取得父母之婚姓。[2]婚姓亦得置于子女声明时使用之姓氏之前或之后。[3]于此情形，依前半段规定，已置于婚姓之前或之后之姓氏应随之取消。[4]父母共同行使亲权，而其中之一方对子女之姓氏有权变更或原姓之前或之后附加姓氏时，应得他方配偶之同意；或子女从父母一方之姓氏，且

其已年满五岁者，亦应得子女之同意。⁵姓氏之变更或于原姓之前或之后附加姓氏，而有涉及子女之重大利益者，得由家事法院取代父母之同意。⁶声明之意思表示，应以公证为之。⁷于此情形，准用第一千六百一十七条之三规定。

a 本条因2004年4月23日修正关于父子关系否认之诉与会面交往权规定而修正。

§1618a Pflicht zu Beistand und Rücksicht

Eltern und Kinder sind einander Beistand und Rücksicht schuldig.

第一千六百一十八条之一　[互相扶助照顾之义务][a]

父母子女间互负扶助及照顾之义务。

a 本条因1979年7月18日修正《亲权法》而增订。

§1619 Dienstleistungen in Haus und Geschäft

Das Kind ist, solange es dem elterlichen Hausstand angehört und von den Eltern erzogen oder unterhalten wird, verpflichtet, in einer seinen Kräften und seiner Lebensstellung entsprechenden Weise den Eltern in ihrem Hauswesen und Geschäft Dienste zu leisten.

第一千六百一十九条　[家事及营业之劳务]

子女为与父母共同生活之家属者，于受其教育及扶养之期间内，应以适于自己能力及身份之方法，对于父母之家事及营业，负有提供劳务之义务。

§1620 Aufwendungen des Kindes für den elterlichen Haushalt

Macht ein dem elterlichen Hausstand angehörendes volljähriges Kind zur Bestreitung der Kosten des Haushalts aus seinem Vermögen eine Aufwendung oder überlässt es den Eltern zu diesem Zwecke etwas aus seinem Vermögen, so ist im Zweifel anzunehmen, dass die Absicht fehlt, Ersatz zu verlangen.

第一千六百二十条 [子女对父母家事中所支出之费用]

与父母共同生活之成年子女，为筹措家庭生活费用，而由其财产而支付费用，或为此目的对父母让与自己之财产者，有疑义时，推定其无意思请求补偿。

§1621 bis §1623 (weggefallen)

第一千六百二十一条至第一千六百二十三条 [删除]^a

a 本条因1957年6月18日《男女平等法》而删除。

§1624 Ausstattung aus dem Elternvermögen

(1) Was einem Kind mit Rücksicht auf seine Verheiratung, auf seine Begründung einer Lebenspartnerschaft oder auf die Erlangung einer selbständigen Lebensstellung zur Begründung oder zur Erhaltung der Wirtschaft oder der Lebensstellung von dem Vater oder der Mutter zugewendet wird (Ausstattung), gilt, auch wenn eine Verpflichtung nicht besteht, nur insoweit als Schenkung, als die Ausstattung das den Umständen, insbesondere den Vermögensverhältnissen des Vaters oder der Mutter, entsprechende Maß übersteigt.

(2) Die Verpflichtung des Ausstattenden zur Gewährleistung wegen eines Mangels im Recht oder wegen eines Fehlers der Sache bestimmt sich, auch soweit die Ausstattung nicht als Schenkung gilt, nach den für die Gewährleistungspflicht des Schenkers geltenden Vorschriften.

第一千六百二十四条 [父母财产所给与之婚嫁、立业资金]

Ⅰ 为子女之结婚、成立同性伴侣共同生活关系或自立，以奠定或维持其家计或生活而由父母给与财产（婚嫁、立业资金）者，父母虽无该义务，但子女所取得之婚嫁、立业资金，仅按其情形，特别审酌父母财产之关系，于超过相当范围时，始得视为赠与。

Ⅱ 婚嫁、立业之资金，虽不视为赠与者，但给与之人对于权利或物之瑕疵担保义务，仍适用关于赠与人担保义务规定。

§1625 Ausstattung aus dem Kindesvermögen

Gewährt der Vater einem Kind, dessen Vermögen kraft elterlicher Sorge, Vormundschaft oder Betreuung seiner Verwaltung unterliegt, eine Ausstattung, so ist im Zweifel anzunehmen, dass er sie aus diesem Vermögen gewährt. Diese Vorschrift findet auf die Mutter entsprechende Anwendung.

第一千六百二十五条　[子女财产所给与之婚嫁及立业资金]

¹父因亲权、监护权或辅助权而管理子女之财产，且对子女给与婚嫁、立业之资金者，有疑义时，推定父对其子女为财产之给与。²前段规定，于母准用之。

Titel 5　Elterliche Sorge
第五节　亲　权

§1626 Elterliche Sorge, Grundsätze

(1) Die Eltern haben die Pflicht und das Recht, für das minderjährige Kind zu sorgen (elterliche Sorge). Die elterliche Sorge umfasst die Sorge für die Person des Kindes (Personensorge) und das Vermögen des Kindes (Vermögenssorge).

(2) Bei der Pflege und Erziehung berücksichtigen die Eltern die wachsende Fähigkeit und das wachsende Bedürfnis des Kindes zu selbständigem verantwortungsbewusstem Handeln. Sie besprechen mit dem Kind, soweit es nach dessen Entwicklungsstand angezeigt ist, Fragen der elterlichen Sorge und streben Einvernehmen an.

(3) Zum Wohl des Kindes gehört in der Regel der Umgang mit beiden Elternteilen. Gleiches gilt für den Umgang mit anderen Personen, zu denen das Kind Bindungen besitzt, wenn ihre Aufrechterhaltung für seine Entwicklung förderlich ist.

第一千六百二十六条　[亲权之通则]ª

Ⅰ ¹父母对于未成年子女有照护之义务及权利（父母之亲权）。²父母之亲权包括对子女人身（人身照护）及财产（财产照护）之照护。

Ⅱ ¹父母照护教养子女时，应注意子女成长能力及需求，而使其培养成为能独立自主之负责行为。²视子女成长情况而以适合者为限,父母应与子女检讨关于亲权行使之问题,并力求双方意见之一致。

Ⅲ ¹为子女之利益,原则上应使子女得与父母双方会面交往之权。²与子女有联系之第三人,以维持其交往对于子女成长有必要者,亦有会面交往之权。

a 本条因1979年修正《亲权法》与1997年12月16日《亲子法》改革而修正。

§1626a Elterliche Sorge nicht miteinander verheirateter Eltern; Sorgeerklärungen

(1) Sind die Eltern bei der Geburt des Kindes nicht miteinander verheiratet, so steht ihnen die elterliche Sorge gemeinsam zu,
 1. wenn sie erklären, dass sie die Sorge gemeinsam übernehmen wollen (Sorgeerklärungen),
 2. wenn sie einander heiraten oder
 3. soweit ihnen das Familiengericht die elterliche Sorge gemeinsam überträgt.

(2) Das Familiengericht überträgt gemäß Absatz 1 Nummer 3 auf Antrag eines Elternteils die elterliche Sorge oder einen Teil der elterlichen Sorge beiden Eltern gemeinsam, wenn die Übertragung dem Kindeswohl nicht widerspricht. Trägt der andere Elternteil keine Gründe vor, die der Übertragung der gemeinsamen elterlichen Sorge entgegenstehen können, und sind solche Gründe auch sonst nicht ersichtlich, wird vermutet, dass die gemeinsame elterliche Sorge dem Kindeswohl nicht widerspricht.

(3) Im Übrigen hat die Mutter die elterliche Sorge.

第一千六百二十六条之一 [无婚姻关系父母之亲权;亲权声明]ª

Ⅰ 父母于子女出生时无婚姻关系,但有下列情形之一者,得共同对子女行使亲权:
 1.父母以意思表明共同行使亲权(亲权声明)者。
 2.父母结婚者。
 3.家事法院酌定由父母共同行使亲权者。

Ⅱ ¹于不违反子女利益者,家事法院依第一款第三项之规定,因父母一方之申请,应将亲权之全部或一部酌定由父母双方共同行使。²父母之他方未能提出无法共同行使亲权之事由，或提出之事由不够充分者，应推定共同行使亲权不违反子女之利益。

Ⅲ 于其他情形，由母行使亲权。

a 第1626条之1至之5因1997年12月16日《亲子法》改革而修正、第1626条之1于2013年4月16日因《非婚生子女亲权法》修正而增订。

§1626b Besondere Wirksamkeitsvoraussetzungen der Sorgeerklärung

(1) Eine Sorgeerklärung unter einer Bedingung oder einer Zeitbestimmung ist unwirksam.

(2) Die Sorgeerklärung kann schon vor der Geburt des Kindes abgegeben werden.

(3) Eine Sorgeerklärung ist unwirksam, soweit eine gerichtliche Entscheidung über die elterliche Sorge nach den §1626a Absatz 1 Nummer 3 oder §1671 getroffen oder eine solche Entscheidung nach §1696 Absatz 1 Satz 1 geändert wurde.

第一千六百二十六条之二 [亲权声明之特别生效要件]

Ⅰ 亲权声明附有条件或期限者，不生效力。

Ⅱ 亲权声明于子女出生前，即得表示之。

Ⅲ 法院依第一千六百二十六条之一第一款第三项规定或第一千六百七十一条规定所为之亲权判决，或依第一千六百九十六条第一款规定更改该判决者，亲权声明不生效力。

§1626c Persönliche Abgabe; beschränkt geschäftsfähiger Elternteil

(1) Die Eltern können die Sorgeerklärungen nur selbst abgeben.

(2) Die Sorgeerklärung eines beschränkt geschäftsfähigen Elternteils bedarf der Zustimmung seines gesetzlichen Vertreters. Die Zustimmung kann nur von diesem selbst abgegeben werden; §1626b Abs. 1 und 2 gilt entsprechend. Das Familiengericht hat die Zustimmung auf Antrag des beschränkt geschäftsfähigen Elternteils zu ersetzen, wenn die Sorgeerklärung dem Wohl dieses Elternteils nicht widerspricht.

第一千六百二十六条之三 [亲自为亲权声明；限制行为能力之父母一方]

Ⅰ 父母仅得亲自为亲权声明。

Ⅱ ¹父母一方为限制行为能力者，应得其法定代理人之同意，始得为亲权之声明。²该同意仅得由法定代理人亲自为之；于此情形，准用第一千六百二十六条之二第一款及第二款规定。³因限制行为能力之父母一方之申请，家事法院得以其亲权声明不违反其利益者为限，取代法定代理人之同意。

§1626d Form; Mitteilungspflicht

(1) Sorgeerklärungen und Zustimmungen müssen öffentlich beurkundet werden.

(2) Die beurkundende Stelle teilt die Abgabe von Sorgeerklärungen und Zustimmungen unter Angabe des Geburtsdatums und des Geburtsorts des Kindes sowie des Namens, den das Kind zur Zeit der Beurkundung seiner Geburt geführt hat, dem nach §87c Abs. 6 Satz 2 des Achten Buches Sozialgesetzbuch zuständigen Jugendamt zu den in §58a des Achten Buches Sozialgesetzbuch genannten Zwecken unverzüglich mit.

第一千六百二十六条之四 [方式；告知义务][a]

Ⅰ 亲权之声明及同意，应以公证为之。

Ⅱ 以社会法第八编第五十八条之一所定之目的，公证机关应立即将亲权声明及同意所需之资料，包括子女之出生日、出生地及出生证明书上所使用之姓氏，依社会法第八编第八十七条之三第六款第二段规定，向主管之儿童少年局通报之。

a 本条因2003年12月13日宪法法院亲子事件判决转换法而修正。此法因应德国宪法法院在2003年1月29日所作出之判决，认为现行法第1626条之1，就未结婚之父母对于其共同子女亲权行使之相关规定，虽不违宪，但立法者负有义务，随时检视该法令规定是否符合社会家庭发展现况之需求。立法者在《亲子法》改革时并未针对该法修正前之未婚父母设有过渡条款，因此，于2003年12月13日通过本法，针对1998年7月1日《亲子改革法》施行前之分居未婚父母，就该共同子女亲权行使规定为修正，包括本条与《民法施行法》第224条、《社会法》第8条、《家事及非讼事件程序法》第49条之1等。

第二章 亲属

§1626e Unwirksamkeit

Sorgeerklärungen und Zustimmungen sind nur unwirksam, wenn sie den Erfordernissen der vorstehenden Vorschriften nicht genügen.

第一千六百二十六条之五　[不生效力]

亲权之声明及同意，未符合本条以上规定之要件者，不生效力。

§1627 Ausübung der elterlichen Sorge

Die Eltern haben die elterliche Sorge in eigener Verantwortung und in gegenseitigem Einvernehmen zum Wohl des Kindes auszuüben. Bei Meinungsverschiedenheiten müssen sie versuchen, sich zu einigen.

第一千六百二十七条　[亲权之行使]

¹父母应以自己之责任及相互意思之协议，为子女之利益而行使亲权。
²意见不一致者，应试行协调一致。

§1628 Gerichtliche Entscheidung bei Meinungsverschiedenheiten der Eltern

Können sich die Eltern in einer einzelnen Angelegenheit oder in einer bestimmten Art von Angelegenheiten der elterlichen Sorge, deren Regelung für das Kind von erheblicher Bedeutung ist, nicht einigen, so kann das Familiengericht auf Antrag eines Elternteils die Entscheidung einem Elternteil übertragen. Die Übertragung kann mit Beschränkungen oder mit Auflagen verbunden werden.

第一千六百二十八条　[父母意见不一致时法院之裁判]

¹父母于亲权行使时，对子女有重大影响之具体事件或性质特殊之事件而意见不一致者，家事法院得因父母一方之申请，改由父或母之一方决定。²该移转裁判得附有限制或负担。

§1629 Vertretung des Kindes

(1) Die elterliche Sorge umfasst die Vertretung des Kindes. Die Eltern vertreten das Kind gemeinschaftlich; ist eine Willenserklärung gegenüber dem Kind abzugeben, so genügt die Abgabe gegenüber einem Elternteil. Ein Elternteil vertritt das Kind allein, soweit er die elterliche Sorge allein ausübt oder ihm die Entscheidung nach §1628 übertragen ist. Bei Gefahr im Verzug ist jeder Elternteil dazu berechtigt, alle Rechtshandlungen vorzunehmen, die zum Wohl des Kindes notwendig sind; der andere Elternteil ist unverzüglich zu unterrichten.

(2) Der Vater und die Mutter können das Kind insoweit nicht vertreten, als nach §1795 ein Vormund von der Vertretung des Kindes ausgeschlossen ist. Steht die elterliche Sorge für ein Kind den Eltern gemeinsam zu, so kann der Elternteil, in dessen Obhut sich das Kind befindet, Unterhaltsansprüche des Kindes gegen den anderen Elternteil geltend machen. Das Familiengericht kann dem Vater und der Mutter nach §1796 die Vertretung entziehen; dies gilt nicht für die Feststellung der Vaterschaft.

2a Der Vater und die Mutter können das Kind in einem gerichtlichen Verfahren nach §1598a Abs. 2 nicht vertreten.

(3) Sind die Eltern des Kindes miteinander verheiratet oder besteht zwischen ihnen eine Lebenpartnerschaft, so kann ein Elternteil Unterhaltsansprüche des Kindes gegen den anderen Elternteil nur im eignen Namen geltend machen, solange

1. die Eltern getrennt leben oder
2. eine Ehesache oder eine Lebenspartnerschaftssache im Sinne von §269 Absatz 1 Nummer 1 oder 2 des Gesetzes über das Verfahren in Familiensachen und in den Angelegenheiten der freiwilligen Gerichtsbarkeit zwischen ihnen anhängig ist.

Eine von einem Elternteil erwirkte gerichtliche Entscheidung und ein zwischen den Eltern geschlossener gerichtlicher Vergleich wirken auch für und gegen das Kind.

第一千六百二十九条 [子女之代理][a]

I [1]亲权包括对子女之代理权。[2]子女之代理由父母共同为之；应向子女为意思表示者，仅须向父母之一方表示即足。[3]以父母一方单独行使亲权或依第一千六百二十八条规定，享有决定权者为限，由父母之一方单独代理子女。[4]因迟延而致生危险时，父母之任何一方为子女之利益，得采取一切必要之法律行为，但应立即通知他方父母。

II [1]依第一千七百九十五条规定，父母被排除代理子女之监护者，父及母均不得代理子女。²子女之亲权为父母共同行使者，照顾子女之父母一方得向他方请求该子女之扶养费用。³家事法院得依第一千七百九十六条规定，剥夺父及母之代理权；前款规定，对于确认父子关系者，不适用之。

Ⅱ -1关于第一千五百九十八条之一第二款规定之法院程序，父及母均不得代理子女。

Ⅲ ¹子女之父母有婚姻关系或同性伴侣共同生活关系时，其父母之一方，仅得于下列情形以自己之名义，向他方主张子女之扶养请求权：
1. 父母分居，或
2. 父母双方存有《家事及非讼事件程序法》第二百六十九条第一款第一项或第二项规定婚姻或同性伴侣共同生活关系事件之系属。

²对父母一方所为之法院裁判或于父母间所达成法庭上之和解者，其利益或不利益亦及于子女。

a 本条第2款之1因2008年3月26日父子关系否认之诉外之请求确认子女血统真实法而修正。

§1629a Beschränkung der Minderjährigenhaftung

(1) Die Haftung für Verbindlichkeiten, die die Eltern im Rahmen ihrer gesetzlichen Vertretungsmacht oder sonstige vertretungsberechtigte Personen im Rahmen ihrer Vertretungsmacht durch Rechtsgeschäft oder eine sonstige Handlung mit Wirkung für das Kind begründet haben, oder die auf Grund eines während der Minderjährigkeit erfolgten Erwerbs von Todes wegen entstanden sind, beschränkt sich auf den Bestand des bei Eintritt der Volljährigkeit vorhandenen Vermögens des Kindes; dasselbe gilt für Verbindlichkeiten aus Rechtsgeschäften, die der Minderjährige gemäß §§107, 108 oder §111 mit Zustimmung seiner Eltern vorgenommen hat oder für Verbindlichkeiten aus Rechtsgeschäften, zu denen die Eltern die Genehmigung des Familiengerichts erhalten haben. Beruft sich der volljährig Gewordene auf die Beschränkung der Haftung, so finden die für die Haftung des Erben geltenden Vorschriften der §§1990, 1991 entsprechende Anwendung.

(2) Absatz 1 gilt nicht für Verbindlichkeiten aus dem selbständigen Betrieb eines Erwerbsgeschäfts, soweit der Minderjährige hierzu nach §112 ermächtigt war, und für Verbindlichkeiten aus Rechtsgeschäften, die allein der Befriedigung seiner

persönlichen Bedürfnisse dienten.

(3) Die Rechte der Gläubiger gegen Mitschuldner und Mithaftende sowie deren Rechte aus einer für die Forderung bestellten Sicherheit oder aus einer deren Bestellung sichernden Vormerkung werden von Absatz 1 nicht berührt.

(4) Hat das volljährig gewordene Mitglied einer Erbengemeinschaft oder Gesellschaft nicht binnen drei Monaten nach Eintritt der Volljährigkeit die Auseinandersetzung des Nachlasses verlangt oder die Kündigung der Gesellschaft erklärt, ist im Zweifel anzunehmen, dass die aus einem solchen Verhältnis herrührende Verbindlichkeit nach dem Eintritt der Volljährigkeit entstanden ist; Entsprechendes gilt für den volljährig gewordenen Inhaber eines Handelsgeschäfts, der dieses nicht binnen drei Monaten nach Eintritt der Volljährigkeit einstellt. Unter den in Satz 1 bezeichneten Voraussetzungen wird ferner vermutet, dass das gegenwärtige Vermögen des volljährig Gewordenen bereits bei Eintritt der Volljährigkeit vorhanden war.

第一千六百二十九条之一　　[未成年人之责任限制][a]

Ⅰ [1]父母以其法定代理权限，或其他有代理权之人以其代理权限，为子女所为之法律行为或其他行为所生之债务，或基于子女未成年时所取得之死因处分而负担债务者，以子女成年时现存之财产为限，负其清偿之责任；前段情形，于未成年子女依第一百零七条、第一百零八条或第一百一十一条规定，经其父母同意之法律行为所生之债务或父母得监护法院之许可之法律行为所生之债务，亦适用之。[2]成年子女主张其责任受限制者，准用关于第一千九百九十条及第一千九百九十一条有关继承人限制责任规定。

Ⅱ 依第一百一十二条规定，未成年人经授权者为限，得自营企业所生之债务，及因法律行为所生之债务，乃用于满足其个人所需者为限，不适用第一款规定。

Ⅲ 债权人对于共同债务人与共同负责人之权利及基于该权利所生请求权之担保或为其设定担保之预告登记，不受第一款规定之影响。

Ⅳ [1]未成年之共同继承人或合伙人，未于成年后三个月内请求遗产之分割，或声明退伙者，有疑义时，推定依该法律关系所生之债务发生于成年之后；商业行为之业主，于行为时未成年者，其于成年后未停止其行为时，准用前段规定。[2]具备第一段规定之要件者，亦得推定该成年人之现有财产，于其成年时即已存在。

a 本条因1998年8月25日《未成年责任限制法》而修正。

§1630 Elterliche Sorge bei Pflegerbestellung oder Familienpflege

(1) Die elterliche Sorge erstreckt sich nicht auf Angelegenheiten des Kindes, für die ein Pfleger bestellt ist.
(2) Steht die Personensorge oder die Vermögenssorge einem Pfleger zu, so entscheidet das Familiengericht, falls sich die Eltern und der Pfleger in einer Angelegenheit nicht einigen können, die sowohl die Person als auch das Vermögen des Kindes betrifft.
(3) Geben die Eltern das Kind für längere Zeit in Familienpflege, so kann das Familiengericht auf Antrag der Eltern oder der Pflegeperson Angelegenheiten der elterlichen Sorge auf die Pflegeperson übertragen. Für die Übertragung auf Antrag der Pflegeperson ist die Zustimmung der Eltern erforderlich. Im Umfang der Übertragung hat die Pflegeperson die Rechte und Pflichten eines Pflegers.

第一千六百三十条 [设有襄佐人或家庭襄佐师时父母之亲权][a]

Ⅰ 就子女之事务，设有襄佐人者，父母之亲权不及于该事务。
Ⅱ 关于子女人身或财产之监护，属于襄佐人者，就子女人身及财产之事务，父母与襄佐人之意见不一致时，由家事法院决定之。
Ⅲ [1]父母将子女长期交由家庭襄佐师[b]教养者，家事法院得依父母或家庭襄佐师之申请，将亲权移转该襄佐人。[2]依襄佐人之申请将其移转者，应经父母之同意。[3]于移转之范围内，由家庭襄佐师行使监护人之权利与义务。

a 本条因1979年7月18日修正《亲权法》而修正。
b 本条所称家庭襄佐师，指必须修习特殊学程，并经国家认可之专业人士。

§1631 Inhalt und Grenzen der Personensorge

(1) Die Personensorge umfasst insbesondere die Pflicht und das Recht, das Kind zu pflegen, zu erziehen, zu beaufsichtigen und seinen Aufenthalt zu bestimmen.
(2) Kinder haben ein Recht auf gewaltfreie Erziehung. Körperliche Bestrafungen, seelische Verletzungen und andere entwürdigende Maßnahmen sind unzulässig.
(3) Das Familiengericht hat die Eltern auf Antrag bei der Ausübung der Personensorge

in geeigneten Fällen zu unterstützen.

第一千六百三十一条　[人身监护之内容及限制]^a

Ⅰ 子女之人身监护，包括子女之照顾、教育、监督及居所指定之权利义务。
Ⅱ ¹子女有权利接受非暴力性之教育。²不得对子女体罚、精神上之虐待及其他侮辱之行为。
Ⅲ 家事法院得因父母之申请，于适当之情形，就其行使人身监护予以协助。

a 本条因1979年7月18日修正《亲权法》、1997年12月16日《亲子法》改革、2000年11月2日《监督暴力介入教养法》而修正。

§1631a Ausbildung und Beruf

In Angelegenheiten der Ausbildung und des Berufs nehmen die Eltern insbesondere auf Eignung und Neigung des Kindes Rücksicht. Bestehen Zweifel, so soll der Rat eines Lehrers oder einer anderen geeigneten Person eingeholt werden.

第一千六百三十一条之一　[学校教育及职业]^a

¹父母决定关于学校教育及职业之事项者，应考虑子女之才能及兴趣。²有疑义时，应征询老师或其他适合之人之意见。

a 本条因1979年7月18日修正《亲权法》而修正。

§1631b Mit Freiheitsentziehung verbundene Unterbringung

Eine Unterbringung des Kindes, die mit Freiheitsentziehung verbunden ist, bedarf der Genehmigung des Familiengerichts. Die Unterbringung ist zulässig, wenn sie zum Wohl des Kindes, insbesondere zur Abwendung einer erheblichen Selbst- oder Fremdgefährdung, erforderlich ist und der Gefahr nicht auf andere Weise, auch nicht durch andere öffentliche Hilfen, begegnet werden kann. Ohne die Genehmigung ist die Unterbringung nur zulässig, wenn mit dem Aufschub Gefahr verbunden ist; die Genehmigung ist unverzüglich nachzuholen.

第一千六百三十一条之二　　[对子女剥夺自由之安置]ª

¹对子女剥夺自由之安置者，应经家事法院之许可。²以符合子女之利益者为限，尤为避免自身或外来之重大危险所必要，且该危险不能以其他方法排除，或经由其他机关之援助而消除时，得为安置之行为。³因迟延致生危险者，得未经许可而为安置；但该许可应立即补正之。

a 本条因2008年7月4日《减轻危害子女利益之家事程序法》而修正。

§1631c　Verbot der Sterilisation

Die Eltern können nicht in eine Sterilisation des Kindes einwilligen. Auch das Kind selbst kann nicht in die Sterilisation einwilligen. §1909 findet keine Anwendung.

第一千六百三十一条之三　　[绝育之禁止]

¹父母不得同意其子女实施绝育之行为。²子女自身亦不得同意实行绝育之行为。³于此情形，第一千九百零九条规定不适用之。

§1631d　Beschneidung des männlichen Kindes

(1) Die Personensorge umfasst auch das Recht, in eine medizinisch nicht erforderliche Beschneidung des nicht einsichts- und urteilsfähigen männlichen Kindes einzuwilligen, wenn diese nach den Regeln der ärztlichen Kunst durchgeführt werden soll. Dies gilt nicht, wenn durch die Beschneidung auch unter Berücksichtigung ihres Zwecks das Kindeswohl gefährdet wird.

(2) In den ersten sechs Monaten nach der Geburt des Kindes dürfen auch von einer Religionsgesellschaft dazu vorgesehene Personen Beschneidungen gemäß Absatz 1 durchführen, wenn sie dafür besonders ausgebildet und, ohne Arzt zu sein, für die Durchführung der Beschneidung vergleichbar befähigt sind.

第一千六百三十一条之四　　[子之割礼]ª

I ¹对无理解及判断能力之子行医疗上非必要割礼之同意权，其实施合于医术规范者，亦属人身监护之一部。²但于斟酌割礼之目的后，得认割礼危害子女之利益者，不在此限。

II 子女出生后六个月，得由宗教团体所定之人实施割礼，其应经特别训练，且纵不具医师资格，应与医师具备同等实施割礼之能力。

a 本条因2012年12月20日《男子割礼人身监护法》而增订。

§1632 Herausgabe des Kindes; Bestimmung des Umgangs; Verbleibensanordnung bei Familienpflege

(1) Die Personensorge umfasst das Recht, die Herausgabe des Kindes von jedem zu verlangen, der es den Eltern oder einem Elternteil widerrechtlich vorenthält.

(2) Die Personensorge umfasst ferner das Recht, den Umgang des Kindes auch mit Wirkung für und gegen Dritte zu bestimmen.

(3) Über Streitigkeiten, die eine Angelegenheit nach Absatz 1 oder 2 betreffen, entscheidet das Familiengericht auf Antrag eines Elternteils.

(4) Lebt das Kind seit längerer Zeit in Familienpflege und wollen die Eltern das Kind von der Pflegeperson wegnehmen, so kann das Familiengericht von Amts wegen oder auf Antrag der Pflegeperson anordnen, dass das Kind bei der Pflegeperson verbleibt, wenn und solange das Kindeswohl durch die Wegnahme gefährdet würde.

第一千六百三十二条 [子女之返还；会面交往之决定；家庭监护时安置命令]^a

Ⅰ 子女人身之监护，包括对于不法留置子女而使其脱离父母之返还请求权。

Ⅱ 子女人身之监护，亦包括决定子女会面交往对于第三人之效力。

Ⅲ 依第一款或第二款规定之事项，有争议者，由家事法院，依父母一方之申请决定之。

Ⅳ 子女长期交由家庭襄佐师养育，而父母欲将该子女由家庭襄佐师之处所领回时，如被父母领回，对子女之利益有招致危害者为限，家事法院得依职权或依家庭襄佐师之申请，得命子女留在家庭襄佐师之家。

a 本条因1979年7月18日修正《亲权法》而修正。

§1633 Personensorge für verheirateten Minderjährigen

Die Personensorge für einen Minderjährigen, der verheiratet ist oder war, beschränkt sich auf die Vertretung in den persönlichen Angelegenheiten.

第一千六百三十三条 [已婚之未成年人之人身照护]

对已结婚或曾结婚之未成年人，其人身之照护，仅限于对其个人事务之代理。

§1634 bis §1637 (weggefallen)

第一千六百三十四条至第一千六百三十七条 [删除]^a

a 第1635条至第1637条因1938年7月6日之《婚姻法》而删除；第1634条因1997年12月16日《亲子法》改革而删除。

§1638 Beschränkung der Vermögenssorge

(1) Die Vermögenssorge erstreckt sich nicht auf das Vermögen, welches das Kind von Todes wegen erwirbt oder welches ihm unter Lebenden unentgeltlich zugewendet wird, wenn der Erblasser durch letztwillige Verfügung, der Zuwendende bei der Zuwendung bestimmt hat, dass die Eltern das Vermögen nicht verwalten sollen.

(2) Was das Kind auf Grund eines zu einem solchen Vermögen gehörenden Rechts oder als Ersatz für die Zerstörung, Beschädigung oder Entziehung eines zu dem Vermögen gehörenden Gegenstands oder durch ein Rechtsgeschäft erwirbt, das sich auf das Vermögen bezieht, können die Eltern gleichfalls nicht verwalten.

(3) Ist durch letztwillige Verfügung oder bei der Zuwendung bestimmt, dass ein Elternteil das Vermögen nicht verwalten soll, so verwaltet es der andere Elternteil. Insoweit vertritt dieser das Kind.

第一千六百三十八条 [财产监护之限制]

Ⅰ 子女由于死因处分所得，或因生前无偿行为所得之财产，经被继承人以遗嘱，或赠与人于赠与时，声明父母不应管理该财产者，父母对于子女财产监护之权限，不及于该财产。

Ⅱ 子女基于前款财产所属之权利，或基于前款财产所属之物因灭失、毁损或侵夺所生之补偿，或基于与该财产有关之法律行为而有所取得者，其父母亦不应管理之。

Ⅲ ¹以遗嘱或赠与时声明，父母之一方对该财产不应管理者，应由他方管理之。²于此情形，由他方父母代理其子女。

§1639 Anordnungen des Erblassers oder Zuwendenden

(1) Was das Kind von Todes wegen erwirbt oder was ihm unter Lebenden unentgeltlich zugewendet wird, haben die Eltern nach den Anordnungen zu verwalten, die durch letztwillige Verfügung oder bei der Zuwendung getroffen worden sind.

(2) Die Eltern dürfen von den Anordnungen insoweit abweichen, als es nach §1803 Abs. 2, 3 einem Vormund gestattet ist.

第一千六百三十九条 [被继承人或赠与人之指示]ª

Ⅰ 子女由于死因处分所得或因生前无偿行为所得之财产，如经由遗嘱或赠与时就其管理有所指示者，父母应按其指示管理之。

Ⅱ 依第一千八百零三条第二款及第三款规定，就监护人所允许之范围内，父母得不按其指示为之。

a 本条因1997年12月16日《亲子法》改革而修正。

§1640 Vermögensverzeichnis

(1) Die Eltern haben das ihrer Verwaltung unterliegende Vermögen, welches das Kind von Todes wegen erwirbt, zu verzeichnen, das Verzeichnis mit der Versicherung der Richtigkeit und Vollständigkeit zu versehen und dem Familiengericht einzureichen. Gleiches gilt für Vermögen, welches das Kind sonst anlässlich eines Sterbefalls erwirbt, sowie für Abfindungen, die anstelle von Unterhalt gewährt werden, und unentgeltliche Zuwendungen. Bei Haushaltsgegenständen genügt die Angabe des Gesamtwerts.

(2) Absatz 1 gilt nicht,

1. wenn der Wert eines Vermögenserwerbs 15.000 Euro nicht übersteigt oder

2. soweit der Erblasser durch letztwillige Verfügung oder der Zuwendende bei der Zuwendung eine abweichende Anordnung getroffen hat.

(3) Reichen die Eltern entgegen Absatz 1, 2 ein Verzeichnis nicht ein oder ist das eingereichte Verzeichnis ungenügend, so kann das Familiengericht anordnen, dass

das Verzeichnis durch eine zuständige Behörde oder einen zuständigen Beamten oder Notar aufgenommen wird.

第一千六百四十条 [财产目录]

Ⅰ ¹父母管理子女由于死因处分所得之财产者,应将该财产制成目录;作成目录时应保证其正确性及完整性,并应陈报家事法院。²前段情形,子女因其他死亡情形所取得之财产、取代扶养所获之补偿及无偿受赠与时准用之。³关于家庭用具,以记载其总价值即可。

Ⅱ 第一款规定于下列情事不适用之:
1. 财产价值未超出一万五千欧元者。
2. 被继承人以遗嘱或赠与人于赠与时有不同之指示者。

Ⅲ 父母违反第一款及第二款规定,而未制成财产目录或陈报之财产目录不完整者,家事法院得以命令,由主管机关或主管之公务员或公证人制成该财产目录。

§1641 Schenkungsverbot

Die Eltern können nicht in Vertretung des Kindes Schenkungen machen. Ausgenommen sind Schenkungen, durch die einer sittlichen Pflicht oder einer auf den Anstand zu nehmenden Rücksicht entsprochen wird.

第一千六百四十一条 [赠与之禁止]

¹父母不得代其子女为赠与。²但本于道德上义务或合于礼节上之赠与者,不在此限。

§1642 Anlegung von Geld

Die Eltern haben das ihrer Verwaltung unterliegende Geld des Kindes nach den Grundsätzen einer wirtschaftlichen Vermögensverwaltung anzulegen, soweit es nicht zur Bestreitung von Ausgaben bereitzuhalten ist.

第一千六百四十二条 [金钱之投资]

父母对子女之金钱,依经济上理财之管理原则进行投资。但为准备支出之需要者，不在此限。

§1643 Genehmigungspflichtige Rechtsgeschäfte

(1) Zu Rechtsgeschäften für das Kind bedürfen die Eltern der Genehmigung des Familiengerichts in den Fällen, in denen nach §1821 und nach §1822 Nr. 1, 3, 5, 8 bis 11 ein Vormund der Genehmigung bedarf.

(2) Das Gleiche gilt für die Ausschlagung einer Erbschaft oder eines Vermächtnisses sowie für den Verzicht auf einen Pflichtteil. Tritt der Anfall an das Kind erst infolge der Ausschlagung eines Elternteils ein, der das Kind allein oder gemeinsam mit dem anderen Elternteil vertritt, so ist die Genehmigung nur erforderlich, wenn dieser neben dem Kind berufen war.

(3) Die Vorschriften der §§1825, 1828 bis 1831 sind entsprechend anzuwenden.

第一千六百四十三条　[有同意义务之法律行为]

I 依第一千八百二十一条及第一千八百二十二条第一项、第三项、第五项、第八项至第十一项规定，监护人所为之行为应经监护法院同意者，由父母代理子女而为该法律行为时，亦应得家事法院之同意。

II [1]前款规定，于继承或遗赠之拒绝及特留份之抛弃，亦适用之。[2]父母之一方，单独或与他方父母共同行使亲权时，因一方父母之拒绝继承，致继承财产或遗赠归属于子女者，以父母之一方及子女同为继承人为限，其拒绝继承应经法院之同意。

III 前款情形，准用第一千八百二十五条及第一千八百二十八条至第一千八百三十一条规定。

§1644 Überlassung von Vermögensgegenständen an das Kind

Die Eltern können Gegenstände, die sie nur mit Genehmigung des Familiengerichts veräußern dürfen, dem Kind nicht ohne diese Genehmigung zur Erfüllung eines von dem Kind geschlossenen Vertrags oder zu freier Verfügung überlassen.

第一千六百四十四条　[财产标的物之交付子女]

对于应经家事法院同意始得让与之财产，父母未经法院同意者，不得将该财产标的物交付子女,以供其为履行契约或自由处分之用。

§1645 Neues Erwerbsgeschäft

Die Eltern sollen nicht ohne Genehmigung des Familiengerichts ein neues Erwerbsgeschäft im Namen des Kindes beginnen.

第一千六百四十五条 [新营业]

父母未经家事法院之同意,不得以子女之名义开始新营业。

§1646 Erwerb mit Mitteln des Kindes

(1) Erwerben die Eltern mit Mitteln des Kindes bewegliche Sachen, so geht mit dem Erwerb das Eigentum auf das Kind über, es sei denn, dass die Eltern nicht für Rechnung des Kindes erwerben wollen. Dies gilt insbesondere auch von Inhaberpapieren und von Orderpapieren, die mit Blankoindossament versehen sind.

(2) Die Vorschriften des Absatzes 1 sind entsprechend anzuwenden, wenn die Eltern mit Mitteln des Kindes ein Recht an Sachen der bezeichneten Art oder ein anderes Recht erwerben, zu dessen Übertragung der Abtretungsvertrag genügt.

第一千六百四十六条 [以子女之资本取得财产]

Ⅰ [1]父母以子女之资本取得动产者,其取得所有权时,应移转给子女。但父母无意为子女之计算取得者,不在此限。[2]前段规定,于无记名证券及空白背书之指示证券,亦适用之。

Ⅱ 父母以子女资本,取得前款所定各种标的物之物上权利,或取得其他得以债权让与契约为移转之权利者,准用第一款规定。

§1647 (weggefallen)

第一千六百四十七条 [删除][a]

a 本条因1957年6月18日《男女平等法》而删除。

§1648 Ersatz von Aufwendungen

Machen die Eltern bei der Ausübung der Personensorge oder der Vermögenssorge Aufwendungen, die sie den Umständen nach für erforderlich halten dürfen, so können sie von dem Kind Ersatz verlangen, sofern nicht die Aufwendungen ihnen selbst zur Last fallen.

第一千六百四十八条 [费用之偿还]

父母为照护子女之人身或财产所支出之费用，按其情事认为必需者，得请求子女偿还之。但其费用应由父母负担者，不在此限。

§1649 Verwendung der Einkünfte des Kindesvermögens

(1) Die Einkünfte des Kindesvermögens, die zur ordnungsmäßigen Verwaltung des Vermögens nicht benötigt werden, sind für den Unterhalt des Kindes zu verwenden. Soweit die Vermögenseinkünfte nicht ausreichen, können die Einkünfte verwendet werden, die das Kind durch seine Arbeit oder durch den ihm nach §112 gestatteten selbständigen Betrieb eines Erwerbsgeschäfts erwirbt.

(2) Die Eltern können die Einkünfte des Vermögens, die zur ordnungsmäßigen Verwaltung des Vermögens und für den Unterhalt des Kindes nicht benötigt werden, für ihren eigenen Unterhalt und für den Unterhalt der minderjährigen unverheirateten Geschwister des Kindes verwenden, soweit dies unter Berücksichtigung der Vermögens- und Erwerbsverhältnisse der Beteiligten der Billigkeit entspricht. Diese Befugnis erlischt mit der Eheschließung des Kindes.

第一千六百四十九条 [子女财产收益之使用]

Ⅰ [1]子女财产上之收益，除通常管理财产之费用外，应用于子女之扶养。[2]以子女财产之收益不敷使用者为限，得使用子女因其劳力，或依第一百一十二条规定，允许其独立营业所得之收益。

Ⅱ [1]子女财产之收益，除用于通常管理财产之费用及子女之扶养费用外，父母得为自己及子女之未成年且未结婚之兄弟姊妹之扶养而使用之。但以斟酌当事人之财产及营业状况，认为合于公平者为限。[2]该权限，因子女之结婚而消灭。

§1650 bis §1663 (weggefallen)

第一千六百五十条至第一千六百六十三条 [删除]^a

a 本条因1957年6月18日《男女平等法》而删除。

§1664 Beschränkte Haftung der Eltern

(1) Die Eltern haben bei der Ausübung der elterlichen Sorge dem Kind gegenüber nur für die Sorgfalt einzustehen, die sie in eigenen Angelegenheiten anzuwenden pflegen.

(2) Sind für einen Schaden beide Eltern verantwortlich, so haften sie als Gesamtschuldner.

第一千六百六十四条 [父母之限制责任]

Ⅰ 父母行使亲权时，对子女负有与处理自己事务同一之注意义务。
Ⅱ 父母双方就所生之损害皆应负责者，共同负连带债务人之责任。

§1665 (weggefallen)

第一千六百六十五条 [删除]^a

a 本条因1957年6月18日《男女平等法》而删除。

§1666 Gerichtliche Maßnahmen bei Gefährdung des Kindeswohls

(1) Wird das körperliche, geistige oder seelische Wohl des Kindes oder sein Vermögen gefährdet und sind die Eltern nicht gewillt oder nicht in der Lage, die Gefahr abzuwenden, so hat das Familiengericht die Maßnahmen zu treffen, die zur Abwendung der Gefahr erforderlich sind.

(2) In der Regel ist anzunehmen, dass das Vermögen des Kindes gefährdet ist, wenn der Inhaber der Vermögenssorge seine Unterhaltspflicht gegenüber dem Kind oder

seine mit der Vermögenssorge verbundenen Pflichten verletzt oder Anordnungen des Gerichts, die sich auf die Vermögenssorge beziehen, nicht befolgt.

(3) Zu den gerichtlichen Maßnahmen nach Absatz 1 gehören insbesondere
1. Gebote, öffentliche Hilfen wie zum Beispiel Leistungen der Kinder- und Jugendhilfe und der Gesundheitsfürsorge in Anspruch zu nehmen,
2. Gebote, für die Einhaltung der Schulpflicht zu sorgen,
3. Verbote, vorübergehend oder auf unbestimmte Zeit die Familienwohnung oder eine andere Wohnung zu nutzen, sich in einem bestimmten Umkreis der Wohnung aufzuhalten oder zu bestimmende andere Orte aufzusuchen, an denen sich das Kind regelmäßig aufhält,
4. Verbote, Verbindung zum Kind aufzunehmen oder ein Zusammentreffen mit dem Kind herbeizuführen,
5. die Ersetzung von Erklärungen des Inhabers der elterlichen Sorge,
6. die teilweise oder vollständige Entziehung der elterlichen Sorge.

(4) In Angelegenheiten der Personensorge kann das Gericht auch Maßnahmen mit Wirkung gegen einen Dritten treffen.

第一千六百六十六条　[对子女利益危害时法院之措施][a]

Ⅰ 子女就身体、心理或精神上之利益或其财产有受危害之虞，而其父母无意或无能力排除该危害者，家事法院得采取消除该危害之必要措施。

Ⅱ 为财产监护之人，于违反对子女之扶养义务或与其财产监护有关之义务，或未遵守法院对于财产监护所为之命令者，通常应推定子女之财产有受危害之虞。

Ⅲ 依第一款规定之法院措施，尤应包括下列各款之情事：
1. 对于官方提供之援助，例如关于儿童或少年扶助之给付及请求健康救济所为之命令。
2. 对于注意遵守学校义务教育所为之命令。
3. 禁止其暂时或于不确定期间内，使用家庭住所或其他居所、禁止其于住所特定周围停留或禁止其探访子女通常停留之其他特定处所而为之命令。
4. 对于与子女联系或会面所为之禁止命令。
5. 替代亲权行使人之声明。
6. 部分或全部亲权之剥夺。

Ⅳ 关于人身监护之事项，法院亦得采取效力及于第三人之措施。

a 本条因1979年7月18日修正《亲权法》、1997年12月16日《亲子法》改革、2008年7月4日《减轻危害子女利益之家事程序法》而修正。

Grundsatz der Verhältnismäßigkeit; Vorrang öffentlicher Hilfen

(1) Maßnahmen, mit denen eine Trennung des Kindes von der elterlichen Familie verbunden ist, sind nur zulässig, wenn der Gefahr nicht auf andere Weise, auch nicht durch öffentliche Hilfen, begegnet werden kann. Dies gilt auch, wenn einem Elternteil vorübergehend oder auf unbestimmte Zeit die Nutzung der Familienwohnung untersagt werden soll. Wird einem Elternteil oder einem Dritten die Nutzung der vom Kind mitbewohnten oder einer anderen Wohnung untersagt, ist bei der Bemessung der Dauer der Maßnahme auch zu berücksichtigen, ob diesem das Eigentum, das Erbbaurecht oder der Nießbrauch an dem Grundstück zusteht, auf dem sich die Wohnung befindet; Entsprechendes gilt für das Wohnungseigentum, das Dauerwohnrecht, das dingliche Wohnrecht oder wenn der Elternteil oder Dritte Mieter der Wohnung ist.

(2) Die gesamte Personensorge darf nur entzogen werden, wenn andere Maßnahmen erfolglos geblieben sind oder wenn anzunehmen ist, dass sie zur Abwendung der Gefahr nicht ausreichen.

第一千六百六十六条之一 [比例原则；行政援助之优先性][a]

Ⅰ [1]对子女之危害不能以其他方法，亦不能经由行政援助而排除者，始得采取将子女由其父母之家庭予以分离之措施。[2]前段情形，于拒绝父母之一方暂时或于不确定之期间内使用该家庭住所时，亦同。[3]拒绝父母之一方或第三人使用与子女共同生活之住所或其他住所者，于衡量该措施之期间时，应斟酌其是否享有房屋坐落之土地所有权、地上权或用益权；就住宅所有权、继续居住权、物上居住权或父母之一方或第三人为房屋之承租人时，亦应一并斟酌之。

Ⅱ 其他之措施皆无成效或推定其不足以排除危害者，始得剥夺其全部之人身监护权。

a 本条因2002年4月9日《改善亲子权益法》而修正。

§1667 Gerichtliche Maßnahmen bei Gefährdung des Kindesvermögens

(1) Das Familiengericht kann anordnen, dass die Eltern ein Verzeichnis des Vermögens des Kindes einreichen und über die Verwaltung Rechnung legen. Die Eltern haben das Verzeichnis mit der Versicherung der Richtigkeit und Vollständigkeit zu versehen. Ist das eingereichte Verzeichnis ungenügend, so kann das Familiengericht anordnen, dass das Verzeichnis durch eine zuständige Behörde oder durch einen zuständigen Beamten oder Notar aufgenommen wird.

(2) Das Familiengericht kann anordnen, dass das Geld des Kindes in bestimmter Weise anzulegen und dass zur Abhebung seine Genehmigung erforderlich ist. Gehören Wertpapiere, Kostbarkeiten oder Schuldbuchforderungen gegen den Bund oder ein Land zum Vermögen des Kindes, so kann das Familiengericht dem Elternteil, der das Kind vertritt, die gleichen Verpflichtungen auferlegen, die nach §§1814 bis 1816, 1818 einem Vormund obliegen; die §§1819, 1820 sind entsprechend anzuwenden.

(3) Das Familiengericht kann dem Elternteil, der das Vermögen des Kindes gefährdet, Sicherheitsleistung für das seiner Verwaltung unterliegende Vermögen auferlegen. Die Art und den Umfang der Sicherheitsleistung bestimmt das Familiengericht nach seinem Ermessen. Bei der Bestellung und Aufhebung der Sicherheit wird die Mitwirkung des Kindes durch die Anordnung des Familiengerichts ersetzt. Die Sicherheitsleistung darf nur dadurch erzwungen werden, dass die Vermögenssorge gemäß §1666 Abs. 1 ganz oder teilweise entzogen wird.

(4) Die Kosten der angeordneten Maßnahmen trägt der Elternteil, der sie veranlasst hat.

第一千六百六十七条　[对子女财产危害时法院之措施]^a

Ⅰ ¹家事法院得命父母提出财产目录及其所管理之账目。²父母对于财产目录，应附具证明其正确及完备之文件。³财产目录欠缺完备者，家事法院得命主管机关或主管公务员或公证人制成之。

Ⅱ ¹家事法院以命令就子女金钱，按特定方法投资或领出者，应经其同意。²有价证券、贵重物品或登记于联邦或各邦之账簿上之债权（Schuldbuchforderung）系属于子女之财产者，家事法院亦得使代理子女之父或母负担与监护人依第一千八百一十四条至第一千八百一十六条及第一千八百一十八条规定所应负担之同一义务；于此情形，准用第一千八百一十九条及第一千八百二十条规定。

Ⅲ ¹家事法院得使危害子女财产之父母一方，就其财产之管理，负提供担保之责。²担保之方法及范围，由监护法院酌定之。³担保之设定及废止，由家事法院以命令代替子女之协力。⁴财产监护因第一千六百六十六条第一款规定，全部或部分被剥夺者，其担保之提供，始得强制为之。

Ⅳ 依命令处置所生之费用，应由造成该处置之父母一方负担之。

a 本条于2001年12月11日为因应债法修正所制定之《证券行政管理法》而修正。

§1668 bis §1670 (weggefallen)

第一千六百六十八条至第一千六百七十条　[删除]

§1671　Übertragung der Alleinsorge bei Getrenntleben der Eltern

(1) Leben Eltern nicht nur vorübergehend getrennt und steht ihnen die elterliche Sorge gemeinsam zu, so kann jeder Elternteil beantragen, dass ihm das Familiengericht die elterliche Sorge oder einen Teil der elterlichen Sorge allein überträgt. Dem Antrag ist stattzugeben, soweit

 1. der andere Elternteil zustimmt, es sei denn, das Kind hat das 14. Lebensjahr vollendet und widerspricht der Übertragung, oder

 2. zu erwarten ist, dass die Aufhebung der gemeinsamen Sorge und die Übertragung auf den Antragsteller dem Wohl des Kindes am besten entspricht.

(2) Leben Eltern nicht nur vorübergehend getrennt und steht die elterliche Sorge nach §1626a Absatz 3 der Mutter zu, so kann der Vater beantragen, dass ihm das Familiengericht die elterliche Sorge oder einen Teil der elterlichen Sorge allein überträgt. Dem Antrag ist stattzugeben, soweit

 1. die Mutter zustimmt, es sei denn, die Übertra ung widerspricht dem Wohl des Kindes oder das Kind hat das 14. Lebensjahr vollendet und widerspricht der Übertragung, oder

 2. eine gemeinsame Sorge nicht in Betracht kommt und zu erwarten ist, dass die Übertragung auf den Vater dem Wohl des Kindes am besten entspricht.

(3) Ruht die elterliche Sorge der Mutter nach §1751 Absatz 1 Satz 1, so gilt der Antrag des Vaters auf Übertragung der gemeinsamen elterlichen Sorge nach §1626a Absatz 2 als Antrag nach Absatz §2. Dem Antrag ist stattzugeben, soweit die Übertragung der

elterlichen Sorge auf den Vater dem Wohl des Kindes nicht widerspricht.

(4) Den Anträgen nach den Absätzen 1 und 2 ist nicht stattzugeben, soweit die elterliche Sorge auf Grund anderer Vorschriften abweichend geregelt werden muss.

第一千六百七十一条　[分居时之共同行使亲权]^a

Ⅰ ¹共同行使亲权之父母，非仅暂时分居者，任何一方之父母得向家事法院申请，将亲权之全部或一部，酌定由其单独行使。²有下列情事之一者，其申请应予许可：

1. 经他方之父或母同意者。但子女已年满十四岁，并对亲权移转表示异议者，不在此限；或
2. 以废止共同亲权之行使，并改由申请人单独行使，最符合子女之利益者。

Ⅱ 父母非仅暂时分居者，母依第一千六百二十六条之一第三款之规定单独行使亲权时，有下列情事之一者，父得向家事法院申请将亲权之一部或全部酌定由其单独行使：

1. 经母之同意者。但该亲权之移转有害子女利益者，或子女已年满十四岁，并对亲权移转表示异议者，不在此限。或
2. 无共同行使亲权之可能，且酌定由父单独行使亲权，最符合子女之利益者。

Ⅲ 母依第一千七百五十一条第一款第一段之规定停止亲权之行使者，父向家事法院依照第一千六百二十六条之一第二款之规定为酌定共同行使亲权之申请，会视为依第二款所提出之申请。将亲权改由父行使并未违反子女之利益者，其申请应予许可。

Ⅳ 关于亲权之行使，另有规定者，其申请不应予许可。

a 本条因1979年7月18日修正《亲权法》、1997年12月16日《亲子法》改革、2013年4月16日《非婚生子女亲权法》修正而增订。

§1672　(weggefallen)

第一千六百七十二条　[删除]^a

a 本条因2013年4月16日修正《非婚生子女亲权法》而删除。

§1673 Ruhen der elterlichen Sorge bei rechtlichem Hindernis

(1) Die elterliche Sorge eines Elternteils ruht, wenn er geschäftsunfähig ist.

(2) Das Gleiche gilt, wenn er in der Geschäftsfähigkeit beschränkt ist. Die Personensorge für das Kind steht ihm neben dem gesetzlichen Vertreter des Kindes zu; zur Vertretung des Kindes ist er nicht berechtigt. Bei einer Meinungsverschiedenheit geht die Meinung des minderjährigen Elternteils vor, wenn der gesetzliche Vertreter des Kindes ein Vormund oder Pfleger ist; andernfalls gelten §1627 Satz 2 und §1628.

第一千六百七十三条 [因法律障碍而停止亲权]

Ⅰ 父或母无行为能力者，停止其亲权。

Ⅱ ¹父或母之行为能力受限制者，亦同。²关于子女人身之监护，除子女之法定代理人外，父或母亦得为之，但其无代理子女之权利。³法定代理人为监护人或襄佐人者，其与父或母之意见不一致时，父或母之意见应优先受尊重；其他情形，适用第一千六百二十七条第二段及第一千六百二十八条规定。

§1674 Ruhen der elterlichen Sorge bei tatsächlichem Hindernis

(1) Die elterliche Sorge eines Elternteils ruht, wenn das Familiengericht feststellt, dass er auf längere Zeit die elterliche Sorge tatsächlich nicht ausüben kann.

(2) Die elterliche Sorge lebt wieder auf, wenn das Familiengericht feststellt, dass der Grund des Ruhens nicht mehr besteht.

第一千六百七十四条 [因事实障碍而停止亲权]

Ⅰ 家事法院确认父或母有长期事实上不能行使亲权者，应停止行使其亲权。

Ⅱ 家事法院确认停止之原因已不存在者，应恢复行使其亲权。

§1674a Ruhen der elterlichen Sorge der Mutter für ein vertraulichgeborenes Kind

Die elterliche Sorge der Mutter für ein nach §25 Absatz 1 des Schwangerschaftskonfliktgesetzes vertraulich geborenes Kind ruht. Ihre elterliche Sorge lebt wieder auf, wenn das Familiengericht feststellt, dass sie ihm gegenüber die für den Geburtseintrag ihres Kindes erforderlichen Angaben gemacht hat.

第一千六百七十四条之一 [秘密出生子女之生母之亲权停止]^a

¹就依怀孕冲突法第二十五条第一款规定秘密出生之子女，停止其生母之亲权。²经家事法院确认，生母已就该子女之出生登记为必要记载者，恢复其亲权之行使。

a 本条因2013年8月28日配合《秘密出生怀孕协助法》之规定而新增。

§1675 Wirkung des Ruhens

Solange die elterliche Sorge ruht, ist ein Elternteil nicht berechtigt, sie auszuüben.

第一千六百七十五条 [停止之效力]

父或母于亲权停止期间，不得行使其亲权。

§1676 (weggefallen)

第一千六百七十六条 [删除]

§1677 Beendigung der Sorge durch Todeserklärung

Die elterliche Sorge eines Elternteils endet, wenn er für tot erklärt oder seine Todeszeit nach den Vorschriften des Verschollenheitsgesetzes festgestellt wird, mit dem Zeitpunkt, der als Zeitpunkt des Todes gilt.

第一千六百七十七条 [亲权因父母受死亡宣告而消灭]

父或母受死亡宣告，或其死亡之时间依失踪法规定经确定者，其亲权于视为死亡时消灭。

§1678 Folgen der tatsächlichen Verhinderung oder des Ruhens für den anderen Elternteil

(1) Ist ein Elternteil tatsächlich verhindert, die elterliche Sorge auszuüben, oder ruht seine elterliche Sorge, so übt der andere Teil die elterliche Sorge allein aus; dies gilt nicht, wenn die elterliche Sorge dem Elternteil nach §1626a Absatz 3 oder §1671 allein zustand.

(2) Ruht die elterliche Sorge des Elternteils, dem sie gemäß §1626a Absatz 3 oder §1671 allein zustand, und besteht keine Aussicht, dass der Grund des Ruhens wegfallen werde, so hat das Familiengericht die elterliche Sorge dem anderen Elternteil zu übertragen, wenn dies dem Wohl des Kindes nicht widerspricht.

第一千六百七十八条 [事实上障碍与他方父母停止亲权之效力][a]

Ⅰ 父母之一方事实上不能行使其亲权，或其亲权经停止者，由他方单独行使之；但依第一千六百二十六条之一第三款或第一千六百七十一条规定，将亲权改由父母之一方行使者，不在此限。

Ⅱ 依第一千六百二十六条之一第三款或第一千六百七十一条规定而单独行使亲权之一方父母，有停止亲权之情形，且不能期待其停止之事由消灭者，家事法院于符合子女之利益时，应将亲权酌定由他方父母行使。

a 本条因2013年4月16日《非婚生子女亲权法》而增订。

§1679 (weggefallen)

第一千六百七十九条 [删除]

§1680 Tod eines Elternteils oder Entziehung des Sorgerechts

(1) Stand die elterliche Sorge den Eltern gemeinsam zu und ist ein Elternteil gestorben, so steht die elterliche Sorge dem überlebenden Elternteil zu.
(2) Ist ein Elternteil, dem die elterliche Sorge gemäß §1626a Absatz 3 oder §1671 allein zustand, gestorben, so hat das Familiengericht die elterliche Sorge dem überlebenden Elternteil zu übertragen, wenn dies dem Wohl des Kindes nicht widerspricht.
(3) Die Absätze 1 und 2 gelten entsprechend, soweit einem Elternteil die elterliche Sorge entzogen wird.

第一千六百八十条 [父母一方之死亡或丧失亲权][a]

Ⅰ 父母共同行使亲权，而其中一方死亡者，亲权归属于他方行使。
Ⅱ 依第一千六百二十六条之一第三款或一千六百七十一条规定而单独行使亲权之一方父母死亡时，家事法院于不违反子女之利益，应将亲权酌定由生存之他方父母行使。
Ⅲ 父母之一方亲权经剥夺者，准用第一款及第二款规定。

a 第1680条至第1688条因1997年12月16日《亲子法》改革而修正、第1680条于2013年4月16日因《非婚生子女亲权法》而修正。

§1681 Todeserklärung eines Elternteils

(1) §1680 Abs. 1 und 2 gilt entsprechend, wenn die elterliche Sorge eines Elternteils endet, weil er für tot erklärt oder seine Todeszeit nach den Vorschriften des Verschollenheitsgesetzes festgestellt worden ist.
(2) Lebt dieser Elternteil noch, so hat ihm das Familiengericht auf Antrag die elterliche Sorge in dem Umfang zu übertragen, in dem sie ihm vor dem nach §1677 maßgebenden Zeitpunkt zustand, wenn dies dem Wohl des Kindes nicht widerspricht.

第一千六百八十一条 [父母一方之死亡宣告]

Ⅰ 父母之一方受死亡宣告，或其死亡时间依失踪法规定经确定，而其亲权终了者，亦适用第一千六百八十条第一款及第二款规定。

Ⅱ 受死亡宣告之人尚生存者，家事法院得依其申请，于不违反子女之利益时，依第一千六百七十七条规定之时点前，就其取得之亲权范围内恢复之。

§1682 Verbleibensanordnung zugunsten von Bezugspersonen

Hat das Kind seit längerer Zeit in einem Haushalt mit einem Elternteil und dessen Ehegatten gelebt und will der andere Elternteil, der nach den §§1678, 1680, 1681 den Aufenthalt des Kindes nunmehr allein bestimmen kann, das Kind von dem Ehegatten wegnehmen, so kann das Familiengericht von Amts wegen oder auf Antrag des Ehegatten anordnen, dass das Kind bei dem Ehegatten verbleibt, wenn und solange das Kindeswohl durch die Wegnahme gefährdet würde. Satz 1 gilt entsprechend, wenn das Kind seit längerer Zeit in einem Haushalt mit einem Elternteil und dessen Lebenspartner oder einer nach §1685 Abs. 1 umgangsberechtigten volljährigen Person gelebt hat.

第一千六百八十二条 [有利子女照护人之住所命令]^a

¹子女与父母之一方及其配偶长期于家庭内共同生活，而在他方父母依第一千六百七十八条、第一千六百八十条及第一千六百八十一条规定，得单独决定子女居所后，将子女由其住所带离者，家事法院依职权或依其配偶之申请，于子女带离原住所而对其将有危害时，得命令该子女留在原住所。²子女与父母之一方、同性伴侣或依第一千六百八十五条第一款规定，具有会面交往权之成年人长期于家庭内共同生活时，亦适用第一段规定。

a 本条因配合2001年2月16日《同性伴侣法》而修正。

§1683 (weggefallen)

第一千六百八十三条 [删除]^a

a 本条因2008年7月4日《减轻危害子女利益之家事程序法》而删除。

§1684 Umgang des Kindes mit den Eltern

(1) Das Kind hat das Recht auf Umgang mit jedem Elternteil; jeder Elternteil ist zum Umgang mit dem Kind verpflichtet und berechtigt.

(2) Die Eltern haben alles zu unterlassen, was das Verhältnis des Kindes zum jeweils anderen Elternteil beeinträchtigt oder die Erziehung erschwert. Entsprechendes gilt, wenn sich das Kind in der Obhut einer anderen Person befindet.

(3) Das Familiengericht kann über den Umfang des Umgangsrechts entscheiden und seine Ausübung, auch gegenüber Dritten, näher regeln. Es kann die Beteiligten durch Anordnungen zur Erfüllung der in Absatz 2 geregelten Pflicht anhalten. Wird die Pflicht nach Absatz 2 dauerhaft oder wiederholt erheblich verletzt, kann das Familiengericht auch eine Pflegschaft für die Durchführung des Umgangs anordnen (Umgangspflegschaft). Die Umgangspflegschaft umfasst das Recht, die Herausgabe des Kindes zur Durchführung des Umgangs zu verlangen und für die Dauer des Umgangs dessen Aufenthalt zu bestimmen. Die Anordnung ist zu befristen. Für den Ersatz von Aufwendungen und die Vergütung des Umgangspflegers gilt §277 des Gesetzes über das Verfahren in Familiensachen und in den Angelegenheiten der freiwilligen Gerichtsbarkeit entsprechend.

(4) Das Familiengericht kann das Umgangsrecht oder den Vollzug früherer Entscheidungen über das Umgangsrecht einschränken oder ausschließen, soweit dies zum Wohl des Kindes erforderlich ist. Eine Entscheidung, die das Umgangsrecht oder seinen Vollzug für längere Zeit oder auf Dauer einschränkt oder ausschließt, kann nur ergehen, wenn andernfalls das Wohl des Kindes gefährdet wäre. Das Familiengericht kann insbesondere anordnen, dass der Umgang nur stattfinden darf, wenn ein mitwirkungsbereiter Dritter anwesend ist. Dritter kann auch ein Träger der Jugendhilfe oder ein Verein sein; dieser bestimmt dann jeweils, welche Einzelperson die Aufgabe wahrnimmt.

第一千六百八十四条 [子女与父母之会面交往][a]

Ⅰ 子女享有与任何父母之一方会面交往之权利；任何父母之一方均有与子女会面交往之权利及义务。

Ⅱ [1]父母之一方不得有妨碍他方父母与子女所建立之关系或有阻碍其教育子女之行为。[2]前段情形，于该子女由父母以外之第三人监护时，亦准用之。

Ⅲ [1]家事法院得酌定会面交往权之范围以及就行使之方法，包括对第三人之行使,详尽规定。²家事法院得以命令使关系人遵守第二款规定之义务。³依第二款规定,夫妻之一方有长期或继续性严重违反其义务者,家事法院得就会面交往之进行设置襄佐人(会面交往之襄佐)。⁴会面交往之襄佐包括以会面交往为目的,请求交付子女及订定会面交往期间之居所。⁵家事法院之命令,应以一定期间为限。⁶对于协助会面交往之襄佐人报酬与支出费用之赔偿,得准用《家事与非讼事件程序法》第二百七十七条。

Ⅳ ¹家事法院,以维护子女利益所必要者,对会面交往权或就先前已裁定会面交往权之执行,得加以限制或排除。²对于长期或继续性限制或排除会面交往权之行使及其执行者,仅在不采取此一措施会对子女利益产生严重危害时方得为之。³家事法院得以命令,于从旁协助之第三人在场时,方得实施会面交往。⁴该第三人得由少年保护局或社团所指派之适当之人担任。

a 本条因1997年12月16日《亲子法》改革与2008年12月17日《家事及非讼事件程序法》之制定而修正。

§1685 Umgang des Kindes mit anderen Bezugspersonen

(1) Großeltern und Geschwister haben ein Recht auf Umgang mit dem Kind, wenn dieser dem Wohl des Kindes dient.
(2) Gleiches gilt für enge Bezugspersonen des Kindes, wenn diese für das Kind tatsächliche Verantwortung tragen oder getragen haben (sozial-familiäre Beziehung). Eine Übernahme tatsächlicher Verantwortung ist in der Regel anzunehmen, wenn die Person mit dem Kind längere Zeit in häuslicher Gemeinschaft zusammengelebt hat.
(3) §1684 Abs. 2 bis 4 gilt entsprechend. Eine Umgangspflegschaft nach §1684 Abs. 3 Satz 3 bis 5 kann das Familiengericht nur anordnen, wenn die Voraussetzungen des §1666 Abs. 1 erfüllt sind.

第一千六百八十五条 [子女与其他人之会面交往]ᵃ

Ⅰ 祖父母及兄弟姊妹于符合子女利益者,得享有与子女会面交往之权利。
Ⅱ ¹前款规定之人,于子女有密切关系,且对其负有事实上照顾或曾经照顾之责任者(社会家庭关系),亦适用之。²对子女负有事实上照顾责任之人,指与子女长期在家庭内共同生活之人。

Ⅲ ¹于此情形,准用第一千六百八十四条第二款至第四款规定。²家事法院于符合第一千六百六十六条第一款规定之要件者,得依第一千六百八十四条第三款第三段至第五段规定设置会面交往之辅助。

a 本条因1997年12月16日《亲子法》改革与2008年12月17日《家事及非讼事件程序法》之制定而修正。

§1686 Auskunft über die persönlichen Verhältnisse des Kindes

Jeder Elternteil kann vom anderen Elternteil bei berechtigtem Interesse Auskunft über die persönlichen Verhältnisse des Kindes verlangen, soweit dies dem Wohl des Kindes nicht widerspricht.

第一千六百八十六条 [子女个人情况之告知]ª

父母之任何一方得向他方请求告知子女个人情况之权利,但以不违反子女利益者为限。

a 本条因1979年7月18日修正《亲权法》、1997年12月16日《亲子法》改革而修正。

§1686a Rechte des leiblichen, nicht rechtlichen Vaters

(1) Solange die Vaterschaft eines anderen Mannes besteht, hat der leibliche Vater, der ernsthaftes Interesse an dem Kind gezeigt hat,
 1. ein Recht auf Umgang mit dem Kind, wenn der Umgang dem Kindeswohl dient, und
 2. ein Recht auf Auskunft von jedem Elternteil über die persönlichen Verhältnisse des Kindes, soweit er ein berechtigtes Interesse hat und dies dem Wohl des Kindes nicht widerspricht.

(2) Hinsichtlich des Rechts auf Umgang mit dem Kind nach Absatz 1 Nummer 1 gilt §1684 Absatz 2 bis 4 entsprechend. Eine Umgangspflegschaft nach §1684 Absatz 3 Satz 3 bis 5 kann das Familiengericht nur anordnen, wenn die Voraussetzungen des §1666 Absatz 1 erfüllt sind.

第一千六百八十六条之一　[生父为非法律上之父所享有之权利]ª

Ⅰ 就子女已有法律上父亲之生父，而对该子女展现极度关切者，得有下列之权利：
1. 与该子女进行会面交往之权，但以该会面交往符合子女利益为限。
2. 请求父母任一方就子女个人情况为告知之权利，但以其有正当利益且不违反子女利益者为限。

Ⅱ ¹依第一款第一项规定之与子女会面交往权，准用第一千六百八十四条第二款至第四款规定。²仅于符合第一千六百六十六条第一款规定之要件者，家事法院始得依一千六百八十四条第三款第三段至第五段规定，设置会面交往之襄佐。

a 本条因2013年7月4日《加强生父权益法》之制定而修正。

§1687　Ausübung der gemeinsamen Sorge bei Getrenntleben

(1) Leben Eltern, denen die elterliche Sorge gemeinsam zusteht, nicht nur vorübergehend getrennt, so ist bei Entscheidungen in Angelegenheiten, deren Regelung für das Kind von erheblicher Bedeutung ist, ihr gegenseitiges Einvernehmen erforderlich. Der Elternteil, bei dem sich das Kind mit Einwilligung des anderen Elternteils oder auf Grund einer gerichtlichen Entscheidung gewöhnlich aufhält, hat die Befugnis zur alleinigen Entscheidung in Angelegenheiten des täglichen Lebens. Entscheidungen in Angelegenheiten des täglichen Lebens sind in der Regel solche, die häufig vorkommen und die keine schwer abzuändernden Auswirkungen auf die Entwicklung des Kindes haben. Solange sich das Kind mit Einwilligung dieses Elternteils oder auf Grund einer gerichtlichen Entscheidung bei dem anderen Elternteil aufhält, hat dieser die Befugnis zur alleinigen Entscheidung in Angelegenheiten der tatsächlichen Betreuung. §1629 Abs. 1 Satz 4 und §1684 Abs. 2 Satz 1 gelten entsprechend.

(2) Das Familiengericht kann die Befugnisse nach Absatz 1 Satz 2 und 4 einschränken oder ausschließen, wenn dies zum Wohl des Kindes erforderlich ist.

第一千六百八十七条　[分居时共同亲权之行使]

Ⅰ ¹共同行使亲权之父母，非仅暂时分居者，就处理事务之决定对子女有重大意义时，应相互达成一致之协议。²父母之一方，因他方之同意或基于法院之裁判与子女同住者，就子女日常事务之处理，有单独决定之权。³日常事务之决定，指经常性发生之事务及对子女之成长不生重大改变。⁴子女经父母之一方允许或基于法院之裁判与他方父母共同居住者，他方父母在共同居住期间对事实上照护之事务，有单独决定之权。⁵于此情形，准用第一千六百二十九条第一款第四段及第一千六百八十四条第二款第一段规定。

Ⅱ 家事法院于维持子女利益必要时，得限制或排除第一款第二段及第四段规定之权限。

§1687a Entscheidungsbefugnisse des nicht sorgeberechtigten Elternteils

Für jeden Elternteil, der nicht Inhaber der elterlichen Sorge ist und bei dem sich das Kind mit Einwilligung des anderen Elternteils oder eines sonstigen Inhabers der Sorge oder auf Grund einer gerichtlichen Entscheidung aufhält, gilt §1687 Abs. 1 Satz 4 und 5 und Abs. 2 entsprechend.

第一千六百八十七条之一 [未取得亲权之父或母之决定权限]

未取得亲权行使之父母一方，于他方配偶或其他行使亲权人之同意或基于法院之判决，与子女共同居住者，准用第一千六百八十七条第一款第四段、第五段及第二款规定。

§1687b Sorgerechtliche Befugnisse des Ehegatten

(1) Der Ehegatte eines allein sorgeberechtigten Elternteils, der nicht Elternteil des Kindes ist, hat im Einvernehmen mit dem sorgeberechtigten Elternteil die Befugnis zur Mitentscheidung in Angelegenheiten des täglichen Lebens des Kindes. §1629 Abs. 2 Satz 1 gilt entsprechend.

(2) Bei Gefahr im Verzug ist der Ehegatte dazu berechtigt, alle Rechtshandlungen vorzunehmen, die zum Wohl des Kindes notwendig sind; der sorgeberechtigte Elternteil ist unverzüglich zu unterrichten.

(3) Das Familiengericht kann die Befugnisse nach Absatz 1 einschränken oder ausschließen, wenn dies zum Wohl des Kindes erforderlich ist.

(4) Die Befugnisse nach Absatz 1 bestehen nicht, wenn die Ehegatten nicht nur vorübergehend getrennt leben.

第一千六百八十七条之二　[配偶行使亲权之权限]^a

Ⅰ ¹单独行使亲权之父或母之配偶，而非子女之父或母者，与行使亲权之父母一方，于意思一致时，有共同决定子女日常事务之权限。²于此情形，准用第一千六百二十九条第二款第一段规定。

Ⅱ 配偶一方于迟延时足以招致子女之危害者，得采取一切之法律措施，但以维护子女利益之必要者为限；其应实时通知有亲权之父或母。

Ⅲ 家事法院于维护子女利益之必要者，得就第一款规定之权限，予以限制或排除。

Ⅳ 配偶非暂时分居者为限，不得享有第一款规定之权限。

a 本条因配合2001年2月16日《同性伴侣法》而修正。

§1688 Entscheidungsbefugnisse der Pflegeperson

(1) Lebt ein Kind für längere Zeit in Familienpflege, so ist die Pflegeperson berechtigt, in Angelegenheiten des täglichen Lebens zu entscheiden sowie den Inhaber der elterlichen Sorge in solchen Angelegenheiten zu vertreten. Sie ist befugt, den Arbeitsverdienst des Kindes zu verwalten sowie Unterhalts-, Versicherungs-, Versorgungs- und sonstige Sozialleistungen für das Kind geltend zu machen und zu verwalten. §1629 Abs. 1 Satz 4 gilt entsprechend.

(2) Der Pflegeperson steht eine Person gleich, die im Rahmen der Hilfe nach den §§34, 35 und 35a Abs. 1 Satz 2 Nr. 3 und 4 des Achten Buches Sozialgesetzbuch die Erziehung und Betreuung eines Kindes übernommen hat.

(3) Die Absätze 1 und 2 gelten nicht, wenn der Inhaber der elterlichen Sorge etwas anderes erklärt. Das Familiengericht kann die Befugnisse nach den Absätzen 1 und 2 einschränken oder ausschließen, wenn dies zum Wohl des Kindes erforderlich ist.

(4) Für eine Person, bei der sich das Kind auf Grund einer gerichtlichen Entscheidung nach §1632 Abs. 4 oder §1682 aufhält, gelten die Absätze 1 und 3 mit der Maßgabe, dass die genannten Befugnisse nur das Familiengericht einschränken oder ausschließen kann.

第一千六百八十八条　[襄佐师之决定权]^a

Ⅰ ¹子女于长期交付家庭襄佐师教养者，其襄佐师有决定子女日常事务之权利，及就该事务以亲权人之身份代理子女。²家庭襄佐师就子女之工作收入、子女之扶养、保险、给养及其他社会给付，有管理之权利。³于此情形，准用第一千六百二十九条第一款第四段规定。

Ⅱ 依社会法第八编第三十四条、第三十五条及第三十五条之一第一款第二段第三款及第四款规定之救助范围内，而承担子女教养及照护责任者，视为前款之襄佐师。

Ⅲ ¹第一款及第二款规定，于亲权行使人另有其他表示者，不适用之。²家事法院于维持子女利益所必要时，得将第一款及第二款规定之权限，予以限制或排除。

Ⅳ 子女依第一千六百三十二条第四款或第一千六百八十二条规定，基于法院之判决，命子女与他人共同居住者，其适用第一款及第三款规定，但其所列举之权限，仅得由家事法院予以限制或排除之。

a　本条因1979年7月18日修正《亲权法》、1997年12月16日《亲子法》改革而修正。

§1689 bis §1692　(weggefallen)

第一千六百八十九条至第一千六百九十二条　[删除]

§1693　Gerichtliche Maßnahmen bei Verhinderung der Eltern

Sind die Eltern verhindert, die elterliche Sorge auszuüben, so hat das Familiengericht die im Interesse des Kindes erforderlichen Maßregeln zu treffen.

第一千六百九十三条　[亲权行使受阻碍时家事法院之措施]

父或母行使亲权遇有阻碍者，家事法院为子女之利益，应采取必要之措施。

§1694 und §1695　(weggefallen)

第一千六百九十四条至第一千六百九十五条　[删除]

§1696 Abänderung gerichtlicher Entscheidungen und gerichtlichgebilligter Vergleiche

(1) Eine Entscheidung zum Sorge- oder Umgangsrecht oder ein gerichtlich gebilligter Vergleich ist zu ändern, wenn dies aus triftigen, das Wohl des Kindes nachhaltig berührenden Gründen angezeigt ist. Entscheidungen nach §1626a Absatz 2 können gemäß §1671 Absatz 1 geändert werden; §1671 Absatz 4 gilt entsprechend. §1678 Absatz 2, §1680 Absatz 2 sowie §1681 Absatz 1 und 2 bleiben unberührt.

(2) Eine Maßnahme nach den §§1666 bis 1667 oder einer anderen Vorschrift des Bürgerlichen Gesetzbuchs, die nur ergriffen werden darf, wenn dies zur Abwendung einer Kindeswohlgefährdung oder zum Wohl des Kindes erforderlich ist (kindesschutzrechtliche Maßnahme), ist aufzuheben, wenn eine Gefahr für das Wohl des Kindes nicht mehr besteht oder die Erforderlichkeit der Maßnahme entfallen ist.

第一千六百九十六条 [法院裁判之变更及法院公平之裁量]^a

Ⅰ ¹法院有关亲权行使或会面交往权或公平裁量之决定后，发现有长期严重影响子女利益之事由者，法院得变更之。²依第一千六百二十六条之一第二款规定所为之判决，得依第一千六百七十一条第一款规定予以变更；第一千六百七十一条规定第四款规定，准用之。³第一千六百七十八条第二款、第一千六百八十条第二款、第一千六百八十一条第一款及第二款规定，不受影响。

Ⅱ 危害子女利益之情事不存在或所采取措施之必要性已消灭者，依民法第一千六百六十六条与第一千六百六十七条或民法其他相关规定，有关为防止子女利益受危害或为子女利益所采取之必要措施（保护子女之法律措施），得予以废止。

a 本条因2008年7月4日《减轻危害子女利益之家事程序法》、2013年4月16日《非婚生子女亲权法》而修正。

§1697 (weggefallen)

第一千六百九十七条 [删除]^a

a 经2008年12月17日《家事及非讼事件程序法》所删除。

§1697a Kindeswohlprinzip

Soweit nichts anderes bestimmt ist, trifft das Gericht in Verfahren über die in diesem Titel geregelten Angelegenheiten diejenige Entscheidung, die unter Berücksichtigung der tatsächlichen Gegebenheiten und Möglichkeiten sowie der berechtigten Interessen der Beteiligten dem Wohl des Kindes am besten entspricht.

第一千六百九十七条之一 [子女利益之原则]

除法律另有规定外，法院应就本章规定事务之诉讼程序中，应当斟酌实际情况及各种可能性，并衡量当事人之正当福祉，作出最有利于子女之判决。

§1698 Herausgabe des Kindesvermögens; Rechnungslegung

(1) Endet oder ruht die elterliche Sorge der Eltern oder hört aus einem anderen Grunde ihre Vermögenssorge auf, so haben sie dem Kind das Vermögen herauszugeben und auf Verlangen über die Verwaltung Rechenschaft abzulegen.

(2) Über die Nutzungen des Kindesvermögens brauchen die Eltern nur insoweit Rechenschaft abzulegen, als Grund zu der Annahme besteht, dass sie die Nutzungen entgegen den Vorschriften des §1649 verwendet haben.

第一千六百九十八条 [子女财产之返还；账目之报告]

Ⅰ 父母亲权之终止或停止，或因其他原因致其财产管理权停止者，父母应返还其财产于子女，并依请求提出关于管理财产之账目报告。

Ⅱ 父母有违反第一千六百四十九条规定，而使用子女财产收益之嫌者，应提出关于其财产收益之账目报告。

§1698a Fortführung der Geschäfte in Unkenntnis der Beendigung der elterlichen Sorge

(1) Die Eltern dürfen die mit der Personensorge und mit der Vermögenssorge für das Kind verbundenen Geschäfte fortführen, bis sie von der Beendigung der elterlichen

Sorge Kenntnis erlangen oder sie kennen müssen. Ein Dritter kann sich auf diese Befugnis nicht berufen, wenn er bei der Vornahme eines Rechtsgeschäfts die Beendigung kennt oder kennen muss.

(2) Diese Vorschriften sind entsprechend anzuwenden, wenn die elterliche Sorge ruht.

第一千六百九十八条之一 [因不知亲权终了而为事务之管理]

Ⅰ ¹父母于知悉或可得而知其亲权终了前，应继续处理有关子女人身及财产之监护事务。²第三人于法律行为时，明知或可得而知其亲权终了者，不得主张父母有管理事务之权。

Ⅱ 前款规定，于父母之亲权停止者，亦准用之。

§1698b Fortführung dringender Geschäfte nach Tod des Kindes

Endet die elterliche Sorge durch den Tod des Kindes, so haben die Eltern die Geschäfte, die nicht ohne Gefahr aufgeschoben werden können, zu besorgen, bis der Erbe anderweit Fürsorge treffen kann.

第一千六百九十八条之二 [子女死亡后紧急事务之管理]

亲权因子女死亡而终了者，于继承人得依其他方法为处置前，如因迟延足招致危害者，父母应处理其事务。

§1699 bis §1711 (weggefallen)

第一千六百九十九条至第一千七百一十一条 [删除]ᵃ

a 因1938年7月6日《婚姻法》第84条规定而删除。

Titel 6　Beistandschaft
第六节　辅　佐①

§1712　Beistandschaft des Jugendamts; Aufgaben

(1) Auf schriftlichen Antrag eines Elternteils wird das Jugendamt Beistand des Kindes für folgende Aufgaben:
1. die Feststellung der Vaterschaft,
2. die Geltendmachung von Unterhaltsansprüchen sowie die Verfügung über diese Anspr einem Dritten entgeltlich in Pflege, so ist der Beistand berechtigt, aus dem vom Unterhaltspflichtigen Geleisteten den Dritten zu befriedigen.

(2) Der Antrag kann auf einzelne der in Absatz 1 bezeichneten Aufgaben beschränkt werden.

第一千七百一十二条　[少年局之辅佐；事务]ᵃ

Ⅰ 少年局依父或母之书面申请，于下列事务成为子女之辅佐人：
1.确认生父之身份。
2.扶养请求权之主张及就该请求权之处分；子女以有偿方法交由第三人抚育者，辅佐人有权以扶养义务人所为之给付，向第三人提出清偿。

Ⅱ 申请时，得就第一款所定之事务，个别限制之。

a 本条因2008年7月4日减轻《危害子女利益之家事程序法》而修正。

§1713　Antragsberechtigte

(1) Den Antrag kann ein Elternteil stellen, dem für den Aufgabenkreis der beantragten Beistandschaft die alleinige elterliche Sorge zusteht oder zustünde, wenn das Kind bereits geboren wäre. Steht die elterliche Sorge für das Kind den Eltern gemeinsam zu, kann der Antrag von dem Elternteil gestellt werden, in dessen Obhut sich das Kind befindet. Der Antrag kann auch von einem nach §1776 berufenen Vormund gestellt werden. Er kann nicht durch einen Vertreter gestellt werden.

---

① 本章节之前身，因配合1969年8月19日非婚生子女法而增订之机关辅佐（Amtpflegeschaft），但该相关条文却因两德统一条约而从未施行，因此乃以1997年12月4日之辅佐法取代之。

(2) Vor der Geburt des Kindes kann die werdende Mutter den Antrag auch dann stellen, wenn das Kind, sofern es bereits geboren wäre, unter Vormundschaft stünde. Ist die werdende Mutter in der Geschäftsfähigkeit beschränkt, so kann sie den Antrag nur selbst stellen; sie bedarf hierzu nicht der Zustimmung ihres gesetzlichen Vertreters. Für eine geschäftsunfähige werdende Mutter kann nur ihr gesetzlicher Vertreter den Antrag stellen.

第一千七百一十三条 [申请权人][a]

I [1]得单独行使亲权之父母一方，或子女出生当时得行使亲权之一方，就辅佐事务之范围得提出申请。[2]父母共同行使亲权时，照护子女之父母一方，得提出辅佐之申请。[3]依第一千七百七十六条规定所设置之监护人，亦得提出辅佐之申请。[4]辅佐之申请，不得由代理人为之。

II [1]即使于子女出生后立即受监护之情形，其母亦得于子女出生前，提出辅佐之申请。[2]辅佐之申请，母仍为限制行为能力者，仅得由本人为之；于此情形，无须得法定代理人之同意。[3]母为无行为能力者，仅得由其法定代理人代为辅佐之申请。

a 本条又因2002年4月9日《改善亲子权益法》而修正。

§1714 Eintritt der Beistandschaft

Die Beistandschaft tritt ein, sobald der Antrag dem Jugendamt zugeht. Dies gilt auch, wenn der Antrag vor der Geburt des Kindes gestellt wird.

第一千七百一十四条 [辅佐之开始]

辅佐，于申请送达少年局时开始。该申请于子女出生前送达者，亦同。

§1715 Beendigung der Beistandschaft

(1) Die Beistandschaft endet, wenn der Antragsteller dies schriftlich verlangt. §1712 Abs. 2 und §1714 gelten entsprechend.

(2) Die Beistandschaft endet auch, sobald der Antragsteller keine der in §1713 genannten Voraussetzungen mehr erfüllt.

第一千七百一十五条 [辅佐之终了]

Ⅰ ¹辅佐,因申请人书面请求而终了。²于此情形,准用第一千七百一十二条第二款及第一千七百一十四条规定。

Ⅱ 于申请人不再具备第一千七百一十三条所定之要件时,辅佐亦终了之。

§1716 Wirkungen der Beistandschaft

Durch die Beistandschaft wird die elterliche Sorge nicht eingeschränkt. Im Übrigen gelten die Vorschriften über die Pflegschaft mit Ausnahme derjenigen über die Aufsicht des Familiengerichts und die Rechnungslegung sinngemäß; die §§1791, 1791c Abs. 3 sind nicht anzuwenden.

第一千七百一十六条 [辅佐之效力]

¹亲权不因辅佐而受限制。²除此之外,准用关于襄佐之规定。但有关家事法院之监督及提出账目报告规定者,不在此限;于此情形,不适用第一千七百九十一条及第一千七百九十一条之三第三款规定。

§1717 Erfordernis des gewöhnlichen Aufenthalts im Inland

Die Beistandschaft tritt nur ein, wenn das Kind seinen gewöhnlichen Aufenthalt im Inland hat; sie endet, wenn das Kind seinen gewöhnlichen Aufenthalt im Ausland begründet. Dies gilt für die Beistandschaft vor der Geburt des Kindes entsprechend.

第一千七百一十七条 [国内居所之必要性]

¹子女于国内有居所者为限,辅佐始得开始;子女之居所设置于国外者,其辅佐终了。²前款情形,关于子女出生前所设置之辅佐,准用之。

§1718 bis §1740 (weggefallen)

第一千七百一十八条至第一千七百四十条 [删除]

Titel 7 Annahme als Kind
第七节 收 养①

Untertitel 1 Annahme Minderjähriger
第一款 未成年人之收养

§1741 Zulässigkeit der Annahme

(1) Die Annahme als Kind ist zulässig, wenn sie dem Wohl des Kindes dient und zu erwarten ist, dass zwischen dem Annehmenden und dem Kind ein Eltern-Kind-Verhältnis entsteht. Wer an einer gesetzes-oder sittenwidrigen Vermittlung oder Verbringung eines Kindes zum Zwecke der Annahme mitgewirkt oder einen Dritten hiermit beauftragt oder hierfür belohnt hat, soll ein Kind nur dann annehmen, wenn dies zum Wohl des Kindes erforderlich ist.

(2) Wer nicht verheiratet ist, kann ein Kind nur allein annehmen. Ein Ehepaar kann ein Kind nur gemeinschaftlich annehmen. Ein Ehegatte kann ein Kind seines Ehegatten allein annehmen. Er kann ein Kind auch dann allein annehmen, wenn der andere Ehegatte das Kind nicht annehmen kann, weil er geschäftsunfähig ist oder das 21. Lebensjahr noch nicht vollendet hat.

第一千七百四十一条 [收养之许可]ᵃ

Ⅰ ¹收养子女应符合子女之利益,并能期待收养之人与子女建立亲子关系者,始许可收养。²为收养子女而以不法或违反善良风俗之方法参与子女之中介或移交,或委托第三人为该行为或为此支付报酬者,以收养为子女利益之必要时为限,始得为之。

Ⅱ ¹未婚之人仅得单独收养子女。²夫妻收养子女时,应共同为之。³夫妻之一方得单独收养他方之子女。⁴夫妻之一方因无行为能力,或未满二十一岁者,他方亦得单独收养。

a 本条又因1997年12月16日《亲子法》改革而修正。

---

① 本章节因1976年7月2日《收养法》而大幅修正。

§1742 Annahme nur als gemeinschaftliches Kind

Ein angenommenes Kind kann, solange das Annahmeverhältnis besteht, bei Lebzeiten eines Annehmenden nur von dessen Ehegatten angenommen werden.

第一千七百四十二条 [仅得共同收养之子女]

于收养关系存续中，被收养之子女于收养人存活时，仅得由其配偶收养。

§1743 Mindestalter

Der Annehmende muss das 25., in den Fällen des §1741 Abs. 2 Satz 3 das 21. Lebensjahr vollendet haben. In den Fällen des §1741 Abs. 2 Satz 2 muss ein Ehegatte das 25. Lebensjahr, der andere Ehegatte das 21. Lebensjahr vollendet haben.

第一千七百四十三条 [最低年龄][a]

[1]收养人应年满二十五岁，但有第一千七百四十一条第二款第三段之情事者，应年满二十一岁。[2]有第一千七百四十一条第二款第二段之情事者，夫妻之一方应年满二十五岁，他方应年满二十一岁。

a 本条又因1997年12月16日《亲子法》改革而修正。

§1744 Probezeit

Die Annahme soll in der Regel erst ausgesprochen werden, wenn der Annehmende das Kind eine angemessene Zeit in Pflege gehabt hat.

第一千七百四十四条 [试验期间]

通常应经收养人对被收养之子女已为适当期间之扶养后，始得收养。

§1745 Verbot der Annahme

Die Annahme darf nicht ausgesprochen werden, wenn ihr überwiegende Interessen der Kinder des Annehmenden oder des Anzunehmenden entgegenstehen oder wenn zu befürchten ist, dass Interessen des Anzunehmenden durch Kinder des Annehmenden gefährdet werden. Vermögensrechtliche Interessen sollen nicht ausschlaggebend sein.

第一千七百四十五条 [收养之禁止]

¹收养与收养人之子女或被收养人之利益有重大抵触，或被收养人之利益将遭受收养人之子女危害之虞时，不得收养。²财产法利益非为决定性之标准。

§1746 Einwilligung des Kindes

(1) Zur Annahme ist die Einwilligung des Kindes erforderlich. Für ein Kind, das geschäftsunfähig oder noch nicht 14 Jahre alt ist, kann nur sein gesetzlicher Vertreter die Einwilligung erteilen. Im Übrigen kann das Kind die Einwilligung nur selbst erteilen; es bedarf hierzu der Zustimmung seines gesetzlichen Vertreters. Die Einwilligung bedarf bei unterschiedlicher Staatsangehörigkeit des Annehmenden und des Kindes der Genehmigung des Familiengerichts; dies gilt nicht, wenn die Annahme deutschem Recht unterliegt.

(2) Hat das Kind das 14. Lebensjahr vollendet und ist es nicht geschäftsunfähig, so kann es die Einwilligung bis zum Wirksamwerden des Ausspruchs der Annahme gegenüber dem Familiengericht widerrufen. Der Widerruf bedarf der öffentlichen Beurkundung. Eine Zustimmung des gesetzlichen Vertreters ist nicht erforderlich.

(3) Verweigert der Vormund oder Pfleger die Einwilligung oder Zustimmung ohne triftigen Grund, so kann das Familiengericht sie ersetzen; einer Erklärung nach Absatz 1 durch die Eltern bedarf es nicht, soweit diese nach den §§1747, 1750 unwiderruflich in die Annahme eingewilligt haben oder ihre Einwilligung nach §1748 durch das Familiengericht ersetzt worden ist.

第一千七百四十六条 [子女之同意]ᵃ

Ⅰ ¹收养应经被收养子女之同意。²无行为能力或未满十四岁之子女，仅得由其法定代理人代为同意之意思表示。³其他情形，子女应自行为之；于此情形，应经其法定代理人之同意。⁴收养人与被收养之子女不同国籍者，其同意应经家事法院之许可；但该收养适用德国法者，不在此限。

Ⅱ ¹子女满十四岁或非无行为能力者，于收养生效前，得向家事法院撤回其同意。²撤回之同意，应经公证。³于此情形，无须得其法定代理人之同意。

Ⅲ 监护人或襄佐人无充分理由，而拒绝收养之允许或同意者，得以家事法院之同意替代之；依第一千七百四十七条及第一千七百五十条规定，以不得撤回之方法同意收养，或依第一千七百四十八条规定，其同意由家事法院所取代者，依本条第一款规定，无须父母之同意。

a 本条因1997年12月16日《亲子法》改革、2008年12月17日《家事与非讼事件程序法》制定而修正。

§1747 Einwilligung der Eltern des Kindes

(1) Zur Annahme eines Kindes ist die Einwilligung der Eltern erforderlich. Sofern kein anderer Mann nach §1592 als Vater anzusehen ist, gilt im Sinne des Satzes 1 und des §1748 Abs. 4 als Vater, wer die Voraussetzung des §1600d Abs. 2 Satz 1 glaubhaft macht.

(2) Die Einwilligung kann erst erteilt werden, wenn das Kind acht Wochen alt ist. Sie ist auch dann wirksam, wenn der Einwilligende die schon feststehenden Annehmenden nicht kennt.

(3) Steht nicht miteinander verheirateten Eltern die elterliche Sorge nicht gemeinsam zu, so

1. kann die Einwilligung des Vaters bereits vor der Geburt erteilt werden;
2. kann der Vater durch öffentlich beurkundete Erklärung darauf verzichten, die Übertragung der Sorge nach §1626a Absatz 2 und §1671 Absatz 2 zu beantragen; §1750 gilt sinngemäß mit Ausnahme von Absatz 1 Satz 2 und Absatz 4 Satz 1;
3. darf, wenn der Vater die Übertragung der Sorge nach §1626a Absatz 2 oder §1671 Absatz 2 beantragt hat, eine Annahme erst ausgesprochen werden, nachdem über den Antrag des Vaters entschieden worden ist.

(4) Die Einwilligung eines Elternteils ist nicht erforderlich, wenn er zur Abgabe einer Erklärung dauernd außerstande oder sein Aufenthalt dauernd unbekannt ist. Der Aufenthalt der Mutter eines gemäß §25 Absatz 1 des Schwangerschaftskonfliktgesetzes vertraulich geborenen Kindes gilt als dauernd unbekannt, bis sie gegenüber dem Familiengericht die für den Geburtseintrag ihres Kindes erforderlichen Angaben macht.

第一千七百四十七条 [本生父母之同意]^a

I ¹收养子女应经其本生父母之同意。²无第一千五百九十二条所定之人视为父者，能证明符合第一千六百条之四第二款第一段要件之人，即为第一段及第一千七百四十八条第四款规定所称之父。

II ¹子女出生满八周时，始得对其为同意之意思表示。²即使同意人不认识已确定之被收养人时，其同意之表示亦生效力。

III 父母未相互结婚且未为共同行使亲权之声明者，生父得为下列行为：
1. 生父之同意得于子女出生前为之。
2. 生父得以经公证之意思表示抛弃依第一千六百二十六条之一第二款及第一千六百七十一条第二款规定所为之亲权移转之申请；第一千七百五十条规定，除该条第一款第二段及第四款第一段规定，准用之。
3. 生父依第一千六百二十六条之一第二款或第一千六百七十一条第二款规定申请改定亲权者，于该生父之申请经法院裁定后，始得收养。

IV ¹父母之一方长期不能为同意之意思表示或其居所已不明者，收养无须得其同意。²依怀孕冲突法第二十五条第一款规定秘密出生子女之母之居所，于其向家事法院为子女出生登记必要之记载前，视为久已不明。

a 本条因1997年12月16日《亲子法》改革、2013年8月28日《秘密出生子女协助怀孕法》而修正。

§1748 Ersetzung der Einwilligung eines Elternteils

(1) Das Familiengericht hat auf Antrag des Kindes die Einwilligung eines Elternteils zu ersetzen, wenn dieser seine Pflichten gegenüber dem Kind anhaltend gröblich verletzt hat oder durch sein Verhalten gezeigt hat, dass ihm das Kind gleichgültig ist, und wenn das Unterbleiben der Annahme dem Kind zu unverhältnismäßigem Nachteil gereichen würde. Die Einwilligung kann auch ersetzt werden, wenn die Pflichtverletzung zwar nicht anhaltend, aber besonders schwer ist und das Kind voraussichtlich dauernd nicht mehr der Obhut des Elternteils anvertraut werden kann.

(2) Wegen Gleichgültigkeit, die nicht zugleich eine anhaltende gröbliche Pflichtverletzung ist, darf die Einwilligung nicht ersetzt werden, bevor der Elternteil vom Jugendamt über die Möglichkeit ihrer Ersetzung belehrt und nach

Maßgabe des §51 Abs. 2 des Achten Buches Sozialgesetzbuch beraten worden ist und seit der Belehrung wenigstens drei Monate verstrichen sind; in der Belehrung ist auf die Frist hinzuweisen. Der Belehrung bedarf es nicht, wenn der Elternteil seinen Aufenthaltsort ohne Hinterlassung seiner neuen Anschrift gewechselt hat und der Aufenthaltsort vom Jugendamt während eines Zeitraums von drei Monaten trotz angemessener Nachforschungen nicht ermittelt werden konnte; in diesem Falle beginnt die Frist mit der ersten auf die Belehrung und Beratung oder auf die Ermittlung des Aufenthaltsorts gerichteten Handlung des Jugendamts. Die Fristen laufen frühestens fünf Monate nach der Geburt des Kindes ab.

(3) Die Einwilligung eines Elternteils kann ferner ersetzt werden, wenn er wegen einer besonders schweren psychischen Krankheit oder einer besonders schweren geistigen oder seelischen Behinderung zur Pflege und Erziehung des Kindes dauernd unfähig ist und wenn das Kind bei Unterbleiben der Annahme nicht in einer Familie aufwachsen könnte und dadurch in seiner Entwicklung schwer gefährdet wäre.

(4) In den Fällen des §1626a Absatz 3 hat das Familiengericht die Einwilligung des Vaters zu ersetzen, wenn das Unterbleiben der Annahme dem Kind zu unverhältnismäßigem Nachteil gereichen würde.

第一千七百四十八条　[父母一方同意之替代][a]

Ⅰ　[1]家事法院得依子女之申请，取代父母一方之同意，但以该父或母长期违反对子女之重大义务，或其行为显示对子女漠不关心，且未予收养将对子女产生过度不利者为限。[2]违反对子女之义务，虽非长期性，但情事特别重大，而预期子女无法信赖由其父母一方长期照顾者，其同意亦得由家事法院取代之。

Ⅱ　[1]父母之一方虽对子女漠不关心，但尚未达到长期严重违反对子女之义务者，于父或母未由少年局告知其同意将被取代之可能性，及依社会法第八编第五十一条第二款规定，给予咨询之前，并告知后仍未满三个月者，其同意不得由家事法院取代之；告知时应指明该期间之限制。[2]父母之一方如有更改居所地而未留新地址，且其新居所为少年局于三个月期间内为适当调查仍无法查明者，不负告知义务；此期间以告知及咨询时，或自少年局进行查明居所地之行为时起算。[3]该期间最早于子女出生后五个月届满。

Ⅲ　父母之一方因有特别严重之心理疾病、精神疾病或心理障碍，而长期无能力照顾及教养子女，且子女如不出养，无法在家庭中成长，并对其身心发展产生严重危害时，其同意亦得替代之。
Ⅳ 有第一千六百二十六条之一第三款规定之情事者，家事法院得取代生父之同意，但以该子女不出养者，将产生重大不利者为限。

a 本条因1997年12月16日《亲子法》改革、2013年4月16日《非婚生子女亲权法》而修正。

§1749 Einwilligung des Ehegatten

(1) Zur Annahme eines Kindes durch einen Ehegatten allein ist die Einwilligung des anderen Ehegatten erforderlich. Das Familiengericht kann auf Antrag des Annehmenden die Einwilligung ersetzen. Die Einwilligung darf nicht ersetzt werden, wenn berechtigte Interessen des anderen Ehegatten und der Familie der Annahme entgegenstehen.
(2) Zur Annahme eines Verheirateten ist die Einwilligung seines Ehegatten erforderlich.
(3) Die Einwilligung des Ehegatten ist nicht erforderlich, wenn er zur Abgabe der Erklärung dauernd außerstande oder sein Aufenthalt dauernd unbekannt ist.

第一千七百四十九条　[配偶之同意]

Ⅰ [1]夫妻一方单独收养子女者，应经他方之同意。[2]经收养人之申请，家事法院得取代该同意。[3]有违反他方配偶及收养人家庭之利益者，其同意不得由家事法院取代之。
Ⅱ 收养已婚之人者，应经其配偶之同意。
Ⅲ 配偶长期不能为同意之意思表示，或其居所久已不明者，无须得其同意。

§1750 Einwilligungserklärung

(1) Die Einwilligung nach §§1746, 1747 und 1749 ist dem Familiengericht gegenüber zu erklären. Die Erklärung bedarf der notariellen Beurkundung. Die Einwilligung wird in dem Zeitpunkt wirksam, in dem sie dem Familiengericht zugeht.
(2) Die Einwilligung kann nicht unter einer Bedingung oder einer Zeitbestimmung erteilt werden. Sie ist unwiderruflich; die Vorschrift des §1746 Abs. 2 bleibt unberührt.

(3) Die Einwilligung kann nicht durch einen Vertreter erteilt werden. Ist der Einwilligende in der Geschäftsfähigkeit beschränkt, so bedarf seine Einwilligung nicht der Zustimmung seines gesetzlichen Vertreters. Die Vorschrift des §1746 Abs. 1 Satz 2, 3 bleibt unberührt.

(4) Die Einwilligung verliert ihre Kraft, wenn der Antrag zurückgenommen oder die Annahme versagt wird. Die Einwilligung eines Elternteils verliert ferner ihre Kraft, wenn das Kind nicht innerhalb von drei Jahren seit dem Wirksamwerden der Einwilligung angenommen wird.

第一千七百五十条 [同意之表示]

Ⅰ ¹依第一千七百四十六条、第一千七百四十七条及第一千七百四十九条所为之同意，应向家事法院表示之。²同意之表示，应以公证为之。³同意之表示，于到达家事法院时，始发生效力。

Ⅱ ¹同意之表示，不得附条件或期限。²同意之表示不得撤回；于此情形，第一千七百四十六条第二款规定，不受影响。

Ⅲ ¹同意之表示，不得由代理人为之。²表意人为限制行为能力者，其同意无须得法定代理人之允许。³于此情形，第一千七百四十六条第一款第二段及第三段规定，不受影响。

Ⅳ ¹同意出养之表示，于申请被驳回或收养被拒绝者，失其效力。²父母一方之同意，于同意生效后三年内，子女未出养者，亦失其效力。

§1751 Wirkung der elterlichen Einwilligung, Verpflichtung zum Unterhalt

(1) Mit der Einwilligung eines Elternteils in die Annahme ruht die elterliche Sorge dieses Elternteils; die Befugnis zum persönlichen Umgang mit dem Kind darf nicht ausgeübt werden. Das Jugendamt wird Vormund; dies gilt nicht, wenn der andere Elternteil die elterliche Sorge allein ausübt oder wenn bereits ein Vormund bestellt ist. Eine bestehende Pflegschaft bleibt unberührt. Für den Annehmenden gilt während der Zeit der Adoptionspflege §1688 Abs. 1 und 3 entsprechend.

(2) Absatz 1 ist nicht anzuwenden auf einen Ehegatten, dessen Kind vom anderen Ehegatten angenommen wird.

(3) Hat die Einwilligung eines Elternteils ihre Kraft verloren, so hat das Familiengericht die elterliche Sorge dem Elternteil zu übertragen, wenn und soweit dies dem

Wohl des Kindes nicht widerspricht.

(4) Der Annehmende ist dem Kind vor den Verwandten des Kindes zur Gewährung des Unterhalts verpflichtet, sobald die Eltern des Kindes die erforderliche Einwilligung erteilt haben und das Kind in die Obhut des Annehmenden mit dem Ziel der Annahme aufgenommen ist. Will ein Ehegatte ein Kind seines Ehegatten annehmen, so sind die Ehegatten dem Kind vor den anderen Verwandten des Kindes zur Gewährung des Unterhalts verpflichtet, sobald die erforderliche Einwilligung der Eltern des Kindes erteilt und das Kind in die Obhut der Ehegatten aufgenommen ist.

第一千七百五十一条　[父母同意之效力，扶养义务][a]

Ⅰ ¹父母之一方为出养之同意者，其亲权于出养后停止；与其子女之会面交往权亦不得行使。²于此情形，少年局为监护人，但于他方父母单独行使亲权或已选任监护人者，不在此限。³已设置之襄佐，不受影响。⁴在收养襄佐期间，被收养人准用第一千六百八十八条第一款及第三款规定。⁵母亲同意出养者，父亲依第一千六百七十二条第一款规定申请者，无须得其同意。

Ⅱ 夫妻一方收养他方之子女者，不适用第一款规定。

Ⅲ 父母一方之同意失其效力者，家事法院得将亲权委由他方父母行使，但以不违反子女之利益者为限。

Ⅳ ¹养子女之父母已为出养必要之同意，且收养人以收养为目的而照护收养人者，收养人对养子女所负之扶养义务，先于养子女之其他血亲。²夫妻之一方收养他方子女者，养子女之父母已为出养之必要同意，且该养子女已在其配偶之照护者，配偶对养子女所负之扶养义务亦先于养子女之其他血亲。

a 本条因1997年12月16日《亲子法》改革、2013年4月16日《非婚生子女亲权法》而修正。

§1752 Beschluss des Familiengerichts, Antrag

(1) Die Annahme als Kind wird auf Antrag des Annehmenden vom Familiengericht ausgesprochen.

(2) Der Antrag kann nicht unter einer Bedingung oder einer Zeitbestimmung oder durch einen Vertreter gestellt werden. Er bedarf der notariellen Beurkundung.

第一千七百五十二条 [家事法院之决定，收养之申请]

Ⅰ 子女之收养，依收养人之申请，由家事法院为收养之宣告。
Ⅱ ¹申请收养，不得附条件或期限，或经由其代理人为之。²申请应经公证。

§1753 Annahme nach dem Tode

(1) Der Ausspruch der Annahme kann nicht nach dem Tode des Kindes erfolgen.
(2) Nach dem Tode des Annehmenden ist der Ausspruch nur zulässig, wenn der Annehmende den Antrag beim Familiengericht eingereicht oder bei oder nach der notariellen Beurkundung des Antrags den Notar damit betraut hat, den Antrag einzureichen.
(3) Wird die Annahme nach dem Tode des Annehmenden ausgesprochen, so hat sie die gleiche Wirkung, wie wenn sie vor dem Tode erfolgt wäre.

第一千七百五十三条 [死后收养]

Ⅰ 收养之宣告，不得于养子女死后为之。
Ⅱ 收养人已将申请提交家事法院，或其申请已于公证时或公证后，嘱托公证人提交者，即使收养人死亡，仍得为收养之宣告。
Ⅲ 收养人死亡后所为收养成立之宣告，其效力与死亡前所为者有同一效力。

§1754 Wirkung der Annahme

(1) Nimmt ein Ehepaar ein Kind an oder nimmt ein Ehegatte ein Kind des anderen Ehegatten an, so erlangt das Kind die rechtliche Stellung eines gemeinschaftlichen Kindes der Ehegatten.
(2) In den anderen Fällen erlangt das Kind die rechtliche Stellung eines Kindes des Annehmenden.
(3) Die elterliche Sorge steht in den Fällen des Absatzes 1 den Ehegatten gemeinsam, in den Fällen des Absatzes 2 dem Annehmenden zu.

第一千七百五十四条 [收养之效力][a]

Ⅰ 夫妻共同收养子女或配偶之一方收养他方之子女者，养子女取得夫妻共同子女之法律地位。

Ⅱ 于其他情形，养子女取得收养人子女之法律地位。

Ⅲ 第一款规定之情事，由夫妻共同行使亲权；第二款规定之情事，由收养人行使之。

a 本条因1997年12月16日《亲子法》改革而修正。

§1755 Erlöschen von Verwandtschaftsverhältnissen

(1) Mit der Annahme erlöschen das Verwandtschaftsverhältnis des Kindes und seiner Abkömmlinge zu den bisherigen Verwandten und die sich aus ihm ergebenden Rechte und Pflichten. Ansprüche des Kindes, die bis zur Annahme entstanden sind, insbesondere auf Renten, Waisengeld und andere entsprechende wiederkehrende Leistungen, werden durch die Annahme nicht berührt; dies gilt nicht für Unterhaltsansprüche.

(2) Nimmt ein Ehegatte das Kind seines Ehegatten an, so tritt das Erlöschen nur im Verhältnis zu dem anderen Elternteil und dessen Verwandten ein.

第一千七百五十五条 [亲属关系之消灭][a]

Ⅰ ¹养子女及其直系血亲卑亲属，其原已成立之血亲关系及由此所生之权利及义务，因收养关系之成立而消灭。²养子女于收养成立前所享有之请求权，包括年金、孤儿抚恤金及其他类似之定期给付，不因收养而受影响；但扶养请求权者，不在此限。

Ⅱ 配偶之一方收养他方之子女者，养子女仅与另一方之父母及其血亲，消灭其亲属关系。

a 本条又因1997年12月16日《亲子法》改革而修正。

§1756 Bestehenbleiben von Verwandtschaftsverhältnissen

(1) Sind die Annehmenden mit dem Kind im zweiten oder dritten Grad verwandt oder verschwägert, so erlöschen nur das Verwandtschaftsverhältnis des Kindes und seiner Abkömmlinge zu den Eltern des Kindes und die sich aus ihm ergebenden Rechte und Pflichten.

(2) Nimmt ein Ehegatte das Kind seines Ehegatten an, so erlischt das Verwandtschaftsverhältnis nicht im Verhältnis zu den Verwandten des anderen

Elternteils, wenn dieser die elterliche Sorge hatte und verstorben ist.

第一千七百五十六条 **[亲属关系之存续]**ᵃ

Ⅰ 收养人与养子女为二亲等或三亲等之血亲或姻亲者,子女与其直系血亲卑亲属,仅消灭其与本生父母之关系及由此所生之权利及义务。

Ⅱ 夫妻之一方收养他方子女者,养子女与另一方父母之血亲,不消灭其亲属关系,但以其曾有亲权,且已死亡者为限。

a 本条又因1997年12月16日《亲子法》改革而修正。

§1757 Name des Kindes

(1) Das Kind erhält als Geburtsnamen den Familiennamen des Annehmenden. Als Familienname gilt nicht der dem Ehenamen oder dem Lebenspartnerschaftsnamen hinzugefügte Name (§1355 Abs. 4; §3 Abs. 2 des Lebenspartnerschaftsgesetzes).

(2) Nimmt ein Ehepaar ein Kind an oder nimmt ein Ehegatte ein Kind des anderen Ehegatten an und führen die Ehegatten keinen Ehenamen, so bestimmen sie den Geburtsnamen des Kindes vor dem Ausspruch der Annahme durch Erklärung gegenüber dem Familiengericht; §1617 Abs. 1 gilt entsprechend. Hat das Kind das fünfte Lebensjahr vollendet, so ist die Bestimmung nur wirksam, wenn es sich der Bestimmung vor dem Ausspruch der Annahme durch Erklärung gegenüber dem Familiengericht anschließt; §1617c Abs. 1 Satz 2 gilt entsprechend.

(3) Die Änderung des Geburtsnamens erstreckt sich auf den Ehenamen des Kindes nur dann, wenn sich auch der Ehegatte der Namensänderung vor dem Ausspruch der Annahme durch Erklärung gegenüber dem Familiengericht anschließt; die Erklärung muss öffentlich beglaubigt werden.

(4) Das Familiengericht kann auf Antrag des Annehmenden mit Einwilligung des Kindes mit dem Ausspruch der Annahme

1. Vornamen des Kindes ändern oer ihm einen oder mehrere neue Vornamen beigeben, wenn dies dem Wohl des Kindes entspricht;
2. dem neuen Familiennamen des Kindes den bisherigen Familiennamen voranstellen oder anfügen, wenn dies aus schwerwiegenden Gründen zum Wohl des Kindes erforderlich ist.

§1746 Abs. 1 Satz 2, 3, Abs. 3 erster Halbsatz ist entsprechend anzuwenden.

第一千七百五十七条 [子女之姓氏]ª

Ⅰ ¹养子女之出生姓氏，从收养人之家姓。²家姓不包括婚姓或同性伴侣姓氏所附加之姓氏（第一千三百五十五条第四款；《同性伴侣法》第三条第二款）。

Ⅱ ¹夫妻共同收养或配偶之一方收养他方子女者，夫妻未约定婚姓时，养子女出生之姓氏应于收养成立宣告前，向家事法院以意思表示约定之；于此情形，准用第一千六百一十七条第一款规定。²养子女满五岁者，其约定仅于宣告收养成立前，以意思表示向家事法院为之者，始生效力；于此情形，准用第一千六百一十七条之三第一款第二段规定。

Ⅲ 出生姓氏之变更，仅于变更姓氏之配偶一方，于收养宣告前，以意思表示向家事法院为之者，其变更始扩及养子女之姓氏；该意思表示，应以公证为之。

Ⅳ ¹家事法院，依收养人之申请及养子女之同意，于宣告收养成立时，应为下列之处置：
1. 变更养子女之名，或于符合子女利益者，得给予单一或多数新名。
2. 具重大理由对子女利益有其必要者，得将养子女之新家姓，置于原家姓之前或之后。

²于此情形，准用第一千七百四十六条第一款第二段、第三段及第三款前半段规定。

a 本条因1997年12月16日《亲子法》改革、2001年2月16日《同性登记伴侣法》、2008年12月17日《家事及非讼事件程序法》而修正。

§1758 Offenbarungs- und Ausforschungsverbot

(1) Tatsachen, die geeignet sind, die Annahme und ihre Umstände aufzudecken, dürfen ohne Zustimmung des Annehmenden und des Kindes nicht offenbart oder ausgeforscht werden, es sei denn, dass besondere Gründe des öffentlichen Interesses dies erfordern.

(2) Absatz 1 gilt sinngemäß, wenn die nach §1747 erforderliche Einwilligung erteilt ist. Das Familiengericht kann anordnen, dass die Wirkungen des Absatzes 1 eintreten, wenn ein Antrag auf Ersetzung der Einwilligung eines Elternteils gestellt worden ist.

第一千七百五十八条 [公开及调查之禁止]

Ⅰ 未经收养人及养子女之同意，不得公开或调查已揭示之收养内容及其情况，但有特殊理由以维持公共利益之必要者，不在此限。

Ⅱ ¹依第一千七百四十七条规定，已为同意之表示者，准用第一款规定。²已提出代替父母一方同意之申请者，家事法院得以命令，使第一款规定之内容发生效力。

§1759 Aufhebung des Annahmeverhältnisses

Das Annahmeverhältnis kann nur in den Fällen der §§1760, 1763 aufgehoben werden.

第一千七百五十九条 [收养关系之废止]

仅有第一千七百六十条及第一千七百六十三条规定之情事者，始得废止收养关系。

§1760 Aufhebung wegen fehlender Erklärungen

(1) Das Annahmeverhältnis kann auf Antrag vom Familiengericht aufgehoben werden, wenn es ohne Antrag des Annehmenden, ohne die Einwilligung des Kindes oder ohne die erforderliche Einwilligung eines Elternteils begründet worden ist.

(2) Der Antrag oder eine Einwilligung ist nur dann unwirksam, wenn der Erklärende

1. zur Zeit der Erklärung sich im Zustand der Bewusstlosigkeit oder vorübergehenden Störung der Geistestätigkeit befand, wenn der Antragsteller geschäftsunfähig war oder das geschäftsunfähige oder noch nicht 14 Jahre alte Kind die Einwilligung selbst erteilt hat,

2. nicht gewusst hat, dass es sich um eine Annahme als Kind handelt, oder wenn er dies zwar gewusst hat, aber einen Annahmeantrag nicht hat stellen oder eine Einwilligung zur Annahme nicht hat abgeben wollen oder wenn sich der Annehmende in der Person des anzunehmenden Kindes oder wenn sich das anzunehmende Kind in der Person des Annehmenden geirrt hat,

3. durch arglistige Täuschung über wesentliche Umstände zur Erklärung bestimmt worden ist,

4. widerrechtlich durch Drohung zur Erklärung bestimmt worden ist,

5. die Einwilligung vor Ablauf der in §1747 Abs. 2 Satz 1 bestimmten Frist erteilt hat.

(3) Die Aufhebung ist ausgeschlossen, wenn der Erklärende nach Wegfall der Geschäftsunfähigkeit, der Bewusstlosigkeit, der Störung der Geistestätigkeit, der durch die Drohung bestimmten Zwangslage, nach der Entdeckung des Irrtums oder nach Ablauf der in §1747 Abs. 2 Satz 1 bestimmten Frist den Antrag oder die Einwilligung nachgeholt oder sonst zu erkennen gegeben hat, dass das Annahmeverhältnis aufrechterhalten werden soll. Die Vorschriften des §1746 Abs. 1 Satz 2, 3 und des §1750 Abs. 3 Satz 1, 2 sind entsprechend anzuwenden.

(4) Die Aufhebung wegen arglistiger Täuschung über wesentliche Umstände ist ferner ausgeschlossen, wenn über Vermögensverhältnisse des Annehmenden oder des Kindes getäuscht worden ist oder wenn die Täuschung ohne Wissen eines Antrags- oder Einwilligungsberechtigten von jemand verübt worden ist, der weder antrags- noch einwilligungsberechtigt noch zur Vermittlung der Annahme befugt war.

(5) Ist beim Ausspruch der Annahme zu Unrecht angenommen worden, dass ein Elternteil zur Abgabe der Erklärung dauernd außerstande oder sein Aufenthalt dauernd unbekannt sei, so ist die Aufhebung ausgeschlossen, wenn der Elternteil die Einwilligung nachgeholt oder sonst zu erkennen gegeben hat, dass das Annahmeverhältnis aufrechterhalten werden soll. Die Vorschrift des §1750 Abs. 3 Satz 1, 2 ist entsprechend anzuwenden.

第一千七百六十条 [因欠缺意思表示之废止][a]

Ⅰ 收养关系未经收养人之申请、养子女之同意或未经父母一方必要之同意而成立者，得依申请，由家事法院废止之。

Ⅱ 收养之申请及同意，仅在表意人有下列情事之一时，始不生效力：
1.申请人曾为无行为能力或现为无行为能力或未年满十四岁，且自行为同意之表示，而于表示时，处于无意识状态或暂时性之精神障碍者。
2.表意人不知其为收养之行为，或虽知悉，但不愿提出收养之申请，或给予出养之同意，或收养人对养子女，或养子女对收养人发生当事人认识之错误者。
3.重要情况受诈欺而为意思表示者。
4.因受胁迫而为意思表示者。
5.于第一千七百四十七条第二款第一段所定之期间届满前，为同意之意思表示者。

Ⅲ [1]表意人于无行为能力、无意识能力、精神障碍消失、受胁迫之情形终止或发现错误之后，或依第一千七百四十七条第二款第一段规定之期间届满之后，再补行收养之申请或同意，或表明该收养关系应予维持者，其收养关系不废止。²于此情形，准用第一千七百四十六条第一款第二段、第三段及第一千七百五十条第三款第一段、第二段规定。
Ⅳ 因重要情况受恶意诈欺所为之收养，如对收养人或养子女就财产关系所为之诈欺，或诈欺系申请权人或同意权人不知情，非由申请权人或同意权人且非由中介收养人所为之诈欺者，不得废止之。
Ⅴ ¹宣告收养成立时，父母之一方持续不能为同意之意思表示，或其居所久已不明而判决有错误者，父母之一方补行同意收养之意思表示或表明收养关系应予维持者，不得废止收养关系。²于此情形，准用第一千七百五十条第三款第一段及第二段规定。

a 本条因1997年12月16日《亲子法》改革而修正。

§1761 Aufhebungshindernisse

(1) Das Annahmeverhältnis kann nicht aufgehoben werden, weil eine erforderliche Einwilligung nicht eingeholt worden oder nach §1760 Abs. 2 unwirksam ist, wenn die Voraussetzungen für die Ersetzung der Einwilligung beim Ausspruch der Annahme vorgelegen haben oder wenn sie zum Zeitpunkt der Entscheidung über den Aufhebungsantrag vorliegen; dabei ist es unschädlich, wenn eine Belehrung oder Beratung nach §1748 Abs. 2 nicht erfolgt ist.

(2) Das Annahmeverhältnis darf nicht aufgehoben werden, wenn dadurch das Wohl des Kindes erheblich gefährdet würde, es sei denn, dass überwiegende Interessen des Annehmenden die Aufhebung erfordern.

第一千七百六十一条　[收养废止之禁止]

Ⅰ 取代同意之要件，在宣告收养时已具备，或该要件，在裁定申请废止收养关系前已存在者，收养关系不得因必要之同意未补正，或依第一千七百六十条第二款规定之无效，而废止之。于此情形，未依第一千七百四十八条第二款规定，为告知或咨询者，收养之效力不受影响。
Ⅱ 收养关系之废止将对养子女之利益有严重危害者，不得终止之。但为收养人之重大利益，而有废止之必要者，不在此限。

§1762 Antragsberechtigung; Antragsfrist, Form

(1) Antragsberechtigt ist nur derjenige, ohne dessen Antrag oder Einwilligung das Kind angenommen worden ist. Für ein Kind, das geschäftsunfähig oder noch nicht 14 Jahre alt ist, und für den Annehmenden, der geschäftsunfähig ist, können die gesetzlichen Vertreter den Antrag stellen. Im Übrigen kann der Antrag nicht durch einen Vertreter gestellt werden. Ist der Antragsberechtigte in der Geschäftsfähigkeit beschränkt, so ist die Zustimmung des gesetzlichen Vertreters nicht erforderlich.

(2) Der Antrag kann nur innerhalb eines Jahres gestellt werden, wenn seit der Annahme noch keine drei Jahre verstrichen sind. Die Frist beginnt
1. in den Fällen des §1760 Abs. 2 Buchstabe a mit dem Zeitpunkt, in dem der Erklärende zumindest die beschränkte Geschäftsfähigkeit erlangt hat oder in dem dem gesetzlichen Vertreter des geschäftsunfähigen Annehmenden oder des noch nicht 14 Jahre alten oder geschäftsunfähigen Kindes die Erklärung bekannt wird;
2. in den Fällen des §1760 Abs. 2 Buchstaben b, c mit dem Zeitpunkt, in dem der Erklärende den Irrtum oder die Täuschung entdeckt;
3. in dem Falle des §1760 Abs. 2 Buchstabe d mit dem Zeitpunkt, in dem die Zwangslage aufhört;
4. in dem Falle des §1760 Abs. 2 Buchstabe e nach Ablauf der in §1747 Abs. 2 Satz 1 bestimmten Frist;
5. in den Fällen des §1760 Abs. 5 mit dem Zeitpunkt, in dem dem Elternteil bekannt wird, dass die Annahme ohne seine Einwilligung erfolgt ist.

Die für die Verjährung geltenden Vorschriften der §§206, 210 sind entsprechend anzuwenden.

(3) Der Antrag bedarf der notariellen Beurkundung.

第一千七百六十二条 [申请权人；申请期间及方式][a]

Ⅰ ¹有权对收养关系申请废止之人，因该收养未经其申请或同意而成立。²养子女为无行为能力或未年满十四岁或收养人为无行为能力者，其法定代理人得提出申请 。³除此之外，申请不得由代理人为之。⁴申请权人之行为能力受限制者，无须得其法定代理人之同意。

Ⅱ ¹收养未年满三年者，其终止之申请，仅得于一年内为之。²期间之起算，依下列情事定之：

1. 第一千七百六十条第二款之一之情形，表意人至少取得限制行为能力；无行为能力收养人或未年满十四岁或无行为能力之养子女，于其法定代理人就其所为之意思表示知悉之时。
2. 第一千七百六十条第二款之二第二项、第三项之情形，表意人发现错误或得知被诈欺之时。
3. 第一千七百六十条第二款之四第四项之情形，受胁迫受强制之情况停止之时。
4. 第一千七百六十条第二款之五第五项之情形，依第一千七百四十七条第二款第一段所定之期间届满之时。
5. 第一千七百六十条第五款之情形，本生父母知悉收养未得其同意之时。

³第二百零六条、第二百一十条有关消灭时效规定，准用之。

Ⅲ 该收养废止之申请，应以公证为之。

a 本条因1997年12月16日《亲子法》改革、2001年11月26日债法修正而修正。

§1763 Aufhebung von Amts wegen

(1) Während der Minderjährigkeit des Kindes kann das Familiengericht das Annahmeverhältnis von Amts wegen aufheben, wenn dies aus schwerwiegenden Gründen zum Wohl des Kindes erforderlich ist.

(2) Ist das Kind von einem Ehepaar angenommen, so kann auch das zwischen dem Kind und einem Ehegatten bestehende Annahmeverhältnis aufgehoben werden.

(3) Das Annahmeverhältnis darf nur aufgehoben werden,
1. wenn in dem Falle des Absatzes 2 der andere Ehegatte oder wenn ein leiblicher Elternteil bereit ist, die Pflege und Erziehung des Kindes zu übernehmen, und wenn die Ausübung der elterlichen Sorge durch ihn dem Wohl des Kindes nicht widersprechen würde oder
2. wenn die Aufhebung eine erneute Annahme des Kindes ermöglichen soll.

第一千七百六十三条 [依职权废止收养]

Ⅰ 家事法院于养子女未成年时，因重大理由有维护子女利益必要者，得依职权废止收养关系。

Ⅱ 子女由配偶一方收养者，养子女与配偶一方之收养关系亦得废止之。

Ⅲ 收养关系仅在下列情事之一时，始得废止之：
1. 于第二款之情形，为他方配偶或本生父母之一方准备承担照护及教养子女之责任，且其行使亲权不违反子女之利益者。
2. 废止收养后，子女得为再出养者。

§1764 Wirkung der Aufhebung

(1) Die Aufhebung wirkt nur für die Zukunft. Hebt das Familiengericht das Annahmeverhältnis nach dem Tode des Annehmenden auf dessen Antrag oder nach dem Tode des Kindes auf dessen Antrag auf, so hat dies die gleiche Wirkung, wie wenn das Annahmeverhältnis vor dem Tode aufgehoben worden wäre.

(2) Mit der Aufhebung der Annahme als Kind erlöschen das durch die Annahme begründete Verwandtschaftsverhältnis des Kindes und seiner Abkömmlinge zu den bisherigen Verwandten und die sich aus ihm ergebenden Rechte und Pflichten.

(3) Gleichzeitig leben das Verwandtschaftsverhältnis des Kindes und seiner Abkömmlinge zu den leiblichen Verwandten des Kindes und die sich aus ihm ergebenden Rechte und Pflichten, mit Ausnahme der elterlichen Sorge, wieder auf.

(4) Das Familiengericht hat den leiblichen Eltern die elterliche Sorge zurückzuübertragen, wenn und soweit dies dem Wohl des Kindes nicht widerspricht; andernfalls bestellt es einen Vormund oder Pfleger.

(5) Besteht das Annahmeverhältnis zu einem Ehepaar und erfolgt die Aufhebung nur im Verhältnis zu einem Ehegatten, so treten die Wirkungen des Absatzes 2 nur zwischen dem Kind und seinen Abkömmlingen und diesem Ehegatten und dessen Verwandten ein; die Wirkungen des Absatzes 3 treten nicht ein.

第一千七百六十四条 [废止之效力]

Ⅰ ¹废止收养仅向将来发生效力。²家事法院依申请于收养人或养子女死亡后，废止其收养关系者，其具有与收养关系已于生前废止之相同效力。

Ⅱ 养子女及其直系血亲卑亲属，就收养所成立之血亲关系与其权利及义务，于收养关系废止后消灭。

Ⅲ 前款情形，养子女及其直系血亲卑亲属，同时恢复其与本生之血亲关系与其权利及义务。但亲权之行使者，不在此限。

Ⅳ 家事法院于不违反子女利益者，应将亲权移转本生父母行使。于其他情形，应设置监护人或襄佐人行使之。

V 收养关系存在于养子女与夫妻之一方，其收养之废止亦仅及于该方配偶者，养子女及其直系血亲卑亲属仅与该方配偶及其血亲，发生第二款规定之效力；于此情形，不发生第三款规定之效力。

§1765 Name des Kindes nach der Aufhebung

(1) Mit der Aufhebung der Annahme als Kind verliert das Kind das Recht, den Familiennamen des Annehmenden als Geburtsnamen zu führen. Satz 1 ist in den Fällen des §1754 Abs. 1 nicht anzuwenden, wenn das Kind einen Geburtsnamen nach §1757 Abs. 1 führt und das Annahmeverhältnis zu einem Ehegatten allein aufgehoben wird. Ist der Geburtsname zum Ehenamen oder Lebenspartnerschaftsnamen des Kindes geworden, so bleibt dieser unberührt.

(2) Auf Antrag des Kindes kann das Familiengericht mit der Aufhebung anordnen, dass das Kind den Familiennamen behält, den es durch die Annahme erworben hat, wenn das Kind ein berechtigtes Interesse an der Führung dieses Namens hat. §1746 Abs. 1 Satz 2, 3 ist entsprechend anzuwenden.

(3) Ist der durch die Annahme erworbene Name zum Ehenamen oder Lebenspartnerschaftsnamen geworden, so hat das Familiengericht auf gemeinsamen Antrag der Ehegatten oder Lebenspartner mit der Aufhebung anzuordnen, dass die Ehegatten oder Lebenspartner als Ehenamen oder Lebenspartnerschaftsnamen den Geburtsnamen führen, den das Kind vor der Annahme geführt hat.

第一千七百六十五条 [收养废止后子女之姓氏][a]

I ¹收养废止后，养子女丧失以收养人之家姓为出生姓氏之权利。²养子女依第一千七百五十七条第一款规定，定其出生之姓氏，且与配偶之一方单独废止收养关系者，于第一千七百五十四条第一款之情形，不适用第一段规定。³养子女出生之姓氏已成为其婚姓或同性伴侣共同之姓氏者，不受前段规定之影响。

II ¹家事法院依养子女之申请，得于废止收养时，命令子女保有其因收养而取得之家姓，但以保有该家姓对子女有正当利益者为限。²于此情形，准用第一千七百四十六条第一款第二段及第三段规定。

III 因收养取得之姓氏成为婚姓或同性伴侣共同之姓氏者，家事法院得经该配偶或同性伴侣共同之申请，于废止收养时，命令配偶或同性伴侣，以该养子女出养前之姓氏作为婚姓或同性伴侣共同之姓氏。

a 本条因2001年2月16日《同性伴侣法》、2008年12月27日《家事及非讼事件程序法》而修正。

§1766 Ehe zwischen Annehmendem und Kind

Schließt ein Annehmender mit dem Angenommenen oder einem seiner Abkömmlinge den eherechtlichen Vorschriften zuwider die Ehe, so wird mit der Eheschließung das durch die Annahme zwischen ihnen begründete Rechtsverhältnis aufgehoben. §§1764, 1765 sind nicht anzuwenden.

第一千七百六十六条 [收养人与收养子女之结婚]

¹收养人与被收养人或其直系血亲卑亲属，违反婚姻规定而结婚者，自结婚时起，因收养而成立之法律关系废止之。²于此情形，不适用第一千七百六十四条、第一千七百六十五条规定。

Untertitel 2 Annahme Volljähriger
第二款 成年人之收养

§1767 Zulässigkeit der Annahme, anzuwendende Vorschriften

(1) Ein Volljähriger kann als Kind angenommen werden, wenn die Annahme sittlich gerechtfertigt ist; dies ist insbesondere anzunehmen, wenn zwischen dem Annehmenden und dem Anzunehmenden ein Eltern-Kind-Verhältnis bereits entstanden ist.

(2) Für die Annahme Volljähriger gelten die Vorschriften über die Annahme Minderjähriger sinngemäß, soweit sich aus den folgenden Vorschriften nichts anderes ergibt. §1757 Abs. 3 ist entsprechend anzuwenden, wenn der Angenommene eine Lebenspartnerschaft begründet hat und sein Geburtsname zum Lebenspartnerschaftsnamen bestimmt worden ist. Zur Annahme einer Person, die eine Lebenspartnerschaft führt, ist die Einwilligung des Lebenspartners erforderlich.

1269

第一千七百六十七条　[收养之许可，应适用之规定]^a

Ⅰ 已成年之人得被收养，但以收养符合伦常者为限。收养人与被收养人已成立父母子女关系者，尤应认为符合伦常关系。

Ⅱ ¹关于成年收养，准用未成年人收养规定，但下列另有规定者，不在此限。²被收养人组成同性伴侣，并约定以其出生之姓氏，作为同性伴侣共同之姓氏者，准用第一千七百五十七条第三款规定。³被收养人，于收养前已组成同性伴侣共同生活关系者，其收养应得其伴侣之同意。

a 本条又因2004年12月15日《修正同性伴侣法》而修正。

§1768　Antrag

(1) Die Annahme eines Volljährigen wird auf Antrag des Annehmenden und des Anzunehmenden vom Familiengericht ausgesprochen. §§1742, 1744, 1745, 1746 Abs. 1, 2, §1747 sind nicht anzuwenden.

(2) Für einen Anzunehmenden, der geschäftsunfähig ist, kann der Antrag nur von seinem gesetzlichen Vertreter gestellt werden.

第一千七百六十八条　[收养之申请]

Ⅰ ¹成年收养依收养人与被收养人之申请，而由家事法院宣告之。²于此情形，不适用第一千七百四十二条、第一千七百四十四条、第一千七百四十五条、第一千七百四十六条第一款、第二款及第一千七百四十七条规定。

Ⅱ 被收养人为无行为能力者，仅得由其法定代理人代为申请之。

§1769　Verbot der Annahme

Die Annahme eines Volljährigen darf nicht ausgesprochen werden, wenn ihr überwiegende Interessen der Kinder des Annehmenden oder des Anzunehmenden entgegenstehen.

第一千七百六十九条　[收养之禁止]

成年收养与收养人或被收养人子女之利益有严重抵触者，家事法院不得宣告之。

§1770 Wirkung der Annahme

(1) Die Wirkungen der Annahme eines Volljährigen erstrecken sich nicht auf die Verwandten des Annehmenden. Der Ehegatte oder Lebenspartner des Annehmenden wird nicht mit dem Angenommenen, dessen Ehegatte oder Lebenspartner wird nicht mit dem Annehmenden verschwägert.

(2) Die Rechte und Pflichten aus dem Verwandtschaftsverhältnis des Angenommenen und seiner Abkömmlinge zu ihren Verwandten werden durch die Annahme nicht berührt, soweit das Gesetz nichts anderes vorschreibt.

(3) Der Annehmende ist dem Angenommenen und dessen Abkömmlingen vor den leiblichen Verwandten des Angenommenen zur Gewährung des Unterhalts verpflichtet.

第一千七百七十条 [收养之效力]^a

Ⅰ ¹成年收养之效力不及于收养人之其他血亲关系。²收养人之配偶或其同性伴侣与被收养人之配偶或其同性伴侣不为姻亲关系。

Ⅱ 被收养人及其直系血亲卑亲属与其血亲关系间所生之权利及义务，不因收养而受影响，但以法律无其他规定者为限。

Ⅲ 收养人对被收养人及其直系血亲卑亲属所负之扶养义务，应优先于被收养人之血亲。

a 本条又因2004年12月15日修正《同性伴侣法》而修正。

§1771 Aufhebung des Annahmeverhältnisses

Das Familiengericht kann das Annahmeverhältnis, das zu einem Volljährigen begründet worden ist, auf Antrag des Annehmenden und des Angenommenen aufheben, wenn ein wichtiger Grund vorliegt. Im Übrigen kann das Annahmeverhältnis nur in sinngemäßer Anwendung der Vorschriften des §1760 Abs. 1 bis 5 aufgehoben werden. An die Stelle der Einwilligung des Kindes tritt der Antrag des Anzunehmenden.

第一千七百七十一条 [收养关系之废止]

¹家事法院依收养人及被收养人之申请，于有重大理由者，得废止成年收养关系。²其他情形，收养关系仅得类推适用第一千七百六十条第一款至第五款规定，废止收养关系。³于此情形，应以被收养人之申请取代养子女之同意。

§1772 Annahme mit den Wirkungen der Minderjährigenannahme

(1) Das Familiengericht kann beim Ausspruch der Annahme eines Volljährigen auf Antrag des Annehmenden und des Anzunehmenden bestimmen, dass sich die Wirkungen der Annahme nach den Vorschriften über die Annahme eines Minderjährigen oder eines verwandten Minderjährigen richten (§§1754 bis 1756), wenn

1. ein minderjähriger Bruder oder eine minderjährige Schwester des Anzunehmenden von dem Annehmenden als Kind angenommen worden ist oder gleichzeitig angenommen wird oder
2. der Anzunehmende bereits als Minderjähriger in die Familie des Annehmenden aufgenommen worden ist oder
3. der Annehmende das Kind seines Ehegatten annimmt oder
4. der Anzunehmende in dem Zeitpunkt, in dem der Antrag auf Annahme bei dem Familiengericht eingereicht wird, noch nicht volljährig ist.

Eine solche Bestimmung darf nicht getroffen werden, wenn ihr überwiegende Interessen der Eltern des Anzunehmenden entgegenstehen.

(2) Das Annahmeverhältnis kann in den Fällen des Absatzes 1 nur in sinngemäßer Anwendung der Vorschriften des §1760 Abs. 1 bis 5 aufgehoben werden. An die Stelle der Einwilligung des Kindes tritt der Antrag des Anzunehmenden.

第一千七百七十二条 [具有收养未成年子女效力之收养][a]

I ¹有下列情事之一者，家事法院得依收养人及被收养人之申请，于宣告成年收养时，收养之效力应依收养未成年人或收养有血亲关系之未成年人规定定之（第一千七百五十四条至第一千七百五十六条）。

1. 被收养人之未成年兄弟或姊妹已由收养人收养或同时被收养者。
2. 被收养人于未成年时，已被收养人之家庭所抚养者。

3.收养人收养其配偶之子女者。
4.于收养之申请提交家事法院时,被收养人仍未成年者。
²该规定对于被收养人之本生父母有显著不利益时,不适用之。
Ⅱ ¹收养关系有第一款之情形者,仅得推类适用第一千七百六十条第一款至第五款规定废止之。²于此情形,应以被收养人之申请取代养子女之同意。

a 本条因1997年12月16日《亲子法》改革、2008年12月27日《家事及非讼事件程序法》而修正。

Abschnitt 3 Vormundschaft, Rechtliche Betreuung, Pflegschaft

第三章 监护、法定辅助与襄佐

Titel 1 Vormundschaft
第一节 监 护

Untertitel 1 Begründung der Vormundschaft
第一款 监护之成立

§1773 Voraussetzungen

(1) Ein Minderjähriger erhält einen Vormund, wenn er nicht unter elterlicher Sorge steht oder wenn die Eltern weder in den die Person noch in den das Vermögen betreffenden Angelegenheiten zur Vertretung des Minderjährigen berechtigt sind.

(2) Ein Minderjähriger erhält einen Vormund auch dann, wenn sein Familienstand nicht zu ermitteln ist.

第一千七百七十三条 [要件]

Ⅰ 未成年人未受亲权照护，或其父母就未成年人之人身或财产之事务无代理权者，应为其设置监护人。

Ⅱ 未成年人之亲属身份不明者，亦应为其设置监护人。

§1774 Anordnung von Amts wegen

Das Familiengericht hat die Vormundschaft von Amts wegen anzuordnen. Ist anzunehmen, dass ein Kind mit seiner Geburt eines Vormunds bedarf, so kann schon vor der Geburt des Kindes ein Vormund bestellt werden; die Bestellung wird mit der Geburt des Kindes wirksam.

第一千七百七十四条　[依职权命令监护]

¹家事法院应依职权命令监护。²认定子女出生时，即需监护者，得于子女出生前选任监护人；该选任于子女出生时，发生效力。

§1775 Mehrere Vormünder

Das Familiengericht kann ein Ehepaar gemeinschaftlich zu Vormündern bestellen. Im Übrigen soll das Familiengericht, sofern nicht besondere Gründe für die Bestellung mehrerer Vormünder vorliegen, für den Mündel und, wenn Geschwister zu bevormunden sind, für alle Mündel nur einen Vormund bestellen.

第一千七百七十五条　[多数监护人]

¹家事法院得选任夫妻作为其子女之共同监护人。²家事法院，除有特殊理由选任多数监护人外，应为受监护人设置监护人一人；兄弟姊妹有数人均须监护者，亦为其全体设置监护人一人为限。

§1776 Benennungsrecht der Eltern

(1) Als Vormund ist berufen, wer von den Eltern des Mündels als Vormund benannt ist.

(2) Haben der Vater und die Mutter verschiedene Personen benannt, so gilt die Benennung durch den zuletzt verstorbenen Elternteil.

第一千七百七十六条　[父母之指定权][a]

Ⅰ 经受监护人之父母指定为监护人者，应任监护人。

Ⅱ 父与母指定不同之人为监护人者，以后死之父或母所指定之人任之。

a 本条因1957年6月18日《男女平等法》、2001年11月26日债法改革而修正。

§1777 Voraussetzungen des Benennungsrechts

(1) Die Eltern können einen Vormund nur benennen, wenn ihnen zur Zeit ihres Todes die Sorge für die Person und das Vermögen des Kindes zusteht.

(2) Der Vater kann für ein Kind, das erst nach seinem Tode geboren wird, einen

Vormund benennen, wenn er dazu berechtigt sein würde, falls das Kind vor seinem Tode geboren wäre.

(3) Der Vormund wird durch letztwillige Verfügung benannt.

第一千七百七十七条　[指定权之要件]^a

Ⅰ 父母于死亡时，仅对其子女之人身及财产有监护权者，始得指定为监护人。

Ⅱ 父得为其死亡后始出生之子女，指定监护人；但以子女于其死亡前出生，父享有该权利者为限。

Ⅲ 监护人之指定，应以遗嘱为之。

a 本条因1957年6月18日《男女平等法》、2001年11月26日债法改革而修正。

§1778 Übergehen des benannten Vormunds

(1) Wer nach §1776 als Vormund berufen ist, darf ohne seine Zustimmung nur übergangen werden,
  1. wenn er nach den §§1780 bis 1784 nicht zum Vormund bestellt werden kann oder soll,
  2. wenn er an der Übernahme der Vormundschaft verhindert ist,
  3. wenn er die Übernahme verzögert,
  4. wenn seine Bestellung das Wohl des Mündels gefährden würde,
  5. wenn der Mündel, der das 14. Lebensjahr vollendet hat, der Bestellung widerspricht, es sei denn, der Mündel ist geschäftsunfähig.

(2) Ist der Berufene nur vorübergehend verhindert, so hat ihn das Familiengericht nach dem Wegfall des Hindernisses auf seinen Antrag anstelle des bisherigen Vormunds zum Vormund zu bestellen.

(3) Für einen minderjährigen Ehegatten darf der andere Ehegatte vor den nach §1776 Berufenen zum Vormund bestellt werden.

(4) Neben dem Berufenen darf nur mit dessen Zustimmung ein Mitvormund bestellt werden.

第一千七百七十八条　[指定监护人之改定]^a

Ⅰ 依第一千七百七十六条规定，应担任监护人者，仅在下列情事之一时，始得不经其同意而改定之：

1. 依第一千七百八十条至第一千七百八十四条规定，不能或不应充任监护人者。
2. 于就任监护人时发生障碍者。
3. 于就任监护时发生迟延者。
4. 其担任职务有危害受监护人之利益者。
5. 受监护人已年满十四岁，并反对该选任者；但受监护人为无行为能力者，不在此限。

Ⅱ 指定监护人因暂时之障碍不能就任者；但于障碍事由消灭后，家事法院应依其申请，选任其为监护人以代现任之监护人。

Ⅲ 对于未成年子女之配偶一方，他方得先于依第一千七百七十六条所指定之人，被选任为其监护人。

Ⅳ 非经应担任为监护人之同意，不得设置共同监护人。

a 本条因1957年6月18日《男女平等法》、2001年11月26日债法改革、2008年12月17日《家事及非讼事件程序法》而修正。

§1779 Auswahl durch das Familiengericht

(1) Ist die Vormundschaft nicht einem nach §1776 Berufenen zu übertragen, so hat das Familiengericht nach Anhörung des Jugendamts den Vormund auszuwählen.

(2) Das Familiengericht soll eine Person auswählen, die nach ihren persönlichen Verhältnissen und ihrer Vermögenslage sowie nach den sonstigen Umständen zur Führung der Vormundschaft geeignet ist. Bei der Auswahl unter mehreren geeigneten Personen sind der mutmaßliche Wille der Eltern, die persönlichen Bindungen des Mündels, die Verwandtschaft oder Schwägerschaft mit dem Mündel sowie das religiöse Bekenntnis des Mündels zu berücksichtigen.

(3) Das Familiengericht soll bei der Auswahl des Vormunds Verwandte oder Verschwägerte des Mündels hören, wenn dies ohne erhebliche Verzögerung und ohne unverhältnismäßige Kosten geschehen kann. Die Verwandten und Verschwägerten können von dem Mündel Ersatz ihrer Auslagen verlangen; der Betrag der Auslagen wird von dem Familiengericht festgesetzt.

第一千七百七十九条　[家事法院之选任]

Ⅰ 监护职务不能依第一千七百七十六条所定之监护人担任者，家事法院得听取少年局之意见后，应另选任监护人。

Ⅱ ¹家事法院选任监护人时，应依其人品、资产及其他一切情形，均适合于执行监护职务者为限。²于数名适合之人中选任监护人时，应考虑父母可能之意愿、监护人与受监护人个人之关系、受监护人与其血亲或姻亲之关系，及受监护人之宗教信仰。

Ⅲ ¹家事法院于选任监护人时，在不致严重拖延及过度花费者为限，应听取受监护人之血亲或姻亲之意见。²血亲或姻亲得向受监护人请求所支出费用之赔偿；支出费用之数额，由家事法院定之。

§1780 Unfähigkeit zur Vormundschaft

Zum Vormund kann nicht bestellt werden, wer geschäftsunfähig ist.

第一千七百八十条 [无监护能力]

无行为能力人，不得选任为监护人。

§1781 Untauglichkeit zur Vormundschaft

Zum Vormund soll nicht bestellt werden:
1. wer minderjährig ist,
2. derjenige, für den ein Betreuer bestellt ist.

第一千七百八十一条 [监护之不适格]

下列之人，不得选任为监护人：
1. 未成年人。
2. 应设置辅助人之人。

§1782 Ausschluss durch die Eltern

(1) Zum Vormund soll nicht bestellt werden, wer durch Anordnung der Eltern des Mündels von der Vormundschaft ausgeschlossen ist. Haben die Eltern einander widersprechende Anordnungen getroffen, so gilt die Anordnung des zuletzt verstorbenen Elternteils.

(2) Auf die Ausschließung sind die Vorschriften des §1777 anzuwenden.

第一千七百八十二条　[因父母而排除监护]^a

Ⅰ ¹因受监护人父母之指示，被排除担任监护人者，不得选任为监护人。²父母之指示相互抵触者，以后死一方之指示为之。

Ⅱ 关于排除者，适用第一千七百七十七条规定。

a 本条因1957年6月18日《男女平等法》、2001年11月26日债法改革而修正。

§1783　(weggefallen)

第一千七百八十三条　[删除]^a

a 本条因1922年7月9日《帝国少年福利法》而删除。

§1784　Beamter oder Religionsdiener als Vormund

(1) Ein Beamter oder Religionsdiener, der nach den Landesgesetzen einer besonderen Erlaubnis zur Übernahme einer Vormundschaft bedarf, soll nicht ohne die vorgeschriebene Erlaubnis zum Vormund bestellt werden.

(2) Diese Erlaubnis darf nur versagt werden, wenn ein wichtiger dienstlicher Grund vorliegt.

第一千七百八十四条　[公务员或神职人员为监护人]^a

Ⅰ 依邦法规定，公务员或神职人员担任监护职务应经特别许可时，非经该许可者，不得选任为监护人。

Ⅱ 非有职务上重大之理由者，不得拒绝该许可。

a 本条因1922年7月9日《帝国少年福利法》、2001年11月26日债法改革而修正。

§1785　Übernahmepflicht

Jeder Deutsche hat die Vormundschaft, für die er von dem Familiengericht ausgewählt wird, zu übernehmen, sofern nicht seiner Bestellung zum Vormund einer der in den

§§1780 bis 1784 bestimmten Gründe entgegensteht.

第一千七百八十五条 [就任义务]

德国国民经家事法院遴选而担任监护职务者，应就任；但以监护人之选任，不违反第一千七百八十条至第一千七百八十四条所定事由之一者为限。

§1786 Ablehnungsrecht

(1) Die Übernahme der Vormundschaft kann ablehnen:
1. ein Elternteil, welcher zwei oder mehr noch nicht schulpflichtige Kinder überwiegend betreut oder glaubhaft macht, dass die ihm obliegende Fürsorge für die Familie die Ausübung des Amts dauernd besonders erschwert,
2. wer das 60. Lebensjahr vollendet hat,
3. wem die Sorge für die Person oder das Vermögen von mehr als drei minderjährigen Kindern zusteht,
4. wer durch Krankheit oder durch Gebrechen verhindert ist, die Vormundschaft ordnungsmäßig zu führen,
5. wer wegen Entfernung seines Wohnsitzes von dem Sitz des Familiengerichts die Vormundschaft nicht ohne besondere Belästigung führen kann,
6. (weggefallen)
7. wer mit einem anderen zur gemeinschaftlichen Führung der Vormundschaft bestellt werden soll,
8. wer mehr als eine Vormundschaft, Betreuung oder Pflegschaft führt; die Vormundschaft oder Pflegschaft über mehrere Geschwister gilt nur als eine; die Führung von zwei Gegenvormundschaften steht der Führung einer Vormundschaft gleich.

(2) Das Ablehnungsrecht erlischt, wenn es nicht vor der Bestellung bei dem Familiengericht geltend gemacht wird.

第一千七百八十六条 [拒绝就任之权利]

Ⅰ 下列之人得拒绝就任监护人：
1. 父母之一方有未达义务教育年龄之子女二人以上，或表明因负责管理家务，致持续执行监护职务有困难者。

2. 年满六十岁以上之人者。
3. 对三人以上之未成年子女为人身及财产之监护者。
4. 因疾病或残障，致不能适当执行监护职务者。
5. 因住所与家事法院所在地相距过远，致执行监护职务极为困难者。
6. [删除]
7. 经选任应与他人共同执行监护职务者。
8. 执行多项监护、辅助或襄佐之职务者；兄弟姊妹数人之监护职务或襄佐职务者，应仅视为一项；执行二项监督监护人之职务者，应视为一项监护职务之执行。

II 拒绝权不于家事法院选任前行使者，应即消灭。

§1787 Folgen der unbegründeten Ablehnung

(1) Wer die Übernahme der Vormundschaft ohne Grund ablehnt, ist, wenn ihm ein Verschulden zur Last fällt, für den Schaden verantwortlich, der dem Mündel dadurch entsteht, dass sich die Bestellung des Vormunds verzögert.

(2) Erklärt das Familiengericht die Ablehnung für unbegründet, so hat der Ablehnende, unbeschadet der ihm zustehenden Rechtsmittel, die Vormundschaft auf Erfordern des Familiengerichts vorläufig zu übernehmen.

第一千七百八十七条　[无理由拒绝之效力]

I 无理由拒绝担任监护职务，有可归责之事由时，就受监护人因监护人选任迟延致生损害者，应负赔偿责任。

II 家事法院宣告拒绝就任为无理由者，仍得提抗告；但经家事法院之要求者，应暂时担任监护职务。

§1788 Zwangsgeld

(1) Das Familiengericht kann den zum Vormund Ausgewählten durch Festsetzung von Zwangsgeld zur Übernahme der Vormundschaft anhalten.

(2) Die Zwangsgelder dürfen nur in Zwischenräumen von mindestens einer Woche festgesetzt werden. Mehr als drei Zwangsgelder dürfen nicht festgesetzt werden.

第一千七百八十八条 [怠金]

Ⅰ 家事法院对于所选任之监护人,得科以怠金,以强制其担任监护职务。
Ⅱ ¹每次怠金,最少应相隔一星期。²怠金不得超过三次。

§1789 Bestellung durch das Familiengericht

Der Vormund wird von dem Familiengericht durch Verpflichtung zu treuer und gewissenhafter Führung der Vormundschaft bestellt. Die Verpflichtung soll mittels Handschlags an Eides statt erfolgen.

第一千七百八十九条 [家事法院之选任]

¹监护人经家事法院选任者,负有以忠诚及认真执行监护职务之义务。²该义务于就任时,以握手替代宣誓。

§1790 Bestellung unter Vorbehalt

Bei der Bestellung des Vormunds kann die Entlassung für den Fall vorbehalten werden, dass ein bestimmtes Ereignis eintritt oder nicht eintritt.

第一千七百九十条 [选任之保留]

选任监护人时,得保留于特定事件之发生或不发生时予以解任。

§1791 Bestallungsurkunde

(1) Der Vormund erhält eine Bestallung.
(2) Die Bestallung soll enthalten den Namen und die Zeit der Geburt des Mündels, die Namen des Vormunds, des Gegenvormunds und der Mitvormünder sowie im Falle der Teilung der Vormundschaft die Art der Teilung.

第一千七百九十一条 [任命证书]

Ⅰ 监护人应领取任命证书。
Ⅱ 任命证书应记载受监护人之姓名、出生年、月、日,监护人、监督监护人与共同监护人之姓名,及分担监护职务时之分担方式。

§1791a Vereinsvormundschaft

(1) Ein rechtsfähiger Verein kann zum Vormund bestellt werden, wenn er vom Landesjugendamt hierzu für geeignet erklärt worden ist. Der Verein darf nur zum Vormund bestellt werden, wenn eine als ehrenamtlicher Einzelvormund geeignete Person nicht vorhanden ist oder wenn er nach §1776 als Vormund berufen ist; die Bestellung bedarf der Einwilligung des Vereins.

(2) Die Bestellung erfolgt durch Beschluss des Familiengerichts; die §§1789, 1791 sind nicht anzuwenden.

(3) Der Verein bedient sich bei der Führung der Vormundschaft einzelner seiner Mitglieder oder Mitarbeiter; eine Person, die den Mündel in einem Heim des Vereins als Erzieher betreut, darf die Aufgaben des Vormunds nicht ausüben. Für ein Verschulden des Mitglieds oder des Mitarbeiters ist der Verein dem Mündel in gleicher Weise verantwortlich wie für ein Verschulden eines verfassungsmäßig berufenen Vertreters.

(4) Will das Familiengericht neben dem Verein einen Mitvormund oder will es einen Gegenvormund bestellen, so soll es vor der Entscheidung den Verein hören.

第一千七百九十一条之一 [社团监护人][a]

Ⅰ [1]由邦之少年局认为合适者，有权利能力之社团得选任为监护人。[2]无适任个人名誉职之监护人，或社团依第一千七百七十六条规定，以被选任为监护人者为限，始得选任社团为监护人；该选任应得社团之同意。

Ⅱ 选任应由家事法院之裁定为之；于此情形，不适用第一千七百八十九条及第一千七百九十一条规定。

Ⅲ [1]社团就监护职务之执行，得指派其社员或工作人员为之；在社团之育幼院对受监护人实施教养之人，不得执行监护之职务。[2]社团对社员或工作人员有可归责之事由者，应就依组织章程选出之代理人所具有可归责事由，对受监护人负同一责任。

Ⅳ 家事法院除社团外，选任共同监护人或监督监护人时，应于决定前听取社团之意见。

a 本条因2005年4月21日第二次修正《成年辅助法》、2008年12月17日《家事及非讼事件程序法》而修正。

§1791b Bestellte Amtsvormundschaft des Jugendamts

(1) Ist eine als ehrenamtlicher Einzelvormund geeignete Person nicht vorhanden, so kann auch das Jugendamt zum Vormund bestellt werden. Das Jugendamt kann von den Eltern des Mündels weder benannt noch ausgeschlossen werden.

(2) Die Bestellung erfolgt durch Beschluss des Familiengerichts; die §§1789, 1791 sind nicht anzuwenden.

第一千七百九十一条之二 [选任少年局为官方监护人][a]

Ⅰ ¹无适任之个人名誉职之监护人者,少年局亦得被选任为监护人。²少年局不得由受监护人之父母指定之,亦不得由其排除之。

Ⅱ 选任应由家事法院之裁判为之;于此情形,不适用第一千七百八十九条及第一千七百九十一条规定。

a 本条因2005年4月21日第二次修正《成年辅助法》、2008年12月17日《家事及非讼事件程序法》而修正。

§1791c Gesetzliche Amtsvormundschaft des Jugendamts

(1) Mit der Geburt eines Kindes, dessen Eltern nicht miteinander verheiratet sind und das eines Vormunds bedarf, wird das Jugendamt Vormund, wenn das Kind seinen gewöhnlichen Aufenthalt im Geltungsbereich dieses Gesetzes hat; dies gilt nicht, wenn bereits vor der Geburt des Kindes ein Vormund bestellt ist. Wurde die Vaterschaft nach §1592 Nr. 1 oder 2 durch Anfechtung beseitigt und bedarf das Kind eines Vormunds, so wird das Jugendamt in dem Zeitpunkt Vormund, in dem die Entscheidung rechtskräftig wird.

(2) War das Jugendamt Pfleger eines Kindes, dessen Eltern nicht miteinander verheiratet sind, endet die Pflegschaft kraft Gesetzes und bedarf das Kind eines Vormunds, so wird das Jugendamt Vormund, das bisher Pfleger war.

(3) Das Familiengericht hat dem Jugendamt unverzüglich eine Bescheinigung über den Eintritt der Vormundschaft zu erteilen; §1791 ist nicht anzuwenden.

第一千七百九十一条之三 [少年局为法定官方监护人]

Ⅰ ¹父母未于子女出生时结婚,而子女需监护时,以其子女经常居所地为

第三章 监护、法定辅助与襄佐 §§1791c, 1792

本法适用范围之区域者，由少年局担任其监护人；前段情形，于子女出生时已选任监护人者，不适用之。²依第一千五百九十二条第一项或第二项推定之父，因否认之诉而被排除者，子女有设置监护人之必要，并由少年局于诉讼确定判决时，成为其监护人。

Ⅱ 少年局为子女之襄佐人，而其父母未相互结婚者，少年局应依法律规定，终止襄佐，并于子女有设置监护人之必要时，由原先担任襄佐人之少年局成为其监护人。

Ⅲ 家事法院应将监护开始之证明文件，立即送交少年局；于此情形，不适用第一千七百九十一条规定。

§1792 Gegenvormund

(1) Neben dem Vormund kann ein Gegenvormund bestellt werden. Ist das Jugendamt Vormund, so kann kein Gegenvormund bestellt werden; das Jugendamt kann Gegenvormund sein.

(2) Ein Gegenvormund soll bestellt werden, wenn mit der Vormundschaft eine Vermögensverwaltung verbunden ist, es sei denn, dass die Verwaltung nicht erheblich oder dass die Vormundschaft von mehreren Vormündern gemeinschaftlich zu führen ist.

(3) Ist die Vormundschaft von mehreren Vormündern nicht gemeinschaftlich zu führen, so kann der eine Vormund zum Gegenvormund des anderen bestellt werden.

(4) Auf die Berufung und Bestellung des Gegenvormunds sind die für die Begründung der Vormundschaft geltenden Vorschriften anzuwenden.

第一千七百九十二条　[监督监护人]

Ⅰ ¹除监护人外，得设置监督监护人。²少年局为监护人者，不得设置监督监护人；少年局得自行为监督监护人。

Ⅱ 监护包括财产管理者，应设置监督监护人；但财产管理非属重要，或监护职务应由数人共同执行者，不在此限。

Ⅲ 监护职务非由数监护人共同执行者，得选任其中之一人为其他监护人之监督监护人。

Ⅳ 监督监护人之指定及选任，适用关于监护人之指定及选任规定。

Untertitel 2
Führung der Vormundschaft
第二款 监护之执行

§1793 Aufgaben des Vormunds, Haftung des Mündels

(1) Der Vormund hat das Recht und die Pflicht, für die Person und das Vermögen des Mündels zu sorgen, insbesondere den Mündel zu vertreten. §1626 Abs. 2 gilt entsprechend. Ist der Mündel auf längere Dauer in den Haushalt des Vormunds aufgenommen, so gelten auch die §§1618a, 1619, 1664 entsprechend.

1a Der Vormund hat mit dem Mündel persönlichen Kontakt zu halten. Er soll den Mündel in der Regel einmal im Monat in dessen üblicher Umgebung aufsuchen, es sei denn, im Einzelfall sind kürzere oder längere Besuchsabstände oder ein anderer Ort geboten.

(2) Für Verbindlichkeiten, die im Rahmen der Vertretungsmacht nach Absatz 1 gegenüber dem Mündel begründet werden, haftet der Mündel entsprechend §1629a.

第一千七百九十三条 [监护人之职务；受监护人之责任]

Ⅰ [1]监护人就受监护人之人身及财产，有监护之权利及义务，并为其代理人。[2]于此情形，准用第一千六百二十六条第二款规定。[3]受监护人长期为监护人之家庭所接纳者，亦准用第一千六百一十八条之一、第一千六百一十九条及第一千六百六十四条规定。

Ⅰ-1 [1]监护人应与受监护人维持私人间之联系。[2]监护人原则上应一个月一次访视受监护人日常生活之场所，但于个案中，就访视间隔之长短或访视地点另有约定者，不在此限。

Ⅱ 依第一款规定，于代理权限范围内对受监护人所生之债务，准用第一千六百二十九条之一规定，由受监护人负其责任。

a 本条第1款之1因2011年6月29日《监护及辅助法》修正而增订。

§1794 Beschränkung durch Pflegschaft

Das Recht und die Pflicht des Vormunds, für die Person und das Vermögen des Mündels zu sorgen, erstreckt sich nicht auf Angelegenheiten des Mündels, für die ein

Pfleger bestellt ist.

第一千七百九十四条 [因襄佐而受限制]

受监护人之事务设置襄佐者,监护人对于受监护人之人身及财产之监护权利及义务,不及于该事务。

§1795 Ausschluss der Vertretungsmacht

(1) Der Vormund kann den Mündel nicht vertreten:
1. bei einem Rechtsgeschäft zwischen seinem Ehegatten, seinem Lebenspartner oder einem seiner Verwandten in gerader Linie einerseits und dem Mündel andererseits, es sei denn, dass das Rechtsgeschäft ausschließlich in der Erfüllung einer Verbindlichkeit besteht,
2. bei einem Rechtsgeschäft, das die Übertragung oder Belastung einer durch Pfandrecht, Hypothek, Schiffshypothek oder Bürgschaft gesicherten Forderung des Mündels gegen den Vormund oder die Aufhebung oder Minderung dieser Sicherheit zum Gegenstand hat oder die Verpflichtung des Mündels zu einer solchen Übertragung, Belastung, Aufhebung oder Minderung begründet,
3. bei einem Rechtsstreit zwischen den in Nummer 1 bezeichneten Personen sowie bei einem Rechtsstreit über eine Angelegenheit der in Nummer 2 bezeichneten Art.

(2) Die Vorschrift des §181 bleibt unberührt.

第一千七百九十五条 [代理权之排除]

Ⅰ 下列事项,监护人不得代理受监护人:
1.监护人之配偶、同性伴侣[a]或其直系血亲与受监护人间之法律行为。但法律行为系专为履行债务者,不在此限。
2.受监护人对监护人之债权,曾以质权、抵押权、船舶抵押权或保证而提供担保者,关于以该债权为标的而为移转或设定负担之法律行为,或以废止或减少该担保为标的之法律行为,或使受监护人就上列移转、设定负担、废止或减少而负担义务之法律行为。
3.第一项所列之人相互间之诉讼,及第二项所列事项之诉讼。
Ⅱ 第一百八十一条规定,不因此而受影响。

---

a 本条配合2001年2月16日《同性伴侣法》而修正。

§1796 Entziehung der Vertretungsmacht

(1) Das Familiengericht kann dem Vormund die Vertretung für einzelne Angelegenheiten oder für einen bestimmten Kreis von Angelegenheiten entziehen.

(2) Die Entziehung soll nur erfolgen, wenn das Interesse des Mündels zu dem Interesse des Vormunds oder eines von diesem vertretenen Dritten oder einer der in §1795 Nr. 1 bezeichneten Personen in erheblichem Gegensatz steht.

第一千七百九十六条 [代理权之剥夺]

Ⅰ 家事法院得就特定事务或一定范围之事务，剥夺监护人之代理权。

Ⅱ 前款剥夺，须受监护人之利益显与监护人之利益或与由监护人代理之第三人或第一千七百九十五条第一项所列之人之利益相反者，始得为之。

§1797 Mehrere Vormünder

(1) Mehrere Vormünder führen die Vormundschaft gemeinschaftlich. Bei einer Meinungsverschiedenheit entscheidet das Familiengericht, sofern nicht bei der Bestellung ein anderes bestimmt wird.

(2) Das Familiengericht kann die Führung der Vormundschaft unter mehrere Vormünder nach bestimmten Wirkungskreisen verteilen. Innerhalb des ihm überwiesenen Wirkungskreises führt jeder Vormund die Vormundschaft selbständig.

(3) Bestimmungen, die der Vater oder die Mutter für die Entscheidung von Meinungsverschiedenheiten zwischen den von ihnen benannten Vormündern und für die Verteilung der Geschäfte unter diese nach Maßgabe des §1777 getroffen hat, sind von dem Familiengericht zu befolgen, sofern nicht ihre Befolgung das Interesse des Mündels gefährden würde.

第一千七百九十七条 [多数监护人]

Ⅰ [1]监护人有数人时，应共同执行监护职务。[2]意见不一致者，在选任时，无其他规定者，由家事法院决定之。

Ⅱ [1]监护职务由多数监护人执行者，家事法院得划分执行范围。[2]在划分之范围内，各监护人单独执行其监护职务。

Ⅲ 父或母对于其所指定之多数监护人间意见有不一致，及关于事务之划分，曾依第一千七百七十七条规定有所指示者，家事法院不得予以变更，但以无危害受监护人之利益者为限。

§1798 Meinungsverschiedenheiten

Steht die Sorge für die Person und die Sorge für das Vermögen des Mündels verschiedenen Vormündern zu, so entscheidet bei einer Meinungsverschiedenheit über die Vornahme einer sowohl die Person als das Vermögen des Mündels betreffenden Handlung das Familiengericht.

第一千七百九十八条　[意见不一致]

受监护人之人身及财产之监护，分属于多数监护人者，就受监护人之人身及财产所应采取之措施，意见不一致时，由家事法院决定之。

§1799 Pflichten und Rechte des Gegenvormunds

(1) Der Gegenvormund hat darauf zu achten, dass der Vormund die Vormundschaft pflichtmäßig führt. Er hat dem Familiengericht Pflichtwidrigkeiten des Vormunds sowie jeden Fall unverzüglich anzuzeigen, in welchem das Familiengericht zum Einschreiten berufen ist, insbesondere den Tod des Vormunds oder den Eintritt eines anderen Umstands, infolge dessen das Amt des Vormunds endigt oder die Entlassung des Vormunds erforderlich wird.

(2) Der Vormund hat dem Gegenvormund auf Verlangen über die Führung der Vormundschaft Auskunft zu erteilen und die Einsicht der sich auf die Vormundschaft beziehenden Papiere zu gestatten.

第一千七百九十九条　[监督监护人之义务及权利]

Ⅰ ^{1}监督监护人应注意监护人执行监护职务之责任。^{2}监督监护人应尽速报告家事法院有关监护人违反职务之行为，及遇有家事法院应予处理之一切情事发生者，如监护人死亡或因其他情事之发生，致引起监护人职务之终了，或因离职而应由家事法院处置之情形。

Ⅱ 监护人依监督监护人之请求，应向其报告有关监护职务执行之状况，并允许其阅览有关监护之文件。

§1800 Umfang der Personensorge

Das Recht und die Pflicht des Vormunds, für die Person des Mündels zu sorgen, bestimmen sich nach §§1631 bis 1633. Der Vormund hat die Pflege und Erziehung des Mündels persönlich zu fördern und zu gewährleisten.

第一千八百条　[人身监护之范围][a]

^{1}监护人对受监护人之人身监护之权利及义务，依第一千六百三十一条至第一千六百三十三条关于亲权规定而定。^{2}监护人应亲自促进及确保对于受监护人之抚育及教养。

a 本条第二句为2011年6月29日《成年辅助法》所新增。

§1801 Religiöse Erziehung

(1) Die Sorge für die religiöse Erziehung des Mündels kann dem Einzelvormund von dem Familiengericht entzogen werden, wenn der Vormund nicht dem Bekenntnis angehört, in dem der Mündel zu erziehen ist.

(2) Hat das Jugendamt oder ein Verein als Vormund über die Unterbringung des Mündels zu entscheiden, so ist hierbei auf das religiöse Bekenntnis oder die Weltanschauung des Mündels und seiner Familie Rücksicht zu nehmen.

第一千八百零一条　[宗教上之教育]

Ⅰ 监护人之宗教信仰与受监护人应受宗教上教育之信仰不同者，家事法院得剥夺其个别宗教上教育之监护权。

Ⅱ 少年局或社团为监护人者，于决定受监护人之安置时，应考虑受监护人之宗教信仰或国际观，及其家庭状况。

§1802 Vermögensverzeichnis

(1) Der Vormund hat das Vermögen, das bei der Anordnung der Vormundschaft vorhanden ist oder später dem Mündel zufällt, zu verzeichnen und das Verzeichnis, nachdem er es mit der Versicherung der Richtigkeit und Vollständigkeit versehen hat, dem Familiengericht einzureichen. Ist ein Gegenvormund vorhanden, so hat

ihn der Vormund bei der Aufnahme des Verzeichnisses zuzuziehen; das Verzeichnis ist auch von dem Gegenvormund mit der Versicherung der Richtigkeit und Vollständigkeit zu versehen.

(2) Der Vormund kann sich bei der Aufnahme des Verzeichnisses der Hilfe eines Beamten, eines Notars oder eines anderen Sachverständigen bedienen.

(3) Ist das eingereichte Verzeichnis ungenügend, so kann das Familiengericht anordnen, dass das Verzeichnis durch eine zuständige Behörde oder durch einen zuständigen Beamten oder Notar aufgenommen wird.

第一千八百零二条 [财产目录]

Ⅰ [1]监护人应就设置监护时之财产，或嗣后归属于监护人之财产，应编制财产目录，并经认定为正确而完备后，陈报于家事法院。[2]有监督监护人者，监护人编制财产目录时，应邀其参与共同编制；财产目录亦应经监督监护人确认其为正确，且完备。

Ⅱ 监护人编制财产目录时，得请求公务员、公证人或其他专门人员之协助。

Ⅲ 陈报之财产目录有不完备者，家事法院得指定主管行政机关、主管公务员或公证人编制之。

§1803 Vermögensverwaltung bei Erbschaft oder Schenkung

(1) Was der Mündel von Todes wegen erwirbt oder was ihm unter Lebenden von einem Dritten unentgeltlich zugewendet wird, hat der Vormund nach den Anordnungen des Erblassers oder des Dritten zu verwalten, wenn die Anordnungen von dem Erblasser durch letztwillige Verfügung, von dem Dritten bei der Zuwendung getroffen worden sind.

(2) Der Vormund darf mit Genehmigung des Familiengerichts von den Anordnungen abweichen, wenn ihre Befolgung das Interesse des Mündels gefährden würde.

(3) Zu einer Abweichung von den Anordnungen, die ein Dritter bei einer Zuwendung unter Lebenden getroffen hat, ist, solange er lebt, seine Zustimmung erforderlich und genügend. Die Zustimmung des Dritten kann durch das Familiengericht ersetzt werden, wenn der Dritte zur Abgabe einer Erklärung dauernd außerstande oder sein Aufenthalt dauernd unbekannt ist.

第一千八百零三条 [继承或赠与财产之管理]

Ⅰ 受监护人因死因行为所取得之财产，或因生前行为由第三人无偿给与之财产，监护人应依被继承人之遗嘱或第三人给与时之指示，管理之。

Ⅱ 依前款指示，有危害受监护人之利益者，监护人经家事法院之许可，得予变更之。

Ⅲ ¹变更第三人以生前行为给与之指示者，应于第三人生存时得其同意，且以此为已足。²第三人不能为同意之表示，且在继续状态中，或其居所久已不明者，其同意得由家事法院替代之。

§1804 Schenkungen des Vormunds

Der Vormund kann nicht in Vertretung des Mündels Schenkungen machen. Ausgenommen sind Schenkungen, durch die einer sittlichen Pflicht oder einer auf den Anstand zu nehmenden Rücksicht entsprochen wird.

第一千八百零四条 [监护人之赠与]

¹监护人不能代理受监护人为赠与。²但赠与本于履行道德上之义务，或相当于礼节上应有之考虑者，不在此限。

§1805 Verwendung für den Vormund

Der Vormund darf Vermögen des Mündels weder für sich noch für den Gegenvormund verwenden. Ist das Jugendamt Vormund oder Gegenvormund, so ist die Anlegung von Mündelgeld gemäß §1807 auch bei der Körperschaft zulässig, bei der das Jugendamt errichtet ist.

第一千八百零五条 [监护人之挪用]

¹监护人不得为自己或监督监护人之利益，挪用受监护人之财产。²少年局为监护人或监督监护人者，依第一千八百零七条规定，亦得将受监护人之金钱投资于少年局所设立之法人团体。

§1806 Anlegung von Mündelgeld

Der Vormund hat das zum Vermögen des Mündels gehörende Geld verzinslich anzulegen, soweit es nicht zur Bestreitung von Ausgaben bereitzuhalten ist.

第一千八百零六条 [受监护人金钱之投资]

监护人除为准备支出所必要者外，得就属于受监护人之金钱，投资生息。

§1807 Art der Anlegung

(1) Die im §1806 vorgeschriebene Anlegung von Mündelgeld soll nur erfolgen:
1. in Forderungen, für die eine sichere Hypothek an einem inländischen Grundstück besteht, oder in sicheren Grundschulden oder Rentenschulden an inländischen Grundstücken;
2. in verbrieften Forderungen gegen den Bund oder ein Land sowie in Forderungen, die in das Bundesschuldbuch oder Landesschuldbuch eines Landes eingetragen sind;
3. in verbrieften Forderungen, deren Verzinsung vom Bund oder einem Land gewährleistet ist;
4. in Wertpapieren, insbesondere Pfandbriefen, sowie in verbrieften Forderungen jeder Art gegen eine inländische kommunale Körperschaft oder die Kreditanstalt einer solchen Körperschaft, sofern die Wertpapiere oder die Forderungen von der Bundesregierung mit Zustimmung des Bundesrates zur Anlegung von Mündelgeld für geeignet erklärt sind;
5. bei einer inländischen öffentlichen Sparkasse, wenn sie von der zuständigen Behörde des Landes, in welchem sie ihren Sitz hat, zur Anlegung von Mündelgeld für geeignet erklärt ist, oder bei einem anderen Kreditinstitut, das einer für die Anlage ausreichenden Sicherungseinrichtung angehört.

(2) Die Landesgesetze können für die innerhalb ihres Geltungsbereichs belegenen Grundstücke die Grundsätze bestimmen, nach denen die Sicherheit einer Hypothek, einer Grundschuld oder einer Rentenschuld festzustellen ist.

第一千八百零七条 [投资之方式]^a

Ⅰ 第一千八百零六条规定受监护人金钱之投资,应依下列方式为之:
1. 投资于国内土地上有稳当抵押权之债权,或投资于国内土地上稳当可靠之土地债务^b或国内土地上之土地定期不动产债务^c。
2. 投资于联邦或各邦政府所发行之债券,及登记于国家公债簿册上之债权。
3. 投资于联邦或各邦政府担保付息之债券。
4. 投资于有价证券,即如有担保之证券及由国内地方团体或其信用银行所发行之各种债券;但以该有价证券或债券经联邦政府取得联邦参议院之同意,宣告为适于受监护人金钱之投资者为限。
5. 投资于国内公立储蓄银行,但以经其住所所在地之邦主管行政机关宣告为适于受监护人金钱之投资者为限,或投资于其他之金融机构,而该机构就投资有提供足够之担保。

Ⅱ 邦之法律得就管辖区域内之土地,订定其确认抵押权、土地债务或土地定期债务之担保原则。

a 本条因2006年4月19日第一次统合联邦司法部对德国法律管辖权范围法而修正。
b 土地债务(Grundschuld),参阅第1191条以下。
c 土地定期债务(Rentenschuld),参阅第1199条之下。

§1808 (weggefallen)

第一千八百零八条 [删除]

§1809 Anlegung mit Sperrvermerk

Der Vormund soll Mündelgeld nach §1807 Abs. 1 Nr. 5 nur mit der Bestimmung anlegen, dass zur Erhebung des Geldes die Genehmigung des Gegenvormunds oder des Familiengerichts erforderlich ist.

第一千八百零九条 [金钱投资限制之明订]

监护人依第一千八百零七条第一款第五项规定,应仅于明订提款时应经监督监护人或家事法院之许可者,始得以受监护人之金钱为投资。

§1810 Mitwirkung von Gegenvormund oder Familiengericht

Der Vormund soll die in den §§1806, 1807 vorgeschriebene Anlegung nur mit Genehmigung des Gegenvormunds bewirken; die Genehmigung des Gegenvormunds wird durch die Genehmigung des Familiengerichts ersetzt. Ist ein Gegenvormund nicht vorhanden, so soll die Anlegung nur mit Genehmigung des Familiengerichts erfolgen, sofern nicht die Vormundschaft von mehreren Vormündern gemeinschaftlich geführt wird.

第一千八百一十条 [监督监护人或家事法院之协助]

[1]监护人依第一千八百零六条及第一千八百零七条规定为投资者,应经监督监护人之许可;监督监护人之许可,得以家事法院之许可替代之。[2]无监督监护人者,投资应经家事法院之许可。但多数监护人共同执行监护职务者,不在此限。

§1811 Andere Anlegung

Das Familiengericht kann dem Vormund eine andere Anlegung als die in §1807 vorgeschriebene gestatten. Die Erlaubnis soll nur verweigert werden, wenn die beabsichtige Art der Anlegung nach Lage des Falles den Grundsätzen einer wirtschaftlichen Vermögensverwaltung zuwiderlaufen würde.

第一千八百一十一条 [其他投资][a]

[1]家事法院得许可监护人使用不同于第一千八百零七规定之方式为投资。[2]所拟定之投资方法,按其情形,有违反经济上财产管理之原则者,得拒绝其许可。

a 本条因1923年6月23日《受监护人金额设置法》、2001年11月26日债法改革、2008年12月17日《家事及非讼事件程序法》而修正。

§1812 Verfügungen über Forderungen und Wertpapiere

(1) Der Vormund kann über eine Forderung oder über ein anderes Recht, kraft dessen der Mündel eine Leistung verlangen kann, sowie über ein Wertpapier des Mündels nur mit Genehmigung des Gegenvormunds verfügen, sofern nicht nach den §§1819 bis 1822 die Genehmigung des Familiengerichts erforderlich ist. Das Gleiche gilt von der Eingehung der Verpflichtung zu einer solchen Verfügung.
(2) Die Genehmigung des Gegenvormunds wird durch die Genehmigung des Familiengerichts ersetzt.
(3) Ist ein Gegenvormund nicht vorhanden, so tritt an die Stelle der Genehmigung des Gegenvormunds die Genehmigung des Familiengerichts, sofern nicht die Vormundschaft von mehreren Vormündern gemeinschaftlich geführt wird.

第一千八百一十二条 [债权及有价证券之处分]

Ⅰ ¹监护人未经监督监护人之许可，不得处分受监护人之债权、或其他受监护人得请求给付之权利及受监护人之有价证券；但以不属于依第一千八百一十九条至第一千八百二十二条规定，应得家事法院之许可者为限。²关于负担该处分之义务时，亦同。
Ⅱ 监督监护人之许可，得以家事法院之许可替代之。
Ⅲ 无监督监护人者，得以家事法院之许可替代监督监护人之许可。但多数监护人共同执行监护职务者，不在此限。

§1813 Genehmigungsfreie Geschäfte

(1) Der Vormund bedarf nicht der Genehmigung des Gegenvormunds zur Annahme einer geschuldeten Leistung:
  1. wenn der Gegenstand der Leistung nicht in Geld oder Wertpapieren besteht,
  2. wenn der Anspruch nicht mehr als 3 000 Euro beträgt,
  3. wenn der Anspruch das Guthaben auf einem Giro- oder Kontokorrentkonto zum Gegenstand hat oder Geld zurückgezahlt wird, das der Vormund angelegt hat,
  4. wenn der Anspruch zu den Nutzungen des Mündelvermögens gehört,
  5. wenn der Anspruch auf Erstattung von Kosten der Kündigung oder der Rechtsverfolgung oder auf sonstige Nebenleistungen gerichtet ist.
(2) Die Befreiung nach Absatz 1 Nr. 2, 3 erstreckt sich nicht auf die Erhebung von Geld, bei dessen Anlegung ein anderes bestimmt worden ist. Die Befreiung nach

Absatz 1 Nr. 3 gilt auch nicht für die Erhebung von Geld, das nach §1807 Abs. 1 Nr. 1 bis 4 angelegt ist.

第一千八百一十三条 [无须许可之法律行为][a]

I 有下列情事之一者，监护人受领债务之给付时，无须经监督监护人之许可：
1. 给付之标的非金钱或有价证券者。
2. 请求权之金额不超过三千欧元者。
3. 监护人以银行活期存款或支票账户存款之请求权为标的或偿还欠款之行为者。
4. 请求权属于受监护人财产之收益者。
5. 请求权以偿还通知费用、诉讼费用或以其他附随给付为标的者。

II [1]第一款第二项及第三项所规定之免除许可，于投资时就金钱之提取，另有订定者，不适用之。[2]第一款第三项之免除许可，依第一千八百零七条第一款第一项至第四项规定投资金钱之提取，亦不适用之。

a 本条因2006年6月27日邮购契约与消费者权益法及欧元转换规定、2009年7月6日净益财产分配与监护法改革而修正。

§1814 Hinterlegung von Inhaberpapieren

Der Vormund hat die zu dem Vermögen des Mündels gehörenden Inhaberpapiere nebst den Erneuerungsscheinen bei einer Hinterlegungsstelle oder bei einem der in §1807 Abs. 1 Nr. 5 genannten Kreditinstitute mit der Bestimmung zu hinterlegen, dass die Herausgabe der Papiere nur mit Genehmigung des Familiengerichts verlangt werden kann. Die Hinterlegung von Inhaberpapieren, die nach §92 zu den verbrauchbaren Sachen gehören, sowie von Zins-, Renten-oder Gewinnanteilscheinen ist nicht erforderlich. Den Inhaberpapieren stehen Orderpapiere gleich, die mit Blankoindossament versehen sind.

第一千八百一十四条 [无记名证券之提存]

[1]监护人应就属于受监护人财产之无记名证券，连同更新证券，提存于提存所，或于第一千八百零七条第一款第五项规定之金融机构，并订明证券返还之请求，应经家事法院之许可。[2]依第九十二条规定，属于

消费物之无记名证券、利息证券、定期金证券或股利证券者，无须提存。³附空白背书之指示证券，视为无记名证券。

§1815 Umschreibung und Umwandlung von Inhaberpapieren

(1) Der Vormund kann die Inhaberpapiere, statt sie nach §1814 zu hinterlegen, auf den Namen des Mündels mit der Bestimmung umschreiben lassen, dass er über sie nur mit Genehmigung des Familiengerichts verfügen kann. Sind die Papiere vom Bund oder einem Land ausgestellt, so kann er sie mit der gleichen Bestimmung in Schuldbuchforderungen gegen den Bund oder das Land umwandeln lassen.

(2) Sind Inhaberpapiere zu hinterlegen, die in Schuldbuchforderungen gegen den Bund oder ein Land umgewandelt werden können, so kann das Familiengericht anordnen, dass sie nach Absatz 1 in Schuldbuchforderungen umgewandelt werden.

第一千八百一十五条　[无记名证券之更改与转换][a]

Ⅰ ¹监护人得以受监护人之名义，将无记名证券改为记名证券，以替代第一千八百一十四条规定之提存，并订明非经家事法院之许可，不得处分之。²证券系联邦或各邦政府所发行者，监护人得以同一方法订明，将其转换为联邦或各邦政府之登记债权。

Ⅱ 无记名证券改为对联邦或各邦政府之登记债权者，以此项证券为提存时，家事法院得命其依第一款规定，转换为登记债权。

a 本条因2001年11月26日与12月11日债编修正与《联邦债券行政管理法》、2008年12月17日《家事与非讼事件程序法》而修正。

§1816 Sperrung von Buchforderungen

Gehören Schuldbuchforderungen gegen den Bund oder ein Land bei der Anordnung der Vormundschaft zu dem Vermögen des Mündels oder erwirbt der Mündel später solche Forderungen, so hat der Vormund in das Schuldbuch den Vermerk eintragen zu lassen, dass er über die Forderungen nur mit Genehmigung des Familiengerichts verfügen kann.

第一千八百一十六条 [登记债权之限制]^a

对联邦或各邦政府之登记债权，于设置监护时，已属于受监护人之财产，或受监护人嗣后取得该债权者，监护人应于公债簿册上附记，明订处分该债权时，应经家事法院之许可。

a 本条因2001年12月11日债编修正与《联邦债券行政管理法》而修正，自2002年1月1日施行。

§1817 Befreiung

(1) Das Familiengericht kann den Vormund auf dessen Antrag von den ihm nach den §§1806 bis 1816 obliegenden Verpflichtungen entbinden, soweit
  1. der Umfang der Vermögensverwaltung dies rechtfertigt und
  2. eine Gefährdung des Vermögens nicht zu besorgen ist.
Die Voraussetzungen der Nummer 1 liegen im Regelfall vor, wenn der Wert des Vermögens ohne Berücksichtigung von Grundbesitz 6 000 Euro nicht übersteigt.
(2) Das Familiengericht kann aus besonderen Gründen den Vormund von den ihm nach den §§1814, 1816 obliegenden Verpflichtungen auch dann entbinden, wenn die Voraussetzungen des Absatzes 1 Nr. 1 nicht vorliegen.

第一千八百一十七条 [义务之免责]^a

Ⅰ ¹有下列情事之一者，家事法院得依监护人之申请，免除其依第一千八百零六条至第一千八百一十六条所负之义务：
1.管理财产之范围内，免除义务认为正当者。
2.财产无受危害之虞者。
²不考虑土地占有时，而财产之价值不超过六千欧元者，通常认为具备第一项所定之要件。
Ⅱ 无第一款第一项所定之事由时，家事法院有特殊理由者，亦得对监护人免除其依第一千八百一十四条及第一千八百一十六条所负之义务。

a 本条因2001年12月13日引进欧元于辅佐法与刑法及违反秩序法、2011年11月26日债法改革、2008年12月17日《家事与非讼事件程序法》而修正。

§1818 Anordnung der Hinterlegung

Das Familiengericht kann aus besonderen Gründen anordnen, dass der Vormund auch solche zu dem Vermögen des Mündels gehörende Wertpapiere, zu deren Hinterlegung er nach §1814 nicht verpflichtet ist, sowie Kostbarkeiten des Mündels in der in §1814 bezeichneten Weise zu hinterlegen hat; auf Antrag des Vormunds kann die Hinterlegung von Zins-, Renten- und Gewinnanteilscheinen angeordnet werden, auch wenn ein besonderer Grund nicht vorliegt.

第一千八百一十八条 [提存命令]

受监护人财产内之有价证券,而依第一千八百一十四条规定,监护人原不负有提存义务,及受监护人之贵重物品,有特殊理由者,家事法院得命监护人将该证券及物品,依第一千八百一十四条规定之方法,予以提存;其依监护人之申请,纵无特殊理由时,得命其提存利息证券、定期金证券及股利证券。

§1819 Genehmigung bei Hinterlegung

Solange die nach §1814 oder nach §1818 hinterlegten Wertpapiere oder Kostbarkeiten nicht zurückgenommen sind, bedarf der Vormund zu einer Verfügung über sie und, wenn Hypotheken-, Grundschuld-oder Rentenschuldbriefe hinterlegt sind, zu einer Verfügung über die Hypothekenforderung, die Grundschuld oder die Rentenschuld der Genehmigung des Familiengerichts. Das Gleiche gilt von der Eingehung der Verpflichtung zu einer solchen Verfügung.

第一千八百一十九条 [提存时之许可]

[1]依第一千八百一十四条或第一千八百一十八条规定所提存之有价证券或贵重物品,于未受返还前,监护人非经家事法院之许可,不得处分;抵押证券,土地债券、或定期不动产债券经提存者,其处分抵押债权、地产债务或定期不动产债务时,应经家事法院之许可。[2]在履行该处分之义务时,亦同。

§1820 Genehmigung nach Umschreibung und Umwandlung

(1) Sind Inhaberpapiere nach §1815 auf den Namen des Mündels umgeschrieben oder in Schuldbuchforderungen umgewandelt, so bedarf der Vormund auch zur Eingehung der Verpflichtung zu einer Verfügung über die sich aus der Umschreibung oder der Umwandlung ergebenden Stammforderungen der Genehmigung des Familiengerichts.
(2) Das Gleiche gilt, wenn bei einer Schuldbuchforderung des Mündels der im §1816 bezeichnete Vermerk eingetragen ist.

第一千八百二十条 [更改及转换之许可][a]

Ⅰ 依第一千八百一十五条规定，将无记名证券改为受监护人之名义，或转换为登记债权者，监护人就因更改或转换所发生之基本债权，而应履行其处分之义务时，亦应经家事法院之许可。

Ⅱ 就受监护人之登记债权，依第一千八百一十六条规定，已予附记者，亦同。

[a] 本条因2001年11月26日债编修正与12月11日《联邦债券行政管理法》、2008年12月17日《家事与非讼事件程序法》而修正。

§1821 Genehmigung für Geschäfte über Grundstücke, Schiffe oder Schiffsbauwerke

(1) Der Vormund bedarf der Genehmigung des Familiengerichts:
 1. zur Verfügung über ein Grundstück oder über ein Recht an einem Grundstück;
 2. zur Verfügung über eine Forderung, die auf Übertragung des Eigentums an einem Grundstück oder auf Begründung oder Übertragung eines Rechts an einem Grundstück oder auf Befreiung eines Grundstücks von einem solchen Recht gerichtet ist;
 3. zur Verfügung über ein eingetragenes Schiff oder Schiffsbauwerk oder über eine Forderung, die auf Übertragung des Eigentums an einem eingetragenen Schiff oder Schiffsbauwerk gerichtet ist;

4. zur Eingehung einer Verpflichtung zu einer der in den Nummern 1 bis 3 bezeichneten Verfügungen;
5. zu einem Vertrag, der auf den entgeltlichen Erwerb eines Grundstücks, eines eingetragenen Schiffes oder Schiffsbauwerks oder eines Rechts an einem Grundstück gerichtet ist.

(2) Zu den Rechten an einem Grundstück im Sinne dieser Vorschriften gehören nicht Hypotheken, Grundschulden und Rentenschulden.

第一千八百二十一条　[关于土地、船舶或建造中船舶之行为之许可]^a

Ⅰ 监护人为下列行为之一者，应经家事法院之许可：
1. 关于土地或土地上权利之处分者。
2. 以请求土地所有权之移转、土地上权利之设定或移转，或以免除该权利为标的之债权之处分者。
3. 关于已登记船舶或建造中船舶之处分，或以已登记船舶或建造中船舶之所有权移转为标的之债权之处分者。
4. 履行为第一项至第三项所定处分之义务者。
5. 订定以土地、已登记船舶、建造中船舶或土地上权利之有偿取得为标的之契约者。

Ⅱ 本条所称土地上之权利，不包括抵押权、土地债务及土地定期债务。

a 本条因1940年12月21日《登记船舶与建造中船舶施行法条例》、2001年11月26日债法改革、2008年12月17日《家事及非讼事件程序法》而修正。

§1822　Genehmigung für sonstige Geschäfte

Der Vormund bedarf der Genehmigung des Familiengerichts:
1. zu einem Rechtsgeschäft, durch das der Mündel zu einer Verfügung über sein Vermögen im Ganzen oder über eine ihm angefallene Erbschaft oder über seinen künftigen gesetzlichen Erbteil oder seinen künftigen Pflichtteil verpflichtet wird, sowie zu einer Verfügung über den Anteil des Mündels an einer Erbschaft,
2. zur Ausschlagung einer Erbschaft oder eines Vermächtnisses, zum Verzicht auf einen Pflichtteil sowie zu einem Erbteilungsvertrag,
3. zu einem Vertrag, der auf den entgeltlichen Erwerb oder die Veräußerung eines Erwerbsgeschäfts gerichtet ist, sowie zu einem Gesellschaftsvertrag, der zum

Betrieb eines Erwerbsgeschäfts eingegangen wird,
4. zu einem Pachtvertrag über ein Landgut oder einen gewerblichen Betrieb,
5. zu einem Miet- oder Pachtvertrag oder einem anderen Vertrag, durch den der Mündel zu wiederkehrenden Leistungen verpflichtet wird, wenn das Vertragsverhältnis länger als ein Jahr nach dem Eintritt der Volljährigkeit des Mündels fortdauern soll,
6. zu einem Lehrvertrag, der für längere Zeit als ein Jahr geschlossen wird,
7. zu einem auf die Eingehung eines Dienst- oder Arbeitsverhältnisses gerichteten Vertrag, wenn der Mündel zu persönlichen Leistungen für längere Zeit als ein Jahr verpflichtet werden soll,
8. zur Aufnahme von Geld auf den Kredit des Mündels,
9. zur Ausstellung einer Schuldverschreibung auf den Inhaber oder zur Eingehung einer Verbindlichkeit aus einem Wechsel oder einem anderen Papier, das durch Indossament übertragen werden kann,
10. zur Übernahme einer fremden Verbindlichkeit, insbesondere zur Eingehung einer Bürgschaft,
11. zur Erteilung einer Prokura,
12. zu einem Vergleich oder einem Schiedsvertrag, es sei denn, dass der Gegenstand des Streites oder der Ungewissheit in Geld schätzbar ist und den Wert von 3 000 Euro nicht übersteigt oder der Vergleich einem schriftlichen oder protokollierten gerichtlichen Vergleichsvorschlag entspricht,
13. zu einem Rechtsgeschäft, durch das die für eine Forderung des Mündels bestehende Sicherheit aufgehoben oder gemindert oder die Verpflichtung dazu begründet wird.

第一千八百二十二条 [其他行为之许可]

监护人为下列行为之一者，应经家事法院之许可：

1. 使受监护人对全部财产、继承财产、将来之法定应继份、将来之特留份为履行处分义务之法律行为及受监护人对遗产之应继份为处分之法律行为者。
2. 继承或遗赠之拒绝、特留份之抛弃及遗产分割契约之订定者。
3. 订定以营业之有偿取得或让与为目标之契约及为从事营业而订定之合伙契约者。
4. 就自耕农地或营业订定收益租赁契约者。
5. 订定使用租赁契约或收益租赁契约，或订定其他契约使受监护人负担定期给付之义务，而其契约关系于受监护人成年后仍继续一年以上者。
6. 订定一年以上之学徒契约者。
7. 订定雇佣或劳动契约，使受监护人负担应自为给付，而期间在一年以上者。
8. 利用受监护人之信用而受领金钱者。
9. 发行无记名证券，或负担票据债务，或其他得以背书转让之证券上债务者。
10. 承受他人债务，即如保证债务之履行者。
11. 关于经理权之授予者。
12. 订定和解或仲裁契约者。但诉讼标的物或其和解或仲裁之标的得以金钱估计，而其价值不超过三千欧元或该和解与以书面或已记录之法院所作和解建议内容相符者，不在此限。
13. 受监护人债权上之担保，以法律行为予以废止或减少，或负担为该废止或减少之义务者。

§1823 Genehmigung bei einem Erwerbsgeschäft des Mündels

Der Vormund soll nicht ohne Genehmigung des Familiengerichts ein neues Erwerbsgeschäft im Namen des Mündels beginnen oder ein bestehendes Erwerbsgeschäft des Mündels auflösen.

第一千八百二十三条　[受监护人营业时之许可]

监护人非经家事法院之许可，不得以受监护人之名义，开始新营业，或废止受监护人之现有营业。

§1824 Genehmigung für die Überlassung von Gegenständen an den Mündel

Der Vormund kann Gegenstände, zu deren Veräußerung die Genehmigung des Gegenvormunds oder des Familiengerichts erforderlich ist, dem Mündel nicht ohne diese Genehmigung zur Erfüllung eines von diesem geschlossenen Vertrags oder zu freier Verfügung überlassen.

第一千八百二十四条　[交付标的物于受监护人之许可]

应经监督监护人或家事法院许可始得让与之财产，监护人非经其许可，不得将该财产标的物交付于受监护人，以供其为履行所订定契约或自由处分之用。

§1825 Allgemeine Ermächtigung

(1) Das Familiengericht kann dem Vormund zu Rechtsgeschäften, zu denen nach §1812 die Genehmigung des Gegenvormunds erforderlich ist, sowie zu den in §1822 Nr. 8 bis 10 bezeichneten Rechtsgeschäften eine allgemeine Ermächtigung erteilen.

(2) Die Ermächtigung soll nur erteilt werden, wenn sie zum Zwecke der Vermögensverwaltung, insbesondere zum Betrieb eines Erwerbsgeschäfts, erforderlich ist.

第一千八百二十五条　[概括授权]

Ⅰ 家事法院就第一千八百一十二条规定应经监督监护人许可之法律行为及第一千八百二十二条第八项至第十项所定之法律行为，得对监护人为概括之授权。

Ⅱ 此种授权，须本于财产管理之目的，即如从事营业有其必要者，始得为之。

§1826 Anhörung des Gegenvormunds vor Erteilung der Genehmigung

Das Familiengericht soll vor der Entscheidung über die zu einer Handlung des Vormunds erforderliche Genehmigung den Gegenvormund hören, sofern ein solcher vorhanden und die Anhörung tunlich ist.

第一千八百二十六条　[授予许可前监督监护人意见之听取]

家事法院就监护人之行为，予以必要许可之决定前，如有监督监护人，且能听取其意见者，应听取之。

§1827 (weggefallen)

第一千八百二十七条 [删除]

§1828 Erklärung der Genehmigung

Das Familiengericht kann die Genehmigung zu einem Rechtsgeschäft nur dem Vormund gegenüber erklären.

第一千八百二十八条 [许可之宣告]

家事法院仅得向监护人，宣告对法律行为之许可。

§1829 Nachträgliche Genehmigung

(1) Schließt der Vormund einen Vertrag ohne die erforderliche Genehmigung des Familiengerichts, so hängt die Wirksamkeit des Vertrags von der nachträglichen Genehmigung des Familiengerichts ab. Die Genehmigung sowie deren Verweigerung wird dem anderen Teil gegenüber erst wirksam, wenn sie ihm durch den Vormund mitgeteilt wird.

(2) Fordert der andere Teil den Vormund zur Mitteilung darüber auf, ob die Genehmigung erteilt sei, so kann die Mitteilung der Genehmigung nur bis zum Ablauf von vier Wochen nach dem Empfang der Aufforderung erfolgen; erfolgt sie nicht, so gilt die Genehmigung als verweigert.

(3) Ist der Mündel volljährig geworden, so tritt seine Genehmigung an die Stelle der Genehmigung des Familiengerichts.

第一千八百二十九条 [事后许可]

Ⅰ [1]监护人未经家事法院为必要之许可而订定契约者，应经家事法院之事后许可，始生效力。[2]许可及拒绝许可，应经监护人通知相对人时，始对其发生效力。

Ⅱ 相对人催告监护人确答是否获得许可者，其许可之通知，应于接到催告后四星期内为之；逾期不为通知者，视为拒绝许可。

Ⅲ 受监护人已成年者，得以其承认代替家事法院之许可。

§1830 Widerrufsrecht des Geschäftspartners

Hat der Vormund dem anderen Teil gegenüber der Wahrheit zuwider die Genehmigung des Familiengerichts behauptet, so ist der andere Teil bis zur Mitteilung der nachträglichen Genehmigung des Familiengerichts zum Widerruf berechtigt, es sei denn, dass ihm das Fehlen der Genehmigung bei dem Abschluss des Vertrags bekannt war.

第一千八百三十条 [相对人之撤回权]

监护人向相对人伪称曾得家事法院之许可者，相对人于接到家事法院事后许可之通知前，得撤回之。但相对人于订约时明知未得许可者，不在此限。

§1831 Einseitiges Rechtsgeschäft ohne Genehmigung

Ein einseitiges Rechtsgeschäft, das der Vormund ohne die erforderliche Genehmigung des Familiengerichts vornimmt, ist unwirksam. Nimmt der Vormund mit dieser Genehmigung ein solches Rechtsgeschäft einem anderen gegenüber vor, so ist das Rechtsgeschäft unwirksam, wenn der Vormund die Genehmigung nicht vorlegt und der andere das Rechtsgeschäft aus diesem Grunde unverzüglich zurückweist.

第一千八百三十一条 [未得许可之单独行为]

[1]监护人未经家事法院必要之许可所为之单独行为，无效。[2]监护人曾得许可，而与第三人为单独行为，但因未提示其许可文书，使相对人即以此为理由，即时拒绝其法律行为者，该法律行为仍属无效。

§1832 Genehmigung des Gegenvormunds

Soweit der Vormund zu einem Rechtsgeschäft der Genehmigung des Gegenvormunds bedarf, finden die Vorschriften der §§1828 bis 1831 entsprechende Anwendung; abweichend von §1829 Abs. 2 beträgt die Frist für die Mitteilung der Genehmigung des Gegenvormunds zwei Wochen.

第一千八百三十二条 [监督监护人之许可]

监护人所为之法律行为，应得监督监护人之许可者，准用第一千八百二十八条至第一千八百三十一条规定；异于第一千八百二十九条第二款规定，监督监护人之许可，应于两周内通知之。

§1833 Haftung des Vormunds

(1) Der Vormund ist dem Mündel für den aus einer Pflichtverletzung entstehenden Schaden verantwortlich, wenn ihm ein Verschulden zur Last fällt. Das Gleiche gilt von dem Gegenvormund.

(2) Sind für den Schaden mehrere nebeneinander verantwortlich, so haften sie als Gesamtschuldner. Ist neben dem Vormund für den von diesem verursachten Schaden der Gegenvormund oder ein Mitvormund nur wegen Verletzung seiner Aufsichtspflicht verantwortlich, so ist in ihrem Verhältnis zueinander der Vormund allein verpflichtet.

第一千八百三十三条 [监护人之责任]

Ⅰ [1]监护人有可归责之事由者，其因违反义务而生之损害者，对受监护人应负赔偿责任。[2]前段规定，于监督监护人适用之。

Ⅱ [1]数人对于损害应共同负责者，应负连带债务人之责任。[2]监护人就前段所生之损害，监督监护人或共同监护人仅因违反监督义务者为限，始负共同责任，在其相互关系间，应由监护人单独负责。

§1834 Verzinsungspflicht

Verwendet der Vormund Geld des Mündels für sich, so hat er es von der Zeit der Verwendung an zu verzinsen.

第一千八百三十四条 [支付利息之义务]

监护人为自己之利益，使用受监护人之金钱者，应自使用时起支付利息。

§1835 Aufwendungsersatz

(1) Macht der Vormund zum Zwecke der Führung der Vormundschaft Aufwendungen, so kann er nach den für den Auftrag geltenden Vorschriften der §§669, 670 von dem Mündel Vorschuss oder Ersatz verlangen; für den Ersatz von Fahrtkosten gilt die in §5 des Justizvergütungs-und-entschädigungsgesetzes für Sachverständige getroffene Regelung entsprechend. Das gleiche Recht steht dem Gegenvormund zu. Ersatzansprüche erlöschen, wenn sie nicht binnen 15 Monaten nach ihrer Entstehung gerichtlich geltend gemacht werden; die Geltendmachung des Anspruchs beim Familiengericht gilt dabei auch als Geltendmachung gegenüber dem Mündel.

1a Das Familiengericht kann eine von Absatz 1 Satz 3 abweichende Frist von mindestens zwei Monaten bestimmen. In der Fristbestimmung ist über die Folgen der Versäumung der Frist zu belehren. Die Frist kann auf Antrag vom Familiengericht verlängert werden. Der Anspruch erlischt, soweit er nicht innerhalb der Frist beziffert wird.

(2) Aufwendungen sind auch die Kosten einer angemessenen Versicherung gegen Schäden, die dem Mündel durch den Vormund oder Gegenvormund zugefügt werden können oder die dem Vormund oder Gegenvormund dadurch entstehen können, dass er einem Dritten zum Ersatz eines durch die Führung der Vormundschaft verursachten Schadens verpflichtet ist; dies gilt nicht für die Kosten der Haftpflichtversicherung des Halters eines Kraftfahrzeugs. Satz 1 ist nicht anzuwenden, wenn der Vormund oder Gegenvormund eine Vergütung nach §1836 Abs. 1 Satz 2 in Verbindung mit dem Vormünder- und Betreuervergütungsgesetz erhält.

(3) Als Aufwendungen gelten auch solche Dienste des Vormunds oder des Gegenvormunds, die zu seinem Gewerbe oder seinem Beruf gehören.

(4) Ist der Mündel mittellos, so kann der Vormund Vorschuss und Ersatz aus der Staatskasse verlangen. Absatz 1 Satz 3 und Absatz 1a gelten entsprechend.

(5) Das Jugendamt oder ein Verein kann als Vormund oder Gegenvormund für Aufwendungen keinen Vorschuss und Ersatz nur insoweit verlangen, als das einzusetzende Einkommen und Vermögen des Mündels ausreicht. Allgemeine Verwaltungskosten einschließlich der Kosten nach Absatz 2 werden nicht ersetzt.

第一千八百三十五条　[费用之偿还][a]

Ⅰ [1]监护人因执行监护职务，支出费用者，得依第六百六十九条及第六百七十条关于委任规定，对受监护人请求预付或偿还之；关于车资之偿还，准用司法报酬及补偿法第五条对于鉴定人之相关规定。[2]监督监护人享有同一之权利。[3]偿还请求权发生后十五个月期间内，未以诉讼请求者，其请求权消灭；于此情形，向家事法院行使该请求权者，亦视为向受监护人请求。

Ⅰ-1 [1]家事法院得与第一款第三项所定期间，至少为两个月不同期间之决定。[2]于订定期间时，应告知迟延之后果。[3]家事法院得依申请而延长该期间。[4]未于期间内为之者，请求权消灭。

Ⅱ [1]请求偿还之费用，包括监护人或监督监护人可能对受监护人造成损害之适当保险，或监护人或监督监护人因执行监护职务时，对第三人可能造成损害赔偿义务所为之适当保险；于此情形，不适用汽车所有人之责任保险。[2]监护人或监督监护人，依第一千八百三十六条第一款第二项规定，并配合监护人暨辅助人报酬法规定，而收取报酬者，不适用第一款规定。

Ⅲ 请求偿还之费用亦包括监护人或监督监护人对于营业或职业所提供之劳务。

Ⅳ [1]受监护人无资力者，监护人得请求国库预付或偿还所支出之费用。[2]于此情形，准用第一款第三段及第一款之一规定。

Ⅴ [1]少年局或社团为监护人或监督监护人者，以其可用之收入及财产足够为限，就其所支出之费用，不得请求预付或偿还。其费用之开支，以受监护人可用之收入或财产足够者为限，不得对其请求预付或偿还。[2]关于一般管理，包括依第二款规定所生之费用，无须偿还。

a 本条因2004年5月5日《费用更新法》、2005年4月21日第二次修正《成年辅助法》、2008年12月17日《家事及非讼事件程序法》而修正。

§1835a　Aufwandsentschädigung

(1) Zur Abgeltung seines Anspruchs auf Aufwendungsersatz kann der Vormund als Aufwandsentschädigung für jede Vormundschaft, für die ihm keine Vergütung zusteht, einen Geldbetrag verlangen, der für ein Jahr dem Neunzehnfachen dessen entspricht, was einem Zeugen als Höchstbetrag der Entschädigung für eine Stunde

versäumter Arbeitszeit (§22 des Justizvergütungs-und-entschädigungsgesetzes) gewährt werden kann (Aufwandsentschädigung). Hat der Vormund für solche Aufwendungen bereits Vorschuss oder Ersatz erhalten, so verringert sich die Aufwandsentschädigung entsprechend.

(2) Die Aufwandsentschädigung ist jährlich zu zahlen, erstmals ein Jahr nach Bestellung des Vormunds.

(3) Ist der Mündel mittellos, so kann der Vormund die Aufwandsentschädigung aus der Staatskasse verlangen; Unterhaltsansprüche des Mündels gegen den Vormund sind insoweit bei der Bestimmung des Einkommens nach §1836c Nr. 1 nicht zu berücksichtigen.

(4) Der Anspruch auf Aufwandsentschädigung erlischt, wenn er nicht binnen drei Monaten nach Ablauf des Jahres, in dem der Anspruch entsteht, geltend gemacht wird; die Geltendmachung des Anspruchs beim Familiengericht gilt auch als Geltendmachung gegenüber dem Mündel.

(5) Dem Jugendamt oder einem Verein kann keine Aufwandsentschädigung gewährt werden.

第一千八百三十五条之一 [费用之补偿][a]

Ⅰ [1]监护人为补偿其费用偿还请求权，得于每次未付报酬之监护，请求一定金额；该金额以一年期间，相当于证人在工作时间迟延一小时所能请求之最高金额（司法报酬及补偿法第二十二条）之十九倍定之（费用之补偿）。[2]监护人就该费用已获得预付或偿还者，其费用之补偿酌予适度减少。

Ⅱ 费用之补偿，应按年支付，设置监护一年后，开始第一次支付。

Ⅲ 受监护人无资力者，监护人得向国库请求费用之补偿；于此情形，依第一千八百三十六条之三第一项规定，确定其收入者，不应考虑受监护人对监护人之扶养请求权。

Ⅳ 费用补偿请求权，于请求权发生之年度结束后，三个月内仍不行使而消灭；于此情形，向家事法院行使请求权者，亦视为向受监护人请求。

Ⅴ 少年局或社团，不得请求费用之补偿。

a 本条因2004年5月5日《费用更新法》、2008年12月17日《家事及非讼事件程序法》而修正。

§1836 Vergütung des Vormunds

(1) Die Vormundschaft wird unentgeltlich geführt. Sie wird ausnahmsweise entgeltlich geführt, wenn das Gericht bei der Bestellung des Vormunds feststellt, dass der Vormund die Vormundschaft berufsmäßig führt. Das Nähere regelt das Vormünder- und Betreuervergütungsgesetz.

(2) Trifft das Gericht keine Feststellung nach Absatz 1 Satz 2, so kann es dem Vormund und aus besonderen Gründen auch dem Gegenvormund gleichwohl eine angemessene Vergütung bewilligen, soweit der Umfang oder die Schwierigkeit der vormundschaftlichen Geschäfte dies rechtfertigen; dies gilt nicht, wenn der Mündel mittellos ist.

(3) Dem Jugendamt oder einem Verein kann keine Vergütung bewilligt werden.

第一千八百三十六条　[监护人之报酬]

Ⅰ [1]监护职务之执行系为无偿。[2]法院于选任监护人时，以监护人之职业方式执行监护职务者，得为有偿。[3]该详细规定，依监护人及辅助人报酬法规定定之。

Ⅱ 法院未依第一款第二段规定，确认报酬者，仍得同意给予监护人适当报酬，甚至具备特殊理由者，监督监护人亦同。但以该监护职务之范围或困难度相当者为限；于此情形，受监护人无资力者，不适用之。

Ⅲ 对少年局或社团不得同意给予报酬。

§1836a (weggefallen)

第一千八百三十六条之一　[删除][a]

a 第1836条之1、第1836条之2因2005年4月21日第二次修正《成年辅助法》而删除。

§1836b (weggefallen)

第一千八百三十六条之二　[删除]

§1836c Einzusetzende Mittel des Mündels

Der Mündel hat einzusetzen:
1. nach Maßgabe des §87 des Zwölften Buches Sozialgesetzbuch sein Einkommen, soweit es zusammen mit dem Einkommen seines nicht getrennt lebenden Ehegatten oder Lebenspartners die nach den §§82, 85 Abs. 1 und §86 des Zwölften Buches Sozialgesetzbuch maßgebende Einkommensgrenze für die Hilfe nach dem Fünften bis Neunten Kapitel des Zwölften Buches Sozialgesetzbuch übersteigt. Wird im Einzelfall der Einsatz eines Teils des Einkommens zur Deckung eines bestimmten Bedarfs im Rahmen der Hilfe nach dem Fünften bis Neunten Kapitel des Zwölften Buches Sozialgesetzbuch zugemutet oder verlangt, darf dieser Teil des Einkommens bei der Prüfung, inwieweit der Einsatz des Einkommens zur Deckung der Kosten der Vormundschaft einzusetzen ist, nicht mehr berücksichtigt werden. Als Einkommen gelten auch Unterhaltsansprüche sowie die wegen Entziehung einer solchen Forderung zu entrichtenden Renten;
2. sein Vermögen nach Maßgabe des §90 des Zwölften Buches Sozialgesetzbuch.

第一千八百三十六条之三 [受监护人提供使用之财产][a]

受监护人之财产，有下列情事之一者，始得动用之：
1. 依社会法第十二编第八十七条所规定之标准，动用其收入，但以该收入与其共同居住之配偶或同性伴侣之收入总计，超出依社会法第十二编第八十二条、第八十五条第一款及第八十六条关于依社会法第五编至第九编所定给予救济之收入界限者为限。在具体个别情形，期待或要求将收入之一部分，依社会法第五编至第九编规定，用于偿付特殊生活情况所应给予救济之特定需求者，在审查是否应将收入用于抵偿监护之费用时，不应将该部分之收入予以考虑。扶养请求权及因剥夺此种债权而应支付之定期金，亦视为收入之一部分。
2. 依社会法第十二编第九十条之标准，使用该财产。

a 本条因2003年12月27日社会法中关于社会救助命令法而修正，于2005年1月1日施行。

§1836d Mittellosigkeit des Mündels

Der Mündel gilt als mittellos, wenn er den Aufwendungsersatz oder die Vergütung aus seinem einzusetzenden Einkommen oder Vermögen
1. nicht oder nur zum Teil oder nur in Raten oder
2. nur im Wege gerichtlicher Geltendmachung von Unterhaltsansprüchen aufbringen kann.

第一千八百三十六条之四 [受监护人之无资力]

受监护人有下列情事之一者，视为无资力人：
1. 自其应使用之收入或财产中，不能或仅能部分，或以分期方式支付应偿还之费用或报酬者。
2. 自其应使用之收入或财产中，仅能以诉讼方式行使扶养请求权，以支付应偿还之费用或报酬者。

§1836e Gesetzlicher Forderungsübergang

(1) Soweit die Staatskasse den Vormund oder Gegenvormund befriedigt, gehen Ansprüche des Vormundes oder Gegenvormunds gegen den Mündel auf die Staatskasse über. Nach dem Tode des Mündels haftet sein Erbe nur mit dem Wert des im Zeitpunkt des Erbfalls vorhandenen Nachlasses; §102 Abs. 3 und 4 des Zwölften Buches Sozialgesetzbuch gilt entsprechend, §1836c findet auf den Erben keine Anwendung.

(2) Soweit Ansprüche gemäß §1836c Nr. 1 Satz 3 einzusetzen sind, findet zugunsten der Staatskasse §850b der Zivilprozessordnung keine Anwendung.

第一千八百三十六条之五 [法定债权之让与][a]

Ⅰ [1]以国库向监护人或监督监护人清偿者为限，监护人或监督监护人对受监护人之请求权让与国库。[2]受监护人死亡后，其继承人以继承开始时之遗产价值者为限，负清偿责任；于此情形，准用社会法第十二编第一百零二条第三款及第四款规定；对继承人不适用第一千八百三十六条之三规定。

Ⅱ 依第一千八百三十六条之三第一项第三段规定，行使请求权时，有利于国库者，不适用民事诉讼法第八百五十条之二规定。

a 本条因2003年12月27日社会法中关于社会救助命令法、2009年9月24日《继承及消灭时效法》而修正。

Untertitel 3
Fürsorge und Aufsicht des Familiengerichts
第三款　家事法院之保护及监督

§1837 Beratung und Aufsicht

(1) Das Familiengericht berät die Vormünder. Es wirkt dabei mit, sie in ihre Aufgaben einzuführen.

(2) Das Familiengericht hat über die gesamte Tätigkeit des Vormunds und des Gegenvormunds die Aufsicht zu führen und gegen Pflichtwidrigkeiten durch geeignete Gebote und Verbote einzuschreiten. Es hat insbesondere die Einhaltung der erforderlichen persönlichen Kontakte des Vormunds zu dem Mündel zu beaufsichtigen. Es kann dem Vormund und dem Gegenvormund aufgeben, eine Versicherung gegen Schäden, die sie dem Mündel zufügen können, einzugehen.

(3) Das Familiengericht kann den Vormund und den Gegenvormund zur Befolgung seiner Anordnungen durch Festsetzung von Zwangsgeld anhalten. Gegen das Jugendamt oder einen Verein wird kein Zwangsgeld festgesetzt.

(4) §§1666, 1666a und 1696 gelten entsprechend.

第一千八百三十七条　[咨询与监督]

Ⅰ [1]家事法院应为监护人提供咨询。[2]该咨询应协助监护职务之执行。

Ⅱ [1]家事法院对于监护人及监督监护人之一切职务行为，应予以监督；对于违反义务者，应以适当之命令及禁止加以干预。[2]其中对于监护人是否已与受监护人维持必要之私人联系应特别加以监督。[3]家事法院得就监护人及监督监护人对于受监护人可能产生之损害，应予以保险。

Ⅲ [1]家事法院为使监护人及监督监护人，遵从其指示，得处以急金。[2]对于少年局或社团，不得处以罚锾。

Ⅳ 于此情形，准用第一千六百六十六条、第一千六百六十六条之一及第一千六百九十六条规定。

§1838 (weggefallen)

第一千八百三十八条 [删除]

§1839 Auskunftspflicht des Vormunds

Der Vormund sowie der Gegenvormund hat dem Familiengericht auf Verlangen jederzeit über die Führung der Vormundschaft und über die persönlichen Verhältnisse des Mündels Auskunft zu erteilen.

第一千八百三十九条 [监护人之报告义务]

监护人及监督监护人，经家事法院之请求，应随时报告监护职务之执行情形及受监护人之人身状况。

§1840 Bericht und Rechnungslegung

(1) Der Vormund hat über die persönlichen Verhältnisse des Mündels dem Familiengericht mindestens einmal jährlich zu berichten. Der Bericht hat auch Angaben zu den persönlichen Kontakten des Vormunds zu dem Mündel zu enthalten.
(2) Der Vormund hat über seine Vermögensverwaltung dem Familiengericht Rechnung zu legen.
(3) Die Rechnung ist jährlich zu legen. Das Rechnungsjahr wird von dem Familiengericht bestimmt.
(4) Ist die Verwaltung von geringem Umfang, so kann das Familiengericht, nachdem die Rechnung für das erste Jahr gelegt worden ist, anordnen, dass die Rechnung für längere, höchstens dreijährige Zeitabschnitte zu legen ist.

第一千八百四十条 [账目报告书之提出]

Ⅰ ¹监护人至少每年一次，就受监护人之个人状况，应向家事法院提出报告。²该报告亦应包括监护人与受监护人私人联系之记载。
Ⅱ 监护人就其财产管理之情形，应向家事法院提出计算书。
Ⅲ ¹监护人应于每年提出计算书。²会计年度由家事法院定之。

Ⅳ 管理范围较为简易者,家事法院于第一年度计算书提出后,得命其于不逾三年之较长期间内,提出计算书。

§1841 Inhalt der Rechnungslegung

(1) Die Rechnung soll eine geordnete Zusammenstellung der Einnahmen und Ausgaben enthalten, über den Abund Zugang des Vermögens Auskunft geben und, soweit Belege erteilt zu werden pflegen, mit Belegen versehen sein.

(2) Wird ein Erwerbsgeschäft mit kaufmännischer Buchführung betrieben, so genügt als Rechnung ein aus den Büchern gezogener Jahresabschluss. Das Familiengericht kann jedoch die Vorlegung der Bücher und sonstigen Belege verlangen.

第一千八百四十一条 [计算书提出之内容]

Ⅰ 计算书应记载有系统性之收支对照表,以说明财产之增减;有缴交文件之习惯者,并应检附该文件。

Ⅱ [1]营业使用商业账簿者,其依据账簿所造具之年度结算,视为计算书。[2]但家事法院仍得命其提出账簿及其他单据。

§1842 Mitwirkung des Gegenvormunds

Ist ein Gegenvormund vorhanden oder zu bestellen, so hat ihm der Vormund die Rechnung unter Nachweisung des Vermögensbestands vorzulegen. Der Gegenvormund hat die Rechnung mit den Bemerkungen zu versehen, zu denen die Prüfung ihm Anlass gibt.

第一千八百四十二条 [监督监护人之协助]

[1]有监督监护人或应为选任监督监护人者,监护人应向监督监护人,提出计算书,并证明其财产状况。[2]监督监护人应将审核之结果,附载于计算书。

§1843 Prüfung durch das Familiengericht

(1) Das Familiengericht hat die Rechnung rechnungsmäßig und sachlich zu prüfen und, soweit erforderlich, ihre Berichtigung und Ergänzung herbeizuführen.

(2) Ansprüche, die zwischen dem Vormund und dem Mündel streitig bleiben, können schon vor der Beendigung des Vormundschaftsverhältnisses im Rechtsweg geltend gemacht werden.

第一千八百四十三条　[家事法院之审核]

Ⅰ 家事法院应就计算书为计算上及实质上之审核，必要时为其更正及补正。
Ⅱ 请求权在监护人与受监护人间有争执者，在监护关系终了前，亦得以诉讼主张之。

§1844 (weggefallen)

第一千八百四十四条　[删除]^a

a 第1844条与第1845条因2008年7月4日简化危害子女利益之家事程序法而删除。

§1845 (weggefallen)

第一千八百四十五条　[删除]

§1846 Einstweilige Maßregeln des Familiengerichts

Ist ein Vormund noch nicht bestellt oder ist der Vormund an der Erfüllung seiner Pflichten verhindert, so hat das Familiengericht die im Interesse des Betroffenen erforderlichen Maßregeln zu treffen.

第一千八百四十六条　[家事法院之临时处置]

监护人未经选定，或监护人遇有障碍而不能履行其义务者，家事法院为受监护人之利益，应为必要之处置。

§1847 Anhörung der Angehörigen

Das Familiengericht soll in wichtigen Angelegenheiten Verwandte oder Verschwägerte des Mündels hören, wenn dies ohne erhebliche Verzögerung und ohne unverhältnismäßige Kosten geschehen kann. §1779 Abs. 3 Satz 2 gilt entsprechend.

第一千八百四十七条　[听取家属之意见]

¹家事法院对于重大事件，应听取受监护人血亲或姻亲之意见，但以不因而延误过久及需费过巨者为限。²于此情形，准用第一千七百七十九条第三款第二段规定。

§1848　(weggefallen)

第一千八百四十八条　[删除]ª

a 本条因1976年6月14日第一次《婚姻与家庭法》改革而删除。

Untertitel 4
Mitwirkung des Jugendamts
第四款　少年局之协助

§1849 und §1850　(weggefallen)

第一千八百四十九条至第一千八百五十条　[删除]

§1851　Mitteilungspflichten

(1) Das Familiengericht hat dem Jugendamt die Anordnung der Vormundschaft unter Bezeichnung des Vormunds und des Gegenvormunds sowie einen Wechsel in der Person und die Beendigung der Vormundschaft mitzuteilen.

(2) Wird der gewöhnliche Aufenthalt eines Mündels in den Bezirk eines anderen Jugendamts verlegt, so hat der Vormund dem Jugendamt des bisherigen gewöhnlichen Aufenthalts und dieses dem Jugendamt des neuen gewöhnlichen Aufenthalts die Verlegung mitzuteilen.

(3) Ist ein Verein Vormund, so sind die Absätze 1 und 2 nicht anzuwenden.

第一千八百五十一条 [通知义务]

Ⅰ 家事法院就其监护之命令，包括监护人、监督监护人及其替换之情形与监护之终止，应通知少年局。

Ⅱ 受监护人之经常居所地迁徙至其他少年局之管辖区域者，监护人将其迁徙情形，应通知原居所地之少年局，而该少年局应通知新居所地之少年局。

Ⅲ 社团为监护人者，不适用第一款及第二款规定。

Untertitel 5　Befreite Vormundschaft
第五款　经免除之监护义务

§1852　Befreiung durch den Vater

(1) Der Vater kann, wenn er einen Vormund benennt, die Bestellung eines Gegenvormunds ausschließen.

(2) Der Vater kann anordnen, dass der von ihm benannte Vormund bei der Anlegung von Geld den in den §§1809, 1810 bestimmten Beschränkungen nicht unterliegen und zu den im §1812 bezeichneten Rechtsgeschäften der Genehmigung des Gegenvormunds oder des Familiengerichts nicht bedürfen soll. Diese Anordnungen sind als getroffen anzusehen, wenn der Vater die Bestellung eines Gegenvormunds ausgeschlossen hat.

第一千八百五十二条 [父之免除]

Ⅰ 由父指定监护人者，得排除监督监护人之选任。

Ⅱ ¹父得指示其所指定之监护人，关于金钱之投资不受第一千八百零九条及第一千八百一十条规定之限制；第一千八百一十二条所定之法律行为，无须经监督监护人或家事法院之许可。²父排除监督监护人之选任者，视为已有前段之指示。

§1853　Befreiung von Hinterlegung und Sperrung

Der Vater kann den von ihm benannten Vormund von der Verpflichtung entbinden, Inhaber- und Orderpapiere zu hinterlegen und den in §1816 bezeichneten Vermerk in das Bundesschuldbuch oder das Schuldbuch eines Landes eintragen zu lassen.

第一千八百五十三条 [提存及限制附记之免除]^a

父对其所指定之监护人，得免除其提存无记名证券及指示证券之义务及第一千八百一十六条关于联邦公债簿或联邦公债簿上为附记之义务。

a 本条因2001年12月11日债编修正与《联邦债券行政管理法》而修正，自2002年1月1日施行。

§1854 Befreiung von der Rechnungslegungspflicht

(1) Der Vater kann den von ihm benannten Vormund von der Verpflichtung entbinden, während der Dauer seines Amtes Rechnung zu legen.

(2) Der Vormund hat in einem solchen Falle nach dem Ablauf von je zwei Jahren eine Übersicht über den Bestand des seiner Verwaltung unterliegenden Vermögens dem Familiengericht einzureichen. Das Familiengericht kann anordnen, dass die Übersicht in längeren, höchstens fünfjährigen Zwischenräumen einzureichen ist.

(3) Ist ein Gegenvormund vorhanden oder zu bestellen, so hat ihm der Vormund die Übersicht unter Nachweisung des Vermögensbestands vorzulegen. Der Gegenvormund hat die Übersicht mit den Bemerkungen zu versehen, zu denen die Prüfung ihm Anlass gibt.

第一千八百五十四条 [财务报告提出义务之免除]

Ⅰ 父对于其所指定之监护人，于其执行职务期间内，得免除提出财务报告之义务。

Ⅱ ¹于前款情形，监护人应每隔两年，提出其财产管理现状之一览表于家事法院。²家事法院得命其不逾五年之较长期间内，提出其一览表。

Ⅲ ¹有监督监护人或应选任监督监护人者，监护人应向监督监护人提出其一览表，并证明其财产现状。²监督监护人应将审核之结果，附载于该一览表。

§1855 Befreiung durch die Mutter

Benennt die Mutter einen Vormund, so kann sie die gleichen Anordnungen treffen wie nach den §§1852 bis 1854 der Vater.

第一千八百五十五条 [母之免除]

母指定监护人者，得依第一千八百五十二条至第一千八百五十四条规定，为与父相同之指示。

§1856 Voraussetzungen der Befreiung

Auf die nach den §§1852 bis 1855 zulässigen Anordnungen sind die Vorschriften des §1777 anzuwenden. Haben die Eltern denselben Vormund benannt, aber einander widersprechende Anordnungen getroffen, so gelten die Anordnungen des zuletzt verstorbenen Elternteils.

第一千八百五十六条 [免除之要件][a]

¹依第一千八百五十二条至第一千八百五十五条规定得为指示者，适用第一千七百七十七条规定。²父母选任同一人为监护人，而其指示互不一致者，按最后死亡一方之指示。

a 本条因1957年6月18日《男女平等法》、2001年11月26日债编改革而修正。

§1857 Aufhebung der Befreiung durch das Familiengericht

Die Anordnungen des Vaters oder der Mutter können von dem Familiengericht außer Kraft gesetzt werden, wenn ihre Befolgung das Interesse des Mündels gefährden würde.

第一千八百五十七条 [家事法院为免除之废止]

父或母之指示，有危害受监护人利益之虞者，家事法院得使其失效。

§1857a Befreiung des Jugendamts und des Vereins

Dem Jugendamt und einem Verein als Vormund stehen die nach §1852 Abs. 2, §§1853, 1854 zulässigen Befreiungen zu.

第三章 监护、法定辅助与襄佐 §§1857a—1884

第一千八百五十七条之一 [少年局及社团之免除]

少年局及社团为监护人者，依第一千八百五十二条第二款、第一千八百五十三条及第一千八百五十四条规定，其有准予免除之权。

§1858 bis §1881 (weggefallen)

第一千八百五十八条至第一千八百八十一条 [删除]

Untertitel 6　Beendigung der Vormundschaft
第六款　监护之终止

§1882　Wegfall der Voraussetzungen

Die Vormundschaft endigt mit dem Wegfall der in §1773 für die Begründung der Vormundschaft bestimmten Voraussetzungen.

第一千八百八十二条 [要件之消灭]

监护，因第一千七百七十三条所定监护要件之消灭而终了。

§1883 (weggefallen)

第一千八百八十三条 [删除]

§1884　Verschollenheit und Todeserklärung des Mündels

(1) Ist der Mündel verschollen, so endigt die Vormundschaft erst mit der Aufhebung durch das Familiengericht. Das Familiengericht hat die Vormundschaft aufzuheben, wenn ihm der Tod des Mündels bekannt wird.

(2) Wird der Mündel für tot erklärt oder wird seine Todeszeit nach den Vorschriften des Verschollenheitsgesetzes festgestellt, so endigt die Vormundschaft mit der Rechtskraft des Beschlusses über die Todeserklärung oder die Feststellung der Todeszeit.

第一千八百八十四条 [受监护人之失踪及死亡宣告]

Ⅰ [1]受监护人失踪者，其监护因家事法院之废止命令而终了。[2]家事法院于知悉受监护人死亡者，应废止其监护。

Ⅱ [a]受监护人受死亡宣告，或其死亡时期依失踪法规定，经确定者，其监护因死亡宣告裁定之确定，或死亡时期之确定而终了。

a 本款因1961年8月11日亲属法修正条例而修正，自1962年1月1日起施行。

§1885 (weggefallen)

第一千八百八十五条 [删除]

§1886 Entlassung des Einzelvormunds

Das Familiengericht hat den Einzelvormund zu entlassen, wenn die Fortführung des Amts, insbesondere wegen pflichtwidrigen Verhaltens des Vormunds, das Interesse des Mündels gefährden würde oder wenn in der Person des Vormunds einer der in §1781 bestimmten Gründe vorliegt.

第一千八百八十六条 [个别监护人之解任]

个别监护人继续执行职务期间，特别因其违反义务之行为，致危害受监护人之利益，或该监护人有第一千七百八十一条所定之事由者，家事法院应将该监护人解任之。

§1887 Entlassung des Jugendamts oder Vereins

(1) Das Familiengericht hat das Jugendamt oder den Verein als Vormund zu entlassen und einen anderen Vormund zu bestellen, wenn dies dem Wohl des Mündels dient und eine andere als Vormund geeignete Person vorhanden ist.

(2) Die Entscheidung ergeht von Amts wegen oder auf Antrag. Zum Antrag ist berechtigt der Mündel, der das 14. Lebensjahr vollendet hat, sowie jeder, der ein berechtigtes Interesse des Mündels geltend macht. Das Jugendamt oder der Verein sollen den Antrag stellen, sobald sie erfahren, dass die Voraussetzungen des

Absatzes 1 vorliegen.

(3) Das Familiengericht soll vor seiner Entscheidung auch das Jugendamt oder den Verein hören.

第一千八百八十七条 [少年局或社团之解任]

Ⅰ 为维护受监护人利益之必要及另有适合为监护之人选者,家事法院应将少年局或社团解任,并选任其他监护人。

Ⅱ ¹前款之裁定,得依职权或申请为之。²申请人为年满十四岁之受监护人及任何为受监护人主张其应得利益之人。³少年局或社团,于知悉具备第一款规定之要件时,应立即提出申请。

Ⅲ 家事法院为裁判前,亦应听取少年局或社团之意见。

§1888 Entlassung von Beamten und Religionsdienern

Ist ein Beamter oder ein Religionsdiener zum Vormund bestellt, so hat ihn das Familiengericht zu entlassen, wenn die Erlaubnis, die nach den Landesgesetzen zur Übernahme der Vormundschaft oder zur Fortführung der vor dem Eintritt in das Amts- oder Dienstverhältnis übernommenen Vormundschaft erforderlich ist, versagt oder zurückgenommen wird oder wenn die nach den Landesgesetzen zulässige Untersagung der Fortführung der Vormundschaft erfolgt.

第一千八百八十八条 [公务员及神职人员之解任]

公务员或神职人员经选任为监护人时,就监护之就任,或就其为公务员或神职人员以前所任监护职务之继续担任,依邦法规定应经许可,而其许可被拒绝或被撤销,或依邦法规定,应停止继续行使监护职务之情形者,家事法院应将其解任。

§1889 Entlassung auf eigenen Antrag

(1) Das Familiengericht hat den Einzelvormund auf seinen Antrag zu entlassen, wenn ein wichtiger Grund vorliegt; ein wichtiger Grund ist insbesondere der Eintritt eines Umstands, der den Vormund nach §1786 Abs. 1 Nr. 2 bis 7 berechtigen würde, die Übernahme der Vormundschaft abzulehnen.

(2) Das Familiengericht hat das Jugendamt oder den Verein als Vormund auf seinen

Antrag zu entlassen, wenn eine andere als Vormund geeignete Person vorhanden ist und das Wohl des Mündels dieser Maßnahme nicht entgegensteht. Ein Verein ist auf seinen Antrag ferner zu entlassen, wenn ein wichtiger Grund vorliegt.

第一千八百八十九条　[因监护人本人之申请而解任]

Ⅰ 遇有重大事由者，家事法院依监护人之申请，应将其解任；监护人有第一千七百八十六条第一款第二项至第七项所定得拒绝就任监护之情形发生者，即如有重大事由。

Ⅱ ¹家事法院依少年局或社团之申请，以有其他适合为监护之人选，且采取该措施与子女之利益无相反时为限，应将其解任。²遇有重大事由者，社团亦得依申请而解任。

§1890 Vermögensherausgabe und Rechnungslegung

Der Vormund hat nach der Beendigung seines Amts dem Mündel das verwaltete Vermögen herauszugeben und über die Verwaltung Rechenschaft abzulegen. Soweit er dem Familiengericht Rechnung gelegt hat, genügt die Bezugnahme auf diese Rechnung.

第一千八百九十条　[财产返还及财务报告之提出]

¹监护人于其职务终了后，应将其管理之财产返还受监护人，并应就其管理，提出其财务报告。²监护人已提出财务报告于家事法院者，得援用该财务报告。

§1891 Mitwirkung des Gegenvormunds

(1) Ist ein Gegenvormund vorhanden, so hat ihm der Vormund die Rechnung vorzulegen. Der Gegenvormund hat die Rechnung mit den Bemerkungen zu versehen, zu denen die Prüfung ihm Anlass gibt.

(2) Der Gegenvormund hat über die Führung der Gegenvormundschaft und, soweit er dazu imstande ist, über das von dem Vormund verwaltete Vermögen auf Verlangen Auskunft zu erteilen.

第一千八百九十一条　[监督监护人之协助]

Ⅰ ¹有监督监护人者，监护人应将计算书提交于监督监护人。²监督监护人应将审核之结果,附载于财务报告上。
Ⅱ 监督监护人应就其职务之执行,且情况允许时,就监护人所管理之财产,经请求而提出报告。

§1892 Rechnungsprüfung und-anerkennung

(1) Der Vormund hat die Rechnung, nachdem er sie dem Gegenvormund vorgelegt hat, dem Familiengericht einzureichen.
(2) Das Familiengericht hat die Rechnung rechnungsmäßig und sachlich zu prüfen und deren Abnahme durch Verhandlung mit den Beteiligten unter Zuziehung des Gegenvormunds zu vermitteln. Soweit die Rechnung als richtig anerkannt wird, hat das Familiengericht das Anerkenntnis zu beurkunden.

第一千八百九十二条 [计算书之审核及确认]

Ⅰ 监护人经提交财务报告于监督监护人后,应陈报于家事法院。
Ⅱ [1]家事法院应就财务报告为计算上及实质上之审核,并与利害关系人协商后,会同监督监护人,接受该财务报告。[2]该财务报告经认为正确者,家事法院应为认证。

§1893 Fortführung der Geschäfte nach Beendigung der Vormundschaft, Rückgabe von Urkunden

(1) Im Falle der Beendigung der Vormundschaft oder des vormundschaftlichen Amts finden die Vorschriften der §§1698a, 1698b entsprechende Anwendung.
(2) Der Vormund hat nach Beendigung seines Amts die Bestallung dem Familiengericht zurückzugeben. In den Fällen der §§1791a, 1791b ist der Beschluss des Familiengerichts, im Falle des §1791c die Bescheinigung über den Eintritt der Vormundschaft zurückzugeben.

第一千八百九十三条 [监护终了后事务之续行,任命证书之缴还]

Ⅰ [a]监护关系或监护职务终了者,准用第一千六百九十八条之一及第一千六百九十八条之二规定。
Ⅱ [1]监护人于其职务终了后,应将任命证书缴还于家事法院。[2]于第一千七百九十一条之一及第一千七百九十一条之二之情形，应缴还家事法院所为之裁定；于第一千七百九十一条之三之情形，应缴还监护开始时相关证明文件。

a 本款因1957年6月18日《男女平等法》而修正。

§1894 Anzeige bei Tod des Vormunds

(1) Den Tod des Vormunds hat dessen Erbe dem Familiengericht unverzüglich anzuzeigen.
(2) Den Tod des Gegenvormunds oder eines Mitvormunds hat der Vormund unverzüglich anzuzeigen.

第一千八百九十四条　[监护人死亡时之通知]

Ⅰ 监护人死亡时，其继承人应即时通知家事法院。
Ⅱ 监督监护人或共同监护人死亡时，监护人应即时通知之。

§1895 Amtsende des Gegenvormunds

Die Vorschriften der §§1886 bis 1889, 1893, 1894 finden auf den Gegenvormund entsprechende Anwendung.

第一千八百九十五条　[监督监护人职务之终了]

第一千八百八十六条至第一千八百八十九条、第一千八百九十三条及第一千八百九十四条规定，于监督监护人准用之。

Titel 2　Rechtliche Betreuung
第二节　法律上之辅助 [①]

§1896　Voraussetzungen

(1) Kann ein Volljähriger auf Grund einer psychischen Krankheit oder einer körperlichen, geistigen oder seelischen Behinderung seine Angelegenheiten ganz oder teilweise nicht besorgen, so bestellt das Betreuungsgericht auf seinen Antrag oder von Amts wegen für ihn einen Betreuer. Den Antrag kann auch ein Geschäftsunfähiger stellen. Soweit der Volljährige auf Grund einer körperlichen Behinderung seine Angelegenheiten nicht besorgen kann, darf der Betreuer nur auf Antrag des Volljährigen bestellt werden, es sei denn, dass dieser seinen Willen nicht kundtun kann.

1a Gegen den freien Willen des Volljährigen darf ein Betreuer nicht bestellt werden.

(2) Ein Betreuer darf nur für Aufgabenkreise bestellt werden, in denen die Betreuung erforderlich ist. Die Betreuung ist nicht erforderlich, soweit die Angelegenheiten des Volljährigen durch einen Bevollmächtigten, der nicht zu den in §1897 Abs. 3 bezeichneten Personen gehört, oder durch andere Hilfen, bei denen kein gesetzlicher Vertreter bestellt wird, ebenso gut wie durch einen Betreuer besorgt werden können.

(3) Als Aufgabenkreis kann auch die Geltendmachung von Rechten des Betreuten gegenüber seinem Bevollmächtigten bestimmt werden.

(4) Die Entscheidung über den Fernmeldeverkehr des Betreuten und über die Entgegennahme, das Öffnen und das Anhalten seiner Post werden vom Aufgabenkreis des Betreuers nur dann erfasst, wenn das Gericht dies ausdrücklich

---

[①] 本章节为1990年9月12日先以成年辅助法取代禁治产监护制度而修正。其后因1998年6月25日第一次成年辅助法与2005年4月21日第二次成年辅助法又给以修正。通过1990年之修正，德国法将未成年人与成年人之监护制度区隔开来，对于成年人不再以监护制度为之，而改以辅助制度，视受辅助人之个别状况，仅在必要范围内，方设置辅助人，以尊重成年人之残存意志。为突显此一制度之特色，故于翻译上对于"Betreuung"选用"辅助"一词，以表达辅助人仅在受辅助人之必要范围内，从旁协助其处理事务之本质，而有别于监护制度。惟德国之成年辅助制度，与台湾地区法上之辅助宣告制度截然不同，德国成年辅助制度仅有一级制，由辅助法院依辅助人之身心障碍程度，决定是否设置辅助，并指定辅助事项之范围，选任辅助人协助执行辅助事务。台湾地区之成年监护制度则维持二元制，除保有监护宣告外，新增辅助宣告，就成年人因精神障碍或心智缺陷之程度加以区分，较轻微者以辅助宣告为之，而就法条所明定之特定行为，须经辅助人之同意方生效力。

angeordnet hat.

第一千八百九十六条　[要件]^a

Ⅰ ¹成年人因心理疾病、身体、智能或精神障碍，致不能处理自己事务之全部或一部者，辅助法院得依申请或依职权为其选任辅助人。²无行为能力人亦得申请之。³成年人因身体障碍，致不能处理自己事务者，仅得由本人之申请，始得设置辅助人。但其不能表达自己之意思者，不在此限。

Ⅰ-1 与成年人之自由意志相左时，不得设置辅助人。

Ⅱ ¹辅助人仅在职务范围内有辅助之必要者，始得选任之。²成年人之事务，由非第一千八百九十七条第三款所称之人代理为之，或经由其他人所能协助者，无须选任法定代理人，而能达成与设置辅助人相同之效果时，无须设置辅助人。

Ⅲ 关于职务之范围，亦包括受辅助人对其代理人行使权利之情形。

Ⅳ 关于受辅助人之通讯传输或邮件之受领、拆封及留置，限于法院有明示者，始包含于辅助人之职务范围。

a 本条因2005年4月21日第二次修正《成年辅助法》、2008年12月17日《家事及非讼事件程序法》而修正。

§1897 Bestellung einer natürlichen Person

(1) Zum Betreuer bestellt das Betreuungsgericht eine natürliche Person, die geeignet ist, in dem gerichtlich bestimmten Aufgabenkreis die Angelegenheiten des Betreuten rechtlich zu besorgen und ihn in dem hierfür erforderlichen Umfang persönlich zu betreuen.

(2) Der Mitarbeiter eines nach §1908f anerkannten Betreuungsvereins, der dort ausschließlich oder teilweise als Betreuer tätig ist (Vereinsbetreuer), darf nur mit Einwilligung des Vereins bestellt werden. Entsprechendes gilt für den Mitarbeiter einer in Betreuungsangelegenheiten zuständigen Behörde, der dort ausschließlich oder teilweise als Betreuer tätig ist (Behördenbetreuer).

(3) Wer zu einer Anstalt, einem Heim oder einer sonstigen Einrichtung, in welcher der Volljährige untergebracht ist oder wohnt, in einem Abhängigkeitsverhältnis oder in einer anderen engen Beziehung steht, darf nicht zum Betreuer bestellt werden.

(4) Schlägt der Volljährige eine Person vor, die zum Betreuer bestellt werden kann, so

ist diesem Vorschlag zu entsprechen, wenn es dem Wohl des Volljährigen nicht zuwiderläuft. Schlägt er vor, eine bestimmte Person nicht zu bestellen, so soll hierauf Rücksicht genommen werden. Die Sätze 1 und 2 gelten auch für Vorschläge, die der Volljährige vor dem Betreuungsverfahren gemacht hat, es sei denn, dass er an diesen Vorschlägen erkennbar nicht festhalten will.

(5) Schlägt der Volljährige niemanden vor, der zum Betreuer bestellt werden kann, so ist bei der Auswahl des Betreuers auf die verwandtschaftlichen und sonstigen persönlichen Bindungen des Volljährigen, insbesondere auf die Bindungen zu Eltern, zu Kindern, zum Ehegatten und zum Lebenspartner, sowie auf die Gefahr von Interessenkonflikten Rücksicht zu nehmen.

(6) Wer Betreuungen im Rahmen seiner Berufsausübung führt, soll nur dann zum Betreuer bestellt werden, wenn keine andere geeignete Person zur Verfügung steht, die zur ehrenamtlichen Führung der Betreuung bereit ist. Werden dem Betreuer Umstände bekannt, aus denen sich ergibt, dass der Volljährige durch eine oder mehrere andere geeignete Personen außerhalb einer Berufsausübung betreut werden kann, so hat er dies dem Gericht mitzuteilen.

(7) Wird eine Person unter den Voraussetzungen des Absatzes 6 Satz 1 erstmals in dem Bezirk des Betreuungsgerichts zum Betreuer bestellt, soll das Gericht zuvor die zuständige Behörde zur Eignung des ausgewählten Betreuers und zu den nach § 1 Abs. 1 Satz 1 zweite Alternative des Vormünder-und Betreuervergütungsgesetzes zu treffenden Feststellungen anhören. Die zuständige Behörde soll die Person auffordern, ein Führungszeugnis und eine Auskunft aus dem Schuldnerverzeichnis vorzulegen.

(8) Wird eine Person unter den Voraussetzungen des Absatzes 6 Satz 1 bestellt, hat sie sich über Zahl und Umfang der von ihr berufsmäßig geführten Betreuungen zu erklären.

第一千八百九十七条　[自然人之选任][a]

Ⅰ 辅助法院应选任适当之自然人为辅助人，于法院指定之职务范围内，处理受辅助人之事务，并在必要时，亲自为之。

Ⅱ [1]依一千九百零八条之六规定，认可为辅助人之社团，而其职员以全职或半职为辅助之工作（社团辅助人）者，应得社团之同意者为限，始得选任之。[2]前段规定，就掌管辅助事务之行政职员，其为全职或半职之辅助人（行政机关辅助人）者，亦准用之。

Ⅲ 与治疗处所、收容之家或其他移送安置之成年人或提供其居住之机构，有从属关系或密切关系之人,不得被选任为辅助人。

Ⅳ ¹受辅助之成年人,就选任辅助人有意见者,于不违反其利益时,应尊重之。²受辅助之成年人提议不选任特定人者,亦应考虑之。³第一段及第二段规定,亦适用于受辅助之成年人于辅助程序开始前所为之提议。但受辅助之成年人不坚持该提议者,不在此限。

Ⅴ 受辅助之成年人,就选任辅助人未为提议时,于选任辅助人者,对该成年人之亲属关系及其他个人关系,特别与其父母、子女、配偶或同性伴侣间之关系及相互间可能产生利害冲突之虞,均应斟酌之。

Ⅵ ¹名誉职务之辅助人无适当人选者,始得选任职业辅助人。²职业辅助人,于知悉有一人或数人从事职业辅助者外,另有适合担任辅助人者,应通知法院。

Ⅶ ¹依本条第六款第一段规定,首次由该地区之辅助法院选任为辅助人者,辅助法院于选任前,应听取主管机关就选任辅助人之资格,及依监护及辅助人报酬法第一条第一款第一段规定之第二选项之意见。²主管机关应向辅助人要求提出良民证及其债务人一览表。

Ⅷ 依第六款第一段规定选任之辅助人,应告知其职业上所必需辅助工作之数量及范围。

a 本条因2005年4月21日第二次修正《成年辅助法》、2008年12月17日《家事及非讼事件程序法》而修正。

§1898 Übernahmepflicht

(1) Der vom Betreuungsgericht Ausgewählte ist verpflichtet, die Betreuung zu übernehmen, wenn er zur Betreuung geeignet ist und ihm die Übernahme unter Berücksichtigung seiner familiären, beruflichen und sonstigen Verhältnisse zugemutet werden kann.

(2) Der Ausgewählte darf erst dann zum Betreuer bestellt werden, wenn er sich zur Übernahme der Betreuung bereit erklärt hat.

第一千八百九十八条 [承担之义务]

Ⅰ 辅助法院选定之辅助人,有担任辅助职务之义务,但以其适于执行辅助之职务,且考虑以担任辅助人对其家庭、工作状况及其他关系,不生重大影响者为限。

Ⅱ 被选定之人，于其表示愿意担任辅助人之意思者，始受命为辅助人。

§1899 Mehrere Betreuer

(1) Das Betreuungsgericht kann mehrere Betreuer bestellen, wenn die Angelegenheiten des Betreuten hierdurch besser besorgt werden können. In diesem Falle bestimmt es, welcher Betreuer mit welchem Aufgabenkreis betraut wird. Mehrere Betreuer, die eine Vergütung erhalten, werden außer in den in den Absätzen 2 und 4 sowie §1908i Abs. 1 Satz 1 in Verbindung mit §1792 geregelten Fällen nicht bestellt.

(2) Für die Entscheidung über die Einwilligung in eine Sterilisation des Betreuten ist stets ein besonderer Betreuer zu bestellen.

(3) Soweit mehrere Betreuer mit demselben Aufgabenkreis betraut werden, können sie die Angelegenheiten des Betreuten nur gemeinsam besorgen, es sei denn, dass das Gericht etwas anderes bestimmt hat oder mit dem Aufschub Gefahr verbunden ist.

(4) Das Gericht kann mehrere Betreuer auch in der Weise bestellen, dass der eine die Angelegenheiten des Betreuten nur zu besorgen hat, soweit der andere verhindert ist.

第一千八百九十九条 【多数辅助人】[a]

Ⅰ ¹辅助法院为使受辅助人事务获得更佳之管理，得选任多数辅助人。²于此情形，辅助法院应就各辅助人之职务范围分别定之。³不得选任多数辅助人均为有偿。但有第二款与第四款及第一千九百零八条之九第一款第一段规定并连结第一千七百九十二条所定之情形者，不在此限。

Ⅱ 为受辅助人同意结扎手术之决定，应为其选任特别辅助人。

Ⅲ 多数辅助人受委任相同之职务时，仅得共同处理受辅助人之事务。但法院有其他指示或因迟延致生危险者，不在此限。

Ⅳ 法院亦得选任多数辅助人，并命其中一辅助人处理受辅助人之事务受到阻碍时，始得由他辅助人处理。

a 本条因2005年4月21日第二次修正《成年辅助法》、2008年12月17日《家事及非讼事件程序法》而修正。

§1900 Betreuung durch Verein oder Behörde

(1) Kann der Volljährige durch eine oder mehrere natürliche Personen nicht

hinreichend betreut werden, so bestellt das Betreuungsgericht einen anerkannten Betreuungsverein zum Betreuer. Die Bestellung bedarf der Einwilligung des Vereins.

(2) Der Verein überträgt die Wahrnehmung der Betreuung einzelnen Personen. Vorschlägen des Volljährigen hat er hierbei zu entsprechen, soweit nicht wichtige Gründe entgegenstehen. Der Verein teilt dem Gericht alsbald mit, wem er die Wahrnehmung der Betreuung übertragen hat.

(3) Werden dem Verein Umstände bekannt, aus denen sich ergibt, dass der Volljährige durch eine oder mehrere natürliche Personen hinreichend betreut werden kann, so hat er dies dem Gericht mitzuteilen.

(4) Kann der Volljährige durch eine oder mehrere natürliche Personen oder durch einen Verein nicht hinreichend betreut werden, so bestellt das Gericht die zuständige Behörde zum Betreuer. Die Absätze 2 und 3 gelten entsprechend.

(5) Vereinen oder Behörden darf die Entscheidung über die Einwilligung in eine Sterilisation des Betreuten nicht übertragen werden.

第一千九百条 [社团或主管机关为辅助人]

Ⅰ ¹成年人无法由单一或多数自然人之辅助受到充分照护者，辅助法院应选任经许可之社团为辅助人。²为该选任者，应得社团之同意。

Ⅱ ¹社团就辅助职务之执行，应委由个人为之。²无重大反对理由者，受辅助之成年人之意见，应尊重之。³辅助职务一经执行，社团应立即通知法院。

Ⅲ 社团于知悉成年人得由单一或多数自然人充分辅助时，应通知法院。

Ⅳ ¹受辅助之成年人不能经由单一或多数自然人或社团，予以充分辅助者，由法院选任主管机关为辅助人。²于此情形，准用第二款及第三款规定。

Ⅴ 关于受辅助人同意结扎手术之决定，不得委由社团或主管机关为之。

§1901 Umfang der Betreuung, Pflichten des Betreuers

(1) Die Betreuung umfasst alle Tätigkeiten, die erforderlich sind, um die Angelegenheiten des Betreuten nach Maßgabe der folgenden Vorschriften rechtlich zu besorgen.

(2) Der Betreuer hat die Angelegenheiten des Betreuten so zu besorgen, wie es dessen Wohl entspricht. Zum Wohl des Betreuten gehört auch die Möglichkeit, im

Rahmen seiner Fähigkeiten sein Leben nach seinen eigenen Wünschen und Vorstellungen zu gestalten.

(3) Der Betreuer hat Wünschen des Betreuten zu entsprechen, soweit dies dessen Wohl nicht zuwiderläuft und dem Betreuer zuzumuten ist. Dies gilt auch für Wünsche, die der Betreute vor der Bestellung des Betreuers geäußert hat, es sei denn, dass er an diesen Wünschen erkennbar nicht festhalten will. Ehe der Betreuer wichtige Angelegenheiten erledigt, bespricht er sie mit dem Betreuten, sofern dies dessen Wohl nicht zuwiderläuft.

(4) Innerhalb seines Aufgabenkreises hat der Betreuer dazu beizutragen, dass Möglichkeiten genutzt werden, die Krankheit oder Behinderung des Betreuten zu beseitigen, zu bessern, ihre Verschlimmerung zu verhüten oder ihre Folgen zu mildern. Wird die Betreuung berufsmäßig geführt, hat der Betreuer in geeigneten Fällen auf Anordnung des Gerichts zu Beginn der Betreuung einen Betreuungsplan zu erstellen. In dem Betreuungsplan sind die Ziele der Betreuung und die zu ihrer Erreichung zu ergreifenden Maßnahmen darzustellen.

(5) Werden dem Betreuer Umstände bekannt, die eine Aufhebung der Betreuung ermöglichen, so hat er dies dem Betreuungsgericht mitzuteilen. Gleiches gilt für Umstände, die eine Einschränkung des Aufgabenkreises ermöglichen oder dessen Erweiterung, die Bestellung eines weiteren Betreuers oder die Anordnung eines Einwilligungsvorbehalts (§1903) erfordern.

第一千九百零一条 [辅助之范围，辅助人之义务][a]

Ⅰ 辅助包括一切必要之日常生活行为，而依下列规定，对受辅助人之事务为合于法律之管理。

Ⅱ [1]辅助人于处理受辅助人之事务者，应以其利益为之。[2]于受辅助人之能力范围内，使其生活依其愿望及期待安排者，亦属于受辅助人之利益。

Ⅲ [1]辅助人应遵照受辅助人之意愿执行职务，但以其意愿不违反受辅助人之利益，且为辅助人可执行者为限。[2]选任前受辅助人已表明意愿者，亦同。但明显表示不愿再维持者，不在此限。[3]辅助人于处理重大事务前，于不违反受辅助人之利益者，应与之协商。

Ⅳ [1]辅助人于其职务范围内，就受辅助人之疾病或残障，应尽可能加以消除、改善、防止恶化或减轻其恶果。[2]辅助人因职业执行辅助者，在适当情形，依法院之命令，于辅助开始前，应提出辅助计划。[3]辅助计划应包括辅助目标及达成该目标所实行之措施。

Ⅴ [1]辅助人于知悉有终止辅助之可能者，应通知辅助法院。[2]前款规定，于缩小或扩大职务范围、选任其他辅助人或为同意之保留命令（第一千九百零三条）时，亦适用之。

a 本条因2005年4月21日第二次修正《成年辅助法》、2008年12月17日《家事及非讼事件程序法》而修正。

§1901a Patientenverfügung

(1) Hat ein einwilligungsfähiger Volljähriger für den Fall seiner Einwilligungsunfähigkeit schriftlich festgelegt, ob er in bestimmte, zum Zeitpunkt der Festlegung noch nicht unmittelbar bevorstehende Untersuchungen seines Gesundheitszustands, Heilbehandlungen oder ärztliche Eingriffe einwilligt oder sie untersagt (Patientenverfügung), prüft der Betreuer, ob diese Festlegungen auf die aktuelle Lebens- und Behandlungssituation zutreffen. Ist dies der Fall, hat der Betreuer dem Willen des Betreuten Ausdruck und Geltung zu verschaffen. Eine Patientenverfügung kann jederzeit formlos widerrufen werden.

(2) Liegt keine Patientenverfügung vor oder treffen die Festlegungen einer Patientenverfügung nicht auf die aktuelle Lebens- und Behandlungssituation zu, hat der Betreuer die Behandlungswünsche oder den mutmaßlichen Willen des Betreuten festzustellen und auf dieser Grundlage zu entscheiden, ob er in eine ärztliche Maßnahme nach Absatz 1 einwilligt oder sie untersagt. Der mutmaßliche Wille ist aufgrund konkreter Anhaltspunkte zu ermitteln. Zu berücksichtigen sind insbesondere frühere mündliche oder schriftliche Äußerungen, ethische oder religiöse Überzeugungen und sonstige persönliche ertvorstellungen des Betreuten.

(3) Die Absätze 1 und 2 gelten unabhängig von Art und Stadium einer Erkrankung des Betreuten.

(4) Niemand kann zur Errichtung einer Patientenverfügung verpflichtet werden. Die Errichtung oder Vorlage einer Patientenverfügung darf nicht zur Bedingung eines Vertragsschlusses gemacht werden.

(5) Die Absätze 1 bis 3 gelten für Bevollmächtigte entsprechend.

第一千九百零一条之一　[病患意愿同意书][a]

I [1]对于一有意思能力之成年人，就日后陷入无意思能力时，针对提出申请时尚未面临之健康检查、身体治疗或侵入性之医疗处置，而为同意或拒绝所提出之书面声明，应由其辅助人加以检验，该声明是否符合现在之生活及治疗情形。²如有符合者，辅助人应明确表明受辅助人之意愿，并依其同意书加以履行。³病患意愿同意书得以不要式方式，随时撤回之。

II ¹未订有病患意愿同意书或该病患同意书之内容且未符合其现在之生活及治疗情形者，辅助人应以受辅助人明示或可得推知之意愿，或以其为基础，决定是否同意或拒绝第一款所定之医疗行为。²所谓可得推知之意愿，应以具体之情事为依据。³于此情形，特别应斟酌受辅助人先前以口头或书面所为之意思表示，或考虑受辅助人其对伦理及宗教之信念，或其个人之价值观。

III 第一款及第二款规定之适用，不因受辅助人所生疾病之种类或病况之严重性而受限制。

IV ¹任何人不负有订定病患意愿同意书之义务。²设定或提出病患意愿同意书不得成为订定契约之条件。

V 第一款至第三款规定，于代理人准用之。

a 本条因2009年7月29日第三次修正《成年辅助法》而修正，并于2009年9月1日施行。

§1901b Gespräch zur Feststellung des Patientenwillens

(1) Der behandelnde Arzt prüft, welche ärztliche Maßnahme im Hinblick auf den Gesamtzustand und die Prognose des Patienten indiziert ist. Er und der Betreuer erörtern diese Maßnahme unter Berücksichtigung des Patientenwillens als Grundlage für die nach §1901a zu treffende Entscheidung.

(2) Bei der Feststellung des Patientenwillens nach §1901a Absatz 1 oder der Behandlungswünsche oder des mutmaßlichen Willens nach §1901a Absatz 2 soll nahen Angehörigen und sonstigen Vertrauenspersonen des Betreuten Gelegenheit zur Äußerung gegeben werden, sofern dies ohne erhebliche Verzögerung möglich ist.

(3) Die Absätze 1 und 2 gelten für Bevollmächtigte entsprechend.

第一千九百零一条之二　[确认病患意愿之晤谈]ᵃ

I ¹负责治疗之医师，应依病患之身体状况，而预测应采取何种医疗处置及指示如何治疗之步骤。²医师与辅助人，应以受辅助人之意愿为主，检讨有关之医疗处置，而作出依第一千九百零一条之一规定所应为之决定。

Ⅱ 为确认依第一千九百零一条之一第一款规定之病患意愿，或依第一千九百零一条之一第二款规定对其治疗之明示或可得推知之意愿，于不致造成重大迟延者，得给予受辅助人之最近亲属或其他有信赖关系之人表达意见之机会。

Ⅲ 第一款及第二款规定，于代理人准用之。

a 本条因2009年7月29日第三次修正《成年辅助法》而修正，并于2009年9月1日施行。

§1901c Schriftliche Betreuungswünsche, Vorsorgevollmacht

Wer ein Schriftstück besitzt, in dem jemand für den Fall seiner Betreuung Vorschläge zur Auswahl des Betreuers oder Wünsche zur Wahrnehmung der Betreuung geäußert hat, hat es unverzüglich an das Betreuungsgericht abzuliefern, nachdem er von der Einleitung eines Verfahrens über die Bestellung eines Betreuers Kenntnis erlangt hat. Ebenso hat der Besitzer das Betreuungsgericht über Schriftstücke, in denen der Betroffene eine andere Person mit der Wahrnehmung seiner Angelegenheiten bevollmächtigt hat, zu unterrichten. Das Betreuungsgericht kann die Vorlage einer Abschrift verlangen.

第一千九百零一条之三 [书面之辅助意愿，照护之授权]ᵃ

¹持有文件，而该文件记载有关辅助人选之意见或有意接受辅助职务者，于知悉选任辅助程序开始前，应即时将该文件送交辅助法院。²受辅助人已委任他人处理其事务者，文件持有人亦应通知辅助法院。³辅助法院得请求附具该证明文件。

a 本条因2009年7月29日第三次修正《成年辅助法》而修正，并于2009年9月1日施行。

§1902 Vertretung des Betreuten

In seinem Aufgabenkreis vertritt der Betreuer den Betreuten gerichtlich und außergerichtlich.

第一千九百零二条 [受辅助人之代理]

辅助人就其职务范围内，于诉讼上及诉讼外得代理受辅助人。

§1903 Einwilligungsvorbehalt

(1) Soweit dies zur Abwendung einer erheblichen Gefahr für die Person oder das Vermögen des Betreuten erforderlich ist, ordnet das Betreuungsgericht an, dass der Betreute zu einer Willenserklärung, die den Aufgabenkreis des Betreuers betrifft, dessen Einwilligung bedarf (Einwilligungsvorbehalt). Die §§108 bis 113, 131 Abs. 2 und §210 gelten entsprechend.

(2) Ein Einwilligungsvorbehalt kann sich nicht erstrecken auf Willenserklärungen, die auf Eingehung einer Ehe oder Begründung einer Lebenspartnerschaft gerichtet sind, auf Verfügungen von Todes wegen und auf Willenserklärungen, zu denen ein beschränkt Geschäftsfähiger nach den Vorschriften des Buches vier und fünf nicht der Zustimmung seines gesetzlichen Vertreters bedarf.

(3) Ist ein Einwilligungsvorbehalt angeordnet, so bedarf der Betreute dennoch nicht der Einwilligung seines Betreuers, wenn die Willenserklärung dem Betreuten lediglich einen rechtlichen Vorteil bringt. Soweit das Gericht nichts anderes anordnet, gilt dies auch, wenn die Willenserklärung eine geringfügige Angelegenheit des täglichen Lebens betrifft.

(4) §1901 Abs. 5 gilt entsprechend.

第一千九百零三条 [同意之保留][a]

Ⅰ [1]为避免受辅助人之人身或财产遭受重大危害，必要时，辅助法院得命辅助人职务范围内，就受辅助人所为之意思表示，应经辅助人之同意（同意之保留）。[2]于此情形，准用民法第一百零八条至第一百一十三条、第一百三十一条第二款及第二百一十条规定。

Ⅱ 前款关于同意之保留，不得及于结婚或组成同性伴侣之意思表示，或订立遗嘱及依民法第四编及第五编规定关于限制行为能力人无须得法定代理人同意之意思表示。

Ⅲ [1]纵有同意保留之命令，受辅助人就法律上纯获利益之意思表示，亦无须得辅助人之同意。[2]前段规定，以法院无其他命令者为限，亦适用于日常生活细微事项之意思表示。

Ⅳ 于此情形，准用第一千九百零一条第五款规定。

a 本条因2001年12月11日改善家庭暴力防治法与简化分居时住所交付法、2008年12月17日《家事及非讼事件程序法》而修正。

§1904 Genehmigung des Betreuungsgerichts bei ärztlichen Maßnahmen

(1) Die Einwilligung des Betreuers in eine Untersuchung des Gesundheitszustands, eine Heilbehandlung oder einen ärztlichen Eingriff bedarf der Genehmigung des Betreuungsgerichts, wenn die begründete Gefahr besteht, dass der Betreute auf Grund der Maßnahme stirbt oder einen schweren und länger dauernden gesundheitlichen Schaden erleidet. Ohne die Genehmigung darf die Maßnahme nur durchgeführt werden, wenn mit dem Aufschub Gefahr verbunden ist.

(2) Die Nichteinwilligung oder der Widerruf der Einwilligung des Betreuers in eine Untersuchung des Gesundheitszustands, eine Heilbehandlung oder einen ärztlichen Eingriff bedarf der Genehmigung des Betreuungsgerichts, wenn die Maßnahme medizinisch angezeigt ist und die begründete Gefahr besteht, dass der Betreute auf Grund des Unterbleibens oder des Abbruchs der Maßnahme stirbt oder einen schweren und länger dauernden gesundheitlichen Schaden erleidet.

(3) Die Genehmigung nach den Absätzen 1 und 2 ist zu erteilen, wenn die Einwilligung, die Nichteinwilligung oder der Widerruf der Einwilligung dem Willen des Betreuten entspricht.

(4) Eine Genehmigung nach den Absätzen 1 und 2 ist nicht erforderlich, wenn zwischen Betreuer und behandelndem Arzt Einvernehmen darüber besteht, dass die Erteilung, die Nichterteilung oder der Widerruf der Einwilligung dem nach §1901a festgestellten Willen des Betreuten entspricht.

(5) Die Absätze 1 bis 4 gelten auch für einen Bevollmächtigten. Er kann in eine der in Absatz 1 Satz 1 oder Absatz 2 genannten Maßnahmen nur einwilligen, nicht einwilligen oder die Einwilligung widerrufen, wenn die Vollmacht diese Maßnahmen ausdrücklich umfasst und schriftlich erteilt ist.

第一千九百零四条 [辅助法院于医疗处置之许可]

Ⅰ ¹辅助人对受辅助人就健康检查、治疗行为或医疗处置所为之同意时，于该处置有使受辅助人死亡或长期健康受有重大损害之虞者，应得辅助法院之许可。²但因迟延有致危险者，不在此限。

Ⅱ 辅助人对受辅助人就健康检查、治疗行为或医疗处置不为或撤回同意时，如医疗上认为有必要且存在已证实之危险，不为或中断该处置有使受辅助人死亡或长期健康受有重大损害之虞者，应得辅助法院之许可。

Ⅲ 该同意、不为同意或撤回同意之决定符合受辅助人之意愿者，应依第一款及第二款规定许可之。

Ⅳ 依第一千九百零一条之一规定所确立之同意、不同意或撤回同意之决定符合受辅助人之意愿，且辅助人与主治医师对之并无争议者，不必要再为本条第一款及第二款规定所要求之许可。

Ⅴ ¹关于授权代理，亦适用第一款至第四款规定。²该授权应以书面为之，并明文记载本条第一款第一项或第二款所定之处置，该同意、不同意或撤回同意始生效力。

§1905 Sterilisation

(1) Besteht der ärztliche Eingriff in einer Sterilisation des Betreuten, in die dieser nicht einwilligen kann, so kann der Betreuer nur einwilligen, wenn
1. die Sterilisation dem Willen des Betreuten nicht widerspricht,
2. der Betreute auf Dauer einwilligungsunfähig bleiben wird,
3. anzunehmen ist, dass es ohne die Sterilisation zu einer Schwangerschaft kommen würde,
4. infolge dieser Schwangerschaft eine Gefahr für das Leben oder die Gefahr einer schwerwiegenden Beeinträchtigung des körperlichen oder seelischen Gesundheitszustands der Schwangeren zu erwarten wäre, die nicht auf zumutbare Weise abgewendet werden könnte, und
5. die Schwangerschaft nicht durch andere zumutbare Mittel verhindert werden kann. Als schwerwiegende Gefahr für den seelischen Gesundheitszustand der Schwangeren gilt auch die Gefahr eines schweren und nachhaltigen Leides, das ihr drohen würde, weil betreuungsgerichtliche Maßnahmen, die mit ihrer Trennung vom Kind verbunden wären (§§1666, 1666a), gegen sie ergriffen werden müssten.
(2) Die Einwilligung bedarf der Genehmigung des Betreuungsgerichts. Die Sterilisation darf erst zwei Wochen nach Wirksamkeit der Genehmigung durchgeführt werden. Bei der Sterilisation ist stets der Methode der Vorzug zu geben, die eine Refertilisierung zulässt.

第一千九百零五条 [结扎手术]

Ⅰ ¹医疗处置系以受辅助人之结扎为目的者，受辅助人无法就其表示同意时，辅助人有下列情事之一者，始得同意之：
1. 结扎手术未违反受辅助人之意思者。
2. 受辅助人长期处于欠缺同意能力之状态者。
3. 认定不结扎将使受辅助人有怀孕之危险者。
4. 因怀孕致使孕妇有生命危险，或对其身体或心理健康状态有重大侵害之虞，且不能以其他方式避免该风险者。
5. 不能以其他合理方法避孕者。
²辅助法院对孕妇采取与子女分离之措施（第一千六百六十六条、第一千六百六十六条之一），致其遭受严重且持续之痛苦者，亦得视为对孕妇心理健康状态有重大侵害之虞情形。

II ¹前款之同意，应经辅助法院之许可。²结扎手术，应于法院许可生效后逾二周始得为之。³施行结扎手术之方式，应以有恢复可能性者为优先。

§1906 Genehmigung des Betreuungsgerichts bei der Unterbringung

(1) Eine Unterbringung des Betreuten durch den Betreuer, die mit Freiheitsentziehung verbunden ist, ist nur zulässig, solange sie zum Wohl des Betreuten erforderlich ist, weil

1. auf Grund einer psychischen Krankheit oder geistigen oder seelischen Behinderung des Betreuten die Gefahr besteht, dass er sich selbst tötet oder erheblichen gesundheitlichen Schaden zufügt, oder
2. zur Abwendung eines drohenden erheblichen gesundheitlichen Schadens eine Untersuchung des Gesundheitszustands, eine Heilbehandlung oder ein ärztlicher Eingriff notwendig ist, ohne die Unterbringung des Betreuten nicht durchgeführt werden kann und der Betreute auf Grund einer psychischen Krankheit oder geistigen oder seelischen Behinderung die Notwendigkeit der Unterbringung nicht erkennen oder nicht nach dieser Einsicht handeln kann.

(2) Die Unterbringung ist nur mit Genehmigung des Betreuungsgerichts zulässig. Ohne die Genehmigung ist die Unterbringung nur zulässig, wenn mit dem Aufschub Gefahr verbunden ist; die Genehmigung ist unverzüglich nachzuholen. Der Betreuer hat die Unterbringung zu beenden, wenn ihre Voraussetzungen wegfallen. Er hat die Beendigung der Unterbringung dem Betreuungsgericht anzuzeigen.

(3) Widerspricht eine ärztliche Maßnahme nach Absatz 1 Nummer 2 dem natürlichen Willen des Betreuten (ärztliche Zwangsmaßnahme), so kann der Betreuer in sie nur einwilligen, wenn
  1. der Betreute auf Grund einer psychischen Krankheit oder einer geistigen oder seelischen Behinderung die Notwendigkeit der ärztlichen Maßnahme nicht erkennen oder nicht nach dieser Einsicht handeln kann,
  2. zuvor versucht wurde, den Betreuten von der Notwendigkeit der ärztlichen Maßnahme zu überzeugen,
  3. die ärztliche Zwangsmaßnahme im Rahmen der Unterbringung nach Absatz 1 zum Wohl des Betreuten erforderlich ist, um einen drohenden erheblichen gesundheitlichen Schaden abzuwenden,
  4. der erhebliche gesundheitliche Schaden durch keine andere dem Betreuten zumutbare Maßnahme abgewendet werden kann und
  5. der zu erwartende Nutzen der ärztlichen Zwangsmaßnahme die zu erwartenden Beeinträchtigungen deutlich überwiegt.

§1846 ist nur anwendbar, wenn der Betreuer an der Erfüllung seiner Pflichten verhindert ist.

3a Die Einwilligung in die ärztliche Zwangsmaßnahme bedarf der Genehmigung des Betreuungsgerichts. Der Betreuer hat die Einwilligung in die ärztliche Zwangsmaßnahme zu widerrufen, wenn ihre Voraussetzungen wegfallen. Er hat den Widerruf dem Betreuungsgericht anzuzeigen.

(4) Die Absätze 1 und 2 gelten entsprechend, wenn dem Betreuten, der sich in einer Anstalt, einem Heim oder einer sonstigen Einrichtung aufhält, ohne untergebracht zu sein, durch mechanische Vorrichtungen, Medikamente oder auf andere Weise über einen längeren Zeitraum oder regelmäßig die Freiheit entzogen werden soll.

(5) Die Unterbringung durch einen Bevollmächtigten und die Einwilligung eines Bevollmächtigten in Maßnahmen nach den Absätzen 3 und 4 setzen voraus, dass die Vollmacht schriftlich erteilt ist und die in den Absätzen 1, 3 und 4 genannten Maßnahmen ausdrücklich umfasst. Im Übrigen gelten die Absätze 1 bis 4 entsprechend.

第一千九百零六条 [辅助法院于移送安置之许可][a]

Ⅰ 辅助人就受辅助人所为之移送安置，而使其自由被剥夺时，于下列情事之一，且为受辅助人之利益有必要者，始得为之：
  1. 因心理疾病、智能或精神障碍，致受辅助人有自杀或造成健康重大损害之虞者。

2. 为防止受辅助人即将发生之重大健康损害所为之健康检查、治疗行为或侵入性之医疗，不将其移送安置不能进行，且受辅助人因心理疾病、智能或精神障碍不能理解或认知移送安置之必要性者。

Ⅱ ¹前款之移送安置，应得辅助法院之许可，始得为之。²因迟延有致危险之虞者，得不经辅助法院之许可，而径为移送安置。但辅助法院之许可，应即时补正。³移送安置之要件消灭时，辅助人应终止之。⁴辅助人应向辅助法院陈报移送安置之终止。

Ⅲ ¹第一款第二项规定之医疗措施违反受辅助人真实意思（医疗强制措施）者，仅于下列情事时，辅助人始得同意之：
1. 因心理疾病、智能或精神障碍，致受辅助人不能理解该医疗措施之必要性或依该认知处置者，
2. 已尝试说服受辅助人接受该医疗措施之必要性者，
3. 为避免发生急迫重大健康损害而依第一款规定所为之移送安置中所采取之医疗强制措施，于符合受辅助人之利益而属必要者，
4. 该重大之健康损害无法经由其他对受辅助人合理之措施而加以避免者，以及
5. 医疗强制措施之可预期利益显然大于可预期之侵害者。

²仅于辅助人不能履行其义务时，始得适用第一千八百四十六条规定。

Ⅲ-1 ¹医疗强制措施之同意，应经辅助法院之许可。²医疗强制措施之要件消灭时，辅助人应撤回其同意。³辅助人应向辅助法院陈报该同意之撤回。

Ⅳ 受辅助人虽未经移送，但于其治疗处所、收容之家或其他机构，以机器装置、药物或其他方法，长期或定期剥夺其自由者，准用第一款至第三款规定。

Ⅴ ¹代理人经书面授权，并明文记载本条第一款、第三款及第四款所定之措施者，始得为移送安置或经其同意进行有关第三款及第四款规定之措施。²其他情形，准用第一款至第四款规定。

a 本条因2013年2月18日成年辅助之同意医疗强制措施法而修正。

§1907 Genehmigung des Betreuungsgerichts bei der Aufgabe der Mietwohnung

(1) Zur Kündigung eines Mietverhältnisses über Wohnraum, den der Betreute gemietet

hat, bedarf der Betreuer der Genehmigung des Betreuungsgerichts. Gleiches gilt für eine Willenserklärung, die auf die Aufhebung eines solchen Mietverhältnisses gerichtet ist.

(2) Treten andere Umstände ein, auf Grund derer die Beendigung des Mietverhältnisses in Betracht kommt, so hat der Betreuer dies dem Betreuungsgericht unverzüglich mitzuteilen, wenn sein Aufgabenkreis das Mietverhältnis oder die Aufenthaltsbestimmung umfasst. Will der Betreuer Wohnraum des Betreuten auf andere Weise als durch Kündigung oder Aufhebung eines Mietverhältnisses aufgeben, so hat er dies gleichfalls unverzüglich mitzuteilen.

(3) Zu einem Miet-oder Pachtvertrag oder zu einem anderen Vertrag, durch den der Betreute zu wiederkehrenden Leistungen verpflichtet wird, bedarf der Betreuer der Genehmigung des Betreuungsgerichts, wenn das Vertragsverhältnis länger als vier Jahre dauern oder vom Betreuer Wohnraum vermietet werden soll.

第一千九百零七条 [交还租屋时辅助法院之许可]

I ^{1}辅助人终止受辅助人所承租房屋之租赁契约者，应得辅助法院之许可。^{2}前段规定，亦适用于变更租赁关系之意思表示。

II ^{1}辅助人之职务范围，包括租赁关系或住处之决定时，因其他情形而结束租赁关系者，辅助人应即时通知辅助法院。^{2}辅助人以终止或变更租赁关系以外之其他方法，交还受辅助人之租屋者，亦应即时通知辅助法院。

III 订定使用租赁或收益租赁契约，或其他使受辅助人负担定期给付义务之契约，于其期限逾四年，或由辅助人承租房屋者，应得辅助法院之许可。

§1908 Genehmigung des Betreuungsgerichts bei der Ausstattung

Der Betreuer kann eine Ausstattung aus dem Vermögen des Betreuten nur mit Genehmigung des Betreuungsgerichts versprechen oder gewähren.

第一千九百零八条 [于婚嫁、立业资金时辅助法院之许可]

辅助人非经辅助法院之许可，不得就受辅助人之财产，为婚嫁、立业资金之约定或给与。

§1908a Vorsorgliche Betreuerbestellung und Anordnung des Einwilligungsvorbehalts für Minderjährige

Maßnahmen nach den §§1896, 1903 können auch für einen Minderjährigen, der das 17. Lebensjahr vollendet hat, getroffen werden, wenn anzunehmen ist, dass sie bei Eintritt der Volljährigkeit erforderlich werden. Die Maßnahmen werden erst mit dem Eintritt der Volljährigkeit wirksam.

第一千九百零八条之一 [未成年人于选任辅助人及同意保留之命令]

^{1}年满十七岁之未成年人，于成年之后认有必要者，亦适用第一千八百九十六条及第一千九百零三条规定之措施。^{2}但该措施应于其成年时，始生效力。

§1908b Entlassung des Betreuers

(1) Das Betreuungsgericht hat den Betreuer zu entlassen, wenn seine Eignung, die Angelegenheiten des Betreuten zu besorgen, nicht mehr gewährleistet ist oder ein anderer wichtiger Grund für die Entlassung vorliegt. Ein wichtiger Grund liegt auch vor, wenn der Betreuer eine erforderliche Abrechnung vorsätzlich falsch erteilt oder den erforderlichen persönlichen Kontakt zum Betreuten nicht gehalten hat. Das Gericht soll den nach §1897 Abs. 6 bestellten Betreuer entlassen, wenn der Betreute durch eine oder mehrere andere Personen außerhalb einer Berufsausübung betreut werden kann.

(2) Der Betreuer kann seine Entlassung verlangen, wenn nach seiner Bestellung Umstände eintreten, auf Grund derer ihm die Betreuung nicht mehr zugemutet werden kann.

(3) Das Gericht kann den Betreuer entlassen, wenn der Betreute eine gleich geeignete Person, die zur Übernahme bereit ist, als neuen Betreuer vorschlägt.

(4) Der Vereinsbetreuer ist auch zu entlassen, wenn der Verein dies beantragt. Ist die Entlassung nicht zum Wohl des Betreuten erforderlich, so kann das Betreuungsgericht statt dessen mit Einverständnis des Betreuers aussprechen, dass dieser die Betreuung künftig als Privatperson weiterführt. Die Sätze 1 und 2 gelten für den Behördenbetreuer entsprechend.

(5) Der Verein oder die Behörde ist zu entlassen, sobald der Betreute durch eine oder mehrere natürliche Personen hinreichend betreut werden kann.

第一千九百零八条之二　[辅助人之解任]ᵃ

Ⅰ ¹辅助人就其能力，不再确保可管理受辅助人之事务或有其他重要解任事由者，辅助法院应将辅助人解任。²辅助人故意错误提报必要之账目，或未载明与受辅助人必要之私人联系者，亦为重要解任之事由。³有一人或数人得于职业外辅助受辅助人者，辅助法院应将依第一千八百九十七条第六款所选任之职业辅助人解任。

Ⅱ 辅助人于选任后，就其辅助职务之执行不再有期待可能性者，辅助人得请求解任之。

Ⅲ 受辅助人提议适任人选作为新辅助人，而其愿意承担辅助职务者，辅助法院得解任原辅助人。

Ⅳ ¹社团得依申请解任社团辅助人。²但其解任有害受辅助人之利益者，辅助法院得经辅助人之同意，改以自然人之身份继续担任辅助职务。³关于主管机关辅助人，准用第一段及第二段规定。

Ⅴ 受辅助人改由一人或多数自然人胜任辅助者，社团或主管机关辅助人应解任之。

a 本条因2005年4月21日第二次修正《成年辅助法》、2008年12月17日《家事及非讼事件程序法》、2011年6月29日《成年监护辅助法》而修正。

§1908c　Bestellung eines neuen Betreuers

Stirbt der Betreuer oder wird er entlassen, so ist ein neuer Betreuer zu bestellen.

第一千九百零八条之三　[新辅助人之选任]

辅助人死亡或解任者，应选任新辅助人。

§1908d　Aufhebung oder Änderung von Betreuung und Einwilligungsvorbehalt

(1) Die Betreuung ist aufzuheben, wenn ihre Voraussetzungen wegfallen. Fallen diese Voraussetzungen nur für einen Teil der Aufgaben des Betreuers weg, so ist dessen Aufgabenkreis einzuschränken.

(2) Ist der Betreuer auf Antrag des Betreuten bestellt, so ist die Betreuung auf dessen

Antrag aufzuheben, es sei denn, dass eine Betreuung von Amts wegen erforderlich ist. Den Antrag kann auch ein Geschäftsunfähiger stellen. Die Sätze 1 und 2 gelten für die Einschränkung des Aufgabenkreises entsprechend.

(3) Der Aufgabenkreis des Betreuers ist zu erweitern, wenn dies erforderlich wird. Die Vorschriften über die Bestellung des Betreuers gelten hierfür entsprechend.

(4) Für den Einwilligungsvorbehalt gelten die Absätze 1 und 3 entsprechend.

第一千九百零八条之四 [辅助之解除或变更与同意之保留]

Ⅰ ^{1}辅助之要件消灭者，应解除辅助。^{2}辅助要件仅为辅助人职务范围之一部消灭者，其职务范围亦缩小之。

Ⅱ ^{1}辅助人因受辅助人之申请而选任者，其辅助亦因受辅助人之申请而解除。但该辅助依职权认为必要者，不在此限。^{2}其申请，于无行为能力人亦得为之。^{3}第一段与第二段规定，于职务范围缩小时，亦准用之。

Ⅲ ^{1}辅助人之职务范围，于必要时得予以扩大。^{2}于此情形，准用关于选任辅助人规定。

Ⅳ 关于同意之保留，亦准用第一款及第三款规定。

§1908e (weggefallen)

第一千九百零八条之五 [删除]^a

（对偿还社团费用及支付报酬之规定予以删除。）

a 本条因2005年4月21日第二次修正《成年辅助法》而删除。

§1908f Anerkennung als Betreuungsverein

(1) Ein rechtsfähiger Verein kann als Betreuungsverein anerkannt werden, wenn er gewährleistet, dass er
  1. eine ausreichende Zahl geeigneter Mitarbeiter hat und diese beaufsichtigen, weiterbilden und gegen Schäden, die diese anderen im Rahmen ihrer Tätigkeit zufügen können, angemessen versichern wird,
  2. sich planmäßig um die Gewinnung ehrenamtlicher Betreuer bemüht, diese in ihre Aufgaben einführt, sie fortbildet und sie sowie Bevollmächtigte bei der Wahrnehmung ihrer Aufgaben berät und unterstützt,

2a planmäßig über Vorsorgevollmachten und Betreuungsverfügungen informiert,
3. einen Erfahrungsaustausch zwischen den Mitarbeitern ermöglicht.
(2) Die Anerkennung gilt für das jeweilige Land; sie kann auf einzelne Landesteile beschränkt werden. Sie ist widerruflich und kann unter Auflagen erteilt werden.
(3) Das Nähere regelt das Landesrecht. Es kann auch weitere Voraussetzungen für die Anerkennung vorsehen.
(4) Die anerkannten Betreuungsvereine können im Einzelfall Personen bei der Errichtung einer Vorsorgevollmacht beraten.

第一千九百零八条之六　[社团辅助人之承认][a]

Ⅰ 有权利能力之社团，在具备下列条件之一者，得为社团辅助人之许可：
　1. 有足够人数之适任职员，且对其施予监督或培训，及就该职员于社团活动之范围内，可能对于第三人造成之损害，投有一定之保险者。
　2. 有计划致力于义务辅助人之招募，并协助其职务之执行、予以培训以及对于代理人执行职务时提供咨询与协助者。
　2a 有计划提供关于全权代理照护（Vorsorgevollmachten）及辅助处分（Betreungsverfügungen）之信息者。
　3. 促进职员相互经验之交流者。
Ⅱ [1]认可之效力分别适用于各邦；亦得限制于各邦之部分地区。[2]许可得撤回或以附负担之方法为之。
Ⅲ [1]细节规定由各邦定之。[2]邦法亦得对许可附加其他之要件。
Ⅳ 经许可之辅助社团，就设置全权代理照护，于具体个案，得提供咨询。

a 本条因2005年4月21日第二次修正《成年辅助法》、2013年8月28日《加强辅助机构功能法》而修正。

§1908g　Behördenbetreuer

(1) Gegen einen Behördenbetreuer wird kein Zwangsgeld nach §1837 Abs. 3 Satz 1 festgesetzt.
(2) Der Behördenbetreuer kann Geld des Betreuten gemäß §1807 auch bei der Körperschaft anlegen, bei der er tätig ist.

第一千九百零八条之七 [机关辅助人]

Ⅰ 对于机关辅助人，不得依第一千八百三十七条第三款第一段规定，处以罚锾。

Ⅱ 机关辅助人得依第一千八百零七条规定，以受辅助人之金钱投资于其所属之法人团体。

§1908h (weggefallen)

第一千九百零八条之八 [删除]^a

（机关辅助人偿还费用及支付报酬规定经删除。）

a 本条因2005年4月21日第二次修正《成年辅助法》而删除。

§1908i Entsprechend anwendbare Vorschriften

(1) Im Übrigen sind auf die Betreuung §1632 Abs. 1 bis 3, §§1784, 1787 Abs. 1, §1791a Abs. 3 Satz 1 zweiter Halbsatz und Satz 2, §§1792, 1795 bis 1797 Abs. 1 Satz 2, §§1798, 1799, 1802, 1803, 1805 bis 1821, 1822 Nr. 1 bis 4, 6 bis 13, §§1823 bis 1826, 1828 bis 1836, 1836c bis 1836e, 1837 Abs. 1 bis 3, §§1839 bis 1843, 1846, 1857a, 1888, 1890 bis 1895 sinngemäß anzuwenden. Durch Landesrecht kann bestimmt werden, dass Vorschriften, welche die Aufsicht des Betreuungsgerichts in vermögensrechtlicher Hinsicht sowie beim Abschluss von Lehr- und Arbeitsverträgen betreffen, gegenüber der zuständigen Behörde außer Anwendung bleiben.

(2) §1804 ist sinngemäß anzuwenden, jedoch kann der Betreuer in Vertretung des Betreuten Gelegenheitsgeschenke auch dann machen, wenn dies dem Wunsch des Betreuten entspricht und nach seinen Lebensverhältnissen üblich ist. §1857a ist auf die Betreuung durch den Vater, die Mutter, den Ehegatten, den Lebenspartner oder einen Abkömmling des Betreuten sowie auf den Vereinsbetreuer und den Behördenbetreuer sinngemäß anzuwenden, soweit das Betreuungsgericht nichts anderes anordnet.

第一千九百零八条之九　[得准用之法条]ª

Ⅰ ¹关于辅助，除有特别规定外，其他准用第一千六百三十二条第一款至第三款、第一千七百八十四条，第一千七百八十七条第一款，第一千七百九十一条之一第三款第一段第二后半段及第二段，第一千七百九十二条，第一千七百九十五条至第一千七百九十七条第一款第二段，第一千七百九十八条，第一千七百九十九条，第一千八百零二条，第一千八百零三条，第一千八百零五条至第一千八百二十一条，第一千八百二十二条第一项至第四项，第六项至第十三项，第一千八百二十三条至第一千八百二十六条，第一千八百二十八条至第一千八百三十六条，第一千八百三十六条之三至第一千八百三十六条之五，第一千八百三十七条第一款至第三款，第一千八百三十九条至第一千八百四十三条，第一千八百四十六条，第一千八百五十七条之一，第一千八百八十八条，第一千八百九十条至第一千八百九十五条规定。²关于辅助法院就财产法上之监督及订定教学或劳动契约规定，得于邦法中订定，其于主管机关不适用之。

Ⅱ ¹于此情形，准用第一千八百零四条规定，但辅助人于符合受辅助人之意愿及按其生活方式为正常者，亦得代理受辅助人为一般之赠与。²辅助人为受辅助人之父、母、配偶或同性伴侣，或受辅助人之子女，或为社团辅助人及机关辅助人时，于辅助法院无其他命令者，准用第一千八百五十七条之一规定。

a 本条因2008年7月4日简化危害子女利益家事程序法而修正。

§1908j　(weggefallen)

第一千九百零八条之十　[删除]ª

a 本条因2005年4月21日第二次修正《成年辅助法》而删除。

Titel 3 Pflegschaft
第三节 襄 佐[①]

§1909 Ergänzungspflegschaft

(1) Wer unter elterlicher Sorge oder unter Vormundschaft steht, erhält für Angelegenheiten, an deren Besorgung die Eltern oder der Vormund verhindert sind, einen Pfleger. Er erhält insbesondere einen Pfleger zur Verwaltung des Vermögens, das er von Todes wegen erwirbt oder das ihm unter Lebenden unentgeltlich zugewendet wird, wenn der Erblasser durch letztwillige Verfügung, der Zuwendende bei der Zuwendung bestimmt hat, dass die Eltern oder der Vormund das Vermögen nicht verwalten sollen.

(2) Wird eine Pflegschaft erforderlich, so haben die Eltern oder der Vormund dies dem Familiengericht unverzüglich anzuzeigen.

(3) Die Pflegschaft ist auch dann anzuordnen, wenn die Voraussetzungen für die Anordnung einer Vormundschaft vorliegen, ein Vormund aber noch nicht bestellt ist.

第一千九百零九条　[补充之襄佐][a]

Ⅰ [1]服从亲权之人或受监护之人，就其父母或监护人所不能处理之事务，应为其另置襄佐人。[2]服从亲权或受监护之人，因继承而取得之财产，或其财产系因生前行为而取得之无偿赠与，而被继承人以遗嘱、赠与人于赠与时，指示其父母或监护人不得为财产之管理者，就该财产之管理，应为其另置襄佐人。

Ⅱ 遇有设置襄佐人之必要者，父母或监护人应立即陈报家事法院。

Ⅲ 具备设置监护之要件，而监护人仍未选任者，亦应置襄佐人。

---

① 德国法在监护、辅助制度之外，尚有所谓襄佐（Pflegschaft）制度，有别于前者，襄佐乃指就特定事项，如子女照护或是家务管理予以从旁协助，此外亦不限于亲属法范围之事务，且与监护、辅助不同，无须以特定人为前提，始得实行襄佐制度。襄佐制度有时亦得在父母行使亲权或已实施监护下，同时并存，具有补充协助管理特定事务之功能。为区别前述几种不同概念，又为避免与现有之法律名词产生混淆，此处舍弃旧版本所用的"监理"与大陆翻译版本所用的"保佐"，盖保佐乃源自日文，惟日文中之保佐较近似辅助制度，恐生误解，而另创设"襄佐"一词来表达此一制度。

第三章 监护、法定辅助与襄佐 §§1909—1912

a 本条因1957年6月18日《男女平等法》、2008年12月17日《家事及非讼事件程序法》而修正。

§1910 (weggefallen)

第一千九百一十条 [删除]ª

a 本条因1990年9月12日成年监护辅助法而删除。

§1911 Abwesenheitspflegschaft

(1) Ein abwesender Volljähriger, dessen Aufenthalt unbekannt ist, erhält für seine Vermögensangelegenheiten, soweit sie der Fürsorge bedürfen, einen Abwesenheitspfleger. Ein solcher Pfleger ist ihm insbesondere auch dann zu bestellen, wenn er durch Erteilung eines Auftrags oder einer Vollmacht Fürsorge getroffen hat, aber Umstände eingetreten sind, die zum Widerruf des Auftrags oder der Vollmacht Anlass geben.

(2) Das Gleiche gilt von einem Abwesenden, dessen Aufenthalt bekannt, der aber an der Rückkehr und der Besorgung seiner Vermögensangelegenheiten verhindert ist.

第一千九百一十一条 [所在不明之襄佐]

Ⅰ ¹所在不明之成年人之居所无从查考时,其财产上之事务有保护之必要者,就该事务,应置所在不明之襄佐人。²依所在不明之人之委任或授权,而为事务之管理时,因情事之发生,其委任或代理不得不撤回者,亦应为其特别设置襄佐人。

Ⅱ 所在不明之人,其居所虽可确定,但其返回居所处理财产上之事务受阻碍者,亦同。

§1912 Pflegschaft für eine Leibesfrucht

(1) Eine Leibesfrucht erhält zur Wahrung ihrer künftigen Rechte, soweit diese einer Fürsorge bedürfen, einen Pfleger.

(2) Die Fürsorge steht jedoch den Eltern insoweit zu, als ihnen die elterliche Sorge zustünde, wenn das Kind bereits geboren wäre.

第一千九百一十二条 [胎儿之襄佐][a]

Ⅰ 为保全胎儿将来之权利,而有保护之必要者,应为其设置襄佐人。
Ⅱ 子女出生时应由父母行使亲权者,其保护教养权仍属于父母。

a 本条因1957年6月18日《男女平等法》、1979年7月18日《亲权法》、1997年12月4日《辅佐法》而修正。

§1913 Pflegschaft für unbekannte Beteiligte

Ist unbekannt oder ungewiss, wer bei einer Angelegenheit der Beteiligte ist, so kann dem Beteiligten für diese Angelegenheit, soweit eine Fürsorge erforderlich ist, ein Pfleger bestellt werden. Insbesondere kann einem Nacherben, der noch nicht gezeugt ist oder dessen Persönlichkeit erst durch ein künftiges Ereignis bestimmt wird, für die Zeit bis zum Eintritt der Nacherbfolge ein Pfleger bestellt werden.

第一千九百一十三条 [利害关系人不明之襄佐][a]

[1]利害关系人不明或不确定,而其事务有予以保护之必要者,就该事务,得置襄佐人。[2]特别因后位继承人尚未出生,或其身份应依将来之事实始得确定者,于后位继承开始前,得置襄佐人。

a 本条因2002年7月19日第二次修正《损害赔偿法》而修正,自2002年8月1日施行。

§1914 Pflegschaft für gesammeltes Vermögen

Ist durch öffentliche Sammlung Vermögen für einen vorübergehenden Zweck zusammengebracht worden, so kann zum Zwecke der Verwaltung und Verwendung des Vermögens ein Pfleger bestellt werden, wenn die zu der Verwaltung und Verwendung berufenen Personen weggefallen sind.

第一千九百一十四条 [公开募集资金之襄佐]

为临时目的而公开募集资金,曾指定管理及使用之人,不能执行职务者,为达成资金管理及使用之目的,得置襄佐人。

§1915 Anwendung des Vormundschaftsrechts

(1) Auf die Pflegschaft finden die für die Vormundschaft geltenden Vorschriften entsprechende Anwendung, soweit sich nicht aus dem Gesetz ein anderes ergibt. Abweichend von §3 Abs. 1 bis 3 des Vormünder-und Betreuervergütungsgesetzes bestimmt sich die Höhe einer nach §1836 Abs. 1 zu bewilligenden Vergütung nach den für die Führung der Pflegschaftsgeschäfte nutzbaren Fachkenntnissen des Pflegers sowie nach dem Umfang und der Schwierigkeit der Pflegschaftsgeschäfte, sofern der Pflegling nicht mittellos ist. An die Stelle des Familiengerichts tritt das Betreuungsgericht; dies gilt nicht bei der Pflegschaft für Minderjährige oder für eine Leibesfrucht.

(2) Die Bestellung eines Gegenvormunds ist nicht erforderlich.

(3) §1793 Abs. 2 findet auf die Pflegschaft für Volljährige keine Anwendung.

第一千九百一十五条　[监护法规之适用][a]

Ⅰ [1]关于监护规定，于襄佐准用之。但法律另有规定者，不在此限。[2]与监护人及辅助人报酬法第三条第一款至第三款规定不合者，其金额应以第一千八百三十六条第一款规定所同意之报酬，按其襄佐人就执行襄佐事务之专业知识、襄佐事务之范围及难易定之，但以受襄佐人并非无资力者为限。[3]在此由辅助法院取代家事法院；但对于未成年人及胎儿之襄佐，不适用之。

Ⅱ 于此情形，无须设置监督监护人。

Ⅲ 关于成年人之襄佐，不适用第一千七百九十三条第二款规定。

a 本条因2005年4月21日第二次修正《成年辅助法》、2008年12月17日《家事及非讼事件程序法》而修正。

§1916 Berufung als Ergänzungspfleger

Für die nach §1909 anzuordnende Pflegschaft gelten die Vorschriften über die Berufung zur Vormundschaft nicht.

第一千九百一十六条　[补充襄佐人之设置]

关于设置监护规定，不适用于第一千九百零九条规定之襄佐。

§1917 Ernennung des Ergänzungspflegers durch Erblasser und Dritte

(1) Wird die Anordnung einer Pflegschaft nach §1909 Abs. 1 Satz 2 erforderlich, so ist als Pfleger berufen, wer durch letztwillige Verfügung oder bei der Zuwendung benannt worden ist; die Vorschriften des §1778 sind entsprechend anzuwenden.

(2) Für den benannten Pfleger können durch letztwillige Verfügung oder bei der Zuwendung die in den §§1852 bis 1854 bezeichneten Befreiungen angeordnet werden. Das Familiengericht kann die Anordnungen außer Kraft setzen, wenn sie das Interesse des Pfleglings gefährden.

(3) Zu einer Abweichung von den Anordnungen des Zuwendenden ist, solange er lebt, seine Zustimmung erforderlich und genügend. Ist er zur Abgabe einer Erklärung dauernd außerstande oder ist sein Aufenthalt dauernd unbekannt, so kann das Familiengericht die Zustimmung ersetzen.

第一千九百一十七条 [由被继承人及第三人为补充襄佐人之指定][a]

I 依第一千九百零九条第一款第二段规定，有设置襄佐人之必要者，以被继承人于立遗嘱时或第三人于赠与时所指定之人为襄佐人；于此情形，准用第一千七百七十八条规定。

II [1]被继承人于立遗嘱时，或赠与人于赠与时，得对其所指定之襄佐人，免除第一千八百五十二条至第一千八百五十四条规定之事项。[2]但该免除之指示，有害及受襄佐人之利益者，家事法院得废弃之。

III [1]赠与人于生存时变更其指示者，应经赠与人之同意。[2]赠与人不能为意思表示，且在继续状态中，或其居所久已不明者，家事法院得代为同意之。

a 本条因1957年6月18日《男女平等法》、2008年12月17日《家事及非讼事件程序法》而修正。

§1918 Ende der Pflegschaft kraft Gesetzes

(1) Die Pflegschaft für eine unter elterlicher Sorge oder unter Vormundschaft stehende Person endigt mit der Beendigung der elterlichen Sorge oder der Vormundschaft.

(2) Die Pflegschaft für eine Leibesfrucht endigt mit der Geburt des Kindes.

(3) Die Pflegschaft zur Besorgung einer einzelnen Angelegenheit endigt mit deren Erledigung.

第一千九百一十八条 [依法律规定襄佐之终了]

I 服从亲权或受监护之人，其襄佐因亲权或监护之终止而终了。
II 胎儿之襄佐，因胎儿之出生而终了。
III 就处理特定事务而设置之襄佐，因其事务处理之结束而终了。

§1919 Aufhebung der Pflegschaft bei Wegfall des Grundes

Die Pflegschaft ist aufzuheben, wenn der Grund für die Anordnung der Pflegschaft weggefallen ist.

第一千九百一十九条 [因事由消灭致襄佐之解除]

设置襄佐之事由消灭者，家事法院应解除之。

§1920 (weggefallen)

第一千九百二十条 [删除][a]

a 本条因1990年9月12日成年监护辅助法而删除。

§1921 Aufhebung der Abwesenheitspflegschaft

(1) Die Pflegschaft für einen Abwesenden ist aufzuheben, wenn der Abwesende an der Besorgung seiner Vermögensangelegenheiten nicht mehr verhindert ist.
(2) Stirbt der Abwesende, so endigt die Pflegschaft erst mit der Aufhebung durch das Betreuungsgericht. Das Betreuungsgericht hat die Pflegschaft aufzuheben, wenn ihm der Tod des Abwesenden bekannt wird.
(3) Wird der Abwesende für tot erklärt oder wird seine Todeszeit nach den Vorschriften des Verschollenheitsgesetzes festgestellt, so endigt die Pflegschaft mit der Rechtskraft des Beschlusses über die Todeserklärung oder die Feststellung der Todeszeit.

第一千九百二十一条　[所在不明之襄佐之解除]ᵃ

Ⅰ 所在不明之人之襄佐，于所在不明之人就其财产事务之处理已不复有阻碍时，辅助法院应解除之。

Ⅱ ¹所在不明之人死亡时，襄佐因辅助法院之解除而终了。²辅助法院于知悉所在不明之人死亡者，应解除该襄佐。

Ⅲ 所在不明之人受死亡宣告，或其死亡时期，依失踪法规定而确定时，于死亡宣告或确定死亡时期之裁判发生确定效力者，该襄佐终了。

a 本条因1961年8月11日亲属法修正条例、2008年12月17日《家事及非讼事件程序法》而修正。

《德国民法典》与《中华人民共和国民法典》条文对照表(亲属编)

德国民法典	中华人民共和国民法典	德国民法典	中华人民共和国民法典	德国民法典	中华人民共和国民法典
1297	—	1053 Ⅱ		1365	—
1298	—	1318	1054	1366	—
1299	—	1319	51	1367	—
1300[删除]		1320	—	1368	—
1301	—	1321—1352[删除]		1369	—
1302	—	1353	1043 Ⅱ	1370[删除]	
1303	1047	1354[删除]		1371	—
1304	—	1355	1056	1372	—
1305[删除]		1356	1057	1373	—
1306	1042 Ⅱ	1357	1060	1374	—
1307	1048	1358[删除]		1375	—
1308	—	1359	—	1376	—
1309	—	1360	1059	1377	—
1310	1049	1360-1	—	1378	—
1311	1049	1360-2	—	1379	—
1312	—	1361	—	1380	—
1313	1052 Ⅰ、1053 Ⅱ	1361-1	—	1381	—
1314	1051、1052	1361-2	—	1382	—
1053		1362	—	1383	—
1315	—	1363	—	1384	—
1316	1052 Ⅰ、1053 Ⅰ	1364	—	1385	—
1317	1052 Ⅱ、Ⅲ			1386	—

德国民法典	中华人民共和国民法典	德国民法典	中华人民共和国民法典	德国民法典	中华人民共和国民法典
1387	—	1427	—	1452	—
1388	—	1428	—	1453	—
1389[删除]		1429	—	1454	—
1390	—	1430	—	1455	—
1391—1407[删除]		1431	—	1456	—
		1432	—	1457	—
1408	1065 I, II	1433	—	1458	—
1409	—	1434	—	1459	1089
1410	1065 I	1435	—	1460	1064
1411	—	1436	—	1461	—
1412	1065 III	1437	—	1462	—
1413	—	1438	—	1463	—
1414	—	1439	—	1464	—
1415	—	1440	—	1465	—
1416	1062	1441	—	1466	—
1417	—	1442	—	1467	—
1418	1063	1443	—	1468	—
1419	—	1444	—	1469	1066
1420	—	1445	—	1470	—
1421	1062 II	1446	—	1471	—
1422	—	1447	—	1472	—
1423	—	1448	—	1473	—
1424	—	1449	—	1474	1087 I
1425	—	1450	—	1475	—
1426	—	1451	—	1476	—

德国民法典	中华人民共和国民法典	德国民法典	中华人民共和国民法典	德国民法典	中华人民共和国民法典
1477	—	1502	—	1563	—
1478	—	1503	—	1564	1079 I
1479	—	1504	—	1565	1079 II
1480	—	1050	—	1566	1079 III, IV, VI
1481	—	1506	—	1567	—
1482	—	1507	—	1568	1082
1483	—	1508[删除]		1568-1	—
1484	—	1509	—	1568-2	
1485	—	1510	—	1569	1090
1486	—	1511	—	1570	—
1487	—	1512	—	1571	—
1488	—	1513	—	1572	—
1489	—	1514	—	1573	—
1490	—	1515	—	1574	—
1491	—	1516	—	1575	—
1492	—	1517	—	1576	—
1493	—	1518	—	1577	—
1494	—	1519	—	1578	—
1495	—	1520—1557[删除]		1578-1	—
1496	—			1578-2	—
1497	—	1558	—	1579	—
1498	—	1559	—	1580	—
1499	—	1560	—	1581	—
1500	—	1561	—	1582	—
1501	—	1562	—	1583	—

德国民法典	中华人民共和国民法典	德国民法典	中华人民共和国民法典	德国民法典	中华人民共和国民法典
1584	—	1600-3	—	1615-2	—
1585	—	1600-4	1073	1615-11 [删除]	
1585-1	—	1600-5 [删除]		1615-12	—
1585-2	—			1615-13	—
1585-3	—	1601	26、1067	1615-14	—
1586	—	1074		1615-15 [删除]	
1586-1	—	1602	1067		
1586-2	—	1603	—	1616	1015
1587	—	1604	—	1617	—
1588	—	1605	—	1617-1	—
1589	1045	1606	—	1617-2	—
1590	1045	1607	1074、1075	1617-3	—
1591	—	1608	—	1618	—
1592	—	1609	—	1618-1	—
1593	—	1610	—	1619	—
1594	—	1610-1	—	1620	—
1595	—	1611	—	1621—1623[删除]	
1596	—	1612	—		
1597	—	1612-1	—	1624	—
1598	—	1612-2	—	1625	—
1598-1	—	1612-3	—	1626	26、1068
1599	1073	1613	—	1626-1	—
1600	—	1614	—	1626-2	—
1600-1	—	1615	—	1626-3	—
1600-2	—	1615-1	—		

德国民法典	中华人民共和国民法典	德国民法典	中华人民共和国民法典	德国民法典	中华人民共和国民法典
1626-4	—	1647[删除]		1683[删除]	
1626-5	—	1648	—	1684	1086
1627	35 I	1649		1685	
1628	—	1650—1663[删除]		1686	—
1629	23			1686-1	
1629-1	—	1664	—	1687	
1630	—	1665[删除]		1687-1	
1631		1666	—	1687-2	
1631-1	—	1666-1		1688	
1631-2	—	1667	—	1689—1692[删除]	
1631-3	—	1668—1670[删除]			
1631-4	—			1693	—
1632	—	1671	—	1694—1695[删除]	
1633	—	1672[删除]			
1634—1637[删除]		1673	39	1696	—
		1674	39	1697[删除]	
1638	—	1674-1	—	1697-1	35 I
1639	—	1675	—	1698	—
1640	—	1676[删除]		1698-1	
1641	—	1677	39	1698-2	
1642	—	1678	—	1699—1711[删除]	
1643	—	1679[删除]			
1644		1680		1712	
1645		1681	—	1713	
1646	—	1682	—	1714	—

德国民法典	中华人民共和国民法典	德国民法典	中华人民共和国民法典	德国民法典	中华人民共和国民法典
1715	—	1761	—	1786	—
1716	—	1762	—	1787	—
1717	—	1763	1114	1788	—
1718—1740[删除]		1764	1117	1789	—
		1765	—	1790	—
1741	1101，1102	1766	—	1791	—
1742	1101	1767	—	1791-1	—
1743	1098	1768	—	1791-2	32
1744	—	1769	—	1791-3	—
1745	—	1770	—	1792	—
1746	1104	1771	1115	1793	34 I
1747	1097，1104	1772	—	1794	—
1748	—	1773	27 II	1795	—
1749	—	1774	—	1796	—
1750	—	1775	—	1797	—
1751	1111 II	1776	29	1798	—
1752	1105	1777	29	1799	—
1753	—	1778	31	1800	—
1754	1111 I	1779	31	1801	—
1755	1111 II	1780	—	1802	—
1756	—	1781	—	1803	—
1757	1112	1782	—	1804	—
1758	1110	1783[删除]		1805	—
1759	—	1784	—	1806	—
1760	1113	1785	—	1807	—

条文对照表（亲属编）

德国民法典	中华人民共和国民法典	德国民法典	中华人民共和国民法典	德国民法典	中华人民共和国民法典
1808[删除]		1833	34Ⅲ	1852	—
1809	—	1834	—	1853	—
1810	—	1835	—	1854	—
1811	—	1835-1	—	1855	—
1812	—	1836	—	1856	—
1813	—	1836-1	—	1857	—
1814	—	1836-2[删除]		1857-1	—
1815	—	1836-3	—	1858—1881[删除]	
1816	—	1836-4	—	1882	39
1817	—	1836-5		1883[删除]	
1818	—	1837	—	1884	—
1819	—	1838[删除]		1885[删除]	
1820	—	1839	—	1886	36
1821	—	1840	—	1887	—
1822	—	1841	—	1888	—
1823	—	1842	—	1889	—
1824	—	1843	—	1890	—
1825	—	1844—1845[删除]		1891	—
1826	—	1846	—	1892	—
1827[删除]		1847	—	1893	—
1828	—	1848—1850[删除]		1894	—
1829	—			1895	—
1830	—			1896	28
1831	—			1897	—
1832	—	1851	—		

德国民法典	中华人民共和国民法典
1898	—
1899	—
1900	—
1901	35 Ⅲ
1901-1	—
1901-2	—
1901-3	—
1902	34 Ⅰ
1903	—
1904	—
1905	—
1906	—
1907	—
1908	—
1908-1	—
1908-2	39
1908-3	—
1908-4	—
1908-5	—

《德国民法典》与台湾地区"民法"条文对照表(亲属编)

德国民法典	台湾地区"民法"	德国民法典	台湾地区"民法"	德国民法典	台湾地区"民法"
1297	975	1317	990、996、997	1364	1018
1298	978、979	1318	999-1	1365	—
1299	977	1319	—	1366	—
1300 [删除]		1320	—	1367	—
1301	979-1	1321—1352 [删除]		1368	—
1302	979-2			1369	—
1303	980、981	1353	1001	1370 [删除]	
1304	—	1354 [删除]		1371	—
1305 [删除]		1355	1000	1372	—
1306	985	1356	—	1373	—
1307	983Ⅰ:1,2	1357	1003	1374	1017、1030-1Ⅰ
1308	983Ⅲ	1358 [删除]		1375	1017、1020-1
1309	—	1359		1376	1030-4
1310	982	1360	1003-1	1377	—
1311	—	1360-1	1003-1	1378	1030-1
1312	982	1360-2		1379	—
1313	988	1361		1380	—
1314	985、989、990、996、997	1361-1		1381	—
1315	988:3但、989但、990但	1361-2		1382	—
		1362		1383	—
1316	989、990、996、997	1363	1005、1030Ⅱ	1384	1030-4Ⅰ但

德国民法典	台湾地区"民法"	德国民法典	台湾地区"民法"	德国民法典	台湾地区"民法"
1385	—	1426	—	1451	—
1386	—	1427	—	1452	—
1387	—	1428	1033Ⅱ	1453	1033
1388	—	1429	—	1454	—
1389 [删除]		1430	—	1455	—
1390	1030-3Ⅱ,Ⅲ	1431	—	1456	—
1391—1407 [删除]		1432	—	1457	—
1408	1004、1012	1433	—	1458	—
1409	—	1434	—	1459	1034
1410	1007	1435	—	1460	1034
1411	—	1436	—	1461	—
1412	1008	1437	—	1462	1031-1Ⅱ
1413	—	1438	1034	1463	1034
1414	—	1439	—	1464	—
1415	1004	1440	—	1465	—
1416	1031	1441	—	1466	—
1417	1031-1	1442	—	1467	1038Ⅱ
1418	1031-1	1443	—	1468	—
1419	1031、1033Ⅰ	1444	—	1469	—
1420	—	1445	1038Ⅱ	1470	—
1421	1032	1446	—	1471	—
1422	—	1447	—	1472	—
1423	1033Ⅰ	1448	—	1473	—
1424	—	1449	—	1474	—
1425	—	1450	1032Ⅰ本	1475	—

德国民法典	台湾地区"民法"	德国民法典	台湾地区"民法"	德国民法典	台湾地区"民法"
1476	1040	1501	—	1563	—
1477	—	1502	—	1564	1052 Ⅰ
1478	—	1503	—	1565	1052 Ⅱ
1479	—	1504	—	1566	—
1480	—	1505	—	1567	—
1481	—	1506	—	1568	—
1482	1039	1507	—	1568-1	—
1483	—	1508 [删除]		1568-2	—
1484	—	1509	—	1569	1057
1485	—	1510	—	1570	—
1486	—	1511	—	1571	1057
1487	—	1512	—	1572	1057
1488	—	1513	—	1573	1057
1489	—	1514	—	1574	—
1490	—	1515	—	1575	—
1491	—	1516	—	1576	1057
1492	—	1517	—	1577	—
1493	—	1518	—	1578	—
1494	—	1519	—	1578-1	—
1495	—	1520—1557 [删除]		1578-2	—
1496	—	1558	—	1579	—
1497	—	1559	—	1580	—
1498	—	1560	—	1581	—
1499	—	1561	—	1582	—
1500	—	1562	—	1583	—

德国民法典	台湾地区"民法"	德国民法典	台湾地区"民法"	德国民法典	台湾地区"民法"
1584	—	1600-3 I	1063 I	1613	—
1585	—	1600-3 II	—	1614	—
1585-1	—	1600-4 I	—	1615	—
1585-2	—	1600-4 II	—	1615-1	1064
1585-3	—	1600-4 III	1062	1615-2—1615-11 [删除]	
1586	—	1600-4 IV	—	1615-12	—
1586-1	—	1600-5 [删除]		1615-13	—
1586-2	—	1601	1114: 1	1615-14	—
1587	—	1602	1117 I	1615-15 [删除]	
1588	—	1603	1118	1616	1059 I 前
1589	967、968	1604	—	1617	1059 I 后
1590	969、970、971	1605	—	1617-1	1059 V、1059-1 II
1591	1065 II	1606	1115 I:1,2、1115 II、1115 III	1617-2	—
1592	1063 I、1064、1065 I			1617-3	—
1593	1062	1607	—	1618	—
1594	1065 I、1069	1608	1116-1	1618-1	1084
1595	1066	1609	1116 I, II	1619	—
1596	—	1610	1119	1620	—
1597	—	1610-1	—	1621—1623 [删除]	
1598	—	1611	1118-1	1624	—
1598-1	—	1612	1120	1625	—
1599	1063 II	1612-1	—	1626 I	1084 II、1088
1600	1063 II	1612-2	—	1626 III	1055 V
1600-1	—	1612-3	—	1626-1	1064
1600-2	1063 III				

德国民法典	台湾地区"民法"	德国民法典	台湾地区"民法"	德国民法典	台湾地区"民法"
1626-2	—	1646	—	1684	1055 V
1626-3	—	1647 [删除]		1685	—
1626-4	—	1648	—	1686	—
1626-5	—	1649	—	1686-1	—
1627	1089	1650—1663 [删除]		1687	1089-1
1628	1089 Ⅱ	1664	—	1687-1	—
1629	1086	1665 [删除]		1687-2	—
1629-1	—	1666	1090	1688	—
1630	1086 Ⅱ	1666-1	—	1689—1692 [删除]	
1631	1085	1667	—	1693	—
1631-1	—	1668—1670 [删除]		1694—1695 [删除]	
1631-2	—	1671	1089-1	1696	1055 Ⅲ、1055 V 但
1631-3	—	1672 [删除]		1697 [删除]	
1631-4	—	1673	1089 Ⅰ	1697-1	1055-1
1632 Ⅲ	1055 V	1674	1089 Ⅰ	1698	—
1633	—	1674-1	—	1698-1	—
1634—1637 [删除]		1675	—	1698-2	—
1638	1087、1088	1676 [删除]		1699—1711 [删除]	
1639	—	1677	—	1712	—
1640	—	1678	1089 Ⅰ	1713	—
1641	—	1679 [删除]		1714	—
1642	—	1680	—	1715	—
1643	—	1681	—	1716	—
1644	—	1682	—	1717	—
1645	—	1683 [删除]			

德国民法典	台湾地区"民法"	德国民法典	台湾地区"民法"	德国民法典	台湾地区"民法"
1718—1740 [删除]		1762	1079-5	1786	1095
1741 I	1079-14	1763	1079 II -1	1787	—
1741 II	1074	1764	—	1788	—
1742	1075	1765	—	1789	1100
1743	1073	1766	983	1790	—
1744	—	1767	1079-2	1791	—
1745	1079-1	1768	1079	1791-1	1094-1: 4
1746 I	1076-2 I 、1076-2 II	1769	1079-2	1791-2	1094 V
1747	1076-1 I	1770	1077 I , II	1791-3	—
1748	1076-1 I : 1	1771	1079-2	1792	—
1749	1074但、1076	1772	—	1793	1097 I 、1098
1750	1076-1 II , III	1773	1091	1794	—
1751	1077	1774	1094 III	1795	1102
1752	1079 I	1775	—	1796	—
1753	—	1776	1092	1797	1097 II
1754	1077 I	1777	1093	1798	1097 II
1755	1077 II	1778	1106-1	1799	—
1756 I	—	1779	1094 II , III 、1094-1	1800	1097 I
1756 II	1077 II 但	1780	1096	1801	—
1757	1078	1781	1096	1802	1099
1758	—	1782	—	1803	1101 I
1759	1079-4、1079-5	1783 [删除]		1804	1101 I
1760	1079-4、1079-5 II	1784	—	1805	1101 I
1761	—	1785	1095、1096	1806	1101 III
				1807	1101 III 但

德国民法典	台湾地区"民法"	德国民法典	台湾地区"民法"	德国民法典	台湾地区"民法"
1808 [删除]		1833	1109	1856	—
1809	—	1834	—	1857	—
1810	—	1835	1103	1857-1	—
1811	—	1835-1	—	1858—1881 [删除]	
1812	1101 Ⅰ	1836	1104	1882	—
1813	—	1836-1—1836-2 [删除]		1883 [删除]	
1814	1101 Ⅰ	1836-3	—	1884	—
1815	—	1836-4	—	1885 [删除]	
1816	—	1836-5	—	1886	1106-1 Ⅰ
1817	—	1837	—	1887	1106-1 Ⅰ
1818	—	1838 [删除]		1888	—
1819	—	1839	—	1889	1095—1106-1 Ⅰ
1820	—	1840	1103 Ⅱ	1890	1107 Ⅱ, Ⅲ
1821	1101 Ⅱ	1841	—	1891	—
1822	1101 Ⅰ	1842	—	1892	—
1823	—	1843	—	1893	—
1824	—	1844—1845 [删除]		1894	1106
1825	—	1846	—	1895	—
1826	—	1847	—	1896	1110、1113-1 Ⅰ
1827 [删除]		1848—1850 [删除]		1897	1111
1828	—	1851	—	1898	—
1829	—	1852	—	1899	1111 Ⅰ、1112-1
1830	—	1853	—	1900	1111 Ⅰ
1831	—	1854	—	1901	1112
1832	—	1855	—		

德国民法典	台湾地区"民法"	德国民法典	台湾地区"民法"
1901-1	—	1913	—
1901-2	—	1914	—
1901-3	—	1915	—
1902	15-2	1916	—
1903	15-2	1917	—
1904	—	1918	—
1905	—	1919	—
1906	—	1920 [删除]	
1907	15-2 Ⅰ：5	1921	—
1908	1113-1、准用1102		
1908-1	—		
1908-2	1113、1113-1、1106-1		
1908-3	1113-1、准用1106 Ⅰ		
1908-4	—		
1908-5 [删除]			
1908-6	—		
1908-7	—		
1908-8 [删除]			
1908-9	1113-1 Ⅱ		
1908-10 [删除]			
1909	—		
1910 [删除]			
1911	—		
1912	—		

继承编

编译者 / 戴炎辉　洪逊欣

修订者 / 戴东雄

5 Erbrecht
第五编[1] 继承编

简 介①

德国民法继承编之特色

德国继承法为民法典之第五编,《德国民法典》第一编为民法总则,第二编为债编,第三编为物权编,第四编为亲属编及第五编为继承编,与台湾地区"民法"之编名并无不同,但其继承编之章名,二者有相当大之差异。台湾地区继承编仅分三章,共87条;而德国继承编分九章,共463条,其内容比起台湾地区继承编,显然精致细密甚多。就此而言,台湾地区继承编较接近瑞士继承法之规定。

一、德国继承法兼采法定继承与任意继承制度

德国继承法原则上由《德国民法典》第1924条以下所采用之法定继承外,被继承人尚得以遗嘱或继承契约等死因行为,任意指定第三人为继承人,或为其他之处分,同时得以遗嘱剥夺法定继承人之继承权或剥夺特留份权,此乃继受罗马法重视个人权利与遗嘱自由之表现。

二、德国继承法采法定继承人无限继承主义

德国继承法之法定继承之范围采无限血亲继承主义,即第一顺序之继承人为直系血亲卑亲属(第1924条第1款),与台湾地区"民法"第1138条第1款之规定同。但第二顺序之继承人为被继承人之父母及其直系血亲卑亲属(第1925条第1款)。第三顺序之继承人为被继承人之祖父母及其直系血亲卑亲属。第四顺序之继承人为被继承人之曾祖父母及其直系血亲卑亲属,以下以此类推,故血亲继承人几可推延至无止境。此第二顺序以下之德国无限法定血亲继承人主义与台湾地区血亲有限继承人之规定,相差甚大。在此法定继承人上,有关旁系血亲亲等之计算方法系受罗马法之影响,而与传统日耳曼法亲等计算方法有别。

三、德国继承法采无限责任主义

---

① 为适用于未统一前东德地区,应注意《继承法》过渡条款第235条有关《民法施行法》第1条第2项之规定。

德国继承法就遗产债务采无限责任继承主义为原则，继承人对被继承人所留下之债务与遗产所生之债务负无限清偿之责任，但于命遗产之管理、宣告遗产破产及遗产不足清偿遗产债务时，继承人始得主张有限责任。至于台湾地区继承编于2009年新增第1148条第2款，继承人对于被继承人之债务，以因继承所得遗产为限，负清偿责任。此一规定使台湾地区由无限责任主义改为法定限定责任主义，所有继承人于继承开始后，皆得主张有限责任，而与德国法不同。

四、德国继承法采亲系继承、后位继承、预备继承及继承契约继承

德国继承法除以亲系继承之外，兼采后位继承、预备继承、继承契约。台湾地区"继承法"仅规定亲系继承，其他三者并无规定，此在比较法之研究上，值得注意。

依《德国民法典》第2100条规定，所谓后位继承人乃被继承人以遗嘱指定继承人，使其于他人先为继承人之后，始由其为继承人。依《德国民法典》第2096条规定，所谓预备继承人乃被继承人顾虑继承人于继承开始前或继承开始后出缺，而以遗嘱预定他人为继承人。但后位继承人与预备继承人不同，前者于他人先为继承人之后始为继承人；反之，后者于他人先为继承人后，则不得为继承人。对于后位继承人，被继承人尚得指定预备后位继承人。

《德国民法典》上之继承契约系被继承人得于生前与他人订立契约，为继承人之指定、遗赠与负担等死因处分。此项死因处分与遗嘱不同，契约当事人原则上不得撤回，故被指定为继承人或受遗赠人之相对人或第三人，其法律地位较遗嘱指定之情形安定，此为继承契约之实益。

五、德国继承法之继承权证书

德国继承法上之继承权证书，规定于继承编第八章，自《德国民法典》第2353条至第2370条。其内容系遗产法院因申请，应对继承人付与其继承权之证明书；此项证书具有双重功效，一方对于证书所载之继承人，推定其内容为真正与完全，同时由于其公信力，对于由继承人受让遗产或向继承人为给付之善意第三人能予以保护。因此继承权证书对于真正继承人行使其继承恢复请求权，有甚大之功能，可惜台湾地区"继承法"无此规定，使真正继承人有无继承权被侵害或自命继承人之侵害继承权应如何解释，发生相当大之困扰。

六、德国继承法之遗产买卖

德国继承法上之遗产买卖，规定于继承编第九章，自第2371条至第2385条。台湾地区"继承法"就此亦无规定。所谓遗产买卖者，乃继承人以契约出卖已归属于自己之遗产给买受人，而该契约应由法院或公证人作成公证书，以为公信。遗产买卖之标的物包括因遗赠或负担之无效或失效，或因共同继承人之补偿义务所得之利益，均归属于买受人。

第五编 简 介

第一章　继承之顺序

一、继承原则

《德国民法典》之继承原则，与台湾地区同，以继承开始时生存者为限。但胎儿为例外情形，继承开始时胎儿虽尚未出生，但视为继承开始时既已出生。继承因被继承人之死亡而开始，被继承人之财产与债务由其法定继承人概括继承为原则。

二、法定继承人之继承顺序

第一顺序之法定继承人为被继承人之直系血亲卑亲属，第二顺序之继承人为父母及其直系血亲卑亲属，第三顺序之继承人为祖父母及其直系血亲卑亲属，第四顺序之继承人为曾祖父母及其直系血亲卑亲属，以下以此类推，而采无限血亲继承主义，与台湾地区有限血亲继承主义，显然不同。法定血亲继承人之顺序采排他性之原则，有前一顺序之法定继承人时，后一顺序之法定继承人不得继承。同一顺序之法定继承人，有亲等不同之继承人时，以亲等近者排除亲等远者继承之。如同一顺序之法定继承人有亲等近之数继承人，而有人于继承开始前死亡时，由死亡人之直系血亲卑亲属得代位继承。配偶及血亲继承人全不存在时，由国库为最后顺序之继承人继承之。至于被继承人有配偶时，配偶为当然继承人，与血亲继承人共同继承。

三、应继份

被继承人无配偶，而仅由血亲继承人继承时，子女依人数平均继承。同一顺序之继承人有多数者，亦依人数平均继承。如发生代位继承时，代位继承人依人数平均继承被代位继承人之应继份。

被继承人有配偶，而无血亲继承人时，由其单独继承全部遗产。如配偶继承人与血亲继承人共同继承时，其应继承分甚为特殊。其与第一顺序之血亲继承人共同继承时，其应继份为遗产全部之四分之一，其与第二顺序或第三顺序之血亲继承人共同继承时，其应继份为全部遗产之二分之一。在此情形，配偶除继承应继份外，并取得土地从物以外之生活用具及结婚赠与物为先取遗产，以保护配偶之生存权。惟被继承人于死亡时，因可归责于生存配偶之事由，而已提起离婚或废弃婚姻之诉讼，并经起诉者，生存配偶丧失继承权。

被继承人死亡而生存配偶采用法定财产制之净益共同财产制时（Zugewinngemeinschaft），不用亲属编有关净益财产之分配，而以继承法之规定，提高生存配偶之法定应继份四分之一，不问生存配偶实际是否剩余财产较少之一方。又因德国亲属法上之禁止结婚之亲属仅限于三亲等之旁系血亲，故生存配偶在继承法上可能发生双重继承权，即除配偶之身份外，尚有血亲继承人之身份继承，后者称为配偶特别之应继份，而享有较血亲继承人优越的应继份。

四、被继承人意思自治与自由之保障

《德国民法典》自16世纪以来，因全盘继受罗马法个人权利本位及意思自由的原则，故被继承人之财产原则上由自己完全支配，法律甚少干涉。因此在继承法上，被继承人就自己所留下之财产得以遗嘱指定继承人或对法定继承人继承权之剥夺、遗赠他人财产或负担，又得以契约之方法为遗赠及负担行为。

第二章　继承人之法律地位

本章为《德国民法典》继承编之核心，共分四节：第一节为继承之承认及拒绝，遗产法院之救济；第二节为继承人对遗产债务之责任；第三节为遗产请求权；第四节为多数继承人。

第一节　继承之承认及拒绝，遗产法院之救济

在第一节上，首先规定继承之承认与拒绝。前者相当于台湾地区继承法之单纯承认，继承人对遗产债务应负无限继承责任；后者为台湾地区法上之抛弃继承，继承人一旦表示拒绝继承者，则视其为死亡，其应继份归属于其他同为继承之人或次顺序之继承人。德国法另有继承人与被继承人以契约抛弃继承权之制度，此以专章详细规定其内容（第2346条以下），台湾地区法无此规定。继承之拒绝与承认对其他继承人与遗产债权人之权益影响甚大，故不得附条件或期限，免得继承法律关系不确定，也应遵守法定期间与法定方式。如违反该规定者，其拒绝继承无效。

继承之承认与拒绝乃继承人之意思表示，故允许有法律原因时，在法定期间内撤销之。继承人有多种不同之继承权取得者，得承认继承其一，而拒绝继承其他。又此拒绝继承为一种权利，而得为其继承人继承之标的。

继承人于继承开始后，而尚未拒绝继承之期间内，应对遗产依无因管理之规定管理，并对遗产债权人负责。但法院为保护遗产起见，得为必要之处置。法院为应继承人之申请，选任遗产襄佐人（Nachlasspfleger）管理遗产。如有预期出生之胎儿时，其生母得对遗产请求相当之扶养费。

第二节　继承人对遗产债务之责任

在第二节有关继承人对于遗产债务之责任上，又细分五款：

1. 第一款规定遗产债务

遗产债务之范围，即除被继承人所留下之债务外，尚包括以继承人身份所应负担之债务，如特留份、遗赠等债务。其次，被继承人之丧葬费用与被继承人共同生活而受其扶养之家属，其三十日内之生活费用，也明定属于遗产债务。

2. 第二款规定对遗产债权人之公示催告

继承开始后，遗产法院得对遗产债权人，依公示催告程序，令其报明债权；但质权人或在债务人破产时与质权人立于同等地位之债权人、特留份权利、遗赠与负担等债权不受公示催告之影响。债权人依公示催告报明债权而受清偿后，已无剩余遗产者，继承人对因公示催告而被除斥之遗产债权人，得拒绝其清偿，惟继承人对于此债务应先于特留份、遗赠或负担所负债务履行清偿责任。

3. 第三款规定继承人责任之限制

为使遗产债权人得受清偿，而命为遗产管理或宣告遗产破产者，继承人对于遗产债务仅以遗产为限，负其清偿责任。德国继承法并无台湾地区法于2009年新增第1148条第2款之法定限定责任之规定，即继承人对于被继承人之债务，仅以所得遗产为限，负清偿责任。

又依德国继承法，继承人如延误遗产清册编制期间或于该清册中故意遗漏、虚报遗产者，继承人仍应负无限责任，此与台湾地区"民法"第1163条所规定之法定单纯承认继承同。在此情形，继承人权利与义务或权利与负担继承开始时因混同而消灭之法律关系，均视为不消灭。

遗产法院因继承人之申请，应命为遗产之管理，并公告之。但遗产不足清偿费用时，得拒绝命为遗产管理。继承人因遗产管理之命令，丧失对遗产之管理权与处分权，而由遗产法院管理，并以遗产清偿遗产债务。遗产法院非于清偿其所知之遗产债务后，不得将遗产交付于继承人。

4. 第四款规定遗产清册之编制、继承人之无限责任

继承开始后，继承人得于法院所指定之期间内提出遗产清册于遗产法院，如逾期未提出者，对遗产债务应负无限清偿责任。但法院已命为遗产管理或宣告遗产破产者，提出遗产清册之期间将失效。该期间为一个月以上三个月以下，并规定其期间起算之时点，如因故不能于期间内编制时，得有延长期间之规定。至于遗产清册内容，应记载继承开始时现存之遗产标的及遗产债务。制定遗产清册发生困难者，继承人得请求主管机关或公证人协助，甚至得请求由遗产法院制作遗产清册，以利公信。为使由继承人所编制之遗产清册有正确性，遗产法院得命继承人公开宣誓其所编制之遗产清册诚实无误，以利遗产债务之清偿。

遗产法院已有合法制定之遗产清册时，任何继承人于指定遗产清册制定期间届满前，得援用该遗产清册。惟继承人在遗产清册对遗产标的物有故意重大遗漏或意图损害遗产债权人而为虚伪记载者，就遗产债务应负无限责任。

5. 第五款规定延期抗辩

继承人得于承认继承后三个月期间届满前，拒绝清偿遗产债务；又继承人于承认继承后一年内，申请对遗产债权人为公示催告经准许者，于公示催告程序终结前，得拒绝清偿遗产债务。

第三节 遗产请求权

台湾地区"继承法"以"民法"第1146条单一条文规定继承回复请求权，仅有行使权利之主体及行使期间，而其他关于恢复请求权之本质、发生请求权之原因以及真正继承人与侵害继承权之人之权利、义务等内容，均未有明文规定，因此在法院实务之适用上，发生诸多争议。《德国民法典》规定遗产请求权，自民法第2018条至第2031条，共有14条文，甚为周延。由此可知，《德国民法典》对此节内容重

视之情形，可供台湾地区"立法"与实务见解之参考，值得注意。

本节首先就遗产占有人予以定义，即事实上无继承权之人，自命为继承人而取得遗产标的物之占有者，继承人得对之请求返还。至于因契约而从遗产占有人取得遗产者，其与继承人之关系，视同遗产占有人，以保护真正继承人，而制裁恶意之遗产占有人。但第三人从遗产占有人自遗产取得之债权，如属善意者，得对抗真正继承人。

遗产占有人依其取得遗产之手段，细分为善意占有人、恶意占有人及侵权行为之占有人，而对真正继承人负有不同之返还责任，此为台湾地区"继承法"所疏忽。例如遗产占有人为善意时，其对真正继承人有留置权。遗产占有人为恶意者，真正继承人因毁损、灭失或其他原因致不能返还而生之损害赔偿请求权，自诉讼系属发生之日起，依有关所有物返还请求权在发生诉讼系属后所有人与占有人之规定。遗产占有人以犯罪行为取得遗产标的物或以暴力夺取属于遗产标的物者，应依关于侵权行为损害赔偿之规定。

为保护真正继承人起见，遗产占有人不得对继承人主张物权法上之时效取得所有权。台湾地区"继承法"因无此规定，致使继承恢复请求权之十年请求期间与动产所有权取得时效五年之规定发生抵触之情形。此外，因失踪而受死亡宣告之人，于法院推定为死亡时尚生存者，得依关于遗产恢复请求权之规定，请求返还其财产。

第四节　多数继承人

《德国民法典》继承编于继承开始后，尚未分割前，多数继承人间为共同共有之法律关系，除继承编有特别明文规定外，适用物权编有关共同共有之规定。对继承法上共同共有之处分，《德国民法典》采较宽松的态度，即各共同继承人得单独处分其对于全部遗产之应有部分，不必得其他共同继承人全体之同意，但其对于个别遗产之标的物，不得处分其应有部分。如共同继承人出卖其应有部分于第三人时，其他继承人在法定期间内行使优先承买权，该期间为两个月。优先承买权可得继承。

遗产由继承人共同管理，各共同继承人就通常管理所为之处置，对于他继承人有协助之义务。请求权属于遗产者，义务人仅得向全体继承人为给付，各共同继承人亦仅得为继承人全体请求给付。遗产标的物仅得由继承人全体共同处分之。债务人不得对于任何共同继承人之债权，与属于遗产之债权抵销。

各共同继承人得随时请求分割遗产，但有胎儿为继承人时，应等待其出生时始可。又关于婚生宣告、收养之认可或被继承人所设立之财团许可，未经裁判者，应为分割之推迟。被继承人得以遗嘱禁止遗产或个别目标物之分割，其期间可长达三十年。

遗产应先清偿遗产债务，遗产未至清偿期或有争执者，应保留其清偿所需之数额。于清偿遗产债务尚有剩余者，始按应继份之比例，归属于继承人。被继承人得以遗嘱指定分割之方法，亦可指定由第三人依公平裁量分割遗产。

台湾地区"民法"第1173条关于生前特种赠与之归扣，《德国民法典》称为补偿义务，规定于民法第2050条以下。德国继承法上，负补偿义务之生前特种赠与有二，其一，为婚嫁、立业所为之给与；其二，生活上之补助金或准备就业之教育费，超过被继承人财产状况相当限度之部分。

亲等近之直系血亲卑亲属受有特种赠与，而其于继承开始前死亡或丧失继承权者，其亲等较远之直系血亲卑亲属代位继承时，其应负补偿义务。至于亲等较远之直系血亲卑亲属从被继承人受有生前特种赠与，而受赠与时，其已成为代位继承人者，有补偿之义务，否则无补偿义务。共同继承人应补偿之给与价额，在遗产分割时，应算入于其应继份，但其给与超出分割时之应继份时，就其超过部分，明定不负返还义务。

继承人对于共同债务，应负连带债务人之责任。各共同继承人于遗产分割前，得拒绝以其遗产应有部分以外之财产，清偿遗产债务。共同继承人对遗产债务负无限责任者，就债务中与其应继份相当之部分，不得享有此项权利。

各共同继承人得公告遗产债权人，于六个月内向其本人或遗产法院报明债权。遗产管理之命令，应由继承人共同申请，但遗产经分割者，不得再此申请。一经此申请，继承人之责任受限制，此时继承人应编制遗产清册。共同继承人中之一人所编制之遗产清册，为他继承人之利益，亦生效力。共同继承人中之一人，即使对其他遗产债权人负无限责任，仍得对其他继承人主张有限责任。

第三章 遗 嘱

德国继承编上之遗嘱，因基于个人权利为出发，被继承人利用最后意思表示之遗嘱作处分其财产之个人行为，故规定极为周延。共分为八节，条次自第2064条至第2272条。

第一节 通 则

遗嘱又称为终意处分，系被继承人于生前以书面及法定方式所作成之意思表示，而于其死亡时，始发生效力之行为。遗嘱应由遗嘱人亲自作成，且不得由他人决定其是否生效。

遗嘱人得以其财产给予法定继承人、其血亲、直系血亲卑亲属、遗嘱人之子女，而无详细指示者，原则上于被继承人死亡时，其法定继承人或应为法定继承人之人，依其法定应继份之比例继承财产。如其中有一被指定继承人先于被继承人死亡或出缺者，由死亡或出缺继承人之继承人得代位继承其应得之财产。遗嘱人以遗产给与第三人之直系血亲卑亲属，而无详细指示者，在继承开始时未受胎之直系血亲卑亲属不得受取该给与。

遗嘱人所立之遗嘱尚得附有停止条件、解除条件或为第三人利益之条件；又对配偶、婚约当事人以遗嘱给与财产有特别限制规定，以维持公平公正。

遗嘱人立遗嘱后，如发生法定原因时，得予以撤销（Anfechtung）。

例如对意思表示之内容有错误或不知有特留份权人所为之处分等。又除立遗嘱人得撤销之外，因遗嘱之废弃而直接受利益之人，或特留份权利人亦有撤销权。

又遗嘱之撤销影响利害关系人之权益甚大，故法律明定其撤销之方式与撤销之期间。如撤销权人不遵守撤销方式或撤销期间者，给付义务人得拒绝给付。最后因被继承人之遗嘱不甚明确，而有不同解释之可能时，应采取能使该处分发生效果之解释。

第二节　继承人之指定

台湾地区继承编本来将继承人之指定，规定于"民法"第1143条，即被继承人于无直系血亲卑亲属者，得以遗嘱指定继承人，并于亲属编之第1071条规定，被继承人与受指定继承人之间成立收养关系。台湾地区法之指定继承人乃因应传宗接代之习俗，故于1985年修正"身份法"时，二者均予以删除。

德国法上继承人之指定乃基于个人权利之思想与财产自由处分为出发点，与身份关系之成立毫无关系。故继承人之指定在德国法规定得相当细致与周延。

依德国继承法，被继承人以遗嘱将其财产之全部或一部分给与受益人时，虽未指明该受益人为继承人，其处分财产亦应视为指定继承人。但被继承人仅以其个别目标物为给与者，此仅为遗赠，而非指定继承人。

被继承人以遗嘱仅指定一人或数人为继承人，而其指定之财产，未达遗产之全部者，其剩余部分，依据法定继承之方法继承之。又依遗嘱人之意思，仅以所指定之数人为继承人者，如限定每人继承遗产之一部分，而各部分合计未达遗产之全部时，每人之应继份依指定之比例增加。反之，则按指定比例减少。

指定继承人中之数人经指定继承遗产之同一部分者，对该遗产为共同应继份。又被继承人以剥夺法定继承之方法指定数继承人，而其中一人于继承开始前或开始后出缺者，该人之应继份，按其他继承人应继份之比例，归属于其他继承人。

被继承人尚得以遗嘱指定预备继承人，即遗嘱人得顾虑继承人于继承开始前或开始后出缺而预定他人为继承人之情形。此预备继承人在法定继承或指定继承均得为之，且预备继承人不限于一人。又指定数继承人互为预备继承人，或就继承人中之一人指定其他之继承人为预备继承人者，如发生疑义时，推定按各人应继份之比例，指定其为预备继承人。预备继承人之权利优先于应继份增加之归属权。

第三节　后位继承人之指定

一、概　说

台湾地区"继承法"并无后位继承人之概念，此对台湾地区继承编来说，甚为陌生。依《德国民法典》，本节规定"指定后位继承人"之立法意旨，并非被继承人对前位继承人之不信任，而系由于其不愿令其遗产归属于前位继承人（如生存配偶）之继承人。后位继承人虽与前位继承人同为就遗产为交替支配之真正继承人，但非前位继承人之继承人，二者均直接自遗嘱人取得权利。后位继承人于后位继承开始时，以被继承人概括继承人之身份，当然取得遗产。于后位继承开始时前，前位继承人之地位固然类似于用益权人（Niessbraucher），但其权利显然高过用益权之程度，尤其经遗嘱人免除其法律上所受之拘束为然。

二、原　　则

后位继承人：所谓后位继承人者，遗嘱人得指定继承人使其于他人先为继承人之后，始由其为继承人。惟后位继承人与预备继承人不同，前者于他人先为继承人之后始为继承人；反之，后者于他人为继承人后，则不得为继承人。后位继承人之指定得附以条件或期限，对于后位继承人，被继承人尚得指定预备后位继承人。又依遗嘱人之指示，法定继承人或指定继承人通常为后位继承人之前位继承人。遗嘱人指定后位继承人后，可能指定后位继承开始之时期或发生继承之事故，如未指定时期或事故者，其遗产于前位继承人死亡时，归属于后位继承人。

前位继承人之中间地位：前位继承人与后位继承人之关系，《德国民法典》规定甚为详细，尤其双方间之权利义务甚为复杂。前位继承人得处分属于遗产之标的物，但其处分权将受到限制。例如前位继承人就属于遗产之土地或土地上之权利处分，而其处分有害于后位继承人之权利，或使其权利失去效用者，于后位继承开始时，其处分不生效力。又如土地抵押权、土地债务等属于遗产者，前位继承人有终止及收取之权利，但前位继承人非提示后位继承人之同意证件，不得请求给付原本，或为自己及后位继承人提存。

后位继承开始后，前位继承人应将遗产交付于后位继承人，交付时之遗产应合于交付前继续所为之通常管理所生之状况。前位继承人对后位继承人，仅负与通常处理自己事务为同一注意之责任。

后位继承开始后之法律关系：因后位继承之开始，前位继承人不复为继承人，遗产归属于后位继承人所有。后位继承人于继承开始时，即得拒绝继承。后位继承人拒绝继承者，除遗嘱人另有指定外，前位继承人保有遗产。又分别规定后位继承人与前位继承人相互间之权利与责任关系。例如关于继承人对遗产债务负担有限责任之规定，于后位继承人亦能适用。又如前位继承人于后位继承开始后，在后位继承人无须负责之限度内，就遗产债务仍须负其责任。

第四节　遗　　赠

一、遗赠标的物

被继承人以遗嘱将其个别财产给与受遗赠人。而遗嘱人得使继承人或受遗赠人，成为负担遗赠义务之人。遗嘱人指定遗产特定标的不归属于指定继承人者，该标的物视为对法定继承人之遗赠。遗嘱人得对于数人为遗赠，并使遗赠义务人或第三人指定各人应得之遗赠物。遗赠义务人不指定或不能指定者，由受遗赠人全体均分。

如以同一标的物赠与数人,而其中之一人于继承开始前或开始后出缺者,其应有部分,按其他受遗赠人应有部分之比例,归属于其他受遗赠人。又明定遗嘱人遗赠之标的物得为选择之物、种类之物、附抵押权之土地、已登记之船舶、建造中之船舶、标的物因混和、附合或加工等时,受遗赠人应如何取得其权利。但该标的物于继承开始时,不属于遗产者,其遗赠无效。以继承开始时不能之给付或法律禁止规定之标的物为遗赠者,其遗赠亦无效。继承人于继承开始前死亡者,其遗赠亦无效。

二、遗赠之效力

遗赠仅具债权之效力,于继承开始时,对于遗赠义务人请求给付遗赠标的物。但其对拒绝遗赠之权利不受影响。受遗赠人负有遗赠或负担之义务者,仅于其得请求对自己所给与遗赠之清偿时,始负清偿之义务,且其对次遗赠人之清偿,不能超过主受遗赠人所得之利益。

第五节 负 担

所谓负担者,乃被继承得以遗嘱使继承人或受遗赠人负给付之义务,而不给与他人此项请求给付之权利。负担之义务,一如遗赠之义务,系属遗产债务之一种,但其与遗赠不同之处,在于受益人无独立请求给付之权利。遗嘱人于确定目的而指示负担时,关于应受给付之人,得委由负担义务之人或第三人指定。继承人、共同继承人及由于原负担义务人之出缺而将直接受益之人,得请求负担之履行。在负担上并无权利人,受益人也非必要,但特定之人得敦促义务人履行负担。而负担之履行或其监督为遗嘱执行人之职责。因可归责于负担义务人之事由,致负担不能者,其由于原义务人出缺而直接受益之人,就履行负担所应需财产之限度内,得依不当得利之规定,请求返还其给与。

第六节 遗嘱执行人

一、遗嘱执行人之产生

遗嘱执行人之产生方法有由遗嘱人自己指定,也能委由第三人或法院选任。遗嘱执行人之产生不一定为一人,得指定数人为之,并指定共同为遗嘱之执行。惟其所指定之遗嘱人为无行为能力人或限制行为能力人或指定时已有遗产管理人时,其指定无效。遗嘱人被指定时,得表示其是否就任,如就任时,应以意思表示向法院为之。

二、遗嘱执行人之职务

遗嘱执行人为执行其与遗嘱有关之职务,如有遗产目录时,应交与继承人或协助继承人编制遗产目录,也能委由法院或其他行政机关编制之。

遗嘱执行人之职务甚广,其最主要者,在执行遗嘱人之终意处分,遗嘱执行人管理遗产,在管理之范围内得为债务之负担,而由遗嘱执行人管理之财产,继承人不得处分。遗嘱执行人得分割共同继承人之应继份，在诉讼上，得为原告或被告，如继承人请求与遗嘱执行无关之遗产时，遗嘱执行人有交付之义务。遗嘱人有指定负担时，由遗嘱执行人负责执行或监督。遗嘱执行人于执行其职务时，如有故意过失或违法行为，致遗产上受损害时，应负赔偿之责任。遗嘱执行人通常就其执行职务得请求相当之报酬。

第七节　遗嘱之订定与废止

一、遗嘱之订定

（一）遗嘱能力

德国法上之遗嘱能力，与台湾地区法同，以年满十六岁以上时，得独立为遗嘱。至于精神受障碍或因精神耗弱、辨识能力欠缺致无法为意思表示或受意思表示者，与未满十六岁之人，其所立之遗嘱无效。

（二）遗嘱方式之种类

1．普通方式之遗嘱

（1）公开遗嘱

① 所称公开遗嘱者，系指在法官或公证人面前作成之遗嘱。此遗嘱之方式相当于我国之公证遗嘱。立此遗嘱之人，法官应使法院书记官或见证人二人在场，公证人应使另一公证人或二人见证人在场。惟立遗嘱时，与遗嘱人有关系之人、与遗嘱受益人有关系之人或作成遗嘱文件有关系之人有回避之规定。就立遗嘱所需之见证人亦有回避之规定。

② 在立公开遗嘱上，原则上，遗嘱应在法官或公证人面前，口述其遗嘱意旨或提出遗嘱之文书作成。关于遗嘱之作成，应以德文作成笔录，并记载法定应记载事项。遗嘱不因其作成之日期记载有误而无效。法官或公证人确认遗嘱人之遗嘱能力及其他法定要件具备后，应经宣读，并由遗嘱人承认与签名。遗嘱人不会德文时，得以通译协助立其遗嘱。

③ 法官或公证人应于遗嘱人与其他参与人之面前将笔录及其他必要文件加盖印信后密封之，并交由行政机关特别保管。此时应发给保管证给遗嘱人。

（2）自书遗嘱

① 自书遗嘱者，乃遗嘱人得依普通方式，以亲笔书写并签名之意思表示所作成之遗嘱。遗嘱人应记明其书写遗嘱之日期及处所。签名应包括遗嘱人之姓名，其以其他方法签名，而该签名足以确认由遗嘱人所为者，不影响该遗嘱之效力。

② 自书遗嘱作成后，如遗嘱人要求由行政机关保管者，其有保管之义务，并应发给保管证书，以为凭据。

（3）共同遗嘱

台湾地区"继承法"无明文规定，且因其有甚大缺失，故通说不愿承认其效力。依德国继承法，仅以配偶为限，得立共同遗嘱。其他人之共同遗嘱不承认其效力。

依配偶以自书遗嘱作成之共同遗嘱,应由其一方以共同意思作成,而由配偶双方亲自联署。但其共同遗嘱于遗嘱发生效力时,其婚姻已解消,该共同遗嘱无效。配偶以共同遗嘱为处分,如可认为无他方之处分,此一方即不为处分者,其中有一方之处分无效或撤回者,他方之处分亦无效。

2．特别方式之遗嘱

（1）在地方自治团体首长前作成之紧急遗嘱或居留地因非常情事而被隔绝之紧急遗嘱。此特别方式之遗嘱应具备以下要件：

① 遗嘱人有死亡之虞,或因非常情事而被隔绝,而不能或显有困难在法官面前作成遗嘱时,得于其居所地之地方自治团体首长前在二人见证人在场之下或于见证人三人见证下作成遗嘱。

② 此遗嘱应将不能依正常方法立遗嘱之原因记明于笔录,但欠缺此笔录不影响遗嘱之效力。

（2）海上遗嘱：乘坐德国船舶而在内国港外航海中之人,在见证人三人前,以言词作成遗嘱。此遗嘱不得使用通译作成之。

（三）紧急遗嘱之有效期

特别方之遗嘱,因在特殊状态或环境下所立之遗嘱,其作成之过程急促简单,故自作成遗嘱后逾三个月而遗嘱人仍生存时,视为未作成遗嘱。但此期间有特定事故发生时,有停止进行之可能。

二、遗嘱之废止

遗嘱得因遗嘱人之撤回而不生效力,而其撤回应以遗嘱为之。遗嘱人以废弃之意思,销毁遗嘱或变更遗嘱者,其遗嘱亦视为撤回。在法官或公证人面前或以自书作成之遗嘱,经行政机关保管之文书返还于遗嘱人,而视为撤回。

遗嘱人以第二遗嘱撤回第一遗嘱后,再以第三遗嘱单纯撤回第二遗嘱者,如发生疑义时,第一遗嘱视同未撤回,其处分仍为有效,此在学理上称为遗嘱之复活。

前遗嘱与后遗嘱相互抵触者,其抵触部分前遗嘱视为撤回。

三、遗嘱之开视

遗产法院知悉遗嘱人死亡者,依法应以特定期间开视其所保管之遗嘱,如由其他法院保管者,亦依法院为之。法院于开视日期,应传唤法定继承人及其他利害关系人到场。遗嘱人禁止于其死亡后立即开视遗嘱者,其指示无效。

第四章　继承契约

在台湾地区"民法"上并无继承契约,此制源于德国固有法上物权法上死因赠与,此制被继承人得于生前与他人订立契约,为继承人之指定、遗赠与负担等死因处分。其因契约行为,契约当事人不得任意撤回,故被指定为继承人或受遗赠人之相对人,其法律地位较单纯之遗赠或负担为确实。

一、继承契约应由被继承人自行订立。被继承人非有行为能力不得订定,但夫妻之一方为限制行为能力者,以被继承人资格,得法定代理人之同意,而与他方订定之。其方式为双方当事人在法官或公证人前为之。订立继承契约后,除非当事人有反对意思外,应密封后,交由行政主管机关保管。

二、继承契约之双方当事人,各人仅能为继承人之指定、遗赠及负担之死因处分为限,其他内容不得为之。以继承契约为给与或负担者,准用关于遗嘱给与及负担。又夫妻或婚约当事人间之契约,以第三人为受益人者,适用被继承人死亡时婚姻已解消或婚约已解除而遗嘱无效之规定。惟被继承人依生前行为处分其财产之权利,不因继承契约而受影响。

三、被继承人得依法撤销继承契约,该撤销权有专属性;被继承人行为能力虽受限制,其撤销权不必得法定代理人之同意。但被继承人之撤销权于继承开始时已消灭者,得由终意处分被撤销后直接受益之人或特留份权利人撤销之。继承契约之当事人得以契约废弃之,但当事人之一方已死亡,不得撤销之。契约上之处分为指定遗赠或负担者,被继承人得经他方之同意而废弃之。订定继承契约时,被继承人尚能保留契约之解除权者,得解除该契约,即使他方当事人死亡后,仍能以遗嘱废弃契约上之处分。又如处分得以遗嘱为之者,契约当事人各得单独在继承契约中为其处分。继承契约因解除权之行使或因契约而废弃者,其处分失效。

第五章 特留份

一、《德国民法典》为保护被继承人之近亲,设有特留份之制度,对遗嘱自由予以限制。被继承人之直系血亲卑亲属、父母及配偶为特留份权利人,但祖父母以上之直系血亲尊亲属或二亲等以上兄弟姊妹之旁系血亲均不包括在内。特留份权利并非不可侵害之继承权,其仅系金钱债权,其数额为其法定应继份之半数,特留份权利人所受取之应继份,不及其法定应继份二分之一者,得向共同继承人请求不足二分之一部分之价额。于确定为计算特留份标准之应继份时,因终意处分而被剥夺继承或已拒绝继承或经宣告丧失继承权之人,均应列为继承人,以计算有特留份权利人之特留份数额。但依契约抛弃继承,致其法定继承被排除之人,不列为继承人。特留份权利人因遗嘱而受遗赠者,于拒绝遗赠时,得请求特留份。如不为遗赠之拒绝者,在遗赠之价额足敷特留份之限度内,不复享受特留份之权利。

二、特留份之计算,应以继承开始时遗产之状况及价额为准,于计算遗嘱人之直系血亲卑亲属及父母之特留份时,应先除去生存配偶之先取遗产。但遗产为自耕农地时,特留份之计算以收获价值为准。遗嘱人以生前法律行为,对特留份权利人为给与,并指定将其加入特留份计算者,应将其给与之价额加入遗产中计算特留份。直系血亲卑亲属有数人,而于法定继承时,其相互间应就遗嘱人之给与予以补偿者,以分割时经补偿后应归属之法定应继份为准,定其特留份。

三、特留份请求权于继承开始时发生,该请求权得继承及让与。特留份之负担,应由继承人与受遗赠人按比例分担义务时,于此限度内,继承人就其所负遗赠之给付，得拒绝履行。对于享有特留份权利之受遗赠人，仅得就超过其特留份之部分，予以扣减。反之，继承人本人为特留份权利人者，因特留份之负担，在其保有自己特留份之限度内，得扣减遗赠及负担。特留份请求权之时效为自特留份权利人知悉继承开始及对其损害之处分时起，三年间不行使而消灭，自继承开始起已逾三十年者，亦同。

四、遗嘱人之直系血亲卑亲属对遗嘱人或其配偶或其一定之亲属有违法或不正行为之法定事由时，遗嘱人得剥夺其直系血亲卑亲属之特留份。遗嘱人之父、母或其配偶对遗嘱人本人有违法或不正行为之法定事由发生时，遗嘱人亦得剥夺其父、母或配偶之特留份。又特留份之剥夺，以终意处分为之。剥夺原因之举证责任，应由主张之人负担之。此剥夺特留份权利得被宥恕而消灭。

第六章 继承权之丧失

一、《德国民法典》上之继承权丧失与台湾地区"民法"所规定者，最大不同者，除其丧失之事由不同之外，继承人于法定丧失事由发生时，并非当然丧失或表示丧失，而是由权利人提起撤销之诉，经法院判决确定后，始丧失其继承权。

二、继承权丧失之事由共有四种：(1) 故意不法杀害被继承人，或意图杀害被继承人或使被继承人生前陷于不能作成或废弃死因处分之状态；(2) 故意不法妨害被继承人作成或废弃死因处分；(3) 以恶意诈欺或不法威胁之手段，使继承人作成或废弃死因处分；(4) 对于被继承人之死因处分，实施伪造文书或毁灭、隐匿文书之犯罪行为，而应负责任。但第三种与第四种事由，如该作成或废弃之死因处分，于继承开始前已失效力或无效者，其继承权不丧失。继承权丧失之主体不限于法定继承人，指定继承人也包括在内。至于受遗赠人亦能适用，而特留份权利人亦能准用。

三、继承权之丧失之主张，仅于遗产已归属后，始向法院提起撤销之诉为之；经法院宣告判决后，继承人始丧失继承权。被继承人对于继承权丧失之人已为宥恕时，不得再提起撤销之诉。有撤销继承丧失之权利人得为遗嘱人、因丧失继承权人之出缺而可能受益之人及国库。各撤销权人得独立行使其撤销权，不受他人之影响。

四、继承人受丧失继承权之宣告后，视遗产未归属于该继承人。于此情形，如继承开始时，丧失继承权之人已不存在者，其应继份由其他共同继承人继承或由其直系血亲卑亲属代位继承。遗产之归属应视为继承开始时发生。

五、继承权丧失之事由对受遗赠人亦能适用之；该事由对特留份权利人亦能准用之。但权利人对受遗赠人或特留份权利人适用或准用时，仅以意思表示对相对人行使撤销即足，不必向法院提起撤销之诉，而与继承权丧失之规定有所差别。

第七章 继承之抛弃

一、所谓继承权抛弃契约乃法定继承人、指定继承人、受遗赠人或特留份权利人于继承开始以前，预先与被继承人订立抛弃继承权、遗赠或特留份为标的之契约。

此项契约之性质为继承法上之无因行为，而非死因行为，其具有直接变更法定继承之效力。此抛弃继承权契约与继承契约不同之处，在于前者使将来之继承权不发生效力为内容，而与后者将来仍发生继承权不同。

二、被继承人之血亲及配偶，得与被继承人以契约抛弃其法定继承权。一旦抛弃继承后，该继承人于继承开始时视同已死亡，不但无继承权，而且特留份权亦不能享受。但其契约得仅订立抛弃特留份权，而保留继承权。因遗嘱被指定为继承人，或因遗赠而受利益者，得与被继承人以契约抛弃其给与。

三、抛弃继承之人为受监护人或服亲权之人时，其抛弃不必得法定代理人之同意，但应得家事法院之认可。被继承人为无行为能力之人时，由其法定代理人代为订立，但应得家事法院或辅助法院之认可。继承抛弃契约为要式行为，应由法院或公证人作成公证书。

四、被继承人之直系血亲卑亲属或旁系血亲抛弃法定继承权者，除另有约定外，其抛弃之效力及于抛弃人之直系血亲卑亲属。继承人为特定人之利益，而抛弃其法定继承权者，于发生疑义时，应解释为其抛弃仅于该特定人为继承人时，始发生效力。又被继承人之直系血亲卑亲属抛弃法定继承权者，于发生疑义时，应解释为其抛弃仅为被继承人之其他直系血亲卑亲属及其配偶之利益，始生效力。

五、以契约废弃继承抛弃契约者，应由法院或公证人作成公证书为之。抛弃继承之人得自行与被继承人订立废弃抛弃继承之契约，如其为受监护人时，不必得法定代理人之同意，但应得家事法院之认可。被继承人订立废弃抛弃契约时之情形亦同。

第八章 继承证书

一、继承证书（Erbschein）之制度对台湾地区"继承法"极为陌生，此制系渊源于日耳曼法上公信之思想。此证书具有双重效力，其一，对于证书所载之继承人，推定其内容为真实与完全。其二，由于其具有公信力，对于由继承人受让遗产或向继承人为给付之善意第三人予以法律之保护。

二、所谓继承权证书乃遗产法院因申请，应对继承人付与其继承权之证明书。如继承人仅就遗产之一部有继承权者，应付与其应继份数额之证明书。除法定继承人、指定继承人外，遗嘱执行人，以及后位继承开始后之后位继承人亦能申请继承权证书。继承证书依其申请人之不同或标的物之关系，有普通继承证书、共同继承证书、指定继承证书及限定标的物之继承证书等。

三、权利人申请继承证书时，有法定应申报之事项，例如被继承人死亡之时间、其继承权所依据之法律关系、被继承人有无死因处分或足以排除申请人之继承或减少其应继份之人有出缺时，应申报该人出缺之事由等。继承人应以公文书表明其所应申报之事由为真确。又为证明被继承人死亡时采用净益共同财产制及其他申报事实之真确，得在法院或公证人面前以保证代宣誓。

四、遗产法院应援用申请人所提出之证据方法，依职权为认定事实之必要调查，并采用适当之证据。其确认无误后始得付与继承证书。如已交付之继承权证书事后发现为不真确时，遗产法院应收回，而使其失效力。

五、已有后位继承人时，对前位继承人所付与之继承证书，应载明：已有后位继承人之指定、其姓名及在何种情形下后位继承人开始继承等。被继承人有指定遗嘱执行人时，其指定亦应载明之。

六、继承证书之功用在于继承证书所载明之继承人，推定其享有该证书所载之继承权，且不受记载以外事项之限制。另外，以法律行为由继承证书所载之继承人取得遗产之标的物，或其标的物上之权利，或就属于遗产之权利，经其免除义务者，为该人之利益，继承证书之内容视为真确，但应以善意为限。此为继承证书之公信性。至于因失踪而受死亡宣告之人，因继承开始而发给继承证书，但受死亡宣告之人尚生存时，《德国民法典》规定其可向遗产占有人请求继承证书之返还，让遗产法院收回，并使死亡宣告时继承证书之公信力失效。

第九章　遗产买卖

一、所谓遗产买卖者，乃继承人以契约出卖已归属于自己之遗产给买受人，而该契约应由法院或公证人作成公证书。出卖之标的物包括遗赠或负担之无效及失效，或由于共同继承人之补偿义务所得之利益在内。但于订立买卖契约后，出卖人因后位继承人之出缺而取得之应继份及被继承人给与出卖人之优先遗赠，于发生疑义时，应解释为没有一并出卖。

二、遗产买卖订立后，出卖人应将出卖时之遗产标的物，交付于买受人，在出卖前基于遗产之权利有所取得，或因遗产标的物之灭失、毁损所得之赔偿，或依据遗产之法律行为有所取得者，均一并交付买受人。出卖人于出卖前，就遗产标的物有所消费、为无偿之让与或设定负担等行为时，应负赔偿之责任。

三、出卖人对买受人依法应权利瑕疵担保之责任，例如确有继承权、其继承权未因后位继承人之权利或遗嘱执行人之指定而受限制等。但其就遗产物之瑕疵，不必负责任。

四、出卖人在出卖前已清偿遗产债务者，得向买受人请求偿还。出卖人保留出卖前遗产到期之收益，但应承担该期间负担或到期之遗产债务之利息。买卖契约订立后，遗产标的物之危险负担移转于买受人。同时买受人应向出卖人偿还于出卖前为遗产支出之必要费用，其他费用之支出，于提高出卖时遗产价值之限度内，买受人亦应偿还。

五、自买卖契约成立后，买受人对遗产债权人负其责任，但出卖人之责任继续存在，不受影响。不得以买受人与出卖人间之协议排除或限制买受人对遗产债权人之责任，以维交易之安全。但买受人之责任原则上适用限制继承人之责任，但出卖人出卖时，负无限继承责任时，买受人亦负无限责任。为保护遗产债权人之利益，出卖人对于遗产债权人，负有尽速向遗产法院申报出卖遗产及买受人之姓名。

Abschnitt 1　Erbfolge

第一章　继承之顺序

§1922　Gesamtrechtsnachfolge

(1) Mit dem Tod einer Person (Erbfall) geht deren Vermögen (Erbschaft) als Ganzes auf eine oder mehrere andere Personen (Erben) über.

(2) Auf den Anteil eines Miterben (Erbteil) finden die sich auf die Erbschaft beziehenden Vorschriften Anwendung.

第一千九百二十二条　[概括法定继承]

Ⅰ 因人之死亡（继承之开始），其财产（遗产）概括移转于其他一人或数人继承（继承人）。

Ⅱ 共同继承之应有部分（应继份），适用关于遗产规定。

§1923　Erbfähigkeit

(1) Erbe kann nur werden, wer zur Zeit des Erbfalls lebt.

(2) Wer zur Zeit des Erbfalls noch nicht lebte, aber bereits gezeugt war, gilt als vor dem Erbfall geboren.

第一千九百二十三条　[继承能力]

Ⅰ 继承人[a]于继承开始时生存者为限。

Ⅱ 继承开始时尚未出生而已受胎者，视为继承开始时既已出生[b]。

a 预备继承人（Ersatzerbe）亦包括在内。

b 第2款规定为本条第1款之例外情形。另参照第2108条第1款（本条之准用）、第2160条（受遗赠人于继承前死亡）、第1912条（胎儿之襄佐）、第1963条（继承人之待产母亲之扶养）及第2043条第1款（遗产分割之延缓）。

§1924 Gesetzliche Erben erster Ordnung

(1) Gesetzliche Erben der ersten Ordnung sind die Abkömmlinge des Erblassers.
(2) Ein zur Zeit des Erbfalls lebender Abkömmling schließt die durch ihn mit dem Erblasser verwandten Abkömmlinge von der Erbfolge aus.
(3) An die Stelle eines zur Zeit des Erbfalls nicht mehr lebenden Abkömmlings treten die durch ihn mit dem Erblasser verwandten Abkömmlinge (Erbfolge nach Stämmen).
(4) Kinder erben zu gleichen Teilen.

第一千九百二十四条 [第一顺序之法定继承人]

Ⅰ 第一顺序之法定继承人为被继承人之直系血亲卑亲属。
Ⅱ 继承开始时,直系血亲卑亲属有不同亲等时,以亲等较近者排除亲等较远者继承。
Ⅲ 前款亲等较近之直系血亲卑亲属于继承开始前死亡者[a],由其亲等较远之直系血亲卑亲属代位继承(代位继承)。
Ⅳ 子女按人数平均继承。

a 直系血亲卑亲属拒绝继承(第1953条)或与被继承人订定抛弃继承契约(第2346条、第2349条)或受继承权丧失之宣告(第2344条)或因遗嘱(第1938条)被剥夺继承权者,视为已于继承开始前死亡。

§1925 Gesetzliche Erben zweiter Ordnung

(1) Gesetzliche Erben der zweiten Ordnung sind die Eltern des Erblassers und deren Abkömmlinge.
(2) Leben zur Zeit des Erbfalls die Eltern, so erben sie allein und zu gleichen Teilen.
(3) Lebt zur Zeit des Erbfalls der Vater oder die Mutter nicht mehr, so treten an die Stelle des Verstorbenen dessen Abkömmlinge nach den für die Beerbung in der ersten Ordnung geltenden Vorschriften. Sind Abkömmlinge nicht vorhanden, so erbt der überlebende Teil allein.
(4) In den Fällen des §1756 sind das angenommene Kind und die Abkömmlinge der leiblichen Eltern oder des anderen Elternteils des Kindes im Verhältnis zueinander nicht Erben der zweiten Ordnung.

第一千九百二十五条 [第二顺序之法定继承人]

Ⅰ 第二顺序之法定继承人为被继承人之父母及其直系血亲卑亲属。

Ⅱ 继承开始时，被继承人之父母均生存者，仅由父母平均继承。

Ⅲ ¹继承开始时，被继承人之父母有一方死亡者，由死亡人之直系血亲卑亲属依前条第一顺位法定继承人之规定，代位继承。²死亡人无直系血亲卑亲属者，由生存之一方单独继承。

Ⅳ 于第一千七百五十六条规定收养之情形，被收养之子女与本生父母之子女或与他方配偶之子女相互间，不为第二顺序之法定继承人。

§1926 Gesetzliche Erben dritter Ordnung

(1) Gesetzliche Erben der dritten Ordnung sind die Großeltern des Erblassers und deren Abkömmlinge.

(2) Leben zur Zeit des Erbfalls die Großeltern, so erben sie allein und zu gleichen Teilen.

(3) Lebt zur Zeit des Erbfalls von einem Großelternpaar der Großvater oder die Großmutter nicht mehr, so treten an die Stelle des Verstorbenen dessen Abkömmlinge. Sind Abkömmlinge nicht vorhanden, so fällt der Anteil des Verstorbenen dem anderen Teil des Großelternpaars und, wenn dieser nicht mehr lebt, dessen Abkömmlingen zu.

(4) Lebt zur Zeit des Erbfalls ein Großelternpaar nicht mehr und sind Abkömmlinge der Verstorbenen nicht vorhanden, so erben die anderen Großeltern oder ihre Abkömmlinge allein.

(5) Soweit Abkömmlinge an die Stelle ihrer Eltern oder ihrer Voreltern treten, finden die für die Beerbung in der ersten Ordnung geltenden Vorschriften Anwendung.

第一千九百二十六条 [第三顺序之法定继承人]

Ⅰ 第三顺序之法定继承人为被继承人之祖父母及其直系血亲卑亲属。

Ⅱ 继承开始时，被继承人之祖父母ª均生存者，仅由祖父母平均继承。

Ⅲ ¹继承开始时，被继承人之祖父母有一方死亡者，由死亡人之直系血亲卑亲属ᵇ，代位继承。²死亡人无直系血亲卑亲属者，由生存之一方单独继承；其不存在者，由其直系血亲卑亲属继承。

Ⅳ 继承开始时，父系或母系之祖父母均死亡，且无直系血亲卑亲属者，由他系之祖父母或其直系血亲卑亲属ᶜ单独继承。

Ⅴ 在直系血亲卑亲属代位其父母或其他直系血亲尊亲属继承者,适用关于第一顺序法定继承人之规定。

a 包括父系与母系在内。
b 包括其一方所出之直系血亲卑亲属及其与生存之他方共同所出之直系血亲卑亲属。
c 指非共同所出之直系血亲卑亲属而言。

§1927 Mehrere Erbteile bei mehrfacher Verwandtschaft

Wer in der ersten, der zweiten oder der dritten Ordnung verschiedenen Stämmen angehört, erhält den in jedem dieser Stämme ihm zufallenden Anteil. Jeder Anteil gilt als besonderer Erbteil.

第一千九百二十七条 [多重亲属关系之数种应继份]

¹继承人分属于第一、第二或第三顺序之不同亲系时,取得由各该亲系归属于自己不同之应有部分。²各应有部分视为特别应继份。

§1928 Gesetzliche Erben vierter Ordnung

(1) Gesetzliche Erben der vierten Ordnung sind die Urgroßeltern des Erblassers und deren Abkömmlinge.
(2) Leben zur Zeit des Erbfalls Urgroßeltern, so erben sie allein; mehrere erben zu gleichen Teilen, ohne Unterschied, ob sie derselben Linie oder verschiedenen Linien angehören.
(3) Leben zur Zeit des Erbfalls Urgroßeltern nicht mehr, so erbt von ihren Abkömmlingen derjenige, welcher mit dem Erblasser dem Grade nach am nächsten verwandt ist; mehrere gleich nahe Verwandte erben zu gleichen Teilen.

第一千九百二十八条 [第四顺序之法定继承人]

Ⅰ 第四顺序之法定继承人为被继承人之曾祖父母及其直系血亲卑亲属。
Ⅱ 继承开始时,被继承人之曾祖父母均生存者,仅由曾祖父母平均继承;有多数曾祖父母者,不问其是否属于同一亲系,按人数平均继承。
Ⅲ 继承开始时,曾祖父母均死亡者,由其直系血亲卑亲属中与被继承人亲等最近者优先继承ª;有亲等相同之继承人有多数时,按人数平均继承。

a 参照第1589条第1款第3段（亲等之定义）。

§1929 Fernere Ordnungen

(1) Gesetzliche Erben der fünften Ordnung und der ferneren Ordnungen sind die entfernteren Voreltern des Erblassers und deren Abkömmlinge.
(2) Die Vorschrift des §1928 Abs. 2, 3 findet entsprechende Anwendung.

第一千九百二十九条　[更远之顺序]

Ⅰ 第五顺序及更远之法定继承人为被继承人之高祖父母及高祖父母以上之直系血亲尊亲属ª及其直系血亲卑亲属。
Ⅱ 前款情形，准用民法第一千九百二十八条第二款及第三款规定。

a 其范围并无限制，但应参照第1931条第2款规定。

§1930 Rangfolge der Ordnungen

Ein Verwandter ist nicht zur Erbfolge berufen, solange ein Verwandter einer vorhergehenden Ordnung vorhanden ist.

第一千九百三十条　[继承顺序之顺位]

有顺序在先之血亲继承人者，其他血亲继承人被排除而不得继承。

§1931 Gesetzliches Erbrecht des Ehegatten

(1) Der überlebende Ehegatte des Erblassers ist neben Verwandten der ersten Ordnung zu einem Viertel, neben Verwandten der zweiten Ordnung oder neben Großeltern zur Hälfte der Erbschaft als gesetzlicher Erbe berufen. Treffen mit Großeltern Abkömmlinge von Großeltern zusammen, so erhält der Ehegatte auch von der anderen Hälfte den Anteil, der nach §1926 den Abkömmlingen zufallen würde.
(2) Sind weder Verwandte der ersten oder der zweiten Ordnung noch Großeltern vorhanden, so erhält der überlebende Ehegatte die ganze Erbschaft.
(3) Die Vorschrift des §1371 bleibt unberührt.
(4) Bestand beim Erbfall Gütertrennung und sind als gesetzliche Erben neben dem

überlebenden Ehegatten ein oder zwei Kinder des Erblassers berufen, so erben der überlebende Ehegatte und jedes Kind zu gleichen Teilen; §1924 Abs. 3 gilt auch in diesem Fall.

第一千九百三十一条 [配偶之法定继承权]ᵃ

Ⅰ ¹被继承人生存配偶之法定应继份，其与第一顺序之血亲继承人共同继承者，其为遗产之四分之一，其与第二顺序血亲继承人或与祖父母共同继承者，其为遗产之二分之一。²祖父母与其直系血亲卑亲属同时继承者，配偶除取得遗产二分之一外，就其余半数中，更取得依第一千九百二十六条规定，应归属于直系血亲卑亲属之应继份。

Ⅱ 第一顺序、第二顺序之血亲及祖父母继承人均不存在时，由生存配偶继承全部遗产。

Ⅲ 第一千三百七十一条规定不受影响。

Ⅳ 继承开始时，适用分别财产制之夫妻，于生存配偶与被继承人之一位或二位子女共同继承者，配偶与子女按人数平均继承；于此情形，亦适用第一千九百二十四条第三款规定。

a 参考条文：第1932条（配偶之先取遗产）、第2303条第1款（特留份之数额）。

§1932 Voraus des Ehegatten

(1) Ist der überlebende Ehegatte neben Verwandten der zweiten Ordnung oder neben Großeltern gesetzlicher Erbe, so gebühren ihm außer dem Erbteil die zum ehelichen Haushalt gehörenden Gegenstände, soweit sie nicht Zubehör eines Grundstücks sind, und die Hochzeitsgeschenke als Voraus. Ist der überlebende Ehegatte neben Verwandten der ersten Ordnung gesetzlicher Erbe, so gebühren ihm diese Gegenstände, soweit er sie zur Führung eines angemessenen Haushalts benötigt.

(2)Auf den Voraus sind die für Vermächtnisse geltenden Vorschriften anzuwenden.

第一千九百三十二条 [配偶之先取遗产]ᵃ

Ⅰ ¹生存配偶与第二顺序血亲或与祖父母为共同继承人时，除其法定应继份外，并取得不属于土地从物之婚姻生活用具及结婚赠与物作为其先取遗产。²生存配偶与第一顺序法定血亲继承人为共同继承人时，前段所定之遗产系处理适当家务所必需者，亦归属于生存配偶。

Ⅱ 关于遗赠之规定，于先取遗产适用之。

a 第1932条因1957年6月18日《男女平等法》而新增。该条文自1958年7月1日生效。按原条文为："^{1}生存配偶与第二顺序之血亲或祖父母共同继承时，除法定应继份外，并取得土地之从物以外之婚姻生活用具及结婚赠与物作为其先取遗产。^{2}关于遗赠之规定，于先取遗产适用之。"

§1933 Ausschluss des Ehegattenerbrechts

Das Erbrecht des überlebenden Ehegatten sowie das Recht auf den Voraus ist ausgeschlossen, wenn zur Zeit des Todes des Erblassers die Voraussetzungen für die Scheidung der Ehe gegeben waren und der Erblasser die Scheidung beantragt oder ihr zugestimmt hatte. Das Gleiche gilt, wenn der Erblasser berechtigt war, die Aufhebung der Ehe zu beantragen, und den Antrag gestellt hatte. In diesen Fällen ist der Ehegatte nach Maßgabe der §§1569 bis 1586b unterhaltsberechtigt.

第一千九百三十三条　[配偶继承权之丧失]

^{1}被继承人死亡时，因可归责于生存配偶之事由，而被继承人得提起离婚之诉，且已提出或经其同意者，生存配偶丧失继承权及先取遗产之权。^{2}被继承人有权提起废弃婚姻之诉，而经其提出者，亦同。^{3}在此情形，该配偶得依民法第一千五百六十九条至第一千五百八十六条之二规定，有请求扶养之权利。

§1934 Erbrecht des verwandten Ehegatten

Gehört der überlebende Ehegatte zu den erbberechtigten Verwandten, so erbt er zugleich als Verwandter. Der Erbteil, der ihm auf Grund der Verwandtschaft zufällt, gilt als besonderer Erbteil.

第一千九百三十四条　[兼有亲属关系之配偶之继承权][a]

^{1}生存配偶为有继承权之血亲时，同时得以血亲之身份另外继承[b]。^{2}生存配偶基于血亲身份所继承之应继份，视为特别应继份。

a 参考条文：第1931条（配偶之法定继承权）、第1951条（多数应继份）。

b 事实上生存配偶仅于其系死者父母之直系血亲卑亲属时，始有取得双重继承权之可能。

§1935 Folgen der Erbteilserhöhung

Fällt ein gesetzlicher Erbe vor oder nach dem Erbfall weg und erhöht sich infolgedessen der Erbteil eines anderen gesetzlichen Erben, so gilt der Teil, um welchen sich der Erbteil erhöht, in Ansehung der Vermächtnisse und Auflagen, mit denen dieser Erbe oder der wegfallende Erbe beschwert ist, sowie in Ansehung der Ausgleichungspflicht als besonderer Erbteil.

第一千九百三十五条　[应继份增加时之后续处理][a]

法定继承人于继承开始前或继承开始后[b]丧失继承权，因而增加他法定继承人之应继份时，该增加部分，就他继承人或丧失继承权之继承人应承担之遗赠、负担及补偿义务[c]，视为特别应继份。

a 参考条文：第2007条（多数应继份之责任）、第2095条（增加应继份之效力）、第2159条（受遗赠人遗赠之增加）。
b 丧失继承权之原因于继承开始前有：死亡、剥夺继承权及抛弃继承契约（第1923条、第1938条及第2346条）；于继承开始后有：胎儿之死产、拒绝继承及继承权之丧失等（第1923条第2款、第1953条及第2344条）。
c 关于补偿义务（Ausgleichspflicht），相当于台湾地区"继承法"上之生前特种赠与之归扣，参照第2050条以下。

§1936 Gesetzliches Erbrecht des Staates

Ist zur Zeit des Erbfalls kein Verwandter, Ehegatte oder Lebenspartner des Erblassers vorhanden, erbt das Land, in dem der Erblasser zur Zeit des Erbfalls seinen letzten Wohnsitz oder, wenn ein solcher nicht feststellbar ist, seinen gewöhnlichen Aufenthalt hatte. Im Übrigen erbt der Bund.

第一千九百三十六条　[国库之法定继承权]

[1]继承开始时，被继承人无血亲、配偶或同性伴侣者，以其死亡时之最后住所地所属邦之公库为法定继承人；或其住所地不能确定者，以其居所地所属邦之公库为法定继承人。[2]其余情形，以联邦国库为法定继承人。

§1937 Erbeinsetzung durch letztwillige Verfügung

Der Erblasser kann durch einseitige Verfügung von Todes wegen (Testament, letztwillige Verfügung) den Erben bestimmen.

第一千九百三十七条 [以遗嘱指定继承人][a]

被继承人得以单方之死因处分（遗嘱、终意处分）指定继承人。

a 关于继承人之指定，参照第2087条以下；预备继承人，参照第2096条；后位继承人，参照第2100条；继承契约上之单独处分，参照第2299条；继承契约之合法内容，参照第1941条、第2278条第2款。

§1938 Enterbung ohne Erbeinsetzung

Der Erblasser kann durch Testament einen Verwandten, den Ehegatten oder den Lebenspartner von der gesetzlichen Erbfolge ausschließen, ohne einen Erben einzusetzen.

第一千九百三十八条 [剥夺继承权而不指定继承人]

被继承人得以遗嘱，剥夺血亲配偶[a]或同性伴侣之法定继承权[b]，而不指定继承人。

a 国库之法定继承权不得剥夺。
b 关于延续财产共同制之排除，参照第1511条以下；特留份请求权，参照第2303条、第2317条；又特留份权利之剥夺，参照第2333条以下。

§1939 Vermächtnis

Der Erblasser kann durch Testament einem anderen, ohne ihn als Erben einzusetzen, einen Vermögensvorteil zuwenden (Vermächtnis).

第一千九百三十九条 [遗赠]

被继承人得以遗嘱将财产上之利益给予他人，而不指定其为继承人（遗赠）[a]。

a 遗赠之规定，参照第2147条以下。受遗赠人对于该项给与有独立请求权（第2147条）。关于所谓法定遗赠，参照第1932条及第1969条。

§1940 Auflage

Der Erblasser kann durch Testament den Erben oder einen Vermächtnisnehmer zu einer Leistung verpflichten, ohne einem anderen ein Recht auf die Leistung zuzuwenden (Auflage).

第一千九百四十条 [遗嘱之负担]ª

被继承人得以遗嘱使继承人或受遗赠人负担给付之义务ᵇ，而不予他人请求该给付之权利。

a 负担（Auflage），并非条件而系独立之遗嘱处分（参照第2085条），在负担虽无实质之给付请求权，但特定之人得请求履行（第2194条，又参照第2196条）。关于一般赠与之负担，参照第525条至第527条。
b 给付包括作为或不作为，参照第241条。

§1941 Erbvertrag

(1) Der Erblasser kann durch Vertrag einen Erben einsetzen, Vermächtnisse und Auflagen anordnen sowie das anzuwendende Erbrecht wählen (Erbvertrag).
(2) Als Erbe (Vertragserbe) oder als Vermächtnisnehmer kann sowohl der andere Vertragschließende als ein Dritter bedacht werden.

第一千九百四十一条 [继承契约]ª

Ⅰ 被继承人得以契约指定继承人、订定遗赠及负担，并得选定其所应适用之继承准据法（继承契约）。
Ⅱ 前款情形，得以契约之相对人或第三人为继承人（约定继承人）或受遗赠人。

a 关于继承契约，参照第2274条以下。本条所定以外之其他处分，得于继承契约内为之。但不得以契约方式作成（第2278条第2款及第2299条第1款）。

Abschnitt 2　Rechtliche Stellung des Erben

第二章　继承人之法律地位

Titel 1
Annahme und Ausschlagung der Erbschaft, Fürsorge des Nachlassgerichts
第一节　继承之承认及拒绝，遗产法院之救济

§1942　Anfall und Ausschlagung der Erbschaft

(1) Die Erbschaft geht auf den berufenen Erben unbeschadet des Rechts über, sie auszuschlagen (Anfall der Erbschaft).

(2) Der Fiskus kann die ihm als gesetzlichem Erben angefallene Erbschaft nicht ausschlagen.

第一千九百四十二条　[遗产之归属与继承之拒绝]

Ⅰ 遗产移转于应继承人，但应继承人亦得拒绝继承（遗产之归属）。

Ⅱ 国库为继承人时，不得拒绝其应继之遗产。

§1943　Annahme und Ausschlagung der Erbschaft

Der Erbe kann die Erbschaft nicht mehr ausschlagen, wenn er sie angenommen hat oder wenn die für die Ausschlagung vorgeschriebene Frist verstrichen ist; mit dem Ablauf der Frist gilt die Erbschaft als angenommen.

第一千九百四十三条　[继承之承认及拒绝][a]

继承人已承认继承，或于拒绝继承之法定期间届满后，不得再拒绝继承；期间届满者，视为已承认继承。

a 参考条文：第1484条第2款（本条准用于夫妻共同财产制之拒绝）、第1944条（拒绝继承之期间）、第1952条第2款（拒绝权之可继承性）、第2108条第1款（遗赠之承认及拒绝）。

§1944 Ausschlagungsfrist

(1) Die Ausschlagung kann nur binnen sechs Wochen erfolgen.
(2) Die Frist beginnt mit dem Zeitpunkt, in welchem der Erbe von dem Anfall und dem Grund der Berufung Kenntnis erlangt. Ist der Erbe durch Verfügung von Todes wegen berufen, beginnt die Frist nicht vor Bekanntgabe der Verfügung von Todes wegen durch das Nachlassgericht. Auf den Lauf der Frist finden die für die Verjährung geltenden Vorschriften der §§206, 210 entsprechende Anwendung.
(3) Die Frist beträgt sechs Monate, wenn der Erblasser seinen letzten Wohnsitz nur im Ausland gehabt hat oder wenn sich der Erbe bei dem Beginn der Frist im Ausland aufhält.

第一千九百四十四条　[拒绝继承之期间]

Ⅰ 拒绝继承应于六星期内为之[a]。
Ⅱ [1]前款期间自继承人知悉遗产之归属及其应为继承人之原因时起算[b]。[2]由死因处分而成为继承人者，在遗产法院宣读该处分前，其期间停止进行。[3]期间之进行，准用第二百零六条及第二百一十条关于时效之规定。
Ⅲ 被继承人仅在外国有其最后住所，或继承人在期间起算时居留于国外者，其期间为六个月。

a 该规定为除斥期间，参照第187条第1款。
b 期间之起算，另参照第2306条第1款及第2332条；继承人死亡时期之终结，参照第1952条第2款；后位继承，参照第2142条。

§1945 Form der Ausschlagung

(1) Die Ausschlagung erfolgt durch Erklärung gegenüber dem Nachlassgericht; die Erklärung ist zur Niederschrift des Nachlassgerichts oder in öffentlich beglaubigter Form abzugeben.
(2) Die Niederschrift des Nachlassgerichts wird nach den Vorschriften des Beurkundungsgesetzes errichtet.
(3) Ein Bevollmächtigter bedarf einer öffentlich beglaubigten Vollmacht. Die Vollmacht muss der Erklärung beigefügt oder innerhalb der Ausschlagungsfrist nachgebracht werden.

第一千九百四十五条 [拒绝继承之方式]

Ⅰ 继承之拒绝，应向遗产法院以意思表示为之；其表示应在遗产法院予以记录或应经认证。

Ⅱ 遗产法院之记录，依公证法相关规定为之。

Ⅲ ¹意定代理人应有经公证人认证之代理权证书。²代理权证书应附于拒绝声明书之后或于拒绝继承期间内补交。

§1946 Zeitpunkt für Annahme oder Ausschlagung

Der Erbe kann die Erbschaft annehmen oder ausschlagen, sobald der Erbfall eingetreten ist.

第一千九百四十六条 [承认继承或拒绝继承之时点]

继承人ª于继承开始时ᵇ，即得为继承之承认或继承之拒绝。

a 关于后位继承人，参照第2142条第1款；预备继承人，参照第2096条。
b 于遗嘱宣读前即可，但参照第1949条第1款。

§1947 Bedingung und Zeitbestimmung

Die Annahme und die Ausschlagung können nicht unter einer Bedingung oder einer Zeitbestimmung erfolgen.

第一千九百四十七条 [不得附条件或期限]

继承之承认及拒绝，不得附条件或期限ª。

a 参照第2180条第2款及第2202条第2款。附条件或附期限之意思表示不生效力。

§1948 Mehrere Berufungsgründe

(1) Wer durch Verfügung von Todes wegen als Erbe berufen ist, kann, wenn er ohne die Verfügung als gesetzlicher Erbe berufen sein würde, die Erbschaft als eingesetzter Erbe ausschlagen und als gesetzlicher Erbe annehmen.

(2) Wer durch Testament und durch Erbvertrag als Erbe berufen ist, kann die Erbschaft

aus dem einen Berufungsgrund annehmen und aus dem anderen ausschlagen.

第一千九百四十八条　[多数继承权取得原因]

I 由死因处分成为继承人时，纵无该处分，亦得成为法定继承人者，得以指定继承人之资格拒绝继承[a]，而以法定继承人之资格承认之。

II 因遗嘱及继承契约而成为继承人者，得本于其中之一原因为继承之承认，而就另一原因为继承之拒绝[b]。

a 关于遗赠与负担之义务仍继续存在（第2161条及第2192条）。
b 因第2289条规定，终意处分侵害因继承或继承契约取得之利益者，该部分终意处分不生效力，本款规定甚少使用。

§1949 Irrtum über den Berufungsgrund

(1) Die Annahme gilt als nicht erfolgt, wenn der Erbe über den Berufungsgrund im Irrtum war.

(2) Die Ausschlagung erstreckt sich im Zweifel auf alle Berufungsgründe, die dem Erben zur Zeit der Erklärung bekannt sind.

第一千九百四十九条　[继承权取得原因之错误][a]

I 继承人就继承取得原因有错误者，视为未承认继承。

II 有疑义时，拒绝之效力及于继承人声明时所知之一切继承取得原因。

a 参考条文：第119条、第1954条。

§1950 Teilannahme; Teilausschlagung

Die Annahme und die Ausschlagung können nicht auf einen Teil der Erbschaft beschränkt werden. Die Annahme oder Ausschlagung eines Teiles ist unwirksam.

第一千九百五十条　[部分承认；部分拒绝][a]

[1]继承之承认及拒绝，不得就遗产之一部为之。[2]遗产一部之承认或拒绝，无效。

a 参照第2180条第3款、第1951条、第1952条第3款；第1950条于共同继承人之应继份亦适用之（第1922条第2款）。

§1951 Mehrere Erbteile

(1) Wer zu mehreren Erbteilen berufen ist, kann, wenn die Berufung auf verschiedenen Gründen beruht, den einen Erbteil annehmen und den anderen ausschlagen.
(2) Beruht die Berufung auf demselben Grund, so gilt die Annahme oder Ausschlagung des einen Erbteils auch für den anderen, selbst wenn der andere erst später anfällt. Die Berufung beruht auf demselben Grund auch dann, wenn sie in verschiedenen Testamenten oder vertragsmäßig in verschiedenen zwischen denselben Personen geschlossenen Erbverträgen angeordnet ist.
(3) Setzt der Erblasser einen Erben auf mehrere Erbteile ein, so kann er ihm durch Verfügung von Todes wegen gestatten, den einen Erbteil anzunehmen und den anderen auszuschlagen.

第一千九百五十一条 [多数应继份]

Ⅰ 有多数应继份之继承人[a]，其应继份之取得基于不同之原因时[b]，得承认其一而拒绝其他。
Ⅱ [1]应继份之取得基于同一原因者，对于一应继份之承认或拒绝，其效力及于其他应继份；其他应继份于前面之应继份承认或拒绝后始归属者，亦同。[2]取得应继份基于个别遗嘱，或同一当事人间所订定个别契约之指定者，视为其取得基于同一原因。
Ⅲ 被继承人就多数应继份指定一继承人者，得以死因处分允许其承认其一，而拒绝其他。

a 在法定继承，参照第1927条及第1934条。
b 所谓不同原因，系指法定继承与指定继承之竞合（第2088条）、遗嘱与继承契约之竞合（第2289条第1款第1段）及被继承人与数人订定多项继承契约（第2289条第1款第1段）而言。

§1952 Vererblichkeit des Ausschlagungsrechts

(1) Das Recht des Erben, die Erbschaft auszuschlagen, ist vererblich.

1407

(2) Stirbt der Erbe vor dem Ablauf der Ausschlagungsfrist, so endigt die Frist nicht vor dem Ablauf der für die Erbschaft des Erben vorgeschriebenen Ausschlagungsfrist.

(3) Von mehreren Erben des Erben kann jeder den seinem Erbteil entsprechenden Teil der Erbschaft ausschlagen.

第一千九百五十二条 [拒绝权之可继承性]

Ⅰ 继承人拒绝之权利得为继承之标的。

Ⅱ 继承人于拒绝继承期间未届满前死亡者，该拒绝期间于继承人拒绝期间届满以前，仍不终止。

Ⅲ 有多数继承人共同继承者，各继承人得拒绝与其应继份相当之部分。

§1953 Wirkung der Ausschlagung

(1) Wird die Erbschaft ausgeschlagen, so gilt der Anfall an den Ausschlagenden als nicht erfolgt.

(2) Die Erbschaft fällt demjenigen an, welcher berufen sein würde, wenn der Ausschlagende zur Zeit des Erbfalls nicht gelebt hätte; der Anfall gilt als mit dem Erbfall erfolgt.

(3) Das Nachlassgericht soll die Ausschlagung demjenigen mitteilen, welchem die Erbschaft infolge der Ausschlagung angefallen ist. Es hat die Einsicht der Erklärung jedem zu gestatten, der ein rechtliches Interesse glaubhaft macht.

第一千九百五十三条 [拒绝继承之效力]

Ⅰ 遗产经拒绝者，视为遗产不归属于拒绝继承之人。

Ⅱ 前款情形，拒绝继承之人视为于继承开始前死亡，其遗产归属于依继承之顺序应继承之人；其归属视为自继承开始时已发生效力。

Ⅲ [1]遗产法院应将继承之拒绝，通知该因拒绝而取得遗产之人。[2]遗产法院就释明有法律上利害关系之人，应许其阅览拒绝继承所表示之文书。

§1954 Anfechtungsfrist

(1) Ist die Annahme oder die Ausschlagung anfechtbar, so kann die Anfechtung nur binnen sechs Wochen erfolgen.

(2) Die Frist beginnt im Falle der Anfechtbarkeit wegen Drohung mit dem Zeitpunkt,

in welchem die Zwangslage aufhört, in den übrigen Fällen mit dem Zeitpunkt, in welchem der Anfechtungsberechtigte von dem Anfechtungsgrund Kenntnis erlangt. Auf den Lauf der Frist finden die für die Verjährung geltenden Vorschriften der §§206, 210, 211 entsprechende Anwendung.

(3) Die Frist beträgt sechs Monate, wenn der Erblasser seinen letzten Wohnsitz nur im Ausland gehabt hat oder wenn sich der Erbe bei dem Beginn der Frist im Ausland aufhält.

(4) Die Anfechtung ist ausgeschlossen, wenn seit der Annahme oder der Ausschlagung 30 Jahre verstrichen sind.

第一千九百五十四条 [撤销期间]

Ⅰ 承认或拒绝继承可得撤销者，其撤销期间为六星期[a]。

Ⅱ [1]前款情形，因胁迫而撤销者，自胁迫终止时起算；其他情形，自撤销权人知悉撤销原因时起算。[2]该期间之进行，准用第二百零六条、第二百一十条及第二百一十一条关于时效之规定。

Ⅲ 被继承人最后住所仅设在国外[b]或继承人于期间开始起时，居留在国外者，其撤销期间为六个月。

Ⅳ 自承认或拒绝继承后已逾三十年者，不得撤销[c]。

a 撤销原因，参照第119条以下（不同规定，参照第1949条）。
b 参照第1944条。
c 参照第121条第2款、第124条第2款。

§1955 Form der Anfechtung

Die Anfechtung der Annahme oder der Ausschlagung erfolgt durch Erklärung gegenüber dem Nachlassgericht. Für die Erklärung gelten die Vorschriften des §1945.

第一千九百五十五条 [撤销之方式 [a]]

[1]承认或拒绝继承之撤销，应向遗产法院以意思表示为之。[2]前段之意思表示，适用第一千九百四十五条规定。

a 参考条文：第1484条、第1597条、第1599条、第2081条；不同规定，参照第143条。

§1956 Anfechtung der Fristversäumung

Die Versäumung der Ausschlagungsfrist kann in gleicher Weise wie die Annahme angefochten werden.

第一千九百五十六条 [期间迟误之撤销]

拒绝继承期间之迟误者,得撤销其迟误,其方式与承认继承之撤销同。

§1957 Wirkung der Anfechtung

(1) Die Anfechtung der Annahme gilt als Ausschlagung, die Anfechtung der Ausschlagung gilt als Annahme.

(2) Das Nachlassgericht soll die Anfechtung der Ausschlagung demjenigen mitteilen, welchem die Erbschaft infolge der Ausschlagung angefallen war. Die Vorschrift des §1953 Abs. 3 Satz 2 findet Anwendung.

第一千九百五十七条 [继承撤销之效力][a]

Ⅰ 承认继承之撤销者,视为拒绝继承;拒绝继承之撤销者,视为承认继承。

Ⅱ ¹遗产法院应将拒绝之撤销,通知该因拒绝继承而取得遗产之人。²于此情形,适用第一千九百五十三条第三款第二段规定。

a 参考条文:第122条。

§1958 Gerichtliche Geltendmachung von Ansprüchen gegen den Erben

Vor der Annahme der Erbschaft kann ein Anspruch, der sich gegen den Nachlass richtet, nicht gegen den Erben gerichtlich geltend gemacht werden.

第一千九百五十八条 [对继承人请求裁判之权利]

在承认继承以前,对于遗产之请求权,不得对继承人为裁判上之行使。

§1959 Geschäftsführung vor der Ausschlagung

(1) Besorgt der Erbe vor der Ausschlagung erbschaftliche Geschäfte, so ist er demjenigen gegenüber, welcher Erbe wird, wie ein Geschäftsführer ohne Auftrag berechtigt und verpflichtet.

(2) Verfügt der Erbe vor der Ausschlagung über einen achlassgegenstand, so wird die Wirksamkeit der Verfügung durch die Ausschlagung nicht berührt, wenn die Verfügung nicht ohne Nachteil für den Nachlass verschoben werden konnte.

(3) Ein Rechtsgeschäft, das gegenüber dem Erben als solchem vorgenommen werden muss, bleibt, wenn es vor der Ausschlagung dem Ausschlagenden gegenüber vorgenommen wird, auch nach der Ausschlagung wirksam.

第一千九百五十九条　[拒绝继承前之遗产管理]

Ⅰ　继承人在拒绝继承前处理有关遗产事务者，对于其他应继承人之权利义务，与无因管理人[a]相同。

Ⅱ　继承人在拒绝继承前处分遗产标的物者，以不即时处分将对遗产造成不利之情形者为限，其处分之效力，不因拒绝继承而受影响[b]。

Ⅲ　对于继承人所应为之法律行为[c]，于拒绝前就拒绝继承之人所为者，于拒绝后仍有效力。

a　无因管理人权利义务规定，参照第677条以下。
b　在无须即时处分之情形，如继承人拒绝继承前已登记为土地所有权人，适用第892条；如继承人在拒绝继承前已移转动产予善意第三人，适用第932条以下。
c　指有相对人之单独行为而言，如终止契约、催告或撤销等是。

§1960 Sicherung des Nachlasses; Nachlasspfleger

(1) Bis zur Annahme der Erbschaft hat das Nachlassgericht für die Sicherung des Nachlasses zu sorgen, soweit ein Bedürfnis besteht. Das Gleiche gilt, wenn der Erbe unbekannt oder wenn ungewiss ist, ob er die Erbschaft angenommen hat.

(2) Das Nachlassgericht kann insbesondere die Anlegung von Siegeln, die Hinterlegung von Geld, Wertpapieren und Kostbarkeiten sowie die Aufnahme eines Nachlassverzeichnisses anordnen und für denjenigen, welcher Erbe wird, einen Pfleger (Nachlasspfleger) bestellen.

(3) Die Vorschrift des §1958 findet auf den Nachlasspfleger keine Anwendung.

第一千九百六十条　[遗产之保全；遗产之襄佐人]

Ⅰ ¹遗产法院于必要限度内应致力于遗产之保全，直至有继承人承认继承为止。²继承人有无不明或不知是否已承认继承者，亦同。

Ⅱ 遗产法院尤得命为遗产之封缄，金钱、有价证券及于贵重物品之提存及遗产目录之编制，并得为应继承人选任襄佐人（遗产襄佐人）。

Ⅲ 民法第一千九百五十八条规定不适用于遗产襄佐人。

§1961 Nachlasspflegschaft auf Antrag

Das Nachlassgericht hat in den Fällen des §1960 Abs. 1 einen Nachlasspfleger zu bestellen, wenn die Bestellung zum Zwecke der gerichtlichen Geltendmachung eines Anspruchs, der sich gegen den Nachlass richtet, von dem Berechtigten beantragt wird.

第一千九百六十一条　[遗产襄佐之申请]

对遗产请求权为达成裁判上行使之目的，经权利人提出选任襄佐人之申请时，遗产法院在民法第一千九百六十条第一款规定之情形者，应选任遗产襄佐人。

§1962 Zuständigkeit des Nachlassgerichts

Für die Nachlasspflegschaft tritt an die Stelle des Familiengerichts oder Betreuungsgerichts das Nachlassgericht.

第一千九百六十二条　[遗产法院之管辖]

关于遗产襄佐，由遗产法院代替家事法院或辅佐法院为之。

§1963 Unterhalt der werdenden Mutter eines Erben

Ist zur Zeit des Erbfalls die Geburt eines Erben zu erwarten, so kann die Mutter, falls sie außerstande ist, sich selbst zu unterhalten, bis zur Entbindung angemessenen Unterhalt aus dem Nachlass oder, wenn noch andere Personen als Erben berufen sind, aus dem Erbteil des Kindes verlangen. Bei der Bemessung des Erbteils ist anzunehmen, dass nur ein Kind geboren wird.

第一千九百六十三条 [继承人之待产母亲之扶养]

¹继承开始时，预期有继承人出生ᵃ，而母无力自谋生活者，在其分娩前，得就遗产请求给付与其身份相当之扶养费ᵇ。如尚有其他应继承人者，其扶养费得就待产子女之应继份请求之ᶜ。²关于前段应继份之计算，仅以单一子女为限。

a 参照第1923条第2款；关于后位继承人，参照第2141条。
b 参照第1610条。
c 自出生后，对子女仅依第1601条以下之规定行使其扶养请求权、胎儿为死产者，由母保有所受领之扶养，第818条之返还请求权因第814条之规定而被排除。

§1964 Erbvermutung für den Fiskus durch Feststellung

(1) Wird der Erbe nicht innerhalb einer den Umständen entsprechenden Frist ermittelt, so hat das Nachlassgericht festzustellen, dass ein anderer Erbe als der Fiskus nicht vorhanden ist.

(2) Die Feststellung begründet die Vermutung, dass der Fiskus gesetzlicher Erbe sei.

第一千九百六十四条 [经确认以国库为继承人]ᵃ

Ⅰ 按具体情形，于相当期间内，继承人有无不明者，遗产法院应确认国库以外无其他继承人。
Ⅱ 基于前款之确认，推定国库为法定继承人。

a 参考条文：第1936条、第1942条第2款。

§1965 Öffentliche Aufforderung zur Anmeldung der Erbrechte

(1) Der Feststellung hat eine öffentliche Aufforderung zur Anmeldung der Erbrechte unter Bestimmung einer Anmeldungsfrist vorauszugehen; die Art der Bekanntmachung und die Dauer der Anmeldungsfrist bestimmen sich nach den für das Aufgebotsverfahren geltenden Vorschriften. Die Aufforderung darf unterbleiben, wenn die Kosten dem Bestand des Nachlasses gegenüber unverhältnismäßig groß sind.

(2) Ein Erbrecht bleibt unberücksichtigt, wenn nicht dem Nachlassgericht binnen drei

Monaten nach dem Ablauf der Anmeldungsfrist nachgewiesen wird, dass das Erbrecht besteht oder dass es gegen den Fiskus im Wege der Klage geltend gemacht ist. Ist eine öffentliche Aufforderung nicht ergangen, so beginnt die dreimonatige Frist mit der gerichtlichen Aufforderung, das Erbrecht oder die Erhebung der Klage nachzuweisen.

第一千九百六十五条　[申报继承权公告]

Ⅰ ¹于确认继承人之前，应先行公告于一定期间内申报继承权；公告之方法及申报期间，依公示催告程序规定为之。²公告费用与遗产状况相较，显属过巨者，得不为公告[a]。

Ⅱ ¹申报期间已届满三个月，未向遗产法院证明其有继承权，或未以诉讼对国库主张其继承权者，其继承权不予斟酌。²未为公告者，三个月之申报期间，自法院催告应有继承权或已向法院起诉之证明时起算。

a 参照第1980条第2款。

§1966 Rechtsstellung des Fiskus vor Feststellung

Von dem Fiskus als gesetzlichem Erben und gegen den Fiskus als gesetzlichen Erben kann ein Recht erst geltend gemacht werden, nachdem von dem Nachlassgericht festgestellt worden ist, dass ein anderer Erbe nicht vorhanden ist.

第一千九百六十六条　[确认前国库之法律地位]

于遗产法院确认无其他继承人存在之后，始得主张国库为法定继承人以及对国库作为法定继承人所得行使之权利。

Titel 2
Haftung des Erben für die Nachlassverbindlichkeiten
第二节　继承人对遗产债务之责任

《德国民法典》上关于继承人对于遗产债务之责任，其规定甚为复杂，继承人原则上自始负无限责任，仅于命为遗产管理、宣告遗产破产（第1974条、第1975条；《破产法》第214条至第235条）及遗产不足时（第1990条至第1992条），继承人始得主张有限责任。惟如其延误遗产清册编制期间（第1994条第1款第2段），或编制清册有不当行为时（第2005条第1款第1段），对所有遗产债权人仍应负无限责任，其拒绝宣誓时（第2006条），对个别遗产债权人亦然。又关于多数继承人之责任，参照第2058条至第2063条；后位继承人之责任，参照第2144条以下；遗产买受人之责任，参照第2382条以下规定。

Untertitel 1 Nachlassverbindlichkeiten
第一款 遗产债务

§1967 Erbenhaftung, Nachlassverbindlichkeiten

(1) Der Erbe haftet für die Nachlassverbindlichkeiten.

(2) Zu den Nachlassverbindlichkeiten gehören außer den vom Erblasser herrührenden Schulden die den Erben als solchen treffenden Verbindlichkeiten, insbesondere die Verbindlichkeiten aus Pflichtteilsrechten, Vermächtnissen und Auflagen.

第一千九百六十七条　[继承人之责任；遗产债务][a]

Ⅰ 继承人对遗产债务负其责任。

Ⅱ 除被继承人所负之债务外，其以继承人身份所负之债务，即因特留份权利、遗赠及负担所生之债务，均属遗产债务。

a 参考条文：第1413条、第1461条、第673条、第727条第2款、第2303条、第2317条、第2174条、第2194条。

§1968 Beerdigungskosten

Der Erbe trägt die Kosten der Beerdigung des Erblassers.

第一千九百六十八条　[丧葬费用]

继承人应负担被继承人之丧葬费用。

§1969 Dreißigster

(1) Der Erbe ist verpflichtet, Familienangehörigen des Erblassers, die zur Zeit des

Todes des Erblassers zu dessen Hausstand gehören und von ihm Unterhalt bezogen haben, in den ersten 30 Tagen nach dem Eintritt des Erbfalls in demselben Umfang, wie der Erblasser es getan hat, Unterhalt zu gewähren und die Benutzung der Wohnung und der Haushaltsgegenstände zu gestatten. Der Erblasser kann durch letztwillige Verfügung eine abweichende Anordnung treffen.

(2) Die Vorschriften über Vermächtnisse finden entsprechende Anwendung.

第一千九百六十九条　[三十日之扶养费用]

Ⅰ ¹被继承人之家属，于被继承人死亡时，尚在其家中共同生活，且受其扶养者，于继承开始后三十日内，继承人对之应负扶养义务，其范围与被继承人生前所为者相同，继承人并应许其使用住屋之家具。²被继承人得另以终意处分为不同之指示。

Ⅱ 前款义务，准用有关遗赠之规定。

Untertitel 2　Aufgebot der Nachlassgläubiger
第二款　对遗产债权人之公示催告

§1970　Anmeldung der Forderungen

Die Nachlassgläubiger können im Wege des Aufgebotsverfahrens zur Anmeldung ihrer Forderungen aufgefordert werden.

第一千九百七十条　[债权之申报]

对遗产债权人得依公示催告程序，催告其申报债权。

§1971　Nicht betroffene Gläubiger

Pfandgläubiger und Gläubiger, die im Insolvenzverfahren den Pfandgläubigern gleichstehen, sowie Gläubiger, die bei der Zwangsvollstreckung in das unbewegliche Vermögen ein Recht auf Befriedigung aus diesem Vermögen haben, werden, soweit es sich um die Befriedigung aus den ihnen haftenden Gegenständen handelt, durch das Aufgebot nicht betroffen. Das Gleiche gilt von Gläubigern, deren Ansprüche durch eine Vormerkung gesichert sind oder denen im Insolvenzverfahren ein Aussonderungsrecht zusteht, in Ansehung des Gegenstands ihres Rechts.

第一千九百七十一条 [不受公示催告影响之债权人]

¹质权人及债权人破产时，与质权人立于同等地位之债权人及在不动产强制执行时得就该不动产受清偿之债权人，就该标的物于其清偿之范围内，不受公示催告之影响。²请求权已为预告登记之债权人，或在破产程序有别除权之债权人，就其权利之标的物，亦同。

§1972 Nicht betroffene Rechte

Pflichtteilsrechte, Vermächtnisse und Auflagen werden durch das Aufgebot nicht betroffen, unbeschadet der Vorschrift des §2060 Nr. 1.

第一千九百七十二条 [不受公示催告影响之权利]

特留份权利、遗赠及负担ª，不受公示催告之影响，但第二千零六十条第一项规定仍适用之。

a 参照第1973条第1款第2段、第1974条第2款规定。

§1973 Ausschluss von Nachlassgläubigern

(1) Der Erbe kann die Befriedigung eines im Aufgebotsverfahren ausgeschlossenen Nachlassgläubigers insoweit verweigern, als der Nachlass durch die Befriedigung der nicht ausgeschlossenen Gläubiger erschöpft wird. Der Erbe hat jedoch den ausgeschlossenen Gläubiger vor den Verbindlichkeiten aus Pflichtteilsrechten, Vermächtnissen und Auflagen zu befriedigen, es sei denn, dass der Gläubiger seine Forderung erst nach der Berichtigung dieser Verbindlichkeiten geltend macht.

(2) Einen Überschuss hat der Erbe zum Zwecke der Befriedigung des Gläubigers im Wege der Zwangsvollstreckung nach den Vorschriften über die Herausgabe einer ungerechtfertigten Bereicherung herauszugeben. Er kann die Herausgabe der noch vorhandenen Nachlassgegenstände durch Zahlung des Wertes abwenden. Die rechtskräftige Verurteilung des Erben zur Befriedigung eines ausgeschlossenen Gläubigers wirkt einem anderen Gläubiger gegenüber wie die Befriedigung.

第一千九百七十三条 [遗产债权人之排除]ª

Ⅰ ¹债权人依公示催告所申报之债权已受清偿，致遗产无剩余者，继承人对于因公示催告而被排除之债权人得拒绝其清偿。²继承人对于被排除之债权人，应先于特留份权利、遗赠及负担受清偿。但债权人于该债务清偿后，始行使其债权者，不在此限。

II ¹为使债权人得受清偿，继承人应依不当得利返还之规定，依强制执行之方法，返还其所受取之剩余财产。²继承人得支付价额，以代现存标的物之返还。³继承人经确定判决，应向被排除之债权人清偿者，该判决对于其他债权人，有与清偿相同之效力。

a 参考条文：第818条、第819条、第1991条第3款、第1992条。

§1974 Verschweigungseinrede

(1) Ein Nachlassgläubiger, der seine Forderung später als fünf Jahre nach dem Erbfall dem Erben gegenüber geltend macht, steht einem ausgeschlossenen Gläubiger gleich, es sei denn, dass die Forderung dem Erben vor dem Ablauf der fünf Jahre bekannt geworden oder im Aufgebotsverfahren angemeldet worden ist. Wird der Erblasser für tot erklärt oder wird seine Todeszeit nach den Vorschriften des Verschollenheitsgesetzes festgestellt, so beginnt die Frist nicht vor dem Eintritt der Rechtskraft des Beschlusses über die Todeserklärung oder die Feststellung der Todeszeit.

(2) Die dem Erben nach §1973 Abs. 1 Satz 2 obliegende Verpflichtung tritt im Verhältnis von Verbindlichkeiten aus Pflichtteilsrechten, Vermächtnissen und Auflagen zueinander nur insoweit ein, als der Gläubiger im Falle des Nachlassinsolvenzverfahrens im Range vorgehen würde.

(3) Soweit ein Gläubiger nach §1971 von dem Aufgebot nicht betroffen wird, finden die Vorschriften des Absatzes 1 auf ihn keine Anwendung.

第一千九百七十四条　[沉默之抗辩]ª

I ¹遗产债权人于继承开始后逾五年始对继承人行使其权利者，其地位与被排除之债权人相同。但其债权人于五年届满前已为继承人所知悉或于公示催告程序期间已为申报债权者，不在此限。²被继承人宣告死亡，或其死亡时间依失踪人法规定已确定者，在死亡宣告或确定死亡时间之裁定发生效力前，其期间不进行。

II 继承人依第一千九百七十三条第一款第二段所生之债务，其与特留份权利、遗赠或负担所发生债务之相互间，以债权人在破产程序中，有优先顺序者，始得发生其请求权。

Ⅲ 债权人之债权依第一千九百七十一条规定，不受公示催告之影响者，不适用第一款规定。

a 参考条文：第2060条第2项、第2013条第1款。

Untertitel 3
Beschränkung der Haftung des Erben
第三款　继承人责任之限制

§1975 Nachlassverwaltung; Nachlassinsolvenz

Die Haftung des Erben für die Nachlassverbindlichkeiten beschränkt sich auf den Nachlass, wenn eine Nachlasspflegschaft zum Zwecke der Befriedigung der Nachlassgläubiger (Nachlassverwaltung) angeordnet oder das Nachlassinsolvenzverfahren eröffnet ist.

第一千九百七十五条　[遗产管理；遗产破产]ª

为满足遗产债权人之债务清偿，而命为遗产襄佐（遗产管理）或宣告遗产破产者，继承人就该债务，以遗产为限，负其清偿责任。

a 遗产管理与遗产破产为主张有限责任之通常方法，但如延误遗产清册编制期间或于清册中为遗漏或虚报者，继承人仍应负有限责任（参照第1994条第1款、第2005条第1款及第2013条）。

§1976 Wirkung auf durch Vereinigung erloschene Rechtsverhältnisse

Ist die Nachlassverwaltung angeordnet oder das Nachlassinsolvenzverfahren eröffnet, so gelten die infolge des Erbfalls durch Vereinigung von Recht und Verbindlichkeit oder von Recht und Belastung erloschenen Rechtsverhältnisse als nicht erloschen.

第一千九百七十六条　[因混同而法律关系消灭之效力]ª

命为遗产管理或宣告破产时，其因继承开始而权利与义务，或权利与

1419

负担ᵇ混同致生法律关系之消灭者，视为不消灭。

a 参考条文：第1991条第2款、第2143条、第2175条、第2377条。
b 关于权利与负担之混同，参照第1063条、第1072条及第1256条。

§1977 Wirkung auf eine Aufrechnung

(1) Hat ein Nachlassgläubiger vor der Anordnung der Nachlassverwaltung oder vor der Eröffnung des Nachlassinsolvenzverfahrens seine Forderung gegen eine nicht zum Nachlass gehörende Forderung des Erben ohne dessen Zustimmung aufgerechnet, so ist nach der Anordnung der Nachlassverwaltung oder der Eröffnung des Nachlassinsolvenzverfahrens die Aufrechnung als nicht erfolgt anzusehen.

(2) Das Gleiche gilt, wenn ein Gläubiger, der nicht Nachlassgläubiger ist, die ihm gegen den Erben zustehende Forderung gegen eine zum Nachlass gehörende Forderung aufgerechnet hat.

第一千九百七十七条 [抵销之效力]ᵃ

Ⅰ 遗产债权人于命为遗产管理或宣告遗产破产前，未经继承人同意以其对于遗产之债权与不属于遗产继承人之债权主张抵销者ᵇ，于命为遗产管理或宣告破产后，视为未抵销ᶜ。

Ⅱ 债权人非遗产之债权人者，以其对于继承人之债权与属于遗产之债权主张抵销者，亦同。

a 本条于继承人对所有遗产债权人丧失有限责任之权利时，不适用之（第2013条）。
b 关于抵销，参照第388条及第389条。
c 该债权之担保仍继续存在。

§1978 Verantwortlichkeit des Erben für bisherige Verwaltung, Aufwendungsersatz

(1) Ist die Nachlassverwaltung angeordnet oder das Nachlassinsolvenzverfahren eröffnet, so ist der Erbe den Nachlassgläubigern für die bisherige Verwaltung des Nachlasses so verantwortlich, wie wenn er von der Annahme der Erbschaft an die Verwaltung für sie als Beauftragter zu führen gehabt hätte. Auf die vor der

Annahme der Erbschaft von dem Erben besorgten erbschaftlichen Geschäfte finden die Vorschriften über die Geschäftsführung ohne Auftrag entsprechende Anwendung.

(2) Die den Nachlassgläubigern nach Absatz 1 zustehenden Ansprüche gelten als zum Nachlass gehörend.

(3) Aufwendungen sind dem Erben aus dem Nachlass zu ersetzen, soweit er nach den Vorschriften über den Auftrag oder über die Geschäftsführung ohne Auftrag Ersatz verlangen könnte.

第一千九百七十八条 [继承人对先前遗产管理之责任；费用之偿还]

Ⅰ ¹命为遗产之管理或遗产宣告破产者，继承人就先前之遗产管理，对债权人应负责任，其情形视为自承认继承时起，应以受任人之地位为其管理遗产所负之责任。²继承人就遗产于承认继承前所为之管理行为，准用关于无因管理之规定。

Ⅱ 遗产债权人依第一款规定所生之请求权，视为属于遗产债务。

Ⅲ 继承人所支出之费用，以其得依关于委任或无因管理之规定请求偿还者为限，应由遗产偿还。

§1979 Berichtigung von Nachlassverbindlichkeiten

Die Berichtigung einer Nachlassverbindlichkeit durch den Erben müssen die Nachlassgläubiger als für Rechnung des Nachlasses erfolgt gelten lassen, wenn der Erbe den Umständen nach annehmen durfte, dass der Nachlass zur Berichtigung aller Nachlassverbindlichkeiten ausreiche.

第一千九百七十九条 [遗产债务之清偿]

继承人按其情形，得认为遗产足以清偿全部遗产债务者，遗产债权人听从继承人为遗产之计算，清偿遗产之债务。

§1980 Antrag auf Eröffnung des Nachlassinsolvenzverfahrens

(1) Hat der Erbe von der Zahlungsunfähigkeit oder der Überschuldung des Nachlasses Kenntnis erlangt, so hat er unverzüglich die Eröffnung des Nachlassinsolvenzver-

fahrens zu beantragen. Verletzt er diese Pflicht, so ist er den Gläubigern für den daraus entstehenden Schaden verantwortlich. Bei der Bemessung der Zulänglichkeit des Nachlasses bleiben die Verbindlichkeiten aus Vermächtnissen und Auflagen außer Betracht.

(2) Der Kenntnis der Zahlungsunfähigkeit oder der Überschuldung steht die auf Fahrlässigkeit beruhende Unkenntnis gleich. Als Fahrlässigkeit gilt es insbesondere, wenn der Erbe das Aufgebot der Nachlassgläubiger nicht beantragt, obwohl er Grund hat, das Vorhandensein unbekannter Nachlassverbindlichkeiten anzunehmen; das Aufgebot ist nicht erforderlich, wenn die Kosten des Verfahrens dem Bestand des Nachlasses gegenüber unverhältnismäßig groß sind.

第一千九百八十条　[遗产破产程序宣告之申请][a]

I [1]继承人知悉其无支付能力或债务超过遗产者,应即时申请遗产破产之宣告。[2]继承人违反此项义务者,对于债权人因此所受之损害,应负赔偿之责任。[3]估计遗产是否足以清偿全部债务时,对于因遗赠与负担所生债务,得不予以考虑。

II [1]因过失而不知债务超过或成无支付能力者,与明知其债务超过或无支付能力之情形相同。[2]继承人对遗产债权人未申请公示催告者,纵有理由认为其所不知之遗产债务,仍应视为有过失。公示催告程序之费用与遗产状况相较,显属过巨者,不必为公示催告。

a 此为债务超过时之申请义务,参考条文：第121条、第249条以下、第276条、第1965条、第1992条。

§1981　Anordnung der Nachlassverwaltung

(1) Die Nachlassverwaltung ist von dem Nachlassgericht anzuordnen, wenn der Erbe die Anordnung beantragt.

(2) Auf Antrag eines Nachlassgläubigers ist die Nachlassverwaltung anzuordnen, wenn Grund zu der Annahme besteht, dass die Befriedigung der Nachlassgläubiger aus dem Nachlass durch das Verhalten oder die Vermögenslage des Erben gefährdet wird. Der Antrag kann nicht mehr gestellt werden, wenn seit der Annahme der Erbschaft zwei Jahre verstrichen sind.

(3) Die Vorschrift des §1785 findet keine Anwendung.

第一千九百八十一条　[遗产管理之命令]ᵃ

Ⅰ 遗产法院因继承人之申请，应命为遗产之管理。
Ⅱ ¹因继承人之行为或其财产状况，遗产债权人认为有危及其债权清偿之虞者，因遗产债权之申请，应命为遗产之管理。²自承认继承后已逾二年者，不得再行申请。
Ⅲ 第一千七百八十五条规定不适用之。

a 参考条文：第1960条、第2013条。

§1982　Ablehnung der Anordnung der Nachlassverwaltung mangels Masse

Die Anordnung der Nachlassverwaltung kann abgelehnt werden, wenn eine den Kosten entsprechende Masse nicht vorhanden ist.

第一千九百八十二条　[因遗产不足而拒绝遗产管理之命令]ᵃ

遗产之不足清偿费用者，得拒绝命为遗产之管理。

a 参考条文：第1978条第2款。关于遗产管理之废止，参照第1988条；关于继承人保护，参照第1990条及第1991条。

§1983　Bekanntmachung

Das Nachlassgericht hat die Anordnung der Nachlassverwaltung durch das für seine Bekanntmachungen bestimmte Blatt zu veröffentlichen.

第一千九百八十三条　[公告]

遗产法院应将遗产管理之命令，公告于其所指定为公告之新闻纸。

§1984　Wirkung der Anordnung

(1) Mit der Anordnung der Nachlassverwaltung verliert der Erbe die Befugnis, den Nachlass zu verwalten und über ihn zu verfügen. Die Vorschriften der §§81 und 82

der Insolvenzordnung finden entsprechende Anwendung. Ein Anspruch, der sich gegen den Nachlass richtet, kann nur gegen den Nachlassverwalter geltend gemacht werden.

(2) Zwangsvollstreckungen und Arreste in den Nachlass zugunsten eines Gläubigers, der nicht Nachlassgläubiger ist, sind ausgeschlossen.

第一千九百八十四条 [遗产管理命令之效力]

Ⅰ ¹继承人因遗产管理之命令，丧失对遗产管理及处分之权限。²于此情形，准用破产法第八十一条及第八十二条规定。³对遗产之请求权，仅得向遗产管理人行使之。

Ⅱ 不得为遗产债权人以外债权人之利益，对遗产实施强制执行或假扣押。

§1985 Pflichten und Haftung des Nachlassverwalters

(1) Der Nachlassverwalter hat den Nachlass zu verwalten und die Nachlassverbindlichkeiten aus dem Nachlass zu berichtigen.

(2) Der Nachlassverwalter ist für die Verwaltung des Nachlasses auch den Nachlassgläubigern verantwortlich. Die Vorschriften des §1978 Abs. 2 und der §§1979, 1980 finden entsprechende Anwendung.

第一千九百八十五条 [遗产管理人之义务及责任]

Ⅰ 遗产管理人应管理遗产，并以遗产清偿遗产债务。

Ⅱ ¹遗产管理人就遗产管理亦应对遗产债权人负其责任ª。²于此情形，准用第一千九百七十八条第二款、第一千九百七十九条及第一千九百八十条规定。

a 遗产管理人依第1833条、第1834条及第1915条负其责任，依第1841条、第1890条及第1892条作成计算书。

§1986 Herausgabe des Nachlasses

(1) Der Nachlassverwalter darf den Nachlass dem Erben erst ausantworten, wenn die bekannten Nachlassverbindlichkeiten berichtigt sind.

(2) Ist die Berichtigung einer Verbindlichkeit zur Zeit nicht ausführbar oder ist eine

Verbindlichkeit streitig, so darf die Ausantwortung des Nachlasses nur erfolgen, wenn dem Gläubiger Sicherheit geleistet wird. Für eine bedingte Forderung ist Sicherheitsleistung nicht erforderlich, wenn die Möglichkeit des Eintritts der Bedingung eine so entfernte ist, dass die Forderung einen gegenwärtigen Vermögenswert nicht hat.

第一千九百八十六条　[遗产之交付][a]

Ⅰ 遗产管理人非于清偿其所已知之遗产债务后，不得将遗产交付继承人。

Ⅱ ¹债务不能及时清偿或有争议者，应对债权人提供担保[b]，始得交付遗产。²附条件之债权，其条件成就之可能性甚低，致该债权无现存之财产价值者，无须提供担保。

a 参考条文：第49条、第51条、第52条。
b 关于提供担保，参照第232条以下。

§1987　Vergütung des Nachlassverwalters

Der Nachlassverwalter kann für die Führung seines Amts eine angemessene Vergütung verlangen.

第一千九百八十七条　[遗产管理人之报酬请求权][a]

遗产管理人所执行之职务，得请求相当之报酬。

a 参照条文：第1960条、第1836条、第1915条、第2221条。

§1988　Ende und Aufhebung der Nachlassverwaltung

(1) Die Nachlassverwaltung endigt mit der Eröffnung des Nachlassinsolvenzverfahrens.
(2) Die Nachlassverwaltung kann aufgehoben werden, wenn sich ergibt, dass eine den Kosten entsprechende Masse nicht vorhanden ist.

第一千九百八十八条　[遗产管理之终了及废止]

Ⅰ 遗产管理因遗产破产程序之宣告而终了。
Ⅱ 发现遗产已不足清偿其遗产管理之费用者，得废止之。

§1989 Erschöpfungseinrede des Erben

Ist das Nachlassinsolvenzverfahren durch Verteilung der Masse oder durch einen Insolvenzplan beendet, so findet auf die Haftung des Erben die Vorschrift des §1973 entsprechende Anwendung.

第一千九百八十九条　[继承人无剩余财产之抗辩]

遗产之破产因破产财团之分配或因破产计划而终结者，关于继承人之责任，准用第一千九百七十三条规定。

§1990 Dürftigkeitseinrede des Erben

(1) Ist die Anordnung der Nachlassverwaltung oder die Eröffnung des Nachlassinsolvenzverfahrens wegen Mangels einer den Kosten entsprechenden Masse nicht tunlich oder wird aus diesem Grund die Nachlassverwaltung aufgehoben oder das Insolvenzverfahren eingestellt, so kann der Erbe die Befriedigung eines Nachlassgläubigers insoweit verweigern, als der Nachlass nicht ausreicht. Der Erbe ist in diesem Fall verpflichtet, den Nachlass zum Zwecke der Befriedigung des Gläubigers im Wege der Zwangsvollstreckung herauszugeben.

(2) Das Recht des Erben wird nicht dadurch ausgeschlossen, dass der Gläubiger nach dem Eintritt des Erbfalls im Wege der Zwangsvollstreckung oder der Arrestvollziehung ein Pfandrecht oder eine Hypothek oder im Wege der einstweiligen Verfügung eine Vormerkung erlangt hat.

第一千九百九十条　[继承人遗产不足之抗辩]

Ⅰ [1]因遗产不足清偿费用，致未能命为遗产管理或未为遗产破产程序之宣告，或因而废止遗产管理或中止破产程序者，继承人于遗产不足之限度内，得拒绝向遗产债权人为清偿。[2]于此情形，为使债权人得依强制执行而受清偿，继承人负交付遗产之义务[a]。

Ⅱ 继承开始后，债权人依强制执行或假扣押方法取得质权或抵押权，或依假处分之方法为预告登记者，前款继承人之权利仍不因此而消灭。

a 继承人仅有容忍之义务（Duldungspflicht），不负使其实现之义务。

§1991 Folgen der Dürftigkeitseinrede

(1) Macht der Erbe von dem ihm nach §1990 zustehenden Recht Gebrauch, so finden auf seine Verantwortlichkeit und den Ersatz seiner Aufwendungen die Vorschriften der §§1978, 1979 Anwendung.
(2) Die infolge des Erbfalls durch Vereinigung von Recht und Verbindlichkeit oder von Recht und Belastung erloschenen Rechtsverhältnisse gelten im Verhältnis zwischen dem Gläubiger und dem Erben als nicht erloschen.
(3) Die rechtskräftige Verurteilung des Erben zur Befriedigung eines Gläubigers wirkt einem anderen Gläubiger gegenüber wie die Befriedigung.
(4) Die Verbindlichkeiten aus Pflichtteilsrechten, Vermächtnissen und Auflagen hat der Erbe so zu berichtigen, wie sie im Falle des Insolvenzverfahrens zur Berichtigung kommen würden.

第一千九百九十一条 [遗产不足抗辩之效力]

Ⅰ 继承人行使其依第一千九百九十条规定之权利者,关于其责任及其所支出费用之偿还,适用第一千九百七十八条及第一千九百七十九条规定。
Ⅱ 继承开始时,由权利与义务或权利与负担因混同而消灭之法律关系,在债权人与继承人间,视为不消灭[a]。
Ⅲ 继承人应向债权人清偿之确定判决,对于他债权人,有与清偿相同之效力[b]。
Ⅳ 因特留份权利、遗赠及负担所生之债务,继承人应负清偿之义务,其情形与在破产程序时应清偿者相同。

a 参照第1976条、第2143条、第2175条及第2377条。
b 此与第1979条规定不同,但与第1973条第2款第3段规定相当。

§1992 Überschuldung durch Vermächtnisse und Auflagen

Beruht die Überschuldung des Nachlasses auf Vermächtnissen und Auflagen, so ist der Erbe, auch wenn die Voraussetzungen des §1990 nicht vorliegen, berechtigt, die Berichtigung dieser Verbindlichkeiten nach den Vorschriften der §§1990, 1991 zu bewirken. Er kann die Herausgabe der noch vorhandenen Nachlassgegenstände durch Zahlung des Wertes abwenden.

第一千九百九十二条 [因遗赠及负担致债务超过遗产]

¹因遗赠与负担致债务超过遗产者,虽不具备第一千九百九十条规定之要件,继承人得依第一千九百九十条及第一千九百九十一条规定,清偿该债务。²继承人得支付价额,以代现存遗产标的物之交付ᵃ。

a 参照第1973条。

Untertitel 4
Inventarerrichtung, unbeschränkte Haftung des Erben
第四款 遗产清册之编制、继承人之无限责任

§1993 Inventarerrichtung

Der Erbe ist berechtigt, ein Verzeichnis des Nachlasses (Inventar) bei dem Nachlassgericht einzureichen (Inventarerrichtung).

第一千九百九十三条 [遗产清册之编制]

继承人得向遗产法院提出遗产目录(遗产清册)。(遗产清册之编制)

§1994 Inventarfrist

(1) Das Nachlassgericht hat dem Erben auf Antrag eines Nachlassgläubigers zur Errichtung des Inventars eine Frist (Inventarfrist) zu bestimmen. Nach dem Ablauf der Frist haftet der Erbe für die Nachlassverbindlichkeiten unbeschränkt, wenn nicht vorher das Inventar errichtet wird.

(2) Der Antragsteller hat seine Forderung glaubhaft zu machen. Auf die Wirksamkeit der Fristbestimmung ist es ohne Einfluss, wenn die Forderung nicht besteht.

第一千九百九十四条 [遗产清册编制之期间]

Ⅰ ¹遗产法院因遗产债权人之申请ᵃ,应对继承人指定编制遗产清册之期间(遗产清册期间)。²继承人未于期间内编制遗产清册时,于期间届满后,应就遗产债务负无限责任ᵇ。

Ⅱ ¹申请人应释明其债权之存在。²即使债权不存在,不影响期间指定之

效力^c。

a 其申请系由特留份权利人、受遗赠人（第1967条第2款），或在公示催告程序被除斥或与视同之债权人（第1973条及第1974条）为之者，亦同。
b 遵守期间之其他方式，参照第2003条、第2004条；第三人编制遗产清册，依第2008条、第2009条、第2063条、第2144条及第2383条等规定，为继承人之利益亦发生效力。
c 遗产清册编制期间之指定为不合法或不生效力者，参照第2000条、第2011条及第2012条。

§1995 Dauer der Frist

(1) Die Inventarfrist soll mindestens einen Monat, höchstens drei Monate betragen. Sie beginnt mit der Zustellung des Beschlusses, durch den die Frist bestimmt wird.
(2) Wird die Frist vor der Annahme der Erbschaft bestimmt, so beginnt sie erst mit der Annahme der Erbschaft.
(3) Auf Antrag des Erben kann das Nachlassgericht die Frist nach seinem Ermessen verlängern.

第一千九百九十五条 [期间之存续]

Ⅰ ^{1}遗产编制之期间，至少为一个月，至多三个月。^{2}该期间自指定期间^{a}之裁定送达时起算。
Ⅱ 该期间于承认继承前指定者，自承认继承时起算。
Ⅲ 因继承人申请，遗产法院按其裁量得酌予延长该期间^b。

a 关于期间之计算，参照第187条及第188条。
b 期间之计算，参照第190条，期间不得缩短；关于新期间，参照第1996条。

§1996 Bestimmung einer neuen Frist

(1) War der Erbe ohne sein Verschulden verhindert, das Inventar rechtzeitig zu errichten, die nach den Umständen gerechtfertigte Verlängerung der Inventarfrist zu beantragen oder die in Absatz 2 bestimmte Frist von zwei Wochen einzuhalten, so hat ihm auf seinen Antrag das Nachlassgericht eine neue Inventarfrist zu bestimmen.

(2) Der Antrag muss binnen zwei Wochen nach der Beseitigung des Hindernisses und spätestens vor dem Ablauf eines Jahres nach dem Ende der zuerst bestimmten Frist gestellt werden.

(3) Vor der Entscheidung soll der Nachlassgläubiger, auf dessen Antrag die erste Frist bestimmt worden ist, wenn tunlich gehört werden.

第一千九百九十六条 [新期间之指定]^a

Ⅰ 继承人因不可抗力致不能及时编制遗产清册，或不能于申请遗产编制期间依法延长或遵守第二款规定二星期之期间者，遗产法院因继承人之申请，应为其重新指定遗产编制之期间。

Ⅱ 前款申请应于妨碍事由消灭后二星期内，至迟应于最先所指定期间届满后一年内为之。

Ⅲ 因债权人之申请者，于裁判前，在可能范围内，应听取最先申请指定编制期间之债权人之意见。

a 参考条文：第2005条第2款。

§1997 Hemmung des Fristablaufs

Auf den Lauf der Inventarfrist und der im §1996 Abs. 2 bestimmten Frist von zwei Wochen finden die für die Verjährung geltenden Vorschriften des §210 entsprechende Anwendung.

第一千九百九十七条 [期间进行之妨碍]^a

于遗产清册编制期间及第一千九百九十六条第二款所定二星期之期间进行，准用第二百一十条关于时效之规定。

a 参照条文：第1996条、第1999条、第1944条。

§1998 Tod des Erben vor Fristablauf

Stirbt der Erbe vor dem Ablauf der Inventarfrist oder der in §1996 Abs. 2 bestimmten Frist von zwei Wochen, so endigt die Frist nicht vor dem Ablauf der für die Erbschaft des Erben vorgeschriebenen Ausschlagungsfrist.

第一千九百九十八条 [期间届满前继承人之死亡]^a

继承人于遗产清册编制期间或第一千九百九十六条第二款所定二星期之期间届满以前死亡者，其期间就该继承人之遗产所定拒绝期间届满前不终止。

a 本条于拒绝继承期间准用之，参照第1952条第2款。

§1999 Mitteilung an das Gericht

Steht der Erbe unter elterlicher Sorge oder unter Vormundschaft, so soll das Nachlassgericht dem Familiengericht von der Bestimmung der Inventarfrist Mitteilung machen. Fällt die Nachlassangelegenheit in den Aufgabenkreis eines Betreuers des Erben, tritt an die Stelle des Familiengerichts das Betreuungsgericht.

第一千九百九十九条 [对法院之通知]

¹继承人应服亲权或应受监护者，遗产法院应将指定遗产清册编制期间之情事^a，通知家事法院。²遗产事务为继承人之辅佐人所掌管者，亦同。但由辅佐法院取代家事法院。

a 自指定期间之裁定送达继承人之法定代理人时起算，参照第1995条。监护法院应使法定代理人遵守该期间，参照第1837条以下及第1667条以下。

§2000 Unwirksamkeit der Fristbestimmung

Die Bestimmung einer Inventarfrist wird unwirksam, wenn eine Nachlassverwaltung angeordnet oder das Nachlassinsolvenzverfahren eröffnet wird. Während der Dauer der Nachlassverwaltung oder des Nachlassinsolvenzverfahrens kann eine Inventarfrist nicht bestimmt werden. Ist das Nachlassinsolvenzverfahren durch Verteilung der Masse oder durch einen Insolvenzplan beendet, so bedarf es zur Abwendung der unbeschränkten Haftung der Inventarerrichtung nicht.

第二千条 [期间指定之不生效力]^a

¹命为遗产管理或宣告遗产破产者^b，遗产清册编制期间之指定不生效力。²遗产管理或遗产破产程序尚在继续中者，不得指定遗产清册编制

期间。³遗产之破产财团之分配或破产计划终结者ᶜ，无须为其免除负无限责任而编制遗产清册。

a 参考条文：第1994条、第2012条。
b 关于命为遗产管理，参照第1975条、第1981条。
c 参照第1989条及第2060条第3款。

§2001 Inhalt des Inventars

(1) In dem Inventar sollen die bei dem Eintritt des Erbfalls vorhandenen Nachlassgegenstände und die Nachlassverbindlichkeiten vollständig angegeben werden.

(2) Das Inventar soll außerdem eine Beschreibung der Nachlassgegenstände, soweit eine solche zur Bestimmung des Wertes erforderlich ist, und die Angabe des Wertes enthalten.

第二千零一条 [遗产清册之内容]ᵃ

I 遗产开始时，现存之遗产标的物及遗产债务，应完整记载于遗产清册。
II 有确定价值之必要者，遗产清册并应记载遗产标的物之明细表及其价额。

a 参考条文：第2005条。

§2002 Aufnahme des Inventars durch den Erben

Der Erbe muss zu der Aufnahme des Inventars eine zuständige Behörde oder einen zuständigen Beamten oder Notar zuziehen.

第二千零二条 [由继承人所编制之遗产清册]

继承人编制遗产清册时，应由主管机关、主管公务员或公证人参与之。

§2003 Amtliche Aufnahme des Inventars

(1) Die amtliche Aufnahme des Inventars erfolgt auf Antrag des Erben durch einen vom Nachlassgericht beauftragten Notar. Sind nach Landesrecht die Aufgaben der Nachlassgerichte den Notaren übertragen, so hat der zuständige Notar das Inventar

selbst aufzunehmen. Durch die Stellung des Antrags wird die Inventarfrist gewahrt.
(2) Der Erbe ist verpflichtet, die zur Aufnahme des Inventars erforderliche Auskunft zu erteilen.
(3) Das Inventar ist von dem Notar bei dem Nachlassgericht einzureichen.

第二千零三条 [遗产法院自行或委托编制之遗产清册]^a

Ⅰ ¹因继承人之申请，遗产法院得自行编制遗产清册或委托主管机关、主管公务员或公证人为之。²申请之提出，视为遵守遗产编制之期间。
Ⅱ 继承人就遗产清册之编制，负有为必要报告之义务。
Ⅲ 该遗产清册应由该机关、公务员或公证人提交遗产法院。

a 参考条文：第2005条。

§2004 Bezugnahme auf ein vorhandenes Inventar

Befindet sich bei dem Nachlassgericht schon ein den Vorschriften der §§2002, 2003 entsprechendes Inventar, so genügt es, wenn der Erbe vor dem Ablauf der Inventarfrist dem Nachlassgericht gegenüber erklärt, dass das Inventar als von ihm eingereicht gelten soll.

第二千零四条 [现有遗产清册之援用]

在遗产法院曾存有合于第二千零二条及第二千零三条所定之遗产清册者，继承人于遗产清册编制期间届满前，得向法院声明，以该清册视为其所提交之遗产清册。

§2005 Unbeschränkte Haftung des Erben bei Unrichtigkeit des Inventars

(1) Führt der Erbe absichtlich eine erhebliche Unvollständigkeit der im Inventar enthaltenen Angabe der Nachlassgegenstände herbei oder bewirkt er in der Absicht, die Nachlassgläubiger zu benachteiligen, die Aufnahme einer nicht bestehenden Nachlassverbindlichkeit, so haftet er für die Nachlassverbindlichkeiten unbeschränkt. Das Gleiche gilt, wenn er im Falle des §2003 die Erteilung der Auskunft verweigert oder absichtlich in erheblichem Maße verzögert.

(2) Ist die Angabe der Nachlassgegenstände unvollständig, ohne dass ein Fall des Absatzes 1 vorliegt, so kann dem Erben zur Ergänzung eine neue Inventarfrist bestimmt werden.

第二千零五条 [遗产清册不正确时继承人之无限责任]

Ⅰ ¹继承人在遗产清册中,对遗产标的物之记载,有故意重大之遗漏,或意图损害遗产债权人,而为虚报遗产债务者,就遗产债务应负无限责任。²继承人于第二千零三条规定之情形,拒绝报告或故意迟延而情节重大者,亦同。

Ⅱ 遗产标的物之记载不完整而无第一款规定之情形者,得就遗产清册编制之新期间指定,命继承人补充之。

§2006 Eidesstattliche Versicherung

(1) Der Erbe hat auf Verlangen eines Nachlassgläubigers zu Protokoll des Nachlassgerichts an Eides statt zu versichern, dass er nach bestem Wissen die Nachlassgegenstände so vollständig angegeben habe, als er dazu imstande sei.

(2) Der Erbe kann vor der Abgabe der eidesstattlichen Versicherung das Inventar vervollständigen.

(3) Verweigert der Erbe die Abgabe der eidesstattlichen Versicherung, so haftet er dem Gläubiger, der den Antrag gestellt hat, unbeschränkt. Das Gleiche gilt, wenn er weder in dem Termin noch in einem auf Antrag des Gläubigers bestimmten neuen Termin erscheint, es sei denn, dass ein Grund vorliegt, durch den das Nichterscheinen in diesem Termin genügend entschuldigt wird.

(4) Eine wiederholte Abgabe der eidesstattlichen Versicherung kann derselbe Gläubiger oder ein anderer Gläubiger nur verlangen, wenn Grund zu der Annahme besteht, dass dem Erben nach der Abgabe der eidesstattlichen Versicherung weitere Nachlassgegenstände bekannt geworden sind.

第二千零六条 [以公开宣誓之担保]

Ⅰ 继承人因遗产债权人之请求,应在遗产法院为公开宣誓:其本于良知,竭尽所能,在遗产清册中之遗产标的物为完整记载。

Ⅱ 继承人得于公开宣誓前,补正遗产清册。

Ⅲ ¹继承人拒绝公开宣誓者,对申请债权人负无限清偿之责任。²继承人于宣誓期日或因债权人之申请而所指定之新期日均不到场者，亦同。但于该期日不到场系非其应负责之事由所致者，不在此限。

Ⅳ 原请求公开宣誓之债权人或其他债权人，有理由足以认定继承人于公开宣誓后，知有其他遗产标的物者，得请求再行公开宣誓。

§2007 Haftung bei mehreren Erbteilen

Ist ein Erbe zu mehreren Erbteilen berufen, so bestimmt sich seine Haftung für die Nachlassverbindlichkeiten in Ansehung eines jeden der Erbteile so, wie wenn die Erbteile verschiedenen Erben gehörten. In den Fällen der Anwachsung und des §1935 gilt dies nur dann, wenn die Erbteile verschieden beschwert sind.

第二千零七条　[多数应继份之责任]

^{1}继承人有多数应继份者，就该多数应继份对其遗产债务所负之责任，与该多数应继份属于不同继承人所负之遗产债务相同。^{2}于应继份之增加^{a}及第一千九百三十五条规定之情形^b，应适用本条规定者，以应继份附有不同之负担为限。

a 参照第2094条。
b 此指因共同继承人出缺致应继份增加之情形。

§2008 Inventar für eine zum Gesamtgut gehörende Erbschaft

(1) Ist ein in Gütergemeinschaft lebender Ehegatte Erbe und gehört die Erbschaft zum Gesamtgut, so ist die Bestimmung der Inventarfrist nur wirksam, wenn sie auch dem anderen Ehegatten gegenüber erfolgt, sofern dieser das Gesamtgut allein oder mit seinem Ehegatten gemeinschaftlich verwaltet. Solange die Frist diesem gegenüber nicht verstrichen ist, endet sie auch nicht dem Ehegatten gegenüber, der Erbe ist. Die Errichtung des Inventars durch den anderen Ehegatten kommt dem Ehegatten, der Erbe ist, zustatten.

(2) Die Vorschriften des Absatzes 1 gelten auch nach der Beendigung der Gütergemeinschaft.

第二千零八条 [遗产属于共同财产之遗产清册]

Ⅰ [1]适用共同财产制之配偶为继承人,而遗产属于共同财产制时,遗产清册编制期间之指定,仅于他方配偶为单独管理共同财产或其配偶共同管理,而对他方配偶亦予指定者,始生效力。[2]该期间对他方配偶仍未届满者,对于为继承人之配偶亦未届满。[3]他方配偶所编制之遗产清册,对于继承人之配偶亦生效力[a]。

Ⅱ 第一款规定,于共同财产制终了之后,亦适用之。

a 参考条文:第1363条、第1369条、第1438条、第1444条、第2063条、第2144条、第2383条。

§2009 Wirkung der Inventarerrichtung

Ist das Inventar rechtzeitig errichtet worden, so wird im Verhältnis zwischen dem Erben und den Nachlassgläubigern vermutet, dass zur Zeit des Erbfalls weitere Nachlassgegenstände als die angegebenen nicht vorhanden gewesen seien.

第二千零九条 [遗产清册编制之效力][a]

遗产清册及时编制者,于继承人与遗产债权人间,推定继承开始时,除遗产清册所记载之财产外,别无其他遗产标的物。

a 参考条文:第1994条。

§2010 Einsicht des Inventars

Das Nachlassgericht hat die Einsicht des Inventars jedem zu gestatten, der ein rechtliches Interesse glaubhaft macht.

第二千零一十条 [遗产清册之阅览]

遗产法院对于释明有法律上利害关系之人,应许其阅览遗产清册。

§2011 Keine Inventarfrist für den Fiskus als Erben

Dem Fiskus als gesetzlichem Erben kann eine Inventarfrist nicht bestimmt werden. Der

Fiskus ist den Nachlassgläubigern gegenüber verpflichtet, über den Bestand des Nachlasses Auskunft zu erteilen.

第二千零一十一条 [对国库作为继承人时无遗产清册编制之期间]

¹国库为法定继承人者，不得指定遗产清册编制之期间。²国库应对遗产债权人负有报告遗产状况之义务。

§2012 Keine Inventarfrist für den Nachlasspfleger und Nachlassverwalter

⑴ Einem nach den §§1960, 1961 bestellten Nachlasspfleger kann eine Inventarfrist nicht bestimmt werden. Der Nachlasspfleger ist den Nachlassgläubigern gegenüber verpflichtet, über den Bestand des Nachlasses Auskunft zu erteilen. Der Nachlasspfleger kann nicht auf die Beschränkung der Haftung des Erben verzichten.

⑵ Diese Vorschriften gelten auch für den Nachlassverwalter.

第二千零一十二条 [对遗产襄佐人及遗产管理人无指定遗产清册编制之期间]

Ⅰ ¹依第一千九百六十条及第一千九百六十一条所选任之遗产襄佐人或遗产管理人不得指定遗产清册编制之期间。²遗产襄佐人对遗产债权人负有报告遗产状况之义务ᵃ。³遗产襄佐人不得抛弃继承人限制责任之利益。

Ⅱ 对遗产管理人，亦适用第一款规定。

a 关于遗产襄佐人编制遗产清册之义务，参照第1802条、第1915条。

§2013 Folgen der unbeschränkten Haftung des Erben

⑴ Haftet der Erbe für die Nachlassverbindlichkeiten unbeschränkt, so finden die Vorschriften der §§1973 bis 1975, 1977 bis 1980, 1989 bis 1992 keine Anwendung; der Erbe ist nicht berechtigt, die Anordnung einer Nachlassverwaltung zu beantragen. Auf eine nach §1973 oder nach §1974 eingetretene Beschränkung der Haftung kann sich der Erbe jedoch berufen, wenn später der Fall des §1994 Abs. 1 Satz 2 oder des §2005 Abs. 1 eintritt.

(2) Die Vorschriften der §§1977 bis 1980 und das Recht des Erben, die Anordnung einer Nachlassverwaltung zu beantragen, werden nicht dadurch ausgeschlossen, dass der Erbe einzelnen Nachlassgläubigern gegenüber unbeschränkt haftet.

第二千零一十三条　[继承人无限制责任之效力]

Ⅰ　[1]继承人对遗产债务负无限责任者，不适用第一千九百七十三条至第一千九百七十五条、第一千九百七十七条至第一千九百八十条、第一千九百八十九条至第一千九百九十二条规定；继承人不得申请遗产管理之命令。[2]嗣后发生第一千九百九十四条第一款第二段或第二千零五条第一款规定之情事者，继承人得主张第一千九百七十三条或第一千九百七十四条规定限制责任之利益。

Ⅱ　第一千九百七十七条至第一千九百八十条规定及继承人申请为遗产管理人命令之权利，不因继承人对个别遗产债权人负无限责任而排除之。

Untertitel 5　Aufschiebende Einreden
第五款　延期抗辩

§2014　Dreimonatseinrede

Der Erbe ist berechtigt, die Berichtigung einer Nachlassverbindlichkeit bis zum Ablauf der ersten drei Monate nach der Annahme der Erbschaft, jedoch nicht über die Errichtung des Inventars hinaus, zu verweigern.

第二千零一十四条　[三个月期间之抗辩][a]

继承人得于承认继承后三个月期间未届满前[b]，拒绝清偿遗产债务。但于遗产清册编制完成者，不在此限。

a　参照第2016条（除外规定）及第2017条（于选任遗产襄佐人情形之起算点）。
b　期间之计算，参照第187条及第188条。

§2015　Einrede des Aufgebotsverfahrens

(1) Hat der Erbe den Antrag auf Einleitung des Aufgebotsverfahrens der Nachlassgläubiger

innerhalb eines Jahres nach der Annahme der Erbschaft gestellt und ist der Antrag zugelassen, so ist der Erbe berechtigt, die Berichtigung einer Nachlassverbindlichkeit bis zur Beendigung des Aufgebotsverfahrens zu verweigern.
(2) (weggefallen)
(3) Wird der Ausschließungsbeschluss erlassen oder der Antrag auf Erlass des Ausschließungsbeschlusses zurückgewiesen, so ist das Aufgebotsverfahren erst dann als beendet anzusehen, wenn der Beschluss rechtskräftig ist.

第二千零一十五条 [公示催告程序之抗辩]

Ⅰ 继承人于承认继承后一年内，申请对遗产债权人公示催告，并经准许者，于公示催告程序届满前，得拒绝清偿遗产债务。
Ⅱ [删除]
Ⅲ 宣告除权判决或驳回除权判决之申请时，于裁定确定者，该公示催告程序视为终结。

§2016 Ausschluss der Einreden bei unbeschränkter Erbenhaftung

(1) Die Vorschriften der §§2014, 2015 finden keine Anwendung, wenn der Erbe unbeschränkt haftet.
(2) Das Gleiche gilt, soweit ein Gläubiger nach §1971 von dem Aufgebot der Nachlassgläubiger nicht betroffen wird, mit der Maßgabe, dass ein erst nach dem Eintritt des Erbfalls im Wege der Zwangsvollstreckung oder der Arrestvollziehung erlangtes Recht sowie eine erst nach diesem Zeitpunkt im Wege der einstweiligen Verfügung erlangte Vormerkung außer Betracht bleibt.

第二千零一十六条 [继承人无限责任时抗辩之排除]

Ⅰ 继承人负无限责任者，不适用第二千零一十四条及第二千零一十五条规定。
Ⅱ 债权人如依第一千九百七十一条规定，不受对遗产债权人公示催告之影响时，且不考虑于其继承开始后，为强制执行、假执行或假扣押取得之权利及依假处分取得之预告登记[a]者，亦适用前款规定。

a 参照第1990条第2款（遗产债权人之预告登记）。

§2017 Fristbeginn bei Nachlasspflegschaft

Wird vor der Annahme der Erbschaft zur Verwaltung des Nachlasses ein Nachlasspfleger bestellt, so beginnen die im §2014 und im §2015 Abs. 1 bestimmten Fristen mit der Bestellung.

第二千零一十七条　[遗产襄佐期间之起算]

承认继承前为管理遗产选任遗产襄佐人者[a]，第二千零一十四条及第二千零一十五条第一款所定期间，自其被选任时起算。

a 参照第1960条（遗产襄佐人）、第1961条（遗产襄佐之申请）。

Titel 3　Erbschaftsanspruch
第三节　遗产请求权

§2018 Herausgabepflicht des Erbschaftsbesitzers

Der Erbe kann von jedem, der auf Grund eines ihm in Wirklichkeit nicht zustehenden Erbrechts etwas aus der Erbschaft erlangt hat (Erbschaftsbesitzer), die Herausgabe des Erlangten verlangen.

第二千零一十八条　[遗产占有人之返还义务]

事实上无继承权之人，其自命为继承人而取得遗产之标的物者（遗产占有人[a]），继承人得请求返还。

a 遗产襄佐人及遗产执行人非遗产占有人。

§2019 Unmittelbare Ersetzung

(1) Als aus der Erbschaft erlangt gilt auch, was der Erbschaftsbesitzer durch Rechtsgeschäft mit Mitteln der Erbschaft erwirbt.
(2) Die Zugehörigkeit einer in solcher Weise erworbenen Forderung zur Erbschaft hat der Schuldner erst dann gegen sich gelten zu lassen, wenn er von der Zugehörigkeit

Kenntnis erlangt; die Vorschriften der §§406 bis 408 finden entsprechende Anwendung.

第二千零一十九条 [物上代位]^a

Ⅰ 遗产占有人利用遗产以法律行为更有所取得者，视为遗产之取得。
Ⅱ 以前款方法取得之债权，应归属于遗产时，于债务人知其情事者，始得以之对抗该债务人。于此情形，第四百零六条至第四百零八条规定准用之。

a 参考条文：第2018条（遗产占有人之返还义务）、第2021条（遗产占有人不当得利之返还义务）、第818条（不当得利之返还范围）。

§2020 Nutzungen und Früchte

Der Erbschaftsbesitzer hat dem Erben die gezogenen Nutzungen herauszugeben; die Verpflichtung zur Herausgabe erstreckt sich auch auf Früchte, an denen er das Eigentum erworben hat.

第二千零二十条 [收益与孳息]

遗产占有人应就其收取之利益，返还于继承人^a；该返还义务亦及于其已取得所有权之孳息^b。

a 此与所有权返还请求权规定（第985条以下、第993条）有所不同。
b 参照第99条（孳息）。

§2021 Herausgabepflicht nach Bereicherungsgrundsätzen

Soweit der Erbschaftsbesitzer zur Herausgabe außerstande ist, bestimmt sich seine Verpflichtung nach den Vorschriften über die Herausgabe einer ungerechtfertigten Bereicherung.

第二千零二十一条 [依不当得利规定之返还义务]^a

遗产占有人不能返还者，依不当得利之返还规定，负有返还之义务。

a 参考条文：第818条（不当得利之返还范围）。

§2022 Ersatz von Verwendungen und Aufwendungen

(1) Der Erbschaftsbesitzer ist zur Herausgabe der zur Erbschaft gehörenden Sachen nur gegen Ersatz aller Verwendungen verpflichtet, soweit nicht die Verwendungen durch Anrechnung auf die nach §2021 herauszugebende Bereicherung gedeckt werden. Die für den Eigentumsanspruch geltenden Vorschriften der §§1000 bis 1003 finden Anwendung.

(2) Zu den Verwendungen gehören auch die Aufwendungen, die der Erbschaftsbesitzer zur Bestreitung von Lasten der Erbschaft oder zur Berichtigung von Nachlassverbindlichkeiten macht.

(3) Soweit der Erbe für Aufwendungen, die nicht auf einzelne Sachen gemacht worden sind, insbesondere für die im Absatz 2 bezeichneten Aufwendungen, nach den allgemeinen Vorschriften in weiterem Umfang Ersatz zu leisten hat, bleibt der Anspruch des Erbschaftsbesitzers unberührt.

第二千零二十二条 [支出费用之返还义务]

Ⅰ ^{1}遗产占有人曾支出费用时，仅于全部费用之补偿者，始负有返还属于遗产标的物之义务。但以第二千零二十一条所定返还之所受利益不敷充费用者为限。^{2}于此情形，适用第一千条至第一千零三条关于所有物返还请求权规定。

Ⅱ 遗产占有人为清偿遗产之负担或遗产债务所支出之费用^a，亦属于本条所称之费用。

Ⅲ 遗产占有人非为个别之物所支出之费用，即如第二款规定之费用，依一般规定^b，继承人亦应负较大范围之补偿义务者，不影响其请求权。

a 例如第1968条规定之丧葬费用。
b 例如第812条有关不当得利以下规定。

§2023 Haftung bei Rechtshängigkeit, Nutzungen und Verwendungen

(1) Hat der Erbschaftsbesitzer zur Erbschaft gehörende Sachen herauszugeben, so bestimmt sich von dem Eintritt der Rechtshängigkeit an der Anspruch des Erben auf Schadensersatz wegen Verschlechterung, Untergangs oder einer aus einem

anderen Grund eintretenden Unmöglichkeit der Herausgabe nach den Vorschriften, die für das Verhältnis zwischen dem Eigentümer und dem Besitzer von dem Eintritt der Rechtshängigkeit des Eigentumsanspruchs an gelten.

(2) Das Gleiche gilt von dem Anspruch des Erben auf Herausgabe oder Vergütung von Nutzungen und von dem Anspruch des Erbschaftsbesitzers auf Ersatz von Verwendungen.

第二千零二十三条 [诉讼系属后之责任，收益及费用][a]

Ⅰ 遗产占有人应返还属于遗产之物者，继承人因对毁损、灭失或其他原因致不能返还而生之损害赔偿请求权，自诉讼系属之日起，依有关所有物不能返还请求权在诉讼系属后所有权人与占有人间之规定为之。

Ⅱ 前款规定，于继承人收益之返还或报酬请求权及遗产占有人之费用补偿请求权者，亦适用[b]。

a 参照第989条（诉讼系属后之损害赔偿请求）。
b 参照第987条（诉讼系属后之收益返还）、第994条第2款（诉讼系属后之必要费用补偿）、第995条（负担费用之补偿）及第996条（有益费用之补偿）。

§2024 Haftung bei Kenntnis

Ist der Erbschaftsbesitzer bei dem Beginn des Erbschaftsbesitzes nicht in gutem Glauben, so haftet er so, wie wenn der Anspruch des Erben zu dieser Zeit rechtshängig geworden wäre. Erfährt der Erbschaftsbesitzer später, dass er nicht Erbe ist, so haftet er in gleicher Weise von der Erlangung der Kenntnis an. Eine weitergehende Haftung wegen Verzugs bleibt unberührt.

第二千零二十四条 [恶意时之责任]

[1]遗产占有人在遗产占有之始，非善意者[a]，视为继承人之请求权已于此时发生诉讼系属，应对其负担责任。[2]遗产占有人嗣后知其非继承人者，自其知悉时起，负前款之责任。[3]因迟延而生其他责任者，不受影响[b]。

a 如明知或因重大过失而不知对遗产无权利者属之，参照第932条第2款（重大过失者，不属于善意取得）。
b 关于迟延责任损害赔偿，参照第286条（债务人迟延责任）。

§2025 Haftung bei unerlaubter Handlung

Hat der Erbschaftsbesitzer einen Erbschaftsgegenstand durch eine Straftat oder eine zur Erbschaft gehörende Sache durch verbotene Eigenmacht erlangt, so haftet er nach den Vorschriften über den Schadensersatz wegen unerlaubter Handlungen. Ein gutgläubiger Erbschaftsbesitzer haftet jedoch wegen verbotener Eigenmacht nach diesen Vorschriften nur, wenn der Erbe den Besitz der Sache bereits tatsächlich ergriffen hatte.

第二千零二十五条 [侵权行为时之责任][a]

¹遗产占有人以犯罪行为取得遗产标的物[b]或以法律禁止之暴力夺取属于遗产之物者[c]，应依侵权行为损害赔偿规定，负其责任。²但善意遗产占有人仅于继承人事实上已取得该物之占有时[d]，始依前段关于暴力规定，负其责任。

a 参照第992条（因暴力或犯罪行为而取得占有）及第823条以下规定（侵权行为专节）。
b 所谓遗产标的物，包括有体物（第90条）或权利而言。
c 所谓暴力，参照第858条。
d 此系对于因继承而取得占有者而言（第857条）。

§2026 Keine Berufung auf Ersitzung

Der Erbschaftsbesitzer kann sich dem Erben gegenüber, solange nicht der Erbschaftsanspruch verjährt ist, nicht auf die Ersitzung einer Sache berufen, die er als zur Erbschaft gehörend im Besitz hat.

第二千零二十六条 [不得主张取得时效]

遗产占有人在遗产请求权尚未罹于时效前[a]，就其所占有属于遗产之物，不得对继承人主张取得时效[b]。

a 遗产恢复请求权经3年始罹于时效（第195条），另参照第207条（基于家庭或类似因素之时效不完成）。
b 取得时效，参照第937条以下。

§2027 Auskunftspflicht des Erbschaftsbesitzers

(1) Der Erbschaftsbesitzer ist verpflichtet, dem Erben über den Bestand der Erbschaft und über den Verbleib der Erbschaftsgegenstände Auskunft zu erteilen.

(2) Die gleiche Verpflichtung hat, wer, ohne Erbschaftsbesitzer zu sein, eine Sache aus dem Nachlass in Besitz nimmt, bevor der Erbe den Besitz tatsächlich ergriffen hat.

第二千零二十七条 [遗产占有人之告知义务]^a

Ⅰ 遗产占有人对于继承人负有告知遗产状况及遗产标的物所在之义务。

Ⅱ 在继承人事实上为物之占有前,非遗产占有人就遗产中取得之占有者,亦负同一义务。

a 参照第2362条第2款(受领不真实继承权证书之人告知义务)。

§2028 Auskunftspflicht des Hausgenossen

(1) Wer sich zur Zeit des Erbfalls mit dem Erblasser in häuslicher Gemeinschaft befunden hat, ist verpflichtet, dem Erben auf Verlangen Auskunft darüber zu erteilen, welche erbschaftliche Geschäfte er geführt hat und was ihm über den Verbleib der Erbschaftsgegenstände bekannt ist.

(2) Besteht Grund zu der Annahme, dass die Auskunft nicht mit der erforderlichen Sorgfalt erteilt worden ist, so hat der Verpflichtete auf Verlangen des Erben zu Protokoll an Eides statt zu versichern, dass er seine Angaben nach bestem Wissen so vollständig gemacht habe, als er dazu imstande sei.

(3) Die Vorschriften des §259 Abs. 3 und des §261 finden Anwendung.

第二千零二十八条 [共同生活人之告知义务]

Ⅰ 在继承开始时,与被继承人有家庭共同生活者,因继承人之请求,应告知其所为遗产之行为,并就其所知,告知遗产标的物之所在。

Ⅱ 有理由认为非以必要之注意所为之告知者,因继承人之请求,义务人应以公开宣誓以为保证谓:本义务人已据其所知,竭尽所能给予完全之陈述。

Ⅲ 于此情形,适用第二百五十九条第三款及第二百六十一条规定。

§2029 Haftung bei Einzelansprüchen des Erben

Die Haftung des Erbschaftsbesitzers bestimmt sich auch gegenüber den Ansprüchen, die dem Erben in Ansehung der einzelnen Erbschaftsgegenstände zustehen, nach den Vorschriften über den Erbschaftsanspruch.

第二千零二十九条 [继承人个别请求权时之责任][a]

关于继承人就个别遗产标的物之请求权，遗产占有人所负之责任，依关于遗产恢复请求权规定。

a 本条应依职权办理，被告无抗辩权。

§2030 Rechtsstellung des Erbschaftserwerbers

Wer die Erbschaft durch Vertrag von einem Erbschaftsbesitzer erwirbt, steht im Verhältnis zu dem Erben einem Erbschaftsbesitzer gleich.

第二千零三十条 [遗产取得人之法律地位]

因契约而由遗产占有人取得遗产者[a]，其与继承人之关系，视为遗产占有人[b]。

a 参照第2371条（继承人以契约出卖遗产）。
b 不问其善意取得遗产，或仅取得一应继份（第1922条第2款规定共同继承之情形）均包括在内，但由遗产取得个别标的物则否。关于后者，参照第892条（土地簿册之公信力）以下、第932条（动产之善意受让）以下及第2366条（继承证书之公信力）。

§2031 Herausgabeanspruch des für tot Erklärten

(1) Überlebt eine Person, die für tot erklärt oder deren Todeszeit nach den Vorschriften des Verschollenheitsgesetzes festgestellt ist, den Zeitpunkt, der als Zeitpunkt ihres Todes gilt, so kann sie die Herausgabe ihres Vermögens nach den für den Erbschaftsanspruch geltenden Vorschriften verlangen. Solange sie noch lebt, wird die Verjährung ihres Anspruchs nicht vor dem Ablauf eines Jahres nach dem

Zeitpunkt vollendet, in welchem sie von der Todeserklärung oder der Feststellung der Todeszeit Kenntnis erlangt.

(2) Das Gleiche gilt, wenn der Tod einer Person ohne Todeserklärung oder Feststellung der Todeszeit mit Unrecht angenommen worden ist.

第二千零三十一条　[受死亡宣告人之返还请求权][a]

Ⅰ [1]受死亡宣告之人或依失踪法规定，被推定死亡时期之人，于视为死亡时期尚生存者，得依遗产恢复请求权规定，请求返还其财产。[2]于其生存期中，自知悉死亡宣告或死亡时期确定之时起一年内，其请求之时效不完成。

Ⅱ 失踪人未宣告死亡或未为死亡时期之确定，而其死亡之认定有不正当者，亦适用前款规定。

a 参考条文：第195条（请求权普通时效期间）、第2018条（遗产占有人之返还义务）、第2030条（遗产取得人之法律地位）、第2370条（死亡宣告之公信力）。

Titel 4　Mehrheit von Erben
第四节　多数继承人

Untertitel 1
Rechtsverhältnis der Erben untereinander
第一款　继承人相互间之法律关系

§2032　Erbengemeinschaft

(1) Hinterlässt der Erblasser mehrere Erben, so wird der Nachlass gemeinschaftliches Vermögen der Erben.

(2) Bis zur Auseinandersetzung gelten die Vorschriften der §§2033 bis 2041.

第二千零三十二条　[共同继承]

Ⅰ 被继承人有多数继承人者，遗产为继承人之共同共有。

Ⅱ 遗产在分割前，适用第二千零三十三条至第二千零四十一条规定。

§2033 Verfügungsrecht des Miterben

(1) Jeder Miterbe kann über seinen Anteil an dem Nachlass verfügen. Der Vertrag, durch den ein Miterbe über seinen Anteil verfügt, bedarf der notariellen Beurkundung.

(2) Über seinen Anteil an den einzelnen Nachlassgegenständen kann ein Miterbe nicht verfügen.

第二千零三十三条 [共同继承人之处分权][a]

Ⅰ [1]各共同继承人得处分其对于遗产之应继份[b]。[2]各共同继承人就其应继份之契约，应经法院或公证人之公证。

Ⅱ 各共同继承人不得处分其就个别遗产标的物之应继份[c]。

a 参考条文：第747条（应有部分之处分）、第2374条（出卖人之返还义务）、第128条（契约公证书之作成）、第2037条（买受人将应继份再次让与之准用）。
b 如让与应继份及设定质权或用益权。
c 关于共同共有之处分，参照第2040条第1款。

§2034 Vorkaufsrecht gegenüber dem Verkäufer

(1) Verkauft ein Miterbe seinen Anteil an einen Dritten, so sind die übrigen Miterben zum Vorkauf berechtigt.

(2) Die Frist für die Ausübung des Vorkaufsrechts beträgt zwei Monate. Das Vorkaufsrecht ist vererblich.

第二千零三十四条 [对出卖人之优先承买权][a]

Ⅰ 各共同继承人出卖其应继份于第三人时，其他共同继承人有优先承买权[b]。

Ⅱ [1]优先承买权之行使期间为二个月。[2]优先承买权得继承之。

a 参考条文：第1094条以下（关于先买权规定）。
b 此项优先承买权依第2035条及第2037条规定得对买受人及其他受让应继份之人主张，发生类似物权之效力，但性质上仍为一债权。

§2035 Vorkaufsrecht gegenüber dem Käufer

(1) Ist der verkaufte Anteil auf den Käufer übertragen, so können die Miterben das ihnen nach §2034 dem Verkäufer gegenüber zustehende Vorkaufsrecht dem Käufer gegenüber ausüben. Dem Verkäufer gegenüber erlischt das Vorkaufsrecht mit der Übertragung des Anteils.

(2) Der Verkäufer hat die Miterben von der Übertragung unverzüglich zu benachrichtigen.

第二千零三十五条 [对买受人之优先承买权]

Ⅰ ¹因出卖之应继份已让与买受人者，其他共同继承人得向买受人依第二千零三十四条规定行使其对出卖人之优先承买权。²因应继份之让与，对于出卖人优先承买权消灭。

Ⅱ 出卖人应就其让与之情事，即时通知共同继承人。

§2036 Haftung des Erbteilkäufers

Mit der Übertragung des Anteils auf die Miterben wird der Käufer von der Haftung für die Nachlassverbindlichkeiten frei. Seine Haftung bleibt jedoch bestehen, soweit er den Nachlassgläubigern nach den §§1978 bis 1980 verantwortlich ist; die Vorschriften der §§1990, 1991 finden entsprechende Anwendung.

第二千零三十六条 [应继份买受人之责任]

¹买受人因让与其应继份于共同继承人，而免其对于遗产债务之责任[a]。²但依第一千九百七十八条至第一千九百八十条规定，在该遗产债权人应负责之范围内，其责任仍存在；于此情形，准用第一千九百九十条及第一千九百九十一条规定。

a 参照第2382条（买受人自定义定买卖契约时起之责任）及第2383条（买受人责任之范围）。

§2037 Weiterveräußerung des Erbteils

Überträgt der Käufer den Anteil auf einen anderen, so finden die Vorschriften der

§§2033, 2035, 2036 entsprechende Anwendung.

第二千零三十七条 [应继份之再让与]

买受人将应继份再让与他人者,准用第二千零三十三条、第二千零三十五条及第二千零三十六条规定。

§2038 Gemeinschaftliche Verwaltung des Nachlasses

(1) Die Verwaltung des Nachlasses steht den Erben gemeinschaftlich zu. Jeder Miterbe ist den anderen gegenüber verpflichtet, zu Maßregeln mitzuwirken, die zur ordnungsmäßigen Verwaltung erforderlich sind; die zur Erhaltung notwendigen Maßregeln kann jeder Miterbe ohne Mitwirkung der anderen treffen.

(2) Die Vorschriften der §§743, 745, 746, 748 finden Anwendung. Die Teilung der Früchte erfolgt erst bei der Auseinandersetzung. Ist die Auseinandersetzung auf längere Zeit als ein Jahr ausgeschlossen, so kann jeder Miterbe am Schluss jedes Jahres die Teilung des Reinertrags verlangen.

第二千零三十八条 [遗产之共同管理]

Ⅰ ¹遗产由继承人共同管理之[a]。²各共同继承人就通常管理所必要之处置,对他继承人有协助之义务[b];为保存所必要之处置,各共同继承人得不经他继承人之协助,单独为之。

Ⅱ ¹前款情形,适用第七百四十三条、第七百四十五条、第七百四十六条及第七百四十八条规定。²孳息之分配,于分割遗产时,始得为之。³禁止遗产之分割,其期间在一年以上者,各共同继承人得于每年之年终,请求分配其应得部分之净益[c]。

a 参照第744条第1款(共有物之共同管理)。
b 参照第1472条第3款(配偶对于共同财产处置之协助义务)、第2120条第1段(后位继承人之同意义务)。
c 参照第721条第2款(合伙人之损益分配)。

§2039 Nachlassforderungen

Gehört ein Anspruch zum Nachlass, so kann der Verpflichtete nur an alle Erben gemeinschaftlich leisten und jeder Miterbe nur die Leistung an alle Erben fordern. Jeder Miterbe kann verlangen, dass der Verpflichtete die zu leistende Sache für alle Erben hinterlegt oder, wenn sie sich nicht zur Hinterlegung eignet, an einen gerichtlich zu bestellenden Verwahrer abliefert.

第二千零三十九条 [遗产债权][a]

¹请求权属于遗产者，义务人仅得向继承人全体为给付；各共同继承人仅得向继承人全体请求给付。²各共同继承人得请求义务人为继承人全体提存给付物；如其不适合提存者，得请求其交付于法院所选任之保管人。

a 有关向继承人全体之给付之参考条文：第432条第1款（不可分给付）、第1281条（对质权人之给付）、第1077条第1款（对用益权人及债权人之共同给付）、第372条（提存专节）以下。

§2040 Verfügung über Nachlassgegenstände, Aufrechnung

(1) Die Erben können über einen Nachlassgegenstand nur gemeinschaftlich verfügen.
(2) Gegen eine zum Nachlass gehörende Forderung kann der Schuldner nicht eine ihm gegen einen einzelnen Miterben zustehende Forderung aufrechnen.

第二千零四十条 [对遗产标的物之处分及抵销]

Ⅰ 遗产标的物仅得由继承人共同处分之[a]。
Ⅱ 债务人不得以其对于任何共同继承人之债权，与属于遗产之债权抵销。

a 共同处分之参考条文：第2033条第1款及第747条第2段。

§2041 Unmittelbare Ersetzung

Was auf Grund eines zum Nachlass gehörenden Rechts oder als Ersatz für die Zerstörung, Beschädigung oder Entziehung eines Nachlassgegenstands oder durch ein Rechtsgeschäft erworben wird, das sich auf den Nachlass bezieht, gehört zum Nachlass. Auf eine durch ein solches Rechtsgeschäft erworbene Forderung findet die Vorschrift des §2019 Abs. 2 Anwendung.

第二千零四十一条　[物上代位][a]

¹因遗产之权利而有所取得者，或因遗产标的物之灭失、毁损或被侵夺而生之损害赔偿，或因与遗产有关之法律行为而更有所取得之财产，归属于遗产。²该因法律行为而取得之债权，适用第二千零一十九条第二款规定。

[a] 参考条文：第718条第2款（合伙财产之物上代位）、第1473条（夫妻共同财产之物上代位）、第2019条（遗产占有人利用遗产以法律行为更有所取得之情形）。

§2042　Auseinandersetzung

(1) Jeder Miterbe kann jederzeit die Auseinandersetzung verlangen, soweit sich nicht aus den §§2043 bis 2045 ein anderes ergibt.

(2) Die Vorschriften des §749 Abs. 2, 3 und der §§750 bis 758 finden Anwendung.

第二千零四十二条　[分割]

Ⅰ 各共同继承人得随时请求分割遗产。但有第二千零四十三条至第二千零四十五条之情形者，不在此限。

Ⅱ 前款情形，适用第七百四十九条第二款、第三款及第七百五十条至第七百五十八条规定。

§2043　Aufschub der Auseinandersetzung

(1) Soweit die Erbteile wegen der zu erwartenden Geburt eines Miterben noch unbestimmt sind, ist die Auseinandersetzung bis zur Hebung der Unbestimmtheit ausgeschlossen.

(2) Das Gleiche gilt, soweit die Erbteile deshalb noch unbestimmt sind, weil die Entscheidung über einen Antrag auf Annahme als Kind, über die Aufhebung des Annahmeverhältnisses oder über die Anerkennung einer vom Erblasser errichteten Stiftung als rechtsfähig noch aussteht.

第二千零四十三条　[分割之延缓]

Ⅰ 因期待共同继承人之出生，致应继份尚未确定者，于其不确定之事由消灭前，不得分割[a]。

Ⅱ 因婚生之宣告、收养之认可ᵇ，或被继承人所设立财团许可未经裁判，致应继份尚未确定者，亦同。

a 参照第1923条第2款（已受胎者之继承能力）。
b 参照第1741条（收养许可之要件）、第1753条（死后收养）。

§2044　Ausschluss der Auseinandersetzung

(1) Der Erblasser kann durch letztwillige Verfügung die Auseinandersetzung in Ansehung des Nachlasses oder einzelner Nachlassgegenstände ausschließen oder von der Einhaltung einer Kündigungsfrist abhängig machen. Die Vorschriften des §749 Abs. 2, 3, der §§750, 751 und des §1010 Abs. 1 finden entsprechende Anwendung.

(2) Die Verfügung wird unwirksam, wenn 30 Jahre seit dem Eintritt des Erbfalls verstrichen sind. Der Erblasser kann jedoch anordnen, dass die Verfügung bis zum Eintritt eines bestimmten Ereignisses in der Person eines Miterben oder, falls er eine Nacherbfolge oder ein Vermächtnis anordnet, bis zum Eintritt der Nacherbfolge oder bis zum Anfall des Vermächtnisses gelten soll. Ist der Miterbe, in dessen Person das Ereignis eintreten soll, eine juristische Person, so bewendet es bei der dreißigjährigen Frist.

第二千零四十四条　[分割之排除]ᵃ

Ⅰ ¹被继承人得以终意处分，禁止遗产或其个别标的物之分割，或使其分割遵守一定之预告期间。²于此情形，准用第七百四十九条第二款、第三款，第七百五十条，第七百五十一条及第一千零一十条第一款规定。

Ⅱ ¹前款处分，自继承开始后逾三十年者，失其效力。²但被继承人得指示其终意处分于共同继承人中发生一定事由前，或指示其继承之后顺位或遗赠，于后顺位继承或遗赠发生前，应有其效力。³发生个人一定事由之共同继承人为法人者，仍适用三十年期间。

a 参考条文：第2109条（后顺序继承之罹于时效）、第2162条（附停止条件遗赠之三十年期间）、第2163条（附停止条件遗赠之三十年期间之例外）、第2210条（遗嘱执行人执行遗嘱之三十年期间）、第749条第2款（共有人于重大事由时之解消请求权）。

§2045 Aufschub der Auseinandersetzung

Jeder Miterbe kann verlangen, dass die Auseinandersetzung bis zur Beendigung des nach §1970 zulässigen Aufgebotsverfahrens oder bis zum Ablauf der in §2061 bestimmten Anmeldungsfrist aufgeschoben wird. Ist der Antrag auf Einleitung des Aufgebotsverfahrens noch nicht gestellt oder die öffentliche Aufforderung nach §2061 noch nicht erlassen, so kann der Aufschub nur verlangt werden, wenn unverzüglich der Antrag gestellt oder die Aufforderung erlassen wird.

第二千零四十五条 [调查债权期间之分割延缓]

[1]各共同继承人得请求在第一千九百七十条所定公示催告程序终止前，或第二千零六十一条所定申报债权期间届满前，不得分割。[2]未申请公示催告或未依第二千零六十一条规定公告者，除即时申请或公告外[a]，不得请求延缓分割[b]。

a 关于即时，参照第121条。
b 本条与第2060条第1项（共同继承人对于遗产债务之责任）及第2061条（对遗产债权人之公示催告）有牵连关系。

§2046 Berichtigung der Nachlassverbindlichkeiten

(1) Aus dem Nachlass sind zunächst die Nachlassverbindlichkeiten zu berichtigen. Ist eine Nachlassverbindlichkeit noch nicht fällig oder ist sie streitig, so ist das zur Berichtigung Erforderliche zurückzuhalten.
(2) Fällt eine Nachlassverbindlichkeit nur einigen Miterben zur Last, so können diese die Berichtigung nur aus dem verlangen, was ihnen bei der Auseinandersetzung zukommt.
(3) Zur Berichtigung ist der Nachlass, soweit erforderlich, in Geld umzusetzen.

第二千零四十六条 [遗产债务之清偿][a]

I [1]遗产应先清偿遗产债务[b]。[2]遗产债务未至清偿期或有争议者，应保留其清偿所需之数额。
II 遗产债务一部分由共同继承人负担者，该共同继承人得请求仅以分割所得之遗产为清偿。

Ⅲ 清偿债务于必要时，得就遗产变换为金钱。

a 参考条文：第2042条第2款（请求分割遗产时共有专节之准用）、第752条（原物分割）以下、第733条（合伙债务之清偿）、第755条（共有连带债务之清偿）、第1475条（夫妻共同财产制下共同财产债务之清偿）。
b 参照第1967条（继承人之责任）以下。

§2047 Verteilung des Überschusses

(1) Der nach der Berichtigung der Nachlassverbindlichkeiten verbleibende Überschuss gebührt den Erben nach dem Verhältnis der Erbteile.
(2) Schriftstücke, die sich auf die persönlichen Verhältnisse des Erblassers, auf dessen Familie oder auf den ganzen Nachlass beziehen, bleiben gemeinschaftlich.

第二千零四十七条 [剩余遗产之分配]

Ⅰ 遗产于清偿尚有剩余者，按应继份之比例，归属于继承人[a]。
Ⅱ 文件与被继承人个人或其家庭或全部遗产有关者，仍属于共有[b]。

a 参照第734条（合伙之剩余财产分配）及第1476条（夫妻共同剩余财产之分配）。
b 参照第2373条第2段（家庭文件之不一并出卖）。

§2048 Teilungsanordnungen des Erblassers

Der Erblasser kann durch letztwillige Verfügung Anordnungen für die Auseinandersetzung treffen. Er kann insbesondere anordnen, dass die Auseinandersetzung nach dem billigen Ermessen eines Dritten erfolgen soll. Die von dem Dritten auf Grund der Anordnung getroffene Bestimmung ist für die Erben nicht verbindlich, wenn sie offenbar unbillig ist; die Bestimmung erfolgt in diesem Fall durch Urteil.

第二千零四十八条 [被继承人之分割指示]

[1]被继承人得以终意处分，指定遗产分割方法[a]。[2]被继承人得指定其分割依第三人之公平裁量为之。[3]第三人依该指定所为之决定，显失公平者，继承人不受其拘束；于此情形，依法院之裁判，定其分割之方法[b]。

a 关于特留份权利人之保护，参照第2306条。

b 参照第319条（给付由第三人确定时不公平之情形）及第2155条第3款（第三人指定遗赠不适合之情形）。

§2049 Übernahme eines Landguts

(1) Hat der Erblasser angeordnet, dass einer der Miterben das Recht haben soll, ein zum Nachlass gehörendes Landgut zu übernehmen, so ist im Zweifel anzunehmen, dass das Landgut zu dem Ertragswert angesetzt werden soll.

(2) Der Ertragswert bestimmt sich nach dem Reinertrag, den das Landgut nach seiner bisherigen wirtschaftlichen Bestimmung bei ordnungsmäßiger Bewirtschaftung nachhaltig gewähren kann.

第二千零四十九条 [农地之承受]ª

Ⅰ 共同继承人中之一人经被继承人指定其有权承受属于遗产之农地者^b，于有疑义时，推定该农地应按其收获价值予以估价。

Ⅱ 农地以收获价值，按其依原使用之方法，在通常经营可继续获得之净益额定之。

a 参考条文：第1515条第2款（延续共同财产制中农地之估价适用本条）、第3款（延续共同财产制中生存配偶承受农地之权），第2312条（特留份中农地价额之计算）。

b 参照第2103条（遗产交付之指示）。

§2050 Ausgleichungspflicht für Abkömmlinge als gesetzliche Erben

(1) Abkömmlinge, die als gesetzliche Erben zur Erbfolge gelangen, sind verpflichtet, dasjenige, was sie von dem Erblasser bei dessen Lebzeiten als Ausstattung erhalten haben, bei der Auseinandersetzung untereinander zur Ausgleichung zu bringen, soweit nicht der Erblasser bei der Zuwendung ein anderes angeordnet hat.

(2) Zuschüsse, die zu dem Zwecke gegeben worden sind, als Einkünfte verwendet zu werden, sowie Aufwendungen für die Vorbildung zu einem Beruf sind insoweit zur Ausgleichung zu bringen, als sie das den Vermögensverhältnissen des Erblassers entsprechende Maß überstiegen haben.

(3) Andere Zuwendungen unter Lebenden sind zur Ausgleichung zu bringen, wenn der

Erblasser bei der Zuwendung die Ausgleichung angeordnet hat.

第二千零五十条 [直系血亲卑亲属为法定继承人时之补偿义务][a]

Ⅰ 直系血亲卑亲属为法定继承人而取得继承顺序，在被继承人生前受有婚嫁或立业之财产给与时[b]，于分割遗产者，负补偿该给与之义务。但被继承人于给与时，另有指定者[c]，不在此限。

Ⅱ 为增加收入所给与之补贴或为准备就业所支出之教育费用[d]，以超过被继承人财产状况相当之数额时，应补偿之。

Ⅲ 生前之其他给与，于给与时被继承人指定应补偿者，亦同。

a 本条规定与台湾地区"民法"第1173条（特种赠与之归扣）之规定相当。
b 参照第1624条（父母财产所给予之婚嫁、立业资金）。
c 参照第2316条第3款（被继承人排除特留份权利人依本条补偿之禁止）。
d 参照第1610条第2款（扶养包括就业训练必需之适当费用）。

§2051 Ausgleichungspflicht bei Wegfall eines Abkömmlings

(1) Fällt ein Abkömmling, der als Erbe zur Ausgleichung verpflichtet sein würde, vor oder nach dem Erbfall weg, so ist wegen der ihm gemachten Zuwendungen der an seine Stelle tretende Abkömmling zur Ausgleichung verpflichtet.

(2) Hat der Erblasser für den wegfallenden Abkömmling einen Ersatzerben eingesetzt, so ist im Zweifel anzunehmen, dass dieser nicht mehr erhalten soll, als der Abkömmling unter Berücksichtigung der Ausgleichungspflicht erhalten würde.

第二千零五十一条 [直系血亲卑亲属丧失继承时之补偿义务]

Ⅰ 原为继承人而负有补偿义务之直系血亲卑亲属，于继承开始前或继承开始后，其继承权消灭者[a]，代位其继承之直系血亲卑亲属，就继承权消灭人所受之给与，负补偿之义务[b]。

Ⅱ 被继承人为继承权消灭之直系血亲卑亲属，有指定预备继承人者[c]，于有疑义时，推定该预备继承人不应再取得多于该直系血亲为补偿后得继承之财产。

a 参照第1924条第3款（代位继承）、第1938条（剥夺继承权）、第2344条第2款（继承开始时继承权丧失之人已不存在之情形）、第2346条第1款（抛弃继承契约）

及第2349条（被继承人之直系血亲卑亲属或旁系血亲抛弃继承之效力）。
b 参照第2327条第2款（特留份权利人为被继承人之直系血亲卑亲属准用）、第2052条（意定继承人之补偿义务）、第1935条（因法定继承人丧失继承权致应继份增加时之后续处理）及第2095条（因其他事由致应继份增加之效力）。
c 参照第2096条（预备继承人）及第2053条第1款（预备继承人无须补偿之情形）。

§2052 Ausgleichungspflicht für Abkömmlinge als gewillkürte Erben

Hat der Erblasser die Abkömmlinge auf dasjenige als Erben eingesetzt, was sie als gesetzliche Erben erhalten würden, oder hat er ihre Erbteile so bestimmt, dass sie zueinander in demselben Verhältnis stehen wie die gesetzlichen Erbteile, so ist im Zweifel anzunehmen, dass die Abkömmlinge nach den §§2050, 2051 zur Ausgleichung verpflichtet sein sollen.

第二千零五十二条 [直系血亲卑亲属为意定继承人时之补偿义务]

被继承人指定直系血亲卑亲属为继承人，而以法定继承人可得之财产为其应继份；或指定其应继份之相互关系，与法定应继份相同者，于有疑义时，推定该直系血亲卑亲属，依第二千零五十条及第二千零五十一条规定，负补偿义务。

§2053 Zuwendung an entfernteren oder angenommenen Abkömmling

(1) Eine Zuwendung, die ein entfernterer Abkömmling vor dem Wegfall des ihn von der Erbfolge ausschließenden näheren Abkömmlings oder ein an die Stelle eines Abkömmlings als Ersatzerbe tretender Abkömmling von dem Erblasser erhalten hat, ist nicht zur Ausgleichung zu bringen, es sei denn, dass der Erblasser bei der Zuwendung die Ausgleichung angeordnet hat.

(2) Das Gleiche gilt, wenn ein Abkömmling, bevor er die rechtliche Stellung eines solchen erlangt hatte, eine Zuwendung von dem Erblasser erhalten hat.

第二千零五十三条 [对亲等较远或被收养之直系血亲卑亲属之赠与]

Ⅰ 亲等较远之直系血亲卑亲属，于继承顺序在先之亲等较近之直系血亲卑亲属之继承权消灭前，曾受被继承人之给与，或以预备继承人之资格ª，代位直系血亲卑亲属而为继承之直系血亲卑亲属，曾受被继承人之给与者，均无须为补偿。但被继承人于给与时，指定应补偿者，不在此限。

Ⅱ 直系血亲卑亲属于取得前款法律地位前，曾受被继承人之给与者，亦同。

a 关于预备继承人，参照第2096条。

§2054 Zuwendung aus dem Gesamtgut

(1) Eine Zuwendung, die aus dem Gesamtgut der Gütergemeinschaft erfolgt, gilt als von jedem der Ehegatten zur Hälfte gemacht. Die Zuwendung gilt jedoch, wenn sie an einen Abkömmling erfolgt, der nur von einem der Ehegatten abstammt, oder wenn einer der Ehegatten wegen der Zuwendung zu dem Gesamtgut Ersatz zu leisten hat, als von diesem Ehegatten gemacht.

(2) Diese Vorschriften sind auf eine Zuwendung aus dem Gesamtgut der fortgesetzten Gütergemeinschaft entsprechend anzuwenden.

第二千零五十四条 [以共同财产为给与]ª

Ⅰ ¹在共同财产制以共同财产为给与者，视为夫妻各出二分之一。²对仅由夫妻一方所出之直系血亲卑亲属为给与；或夫妻一方因给与，应对共同财产予以补偿者ᵇ，视为该配偶单独给与。

Ⅱ 适用延续共同财产制ᶜ，而由共同财产给与者，准用前款规定。

a 参考条文：第2331条（于特留份之相同规定）。
b 参照第1467条（保留财产、特有财产与共同财产间之补偿）。
c 参照第1483条以下（延续共同财产制），特别是第1499条第3项（由共同财产支付婚嫁、立业之资金超过共同财产之情形）。

§2055 Durchführung der Ausgleichung

(1) Bei der Auseinandersetzung wird jedem Miterben der Wert der Zuwendung, die er zur Ausgleichung zu bringen hat, auf seinen Erbteil angerechnet. Der Wert der sämtlichen Zuwendungen, die zur Ausgleichung zu bringen sind, wird dem Nachlass hinzugerechnet, soweit dieser den Miterben zukommt, unter denen die

Ausgleichung stattfindet.

(2) Der Wert bestimmt sich nach der Zeit, zu der die Zuwendung erfolgt ist.

第二千零五十五条　[补偿之核算][a]

Ⅰ　[1]共同继承人应补偿之给与价额，在分割遗产时，应算入其应继份。[2]遗产归属于互为补偿之共同继承人时，其应补偿之给与总额应计入遗产中核算之。

Ⅱ　前款价额之计算，以给与时为准。

a　参考条文：第2315条（给与算入特留份内）、第2316条（计算特留份时之补偿义务）。

§2056　Mehrempfang

Hat ein Miterbe durch die Zuwendung mehr erhalten, als ihm bei der Auseinandersetzung zukommen würde, so ist er zur Herauszahlung des Mehrbetrags nicht verpflichtet. Der Nachlass wird in einem solchen Falle unter den übrigen Erben in der Weise geteilt, dass der Wert der Zuwendung und der Erbteil des Miterben außer Ansatz bleiben.

第二千零五十六条　[多受领之财产][a]

[1]共同继承人因给与而受领多于分割时之应继份者，就其超出之数额，不负返还之义务。[2]于此情形，遗产应分配于其他继承人，给与之价额及共同继承人之应继份均不予考虑[b]。

a　参考条文：第2316条（计算特留份时之补偿义务）。
b　例如遗产8000元，共同继承人甲、乙、丙之应继份各为1/2、1/4、1/4。应已补偿4000元。丙应得1/4（8000+4000）=3000元。因其已得4000元，不得再分配。甲应得2/3×8000=5333.33元，乙应得1/3=2666.66元。

§2057　Auskunftspflicht

Jeder Miterbe ist verpflichtet, den übrigen Erben auf Verlangen Auskunft über die Zuwendungen zu erteilen, die er nach den §§2050 bis 2053 zur Ausgleichung zu bringen hat. Die Vorschriften der §§260, 261 über die Verpflichtung zur Abgabe der eidesstattlichen Versicherung finden entsprechende Anwendung.

第二千零五十七条 [告知义务]

¹各共同继承人因其他继承人之请求,应依第二千零五十条至第二千零五十三条规定,向其告知该应补偿之给与。²于此情形,准用第二百六十条及第二百六十一条关于履行公开宣誓义务之规定。

§2057a Ausgleichungspflicht bei besonderen Leistungen eines Abkömmlings

(1) Ein Abkömmling, der durch Mitarbeit im Haushalt, Beruf oder Geschäft des Erblassers während längerer Zeit, durch erhebliche Geldleistungen oder in anderer Weise in besonderem Maße dazu beigetragen hat, dass das Vermögen des Erblassers erhalten oder vermehrt wurde, kann bei der Auseinandersetzung eine Ausgleichung unter den Abkömmlingen verlangen, die mit ihm als gesetzliche Erben zur Erbfolge gelangen; §2052 gilt entsprechend. Dies gilt auch für einen Abkömmling, der den Erblasser während längerer Zeit gepflegt hat.

(2) Eine Ausgleichung kann nicht verlangt werden, wenn für die Leistungen ein angemessenes Entgelt gewährt oder vereinbart worden ist oder soweit dem Abkömmling wegen seiner Leistungen ein Anspruch aus anderem Rechtsgrund zusteht. Der Ausgleichungspflicht steht es nicht entgegen, wenn die Leistungen nach den §§1619, 1620 erbracht worden sind.

(3) Die Ausgleichung ist so zu bemessen, wie es mit Rücksicht auf die Dauer und den Umfang der Leistungen und auf den Wert des Nachlasses der Billigkeit entspricht.

(4) Bei der Auseinandersetzung wird der Ausgleichungsbetrag dem Erbteil des ausgleichungsberechtigten Miterben hinzugerechnet. Sämtliche Ausgleichungsbeträge werden vom Wert des Nachlasses abgezogen, soweit dieser den Miterben zukommt, unter denen die Ausgleichung stattfindet.

第二千零五十七条之一 [直系血亲卑亲属特别贡献时之补偿义务]

Ⅰ ¹直系血亲卑亲属长期在被继承人家中共同生活,或对其职业、营业共同参与,而获有大量金钱收入,或以其他方法对被继承人财产之维持或增加有特别贡献者,于遗产分割时,在与其同一顺序之法定继承人继承之间,得请求补偿之;于此情形,准用第二千零五十二条规定。²直系血亲卑亲属之继承人长期照顾被继承人者,亦同。

Ⅱ ¹前款对被继承人财产之增加,已受有相当报酬或已有约定报酬,或基于其他法律原因而另有请求权者,不得请求补偿。²依第一千六百一十九条及第一千六百二十条履行给付者,与补偿义务不生抵触。

Ⅲ 补偿义务应考虑财产贡献之期间、范围及遗产之价值,以公平原则衡量之。

Ⅳ ¹遗产分割时,补偿数额算入有补偿权利之共同继承人之应继份。²从遗产额中应扣除全部补偿数额,但以遗产归属于相互间发生补偿之共同继承人为限。

Untertitel 2
Rechtsverhältnis zwischen den Erben und den Nachlassgläubigern
第二款 继承人与遗产债权人之法律关系

§2058 Gesamtschuldnerische Haftung

Die Erben haften für die gemeinschaftlichen Nachlassverbindlichkeiten als Gesamtschuldner.

第二千零五十八条 [连带债务人之责任]

继承人对于共同继承债务ª,应负连带债务人之责任ᵇ。

a 参照第1967条以下。
b 参照第421条以下。

§2059 Haftung bis zur Teilung

(1) Bis zur Teilung des Nachlasses kann jeder Miterbe die Berichtigung der Nachlassverbindlichkeiten aus dem Vermögen, das er außer seinem Anteil an dem Nachlass hat, verweigern. Haftet er für eine Nachlassverbindlichkeit unbeschränkt, so steht ihm dieses Recht in Ansehung des seinem Erbteil entsprechenden Teils der Verbindlichkeit nicht zu.

(2) Das Recht der Nachlassgläubiger, die Befriedigung aus dem ungeteilten Nachlass von sämtlichen Miterben zu verlangen, bleibt unberührt.

第二千零五十九条 [分割前之责任]

Ⅰ ¹各共同继承人于分割遗产前，得拒绝以遗产应继份以外之财产清偿遗产债务。²共同继承人对遗产债务负无限责任者，就债务中与其应继份相当部分，不得享有该权利。

Ⅱ 遗产债权人得请求共同继承人全体，就该未分割遗产前为清偿之权利，不因此而受影响。

§2060 Haftung nach der Teilung

Nach der Teilung des Nachlasses haftet jeder Miterbe nur für den seinem Erbteil entsprechenden Teil einer Nachlassverbindlichkeit:
1. wenn der Gläubiger im Aufgebotsverfahren ausgeschlossen ist; das Aufgebot erstreckt sich insoweit auch auf die in §1972 bezeichneten Gläubiger sowie auf die Gläubiger, denen der Miterbe unbeschränkt haftet;
2. wenn der Gläubiger seine Forderung später als fünf Jahre nach dem im §1974 Abs. 1 bestimmten Zeitpunkt geltend macht, es sei denn, dass die Forderung vor dem Ablauf der fünf Jahre dem Miterben bekannt geworden oder im Aufgebotsverfahren angemeldet worden ist; die Vorschrift findet keine Anwendung, soweit der Gläubiger nach §1971 von dem Aufgebot nicht betroffen wird;
3. wenn das Nachlassinsolvenzverfahren eröffnet und durch Verteilung der Masse oder durch einen Insolvenzplan beendigt worden ist.

第二千零六十条 [分割后之责任]

有下列情形之一者，于遗产分割后，各共同继承人对于遗产债务，仅以其应继份相当部分负其责任：
1. 债权人于公示催告程序被排除者[a]；公示催告之效力及于第一千九百七十二条所定之债权人及共同继承人对其负无限责任之债权人。
2. 债权人自第一千九百七十四条第一款所定之期间起已逾五年后，始行使其债权者。但其债权之五年期间届满前已为共同继承人所知悉者，或于公示催告程序中已报明者，不在此限；债权人依第一千九百七十一条规定，不受公示催告程序之影响者，不适用本款规定。

3. 遗产破产程序已开始，且因破产财团之分配或破产计划已终结者[b]。

a 参照第1970条以下及第2054条。
b 参照第1989条、第2000条第3段。

§2061　Aufgebot der Nachlassgläubiger

(1) Jeder Miterbe kann die Nachlassgläubiger öffentlich auffordern, ihre Forderungen binnen sechs Monaten bei ihm oder bei dem Nachlassgericht anzumelden. Ist die Aufforderung erfolgt, so haftet nach der Teilung jeder Miterbe nur für den seinem Erbteil entsprechenden Teil einer Forderung, soweit nicht vor dem Ablauf der Frist die Anmeldung erfolgt oder die Forderung ihm zur Zeit der Teilung bekannt ist.

(2) Die Aufforderung ist durch den Bundesanzeiger und durch das für die Bekanntmachungen des Nachlassgerichts bestimmte Blatt zu veröffentlichen. Die Frist beginnt mit der letzten Einrückung. Die Kosten fallen dem Erben zur Last, der die Aufforderung erlässt.

第二千零六十一条　[对遗产债权人之公示催告][a]

I [1]各共同继承人得公告遗产债权人，于六个月内[b]向本人或遗产法院报明其债权。[2]已为催告者，各共同继承人在遗产分割后，仅就其应继份相当之部分，对债权负责。但于期间届满前已为报明，或在分割时其债权已为继承人所知悉者，不在此限。

II [1]前款催告，应于公告在德国联邦政府公报及遗产法院所指定为公告之新闻纸为之。[2]该期间自最后登载日起算。[3]该费用由为催告之继承人负担。

a 私人催告与法院公示催告程序不同，系依第1970条以下、第2060条第1项规定；关于分割之延缓，参照第2045条。
b 关于期间，参照第187条以下。

§2062　Antrag auf Nachlassverwaltung

Die Anordnung einer Nachlassverwaltung kann von den Erben nur gemeinschaftlich beantragt werden; sie ist ausgeschlossen, wenn der Nachlass geteilt ist.

第二千零六十二条 [遗产管理之申请]

遗产管理之命令[a]，仅得由全体继承人共同为之；遗产经分割后，不得为该项命令之申请。

a 参照第1981条以下。

§2063 Errichtung eines Inventars, Haftungsbeschränkung

(1) Die Errichtung des Inventars durch einen Miterben kommt auch den übrigen Erben zustatten, soweit nicht ihre Haftung für die Nachlassverbindlichkeiten unbeschränkt ist.
(2) Ein Miterbe kann sich den übrigen Erben gegenüber auf die Beschränkung seiner Haftung auch dann berufen, wenn er den anderen Nachlassgläubigern gegenüber unbeschränkt haftet.

第二千零六十三条 [遗产清册之编制；有限责任]

Ⅰ 共同继承人中之一人所编制之遗产清册，为其他继承人之利益，亦生效力。但其他继承人就遗产债务应负无限责任者[a]，不在此限。
Ⅱ 共同继承人中之一人，即使对其他遗产债权人负无限责任者[b]，仍得对其他共同继承人主张有限责任[cd]。

a 参照第2008条第1款、第2144条第2款及第2383条第2款。
b 参照第2144条第3款。
c 此所称其他共同继承人，指同时具有遗产债权人资格之共同继承人而言。
d 此规定的基本思想是，"每个继承人能自己编制遗产清册，因而不需要经由其他共同继承人，以获得遗产存否的情况。"[*Staudinger/Wolfgang*, BGB, 14. Aufl. (2010), §2063 Rndr. 19]

Abschnitt 3 Testament

第三章 遗 嘱

Titel 1   Allgemeine Vorschriften
第一节 通 则

§2064 Persönliche Errichtung

Der Erblasser kann ein Testament nur persönlich errichten.

第二千零六十四条 [自立遗嘱]

被继承人仅得亲自订定遗嘱[a]。

a 参考条文：第164条以下、第2229条以下、第2065条。

§2065 Bestimmung durch Dritte

(1) Der Erblasser kann eine letztwillige Verfügung nicht in der Weise treffen, dass ein anderer zu bestimmen hat, ob sie gelten oder nicht gelten soll.

(2) Der Erblasser kann die Bestimmung der Person, die eine Zuwendung erhalten soll, sowie die Bestimmung des Gegenstands der Zuwendung nicht einem anderen überlassen.

第二千零六十五条 [由第三人决定][a]

Ⅰ 被继承人为终意处分时，不得由第三人决定其有效或无效。

Ⅱ 被继承人为终意处分时，不得嘱托第三人决定其是否收受给与或给与之标的物。

a 参考条文：第2064条；本条之例外规定：第2048条、第2151条以下、第2156条、第2192条、第2193条、第2204条。

§2066 Gesetzliche Erben des Erblassers

Hat der Erblasser seine gesetzlichen Erben ohne nähere Bestimmung bedacht, so sind diejenigen, welche zur Zeit des Erbfalls seine gesetzlichen Erben sein würden, nach dem Verhältnis ihrer gesetzlichen Erbteile bedacht. Ist die Zuwendung unter einer aufschiebenden Bedingung oder unter Bestimmung eines Anfangstermins gemacht und tritt die Bedingung oder der Termin erst nach dem Erbfall ein, so sind im Zweifel diejenigen als bedacht anzusehen, welche die gesetzlichen Erben sein würden, wenn der Erblasser zur Zeit des Eintritts der Bedingung oder des Termins gestorben wäre.

第二千零六十六条 [被继承人之法定继承人]

[1]被继承人以遗嘱对法定继承人为财产之给与，而无详细指示者，由于继承开始时应为法定继承人之人，按其法定应继份之比例取得其给与。[2]给与附停止条件或始期，而于继承开始后，其条件始成就或始期始届至者，于有疑义时，推定条件成就或始期届至时，被继承人已死亡，而此时应为法定继承人之人取得其给与。

§2067 Verwandte des Erblassers

Hat der Erblasser seine Verwandten oder seine nächsten Verwandten ohne nähere Bestimmung bedacht, so sind im Zweifel diejenigen Verwandten, welche zur Zeit des Erbfalls seine gesetzlichen Erben sein würden, als nach dem Verhältnis ihrer gesetzlichen Erbteile bedacht anzusehen. Die Vorschrift des §2066 Satz 2 findet Anwendung.

第二千零六十七条 [被继承人之血亲]

[1]被继承人以遗嘱对其血亲或最近血亲为财产之给与，而无详细指示者，于有疑义时，推定于继承开始时应为法定继承人之人[a]，按其法定应继份之比例，取得其给与。[2]于此情形，适用第二千零六十六条第二段规定。

a 参照第1924条至第1930条。

§2068 Kinder des Erblassers

Hat der Erblasser seine Kinder ohne nähere Bestimmung bedacht und ist ein Kind vor der Errichtung des Testaments mit Hinterlassung von Abkömmlingen gestorben, so ist im Zweifel anzunehmen, dass die Abkömmlinge insoweit bedacht sind, als sie bei der gesetzlichen Erbfolge an die Stelle des Kindes treten würden.

第二千零六十八条 [被继承人之子女][a]

被继承人以遗嘱对其子女为财产之给与，且无详细指示，而其中之一人于遗嘱作成前已死亡，同时留下其直系血亲卑亲属者，于有疑义时，推定该直系血亲卑亲属在法定继承顺序上得代位已死亡之子女而为继承之限度内，取得其给与。

a 参考条文：第1924条第3款、第2101条。

§2069 Abkömmlinge des Erblassers

Hat der Erblasser einen seiner Abkömmlinge bedacht und fällt dieser nach der Errichtung des Testaments weg, so ist im Zweifel anzunehmen, dass dessen Abkömmlinge insoweit bedacht sind, als sie bei der gesetzlichen Erbfolge an dessen Stelle treten würden.

第二千零六十九条 [被继承人之直系血亲卑亲属]

被继承人以遗嘱对其直系血亲卑亲属为财产之给与，而该卑亲属于遗嘱作成后出缺者，于有疑义时，推定该出缺人之直系血亲卑亲属在法定继承顺序上得代位出缺人而为继承之限度内，取得其给与。

§2070 Abkömmlinge eines Dritten

Hat der Erblasser die Abkömmlinge eines Dritten ohne nähere Bestimmung bedacht, so ist im Zweifel anzunehmen, dass diejenigen Abkömmlinge nicht bedacht sind, welche zur Zeit des Erbfalls oder, wenn die Zuwendung unter einer aufschiebenden Bedingung oder unter Bestimmung eines Anfangstermins gemacht ist und die Bedingung oder der Termin erst nach dem Erbfall eintritt, zur Zeit des Eintritts der Bedingung oder des

Termins noch nicht gezeugt sind.

第二千零七十条　[第三人之直系血亲卑亲属]^a

被继承人以遗嘱对第三人之直系血亲卑亲属为财产之给与，而无详细指示者，于有疑义时，推定于继承开始时未受胎之直系血亲卑亲属不能取得其给与；附条件或始期之给与，于继承开始后其条件成就或始期届至，而该直系血亲卑亲属尚未受胎者，亦同。

a 参考条文：第1923条。

§2071　Personengruppe

Hat der Erblasser ohne nähere Bestimmung eine Klasse von Personen oder Personen bedacht, die zu ihm in einem Dienst-oder Geschäftsverhältnis stehen, so ist im Zweifel anzunehmen, dass diejenigen bedacht sind, welche zur Zeit des Erbfalls der bezeichneten Klasse angehören oder in dem bezeichneten Verhältnis stehen.

第二千零七十一条　[特定范围之人]

被继承人以遗嘱对特定范围之人或对与其有雇佣或业务关系之人为财产之给与，而无详细指示者，于有疑义时，推定于继承开始时属于该范围之人或具有该关系之人，取得其给与。

§2072　Die Armen

Hat der Erblasser die Armen ohne nähere Bestimmung bedacht, so ist im Zweifel anzunehmen, dass die öffentliche Armenkasse der Gemeinde, in deren Bezirk er seinen letzten Wohnsitz gehabt hat, unter der Auflage bedacht ist, das Zugewendete unter Arme zu verteilen.

第二千零七十二条　[贫民]^a

被继承人以遗嘱对贫民为财产之给与，而无详细指示者，于有疑义时，推定被继承人最后住所地之地方自治团体所设之救贫金库取得其给与，而负担以其给与分配给贫民之义务。

a 参考条文：第2194条。

§2073 Mehrdeutige Bezeichnung

Hat der Erblasser den Bedachten in einer Weise bezeichnet, die auf mehrere Personen passt, und lässt sich nicht ermitteln, wer von ihnen bedacht werden sollte, so gelten sie als zu gleichen Teilen bedacht.

第二千零七十三条　[含义不明之指示]

被继承人以遗嘱对第三人为财产之给与，按其指示被认为有多数人得为受益人，而无法确知其中何人应得之数额者，视为每人平均分配该给与。

§2074 Aufschiebende Bedingung

Hat der Erblasser eine letztwillige Zuwendung unter einer aufschiebenden Bedingung gemacht, so ist im Zweifel anzunehmen, dass die Zuwendung nur gelten soll, wenn der Bedachte den Eintritt der Bedingung erlebt.

第二千零七十四条　[附停止条件][a]

被继承人以附停止条件所为财产给与之终意处分者，于有疑义时，推定于条件成就时，受益人仍生存者，始发生效力。

a 参照第2108条第2款。本条不适用于预备继承人之指定（第2096条）。关于附条件及期限遗嘱之限制，参照第2109条、第2162条及第2163条。

§2075 Auflösende Bedingung

Hat der Erblasser eine letztwillige Zuwendung unter der Bedingung gemacht, dass der Bedachte während eines Zeitraums von unbestimmter Dauer etwas unterlässt oder fortgesetzt tut, so ist, wenn das Unterlassen oder das Tun lediglich in der Willkür des Bedachten liegt, im Zweifel anzunehmen, dass die Zuwendung von der auflösenden Bedingung abhängig sein soll, dass der Bedachte die Handlung vornimmt oder das Tun unterlässt.

第二千零七十五条 [附解除条件]

被继承人以附有条件之终意处分为财产之给与，使受益人于一定时期不为特定行为或继续为特定行为，而其作为或不作为全凭受益人之意思者，于有疑义时，推定其给与系以受益人之作为或不作为为解除条件。

§2076 Bedingung zum Vorteil eines Dritten

Bezweckt die Bedingung, unter der eine letztwillige Zuwendung gemacht ist, den Vorteil eines Dritten, so gilt sie im Zweifel als eingetreten, wenn der Dritte die zum Eintritt der Bedingung erforderliche Mitwirkung verweigert.

第二千零七十六条 [为第三人利益之条件]^a

以终意处分所为之给与，附有以第三人受益为目的之条件，而第三人拒绝为条件成就所需之协助者，于有疑义时，视为条件已成就。

a 参照第162条及第333条。

§2077 Unwirksamkeit letztwilliger Verfügungen bei Auflösung der Ehe oder Verlobung

(1) Eine letztwillige Verfügung, durch die der Erblasser seinen Ehegatten bedacht hat, ist unwirksam, wenn die Ehe vor dem Tod des Erblassers aufgelöst worden ist. Der Auflösung der Ehe steht es gleich, wenn zur Zeit des Todes des Erblassers die Voraussetzungen für die Scheidung der Ehe gegeben waren und der Erblasser die Scheidung beantragt oder ihr zugestimmt hatte. Das Gleiche gilt, wenn der Erblasser zur Zeit seines Todes berechtigt war, die Aufhebung der Ehe zu beantragen, und den Antrag gestellt hatte.
(2) Eine letztwillige Verfügung, durch die der Erblasser seinen Verlobten bedacht hat, ist unwirksam, wenn das Verlöbnis vor dem Tode des Erblassers aufgelöst worden ist.
(3) Die Verfügung ist nicht unwirksam, wenn anzunehmen ist, dass der Erblasser sie auch für einen solchen Fall getroffen haben würde.

第二千零七十七条 [终意处分因婚姻或婚约之解消而无效]

Ⅰ ¹被继承人以终意处分对配偶为财产之给与者，在被继承人死亡前，其婚姻已解消时，其终意处分无效。²被继承人于死亡时已具备离婚之要件，且已诉请离婚或得他方同意者，视为婚姻已解消。³被继承人于死亡时，已有废弃婚姻之权利，且已提出申请者，亦同。

Ⅱ 被继承人以终意处分对他方婚约当事人为财产之给与时，于被继承人死亡前，其婚约已解除者，其终意处分无效。

Ⅲ 前二款情形，得认为被继承人仍欲为处分时，该处分并非无效。

§2078 Anfechtung wegen Irrtums oder Drohung

(1) Eine letztwillige Verfügung kann angefochten werden, soweit der Erblasser über den Inhalt seiner Erklärung im Irrtum war oder eine Erklärung dieses Inhalts überhaupt nicht abgeben wollte und anzunehmen ist, dass er die Erklärung bei Kenntnis der Sachlage nicht abgegeben haben würde.

(2) Das Gleiche gilt, soweit der Erblasser zu der Verfügung durch die irrige Annahme oder Erwartung des Eintritts oder Nichteintritts eines Umstands oder widerrechtlich durch Drohung bestimmt worden ist.

(3) Die Vorschrift des §122 findet keine Anwendung.

第二千零七十八条　[因错误或胁迫而撤销][a]

Ⅰ 被继承人以遗嘱所为意思表示之内容有错误，或通常情形，不欲为该内容之意思表示，且可认为如知其情事，即不为该意思表示者，得撤销其终意处分。

Ⅱ 被继承人所为之终意处分系因认识有错误，或预期情事已发生或不发生有错误，或受不法之胁迫者，亦同。

Ⅲ 于此情形，不适用第一百二十二条规定。

a 参考条文：第119条（因错误撤销意思表示）、第123条（因诈欺或胁迫而可得撤销）、第142条（撤销之效力）、第143条（撤销之意思表示）、第2080条至第2082条（撤销之权利人、撤销意思之表示、期间）。

§2079 Anfechtung wegen Übergehung eines Pflichtteilsberechtigten

Eine letztwillige Verfügung kann angefochten werden, wenn der Erblasser einen zur

Zeit des Erbfalls vorhandenen Pflichtteilsberechtigten übergangen hat, dessen Vorhandensein ihm bei der Errichtung der Verfügung nicht bekannt war oder der erst nach der Errichtung geboren oder pflichtteilsberechtigt geworden ist. Die Anfechtung ist ausgeschlossen, soweit anzunehmen ist, dass der Erblasser auch bei Kenntnis der Sachlage die Verfügung getroffen haben würde.

第二千零七十九条 [因不知有特留份权利人之存在而撤销]

¹特留份[a]权利人于继承开始时已出生，而被继承人于作成终意处分时，因不知其生存而被忽略，或权利人于作成终意处分后始出生，或始成为有特留份之权利人者，其终意处分得撤销之[b]。²可认为被继承人如知有情事仍欲为该处分者，不得撤销之。

a 参照第2303条（特留份之概念）。
b 撤销权人为特留份权利人（第2080条第3款），但其亦得不撤销，而行使其特留份请求权。

§2080 Anfechtungsberechtigte

(1) Zur Anfechtung ist derjenige berechtigt, welchem die Aufhebung der letztwilligen Verfügung unmittelbar zustatten kommen würde.

(2) Bezieht sich in den Fällen des §2078 der Irrtum nur auf eine bestimmte Person und ist diese anfechtungsberechtigt oder würde sie anfechtungsberechtigt sein, wenn sie zur Zeit des Erbfalls gelebt hätte, so ist ein anderer zur Anfechtung nicht berechtigt.

(3) Im Falle des §2079 steht das Anfechtungsrecht nur dem Pflichtteilsberechtigten zu.

第二千零八十条 [撤销权人][a]

Ⅰ 因终意处分之废弃而直接受益之人，有撤销权。
Ⅱ 于第二千零七十八条之情形，仅对特定人有错误者，仅其人有撤销权，或其人如于继承开始时尚生存，即有撤销权者，其他之人不得撤销之[b]。
Ⅲ 于第二千零七十九条之情形，仅特留份权利人有撤销权。

a 参考条文：第2341条（继承人丧失继承权时，得撤销遗产取得之继承人）。
b 例如被继承人误信其有法定继承权之甥已死亡，而以遗嘱指定第三人为继承人时，仅其甥有撤销权。如其甥于遗嘱作成后，先于遗嘱人死亡时，则其他法定继承人不得撤销，盖如容许其他法定继承人撤销该遗嘱，经撤销之遗嘱内容将更加偏离被继承人本意。[*Staudinger/Gerhard*, BGB, 15. Aufl. (2013) §2080 Rdnr. 14]

§2081 Anfechtungserklärung

(1) Die Anfechtung einer letztwilligen Verfügung, durch die ein Erbe eingesetzt, ein gesetzlicher Erbe von der Erbfolge ausgeschlossen, ein Testamentsvollstrecker ernannt oder eine Verfügung solcher Art aufgehoben wird, erfolgt durch Erklärung gegenüber dem Nachlassgericht.

(2) Das Nachlassgericht soll die Anfechtungserklärung demjenigen mitteilen, welchem die angefochtene Verfügung unmittelbar zustatten kommt. Es hat die Einsicht der Erklärung jedem zu gestatten, der ein rechtliches Interesse glaubhaft macht.

(3) Die Vorschrift des Absatzes 1 gilt auch für die Anfechtung einer letztwilligen Verfügung, durch die ein Recht für einen anderen nicht begründet wird, insbesondere für die Anfechtung einer Auflage.

第二千零八十一条 [撤销之意思][a]

I 以终意处分指定继承人、剥夺法定继承人之继承权、选任遗嘱执行人或废弃该处分者[b]，其撤销应向遗产法院以意思表示为之[c]。

II [1]遗产法院应将撤销之表示通知因撤销之处分而有利害关系之人。[2]遗产法院对于释明有法律上利害关系之人，应许其阅览该表示之文件。

III 第一款规定，亦适用于不为他人创设权利之终意处分之撤销，即如负担之撤销。

a 参考条文：第1937条（被继承人以遗嘱指定继承人）、第2087条（被继承人以遗嘱将其财产之全部或一部给与受益人）、第2096条（预备继承人）、第2100条（后位继承人）、第1938条（被继承人以遗嘱，剥夺血亲配偶或同性伴侣之法定继承权）、第2197条至第2200条（遗嘱人以遗嘱指定遗嘱执行人之相关规定）、第1955条（承认或拒绝继承之撤销）、第1957条（承认或拒绝继承之撤销之效力）、第1940条（被继承人以遗嘱课予继承人与受遗赠人负担）。

b 即废弃指定继承人、剥夺法定继承人之继承权、选任遗嘱执行人之处分。

c 不合于本条规定之遗嘱（例如遗赠），其撤销依第143条规定，以不要式意思表示向受遗赠人为之。

§2082 Anfechtungsfrist

(1) Die Anfechtung kann nur binnen Jahresfrist erfolgen.
(2) Die Frist beginnt mit dem Zeitpunkt, in welchem der Anfechtungsberechtigte von dem Anfechtungsgrund Kenntnis erlangt. Auf den Lauf der Frist finden die für die Verjährung geltenden Vorschriften der §§206, 210, 211 entsprechende Anwendung.
(3) Die Anfechtung ist ausgeschlossen, wenn seit dem Erbfall 30 Jahre verstrichen sind.

第二千零八十二条　[撤销期间][a]

Ⅰ 撤销应于一年内为之。
Ⅱ [1]前款期间，自撤销权人知悉撤销原因时起算。[2]关于期间之进行，准用第二百零六条、第二百一十条及第二百一十一条关于时效之规定。
Ⅲ 继承开始后逾三十年者，不得撤销。

a 参考条文：第121条（因错误或机关传达不实之意思表示撤销期间）、第124条（因诈欺或胁迫而为意思表示之撤销期间）、第2340条第3款（以撤销主张继承权丧失之撤销期间）。

§2083 Anfechtbarkeitseinrede

Ist eine letztwillige Verfügung, durch die eine Verpflichtung zu einer Leistung begründet wird, anfechtbar, so kann der Beschwerte die Leistung verweigern, auch wenn die Anfechtung nach §2082 ausgeschlossen ist.

第二千零八十三条　[得撤销之抗辩][a]

作成终意处分之给付义务[b]得撤销时，给付义务人依第二千零八十二条规定已不得撤销者，仍得拒绝给付。

a 参考条文：第821条（不当得利情形类似规定）、第853条（侵权行为情形类似规定）、第2345条（于撤销遗赠人遗赠请求权时之准用）。
b 此指负担及遗赠而言。

§2084 Auslegung zugunsten der Wirksamkeit

Lässt der Inhalt einer letztwilligen Verfügung verschiedene Auslegungen zu, so ist im Zweifel diejenige Auslegung vorzuziehen, bei welcher die Verfügung Erfolg haben kann.

第二千零八十四条 [有利于有效之解释][a]

终意处分之内容得有不同解释之可能者，于有疑义时，应选择有利于其发生效力之解释[b]。

a 参考条文：第133条（意思表示之解释）、第140条（无效法律行为之转换）、第2101条（继承开始时，指定继承人尚未出生之疑义解释）。
b 即选择可使遗嘱人之意思发生法律上效果之解释方法，而不必为有利于遗嘱受益人之解释。

§2085 Teilweise Unwirksamkeit

Die Unwirksamkeit einer von mehreren in einem Testament enthaltenen Verfügungen hat die Unwirksamkeit der übrigen Verfügungen nur zur Folge, wenn anzunehmen ist, dass der Erblasser diese ohne die unwirksame Verfügung nicht getroffen haben würde.

第二千零八十五条 [一部无效][a]

遗嘱所载之数处分中有一部分无效者，仅以可认为被继承人如无该无效之处分，即不为其他处分为限，其他处分始归于无效。

a 参考条文：第139条（法律行为之无效）、第2298条。

§2086 Ergänzungsvorbehalt

Ist einer letztwilligen Verfügung der Vorbehalt einer Ergänzung beigefügt, die Ergänzung aber unterblieben, so ist die Verfügung wirksam, sofern nicht anzunehmen ist, dass die Wirksamkeit von der Ergänzung abhängig sein sollte.

第二千零八十六条 [补充之保留]^a

终意处分附有补充之保留,而未为补充者,其处分仍为有效。但可认为其效力应系于该保留者,不在此限。

a 参考条文:第154条以下。

Titel 2　Erbeinsetzung
第二节　继承人之指定

§2087　Zuwendung des Vermögens, eines Bruchteils oder einzelner Gegenstände

(1) Hat der Erblasser sein Vermögen oder einen Bruchteil seines Vermögens dem Bedachten zugewendet, so ist die Verfügung als Erbeinsetzung anzusehen, auch wenn der Bedachte nicht als Erbe bezeichnet ist.

(2) Sind dem Bedachten nur einzelne Gegenstände zugewendet, so ist im Zweifel nicht anzunehmen, dass er Erbe sein soll, auch wenn er als Erbe bezeichnet ist.

第二千零八十七条 [财产全部或财产一部分或个别财产之给与]

Ⅰ 被继承人以遗嘱将其财产之全部或一部分给与受益人者,其处分视为继承人之指定。即使未指定受益人为继承人者,亦同[a]。

Ⅱ 遗嘱仅以个别财产之标的对受益人为给与者,有疑义时,不能推定其为继承人,即使指明其为继承人。

a 参照第1922条、第1937条、第1939条、第2103条、第2304条、第133条及第2084条。

§2088　Einsetzung auf Bruchteile

(1) Hat der Erblasser nur einen Erben eingesetzt und die Einsetzung auf einen Bruchteil der Erbschaft beschränkt, so tritt in Ansehung des übrigen Teils die gesetzliche Erbfolge ein.

(2) Das Gleiche gilt, wenn der Erblasser mehrere Erben unter Beschränkung eines

jeden auf einen Bruchteil eingesetzt hat und die Bruchteile das Ganze nicht erschöpfen.

第二千零八十八条 [就一部分财产所为之指定]

Ⅰ 被继承人以遗嘱指定一继承人，且其仅就一部分遗产而为指定者，其他部分依法定继承继承之。

Ⅱ 被继承人以遗嘱指定多数继承人且每人仅继承就遗产之一部分，而各部分之合计，未达遗产之全部者，亦同。

§2089 Erhöhung der Bruchteile

Sollen die eingesetzten Erben nach dem Willen des Erblassers die alleinigen Erben sein, so tritt, wenn jeder von ihnen auf einen Bruchteil der Erbschaft eingesetzt ist und die Bruchteile das Ganze nicht erschöpfen, eine verhältnismäßige Erhöhung der Bruchteile ein.

第二千零八十九条 [部分遗产之增加][a]

被继承人仅以遗嘱所指定之数人为继承人，而每人限定继承遗产之一部分，且各部分之合计未达遗产之全部者，未达之剩余部分，应按其应继份之比例增加继承[b]。

a 第2089条至第2093条于遗赠准用之（第2157条）。本条不仅于以一遗嘱或一继承契约指定继承人时有其适用，即以数遗嘱或数继承契约，或一部分以遗嘱，一部分以继承契约指定继承人时，亦同（第2279条第1款）。

b 例如指定甲、乙、丙各继承遗产之1/2、1/5、1/5时，则该三人应各得全部遗产之5/9、2/9、2/9。

§2090 Minderung der Bruchteile

Ist jeder der eingesetzten Erben auf einen Bruchteil der Erbschaft eingesetzt und übersteigen die Bruchteile das Ganze, so tritt eine verhältnismäßige Minderung der Bruchteile ein.

第三章 遗嘱

第二千零九十条 [部分遗产之减少]ᵃ

每一指定继承人限定应继承之部分，因各部分数额之合计已超过遗产之总额者，每人之应继份按比例减少继承ᵇ。

a 参照第2092条第2款。
b 例如指定甲、乙、丙三人各继承遗产之1/2、1/2及1/3时，则甲、乙各得遗产之3/8，丙得2/8。

§2091 Unbestimmte Bruchteile

Sind mehrere Erben eingesetzt, ohne dass die Erbteile bestimmt sind, so sind sie zu gleichen Teilen eingesetzt, soweit sich nicht aus den §§2066 bis 2069 ein anderes ergibt.

第二千零九十一条 [部分遗产之未确定]ᵃ

指定数继承人而未指定其应继份之数额者，除第二千零六十六条至第二千零六十九条另有规定外，各人之应继承分均等。

a 参考条文：第742条。

§2092 Teilweise Einsetzung auf Bruchteile

(1) Sind von mehreren Erben die einen auf Bruchteile, die anderen ohne Bruchteile eingesetzt, so erhalten die letzteren den freigebliebenen Teil der Erbschaft.
(2) Erschöpfen die bestimmten Bruchteile die Erbschaft, so tritt eine verhältnismäßige Minderung der Bruchteile in der Weise ein, dass jeder der ohne Bruchteile eingesetzten Erben so viel erhält wie der mit dem geringsten Bruchteil bedachte Erbe.

第二千零九十二条 [部分遗产之部分指定]

Ⅰ 就指定继承人中，有部分被指定应继份之数额，其他之继承人未指定者，其他继承人取得遗产之剩余部分。
Ⅱ 前款经指定应继份之数额已达遗产之全部者ᵃ，各部分应按应继份之比例减少，使其未经指定应继份之各继承人，能取得相当于经指定而受益最少部分继承人之数额[b]。

a 经指定之部分合计超过遗产全部者（第2090条），亦同。
b 例如指定甲、乙、丙各继承遗产之1/2、1/3、1/6，而对于丁未指定时，则甲、乙应各得遗产之3/7、2/7，丙、丁各得1/7。

§2093 Gemeinschaftlicher Erbteil

Sind einige von mehreren Erben auf einen und denselben Bruchteil der Erbschaft eingesetzt (gemeinschaftlicher Erbteil), so finden in Ansehung des gemeinschaftlichen Erbteils die Vorschriften der §§2089 bis 2092 entsprechende Anwendung.

第二千零九十三条 [共同应继份][a]

在数指定继承人中，有部分继承人指定继承同一部分者（共同应继份），关于共同应继份，准用第二千零八十九条至第二千零九十二条规定。

a 参考条文：第2094条。

§2094 Anwachsung

(1) Sind mehrere Erben in der Weise eingesetzt, dass sie die gesetzliche Erbfolge ausschließen, und fällt einer der Erben vor oder nach dem Eintritt des Erbfalls weg, so wächst dessen Erbteil den übrigen Erben nach dem Verhältnis ihrer Erbteile an. Sind einige der Erben auf einen gemeinschaftlichen Erbteil eingesetzt, so tritt die Anwachsung zunächst unter ihnen ein.

(2) Ist durch die Erbeinsetzung nur über einen Teil der Erbschaft verfügt und findet in Ansehung des übrigen Teils die gesetzliche Erbfolge statt, so tritt die Anwachsung unter den eingesetzten Erben nur ein, soweit sie auf einen gemeinschaftlichen Erbteil eingesetzt sind.

(3) Der Erblasser kann die Anwachsung ausschließen.

第二千零九十四条 [应继份之增加][a]

I [1]以剥夺法定继承之方法指定数继承人，而其中一继承人于继承开始前或继承后出缺者，该人之应继份，按其他继承人应继份之比例，归属于其他继承人[b]。²于此情形，继承人中之数人经指定继承共同应继份者，该数人相互间先增加其应继份。
Ⅱ 仅就遗产之一部为继承之指定，而其他部分应依法定继承者，以指定共同应继份为继承者为限，于该指定继承人间发生应继份之增加。
Ⅲ 被继承人得排除应继份之增加[c]。

a 参考条文：第1923条、第1938条、第1953条、第2078条、第2344条、第2088条、第2093条。
b 例如指定甲、乙、丙各继承遗产之1/2、1/4、1/4，则于丙出缺时，甲取得2/3(1/2 + 2/12)；乙取得1/3(1/4 + 1/12)。
c 参照第2069条及第2099条。

§2095 Angewachsener Erbteil

Der durch Anwachsung einem Erben anfallende Erbteil gilt in Ansehung der Vermächtnisse und Auflagen, mit denen dieser Erbe oder der wegfallende Erbe beschwert ist, sowie in Ansehung der Ausgleichungspflicht als besonderer Erbteil.

第二千零九十五条 [增加应继份之效力][a]

因前条规定继承人所增加之应继份，对于继承人或继承权消灭之继承人应负之遗赠或负担，及补偿之义务，视为特别应继份[b]。

a 参照第1935条、第2007条及第2159条。
b 此规定旨在保护继承人不致因第1951条、第2161条及第2192条规定之结果而受损害。

§2096 Ersatzerbe

Der Erblasser kann für den Fall, dass ein Erbe vor oder nach dem Eintritt des Erbfalls wegfällt, einen anderen als Erben einsetzen (Ersatzerbe).

第二千零九十六条 [预备继承人][a]

被继承人就继承开始前或继承开始后继承人之可能出缺，而得以遗嘱预定他人为继承人（预备继承人）[b]。

a 无论在指定继承或法定继承，遗嘱人均得指定预备继承人，且虽指定数预备继承人亦无不可。
b 参照第2102条、关于后位继承，参照第2110条；关于遗产之买卖，参照第2373条；关于预备受遗赠人，参照第2190条。

§2097 Auslegungsregel bei Ersatzerben

Ist jemand für den Fall, dass der zunächst berufene Erbe nicht Erbe sein kann, oder für den Fall, dass er nicht Erbe sein will, als Ersatzerbe eingesetzt, so ist im Zweifel anzunehmen, dass er für beide Fälle eingesetzt ist.

第二千零九十七条　[预备继承人之解释方法][a]

顺序在先之继承人有不能继承或不愿继承之可能情事，而被指定为预备继承人者，于有疑义时，推定其系该二种情形所为之指定。

a 第2097条至第2099条关于遗赠规定，亦准用之（第2190条）。

§2098 Wechselseitige Einsetzung als Ersatzerben

(1) Sind die Erben gegenseitig oder sind für einen von ihnen die übrigen als Ersatzerben eingesetzt, so ist im Zweifel anzunehmen, dass sie nach dem Verhältnis ihrer Erbteile als Ersatzerben eingesetzt sind.

(2) Sind die Erben gegenseitig als Ersatzerben eingesetzt, so gehen Erben, die auf einen gemeinschaftlichen Erbteil eingesetzt sind, im Zweifel als Ersatzerben für diesen Erbteil den anderen vor.

第二千零九十八条　[相互指定为预备继承人]

Ⅰ 指定多数继承人互为预备继承人，或就继承人中之一人指定其他之人为预备继承人者，于有疑义时，推定按各继承人应继份之比例，指定其为预备继承人[a]。

Ⅱ 指定继承人互为预备继承人者，于有疑义时，被指定共同应继份之人就该共同应继份，优先于其他之人为预备继承人[b]。

a 例如被继承人指定甲、乙、丙为继承人，各继承遗产之1/3、1/4及5/12，而各人相互指定为预备继承人时，如甲出缺，则其1/3之应继份，应按3/24与5/24之比例归属于乙与丙。

b 例如指定继承人甲、乙各继承遗产之1/3及1/4，丙、丁、戊、己、庚共同继承所余之5/12，如丙、丁、戊、己、庚五人中有一人出缺时，其应有部分应按1/48之比例分别归属于其他四人，仅于此五人均出缺时，甲与乙始得以预备继承人之资格取得该应继份。

§2099 Ersatzerbe und Anwachsung

Das Recht des Ersatzerben geht dem Anwachsungsrecht vor.

第二千零九十九条 [预备继承人与应继份之增加]

预备继承人之权利优先于应继份增加之归属[a]。

a 参照第2094条。

Titel 3
Einsetzung eines Nacherben
第三节 后位继承人之指定

一般而论，指定后位继承人之原因，并非被继承人对前位继承人之不信任，而系由于其不愿让其遗产归属于前位继承人（如生存配偶）之继承人。后位继承人虽与前位继承人同系就遗产为交替支配之真正继承人（然非共同继承人），但非前位继承人之继承人，二者皆直接自遗嘱人取得权利。后位继承人于后位继承开始时，预以遗嘱人概括继承人之身份，当然取得遗产（第1922条）。于后位继承开始前，前位继承人之地位固类似于用益权人（Nießbraucher），惟其权利强度则有过之，尤其以经遗嘱人免除其法律上所受之拘束时为然。本节规定，可大别为：原则（第2100条至第2111条）；前位继承人之中间地位（第2112条至第2138条）；后位继承开始后之法律关系（第2139条至第2146条）三类。

§2100 Nacherbe

Der Erblasser kann einen Erben in der Weise einsetzen, dass dieser erst Erbe wird, nachdem zunächst ein anderer Erbe geworden ist (Nacherbe).

第二千一百条　[后位继承人]^a

被继承人得以遗嘱指定继承人，使其于他人先为继承人，而后始由其为继承人（后位继承人）^b。

a 参考条文：第2139条。
b 后位继承人与预备继承人不同，前者于他人先为继承人之后始为继承人；反之，后者于他人为继承人后，则不得为继承人。后位继承人之指定得附以条件或期限。惟应参照第2109条。对于后位继承人，被继承人并得指定为预备后位继承人（Ersatznacherbe）。

§2101 Noch nicht gezeugter Nacherbe

(1) Ist eine zur Zeit des Erbfalls noch nicht gezeugte Person als Erbe eingesetzt, so ist im Zweifel anzunehmen, dass sie als Nacherbe eingesetzt ist. Entspricht es nicht dem Willen des Erblassers, dass der Eingesetzte Nacherbe werden soll, so ist die Einsetzung unwirksam.

(2) Das Gleiche gilt von der Einsetzung einer juristischen Person, die erst nach dem Erbfall zur Entstehung gelangt; die Vorschrift des §84 bleibt unberührt.

第二千一百零一条　[尚未出生之后位继承人]

Ⅰ ¹继承开始时，尚未受胎之人经指定为继承人者，于有疑义时，推定其被指定之人为后位继承人。²被指定之人为后位继承人，并不符合被继承人之意思者^a，其指定无效。

Ⅱ 指定继承开始后设立之法人为继承人者，亦同；于此情形，第八十四条规定不因之受影响^b。

a 参照第140条。
b 遗嘱人指定于其死亡后经许可设立之财团为继承人者，如该法人经许可成立时，则其应为遗嘱人之直接继承人，而非后位继承人。

§2102 Nacherbe und Ersatzerbe

(1) Die Einsetzung als Nacherbe enthält im Zweifel auch die Einsetzung als Ersatzerbe.

(2) Ist zweifelhaft, ob jemand als Ersatzerbe oder als Nacherbe eingesetzt ist, so gilt er

als Ersatzerbe.

第二千一百零二条 [后位继承人与预备继承人][a]

I 后位继承人之指定有疑义时，亦包括预备继承人之指定[b]。

II 被指定之人为预备继承人或后位继承人，于有疑义时，视为预备继承人。

a 参考条文：第2096条。
b 于前位继承人因故出缺时，由后位继承人以预备继承人之资格当然继承遗嘱人之遗产。

§2103 Anordnung der Herausgabe der Erbschaft

Hat der Erblasser angeordnet, dass der Erbe mit dem Eintritt eines bestimmten Zeitpunkts oder Ereignisses die Erbschaft einem anderen herausgeben soll, so ist anzunehmen, dass der andere als Nacherbe eingesetzt ist.

第二千一百零三条 [遗产交付之指示]

被继承人以遗嘱指示继承人于一定期间之届至或特定事件之发生时，应将遗产交付于他人者，应认定其为后位继承人。

§2104 Gesetzliche Erben als Nacherben

Hat der Erblasser angeordnet, dass der Erbe nur bis zu dem Eintritt eines bestimmten Zeitpunkts oder Ereignisses Erbe sein soll, ohne zu bestimmen, wer alsdann die Erbschaft erhalten soll, so ist anzunehmen, dass als Nacherben diejenigen eingesetzt sind, welche die gesetzlichen Erben des Erblassers sein würden, wenn er zur Zeit des Eintritts des Zeitpunkts oder des Ereignisses gestorben wäre. Der Fiskus gehört nicht zu den gesetzlichen Erben im Sinne dieser Vorschrift.

第二千一百零四条 [法定继承人为后位继承人][a]

[1]被继承人以遗嘱指示继承人仅于一定期间届至前或特定事件发生前为其继承人，而未指定嗣后应由何人取得遗产者，应认为于该期间届至或该事件发生时，如被继承人死亡即为法定继承人之人被指定为后

位继承人。²公库不属于本条规定所称之继承人。

a 参考条文：第1936条、第1953条、第2149条。

§2105 Gesetzliche Erben als Vorerben

(1) Hat der Erblasser angeordnet, dass der eingesetzte Erbe die Erbschaft erst mit dem Eintritt eines bestimmten Zeitpunkts oder Ereignisses erhalten soll, ohne zu bestimmen, wer bis dahin Erbe sein soll, so sind die gesetzlichen Erben des Erblassers die Vorerben.

(2) Das Gleiche gilt, wenn die Persönlichkeit des Erben durch ein erst nach dem Erbfall eintretendes Ereignis bestimmt werden soll oder wenn die Einsetzung einer zur Zeit des Erbfalls noch nicht gezeugten Person oder einer zu dieser Zeit noch nicht entstandenen juristischen Person als Erbe nach §2101 als Nacherbeinsetzung anzusehen ist.

第二千一百零五条　[法定继承人为前位继承人]ᵃ

Ⅰ 被继承人以遗嘱指示继承人仅于一定期间届至前或特定事件发生时始取得遗产，而未指定在此以前应由何人为继承人者，以被继承人之法定继承人为前位继承人。

Ⅱ 继承人之人格应取决于继承开始后所发生之事件，或于继承开始时指定未受胎之人或未设立之法人为继承人，而依第二千一百零一条规定，应推定为后位继承人之指定者，亦同。

a 参考条文：第1924条以下。

§2106 Eintritt der Nacherbfolge

(1) Hat der Erblasser einen Nacherben eingesetzt, ohne den Zeitpunkt oder das Ereignis zu bestimmen, mit dem die Nacherbfolge eintreten soll, so fällt die Erbschaft dem Nacherben mit dem Tod des Vorerben an.

(2) Ist die Einsetzung einer noch nicht gezeugten Person als Erbe nach §2101 Abs. 1 als Nacherbeinsetzung anzusehen, so fällt die Erbschaft dem Nacherben mit dessen Geburt an. Im Falle des §2101 Abs. 2 tritt der Anfall mit der Entstehung der juristischen Person ein.

第二千一百零六条 [后位继承之开始]

Ⅰ 被继承人以遗嘱指定后位继承人，而未指定后位继承开始之时期或事件者，其遗产于前位继承人死亡时，由后位继承人继承。

Ⅱ ¹指定未受胎之人为继承人，而依第二千一百零一条第一款规定，对推定为后位继承人之指定者，遗产于其出生时归属于后位继承人。²第二千一百零一条第二款之情形，法人于设立时取得遗产。

§2107 Kinderloser Vorerbe

Hat der Erblasser einem Abkömmling, der zur Zeit der Errichtung der letztwilligen Verfügung keinen Abkömmling hat oder von dem der Erblasser zu dieser Zeit nicht weiß, dass er einen Abkömmling hat, für die Zeit nach dessen Tod einen Nacherben bestimmt, so ist anzunehmen, dass der Nacherbe nur für den Fall eingesetzt ist, dass der Abkömmling ohne Nachkommenschaft stirbt.

第二千一百零七条 [无子女之前位继承人][a]

被继承人以遗嘱指定其直系血亲卑亲属为其死后之后位继承人，而其于终意处分时，该直系血亲卑亲属尚无子女或被继承人于立遗嘱时，不知其有子女者，应推定被继承人仅于该直系血亲卑亲属死亡而确无后嗣时，始为后位继承人。

a 参考条文：第2069条、第2079条。

§2108 Erbfähigkeit; Vererblichkeit des Nacherbrechts

(1) Die Vorschrift des §1923 findet auf die Nacherbfolge entsprechende Anwendung.

(2) Stirbt der eingesetzte Nacherbe vor dem Eintritt des Falles der Nacherbfolge, aber nach dem Eintritt des Erbfalls, so geht sein Recht auf seine Erben über, sofern nicht ein anderer Wille des Erblassers anzunehmen ist. Ist der Nacherbe unter einer aufschiebenden Bedingung eingesetzt, so bewendet es bei der Vorschrift des §2074.

第二千一百零八条 [继承能力；后位继承权之可继承性]

Ⅰ 后位继承准用第一千九百二十三条规定。

Ⅱ ¹经指定之后位继承人于继承开始后，而于后位继承开始前死亡者，除可认为遗嘱人另有意思外，后位继承权移转于其继承人ᵃ。²后位继承人之指定附有停止条件者，仍适用第二千零七十四条规定。

a 但被指定之后位继承人先于遗嘱人死亡者，不在此限。

§2109 Unwirksamwerden der Nacherbschaft

(1) Die Einsetzung eines Nacherben wird mit dem Ablauf von 30 Jahren nach dem Erbfall unwirksam, wenn nicht vorher der Fall der Nacherbfolge eingetreten ist. Sie bleibt auch nach dieser Zeit wirksam,
　1. wenn die Nacherbfolge für den Fall angeordnet ist, dass in der Person des Vorerben oder des Nacherben ein bestimmtes Ereignis eintritt, und derjenige, in dessen Person das Ereignis eintreten soll, zur Zeit des Erbfalls lebt,
　2. wenn dem Vorerben oder einem Nacherben für den Fall, dass ihm ein Bruder oder eine Schwester geboren wird, der Bruder oder die Schwester als Nacherbe bestimmt ist.

(2) Ist der Vorerbe oder der Nacherbe, in dessen Person das Ereignis eintreten soll, eine juristische Person, so bewendet es bei der dreißigjährigen Frist.

第二千一百零九条 [后位继承之罹于时效]

Ⅰ ¹继承开始后已逾三十年而后位继承尚未开始者，后位继承之指定失其效力ᵃ。²有下列情形之一者，虽已逾前段期间，后位继承人之指定仍有效力：
　1. 就前位继承人或后位继承人发生特定个人之事件而可能指定之后位继承ᵇ，且该可能发生事件之人，于继承开始时尚生存者。
　2. 对于前位继承人或后位继承人就其有弟或妹之可能出生，而指定其弟或妹为后位继承人。

Ⅱ 前款可能发生事件之前位继承人或后位继承人为法人者，适用三十年之期间。

a 参考条文：第2162条以下、第2210条。

b 例如前位继承人之死亡。

§2110 Umfang des Nacherbenrechts

(1) Das Recht des Nacherben erstreckt sich im Zweifel auf einen Erbteil, der dem Vorerben infolge des Wegfalls eines Miterben anfällt.

(2) Das Recht des Nacherben erstreckt sich im Zweifel nicht auf ein dem Vorerben zugewendetes Vorausvermächtnis.

第二千一百一十条 [后位继承权之范围]

I 后位继承人之权利，于有疑义时，应及于因共同继承人之出缺而归属于前位继承人之应继份[a]。

II 后位继承人之权利，于有疑义时，不应及于前位继承人所取得之优先遗赠[b]。

a 参照第1935条、第2094条及第2096条。
b 参照第2150条及第2373条。

§2111 Unmittelbare Ersetzung

(1) Zur Erbschaft gehört, was der Vorerbe auf Grund eines zur Erbschaft gehörenden Rechts oder als Ersatz für die Zerstörung, Beschädigung oder Entziehung eines Erbschaftsgegenstands oder durch Rechtsgeschäft mit Mitteln der Erbschaft erwirbt, sofern nicht der Erwerb ihm als Nutzung gebührt. Die Zugehörigkeit einer durch Rechtsgeschäft erworbenen Forderung zur Erbschaft hat der Schuldner erst dann gegen sich gelten zu lassen, wenn er von der Zugehörigkeit Kenntnis erlangt; die Vorschriften der §§406 bis 408 finden entsprechende Anwendung.

(2) Zur Erbschaft gehört auch, was der Vorerbe dem Inventar eines erbschaftlichen Grundstücks einverleibt.

第二千一百一十一条 [物上代位][a]

I ¹前位继承人就遗产之权利所得之利益，或因遗产标的物之灭失、毁损或被侵夺所得之补偿，或利用遗产而为法律行为所取得之财产，除其应得之收益外，均属于遗产。²依法律行为所取得之债权应归属于遗产时，仅债务人知其事实者，始得以之对抗债权人；于此情形，准用第四百零六条至第四百零八条规定。

Ⅱ 前位继承人在土地清册上所列之附属物[b]，亦属于遗产。

a 参考条文：第1381条、第1473条、第1646条、第2019条、第2041条、第2374条。
b 参照第588条第2款、第1048条及第1378条。

§2112 Verfügungsrecht des Vorerben

Der Vorerbe kann über die zur Erbschaft gehörenden Gegenstände verfügen, soweit sich nicht aus den Vorschriften der §§2113 bis 2115 ein anderes ergibt.

第二千一百一十二条 [前位继承人之处分权][a]

前位继承人得处分遗产之标的物。但依第二千一百一十三条至第二千一百一十五条另有规定者，不在此限。

a 关于处分权之丧失，参照第2129条。

§2113 Verfügungen über Grundstücke, Schiffe und Schiffsbauwerke; Schenkungen

(1) Die Verfügung des Vorerben über ein zur Erbschaft gehörendes Grundstück oder Recht an einem Grundstück oder über ein zur Erbschaft gehörendes eingetragenes Schiff oder Schiffsbauwerk ist im Falle des Eintritts der Nacherbfolge insoweit unwirksam, als sie das Recht des Nacherben vereiteln oder beeinträchtigen würde.

(2) Das Gleiche gilt von der Verfügung über einen Erbschaftsgegenstand, die unentgeltlich oder zum Zwecke der Erfüllung eines von dem Vorerben erteilten Schenkungsversprechens erfolgt. Ausgenommen sind Schenkungen, durch die einer sittlichen Pflicht oder einer auf den Anstand zu nehmenden Rücksicht entsprochen wird.

(3) Die Vorschriften zugunsten derjenigen, welche Rechte von einem Nichtberechtigten herleiten, finden entsprechende Anwendung.

第三章 遗嘱 §§2113,2114

第二千一百一十三条 [对土地、船舶及建造中船舶之处分；赠与]

Ⅰ 前位继承就属于遗产之土地，或土地上之权利[a]，或遗产中已经登记之船舶或建造中之船舶为处分[b]，而有害及后位继承人之权利，或使其权利失其效用者，于后位继承开始时，其处分不生效力。

Ⅱ [1]前位继承人以无偿行为处分遗产之标的物，或为履行其为赠与之约定而为处分者，亦同。[2]但赠与系履行道德上之义务，或合于礼仪上所为考虑者[c]，不在此限。

Ⅲ 于此情形，准用权利人从无权利人取得权利之保护规定[d]。

a 所谓土地上之权利，系指地役权、先买权或物上负担（Reallast）而言；关于抵押权及土地债务，并参照第2114条及《地上权条例》第11条。
b 第2113条以下规定，系因1940年12月21日船舶权利法施行条例而增订。
c 参照第534条、第1446条、第1641条、第1804条、第2205条及第2330条。
d 参照第892条、第936条及第816条第1款第2段。

§2114 Verfügungen über Hypothekenforderungen, Grund- und Rentenschulden

Gehört zur Erbschaft eine Hypothekenforderung, eine Grundschuld, eine Rentenschuld oder eine Schiffshypothekenforderung, so steht die Kündigung und die Einziehung dem Vorerben zu. Der Vorerbe kann jedoch nur verlangen, dass das Kapital an ihn nach Beibringung der Einwilligung des Nacherben gezahlt oder dass es für ihn und den Nacherben hinterlegt wird. Auf andere Verfügungen über die Hypothekenforderung, die Grundschuld, die Rentenschuld oder die Schiffshypothekenforderung finden die Vorschriften des §2113 Anwendung.

第二千一百一十四条 [抵押债权、土地债务及定期土地债务之处分]

[1]抵押债权、土地债务、定期土地债务或船舶抵押债权属于遗产者，前位继承人有终止及收取之权利。[2]但前位继承人非提示后位继承人之同意文件，不得请求原本，或为自己及后位继承人提存[a]。[3]关于抵押债权、土地债务、定期土地债务或船舶抵押债权之其他处分[b]，适用第二千一百一十三条规定。

a 关于后位继承人之同意，参照第2120条；前位继承人本条义务之免除，参照第

1491

2136条。
b 例如让与、设定负担、抵押权变更为土地负担、土地负担变更为抵押权(第1198条)及涂销之同意等属之。

§2115 Zwangsvollstreckungsverfügungen gegen Vorerben

Eine Verfügung über einen Erbschaftsgegenstand, die im Wege der Zwangsvollstreckung oder der Arrestvollziehung oder durch den Insolvenzverwalter erfolgt, ist im Falle des Eintritts der Nacherbfolge insoweit unwirksam, als sie das Recht des Nacherben vereiteln oder beeinträchtigen würde. Die Verfügung ist unbeschränkt wirksam, wenn der Anspruch eines Nachlassgläubigers oder ein an einem Erbschaftsgegenstand bestehendes Recht geltend gemacht wird, das im Falle des Eintritts der Nacherbfolge dem Nacherben gegenüber wirksam ist.

第二千一百一十五条 [对前位继承人之强制执行处分]

¹依强制执行或假扣押或由破产管理人对遗产标的物所为之处分,有害及后位继承人之权利,或使其权利失其效力者,于后位继承开始时,其处分不生效力。²该处分权系因行使遗产债权之请求权所为,或行使就遗产标的物所享有之权利,而该权利于后位继承开始时,对后位继承人有效者,其处分之效力不受限制。

§2116 Hinterlegung von Wertpapieren

(1) Der Vorerbe hat auf Verlangen des Nacherben die zur Erbschaft gehörenden Inhaberpapiere nebst den Erneuerungsscheinen bei einer Hinterlegungsstelle mit der Bestimmung zu hinterlegen, dass die Herausgabe nur mit Zustimmung des Nacherben verlangt werden kann. Die Hinterlegung von Inhaberpapieren, die nach §92 zu den verbrauchbaren Sachen gehören, sowie von Zins-, Renten- oder Gewinnanteilscheinen kann nicht verlangt werden. Den Inhaberpapieren stehen Orderpapiere gleich, die mit Blankoindossament versehen sind.

(2) Über die hinterlegten Papiere kann der Vorerbe nur mit Zustimmung des Nacherben verfügen.

第二千一百一十六条　[有价证券之提存]^a

Ⅰ ¹前位继承人因后位继承人之请求，应将属于遗产之无记名证券连同更新证券提存于提存所，并订明非经后位继承人之同意，不得请求。²依第九十二条规定属于消费物之无记名证券及利息证券、定期金证券或红利证券，不得请求提存之。³空白背书之指示证券，视同无记名证券。
Ⅱ 前位继承人仅经后位继承人之同意，始得处分所提存之证券。

a 参考条文：第805条、第137条第1段、第2120条、第1082条、第1084条、第1814条、第2136条。

§2117　Umschreibung; Umwandlung

Der Vorerbe kann die Inhaberpapiere, statt sie nach §2116 zu hinterlegen, auf seinen Namen mit der Bestimmung umschreiben lassen, dass er über sie nur mit Zustimmung des Nacherben verfügen kann. Sind die Papiere vom Bund oder von einem Land ausgestellt, so kann er sie mit der gleichen Bestimmung in Buchforderungen gegen den Bund oder das Land umwandeln lassen.

第二千一百一十七条　[变更；转换]^a

¹前位继承人得不依第二千一百一十六条规定，提存无记名证券，而将其变更为自己名义^b，并订明前位继承人仅经后位继承人之同意，始能对其处分。²无记名证券系由联邦或各邦所发行者，前位继承人得在相同规定之情形下，转换成为联邦或各邦在公债簿上登记之债权。

a 参考条文：第1815条第1款。
b 参照第806条。

§2118　Sperrvermerk im Schuldbuch

Gehören zur Erbschaft Buchforderungen gegen den Bund oder ein Land, so ist der Vorerbe auf Verlangen des Nacherben verpflichtet, in das Schuldbuch den Vermerk eintragen zu lassen, dass er über die Forderungen nur mit Zustimmung des Nacherben verfügen kann.

第二千一百一十八条　[公债簿上处分限制之注明]ª

就联邦或各邦公债簿上登记之债权属于遗产者，前位继承人因后位继承人之请求，有在公债登记簿上注明应经后位继承人之同意后，始得处分该债权之义务。

a　参考条文：第1816条。

§2119 Anlegung von Geld

Geld, das nach den Regeln einer ordnungsmäßigen Wirtschaft dauernd anzulegen ist, darf der Vorerbe nur nach den für die Anlegung von Mündelgeld geltenden Vorschriften anlegen.

第二千一百一十九条　[金钱之投资]

前位继承人仅得依关于受监护人金钱投资规定，依据通常持续经营之方法为金钱之投资。

§2120 Einwilligungspflicht des Nacherben

Ist zur ordnungsmäßigen Verwaltung, insbesondere zur Berichtigung von Nachlassverbindlichkeiten, eine Verfügung erforderlich, die der Vorerbe nicht mit Wirkung gegen den Nacherben vornehmen kann, so ist der Nacherbe dem Vorerben gegenüber verpflichtet, seine Einwilligung zu der Verfügung zu erteilen. Die Einwilligung ist auf Verlangen in öffentlich beglaubigter Form zu erklären. Die Kosten der Beglaubigung fallen dem Vorerben zur Last.

第二千一百二十条　[后位继承人之同意义务]

[1]为正常之管理行为，尤其对遗产债务清偿所为之必要处分，而其处分不经后位继承人之协助，亦得发生效力者ª，后位继承人对前位继承人负有同意该处分之义务。[2]前段规定之同意，因前位继承人之请求，应以公证方式表示之ᵇ。[3]认证费用由前位继承人负担。

a　参照第2113条以下、第2116条第2款及第2117条。
b　参照第129条。

第三章 遗 嘱

§2121 Verzeichnis der Erbschaftsgegenstände

(1) Der Vorerbe hat dem Nacherben auf Verlangen ein Verzeichnis der zur Erbschaft gehörenden Gegenstände mitzuteilen. Das Verzeichnis ist mit der Angabe des Tages der Aufnahme zu versehen und von dem Vorerben zu unterzeichnen; der Vorerbe hat auf Verlangen die Unterzeichnung öffentlich beglaubigen zu lassen.
(2) Der Nacherbe kann verlangen, dass er bei der Aufnahme des Verzeichnisses zugezogen wird.
(3) Der Vorerbe ist berechtigt und auf Verlangen des Nacherben verpflichtet, das Verzeichnis durch die zuständige Behörde oder durch einen zuständigen Beamten oder Notar aufnehmen zu lassen.
(4) Die Kosten der Aufnahme und der Beglaubigung fallen der Erbschaft zur Last.

第二千一百二十一条 [遗产标的物之目录][a]

Ⅰ [1]前位继承人因请求应将遗产标的物之目录通知后位继承人。[2]该目录应记载编制之日期，并由前位继承人签名；前位继承人因请求应将所签名之目录交付公证。
Ⅱ 后位继承人得请求参与目录之编制时。
Ⅲ 前位继承人有权利且基于后位继承人之请求，使有管辖权之行政机关、主管公务员或公证人负有编制目录之义务[b]。
Ⅳ 编制及公证之费用，由遗产负担之。

a 参照第1035条、第1640条及第2215条；该义务不得免除（第2136条）。
b 参照第2215条、第2314条；又参照第2002条。

§2122 Feststellung des Zustands der Erbschaft

Der Vorerbe kann den Zustand der zur Erbschaft gehörenden Sachen auf seine Kosten durch Sachverständige feststellen lassen. Das gleiche Recht steht dem Nacherben zu.

第二千一百二十二条 [遗产状况之确认][a]

[1]前位继承人得以自己之费用请求鉴定人确认属于遗产之物之状况。
[2]后位继承人享有相同权利。

a 参照第1034条。

§2123 Wirtschaftsplan

(1) Gehört ein Wald zur Erbschaft, so kann sowohl der Vorerbe als der Nacherbe verlangen, dass das Maß der Nutzung und die Art der wirtschaftlichen Behandlung durch einen Wirtschaftsplan festgestellt werden. Tritt eine erhebliche Änderung der Umstände ein, so kann jeder Teil eine entsprechende Änderung des Wirtschaftsplans verlangen. Die Kosten fallen der Erbschaft zur Last.

(2) Das Gleiche gilt, wenn ein Bergwerk oder eine andere auf Gewinnung von Bodenbestandteilen gerichtete Anlage zur Erbschaft gehört.

第二千一百二十三条 [经营计划]^a

Ⅰ ¹遗产中有森林者，前位继承人或后位继承人均得请求通过经营计划确认森林使用之程度及经营方法。²情事发生变更者，任何一方得请求就经营计划作适当之变更。³其费用由遗产负担。

Ⅱ 矿山或其他以开采土地成分为目的之设施，属于遗产者，亦同。

a 参照第1038条（所有人及用益权人对于森林及矿山之经营）；关于本条义务之免除，参照第2136条。

§2124 Erhaltungskosten

(1) Der Vorerbe trägt dem Nacherben gegenüber die gewöhnlichen Erhaltungskosten.

(2) Andere Aufwendungen, die der Vorerbe zum Zwecke der Erhaltung von Erbschaftsgegenständen den Umständen nach für erforderlich halten darf, kann er aus der Erbschaft bestreiten. Bestreitet er sie aus seinem Vermögen, so ist der Nacherbe im Falle des Eintritts der Nacherbfolge zum Ersatz verpflichtet.

第二千一百二十四条 [维护费用]^a

Ⅰ 前位继承人对后位继承人负担通常之维护费用^b。

Ⅱ ¹前位继承人为维护遗产标的物，而按其情况，可认为必要之其他费用者，得以遗产支付之。²前位继承人就遗产所支付之费用，在后位继承开始时，其负有偿还之义务。

a 参考条文：第1041条、第1043条、第256条、第273条、第670条。
b 包括管理费用在内。

§2125 Verwendungen; Wegnahmerecht

(1) Macht der Vorerbe Verwendungen auf die Erbschaft, die nicht unter die Vorschrift des §2124 fallen, so ist der Nacherbe im Falle des Eintritts der Nacherbfolge nach den Vorschriften über die Geschäftsführung ohne Auftrag zum Ersatz verpflichtet.

(2) Der Vorerbe ist berechtigt, eine Einrichtung, mit der er eine zur Erbschaft gehörende Sache versehen hat, wegzunehmen.

第二千一百二十五条　[费用；取回权][a]

Ⅰ 前位继承人对遗产支出之费用，不在第二千一百二十四条所列之费用者，后位继承人有依无因管理规定，偿还该费用之义务[b]。

Ⅱ 前位继承人有权取回该属于遗产之物之设备[c]。

a 参照第1049条及第2103条。
b 参照第683条以下、第256条及第257条。
c 参照第258条。

§2126 Außerordentliche Lasten

Der Vorerbe hat im Verhältnis zu dem Nacherben nicht die außerordentlichen Lasten zu tragen, die als auf den Stammwert der Erbschaftsgegenstände gelegt anzusehen sind. Auf diese Lasten findet die Vorschrift des §2124 Abs. 2 Anwendung.

第二千一百二十六条　[特别负担][a]

[1]遗产标的物之特别负担，可认为其系对基本价值所课征者[b]，前位继承人对其与后位继承人之关系，不负担责任[c]。[2]关于该负担，适用第二千一百二十四条第二款规定。

a 参照第995条、第1047条。
b 就全部遗产基本价值所课之负担亦然，例如遗产税。
c 关于负担之分配，参照第103条。

§2127 Auskunftsrecht des Nacherben

Der Nacherbe ist berechtigt, von dem Vorerben Auskunft über den Bestand der Erbschaft zu verlangen, wenn Grund zu der Annahme besteht, dass der Vorerbe durch seine Verwaltung die Rechte des Nacherben erheblich verletzt.

第二千一百二十七条　[后位继承人之询问权][a]

后位继承人有理由认为前位继承人管理遗产对后位继承人之权利造成重大损害者，后位继承人得请求其报告遗产之状况。

a 参考条文：第2136条、第260条、第1913条第2段、第2222条、第2363条第2款。

§2128 Sicherheitsleistung

(1) Wird durch das Verhalten des Vorerben oder durch seine ungünstige Vermögenslage die Besorgnis einer erheblichen Verletzung der Rechte des Nacherben begründet, so kann der Nacherbe Sicherheitsleistung verlangen.

(2) Die für die Verpflichtung des Nießbrauchers zur Sicherheitsleistung geltenden Vorschriften des §1052 finden entsprechende Anwendung.

第二千一百二十八条　[提供担保]

Ⅰ 因前位继承人之行为，或因其财务状况不佳，致后位继承人之权利有受重大损害之虞者，后位继承人得请求[a]提供担保[b]。

Ⅱ 于此情形，准用第一千零五十二条关于用益权人有提供担保义务之规定。

a 类似规定，参照第1051条（用益权人之行为致所有权人权利有重大损害之虞之类似规定）。
b 参照第232条以下。

§2129 Wirkung einer Entziehung der Verwaltung

(1) Wird dem Vorerben die Verwaltung nach der Vorschrift des §1052 entzogen, so verliert er das Recht, über Erbschaftsgegenstände zu verfügen.

(2) Die Vorschriften zugunsten derjenigen, welche Rechte von einem Nichtberechtigten herleiten, finden entsprechende Anwendung. Für die zur Erbschaft gehörenden Forderungen ist die Entziehung der Verwaltung dem Schuldner gegenüber erst wirksam, wenn er von der getroffenen Anordnung Kenntnis erlangt oder wenn ihm eine Mitteilung von der Anordnung zugestellt wird. Das Gleiche gilt von der Aufhebung der Entziehung.

第二千一百二十九条　[管理权剥夺之效力]

Ⅰ 依第一千零五十二条规定，前位继承人对遗产之管理权被剥夺者，其丧失对遗产标的物之处分权[a]。

Ⅱ [1]关于由无权利人取得权利之人保护规定，准用之[b]。[2]就属于遗产之债权，管理权之剥夺，仅于债务人知悉被剥夺之命令，或受该命令之通知时，始对其发生效力。[3]剥夺管理权之废弃时[c]，亦同。

a 参照第2112条。
b 参照第892条以下、第932条以下、第1032条、第1207条及第135条。此外，第三人不受其他之保护。
c 参照第1052条。

§2130 Herausgabepflicht nach dem Eintritt der Nacherbfolge, Rechenschaftspflicht

(1) Der Vorerbe ist nach dem Eintritt der Nacherbfolge verpflichtet, dem Nacherben die Erbschaft in dem Zustand herauszugeben, der sich bei einer bis zur Herausgabe fortgesetzten ordnungsmäßigen Verwaltung ergibt. Auf die Herausgabe eines landwirtschaftlichen Grundstücks findet die Vorschrift des §596a, auf die Herausgabe eines Landguts finden die Vorschriften der §§596a, 596b entsprechende Anwendung.

(2) Der Vorerbe hat auf Verlangen Rechenschaft abzulegen.

第二千一百三十条　[后位继承开始后之返还义务；报告义务]

Ⅰ [1]后位继承开始后，前位继承人应将遗产返还于后位继承人；返还时之遗产，应合于返还前继续所为之通常管理所生之状况。[2]前位继承人应于继承开始前，其依通常管理方法之遗产返还于后位继承人；关于农业用地之返还，准用第五百九十六条之一规定；关于自耕农地之返还[a]，准用第五百九十六条之一、第五百九十六条之二规定[b]。

Ⅱ 前位继承人因请求而应提出计算报告书[c]。

a 关于自耕农地，参照第98条、第593条、第2049条及第2312条。
b 参照第101条以下、第1036条、第1055条。
c 参照第259条。

§2131 Umfang der Sorgfaltspflicht

Der Vorerbe hat dem Nacherben gegenüber in Ansehung der Verwaltung nur für diejenige Sorgfalt einzustehen, welche er in eigenen Angelegenheiten anzuwenden pflegt.

第二千一百三十一条 [注意义务之范围]

前位继承人对后位继承人就遗产之管理[a]，仅负处理自己事务为同一之注意义务[b]。

a 参照第2119条、第2123条及第2133条。
b 参照第277条、第690条、第708条、第1359条、第1664条及第2136条。

§2132 Keine Haftung für gewöhnliche Abnutzung

Veränderungen oder Verschlechterungen von Erbschaftssachen, die durch ordnungsmäßige Benutzung herbeigeführt werden, hat der Vorerbe nicht zu vertreten.

第二千一百三十二条 [通常耗损时无须负责]

前位继承人对遗产标的物为通常使用所致之变更或毁损无须负责。

§2133 Ordnungswidrige oder übermäßige Fruchtziehung

Zieht der Vorerbe Früchte den Regeln einer ordnungsmäßigen Wirtschaft zuwider oder zieht er Früchte deshalb im Übermaß, weil dies infolge eines besonderen Ereignisses notwendig geworden ist, so gebührt ihm der Wert der Früchte nur insoweit, als durch den ordnungswidrigen oder den übermäßigen Fruchtbezug die ihm gebührenden Nutzungen beeinträchtigt werden und nicht der Wert der Früchte nach den Regeln einer ordnungsmäßigen Wirtschaft zur Wiederherstellung der Sache zu verwenden ist.

第二千一百三十三条　[违反通常经营方法或超额之孳息收取][a]

前位继承人违反通常经营方法收取孳息或因特殊事件，致不能不收取超额孳息者，仅以其可得之收益，因该收益而受减损，且依通常经营方法，无须以所收取孳息之价额充作物之恢复原状之费用者为限，该孳息之价额归属于前位继承人。

a 参照第1039条（用益权）；关于前位继承人之免责，参照第2136条。

§2134 Eigennützige Verwendung

Hat der Vorerbe einen Erbschaftsgegenstand für sich verwendet, so ist er nach dem Eintritt der Nacherbfolge dem Nacherben gegenüber zum Ersatze des Wertes verpflichtet. Eine weitergehende Haftung wegen Verschuldens bleibt unberührt.

第二千一百三十四条　[为自己而使用][a]

[1]前位继承人就遗产标的物为自己而使用者，对于后位继承人，于后位继承开始后，应返还其价额。[2]其因故意或过失而应负之其他责任，不受影响[b]。

a 参考条文：第2136条。
b 参照第2131条、第277条及第280条。

§2135 Miet-und Pachtverhältnis bei der Nacherbfolge

Hat der Vorerbe ein zur Erbschaft gehörendes Grundstück oder eingetragenes Schiff vermietet oder verpachtet, so findet, wenn das Miet-oder Pachtverhältnis bei dem Eintritt der Nacherbfolge noch besteht, die Vorschrift des § 1056 entsprechende Anwendung.

第二千一百三十五条　[后位继承人使用租赁与收益租赁之关系]

前位继承人将属于遗产之土地或已登记之船舶有使用租赁或收益租赁关系，而于后位继承开始时，其使用租赁或收益租赁关系仍继续存在者，准用第一千零五十六条规定。

§2136 Befreiung des Vorerben

Der Erblasser kann den Vorerben von den Beschränkungen und Verpflichtungen des §2113 Abs. 1 und der §§2114, 2116 bis 2119, 2123, 2127 bis 2131, 2133, 2134 befreien.

第二千一百三十六条　[前位继承人义务之免除]

被继承人得免除前位继承人依第二千一百一十三条第一款及第二千一百一十四条、第二千一百一十六条至第二千一百一十九条、第二千一百二十三条、第二千一百二十七条至第二千一百三十一条、第二千一百三十三条、第二千一百三十四条规定所生之限制及义务[a]。

a 遗嘱人不得免除第2113条第2款、第2115条、第2121条及第2122条等所定之限制及义务。

§2137 Auslegungsregel für die Befreiung

(1) Hat der Erblasser den Nacherben auf dasjenige eingesetzt, was von der Erbschaft bei dem Eintritt der Nacherbfolge übrig sein wird, so gilt die Befreiung von allen in §2136 bezeichneten Beschränkungen und Verpflichtungen als angeordnet.

(2) Das Gleiche ist im Zweifel anzunehmen, wenn der Erblasser bestimmt hat, dass der Vorerbe zur freien Verfügung über die Erbschaft berechtigt sein soll.

第二千一百三十七条　[免除之解释原则][a]

Ⅰ 被继承人将剩余之遗产指定后位继承人者，于后位继承开始时，视为已经指示免除第二千一百三十六条所称之限制及义务。
Ⅱ 被继承人指定前位继承人应有权自由处分遗产者，于有疑义时，亦同。

a 于本条情形，前位继承人仅负有限之返还责任，参照第2138条。有本条情形而对前位继承人颁发继承权证书时，应载明于继承权证书，参照第2363条。

§2138 Beschränkte Herausgabepflicht

(1) Die Herausgabepflicht des Vorerben beschränkt sich in den Fällen des §2137 auf die bei ihm noch vorhandenen Erbschaftsgegenstände. Für Verwendungen auf Gegenstände, die er infolge dieser Beschränkung nicht herauszugeben hat, kann er nicht Ersatz verlangen.

(2) Hat der Vorerbe der Vorschrift des §2113 Abs. 2 zuwider über einen Erbschaftsgegenstand verfügt oder hat er die Erbschaft in der Absicht, den Nacherben zu benachteiligen, vermindert, so ist er dem Nacherben zum Schadensersatz verpflichtet.

第二千一百三十八条 [有限之返还义务][a]

Ⅰ ¹于第二千一百三十七条规定情形，前位继承人返还之义务，以现存之遗产标的物为限。²前位继承人曾就标的物所支出费用，而其标的物因前段限制，而无须返还者，不得请求赔偿。

Ⅱ 前位继承人违反第二千一百一十三条第二款规定，处分遗产标的物，或意图损害后位继承人而减少遗产者，对后位继承人负损害赔偿之义务。

a 参考条文：第2130条（前位继承人之返还义务）。

§2139 Wirkung des Eintritts der Nacherbfolge

Mit dem Eintritt des Falles der Nacherbfolge hört der Vorerbe auf, Erbe zu sein, und fällt die Erbschaft dem Nacherben an.

第二千一百三十九条 [后位继承开始之效力][a]

于后位继承开始时，前位继承人不再为继承人，遗产归属于后位继承人。

a 参照第2100条（后位继承之定义）、第2108条（后位继承人之继承能力）、第2142条第2款（后位继承人拒绝继承）、第2145条（前位继承人于后位继承开始后对遗产债务应负之责任）。于后位继承开始时，其权利已依法概括移转。至于遗产是否实际返还，则依第2130条（前位继承人之返还义务）为之。

§2140 Verfügungen des Vorerben nach Eintritt der Nacherbfolge

Der Vorerbe ist auch nach dem Eintritt des Falles der Nacherbfolge zur Verfügung über Nachlassgegenstände in dem gleichen Umfang wie vorher berechtigt, bis er von dem Eintritt Kenntnis erlangt oder ihn kennen muss. Ein Dritter kann sich auf diese Berechtigung nicht berufen, wenn er bei der Vornahme eines Rechtsgeschäfts den Eintritt kennt oder kennen muss.

第二千一百四十条 [后位继承开始后前位继承人之处分][a]

[1]后位继承开始后,前位继承人仍对遗产有与后位继承开始前相同范围之处分权。但其明知后位继承已开始或可得而知者,不在此限。[2]第三人在其法律行为时,已明知该事实或可得而知者[b],亦不得主张前段之权利。

a 参照第1472条(于夫妻共同财产制终了时之类似规定)、第1497条第2款(于延续共同财产制终了时之类似规定)、第674条(委任关系终了时之类似规定)、第729条(合伙终了时之类似规定)。
b 关于此点,参照第122条第2款(意思表示撤销时之类似规定)及第169条(受任人及执行业务合伙人代理权消灭时之类似规定)。

§2141 Unterhalt der werdenden Mutter eines Nacherben

Ist bei dem Eintritt des Falles der Nacherbfolge die Geburt eines Nacherben zu erwarten, so findet auf den Unterhaltsanspruch der Mutter die Vorschrift des §1963 entsprechende Anwendung.

第二千一百四十一条 [后位继承人之待产母亲之扶养]

于后位继承开始时,预期后位继承人即将出生子女者,其母亲之扶养请求权,准用第一千九百六十三条规定。

§2142 Ausschlagung der Nacherbschaft

(1) Der Nacherbe kann die Erbschaft ausschlagen, sobald der Erbfall eingetreten ist.
(2) Schlägt der Nacherbe die Erbschaft aus, so verbleibt sie dem Vorerben, soweit nicht der Erblasser ein anderes bestimmt hat.

第二千一百四十二条 [后位继承权之拒绝]ª

Ⅰ 后位继承人于继承发生时，即得拒绝继承。
Ⅱ 后位继承人拒绝继承者，遗产归属于前位继承人。但被继承人另有指示者，不在此限。

a 参照第1946条（继承人拒绝继承之时点）、第2306条（特留份权利人拒绝承认继承之情形）；第1944条（拒绝继承之期间）仍有适用，故为拒绝之最早期间，亦自后位继承开始时起算。

§2143 Wiederaufleben erloschener Rechtsverhältnisse

Tritt die Nacherbfolge ein, so gelten die infolge des Erbfalls durch Vereinigung von Recht und Verbindlichkeit oder von Recht und Belastung erloschenen Rechtsverhältnisse als nicht erloschen.

第二千一百四十三条 [恢复已消灭之法律关系]ª

后位继承开始时，由于继承开始而使权利与债务或权利与负担，因混同而消灭之法律关系，视为不消灭。

a 参考条文：第1976条（为遗产管理或宣告破产时之类似规定）、第1991条第2款（于继承开始时债权人债务人间之类似规定）、第2377条（于遗产买卖时出卖人与买受人间之类似规定）。

§2144 Haftung des Nacherben für Nachlassverbindlichkeiten

(1) Die Vorschriften über die Beschränkung der Haftung des Erben für die Nachlassverbindlichkeiten gelten auch für den Nacherben; an die Stelle des Nachlasses tritt dasjenige, was der Nacherbe aus der Erbschaft erlangt, mit

Einschluss der ihm gegen den Vorerben als solchen zustehenden Ansprüche.
(2) Das von dem Vorerben errichtete Inventar kommt auch dem Nacherben zustatten.
(3) Der Nacherbe kann sich dem Vorerben gegenüber auf die Beschränkung seiner Haftung auch dann berufen, wenn er den übrigen Nachlassgläubigern gegenüber unbeschränkt haftet.

第二千一百四十四条 [后位继承人对遗产债务之责任]

Ⅰ 继承人对遗产之有限责任之规定，亦适用于后位继承人[a]；于此情形，后位继承人所得之遗产，包括其对前位继承本人享有之请求权。

Ⅱ 前位继承人所编制之遗产清册，为后位继承人之利益，亦生效力。

Ⅲ 即使后位继承人对其余遗产债权人负无限继承责任，亦得对前位继承人主张负有限责任[b]。

a 参照第1967条（继承人之遗产债务责任）。
b 参照第2063条第2款（共同继承中之一人对他人之类似规定）。

§2145 Haftung des Vorerben für Nachlassverbindlichkeiten

(1) Der Vorerbe haftet nach dem Eintritt der Nacherbfolge für die Nachlassverbindlichkeiten noch insoweit, als der Nacherbe nicht haftet. Die Haftung bleibt auch für diejenigen Nachlassverbindlichkeiten bestehen, welche im Verhältnis zwischen dem Vorerben und dem Nacherben dem Vorerben zur Last fallen.

(2) Der Vorerbe kann nach dem Eintritt der Nacherbfolge die Berichtigung der Nachlassverbindlichkeiten, sofern nicht seine Haftung unbeschränkt ist, insoweit verweigern, als dasjenige nicht ausreicht, was ihm von der Erbschaft gebührt. Die Vorschriften der §§1990, 1991 finden entsprechende Anwendung.

第二千一百四十五条 [前位继承人对遗产债务之责任]

Ⅰ [1]后位继承开始后，在后位继承人不须负责之限度内，前位继承人仍对遗产债务负责[a]。[2]对前位继承人与后位继承人相互之关系中，遗产债务应由前位继承人负担者[b]，前位继承人之责任继续存在。

Ⅱ [1]除前位继承人负无限责任外，于后位继承开始后，在归属于前位继承之遗产不足清偿遗产债务之限度内，前位继承人得拒绝清偿该债务。[2]于此情形，准用第一千九百九十条、第一千九百九十一条规定。

第三章 遗嘱

a 前位继承人之责任原则上因后位继承开始而消灭（第2139条）。本条系适用于前位继承人所负之遗赠与负担义务，且于前位继承人负无限责任，而后位继承人负有限责任时，更具意义。
b 前位继承人之各种负担，参照第2124条以下。

§2146 Anzeigepflicht des Vorerben gegenüber Nachlassgläubigern

(1) Der Vorerbe ist den Nachlassgläubigern gegenüber verpflichtet, den Eintritt der Nacherbfolge unverzüglich dem Nachlassgericht anzuzeigen. Die Anzeige des Vorerben wird durch die Anzeige des Nacherben ersetzt.

(2) Das Nachlassgericht hat die Einsicht der Anzeige jedem zu gestatten, der ein rechtliches Interesse glaubhaft macht.

第二千一百四十六条 [前位继承人对遗产债权人通知之义务]

Ⅰ [1]前位继承人对遗产债权人应将后位继承开始之情事，负即时[a]通知遗产法院之义务。[2]前位继承人之通知义务，得以通知后位继承人代替之。
Ⅱ 遗产法院对释明有法律上利害关系之人，应许可其阅览所提出之文件[b]。

a 实时之意义，参照第121条第1款。
b 参照第2384条第2款（于遗产买卖时之类似规定）。

Titel 4　Vermächtnis
第四节　遗　赠

§2147 Beschwerter

Mit einem Vermächtnis kann der Erbe oder ein Vermächtnisnehmer beschwert werden. Soweit nicht der Erblasser ein anderes bestimmt hat, ist der Erbe beschwert.

第二千一百四十七条 [受加重负担之人][a]

[1]因遗赠得加重继承人或受遗赠人之负担。[2]除被继承人另有指示者外，继承人负担遗赠之义务。

a 参考条文：第1939条（遗赠之定义）、第2171条（以不能之给付为遗赠之效果）、第2278条（遗赠得以继承契约为之）。

§2148 Mehrere Beschwerte

Sind mehrere Erben oder mehrere Vermächtnisnehmer mit demselben Vermächtnis beschwert, so sind im Zweifel die Erben nach dem Verhältnis der Erbteile, die Vermächtnisnehmer nach dem Verhältnis des Wertes der Vermächtnisse beschwert.

第二千一百四十八条 [多数受加重负担之人][a]

多数继承人或多数受遗赠人负担同一遗赠义务者，于有疑义时，由继承人按其应继份比例分担；受遗赠人按其遗赠价额之比例，负其义务。

a 本条仅就义务人相互间之关系而为规定；至继承人对外之责任，参照第2058条以下。

§2149 Vermächtnis an die gesetzlichen Erben

Hat der Erblasser bestimmt, dass dem eingesetzten Erben ein Erbschaftsgegenstand nicht zufallen soll, so gilt der Gegenstand als den gesetzlichen Erben vermacht. Der Fiskus gehört nicht zu den gesetzlichen Erben im Sinne dieser Vorschrift.

第二千一百四十九条 [对法定继承人之遗赠][a]

[1]被继承人以遗嘱指定特定遗产标的物不归指定继承人者，该标的物视为对法定继承人之遗赠。[2]国库不属于前段规定之法定继承人。

a 关于公库之法定继承权，参照第1936条。

§2150 Vorausvermächtnis

Das einem Erben zugewendete Vermächtnis (Vorausvermächtnis) gilt als Vermächtnis auch insoweit, als der Erbe selbst beschwert ist.

第二千一百五十条　[优先遗赠]

对于继承人中之一人所给与之遗赠（优先遗赠），于该继承人本人所加重负担遗赠义务之限度内，仍视为遗赠。

§2151 Bestimmungsrecht des Beschwerten oder eines Dritten bei mehreren Bedachten

(1) Der Erblasser kann mehrere mit einem Vermächtnis in der Weise bedenken, dass der Beschwerte oder ein Dritter zu bestimmen hat, wer von den mehreren das Vermächtnis erhalten soll.

(2) Die Bestimmung des Beschwerten erfolgt durch Erklärung gegenüber demjenigen, welcher das Vermächtnis erhalten soll; die Bestimmung des Dritten erfolgt durch Erklärung gegenüber dem Beschwerten.

(3) Kann der Beschwerte oder der Dritte die Bestimmung nicht treffen, so sind die Bedachten Gesamtgläubiger. Das Gleiche gilt, wenn das Nachlassgericht dem Beschwerten oder dem Dritten auf Antrag eines der Beteiligten eine Frist zur Abgabe der Erklärung bestimmt hat und die Frist verstrichen ist, sofern nicht vorher die Erklärung erfolgt. Der Bedachte, der das Vermächtnis erhält, ist im Zweifel nicht zur Teilung verpflichtet.

第二千一百五十一条　[于多数受遗赠人时受加重负担之人或第三人之指定权][a]

Ⅰ 被继承人以遗嘱对数人为遗赠时，得由受加重负担之人或第三人指定其中何人应取得遗赠物。

Ⅱ 受加重负担之人所为之指定，应向取得遗赠物之人，以意思表示为之；第三人所为之指定应向受加重负担之人以意思表示为之。[b]

Ⅲ [1]受加重负担之人无指定者，以受遗赠人全体为连带债权人[c]。[2]遗产法院因利害关系人中一人之申请，得对受加重负担之人或第三人指定其为意思表示之期间，而其于期间内不为意思表示者，亦同。[3]取得遗赠物之人，于有疑义时，不负分割遗产之义务。

a 本条至第2156条为第2065条第2款（终意处分不得由第三人决定）所定之例外，第2156条（有目的性之赠与）在适用上与本条有关。

b 非对话意思表示之规定，参照第130条以下。

c 连带债权人之规定，参照第428条以下。

§2152 Wahlweise Bedachte

Hat der Erblasser mehrere mit einem Vermächtnis in der Weise bedacht, dass nur der eine oder der andere das Vermächtnis erhalten soll, so ist anzunehmen, dass der Beschwerte bestimmen soll, wer von ihnen das Vermächtnis erhält.

第二千一百五十二条 [选择性之受遗赠人]

被继承人对多数继承人为遗赠，而仅使其中之一人取得遗赠者，推定受加重负担之人指定何人应得遗赠物。

§2153 Bestimmung der Anteile

(1) Der Erblasser kann mehrere mit einem Vermächtnis in der Weise bedenken, dass der Beschwerte oder ein Dritter zu bestimmen hat, was jeder von dem vermachten Gegenstand erhalten soll. Die Bestimmung erfolgt nach §2151 Abs. 2.

(2) Kann der Beschwerte oder der Dritte die Bestimmung nicht treffen, so sind die Bedachten zu gleichen Teilen berechtigt. Die Vorschrift des §2151 Abs. 3 Satz 2 findet entsprechende Anwendung.

第二千一百五十三条 [应继份之确定]

Ⅰ [1]被继承人得以受加重负担之人或第三人指定各人应得之遗赠物，而对数人为遗赠。[2]其指定依第二千一百五十一条第二款规定为之。

Ⅱ [1]受加重负担之人或第三人未指定者，受遗赠人全体均分。[2]于此情形，准用第二千一百五十一条第三款第二段规定。

§2154 Wahlvermächtnis

(1) Der Erblasser kann ein Vermächtnis in der Art anordnen, dass der Bedachte von mehreren Gegenständen nur den einen oder den anderen erhalten soll. Ist in einem solchen Falle die Wahl einem Dritten übertragen, so erfolgt sie durch Erklärung gegenüber dem Beschwerten.

(2) Kann der Dritte die Wahl nicht treffen, so geht das Wahlrecht auf den Beschwerten

über. Die Vorschrift des §2151 Abs. 3 Satz 2 findet entsprechende Anwendung.

第二千一百五十四条 [选择遗赠]

Ⅰ ¹被继承人遗赠时,得指示受遗赠人仅取得数宗标的物中之一物。²于此情形,由第三人ª为选择时,其选择应向遗赠义务人,以意思表示为之。

Ⅱ ¹第三人不能选择时,该选择权移转于受加重负担之人。²于此情形,准用第二千一百五十一条第三款第二段规定。

a 其他情形有疑义时,受加重负担之人有选择权(第262条至第265条)。

§2155 Gattungsvermächtnis

(1) Hat der Erblasser die vermachte Sache nur der Gattung nach bestimmt, so ist eine den Verhältnissen des Bedachten entsprechende Sache zu leisten.

(2) Ist die Bestimmung der Sache dem Bedachten oder einem Dritten übertragen, so finden die nach §2154 für die Wahl des Dritten geltenden Vorschriften Anwendung.

(3) Entspricht die von dem Bedachten oder dem Dritten getroffene Bestimmung den Verhältnissen des Bedachten offenbar nicht, so hat der Beschwerte so zu leisten, wie wenn der Erblasser über die Bestimmung der Sache keine Anordnung getroffen hätte.

第二千一百五十五条 [种类遗赠]

Ⅰ 被继承人之遗赠仅以种类指定遗赠物者,应给付适合受遗赠人个人情况之物ª。

Ⅱ 由受遗赠人或第三人为物之指定者,适用第二千一百五十四条关于第三人为选择之规定。

Ⅲ 受遗赠人或第三人所为之指定,显然不适合于受遗赠人个人情况者,如同被继承人就物之指定未为指示,而应由受加重负担之人给付之ᵇ。

a 种类之债,债务人一般应给付中等质量之物,参照第243条。
b 关于由第三人决定之给付,参照第319条、第2048条;关于担保责任,参照第2182条以下。

§2156 Zweckvermächtnis

Der Erblasser kann bei der Anordnung eines Vermächtnisses, dessen Zweck er bestimmt hat, die Bestimmung der Leistung dem billigen Ermessen des Beschwerten oder eines Dritten überlassen. Auf ein solches Vermächtnis finden die Vorschriften der §§315 bis 319 entsprechende Anwendung.

第二千一百五十六条　[目的性之遗赠][a]

[1]被继承人在指示遗赠时，定有目的者，得由受加重负担之人或第三人，依公平之衡量确定其给付。[2]该遗赠，准用第三百一十五条至第三百一十九条规定。

a 遗嘱人为确定目的而指示负担时之类似规定，参照第2193条。

§2157 Gemeinschaftliches Vermächtnis

Ist mehreren derselbe Gegenstand vermacht, so finden die Vorschriften der §§2089 bis 2093 entsprechende Anwendung.

第二千一百五十七条　[共同遗赠]

以同一标的物遗赠数人者，准用第二千零八十九条至第二千零九十三条规定。

§2158 Anwachsung

(1) Ist mehreren derselbe Gegenstand vermacht, so wächst, wenn einer von ihnen vor oder nach dem Erbfall wegfällt, dessen Anteil den übrigen Bedachten nach dem Verhältnis ihrer Anteile an. Dies gilt auch dann, wenn der Erblasser die Anteile der Bedachten bestimmt hat. Sind einige der Bedachten zu demselben Anteil berufen, so tritt die Anwachsung zunächst unter ihnen ein.

(2) Der Erblasser kann die Anwachsung ausschließen.

第二千一百五十八条　[遗赠应有部分之增加]

Ⅰ　¹以同一标的物遗赠数人[a]，而其中之一人于继承开始前或继承开始后出缺者[b]，其应有部分，按其他受遗赠人应有部分之比例，归属于其他受遗赠人。²被继承人已指定受遗赠人之应有部分者，亦同。³受遗赠人中之数人受遗赠同一应有部分者，先于该数人间产生应有部分之增加。

Ⅱ　被继承人得排除前款遗赠应有部分之增加[c]。

a 例如该数人就遗产终身为使用收益。
b 参照第2160条、第2180条、第2345条及第2352条。
c 参照第2094条，预备受遗产之权利优先于应继份增加之权利（第2009条、第2190条）。

§2159 Selbständigkeit der Anwachsung

Der durch Anwachsung einem Vermächtnisnehmer anfallende Anteil gilt in Ansehung der Vermächtnisse und Auflagen, mit denen dieser oder der wegfallende Vermächtnisnehmer beschwert ist, als besonderes Vermächtnis.

第二千一百五十九条　[增加之独立性][a]

因遗赠应有部分之增加而归属于受遗赠人者，关于受遗赠人或出缺之受遗赠人所负担加重之遗赠及负担，视为特别遗赠。

a 参照第2095条及第2187条第2款。

§2160 Vorversterben des Bedachten

Ein Vermächtnis ist unwirksam, wenn der Bedachte zur Zeit des Erbfalls nicht mehr lebt.

第二千一百六十条　[受遗赠人于继承开始前死亡][a]

受遗赠人于继承开始前死亡者，其遗赠不生效力。

a 参照第1932条；关于附停止条件之遗赠，参照第2074条；对尚未出生之受益人为遗赠者，参照第2178条；与第2069条冲突时，本条不适用之。

§2161 Wegfall des Beschwerten

Ein Vermächtnis bleibt, sofern nicht ein anderer Wille des Erblassers anzunehmen ist, wirksam, wenn der Beschwerte nicht Erbe oder Vermächtnisnehmer wird. Beschwert ist in diesem Fall derjenige, welchem der Wegfall des zunächst Beschwerten unmittelbar zustatten kommt.

第二千一百六十一条 [受加重负担之人之出缺]

[1]受加重负担之人不再为继承人或受遗赠人时，遗赠仍生效力。但可认为被继承人另有意思者，不在此限[a]。[2]于此情形，因原受加重负担之人之出缺，而直接受益之人负遗赠义务[b]。

a 参照第2058条。
b 参照第2187条第2款。

§2162 Dreißigjährige Frist für aufgeschobenes Vermächtnis

(1) Ein Vermächtnis, das unter einer aufschiebenden Bedingung oder unter Bestimmung eines Anfangstermins angeordnet ist, wird mit dem Ablauf von 30 Jahren nach dem Erbfall unwirksam, wenn nicht vorher die Bedingung oder der Termin eingetreten ist.

(2) Ist der Bedachte zur Zeit des Erbfalls noch nicht gezeugt oder wird seine Persönlichkeit durch ein erst nach dem Erbfall eintretendes Ereignis bestimmt, so wird das Vermächtnis mit dem Ablauf von 30 Jahren nach dem Erbfall unwirksam, wenn nicht vorher der Bedachte gezeugt oder das Ereignis eingetreten ist, durch das seine Persönlichkeit bestimmt wird.

第二千一百六十二条 [附停止条件遗赠之三十年期间]

Ⅰ 附停止条件或附始期之遗赠，自继承开始后逾三十年，其条件未成就或期限未届至者，失其效力。

Ⅱ 受遗赠人于继承开始后逾三十年未受胎，或其人格取决于继承开始后之特定事件者，自继承开始后逾三十年受遗赠人仍未受胎，或其人格所由决定之事件仍未发生者，遗赠失其效力。

§2163 Ausnahmen von der dreißigjährigen Frist

(1) Das Vermächtnis bleibt in den Fällen des §2162 auch nach dem Ablauf von 30 Jahren wirksam:
1. wenn es für den Fall angeordnet ist, dass in der Person des Beschwerten oder des Bedachten ein bestimmtes Ereignis eintritt, und derjenige, in dessen Person das Ereignis eintreten soll, zur Zeit des Erbfalls lebt,
2. wenn ein Erbe, ein Nacherbe oder ein Vermächtnisnehmer für den Fall, dass ihm ein Bruder oder eine Schwester geboren wird, mit einem Vermächtnis zugunsten des Bruders oder der Schwester beschwert ist.

(2) Ist der Beschwerte oder der Bedachte, in dessen Person das Ereignis eintreten soll, eine juristische Person, so bewendet es bei der dreißigjährigen Frist.

第二千一百六十三条 [三十年期间之例外]^a

Ⅰ 第二千一百六十二条之情形，合于下列规定之一者，虽已逾三十年，遗赠仍生效力：
1.遗赠之指定系顾及受加重负担之人或受遗赠人发生特定之个人事件，而可发生特定事件之人，于继承开始时仍生存者。
2.为顾及继承人、后位继承人或受遗赠人有弟或妹之出生，使其为弟或妹之利益而负遗赠义务者。

Ⅱ 可能发生各自事件之受加重负担之人或受遗赠人为法人者，仍适用三十年之期间。

a 参照第2109条及第2210条。

§2164 Erstreckung auf Zubehör und Ersatzansprüche

(1) Das Vermächtnis einer Sache erstreckt sich im Zweifel auf das zur Zeit des Erbfalls vorhandene Zubehör.

(2) Hat der Erblasser wegen einer nach der Anordnung des Vermächtnisses erfolgten Beschädigung der Sache einen Anspruch auf Ersatz der Minderung des Wertes, so erstreckt sich im Zweifel das Vermächtnis auf diesen Anspruch.

第二千一百六十四条 [遗赠效力及于从物及赔偿请求权]

Ⅰ 以物为遗赠者,于有疑义时,其效力及于继承开始时现存之从物[a]。

Ⅱ 于指定遗赠后,因标的物之毁损,被继承人对其价额之减少有赔偿请求权者,于有疑义时,其遗赠效力及于该请求权[b]。

a 参照第97条、第98条、第314条;关于孳息之返还,参照第2184条。
b 参照第2169条第3款。

§2165 Belastungen

(1) Ist ein zur Erbschaft gehörender Gegenstand vermacht, so kann der Vermächtnisnehmer im Zweifel nicht die Beseitigung der Rechte verlangen, mit denen der Gegenstand belastet ist. Steht dem Erblasser ein Anspruch auf die Beseitigung zu, so erstreckt sich im Zweifel das Vermächtnis auf diesen Anspruch.

(2) Ruht auf einem vermachten Grundstück eine Hypothek, Grundschuld oder Rentenschuld, die dem Erblasser selbst zusteht, so ist aus den Umständen zu entnehmen, ob die Hypothek, Grundschuld oder Rentenschuld als mitvermacht zu gelten hat.

第二千一百六十五条[负担之设定][a]

Ⅰ [1]以属于遗产之物为遗赠者,于有疑义时,受遗赠人不得请求除去存在于该标的物上之权利。[2]遗嘱人享有除去请求权者,于有疑义时,其遗赠效力及于该请求权。

Ⅱ 遗嘱人本人在所遗赠之土地上享有抵押权、土地债务[b]或定期土债务者[c],该抵押权、土地债务或土地定期债务应否一并遗赠,应按具体情事认定之。

a 参考条文:第2170条、第2182条。
b 参照第1177条、第1192条及第1196条。
c 参照第1199条。

§2166 Belastung mit einer Hypothek

(1) Ist ein vermachtes Grundstück, das zur Erbschaft gehört, mit einer Hypothek für

eine Schuld des Erblassers oder für eine Schuld belastet, zu deren Berichtigung der Erblasser dem Schuldner gegenüber verpflichtet ist, so ist der Vermächtnisnehmer im Zweifel dem Erben gegenüber zur rechtzeitigen Befriedigung des Gläubigers insoweit verpflichtet, als die Schuld durch den Wert des Grundstücks gedeckt wird. Der Wert bestimmt sich nach der Zeit, zu welcher das Eigentum auf den Vermächtnisnehmer übergeht; er wird unter Abzug der Belastungen berechnet, die der Hypothek im Range vorgehen.

(2) Ist dem Erblasser gegenüber ein Dritter zur Berichtigung der Schuld verpflichtet, so besteht die Verpflichtung des Vermächtnisnehmers im Zweifel nur insoweit, als der Erbe die Berichtigung nicht von dem Dritten erlangen kann.

(3) Auf eine Hypothek der in §1190 bezeichneten Art finden diese Vorschriften keine Anwendung.

第二千一百六十六条　[抵押权之设定]

Ⅰ [1]以属于遗产之土地为遗赠，并就该土地担保遗嘱人之债务，或为担保遗嘱人对债务人负清偿义务之债务，而设定抵押权者，于有疑义时，于得以土地价值清偿债务之限度内，受遗赠人对于继承人，负有及时向债权人为清偿之义务。[2]该价值之计算，以所有权移转于受遗赠人时为准[a]；计算价额时，应扣除优先于抵押权之负担。

Ⅱ 第三人对于遗嘱人负有清偿债务者，于有疑义时，仅于继承人不能请求第三人为该债务清偿之限度内，受遗赠人始负前款义务。

Ⅲ 本条之规定，于第一千一百九十条所定之抵押权[b]，不适用之。

a 参照第2174条、第2176条以下、第873条及第925条。
b 即所谓最高限额抵押权（Höchstbetragshypothek）。

§2167 Belastung mit einer Gesamthypothek

Sind neben dem vermachten Grundstück andere zur Erbschaft gehörende Grundstücke mit der Hypothek belastet, so beschränkt sich die in §2166 bestimmte Verpflichtung des Vermächtnisnehmers im Zweifel auf den Teil der Schuld, der dem Verhältnis des Wertes des vermachten Grundstücks zu dem Werte der sämtlichen Grundstücke entspricht. Der Wert wird nach §2166 Abs. 1 Satz 2 berechnet.

第二千一百六十七条 [共同抵押权之设定]^a

¹遗赠之土地与属于遗产之土地,一并设定抵押权者,于有疑义时,第二千一百六十六条所定受遗赠人之义务,限定于债务之一部分,而该部分按遗赠土地之价值与全部土地价值之比例计算之。²该价值依第二千一百六十六条第一款第二段规定计算之。

a 关于共同抵押权,参照第1132条。

§2168 Belastung mit einer Gesamtgrundschuld

(1) Besteht an mehreren zur Erbschaft gehörenden Grundstücken eine Gesamtgrundschuld oder eine Gesamtrentenschuld und ist eines dieser Grundstücke vermacht, so ist der Vermächtnisnehmer im Zweifel dem Erben gegenüber zur Befriedigung des Gläubigers in Höhe des Teils der Grundschuld oder der Rentenschuld verpflichtet, der dem Verhältnis des Wertes des vermachten Grundstücks zu dem Wert der sämtlichen Grundstücke entspricht. Der Wert wird nach §2166 Abs. 1 Satz 2 berechnet.

(2) Ist neben dem vermachten Grundstück ein nicht zur Erbschaft gehörendes Grundstück mit einer Gesamtgrundschuld oder einer Gesamtrentenschuld belastet, so finden, wenn der Erblasser zur Zeit des Erbfalls gegenüber dem Eigentümer des anderen Grundstücks oder einem Rechtsvorgänger des Eigentümers zur Befriedigung des Gläubigers verpflichtet ist, die Vorschriften des §2166 Abs. 1 und des §2167 entsprechende Anwendung.

第二千一百六十八条 [共同土地债务之设定]

Ⅰ ¹属于遗产之数宗土地,负担共同土地债务^a或共同定期土地债务^b以其中一宗为遗赠者,于有疑义时,受遗赠人对继承人负担向债权人清偿债务之一部分,而该部分按遗赠土地之价值与全部土地价值之比例计算。²该价值依第二千一百六十六条第一款第二段规定计算之。

Ⅱ 遗赠之土地与不属于遗赠之土地,负担共同土地债务或共同定期土地债务,而遗嘱人于继承开始时,对土地之所有人或其前所有人负向债权人为清偿之义务者,准用第二千一百六十六条第一款及第二千一百六十七条规定。

a 参照第1192条（第1132条）及第1196条。
b 参照第1199条。

§2168a Anwendung auf Schiffe, Schiffsbauwerke und Schiffshypotheken

§2165 Abs. 2, §§2166, 2167 gelten sinngemäß für eingetragene Schiffe und Schiffsbauwerke und für Schiffshypotheken.

第二千一百六十八条之一　[适用于船舶、建造中之船舶及船舶抵押权]

第二千一百六十五条第二款、第二千一百六十六条及第二千一百六十七条规定，适用于已登记之船舶、建造中之船舶及船舶抵押权。

§2169 Vermächtnis fremder Gegenstände

(1) Das Vermächtnis eines bestimmten Gegenstands ist unwirksam, soweit der Gegenstand zur Zeit des Erbfalls nicht zur Erbschaft gehört, es sei denn, dass der Gegenstand dem Bedachten auch für den Fall zugewendet sein soll, dass er nicht zur Erbschaft gehört.

(2) Hat der Erblasser nur den Besitz der vermachten Sache, so gilt im Zweifel der Besitz als vermacht, es sei denn, dass er dem Bedachten keinen rechtlichen Vorteil gewährt.

(3) Steht dem Erblasser ein Anspruch auf Leistung des vermachten Gegenstands oder, falls der Gegenstand nach der Anordnung des Vermächtnisses untergegangen oder dem Erblasser entzogen worden ist, ein Anspruch auf Ersatz des Wertes zu, so gilt im Zweifel der Anspruch als vermacht.

(4) Zur Erbschaft gehört im Sinne des Absatzes 1 ein Gegenstand nicht, wenn der Erblasser zu dessen Veräußerung verpflichtet ist.

第二千一百六十九条　[他人标的物之遗赠]

Ⅰ 继承开始时，遗赠之特定物不属于遗产者，其遗赠不生效力。但该特定物即使不属于遗产，仍须给与受遗赠人者，不在此限。

Ⅱ 遗嘱人仅占有遗赠物者，于有疑义时，视为以占有为遗赠。但其占有对于受遗赠人无法律上之利益者[a]，不在此限。

Ⅲ 遗嘱人对遗赠物享有给付请求权，或于遗赠后，因其物之灭失或被侵夺，而对该价额有赔偿请求权者，于有疑义时，以该请求权为遗赠[b]。
Ⅳ 遗嘱人负让与标的物之义务者，该标的物不属于第一款所称之遗产。

a 例如第999条。
b 参照第2164条第2款、第2172条第2款第2段。

§2170 Verschaffungsvermächtnis

(1) Ist das Vermächtnis eines Gegenstands, der zur Zeit des Erbfalls nicht zur Erbschaft gehört, nach §2169 Abs. 1 wirksam, so hat der Beschwerte den Gegenstand dem Bedachten zu verschaffen.
(2) Ist der Beschwerte zur Verschaffung außerstande, so hat er den Wert zu entrichten. Ist die Verschaffung nur mit unverhältnismäßigen Aufwendungen möglich, so kann sich der Beschwerte durch Entrichtung des Wertes befreien.

第二千一百七十条　[标的物取得之遗赠]

Ⅰ 遗赠之标的物于继承开始时不属于遗产，而依第二千一百六十九条第一款规定，其遗赠有效者，受加重负担之人应使受遗赠人取得该标的物[a]。
Ⅱ [1]受加重负担之人不能使受遗赠人取得标的物者，应支付其价额。[2]标的物之取得需费过巨者，受加重负担之人得给付其价额，而免除给付物之义务[b]。

a 参照第2182条第2款（担保义务）。
b 类似规定，参照第251条、第633条第2款及第2288条第2款。

§2171 Unmöglichkeit, gesetzliches Verbot

(1) Ein Vermächtnis, das auf eine zur Zeit des Erbfalls für jedermann unmögliche Leistung gerichtet ist oder gegen ein zu dieser Zeit bestehendes gesetzliches Verbot verstößt, ist unwirksam.
(2) Die Unmöglichkeit der Leistung steht der Gültigkeit des Vermächtnisses nicht entgegen, wenn die Unmöglichkeit behoben werden kann und das Vermächtnis für den Fall zugewendet ist, dass die Leistung möglich wird.

(3) Wird ein Vermächtnis, das auf eine unmögliche Leistung gerichtet ist, unter einer anderen aufschiebenden Bedingung oder unter Bestimmung eines Anfangstermins zugewendet, so ist das Vermächtnis gültig, wenn die Unmöglichkeit vor dem Eintritt der Bedingung oder des Termins behoben wird.

第二千一百七十一条　[给付不能；法定禁止]

Ⅰ 继承开始时，以不能给付^{a}为遗赠，或其遗赠违反继承开始时之法律禁止规定者^b，其遗赠不生效力。

Ⅱ 给付不能得以补正，且遗赠成为可能时始为给与者，该给付不能不妨碍遗赠之有效性。

Ⅲ 以给付不能为遗赠之标的物而附有停止条件或始期者，其给付不能于该条件成就或始期届至之前补正时，该遗赠仍为有效。

a 不能与否以继承开始时为准，而非立遗嘱之时。
b 参照第134条及第309条；关于违反善良风俗，参照第138条。

§2172　Verbindung, Vermischung, Vermengung der vermachten Sache

(1) Die Leistung einer vermachten Sache gilt auch dann als unmöglich, wenn die Sache mit einer anderen Sache in solcher Weise verbunden, vermischt oder vermengt worden ist, dass nach den §§946 bis 948 das Eigentum an der anderen Sache sich auf sie erstreckt oder Miteigentum eingetreten ist, oder wenn sie in solcher Weise verarbeitet oder umgebildet worden ist, dass nach §950 derjenige, welcher die neue Sache hergestellt hat, Eigentümer geworden ist.

(2) Ist die Verbindung, Vermischung oder Vermengung durch einen anderen als den Erblasser erfolgt und hat der Erblasser dadurch Miteigentum erworben, so gilt im Zweifel das Miteigentum als vermacht; steht dem Erblasser ein Recht zur Wegnahme der verbundenen Sache zu, so gilt im Zweifel dieses Recht als vermacht. Im Falle der Verarbeitung oder Umbildung durch einen anderen als den Erblasser bewendet es bei der Vorschrift des §2169 Abs. 3.

第二千一百七十二条　[遗赠物之附合、混合或融合]

Ⅰ 遗赠物与他物附合、混合或融合，而依第九百四十六条至第九百四十八条规定，他物之所有权扩及遗赠物或成为共有，或因加工或改造，依第九百五十条规定，由加工人或改造人取得新作成物之所有权者，其遗赠物之给付亦视为给付不能。

Ⅱ ¹遗嘱人因他人所致之附合、混合或融合而由遗嘱人取得共有者，于有疑义时，视为以共有为遗赠；遗嘱人有取回附合物之权利者[a]，于有疑义时，视为以其权利为遗赠。²由遗嘱人以外之第三人为加工或改造者，适用第二千一百六十九条第三款规定。

a 参照第951条第2款第2段。

§2173 Forderungsvermächtnis

Hat der Erblasser eine ihm zustehende Forderung vermacht, so ist, wenn vor dem Erbfall die Leistung erfolgt und der geleistete Gegenstand noch in der Erbschaft vorhanden ist, im Zweifel anzunehmen, dass dem Bedachten dieser Gegenstand zugewendet sein soll. War die Forderung auf die Zahlung einer Geldsumme gerichtet, so gilt im Zweifel die entsprechende Geldsumme als vermacht, auch wenn sich eine solche in der Erbschaft nicht vorfindet.

第二千一百七十三条　[债权之遗赠]

¹遗嘱人以其债权为遗赠，而于继承开始前已受领给付，且其给付之标的物仍留于遗产者，于有疑义时，推定应以该受领之给付给与受遗赠人[a]。²该债权以支付金钱为标的者，于有疑义时，即使相当于债权额之金钱不复留存于遗产中，仍视为以该金额为遗赠。

a 关于债权遗赠，第2173条系第2171条特别规定。

§2174 Vermächtnisanspruch

Durch das Vermächtnis wird für den Bedachten das Recht begründet, von dem Beschwerten die Leistung des vermachten Gegenstands zu fordern.

第二千一百七十四条　[遗赠请求权]

受遗赠人因遗赠而取得对于受加重负担之人请求给付遗赠标的物之权利。

§2175 Wiederaufleben erloschener Rechtsverhältnisse

Hat der Erblasser eine ihm gegen den Erben zustehende Forderung oder hat er ein Recht vermacht, mit dem eine Sache oder ein Recht des Erben belastet ist, so gelten die infolge des Erbfalls durch Vereinigung von Recht und Verbindlichkeit oder von Recht und Belastung erloschenen Rechtsverhältnisse in Ansehung des Vermächtnisses als nicht erloschen.

第二千一百七十五条 [已消灭之法律关系之恢复][a]

遗嘱人对于继承人之债权为遗赠，或以权利为遗赠，而该权利系由继承人之权利或物所负担者，其于继承开始时，权利与义务或权利与设定负担因混同而消灭之法律关系，因有遗赠，视为未消灭。

a 参考条文：第1976条、第1991条第2款、第2143条、第2377条。

§2176 Anfall des Vermächtnisses

Die Forderung des Vermächtnisnehmers kommt, unbeschadet des Rechts, das Vermächtnis auszuschlagen, zur Entstehung (Anfall des Vermächtnisses) mit dem Erbfall.

第二千一百七十六条 [遗赠之归属][a]

受遗赠人之债权因继承开始而发生（遗赠之归属），但其拒绝遗赠之权利不受影响。

a 参考条文：第2181条。

§2177 Anfall bei einer Bedingung oder Befristung

Ist das Vermächtnis unter einer aufschiebenden Bedingung oder unter Bestimmung eines Anfangstermins angeordnet und tritt die Bedingung oder der Termin erst nach dem Erbfall ein, so erfolgt der Anfall des Vermächtnisses mit dem Eintritt der Bedingung oder des Termins.

第二千一百七十七条 [附条件或期限之归属]^a

遗赠附有停止条件或始期，而停止条件或始期于继承开始后始成就或届至者，于其成就或届至时，始发生遗赠之归属。

a 参考条文：第2074条、第2269条第2款、第2280条。

§2178 Anfall bei einem noch nicht erzeugten oder bestimmten Bedachten

Ist der Bedachte zur Zeit des Erbfalls noch nicht gezeugt oder wird seine Persönlichkeit durch ein erst nach dem Erbfall eintretendes Ereignis bestimmt, so erfolgt der Anfall des Vermächtnisses im ersteren Falle mit der Geburt, im letzteren Falle mit dem Eintritt des Ereignisses.

第二千一百七十八条 [受遗赠人因尚未出生或未确定时之归属]^a

受遗赠人于继承开始时尚未出生，或其人格取决于继承开始后所发生之事件者，其遗赠之归属，前者为子女出生之时；后者为该事件发生之时。

a 参考条文：第2106条第2款、第2162条第2款。

§2179 Schwebezeit

Für die Zeit zwischen dem Erbfall und dem Anfall des Vermächtnisses finden in den Fällen der §§2177, 2178 die Vorschriften Anwendung, die für den Fall gelten, dass eine Leistung unter einer aufschiebenden Bedingung geschuldet wird.

第二千一百七十九条 [未定期间]^a

在第二千一百七十七条及第二千一百七十八条之情形，于继承开始后遗赠归属前之期间内，适用关于给付义务附有停止条件之规定。

a 于遗赠请求权发生前，受遗赠人已享有期待权；参照第159条、第160条及第162条。

§2180　Annahme und Ausschlagung

(1) Der Vermächtnisnehmer kann das Vermächtnis nicht mehr ausschlagen, wenn er es angenommen hat.
(2) Die Annahme sowie die Ausschlagung des Vermächtnisses erfolgt durch Erklärung gegenüber dem Beschwerten. Die Erklärung kann erst nach dem Eintritt des Erbfalls abgegeben werden; sie ist unwirksam, wenn sie unter einer Bedingung oder einer Zeitbestimmung abgegeben wird.
(3) Die für die Annahme und die Ausschlagung einer Erbschaft geltenden Vorschriften des §1950, des §1952 Abs. 1, 3 und des §1953 Abs. 1, 2 finden entsprechende Anwendung.

第二千一百八十条　[承认及拒绝]

Ⅰ 受遗赠人已承认遗赠者，不得再为拒绝[a]。
Ⅱ [1]遗赠之承认及拒绝，应对受加重负担之人以意思表示为之。[2]该意思表示仅得于继承开始后为之；意思表示附有条件或期限者，无效。
Ⅲ 于此情形，准用第一千九百五十条、第一千九百五十二条第一款、第三款及第一千九百五十三条第一款、第二款关于继承之承认及拒绝规定。

a 就拒绝遗赠，无期间之限制（与第1934条、第1944条不同）；关于承认之期间，参照第2307条第2款。

§2181　Fälligkeit bei Beliebigkeit

Ist die Zeit der Erfüllung eines Vermächtnisses dem freien Belieben des Beschwerten überlassen, so wird die Leistung im Zweifel mit dem Tode des Beschwerten fällig.

第二千一百八十一条　[自行决定时之清偿期]

遗赠之清偿期，委由受加重负担之人自行决定者，于有疑义时，以受加重负担之人死亡时为给付时期。

§2182 Haftung für Rechtsmängel

(1) Ist ein nur der Gattung nach bestimmter Gegenstand vermacht, so hat der Beschwerte die gleichen Verpflichtungen wie ein Verkäufer nach den Vorschriften des §433 Abs. 1 Satz 1, der §§436, 452 und 453. Er hat den Gegenstand dem Vermächtnisnehmer frei von Rechtsmängeln im Sinne des §435 zu verschaffen. §444 findet entsprechende Anwendung.

(2) Dasselbe gilt im Zweifel, wenn ein bestimmter nicht zur Erbschaft gehörender Gegenstand vermacht ist, unbeschadet der sich aus dem §2170 ergebenden Beschränkung der Haftung.

(3) Ist ein Grundstück Gegenstand des Vermächtnisses, so haftet der Beschwerte im Zweifel nicht für die Freiheit des Grundstücks von Grunddienstbarkeiten, beschränkten persönlichen Dienstbarkeiten und Reallasten.

第二千一百八十二条 [权利瑕疵担保责任]

Ⅰ [1]仅以种类指定遗赠者，受加重负担之人依第四百三十三条第一款第一段、第四百三十六条、第四百五十二条及第四百五十三条规定，负与出卖人同一之义务[a]。[2]其应给付无第四百三十五条所定瑕疵之物。[3]于此情形，准用第四百四十四条规定。

Ⅱ 以不属于遗产之特定标的物为遗赠者[b]，于有疑义时，亦同。但第二千一百七十条所生之有限责任，不受影响。

Ⅲ 以土地为遗赠之标的物者，于有疑义时，受加重负担之人不负除去土地上之地役权、限制人役权及物上负担之责任[c]。

a 于此情形，应负交付物、使受遗赠人取得其所有权、担保权利瑕疵、报告及移转权利证明文件等义务（又参照第2155条、第523条第2款）。
b 参照第2169条、第2170条及第2165条。
c 此为第436条规定之扩张。

§2183 Haftung für Sachmängel

Ist eine nur der Gattung nach bestimmte Sache vermacht, so kann der Vermächtnisnehmer, wenn die geleistete Sache mangelhaft ist, verlangen, dass ihm anstelle der mangelhaften Sache eine mangelfreie geliefert wird. Hat der Beschwerte einen Sachmangel arglistig verschwiegen, so kann der Vermächtnisnehmer anstelle der Lieferung einer mangelfreien

Sache Schadensersatz statt der Leistung verlangen, ohne dass er eine Frist zur Nacherfüllung setzen muss. Auf diese Ansprüche finden die für die Sachmängelhaftung beim Kauf einer Sache geltenden Vorschriften entsprechende Anwendung.

第二千一百八十三条 [物之瑕疵担保责任]

¹仅以种类指定遗赠者，给付物有瑕疵时，受遗赠人得另行请求交付无瑕疵之物[a]。²遗赠义务人恶意不告知物之瑕疵者，受遗赠人得不请求交付无瑕疵之物，而无须订定再为履行之期限，得径行请求因不履行之损害赔偿。³于此情形，准用关于物之买卖时物之瑕疵担保责任规定[b]。

a 参照第840条。
b 在第2170条所定之遗赠，遗赠义务人不负物之瑕疵担保责任。

§2184　Früchte; Nutzungen

Ist ein bestimmter zur Erbschaft gehörender Gegenstand vermacht, so hat der Beschwerte dem Vermächtnisnehmer auch die seit dem Anfall des Vermächtnisses gezogenen Früchte sowie das sonst auf Grund des vermachten Rechts Erlangte herauszugeben. Für Nutzungen, die nicht zu den Früchten gehören, hat der Beschwerte nicht Ersatz zu leisten.

第二千一百八十四条 [孳息；收益]

¹以不属于遗产之特定标的物为遗赠者，受加重负担之人应将自遗赠物归属后[a]所收取之孳息[b]及其他基于遗赠权利之所得，返还于受遗赠人。²不属于孳息之收益[c]，受加重负担之人不负赔偿之义务。

a 参照第2176条至第2178条。
b 孳息（第99条），而非因未收取孳息之偿还（第987条第2款）。
c 即使用之利益（Gebrauchsvorteil）（第100条）。

§2185　Ersatz von Verwendungen und Aufwendungen

Ist eine bestimmte zur Erbschaft gehörende Sache vermacht, so kann der Beschwerte für die nach dem Erbfall auf die Sache gemachten Verwendungen sowie für

Aufwendungen, die er nach dem Erbfall zur Bestreitung von Lasten der Sache gemacht hat, Ersatz nach den Vorschriften verlangen, die für das Verhältnis zwischen dem Besitzer und dem Eigentümer gelten.

第二千一百八十五条　[支出费用之偿还]^a

以属于遗产之特定标的物为遗赠者，受加重负担之人就继承开始后为其物本身及为偿付其物之负担所支出之费用，得依关于占有人与所有人关系之规定，请求返还之。

a 参考条文：第256条、第257条、第994条以下。

§2186　Fälligkeit eines Untervermächtnisses oder einer Auflage

Ist ein Vermächtnisnehmer mit einem Vermächtnis oder einer Auflage beschwert, so ist er zur Erfüllung erst dann verpflichtet, wenn er die Erfüllung des ihm zugewendeten Vermächtnisses zu verlangen berechtigt ist.

第二千一百八十六条　[再遗赠或负担之到期]

受遗赠人负有遗赠或负担义务者，仅于其得请求对自己所给与之遗赠受清偿者，始负清偿之义务。

§2187　Haftung des Hauptvermächtnisnehmers

(1) Ein Vermächtnisnehmer, der mit einem Vermächtnis oder einer Auflage beschwert ist, kann die Erfüllung auch nach der Annahme des ihm zugewendeten Vermächtnisses insoweit verweigern, als dasjenige, was er aus dem Vermächtnis erhält, zur Erfüllung nicht ausreicht.

(2) Tritt nach §2161 ein anderer an die Stelle des beschwerten Vermächtnisnehmers, so haftet er nicht weiter, als der Vermächtnisnehmer haften würde.

(3) Die für die Haftung des Erben geltenden Vorschriften des §1992 finden entsprechende Anwendung.

第二千一百八十七条　[主受遗赠人之责任]

Ⅰ 以属于遗产之特定标的物为遗赠者，其因受遗赠之所得，不足履行其所应负之义务时，即使其对自己所接受之遗赠承认后，仍得拒绝履行其不足之数额[a]。

Ⅱ 负有义务之受遗赠人，依第二千一百六十一条规定，由他人代位者，该人仅于遗赠人原应负责之范围内，负其清偿责任。

Ⅲ 于此情形，准用第一千九百九十二条关于继承人责任之规定。

a 参照第525条（赠与之负担）。

§2188　Kürzung der Beschwerungen

Wird die einem Vermächtnisnehmer gebührende Leistung auf Grund der Beschränkung der Haftung des Erben, wegen eines Pflichtteilsanspruchs oder in Gemäßheit des §2187 gekürzt, so kann der Vermächtnisnehmer, sofern nicht ein anderer Wille des Erblassers anzunehmen ist, die ihm auferlegten Beschwerungen verhältnismäßig kürzen.

第二千一百八十八条　[受加重负担之减少]

受遗赠人应得之给付，基于继承人有限责任[a]，因特留份请求权之行使[b]或依第二千一百八十七条规定，而减少者，受遗赠人得按比例减少其所负担之义务。但可认为遗赠人另有意思者，不在此限。

a 参照第1991条第4款、第1992条。
b 参照第2318条及第2322条。

§2189　Anordnung eines Vorrangs

Der Erblasser kann für den Fall, dass die dem Erben oder einem Vermächtnisnehmer auferlegten Vermächtnisse und Auflagen auf Grund der Beschränkung der Haftung des Erben, wegen eines Pflichtteilsanspruchs oder in Gemäßheit der §§2187, 2188 gekürzt werden, durch Verfügung von Todes wegen anordnen, dass ein Vermächtnis oder eine Auflage den Vorrang vor den übrigen Beschwerungen haben soll.

第二千一百八十九条　[优先顺序之指定]

遗嘱人得以死因处分之指定，令继承人或受遗赠人所负之遗赠及负担，基于继承人之有限责任，因特留份请求权之行使，或依第二千一百八十七条及第二千一百八十八条规定，而减少者，就特定遗赠或负担优先于其他义务而受清偿。

§2190 Ersatzvermächtnisnehmer

Hat der Erblasser für den Fall, dass der zunächst Bedachte das Vermächtnis nicht erwirbt, den Gegenstand des Vermächtnisses einem anderen zugewendet, so finden die für die Einsetzung eines Ersatzerben geltenden Vorschriften der §§2097 bis 2099 entsprechende Anwendung.

第二千一百九十条　[补充遗赠]

遗赠人已指示于原受遗赠人不受取遗赠者，于遗赠标的物给与第三人时，准用第二千零九十七条至第二千零九十九条关于指定预备继承人之规定。

§2191 Nachvermächtnisnehmer

(1) Hat der Erblasser den vermachten Gegenstand von einem nach dem Anfall des Vermächtnisses eintretenden bestimmten Zeitpunkt oder Ereignis an einem Dritten zugewendet, so gilt der erste Vermächtnisnehmer als beschwert.

(2) Auf das Vermächtnis finden die für die Einsetzung eines Nacherben geltenden Vorschriften des §2102, des §106 Abs. 1, des §2107 und des §2110 Abs. 1 entsprechende Anwendung.

第二千一百九十一条　[后位受遗赠人][a]

Ⅰ 遗嘱人将遗赠标的物，自遗赠归属后特定时期之届至或特定事件发生时起给与第三人者，视为原受遗赠人负有加重负担之义务。

Ⅱ 第二千一百零二条、第二千一百零六条第一款、第二千一百零七条及第二千一百一十条第一款关于指定后位继承人之规定，于前款遗赠准用之。

a 参照第2162条。在后位遗赠，前位受遗赠人仅于后位遗赠归属时，负有将遗赠之财产移转于后位受遗赠人之义务（第2174条），与在后位继承，遗产当然移转于后位继承人之情形不同。

Titel 5　Auflage
第五节　负　担

§2192　Anzuwendende Vorschriften

Auf eine Auflage finden die für letztwillige Zuwendungen geltenden Vorschriften der §§2065, 2147, 2148, 2154 bis 2156, 2161, 2171, 2181 entsprechende Anwendung.

第二千一百九十二条　[适用之法规]^a

第二千零六十五条、第二千一百四十七条、第二千一百四十八条、第二千一百五十四条至第二千一百五十六条、第二千一百六十一条、第二千一百七十一条及第二千一百八十一条有关以终意处分为给与之规定，于负担准用之。

a 关于负担之意义，参照第1940条；负担之义务系属遗产债务（第1967条第2款）；其与遗赠不同之处，系受益人无独立请求给付之权；其他有关负担之规定，参照第2186条至第2198条；关于赠与之负担，参照第525条至第527条；在继承契约之负担，参照第1941条、第2278条、第2279条、第2299条。第2162条、第2163条关于遗赠之规定，于负担并无准用，故该负担之效力，在时间上并无限制。

§2193　Bestimmung des Begünstigten, Vollziehungsfrist

(1) Der Erblasser kann bei der Anordnung einer Auflage, deren Zweck er bestimmt hat, die Bestimmung der Person, an welche die Leistung erfolgen soll, dem Beschwerten oder einem Dritten überlassen.

(2) Steht die Bestimmung dem Beschwerten zu, so kann ihm, wenn er zur Vollziehung der Auflage rechtskräftig verurteilt ist, von dem Kläger eine angemessene Frist zur Vollziehung bestimmt werden; nach dem Ablauf der Frist ist der Kläger berechtigt, die Bestimmung zu treffen, wenn nicht die Vollziehung rechtzeitig erfolgt.

(3) Steht die Bestimmung einem Dritten zu, so erfolgt sie durch Erklärung gegenüber

dem Beschwerten. Kann der Dritte die Bestimmung nicht treffen, so geht das Bestimmungsrecht auf den Beschwerten über. Die Vorschrift des §2151 Abs. 3 Satz 2 findet entsprechende Anwendung; zu den Beteiligten im Sinne dieser Vorschrift gehören der Beschwerte und diejenigen, welche die Vollziehung der Auflage zu verlangen berechtigt sind.

第二千一百九十三条　[受益人之指定；执行期间]

Ⅰ 遗嘱人为确定目的而指示负担时，关于应受给付之人[a]，得委由受加重负担之人或第三人指定之。

Ⅱ 受加重负担之人有指定权时，在其受有履行负担之确定判决者，原告得定相当期间催告其履行；该执行不及时进行者，其指定权于期间届满后，移转于原告。

Ⅲ [1]第三人有指定权者，应向受加重负担之人以意思表示为之。[2]第三人不能指定时，指定权移转于加重负担之人。[3]于此情形，准用第二千一百五十一条第三款第二段规定；该条所称利害关系人，指受加重负担之人及得请求负担执行之人。

a 参照第2065条第2款及第2156条。

§2194　Anspruch auf Vollziehung

Die Vollziehung einer Auflage können der Erbe, der Miterbe und derjenige verlangen, welchem der Wegfall des mit der Auflage zunächst Beschwerten unmittelbar zustatten kommen würde. Liegt die Vollziehung im öffentlichen Interesse, so kann auch die zuständige Behörde die Vollziehung verlangen.

第二千一百九十四条　[执行之请求权][a]

[1]继承人、共同继承人及原受加重负担之人之出缺而直接受益之人[b]得请求负担之执行。[2]该执行与公益有关者，主管机关亦得请求执行。

a 参照第525条。
b 在负担并无权利人，受益人亦非必要；但特定人得敦促受加重负担之人执行负担。负担之执行或其监督为遗嘱执行人之职责（第2203条、第2208条第2款、第2223条）；关于依返还给与义务之间接强制方法，参照第2196条。

§2195 Verhältnis von Auflage und Zuwendung

Die Unwirksamkeit einer Auflage hat die Unwirksamkeit der unter der Auflage gemachten Zuwendung nur zur Folge, wenn anzunehmen ist, dass der Erblasser die Zuwendung nicht ohne die Auflage gemacht haben würde.

第二千一百九十五条 [负担与给与之关系]

负担之不生效力,以可认为遗嘱人如知其不生效力即不为给与者为限,其因负担所为之给与,亦不生效力。

§2196 Unmöglichkeit der Vollziehung

(1) Wird die Vollziehung einer Auflage infolge eines von dem Beschwerten zu vertretenden Umstands unmöglich, so kann derjenige, welchem der Wegfall des zunächst Beschwerten unmittelbar zustatten kommen würde, die Herausgabe der Zuwendung nach den Vorschriften über die Herausgabe einer ungerechtfertigten Bereicherung insoweit fordern, als die Zuwendung zur Vollziehung der Auflage hätte verwendet werden müssen.

(2) Das Gleiche gilt, wenn der Beschwerte zur Vollziehung einer Auflage, die nicht durch einen Dritten vollzogen werden kann, rechtskräftig verurteilt ist und die zulässigen Zwangsmittel erfolglos gegen ihn angewendet worden sind.

第二千一百九十六条 [执行之不能]

Ⅰ 因可归责于受加重负担之人之事由,致负担之执行不能者,由原受加重负担之人出缺而直接受益之人,就执行该负担所需之费用之限度内[a],得依关于不当得利之规定,请求返还。

Ⅱ 负担之义务非他人所能代替,而受加重负担之人经确定判决命其执行,且以合法之方法,强制执行而无效果者,亦同。

a 参照第527条第1款。

Titel 6　Testamentsvollstrecker
第六节　遗嘱执行人

§2197　Ernennung des Testamentsvollstreckers

(1) Der Erblasser kann durch Testament einen oder mehrere Testamentsvollstrecker ernennen.

(2) Der Erblasser kann für den Fall, dass der ernannte Testamentsvollstrecker vor oder nach der Annahme des Amts wegfällt, einen anderen Testamentsvollstrecker ernennen.

第二千一百九十七条　[遗嘱执行人之指定][a]

Ⅰ 遗嘱人得以遗嘱指定一人或数人为遗嘱执行人。

Ⅱ 原指定之遗嘱执行人于就任前或就任后出缺者，遗嘱人得另行指定第三人为遗嘱执行人。

a 参考条文：第2224条、第2338条、第2364条、第2368条。

§2198　Bestimmung des Testamentsvollstreckers durch einen Dritten

(1) Der Erblasser kann die Bestimmung der Person des Testamentsvollstreckers einem Dritten überlassen. Die Bestimmung erfolgt durch Erklärung gegenüber dem Nachlassgericht; die Erklärung ist in öffentlich beglaubigter Form abzugeben.

(2) Das Bestimmungsrecht des Dritten erlischt mit dem Ablauf einer ihm auf Antrag eines der Beteiligten von dem Nachlassgericht bestimmten Frist.

第二千一百九十八条　[由第三人指定遗嘱执行人]

Ⅰ [1]遗嘱人得委托第三人指定遗嘱执行人。[2]其指定应对遗产法院以意思表示为之；其意思表示应经公证之方式为之。

Ⅱ 遗产法院因利害关系人之申请，而于其由法院指定之期间届满时，第三人未为指定遗产执行人者，其指定权消灭。

§2199 Ernennung eines Mitvollstreckers oder Nachfolgers

(1) Der Erblasser kann den Testamentsvollstrecker ermächtigen, einen oder mehrere Mitvollstrecker zu ernennen.

(2) Der Erblasser kann den Testamentsvollstrecker ermächtigen, einen Nachfolger zu ernennen.

(3) Die Ernennung erfolgt nach §2198 Abs. 1 Satz 2.

第二千一百九十九条 [共同执行人或继任人之指定]^a

Ⅰ 遗嘱人得授权遗嘱执行人，指定一人或数人为共同遗嘱执行人。

Ⅱ 遗嘱人得授权遗嘱执行人指定其继任人。

Ⅲ 前款之指定，依第二千一百九十八条第一款第二段规定为之。

a 参考条文：第2197条、第2219条。

§2200 Ernennung durch das Nachlassgericht

(1) Hat der Erblasser in dem Testament das Nachlassgericht ersucht, einen Testamentsvollstrecker zu ernennen, so kann das Nachlassgericht die Ernennung vornehmen.

(2) Das Nachlassgericht soll vor der Ernennung die Beteiligten hören, wenn es ohne erhebliche Verzögerung und ohne unverhältnismäßige Kosten geschehen kann.

第二千二百条 [遗产法院之指定]

Ⅰ 遗嘱人在遗嘱上请求遗产法院选任遗嘱执行人者，遗产法院得为其选任之。

Ⅱ 遗产法院在选任前，应听取利害关系人之意见。但因此显有迟延及需费过巨者，不在此限。

§2201 Unwirksamkeit der Ernennung

Die Ernennung des Testamentsvollstreckers ist unwirksam, wenn er zu der Zeit, zu welcher er das Amt anzutreten hat, geschäftsunfähig oder in der Geschäftsfähigkeit beschränkt ist oder nach §1896 zur Besorgung seiner Vermögensangelegenheiten einen Betreuer erhalten hat.

第二千二百零一条 [指定之不生效力]^a

遗嘱执行人于应就任时,无行为能力或其行为能力受限制,或依第一千八百九十六条规定,已有辅佐人管理其财产事务者,其指定不生效力。

a 参考条文:第104条、第106条、第114条。

§2202 Annahme und Ablehnung des Amts

(1) Das Amt des Testamentsvollstreckers beginnt mit dem Zeitpunkt, in welchem der Ernannte das Amt annimmt.

(2) Die Annahme sowie die Ablehnung des Amts erfolgt durch Erklärung gegenüber dem Nachlassgericht. Die Erklärung kann erst nach dem Eintritt des Erbfalls abgegeben werden; sie ist unwirksam, wenn sie unter einer Bedingung oder einer Zeitbestimmung abgegeben wird.

(3) Das Nachlassgericht kann dem Ernannten auf Antrag eines der Beteiligten eine Frist zur Erklärung über die Annahme bestimmen. Mit dem Ablauf der Frist gilt das Amt als abgelehnt, wenn nicht die Annahme vorher erklärt wird.

第二千二百零二条 [职务之接受及拒绝]^a

Ⅰ 遗嘱执行人之职务,自被指定人接受其职务时开始。

Ⅱ ¹职务之接受及拒绝,应向遗产法院以意思表示为之。²该意思表示于继承开始后,始得为之;其附条件或期限者,不生效力。

Ⅲ ¹遗产法院因利害关系人中之一人之申请,得指定接受表示之期间。²于该期间内未为接受之表示者,在该期间届满后,视为拒绝该职务。

a 参考条文:第1974条、第2180条、第2208条。

§2203 Aufgabe des Testamentsvollstreckers

Der Testamentsvollstrecker hat die letztwilligen Verfügungen des Erblassers zur Ausführung zu bringen.

第三章 遗 嘱

第二千二百零三条 [遗嘱执行人之职务]^a

遗嘱执行人应实行遗嘱人之终意处分。

a 参考条文：第2208条。

§2204 Auseinandersetzung unter Miterben

(1) Der Testamentsvollstrecker hat, wenn mehrere Erben vorhanden sind, die Auseinandersetzung unter ihnen nach Maßgabe der §§2042 bis 2057a zu bewirken.

(2) Der Testamentsvollstrecker hat die Erben über den Auseinandersetzungsplan vor der Ausführung zu hören.

第二千二百零四条 [共同继承人间之遗产分割]

Ⅰ 继承人有数人时，遗嘱执行人应依第二千零四十二条至第二千零五十七条之一规定，为共同继承人分割遗产。

Ⅱ 遗嘱执行人于实行遗产分割前，应听取继承人关于分割计划之意见。

§2205 Verwaltung des Nachlasses, Verfügungsbefugnis

Der Testamentsvollstrecker hat den Nachlass zu verwalten. Er ist insbesondere berechtigt, den Nachlass in Besitz zu nehmen und über die Nachlassgegenstände zu verfügen. Zu unentgeltlichen Verfügungen ist er nur berechtigt, soweit sie einer sittlichen Pflicht oder einer auf den Anstand zu nehmenden Rücksicht entsprechen.

第二千二百零五条 [遗产之管理，处分权限]^a

¹遗嘱执行人应管理遗产。²遗嘱执行人即如有权为遗产之占有，并处分遗产标的物。³遗嘱执行人之无偿处分遗产，以其系履行道德上之义务，或合于礼仪上所为之考虑者为限。

a 参考条文：第185条、第534条、第868条、第2207条、第2208条。

§2206 Eingehung von Verbindlichkeiten

(1) Der Testamentsvollstrecker ist berechtigt, Verbindlichkeiten für den Nachlass einzugehen, soweit die Eingehung zur ordnungsmäßigen Verwaltung erforderlich ist. Die Verbindlichkeit zu einer Verfügung über einen Nachlassgegenstand kann der Testamentsvollstrecker für den Nachlass auch dann eingehen, wenn er zu der Verfügung berechtigt ist.

(2) Der Erbe ist verpflichtet, zur Eingehung solcher Verbindlichkeiten seine Einwilligung zu erteilen, unbeschadet des Rechts, die Beschränkung seiner Haftung für die Nachlassverbindlichkeiten geltend zu machen.

第二千二百零六条 [债务之负担][a]

Ⅰ [1]遗嘱执行人于通常管理行为必要限度内，得为遗产负担债务。[2]遗嘱执行人有处分权限时，亦得为遗产负担处分标的物之债务。

Ⅱ 继承人就该债务之负担，应表示同意。但其对于遗产债务主张有限责任之权利，不受影响。

a 参考条文：第2205条、第2216条、第2208条第1款、第183条。

§2207 Erweiterte Verpflichtungsbefugnis

Der Erblasser kann anordnen, dass der Testamentsvollstrecker in der Eingehung von Verbindlichkeiten für den Nachlass nicht beschränkt sein soll. Der Testamentsvollstrecker ist auch in einem solchen Falle zu einem Schenkungsversprechen nur nach Maßgabe des §2205 Satz 3 berechtigt.

第二千二百零七条 [其他负担义务之权限][a]

[1]遗嘱人得指示遗嘱执行人为遗产负担债务时不受限制。[2]于此情形，遗嘱执行人仅依第二千二百零五条第三段规定，亦始得为赠与之承受。

a 参考条文：第2209条第2段、第2216条、第2220条。

§2208 Beschränkung der Rechte des Testamentsvollstreckers, Ausführung durch den Erben

(1) Der Testamentsvollstrecker hat die in den §§2203 bis 2206 bestimmten Rechte nicht, soweit anzunehmen ist, dass sie ihm nach dem Willen des Erblassers nicht zustehen sollen. Unterliegen der Verwaltung des Testamentsvollstreckers nur einzelne Nachlassgegenstände, so stehen ihm die im §2205 Satz 2 bestimmten Befugnisse nur in Ansehung dieser Gegenstände zu.

(2) Hat der Testamentsvollstrecker Verfügungen des Erblassers nicht selbst zur Ausführung zu bringen, so kann er die Ausführung von dem Erben verlangen, sofern nicht ein anderer Wille des Erblassers anzunehmen ist.

第二千二百零八条　[遗嘱执行人权利之限制；由继承人实行]

Ⅰ [1]第二千二百零三条至第二千二百零六条所定之权利，可认为依遗嘱人之意思，不属于遗嘱执行人者，遗嘱执行人无该权利。[2]遗嘱执行人之管理，限于个别遗产之标的物者，仅得就该标的物，享有第二千二百零五条第二段所定之权限。

Ⅱ 遗嘱执行人无须亲自实行遗嘱人之处分者，得请求继承人实行之。但可认为遗嘱人有其他意思者，不在此限。

§2209 Dauervollstreckung

Der Erblasser kann einem Testamentsvollstrecker die Verwaltung des Nachlasses übertragen, ohne ihm andere Aufgaben als die Verwaltung zuzuweisen; er kann auch anordnen, dass der Testamentsvollstrecker die Verwaltung nach der Erledigung der ihm sonst zugewiesenen Aufgaben fortzuführen hat. Im Zweifel ist anzunehmen, dass einem solchen Testamentsvollstrecker die in §2207 bezeichnete Ermächtigung erteilt ist.

第二千二百零九条　[继续执行][a]

[1]遗嘱人得仅委托遗嘱执行人管理遗产，而不赋予其他任务；遗嘱人亦得指示遗嘱执行人于其他任务执行终了后，仍应继续管理遗产。[2]有疑义时，应认为遗嘱执行人经授有第二千二百零七条所定之权限。

a 参考条文：第2205条。

§2210 Dreißigjährige Frist für die Dauervollstreckung

Eine nach §2209 getroffene Anordnung wird unwirksam, wenn seit dem Erbfall 30 Jahre verstrichen sind. Der Erblasser kann jedoch anordnen, dass die Verwaltung bis zum Tode des Erben oder des Testamentsvollstreckers oder bis zum Eintritt eines anderen Ereignisses in der Person des einen oder des anderen fortdauern soll. Die Vorschrift des §2163 Abs. 2 findet entsprechende Anwendung.

第二千二百一十条 [继续执行三十年期间][a]

¹依第二千二百零九条规定所为之指示，自继承开始后逾三十年者，失其效力。²但遗嘱人得指示遗产之管理应继续至继承人或遗嘱执行人死亡，或其中一方发生其他事件时为止。³于此情形，准用第二千一百六十三条第二款规定。

a 参考条文：第2109条、第2162条以下。

§2211 Verfügungsbeschränkung des Erben

(1) Über einen der Verwaltung des Testamentsvollstreckers unterliegenden Nachlassgegenstand kann der Erbe nicht verfügen.

(2) Die Vorschriften zugunsten derjenigen, welche Rechte von einem Nichtberechtigten herleiten, finden entsprechende Anwendung.

第二千二百一十一条 [继承人之处分限制]

Ⅰ 对于遗嘱执行人所管理之遗产标的物[a]，继承人不得处分。
Ⅱ 于此情形，准用关于有利于由无权利人取得权利之规定[b]。

a 参照第2205条、第2208条及第2217条。
b 参照第892条以下、第932条以下、第1032条、第1207条。

§2212 Gerichtliche Geltendmachung von der Testamentsvollstreckung unterliegenden Rechten

Ein der Verwaltung des Testamentsvollstreckers unterliegendes Recht kann nur von dem Testamentsvollstrecker gerichtlich geltend gemacht warden.

第二千二百一十二条 [遗嘱执行之权利在法院之主张]

遗嘱执行人所管理之权利，仅得由遗嘱执行人于法院上主张之。

§2213 Gerichtliche Geltendmachung von Ansprüchen gegen den Nachlass

(1) Ein Anspruch, der sich gegen den Nachlass richtet, kann sowohl gegen den Erben als gegen den Testamentsvollstrecker gerichtlich geltend gemacht werden. Steht dem Testamentsvollstrecker nicht die Verwaltung des Nachlasses zu, so ist die Geltendmachung nur gegen den Erben zulässig. Ein Pflichtteilsanspruch kann, auch wenn dem Testamentsvollstrecker die Verwaltung des Nachlasses zusteht, nur gegen den Erben geltend gemacht werden.
(2) Die Vorschrift des §1958 findet auf den Testamentsvollstrecker keine Anwendung.
(3) Ein Nachlassgläubiger, der seinen Anspruch gegen den Erben geltend macht, kann den Anspruch auch gegen den Testamentsvollstrecker dahin geltend machen, dass dieser die Zwangsvollstreckung in die seiner Verwaltung unterliegenden Nachlassgegenstände dulde.

第二千二百一十三条 [对遗产请求在法院之主张]

Ⅰ ¹对遗产之请求权，得以继承人或遗嘱执行人为被告在法院主张之。
²遗嘱执行人对遗产无管理权者，其权利之主张仅得对继承人为之。
³遗嘱执行人即使对遗产有管理权，特留份请求权之行使，仍仅得对继承人为之。
Ⅱ 第一千九百五十八条规定，不适用于遗嘱执行人。
Ⅲ 对继承人主张请求权之遗产债权人，亦得向遗嘱执行人对其所管理之遗产标的物，申请强制执行。

§2214 Gläubiger des Erben

Gläubiger des Erben, die nicht zu den Nachlassgläubigern gehören, können sich nicht an die der Verwaltung des Testamentsvollstreckers unterliegenden Nachlassgegenstände halten.

第二千二百一十四条 [继承人之债权人]

继承人之债权人非遗产债权人者,不得对遗嘱执行人所管理之遗产标的物行使其权利。

§2215 Nachlassverzeichnis

(1) Der Testamentsvollstrecker hat dem Erben unverzüglich nach der Annahme des Amts ein Verzeichnis der seiner Verwaltung unterliegenden Nachlassgegenstände und der bekannten Nachlassverbindlichkeiten mitzuteilen und ihm die zur Aufnahme des Inventars sonst erforderliche Beihilfe zu leisten.

(2) Das Verzeichnis ist mit der Angabe des Tages der Aufnahme zu versehen und von dem Testamentsvollstrecker zu unterzeichnen; der Testamentsvollstrecker hat auf Verlangen die Unterzeichnung öffentlich beglaubigen zu lassen.

(3) Der Erbe kann verlangen, dass er bei der Aufnahme des Verzeichnisses zugezogen wird.

(4) Der Testamentsvollstrecker ist berechtigt und auf Verlangen des Erben verpflichtet, das Verzeichnis durch die zuständige Behörde oder durch einen zuständigen Beamten oder Notar aufnehmen zu lassen.

(5) Die Kosten der Aufnahme und der Beglaubigung fallen dem Nachlass zur Last.

第二千二百一十五条 [遗产目录][a]

Ⅰ 遗嘱执行人于就任后,应即时将所管理之遗产标的物及其所已知之遗产债务,编制遗产目录,交付继承人,并在编制遗产清册时,对继承人为其他必要之协助。

Ⅱ 前款目录应记载编制之日期,并由遗嘱执行人签名;遗嘱执行人因请求,应申请对其签名予以认证。

Ⅲ 继承人得请求在遗产目录编制时在场。

Ⅳ 遗嘱执行人得委由主管机关、主管公务员或公证人编制遗产目录,并因继承人之请求，负担该义务。

V 编制及认证之费用，由遗产负担之。

a 参考条文：第121条第1款、第129条、第2202条、第1993条、第1994条、第2121条。

§2216 Ordnungsmäßige Verwaltung des Nachlasses, Befolgung von Anordnungen

(1) Der Testamentsvollstrecker ist zur ordnungsmäßigen Verwaltung des Nachlasses verpflichtet.

(2) Anordnungen, die der Erblasser für die Verwaltung durch letztwillige Verfügung getroffen hat, sind von dem Testamentsvollstrecker zu befolgen. Sie können jedoch auf Antrag des Testamentsvollstreckers oder eines anderen Beteiligten von dem Nachlassgericht außer Kraft gesetzt werden, wenn ihre Befolgung den Nachlass erheblich gefährden würde. Das Gericht soll vor der Entscheidung, soweit tunlich, die Beteiligten hören.

第二千二百一十六条 [遗产之通常管理；指示之遵从]

I 遗嘱执行人负为通常管理遗产之义务。

II ¹遗嘱执行人应遵守遗嘱人以终意处分之方法所为之指示管理遗产。²但按其指示显有危害遗产之虞者，遗产法院因遗嘱执行人或其他利害关系人中之一人之申请，应宣告该指示失其效力。³遗产法院于裁判前，在可能之范围内，应听取利害关系人之意见。

§2217 Überlassung von Nachlassgegenständen

(1) Der Testamentsvollstrecker hat Nachlassgegenstände, deren er zur Erfüllung seiner Obliegenheiten offenbar nicht bedarf, dem Erben auf Verlangen zur freien Verfügung zu überlassen. Mit der Überlassung erlischt sein Recht zur Verwaltung der Gegenstände.

(2) Wegen Nachlassverbindlichkeiten, die nicht auf einem Vermächtnis oder einer Auflage beruhen, sowie wegen bedingter und betagter Vermächtnisse oder Auflagen kann der Testamentsvollstrecker die Überlassung der Gegenstände nicht verweigern, wenn der Erbe für die Berichtigung der Verbindlichkeiten oder für die

Vollziehung der Vermächtnisse oder Auflagen Sicherheit leistet.

第二千二百一十七条 [遗产标的物之交付]

Ⅰ ^{1}遗嘱执行人因继承人之请求，应将显非其执行职务所必要之遗产标的物，交付于继承人自由处分。^{2}遗嘱执行人因交付遗产标的物而对其管理权消灭。

Ⅱ 继承人为清偿债务、遗赠执行或因负担而提供担保者[a]，遗嘱执行人不得以遗产债务非基于遗赠或负担而发生[b]，或其遗赠或负担附有条件或期限为理由，拒绝遗产标的物之交付。

a 关于提供担保，参照第232条以下。
b 参照第1967条第2款。

§2218 Rechtsverhältnis zum Erben; Rechnungslegung

(1) Auf das Rechtsverhältnis zwischen dem Testamentsvollstrecker und dem Erben finden die für den Auftrag geltenden Vorschriften der §§664, 666 bis 668, 670, des §673 Satz 2 und des §674 entsprechende Anwendung.

(2) Bei einer länger dauernden Verwaltung kann der Erbe jährlich Rechnungslegung verlangen.

第二千二百一十八条 [与继承人之法律关系；计算书之提出]

Ⅰ 第六百六十四条、第六百六十六条至第六百六十八条、第六百七十条、第六百七十三条第二段及第六百七十四条关于委任之规定，于遗嘱执行人与继承人间之法律关系准用之。

Ⅱ 遗产管理系长久而持续性者，继承人得按年请求提出计算书[a]。

a 与第666条之规定不同。

§2219 Haftung des Testamentsvollstreckers

(1) Verletzt der Testamentsvollstrecker die ihm obliegenden Verpflichtungen, so ist er, wenn ihm ein Verschulden zur Last fällt, für den daraus entstehenden Schaden dem Erben und, soweit ein Vermächtnis zu vollziehen ist, auch dem Vermächtnisnehmer

verantwortlich.

(2) Mehrere Testamentsvollstrecker, denen ein Verschulden zur Last fällt, haften als Gesamtschuldner.

第二千二百一十九条 [遗嘱执行人之责任]

Ⅰ 遗嘱执行人因其可归责之事由[a]致违反所应负之义务者，对继承人因此所生之损害应负责任；其遗赠应予执行者，对受遗赠人亦应负责任。

Ⅱ 有多数遗嘱执行人[b]均有可归责之事由致违反应负之义务者，应负连带债务人之责任[c]。

a 参照第276条。
b 参照第2224条。
c 关于连带债务人之责任，参照第421条以下及第840条。

§2220 Zwingendes Recht

Der Erblasser kann den Testamentsvollstrecker nicht von den ihm nach den §§2215, 2216, 2218, 2219 obliegenden Verpflichtungen befreien.

第二千二百二十条 [强行规定]

遗嘱执行人依第二千二百一十五条、第二千二百一十六条、第二千二百一十八条及第二千二百一十九条规定负担之义务，被继承人不得免除之。

§2221 Vergütung des Testamentsvollstreckers

Der Testamentsvollstrecker kann für die Führung seines Amts eine angemessene Vergütung verlangen, sofern nicht der Erblasser ein anderes bestimmt hat.

第二千二百二十一条 [遗嘱执行人之报酬]

除遗嘱人另有意思外，遗嘱执行人就其职务之执行，得请求相当之报酬。

§2222 Nacherbenvollstrecker

Der Erblasser kann einen Testamentsvollstrecker auch zu dem Zwecke ernennen, dass dieser bis zu dem Eintritt einer angeordneten Nacherbfolge die Rechte des Nacherben ausübt und dessen Pflichten erfüllt.

第二千二百二十二条　[后位继承执行人][a]

遗嘱人亦得以特定目的而指定遗嘱执行人，使其于指定后位继承人开始就任前，行使后位继承人之权利[b]，并履行其义务[c]。

a 参考条文：第1913条第2款、第2338条第1款第2段。
b 参照第2116条、第2119条、第2121条及第2127条以下。
c 参照第2120条。

§2223 Vermächtnisvollstrecker

Der Erblasser kann einen Testamentsvollstrecker auch zu dem Zwecke ernennen, dass dieser für die Ausführung der einem Vermächtnisnehmer auferlegten Beschwerungen sorgt.

第二千二百二十三条　[遗赠执行人][a]

遗嘱人亦得以特定目的指定遗嘱执行人，负责实行受遗赠人应履行其所受之加重负担。

a 参考条文：第2147条、第2185条以下。

§2224 Mehrere Testamentsvollstrecker

(1) Mehrere Testamentsvollstrecker führen das Amt gemeinschaftlich; bei einer Meinungsverschiedenheit entscheidet das Nachlassgericht. Fällt einer von ihnen weg, so führen die übrigen das Amt allein. Der Erblasser kann abweichende Anordnungen treffen.

(2) Jeder Testamentsvollstrecker ist berechtigt, ohne Zustimmung der anderen Testamentsvollstrecker diejenigen Maßregeln zu treffen, welche zur Erhaltung

eines der gemeinschaftlichen Verwaltung unterliegenden Nachlassgegenstands notwendig sind.

第二千二百二十四条 [多数遗嘱执行人]

I ¹遗嘱执行人有数人者，应共同执行其职务；其意见不一致时，由遗产法院裁定。²多数遗嘱执行人中有人出缺时，由其余之人执行之。³被继承人另有指示者，从其指示ª。

II 遗嘱执行人对于共同管理之遗产标的物，得不经其他遗嘱执行人之同意，为必要之保存行为ᵇ。

a 参照第2197条第2款及第2198条至第2220条。
b 类似规定，参照第744条第2款及第2038条。

§2225 Erlöschen des Amts des Testamentsvollstreckers

Das Amt des Testamentsvollstreckers erlischt, wenn er stirbt oder wenn ein Fall eintritt, in welchem die Ernennung nach §2201 unwirksam sein würde.

第二千二百二十五条 [遗嘱执行人职务之消灭]

遗嘱执行人因死亡或依第二千二百零一条规定之指定不生效力者，其职务消灭。

§2226 Kündigung durch den Testamentsvollstrecker

Der Testamentsvollstrecker kann das Amt jederzeit kündigen. Die Kündigung erfolgt durch Erklärung gegenüber dem Nachlassgericht. Die Vorschrift des §671 Abs. 2, 3 findet entsprechende Anwendung.

第二千二百二十六条 [遗嘱执行人之终止]ª

¹遗嘱执行人随时终止其职务ᵇ。²其终止应向遗产法院以意思表示为之。³于此情形，准用第六百七十一条第二款及第三款规定。

a 参考条文：第2228条。
b 其职务之终止，无需特殊原因。

§2227 Entlassung des Testamentsvollstreckers

Das Nachlassgericht kann den Testamentsvollstrecker auf Antrag eines der Beteiligten entlassen, wenn ein wichtiger Grund vorliegt; ein solcher Grund ist insbesondere grobe Pflichtverletzung oder Unfähigkeit zur ordnungsmäßigen Geschäftsführung.

第二千二百二十七条 [遗嘱执行人之解任]

遗产法院因利害关系人以重大事由申请解任者，法院得将遗嘱执行人解任之；前款所称之重大事由，即如违反义务情节重大或不能为通常之事务管理者。

§2228 Akteneinsicht

Das Nachlassgericht hat die Einsicht der nach §2198 Abs. 1 Satz 2, §2199 Abs. 3, §2202 Abs. 2, §2226 Satz 2 abgegebenen Erklärungen jedem zu gestatten, der ein rechtliches Interesse glaubhaft macht.

第二千二百二十八条 [文件之阅览]

遗产法院对于释明有法律上利害关系之人，应许其阅览依第二千一百九十八条第一款第二段、第二千一百九十九条第三款、第二千二百零二条第二款及第二千二百二十六条第二段规定所表示之文件。

Titel 7
Errichtung und Aufhebung eines Testaments
第七节　遗嘱之订定及废止

§2229 Testierfähigkeit Minderjähriger, Testierunfähigkeit

(1) Ein Minderjähriger kann ein Testament erst errichten, wenn er das 16. Lebensjahr vollendet hat.
(2) Der Minderjährige bedarf zur Errichtung eines Testaments nicht der Zustimmung seines gesetzlichen Vertreters.
(3) (weggefallen)

(4) Wer wegen krankhafter Störung der Geistestätigkeit, wegen Geistesschwäche oder wegen Bewusstseinsstörung nicht in der Lage ist, die Bedeutung einer von ihm abgegebenen Willenserklärung einzusehen und nach dieser Einsicht zu handeln, kann ein Testament nicht errichten.

第二千二百二十九条 [未成年人之遗嘱能力；无遗嘱能力]

Ⅰ 未成年人满十六岁者，始得订立遗嘱。
Ⅱ 未成年人订定遗嘱，得不经法定代理人之同意。
Ⅲ [删除]
Ⅳ 因精神错乱、精神耗弱或意思障碍，致不能理解其所为意思表示之意义，并据之以有所行为者，不得订立遗嘱。

§2230 (weggefallen)

第二千二百三十条 [删除]

§2231 Ordentliche Testamente

Ein Testament kann in ordentlicher Form errichtet werden
1. zur Niederschrift eines Notars,
2. durch eine vom Erblasser nach §2247 abgegebene Erklärung.

第二千二百三十一条 [普通方式之遗嘱]

订定遗嘱得依下列普通方式为之：
1. 在公证人面前作成[a]。
2. 由被继承人依第二千二百四十七条规定而为意思表示。

a 此即公开遗嘱，参照第2232条以下。

§2232 Öffentliches Testament

Zur Niederschrift eines Notars wird ein Testament errichtet, indem der Erblasser dem Notar seinen letzten Willen erklärt oder ihm eine Schrift mit der Erklärung übergibt, dass die Schrift seinen letzten Willen enthalte. Der Erblasser kann die Schrift offen oder verschlossen übergeben; sie braucht nicht von ihm geschrieben zu sein.

第二千二百三十二条 [公开之遗嘱]

¹遗嘱人在公证人面前立遗嘱，并对之声明该遗嘱为其终意之处分，或其对公证人提出书面之意思表示，并声明该书面为其终意之处分。²遗嘱人对公证人就其遗嘱以开封或密封提出；该遗嘱无须由遗嘱人自写。

§2233 Sonderfälle

(1) Ist der Erblasser minderjährig, so kann er das Testament nur durch eine Erklärung gegenüber dem Notar oder durch Übergabe einer offenen Schrift errichten.

(2) Ist der Erblasser nach seinen Angaben oder nach der Überzeugung des Notars nicht im Stande, Geschriebenes zu lesen, so kann er das Testament nur durch eine Erklärung gegenüber dem Notar errichten.

第二千二百三十三条 [特别情形]

Ⅰ 遗嘱人未成年者，其立遗嘱仅得向公证人以意思表示为之，或以开封之书面向公证人提出。

Ⅱ 依遗嘱人之陈述或公证人所得之确信，遗嘱人不能阅读书面文件时，遗嘱人仅得对公证人以意思表示立遗嘱。

§2234 bis §2246 (weggefallen)

第二千二百三十四条至第二千二百四十六条 [删除]

§2247 Eigenhändiges Testament

(1) Der Erblasser kann ein Testament durch eine eigenhändig geschriebene und unterschriebene Erklärung errichten.

(2) Der Erblasser soll in der Erklärung angeben, zu welcher Zeit (Tag, Monat und Jahr) und an welchem Ort er sie niedergeschrieben hat.

(3) Die Unterschrift soll den Vornamen und den Familiennamen des Erblassers

enthalten. Unterschreibt der Erblasser in anderer Weise und reicht diese Unterzeichnung zur Feststellung der Urheberschaft des Erblassers und der Ernstlichkeit seiner Erklärung aus, so steht eine solche Unterzeichnung der Gültigkeit des Testaments nicht entgegen.

(4) Wer minderjährig ist oder Geschriebenes nicht zu lesen vermag, kann ein Testament nicht nach obigen Vorschriften errichten.

(5) Enthält ein nach Absatz 1 errichtetes Testament keine Angabe über die Zeit der Errichtung und ergeben sich hieraus Zweifel über seine Gültigkeit, so ist das Testament nur dann als gültig anzusehen, wenn sich die notwendigen Feststellungen über die Zeit der Errichtung anderweit treffen lassen. Dasselbe gilt entsprechend für ein Testament, das keine Angabe über den Ort der Errichtung enthält.

第二千二百四十七条　[自书遗嘱]

Ⅰ 遗嘱人得以亲自书写，并以签名表示而立遗嘱。

Ⅱ 遗嘱人应记明其书写遗嘱之日期（年、月、日）及其处所。

Ⅲ [1]签名应包括遗嘱人之姓名。[2]遗嘱人以其他方式签名时，如其足以认定确系遗嘱人签名，且其意思表示出于真意者，该遗嘱之效力不受影响。

Ⅳ 未成年人或不能阅读文书之人不得依前三款规定立遗嘱。

Ⅴ [1]依第一款规定立遗嘱，欠缺订定日期之记载，致其效力有疑义者，以其日期得依其他方法为必要之认定者为限，其遗嘱视为有效。[2]遗嘱欠缺记载订定之处所者，准用本款规定。

§2248 Verwahrung des eigenhändigen Testaments

Ein nach §2247 errichtetes Testament ist auf Verlangen des Erblassers in besondere amtliche Verwahrung zu nehmen.

第二千二百四十八条　[自书遗嘱之保管][a]

依第二千二百四十七条规定所立之遗嘱，因遗嘱人之请求，应交于行政机关特别保管。

a 参考条文：第2256条、第2272条。

§2249 Nottestament vor dem Bürgermeister

(1) Ist zu besorgen, dass der Erblasser früher sterben werde, als die Errichtung eines Testaments vor einem Notar möglich ist, so kann er das Testament zur Niederschrift des Bürgermeisters der Gemeinde, in der er sich aufhält, errichten. Der Bürgermeister muss zu der Beurkundung zwei Zeugen zuziehen. Als Zeuge kann nicht zugezogen werden, wer in dem zu beurkundenden Testament bedacht oder zum Testamentsvollstrecker ernannt wird; die Vorschriften der §§7, 27 des Beurkundungsgesetzes gelten entsprechend. Für die Errichtung gelten die Vorschriften der §§2232, 2233 sowie die Vorschriften der §§2, 4, 5 Abs. 1, §§6 bis 10, 11 Abs. 1 Satz 2, Abs. 2, §13 Abs. 1, 3, §§16, 17, 23, 24, 26 Abs. 1 Nr. 3, 4, Abs. 2, §§27, 28, 30, 32, 34, 35 des Beurkundungsgesetzes; der Bürgermeister tritt an die Stelle des Notars. Die Niederschrift muss auch von den Zeugen unterschrieben werden. Vermag der Erblasser nach seinen Angaben oder nach der Überzeugung des Bürgermeisters seinen Namen nicht zu schreiben, so wird die Unterschrift des Erblassers durch die Feststellung dieser Angabe oder Überzeugung in der Niederschrift ersetzt.

(2) Die Besorgnis, dass die Errichtung eines Testaments vor einem Notar nicht mehr möglich sein werde, soll in der Niederschrift festgestellt werden. Der Gültigkeit des Testaments steht nicht entgegen, dass die Besorgnis nicht begründet war.

(3) Der Bürgermeister soll den Erblasser darauf hinweisen, dass das Testament seine Gültigkeit verliert, wenn der Erblasser den Ablauf der in §2252 Abs. 1, 2 vorgesehenen Frist überlebt. Er soll in der Niederschrift feststellen, dass dieser Hinweis gegeben ist.

(4) (weggefallen)

(5) Das Testament kann auch vor demjenigen errichtet werden, der nach den gesetzlichen Vorschriften zur Vertretung des Bürgermeisters befugt ist. Der Vertreter soll in der Niederschrift angeben, worauf sich seine Vertretungsbefugnis stützt.

(6) Sind bei Abfassung der Niederschrift über die Errichtung des in den vorstehenden Absätzen vorgesehenen Testaments Formfehler unterlaufen, ist aber dennoch mit Sicherheit anzunehmen, dass das Testament eine zuverlässige Wiedergabe der Erklärung des Erblassers enthält, so steht der Formverstoß der Wirksamkeit der Beurkundung nicht entgegen.

第二千二百四十九条　[在地方自治团体首长之前作成之紧急遗嘱][a]

Ⅰ　[1]遗嘱人未能及时在公证人面前立遗嘱前，即有死亡之虞者，得于其居所地之地方自治团体之首长面前立遗嘱。[2]该首长应有二见证人在场见证。[3]在即将订定之遗嘱中为受遗赠人或指定为遗嘱执行人者，不得为前款之见证人；于此情形，准用公证法第七条及第二十七条规定。[4]遗嘱之订定，准用第二千二百三十二条、第二千二百三十三条，公证法第二条、第四条、第五条第一款、第六条至第十条、第十一条第一款第二段及第二款、第十三条第一款及第三款、第十六条、第十七条、第二十三条、第二十四条、第二十六条第一款第三项与第四项及第二款、第二十七条、第二十八条、第三十条、第三十二条、第三十四条及第三十五条规定；地方首长代替公证人之地位为之。[5]记录之文件亦应经见证人之签名。[6]遗嘱人按其陈述或地方自治团体之首长所得之确信，认为立遗嘱人不能书写其自己之姓名者，以确认其陈述或确信之方法代替遗嘱人之签名。

Ⅱ　[1]担心不能及时在公证人面前订定遗嘱之虞者，应就笔录予以确认。[2]遗嘱之有效性不因在遗嘱上未记载前段担心之理由而受影响。

Ⅲ　[1]地方自治团体之首长应对立遗嘱人表明，其于第二千二百五十二条第一款及第二款规定之期间届满后仍生存者，该遗嘱失其效力。[2]地方自治团体之首长应在笔录上确认对遗嘱人有前段规定之表明。

Ⅳ　[删除]

Ⅴ　[1]遗嘱亦得依法律规定，在有权代理地方自治团体首长之人面前订定之。[2]该代理人应在笔录记明其代理权之依据。

Ⅵ　依前五款规定立遗嘱，其笔录之方式即使有欠缺，如确实可认定其遗嘱为遗嘱人真意之表示者，方式之违反不影响遗嘱之效力。

a　参考条文：第2252条。

§2250　Nottestament vor drei Zeugen

(1) Wer sich an einem Ort aufhält, der infolge außerordentlicher Umstände dergestalt abgesperrt ist, dass die Errichtung eines Testaments vor einem Notar nicht möglich oder erheblich erschwert ist, kann das Testament in der durch §2249 bestimmten Form oder durch mündliche Erklärung vor drei Zeugen errichten.

(2) Wer sich in so naher Todesgefahr befindet, dass voraussichtlich auch die

Errichtung eines Testaments nach §2249 nicht mehr möglich ist, kann das Testament durch mündliche Erklärung vor drei Zeugen errichten.

(3) Wird das Testament durch mündliche Erklärung vor drei Zeugen errichtet, so muss hierüber eine Niederschrift aufgenommen werden. Auf die Zeugen sind die Vorschriften der §6 Abs. 1 Nr. 1 bis 3, der §§7, 26 Abs. 2 Nr. 2 bis 5 und des §27 des Beurkundungsgesetzes; auf die Niederschrift sind die Vorschriften der §§8 bis 10, 11 Abs. 1 Satz 2, Abs. 2, §13 Abs. 1, 3 Satz 1, §§23, 28 des Beurkundungsgesetzes sowie die Vorschriften des §2249 Abs. 1 Satz 5, 6, Abs. 2, 6 entsprechend anzuwenden. Die Niederschrift kann außer in der deutschen auch in einer anderen Sprache aufgenommen werden. Der Erblasser und die Zeugen müssen der Sprache der Niederschrift hinreichend kundig sein; dies soll in der Niederschrift festgestellt werden, wenn sie in einer anderen als der deutschen Sprache aufgenommen wird.

第二千二百五十条　[三位见证人面前之紧急遗嘱][a]

Ⅰ 遗嘱人所居留之地，因遭遇非常情事[b]而被隔绝，致其不能或显有困难在公证人面前立遗嘱者，得依第二千二百四十九条所定方式，或于三位见证人面前，以口头表示立遗嘱。

Ⅱ 遗嘱人因遭遇生命危急，预期无法依第二千二百四十九条之规定立遗嘱者，其遗嘱得在三位见证人面前，以口头表示立遗嘱。

Ⅲ [1]在三位见证人面前，以口头表示所订定之遗嘱，应制作笔录。[2]关于见证人适用公证法第六条第一款第一项至第三项、第七条、第二十六条第二款第二项至第五项及第二十七条；关于笔录适用公证法第八条至第十条、第十一条第一款第二段、第二款、第十三条第一款、第三款第一段、第二十三条、第二十八条，及准用第二千二百四十九条第一款第五段及第六段、第二款、第六款。[3]其笔录除使用德文以外，其他语言亦得为之。[4]遗嘱人与见证人在笔录上使用之语言应有足够之能力；如其使用德文以外之语言时，应在笔录上加以确认。

a 参考条文：第2252条、第2266条。
b 所谓非常情事，例如当地流行传染病、洪水或交通断绝。

§2251 Nottestament auf See

Wer sich während einer Seereise an Bord eines deutschen Schiffes außerhalb eines inländischen Hafens befindet, kann ein Testament durch mündliche Erklärung vor drei Zeugen nach §2250 Abs. 3 errichten.

第二千二百五十一条 [海上之遗嘱]

乘坐德国船舶而在内国港口以外之大海中航行之人，得依第二千二百五十条第三款规定，在三位见证人面前，以口头表示订立遗嘱。

§2252 Gültigkeitsdauer der Nottestamente

(1) Ein nach §2249, §2250 oder §2251 errichtetes Testament gilt als nicht errichtet, wenn seit der Errichtung drei Monate verstrichen sind und der Erblasser noch lebt.

(2) Beginn und Lauf der Frist sind gehemmt, solange der Erblasser außerstande ist, ein Testament vor einem Notar zu errichten.

(3) Tritt im Falle des §2251 der Erblasser vor dem Ablauf der Frist eine neue Seereise an, so wird die Frist mit der Wirkung unterbrochen, dass nach Beendigung der neuen Reise die volle Frist von neuem zu laufen beginnt.

(4) Wird der Erblasser nach dem Ablauf der Frist für tot erklärt oder wird seine Todeszeit nach den Vorschriften des Verschollenheitsgesetzes festgestellt, so behält das Testament seine Kraft, wenn die Frist zu der Zeit, zu welcher der Erblasser nach den vorhandenen Nachrichten noch gelebt hat, noch nicht verstrichen war.

第二千二百五十二条 [紧急遗嘱之存续期间]

Ⅰ 依第二千二百四十九条、第二千二百五十条或第二千二百五十一条规定立遗嘱，自遗嘱订定后三个月遗嘱人仍生存者[a]，其遗嘱视为未订立。

Ⅱ 遗嘱人不能在公证人面前立遗嘱者，前款期间停止起算或停止进行[b]。

Ⅲ 第二千二百五十一条所定之情形，遗嘱人于期间届满前，其又开始新航行者，其期间中断；自新航行终了时，全部期间重新开始起算。

Ⅳ 遗嘱人于期间届满后受死亡宣告，或依失踪法规定，确定其已死亡，而获知遗嘱人仍生存之音信者，该期间尚未届满时，于遗嘱之效力不受影响。

a 在共同遗嘱（第2265条以下），如仅生命危急之一方配偶于三个月内死亡者，其遗嘱仍有效。

b 参照第205条。

§2253 Widerruf eines Testaments

Der Erblasser kann ein Testament sowie eine einzelne in einem Testament enthaltene Verfügung jederzeit widerrufen.

第二千二百五十三条　[遗嘱之撤回][a]

遗嘱人得随时撤回遗嘱或撤回其中之个别处分。

a 参考条文：第2090条以下、第2289条、第2302条、第2254条以下、第2077条、第2268条。

§2254 Widerruf durch Testament

Der Widerruf erfolgt durch Testament.

第二千二百五十四条　[以遗嘱撤回]

遗嘱之撤回，以遗嘱为之。

§2255 Widerruf durch Vernichtung oder Veränderungen

Ein Testament kann auch dadurch widerrufen werden, dass der Erblasser in der Absicht, es aufzuheben, die Testamentsurkunde vernichtet oder an ihr Veränderungen vornimmt, durch die der Wille, eine schriftliche Willenserklärung aufzuheben, ausgedrückt zu werden pflegt. Hat der Erblasser die Testamentsurkunde vernichtet oder in der bezeichneten Weise verändert, so wird vermutet, dass er die Aufhebung des Testaments beabsichtigt habe.

第二千二百五十五条　[因废弃或变更而撤回遗嘱]

[1]遗嘱人以废弃遗嘱之意思，销毁遗嘱书，或变更遗嘱书，而其变更通常可认为表达废弃书面之意愿者，其遗嘱亦因而撤回。[2]遗嘱人销毁遗嘱书或依前段规定之方法变更遗嘱书者，推定其有废弃遗嘱之意思。

§2256 Widerruf durch Rücknahme des Testaments aus der amtlichen Verwahrung

(1) Ein vor einem Notar oder nach §2249 errichtetes Testament gilt als widerrufen, wenn die in amtliche Verwahrung genommene Urkunde dem Erblasser zurückgegeben wird. Die zurückgebende Stelle soll den Erblasser über die in Satz 1 vorgesehene Folge der Rückgabe belehren, dies auf der Urkunde vermerken und aktenkundig machen, dass beides geschehen ist.

(2) Der Erblasser kann die Rückgabe jederzeit verlangen. Das Testament darf nur an den Erblasser persönlich zurückgegeben werden.

(3) Die Vorschriften des Absatzes 2 gelten auch für ein nach §2248 hinterlegtes Testament; die Rückgabe ist auf die Wirksamkeit des Testaments ohne Einfluss.

第二千二百五十六条 [因取回行政机关所保管之遗嘱而撤回]

Ⅰ [1]在公证人面前立遗嘱，或依第二千二百四十九条规定所订定之遗嘱，其因由行政机关保管而返还于遗嘱人时，视为遗嘱之撤回。[2]该返还遗嘱书之行政机关，应将前段规定之返还效力告知遗嘱人，且应注明其告知之事实于返还之文书内，并将该两者记明于卷宗。

Ⅱ [1]遗嘱人得随时请求返还其所订定之遗嘱。[2]遗嘱仅限于返还遗嘱人本人。

Ⅲ 前款规定亦适用于依第二千二百四十八条规定保管之遗嘱；该遗嘱之效力，不因返还而受影响。

§2257 Widerruf des Widerrufs

Wird der durch Testament erfolgte Widerruf einer letztwilligen Verfügung widerrufen, so ist im Zweifel die Verfügung wirksam, wie wenn sie nicht widerrufen worden wäre.

第二千二百五十七条 [撤回之撤回][a]

终意处分以遗嘱撤回后，又经撤回者，于有疑义时，其处分仍为有效。

a 参考条文：第2254条。

§2258 Widerruf durch ein späteres Testament

(1) Durch die Errichtung eines Testaments wird ein früheres Testament insoweit aufgehoben, als das spätere Testament mit dem früheren in Widerspruch steht.

(2) Wird das spätere Testament widerrufen, so ist im Zweifel das frühere Testament in gleicher Weise wirksam, wie wenn es nicht aufgehoben worden wäre.

第二千二百五十八条　[后遗嘱之撤回][a]

Ⅰ 前后遗嘱发生抵触者，其抵触部分，前遗嘱视为废弃。

Ⅱ 后遗嘱经撤回者，于有疑义时，前遗嘱视为未废弃，仍发生效力。

a 参考条文：第2254条、第2257条、第2289条。

§2258a und §2258b (weggefallen)

第二千二百五十八条之一至第二千二百五十八条之二　[删除]

§2259 Ablieferungspflicht

(1) Wer ein Testament, das nicht in besondere amtliche Verwahrung gebracht ist, im Besitz hat, ist verpflichtet, es unverzüglich, nachdem er von dem Tode des Erblassers Kenntnis erlangt hat, an das Nachlassgericht abzuliefern.

(2) Befindet sich ein Testament bei einer anderen Behörde als einem Gericht in amtlicher Verwahrung, so ist es nach dem Tode des Erblassers an das Nachlassgericht abzuliefern. Das Nachlassgericht hat, wenn es von dem Testament Kenntnis erlangt, die Ablieferung zu veranlassen.

第二千二百五十九条　[交付义务]

Ⅰ 未交付行政机关特别保管之遗嘱，遗嘱持有人于知悉遗嘱人死亡后，应将该遗嘱尽速交付遗产法院。

Ⅱ [1]由其他之行政机关特别保管之遗嘱者，于遗嘱人死亡后，该机关应将遗嘱交付于遗产法院。[2]遗产法院于知悉有遗嘱时，应嘱其交付。

第三章 遗嘱

§2260 bis §2262 (weggefallen)

第二千二百六十条至第二千二百六十二条　[删除]

§2263 Nichtigkeit eines Eröffnungsverbots

Eine Anordnung des Erblassers, durch die er verbietet, das Testament alsbald nach seinem Tod zu eröffnen, ist nichtig.

第二千二百六十三条　[禁止开视之无效][a]

遗嘱人指示于其死亡后禁止立即开视遗嘱者，其禁止之指示无效。

a 参考条文：第2300条。

§2264 (weggefallen)

第二千二百六十四条　[删除]

Titel 8
Gemeinschaftliches Testament
第八节　共同遗嘱

§2265 Errichtung durch Ehegatten

Ein gemeinschaftliches Testament kann nur von Ehegatten errichtet werden.

第二千二百六十五条　[由配偶双方订定]

共同遗嘱仅得由配偶双方订定。

§2266 Gemeinschaftliches Nottestament

Ein gemeinschaftliches Testament kann nach den §§2249, 2250 auch dann errichtet werden, wenn die dort vorgesehenen Voraussetzungen nur bei einem der Ehegatten vorliegen.

第二千二百六十六条 [共同之紧急遗嘱]

第二千二百四十九条及第二千二百五十条所定之要件，仅存在于配偶之一方者，共同遗嘱亦得依其规定订定之。

§2267 Gemeinschaftliches eigenhändiges Testament

Zur Errichtung eines gemeinschaftlichen Testaments nach §2247 genügt es, wenn einer der Ehegatten das Testament in der dort vorgeschriebenen Form errichtet und der andere Ehegatte die gemeinschaftliche Erklärung eigenhändig mitunterzeichnet. Der mitunterzeichnende Ehegatte soll hierbei angeben, zu welcher Zeit (Tag, Monat und Jahr) und an welchem Ort er seine Unterschrift beigefügt hat.

第二千二百六十七条 [共同之自书遗嘱]

[1]依二千二百四十七条规定订定共同遗嘱时，仅须由配偶之一方，依该条所定之方式立遗嘱，而由他方于共同意思表示亲自联署。[2]联署之配偶应记载其签名之时间（年、月、日）及处所。

§2268 Wirkung der Ehenichtigkeit oder -auflösung

(1) Ein gemeinschaftliches Testament ist in den Fällen des §2077 seinem ganzen Inhalt nach unwirksam.

(2) Wird die Ehe vor dem Tod eines der Ehegatten aufgelöst oder liegen die Voraussetzungen des §2077 Abs. 1 Satz 2 oder 3 vor, so bleiben die Verfügungen insoweit wirksam, als anzunehmen ist, dass sie auch für diesen Fall getroffen sein würden.

第二千二百六十八条 [婚姻无效或婚姻解消之效力]

Ⅰ 发生第二千零七十七条所定之情形者，共同遗嘱之全部内容无效。

Ⅱ 婚姻关系在夫妻之一方死亡前消灭，或具有第二千零七十七条第一款第二段或第三段所定之要件时，如可认为即使有该情形，犹欲为处分者[a]，该处分仍生效力。

a 参照第2077条第3款。

§2269 Gegenseitige Einsetzung

(1) Haben die Ehegatten in einem gemeinschaftlichen Testament, durch das sie sich gegenseitig als Erben einsetzen, bestimmt, dass nach dem Tode des Überlebenden der beiderseitige Nachlass an einen Dritten fallen soll, so ist im Zweifel anzunehmen, dass der Dritte für den gesamten Nachlass als Erbe des zuletzt versterbenden Ehegatten eingesetzt ist.

(2) Haben die Ehegatten in einem solchen Testament ein Vermächtnis angeordnet, das nach dem Tode des Überlebenden erfüllt werden soll, so ist im Zweifel anzunehmen, dass das Vermächtnis dem Bedachten erst mit dem Tode des Überlebenden anfallen soll.

第二千二百六十九条 [相互指定为继承人]

Ⅰ 夫妻于共同遗嘱中指定相互为继承人，且记载于生存配偶死亡后，双方遗产归属于第三人者[a]，于有疑义时，应认为该第三人就全部遗产被指定为后死配偶之继承人。

Ⅱ 夫妻以共同遗嘱指定于生存配偶死后履行遗赠者，于有疑义时，应于认为生存配偶死亡[b]，该遗赠始归属于受遗赠人[c]。

a 本款为解释之准据，参照第2087条；关于继承契约，参照第2280条。
b 参照第2176条。
c 本条于继承契约亦准用之（第2280条）。

§2270 Wechselbezügliche Verfügungen

(1) Haben die Ehegatten in einem gemeinschaftlichen Testament Verfügungen getroffen, von denen anzunehmen ist, dass die Verfügung des einen nicht ohne die Verfügung des anderen getroffen sein würde, so hat die Nichtigkeit oder der Widerruf der einen Verfügung die Unwirksamkeit der anderen zur Folge.

(2) Ein solches Verhältnis der Verfügungen zueinander ist im Zweifel anzunehmen, wenn sich die Ehegatten gegenseitig bedenken oder wenn dem einen Ehegatten von dem anderen eine Zuwendung gemacht und für den Fall des Überlebens des Bedachten eine Verfügung zugunsten einer Person getroffen wird, die mit dem

anderen Ehegatten verwandt ist oder ihm sonst nahe steht.
(3) Auf andere Verfügungen als Erbeinsetzungen, Vermächtnisse, Auflagen und die Wahl des anzuwendenden Erbrechts findet Absatz 1 keine Anwendung.

第二千二百七十条 [相互牵连之处分][a]

I 夫妻以共同遗嘱处分财产，而可认为无其中一方之处分，他方即不为处分者，其一方之处分无效或撤回时，他方之处分亦归无效。

II 夫妻因立遗嘱而互受利益，或夫妻之一方受他方之给与，而生存配偶对受遗赠人所为遗赠之处分，乃有利于先行死亡配偶之血亲或其他亲近之人者，于有疑义时，应认为其处分相互间，有前款所定之关系。

III 第一款规定，于继承人之指定、遗赠、负担及选定准据法以外之处分不适用之。

a 参考条文：第2085条。

§2271 Widerruf wechselbezüglicher Verfügungen

(1) Der Widerruf einer Verfügung, die mit einer Verfügung des anderen Ehegatten in dem in §2270 bezeichneten Verhältnis steht, erfolgt bei Lebzeiten der Ehegatten nach den für den Rücktritt von einem Erbvertrag geltenden Vorschrift des §2296. Durch eine neue Verfügung von Todes wegen kann ein Ehegatte bei Lebzeiten des anderen seine Verfügung nicht einseitig aufheben.

(2) Das Recht zum Widerruf erlischt mit dem Tode des anderen Ehegatten; der Überlebende kann jedoch seine Verfügung aufheben, wenn er das ihm Zugewendete ausschlägt. Auch nach der Annahme der Zuwendung ist der Überlebende zur Aufhebung nach Maßgabe des §2294 und des §2336 berechtigt.

(3) Ist ein pflichtteilsberechtigter Abkömmling der Ehegatten oder eines der Ehegatten bedacht, so findet die Vorschrift des §2289 Abs. 2 entsprechende Anwendung.

第二千二百七十一条 [相互牵连遗嘱处分之撤回]

I [1]夫妻一方之处分与他方之处分，具有第二千二百七十条所定之关系者，于夫妻生存期间，其撤回适用第二千二百九十六条关于解除继承契约之规定。[2]夫妻之一方于他方生存期间，不得单独以新之死因处分而废弃其原处分。

Ⅱ ¹夫妻之一方因他方之死亡，其撤回权消灭；但生存配偶拒绝给与物者，得废弃其处分。²于受领给与后，生存配偶仍得依第二千二百九十四条及第二千三百三十六条规定，废弃其处分。

Ⅲ 夫妻共同或其一方之直系血亲卑亲属，享有特留份，且因遗嘱而受有利益者，准用第二千二百八十九条第二款规定。

§2272　Rücknahme aus amtlicher Verwahrung

Ein gemeinschaftliches Testament kann nach §2256 nur von beiden Ehegatten zurückgenommen werden.

第二千二百七十二条　[行政机关所保管遗嘱之取回]

共同遗嘱仅得由配偶双方依第二千二百五十六条规定，取回之。

§2273　(weggefallen)

第二千二百七十三条　[删除]

Abschnitt 4 Erbvertrag

第四章 继承契约

继承契约系源自中世纪德国固有法上物权之死因赠与契约（Gemächte, Geschäft, Geleude），为今日德国法系民法所特有之制度，即被继承人得于生前与他人订定契约，为继承人之指定、遗赠与负担等死因处分。该死因处分与遗嘱不同，契约当事人原则上不得撤回，故被指定为继承人或受遗赠人之相对人或第三人，其法律地位甚为明确，系为继承契约之区别实益。

§2274 Persönlicher Abschluss

Der Erblasser kann einen Erbvertrag nur persönlich schließen.

第二千二百七十四条 [亲自订定][a]

继承契约仅得由继承人本人亲自订定。

a 参考条文：第2278条、第2282条、第2290条、第2299条。

§2275 Voraussetzungen

(1) Einen Erbvertrag kann als Erblasser nur schließen, wer unbeschränkt geschäftsfähig ist.
(2) Ein Ehegatte kann als Erblasser mit seinem Ehegatten einen Erbvertrag schließen, auch wenn er in der Geschäftsfähigkeit beschränkt ist. Er bedarf in diesem Falle der Zustimmung seines gesetzlichen Vertreters; ist der gesetzliche Vertreter ein Vormund, so ist auch die Genehmigung des Familiengerichts erforderlich.
(3) Die Vorschriften des Absatzes 2 gelten entsprechend für Verlobte, auch im Sinne des Lebenspartnerschaftsgesetzes.

第二千二百七十五条 [要件][a]

Ⅰ 被继承人为完全行为能力人，始得订定继承契约。
Ⅱ [1]夫妻一方之行为能力受限制者，亦得以被继承人之资格，与配偶他方订定继承契约。²于此情形，其应经法定代理人之同意；法定代理人为监护人者，亦应经家事法院之许可。
Ⅲ 第二款规定，于同性共同生活伴侣法所称婚约当事人亦准用之。

a 参考条文：第2229条。

§2276 Form

(1) Ein Erbvertrag kann nur zur Niederschrift eines Notars bei gleichzeitiger Anwesenheit beider Teile geschlossen werden. Die Vorschriften der §2231 Nr. 1 und der §§2232, 2233 sind anzuwenden; was nach diesen Vorschriften für den Erblasser gilt, gilt für jeden der Vertragschließenden.
(2) Für einen Erbvertrag zwischen Ehegatten oder zwischen Verlobten, der mit einem Ehevertrag in derselben Urkunde verbunden wird, genügt die für den Ehevertrag vorgeschriebene Form.

第二千二百七十六条 [方式]ª

Ⅰ ¹继承契约之订定，应由双方当事人在公证人面前作成笔录为之。²于此情形，适用第二千二百三十一条第一款、第二千二百三十二条、第二千二百三十三条规定；其中适用于被继承人之规定者，于订定契约之任何当事人均得适用之。
Ⅱ 夫妻或婚约当事人间之继承契约与夫妻财产制契约以同一文书订定者，该继承契约以夫妻财产制契约所定之方式为已足。

a 参考条文：第128条、第1432条、第1434条。

§2277 (weggefallen)

第二千二百七十七条 [删除]

§2278 Zulässige vertragsmäßige Verfügungen

(1) In einem Erbvertrag kann jeder der Vertragschließenden vertragsmäßige Verfügungen von Todes wegen treffen.

(2) Andere Verfügungen als Erbeinsetzungen, Vermächtnisse, Auflagen und die Wahl des anzuwendenden Erbrechts können vertragsmäßig nicht getroffen werden.

第二千二百七十八条 [继承契约上所允许之处分]^a

Ⅰ 继承契约之双方当事人，各得为契约上之死因处分。
Ⅱ 除继承人之指定、遗赠、负担及选定继承准据法外，其他处分不得以继承契约为之。^b

a 参考条文：第2298条。
b 其他处分，例如遗嘱执行人之指定，虽不得以继承契约为之，但无妨于该契约中单独作成之（参照第2299条）。

§2279 Vertragsmäßige Zuwendungen und Auflagen; Anwendung von §2077

(1) Auf vertragsmäßige Zuwendungen und Auflagen finden die für letztwillige Zuwendungen und Auflagen geltenden Vorschriften entsprechende Anwendung.
(2) Die Vorschrift des §2077 gilt für einen Erbvertrag zwischen Ehegatten, Lebenspartnern oder Verlobten (auch im Sinne des Lebenspartnerschaftsgesetzes) auch insoweit, als ein Dritter bedacht ist.

第二千二百七十九条 [继承契约之给与及负担；第二千零七十七条之适用]^a

Ⅰ 以契约为给与及负担者，准用关于终意处分为给与及负担之规定。
Ⅱ 夫妻间、同性共同生活伴侣间或婚约当事人间（包括共同生活伴侣法所称者在内），以第三人为受益人之限度内，适用第二千零七十七条规定。

a 参考条文：第2289条。

§2280 Anwendung von §2269

Haben Ehegatten oder Lebenspartner in einem Erbvertrag, durch den sie sich gegenseitig als Erben einsetzen, bestimmt, dass nach dem Tod des Überlebenden der beiderseitige Nachlass an einen Dritten fallen soll, oder ein Vermächtnis angeordnet, das nach dem Tode des Überlebenden zu erfüllen ist, so findet die Vorschrift des §2269 entsprechende Anwendung.

第二千二百八十条　[第二千二百六十九条之适用][a]

夫妻于指定互为继承人之继承契约内，订定双方遗产在生存配偶死亡后，归属于第三人，或指定在生存配偶死亡后，应履行遗赠者，准用第二千二百六十九条规定。

a 本条为解释之准据规定，参考条文：第2269条。

§2281　Anfechtung durch den Erblasser

(1) Der Erbvertrag kann auf Grund der §§2078, 2079 auch von dem Erblasser angefochten werden; zur Anfechtung auf Grund des §2079 ist erforderlich, dass der Pflichtteilsberechtigte zur Zeit der Anfechtung vorhanden ist.

(2) Soll nach dem Tode des anderen Vertragschließenden eine zugunsten eines Dritten getroffene Verfügung von dem Erblasser angefochten werden, so ist die Anfechtung dem Nachlassgericht gegenüber zu erklären. Das Nachlassgericht soll die Erklärung dem Dritten mitteilen.

第二千二百八十一条　[被继承人之撤销][a]

Ⅰ 被继承人亦得依第二千零七十八条及第二千零七十九条所定之理由，撤销继承契约；依第二千零七十九条之理由而撤销者，以特留份权利人于撤销时尚生存者为限。

Ⅱ ¹于契约之他方当事人死亡后，为第三人利益之处分被继承人所撤销者，其撤销应向遗产法院以意思表示为之。²遗产法院应将该意思表示通知第三人。

a 参考条文：第143条、第1597条、第2081条。

§2282　Vertretung, Form der Anfechtung

(1) Die Anfechtung kann nicht durch einen Vertreter des Erblassers erfolgen. Ist der Erblasser in der Geschäftsfähigkeit beschränkt, so bedarf er zur Anfechtung nicht

der Zustimmung seines gesetzlichen Vertreters.
(2) Für einen geschäftsunfähigen Erblasser kann sein gesetzlicher Vertreter den Erbvertrag anfechten; steht der Erblasser unter elterlicher Sorge oder Vormundschaft, ist die Genehmigung des Familiengerichts erforderlich, ist der gesetzliche Vertreter ein Betreuer, die des Betreuungsgerichts.
(3) Die Anfechtungserklärung bedarf der notariellen Beurkundung.

第二千二百八十二条　[代理；撤销之方式]^a

Ⅰ ¹继承契约之撤销，不得由被继承人之代理人为之。²被继承人之行为能力受限制者，其撤销之行使无须得法定代理人之同意。

Ⅱ 被继承人为无行为能力人者，其法定代理人得撤销继承契约；被继承人服亲权或受监护者，仍应经家事法院之同意，法定代理人为辅佐人者，应经辅佐法院之同意。

Ⅲ 撤销之意思表示，应经公证。

a 参考条文：第2284条、第2290条、第2296条。

§2283　Anfechtungsfrist

(1) Die Anfechtung durch den Erblasser kann nur binnen Jahresfrist erfolgen.
(2) Die Frist beginnt im Falle der Anfechtbarkeit wegen Drohung mit dem Zeitpunkt, in welchem die Zwangslage aufhört, in den übrigen Fällen mit dem Zeitpunkt, in welchem der Erblasser von dem Anfechtungsgrund Kenntnis erlangt. Auf den Lauf der Frist finden die für die Verjährung geltenden Vorschriften der §§206, 210 entsprechende Anwendung.
(3) Hat im Falle des §2282 Abs. 2 der gesetzliche Vertreter den Erbvertrag nicht rechtzeitig angefochten, so kann nach dem Wegfall der Geschäftsunfähigkeit der Erblasser selbst den Erbvertrag in gleicher Weise anfechten, wie wenn er ohne gesetzlichen Vertreter gewesen wäre.

第二千二百八十三条　[撤销之期间]^a

Ⅰ 撤销应由被继承人仅于一年内为之。

Ⅱ ¹前款期间因受胁迫而撤销者，自胁迫终止后起算；于其他情形，自被继承人知悉撤销原因时起算。²期间之进行，准用第二百零六条及第二百一十条关于消灭时效之规定。

Ⅲ 于第二千二百八十二条第二款所定之情形，法定代理人未及时撤销者，被继承人于无行为能力之原因消灭后，视同自始未曾有法定代理人，而得自行撤销继承契约。

a 参考条文：第121条、第124条、第187条以下、第206条、第2082条。

§2284 Bestätigung

Die Bestätigung eines anfechtbaren Erbvertrags kann nur durch den Erblasser persönlich erfolgen. Ist der Erblasser in der Geschäftsfähigkeit beschränkt, so ist die Bestätigung ausgeschlossen.

第二千二百八十四条　[承认][a]

[1]得撤销之继承契约，其承认仅得由被继承人亲自为之。[2]被继承人为限制行为能力者，不得为承认。

a 参考条文：第144条、第2274条、第2275条。

§2285 Anfechtung durch Dritte

Die in §2080 bezeichneten Personen können den Erbvertrag auf Grund der §§2078, 2079 nicht mehr anfechten, wenn das Anfechtungsrecht des Erblassers zur Zeit des Erbfalls erloschen ist.

第二千二百八十五条　[第三人之撤销]

被继承人之撤销权于继承开始时已消灭者，第二千零八十条所定之人，不得依第二千零七十八条、第二千零七十九条规定，撤销继承契约。

§2286 Verfügungen unter Lebenden

Durch den Erbvertrag wird das Recht des Erblassers, über sein Vermögen durch Rechtsgeschäft unter Lebenden zu verfügen, nicht beschränkt.

第二千二百八十六条 [生前处分]^a

被继承人依生前行为处分其财产之权利，不因继承契约而受限制。

a 例外情形：第2287条、第2288条。

§2287 Den Vertragserben beeinträchtigende Schenkungen

(1) Hat der Erblasser in der Absicht, den Vertragserben zu beeinträchtigen, eine Schenkung gemacht, so kann der Vertragserbe, nachdem ihm die Erbschaft angefallen ist, von dem Beschenkten die Herausgabe des Geschenks nach den Vorschriften über die Herausgabe einer ungerechtfertigten Bereicherung fordern.

(2) Die Verjährungsfrist des Anspruchs beginnt mit dem Erbfall.

第二千二百八十七条 [侵害继承契约上之继承人而为之赠与]

Ⅰ 被继承人以侵害继承契约上之继承人为目的所为之赠与，约定继承人于遗产归属后，得依关于不当得利返还之规定，请求受赠人返还所受赠与物。

Ⅱ 前款请求权之消灭时效，由继承开始时起算。

§2288 Beeinträchtigung des Vermächtnisnehmers

(1) Hat der Erblasser den Gegenstand eines vertragsmäßig angeordneten Vermächtnisses in der Absicht, den Bedachten zu beeinträchtigen, zerstört, beiseite geschafft oder beschädigt, so tritt, soweit der Erbe dadurch außerstande gesetzt ist, die Leistung zu bewirken, an die Stelle des Gegenstands der Wert.

(2) Hat der Erblasser den Gegenstand in der Absicht, den Bedachten zu beeinträchtigen, veräußert oder belastet, so ist der Erbe verpflichtet, dem Bedachten den Gegenstand zu verschaffen oder die Belastung zu beseitigen; auf diese Verpflichtung findet die Vorschrift des §2170 Abs. 2 entsprechende Anwendung. Ist die Veräußerung oder die Belastung schenkweise erfolgt, so steht dem Bedachten, soweit er Ersatz nicht von dem Erben erlangen kann, der im §2287 bestimmte Anspruch gegen den Beschenkten zu.

第二千二百八十八条　[对受遗赠人之侵害]ᵃ

Ⅰ 被继承人以侵害受遗赠人之意思，将契约所定之遗赠标的物毁灭、隐匿、损坏者，于继承人不能因而为给付之限度内，应补偿其标的物之价值。

Ⅱ ¹被继承人以侵害受遗赠人之意思，让与标的物或设定负担者，继承人对于受遗赠人应负使其取得标的物或除去其负担之义务；该义务准用第二千一百七十条第二款规定。²以赠与方法为让与或设定负担者，于受遗赠人不能由继承人取得补偿之限度内，得对于受赠与人行使第二千二百八十七条规定之请求权。

a　参考条文：第2169条、第2170条。

§2289 Wirkung des Erbvertrags auf letztwillige Verfügungen; Anwendung von §2338

(1) Durch den Erbvertrag wird eine frühere letztwillige Verfügung des Erblassers aufgehoben, soweit sie das Recht des vertragsmäßig Bedachten beeinträchtigen würde. In dem gleichen Umfang ist eine spätere Verfügung von Todes wegen unwirksam, unbeschadet der Vorschrift des §2297.

(2) Ist der Bedachte ein pflichtteilsberechtigter Abkömmling des Erblassers, so kann der Erblasser durch eine spätere letztwillige Verfügung die nach §2338 zulässigen Anordnungen treffen.

第二千二百八十九条　[继承契约对终意处分之效力；二千三百三十八条之适用]

Ⅰ ¹被继承人于订定继承契约前所为之终意处分，有侵害继承契约上受遗赠人之权利限度内，因继承契约而废弃ᵃ。²订约后所为之终意处分，于同一限度内不生效力；但不影响第二千二百九十七条规定之适用。

Ⅱ 受遗赠人为被继承人享有特留权利之直系血亲卑亲属者ᵇ，被继承人于订约后得以终意处分，为第二千三百三十八条规定之指定ᶜ。

a　参照第2258条。
b　参照第2303条。
c　此规定于共同遗嘱亦准用之（第2271条第3款）。

§2290 Aufhebung durch Vertrag

(1) Ein Erbvertrag sowie eine einzelne vertragsmäßige Verfügung kann durch Vertrag von den Personen aufgehoben werden, die den Erbvertrag geschlossen haben. Nach dem Tode einer dieser Personen kann die Aufhebung nicht mehr erfolgen.

(2) Der Erblasser kann den Vertrag nur persönlich schließen. Ist er in der Geschäftsfähigkeit beschränkt, so bedarf er nicht der Zustimmung seines gesetzlichen Vertreters.

(3) Steht der andere Teil unter Vormundschaft, so ist die Genehmigung des Familiengerichts erforderlich. Das Gleiche gilt, wenn er unter elterlicher Sorge steht, es sei denn, dass der Vertrag unter Ehegatten oder unter Verlobten, auch im Sinne des Lebenspartnerschaftsgesetzes, geschlossen wird. Wird die Aufhebung vom Aufgabenkreis eines Betreuers erfasst, ist die Genehmigung des Betreuungsgerichts erforderlich.

(4) Der Vertrag bedarf der im §2276 für den Erbvertrag vorgeschriebenen Form.

第二千二百九十条 [因契约而废弃]

Ⅰ ¹继承契约之当事人ª，得以契约废弃继承契约或契约上之个别处分。²契约当事人之一方死亡者，继承契约不得再废弃ᵇ。

Ⅱ ¹继承契约仅得由被继承人本人亲自订定。²被继承人为行为能力受限制者，其订定契约，无须得法定代理人之同意ᶜ。

Ⅲ ¹契约当事人之他方为受监护者，继承契约之废弃，应经家事法院之许可。²他方服从亲权者，亦同。但继承契约由夫妻间或婚约当事人间，亦包括共同生活伴侣法所称之伴侣间之契约者，不在此限。³契约之废弃属于辅佐人之事务者，应经辅佐法院之许可。

Ⅳ 该契约应依第二千二百七十六条所定继承契约之方式订定之。

a 对契约当事人中之一方所为之给与，其排除不得以继承抛弃契约为之，但必须依第2290条规定废弃继承契约。第2段并不妨碍因继承契约而受益之第三人依第2352条第2段规定予以抛弃。

b 于此情形，应参照第2297条。

c 参照第2282条、第2296条及第2275条。

§2291 Aufhebung durch Testament

(1) Eine vertragsmäßige Verfügung, durch die ein Vermächtnis oder eine Auflage angeordnet sowie eine Rechtswahl getroffen ist, kann von dem Erblasser durch Testament aufgehoben werden. Zur Wirksamkeit der Aufhebung ist die Zustimmung des anderen Vertragschließenden erforderlich; die Vorschrift des §2290 Abs. 3 findet Anwendung.

(2) Die Zustimmungserklärung bedarf der notariellen Beurkundung; die Zustimmung ist unwiderruflich.

第二千二百九十一条 [因遗嘱而废弃]

Ⅰ ^{1}契约上之处分系指定遗赠、负担或准据法之选定者，被继承人得以遗嘱废弃之。^{2}该废弃应经他方契约当事人之同意，始生效力；于此情形，适用第二千二百九十条第三款规定。

Ⅱ 同意之意思表示，应经公证；该同意不得撤销。

§2292 Aufhebung durch gemeinschaftliches Testament

Ein zwischen Ehegatten oder Lebenspartnern geschlossener Erbvertrag kann auch durch ein gemeinschaftliches Testament der Ehegatten oder Lebenspartner aufgehoben werden; die Vorschrift des §2290 Abs. 3 findet Anwendung.

第二千二百九十二条 [因共同遗嘱而撤销]

夫妻间或共同生活伴侣间订定之继承契约，亦得以夫妻或共同生活伴侣之共同遗嘱废弃之；于此情形，适用第二千二百九十条第三款规定。

§2293 Rücktritt bei Vorbehalt

Der Erblasser kann von dem Erbvertrag zurücktreten, wenn er sich den Rücktritt im Vertrag vorbehalten hat.

第二千二百九十三条 [解除之保留][a]

被继承人在契约上保留解除者，得解除继承契约。

a 关于解除之方式,参照第2296条及第2297条。

§2294 Rücktritt bei Verfehlungen des Bedachten

Der Erblasser kann von einer vertragsmäßigen Verfügung zurücktreten, wenn sich der Bedachte einer Verfehlung schuldig macht, die den Erblasser zur Entziehung des Pflichtteils berechtigt oder, falls der Bedachte nicht zu den Pflichtteilsberechtigten gehört, zu der Entziehung berechtigen würde, wenn der Bedachte ein Abkömmling des Erblassers wäre.

第二千二百九十四条 [因受遗赠人过错而解除]

受遗赠人因过错而使被继承人有权剥夺其特留份权利者[a],或受遗赠人为非特留份权利之人,如其为被继承人之直系血亲卑亲属时[b],被继承人有权剥夺其特留份权利者,被继承人得解除契约上之处分[c]。

a 参照第2333条至第2335条。
b 参照第2297条。
c 参照第2278条。

§2295 Rücktritt bei Aufhebung der Gegenverpflichtung

Der Erblasser kann von einer vertragsmäßigen Verfügung zurücktreten, wenn die Verfügung mit Rücksicht auf eine rechtsgeschäftliche Verpflichtung des Bedachten, dem Erblasser für dessen Lebenszeit wiederkehrende Leistungen zu entrichten, insbesondere Unterhalt zu gewähren, getroffen ist und die Verpflichtung vor dem Tode des Erblassers aufgehoben wird.

第二千二百九十五条 [废弃对待义务时之解除][a]

契约上之处分系斟酌受遗赠人于被继承人生存期间,依法律行为应为定期给付,即如应为扶养义务而所为,且其义务于被继承人死亡前废弃者,被继承人得解除该处分。

a 参考条文:第2078条第2款、第2281条以下、第2293条。

§2296 Vertretung, Form des Rücktritts

(1) Der Rücktritt kann nicht durch einen Vertreter erfolgen. Ist der Erblasser in der Geschäftsfähigkeit beschränkt, so bedarf er nicht der Zustimmung seines gesetzlichen Vertreters.

(2) Der Rücktritt erfolgt durch Erklärung gegenüber dem anderen Vertragschließenden. Die Erklärung bedarf der notariellen Beurkundung.

第二千二百九十六条 [代理；解除之方式][a]

Ⅰ ¹解除不得由代理人为之。²被继承人为行为能力受限制者，无须经其法定代理人之同意。

Ⅱ ¹解除应向他方契约当事人，以意思表示为之。²该意思表示应经公证。

a 参考条文：第2271条、第2282条、第2290条。

§2297 Rücktritt durch Testament

Soweit der Erblasser zum Rücktritt berechtigt ist, kann er nach dem Tode des anderen Vertragschließenden die vertragsmäßige Verfügung durch Testament aufheben. In den Fällen des §2294 findet die Vorschrift des §2336 Abs. 2 und 3 entsprechende Anwendung.

第二千二百九十七条 [因遗嘱而解除]

¹被继承人有解除权者，得于契约之他方当事人死亡后，以遗嘱废弃契约上之处分[a]。²第二千三百三十六条第二款及第三款规定，于第二千二百九十四条情形，准用之。

a 为第2290条第1款第2段之例外；又参照第2289条第1款第2段。

§2298 Gegenseitiger Erbvertrag

(1) Sind in einem Erbvertrag von beiden Teilen vertragsmäßige Verfügungen getroffen, so hat die Nichtigkeit einer dieser Verfügungen die Unwirksamkeit des ganzen Vertrags zur Folge.

(2) Ist in einem solchen Vertrag der Rücktritt vorbehalten, so wird durch den Rücktritt eines der Vertragschließenden der ganze Vertrag aufgehoben. Das Rücktrittsrecht erlischt mit dem Tode des anderen Vertragschließenden. Der Überlebende kann jedoch, wenn er das ihm durch den Vertrag Zugewendeten ausschlägt, seine Verfügung durch Testament aufheben.

(3) Die Vorschriften des Absatzes 1 und des Absatzes 2 Sätze 1 und 2 finden keine Anwendung, wenn ein anderer Wille der Vertragschließenden anzunehmen ist.

第二千二百九十八条 [双方继承契约][a]

Ⅰ 双方当事人以继承契约为多数处分，而其中一处分为无效者，契约全部不生效力。

Ⅱ [1]双方当事人在前款契约保留解除权者，其中一方行使解除权时，契约全部因而废弃。[2]解除权因他方契约当事人之死亡而消灭。[3]但生存之一方拒绝依契约而为之给与者，得以遗嘱废弃其处分。

Ⅲ 可认为契约双方当事人另有不同之意思者，不适用第一款与第二款第一段及第二段规定。

a 参考条文：第2270条以下、第2278条第2款。

§2299 Einseitige Verfügungen

(1) Jeder der Vertragschließenden kann in dem Erbvertrag einseitig jede Verfügung treffen, die durch Testament getroffen werden kann.

(2) Für eine Verfügung dieser Art gilt das Gleiche, wie wenn sie durch Testament getroffen worden wäre. Die Verfügung kann auch in einem Vertrag aufgehoben werden, durch den eine vertragsmäßige Verfügung aufgehoben wird.

(3) Wird der Erbvertrag durch Ausübung des Rücktrittsrechts oder durch Vertrag aufgehoben, so tritt die Verfügung außer Kraft, sofern nicht ein anderer Wille des Erblassers anzunehmen ist.

第二千二百九十九条 [单独处分]

Ⅰ 任何处分得以遗嘱为之者，契约当事人在继承契约中，各得单独为处分[a]。

Ⅱ [1]关于该处分，适用与遗嘱所为之处分相同之规定。[2]该处分亦得因废弃契约上处分之契约^{b}而废弃之。

Ⅲ 继承契约因解除权之行使^c，或因契约而废弃者，其处分失其效力。但可认为被继承人另有意思者，不在此限。

a 参照第2278条。
b 参照第2290条。
c 参照第2293条以下。

§2300　Anwendung der §§2259 und 2263; Rücknahme aus der amtlichen oder notariellen Verwahrung

(1) Die §§2259 und 2263 sind auf den Erbvertrag entsprechend anzuwenden.

(2) Ein Erbvertrag, der nur Verfügungen von Todes wegen enthält, kann aus der amtlichen oder notariellen Verwahrung zurückgenommen und den Vertragsschließenden zurückgegeben werden. Die Rückgabe kann nur an alle Vertragsschließenden gemeinschaftlich erfolgen; die Vorschrift des §2290 Abs. 1 Satz 2, Abs. 2 und 3 findet Anwendung. Wird ein Erbvertrag nach den Sätzen 1 und 2 zurückgenommen, gilt §2256 Abs. 1 entsprechend.

第二千三百条　[第二千二百五十九条及第二千二百六十三条之适用；经行政机关或公证人保管之取回]

Ⅰ 第二千二百五十九条及第二千二百六十三条规定准用于继承契约。

Ⅱ ^{1}仅约定死因处分之继承契约，得从行政机关或公证人保管中取回，并返还订定继承契约之双方当事人。^{2}该返还仅得向全体订定契约当事人为之；于此情形，适用第二千二百九十条第一款第二段与第二款及第三款规定。^{3}依第一段及第二段规定因继承契约而取回者，准用第二千二百五十六条第一款规定。

§2301　Schenkungsversprechen von Todes wegen

(1) Auf ein Schenkungsversprechen, welches unter der Bedingung erteilt wird, dass der Beschenkte den Schenker überlebt, finden die Vorschriften über Verfügungen von Todes wegen Anwendung. Das Gleiche gilt für ein schenkweise unter dieser Bedingung erteiltes Schuldversprechen oder Schuldanerkenntnis der in den §§780,

781 bezeichneten Art.

(2) Vollzieht der Schenker die Schenkung durch Leistung des zugewendeten Gegenstands, so finden die Vorschriften über Schenkungen unter Lebenden Anwendung.

第二千三百零一条　[死因赠与之约束]

Ⅰ [1]赠与之约定而附有受赠人比赠与人后死之条件者，适用关于死因处分之规定。[2]附有以第七百八十条及第七百八十一条所定债务约束或债务承认为条件，并以赠与方式所为之者，亦同。

Ⅱ 赠与人给付其应给与之标的物，而履行其赠与者，适用关于生前赠与之规定[a]。

a 参照第516条以下。

§2302　Unbeschränkbare Testierfreiheit

Ein Vertrag, durch den sich jemand verpflichtet, eine Verfügung von Todes wegen zu errichten oder nicht zu errichten, aufzuheben oder nicht aufzuheben, ist nichtig.

第二千三百零二条　[无限制之遗嘱自由]

约定负担为死因处分或不为死因处分、废弃死因处分或不废弃死因处分之义务者，其契约无效。

Abschnitt 5 Pflichtteil

第五章 特留份

《德国民法典》为保护被继承人之近亲，设有特留份之制度。对遗嘱自由予以限制，特留份权利人为被继承人之直系血亲卑亲属、父母及配偶（第2303条），远亲等之祖先及兄弟姊妹不包括在内。特留份权利并非不可侵之继承权（Noterbrecht），仅系一种金钱债权，其数额为权利人法定应继份价额之半数，且系遗产债务之一种（第1967条第2款）。惟应适用特别规定（第1972条、第1974条第2款及第1991条第4款）。在被继承人为赠与时，权利人得请求补足（第2325条至第2331条）。反之，在继承抛弃契约（第2346条、第2349条）、继承权丧失（第2344条、第2345条）及特留份之剥夺（第2333条至第2337条）等情形，则均无特留份之权利可言。

§2303 Pflichtteilsberechtigte; Höhe des Pflichtteils

(1) Ist ein Abkömmling des Erblassers durch Verfügung von Todes wegen von der Erbfolge ausgeschlossen, so kann er von dem Erben den Pflichtteil verlangen. Der Pflichtteil besteht in der Hälfte des Wertes des gesetzlichen Erbteils.

(2) Das gleiche Recht steht den Eltern und dem Ehegatten des Erblassers zu, wenn sie durch Verfügung von Todes wegen von der Erbfolge ausgeschlossen sind. Die Vorschrift des §1371 bleibt unberührt.

第二千三百零三条 [特留份权利人；特留份之数额][a]

Ⅰ [1]被继承人之直系血亲卑亲属，因死因处分而被排除继承者，得向继承人请求其特留份。[2]特留份为法定应继份价额之二分之一。

Ⅱ [1]被继承人之父母及配偶，因死因处分而被排除继承者，亦有同一权利[b]。[2]第一千三百七十一条规定不受影响。

a 参考条文：第2309条、第1924条。
b 在继承抛弃契约无特留份权利，参照第2346条、第2349条、第2333条以下及第2339条以下。

§2304 Auslegungsregel

Die Zuwendung des Pflichtteils ist im Zweifel nicht als Erbeinsetzung anzusehen.

第二千三百零四条　[解释原则][a]

特留份之给与，于有疑义时，不得认为继承人之指定。

a 参考条文：第2087条。

§2305 Zusatzpflichtteil

Ist einem Pflichtteilsberechtigten ein Erbteil hinterlassen, der geringer ist als die Hälfte des gesetzlichen Erbteils, so kann der Pflichtteilsberechtigte von den Miterben als Pflichtteil den Wert des an der Hälfte fehlenden Teils verlangen. Bei der Berechnung des Wertes bleiben Beschränkungen und Beschwerungen der in §2306 bezeichneten Art außer Betracht.

第二千三百零五条　[特留份之补足][a]

[1]特留份权利人所受取之应继份，不足其法定应继份二分之一者，得向继承人请求其不足二分之一部分之价额，作为其特留份。[2]计算该价额时，无须斟酌第二千三百零六条所定之限制及加重之负担。

a 参考条文：第2306条、第2307条。

§2306 Beschränkungen und Beschwerungen

(1) Ist ein als Erbe berufener Pflichtteilsberechtigter durch die Einsetzung eines Nacherben, die Ernennung eines Testamentsvollstreckers oder eine Teilungsanordnung beschränkt oder ist er mit einem Vermächtnis oder einer Auflage beschwert, so kann er den Pflichtteil verlangen, wenn er den Erbteil ausschlägt; die Ausschlagungsfrist beginnt erst, wenn der Pflichtteilsberechtigte von der Beschränkung oder der Beschwerung Kenntnis erlangt.

(2) Einer Beschränkung der Erbeinsetzung steht es gleich, wenn der Pflichtteilsberechtigte als Nacherbe eingesetzt ist.

第二千三百零六条　[限制及加重之负担]

Ⅰ 继承人为有特留份权利人时，因后位继承人之指定、遗嘱执行人之选任或分割遗产方法之指定而受限制，或因遗赠或负担所负义务者，特留份权利人如拒绝继承其应继份时，仍得请求其特留份；拒绝期间，自特留份权利人知悉其受限制或应负担义务时起算[a]。

Ⅱ 特留份权利人被指定为后位继承人者[b]，视同继承人指定之限制。

a 此为第1944条第2款之特别规定。
b 参照第2142条。

§2307 Zuwendung eines Vermächtnisses

(1) Ist ein Pflichtteilsberechtigter mit einem Vermächtnis bedacht, so kann er den Pflichtteil verlangen, wenn er das Vermächtnis ausschlägt. Schlägt er nicht aus, so steht ihm ein Recht auf den Pflichtteil nicht zu, soweit der Wert des Vermächtnisses reicht; bei der Berechnung des Wertes bleiben Beschränkungen und Beschwerungen der in §2306 bezeichneten Art außer Betracht.

(2) Der mit dem Vermächtnis beschwerte Erbe kann den Pflichtteilsberechtigten unter Bestimmung einer angemessenen Frist zur Erklärung über die Annahme des Vermächtnisses auffordern. Mit dem Ablauf der Frist gilt das Vermächtnis als ausgeschlagen, wenn nicht vorher die Annahme erklärt wird.

第二千三百零七条　[遗赠之给与][a]

Ⅰ [1]特留份权利人同时受遗赠者，其于拒绝遗赠时[b]，仍得请求其特留份。[2]特留份权利人不拒绝遗赠者，以遗赠之价额足够为限，其不得享有特留份之权利。第二千三百零六条规定之各种限制及负担之义务，于计算价额时，不予斟酌。

Ⅱ [1]负担遗赠义务之继承人，得定相当之期限，催告特留份权利人为承认遗赠之表示。[2]于期限内不为表示者，视为拒绝受遗赠[c]。

a 参照第2320条（因承认遗赠给与所承担之义务）至第2322条（拒绝遗赠时受益人扣减遗赠及负担之权），本条于负担不适用之。
b 参照第2180条（遗赠之承认及拒绝）。
c 参照第1943条后半段（继承之承认及拒绝），该条规定，期间届满，视为已承认继承。

§2308 Anfechtung der Ausschlagung

(1) Hat ein Pflichtteilsberechtigter, der als Erbe oder als Vermächtnisnehmer in der in §2306 bezeichneten Art beschränkt oder beschwert ist, die Erbschaft oder das Vermächtnis ausgeschlagen, so kann er die Ausschlagung anfechten, wenn die Beschränkung oder die Beschwerung zur Zeit der Ausschlagung weggefallen und der Wegfall ihm nicht bekannt war.

(2) Auf die Anfechtung der Ausschlagung eines Vermächtnisses finden die für die Anfechtung der Ausschlagung einer Erbschaft geltenden Vorschriften entsprechende Anwendung. Die Anfechtung erfolgt durch Erklärung gegenüber dem Beschwerten.

第二千三百零八条 [拒绝之撤销]

Ⅰ 特留份权利人为继承人或受遗赠人，且依第二千三百零六条规定受有限制或负担义务，而拒绝其继承或受遗赠；如于拒绝时，其限制或负担义务已消灭，而消灭之事实为其所不知者，得撤销其拒绝。

Ⅱ ¹遗赠拒绝之撤销，准用继承拒绝之撤销规定[a]。²撤销应以意思表示，向受加重负担之人为之。

a 继承拒绝之撤销，参照第1954条至第1957条。

§2309 Pflichtteilsrecht der Eltern und entfernteren Abkömmlinge

Entferntere Abkömmlinge und die Eltern des Erblassers sind insoweit nicht pflichtteilsberechtigt, als ein Abkömmling, der sie im Falle der gesetzlichen Erbfolge ausschließen würde, den Pflichtteil verlangen kann oder das ihm Hinterlassene annimmt.

第二千三百零九条 [父母及亲等较远之直系血亲卑亲属之特留份权利]

被继承人之直系血亲卑亲属因法定继承顺序在先[a]，而排除亲等较远之卑亲属及父母之继承权，而得请求特留份或接受所留下之财产者，其亲等较远之卑亲属及父母不能享有特留份之权利。

a 参照第1924条第2款（亲等较近之直系血亲卑亲属）及第1930条（顺序在先之血亲继承人排除后位血亲继承人）。

§2310 Feststellung des Erbteils für die Berechnung des Pflichtteils

Bei der Feststellung des für die Berechnung des Pflichtteils maßgebenden Erbteils werden diejenigen mitgezählt, welche durch letztwillige Verfügung von der Erbfolge ausgeschlossen sind oder die Erbschaft ausgeschlagen haben oder für erbunwürdig erklärt sind. Wer durch Erbverzicht von der gesetzlichen Erbfolge ausgeschlossen ist, wird nicht mitgezählt.

第二千三百一十条 [为特留份计算而为应继份之确定][a]

[1]作为计算特留份标准之应继份确定时，因终意处分而被剥夺继承权之人、已拒绝继承之人及经宣告丧失继承权之人[b]，均应列为继承人。[2]因抛弃继承权[c]致其法定继承权被排除之人，不列为继承人。

a 参考条文：第2303条第1款第2段（特留份为法定应继份价额之二分之一）、第1924条以下（各顺位法定继承人之应继份）、第2316条（对有特别贡献者应继份之补偿义务）。
b 参照第2339条（丧失继承权之事由）。
c 关于抛弃继承之规定，参照第2346条以下。

§2311 Wert des Nachlasses

(1) Der Berechnung des Pflichtteils wird der Bestand und der Wert des Nachlasses zur Zeit des Erbfalls zugrunde gelegt. Bei der Berechnung des Pflichtteils eines Abkömmlings und der Eltern des Erblassers bleibt der dem überlebenden Ehegatten gebührende Voraus außer Ansatz.

(2) Der Wert ist, soweit erforderlich, durch Schätzung zu ermitteln. Eine vom Erblasser getroffene Wertbestimmung ist nicht maßgebend.

第二千三百一十一条　[遗产之价额]

Ⅰ [1]特留份之计算，应以继承开始时遗产之状况及其价额为准。[2]在计算被继承人之直系血亲卑亲属及父母之特留份时，生存配偶先取遗产，应予以除外[a]。

Ⅱ [1]价额于必要时，应以估价方法定之。[2]被继承人所提出之价额，不作为计算标准[b]。

a 第2311条第1款第2段因1957年6月18日《男女平等法》而修正，该规定自1958年7月1日施行。原条文为："计算遗嘱人之父母之特留份时，应扣除生存配偶之先取遗产。"

b 例外情形，参照第2312条（农地价值之计算）。

§2312 Wert eines Landguts

(1) Hat der Erblasser angeordnet oder ist nach §2049 anzunehmen, dass einer von mehreren Erben das Recht haben soll, ein zum Nachlass gehörendes Landgut zu dem Ertragswert zu übernehmen, so ist, wenn von dem Recht Gebrauch gemacht wird, der Ertragswert auch für die Berechnung des Pflichtteils maßgebend. Hat der Erblasser einen anderen Übernahmepreis bestimmt, so ist dieser maßgebend, wenn er den Ertragswert erreicht und den Schätzungswert nicht übersteigt.

(2) Hinterlässt der Erblasser nur einen Erben, so kann er anordnen, dass der Berechnung des Pflichtteils der Ertragswert oder ein nach Absatz 1 Satz 2 bestimmter Wert zugrunde gelegt werden soll.

(3) Diese Vorschriften finden nur Anwendung, wenn der Erbe, der das Landgut erwirbt, zu den in §2303 bezeichneten pflichtteilsberechtigten Personen gehört.

第二千三百一十二条　[农地之价额]

Ⅰ [1]被继承人指定，或依第二千零四十九条规定，数继承人中之一人有权以收获取得之价值承受遗产中之自耕农地者，其于行使该权利时，特留份之计算，亦以该收获价额为标准。[2]被继承人另定承受价额，而该价额已达收获价额，但未逾估价之价额时，以该承受价额为标准。

Ⅱ 继承人仅有一人时，被继承人得指定特留份之计算，应以收获价额或第一款第二段所定之价额为标准。

Ⅲ 前二款之规定，仅于承受自耕农地之继承人属于第二千三百零三条所定之特留份权利人者，始适用之。

§2313 Ansatz bedingter, ungewisser oder unsicherer Rechte; Feststellungspflicht des Erben

(1) Bei der Feststellung des Wertes des Nachlasses bleiben Rechte und Verbindlichkeiten, die von einer aufschiebenden Bedingung abhängig sind, außer Ansatz. Rechte und Verbindlichkeiten, die von einer auflösenden Bedingung abhängig sind, kommen als unbedingte in Ansatz. Tritt die Bedingung ein, so hat die der veränderten Rechtslage entsprechende Ausgleichung zu erfolgen.

(2) Für ungewisse oder unsichere Rechte sowie für zweifelhafte Verbindlichkeiten gilt das Gleiche wie für Rechte und Verbindlichkeiten, die von einer aufschiebenden Bedingung abhängig sind. Der Erbe ist dem Pflichtteilsberechtigten gegenüber verpflichtet, für die Feststellung eines ungewissen und für die Verfolgung eines unsicheren Rechts zu sorgen, soweit es einer ordnungsmäßigen Verwaltung entspricht.

第二千三百一十三条　[附条件、不明确或不确定权利之估价；继承人确定之义务]

Ⅰ ^{1}于核定遗产价额时，应将附停止条件之权利及义务，予以除外而不计算。^{2}附解除条件之权利及义务，视为无条件予以算入遗产内。^{3}条件一成就，应按其变更后之法律状态为适当之补偿。

Ⅱ ^{1}不明确或不确定之权利^{a}及有疑义之义务^b，应适用与附停止条件之权利及义务相同之规定。^{2}继承人于符合通常管理之限度内，对特留份权利人负有义务使不明确之权利加以明确，并使不确定之权利加以确定。

a 即经济上或事实上之价额有疑义之权利，例如属于遗产之后位继承人之权利是。

b 例如继承人所争执之遗产之债务是，其已起诉者亦然。至附期限之请求权及义务，则依第2311条第2款估定其价额。

§2314 Auskunftspflicht des Erben

(1) Ist der Pflichtteilsberechtigte nicht Erbe, so hat ihm der Erbe auf Verlangen über

den Bestand des Nachlasses Auskunft zu erteilen. Der Pflichtteilsberechtigte kann verlangen, dass er bei der Aufnahme des ihm nach §260 vorzulegenden Verzeichnisses der Nachlassgegenstände zugezogen und dass der Wert der Nachlassgegenstände ermittelt wird. Er kann auch verlangen, dass das Verzeichnis durch die zuständige Behörde oder durch einen zuständigen Beamten oder Notar aufgenommen wird.

(2) Die Kosten fallen dem Nachlass zur Last.

第二千三百一十四条 [继承人之报告义务]

Ⅰ ^{1}特留份权利人非继承人者^a，继承人因其请求，应向其报告遗产之状况。^{2}特留份权利人得请求于依第二百六十条规定编制应向其提示之遗产标的物之目录时在场，并得请求调查该标的物之价额。^{3}特留份权利人亦得请求由主管机关、主管公务员或公证人作成其目录。

Ⅱ 前款费用，由遗产负担之。

a 即指特留份权利人因被剥夺法定继承权，或依第2306条规定抛弃其应继份致无继承人资格之情形而言。

§2315 Anrechnung von Zuwendungen auf den Pflichtteil

(1) Der Pflichtteilsberechtigte hat sich auf den Pflichtteil anrechnen zu lassen, was ihm von dem Erblasser durch Rechtsgeschäft unter Lebenden mit der Bestimmung zugewendet worden ist, dass es auf den Pflichtteil angerechnet werden soll.

(2) Der Wert der Zuwendung wird bei der Bestimmung des Pflichtteils dem Nachlass hinzugerechnet. Der Wert bestimmt sich nach der Zeit, zu welcher die Zuwendung erfolgt ist.

(3) Ist der Pflichtteilsberechtigte ein Abkömmling des Erblassers, so findet die Vorschrift des §2051 Abs. 1 entsprechende Anwendung.

第二千三百一十五条 [给与算入特留份内]

Ⅰ 被继承人生前以法律行为，对特留份权利人为给与，并指定将其算入特留份额内者^a，特留份权利人应算入其特留份。

Ⅱ ^{1}在算定特留份时，应将给与之价额加入遗产中，合并计算之。^{2}其价额之计算，以给与时之价额为准^b。

Ⅲ 特留份权利人为被继承人之直系血亲卑亲属者，准用第二千零五十一条第一款规定。

a 参照第2316条第4款（本条对第2316条补偿义务价额之影响）。
b 类似规定，参照第2055条第2款。

§2316 Ausgleichungspflicht

(1) Der Pflichtteil eines Abkömmlings bestimmt sich, wenn mehrere Abkömmlinge vorhanden sind und unter ihnen im Falle der gesetzlichen Erbfolge eine Zuwendung des Erblassers oder Leistungen der in §2057a bezeichneten Art zur Ausgleichung zu bringen sein würden, nach demjenigen, was auf den gesetzlichen Erbteil unter Berücksichtigung der Ausgleichungspflichten bei der Teilung entfallen würde. Ein Abkömmling, der durch Erbverzicht von der gesetzlichen Erbfolge ausgeschlossen ist, bleibt bei der Berechnung außer Betracht.
(2) Ist der Pflichtteilsberechtigte Erbe und beträgt der Pflichtteil nach Absatz 1 mehr als der Wert des hinterlassenen Erbteils, so kann der Pflichtteilsberechtigte von den Miterben den Mehrbetrag als Pflichtteil verlangen, auch wenn der hinterlassene Erbteil die Hälfte des gesetzlichen Erbteils erreicht oder übersteigt.
(3) Eine Zuwendung der in §2050 Abs. 1 bezeichneten Art kann der Erblasser nicht zum Nachteil eines Pflichtteilsberechtigten von der Berücksichtigung ausschließen.
(4) Ist eine nach Absatz 1 zu berücksichtigende Zuwendung zugleich nach §2315 auf den Pflichtteil anzurechnen, so kommt sie auf diesen nur mit der Hälfte des Wertes zur Anrechnung.

第二千三百一十六条　[补偿义务]

I [1]直系血亲卑亲属有数人，而于法定继承时，其相互间就被继承人所为之给与，或依第二千零五十七条之一规定有特别贡献予以补偿者[a]，以分割时经补偿后应归属之法定应继份为准，算定其应继份[b]。[2]直系血亲卑亲属因抛弃继承而其法定继承权被排除者，于计算其特留份时，不予斟酌[c]。

II 特留份权利人为继承人，而其特留份数额，依第一款规定，其超过遗产应继份之价额者，得对其他共同继承人请求超过之数额为其特留份，即使其所遗留之应继份已达法定应继份之半数或超过者，亦同[d]。

III 被继承人不得为特留份权利人之不利益，就第二千零五十条第一款所定之给与，排除其补偿。

Ⅳ 依第一款规定应补偿之给与，同时依第二千三百一十五条规定应算入特留份者，仅以其价额之半数加入特留份之计算即足。

a 关于补偿义务，参照第2050条以下。
b 参照第2055条（补偿之核算）。
c 参照第2310条第2段（抛弃继承权者不列为继承人）。
d 参照第2305条（特留份不足之请求权）。

§2317 Entstehung und Übertragbarkeit des Pflichtteilsanspruchs

(1) Der Anspruch auf den Pflichtteil entsteht mit dem Erbfall.
(2) Der Anspruch ist vererblich und übertragbar.

第二千三百一十七条 [特留份请求权之发生及让与性][a]

Ⅰ 特留份请求权因继承开始而发生。
Ⅱ 前款请求权，得为继承及让与。

a 参考条文：第1822条第1项（监护人替受监护人为让与应经家事法院许可）、第2332条。

§2318 Pflichtteilslast bei Vermächtnissen und Auflagen

(1) Der Erbe kann die Erfüllung eines ihm auferlegten Vermächtnisses soweit verweigern, dass die Pflichtteilslast von ihm und dem Vermächtnisnehmer verhältnismäßig getragen wird. Das Gleiche gilt von einer Auflage.
(2) Einem pflichtteilsberechtigten Vermächtnisnehmer gegenüber ist die Kürzung nur soweit zulässig, dass ihm der Pflichtteil verbleibt.
(3) Ist der Erbe selbst pflichtteilsberechtigt, so kann er wegen der Pflichtteilslast das Vermächtnis und die Auflage soweit kürzen, dass ihm sein eigener Pflichtteil verbleibt.

第二千三百一十八条 [遗赠及负担时特留份之负担]

Ⅰ ¹特留份负担之义务，应由继承人与受遗赠人，按比例分担者，于该限度内,继承人就履行遗赠得予以拒绝。² 关于遗嘱所定之负担[a],亦同。
Ⅱ 对于享有特留份权利之受遗赠人,仅得就超过其特留份之部分行使扣减权。
Ⅲ 继承人本人为特留份权利人者,因特留份之负担,在其保有自己特留份之限度内,得对遗赠或负担行使扣减权。

a 排除本条适用之情形,参照第2323条及第2324条。

§2319 Pflichtteilsberechtigter Miterbe

Ist einer von mehreren Erben selbst pflichtteilsberechtigt, so kann er nach der Teilung die Befriedigung eines anderen Pflichtteilsberechtigten soweit verweigern, dass ihm sein eigener Pflichtteil verbleibt. Für den Ausfall haften die übrigen Erben.

第二千三百一十九条 [特留份权利人之共同继承]

¹数继承人中之一人有特留份权利者,于遗产分割后[a],在保有自己特留份[b]之限度内,得拒绝对其他特留份权利人之清偿。²其不足部分,由其他继承人负其责任。

a 于分割前之对外责任,适用第2059条。
b 参照第2328条(于保有自己特留份之限度内之拒绝补足权)。

§2320 Pflichtteilslast des an die Stelle des Pflichtteilsberechtigten getretenen Erben

(1) Wer an Stelle des Pflichtteilsberechtigten gesetzlicher Erbe wird, hat im Verhältnis zu Miterben die Pflichtteilslast und, wenn der Pflichtteilsberechtigte ein ihm zugewendetes Vermächtnis annimmt, das Vermächtnis in Höhe des erlangten Vorteils zu tragen.
(2) Das Gleiche gilt im Zweifel von demjenigen, welchem der Erblasser den Erbteil des Pflichtteilsberechtigten durch Verfügung von Todes wegen zugewendet hat.

第二千三百二十条 [替代特留份权利人之继承人对特留份之负担][a]

Ⅰ 替代特留份权利人而为法定继承人者,就其与共同继承人之关系,应负担特留份之义务；如遗赠系对特留份权利人之给与，而经其承认者，替代之继承人在其所受利益之限度内，承担遗赠之义务。

Ⅱ 因被继承人之死因处分而取得特留份权利人应继份之人，于有疑义时，亦适用前款规定。

a 遗嘱人另有指定者，不适用第2320条至第2323条（第2324条）；又参照第2307条（遗赠给与之拒绝）。

§2321 Pflichtteilslast bei Vermächtnisausschlagung

Schlägt der Pflichtteilsberechtigte ein ihm zugewendetes Vermächtnis aus, so hat im Verhältnis der Erben und der Vermächtnisnehmer zueinander derjenige, welchem die Ausschlagung zustatten kommt, die Pflichtteilslast in Höhe des erlangten Vorteils zu tragen.

第二千三百二十一条　[在拒绝遗赠时特留份之负担]

遗赠系对特留份权利人之给与，而经其拒绝者[a]，于继承人与受遗赠人之关系，因其拒绝而受利益之人[b]，在其所受利益之限度内，应承担特留份之义务。

a 参考条文：第2315条第3款。
b 即继承人、受加重负担之人（第2147条）或预备遗嘱受益人（第2190条）。

§2322 Kürzung von Vermächtnissen und Auflagen

Ist eine von dem Pflichtteilsberechtigten ausgeschlagene Erbschaft oder ein von ihm ausgeschlagenes Vermächtnis mit einem Vermächtnis oder einer Auflage beschwert, so kann derjenige, welchem die Ausschlagung zustatten kommt, das Vermächtnis oder die Auflage soweit kürzen, dass ihm der zur Deckung der Pflichtteilslast erforderliche Betrag verbleibt.

第二千三百二十二条　[遗赠与特留份之扣减]

特留份权利人所拒绝之继承[a]或所拒绝之遗赠[b]，负有遗赠或负担者，因其拒绝而受利益之人，在保有履行特留份之义务所需之价额内，得扣

第五章 特留份

减其遗赠或负担。

a 特留份权利人拒绝应继份时，仍得请求特留份，参照第2306条第1款。
b 特留份权利人拒绝遗赠时，仍得请求特留份，参照第2307条。

§2323 Nicht pflichtteilsbelasteter Erbe

Der Erbe kann die Erfüllung eines Vermächtnisses oder einer Auflage auf Grund des §2318 Abs. 1 insoweit nicht verweigern, als er die Pflichtteilslast nach den §§2320 bis 2322 nicht zu tragen hat.

第二千三百二十三条 [不负特留份义务之继承人]

继承人不依第二千三百二十条至第二千三百二十二条规定，负担特留份之义务者，不得基于第二千三百一十八条第一款规定，拒绝遗赠或负担之履行[a]。

a 参照第2188条、第2318条，虽经拒绝，原负担之义务仍存续（第2161条及第2192条）。

§2324 Abweichende Anordnungen des Erblassers hinsichtlich der Pflichtteilslast

Der Erblasser kann durch Verfügung von Todes wegen die Pflichtteilslast im Verhältnis der Erben zueinander einzelnen Erben auferlegen und von den Vorschriften des §2318 Abs. 1 und der §§2320 bis 2323 abweichende Anordnungen treffen.

第二千三百二十四条 [被继承人就特留份负担所作之不同指示]

被继承人得以死因处分，就继承人相互间指定一人或数人为特留份之负担，并得为与第二千三百一十八条第一款及第二千三百二十条至第二千三百二十三条规定不同之指定。

§2325 Pflichtteilsergänzungsanspruch bei Schenkungen

(1) Hat der Erblasser einem Dritten eine Schenkung gemacht, so kann der Pflichtteil-

1591

sberechtigte als Ergänzung des Pflichtteils den Betrag verlangen, um den sich der Pflichtteil erhöht, wenn der verschenkte Gegenstand dem Nachlass hinzugerechnet wird.

(2) Eine verbrauchbare Sache kommt mit dem Werte in Ansatz, den sie zur Zeit der Schenkung hatte. Ein anderer Gegenstand kommt mit dem Werte in Ansatz, den er zur Zeit des Erbfalls hat; hatte er zur Zeit der Schenkung einen geringeren Wert, so wird nur dieser in Ansatz gebracht.

(3) Die Schenkung wird innerhalb des ersten Jahres vor dem Erbfall in vollem Umfang, innerhalb jedes weiteren Jahres vor dem Erbfall um jeweils ein Zehntel weniger berücksichtigt. Sind zehn Jahre seit der Leistung des verschenkten Gegenstandes verstrichen, bleibt die Schenkung unberücksichtigt. Ist die Schenkung an den Ehegatten erfolgt, so beginnt die Frist nicht vor der Auflösung der Ehe.

第二千三百二十五条 [赠与时特留份补足之请求权][a]

Ⅰ 被继承人对第三人为赠与者，特留份权利人得请求将赠与标的物算入遗产内，其特留份可增加之价额，以补足其特留份。

Ⅱ [1]消费物之价额，按赠与时之价额计算。[2]其他赠与物之价额，按继承开始时之价额计算；但赠与时之价额较低时，按赠与时之价额计算。

Ⅲ [1]赠与标的物在继承开始后一年内，仍以全额计算，其后每年减少十分之一之价额计算。[2]赠与标的物之给付，自继承开始时已逾十年者，其赠与价额不加入计算。[3]对被继承人之配偶为赠与者，在婚姻关系消灭前，其期间不开始。

a 参考条文：第516条（赠与）以下、第92条（消费物）、第187条（期间之开始、终点、计算）以下。

§2326 Ergänzung über die Hälfte des gesetzlichen Erbteils

Der Pflichtteilsberechtigte kann die Ergänzung des Pflichtteils auch dann verlangen, wenn ihm die Hälfte des gesetzlichen Erbteils hinterlassen ist. Ist dem Pflichtteilsberechtigten mehr als die Hälfte hinterlassen, so ist der Anspruch ausgeschlossen, soweit der Wert des mehr Hinterlassenen reicht.

第二千三百二十六条 [在法定应继份超过一半之补足]ᵃ

¹即使法定应继份之半数留给特留份权利人，仍得请求补足其特留份。
²遗产所留之部分超过法定应继份之半数者，就超过部分之价额，无请求权。

a 参考条文：第2325条（赠与时特留份补足之请求权）、第2303条第1款第2段。

§2327 Beschenkter Pflichtteilsberechtigter

(1) Hat der Pflichtteilsberechtigte selbst ein Geschenk von dem Erblasser erhalten, so ist das Geschenk in gleicher Weise wie das dem Dritten gemachte Geschenk dem Nachlass hinzuzurechnen und zugleich dem Pflichtteilsberechtigten auf die Ergänzung anzurechnen. Ein nach §2315 anzurechnendes Geschenk ist auf den Gesamtbetrag des Pflichtteils und der Ergänzung anzurechnen.

(2) Ist der Pflichtteilsberechtigte ein Abkömmling des Erblassers, so findet die Vorschrift des §2051 Abs. 1 entsprechende Anwendung.

第二千三百二十七条 [受遗赠之特留份权利人]ᵃ

Ⅰ ¹特留份权利人曾受被继承人之赠与者，其与第三人受赠与时同，其赠与价额应算入遗产内，并同时加入特留份权利人之特留份补足数额内。²依第二千三百一十五条规定应加入计算之赠与额，应算入特留份及其补足额之总数之内。

Ⅱ 特留份权利人为被继承人之直系血亲卑亲属者，准用第二千零五十一条第一款规定。

a 参考条文：第2315条第3款、第2325条第2款。

§2328 Selbst pflichtteilsberechtigter Erbe

Ist der Erbe selbst pflichtteilsberechtigt, so kann er die Ergänzung des Pflichtteils soweit verweigern, dass ihm sein eigener Pflichtteil mit Einschluss dessen verbleibt, was ihm zur Ergänzung des Pflichtteils gebühren würde.

第二千三百二十八条　[继承人本人为特留份权利人][a]

继承人本人为特留份权利人者，在保有自己之特留份及本应可补足其特留份之限额内，得拒绝为特留份之补足。

a 参考条文：第2319条、第2329条。

§2329　Anspruch gegen den Beschenkten

(1) Soweit der Erbe zur Ergänzung des Pflichtteils nicht verpflichtet ist, kann der Pflichtteilsberechtigte von dem Beschenkten die Herausgabe des Geschenks zum Zwecke der Befriedigung wegen des fehlenden Betrags nach den Vorschriften über die Herausgabe einer ungerechtfertigten Bereicherung fordern. Ist der Pflichtteilsberechtigte der alleinige Erbe, so steht ihm das gleiche Recht zu.

(2) Der Beschenkte kann die Herausgabe durch Zahlung des fehlenden Betrags abwenden.

(3) Unter mehreren Beschenkten haftet der früher Beschenkte nur insoweit, als der später Beschenkte nicht verpflichtet ist.

第二千三百二十九条　[对受赠人之请求][a]

Ⅰ [1]特留份权利人在继承人不负补足特留份之义务为限[b]，依不当得利之规定，请求受赠人返还赠与物，以补偿其不足额。[2]特留份权利人为单独继承者，其亦有同一权利。

Ⅱ 受赠人得支付不足数额，以免为赠与物之返还。

Ⅲ 受赠人有数人者，先受赠人在后受赠人不负返还义务之限度内，负其责任。

a 参考条文：第818条以下、第2325条以下。
b 依第2328条或第1975条以下规定，继承人不负补足义务。

§2330　Anstandsschenkungen

Die Vorschriften der §§2325 bis 2329 finden keine Anwendung auf Schenkungen, durch die einer sittlichen Pflicht oder einer auf den Anstand zu nehmenden Rücksicht entsprochen wird.

第五章 特留份

第二千三百三十条 [礼仪上之赠与]^a

第二千三百二十五条至第二千三百二十九条规定对履行道德上义务或合于礼仪上考虑所为赠与者，不适用之。

a 参考条文：第2113条。

§2331 Zuwendungen aus dem Gesamtgut

(1) Eine Zuwendung, die aus dem Gesamtgut der Gütergemeinschaft erfolgt, gilt als von jedem der Ehegatten zur Hälfte gemacht. Die Zuwendung gilt jedoch, wenn sie an einen Abkömmling, der nur von einem der Ehegatten abstammt, oder an eine Person, von der nur einer der Ehegatten abstammt, erfolgt, oder wenn einer der Ehegatten wegen der Zuwendung zu dem Gesamtgut Ersatz zu leisten hat, als von diesem Ehegatten gemacht.

(2) Diese Vorschriften sind auf eine Zuwendung aus dem Gesamtgut der fortgesetzten Gütergemeinschaft entsprechend anzuwenden.

第二千三百三十一条 [由共同财产所为之给与]^{ab}

Ⅰ ¹由共同财产制之共同财产所为之给与，应视为夫妻各给与半数。²但对夫妻一方所出之直系血亲卑亲属，或夫妻一方所从出之血亲所为给与，或夫妻之一方因其给与而对共同财产应为补偿者，其给与应视为仅由配偶一方所为。

Ⅱ 前款规定，准用延续共同财产制之共同财产所为之给与。

a 第2331条因1957年6月18日《男女平等法》而新修正，该规定自1958年7月1日起施行。原条文为：

　Ⅰ 由一般共同财产制、所得共同财产制或动产共有财产制之共同财产所为之给与，视为配偶各给与其半数。但对配偶一方所从出之直系血亲卑亲属为给与，或配偶一方所从出之血亲为给与，或配偶之一方因其给与而对共同财产应为补偿者，其给与视为由该配偶所为。

　Ⅱ 由延续共同财产制之共同财产所为之给与，准用前款规定。

b 参考条文：第2054条。

§2331a Stundung

(1) Der Erbe kann Stundung des Pflichtteils verlangen, wenn die sofortige Erfüllung des gesamten Anspruchs für den Erben wegen der Art der Nachlassgegenstände eine unbillige Härte wäre, insbesondere wenn sie ihn zur Aufgabe des Familienheims oder zur Veräußerung eines Wirtschaftsguts zwingen würde, das für den Erben und seine Familie die wirtschaftliche Lebensgrundlage bildet. Die Interessen des Pflichtteilsberechtigten sind angemessen zu berücksichtigen.

(2) Für die Entscheidung über eine Stundung ist, wenn der Anspruch nicht bestritten wird, das Nachlassgericht zuständig. §1382 Abs. 2 bis 6 gilt entsprechend; an die Stelle des Familiengerichts tritt das Nachlassgericht.

第二千三百三十一条之一　[延期]

Ⅰ ¹继承人本人为特留份权利人，且按遗产所留下标的物之性质，如立即履行其请求权时，将造成继承人过度不公平，即如使继承人被迫交出赖以维持生活之住宅或让与继承人及其家庭经济生活基础之资产之虞者，继承人得请求特留份权利人请求特留份之权利延期。²特留份权利人之利益，应予适当斟酌。

Ⅱ ¹请求权未有争议者，遗产法院就延期之决定有管辖权。²于此情形，准用第一千三百八十二条第二款至第六款规定；家事法院由遗产法院取代之。

§2332 Verjährung

(1) Die Verjährungsfrist des dem Pflichtteilsberechtigten nach §2329 gegen den Beschenkten zustehenden Anspruchs beginnt mit dem Erbfall.

(2) Die Verjährung des Pflichtteilsanspruchs und des Anspruchs nach §2329 wird nicht dadurch gehemmt, dass die Ansprüche erst nach der Ausschlagung der Erbschaft oder eines Vermächtnisses geltend gemacht werden können

第二千三百三十二条　[消灭时效][a]

Ⅰ 第二千三百二十九条所定特留份权利人对受遗赠人之请求权，其消灭时效期间，自继承开始时起算。

Ⅱ 特留份请求权及依第二千三百二十九条规定之请求权，于拒绝继承或遗赠后始得行使者^b，其时效仍不因此而停止。

a 参考条文：第852条。
b 参照第2306条及第2307条。

§2333 Entziehung des Pflichtteils

(1) Der Erblasser kann einem Abkömmling den Pflichtteil entziehen, wenn der Abkömmling:
1. dem Erblasser, dem Ehegatten des Erblassers, einem anderen Abkömmling oder einer dem Erblasser ähnlich nahe stehenden Person nach dem Leben trachtet,
2. sich eines Verbrechens oder eines schweren vorsätzlichen Vergehens gegen eine der in Nummer 1 bezeichneten Personen schuldig macht,
3. die ihm dem Erblasser gegenüber gesetzlich obliegende Unterhaltspflicht böswillig verletzt oder,
4. wegen einer vorsätzlichen Straftat zu einer Freiheitsstrafe von mindestens einem Jahr ohne Bewährung rechtskräftig verurteilt wird und die Teilhabe des Abkömmlings am Nachlass deshalb für den Erblasser unzumutbar ist. Gleiches gilt, wenn die Unterbringung des Abkömmlings in einem psychiatrischen Krankenhaus oder in einer Entziehungsanstalt wegen einer ähnlich schwerwiegenden vorsätzlichen Tat rechtskräftig angeordnet wird.

(2) Absatz 1 gilt entsprechend für die Entziehung des Eltern-oder Ehegattenpflichtteils.

第二千三百三十三条 [特留份之剥夺]

I 有下列情形之一者，被继承人得剥夺其直系血亲卑亲属之特留份：
1. 直系血亲卑亲属有危害被继承人、其配偶或其他直系血亲卑亲属及与被继承人有类似亲近关系之人之生命者。
2. 直系血亲卑亲属对第一项所称之人，犯重罪或犯有故意且情节重大之罪行而可归责者。
3. 直系血亲卑亲属恶意违反其对被继承人之法定扶养义务者^a。
4. 直系血亲卑亲属故意为犯罪行为被处至少一年以上之有期徒刑而不待刑之确定判决，且使其参与遗产之分配对被继承人不公者。直系血亲卑亲属有类似故意且情节重大之行为而依法被安置于精神病院或戒治中心者，亦同。

Ⅱ 第一款规定，于父母或配偶应继份之剥夺准用之。

a 参照第1601条。

§2334 und §2335 (weggefallen)

第二千三百三十四条至第二千三百三十五条 [删除]

§2336 Form, Beweislast, Unwirksamwerden

(1) Die Entziehung des Pflichtteils erfolgt durch letztwillige Verfügung.
(2) Der Grund der Entziehung muss zur Zeit der Errichtung bestehen und in der Verfügung angegeben werden. Für eine Entziehung nach §2333 Absatz 1 Nummer 4 muss zur Zeit der Errichtung die Tat begangen sein und der Grund für die Unzumutbarkeit vorliegen; beides muss in der Verfügung angegeben werden.
(3) Der Beweis des Grundes liegt demjenigen ob, welcher die Entziehung geltend macht.
(4) (weggefallen)

第二千三百三十六条 [方式，举证责任，不生效力]

Ⅰ 特留份之剥夺，应以终意处分为之[a]。
Ⅱ [1]剥夺之原因，应于为前款处分时尚存在，且于其处分内表明之。[2]依第二千三百三十三条第一款第四项规定剥夺应继份时，应于处分时已有该行为，且具有不公之原因，两者皆应于处分内表明之。
Ⅲ 剥夺原因之举证责任，应由主张剥夺之人负担之。
Ⅳ [删除]

a 终意处分固得于继承契约上作成（第2278条第2款及第2299条），但不得以继承契约予以剥夺。

§2337 Verzeihung

Das Recht zur Entziehung des Pflichtteils erlischt durch Verzeihung. Eine Verfügung, durch die der Erblasser die Entziehung angeordnet hat, wird durch die Verzeihung unwirksam.

第二千三百三十七条　[宥恕]^a

¹剥夺特留份之权利，因被继承人之宥恕而消灭。²被继承人所为剥夺之处分，因其宥恕而不生效力。

a 参考条文：第532条、第2343条。

§2338　Pflichtteilsbeschränkung

(1) Hat sich ein Abkömmling in solchem Maße der Verschwendung ergeben oder ist er in solchem Maße überschuldet, dass sein späterer Erwerb erheblich gefährdet wird, so kann der Erblasser das Pflichtteilsrecht des Abkömmlings durch die Anordnung beschränken, dass nach dem Tode des Abkömmlings dessen gesetzliche Erben das ihm Hinterlassene oder den ihm gebührenden Pflichtteil als Nacherben oder als Nachvermächtnisnehmer nach dem Verhältnis ihrer gesetzlichen Erbteile erhalten sollen. Der Erblasser kann auch für die Lebenszeit des Abkömmlings die Verwaltung einem Testamentsvollstrecker übertragen; der Abkömmling hat in einem solchen Falle Anspruch auf den jährlichen Reinertrag.

(2) Auf Anordnungen dieser Art finden die Vorschriften des §2336 Abs. 1 bis 3 entsprechende Anwendung. Die Anordnungen sind unwirksam, wenn zur Zeit des Erbfalls der Abkömmling sich dauernd von dem verschwenderischen Leben abgewendet hat oder die den Grund der Anordnung bildende Überschuldung nicht mehr besteht.

第二千三百三十八条　[特留份之限制]

Ⅰ ¹直系血亲卑亲属因浪费或债务超过，显有危害其将来之所得者，被继承人得以遗嘱指定于该直系血亲卑亲属死亡后，其法定继承人以后位继承人^a或以后位受遗赠人^b之资格，按本人法定应继份之比例，取得其所应得之遗产或特留份，以限制其特留份之权利。²被继承人亦得委托遗嘱执行人，于该直系血亲卑亲属生存期间，管理其应继份或特留份^c。于此情形，该直系血亲卑亲属得请求每年之净益。

Ⅱ ¹第二千三百三十六条第一款至第三款规定，于前款之指定准用之。²直系血亲卑亲属于继承开始时，已持续性根绝浪费生活，或构成指定原因之债务超过之事实已不存在者，前款之指定不生效力。

a 参照第2109条第1款第1项。
b 参照第2191条、第2162条及第2163条。
c 参照第2209条。

§2338a (weggefallen)

第二千三百三十八条之一　**[删除]**

Abschnitt 6　Erbunwürdigkeit

第六章　继承权之丧失

《德国民法典》上之继承权丧失制度与法、奥、瑞等国以及台湾地区之立法例不同，并非法律上当然发生丧失继承权之效力，而系等权利人撤销继承权后，始生效力（第2340条至第2342条）。继承权之丧失，不但对法定继承权与指定继承权无所轩轾，同有适用，即对于遗赠与特留份权利（第2345条）及延续共同财产制（第1506条）亦得准用。

§2339　Gründe für Erbunwürdigkeit

(1) Erbunwürdig ist:
1. wer den Erblasser vorsätzlich und widerrechtlich getötet oder zu töten versucht oder in einen Zustand versetzt hat, infolge dessen der Erblasser bis zu seinem Tode unfähig war, eine Verfügung von Todes wegen zu errichten oder aufzuheben,
2. wer den Erblasser vorsätzlich und widerrechtlich verhindert hat, eine Verfügung von Todes wegen zu errichten oder aufzuheben,
3. wer den Erblasser durch arglistige Täuschung oder widerrechtlich durch Drohung bestimmt hat, eine Verfügung von Todes wegen zu errichten oder aufzuheben,
4. wer sich in Ansehung einer Verfügung des Erblassers von Todes wegen einer Straftat nach den §§267, 271 bis 274 des Strafgesetzbuchs schuldig gemacht hat.

(2) Die Erbunwürdigkeit tritt in den Fällen des Absatzes 1 Nr. 3, 4 nicht ein, wenn vor dem Eintritt des Erbfalls die Verfügung, zu deren Errichtung der Erblasser bestimmt oder in Ansehung deren die Straftat begangen worden ist, unwirksam geworden ist, oder die Verfügung, zu deren Aufhebung er bestimmt worden ist, unwirksam geworden sein würde.

第二千三百三十九条　[丧失继承权之事由]

Ⅰ 有下列情形之一者，丧失继承权：
1. 故意且不法杀害或意图杀害被继承人，或使被继承人生前陷于不能作成或废弃死因处分者。
2. 故意且不法妨害被继承人作成或废弃死因处分者。

3. 以恶意之诈欺或不法之胁迫使被继承人作成或废弃死因处分者。
4. 对于被继承人之死因处分，实施刑法第二百六十七条、第二百七十一条至第二百七十四条所定之犯罪行为[a]，而应负责任者。

II 于前款第三项及第四项所定之情形，于继承开始前，被继承人所作成之死因处分，或犯罪行为所由实行之死因处分，已不生效力，或被继承人所决定废弃之死因处分，已不生效力者[b]，其继承权不丧失。

[a] 即广义之伪造文书及毁灭隐匿文书之行为。
[b] 例如以诈欺或胁迫使被继承人以遗嘱指定继承人或废弃该处分，而被指定人于继承开始前死亡时，其决定作成或废弃之处分应不生效力。

§2340 Geltendmachung der Erbunwürdigkeit durch Anfechtung

(1) Die Erbunwürdigkeit wird durch Anfechtung des Erbschaftserwerbs geltend gemacht.

(2) Die Anfechtung ist erst nach dem Anfall der Erbschaft zulässig. Einem Nacherben gegenüber kann die Anfechtung erfolgen, sobald die Erbschaft dem Vorerben angefallen ist.

(3) Die Anfechtung kann nur innerhalb der in §2082 bestimmten Fristen erfolgen.

第二千三百四十条 [因撤销而为继承权丧失之主张]

I 继承权丧失之主张，以撤销遗产取得之方法为之。
II [1]前款之撤销，仅于遗产之归属后[a]，始得为之。[2]遗产归属于前位继承人者，得对后位继承人撤销之。
III 撤销权仅得于第二千零八十二条所定之期间内为之。

[a] 遗产之归属，参照第1942条。

§2341 Anfechtungsberechtigte

Anfechtungsberechtigt ist jeder, dem der Wegfall des Erbunwürdigen, sei es auch nur bei dem Wegfall eines anderen, zustatten kommt.

第六章 继承权之丧失

第二千三百四十一条 [撤销权人]

因丧失继承权之人出缺而受利益之人有撤销权^a，即使仅于其他之人另有出缺时，始受利益者，亦同^b。

a 无论直接或间接（公库亦属撤销权人）；不同规定参照第2080条。
b 各撤销权人得独立行使其撤销权，不受他人之影响。胜诉之判决对所有权人有物之效力，参照第2344条。

§2342 Anfechtungsklage

(1) Die Anfechtung erfolgt durch Erhebung der Anfechtungsklage. Die Klage ist darauf zu richten, dass der Erbe für erbunwürdig erklärt wird.
(2) Die Wirkung der Anfechtung tritt erst mit der Rechtskraft des Urteils ein.

第二千三百四十二条 [撤销之诉]

I ¹撤销，以提起撤销之诉为之。²撤销之诉以宣告继承人丧失继承权为其标的。
II 撤销因判决之确定，始生效力。

§2343 Verzeihung

Die Anfechtung ist ausgeschlossen, wenn der Erblasser dem Erbunwürdigen verziehen hat.

第二千三百四十三条 [宥恕]^a

被继承人对于丧失继承权之人已为宥恕者，不得撤销。

a 类似规定，参照第532条（对受赠人之宥恕）、第2337条（对特留份权利受剥夺人之宥恕）。

§2344 Wirkung der Erbunwürdigerklärung

(1) Ist ein Erbe für erbunwürdig erklärt, so gilt der Anfall an ihn als nicht erfolgt.
(2) Die Erbschaft fällt demjenigen an, welcher berufen sein würde, wenn der Erbunwürdige zur Zeit des Erbfalls nicht gelebt hätte; der Anfall gilt als mit dem

Eintritt des Erbfalls erfolgt.

第二千三百四十四条　[宣告继承权丧失之效力]^a

Ⅰ 继承人受继承权丧失之宣告者，其已归属之遗产，视为未归属。

Ⅱ 继承开始时，继承权丧失之人已不存在者，遗产归属于有法定继承资格之人；其归属视为于继承开始时发生。

a 参照第1953条第1款及第2款（拒绝继承时之效力）、第2310条（计算特留份标准时之特别规定）及第2346条第1款（继承权抛弃之效力）。

§2345　Vermächtnisunwürdigkeit; Pflichtteilsunwürdigkeit

(1) Hat sich ein Vermächtnisnehmer einer der in §2339 Abs. 1 bezeichneten Verfehlungen schuldig gemacht, so ist der Anspruch aus dem Vermächtnis anfechtbar. Die Vorschriften der §§2082, 2083, 2339 Abs. 2 und der §§2341, 2343 finden Anwendung.

(2) Das Gleiche gilt für einen Pflichtteilsanspruch, wenn der Pflichtteilsberechtigte sich einer solchen Verfehlung schuldig gemacht hat.

第二千三百四十五条　[受遗赠权利之丧失；特留份权利之丧失]^a

Ⅰ ¹受遗赠人犯有第二千三百三十九条第一款所定之不法行为，而可归责者，其遗赠请求权得撤销之。²于此情形，适用第二千零八十二条、第二千零八十三条、第二千三百三十九条第二款、第二千三百四十一条及第二千三百四十三条规定。

Ⅱ 特留份权利人犯有前款不法行为，而可归责者，关于其特留份之请求权，亦适用前款撤销之规定。

a 主张丧失受遗赠及特留份之权利，仅须权利人依第2340条及第143条（而非第2342条）之规定，向相对人以意思表示撤销之，或以抗辩之方法（准用第2083条）主张之，无须提起诉讼。

Abschnitt 7　Erbverzicht

第七章　继承之抛弃

　　所谓继承抛弃契约，系继承人（包括法定继承人及指定继承人）、受遗赠人或特留份权人于继承开始前，预先与被继承人订定，以抛弃继承权、遗赠或特留份为标的之契约。普通法将继承抛弃契约视为继承契约之一种，现行《德国民法典》则认为独立之契约，另设专章予以规定。按其性质应属一种继承法上之无因行为，但非死因行为。此项契约具有直接变更法定继承之效力，其与第312条第2款之契约仅生债之效力者不同，且因其以使将来之继承权不发生为内容，自与前述继承契约有别。又此项抛弃系于遗产归属前为之，故与拒绝继承亦有差异。关于本章之内容，大致得分为继承抛弃契约之种类（第2346条及第2352条）、订定（第2347条及第2348条）、效力（第2349条及第2350条）及废止（第2346条及第2351条）等内容。

§2346　Wirkung des Erbverzichts, Beschränkungsmöglichkeit

(1) Verwandte sowie der Ehegatte des Erblassers können durch Vertrag mit dem Erblasser auf ihr gesetzliches Erbrecht verzichten. Der Verzichtende ist von der gesetzlichen Erbfolge ausgeschlossen, wie wenn er zur Zeit des Erbfalls nicht mehr lebte; er hat kein Pflichtteilsrecht.

(2) Der Verzicht kann auf das Pflichtteilsrecht beschränkt werden.

第二千三百四十六条　[继承抛弃之效力；限制之可能性][a]

Ⅰ　[1]被继承人之血亲或配偶，得与被继承人[b]以契约抛弃其法定继承权。[2]抛弃继承之人，视为于继承开始时已死亡，而被排除其继承权。抛弃继承之人无特留份之权利。

Ⅱ　抛弃得仅以特留份权利为限[c]。

a 第1643条第1款规定于继承权抛弃有其适用。监护人代受监护人抛弃特留份，应经家事法院许可，参照第1822条第2项。准用继承抛弃之规定者，如第1517条。

b 若非与被继承人所订定之契约，例如将来继承人间所订定之契约，非此所谓之继承抛弃契约。

c 抛弃继承者，于计算特留份时不列为继承人（第2310条第2段、第2316条第1

款第2段）。

§2347 Persönliche Anforderungen, Vertretung

(1) Zu dem Erbverzicht ist, wenn der Verzichtende unter Vormundschaft steht, die Genehmigung des Familiengerichts erforderlich; steht er unter elterlicher Sorge, so gilt das Gleiche, sofern nicht der Vertrag unter Ehegatten oder unter Verlobten geschlossen wird. Für den Verzicht durch den Betreuer ist die Genehmigung des Betreuungsgerichts erforderlich.

(2) Der Erblasser kann den Vertrag nur persönlich schließen; ist er in der Geschäftsfähigkeit beschränkt, so bedarf er nicht der Zustimmung seines gesetzlichen Vertreters. Ist der Erblasser geschäftsunfähig, so kann der Vertrag durch den gesetzlichen Vertreter geschlossen werden; die Genehmigung des Familiengerichts oder Betreuungsgerichts ist in gleichem Umfang wie nach Absatz 1 erforderlich.

第二千三百四十七条 [亲自订定；代理][a]

I [1]抛弃继承之人为受监护人者，其抛弃应经家事法院之认可。抛弃继承之人服亲权者，亦同。但夫妻或婚约当事人间订定该契约者，不在此限。[2]经由辅佐人抛弃继承之人，亦应得辅佐法院之认可。

II [1]被继承人应亲自订定抛弃继承契约；被继承人之行为能力受限制者，无须得法定代理人之同意。[2]被继承人为无行为能力者，其契约得由其法定代理人代为订定；但与第一款同一范围内，应经家事法院或辅佐法院之认可。

a 参考条文：第2064条（遗嘱应亲自订定）、第2274条、第2290条第2款（继承契约仅得亲自订定）、第3款（继承契约废弃应经家事法院许可之情形）、第2352条（适用本条之情形）。

§2348 Form

Der Erbverzichtsvertrag bedarf der notariellen Beurkundung.

第七章　继承之抛弃

第二千三百四十八条　[方式]ᵃ

继承抛弃契约应以公证为之。

a 参考条文：第128条（公证书）、第152条（作成公证书之承诺）。

§2349 Erstreckung auf Abkömmlinge

Verzichtet ein Abkömmling oder ein Seitenverwandter des Erblassers auf das gesetzliche Erbrecht, so erstreckt sich die Wirkung des Verzichts auf seine Abkömmlinge, sofern nicht ein anderes bestimmt wird.

第二千三百四十九条　[及于直系血亲卑亲属之效力]ᵃ

被继承人之直系血亲卑亲属或旁系血亲抛弃法定继承权者，除另有规定以外，其抛弃之效力及于抛弃人之直系血亲卑亲属。

a 即抛弃之效力，以其及于抛弃人所属整体亲系为原则。

§2350 Verzicht zugunsten eines anderen

(1) Verzichtet jemand zugunsten eines anderen auf das gesetzliche Erbrecht, so ist im Zweifel anzunehmen, dass der Verzicht nur für den Fall gelten soll, dass der andere Erbe wird.

(2) Verzichtet ein Abkömmling des Erblassers auf das gesetzliche Erbrecht, so ist im Zweifel anzunehmen, dass der Verzicht nur zugunsten der anderen Abkömmlinge und des Ehegatten oder Lebenspartners des Erblassers gelten soll.

第二千三百五十条　[为他人利益之抛弃]

Ⅰ 继承人为他人利益而抛弃法定继承权者，于有疑义时，应认为其抛弃仅于该他人为继承人时，始生效力ᵃ。

Ⅱ 被继承人之直系血亲卑亲属抛弃法定继承权者，于有疑义时，应认为其抛弃仅为被继承人之其他直系血亲卑亲属及配偶或同性伴侣之利益，始生效力ᵇ。

a 该他人如先于被继承人死亡、拒绝继承、受继承权丧失之宣告或因被继承人之死因处分被剥夺继承权时，其抛弃契约为无效。
b 直系血亲尊亲属、旁系血亲或公库不得基于该抛弃契约而享有任何利益。

§2351 Aufhebung des Erbverzichts

Auf einen Vertrag, durch den ein Erbverzicht aufgehoben wird, findet die Vorschrift des §2348 und in Ansehung des Erblassers auch die Vorschrift des §2347 Abs. 2 Satz 1 erster Halbsatz, Satz 2 Anwendung.

第二千三百五十一条 [抛弃继承之废弃]

以契约废弃抛弃继承契约者，适用第二千三百四十八条规定，并就被继承人亦适用第二千三百四十七条第二款第一段前段、第二段规定。

§2352 Verzicht auf Zuwendungen

Wer durch Testament als Erbe eingesetzt oder mit einem Vermächtnis bedacht ist, kann durch Vertrag mit dem Erblasser auf die Zuwendung verzichten. Das Gleiche gilt für eine Zuwendung, die in einem Erbvertrag einem Dritten gemacht ist. Die Vorschriften der §§2347 bis 2349 finden Anwendung.

第二千三百五十二条 [给与之废弃]

[1]因遗嘱被指定为继承人，或因遗赠而受利益者，得与被继承人以契约抛弃其给与。[2]以继承契约对第三人为给与者，关于该给与，亦同。[3]本条情形应适用第二千三百四十七条至第二千三百四十九条规定。

Abschnitt 8 Erbschein

第八章 继承证书

继承证书（Erbschein）之制度，系渊源于日耳曼法上之公信（Publizität）之思想，此项证书具有双重效力，一方对于证书所载之继承人，推定其内容为真实且完整，同时由于其公信力，对于由继承人受让遗产或向继承人为给付之善意第三人予以保护（参照第2365条至第2367条）。

§2353 Zuständigkeit des Nachlassgerichts, Antrag

Das Nachlassgericht hat dem Erben auf Antrag ein Zeugnis über sein Erbrecht und, wenn er nur zu einem Teil der Erbschaft berufen ist, über die Größe des Erbteils zu erteilen (Erbschein).

第二千三百五十三条　[遗产法院之管辖权，申请]

遗产法院依申请[a]对继承人颁发其继承权之证书，且该继承人仅占遗产之一部分者，该证书仅载明其所应有之部分[b]（继承证书）。

a 除继承人外，遗嘱执行人及后位继承开始后之后位继承人亦有申请权。
b 关于共同证书，参照第2357条。

§2354 bis §2360 (weggefallen)

第二千三百五十四条至第二千三百六十条　[删除]

§2361 Einziehung oder Kraftloserklärung des unrichtigen Erbscheins

Ergibt sich, dass der erteilte Erbschein unrichtig ist, so hat ihn das Nachlassgericht einzuziehen. Mit der Einziehung wird der Erbschein kraftlos.

第二千三百六十一条 [不真实继承证书之收回或宣告无效]

^{1}已颁发之继承权证书发现不真实者^a，遗产法院应收回之。^{2}继承证书因收回而失去效力。

a 包括事实上或法律上之原因。

§2362 Herausgabe- und Auskunftsanspruch des wirklichen Erben

(1) Der wirkliche Erbe kann von dem Besitzer eines unrichtigen Erbscheins die Herausgabe an das Nachlassgericht verlangen.
(2) Derjenige, welchem ein unrichtiger Erbschein erteilt worden ist, hat dem wirklichen Erben über den Bestand der Erbschaft und über den Verbleib der Erbschaftsgegenstände Auskunft zu erteilen.

第二千三百六十二条 [真正继承人之返还请求权与告知请求权]

Ⅰ 真正之继承人^{a}对于占有不真实继承证书之人，得请求返还该证书于遗产法院。
Ⅱ 受领不真实继承权证书之人，应向真正继承人告知遗产状况及遗产标的物之所在^b。

a 后位继承人于第2363条第2款所定之情形，适用本条第1款。死亡宣告或依失踪法之规定经确定死亡时期之人尚生存者，于第2370条第2款所定之情形，适用本条。
b 遗产占有人之告知义务，参照第2027条。提供遗产标的物现况信息义务之人适用第260条。

§2363 Herausgabeanspruch des Nacherben und des Testamentsvollstreckers

Dem Nacherben sowie dem Testamentsvollstrecker steht das in §2362 Absatz 1 bestimmte Recht zu.

第二千三百六十三条 [前位继承人之继承证书之内容]

后位继承人及遗嘱执行人具有第二千三百六十二条第一款所定之权利。

§2364 (weggefallen)

第二千三百六十四条　[删除]

§2365 Vermutung der Richtigkeit des Erbscheins

Es wird vermutet, dass demjenigen, welcher in dem Erbschein als Erbe bezeichnet ist, das in dem Erbschein angegebene Erbrecht zustehe und dass er nicht durch andere als die angegebenen Anordnungen beschränkt sei.

第二千三百六十五条　[继承权证书真实性之推定][a]

继承权证书所载明之继承人，应推定其具有该证书所载明之继承权，且不受其载明以外之事项所限制。

a 参考条文：第891条（登记于土地簿册之推定效力）、第1964条第2款（国库经遗产法院确认受推定为法定继承人）、第2009条（遗产清册及时编制之推定效力）。

§2366 Öffentlicher Glaube des Erbscheins

Erwirbt jemand von demjenigen, welcher in einem Erbschein als Erbe bezeichnet ist, durch Rechtsgeschäft einen Erbschaftsgegenstand, ein Recht an einem solchen Gegenstand oder die Befreiung von einem zur Erbschaft gehörenden Recht, so gilt zu seinen Gunsten der Inhalt des Erbscheins, soweit die Vermutung des §2365 reicht, als richtig, es sei denn, dass er die Unrichtigkeit kennt oder weiß, dass das Nachlassgericht die Rückgabe des Erbscheins wegen Unrichtigkeit verlangt hat.

第二千三百六十六条　[继承证书之公信力]

以法律行为由继承证书所载之继承人取得遗产标的物，或其标的物上之权利，或就属于遗产之权利，经其免除义务者，于具备第二千三百六十五条所推定之要件时，为该人之利益，继承证书之内容视为真实。但该人明知其为不真实，且已知遗产法院因其为不真实而请求返还继承证书者，不在此限。

§2367 Leistung an Erbscheinserben

Die Vorschrift des §2366 findet entsprechende Anwendung, wenn an denjenigen, welcher in einem Erbschein als Erbe bezeichnet ist, auf Grund eines zur Erbschaft gehörenden Rechts eine Leistung bewirkt oder wenn zwischen ihm und einem anderen in Ansehung eines solchen Rechts ein nicht unter die Vorschrift des §2366 fallendes Rechtsgeschäft vorgenommen wird, das eine Verfügung über das Recht enthält

第二千三百六十七条　[对继承证书上之继承人为给付][a]

基于遗产上之权利，对继承证书所载之继承人为给付，或证书上之继承人与第三人间所为之法律行为所生之权利，该权利包括处分行为，而该法律行为不属于第二千三百六十六条规定者，准用第二千三百六十六条规定。

a　类似规定，参照第893条。

§2368 Testamentsvollstreckerzeugnis

Einem Testamentsvollstrecker hat das Nachlassgericht auf Antrag ein Zeugnis über die Ernennung zu erteilen. Die Vorschriften über den Erbschein finden auf das Zeugnis entsprechende Anwendung; mit der Beendigung des Amts des Testamentsvollstreckers wird das Zeugnis kraftlos.

第二千三百六十八条　[遗嘱执行人之证书]

[1]遗产法院因申请，应颁发给遗嘱执行人指定之证书。[2]关于继承证书之规定，于该证书准用之；该证书因遗嘱执行人职务之终了[a]而失其效力。

a　遗嘱执行人职务之消灭，参照第2225条、遗嘱执行人之解任，参照第2227条。

§2369 (weggefallen)

第二千三百六十九条　[删除]

§2370 Öffentlicher Glaube bei Todeserklärung

(1) Hat eine Person, die für tot erklärt oder deren Todeszeit nach den Vorschriften des Verschollenheitsgesetzes festgestellt ist, den Zeitpunkt überlebt, der als Zeitpunkt ihres Todes gilt, oder ist sie vor diesem Zeitpunkt gestorben, so gilt derjenige, welcher auf Grund der Todeserklärung oder der Feststellung der Todeszeit Erbe sein würde, in Ansehung der in den §§2366, 2367 bezeichneten Rechtsgeschäfte zugunsten des Dritten auch ohne Erteilung eines Erbscheins als Erbe, es sei denn, dass der Dritte die Unrichtigkeit der Todeserklärung oder der Feststellung der Todeszeit kennt oder weiß, dass sie aufgehoben worden sind.

(2) Ist ein Erbschein erteilt worden, so stehen demjenigen, der für tot erklärt oder dessen Todeszeit nach den Vorschriften des Verschollenheitsgesetzes festgestellt ist, wenn er noch lebt, die im §2362 bestimmten Rechte zu. Die gleichen Rechte hat eine Person, deren Tod ohne Todeserklärung oder Feststellung der Todeszeit mit Unrecht angenommen worden ist.

第二千三百七十条 [死亡宣告之公信力]

Ⅰ 受死亡宣告或依失踪法之规定，经确定死亡时期之人，于被视为死亡之时尚生存或先于该时间已死亡者，其因死亡宣告或死亡时期之确定而得成为继承人之人，关于第二千三百六十六条及第二千三百六十七条所定之法律行为，即使未发给继承证书，为第三人之利益，仍应视为继承人。但第三人明知死亡宣告或死亡时期之确定为不真实，或知其已经撤销者，不在此限。

Ⅱ [1]继承证书已颁发，而受死亡宣告或依失踪法规定经确定死亡时期之人尚生存者，其享有第二千三百六十二条所定之权利[a]。[2]未经死亡宣告或确定死亡时期之人，其死亡系由于不真实之推定者，亦享有同一之权利。

a 受死亡宣告人之返还请求权，参照第2031条。

Abschnitt 9 Erbschaftskauf

第九章　遗产买卖

§2371 Form

Ein Vertrag, durch den der Erbe die ihm angefallene Erbschaft verkauft, bedarf der notariellen Beurkundung.

第二千三百七十一条　[方式]^a

继承人^b以契约出卖归属于其遗产者，其契约应公证之。

a 参考条文：第128条、第152条、第1922条、第1942条。
b 共同继承人出卖其应继份者，亦然。

§2372 Dem Käufer zustehende Vorteile

Die Vorteile, welche sich aus dem Wegfall eines Vermächtnisses oder einer Auflage oder aus der Ausgleichungspflicht eines Miterben ergeben, gebühren dem Käufer.

第二千三百七十二条　[买受人之利益]

由于遗赠或负担之丧失效力，或由于共同继承人之补偿义务所生之利益者^a，归属于买受人。

a 参照第2050条以下。

§2373 Dem Verkäufer verbleibende Teile

Ein Erbteil, der dem Verkäufer nach dem Abschluss des Kaufs durch Nacherbfolge oder infolge des Wegfalls eines Miterben anfällt, sowie ein dem Verkäufer zugewendetes Vorausvermächtnis ist im Zweifel nicht als mitverkauft anzusehen. Das Gleiche gilt von Familienpapieren und Familienbildern.

第二千三百七十三条　[保留给与出卖人之部分]

¹于订定买卖契约后，出卖人因后位继承或共同继承人之出缺ᵃ而取得之应继份及给与出卖人之优先遗赠者ᵇ，于有疑义时，不得认为一并出卖ᶜ。²关于家庭之文件及图画，亦同。

a 参照第1935条、第2094条、第2096条。
b 参照第2150条。
c 参照第2110条。

§2374　Herausgabepflicht

Der Verkäufer ist verpflichtet, dem Käufer die zur Zeit des Verkaufs vorhandenen Erbschaftsgegenstände mit Einschluss dessen herauszugeben, was er vor dem Verkauf auf Grund eines zur Erbschaft gehörenden Rechts oder als Ersatz für die Zerstörung, Beschädigung oder Entziehung eines Erbschaftsgegenstands oder durch ein Rechtsgeschäft erlangt hat, das sich auf die Erbschaft bezog.

第二千三百七十四条　[返还义务]ᵃ

出卖人有义务向买受人返还出卖时存在之遗产标的物，并包括出卖人在出卖前基于遗产中之权利有所取得，或因遗产标的物之灭失、毁损或被侵夺而所受之赔偿，或依关于遗产之法律行为更有所取得者。

a 参考条文：第2019条、第2041条、第2111条。

§2375　Ersatzpflicht

(1) Hat der Verkäufer vor dem Verkauf einen Erbschaftsgegenstand verbraucht, unentgeltlich veräußert oder unentgeltlich belastet, so ist er verpflichtet, dem Käufer den Wert des verbrauchten oder veräußerten Gegenstands, im Falle der Belastung die Wertminderung zu ersetzen. Die Ersatzpflicht tritt nicht ein, wenn der Käufer den Verbrauch oder die unentgeltliche Verfügung bei dem Abschluss des Kaufs kennt.

(2) Im Übrigen kann der Käufer wegen Verschlechterung, Untergangs oder einer aus einem anderen Grunde eingetretenen Unmöglichkeit der Herausgabe eines

Erbschaftsgegenstands nicht Ersatz verlangen.

第二千三百七十五条　[赔偿义务][a]

I ¹出卖人于出卖前，就遗产标的物有所消费、为无偿之让与或为设定无偿负担者，就其所消费，或无偿让与标的物之价额，或因设定无偿负担所减少之价额，对于买受人负担赔偿义务。²买受人于订定买卖契约时，知有消费或无偿处分之情事者，出卖人不负赔偿义务。

II 除前款规定外，买受人不得以毁损、灭失或因其他事由，致不能返还遗产标的物为理由，请求赔偿。

a 参照第2288条。

§2376　Haftung des Verkäufers

(1) Die Haftung des Verkäufers für Rechtsmängel beschränkt sich darauf, dass ihm das Erbrecht zusteht, dass es nicht durch das Recht eines Nacherben oder durch die Ernennung eines Testamentsvollstreckers beschränkt ist, dass nicht Vermächtnisse, Auflagen, Pflichtteilslasten, Ausgleichungspflichten oder Teilungsanordnungen bestehen und dass nicht unbeschränkte Haftung gegenüber den Nachlassgläubigern oder einzelnen von ihnen eingetreten ist.

(2) Für Sachmängel eines zur Erbschaft gehörenden Gegenstands haftet der Verkäufer nicht, es sei denn, dass er einen Mangel arglistig verschwiegen oder eine Garantie für die Beschaffenheit des Gegenstands übernommen hat.

第二千三百七十六条　[出卖人之责任]

I 出卖人之权利瑕疵担保责任[a]，仅限于担保其有继承权，而其继承权未因后位继承人之权利或遗嘱执行人之指定而受限制，且无遗赠、负担、特留份或补偿之义务或分割遗产之指示之存在，及其对遗产债权人之全部或一部分，不负无限责任[b]。

II 出卖人就属于遗产物之瑕疵，不负责任。但若出卖人故意不告知该瑕疵或对该物保证其质量者，不在此限。

a 参照第434条以下。
b 参照第2303条、第2318条、第2048条及第2050条以下。

§2377 Wiederaufleben erloschener Rechtsverhältnisse

Die infolge des Erbfalls durch Vereinigung von Recht und Verbindlichkeit oder von Recht und Belastung erloschenen Rechtsverhältnisse gelten im Verhältnis zwischen dem Käufer und dem Verkäufer als nicht erloschen. Erforderlichenfalls ist ein solches Rechtsverhältnis wiederherzustellen.

第二千三百七十七条 [恢复已消灭之法律关系][a]

[1]由于继承开始，使权利与义务之混同，或权利与负担之混同而消灭之法律关系，于出卖人与买受人之关系，视为不消灭。[2]该法律关系，于必要时，应恢复之。

a 参照第1976条、第1991条、第2143条、第2175条；关于应继份之出卖，参照第2033条。

§2378 Nachlassverbindlichkeiten

(1) Der Käufer ist dem Verkäufer gegenüber verpflichtet, die Nachlassverbindlichkeiten zu erfüllen, soweit nicht der Verkäufer nach §2376 dafür haftet, dass sie nicht bestehen.

(2) Hat der Verkäufer vor dem Verkauf eine Nachlassverbindlichkeit erfüllt, so kann er von dem Käufer Ersatz verlangen.

第二千三百七十八条 [遗产债务]

Ⅰ 除出卖人依第二千三百七十六条规定，就遗产债务之不存在应负责外，买受人对[a]出卖人负担履行遗产债务[b]之义务。

Ⅱ 出卖人于出卖前，已清偿遗产债务者，得请求买受人偿还之[c]。

a 对债权人之责任，参照第2382条及第2383条。
b 参照第1967条至第1969条。
c 买受人之其他义务，参照第433条第2款及第449条以下。

§2379 Nutzungen und Lasten vor Verkauf

Dem Verkäufer verbleiben die auf die Zeit vor dem Verkauf fallenden Nutzungen. Er trägt für diese Zeit die Lasten, mit Einschluss der Zinsen der Nachlassverbindlichkeiten. Den Käufer treffen jedoch die von der Erbschaft zu entrichtenden Abgaben sowie die außerordentlichen Lasten, welche als auf den Stammwert der Erbschaftsgegenstände gelegt anzusehen sind.

第二千三百七十九条 [出卖前之用益与负担]

[1]出卖人享有出卖前之收益[a]。[2]前段期间之负担[b]，连同遗产债务之利息，由出卖人承担其义务。[3]但应由遗产缴纳之税捐及可认为对遗产标的物基本价额所课之特别负担者，由买受人承担其义务。

a 参照第100条及第101条。
b 参照第103条。

§2380 Gefahrübergang, Nutzungen und Lasten nach Verkauf

Der Käufer trägt von dem Abschluss des Kaufs an die Gefahr des zufälligen Untergangs und einer zufälligen Verschlechterung der Erbschaftsgegenstände. Von diesem Zeitpunkt an gebühren ihm die Nutzungen und trägt er die Lasten.

第二千三百八十条 [危险之移转、出卖后之用益及负担]

[1]买受人自订定买卖契约时起[a]，负担遗产标的物因意外所生之灭失或意外毁损之危险。[2]自该订约时起，用益[b]及负担[c]由买受人承受。

a 与第446条不同。
b 参照第100条及第101条。
c 参照第103条。

§2381 Ersatz von Verwendungen und Aufwendungen

(1) Der Käufer hat dem Verkäufer die notwendigen Verwendungen zu ersetzen, die der

Verkäufer vor dem Verkauf auf die Erbschaft gemacht hat.

(2) Für andere vor dem Verkauf gemachte Aufwendungen hat der Käufer insoweit Ersatz zu leisten, als durch sie der Wert der Erbschaft zur Zeit des Verkaufs erhöht ist.

第二千三百八十一条 [支出费用之偿还]^a

Ⅰ 买受人应偿还出卖人在出卖前为遗产所支出之必要费用。

Ⅱ 出卖前所支出之其他费用，在出卖时遗产价额因而有所增加之限度内，应由买受人偿还。

a 参照第994条、第996条及第2022条。

§2382 Haftung des Käufers gegenüber Nachlassgläubigern

(1) Der Käufer haftet von dem Abschluss des Kaufs an den Nachlassgläubigern, unbeschadet der Fortdauer der Haftung des Verkäufers. Dies gilt auch von den Verbindlichkeiten, zu deren Erfüllung der Käufer dem Verkäufer gegenüber nach den §§2378, 2379 nicht verpflichtet ist.

(2) Die Haftung des Käufers den Gläubigern gegenüber kann nicht durch Vereinbarung zwischen dem Käufer und dem Verkäufer ausgeschlossen oder beschränkt werden.

第二千三百八十二条 [买受人对遗产债权人之责任]^a

Ⅰ ¹买受人自订定买卖契约时起，对遗产债权人负其责任，但出卖人应继续负担之责任，不受影响。²依第二千三百七十八条、第二千三百七十九条规定，买受人对于出卖人不负清偿责任之债务，亦适用前段规定。

Ⅱ 买受人对债权人之责任，不得由买受人与出卖人之合意免除或限制。

a 参照第2036条。

§2383 Umfang der Haftung des Käufers

(1) Für die Haftung des Käufers gelten die Vorschriften über die Beschränkung der Haftung des Erben. Er haftet unbeschränkt, soweit der Verkäufer zur Zeit des Verkaufs unbeschränkt haftet. Beschränkt sich die Haftung des Käufers auf die

Erbschaft, so gelten seine Ansprüche aus dem Kauf als zur Erbschaft gehörend.
(2) Die Errichtung des Inventars durch den Verkäufer oder den Käufer kommt auch dem anderen Teil zustatten, es sei denn, dass dieser unbeschränkt haftet.

第二千三百八十三条　[买受人责任之范围]

Ⅰ ¹买受人之责任，适用关于继承责任限制之规定。²出卖人于出卖时负无限责任者ª，买受人亦负无限责任。³买受人之责任限于遗产者，其因买卖所生之请求权视为属于遗产。

Ⅱ 由出卖人或买受人所编制之遗产清册，为他方当事人之利益，亦生效力。但他方负无限责任者ᵇ，不在此限。

a 参照第1978条第2款及第2144条。
b 参照第263条及第2144条第2款。

§2384 Anzeigepflicht des Verkäufers gegenüber Nachlassgläubigern, Einsichtsrecht

(1) Der Verkäufer ist den Nachlassgläubigern gegenüber verpflichtet, den Verkauf der Erbschaft und den Namen des Käufers unverzüglich dem Nachlassgericht anzuzeigen. Die Anzeige des Verkäufers wird durch die Anzeige des Käufers ersetzt.
(2) Das Nachlassgericht hat die Einsicht der Anzeige jedem zu gestatten, der ein rechtliches Interesse glaubhaft macht.

第二千三百八十四条　[出卖人对遗产债权人之通知义务，阅览权]

Ⅰ ¹出卖人对遗产债权人，负有即时ª向遗产法院通知出卖遗产及买受人姓名之义务。²出卖人之通知，得以买受人之通知代替之。

Ⅱ 遗产法院对于释明有法律上利害关系之人ᵇ，应许其阅览前款通知之文件。

a 参照第121条第1款。
b 参照第2146条。

§2385 Anwendung auf ähnliche Verträge

(1) Die Vorschriften über den Erbschaftskauf finden entsprechende Anwendung auf den Kauf einer von dem Verkäufer durch Vertrag erworbenen Erbschaft sowie auf andere Verträge, die auf die Veräußerung einer dem Veräußerer angefallenen oder anderweit von ihm erworbenen Erbschaft gerichtet sind.

(2) Im Falle einer Schenkung ist der Schenker nicht verpflichtet, für die vor der Schenkung verbrauchten oder unentgeltlich veräußerten Erbschaftsgegenstände oder für eine vor der Schenkung unentgeltlich vorgenommene Belastung dieser Gegenstände Ersatz zu leisten. Die in §2376 bestimmte Verpflichtung zur Gewährleistung wegen eines Mangels im Recht trifft den Schenker nicht; hat der Schenker den Mangel arglistig verschwiegen, so ist er verpflichtet, dem Beschenkten den daraus entstehenden Schaden zu ersetzen.

第二千三百八十五条 [类似契约之适用]

Ⅰ 出卖人以基于契约而取得之遗产为买卖者，其买卖契约准用关于遗产买卖之规定；其他以归属于出卖人之遗产，或基于其他方法，由出卖人取得之遗产为让与契约者，亦同。

Ⅱ ¹在赠与之情形，于赠与前已消费或为无偿让与之遗产标的物，或基于赠与前已就该标的物设定无偿之负担者，赠与人不负赔偿之义务[a]。²赠与人不负第二千三百七十六条所定权利瑕疵担保之责任。但赠与人恶意不告知其瑕疵者，对于受赠人因此所受之损害，负担赔偿之义务[b]。

a 参照第2375条。
b 参照第523条。

《德国民法典》与《中华人民共和国民法典》条文对照表（继承编）

德国民法典	中华人民共和国民法典	德国民法典	中华人民共和国民法典	德国民法典	中华人民共和国民法典
1922 Ⅰ	1121	1930	1127 Ⅱ	1951	—
1922 Ⅱ	—	1931	1127 Ⅰ、1153	1952	—
1923 Ⅰ	—	1932	—	1953	—
1923 Ⅱ	16、1155	1933	—	1954	—
1924 Ⅰ	1127 Ⅰ	1934	—	1955	—
1924 Ⅱ	—	1935	—	1956	—
1924 Ⅲ	1128 Ⅰ	1936	1160	1957	—
1924 Ⅳ	1130 Ⅰ	1937	1123、1133 Ⅱ	1958	—
1925 Ⅰ	1127 Ⅰ	1938	—	1959	—
1925 Ⅱ	1130 Ⅰ	1939	1123、1133 Ⅲ	1960	—
1925 Ⅲ	—	1940	1144	1961	—
1925 Ⅳ	—	1941	—	1962	—
1926 Ⅰ	1127 Ⅰ	1942 Ⅰ	1124 Ⅰ	1963	—
1926 Ⅱ	1130 Ⅰ	1942 Ⅱ	—	1964	—
1926 Ⅲ	—	1943	1124 Ⅰ	1965	—
1926 Ⅳ	—	1944	—	1966	—
1926 Ⅴ	—	1945	—	1967 Ⅰ	1161 Ⅰ
1927	—	1946	1124 Ⅰ	1967 Ⅱ	—
1928 Ⅰ	1127 Ⅰ	1947	—	1968	—
1928 Ⅱ	—	1948	—	1969	1131
1928 Ⅲ	—	1949	—	1970	—
1929	—	1950	—	1971	—

德国民法典	中华人民共和国民法典	德国民法典	中华人民共和国民法典	德国民法典	中华人民共和国民法典
1972	—	1997	—	2022	—
1973	—	1998	—	2023	—
1974	—	1999	—	2024	—
1975	1161 Ⅰ	2000	—	2025	—
1976	—	2001	—	2026	—
1977	—	2002	—	2027	—
1978	—	2003	—	2028	—
1979	—	2004	—	2029	—
1980	—	2005	—	2030	—
1981	1145	2006	—	2031	—
1982	—	2007	—	2032	—
1983	—	2008	—	2033	—
1984	—	2009	—	2034	—
1985	1147、1148	2010	—	2035	—
1986	—	2011	—	2036	—
1987	1149	2012	—	2037	—
1988	—	2013	—	2038	—
1989	—	2014	—	2039	—
1990	—	2015	—	2040	—
1991	—	2016	—	2041	—
1992	—	2017	—	2042	—
1993	—	2018	—	2043 Ⅰ	1155
1994	—	2019	—	2043 Ⅱ	—
1995	—	2020	—	2044	—
1996	—	2021	—	2045	—

德国民法典	中华人民共和国民法典	德国民法典	中华人民共和国民法典	德国民法典	中华人民共和国民法典
2046 Ⅰ	1159	2068	—	2093	—
2046 Ⅱ	—	2069	—	2094	—
2046 Ⅲ	—	2070	—	2095	—
2047	—	2071	—	2096	—
2048	—	2072	—	2097	—
2049	—	2073	—	2098	—
2050	—	2074	—	2099	—
2051	—	2075	—	2100	—
2052	—	2076	—	2101	—
2053	—	2077	—	2102	—
2054	—	2078	1143	2103	—
2055 Ⅰ	—	2079	—	2104	—
2056	—	2080	—	2105	—
2057	—	2081	—	2106	—
2057-1	—	2082	—	2107	—
2058	—	2083	—	2108	—
2059	—	2084	—	2109	—
2060	—	2085	—	2110	—
2061	—	2086	—	2111	—
2062	—	2087	—	2112	—
2063	—	2088	—	2113	—
2064	1134	2089	—	2114	—
2065	—	2090	—	2115	—
2066	—	2091	—	2116	—
2067	—	2092	—	2117	—

德国民法典	中华人民共和国民法典	德国民法典	中华人民共和国民法典	德国民法典	中华人民共和国民法典
2118	—	2143	—	2168	—
2119	—	2144	—	2168-1	—
2120	—	2145	—	2169	—
2121	—	2146	—	2170	—
2122	—	2147	1144	2171	—
2123	—	2148	—	2172	—
2124	—	2149	—	2173	—
2125	—	2150	—	2174	—
2126	—	2151	—	2175	—
2127	—	2152	—	2176	—
2128	—	2153	—	2177	—
2129	—	2154	—	2178	—
2130	—	2155	—	2179	—
2131	—	2156	—	2180	1124 II
2132	—	2157	—	2181	—
2133	—	2158	—	2182	—
2134	—	2159	—	2183	—
2135	—	2160	—	2184	—
2136	—	2161	—	2185	—
2137	—	2162	—	2186	—
2138	—	2163	—	2187	—
2139	—	2164	—	2188	—
2140	—	2165	—	2189	—
2141	—	2166	—	2190	—
2142	—	2167	—	2191	—

德国民法典	中华人民共和国民法典	德国民法典	中华人民共和国民法典	德国民法典	中华人民共和国民法典
2192	—	2216	1145	2251	—
2193	—	2217	—	2252	—
2194	—	2218	—	2253	1142 I
2195	—	2219	—	2254	1142
2196	—	2220	—	2255	1142 II、III
2197 I	1133 I	2221	—	2256	—
2197 II	—	2222	—	2257	—
2198	—	2223	—	2258 I	1142
2199	—	2224	—	2258 II	—
2200	—	2225	—	2258-1—2258-2 [删除]	
2201	—	2226	—	2259	—
2202	—	2227	—	2260—2262 [删除]	
2203	—	2228	—	2263	—
2204	—	2229	1143 I	2264 [删除]	
2205	—	2230 [删除]		2265	—
2206	—	2231	1134、1135	2266	—
2207	—	2232	1135	2267	—
2208	—	2233	—	2268	—
2209	—	2234—2246 [删除]		2269	—
2210	—	2247	1134	2270	—
2211	—	2248	—	2271	—
2212	—	2249	1138	2272	—
2213	—	2250 I	1138	2273 [删除]	
2214	—	2250 II	1138	2274	—
2215	—	2250 III	1140		

德国民法典	中华人民共和国民法典	德国民法典	中华人民共和国民法典	德国民法典	中华人民共和国民法典
2275	—	2300	—	2325	—
2276	—	2301	—	2325	—
2277 [删除]		2302	—	2326	—
2278	—	2303	1141	2327	—
2279	—	2304	—	2328	—
2280	—	2305	—	2329	—
2281	—	2306	—	2330	—
2282	—	2307	—	2331	—
2283	—	2308	—	2331-1	—
2284	—	2309	—	2332	—
2285	—	2310	—	2333	—
2286	—	2311	—	2334—2235 [删除]	
2287	—	2312	—	2336	—
2288	—	2313	—	2337	—
2289	—	2314	—	2338	—
2290	—	2315	—	2338-1 [删除]	
2291	—	2316	—	2339 Ⅰ	1125
2292	—	2317	—	2339 Ⅱ	
2293	—	2318	—	2340	—
2294	—	2319	—	2341	—
2295	—	2320	—	2342	—
2296	—	2321	—	2343	—
2297	—	2322	—	2344	—
2298	—	2323	—	2345	1125 Ⅲ
2299	—	2324	—	2346	—

德国民法典	中华人民共和国民法典
2347	—
2348	—
2349	—
2350	—
2351	—
2352	—
2353	—
2354—2360 [删除]	
2361	—
2362	—
2363	—
2364 [删除]	
2365	—
2366	—
2367	—
2368	—
2369 [删除]	
2370	—
2371	—
2372	—
2373	—
2374	—
2375	—
2376	—
2377	—

德国民法典	中华人民共和国民法典
2378	—
2379	—
2380	—
2381	—
2382	—
2383	—
2384	—
2385	—

《德国民法典》与台湾地区"民法"条文对照表(继承编)

德国民法典	台湾地区"民法"	德国民法典	台湾地区"民法"	德国民法典	台湾地区"民法"
1922 Ⅰ	1147	1931 Ⅱ	1144	1945 Ⅲ	—
1922 Ⅱ	—	1931 Ⅲ	—	1946	—
1923	—	1931 Ⅳ	—	1947	—
1924 Ⅰ	1138	1932	—	1948	—
1924 Ⅱ	1139	1933	—	1949	—
1924 Ⅲ	1140	1934	—	1950	1148 Ⅰ
1924 Ⅳ	1141	1935	—	1951	—
1925 Ⅰ	1138	1936	1185	1952	—
1925 Ⅱ	1141	1937	1187	1953 Ⅰ	—
1925 Ⅲ	—	1938	1187	1953 Ⅱ	1175、1176 Ⅰ—Ⅵ
1925 Ⅳ	1077 Ⅱ 前	1939	1187	1953 Ⅲ	1174 Ⅲ
1926 Ⅰ	1138	1940	1205	1954	—
1926 Ⅱ	1141	1941	—	1955	—
1926 Ⅲ	—	1942 Ⅰ	1174 Ⅰ	1956	—
1926 Ⅳ	—	1942 Ⅱ	—	1957	—
1926 Ⅴ	—	1943	—	1958	—
1927	—	1944 Ⅰ	1174 Ⅱ 前、1176 Ⅶ	1959 Ⅰ	1176-1
1928	1138	1944 Ⅱ	1206	1959 Ⅱ	—
1929	—	1944 Ⅲ	—	1959 Ⅲ	—
1930	1138	1945 Ⅰ	1174 Ⅱ 后	1960	1178-1
1931 Ⅰ	1144	1945 Ⅱ	—	1961	1178 Ⅱ

德国民法典	台湾地区"民法"	德国民法典	台湾地区"民法"	德国民法典	台湾地区"民法"
1962	—	1981 Ⅲ	—	2002	—
1963	—	1982	—	2003	—
1964	1178、1185	1983	—	2004	—
1965	1178 Ⅰ	1984	—	2005 Ⅰ	1163
1966	—	1985 Ⅰ	1179	2005 Ⅱ	—
1967 Ⅰ	1148 Ⅱ	1985 Ⅱ	—	2006	—
1967 Ⅱ	1150前	1986	—	2007	—
1968	—	1987	1183	2008	—
1969	1149	1988	—	2009	—
1970	1157	1989	—	2010	—
1971	—	1990	—	2011	—
1972	—	1991	—	2012 Ⅰ	—
1973 Ⅰ	1162、1162-1	1992	—	2012 Ⅱ	1179 Ⅱ 前、1180
1973 Ⅱ	—	1993	1156 Ⅰ	2013	
1974	—	1994 Ⅰ	1156-1 Ⅰ	2014	1158
1975	1148 Ⅱ	1994 Ⅱ	—	2015 Ⅰ	1158
1976	1154	1995 Ⅰ	1156 Ⅰ、1156-1 Ⅰ	2015 Ⅱ [删除]	
1977	—	1995 Ⅱ	—	2015 Ⅲ	—
1978 Ⅰ	1184	1995 Ⅲ	1156 Ⅱ、1156-1 Ⅲ	2016	—
1978 Ⅱ	—	1996	—	2017	—
1978 Ⅲ	1150	1997	—	2018	1146
1979	—	1998	—	2019	—
1980	1159 Ⅰ	1999	—	2020	—
1981 Ⅰ	1178 Ⅱ 前	2000	—	2021	—
1981 Ⅱ	1177	2001	—	2022	

德国民法典	台湾地区"民法"	德国民法典	台湾地区"民法"	德国民法典	台湾地区"民法"
2023	—	2046 I	1159、1162-1	2065	—
2024	—	2046 II	—	2066	—
2025	—	2046 III	1179 II	2067	—
2026	—	2047	—	2068	—
2027	—	2048	1165 I	2069	—
2028	—	2049	—	2070	—
2029	—	2050 I	1173 I	2071	—
2030	—	2050 II	—	2072	—
2031	—	2050 III	1148-1 I	2073	—
2032	1151	2051	—	2074	1201
2033	—	2052	—	2075	—
2034	—	2053	—	2076	—
2035	—	2054	—	2077	—
2036	—	2055 I	1173 II	2078	—
2037	—	2055 II	1173 III	2079	—
2038	1152	2056	—	2080	1219
2039	—	2057	—	2081	1219
2040	—	2057-1	—	2082	—
2041	—	2058	1153 I	2083	—
2042	1164	2059	—	2084	—
2043 I	1166 I	2060	—	2085	—
2043 II	—	2061	—	2086	—
2044 I	1165 I	2062	—	2087	—
2044 II	1165 II	2063	—	2088	—
2045	—	2064	1189	2089	—

德国民法典	台湾地区"民法"	德国民法典	台湾地区"民法"	德国民法典	台湾地区"民法"
2090	—	2115	—	2140	—
2091	—	2116	—	2141	—
2092	—	2117	—	2142	—
2093	—	2118	—	2143	—
2094	—	2119	—	2144	—
2095	—	2120	—	2145	—
2096	—	2121	—	2146	—
2097	—	2122	—	2147	1205
2098	—	2123	—	2148	—
2099	—	2124	—	2149	—
2100	—	2125	—	2150	—
2101	—	2126	—	2151	—
2102	—	2127	—	2152	—
2103	—	2128	—	2153	—
2104	—	2129	—	2154	—
2105	—	2130	—	2155	—
2106	—	2131	—	2156	—
2107	—	2132	—	2157	—
2108	—	2133	—	2158	—
2109	—	2134	—	2159	—
2110	—	2135	—	2160	1201
2111	—	2136	—	2161	—
2112	—	2137	—	2162	—
2113	—	2138	—	2163	—
2114	—	2139	—	2164	1203

德国民法典	台湾地区"民法"	德国民法典	台湾地区"民法"	德国民法典	台湾地区"民法"
2165	—	2186	—	2206 II	1216后
2166	—	2187 I	1205后	2207	—
2167	—	2187 II	—	2208	—
2168	—	2187 III	—	2209	—
2168-1	—	2188	—	2210	—
2169 I	1202	2189	—	2211 I	1216
2169 II	—	2190	—	2211 II	—
2169 III	1203	2191	—	2212	—
2169 IV	—	2192	—	2213	—
2170	—	2193	—	2214	1216前
2171	—	2194	—	2215 I	1214
2172	1203后	2195	—	2215 II	—
2173	—	2196	—	2215 III	—
2174	—	2197 I	1209 I	2215 IV	—
2175	—	2197 II	—	2215 V	—
2176	—	2198 I	1209 I	2216	1215 II
2177	1200	2198 II	—	2217	—
2178	—	2199	—	2218	—
2179	—	2200	1211	2219 I	1215 II
2180	1206 I	2201	1210	2219 II	—
2181	—	2202	—	2220	—
2182	—	2203	1215 I	2221	—
2183	—	2204	—	2222	—
2184	—	2205	1215 I	2223	—
2185	—	2206 I	1215 I、1150	2224 I	1217

德国民法典	台湾地区"民法"	德国民法典	台湾地区"民法"	德国民法典	台湾地区"民法"
2224 Ⅱ	—	2253	1219	2277 [删除]	
2225	—	2254	1219	2278	—
2226	—	2255	1222	2279	—
2227	1218	2256	—	2280	—
2228	—	2257	—	2281	—
2229 Ⅰ	1186 Ⅰ	2258 Ⅰ	1220、1221	2282	—
2229 Ⅱ	1186 Ⅱ	2258 Ⅱ	—	2283	—
2229 Ⅲ [删除]		2258-1—2258-2 [删除]		2284	—
2229 Ⅳ	1186 Ⅰ	2259	1212	2285	—
2230 [删除]		2260—2262 [删除]		2286	—
2231	1189	2263	—	2287	—
2232	1191	2264 [删除]		2288	—
2233	—	2265	—	2289	—
2234—2246 [删除]		2266	—	2290	—
2247	1190	2267	—	2291	—
2248	—	2268	—	2292	—
2249	1195	2269	—	2293	—
2250 Ⅰ	1195	2270	—	2294	—
2250 Ⅱ	1195	2271	—	2295	—
2250 Ⅲ	1198	2272	—	2296	—
2251	—	2273 [删除]		2297	—
2252 Ⅰ	1196	2274	—	2298	—
2252 Ⅱ	—	2275	—	2299	—
2252 Ⅲ	—	2276	—	2300	—
2252 Ⅳ	—			2301	

德国民法典	台湾地区"民法"	德国民法典	台湾地区"民法"	德国民法典	台湾地区"民法"
2302	—	2327	—	2349	—
2303	1223	2328	—	2350	—
2304	—	2329	—	2351	—
2305	—	2330	—	2352	—
2306	—	2331	—	2353	—
2307	—	2331-1	—	2354—2360[删除]	
2308	—	2332	—	2361	—
2309	—	2333	1145 I	2362	—
2310	—	2334—2335	—	2363	—
2311	1224、1173	2336	—	2364[删除]	
2312	—	2337	1145 II	2365	—
2313	—	2338	—	2366	—
2314	—	2338-1[删除]		2367	—
2315	1224、1173	2339 I	1145 I	2368	—
2316	—	2339 II	—	2369[删除]	
2317	—	2340	—	2370	—
2318	—	2341	—	2371	—
2319	—	2342	—	2372	—
2320	—	2343	1145 II	2373	—
2321	—	2344	—	2374	—
2322	—	2345 I	1188	2375	—
2323	—	2345 II	—	2376	—
2324	—	2346	—	2377	—
2325	1225	2347	—	2378	—
2326	—	2348	—	2379	—

德国民法典	台湾地区"民法"
2380	—
2381	—
2382	—
2383	—
2384	—
2385	—

缩写说明

- **ABGB** Allgemeines bürgerliches Gesetzbuch 奥地利民法
- **ABl.** Amtsblatt 政府公报
- **Abs.** Absatz 款
- **AG** Aktiengesellschaft 股份有限公司；Amtsgericht 区法院
- **AGB** Allgemeine Geschäftsbedingungen 定型化契约
- **AktG** Aktiengesetz 德国股份法
- **Anm** Anmerkung 注解说明
- **Aufl** Auflage 版
- **BAG** Bundesarbeitsgericht 德国联邦最高劳工法院
- **BayOBLG** Bayerisches Oberstes Landesgericht 巴伐利亚邦高等法院
- **BeckOK BGB** Beck'scher Online-Kommentar BGB 贝克线上民法注释书
- **BGB** Bürgerliches Gesetzbuch 德国民法典
- **BGBl** Bundesgesetzblatt 德国联邦法律公报
- **BGH** Bundesgerichtshof 德国联邦最高法院
- **BGHSt** Entscheidungen des Bundesgerichtshofs in Strafsachen 德国联邦最高法院刑事裁判
- **BGHZ** Entscheidungen des Bundesgerichtshofs in Zivilsachen 德国联邦最高法院民事裁判
- **BnotO** Bundesnotarordnung 德国公证人法
- **BSG** Bundessozialgericht 联邦最高社会法院
- **BverwG** Bundesverwaltungsgericht 德国联邦最高行政法院
- **Can.** Codex Iuris Canonici 教会法
- **S. Seite; Satz** 页；段
- **DB** Der Betrieb 德国法学期刊名

- **DDR**　Deutsche Demokratische Republik　德意志民主共和国
- **DnotZ**　Deutsche Notar-Zeitschrift　德国法学期刊名
- **Düss**　Düsseldorf　杜塞尔多夫（德国城市名）；OLG Düsseldorf　杜塞尔多夫邦高等法院
- **e.V.**　eingetragener Verein　登记社团
- **EuGH**　Gerichtshof der Europäischen Union　欧盟法院
- **ff.**　folgende　以下
- **Ffm**　Frankfurt am Main　法兰克福（德国城市名）；auch OLG Frankfurt am Main　法兰克福邦高等法院
- **FGG**　Gesetz über die Angelegenheiten der freiwilligen Gerichtsbarkeit　非讼事件法
- **GBl.**　Gesetzblatt　法律公报
- **GmBHG**　Gesetz betreffend die Gesellschaften mit beschränkter Haftung　有限责任公司法
- **Hbg**　Hamburg　汉堡（德国城市名）；Hanseatisches OLG Hamburg　汉萨邦高等法院
- **HGB**　Handelsgesetzbuch　商法
- **HRR**　Höchstrichterliche Rechtsprechung　最高法院裁判见解汇编
- **InsO**　Insolvenzordnung　破产法
- **JW**　Juristische Wochenschrift　德国法学期刊名
- **Karlsr**　Karlsruhe　卡尔斯鲁尔（德国城市名）；OLG Karlsruhe　卡尔斯鲁尔邦高等法院
- **Kblz**　Koblenz　科布伦茨（德国城市名）；OLG Koblenz　科布伦茨邦高等法院
- **KG**　Kammergericht Berlin　柏林邦法院；Kommanditgesellschaft　两合公司
- **KGJ**　Jahrbuch für Entscheidungen des Kammergerichts　柏林邦法院裁判年度汇编
- **LG**　Landgericht　邦法院
- **LM**　Lindenmaier-Möhring　德国法学期刊名
- **LZ**　Leipziger Zeitschrift für Deutsches Recht　德国法学期刊名
- **MDR**　Monatsschrift für Deutsches Recht　德国法学期刊名

- **Mot** Motive zum BGB 德国民法立法理由
- **Mü** München 慕尼黑（德国城市名）；OLG München 慕尼黑邦高等法院
- **NJW** Neue Juristische Wochenschrift 德国法学期刊名
- **NJW-RR** NJW-Rechtsprechungs-Report 德国法学期刊名
- **Nr.** Nummer 号码
- **Nürnbg** Nürnberg 纽伦堡；OLG Nürnberg 纽伦堡邦高等法院
- **OHG** offene Handelsgesellschaft 无限责任公司
- **OVG** Oberverwaltungsgericht 高等行政法院
- **Preuß. LandesVerwG** Preußisches Landesverwaltungsgesetz 普鲁士邦行政法
- **Rdnr** Randnummer 边码
- **RG** Reichsgericht 帝国法院
- **RGSt** amtliche Sammlung der Rechtsprechung des Reichsgerichts in Strafsachen 帝国法院刑事裁判汇编
- **RGZ** amtliche Sammlung von Entscheidungen des Reichsgerichts in Zivilsachen 帝国法院民事裁判汇编
- **RIW** Recht der internationalen Wirtschaft 德国法学期刊名
- **RJA** Entscheidungen in Angelegenheiten der freiwilligen Gerichtsbarkeit und des Grundbuchrechts 非讼事件裁判集
- **Rspr** Rechtsprechung 实务见解
- **Schlesw** Schleswig 什列斯威－好斯敦（德国邦名）；Schleswig-Holsteinisches OLG 什列斯威－好斯敦邦高等法院
- **SchlHA** Schleswig-Holsteinische Anzeigen 什列斯威－好斯敦政府公报
- **Signatur-RL** Signatur-Richtlinie 欧盟签名指令
- **V.** Vom; Von 德国介系词 vom 或 von 之缩写
- **VersR** Versicherungsrecht, Juristische Rundschau für die Individualversicherung 德国法学期刊名
- **VGH** Verwaltungsgerichtshof 行政法院
- **Warn** Warneyer Warneyer 德国民法注释书

- **WE** Willenserklärung 意思表示
- **WM** Wertpapier-Mitteilungen, Zeitschrift für Wirtschaft und Bankrecht 德国法学期刊名
- **WRP** Wettbewerb in Recht und Praxis 德国法学期刊名
- **ZBlFG** Zentralblatt für die Freiwillige Gerichtsbarkeit und Notariat 德国法学期刊名
- **ZIP** Zeitschrift für Wirtschaftsrecht; Zeitschrift für Wirtschaftsrecht und Insolvenzpraxis 德国法学期刊名
- **ZPO** Zivilprozessordnung 德国民事诉讼法

专有词汇索引表

- Abänderung　变更

    Abänderung gerichtlicher Entscheidungen　法院裁判之变更　§1696

- Abfindung　补偿／赔偿

    Abfindung bei Vermögens- oder Gutübernahme　于财产或地产之承受　§330

    eine Abfindung in Kaptital verlangen　请求一次性赔偿金额　§843

    Abfindung aus Gesamtgut　由共同财产补偿　§§1501, 1503

- Abhandenkommen　丧失

    Abhandenkommen von Sachen　动产之丧失、脱离占有　§§935, 1006

- Abhilfe　改善

    Recht des Reisenden auf Abhilfe　旅客请求改善旅游品质之权利　§651c

- Abkömmlinge　直系血亲卑亲属

    fortgesetzte Gütergemeinschaft zwischen dem überlebenden Ehegatten und den gemeinschaftlichen Abkömmlingen　生存配偶与共同直系血亲卑亲属延续共同财产制　§1483ff.

    Unterhaltspflicht　扶养义务　§1606

    Abkömmlinge als gesetzliche Erben　直系血亲卑亲属为法定继承人　§1924ff.

    Pflichtteilsrecht entfernteren Abkömmlinge　较远直系血亲卑亲属之特留份权利　§2309

    Wirkung des Verzichts auf Abkömmlinge　抛弃继承之效力及于直系血亲卑亲属　§2349

- Ablaufhemmung　时效期满不完成

    Ablaufhemmung der Verjährung　时效期满不完成　§§203—213, 425

- Ablösungsrecht　清偿权／销除权

    Ablösungsrecht des Dritten　第三人清偿权　§§268, 1150, 1249

    Ablösungsrecht bei Rentenschuld　土地债务之消除权　§1201f.

- Abmahnung　催告

Abmahnung bei Pflichtverletzung des gegenseitigen Vertrags 双务契约义务违反时之催告 §323

➢ Abnahme 受领

Abnahme der Kaufsache 买卖标的物之受领 §§433, 448

Abnahme des Werkes 工作之受领 §§640, 646

➢ Abschlagszahlung 部分清偿／部分支付

Neubeginn der Verjährung durch Abschlagszahlung 部分清偿作为时效重新开始之原因 §212

Abschlagszahlung beim Werkvertrag 承揽契约之部分支付报酬 §632a

➢ Abstammung 血统起源 §§1591—1600e

Verwandtschaft 亲属之意义 §1589

Klärung der leiblichen Abstammung 血统确认 §1598a

➢ Abstammungsuntersuchung 血统检测 §1598a

➢ Abtretung 让与

Abtretung des Ersatzanspruchs 赔偿请求权之让与 §§255, 285

Abtretung von Forderungen 债权之让与 §398ff.

Abtretung des Herausgabeanspruchs 返还请求权之让与 §§870, 931, 934

➢ Abwesenheitspflegschaft 所在不明的襄佐 §§1911, 1921

➢ Allgemeine Geschäftsbedingungen 定型化契约 §§305—310

➢ Altersunterhalt 年老之扶养 §1571

➢ Amtsvormundschaft 官方监护人

bestellte Amtsvormundschaft des Jugendamts 选任少年局为官方监护人 §1791b

gesetzliche Amtsvormundschaft des Jugendamts 少年局为法定官方监护人 §1791c

➢ Aneignung 先占

Aneignung des Fiskus 公库之先占 §928

Aneigung beweglicher Sachen 动产之先占 §§958—964

➢ Anerkenntnis 承认

vertragsmäßiges Anerkenntnis nach Verjährung　时效完成后以契约承认　§214

öffentlich beglaubigte Anerkenntnis des Erlöschens einer Schuld　承认债务消灭之公证书　§371

➢ Anerkennung　许可／认领

Anerkennung nach Tod des Stifters　捐助人死后之许可　§84

Anerkennung der Vaterschaft　父子关系之认领　§1594

Unwirksamkeit von Anerkennung　认领之无效　§1598

➢ Anfangstermin　始期

Anfangstermin für Wirkung eines Rechtsgeschäfts　法律行为效力附始期　§163

Anfangstermin einer Zuwendung　财产给予附始期　§2070

➢ Anfangsvermögen　开始财产

Anfangsvermögen des Ehegatten　配偶之开始财产　§1373ff.

➢ Anfechtbarkeit　可得撤销

Anfechtbarkeit von Willenserklärungen　意思表示之可得撤销　§§119—124

Anfechtbarkeit wegen arglistiger Täuschung und Drohung　因诈欺或胁迫而可得撤销　§123

Wirkung des anfechtbaren Rechtsgeschäfts　得撤销法律行为之效力　§142f.

Anfechtbarkeit der Annahme oder Ausschlagung der Erbschaft　承认或拒绝继承之可得撤销　§1954

➢ Anfechtung　撤销／否认

Anfechtung der Vaterschaft　父子关系否认之诉　§§1600, 1600a

Anfechtung des Erbvertrags　继承契约之撤销　§§2281—2285

Anfechtung der letztwilligen Verfügung　终意处分之撤销　§§2078—2083

➢ Anfechtungsfrist　否认诉讼之期间

Anfechtungsfrist für Vaterschaft　父子关系否认诉讼之期间　§1600b

➢ Angebot　提出

Angebot der Leistung　给付之提出　§294ff.

Ersatz der Mehraufwendungen bei Gläubigerverzug　债权人迟延时之额外费用偿还　§304

> **Angestellter**　职员

Kündigungsfristen bei Arbeitsverhältnissen　劳动关系之终止期间　§622

> **Angriff**　侵害

gegenwärtiger rechtswidriger Angriff　现时之不法侵害　§227

> **Anlage**　设施／工作物

Gefahr drohende Anlagen　濒临危险之设施　§907

Unterhaltungspflicht bei Grunddienstbarkeiten　地役权中之维持义务　§1020ff.

Beseitigung der Anlage　工作物之除去　§1028

> **Annahme**　承诺／承担／承受／收养／受领

Annahme des Antrags　要约之承诺　§§146—150

Annahme der Leistung　受领给付　§§281, 293, 363

Annahme an Erfüllungs statt　代物清偿　§364f.

Annahme des Werkes　工作受领　§644

Annahme der Anweisung　指示证券之承担　§§784, 787

Annahme durch Ehegatten　由配偶收养　§1742

> **Annahmeverzug**　受领迟延　§§293, 322f., 372

> **Anrechnung**　扣除／抵充／计算

Anrechnung der Draufgabe　定金之扣除　§337

Anrechnung der Leistung auf mehrere Forderungen　数宗债权给付之抵充　§366

Anrechnung auf Zinsen und Kosten　利息及费用之抵充　§367

Anrechnung von Vorausempfängen　净益分配之计算　§1380

> **Anspruch**　请求权　§194

Verjährung des Anspruchs　请求权之消灭时效　§214

Anspruch auf Herausgabe　返还请求权　§285

Anspruch des Käufers bei Mängeln　物之瑕疵时买受人之请求权　§437

Anspruch des Vormerkungsberechtigten auf Zustimmung 预告登记权利人之同意请求权 §888

Unverjährbarkeit nachbarrechtlicher Ansprüche 相邻请求权之无时效性 §924

Anspruch für und gegen Nachlass 对遗产之请求权 §§1958, 1961, 1973f., 1984

➢ Anwachsung 应继份之增加

　　Anwachsung des Erbteils 应继份之增加 §2094f., 2099

➢ Anweisung 指示证券 §§783—792

➢ Anzeige 通知

　　Anzeige der Hinterlegung 提存之通知 §374

　　Anzeige der Abtretung einer Forderung 债权让与之通知 §409

　　Anzeige der Abweichung von Weisungen des Auftraggebers 委任人不依指示通知 §665

　　Anzeige der Nacherbfolge an Nachlassgericht 向遗产法院通知后位继承开始 §2146

　　Anzeige des Erbschaftskaufs 遗产买卖之通知 §2384

➢ Anzeigepflicht 通知义务

　　Anzeigepflicht der Erben des verstorbenen Gesellschafters 死亡合伙人之继承人之通知义务 §727

　　Anzeigepflicht des Finders 拾得人之通知义务 §965

➢ Arbeitgeber 雇用人

　　Maßregelungsverbot des Arbeitgebers 雇用人处罚规定之禁止 §612a

　　Haftung des Arbeitgeber nach Betriebsübergang 营业移转时雇用人之责任 §613a

　　Kündigung durch den Arbeitgeber 由雇用人终止劳动关系 §622

➢ Arbeitnehmer 受雇人 §§612a, 630

　　Widerspruchsrecht bei Betriebsübergang 营业移转时受雇人之异议权 §613a

　　Beweislast bei Haftung des Arbeitnehmers 受雇人责任之举证责任 §619a

　　Kündgungsfristen bei Arbeitsverhältnissen 劳动关系之终止期间 §§622, 626

➢ Arbeitsverhältnis 劳动关系／劳动契约

Arbeitsverhältnis mit Minderjährigen　与未成年人之劳动关系　§113

Beendigung des Arbeitsverhältnisses　劳动关系之终了　§620ff.

Arbeitsverhältnis des mündels　受监护人之劳动契约　§1822

➢ Arglisteinrede　恶意抗辩　§853

➢ Arglistige Täuschung　恶意诈欺

Anfechtung von Willenserklärungen wegen arglistiger Täuschung　意思表示之撤销　§123f.

Arglistige Täuschung des Erblassers　继承人恶意诈欺　§2339

➢ Aufforderung　催告

Aufforderung zur Genehmigung von Rechtsgeschäften　法律行为之承认之催告　§177

öffentliche Aufforderung im Aufgebotsverfahren　依公示催告程序公告　§§1965, 2358

➢ Aufgabe　抛弃

Aufgabe des Besitzes　占有之抛弃　§§303, 856, 959

Aufgabe einer Sichereit　担保之抛弃　§776

Aufgabe von Rechten an Gründstücken　土地上权利之抛弃　§875

Aufgabe des Gründstückseigentums　土地所有权之抛弃　§928

Aufgabe des Eigetumes an beweglichen Sachen　动产所有权之抛弃　§959

Aufgabe des Nießbrauchs　抛弃用益权　§1064

Aufgabe des Pfandsrechts　抛弃质权　§1255

➢ Aufgebot　公示催告

Aufgebot von Schuldverschreibungen　无记名证券之公示催告　§§799f., 808

Aufgebot des Vormerkungsgläubigers　预告登记债权人之公示催告　§887

Aufgebot eines Hypothekenbriefes　抵押权证券之公示催告　§1162

Aufgebot der Nachlassgläubiger　对遗产债权人之公示催告　§§1970—1974, 1980, 2060

➢ Aufhebung　废止／解消

Aufhebung einer Stiftung　财团之废止　§87

Aufhebung der Gemeinschaft　共同关系之解消　§749ff.

Aufhebung von Rechten an Grundstücken　土地上权利之废止　§875f.

Aufhebung des Güterstandes durch Ehevertrag　以结婚契约废止财产制　§§1408, 1414

Aufhebung der fortgesetzten Gütergemeinschaft　延续共同财产制之废止　§1492

Aufhebung der Adoption　收养之废止　§§1759ff., 1764, 1771

Aufhebung letztwilliger Verfügungen　终意处分之废止　§§2289, 2299

➢ Aufhebungsantrag　申请废止

　　Aufhebungsantrag bei Annahme als Kind　废止收养之申请　§1761

➢ Aufklärungspflicht　说明义务　§630e

➢ Auflage　负担

　　Auflage bei Schenkung　附负担之赠与　§525ff.

　　Begriff im Erbvertrag　遗嘱之负担　§1940

　　Auflage bei Verfügungen von Todes wegen　死因处分负担　§§2192—2196

　　Auflage bei gemeinschaftlichem Testament　夫妻共同遗嘱负担　§2270

　　Kürzung bei Pflichtteil　特留份之扣减　§§2318, 2322

　　Auflage bei Erbschaftskauf　遗产买卖之负担　§2376

➢ Auflassung　土地所有权让与合意　§925

　　Heilung des Formmangels des Grundstückveräußerungsvertrags　土地移转契约形式欠缺之治愈　§311b

　　Voraussetzungen der Auflassung　要件　§925a

➢ Aufrechnung　抵销　§§387—396

　　Aufrechnung gegenüber dem neuen Gläubiger　对新债权人为抵销　§406

　　Aufrechnung bei Gesamtschuldverhältnis　连带债务关系之抵销　§422

　　Einreden der Aufrechenbarkeit　得抵销性之抗辩　§770

　　Aufrechnung gegen Nachlassforderungen　对遗产债权之抵销　§2040

➢ Aufrechnungsverbot　抵销之禁止　§309

➢ Aufsichtspflicht　监督义务　§1833

Schadensersatz infolge Verletzung der Aufsichtspflicht　违反监督义务之损害赔偿责任　§832

Aufsichtspflicht des Familiengerichts über Vormund und Gegenvormund　家事法院就监护人及监督监护人之监督义务　§§1837—1847

➤ Aufstockungsunterhalt　扶养金额之提高　§1573

➤ Auftrag　委任　§§662—676

　　Geschäftsführung ohne Auftrag　无因管理　§§677—687

➤ Aufwendungen　费用

　　Verzinsung von Aufwendungen　费用之计息　§256

　　Ersatz vergeblicher Aufwendungen　无益费用之偿还　§284

　　Aufwendungen des Beschenkten　受赠人之费用　§526

　　Aufwendungen des Beauftragten　受任人之费用　§670

　　Aufwendung des Geschäftsführers　管理人之费用　§683

　　Aufwendungen des Besitzers　占有人之费用　§§994—1003

➤ Aufwendungsersatz　费用之偿还

　　Ersatz vergeblicher Aufwendungen　§284　无益费用之偿还

➤ Auseinandersetzung　清算／遗产分割

　　Auseinandersetzung zwischen Gesellschaftern　合伙人间之清算　§§730—735, 738ff.

　　Auseinandersetzung nach forgesetzter Gütergemeinschaft　延续共同财产制终了后之分割　§1497ff.

　　Auseinandersetzung der Erbengemeinschaft　共同继承之遗产分割　§§2032, 2042ff.

　　Ausschluss der Auseinandersetzung durch Erblasser　被继承人排除分割　§2044

　　Ausgleichungspflicht der Abkömmlinge bei Auseinandersetzung　直系血亲卑亲属分割遗产之补偿义务　§§2050—2057a

➤ Ausgleichsanspruch　补偿请求权　§§676a, 1446, 1468

➤ Ausgleichung　偿还

Ausgleihung unter Gesamtschuldnern　连带债务人之偿还义务　§426

　　Ausgleichung unter Gesamtgläubigern　连带债权人之偿还义务　§430

▶ **Auskunftspflicht**　告知义务／答复义务／继承人之报告义务

　　Auskunftspflicht des bisherigen Gläubiger　原债权人之告知义务　§402

　　Auskunftspflicht des Beauftragten　受任人之答复义务　§666

　　Auskunftspflicht des Vormundes　监护人之报告义务　§1839

　　Auskunftspflicht des Erben　继承人之报告义务　§§2011, 2314

　　Auskunftspflicht des Nachlasspflegers　遗产襄佐人之报告义务　§2012

▶ **Auslegung**　解释

　　Aulegung von Willenserklärungen　意思表示之解释　§133

　　Auslegung von Verträgen　契约之解释　§§157, 311c

　　Auslegung von Erbverzichtsverträgen　继承抛弃契约之解释　§2350

▶ **Auslobung**　悬赏广告　§§657—661

▶ **Ausschlagung**　抛弃／拒绝

　　Ausschlagung der Erbschaft　抛弃继承权　§§1455, 1822

　　Ausschlagung durch Pflichtteilsberechtigte　特留份权利人拒绝继承　§2306ff.

　　Ausschlagung des Vermächtnisses　遗赠之拒绝　§2307

▶ **Ausschlussfrist**　除斥期间

　　Ausschlussfrist für Ansprüche aus Reisevertrag　旅游契约之除斥期间　§651g

▶ **Ausspielung**　抽奖　§763

▶ **Ausstattung**　婚嫁立业资金

　　Kosten der Ausstattung eines Kindes　子女婚嫁立业资金之费用　§1444

　　Kosten der Ausstattung eines nicht gemeinschaftlichen Kindes　非共同子女婚嫁立业资金之费用　§1466

　　Ausstattung des Kindes　子女之婚嫁立业资金　§1624f.

　　Ausstattung aus Vermögen des Betreuten　受辅助人之财产为婚嫁立业资金　§1908

▶ **Autorisierung (Zahlungsvorgang)**　授权（支付程序）　§§675j, 675w, 675x

- Basiszinssatz 基本利率 §247
- Bauhandwerkersicherung 建筑手工艺者之担保 §648a
- Bauwerk 建筑物
    Bauwerk beim Werkvertrag 承揽契约之建筑物 §648
    工作物条例 §§1, 2, 9a, 12, 13, 19, 23, 27, 34
- Beamte 公务员
    Abtretung von Gehalt des Beamten 公务员薪资之让与 §411
    Haftung des Beamten bei Amtspflichtverletzung 公务员违反公务上义务时之责任 §§839, 841
    Bestellung eines Beamten zum Vormund 公务员选任为监护人 §§1784, 1888
- Bedingung 条件
    aufschiebende und auflösende Bedingung 停止条件与解除条件 §158
    Bedingung bei Rechtsgeschäften 法律行为附条件 §§158—163
    Bedingung bei letztwilliger Zuwendung 遗嘱为财产之给予附条件 §§2066, 2070, 2074ff., 2108, 2162, 2177, 2179
- Beförderungsvertrag 运送契约 §305a
- Befreiung 免除／免责
    Befreiung des Vorkaufsberechtigten 先买权利人之免责 §1101
    Befreiung des Käufers beim Vorkaufsrecht 买受人于行使先买权之免责 §1102
    Befreiung von Unterhaltspflicht 扶养义务之免除 §1614
- Befreiungsanspruch 免除请求权 §257
- Beglaubigung 认证／公证
    Beglaubigung des Handzeichens 公证之画押 §§126, 129
    Beglaubigung einer Erklärung 意思表示之认证 §129
- Behandlungsvertrag 医疗契约 §630aff.
- Beistandschaft 辅佐 §§1712—1717
- Bereicherung 利益
    ungerechtfertigte Bereicherung 不当得利 §§812—822

➢ Berichtigung　更正／清偿
　　Berichtigung des Grundbuchs　土地簿册之更正　§§894—899, 1144f., 1167, 1416
　　Berichtigung der Nachlassverbindlichkeiten　遗产债务之清偿　§2014f., 2046
➢ Beschlagnahme　扣押
　　Aufrechnung gegen Beschlagnahmte Forderung　经扣押债权之抵消　§392
➢ Beschränkte Geschäftsfähigkeit　限制行为能力
　　beschränkte Geschäftsfähigkeit bei Ehevertrag　限制行为能力人之夫妻财产制契约　§1411
　　beschränkte Geschäftsfähigkeit bei Adoption　限制行为能力人之收养　§1746
　　beschränkte Geschäftsfähigkeit bei Abschluss eines Erbvertrages　限制行为能力人订定继承契约　§2275
➢ Beschränkte persönliche Dienstbarkeit　限制人役权　§§1090—1093, 2182
➢ Beseitigungsanspruch　除去请求权　§886
➢ Besichtigung　检查
　　Besichtigung einer Sache　物之检查　§809
　　Kauf auf Besichtigung　检查买卖　§454
➢ Besitz　占有　§§854—872
　　mittelbarer Besitz　间接占有　§§868f., 871, 934, 935
　　Besitzrecht　占有权　§1036
➢ Besitzdiener　占有辅助人　§§855, 860
➢ Besitzentziehung　占有侵夺　§861
➢ Besitzer　占有人
　　Selbsthilfe des Besitzers　占有人之自助　§859
　　Verfolgungsrecht　占有人之追踪权占有人追寻权　§867
　　Einwendungen des Besitzers gegen Herausgabe　占有人拒绝返还抗辩权　§986
　　Eigentumsvermutung für Besitzer　占有人所有权推定　§1006
　　Herausgabeanspruch des früheren Besitzers　前占有人之返还请求权　§1007
➢ Besitzerwerb　取得占有　§934

- Besitzkonstitut　占有改定　§§930, 933
- Besitzschutz　占有保护　§§866, 1029
- Besitzstörung　占有妨害　§862
- Bestandteile　成分

  Bestandteile von Sachen　物之（重要）成分　§§93—96

  wesentliche Bestandteile　重要成分　§§93, 94, 946, 947

  Bestandteile durch Verbindung　附合为（重要）成分　§§946, 947

  Erstreckung der Hypothek auf Bestandteile　抵押权扩张及于成分　§1120ff.
- Bestätigung　认许

  Bestätigung nichtiger Rechtsgeschäfte　无效法律行为之认许　§141

  Bestätigung anfechtbarer Rechtsgeschäfte　得撤销法律行为之认许　§144
- Besteller　定作人

  Rechte des Bestellers bei Mängeln　瑕疵时定作人权利　§634
- Betreuer　辅助人　§1897

  Aufgaben des Betreuers　辅助人职务　§1896

  Bestellung eines Betreuers　辅助人设置　§1896

  Pflichten des Betreuers　辅助人义务　§1901

  Vertretung des Betreuten　受辅助人之代理　§1902

  Entlassung des Betreuers　辅助人之解任　§1908b
- Betreuung　辅助

  rechtliche Betreuung　法律上之辅助　§§1896—1908k
- Betreuungsverein　社团辅助人　§§1897, 1900

  Anerkennung als Betreuungsverein　社团辅助人之承认　§1908f.
- Betreuungsverfügung　辅助处分　§1908
- Betriebskosten　作业费用

  Vereinbarungen über Betriebskosten　作业费用之约定　§556

  Abrechnungsmaßstab für Betriebskosten　作业费用之结算准则　§556a

  Veränderungen von Betriebskosten　作业费用之变更　§560

> Betriebsübergabe　工作物之交付　§593a

> Betriebsübergang　营业权移转　§613a

> Betriebsvereinbarung　营业部门协议　§613a

> Beurkundung　公证／公证书

 notarielle Beurkundung　公证书　§§81, 126, 127a, 128f., 152, 311b, 518, 1378, 1491f., 1501, 1516, 2033, 2282, 2290f., 2296, 2348, 2371

 Abrede der Beurkundung　约定做成公证书　§154

 Beurkundung des Ehevertrages　夫妻财产制契约之公证　§1410

 Beurkundung der Aufhebung fortgesetzter Gütergemeinschaft　延续共同财产制废止之公证　§1492

 Beurkundung des Erbvertrags　继承契约之公证　§§2276, 2282, 2291, 2296

 Beurkundung des Erbverzichts　继承抛弃契约之公证　§§2348, 2351f.

> Bevollmächtigte　代理人

 einseitiges Rechtsgeschäft eines Bevollmächtigten　代理人之单独行为　§174

> Bewegliche Sachen　动产

 Sicherheitsleistung an beweglichen Sachen　以动产提供担保　§§232, 237

 Übereignung des Eigentums an beweglichen Sachen　动产所有权之移转　§929ff.

 Ersitzung beweglicher Sachen　动产之取得时效　§937ff.

 Aneignung beweglicher Sachen　动产之先占　§958ff.

 Eigentumsvermutung des Besitzers einer beweglichen Sache　动产占有人之所有权推定　§1006

 Nießbrauch an beweglichen Sachen　动产用益权　§1032f.

> Beweislast　举证责任

 Beweislast bei Verwirkung der Vertragsstrafe　违约罚发生之举证责任　§345

 Beweislast bei Annahme als Erfüllung　受领清偿之举证责任　§363

 Beweislast bei Kündigung des Mietvertrages　使用租赁契约终止时之举证责任　§543

Beweislast bei Haftung für Behandlungs- und Aufklärungsfehler 因医疗及说明瑕疵而生责任时之举证责任 §630h

Beweislast bei Pflichtteilsentziehung 特留份剥夺之举证责任 §2336

- Beweislastumkehr 举证责任倒置 §476
- Briefhypothek 证券抵押权 §1116f.
- Buchersitzung 土地簿册上之取得时效 §900
- Buchhypothek 登记抵押权 §§1116f., 1139, 1154, 1160
- Bürgschaft 保证 §§765—778
- Bürgschaftserklärung 保证表示 §766
- Darlehen 金钱借贷

  Geldbetrag von Darlehen 金钱借贷之金额 §488

  Darlehen einer Kreditanstalt 金融机构之金钱借贷 §1115

- Darlehensgeber 贷与人

  Kündigungsrecht des Darlehensgebers 贷与人之终止权 §499

  Anspruch des Darlehengebers auf Vorfälligkeitsentschädigung 贷与人之提前到期补偿请求权 §502

- Darlehensnehmer 借用人

  ordentliches Kündigungsrecht des Darlehensnehmers 借用人之一般终止权 §489

  Kündigungsrecht des Darlehensnehmers 借用人之终止权 §500

  Kostenermäßigung bei vorzeitiger Erfüllung oder Kündigung 提前履行或终止之费用减少 §501

- Darlehensvermittlungsvertrag 金钱消费借贷居间契约

  Darlehensvermittlungsvertrag zwischen Unternehmer und Verbraucher 企业经营者与消费者间之消费借贷居间契约 §§655a—655e

- Darlehensvertrag 金钱借贷契约 §§488—505

  Vertragstypische Pflichten beim Darlehensvertrag 金钱借贷契约之契约典型义务 §488

- Dauerschuldverhältnis 继续性债之关系

Kündigung von Dauerschuldverhältnissen aus wichtigem Grund　因重大事由而为继续性债之关系终止　§314

➢ Dienstbarkeit　役权　§§1018—1093

beschränkte persönliche Dienstbarkeit　限制人役权　§§1090—1093

Grunddienstbarkeit　地役权　§§1018—1029

➢ Dienstleistungen　劳务之给付

Dienstleistungen als Beitrag zur Gesellsachft　劳务给付作为合伙人之出资　§706

➢ Dienstverhältnis　雇佣关系　§§611—630

➢ Dienstvertrag　雇佣契约　§§611—630

➢ Draufgabe　定金　§336ff.

➢ Dreißigster　三十日之扶养费用　§1969

➢ Drohung　胁迫

Drohung bei Willenserklärungen　意思表示时受胁迫　§§123f., 318

Drohung bei Bestimmung der Leistung durch Dritte　于第三人为给付确定时受胁迫　§318

Drohung bei letztwilliger Verfügung　于为遗嘱时受胁迫　§2078

Drohung bei Erbvertrag　于为继承契约时受胁迫　§2283

Drohung als Grund der Erbunwürdigkeit　作为丧失继承权之事由　§2339

➢ Ehefähigkeit　结婚能力

Ehefähigkeitszeugnis　结婚能力之证明　§1309

Ehemündigkeit　结婚能力　§1303

➢ Ehegatten　配偶

gesetzliches Erbrecht des Ehegatten　配偶之法定继承权　§1931

Ausschluss des Ehegattenerbrechts　配偶继承权之丧失　§1933

Ehegattenpflichtteil　配偶应继份　§2333

➢ Eheliche Lebensgemeinschaft　婚姻之共同生活　§1353

eheliche Lebensverhältnisse　婚姻生活状况　§1574

➢ Ehename　夫妻之婚姓　§1355

Geburtsname bei Eltern mit Ehenamen　父母有婚姓时之子女从姓　§1616
- Ehescheidung　离婚　§1577
- Eheschließung　结婚／婚姻之缔结　§1310ff.

　　keine Eheschließung bei vorheriger Annahme als Kind　与已收养为子女者不得结婚　§1308

　　Eheschließung eines Kindes als Erlöschungsgrund des Verwendungsrecht des Kindersvermögens　子女之结婚作为子女财产使用权消灭之因　§1649
- Eheverbot　结婚之禁止　§§1306—1308
- Ehevertrag　夫妻财产制契约（结婚契约）　§1408ff.

　　Ehevertrag zur Regelung eines güterrechtlichen Verhältnisses　以契约订定夫妻财产关系　§1408

　　Form des Ehevertrages　夫妻财产制契约之方式　§1410

　　Vereinbarung durch Ehevertrag　因结婚契约之合意　§1415ff.

　　Vorbehaltsgut bei Gütergemeinschaft durch Ehevertrag　夫妻财产制契约之共同财产制下之保留财产　§1418
- Ehewohnung　婚姻住所／共同住所　§1568a

　　Ehewohnung bei Getrenntleben　分居时之婚姻住所　§1316b
- Eidesstattliche Versicherung　宣誓　§259

　　Änderung der eidesstattlichen Versicherung　宣誓之变更　§261

　　eidesstattliche Versicherung des Erben　继承人之宣誓　§2006

　　eidesstaatliche Versicherung des Miterben　共同继承人之公开宣誓义务　§2057
- Eigenbesitz　自主占有　§872

　　Eigenbesitz des Eigenbesitzers　自主占有人之自主占有　§836

　　Eigenbesitz als Vorraussetzung der Ersitzung des Eigentums　自主占有作为所有权时效取得之要件　§§900, 927, 937ff.

　　Erwerb durch gutgläubigen Eigenbesitzer　由善意自主占有人而取得　§955
- Eigenmacht　暴力

　　verbotene Eigenmacht　暴力　§858

Selbsthilfe des Besitzers gegen Eigenmacht　占有人对暴力之自助　§859

Haftung des deliktischen Besitzers　不法占有人之责任　§992

> Eigentum　所有权　§§903—1011

Eigentumsvorbehalt　所有权之保留　§449

Eigentumsübergang　所有权移转　§566e

Begrenzung des Eigentums　所有权之界线　§905

Ersitzung des Eigentums　所有权之时效取得　§§900, 927, 937ff.

> Eigentümer　所有人

Beseitigungsanspruch des Eigentümers　所有人之除去请求权　§886

Befugnisse des Eigentümers　所有权之权限　§903

Aufgabe des Eigentums　所有权之抛弃　§928

> Eigentümergrundschuld　所有人之土地债务　§§1177, 1196f.

> Eigentümerhypothek　所有人之抵押权　§§1163, 1177

Gesamthypothek　总括抵押权　§§1143, 1172f., 1182

> Eigentumsvermutung　所有权推定　§1248

Eigentumsvermutung für Besitzer　占有人之所有权推定　§1006

Eigentumsvermutung bei der Verfolgung des Rechts aus der Hypothek　关于抵押权实行之所有权之推定　§1148

Eigentumsvermutung zugunsten der Gläubiger eines Ehegatten　为配偶债权人利益之所有权推定　§1362

> Einbenennung　姓氏之决定　§1618

> Einigungsmangel　意思表示不合致

offener Einigungsmangel　公开之意思表示不合致　§154

versteckter Einigungsmangel　隐藏之意思表示不合致　§155

> Einrede　抗辩；抗辩权

Einrede des nichterfüllten Vertrags　契约不履行之抗辩（双务抗辩）　§320

Unsicherheitseinrede　不安抗辩　§321

Einrede des Notbedarfs　生计困难之抗辩　§519

Einrede des Bürgen　保证人之抗辩　§768

Ausschluss der Einrede der Vorausklage　先诉抗辩权之排除　§773

Arglisteinrede　恶意抗辩　§853

➢ Einstweilige Verfügung　假处分　§§204, 885, 899, 1990, 2016

　einstweilige Verfügung als Hemmung der Verjährung　因假处分而时效不完成　§204

　Eintragung der Vormerkung oder des Widerspruchs auf Grund einer einstweiligen Verfügung　因假处分而为预告或异议登记　§§885, 899, 1990, 2016

➢ Eintragung in Grundbuch　土地登记簿　§§311b, 436, 873, 881, 882, 927, 1109

➢ Elektronische Signatur　电子签章　§126a

➢ Elektronisches Geld　电子货币　§675c

　Ausnahmen für Kleinbetragsinstrumente und elektronisches Geld　小额付款工具与电子货币之例外　§675i

➢ Elterliche Sorge　亲权　§§1626—1698

　elterliche Sorge unverheirateter Eltern　无婚姻关系父母之亲权　§1626a

　Ausübung der elterlichen Sorge　亲权之行使　§1627

　elterliche Sorge bei Pflegerbestellung oder Familienpflege　设有襄佐人或家庭襄佐师时父母之亲权　§1630

➢ Entschädigung　赔偿／补偿

　Vorfälligkeitsentschädigung　期前清偿的损害赔偿　§§490, 502

　Entschädigung für Rechtsverlust　对丧失权利之赔偿　§951

　Aufwandsentschädigung　费用之补偿　§1835a

➢ Erbbaurecht　地上权

　Beeinträchtigung von Erbbaurecht oder Dienstbarkeit　地上权或役权之妨害　§916

　gesetzlicher Inhalt des Erbbaurechts　地上权之法定内容条例　§1

　Löschung des Erbbaurechts　地上权之消灭条例　§16

➢ Erbeinsetzung　指定继承人　§§2087—2099

　Erbeinsetzung durch letztwillige Verfügung　以遗嘱指定继承人　§1937

➢ Erbengemeinschaft　共同继承　§2032ff.

➢ **Erbenhaftung** 继承人责任 §§1967, 2016

    Ausschluss der Einreden bei unbeschränkter Erbenhaftung 继承人无限责任时抗辩之排除 §2016

➢ **Erbrecht** 继承权 §§1922—2385

    Erbrecht des verwandten Ehegatten 兼有亲属关系之配偶之继承权 §1934

    gesetzliches Erbrecht des Staates 国库之法定继承权 §1936

➢ **Erbschaft** 遗产

    Erbschaftsbesitzer 遗产占有人 §944

    Nießbrauch an einer Erbschaft 遗产用益权 §1089

    Vermögensverwaltung bei Erbschaft 继承财产之管理 §1803

    Annahme und Ausschlagung der Erbschaft 继承之承认及拒绝 §1943

    Anordnung der Herausgabe der Erbschaft 遗产交付之指示 §2103

    Erbschaftskauf 遗产买卖 §§2371—2385

➢ **Erbschaftsgegenstände** 遗产标的物／遗产标的 §2027

    Verzeichnis der Erbschaftsgegenstände 遗产标的物之目录 §2121

➢ **Erbschein** 继承证书 §§2353—2370

    gemeinschaftlicher Erbschein 共同之继承权证书 §2357

    Voraussetzungen für die Erteilung des Erbscheins 继承证书颁发之要件 §2359

    öffentlicher Glaube des Erbscheins 继承证书之公信力 §2366

➢ **Erbteil** 应继份

    mehrere Erbteile bei mehrfacher Verwandtschaft 多重亲属关系之数种应继份 §1927

    mehrere Erbteile 多数应继份 §1951

    Haftung bei mehreren Erbteilen 多数应继份之责任 §2007

    Haftung des Erbteilkäufers 应继份买受人之责任 §2036

    gemeinschaftlicher Erbteil 共同应继份 §2093

➢ **Erbunwürdigkeit** 丧失继承权

    Gründe für Erbunwürdigkeit 丧失继承权事由 §2339

Geltendmachung der Erbunwürdigkeit durch Anfechtung　因撤销而为继承权丧失之主张　§2340

➢ Erbvertrag　继承契约　§§1941, 2231, 2274

Wirkung des Erbvertrags auf letztwillige Verfügungen　继承契约对终意处分之效力　§2289

gegenseitiger Erbvertrag　双方继承契约　§2298

➢ Erbverzicht　抛弃继承　§§2310, 2316

Wirkung des Erbverzichts　继承抛弃之效力　§2346

Aufhebung des Erbverzichts　抛弃继承之废弃　§2351

➢ Erfüllungsinteresse　履行利益　§122
➢ Erfüllungsort　履行地　§§447, 644
➢ Erfüllungsübernahme　履行承担　§§329, 415

Auslegungsregel bei Erfüllungsübernahme　履行承担时之解释规则　§329

➢ Ergänzungspflegschaft　补充之襄佐　§1909
➢ Erneuerungsschein　更新证券　§§234, 805, 1081, 1814, 2116
➢ Ersatzerbe　预备继承人　§2096

wechselseitige Einsetzung als Ersatzerben　相互指定为预备继承人　§2098

➢ Ersitzung　取得时效

Buchersitzung　土地簿册上之取得时效　§900

Hemmung der Ersitzung　取得时效之不完成　§939

Erwerb durch Ersitzung　因时效而取得　§1033

➢ Erzeugnisse　天然孳息／出产物

Eigentum an getrennten Erzeugnissen　分离之天然孳息之所有权　§953

Erstreckung des Pfandrechts auf Erzeugnisse　质权及于出产物　§1212

Erstreckung der Hypothek auf Erzeugnisse　抵押权之扩张及于出产物　§1120

➢ Familiengericht　家事法院　§§112, 1303

zu Vermögensbestimmungen als Ersatz für die Zustimmung eines Ehegatten　代夫妻之一方为处分财产之同意　§1365f.

Genehmigung des Familiengerichts der Anlegung von Mündelgeld　受监护人金钱之投资经家事法院许可　§1809ff.

Genehmigung des Familiengerichts bei Hinterlegung　经家事法院许可之提存　§§1814—1816

Genehmigungen des Familiengerichts der Handlungen des Vormunds　经家事法院许可之监护人之行为　§§1819—1822

➢ **Familienpflege**　家庭襄佐师　§§1630, 1632, 1688
➢ **Familienrecht**　亲属法　§§1297—1921
➢ **Familienunterhalt**　家庭扶养

Verpflichtung zum Familienunterhalt　负担家庭生活费用之义务　§1360

➢ **Fernabsatzvertrag**　远距销售契约　§312bff.
➢ **Finder**　拾得人　§§965—977

Anzeigepflicht des Finders　拾得人之通知义务　§965

Finderlohn　对拾得人之报酬　§971

Eigentumserwerb des Finders　拾得人所有权之权利　§973

➢ **Forderung**　债权　§§108, 232

Buchforderungen　债务簿上债权　§236

Übertragung einer Forderung　债权之让与　§398ff.

gesetzlicher Forderungsübergang　法定债权移转　§412

➢ **Formmangel**　方式欠缺

Nichtigkeit bei Formmangel eines Rechtsgeschäftes　法律行为因方式欠缺无效　§125

Rechtsfolgen von Formmängeln　形式欠缺之法律效果　§494

➢ **Fortgesetzte Gütergemeinschaft**　延续共同财产制　§2054
➢ **Freiheit**　自由

Schadensersatz wegen Verletzung der Freiheit　自由受侵害时之损害赔偿　§§823, 845ff.

mit Freiheitsentziehung verbundene Unterbringung 对子女剥夺自由之安置 §1631b

➢ **Freizeit 自由期间**

Freizeit zur Stellungsuche nach der Kündigung eines dauernden Dienstverhältnisses 继续性雇佣关系终止后之自由期间 §629

➢ **Frist   期间／期限**

Frist zur Anfechtung von Willenserklärungen 意思表示撤销之期限 §§121, 124

Frist bei Rechtsgeschäften 法律行为之期间或期日 §§186—193

Frist der Verjährung 时效期间 §197

Frist zur Wiederherstellung des früheren Zustandes 恢复原状之期限 §250

Frist bei Unwirksamkeit der Allgemeinen Geschäftsbedingungen 定型化契约不生效力之期限 §308

Frist der Ausschlagung der Erbschaft 拒绝继承之期间 §1954

➢ **Fristbeginn 期间之开始** §187

Fristbeginn zur Unterrichtung des fehlerhaften ausgeführten Zahlungsvorgänge 有瑕疵支付程序通知期限之起算 §676b

Fristbeginn bei Nachlasspflegschaft 遗产襄佐期间之起算 §2017

➢ **Fristsetzung 定期限**

keine Fristsetzung bei Leistungsverweigerung des Schuldners 债务人拒绝给付时无须定期限 §281

keine Fristsetzung bei anderen Fällen 无须定期限之其他情形 §323

Erlöschen des Rücktrittsrechts nach Fristsetzung 逾期未行使之解除权消灭 §350

➢ **Früchte 孳息** §99

Eigentumserwerb an Erzeugnissen und Bestandteilen 分离之天然孳息及其成分之所有权取得 §§953—957

Fall der Früchte auf Nachbargrundstück 孳息落于邻地 §911

übermäßige Fruchtziehung 孳息之过量收取 §§1039, 2133

➢ **Fund 拾得** §§965—984

Verderb der Fundsache　拾得物之腐坏　§§966, 980

➢ Fürsorgepflichten　照顾义务　§619

➢ Garantie　保证

Garantie für Beschaffenheit der Sache durch Verkäufer　出卖人保证物之品质　§442

Garantie beim Kauf　买卖之保证　§443

Garantie beim Verbrauchgüterkauf　消费物买卖之保证　§477

➢ Gattungsschuld　种类之债　§§243, 524, 2155, 2182f.

➢ Gebäude　建筑物

Gebäude als wesentlicher Grundstücksbestandteil　建筑物作为土地之重要成分　§94f.

Schadensersatz beim Einsturz eines Gebäudes　建筑物塌圮之损害赔偿责任　§836ff.

drohender Gebäudeeinsturz　有倾倒危险之建筑物　§908

Gebäudeversicherung　建筑物之保险　§1128

➢ Gebrauch　使用

Gebrauchsvorteile　使用利益　§100

vertragsgemäßer Gebrauch　依约定方法使用　§§535f., 538, 543

Gebrauch der gemieteten Sache　租赁物之使用　§§538, 540f.

vertragswidriger Gebrauch　违反约定之使用　§541

Gebrauch der geliehenen Sache　借用物之使用　§603

Gebrauch des gemeinschaftlichen Gegenstandes　共同关系标的之使用　§743

➢ Gefahr　危险

Abwendung der Gefahr　避免危险　§§228—231

Leistungsgefahr bei Hinterlegung　提存时之给付危险　§379

Schutz vor Gefahr für Leben und Gesundheit beim Dienstvertrag　劳务契约免于生命及健康危险之保护　§618

Gefahrtragung beim Werkvertrag　承揽契约之危险负担　§644

德国民法典

Gefahr bei Vorlegung von Sachen　物之提示时之危险负担　§811

➢ Gefährdung　危害

　　Gefährdung der Gesundheit　危害健康　§569

　　Gefährdung der Sicherheit der Hypothek　抵押权担保之危害　§1133

　　Gefährdung des Kindeswohls　对子女利益危害　§1666

　　Gefährdung des Kindesvermögens　对子女财产危害　§1667

➢ Gefahrübergang　危险移转

　　Gefahrübergang als Zeitpunkt der Befreiung von Sachmängeln　危险移转作为无物之瑕疵之时点　§434

　　Gefahrübergang beim Versendungskauf　送交买卖之危险移转　§447

　　Vermutung eines Sachmangels innerhalb von sechs Monaten seit Gefahrübergang　危险移转后六个月内瑕疵存在之推定　§476

➢ Gegenleistung　对待给付　§§105a, 196

➢ Gegenvormund　监督监护人　§1792

　　Bestellung des Gegenvormunds bei Vereinsvormundschaft　选任社团监护人之监督监护人　§1791a

　　Rechte und Pflichten des Gegenvormunds gegenüber Vormund　监督监护人对监护人之权利与义务　§§1799, 1802, 1809f., 1812, 1832, 1842, 1854, 1891

　　Genehmigung des Gegenvormunds bei Verfügungen über Mündelvermögen　受监护人财产之处分经监督监护人许可　§1812ff.

　　Haftung des Gegenvormunds　监督监护人之责任　§1833

　　Entlassung des Gegenvormunds　监督监护人之解任　§1895

➢ Gehilfe　履行辅助人／帮助人

　　Haftung des Schuldners für Erfüllungsgehilfe　债务人为履行辅助人负责　§278

　　Haftung des Beauftragten für Gehilfe beim Auftrag　委任契约受任人为履行辅助人负责　§664

　　Haftung des Verwahrers für Gehilfe bei Verwahrung　寄托契约受寄人为履行辅助人负责　§691

Gehilfe bei unerlaubten Handlungen 侵权行为帮助人 §830f.

> Geldschuld 金钱之债
>> Geldschuld in ausländischer Währung 外国货币金钱之债 §244
>> Geldschuld in bestimmter Münzsorte 特种货币金钱之债 §245
>> Verzinsung der Geldschuld 利息 §§288, 291, 301

> Geldsortenschuld 特种货币之债 §245
> Gemeinschaft 共同关系
>> Gemeinschaft nach Bruchteilen 按份共同关系 §§741—758
>> Teilung des gemeinschaftlichen Gegenstands 共同关系标的之分割 §752f.
>> Aufhebung der Gemeinschaft 共同关系之解消 §§749ff., 1010, 1066, 1228
>> Gesamtschuld 连带债务 §755
>> Forderung aus der Gemeinschaft 共同关系而生之债权 §756

> Gemeinschaftliche Schuld 共同债务 §§733, 735, 738, 739
> Gemeinschaftliches Testament 共同遗嘱 §§2265—2273, 2292
> Genehmigung 承认 §184 / 同意
>> Genehmigung des gesetzlichen Vertreters 法定代理人之承认 §108ff.
>> Genehmigung zu den unwirksamen Rechtsgeschäften 未生效法律行为之承认 §§108, 184ff.
>> Genehmigung des Eigentümers der Verwendungen 所有人承认费用 §1001ff.
>> Genehmigung des Familiengerichts für das Kind 父母代理子女应得法院同意 §1643ff.

> Gerichtsstand 审判籍 §§176, 239
> Gerichtsvollzieher 执达员 §§132, 383
> Gesamtgläubiger 连带债权人 §428ff.
> Gesamtgut 共同财产 §1416
>> Verwaltung des Gesamtguts 共同财产之管理 §1421ff.
>> Verfügungen des Gesamtguts 共同财产之处分 §§1423f., 1428ff.
>> gemeinschaftliche Verwaltung des Gesamtguts 共同财产之共同管理 §1450ff.

Auseinandersetzung des Gesamtguts　共同财产之清算　§§1471ff., 1497ff.

Zuwendungen aus Gesamtgut　以共同财产为给予　§§2054, 2331

➢ Gesamtgutsverbindlichkeiten　共同财产之债务　§§1437, 1459ff.

➢ Gesamthandsgemeinschaft　公同共有之财产关系　§1419

➢ Gesamthypothek　总括抵押权　§§1132, 1143, 1172—1176

➢ Gesamtrechtsnachfolge　概括法定继承　§1922

➢ Gesamtschuld　连带债务　§755

➢ Gesamtschuldner　连带债务人　§§421—427, 431, 840

　Mitglieder des Vereinsvorstandes als Gesamtschuldner　社团董事负连带债务人之责　§42

　Mitbügen als Gesamtschuldner　共同保证人负连带债务人之责　§769

　Erben als Gesamtschuldner für Nachlassverbindlichkeiten　继承人对继承债务负连带债务人之责　§2058

➢ Geschäfte　行为

　Geschäfte des täglichen Lebens　日常行为　§105a

　Geschäfte des Lebensbedarfs　家务所需之法律行为　§1357

➢ Geschäftsbesorgung　处理事务　§§675—676g

➢ Geschäftsfähigkeit　行为能力　§§104—115

➢ Geschäftsführung ohne Auftrag　无因管理　§§677—687

➢ Geschäftsgrundlage　行为基础　§313

➢ Geschäftsunfähige　无行为能力人

　Nichtigkeit der Willenserklärung des Geschäftsunfähigen　无行为能力人之意思表示无效　§105

　Willenserklärung gegenüber Geschäftsunfähigen　对无行为能力人为意思表示　§131

　Antrag des Geschäftsunfähigen auf Betreuung　无行为能力人申请选任辅助　§1896

　Anfechtung des Geschäftsunfähigen des Erbvertrags　无行为能力人为继承契约之撤销　§2282

Erbverzicht des Geschäftsunfähigen　无行为能力人抛弃继承　§§2347, 2351f.
- Geschäftsunfähigkeit　无行为能力　§104f.
  Geschäftsunfähigkeit des Auftraggebers　委任人丧失行为能力　§672
  Geschäftsunfähigkeit vor Ausgabe der Schuldverschreibungen　无记名有价证券发行前发行人丧失行为能力　§794
- Gesellschaft des bürgerlichen Rechts　民法上之合伙　§§705—740
- Gesellschafter　合伙人
  Anteil der Gesellschafter am Gewinn und Verlust　合伙人损益之份额　§721f.
  Auseinandersetzung unter den Gesellschaftern　合伙人间之清算　§§730—735, 738ff.
  Ausscheiden eines Gesellschafters　合伙人中一人之退伙　§736ff.
  Ausschließung eines Gesellschafters　合伙人中一人之开除　§737ff.
  Geschäftsführung der Gesellschaft　合伙之事务执行　§709ff.
  Geschäftsführungsbefugnis des Gesellschafters nach Auflösung der Gesellschaft　合伙解散后合伙人之执行事务权限　§729
- Gesellschaftsvertrag　合伙契约
  Inhalt des Gesellschaftsvertrags　合伙契约之内容　§705
  Übertragung der Geschäftsführung im Gesellschaftsvertrag　合伙契约中执行事务之托付　§710
  Widerspruchsrecht nach Gesellschaftsvertrag　依合伙契约之异议权　§710
- Gesetzlicher Vertreter　法定代理人
  Mitwirkung des gesetzlichen Vertreters bei Rechtsgeschäften Minderjähriger　法定代理人对未成年人为法律行为的协力　§107ff.
  Haftung des gesetzlichen Vertreters für Dritte　法定代理人对第三人之责任　§278
  gesetzlicher Vertreter von Kindern　子女之法定代理人　§§1626, 1629
  Vertretung des Mündels　受监护人之代理　§1793
  Anfechtung des gesetzlichen Vertreters des Erbvertrags　法定代理人为继承契约之撤销　§2282

- Gesundheitsgefährdung　健康之危害

    außerordentliche fristlose Kündigung wegen Gesundheitsgefährdung　因健康之危害之无期限特别终止　§569

- Gesundheitsverletzung　健康之侵害

    dreißigjährige Verjährungsfrist der Gesundheitsverletzung　健康受侵害之三十年消灭时效　§197

    immaterieller Schaden der Gesundheitsverletzung　健康受侵害之非财产上损害　§253

    Vermutung für Behandlungs- und Aufklärungsfehler bei Gesundheitsverletzung　健康受侵害时之推定医疗及说明瑕疵　§630h

    Schadensersatzpflicht der Gesundheitsverletzung　侵害他人健康之损害赔偿义务　§823

    Haftung des Tierhalters bei Gesundheitsverletzung　侵害他人健康之动物持有人之责任　§833

- Getrenntleben　分居　§1567

    Unterhalt bei Getrenntleben　分居时之扶养　§1361

    Scheidung vor Ablauf der Jahresfrist des Getrenntlebens　分居一年届满之离婚　§1566

- Gewährleistung　担保

    Gewährleistung bei Hingabe an Erfüllungs statt　代物清偿之担保　§365

    Gewährleistung beim Kauf wegen Rechtsmängel　买卖契约权利瑕疵之担保　§435

    Gewährleistung bei Zuteilung eines gemeinschaftlichen Gegenstands　共同关系分配之担保　§757

    Gewährleistung bei Erbschaftskauf　遗产物买卖之担保　§§2376, 2385

- Gewerbebetrieb　营业活动

    Leistungsort der Verbindlichkeit aus Gewerbebetrieb　因营业活动所生债务之给付地　§269

Zahlungsort der Forderung aus Gewerbebetrieb　因营业活动所生之债权之支付地　§270

➢ Gewerbeordnung　营业条例　§630
➢ Gewinn　利益
　　entgangener Gewinn　所失利益　§252
　　Gewinnzusage　给奖承诺　§661a
　　Gewinn- und Verlustverteilung　损益分配　§721f.
➢ Gewinnanteilschein　红利证券／股利证券
　　Hinterlegung des Gewinnanteilscheins　红利证券之提存　§234
　　Kraftloserklärung des Gewinnanteilscheins　红利证券之无效宣告　§799
　　Verlust von Gewinnanteilschein　红利证券之丧失　§804
　　Hinterlegung des Gewinnanteilscheins durch Vorerben　前位继承人提存红利证券　§2116
➢ Gewinnzusage　给奖承诺　§661a
➢ Gläubiger　债权人
　　Recht des Gläubigers　债权人之权利　§241
　　Mehrheit von Gläubiger　多数债权人　§420ff.
　　Gläubiger des Gesellschafters　合伙人之债权人　§725
　　Gläubiger des Nießbrauchbestellers　用益权设定人之债权人　§1086ff.
　　Gläubiger eines Ehegatten bei Gütergemeinschaft　共同财产制中配偶一方之债权人　§1437
　　Gläubiger des Erben　继承人之债权人　§2214
➢ Grenzbaum　疆界之树木　§923
➢ Grundbuch　土地登记簿
　　Eintragung ins Grundbuch　登记于土地登记簿　§311b
　　Kosten der Eintragung ins Grundbuch　登记于土地登记簿之费用　§§448, 897
　　öffentlicher Glaube des Grundbuchs　土地登记簿之公信力　§892f.

Berichtigung des Grundbuchs 土地登记簿之更正 §§894—899, 1144, 1155, 1157, 1167

Eintragung des Miteigentums ins Grundbuch 共有之登记 §1010

Berichtigungsanspruch des Ehegatten bei Gütergemeinschaft ins Grundbuch 共同财产制中配偶之更正请求权 §1416

- Grunddienstbarkeit 地役权 §§1018—1029

    Beeinträchtigung der Grunddienstbarkeit durch Überbau 地役权因越界建筑受妨害 §916

    Zusammentreffen mehrerer Nutzungsrecht 使用权之并合 §1024

    Beeinträchtigung der Grunddienstbarkeit 地役权之妨害 §1027ff.

    Grunddienstbarkeit am Vermächtnisgrundstück 上有地役权之土地为遗赠 §2182

- Grundpfandrecht 不动产担保

    Sicherung des Darlehens durch Grundpfandrecht 以不动产担保借款 §503

- Grundschuld 土地债务 §§1191—1198

    Nießbrauch an einer Grundschuld 土地债务用益权 §1080

    Eigentümergrundschuld 所有人之土地债务 §§1178, 1196f.

    Sicherungsgrundschuld 保全土地债务 §1192

    Inhabergrundschuld 无记名土地债务 §1195

- Grundstücke 土地

    Bestandteile der Grundstücken 土地之成分 §94ff.

    Haftung des Grundstücksbesitzers 土地占有人之责任 §836

    Haftung des Gebäudebesitzers 建筑物占有人之责任 §837

    Haftung des Gebäudeunterhaltungspflichtigen 建筑物维护义务人之责任 §838

    allgemeine Vorschriften über Rechte an Grundstücken 土地物权通则 §§873—902

    Belastung von Grundstücken 土地设定负担 §§873, 1009, 1090, 1123

- Grundstücksbruchteil 土地之一部分

    Belastung eines Grundstücksbruchteils 土地之一部分设定负担 §§1095, 1106, 1114

➤ Grundstücksgrenze 土地疆界

　　Überbau 越界建筑 §912

　　Grenzverwirrung 疆界之混淆 §920

　　Grenzbaum 疆界之树木 §923

➤ Gutachten 鉴定／报告

　　Haftung des gerichtlichen Sachverständigen 法院鉴定人之责任 §839-1

　　Abstammungsgutachten 检测报告 §1598a

➤ Gute Sitten 善良风俗

　　Rechtsgeschäft gegen gute Sitten 背于善良风俗之法律行为 §138

　　Verstoß gegen gute Sitten 违反善良风俗 §§817, 819, 826

　　Sittenwidrigkeit 善良风俗之违反 §1741

➤ Guter Glaube 善意 §§932, 955, 957

　　guter Glaube bei Besitz 占有之善意取得 §933

　　guter Glaube bei Abtretung des Herausgabeanspruches 返还请求权让与之善意取得 §934

　　guter Glaube bei Ersitzung 因善意而时效取得 §§937, 945

　　guter Glaube bei Besitzerwerb 取得占有非善意 §990f., 1007

➤ Gütergemeinschaft 共同财产制／夫妻财产制 §§1415—1518

　　Aufhebung der Gütergemeinschaft 废止共同财产制 §1469ff.

　　fortgesetzte Gütergemeinschaft 延续共同财产制 §§1483—1485, 1487—1489, 1492—1497, 1499, 1501—1503, 1505, 1507, 1509—1513, 1515, 1517, 1518

　　Auseinandersetzung des Gesamtguts 共同财产之分割 §1497ff.

　　Ausschließung der fortgesetzen Gütergemeinschaft 排除延续共同财产制 §1509ff.

➤ Güterrecht 财产制

　　eheliches Güterrecht 夫妻财产制 §§1363—1563

　　vertragsmäßiges Güterrecht 约定之财产制 §§1408—1518

➤ Güterrechtsregister 夫妻财产制登记簿 §1558ff.

Eintragung von Eheverträgen im Güterrechtsregister 于夫妻财产制登记簿上登记夫妻财产制契约 §1412

Einsichtnahme des Registers 登记簿之审阅 §1563

➢ Güterstand （夫妻）财产制关系／（夫妻）财产制

Regelung des Güterstands durch Ehevertrag 以结婚契约订定夫妻财产制关系 §1408ff.

Güterstand der Wahl-Zugewinngemeinschaft 选择净益共同财产制 §1519

Einfluss des Güterstands auf Unterhaltsverpflichtung 夫妻财产制对扶养义务之影响 §1583

➢ Gütertrennung 分别财产制 §1414

Eintritt der Gütertrennung 分别财产制之改用 §1388

Gütertrennung nach richterlicher Aufhebung der Gütergemeinschaft 判决废止共同财产制后适用分别财产制 §§1449, 1470

➢ Gutgläubiger Erwerb 善意取得／善意受让 §§932—936

gutgläubiger Erwerb des Vorrangs 优先次序之善意取得 §1208

➢ Gutschrift 记入贷方／记入账户方式

Entgelte bei Zahlungsvorgängen 支付程序之报酬 §675q

Wertstellungsdatum und Verfügbarkeit von Geldbeträgen 记账日及金额之处分 §675t

➢ Gutsübernahme 地产之承受 §330

➢ Haftung 责任

Haftung des Schuldners 债务人之责任 §§276ff., 287

Haftung für Mängel im Recht 权利瑕疵之责任 §§435f., 523

Haftung des Gesamtguts 共同财产之责任 §§701—703

Haftung des auftraglosen Geschäftsführers 无因管理人之责任 §§677—680

Haftung des Erben für Nachlassverbindlichkeiten 继承人对遗产债务之责任 §§1967—2017, 2058ff., 2206

Haftung des Erbschaftskäufers 遗产买受人之责任 §2382f.

➤ Haftungsausschluss 责任之排除 §§444, 639, 676c
    Unwirksamkeit der Haftungsausschlussklausel 责任排除条款无效 §309

➤ Haftungsbeschränkung 责任限制／有限责任 §276
    Haftungsbeschränkung des Minderjährigen 未成年人之责任限制 §1629a
    Haftungsbeschränkung des Reisveranstalters 旅游营业人之责任限制 §651h

➤ Haftungserweiterung 责任之扩张
    Haftungserweiterung für Zinsen 利息责任之扩张 §1119

➤ Haltbarkeitsgarantie 保固保证
    Beschaffenheits- und Haltbarkeitsgarantie 品质及保固保证 §443

➤ Handelsmakler 商事居间人
    Verkauf durch Handelsmakler 透过商事居间人出售 §§385, 1221

➤ Handlung 行为／措施
    unerlaubte Handlungen 侵权行为 §§823—853

➤ Handzeichen 画押
    beglaubigte Handzeichen 经认证之画押 §§126, 129

➤ Hauptsache 主物
    Zubehör 从物 §97
    Inventar 附属物 §98
    Verbindung mit beweglichen Sachen als Hauptsache 附合之动产视为主物 §947

➤ Haushaltsführung 家务管理／家务 §1356
    Verpflichtung zum Familienunterhalt 负担家庭生活费用之义务 §1360
    Herabsetzung des Unterhalts wegen Unbilligkeit 因不公平而减少扶养费 §1578b

➤ Haushaltsgegenstände 日常生活必需品／家庭用具／家具
    Verteilung der Haushaltsgegenstände bei Getrenntleben 分居时家庭用具之分配 §1361a
    Verfügungen über Haushaltsgegenstände 家庭用具之处分 §1369
    Behandlung der Haushaltsgegenstände bei Scheidung 离婚时家庭用具之处理 §1568b

Haushaltsgegenstände im Nachlass　遗产中之家庭用具　§§1932f., 1969

➢ **Haustier**　家畜

　Haftung des Tierhalters　动物持有人之责任　§833

➢ **Heilung (Rechtsgeschäft)**　（法律行为之）补正

　Heilung von Formmängeln des Schenkungsversprechens　赠与允诺方式瑕疵之补正　§518

　Heilung von Formmängeln der Bürgschaftserklärung　保证表示瑕疵之补正　§766

➢ **Heimfallanspruch**　返还请求权

　Heimfallanspruch des Grundstückseigentümers bei Erbbaurecht　土地所有人之返还请求权条例　§§3, 32

　Verjährung des Heimfallanspruchs　返还请求权之时效条例　§4

➢ **Hemmung der Verjährung**　时效之不完成／时效之停止／时效中断／时效妨碍　§§203—213

　Wirkung der Hemmung　时效不完成之效力　§209

　Hemmung bei Gesamtschuld　连带债务中之时效停止　§425

　Hemmung bei Einrede der Vorausklage　因先诉抗辩时效不完成　§771

➢ **Hemmung der Ersitzung**　取得时效之不完成　§939

➢ **Herausgabe**　返还／交付

　Herausgabe des Ersatzes　赔偿之交付　§285

　Unmöglichkeit der Herausgabe　返还不能　§346

　Herausgabe der Schenkung　赠与之返还　§§516, 527ff., 2329

　Herausgabe nach Vorschriften über ungerechtfertigte Bereicherung　依不当得利规定返还　§§812ff., 1434, 1457

　Herausgabe entzogener Sachen　物遭侵夺之返还　§848

　Herausgabe der Sache　物之返还　§§985ff., 1000, 1007

➢ **Herausgabeanspruch**　返还请求权

　Verjährung des Herausgabeanspruchs　返还请求权之时效　§197

Herausgabeanspruch nach Eintritt der Verjährung　时效完成后之返还请求权　§852

Abtretung des Herausgabeanspruchs　让与返还请求权以代交付　§931

Herausgabeanspruch des Eigentümers　所有人返还请求权　§985

Herausgabeanspruch des Erben　继承人返还请求权　§2018

➢ Herausgabepflicht　返还义务

Haftung bei Herausgabepflicht　返还义务之责任　§292

Herausgabepflicht der verbleibenden Bereicherung　现存利益之返还义务　§346

Herausgabepflicht des Beauftragten　受任人返还义务　§667

Herausgabepflicht bei Geschäftsführung ohne Auftrag　无因管理之返还义务　§§682, 684

Herausgabepflicht bei Verfügung eines Nichtberechtigten　无权处分之返还义务　§816

Herausgabepflicht des Vorerben　前位继承人返还义务　§§2130, 2138

➢ Herrenlose Sache　无主物

Aneignung herrenloser Sache　无主物之先占　§958ff.

Ursachen der herrenlosen Sache　无主物之成因　§§959, 960, 961

➢ Herstellergarantie　制造人保证

Beschaffenheits- und Haltbarkeitsgarantie　品质及保固保证　§443

➢ Hinterlegung　提存

Wirkung der Hinterlegung　提存之效力　§§233, 378f.

Hinterlegung zur Erfüllung　为清偿而提存　§§372—386

Hinterlegung auf Anordnung des Nachlassgerichts　依遗产法院之命令提存　§1960

➢ Höchstbetragshypothek　最高限额抵押权　§1190

➢ Höhere Gewalt　不可抗力

Hemmung der Verjährung durch höherer Gewalt　因不可抗力之时效不完成　§206

Kündigung wegen höherer Gewalt　因不可抗力之终止　§651j

höhere Gewalt bei Gastwirtshaftung　旅店主人因不可抗力而免责　§701

- Holschuld 往取之债 §§295, 697
- Hypothek 抵押权 §§1113—1190

  Befriedigung trotz Verjährung des gesicherten Anspruchs 受担保债权时效消灭后之受偿 §216

  Beseitigung der Hypothek bei Grundstücksverkauf 出卖人应除去买受物上之抵押权 §442

  Aufgabe der Hypothek bei Bürgeschaft 抛弃抵押权对保证人之效力 §776

  Erstreckung der Hypothek auf die Versicherungsforderung 抵押权及于保险债权 §1127ff.

  Gefährdung der Sicherheit der Hypothek 对抵押权担保之危害 §1133

  Kündigung der Hypothek 抵押权之终止 §1141

- Hypothekenbrief 抵押权证券 §§1116f., 1170, 1185

  Vorlegung des Hypothekenbriefs zur Grundbuchberichtigung 书状之抵押权提示 §896

  Eigentum des Hypothekenbriefs 抵押权书状所有权之归属 §952

  Verzicht auf Hypothekenbrief 抵押权证券之放弃 §§1116, 1154, 1160

  Aushändigung des Hypothekenbriefs 抵押权证券之交出 §1144f.

  Teilhypothekenbrief 部分抵押权证券 §1152

  Aufgebot des Hypothekenbriefs 证券抵押权之公示催告 §1162

- Hypothekenforderung 附抵押权之债权

  Hypothekenforderung zur Sicherheitleistung 以附抵押权之债权提供担保 §238

  Abtretung der Hypothekenforderung 附抵押权之债权之让与 §1154

- Idealverein 非营利性社团

  Rechtsfähigkeit des Idealvereins 非营利性社团之权利能力 §§21, 55

- Immaterieller Schaden 非财产上之损害

  Ersatz immaterieller Schäden 非财产上损害之赔偿 §§253, 825, 847

- Immissionen 公害 §906
- Immobiliardarlehensvertrag 以不动产担保借贷契约

Kündigung des Immobiliardarlehensvertrags　不动产担保借贷契约终止　§503

> Inbegriff　集合

　　Inbegriff von Sachen　集合物　§92

　　Inbegriff von Gegenständen　集合标的物　§260

　　Nießbrauch an Inbegriff von Sachen　集合物之用益权　§1035

> Indexmiete　指数租金　§557b

> Individualabrede　个别磋商

　　Vorrang der Individualabrede vor Allgemeiner Geschäftsbedingung　个别磋商优先于定型化契约　§305b

> Indossament　背书

　　Orderpapiere mit Blankoindossament　有空白背书之指示证券　§§1081, 1084

　　Übertragung durch Indossament zur Verpfändung　以背书为出质证券之转让　§1292

　　Eingehung von Verbindlichkeiten durch Vormund　由监护人负担债务　§1822

> Informationspflichten　信息提供义务

　　Informationspflichten bei Fernabsatzverträgen　远距离销售契约之信息提供义务　§312d

　　Verletzung von Informationspflichten über Versandkosten　信息提供义务之侵害　§312e

　　Informationspflichten bei Verbraucherdarlehensverträgen　缔约前信息提供义务（消费者金钱借贷契约）　§491a

> Inhaberpapiere　无记名证券　§§248, 793—808

　　Hinterlegung von Inhaberpapieren zur Sicherheitsleistung　提存无记名证券供担保　§234

　　Erwerb abhanden gekommener Inhaberpapiere　无记名证券之善意取得　§§935, 1006f.

　　Sicherungshypothek für Inhaberpapiere　为无记名证券设定之保全抵押权　§1187ff.

Eigentumsvermutung der Inhaberpapiere der Ehegatten 夫或妻无记名证券之所有权推定 §1362

Verfügung der Inhaberpapiere des Mündels 监护人对受监护人无记名证券之处分 §§1814f., 1820, 1853

Hinterlegung von Inhaberpapiere zur Sicherstellung für Nacherben 前位继承人为后位继承人提存无记名证券 §2116f.

➢ Inhaltsänderung 内容变更
➢ Inhaltsirrtum 意思表示内容错误 §119
➢ Insichgeschäft 双方代理 §181
➢ Insolvenz 破产

Ansprüchen aus Insolvenzverfahren 破产程序中所生之请求权 §197

kein Rücknahmerecht während des Insolvenzverfahrens 债务清理程序中无取回权 §377

Insolvenz des Übernehmers 债务承担人之破产 §418

Verkauf aus Insolvenzmasse 出卖破产财团之财产 §450

Vorkaufsrecht bei Insolvenzmasse 出卖破产财产时无优先承买权 §471

➢ Interesse 利益

Interesse an der Gültigkeit der Erklärung 因意思表示有效享有之利益 §122

Interesse an Wirksamkeit des Vertrags 因契约有效享有之利益 §179

berechtigtes Interesse bei Vertragsstrafe 酌减违约罚时斟酌债务人之正当利益 §343

öffentliches Interesse an der Geschäftsführung 管理事物符合公益 §679

rechtliches Interesse 法律上利益 §§810, 2010, 2081, 2146, 2228, 2384

➢ Inventar 附属物／遗产清册

Invertar eines gepachteten Grundstücks 收益出租土地之附属物 §§582, 582a

Errichtung des Inventars 遗产清册之编制 §1993ff.

Inhalt des Inventars 遗产清册之内容 §2001

Wirkung der Errichtung des Inventars 遗产清册编制之效力 §2009

Einsicht des Inventars　遗产清册之阅览　§2010

　　Keine Verweigerung der Berichtigung der Nachlassverbindlichkeit über die Errichtung des Inventars hinaus　遗产清册编制完成后不得拒绝清偿债务　§2014

➢ Inventarerrichtung　遗产清册之编制　§1993ff.

➢ Inventarfrist　遗产清册编制期间　§§1994—2000, 2003ff.

　　Verlängerung der Inventarfrist　遗产清册编制期间之延长　§1995

　　Hemmung der Inventarfrist　遗产清册编制期间进行之妨碍　§1997

　　Invertarfrist gegenüber Fiskus　对国库无遗产编制期间之情形　§2011

　　Invertarfrist gegenüber Nachlasspfleger　对遗产襄佐人无遗产编制期间之情形　§2012

➢ Irrtum　错误

　　Anfechtung wegen Irrtums　意思表示错误之撤销　§119

　　Anfechtungsfrist　撤销期间　§121

　　Irrtum bei Selbsthilfe　自助行为时之错误　§231

　　Irrtum bei Bestimmung der Leistung durch Dritte　给付由第三人确定时之错误　§318

　　Irrtum bei Geschäftsführung ohne Auftrag　无因管理之错误　§686

　　Irrtum über Berufungsgrund bei Annahme der Erbschaft　继承权取得原因之错误　§1949

➢ Jugendamt　少年局

　　Beistandschaft des Jugendamts　少年局之辅佐　§1712

　　Aufgaben des Jugendamts bei Annahme als Kind　收养子女时少年局之任务　§1748

　　Anhörung des Jugendamts bei Vormundschaft　选任监护人时少年局意见之听取　§1779

　　Bestellung des Jugendamts zum Vormund　选任少年局为监护人　§1791b

　　Gegenvormundschaft　监督监护人　§§1792, 1805, 1835

　　Entlassung des Jugendamts　少年局为监护人之解任　§§1887, 1889

- Juristische Person 法人 §§21—89
    juristische Person des öffentlichen Rechts 公法上之法人 §89
    Nießbrauch juristischer Person 法人之用益权 §§1059a, 1061
    beschränkte persönliche Dienstbarkeit juristischer Person 法人之限制人役权 §1092
    Vorkaufsrecht juristischer Person 法人之先买权 §1098
    juristische Person als Miterben 法人为共同继承人 §2044
    Erbrecht juristischer Person 法人之继承权 §§2101, 2105f.
- Kappungsgrenze （租金）提高上限 §588
- Kauf 买卖 §§433—453
    Rechtskauf 权利买卖 §453
    Vorkauf 优先承买 §§463—473
    Kauf bricht nicht Miete 买卖不破租赁 §566
    Anwendung des Kaufrechts auf Werkverträge 买卖法于承揽契约之适用 §651
    Kauf einer Erbschaft 遗产买卖 §2371ff.
- Kauf zur Probe 试验买卖 §454
- Kaufpreis 价金
    Minderung des Kaufpreises 减少价金 §§437, 441
    Stundung des Kaufpreises 延期付款 §468
- Kennnen und Kennenmüssen 明知或应知 §122
    Kennnen und Kennenmüssen der Anfechtbarkeit 知悉或应知可得撤销 §142
    Kennen und Kennenmüssen des Vollmachtgebers 授权人明知或应知 §§166, 169, 173, 178f.
    Kennen und Kennenmüssen eines hohen Schadens 高度危险之明知或应知 §254
    Kennen und Kennenmüssen der Gefahr bei Hinterlegung 提存时危险之明知或应知 §694
- Kenntnis 知悉

Kenntnis als Beginn der Verjährung　知悉作为时效之开始　§199

Kenntnis vom Rechtsmangel beim Kauf　买卖时知悉权利瑕疵　§442

➢ Kind　子女

　Verjährung der Ansprüche zwischen Eltern und Kinder　父母与子女间之请求权时效　§207

　Pflichtdienste des Kindes　子女提供家事劳动义务　§1619

　gerichtliche Maßnahme bei Gefährdung von Kinder　危害子女时法院之措施　§§1666, 1666a

　Änderung und Prüfung gerichtlicher Entscheidungen oder gebilligter Vergleiche　法院裁判或公平裁量之变更与审核　§1696

　Annahme Minderjähriger als Kind　未成年人收养　§§1741—1772d

➢ Kindergeld　子女津贴

　Barbedarfsdeckung des Kindergelds　扶养费之折抵　§1612b

➢ Kindesvermögen　子女财产

　Bestreitung von Haushaltskosten aus dem Kindesvermögen　由子女财产筹措家庭生活费用　§1620

　Ausstattung aus dem Kindesvermögen　子女财产所给予之婚嫁及立业资金　§1625

　Verwendung der Einkünfte des Kindesvermögens　子女财产收益之使用　§1649

　Gefährdung des Kindesvermögens　子女财产之危害　§1667

　Herausgabe und Nutzungen des Kindesvermögens　子女财产之返还、使用　§1698

➢ Kindeswohl　子女利益　§1697a

➢ Kirchliche Verpflichtungen　宗教上之义务

　kirchliche Verpflichtungen in Ansehung der Ehe　关于婚姻上之宗教义务　§1588

➢ Körperliche Bestrafungen　体罚　§1631

➢ Körperverletzung　身体侵害

　Schadensersatz bei Körperverletzung　身体侵害之损害赔偿　§§249, 823, 826, 842ff., 847

Körperverletzung durch Einsturz eines Gebäudes　建筑物倒塌之身体侵害　§836ff.

➢ **Kosten**　费用

 Kosten der Fruchtziehung　收取孳息之费用　§102

 Kosten der Hinterlegung　提存费用　§§381, 386

 Kosten der Erhaltung der geliehenen Sache　借用物保存费用　§601

 Kosten der Versicherung der Nießbrauchsache　用益权人支付保险费用　§1045

➢ **Kostenvoranschlag (Kostenanschlag)**　费用之估价

 keine Vergütung für Kostenvoranschlag　费用估价无报酬　§632

 Kostenvoranschlag beim Werkvertrag　承揽契约费用之估价　§650

➢ **Krankheitsunterhalt**　疾病之扶养　§1572

➢ **Kredit**　信用

 Aufnahme von Geld auf Kredit des Mündels　利用受监护人信用受领金钱　§1822

➢ **Kreditauftrag**　信用委任　§778

➢ **Kreditgefährdung**　危害信用　§824

➢ **Kundenkennung**　顾客识别　§675r

➢ **Kündigung**　终止

 Kündigung von Dauerschuldverhältnissen　继续性债之关系因重大事由终止　§314

 ordentliche Kündigung des Darlehensnehmers　借用人之一般终止　§489

 Kündigung durch Darlehensgeber　贷与人之终止权　§499

 außerordentliche Kündigung mit gesetzlicher Frist　法定期间之特别终止　§573d

 Kündigung der Gemeinschaft　共同关系之终止　§749

 Kündigung der Hypothek　抵押权之终止　§§1141, 1156, 1160, 2114

➢ **Leibrente**　终身定期金　§§759—761

➢ **Leibrentenvertrag**　终身定期金契约　§330

➢ **Leihe** 使用借贷　§§598—606

➢ **Leistung**　给付　§241

 Verpflichtung des Schuldners zur Leistung　债务人之给付义务　§§241—292

Unmöglichkeit der Leistung　给付不能　§§265, 275, 283, 308f., 311a

Leistung Zug um Zug　同时履行　§§274, 322

Schadensersatz bei nichterbrachter Leistung　未依债务本旨给付之损害赔偿　§§280—283

Bestimmung der Leistung durch Dritte　第三人为给付确定　§317ff.

Leistung an Erfüllungs statt　代物清偿　§364f.

Annahme der Leistung　给付之受领　§383f.

➤ Leistungsfähigkeit　给付能力　§321／扶养能力　§1581

➤ Leistungshindernis　给付阻碍

Leistungshindernis bei Vertragschluss　契约订定时之给付阻碍　§311a

➤ Leistungsinteresse　给付利益　§275

➤ Leistungsort　给付地　§§269, 679, 700, 811

➤ Leistungspflicht　给付义务

Ausschluss der Leistungspflicht　给付义务之排除　§275

➤ Leistungsträger　给付承揽人　§651a／给付提供人　§651h

➤ Leistungszeit　给付期　§§271f., 299

➤ Letztwillige Verfügung　终意处分

Begriff der letztwilligen Verfügung　终意处分之概念　§1937

Anfechtung der letztwilligen Verfügung　终意处分之撤销　§2078ff.

Auslegung der letztwilligen Verfügung　终意处分之解释　§2084

Ausführung der letztwilligen Verfügung durch Testamentsvollstrecker　遗嘱执行人实行终意处分　§2203ff.

➤ Löschung　涂销／消灭

Löschung im Grundbuch　于土地登记簿上之涂销　§§875f., 891, 901

Löschung der Hypothek　抵押权之涂销　§1144f.

Löschung der Grundschuld　土地债务之涂销　§1196

Löschung des Erbbraurechts　地上权之消灭条例　§16

➤ Löschungsanspruch　涂销请求权

1683

Löschungsanspruch bei fremden Rechten　对他人权利之涂销请求权　§1179a

Löschungsanspruch bei eigenem Recht　对自己权利之涂销请求权　§1179b

➢ Löschungsvormerkung　涂销之预告登记　§1179
➢ Lotterie　乐透　§763
➢ Mahnung　催告　§309

Mahnung durch den Abtretungsempfänger　受让人之催告　§410

Mahnung des Hypothekenschuldners bei Briefhypothek　对证券抵押权债务人之催告　§1160f.

➢ Mäkler　居间人　§§652—655
➢ Mäklerlohn　居间报酬　§§652, 653
➢ Mäklervertrag　居间契约　§§652—656
➢ Mangel　瑕疵

Kenntnis des Käufers vom Mangel　买受人知悉瑕疵　§442

Mangel im Recht　权利瑕疵　§§442, 523, 526, 536, 2367, 2385

Mangel der Sache　物之瑕疵　§§524, 526

Mangel der Mietsache　租赁物之瑕疵　§536ff.

Mängelhaftung bei Leihe　使用借贷时之瑕疵责任　§600

Mangel des Werkes　工作瑕疵　§640

➢ Mängelanzeige　告知瑕疵

Mängelanzeige des Mieters　承租人告知瑕疵　§536c

➢ Mängelhaftung　瑕疵责任

Mängelhaftung des Verkäufers　出卖人之瑕疵责任　§§437—441

➢ Maßregelungsverbot　处罚规定之禁止

Maßregelungsverbot des Arbeitsgebers　雇用人处罚规定之禁止　§612a

➢ Mietdatenbank　租金数据库　§§558a, 558e
➢ Miete 租金　§§535—580a
➢ Mieter　使用承租人

Schadens- und Aufwendungsersatzanspruch des Mieters　使用承租人损害赔偿及费用偿还请求权　§536a

Anzeige von Mängeln durch Mieter　使用承租人告知瑕疵　§536c

Rückgabepflicht des Mieters　使用承租人之返还租赁物义务　§546

Zurückbehaltungsrecht des Mieters　使用承租人之留置权　§556b

Zustimmung zur Mieterhöhung　使用承租人提高租金之同意　§558b

Widerspruch des Mieters gegen Kündigung　使用承租人对终止契约之异议　§574

Mieter als Besitzer　使用承租人作为占有人　§868f.

➢ Miethöhe　租金额

　Mieterhöhungen　提高租金　§557

　Form und Begründung der Erhöhung　租金提高之方式及理由　§558a

　Zustimmung zur Erhöhung　租金提高之同意　§558b

　Mieterhöhung nach Modernisierungsmaßnahmen　于现代化时租金之提高

➢ Mietspiegel　租金一览表　§558c

　qualifizierter Mietspiegel　经认可之租金一览表　§558d

➢ Mietverhältnis　使用租赁关系

　Ende des Mietverhältnisses　使用租赁关系之终了　§§542, 568ff.

　Kündigung des Mietverhältnisses　使用租赁关系之终止　§§543f., 561, 564, 568ff.

　stillschweigende Verlängerung des Mietverhältnisses　使用租赁关系之默示延长　§545

　Mietverhältnis über Wohnraum　关于住屋之使用租赁关系　§§549—577a

　Wechsel der Vertragsparteien des Mietverhältnisses　使用租赁关系契约当事人之变更　§§563—567b

　Mietverhältnis über andere Sachen　其他物之使用租赁关系　§§578—580a

➢ Mietvertrag　使用租赁契约

　Hauptflichten des Mietvertrags　使用租赁契约之主给付义务　§535

　Form des Mietvertrags　使用租赁契约之方式　§550

Unwirksamkeit einer Vertragsstrafe des Mietvertrags　使用租赁契约违约金之无效
　　　§555
➤ Minderjähriger　未成年人
　　beschränkte Geschäftsfähigkeit Minderjähriger　限制行为能力　§§106—113
　　Annahme Minderjähriger　未成年人之收养　§§1741—1766
　　Vormundschaft über Minderjähriger　未成年人之监护　§§1773—1895
➤ Minderung　减少价金
　　Minderung beim Kauf　于买卖之减少价金　§§437, 441
　　Minderung beim Wiederkauf　于买回之减少价金　§457
　　Minderung bei Miete　于使用租赁之减少租金　§536
　　Minderung beim Werkvertrag　于承揽契约之减少报酬　§§634, 638
➤ Mindestunterhalt　最低扶养额　§1612a
➤ Missverhältnis　不相当
　　auffälliges Missverhältnis　显失公平　§138
　　grobes Missverhältnis　显失均衡　§§275, 593
➤ Mitbesitz　共同占有　§§866, 1081
　　Übergabeersatz durch Einräumung des Mitbesitzes beim Pfandrecht　于质权之因共同占有之让与以代交付　§1206
➤ Miteigentum　共有　§§1008—1011
➤ Miterbe　共同继承人　§§2032—2063
➤ Mitgliederversammlung　社员总会　§§32—39
➤ Mitgliedschaft　社员资格　§38
➤ Mittäter　共同行为人
　　Verantwortlichkeit der Mittäter　共同行为人之责任　§§830, 840
➤ Mitverschulden　与有过失　§§254, 846
➤ Mitwirkungspflichten　协助义务　§1451
➤ Modernisierungsmaßnahme　现代化措施
　　Modernisierungsmaßnahme der Mietsache　租赁物之现代化措施　§555b

Duldung von Modernisierungsmaßnahme　现代化措施之容忍　§555d

　　Sonderkündigungsrecht des Mieters bei Modernisierungsmaßnahmen　现代化措施之使用承租人特别终止权　§555e

➢ Mündel　受监护人

　　Verjährung von Ansrprüchen zwischen Vrumund und Mündel　监护人与被监护人之请求权消灭时效　§207

　　Widerspruch des Mündels gegen Vormundbestellung　受监护人反对选任者　§1778

　　Sorge für die Person des Mündels　对受监护人之人身监护　§1800

　　religiöse Erziehung des Mündels　受监护人宗教上之教育　§1801

　　Einzusetzende Mittel des Mündels　受监护人提供使用之财产　§1836c

　　Mittellosigkeit des Mündels　受监护人之无资力　§1836d

➢ Mündelgeld　受监护人金钱

　　Anlegung von Mündelgeld　受监护人金钱之投资　§§1806—1811, 1852

　　Verzinsung des Mündelgelds　使用受监护人金钱应支付利息　§1834

➢ Nachbesserung　嗣后补正　§439

➢ Nacherbe　后位继承人　§§2100—2146

➢ Nacherbfolge　后位继承

　　Eintritt der Nacherbfolge　后位继承之开始　§2106

　　Vererblichkeit der Nacherbfolge　后位继承之可继承性　§2108

➢ Nacherfüllung　补正／嗣后履行

　　Nacherfüllung einer Leitsungspflicht　给付义务之补正　§281

　　Frist zur Nacherfüllung bei gegenseitigem Vertrag vor Rücktritt　双务契约解除前之定期限补正　§323

　　Nacherfüllung beim Kauf　于买卖之嗣后履行　§§437, 439

　　Nacherfüllung beim Werkvertrag　于承揽契约之嗣后履行　§635

➢ Nachfrist　补正期间　§§281, 309

➢ Nachlass　遗产

　　Beschränkung der Haftung auf den Nachlass　以遗产为限负责　§1975

Überschuldung des Nachlasses　债务超过遗产　§§1980, 1990ff.

Auseinandersetzung des Nachlasses　分割　§§2032, 2042ff.

➢ Nachlassforderung　遗产债权　§2039f.

➢ Nachlassgegenstände　遗产标的物

Verfügung über Nachlassgegenstände　对遗产标的物之处分　§§1959, 2040

Herausgabe der Nachlassgegenstände　遗产标的物之返还　§§1973, 1992

Wert der Nachlassgegenstände　遗产标的物之价额　§§1973, 2001

Überlassung von Nachlassgegenständen　遗产标的物之交付　§2217

➢ Nachlassgericht　遗产法院

Erklärung gegenüber Nachlassgericht　向遗产法院为意思表示　§§1945, 1955f., 2081, 2198, 2202, 2226

Fürsorge für Nachlass　对遗产之救济　§§1960—1966

Anordnung der Nachlassverwaltung von Nachlassgericht　遗产法院之遗产管理命令　§1981

Aufnahme des Inventars durch Nachlassgericht　遗产法院编制遗产清册　§2003

Anzeige des Eintritts der Nacherbfolge an das Nachlassgericht　对遗产法院为后位继承通知　§2146

Erteilung des Erbscheins vom Nachlassgericht　遗产法院继承证书之颁发　§2353ff.

➢ Nachlassgläubiger　遗产债权人

Aufgebot der Nachlassgläubiger　对遗产债权人之公示催告　§§1970—1974, 1980

Ausschließung von Nachlassgläubigern　遗产债权人之排除　§1973f.

Rechtsverhältnis zwischen den Erben und den Nachlassgläubigern　遗产债权人与继承人之法律关系　§§2058—2063

➢ Nachlassinsolvenz　遗产破产　§1975

➢ Nachlasspfleger　遗产襄佐人　§§1960ff., 2017

➢ Nachlassverwalter　遗产管理人　§§1984, 1986, 2012

Pflichten des Nachlassverwalters　遗产管理人之义务　§1985f.

Vergütung des Nachlassverwalters 遗产管理人之报酬请求权 §1987

- Nachlassverwaltung 遗产管理 §1975ff.

  Anordnung der Nachlassverwaltung 遗产管理之命令 §1981

  Ablehnung der Anordnung der Nachlassverwaltung 拒绝遗产管理之命令 §1982

  Ende und Aufhebung der Nachlassverwaltung 遗产管理之终了及废止 §1988

  Antrag auf Nachlassverwaltung 遗产管理之申请 §2062

- Namenspapiere 记名证券 §808
- Namensrecht 姓名权 §12
- Nebenleistungen 从给付 §466／附随给付

  Verjährung von Nebenleistungen 从给付之效力 §217

  künftige Nebenleistungen 将来之附随给付 §1158

  rückständige Nebenleistungen 迟延之附随给付 §1159

- Nebenpflichten 附随义务 §675f.

  Nebenpflichten des Geschäftsführers 管理人之附随义务 §681

- Nichtberechtigter 无权利人 §185

  Verfügung des Nichtberechtigten 无权利人之处分 §§135f., 161, 185, 816, 892f.

  gutgläubiger Erwerb vom Nichberechtigten 无权利人之善意取得 §932

- Nichterfüllung 不履行

  Schadensersatz wegen Nichterfüllung 不履行之损害赔偿 §§338, 340

  Strafversprechen für Nichterfüllung 不履行之违约罚 §340

  Aufrechnung nach Nichterfüllung 不履行后之抵销 §352

  Nichterfüllung der wirtschaftlichen Verpflichtungen des Ehegatten 配偶之一方不履行经济上之义务 §1381

- Nichtigkeit 无效

  Nichtigkeit der Willenserklärung 意思表示之无效 §105

  Nichtigkeit der Rechtsgeschäfte 法律行为无效 §§125, 134, 138ff.

  Teilnichtigkeit 法律行为部分无效 §139

Nichtigkeit eines Verbots der sofortigen Eröffnung des Testaments 禁止立即开视遗嘱无效 §2263

Nichtigkeit des Erbvertrags 继承契约之无效 §2298

> Nichtschuld 无债务

Kenntnis der Nichtschuld 明知无债务 §814

> Nießbrauch 用益权 §1030ff.

Nießbrauch an Sachen 物上用益权 §1030

Ausübung des Nießbrauchs 用益权之行使 §1036

Nießbrauch an verbrauchbaren Sachen 消费物用益权 §1067

Nießbrauchs an Rechten 权利用益权 §1068

Beendigung des Nießbrauchs 用益权之终了 §1072

> Nießbraucher 用益权人 §868

> Notstand 紧急避难 §§228, 904

> Nottestament 紧急遗嘱

Nottestament vor dem Bürgermeister 在地方自治团体首长之前作成之紧急遗嘱 §2249

Nottestament vor drei Zeugen 三位见证人面前之紧急遗嘱 §2250

Nottestament auf See 海上之紧急遗嘱 §2251

gemeinschaftliches Nottestament 共同之紧急遗嘱 §2266

> Notweg 必要通行 §917f.

Ausschluss des Notwegrecht 必要通行权之排除 §918

> Notwehr 正当防卫 §227

> Nutzungen 收益；用益 §100

Herausgabe der Nutzungen bei Rücktritt 契约解除时收益之返还 §346

Nutzungen nach Rechtshängigkeit 诉讼系属后之收益 §987

Nutzungen des unentgeltlichen Besitzers 无偿占有人之收益 §988

Nutzungen und Früchte 收益与孳息 §2020

> Nutzungspfand 用益质权 §1213

> Öffentlicher Glaube 公信力

　　öffentlicher Glaube bei Todeserklärung 死亡宣告之公信力 §237

　　öffentlicher Glaube des Grundbuchs 土地簿册之公信力 §892

　　öffentlicher Glaube des Erbscheins 继承证书之公信力 §2366

> Pachtforderung 收益租赁租金债权 §1123
> Pachtvertrag 收益租赁契约 §§581—597

　　Landpachtvertrag 农地收益租赁契约 §585

> Patientenverfügung 病患意愿同意书 §1901a
> Personengesellschaft 人合公司／人合团体 §14

　　Ubertragbarkeit bei rechtsfähiger Personengesellschaft 有权利能力之人合公司时之可让与性 §1059a

　　Vorkaufsrecht rechtsfähiger Personengesellschaft 有权利能力人合团体先买权 §1098

> Personensorge 人身监护 §1630

　　Personensorge für verheirateten Minderjährigen 已婚之未成年人之人身照护 §1633

　　Aufwendungseratz für Ausübung der Personensorge 人身照护费用之偿还 §1648

　　Umfang der Personensorge 人身监护之范围 §1800

> Pfand 质物 §§1210, 1212ff.

　　Pfandverkauf 质物出卖 §§1221, 1233

　　Pfandrecht an mehreren Sachen 数物上之质权 §§1222, 1230

　　Rückgabe des Pfandes 质物之返还 §§1223, 1253

　　Herausgabe des Pfandes zum Verkauf 因出卖而为质物之返还 §1231

> Pfandrecht 质权

　　Pfandrecht des Vermieters 使用出租人之质权 §562ff.

　　Umfang des Vermieterpfandrechts 使用出租人之质权范围 §562

　　Verpächterpfandrecht 收益出租人之质权 §592

　　Unternehmerpfandrecht 承揽人质权 §647

Pfandrecht des Gastwirts　旅店主人之质权　§704

Pfandrecht an beweglichen Sachen　动产质权　§1204ff.

➢ Pfändung　扣押

Pfändung des Rücknahmerechts　取回权之扣押　§377

Pfändung durch Dritte　第三人扣押　§562d

Pfändung eines Gesellschaftsanteils　合伙财产份额之扣押　§725

Pfändung von Anteilen bei einer Gemeinschaft　共同关系应有部分之扣押　§751

➢ Pflegschaft　襄佐／襄佐关系　§§1909—1921

Verjährung der Ansprüche bei Pflegschaft　襄佐关系之请求权时效　§207

Pflegschaft über ein Kind, dessen Eltern nicht miteinander verheiratet sind　父母未结婚之子女之襄佐　§1791c

Pflegschaft für Leibesfrucht　胎儿之襄佐　§§1912, 1918

Pflegschaft für unbekannte Beteiligte　利害关系不明之襄佐　§1913

Ende der Pflegschaft　襄佐之终了　§1918

Aufhebung der Pflegschaft　襄佐之解除　§§1919, 1921

➢ Pflichtteil　特留份　§§2303—2338

Entziehung des Pflichtteils　特留份之剥夺　§§2294, 2297, 2333

Berechnung für Pflichtteil　特留份之计算　§2310ff.

Anrechnung von Zuwendungen auf den Pflichtteil　给与算入特留份内　§2315

Pflichtteilsbeschränkung　特留份之限制　§2338

➢ Pflichtteilsanspruch　特留份请求权　§2317

Geltendmachung von Pflichtteilsanspruch　特留份请求权之主张　§2213

Anspruch auf Stundung des Pflichtteils　特留份延期之请求权　§2331a

Verjährung des Pflichtteilsanspruchs　特留份请求权之消灭时效　§2332

Verzicht des Pflichtteilsanspruchs　特留份请求权之抛弃　§2346

➢ Pflichtteilsberechtigte　特留份权利人　§2303

Anfechtung der letztwilligen Verfügung wegen Übergehung eines Pflichtteilsberechtigten　因不知有特留份权利人之存在之终意处分撤销　§2079

Zuwendung an Pflichtteilsberechtigte im gemeinschaftlichen Testament 共同遗嘱中对特留份权利人为给付 §2271

Pflichtteilsunwürdigkeit des Pflichtteilsberechtigten 特留份权利人特留份权利之丧失 §2345

- Pflichtverletzung 违反义务 §§280, 281

  Schadenseratz wegen Pflichtverletzung 义务违反之损害赔偿 §280

  Rücktritt wegen Verletzung einer Pflicht nach §241 Abs. 2 因违反第241条第2项义务所为之解除 §324

  Pflichtverletzung bei Kindesvermögensverwaltung 子女财产管理义务之违反 §1666f.

  Pflichtverletzung bei Vormundschaft 监护义务之违反 §1833

- Positive Vertragsverletzung (pVV) 积极侵害债权 §275前
- Preisausschreiben 优等悬赏广告 §661
- Probe 试验

  Kauf auf Probe 试验买卖 §454f.

- Prozesszinsen 诉讼利息 §291
- Quittung 收据 §368ff.
- Ratenlieferungsverträge 分期供给契约

  Widerrufsrecht bei Ratenlieferungsverträgen 分期供给契约之撤回权 §356c

  Ratenlieferungsverträge zwischen Unternehmer und Verbraucher 企业经营者与消费者间之分期供给契约 §510

- Reallasten 物上负担 §§1105—1112

  dingliche Reallast 物的物上负担 §1110

  persönliche Reallast 人的物上负担 §1111

  Reallasten am vermachten Grundstück 以土地为遗赠之物上负担 §2182

- Rechnung 计算 §286
- Rechtsausübung 权利行使 §499
- Rechtsfähige Personengesellschaft 具有权利能力之人合团体 §14

Übertragbarkeit bei rechtsfähiger Personengesellschaft　有权利能力之人合公司之可让与性　§1059a

➤ Rechtsfähigkeit　权利能力　§1
 Rechtsfähigkeit von Verein　社团之权利能力　§§21ff., 44ff.
 Entziehung der Rechtsfähigkeit　权利能力之剥夺　§43

➤ Rechtsgeschäft　法律行为　§§104—185
 einseitiges Rechtsgeschäft　单独行为　§§111, 143, 174, 180
 Form des Rechtsgeschäfts　法律行为之方式　§§125—129
 Nichtigkeit des Rechtsgeschäfts　法律行为之无效　§§125, 134, 138ff.
 anfechtbares Rechtsgeschäft　得撤销之法律行为　§142

➤ Rechtsgeschäftsähnliches Schuldverhältnis　类似法律行为之债之关系　§311

➤ Rechtshängigkeit　诉讼系属　§818
 bürgerlich-rechtliche Rechtshängigkeit　民法上之诉讼系属　§§204 286, 407, 987ff., 996, 1002, 1613, 2023
 Wirkungen der Rechtshängigkeit　诉讼系属之效力　§291f.
 Rechtshängigkeit des Scheidungsantrags　提起离婚诉讼之系属　§1384

➤ Rechtskauf　权利买卖　§453

➤ Rechtskraft　确定力　§42
 Rechtskraft der Entscheidung　判决确定　§201

➤ Rechtsmangel　权利瑕疵　§§536, 586, 955, 957
 Rechtsmangel beim Kauf　买卖之权利瑕疵　§§433—435
 Rechtsmangel bei Schenkung　赠与之权利瑕疵　§523
 Rechtsmangel des Werkes　承揽之权利瑕疵　§633

➤ Rechtsmängelhaftung　权利瑕疵责任　§523

➤ Rechtsmittel　法律救济方法　§839

➤ Rechtsnachfolge　权利继受
 Verjährung bei Rechtsnachfolge　权利继受时之消灭时效　§198
 Rechtsnachfolge bei Weitervermietung　转租时之权利继受　§565

- Rechtspositionen, vererbliches (Recht)　可继承的权利条例　§1
- Rechtswidrig　不法　§§227, 1243
- Reiseleistung　旅游给付　§§651a, 651e, 651h, 651i, 651k
- Reiseveranstalter　旅游营业人　§§651a—651m
- Reisevermittler　旅游居间人　§651k
- Reisevertrag　旅游契约　§§651a—651k

　　Kündigung des Reisevertrags　旅游契约之终止　§651e

　　Rücktritt des Reisevertrags vor Reisebeginn　旅游开始前解除旅游契约　§651i

　　Verjährung des Reisevertrags　旅游契约之消灭时效　§651g

- Rentenschuld　定期土地债务　§§1199—1203

　　Umwandlung der Rentenschuld in Grundschuld　定期土地债务得改为普通土地债务　§1203

　　Rentenschulden an inländischen Grundstücken　国内土地上之土地定期不动产债务　§1807

- Rentenversprechen　定期金允诺　§520

　　Erlöschen eines Rentenversprechens　定期金允诺之消灭　§520

　　Form des Leibrentenversprechens　终生定期金约定之方式　§761

- Reugeld　解约金　§336

　　Rücktritt gegen Reugeld　以悔约金解除契约　§353

- Risiko　风险　§§675k, 675m

　　Betriebsrisiko　营业风险　§615

　　Risiko der Versendung　寄送之风险　§675m

- Risikoverteilung　风险分配　§313
- Rückerstattung　清偿

　　Rückerstattung eines Darlehens　金钱借贷之清偿　§488

　　Rückerstattung des Mietzinses　租金利息之清偿　§547

- Rückforderung　请求返还　§§528, 534

　　Rückforderung wegen Verarmung des Schenkers　赠与人因穷困而请求返还　§528

Ausschluss des Rückforderungsanspruchs 返还请求权之排除 §529

Ausgeschlossene Rückforderungen beim Verstoß gegen Gesetz oder gute Sitten 违反法律或善良风俗时不得请求返还 §817

➤ Rückgabe 返还 §357

 Rückgabe der Draufgabe 定金返还 §337

 verspätete Rückgabe 迟延返还 §§584b, 597

 Rückgabe der Pachtsache 收益租赁物之返还 §596

 Rückgabe von Gegenständen 物之返还 §732

 Anspruch auf Rückgabe 返还请求权 §1254

➤ Rückgaberecht 退回权 §508

 Rückgaberecht bei Haustürgeschäften 访问交易之退还权 §312

 Rückgaberecht bei Fernabsatzverträgen 远距离销售之退还权 §312d

 Rückgaberecht bei Verbraucherverträgen 消费者契约之退还权 §356

➤ Rücknahmeverlangen 请求取回 §§356, 360

➤ Rücktritt 解除 §§345—357

 Unwirksamkeit des Rücktritts 解除契约之无效 §218

 Rücktritt bei Teilzahlungsgeschäften 分期付款行为之解除权 §508

 Rücktritt beim Werkvertrag 承揽契约之解除 §636

➤ Rücktrittsrecht 解除权 §346

 Erlöschen des Rücktrittsrechts nach Fristsetzung 逾期未行使之解除权消灭 §350

 vereinbartes Rücktrittsrecht 约定解除权 §572

➤ Rücktrittsvorbehalt 解除之保留 §308

➤ Sachdarlehensvertrag 物之消费借贷契约 §§607—609, 700

➤ Sache 物 §§90—103

 wesentliche Bestandteile einer Sache 物之重要成分 §93

 Besichtigung einer Sache 物之检查 §809

 Nießbrauch an Sachen 物上用益权 §1030

➤ Sachinbegriff 集合物 §92

- Sachmängelhaftung 物之瑕疵担保

  Sachmängelhaftung bei Schenkung 赠与物之瑕疵担保责任 §524

  Sachmängelhaftung des Werkes 承揽物之瑕疵担保责任 §633

  Sachmängelhaftung beim Vermächtnis 遗赠物之瑕疵担保责任 §2183

- Sachverständiger 鉴定人 §839a
- Satzung 章程 §§33, 36, 39, 45

  Satzungsänderung 章程之变更 §§33, 71

- Schaden 损害

  immaterieller Schaden 非财产上之损害 §§253, 847

  Schaden bei der Ausübung der elterlichen Sorge 行使亲权之损害 §1664

- Schadensersatz 损害赔偿 §249

  Schadensersatz beim gegenseitigen Vertrag 双务契约之损害赔偿 §325

  Schadensersatz beim Kauf 买卖契约之损害赔偿 §§437, 440

  besondere Bestimmungen für Schadensersatz beim Werkvertrag 承揽契约损害赔偿之特别规定 §636

- Schadensersatz statt der Leistung 替代给付之损害赔偿 §281
- Schadensersatzanspruch 损害赔偿请求权 §§281, 703

  Verjährungsfrist für Schadensersatzansprüche 损害赔偿请求权之时效期间 §199

  Erlöschen des Schadensersatzanspruchs 损害赔偿请求权之消灭 §703

- Schadensversicherung 损害保险 §1129
- Schatz 埋藏物 §§984, 1040

  Schatzfund 埋藏物之发现 §984

- Scheck 支票 §496
- Scheidung der Ehe 离婚 §2077
- Scheingeschäft 虚伪表示 §117
- Schenkung 赠与 §§516—534

  Widerruf der Schenkung 赠与之撤销 §530

  Vermögensverwaltung bei Schenkung 获赠财产之管理 §1803

Vertragserben beeinträchtigende Schenkungen　侵害继承契约上继承人之赠与　§2287

➤ Schenkung unter Auflage　附负担赠与　§525
➤ Schenkungsversprechen　赠与之允诺　§518
　Schenkungsversprechen bei Gütergemeinschaft　共同财产之赠与约定　§1425
　Schenkungsversprechen von Todes wegen　死因赠与之约束　§2301
➤ Schiffskauf　船舶买卖　§452
➤ Schriftform　书面方式　§§126, 309, 484, 492
　Schriftform des Darlehensvermittlungsvertrags　消费借贷居间契约之书面方式　§655b
➤ Schuld　债务　§241
　Erlass der Schuld durch Vertrag　以契约免除债务　§397
　Schuldübernahme　债务承担　§§414—419
➤ Schuldanerkenntnis　债务承认　§§518, 656, 782, 2301
　Schuldanerkenntnis für Spiel und Wettschulden　博弈、赌博债务适用债务承认　§762
➤ Schuldschein　负债字据　§§371, 952
　Rückgabe des Schuldscheins　负债字据之返还　§371
➤ Schuldübernahme　债务承担　§§415—419
➤ Schuldverhältnis　债务关系　§§241—853
　Pflichten aus dem Schuldverhältnis　债之关系所生之义务　§241
　Erfüllung des Schuldverhältnisses　债务关系之清偿　§§362—371
　Erlöschen der Schuldverhältnisses　债务关系之消灭　§§362—397
➤ Schuldversprechen　债务约束　§§780, 782 / 债务允诺　§518
➤ Schweigen als Billigung　沉默视为承认　§455
➤ Selbsthilfe　自助行为　§§229—231
　Grenzen der Selbsthilfe　自助行为之限制　§230
　Selbsthilferecht　自助权　§562b

Selbsthilfe des Besitzers　占有人之自助　§859

➢ Selbstvornahme　自行修补　§637

➢ Sexuelle Selbstbestimmung　性自主　§253

➢ Sicherheitsleistung　提供担保　§§232—240, 1051, 1067

 Sicherheitsleistung als Neubeginn der Verjährung　因提供担保时效重新开始　§212

 Sicherheitsleistung bei Miete　使用租赁之提供担保　§§551, 562c

➢ Sicherung　担保／保全　§1098

 Sicherung für Gläubiger　为债权人提供担保　§52

➢ Sicherungsgrundschuld　保全土地债务　§1192

➢ Sicherungshypothek　保全抵押权　§§1184—1190

 Sicherungshypothek des Bauunternehmers　建筑承揽人之保全抵押权　§648

➢ Sicherungsvertrag　担保契约　§1192

➢ Sollzinssatz　利率　§489ff.

➢ Sondergut　特有财产　§§1417, 1416—1419

 Sondergut eines Ehegatten bei Gütergemeinschaft　共同财产制中配偶一方之特有财产　§§1417, 1442, 1464

 Erbschaft als Sondergut　以遗产为特有财产　§1461

 Ausgleichung zwischen Vorbehalts-, Sonder- und Gesamtgut　保留财产、特有财产与共同财产间之补偿　§1467

 Sondergut bei fortgesetzter Gütergemeinschaft　延续共同财产制中之特有财产　§1486

➢ Sonderrecht　社员之特别权　§35

➢ Sorgeerklärung　亲权声明

 Sorgeerklärung unverheirateter Eltern　未结婚父母之亲权声明　§§1626a—1626e

➢ Sorgerecht　亲权

 Entziehung des Sorgerechts　丧失亲权　§1680

 gemeinsames Sorgerecht bei Getrenntleben　分居时之共同亲权　§1687

Abänderung gerichtlicher Entscheidung und gerichtlich gebilligter Vergleiche 法院裁判及经法院同意和解之变更 §1696

➤ Sorgfaltspflicht 注意义务

　Umfang der Sorgfaltspflicht 注意义务之范围 §§1359, 2131

➤ Spiel 博弈 §762ff.

➤ Staffelmiete 分级租金 §557a

➤ Standesbeamter 户政人员 §1310

➤ Sterilisation 绝育 §1631c／结扎手术 §§1899, 1900, 1905

　Verbot der Sterilisation des Kindes 子女绝育之禁止 §1631c

　Einwilligung in eine Sterilisation durch besonderen Betreuer 结扎手术需经特别辅助人同意 §1899

　Voraussetzung der Einwilligung in eine Sterilisation 同意结扎手术之要件 §1905

　keine Einwilligung in eine Sterilisation bei Betreuung durch Verein oder Behörde 社团及主管机关为辅助人时不得同意结扎手术 §1990

➤ Stiftung 财团法人 §§80—88／捐助

　Entstehung einer rechtsfähigen Stiftung 权利能力财团之成立 §80

　Stiftung von Todes wegen 死因处分之捐助 §83

　Stiftungsgeschäft 捐助行为 §§80—84

➤ Stimmrecht 表决权

　Ausschluss vom Stimmrecht 表决权之排除 §34

➤ Störung 障碍／侵扰

　Vorübergehende Störung der Geistestätigkeit 精神活动之暂时障碍 §105

　Störung des Hausfriedens beim Mietvertrag als wichtiger Grund zur außerordentlichen fristlosen Kündigung 侵扰住宅安宁作为无期限特别终止之重大事由 §569

➤ Stundung 缓期清偿 §1382／延期 §2331a

　Hemmung der Verjährung wegen der Stundung 因缓期清偿而时效不完成 §205

　Stundung des Kaufpreises 买卖价金之缓期清偿 §468

➤ Tarifvertrag 劳资契约／劳资协议 §§613a, 622

- Tausch 互易 §480

    Tauschsystemvertrag 互易系统契约 §§481b, 482, 485

- Täuschung 诈欺 §123

    Anfechtbarkeit wegen Täuschung 因诈欺而可得撤销 §123

- Teilbesitz 部分占有 §865
- Teilung 分割

    Teilung der gemeinschaftlichen Sachen 共同关系物之分割 §§752f., 1010

    Teilung bei Grunddienstbarkeiten 地役权之分割 §1025f.

    Teilung der Hypothekenforderung 抵押债权之分割 §1151

    Teilung des Überschusses nach Beendigung der Gütergemeinschaft 共同财产制终了后剩余财产之分割 §1476

    Teilungsanordnungen des Erblassers 被继承人之分割指示 §§2048f., 2306, 2376

    Teilung unter Miterben 共同继承人间分割 §2052

- Teilzahlungsdarlehen 分期给付借贷

    Gesamtfälligstellung bei Teilzahlungsdarlehen 分期给付借贷中之全部到齐条款 §498

- Teilzahlungsgeschäft 分期付款行为 §§506—508
- Teilzeit-Wohnrechtevertrag 分时居住权契约 §§481—487

    Widerrufsrecht bei Teilzeit-Wohnrechtevertrag 分时居住权契约之撤回权 §§356a, 485

    Begriff des Teilzeit-Wohnrechtevertrags 分时居住权契约之概念 §481

    Anzahlungsverbot bei Teilzeit-Wohnrechtevertrag 分时居住权契约价金预付禁止 §486

    Verbraucherschutz bei Teilzeit-Wohnrechtevertrag 分时居住权契约消费者之保护 §487

- Termin 期日 §186ff.

    Auslegungsvorschriften des Termins 期日之解释规定 §§186—193

    Termine bei Rechtsgeschäften 法律行为之期日 §§186, 193

- Testament　遗嘱　§§2064—2273

    Testamentsvollstrecker　遗嘱执行人　§§2197—2228

    Testierfähigkeit　遗嘱能力　§2229

    Testierfreiheit　遗嘱自由　§2302

- Textform　文字方式　§126b

    Textform bei Indexmiete　指数租金须以文字方式　§557b

    Textform bei Mieterhöhung　租金提高须以文字方式　§559b

    Textform für Unterrichtung der Arbeitnehmer über Betriebsübergang　以文字方式通知受雇人企业移转　§613a

- Tier　动物　§90a

    Haftung für Schaden durch ein Tier　为动物造成损害负责　§833f.

    wilde Tiere　野兽　§960

- Tilgungshypothek　清偿抵押权条例　§18

- Tod　死亡

    Tod nach Abgabe der Willenserklärung　意思表示发出后死亡　§130

    Tod vor Annahme　承诺前死亡　§153

    keiner Widerruf beim Tod des Beschenkten　受赠人死亡者不得撤销　§532

    Tod als Eintritt der Erbfolge　因死亡开始继承　§1922

    Tod des Vorerben als Eintritt der Nacherbfolge　因前位继承人死亡开始后位继承　§2106

- Trauung　结婚仪式　§1312

- Trennung　分居

    Trennung der Ehegatten　夫妻分居　§1361

    Trennung als Grund zur vorzeitigen Aufhebung der Zugewinngemeinschaft　分居作为事先终止法定财产制之事由　§1385

    Trennung als Vermutung für das Scheitern　分居作为婚姻破裂之推定　§1566

- Treu und Glauben　诚信原则　§§157, 162, 242, 320, 815

    Treu und Glauben beim Bedingungseintritt　条件成就时之诚信原则　§162

Leistung nach Treu und Glauben　依诚实及信用为给付　§242

➢ Überbau　越界建筑　§§912—916

　　Eigentumsübertragung　移转所有权　§915

➢ Übergabe　交付

　　Übergabe der Kaufsache　买卖标的物之交付　§§433, 447—453

　　Übergabe der beweglichen Sachen　动产之交付　§§929, 931

　　Übergabe bei Bestellung des Nießbrauchs　设定用益权之交付　§1032

　　Übergabe bei Bestellung des Pfandrechts　设定质权之交付　§1205

➢ Überhang　越界树木之根枝　§910

➢ Überschuldung　债务超过

　　Überschuldung eines Vereins　社团之债务超过　§42

　　Überschuldung einer Stiftung　财团之债务超过　§86

　　Überschuldung einer Körperschaft des öffentlichen Rechts　公法上之团体之债务超过　§89

　　Überschuldung des Gesamtguts　共同财产负累过多　§1447f.

　　Überschuldung des Nachlasses　债务超过遗产　§§1980, 1990ff.

　　Enterbung des Abkömmlings wegen Überschuldung　直系血亲卑亲属因债务超过剥夺特留份权利　§2338

➢ Übertragung　让与合意

➢ Überziehungsmöglichkeit　透支可能性

　　eingeräumte Überziehungsmöglichkeit　给予透支可能性　§504

　　geduldete Überziehung　容忍透支　§505

➢ Umdeutung　无效法律行为之转换　§140

➢ Umgangsrecht　会面交往权

　　Umgangsrecht des Kindes　子女之会面交往权　§1684

　　Umgangsrecht des Kindes mit anderen Bezugspersonen　子女与其他人之会面交往权　§1685

　　Umgangsrecht des leiblichen Vaters　生父之会面交往权　§1686a

Abänderung gerichtlicher Entscheidungen und gebilligter Vergleiche　法院裁判之变更与公平之裁量　§1696

➢ Umsatzsteuer　营业税

　　Umfang des Schadensersatzes　损害赔偿之种类　§249

➢ Umschulung　转业培训　§1575

　　Unterhalt wegen Krankheit oder Gebrechen　疾病或残废之扶养　§1572

　　Kosten der Umschulung　转业培训之费用　§1578

➢ Unbestellte Leistungen　未订购之给付　§241a

➢ Unbilligkeit　不公平／grobe Unbilligkeit　显失公平

　　Leistungsverweigerung wegen grober Unbilligkeit　因显失公平而拒绝给付　§1381

　　Herabsetzung und zeitliche Begrenzung des Unterhalts wegen Unbilligkeit　因不公平而减少扶养费及扶养之时间限制　§1578b

　　Beschränkung oder Versagung des Unterhalts wegen grober Unbilligkeit　因显失公平而限制或拒绝扶养　§1579

➢ Undank　背弃忘恩

　　Widerruf der Schenkung wegen Undank　因背弃恩义之行为为赠与之撤销　§530

　　Verzicht auf Widerrufsrecht　撤销权之抛弃　§533

➢ Unerlaubte Handlung　侵权行为　§§823—853

　　Ausschluss der Aufrechnung gegen Forderung aus unerlaubter Handlung　侵权行为所生债权抵销之排除　§393

　　Schadensersatz bei Verarbeitung wegen unerlaubter Handlung　侵权行为加工之损害赔偿　§951

　　Haftung des deliktischen Besitzers wegen unerlaubter Handlung　不法占有人依侵权行为之规定负责　§992

　　Haftung bei Gütergemeinschaft wegen unerlaubter Handlung　共同财产制因侵权行为所生之责任　§1463

➢ Unfallversicherung　意外保险　§616

➢ Ungerechtfertigte Bereicherung　不当得利　§§812—822, 977, 1301

ungerechtfertigte Bereicherung des Gesamtguts　共同财产之不当得利　§§1434, 1457

➢ Unmöglichkeit　给付不能

Unmöglichkeit bei Wahlschuld　选择之债之给付不能　§265

Unmöglichkeit der Herausgabe　返还不能　§§292, 346f., 457, 460, 815, 848, 2021, 2023

Draufgabe bei zu vertretender Unmöglichkeit der Leistung　给付不能可归责时之定金　§338

Unmöglichkeit bei Gesamtschuldverhältnissen　连带债务之给付不能　§425

Unmöglichkeit bei einem Vermächtnis　以不能之给付为遗赠　§2171f.

➢ Unpfändbarkeit　禁止扣押／不可设质

Unpfändbarkeit des Rücknahmerechts　取回权禁止扣押　§377

Unpfändbarkeit des Nießbrauchs　用益权不可设质　§1059b

➢ Unterhalt　扶养

angemessener Unterhalt　相当之扶养　§§1360a, 1603, 1608, 1610

Unterhalt bei Getrenntleben　分居时之扶养　§1361

Unterhalt nach Scheidung　离婚后之扶养　§1569ff.

Art der Unterhaltsgewährung　扶养之方式　§§1585ff., 1612

Unterhalt für die Vergangenheit　过去之扶养　§1613

➢ Unterhaltsanspruch　扶养请求权　§1712

Herabsetzung und zeitliche Begrenzung　减少扶养费及扶养之时间限制　§1578b

Beschränkung des Unterhaltsanspruchs　扶养请求权之限制　§1579

Ende des Unterhaltsanspruchs　扶养请求权之消灭　§1586f.

Geltendmachung des Unterhaltsanspruchs durch Elternteil　由父母之一方行使扶养请求权　§1629

➢ Unterhaltsberechtigte　扶养权利人　§1602

Wiederverheiratung der Unterhaltsberechtigten　扶养权利人之再婚　§1586

Unterhaltspflicht der Verwandten　直系血亲间之扶养义务　§§1601—1615

Rangfolge mehrerer Unterhaltsberechtigter　多数扶养权利人之顺序　§1609

Verfehlungen des Unterhaltsberechtigten gegen Verpflichteten　扶养权利人对义务人之不法行为　§1611

> Unterhaltung　维护

Unterhaltung eines Gebäude　建筑物之维护　§§836, 838

Unterhaltung von Grenzanlagen　疆界设置物之保存　§922

Unterhaltung der Nießbrauchsache　用益物之保管　§1041

> Unterlassung　不作为

Unterlassung als Anspruchsgegenstand　不作为当作诉讼标的　§§194, 590a, 862, 1004, 1134

Unterlassung als Gegenstand eines Schuldverhältnisses　不作为当作债之关系之标的　§241

> Unterlassungsanspruch　不作为请求权

Beseitigungs- und Unterlassungsanspruch　除去及不作为请求权　§1004

> Unterlassungsklage　不作为之诉

Unterlassungsklage gegen Namensführung　对姓名使用之不作为之诉　§12

Unterlassungsklage bei vertragswidrigem Gebrauch der Mietsache　背于约定方法使用租赁物之不作为之诉　§541

Unterlassungsklage bei Nießbrauch　用益权之不作为之诉　§1053

> Unternehmer　企业经营者　§14／承揽人

Rückgriff des Unternehmers　企业经营者之求偿　§478

Unternehmer im Werkvertrag　承揽契约之承揽人　§631

> Unterschrift　签名

öffentliche Beglaubigung　认证　§129

Unterschrift des Erblassers　遗嘱人之签名　§§2247, 2267

> Untervermächtnis　再遗赠

Fälligkeit eines Untervermächtnisses　再遗赠之到期　§2186

> Unvermögen　不能

Unvermögen des Schuldners 债务人之不能 §297

➤ **Unverzüglich 即时** §121

➤ **Unwirksamkeit 不生效力／无效**

Unwirksamkeit des Rücktritts 解除契约之无效 §218

Unwirksamkeit der Bestimmung der Leistung durch Dritte 透过第三人确定给付之不生效力 §319

Unwirksamkeit des Versprechens einer Vertragsstrafe bei Wohnraummiete 住屋租赁契约中违约金约定之无效 §555

Unwirksamkeit der Auflage 负担之不生效力 §2195

Unwirksamkeit eines gemeinschaftlichen Testaments 共同遗嘱之无效 §2270

Unwirksamkeit des Erbvertrags 继承契约之不生效力 §2298

➤ **Unzumutbarkeit 不公**

Unzumutbarkeit bei der Entziehung des Pflichtteils 特留份之剥夺时之不公 §2336

➤ **Urheberrecht 著作权**

Laufzeit bei Dauerschuldverhältnissen 继续性债之关系之存续期间 §309

➤ **Urlaubsprodukt 度假商品**

langfristiges Urlaubsprodukt 长期度假商品 §§312, 356a, 357b, 360, 481a, 481b, 482, 483, 485, 486a

➤ **Urteil 判决**

Bestimmung der Leistung durch Urteil 以判决确定给付 §319

Ausschluss des Rücknahmerechts bei Hinterlegung 提存时取回权之例外 §376

Urteil gegen Gesamtschuldner 对连带债务人之判决 §425

Urteil über Notweg 必要通行以判决定之 §917

➤ **Valutaverhältnis 对价关系** §788

➤ **Vaterschaft 父子关系／生父** §1592

Anerkennung der Vaterschaft 父子关系之认领 §1594

Anfechtung der Vaterschaft 父子关系之否认 §§1600, 1600a

1707

Rechte des leiblichen Vaters 生父之权利 §1686a

Beistandschaft des Jugendamts für die Feststellung der Vaterschaft 于确认生父之身份时少年局之辅佐 §1712

➤ **Verantwortlichkeit** 责任

Verantwortlichkeit des Schuldners 债务人之责任 §276

➤ **Verarbeitung** 加工

Wertersatz bei Verarbeitung 加工之价额偿还 §346

Verarbeitung von Sachen 物之加工 §950f.

Verarbeitung des Vermächtnisses 遗赠之加工 §2172

➤ **Veränderung der Umstände** 情事变更 §313

➤ **Veräußerungsverbot** 让与禁止 §§135ff., 888, 1136

➤ **Verbindlichkeiten** 债务

Übernahme einer neuen Verbindlichkeiten 债务人承担新债偿旧债 §364

Eingehung der Verbindlichkeiten ohne Rechtsgrund 无法律上原因而负担债务 §821

Befriedigung der Verbindlichkeiten aus Gesamtgut 共同财产债务之清偿 §§1437, 1459

Verbindlichkeiten durch Testamentsvollstrecker 遗嘱执行人负担债务 §2206f.

➤ **Verbindung** 附合 §§946, 947, 951

Verbindung von Sachen 物之附合 §§946f., 949, 951, 997

Verbindung des Vermächtnisses 遗赠与他物附合 §2172

➤ **Verbraucher** 消费者 §13

Kauf zwischen Verbraucher und Unternehmer 消费者与企业经营者间之买卖 §474

Schutz des Verbrauchers bei Mängelmitteilung 消费者于通知瑕疵前之保护 §475

Widerrufsrecht des Verbrauchers 消费者之撤回权（消费者借贷契约） §495

➤ **Verbraucherdarlehensvertrag** 消费者金钱借贷契约 §491

Informationen des Verbraucherdarlehensvertrags während Vertragsverhältnis 消费者金钱借贷契约关系期间之信息 §493

Formvorschriften des Verbraucherdarlehensvertrags 消费者金钱借贷契约形式之规定 §494

Anrechnung von Teilleistungen des Verbraucherdarlehensvertrags 消费者金钱借贷契约分期付款之计算 §497

Überziehung 透支 §504f.

➢ Verbrauchervertrag 消费者契约 §§312, 355ff.

Allgemeine Geschäftsbedingungen des Verbrauchervertrags 消费者定型化契约 §310

Grundsätze des Verbrauchervertrags 消费者契约之原则 §312a

Widerrufsrecht des Verbrauchervertrags 消费者契约之撤回权 §355

➢ Verbrauchsgüterkauf 消费物之买卖 §§474—479

➢ Verein 社团 §§21—54

Schadenshaftung des Vereins für Vorstand 社团为董事会负损害责任 §31

Auflösung des Vereins 社团之解散 §§41, 45, 74

Eintragung des Vereins 社团之登记 §§55—79

Vereinsvormundschaft 社团监护人 §1791a

➢ Vereinigung 合并／结合／混同

Vereinigung mehrerer Grundstücken 土地之合并 §890

Vereinigung von Bienenschwärmen 数蜂群之结合 §963

Vereinigung von Hypothek und Eigentum 抵押权与所有权混同 §1177ff.

Vereinigung von Recht und Belastung 权利与负担混同 §§1976, 1991, 2143, 2175, 2377

Vereinigung von Recht und Verbindlichkeit 权利与义务混同 §§1976, 1991, 2143, 2175, 2377

➢ Vereinsbetreuer 社团辅助人 §§1897, 1908b, 1908i

➢ Vereinsvormundschaft 社团监护人 §§1791a, 1851

zulässige Befreiung der Vereinsvormundschaft　社团监护人准予免除之权　§1857a

Entlassung der Vereinsvormundschaft　社团监护人之解任　§1887

➤ Vereinsvorstand　社团董事会　§§26—28, 42, 48ff., 58f., 67ff.

Zwangsgeld gegen Vereinsvorstand　对董事会处以怠金　§78

➤ Verfolgungsrecht　追寻权

Verfolgungsrecht des Besitzers　占有人之追踪权　§867

Verfolgungsrecht des Eigentümers　所有人之追踪权　§§962, 1005

➤ Verfügung　处分

Verfügung über veräußerliches Recht　处分可让与权利之权限　§137

Verfügung unter einer Bedingung　附条件之处分　§161

Verfügung von Todes wegen　以死因处分为之　§§332, 1937, 2229, 2231

Verfügung über Anteil und gemeinschaftliche Gegenstände　对应有部分及共同关系标的之处分　§747

Verfügung nach Eintragung der Vormerkung　预告登记后之处分　§883

Verfügung über Gesamtgut　共同财产之处分　§§1423, 1428

➤ Verfügungsbefugnis　处分权限　§2205

➤ Verfügungsbeschränkung　处分限制　§135ff.

gesetzliche Verfügungsbeschränkung　法定之处分限制　§135

Verfügungsbeschränkung bei Grundstücken　土地之处分限制　§878

Verfügungsbeschränkung eingetragener Rechte　已登记之权利之处分限制　§§892ff., 899

Verfügungsbeschränkung des Erben　继承人之处分限制　§§1984, 2211ff.

➤ Vergleich　和解　§779

Ersatz für notarielle Beurkundung beim gerichtlichen Vergleich　法院和解时公证书之代替　§127a

Verjährung von Ansprüchen aus vollstreckbarem Vergleich　基于可执行和解请求权之时效　§197

Schuldanerkenntnis oder Schuldversprechen durch Vergleich 以和解为债务承认、约束 §782

Eingehung des Vergleichsvertrags für Mündel 为受监护人订定之和解契约 §1822

➢ Vergütung 报酬

Vergütung beim Dienstvertrag 雇佣契约之报酬 §§611f., 614—616

Vergütung beim Werkvertrag 承揽契约之报酬 §§631f., 641

Vergütung des Darlehensvermittlungsvertrags 消费借贷居间契约之报酬 §655c

Vergütung bei Verwahrung 寄托之报酬 §§689, 699

Vergütung des Nachlassverwalters 遗产管理人之报酬 §1987

➢ Verjährung 消灭时效

Verjährung der Ansprüche auf Erstattung der Zwangsvollstrckungskosten 偿还强制执行费用之请求权时效 §197

Verjährungshöchstfrist 最长时效 §199

Ablaufhemmung der Verjährung 时效期满之不完成 §§203—213

Verjährung bei Gesamtschuldverhältnissen 连带债务关系之消灭时效 §425

Ausschluss 除外规定 §§898, 902, 924, 2042

Verjährung der Ausgleichsforderung 平衡债权之消灭时效 §1378

➢ Verkäufer 出卖人

Pflichten des Verkäufers 出卖人义务 §433

Haftung des Verkäufers bei Rechtsmangel 出卖人之权利瑕疵责任 §435f.

➢ Verkehrssitte 交易习惯 §§151, 157, 242

➢ Verlöbnis 婚约 §§1297—1302

➢ Vermächtnis 遗赠 §§1939, 2147—2191, 2280

Ausschlagung des Vermächtnisses 遗赠之拒绝 §§1822, 2176, 2180

wahlweise Bedachte 选择性之受遗赠人 §2152

Anfang des Vermächtnisses 遗赠之开始 §§2162, 2177

Anfall des Vermächtnisses 遗赠之归属 §§2176—2179

Annahme des Vermächtnisses　遗赠之承认　§2180

➢ **Vermengung**　融合

Vermengung von Sachen　物之融合　§§948f., 951

Vermengung des Vermächtnisses　遗赠与他物融合　§2172

➢ **Vermieter**　使用出租人

Rechte und Pflichten des Vermieters　使用出租人之权利义务　§535ff.

Unterlassungsklage des Vermieters bei vertragswidrigem Gebrauch　使用承租人违反约定之使用时使用出租人之不作为诉讼　§541

Kündigung des Vermieters　使用出租人之终止　§§543, 573

Verjährung der Ersatzansprüche und des Wegnahmerechts des Vermieters　使用出租人之损害赔偿请求权及取回权之消灭时效　§548

Vermieterpfandrecht　使用出租人之质权　§§562—562d

➢ **Vermieterpfandrecht**　使用出租人之质权　§§562, 562a

➢ **Vermischung**　混合　§948

Vermischung von Bienenschwärmen　数蜂群之混合　§964

Vermischung des Vermächtnisses　遗赠与他物混合　§2172

➢ **Vermittlungsvertrag**　中介契约　§481b

vorvertragliche Informationspflichten bei Vermittlungsvertrag　中介契约之订约前信息提供义务　§482

Sprache der Vermittlungsvertrags　契约之语言　§483

Form und Inhalt des Vermittlungsvertrags　中介契约之方式与内容　§484

Widerrufsrecht des Vermittlungsvertrags　中介契约之撤回权　§485

Anzahlungsverbot des Vermittlungsvertrags　中介契约价金预付禁止　§486

➢ **Vermögen**　财产

Vereinsvermögen　社团财产　§§45—53

Vertrag über gegenwärtiges Vermögen, über künftiges Vermögen　关于财产、将来财产之契约　§311b

Nießbrauch des Vermögens　财产之用益权　§§1085—1089

Vermögen im Ganzen　全部财产　§1365

Vermögen der Ehegatten als Gesamtgut　夫妻之财产作为共同财产　§1416

➤ **Vermögenssorge**　财产照护／财产监护／财产管理权　§1626

　Beschränkung der Vermögenssorge　财产监护之限制　§1638f.

　Aufwendungsersatz der Vermögenssorge　财产照顾费用偿还　§1648

　Entziehung der Vermögenssorge　财产监护之剥夺　§1666f.

　Ruhen, Beendigung der Vermögenssorge　财产管理权之停止、中止　§1698

➤ **Vermögensverwaltung**　财产之管理

　Vermögensverwaltung der Ehegatten　配偶之财产管理　§§1364, 1413

　Vermögensverwaltung für Kinder　为子女管理财产　§1626

　Vermögensverwaltung des Vormundes　受监护人之财产管理　§§1802ff., 1840ff., 1852ff.

➤ **Vermögensverzeichnis**　财产目录　§§1640, 1802

　Anfertigung des Vermögensverzeichnisses durch Eltern　透过父母制作之财产目录　§1640

　Vermögensverzeichnis über Kindesvermögen　关于子女财产之财产目录　§1667

　Vermögensverzeichnis bei Vormundschaft　监护时之财产目录　§1802

➤ **Vermutung**　推定

　gesetzliche Vermutung　法律推定　§891

　Vermutung des Eigenbesitzes　自主占有之推定

　Eigentumsvermutung für Besitzer　占有人之所有权推定　§1006

　Vermutung der Richtigkeit des Erbscheins　继承权证书真实性之推定　§2365

➤ **Verpächterpfandrecht**　收益出租人之质权　§592

➤ **Verpfändung**　质权／出质

　Verpfändung zum Zwecke der Sicherheitsleistung　以提供担保为目的　§232

　Verpfändung fremder Sachen　他人之物设定质权　§1207

　mehrfache Verpfändung　多数质权　§1232

　Einziehung bei mehrfacher Verpfändung　关于多数出质之收取　§1290

➢ Verrichtungsgehilfe　事务辅助人　§831

➢ Verschulden　故意过失／可归责事由

　　mitwirkendes Verschulden　与有过失　§254

　　für Verschulden Dritter　为第三人之故意过失负责　§§278, 540, 664, 691

　　Verschulden bei Gesamtschuldverhältnissen　连带债务关系之可归责事由　§425

　　sitttliches Verschulden des Unterhaltsberechtigten　扶养权利人道德上可归责　§1611

➢ Verschwendung　浪费财产

　　Anrechnung bei Zugewinnausgleich　平衡净益之计算　§1375

　　vorzeitiger Zugewinnausgleichsanspruch　事先平衡净益请求权　§1386

　　Pflichtteilsbeschränkung　特留份之限制　§2338

➢ Versendung　送交／寄送

　　Versendung der Kaufsache　买卖标的物之送交　§447f.

　　Versendung des bestellten Werkes　约定之工作之送交　§644

　　Kosten der Versendung　寄送费用　§448

➢ Versendungskauf　送交买卖　§447

➢ Versicherungsforderung　保险债权　§1127ff.

　　Nießbrauch an der Versicherungsforderung　保险债权上之用益权　§1046

➢ Versöhnung　复合

　　Versöhnung der Ehegatten　夫妻复合　§1567

➢ Versorgungsausgleich　照护财产分配

　　Versorgungsausgleich im Ehevertrag　于夫妻财产制契约中约定照护财产分配　§1408

　　Versorgungsausgleich bei Scheidung　离婚　§1587

➢ Versteigerung　拍卖　§§935, 966, 967, 975, 979—982, 1233—1246

　　Vertragsabschluss der Versteigerung　拍卖之契约成立　§156

　　Versteigerung der geschuldeten Sache　给付标的物之拍卖　§§383—386

　　Haftungsbegrenzung bei öffentlichen Versteigerung　公开拍卖之责任限制　§445

➢ Vertiefung 土地之开掘

　　Schutz des Nachbargrundstücks bei Vertiefung 开掘土地时邻地之保护 §909

➢ Vertrag 契约 §§145—157

　　Auslegung des Vertrags 契约之解释 §157

　　Vertragsschluss des Vertreters ohne Vertretungsmacht 无代理权人订定契约 §177ff.

　　Allgemeine Geschäftsbedingungen 定型化契约 §§305—310

　　Anpassung oder Beendigung des Vertrags 契约之调整及终了 §313f.

　　Draufgabe des Vertrags 契约之定金 §336ff.

　　Rücktritt des Vertrags 契约之解除 §§346—354

➢ Vertrag zugunsten Dritter 利益第三人契约 §328ff.

➢ Vertragsantrag 要约 §145ff.

　　verspätete Annahme und Änderung als neuer Antrag 迟到之承诺与变更作为新要约 §150

　　Ablehnung von Vertragsantrag 要约之拒绝 §§1432, 1455

➢ Vertragsfreiheit 契约自由 §1408

　　Beschränkung der Vertragsfreiheit 契约自由之限制 §1409

➢ Vertragsschluss 制定契约

　　Vertragsschluss ohne Einwilligung 未经允许而订定契约 §108

　　Vertragsschluss bei Versteigerung 拍卖之契约成立 §156

　　Vertragsschluss ohne Vertretungsmacht 无权代理人订定契约 §177

➢ Vertragsstrafe 违约罚 §§309, 339—345

　　Vertragsstrafe nicht in Geld 金钱以外之违约罚 §342

　　Herabsetzung der Vertragsstrafe 违约罚之酌减 §343

　　keine Vertragsstrafe bei Wohnraummiete 住屋租赁契约中违约罚约定之无效 §555

　　Haftung des Pfandes für Vertragsstrafe 质物之违约罚之责任 §1210

　　Vertragsstrafe bei Verlöbnisbruch 不履行婚约之违约罚 §1297

➢ Vertreter 代理人

beschränkt geschäftsfähiger Vertreter　限制行为能力人为代理人　§165

Willensmängel des Vertreters　代理人意思欠缺　§166

Vertreter ohne Vertretungsmacht　无权代理　§177

Verantwortlichkeit für einen gesetzlichen Vertreter　为法定代理人负责　§278

Bestellung eines Grundbuchvertreters　土地登记代理人之选任　§1189

für Errichtung eines Testaments keine Zustimmung des gesetzlichen Vertreters　遗嘱无须法定代理人同意　§2229

➤ Vertretung　代表／代理

Vorstand und Vertretung　董事会及代表　§26

Vertretung und Vollmacht　代理及代理权　§§164—176

Vertretung von Ehegatten bei Gütergemeinschaft　配偶于共同财产时之代理　§1436

gesetzliche Vertretung des Kindes　子女之法定代理　§1626

Vertretung des Mündels　受监护人之代理　§1793

Auschluss der Vetretung in Erbsachen　继承事项时代理之排除　§§2282, 2290, 2296, 2347, 2351

➤ Vertretungsmacht　代理权限　§§164ff., 171ff.

Fehlen der Vertretungsmacht bei einseitigen Rechtsgeschäften　欠缺代理权限之单独行为　§180

Ausschluss der Vertretungsmacht des Vormunds　监护人代理权之排除　§§1793, 1795f.

➤ Verwahrung　保管／寄托　§§688—700

Verwahrung von Sachen bei unteilbarer Leistung　给付不可分时之标的物保管　§432

Verwahrung des Pfandes　质物之保管　§§1215, 1217

amtliche Verwahrung des Testaments　行政机关保管遗嘱　§2248

➤ Verwaltung　管理

Verwaltung von Stiftung　财团之管理　§86

Rechnungslegung　计算之提出　§259

gemeinschaftliche Verwaltung 共同管理 §744ff.

Verwaltung bei Nießbrauch 用益权之管理 §§1052, 1054, 1070

Verwaltung des Gesamtguts 共同财产之管理 §1421

Verwaltung des Kindsvermögens 子女财产之管理 §§1638, 1640

➢ Verwandte 血亲

Unterhaltspflicht zwischen Verwandten 血亲间之扶养义务 §§1601—1615

Rangfolge im Unterhalt 扶养之顺序 §1609

Erlöschen von Verwandtschaftsverhältnissen 亲属关系之消灭 §1755

Rechtsgeschäfte zwischen einem Verwandten in gerader Linie und dem Mündel 直系血亲与受监护人间之法律行为 §1795

Ausschließung des Verwandten von Erbfolge 血亲法定继承权之剥夺 §1938

➢ Verwandtschaft 亲属 §§1589—1772

Eheverbot 禁婚亲 §1307

Wirkung der Adoption 收养之效力 §1755f.

➢ Verweigerung 拒绝

Verweigerung der Gegenleistung 对待给付之拒绝 §320

Verweigerung der Nacherfüllung 嗣后履行之拒绝 §§439, 440

Verweigerung der Schenkung 赠与之拒绝 §519

Verweigerung des Zugewinnausgleichs 净益平衡之拒绝 §1381

Verweigerung der Übernahme einer Vormundschaft 就任监护人之拒绝 §1786

➢ Verwendungen 费用

Verwendung des Gläubigers 债权人之费用 §292

Verwendung bei unerlaubter Handlung 侵权行为时之费用 §850

Verwendung des Besitzers 占有人之费用 §§994—1003

Verwendung des Pfandgläubigers 质权人之费用 §§1210, 1216

Verwendung des Vorerben 前位继承人之费用 §2138

➢ Verwendungsanspruch 费用返还请求权

Geltenmachung des Verwendungsanspruchs 费用返还请求权之行使 §1001

Erlöschen des Verwendungsanspruchs des Besitzers　占有人费用返还请求权之消灭　§1002

➤ Verwertung　变价

　　Verwertung von Fundsachen　拾得物之变价　§979

　　Verwertung des geweblichen Pfandrechts　产业质物之变卖　§1259

➤ Verzeihung　宥恕　§2343

　　Ausschluss des Widerrufs durch Verzeihung bei der Schenkung　赠与之撤销因宥恕而排除　§532

　　Pflichtteil　对受剥夺特留份人之宥恕　§2337

➤ Verzicht　抛弃

　　Verzicht auf Einrede der Vorausklage　先诉抗辩权之抛弃　§§239, 773

　　Verzicht auf Hypothek　抵押权之抛弃　§§418, 1165, 1168f., 1175, 1178

　　Verzicht an Grundstück　土地所有权之抛弃　§928

　　Verzicht auf Eigentum an bewegliche Sachen　动产所有权之抛弃　§959

　　Verzicht auf den Unterhaltsanspruch　扶养请求权之抛弃　§1614

　　Erbverzicht　继承之抛弃　§2346ff.

➤ Verzinsung　计息

　　Verzinsung des Aufwendungsersatzes　费用偿还之计息　§256

　　Verzinsung des Wertersatzes　价额偿还之计息　§290

　　Wegfall der Verzinsung　利息之丧失　§301

➤ Verzögerungsschaden　迟延损害　§280

➤ Verzug　迟延

　　Verzug des Schuldners　债务人之迟延　§§264, 274, 286—288, 425

　　Verzug des Gläubigers　债权人之迟延　§§264, 274, 293—304, 372, 383f., 424, 429, 615

　　Leistungsverzug　给付迟延　§309

　　Klauselverbote ohne Wertungsmöglichkeit bei Leistungsverzug　给付迟延时之无评价可能被禁止条款　§309

Verzug der Annahme 受领迟延 §322

Verzug der Annahme des Käufers als Übergabe 买受人受领迟延视同交付 §446

Verzug des Unterhaltspflichtigen 扶养义务人之迟延 §1613

➢ Verzugszinsen 迟延利息 §§288, 522, 1146

Verzugszinsen des Verbraucherdarlehensvertrags 消费者金钱借贷契约之迟延利息 §497

➢ Vollendung 完成

Vollendung der Geburt 出生之完成 §1

Vollendung des Werks 工作之完成 §646

➢ Volljährigkeit 成年

Eintritt der Volljährigkeit 成年之始 §2

Volljährigkeit des Mündels, Genehmigung von Rechtsgeschäften des Vormunds 受监护人成年后对监护人法律行为之同意 §1829

➢ Vollmacht 意定代理权 §§166—176

keine Bevollmächtigung bei Vaterschaftsanerkennung 父子关系认领时不得授权 §1596

Vollmacht zur Ausschlagung einer Erbschaft 拒绝继承之代理权 §1945

➢ Vollmachtsurkunde 代理权之授权书 §172ff.

Nichtsvorlegung der Vollmachtsurkunde 未提示授权书 §174

Rückgabe der Vollmachtsurkunde 授权书之交还 §175

Kraftloserklärung der Vollmachtsurkunde 授权书之无效宣示 §176

➢ Vollstreckungshandlung 执行行为

Neubeginn der Verjährung aufgrund der Vollstreckungshandlung 因执行行为时效重新起算 §212

➢ Vollstreckbarer Titel 执行名义

Errichtung des vollstreckbaren Titel als Beginn der Verjährung 取得执行名义后时效重新起算 §201

➢ Voraus 先取遗产 §§1932f., 2311

- **Vorausleistung 预先给付**
    Vorausleistung des Dienstlohnes　工资之预付　§628
    Vorausleistung der Überbaurente　越界建筑地租之预付　§913
    Vorausleistung des Familienunterhalts　家庭生活费用之预付　§§1360, 1360a
    Vorausleistung des Unterhalts　扶养之预付　§1614f.

- **Vorausverfügung 先行处分**
    Vorausverfügung über Miete　使用租金预先处分　§566b
    Vorausverfügung über Miete oder Pacht bei Hypothekenhaftung　抵押责任时使用租金及收益租金之先行处分　§1124

- **Vorausvermächtnis 优先遗赠**　§2150
    Vorausvermächtnis zugunsten des Vorerben　利于前位继承人之优先遗赠　§2110
    Vorausvermächtnis beim Erbschaftskauf nicht als mitverkauft　于遗产买卖时优先遗赠不认为一并出卖　§2373

- **Vorbehalt 保留**
    geheimer Vorbehalt　心中保留　§116
    Vorbehalt des Verlustes der Rechte aus Vertrag　契约解除权之保留　§354
    Vorbehalt des Ranges für künftig einzutragende Rechte　为将来应登记权利之次序保留　§881
    Vorbehalt der Entlassung des Vormunds　监护人解任之保留　§1790
    Vorbehalt der Ergänzung letztwilliger Verfügungen　终意处分补充之保留　§2086

- **Vorbehaltsgut 保留财产**
    Vorbehaltsgut bei Gütergemeinschaft　于共同财产制时之保留财产　§1418
    Erbschaft als Vorbehaltsgut　以遗产作为保留财产　§1461
    Ausgleichung zwischen Vorbehalts-, Sonder- und Gesamtgut　保留财产、特有财产与共同财产间之补偿　§1467

- **Voreintragung 先行登记**
    Voreintragung des Verpflichteten　义务人之先行登记　§895

- **Voreltern 祖父母、曾祖父母、高祖父母**

Unterhalt von Voreltern an die Abkömmlinge　祖父母对卑亲属之扶养　§685

gesetzliches Erbrecht der Voreltern　祖父母之法定继承权　§1929

> Vorerbe　前位继承人

Verfügungen des Vorerben über Nachlassgegenstände　前位继承人对遗产标的物之处分　§2112

Verfügungen des Vorerben über Grundstücke und Schiffe　前位继承人对土地、船舶之处分　§2113

Verfügung des Vorerben über Erbschaftsgegenstände mit Einwilligung der Nacherben　前位继承人须经后位继承人同意处分遗产标的物　§2120

Verfügungsrecht des Vorerben über Erbschaftsgegenstände　前位继承人对遗产标的物之处分权　§§2129, 2140

Rechenschaftspflicht des Vorerben　前位继承人之报告义务　§2130

Befreiung des Vorerben von Verpflichtungen　前位继承人义务之免除　§2136

> Vorfälligkeitsentschädigung　期前清偿之损害赔偿　§490

Vorfälligkeitsentschädigung für Darlehensgeber　贷与人之期前清偿损害赔偿　§502

> Vorkauf　优先承买　§§463—473

> Vorkaufsrecht　优先承买权／先买权

Ausschluss der Ausübung des Vorkaufsrechts　优先承买权行使之排除　§§466, 470f.

Vorkaufsrecht des Mieters　使用承租人之优先承买权　§577

Vorkaufsrecht an Grundstücken　对土地之优先承买权　§§1094—1104

Subjektiv-dingliches Vorkaufrecht　主观的物上先买权　§1103

subjektiv-persönliches Vorkaufrecht　主观的人的先买权　§1103

Vorkaufsrecht der Miterben　共同继承人之优先承买权　§2034ff.

> Vorlegung　提示／出示

Vorlegung der Rechnungsbelege　单据之出示　§259

Vorlegung der Schuldverschreibungen　无记名证券之提示　§801f.

Vorlegung von Sachen　物之提示　§809ff.

Vorlegung des Hypotheken-, Grundschuld- und Rentenschuldbriefs　抵押权、土地债务、定期土地债务书状之提示　§§896, 1160

➢ Vorleistungspflicht　先为给付之义务

Vorleistungspflicht beim gegenseitigen Vertrag　双务契约时之先为给付义务　§320

Leistungsverweigerungsrecht (Unsicherheitseinrede)　不安抗辩权下之给付拒绝权　§321

Vorleistungspflicht bei Klage auf Gegenleistung　对待给付之诉时之先为给付义务　§322

➢ Vormerkung　预告登记

Vormerkung im Grundbuch　土地登记簿中之预告登记　§§883—888, 1971, 1990, 2016

Wirkung des Vorkaufsrechts als Vormerkung　先买权效力与预告登记相同　§1098

Löschungsvormerkung einer Hypothek　抵押权涂销之预告登记　§1179

➢ Vormund　监护人

Bestellung des Vormunds　监护人之选任　§§1774, 1791a—1791c

Auswahl des Vormunds durch Familiengericht　由家事法院选任监护人　§1779

Jugendamt als Amtsvormund　少年局作为官方监护人　§1791b

Genehmigungsbedürfige Rechtsgeschäfte des Vormunds　监护人应经许可之法律行为　§1821f.

einseitige Rechtsgeschäfte des Vormunds ohne Genehmigung　未经许可之监护人单独行为　§1831

Wechsel des Vormunds　监护人之替换　§1851

Entlassung des Vormunds　监护人之解任　§1886f.

➢ Vormundschaft　监护　§§1773—1905

Ausschließungsgründe der Vormundschaft　排除之事由　§§1780, 1782

Vereinsvormundschaft　社团监护人　§1791a

Beendigung der Vormundschaft　监护之终了　§§1882—1895

- Vorsatz 故意

    Vorsatz als Verschuldensform 故意作为可归责之类型 §§276, 300

    Vorsatz bei Geschäftsführung zur Gefahrenabwehr 避免危险事务管理时之故意 §680

    Vorsatz bei unerlaubten Handlungen 侵权行为之故意 §826

    Vorsatz bei Amtspflichtverletzung 违反公务上义务之故意 §839

    Vorsatz beim Fund 发现遗失物时之故意 §968

- Vorstand 董事会

    Vorstand eines Vereins 社团之董事会 §26

    Bestellung und Geschäftsführung des Vorstands 董事会之选任及业务执行 §27

    Änderung des Vorstands 董事会之变更 §67

    Vorstand der Stiftung 财团之董事会 §81

- Vorversterben 于继承前死亡

    Vorversterben des Bedachten 受遗赠人于继承前死亡 §2160

- Vorzugsrechte 优先权

    Übergang der Vorzugsrechte mit der Forderung 优先权随债权移转 §401

    Erlöschen der Vorzugsrechte bei Schuldübernahme 优先权因债务承担而消灭 §418

    Verzicht auf Vorzugsrecht bei der Bürgschaft 于保证时优先权之放弃 §776

- Wahlrecht 选择权

    Wahlrecht bei mehreren Leistungen 有数宗给付时之选择权 §§262—265

    Wahlrecht des Käufers bei Nacherfüllung 买受人于嗣后履行之选择权 §439

    Wahlrecht bei Vermächtnis an mehrere Personen 有多数受遗赠人时之选择权 §2151ff.

- Wahlschuld 选择之债 §262ff.

    Ausübung der Wahl 选择之行使 §263

    Verzögerung der Wahl 选择之迟延 §264

    Unmöglichkeit einer Leistung bei Wahlschuld 选择之债之不能给付 §265

➢ Wahl-Zugewinngemeinschaft　选择净益共同财产制　§1519

➢ Währung　货币

 Fremdwährungsschuld　外国货币之债　§244

➢ Wald　森林

 Wald als Gegenstand des Nießbrauchs　森林作为用益权之标的物　§1038

 Wald als ein Teil der Erbschaft　森林作为遗产中之一部分　§2123

➢ Warenlager　仓库　§92

➢ Wechsel　票据

 Hypothek für Wechselforderungen　为票据债权设定抵押权　§1187ff.

 Verpfändung des Wechsels　票据之出质　§§1292, 1295

 Wechsel als Gegenstand des Pfandrechts　票据作为质权之标的　§§1292, 1294

 Eingehung einer Verbindlichkeit aus einem Wechsel durch Vormund　由监护人承诺负担票据债务　§1822

➢ Willenserklärung　意思表示　§§116—144

 Willenserklärung Geschäftsunfähiger　无行为能力人之意思表示　§105f.

 unrichtige Übermittlung einer Willenserklärung　意思表示不实之传达　§120

 empfangsbedürftige Willenserklärung　须受领之意思表示　§§122, 130f., 145

 Zustellung der Willenserklärung　意思表示之送达　§132

 Auslegung der Willenserklärung　意思表示之解释　§133

 Willenserklärung durch Vertreter　透过代理人为意思表示　§164ff.

➢ Willensmängel　意思欠缺　§§116—124

 Willensmängel bei Vertretung　代理之意思欠缺　§166

➢ Wohnungsrecht　居住权

 Wohnungsrecht als Dienstbarkeit　居住权作为役权　§1093

 dingliches Wohnrecht bei Getrenntleben der Ehegatten　夫妻分居时之物上居住权　§1361b

➢ Zahlungsdienstvertrag　支付服务契约　§675f. ff.

➢ Zahlungssperre　止付

Zahlungssperre beim Aufgebotsverfahren 公示催告程序之止付 §§799, 802

- **Zeitbestimmung** 期限 §163

    Zeitbestimmug bei Aufrechnungserklärung 撤销表示之期限 §388

    Zeitbestimmung bei Auflassung 土地所有权让与合意之期限 §925

    Zeitbestimmung bei Annahme und Ausschlagung einer Erbschaft 继承之承认与拒绝 §1947

- **Zerstörung** 灭失

    Zerstörung fremder Sachen 毁损他人之物 §228f.

    Zerstörung der Nießbrauchsache 用益物之灭失 §1042

    Zerstörung eines Vermächtnisgegenstands 遗赠标的物之灭失 §2288

    Zerstörung eines Erbschaftsgegenstandsbeim Erbschaftskauf 遗产买卖时遗产标的物灭失 §2374

- **Zeuge** 见证人

    Zeuge bei Testamenten 遗嘱之见证人 §2249ff.

    Errichtung eines Nottestaments vor drei Zeugen 三位见证人面前之紧急遗嘱 §2250

    Zeuge eines Seetestaments 海上遗嘱之见证人 §2251

- **Zinsen** 利息

    Zahlung von Zinsen als Neubeginn der Verjährung 因支付利息而时效重新开始 §212

    Verzugszinsen 迟延利息 §288ff.

    Prozesszinsen 诉讼利息 §291

    Aufrechnung der Zinsen 利息之抵销 §396

    Zinsen für Darlehen 金钱借贷之利息 §488

    Erweiterung der Hypothek auf Zinsen 抵押权之扩张及于利息 §1119

- **Zubehör** 从物 §§97, 926

    Erstreckung der Veräußerung auf Zubehör 移转及于从物 §311c

    Nießbrauch an Zubehör 从物之用益权 §1031

Erstreckung des Vorkaufsrechts auf Zubehör　先买权之效力及于从物　§1096

Erstreckung der Hypothek auf Zubehör　抵押权及于从物　§1120ff.

➤ Zug um Zug　同时

Erfüllung Zug um Zug　同时履行　§§274, 322, 348

➤ Zugewinnausgleich　平衡净益

vorzeitiger Zugewinnausgleich　事先平衡净益　§1385

Verzicht auf Zugewinnausgleich　平衡净益之抛弃　§§1432, 1455

➤ Zurückbehaltungsrecht　留置权　§§273f., 772f.

kein Zurückbehaltungsrecht an Vollmachtsurkunde　对授权书无留置权　§175

Zurückbehaltungsrecht nach Eintritt der Verjährung　时效完成后之留置权　§215

Zurückbehaltungsrecht des Besitzers　占有人之留置权　§1000

➤ Zuständigkeit　管辖

Zuständigkeit bei Entziehung der Rechtsfähigkeit eines Vereins　剥夺社团权利能力之管辖　§44

Zuständigkeit für Güterrechtsregistereintragungen　夫妻财产制之登记簿之登记管辖　§1558

➤ Zuwendung　给与／赠与　§516

unentgeltliche Zuwendung　无偿给与　§§330, 516

Zuwendung bei ungerechtfertigter Bereicherung　不当得利之给与　§822

Zuwendung von Ehegatten bei Anrechnung auf Ausgleichsforderung　配偶之赠与在平衡债权之计算　§1380

Ausgleichung der Zuwendung　给与之补偿　§§2050, 2053f., 2056

➤ Zuwiderhandlungen　违法行为

Verwirkung der Vertragsstrafe bei Zuwiderhandlung　违法行为时违约罚之发生　§339

➤ Zwangsversteigerung　强制拍卖　§§450f., 882

Zwangsversteigerung bei Teilung einer Gemeinschaft　共同关系分割时之强制拍卖　§753

Benachrichtigung des persönlichen Schuldners bei Zwangsversteigerung　强制拍卖时对债务人为通知　§1166

> Zwangsvollstreckung　强制执行

Zwangsvollstreckung gegen Veräußerungsvorbot　强制执行违反让与禁止　§135f.

Einfluss der Genehmigung des Rechtsgeschäfts auf die Zwangsvollstreckung　法律行为之承认对强制执行之影响　§184

Ablösungsrecht des Dritten bei Zwangsvollstreckung　第三人于强制执行之清偿权　§268

Zwangsvollstreckung bei Zug-um-Zug-Leistungen　强制执行时之同时履行　§§274, 322

Befriedigung durch Zwangsvollstreckung　因强制执行而清偿　§1147

Zwangsvollstreckung in Nachlass　对遗产为强制执行　§§1984, 1990, 2213

著作权合同登记号　图字：01-2017-1842
图书在版编目(CIP)数据

德国民法典/台湾大学法律学院，台大法学基金会编译.—北京：北京大学出版社，2017.9
ISBN 978-7-301-28011-9

Ⅰ.①德… Ⅱ.①台… ②台… Ⅲ.①民法—法典—德国 Ⅳ.①D951.63

中国版本图书馆CIP数据核字(2017)第021220号

版权声明：
简体中文版由元照出版公司(Taiwan)授权出版发行
德国民法（上、下）—总则编、债编、物权编、亲属编、继承编
台湾大学法律学院、台大法学基金会编译，2016年10月版

书　　　名	德国民法典 Deguo Minfadian
著作责任者	台湾大学法律学院　台大法学基金会　编译
责任编辑	田　鹤
标准书号	ISBN 978-7-301-28011-9
出版发行	北京大学出版社
地　　　址	北京市海淀区成府路205号　100871
网　　　址	http://www.pup.cn　http://www.yandayuanzhao.com
电子邮箱	编辑部yandayuanzhao@pup.cn 总编室zpup@pup.cn
新浪微博	@北京大学出版社　@北大出版社燕大元照法律图书
电　　　话	邮购部62752015　发行部62750672　编辑部62117788
印　刷　者	南京爱德印刷有限公司
经　销　者	新华书店
	880毫米×1230毫米　55.75印张　2324千字 2017年9月第1版　2023年11月第4次印刷
定　　　价	298.00元

未经许可，不得以任何方式复制或抄袭本书之部分或全部内容。
版权所有，侵权必究
举报电话：010-62752024　电子邮箱：fd@pup.cn
图书如有印装质量问题，请与出版部联系，电话：010-62756370